投资区划图

U0878658

星球地图出版社

开创"新东北时代"
高层论坛
High Level Forum on "Creating new Dongbei Era"
2004.1.11—12
主办机构: 中国投资论坛
Sponsor: China Investment Forum

2001年"中国投资论坛"年会
CHINA INVESTMENT FORUM ANNUAL CONFERENCE, 2001

世界关注 领导关怀

开创"新东北时代"
高层论坛
High Level Forum on "Creating new Dongbei Era"
2004.1.11—12
主办机构: 中国投资论坛
黑龙江省人民政府

"中国投资论坛"年会
2001. 12. 7-8
主办机构: 中国投资学会
China Investment Society

中国投资年鉴

CHINA INVESTMENT YEARBOOK

2003

新华出版社

图书在版编目(CIP)数据

中国投资年鉴．2003/《中国投资年鉴》编辑委员会编.—北京:新华出版社,2003.12

ISBN 7-5011-6342-1

Ⅰ.中… Ⅱ.中… Ⅲ.投资-中国-2003-年鉴

Ⅳ.F832.48-54

中国版本图书馆 CIP 数据核字(2003)第 081730 号

中 国 投 资 年 鉴
2003

主　　办:中国投资学会

国家发展和改革委员会投资研究所

国家开发银行市场与产业分析局

承办机构:北京华凯在线资讯有限责任公司

*

主　　编:中国投资年鉴编辑委员会

(北京西城区西单横二条 59 号高登大厦 702 室　邮编:100031　电话:010-66026430/32/34)

*

出版发行:新华出版社

总 经 销:新华书店

印　　制:河北省欣航测绘院印刷厂

889×1194 毫米　1/16　55 印张　1900 千字

2003 年 12 月第一版　2003 年 12 月第一次印刷

ISBN 7-5011-6342-1/F·914　定价:398.00 元

京工商广临字印字 0402009

《中国投资年鉴》顾问委员会

总 顾 问

陈锦华　中国人民政治协商会议全国委员会原副主席

经叔平　中国人民政治协商会议全国委员会原副主席

特邀顾问

刘志军　中华人民共和国铁道部部长

张春贤　中华人民共和国交通部部长

杜青林　中华人民共和国农业部部长

谢旭人　国家税务总局局长

解振华　国家环境保护总局局长

杨元元　中国民用航空总局局长

刘振华　山西省省长

陈良宇　上海市原市长

李成玉　河南省省长

周伯华　湖南省省长

张中伟　四川省省长

石秀诗　贵州省省长

向巴平措　西藏自治区主席

贾治邦　陕西省省长

陆　浩　甘肃省省长

阿不来提·阿不都热西提　新疆维吾尔自治区原主席

《中国投资年鉴》编辑委员会

委　员

张汉亚　　中华人民共和国国家发展和改革委员会投资研究所所长
冯　俊　　中华人民共和国建设部政策法规司司长
黄　民　　中华人民共和国铁道部发展计划司司长
张春林　　中华人民共和国信息产业部综合规划司副司长
罗湘成　　中华人民共和国水利部办公厅副主任
牟信勇　　国家税务总局办公厅副主任
张志忠　　中国民用航空总局规划发展财务司司长
姚昌恬　　国家林业局发展计划与资金管理司司长
陈　斌　　国家环境保护总局规划与财务司副司长
朱从玖　　上海证券交易所总经理
张育军　　深圳证券交易所总经理
刘慧勇　　中国投资学会副会长
王大用　　国家开发银行专家委员会副主任
李亚力　　天津市发展计划委员会主任
呼尔查　　内蒙古自治区发展计划委员会主任
仲跻权　　辽宁省发展计划委员会主任
唐修亭　　黑龙江省发展计划委员会主任
蒋应时　　上海市发展和改革委员会主任
钱志新　　江苏省发展计划委员会主任
佘义和　　江苏省发展计划委员会副主任
刘　亭　　浙江省发展计划委员会副主任
朱先发　　安徽省发展计划委员会主任
张桃生　　江西省发展计划委员会主任
秦　柯　　山东省发展计划委员会副主任
张大卫　　河南省发展计划委员会主任
李宗柏　　湖北省发展计划委员会主任
袁乾培　　湖南省发展计划委员会副主任
李妙娟　　广东省发展计划委员会副主任
邱祖强　　广西壮族自治区发展计划委员会副主任
和段琪　　云南省发展计划委员会主任
李文卿　　甘肃省发展计划委员会副主任
刘晏良　　新疆维吾尔自治区发展计划委员会主任

(注:以上名单确定时间为 2003 年 12 月 1 日)

撰稿（联络人）

（以姓氏笔划为序）

邓　刚	王汉春	毛腾飞	冯　春
刘　勇	刘祥飞	刘日昊	刘书伟
刘跃祥	朱宝君	刚布和	肖　松
陈　勇	陈一星	陈章全	李建军
李文彬	张道洋	张安疆	张国云
吴亮碧	金　旸	杨晶晶	杨银波
杨隆丰	郑振彪	郑广辉	苗永春
赵亚萍	胡迎端	郭红宇	郭晓平
戚弘超	傅殿川	彭国斌	裴伟东
廖志刚	雷耀峰	魏智勇	

撰稿单位

中华人民共和国国家发展和改革委员会
中华人民共和国科学技术部
中华人民共和国财政部
中华人民共和国国土资源部
中华人民共和国建设部
中华人民共和国铁道部
中华人民共和国交通部
中华人民共和国信息产业部
中华人民共和国水利部
中华人民共和国农业部
中华人民共和国对外贸易经济合作部
中华人民共和国文化部
国务院国有资产监督管理委员会
国家税务总局
国家环境保护总局
中国民用航空总局
国家统计局
国家林业局
国家旅游局
国家邮政管理局
国家外汇管理局
中国人民银行
中国证券监督管理委员会
中国保险监督管理委员会

国家开发银行
中国建设银行
中国农业银行
中国银行

中国企业联合会
中华全国工商业联合会
中国商业联合会
中国国际贸易促进委员会

中央国债登记结算有限公司
中国投资学会
上海证券交易所
国家开发银行市场与产业分析局
国家发展计划和改革委员会投资研究所
深圳证券交易所

北京市人民政府
天津市人民政府
上海市人民政府
安徽省人民政府

河北省人民政府
山西省人民政府
辽宁省人民政府
吉林省人民政府
湖南省人民政府
海南省人民政府
重庆市人民政府
四川省人民政府
贵州省人民政府
西藏自治区人民政府
福建省人民政府
江西省人民政府
山东省人民政府
河南省人民政府
陕西省人民政府
甘肃省人民政府
青海省人民政府
宁夏回族自治区人民政府
新疆维吾尔自治区人民政府

北京市发展和改革委员会
天津市发展计划委员会
河北省发展和改革委员会
山西省发展计划委员会
内蒙古自治区发展计划委员会
辽宁省发展计划委员会
吉林省发展计划委员会
黑龙江省发展计划委员会
上海市发展和改革委员会
江苏省发展计划委员会
浙江省发展计划委员会
安徽省发展计划委员会
福建省发展计划委员会
江西省发展计划委员会
山东省发展计划委员会
河南省发展计划委员会
湖北省发展计划委员会
湖南省发展计划委员会
广东省发展计划委员会
广西壮族自治区发展计划委员会
海南省发展计划厅
重庆市发展计划委员会
四川省发展计划委员会
贵州省发展计划委员会
云南省发展计划委员会
西藏自治区发展计划委员会
陕西省发展计划委员会
甘肃省发展计划委员会
青海省发展计划委员会
宁夏回族自治区发展计划委员会
新疆维吾尔自治区发展计划委员会

（注：撰稿单位均为2003年名称）

编辑说明

《中国投资年鉴》是记载中国投资建设领域发展情况的大型权威工具书。该书1993年由中国投资学会开始编纂，曾受到社会各界人士的广泛欢迎。自2001年起《中国投资年鉴》改由中国投资学会、国家开发银行市场与产业分析局、国家发展和改革委员会投资研究所联合编纂。在2002卷基础上，2003卷《中国投资年鉴》继续坚持述评分析与资料选编相结合的编辑方针，并充实了内容，改进了版面，以全新的面貌奉献给广大读者。

2003卷《中国投资年鉴》编纂体例、内容略有调整，更加全面地反映上年中国投资领域发展变化和整体情况，翔实记载中国投资领域的重大事件，内容分为：特载、宏观综论、行业投资、地区投资、中国西部开发与重点工程建设、中国城市化发展与城镇投资建设、金融—银行、证券与保险、涉外投资、民间投资与风险投资、投资管理与政策法规、投资统计、附录等部分。

为不断提高《中国投资年鉴》的权威性，年鉴编辑部继续聘请国家有关部委和各省、自治区、直辖市的领导担任该书的总顾问、特邀顾问、编委会主任、副主任与编委，并请他们撰写相关专题文章。

2003卷《中国投资年鉴》，包括200多万字的文字资料、彩图和统计报表；采用国际通用版本（889×194）16开；正文部分用进口胶版纸，彩色插页采用进口铜版纸。

为使《中国投资年鉴》编得更好，我们诚恳地欢迎广大读者提出宝贵的意见和建议，以便在内容上不断得到完善和充实。

中国投资年鉴编辑部

二〇〇三年十二月

《中国投资年鉴》编辑名单

目　录

特　载

全面建设小康社会 开创中国特色社会主义事业新局面

——在中国共产党第十六次全国代表大会上的报告(节选) …………江泽民(2)

政府工作报告

——2003年3月5日在第十届全国人民代表大会第一次会议上 …………朱镕基(5)

要保持宏观经济政策的连续性和稳定性

——温家宝在2002年全国计划会议上的讲话 …………温家宝(15)

2002年中央经济工作会议 …………(16)

第一部分　宏观综论

国民经济与社会发展概况

关于2002年国民经济和社会发展计划执行情况与2003年国民经济和社会发展计划草案的报告 …………(20)

关于2002年中央和地方预算执行情况及2003年中央和地方预算草案的报告 …………(24)

2002年国民经济和社会发展统计公报 …………(29)

中国经济与投资

国民经济和社会发展的历史性变化 …………(36)

建立符合市场经济的国有资产管理体制 …………(38)

发展非公有制经济 完善基本经济制度 …………(40)

继续实施积极的财政政策 …………(43)

调整期的中国股市 …………(46)

税收工作为改革发展作出新的贡献 …………(50)

入世第一年中国的外贸与产业发展 …………(52)

扩大国际经济合作促进共同发展 …………(56)

中国区域经济新走势 …………(57)

中国居民消费十大趋势 …………(58)

2002年中国宏观经济形势分析及2003年预测 …………(60)

2002-2003年中国经济体制改革形势分析及展望 …………(65)

2002年中国城市社会经济发展概况 …………(67)

2002年经济和投资发展及2003年预测 …………(70)

产业政策与发展趋势

国家产业技术政策 …………(72)

2003年经济运行工作指导意见 …………(78)

2003年产业发展趋势 …………(82)

2003年600种主要商品供求分析 …………(84)

第二部分　行业投资

农、林、水、资源、环保

中国农业投资建设情况 …………(88)

中国林业投资建设情况 …………(91)

中国水利行业投资建设情况 …………(95)

中国矿产资源勘查开发和土地开发复垦投资情况 ……(97)
中国环境污染治理投资情况 ……(101)
工业、建设
中国能源与电力行业景气分析及展望 ……(102)
中国石化工业景气分析及展望 ……(104)
中国钢铁行业景气分析及展望 ……(107)
中国汽车工业景气分析及展望 ……(109)
中国计算机产业景气分析及展望 ……(114)
中国集成电路行业景气分析及展望 ……(117)
中国医药产业景气分析及展望 ……(119)
中国建设事业投资发展情况 ……(122)
中国房地产行业景气分析及展望 ……(124)
交通、邮电
中国公路水路运输业投资建设情况 ……(127)
中国铁路投资建设情况 ……(132)
中国民用航空业投资建设情况 ……(134)
中国邮政业投资建设情况 ……(136)
中国通信业投资建设情况 ……(139)
科技、教育、文化、旅游
中国科技事业发展情况 ……(142)
中国教育事业发展情况 ……(148)
中国文化设施投资建设情况 ……(150)
中国旅游业投资发展情况 ……(153)
附:部分单位投资情况
坚持质量第一 留下时代精品
——中铁十六局集团有限公司 ……(155)
合理配置资源 提高竞争能力
——上海电气(集团)总公司的投资发展情况 ……(156)
天津津滨轻轨项目建成开通
——天津滨海快速交通发展有限公司 ……(158)
2×135MW 环保型循环硫化床机组项目暨公司发展规划
——河南豫联能源集团有限责任公司 ……(160)
管好国债资金 发挥最大效益
——东北大学国债投资建设情况 ……(162)
北大未名
——决胜生物经济时代的中国旗舰 ……(164)
与时俱进 开拓创新
——蓬勃发展的淄博市博山区自来水公司 ……(166)
加大技改投入 增强企业后劲
——记中国南车集团株洲车辆厂技改投资 ……(169)
奋进中的济南钢铁集团总公司 ……(170)
贯穿江苏南北的大动脉——新长铁路 ……(171)
上海汽车工业(集团)总公司 ……(172)
加大技术进步力度 做精做强上海烟草
——发展中的上海烟草(集团)公司 ……(173)

加快投资建设 促进企业发展 ……(174)
大唐微电子技术有限公司 ……(175)
中国石油天然气勘探开发公司 ……(176)
国债项目投资建设情况
——西北农林科技大学 ……(177)
中国戏曲学院新校园建设情况 ……(178)
吉首大学综合教学楼投资建设情况
——吉首大学基建管理处 ……(179)
用好国债资金 改善办学条件 ……(180)
福州大学国债投资项目建设情况 ……(181)
充分利用国债投资 积极促进学校发展
——华侨大学国债投资项目实施情况 ……(182)
江南大学国债投资项目—西山教学楼工程 ……(183)
有效利用国债资金 促进教育事业发展
——山东工商学院国债投资教学实验楼项目简介 ……(184)

第三部分 地区投资

省、自治区、直辖市投资

北京市投资建设情况 ……(186)
天津市投资建设情况 ……(189)
河北省投资建设情况 ……(190)
山西省投资建设情况 ……(194)
内蒙古自治区投资建设情况 ……(196)
辽宁省投资建设情况 ……(199)
吉林省投资建设情况 ……(202)
黑龙江省投资建设情况 ……(205)
上海市投资建设情况 ……(207)
江苏省投资建设情况 ……(208)
浙江省投资建设情况 ……(210)
安徽省投资建设情况 ……(212)
福建省投资建设情况 ……(214)
江西省投资建设情况 ……(216)
山东省投资建设情况 ……(219)
河南省投资建设情况 ……(221)
湖北省投资建设情况 ……(225)
湖南省投资建设情况 ……(228)
广东省投资建设情况 ……(230)
广西壮族自治区投资建设情况 ……(233)
海南省投资建设情况 ……(236)
重庆市投资建设情况 ……(239)
四川省投资建设情况 ……(242)
贵州省投资建设情况 ……(244)
云南省投资建设情况 ……(247)
西藏自治区投资建设情况 ……(250)
陕西省投资建设情况 ……(252)

甘肃省投资建设情况 ……(254)
青海省投资建设情况 ……(257)
宁夏回族自治区投资建设情况 ……(260)
新疆维吾尔自治区投资建设情况 ……(263)
附:部分单位投资情况
提升竞争能力 加快经济发展
——广东省河源市人民政府 ……(266)
弘扬民族文化 发展民族经济 促进民族团结 推动社会进步
——中国民族年鉴 ……(268)
加快基础设施建设 促进地区经济发展
——黑龙江省大兴安岭地区行署发展计划委员会 ……(269)
四川维尼纶厂 ……(270)

第四部分 中国西部开发与重点工程建设

中国西部开发情况综述
"十五"西部开发总体规划 ……(272)
三年来中国实施西部大开发的情况 ……(278)
2002年西部开发工作的主要任务和措施 ……(280)
关于加快西部地区特色农业发展的意见 ……(283)
中国西部省、市实施大开发战略的政策措施
重庆市实施西部大开发若干政策措施 ……(285)
四川省关于促进和引导民间投资的若干意见 ……(289)
贵州省关于西部大开发若干政策措施的实施意见 ……(291)
云南省关于实施西部大开发战略的若干意见 ……(294)
西藏对对口援藏项目实行政策优惠 ……(297)
陕西省经济技术开发区条例 ……(298)
甘肃省实施西部大开发若干政策措施 ……(299)
青海省关于改善投资环境保护投资者合法权益的暂行规定 ……(302)
宁夏关于实施"东西合作工程"的政策规定 ……(303)
新疆维吾尔自治区关于改善投资软环境的若干规定 ……(306)
内蒙古自治区实施西部大开发若干政策措施的规定 ……(308)
广西壮族自治区关于贯彻实施国务院西部大开发政策措施的若干规定 ……(312)
2002年国家重点工程投资建设情况
中国四大工程进展顺利 ……(317)
2002年开工与建成的部分国家重点项目 ……(323)
"十五"确定的国家重点项目 ……(327)
地区重点项目投资建设情况
北京市重点项目投资建设情况 ……(334)
天津市确定2002年重点建设项目 ……(335)
河北省重点项目投资建设情况 ……(335)
山西省确定28项重点工程 ……(336)
内蒙古:全面推进"十大工程" ……(336)
辽宁省重点项目投资建设情况 ……(337)
吉林省重点项目投资建设情况 ……(338)
黑龙江省重点项目建设进展情况 ……(338)

上海市重大工程投资建设情况 ……(339)
江苏省重点项目投资建设情况 ……(340)
浙江省重点项目投资建设情况 ……(340)
安徽省交通、电力项目建设情况 ……(341)
福建省重点项目投资建设情况 ……(344)
江西省重点项目投资建设情况 ……(344)
山东省重点项目投资建设情况 ……(345)
河南省重点项目投资建设情况 ……(345)
湖北省重点项目投资建设情况 ……(346)
湖南省重点项目投资建设情况 ……(346)
广东省重点项目投资建设情况 ……(346)
广西重点项目投资建设情况 ……(347)
海南省重点项目投资建设情况 ……(348)
重庆确定2002年86项重点建设项目 ……(348)
2002年四川投资366亿建设138项重点项目 ……(349)
贵州拟建141个重点建设项目 ……(349)
云南省2002年安排37项重点建设项目 ……(350)
西藏2002年重点投资水利和公路项目 ……(350)
陕西省重点建设项目进展情况 ……(350)
甘肃省重点建设项目进展情况 ……(351)
青海省重点建设项目进展顺利 ……(351)
宁夏确定2002年公路建设重点项目 ……(352)
新疆重点建设项目完成情况良好 ……(352)

第五部分　中国城市化发展与城乡投资建设

中国城市化发展情况
贯彻扩大内需方针 加快城乡建设发展 ……(354)
中国城市化与城市现代化 ……(356)
中国城市化战略的重点和政策 ……(361)
中国城市化高速发展期须研究的五个问题 ……(363)
中国的城镇化与地产信用 ……(364)
中国城镇化建设的支柱 ……(365)
全国"十五"城镇化战略概览 ……(368)
"十五"中国城镇化发展重点事项规划 ……(368)
中国城市化发展历程 ……(373)
中国城市化发展八大趋势 ……(374)
中国城市化的特有现象 ……(375)
中国城市化建设进入新阶段 ……(376)
附:部分单位投资情况
科学环海造地 智慧改造海滩
——天津塘沽环海造地有限公司 ……(378)
淮北煤业新绽的奇葩——祁南煤矿 ……(380)
湖州城市基础设施投资建设情况 ……(382)
瞄准市场 调整产品结构 提高企业效益
——浙江巨鹰集团股份有限公司 ……(383)

中南林学院教学楼投资建设情况 ……(383)
无性系苗木快繁高科示范基地投资发展情况
——黑龙江省伊春中林绿色实业有限公司 ……(384)
国债资金支持 育人环境改善
——武汉理工大学南区教学主楼建设情况 ……(385)
加强国债工程管理 促进学校建设
——沈阳体育学院科研楼投资建设情况 ……(386)
国债投资项目"教学楼工程"建设情况
——湛江师范学院 ……(387)
广西师范大学图书馆建设情况 ……(388)

第六部分 金融——银行、证券与保险

银行与货币市场

中国金融业的改革发展 ……(390)
2002年中国货币政策执行报告 ……(392)
2002年中国人民银行重要金融新闻回放 ……(400)
中国金融改革正处于新的转折时期 ……(402)
外资金融机构的中国之路 ……(404)
中外银行正面交锋 ……(406)

证券市场

积极推进资本市场改革开放和稳定发展 ……(408)
2002年证券行业回顾及券商经营形势展望 ……(410)
2002年中国十大证券新闻 ……(413)
中国企业债券融资与发展状况 ……(414)
2002年国债市场回顾和展望 ……(416)
2002年基金市场回顾和展望 ……(418)
2002年期货市场回顾和展望 ……(421)
2002年上海证券交易所运行情况 ……(425)
2002年深圳证券交易所运行情况 ……(428)

保险市场

努力开创中国保险业发展的新局面 ……(432)
2002年中国保险市场发展状况 ……(436)
中国保险业研究报告 ……(437)
投资型保险及其对中国保险业影响 ……(439)
外资保险公司在中国的热闹与寂寞 ……(441)

第七部分 涉外投资

中国利用外资情况

改善投资环境 创造国际竞争优势 ……(444)
中国吸收外资进入成熟稳定的发展阶段 ……(445)
中国吸收外资的新趋势 ……(447)
外商对华投资状况分析 ……(449)
中国吸收外资的产业政策调整 ……(453)
外商投资对中国经济发展产生显著促进作用 ……(456)
台商在大陆的投资现状及发展趋势 ……(458)

附:2002年1-12月中国利用外资统计简表 …………(460)
2002年各省市自治区利用外商直接投资情况 …………(461)
2002年主要行业利用外资情况 …………(462)
2002年部分国家/地区对华直接投资情况 …………(463)
鼓励外商投资高新技术产品目录 …………(464)
跨国公司在华投资
跨国公司在华投资的发展趋势和特点 …………(475)
外资并购的热门领域 …………(477)
外资收购中国国企透视 …………(479)
外资控股并购国有企业的问题与对策 …………(481)
《外国投资者并购境内企业暂行规定》解答 …………(484)
中国境外投资
"走出去"发展战略:政策框架与模式选择 …………(489)
本土化:中国企业跨国经营的重要战略 …………(492)
中国企业"走出去"的优劣势比较 …………(495)
海外中资企业如何尽快做强 …………(497)
跨国经营:民营企业新战略选择 …………(499)
对外承包工程行业发展现状及展望 …………(501)
附:2002年中国国外经济合作简明统计 …………(504)
国家鼓励开展境外加工贸易产品目录 …………(504)
附:部分单位投资情况
合理使用国债 改善城市供水 促进经济发展
——贵州省安顺市西秀区自来水公司 …………(506)
大力推进改革 加快企业发展
——南阳鸭河口发电有限责任公司发展情况 …………(507)
开拓创新,不断提升企业核心技术水平
——上海贝岭股份有限公司 …………(508)

第八部分 民间投资与风险投资

民间投资
民间投资现状与发展前景 …………(510)
民间投资发展形势与政策取向 …………(512)
民间投资贡献率在不断加大 …………(514)
从资金流向看民间投资的产业优势 …………(517)
民间投资的制约因素及其对策 …………(520)
民营中小企业融资的制度障碍及改进办法 …………(522)
民间投资的七大热门投向 …………(524)
风险投资
加快中国创业投资体系建设 …………(527)
中国创业投资阶段和行业分析 …………(529)
中国风险投资四大趋势 …………(530)
中国风险投资存在的主要问题及发展对策 …………(531)
中国创业投资发展中的认识误区 …………(535)
风险投资在中国的完善 …………(536)
海外风险资本看好中国 …………(538)

2002年外资创投含金量最高 ……(539)
附:部分单位投资情况
上海申达(集团)有限公司国债项目实施情况 ……(540)
武汉钢铁(集团)公司投资发展情况 ……(541)
百色水利枢纽工程投资建设情况 ……(542)
重庆市涪陵水电力投资集团有限公司 ……(542)

第九部分　投资管理与政策法规

国家法规
中华人民共和国税收征收管理法实施细则 ……(544)
中华人民共和国外资金融机构管理条例实施细则 ……(551)
中华人民共和国保险法 ……(558)
中华人民共和国专利法实施细则(修订) ……(567)
部门法规
工商领域企业固定资产投资项目招标投标管理办法 ……(577)
国家重大建设项目招标投标监督暂行办法 ……(580)
工商领域固定资产投资项目评标专家管理暂行规定 ……(581)
工商领域企业固定资产投资项目评标结果公示与质疑、投诉处理暂行规定 ……(582)
信托投资公司管理办法(修订) ……(583)
信托投资公司资金信托管理暂行办法 ……(586)
上市公司收购管理办法 ……(588)
上市公司股东持股变动信息披露管理办法 ……(592)
关于规范基金管理公司股东出资转让有关事项的通知 ……(595)
保险业务外汇管理暂行规定 ……(596)
再保险公司设立规定 ……(599)
外资金融机构驻华代表机构管理办法 ……(600)
利用外资改组国有企业暂行规定 ……(603)
外商投资创业投资企业管理规定 ……(605)
关于设立中外合资对外贸易公司暂行办法 ……(609)
合格境外机构投资者境内证券投资管理暂行办法 ……(610)
关于商业银行申请从事合格境外机构投资者境内证券投资托管业务有关问题的通知 ……(613)
外资参股证券公司设立规则 ……(614)
外资参股基金管理公司设立规则 ……(616)
关于加强外商投资企业审批、登记、外汇及税收管理有关问题的通知 ……(617)
关于外商投资企业和外国企业从事金融资产处置业务有关税收问题的通知 ……(618)
关于外商投资企业追加投资享受企业所得税优惠政策的通知 ……(618)
合格境外机构投资者境内证券投资外汇管理暂行规定 ……(619)
关于开展试点设立外商投资物流企业工作有关问题的通知 ……(621)
外商投资建筑业企业管理规定 ……(622)
外商投资民用航空业规定 ……(624)
外商投资建设工程设计企业管理规定 ……(625)
关于进一步对外开放道路运输投资领域的通知 ……(627)
外商投资企业授权登记管理办法 ……(627)
外商投资国际货物运输代理企业管理办法 ……(629)

第十部分　统计资料

综　合

国民经济和社会发展总量与速度指标 ……(632)

国民经济和社会发展结构指标 ……(636)

国民经济和社会发展比例和效益指标 ……(639)

国内生产总值 ……(642)

国内生产总值指数 ……(643)

各地区国内生产总值(2002年) ……(644)

各地区国内生产总值项目结构(2002年) ……(647)

固定资产投资

按经济类型分的全社会固定资产投资(2002年) ……(648)

按资金来源和隶属关系分的基本建设投资 ……(650)

按构成和建设性质分的基本建设投资 ……(651)

国民经济各行业按建设性质分的基本建设投资(2002年) ……(652)

基本建设房屋建筑面积 ……(654)

各地区基本建设施工投产项目个数和新增固定资产 ……(655)

国民经济各行业基本建设施工投产项目个数(2002年) ……(656)

国民经济各行业基本建设投资和新增固定资产(2002年) ……(658)

按资金来源和隶属关系分的更新改造投资 ……(660)

国民经济各行业按建设性质分的更新改造投资(2002年) ……(661)

按国民经济行业分的更新改造投资 ……(663)

国民经济各行业更新改造施工、投产项目个数(2002年) ……(665)

按国民经济行业分的更新改造新增固定资产 ……(667)

房地产开发建设投资总规模及完成投资 ……(669)

按用途分的房地产开发企业(单位)投资完成额 ……(670)

房地产开发企业(单位)的资金来源 ……(671)

财政、对外贸易和利用外资

国家财政收支总额及增长速度 ……(672)

国家财政分项目收入 ……(672)

国家财政主要支出项目 ……(673)

分地区财政收入(2002年) ……(674)

分地区财政支出(2002年) ……(678)

外债余额 ……(682)

外债风险指标 ……(682)

各地区进出口商品总值(按经营单位所在地分) ……(683)

各地区进出口商品总值(按境内目的地、货源地分) ……(684)

利用外资概况 ……(685)

利用外资额(按方式分) ……(685)

实际利用外商直接和其他投资额(按国别、地区分) ……(686)

实际利用外商直接和其他投资额(按地区分) ……(689)

年末登记外商投资企业行业分布情况 ……(690)

各地区外商投资企业年末登记情况 ……(691)

市政建设与建筑经济

各地区城市房屋建筑及住房情况(2002年) ……(692)

各地区城市供水情况(2002年) …………(693)
各地区城市人工煤气、液化石油气、天然气情况(2002年) …………(694)
各地区城市集中供热情况(2002年) …………(695)
各地区城市市政工程情况(2002年) …………(696)
各地区城市市容环境卫生情况(2002年) …………(697)
建筑业企业概况 …………(698)
各地区历年建筑业总产值 …………(699)
各地区建筑业总产值(2002年) …………(700)
各地区按行业分的建筑业总产值(2002年) …………(701)
各地区建筑业企业资产(2002年) …………(702)
各地区建筑业企业负债及所有者权益(2002年) …………(703)
附:部分单位投资情况
利用国家资金　加快名校发展
——山东省昌乐一中 …………(704)
加大投资力度　创建国内名校
——吉林省白山市第二中学 …………(705)
与时俱进　再造辉煌
——衡阳师范学院国债项目实施情况 …………(706)
年产600万只动力等锂离子国债技改项目
——河南环宇电源股份有限公司 …………(706)

附　录

2002年中国投资大事记 …………(708)
2002年国际投资大事记 …………(726)
中国投资促进机构 …………(746)
国际投资促进机构 …………(755)
中国投资公司名录
中国信托投资公司 …………(758)
中国投资服务公司 …………(766)

2002年 4 月 14 日，在国务院举行的记者招待会上，科技部正式公布《可持续发展科技纲要》，国家斥资百亿支持科技发展。我国自行研制的“神舟四号”无人飞船在酒泉卫星发射中心升空，并成功进入预定轨道。这是我国载人航天工程的第四次飞行试验。

香港太空館 Hong Kon
神舟
神舟號太空船模型 Model of Shenzh

我国航天技术日趋成熟，科研生产能力逐渐增强，经过50年的不断发展，中国的航空航天技术已跻身于世界先进行列领域，取得了举世瞩目的成就。

发射“神舟”四号飞船，是长征系列运载火箭的第 69 次飞行，也是 1996 年 10 月以来，中国航天发射连续第 27 次获得成功。飞船发射场——酒泉卫星发射中心，建有完善的发射测量、控制、通信、指挥系统和适应航天员需要的设备设施，以及备份着陆场和应急救生医疗中心。

北京国贸全景

北京市市长刘淇在市第十一届人代会上宣布，2002 年北京将投资 1690 亿元，用于在建重大项目的竣工、奥运工程的启动，城市基础设施建设和危旧房改造。新北京日新月异的变化令世人瞩目。

北京公路夜景

①

② ③

2002年元月，国务院批复了国家环保总局会同国家计委、国家经贸会、财政部等部门和各地编制的《国家环境保护“十五”计划》。为实现“十五”环保目标，全国环保投资将达 7000 亿元，约占同期国内生产总值的 1.3%，约占全社会固定资产投资总量的 3.6%，比“九五”提高 1 个百分点。

① 蓝天、白云、绿地，黄浦江两岸靓丽的的风景，让上海这一国际化大都市显得分外清新脱俗。12 月 3 日上海获得 2010 年世博会举办权。

② 设计新颖，造型美观，功能合理并与四周环境相协调的上海南浦大桥，蕴含了中国人在城市建设中人与自然相融合的新理念。

③ 优美的园林绿化区，使中山市长江水库大坝背水坡下游形成了一种人与自然和谐相处的新景观。

① ③

②

至 2002 年 2 月，作为国债重点投资项目的农村电网建设与改造工程，三年投入逾 1800 亿元，并取得了显著成效。农网改造使农村供电能力、质量和可靠性明显提高，农村生产和生活条件得到改善，农村地区用电量大幅增长，对启动农村市场、扩大内需、拉动经济增长起到了重要作用。

与此同时，第二批农村电网改造工程同时启动，计划安排投资约 1000 亿元。

① 昌平—房山紧凑型超高压输电线路。这种线路是我国第一条投入商业运行的线路，是国家“九五”科技攻关项目之一，它的突出优点是能提高送电能力。

② 承担首都热电供应的华能热电厂二期扩建完工后，可为北京新增供电能力 105 万千瓦，新增供热能力 3014 吉焦。

③ 建设中的广东台山发电厂是全国第一个在 600MW 机组上采用石灰石——石膏湿法脱硫工艺，脱硫率达 95%，整个工程投资中环保投资占 13%以上。

国家继续加大对西部大开发的投资力度，使西部建设速度全面驶入快车道。

①

② ③

① 6月26日在党中央、国务院的亲切关怀下，由国家投资3.3亿元，将历时5年对西藏布达拉宫、罗布尔卡和萨迦寺三座重点文物保护维修工程正式开工。这是新中国成立以来，国家在西藏规模最大、投资最多的文物保护工程。图为布达拉宫。

② 工程建设规模为4台30万千瓦，计划总投资45.49亿元的宁夏石嘴山电厂扩建工程于2月28日正式开工建设。

③ 9月3日经国务院批准，青藏铁路公司正式成立。青藏铁路是西部大开发的一项重要标志性工程，为青藏铁路建成世界一流的高原铁路，提高投资效益，国务院批准组建青藏铁路公司，实行建设项目法人责任制，全面负责青藏铁路格尔木至拉萨的建设和西藏、青海两省区铁路营运。

①

② ③

人们越来越重视对旅游资源的开发、利用和保护，我国旅游业已呈现出一种欣欣向荣的局面。6月27日据世界旅游组织发布的新闻公报，2001年中国国际旅游收入首次超过德国和英国，从近几年的世界第七位跃升到第五位。

① 被列入世界人类自然遗产名录的国家风景名胜区九寨沟。

② 8月8日首届中国森林风景资源博览会在浙江临安市开幕。我国是世界上森林生态系统类型最多的国家之一，有着十分丰富、独具特色、风光秀丽的森林风景资源。以森林公园和自然保护区为主的旅游综合收入达500亿元。

③ 利用民间资本兴建的中国紫坛博物馆，占地20余亩建筑面积9569平方米，前期投资2亿元人民币。

投资 8 亿元人民币，建筑面积 40 万平方米的新世纪步行街，是目前中国最长的商业步行街。她是一条集休闲、便民、财富、艺术为一体的长街，她像一条亮丽的飘带，维系起廊坊市区东西。

新世纪步行街

长江水库

长江水库是中山市唯一的一座中型水库，位于中山市五桂山北麓，距离中山城区约九公里，因大坝建在长江村附近，故名长江水库。长江水库属多年调节水库，具有防洪、供水、发电、旅游、生态效益等功能，在三十多年的运行过程中发挥了显著的作用，为中山市社会经济的发展作出了巨大的贡献。

中央电视台

中国中央电视台是中国重要的新闻舆论机构，是党、政府和人民的重要喉舌，是中国重要的思想文化阵地，发挥着传播新闻、社会教育、文化娱乐、信息服务等多种功能，是全国公众获取信息的主要渠道，也是中国了解世界、世界了解中国的重要窗口。

中央电视台现为国家副部级事业单位，内设 15 个中心（室），拥有职工近万名。截止 2000 年底，全台固定资产总额达 54 亿元。2001 年年收入达 60.9977 亿元（不含转入次年 5.5 亿元），名列全国新闻媒体之首。

特载

全面建设小康社会
开创中国特色社会主义事业新局面
——在中国共产党第十六次全国代表大会上的报告（节选）

江泽民

全面建设小康社会的奋斗目标

经过全党和全国各族人民的共同努力，我们胜利实现了现代化建设"三步走"战略的第一步、第二步目标，人民生活总体上达到小康水平。这是社会主义制度的伟大胜利，是中华民族发展史上一个新的里程碑。

必须看到，我国正处于并将长期处于社会主义初级阶段，现在达到的小康还是低水平的、不全面的、发展很不平衡的小康，人民日益增长的物质文化需要同落后的社会生产之间的矛盾仍然是我国社会的主要矛盾。我国生产力和科技、教育还比较落后，实现工业化和现代化还有很长的路要走；城乡二元经济结构还没有改变，地区差距扩大的趋势尚未扭转，贫困人口还为数不少；人口总量继续增加，老龄人口比重上升，就业和社会保障压力增大；生态环境、自然资源和经济社会发展的矛盾日益突出；我们仍然面临发达国家在经济科技等方面占优势的压力；经济体制和其他方面的管理体制还不完善；民主法制建设和思想道德建设等方面还存在一些不容忽视的问题。巩固和提高目前达到的小康水平，还需要进行长时期的艰苦奋斗。

综观全局，21世纪头20年，对我国来说，是一个必须紧紧抓住并且可以大有作为的重要战略机遇期。根据十五大提出的到2010年、建党100年和新中国成立一百年的发展目标，我们要在本世纪头20年，集中力量，全面建设惠及十几亿人口的更高水平的小康社会，使经济更加发展、民主更加健全、科教更加进步、文化更加繁荣、社会更加和谐、人民生活更加殷实。这是实现现代化建设第三步战略目标必经的承上启下的发展阶段，也是完善社会主义市场经济体制和扩大对外开放的关键阶段。经过这个阶段的建设，再继续奋斗几十年，到本世纪中叶基本实现现代化，把我国建成富强民主文明的社会主义国家。

全面建设小康社会的目标是：

——在优化结构和提高效益的基础上，国内生产总值到2020年力争比2000年翻两番，综合国力和国际竞争力明显增强。基本实现工业化，建成完善的社会主义市场经济体制和更具活力、更加开放的经济体系。城镇人口的比重较大幅度提高，工农差别、城乡差别和地区差别扩大的趋势逐步扭转。社会保障体系比较健全，社会就业比较充分，家庭财产普遍增加，人民过上更加富足的生活。

——社会主义民主更加完善，社会主义法制更加完备，依法治国基本方略得到全面落实，人民的政治、经济和文化权益得到切实尊重和保障。基层民主更加健全，社会秩序良好，人民安居乐业。

——全民族的思想道德素质、科学文化素质和健康素质明显提高，形成比较完善的现代国民教育体系、科技和文化创新体系、全民健身和医疗卫生体系。人民享有接受良好教育的机会，基本普及高中阶段教育，消除文盲。形成全民学习、终身学习的学习型社会，促进人的全面发展。

——可持续发展能力不断增强，生态环境得到改善，资源利用效率显著提高，促进人与自然的和谐，推动整个社会走上生产发展、生活富裕、生态良好的文明发展道路。

这次大会确立的全面建设小康社会的目标，是中国特色社会主义经济、政治、文化全面发展的目标，是与加快推进现代化相统一的目标，符合我国国情和现代化建设的实际，符合人民的愿望，意义十分重大。为完成党在新世纪新阶段的这个奋斗目标，发展要有新思路，改革要有新突破，开放要有新局面，各项工作要有新举措。各地各部门都要从实际出发，采取切实有效的措施，努力实现这个目标。有条件的地方可以发展得更快一些，在全面建设小康社会的基础上，率先基本实现现代化。可以肯定，实现了全面建设小康社会的目标，我们的祖国必将更加繁荣富强，人民的生活必将更加幸福美好，中国特色社会主义必将进一步显示出巨大的优越性。

经济建设和经济体制改革

全面建设小康社会，最根本的是坚持以经济建设为中心，不断解放和发展社会生产力。根据世界经济科技发展新趋势和我国经济发展新阶段的要求，本世纪头20年经济建设和改革的主要任务是，完善社会主义市场经济体制，推动经济结构战略性调整，基本实现工业化，大力推进信息化，加快建设现代化，保持国民经济持续快速健康发展，不断提高人民生活水平。前十年要全面完成"十五"计划和2010年的奋斗目标，使经济总量、综合国力和人民生活水平再上一个大台阶，为后十年的更大发展打好基础。

（一）走新型工业化道路，大力实施科教兴国战略和可持

续发展战略。实现工业化仍然是我国现代化进程中艰巨的历史性任务。信息化是我国加快实现工业化和现代化的必然选择。坚持以信息化带动工业化,以工业化促进信息化,走出一条科技含量高、经济效益好、资源消耗低、环境污染少、人力资源优势得到充分发挥的新型工业化路子。

推进产业结构优化升级,形成以高新技术产业为先导、基础产业和制造业为支撑、服务业全面发展的产业格局。优先发展信息产业,在经济和社会领域广泛应用信息技术。积极发展对经济增长有突破性重大带动作用的高新技术产业。用高新技术和先进适用技术改造传统产业,大力振兴装备制造业。继续加强基础设施建设。加快发展现代服务业,提高第三产业在国民经济中的比重。正确处理发展高新技术产业和传统产业、资金技术密集型产业和劳动密集型产业、虚拟经济和实体经济的关系。

走新型工业化道路,必须发挥科学技术作为第一生产力的重要作用,注重依靠科技进步和提高劳动者素质,改善经济增长质量和效益。加强基础研究和高技术研究,推进关键技术创新和系统集成,实现技术跨越式发展。鼓励科技创新,在关键领域和若干科技发展前沿掌握核心技术和拥有一批自主知识产权。深化科技和教育体制改革,加强科技教育同经济的结合,完善科技服务体系,加速科技成果向现实生产力转化。推进国家创新体系建设。发挥风险投资的作用,形成促进科技创新和创业的资本运作和人才汇集机制。完善知识产权保护制度。必须把可持续发展放在十分突出的地位,坚持计划生育、保护环境和保护资源的基本国策。稳定低生育水平。合理开发和节约使用各种自然资源。抓紧解决部分地区水资源短缺问题,兴建南水北调工程。实施海洋开发,搞好国土资源综合整治。树立全民环保意识,搞好生态保护和建设。

(二)全面繁荣农村经济,加快城镇化进程。统筹城乡经济社会发展,建设现代农业,发展农村经济,增加农民收入,是全面建设小康社会的重大任务。加强农业基础地位,推进农业和农村经济结构调整,保护和提高粮食综合生产能力,健全农产品质量安全体系,增强农业的市场竞争力。积极推进农业产业化经营,提高农民进入市场的组织化程度和农业综合效益。发展农产品加工业,壮大县域经济。开拓农村市场,搞活农产品流通,健全农产品市场体系。

农村富余劳动力向非农产业和城镇转移,是工业化和现代化的必然趋势。要逐步提高城镇化水平,坚持大中小城市和小城镇协调发展,走中国特色的城镇化道路。发展小城镇要以现有的县城和有条件的建制镇为基础,科学规划,合理布局,同发展乡镇企业和农村服务业结合起来。消除不利于城镇化发展的体制和政策障碍,引导农村劳动力合理有序流动。

坚持党在农村的基本政策,长期稳定并不断完善以家庭承包经营为基础、统分结合的双层经营体制。有条件的地方可按照依法、自愿、有偿的原则进行土地承包经营权流转,逐步发展规模经营。尊重农户的市场主体地位,推动农村经营体制创新。增强集体经济实力。建立健全农业社会化服务体系。加大对农业的投入和支持,加快农业科技进步和农村基础设施建设。改善农村金融服务。继续推进农村税费改革,减轻农民负担,保护农民利益。

(三)积极推进西部大开发,促进区域经济协调发展。实施西部大开发战略,关系全国发展的大局,关系民族团结和边疆稳定。要打好基础,扎实推进,重点抓好基础设施和生态环境建设,争取十年内取得突破性进展。积极发展有特色的优势产业,推进重点地带开发。发展科技教育,培养和用好各类人才。国家要在投资项目、税收政策和财政转移支付等方面加大对西部地区的支持,逐步建立长期稳定的西部开发资金渠道。着力改善投资环境,引导外资和国内资本参与西部开发。西部地区要进一步解放思想,增强自我发展能力,在改革开放中走出一条加快发展的新路。

中部地区要加大结构调整力度,推进农业产业化,改造传统产业,培育新的经济增长点,加快工业化和城镇化进程。东部地区要加快产业结构升级,发展现代农业,发展高新技术产业和高附加值加工制造业,进一步发展外向型经济。鼓励经济特区和上海浦东新区在制度创新和扩大开放等方面走在前列。支持东北地区等老工业基地加快调整和改造,支持以资源开采为主的城市和地区发展接续产业,支持革命老区和少数民族地区加快发展,国家要加大对粮食主产区的扶持。加强东、中、西部经济交流和合作,实现优势互补和共同发展,形成若干各具特色的经济区和经济带。

(四)坚持和完善基本经济制度,深化国有资产管理体制改革。根据解放和发展生产力的要求,坚持和完善公有制为主体、多种所有制经济共同发展的基本经济制度。第一,必须毫不动摇地巩固和发展公有制经济。发展壮大国有经济,国有经济控制国民经济命脉,对于发挥社会主义制度的优越性,增强我国的经济实力、国防实力和民族凝聚力,具有关键性作用。集体经济是公有制经济的重要组成部分,对实现共同富裕具有重要作用。第二,必须毫不动摇地鼓励、支持和引导非公有制经济发展。个体、私营等各种形式的非公有制经济是社会主义市场经济的重要组成部分,对充分调动社会各方面的积极性、加快生产力发展具有重要作用。第三,坚持公有制为主体,促进非公有制经济发展,统一于社会主义现代化建设的进程中,不能把这两者对立起来。各种所有制经济完全可以在市场竞争中发挥各自优势,相互促进,共同发展。

继续调整国有经济的布局和结构,改革国有资产管理体制,是深化经济体制改革的重大任务。在坚持国家所有的前提下,充分发挥中央和地方两个积极性。国家要制定法律法规,建立中央政府和地方政府分别代表国家履行出资人职责,享有所有者权益,权利、义务和责任相统一,管资产和管人、管事相结合的国有资产管理体制。关系国民经济命脉和国家安全的大型国有企业、基础设施和重要自然资源等,由中央政府代表国家履行出资人职责。其他国有资产由地方政府代表国家履行出资人职责。中央政府和省、市(地)两级地方政府设立国有资产管理机构。继续探索有效的国有资产经营体制和方式。各级政府要严格执行国有资产管理法律法规,坚持政企分开,实行所有权和经营权分离,使企业自主经营、自负盈亏,实现国有资产保值增值。

国有企业是我国国民经济的支柱。要深化国有企业改革，进一步探索公有制特别是国有制的多种有效实现形式，大力推进企业的体制、技术和管理创新。除极少数必须由国家独资经营的企业外，积极推行股份制，发展混合所有制经济。实行投资主体多元化，重要的企业由国家控股。按照现代企业制度的要求，国有大中型企业继续实行规范的公司制改革，完善法人治理结构。推进垄断行业改革，积极引入竞争机制。通过市场和政策引导，发展具有国际竞争力的大公司大企业集团。进一步放开搞活国有中小企业。深化集体企业改革，继续支持和帮助多种形式的集体经济的发展。

充分发挥个体、私营等非公有制经济在促进经济增长、扩大就业和活跃市场等方面的重要作用。放宽国内民间资本的市场准入领域，在投融资、税收、土地使用和对外贸易等方面采取措施，实现公平竞争。依法加强监督和管理，促进非公有制经济健康发展。完善保护私人财产的法律制度。

（五）健全现代市场体系，加强和完善宏观调控。在更大程度上发挥市场在资源配置中的基础性作用，健全统一、开放、竞争、有序的现代市场体系。推进资本市场的改革开放和稳定发展。发展产权、土地、劳动力和技术等市场。创造各类市场主体平等使用生产要素的环境。深化流通体制改革，发展现代流通方式。整顿和规范市场经济秩序，健全现代市场经济的社会信用体系，打破行业垄断和地区封锁，促进商品和生产要素在全国市场自由流动。

完善政府的经济调节、市场监管、社会管理和公共服务的职能，减少和规范行政审批。要把促进经济增长，增加就业，稳定物价，保持国际收支平衡作为宏观调控的主要目标。扩大内需是我国经济发展长期的、基本的立足点。坚持扩大国内需求的方针，根据形势需要实施相应的宏观经济政策。调整投资和消费关系，逐步提高消费在国内生产总值中的比重。完善国家计划和财政政策、货币政策等相互配合的宏观调控体系，发挥经济杠杆的调节作用。深化财政、税收、金融和投融资体制改革。完善预算决策和管理制度，加强对财政收支的监督，强化税收征管。稳步推进利率市场化改革，优化金融资源配置，加强金融监管，防范和化解金融风险，使金融更好地为经济社会发展服务。

（六）深化分配制度改革，健全社会保障体系。理顺分配关系，事关广大群众的切身利益和积极性的发挥。调整和规范国家、企业和个人的分配关系。确立劳动、资本、技术和管理等生产要素按贡献参与分配的原则，完善按劳分配为主体、多种分配方式并存的分配制度。坚持效率优先、兼顾公平，既要提倡奉献精神，又要落实分配政策，既要反对平均主义，又要防止收入悬殊。初次分配注重效率，发挥市场的作用，鼓励一部分人通过诚实劳动、合法经营先富起来。再分配注重公平，加强政府对收入分配的调节职能，调节差距过大的收入。规范分配秩序，合理调节少数垄断性行业的过高收入，取缔非法收入。以共同富裕为目标，扩大中等收入者比重，提高低收入者收入水平。

建立健全同经济发展水平相适应的社会保障体系，是社会稳定和国家长治久安的重要保证。坚持社会统筹和个人账户相结合，完善城镇职工基本养老保险制度和基本医疗保险制度。健全失业保险制度和城市居民最低生活保障制度。多渠道筹集和积累社会保障基金。各地要根据实际情况合理确定社会保障的标准和水平。发展城乡社会救济和社会福利事业。有条件的地方，探索建立农村养老、医疗保险和最低生活保障制度。

（七）坚持“引进来”和“走出去”相结合，全面提高对外开放水平。适应经济全球化和加入世贸组织的新形势，在更大范围、更广领域和更高层次上参与国际经济技术合作和竞争，充分利用国际国内两个市场，优化资源配置，拓宽发展空间，以开放促改革促发展。

进一步扩大商品和服务贸易。实施市场多元化战略，发挥我国的比较优势，巩固传统市场，开拓新兴市场，努力扩大出口。坚持以质取胜，提高出口商品和服务的竞争力。优化进口结构，着重引进先进技术和关键设备。深化外经贸体制改革，推进外贸主体多元化，完善有关税收制度和贸易融资机制。

进一步吸引外商直接投资，提高利用外资的质量和水平。逐步推进服务领域开放。通过多种方式利用中长期国外投资，把利用外资与国内经济结构调整、国有企业改组改造结合起来，鼓励跨国公司投资农业、制造业和高新技术产业。大力引进海外各类专业人才和智力。改善投资环境，对外商投资实行国民待遇，提高法规和政策透明度。实施“走出去”战略是对外开放新阶段的重大举措。鼓励和支持有比较优势的各种所有制企业对外投资，带动商品和劳务出口，形成一批有实力的跨国企业和著名品牌。积极参与区域经济交流和合作。在扩大对外开放中，要十分注意维护国家经济安全。

（八）千方百计扩大就业，不断改善人民生活。就业是民生之本。扩大就业是我国当前和今后长时期重大而艰巨的任务。国家实行促进就业的长期战略和政策。各级党委和政府必须把改善创业环境和增加就业岗位作为重要职责。广开就业门路，积极发展劳动密集型产业。对提供新就业岗位和吸纳下岗失业人员再就业的企业给予政策支持。引导全社会转变就业观念，推行灵活多样的就业形式，鼓励自谋职业和自主创业。完善就业培训和服务体系，提高劳动者就业技能。依法加强劳动用工管理，保障劳动者的合法权益。高度重视安全生产，保护国家财产和人民生命的安全。

发展经济的根本目的是提高全国人民的生活水平和质量。要随着经济发展不断增加城乡居民收入，拓宽消费领域，优化消费结构，满足人们多样化的物质文化需求。加强公共服务设施建设，改善生活环境，发展社区服务，方便群众生活。建立适应新形势要求的卫生服务体系和医疗保健体系，着力改善农村医疗卫生状况，提高城乡居民的医疗保健水平。发展残疾人事业。继续大力推进扶贫开发，巩固扶贫成果，尽快使尚未脱贫的农村人口解决温饱问题，并逐步过上小康生活。

胜利完成经济建设和经济体制改革的各项任务，对加快推进社会主义现代化具有决定性意义。只要全党和全国各族人民同心同德，艰苦奋斗，我们就一定能够建立完善的社会主义市场经济体制，在新世纪新阶段继续保持国民经济持续快速健康发展。

政府工作报告

2003年3月5日在第十届全国人民代表大会第一次会议上

国务院总理 朱镕基

各位代表：

本届政府1998年3月就职，任期即将结束。现在，我代表国务院，向第十届全国人民代表大会第一次会议报告过去五年的工作，对今年的工作提出建议，请予审议，并请全国政协各位委员提出意见。

一、过去五年政府工作的回顾

第九届全国人民代表大会第一次会议以来的五年，是很不平凡的五年。本届政府初期，亚洲金融危机冲击，世界经济增长放慢；国内产业结构矛盾十分突出，国有企业职工大量下岗；1998、1999年连续遭受特大洪涝灾害。全国各族人民在中国共产党领导下，团结奋进，顽强拼搏，战胜种种困难，改革开放和经济社会发展取得举世公认的伟大成就。我们胜利实现了现代化建设第二步战略目标，开始向第三步战略目标迈进。

五年来，国民经济保持良好发展势头，经济结构战略性调整迈出重要步伐。

——经济持续较快增长。国内生产总值从1997年的7.4万亿元增加到2002年的10.2万亿元，按可比价格计算，平均每年增长7.7%。产业结构调整成效明显。粮食等主要农产品供给实现了由长期短缺到总量平衡、丰年有余的历史性转变。以信息产业为代表的高新技术产业迅速崛起。传统工业改造步伐加快。现代服务业快速发展。经济增长质量和效益不断提高。国家税收连年大幅度增长。全国财政收入从1997年的8651亿元增加到2002年的18914亿元，平均每年增加2053亿元；国家外汇储备从1399亿美元增加到2864亿美元。五年全社会固定资产投资累计完成17.2万亿元，特别是发行6600亿元长期建设国债，带动银行贷款和其他社会资金形成3.28万亿元的投资规模，办成不少多年想办而没有力量办的大事。社会生产力跃上新台阶，国家的经济实力、抗风险能力和国际竞争力明显增强。

——基础设施建设成就显著。我们集中力量建成了一批关系全局的重大基础设施项目。进行了新中国成立以来规模最大的水利建设。五年全国水利建设投资3562亿元，扣除价格变动因素，相当于1950年到1997年全国水利建设投资的总和。一批重大水利设施项目相继开工和竣工。江河堤防加固工程开工3.5万公里，完成了长达3500多公里的长江干堤和近千公里的黄河堤防加固工程，防洪能力大大增强。举世瞩目的长江三峡水利枢纽二期工程即将完成，黄河小浪底等水利枢纽工程投入运行，南水北调工程开工建设。交通建设空前发展，现代综合运输体系初步形成。五年全国公路建设投资12343亿元，扣除价格变动因素，是1950年到1997年全国公路建设投资总和的1.7倍。公路通车里程由1997年的123万公里增加到2002年的176万公里，其中高速公路由4771公里增加到2.52万公里，从居世界第三十九位跃升到第二位。铁路营运里程由65969公里增加到71500公里；五年建成新线5944公里，复线4603公里，电气化线路5704公里。新建、改扩建机场50个。港口万吨级码头泊位新增吞吐能力1.44亿吨。邮电通信建设突飞猛进。长途光缆线路长度由1997年的15万公里增加到2002年的47万公里；固定电话和移动电话用户由8354万户增加到4.21亿户，居世界首位。能源建设继续加强。发电装机容量由1997年的2.54亿千瓦增加到2002年的3.53亿千瓦。城市规划和公用设施建设明显加强，许多城市面貌有很大改观。基础设施的显著改善，大大增强了我国经济发展的后劲。

——西部大开发开局良好。实施西部大开发战略三年来，国家通过加大建设投入、增加财政转移支付、实施优惠财税政策等措施，有力地促进了西部地区发展。新开工建设36项重点工程，投资总规模6000多亿元。青藏铁路、西气东输、西电东送、水利枢纽、干线公路等重大项目建设进展顺利。"油路到县"、"送电到乡"、"广播电视到村"等工程加快实施。生态环境保护和建设力度加大。农村公路、中小型水利、人畜饮水和科技、教育设施建设加快。东部与中西部地区经济技术合作进一步加强。

——可持续发展能力增强。五年全国环境保护和生态建设投入5800亿元，是1950年到1997年投入总和的1.7倍。退耕还林、天然林保护、京津风沙源治理等六大林业生态工程建设全面实施。五年内，全国造林面积2787万公顷，封山育林3153万公顷，退耕还林382万公顷；治理水土流失面积26.6万平方公里，治理沙化土地570万公顷。环境污染加剧的趋势总体上得到控制。主要污染物排放总量持续降低，重点城市和地区的环境质量有所改善。资源保护取得新进展。地质调查成果丰硕。防灾减灾成效明显。人口自然增长率降到6.45‰，进入了稳定低生育水平的时期。

五年来，改革开放取得突破性进展，社会主义市场经济体制初步建立。

——所有制结构进一步调整和完善。公有制经济在调整和改革中发展壮大，探索公有制多种实现形式取得成效。国有经济结构调整步伐加快，控制力和竞争力明显增强。国有企业三年改革与脱困目标基本实现。大多数国有大中型骨干企业初步建立现代企业制度，涌现出一批有实力、有活力和有竞争力的优势企业。国有中小企业进一步放开搞活。垄断行业管理体制改革迈出实质性步伐。城乡集体经济得到新的发展。股份制经济不断扩大。个体、私营等非公有制经济较快发展，在发展经济、增加就业、活跃市场、扩大出口方面发挥了重要作用。

——现代市场体系建设全面展开。国民经济市场化程度进一步提高，市场在资源配置中的基础性作用明显增强。公用服务和能源、交通领域价格改革不断深化。资本、产权、土地、技术和劳动力市场加快发展。现代流通和营销方式不断拓展。整顿和规范市场经济秩序取得阶段性成果。在全国先后开展了声势浩大的打击走私、骗税骗汇、制售假冒伪劣商品的专项行动，对文化、旅游、建筑、集贸等市场和安全生产秩序进行专项整治。依法查处了一大批经济违法案件，惩治了严重破坏市场秩序的犯罪分子。市场环境和消费环境逐步改善。

——金融、财税、投融资体制改革继续深化。与社会主义市场经济发展相适应的金融体系初步形成。逐步完善金融调控方式。改革了中国人民银行管理体制，建立了全国集中统一的证券、保险监管体制。国有独资商业银行和政策性银行改革不断推进，中小商业银行组织结构得到优化。整顿和规范非银行金融机构取得重要进展。坚持“法制、监管、自律、规范”的方针，证券业在逐步规范中发展。保险业改革不断深化。清理和撤销了农村合作基金会。依法取缔社会乱办金融等违法活动。金融监管逐步加强，防范和化解金融风险取得成效，银行不良资产比例逐步降低。适应社会主义市场经济要求的公共财政框架初步建立。财政体制在分税制改革的基础上，实行了所得税分享改革。中央和省两级实行部门预算制度，“收支两条线”管理和国库集中收付制度改革试点稳步推进。税制改革和税收征管改革成效显著。投融资体制改革逐步深化，投融资渠道进一步拓宽，投融资方式实现多样化，初步建立了项目法人责任制、招标投标制、合同制、工程监理制。城镇住房制度改革取得明显成效。

——社会保障体系框架基本确立。城镇基本养老保险制度和基本医疗保险制度建设迈出重大步伐。建立了国有企业下岗职工基本生活保障制度、失业保险制度、城市居民最低生活保障制度。社会保障覆盖面不断扩大，全国城镇参加基本养老保险、基本医疗保险和失业保险的人数大幅度增加，符合条件的城市困难居民已逐步纳入最低生活保障范围，基本做到应保尽保。建立了全国社会保障基金，已积累资金1242亿元。城镇职工基本医疗保险制度、医疗卫生体制、药品生产流通体制改革取得重要进展。农村新型合作医疗制度开始试点。社会保障体系的加快建设，为维护会稳定、深化改革、调整结构和促进发展，提供了有力保障。

——对外开放向广度和深度扩展。对外贸易连续跨上几个台阶。外贸进出口总额由1997年的3252亿美元增加到2002年的6208亿美元，世界排名由第十位上升到第五位；出口总额由1828亿美元增加到3256亿美元，出口商品结构不断优化。服务贸易稳步发展，入境旅游人数和外汇收入大幅度增加。利用外资水平明显提高。五年累计实际利用外商直接投资2261亿美元，超过1979年到1997年的总和。高新技术产业、基础设施和服务业吸收外资明显增加。实施“走出去”战略，对外投资、工程承包和劳务合作不断扩大。经过15年的艰苦努力，我国于2001年12月正式加入世界贸易组织，标志着对外开放进入新阶段。加入世贸组织后，我们信守承诺，履行义务，行使权利，赢得较好声誉，促进了对外合作。

五年来，科技创新能力明显增强，教育事业蓬勃发展。

——基础研究、高技术研究和应用技术研究取得重要进展。国家创新体系建设积极推进。信息技术、生命科学、航空航天技术等领域成就突出。水稻基因组精细图完成、10兆瓦高温气冷核反应堆实验工程建成、超大规模并行处理计算机研制成功、“神舟”系列飞船试验成功等，标志着我国在相关领域跨入世界先进行列。建成一批国家重点实验室，实施一批重大科学工程，建设一批国家工程技术研究中心。科技成果市场化、产业化明显加快。五年获得国家登记的科技成果14万多项，授予专利权52万件。哲学社会科学研究取得一批可喜成果。知识产权保护进一步加强。

——教育事业迅速发展。全国实现基本普及九年义务教育、基本扫除青壮年文盲的人口地区覆盖率，由1997年的65%提高到2002年的91%。高中阶段教育得到加强。高等学校从1999年起连续扩大招生规模，高考录取率从36%提高到59%；2002年高等学校在校生1600万人，是1997年的2.3倍；五年内全国本专科毕业生1300万人，毕业研究生31万人。高校后勤社会化改革取得重要进展。新建和改建学生公寓4800万平方米，超过1950年到1997年的建设总规模。基本建成结构比较完整、专业门类齐全的职业和成人教育体系。特殊教育、早期教育得到重视。民办教育迅速发展。素质教育不断加强，促进了学生德智体美全面发展。

五年来，社会主义民主政治和精神文明建设成效显著。

——民主政治建设不断加强。各级政府自觉接受同级人民代表大会及其常委会的监督，主动加强与人民政协的联系，认真听取民主党派、工商联、无党派人士和人民团体的意见。基层民主进一步扩大，村民自治、城市居民自治和村务公开、厂务公开、政务公开逐步推行。城市社区建设继续发展。贯彻依法治国基本方略，坚持依法行政，政府法制建设进程加快。五年间，国务院提出法律议案50件，颁布行政法规150件；适应发展社会主义市场经济和加入世贸组织的要求，对2000年底以前发布的756件行政法规进行全面清理，废止71件，宣布失效80件。国务院各部门共清理涉外规章和有关政策规定2300件，废止830件，修订325件。普法宣传教育深入进行，公民的法制观念增强。社会法制化管理水平不断提高。强化行政监察、审计和经济监督，在推进依法行政、反腐倡廉和查处大案要案等方面发挥了重要作用。陆地行政区的界线勘定任务全面完成，海域勘界工作全面铺开。社团管理工作得到加强。坚决取缔邪教组织。

社会治安综合治理的各项措施进一步落实，社会治安状况好转，人民群众安全感增强。

——精神文明建设取得新成果。学习宣传邓小平理论和"三个代表"重要思想活动深入开展。坚持依法治国和以德治国相结合。以讲文明、树新风为主要内容的精神文明创建活动蓬勃展开。思想道德建设继续加强。科学知识进一步普及，科学精神得到弘扬。文学艺术、新闻出版、广播影视等事业全面发展，优秀作品不断涌现。广播电视覆盖能力和质量明显提高。文化、卫生、体育领域改革和发展加快。文化设施建设和各类专项经费投入力度加大，新建和改扩建了一批图书馆、博物馆、科技馆、档案馆、文化馆等。文物保护和档案工作取得新成绩。"扫黄"、"打非"斗争不断深入。对外文化交流空前活跃。城乡卫生工作得到加强，重大疾病预防控制取得成效。加强灾后防病防疫工作，实现了特大洪涝灾害之后无大疫。颁布并实施中国妇女、儿童发展纲要。青少年的教育和保护工作得到加强。老龄工作进一步开展。残疾人事业有了很大发展。群众性体育活动蓬勃展开，竞技体育屡创佳绩。五年间，在重大国际比赛中共获得485个世界冠军，创造世界纪录193次。北京申办2008年奥运会获得成功，上海赢得2010年世界博览会举办权，激发了全国各族人民的爱国热情，增强了民族自豪感和凝聚力。

——民族、宗教、侨务工作得到加强。平等、团结、互助的社会主义民族关系进一步发展。民族区域自治制度不断完善。少数民族平等权利和民族自治地方的自治权利得到保障。国家对民族地区的支持力度加大，民族地区经济社会发展加快。宗教信仰自由政策进一步贯彻落实，宗教事务管理逐步走上规范化、法制化轨道。侨务政策继续落实，侨务工作不断加强。

五年来，人民生活显著改善，总体达到小康水平。

——城乡居民收入持续增加。城镇居民家庭人均可支配收入，由1997年的5160元增加到2002年的7703元，平均每年实际增长8.6%。农村居民家庭人均纯收入由2090元增加到2476元，平均每年实际增长3.8%。城乡居民人民币储蓄存款余额由4.6万亿元增加到8.7万亿元。居民拥有的股票、债券等其他金融资产也有较多增加。农村贫困人口由4960万人减少到2820万人。这五年，在经济较快增长、物价水平较低的情况下，人民群众得到了更多实惠。

——消费水平明显提高。城乡市场繁荣，全社会消费品零售总额从1997年的2.73万亿元增加到2002年的4.1万亿元，平均每年实际增长10.5%。城镇居民人均住房建筑面积由17.8平方米增加到近22平方米，农村居民人均居住面积由22.5平方米增加到26.5平方米。电视机、洗衣机、电冰箱等家用电器进一步普及，电脑、轿车越来越多地进入居民家庭。公共服务设施、人均绿地面积不断扩大。法定节日假期增加，外出旅游人数大幅度增长。体育健身和文化娱乐消费明显增多。医疗保健条件不断改善，人民群众健康水平进一步提高。人均期望寿命2002年达71.8岁，接近中等发达国家水平。

在我们这样一个近13亿人口的国家，人民生活总体上达到小康水平，这是社会主义制度的伟大胜利，是中华民族发展史上一个新的里程碑。

五年来，国防和军队建设迈出新步伐。

人民军队贯彻新时期军事战略方针，实施科技强军战略。军队革命化、现代化、正规化建设继续加强，国防实力和军队防卫作战能力提高。如期完成裁减员额50万的任务。思想政治建设扎实有效。后勤保障体制改革不断深化。武器装备现代化水平显著提高。人民解放军、武装警察部队、预备役部队和民兵在维护国家主权、安全，支持经济建设和抗灾抢险中，作出了重大贡献。国防科研得到加强，国防科技工业有了新发展。国防动员工作不断进步。拥军优属、拥政爱民活动深入开展，军政军民团结进一步加强。

五年来，祖国统一大业取得新进展。

继香港回归祖国之后，1999年12月我国政府恢复对澳门行使主权。坚持"一国两制"方针，香港特别行政区基本法和澳门特别行政区基本法得到贯彻执行。中央政府全力支持香港、澳门两个特别行政区行政长官和政府依法施政。香港、澳门社会经济稳定。我们坚持"和平统一、一国两制"的基本方针和江泽民主席关于解决台湾问题的八项主张，同"台独"分裂势力进行了坚决斗争。推动两岸交流与往来，推进两岸"三通"，为促进祖国和平统一进程做了大量工作。

五年来，外交工作开创新局面。

面对国际局势的复杂变化，我国坚持独立自主的和平外交政策，广泛开展双边和多边外交活动，积极参与国际交流和合作，国际地位显著提高。我国同周边国家的睦邻友好合作关系进一步发展，同发展中国家的团结合作不断加强，同发达国家的关系得到改善和发展。上海合作组织的建立，促进了地区稳定和经济合作。中国—东盟自由贸易区进程启动，与东盟在诸多领域的合作加强。我国在联合国和其他国际及区域性组织中，发挥了积极作用。我们坚决维护国家主权、领土完整和民族尊严，挫败了外部势力干涉我国内政的图谋，赢得国际社会的广泛支持。我国积极参与国际反恐合作并发挥了建设性作用。

各位代表！

过去五年，"九五"计划胜利完成，"十五"计划开局良好。这五年，是全国各族人民在党的十五大、十六大精神指引下，沿着中国特色社会主义道路阔步前进的五年；是国家面貌日新月异、各项事业蒸蒸日上、人民生活显著改善的五年；是我国社会稳定、民族团结、国际影响日益扩大的五年。本届政府认真履行职责，为促进国家繁荣、增进人民福祉，作出了应有贡献。

在过去五年的政府工作中，我们始终坚持以邓小平理论为指导，认真贯彻"三个代表"重要思想，解放思想、实事求是，全面执行党的基本路线和基本纲领，牢牢把握经济建设这个中心，大力推进改革开放，正确处理改革发展稳定的关系，积极促进物质文明和精神文明协调发展。在丰富生动的实践中，积累了不少有益的经验。

五年来，我们的主要工作体会有以下几个方面。

（一）坚持正确把握宏观调控的方向和力度，实施积极的财政政策和稳健的货币政策

发展社会主义市场经济，必须加强和改善宏观调控。宏观

调控要着眼于保持经济稳定较快增长,敏锐把握国际国内经济形势变化,增强预见性、针对性和有效性。这几年,面对国际经济环境严峻和国内有效需求不足的困难局面,我们采取的最重要举措,就是果断地把宏观调控的重点,从实行适度从紧的财政政策和货币政策,治理通货膨胀,转为实行扩大内需的方针,实施积极的财政政策和稳健的货币政策,抑制通货紧缩趋势,并在实践中适时完善政策措施,把握调控力度,确保取得成效。

坚持财政收支平衡和量入为出,是经济工作应当遵循的重要原则。这几年实施积极的财政政策,发行长期建设国债,是在特定情况下实行的特殊政策。我们始终坚持经常性预算不打赤字,建设性预算赤字不突破年初确定的规模。在银行存款增加较多、物资供给充裕、物价持续负增长、利率水平较低的条件下,发行国债搞建设既可以利用闲置生产能力,拉动经济增长,又可以减轻银行利息负担,也不会引发通货膨胀,一举多得。在长期建设国债资金使用中,重点支持基础设施建设,并同推进产业结构调整、企业技术改造、科技教育发展和生态环境建设结合起来,注意向中西部地区倾斜。加强国债项目管理,防止重复建设和过度超前建设,提高资金使用效益。在扩大投资需求的同时,重视培育和扩大消费需求。主要是努力增加城乡中低收入居民的收入。1999年以来,三次提高机关事业单位职工基本工资标准和离退休人员离退休金,实施年终一次性奖金制度,建立艰苦边远地区津贴制度。提高国有企业离退休人员的待遇。较大幅度地提高各类社会保障对象补助标准。采取多种措施增加农民收入。实施鼓励消费的政策,努力形成投资需求和消费需求对经济增长的双拉动。

这几年宏观调控的成功,还在于高度重视做好金融工作,坚持实行稳健的货币政策。既保持金融对经济发展的必要支持,又防止盲目放松银行信贷。银行优先为国债项目提供配套贷款,支持有市场、有效益、有信用企业的流动资金和技术改造贷款需要。根据资金供求变化和经济发展需要,1998年以来五次降低银行存贷款利率。发展居民住房、助学等消费信贷,2002年末消费贷款余额达1.07万亿元。这些措施,对增加企业投资、扩大居民消费起到了重要作用。

坚持实施积极的财政政策和稳健的货币政策,有力地促进了经济较快增长,培植和扩大了财源。同时,由于不断完善财税体制,加强税收征管,中央财政实力显著增强,对地方转移支付力度不断加大。除税收返还和体制性补助外,中央对地方转移支付总额由1997年的664亿元增加到2002年的4025亿元,五年共计12319亿元,其中用于地方"两个确保"和"低保"的资金1777亿元,用于地方增加机关事业单位职工工资1755亿元。这对于扩大内需、推动地区协调发展、维护社会稳定,发挥了重要作用。

(二)坚持以经济结构调整为主线,着力提高经济增长质量和效益

发展是硬道理,是解决我国所有问题的关键,必须使国民经济保持较快的发展速度。发展必须有新思路,有市场、有效益的速度,才是真正的、健康的发展。在我国经济发展出现阶段性变化的新情况下,必须坚决进行经济结构战略性调整。我们注意把各方面主要精力引导到调整结构、提高经济增长质量和效益上来,努力实现速度与结构、质量、效益相统一。

我们坚持全面调整产业结构、地区结构和城乡结构,着力抓好调整产业结构这个关键。一是加强基础设施建设。这是在加工工业生产能力过剩的情况下调整结构的必然选择,既可以消除基础设施的"瓶颈"制约,又可以带动装备制造业等相关行业的发展。在基础设施建设中,坚持统筹规划、突出重点、合理布局、质量第一。严格控制新上加工工业项目,防止低水平重复建设。二是大力发展高新技术产业特别是信息产业,积极推进国民经济和社会信息化。组织实施了1000多项高新技术产业化示范工程,使一批具有自主知识产权的重大科技成果在短期内实现了产业化。充分发挥高新技术产业开发区和工业园区的作用,积极发展高新技术产业化服务体系。通过推进改革开放和加大投入,使我国信息产业实现了跨越式发展。三是积极改造和提升传统工业。采取国债贴息、改进技改项目审批等办法,支持重点行业、重点企业、重点产品进行大规模的技术改造和结构调整。五年全国共完成技术改造投资2.66万亿元,比前五年增长67%。一批大型企业走出了依靠自身力量提升技术水平、增强竞争能力的新路子。同时,综合运用经济、法律和必要的行政手段,以纺织行业为突破口,逐步扩大到煤炭、冶金、建材、石化、制糖等行业,关闭了一大批产品质量低劣、浪费资源、污染严重和不具备安全生产条件的企业,淘汰了一大批落后设备、技术和工艺,压缩了部分过剩生产能力。四是努力发展服务业。放宽市场准入,改善发展环境,推行现代经营方式和技术,使传统服务业得到进一步发展。同时,采取多种措施,积极支持和鼓励现代服务业加快发展。

提高产品质量是兴国之道,也是提高经济效益和竞争力的根本之策。我们通过采用国际标准,推广先进技术,加强认证认可工作,强化质量管理,使各行各业产品和服务质量不断提高。

(三)坚持把解决"三农"问题放在突出位置,巩固和加强农业基础地位

农业、农村、农民问题,关系我国改革开放和现代化建设全局,任何时候都不能忽视和放松。近几年,农业综合生产能力上了一个大台阶,有力地支持了国民经济发展和社会稳定。同时,也出现了农产品供过于求、价格下跌、农民收入增长缓慢等问题。如果不改变这种状况,就会严重挫伤农民积极性,动摇农业的基础地位,甚至危及国民经济全局。我们坚持把加强农业、发展农村经济、增加农民收入,作为经济工作的重中之重,下了很大功夫。

一是推进农业结构调整。通过政策支持、加强信息服务和技术服务,引导农民按照市场需求调整种植结构、品种结构,发展畜牧业和水产养殖业,推进农业生产区域布局调整。大力推广"公司加农户"、"订单农业"等方式,发展农业产业化经营,带动千家万户农民进入市场。同时,抓住粮食供给充足的有利时机,实施退耕还林,既促进了农业结构调整,又直接增加了农民收入。在农业结构调整中,坚持因地制宜,不搞行政命令,尊重农民意愿。

二是深化粮棉流通体制改革。购销市场化是粮棉流通体制改革的根本方向，但在改革步骤上，我们坚持从实际出发，着眼于保护农民利益和农业生产力，积极稳步地推进。1997年实行按保护价敞开收购农民余粮等政策。1998年进一步提出"三项政策、一项改革"，即按保护价敞开收购农民余粮、国有粮食购销企业顺价销售、粮食收购资金实行封闭运行，加快国有粮食企业改革。2001年，在粮食主产区继续按保护价敞开收购农民余粮的同时，放开主销区粮食收购市场和价格，收到明显效果。国家为支持粮食流通体制改革，投入了很大数量的资金。棉花购销市场化改革也不断深化，取得了突破性进展。

三是进行农村税费改革试点。为解决农民负担过重问题，我们采取了一系列政策措施。从2000年起，在安徽等地开展农村税费改革试点，2002年试点扩大到20个省、自治区、直辖市，试点地区农民负担平均减轻30%。今年中央财政预算用于支持这项改革的资金将达305亿元。同时，进行了乡镇机构、农村教育和县乡财政体制等配套改革。农村中小学教师工资改由县财政统一管理，以保证教师工资按时足额发放，减轻农民负担。农村税费改革，是我国农村继实行家庭承包经营之后的又一场伟大变革，对保障农民减负增收、促进农业发展、维护农村稳定，已经并将继续发挥重大作用，得到亿万农民的衷心拥护。

四是增加对农业和农村的投入。这是解决"三农"问题，促进城乡协调发展的重大举措。五年来，国家财政支持农村生产支出和各项农业事业费达4077亿元，比前五年累计增加1852亿元。我们还将部分国债资金用于农业和农村基础设施的投入，重点支持了大江大河大湖治理、农村电网改造、国家储备粮库等方面建设，还支持了农业和农村小型基础设施建设。这些措施，对改善农民生产生活条件起到了重要作用。

五是加强农村扶贫开发。认真落实并基本完成"八七"扶贫攻坚计划，制定和实施新世纪头十年农村扶贫开发纲要。坚持开发式扶贫方针，加大扶贫投入力度。五年间，国家财政扶贫资金和以工代赈资金达480亿元，通过贴息方式安排扶贫贷款770亿元，都比以前明显增加。坚持开展东部和西部地区协作扶贫。经过多年探索，走出了一条符合中国国情的扶贫开发道路。

六是引导农村劳动力合理有序流动。农村富余劳动力向非农产业和城镇转移，是工业化和现代化的必然趋势。我们坚持实施城镇化战略，积极稳妥地发展小城镇。支持农民进城务工就业，清理和纠正对农民工的歧视性政策和乱收费，保护他们的合法权益，同时加强引导和管理。以城市繁荣带动农村发展，促进城乡协调发展，是新形势下解决"三农"问题的重要途径。

实践证明，中央关于新阶段农业和农村工作的决策和部署是正确的。本届政府为解决"三农"问题倾注了极大精力，取得了积极成效。根本解决"三农"问题，是一项长期而艰巨的任务，需要坚持不懈的努力。

（四）坚持推进国有企业改革，切实加强再就业工作和社会保障体系建设

国有企业改革是整个经济体制改革的中心环节。不坚决推进改革，国有企业就没有出路。五年来，我们坚持社会主义市场经济的改革方向，知难而进，敢于碰硬，加大工作力度，打了一场深化国有企业改革的攻坚战。

一是加快现代企业制度建设。按照"产权清晰、权责明确、政企分开、管理科学"的要求，积极推行规范的公司制和股份制改革，完善法人治理结构，深化企业内部分配、人事、劳动制度改革，建立激励和约束机制。同时，鼓励符合条件的国有大型企业改制上市。五年来，国有及国有控股企业在境内外新增上市公司442家，累计筹资7436亿元，包括境外筹资352亿美元。二是建立企业优胜劣汰的机制。从战略上调整国有经济布局和改组国有企业，支持具有优势的大公司大企业集团进一步做强做大，使他们成为国民经济的重要支柱和参与国际竞争的主要力量。同时，国家制定了妥善安置职工、对企业与职工解除劳动关系给予经济补偿、经国务院批准核销企业银行呆坏账等政策规定，使一批长期亏损、资不抵债、扭亏无望的企业和资源枯竭矿山，平稳地实施破产关闭，形成了劣势企业退出市场的机制。三是减轻企业负担和历史包袱。结合国有商业银行集中处理不良资产的改革，成立四家金融资产管理公司，确定对符合条件的580户国有大中型企业实施债权转股权。实施债转股的企业，降低了资产负债率，多数已扭亏为盈。采取有效措施，努力解决企业冗员过多、企业办社会等问题。四是积极推进企业管理创新。大力推进企业信息化，加强成本管理、资金管理和质量管理，全面提高企业现代化管理水平。五是大力加强企业外部监管。国务院先后向192个重点国有企业以及一批国有金融机构派出了监事会，对国有企业和金融机构领导人实行了经济责任审计。这些对促进企业改善经营管理，防止国有资产流失，发挥了重要作用。

国有企业改革之所以取得重大进展，至关重要的是，坚持实行鼓励兼并、规范破产、下岗分流、减员增效和实施再就业工程的方针，切实搞好再就业工作和社会保障体系建设。这几年，党中央、国务院两次召开全国再就业工作会议，相继制定和实行一系列政策措施。对下岗分流人员，通过建立再就业服务中心，保障他们的基本生活，并代缴社会保险，促进实现再就业。对关闭破产企业，首先要妥善安置职工。1998年以来，国有企业下岗职工达2700多万人，90%以上进入再就业服务中心，先后有1800多万人通过多种渠道和方式实现了再就业。同时，逐步完善"三条保障线"。各级政府逐年增加社会保障和再就业方面的资金投入，2002年中央财政用于"两个确保"和"低保"的资金达594亿元，是1998年的6.2倍。从2001年起，在辽宁全省进行完善城镇社会保障体系的试点，取得明显成效，为在全国逐步推广积累了经验。

实践表明，中央关于国有企业改革和促进再就业、加强社会保障体系建设的一系列方针政策是正确的，是相互配套的完整体系。只有全面贯彻执行，才能保证国有企业改革目标的实现。

（五）坚持全面提高对外开放水平，积极参与国际经济技术合作和竞争

在经济全球化深入发展、国际竞争日趋激烈的情况下，只

有顺应世界发展潮流，坚持扩大对外开放，才能更好地利用国内外两个市场、两种资源，加快发展壮大自己。面对严峻的国际经济环境，我们积极应对，趋利避害，变挑战为机遇，开创了对外开放的新局面。

这几年，在坚持扩大内需方针的同时，丝毫没有放松扩大出口的努力。1998年下半年，受亚洲金融危机的影响，我国外贸出口一度出现负增长。在这种情况下，我们坚持人民币不贬值，果断采取一系列鼓励出口的政策措施。坚持实施市场多元化战略和以质取胜战略，大力开拓新兴市场，着力改善出口商品结构，提高质量和档次。深化外经贸体制改革，推进外贸经营主体多元化，提高口岸管理水平和通关能力。由于措施得力，克服了种种困难，实现出口大幅度增长。与此同时，进口了大量国内急需的设备、技术和短缺原材料，促进了经济发展和技术进步。实践证明，稳定人民币汇率、千方百计扩大出口的决策和措施是正确的。

我们鼓励有条件的各类所有制企业走出去，开拓国际市场，到境外投资办企业，带动设备、零部件出口和劳务输出。根据不同国家的情况，分别采取不同的投资、合作方式。对发展中国家特别是周边国家提供经济技术援助，开展带资承包，投资经营，提供无息、低息贷款。这样，既有利于巩固传统友谊，又有利于互惠互利、共同发展，意义重大。

根据国际资本流动的新特点，我们抓住机遇，积极扩大利用外资，着力提高利用外资质量，把吸收外资同国内产业结构调整、国有企业改组改造、西部大开发结合起来。这几年大力改善投资环境，交通、通信设施等硬环境大为改观；努力完善法制，提高政策透明度，提供优质服务，软环境也有很大改进。这是增强对外资吸引力的根本有效之举。

（六）坚持实施科教兴国战略，提高科技创新能力和国民素质

发展科技、教育，是实现经济振兴和国家现代化的根本大计。这几年，我们始终把实施科教兴国战略作为极其重要的任务，主要从增加投入、深化改革、完善政策等方面采取了一系列措施。

较大幅度地增加科技、教育投入。五年来，国家财政用于科技的投入累计2500亿元，比前五年增长一倍多。全国研究与试验开发经费，从1997年的509亿元增加到2002年的1161亿元，占国内生产总值的比重从0.64%提高到1.13%。中央财政较多地增加了国家高技术研究发展计划、国家自然科学基金、国家创新体系建设等专项投入。科研条件的明显改善，促进了科技创新。2002年，全国财政性教育经费投入3366亿元，是1997年的1.8倍，占国内生产总值的比重从2.5%提高到3.3%。从1998年起，中央财政支出中教育经费所占比例每年提高一个百分点，仅此一项五年增加489亿元。中央财政还安排了大量资金解决中小学教师工资拖欠、中小学危房改造等问题。同时，建立以“奖、贷、助、补、减、免”为主要内容的助学政策体系，努力使家庭生活困难学生不失学。

全面深化科技、教育体制改革，积极推进科技教育与经济社会发展紧密结合。1999年以来，先后对国务院部门所属和省级所属应用型科研机构进行企业化转制的改革，对有条件的公益类科研机构也进行了多种形式面向市场的改革，初步建立起科技成果转化和产业化的有效机制。实行企业化转制的科研机构正在成为我国高新技术产业的生力军。通过改革，企业正逐步成为技术创新的主体，国家科研机构、大学和地方的科技力量不断增强。采取“共建、调整、合作、合并”等形式，对高校管理体制进行了重大改革，形成了中央和省两级政府管理、以省为主的新体制，开始改变长期以来条块分割、学校规模过小、专业设置过窄的局面，使教育资源得到优化配置。积极推进课程和考试评价制度改革。对农村义务教育实行在国务院领导下，由地方政府负责、分级管理、以县为主的新体制，有力地推动了农村教育改革和发展。

完善国家科技评价体系和奖励制度，制定技术和管理参与分配的政策，奖励有突出贡献的科技人员和经营管理人员。在科研机构内部积极推行聘用制。奖励高校优秀青年教师。国家多次提高教师工资标准，改善教师工作和生活条件。鼓励拔尖创新人才成长。这些措施有效激发了广大科技人员和教师的积极性。

实施人才强国战略，把培养、吸引和用好人才作为一项重大任务。制定和实施全国人才队伍建设规划纲要和西部地区人才开发十年规划，加强公务员、企业经营管理人才和专业技术人才队伍建设，完善培养、引进和使用人才的制度与措施，努力营造人尽其才、人才辈出的良好环境。深化干部人事制度改革，推行公务员考试录用、竞争上岗、轮岗交流与培训制度。完善政府特殊津贴专家选拔制度。坚持实行“支持留学、鼓励回国、来去自由”的政策，建立留学人员创业园，资助科研与创业，吸引了大批海外留学人员回国。

几年来，我们坚持“两手抓、两手都要硬”的方针，大力加强社会主义精神文明建设，不断提高全民族的思想道德和科学文化素质，为现代化建设提供强有力的精神动力和智力支持，也有力地促进了经济和社会协调发展。

（七）坚持走可持续发展道路，促进经济发展与人口、资源、环境相协调

实行计划生育、保护环境和保护资源，是我们的基本国策。绝不能以牺牲环境和浪费资源为代价求得一时的经济发展。我们始终把实施可持续发展战略放在十分突出的位置，大幅度增加投入，从源头抓起，坚持标本兼治。

一是加大生态环境保护和建设力度。1998年发生特大洪水后，总结实施了“封山植树，退耕还林；退耕还湖，平垸行洪；以工代赈，移民建镇；加固干堤，疏浚江河”的基本措施。在重点林区和长江、黄河上中游开展了天然林保护工程，在生态脆弱地区有步骤地开展了大规模退耕还林还草。采取“退耕还林、封山绿化、以粮代赈、个体承包”的办法，并总结推广“林权是核心、给粮是关键、种苗要先行、干部是保证”的经验。国家向农户无偿提供粮食、种苗和生活补助金，极大地调动了农民退耕还林还草的积极性。这对改善生态环境、加快贫困地区农民脱贫致

富，发挥了重要作用。在长江流域实行平垸行洪、退田还湖、移民建镇等政策，恢复水面2900平方公里，增加蓄洪容积130亿立方米，其中鄱阳湖、洞庭湖还湖面积分别达到880平方公里和600平方公里，实现了千百年来从围湖造田、与湖争地到大规模退田还湖的历史性转变。

二是加强资源保护和合理利用。强化对土地、矿产、淡水、海洋和生物等资源的管理。制定并实施了土地利用总体规划，实行严格的土地用途管理制度，切实保护耕地。坚决整顿和规范矿产资源管理秩序，制止乱采滥挖。海域使用管理开始步入法制化轨道。从1999年起，对重点江河全流域实行水资源统一调度。启动了塔里木河、黑河流域综合治理。实施“引黄济津”等应急调水工程，基本保证了城市供水。

三是强化环境污染防治。集中力量对重点流域、区域、海域、城市的污染进行治理。加强环境基础设施建设，提高城市污水和垃圾集中处理率。健全环境法制和环境标准，加大执法力度，开展清洁生产和环境管理体系认证。支持发展环保产业和循环经济。加强自然保护区、风景名胜区和旅游景区的资源与环境保护。开展环境警示教育，增强了全民参与环境保护的自觉性。

四是加强计划生育工作。坚持控制人口数量，提高人口素质。稳定现行计划生育政策，保持低生育水平。重点做好农村特别是中西部地区农村的计划生育工作，加强对流动人口的计划生育管理。建立和完善人口与计划生育目标管理责任制，使计划生育的基本国策落到实处。

（八）坚持全力维护社会稳定，为改革和发展创造良好环境

我们坚持贯彻稳定压倒一切的方针，十分注意处理好改革发展稳定的关系，在改革取得重大进展、经济加快发展的同时，有力地维护了社会稳定。一是坚持把改革的力度、发展的速度与社会可承受的程度统一起来。每项重要改革方案的制定和实施，都充分考虑国家财政、企业和群众的承受能力，把握出台的时机、节奏和力度，并根据实施过程中出现的新情况、新问题，及时加以调整和完善。重大改革措施坚持先行试点，取得经验后再逐步推开。努力保持经济稳定较快增长，避免出现大的波动。二是始终关心人民群众的切身利益，特别是努力解决困难群众生产生活中的实际问题。在积极做好社会保障、再就业和农村扶贫工作的同时，用很大力气解决拖欠职工工资、农民负担过重的问题。在化解金融风险隐患过程中，国家拿出相当大的财力，解决与群众个人利益相关的遗留债务问题。三是正确处理新形势下的人民内部矛盾。妥善处理突发性、群体性事件，努力把矛盾和纠纷解决在基层，消除在萌芽状态。四是加强社会治安综合治理。依法严厉打击各种严重刑事犯罪和经济犯罪活动，重点整治了一些地方治安混乱的突出问题。深入开展基层安全创建活动。积极预防和减少违法犯罪。重视和加强安全生产，健全安全生产责任制。五是切实维护国家安全。严密防范和依法打击境内外敌对势力的渗透、颠覆和破坏活动，依法坚决打击民族分裂势力、暴力恐怖势力和宗教极端势力。六是逐步完善政法经费保障机制，努力为政法系统开展工作提供必要条件。

（九）坚持转变政府职能，努力建设廉洁勤政务实高效政府

建立和完善社会主义市场经济体制，必须实行政企分开，转变政府职能，转变工作方式和工作作风。这几年，我们在加强政府自身建设方面取得很大进展。首先对政府机构进行重大改革，主要是进一步把综合经济部门改组为宏观调控部门，调整和减少专业经济部门，加强执法监管部门。1998年，国务院组成部门由40个减少到29个，内设机构精简1/4，人员总数减少一半。2001年，又撤销了9个国家行业主管局，进一步提升市场执法监管部门的职能和地位。地方各级政府机构也进行了相应改革。全国精减行政编制共计115万人。这次改革，进一步改变了长期以来在计划经济体制下形成的政府机构框架。尽管难度很大，但由于措施得当，工作细致，改革进展顺利。与此同时，机关后勤服务社会化程度明显提高。政企分开迈出重大步伐。中央、地方党政机关与所办经济实体和管理的直属企业脱钩，军队、武警部队和政法机关不再经商办企业。这些多年积累、群众反映强烈的问题得到解决，具有重大和深远的意义。

在社会主义市场经济条件下，政府职能主要是经济调节、市场监管、社会管理和公共服务。政府该管的事一定要管好，不该管的事坚决不管。要协调好决策、执行和监督的职能。转变政府职能，必须改革行政审批制度。我们对原有审批项目进行了清理，国务院已取消1195个行政审批事项，各级地方政府也取消了一批行政审批事项。履行政府职责，必须依法行政，维护法律尊严，保护群众利益。国务院各部门和各级地方政府不断提高依法行政水平，带头严格执法。推进行政执法体制改革，开展了相对集中行政处罚权试点工作。加强执法监督，认真做好行政复议。增强政府工作透明度，支持人民群众和新闻媒体对政府工作进行监督。高度重视做好信访工作。电子政务建设不断推进。积极倡导诚实守信的职业道德，努力建立社会信用体系。这些对提高执法水平和工作效能，发挥了重要作用。

本届政府十分重视队伍和作风建设。从一开始就对政府工作人员提出“廉洁、勤政、务实、高效”的要求。强调牢记自己是人民公仆，全心全意为人民服务；恪尽职守，敢说真话；从严治政，不怕得罪人；清正廉洁，惩治腐败；勤奋学习，刻苦工作。这有力地促进了廉政建设，提高了政务效率，密切了政府与人民群众的联系。我们加强对公务员和国有企业领导人的教育与培训，围绕党和国家的中心任务和重点工作，举办了一系列专题研究班和培训班。坚持不懈地开展反腐败斗争，大力纠正部门和行业不正之风，依法惩处了一批违法违纪的腐败分子。我们深切体会到，只有不断加强政府自身建设，才能更好地适应改革开放和现代化建设的新形势，使各级政府成为人民群众真心拥护和满意的政府。

各位代表！

五年来，我国各方面的成就确实来之不易。这些成就，是以江泽民同志为核心的第三代中央领导集体正确领导和决策的结果，是全国各族人民齐心协力、艰苦奋斗的结果，也是与海外侨胞、国际友人的支持和帮助分不开的。这里，我代表国务院，向全国工人、农民、知识分子、干部、解放军指战员、武警部队官兵和公安干警，表示崇高的敬意！向全国各族人民，向各民主党派、各人民团体和其他各界人士，对政府的信任和支持，表示衷心的感谢！向关心与支持祖国建设和统一的香港特别行政区同胞、澳门特别行政区同胞和台湾同胞以及广大侨胞，向一切关心和支持中国现代化建设的各国朋友，表示诚挚的谢意！

我们也清醒地看到，目前我国经济和社会生活中还存在一些突出的困难和问题。主要是，国内有效需求不足和供给结构不适应市场需求的变化；农民和部分城镇居民收入增长缓慢；失业人员增多，有些群众的生活还很困难；收入分配关系尚未理顺；国有企业改革任务还相当繁重；市场经济秩序有待继续整顿和规范；重大安全生产事故时有发生；有些地方社会治安状况不好；部分地区生态环境恶化；一些政府工作人员脱离群众，形式主义、官僚主义作风和弄虚作假、奢侈浪费行为相当严重，有些腐败现象仍然突出。这些问题，有的是长期积累下来的，有的是体制转轨和结构调整过程中难以完全避免的，有的是由于工作中的缺点和不足造成的。今后要继续采取措施，认真加以解决。

二、对今年政府工作的建议

中国共产党第十六次全国代表大会，提出了本世纪头20年我国全面建设小康社会的奋斗目标，为开创中国特色社会主义事业新局面指明了方向。2003年是全面贯彻落实党的十六大精神的第一年，做好今年政府工作，意义重大。

中共中央对今年工作的总体要求是：以邓小平理论和“三个代表”重要思想为指导，认真贯彻党的十六大精神，坚持把发展作为党执政兴国的第一要务，积极应对国内外环境变化带来的困难和挑战，坚持扩大内需的方针，继续实施积极的财政政策和稳健的货币政策，进一步深化改革，全面提高对外开放水平，加快经济结构的战略性调整，促进国民经济持续快速健康发展，实现速度和结构、质量、效益相统一。正确处理改革发展稳定的关系，切实加强民主法制建设、精神文明建设和党的建设，促进社会主义物质文明、政治文明和精神文明协调发展。根据这个总体要求，考虑到十届全国人大一次会议将要进行政府换届，国务院经过认真研究，对今年的政府工作提出以下建议。

（一）继续扩大国内需求，实现经济稳定较快增长

保持经济发展的良好势头，是做好各项工作的基础。综合分析国内外各种情况，今年经济增长预期目标为7%左右，这是必要的，经过努力也是可以实现的。关键要注重调整和优化结构，着力提高经济增长质量和效益。要坚持扩大内需的方针，继续实施积极的财政政策和稳健的货币政策，保持消费需求和投资需求对经济增长的双拉动。

首先要努力扩大消费需求。在目前情况下，这比增加投资需求更重要。要继续增加城乡居民特别是低收入者的收入，努力提高人民群众生活水平。千方百计增加农民收入，减轻农民负担。切实解决好困难群众的生产生活问题。原定去年下半年增加机关事业单位职工工资及离退休人员离退休金，考虑到要优先解决城镇低收入者的生活困难问题，协调各方面利益关系，这一措施推迟到今年出台。继续改善消费环境，完善消费政策，拓宽消费领域。

保持投资较快增长。综合考虑各方面因素，今年拟发行1400亿元长期建设国债。调整国债资金使用方向，首先用于续建项目和收尾项目，还要安排一些必要的新开工项目。加大对西部开发、改善农村生产生活条件、企业技术改造、生态环境建设和科教文卫事业等方面的支持力度。拓宽社会投资和企业融资渠道，引导社会资金投入国家鼓励的产业和建设项目。坚决防止低水平重复建设。对一些地方房地产投资增长过猛、高档房地产开发过多的现象，应引起高度警惕，避免盲目开发带来的风险和损失。

在继续防范和化解金融风险的同时，加大金融对经济发展的支持力度。银行要优先为国债项目提供配套贷款，增加对有市场、有效益、有信誉企业的贷款，加大对农业和农村经济、中小企业和服务业的信贷支持，规范发展消费信贷。改善金融服务，加强金融监管。规范发展证券、保险、货币市场。

认真做好财税工作。继续大力增收节支。依法强化税收征管，严厉打击各种偷逃骗税行为，做到应收尽收。各级财政要切实调整支出结构，保证重点支出。首先要确保工资按时足额发放，继续增加社会保障支出，加大对农业、农村义务教育和农村卫生的投入，加大对中西部地区和困难地区的转移支付。

（二）促进农业和农村经济全面发展

继续把发展农业和农村经济、增加农民收入，作为经济工作的重中之重。要统筹城乡经济社会发展，切实做好“三农”工作。

加快农业和农村经济结构调整。继续推进农业区域布局调整。大力发展畜牧业、水产养殖业和农产品加工业。积极发展农业产业化经营，提高农民进入市场的组织化程度和农业综合效益。努力扩大农产品出口。加大退耕还林还草力度。抓紧实施全国草原生态保护建设规划。加强农产品质量安全体系和农业社会化服务体系建设。坚持和完善农村土地承包政策，搞好非农用地的管理和调控，严禁滥占乱征耕地。继续深化农村各项改革。农村税费改革试点在总结经验、完善政策的基础上，在全国范围内推开。认真落实减轻农民负担的各项政策措施。进一步深化粮棉流通体制改革，切实保护农民利益。

增加对农业基础设施建设和农业科技的投入。加快节水灌溉、人畜饮水、县乡公路、农村能源、农村教育和医疗卫生设施等建设。加大对粮食主产区的扶持。搞好扶贫开发工作。增强集体经济实力。推动县域经济发展。加快城镇化进程。发展小城镇要科学规划，合理布局。加强对农村富余劳动力转移的协调和指导，维护农民进城务工就业的合法权益。

（三）积极推进产业结构调整和西部大开发

按照走新型工业化道路的要求，加快产业结构调整。积极

发展对经济增长有重大带动作用的高新技术产业。大力推进信息化,用信息化带动工业化,加快工业化进程。广泛采用先进适用技术改造传统产业,努力振兴装备制造业。搞好钢铁、汽车、建材等行业发展的规划和调整,防止盲目发展和无序竞争。进一步淘汰落后生产能力。积极发展现代服务业和旅游业。高度重视发展社区服务业。

扎扎实实推进西部大开发。要突出重点,注重实效,打好基础。继续加强生态环境建设和基础设施建设。切实搞好退耕还林、天然林保护和防沙治沙。实施天然草原退牧还草工程,加强相关法制建设。着力抓好重大项目建设,确保建设进度和工程质量。积极发展特色经济和优势产业。加快科技、教育发展。加强东、中、西部地区的经济交流与合作,促进优势互补和共同发展。防止已淘汰的落后工业设备、污染企业向西部地区转移。采取有力措施,支持东北地区等老工业基地加快调整和改造,支持以资源开采为主的城市和地区发展接续产业,支持革命老区和少数民族地区加快发展。

(四)深化经济体制改革和扩大对外开放

坚持和完善以公有制为主体、多种所有制经济共同发展的基本经济制度,毫不动摇地巩固和发展公有制经济,毫不动摇地鼓励、支持和引导个体、私营等非公有制经济发展。按照建立现代企业制度的要求,继续推进国有企业规范的公司制改革和股份制改造,完善监督机制。积极支持符合条件的大企业到境外上市。加快形成主业突出、拥有自主知识产权和知名品牌、国际竞争力强的大公司大企业集团。进一步做好军工等困难行业的企业调整、重组和脱困工作。继续完成电力、电信、民航等行业改革。自上而下有序进行国有资产管理体制改革。放宽国内民间资本的市场准入领域,创造各类市场主体公平竞争的环境。支持各类所有制中小企业特别是科技型和劳动密集型企业的发展。稳步实施金融体制改革。继续推进财税、投融资体制改革。深化收入分配制度改革,逐步理顺分配关系。

整顿和规范市场经济秩序是一项长期而艰巨的任务,必须坚持不懈地进行。要标本兼治,重在治本。继续抓好专项整治,突出重点,依法打击制假售假等违法犯罪行为。加强制度和法制建设,严格执法,逐步把市场管理纳入法制化、规范化轨道。抓紧查处严重破坏市场经济秩序的大案要案。加快建立社会信用体系。高度重视安全生产,切实加强监督管理,保护人民生命财产安全。通过改革和整顿,加快建立社会主义市场经济新秩序。

坚持“引进来”与“走出去”相结合,全面提高对外开放水平。继续做好加入世贸组织过渡期的各项应对工作,认真行使权利,履行承诺义务。稳定鼓励出口的各项政策措施,实施市场多元化战略,坚持以质取胜,扩大商品和服务贸易。培育和支持国内优势品牌,提高国际竞争力。优化进口结构。深化外贸体制改革。继续积极、有效地利用外资,着重引进先进技术、现代管理经验和专门人才,支持国内企业与跨国公司进行多种形式的合作。努力改善投资环境,规范招商引资活动。鼓励和支持有比较优势的各类所有制企业,采取合资、独资、联营等形式开展跨国经营,带动国内商品特别是资本货物出口。积极推进多边双边和区域经济合作。

(五)进一步做好扩大就业和社会保障工作

各级政府要把改善就业环境、增加就业岗位作为重要职责。坚持“劳动者自主择业、市场调节就业、政府促进就业”的方针,千方百计促进就业和再就业。国有企业改革要坚持减员增效与促进再就业相结合。认真落实促进下岗失业人员再就业的各项政策措施。广辟就业门路,积极发展劳动密集型产业,充分发挥第三产业、中小企业和个体私营经济在扩大就业方面的重要作用。规范发展劳动力市场。鼓励自谋职业和自主创业,积极提倡和推广灵活多样的就业方式。大力发展职业培训和就业服务。加强对高等学校和职业学校毕业生就业创业的指导与服务工作。

继续加强“两个确保”和城市“低保”工作,搞好“三条保障线”的衔接。完善城镇企业职工基本养老、医疗保险制度,继续扩大各项社会保险覆盖面。稳步推进国有企业下岗职工基本生活保障向失业保险并轨。合理确定“低保”标准和保障对象补助水平,切实做到应保尽保。妥善解决国有困难企业和关闭破产企业职工的基本生活问题。多渠道筹集和管好社会保障基金。建立和完善对低收入者的救助制度,重视解决城市特殊困难家庭在住房、子女就学、医疗和取暖等方面遇到的问题。搞好农村新型合作医疗制度试点工作。发展社会福利、社会救济、优抚安置和社会互助等社会保障事业。维护妇女、儿童合法权益。进一步做好老龄工作。支持残疾人事业发展。

(六)认真实施科教兴国战略和可持续发展战略

继续加大对科技、教育的投入。抓紧制定与实施国家中长期科学和技术发展规划。推进国家创新体系建设。切实加强基础研究、高技术研究,增强科技创新能力和竞争力。抓紧实施“国家高技术研究发展计划”和“国家重点基础研究发展计划”,以及重大科技专项。努力在关键领域和若干科技发展前沿掌握核心技术和拥有一批自主知识产权。加强科技基础条件建设。继续深化科技体制改革,完善科技服务体系,加强知识产权保护,鼓励发明创造,加快科技成果向现实生产力转化。坚持社会科学与自然科学并重,发展繁荣哲学社会科学。深化教育体制改革,坚持教育创新,全面推进素质教育。加快发展各级各类教育,提高教育质量。完善农村义务教育以县为主的管理体制。继续做好助学贷款和设立国家奖学金工作。加强职业教育和培训。依法规范和积极支持民办教育发展。继续实施人才强国战略,培养和吸引各类人才特别是高层次急需人才,为他们充分发挥聪明才智和干成事业创造良好条件。

继续做好人口与计划生育工作,稳定低生育水平。加强城乡规划工作。切实保护、合理开发和节约使用各种自然资源。实施海洋开发。加强生态环境保护和建设,大力发展环保产业。加强重点流域、区域、海域污染防治和城市环境综合整治。做好防灾减灾工作。

(七)加强社会主义民主法制和精神文明建设

发展社会主义民主政治,建设社会主义政治文明。加强基层政权建设和城乡基层民主政治建设。实行依法治国和以德治国相结合。加强社会主义法制建设,完善行政法规,提高行政执法水平,增强全民法律素质。牢牢把握先进文化的前进方向,大力加强社会主义精神文明建设。认真贯彻公民道德建设实施纲要,加强爱国主义教育,弘扬和培育民族精神。广泛开展群众性精神文明创建活动。进一步繁荣文学艺术、新闻出版、广播影视等各项事业,着力推出一批优秀作品。深化文化体制改革,积极发展文化事业和文化产业。加强文物和文化遗产保护。加强国际文化交流。普及科学知识,反对迷信,倡导文明健康的生活方式。坚持不懈地开展“扫黄”、“打非”斗争。加强互联网站的建设和管理。积极推进卫生、体育事业的改革和发展。大力开展群众健身活动,不断提高竞技体育水平。认真做好2008年北京奥运会和2010年上海世界博览会的前期准备工作。全力维护社会稳定。坚持“严打”方针,打防结合、预防为主,全面落实社会治安综合治理的各项措施。依法严厉打击各种违法犯罪行为。防范和惩治邪教组织的犯罪活动。

(八)切实加强政府自身建设

在大力推进改革开放和现代化建设的新情况下,进一步加强政府自身建设特别是政风建设,十分重要。

深化行政管理体制改革。坚持政企分开,按照精简、统一、效能的原则,进一步转变政府职能,调整政府机构设置,理顺部门职能分工,减少行政审批,提高政府管理水平,努力形成行为规范、运转协调、公正透明、廉洁高效的行政管理体制。国务院根据党的十六届二中全会审议通过的《关于深化行政管理体制和机构改革的意见》形成的《国务院机构改革方案》,将提交本次大会审议。

坚持依法行政,从严治政。完善公务员制度,建设高素质公务员队伍。加快电子政务建设。继续深入开展反腐败斗争,大力纠正部门和行业不正之风,严肃查处各类违法违纪案件。加强制度建设,强化行政监督和审计监督,努力从源头上治理腐败。做好信访工作,加强舆论监督和社会监督。切实转变工作作风,反对形式主义和官僚主义,不搞劳民伤财、沽名钓誉的“形象工程”,纠正虚报浮夸、强迫命令的恶劣作风,反对奢侈浪费。各级政府工作人员要深入基层,深入群众,倾听群众呼声,关心群众疾苦,及时解决群众反映强烈和不满意的问题。在新的形势下,要增强忧患意识,居安思危,务必继续保持谦虚谨慎、不骄不躁的作风,务必继续保持艰苦奋斗的作风。

各位代表!

加强民族团结、维护祖国统一和社会稳定,是全国各族人民的共同愿望。要全面贯彻党的民族政策,坚持和完善民族区域自治制度。大力培养少数民族干部。继续推进兴边富民行动,加大对人口较少的民族扶持力度,促进各民族共同繁荣进步。坚决反对分裂祖国和破坏民族团结的行为。全面贯彻党的宗教信仰自由政策,依法管理宗教事务,积极引导宗教与社会主义社会相适应,坚持独立自主自办的原则。认真贯彻落实侨务政策,进一步做好侨务工作。

加强国防和军队建设,是国家安全和现代化建设的可靠保证。按照政治合格、军事过硬、作风优良、纪律严明、保障有力的总要求,努力把军队革命化、现代化、正规化建设提高到一个新水平。贯彻新时期积极防御军事战略方针,加强军事斗争准备。坚持国防建设与经济建设协调发展。重视国防科研和武器装备建设,增强军队在高技术条件下的整体防卫作战能力。加强后勤建设。积极推进国防科技工业调整、改革和发展。各级政府要大力支持国防和军队建设,增强全民国防意识。不断加强国防后备力量建设,切实抓好国防动员工作的落实。深入开展拥军优属、拥政爱民活动,巩固军政、军民团结。

维护香港、澳门的繁荣、稳定和发展,是我们坚定不移的目标。要继续贯彻“一国两制”的方针,严格按照香港基本法和澳门基本法办事。全力支持两个特别行政区行政长官和政府依法施政。积极促进内地与香港、澳门在经贸、教育、科技、文化等领域的交流与合作。

全面贯彻“和平统一、一国两制”的基本方针和解决台湾问题的八项主张,争取在一个中国原则基础上尽早恢复两岸对话与谈判,坚决反对任何旨在制造“台湾独立”、“两个中国”、“一中一台”的言行。进一步扩大两岸人员往来和经济、文化等领域的交流与合作,积极推进两岸直接“三通”。加强与台湾各党派和各界人士就发展两岸关系、推进和平统一交换意见。继续支持海外侨胞开展的“反台独、促统一”活动。我们相信,经过全体中华儿女不懈奋斗,祖国的完全统一就一定能够早日实现。

和平与发展仍是当今时代的主题。世界多极化和经济全球化趋势在曲折中发展。我国面临的国际环境依然是机遇大于挑战,但国际形势中的不确定因素有所增加。我们将始终不渝地奉行独立自主的和平外交政策。继续巩固和加强与发展中国家的团结和合作,支持发展中国家维护自身的正当权益。继续深化睦邻友好,加强区域合作,把同周边国家的交流和合作推向新水平。继续改善和发展同发达国家的关系,在和平共处五项原则的基础上,扩大共同利益,妥善解决分歧。继续积极参与多边外交活动,提倡国际关系民主化和发展模式多样化。反对各种形式的霸权主义和强权政治,反对一切形式的恐怖主义。中国人民愿同各国人民一道,共同推进世界和平与发展的崇高事业。

各位代表!

党的十六大制定了我国在新世纪新阶段全面建设小康社会的宏伟蓝图和行动纲领。我们伟大的祖国已站在更高的历史起点,迈上新的辉煌征程。任何艰难险阻都挡不住中国人民胜利前进的步伐。展望祖国未来,前景无限美好。我们坚信,全国各族人民在以胡锦涛同志为总书记的党中央领导下,高举邓小平理论伟大旗帜,全面贯彻“三个代表”重要思想,同心同德,奋发图强,一定能够把中国特色社会主义事业不断推向前进,从胜利走向更大的胜利!

要保持宏观经济政策的连续性和稳定性

——温家宝在2002年全国计划会议上讲话

中共中央政治局常委、国务院副总理温家宝2002年12月14日在全国计划会议结束时强调，做好明年经济工作，要以邓小平理论和“三个代表”重要思想为指导，全面贯彻落实党的十六大精神，继续坚持扩大内需的方针，实施积极的财政政策和稳健的货币政策，保持宏观经济政策的连续和稳定，保持经济、社会的稳定和发展。

温家宝的讲话着重对宏观经济的几个重大问题作了阐述。

一、保持经济稳定快速增长。明年是贯彻落实党的十六大精神的第一年，各项工作要有一个新的局面。保持经济稳定快速增长，是做好各项工作的基础。近几年我们实施扩大内需的方针和积极的财政政策、稳健的货币政策，促进了国民经济持续快速健康发展，实践证明是完全正确的。明年要继续保持宏观经济政策的稳定和连续。在国内市场供求状况没有很大变化、社会需求稳定增长的机制不完善的情况下，继续发行一定规模的长期建设国债，是非常必要的。关键是用好国债资金，调整投资结构，加强项目管理，提高投资效益，增强对全社会投资的带动能力。同时，要重视改善消费环境，开拓城乡市场，发挥消费对经济的拉动作用。

二、推进经济结构战略性调整。调整和优化经济结构是当前和今后一个时期经济发展的主线，是增强经济发展后劲和提高国际竞争力的根本性措施。要加强农业基础地位，继续推进农业和农村经济结构的战略性调整；大力发展服务业；加快高新技术产业的发展，促进传统产业的技术进步，走新型工业化道路。要合理调整地区经济布局，继续推进西部大开发。把支持老工业基地加快调整和改造作为一项长期的战略任务。要实施科教兴国战略，积极推进经济体制和经济增长方式的根本性转变，真正把经济发展的重点放到调整优化结构、提高质量和效益上来，实现速度与结构、质量、效益相统一。要把可持续发展摆到十分突出的位置，加大生态建设和环境保护的力度，节约、保护和合理利用资源，控制人口增长。

三、坚持改革开放。当前重点抓好农村改革、企业改革、金融改革、政府机构改革。深化农村改革，要围绕减轻农民负担，增加农民收入来进行。继续推进农村税费改革；深化粮食流通体制改革；改革对农业和农民补贴的方式；大力推进农业产业化经营。要深化国有资产管理体制改革，推进国有企业改革和国有经济布局和结构调整，更好地实行政企分开，落实企业经营自主权，提高企业效益，实现国有资产保值增值。稳步推进金融体制改革，降低不良资产比例，防范和化解金融风险，维护金融稳定。进一步发挥金融对经济发展的促进作用，提高金融服务质量，特别是加大对农村、中小企业和服务业的支持力度。坚持精简、效能、统一的原则，进一步推进机构改革，转变政府职能，集中解决行政管理体制存在的突出问题。要继续扩大对外开放，深化外贸体制改革，提高出口产品的质量和技术含量，增强产品的国际竞争力。进一步提高利用外资的质量和水平。鼓励和支持有条件的企业“走出去”。

四、着力解决经济生活中的突出矛盾和问题。一是多渠道增加就业。各级党委和政府要把改善就业环境和增加就业岗位作为重要职责。大力发展劳动密集型产业和各种服务业。要发挥中小企业和个体、私营等非公有经济在促进经济增长、增加就业和活跃市场等方面的重要作用，使之逐渐成为新增就业和再就业的主渠道。只要依法经营，照章纳税，保障职工的合法权益，符合安全生产和环境保护条件的企业，就应当鼓励其发展。放宽市场准入，凡是允许外资进入的领域应当允许国内各类资本进入。在投融资、税收、土地使用和对外贸易等方面采取措施，保护公平竞争。同时，要依法加强监督和管理，促进和引导非公有制经济健康发展。要建立健全同经济发展水平相适应的社会保障体系，下功夫做好“两个确保”、“低保”和“三条保障线”衔接工作。二是努力增收节支。要加强税收征管，挖掘潜力，千方百计增加收入。要厉行节约，坚决制止铺张浪费。财政支出要保重点，首先保工资发放、社会保障资金。要树立勤俭建国、艰苦奋斗的思想，办各项事业都要量力而行。要采取有力措施，坚决压缩会议、出国考察和各种无实际效果的论坛、研讨会，严禁新开工建设脱离实际的“形象工程”、“政绩工程”，切实把各种不必要的开支减下来。三是整顿和规范市场经济秩序。要坚持两手抓。一手抓专项整治，继续严厉打击各种破坏市场秩序的违法犯罪行为。一手抓制度和法律建设，规范市场秩序，加强市场管理。要把这项工作纳入法制化、规范化的轨道，作为经常工作长期坚持下去。通过整顿和治理，建设公平竞争的市场秩序和诚信守法的市场环境。

温家宝要求各级计划部门认真学习、深刻领会十六大精神和中央经济工作会议精神，按照中央的部署，切实做好工作，为完成明年经济发展的各项任务做出应有的贡献。

2002年中央经济工作会议

中共中央、国务院召开的中央经济工作会议2002年12月9日至10日在北京举行。

胡锦涛、朱镕基、李岚清、吴邦国、温家宝、贾庆林、曾庆红、黄菊、吴官正、李长春、罗干出席会议。

中共中央总书记胡锦涛就当前国际国内形势，认真贯彻落实党的十六大提出的经济工作的各项任务，明年经济工作的总体要求和主要任务作了重要讲话。国务院总理朱镕基就明年经济工作作了全面部署。中共中央政治局常委、国务院副总理温家宝主持会议并在会议结束时作总结讲话。

会议指出，党的十六大的胜利召开，极大地振奋了党心军心民心，进一步激发了全国各族人民建设中国特色社会主义的热情。广大人民群众对国家发展的美好未来充满信心，对我们党寄予厚望。在新世纪新阶段，我们党要肩负起历史和时代赋予的庄严使命，就必须高举旗帜，与时俱进；发扬民主，团结统一；艰苦奋斗，求真务实；清正廉洁，一心为民。

过去五年来人民群众拥护的、在实践中行之有效的方针政策，要毫不动摇地坚持

会议认为，当前国际形势仍处在复杂深刻的变动之中。世界多极化和经济全球化趋势在曲折中发展。国际局势总体缓和、稳定的基本态势没有改变，局部紧张、动荡的情况仍将继续。当前世界经济出现了一些复苏迹象，但还有很大的不确定性。我们既要看到有利的一面，坚定信心，抓住机遇，扎实工作，保持我国经济发展的好势头，也要对不利的一面有充分估计，做好各方面应对准备。从国内看，经济发展的总体形势是好的。国民经济持续较快增长，今年经济社会发展的主要预期目标可以实现。国内生产总值将超过10万亿元，经济总量迈上一个新台阶。在世界经济增长缓慢的情况下，这样的成绩来之不易。

会议指出，1998年以来，面对亚洲金融危机冲击和世界经济波动的不利影响，我们采取扩大内需的方针，实施积极的财政政策和稳健的货币政策，保持了经济快速增长。五年来，我国经济发展，社会稳定，民族团结，人民安居乐业，国际地位明显提高。实践证明，以江泽民同志为核心的第三代中央领导集体，不仅在治党治国治军方面，而且在经济工作方面具有高超的领导艺术和驾驭全局的能力，所制定的一系列大政方针和政策是完全正确的，符合最广大人民的根本利益，具有很强的现实意义和长远的指导意义。这些人民群众拥护的、在实践中行之有效的方针政策，要毫不动摇地坚持。政策稳，人心定，经济就能持续快速健康发展，社会就能保持稳定。

会议指出，明年经济工作还面临一些突出矛盾和问题，国际经济的不确定因素很多。在这样的情况下，我们必须把困难估计的充分一些，把应对和克服困难的措施想得周全一些。

做好明年的经济工作，保持经济发展的良好势头，对于鼓舞斗志、增强信心、实现十六大确定的奋斗目标和各项任务，具有十分重要的意义

会议强调，明年是全面贯彻落实党的十六大精神的第一年。做好明年的经济工作，保持经济发展的良好势头，对于鼓舞斗志、增强信心，实现十六大确定的奋斗目标和各项任务，具有十分重要的意义。全党同志要解放思想，实事求是，与时俱进，做到发展要有新思路，改革要有新突破，开放要有新局面，各项工作要有新举措，迈出全面建设小康社会、加快推进社会主义现代化的新步伐。

会议确定，明年经济工作的总体要求是：以邓小平理论和“三个代表”重要思想为指导，认真贯彻党的十六大精神，积极应对国内外环境变化带来的困难和挑战，坚持扩大内需的方针，继续实施积极的财政政策和稳健的货币政策，进一步深化改革，全面提高对外开放水平，加快经济结构的战略性调整，积极发展农业和农村经济，大力推进新型工业化，促进国民经济持续快速健康发展，实现速度和结构、质量、效益相统一。正确处理改革发展稳定的关系，切实做好就业和再就业工作，完善社会保障体系，提高城乡居民生活水平，保持社会稳定。

坚持以发展为主题，以结构调整为主线，以改革开放和科技进步为动力，以提高人民生活水平为根本目的

会议指出，实现这一总体要求，必须坚持以发展为主题，以结构调整为主线，以改革开放和科技进步为动力，以提高人民生活水平为根本目的。要围绕保持经济稳定增长和完善社会主义市场经济体制两大任务，着重把握好以下四个方面：

一、坚持扩大内需的方针，继续实施积极的财政政策和稳健的货币政策。坚持把发展作为党执政兴国的第一要务，是经济工作的重要指导原则。我国国内市场潜力大，经济发展的回旋余地大，这是我们的优势。在全面建设小康社会乃至整个现代化建设进程中，我们要始终发挥好这个优势，坚持并不断完善扩大内需的方针。明年继续实施积极的财政政策，发行一定规模的建设国债。要进一步用好国债资金。调整和优化国债资金的使用方向和结构，着力提高使用效益。一要集中力量办大事，确保重大项目的投入和建设。二要向农村倾斜，改善农村生产生活条件，增加农民收入。三要向结构调整倾斜，促进技术进

步和企业技术改造，增强经济发展的后劲。四要向中西部特别是西部地区倾斜，继续为加快西部地区经济发展创造条件。五要向生态环境建设倾斜，加快实施退耕还林，促进可持续发展。国债项目建设必须保证质量，严格资金管理。扩大投资需求要同扩大就业、改善人民生活、促进消费结合起来，实现投资和消费双拉动。要继续鼓励和引导社会资金投入国家鼓励的产业和建设项目，防止低水平的重复建设。必须把财政增收节支作为一项重点任务来抓。该收的钱一定要收上来，不该花的钱一个也不能花。要继续实施稳健的货币政策。充分发挥金融支持经济增长的重要作用，保持货币供应量的适度增长，规范和引导银行、证券、保险业健康发展。

二、加快结构调整，提高经济增长的质量和效益。经济结构调整是一项长期的战略任务。要密切跟踪世界经济科技发展的新趋势，从我国经济发展的实际出发，把握调整的方向和重点。调整经济结构，必须紧紧依靠科技进步，切实遵循经济规律。各级政府应将注意力转到引导、规范、监管、服务上来，尽快形成适应市场经济发展要求的结构调整新机制。在产业结构调整中，农业基础地位不能动摇。围绕发展优势农产品，调整区域布局，切实保证农产品质量安全。加快城镇化进程，广开农民就业门路，拓宽增收渠道。推进产业结构优化升级，必须走新型工业化道路。积极发展高新技术产业，改造提升传统产业，重视发展有利于扩大就业的劳动密集型产业。支持老工业基地加快调整和改造。加快发展服务业，提高第三产业在国民经济中的比重。培育和发展新的经济增长点。合理调整地区经济布局，继续推进西部大开发。

三、进一步推进改革开放，为发展提供强大动力。必须坚定不移地推进经济体制改革和其他各项改革，坚持和完善公有制为主体、多种所有制经济共同发展的基本经济制度。必须毫不动摇地巩固和发展公有制经济，必须毫不动摇地鼓励、支持和引导非公有制经济发展。深化改革要坚持从实际出发，整体推进，重点突破，循序渐进，注重制度建设和创新。明年要着重抓好四项改革。一是深化国有企业和国有资产管理体制改革。二是深化农村经济体制改革。三是稳步实施金融体制改革。四是深化行政管理体制改革。要把集中整治与制度建设结合起来，严厉打击各种破坏市场经济秩序的违法犯罪行为，加强法制建设和信用体系建设，创造良好市场环境。要继续重视和积极做好对外经济工作。大力推进外贸主体和出口市场多元化，优化出口结构，鼓励和支持扩大出口，提高利用外资质量。

四、加强就业和社会保障工作，努力提高人民生活水平。在经济发展的基础上，不断增加城乡居民收入，提高人民生活水平和质量，是全面建设小康社会的根本目的，也是实践“三个代表”重要思想的具体体现。各级党委和政府要继续认真贯彻全国再就业工作会议精神，认真落实各项政策措施。要立足于发展经济扩大就业。引导人们转变就业观念，鼓励和提倡自谋职业、自主创业，以多种形式和灵活方式实现就业。要加快社会保障体系建设，做好“两个确保”和“三条保障线”的衔接工作。继续大力推进扶贫开发，增加扶贫投入，提高扶贫开发的成效。

在明年经济工作中，需要注意把握好四点

会议认为，在明年经济工作中，需要注意把握好以下几点：第一，各方面安排要积极稳妥，留有余地。第二，着力提高经济增长的质量和效益。第三，保持宏观经济政策连续性和稳定性。第四，积极解决社会经济生活中的突出问题。会议从进一步培育和扩大国内需求，促进农业和农村经济全面发展，继续推进产业结构调整和西部开发，深化经济体制改革，继续整顿和规范市场经济秩序，努力提高对外开放水平，切实做好扩大就业和社会保障工作，积极实施科教兴国战略和可持续发展战略，大力做好增收节支等方面，部署了明年经济工作。

全面贯彻党的十六大精神，聚精会神搞建设，一心一意谋发展

会议强调指出，要全面贯彻党的十六大精神，切实加强和改进党对经济工作的领导。要深入学习贯彻十六大精神，把思想和行动统一到十六大精神上来。要坚定不移地抓好发展这个党执政兴国的第一要务，聚精会神搞建设，一心一意谋发展。要居安思危，艰苦奋斗，始终保持昂扬向上的精神状态。要围绕中心，把握全局，妥善处理做好经济工作与推进其他各项工作的关系。着力解决关系群众切身利益的实际问题，始终保持党同人民群众的血肉联系。领导干部一定要多深入基层，多深入群众，了解群众要求，体察群众情绪，关心群众疾苦。现在已近年终岁末，各级领导都要深入到困难群众和灾区群众中去，实实在在地帮助他们解决生活和生产中的实际问题，让群众切实感受到党和政府的温暖。

第一部分

宏观综论

国民经济与社会发展概况

关于2002年国民经济和社会发展计划执行情况与2003年国民经济和社会发展计划草案的报告

——2003年3月6日在第十届全国人民代表大会第一次会议上

国家发展计划委员会主任 曾培炎

一、2002年国民经济和社会发展计划执行情况

过去的一年，全国各族人民在中国共产党的领导下，高举邓小平理论伟大旗帜，实践"三个代表"重要思想，按照九届全国人大五次会议的决议，积极推进改革开放和现代化建设，国民经济持续快速健康发展，各项社会事业全面进步，计划执行情况是好的，宏观调控主要预期目标顺利实现。

扩大内需政策效应继续显现，国民经济持续较快增长。 2002年国内生产总值102398亿元，增长8%。坚持实施积极的财政政策和稳健的货币政策，充分发挥国债投资的带动作用，积极启动民间投资。全社会固定资产投资完成43202亿元，增长16.1%。经九届全国人大五次会议批准，2002年发行长期建设国债1500亿元，带动经济增长2个百分点。国债资金项目形成了一大批优质资产，增强了长远发展后劲，对优化经济结构、改善投资环境、增加财政收入、促进企业技术进步、增强可持续发展能力和提高人民生活水平发挥了积极作用。各地区各部门精心组织施工，加强对国债项目的审计、监察、稽查和舆论监督，保证了工程质量和资金安全。继续把启动消费作为实施积极财政政策和稳健货币政策的重要内容，通过提高居民收入、完善消费政策、改善消费环境等综合性措施，为城乡居民扩大消费创造了条件。社会消费品零售总额40911亿元，增长8.8%。住房、通信、旅游、教育、汽车等消费热点逐渐形成。

产业结构调整取得新进展，经济增长质量和效益进一步提高。 农业与农村经济结构调整取得成效，农业区域布局加快调整，粮棉等主要农产品生产继续向优势产区集中，畜牧水产养殖业稳定增长。培育了一批高产优质、抗病抗逆新品种，农业综合生产能力不断增强。粮食总产量4571亿公斤，增长1%。农业产业化经营积极推进，带动了农民增收。基础设施建设成效显著，又有一大批水利、交通、通信、能源和环保等工程建成投产。工业结构继续优化。具有自主知识产权和竞争优势的高技术产业正在形成，高技术产业工业产值增长23%。城市轨道交通设备、环保设备、大型氧化铝设备等一批重大装备制造本地化项目建成投产。传统工业改组改造力度加大。传统服务业稳步增长，现代服务业快速发展，电信、物流、咨询、旅游、社区服务等服务业方兴未艾。企业经济效益大幅度提高。规模以上工业企业实现利润5620亿元，增长20.6%。

西部大开发扎实推进，中西部地区加快发展。 基础设施建设继续加快。西气东输、塔里木河综合治理等重点工程相继开工，青藏铁路、西电东送建设进展顺利。"送电到乡"、"油路到县"和"广播电视到村"工程加快实施。退耕还林、天然林资源保护、防沙治沙、天然草原恢复和建设等生态建设工程按规划推进。2002年完成退耕还林面积252万公顷，荒山荒地造林288万公顷。农村中小型水利设施、人畜饮水和农村公路建设加快，农民的生产生活条件得到改善。

经济体制改革不断深化，为发展增添了新的生机和活力。 国有大中型企业的公司制改革继续推进并进一步规范。制定颁布《中小企业促进法》，有利于改善中小企业的发展环境。个体、私营等非公有制经济加快发展。电信、民航、电力等行业的管理体制改革取得重大进展。价格改革继续深化，建立和完善政府价格决策听证制度，实行了城市污水、生活垃圾处理收费制度和涉农价格收费公示制度。农村用电"两改一同价"工作取得明

显成效,70%的县实现了城乡居民生活用电同价，每年可减轻农民负担420亿元。农村税费改革试点扩大到20个省(自治区、直辖市)。粮棉购销市场化改革进程加快。行政审批制度改革取得阶段性成果。整顿和规范市场经济秩序深入开展,严厉打击制售假冒伪劣食品、药品、医疗器械等不法行为,加大对文化、旅游、建筑、集贸市场等的整治力度,市场环境得到改善。

加入世贸组织有了良好开端,开放型经济进一步发展。认真履行入世承诺,制定、修改和废止相关法律法规,降低关税总水平,逐步取消非关税措施,扩大外商投资领域,开始形成反倾销、反补贴和保障措施机制。外贸进出口总额6208亿美元,增长21.8%。贸易结构继续改善,机电产品和高新技术产品出口大幅度增长,国内急需的关键设备、先进技术和资源类商品进口增加。实际吸收外商直接投资527亿美元，增长12.5%。外商投资结构进一步优化,资本、技术密集型的大项目增多。实施"走出去"战略迈出新步伐。区域和多双边经济合作进一步深化。

财政收入继续增加，金融运行保持平稳。全国财政收入18914亿元,增长15.4%;支出22012亿元,增长16.4%。财政收支相抵支出大于收入3098亿元。在防范和化解金融风险的同时,金融对经济增长和结构调整的支持力度加大。广义货币供应量(M2)、狭义货币供应量(M1)均增长16.8%,全年现金投放1589亿元。到2002年底,全部金融机构贷款余额增长15.4%,金融机构不良贷款比率下降4.5个百分点，国家外汇储备达到2864亿美元。

科技进步和创新步伐加快，教育发展的先导性作用增强。基础研究和高技术研究取得重要进展，自主创新能力不断提高。神舟三号、四号飞船成功发射和安全返回,超大规模集成电路与软件、功能基因组等重大科技专项顺利推进。国家创新体系建设和科研机构改革取得明显进展,国家重点实验室、国家重大科学工程等科技基础设施建设得到加强,科技成果产业化进程加快。知识产权的保护与管理得到强化。基础教育不断加强,农村义务教育管理"以县为主"的新体制开始形成,贫困地区义务教育取得新进展。高校、普通高中扩招的基础设施建设和中小学危房改造成效显著。普通高中和中等职业技术教育发展步伐加快。高等教育不断发展,普通高校招生321万人,研究生招生20.3万人。

各项社会事业全面发展,人民生活不断改善。文化、卫生、体育、广播影视、新闻出版等事业健康发展,精神文明建设不断加强。一批重点文化设施、农村卫生设施项目和中医、专科医院建设进展顺利。全民健身活动蓬勃开展,竞技体育在国内外重大比赛中获得优异成绩。与人民生活直接相关的城市基础设施建设成效显著。农村贫困人口进一步减少。城镇居民人均可支配收入和农村居民人均纯收入分别实际增长13.4%和4.8%。"两个确保"继续巩固,城市"低保"明显加强。完善城镇社会保障体系试点取得积极进展。年末城镇登记失业率4%。

环境保护和资源合理开发利用取得成效,可持续发展能力增强。对重点地区的环境治理力度加大,关停一批污染严重企业,"三河三湖"污染治理取得阶段性成果,部分城市和工矿区二氧化硫排放量降低,酸雨恶化趋势得到控制。城市污水、垃圾处理等环保基础设施建设加强，城市污水集中处理率达到40.3%。生态环境建设和资源保护步伐加快。南水北调工程开工建设。人口自然增长率6.45‰。

各位代表,去年的成绩,是在改革开放特别是1998年以来各项工作基础上取得的。五年来,我国国民经济持续快速增长,各项社会事业蓬勃发展,综合国力再上新台阶,社会主义市场经济体制初步建立,全方位对外开放格局基本形成,国际影响显著扩大,民族凝聚力极大增强,社会安定团结,国家政通人和,是我国历史上发展最好的时期之一,为今后的长远发展打下了坚实的基础。回顾五年来走过的不平凡历程,我们深切地体会到,在国际经济环境具有诸多不利因素和国内经济运行存在不少困难的情况下,国民经济实现持续快速健康发展,是中央科学决策、正确领导的结果,是全国人大及其常委会及时指导、加强监督的结果,是各地区各部门共同努力、扎实工作的结果,是全国各族人民同心同德、艰苦奋斗的结果。

我们也认识到，经济社会生活中仍存在不少矛盾和问题,有的还相当突出。一是有效需求不足和供给结构不合理的问题并存。影响农民增收的一些主要因素尚未消除,农民收入增长缓慢,城镇部分居民收入较低,有些群众的生活还很困难,制约着消费市场的拓展。集体和个体、私营投资的潜力尚未充分发挥。二是就业和再就业形势严峻。城镇需要就业再就业的人数较多,农村还有大量富余劳动力需要转移,新创造的就业岗位难以满足就业需求。三是国有企业改革任务相当繁重,深层次矛盾有待进一步解决。为各种所有制经济发展创造公平竞争条件,还要做更多的工作。四是市场经济秩序仍较混乱,社会信用体系建设严重滞后,重大安全生产事故时有发生。对这些问题,国务院高度重视,正在积极采取措施,认真加以解决。

二、2003年经济社会发展调控目标和主要任务

2003年,是贯彻落实中国共产党第十六次全国代表大会精神、迈出全面建设小康社会新步伐的重要一年。综合分析国内外经济环境,我们既有加快发展的有利条件,也面临着新的挑战。不仅国内经济运行可能出现一些新情况、新矛盾,而且世界经济也存在诸多不确定因素。只有增强忧患意识,居安思危,把困难和问题估计足,把对策和措施考虑充分,才能有备无患,赢得主动。我们要以邓小平理论和"三个代表"重要思想为指导,按照中央确定的经济工作总体要求，坚持扩大内需的方针,继续实施积极的财政政策和稳健的货币政策,保持宏观经济政策的连续性和稳定性,促进国民经济持续快速健康发展和社会事业全面进步。

2003年宏观调控的主要预期目标为：

——经济增长率7%左右；

——新增城镇就业岗位800万个以上，城镇登记失业率4.5%；

——居民消费价格总水平上涨1%；

——外贸进出口总额增长7%。

实现今年宏观调控的预期目标，要着力抓好以下工作。

（一）加快农业和农村经济结构调整，千方百计增加农民收入。积极推进农产品优质化、区域化，建设优势农产品产业带。加大对粮食主产区的扶持力度。建立健全农产品质量标准体系、检验检测体系和认证体系，提高农产品质量安全水平。加强农业科技推广，促进农业科技成果转化。进一步完善和落实支持龙头企业的政策措施，发展农产品精深加工，提高农业产业化经营水平。依法落实农村土地政策。加强农业和农村基础设施建设，着力抓好“一大”、“六小”工程。“一大”就是继续加强农林水利重大工程建设，“六小”就是重点支持节水灌溉、人畜饮水、乡村道路、农村沼气、农村水电、草场围栏等中小型基础设施建设。增加扶贫投入，扩大以工代赈规模，优先解决贫困地区道路、饮水、用电等突出问题。加快乡镇企业结构调整、体制创新和技术进步，推进城镇化有序发展。继续引导农村劳动力合理有序流动，清理和取消对农民工的歧视性政策和不合理收费，维护农民工合法权益。在全国全面推开农村税费改革试点，完善配套政策。深化粮棉流通体制改革，保护农民利益。整顿涉农价格和收费，落实公示制度，对矛盾突出的要专项治理，切实减轻农民负担。2003年农村居民人均纯收入预期增长4%。

（二）更好地发挥国债资金的带动作用，促进结构调整和经济稳定较快增长。2003年拟发行1400亿元长期建设国债，全社会固定资产投资预期增长12%。我们将按照本次代表大会的决议，切实用好国债资金，优化投资结构。国债投资首先用于续建和收尾项目，还要安排必要的新开工项目。具体投向主要体现“四个倾斜”：向农村倾斜，着力改善农村生产生活条件；向结构调整倾斜，促进技术进步和产业升级，支持和引导服务业发展；向中西部地区倾斜，确保重点工程建设顺利进行；向科技教育、生态环境建设倾斜，促进科教兴国和可持续发展战略的实施。认真做好项目前期工作，进一步加强投资项目管理、稽查和监督，防止低水平重复建设。积极探索新的基础设施建设融资方式，包括向社会转让项目经营权、股权等形式，将收回的资金进行再投资。在从严控制和防范风险的前提下，适当扩大企业债券发行规模。扩大国债贴息范围，吸引和带动更多的社会投资。放宽民间资本的市场准入领域，发展为民间投资服务的中介组织，在投融资、税收、土地使用等方面实行公平竞争，并依法加强监督和管理，引导非公有制经济健康发展。

（三）努力增加就业岗位，不断完善社会保障体系。要把控制失业率和增加就业岗位纳入各级政府的国民经济和社会发展计划，努力实现新增城镇就业岗位等预期指标。把发展服务业作为扩大就业再就业的主攻方向，特别要充分发挥个体私营经济和中小企业在扩大就业方面的重要作用，大力开发社区就业岗位。规范发展劳动力市场。鼓励和支持下岗失业人员自谋职业和自主创业。认真落实扶持再就业的税费减免、小额担保贴息贷款、社会保险补贴等政策措施。鼓励国有大中型企业通过主辅分离和辅业改制，合理分流安置富余人员。充分考虑财政、企业、职工和社会保障的承受能力，把握好下岗分流的规模和节奏。加强职业培训，提高劳动者的就业技能。继续对就业困难群众实行就业援助。做好高校和职业学校毕业生就业、创业的指导服务工作。加强社会保障体系建设，进一步巩固“两个确保”，健全城市居民最低生活保障制度，做好“三条保障线”衔接工作。继续抓好完善城镇社会保障体系的试点。

（四）按照走新型工业化道路的要求，加快产业结构调整和升级。优先发展信息产业，在经济和社会领域广泛应用信息技术，积极推进电子政务建设。加快发展高新技术产业。继续实施对国民经济发展有深远影响的深亚微米集成电路、数字电视、广播电视直播卫星系统、生物及新医药、现代农业等重大高技术工程。进一步抓好国家工程研究中心和国家高技术产业基地建设，提高高新技术产业化能力。振兴装备制造业，依托重大工程加快关键技术装备的本地化，提高自主开发能力和技术水平。加快重点产业和骨干企业的技术改造。搞好一批能源和原材料重大项目建设。加强对汽车、钢铁、建材等行业的规划引导，防止盲目发展和无序竞争。积极探索东北和其他地区老工业基地改造和振兴的新思路、新办法，帮助以资源开采为主的城市和地区解决当前存在的突出问题，大力发展接续产业。淘汰落后设备、技术和工艺，关闭破坏资源、污染环境、不具备安全生产条件的企业。大力发展现代服务业和连锁经营、集中配送等现代流通方式，发挥服务业引导资金的示范效应，促进服务业全面发展。

（五）积极推进西部大开发，促进地区经济协调发展。继续加强基础设施和生态环境建设，当前要抓好“两头”。一头是加快实施关系发展全局的重点工程。落实好青藏铁路、西气东输、西电东送、水利枢纽、公路干线、“西新工程”和生态环保等重大工程的建设资金，保证工程顺利实施。适时开工建设一批水利、环保、公路、铁路、机场等重要项目。另一头是安排一批关系改善农村生活生产条件的建设项目，重点实施“一通、二退、三到户”工程。“一通”是逐步使西部地区县际通沥青公路。“二退”是实施退耕还林、退牧还草工程，2003年新增退耕还林面积337万公顷，荒山荒地造林377万公顷，退牧还草667万公顷。“三到户”是促进农村饮水解决到户、农村能源建设到户、生态移民安置到户。同时，西部地区要加快改革开放，发展科技教育，扶持和培育优势产业，逐步建立长期稳定的西部开发资金渠道。增加投入，支持革命老区和少数民族地区加快发展。进一步加强东、中、西部地区之间经济合作，促进优势互补和共同发展。

（六）坚持市场取向改革，整顿和规范市场经济秩序。继续推进国有大中型企业实行规范的公司制改革和股份制改造，支持具备条件的大企业在境内外上市。支持各类所有制中小企业特别是科技型和劳动密集型企业的发展。进一步做好军工等困难行业的企业调整、重组和脱困工作。巩固电信、民航、电力等行业的改革成果，积极推进其他垄断行业的改革。研究制定国有资产管理法规，自上而下有序进行国有资产管理体制改革，防止国有资产流失。完善宏观调控下主要由市场形成价格的机制，健全政府价格决策听证、专家评审、集体审议和重要商品与服务成本监审等制度,加强价格和收费的监管。加快投融资体制改革,落实企业投资自主权,改进对全社会固定资产投资的宏观调控。

大力整顿和规范市场经济秩序。严厉打击制假售假、走私贩私、非法传销等违法犯罪活动,继续做好各项专项整治工作,坚决查处严重破坏市场经济秩序的大案要案。抓紧建立全国企业和个人征信体系,加快形成诚实守信、依法经营的市场环境。加强安全生产的监督和管理,减少重大安全事故。

(七)不断提高对外开放水平,更好地利用国内外两个市场、两种资源。继续做好加入世贸组织过渡期的各项应对工作。大力推进外贸主体和出口市场多元化,稳定鼓励出口的政策措施,完善生产企业出口货物"免、抵、退"税办法,健全反倾销应诉快速反应机制。组织好国内急需的关键设备、技术和重要原材料的进口。进一步改善投资环境,推进服务业有序对外开放,把利用外资的重点放到引进先进技术、现代管理经验和专门人才上来。加强外债全口径管理。加快实施"走出去"战略,鼓励和支持有条件的企业到境外投资,采取多种形式开展跨国经营。加强区域经济合作,扩大国际经济技术交流。

(八)培育和扩大消费需求,不断改善人民生活。努力改善消费环境,培育和拓展消费市场,尤其要重视开发农村市场。清理抑制消费的不合理规定,巩固已经形成的消费热点,培育和发展社区服务、休闲娱乐、体育健身和卫生保健等新的消费增长点。建立健全廉租房供应保障体系,改善城镇中低收入者的住房条件。规范发展消费信贷。加大旅游基础设施建设力度,提高旅游服务质量。深化收入分配制度改革,提高居民特别是低收入者的收入水平,多渠道建立和完善对低收入者的救助制度,妥善解决城市特殊困难家庭在住房、子女入学、医疗和取暖等方面遇到的问题。2003年,城镇居民人均可支配收入预期增长6%,社会消费品零售总额增长9%。

(九)做好财政增收节支工作,充分发挥金融对经济增长的支持作用。进一步强化税收征管,确保财政收入稳定增长。继续调整财政支出结构,首先确保工资按时足额发放,增加社会保障支出,加大对农业、农村义务教育和农村卫生的投入力度,增加对中西部地区和困难地区的转移支付。坚决反对和制止铺张浪费。除按法律法规和有关政策规定需要增加的重点支出外,其他各项支出实行零增长。2003年,全国财政预算收入20501亿元,支出23699亿元,中央财政赤字控制在3198亿元以内。深化金融体制改革,提高金融服务质量。国有商业银行要继续做好国债项目配套贷款工作,增加对有市场、有效益、有信誉企业的贷款,增强对农业、中小企业和县域经济的信贷支持。进一步深化农村信用社改革,继续办好农户小额信用贷款和联户担保贷款。切实加强金融监管,不断降低银行不良资产比率,防范和化解金融风险。保持货币供应量适度增长,2003年广义货币供应量(M2)和狭义货币供应量(M1)均增长16%左右,现金投放不超过1500亿元。规范和发展证券、保险市场。

(十)坚持实施科教兴国和可持续发展战略,推动各项社会事业全面进步。加大对科技教育的投入力度。加强基础研究和高技术研究,继续实施"863"、"973"等重大科技计划以及国家重大科学工程,推进国家创新体系建设,努力在关键领域和若干科技发展前沿掌握核心技术和拥有一批自主知识产权。加强科技基础条件建设。深化科技体制改革。形成促进科技创新的激励机制,吸引境外高级人才,鼓励留学人员回国创业。繁荣发展哲学社会科学。加强科学技术普及。大力发展教育事业,全面推进素质教育。高度重视并不断加强基础教育,切实抓好贫困地区、少数民族地区普及九年义务教育和扫除青壮年文盲的工作。实施农村中小学远程教育工程。继续推进中小学危房改造和优质高中扩招项目建设。高等教育要着重提高教育质量,继续实施"211工程"二期,加快后勤社会化进程。2003年全国普通高校计划招生335万人,研究生27万人。贯彻落实《民办教育促进法》。加强职业技术教育和成人教育,逐步完善终身教育体系。

坚持计划生育、保护环境和保护资源的基本国策。稳定低生育水平,人口自然增长率控制在7.5‰以内。增加对环境治理和资源节约的投入,合理开发和有效利用资源,抓好国土资源的综合整治。加快推进石油等战略资源储备工作。严格控制污染物总量,全面实施排污许可证管理。加强重点流域、三峡库区、南水北调沿途水污染防治,推进"两控区"酸雨和二氧化硫污染的治理。提高城市污水、垃圾处理率和处理水平。

加强社会主义精神文明建设。弘扬和培育以爱国主义为核心的民族精神,促进文化、卫生、体育、广播影视、新闻出版等各项事业发展。加大公共文化设施建设投入力度。增强广播电视覆盖能力。加强文物保护。积极推进城镇医药卫生三项制度改革试点。逐步建立和完善新型农村合作医疗制度。继续加强疾病控制预防体系建设。做好奥运会和世博会的筹备工作。

三、团结奋斗、开拓进取,迈出全面建设小康社会新步伐

中国共产党第十六次全国代表大会提出了全面建设小康社会的奋斗目标。这既是一项长期的战略任务,也是做好今年经济工作的出发点和着力点。实现这一奋斗目标,关键是按照"三个代表"重要思想的要求,紧紧抓住发展这一执政兴国的第一要务,聚精会神搞建设,一心一意谋发展,用发展的办法解决前进中的困难和问题,努力做到发展要有新思路,改革要有新突破,开放要有新局面,各项工作要有新举措。

发展要有新思路,核心是积极推进经济结构战略性调整,注重依靠科技进步和增强劳动者素质,实现速度和结构、质量、效益相统一。按照全面建设小康社会的要求,大力调整城乡结构、地区结构、产业结构,逐步扭转工农差别、城乡差别、地区差别扩大的趋势。统筹城乡经济社会发展,建设现代农业,加快城镇化进程;坚持不懈地推进西部大开发,促进东、中、西部地区经济协调发展;坚持走新型工业化道路,以信息化带动工业化,以工业化促进信息化,推进产业结构优化升级,形成以高新技

术产业为先导、基础产业和制造业为支撑、服务业全面发展的产业格局。提高可持续发展能力,促进人与自然的和谐。

改革要有新突破,关键是完善基本经济制度和推进市场取向的改革,不断消除束缚生产力发展的体制性障碍,加快体制和机制创新。毫不动摇地巩固和发展公有制经济,毫不动摇地鼓励、支持和引导非公有制经济发展,把二者统一于社会主义现代化建设的进程中。在更大程度上发挥市场配置资源的基础性作用,培育和健全统一开放、竞争有序的现代市场体系,为各种所有制企业创造公平竞争的环境。加强和改进宏观调控,完善国家计划和财政政策、货币政策相互配合的宏观调控体系,综合运用各种经济杠杆调节经济运行。

开放要有新局面,重点是坚持"引进来"和"走出去"相结合,在更大范围、更广领域、更高层次上参与国际经济技术合作与竞争。充分发挥我国劳动力资源丰富、市场广阔等比较优势,以更加优良的投资环境吸引外商投资,并把利用外资与国内经济结构调整、国有企业改组改造和西部大开发结合起来,不断提高利用外资的质量和水平。充分利用"引进来"积累的物质技术基础、对外交流渠道和有益经验,鼓励和支持有比较优势的各种所有制企业对外投资,带动商品和劳务出口,拓展经济发展空间。培育一批有实力的跨国企业和著名品牌,增强企业的国际竞争力。

各项工作要有新举措,主要是紧紧围绕深化改革、加快发展、维护稳定做好工作,搞好宏观调控,加强经济运行的监测预警,及时发现和解决带有全局性、倾向性、苗头性的重大问题,保证经济平稳运行和健康发展。积极探索宏观调控的规律,研究加强和改善宏观调控的有效办法。宏观调控部门务必继续保持谦虚谨慎、不骄不躁的作风,务必继续保持艰苦奋斗的作风,扎扎实实地把工作做好,扎扎实实地把经济生活中出现的突出问题解决好,扎扎实实地为最广大人民群众谋利益。自觉接受全国人大的监督和指导,认真听取政协的意见和建议。增强法制观念和依法办事能力,牢固树立公仆意识和服务意识。坚持依法行政,勤政廉洁,恪尽职守,埋头苦干,不断提高工作质量和效率。

各位代表,做好今年的经济工作任务艰巨,意义重大。我们要按照党的十六大要求,在以胡锦涛同志为总书记的党中央领导下,以邓小平理论和"三个代表"重要思想为指导,与时俱进,开拓创新,奋发图强,乘势前进,为全面完成2003年国民经济和社会发展各项任务、迈出全面建设小康社会新步伐而努力奋斗!

关于2002年中央和地方预算执行情况及2003年中央和地方预算草案的报告

——2003年3月6日在第十届全国人民代表大会第一次会议上

财政部部长 项怀诚

一、2002年中央和地方预算圆满完成,中央财政赤字控制在预算确定的数额之内

2002年,是我们国家发展史上具有重大意义的一年。中国共产党第十六次全国代表大会胜利召开,极大地调动了全国各族人民全面建设小康社会的热情。各地区、各部门认真实践"三个代表"重要思想,积极贯彻落实中央经济工作方针和九届全国人大五次会议对财政经济工作的各项要求,同心同德,艰苦奋斗,在世界经济增长明显趋缓的不利环境下,国民经济继续保持了较快增长,社会各项事业全面进步,人民生活水平进一步提高。中央和地方预算也都圆满完成。

2002年,全国财政收入(不含债务收入,下同)18914亿元,比预算增加899亿元,比上年增加2528亿元,增长15.4%。全国财政支出22012亿元,比预算增加899亿元,比上年增加3109亿元,增长16.4%。收支相抵,支出大于收入3098亿元。

中央财政总收入11020亿元,比预算增加374亿元,比上年增加1248亿元,增长12.8%。其中,中央财政本级收入10390亿元,比预算增加348亿元,比上年增加1208亿元,增长13.2%;地方上解中央收入630亿元,比预算增加26亿元。中央财政总支出14118亿元,比预算增加374亿元。其中,中央本级支出6756亿元,比预算增加343亿元;对地方税收返还和补助支出7362亿元,比预算增加31亿元。中央财政收支相抵,赤字3098亿元,与九届全国人大五次会议批准的预算赤字3098亿元持平。

地方财政总收入15886亿元,比预算增加582亿元,比上年增加2081亿元,增长15.1%。其中,地方财政本级收入8524亿元,比预算增加551亿元,比上年增加1320亿元,增长18.3%;中央税收返还和补助收入7362亿元,比预算增加31亿元。地方财政总支出15886亿元,比预算增加582亿元。其中,地方财政本级支出15256亿元,比预算增加556亿元;上解中央支出630亿元,比预算增加26亿元。地方财政收支保持平衡。

另外,中央财政债务收入5679亿元,与预算持平。其中,用于偿还国内外债务本金2563亿元,弥补当年财政赤字3098亿

元,补充中央财政偿债基金18亿元。2002年,中央政府性基金收入999亿元,中央政府性基金支出999亿元。

上述预算执行数字,在中央和地方决算编制汇总后,还会有些小的变化。

过去的一年,各地区、各部门在党中央、国务院的正确领导下,围绕九届全国人大五次会议确定的预算和财政工作目标,努力开拓,顽强拼搏,认真落实积极的财政政策,加强财政法制建设,大力整顿财经秩序,各项财政工作进展顺利,较好地促进了经济及各项社会事业的健康发展。

狠抓增收节支,确保了圆满完成预算。在九届全国人大五次会议上,我曾报告,2002年预算执行的不确定性因素较多,在收入方面,主要是增收的特殊性因素减少,而减收因素又比较多,比如:履行加入世界贸易组织承诺,关税总水平由15.3%下调到12%;证券交易印花税税率,由4‰(A股)和3‰(B股)统一降为2‰;金融保险营业税税率,由7%下调为6%;停止实施国有股减持政策等。在支出方面,一些重点项目的资金需求增加,必须予以保障。预算执行过程中,部分收入项目的执行情况比年初预计的还要困难,致使财政收支尤其是中央财政收支,一度出现收入增长大大低于预算、支出增长大大高于预算的严峻局面。针对这一形势,2002年5月份,国务院召开了全国增收节支工作电视电话会议,提出了一系列增收节支的要求和措施。2002年9月份,为了巩固和发展全国财政收支情况渐趋好转的势头,国务院再次召开了全国增收节支工作会议,提出了进一步加强增收节支工作的措施和新要求。财政部密切跟踪预算执行情况,通过多种形式,组织财政系统分析、研究中央和地方财政收支变化趋势,加强情况交流和信息沟通,督促检查各地的增收节支工作。各地区、各部门对此也十分重视,迅速制定和落实行之有效的措施,堵塞收支管理漏洞,消化部分减收增支因素,使全国财政收支形势进一步好转。2002年一季度,全国财政收入增长3.4%,全国财政支出增长23.9%。二、三、四季度,收入增幅分别提高到14.4%、14.3%和27.3%;支出增幅分别降为13.6%、17.3%和14.7%,从而保证了全年预算的圆满完成。

按照《全国人大常委会关于加强中央预算审查监督的决定》的有关规定,并考虑社会经济发展的实际需要,2002年中央财政超收收入374亿元,用于增加公路建设支出和补充全国社会保障基金。这一情况,已按规定向全国人大常委会作过书面报告。地方财政超收收入由地方安排使用,主要用于增加社会保障支出、解决欠发工资等。

调整支出结构,确保了各项重点社会事业发展的资金需要。从维护改革发展稳定的大局出发,各地区、各部门在严格控制一般性支出的同时,集中财力保障重点支出。一是向低收入群体和困难群众倾斜,帮助他们解决基本生产、生活问题。在继续做好"两个确保"和"低保"工作的基础上,从2002年7月1日起,再次提高企业退休人员基本养老金水平,并重点照顾退休早、基本养老金偏低的老工人、军队转业干部、原工商业者;再次提高了在乡老复员军人优抚待遇和建国初期参加革命的老干部退休待遇水平;为支持87户国有企业依法实施关闭破产,保障这些破产企业涉及的38万职工的生产和生活需要,及时安排了补助资金。2002年中央财政用于社会保障方面的支出达到1362亿元,比上年增长38.6%。与此同时,财政部门会同有关部门加强了社会保障资金的征管和监督,改进了社会保障专项转移支付办法,健全了财政社会保障补助资金专户管理制度。税务机关征收社会保险费的改革试点省份达到16个。此外,还积极参与并支持了城镇职工基本医疗保险制度改革,以及辽宁等地完善城镇社会保障体系的改革试点工作,促进了改革的顺利实施。据统计,截止2002年底,全国企业离退休人员基本养老金和进入再就业服务中心的国有企业下岗职工基本生活费,基本做到了按时足额发放;城市居民最低生活保障对象,由1998年底的184万人,增加到2002年底的2060万人,维护了社会稳定。二是向农业、农村、农民倾斜,促进农村的发展和稳定。将农村税费改革试点范围扩大到20个省(自治区、直辖市),试点地区农民负担平均减轻30%,有的地方还要多一些。这项改革被广大农民誉为"德政工程"。2002年,中央财政为此给试点地区的转移支付补助资金达到245亿元,保证了试点地区基层政权的正常运转,支持了农村义务教育的发展,对稳定和减轻农民负担,理顺农村经济关系,也发挥了十分重要的作用。2002年全国财政用于支援农村生产、农业综合开发和农林水气等部门事业费方面的支出达到1088亿元,比上年增长18.6%。同时,增加了用于农村扶贫、农村电网改造和水利基础设施建设等方面的投入。这些措施有效地促进了农业发展,提高了农民收入水平,改善了农村生活和生态环境,维护了农村稳定。三是向科技教育倾斜,推动科教兴国战略的实施。2002年中央财政安排资金72亿元,重点支持了国家重点基础研究、知识创新工程和国家"863"计划,取得了一大批科研成果,进一步提升了我国科技整体水平。继续执行中央本级财政支出中教育经费所占比例每年增加一个百分点的政策,地方财政也相应增加了教育投入,2002年全国财政教育事业费达到2640亿元,比上年增长19.6%,实施了国家贫困地区义务教育工程,进行了中小学危房改造,促进了高等教育和职业教育的发展。其他各项重点支出也得到了较好保障。

积极采取措施,确保了所得税收入分享改革顺利推进。为进一步实践"两个大局"战略构想和"三个代表"重要思想,继续完善财税体制,缩小地区财力差距,促进地区协调发展,推动国有企业改革,国务院决定,从2002年1月1日起,实施所得税收入分享改革。为此,财政部多次征询地方意见,检查确定基数,完善配套办法,指导督促落实。各地区尤其是东部发达地区讲政治、顾大局,积极采取各种有效措施,认真贯彻国务院的决定,为确保改革的顺利实施做出了重大贡献。2002年中央财政因这项改革增加的收入约124亿元,按规定全部用于对地方、主要是对中西部地区的转移支付。结合所得税收入分享改革,中央财政在增加对地方转移支付的基础上,进一步规范和完善了转移支付制度,增强了地方财政的资金调度能力;许多地区还积极调整和规范省以下财政体制，增加县乡等基层财政的可用财力。这些措施缓解了县乡财政困难，改善了机关事业单位职工欠发工资的状况。截止2002年底，全国36个省(自治区、直辖市)和计划单列市中25个已做到按时足额发放工资，其余11个虽仍有欠发当年国家统一规定工资的情况，但数额减少到17亿元，占同期应发工资总额的0.4%，比上年同期减少了48亿元。

继续深化改革，确保了预算管理制度不断完善。财政改革政策性和技术性很强，直接涉及利益关系的调整和规范。在党中央、国务院的正确领导下，各级党委、政府高度重视财政改革，各级人大也加强了对财政改革的督促指导，各级财政部门不断改进服务，扎实组织实施，推动了预算管理制度改革的进一步深化。2002年，按照收支脱钩、收缴分离的要求，公安部、最高人民法院、海关总署等34个中央部门，率先进行了深化"收支两条线"管理改革试点，各地也普遍加大了这项改革的工作力度。试点部门主动适应改革需要，积极转变职能，提高依法行政水平，乱收乱罚现象明显减少。2002年中央各部门和省直各部门，都已按照基本支出预算和项目支出预算，编制了部门预算，部分市(地)、县(市、区)也在积极抓紧这项改革，提高了预算编制的公平性、公正性和公开性。2002年，在推进和规范6个中央部门试点工作的基础上，将国库集中支付制度改革试点扩大到了38个中央部门，试点地区也由2001年的2个扩大到9个。同时，在15个中央部门又进行了国库集中收入制度改革试点，从而使其所有财政性资金收支，都纳入了国库单一账户体系，保障了财政资金安全有效运行，减少了"中转"环节，实现了收入"直达"国库，支出"直达"商品和劳务的提供者，提高了财政资金使用效益。2002年全国政府采购规模超过1000亿元，比上年增加340多亿元，资金节约率一般在10%以上。随着《政府采购法》的出台，政府采购工作的法制化和规范化不断增强。另外，财政管理信息化建设步伐明显加快，可以适时监控财政资金运行的"金财"工程，进入正式实施阶段。这些改革，进一步推动了社会主义市场经济条件下财政管理的规范化和现代化。

各位代表：

回顾过去的五年，与全国其他行业一样，财政工作也取得了新的成绩，国家财政面貌发生了很大变化。一是健全了财政收入稳定增长的机制，国家财政实力显著壮大。2002年，全国财政收入18914亿元，比1997年增加10263亿元，增长1.19倍，年均增加2053亿元。全国财政收入占国内生产总值的比重，由1997年的11.6%，提高到2002年的18.5%，平均每年提高1.4个百分点。二是转移支付规模迅速扩大，促进了经济社会的协调发展。2002年，中央财政本级支出6756亿元，占全国财政支出的30.7%，如果剔除将国债付息支出列为经常性预算支出这一不可比因素，按可比口径计算为28.5%，比财政管理体制改革时的1994年的30.3%下降1.8个百分点。说明财政管理体制改革后，中央财政增加的收入主要用于地方。2002年除税收返还3014亿元和体制性补助323亿元外，中央对地方的转移支付4025亿元，是1997年的6.1倍，年均增长43.4%，转移支付绝大部分用于中西部地区，对支持实施西部大开发战略，促进中西部地区加快发展，维护民族团结和国家长治久安，已经并将继续发挥重要作用。三是财政支出结构进一步优化，较好地服务了国民经济和社会发展的大局。特别是大幅度增加了社会保障、科技教育、农业、基础设施等社会公共领域的投入，较好保障了国有企业、社会保障、粮食流通、金融等重大经济体制改革的顺利进行。2002年，全国财政用于社会保障、科技教育和农业方面的支出，分别是1997年的9.5倍、2.3倍和1.9倍，年均增长56.9%、17.7%和14.2%。2002年底，机关事业单位职工月人均基本工资水平，比1998年翻了一番。五年来，中央财政根据党中央、国务院的要求，在收支矛盾十分紧张的情况下，着眼长远，已积累全国社会保障基金1242亿元，为应对不测提供了重要的财力保障。四是财政宏观调控作用明显增强，促进了国民经济持续快速健康发展。坚决贯彻中央关于扩大内需的方针，认真实施积极的财政政策，累计发行建设国债6600亿元。同时，改革财政宏观调控方式，综合运用建设国债、税收、贴息等各种财政政策工具，并与货币政策相配合，扩大投资与刺激消费并重，总量扩张与结构调整并重。虽然中央财政因此增加了赤字、债务规模有所扩大，但这是必不可少的，也是能够承受和控制的，更是值得的。如果不这样做，就不会有国民经济的稳定增长、经济结构的不断优化和人民生活的明显改善，尤其是建设国债有效地带动了各方面的投入，项目投资总规模达到3.28万亿元，为我国经济社会的长远发展打下了坚实的基础。事实证明，中央关于实施积极财政政策的决策，是非常必要和完全正确的。五是财政管理日趋规范，依法理财水平不断提高。五年来，根据党中央、国务院的有关决定、决议精神，以及全国人大及其有关机构提出的改革要求，进行了一系列财政改革，并且范围不断拓展，措施不断完善，内容不断深化，初步建立了符合社会主义市场经济发展要求的公共财政框架。与此同时，财政法制建设步伐加快，形成了以《预算法》、《会计法》、《注册会计师法》和财政规章等为基础的财政法规体系框架，并按照《行政复议法》、《行政诉讼法》等有关法律的要求，严格财政执法。财政改革和财政法制建设的相互促进，把公正、公平、公开等市场经济原则，逐步贯穿到财政工作各方面，推动了财政管理的规范化，依法理财达到了新的水平，对转变政府职能、推动依法治国、促进社会全面进步，也将产生重要影响。

在看到财政工作成绩的同时，我们也清醒地认识到，财政运行中还存在一些亟待解决的问题。一是财政收支矛盾仍然比较尖锐。随着财政收入规模的扩大，今后财政收入继续大幅增长的难度加大，而财政支出刚性很强，偿债进入高峰期，经济社会各方面发展又对财政提出了更高要求，财政收支压力居高不下。二是财经秩序混乱的状况尚未得到根本改观。做假账、偷逃骗税以及财政资金使用过程中的铺张浪费等现象还比较严重。三是财政改革进展不平衡。完善措施、消化矛盾、深化改革的任务还很艰巨。四是部分地区基层财政比较困难。尽管中央财政采取了加大转移支付力度等一系列措施，仍有部分地区的基层财政运行比较紧张，不能按时足额发放国家规定工资。上述问题，我们将高度重视，通过不断深化改革、规范管理等措施，着力加以研究解决，争取尽快取得明显成效。

二、认清形势，服务大局，积极稳妥安排2003年中央和地方预算

2003年是全面贯彻落实党的十六大精神，开创中国特色社会主义事业新局面的重要一年。当前，我国政治稳定，社会进步，经济发展的体制环境明显改善，对外开放程度继续提高，经济发展的活力不断增强，特别是党的十六大的胜利召开，进一步凝聚了党心、民心，必将为2003年及以后的经济社会发展，提供强大的推动力。但我们也必须看到，我国经济发展还面临一些突出的矛盾和问题。国际经济的不确定因素较多，部分地区局势紧张，对国际油价和世界经济的负面影响尚难准确预料。国内有效需求不足，供给结构不合理，经济自主增长的内在机制还不健全，保持出口较快增长的难度加大，农民收入增长依然缓慢，就业形势严峻，再就业压力加大，国有企业改革中的深层次问题还有待进一步解决，市场经济秩序也需要继续整顿和规范。

基于这一形势，根据党的十六大和中央经济工作会议精神，2003年中央预算安排的指导原则是：以邓小平理论和"三个代表"重要思想为指导，认真贯彻落实党的十六大和中央经济工作会议精神，按照全面建设小康社会的要求，坚持扩大内需的方针，继续实施积极的财政政策，努力促进国民经济持续快速健康发展；严格收入征管，确保财政收入稳定增长；继续调整和优化支出结构，进一步加大对农业、科技教育、社会保障、西部开发、改善人民生活等重点支出的保障力度，一般性支出实行零增长；深化财税改革，整顿财经秩序，推进依法理财。

按照上述原则，综合考虑影响中央财政收支的主要因素，国务院编制了2003年中央预算草案：

中央财政总收入11940亿元，比上年增加575亿元，增长5.1%(为便于比较，计算增长率时已按照所得税中央与地方六四分享方案对2002年执行数作了调整，下同)。其中，中央本级收入11333亿元，增加598亿元，增长5.6%；地方上解收入607亿元，比上年减少23亿元。中央财政总支出15138亿元，增加675亿元，增长4.7%。其中，中央本级支出7201亿元，增加445亿元，增长6.6%；对地方税收返还和补助支出7937亿元，增加230亿元，增长3%。中央财政收支相抵，赤字3198亿元，增加100亿元。赤字加上到期需归还的国内外债务本金支出2956亿元，中央财政债务收入6154亿元，增加475亿元。加上代地方发债250亿元，债务总规模为6404亿元。

代编的2003年地方财政总收入17105亿元，比上年增加1219亿元，增长7.7%。其中，地方本级收入9168亿元，增加989亿元，增长12.1%；中央税收返还和补助收入7937亿元。地方财政总支出17105亿元，增加1219亿元，增长7.7%。其中，地方本级支出16498亿元，增加1242亿元，增长8.1%，上解中央支出607亿元，比上年减少23亿元。

汇总中央和地方预算草案，2003年全国财政收入20501亿元，增加1587亿元，增长8.4%。全国财政支出23699亿元，增加1687亿元，增长7.7%。

编制2003年中央预算草案时着重考虑的因素是：

切实贯彻"两个务必"要求，一般性支出原则上实行零增长。2003年需要保障和增加的支出项目较多，中央财政收支矛盾比较尖锐，而目前一些机关事业单位还存在比较严重的铺张浪费、大手大脚花钱的现象，人民群众对此反映强烈。为了进一步发扬艰苦奋斗的优良传统，根据中央经济工作会议精神，2003年除重点支出项目外，其他各项一般性支出(不含调整工资的增支)原则上维持2002年的水平，实行零增长。这是2003年中央预算安排确定的一项重要政策，也是财政工作深入贯彻务必保持艰苦奋斗本色要求的具体体现。

政策上调减收入，支持经济社会发展。为切实履行加入世界贸易组织承诺，再次自主降低关税税率；为促进金融保险业的改革和发展，继续下调金融保险营业税税率一个百分点；为支持西部大开发、促进再就业，进一步实施和落实相关优惠财税政策。上述政策将影响财政增收。另外，考虑到企业上缴税收受应税产品价格下降等因素制约，从价征收的一部分税收难有高的增长；以前年度有些特殊性增收因素的作用将明显减弱或消失；在分析2002年中央财政收入各项目增减变化情况和原因的基础上，2003年中央财政收入增幅安排5.1%。它虽然低于2003年预期的经济增长速度，却是积极稳妥的。

继续发行建设国债，促进国民经济稳定增长。保持积极财政政策的稳定性和连续性，发挥财政的宏观调控作用，是应对当前国际国内形势，进一步扩大国内需求，保证经济和社会稳定发展，提高人民生活水平的客观需要。2003年发行1400亿元建设国债，其中，1150亿元纳入中央预算，250亿元代地方政府发行。国债资金主要用于续建和收尾项目，并继续调整和优化国债资金使用方向和结构，重点向改善农村生产生活条件、经济结构调整、生态环境建设、中西部地区等方面倾斜。

目前，我国居民储蓄存款快速增长，国内可使用的资金比较充裕；市场物资丰富，物价处在较低水平；国际收支连年盈余，外汇储备较为雄厚；2003年的赤字水平和总体债务规模仍在可以承受的范围之内。因此，再发行一定数量的建设国债，短期内没有大的风险。我们将继续密切关注并积极防范可能出现的问题，采取各种有效措施，用发展的办法控制财政风险。

进一步增加对地方的转移支付，协调地区经济社会发展。为强化中央财政的宏观调控作用，不断缩小财力差距，努力满足基本社会公共服务需要，促进地区协调发展，2003年中央财政将进一步增加对地方的转移支付，除税收返还3404亿元和体制性补助326亿元外，拟安排对地方的转移支付4207亿元，按可比口径比上年增加140亿元。

加大重点支出项目的投入和保障力度，维护改革发展稳定大局。一是大力支持农业和农村经济社会发展。加快农业和农村经济社会的发展，是全面建设小康社会、保持国民经济持续

快速健康发展、确保国家长治久安的必然要求。中央决定，除国债资金向农村倾斜外，2003年全面推开农村税费改革试点工作，中央财政拟相应安排农村税费改革试点专项转移支付补助资金305亿元，比2002年增加60亿元。另外，中央财政还将继续增加基础设施建设、生态建设、农村扶贫、良种推广、农产品质量安全标准体系和监测体系、农业结构战略性调整等方面的预算安排，进一步加大对农业和农村的投入。二是增加社会保障支出。为切实解决困难群众基本生活问题，维护人民群众的切身利益，将相应增加社会保障支出，包括：提高企业退休人员基本养老金标准、提高部分建国初期参加革命的老干部退休待遇水平和在乡老复员军人抚恤标准，增加支出84亿元；落实城市居民最低生活保障资金翻一番政策，增加支出46亿元；落实再就业补助政策，增加支出47亿元。此外，拟继续安排企业依法破产补助资金110亿元。三是保障教育、科技等重点支出。教育、科技在全面建设小康社会中具有先导性和全局性作用。中央财政对教育、科技等重点支出，将继续按照有关高于财政经常性收入增长的法律和政策规定安排（含调整工资增加的支出）。同时，考虑到更好地保障公检法部门严格执法，以及加强农村卫生工作和改革监狱管理体制的需要，中央财政拟适当增加这些方面对地方的补助。四是调整机关事业单位职工工资。1999年以来，根据中央部署，已多次调整机关事业单位职工工资，对有效改善机关事业单位职工工资偏低的状况，刺激消费，拉动内需，促进经济增长，发挥了重要作用。2002年，考虑到要优先解决城镇低收入者的生活困难，协调各方面利益关系，中央决定将原考虑2002年调整机关事业单位职工工资的措施，推迟到2003年7月1日出台，预算相应安排调资增支资金。五是增加国防支出。为应对国际形势变化，维护国家安全和主权领土完整，提高我军在高技术条件下的防卫作战能力，2003年中央财政拟安排国防支出1853亿元，增长9.6%。六是债务利息支出966亿元，增加284亿元。

三、积极开拓，艰苦奋斗，确保圆满完成预算

贯彻党的十六大精神，中央经济工作会议对2003年的经济和财政工作已提出明确要求。我们要在党中央、国务院的正确领导下，振奋精神，坚定信心，抓住机遇和有利条件，积极应对困难和挑战，把各项措施想得周全一些，把各项具体工作做得扎实一些，在认真做好实施积极财政政策等工作的同时，狠抓以下各项工作，确保圆满完成全年预算，促进国民经济和各项社会事业健康发展。

依法加强收入征管，确保财政收入稳定增长。2003年财政工作的一项重要任务，是积极组织财政收入，为政权运转、经济发展和社会安定提供强有力的财力支持。一是坚决维护税法的统一性、权威性和严肃性。严格按照税法规定，继续清理现行各种税收优惠政策，对执行到期的及时恢复征税，坚决制止擅自出台税收优惠或变相优惠政策的行为，绝不允许任何地方和部门越权减免税收。二是不断规范和完善税收制度。加强相关配套制度建设，着力解决少数私营企业主把个人消费列入企业成本、外资企业虚假亏损等逃避纳税问题，健全税制，堵塞漏洞，规范分配秩序。三是加强出口退税管理，完善出口退税机制。严厉打击骗取出口退税的犯罪行为，提高政策执行的实际效果。四是认真贯彻国务院“加强征管，堵塞漏洞，惩治腐败，清缴欠税”的方针。强化税收征管，完善个人所得税征收办法，大力清缴企业欠税，切实加强各种非税收入的征收管理，进一步挖掘增加收入的潜力，严厉查处应缴不缴行为，努力做到应收尽收。

强化财政职能作用，促进经济社会协调发展。按照“压缩一般，保障重点”的原则，对工资发放、社会保障，以及科技教育、农业、环境保护等领域，不仅预算中要足额安排，还要保证资金落实到位、政策落实到位、措施落实到位。一是坚持“一要吃饭，二要建设”的方针，确保工资发放。除中央财政继续增加对困难地区和基层财政的转移支付及增资补助外，地方财政也要进一步完善财政体制，增加对县乡财政的转移支付，并完善工资统发制度，建立健全保障工资发放的有效机制，尤其是着力解决农村中小学教师工资的发放问题。二是要切实做好“两个确保”和城市“低保”工作，进一步衔接好“三条保障线”。依法扩大社会保障的覆盖面。将长期亏损、停产、半停产困难企业符合条件的在岗职工，全部纳入“低保”范围，做到应保尽保。全面落实相关税费减免政策，促进就业和再就业。同时，着力帮助解决好老红军、老复员军人、伤残军人、烈属等重点优抚对象和劳动模范、先进工作者以及农村“五保户”的实际困难，切实落实对义务兵家属的优待政策，继续协助做好转业复员退伍军人的安置工作。三是要认真落实支持西部开发的各项优惠财税政策，并加强监督检查，促进西部地区加快发展。

厉行节约，坚决制止铺张浪费。在全面建设小康社会、加快推进社会主义现代化建设的伟大进程中，必须始终坚持艰苦奋斗、勤俭建国的方针，精打细算，厉行节约，管好、用好每一笔财政资金。一是加强预算管理，严格执行支出预算。2003年除国家法律法规和政策规定需要增加的重点支出外，其他各项一般性支出实行零增长，地方财政也要按照中央要求，采取有效措施，严格控制一般性支出，特别是要大力压缩会议、出国考察、招商和各种无实际效果的论坛、研讨会。二是继续从严控制党政机关办公楼和培训中心项目建设，对国家严禁开工建设的各种“形象工程”、“政绩工程”，财政停止一切形式的支持。三是积极支持各单位进一步完善并严格执行财务管理制度，挖掘机关事业单位在节能、设备配备等方面的节支潜力，努力降低机关运行成本。四是财政部门要带头执行各项财经纪律，并敢于管理，积极支持和配合纪检、监察、审计等部门，严肃查处各种挥霍浪费财政资金的行为。

继续深化财政改革，有效推动财政管理制度创新。要用改革的办法，更好地发挥财政职能作用，更好地解决财政工作中遇到的各种困难和问题。一是进一步总结经验、完善政策，全面推开农村税费改革试点工作。积极推进农业特产税制改革，探索对农业和农民实行补贴的各种有效办法。二是继续深化“收支两条线”管理改革，逐步规范政策外补贴和银行账户管理，改

革和完善非税收入收缴管理制度。三是扩大部门预算实施范围,继续深化国库集中收付制度改革,认真实施《政府采购法》,不断扩大政府采购的范围和规模。四是继续推进所得税收入分享改革,2003年中央和地方实行所得税收入六四分成。五是进一步规范转移支付制度,重点完善省以下财政体制,增强县乡财政实力,缓解基层财政困难。六是加快"金财"工程建设步伐,推动财政管理的信息化。七是大力支持和配合国有资产管理、农村经济、金融和行政管理等方面的重大体制改革。在推进改革过程中,各级财政部门要牢固树立服务观念,寓改革于服务之中。

整顿规范财经秩序,积极推进依法理财和诚信建设。依法整顿和规范财经秩序,是整顿市场经济秩序的组成部分,是财政部门依法行政的重要内容,关系到国民经济的健康发展,关系到群众利益的保护,对在全社会确立和增强法制观念,加强诚信建设,也具有十分重要的意义。一是整顿财政收支秩序。继续开展税收征管检查和行政事业性收费、政府基金收缴情况检查,整顿收入秩序,堵塞收入漏洞;加强对中央财政转移支付、专项补助资金和政府性基金使用情况的监督,做好追踪问效工作,严肃惩处挤占挪用等违规行为,确保资金按规定使用。二是深入贯彻《会计法》和《注册会计师法》,按照"诚信为本,操守为重,坚持准则,不做假账"的要求,大力整顿规范会计工作秩序,开展会计信息质量抽查,强化会计基础管理工作,进一步整顿和规范注册会计师等社会中介行业,逐步建立注册会计师诚信档案,推动全行业和全社会的诚信建设。三是完善财政监督机制,提高财政监督水平。四是加强财政法规体系建设,继续提高财政部门依法行政的水平。

各位代表:

完成2003年预算的任务十分繁重和艰巨,我们将在以胡锦涛同志为总书记的党中央领导下,高举邓小平理论伟大旗帜,全面贯彻"三个代表"重要思想,按照党的十六大精神以及中央经济工作会议和第十届全国人民代表大会提出的各项要求,统一思想,坚定信心,锐意改革,扎实工作,为实现全面建设小康社会的宏伟目标而努力奋斗。

2002年国民经济和社会发展统计公报

国家统计局

2002年,全国各族人民在党中央、国务院的正确领导下,高举邓小平理论伟大旗帜,全面贯彻"三个代表"重要思想,团结奋斗,开拓创新,努力克服前进道路上的困难,顺利实现了国民经济和社会发展的主要预期目标。国民经济保持良好发展势头,经济总量迈上新的台阶;积极财政政策和稳健货币政策取得明显效果,国内需求持续增长;经济结构战略性调整初见成效,产业结构优化升级取得进展;各项改革不断深化,对外开放水平进一步提高;社会主义民主法制和精神文明建设取得新成果,科技、教育、文化、卫生、体育等各项社会事业全面进步;城乡居民收入稳步增长,人民生活继续改善。

一、综　合

国民经济持续较快增长。全年国内生产总值跃上10万亿元的新台阶,达到102398亿元,按可比价格计算,比上年增长8%。其中,第一产业增加值14883亿元,增长2.9%;第二产业增加值52982亿元,增长9.9%;第三产业增加值34533亿元,增长7.3%。

价格总水平小幅下降。全国居民消费价格总水平比上年下降0.8%。其中,城市下降1%;农村下降0.4%。商品零售价格下降1.3%。工业品出厂价格下降2.2%。原材料、燃料、动力购进价格下降2.3%。固定资产投资价格上涨0.2%。在居民消费价格中,服务价格上涨1.8%。

就业规模继续扩大。年末全国就业人员73740万人,比上年末增加715万人,其中城镇就业人员24780万人,增加840万人。年末国有企业下岗未实现再就业职工人数为410万人,比上年末减少105万人。年末城镇登记失业率为4%,比上年末增加0.4个百分点。

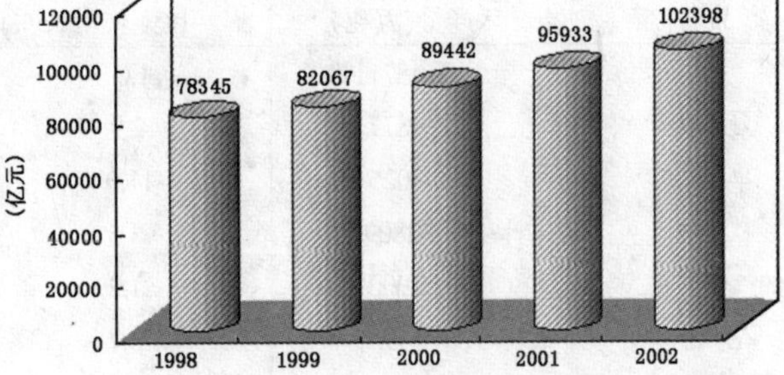

图1　国内生产总值突破10万亿元

国际收支状况良好。全年对外贸易顺差304亿美元。实际使用外商直接投资527亿美元,比上年增长12.5%。年末国家外汇储备达到2864亿美元,比上年末增加742亿美元。人民币汇率保持稳定,年末1美元兑8.2773元人民币。

经济体制改革和结构调整稳步推进。电信、民航、电力等垄断性行业改革不断深入,市场竞争格局逐步形成,军工企业改革和脱困工作稳步推进；财税、金融、社会保障、粮棉流通体制等改革继续深化；行政审批制度改革加快；农村税费改革试点逐步扩大，取得明显成效。西部大开发积极推进，基础设施和生态环境建设明显加快；农业生产加快向区域化、优质化、产业化方向发展；工业结构调整步伐加快，以信息技术为代表的高新技术产业比重提高；商业流通手段不断创新，现代流通方式发展较快。

表1 2002年全国居民消费价格比上年上涨(%)

指标	全国	城市	农村
全国居民消费价格总水平	-0.8	-1.0	-0.4
食 品	-0.6	-0.5	-0.7
其中：粮食	-1.7	-1.7	-1.6
烟酒及用品	-0.1	-0.1	持平
衣 着	-2.4	-2.7	-1.6
家庭设备用品及服务	-2.5	-2.7	-2.2
医疗保健及个人用品	-1.2	-2.0	0.1
交通和通信	-1.9	-2.0	-1.8
娱乐教育文化用品及服务	0.6	0.2	1.2
居 住	-0.1	-0.2	0.1

国民经济中存在的主要问题是：经济增长仍然受到有效需求不足和供给结构不合理的制约；就业压力仍然较大；农民增收困难，部分城乡居民生活比较困难；市场经济秩序混乱的问题还亟待解决；重大安全生产事故时有发生。

二、农 业

种植业结构继续调整。适应市场需求变化，全年粮食种植面积10399万公顷，棉花种植面积418万公顷，分别比上年减少209万公顷和63万公顷；油料面积1487万公顷，增加24万公顷；糖料面积180万公顷，增加15万公顷；蔬菜面积1728万公顷，增加88万公顷。

表2 主要农产品产量

产品名称	产量(万吨)	比上年增长(%)
粮 食	45711	1.0
夏 粮	9877	-2.9
早 稻	3025	-11.0
秋 粮	32809	3.5
油 料	2900	1.2
花 生	1495	3.7
油菜籽	1053	-7.1
棉 花	492	-7.5
糖 料	10151	17.3
甘 蔗	8883	17.4
甜 菜	1268	16.4
烤 烟	213	3.9
茶 叶	74	5.7
水 果	6809	2.3

粮食、油料、糖料等主要农产品增产，蔬菜生产在提高品质的基础上继续保持较快增长，棉花因种植面积下降较多而减产。全年粮食产量45711万吨，比上年增长1%。

畜牧业、渔业生产稳步发展。全年肉类总产量达6590万吨，比上年增长4%；全年水产品产量达4513万吨，增长3%。

林业、水利建设取得新进展。全年完成造林面积747万公顷，比上年增长51%，其中退耕还林工程完成退耕地造林和宜林荒山荒地造林共540万公顷。长江中下游干流3576公里堤防加固工程基本达标；黄河下游堤防加固完成断面达标982公里。全年新增有效灌溉面积90多万公顷；新增节水灌溉面积140多万公顷；综合治理水土流失面积4万多平方公里。

三、工业和建筑业

工业生产快速增长，产销衔接进一步改善。全年工业增加值45935亿元，比上年增长10.2%。其中，规模以上工业企业(即国有工业企业及年产品销售收入500万元以上的非国有工业企业)增加值31482亿元，增长12.6%；产品销售率达到98%，比上年提高0.3个百分点。

表3 工业增加值主要分类情况

指标	增加值(亿元)	上年增长(%)
规模以上工业企业	31482	12.6
其中：国有及国有控股企业	16638	11.7
其中：集体企业	2769	8.6
股份制企业	11570	14.4
外商及港澳台投资企业	8091	13.3
其中：轻工业	12294	12.1
重工业	19188	13.1

工业产品结构调整取得新进展。出口导向型产品、高技术产品、适应消费结构升级的消费产品产量快速增长。全年工业新产品产值比上年增长24%；工业品出口交货值增长23.4%。微型电子计算机、移动电话机、半导体集成电路、彩色电视机等电子通信产品产量比上年增长25.9%以上；纱、布、丝织品、服装增长8.5%至19.9%；汽车增长38.8%，其中轿车增长55.2%；钢和钢材分别增长19.7%和19.6%。能源工业生产形势良好。全年发电量16540亿千瓦小时，比上年增长11.7%；生产原煤13.8亿吨，增长18.9%；生产原油1.67亿吨，增长1.8%。

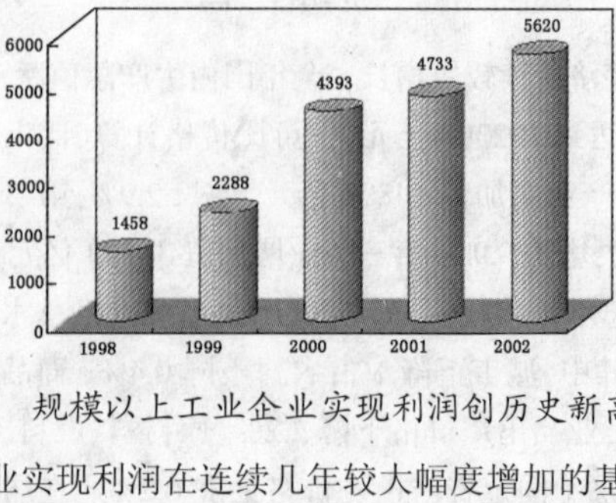

图2 规模以上工业企业实现利润创历史新高

工业企业实现利润在连续几年较大幅度增加的基础上继续快速增长。全年实现利润5620亿元，按可比口径计算，比上年增长 20.6%，其中国有及国有控股企业实现利润 2636 亿元，增长 15.3%。

表 4 主要工业产品产量

产品名称	单 位	产 量	比上年增长(%)
纱	万吨	850	11.7
布	亿米	322	1.2
化 纤	万吨	991	17.8
糖	万吨	926	41.8
卷 烟	万箱	3467	1.9
彩色电视机	万部	5155	25.9
家用电冰箱	万台	1599	18.3
房间空调器	万台	3135	34.3
能源生产总量	亿吨标准煤	13.87	18.5
原 煤	亿吨	13.8	18.9
原 油	亿吨	1.67	1.8
发电量	亿千瓦小时	16540	11.7
钢	万吨	18155	19.7
钢 材	万吨	19218	19.6
十种有色金属	万吨	1012	14.5
水 泥	亿吨	7.25	9.7
木 材	万立方米	5035	10.6
硫 酸	万吨	3050	13.3
纯 碱	万吨	1033	13.0
乙 烯	万吨	543	13.0
化 肥(折 100%)	万吨	3791	12.1
发电设备	万千瓦	2121	58.3
汽 车	万辆	325.1	38.8
轿 车	万辆	109.2	55.2
大中型拖拉机	万台	4.5	18.9
集成电路	亿块	96.3	51.4
程控交换机	万线	5861	-38.5
移动电话机	万部	11960	48.9
传真机	万部	297	-6.6
微型电子计算机	万部	1464	50.1
光通信设备	万部	6.5	-16.6

建筑业生产和利润持续增长。全社会建筑业实现增加值 7047 亿元，比上年增长 8%。全国四级及四级以上建筑业企业实现利润 336 亿元，增长 14%；税金总额 532 亿元，增长 6.6%。

四、固定资产投资

固定资产投资快速增长。全年全社会固定资产投资 43202 亿元，首次突破 4 万亿元，比上年增长 16.1%，增速为 1996 年以来最高水平。

东中西部地区投资全面增长。全年国有及其他经济类型投资中，东部地区投资 18456 亿元，比上年增长 16.2%，增速提高 2.9 个百分点；中部地区投资 7580 亿元，增长 20%，提高 3.7 个百分点；西部地区投资 5672 亿元，增长 20.6%，提高 1.3 个百分点。

投资结构继续改善。全年第一产业投资 1106 亿元，比上年增长 23.5%，呈恢复性快速增长态势；第二产业投资 10703 亿元，增长 22.9%，呈加速增长态势；第三产业投资继续保持较快增长，全年完成投资 21132 亿元，增长 14.4%。

表 5 固定资产投资情况

指 标	绝对数(亿元)	比上年增长(%)
全社会固定资产投资	43202	16.1
其中：国有及其他固定资产投资	31020	17.0
集体经济投资	5901	11.8
城乡居民个人投资	6280	15.7
其中：基本建设投资	17251	16.4
更新改造投资	6584	11.1
房地产开发投资	7736	21.9

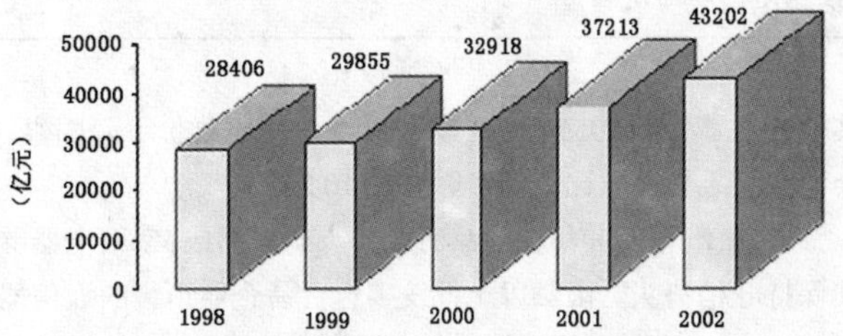

图 3 全社会固定资产投资规模持续扩大

重点工程建设进展顺利。长江三峡工程导流明渠截流成功，左岸大坝主体工程基本完成；青藏铁路工程进展顺利；西电东送工程南部通道建设全面展开，中部通道抓紧推进，北部通道建设步伐加快；西气东输工程和南水北调工程已正式开工建设。企业更新改造取得新进展，在结构调整中发挥了重要作用。

五、国内贸易

消费品市场销售平稳增长。全年社会消费品零售总额突破 4 万亿元，达到 40911 亿元，比上年增长 8.8%。其中，城市消费品零售额 25898 亿元，增长 10%；县及县以下消费品零售额 15013 亿元，增长 6.8%。分行业看，批发零售贸易业零售额 27860 亿元，增长 9.2%；餐饮业零售额 5092 亿元，增长 16.6%；

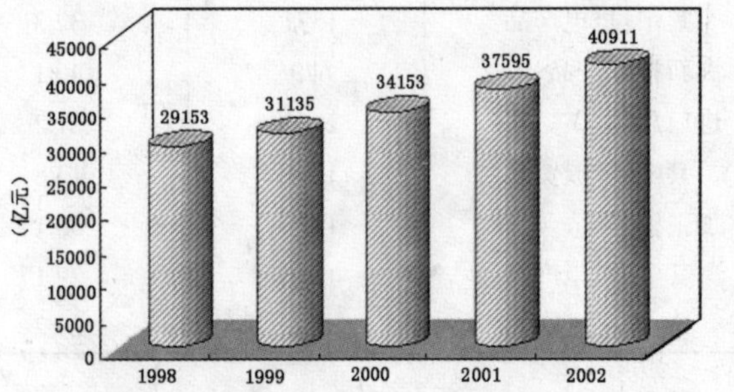

图 4 社会消费品零售总额稳步增加

表6 五年来全国基本建设投资新增主要生产能力

指标	单位	1998	1999	2000	2001	2002	1998-2002
大中型发电机组容量	万千瓦	1839	1891	1934	1516	1165	8345
11万伏及以上变电设备	万千伏安	3836	3935	4285	5319	4722	22097
新建铁路投产里程	公里	1105	1242	655	1246	1696	5944
增建铁路复线投产里程	公里	590	1311	698	1504	500	4603
电气化铁路投产里程	公里	988	616	554	2680	866	5704
新建公路	公里	45677	41978	48069	35855	30796	202375
其中：高速公路	公里	1663	2639	4467	3149	5545	17463
港口万吨级码头泊位新增吞吐能力	万吨	1277	2160	3633	5813	1547	14430
新增局用交换机容量	万门	2554	1523	2480	4997	2792	14346
新增光缆线路长度	万公里	16	11	43	61	63	194
新增数字蜂窝移动电话交换机容量	万户	1969	3426	6033	9097	5205	25730

其他行业零售额7959亿元，增长3.2%。考虑物价下降因素，社会消费品零售总额比上年实际增长10.2%。

通信、汽车及其相关商品消费热点初步形成，家用电器继续保持旺销势头。限额以上批发零售贸易企业销售的通信器材类零售额比上年增长69.2%；汽车类增长73%；家用电器类增长14.6%。

六、对外经济

对外贸易高速增长。全年进出口总额达6208亿美元，比上年增长21.8%。其中，出口总额3256亿美元，增长22.3%；进口总额2952亿美元，增长21.2%。

表7 进出口贸易主要分类情况

指标	绝对数(亿美元)	比上年增长(%)
出口总额	3256	22.3
其中：一般贸易	1362	21.7
加工贸易	1799	22.0
其中：机电产品	1571	32.3
高新技术产品	679	46.1
进口总额	2952	21.2
其中：一般贸易	1291	13.8
加工贸易	1222	30.1
其中：机电产品	1556	29.1
高新技术产品	828	29.2

对主要贸易伙伴的出口均有不同程度的增长。全年对美国出口700亿美元，比上年增长28.9%；对香港地区出口585亿美元，增长25.6%；对日本出口484亿美元，增长7.8%；对欧盟出口482亿美元，增长17.9%；对东盟出口236亿美元，增长28.3%；对韩国出口155亿美元，增长23.8%；对台湾省出口66亿美元，增长31.7%；对俄罗斯出口35亿美元，增长29.9%。

外商直接投资稳步扩大。全年外商直接投资合同金额828亿美元，比上年增长19.6%；实际使用金额527亿美元，增长12.5%。

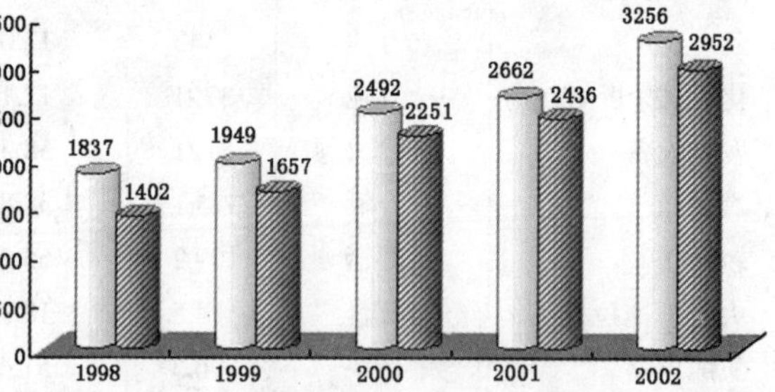

图5　外贸进出口规模显著扩大

对外经济技术合作保持良好发展势头。全年对外承包工程和劳务合作完成营业额144亿美元，比上年增长18.2%；新签合同额179亿美元，增长8.7%。

七、交通、邮电和旅游

交通运输和邮电通信业继续保持稳步增长。全年实现增加值5518亿元，比上年增长7.7%。

邮电通信业全年完成邮电业务总量5547亿元，比上年增长21.7%。其中，邮政业务总量495亿元，增长8.2%；电信业务总量5052亿元，增长23.2%。全年新增局用交换机2792万门，总容量达到28358万门。新增固定电话用户3405万户，达到21442万户，其中城市电话用户13595万户，乡村电话用户7847万户。年末全国固定及移动电话用户总数达到42104万户，比上年末增加9545万户，电话普及率达到33.7部/百人。

旅游业持续发展。全年国内旅游人数87782万人次,比上年增长12%;国内旅游收入3878亿元,增长10.1%。全年境外入

表8 各种运输方式完成运输量

指 标	单 位	绝对数	比上年增长(%)
货物周转量	亿吨公里	49387	3.8
其中:铁路	亿吨公里	15477	6.2
公路	亿吨公里	6704	5.9
水运	亿吨公里	26481	1.9
民航	亿吨公里	51.5	17.9
旅客周转量	亿人公里	13966	6.2
其中:铁路	亿人公里	4969	4.2
公路	亿人公里	7643	6.0
水运	亿人公里	85	-5.6
民航	亿人公里	1269	16.2
港口完成货物吞吐量	亿 吨	26.8	11.6
其中:外贸货物吞吐量	亿 吨	7.6	17.0

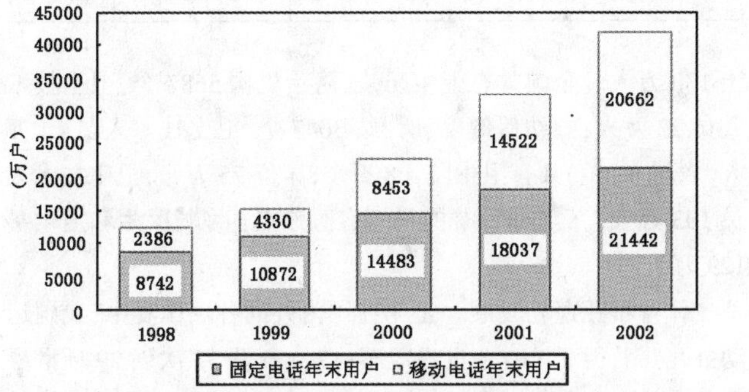

图6 电话用户迅猛增长

境人数9791万人次,比上年增长10%。其中,外国人1344万人次,增长19.7%;香港、澳门和台湾同胞8447万人次,增长8.6%。在入境旅游者中,过夜人数3680万人次,增长11%。国际旅游外汇收入204亿美元,比上年增长14.6%。全年国内出境人数达1660万人次,比上年增长36.8%,其中因私出境1006万人次,增长44.9%,占出境人数的60.6%。

八、金融、证券和保险

货币供应量增长加快。年末广义货币供应量(M2)余额为185007亿元,比上年末增长16.8%;狭义货币供应量(M1)余额为70882亿元,增长16.8%;流通中现金(M0)余额为17278亿元,增长10.1%。

金融机构存贷款增加较多。全部金融机构本外币各项存款余额183388亿元,比上年末增长18.1%。全部金融机构本外币各项贷款余额139803亿元,按可比口径计算,增长15.4%。贷款结构继续改善。全国农村信用社贷款余额13940亿元,增加1953亿元。消费贷款余额10669亿元,增加3694亿元,其中个人住房贷款余额8258亿元,增加2671亿元。

全年在上海、深圳证券交易所通过发行、配售股票共筹集资金962亿元,比上年减少290亿元。其中,发行A股(包括增发及可转债)102只,配股22只,筹集资金780亿元,减少402亿元;发行B股、H股共16只,筹集资金182亿元,增加112亿元。年末境内上市公司(A、B股)数量由上年末的1160家增加到1224家,市价总值38329亿元,比上年末下降11.9%。

表9 全部金融机构本外币存贷款情况

指 标	年末数(亿元)	比上年增长(%)
各项存款余额	183388	18.1
其中:企业存款	64299	15.3
城乡居民储蓄存款	94307	17.1
其中:人民币	86911	17.8
各项贷款余额	139803	15.4
其中:短期贷款	76822	9.9
中长期贷款	51732	23.2

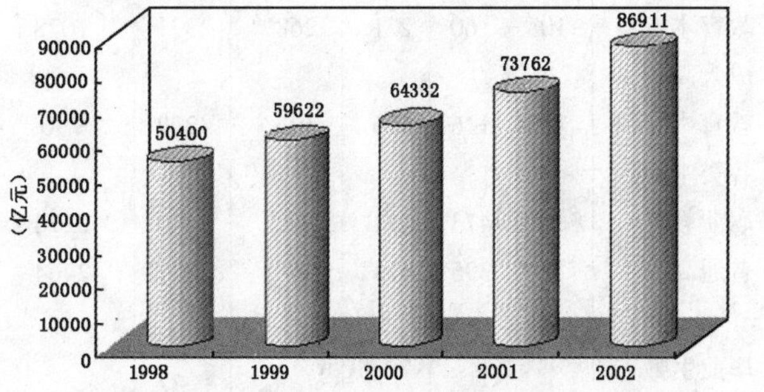

图7 城乡居民人民币储蓄存款余额大幅度增加

全年内外资保险公司保费收入3053亿元,比上年增长44.3%。其中,寿险保费收入1957亿元;健康险和意外伤害险保费收入318亿元;财产险保费收入778亿元。支付各类赔款及给付707亿元。其中,寿险业务给付225亿元;健康险赔款和给付50亿元;财产险和意外伤害险业务赔款432亿元。

九、教育和科学技术

各级各类教育进一步发展。全国普通高等教育招生321万人,在校生903万人;成人高等教育招生222万人,在校生559万人。全国研究生教育招生20万人,在学研究生50万人。全国普通高中招生677万人,在校生1684万人。各类中等职业教育招生470万人,在校生1197万人。全国初中招生2281万人,在校生6687万人,毕业生1904万人。普通小学招生1953万人,在校生12157万人,毕业生2352万人。特殊教育招生5.3万人,在校生37.1万人。幼儿园在园幼儿2036万人。

科技研究开发及产业化取得较大进展。全年全国科学研究与试验发展(R&D)经费支出1161亿元,比上年增长11.3%,占国内生产总值的1.1%,其中基础研究经费74亿元。年末国有企事业单位共有各类专业技术人员2848万人。全年国家安排了219项科技攻关计划项目和1812项"863"计划项目,组织了1318项重点技术创新项目和1288项重点新产品试产计划项

目,完成了105项重大技术装备的研制及鉴定验收。新安排高技术产业化示范工程项目347项。全年共取得省部级以上科技成果2.9万项。其中,基础理论成果2000项,应用技术成果25700项,软科学成果1300项。全年受理国内外专利申请252632件,授权专利132401件,分别比上年增长24%和16%。全年共签订技术合同23万项,技术合同成交金额880亿元,比上年增长12.5%。通用CPU芯片"龙芯一号"研制成功,水稻基因组研究成果显著,"神舟"三号、四号飞船成功发射并返回,这些成果标志着我国在信息技术、生物技术和载人航天技术方面取得重大突破。

表10 五年来各类教育招生和毕业生情况

单位:万人

指标	1998	1999	2000	2001	2002	1998-2002
招生数						
研究生	7.3	9.2	12.8	16.5	20.3	66.1
普通高等教育本专科	108	160	221	268	321	1078
成人高等教育本专科	100	116	156	196	222	790
各类中等职业教育	520	473	411	400	470	2274
普通高中	360	396	473	558	677	2464
毕业生数						
研究生	4.7	5.5	5.9	6.8	8.1	31.0
普通高等教育本专科	83	85	95	104	134	501
成人高等教育本专科	83	89	88	93	118	471
普通高中	252	263	302	341	384	1542

综合技术服务进一步完善提高。全国共有产品质量检验机构5500个,其中国家检测中心240个。全国现有产品质量、体系认证机构122个,已累计完成对4.6万个企业的产品认证。全国共有法定计量技术机构4770个,全年强制检定计量器具3105万台件。制定、修订国家标准1049项,其中新制定514项。全国共有气象雷达观测站点256个,卫星云图接收站点356个。全国共有地震台站1305个,地震遥测台网35个。全国共有1505个海洋观测、监测站点。测绘部门公开出版地图1552种,图书340种。

国土资源调查及地质勘察新发现大中型矿产地156处,有43种矿产新增查明资源储量。其中,石油10.5亿吨;天然气4411亿立方米;原煤7.6亿吨。全国省级地质环境监测站31个,成功预报地质灾害703起。

十、文化、卫生和体育

文化艺术、广播影视、新闻出版等各项事业继续较快发展。年末全国共有艺术表演团体2592个,文化馆2847个,公共图书馆2689个,博物馆1451个。广播电台306座,中、短波广播发射台和转播台770座,电视台360座。全国有线电视用户9638万户。生产故事影片100部,科教、纪录、美术片69部。出版全国性和省级报纸230亿份,各类杂志30亿册,图书68亿册(张)。年末全国共有档案馆3902个,已开放各类档案4908万卷(件)。

卫生事业稳步发展。年末全国共有卫生机构29万个,其中医院、卫生院6.5万个;病床床位321万张,其中医院、卫生院220万张;卫生技术人员444万人,其中医生211万人,护师、护士130万人。全国共有卫生防疫、防治机构5687个,卫生技术人员22万人;妇幼保健院、所、站3047个,卫生技术人员14万人。农村乡(镇)共有卫生院4.8万个,床位75万张,卫生技术人员103万人,已有89.8%的村拥有医疗点,乡村医生和卫生员129万人。

表11 五年来广播电视及出版物情况

指标	单位	1998	1999	2000	2001	2002
广播综合人口覆盖率	%	88.3	90.5	92.5	92.9	93.2
电视综合人口覆盖率	%	89.0	92.0	93.7	94.2	94.5
杂志出版量	亿册	25.4	28.5	29.4	28.9	29.6
图书出版量	亿册(张)	72.4	73.2	62.7	63.1	67.5

体育事业蓬勃发展。全年在国内外的各项比赛中,我国运动健儿共获得了110个世界冠军;17人5队33次创29项世界纪录;14人11队25次创24项亚洲纪录。在第十四届亚运会上,我国体育代表团共获得150枚金牌、84枚银牌和74枚铜牌,金牌总数和奖牌总数蝉联第一。

十一、环境保护

城市空气质量逐步提高。监测的339个城市中,有117个城市空气质量达到二级标准,占监测城市数的34.5%,比上年提高1.1个百分点;有114个城市达到三级标准,占33.6%,与上年基本持平;有108个城市未达到三级标准,占31.9%,减少1.3个百分点。对道路噪声监测的322个城市中噪声污染严重的占5%,对区域环境噪声监测的315个城市中52.1%的区域环境噪声优于城市居住区声环境质量标准。全国建成了3369个烟尘控制区,面积达2.3万平方公里;建成了3128个环境噪声达标区,面积达1.5万平方公里。

地表水水质有所改善。七大水系干流地表水水质有52.9%的断面满足国家地表水Ⅲ类水质标准要求,比上年上升1.2个百分点;19.0%的断面为Ⅳ类水质,下降7.1个百分点;7.8%的断面为Ⅴ类水质,下降5个百分点;超过Ⅴ类水质标准断面的比例为20.3%,上升10.9个百分点。近岸海域海水水质呈改善趋势。381个近岸海域海水水质监测点中,达到国家一类海水水质标准的监测点占 21.3%，比上年增加 7.9 个百分点；二类占 28.3%，三类占 14.4%，四类占 8.9%，劣四类占 27.1%。

生态环境保护力度加大。全国已批准国家级生态示范区 82 个，生态示范区建设试点地区和单位 314 个；全国自然保护区达到 1757 个，其中国家级自然保护区 188 个；自然保护区面积 13295 万公顷，占国土总面积的 13.2%。

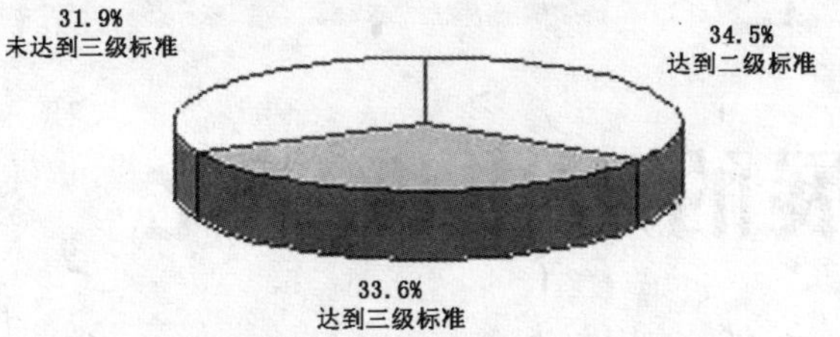

图 8 监测城市空气质量状况有所好转

十二、人口、人民生活和社会保障

人口自然增长率继续下降。年末全国总人口为 128453 万人。全年全国出生人口 1647 万人，出生率为 12.86‰；死亡人口 821 万人，死亡率为 6.41‰；全年净增人口 826 万人，自然增长率为 6.45‰。

城乡居民生活继续得到改善。全国城镇居民人均可支配收入 7703 元，考虑物价下降因素，比上年实际增长 13.4%；农村居民人均纯收入 2476 元，实际增长 4.8%。居民家庭恩格尔系数(即居民家庭食品消费支出占家庭消费总支出的比重)，城镇

表 12 人口主要构成情况

指 标	年末数(万人)	比重(%)
全国总人口	128453	100.0
其中:城镇	50212	39.1
乡村	78241	60.9
其中:男性	66115	51.5
女性	62338	48.5
其中:0-14 岁	28774	22.4
15-64 岁	90302	70.3
65 岁及以上	9377	7.3

为 37.7%，比上年降低 0.2 个百分点；农村为 46.2%，降低 1.5 个百分点。2002 年末农村贫困人口为 2820 万人，比上年末减少 107 万人。

社会保障工作进一步加强。年末全国参加基本养老保险人数为 14731 万人。其中，职工 11128 万人，离退休人员 3603 万人。离退休人员实行社会化管理人数达到 1434 万人。全国参加失业保险人数为 10182 万人，领取失业保险金人数为 440 万人，比上年增加 127 万人。全国参加基本医疗保险人数为 9400 万人，增加 1770 万人。全国共有 2054 万城镇居民得到政府最低生活保障救济。

表 13 五年来城乡居民生活改善情况

指 标	单 位	1998	1999	2000	2001	2002
城镇居民人均可支配收入	元	5425	5854	6280	6860	7703
农村居民人均纯收入	元	2162	2210	2253	2366	2476
城镇居民家庭恩格尔系数	%	44.5	41.9	39.2	37.9	37.7
农村居民家庭恩格尔系数	%	53.4	52.6	49.1	47.7	46.2

社会福利事业持续发展。年末全国各类收养性社会福利单位床位 119 万张，收养各类人员 89 万人。城镇建立各种社区服务设施 19 万个，其中综合性社区服务中心 8820 个。全年销售社会福利彩票 170 亿元，筹集社会福利资金近 60 亿元，直接接收社会捐赠款 12 亿元。

注：

1. 本公报为初步统计数。

2. 各项统计数据均未包括香港特别行政区、澳门特别行政区和台湾省。

3. 国内生产总值、各产业增加值绝对数按现价计算，增长速度按可比价计算。

4. 基本建设新增生产能力中新增局用交换机容量、新增光缆线路长度及新增数字蜂窝移动电话交换机容量含更新改造增加的能力。

5. 邮电业务总量完成额按 2000 年不变价格计算。

中国经济与投资

国民经济和社会发展的历史性变化

国家发展计划委员会主任 曾培炎

党的十三届四中全会以来,全国各族人民在以江泽民同志为核心的党中央领导下,高举邓小平理论伟大旗帜,贯彻"三个代表"的要求,坚持走中国特色社会主义道路,坚持党的基本路线,中国改革开放和现代化建设取得了举世瞩目的伟大成就。

一、综合国力显著增强

国民经济保持了稳定高速增长。13年间,国内生产总值年均增长9.3%,比改革开放前30年的年均增长速度高3.2个百分点。与上个世纪90年代世界经济2.5%的增长速度相比,显得更加突出。经济实力明显增强。2001年国内生产总值达到95933亿元,比1990年增长近两倍,排名世界第六、发展中国家第一。不少重要产品产量跃居世界首位。外汇储备1989年只有55.5亿美元,2002年7月底已增加到2465亿美元,居世界第二位。粮食储备创历史最高水平。经济运行的质量和效益不断提高。企业进行了全面的技术改造。2001年每万元国内生产总值消耗的能源比1990年下降73.7%。2002年已有11家大公司进入世界500强。教育事业得到前所未有的发展,国民素质普遍提高。财政收入大幅度增加,2001年比1990年增长了6.1倍。

二、经济结构战略性调整取得成效

三次产业结构趋向协调。这些年来,坚持巩固和加强第一产业、提高和改造第二产业、积极发展第三产业,使三次产业结构逐渐向合理化的方向发展。农业结构不断优化。农业区域化合理布局、专业化分工的趋势逐步显现,主要农产品生产向优势产区集中。目前,全国主要农作物良种覆盖率已超过95%。畜牧水产业比重上升,农产品加工水平和效益不断提高。农业基础设施明显加强。工业的整体素质和国际竞争力明显增强。传统产业改造升级步伐加快,高技术产业成为新的经济增长点,装备制造业发展取得新成绩。1996-2001年,高技术产业工业产值年均增长20%左右。城市轨道交通设备制造、环保装备国产化、数字化通信设备等专项进展顺利,装备制造企业的自主制造能力不断增强。基础设施、基础工业对经济社会发展的瓶颈制约基本解除。从能源来看,1990-2001年,一次能源生产总量由10.4亿吨标准煤增加到11.7亿吨标准煤, 截止到2001年底,发电装机容量达到3.38亿千瓦,居世界第二位。交通运输能力大为提高。铁路营业里程由1990年的5.8万公里增加到7万公里。公路加快了"五纵七横"国道主干线和西部开发八条通道建设。公路里程由103万公里增加到170万公里,高速公路已达1.9万公里,跃居世界第二位。1990-2001年,民用航空航线里程由51万公里增加到155万公里。邮电通信业突飞猛进。到2002年7月底,中国固定电话用户数已突破两亿,位居世界第一,移动电话用户数达到1.8亿,超过美国,雄居榜首。城市基础设施有了很大改观。1998年以来利用国债资金建设了1000多个城市供水、道路、垃圾和污水处理项目,有力地促进了城市功能的完善,市容市貌有了根本性的改观。服务业结构不断改善。传统服务业比重有所下降,现代服务业比重上升,咨询、物流、连锁经营、社区服务等新兴服务业方兴未艾。

三、经济体制改革取得历史性成果

积极推进体制创新, 努力消除影响生产力发展的体制性障碍,初步建立起社会主义市场经济体制。一是市场在资源配置中明显地发挥基础性作用。产品生产主要由市场决定,商品和服务价格基本由市场形成,要素市场初具规模,市场环境不断改善。二是以公有制为主体、多种所有制经济共同发展的格局基本形成。国有经济进一步发展,控制力明显增强;非公有制经济蓬勃发展,成为支撑国民经济的重要力量。三是宏观调控体系初步建立。宏观调控手段发生实质性变化。四是社会保障体系建设取得新进展。城镇职工基本养老保险制度基本建立,城镇职工基本医疗保险制度改革全面启动,失业保险制度进一步完善。

四、对外开放提高到新水平

全方位、多层次、宽领域的对外开放格局不断完善。对外贸易跃上新台阶，中国在世界贸易中的排名由1990年的第十六位上升到2001年的第六位，吸收外资已连续9年居发展中国家首位。这些年来，许多企业立足发挥比较优势，积极到境外投资办厂，进行经贸合作，“走出去”有了一个良好开端。一是境外投资初具规模。据统计，截至2002年6月底，中国非金融类境外企业已达6758家，协议投资总额132亿美元，其中中方投资额88.8亿美元。二是投资领域逐步拓宽。过去比较多的是境外加工贸易、餐饮业、劳务承包，近年来扩展到资源开发、产品研发、卫星通信等领域。尤其是开发利用国外石油天然气、铁矿、森林等资源取得了积极进展。三是企业开展国际化经营迈出重要步伐，相当一批大型企业开始拓展海外经营业务。四是对外承包工程和劳务合作迅速发展。中国已进入国际工程承包的世界10强，承包方式从分包为主逐步向施工总承包和“咨询设计-采购-施工”全过程承包转变。到2001年底，中国累计签订对外承包工程合同额997亿美元。

五、西部大开发迈出实质性步伐

1999年，江泽民总书记第一次提出了西部大开发战略。两年多来，国家编制了“十五”西部开发总体规划，出台了一系列政策措施。贯彻“以线串点，以点带面”的方针，依托交通干线和中心城市，努力培育经济增长极，带动周边地区的发展。加大对西部地区建设资金投入和转移支付的力度，国债投资中用于西部的超过国债资金总额的1/3。经过各方面的努力，西部大开发已经有了一个良好开端，西部地区社会稳定、经济发展、民族团结、人民生活水平有了新的提高，呈现出一派生机勃勃的新气象。

西部地区基础设施投资之大、建设项目之多是历史上前所未有的。2000年，国家在西部地区新开工10大项目，总投资1000多亿元；2001年，新开工了12大项目，总投资2000多亿元；2002年计划新开工的14个重点项目，总投资3000多亿元，目前已开工了11个项目。其中：西电东送对解决中国能源分布不均衡问题有重要作用，目前初步形成南、中、北三大通道；青藏铁路是目前世界上海拔最高的铁路，也是世界铁路建设史上最艰难、最伟大的工程，2002年6月已开始铺轨；西气东输项目是中国距离最长、口径最大、场站最多的一项管道工程，对改善东部地区能源结构，有效治理大气污染，变西部资源优势为经济优势有着重大意义，现已全线开工。

中央从西部地区的实际出发，把加强生态建设和环境保护，作为实施西部大开发的根本和切入点。两年多来组织实施了退耕还林、天然林资源保护、京津风沙源治理、天然草原恢复与建设试点等生态建设工程。2000-2001年，国家用于西部地区生态环境建设的投资达300多亿元。

特色经济和优势产业获得长足发展。初步形成了一些特色农业生产基地，培育了一批农副产品加工的龙头企业。稀土、钾盐、磷矿、有色金属等优势资源的开发力度加大，能源矿产基地及骨干企业的建设进一步加强。

六、科技教育和各项社会事业全面发展

坚持实施“科教兴国”战略，科技实力得到大幅度提高。中国成功研究出一批高科技成果，如杂交水稻、基因测序、航天载人飞船等，有的达到世界领先水平。在信息技术、生物工程、新材料等领域，科技成果产业化进程明显加快。有力地推动了企业技术水平和竞争能力的提高。

在教育方面，基础教育“两基”目标（基本普及九年义务教育和基本扫除青壮年文盲）初步实现；高中阶段教育和成人各类培训继续加强；扩大高校招生规模受到群众普遍欢迎。1999-2001年，国家支持高等学校新建教学、科研和学生生活设施项目共计835个，有效地缓解了高校办学条件的紧张局面，同时加快了高校后勤服务社会化进程，为扩大招生创造了条件。

在广播影视方面，通过加大投入力度，广播电视覆盖网不断完善和扩大。广播、电视人口综合覆盖率，目前已分别达到92.9%和94.2%。“村村通”广播电视工程的实施，使贫困地区的10万个行政村结束了不能收听广播、收看电视的历史。

文化事业和文物保护、哲学社会科学、文学艺术、新闻出版、体育卫生等各项事业全面进步，成绩显著。

七、可持续发展能力不断增强

把实现可持续发展摆到重要位置，采取一系列有效措施，在经济与人口、资源、环境协调发展方面取得了举世瞩目的伟大成绩。

人口再生产类型实现历史性转变。人口自然增长率从1989年的15.04‰下降到2001年的6.95‰，人口再生产从“高出生、低死亡、高增长”转变为“低出生、低死亡、低增长”。在有效控制人口数量的同时，人口素质不断提高，中国平均预期寿命已经由1990年的68.6岁增长到2000年的71.4岁。

资源合理开发利用和保护成效显著。从耕地资源情况来看，2001年31个省、自治区、直辖市首次全部实现建设占用耕地当年占补平衡。国家高度重视农业节水和农村水利工作，积极推广节水灌溉。加强流域生态建设，实施流域水资源统一调度，保护河流和流域水资源。坚持矿产资源开发与节约并举，把节约放在首位，通过采取征收矿产资源补偿费和建立采矿权有偿转让制度等措施，促进了矿产资源的保护与合理开发利用，乱采滥挖矿产资源的现象基本得到控制。

环境保护向广度、深度发展。1998-2002年，全国用于环境保护的投资达4900亿元，相当于1949-1997年投资总和的1.7倍。环保投入的增加，对控制环境污染，改善环境质量起到积极的作用。污染物排放得到有效控制。1992-2001年，污水排放量下降57.2%，固体废物排放量下降33.4%，废气排放量下降30.5%。重点流域、重点区域和重点城市污染防治工作取得阶段性成果。国家确定的“三河”（淮河、辽河、海河）、“三湖”（太湖、滇池、巢湖）、“两区”（酸雨控制区、二氧化硫控制区）、“一市”（北京市）污染防治工作全面启动并取得很大成效。城市污染防治得到加强。城市

污水处理率由1990年的16%提高到2001年的36%。

八、人民生活总体达到小康

改革开放以来特别是党的十三届四中全会后，随着国民经济的迅速发展，城乡居民收入和生活水平连续上了几个大的台阶，中国人民实现了由温饱到总体上达到小康的历史性跨越。

城乡居民收入大幅度增加。在农村，通过加强农业基础设施建设，提高综合生产能力，推进产业化经营，发展农村二、三产业，增加农民务工收入等措施，使广大农民的收入水平不断提高。1990–2001年，农村居民家庭人均纯收入实际增长62%。在城镇，加快收入分配制度改革，13年间国家先后7次提高工资，城镇居民收入明显增加。2001年，城镇居民家庭人均可支配收入比1990年实际增加了一倍多。1989年底，城乡居民储蓄存款余额刚过5000亿元。近几年，城乡居民储蓄存款几乎每年都要递增上万亿元，目前已超过8万亿元。

消费水平和生活质量显著提高。一是消费总规模不断扩大。1990年，中国社会消费品零售总额刚过8300亿元，2001年达到37595亿元。二是消费结构发生重大变化。居民消费基本改变了多年来以吃、穿等生存资料为主的格局，城镇居民家庭购买食物的人均支出在消费总支出中的比重，从1990年的54.2%下降到2001年的37.9%，农村从58.8%下降到47.7%。三是城乡居民居住条件进一步改善。目前城镇居民人均居住面积已超过10平方米，农村达到25平方米左右。四是消费品档次升级换代。人们对消费品的购买从改革开放前的百元级“老三件”(自行车、手表、缝纫机)，80年代千元级的“新三件”(电视机、洗衣机、电冰箱)，到90年代万元级的电脑、小汽车、商品房，层次不断提高。

城乡低收入群体的生活条件不断改善。为保障国有企业下岗职工和失业人员等困难群体的基本生活，注意搞好“三条保障线”(即国有企业下岗职工基本生活保障制度、失业保险制度和城市居民最低生活保障制度)的相互衔接。截至2002年6月底，全国有89%的下岗职工进入再就业服务中心，并按时足额领到了基本生活费；城市居民有1930万人领到最低生活保障金，基本实现了“应保尽保”。在农村，实施了“八七”扶贫攻坚计划。到2001年底，农村贫困人口减少到2800万，比改革开放初期减少2.2亿，一些生存环境恶劣和生态脆弱的贫困地区也开始走上可持续发展道路。

建立符合市场经济的国有资产管理体制

国务院发展研究中心副主任 陈清泰

建立符合市场经济的国有资产管理体制，是社会主义市场经济的基础性体制建设。从中央到地方几经探索，直到2002年党的十六大提出了国有资产管理体制改革的指导原则，才把这项改革推进到了可实施阶段。

一、现行国有资产管理体制的主要弊端

(一) 企业国有资产笼统为国家所有，国务院代表行使所有权，但是在中央和地方、政府部门与部门之间产权责任不清，缺乏责任约束，国有资产实质处于无人负责状态。

(二) 许多政府部门既承担公共管理职能，又承担部分国家所有权职能，由于政资职责混淆，致使政企不分。既妨碍了政府正常行使公共权力；又使企业的目标变得模糊不清。

(三) 政府部门在企业之外以行政方式多头干预，造成了两个结果：一是行政干预的“越位”，抑制了企业市场活力，致使国有资产运作低效率；二是企业内所有者“缺位”，弱化了产权约束，所有者权益往往被侵蚀。

二、改革国有资产管理体制应注意解决四个问题

(一) 落实国有资本的管理、监督和经营责任，形成对每一部分经营性国有资产可追溯产权责任的体制和机制。

(二) 国有资本在行业领域中的布局和企业结构要进行有进有退的调整。政府从管理庞大的国有企业群，转变为直接控股重要企业和运营国有资本；国有资本由覆盖各行业、各领域，向国家必须控制的行业领域集中，提高国有经济控制力。

(三) 政府行使国家所有权的机构与公共管理职能部门分开，受政府委托集中统一行使国家所有权。建立责权明晰的国家所有权委托代理体制，行使公共权力的部门不再承担出资人职能。

(四)通过国有企业的公司制改制，实行所有权与企业经营权分离，国资管理机构履行出资人职责，承担有限责任；企业拥有法人财产权，是独立的市场主体，自主经营、自负盈亏。

三、适应市场经济的国有资产管理体制

国有资产管理是涉及国有制实现形式，国有资产的管理、运营、监督和公司治理等多方面相互关联的体制和机制，绝不是各级政府设立一个专门机构就可以解决的问题。国有资产管理主要涉及四个方面：

(一)国有资产的公共管理。如国有资产的立法、国有产权的界定、会计制度、统计、稽核、评估和纠纷协调等。这属于国有资产的公共管理职能,应由公共管理部门管理,形成全国上下的管理系统。

(二)国家所有权的委托代理。国家统一所有,中央和地方三级政府分别代表国家履行出资人职责;中央和地方政府设立专司国有资产管理的部门—出资人机构;出资人机构直接持股重要企业,运营国有资本。

(三)国有企业的公司制改制和公司治理。企业在国家所有权委托代理的末端,必须建立有效的公司治理,在所有权与经营权分离情况下保障国家所有者权益。

(四)对国有资本运营的监督。政府授权有关部门如财政部、审计署,对出资人机构进行审计监督;出资人机构对授权运营的国有资本进行监督。

四、关于国有出资人机构

出资人机构是受同级政府委托专职代表国家履行出资人职责的部门。它对受托监管的国有资本依照《公司法》拥有占有、使用、处分、收益的权利;实行所有权与经营权分离,承担有限责任;推进所监管企业的改革,优化国有资本布局;承担垄断性企业的改革重组责任。出资人机构就资产安全和对同级政府负责,接受政府的审计监督。

设立履行出资人职责的专职机构解决了三个问题,一是这个机构明确的定位是"履行出资人职责",而不是"管理国有企业"的职责。这就有利于从"管企业"向"运营资本"转变。

二是政府行使国家所有权的部门与行使公共权力的部门分开,各自有明确的定位和行政目标。这就从组织上实现了政资分开,体制上实现了政企分开。

三是出资人机构"管资产与管人、管事相结合"。对政府而言,构建了责权明晰的产权主体、有利于形成可追溯产权责任的机制;对企业而言,构造了集中、统一、排他性地行使所有权的国有"老板"。

因此,出资人机构不是原政府各部门管理国有企业的机构、职能和管理手段的简单合并。由对企业的行政管理转为履行出资人职责,出资人机构的职能和行使职能的方式、手段都必须有重大转变。

五、建立国有资产管理机构要与国有资本有进有退的调整结合

国有资产管理的重要问题是国有产权委托代理的有效性。面对目前尚存的约18万户国有企业,三级政府的出资人机构是无法管理的。但是,如果通过多层资产管理公司监管,那么,就会因为委托代理链条过长,而无法保障国家所有者权益。提高委托代理有效性,要与优化国有资本布局结合,使国有资本向涉及国家必须控制的重要行业和关键领域集中,减少国有资本覆盖企业的数量。

六、国有资产监管有两种形态

出资人机构监管国有资本要承担两方面责任:一是在支撑国民经济增长、保障国家安全方面实现政府的政策目标;二是提高国有资本运作效率,实现保值增值。

(一)对特殊公司。关系国家安全、经济命脉的特殊行业和提供重要公共产品的重要企业,如电网、电讯、军工、石油和大型基础设施等领域的重要企业,政府投资的目的不仅是资产的增值,更重要的是承担公共责任,保持国家的控制力。为实现政策目标,对这类关键少数企业,出资人机构应直接持股、控股或独资经营,进行企业形态的监管。

(二)对普通公司。在一般竞争性行业,以投资的安全、回报最大化和国有资本的增值为目标,优化资本结构,进行有进有退的调整,由"管企业",逐步转换为"运营资本"。

划分两类形态管理,是使各自有明确的目标,可使用相应的管理手段和评价体系,提高运行效率,便于准确地考核。

出资人机构应编制国有资本经营预算,经政府批准后实施。

七、出资人机构如何行使所有权

出资人机构如何行使所有权,这是一个关键的技术细节。在这里必须注意两种倾向:一是防止企业内所有者继续缺位,所有者权益被侵蚀;二是防止出现"老板加婆婆",把企业管死。要害是从制度和机制上必须严格区分以股东方式"履行出资人职责"和依照行政隶属关系"管企业"的本质性区别。

首先,所有权必须到位。就是出资人机构为行使所有权该管的人和事要管好、管到位,成为"真老板",强化来自所有者的激励和约束。这是维护所有者权益必须要做到的。

其次,所有权又不越位。就是出资人机构只当"老板"不当婆婆。不干预企业的经营管理。这是增强公司活力和提高公司运行效率所必须的。

做到"到位"又不"越位",就必须实行所有权与经营权分离。具体地说,就是严格区分公司的所有权、经营权、管理权和监督权,出资人机构按《公司法》认真行使股东权利,但也只以股东的方式行使股东权利。

八、建立国有资产管理体制的难点

(一)面对如此宽泛、庞大的国有企业群,即便中央和省、市三级政府分别管理,也非常困难。十六大要求"调整国有经济布局和结构"与"改革国有资产管理体制"统筹考虑,这十分重要。但完成这一轮调整要有一个过程。

(二)缺乏良好的公司治理基础。在所有者长期缺位的情况下,在企业内外实际上存在着一股人为扭曲公司治理的力量。这一情况如果不能改变,国有资产管理体制改革难以成功。

(三)新设立的出资人机构如何正确行使所有权,做到出资人既到位又不越位,这是很难掌握的关键技术细节。

(四)缺乏懂得和熟悉资本运营和监管的人才。

九、国有资产管理体制改革的风险

(一)政府机构不再干预后,如果国家所有权继续不到位,这就为企业内部人控制留出了空间,资产和效益的流失在所难免。

(二)在实行"管资产与管人、管事相结合"的情况下,如果出资人机构不转变为"管资本",而继续沿袭隶属关系式的行政干预,成为"老板加婆婆",那么就会把企业管死,退回到改革原点。

(三)在新的管理体制下,中央和地方政府分别履行出资人职责,享有权利,承担责任。在明确了产权责任后,如果地方政府为保护的监管企业利益而强化区域分割和市场保护,就会有改革倒退的危险。

(四)国有资产管理机构如何履行出资人职责。如果出资人机构的权力掌握不当或缺乏监督,比如出现争先"一卖了之",或对经营者半卖半送等情况,很快就会把可能用于解决或部分解决对职工不良债务的资源耗尽,那就会造成严重的社会后果。

由于这是一项牵动全局又十分复杂的改革,因此先中央、后地方,先立法、后行动是完全必要的。

发展非公有制经济 完善基本经济制度

国务院发展研究中心企业研究所副所长 张文魁

随着各项改革的深入,非公有制经济的地位将更加重要,将是社会主义市场经济中与公有制经济平等竞争、相互融合的成分,并将在以后相当长时期内发挥一些特殊作用。

目前,针对政策环境不平等,缺乏法制化的财产保护体系,融资困难,"官商勾结"与"寻租"等问题,应不失时机地制定政策措施,促进非公经济更快更好地发展。

要进一步强调对私人财产的保护。要逐步建立法制化的财产保护体系、税收体系和其他经济活动规范体系。要大刀阔斧地改革复杂繁琐的审批制度。

党的十五大提出,公有制为主体、多种所有制经济共同发展,是中国社会主义初级阶段的基本经济制度。党的十六大进一步提出,毫不动摇地巩固和发展公有制经济,毫不动摇地鼓励、支持和引导非公有制经济发展。因此,发展非公有制经济是基本经济制度的题中之义;非公经济更快更好地发展,有利于基本经济制度的进一步完善。同时,在进一步完善基本经济制度的过程中,要继续探索公有制的具体实现形式、促进公有制经济与非公有制经济的相互融合、共同发展,用市场经济的通行手段实现传统公有制发挥的经济社会功能。

一、非公有制经济的现状

非公有制经济包括个体私营经济、境外资本所形成的经济成分等。但是,由于各种原因,最受关注的还是个体私营经济,尽管我们并不完全认同个体私营经济这个概念而只是继续沿用这个概念。所以,在这里基本上只对个体私营经济进行分析。

根据国家工商总局的统计,2002年底,中国有个体工商户2377万户,从业人员4742万人;私营企业243万户,从业人员3409万人(含私营企业投资者)。但上述的私营企业只是按工商部门颁布的私营企业登记条例注册的狭义的私营企业,而不包括按公司法注册的由私人投资的公司以及带"红帽子"的企业。所以,广义的私营企业的户数和从业人员要显著超过狭义的私营企业。

由于个体户和私营企业的规模一般较小,产出难于统计,所以个体私营经济在工业产出和GDP中的比重并没有准确的数字,但一般估计个体私营经济占GDP的比重约为1/3。

个体私营经济对于经济增长和就业增加起到了重要作用。改革开放以来,个体私营经济产出的平均增长速度远远超过国有经济,成为国民经济增长的重要动力。个体私营经济在增加就业方面更是功不可没,目前狭义的个体私营经济的从业人员就超过了8000万人,而国有企业的在岗职工人数只有5000多万人。根据国家统计局的公报,1997年城镇个体私营经济就业人员增加340万,1998年增加563万,1999年增加708万(1999年后没有公布该类数据),而国有企业的在岗职工人数在这些年里每年都大幅减少,国有企业的下岗分流人员许多被个体私营部门所吸收。

近年来,个体私营经济出现了与公有制经济相互渗透、相互融合的趋势,促进了混合所有制的形成。根据全国工商联2002年对全国私营企业的调查,分别有8.0%和13.9%的私营企业已经和准备兼并收购国有企业,有25.7%的私营企业是由原来的国有企业、集体企业改制而成为私营企业的。十六大确定了国有资产管理体制改革的方向,以后,私营企业在这方面的积极性更加高涨。另外,一些私营企业参股国有企业,包括民航、金融领域的国有企业。从这种趋势来看,未来的混合经济成分将大大上升。

二、非公有制经济在社会主义市场经济中的地位

对非公有制经济地位的认识,是在实践中不断深化的。即使在改革开放后的一段时期里,我们也仅将非公有制经济当成是一个补充成分。现在,我们已经认识到,个体、私营等各种形

式的非公有制经济是社会主义市场经济的重要组成部分。我们认为，随着国有经济布局调整的推进、随着国有资产管理体制改革的推进和国有企业改革的深化、随着财政体制向公共财政体系的转轨、随着对外开放的扩大和社会主义市场经济体制的不断完善，非公有制经济的地位将更加重要，将是社会主义市场经济中与公有制经济平等竞争、相互融合的成分，并将在以后相当长时期内发挥一些特殊作用。

非公有制经济将是国民经济发展强劲稳定的动力。改革开放以来，非公有制经济的平均增长率远远超过国有经济和集体经济的增长率，对20多年来的经济增长起到了很大的作用。尤其是在亚洲金融危机后中国经济相对困难的几年里，非公有制经济对国民经济发展的推动作用是明显的。由于国有经济布局的调整将会持续相当长一段时期，非公有制经济将会成为国民经济强劲稳定的发展动力。

非公有制经济将是创造就业机会的最大来源。创造更多的就业机会，是各级政府的一个较为长期和艰巨的任务。在过去几年里，国有经济和集体经济的就业人数持续减少，而正是非公有制经济每年创造了数百万的就业机会，不但吸收了新增的就业人员，也吸收了从国有企业分流出来的人员。以后，非公有制经济仍将会是创造就业机会的最大来源。

非公有制经济将会是越来越重要的税源。尽管国有经济目前在整体上仍然是政府最大的税收来源，但非公有制经济直接和间接创造的税收将占有越来越大的比重，特别是在增量上会占有越来越大的比重。

非公经济将是完善社会主义市场经济体制的直接参与者和积极推动者。我们尽管已经初步建立了社会主义市场经济体制，但完善市场经济体制还需要相当长一段时间。在这个过程中，非公有制经济将是平等竞争、厉行法治等基本规则的直接参与者和积极推动者。

三、非公有制经济存在的问题与解决出路

尽管个体私营经济在国民经济中已占有很大比重，而且在社会主义市场经济中的地位越来越重要，但现实中仍然存在一些严重问题。

第一，政策环境仍然不平等。总体而言，与公有制经济相比，与外资形成的经济成分相比，个体私营经济得到的仍然是“次国民待遇”。无论是在行业准入方面，还是资源获得方面，都受到程度不等的歧视。虽然一些私营企业在税收、资源获得等方面被认为是得到了“超国民待遇”，但这种情况基本上只发生在少数实力较强的私营企业身上，而且是通过个案处理的方式得到的，甚至是通过不正当手段得到的。

非公有制经济发展的政策环境不平等，与政府在资源配置和经济管理中的力量太大且随意性太强有极大关系，主要体现就是复杂繁琐的审批制度（包括重新登记、检查验收等各种制度）。从中央到地方政府，近年来都强调为非公有制经济发展创造平等的环境，为什么在实践中总是走样呢？就是因为复杂繁琐的审批制度在非公有制经济的发展中，如注册、征地、取得经营许可、进入新的行业、投资立项、兼并收购等具体活动中，对非公有制经济的制约比对公有制经济的制约要大得多，因为公有制经济在几乎所有的领域都是“已进入者”，大多不需要再通过审批，而非公有制经济在许多领域是“未进入者”，需要通过审批；或者，在处理公有制经济的审批中出于社会稳定等政治需要而放宽尺度、实行倾斜政策。

第二，缺乏法制化的财产保护体系、税收体系和其他经济活动规范体系。不是说没有这方面的法律，而是说在实际中没能依法办事。个体私营经济的发展没有坚实的财产保护体系、规范的税收体系和其他经济活动规范体系做基础，一方面会导致个体私营经济的业主权利受到侵害，另一方面也会导致业主想方设法“钻空子”、损害公共利益和国家利益。特别应当注意的是，中国仍然处于转轨期，市场秩序还比较混乱，企业行为还缺乏规范，政府经常会进行一些整顿，如果政府不严格地按照法律办事，或者自由裁量权过多过大，尚显脆弱的个体私营经济很容易受到打击。

第三，融资困难。个体私营经济由于企业规模一般较小、实力较弱、历史不长，所以融资困难。当然，这是小企业普遍面临的问题，只不过在个体私营经济中体现得更为突出。

第四，存在相当多违反税法、劳动法、知识产权法、商标法等现象，存在一些“官商勾结”和“寻租”现象。个体私营经济的确存在相当多的偷漏税、拖欠雇工工资和任意增加劳动时间、假冒他人商标等违法违规行为。一些个体户和私营企业热衷于“官商勾结”以获取不正当的资源和政府支持，从而得到暴利。近几年，一些个体户和私营企业在参与国企改制中，与个别官员或国企领导勾结，低价攫取国有资产并进行欺诈性财产转移。

由于存在上述问题，中国个体私营经济的发展还受到很大的制约，整体实力还较弱，特别是放在加入WTO之后经济竞争日益国际化的大背景下，还显得非常弱小。首先，个体私营经济的产业分布较窄。中国个体私营经济主要分布在第三产业，特别是餐饮、商业、运输和其他社会服务业，以及一些进入障碍比较低的制造业。在许多行业，如金融服务业、技术密集型和资本密集型制造业，私营企业进入状况不但与国有企业无法比，甚至与外资企业无法比，更谈不上日后与外资的竞争。其次，私营部门的企业规模普遍较小、实力较弱。尽管近几年出现了一些规模较大的私营企业，但绝大部分私营企业的规模还较小、实力较弱，抗风险能力较差，容易出现歇业、关闭等情形。即使那些规模较大的私营企业，在资产规模、整体实力方面与国有企业有较大差距，与国际上同行业大企业的差距更大。再次，有些地区的个体私营经济发展还很迟缓。中国个体私营经济的发展在各地区之间不平衡，大部分个体私营企业分布在东南沿海地区，特别是在浙江、江苏、广东等地区，而西部地区的个体私营经济发展却要缓慢得多。

我们认为，应该针对个体私营经济发展中存在的问题，不失时机地制定政策措施，促进非公经济更快更好地发展。

第一，进一步强调对私人财产的保护。尽管有的同志认为

宪法已经明确宣示，国家保护公民合法财产的所有权，没有必要调整，但我们认为，由于宪法对保护公共财产的宣示要强烈得多（社会主义公共财产神圣不可侵犯，国家保护社会主义公共财产，禁止任何组织或者个人用任何手段侵占或破坏国家和集体的财产），这种区别性的宣示可能被理解为区别性的政策，所以仍然有必要在党的文件中和宪法中进一步强调对私人财产的保护。如果能作无本质区别的宣示，则是最理想的。

第二，要逐步建立法制化的财产保护体系、税收体系和其他经济活动规范体系，这在实际工作中比宪法宣示更重要。不仅仅是制定这方面的法律，关键是要建立严厉的诉讼、判决、执行体系，这样才能既约束政府的行为、也约束非公有制企业的行为。当然，这意味着向现代法治国家的转变，需要相当长的时间，但我们至少应坚决向这个方向迈进。

第三，目前最关键的是要大刀阔斧地改革复杂繁琐的审批制度。只要这些审批制度存在，无论宪法、法律如何强调对非公有制经济的财产保护和开放准入、平等竞争，在实际工作中都会因为审批制度的存在而得不到贯彻。无论是注册前置审批还是投资项目审批、经营活动审批，都应该大力精简和透明。

第四，创造条件，逐渐解决融资难的问题。个体私营企业和小企业融资困难，与整个金融体系有关，不是一时能解决的。但我们要加快金融体系的改革与发展，逐步解决这个问题。

四、在非公有制经济的发展中充实基本经济制度的内涵，完善基本经济制度

基本经济制度其实是在非公有制经济的发展中、在实践中不断深化对非公有制经济的认识中确立的，也需要在非公有制经济的发展中和继续深化对非公有制经济的认识中不断充实内涵、不断完善。

十五大确定了基本经济制度的框架，十六大提出的“两个毫不动摇”是充实基本经济制度内涵、完善基本经济制度的第一步。随着经济社会的发展和时代的进步，应该与时俱进地不断充实基本经济制度的内涵、不断完善基本经济制度，这个过程可能要贯穿整个社会主义初级阶段。特别是，我们对公有制经济与非公有制经济之间的关系还缺乏足够的认识，我们应该在实践中深化认识并在此基础上不断完善基本经济制度。事实上，传统的公有制和非公有制可以通过现代财产组织形式实现一定程度的融合，随着时间的推移，把整个国民经济严格区分为纯粹的公有制性质和非公有制性质将会越来越难，也越来越没有必要。到那个时候，基本经济制度的内涵将更加丰富和新颖、基本经济制度将比现在更加完善。

五、改善公有制经济的定位，学会用市场经济的通行手段实现传统公有制发挥的经济社会功能

随着非公有制经济的发展，公有制经济在国民经济中的定位也应该不断改善。

公有制经济包括国有经济、集体经济或各种形式的合作经济。国有经济在公有制经济中占有最大比重，所以国有经济的地位备受关注。但总的来看，国有经济在国民经济中的比重持续下降。改革开放前国有经济占工业总产值近80%，根据国家统计局的公报，2002年国有和国有控股企业的产出在工业增加值中的比重只有36.1%。国有经济在GDP中的比重没有确切的数据，一般估计为1/3左右。

从改革开放20多年的经历来看，国有经济比重的降低是一个必然趋势，这个趋势还将持续一段时间直至这个比重降到一个合适的水平。

为什么国有经济比重继续下降是一个必然趋势呢？首先，是过去国有经济比重过高，而现在还在向正常回归。过去对社会主义有不正确的理解，对社会主义发展阶段有不切实际的认识，盲目追求“一大二公”。其次，十五大所确定的国有经济布局调整的进程将继续进行下去，国有经济势必会从一些企业和行业有序退出。第三，国民收入分配格局发生了重大变化，居民收入占国民收入的比重比改革开放前要高得多，居民财富越来越多，民间资金越来越丰富。丰富的民间资金会不断形成资本，源源不断地投入到经济建设中去。第四，十六大确定的国有资产管理体制改革将会有力促进“政资分开”、有力促进公共财政体制的形成，在国有企业投资中，一般财政资金所占比重会越来越小。第五，中国将会更多地融入经济全球化的进程，经济开放度将越来越高，更多的外资将进入中国。浙江、江苏等东部地区的实践也表明，经济越发展，国有经济的比重就越低。

认清这种趋势的必然性，我们就要顺应这种必然趋势。改革开放二十几年的经历雄辩地告诉我们，国有经济比重的适当降低，不会影响中国的社会主义性质。

当然，我们要看到，以国有制为代表的公有制经济在过去计划经济时代发挥了一些至关重要的经济社会功能。计划经济下的公有制是一种有效的资本动员方式，是在特定阶段一种有效的产业结构、产品结构和产业布局安排方式，是一种对特殊资源和对特殊技术的控制方式，是企业直接兼顾就业、收入分配、普遍性服务等社会公益目标和直接满足政府特殊需要的经济发展方式。因此，有些同志担忧，公有制比重的降低可能会削弱这些曾有的经济社会功能，从而导致经济社会秩序的混乱，甚至导致社会主义性质的改变。

问题的关键是，在以国有制为代表的公有制比重下降的同时，我们要学会用市场经济中的通行手段来基本实现传统公有制发挥的经济社会功能。其他国家在市场经济发展的长期实践中，已经掌握了一套比较成熟的符合市场经济规则的方法和手段，能基本实现中国过去计划经济下公有制发挥的上述经济社会功能。这些方法和手段包括：调节宏观经济的财政与货币政策，现代金融市场的发展与现代金融工具，产业政策（产业振兴政策、产业退出政策、产业布局政策、产业技术政策等），反不正当竞争法，反垄断法，价格规制，行为规制（包括与环境和技术转让有关的行为等），紧急状态下的政府征用政策，等等。这些手段实际上就是市场经济国家现在较广泛使用的政府宏观调节、微观规制和一些市场经济国家使用的产业政策。宏观调节、

微观规制和产业政策既能在相当程度上实现上述经济社会功能，同时又能避免计划经济的弊端和公有制的产权缺陷。我们应该加快熟悉和运用市场经济条件下的宏观调节、微观规制和一些产业政策手段。

当然，我们只是说宏观调节、微观规制和产业政策可以在相当程度上实现上述经济社会功能，但并不是全部。对于一些特定的经济社会功能，仍然需要公有制经济来承担。未来仍然需要一定比重的纯粹公有制经济，但只限于少数特殊行业和领域，并可以采取特殊法人等企业形态来规范运营，以实现特定目的。

因此，在非公有制经济不断发展的过程中，公有制经济的定位不应该是追求在国民经济中的比重，不应该是追求计划经济下曾发挥的经济社会功能，而应该是在少数特殊行业和领域实现特定目的。

六、非公有制经济和公有制经济的发展方向

我们已经说过，计划经济时代公有制所发挥的经济社会功能，基本可以通过市场经济的通行手段来实现。因此，除了少数特殊行业和领域外，公有制经济和非公有制经济应该有一个共同的发展方向，这就是平等竞争、相互融合。所谓平等竞争，是指公有制经济和非公有制经济在资源配置中、在行业准入政策中、在政府对所有经济活动的管理中，获得同样的对待。所谓相互融合，是指传统意义上的所有制要适应现代法治社会的财产组织形式，公有制和非公有制可以在现代公司制度的财产组织形式中相互渗透、相互交织。即使在特殊行业和领域中存在的纯粹公有制经济，也应该适应现在法治社会财产组织形式，采用特殊法人等企业形态来清楚地界定各方的权利和责任。

继续实施积极的财政政策

国家信息中心　王远鸿

2002年，以扩大政府开支为主要政策手段的积极财政政策仍然是拉动中国经济增长的主要力量，连续实施5年的积极财政政策和稳健的货币政策使国民经济出现重大转机。但由于国际和国内经济环境的变化，2002年财政收支出现了新的特点，财政收入增幅大幅回落，财政收支平衡压力加大，使得财政增收节支的压力骤然加大，积极财政政策应该退出的呼声再起。2003年，中国经济面临新的机遇和挑战，为了促使经济景气进一步回升，应保持宏观经济政策的连续性和稳定性，积极财政政策不能“淡出”，但应对政策方向做出积极的调整。财政税收将出现十大趋势：

一、保持经济稳定，继续实施积极财政政策

2002年国民经济发展好于预期，经济中出现了诸多亮点，但“高增长、低就业”，“高增长、低物价”矛盾的出现，表明经济中自主增长因素有所增强，但自主增长的基础仍不牢固。2003年，考虑到国际经济环境变数较多，国内自主性恢复还不稳定、通缩有反弹的趋势，社会投资仍不活跃等，如果2003年国债投资大幅降低，很可能会造成经济增长下滑。为了使经济景气进一步回升，必须在立足扩大内需的同时，千方百计地扩大出口。应保持宏观调控政策的连续性和稳定性，继续实行积极的财政政策和稳健的货币政策，宏观经济政策力度不应减弱，但政策方向应做适当调整，要把扩大内需同增加就业、改善人民生活、深化经济体制改革、调整经济结构和实现可持续发展结合起来。

二、建设国债规模不会扩大，投向将作适当调整

近几年中国经济持续快速发展的实践证明，实施积极财政政策本身就是防范财政风险的重要举措。因为一旦经济增长速度降下来，国家财政将会付出更大的代价。但也应注意到以国债发行和扩大政府投资为主的积极财政政策，在带动中国经济发展的同时，也产生了潜在的财政风险。因此，在确定今后可能的发债规模和发债能力方面应予以高度重视。2003年积极的财政政策不能淡出，但增发长期建设国债规模仍应保持在1500亿元左右，不宜继续扩大。同时要注重通过各种政策手段的实施，培养经济内生自主增长动力，提高自我发展能力，实现经济和财政可持续发展。应当研究逐步减低力度和调整使用方向，使赤字水平逐步降低，把国债使用到加强社会保障和教育、支持农村经济发展、提高资本充足率、增加贴息贷款推进技术进步等方面。例如，加大国债投资资金中用于企业设备和技术改造的比例；进一步加大财政政策直接启动消费需求的力度，主要包括：增加城乡居民特别是中低收入者的收入，稳定和提高城乡居民的收入预期，增加他们的购买能力；用财政支出充实社会保障基金；加强农村水、电、路和通信等基础设施的建设，为农民扩大消费创造必要条件等等。

三、加快农村税费改革步伐，继续推进其他各项税费改革

推进农村税费改革，是保护农民合法权益，减轻农民负担的治本之策。2000年农村税费改革在安徽全省和其他部分地区的试点取得了成效。从试点情况看，农村税费改革规范了农民与国家、集体之间的分配关系，有效减轻了农民负担，遏制了农村“三乱”。据安徽省统计，实行农村税费改革后，农民负担水平减轻25%左右，得到了广大群众的衷心拥护和支持。国家在及

时总结试点经验的基础上，进一步完善了扩大改革试点的方案和配套措施，还研究制定了相关的转移支付办法。2001年，中央财政安排支持安徽全省和其他地区106个县农村税费改革试点转移支付资金33亿元。2002年中央财政增加专项转移支付150亿元，将以省为单位进行农村税费改革试点的范围扩大到1/3左右的省份。

农村税费改革，经过几年试点已取得了一定的经验，2003年将在全国范围内推进改革试点工作。同时，将进一步搞好农村教育体制和其他配套改革。中央财政在预算中将安排相应资金给予支持。对农民反映强烈的农村建房、电价等方面的乱收费问题，也将继续加强专项治理。推进农村税费改革，合理调整农业税制，将通过减轻农民负担，增加农民收入，提高农村购买力水平，这是扩大和培育内需的重要内容。同时，农村税费改革，也有利于农业和农村经济的结构调整，为推动传统农业向现代农业转变，促进农村生产力发展，创造良好的体制基础。

在税费改革的其他方面，《中华人民共和国车辆购置税暂行条例》已经颁布。2003年将通过取消不合理、不合法收费，规范政府收入分配秩序，减轻社会负担；通过将一部分非政府收费转为经营性收费，规范政府行为；通过将部分具有税收特征的收费，用相应的税收取代，进一步完善税制；加快推进交通车辆税费改革，继续清理涉及交通和车辆的乱收费；适当的时候出台燃油税改革措施；落实已取消的收费项目，继续清理取消不合理、不合法的行政事业性收费和政府性基金，切实减轻社会各方面的负担。

四、在增收节支的基础上，税率有望进行局部调整

1998年实施积极财政政策以来，财政收入(其主体是税收收入)以高于经济增长2至3倍的速度增长。从理论上说，以商品税为主体、以商品流转额为计税依据、采用比例税率的税制结构，税收收入的增长率在一般情况下应该低于GDP名义增长率，即税收弹性系数应小于1，但1997年至2001年，中国税收的弹性系数都大于1，最高的在3倍以上。与此相应，财政收入保持较高增长，财政收入占GDP比重明显提高。近年来财政收入的超常增长有多方面的原因，如部分税收优惠政策到期恢复征税、进出口增加和打击走私促进进出口税收迅速增长、证券市场活跃使得证券交易印花税增加等经济因素的影响，也包括加强税收征管，甚至有税款“虚收”问题。财政收入的超常增长对于提高财政收入占GDP的比重是有好处的，但却以税收负担不断提高为代价，而税收负担的不断提高有可能会妨碍经济的增长。从长远看，税收的增长应与经济的增长同步。

中国实行积极财政政策以来，税收政策与之进行了一定的配合，主要表现在以下几个方面：1. 鼓励投资的税收政策。主要采取了两项措施：一是停止征收固定资产投资方向调节税；二是对企业设备投资实行投资抵免企业所得税政策。2. 鼓励出口的税收政策。1998年以来，中国多次提高出口退税率，使出口货物的平均退税率提高了5.5个百分点，达到了15%以上。3. 刺激消费的税收政策。如对居民个人储蓄存款利息所得恢复征收个人所得税；通过清理各种收费和调整税收政策，降低住宅造价和解决汽车售价过高问题，鼓励对住宅和汽车的消费等。从目前财政实力和宏观税负看，2003年全面减税没有必要，也不具备条件，但在增收节支基础上可对税制进行结构性调整。结构性减税的目的主要是刺激居民消费和减轻企业负担。主要内容包括：调高个人所得税的起征点，减少大众税负以提高个人可支配收入预期，刺激消费，同时适当提高对高收入者的税率；降低农产品特产税税率及减轻其他税费负担，增加农民可支配收入；调减包括汽车、住宅交易在内的高档耐用消费品的税费；按国民待遇原则尽快统一内外资企业所得税税率；为生产型的增值税改为消费型的增值税积极创造条件。改革消费税，对某些已不再是高档消费品的商品不再征收消费税，对某些高能耗、高污染和高消费群体消费的商品征收消费税等。尽快开征典型的地方税种，如遗产税、赠予税等。

五、财税收入增幅略高于经济增长，财政收入占GDP的比重进一步提高

2003年税收收入增长的有利因素有：1. 国民经济保持较高增长，为税收增长创造了条件。经过近5年来国债建设资金的集中投入，能源、运输、农田水利、主要原材料等基础产品和基础设施的供给能力大大提高，银行资金储备也比较充足。目前，中国经济正在由财政刺激主导增长的阶段，转入财政刺激与市场内在活力共同推动增长的阶段。因此，2003年中国经济将继续保持较高增长，增速有望与2002年持平，甚至略高于2002年。经济的较高增长将为税收收入的增长奠定基础。2. 增加新税种、推进税费改革、理顺分配关系将直接扩大税收收入。目前，税费改革已在总体规划的基础上，分步实施。有关部门正在研究扩大消费税征收范围，燃油税实施方案已就绪。有关部门正酝酿社会保障税、遗产税等新税种，这些都将直接推动2003年税收增长。3. 企业经济效益出现明显回升，企业所得税将保持较高增长。2003年国家将进一步加大国企改革力度，支持中小企业发展，经济保持较高增长，企业利润将继续提高，亏损面持续减小，这将有利于企业所得税的征收。4. 随着法律法规的逐步健全，个人纳税意识增强，个人所得税已成为中国工商税收中增长最快的税种，2003年将继续保持快速增长。5. 2003年税务部门将继续采取各种加强征管、堵漏增收的措施，将加强税源管理，保证税收的征收。6. 2003年国家将坚决维护税法的统一性、权威性和严肃性。2003年国家将清理现行的各项税收优惠政策，并进一步完善对进口税收优惠政策的管理，堵塞税制不健全的漏洞，以上这些措施将有利于税收的增长。

从不利因素来看，一是2002年基数较高，保持较高的增幅有一定的难度；二是2003年中国进出口继续保持2002年的增速可能性不大，进出口增速的下降，再加上关税税率的进一步

下调,将影响关税和海关代征增值税和消费税的增长;三是为了继续扩大内需、增加出口,2003年中国将进一步加大税收调控力度,取消一些抑制投资和消费的税收政策,这将直接减少部分税收;四是2003年中国将顺应国际惯例逐步对中国税制进行调整,有可能根据国民待遇原则逐步调整国内的一些税收政策,使国内企业和外商投资企业有一个平等的竞争条件,如国内金融和保险企业营业税税率将再下调1个百分点等,这将对中国的税收增长产生一些不利影响;五是2003年证券市场走势还存在相当的不确定性,证券交易印花税征收前景不太明朗。

综合以上因素,我们预测2003年税收收入增长将继续高于经济增长,财政收入占GDP比重将进一步提高。

六、财政支出保持较高增长,赤字规模基本持平

2003年财政支出仍需保持较高的增长:1. 基建支出仍将保持较高增长。从1998年到2002年累积发行建设国债6600亿元,带动30000亿元以上的总投资,2002年年底前不可能全部完工,将有一部分工作量结转到2003年。2003年国家将加大对农村水、电、路和通信等基础设施建设方面的倾斜。为了保证已安排的基础设施项目尽快建成并发挥效益,保证西部开发等一批事关国民经济发展全局的重大项目工作的稳步推进,中央财政预算安排的基本建设投资仍将保持一定的增长,但由于2002年基数较高,2003年基建投资实际增加工作量将大大小于2002年,2003年基建支出的增幅将明显下降。2. 为了支持国有企业的改革与发展,企业挖潜改造资金需要进一步增加。2002年1至9月企业挖潜改造资金支出下降0.8%。为了鼓励重点行业、重点企业、重点产品和重点工艺的技术改造,2003年中央财政预算将继续增加企业技术改造资金及贴息资金,企业挖潜改造资金有望保持较高的增长。2003年是《中小企业促进法》实施第一年,财政需要增加支持中小企业的法定开支。3. 加大社会保障投入,继续增加教育、科技、农业投入,促进就业和再就业将是2003年政府开支的重点。

综合以上因素,为了满足各项增支要求,并考虑到诸如基建支出、国防支出、行政管理费、公检法支出等一些财政开支大项增长幅度将有所下降,各种政策性补贴将进一步减少,2003年全年财政支出增幅将继续保持较高增长,财政赤字保持在3100亿元的规模,赤字率有所下降。

七、进一步调整和完善分配制度,加快社会保障体系建设

2003年,国家将进一步提高财政对社会保障的支出比重。一是提高中央和地方财政对社会保障的支出比重。做好"两个确保"工作,真正落实城市居民最低生活保障制度,积极稳妥地推进城镇职工养老、医疗和失业保障制度改革;二是对国企职工的社会保障基金问题,可以部分地通过出售国有企业部分产权来解决;三是从支付改革和结构调整成本的角度,研究连续发行一定规模的社会保障专项国债的可行性。

同时,将进一步调整完善收入分配制度,增加城乡居民特别是低收入群体的收入。一是确保农民收入的增长。二是着手研究深化国有企业分配制度改革,建立企业既有激励又有约束的工资制度。三是加大收入再分配力度。一方面加大对高收入者个人收入所得税的征收力度,另一方面要加大对贫困阶层的支持力度,增加对落后地区的财政转移支付。四是落实"两个确保"工作。要拓宽消费领域,大力发展第三产业,增加多领域的服务消费。

八、大力发展国债市场,调整国债结构

为了满足投资者对流动性和获取稳定投资收益的需要,预计2003年短期国债和长期国债的发行比重将有所上升,特别是应利用当前物价水平较低的有利时机多发一些长期债,这将有助于降低举债成本、调整国债的偿债期限结构、避免和缓解偿债高峰的压力。预计国债品种也会增加,如专项建设国债、社会保障特别国债等。同时,应加快研究解决有关允许地方发债、加快企业发债等方面的问题。

国债利率结构调整步伐加快,逐步实现利率市场化。目前国债发行利率是比照银行存款利率设计的,国债利率作为基准利率的地位无法得到确认。同时,国债利率机制缺乏弹性和灵活性,既不利于反映社会资金的供求状况,也不利于运用国债利率政策灵活地调节货币流通和经济运行。因此,应加快调整利率结构步伐,增强国债利率弹性,充分发挥国债利率机制在市场经济中的重要作用。

九、优化财政支出结构,支持结构调整

为了加大结构调整力度,促进区域经济发展和产业结构优化,2003年一是要认真落实关闭破产补助资金;二是继续调整财税政策,支持企业重组改制;三是要进一步调整所得税分配制度,完善统一的按比例分享办法,以促进资源合理流动,推动国有企业优化组合;四是应有选择地运用加速折旧、投资抵免、税收支出优惠等手段,以引导、刺激企业的科研开发、技改和按照优化产业结构和产品结构的方向进行投资的热情。要合理运用财政贴息资金,支持国有重点企业加快技术创新,支持高新技术产业发展,增强中国经济的竞争能力;五是落实粮食风险基金包干政策,适当增加对粮食主产区的粮食风险基金补助,加大农业投入力度。

在坚持基础设施为主的投资方向的同时,适当加强对传统产业的技术改造投资和新兴高科技产业的风险投资;在继续兴办资本密集、规模较大的工程项目的同时,应更多考虑劳动密集、而技术含量也不太低的中小型建设项目;为解决下岗职工就业,适当增加一些产品确实具有市场竞争力的非基础设施项目,使产品技术和产业结构得到提高和调整,避免因短期的总量扩张政策举措,而使中长期结构调整、转变经济增长方式的目标受损受挫,努力做到总量扩张与结构调整相统一,实现经济持续、快速、健康发展。

十、财政政策与货币政策的协调性增强

在目前条件下，需要进一步发挥财政政策与货币政策的协调作用，搞好宏观调控。首先，在扩张性财政政策的边际效应逐步下降的情况下，必须加速金融体制改革的进程，从货币政策的传导机制上为财政政策的"淡出"积极创造条件，以加强金融货币政策对保持国民经济适度快速增长的调控作用。其次，适度加强货币政策的力度，以替代财政政策的作用。在目前社会投资有所启动之时，可以考虑更多地利用利率杠杆间接刺激投资而减弱国债直接投资强度。第三，使用适当的财政政策手段为货币政策提供操作工具，促进金融创新。在目前条件下，可考虑将国债发行的全年总量控制逐步转变为年终存量控制，为货币政策通过国债市场进行宏观调控提供更大空间。

表 1998-2002年财政支出、赤字变化情况

年 份	1998	1999	2000	2001	2002
GDP增长率(%)	7.8	7.1	8.0	7.3	7.8
财政支出增长率(%)	16.9	22.1	20.5	19.0	14.4
赤字增长率(%)	58.4	89.1	42.9	1.01	23.2
财政支出占GDP比重(%)	13.8	16.1	17.8	19.7	20.9
赤字占GDP比重(%)	1.2	2.1	2.8	2.6	3.0

注：2002年为预测数

调整期的中国股市

全国人大常委会副委员长 成思危

中国股市在经历了1999年5月至2001年6月的大牛市之后，市值不断下跌，到2002年年底比2000年年底下跌了20.3%(其中流通股市值下跌了22.5%)，可以认为中国股市已经进入了调整期。

简要的回顾

自从上海证券交易所与深圳证券交易所于1990年12月及1991年6月相继成立并开始发行A股之后，人民币特种股票(B股)和境外上市外资股(例如H股等)也相继于1991年和1993年开始发行。但由于处于发展初期的中国股市还很不完善，投资者、上市公司、证券公司和证监会等各个方面都缺乏经验，在发展的过程中也出现了不少波折。在股市多次暴涨暴跌的现象后面，隐藏着内幕交易、发布虚假信息、欺诈投资者、市场操纵、过度投机等一系列问题。

在十年之内，中国股市从无到有，从小到大，取得了显著的成效，市场规模和水平都有较大的提高。截至2000年年底，中国股票市价总值已达48090.9亿元（其中流通市值16088亿元），境内上市公司已达1088家，上海和深圳两地证券交易所投资者开户数共达5600多万户。还有34只证券投资基金，基金总规模550多亿元。

中国股市在将分散的社会资本集中并转化为大额的长期资本方面发挥了重要的作用。截至2000年11月底，中国股市境内外累计筹资总额达9443.2亿元。其中境内上市公司累计筹集资金4846.1亿元，境外上市公司筹资1439.1亿元（173.8亿美元），红筹股筹资3158.0亿元(381.4亿美元)。

在10年间，一大批国有企业发行上市，为推进传统产业升级换代开辟了直接融资渠道，降低了资产负债水平，加快了技术改革步伐和高新技术的推广应用，推动了产业结构和产品结构调整。更为重要的是，上市有力地促进了国有企业经营机制的转换，增强了企业活力，使上市公司按照现代企业制度的要求，初步建立了法人治理制度，加速了决策科学化，经营市场化，监督社会化和经营责任法律化的进程，在国有企业建立现代企业制度的改革实践中起到了先导和示范作用，为国民经济整体素质的提高打下了基础。

1999年7月1日，规范中国证券市场的《中华人民共和国证券法》(以下简称《证券法》)开始实施。《证券法》的颁布实施，推动了中国证券市场法制化、规范化进程。证券监管部门的职能定位更加明确，上市公司、证券公司等市场主体的规范运作程度不断提高，投资者法律意识有所增强，对市场发展更有信心。

中国股市十年的发展表明，大胆地借鉴包括股份制、股票市场等反映现代社会化生产规律的先进经营方式和管理方法，是完全可能而且十分必要的。正如江泽民同志所指出的："实行社会主义市场经济，必然会有证券市场。建立发展健康、秩序良好、运行安全的证券市场，对中国优化资源配置，调整经济结构，筹集更多的社会资金，促进国民经济的发展具有重要的作用。"

但是也应清醒地看到，中国的股市还仅仅处于初级阶段，还需要通过长期而艰苦的努力来发展和完善。既要认真研究并吸收国外股票市场几百年发展过程中的经验教训，更要认真思考探索符合中国国情的发展道路。

股市的本色是有效的投资及融资场所

当人们手中有了闲置货币之后，除了扩大消费和增加储蓄

以外,还会产生用它们来投资获利的愿望。从虚拟经济的观点看来,所有的金融市场工具都是虚拟资本,当投资者用其手中的闲置货币购买金融市场工具时,实际上就是将他对这些货币的使用权交换到一份权益证书,对金融市场工具发行者的未来收入及资产具有要求权。因此人们在进行投资决策时就必须考虑三个问题:一是预期的收益有多大,二是这一收益是否真正能够拿到手,三是急需时能否迅速收回现金。也就是说投资者在投资前必须在拟购买的金融市场工具的收益性、安全性和流动性三者之间进行权衡。

从虚拟经济的发展过程中可以看到,有价证券是生息资本社会化的产物,而股市则是有价证券市场化的产物,股市的基础作用就是既为投资者提供直接投资的机会,也为企业提供直接融资的机会。对于投资者来说,由于股市的风险较高,故对企业股票的期望的收益率要高于债券,这样的企业才有投资价值;而对于企业来说,由于要求投资者共担风险,故应当有较高的盈利与投资者共享,这样才能吸引投资者的资金。

根据研究,在中国股市前10年的发展过程中存在的主要问题可以归纳为规模较小深度较浅、大半股份不能流通、只能做多不能做空、政策影响相当显著、过度投机趋向严重、资产泡沫确实不少、短期行为普遍存在、黑庄操纵罪责难逃等八个方面,严重影响着中国股市的健康发展。因此调整中国股市的指导思想就应当是向股市的基础作用回归,恢复股市的本色。一方面要让投资者的资金能在股市上投入他认为有投资价值的企业,并自主决定要持有股票等待分红还是要卖出股票取得现金,另一方面要让有良好赢利能力但资本不足的企业能在股市上吸收所需的资金,只有这样才能真正发挥股市在优化资源配置方面的作用。

任何股票市场都既是投资的场所,也是投机的场所。"投资"是指买进股票后期望能享受较高股利的长期投资行为;而"投机"则是指买进股票后期望迅速在有利的条件下卖出以获利的短线投资行为。一般说来,适度的投机行为不仅不会危害证券市场,而且对证券市场的运行是有益的。但是在过度投机的股市中,投资者通常会漠视企业的经营业绩,使绩优股受到冷落,而各种有炒作空间的股票却受到追捧,严重削弱股市的资源配置功能。过度投机还会助长市场的短期行为,为庄家非法操纵市场提供条件。与过度投机相伴随的巨大风险将成为证券市场产生严重动荡的隐患,进而会对经济和社会造成危害。因此必须坚决防止股市中的过度投机行为,决不能让股市成为少数人疯狂投机、攫取暴利的场所,也不能让股市成为一些企业大肆"圈钱"、廉价融资的场所。

加强并改善市场监管

1992年10月,国务院决定成立国务院证券委和中国证监会,统一监督管理全国证券市场,同时将发行股票的试点由上海、深圳等少数地方推广到全国。根据国务院《证券监管机构体制改革方案》,中国证监会完成了对地方证券监管机构实行垂直领导的体制改革。在全国设立了9个证管办、2个直属办、25个特派办。根据证券法要求,证券监管部门对法律实施前的有关交易场所进行了清理关闭,将过去股票发行的审批制改为核准制,强化上市公司和有关机构的信息披露义务,督促上市公司完善法人治理结构,实行上市公司与控股股东之间的资产、人员及财务"三分开",加强上市公司日常监管,实行证券公司的分类管理,加强对投资咨询等中介服务机构的业务监管与指导,改革证券登记结算体制等,对于保证证券市场的正常运行,防止证券违法违规行为发挥了积极作用。中国证监会对一些上市公司及证券公司的违规融资、内幕交易、操纵市场及欺诈等违法行为也进行了查处,全国检察机关对一些证券违法案件立案侦查,各级人民法院对一些证券犯罪案件进行了审结。

中国证监会作为法定的证券监督管理机构,其监管力度与法律的要求和人民的期望还有较大差距,为此建议从以下四个方面来改进中国证监会的工作。

首先是要明确证券监管机构的职责。证券监管机构的主要职责应当是维护证券市场的公正与公平,让股市回归到直接投资及直接融资场所的基础地位。一方面要为所有投资者提供平等的投资环境,让投资者能够在自担风险的前提下争取合理的收益,由于中小投资者的信息获取能力较弱、风险承担能力较差,是股市中的弱势群体,为此必须严肃并及时地查处掠夺中小投资者的财富的各种违法行为,同时要从制度上制止上市公司中一股独大,无视小股东正当权益的行为。另一方面要建立公平、公正、公开的核准制度,为各类所有制的企业提供平等的市场准入待遇,让能给投资者较高回报的优秀企业得到更多的融资机会,同时要消除一级发行市场的无风险套利条件,防止股市成为一些企业"圈钱"的场所。证券监管机构不应对股市的涨跌负责,更不应站在国有资产所有者的立场上去托市或救市。在极为特殊及十分必要的情况下,证券监管机构可通过法定程序要求政府对市场进行适当的临时干预。

其次是要找准市场监管的重点。信息披露不真实是上市公司招股、上市、配股和年报等工作中存在的一个比较普遍的问题。一是有些企业为了达到股票发行上市目的,高估资产,虚报盈利,虚假包装。二是不少上市公司严重违背投资者意愿,随意改变募集资金投向,间接造成信息不实。据在上海了解,上市公司在两年内改变募集资金使用方向的达到40%,一年内改变的也在10%以上。募集资金的相当部分通过多种渠道回流股市参与股票炒作。三是少数上市公司有意披露不真实信息。有的公司为了迎合庄家炒作本公司股票,与之配合在不同阶段发布一些误导投资者的信息。据厦门市反映,在该市16家上市公司中,信息披露不规范的约占20%。从执法检查情况看,有的地方问题更加严重。由此可见,证券市场监管的重点应当放在信息披露上,要采取切实有效措施,防止虚假包装上市,避免上市公司随意改变募集资金投向,损害投资者利益。要进一步提高信息披露标准,推进会计标准的国际化进程,保证上市公司及有关中介机构信息披露的真实性、准确性、完整性、合规性和及时性。要注意加强对证券公司、上市公司、中介机构、指定新闻媒体和一些股评人士的管理,防止相互串通,披露虚假信息,误导舆论和投资者。

再次是要注意发挥市场的作用。股市的健康发展固然离不开政府机构的监管,但也要注意发挥市场的自律组织作用。对于股票的发行、上市、交易等方面的有关事项,要尽量少用行政审批的手段,改用公开申请并按程序核准或由企业根据市场情况自行决策后向证券监管机构备案的办法。同时还要充分发挥证券交易所、证券业协会等自律组织在政府与市场之间的桥梁和纽带作用,例如对会员的财务状况、经营绩效、服务质量等方面进行年检及评定、对会员的业务活动进行指导、对会员的违法行为进行调查并按行规处理、协调会员之间的矛盾、维护会员的合法权益、对会员进行法制及业务教育、组织会员进行业务交流、对某些专业岗位进行资质认定等。

最后是要不断加强监管的手段。要利用先进的信息技术,建立全国联网的股票实时交易系统及监控和预警系统,要能及时发现股价异常波动等不正常现象并分析其原因,以便迅速采取措施。要通过法律程序授予中国证监会必要的查处权力,以防止资金抽逃及犯罪嫌疑人畏罪逃跑。要进一步加强证券监管机构的队伍建设,提高证券监管人员的政治思想素质、业务素质和专业技能。监管机构工作人员要依法办事,公正廉洁,不得利用职务之便牟取不正当的利益。证券监管、银行、法院、检察院等部门之间要加强配合,建立统一的执法协调机制,加大对重大证券违法案件的打击力度。

提高上市公司质量

中国目前有许多上市公司质量不高,缺乏投资价值。1999年、2000年和2001年上半年,中国上市公司的资产收益率仅分别为4.01%、3.58%和1.83%。同时,由于造假成本较低,企业造假的嫌疑面达上市企业的20%左右,在剔除这些造假嫌疑观测值的基础上发现,上市企业处于一种资本与利润并增,但创值显著下降的状况。

据调查,上市公司缺乏合理、有效的公司治理结构是上市公司业绩低下、缺乏长期发展能力的重要因素之一。截止到2002年年底,中国境内上市公司达1223家,其中绝大部分由国企改制而成,导致中国股市尚未上市流通的国家股比重高达40%,有些上市公司甚至高达80%以上。

中国一些上市公司受其大股东严密控制,有的甚至是一套机构两块牌子。也有一些上市公司与控股股东之间的人、财、物不分,使上市公司成为大股东或集团公司的"提款机"。中国的上市公司基本上不分红,即使是分红也多是用送红股的方式,很少用现金分红的方式甚至有一些业绩好的公司以发展生产急需资金等为由不分红。据统计,1996年~1999年4年间,采取现金分红的上市公司平均每年只有26家,仅占各年平均上市公司家数的3.3%。截至1999年底,沪深两市只有8家公司历年分红派息总额超过10亿元。2000年中国股票市场缴纳的印花税和投资者交给券商的佣金共900多亿元,而上市公司的利润总额只有500多亿元,其中拿出来进行分配的含税红利仅有140多亿元。由于投资者难以从分红中取得收益,故只能拼命追求买卖价差收入,从而增大了市场的投机程度。

地方政府对上市公司的市场准入、运行过程及退出机制的干预,严重地削弱了中国股市优化资源配置的作用。例如,证券法规定,上市公司丧失法定上市条件的应暂停或终止上市,但由于有关地方政府的干预,使一批早就丧失上市条件的公司长期不能退市,严重影响证券市场的运行效率。

上市公司产权结构调整的主要方向是股权多元化,在《中共中央关于国有企业改革和发展若干重大问题的决定》中指出:"股权多元化有利于形成规范的公司法人治理结构,除极少数必须由国家垄断经营的企业外,要积极发展多元投资主体的公司"。在股权多元化的公司中,股东会是公司的最高权力机构,但通常由于公司的股东众多且流动性大(因通过证券市场的股权交易十分频繁),故实际上多半由董事会代表股东行使所有者的权力。由于股权的高度集中,公众股东的分散,董事会由大股东操纵或由内部人控制,比较难以形成独立的董事会来保证健全的经营、决策机制。据问卷调查,认为监事会是上市公司内部主要约束力量者仅占3.4%。不少企业经理人由于股权结构不合理,其利益不能通过透明的机制来保证,因而往往在决策时为控股股东甚至自己谋取私利,明显损害中小股东的利益。在这种情况下,公司的业绩在更大程度上依赖于经理人员的素质和"良心",或者依赖于控股股东的开明程度。

解决一股独大问题要标本兼治。一方面要采取有效措施解决大股东挤占上市公司资产等问题。对于上市公司与大股东的相互担保,要严格依法监督,禁止上市公司单方面为大股东提供担保。上市公司与大股东的关联交易要严格依法进行并按规定予以披露。要通过有关指导性文件,明确独立董事的任职资格、条件、报酬、权利和责任,使其真正发挥监督作用。另一方面要调整上市公司的股权结构,在目前不可能大幅度增加流通股比例的情况下,可在国有企业之间相互转让股份,使每家上市公司至少有三个较大的股东,还要健全股东大会、董事会和监事会的会议制度。

引导投资者转变观念,大力培育机构投资者

广大中小投资者是中国股市的积极参与者,又是中国股市中的弱势群体。在中国证券市场的调整过程中,不仅需要用政治、法律等多种手段保护广大投资者的权益,也需要加强对中小投资者的教育,引导他们转变观念。

首先要端正投资者对股市的认识。要他们了解在股市中投资是有风险的,而且投机程度越高,风险就越大。在风险承受能力不足时,即使一时投机成功获利,但长期投机多半会血本无归。特别是中小投资者一定要防止过度投机,尽量选择投资价值较高的上市公司做长线投资。

其次要提高投资者的分析能力。让投资者能在信息披露不断改善的情况下独立分析个股的价值和走势,决定自己的投资策略,防止因听信传言、盲目跟风或跟庄而造成损失。

最后要增强投资者的法制意识。根据调查,有不少中小投

资者从未阅读过《证券法》，甚至不知道自己有哪些合法权益。为此应当让投资者懂得如何正确行使自己的股份所有权及自由处置权、信息知情权、对上市公司重大事项的知情权及表决权，以及公司盈余和剩余财产的分配权等。

目前中国股市中流通股过于分散，机构投资者比重过小。据统计，2000年末上海证券交易所股票账户总数中，个人投资者的比重高达99.56%，机构投资者开户数的比重仅占0.44%。深圳证券交易所的情况与此相似。流通的公众股股权高度分散于个人股东之中，使得公众股东对上市公司缺乏有效的直接控制力，并有着强烈的“搭便车”倾向。

培育机构投资者，对改善中国证券市场的投资结构至关重要。首先是要进一步发展证券投资基金，着重发展开放式基金，力争在未来5年内使开放式基金成为中国基金业的主流；要逐步实行基金设立和发行的注册制，创造有利于市场机制创新的环境，探索适合保险、社会保障等资金的基金品种创新，适时推出债券市场基金和货币市场基金等；要研究拓宽基金管理公司的业务范围，允许其从事私募基金、委托资产管理等业务；要研究放宽对基金管理公司和基金发起人的资格限制，逐步允许各类机构和自然人参与设立基金管理公司，探索新的管理公司股权结构，选择具备条件的基金管理公司进行上市试点等。

其次是要加快培育保险机构投资者。探索灵活多样的保险资金入市方式。鼓励基金管理公司大胆创新，设计符合保险资金特点的基金品种，更好地为保险公司服务。可进行允许保险公司独资或与其他保险公司合资设立专门的管理保险资金的试点，条件成熟时可研究允许保险公司参与发起设立基金管理公司，进一步参与中国基金业和证券市场的发展。

最后是要积极探索建立专业化和市场化的社会保障基金管理体系。在社保基金具有一定规模的基础上，放宽投资限制，逐步向社保基金开放证券市场，引入竞争机制，探索建立以委托专业机构管理为主导的专业化和市场化的社保基金管理与监管体系。积极探索委托基金管理公司管理和由寿险公司开办年金保险、投资连接与分红类保险等多种社保基金管理模式，实现社保基金市场和证券市场的良性互动。

促使证券公司向现代投资银行转变，规范发展其他中介机构

随着中国证券市场的发展，证券公司也不断成长。到2002年年底，全国共有126家证券公司，3700多家证券营业部。从总体上看，多数证券公司的情况是好的，但也确有一些机构从事违法违规经营，操纵市场的行为仍时有发生。有的证券公司违规参与做庄、操纵股价，严重扰乱交易秩序。也有部分证券公司存在对客户透支、挪用客户保证金等问题。还有个别的证券公司参与了恶意炒作，并为客户提供融资、代客户买卖股票、开立个人帐户进行股票自营等。为此必须采取有效措施，纠正和处理一些证券经营和服务机构操纵市场、恶意炒作股票、为客户透支和挪用客户保证金等违法经营和犯罪行为。

证券法要求会计师事务所、律师事务所、资产评估事务所等中介服务机构要依法为证券发行上市等提供相关服务，但有些机构为了牟取私利，违背职业道德，为企业做假账，提供虚假证明，有的甚至迎合上市公司的违法或无理要求，要做什么账就做什么账，要求出什么报告就出什么报告，为其虚假包装上市大开方便之门。

要强化中介机构的行业自律，提高从业人员的职业道德水平，加强对中介机构的监督和制约。会计师事务所应当发挥其注册会计师审计这一主要职能，提供独立、客观、公正的审计报告及有关资料，对投资者、发行股票的公司及社会负责，遵守职业规范和有关技术规范，提高业务能力，维护自身的良好形象和公众信任力。对因违约、过失或欺诈而给被审计单位或其他利害关系人造成损失者，要依法追究其行政、民事和刑事责任。同时要严格资质考试及认定，建议尽快建立适合中国需要并能与国际接轨的特许财务分析师(CFA)制度。

从事证券业务的律师事务所要保证其出具的法律意见书及各种有关法律文件的真实性、准确性及完整性，严禁为客户提供虚假证明。还要提高对从事证券法律业务的律师的资格标准，逐步培养专业化的证券律师。

资产评估事务所的资产评估报告是国有企业股份制改造和上市公司资产重组的重要依据，必须保证其准确性、客观性和公正性，决不允许迎合被评估对象的要求而随意更改。应当参照国际规范来制定符合中国国情的资产评估方法和程序，特别是在无形资产的评估方面需要严格规范。还要注意培养一批合格的资产评估师。

此外，一些投资公司、投资顾问公司、财务公司等在工商管理部门登记注册后即开始从事代客理财业务，控制大量资金炒作股票，对市场造成不良影响，亟须用法律手段进行规范。

进一步完善证券法律体系

在《证券法》公布实施后，由于其中有些内容比较原则，需要证券监管部门制定配套的法规和相关实施办法。并要根据证券法的有关规定，对以前的有关规则进行进一步清理，并根据法律规定和市场发展情况，抓紧制定一些新的实施办法。到2001年6月为止，经国务院批准，中国证监会发布了《股票发行审核委员会条例》、《股票发行核准程序》等5件行政法规，制定发布了《上市公司新股发行管理办法》、《证券公司检查办法》等130多件部门规章。同时，依据法律要求，清理了《证券法》颁布前发布的250余项法规、规章和规范性文件，废止114件。上海、深圳证券交易所也根据《证券法》和监管办法的规定，清理和制定了一批业务规则，保证了法律的有效实施。

但是，已经出台的实施办法还不能适应证券市场发展的需要，有关规范与《证券法》的规定不配套，一些法律之间也缺乏必要的协调。一是《证券法》规定因发行人发布虚假信息导致投资者在证券交易中遭受损失的，发行人及其董事、监事、经理应承担连带赔偿责任。由于没有具体办法，投资者难以提起诉讼，而且许多案件由控方举证难度很大，法院也认为这一规定不具体而难以受理。二是工商、公安、检察院、法院等执法部门对证

券违法犯罪案件的立案标准认识不一致，影响到一些案件的查处。三是《证券法》与民事诉讼法等法律中某些内容的关系不明确，致使有的执法单位能轻易到证券交易所强制执行证券公司的客户保证金，甚至抓人，影响证券交易秩序。

由于《证券法》出台时正处于亚洲金融危机期间，为有效防止风险，对有些内容未作规定，有些内容规定较严。加之随着证券市场的深入发展产生了一些新的问题，影响到《证券法》的进一步实施。建议根据证券市场的发展需要，对混业经营、股指期货、社保资金入市、加入 WTO 后的证券市场发展，以及证券监管机构某些执法权限等问题进行深入研究，提出法律对策。对《证券法》中一些比较原则的规定，要通过制定实施细则，如证券市场监管条例、上市公司监管条例、证券公司管理条例等加以充实。要加强对《证券法》与公司法、信托法、民法、民事诉讼法、刑法、刑事诉讼法之间关系的研究，必要时对有关法律进行相应修改或解释，使之更加协调，为执法提供有效的支持和保障。证券监管部门要不断从实践中发现新情况和新问题，进行制度创新，进一步发展和完善中国的证券市场。

中国股市目前处于低潮，正是进行调整的大好时机，相信在党中央和国务院的坚强领导下，经过 2–3 年的艰苦努力，一定能够使中国股市恢复本色，踏上健康发展的康庄大道。

税收工作为改革发展做出新的贡献

国家税务总局局长 谢旭人

2002年，全国税务系统深入贯彻中央确定的“完善和稳定税制，强化税收征管”的指导方针，认真落实国务院制定的“加强征管、堵塞漏洞、惩治腐败、清缴欠税”的工作方针，税收工作取得了较大成绩，为改革发展稳定做出了新的贡献。

一、税收收入迈上新台阶

2002年，全国共入库税收收入 17004 亿元（不包括关税和农业税收），比上年增长 12.1%，增收 1832 亿元。其中，国税部门入库税收收入 11684 亿元，比上年增长 11.8%，增收 1230 亿元；地税部门入库税收收入 5320 亿元，比上年增长 12.7%，增收 601 亿元。

2002 年全国税收收入呈现出以下四个突出特点：

1.税收收入占 GDP 的比重提高近一个百分点。全国税收收入占 GDP 的比重达 16.5%，比上年提高 0.7 个百分点。

2.中央级和地方级税收收入协调稳定增长。中央级税收收入完成 10393 亿元，比上年增长 12.3%，增收 1140 亿元；地方级税收收入完成 6611 亿元，比上年增长 11.7%，增收 692 亿元。中央级和地方级税收收入均呈现稳定增长势头。

3.税收增收以流转税为主。国内增值税、国内消费税和营业税共完成 9790 亿元，增长 15.6%，增收 1320 亿元，占增收总额的 72.1%，是税收增收的主体。

4.地区间税收收入增幅差距逐步缩小，但收入规模差距依然较大。东、中、西部税收收入分别完成 12205 亿元、2844 亿元和 1955 亿元，占总收入的比重分别为 71.8%、16.7%和 11.5%，东部地区占绝对优势；收入增幅分别为 12.9%、9.4%和 11.1%，东西部地区收入增幅差由上年的 6.3 个百分点缩小为 1.8 个百分点。

2002 年全国税收收入在受较多减收因素影响的情况下，仍保持了稳定增长态势，主要是经济发展、税源扩大的结果，也有税务部门苦练内功，加强征管的因素。虽然增长幅度与近年相比明显放慢，税收增收额低于上年，但这是由于政策性因素、一次性因素不可比造成的。2001 年仅车辆购置费改税和利息所得税两项政策因素就增收 380 亿元，同时由于所得税收入分享体制改革一次性增收较多，政策性因素加一次性因素增加收入 700 亿元左右。而 2002 年基本没有政策性增收和一次性增收因素，相反有不少政策性减收因素，如金融保险业营业税降低税率、证券交易印花税降率翘尾、关税税率下调影响海关代征进口税收增长、提高购进农产品抵扣率、落实西部大开发税收优惠以及国产设备技改投资 40%抵免所得税等政策都带来较大的减收，减收额在 250 亿元左右。另外，2002 年还消化了 2001 年的企业所得税抬基数因素 100 多亿元。扣除不可比因素，2002年税收增收额实际超过了上年。

二、税收政策措施得到有效落实

（一）所得税收入分享体制改革顺利实施。国家税务总局根据国务院精神下发了《关于所得税收入分享体制改革后税收征管范围的通知》，同时明确了所得税收入入库级次和缴库办法，确保不混库，不错库。各地国、地税局高度重视，密切协作，积极采取措施确保改革落实到位。全国共入库三项所得税 3800 亿元，比上年增长 4.7%，增收 170 亿元。其中，个人所得税增长较快，完成 1211 亿元，增长 21.6%，增收 215 亿元。涉外企业所得税完成 616 亿元，增长 20.5%，增收 105 亿元。内资企业所得税完成 1973 亿元，受上年高基数的影响，下降 7.1%，减收 150 亿元。所得税收入分享体制改革的顺利实施，进一步规范了中央与地方的分配关系，初步建立起了合理的分配机制。

（二）“免、抵、退”税管理办法全面推行。国务院决定，自 2002 年 1 月 1 日起，对生产企业自营或委托出口货物全面实行“免、抵、退”税管理办法。国家税务总局及时会同有关部门下发了通知,开展了业务培训,召开了专题会议进行部署,保证了此办法的顺利推行。全国办理“出口退税登记证”的54426户生产企业全部实行“免、抵、退”税管理办法,共办理出口退税1259亿元,其中办理“免、抵”调库513亿元,有力地促进了外贸出口的增长。

(三)**推进费改税**。农村税费改革试点稳步推进。全国已有20个省全面进行了试点,屠宰税停止征收,农业税收大幅度增长,共入库718亿元,比上年增长49%,增收237亿元。车辆购置税征收顺利,共入库362亿元,比上年增长42%,增收107亿元。

(四)**继续实施拉动投资、刺激消费、扩大国内需求的一系列税收政策**。降低金融保险业营业税税率,全年减收62亿元。降低证券交易印花税税率,全年减收171亿元。利息所得税收入301亿元,增长7.6%。继续落实了对符合国家产业政策的技术改造项目国产设备投资按40%的比例抵免企业所得税、支持高新技术产业发展和西部大开发等税收政策,出台了鼓励下岗失业人员再就业的税收优惠政策。

(五)**按照世贸组织规则调整税收政策和管理办法**。根据世贸组织的规则,深入开展税法清理工作,废止或修订了一批税收文件,调整了两项税收政策,取消了五项不符合世贸组织规则的行政审批项目。

三、依法治税取得阶段性成果

(一)**税收法制建设取得重要突破**。税收征管法实施细则公布实施,连同2001年实施的税收征管法,进一步明确了税务机关的执法主体地位,健全了税收征管基础制度,强化了对税务人员执法行为的监督,加强了对纳税人合法权益的保护,对税收工作影响深远。按照《立法法》的要求发布了《税务部门规章制定实施办法》,创办了《国家税务总局公报》,规范了税务系统的立法工作,增强了税收政策法规的透明度。

(二)**税收执法迈上新台阶**。全面推行了执法资格认证制度,首次组织了全国税务系统执法资格考试,约50万名税务干部参加,达到了以考促学的目的。深入开展税收执法检查,强化了税收执法监督。

(三)**整顿和规范税收秩序取得明显成效**。按照国务院统一部署,重点开展了集贸市场和加油站税收专项整治。集贸市场税收专项整治取得初步成效,增加税款20多亿元。所有加油站的加油机均已安装或更换税控装置,查补收入近5亿元。同时,开展了对白酒、摩托车等10个方面的税收专项检查,查补收入近70亿元。查处了一批有影响的大要案,税务稽查的震慑力明显增强。全年共计查补税款496亿元,增长27.5%。深入开展涉外反避税工作,调增税款4亿元。

四、税收管理信息化建设稳步推进

2002年8月,国家税务总局召开了全国税务系统信息化建设工作会议,明确提出了金税工程三期建设“一个平台、两级处理、三个覆盖、四个系统”的总体目标,即包含网络硬件和基础软件的统一的技术基础平台,实现数据信息在国家税务总局和省税务局两级处理,覆盖所有税种,覆盖所有工作环节,覆盖国、地税局,并与有关部门联网,形成以征管业务为主,包括行政管理、外部信息和决策支持在内的四大子系统的应用软件。

(一)**金税工程二期基本建成**。采用大容量IC卡的新版防伪税控开票系统推行了20万户,防伪税控开票系统共计已推行约60万户,占全国增值税一般纳税人的比例从2001年120万户的约1/3提高到2002年130万户的约45%,用票量占全部专用发票用量的比例从2001年初的54%提高到2002年底的68%,纳入该系统管理的企业缴纳的增值税占全国所有一般纳税人缴纳增值税的比例从2001年的66%提高到2002年的80%。防伪税控认证系统全面投入使用,使利用假票、大头小尾票骗抵税款的违法犯罪活动基本得到遏制。全国共认证专用发票13036万份,发现涉嫌违规发票7968份,占全部认证发票的0.006%。发现涉嫌违规发票占全部认证发票的比例已从2001年1月份“五省四市”的0.227%降到2002年底全国的0.004%。增值税计算机交叉稽核系统在全国3835个区县以上税务机关联网运行,促进了企业依法申报纳税。全国共采集销项发票16547万份,稽核出8万份涉嫌违规发票。销项发票报税率已从2001年初“五省四市”的92%提高到2002年底的近于100%。稽核发现涉嫌违规发票占全部参与稽核的进项发票的比例从2001年初“五省四市”的8.5%降到2002年底全国的0.052%。金税工程发票协查系统正常运行,提高了稽查工作效率。全国共协查涉嫌违规发票53.15万份,查实确认违规发票22.57万份,占42.47%,比2001年提高了近21个百分点,查补收入2.65亿元。金税工程二期的有效运行,初步解决了犯罪分子利用增值税专用发票偷骗国家税款的问题,虚开增值税专用发票大要案呈明显下降趋势,同时促进了税务干部队伍建设。

(二)**综合征管软件稳步推广**。经过22个城市试点和“三省一市”全面试点后,正在“一省一市”推广试点。目前全国已有70多个城市国税局上线运行,这些地区的国税收入占全国国税收入的30%以上。综合征管软件的推广运行,提高了税务机关的综合管理能力。此外,口岸电子执法系统出口退税子系统和出口退税电子化管理、执法责任与执法监督、行政管理等系统建设取得明显进展,地税、农税信息化建设取得阶段性成果,税收信息化基础建设工作取得长足发展,信息应用水平大大提高。

(三)**以信息化为依托的税收征管改革取得明显进展**。按照新一轮税收征管改革的要求,全国税务系统积极推进以信息化和专业化为主要特征的税收征管改革,以信息化为依托的税收征管改革新格局初步形成:不少地区大幅度精简了基层征管机构,实行集中征收;初步建立了一系列基于信息化和专业化的税收征管业务流程和岗责体系;纳税服务体系初具雏形,逐步实现服务形式多样化、申报方式多元化、缴款方式简便化,为纳税人服务的水平大大提高;主动申报纳税日益成为纳税人的自觉行为;税务代理逐步规范,正在发挥积极作用。通过推进税收征管改革,强化了税收征管,大幅度提高了税收征管质量和效率。

五、税务干部队伍建设切实加强

（一）深入开展思想政治教育。认真组织学习了“三个代表”重要思想，提高了税务干部的思想政治素质。采取报告会、专题研讨班等多种形式，学习领会、贯彻落实党的十六大精神。积极推进税务职业道德建设，税务干部的精神风貌明显改善。

（二）不断加大干部人事制度改革力度。采取有效措施，深入贯彻《党政领导干部选拔任用工作条例》。大力推行竞争上岗制度，在总局机关选拔任用了一批处以上领导干部。通过内外交流、上下交流、挂职锻炼等方式对多名干部进行了交流轮岗。普遍实行了领导干部任职试用制和公示制。

（三）积极开展教育培训。区分不同层次，选择不同重点，广泛进行了初任培训、任职培训、专门业务培训和更新知识培训。加大了税收业务、法律、英语、信息技术特别是世贸组织知识等内容的培训。通过开展教育培训，提高了税务干部的素质。

（四）坚持不懈地开展党风廉政建设。建立健全了党风廉政建设工作机制和制度，特别是强化税收执法权和行政管理权“两权”监督制约工作成效显著，得到了中央领导同志和中纪委领导同志的充分肯定。深入落实党中央确定的反腐败三项工作格局，领导干部廉洁自律工作取得新的进展，集中力量查处了一批违法违纪案件，突破了一批大要案，纠正部门不正之风工作取得明显成效。

（五）切实加强作风建设和精神文明创建活动。认真贯彻党中央《关于加强和改进党的作风建设的决定》，出书多、会议多等“六多”问题得到初步解决。深入开展行政审批制度改革，精简和规范了一批行政审批项目。在总局机关开展了为期一个月的“转变作风年”专项教育整顿，不少地区税务机关也开展了相应的活动。精神文明创建活动取得丰硕成果。截至2002年底，全国有29个省一级税务机关被地方政府评为省级文明行业(系统)，或在全省行业测评中名列榜首。

六、税收科研、宣传、国际税务交流成绩显著

（一）税收科研积极推进。坚持以课题研究为主线，以为税收中心工作服务、为税制改革服务、为领导决策服务为方针，大力实施精品战略，完成了税收管理与征管改革研究、金融税收制度改革研究等多个专题，编著出版了多种税收理论和史料性书籍，有效发挥了服务税收工作、辅助领导决策的作用。

（二）税收宣传、信息工作成绩突出。全年在中央级主要媒体刊播税收稿件405篇，扩大了税收工作的影响。深入开展了以“诚信纳税、利国利民”为主题的税收宣传月活动，增强了纳税人的诚信纳税意识。税务报纸、书刊质量不断提高，影响不断扩大，在税收宣传中发挥了重要作用。税务信息工作取得新的突破，全年共采编、发送信息971期，中办、国办共采用国家税务总局信息453条，几乎每个工作日在中办、国办都有税务信息，在中办、国办均被评为先进单位。

（三）国际税务交流不断扩大。积极加强对外合作与交流，扩大国际交往，参加或举办了一些高层次国际会议，进一步巩固了与OECD、世界银行等国际组织的合作关系，加强了国际情报交换工作。积极开展对外谈签税收协定工作，累计已同80个国家正式签订了税收协定，同时切实加强了税收协定的执行工作。

入世第一年中国的外贸与产业发展

国家经济贸易委员会 黄国华 张炳政

2002年，是中国入世第一年，全年GDP突破10万亿元人民币，增长速度达到8%，在全球经济大国中跑得最快；对外贸易大幅突破6000亿美元，增长速度高达22%，稳稳跻身全球五强；外商直接投资超过500亿美元，超过美国列全球第一；外汇储备摸高2800亿美元，紧逼日本而居全球第二；备受瞩目的汽车产量轻松超过300万辆，跃升两位而居全球第六，生产、进口、销售三旺。

对外贸易：看似意料之外实则情理之中

入世有益于中国进出口贸易的长远增长已是不争的共识。但当中国成功加入WTO时，恰逢全球经济陷入萧条：美国网络经济泡沫的破灭和10年经济增长奇迹的完结，“9·11”事件的突发打击对美国经济乃至世界经济严重的负面影响；日本经济衰退进一步加深，经济增长速度继续下滑；欧洲经济仍未摆脱低迷状态，欧盟国家经济复苏前景黯淡；而东南亚、拉美等新兴市场国家再次陷入低速增长。在世界经济整体不景气的影响下，许多方面对2002年中国进出口贸易情况的预测并不乐观，甚至认为外贸正进入寒冬，预计2002年增长率最高不过1位数。

然而，一年来对外贸易的发展令人鼓舞：据海关统计，2002年全年中国外贸进出口总值为6208亿美元，一举突破6000亿美元大关，比上年(下同)增长22%；其中出口3256亿美元，增长22%；进口2952亿美元，增长21%。全年实现贸易顺差304亿美元，比上年增加了78亿美元，对外贸易已经成为拉动中国国民经济快速增长的重要力量，仔细解读这些数据，不难发现，这一切，其实尽在情理之中。

世界经济温和复苏，国际贸易环境进一步改善，美元大幅贬值，使中国与主要贸易伙伴贸易发展势头良好。2002年，美国

经济出现复苏势头，进口也保持了比较高的增长速度；欧盟，特别是欧元区的经济已基本稳定；除日本之外的亚洲各国GDP也都保持了较高的增长率，而与东盟改善关系，启动自由贸易区谈判等因素都非常有利于中国对外贸易的扩大。2002年，除了加拿大外，与10大贸易伙伴的双边贸易均保持了两位数的增长，与10大贸易伙伴的贸易交往合计占据了中国对外贸易进出口总值85%。虽然在2002年的年初，日元大幅贬值曾给中国出口带来巨大压力，但自1季度末起，日元开始走强，美元呈现弱势，人民币与美元的联系汇率制为提升中国出口产品在非美元区的价格优势提供了良好机遇。日本作为中国最大的贸易伙伴，中日双边贸易总值达1019亿美元，首次突破1000亿美元大关，占当年中国对外贸易进出口总值的16%，增长16%，其中中国对日本出口484亿美元，增长8%；自日本进口535亿美元，增长25%，对日贸易逆差50亿美元。美国位列日本之后是中国的第2大贸易伙伴，仍是中国最大的出口市场。2002年中国对美出口700亿美元，增长29%，高出全国总体增速7个百分点，占当年中国出口总值的22%。中国与欧盟的双边贸易总额为868亿美元，位列日本、美国之后，是中国的第3大贸易伙伴，其中对欧盟出口482亿美元，增长18%；自欧盟进口385亿美元，增长8%。另外，中国对其他10个主要贸易伙伴的出口均保持了20%以上的增长速度。

2002年，中国一般贸易出口1362亿美元，占当年中国出口总值的42%，增长22%，对总体出口增长的贡献率达到了41%。尽管2002年中国的进口平均关税由15.3%调低到12%，同时取消了钢材等12种产品的进口配额许可证管理，但由于充分利用世贸规则，采取了得力的管理措施，一般贸易进口并没有出现"井喷"现象，2002年中国一般贸易进口1291亿美元，占当年中国进口总值的44%，保持了14%的适度增长，既满足了国内不断增长的需求，也有效保证了海关税收的增长。

外商投资的持续大幅增加使主要从事加工贸易的外商投资企业进出口增长迅猛。2002年中国吸引了高达500多亿美元的外商直接投资，其中大部分进入了加工制造业，带动了中国加工贸易进出口的高速增长，伴随着大量的外资流入，众多的跨国企业将生产线转移至中国，孕育和创造了中国巨大的加工制造能力。2002年中国加工贸易进出口总值为3022亿美元，增长25%，占当年中国进出口总值的49%。其中出口1799亿美元，增长22%，占中国出口总值的55%，对当年中国出口增长的贡献率达到了55%；进口1222亿美元，增长30%，占当年中国进口总值的41%，比上年提高了2.8个百分点。加工贸易进口的飚升意味着来年加工贸易出口又会迎来一个新高潮。同时，作为从事加工贸易主体的外商投资企业始终保持旺盛的增长势头，进出口总值3302亿美元，增长28%，占中国对外贸易进出口总值的53%，其中出口1699亿美元，增长28%；进口1602.8亿美元，增长27%，进、出口增速都高出总体增速6个百分点。

由于国家的鼓励和扶持以及其自身具备的活力，集体和私营企业进出口异常活跃。同时，国有企业也表现不俗。2002年，集体、私营企业进出口总值达532亿美元，激增57%，在中国对外贸易中的份额已接近9%。其中出口328亿美元，增长67%；进口205亿美元，增长44%。全年，国有企业外贸进出口总值2374亿美元，增长9.5%，占当年中国外贸进出口总值的38%；其中出口1229亿美元，增长9%；进口1145亿美元，增长11%。

新的贸易协调机制使中国的谈判能力和企业的应诉意识得到了提升；贸易伙伴对中国一些优势产品配额限制的逐步放宽，放大了中国的出口空间；中国出口产品的结构优化增强了出口竞争力。机电产品出口一马当先，1571亿美元的出口值占当年中国出口总额的48%，比上年提高了4个百分点，增长32%，比总体出口增速高出10个百分点，对当年总体出口增长的贡献率为64%。其中，机械及设备出口508亿美元，增长51%；电器及电子产品651亿美元，增长27%。高新技术产品（分类与机电产品有交叉）出口679亿美元，增长46%，比总体出口增速高出了1倍多。2002年传统大宗商品出口增长态势明显好于上年，其中服装出口412亿美元，增长13%；纺织纱线织物及制品206亿美元，增长22%；鞋类111亿美元，增长10%。

产业发展：强者优势显现弱者得到成长

对外贸易只是整个国民经济中的一个环节，扩展对外贸易，其目的在于促进国内产业的发展，推动国民经济的健康运行。加入WTO，对对外贸易的影响只是形式的反映，通过对外贸易对国内产业链的影响才是实质。一年了，中国政府和企业所作的努力，产生了一种结果：强者尽显风范，弱者在有限的保护中成长。

基础产业

农业：风调雨顺

一般普遍认为，加入WTO后，中国所有产业中受影响最大的是农业。按照承诺，中国取消了农产品的出口补贴，降低了进口关税（2002年农产品平均税率由上年的18.8%降至15.8%），放宽了进口数量限制，贸易措施关税化(配额量约为国内消费量的6%)。一年过去了，中国农产品贸易情况令人大松了一口气：

一方面，农产品出口增长快于进口，贸易顺差扩大。2002年中国农产品出口总值135亿美元，增长13%；进口102亿美元，增长2%。实现贸易顺差33亿美元，比上年扩大70%。另一方面，主要农产品进口量远远低于给定的关税配额量。如小麦全年进口仅63万吨，仅占配额的7%；玉米给定配额高达585万吨，实际仅有不到1万吨的进口量。只有棕榈油、食糖和羊毛的进口量超过配额的2/3，但都低于80%。

加入WTO后，中国农产品贸易开局不错，主要原因在于：首先，中国农业综合生产能力已经达到了较高的水平，具备一定的竞争力。农业生产能力的提高，确保了农产品供求的基本平衡，部分品种还存在着季节性和区域上的过剩，农产品数量安全基本解决。

其次，国际农产品市场价格大幅度上扬，为中国农产品进出口创造了有利条件。农业一直是受气候影响比较大的产业，2002年以来，主要农产品出口国家发生了严重干旱，农产品产量大幅度减产，世界农产品价格普遍上涨，刺激出口，抑制了进口。

第三，利用WTO规则对农产品进口实施管制。2001年中国大量进口大豆，重要原因之一是美国、巴西等国家将转基因大豆输入到中国。“入世”后中国也参照世界多数国家的通常做法，实施了农业转基因生物进口安全管理，使不实行关税配额的大豆在转基因条件控制下2002年进口1132万吨，同比下降19%。

第四，中国承诺的农产品进口是一种市场准入机会的进口，并不是无条件的进口。中国所有的粮食进口都必须通过中国粮油进出口公司，这种垄断型经营赋予国家以较大的调节空间。

劳动密集型产业

纺织、服装、制造业：传统优势有限发挥

中国纺织品和服装等劳动密集型产业，依托于资源禀赋和要素成本的比较优势，长期以来在国际产业分工、国际贸易中形成了独特的国际竞争优势，是中国多年来的出口大户，被看做是中国加入世贸的主要受益行业之一。

入世第一年，在一些国家取消和减少对中国纺织品和服装出口限制后，相关产品出口规模继续扩大，纺织品出口206亿美元，大幅增长22%；其中棉机织物出口43亿美元，增长33%，棉纱线出口10亿美元，增长40%。服装出口412亿美元，增长13%；鞋类出口111亿美元，增长10%。纺织服装和鞋类共出口729亿美元，占当年中国外贸出口总值的22%。

虽然纺织服装产品优势得到了进一步的释放，但其增长速度为13%，远落后于整个外贸22%的增长速度，优势并没有得到尽情发挥。究其原因，主要有三个：

一是入世前纺织、服装等传统重点行业对部分国家的出口长期呈两位数增长，致使其国际市场份额已经达到较高的水平，较高的国际市场份额基数和低需求弹性制约了入世后劳动密集型产品出口进一步扩大。

二是谈判时发达国家对中国劳动密集型和资源密集型产品市场开放的条件较为苛刻，入世后虽然取消了对部分产品的配额限制，但最终取消配额限制还有一个协议规定的过渡期。根据中美协议，中国承诺在2008年12月31日以前，出口到美国的纺织品服装数量的年增长率不得超过7.5%（毛纺产品为6%），否则美国可以单方面采取提高关税、设置配额等保护性措施。根据WTO规则中的“双边谈判多边适用”原则，其他成员也可以使用这一协议中的内容限制中国产品的出口。

三是发达国家对《纺织品和服装协议》的履行情况很不好，取消产品数量限制的仅仅是一部分产品，与协议规定的33%的标准有差距，出口增长的空间受到一定限制。

资本密集型产业

钢铁、汽车制造业：在合理的保护中成长

钢铁，工业的骨架和脊梁，是2002年国际贸易中炒得最热的商品。2002年，中国降低了钢铁产品进口的关税税率，同时取消了进口许可证管理，实行自动登记管理，钢材进口大幅增长在情理之中。但2002年年初，国际上刮起了一阵限制钢材进口的风潮，引起了各国反倾销、进口限制的连锁反应。2002年3月20日美国紧急提高钢铁进口关税的“201条款”正式生效，美国对钢材、长板等进口的主要钢铁品种，实施为期3年的关税配额限制或加征高达8%至30%不等的关税。随后，欧盟、日本、韩国等一些国家纷纷采取了临时保障措施或者进口限制措施，因而一些钢材出口国的大量低价钢材涌入刚刚撤防的中国，对国内钢铁产业形成巨大的冲击。值得注意的是，中国此次钢材关税减让幅度最大的主要有两类：一类是部分高技术含量、高附加值钢材品种，如冷轧薄板、热轧薄板、不锈钢板、冷轧硅钢片、石油专用无缝管等；另一类是中国消费量较大的品种，如螺纹钢、线材等。近年来中国在这些产品成本上还不具有优势，质量也有待进一步提高。2002年一季度钢材钢坯的进口量为491万吨，仅3月份就达到267万吨，创最近几年来的历史最高记录；与此同时，出口量却大幅下降，一季度出口仅119万吨，同比下降34%。钢材的进口高增长和出口的大幅下降，致使中国钢铁企业经济效益大幅度下滑。一季度钢材价格比上年同期又下降了200—300元/吨，重点大中型钢铁企业库存和产成品资金增加，实现利润下降44%。

在这种情况下，为保护国内钢铁产业，维护国家经济安全，中国按照世贸组织规则采取相应措施，决定自2002年5月24日起180天内，对普通中厚板等9类48个税号的进口钢铁产品实施关税配额管理的临时保障措施，同时对原产于与中国签有双边钢铁贸易协议的三个非WTO成员——哈萨克斯坦、乌克兰和白俄罗斯的钢材实施进口限定数量管理。这是中国成为世界贸易组织成员后，第一次利用该组织的有关条款解决贸易争端，为这一年中在WTO框架下接连不断的出口反倾销应诉、进口保障措施等打响了第一炮。但是，实行临保措施后，境外资源对国内市场仍然保持高压态势，5、6、7、8四个月份全国分别进口钢材209万吨、235万吨、255万吨和252万吨，同比增长幅度都在50%左右，达到了近年来的最高水平。2002年11月20日，临时保障措施结束，为期三年的最终保障措施正式启动。

在保障措施的“保障”下，2002年全年钢材进口没有出现失控，进口量2449万吨，同比增长42%，相当于全年钢材产量的13%。同年中国出口钢材545万吨，增长15%。由于国内需求增长较快，国内钢材生产没有受到明显影响，仍较快增长，而且，钢材保障措施的实施使国内钢材价格大幅度上扬，钢铁工业获得良好的经济效益。

再看看汽车工业。从产业成熟度、市场开放度以及生产经营能力判断，汽车工业主要是小轿车应该是入世后受冲击和影响最为严重的产业部门之一，汽车工业如何抗住冲击的话题被炒得沸沸扬扬。但是，实际的运行结果却大大出乎人们的意料。2002年，全国累计生产轿车突破100万辆，生产和销售增长速度都超过50%，达到历史最高水平，而进口小轿车仅7万辆，增

长速度与国内生产的增长同步,中国汽车业不但没有露出任何垮掉的迹象,而且出现了从未有过的欣欣向荣,形成了进口、生产和销售三旺的局面,整个汽车业驶上了高速路。出现这种情况,主要有五个方面的原因:

一是被压抑许久的需求,在进口车价格没有任何下降趋势的时候,呈现出爆炸性释放。有关机构曾测算,入世前国内的短期等待人群就有5万人左右,这5万人的消费欲望已经在2002年前两个季度消化完毕,而且几乎90%以上的消费者都购买了国产汽车。

二是美元贬值,与美元挂钩的人民币相应贬值,自日元区和欧元区进口的汽车价格相对上升,部分抵消了关税下调的影响。而中国进口的小轿车主要来自日本和欧洲。2002年进口日本产小轿车35443辆,德国产小轿车17075辆,日本和德国产车合计占进口总量的3/4。

三是入世以来由于国家仍然执行严格的进口车配额的限制,中国汽车行业关税和非关税措施还有3年左右的过渡期,再加上其他种种客观性的原因,因此,虽然关税降幅较大,但进口车未出现预期的大幅激增。

四是操作层面的原因。2002年中国承诺的汽车配额是80亿美元,实际操作上通过配额的结构和发放的进度来调整进口节奏和进口数量。2002年,汽车零件进口30亿美元,整车和成套散件32亿美元。在整车中,以排气量>1500ml的中、高档汽油小轿车为主,排气量>3000ml的成倍增长。全年进口1500ml以上排量的小轿车67866辆,增长60%,占进口总量的96%,其中排量3000ml以上的高档小轿车进口9272辆,价值4.7亿美元,增长1.7倍。

五是汽车生产本土化的战略降低了直接进口的必要性。进入2002年,中国汽车企业与国内外产业资本的兼并合作进入了高潮:一汽与日本丰田汽车达成全面合作并组建新公司;东风集团先是与日本日产达成合作协议、后又与法国PSA标致雪铁龙加强在神龙汽车的合作,东风集团还与日本本田公司、广汽集团建立中国首家轿车产品100%出口基地;上汽集团续签与德国大众合资上海大众的合同、与美国通用一起重组柳州五菱,并成功入股韩国通用大宇,完成中国汽车首例跨国重组。至此,在全球形成"6+3"格局的跨国巨型航母通用、戴-克、福特、丰田、大众、雷诺6大集团和本田、宝马、标致雪铁龙3个独立厂商已全部进入中国,同时,中国本土轿车企业在完成兼并重组后也凸现"3+X"崭新格局。其中三大国有汽车集团一汽、东风、上汽的轿车生产已占到市场份额的5成以上,剩余5成由多家轿车企业瓜分。本土化生产,使中低档轿车的进口需求大大削弱。

技术密集型产业

高新技术产业:潮头冲浪正当时

以电子信息技术为主的高新技术产业,在中国起步晚,规模小,属于幼稚型行业。中国自主开发的产品,尤其是核心集成电路产品与国际差距很大,80%依靠进口;软件开发生产严重滞后,尚处初创阶段,未形成规模经济。从入世起中国加入信息技术协定(简称ITA),开始实施ITA关税税率。绝大多数IT产品(特别是技术含量高和税率高的产品)入世后两年内降为零关税,并取消全部非关税措施,2005年1月1日将全部实行零关税。按照承诺,2002年251个税目的IT产品的关税总水平由2001年的12.5%降至3.5%,降幅高达73%。其中,移动通信基站、移动通信交换机、大中小型计算机及零附件、喷墨及激光打印机、传真机、电阻器、电位器、晶体管及集成电路等122个税目实行零关税,占IT产品总税目的49%。手机、局用程控交换机、光传输设备、网络设备、针式打印机及电容器等实行3%左右的低税率。入世前靠特殊保护政策,入世后对其保护力大大降低的IT业也备受关注。

在低关税及无进口管制的情况下,2002年,大量的IT产品进入中国。其中,集成电路及微电子组件256亿美元,增长55%;自动数据处理设备及其零部件159亿美元,增长38%;彩电显像管981万只,增长59%;二极管及类似半导体器件47亿美元,增长62%。

这些快速增长的进口主要为加工贸易进口,是近年来国际信息产业转移的结果。伴随着这种产业转移,目前中国的多种产品已形成规模生产加工能力。其中,台式计算机、手机、电话机等多项产品产量已占世界第一,光驱、硬驱、显示器、打印机也名列前茅。电子信息产品的核心集成电路也迅速发展起来,2002年一些大的厂商先后在中国设厂。中国正在成为国际信息产品的重要生产和分销基地。2002年,中国共出口以信息产品为主的高新技术产品679亿美元,增长46%,增长速度是中国总体出口增速的2倍多,占中国出口总值的比重已超过20%。其中计算机及通讯技术产品545亿美元,增长51%。从具体商品看,电脑出口656万台,增长2.1倍;移动电话出口6316万台,增长59%;彩电出口1918万台,增长51%。

在与外资企业合作和竞争过程中,一批国内的信息产业企业也逐步成长壮大起来。以手机行业为例,波导、科健、熊猫、TCL、首信等国内品牌手机生产销售增长很快,市场份额不断提高,改变了手机市场被国外品牌垄断的状况。2002年,电子信息产业增加值接近3000亿元,发展速度和经济规模已跃居全国工业之首,成为国民经济第一支柱。

扩大国际经济合作促进共同发展

商务部部长 吕福源

全面建设小康社会，是本世纪头20年中国经济社会发展的奋斗目标。实现这一目标，不仅惠及中国十几亿人口，也必将进一步推动和扩大国际经济合作，促进中国与世界各国各地区的共同繁荣与发展。

全面建设小康社会有一个重要指标，就是国内生产总值到2020年力争比2000年翻两番。这是建立在未来20年中国市场规模将会翻两番的基础之上的。

中国实行改革开放以来，国内外贸易快速发展，市场规模不断扩大。从1978年到2002年，中国社会消费品零售总额年均增长8.2%，货物进出口年均增长15.2%。到2002年，中国社会消费品零售总额突破4万亿元人民币，进出口总额达到6208亿美元。

目前，中国市场规模已居世界前列，在未来20年里，仍具有发展的巨大潜力。2002年，中国消耗钢材相当于全球产量的1/4；用掉水泥占全球产量的40%以上；高速公路已增加到2.5万公里，居世界第二位；电话用户超过4亿户，居世界第一位；互联网上网人数5910万，居世界第二位。从1998年到2002年的5年间，中国货物进口总额达到10698亿美元。2002年，中国进口2952亿美元，增长21.2%，当年新增进口额517亿美元，其中从亚洲地区进口增长了29.3%。

中国的发展为世界各国各地区工商界带来了巨大商机。截至2002年底，中国累计批准设立外商投资企业超过42万家，合同外资金额8281亿美元，实际使用外资金额4480亿美元。2002年，在中国新设立的外商投资企业34171家，同比增长30.7%。目前，绝大多数外商投资企业经营良好，从快速发展的中国经济中获得了丰厚收益。

近两年世界经济陷入低迷，中国经济保持快速发展，为世界经济发展注入了活力。据国外专家测算，2002年，中国经济的增量相当于全球经济总增量的17.5%，贡献率仅次于美国，中国对世界贸易增长的贡献率达到了29%。

所以说，中国全面建设小康社会，不仅对中国经济社会发展有重大意义，对世界经济增长也具有重要意义。这已经成为国内外一批著名专家深入研究的重大课题。

2002年是中国加入世贸组织、对外开放进入新阶段的第一年。这一年，中国认真履行承诺，开放市场，行使权利，通过世贸组织首次过渡性审议，得到了广大世贸组织成员的普遍赞扬。世贸组织总干事素帕猜先生对此有很明确的评价，中国至今所做的一切符合加入世贸组织的承诺。

过去的一年，中国对外开放不断推进，投资环境日益完善，吸收外商投资稳步发展。2002年，中国实际吸收外商直接投资527亿美元，增长12.5%。以IT为代表的高科技产业、服务业和汽车等行业，成为当前外商投资的热点。一些跨国公司通过对华投资合作，赢得了新的发展。

以汽车工业为例，2002年，中国轿车产量达109万辆，同比增长55%；轿车销售量112.6万辆，同比增长56%；汽车行业15家重点企业利润突破200亿元，增长56%，中外合资企业取得了显著的经济效益。

过去的一年，中国在多边贸易体制中发挥了建设性作用。2002年，世贸组织中影响最大的贸易争端，是美国对进口钢材实施201保障措施引发的。这一争端牵涉到欧盟、日本、中国和韩国等许多国家和地区。在一个又一个经济实力强大的国家和地区实施了保障措施之后，中国作为一个新成员，也行使了应有的权利，实施了保障措施。但我们并没有采取保护主义做法，而是按照世贸组织的非歧视、公平、透明原则和市场经济的机制，根据国内市场需求，进口了2910万吨钢铁，增长14.1%，成为全球第一大钢铁产品进口国，为缓解这一全球贸易争端发挥了重要的作用。

过去一年的实践，再一次证明了中国在加入世贸组织之前的预言——中国的发展离不开世界，世界的发展需要中国。

当前，国际局势正在发生深刻变化，科技进步日新月异，综合国力竞争日趋激烈。面对经济全球化带来的机遇和挑战，加强国际经济合作，促进共同发展，越来越成为世界各国的共识和必然选择。今后，中国将坚持“引进来”和“走出去”相结合，不断提高对外开放水平，为在全面建设小康社会进程中，实现中国与世界的共同发展而不懈努力。

中国将进一步扩大商品和服务贸易，保持进出口基本平衡，实现贸易双赢。2003年1至2月，中国货物进口达548亿美元，增长57.1%。按此规模发展，未来3年中国的货物进口将达到10000亿美元，相当于过去5年的进口总额，对世界经济发展的推动必将进一步增强。

中国将大力实施西部大开发战略，进一步改善投资环境，促进中西部地区对外开放和经济发展。随着中西部地区市场规模的不断扩大，中西部地区的比较优势将进一步显现出来，为外商到中西部地区投资提供更大的商机。

中国将坚持走新型工业化道路，大力实施科教兴国战略和可持续发展战略，积极发展高新技术产业，努力改造传统产业，加快发展现代服务业。这些都将为外商来华投资提供新的发展空间。

中国将加快实施“走出去”战略，引导和支持更多有比较优势的企业对外投资，开展平等互利、形式多样的经济技术合作。截至2002年底，中国设立的境外中资企业达6960家，中方投资金额近100亿美元。中国企业开展跨国经营，不仅为自身赢得了广阔的发展空间，也有利于增加当地的就业和税收，促进当地经济发展。同时，中国将继续在力所能及的范围内，向发展中国家提供援助。

中国还将进一步加强双边、多边和区域经济合作，实现中国与世界各国各地区的优势互补，利益共享。

我们的结论是，本世纪头20年，不仅是中国全面建设小康社会的重要战略机遇期，也是国外工商企业从中国这块热土获得更大发展的历史机遇期。还要强调的是，2002年11月8日，中国领导人在提出全面建设小康社会这一宏伟目标的同时，还把维护世界和平与促进共同发展作为新世纪的三大历史任务之一。这也是我们在扩大国际经济合作中坚定不移的方针。正如中国改革开放20多年的历史所证明的那样，未来20年中国的发展会以更有说服力的事实来证明——中国一定会实现全面建设小康社会的目标，中国一定会对世界经济的发展做出历史性的贡献，中国同世界各国的共同发展一定会实现。

中国区域经济新走势

中国区域经济学会副会长　陈栋生

中国经济布局与区域经济的大格局，可概括为两个梯度差，即大范围的东、中、西部地带性的三级梯度差和区域范围内的点、面梯度差。近20多年来中国经济快速发展，GDP年均增长率9.5%，除东部沿海的部分地区(如珠江三角洲、长江三角洲、京津周围、胶东半岛)农村工业化的高速发展，点、面梯次差距大幅度收敛以外，总的讲，两个梯度差都呈扩大之势。除去主客观条件的差异，地区倾斜政策是重要原因。从某种意义上说，这是大国经济起飞不得不支付的成本。西部大开发的决策和实施，标志着中国经济布局指向和区域经济政策的重大调整，将地区协调发展、逐步缩小地区发展差距，作为经济发展的重要指导方针，把地区结构调整纳入经济结构战略性调整之中，使加快东部地区发展和加快中西部地区经济的振兴更好地结合起来。

今后东部地区要继续发挥统领国家经济发展龙头的引擎作用，优先发展高新技术产业、出口导向产业和现代服务业，发挥参与国际竞争与合作主力军的作用。中部地区多数都是农业大省，是粮食等大宗农产品的调出基地，传统工业有相当的实力，是国家重要的原材料、能源基地，充分利用其承东启西、纵贯南北、地处全国水陆运输网络中枢的有利区位和综合资源优势，“东引西进”加快传统工业技术改造和农业现代化的步伐，就有可能尽快崛起，成长为推进国民经济发展的又　主动力。从西部地区的实际情况出发，西部大开发战略力图通过实施“西电东送”、“西气东输”、“南水北调”和青藏铁路等通道网络建设，通过退耕还林和天然林保护等工程，争取在新世纪头5至10年期间，使西部地区基础设施和生态环境建设取得实质性进展，为西部地区的产业发展搭建更宽广的平台。

东部：加快大都市圈的发展

东部地区在继续发挥有利区位和改革开放先行优势，把既有国内竞争优势提升为国际竞争优势。加快产业结构优化升级的步伐，大力发展电子信息、生物制药、新材料、海洋工程、环保工程和先进装备等高新技术产业，形成以高新技术产业和现代服务业为主导的地区产业结构。在现在基础上，加快长江三角洲、珠江三角洲、京津塘地区、闽东南地区、辽东半岛等地区大都市圈的形成与发展；推进粤港澳区域经济的整合。国内外大型企业集团，跨国公司的总部、地区总部、研发中心与营销中心、将不断向上述大都市圈的中心汇集，加快沿海城市国际化的步伐，成为各种资源、要素在两个市场对接交融的枢纽。都市圈域的空间布局将突破既有的行政区划朝蛛网结构演进，在都市圈的外环和边缘，将涌现一批新的中小城市，它们有的是产业特色鲜明的制造业中心，有的是某类高新技术产业园区，有的是物流中心，环境优美的则可能成为主要供都市圈域内度假的休憩游乐中心等等。这些中小城市的崛起，既可支持特大城市中心城区的结构调整与布局优化，又可成为吸纳农村转移劳动力的载体。通过强化信息基础设施建设和信息技术应用的普遍推广，这些地区将率先实现经济和社会信息化，率先基本实现现代化。

中部：加快现代农业的发展和传统工业的升级

中部地区首先要发挥农业资源的优势，加快农业结构的战略性调整，发展优质、高产、高效农业，建设区域化、专区化的农产品基地，实现规模经营；大力发展农畜水产品类加工企业，构建农产品生产、加工、流通和出口的“一条龙”。工业方面，一是动用高新技术和先进适用技术改造传统产业，使中部地区传统工业升级，提升竞争力，在重大装备国产化方面发挥重要作用；二是充分发挥武汉、长沙、太原、郑州、合肥、长春和哈尔滨等大城市科研实力雄厚的优势，发展相关的高新技术产业；重视区内功能单一的工矿型城市的重新定位，支持资源枯竭的工矿型城市发展后续产业和接替产业，依托长江、京广线、京九线、陇海线等干线通道，形成若干经济实力雄厚的产业带和都市圈。

西部：聚焦特色经济和增长极的培育

西部地区产业战略的选择难度较大。从产业结构基础看，尽管第一产业在西部 GDP 的份额已下降到 24%左右，但近 2/3 的劳动力仍滞留于相当贫瘠的土地上，“人——地矛盾”加剧了生态环境恶化和土地自然生产力的退化，而后者的下降往往将辛勤劳作等提高农业劳动生产率的努力抵消殆尽。目前第二产业增加值占西部 GDP 的份额已超过 40%，在地区经济增长中的贡献率已超过 55%，但带有明显的资源型倾向，采掘工业和原材料工业在西部工业总产值中占近 40%；加工制造业的竞争力则普遍较弱。上世纪 90 年中后期，传统工业产品买方市场出现后，西部制造工业中有 27 个行业在全国所占份额下降，其中有 15 个行业呈萎缩之势，工业行业结构出现逆转。在实施大开发中，西部产业发展面临抉择。跳过传统工业，发展高新技术产业，对于成都、西安、重庆等几个大城市可行，对整个西部地区而言，则缺乏众多基础条件，按工业化的常规递次发展加工制造业，难免重蹈“低水平的重复建设”，在激烈的市场竞争和国内市场进一步国际化的局势下，胜出的概率不容乐观。在这种情况下，探讨者不约而同地把目光聚焦于“特色经济”。

西部资源禀赋特色鲜明，除了石油、天然气的开采加工，水能资源和煤炭、煤层气资源的开发、加工以外，西部各省区在加工制造业方面主要优势包括：1. 农畜产品，特别是西部特有的农畜产品和瓜、果、山货、土特产的加工与深加工。通过西部农业结构调整和工业结构调整的紧密结合，促使西部农业特色经济与工业特色经济相伴崛起。2. 中药材的加工与深加工产业。3. 立足于丰富的磷矿、盐湖和有色金属、稀土金属资源基础上的磷肥、钾肥、磷化工，钾盐和新型材料与制品产业。4. 通过对西部机电设备制造业庞大存量的重组与技术改造，力争在西部具有广泛市场需求的支线飞机、节水灌溉设备、太阳能、风能和沼气制备设施等行业上有所发展等等。

为了西部特色经济与优势产业的培育壮大，在区域布局上，一要推进重庆、成都、西安等特大城市为核心的都市圈的发展；二是从现有中小城市择优发育一批大城市；三是将特色经济已显端倪的经济强县的城关镇，顺势扩张、提升为中小城市；以上几类城市应是容纳农村人口转出的主要载体。小城镇建设，除个别地区外，不宜过早地摆到战略地位；没有外销的特色产品和产业，就业岗位从何而来，这样的“空壳”城镇是难以运转的。

产业与行业的正确选择固然重要，而更重要的是发展主体的引入和培育。在基础设施和环境生态建设方面，政府财政资源已大量投入，再投向竞争性产业，既无可能亦不适当，而西部地区民间资本的积累规模和民营经济的发展还很有限，除了积极引进外资，培养民营经济，发展资本市场，当前最重要、最现实的是引入东部和中部的市场主体，在东中西部联动中来推进西部大开发。东中西部经济技术合作，从上世纪 70 年代末开始，到 90 年代中后期，一直以商品贸易为主(约占合作项目一半以上)，投资与企业并购仅占 1/5。大开发战略实施以来，开始有所变化，据最近一次的“中国东西部合作投资贸易洽谈会”的信息，在 2002 年洽谈会上国内横向联合的成交额首次超过内贸合同额。东中部企业采取多种方式进入西部，除必要的资金投入外，更多的是注入管理模式、转移技术、提供商标使用权与营销网络等等，都取得了双赢的成果。这样既满足东中部优强企业低成本扩张的需求，扩大优强企业的市场空间与原材料来源，又可较快地克服工业崛起中受到资金、技术、经营管理、市场拓展等多方面的约束，加快西部工业化的进程。

中国居民消费十大趋势

国家信息中心 董月鲜

随着经济的快速发展和居民收入水平的不断提高，中国居民的消费不断升级换代，消费热点不断涌现。未来居民消费结构变化的总体趋势是：居民消费结构将发生根本性的变化，即从物质消费为主转变为非物质消费为主；生存资料消费比重将进一步降低，享受和发展资料消费比重上升；消费结构的变化越来越体现生活质量阶段的特征，各种高档消费品，如住房、汽车的有效需求上升，对服务消费的需求和质量要求意识大大提高等。

一、住房仍然是消费结构升级的重点

住房与轿车是富裕阶段日益升温的消费品。然而，由于住房消费比轿车消费的价值量大，消费者实现对住房，特别是高档住房的消费，一般需要较长的积累期。因此相对轿车而言，住房普及率的提高较慢。从国际经验看，小康阶段初期，住房消费将保持较长时期的增长。

从购买力来看，高收入阶层的购买力最强，收入最高，从动态的生活富裕标准看，一部分高收入家庭将拥有多套住房，但高收入阶层在总人口中的比例最少。

随着经济的快速发展和收入的快速提高，城市中的中产阶层将呈几何级数增长，成为不可忽视的社会主流消费群体。他们有稳定的高收入和高储蓄，是购买力非常强的群体。拥有一定的固定资产是中产阶层的标志之一。中产阶层的还贷能力和信用等级备受贷款银行青睐，为一些虽没有多少积蓄，但对自己的知识水平与工作实力有绝对信心，又敢于超前消费的中产阶级购房提供了便利。强烈的购买欲再加上一定的购买力，使中档楼盘的有效需求不断增强。

未来一段时间，中低收入家庭改善住房条件的需求随着购买力的提高也会不断增长；随着城市化进程的加快，新增城镇人口同样需要一个安居场所，可见，平民阶层对住房的需求也是巨大的。

二、汽车消费增长空间较大

随着汽车价格的下降，降低了消费者购买汽车的支付标准。同时，国家不断出台的鼓励轿车进入家庭的利好政策，又使得消费者对购车的欲望提高。私人购车正日益成为轿车总需求的主要部分，主要影响有三个方面：

第一，将带来需求的稳定增长。国家计委经济研究所与北京新华在线联合发布的《中国行业景气分析报告》指出，中国汽车业已跨入持续高增长期，并将在未来3–4年里释放出500万辆以上的消费潜能。仅这一项因素就能使汽车消费在未来3–4年内保持20%–30%的增长率。其次，中国汽车需求的多层次性及规模化决定了汽车消费高增长具有长期稳定性。据估计，北京、上海、天津等高收入地区仅前期积累的购买力即达150–200万辆；而家庭汽车消费第二梯队的规模更为庞大。

第二，导致汽车需求的多样化、个性化。多样化、个性化需求是未来汽车消费的潮流。今后在车市盛行的产品将不再以品牌、车型、价格或是排量区分，而是以功能来区分，是妇女车、高龄车、福利车、娱乐车、经理车、休闲车、新生代车，还是极具魅力的怀古车等，将成为人们选购汽车的主要甄别项目。

第三，要求企业不仅提供真正性能价格比高的轿车产品，而且要保证售后服务，既要让消费者满意，还要让消费者放心。

从2002年开始，国内所有主流轿车企业，都不再满足于传统产品的生产和销售，都不约而同地加快新车的推出，导致市场新车如同“赶集”，一年内新车型推出的总数甚至超过了汽车市场发达的国家。同时消费者需求变化拉动企业尽力做好销售和售后服务。

随着国内轿车市场的发展，消费者更加重视轿车的整体价值，这就使得轿车品牌具有了真正的消费意义。

三、教育消费成为长期的消费热点

根据新增长理论，经济长期增长的关键因素是人力资本增长。随着科学技术的进步和社会生产力的发展，知识更新的速度越来越快，经济的发展要求人们不断提高自身的文化素质，人们对知识需求日益增强，居民越来越重视教育的投入。不断提高个人文化素质，除了对子女的教育消费支出不断增长以外，成人的教育费用也不断提高。教育消费将成为人们消费中经常性的较长期的热点，这是发展的必然趋势。未来居民储蓄将更多地用于教育消费。这不但可以满足人民群众日益增长的教育消费需求，而且促进与教育相关的行业发展，还进一步带动图书出版业、计算机教学软件业、信息服务业等相关行业的发展，使教育产业成为扩大内需、拉动经济增长的重要方面。

四、绿色消费将成为新世纪的消费主题

绿色消费是近年来随着环保事业的发展而兴起的一种更为理性的高层次的消费。

在中国，“绿色消费”被中国消费者协会确定为2001年的消费主题，这也是新世纪的主题。2001年绿色消费年所倡导的绿色消费，是指在消费中不仅要满足我们这一代人的消费需求及安全、健康要求，而且要满足子孙后代的消费需求和安全、健康要求。绿色消费是社会经济发展到一定历史阶段的必然产物。随着居民收入水平和消费水平的不断提高以及世界绿色消费大潮的影响，居民的绿色消费意识日益增强，“绿色食品”、“绿色家电”甚至“绿色汽车”、“绿色住房”等纷纷出现并受到消费者的青睐。

五、信息消费成为新的消费热点

信息消费典型体现了需求上升规律和经济全球化的要求。作为人类知识资源结晶的信息产品，其消费和生产都具备可持续发展的特点。

家庭信息化是信息消费的重要方面。在信息化社会中，人们可以坐在家里处理办公室内的经济合同或其他公务，使过分集中的企业、机构分散化。多媒体终端结合了电话、电视、计算机和摄像机的多种功能，构成一个“家庭信息中心”。人们可以通过这个中心获得各类信息，诸如新闻、娱乐、旅游、交通、购物、教育服务等。也可以通过远距离医疗系统治病，阅读电子报纸，与世界各地的人们进行信息交流和分享。一种全新的、现代化的生活与交往方式，将彻底改变社会的消费结构。

六、旅游消费将成为主要休闲消费方式

2002年，中国人均GDP已经超过900美元，按照国际经验，人均国内生产总值达到800–1000美元时，表明已进入旅游发展的排浪式消费阶段。目前这种排浪式消费已开始在中国显现出来。2002年，中国国内旅游人数87782万人次，比上年增长12%；国内旅游收入3878亿元，增长10.1%；全年境外入境人数9791万人次，增长10%；国际旅游外汇收入204亿美元，增长14.6%。

由于城市化进程的加快，空气和水污染日益严重，垃圾、噪声使城市居民的生存环境日趋恶化，因此，人们对清洁空气的享受，对良好生态环境的追求已越来越迫切。近年来兴起的生态旅游业能够满足人们日益增长的生态需要。所以，生态旅游已成为旅游业中增长最快的部分。

七、服务消费支出将有较大增长空间

未来5–10年，以人为本的生活观念日益突出。居民能够享受到的社会公共服务和公共设施越来越多，这一范畴的消费也随之增加。

快节奏的都市工作与生活，使人们更重视消费的时间成本和精力成本，消费省时间甚至出钱买时间的情况在都市消费中屡见

不鲜。相对于消费的效益性需求而言，消费的效率性需求将上升，即消费者在关注消费的效用和质量的同时，更关注消费的便捷性和快速性。其典型表现是服务性消费的快速发展。例如：快餐业尤其是送餐业的快速发展，家庭劳务社会化成为一种广泛的需求。随着经济的发展，社会分工越来越细，家政服务、家庭医生、家庭病房等开始走进千家万户。

八、大量流动人口的存在扩大了租赁消费空间

大城市的积聚效应和规模效应吸引了越来越多的外来人口。大量流动人口的存在，将加速与流动性消费相适应的租赁业和二手市场的发展。大城市的流动人口，大体上可以分为两个部分。第一部分为临时过往人员，其中包括前来都市从事商务、事务活动的人员以及旅游观光人员；第二部分为长期滞留人员，主要是指在都市内从事一定工作的非户籍人员，其中又可分为通过招聘、邀请而来的国内外高知识人员和大批从农村及贫困地区进城的打工人员。

对于第二部分人员来说，消费行为的本地化倾向比较明显，但是由于是非户籍人员，所以稳定性仍然比较差。即使是添置耐用消费品和生活用品，往往也不会作长期打算，其中不少人可能会成为都市内租赁业和二手市场的主要消费群体。两种不同层次滞留人员的类型，在消费内容和档次上也会有很大差距。外来民工以及简单就业人员消费的潜量较小，廉价衣服、旧家具、旧耐用消费品以及盒饭快餐等，会成为他们的主要消费内容。高知识阶层的滞留人员消费潜量较大，电脑、书报、娱乐场所、汽车以及公寓租赁会成为他们的主要消费内容。

九、银色消费市场广阔

目前，中国的人口结构已经进入老龄化阶段。中国现有60岁以上的人口1.3亿，占人口总数的10.45%。由于计划生育政策和人口预期寿命延长的双重作用，人口老龄化的发展趋势愈来愈快。老年群体的生理和心理特征，决定了他们特有的消费模式，将会对整个社会的消费结构产生影响。

第一，医疗保健需求旺盛。老年人口数量增加带来医疗保健需求的加大，特别是慢性病患者增多，导致医疗服务的需求上升。据国外估算，老年人的人均医疗费是年轻人的3–4倍。随着高龄老人增多和人均预期寿命进一步延长，老年医疗保健用品市场将会有更大的发展。一些方便老年人治病的医疗方式，如开设家庭病床、送医药上门、组建传呼医疗队等，也将大有发展前途。

第二，社区养老服务大有可为。随着家庭结构的变化、家庭规模微型化的发展，城市核心家庭在家庭总数中所占比重上升，导致家庭养老功能弱化，对生活服务的需求越来越迫切。它既包括提供家务劳动、家庭医疗保健、老人照料护理等，还包括在社区兴办老年食堂、茶室、托老所、老年病防治站，以及各种老年文体设施等等。这些服务及设施对于日益要依赖他人的老年人来说，是特别重要的。

十、个性化消费趋势日益突显

随着消费由必需品为主转变为非必需品为主，消费方式转变为享受型消费。享受消费具有表现自我的作用，所以它的根本特点是个性多元化。

人们的生活水平越高，其消费需求的个性化就越明显。如今具有高收入、高学历、高信息量的消费者，不再把消费视为一种对商品或劳务的纯消费活动，也不再安于被动地接受企业经营者单方面的诱导，而是要求作为参与者与企业一起按照消费者新的生活意识和消费需求，开发能与他们产生共鸣的个性化商品。即便是那些收入水平较低的消费者，也在想方设法体现自己独特的风格。越来越多的消费者要求每件商品都要根据他们的需要而定做，每项服务都要根据他们的要求而单独提供。

2002年中国宏观经济形势分析及2003年预测

国家计委宏观经济研究院经济形势分析课题组

2002年宏观经济出现了年初开局较好、全年逐季稳步回升的好形势，全年经济增长达8%，国民生产总值首次突出10万亿元大关。这是由于需求面和供给面双双出现明显改善的结果。从需求面讲，内需与外需同步增强，特别是出口大大超出预期的高增长，一方面直接拉动了经济增长回升，另一方面则使人们增强了对入世的信心。从供给面讲，工业尤其是制造业增长出现了积极变化，正在稳步走出谷底，使经济增长内在动力增强。

一、经济加速回升物价持续走低

2002年经济的逐步回升依赖于投资和出口的高速增长，同时也依赖于工业尤其是制造业在结构逐步优化中稳步走出谷底。消费增长相对疲弱和物价持续走低表明经济仍未走出调整

型增长格局。

2002年1-11月社会消费品零售总额比上年同期增长8.8%,增幅比上年回落1.3个百分点,其中城市和农村分别增长9.9%和6.8%,同比分别回落1.6个和1个百分点,城市地区消费增长不仅回落大,而且远低于其实际GDP的增幅。与消费增长放慢相伴随的是物价水平持续下降,1-11月全国居民消费价格指数同比下降0.8%,生产资料价格指数下降3.2%。

这两项反映内生性增长的指标明显偏弱的走势表明:尽管宏观经济呈现出强劲的回升势头,但经济仍未摆脱调整型增长的格局,打破这一格局取决于供给结构与需求结构的调整均取得突破性进展。经济调整型增长的一个显著特征是内生性增长不足,中国经济内生性增长不足主要反映在消费增长难以持续走强,如1998年和1999年社会消费品零售总额均仅增长6.8%,2000年和2001年则分别恢复到9.9%和10.1%,2002年又再次回落到9%以下,这表明中国仍然存在长期性的消费需求不足问题。2001年中期以来的物价水平持续走低所显示的通货紧缩趋势抬头,实际是消费需求不足的必然反映。制约消费增长的主要是一些长期性的因素,如:(1)一些体制性和政策性障碍短期难以消除,制约了消费增长潜力的释放。(2)失业压力逐渐增大以及社会保障体制不完善,既减少了即期消费,又降低了人们的收入预期。(3)城乡差距和东西部地区差距的显著扩大,大大抑制了农村消费和中西部地区的消费增长。(4)受体制和政策因素的影响,中国一直存在消费率偏低问题,这在沿海发达地区反映得更为明显,如北京、上海、江苏、浙江等地,消费率长期偏低,一方面,消费率低是由于投资率高,特别是长期以来中国整体投资效率不高,近期最明显的反映是城市建设成本过高,使得GDP的一部分本来应该用于消费的却无法用于消费;另一方面,新兴消费热点(如汽车、住房)在一些地方由于价格长期偏高以及其他政策性限制而难以加快形成,使得消费结构升级不顺利。(5)近几年公共品价格的大幅提高也削弱了居民的消费能力。如教育、医疗作为最重要的公共品价格年均呈两位数的增长,导致居民在教育、医疗上的支出大幅攀升。

二、经济回升属反弹性质增长动力正加速形成

要判断2003年经济增长趋势,关键是判断2002年经济稳定回升的性质,即是新一轮经济景气周期的开始,还是经济仍处于调整型增长阶段。如果认定是前者,那么2003年经济增长将会继续上行,相反,如果认定是后者,那么2003年经济继续上行将面临压力,并像2001年一样,经济增长可能再次出现一定的回调。要回答这一问题,有必要对2002年经济稳步回升与2000年宏观经济出现重要转机时的情形做一个比较分析,从中得出有关结论。

2002年宏观经济增长好于上年,好于预期,与2000年的情况有很多的相似之处,也有一些不同点,特别是出现了一些新的积极变化。相同点体现在以下方面:

上一年增长都比较弱,对当年经济增长形成较大的压力。1999年经济增长率为7.1%,比受亚洲金融危机影响形势相当严峻的1998年还低0.8个百分点,是1994年以来增长最慢的一年,其中全社会投资仅增长5.1%,比上年回落8.8个百分点,社会消费品零售总额仅增长6.8%,继续维持上一年消费增长低迷的状况,内需不足相当明显。2001年特别是下半年受世界经济衰退的影响,出口大幅回落对中国经济增长产生了很大的压力,全年GDP增长7.3%,比2000年回落0.7个百分点。

GDP增长与出口增长均相对较高。这两年GDP增长均达到了8%的相对高的水平,同时,出口增长相当强劲,2000年出口增长27.8%,2002年出口增长也超过20%。

政策的作用均强。应该说,多年来,中国宏观经济政策对经济增长的作用都比较强,但这两年政策的作用更强,原因就是上一年增长都比较低迷,都滑到了接近7%的底线(从季度上看则接近6%),为了防止当年经济进一步下滑,中央政府一般都采取比往年更强的刺激经济增长的政策,如2000年在上年大幅提高出口退税率的基础上,增加退税额,并放宽民营企业进出口经营权;增发国债由上年的1100亿元增加到1500亿元等。同样的,2002年政策刺激经济增长的力度明显比上年增强:(1)中央年初就确定继续保持增发1500亿元长期国债不变,并加快了资金到位和工程投资建设的进度,使当年形成的投资工作量明显超过往年,由此使得投资持续高速增长。(2)最值得一提的是,2002年金融货币政策对经济增长的支持力度明显加大。到11月末,广义货币M2余额为17.97万亿元,同比增长16.6%,增幅比上年同期提高3.4个百分点;狭义货币M1余额为6.8万亿元,同比增长18.5%,比上年同期高7.1个百分点,增长速度是2000年10月份以来最高的。前11个月,现金累计投放658亿元,比上年同期多投放531亿元。11月末,全部金融机构人民币各项贷款(含外资机构)余额为12.86万亿元,按可比口径计算增长15.7%,增幅比上月高出0.3个百分点,增幅是1999年4月份以来最高的。前11个月累计贷款15802亿元,比上年同期多增加5576亿元。(3)在出口上国家增加了退税进度,而且各地方采取了许多刺激出口增长的政策措施。

外部环境改善。这两年的经济增长所面临的外部环境都有一定的改善。2000年美国经济在新经济的刺激下继续保持强劲增长,从而带动了中国出口的强劲回升;2002年世界经济在美国经济缓慢复苏的带动下也出现了良好的恢复态势,外部环境比上年有一定的改善。

增长指标强弱互现。这两年经济增长的明显回升,有一个共同特点,即增长指标不是一致性的全部转强,而是有强有弱,如2000年,出口增长十分强劲,消费出口阶段性的回暖,但投资增长和工业增长却不够强劲;2002年,出口、投资强劲增长,而消费却相对疲弱,另外,物价却持续走低,就业压力继续增大等。

2002年与2000年的不同点则表现在:GDP季度走势不同。2002年GDP季度走势是"前低后高",而2000年大致是"前高后低",1999-2001年每年均如此。这给人们以想像,2003年是否应该出现继续回升的趋势。我们认为,这一方面与前几年基数总是"前高后低"有一定的关系,另一方面,2002

年有一个强约束，即要求前几年开工的绝大多数国债项目2002年底必须全部竣工，这使得全年投资持续处于高增长状况，从而有力地支撑了经济增长，而前几年在政策上一般表现为前强后弱。

投资、消费、物价等指标的走势相反。2002年投资月度增长均保持在20%以上，月度间波动较小，而2000年整体投资增长较弱，且不太稳定；消费增长2000年达9.9%，比上年提高3.1个百分点，而2002年仅增长8.8%，比上年回落1.3个百分点；物价走势两年则完全相反，2000年是上升的，而2002年则是下降的。

导致出口增长的原因不同。2000年导致中国出口增长劲升的原因主要是美国经济增长强劲刺激了外需的大幅增长；2002年出口大幅增长的主要原因则是由于入世效应的集中释放，是外贸体制性变化及短期环境有所改善共同作用的结果。

消费与投资增长结构出现了一些新变化。与2000年相比，消费结构正在出现积极性变化，汽车消费在一些大城市异常火爆，电子通讯特别是手机消费已大面积地在城乡居民中普及，住房消费继续强劲增长。这些都是支持未来消费增长和经济增长的新动力。就投资来讲，随着世界产业结构重新布局及中国加入WTO的良好机遇，中国工业特别是制造业正在稳定走出前几年的低迷状况。

对2002年经济稳步回升性质的判断从以上对比中，不难得出这样的总体判断：2002年经济稳定回升在性质上仍是“转机”，而不是“反转”，总体上经济仍处于调整型增长阶段。主要理由有以下三点：

经济的明显回升主要是靠外部因素的推动。我们可以将促进经济增长的因素区分为外在因素和内在因素，投资增长包括政府投资和民间投资，政府投资对经济增长来讲，较多地体现为外在因素，民间投资（包括国内集体、个体等投资和外商投资）则更多地体现为内在因素；另外，出口增长是外在因素（也有部分是内在因素），消费增长基本属内在因素（其中政府消费带有一定的外在因素特征，目前政府消费大致占总消费的20%）。2002年实际运行的情况表明，推动经济增长的外在因素明显较强，而内在因素却相对偏弱，如全年民间投资增长估计不足18%，明显偏低于整个投资增长；消费增长一直呈回落的态势，物价持续走低，就业压力增加。2002年经济出现好于预期、好于上年的良好形势，明显得力于投资和出口的双高增长。投资高增长主要是由于政府投资增长所带动的，尽管1500亿元的国债并没有比上年增加，但由于加快资金到位、放宽地方配套资金的条件等，政府直接和间接对投资增长的作用明显比上年要大。另外，出口高增长一部分来源于入世第一年环境的突然改善，效应集中释放，以后年份将会继续逐步释放；另一部分来自于世界经济的温和复苏及发达国家中低收入居民对中国产品需求的明显增加。

经济回升仅是又一次反弹，经济增长的内在动力依然不足。从与2000年的经济增长对比中容易看出，当前经济增长内在动力仍然不足：(1)消费增长仍然偏弱，不仅农村消费受收入增长缓慢特别是农村剩余劳动力转移的速度放慢的影响而继续不振，而且城市地区除一些大城市消费增长较旺外，其他地区特别是中西部地区的城市，消费需求普遍不足。(2)失业继续增加。一方面下岗职工继续增加，另一方面，整个社会新增就业岗位减少。就业不足(特别是就业增长弹性显著下降)在很大程度上将导致消费不足。(3)依然面临通货紧缩的压力，通货紧缩是经济增长未达到潜在经济增长率的重要表现。7%-8%增长甚至是短期内增长率接近或超过8%均不足以改变物价持续走低的大趋势。通货紧缩的主要原因在于长期累积的结构问题没有解决。因此，总体经济仍处调整型增长阶段，经济结构调整和体制攻坚仍未取得全面的、突破性的进展。

新的经济增长动力已开始加速形成，但目前这些新变化不足以使经济增长自动加速。2002年中国住房、汽车和电子通讯消费增长非常强劲。前三季度商品房销售额增长31.9%，其中90.5%销售给个人，个人商品房额同比增长33.5%；在汽车消费火爆的带动下，1-10月汽车生产量增长了35.3%，其中经济型轿车增长接近1倍；电子通讯消费继续保持着高增长态势。另外，旅游消费和教育消费增长均继续加快。但在中国当前消费结构处于新的质变转型期的开始，这些新型或高档消费所占总消费的比重仍然不高，特别是汽车消费和商品房仅仅处于初期高增长阶段，对经济增长的拉动作用还不够大，因而，不足以带动经济进入自动加速增长阶段。

总之，我们认为，在经济的结构性矛盾和体制性未取得全面的、突破性进展之前，经济仍然处于调整型增长阶段，宏观经济指标的强弱不一致也说明经济增长的内在稳定性还不够高，要实现7%以上的增长仍然需要积极财政政策和其他政策的强力支持。

三、影响2003年经济增长的因素及增长趋势预测

2003年中国经济面临的外部环境总体比较宽松，但也面临一些短期的不利因素的影响及长期性因素的制约，宏观经济将会继续保持平稳增长趋势。在综合考虑各种有利因素和不利因素后，我们预计2003年国内生产总值增长将达到7.6%-7.8%。从三大需求看，出口和投资增长将会出现一定的回落，预计出口增长12%-15%，进口增长16%-18%，贸易顺差略有增加，达300亿美元以上；全社会投资增长13%-14%(其中国有及其他类型投资增长15%-16%)；消费增长可望有所反弹，社会消费品零售总额估计增长9.2%。工业增加值增长率为11%左右。货币供应量M2、M1和M0分别增长15%、16%和10%。物价增长在-0.5%到0.5%之间。

支持2003年经济继续保持快速增长的有利因素

（一）制度与政策环境将更加有利于经济增长。十六大确定的全面建设惠及十几亿人口的小康社会目标将极大地增强人们的信心，新一届政府将会以更大的力度积极推动各项改革事业向前发展，从而为2003年经济保持稳定增长提供重要制度与环境保证。

（二）积极又稳健的宏观政策将保持连续性，是经济保持快速稳定增长的重要支撑。2002 年全国经济工作会议显示，2003 年宏观经济政策将继续坚持既积极又稳健的主基调。在当前中国有效需求仍然不足、通货紧缩压力依然存在的形势下，财政政策将继续保持积极性，但为了防止财政风险，有必要增加稳健性；货币政策则会继续保持稳健，但为了继续扩大内需和活跃整个经济，将会增加积极性。这些良好的政策氛围将会对 2003 年经济增长起重要的支撑作用。

（三）入世的积极效应将会进一步释放。中国入世大大加快了中国经济融入世界经济的步伐，同时，外界对中国经济的信心由此也得到了明显增强。2002 年，入世的积极效应得到明显的集中释放，外商纷纷加大了对华直接投资力度，中国正在成为“世界工厂”和地区性的研发和运营中心。这一趋势在 2003 年将会继续体现。尽管近几年世界贸易保护主义在一些领域有所抬头，但随着我们对世贸规则的逐步熟悉和入世协议的逐步落实，2003 年中国的出口环境将会进一步改善，从而有利于出口保持平稳增长。此外，为履行入世协议中国政府所做的一系列政策调整，将会大大改善内资企业的发展环境，刺激民间投资稳定增长。

（四）一些消费热点处于加快酝酿过程中，对改善消费结构、提高消费者信心，进而带动生产结构调整，将起越来越重要的作用。尽管整个消费需求的内在稳定增长机制还未最终形成，但汽车、旅游、住房等新兴热点在政策的刺激和消费结构升级的推动下，有望进入快速稳定增长轨道，对扩大内需和拉动经济增长的贡献正逐步提高。这些消费热点的逐渐形成不仅将活跃市场，而且会通过消费结构的升级带动产业结构升级，加快中国制造业和相关服务的快速增长。

（五）尽管世界经济复苏仍面临许多困难和新的不确定性，但 2003 年复苏的力度将比 2002 年要大，中国出口的短期环境将进一步改善。

制约 2003 年经济增长的主要因素

制约 2003 年经济增长的因素有短期因素，但更多的是长期性因素。

（一）固定资产投资增长将会出现一定的回落，对经济增长的支撑力度将有所下降。一是支撑最近几年固定资产投资高速增长的房地产开发投资受一系列因素的影响，将会出现明显减速。商品房空置面积的上升反映了房地产的市场需求有所降温，这对房地产供给（投资）的增长将会进行明显约束。二是固定资产投资中的基本建设投资对国家预算内资金依赖程度较高，其快速增长有赖于预算内资金支持力度的进一步加大，由于 2002 年这部分资金的增长已经很快，增幅达到 62.1%，形成了很高的基数，2003 年继续大幅提高的难度较大。而且，财政收入增速的趋缓也会限制预算内资金的增长。预计全年国有和其他固定资产投资增长在 15%-16%，全社会投资增长 13%-14%。

（二）经济增长仍然面临通货紧缩的压力。通货紧缩与有效需求不足紧密相关，是中国现阶段经济发展中的一种需要高度重视的长期趋势。判断通货紧缩最重要的依据是物价是否出现持续性下降，而且持续时间超过 2 个季度。从这一标准来看，目前的确存在通货紧缩问题。2003 年这一状况也难以得到实质性改观。首先，产生通货紧缩的原因主要不是技术进步、入世及反垄断，而是长期累积的结构性矛盾和体制性矛盾的综合反映。最终反映了实际经济增长率持续地小于潜在经济增长率，供大于求的格局长期存在，2003 年即使最乐观的估计，经济增长将达 8%以上，也不足以改变这一格局。其次，社会上仍有大量资源未得到充分利用。一是存贷差持续扩大，2002 年 1-10 月份中国银行存贷差已接近 4 万亿元，占存款余额的近 1/4，表明大量的资金未得到充分有效的利用，也表明中国目前是资金充足而资本不足，储蓄转化为投资以及资金的资本化（如直接融资规模的扩大）仍然存在明显的体制性障碍。二是大量的农村剩余劳动力无法向非农业和城市转移，同时城市因结构调整加快导致下岗职工不断增多。三是有效需求不足。主要是消费需求不足及民间投资仍然没有全面启动。这些都是长期性因素，需要经过长期努力，才能得到根本性改变。正因为如此，2003 年将继续面临通货紧缩的压力。特别是，如果 2003 年进口增长继续加快，那么这一压力还会增大。受 2002 年经济持续回升的滞后影响，2003 年物价降幅将会缩小，甚至可能出现小幅正增长，估计 2003 年物价涨跌将在-0.5%至 0.5%之间。

（三）出口增长将面临压力。一是全球经济复苏前景仍存在着不确定性。特别是欧洲、日本经济在周期性和结构性因素共同作用下，复苏前景相当不乐观，美国经济受对伊战争及恐怖主义采取各种隐蔽手段等因素影响仍面临较大不确定性。二是在中国出口高增长的情况下，对中国反倾销控诉数量不仅在西方发达国家会继续增加，而且在一些发展中国家也呈上升趋势，这会对中国产品扩大出口形成障碍。三是 2002 年出口增长得益于入世第一次出口效应的集中释放，2003 年入世效应释放可能有一定的放慢。四是 2002 年出口基数较高，“九五”以来，中国出口从未出现过连续两年保持高增长。估计 2003 年出口总额达 3580-3680 亿美元，增长 12%-15%；进口总额达 3250-3350 亿美元，增长为 16%-18%，贸易顺差 300 亿美元以上。

四、加快培育经济增长的内在机制

要坚持扩大内需的方针，以“十六大”提出的“四新”（发展要有新思路、改革要有新突破、开放要有新局面、各项工作要有新举措）为动力，保持宏观经济政策的连续性和必要的力度，加快培育经济增长的内在机制，努力使宏观经济继续保持快速稳定增长的良好态势。

要继续实施积极的财政政策。从经济仍处于调整型增长这一现实出发，2003 年要继续实施积极的财政政策，保持必要的力度，以满足重大项目的资金需求及稳定投资增长。建议在年初确定继续发行 1000 亿长期建设国债，下半年再根据实际情况决定是否增加国债规模。近几年的国债投资主要是培育长期稳定增长的基础，这一过程也相应地奠定了长期财政平衡的物质基础，因此，对短期或一段特定时间内的财政不平衡不必过分担心。

建议2003年国债资金投资的投向要更多地向严重短缺的公共品倾科,在保证重点建设项目资金的同时,更多地向社会保障和农村教育、基础设施等倾斜。一是在增加社会保障资金支出,提高“低保”水平,扩大社会保障体制改革试点,可考虑发行一定规模的社会保障专项国债。二是加大财政对就业的支持力度,对下岗、失业人员的职业教育培训予以财政援助,提高劳动者职业素质,使其尽快适应新工作岗位的需要。三是加大对农村教育支持力度。缩小城乡差距,缩小城乡教育的差距更为关键,可以从国债中拨出一部分资金专门用于改善农村校舍、补贴学校资金不足、补发教师工资,以提高农村教育质量,对于特别困难的边远地区还可率先实行免费义务教育,并逐步向广大中西部农村地区推广。四是公路建设投资要向农村倾斜,国家可启动“村村通公路”工程。五是加强农村生态环境保护工作,加大西部地区退耕还林还草工作力度。

加快税收政策的结构性调整,刺激社会投资和消费。一是分步推行增值税转型。可先实行对工商企业购进设备的抵扣,对于固定资产的其他部分暂不抵扣;然后,再根据情况逐步扩大抵扣范围,允许对固定资产的其他部分给予抵扣。二是尽快统一内外资企业所得税。统一内外资企业所得税不仅要统一税率还要统一税前抵扣。三是通过税收优惠政策加快新的消费增长点的形成。(1)尽快出台鼓励汽车消费的政策,如对购车可以实行一段时间内(1-2年)个人所得税的退税;适时实施燃油税政策;减免或取消汽车消费税。(2)为了使更多的人尽快改善住房条件,对首次购房可采取一定时间的个人所得税抵扣,同时通过加快产权证的发放、放宽旧房上市的限制及降低交易费用等促进住房二级市场的发展。四是上调个人所得税的起征点,由800元上调到1500元。

货币政策要坚持目前已形成的既稳健又富有积极性的操作思路,同时加快金融体制改革和结构优化。当前及今后一段时间,货币政策的主要目标是努力减缓通货紧缩的压力,完善货币传导机制。一要继续保持货币供应量的适度快速增长,将M1增长保持在15%-17%。二是采取多种措施,努力打通中小企业融资渠道,一方面要适当下放贷款权和继续提高利率浮动比例来提高现有金融机构向中小企业贷款的积极性,对市场前景好、信用好、对就业的作用大的中小企业可以给予一定比例的贴息;另一方面,在严格监管下,可允许民间资本参股或控股新建一批专门服务于中小企业的股份制商业银行。三是资本市场的发展,一方面要对历史形成的包袱采取积极又稳妥的方式逐步加以解决,另一方面,要坚持“发展中规范”的原则,在资本市场与货币市场之间建立畅通而规范的渠道,促进储蓄资金和社会资金向资本市场分流,增加直接融资比重,优化金融结构。

加快产业重组步伐,制定内资和外资兼并重组的政策。一方面要放松对内资和外资兼并重组国有企业的限制,特别是通过国资管理体制的改革给地方政府更多的处置国有资产的主动权;另一方面,对符合产业政策的兼并重组行为给予融资和税收方面的优惠,如银行金融机构提供一定的“过桥”贷款;对重组后的企业可以实施一定期限和一定比例的税收减免。

加快中部地区工业特别是制造业的发展,扩大非农就业。变中部“经济凹地”为“经济凸地”在建设惠及十几亿人口的全面小康社会中具有十分重要的战略意义:一是加快中部发展对全面启动国内需求将起着决定性作用,将从根本上解决当前内需不足问题;二是将明显地缓解中国越来越严重的就业压力,一方面,中部地区的城市就业将大幅增加,城市化过程加快,另一方面中部地区农村劳动力将大量从农业转移到非农业和城市,这对于当前中国农村劳动力过剩最为严重的中部地区来说,意义非常重大;三是将明显缩小地区差异、城乡差异,扩大各层次的需求。可以说,只要切实加快了中部地区的发展,中国目前所面临的许多结构性难题甚至体制性难题都将得到解决。加快中部地区发展主要是加强中部地区工业特别是制造业的发展,促进沿海地区劳动密集型产业向中部转移,关键是加快政府职能转换和建立企业发展的新机制。

加快减少行政性垄断,放宽民间资本的准入限制。充分发挥个体、私营等非公有制经济在促进经济增长、扩大就业和活跃市场等方面的作用,在投融资、税收、土地使用及对外贸易等多方面采取非歧视性原则。同时,严格对垄断部门和公共部门的价格管理,特别是对教育、医疗部门的收费行为在进行严格规范,普遍采取价格听证会制度,增加透明度。

2002–2003年中国经济体制改革形势分析与展望

国务院体改办经济体制与管理研究所 何晓明

一、2002年主要改革进程

(一)2002年中国经济体制改革的几件大事

1. 政府行政审批制度改革加大力度

中国从2001年开始实施行政审批制度改革,2002年真正进入实质性阶段。国务院2001年成立的审批制度改革领导小组,由李岚清副总理亲自担任组长,并汇集了国务院10个部门及4个省的代表,组成庞大的班子夜以继日地工作,在清理出4000多项需要重新审核的审批事项的基础上,于2002年11月提出了首批789项应该取消的审批事项。虽然首批取消的审批事项不到被清理项目的1/5,但毕竟是迈出了坚实的一步,特别是国家经贸委在被作为此项改革试点时,在3—5月两个月的时间里,清理出应取消和调整的审批项目幅度达49.1%,比原上报的数量增加了15个百分点,起到了很好的带头作用。

2. 停止国有股减持

2002年6月23日国务院决定,除企业海外发行上市外,对国内上市公司停止执行《减持国有股筹集社会保障资金管理暂行办法》中关于利用证券市场减持国有股的规定,并不再出台具体实施办法。这一具有轰动效应的事件虽然不是一次重大改革,但却是对一项重大改革政策的修正或调整,它至少从以下三个方面说明改革需要有新的思路:一是国有股减持方向仍然是正确的,关键是该不该在证券市场上减持及如何减持的问题;二是国有企业、特别是国有控股企业能否通过国有股减持来推进股份公司的规范化和企业经营机制的转换;三是通过国有股减持筹集社会保障资金其实是"划拨一部分国有资产弥补国家对社会保障资金的历史欠账"的翻版,用心良苦,但可操作性差。总之,停止国有股减持引起了人们对国有企业改革及社会保障制度建立的进一步关心,由此促进了改革的深化。

3. 农村税费改革试点进一步扩大

2002年4月国务院办公厅在发布的《关于做好2002年扩大农村税费改革试点工作的通知》中宣布,把农村税费改革试点扩大到20个省(自治区、直辖市)。这一通知无疑是把两年来仍在个别地区试点的农村税费改革推向了全国大部分农村地区,这也意味着中央已下决心触动这块烫手的"山芋"。农村的税和费是基层乡镇组织的主要财政来源,因此农村税费改革不仅是减轻农民的负担问题,而且直接关系到农村基层政权建设及乡镇政府的机构改革和职能转变,这又涉及到相当一批人的切身利益。如果乡镇政府不进行改革,农村税费改革就是一句空话,正因为如此,朱镕基总理在视察税费改革试点时深感改革的难度和风险都超乎想象,使原定于2001年推向全国的改革推迟了一年。在重新启动的改革中,仍然按2000年确定的改革方案进行,即取消专门向农民征收的行政事业性收费和政府性基金,例如乡镇统筹款、教育集资等;逐步减少直至全部取消统一规定的劳动积累工和义务工;规定新农业税税率上限为7%;以农业税额的20%为上限征收农业税附加,替代原来的村提留;同时中央通过向粮食大省和贫困地区进行财政转移支付的方式来弥补改革造成的乡镇财政的部分空缺,并加大乡镇机构改革的力度。

(二)传统垄断行业改革继续深入

1. 电力体制改革正式启动

国务院在2002年3月公布的改革方案阐明的电力体制改革的基本原则是:厂网分开、竞价上网、打破垄断、引入竞争。其具体实施方案是:重组发电和电网企业,实施厂网分开;实行竞价上网,建立电力市场运行规则和政府监管体系,初步建立竞争、开放的区域电力市场,实行新的电价机制;制定发电排放的环境折价标准,形成激励清洁能源发展的新机制;开展发电企业向大用户直接供电的试点工作,改变电网企业独家购买电力的格局;继续推进农村电力管理体制的改革。这一改革方案经过近半年的酝酿和准备后,10月终于进入实施阶段:即设立国家电网公司、南方电网公司;重组、设立中国华能集团公司、中国华电集团公司等5家发电公司;成立电力监管委员会。

2. 电信体制改革进入实际操作阶段

电信体制改革从1999到2001年经过两轮的拆分和重组终于尘埃落定,在2001年底国家计委公布的改革方案中强调的指导思想是:继续打破垄断,营造公平竞争的市场环境,加强电信业的监管。本着这一指导思想,其具体实施方案是:将原中国电信分成南北两部分,南方部分保留"中国电信集团公司"名称,统管广东、广西、浙江及西北21个省市;北方的华北地区、东北地区和河南、山东10个省市归中国网络通信集团公司统管;移动、联通和铁通保持现状不变;此外还有2001年底成立的中国卫星通信集团公司,形成了中国电信业的5+1新格局,以新的竞争态势面对入世后的中国电信市场。2002年5月,随着中国电信、中国网通的正式挂牌,新一轮的中国电信体制改革就此拉开序幕。重组后新的中国电信和中国网通虽然南北分治,但是国家允许双方在对方区域内建设本地电话网和经营本地固定电话业务。因此,双方一挂牌即开始占领对方市场,中国电信成立了北方公司,中国网通也组建了南方业务拓展部。同时,电信业的价格控制在进一步开放,新的法规和监管机制也在研究之中。

3. 民航六大集团公司集体亮相

2002年10月,酝酿多时的中国民航企业重组终于正式启动,按2001年4月公布的改革方案,中国民航重组为六大集团公司,即中国航空、中国东方、中国南方以及三大航空保障集团,即中国航空信息、中国航空油料和中国航空器材。重组后三大航空公司从效益、势力范围和实力来看基本势均力敌。南方航空公司主要势力范围在国内航线,接管了北方和中原、新疆等航空公司后形成国内航线的整体布局;东方航空以国际航线为主,接管西北、云南、武汉等航空公司后,其中的国际航线将大大增强其向国外拓展的实力;而中国民航旗下的国际航空、西南航空等都具有不俗的实力,重组后同样具备进一步拓展的可能。同时按照改革方案的要求,在重组之外的其他航空公司本着自愿原则,可以独立发展也可以加入三大集团公司。在民航行政管理方面,六大集团将与中国民航总局脱钩,中国民航总局也不再直接承担企业的盈亏责任,不再代行脱钩企业的国有资产所有者职能;民航总局将现行的民航三级行政管理改为民航总局、地区管理局两级管理;对现有129个民用机场实行政企分开、属地管理。

(三)以国有企业改革为中心的其他各项改革继续深化

1. 国有企业改革

2002年初,朱镕基总理在政府工作报告中提出要深化以国有企业改革为中心的各项改革,并对国有企业改革的深化提出三个方面的具体要求:一是切实加强现代企业制度建设;二是积极推进企业重组改组;三是继续有步骤地做好企业破产兼并工作。综观2002年国企改革基本是按这一要求进行的,传统垄断行业改革,通过企业重组基本形成了一批具有国际竞争力的大公司和企业集团。而在企业制度建设方面,国家重点检查、指导了一批上市企业的法人治理结构的建设情况,对不符合要求的限期进行整改;一些已在海外上市的企业更是在竞争的压力下,继续深化现代企业制度建设,进一步树立良好的企业形象。对于企业的兼并破产主要是继续推进了长期亏损、扭亏无望、产品没有市场的企业和资源枯竭的矿山有序退出市场,并做好善后工作。

2. 国有商业银行改革

国有商业银行在5年的入世过渡期内虽然还不致受到外资银行的致命威胁,但仍然面临着巨大的变革压力,在这一压力下其深层改革进展顺利。首先四大银行为了摆脱不良贷款率偏高、盈利水平偏低和经营机制僵化等弊病,实施了多项改革措施,初步实现了不良贷款率下降,利润增加,资产质量的逐步好转;其次,加强了银行资产负债水准和风险状况方面的信息披露工作,以主动接受各方面监督;同时四大银行在2002年里都在积极进行资本运作,以期尽快上市,其中中银香港将在香港证交所挂牌上市,这将给其他银行的上市起到积极的示范作用。

3. 财税体制改革

财税体制改革2002年主要是突出了公共财政的主题,一是在社会公平方面的调节力度大大增强,按财政预算2002年中央财政支出的社会保障资金比2001年增加28%;二是所得税收入分配方式进行了重大改革,将大多数企业和个人所得税收入实行中央和地方按比例分享,2002年按五五分享,2003年中央60%,地方40%,并且中央将以2001年为基期,实施增量分成,中央因改革分享办法而增加的收入将全部用于对地方、特别是中西部地区的一般性转移支付;三是从2002年6月1日起,大约85%的全国政府性基金项目被取消,预计一年可减轻企事业单位和居民负担约170亿元,财政部为此专门公布了被取消项目的名单,以接受各方面的监督检查。

除以上改革外,社会保障制度改革、医疗体制改革等也都在按既定的方案继续深入进行。其中正在进行"完善城镇社会保障体系"试点的辽宁省,2002年底将完成主要工作。朱镕基总理对辽宁省的试点给予充分肯定,认为辽宁的社会保障试点是成功的,中央建立社会保障制度总的方针决策是正确的,在辽宁试点的决策也是正确的。

二、2003年改革展望

(一)继续应对入世后中国服务业面临的挑战

入世谈判包括中国政府对服务业的各方面承诺,因而入世后必须严格履行这些承诺。服务业包括零售、物流运输、电信、银行业、保险业、经济鉴证类、教育、医疗服务等,2003年以及今后两三年内,要从整体上消除这些方面服务对外开放的体制性障碍:一是完善与WTO规则相适应的法律体系,目前《反垄断法》、《商业特许经营管理条例》、《无店铺销售管理条例》、《外商投资商业企业管理暂行办法》、《反倾销产业损害调查和裁决规定》、《反补贴产业损害调查和裁决规定》等法律法规正在加紧制定或审理的过程中,一、两年内即可出台;二是在政府转变职能的同时要严格公共部门的管理及进一步完善经济要害部门的监管,电信业将成立具有现代监管特征和职能的监管机构;三是加快服务业企业的改造改组,电信业将继续打破垄断,电信企业国内上市有可能引入民营资本作为战略投资者。国有商业银行将尽快实施股份制改造,健全法人治理结构,以股份化重塑产权制度。

(二)继续推动效益好的国有大中型企业重组上市

目前垄断行业的改革将推出一批有条件的企业经进一步重组后上市。同时要规范好存续企业与上市公司的关系,将对一些扭亏无望的存续企业实施破产,继续分流存续企业的富余人员,分离办社会职能。

(三)扩大城镇社会保障制度改革试点

根据辽宁省改革试点的成功经验及时不我待的城镇就业、

养老的严峻形势,一两年内将在更大的范围内进行试点。当然这也取决于中央财政和地方财政的支付能力,如中国经济形势继续朝着好的方向发展,能彻底摆脱通货紧缩的阴影,城镇社会保障制度建设肯定会加快步伐。

(四)加快农村税费改革及规范财政转移支付

农村税费改革关系到农民增收及消费需求的增长水平,因此一两年内这一改革将涉及到所有农村地区。与此同时,新一轮的农村乡镇机构改革也将开始,每个乡镇目前的党、政、人大、政协、纪检、武装六套班子的规模将是改革的重点,其次是乡镇事业机构的几百万人员。与农村税费改革密切相联系的财政转移支付、特别是中央财政的转移支付将进一步规范化,一方面是增强支付力度,另一方面是作为公共财政的一个重要组成部分将其制度化、法治化,依法行政。

(五)税制改革将在近期实施

税制改革即将推出新的举措,一是逐步统一内外资企业所得税制,两税统一的税率将不会超过30%,有专家提出25%,并对小企业实行更低的税率。现行生产型增值税将改为消费型增值税,并将有更多的行业被纳入增值税的征收范围,例如农牧业、交通运输业、金融保险业等都可能纳入征收范围。个人所得税将改为综合税制,即将现有的按不同收入分类计税的办法改为按综合收入,综合计税的办法。总之,税制的改革将使中国税收更趋于公平合理。

2002年中国城市社会经济发展概况

国家统计局城调总队 崔如春

2002年,全国各族人民在党中央、国务院的正确领导下,高举邓小平理论伟大旗帜,全面贯彻“三个代表”重要思想,团结奋斗,开拓创新,努力克服前进道路上的困难,国民经济保持良好发展势头,经济总量迈上新的台阶。随着城市发展战略的调整,各项基础设施建设有力地增强了城市综合功能,城市居民生活得到进一步改善。

一、城市逐步向强势发展

2002年,中国城市增长趋于稳定,城市人口规模及区域进一步扩大。至2002年底,全国共有建制市660个。其中直辖市4个,副省级市(中央计划单列城市)15个,地级市260个,县级市381个。

2002年底全部地级城市人口(不包括辖县,下同)32923.75万人,比上年增长8.3%。城市非农业人口19034.65万人,比上年增长7.2%。行政区域土地面积542973平方公里,其中建成区面积19844平方公里,比上年分别增长10%和12.8%。

大中城市数量增长较快。2002年城市结构和规模逐步向大中城市发展。在全国所有建制市中,市区人口达400万以上的城市10个,占1.5%,比上年增加2个;200–400万人口以上的城市23个,占3.5%,比上年增加6个;100–200万人口的城市138个,占20.9%,减少3个;50–100万人口的城市279个,占42.3%,和上年持平;20–50万人口的城市171个,占25.9%,减少9个;20万以下的城市为39个,占5.9%,比上年增加2个。分地区看,基本上形成大中小相配套的城镇网络体系。

东部地区城市287个,其中200万人口以上的城市23个,占8.0%;100–200万人口的城市73个,占25.4%;50–100万人口的城市135个,占47.0%;50万人口以下的城市56个,占19.5%。

中部地区中小城市有了很大发展。中部地区城市247个,其中200万人口以上的城市6个,占2.4%;100–200万人口的城市44个,占17.8%;50–100万人口的城市106个,占42.9%;50万人口以下的城市91个,占36.8%。

西部地区城市126个,其中200万人口以上的城市4个,占3.2%;100–200万人口的城市21个,占16.7%;50–100万人口的城市38个,占30.2%;50万人口以下的城市63个,占50%,西部城市是新世纪城市发展的重点。

二、中心城市推进城市化水平的提高

大中城市的快速增长,大大推进了全国城市化水平的上升趋势。至2002年末,全国总人口为128453万人,城镇人口为50212万人,中国城市化水平(市镇人口占总人口的比重)达39.1%,比2001年年末提高1.45个百分点,达到了1998年世界发展中国家的平均水平(38%)。

为了适应经济全球化和对外开放的需要,中国的一些大、中城市已经制定了向国际化方向发展的城市发展战略。中国也需要拥有若干个国际性的中心城市,这样才能建立广泛的国际经济联系,参与世界经济循环。而城市的国际化将导致城市产业结构发生转变,即由以第二产业为主转变成为以第三产业为主,城市的经济将迅速增长,从而导致城市人口规模进一步扩大。

从全国31个省、自治区、直辖市城市化发展看,城市化水平高于40%的地区有:上海市、北京市、天津市、广东省、辽宁省、黑龙江省、吉林省、浙江省、内蒙古自治区、福建省、江苏省、湖北省、山东省、新疆维吾尔自治区、海南省,比上年增加2个。城市化水平后几位的是河南省、河北省、云南省、贵州省、甘肃省。

三、城市经济增长速度平稳上升

中国经济和城市发展正经历一个重要的新阶段。国民经济持续较快增长,全年国内生产总值跃上10万亿元的新台阶,达到102398亿元,按可比价格计算,比上年增长8%。作为国民经济增长的引擎,城市经济继续保持快速增长的态势,全部地级城市(不包括辖县,下同)2002年实现国内生产总值(2000年价格)64292亿元,比上年增长13%;高出全国国内生产总值的增长速度5个百分点。占全国国内生产总值的63%,比上年提高3.2个百分点。从产业结构来看,全国第一产业增加值为14883.3亿元,第二产业增加值52981.9亿元,第三产业增加值34532.8亿元,全部地级及以上城市第一产业增加值为3128.7亿元,比上年增长19%,占全国的21%;第二产业增加值31894.6亿元,比上年增长16.3%,占全国的60%;第三产业增加值29269.1亿元,比上年增长17.1%,占全国的84.8%。从城市实现的国内生产总值看,2002年国内生产总值超过200亿元的城市有69个,比上年增加14个。超过1000亿元的城市有13个,比上年增加4个。这些城市是:上海、北京、广州、深圳、天津、武汉、杭州、沈阳、南京、佛山、大连、重庆、成都。

经济的发展,增强了城市的财力。2002年全国城市实现财政总收入(包括市辖县)15063.6亿元,比上年增长15.3%,占全国财政总收入的69%,其中全部地级城市(不包括辖县)全年实现财政总收入11172.7亿元,比上年增长22%。分城市看,地方财政预算收入超100亿元的分别是上海、北京、深圳、广州、天津、南京、重庆、杭州。

四、中国城市外贸、外经需求旺盛,外资增长强劲

2002年城市市场需求呈现出强劲增长的态势,这一迹象表明中国经济的景气度在提高。外资看好中国,中国经济已经从低谷走出来,进入了一个新的经济增长阶段。2002年全部地级城市(不包括辖县)批发零售贸易业商品销售总额48431.6亿元,比上年增长13.5%;全年社会消费品零售额24907.5亿元,比上年增长14.6%,提高11.6个百分点;限额以上批发零售贸易企业数18906个,比上年增长8%;从业人员数1081.6万人,比上年增长49.8%。

在国家继续实施扩大内需的积极财政政策的推动下,城市市政公用事业基础设施保持较快发展,设施能力有新的提高,城市功能进一步增强,城市环境得到较好的改善。2002年,全部地级城市(不包括辖县,下同)共完成固定资产投资23072亿元,比上年增长20.8%;全年新增固定资产15257亿元,比上年增长13%;其中住宅投资额完成4567亿元,比上年增长27.7%。

2002年外商直接投资持续高速增长。自1997年亚洲金融危机以后,外商对中国直接投资规模大幅度下降,全部地级城市(不包括辖县)当年实际使用外商投资金额增长率由1996年的27.5%,下降到1999年的11.1%,下降了16.4个百分点。2000年外商直接投资开始止住跌势。2001年外商直接投资出现了恢复性的增长,全年直接利用外资金额超过了1997年的水平。2002年外商直接投资在上年增速较高的基础上,又进一步地大幅度增长。2002年全部城市当年实际使用外商投资金额为484.7亿美元,比上年增长了18.9%。经验证明,外商直接投资的增长对宏观经济运行有两方面的效应:一是带动了国内投资及由投资引致的消费。二是增加了进出口。2002年全国进出口总值为6207.7亿美元,比上年增长21.8%。其中,出口3255.7亿美元,比上年增长22.3%;进口2952亿美元,比上年增长21.2%;进出口贸易顺差303.7亿美元,比上年增长了34.6%。35个大中城市实现进出口总额3967.5亿美元,占全国64%。其中,出口1960.1亿美元,占全国60%;进口2007.4亿美元,占全国68%。经过改革开放20余年的发展,中国产品的国际竞争明显增强,其一是低成本的优势正在日益显著地发挥作用;其二是外资拉动作用。

城市旅游市场持续兴旺。2002年中国旅游业总收入达5530亿元人民币,比上年增长10.7%,继续高于国民经济总体增长速度。其中,旅游外汇收入达204亿美元,国内旅游收入达3845亿元人民币。2002年全部地级城市(包括县)国际旅游收入180.8亿美元,占全国旅游外汇收入的88.6%。

五、城镇居民收入增长,居民收入差距拉大

2002年,城镇居民收入及消费水平快速增长,生活质量明显提高。据2002年城镇居民家庭调查资料显示:城镇居民人均可支配收入为7703元,比上年增长12.3%,扣除物价因素,实际增长13.4%。地区间的收入差距有所缩小,但不同收入阶层之间收入差距扩大。居民消费水平提高,消费结构逐步改善,全年城镇居民人均消费支出6030元,按可比口径计算,比上年增长8%,扣除物价因素,实际增长9.1%。城镇居民消费呈现出新的变化。

(一)居民收入差距拉大。2002年,高低收入阶层之间的收入差距仍然较大,占全部调查户10%的最高收入户人均可支配收入为17353元,比上年增加2238元,增长14.8%,10%的最低收入户人均可支配收入3003元,比上年增加200元,增长7.1%,致使二者收入之比继续扩大,由上年同期的5.4:1,扩至5.8:1。

(二)地区间收入差距逐步缩小。省(区、市)份间的收入差距缩小,从收入分布看,位居全国前5位的省(区、市)集中在东部地区,分别是上海(13250元)、北京(12463元)、浙江(11716元)、广东(11137元)、天津(9338元);位居最后5位的省(区、市)是贵州(5944元)、安徽(6032元)、内蒙古(6051元)、宁夏(6067元)和黑龙江(6100元)。调查资料表明,居民收入最高的省与最低的省人均收入之比从上年的2.45:1(上海:河南)下降到2.23:1(上海:贵州)。位居前5位省份的人均收入平均数与名列后5位省份的人均收入平均数之比从上年的2.03:1下降到1.92:1。

大中城市间的收入差距缩小。2002年,35个大中城市的收

入增长明显，年人均收入为9422元，比全国平均水平高1719元。人均收入超过万元的城市有8个，分别为深圳(21914元)、广州(13361元)、上海(13250元)、宁波(12970元)、北京(12464元)、厦门(11768元)、杭州(11432元)、济南(10094元)。收入位于后5位的是西宁(6433元)、兰州(6555元)、银川(6845元)、长春(6963元)、呼和浩特(6996元)。位居前5位城市的人均收入平均数与名列后5位城市的人均收入平均数之比从上年的2.37:1下降到2.19:1。

(三)消费支出持续增长，消费结构进一步改善，消费质量有较大提高。2002年，城镇居民人均消费支出为6030元，比上年增长9.1%。城镇居民消费结构从传统的基本生活消费逐步向发展型和享受型消费转移，主要特点是：

1. 居民用于吃、穿的消费支出增长，比重下降。食品支出增加，结构发生变化，恩格尔系数下降。2002年，城镇居民人均用于食品方面的支出为2272元，增长6.1%。食品支出占消费支出的比重(恩格尔系数)由2001年的37.94%下降到37.68%，下降0.26个百分点。人均衣着消费支出占消费支出的比重为9.8%，下降0.7个百分点。

2. 以家用电脑、空调、移动电话为代表的家电产品拥有量显著增加。调查资料显示，至2002年末，城镇居民家庭百户拥有家用电脑20.63台，比上年增长1.55倍，空调51.1台，增长1.43倍，移动电话62.89台，增长1.85倍。

3. 医疗保健支出快速增长。城镇居民人均用于医疗保健上的支出为430元，比上年同期增长17.8%。

4. 交通通信、教育文化娱乐消费热度依旧高涨。城镇居民人均用于交通通信的支出为626元，比上年增长20.8%，占消费支出的比重为10.4%，比上年同期上升了1.8个百分点。其中，用于交通的支出为267元，增长18.4%，用于通信的支出为359元，增长22.7%。2002年城镇居民人均用于教育文化娱乐上的支出为902元，比上年增长15.7%，占消费支出的比重为15%，同比上升了2个百分点。

六、科技、教育加快发展，社会事业全面进步

坚持依托科教兴市战略，以科技进步和创新推进科技事业发展。深化教育管理体制改革，继续推进高校布局结构和专业结构调整，各级各类学校整体办学质量全面提高。至2002年年末，全部地级城市(不包括辖县，下同)共有高校1361所，比上年增长17.6%，在校人数881.6万人，比上年增长27%；中等专业学校2722所，比上年减少1.7%，在校人数381.9万人，比上年增长1.5%。同时全面提升中小学教育水平，加快基础教育现代化建设步伐。普通中学20761所，比上年增长7.8%；在校人数2216.8万人，比上年增长15.3%。小学69196所，比上年增长3.1%；在校人数2838.3万人，比上年增长9%。成人教育加快发展。全年成人高等学校在校学生506.2万人，比上年增长40%。平均每万名在职职工中有850人左右正在接受高、中等教育。

结合国家机构改革调整和发展科研机构，至2002年年末，各类专业技术人员达1609万人，比上年增长6.6%。其中中级技术职称以上人员为575万人，和上年基本持平。

七、城市功能进一步增强，城市环境得到较好的改善

(一)城市基础设施建设继续加快。2002年末全部地级城市(不包括辖县)实有铺装道路面积21.2亿平方米，比上年增长19.3%。年末实有公共汽(电)营运车辆22.4万辆，比上年增加2万辆，增长9.9%，每10万人拥有公交车数量达68辆；全年公共汽车客运总量335.7亿人次，比上年增长1.3%；出租汽车77.9万辆，比上年增长2.9%。

(二)城市供水、节水工作积极推进。2002年，全部地级城市(不包括辖县)生活用水138.5亿吨，比上年减少12.8%，城市供水总量395.6亿立方米，与上年持平。

(三)社会公共事业也有所发展。至2002年末，全部地级城市剧场、影剧院达2503个，和上年基本持平，公共图书馆图书藏量29467万册件，比上年增长2.2%；平均每百人公共图书馆藏书90册。

(四)卫生保健事业健康发展。以控制费用、改善服务、提高质量为主题，积极推动医保、医疗、医药联动改革，满足城市居民不同层次的医疗服务需求。至2002年末，全部地级城市拥有各类卫生机构20963个，比上年增长10.9%，医院床位数155.9万张，比上年增长5.3%；医生数82.4万人，比上年减少5%。

(五)城市绿化稳步发展。净化城市环境，为城市居民创造高质量的生活条件，是城市实现可持续发展的重要内容。2002年末，中国全部地级城市(不包括辖县)建成区绿化覆盖面积60.4万公顷，比上年增长13.7%，建城区绿化覆盖率由上年的30.2%上升至30.4%；园林绿地面积85.1万公顷，公共绿地面积15.1万公顷，分别增长14.3%和18%；人均公共绿地面积4.6平方米，比上年略有增加。

(六)城市环境卫生设施建设加快，市容市貌持续好转。与此同时，对各种污染源进行综合治理，推行清洁生产，发展环保产业，倡导清洁消费。由于工业和城市污染防治步伐加快，污染增长的趋势得到初步遏止。至2002年，全国地级城市(包括市辖县)环境污染治理投资额达到1330亿元，工业废水排放达标量177亿吨。这主要是政府采取有力措施加大了力度，努力改善城市环境质量。

2002年经济和投资发展及2003年预测

国家发展计划委员会投资研究所所长 张汉亚

国家从1998年到2002年连续5年采取积极的财政政策和稳健的货币政策，发国债进行基础设施、环境保护和西部开发等方面的建设，大力进行经济结构的调整，对缓解和解除中国经济方面的不景气已起到很大的作用，2002年是中国经济发展在平台调整的最后一年，也是中国经济增长新周期的第一年。2003年将是中国经济增长进入新的增长周期的第二年，经济将延续2002年的增长势头，达到8%以上的增长。

一、2002年经济总体情况分析

2002年，国家继续采取积极的财政政策和稳健的货币政策，继续增发1500亿元的建设国债支持基础设施和西部开发等建设，使2002年的经济和固定资产投资都获得了较快的发展。在工业生产快速增长的带动下，中国经济表现出逐季加速发展的态势，前三个季度GDP增长分别达到7.6%，8.0%和8.1%，总体增长达到7.9%，第四季度的经济增长继续保持增长势头，使全年的GDP的增长达到8.0%。其中，第一产业增长2.9%，第二产业增长9.8%，第三产业增长7.5%。

在经济增长的三个主要方面中，投资又起到领头羊的作用，各月的增长都保持在较高的幅度，全年全社会固定资产投资完成43499亿元，增长16.1%，增幅高于上年3.1个百分点，为1996年以来的最高增速。按管理渠道划分，基本建设投资完成17251亿元，增长16.4%；技术改造投资完成6584亿元，增长11.1%；房地产开发投资完成7736亿元，增长21.9%。按经济类型划分，国有及其他经济类型投资完成31020亿元，增长17.0%；集体投资完成5901亿元，增长11.8%；个体投资完成6280亿元，增长15.7%。从资金来源看，各项资金到位状况良好。全年国有及其他经济类型到位资金33998亿元，比2001年增长21.8%，增幅提高了4.4个百分点。其中预算内资金、外商直接投资、国内贷款快速增长，增速分别为26.8%、25.9.%和24.6%，增幅分别高于2001年6.5、4.9和15.5个百分点。分行业看，第一产业完成投资1106亿元，增长23.5%，增幅加快25.5个百分点；第二产业完成投资10703亿元，增长22.9%，增幅加快15.1个百分点，并且多数行业呈现快速增长态势，其中能源、原材料、机械电子和轻纺工业投资分别增长12.6%、32%、33.3%、33.9%；第三产业完成投资21132亿元，增长14.4%，增幅减缓3.2个百分点，其中商业饮食供销仓储业、房地产公用服务咨询业、文教卫生广播福利业和科研综合技术服务业投资分别增长14.4%、23.3%、20.2%和6.9%。

消费从年初以来一直保持稳步增长的势头，增幅表现出逐季增加的趋势，全年增长8.8%，扣除价格因素(全年居民价格指数为-0.8%)，增长达到9.7%。

进出口改变了上年增长缓慢的状况，表现出逐季加速的趋势，全年进出口总额为6207.7亿美元，增长21.8%，其中出口3256.0亿美元，增长22.3%，进口2951.7亿美元，增长21.2%，净出口达到304.3亿美元，增长34.9%。外商对中国的直接投资达到527亿美元，是改革开放以来的新高，由于美国招商引资的数量下降，中国成为2002年世界各国中招商引资最多的国家。

二、2003年的经济和投资发展环境

2003年是中国政府换届年，经济和投资发展将面临与2002年大体相同的有利条件和不利因素，只是有利的条件更明显，不利的因素有所减弱。

(一)国内经济环境继续有较大改善

经过连续5年积极的财政政策宏观调控实践，中国已基本适应了摆脱短缺经济之后的新形势，并取得了在供大于求主导趋势下进行宏观经济调控的经验；这几年出台的各项宏观经济政策和改革措施的积极效应会在2003年继续起作用；同时，由于中国共产党第十六届代表大会的顺利召开，将使中国在经济和政治上更加稳定；2003年初的政府换届，会在经济方针政策方面有一定的改善，总的趋势是国家的各项政策将为2003年经济发展和投资增长提供更加平稳和宽松的环境。

一是在新一届政府的领导下，国家在2003年会继续采取推动改革和发展的一系列政策措施，在"走新型工业化道路，大力实施科教兴国和可持续发展战略"的指引下，突出解决"三农"、社会保障和教育等方面的问题，抓好国有企业改革和发展、推进经济结构调整、加快科技创新和扩大内需；进一步发挥财政和货币政策的作用，综合运用税收、价格等经济调控手段，努力扩大投资和消费；继续发行国债支持基础设施建设、重点行业企业的技术改造、教育、环境保护工程和西部大开发等等。

二是近几年国家发行建设国债大规模投入建设的基础设施，绝大部分已在2001年和2002年竣工，2003年还将有一些项目投入使用，为其他产业的发展和各类企业的投资和生产提供了更良好的硬件条件支持。国家连续几年加大企业技术改造的投资力度，有力地促进了企业技术结构和产品结构的调整，2002年和2003年又将有一批技术含量高、工艺水平新、质量有较大改进的新产品投入市场，为中国的企业生产和投资、居民消费提供新的热点。

三是中国国有企业的体制仍将加快向适应市场经济的方

向转变,近几年,国家重点调整的行业在增盈方面都取得了很大的成效,在2001年国有企业盈利比上年大幅度增加,亏损额减少的基础上,2002年又获得较好的业绩:国有及规模以上非国有企业的各项效益指标均有较大的改善,人均生产率达到59766元/人年,比上年增长14.8%,实现利润5784.48亿元,比上年增长22.2%,流动资产年周转次数由上年的1.66次提高到1.80次,资产负债率由上年的58.97%下降为58.72%。煤炭、冶金、机械、纺织和轻工等行业在2002年的投资大幅度增长,表明国有企业的投资力度在近几年内有较大的提高;国家重点调整行业的国有及规模以上非国有企业在2002年盈利的增长,增强了其在2003年投资的能力。

四是在加入WTO之后,国家公布了新的《外商投资产业指导目录》,并宣布所有对外商开放的投资领域都对民营企业开放等措施,并对电信、电力、金融等行政性垄断行业进行改组和改革,国家和各地政府近几年也都制定了有利于外商和国内民间投资的有关政策,这些措施不但为不同所有制企业提供了更加公平竞争的环境,而且形成了更多的利润增长点。2002年外商投资和民间投资的快速增长趋势在2003年将继续显现。

五是国家在2003年将深化投资体制改革,继续扩大各类投资者的投资自主权;在国有投资方面继续完善企业法人和金融机构的风险责任约束机制,完善和推行建设项目法人责任制、项目资本金制度、招标投标制和工程监理制,提高企业投资的效益;通过建立专项基金、增大股票、企业债券的发行规模,扩大企业的资金来源渠道;通过整顿投资咨询、设计、审计、监理、会计师事务所等投资中介机构,依法实行企业化经营和平等竞争等一系列措施,为各类投资者提供良好的辅助环境。

六是在加入WTO的过渡期内,国家将加快和深化金融体制和管理方法改革,尽快使其适宜国际金融领域的竞争。2003年国家将继续完善金融法制建设,在依法治理、规范和维护金融秩序,防范和化解金融风险等方面采取的一系列措施,使中国的资本市场不断规范,并在经济发展中发挥越来越大的作用;国有银行在资金的运营上有更多的自主权并注意按市场规则办事,完善以效益为中心的经营体制;为适应民间投资和中小企业的发展的需要,估计国家将在建立多种所有制中小银行和金融机构方面公布一些新政策;在证券市场方面,国家将继续对造假的上市公司和中介机构给予严厉处罚,这些举措都将对中国2003年资本市场的健康发展具有重要的促进作用。

七是在国家召开第十届全国人民代表大会的前后,各地方政府都进行了换届,各级新政府领导成员的文化水平、对改革开放的认识、在发展经济方面的实干精神等方面都有较大的提高,这将对2003年及今后一个时期各地的经济和投资发展起重要的推动作用。

(二)国际环境继续好转

2002年以来国际经济的发展表明,美国发生的“9·11”袭击事件对世界经济的发展只在短期内有消极影响,但在袭击后美国和世界各国采取的一系列应对措施对经济的发展是有利的。特别是美国将全世界都引入反恐怖的“战争”中,而其本身在对阿富汗进行攻击之后,又向伊拉克动武,使得美国形成以军火和装备工业带动全国经济增长的新局面;世界大多数国家在2002年也都扭转了2001年经济不景气的趋势,获得了较快的发展,预计这种趋势在2003年将继续下去。

中国在2002年的进出口,特别是出口的大幅度增长,以及外商直接投资的增长,表明中国是当前世界上经济发展潜力最大的国家,也是对投资者最有吸引力的国家之一。在党的第十六次代表大会上所确定的继续改革开放的方针,以及中国社会稳定、安全可靠,经济持续、高速、健康发展的现实无疑会增加国际投资者对中国投资的信心;加入WTO之后关税和非关税壁垒的逐渐解除,会使中国的外贸和引资条件有更大的改善,巨大的市场潜力和稳定、安全的发展环境将使中国成为境外投资者在今后几年投资的热点。

(三)不利的因素

国内产业调整和企业改革中的难题和进展缓慢,绝大多数产品供大于求,缺乏投资热点,投资中的浪费和资金流失以及其他因素造成的投资效率和效益的低下,城市化建设、民间投资和资本市场发展等方面仍然存在的许多需要解决的问题,以及“三农”、就业、体制和信用等“四大难题”,都会从不同的侧面影响中国总体经济的发展。

在国际环境方面也同样有一些不利的因素,全世界范围内的需求不足以及由此引发的激烈竞争,对加入WTO之后的中国企业是重大的考验,中国将有一些企业因此而处于困难的境地;东南亚国家和地区在2000年初步完成产业结构的调整之后,经济恢复稳定增长,这些国家相对低廉的劳动力价格和其他一些优势,会在出口和争取国际投资等方面成为中国有力的竞争对手;前苏联和东欧国家经过调整,大部分国家的经济也已在这两年走上稳步发展的轨道;这些国家较为丰富的物资资源和较高的人力素质,有助于使其成为对国际资本有吸引力的地区。特别是靠近西欧的那些国家,将被欧盟所接纳,并成为西欧国家投资的重点。

三、2003年经济和投资发展预测

中国经济经过1993-1997年连续五年“适度从紧”的宏观调控和1998-2002年连续5年的积极财政政策,在经济发展方面积累了丰富的经验,基本完成了中国经济发展中“从紧-促进”的周期(如1960-1965,1989-1992都表现出前期从紧、后期促进,而且从紧和促进年限基本相同的周期)。2002年是中国经济发展在平台调整的最后一年,中国经济的发展在2003年将进入一个高速发展的新阶段。预计随着第十届全国人大的召开和新政府成员的就位,国家将按照党的第十六次代表大会确定的方针和政策,继续推行促进经济发展的各项积极政策。随着各项改革的深入,国内外经济和政治持续、稳定的发展,各行业将继续保持2002年的发展趋势,在盈利能力和实际盈利方面有较大的增长;加入WTO之后外贸和引资条件的改善,对民间投资的鼓励和引导政策,社会保障制度的逐渐完善,提高居民收入的各项措施，投资体制和资本市场改革的进一步推进等等，将促使2003年的投资、消费和进出口都保持与2002年相似甚至较快的增长。

根据用有关的数学模型推算和定性分析，预计2003年GDP会比2002年8%左右的增长要高，在8.1-8.5%之间；固定资产投资的增长上升到20%左右，居民消费增长在10%左右；外贸进出口在2002年较高增长的基础上保持稳定增长，预计在20%左右。

产业政策与发展趋势

国家产业技术政策

国家经济贸易委员会　财政部　科学技术部　国家税务总局

未来5到10年，是我国经济和社会发展的重要时期，也是我国实现现代化第三步战略目标的关键阶段。面对科技革命与知识经济浪潮的兴起，经济全球化步伐加快，国际竞争日趋激烈的新形势，加快经济结构调整，实现两个根本性转变，提高国际竞争力，已成必然选择。制定和实施适应新形势的产业技术政策，明确在这一时期国家产业技术发展的战略目标和重点，积极推动技术创新能力与产业技术水平的提高，是推进我国产业结构优化升级、培育新的经济增长点的重要举措，对于提高我国经济整体素质，为21世纪前50年奠定持续发展的基础，具有重要的战略意义。

这次制定的国家产业技术政策以"十五"时期为重点，同时兼顾"十五"后5年的发展。

一、制定国家产业技术政策面临的新形势

(一)经济全球化步伐明显加快，技术创新已成为国际竞争的关键因素

20世纪90年代以来，国际经济格局发生了深刻变化，经济全球化的趋势明显增强，由技术进步引发的产业革命正深刻地改变着人类社会经济和生活面貌，技术创新对经济增长的贡献日益突出，科学技术成为国际竞争的关键因素。发达国家在国际经济新秩序形成过程中，仍处于有利地位，出于市场扩张的要求，在控制核心技术保持领先优势的同时，也以多种方式向发展中国家转移成熟技术和过剩生产能力。发展中国家既面临前所未有的巨大压力，也存在通过参与国际分工加快产业技术升级、发挥后发优势、实现跨越式发展的机遇。世界各国为取得更有利的国际分工地位，竞相调整产业结构与技术结构，对高新技术领域加大投入力度、扩大应用领域，加快科技成果转化为现实生产力的步伐，提升产业技术水平，以增强国际竞争力，占据21世纪经济竞争的制高点。

(二)加入世界贸易组织将使我国产业置身于激烈的国际竞争当中

以加入世界贸易组织为标志，我国的对外开放将进入一个新的历史阶段，国内经济与国际经济将进一步融合。一方面为我们充分利用两个市场、两种资源，引进先进技术，参与较高层次的国际合作与分工创造了条件，另一方面也使国内企业不得不直接承受来自国际的竞争压力。提高技术创新能力、加快高新技术产业化进程、加大对传统产业的技术改造力度、着力发展有竞争优势的产业技术，增强技术创新能力，是我国提高国际分工地位、全方位参与国际竞争的迫切要求。

(三)技术进步是调整经济结构，实现可持续发展的重要途径

我国正处在经济结构战略性调整的重要时期，面对结构性、阶段性过剩和人口、资源、环境等因素的制约，"十五"及其以后一段时期，经济结构的调整任务十分艰巨。结构调整将主要依托技术进步，发展高新技术和新兴产业，改造传统产业；淘汰落后生产能力，推进经济增长方式向集约化方向转变，实现产业结构的优化和升级，全面提高国民经济整体素质；开拓新的发展领域、扩大就业；节约资源，保护环境，实现可持续发展。

(四)市场化进程的加快将对技术进步方式产生深远影响

21世纪前10年，是我国社会主义市场经济体制确立并逐步完善的重要时期。市场化进程加快，市场在资源配置中的基础性作用将日益增强。技术创新主体、技术进步方式，都将发生根本性的改变。技术进步方式与经济运行方式的变革，将成为

新时代的重要特征。制定和实施国家产业技术政策，必须适应这种深刻变化，在经济全球化条件下实现国际与国内两个市场、两种资源的合理配置，处理好市场导向与政府引导的关系，使之相互补充、相互促进，营造出良好的市场环境。“创新是一个民族的灵魂，是国家兴旺发达的不竭动力。”只有在增强技术创新能力上走出符合我国国情特点的发展道路，才可能在未来的国际竞争中立于不败之地。

二、中国产业技术发展存在的主要问题和差距

建国50年，特别是改革开放20多年，经过长期不懈地建设和技术开发、技术改造以及大规模技术引进，我国已形成了门类比较齐全，规模相当庞大的生产技术体系，一批重大技术装备已基本立足国内生产，重点行业技术水平与国际间的差距明显缩小。但总体上看，我国要赶上国际先进水平，仍需做出更多的努力。

（一）传统产业技术水平偏低

1.中国农业科技的总体水平与国家发展的巨大需求相比差距仍然较大，科技对农业生产增长的贡献率约为42%，远低于先进国家60%-70%的水平。我国主要农业科技领域与世界先进水平相比还有10-15年的差距。从事农业劳动力比例高，农业劳动生产率低，每个劳动力年生产粮食、肉类分别是先进国家的1.5%-7.5%、2%-2.5%；耕作栽培技术体系仍以常规耕作技术和经验为主，作物良种化覆盖率约为80%，世界先进国家为100%。农业资源利用率低，灌溉水利用率和化肥当年利用率为30%-40%，而发达国家为60%以上；农业机械化程度低，设施农业亟待发展。科技开发能力十分薄弱、科技储备明显不足，推广机制不适应市场经济的发展。

2. 中国钢铁、有色金属、电力、机械、石油化工、煤炭、建材等传统工业的技术水平与国际先进水平差距较大，多数大中型企业关键技术的开发与应用能力相对不足，国际先进技术装备仅占1/10，机械产品达到当代国际水平的不到5%；产品结构不合理，国际达标优质产品仅占1/10，不少高技术产品及部分高附加值产品仍需进口，2000年高新技术产品进出口逆差达155亿美元，高技术品种钢材每年尚需进口700-800余万吨，高档合成树脂自给率不足50%；我国单位能源每千克油当量的使用所产生的国内生产总值仅为0.7美元，而美国为3.4美元，德国为7美元，日本为10.5美元，主要工业产品能耗远高于发达国家，冶金重点企业吨钢可比能耗比发达国家高20%-40%；我国传统产业劳动生产率只有世界平均水平的1/3、发达国家的1/10。

（二）高新技术产业处于起步阶段，产业规模小，技术基础薄弱

中国高新技术产业增加值占国内生产总值的比重仅为4%，远低于发达国家和新兴工业化国家水平。产品设计、关键零部件、工艺装备主要依赖进口。自主知识产权和自行开发的高新技术成果，商品转化率和产业化率低，分别只有20%和5%-7%左右。高新技术的扩散性弱，同其他产业的关联度低，改造传统产业的作用还不显著。

（三）技术创新能力和引进技术的消化吸收能力不足

目前中国以企业为主体的技术创新体系建设尚处于起步阶段，创新成果产业化迟缓，技术开发与创新经费投入低，大大制约了技术创新能力的提高。1999年，我国大中型工业企业研究与开发经费支出占销售收入比例为0.6%，而世界500强企业一般为5%-10%以上，电信、医药等行业甚至达到20%。我国目前还没有形成自主知识产权的技术体系，多数行业的关键核心技术与装备基本依赖国外。消化吸收能力不强，缺乏对引进技术的系统集成、综合创新。化工、医药产品大部分没有自主知识产权，机械工业主要产品技术中有57%使用国外技术。我国多数大中型企业技术开发与技术创新能力不足，缺乏参与国际竞争的能力。

三、产业技术发展战略

（一）指导方针

以结构优化和产业升级为目标，以体制和机制创新为保证，以企业为主体，以信息化带动工业化为主要途径，以提高技术创新能力为核心，以我国加入世界贸易组织为契机，政府引导与市场导向相结合；充分利用两个市场、两种资源，按照有所为、有所不为的原则，有选择地发展一批高新技术产业，力争在关系国家经济命脉和安全的重点领域提高自主创新能力，拥有自主知识产权；加快利用高新技术改造传统产业步伐，实现产业技术水平和创新能力的跨越式发展，为培育新的经济增长点和产业结构优化升级提供技术保证。

（二）战略目标

2005年，力争在重点行业、重点企业、重点产品和重点工艺、重大技术装备上，有重大技术突破，部分接近或达到同期国际先进水平。技术进步对工业经济增长的贡献率由目前水平提高8-10个百分点。优先发展具备比较优势和对传统产业改造关系密切的高新技术，高新技术产业产值年均增长率由目前的28%提高到30%以上，传统产业技术水平有较大提高，基本淘汰高耗能、高污染、落后的生产工艺；大力推进以企业为主体的技术创新体系的建设，全国研究开发的投入有明显增加，全社会研究与开发经费支出占国内生产总值比重提高到1.5%以上；企业技术创新能力显著增强，培育一批具有自主创新能力和国际竞争力的大型企业和企业集团，带动一大批中小型企业向“专、精、特、新”方向发展。

2010年，部分高新技术与国际先进水平保持同步，重点生产领域的关键技术基本达到国际先进水平，以企业为主体的技术创新体系得到完善，在主要行业和领域具有自主开发和自主创新能力。

（三）基本原则

1. 以推动产业结构优化升级为宗旨

发展高新技术及利用高新技术改造传统产业，淘汰落后生

产技术与能力，其核心目的都在于推动产业结构的优化与升级。"十五"期间，全面发展技术创新能力，不断提高高新技术产业在国民经济中的比重、加快传统产业更新改造步伐、从整体上提高国民经济素质，是保持国民经济持续健康发展、增强综合国力、融入经济全球化浪潮的基本途径。

2. 市场机制与政府组织协调作用相结合

充分发挥市场对资源优化配置的基础作用，是社会主义市场经济体系建设的重要内容，也是贯彻实施国家产业技术政策的基本原则。要充分发挥市场机制的作用，促使企业成为科技创新的主体，使社会资金成为科技进步的投资主体，用信息化带动工业化。在深入认识市场经济规律基础上，要更充分发挥政府的组织协调作用，运用财政、税收、金融等政策支持高新技术开发与传统产业发展；拟定国家产业技术发展方向，把握住后发优势，加快产业技术水平跨越式发展。

3. 自主创新与引进技术相结合

"十五"及以后相当长一段时间，要加大对战略性高技术产业领域的投入，及时跟踪国际高技术产业发展趋势，保持重要领域中的持续创新能力，确保国家政治、经济、军事的发展需要。军民结合，是推动高新技术发展、提高创新能力的重要途径。同时，要继续采取各种形式技术引进。在技术引进的过程中，要加强技术集成和创新，博采众长，形成有中国特色的自主知识产权体系，不断提高产业技术水平和竞争力。

四、重点产业技术发展方向

"十五"及以后5年，要重点推进高新技术与产业化发展；用先进适用技术改造提升传统产业。要重点发展主导经济发展和把握国际竞争走向、关系国家实力以及国家经济和社会安全的战略性技术；关联性强、制约我国产业总体技术水平提高的关键技术；通用性强、应用领域广泛，在经济发展中发挥基础作用的共性技术。

(一)高新技术及产业化

抓住世界科技革命迅猛发展的机遇，有重点地发展高新技术及产业化，实现局部领域的突破和跨越式发展，逐步形成我国高技术产业群体优势。要重点发展信息技术、生物工程技术、先进制造技术、新材料技术、航空航天技术、新能源技术、海洋技术等。

信息通信：要优先发展高速宽带信息网、深亚微米集成电路、新型元器件、计算机及软件技术、第三代移动通信技术、信息家电技术，大力发展系统集成和信息服务、信息管理、信息安全技术，积极开拓以数字技术、网络技术为基础的新一代信息产品，发展新兴产业，培育新的经济增长点。要大力推进制造业信息化，积极开展计算机辅助设计 (CAD)、计算机辅助工程(CAE)、计算机辅助工艺(CAPP)、计算机辅助制造(CAM)、产品数据管理(PDM)、制造资源计划(MRPII)及企业资源管理(ERP)等。有条件的企业可开展"网络制造"，便于合作设计、合作制造，参与国内和国际竞争。开展"数控化"工程和"数字化"工程，对企业现有设备，对机械加工企业生产的设备、零部件实施"数字化"工程，提高大规模机械产品的互换与配套能力。

生物工程：从国际生物工程技术发展的趋势和我国实际出发，我国要大力研究开发基因工程技术、细胞工程技术、酶工程技术、生化工程技术，生物医药技术，密切关注人类基因组计划、基因治疗及转基因动植物等热点领域。广泛开展生物工程在农业、医学、能源及环保等领域的应用。

新材料：根据国际高新技术新材料的发展趋势，要集中力量重点攻关，开发超细粉体材料技术与纳米新材料技术，力争在纳米材料制备与纳米器件制造技术上与国际保持同步。要进一步拓展纳米新材料在农业、微电子、能源、环保、医疗、化工、建材、交通运输等领域的应用。大力发展新型金属结构材料、新型非金属材料、新型高分子材料和新型复合材料技术。重点开发多功能、机敏、智能、仿生等复合材料，形成生产群体。

航空航天：航天技术重点发展新一代大型航天运输系统技术、新一代卫星技术、天空地一体化综合信息应用技术、深空探测技术、空间科学与应用；航空技术重点发展新一代飞机总体与动力基础技术，重点发展支线飞机，大力发展中小型通用飞机和多用途直升机，加快发动机自主设计和技术开发。

新能源：要积极开发利用可再生能源，发展太阳能利用、地热发电、大功率风力发电、潮汐发电、生物质能发电技术。发展核能技术，对先进压水堆、空间核电源、高性能燃料组件等予以重点攻关。

海洋工程：要重点发展海洋油气田开发技术，并使其成为海洋产业的主导产业；积极发展海底矿产资源、能源探测开发技术，海洋可再生能源利用技术，海水资源开发利用技术，海洋生物工程技术，提高海洋经济在国民经济中的地位。

(二)提升传统产业技术水平，用高新技术改造传统产业

1. 农业

确保粮食安全，优化农业结构，全面提高农业质量和效益，改善农村生态环境，促进农民收入增加，提高国际竞争力是今后农业科技发展的主要方向。

种植业：优先发展农作物专用、优质品种选育及种子产业化工程技术；农作物低成本、高产、超高产、高效配套栽培耕作技术与区域化示范；种植业结构调整与优质农产品基地建设关键技术；节水灌溉与旱作农业技术；重大病虫草害预测预报及综合防治技术；农作物，尤其蔬菜花卉等设施栽培技术等。

畜牧与饲料业：优先发展优质畜禽产业化、规模化高效养殖技术及牧草品种选育和人工草地建植技术；新型饲料和饲料添加剂技术及其加工设备研究开发；畜禽重要疾病诊断、监测、控制技术及畜禽废弃物资源化利用技术；畜禽产品优质加工技术开发等。

水产业：优先发展水产养殖品种改良与良种繁育技术；水产业生物工程、信息工程、设施养殖等高新技术开发；集约高产高效浅海养殖、滩涂利用以及内陆水域综合开发技术；远洋捕捞技术；水产渔业重大病虫害防治与预测技术；水产品精深加

工与综合利用技术等。

农业机械与农产品加工设备：优先发展小麦、玉米、水稻、棉花等主要农作物机械化关键机具开发以及配套技术体系；机械化旱作农业技术与成套机具设备；机械化节水灌溉技术与成套设备；机械化秸杆还田与青贮技术与设备；工厂化育苗与机械化移栽技术与配套机具；高效低污染植保机具设备；设施种养业技术设备；粮食烘干技术与成套设备；种子加工、农产品加工与检测技术及配套先进设备；与精准农业技术相适应的信息化配套机具研制等。

农业资源环境：要优先发展节水、节地与高效施肥、施药等农业资源节约与高效利用技术；农业废弃物资源化高效技术；生态农业技术；农村可再生能源综合利用技术；无公害农产品开发关键技术；多功能复合型生态工程与配套技术。

2. 能源与环保

能源和环保是全球关注的两大领域。要以发展新型、高效、清洁能源技术和石油替代技术为主要发展方向，改造传统能源利用技术，提高能源效率，降低排放污染。利用高新技术开发环保产业，变废弃资源为再生资源，保护资源、保护生态。

煤炭：要大力发展综合机械化开采技术、大型露天煤矿开采技术以及煤矿安全技术；积极推进洁净煤技术，实现煤炭开发、生产、利用的清洁化。近10年的目标是大力提高煤炭生产机械化和综合机械化水平，大力降低原煤直接燃烧比例，提高发电用煤在煤炭消费中的比例，重点发展低污染、高效率的清洁燃烧技术；积极推进煤炭的高技术利用，发展煤炭气化、液化技术，煤层气开发利用技术，水煤浆替代燃料油技术。

电力：要重点发展洁净煤燃烧发电技术、电站锅炉排放控制技术；火电600兆瓦及以上的超临界机组关键技术；大容量、远距离、交直流输电技术、大电网互联安全、稳定运行控制技术。重点发展500兆瓦以上大型混流式水轮发电机组，加速发展300兆瓦级抽水蓄能机组、核电600-1000兆瓦级压水堆核电机组技术和燃气轮机技术。

石油天然气：油气田开发技术，重点开展针对高含水油田的多元化学复合驱、气驱、微生物驱提高石油采收率等技术的攻关；完善、提高稠油和低渗透油田开发新技术；加强大中型气田开发方案优化设计研究。工程技术，加强特殊地质、地表条件下的地震技术攻关，探索四维和全三维地震技术；研制开发适用于复杂地质条件下的复杂结构井、多分支水平井和大位移井钻井技术；开发成像测井的核磁共振测井等重大装备，进一步提高测井技术的国产化水平。

环保产业：大力发展清洁生产技术，节能与资源综合利用技术，节水技术，生态环境保护技术，环境监测技术。重点发展200MW及以上燃煤机组烟气脱硫技术，汽车尾气污染防治技术；城市污水、城市垃圾处理和资源化技术存和处置技术；废家电(电脑)回收处理及报废汽车拆解技术等。

3. 交通运输业

铁路：重点发展以高速铁路、快速铁路为主的快速客运网系统，以缩短货物送达时间和过程信息监控为主的快捷货运系统，以铁路综合运营管理为核心的现代运输信息体系，以监控为主的铁路行车安全保障体系。并在此基础上逐步朝现代物流产业发展。在百万人以上城市，优先发展以轨道交通为主的公共交通系统。

公路：从材料规格化、设计合理化、工艺现代化和管理科学化着手，结合使用新材料、新结构和新工艺，解决高等级公路路面早期破损现象，提高其行驶质量和保证使用寿命；研究开发高速公路路面养护技术；重点发展超薄沥青面层、改进沥青、合成格栅的应用技术；山区高等级公路设计、修筑和维护技术；大跨径桥梁施工养护技术；以智能公路运输系统为代表的公路网运营管理技术。

水运：发展沿海适应大型船舶发展的建港技术，重点开发深水枢纽港技术，集装箱运输系统关键技术，大型高效港口装卸成套技术装备，港口及船舶运输控制技术，内河主航道建设技术，水上交通安全与控制技术。

民航：重大技术装备国产化，应用高新技术和新材料提高航空运输服务的自动化、数字化、信息化水平。重点发展干线飞机自动飞行系统技术和设备；支线飞机航行适应性和机场适应性技术。

4. 原材料

钢铁：应重点发展对钢铁工业长期发展具有影响的熔融还原、近终形连铸、新一代钢铁材料开发等前沿技术；优化钢铁制造流程，发展节能降成本的烧结炼焦新技术、高炉综合节能及环保技术、电炉高效炼钢技术等；提高冶金产品质量，开发纯净钢生产工艺技术、控制轧制与控制冷却技术、智能化技术等；发展降低烧结机废气排放量与废气循环技术、新型炼焦技术、干熄焦技术、高炉节能降低二氧化碳技术、高炉渣和炼钢炉渣的资源化技术、粉尘回收技术等。

有色金属：有色工业的发展方向是高效、低耗、低污染的生产工艺，提高产品质量，增加产品品种，降低环境污染，加强资源综合利用。重点发展地质物探、化探、遥感、地理信息系统新技术；深部及难采矿床强化开采综合技术和高效无轨采矿设备；清洁选矿工艺和高效环保药剂及节能设备；难选冶资源湿法冶金新技术和综合利用技术；选矿一拜尔法生产氧化铝和大容量预熔阳极铝电解槽成套技术和装备；低成本稀土精矿冶炼分离新技术和单一稀土元素分离、高纯化技术；高性能有色金属材料生产的新技术和装备的研制和开发，高精尖铜铝板带箔加工技术。

石化：开发有自主知识产权的成套技术，加大控制技术和信息技术在石化产业的应用。重点发展先进适用的乙烯生产技术、无害原材料生产化工产品的绿色技术、优化生产工序和工艺流程技术；新一代聚烯烃技术，催化剂技术；生产技术路线优化技术；原油深加工技术，含硫原油加工成套技术，天然气化工技术。要大力发展油气高效利用、节能和环保技术，新一代石油替代技术。

化工：重点开发新催化技术、新分离技术、聚合物改性技术、精细化工技术、生物化工技术、先进气化技术、新型复合肥料生产技术；新型合成材料、化工新材料生产技术；新一代无内胎、低断面高等级子午线轮胎工艺及装备技术；新领域精细化工技术；超微细粉体材料技术；高附加值化学品技术。

建材：大力发展可降低环境负荷和有益健康的生态建材技术和产品，以无机非金属新材料和非金属矿深加工为高新技术产业化的重点；发展新型干法水泥生产工艺技术与装备，优质浮法玻璃生产工艺技术与装备，高档卫生陶瓷生产技术，以煤矸石、粉煤灰为主要原料的新型墙体材料生产技术与装备；发展化学建材生产和应用技术，高性能保温隔热材料，建材工业窑炉节能与余热利用技术，玻璃纤维及其增强制品生产与应用技术，纳米级超细粉碎技术与超细粉表面处理技术，处理工业废弃物和生活垃圾的“生态水泥”等建材产品生产技术，高性能内外墙涂料和环保型装饰装修材料技术。

5. 加工制造业

机械制造：“十五”期间，将把数字化技术、智能化技术、清洁生产技术、虚拟制造技术、网络制造技术、并行制造技术、模块化技术、快速资源重组技术作为主要目标予以发展和广泛应用。通过实施若干具有较大带动作用的重大技术应用工程，攻克一批制约行业发展的关键技术，开发研制一批重大技术装备所需要的专有技术，推广一批先进适用的制造技术。重点发展以关键产品为龙头，以数字化、智能化技术为代表的数控系统，现场总线控制系统，数控加工技术与装备，激光加工技术与装备，超精密加工及超高速加工技术与装备，以及关键配套基础部件；以高效农业生产为目标的精确农业生产技术系统配套设备及工艺，粮食储藏、保鲜、加工技术与装备；加速开发低能耗、低排放、高性能的内燃发动机。

重大技术装备：重大技术装备是体现综合国力和国有经济控制力的重要方面，也是体现国家产业技术水平的重要标志。重大技术装备继续围绕国民经济发展，以国家重点建设工程和重点技改工程为依托，集中力量，重点研制：三峡水利枢纽工程、大型乙烯、大型化肥、“西气东输”工程、电网互联关键设备及“西电东送”工程、薄板坯连铸连轧和大型冷连轧、石油天然气勘探钻采和三次采油、秦沈准高速客运专线、大型煤化工、大型环保、大型工程施工、大型专用、大型海运船舶和江河疏浚、600兆瓦超临界火电机组、大型抽水蓄能和高水头机组、500兆瓦以上混流式水轮发电机组、燃气轮机、先进发电技术等成套设备。加快掌握关键核心技术，增强重大技术装备研制和成套能力，参与国际市场竞争。

汽车：汽车工业是我国新的经济增长点。要研究开发智能、洁净、安全、节能型汽车。重点发展高效发动机技术、轿车车身开发技术、汽车排放控制技术、轿车关键零部件技术，以及多轴重载汽车。

仪器仪表业：自动化仪表的技术发展趋势是测试技术、控制技术与计算机技术、通信技术进一步融合，形成测量、控制、通信与计算机(M3C)结构。要进一步发展分散型控制系统、现场总线控制系统、以工业计算机为基础的开发式控制系统，以及智能化网络化现场仪表、工业在线分析仪器等产品，拓广其应用范围，与大型自动化工业设备配套，提高我国工业的自动化程度。

科学仪器以材料科学仪器、医疗仪器和农业、环境仪器为主，推进自动测试系统的发展，优先发展我国已有一定比较优势的项目。如色谱仪器、光谱仪器、物理观察仪器、大地测量仪器、力学试验机和成象仪器等。

传感器、仪表材料及特殊元器件方面应着重开发用于现场总线及智能化仪表的各种传感器、航天航空领域需求的微传感器以及相关的各种新材料。

要解决仪器仪表产业方面的一些共性问题，为行业提供计算机辅助设计(CAD)、电子设计自动化(EDA)、计算机辅助制造(CAM)服务、表面贴装元件(SMT)贴装、可靠性试验及电磁兼容(EMC)检测，提高我国仪器仪表行业的设计和制造水平，以增强加入世界贸易组织后的竞争能力。

轻工：采用电子信息、生物工程、新能源、新材料、环境保护、先进制造等高新技术，优化、提升轻工业生产技术和产品结构是轻工业产业技术的发展方向。要重点发展现代食品工业生产的膜分离、超临界萃取、细胞破壁、微胶囊包埋、微波、无菌加工和包装等关键技术；先进造纸技术；高技术含量、高附加值的新型日用化工、家用电器、照明电器、电池、陶瓷、塑料、日用机械等新产品生产技术；造纸、皮革、发酵和食品行业的清洁生产技术、污染治理技术。

纺织：技术重点是，加快发展新型纤维材料的生产技术；发展差别化、功能化、环保型新纤维的开发生产技术及产业化；中高档服装面料的新型纺纱织造技术；可持续发展的环保型印染加工技术；积极采用计算机自动控制、辅助设计及信息技术；大力发展产业用纺织品、设备及工艺技术。集中力量开发研制一批具有90年代末世界先进水平的新一代纺机系列产品。

医药：要重点发展生物医药技术和基因工程药物、疫苗技术及其产业化工程技术和中医药关键技术，发展化学原料药开发技术，新型高效制剂技术，新型高中档医疗、制药装备技术。

烟草：重点研究开发优质烟叶的生产技术，提高烟叶综合品质和工业可用性；加快卷烟新产品开发和老产品改造的步伐，研究、应用卷烟加工新技术，全面提高卷烟产品质量和市场竞争力；加大对烟草和卷烟烟气中有害成分的研究力度，进一步提高国产卷烟的安全性；开展生物技术、信息技术等高新技术研究，积极应用高新技术改造传统产业；继续深化研究；探讨烟草资源综合利用的新途径。

6. 建筑业

要大力提高工业化、现代化水平，加强技术攻关，着力发展城市规划、勘测、设计和城市地下空间开发利用技术；隔震、减震和振动控制等抗震防灾技术；住宅结构体系技术、建筑节能技术、建筑智能化技术；高效建筑施工机械与装备技术；先进的施工工法、技术及混凝土新技术、钢结构技术；城市供水、燃气关键技术和装备技术；开发适应环保要求和城市大运量需求的新型城市交通工具及其系统运行的高效能管理技术；开发密封性能好、防腐蚀、防水的化学建材产品。

7. 国防科技工业

由国防科学技术工业委员会另行颁布。

8. 其他产业

内贸流通业：重点发展流通产业信息化、商贸电子化、流通作业机械化、自动化、智能化技术；商业零售与批发电子网络交易系统；连锁、代理、配送等新型营销方式相关标准规范及技术支撑体系；仓储自动检测、计量、防护技术；流通加工技术。

计量、防伪、安全业：计量业的技术发展趋势是：计量器具的数字化、智能化。应重点发展电子计算机与微电子技术相结合的智能衡器制造技术；新型加油机制造技术；新型三表(电能表、水表、燃气表)制造技术；小批量、非标准计量器具的先进制造系统。

防伪业技术发展的趋势是：电子信息加密技术、计算机密码网络技术、激光全息技术、自动识别技术等的应用。要重点发展集成防伪技术、自动识别防伪技术、计算机网络防伪技术及特种印制和纸张防伪技术，增加传统防伪手段的技术含量和技术门类，加强防伪新材料的开发和应用，加强技术标准的制订和检测手段的建立。

锅炉、压力容器、压力管道等特种设备安全检测技术的发展趋势是：开发检测新技术和电子监控等先进的安全控制技术和产品，实现检测监控设备的数字化、智能化、小型化，积极推进检测监控仪器的国产化。重点发展新材料的研究推广使用，加强设计、制造、安装等环节的监察，提高特种设备本身的安全性能和安全防范能力。

五、政策措施

(一) 充分发挥和运用市场对科技资源配置的基础作用

1. 进一步完善市场机制，积极利用国内国际两种科技资源

建立良好的市场机制，形成有利于技术创新的外部环境。充分利用世界贸易组织保护特定产业的规则，建立保护国内企业进行技术创新产业发展所必须的市场环境。完善知识产权保护制度，加大执法力度，保护专利权人的合法权益。

以市场为导向，加强技术创新，发展高科技，实现产业化。做好技术引进工作，支持鼓励国内企业在境内外建立合资合作技术研发机构，鼓励外商投资企业在国内建立研究开发中心，促进技术扩散。

2. 引导社会投资，多渠道增加对技术创新的投入

转变对传统产业技术改造和技术创新的资金支持方式，改变行政审批项目制度，建立市场准入条件的评价体系，由企业自主决策融资条件与方式。拓宽融资渠道，吸收社会资本，建立和发展以高新技术改造传统产业为宗旨的社会产业投资基金。

建设风险投资机制，发展社会风险投资机构，重视培养风险投资管理营运人才，逐步建成以社会资本为主体的风险投资体系与风险投资基金，形成风险投资的多元投入结构。对国内外风险投资机构向高新技术产业进行风险投资实施鼓励政策。支持高新技术企业在证券市场融资，促进中小型科技企业的发展。

(二) 建设以企业为主体的国家技术创新体系

1. 加强企业技术创新体系建设

建立和完善企业技术开发中心，增强转制进入企业的科研院所的创新能力，制定创新战略、增加研究和开发投入、建立有效的人才激励机制，增强技术创新能力，加快技术创新产业化发展步伐，建设以企业为主体的国家技术创新体系。“十五”期间，国家重点企业技术开发能力和水平要基本适应经济发展和参与国际竞争的基本要求，发挥企业技术创新体系的主体作用。

2. 建立以城市为依托，开放式的技术创新服务体系

深化科技体制改革，引导、鼓励和支持具备条件的公益性科研院所向企业化转制，大幅度提高直接服务于经济建设的科技力量的比例，切实提高社会化服务能力。对其在改制、转化过程中遇到的困难，国家给予必要的财政、金融等政策的支持。优化社会科技资源配置，发挥整合优势，规范和发挥技术中介机构的作用，在完善现有技术推广机构和继续发展生产力促进中心的基础上，在区域性中心城市和技术创新试点城市建立面向社会的技术创新服务中心，逐步形成全国性、网络式、开放式的技术服务体系，为企业，尤其是中小企业的技术创新提供全方位服务。

3. 建立以大型企业联合体和骨干转制科研机构为依托的行业技术开发基地

推动大型企业的经营机制转变，建立规范的法人治理结构，在转制的基础上，以市场为导向，以提高开发和推广本行业共性、关键性、前沿性技术能力为目标，建立以大型企业联合体和骨干转制科研机构为依托，具有国内领先水平和国际先进水平的行业技术开发基地；建设和完善拥有先进设备与设施的大型国家实验室、国家工程中心等科研基础设施，对企业和研究机构开放。同时加强重大成果产业化。适时把握加入世贸组织的契机，在全球范围寻求合作发展机遇，将吸引跨国公司投资作为加快技术创新步伐的重要途径，提高融入国际分工水平。

4. 建立新型农业科技创新体系

建立高效、协调的农业科技管理体系；对现有农业研究开发机构进行分类改革，建立机构布局科学、学科结构合理，高效、精干的研发体系；建立队伍多元化、机制市场化、形式多样化的农业技术服务体系；建立开放、流动、竞争、协作的农业科技创新运行机制。

5. 建立以企业为中心，风险共担的产学研结合机制

建立企业与大学、科研院所的产学研联合体，形成以市场为导向的研究开发体系和开放式的产学研合作机制，根据我国技术比较优势、战略需要，选择独立开发、自主发展领域，通过系统集成，相互融合，探索新的技术路线，开发具有自主知识产权的技术。加快重大技术项目的攻坚开发和成果转化步伐，促进科技与经济的结合。

(三) 加强宏观指导，加快技术创新的政策环境建设

1. 组织制定和实施“十五”国家技术创新纲要，明确今后技术创新工作方向和任务

根据世界技术发展趋势，结合我国实际，由国家选择若干

对于提高我国整体创新能力具有关键作用的重大工程,组织攻关,实施重点突破战略。重点选择一批具有战略制高点意义的高新技术项目,国家进行先期投资,并适时组织实施具有全局意义的创新型战略工程,为产业结构升级奠定基础。做好市场预测,加强信息引导,定期发布产业技术开发和引进的鼓励、限制和淘汰目录。组织制定特定区域技术发展规划,加速推进西部地区技术发展。

2. 加大财税、金融政策扶持技术创新的力度

在认真落实现有支持技术创新的各项政策基础上,制定进一步加大财政、税收、金融等支持力度的政策。对提高国民经济整体素质和产业优化升级的关键技术、共性和配套性技术及其产业化项目,国家给予重点支持。对关系到我国经济和社会安全的"战略性、基础性、关键性"的技术领域,特别是外国对我国技术禁运的领域,国家要加大力度支持自主开发。要通过财政政策等手段,支持企业利用先进适用技术改造传统产业和实施高新技术产业化项目;继续扩大国家政策性银行的优惠贷款,加大对国家重点技术创新工程的资金支持力度;通过政府采购,加强对企业开发高新技术产品的引导和鼓励,培育创新产品市场;进一步鼓励企业增加研究开发投入,促使企业提高研究开发投入占销售收入的比重。

3. 进一步加强质量、标准、计量和安全监察体系建设

建立健全与产业技术发展和加入世贸组织相适应的质量、标准、计量和安全监察体系。完善质量管理,强化质量监督,推进质量认证;积极采用国际标准,加速产业技术标准制订与实施;积极推进计量基础设施的建设和计量、安全评估检测技术的研究与开发;制定技术标准,限制落后技术、高污染技术及产品进入中国市场,促进国内企业增强抵御国际产品冲击的能力,支持幼稚产业发展。

4. 建立产业技术政策和重大技术项目咨询审议会制度

咨询审议会制度,是在市场经济形势下推动决策科学化、民主化的重要举措。产业技术政策和重大技术项目咨询审议会,负责对国家产业技术政策和重大技术项目进行论证评估,提出调整建议。咨询审议会成员由政府有关部门、企业界、学术界、中介机构及其他社会团体等代表组成。

5. 建立人才激励机制,推进全社会人才资源的优化配置

制定和实施有利于技术创新的人力资源政策,设立国家级的企业技术创新奖。鼓励归国留学人员创新开发,推进产学研之间科技人员的合理流动,支持科技人员从事成果转化。对技术创新和成果转化实施人给予合理股份体现。灵活运用户籍制度、用人制度、工资分配奖励制度,调动科技人员积极性,努力吸引和培育世界前沿科技人才。

贯彻落实"科教兴国"战略,重视素质教育,加强职业技术教育、继续教育,培养学习型组织,把增强创新意识、提高创新能力的教育提到重要地位。

2003年经济运行工作指导意见

国家经济贸易委员会

2003年是深入贯彻党的十六大精神,全面建设小康社会的开局之年,也是大力推进新型工业化建设的起步之年。根据新形势、新要求,与时俱进地做好经济运行工作,对于实现经贸工作的新目标、新任务,促进国民经济持续快速健康发展,具有重要意义。

一、主要目标和基本思路

走新型工业化道路,是十六大确定的我国新时期经济建设和经济体制改革的首要任务。坚持以信息化带动工业化,以工业化促进信息化,走出一条科技含量高、经济效益好、资源消耗低、环境污染少、人力资源优势得到充分发挥的新型工业化路子。这为做好新时期经济运行工作指明了方向。

按照中央经济工作会议总体要求和全国经贸工作会议具体部署,2003年工业经济运行的主要预期目标是:全国规模以上工业企业增加值增长10%左右;工业出口交货值增长8%以上;工业企业实现利润增长5%左右,其中国有及国有控股企业实现利润不低于上年水平;工业结构继续优化,工业经济运行质量与效益继续提高。

2003年经济运行工作的基本思路是:以邓小平理论和"三个代表"重要思想为指导,深入贯彻党的十六大精神,认真落实中央经济工作会议要求和全国经贸工作会议部署,坚持以发展为主题,以结构调整为主线,紧紧围绕新型工业化建设,加快职能转变,加强运行分析,推进行业调整,搞好综合协调,进一步提高工业经济运行的质量与效益,促进国民经济持续快速健康发展。

二、基本工作要求

做好2003年经济运行工作,必须遵循"发展要有新思路,改革要有新突破,开放要有新局面,各项工作要有新举措"的要求,转变思想观念,转变工作职能,转变工作方式。

(一)加快转变思想观念,突出发展与创新。加快思想观念的转变,关键要牢固树立发展观和创新观。发展是硬道理,是执政兴国的第一要务。经济运行工作必须把发展和调整有机结合起来,在发展中调整,在调整中发展,努力实现有质量、有效益、可持续的发展。要始终保持开拓创新、与时俱进的精神状态,在实践中不断研究新思路、探索新方法、扩展新视野、开拓新局面。通过创新,使经济运行工作能够体现时代性、把握规律性、提高预见性、富于创造性。

(二)加快转变工作职能,突出服务与引导。经济运行工作职能的转变,主要是由对于企业的直接调控转变为面向市场的间接调控,由主要面向国有企业转变为面向各种所有制企业,由对重点工业品生产总量的直接控制转变为积极推进供需总量的基本平衡。要把加强服务与引导作为工作职能转变的重点内容,创新服务手段,拓展服务层面,不断提高宏观调控经济运行的能力和水平。

(三)加快转变工作方式,突出依法行政与重点协调。实践证明,经济运行工作必须尽快由主要依靠行政手段,转向注重运用经济和法律手段,严格依法行政,充分发挥市场配置资源的基础性作用。随着政府职能转变,经济运行工作的综合性更强,协调的工作难度更大,工作方式也必须由过去的以日常生产调度为主,转向对主要生产要素、关键环节和重点问题的综合协调,进一步增强协调工作的针对性和时效性,为国民经济稳健运行创造条件。

在实现上述“三个转变”的同时,还要着重把握好以下“四个方面”:

(一)加强运行分析,搞好信息导向。工交行业运行分析是经济运行工作的基础。要重视统计数据采集工作,把综合统计数据、行业统计数据、重点企业和区域信息等有机结合起来,确保采集渠道畅通,数据及时准确。要坚持监测分析和预测预警并重,加强对相关市场形势和变化趋势的研究,逐步由事后分析转向超前预测,准确把握工交行业运行走势,增强工作的主动性和前瞻性。要深入实际调查研究,及时发现经济运行中的活情况和新问题,提高分析判断问题的能力,提出切实可行的政策建议。在加强运行分析的基础上,搞好信息导向工作,及时发布运行动态和政策信息,为社会和企业提供服务。

(二)推进行业调整,继续淘汰落后。近年来,存量结构调整成为经济运行工作的重点之一,对优化资源配置、加快工业化进程起到了积极作用。推进行业调整、继续淘汰落后,要依据现行法律法规和国家产业政策,积极主动地开展工作。要结合行业现状和各地实际,正确处理好改革、发展与稳定的关系,抓住调整重点,注意工作方法,扎实稳步推进。在继续淘汰落后生产能力的同时,要注意防止出现新的低水平不合理重复建设。要以调整促发展,支持鼓励通过疏堵结合、压改结合、优化重组等方式,进一步优化行业和企业结构,提高国际竞争力。

(三)强化依法监管,提高行政水平。按照市场经济规则实施调控和监管,要坚持依法行政,并充分发挥行业协会的桥梁纽带作用。对于经过清理继续保留的行政审批(核)事项,要规范审批程序,强化责任意识,扭转“重审批、轻监管”的状况,不仅要把好审批关,更要把好监管关。进一步加强学习培训,提高干部的综合素质和依法行政水平。

(四)搞好综合协调,确保运行平稳。综合协调是经济运行工作的重要内容,对于确保工交行业平稳运行和国民经济持续快速健康发展具有重要作用。在机构调整和深化改革过程中,更要加强综合协调工作。认真关注并及时协调解决重点行业、重点地区在经济运行中出现的有关重大问题,确保经济发展平稳有序。

三、8项重点工作

(一)信息导向。坚持以新闻发布会形式,及时发布工交行业运行动态信息。定期编制《工交行业运行动态》、《工交行业经济运行监测月报》和《产业研究报告》等,逐步提高信息发布的权威性和有效性。开办互联网专栏,面向广大企业和社会公众,加强经济运行信息导向服务。

(二)行业调整。在前几年取得初步成效的基础上,坚持依据现行法律法规和国家产业政策,并结合推动新出台的《安全生产法》、《清洁生产促进法》的贯彻实施,协调有关部门,加大工作力度,进一步巩固淘汰落后成果,促进行业结构调整。注意改进工作方式,突出调整重点,深入研究提出推进重点行业调整的配套政策建议。

(三)现代物流。大力推进现代物流业发展,引导工商企业改造与重组现有物流资源,为建立社会化、专业化现代物流服务体系和促进第三方物流发展创造条件。将发展现代物流作为走新型工业化道路,采用高新技术和先进适用技术改造传统产业,以信息化带动工业化,以工业化促进信息化的重要切入点。在适当时机联合有关部委召开全国现代物流工作会议,全面推动现代物流业的快速发展。

(四)总量调控。继续按照市场需求,加强石油、煤炭、钢铁等重要能源、原材料产品的总量平衡工作,充分发挥政府对战略性物资的宏观调控作用。关注国内外市场变化,适时提出调控措施或建议,保证重要物资供需总量的基本平衡。

(五)盐业体制改革。盐业行政管理职能划入经贸委两年多来,已进行了大量调查研究和前期准备工作。在此基础上,尽快启动盐业体制改革,坚决实行政企分开,废除不适宜的现行管理规章,打破行业垄断经营,逐步引入市场竞争机制。

(六)地方石油企业重组。继续巩固石化行业清理整顿工作成果,加快地方小炼油企业重组步伐。按照国务院的部署和要求,把握方向,坚持原则,稳步推进,切实做好地方石油企业重组和整顿工作。

(七)行政审批监管。对于继续保留的行政审批项目,如煤炭生产许可证、经营许可证,农药生产批准证书,食盐“三证”,棉纺细纱机准购证和甘草、麻黄草收购许可证等,一定要建章立制,规范审批程序,明确责任,公开透明,依法把好审批关和监管关。

(八)重点问题研究。按照市场经济发展要求,注重一些宏观性、前瞻性、战略性问题的调查研究。从国家经济安全的角度,加强石油、煤炭等重要能源资源的战略性研究。对于市场化程度较高的轻工、纺织、机械、电子等行业,要探索新的管理模式,进一步提高竞争能力。

四、10个行业预期目标和工作要点

(一)石化行业

预期目标:工业总产值(不变价)比上年增长13%;原油产量1.69亿吨,增加200万吨;天然气产量340亿立方米,增加20亿立方米。成品油消费量1.24亿吨,增加500万吨;原油加工量2.1亿吨,增加600~900万吨;化肥产量3600万吨,增加140万吨;实现利润增长2%。

工作要点:1. 继续按照市场需求抓好总量平衡工作。要在已有基础上,探索建立符合市场经济行为的原油、成品油总量调控办法。建立监测预警机制,密切关注国际市场油价变化,在确保国内市场供需平稳的情况下,引导企业合理安排原油加工总量,将原油、成品油库存控制在合理水平。2. 做好地方石油企业重组工作。切实解决非法小油井无序开采、破坏生态环境等问题,为实现石油资源的合理开发和可持续发展 创造条件。2002年西部及海洋原油增幅较大,受价格及油质等因素影响,这部分原油在销售配置上的管理有待进一步加强,特别要防止其流入小炼油企业,扰乱市场供需秩序。3. 推进地方炼油企业重组,进一步优化产业布局。继续贯彻落实国务院关于关闭整顿小炼油厂的要求,督促地方政府采取有效措施,防止已关闭小炼油厂"死灰复燃"。继续严厉打击偷盗原油、成品油的非法行为,坚决取缔土炼油场点。4. 维护行业公平竞争秩序。重点做好专业工程质量监督管理,《农药管理条例》的实施,以及对化肥生产供应和进出口总量协调平衡工作。

(二)煤炭行业

预期目标:工业总产值(不变价)增长5%;煤炭产量增长2%;煤炭出口9000万吨,增长5%;实现利润与上年持平。

工作要点:1. 严格煤炭生产许可证监管,依法维护煤炭生产秩序。通过加强煤炭生产许可证监管,将规范煤炭生产秩序特别是整顿小煤矿工作纳入依法管理轨道。认真开展年检,对不具备颁证条件的煤矿提出限期整改,到期仍不合格的,依法予以关闭。会同煤炭有关部门对小煤矿关闭整顿不彻底、验收标准低、管理滑坡现象严重以及事故多发的地区进行重点督促检查。2. 适时发布供求信息,促进总量基本平衡。在掌握煤炭生产、消费情况,加强分析的基础上,及时发布煤炭产量、运量、消费量、价格、库存等信息,引导供需双方合理组织生产和采购,防止少数省区和企业产量增长过猛及超能力生产。3. 继续扩大煤炭出口,巩固国际市场份额。会同有关部门,在年度平衡时对出口资源和运力予以重点安排。加强日常执行情况协调,为扩大出口创造良好的外部条件。督促出口公司根据国际市场需求变化,进一步做好巩固老用户、开拓新市场工作,同时引导大同、兖州、平朔等煤矿顾全大局,积极提供出口资源。4. 规范国内煤炭经营秩序,搞好供需衔接。严格煤炭经营许可证的监管,依法规范煤炭经营秩序。会同有关部门做好煤炭产运需的年度安排,对日常执行中有可能出现的供需失衡、告急及运输问题,进行及时协调,确保国民经济发展对煤炭的需求。

(三)冶金行业

预期目标:工业总产值(不变价)增长10%,销售收入增长8%;钢产量1.90亿吨,增长5%,钢材产量1.84亿吨(不含复合材),增长9%;实现利润与上年持平。

工作要点:1. 坚持以市场为导向,做好总量供需平衡。按季度发布钢材供需信息,加强建筑和加工用钢材品种的产需衔接分析,引导企业按市场需求组织生产。积极推进钢铁工业结构调整和淘汰落后工作,坚决打击假冒伪劣的"地条钢",依法关闭污染严重、质量低劣的小钢厂。2. 坚持以提高竞争力为目标,积极扩大市场份额。引导企业推进技术进步,适应市场变化,积极开发新品种,降低产品成本,提高质量和效益。以实物产销率100%、贷款回笼率100%为目标,确保企业物流和资金流畅通。积极运用世贸组织规则,适时扩大优势品种出口。3. 加强对重点问题的调查研究。研究当前钢材消费需求规律,引导钢铁工业发展重心由规模扩张向质量品种转移;研究实施保障措施后国内钢材供需格局变化趋势,及时提出对策建议;研究引发低水平重复建设并屡禁不止的深层次原因,提出相应的措施建议;研究近期钢铁生产外部条件情况,促进钢铁工业可持续发展。

(四)有色行业

预期目标:工业总产值(不变价)增长16%;销售收入增长15%;10种有色金属产量1080万吨以上,增长10%-13%,其中铝450万吨、铜180万吨,分别增长10%以上;出口增长16%;实现利润增长8%。

工作要点:1. 积极引导有色金属工业调整结构。加强有色金属矿产的地质勘探及生产探矿工作,提高有色金属矿产资源保证程度。引导企业做好矿产、冶炼和加工的平衡,减少重复建设。以军工配套为契机,利用高科技手段做好有色金属工业的产业升级。以锑为突破口,加大对国家实行保护性开采特定矿种的采、选、冶和进出口秩序的调控工作力度。2. 继续关注有色产品过量、低价进口的冲击,防止国外低价倾销对国内产业发展造成损害。3. 加强稀有金属资源的合理利用及供需衔接。统筹考虑钽、铌、钨、钼、锡、锑等战略性资源上下游企业的发展,鼓励战略性资源向深加工产品延伸。合理控制矿产品开采及冶炼产品的规模,依法开展治理整顿工作,引导企业调整产品结构,提高经济效益。4. 及时协调解决有色金属工业经济运行中出现的问题。继续研究支持优势企业加快发展的政策措施。

(五)建材行业

预期目标:工业总产值(不变价)增长10%;销售收入增长9%;水泥产量7亿吨,其中新型干法窑外分解水泥1亿吨;平板玻璃产量2.2亿重箱;全行业实现利润增长10%以上。

工作要点:1. 按照市场需求做好总量平衡工作。以水泥、玻璃为重点,适时发布供求信息,引导企业按照市场需求组织生产,由数量的增长转向注重结构调整,优化品种和质量。2. 继续推动水泥工业结构调整和淘汰落后工作。充分发挥行业协会和重点企业的作用,鼓励大型水泥企业发展新型干法工艺,运用市场机制,通过兼并、重组、联合等方式,整合市场资源,发展先进生产力,促进水泥工业结构调整。进一步从质量、环保、节能、资源综合利用和建筑应用等方面入手，规范市场秩序，淘汰落后能力。3.坚决制止低水平重复建设。重点防止普通浮法玻璃的低水平重复建设，以及以技改名义扩径改造机立窑，严禁向西部地区转移落后设备。4.大力培育新的增长点。支持有关企业做好建材物流配送试点项目，加快建立与现代企业制度相适应的建材流通体系。

（六）纺织行业

预期目标：工业总产值（不变价）增长10%；化学纤维产量1050万吨以上，增长9%；纱900万吨以上，增长7%；纺织品服装出口620亿美元以上，增长3%以上；全行业实现利润增长3%。

工作要点：1. 完善棉纺总量调控制政策，推进纺织行业调整与发展。在淘汰落后、优化重组的基础上，支持企业引进先进装备，加快改造，促进发展。严格控制纺机源头，提高技术门槛，防止低水平重复建设。2. 加强行业运行动态分析和信息导向。巩固完善纺织全行业、各省市、2000户信息直达企业及重点跟踪企业的月度信息报送渠道。与行业协会联合定期召开纺织行业运行分析会，把握纺织经济运行特点、问题及走势。利用中纺网络及新闻发布会等形式发布行业信息，引导行业健康发展。3. 密切关注加入世贸组织对我国纺织工业运行与发展的影响。及时掌握国际市场动态，努力扩大纺织品服装出口，保持纺织经济平稳运行。密切跟踪棉花供求形势变化，关注棉花流通体制改革进程，促进形成公平竞争的市场环境。继续抓好棉纺行业结构调整，以化纤、印染和纺机为重点开展调研，针对存在的问题提出相应政策建议。

（七）轻工行业

预期目标：工业总产值（不变价）增长12%；实现利润增长11%；出口950亿美元，增长5%。

工作要点：1. 继续抓好结构调整工作。继续推动规模制糖和造纸行业的结构调整，进一步优化产业布局。会同有关部门研究支持食品工业发展的政策、措施，引导食品行业调整产品结构。2. 加快推进盐业体制改革。按照政企分开的原则，整顿规范市场秩序，加强食盐市场监管，做好食盐“三证”发放工作。3. 大力拓展轻工行业新的经济增长点。扶持发展较快的行业和产品，如休闲用品、健身用品、小家电、方便食品、农村用品、造纸产品、家具产品、不锈钢制品、轻工机械、室内装饰用品等。4. 加强轻工行业出口的战略性研究。对轻工行业的出口拳头产品，如皮革、文体用品、家电、金属制品、塑料、工美、手表、自行车、缝纫机、家具等，着重研究提高行业竞争力，提高产品技术含量，促进我国由轻工出口大国发展成为出口强国，由产品出口创汇转变为资本及品牌输出，实现境外生产和营销，形成轻工出口全方位多层次格局。

（八）机械行业

预期目标：工业总产值（不变价）增长13.5%；实现利润增长4%。

工作要点：1. 大力振兴装备制造业。围绕新型工业化建设，努力提高重大技术装备的开发创新能力和设计制造水平，积极推进机电一体化，加快建立现代化制造业基地，为各行业提供先进装备。2. 按照产业政策推动结构调整。坚持发展和淘汰并重，重点推进“以冷代热”工作。3. 抓好重大装备生产与配套协调工作。对于国家重点工程、重大技术装备、基础设施建设特别是西部大开发项目（西电东送、西气东输、青藏铁路、南水北调、三峡工程），跟踪承担这些项目设备制造企业的生产运行情况，帮助协调解决有关问题。4. 以“三农”为重点发展农业机械和农副产品深加工装备。会同中国农业机械协会对农机产品的产销状况进行调研，支持引导农副产品深加工装备的开发试制，研究提出相应的政策建议。5. 努力开拓国际市场。积极配合有关部门研究大型成套设备出口的扶持政策，给予出口企业必要的支持。支持鼓励企业有序地向国外转移加工能力，拓展新的发展空间。在巩固传统出口市场的同时，大力开拓东欧、拉美等新市场。

（九）医药行业

预期目标：工业总产值（不变价）增长18%；工业增加值增长15%；医药产品出口增长10%；商业销售额增长10%；工业利润增长20%，商业利润与上年持平。

工作要点：1. 加强行政审批监管。做好甘草、麻黄草专营和计划落实工作，加强对专营企业和收购企业的行政监管。做好医药储备管理和突发情况的救灾防疫药品紧急调运。组织起草《国家药品储备管理条例》，落实全国医药储备联网的前期准备工作。按照公共财政的要求，安排好中药材生产扶持资金项目。2. 推动企业改革与发展。培育一批具有国际竞争力的大公司和企业集团。推动强强联合，力争“十五”期间培育10个销售额在50亿元以上的大型医药企业。深化医药流通体制改革。推进医药商业企业与工业企业的沟通与合作，以中国医药集团、上海医药、广药集团、哈药集团、太极集团等10个企业为重点，建立药品物流配送体系和扩大连锁经营规模。3. 积极推进中药现代化，加快发展非专利药。

（十）交通运输与现代物流业

工作要点：认真做好运输协调工作。加强2003年春运工作和“黄金周”运输协调工作，保证重点地区、重点行业客货运输需求。积极探索运输协调新机制，充分发挥各级经贸委的作用，共同做好运输协调工作。2003年4月至6月，三峡工程实施蓄水断航，为保证断航期间的货物运输分流有序进行，要加强分流协调领导小组工作，提前作好前期准备事项，及时协调解决相关问题。继续推进集装箱多式联运，进一步贯彻《关于加快我国集装箱运输发展的若干意见》精神，规范集装箱运输市场秩序，把我国的集装箱运输推向新的发展阶段。

加快推动现代物流业发展。近年来，现代物流业呈蓬勃发展之势。这是实现信息化带动工业化，工业化促进信息化，走新型工业化道路的切入点和重要保障。要加快启动工商领域的物流需求，引导工商企业改造与提升企业物流。会同有关部门研究提出促进现代物流发展的政策措施，在市场准入、税收、投融资等方面为物流企业的经营与发展创造一个宽松和公平的宏观环境。继续做好利用外资合作开展的“中加内陆地区多式联运项目”、“中美现代物流与多式联运培训项目”等，提高我国综合运输管理和现代物流发展水平。

2003年产业发展趋势

国务院发展研究中心课题组

一、煤炭工业

2003年,对煤炭行业来说,机遇大于挑战,利好因素占主导地位,行业增长景气指数将保持平稳上升的态势,行业运行质量继续提升,经济效益进一步改善,安全、生产和职工生活等方面的欠账将得到补还,职工收入稳步增长,行业经济实力和市场竞争力继续增强。预计全国煤炭产量将在14.3—14.5亿吨,其中国内市场消费13.5-13.7亿吨,出口继续稳定在8500万吨左右。

二、石油天然气工业

2003年,国际油价将是先高后低,油价不会下滑至20美元/桶以下,全年均价将与2002年持平或高于2002年,同时,国内需求将保持适度增长,全年成品油消费总量为12250万~12500万吨,同比增长4%左右。因此,2003年石油天然气工业将继续复苏之路,全行业增长景气指数将延续2002年的回升势头;效益景气将继续回升,全年实现利润将超过2002年;市场竞争将向纵深发展。

三、电力行业

2003年国家宏观调控的方针政策基本延续2002年实施积极的财政政策和稳健的货币政策,继续发行国债,规模与2002年相同,民间投资有可能比2002年更大放宽,有利于GDP增长,预计2003年国民经济仍将会保持8%,甚至更快的速度发展。据此可以推断,电力依然会以较快的速度增长。中国产业增长景气指数预测分析系统显示:2003年电力工业增长景气总体运行于良好景气区间(历史峰值水平),全年虽有波动但平稳增长且保持较高增速是2003年全年的主要运行态势。预计全年全社会用电比2002年增长大约1620亿千瓦,总量达到17820亿千瓦时,增长率约10%。由于电力全国联网工程尚未全面完成,竞价渠道尚未建立和煤炭价格上涨致使火电成本上升,电价在2003年不会出现明显下调。

四、钢铁工业

2003年,中国经济将承接2002年的发展势头,经济增长有望达到8%,这将保证国内钢材需求继续扩张;同时,国际钢材市场消费形势将出现好转和中国继续实行较严厉的保障措施为行业运行提供了较理想的外部环境,因此,2003年,钢铁工业将延续2002年的平稳运行的态势,增长景气指数将继续保持在2002年年底形成的景气区间内;钢铁生产将持续增长,估计全年钢产量将达到2亿吨以上,钢材产量在2.1亿吨以上;国内钢材价格仍会保持较高的水平,效益继续增长,全年实现利润将超过2002年;钢材进口将得到抑制,出口有望高于2002年。

五、机械工业

2003年机械工业增长率将继续保持较高水平,由于2002年基数太高,主要经济指标增长速度可能要适当低些,按工业总产值计,将达15%左右的水平,按增加值计将达12%左右的水平。数控机床、发电设备、工程机械等主要行业继续看好,很可能创造历史最高水平。

六、汽车工业

在多种因素的综合作用下,预计2003年的汽车市场有可能保护较高的增长速度,全年汽车产销总量可以达到370万—400万辆,增长幅度在18%左右。预计载货车产销量为122—130万辆,客车产销量118—125万辆,轿车产销量135—145万辆。各类车型产量预测结果参考如下:

预计轿车将会对2003年的汽车市场起到重要的作用。消费者对于中国加入WTO之后的前景已逐步明朗,潜在需求明显得到释放,而同时,各轿车生产企业将陆续推出数十种新车型,舒适性、安全性和时尚性都将有较大的改进,激烈的市场竞争带来的供给结构优化与价格持续下降又将进一步刺激轿车有效需求的增长。预计2003年国产轿车产销量将达到约140万辆,增长幅度28%左右。进口轿车数量10万辆左右。对客车而言,由于国道和高速公路的迅速发展以及大中城市积极发展公共交通等有利因素的支撑,2003年仍将保持一定的增长幅度,预计全年客车产销量将达到约120万辆,增长率约为13%。对于载货车,2003年重型货车仍会成为载货车增长的主力军,固定资产投入继续加大,西部大开发战略实施的进一步深化,大规模基础建设特别是高速公路建设的进一步加快,将为重型货车提供高速增长基础条件。预计2003年载货车产销量达到约125万辆,增长幅度13%左右。综合考虑各方面因素,预计2003年汽车工业(含整车和零部件)销售收入增长速度将达到16—18%,汽车工业全行业景气水平将在2002年基础上再创新的景气高峰,达到160点左右的水平。

七、电子工业

2003年,电子工业将继续保持快速的增长态势,行业增长景气指数将继续在100点以上的高位区间运行。其中，消费类产品将进入高速增长期，投资类产品和元器件产品也将保持快速增长；预计全球PC市场增长7.6%；2003年出口仍将保持高速增长态势，出口产品结构将进一步提升；中国电信业总体规模将再上一个新台阶，预计到2003年底，中国移动通信用户总规模将达到3亿户，年增长40%以上，固定电话用户也将超过2.5亿户，电话普及率将达到40%。

八、家电制造业

2003年，家电制造业仍将维系复苏势头，增长景气继续回升；多数产品的国内市场需求与2002年基本持平或有小幅增长，空调器如果天气形势好将会有10%左右的增长空间，微波炉的跌势将趋于停止，大致稳定在2002年的水平；同时，家电的价格将持续保持在低位；2002年中国家电企业中民营企业开始崭露头角，2003年将继续有上乘表现，业绩将会有大幅度的跃升。

九、医药行业

中国医药行业经过艰难的兼并、重组，经历了多次降价及其国家对药品监管等不利因素，但整个产业朝着健康的方向发展。展望2003年，中药现代化以及生物制药业的快速发展为整个行业奠定了产业基础。另外还有一些外界积极因素将推进中国医药行业的发展，比如国际市场上一些跨国制药公司的"转移生产"将为中国的医药行业提供商机，2003年加入WTO的积极效应进一步释放等等。综合多方面因素考虑，2003年将是中国医药行业走向健康发展的一年。

十、建筑业

预计2003年建筑业仍将保持较快增长，行业增长景气指数将平稳上升，但是增长速度将会放缓，增长指数出现大幅上升的可能性比较小，增长速度低于2002年。建筑业总产值预计同比增长15%左右，建筑业就业人员仍将维持在占全社会就业5%的水平。在建筑业的产品结构中，近几年的热点包括住宅、大型能源建设和调度工程、城市基础设施将持续，建筑业的企业组织结构仍将进一步得到优化。但由于投资体制改革的滞后、企业经济效益较差的局面短期内难以有所改变。

十一、交通运输业

2003年，交通运输行业总体的增长景气将保持上升的态势，全行业将保持平稳发展的势头，但是在不同的月份行业增长景气差别仍将会比较大，在整个2003年年度内，无论客运还是货运，其景气增长指数都将保持波浪式的向前发展。预计铁路货运随着中国WTO政策的进一步调整，煤炭、冶炼物资、石油、化肥、粮食等物资的运量将还有一定的增长空间，运量会超过19亿吨。铁路客运将在2002年的基础上略有增长，水路、陆路和航空客货运都将保持不同程度的增长。

十二、邮电通信业

2003年邮电通信业将保持稳定快速增长，行业增长景气指数将继续在100点以上运行，但其增长景气指数预计不会达到2000–2001年120点以上的水平。

电信运营行业已走过生命周期中高速发展的初期，预计2003年在稳定的国内政治经济环境保障下、在行业改革和市场竞争深化的促进下、在巨大的通信消费需求拉动下，行业将保持近两年的快速增长势头，电信业务收入将有大约2倍于国民经济增速的同比增长速度，达到4600亿元左右，这样的增长性在全球电信业中仍将表现得十分突出。

各项电信业务的发展方面，固定电话和移动电话用户的增长幅度可能会略低于2002年，将分别增加约3300万和5500万用户，达到2.5亿户和2.6亿户左右，并且移动电话用户数将在2003年中期超过固定电话用户数；2.5G移动数据业务和宽带互联网接入业务的市场已经启动，2003年将形成日益充分的市场竞争和日益完善的产业价值链，并获得长足发展；长话市场的竞争将因电信和网通的南北互相渗透而加剧，固网增值业务将得到更多的挖掘。

十三、房地产业

住宅发展的规律性很强，据有关专家对世界各国住房发展的比较研究，人均住房面积增长速度呈"倒U"型特征：一旦住房消费开始启动，人均住房水平将快速增长，一般在人均住房建筑面积达到30—35平方米时，进入增长拐点，增速开始下降。当前，中国城镇住房发展仍然处于快速增长阶段，住宅发展的总量增长型特征较为明显，年均约产生7.2亿平方米的潜在住宅需求。结合上面对2002年驱动因素的分析，预计2003年房地产市场仍将保持快速增长势头，但速度会有所放缓，增长趋于理性。

十四、旅游业

预计2003年中国入境旅游人数可达1亿人次(其中，外国人可达1300万人次，入境过夜旅游人数可达3700万人次)，旅游外汇收入达到215亿美元；国内旅游可达8.4亿人次，收入可达4250亿元人民币；全年旅游总收入可达6000亿元人民币，比2002年增长9%。

2003年600种主要商品供求分析

国家经贸委贸易市场局 中华全国商业信息中心

最近,国家经贸委贸易市场局与中华全国商业信息中心会同各省、自治区、直辖市、计划单列市、副省级城市经贸委、有关地方商委及有关大型商业企业,对600种主要商品2003年上半年全国市场供求情况进行了排队分析,结果显示,600种主要商品中,供求基本平衡的商品87种;供过于求的商品513种,没有供不应求的商品。

2003年上半年商品市场供求变化的主要特点:

1. 粮食类商品供求基本平衡,优质品种的供应增加。2002年中国粮食总产量达到4.6亿吨,比2001年增产448万吨。但由于2000年、2001年粮食连续减产,2003年粮食的供求仍将保持供求基本平衡的态势。值得注意的是,随着小城镇建设的发展,农村人口向城镇的转移,以及农村居民生活水平的逐步提高,居民粮食消费主要向小麦、大米集中,高品质需求进一步提高,将使优质小麦、大米的供应趋紧。2003年农产品的进口平均关税由18.8%降至15.8%,粮食的配额许可证管理取消,但从2002的情况以及中国的具体国情来看,粮食的进口不会大幅增加,主要是专用优质品种的进口,因此对国内粮食的冲击不会明显加重。

2. 食用植物油的需求继续增加,优质品种保持供求基本平衡。食用植物油的供过于求并不完全因为居民需求饱和,而是由于中国居民消费水平较低,随着居民生活水平的提高,食用植物油需求在较长时期内仍是稳定增长的。由于2003年关税的进一步降低,食用植物油进口数量可能会比2002年有所增加,但从居民的消费习惯及出于安全的考虑,进口不会大幅增加,只要能控制好走私,2003年的国内食用物油市场供求矛盾不会加剧。

3. 糖酒副食类商品供求结构继续改善。食糖的供求基本保持平衡。白酒、啤酒类商品除少数名牌产品外,大部分品种以区域性消费为主,生产与市场需求结合得比较好,优质产品将保持供求基本平衡,低档产品仍供过于求。由于受消费习惯的影响,虽然有一些品牌商品进口会增加,但主要是作为调剂品种,满足个性消费的需要,总体上对供求关系的影响不大,但葡萄酒的进口对国产品的冲击程度将大于白酒、啤酒。烟类商品是垄断产业,计划性生产特征强。2003年烟草行业将继续调整生产结构,烟类商品仍将保持供求基本平衡的状况。副食类商品中猪肉、牛肉、羊肉、鸡蛋,由于规模化生产程度不断提高,供求关系进一步改善,基本保持供求平衡的态势。鲜奶由于需求的增长,供求也不断趋于改善。其他副食类商品,除部分名牌优质产品供求保持基本平衡外,大部分商品仍处于供过于求状态,假冒伪劣商品的冲击仍是造成供大于求的重要因素。

4. 农副产品供求矛盾继续缓解。2003年国家对农业结构调整力度将进一步加大,农产品的品种将更趋于满足市场的需要。茶叶、干菜及调味品的出口会有所增加,进口保持相对稳定,供求进一步趋于基本平衡;在干鲜果品及其制品中,优质产品需求增加,供求将保持基本平衡,低档产品仍供过于求。

5. 穿着类商品仍供过于求,但程度有所缓解。加入WTO后,中国的服装、纺织品的出口渠道进一步畅通,使出口量稳定增长。由于消费者对于穿着的需求越来越倾向于个性化、时尚化,追求质量、舒适、健康,商家进货方式、进货渠道的改变及实行多样化的价格促销措施,中高档、时尚品种的供求继续向好的方向发展,低档产品仍供过于求。随着产业结构调整的逐步深入,市场竞争机制的深度发挥,穿着类商品供求关系也不断趋于好转,但由于服装行业对资金、设备、技术的要求较低,穿着类商品供过于求改善的速度将慢于其他日用消费品行业。

6. 文化用品供求状况好转的态势继续保持。近几年中国教育事业,特别是高等教育事业快速发展,高校每年都在扩招,促进了对文化用品的需求,国内企业形象的提升,外资企业的不断增长,带动了对文化用品需求的增长,传媒业的发展,报刊业投资热的兴起,对纸张等文化用品的需求也在快速增长,使得文化用品的供求关系不断改善。

7. 家电商品供过于求的状况有所缓和。随着高端家电产品市场的逐步成熟,以及家电产业规模化程度的提高,家电产品的供过于求的状况也逐步好转,2003年农村市场对家电产品需求将继续有所加快,出口将持续增长,虽然进口关税进一步降低,洋品牌对国内市场的冲击不会有明显的变化。

8. 棉花类商品供求基本平衡。由于中国棉花减产,以及需求的上升,棉花类商品的供求将基本保持平衡。从资源和需求来分析,中国棉花类商品的供求,总体将是一种供求平衡、略紧的态势。

9. 燃料、钢材类商品供求基本平衡。受资源约束和美国可能攻打伊拉克的影响,汽油类商品供应有可能趋紧。受需求增长的影响,钢材类商品将呈现供求基本平衡的态势。

10. 轿车(小汽车)供求基本平衡。由于家用轿车价格不断下降、消费政策进一步调整,汽车消费环境进一步改善,居民对轿车的消费继续升温,轿车的供求将基本平衡。

11. 其他各类商品总体上仍处于供过于求的状态，但供过于求的程度都有所缓和。

87种供求基本平衡商品

1. 粮油商品：小麦、稻谷、玉米、大豆、花生油、豆油、菜籽油、芝麻油、葵花籽油、玉米胚油、橄榄油、棕榈油。

2. 糖酒副食：猪肉、牛肉、羊肉、鲜蛋、绵白糖、白砂糖、赤沙糖、天然奶油、一类卷烟、二类卷烟、三类卷烟、50度以上名优白酒、50度以下名优白酒、名优啤酒、普通啤酒、名优黄酒、红葡萄酒、白葡萄酒。

3. 茶叶：特种绿茶、精制炒青绿茶、精制烘青茶坯、茉莉花茶、玉兰花茶、珠兰花茶、乌龙毛茶、精制乌龙茶。

4. 干菜及调味品：香菇、黑木耳、黄花菜、笋干、榨菜、花椒、八角、胡椒、辣椒干。

5. 文化用品：新闻纸、铜版纸、书写纸、薄页纸、图画纸、描图纸、牛皮纸、水果保鲜纸、黄版纸、箱版纸、瓦楞原纸、宣纸、进口普通照相机、数码相机、照相机镜头。

6. 家用电器：35寸超平彩色电视机、35寸纯平彩色电视机、投影电视机。

7. 交电商品：轿车(小汽车)。

8. 棉麻商品：细绒棉、长绒棉、絮棉、棉短绒。

9. 畜产品：牛皮、山羊板皮、绵羊板皮、绵羊毛、山羊毛、山羊绒。

10. 其他类：汽油、柴油、煤油、盘条、螺纹钢、无缝钢管、冷卷板、热卷板、木材、煤炭、水泥。

513种供过于求商品

1. 粮油商品：亚麻籽油、棉籽油、茶油、米糠油、红花籽油。

2. 糖酒副食：糖精、巧克力制品、保健滋补品、速冻食品、休闲食品、豆奶、碳酸饮料、乳酸饮料、固体饮料、果蔬饮料、瓶装饮用水、方便面、方便粥、全脂淡奶粉、脱脂奶粉、中脂奶粉、进口民用奶粉、蔬菜罐头、四类卷烟、50度以上普通白酒、50度以下普通白酒、普通黄酒、果酒、肉制品、熟肉制品(真空包装)。

3. 茶叶：红毛茶、功夫红茶、炒青毛茶、烘青毛茶、紧压茶。

4. 干鲜果及其制品：苹果、梨、柑橘橙、西瓜、核桃、板栗、红枣。

5. 纺织品：普通市布、白市布、条格被单布、印花装饰布、纯毛粗花呢、毛涤花呢、真丝电力纺、真丝双绉、真丝绉缎、真丝素缎、真丝被面、人丝美丽绸。

6. 针棉织品：锦纶丝袜、连裤丝袜、棉线袜、毛巾、枕巾、浴巾、毛巾被、沙发巾、餐巾、床褥单、床罩、被罩、台布、枕芯、枕套、棉被、羽绒被、蚕丝被、羊毛被、挂毯、纯毛毛线、毛化纤混纺毛线、羊毛毛毯、素色棉毯、腈纶毛毯、拉舍尔毛毯。

7. 服装、鞋：男西装、男衬衫、T恤衫、女装、西裤、休闲裤、童装、牛仔服、夹克衫、风衣、防寒服、皮革服装、裘皮服装、针织内衣裤、保暖内衣、睡衣、针织运动服装、汗衫、背心、游泳衣、文胸、羊绒衫、纯毛毛衫、纯毛毛裤、纯毛混纺毛衫、纯毛混纺毛裤、棉毛裤、男牛皮鞋、女牛皮鞋、童牛皮鞋、男牛皮单靴、女牛皮单靴、男牛皮棉靴、女牛皮棉靴、男旅游皮鞋、女旅游皮鞋、童旅游皮鞋、男布单夹鞋、女布单夹鞋、童布单夹鞋、男布棉鞋、女布棉鞋、童布棉鞋、塑料鞋、胶鞋。

8. 日用百货：合成洗衣粉、食品食具洗涤液、杂物洗涤液、领洁净、衣物柔顺剂、油脂肥皂、复合肥皂、香皂、消毒湿纸巾、一次性纸(塑料)杯、牙膏、牙刷、护肤用品、护发美发用品、美容用品、卫生巾、婴儿纸尿裤、鞋油、杀虫防蛀用品、铁壳小口保温瓶、玻璃口杯、玻璃酒杯、玻璃成套水具、玻璃成套酒具、搪瓷面盆、精铝饭锅、铝合金压力锅、不粘锅、铝合金壶、不锈钢锅、不锈钢壶、不锈钢盘、不锈钢杯、不锈钢盆、不锈钢餐具、名牌家用缝纫机、手电筒、电池、民用小刀、民用锁、理发用具、塑料盒、塑料桶、塑料盆、塑料筐篮、塑料架、皮革箱、人造革箱、革皮手套、机械闹钟、石英电子闹钟、机械挂钟、石英电子挂钟、机械座(台)钟、石英电子座(台)钟、机械男式手表、机械女式手表、石英电子男式手表、石英电子女式手表、黄金饰品、铂金饰品、翡翠(玉)饰品、珍珠饰品、钻石饰品、进口成品眼镜、国产成品眼镜、电子玩具、金属玩具、布绒玩具、塑料玩具、童车。

9. 文化用品：拷贝纸、制图纸、机制毛边纸、邮封纸、电子打印原纸、餐巾纸、面巾纸、静电复印描图纸、装饰纸、复印纸、坐标纸、静电胶印版纸、传真纸、电子计算机纸、学生用本、办公用纸制品、碎纸机、打印机、复印机、传真机、电子计算机、笔记本计算机、电子记事本、电子扫描仪、普通型计算器、保险柜、文件柜、订书机、装订机、封箱机、铱金笔、圆珠笔、铅笔、自动铅笔、毛笔、油画棒、水彩笔、油画颜料、水彩颜料、国画颜料、学生用圆规、文具盒、学生用尺、橡皮、复写纸、绘图机、绘图仪器、晒图机、测量用品、胶印油墨、铅印油墨、誊写油墨、国产照相机、国产彩色胶卷、进口彩色胶卷、黑白胶片、印相纸、皮制篮球、皮制排球、皮制足球、乒乓球、羽毛球、乒乓球拍、羽毛球拍、网球拍、滑板车、电动滑板车、滑板、旱冰鞋、健身器材、钓鱼用具、游戏机、民族乐器、响铜乐器、有源音箱、西乐乐器、电声乐器、象棋、围棋。

10. 家用电器：21寸彩色电视机、25寸彩色电视机、29寸彩色电视机、迷你黑白电视机、移动(手持)电视机、家用摄像机、VCD、SVCD、DVD、便携式影碟机、家庭影院、CD机、袖珍收(录、放)音机、台式收(录、放)音机、复读机、电子出版物、组合音响、功放机、电话机、手机、寻呼机、家用双门电冰箱、家用多开门电冰箱、家用电冰柜、冷箱箱、家用窗式空调、家用分体壁挂式空调、家用柜式空调、空调扇、台扇、落地扇、吊扇、换气扇、家用电烤箱、家用微波炉、家用电磁灶、家用电饭煲、家用食品制备多用机、家用洗碗机、家用吸油烟机、家用双缸洗衣机、家用立桶全自动洗衣机、家用滚桶全自动洗衣机、燃气热水器、电热水器、冷热饮水器、家用消毒碗柜、空气加湿器、空气清新机、燃气灶、吸尘器、电熨斗、家用电热取暖器、电水瓶(壶)、家用豆浆机、家用多士炉、电火锅、电蒸锅、电饼铛、电钝锅、电咖啡壶、电榨汁机、家用电爆米花机、家用电炉、浴霸。

11. 家具：成套家具、床、桌子、椅子、沙发、柜、茶几、凳子、衣箱、架。

12. 五金商品：铁丝、元钉、合页、插销、窗纱、门锁、吊顶材料、窗帘类五金、活扳手、钢丝钳、鲤鱼钳、管子钳、圆嘴钳、木工手锯锯条、木工刨刃、木锉、十字镐、钢锉、电锤、电动冲击钻、木工电刨、电子数字定量秤、镀锌铁丝布、花草修剪工具。

13. 交电商品：普通型自行车、载重型自行车、轻便型自行车、山地自行车、电动自行车、国产二轮摩托车、进口二轮摩托车、国产三轮摩托车、民用灯具、建筑用灯具、工矿用灯具、舞台用灯具、灯泡、灯管、胶木电料、电线、电度表、绝缘材料。

14. 化工商品：纯碱、硫酸铝、硫酸铝钾（钾明矾）、漂白粉、铬酸铅、红矾钠、硫磺块、硫磺粉、染料、印染助剂、清漆、油性调和漆、醇酸清漆、醇酸调和漆。

15. 化学肥料：碳酸氢铵、硫酸铵、氯化铵、硝酸铵、尿素、过磷酸钙、钙美磷肥、氯化钾、硫酸钾、氮磷复合肥、磷酸二铵、氮磷钾复合肥。

16. 化学农药：敌百虫、敌敌畏、乐果、氧化乐果、甲基1605、乙基1605、久效磷、呋喃丹、菊酯杀虫剂、稻瘟净、多菌灵、井岗霉素、硫酸铜、2.4–滴丁脂、甲胺磷、丁草胺、草甘磷。

17. 农用薄膜：聚氯乙烯农用薄膜、聚乙烯地膜、聚乙烯棚膜。

18. 棉麻商品：黄红麻、苎麻、大麻。

19. 土产品：毛竹、篙竹、竹片、菜架竹、棕片、苇席、生漆、白蜡、薄荷油、木棉、稻草袋、蜂蜡蜂蜜、蜂王浆、鲜切花、干花、草皮。

20. 日用杂品：陶瓷餐具、陶瓷酒具、陶瓷茶具、陶瓷罐、铁把锅、铁炒勺、镀搪铁锅、木筷、木案板、竹蒸笼、铸铁炉子、铁皮炉子、白铁皮烟筒、木洗衣板、蚊香、铁簸箕、亚麻凉席、兰草凉席、竹制凉席、枕席、竹帘、扇子、捆扎绳、白砂锅、砂壶。

21. 炊事机械：和面机、调粉机、搅拌机、发酵机、熟化机、轧片机、切面机、饺子机、多用煎炸锅、蒸箱、烤箱、电烘烤炉、绞肉机、多切机、保鲜柜、洗碗机、调理台、组合橱柜。

22. 建筑装饰材料：白色釉面砖、彩色釉面砖、陶瓷马赛克、洗面器、水箱、拼木地板、墙壁纸、塑料地板、磨石地砖。

23. 其他类：角钢、工字钢、水泥。

第二部分

行业投资

农、林、水、资源、环保

中国农业投资建设情况

农业部部长 杜青林

一、2002年农业投资及建设成效

2002年，中央继续实行积极的财政政策，农业投资稳定增长。当年全国农牧渔业完成基本建设投资224.69亿元，比上年增长22.2%，占全社会基本建设投资的1.27%。其中，中央预算内资金安排农业部基本建设投资56.4亿元，较上年增加27.4亿元，增长94.38%。农村个人固定资产投资1166.76亿元，比上年增长8.43%。通过这些资金的投入，种养业良种繁育、动植物保护等农业基础设施得到进一步加强，农业生产条件得到改善；农业投资向优势农产品区域倾斜，有效地促进了农业结构的战略性调整。中央从统筹城乡经济社会发展的高度出发，启动了节水灌溉、人畜饮水、乡村道路、农村沼气、农村水电、草场围栏等农村"六小工程"，农村生活质量正在逐步得到改善。农业基本建设投资的增加，对于实现农产品竞争力增强、农业增效和农民增收作出了很大贡献。

（一）农业部安排投资建设重点及成效

农业部根据中国农业和农村经济发展新阶段的要求，针对中国加入WTO后农业面临的新形势，优化投资结构，突出投资重点，主要实施了7大类建设项目：

1. 种养业良种工程。安排投资9.61亿元，与2001年相比，投资额增加了5.23亿元，增长1倍多。其中种植业种子工程重点建设了农作物原种场、良种繁育基地44个，农作物及果茶种苗改良中心36个，果茶花菜良种苗木繁育和薯类脱毒等项目55个。为提高中国大豆竞争力，重点扶持建设了5个大豆育种中心和17个大豆良种生产基地。养殖业良种工程重点建设了奶牛原种场23个、肉牛原种场9个，扩建种公牛站8个、种猪场17个，支持建设了种羊场、种禽资源场、种兔（蜂）场、种畜禽性能测定中心等。兴建水产引育种中心6个，完善30个水产良种场。通过这些项目建设，并引导其它资金投入，提高了种养业的良种覆盖率和农产品品质，增强了农产品竞争力。

2. 动植物保护工程。安排投资10.37亿元，比2001年增加5亿元。畜禽疫病防治方面，在辽东半岛、胶东半岛、四川盆地、吉林中部、海南岛等5个区域内加强无规定动物疫病区示范区建设；在西部地区推进地、县级防疫冷链设施建设，提高西部地区对畜禽疫病的预防控制能力；在畜产品主产区加强县级防疫设施建设，尤其对畜产品出口量大的省份进一步强化畜产品质量安全检测设施。同时，加强中央级动物疫病诊断设施建设，通过国家动物疫病参考实验室、兽药及生物制品检测鉴定实验室、实验动物设施等建设，加强对重大动物疫病的监控与防治。植物病虫害防治方面，建设49个蝗虫地面应急防治站，扩建6个农用航空试验站，建设18个小麦条锈病综合治理试验站，在12个省（市）建设农药残留与质量监测中心，继续完善北京、广州、成都的植物检疫隔离场。渔业病害防治方面，重点建设31个渔业病害防治、渔业环境监测、水产品质量监督检测中心等，支持建设14个水生野生动物救护中心。通过这些项目建设，增强了动植物疫病虫害防控能力，降低了病虫害损失率，促进了农产品出口。

3. 草原生态保护与建设。安排投资19.3亿元,比2001年增加12.99亿元,增长3倍多。一是为退耕还林还草和草原植被恢复服务,建设牧草原种田1.1万亩,种子扩繁田8万亩。二是在内蒙古、甘肃、宁夏、青海、新疆、四川、云南等7省(区)草原退化和过度放牧区域的94个县(市、团场),通过禁牧、休牧、轮牧围栏,实施1亿亩天然草原退牧还草。三是对于天然草原面积大的内蒙古、新疆、青海3省(区),按照集中连片的原则选择37个县实施草原围栏1213万亩。四是安排了一批西部地区12省份及吉林延边、湖北恩施、湖南湘西等3个自治州的天然草原恢复与保护项目。

4. 渔政渔港设施建设。安排投资4.24亿元,比2001年增加2亿多元。重点建设国家一级群众渔港9个。与小城镇建设相结合,与渔民转产转业相衔接,建设中心渔港6个。同时,为促进200海里专属经济区管理,保障渔民生产安全,加快建设西南中沙渔业补给基地、渔政船、中国渔政指挥系统等。

5. 农产品生产基地建设。安排投资2.7亿元。重点建设商品粮、棉、油、糖基地,"粮经饲"三元结构种植示范基地,旱作节水农业示范基地,黑龙江农垦大豆生产示范基地,广东、云南、海南三省天然橡胶基地等。通过这些基地的示范,带动农业结构调整,促进优势农产品产业带的形成。

6. 农村沼气建设。安排投资2亿元。重点在退耕还林适宜地区和粮食主产区建设20万户农村户用沼气,同时在半农半牧区、东北寒冷地区安排了少量试验示范。作为"六小工程"之一的农村沼气,通过"一池三改"解决了农村能源问题,改善了农村生活条件,同时带动了庭院经济的发展,具有良好的经济、社会和生态效益。

7. 农业科研教育设施建设。安排投资3亿元,重点用于中国农科院、水科院等直属单位科研设施建设,以及农业广播学校、地市级农科所、农业中专等设施建设,进一步改善农业科研单位的研究条件,提高农业科研单位研究能力和水平。

(二)各地积极增加农业投资情况

经济较发达的东部地区,多途径增加农业投资。广东省通过实施省人大议案,每年安排财政资金支持"一乡一品"的特色农业基地、动物防疫设施建设、动植物良种引进与推广、农业机械化等专项建设资金1.5亿元。安排扶持农业产业化龙头企业贷款贴息金5000万元,现代化农业示范区建设3000万元,粮食生产专项资金5000万元,三高农业专项资金5000万元等,并且要求市、县级也相应增加对农业的投入。江苏省级财政实际用于农业的投资达4.3亿元,同比增长16.4%。浙江省级财政用于农业基础设施建设资金1.17亿元,同比增长15.5%。

中部地区充分利用自身优势,增加农业投资,组织实施一些特色工程。黑龙江省根据当地实际情况安排财政资金,扶持种养业良种、动植物防疫、草场建设、特种玉米基地等项目建设,全年安排财政资金6300万元,同比增长47%。吉林省为促进畜牧业发展,安排财政资金1.27亿元,用于畜禽良种、动物疫病防治和草原建设。河南省财政安排资金1.35亿元,用于农村小型公益设施、优质专用小麦种子生产基地、特色农产品生产基地、沿黄绿色奶牛带等项目建设。山西省全年用于农业项目建设的资金达2.4亿元。安徽省级财政安排农业资金1.5亿多元,同比增长10.3%,重点支持促进农产品流通、创建优质农产品品牌和农业产业化三大工程。

西部地区省份也根据当地财力情况,努力增加农业投资,发展特色农业。云南省级财政用于农业的投资达4亿多元,突出安排现代化农业示范、重大农业技术推广、冬季农业开发、农村草场建设、畜禽疫病防治、畜牧业产业化示范、良种繁育体系建设、高产稳产农田建设,还专项安排5000万元用于补助农业产业化龙头企业。四川省充分利用畜牧业大省和全国五大无规定动物疫病区示范区之一的区域优势,投入财政资金1.4亿多元,用于扶持畜牧业发展,促进畜产品出口。内蒙古自治区充分利用草原畜牧业尤其是奶业发展的优势,安排资金近1亿元,扶持畜禽良种繁育、畜禽疫病防治、草原建设等项目建设。

二、2002年农业投资建设的主要特点和问题

(一)农业部投资建设的主要特点

一是向西部地区倾斜。按照中央实施西部开发大战略的思路,农业基本建设投资突出向西部地区倾斜。不仅在项目安排上向西部地区倾斜,而且在项目资金构成上,调减地方配套资金的比例,按中央、地方1∶0.25–0.5配置资金,有的纯公益性项目全部安排中央投资。2002年西部地区12个省区的投资占农业部安排各地投资总额的60%,超过了安排东部和中部地区投资之和。

二是向重点项目集中。上述7大类重点建设项目投资达到51.2亿元,占农业部安排投资总额的91%。种植业、畜牧业、渔业、农垦4大行业投资49.7亿元,投资比重达88%。

三是直接安排农户投资增加。2002年农业部安排草场围栏、农村沼气等直接用于扶持农户改善生产、生活条件的投资5亿元,比2001年增长10多倍。

四是对项目建设质量的控制增强。针对农业建设项目多、规模小、分布广的特点,修订出台了农业基本建设项目计划管理办法,进一步规范了农业建设项目管理。

(二)农业投资建设中存在的主要问题

一是投资总量仍然不足。2002年虽然中央投资比上年增长94.38%,达到56亿多元,但与农业和农村经济发展需求相比,仍有很大差距。加入世界贸易组织后,政府对农业支持和保护的任务更加繁重。加快中国农业科技创新能力建设,更好地发挥中国农业的比较优势,提高农产品竞争力;完善防疫基础设施,强化对动植物疫病虫害的快速反应能力和扑灭控制能力;完善农产品质量监督体系,不断提高农产品质量;加快建设农产品市场与信息网络,实现生产与大市场的对接;加大对农业资源与生态环境的保护力度,实现农业的可持续发展,这些都需进一步增加投入。

二是直接用于改善农村生活环境的投资还需增加。2002年中央通过安排国债资金建设农村"六小工程",农业部也与有关部门一道,实施了退牧还草、农村沼气建设等工程。但这方面的资金投入,相对于人口众多、基础设施落后的广大农村而言,还

满足不了需要。

三是农业投资政策需要完善。随着社会主义市场经济的发展，中国农业和农村经济的生产、经营主体已逐渐发生变化。一方面有更多的不同所有制企业进入农业行业,兴办一些具有公益性、基础性的项目,对农业和农村经济的发展起到了重要的作用。另一面,原有的一些农业事业性单位已逐步改制变成企业,但其农业公益性服务的功能仍然存在。这些企业虽然也承担一定的公益性工作，但还不能享受国家有关投资政策的待遇。

四是基建项目监督管理还需加强。尽管近年来通过整合投资,农业项目重点逐步集中,但量大面广的特点,给农业建设项目监管带来一定的困难。从这两年项目检查情况看,项目建设中仍然存在一些不容忽视的问题,必须进一步加强建设全过程的监督管理。

三、2003年农业投资建设思路与重点

(一)总体思路

2003年农业基本建设投资的总体思路是:按照“三个代表”重要思想的要求,认真贯彻落实党的十六大精神和统筹城乡经济社会发展的一系列方针政策,针对当前农业和农村经济发展中的突出问题和加入WTO后农业面临的挑战，以农产品竞争力增强、农业增效、农民增收为目标,紧紧围绕加快农业结构战略性调整,实施优势农产品区域布局规划,发挥农业投资对资源配置的调控和引导作用,以完善农业基础设施、改善农业生产条件为出发点,整合投资,集中力量,突出重点,积极组织和建设一批能有效提高农业整体素质、增强农业发展后劲的示范引导性项目,培育具有较强竞争力的优势农产品,推动产业升级,促进农村经济繁荣和社会进步。

(二)投资安排原则

一是向优势农产品和优势区域倾斜。优先安排纳入优势农产品区域布局规划的项目,大力推进优势农产品区域布局规划的实施,尽快做大做强优势产业带(区),提高中国农产品的国际竞争力。二是集中资金办大事。每个行业、每个领域、每类项目都要突出重点,集中力量办好一二件大事,解决行业发展中的关键环节和瓶颈问题,避免全面铺开,分散力量。三是着力建设农业支持和保护体系。对功能相近、职能雷同、内容相似、布局重复的项目进行整合，着力抓好农业支持和保护体系建设，稳定和提高农业综合生产能力。四是加大对农户的直接投资力度。进一步加大直接用于农户改善生产生活条件项目的投资力度,努力改善农业生产条件,提高农村生活质量。

(三)投资建设重点

2003年农业投资建设重点是围绕优势农产品区域布局规划,加强农业支持保护体系建设。当前及今后一个时期,要着力抓好种养业良种繁育、农业科技创新与应用、动植物保护、农产品质量安全、农产品市场信息、农业资源与生态保护、农业社会化服务与管理等体系,为农业和农村经济发展提供系统支撑。

1. 种养业良种繁育体系建设。以优势农产品区域布局规划为指导,大力抓好种子工程、畜禽水产良种工程项目建设,全面提高优质种苗覆盖率。农作物种子工程重点加强大豆、小麦、玉米等主要农作物及苹果、柑桔等园艺产品的新材料(种质资源)、新品种开发研究设施、种质资源保护设施、种子引繁体系等建设。养殖业良种工程建设,重点加强以奶业为重点的种牛场、种羊场、种猪场和小品种种畜场建设,加快草食性动物良种化进程;同时,积极支持水产原、良种场建设。

2. 农业科技创新体系建设。一是大力加强国家级科研设施建设,进一步完善农业、水产、热带作物国家级科学院科研、实验设施,提高基础研究和应用研究水平。二是大力加强农业高新技术转化和产业化项目建设。三是选择建设一批全国性的重点农业应用科学实验室和实验研究基地。四是扶持有突出贡献的地(市)级农科所、重点农业中专、农业广播电视学校。

3. 动植物保护体系。以提高动植物病虫害有效预防、快速扑灭能力和农产品卫生安全监控能力为中心,以技术支撑和物资保障系统、基层防控设施、优势农产品主产区为建设重点,充分利用现有基础,实施植物保护、动物保护、水生动植物保护等3大工程,建设和完善国家级的动植物疫病防控等6大系统。尤其要加强中央兽医诊断技术支撑系统、基层疫病防治系统、重大疫情快速反应与控制系统和动植物非疫区建设,全面提高动植物保护能力和水平。

4. 农产品质量安全体系。整合已有资源,重组建设部级、省级农产品质量安全监督检测中心,强化对主要农产品质量的监督管理。依据优势农产品区域布局,突出13种优势农产品、出口产品、园艺作物产品,建设大宗作物、园艺作物、畜产品、水产品等标准化生产示范基地，直供垦区现代化农业示范基地、天然橡胶基地等。

5. 农业信息和农产品市场体系。突出农业信息的采集传输、储存开发、发布服务等三个环节,完善农业信息网络。推进农产品批发市场升级改造,发展农产品新型流通方式。

6. 农业资源与生态环境保护体系。加强以草种基地、天然草原恢复与保护、退牧还草为重点的草原生态建设,以农村户用沼气为重点的农村能源等项目建设,以雨养农业区旱作节水为重点的节水农业项目建设。继续实施沃土工程示范、保护性耕作示范等项目。在全国适宜水域建设渔业资源和珍稀濒危水生野生动物增殖放流设施,在重要水生野生动植物分布区建设自然保护区及其驯养繁殖基地,在重要渔业水域建立健全资源环境监测站。

7. 农业社会化服务与管理体系建设。通过建设,积极推进基层农业技术推广体系改革，实现公益性与经营性业务分离;积极推进农业综合执法,同时加强草原监理、渔政管理等具有法律授权的专业执法体系建设。加强沿海地区中心渔港建设、渔政船建造等工作。

中国林业投资建设情况

国家林业局局长 周生贤

2002年，随着举世瞩目的六大林业重点工程的全面启动，中央投资包括国债资金、中央财政专项资金等大幅度向林业六大重点工程倾斜，使各项林业建设快速推进，林业跨越式发展迈出了坚实的步伐。

一、2002 年林业固定资产投资完成情况

（一）林业固定资产投资规模

2002 年，全社会完成林业固定资产投资总额 315.24 亿元，比 2001 年增长 50.43%。其中，林业基本建设投资完成 306.24 亿元，比 2001 年增长 54.88%；林业更新改造投资完成 5.46 亿元，比 2001 年下降 19.26%；森工及其他固定资产投资完成 3.54 亿元，比 2001 年下降 30.31%。

从林业固定资产投资来源分析，国家投资完成 253.81 亿元，为其主要来源，占全部林业固定资产投资的 80.51%，比 2001 年增长 63.57%。其中，基本建设国家投资 251.19 亿元，比 2001 年增长 63.26%；更新改造国家投资 1.77 亿元，比 2001 年增长 56.77%；森工及其他固定资产国家投资 0.84 亿元，比 2001 年增长 405.03%。

从林业固定资产投资使用结构分析，营林固定资产投资完成 297.64 亿元，比 2001 年增长 55.03%；森工固定资产投资完成 17.60 亿元，比 2001 年增长 0.11%。在基本建设投资完成总额中，营林基本建设投资完成 296.14 亿元，比 2001 年增长 54.55%；森工基本建设投资完成 10.10 亿元，比 2001 年增长 65.44%；营林基本建设投资与森工基本建设投资比例由 2001 年的 31:1 调整为 29:1。

（二）林业固定资产投资投向

2002 年，林业固定资产投资主要投向六大林业重点工程，全年投资总额达到 255.80 亿元，占全部林业固定资产投资总额的 81.15%，比 2001 年增长 53.69%。其中天然林资源保护工程投资 93.37 亿元，占六大工程投资总额的 36.50%；退耕还林工程投资 110.61 亿元，占 43.24%；三北及长江流域等重点防护林体系建设工程投资总额 31.67 亿元，占 12.38%；京津风沙源治理工程、野生动植物及自然保护区建设工程以及重点地区速生丰产用材林基地建设工程投资分别为 12.32 亿元、3.93 亿元和 3.90 亿元，分别占六大工程投资总额的 4.82%、1.54%和 1.52%（如图所示）。

六大林业重点工程固定资产投资完成图示

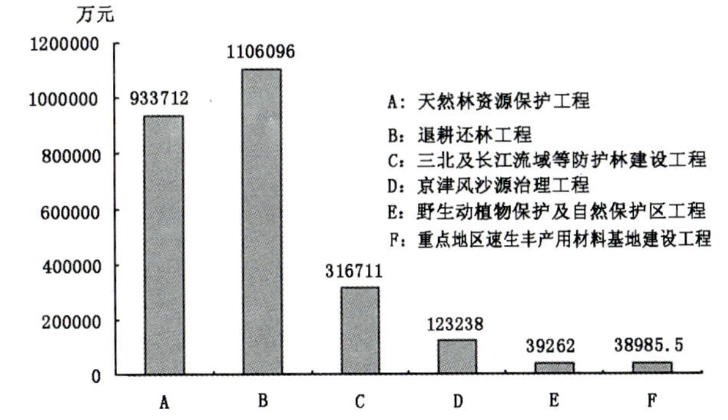

从林业固定资产投资的地区分布来看，按投资总量的排序依次是：西部大开发的 12 省区（主要包括四川、贵州、云南、重庆、西藏、陕西、甘肃、青海、宁夏、新疆、广西、内蒙古），东北国有林区（黑龙江、吉林），南方集体林区（主要包括湖南、湖北、广东、海南、浙江、安徽、福建、江西），其他少林地区（主要包括北京、天津、辽宁、河北、山西、上海、江苏、山东、河南）。纳入西部大开发的 12 个省（自治区、直辖市）固定资产投资完成额 163.09 亿元，占全部林业固定资产投资额的 51.74%，比 2001 年增长 62.04%，其中营林固定资产投资增长了 65.59%。西部林业固定资产投资及营林固定资产投资持续增长。其他少林地区林业固定资产投资由 2001 年的 28.49 亿元增加到 2002 年的 56.69 亿元，增长 98.99%。东北国有林区和南方集体林区固定资产投资呈继续增长之势，由 2001 年的 41.12 亿元增加到 2002 年的 47.28 亿元，增长 14.98%，其中营林固定资产投资增长 19.05%，森工固定资产投资下降 2.13%；而南方集体林区由

2001年的21.73亿元增加到2002年的31.74亿元，增长了46.07%。其中，营林固定资产投资增长57.44%，森工固定资产投资下降13.51%。

二、2002年林业固定资产投资特点

（一）投资规模继续扩大

与2001年相比，2002年林业固定资产投资总额增加105.68万元，增幅50.43%。

（二）国家投资力度继续加大

2002年国家投资比2001年增长63.57%，达到253.81亿元，占全部林业固定资产投资的比重为80.51%，与2001年相比，份额提高6.47个百分点。林业固定资产投资规模和国家资金注入比例的持续增长，表明林业的社会公益性事业的定位正在得到全社会的认可。

（三）林业重点工程成为林业建设的优先领域

退耕还林、天然林资源保护等六大林业重点工程是林业固定资产投资的主要方向，投资比例占全部林业固定资产投资的81.15%。

（四）森工基本建设投资比例增长

与营林基本建设投资比较，森工基本建设投资额度仍然很小，但增长幅度较大。与2001年相比，增长65.44%。可以认为，在一定程度上存在着的忽视林业产业体系发展的问题，已开始得到调整。

（五）投资的地区布局趋于合理

通过林业重点工程的启动，调整了林业投资格局，林业固定资产投资继续向生态脆弱的西部地区倾斜，同时，兼顾了其他少林地区林业发展。少林地区林业固定资产投资增幅较大，增长达98.99%，其资金全部投向营林生产建设，为少林地区的林业发展打好基础。

三、2002年林业投资主要建设成就

2002年，随着国家对林业资金注入的加大，六大林业重点工程和林业基础设施建设取得了良好成效。2002年，六大林业重点工程共完成造林面积677.74万公顷，占全国造林总面积的87.21%，比2001年增长113.58%，其中人工造林596.79万公顷，飞播造林80.95万公顷，分别比2001年增长151.17%和1.54%。年末实有封山育林面积达到1035.88万公顷，其中本年新封山育林137.66万公顷。与此同时，基础设施建设也得到了进一步加强。

（一）六大林业重点工程建设成就

天然林资源保护工程。2002年，天然林资源保护工程共完成造林面积85.61万公顷，其中人工造林20.40万公顷，飞播造林65.21万公顷，人工造林比2001年下降29.93%，飞播造林与2001年基本持平；全年完成新封山育林面积40.89万公顷，比2001年增长3.39%；森林管护面积达到9026.82万公顷。

退耕还林工程。2002年，退耕还林工程在前三年试点的基础上全面启动并取得重大进展，全年完成造林491.11万公顷，是2001年的5.40倍，其中退耕地造林228.45万公顷，荒山荒地造林262.66万公顷，分别是2001年的5.38倍和5.42倍，退耕还林工程造林面积占全国造林总面积的63.20%，种草11.28万公顷。

京津风沙源治理工程。2002年，京津风沙源治理工程共完成造林67.64万公顷，其中人工造林59.16万公顷，飞播造林8.48万公顷。在全部人工造林面积中，退耕造林24.47万公顷，占41.36%；草地治理面积47.89万公顷；小流域综合治理面积8.74万公顷；水利配套工程完成4324处。新封山(沙)育林17.34万公顷。各项治理总面积达到141.61万公顷。

三北及长江流域等重点防护林体系建设工程。2002年，三北防护林四期建设工程继续加强。为提高工程建设质量和效益，在项目安排上，把防沙治沙放在了突出位置；在造林方式上，加大了封育比重；在林种树种结构上，实行了以灌木为主、乔灌草结合的模式。2002年完成造林45.38万公顷，其中人工造林42.32万公顷，飞播造林3.06万公顷，营造防护林的比重达到76.65%。年末实有封山育林面积225.59万公顷，其中本年新封山育林37.80万公顷。低效防护林改造4176公顷。长江、沿海、珠江、太行山、平原绿化五个防护林工程，在总结一期建设经验的基础上，二期工程建设稳步实施，并重点完善建设模式、管理办法、技术规程和科技支撑，积极探索体制机制创新，呈现出新的生机和活力。2002年共完成造林32.19万公顷，其中长江防护林11.03万公顷、沿海防护林5.57万公顷、珠江防护林4.66万公顷、太行山绿化7.61万公顷，平原绿化3.32万公顷。在全部造林面积中，人工造林27.99万公顷，飞播造林4.20万公顷。工程营造防护林的比重达到72.33%。全年封山育林208.16万公顷，其中新封面积36.33万公顷。低效防护林改造4.86万公顷。

野生动植物保护及自然保护区建设工程。2002年完成了15个重点物种拯救、自然保护区建设和湿地示范工程建设的专项规划，进一步明确了目标任务和建设重点，加大了野生动植物保护及自然保护区建设力度和湿地保护。大熊猫、朱鹮、金丝猴、老虎、藏羚羊、兰科植物、苏铁等濒危物种的拯救繁育工作取得新进展。2002年，林业系统新建自然保护区249处，新增面积358.94万公顷。经国务院批准的国家级自然保护区已达188处，其中，林业系统管理的国家级自然保护区134处，面积5124万公顷，占国土总面积的5.34%。

重点地区速生丰产用材林基地建设工程。2002年7月国家计委正式批复了《重点地区速生丰产用材林基地建设工程规划》。随后，各地纷纷出台商品林建设的优惠政策，广大林农对发展速生丰产林热情高涨，用材企业纷纷建立自己的原料林基地，林纸结合、林板结合得到了进一步发展。2002年，共营造速生丰产用材林11.42万公顷。其中荒山荒地造林4.57万公顷，迹地造林5.19万公顷，非林业用地造林1.24万公顷，改培0.42万公顷。按培育目的分，纸浆原料林2.30万公顷，人造板原料林3.39万公顷，大径级用材林2.06万公顷，其他工业原料林3.67

万公顷,分别比2001年增长7.48%、57.67%、32.05%和20.72%,占全部速生丰产林造林面积比重分别为20.14%、29.68%、18.04%和32.14%。

(二)林业基础设施建设成就

在六大林业重点工程建设迅猛发展的同时,相关的配套基础设施建设也得到了进一步加强。2002年,集中资金建设了一批林木种苗项目,新增了种子和苗木生产能力300多万公斤和近50亿株,基地供种率和良种使用率分别提高了7个和8个百分点;组织实施了285项科技支撑项目,推广应用优良品种203个,初步解决了工程建设中一些急需解决的技术难题;加快了国有林区公检法基础设施建设,强化了19处森林公安看守所安全设施建设,改善了13处林区检察机关基础设施条件,改扩建基层法院审判法庭13处。

四、2002年林业投资政策

2002年林业的投资政策,在继续执行以往政策的基础上,对一些政策进行了补充完善,同时一些政策也有较大的突破。

(一)对继续执行的林业政策进行了完善

天然林保护工程政策。2002年,天然林资源保护工程各项政策措施得到进一步落实。在继续抓好停伐和木材减产、妥善分流安置富余职工、加强森林管护和生态公益林建设的同时,为进一步解决部分工程省(区)富余人员安置问题,2002年经国务院批准,内蒙古自治区、吉林省、海南省和新疆维吾尔自治区与新疆生产建设兵团的24516名富余职工一次性安置问题纳入天然林资源保护工程实施方案。按照工程实施方案确定的一次性安置补助标准和中央、地方财政负担的比例,中央将给予相应的资金投入。

退耕还林政策。为把退耕还林工作扎实、稳妥、健康地向前推进,在《国务院关于进一步做好退耕还林还草试点工作的若干意见》(国发[2000]24号)的基础上,2002年4月国务院下发了《国务院关于进一步完善退耕还林政策措施的若干意见》(国发[2002]10号),涉及到投资的政策内容主要有:明确了凡是水土流失严重和粮食产量低而不稳的坡耕地和沙化耕地,都应按国家批准的规划实施退耕还林。同时也规定了尚未承包到户及休耕的坡耕地,不纳入退耕还林兑现钱粮补助政策的范围,只补助种苗和造林补助费;调整了退耕还草的补助年限,规定退耕还草补助按2年计算;明确了退耕还林种苗和造林补助费发放方式,由各省根据实际情况确定;种苗和造林补助费只能用于种苗、造林补助和封育管护等支出,不得挪作他用;明确了退耕还林地方所需检查验收、兑现等费用由地方承担,国家有关部门的核查经费由中央承担;规定了巩固退耕还林成果的各项配套措施,如,结合退耕还林工程开展生态移民、封山绿化,加强农村能源建设,实行封山禁牧、舍饲圈养,加强川地、缓坡耕地的农田基本建设,大力调整农村产业结构,努力增加农民收入。

政府性基金政策。涉及林业的政府性基金共有两项,一是育林基金,根据财政部《关于公布保留的政府性基金项目的通知》和财政部、中国人民银行《关于将部分政府性基金纳入预算管理的通知》,维简费统一归类并入“育林基金”,纳入预算管理。二是森林植被恢复费,根据《中华人民共和国森林法》和《中华人民共和国森林法实施条例》,2002年10月,财政部、国家林业局联合出台了《森林植被恢复费征收使用管理暂行办法》,该《办法》明确规定了森林植被恢复费属于政府性基金,纳入预算管理,实行专款专用,年终节余结转下年使用,《办法》的出台对杜绝乱占林地、减少林地流失起到重要作用。

(二)有较大突破的政策

荒漠化防治政策。2002年,经过三年试点,《京津风沙源治理工程建设规划》正式得到国务院批准,京津风沙源治理工程全面正式启动。在试点的基础上,新增了农田牧场林网建设和生态移民任务,使工程建设内容得到了进一步的丰富和完善。以林业部门为主体,林、农、水各负其责的工程建设管理体制进一步完善,“四到省”的工程建设责任制得到有效落实。

京津风沙源治理主要政策内容涉及到退耕还林钱粮补助以及营造林、草地治理、水利措施和生态移民等的资金补助。退耕还林补助按国务院国发〔2000〕24号文件规定执行;人工造林每亩300元,中央每亩补助暂按100元计算;飞播造林每亩120元(含飞后管护),封山育林每亩70元,全部由中央投入;人工种草每亩投资120元,其中中央每亩补助暂按60元计算;飞播牧草每亩投资100元,中央每亩补助暂按50元计算;围栏封育每亩投资70元,中央每亩补助暂按40元计算;基本草场建设每亩投资500元,中央每亩补助暂按80元计算;草种基地建设每亩投资1200元,中央每亩补助暂按500元计算;水利措施水源及节水配套工程每处中央补助1万元;小流域综合治理工程每平方公里中央补助20万元;生态移民暂按每人5000元计算,全部由中央基建资金解决。退耕还林匹配的荒山荒地造林任务,在签订合同的基础上,可以单独切块安排给造林大户、企事业单位、社会团体、部队等各种社会组织和个人,享受国家每亩50元的种苗和造林补助。并依据有关法律和规定进行登记,确认权属,核发林权证。

森林植被恢复费收支管理。2002年,森林植被恢复费收取和使用管理取得重要突破,国家林业局与财政部联合下发了《森林植被恢复费征收使用管理暂行办法》,统一了全国森林植被恢复费的征收标准,这个标准比过去由各省制定的标准有较大幅度的提高,充分体现了严格保护森林资源、维护生态平衡的宗旨。《办法》还明确规定了收取的森林植被恢复费一律缴入国库,实行收支两条线和专款专用,为恢复森林植被提供了保障。为认真执行好森林植被恢复费收取标准,切实加强森林植被恢复费的使用管理,国家林业局下发了《关于认真执行森林植被恢复费征收使用管理暂行办法的通知》。据统计,2002年全国共收取森林植被恢复费3.6亿元,收取率为77.7%,比上一年度提高15个百分点。

五、2002年林业投资建设的经验及存在的问题

(一)经验

1. 以林业重点工程形式注入资金,提高了投资效率

实施六大工程,推进历史性转变,实现林业跨越式发展,是

"十五"和今后十年林业工作的基本思路。按照林业跨越式发展的需要，通过对林业重点工程资金的注入，有力地保证了国家对林业建设特别是生态环境建设支持的倾向性、持续性、稳定性，并有效地加强了支持力度。同时，进一步改善了林业投资布局，减少了交叉重复，提高了投资效率。

2. 对林业资金实施制度化、规范化管理

2002年，林业资金管理本着"严管林、慎用钱、质为先"的要求采取了一系列行之有效的措施，工程建设资金管理进一步制度化、规范化。国家林业局相继出台了《林业重点生态工程建设资金违规责任追究暂行规定》、《林业重点生态工程建设资金管理暂行规定》。各地也陆续出台了一些行之有效的管理办法。贵州省出台了《贵州省林业重点工程建设资金管理暂行规定》；陕西省出台了《陕西省林业重点工程项目管理办法》，并下发了《陕西省天然林资源保护工程集体林管护事业费管理办法》等。这些规定和办法的出台，对管好用好资金发挥了重要作用。

3. 对林业资金进行稽查和监管

随着国家对林业投入力度的加大，资金使用过程中的稽查和监管工作显得越来越重要。为了加强对林业重点工程资金的监督力度，各地已经陆续设立资金稽查机构，同时充实和健全资金稽查队伍。全国已有24个省级林业主管部门成立了资金稽查机构，部分市、县相继成立了林业重点工程项目资金稽查办公室，使林业重点工程建设资金实现了专业化、经常化、规范化监督管理。

（二）问题

1. 林业生态工程建设缺乏长期稳定的投资渠道

目前，六大林业重点工程全部靠国债支撑，国家一旦停发国债，六大林业重点工程投资将无长期稳定来源。另外，在资金安排上，国家对天然林资源保护工程、退耕还林工程和京津风沙源治理工程所需投资给予了重点保证，但"三北"及长江流域等防护林、野生动植物保护及自然保护区建设、森林防火、森林病虫害防治等项目投资均未按规划到位，特别是"三北"防护林工程年均投资不到规划的30%，存在中央投资总量不足和补助标准偏低的问题。

2. 地方配套资金不到位

考虑到中西部地区地方财政状况较差的实际情况，国家林业局最大限度地降低了中西部地区六大林业重点工程地方配套资金比例，但实际上大部分西部省区地方配套资金仍不能足额及时到位，成为工程建设顺利实施和持久稳定开展的隐患。

3. 各工程资金保障程度不同

六大林业重点工程中有五项是生态建设工程，就目前情况看，天然林资源保护、退耕还林、京津风沙源治理工程，国家在资金投入上有一定保障。而三北及长江流域等重点防护林工程，其投资远远达不到下达规划任务的要求，从而难以保证工程的健康发展。

4. 资金使用中存在违规截留、抵扣、挪用、虚报等违规违法问题

从近年来财政、计委和审计署对林业重点工程的检查、审计和林业行业自身组织的稽查、专项检查看，资金使用总体是好的，但仍存在一些违规问题，如擅自调改计划，截留、违规抵扣、挤占、挪用工程资金等问题。虽然这些问题发生在个别地区和个别单位，但严重地影响了林业重点工程的顺利实施。

六、2003年林业投资建设展望

2003年林业投资坚持统筹兼顾、统筹安排的原则，既突出重点，又兼顾面上急需。同时，积极推进各项改革进程，创造宽松的林业投资环境，确保林业各项工作扎实稳步推进。

（一）优先保证六大工程建设的投资需要，同时对发挥基础保障和先导作用的种苗、科技推广、"三防"体系建设给予重点统筹

2003年，国家安排国债投资和中央财政资金重点保证退耕还林工程、天然林资源保护工程、京津风沙源治理工程、"三北"和长江流域等防护林工程、野生动植物保护工程、种苗项目、重点火险区治理项目、危险性森林病虫害防治项目和森林公园建设等。国家预算内投资和其他财政资金重点用于"三防"体系、林业科技教育、林业工作站等林业基础设施项目。按照国家计委关于加快信息化建设的要求和国家林业局党组有关指示精神，从林业实施跨越式发展，实行集约化经营，提高管理水平的需要出发，加快林业信息化建设进程。各地立足于自筹资金，抓紧完善本省林业信息化管理手段，对于部分困难省区，国家林业局适当给予补助，以确保中央、地方信息化建设的同步开展。

（二）确定财政专项资金的扶持重点

财政专项资金重点扶持贫困国有林场改善生产生活设施，用于危险性、危害性严重的森林病虫鼠害的工程治理以及重大森林病虫害的救灾补助，重点工程区营造薪炭林和建设沼气池等；农业综合开发资金要重点支持"两湖一库"地区、太行山绿化和黄河故道沙化治理项目；加大林业产业的培植，集中资金发展一批名特优新经济林和花卉项目，扶持一批多种所有制形式的"公司+农户"的龙头企业。

（三）进一步加强对林业利用外资的争取和引导

外国政府和国际组织无偿援助、优惠贷款重点安排林业生态建设，特别是国家财政投入相对不足的领域和区域；外商投资、国外商业贷款主要用于发展林业产业，产业发展要符合国家产业政策和《外商投资产业指导目录》中的林业条款；对纳入国家林业局《林业利用外资备选项目库》的项目，要积极引导外资注入。

（四）积极推进育林基金和维简费的改革

自2000年开始，国家率先在安徽、江苏进行农村税费改革试点，2002年又进一步扩大了试点范围，试点地区林农税费负担已大大减轻，林业部门征收的育林基金和维简费过高的问题日益凸显。目前育林基金和维简费高达木材售价的15-26%，如此高的交费率既不符合当前改革的形势，也不利于调动全社

会，特别是农民的造林积极性。为此，国家林业局将会同财政部，在充分调研的基础上，对育林基金和维简费制度进行改革，修改完善《育林基金管理办法》。

（五）继续推进森林资源资产化管理改革

加快《森林资源资产抵押贷款管理办法》和《森林资产会计核算办法》这两个部门规章的研究和制定工作，加大工作力度，加快工作进度，力争年内《森林资产会计核算办法》的制定取得实质性进展，《森林资源资产抵押贷款管理办法》以文件形式颁布。同时，进一步加强森林资源资产产权变动管理、资产评估管理及评估机构、评估人员资质认定等工作。各省区要结合工作实际，在森林资产化管理和课题已有研究成果的基础上加快成果的转化推广运用，有重点、有针对性地开展资产化管理工作，力求在重点领域取得实质性进展。

中国水利行业投资建设情况

水利部副部长 陈雷

2002年，中央继续实施积极的财政政策，中央水利基本建设投资继续保持较高的水平。水利部以党的十五届五中全会和中央经济工作会议精神为指导，全面贯彻落实全国计划会议与水利厅局长会议精神；按照“三个代表”的要求，切实加强与人民群众生产、生活、生存密切相关的重点水利工程建设；与时俱进，开拓创新，以水资源的可持续利用促进经济社会的可持续发展。

一、中央水利基建投资规模

中央水利基建投资继2001年达历史最高后，2002年继续保持了较高水平。2002年中央水利基建共安排投资计划573亿元，其中中央投资320亿元，地方配套253亿元。中央投资中非经营性基金73亿元，占中央投资总额的23%；国债222亿元，占69%；水利建设基金14亿元，占4%；利用外资11亿元，占3%。与2001年相比较，中央投资总规模减少81亿元，主要是国债投资规模由2002年的302亿元减少为222亿元。

二、中央投资计划安排重点

2002年中央水利基本建设投资的安排原则：按照水利发展“十五”计划，突出以大江大河防洪工程建设为重点，力争尽快完成大部分水利国债续建项目；优化调整投资结构，加大水资源工程投资力度，大力推动水资源优化配置、高效利用、有效保护和科学管理；积极实施西部大开发战略，加大塔里木河、黑河流域综合治理等西部水利基础设施和生态系统建设力度。主要安排了以下四个重点领域：

（一）继续突出以堤防工程为重点的防洪工程建设

防洪工程共安排中央投资181亿元，占中央投资总规模的57%。其中，长江、黄河、松花江、嫩江等大江大河堤防工程投资98亿元，实现了作为积极财政政策标志性工程的长江干流堤防于2002年底基本修完修好的目标；嫩江尼尔基、广西百色、淮河临淮岗等流域控制性枢纽工程投资35亿元，进一步完善了七大江河的防洪体系；病险水库除险加固工程投资43亿元，对382座病险水库实施了除险加固，为实现水利部党组提出的“三年使病险水库除险加固专项规划内729座大型及重点中型病险水库完成除险加固任务”的目标打下了坚实基础；蓄滞洪区安全建设投资5亿元，重点安排了长江中下游湘、鄂、赣、皖四省的平垸行洪巩固工程建设。

（二）调整投资结构，加大水资源工程建设投入力度

水资源工程安排中央投资93亿元，占中央投资总规模的29%。其中，重点水源工程投资33亿元，重点安排了宁夏扶贫扬黄、山西引黄入晋、西南地区中型水库等工程。继2000年之后，再次成功实施了引黄济津，确保了天津人民生产生活用水和大都市的社会稳定。南水北调工程顺利开工，实现了由前期

论证转入全面建设的实质性跨越；人畜饮水工程投资27亿元，可使“八七”扶贫攻坚计划中剩余的2423万饮水困难人口从此告别祖祖辈辈吃水难的历史，同时解决了986万因旱新增及氟砷病区人民的饮水困难问题；节水灌溉工程投资25亿元，主要用于以节水为中心的大型灌区改造和节水灌溉工程建设，启动了牧区水利工程；环首都水资源保护工程投资8亿元，全面推动了首都水资源工程建设。

（三）加快水土保持和生态环境建设

水土保持生态工程安排中央投资28亿元，是2001年的2.9倍，占中央投资总规模的9%。进一步加快了以长江上游、黄河上中游为重点的水土保持生态工程建设，启动了黄土高原淤地坝工程；以生态建设和修复为切入点，全面实施了塔里木河、黑河生态综合治理工程。

（四）完善水利前期工作，进一步加强机构能力建设

专项工程安排中央投资18亿元，占中央投资总规模的5%，主要用于水利前期工作、三水(水文、水质监测、水政监察)、基础设施和科研教育以及农村电气化县建设等方面，保证了南水北调、塔里木河治理、黑河治理、首都水资源保护工程等水利重点工程建设的前期工作要求；进一步加快了七大江河和国际界河水文站网建设步伐；促进了水资源管理现代化的进程；进一步改善了基层单位的生产和办公条件，提高了流域机构的水管理能力。

三、中央水利基建投资的特点

2002年中央水利基建投资充分体现了以人为本、资源为纲、生态优先的可持续发展原则。与2001年相比具有以下特点：

（一）按照水利“十五”计划纲要，突出以大江大河防洪工程建设为重点

坚持实行“先一、保二、压三”的原则，力争尽快完成大部分水利国债续建项目。“先一”，就是优先安排当年能够完成的国债续建项目，使其尽快发挥效益；“保二”，就是对于近期能够竣工的国债续建项目，保证适度的投资强度，确保其能够顺利实施；“压三”，就是尽量压缩新开工项目和近期难以竣工项目的投资。

（二）紧紧围绕资源水利和可持续发展水利这条主线，进一步优化调整投资结构

水资源和水保生态建设的投资力度显著增强，有力地推进了水资源的优化配置、高效利用、有效保护和科学管理，促进人与自然的和谐相处。与2001年相比，防洪工程投资所占比重由74%显著下降为57%，而水资源和水保、生态建设的投资比重却由21%提高到38%。虽然中央投资总规模较2001年减少81亿元，但用于水资源和水保、生态建设的投资却由2001年的84亿元增加到121亿元，增加37亿元。

（三）积极实施西部大开发战略，加大塔里木河、黑河流域综合治理等西部水利基础设施建设和生态系统建设力度

就地域分布来讲，2002年中央投资仍然以中、西部地区为重点。安排东部地区中央投资48亿元，仅占中央总投资的15%；中部地区144亿元，占45%；西部地区128亿元，占40%。东、中、西部地区中央投资比例为3:9:8。

四、水利基本建设投资的成效

2002年中央水利基建投资完成后，计划安排的重点工程都取得了明显的成效，充分发挥了投资效益，主要表现在以下几个方面：

（一） 全国大江大河的防洪工程体系更加完善，防洪能力得到了全面提升

长江中下游干流3576公里堤防断面基本达标；黄河下游堤防得到了全面加高加固；治淮骨干工程建设进程加快，在防御2002年淮河大水中发挥了重要作用；松花江、辽河、珠江、海河干堤建设都取得了明显的成效；治太骨干工程已经完成；黄河小浪底、淮河临淮岗、嫩江尼尔基、广西百色等一批控制性枢纽工程建设进展顺利，黄河小浪底已开始试运行并发挥效益。

（二）有效地解决了部分地区城乡人民生产生活用水需求和饮水安全

2002年，共有328座病险水库摘掉了病险的帽子，规划内729座大型及重点中型病险水库中销号数量达到441座，水利部党组提出的3年内使规划内大型及重点中型病险水库基本销号的目标完成过半；直接关系到人民群众饮水安全的人畜饮水工程解决了977万农村人口的饮水困难，使2000年以来3年来解决的饮水困难人口达到了3409万人；通过骨干水源工程建设和实施引黄济津等项目，有效地缓解了城乡人民群众的饮水问题，保证了工农业生产用水需求；结合中国加入WTO后绿箱政策的实施，灌区续建配套及节水改造工程效益可观，2002年新增灌溉面积330万亩，改善灌溉面积1700万亩，年均增加粮食生产能力19亿公斤，年节水24.4亿立方米。

（三）水土保持、生态环境建设有效地改善了部分生态脆弱地区的生态环境，促进了人与自然的和谐共处

2002年长江、黄河等大江大河源流区5万平方公里水土流失面积得到了治理；塔里木河、黑河生态综合整治工程，使干涸多年的流域下游重现绿色生机；在黄土高原上启动的淤地坝工程，可在有效地减少进入黄河的泥沙的同时，进一步解决当地群众的生产生活用水问题，加快群众的脱贫致富步伐，改善生态环境。

中国矿产资源勘查开发和土地开发复垦投资情况

国土资源部副部长

一、地质调查

2002年完成地质调查项目费用85670万元。其中,国土资源调查经费84627万元,占项目经费的98.78%;地质勘探费194万元,占项目经费的0.23%;矿产资源补偿费256万元,占项目经费的0.30%;地方财政资金402万元,占项目经费的0.47%;其他投入192万元,占项目经费的0.22%。

完成地质调查项目费用85670万元中,扣除南沙专项和大陆科学钻探完成的经费后为79136万元,按地区分布大致情况为:东部地区完成22268万元,占完成项目经费总额的28%;中部地区完成14969万元,占完成项目经费总额的19%;西部地区完成41899万元,占完成项目经费总额的53%。

二、地质勘查

(一)地质勘查资金投入规模

2002年全地勘行业地质勘查投入222.03亿元,与2001年相比,地勘总投入减少了0.15%。

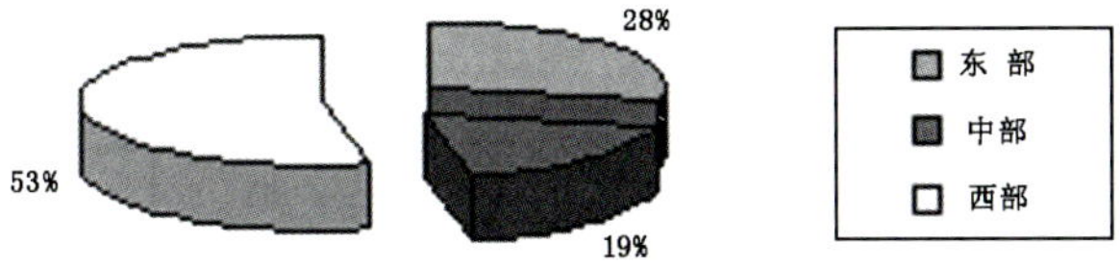

图1 地质调查项目经费－按地区

(二)投资结构

2002年全地勘行业地质勘查投入222.03亿元,其中国家地勘费投入10.04亿元,地方财政资金7.24亿元(含矿产资源补偿费1.43亿元),企事业单位投资203.28亿元,其他资金1.47亿元。各项投资与2001年相比,国拨地勘费投入增加10.26%,地方财政资金增加32.59%,矿产资源补偿费增加90.84%,企事业单位投资减少1.47,其他投入减少1.15%。(详见表1)

随着西部大开发战略的实施,地质勘查投资明显向西部地区倾斜,西部地区地勘投入比重不断上升。2002年西部地区地勘

表1 地质勘查投入表——按来源

货币单位:千元

年份		总投资	国拨地勘费	地方财政资金		企事业投入	其他投入
				合计	其中:矿产资源补偿费		
2002年	数量	21,766,658	1,788,162	191,310	62,820	14,119,333	5,667,853
	所占比例%	100	8.2	0.9	0.3	64.9	26.0
2001年	数量	22,236,514	910,256	546,055	75,077	20,631,553	148,650
	比上年增长%	2.16	−49.10	185.43	19.51	46.12	−97.38
	所占比例%	100	4.09	2.46	0.34	92.78	0.67
2002年	数量	22,202,728	1,003,648	723,997	143,279	20,328,140	146,943
	比上年增长%	−0.15	10.26	32.59	90.84	−1.47	−1.15
	所占比例%	100.00	4.52	3.26	0.65	91.56	0.66

资料来源:国土资源综合统计年报 2000—2002年。

总投入为94.32895亿元,较2001年增加3.35839亿元,西部地区投资比重较2001年上升了3.69个百分点。继2001年开始,西部地区地勘费总投入比重连续两年超过东部地区。(详见表2)

(三)地勘投资效果

从新发现矿产地数量看,所有矿种总计,2000年比1997年减少157处。

新发现矿产地总数比2001年又增加46处,其中新发现的能源矿产地增加73处,金属矿产地减少33处,非金属矿产地增加2处,地下水增加4处。(详见表3)

三、矿产资源勘查和采矿登记情况

1. 固体矿产勘查、开采登记情况

表2 分地区地质勘查投入表

货币单位;千元

		2001年		2002年		
		数量	所占比例%	数量	所占比例%	比上年%
地勘总投入	总计	22236514	100	22202728	100	-0.15
	东部	8909994	40.07	8763314	39.47	-1.65
	中部	4229464	19.02	4006518	18.05	-5.27
	西部	9097056	40.91	9432895	42.49	3.69

资料来源:国土资源综合统计年报2001,2002年。

表3 找矿效果表

单位:处

	1997年	1998年	1999年	2000年	2001年	2002年
新发现矿产地			172	123	199	245
新发现和新证实的工业矿床	280	221				
其中:按矿种						
一、能源矿产	55	39	45	33	24	97
煤	4	3	4	3		10
石油	45	23	26	20		71
天然气	6	12	14	10		16
铀		1	1			
二、金属矿产	153	116	85	63	112	79
黑色金属矿产	3	9	7	4		6
有色金属矿产	26	26	16	17		38
贵金属矿产	124	80	61	41		35
稀有、稀土矿产		1	1	1		
三、非金属矿产	67	53	40	23	48	50
四、地下水	5	13	2	4	15	19

资料来源:地质矿产统计年报1997-1998;国土资源综合统计年报1999-2002年。

表4 勘查、采矿登记总情况

勘查许可登记	1999年	2000年	2001年	2002年
批准发证数(个)	4320	4689	5688	5910
采矿许可登记	1999年	2000年	2001年	2002年
批准发证数(个)	26073	35802	32746	29899

资料来源:国土资源综合统计年报1999-2002年。

从2001年开始,新发现矿产地总数有所上升,比2000年增加76处,其中新发现的能源矿产地减少9处,金属矿产地增加49处,非金属矿产地增加25处,地下水增加11处。2002年

在非油气矿产勘查登记方面,2002年,共批准发放许可证35809个,其中勘查许可证5910个,采矿许可证29899个。(详见表4)

勘查许可证发放总体呈递增趋势,而采矿许可证发放呈先

增后减的趋势。

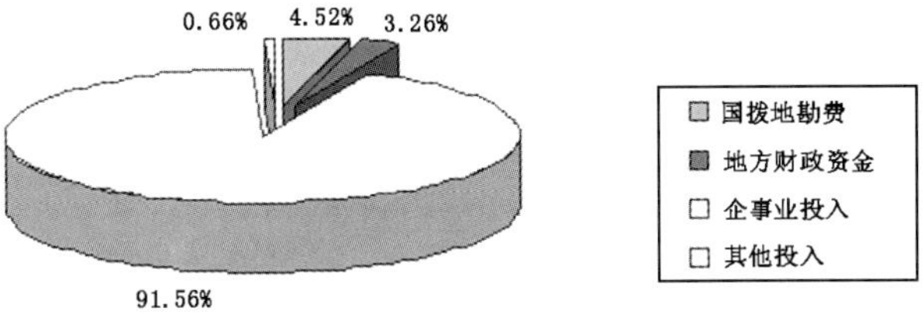

图 2 2002 地勘投入结构图

在勘查许可证中，贵金属、有色金属和非金属矿产勘查占了大部分比重，以贵金属矿产为例，1999 年为 2493 个，占了全部勘查的 57.7%，2000 年、2001 年、2002 年也分别占了 53.2%、38.5%和 32.8%，但同时也可看出，它是呈现递减趋势的，而其他矿产的勘查证个数基本上都是递增的。

在采矿许可证中，非金属矿产明显占了较高比例，1999-2002 年，分别达到了 82.3%、86.7%、89.7%和 89.9%，呈现递增趋势，其他矿产基本上呈现减少趋势。

从地区分布看，勘查许可证主要分布在西部地区，1999-2002 年，4 年的比例全部超过了 50%；在采矿许可证分布方面，东部和西部地区各年所占比例相当，基本都在 30%以上。(详见表 5)

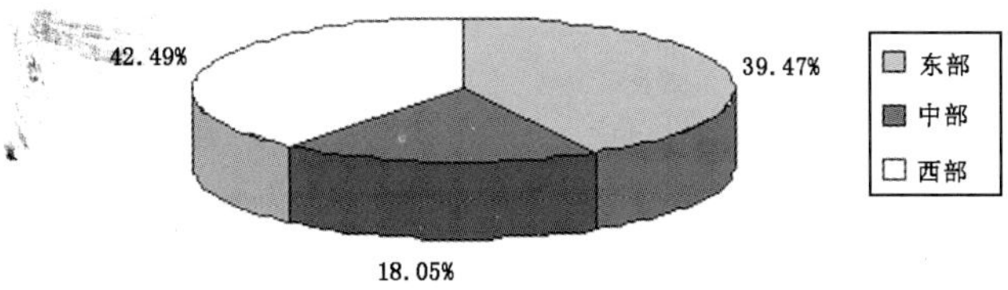

图 2 2002 地勘总投入——分地区

四、矿业投资及政策

(一)投资规模

2002 年，中国矿产采掘业基本建设和更新改造投资 1136.03 亿元，较 2001 年增长 9.92%。(见表 6)其中，煤炭采选

表 5 勘查、采矿许可证发放情况-按地区(不含油气)

勘查许可证	1999 年	2000 年	2001 年	2002 年
东部地区	0.28	0.26	0.26	0.25
中部地区	0.19	0.18	0.24	0.24
西部地区	0.53	0.55	0.50	0.51
采矿许可证	1999 年	2000 年	2001 年	2002 年
东部地区	0.48	0.33	0.40	0.34
中部地区	0.17	0.32	0.28	0.28
西部地区	0.35	0.35	0.32	0.38

资料来源：国土资源综合统计年报 1999-2002 年。

表 6 矿产采掘业基本建设和更新改造投资情况

单位：亿元

行业		2001年	2002 年	2002年投资额比 2001 年增长比例(%)
矿产采掘业	投资额	1033.47	1136.03	9.92
煤炭采选业	投资额	197.57	271.7	37.52
	所占比例%	19.12	23.92	
石油和天然气开采业	投资额	769.31	776.26	0.9
	所占比例%	74.44	68.33	
黑色金属采选业	投资额	16.78	19.74	17.64
	所占比例%	1.62	1.74	
有色金属采选业	投资额	32.98	47	42.51
	所占比例%	3.19	4.14	
非金属采选业	投资额	15.43	20.65	33.83
	所占比例%	1.49	1.82	
其他矿采选业	投资额	1.4	0.68	-51.43
	所占比例%	0.14	0.06	

资料来源：中国统计年鉴 2002-2003 年。

业为 271.7 亿元,较 2001 年增加 37.52%;石油和天然气开采业为 776.26 亿元,较 2001 年增长 0.9%;黑色金属采选业、有色金属采选业、非金属采选业投资规模增长幅度分别为 17.64%、42.51%、33.83%。(详见表 6)

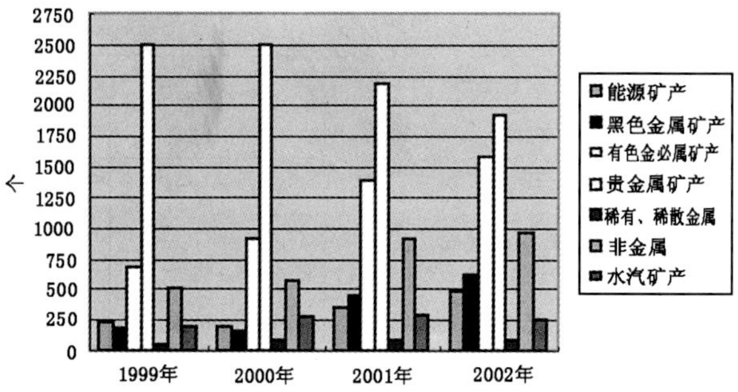

图 4 勘查许可证发放情况变化 – 按矿种

(二)投资结构

2002 年矿业投资主要集中在煤炭业和石油天然气开采业,二者分别占矿业基本建设和更新改造投资的 23.92%和 68.33%。非能源矿产业基本建设和更新改造投资仅占矿业基本建设和更新改造投资的 7.75%。

(三)矿业引资政策

加入世界贸易组织后,中国政府积极履行承诺,主动调整法律法规和行政职能,在《中外合资经营企业法》、《外资企业法》和《中外合作经营企业法》三大外商投资法律修改完成的基础上,对《指导外商投资方向规定》、《外商投资产业指导目录》和《关于外商投资举办投资性公司的规定》进行了重大调整。

新修订的《指导外商投资方向规定》突出强调了保护投资者合法权益的立法宗旨,并由过去的部门规章上升为国务院行政法规,提高了其法律效力。由于外商投资是固定资产投资管理的一部分,其改革将结合投融资体制改革一并进行,因此,该规定没有对外商投资项目的审批权限和审批程序做出新的规定。

新发布的《外商投资产业指导目录》有以下几个方面的重要变化:

第一,大幅度增加鼓励类目录,由 186 条增加到 262 条,减少了限制类目录,由 112 条减少到 75 条。

第二,放宽外商投资的股比限制。新的《目录》中对外商投资有股比限制的条目由原来的 64 条减少到 48 条。另外还有 6 条放宽了股比限制,如金刚石等贵重非金属矿的勘查、开发允许外商投资。

第三,扩大对外开放领域。如将原禁止外商投资硼镁石、天青石的开采和加工首次列为对外开放领域。

第四,发挥市场竞争机制作用。将一般工业产品划入允许类,通过竞争促进产业、产品结构升级。

第五,鼓励外商投资西部地区的优势产业,放宽外商投资西部地区的股比和行业限制。

2003 年 6 月 10 日发布的《关于外商投资举办投资性公司的规定》,对外商投资举办投资性公司将产生深刻影响。首先对外商出资的币种种类大大放宽,外商投资者可以能够自由兑换的货币或其在中国境内获得的人民币利润或因转股、清算等活动获得的人民币作为其向投资性公司注册资本的出资,突破了外商投资仅限于外汇的限制,并且只要求在中国境内的合法收入可以出资,充分体现了外资企业享受国民待遇的精神。

其次在“投资性公司的注册资本不低于 3000 万美元,其贷款额不得超过已缴付注册资本额的 4 倍”的基础上,增加了“投资性公司的注册资本不低于 1 亿美元,其贷款额不得超过已缴付注册资本额的 6 倍”的规定。在“允许投资性公司作为发起人发起设立外商投资股份有限公司或持有外商投资股份有限公司未上市流通的法人股”基础上,又增加了“投资性公司也可以根据国家有关规定持有境内其他股份有限公司未上市流通的法人股”的规定。大大放宽了外商的投资领域。

五、土地整理、开发、复垦

2002 年土地整理共投资 579095.56 万元,增加农用地 95069.14 公顷,增加建设用地 3299.17 公顷;土地开发共投资 747919.30 万元,增加农用地 202211.26 公顷,增加建设用地 8546.22 公顷;土地复垦共投资 168770.25 万元,增加农用地 60810.03 公顷,增加建设用地 2788.31 公顷。(详见表 7)

表 7 1999–2000 年土地整理、开发、复垦情况

	整理			开发			复垦		
	增加土地(公顷)		投资额	增加土地(公顷)		投资额	增加土地(公顷)		投资额
	农用地	建设用地	(万元)	农用地	建设用地	(万元)	农用地	建设用地	(万元)
2002年	95069.14	3299.17	579095.56	202211.26	8546.22	747919.30	60810.03	2788.31	168770.25

资料来源:国土资源综合统计年报 2002 年

主要参考文献:

(1)《地质矿产统计年报》,地质矿产部,1997–1998 年

(2)《国土资源综合统计年报》,国土资源部,1999–2002 年

(3)《中国统计年鉴》,国家统计局,2002–2003 年

(4)《中国矿业投资指南》,国土资源部,2003 年

中国环境污染治理投资情况

国家环境保护总局规划司

2002年,在中国环境污染治理投资领域,政府、企业、社会资本及外资的多元化环保投资渠道继续发挥作用,全年投资总额为1363.4亿元,比上年增长23.2%,环境污染治理投资占当年GDP的1.33%,比上年提高0.18个百分点。环境污染治理投资的统计范围,包括工业污染治理投资、建设项目“三同时”环保投资和城市环保基础设施建设投资等三个方面。

一、工业污染治理投资188.4亿元,比上年增长8%

废水治理资金71.5亿元,比上年降低2%;废气治理资金69.8亿元,比上年增长6%;工业固体废弃物治理资金16.1亿元,比上年降低16%;噪声治理资金1.0亿元,比上年增长67.0%。2002年,全国完成24700个限期治理项目,比上年增长55.5%;同期,各级人民政府对严重浪费资源、污染环境、没有治理价值的8184家企事业单位依法实行关停并转,比上年增加1610家。

2002年,由于工业污染治理投资力度加大和污染防治工作继续深化,在国内生产总值比上年增长8%,人口自然增长6.45%的情况下,除工业废水和工业氨氮排放量外,其他主要工业污染物排放量均比上年有不同程度的减少,工业污染物排放达标率有所提高。2002年工业废水排放量比上年增长2.3%,工业化学需氧量比上年降低3.9%,工业氨氮排放量比上年增长1.9%,工业固体废弃物排放量比上年降低8.9%,工业二氧化硫、烟尘和粉尘排放量分别比上年降低0.3%、5.6%和5.0%。工业废水排放达标率比上年提高2.7%,工业二氧化硫排放达标率比上年提高10.9%。

二、建设项目执行“三同时”环保投资89.7亿元,比上年增长15.8%

“三同时”环保投资占同期项目总投资的5.2%,比上年提高1.6个百分点,其中新建项目、扩建项目、技改项目的环保投资分别占同期项目总投资的4.0%、7.5%和12.7%。2002年全国应执行建设项目“三同时”的项目有53000个,实际执行“三同时”的项目为52000个,“三同时”合格项目数为51196个,全国“三同时”合格率为96.1%,比上年提高0.1个百分点。

三、城市环保基础设施建设投资785.3亿元,比上年增长31.8%

投资重点仍然是城镇生活污水处理厂、生活垃圾处理场和集中供热供气工程项目等。随着城镇生活污水处理能力和城镇燃气普及率的不断提高,除生活污水和生活氨氮排放量外,其他生活污染物排放量均比上年有所减少。2002年,城镇生活污水处理率达到22.3%,比上年提高3.8个百分点,生活化学需氧量排放量比上年降低1.8%,生活二氧化硫排放量比上年降低4.3%,生活烟尘排放量比上年降低4.4%。

工 业 、 建 设

中国能源与电力行业景气分析及展望

国家计委经济研究所中国宏观经济与行业预测课题组

一、2002年中国能源与电力行业景气特点分析

2002年，在世界经济温和复苏，中国工业生产和工业品消费强劲增长对能源增长形成双重刺激，能源直接出口和高耗能工业品出口增加、能源投资快速增长的有利形势下，中国能源行业景气全面回升。

(一)2002年，中国煤炭行业形势全面好转

煤炭产销两旺，市场平稳，社会库存趋于合理；企业库存减少，效益提高。

2001年，全行业一举扭亏为盈，实现利润41.7亿元。2002年，由于国家继续实施关井压产、总量调控、鼓励出口和煤矿安全专项整治政策，煤炭行业延续了2001年良好的运行态势，景气指数继续在高位运行，总体景气状况良好。2002年1-12月，中国原煤产量完成11.1293亿吨，同比增长17.4%；煤炭采选业实现销售收入1912.27亿元，同比增长26.24%；实现利润85.74亿元。

(二)油气行业景气先抑后扬

2002年上半年，受国际原油价格低迷的影响，中国石油天然气开采业效益有所下降。下半年以来，国际油价在波动中大幅度上涨，主要原因是海湾地区形势恶化，巴以冲突加剧，特别是美国扬言要对伊拉克动武，引起投机活动增加，导致国际市场油价出现所谓"恐慌溢价"。石油天然气开采业利润大增，但石油加工类企业利润下降。统计资料表明，1-12月份，石油天然气开采业共实现利润911.45亿元。

(三)电力行业加速增长

2002年中国电力供求呈现出加速增长的态势。1-12月，全国发电量累计达16023.99亿千瓦小时，同比增长11.7%，大大高于国内生产总值的增长率；整个电力行业实现销售收入8826.92亿元，同比增长14.92%；利润总额达到509.03亿元。

二、2002年中国电力改革对整个能源与电力行业的影响分析

(一)电力结构和电价将趋于合理

改革前，在还本付息定价机制作用下，企业只要能发电，就能售电，也就能生存。电力发展结构无章可循，电价形成过于混乱。改革后，电力结构和电价都将遵循市场规则和经济规律得到改善。

1. 水电比重将稳步上升，而火电的绝对量将继续增加

由于实行"厂网分开，竞价上网，南北互供，全国联网"，各种能源的比价成为决定其前景的首要因素。在电力行业内部，由于水电长期运营成本低于火电成本，因而其发电量和在电力结构中的比重将稳步上升；而火电的比重虽然会下降，但由于中国用电需求加速增长，可是建设水电特别是大型水电投资大、工期长、资金回收慢、风险比较大，而且新能源和可再生资源产业化发展面临技术、资金、市场、机制等各方面的障碍，因而未来很长一段时期中国仍将以燃煤发电为主，其绝对量还会继续增加。

2. 电价近期呈上涨态势，长期呈下降趋势

首先，中国目前有几百种电价，而这些电价都是由国家计委审批出来的审批价，短期内不太可能统一，因而有高有低的现象会继续存在一段时间。

其次，这次电力改革的首要目标是吸引电力投资，建设充足的发电容量，推进电力基础设施扩建和升级，确保系统的安全性和可靠性，而降低电价，提高效率和为客户提供更多的选择是次要目标。

第三，从理论上看，电价核定应该遵循成本补偿原则、合理报酬原则和公平负担原则。

第四，从长期趋势看，这次电力体制改革引入竞争机制，通过"竞价上网"，打破市场壁垒，必将促进电力企业提高效率、降低成本、改善服务，优化资源配置，压缩利润空间，促使电价走低。

在改革初期，由于新建的几个电力集团都将花费巨大的组建成本及与各方关系协调的磨合成本，以及在"两改一同价"中

因对城乡电网改造需要投入巨额资金,每年要向银行分年还贷并支付利息,同时农村低压电网线损和乡村两级电工的费用转移进来后,电网企业成本增加,需要在电价中消化,所以,这次电力体制改革后短期内部分地区,特别是电价较低的西部地区极有可能出现电价上升的趋势。

(二)电力与煤炭行业相互依存,共进共退

中国能源结构以煤为主的客观现实,决定了中国电力工业以燃煤火电为主的格局。到2000年,中国煤电占总装机容量的74.4%,占总发电量的81.0%,发电用煤占煤炭产量的比重达61%。可以说电力工业离不开煤炭,煤炭工业也离不开电力工业,二者一荣俱荣,一损俱损,相互依存,共进共退。

这次电力体制改革对煤炭行业的发展是有重大影响的,其中既存在利好,也存在着利空。利好因素主要是:电力行业引入竞争机制,打破行业垄断,必将带来用电成本降低、用电需求增加,煤电对新增电力需求担负着主要的供给任务,从而带动煤炭消费需求的增加;电力实现"南北互供,全国联网",使得在全国范围内艰难输送煤炭改为在网上迅捷调度及输送电力成为可能,从而最大限度地发挥坑口电厂和港口电厂的优势,加速煤炭向二次电力的转化,促进煤炭行业加速增长;电厂向用电大户直供电力,减少中间环节,可以降低转供电费用,作为用电大户之一的煤炭企业也将由此降低电力成本,受益匪浅。利空因素主要是:电力企业之间的竞争很大程度上表现为电价的竞争。煤炭占煤电成本70%左右的现实,决定了降低电价其实主要就是降低煤炭价格。换言之,电力企业之间的竞争必然通过对电煤的竞价招标采购、委托集中采购等方式蔓延到煤炭行业;中国加入WTO后,随着关税减让及配额、许可证等非关税贸易壁垒的减少,煤炭在国际间流通更便利,成本大幅降低,使得国内外煤炭市场趋于一体化,国内电厂特别是沿海电厂更有条件利用国内外"两种资源"和"两个市场",尤其是在国内电煤运输紧张、费用高昂的情况下,进口电煤将大幅增加;从长期趋势看,燃煤发电成本高于水电,加上其他新能源和可再生能源的发展,燃煤发电在电力结构中的比重呈下降趋势,相应地,煤炭行业的生产增长将放缓。

(三)油气用于发电的必要性和可能性越来越小

这次电力体制改革对油气行业的发展也具有深远影响,使油气的主要使用方向逐步走向民用、运输以及工业原料,而不是发电。中国曾经在20世纪70年代和90年代两次发展燃油电厂,但都因为石油危机和石油价格暴涨而实行油改煤。而目前和今后很长一段时期,中国油气发电的经济性和油气供应的安全性较差的问题仍然难有较大改观。在电价由还本付息机制决定的情况下,油气发电尽管成本较高,但因其污染较少和启停较快等特点,也存在一定发展空间。但在电力体制改革后,发电和售电电价改由市场竞争形成,油气发电将得不偿失。而且中国原本就贫油乏气,加上随着洁净煤技术的应用,燃煤发电的污染越来越少,甚至有可能趋于零污染,再加上水能、风能等新能源和可再生能源开发利用发电的增多,因此,油气发电的必要性越来越小。

三、2003年中国能源与电力行业景气预测

2003年,预计全球经济复苏将进一步加快,世界贸易也将因此出现恢复性增长。作为世界经济发展火车头和风向标的美国经济趋好,欧洲经济将出现低速增长,日本经济也将缓慢恢复,随着入世效应的进一步释放,中国对上述国家和地区的出口有望继续保持较快增长。同时,中国作为"世界工厂"的定位将得到更广泛的认可,所吸引的外国直接投资将继续增加。虽然2003年的世界经济形势也存在一些不利因素和诸多不确定性因素,比如遍及全球的通货紧缩趋势、全球货币政策调整空间有限,美国对伊拉克可能开战等,但总体上好于2002年已成共识。

从国内情况看,2002年中国GDP快速增长,达到8%这一出人意料的水平,为2003年能源行业的较快增长奠定了坚实的经济基础。而且,2003年是中国进入全面建设小康社会、加快推进社会主义现代化建设非常重要的一年,也是政府换届之年,经济增长的有利因素很多,比如中国将继续实施积极的财政政策和稳健的货币政策;产业结构优化升级的步伐将明显加快,高新技术产业将成为经济发展的主导力量;电子政务工程和企业信息化工程将进入实质性启动阶段,为2003年的经济发展注入新的动能;全社会投资将进一步加快,其中技术改造投资增速相对加快;城乡居民收入有望继续增加,城市居民以汽车、商品房、电子通讯产品等为主的消费热点将持续升温,农村居民以电视机、洗衣机、摩托车等产品为主的消费结构全面升级,凡此种种,将支持和保证中国能源行业的快速增长。具体到煤炭、油气和电力行业2003年的景气情况,我们的初步预测是:

(一)煤炭行业景气继续趋好,市场依然购销两旺

2003年,中国GDP增长预计将不低于8%。全国经济快速增长必然带动动力用煤增长。因为在中国煤炭消费中,动力煤使用量最大,占全国煤炭消费量的70%以上。而在动力煤中,电煤的增长量大而稳定,目前电煤消费量约占全国煤炭消费量的61%左右。我们预计火力发电在2003年将继续保持平稳增长,电煤的需求将继续增加。

与此同时,2003年,随着南水北调、西气东送、西电东输、青藏铁路等一系列"钢铁+水泥"型重大基础设施项目的推进,以及房地产、工程机械、汽车等行业的快速发展,钢铁行业将出现较快增长,从而带动冶金用煤大幅增长。另外,随着化工工业的加快增长,化肥用无烟煤、炼焦用煤也将供不应求。

预计2003年国内煤炭消费量在12.8亿吨左右。其中,发电用煤6.9亿吨,比2002年增加5000万吨以上;冶金用煤2.2亿吨,比2002年增加2000万吨。两项合计增加煤炭需求约7000万吨。此外,2003年新投产火电机组在1000万千瓦以上,增加电煤需求约3000万吨。值得一提的是,目前中国主要水库蓄水较常年偏少,2003年水电供应的缺口只能由火电补充,这将进一步加大对电煤的需求。

不过,2003年煤炭行业的增长也面临着一些不利因素,比如中国非关税壁垒因入世而逐步取消,石油进口配额也将减少或取消,石油进口量将增加,替代一部分煤炭消费。同时,中国

沿海部分地区在进口煤炭的价格较国内煤价低时,会增加进口煤的用量。另外,日本有可能从2003年度(2003年4月-2004年3月)开始对进口煤炭征税。

总的来看,2003年国内煤炭价格将稳中有升,市场继续呈现购销两旺的态势。煤炭出口将基本维持2002年的水平。

(二)石油行业景气将稳中缓升,天然气行业景气将快速攀升

多年来中国石油行业存在的最大问题不是消费不足,而是供不应求。石油开发和生产严重滞后于消费增长,供需矛盾日益突出,进口量大幅度上升。随着中国逐步走上新型工业化道路和汽车保有量的增加,石油的供需缺口越来越大。2002年1-11月,中国生产原油15516.56万吨,同比增长2.3%;而原油加工量达19990.93万吨,同比增长3.7%。预计2003年,中国石油产量将继续稳步增长,石油产量增长率可望稳定在2%左右,并突破年产1.7亿吨大关,但仍不能满足石化工业和整个经济增长的需求,需要大量进口和厉行节约。为降低中国对国际石油市场的依存度,缓解石油供需矛盾,保障国家经济安全,中国提出了《节约和替代燃料油"十五"规划》,到2005年全国计划节约和替代燃料油1600万吨,若每年平均分解,2003年应节约320万吨。

预计2003年中国油品需求将以3%-4%的速度增长,石油产品消费量将达到1.25亿吨,比2002年的1.2亿吨有所上升,但上升幅度不大。

近些年来,天然气在中国发展很快。2002年1-11月,中国天然气产量达296.08亿立方米,同比增长7.9%。随着天然气探明储量的增加、西气东输工程的推进、天然气化工与城市燃气的增长和天然气发电的增加,2003年,天然气增长将快速攀升,增长幅度将不低于8%。

(三)电力行业景气将百尺竿头,更进一步

2003年,在十六大全面建设小康社会、提高人民群众生活水平的精神指引下,中国工业生产和固定资产投资将快速增长,钢铁、煤炭、有色金属和化工等高耗电行业将持续发展;住房、电脑和彩电、洗衣机将分别在城乡进一步普及;电力体制改革为城乡电网建设步伐加快和城乡同网同价范围的进一步拓宽提供强大动力,同时,世界经济加快复苏和中国经济政治环境不断趋好、经济强劲增长,将引致外国直接投资和贸易出口加快,从而有力地推动电力需求的稳定增长。2002年用于基础设施的1500亿元国债,也将对电力需求产生一定的带动作用。

不过,随着中国节能降耗力度的加强和经济增长方式从粗放向集约的转变,高耗电行业用电将趋缓。另外,受进口产品增多的影响和内需仍显不足的制约,一些外贸依存度较高的地区用电增长将减缓。

预计2003年中国全社会用电增速在8%左右,用电量将达到17300亿千瓦时左右;发电量增速为8.5%上下,全年发电量达17600亿千瓦时;新增装机容量在1000万千瓦以上。

(曾智泽 执笔)

中国石化工业景气分析及展望

国家计委经济研究所中国宏观经济与行业预测课题组

一、2002年石化工业景气回升,效益改善

2002年,在中国多数石化产品关税大幅下调的背景下,中国石化产品进口增长速度虽较上年同期有所加快,但多数石化产品进口速度低于全国平均水平,并未出现进口石化产品大量涌入的局面。在石化产品进口保持平稳增长的同时,出口形势依然较好。除原油和合成纤维出口量较上年同期略有下降以外,成品油、塑料制品都保持了较快的增长速度。在国内汽车消费热潮逐步形成,石化行业投资规模不断扩大等诸多利好因素的拉动下,中国石化工业通过控制总量、调整结构、扭亏解困,整个行业呈现出良好的发展势头:生产增速有所加快,产销衔接顺畅,产品库存不断下降,企业经济效益明显改善。据测算,2002年全年石化工业实现总产值同比增长15%,增长速度明显高于2001年的水平,达到全部工业平均水平。在工业生产速度加快的同时,企业经济效益明显改善,全年整个行业实现利润比上年翻了一番。此外,石化行业内部结构发生了积极变化,下游产业运行状况不断向好,其在整个行业中的地位不断提高;国有企业的主导地位有所减弱,股份制和外商投资企业正在成为增长新动力。总体来看,石化工业成功遏制住了2001年的下降趋势,呈现出良好的运行态势,增强了其在国民经济中的地位和作用。

尽管2002年中国石化工业运行形势趋于好转,但仍然存在着诸多问题,严重制约和阻碍着石化工业的健康发展:如企业由于缺乏资源优势,进口依赖度提高,经营风险增大;企业规模小、产品结构不合理,盈利能力差;企业管理体制落后,效率低,缺乏市场竞争力;整个行业研发投入不足,技术创新能力普遍不高等。

二、影响2003年中国石化工业发展的因素分析及增长趋势预测

(一)中国石化工业发展的有利因素

1. 世界经济的回升将为石化工业发展提供广阔空间

新年伊始,许多全球性和国家级权威机构纷纷对2003年

世界经济前景做出了预测,尽管预测均不敢过于乐观,但也都认定世界经济不会再次陷入衰退。如联合国在《全球经济展望》报告中指出,由于世界经济全面复苏的时间延后,2002年全球经济将仅增长1.7%,2003年的增长率将达到2.9%,2003年世界经济将在下半年全面复苏。

世界经济的回升将带动石化工业的更快发展,据有关部门预测,2003年至2010年,世界化学工业的年均增长率将上升到3.6%左右,美国、西欧和亚洲的石化生产能力利用率2003年将上升到90%。从2002到2010年,美国乙烯消费量年均增长率将为3.25%,丙烯的年均增长率将达3.5%。由于聚氨酯等化工产品的应用具有多样性和广泛性,近年来市场需求也增长迅速,在南美及亚洲地区需求尤为旺盛,导致其生产原料MDI、苯胺等供不应求。

如果中国石化企业能够根据市场需求变化,及时调整产品结构,努力在世界市场中占据一席之地,必定会有力地促进中国石化行业的健康、快速发展。

2. 国内石化产品需求的增长将有力地推动石化工业的发展

近年来,中国经济以持续、稳定、快速的增长速度,成为世界经济中的"一道亮丽的风景",人民的生活水平也有了很大的提高,这些都为石化行业的发展创造了有利条件。

(1) 国内汽车消费日益火爆,为石化工业发展创造了广阔的需求空间

2002年,全国累计销售汽车343.6万辆,同比增长30%,其中:轿车销售量达105.8万辆,同比增长33%,轿车销售量占汽车销售总量的比重也相应提高了近1个百分点。2002年前3季度,城镇居民家庭平均每千户拥有家用汽车量由上年同期的6辆上升到9辆,相应地城镇居民家庭用于交通和通讯的人均支出达455.4元,比上年同期增长了3倍,占消费总支出中的比重也由上年同期8.68%提高到10%。而2003年随着汽车关税的进一步下调,汽车生产企业间竞争的日益激烈,汽车市场仍将十分火爆。

随着汽车进入千家万户,成为寻常百姓出行的高级代步工具,石油石化产品的需求量也随之不断扩大,这就为石化工业的快速增长创造了有利条件。

(2) 国内多数石化产品的供需将存在较大的缺口

目前,中国许多石化产品还不能完全自给,需要大量进口国外产品来满足市场需求。据统计,中国五大合成树脂自给率为74%,进口依存度达到26%。而且当前石化产品这种供不应求的局面还会持续相当长的时间。据有关方面测算,到2005年中国乙烯消费量将达到15Mt/a,同期乙烯生产能力达到8.3Mt/a,两者之间存在着较大的供给缺口;到2005年,中国塑料需求总量将增加51%,达到25Mt,而塑料生产能力将增加74%,达到15Mt,供需之间仍为10Mt的缺口;到2006年,中国HDPE、LDPE、LLDPE、PP等产品进口量仍将要占到总需求量50%左右。国内市场需求增长的旺盛,不仅给国内石化行业提供了广阔的市场空间,还为世界石化行业的发展提供了巨大的需求市场。

3. 随着跨国公司在华投资步伐的加快,中国石化行业供给能力明显增强

近两年来,随着中国经济的稳定增长和市场开放程度的不断提高,世界各大跨国公司纷纷看好中国市场,前来中国投资,中国石化行业以其巨大的市场需求也吸引了大量的外国投资者。由于目前中国许多石化产品的人均消费水平偏低,发展空间巨大,吸引了许多世界著名的石化公司前来投资。

以乙烯为例,目前中国乙烯人均占有量为4.9公斤,低于世界平均13公斤的水平,西欧为78.3公斤,美国为76.8公斤,日本为47.6公斤,中国台湾省为118公斤,韩国为71.6公斤,泰国为16.6公斤,中国乙烯工业拥有较大的发展空间。为此,世界著名跨国公司纷纷在中国兴建乙烯生产厂。这些合资厂的兴起有力地提高了中国石化行业的供给能力,必将促进国内石化产业的更快发展。

(二)中国石化工业发展的不利因素

1. 2003年国际原油价格将呈现冲高回落的走势,石化工业生产和效益将受到影响

2002年4季度,国际石油市场风云突起,原油价格急剧上涨到近两年来的最高水平。这主要是由于为防备美国进攻伊拉克时造成"石油危机",国际原油市场已经进入了"准战时体制"。因此,2003年国际原油价格的变动将在很大程度上取决于美国对伊战争。美国在中东的武力行动,无论是否对石油供应量产生直接影响,仅在心理上就会引起战争初期的原油价格上升,而战争期间油价将会继续上涨,每桶升到40美元的可能性是存在的,这种情况有可能伴随战争进行而持续一段时间,而一旦市场确认军事打击后美方获胜,而且中东主要产油国的基础设施没有遭到重创,油价将迅速调整至正常水平。所以,2003年国际原油价格将呈现冲高回落的走势。由于目前中国每年进口原油量占原油加工量的30%左右,国际原油价格的波动必然会对国内油价产生较大影响。因此,2003年国内油价也会呈现前高后低的运行态势。而石油作为石化行业的主要生产原料,其价格的波动必将对石化行业的发展产生最直接的影响。一般来说,油价上涨会导致石化企业生产成本上升,如果不能将上升的成本及时转嫁出去,石化行业生产速度将减慢,经济效益将下降,而油价下跌则会降低石化企业生产成本,生产速度将会提高,企业效益将上升。但是,如果石化企业上升的成本能够及时转嫁,而且油价的上涨还有进一步上升的趋势,在这种情况下石化行业生产速度会明显加快,这是因为涨价会极大的刺激中间商对石化产品的需求量,需求的增加必然有效拉动石化工业生产速度的加快。相反,一旦油价出现下降势头,在其下降过程中,中间商对石化产品的需求量也会随之减少,他们会耐心等待价格回落到位后再购买,这必然会减慢石化企业生产速度。因此,国际原油价格的冲高回落,将使中国2003年石化行业生产呈现前高后低的增长态势。由于石油的下游产品上涨幅度要低于油价的上涨幅度,

石化企业的效益并不容乐观。

2. 国内石化市场的逐步开放，进口产品对中国石化产业的冲击将不断增大

尽管中国在2002年大幅下调了石化产品的关税，但为更好地履行入世承诺，2003年中国仍有相当部分的石化产品关税税率需要进一步下调，这会进一步加大国外产品对中国石化产业的冲击力。此外，成品油、化肥、汽车轮胎等产品的进口配额每年都以10-15%的速度递增，这些都使国内石化行业的竞争更趋激烈。

3. 中国石化工业面临着结构调整的双重压力

发达国家石化工业已经进入产业成熟期，而中国石化工业却正处在由粗放经营向集约经营转变的阶段，国内石化工业面临着自身产业结构调整和跟上世界石化工业第三次产业结构调整步伐的双重压力。

20世纪90年代初，世界石化工业初步形成了美、欧、亚三足鼎立的格局，在经济全球化和高新技术迅速发展的推动下，出现了全球石化产品过剩、盈利空间减少、可持续发展等问题。全球石化工业开始了以资产重组和突出核心业务为主要特征的第三次产业结构调整。而中国石化工业存在的许多问题是世界石化工业第二次产业结构调整即从粗放经营向资本集约经营转变时期的问题，加之还要顺应世界石化工业第三次产业结构调整的发展趋势，中国石化工业面临着双重压力。

4. 西方跨国公司实施亚洲投资战略，对中国石化工业构成极大的威胁

西方跨国公司实施亚洲投资战略，周边国家和地区石化工业迅速发展，对中国石化工业构成极大的威胁。

近几年来，世界石化工业生产能力过剩，大多数产品供大于求，欧美等地的大型石化公司由于当地的常规石化产品市场需求已经趋于饱和，他们在积极向以亚洲为主的发展中国家拓展空间，提高其在亚洲市场的份额。而中国周边的远东、中东和东南亚地区则吸引了大部分国际资本进入本地区石化市场。亚洲的石化工业发展空间越来越小，中国市场已成为众矢之的，这既加大了对中国石化工业的威胁，也使得中国今后面向亚洲的周边国家发展石化产品出口贸易的难度加大。

总体来看，2003年中国石化行业发展机遇与挑战并存，只有处理好两者的关系，才能保证石化行业有个美好的发展前景。

(三)对2003年石化行业增长趋势的预测

根据上述对2003年石化行业发展面临的有利因素与不利因素的分析，2003年中国石化工业将呈现前高后低的增长态势，全年石化行业生产速度将有所提高，预计石化行业工业总产值将保持17%左右的增长速度。主要石化产品如各类油品、乙烯、化纤、合成树脂等都将保持较快的增长速度。

三、促进中国石化行业发展的政策建议

（一）充分利用国外油气资源，为中国石化工业发展提供充足的原料

石油、天然气作为石化工业生产所必需原料，其价格走势和供给情况对石化工业的发展具有十分重要的意义。而中国作为油气资料相对不足的国家，更需要石油企业走向海外市场，为国内石化工业提供优质廉价的生产原料。而且从中国原油消费增长趋势来看，中国原油消费将快速增加，而国内原油供应能力有限，供需缺口只会越来越大。此外，中国原油生产成本也较高，无法与产油国相比：非洲、中东为3.73美元/桶，加拿大7.17美元/桶，欧洲8.29美元/桶，美国13.3美元/桶。因此，利用海外油气资源勘探开发成本低廉的优点，可以有效降低石化产品生产成本，增强中国石化工业的市场竞争力。

（二）扩大合资合作，加快技术创新步伐

近几年跨国公司利用自己的专利在中国开展"圈地"运动，正形成新的挤压中国石化企业发展空间的"技术壁垒"。中国科技创新和市场开拓能力不够强，缺少拥有自主知识产权的、国际领先的核心技术，位居世界前列的系列产品少，国际化经营程度低、比重少，这些都严重制约着中国石化行业今后的发展。为了尽快缩小与国际间的差距，我们要加快技术创新步伐，加快科技成果转化进程，积极寻求与跨国公司合资合作，以促进中国石化企业快速健康地发展。

（三）不断扩大生产规模，努力降低生产成本

中国石化企业竞争力弱的另一个重要原因是生产成本居高不下，而建设大型化装置，发展规模经济是实现低成本战略的有效途径。据测算，12Mt/a炼厂与6Mt/a炼厂相比，相对投资节约25%，生产费用节约12%-15%。以规模为750kt/a乙烯装置的成本为100%计，规模下降到500kt/a，相对成本上升4%-5%；下降到200-250kt/a规模时，成本上升14%-33%。目前，中国无论在炼油还是其他石化产品的制造方面，生产规模普遍落后于国外，市场竞争力自然难以提高。因此，发展规模经济是中国石化行业进行产业结构调整和提高竞争力的必由之路。

（刘国艳 执笔）

中国钢铁行业景气分析及展望

国家计委经济研究所中国宏观经济与行业预测课题组

一、2003 年钢铁工业经济运行分析

(一)2003 年钢铁工业经济环境分析

1. 钢铁产业发展的国际市场分析

从世界范围看,全球经济已经度过最困难时期,正处在恢复之中。欧洲目前景气谷底已经度过。世界钢铁市场经过 2000 年到 2001 年的下滑,重现恢复的迹象比较明显,从最初的价格上升特征,逐渐转向产量的上升和消费的上升,实际需求拉动将为市场价格的稳定和上升奠定了基础。此外,世界经合组织成员国经过多次谈判达成了削减低效钢铁产能协议,这一决议如能够得到有效贯彻落实,将有利于钢材市场供需平衡,世界钢材高价位有望维持一段时间。如果产能释放过快,产量大幅增长,那么钢材价格将会从高位逐步回落。

世界钢材市场价格的前景,将主要取决于世界钢铁生产增长速度。2002 年全球钢产量预计有望达到 8.7 亿吨,2003 年预计达到 9.19 亿吨,世界钢产量增幅仍大大高于经济增幅,亚洲地区已成为产钢量最大的地区,且钢产量增长比例也居世界前列,可见,钢材供过于求的总体格局仍然难以改变。

2. 国内市场环境分析

2003 年钢铁工业经济运行的总体形势向好,但有利因素和不利因素并存,总体上应持谨慎态度。2003 年中国钢铁行业的环境将取决于三大因素:一是国家继续实行积极的财政政策;二是国际经济增长;三是世界生产基地向中国大陆转移和跨国公司在中国采购。所以,从供需矛盾看,2003 年中国钢铁行业供过于求的状况不易改变,钢材价格调整的压力依旧存在。

(二)2003 年钢铁产业发展的有利因素

1. 世界经济的复苏将拉动钢材需求增加。

国际钢铁协会(IISI)最近就今后几年全世界的钢铁产量和消费量发表了预测分析报告。报告认为,2003 年~2006 年的 4 年期间,全球的钢铁产量和消费量都将呈现逐年增长的态势,到 2006 年,全世界的年粗钢产量将突破 9 亿吨的规模,当年全球的钢铁消费量将达到 8.89 亿吨左右的水平。IISI 对未来 4 年钢铁产品消费的前景预测提出了低、中、高三个档次的估计,中间线评估为:2003 年~2006 年全球钢铁消费将年均增长 2.9%,而中国的年均消费增长率则为 6.7%;除中国之外全球其他地区的年均消费增长幅度在 1.7%左右。低档线评估为,增长幅度将在 0.4%上下浮动。高档线评估为,消费增长幅度将在 3.0%左右。这三种预测的主要依据仍然是全世界在未来 4 年期间经济走势如何。

2. 机械制造业成为国内钢材需求的一个亮点

2002 年,快速增长的中国机械制造产业,构筑了巨大的钢材消费市场,为国内钢材市场的兴隆注入了活力。以数控机床产业为例,在 2003 年以及今后几年内,数控机床的年产量将达到 25000-30000 台,产值年增长率在 18%左右,发展的空间很大。数控机床的品种由 1000 多种发展到 2000 种,其中先进适用的中高档数控机床品种由 20%提高到 40%;产品的质量目标,要求采取国际标准和国内先进企业标准,主机系统 MTBF 达到国外同类产品的水平,其难度较大,而能否实现这一目标,国产钢材的质量、品种、规格是一个重要因素。

2003 年,中国"西气东输"、"南水北调"、青藏铁路、城市地铁及城乡基础设施建设工程全面展开,对挖掘机、装载机、履带推土机等大型工程施工机械的需求均有较大幅度的增长,潜在市场前景广阔,而钢材的需求随着机械产品快速增长而增长。据预测,仅工程机械行业在今后几年用于钢结构的钢材就达到 260 万吨,其中年产 25000 台装载机,每台消费的板材就有 13.35 吨,约 33 万吨板材;而用于起重机械、铸压设备、各类卷扬机、浮选机、剪切机等,年钢板需求量 300 万吨左右,而各种冷弯型钢和异型钢材,尤其被看好。

(三)2003 年钢铁工业经济运行中的不利因素值得重视

1. 国际经济形势不明朗,钢材供大于求具有长期性

国际经济形势面临三大不确定因素。首先,通货紧缩危险增大。一些国家和地区通货紧缩已持续很长时间,且没有有效治理办法。其次,经济结构调整是大多数国家都面临的问题,这种调整需要时间和付出高昂的代价。再次,地区性动荡,包括政治动荡,宗教冲突,社会的不稳定,金融危机等。随着世界经济的逐步复苏,世界钢材需求的回升、价格的上涨,世界钢铁贸易战呈现逐步减弱的趋势。欧盟已宣布对原来 21 种压缩至 7 种钢材实施为期 3 年的配额关税。由于有利于增加出口、减少进口的因素较多,2003 年钢材净出口对钢材价格的压力和负面影响可望减弱。

2. 国内生产能力增长压力依然存在,供略大于求的局面不会扭转

(1)2003 年国内阶段性的供大于求格局将继续存在。钢材价格水平总体上继续上涨空间不大,甚至部分产品价格将会出现大幅回落。2003 年重点钢铁企业钢的实际生产能力将增加 1600 万吨以上,如果再加上地方和民营、合资中小钢厂的增长,钢产能增加会更大。一方面是需求增长出现减缓趋势;另一方

面是产能继续高速增长，这将使2003年钢材市场总量平衡潜在压力和难度增大。

(2)国内钢的总产能将进一步扩大。2003年仍将保持增长势头，如按2002年的增长速度测算全年钢产量达到2.16亿吨，同比增长20%。2003年国内各类钢材生产线特别是薄板类生产线还将陆续投产，国内产能将急剧放大。

(3)面临上下游行业的双向挤压。近几年，钢铁行业的上游产业(如煤炭、原油等)价格不断上涨，增加了钢铁产品的生产成本；而下游行业(如汽车、家电等)侃价能力在增强，给钢铁产品的价格造成压力。而且，经过1年的价格调整，当前产品价格接近1994年以来的历史高位，因此存在一定的价格风险。

二、2003年钢铁工业景气分析预测

(一)2003年总体钢材涨价空间不大

2003年钢材价格面临调整压力主要是板材的价格压力，但调整空间不会过大，尤其是长材价格还在历史低位，所以全年加权综合价格还有望维持比2002年高的水平。2003年上半年钢材综合价格与2002年同比将有较大的涨幅。从全年看，钢铁行业经济的增长还将由2002年的价格拉动转变为增量拉动，行业利润将维持稳中有升的态势。

1. 2003年国内钢材需求分析

出于降低成本和增强竞争力的需要，许多跨国公司把中国纳入其全球生产和采购链，除将本土或其他地方的生产部门转移到中国来外，还会加大在中国的采购力度。如福特汽车公司近期宣称，为了削减成本，到2003年中期，他们将从中国购买数十亿美元左右的汽车零部件，以便有效地节约成本。正是跨国公司的这种战略调整，导致了对中国廉价零配件的需求，从而增加中国的钢材消费。

2. 2003年国际钢材需求对国内的影响

(二)一季度钢材价格继续上升

2003年1季度国内钢市新增资源同比继续保持高速增长态势，但环比增速有所减缓；春节期间运输紧张抑制了钢材流动，部分市场库存将出现明显增加；节前市场价格大幅上涨已提前消化了节后钢市的上涨空间，预计节后各类板材价格呈高价位平稳运行走势，建筑钢材及型材仍将有所表现，但总体涨幅不大。

1. 国内钢市新增资源总量继续保持快速增长

预计1季度国内钢和钢材新增资源总量同比增长仍高达20%以上。由于目前市场价格正处于2002年以来最高水平，任何一家钢厂都不会轻易放过当前市场的有利时机，据初步调查，预计1季度国内钢和钢材产量将保持在2002年12月份水平上并略有增加，假设在12月份水平上增长5%，则1季度国内钢和钢材产量将分别达5068万吨和5375万吨，同比分别增加934万吨和1051万吨，增长22.6%和24.3%。2002年中国钢材进口创1993年以来新高，全年累计进口2449万吨，同比增长42.4%。由于当前国内钢市价格水平较高，预计2003年一季度进口钢材总量有望达到650万吨，同比增长32%左右，出口有可能维持去年同期水平，即1季度钢材出口量在100万吨左右，净进口钢材在550万吨左右。由此可见，2003年1季度国内钢市新增钢材资源总量将突破6000万吨，达6025万吨，同比增长25.1%。

2. 随着钢材消费旺季的到来，将有利于市场稳定和进一步推动价格上涨

2002以来，国内市场钢材需求大幅增长，一方面使得2002底钢厂和市场库存明显下降，据钢厂营销统计数据分析，2002年重点统计钢铁企业钢材综合产销率达100.6%，厂内库存由年初的384.04万吨降至年底的313.55万吨，库存平均周转天数由2002初的9.92天降至7.30天；另一方面，春节期间经销商补充库存以及节后终端用户采购量随之增加，削弱了新增资源大幅增长对市场短期供求关系的影响。特别是2002下半年以来信贷资金大幅增加，民间投资日益活跃并逐步释放，全社会固定资产投资和房地产开发投资保持高速增长，从而为2003年上半年国内钢市消费量继续呈现大幅增长态势奠定了基础。预计1季度国内市场钢材实际消费量将继续保持25%左右的增幅，市场供求基本平衡。

3. 国内钢市价格在经过春节前大幅上涨后，节后钢材价格上涨动力趋于减弱

春节前国内钢市是在普遍看好节后市场的心理预期下和实质性成交量不大的情况下，完成了价格的大幅上涨。然而，正是由于节前价格的大幅上涨，才使得终端用户不得不采取延期采购的策略，从而为节后短期内出现市场成交量放大创造了条件。根据对国内主要钢材市场跟踪调查发现，大部分钢材市场的库存虽较节前有所增加，但总体库存仍低于往年的同期水平。不过，节前钢市价格已达到历史较高水平，寄望于节后钢市还有多大的上升空间恐怕已不太现实，且当前市场人士普遍担心4-5月份进口资源(主要集中在各类板材和钢坯等品种)可能会对国内钢市形成一定冲击。

三、对2003年钢铁工业发展的若干对策建议

(一)对中国钢铁产量快速增加，实现钢铁强国的看法

在当前钢铁产量和产能大幅增长中存在着盲目增加产量的倾向，不少企业都想做大，但又不"精"，在技术、装备和管理水平等方面和世界先进水平差距甚远。2002年11月29日召开的中国钢铁业协会指出，钢协要根据钢铁工业这两年发展的实际情况，首先着力研究到2010年中国经济再翻一番的情况下，究竟需要多少吨钢。钢铁业协会要统一组织和广泛动员各方面的专家，集中力量，通力协作，在2003年7月前作出回答。为了实现钢铁强国的目标，钢铁产能的增加必须符合以下的几个基本要求。

1. 新增产能必须体现产品的质量、品种档次的提高

这是钢铁强国的首要标志之一。也是中国钢铁工业当前结构调整的主要任务。新建产能要尽可能减少和改变高附加值钢材(主要是优质板管)仍然依赖进口且不断增加的局面。另外即

使用量最大、最普遍的建筑结构用材也要提高质量档次,做到产品升级。

2. 千方百计降低各种原材料的消耗水平

不管使用什么能源,对当今的世界和人口如此众多的中国都是十分可贵。而钢铁工业本身就是一个耗能大户。吨钢能耗的多少是钢铁工业是否先进和落后的一个极为重要和根本的指标,也是衡量钢铁强国的重要指标。钢铁工业作为材料工业,因而又是资源消耗的大户。作为最重要最大量的铁矿石不管是自产的和进口的都是十分宝贵的资源,都应把各种原材料的消耗降到最低水平,同时也为降低钢铁生产成本创造条件,作为先进的钢铁生产国都十分重视这一指标。此外,高劳动生产率不但能降低钢铁生产成本,也有利于产品质量的提高。低能耗、低消耗、高质量、高劳动生产率必然会使钢铁生产成本下降。降低钢铁生产成本可大大地提高企业的市场竞争力。

3. 新增产能的生产工艺和装备水平必须体现世界先进水平

随着中国工业化的进程和钢铁工业的发展,如何不断地减少对环境的污染、保护生态环境,已成为当前中国工业化进程和钢铁工业可持续发展的问题,因而对新增的产能必须有着更为严格的要求。新增产能要体现新技术的研究开发能力。作为钢铁强国,在钢铁生产技术上仍要不断的进步和发展,才能不断地赶上和超过世界先进水平,实现可持续发展。

(二)中国钢铁产业重组问题的对策

1. 继续深化企业制度改革,依据《基本规范》,真正建立起现代企业制度

钢铁行业属于产业关联度比较高、增加值在中国整体工业增加值中所占比重大并且是下降趋势的传统产业,转变经济增长方式任重道远。但是,重组不能替代企业改革;相反,企业改革不到位恰恰是制约目前钢铁业重组的最大障碍。

2. 在资本结构的重新确定和股权结构的重组方面,要有新思路、新突破

中国钢铁业属于传统资金密集型产业,存在着大量的高负债及亏损企业(特别是特钢企业)。资产运作效率低下,客观上有个资本结构重新确定的问题。要借债转股政策,注重以市场为导向的股权管理创新,畅通劣质资产(相对于银行来讲)退出通道,力求在股权多元化、法人治理结构规范化、国有资本从一般性竞争产业退出等多方面下大力气推进,同时,也可尝试纳入破产程序清理债务。

中国钢铁业的重组,业内理论界目前较为倾向于以现有钢产量400万吨的钢铁企业为核心,按大区组建的思路。一是要强调钢铁业重组时核心业务的集中,在钢铁产品关键技术开发和应用水平提升方面开展大范围的互助与合作,力求形成如不锈钢、无缝管、特殊钢、板材、重轨等专业化生产的企业集团,尽量减少综合性质的企业集团,以适应用钢大客户的全球化、专业化发展趋势;二是要强调钢铁重组时非核心业务的分离。加大非钢产业发展步伐分离、安置非钢业务及职工;三是要强调组织资本的融合和协同效应。这包括参与重组成员方企业文化的有效整合以及相互间核心业务"过剩"组织资本的转移与协作,还包括在分离非核心业务过程中,参与重组成员方非钢产业到其它主体内部运行。

(丁丁 执笔)

中国汽车工业景气分析及展望

国家计委经济研究所中国宏观经济与行业预测课题组

一、2002年中国汽车产业开始进入持续性的高成长时期

(一)入世第一年汽车产业快速增长的主要原因

2002年是中国"入世"元年,同时也是中国汽车业快速发展的元年,中国经济社会开始迈入一个新时代,即汽车消费时代(作为全面建设小康社会的重要组成部分)。可以将2002年汽车业高速增长归结为两方面的原因,即入世效应和消费潜能的释放,而且这两方面是相互促进的,入世效应使消费潜能得到初步的大释放,同时,正是由于存在前期累积的大量汽车消费潜能,才使得汽车业的入世效应相当强劲。

1. 入世效应促进2002年汽车业快速增长

入世就是进口"压力",并将"压力"转化为扩大内需和外需的动力。就汽车工业来讲,进口的"压力",使汽车业长期以来依赖政府(限制其他国有资本和非国有资本的进入)和政策(高关税)的惰性发生动摇,企业开始通过降价、产品生产的竞争等,刺激需求增加。汽车业的入世效应主要体现在汽车作为新兴内需产品的需求骤然扩大,这与其他行业或产品的入世效应不同,如纺织业和机电业入世效应体现为出口的高速增长。

2002年汽车入世效应的释放又体现为以下三大效应,即降价的效应、竞争的效应(产品生产的多样化)和世界汽车制造业的转移效应。

(1)降价的效应

入世第一年,为了履行中国对世界贸易组织的承诺,国家采取了大幅降低汽车进口关税的措施。从2002年1月1日起,首次大幅度降低汽车进口关税,其中3L以上汽车进口关税由

80%降为 50.7%，3L 以下汽车进口关税由 70%降为 43.85%，汽车平均关税入世第一年下调超过 30%，这对国内汽车企业是一个巨大的震动。也正是由于面对如此巨大的外部压力，天津汽车公司宣布，从 2002 年 1 月 12 日起，“夏利”轿车全面调整价格。

天津夏利的大幅降价，立即在全国引发了一场购车狂潮，随之带来了轿车市场的“多米诺骨牌”效应，吉利、羚羊、奥拓、富康、福莱尔、赛欧、桑塔纳、帕萨特等一系列车型的价格纷纷跟着“跳水”。

（2）竞争的效应

降价的效应也是竞争的效应的一种，但这里所讲的竞争的效应主要有两方面的含义，一是指政府对各个汽车厂商选择生产什么车型上的限制减少，国内各厂商能相对自由地开发出系列化产品，从而在各层次市场上开展相对充分的竞争；二是各种厂商在同一档次的产品(特别是生产经济型轿车上)产品创新进程加快，不断推出各种类型的新产品，以满足日益变化的市场需要。这种竞争的效应在很大程度上体现为产品开发的系列化，旧产品不断被更新，新产品不断推出。

入世后，国内汽车厂商明显加快了轿车车型更新的步伐，这直接刺激了轿车市场的繁荣。粗略估计，2002 陆续上市的全新车型和改款新车型达 20 多种。而两年前，国内轿车消费尤其是家用轿车消费除了“桑塔纳”、“捷达”、“富康”、“奥拓”之外，几乎没有其他选择。

（3）世界汽车制造业的转移效应

在 2002 年推出的各种流行新型轿车品种中，基本都是跨国大公司与国内汽车厂商合资生产的。跨国大汽车公司看好中国目前及未来的汽车市场，纷纷采取合资这一直接投资方式，将具有代表性的产品或新开发的产品直接转移到中国生产，国内汽车厂商新产品开发由此得以不断推陈出新。

2. 消费潜能的初步大释放

2002 年中国人均 GDP 接近 1000 美元，国际经验表明，当人均 GDP 在 1000 美元左右时，轿车开始进入家庭，首先是在高收入家庭中普及，并逐渐在中产阶层普及，从而导致社会消费结构和消费理念发生深刻变化。在中国，由于人口规模巨大，2001 年总户数达 3.51 亿户，即使有 5%的家庭(高收入阶层)购买汽车，其总消费量便达 1750 万辆，按城镇人口的 5%计算，消费量也可达 660 万辆，而实际上目前城镇 10%以上的家庭拥有消费经济型轿车的能力，按 10%算，轿车消费量可达 1300 万辆，这可以认为是当前拥有实际购买力的轿车需求量。据国家统计局资料，2001 年私人客车(包括轿车)仅 469.85 万辆，估计全国轿车保有量当前仍不足 600 万辆，即短期消费潜能还有 600–700 万辆未得到释放。

这一短期的巨大消费潜能之所以未得到有效释放，主要是受高关税所造成高价格、消费环境不佳及其他限制消费的政策等的影响。在日益宽松的消费政策(降低汽车消费税、银行不断增加消费信贷规模、贷款利率下调)作用下，以及入世后国家大幅度降低关税的刺激下，2002 年汽车特别是经济型轿车消费出现了“井喷”行情，汽车消费需求得到了初步的集中释放，2002 年汽车新增消费量首次突破了 100 万辆，轿车消费量首次突破 100万辆。

（二）汽车工业正在进入持续性的高成长期

1. 不断扩大的市场需求为汽车产业的高速成长提供了持久性的推动力

在需求方面，支撑汽车产业进入持续高增长的因素有两个：一个是长期被压抑的巨大即期消费潜能亟待释放，另一个是随着人均收入的继续快速增长和消费环境的逐步改善，人们生活方式正在发生巨大变化，从而导致城乡居民对汽车消费需求的不断增加。

（1）1123.5 万辆即期消费潜能将在未来 3–5 年内持续释放

无论是从短期角度看，还是从长期角度看，我们汽车特别是轿车的消费潜能巨大。正如前面粗略估计的，中国长期累积的短期性轿车消费需求至少有 600–700 万辆，这相当于目前全社会轿车的保有量。这些需求都是有购买力支撑的，只是由于价格问题、汽车消费和使用政策上的问题而一时没有转化为现实购买力。

即期的消费需求到底有多大？测算结果表明，按最保守的估计，中国当前已有购买力支持的即期汽车总消费量为 1123.5 万辆，这一数据比前面估计的 1300 万辆偏低一些，但也说明短期内仍有 500 多万辆的私人小汽车消费需求等待释放，2002 年不过是释放了其中的 100 万辆，即使按这一速度释放（接近 50%的增速），还需要二年半的时间，如果考虑到 2002 年作为入世第 1 年释放效应最显著，但随后几年释放速度会递减，那么，估计要 3–4 年才能将历史上累积的汽车消费潜能释放完，因此，仅凭这一项因素就能使汽车消费保持 20–30%的增长率。

（2）汽车需求和供给开始进入中期稳定高增长阶段

以 2002 年为起点，支持中国汽车业进入持续性的高成长期的主要力量，除了长期被压抑的即期消费需求在国内外环境发生实质性变化后集中释放外，更大的推动力来自于人们对汽车这一新兴耐用消费品需求的急剧增加，特别是随着人均收入水平的提高，轿车将大面积地在城市家庭乃至农村家庭中普及。

我们认为，当前汽车需求和供给的长期转折点正在形成，即汽车产业正在进入中期稳定高增长阶段。汽车需求高增长态势的确立及结构上出现的新变化，标志着中国汽车消费进入到一个新的阶段。2002 年不仅汽车需求量首次超过 300 万辆，达到了 320 万辆以上，提前进入到了 2005 年，而且汽车需求结构和汽车拥有量的结构都在发生新的变化。这为汽车行业的进一步高增长奠定了重要基础。

A. 轿车消费的高增长正在主导整个汽车消费的高增长

几年来特别是进入 2002 年以后，中国轿车销售量占汽车总销售量的比例不断提高。2002 年 7–8 月份是汽车消费结构发生重要变化的一个转折点。以前轿车在整车销售中的比重大约占 1/3 的份额，2002 年前 8 个月累计，轿车在三大车型(载货汽车、公路客车和轿车)中的比重首次突破了 40%大关，打破了三大车型三分天下的局面，这可以说是一种历史性的突破。在国外，轿车销售在三大车型中占有绝对优势，一般占 75%以上的份额，而过去中国轿车所占比重严重偏低。有专家指出，突破40%，意味着中国的汽车消费开始从生产资料型向消费型转化的开始，并意味着中国人民生活水平有望发生实质性变化。家用轿车作为新的大众消费品，正在为中国经济增长注入新的动力，并将从根本上改变中国人的生活，改变中国经济的结构。

B. 轿车的高速增长又是靠私人消费所推动的

《中国汽车流通月报》表明，2002年8月份全国轿车的私人购车比例已经达到59%，1~8月的平均值为59.25%，私人购买轿车比例最高的月份达到68%。在北京亚运村市场上，截至2002年12月29日，排在销售量前20位的车型中，除了少数几种车型外，绝大多数车型私人购买比重占90%以上，其中排在前5位的夏利、捷达、神龙富康、长安奥拓、奇瑞汽车，个人购车比重分别为96.34%、94.59%、93.43%和96.13%。

这些数据均表明，中国轿车消费的主体开始发生了转折性变化，即以私人消费为主，且比重在不断提高。从消费种类来看，私人消费主要集中在普通级轿车、微型轿车和中高级轿车，中级轿车私人消费比例最低，但也接近50%。

C. 中国汽车拥有量跃过了第二个1000万辆的台阶

2002年成为汽车业的一个重要转折点，还体现在中国汽车拥有量也跃上了一个新台阶，即跃过了第二个1000万辆的台阶，并正在加快向第三个1000万辆的台阶迈进。尤其值得注意的是，随着总汽车拥有量规模的扩大及增长率的加快，新上一个台阶的时间缩短。第一个1000万辆汽车拥有量的实现我们花了40–50年，而第二个1000万辆从1995年开始到2002年仅花了7年，如果按现有速度增长，上第三个1000万辆的台阶估计只需4年就能实现。汽车总拥有量加快增长主要动力来自于私人拥有汽车量的增加，2002年私人拥有汽车估计达到950万辆，比上年的770.78万辆多180万辆，占汽车总拥有量的比重接近一半，达47%；同期私人拥有民用载客汽车的比重第一次超过了50%。私人拥有汽车增量对汽车总拥有量的贡献呈长期性提高趋势，1990–1995年贡献率仅为25.34%，其后贡献率明显提高，1996–2001年连续6年均超过了50%，分别达到66.1%、57.72%、65.15%、82.48%、58.63%和75.31%。

D. 中国汽车需求的多层次性及规模化决定了汽车消费高增长具有长期稳定性

中国巨大的消费人口规模决定了每一项产品的消费均具有较多的层次性，一项主导型消费热点一旦开始形成（被多数人所接受并作为消费的重要目标），容易在不同的消费群体间逐步扩散，这种扩散效应既表现在地区间、城乡间，也表明在同一地区的不同消费阶层间，总的趋势是由高收入阶层向中收入阶层扩散，再向中低收入阶层推进。从中国省级区域来讲，有人均GDP超过2000美元的高收入地区，也有数量日益增多的人均GDP在1000–2000美元的中高收入地区，更有数量最多的中低收入地区（多数中西部省份），这决定了中国的消费梯级多。

高收入地区主要是上海、北京和天津三个都市区，目前总人口规模为4000万人，接近韩国的人口，如果再加上沿海发达地区的一些高收入区如深圳、东莞、广州、宁波、厦门等地区，人均GDP超过2500美元的人口可能要翻一倍。这些高收入地区如果都能像北京一样掀起"汽车消费热"、且普及率都达到千人30辆，那么私人汽车消费需求总量将接近250万辆。2002年北京私人拥有量接近80万辆，其他地区私人汽车消费量仍严重偏低，上海私人汽车拥有量才刚刚达到10万辆；目前这些地区私人汽车拥有量不过150万辆，如果考虑到更新的因素，估计即期有120万辆以上的汽车需求未得到满足。如果再考虑这些地区人均收入将继续快速增长，那么这些地区在短期内（2–3年）就有150–200万辆需求亟待释放。

以上分析的是高收入地区即期汽车消费潜力，而家庭汽车消费的第二梯队的规模更为庞大。目前人均收入在1000–2000美元之间的省份有11个，还有一些省份在不断加入到这一行列，这11个省人口规模达5.75亿，占全国人口总数的45%，这些地区将成为2005–2015年汽车消费的主力军。接下来是更为庞大的中低收入地区，随着它们的经济发展及人均收入水平的提高，它们将成为未来更长时间内汽车消费的后备军。

E. 供给能力的大大增强及供给结构的不断优化，也是汽车业进入中期稳定高增长阶段的重要标志

近几年中国汽车生产能力特别是轿车生产能力明显提高，且生产结构开始出现与需求结构相适应的新变化。中国汽车生产量在1992年才突破第一个100万辆，为106.67万辆，占同期世界汽车产量的2.18%，其中轿车（比国外统计的乘用车口径小）产量仅为16.17万辆，占同期世界乘用车的比重仅为0.47%；2000年汽车产量突破200万辆，产量新增100万辆花了8年时间。近几年在国内需求的刺激和合资步伐加快等因素作用下，汽车产量增长明显加快，汽车供给能力大大提高，供给结构也发生了阶段性的变化，仅2年时间汽车产量就增加了100万辆，2002年估计将接近350万辆（1–11月为314.75万辆），占同期世界汽车总生产量（大致5500万辆）的比重为6.36%，10时间份额提高了4个多百分点，其中轿车产量将首次突破了100万辆，达105万辆左右，份额也有一定的提高。

2. "双向开放"是加快中国汽车产业重组升级的根本动力

一方面，入世使汽车业对外开放迈上了一个新台阶，跨国汽车大公司加快对华投资，将从根本上改善中国汽车的生产格局、推动中国汽车产业快速升级。跨国公司主导汽车制造业加快向中国转移，构成了世界制造业向中国逐步转移的总趋势的一个重要组成部分。中国的汽车市场是21世纪初世界工业制成品市场中最大的一块蛋糕，外资与内资开展更为广泛和深入的合资重组，将实现"双赢"目标。另一方面，加大对内开放，放宽对内资在汽车行业上的准入限制，将彻底打破汽车生产的行政性垄断旧格局，形成全面、有效的竞争新格局。

（1）入世后汽车进口的冲击并没有显现

据预计，2002年汽车进口可达到12万辆左右，比上年增长60%以上，其中轿车进口7万辆左右。其中1–9月进口轿车5.17万辆，同比增长48.36%，占总量的56.21%；越野车进口量为2.26万辆，同比增长146.34%；客车进口1.07万辆，同比增长46.99%；货车0.52万辆，同比增长52.82%。但是，进口轿车在国内轿车销售中所占的比例仅为6%左右，并未对国内汽车市场造成大的冲击，反而促进了国内汽车产业加快发展。

A. 有关管理部门对进口配额进行合理控制

汽车进口配额是金额的概念，并没有要求需要进口多少辆整车。根据企业申请配额的实际情况，有关部门在2002年的进口配额分配中，首先满足国内汽车工业对进口生产配套所需套件和关键件的需要，对于整车进口，则优先考虑国内不能生产的车型。2002年国内汽车合资企业上市新车型较多，需要进口大量的汽车套件和关键件，国内合资企业生产的一些中高档轿车，也需要进口大量的汽车配件和关键件，新增加的汽车及其关键件进口配额，绝大部分安排在这个部分。

B. 跨国汽车大公司进入中国实施本地化战略

跨国汽车大公司从策略及获得长期的收益考虑，产品进入中国市场不是采取出口的形式，而是加大转移生产能力来实现。跨国公司通过扩大出口来进入国外市场，容易产生贸易上的磨擦，经常受到进口国的不满，本地化生产成为其谋取短期和长期利益的最好手段。

C. 国内汽车适时适度降价，也有效地抵御了进口车的冲击

在中低档（在发达国家属于低档，而发达国家销售的大众产品是中档或中低档，低档相当少）的经济型轿车市场上，国内汽车厂商有较强的竞争力，跨国大公司的产品优势在中高档车上。因此，进口车主要是中档以上的车。在目前阶段，中档以上车的需求主体是高收入阶层和政府部门，其需求量有限，而且可以控制。

（2）合资重组正在改变中国汽车生产的大格局

代替国外汽车大规模进口的是，世界汽车巨头加快了对华合资重组的步伐，纷纷建设自己的制造基地和销售中心，合资重组正在改变中国汽车生产的大格局。中国加入世界贸易组织，意味着中国的市场和产业都将全面地对外开放，对跨国大汽车集团来讲，这也是大规模进入中国市场、分享中国经济高成长收益的最好机会。2002年被公认为汽车产业合资重组年，通过合资生产各种满足中国市场需求的新车型，成为各大跨国汽车公司的重头戏，以期获得短期内的高收益。

3. 2002年汽车合资重组表现出以下特点：

（1）以三大汽车集团为中心，与跨国大公司实行多头、全面合作式的合资重组

按时间顺序，仅2002年国内三大汽车集团的重组事件为：6月份，上汽、通用、五菱联合重组；8月份，一汽与丰田全面合作；9月份，东风与日产全面合资；10月份，上汽入股通用大宇项目；10月25日，东风汽车公司与法国PSA集团全面合作协议获得国家批准。几乎所有的汽车跨国公司都已落户中国。由此，三大集团均形成了同时与两个以上合作伙伴的多头合资局面，形成多头博弈关系，上汽一手托大众、通用两家；一汽左牵大众，右携丰田；而东风在和标致——雪铁龙合作之外，又与日产全方位合作。这使利益共同体的关系更为紧密，且不易受某单一方因素的影响。

另外，这一轮重组和合资不再是针对具体车型和细分市场，上汽与通用、一汽与丰田、东风与PSA、特别是东风与日产都是全面合资合作框架下签署协议和进行资产重组的，中外汽车企业的合作纷纷趋向“全面合作”、“全系列车型合作”，规模之大、层次之深在中国汽车发展史上前所未见。

（2）合资的方式多种多样，务实求快

11月23日，广州汽车集团发布信息称，在广州出口加工区建设的本田轿车出口基地项目建议书，已获得了中国政府的批准。本田与广汽的合资，采取的是在中国建立轿车出口基地。这一新方式，意味着中国汽车业合资上两点突破：一是以“全部出口”的名义另行建立轿车基地；二是出资股比大大超过50%，真正达到控股的目的。

而东风、日产签署50年合作协议的案例显示，这不仅是中国最大的一宗汽车合资案，而且在合资上实现了多项创新。合资方案是东风以存量资产出资，日产以现金出资，两方持股比例为50:50，此举打破了过去汽车企业合资的形式大都是双方出资组建合资公司，平地起家的惯例。双方建设初期注册资本金171亿元，也打破了中国汽车合资企业投资的最高纪录。

双方在技术中心、生产体系、销售体系等方面，也没有像其他合资企业一样另起炉灶，而是尽可能整合现有资源。其中，在研发中心上，商用车将依托东风现有的研发中心；新建乘用车研发中心。在生产体系上，乘用车除去目前风神在广东的基地外，还将整合襄樊目前的资源，建立经济型轿车基地；商用车生产基地将在十堰载重车公司基础上，吸纳轻型车等资源。另外，在分流富余人员，也与以前不同，主要不采取下岗、买断等形式，而是以开发性安置为主，帮助分离后的非核心业务建立竞争力，从而最大限度减少了重组带来的震动。

（3）不仅在汽车制造上加大投资，而且在销售网络建设和研发上投资

10月25日，东风汽车公司与法国PSA标致雪铁龙集团在京签署了合资合同。公布的合同与上一年签订的合作意向书有两点不同。意向书显示，将新成立3个合资公司，一个负责工业生产标致、雪铁龙两个品牌的车型，两个销售公司——东风标致销售公司、东风雪铁龙销售公司分别销售标致、雪铁龙两个品牌的车型。但此次公布的合同内容则是新合资公司下设一个工业事业部与分别负责销售标致、雪铁龙两个品牌的两个商务部。另一个不同是，双方将在中国建立产品研发中心，在完成增资之后，研发中心就将成立并归入工业事业部。研发中心的平台开发由PSA标致雪铁龙完成，而车型的开发则是由双方共同完成。这些在以往的中外汽车合作中并未出现过。

（4）合资水平提高，合资更多地体现战略性和前瞻性

过去跨国公司在合资后一般都不愿将其最新生产车型放在中国生产，这次合资生产的产品有许多是国际上正流行的最新产品。许多跨国公司表示，以后合资公司导入中国的新产品都将与母国市场同步投放。

（5）日本汽车一改过去那种过度谨小慎微的作风，雷厉风行地加快了对华合资步伐，从而形成了欧洲、美国、日本三强并立的合资结构。

二、对2003年汽车业发展的预测及政策建议

(一)对2003年汽车业发展的预测

1. 汽车业将继续保持产销高增长

(1)支持2003年汽车生产和销售继续保持高增长的因素

A. 降价无疑将会刺激汽车需求的快速增长

汽车车型的竞争以及关税的继续下降,都将促进国内汽车厂商继续降低价格。在现阶段,降价无疑将会刺激汽车需求的快速增长。而随着生产规模的逐渐扩大,零部件采购的全球化和规模化,将使汽车生产成本出现一定的下降,从而也使厂商存在较大的降价空间。

B. 入世前较长时间内积累的购买力仍然有待进一步集中释放

入世前较长时间内积累的购买力,特别是家庭轿车即期消费能力仍然很强,根据估计,入世前累积形成的轿车即期消费能力便达500-600万辆,2002年仅释放了110多万辆, 由此可以推断目前达30%以上汽车消费增长可以持续至少3年。

C. 逐渐推出的四项鼓励汽车生产和消费的政策将对汽车工业快速发展形成强有力的支持

这些政策包括《汽车消费管理办法》、《汽车产业投资管理规定》、《关于进一步促进汽车工业发展的有关规定》和《汽车贷款机构及金融机构个人汽车贷款管理办法》。这四项政策分别从消费、投资和产业发展方面支撑汽车产业稳定快速发展。

(2)汽车产业增长态势预测

预计2003年载货汽车增长和公路客车增长均会比2002年放慢,这不仅是由于载货汽车和公路客车需求增长已进入到成熟阶段,而且它已先于轿车出现快速增长,特别是2002年下半年载货汽车存货增长上升预示着2003年其增长将减缓,公路客车的高速增长也将出现一定的回落。但轿车产销将延续2002年高速增长态势, 全年轿车生产和销售量可望达到150-160万辆和160-170万辆,进口将增加到10万辆左右。

2. 经济型轿车和中档轿车继续呈纷争态势,但经济型轿车潜力更大

轿车的市场竞争将会更加激烈,其中经济型轿车与中档轿车将继续呈纷争的局面,前者是满足消费热情持续高涨的中高收入家庭及部分中等收入家庭,而后者仍然是满足集团消费和少数高收入家庭需要。不过由于需求群体大,新款的不断推出以及价格上的优势,经济型轿车增势更猛。

3. 单型规模和系列化产品规模的效益开始显现

最近两年一些经济型轿车和中高档轿车生产规模上了一个新台阶。2002奇瑞汽车产销突破5万辆,2003年有望逼10万辆,天津汽车生产的夏利系列车型产销将超过9万辆,上海大众和一汽大众轿车生产量分别达到30万辆和20万辆,长安汽车生产和销售各种汽车也超过了30万辆, 上海通用生产的别克车已首次突破了10万辆, 生产量的扩张便意味着汽车产业规模效益在不断提高。最值得一提的是天津夏利汽车,大幅降价大幅度提高了产销量,但却出现了短期性的亏损,但随着规模化采购成本和管理成本等的不断节约,规模效益将会逐渐显现,估计2003年天津汽车将会扭亏为盈,实现销售与利润的同步增长。同时,2002年汽车利润向前10位集中也表明,这种规模效益将在2003年继续显现。

4. 大规模的横向兼并重组仍然难以展开

地区间在对外合资上开展的竞争将继续加剧,但大规模的横向兼并重组仍然难以展开。经过2002年中国汽车产业的高速增长, 跨国汽车集团和国内企业均品尝到了成功了喜悦,特别是过去长期保持观望的日本汽车公司已完全改变了其全球发展战略,加快将生产能力向中国转移。同时,国内三大集团及一些地方性的汽车企业也急切要求扩张生产能力,因此,地区间在对外合资上开展的竞争还将继续加剧。

(二)发展汽车工业的政策建议及企业对策

1. 尽快出台鼓励汽车消费政策

汽车工业的发展对一个国家特别是大国的工业化来讲,是至关重要的,在世界上还没有一个大国在工业化中期不靠发展汽车来加快产业结构升级。而鼓励汽车消费不仅是人们改变生活方式的需要(也是生活质量提高的一种表现),也对促进汽车这一关键性制造业发展并带动整体制造业升级具有战略性意义。在当前经济的内在需求仍显不足的情况,制订一揽子鼓励汽车消费的方案, 加快把汽车培育为新的主导型消费热点,具有十分重要的意义。

(1)非歧视性政策

1994年中国对汽车消费一直采取抑制性政策,1994年至今虽然这一政策有明显松动, 但仍然存在较多的限制措施,因此,要扩大汽车消费,迫切需要拆除这一消费壁垒,从这个意义上讲,所谓鼓励汽车消费的政策首先是非歧视性政策。

(2)鼓励性的政策

除采取非歧视性政策外,还应采取鼓励性政策,如在个人贷款购车上采取一些的利率优惠、税收优惠(个人所得税抵扣)等措施。

2. 适时推出税改费政策

在全球石油资源有限、供给存在短缺的情况下,油价的上涨将起到抑制石油消费的作用。二次石油危机后,各国为了减缓石油对经济的冲击以及提高石油的使用效率,普遍采取了对燃油征税的措施。这一政策既起到了在石油大幅上涨时抑制燃油消费的作用,又鼓励经济型轿车的消费(低能耗、中小排量)。中国石油资源更加短缺,然而这一好政策却受各种因素的影响一直难产。

我们认为,国际油价上涨不应成为拖延此项政策出台的理由,恰恰相反,目前高油价形势正是呼唤这一政策尽快出台的好时机,关键的问题是协调好原有公路费征收部门与税收部门的利益关系,建立公路建设和维护新的融资机制。

3. 汽车厂商要打好降价和产品创新两张牌

面临汽车产品过高的价格(比国际价格高50%以上)和巨大的国内汽车消费亟待挖掘的现实,国内汽车厂商必然打降价牌,这可能也是目前最有效的一张牌。

（1）价格竞争是厂商提高品牌影响力的关键

市场竞争首先是价格竞争，中国汽车产业才刚刚开始打破行政性垄断，完全的市场竞争还需要较长时间才能形成，这一过程中价格竞争既是厂商实力的一种体现，也是各大厂商扩大市场占有率特别是提高品牌影响力的关键一张牌。除此之外，还有一个重要的作用，就是建立相对充分的市场竞争机制。

（2）不断开发新产品是企业提高核心竞争力的关键所在

作为汽车生产企业，仅打降价牌也不行，产品创新特别是根据市场总体需求的变化和满足各种层次的市场需求，不断开发新产品，是一个汽车厂商能否提高核心竞争力的另一张牌。相信只有同时打这两张牌的汽车厂商才能在未来竞争日趋激烈的中国市场中获胜。

4. 允许一定程度的市场性重复建设

提高市场竞争度或竞争水平，不仅意味着大量厂商在生产同一类产品上开始日益激烈的竞争，而且意味着市场竞争不断深入特别是市场机制的不断完善，将出现“适者生存”“优者生存”，而不适者或劣者淘汰的结果。

在中国现阶段，市场性重复建设是投资市场竞争度或竞争水平的必然选择。

5. 将自主开发能力的培育集中在中低档产品

将自主开发能力的培育集中在中低档产品，加快经济型轿车的国产品牌的研发。国内企业与外资企业在汽车工业上的竞争，要把握两个大原则，第一个是不能想当然，一厢情愿，把合资变成为“外资至上”，“一切依靠外资”，外资可以为我所用，这一点很像电冰箱产业发展一样，多头合资博弈有利于我们在合资上掌握主动权，但一定要注意培育自主创新产品。第二个原则是汽车产业的战略定位一定要符合产业发展的规律和突出我们的优势。

（王小广　执笔）

中国计算机产业景气分析及展望

国家计委经济研究所中国宏观经济与行业预测课题组

一、2002年计算机产业景气特点

2002年中国经济取得了明显好于上年好于预期的增长，经济增长率达到了8%。计算机产业受良好宏观环境的带动增长率也同步上行，2002年计算机产业产值的增长可望达到42%，这一增长不仅比2001年的增长提高了20个百分点，而且比计算机产业高速发展的“九五”时期还高出了6个百分点。计算机产业的高速增长是支持2003年中国经济再次回升的重要因素之一。

2002年计算机产业的增长格局中，国有企业和外商及港澳台投资企业的增长最为迅速，增长率分别达到了40.3%和48.9%，在计算机行业中大型国有企业和外资企业同台竞争的格局正在形成。

从计算机产品来看，计算机整机的增长快于外部设备的增长，预计全年整机增长可以达到46%，外部设备的增长为40%左右。截止到2002年11月份为止，中国一些主要产品的增长情况是：电子计算机23795台，比上年同期上升了131.42%，微型电子计算机生产量达到1463.51万台，比上年同期提高了50.1%，微型电子计算机中笔记本电脑是增长最快的，预计增长可达到50%以上，反映了对移动办公需求的明显上升。显示器的产量达到4677万台，同比增长40.65%，打印机产品为2251万台，比2001年增长了36.56%。

2002年计算机产业的利润增长落后于生产和销售的增长，产业内部分化严重。2002年1-11月份计算机产业实现利润80.7亿元，比上年同期增长了36.1%,。全行业产值利润率仅为3%，低于全部电子行业4.2%的水平。低利润率反映了中国计算机行业仍处于这个产业低增值链条部分，而这一部分已经成为成熟产业，已进入利润率持续走低阶段。而利润率的持续走低，意味着产业组织结构调整即将进入活跃期，一些低效率的生产者将被挤压出这个市场，市场的集中度将趋于提高。目前计算机行业中的产业分化已经开始，2002年累计至11月份有近1/3的计算机企业处于亏损状态，亏损面大于全部工业约1/4的水平，累计亏损额达到7.28亿元。按企业规模来看，大型企业发生亏损的风险最小，只有全国水平的2/3，而中型企业是最有可能发生亏损的，其相对风险比全国平均高于12%，小型企业亏损风险与全国平均水平基本持平。分企业所有制类型来看，国有企业发生亏损的风险为最高，要高出全国平均水平80%。其次是集体企业，其亏损风险比全国高13%。股份制企业和私营企业发生亏损的风险最低，2002年还没有股份制计算机企业发生亏损，私营企业比全国低50%。外资企业的亏损风险略高于全国平均水平，由于其数量巨大，外资企业的亏损额占到全国亏损额的80%。但对外资企业的亏损情况应作深入分析，并不一定是经营不善的结果，一部分外资企业亏损是由于其建厂时间短，还未进入到赢利期，此时出现亏损是正常的；还有一部分外资企业则可能存在着与母公司的内部交易，通过亏损向母公司转移利润。作为行业代表性企业的上市公司，计算机板块的上市公司在经历了2001年和2002年上半年效益下降较多的困难局面后，2002年第3季度开始出现回升态势。

2002年中国计算机产业高速增长是受投资、消费和出口三驾马车共同驱动的结果。投资拉动作用明显,消费热点突出和出口高增长是中国计算机产业在2002年实现高增长的主要原因。2002年固定资产投资(不包括集体和个人投资)同比增长23.4%,比去年同期加快7.1个百分点,是"九五"以来的最高增幅。2002年中国总体消费形势并不算火爆,增长一直比较平稳,2002年1-11月社会消费品零售总额增长了8.8%,以现价计的增幅下降了1.3个百分点,如果剔除价格下降因素,则同比增幅回落约0.5个百分点。尽管2002年消费在总体上对经济增长的带动作用不是那么强,但一些消费热点还是对工业生产运行产生了较大影响,其中就包括计算机,家用计算机销售增长一直保持在30%左右的高速,计算机和汽车、通讯器材、建筑装潢材料一道成为新的消费热点。这些消费热点的形成不仅对相关产业的发展起到推动作用。出口快速增长是2002年中国经济出现明显回升态势的另一重要原因。据海关统计,2002年1-11月份中国外贸出口2936.9亿美元,增长21.6%,贸易顺差累计已达272亿美元,增长48.2%。计算机类产品出口则是2003年推动中国出口增长的主要动力之一,是中国2003年经济中亮点的亮点。2002年1-11月份,计算机及通信类技术产品出口达到483.85亿美元,已经占到高新技术产品出口的80%以上,占到全部外贸出口的16.5%。1-11月计算机及通信类技术产品出口增长高达50%。2003年中国外贸出口中有8个多百分点是由计算机及通信类技术产品拉动的,对外贸增长的贡献度超过1/3。

计算机产业的快速增长已经使计算机产业越来越成为中国高技术产业乃至整个工业中的重要支柱产业。从增长角度来看,从"九五"开始计算机产业就一直扮演着高技术产业的领头羊角色,其年均增长率高于高技术产业总体增长16个百分点,在高技术产业中的比重也由1995年的5.28%上升到目前的约12%。进入"十五"以来,计算机产业引领增长的作用表现得更为突出,预计2002年其增长将超出高技术产业整体增长约18个百分点。

二、2002年中国计算机市场热点分析

2002年中国计算机市场的热点较多。首先移动设备异军突起成为市场新宠。由于入世关税降低和轻薄化趋势,笔记本电脑销量大增,在PC中的比重快速上升。根据CBIR的调查,2002年笔记本电脑的销量可达到台式PC机的10%,增长幅度在44%左右。2002年移动存储市场发展十分强劲,仅上半年大容量移动存储销售就达到了12.1万片,较上年同期的销售规模增长了9.3倍,较上年下半年增长了133%。而闪存市场在2002年上半年就达到了102.9万片,较上年同期增长了32.2倍,较上年下半年增长了8.1倍,市场销售额突破了80亿元大关,移动存储厂商数量超过了150家,发展势头很猛,大有取代软盘之势。闪存的崛起为中国IT产业提供了一次新的发展机会,据估计目前全球80%的移动存储产品出自国内厂商,移动存储成为了IT业中惟一一个由民族企业扮演领导者的领域。

其次在政策强力支持下中国软件业开始步入发展快车道。国家近年来出台的一系列政策,如2000年出台了《鼓励软件产业和集成电路产业发展的若干政策》及其《细则》,2002年财政部和国家税务局又发出规定,在税收政策上进一步加强对软件产业的支持。除税收政策外,各地还把政府采购作为支持国内软件业发展的重要手段。在这些政策的支持下,一些软件企业技术水平和竞争力明显增强,开始具备在局部市场与大型跨国软件企业同台竞技的能力。到2002年8月,中国通过认定的软件企业为4200家,销售额超亿元的有十几家。同时,国产软件在许多领域取得突破,在基础软件、支撑软件以及应用软件方面,都已经拥有了具有自主版权的技术,特别是在应用软件方面,市场占有率不断提高,金融、税务、电信、电力、医疗、社保等系统使用的大型行业应用软件也主要由国内企业提供。2002年中国软件业销售收入可达1100亿元左右。

第三在出口和国内消费升级的带动下,显示器生产继续高速增长,已经逐步发展为中国的一个优势产业。显示器是计算机最重要的外设之一,2002年1-11月,显示器产品总体发展形势良好,产销规模不断扩大,累计产量达到4464万台,同比增长41.2%;累计销量为4360万台,同比增长39.8%,产销增幅均比上年同期高出18个百分点以上;累计产品库存量达到146.73万台,比上年同期有所增长。与产销快速增长的情况相对应,显示器企业销售收入增长较快,据信息产业部的监测结果显示,1月-11月重点显示器企业的销售收入达到368.6亿元,同比增长85.2%。显示器快速增长的动力之一是出口。据海关统计,1月-11月显示器产品出口情况良好,累计出口量达到3821.5万台,同比增长32.1%。其中液晶显示器出口量达到437.2万台,比上年同期增长数倍。1月-11月显示器累计出口额达到51.3亿美元,同比增长64.9%。根据信息产业部的监测结果显示,大部分显示器企业出口增长幅度很大,其中福建冠捷公司显示器出口超过700万台,在行业中名列第一。从出口产品结构来看,17英寸CRT显示器占据主导地位,占全部出口的35%;15英寸LCD显示器出口增长较快,幅度超过400%。国内消费升级是带动显示器行业快速发展的又一动力,显示器消费升级的方向是纯平和液晶显示器。根据市场调查,在CRT显示器中,17英寸纯平显示器是市场的主流产品,19英寸产品基数较低,但发展速度较快,15英寸CRT产品所占份额则不断降低。

第四信息化步伐加快网络使用人数继续高速增长,已超过日本居世界第2,由此带动了网络设备制造业迅速扩张。持续的网络热也带动了网络设备的持续发展,2002年前3季度中国整体网络设备(路由器、以太网交换机、集线器、网卡、MODEM)市场规模达到了94.22亿元。从整体网络设备市场来看,交换机和路由器仍然占据着网络设备市场的主要份额。

三、2002年中国计算机行业的重大趋势分析

2002年计算机产业发展还有一些重大趋势需引起关注。首先中国计算机行业在外资主导下的地区集聚特征进一步强化,已经形成了珠江三角洲、长江三角洲、环渤海和福建四大计算机生产基地。计算机行业地区分布高度集中的背后是外资投向的集中。中国计算机产业是外商和港澳台投资绝对唱主角的产

业。外商和港澳台投资企业占有总产值的87.3%,居第二位的股份制企业只占总产值的6.4%,国有经济居第三位只占3.5%,而其它各类经济成份的份额连1%都不到。中国正在成为电子信息产品的全球制造基地。据统计中国的计算机主板、光盘驱动器、显示器、打印机等居世界前列。目前国际上著名的计算机类跨国公司都在中国设有生产或科研设施,近年来还出现了台湾电子信息产品制造业向祖国大陆转移的新趋势。新一轮台商投资热潮已从珠江三角洲和闽南地区扩展至长江三角洲。2002年1-7月台商在祖国大陆的投资较上年同期增长了约20%,而世界其他地区的投资则减少了34.1%。据台湾"资策会"调查分析,台湾省信息技术产品(硬件)转移到大陆生产的比重2003年将首次超过50%,其中台式计算机为55.3%,计算机主板为60.4%,阴极射线管显示器为71.2%。目前投资IT产业的台湾企业已达500多家,其中台湾信息技术领域内前20家最大的上市公司和上柜公司中已有14家落户苏州,形成了以龙头企业为主,生产配套齐全,研发、制造、销售同步发展的格局。

其次中国计算机产业的市场结构正在酝酿由原子型向寡头垄断型变迁,兼并重组会成为近期热点。总体来看,目前中国计算机的市场结构仍处于较为初始的原子市场结构,垄断竞争的格局远未形成。外资的进入将使计算机产业重新洗牌,重新瓜分市场已经开始。近年来戴尔已经异军突起,其省却一切中间环节的直销模式在中国也取得了成功,市场占有率迅速提高。本来占据着市场优势的国内品牌已经明显感受到竞争压力,一些国内优势企业将通过进一步扩大规模,提升服务来保持竞争优势,而另一些处境不佳的国内企业有可能就此退出市场。

第三产业技术进步加快,国产CPU问世,但其产业化应用仍面临诸多困难。2002年9月,作为国内第一个有自主知识产权的CPU,"龙芯一号"在中科院诞生,它耗资数千万元,研制时间长达1年多,技术水平相当于1997年的国际水平;两个月以后,高性能嵌入式32位微处理器——"神威一号"在上海问世。它们的问世,标志着中国已初步掌握了当代CPU的关键设计技术。但从实验室技术走向产业化走向市场还有很长一段路要走,还需要付出艰苦的努力,况且这一技术并不比市场上已有的技术更先进,而且市场也已经被Intel、AMD、Cyrix等国际巨头们瓜分殆尽。但作为中国具有自主知识产权的第一个中央处理器,要发展就必须要在市场上寻找到突破口。最可能应用国产CPU的是那些事关国家信息安全的重要领域以及政府部门,如军事部门、航空航天等。

四、2003计算机行业发展前景分析

展望2003年计算机产业发展,宏观经济环境、国内政策与市场环境和国外市场环境均有利于中国计算机产业继续保持高速增长。

2003年的宏观环境总体上仍然有利于中国计算机产业保持2002年以来出现的回升势头,投资、消费和出口三驾马车在2003将继续保持对计算机产业发展的带动作用。其中投资增长总体虽有所回落,但对计算机产业带动作用大的工业固定资产投资将继续保持高增长、邮电通讯金融等产业固定资产投资将出现恢复性增长,总体上投资对计算机产业产生的拉动作用不会减弱;2003年消费增长将有所加快,特别是对新型消费品需求的持续上升,消费对家用电脑的拉动作用会强于2002年;出口形势虽存在着较大的不确定性,但总体环境应好于上年。

十六大提出走新型工业化道路,以信息化促进工业化,全面建设小康社会。这些目标和任务的提出将为中国计算机产业的发展创造更为良好的政策与市场环境。从政策层面上来看,发展包括计算机产业在内的信息技术产业将成为中国的一项长期战略性任务,政府会出台多方面的措施来支持信息技术产业的发展。从市场环境角度来看,对计算机在内的信息技术产品的需求将随经济结构调整和人民生活水平的提高而不断增长。信息技术产业将成为建设小康社会的先导性产业和支柱产业,在国民经济中的地位不断提高作用不断加强。

为贯彻和落实十六大精神,2003年国家将加快推进国民经济和社会信息化进程。信息化将成为国民经济和社会发展的优先领域,国家将积极推进电子政务,加快国家政务信息化重大工程建设,在政务、财税、金融和贸易等领域率先实现信息化。进一步发展电子商务。建设高速宽带网络、信息安全系统等现代信息基础设施工程。完善西部通信设施建设,推动西部信息化进程。继续发展远程教育和远程医疗。以信息技术的应用为切入点,积极推进企业信息化建设。

国际市场环境。据IDC的市场分析显示,2002年全球个人计算机出货量为1.36亿台,仅比上年增长1.6%,比2000年还要低2.6%。而2003年随着商业用户和消费者支出的增加,对计算机的需求也将增长,2003年增长率可望达到8.3%,2004年的增长率则可达11%。但IDC同时认为个人计算机增长要在2003年下半年才会加快,上半年的增长仍然比较疲软。软件业将在2002年底开始复苏,2003将继续这一趋势。应用软件仍是最大和增长最快的市场,预计到2006年收入将达到1310亿美元,年均增长11.5%,超过系统软件。尽管仍存在着很多不确定性因素,2003国际计算机市场总体上要好于2002年。

预计在以上各种有利因素的支持下,2003年中国计算机产业将延续2002年以来出现的良好发展态势,2003年中国计算机硬件制造业总产值将接近4000亿元,比2002年增长40%左右。微机生产量则接近2000万台,比2002年增长40%左右。软件业比2002年增长约30%。

(孙学工 执笔)

中国集成电路行业景气分析及展望

国家计委经济研究所中国宏观经济与行业预测课题组

一、中国集成电路产业发展现状

(一) 中国集成电路产业近年来一直保持高速增长,产业内部结构渐趋合理,技术水平不断提高,投资迅猛增长

1. 近五年来,中国集成电路产业保持了较好的发展势头,年均增长率达到27%

据统计,1997年,中国集成电路产量16.8亿块,销售金额52.5亿元,2001年,在全世界半导体市场下降32%的情况下,中国集成电路的产量仍达到63.6亿块,与上一年相比增长了8.2%,与1997年相比增长了2.7倍;2001年中国集成电路销售额为188.3亿元,与1997年相比增长了2.6倍。另据海关统计,1997年,中国集成电路出口24.8亿块,出口金额9.4亿元,2001年,集成电路出口量和出口金额分别为63.4亿块和24.7亿元,与1997年相比均增长了1.6倍。

2. 中国集成电路产业内部结构渐趋合理

目前,集成电路设计、芯片加工和封装测试三业并举;内资、合资、独资企业三足鼎立,竞相发展;市场需求旺盛,消费类电路、通信电路持续增长,IC卡电路和存储器电路已成为新的增长点;技术进步步伐加快,大生产技术已达0.25—0.18微米,与国外技术水平的差距开始缩小。

3. 投资大幅增长

随着国务院18号文件的贯彻落实和中国加入WTO所提供的历史性机遇,外国企业纷纷来华合资或独资建立集成电路企业,集成电路产业的投资主体也由单一的国有走向国有、外资和民营等多种形式。"九五"期间,集成电路领域共投入140亿元,其中外资近70亿元,特别是在2000年国务院18号文件颁布实施后,在集成电路领域更是掀起了前所未有的投资热潮。预计"十五"期间,全国集成电路芯片制造业的投资可达100亿美元,相当集成电路产业2000年前30年投资总额的3倍,其中,外资将占一半以上的份额。

4. 技术水平不断提高

在国家863计划、科技攻关计划和企业技术开发经费的支持下,中国已经形成了一支由高等院校、研究院所和企业科技人员组成的上万人的科技攻关队伍,形成了一批具有自主知识产权的科研成果。如提出了半导体功率器件耐压层结构,开发成功了ICCAD设计系统,开发成功了以"方舟"、"龙芯"为代表的一批嵌入式CPU和军用CPU芯片,还开发成功了以第二代居民身份证非接触IC卡芯片为代表的各种IC卡芯片,使中国集成电路产业的加工水平在5年左右的时间内从2~3微米提高到0.25~0.18微米,上了3~4个技术台阶,缩短了与国外技术的差距。"十五"期间,中国将在SOC、CPU、工艺技术、关键设备、重点材料等方面重点攻关,力争取得一批科研成果。

(二)2002年中国集成电路产业发展情况

据国家统计局统计,2002年1-10月,中国集成电路产量和销售量同比增长超过40%,出口更为强劲,达到34.7亿美元,同比增长140%以上。另据信息产业部统计,2002年,中国集成电路产量达到85亿块,技术上已具备0.18微米芯片设计开发、规模生产能力,以方舟、龙芯、星光为代表的高性能核心芯片开发成功,并在许多重点整机产品上得到应用。

(三)中国集成电路产业回升的主要原因分析

1. 中国电子信息产业的高速增长,成为拉动集成电路产业发展的主要源泉

据国家统计局统计,1997—2001年电子信息产业的工业总产值、销售收入的年均增速居各工业部门之首,其年均增长速度一直保持在GDP的3倍以上,并在1998年首次成为中国的"龙头"支柱产业,机电产品出口占中国出口总额的一半以上。

2002年,电子信息产品制造业实现了销售收入1.4万亿元,比上一年增长20%,1997-2002年的5年平均增长率为25.2%,对全国工业增长的贡献率达到20%,产业规模是1997年的2.5倍,居各工业部门首位;年生产程控交换机3800万线,彩电5000万台,均居世界第1位。移动通信产品制造业从无到有,从小到大,实现群体突破,国产移动交换机、基站和手机的国内市场占有率分别达到50%、70%和30%。

根据国际经验统计,10个单位的电子信息产业产值约需一个单位的集成电路产业产值来支撑。上述数据表明,1997-2002年期间,中国电子信息产业的持续高速增长正是拉动中国集成电路产业高速增长的主要源泉。

2. 电子产品门类、功能、速度、性能等方面不断提出新要求,成为集成电路产业持续高速增长的不竭动力

当今,人类正进入数字化时代,一系列数字化产品正源源不断地进入人们的日常工作、生活和学习之中,使以电脑为代表的数字化产品的应用领域不断延伸。而在中国,由于电脑等产品的应用起步晚、普及率较低,其应用模式、档次、规模等无论在家用还是商用上都无法与美国、日本等发达国家相比,中国对芯片的数量、速度、性能上的需求还有相当大的潜力。

3. 集成电路本身的技术进步,创造了多种多样的需要,为其进一步发展提供了强大的内在动力

英特尔、超微(AMD)等集成电路技术的领跑者不断适时地推出最新、功能更强的芯片，带动整个 IT 产业链上的各个环节、各个企业共同为消费者创造更多价廉物美的产品,引导消费者不断增加需求。最近几年,英特尔公司已经开始把芯片从电脑上移植到更多的电子信息产品中,使芯片的应用范围逐步扩展到包括从个人电脑(PC)、笔记本电脑(NB)、服务器及手机等等各种各样的计算平台上。如果将用于仪器仪表、家电等所有领域的嵌入式芯片计算在内,将是一个天文数字。这些芯片巨头在赚取高额垄断利润的同时,也为中国在集成电路产业取得社会平均利润创造了条件。

4. 2000 年以来,国务院及其相关部门出台了一系列鼓励集成电路产业发展的政策措施、实施细则和管理办法,加上地方丰富多彩的配套政策，为中国集成电路产业的大发展创造了前所未有的环境

二、中国集成电路产业 2003 年增长预测及长期展望

(一)中国 2003 年集成电路产业与市场预测

据预测，中国 2002 年消费性电子产品将需求 94 亿个 IC 晶片,到了 2003 年,需求量上升到 115 亿个。另据所罗门美邦预测,中国 8 英寸晶圆厂在 2004 年第 4 季度前,在全球市场占有率将拉高为 10%至 12%;同时,0.25 微米晶圆价格跌至成本附近。中国 8 英寸晶圆在全球的市场占有率将由 2003 年第四季度的 7%至 9%，拉高至 2004 年第 4 季的 10%至 12%,中国将有为数不少的晶圆厂将被迫退出这块市场，最后仅有两到三家存活。中国厂商将主要占领低端晶圆代工市场，其在 0.25 微米制程采取低价策略,势将使 0.25 微米产能过剩的情况持续。在未来的一年到两年内,0.25 微米晶圆的价格将杀到 300-400 美元的现金成本价。不过,以台积电为首的制程领先厂商,将因为其优良率较高与服务较佳等因素维持 30%-50% 的溢价差。

另据信息产业部预测,2003 年信息产业增加值达到 6320 亿元,占国内生产总值的比重提高到 5.9%。电子信息产品制造业销售收入 1.64 万亿元,增长 19%。综合各种因素,估计中国 2003 年集成电路产业规模将达到 100 亿块，与 2002 年相比增长 17.5%。

(二)从中期看,中国集成电路产业将进入快速增长阶段

未来 5-10 年,将是中国集成电路产业发展的关键时期。为尽快扭转中国集成电路产业规模小、创新能力弱、支撑条件差的被动局面,突破中国信息产业发展的制约瓶颈,中国将会以贯彻落实国务院 [2000] 18 号文件和国务院办公厅 51 号函为主线,为集成电路产业的发展创造良好的环境,广泛吸引海内外资金,以集成电路设计为突破口,以芯片制造为重点,面向市场需求，努力实现集成电路产业的规模化经营和规模经济效益;抓紧建设国家级集成电路研发中心,开发 0.10-0.15 微米关键共性制造技术,提高集成电路工艺技术和关键集成电路产品的自主研发能力,尽快扭转制造技术和关键产品从国外引进的被动局面;对设备、仪器和材料行业实施优惠政策,加强科技攻关和对外合作,以光刻机和硅材料为突破口,带动量大面广的设备、仪器和材料的发展,建设中国集成电路产业的支撑基础,提高本地化配套率,从而使产业逐步走上自主发展的道路。中国市场将成为全球集成电路产业复苏的突破口,中国的集成电路产业也将从中获得长足的发展。

中国经济在全球经济普遍低迷的情况下“一枝独秀”,近 5 年来其 GDP 一直保持在 8%左右的增长速度,其中,中国的电子信息产业的增长更加引人注目，一直保持在 GDP 三倍以上的速度高速增长,如果说亚太市场将成为世界半导体市场新的中心,那么中国市场将是这个中心的重心。

三、促进集成电路产业增长的有关政策及建议

(一)大力发展集成电路核心技术

集成电路是信息产业的核心，是国家基础性战略性产业。国际集成电路产业的竞争集中体现在技术、尤其是核心技术和自主知识产权数量多寡上。制约中国集成电路产业发展“瓶颈”的两大核心技术,即集成电路的设计开发技术和大生产技术必须掌握,否则,中国将永远改变不了整机只会装配的局面。

(二)优先发展设计业,大力开发集成电路产品,把设计业建设成为高效益、高效率的规模产业

集成电路芯片设计是与市场的接口,也是市场孕育和开拓的起点,具有很大的创新空间,而相对投入又比较少,关键在于人才。现在系统集成芯片(SOC)正在迅速发展,这是中国发展集成电路产业的一个难得的机遇;中国集成电路产业必须抓住系统集成芯片这一发展机遇，加强与整机系统的结合,加强系统级的创新,优先发展设计业。特别要鼓励整机系统单位参与或自行组建设计公司。以设计作为中国发展集成电路产业的突破口。针对一些重大的应用领域,将整机系统与集成电路设计结合,从系统的角度加以组织,引导市场,占领市场。

(三)对集成电路及其设备、仪器给予优惠政策

1. 鼓励境内外企业在中国设立合资和独资的集成电路设备、仪器生产企业,凡符合条件的,有关部门应按程序抓紧审批。

2. 对增值税一般纳税人销售其自产的集成电路设备、仪器产品的享受即征即退“零”增值税,由企业用于研究开发新的集成电路设备、仪器和扩大再生产(生产线的设备、仪器进口是全部免税,否则,是不鼓励境内外企业在中国设立合资和独资的集成电路设备、仪器生产企业)。

3. 对上一年集成电路设备、仪器销售额占年总销售额 50% 以上的集成电路设备、仪器企业免征所得税。

4. 集成电路设备、仪器生产企业引进用于开发生产集

成电路设备、仪器的生产装备,免征进口关税和进口环节增值税。

5. 集成电路设备、仪器生产企业引进用于制造集成电路设备、仪器的配套件、零部件和元器件,免征进口关税和进口环节增值税。

6. 对使用国产集成电路设备、仪器的集成电路企业,实行鼓励性的优惠政策。

7. 对集成电路产品增值税实际税负由6%降到3%。

(四)加强人才培养

在高科技时代,科学技术与经济的竞争归根到底是人才竞争。除通过正规教育外,还可通过如下三条途径,培养和壮大中国的集成电路人才队伍。

一是在长江三角洲、京津塘地区和珠江三角洲地区加强职业教育,大量培养工程硕士,从而提高广大职工和科技人员的素质。

二是实施继续教育。让工作者在一生中不断充电,不断学习新技术和新知识,以适应社会发展的需要。

三是发展远程教育,特别是网络时代,要扩大网上教育,让人们共同分享人类重要的知识结晶,分享学术大师劳动成果。最终提高全社会整体素质。

(五)适当降低通关门槛

目前给予通关便利的条件仅适用于投资超过80亿元、线宽小于0.25微米的企业,其他企业享受不到通关便利的政策,此限制不利于集成电路产业的国际化和外资的进入,应予以降低。

(六)尽快设立集成电路产业风险投资基金

(七)为国内企业、中小企业的发展创造公平竞争的环境

(王杰义 执笔)

中国医药产业景气分析及展望

国家计委经济研究所中国宏观经济与行业预测课题组

21世纪初期,生物技术的迅速发展与广泛应用推动医药产业进入了一个前所未有的全新发展阶段,使其具有广阔市场前景和巨大增长潜力的“朝阳产业”的特征更加明显,被世界许多国家和国内众多地区竞相列为重点扶持发展的战略产业。本报告以国际医药产业近两年出现的新趋势、新特点为重点,提供国内医药产业发展的总体背景。同时,提出国内医药产业2002年包括发展格局、政策导向及运行特点的综合性报告。

一、“十五”期间中国医药产业发展环境

(一)加入WTO带来环境变化

近期主要有三个方面:一是药品知识产权保护。中国近年来生产的837种西药中97.4%为仿制。WTO中知识产权保护条款使中国制药业的发展今后只能走自主开发新药,或仿制国外专利期已过药品的道路。由于仿制专利期已过药品竞争激烈,利润微薄,而开发新药又得面对资金与科研等难题,很可能出现国内制药企业在普药市场激烈竞争、而利润丰厚的新药市场被外资公司控制的格局。

二是降低药品进口关税。药品进口关税税率从14%逐步降低到2003年的6%不会对国内造成冲击。因为一方面中国制剂药市场进口产品与国内产品价格差距很大,降低部分关税不能构成很大冲击。另一方面药品进口关税目前并不太高,从14%降到6%缺少下降空间。国外制药厂商由于制造成本高,没有价格优势,同时国外制药厂商在中国执行的是高定价、高促销费用的营销策略,目标市场定位为高端市场。因此不会进入国内普药市场与国内制药企业打价格战。

三是开放药品分销服务和开放医疗服务市场。中国承诺在2003年1月1日开放药品分销服务业务,外商可在中国从事采购、仓储、运输、配送、批发、零售及售后服务。由于有3年的缓冲时间,并采取先合资、后独资,先零售、后批发,先试点、后放开到全国的渐进开放方式,另外,由于国内正在实行医疗保险制度改革,基本医疗保险用药目录只保证基本的医疗需求,价格较高的进口药较少收入其中,因此进口药的市场份额难以大增。

(二)国家医药产业政策导向

近年来,国务院调整药品监管机构,重新划分职能,规范医药行业发展方面的政策陆续出台。这些政策总的原则是鼓励创新、强化监管,淘汰落后小规模企业,遏制低水平重复建设引致的恶性竞争,提高行业整体水平。主要的内容是以下几方面:

一是鼓励创新,加强知识产权保护。1999年修订的《新药审批办法》突出了鼓励创新、加强新药保护的精神。首先,延长了1~5类新药的保护期限,其中一类新药从8年保护期延长到12年保护期,其它各类新药的保护期均有所延长。在新药保护期内只允许取得新药证书的企业生产销售新药,其它企业不得仿制,以保护新药研制生产企业享受到创新的利益、不致遭受激烈的价格竞争。其次,在药品价格管理方面,法规规定新药可以在定价时取得更高的毛利率,以使新药生产企业获得更好的利润。第三,严格管理和控制新药证书的转让、允许在企业集团内进行药品的委托加工和异地加工等一系列措施,将大大地改善医药企业的研究生产环境,推动企业对新药开发的投入,加快

新药的产业化。"入世"以后,中国新药审批正在作重大改变,新药的概念将由原来的"首次在中国生产的药品"修改为"首次在中国上市的药品"。这将刺激在中国进行"抢仿"。今后的趋势是,国家由重点保护新药转向重点保护专利,这将进一步促进研究开发和创新。

二是限制审批,强制实施GMP。针对中国目前制药企业低水平重复现象严重、行业整体素质不高的状况,国家出台了一系列政策。主要举措是通过药品生产企业换证及强制实施GMP (Good Manufacture Practice:优良药品制造管理规范)认证,提高制药企业进入门槛,限制企业数量。国家药监局规定,2004年6月30日前全国所有药品制剂和原料药生产必须符合GMP要求并取得GMP证书。同时推行的还有GSP (Good Supply Practice:优良药品流通管理规范)认证。根据认证标准,制药企业完善或重建一个标准生产线的软硬件投资在4000万-2亿元人民币之间。新建药厂除有标准化的GMP车间外,还要有一个二类或两个三类新药才允许开办。同时,GMP和非GMP企业相同产品实行差别订价。制药企业实施GMP管理是国际通行做法,中国制药企业通过GMP认证的为数不多。估计现有6000余家制药厂和17000家批发公司在认证后将减少大半。通过GMP认证,短期内会增加企业投入和加大成本,但有利于保证药品质量,淘汰落后企业,提高产业集中度,促进制药基础较好、有一定实力的地区制药行业发展。

三是实施药品分类管理制度,医药分业经营。在药品零售中,医院所占市场份额约85%,药店所占市场份额约为15%。2000年以来,药品分类管理制度正式实施,"医药分业经营"开始在部分地区试点,促进了零售药店的快速发展。自2000年国家药监局批准50家零售连锁企业试点跨区域经营以来,各地零售市场的竞争逐步走向白热化。云南、成都、南京等地出现了以削价为主要形式的激烈竞争。中国加入WTO后,不少省市放开接受申办零售药店,使零售网点快速增加。以广东省广州市为例,1998年共有零售药店1700多家,2001年增至3200多家。随着非处方药制度的深入实施和患者"自我药疗"能力的提高,药店所占市场份额将会逐步增高。

但是,中国也面临着药品批发企业过多、缺少规模经营效益的问题。据统计,目前全国具备"三证"的药品批发企业有1.65万家,但年销售额超过5000万元的企业不足5%,名列前10位的批发企业销售额占市场总销售额的20%左右。与此形成鲜明对照的是,药品市场规模为中国10倍的美国只有近百家药品批发企业,大公司的年销售额均在20亿美元以上,目前排名前3位的公司销售收入占全国的96%。这种状况使中国在2003年1月1日起放开药品分销服务后面临新的挑战。为了应对这种状况,国家药监部门对药品企业的淘汰率2001年达到26.8%,2002年将淘汰约10%。

四是药品集中招标采购和药品强制降价。医院药品集中招标采购从2000年起在全国逐渐推行,目前仍然存在一些问题。对制药企业来说,参加各地的医院招标,成交量过于分散导致企业营销费用增加。就药品集中招标采购而言,突出的问题是执行者没有利益驱动或者形成新的利益团体,监督者不到位。1997年以来国家计委先后10多次降低中央管理药品价格。2002年西药降价药品达199种,平均降价幅度15%,降价总额达20亿元。按国家计委的降价政策,药品价格下降针对的是流通环节,实际出厂价不降。但在实际经营活动中,拥有渠道优势的医院和经销商必然将利润损失向生产厂家转移,要求降低实际出厂价。面对药品价格下降,生产企业的对策一般是改变包装规格、改变剂型甚至停产。药店和医院也采用替代药品,降价药品在药店下架、医生处方不开降价药品。克服上述弊端,"医药分家"势在必行。

(三)"十五"期间医药产业发展方向

"十五"期间,中国医药产业发展前景广阔,总体趋势是:作为国家重点扶持的产业,生物和现代医药产业将继续保持较高的增长率,增长速度和盈利都将进入新的阶段;国内人民生活水平提高、医疗保险制度改革,为医药产业提供了发展的空间,将使人均药物用量水平与世界平均水平的差距进一步缩小,促进生物医药和现代医药产品市场的更大扩张;随着研究开发和产业化环境的改善,新品种的上市将比以前有所加快;国际医药产业结构的调整和产业转移,使中国面临接收制造和研究开发能力转移的机遇,大力发挥成本和资源优势,中国将有可能成为世界制药产业重要的加工制造中心。预计"十五"期间,中国药品需求年平均递增幅度有可能达到12%,到2005年,全国药品需求将达到2180亿元,比2000年净增940亿元。

未来5-10年期间,中国医药市场以化学药为主、中药为辅、生物制药为补充的格局不会改变。根据国民经济发展总体目标和制药产业状况,"十五"期间,中国医药产业发展的重点领域是发展现代生物制药、推进中药现代化和发展优势原料药。具体内容如下:

1. 发展现代生物制药。生物工程技术方面中国与国际先进水平差距较小。预计未来5年内,中国将开发10-15种具有自主知识产权的生物工程药物。因此,要进一步加强技术创新,促进高新技术成果的产业化。在重点发展生物工程药物的同时,积极采用先进适用的生物工程技术对化学制药、中药、生化制药进行技术改造,促进产品升级,发挥后发优势,实现跨越式发展。"十五"期间发展的重点领域是:一是重点利用重组DAN技术和原生质融合技术构建新菌种,或改造抗生素、氨基酸、维生素等产品的生产菌种,提高工艺技术水平,降低消耗。二是开发预防、诊断与治疗恶性肿瘤、心脑血管疾病及免疫缺陷等严重威胁人类生命与健康疾病的新型疫苗、诊断试剂和生物技术药物。三是开发现有的生物技术产品新剂型。四是采用基因工程与细胞工程技术和传统生产相结合的方法,生产稀缺的中药材。"十五"期间,优选一批已取得研究成果且有较好市场前景的产品实现产业化,发展医药高新技术产品,促进生物制药产业更快发展。

2. 推进中药现代化。中药是中国具有比较优势的产业之一。但由于现代化水平较低,产业基础较为薄弱,在加入WTO之后将面临着新的挑战。为了保持优势,尽快提高国际竞争力,应对“洋中成药”及国外天然药物的冲击和影响，需要在生产技术、质量标准、产品开发等方面加快现代化步伐。一是加强国际性合作，促使中国中药的药理基础、疗效功能、品牌信誉获得国际上的认可(特别是要努力争取美国FDA即食品和药品管理局的认可)，并解决中药生产过程中存在的不规范和不科学问题，使中国传统中药的生产方式与国际上天然药物的现代化生产方式接轨。二是在充分发掘传统中药的同时，要广泛运用现代科学技术开发中药新产品新品种，加快生产工艺和技术设备的改造、更新和升级，加强中药材和中成药的产业化基础和标准化生产，提高中药产品的科学技术含量和规模化生产水平。三是积极推进中药材的生产规范化、产业化和集约化进程，建立中药材生产质量管理标准体系，推广GAP (Good Agriculture Praactice：优良药材种植规范)，鼓励和支持中药提取物的标准化、商品化生产。

3. 发展优势原料药。要继续扩大规模，提升技术水平和产业整体素质，增强化学原料药的国际竞争力。重点领域：一是分层次发展化学原料药。在满足基本医疗用药需求的同时，开发具有中国自主知识产权的产品、国内紧缺的产品，更多地开发具有高附加值的出口产品。二是重点突破一批大宗原料药的关键生产技术，如维生素类、大环内脂类、氨基酸类产品及其中间体生产中的发酵、结晶及分离、提取等技术。开发一批有利于提高产品质量、提高产率、节能降耗、降低成本的共性技术。三是充分发挥石家庄、哈尔滨、沈阳、重庆等老医药工业基地的作用，加大技术改造力度，改进工艺，提高竞争力。同时，建立浙东南(以浙江省台州市为中心)化学原料药出口基地，形成规模化和国际化的原料药生产中心。

二、近期医药产业发展趋势与展望

2002年，医药产业和市场中各种因素集中交汇，相互作用。2002年是医药三项制度改革全面实施的一年；是医药生产企业发挥“九五”技改达到生产能力的一年。总体上看，医药产业保持稳定快速增长，生产经营形势较好。2002年前11个月，全国医药行业按可比价格计算共完成工业总产值2895.4亿元，同比增长17.4%；完成工业增加值852.68亿元，比上年同期增长15%。在全国重点监测的12个工业行业中，医药行业生产以高于全国平均增速1.7个百分点而位居第四，仅次于机械、煤炭、电子行业的生产增长速度。

从医药行业对外贸易情况来看，2001年医药商品进出口总额71.54亿美元，同比增长24.3%；其中，出口增长10.06%；进口增长37.1%。2002年前10个月，医药进出口总额达到61.7亿美元，比上年同期增长8.46%，其中出口总额31.5亿美元，同比增长14.47%；进口总额30.2亿美元，同比增长8.46%。总体上看，全年出口形势明显好于预期，能够完成全年预定目标。从内部结构来看，在出口贸易中，化学原料药出口贸易占全部医药商品出口的47.8%。整体上讲，医药行业出口格局未发生较大变化，仍然主要是依靠化学原料药出口拉动。化学原料药是中国具有相对比较优势的产品，在国际市场上具有较强的竞争力和稳定的市场份额。2002年以来增长势头较好，有利于这一产业的进一步发展。

具体来讲，医药经济运行在2002年出现了一系列新的特征，主要表现在以下五个方面：

1. 医药产业进入稳定发展时期。总体上讲，中国医药产业2002年来发展态势良好，工业生产增势较为明显，经济运行质量有所提高，经济效益保持较好水平。这种运行和发展格局得来不容易。自2002年年初以来，国际医药市场上不确定因素急剧增多，国内市场波动加剧，上游相关产业价格上扬。这种国内外产业发展环境要求医药产业积极应对国内外市场波动、适应政策调整变化、降低上游产品价格提高对成本的影响。医药产业正是在实现了上述调整的基础上形成良好的发展态势。这种状况也说明，中国医药产业已经进入相对稳定的发展时期，这为“十五”计划后三年的发展奠定了重要基地。

2. 全球制药产业转移效应进一步显现。2002年以来，随着经济全球化进程的推进和中国加入WTO，中国逐步成为国际制药产业转移的重点地区。目前中国许多化学原料药已经形成规模生产能力，其中许多产品已经在国际医药产品市场中名列前茅。基于降低制造成本、扩大销售市场等方面的考虑，一些跨国制药公司纷纷在中国设厂，寻求转移生产的合作，中国正在成为全球重要的医药产品生产和分销基地。在与国外企业的合作中，一批国内医药企业逐步发展壮大。全球制药产业转移生产对中国医药产业发展的积极效应正在逐步显现和扩大。

3. 化学制药工业已经具备成熟工业的特征。2002年以来，国内各项结构调整政策对化学制药工业产生积极影响，产品升级加快。从化学制药工业的经济运行、资产结构及盈利能力状况上看，产业整体运行平稳，盈利水平较好，结构调整已经初见成效，从而促进该行业基本进入成熟工业发展行列。

4. 生物制药工业成为产业亮点。中国生物制药产业目前已经基本走出低谷，高科技产业“高投入、高回报”的产业特征初步显现。虽然目前行业规模还比较小，但是已经出现良好的发展势头。截至2002年10月底，生物制药行业资产总计划334亿元，比上年同期增长16%，比全行业总资产增幅高3.54个百分点；生物制药行业销售收入增长率、净资产收益率分别增长17.23%和9.13%，特别是费用成本利润率、销售利润率分别达到13.67%和12.82%，是全部医药行业中最高的，显示出生物制药行业盈利能力较强。但是，该行业资金运行绩效相对不尽理想，销售成本费用增长过快，反映出该行业总体资产运营、销售模式尚不够成熟，有待于在适应医药市场发展中通过销售能力、管理水平的提高，大幅度地降低成本费用而拓展赢利空间。而从产业发展深层次的问题来看，主要制约因素仍然是科技创新能力不足，自主创新产品较少，适应当前医药保障和市场需求的产品结构尚未形成。因此，下一步发展要在加快创仿结合上下功夫，尽快建立与中国医疗消费不同层次相适应的产品结构，以提升产业整体水平。

5. 中药产业发展稳健，外贸出口提升产业整体水平。中药工业具有相对较好的产业基地和较为稳定的国内市场,因而2002年经济运行、资产结构和盈利状况相对较好。特别是2002年中药产业出口有较大增长。1-9月份,中药类产品出口总值达到4.83亿美元,比上年同期增长21.9%,创1996年以来的最好水平。特别是植物提取物出口达到1.37亿美元,同比增长68.8%。中药产品出口增长的主要原因是:一是在世界卫生组织的极力推动下,各国政府纷纷将植物药、传统药纳入医药主管部门管理范畴,中药出口环境得到改善。二是与国际接轨的出口技术标准正在逐步完善并得到国际认可。2001年外经贸部颁布实施的《药用植物及制剂进出口绿色行业标准》改变了中国中药进入国际市场无法使用自己标准的历史。三是新兴和传统市场需求同步攀升。美、欧、非、大洋洲是中药出口的新开发市场,上半年占出口份额近1/4。其中对北美洲出口增长13.2%,达2983万美元;对大洋洲和南美洲出口共增长200万美元。中成药保健品对欧洲出口增长62.1%,其中对西班牙出口增长17倍,对法国出口增长12倍,对英国出口增长近2倍。传统市场也保持快速增长,对香港出口增长了28.2%;对泰、韩、越、俄出口增速均在20%以上。

从医药工业短期运行存在的问题来看,主要有两个方面。一是资金运行占用较高。截至2002年10月底,全行业流动资金余额为1973.72亿元,而制成品资金占用和应收款净额分别为254.06亿元和567.14亿元,两项合计达821.2亿元,占企业全部流动资金的30-40%。其中化学制药行业两项资金占用高于全行业平均水平1.35个百分点。两项资金居高不下,不仅成为医药经济发展中多年未能解决的问题,而且拖累企业资产运营绩效,影响医药企业资金流转和行业经济效益进一步提高。二是医药行业销售成本费用有所提高。2002年以来,医药行业各项资产运营主要指标均较上年有所提高,但是成本费用增长仍达16.84%,,特别是管理费用增长达到17.53%,抵销了行业部分经济效益,表明医药行业营销体制改革步伐需要加快,成本费用有待进一步压缩。

在2002年产业发展的基础上,结合2003年新的发展环境,初步展望,2003年的医药生产形势将呈现以下特点:一是中国化学制药的"比较优势"将在竞争中得以较好发挥,产品出口扩大机遇增大,中国作为世界原料药重要生产基地的地位将进一步巩固和提高。二是医药产品中的半合成抗菌素药品尤其是头孢类产品替代传统抗生素制剂品种的步伐加快,尤其是头孢类产品将成为城市的用药主流。三是日益激烈的市场竞争,将加快药品生产集中度的提高,医药企业在竞争中将出现两极分化,不具备技术、质量、价格市场优势的企业将被淘汰,市场和效益越来越集中于行业排头兵企业,医药生产企业的外部环境逐步优化,预计2003年医药经济增长速度不会低于15%。

(王亚平 执笔)

中国建设事业投资发展情况

建设部政策法规司 贾四海

一、2002年房地产开发与住宅建设

(一)房地产开发

1. 房地产开发完成投资情况

2002年,全国房地产开发完成投资7736.42亿元,同比增长21.9%,高于同期固定资产投资增长速度4.5个百分点,占同期固定资产投资的比重为23.5%。其中,国有单位投资1362.42亿元,所占比重为17.6%,同比下降7.8%;商品房建设投资5703.32亿元,所占比重73.7%,同比增长22.9%;土地开发投资550.54亿元,所占比重7.1%,同比增长13.1%。

从地域上看,东部地区完成投资5568.43亿元,同比增长23.8%;中部地区完成投资1110.86亿元,同比增长26.7%;西部地区完成投资1057.13亿元,同比增长21.3%,中部地区增长略高于东、西部地区。

在房地产开发投资中,商品住宅开发完成投资5267.35亿元,占全部投资的比重为68.1%,同比增长23.1%。其中,经济适用住房完成投资580.68亿元,占商品住宅比重的11%;办公楼完成投资379亿元,所占比重为4.9%;商业用房完成投资928亿元,所占比重为12%。

2. 房地产开发资金来源情况

房地产开发资金来源合计为11200亿元,这中间本年资金9541亿元,同比增长29.3%。其中,国内贷款2149亿元,所占比重为22.5%,同比增长31.1%;利用外资156.39亿元,所占比重1.6%,同比增长20.1%;企业自筹资金2720亿元,所占比重28.5%,同比增长29.5%;其他资金4501亿元,所占比重47.2%,同比增长29%。

3. 商品房供应结构得到合理调整

商品房施工面积92756万平方米,同比增长20.1%。其中,商品住宅施工面积72077万平方米,同比增长20.6%;办公楼施工面积4416万平方米,同比增长4.5%;商业用房施工面积11251万平方米,同比增长22.6%。

商品房竣工面积32522万平方米,同比增长19.1%。其中,商品住宅竣工面积26612万平方米,同比增长18.1%;办公楼竣工面积971万平方米,同比增长9%;商业用房竣工面积3570

万平方米,同比增长28.1%。

（二）城镇住宅建设

1. 城镇住宅建设完成投资情况

2002年，全国住宅建设完成投资6320亿元，同比增长17.4%。其中,东部地区增长22.2%,中部地区增长6%,西部地区增长11.7%,东部地区增幅明显高于中、西部地区。

2. 城镇住宅建设情况

全国住宅建设完成施工面积91214万平方米，同比增长13.2%。其中,东部地区增长14.1%,中部地区下降0.9%,西部地区增长5.3%,东部地区增幅明显高于中西部地区。

全国住宅竣工面积36687万平方米,同比增长8.3%。其中,东部地区增长14.1%，中部地区下降0.9%，西部地区增长5.3%,东部地区增幅明显高于中西部地区。

二、2002年城市建设情况

2002年,各级政府认真贯彻积极的财政政策,继续加大对城市市政公用基础设施建设的投资力度。全年完成城市建设固定资产投资3119亿元,同比增长32.6%。城市建设固定资产投资额占同期全国全社会固定资产投资总额的7.2%,同比增长0.9个百分点。全年新增固定资产1729亿元,固定资产投资交付使用率55.4%。新增生产能力是:供水日综合生产能力818万立方米，人工煤气日生产能力403万立方米，天然气储气能力280万立方米，城市道路长度6859公里,城市污水日处理能力707万立方米,城市生活垃圾日处理能力14388吨。

（一）城市供水、节水、污水处理工作积极推进

2002年,全国城市供水总量466亿立方米,与上年持平。全年生产运营用水量209亿立方米,同比减少12亿立方米,生产运营用水量占总供水量的比例由2001年的47.4%下降到44.8%。全年公共服务用水量62亿立方米,占总供水量的比例由2001年的31.1%上升到32.2%。城市用水人口27335万人,用水普及率77.34%,同比提高5.08个百分点。人均日生活用水量213升,同比减少3升。2002年,全国城市节约用水37亿立方米。污水年处理量134.9亿吨,污水处理率39.97%,分别比上年增加15亿吨和3.54个百分点。污水处理厂537座,同比增加87座。

(二)城市燃气供应结构发生变化,集中供热有新发展

2002年,全国人工煤气供应总量199亿立方米,同比增加62亿立方米;天然气供应总量126亿立方米,同比增加26亿立方米;液化气供应总量1136万吨,同比增加154万吨。城市用气人口23654万人,燃气普及率66.93%,同比增加6.51个百分点。2002年末，蒸汽供热能力83346吨/小时，热水供热能力148498兆瓦;集中供热面积153767万平方米,同比增长5.1%。

（三）城市公共交通稳步发展

2002年,全国城市拥有公共交通车辆237063标台,同比增长9.4%。每万人拥有公共交通车辆6.7标台，同比增加0.6标台。全年运送乘客365亿人次,同比增加14.1亿人次。拥有城市客渡船只985艘,运送乘客2.9亿人次。城市出租车88.4万辆,同比增加1.4万辆。

（四）市政设施建设快速发展,设施水平提高

2002年末，全国城市道路长度19.14万公里，道路面积277179万平方米，分别比上年增加1.54万公里和27748万平方米。路网密度0.41公里/平方公里,建成区7.37公里/平方公里，分别比上年增加0.12公里/平方公里和0.04公里/平方公里。城市人均道路面积7.9平方米,同比增加0.9平方米。城市桥梁达到47341座,其中城市立交桥2504座,分别比上年增加8430座和233座。

(五)城市园林绿化建设水平不断提高

2002年末,全国城市建成区绿化覆盖面积达772749公顷,同比增长13.3%。建成区绿化覆盖率由上年的28.4%上升至29.8%。全国拥有城市公共绿地面积188536公顷，同比增加25513公顷，城市人均拥有公共绿地5.33平方米，同比增加0.77平方米。

三、2002年建筑业情况

2002年,建筑业改变近年来增速降低的状况,生产进一步提速,对于整个国民经济发挥了重要的支撑和带动作用。

（一）建筑业生产规模继续扩大

2002年,全国建筑业共完成总产值18527亿元,同比增长20.6%;全社会共实现建筑业增加值7047亿元,同比增加8%,占国内生产总值的比重为6.7%。在固定资产投资总额中,建筑安装工程完成26578亿元,占总投资的61%左右。实现税金总额为599亿元,同比增长20%。

(二)建筑业劳动生产率继续提高

按照建筑业总产值计算的劳动生产率为74046元/人,同比增长10.1%。国有及国有控股企业为93864元/人，同比增长14.6%。

(三)建筑业强省作用突出

在地区结构上,浙江、江苏、山东、广东、北京、四川的建筑业占据较大比重,这6个地区总和的建筑业总产值占到全国建筑业总产值的近50%。在增长速度上,东部地区的建筑业继续保持高速增长,中、西部地区增速也有提升,但与东部地区的绝对规模还有较大的差距。

(四)在国民经济中持续发挥着支撑和带动作用

建筑业的发展带动和促进了国民经济其他产业部门的发展。建筑业发展为建筑材料工业、交通运输业、制造业以及服务业的发展提供了巨大的市场,为房地产业的发展提供了巨大的支持。

中国房地产行业景气分析及展望

国家计委经济研究所中国宏观经济与行业预测课题组

一、2002 年房地产行业景气特点分析

(一)区域性房地产泡沫已经出现

对近几年房地产景气持续高涨的三点基本看法:

1. 推动此轮房地产景气的原因主要不是周期性因素,而是靠体制变化和政策的刺激。

2. 由于城市化及城镇居民生活水平改善等内在需求的推动,中国房地产行业长期看好,持续 20-30 年 10%以上高增长将是肯定的,其与汽车高消费及电子通讯消费一起将成为推动下一轮宏观经济景气繁荣的支柱性力量,但这不是现在,现在仍处于大力培育这一市场的过程之中,而不是借势炒作这一市场的时候,忙于“摘果子”(肯定是‘青苹果’),而不是多栽树并加以培植,反而会破坏其长期发展潜力。

3. 对本轮房地产热的总体看法是,借政策之力和消费者的良好预期,房地产商对未来房地产大发展预期的一次“过度”预演,房地产泡沫现象已经出现。本期报告将重点对房地产泡沫问题做更深入的分析。主要就什么是房地产泡沫? 判断房地产泡沫的标准或表现,以及对房地产业本身和宏观经济的影响等,做进一步探讨。

(二) 房地产泡沫的判断标准

1. 投资的持续超高增长

房地产投资已连续 3 年保持接近或超过 20%的增长,且呈现逐年加快的趋势,据此,可以认为当前房地产投资已出现了较明显的过热倾向。2000 年中国房地产投资增长 19.5%,2001 年上升到 27.3%(另据国家统计局景气月度数据为 25.3%),2002 年 1-11 月增长 28.3%。其中住宅投资增长更快,2000 年增长 25.8%,2001 年上升为 28.9%,2002 年 1-11 月为 29.5%。从区域上,东部地区投资过热则更为明显,3 年分别增长 21.7%、25.2%和 28.2%,这一持续 3 年高达 20%的投资增长是在基数较高的状况下实现的。

2. 消费的持续超高增长

商品房销售额增长持续 4 年保持 20%的高增长,其中 2000-2002 年连续 3 年增幅达到 30%左右,这表明,全国总体住房消费已出现过热倾向。1999 年商品房销售额增长 23.9%,2000-2001 年则分别增长 30.1%、29.4%,2002 年前 11 个月增长则继续加快,达 37.4%。

3. 房价持续大幅攀高或持续居高不下

本轮房地产景气增长中,各地房价普遍上了一个大台阶,在一些投资和消费过热的地方(多数为沿海地区),房价暴涨,已明显超出了多数消费者的承受能力。房价增长在地区间有较大差异,总体是东部省市持续大幅增长,中西部地区中少数地区增长过快,但多数中部地区房价增幅明显小于全国平均水平。

1997-2002 年,商品住宅销售价格涨幅最快 (且均超过 30%)的地区有广西(54.43%)、云南(53.13%)、辽宁(46.23%)、宁夏(41.68%)、湖南(40.38%)、江苏(37.95%)、山东(37.90%)、上海(37.64%)、河南(32.12%)、陕西(30.67%)和浙江(30.41%)。在这 11 个房价涨幅超过 30%的地区中,东部有 5 个、西部有 4 个、中部仅为 2 个。中部地区房价绝对价位和增幅均明显小于全国,且两个房价上涨最快的地区都是过去房价过低(特别是河南省)。

4. 房地产投资所占比重高

从房地产投资比重来看,最近几年来,全国总体上房地产投资占全部投资(不包括集体和个体,下同)的比重不断上升,已显示出投资过度倾向。2002 年 1-11 月房地产投资占全部投资的比重达 23.85%,而 1998 年为 17.12%,4 年时间提高了 6.73 个百分点。投资过度依赖于房地产,对经济的进一步增长是一大隐患,在一些地区这一问题变得越来越突出。投资和经济过度依赖于房地产的地区多数集中在沿海发达地区和少数西部地区。

整个东部地区 2002 年前 11 个月房地产投资占全部投资的比重已超过了 30.78%,因此当前东部地区整体上存在房地产投资过度问题。以北京最高,房地产投资占全部投资的比重高达 60.89%,其次是上海(38.5%)、广东(38.38%)、重庆(33.0%)和辽宁(31.19%)等。另外,福建(28.08%)、江苏(23.72%)、天津(23.64%)和四川(23.55%)均超过了 20%。像北京房地产投资占总投资的比重已超过了 60%,比上年提高了 3.24 个百分点,如果住房消费增长明显回落,将会带动房地产投资增长大幅回落,从而对经济增长产生较大影响,其他的如上海、广东、辽宁和重庆也存在这样的问题。

5. 房价收入比明显偏高

目前中国总体上房价收入比明显偏高,短期内购买力不足问题将越来越突出。2002 年房价收入比最高的是辽宁省(11.5),其次为北京(11.0)、云南(10.6)、上海(9.9)、天津(8.9)和海南(8.9),在 8 倍以上的地区有吉林(8.1)、黑龙江(8.1)、广东(8.0)、陕西(8.7)和宁夏(8.6)。大致可以认为这些地区或它们的一些城市房地产呈现过热的问题。

二、2003 年房地产景气趋势预测

(一) 对 2003 年中国房地产景气趋势预测

2003 年房地产景气将会继续回落,理想的情况是“软着

陆”，即逐步降温，房地产投资增长最好回落到15%的水平，2004年再回落到12%左右(不低于10%)；如果降幅过大，将会对宏观经济增长造成一定的短期压力，而宏观经济增长压力增大又会对房地产发展产生更大的压力。

1. 影响2003年房地产景气走势的因素

（1）短期内房地产投资比重偏高，存在内在的调整要求

2001年房地产投资占固定资产投资（不包括集体和个体）的比重已上升22.44%，到2002年11月则上升到23.85%，其中1-2月比重最高达到29.59%。显然，短期看，这一比重已过高，是难以持续的。住宅建设投资占GDP的比重短期也存在偏大和提高过快问题。2000年中国城乡住宅投资占GDP的比重为8.49%，其中城镇住宅投资占城镇GDP为9.92%，而据有关资料介绍，住宅建设投资与人均GDP存在着内在关系，人均GDP在500美元以下时，住宅建设投资占GDP的比例在2%以下；人均GDP达到1000美元时，这一比例为5%；人均GDP达到1500美元时，这一比例达到最高值6%-7%。此后，住宅建设随着人均GDP的增加，绝对值增加，但占GDP的比例呈下降趋势。

最近两年城乡住宅投资占GDP的比重和城镇住宅投资占城镇GDP的比重仍在继续提高，已明显超过了当前经济增长所能支撑的水平。随着房地产需求的逐步降温，房地产投资面临巨大的调整压力。相应地，房地产消费的短期透支问题也同样比较严重。

（2）当前的宏观经济增长不足以支撑房地产继续保持超过20%的高增长

尽管2002年宏观经济形势出现了明显好转，但这主要是靠国债投资和出口增长的强劲带来的，除非有新的外部强大推动力加入，否则，2003年的宏观经济增长不会脱离过去多年形成的调整型增长态势(增长7-8%)而出现转折，相反受投资和出口增长均将有所回落及消费增长仍然不足的影响，2003年经济增长很可能将重演2001年的情况而出现小幅回落，这会对房地产消费和投资产生一定的压力。

（3）短期购买力的压力将增大

过去3年短期购买力消耗过大，1999-2000年中国城乡居民储蓄新增加额是明显减少的，这与连续降息、股市相对活跃有相当的关系，但更与住房货币化改革和房地产热完全一致，即有很大一部分储蓄是因为房改和房地产消费增长而分流的。这一阶段，储蓄新增量减少既来自于高收入阶层，也来自于占人数众多的工薪阶层。而2001年开始，城乡居民储蓄再次显著增加，2001年新增9430亿元，2002年前3季度则增加了10374.7亿元(不是同比，而是与年初比)，全年新增储蓄额已达1.3万亿元，创历史最高记录。

这显示两个重要信息：一是储蓄猛增，部分与资本市场不景气和总体消费增长偏弱有关，也与房地产正趋于降温有相当的关系，这一点在2002年表现得最为明显，储蓄新增量比上年增长接近40%。二是2001年以来新增储蓄增多的来源与1999-2000年新增储蓄减少的原因明显不同，且对房地产市场产生的影响也完全不同。新增储蓄无疑主要源于高收入阶层，曾有资料显示，中国居民总储蓄中，占10%的高收入阶层占储蓄总额的80%。储蓄代表着潜在购买力，一般而言，储蓄增加尽管可能是由于短期消费降温，但其强大的潜在购买力却能在不长的时间内(周期性的)再次释放而支撑住房等方面的消费。

但对2002年储蓄大量增加对房地产需求的影响却不能这么看，因为：一方面，新增储蓄主要来自于高收入阶层，而高收入阶层的住房可以说已基本饱和，这一潜在购买力却难以在短期甚至中期转化为住房实际购买力。储蓄与住房的关系明显没有其与股市的关系那样富有弹性。另一方面，工薪阶层的储蓄前期被大量消耗，近期增加也不会很多，因此，这部分潜在购买力的释放将会受到很大的限制，限制主要是潜在购买力不足。因此，住房消费增长的调整已在储蓄或潜在购买力上得到了反映。

另外，还有两个因素促进房地产降温。一是房改以及相关的政策效应经过前几年的相对充分释放后，正趋于明显递减。二是房价过高对住房新增需求的压力正在明显加大。如2002中期以来在北京等地流行起设计精巧的小户型住房实际就是住房价格过高对住房消费需求的压力增大的一种反映。

2. 对2003年房地产景气趋势的预测

（1）房地产投资增长将明显放慢

2003年房地产投资增长可能回落到15%左右，而住宅投资增长放慢将更为明显，估计增长16-18%。

（2）从地区房地产投资增长格局看，东部地区增幅回落总体将大于中西部

2002年1-11月东部地区房地产投资增长率为28.2%，2003年东部可能降一半左右，中西部地房地产投资增长可能略高于东部，估计增长20%左右。

（3）房产地产消费增长将明显减缓

2002年总体商品房消费形势不错，但区域增长形势的变化，正在预示住房消费将明显降温。三大龙头只有上海仍继续保持景气高涨，1-11月份上海商品房销售额增长80.4%，这与房价的上升较快有一定的关系，而北京、广东商品房销售在明显降温，北京2002年初达到高峰，随后趋于下降，1-4月份，北京商品房消费增长54.3%，而1-9月仅增长19.6%，广东1-4月份增长6.2%，尽管以后月份有明显回升，但1-9月份增长26.5%，比全年平均值低5.8个百分点。特别是前期热度极高的浙江省，商品房销售降温十分明显，1-11月份仅增长17.2%，比同期全国平均值低近20个百分点。在东部地区中河北则出现了负增长，为-8.0%，辽宁也仅增长5.3%。2003年房地产消费增长总体将继续呈逐步回落态势，估计商品房消费的增幅将降到16-18%。其中2002年开始加速的地区如山东、上海及部分中西部省区降幅可能更大。

（4）商品房结构不合理的矛盾将突出

即高档商品房购买力将明显不足，商品住宅积压加重；中低档商品房购买力相对较强，但供给却相对不足，而且价格却明显偏高。这一点在住房消费明显降温的情况下，将反映得更为明显。

（5）房价将小幅回落，2004年降幅可能更大

北京房价已早于其他地区开始有一定下降，估计其他后进入高峰期的地区2003年将会出现房价回落态势。估计今后两三年内，房价将呈温和回落态势，这是挤房地产泡沫所必须的过程。

（6）与投资和消费增长回落不同，房地产企业效益降幅可能较小，或不一定下降

但企业间的差异将很大，老的有实力的企业效益反而可能稳中有升，而一些新加入房地产业的企业则因炒作和经验不足可能面临相当大的业绩风险，在房地产进入中期调整过程中将有不少新企业和一些老企业会破产。因此，加大重组力度，整合房地产行业，已成为房地产行业的一个十分迫切的课题。

（7）机会存在于住房郊区化中

许多大城市住房郊区化将会有所加快，继续成为新的亮点，并与汽车消费继续保持较快增长相呼应。

三、以间接调控促进房地产“软着陆”

（一）房地产宏观调控的意义及原则

1. 加强对房地产发展的宏观调控的意义

房地产发展特别是住房消费的不断增加对中国近阶段经济增长起了十分重要的作用，今后房地产发展的潜力还很大，但这并不意味着房地产可以持续地保持20%以上的高增长。特别是近两年来，不少房地产商急功近利地炒作房地产，不仅不利于房地产业的健康稳定发展，如果房地产泡沫吹得越来越大，一旦破灭将会对宏观经济产生严重的影响；同时，世界经济史表明，房地产是最容易产生泡沫的一个行业。因此，加强对房地产发展的宏观调控，具有十分重要的意义。

2. 当前房地产宏观调控应遵循的原则

（1）不搞急刹车

扩大住房消费、鼓励房地产发展是扩大内需政策的重要内容。但在一定的阶段，房地产行业的发展不能脱离整个经济的发展而过度膨胀，对当前局部地区的房地产过热问题要逐步降温，促进其理性发展，而不是搞急刹车。

（2）不搞一刀切

房地产发展在各地区间存在相当的不均衡性，一些地区过热，一些地区却还比较冷，对此，千万不能采取一刀切式的降温措施，而是哪里热，调控哪里。调控不是抑制，是促进房地产行业健康快速发展。

（3）在调控方式上主要是采取间接调控方式

其重点是：依法规范市场主体行为，完善相关制度；发布景气预警信心，引导消费者和投资者行为。

（二）促进房地产“软着陆”的政策建议及措施

为了解决新一轮房地产泡沫问题，要促使其实现“软着陆”，而不能仍顺其发展让其自然破灭或采取过猛的措施使其“硬着陆”。有关宏观调控部门已经意识到这一点，并陆续采取了一些措施。

促使房地产实现“软着陆”的措施：

1. 建立目标监控体系，要努力做到五个适度，以保证房地产业快速稳定协调发展

（1）投资和消费增长速度要适度

要分地区和依发展阶段不同而采取不同的控制目标。房地产投资和消费增长要控制在可持续的水平，大致将其控制在高于GDP增长1倍左右，超出这一范围要调控。未来5年内中国房地产发展速度要努力稳定在10-15%之间；5-10年内可能会加快，可提高到15%-20%。

（2）居住水平的提高速度要适度

“十五”计划前一年的2000年，全国城镇人均住房面积(建筑面积)为19.8平方米(也有资料显示为20.4平方米)，发展水平较高的广东省达到22平方米。到“十五”期末2005年计划分别增至22平方米，但仍比英、法、德等国的37-38平方米(上世纪90年代水平)低很多，大约相当于10年前中等收入国家的水平。可以认为，在本世纪头一二十年，住房建设保持10%至20%的增长幅度使居住水平持续合理地提高仍是比较合适的。

（3）各类住房建设的比重适度

各类住房建设的比重也有一个是否适度的问题，与不同收入群体相适应的高档商品房、普通商品房、经济适用房、廉租房的建设比重应有一个合适的度，普通商品房和经济适用房应占绝对多数，而不是片面追求高档化，高档商品房和别墅的需求量十分有限。可提高高档商品房的有关税率，相反，要鼓励发展中低档商品房，在税收上实行优惠政策。

（4）住宅区规模要适度

不应大量无限制地兴建占地几百万平方米的超大型住宅“小”区。

（5）房价及房价收入比更要适度

政府特别是物价主管部门应该对房价的过快过度增长采取一定的限制措施，降低房价收入比。

2. 进一步加强和完善土地政策

如适当提高进入土地市场的门槛，获取土地的开发商必须达到一定的实力，从而使土地的后期开发有一定的保证。

3. 加强价格的监管和调节，有效抑制住房价格的暴涨

要采取多种措施，降低住房生产和消费中的成本，如规范土地市场秩序、提高效率减少交易费用。

4. 限制以短期投机获取暴利的炒楼行为，引导居民理性购房

有的购房者办完了产权证，立即进行转让。此类操作，易推动房价上涨，久而久之，会造成泡沫增长。因此，在鼓励投资购房的同时，应采取有效措施制止投机炒楼。同时，要引导居民理性购房消费，力克浮躁攀比的心态。

5. 调整住房供给结构

一是鼓励建造中低档住宅，对建造这类住房的房地产商可采取一定的税收优惠。同时，鼓励消费者购买中低档住宅，对首次购买者可允许其进行最近两年的所得税减免。二是为满足城市低收入阶层的住房需求，政府应多建廉租房，严格使用廉租房的条件，对住满5年以上的住户可能按经济实用房价格将其

转让给承租房。

6. 加快培育二级市场

住房二级市场发展潜力极大，要采取各种措施如缩短房改房的上市期限限制、降低交易费用、规范完善交易市场、大力培育住房中介机构等。只要巨大的住房存量不能自由、合理地流动，商品房的价格便会居高不下，当然造成商品房价格过高的原因是多方面的，还有很多其他原因，但极重要原因是存量住房的市场化进度过慢。加快住房二级市场的发育，从长期看将可平抑过高的房价。

（王小广 执笔）

交通、邮电

中国公路水路运输业投资建设情况

交通部部长 张春贤

2002年，在党中央、国务院的正确领导下，交通系统全面贯彻"三个代表"重要思想，坚持以发展为主题，以结构调整为主线，以改革开放和科技进步为动力，以不断满足人民群众的交通需求为根本出发点，努力克服前进道路上的各种困难，团结奋斗，真抓实干，开拓创新，交通基础设施建设、客货运输、港口生产等都取得了新的成绩，为国民经济和社会发展做出了重要贡献。

全国交通固定资产投资共完成3491.5亿元，比上年增长17.6%。其中公路建设完成3211.7亿元，占总投资额的92.0%；水运建设完成169.8亿元，占总投资额的4.9%；其它建设完成110.0亿元，占总投资额的3.1%。

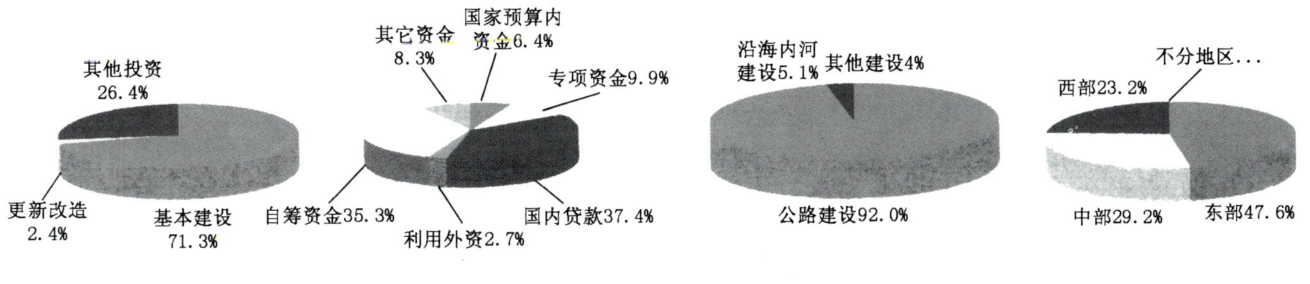

1．按管理渠道分　2．按资金来源分　3．按使用方向分　4．按地区分

2002年交通固定资产投资构成情况

全年交通系统技术改造,共完成投资83亿元,比上年降低8.0%。其中水上运输业完成36亿元,主要安排了沿海港口、运输、施工企业等单位生产设施和生产配套设施的改造。

一、2002年公路水路交通建设持续加快,投资稳步增长

(一)公路基础设施建设

2002年,国家继续坚持扩大内需的方针,进一步实施积极的财政政策,加大对基础设施建设投入力度。全国交通系统认真贯彻落实党中央的方针政策,加快以公路建设为主的交通基础设施建设,公路建设保持了快速发展的势头。主要体现在:

1. 公路建设投资规模继续加大

全社会累计完成投资比上年增加541亿元,增长20.3%。公路重点项目完成投资1293.73亿元,比上年增加145.91亿元,增长12.7%;路网改造完成1422.99亿元,比上年增加258.61亿元,增长22.2%;县乡公路完成495.01亿元,比上年增加136.84亿元,增长38.2%。

中西部地区投资增长显著。全年东部地区完成投资1433.35亿元,比上年增长18.8%;中部地区完成投资992.76亿元,增长21.7%;西部地区完成投资785.63亿元,增长21.3%。

2. 公路总量继续增加

全年新建公路4.7万公里,其中高速公路5574公里,改建公路7.7万公里。到2002年底,全国公路总里程达到176.5万公里,比上年末增加6.7万公里。全国公路总里程中,国道里程有125003公里、省道216249公里、县道471239公里、乡道865635公里、专用公路87096公里,分别占公路总里程的7.1%、12.3%、26.7%、49.0%和4.9%。

3. 高速公路里程增长迅速

2002年是全国高速公路通车里程增加最多的一年,全年新增高速公路通车里程5693公里。随着浙江、山西、湖南三省高速公路通车里程突破千公里,2002年年底全国高速公路突破千公里的省上升到10个,分别是:山东(2411公里)、广东(1741公里)、江苏(1704公里)、辽宁(1637公里)、河北(1591公里)、四川(1501公里)、浙江(1307公里)、河南(1231公里)、山西(1070公里)、湖南(1012公里)。通车的主要高速公路项目如下:

省份	序号	高速公路项目名称	里程(公里)
北京	1	丹拉线胡各庄至西沙屯(六环)	60
	2	五环路(清河至衙门口)	23
	3	五环路(机场路至京津塘路)	24
	4	京承高速一期(望和桥至高丽营)	21
天津	1	津晋高速公路天津东段	26
	2	海防高速公路	17
河北	1	丹拉公路土木至北京界	27
山西	1	大同至新广武	97
	2	罗城至夏家营	37
	3	夏家营至祁县	23
	4	祁县至临汾	94
	5	临汾至侯马	48
	6	二河公路朔州支线	30
	7	侯马至运城	101
	8	长治至邯郸	54
内蒙古	1	丹拉线呼和浩特至老爷庙	12
	2	国道210线包头至东胜	81
辽宁	1	G025丹拉线丹东至本溪	134
	2	盘锦至海城高速公路	107
	3	锦州至阜新高速公路	117
	4	锦州至朝阳高速公路	93
	5	大连至庄河公路	118
吉林	1	同三线长春至拉林河	153
上海	1	同三线上海段	46
	2	A4高速公路莘庄—省界	53
	3	A9高速公路外环线至朱枫公路	30
江苏	1	同三线汾水至灌云	81
	2	连霍线连云港至徐州	114
	3	宁靖盐高速公路	67

续表：

省　份	序　号	高速公路项目名称	里程（公里）
浙 江	1	同三线温州段	54
	2	杭州绕城公路东、北段	32
	3	沪瑞线宁甬支线杭宁二期	64
	4	沪瑞线萧山红垦至翁梅段	236
	5	乍嘉高速公路	54
	6	金丽温高速公路金华至丽水段二期	93
安 徽	1	连霍公路安徽段	54
	2	京福公路西泉街至朱围子段	15
	3	沪蓉公路合安段	153
	4	界阜蚌高速公路(二期)	48
福 建	1	同三线福宁高速公路	11
	2	同三线罗长高速公路	58
	3	同三线漳诏高速公路	140
江 西	1	沪瑞公路梨园至温家圳段	245
山 东	1	济南绕城公路南线	40
	2	G205 线莱芜至新泰	61
	3	G205 线滨州至博山	85
	4	S340 日东线曲阜至荷泽	148
河 南	1	焦作至晋城高速公路	30
	2	漯河至界首高速公路	75
湖 北	1	京珠高速湖北南段	110
	2	襄十高速公路	28
湖 南	1	沪瑞线湘潭至邵阳高速公路	218
	2	京珠线临湘至长沙高速公路	183
广 东	1	京珠南高速公路	58
	2	西部沿海高速台山段	87
	3	广肇高速公路	48
	4	深圳水官高速公路	20
海 南	1	海文高速公路	52
四 川	1	成都至南充	214
	2	磨家至石马坝至沙溪坝	135
重 庆	1	渝湛公路上桥至界石段	23
	2	国道 212 线重庆至合川段	58
云 南	1	曲靖至胜境关	66
	2	大理至保山	166
贵 州	1	玉屏至铜仁公路	12
陕 西	1	GZ40 西安至户县	33
	2	G210 榆林至陕蒙界	77
甘 肃	1	连霍路柳沟河至忠和	35
	2	连霍路馋口至柳沟河	78
	3	连霍路古浪至永昌	69
	4	丹拉路白银至兰州	59
	5	尹家庄至中川机场路	23
	6	连霍路永昌至山丹	43
宁 夏	1	G205 叶盛至中宁高速公路	96
	2	G205 中宁至郝家集高速公路	43
青 海	1	平西高速公路	9

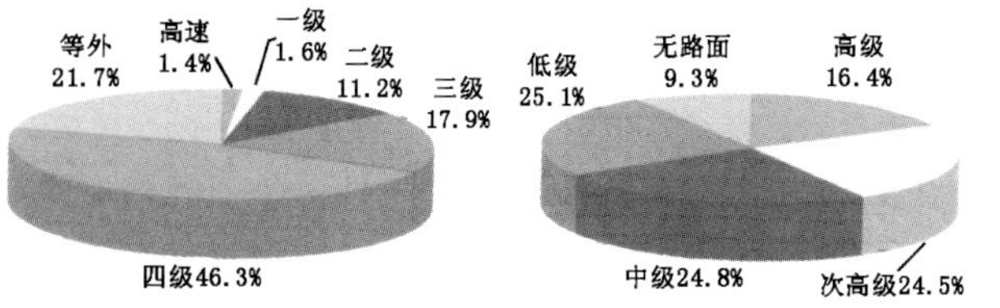

1. 按技术等级分　　2. 按路面等级分

2002年全国公路总里程构成情况

4. 农村公路覆盖面明显扩大

2002年,全国农村公路总里程发展到133.69万公里,比上年末增加5.95万公里。全国通公路的乡 (镇) 占全国乡 (镇) 总数的99.5%,比上年末提高0.2个百分点;通公路的行政村占全国行政村总数的92.3%,比上年末提高0.5个百分点。全年全国共解决了103个乡镇和5529个行政村不通公路的问题。

5. 中西部地区公路里程增长明显。

2002年年底,东部地区公路里程56.12万公里,比上年末增加1.46万公里,增长2.7%;中部地区60.73万公里,比上年末增加2.97万公里,增长5.1%;西部地区59.68万公里,比上年末增加2.30万公里,增长4.0%。东、中、西各地区分别占全国公路总里程的31.8%、34.4%、33.8%。2002年年底,东部地区高速公路达13456公里,二级及二级以上公路达12.20万公里;中部地区高速公路达6995公里,二级及二级以上公路8.35万公里;西部地区高速公路达4679公里,二级及二级以上公路4.42万公里。

6. 公路桥梁和隧道建设取得新成果

2002年年底, 全国公路桥梁达29.9万座、1161.2万延米, 比上年末增加1.5万座、96.2万延米。其中特大桥梁1900座、171.86万延米,比上年末增加320座、30.30万延米。全国公路隧道达1972处、83.5万延米, 比上年末增加190处、13.1万延米。其中特长隧道21处、7.59万延米,比上年末增加3处、1.03万延米。

7. 公路养护和绿化里程不断增加

2002年全国公路养护工程共计投入578.7亿元,公路路网改造工作的力度进一步加大。从2002年起,交通部决定对危桥改造的补助投资力度由原来每年的2亿元提高到5亿元, 全国共完成6.8万延米/1512座危桥的加固、改造任务。2002年全国公路养护里程达166.1万公里,占公路总里程的94.1%,比上年末增加了6.3万公里,增长3.9%。全国公路绿化里程达94.0万公里,占公路总里程的53.2%,比上年末增加1768公里,增长0.2%。

(二)水运基础设施建设

2002年水路交通坚持以发展为主题, 以结构调整为主线, 抓住机遇,开拓创新,各项事业取得积极成效,水运生产总体保持稳中有升态势,为"十五"期间水路交通全面推进奠定了扎实基础。主要情况和特点如下:

1. 基础设施和运输装备进一步改善

2002年全国水路基础设施建设完成投资169.8亿元,比上年减少4.5亿元,同比下降2.3%。其中沿海港口建设完成投资129.85亿元,比上年增加6.06亿元,增长4.8%;内河港口及航道建设完成39.95亿元,比上年减少10.55亿元,同比下降20.9%。

2002年港口拥有生产用码头泊位3.36万个, 沿海港口新(扩)建码头泊位84个,新增吞吐能力4630万吨,其中万吨级以上泊位14个,新增吞吐能力3764万吨,内河港口新(扩)建码头泊位44个,新增吞吐能力329万吨。2002年新增及改善内河航道里程145公里。

水上运输装备结构调整力度加大,船舶向大型化和专业化发展。全年水上运输船比上年末减少0.8万艘,但净载重量同比增加了256万吨位;平均净载重量比上年末提高了22.5吨。

2. 港口泊位继续增加

2002年底,全国港口拥有生产用码头泊位33600个,比上年净增159个,其中万吨级及以上泊位835个,比上年净增25个。

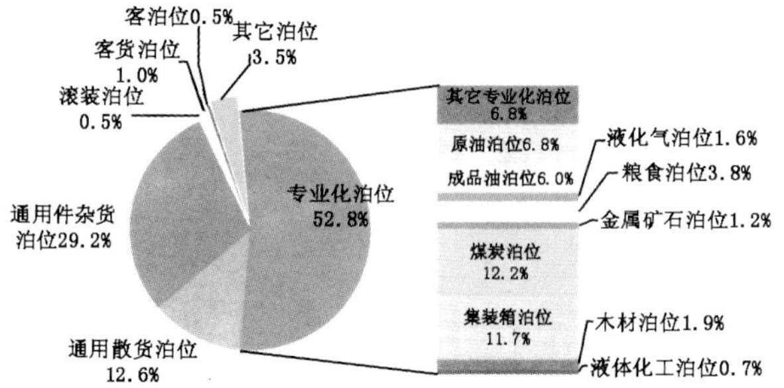

2002年万吨级以上生产用码头泊位构成情况
(按主要用途分)

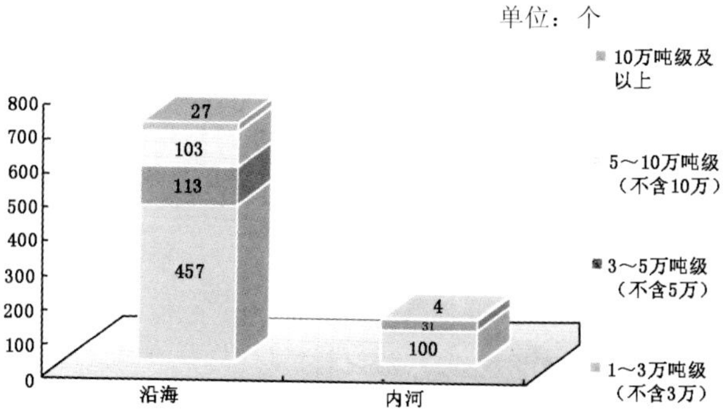

2002年港口万吨级以上生产用码头泊位构成情况
(按靠泊能力分)

全国沿海港口拥有生产用码头泊位3822个, 其中万吨级及以上泊位700个; 内河港口拥有生产用码头泊位29778个, 其中万吨级及以上泊位135个。内河港口万吨级泊位主要集中在长江干流和珠江水系, 其中长江干流万吨级泊位121个、长江支流3个、珠江水系11个。

全国沿海港口万吨级及以上泊位中,1~3万吨级泊位457个,3~5万吨级泊位113个,5~10万吨级泊位103个,10万吨级以上泊位27个; 全国内河港口万吨级及以上泊位中,1~3万吨级泊位100个,3~5万吨级泊位31个,5~10万吨级4个。万吨级及以上泊位中, 通用件杂货泊位244个, 通用散货泊位105

个，专用泊位441个。专用泊位中原油泊位57个、成品油及液化气泊位63个、煤炭泊位102个、粮食泊位32个、集装箱泊位98个，均比上年有所增加。

3. 港口货物吞吐量强劲增长

2002年，全国港口完成货物吞吐量28.0亿吨，比上年增长16.6%。其中，沿海港口完成17.2亿吨，增长18.1%；内河港口完成10.8亿吨，增长14.3%。全国港口完成外贸货物吞吐量7.8亿吨，比上年增长18.4%。其中沿海港口完成7.1亿吨，增长18.5%；内河港口完成0.7亿吨，增长16.9%。

主要港口完成货物吞吐量22.3亿吨，有7个港口跻身亿吨港行列，上海港货物吞吐量超过两亿吨，成为世界第4大港。

2002年全国港口完成集装箱吞吐量3721万标准箱，增长35.4%。其中沿海港口完成3376万标准箱，增长36.7%；内河港口完成345万标准箱，增长24.1%。上海和深圳两港已进入世界集装箱大港十强行列。

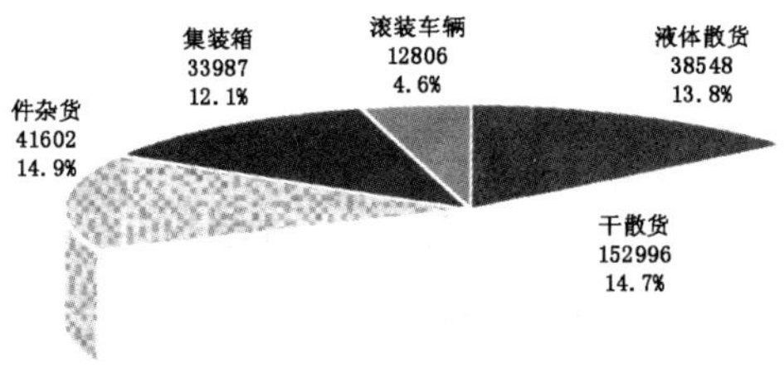

2002年全国港口货物吞吐量构成情况

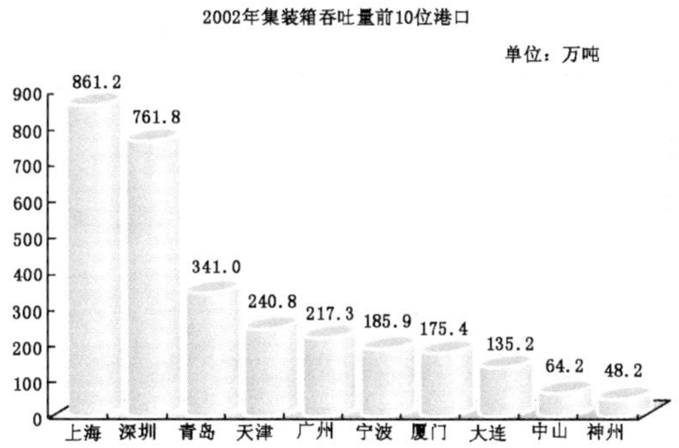

2002年集装箱吞吐量前10位港口

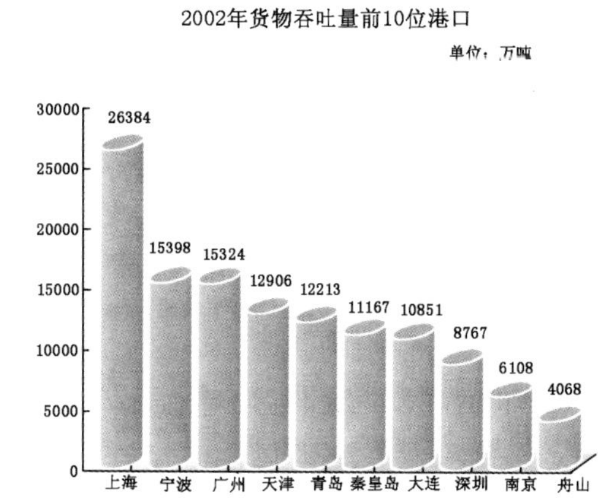

2002年货物吞吐量前10位港口

4. 内河航道建设成绩显著

2002年年底，全国内河航道里程达121557公里，比上年末增加了22公里。其中等级航道63597公里，占总里程的52.3%；三级及三级以上航道8222公里，占总里程的6.8%；五级及五级以上航道23510公里，占总里程的19.3%。各等级内河航道里程分别为：一级航道2946公里、二级航道1917公里、三级航道3359公里、四级航道6257公里、五级航道9031公里、六级航道21076公里、七级航道19011公里。

全国内河航道里程超过万公里的省有4个，分别是江苏(2.39万公里)、广东(1.37万公里)、浙江(1.04万公里)、湖南(1.00万公里)。

2002年年底全国有库区航道9743公里。全国通航河流上永久性构筑物中有：船闸906座、升船机60座、碍航闸坝1713座。

（三）交通支持保障系统建设

2002年，交通支持保障系统建设完成投资比上年减少13.3亿元，同比下降10.8%。其中，海事系统完成3.0亿元，救助打捞完成1.3亿元，科研教育完成2.6亿元。

2002年，交通支持保障系统主要进行了公路、水运科研试验室，大连海事大学及“211工程”，交通规划信息系统，卫星地面站的建设；完善了沿海重要水域的水上安全监督保障体系，建设了一批水上安全监督、水上通信系统、水上助航、海上救助与打捞等交通支持保障系统的基础设施。

1. 科研、教育设施建设

2002年，建成了港口物流与控制工程实验室集装箱港口智能运输试验系统扩建工程、交通智能系统工程、道路结构与路用材料实验室设备改造工程、交通公路工程检测设备计量检定站二期工程及大连海事大学凌海校区教学港池航道改造工程等工程项目，同时继续加大对大连海事大学“211工程”的建设力度，为交通科技进步和教育事业的发展提供有力保障。

2. 信息、通信设施建设

交通信息化不断推进，信息网络技术得到推广应用。2002年主要建设了交通部机关信息化系统改造一期工程、部救捞信息系统工程、交通规划研究院的交通规划信息系统工程、交通报社综合信息系统扩展系统。

对交通部救捞系统通信设施进行了改造，同时启动了北京海事卫星地面站安全防范网络、F标准站、C标准岸站接入控制和信令设备购置及备用天线等新建工程，预计2003年建成投入使用。

3. 海事系统

2002年新建、改造和完善了大连、厦门、宁波、上海、南通、广州及深圳的船舶交通管理系统(VTS)；建设了天津南疆、厦门海沧工作船码头及交通部海事信息系统一期工程、福建辖区VHF通信工程、秦皇岛海上溢油应急反应中心、汕头遮浪灯塔，以及部分业务用房的装修改造工程等；建造了千吨级巡视船、60米级巡逻船和45米级巡逻船，以及中型测量船和30米以下(含30米)的巡逻船舶共31艘，使海事管理救助手段明显加强。

4. 救助打捞系统

2002年加大了烟台救捞局基地基础设施改造、上海救捞局海上搜救直升机机场工程、外高桥防汛墙、外高桥救助基地(陆域)以及福州、宁波和温州等救助站危改工程,完成了交通部救捞系统通信设施改造工程、上海救捞局外高桥救助基地(陆域)、广州救捞局小洲基地护岸等工程建设。

上海救捞局"华腾"轮建成下水并投入使用,至此"九五"期间投资建造的一批救助拖轮除广州救捞局"德穗"轮外,其他已全部建成并投入使用,为救助打捞工作提供了重要保证。

2002年交通救助打捞系统共组织了153次救助活动,出动救助船舶181艘次,救助遇险人员1603人,其中外籍人员401人;救助遇险船舶96艘,其中外籍船舶31艘,打捞沉船13艘。

二、2003年公路、水路投资建设展望

(一)投资规模及资金渠道

2003年交通基本建设中央投资463.1237亿元,其中:中央预算内投资4.2003亿元,专项建设基金458.9234亿元(内车购税440.9621亿元,港口建设费17.9631亿元)。

2003年全社会公路建设规模预计达到3500亿元。

(二)各行业投资及建设内容

1. 公路建设

2003年公路建设安排中央投资425.8621亿元,其中预算内资金2.4亿元,车购税资金423.4621亿元。主要安排内容如下:

(1)重点项目主要安排国道主干线、西部通道及国家重点公路等建设。

(2)公路主枢纽重点安排全国45个主枢纽的客货运站场设施的建设。

(3)口岸交通重点安排国家一类边境口岸后方交通设施的建设。

(4)路网结构改造主要安排国省干线的危桥改造、GBM工程、文明样板工程。

(5)公铁平交改立交优先安排国道上的已与铁路部门签定协议的项目。

(6)其他投资主要安排通乡、通村公路工程、陆岛交通配套工程、中部地区县到乡公路、西部地区县际公路以及川藏、新藏公路养护保通工程等。

2003年预计新建高速公路4000多公里。

2. 沿海港口

2003年沿海港口建设共安排中央投资11.8089亿元,主要续建营口港成品油及液体化工品码头、南京港龙潭港区一期工程、日照港东港区三期工程等大中型项目,新建连云港庙岭港区三期工程、上海港外高桥港区四期工程等。

2003年预计部港建费投资的沿海港口新增深水泊位17个,新增吞吐能力290万吨,集装箱吞吐能力394万TEU。

3. 内河航运

2003年安排内河航运中央投资12.8308亿元,其中预算内资金0.35亿元,港建费0.6441亿元,车购税内河支出11.8367亿元。重点建设全国内河主通道,继续改善长江干线通航条件,收尾建设长江三峡库区淹没复建工程。

2003年交通部投资内河改善航道里程318公里,新增内河泊位16个,新增吞吐能力250万吨。

4. 支持保障系统

2003年安排支持保障系统中央投资12.6219亿元,其中教育科研2.7亿元;海事2.8033亿元;救捞0.75亿元;船舶购置中央投资5.45亿元。直属及其他建设安排中央投资0.9186亿元。主要建设内容为:

(1)教育投资重点安排大连海事大学建设。

(2)科研主要建设交通部科学研究院、交通部公路科学研究所、交通部水运科学研究所、天津水运科学研究所的实验室和添置设备等。

(3)海事主要建设船舶交管系统、工作船码头和基地、监督站及业务用房等。

(4)救助打捞主要建设救捞基地及救助站、救助站码头和基地配套设施等。

(5)船舶购置投资主要用于建造救助船、海事系统巡逻船、长江航道局挖泥船、工程船和长江海事局巡逻船。

中国铁路投资建设情况

铁道部部长 刘志军

一、2002年中国铁路投资总体完成情况

(一)铁路基本建设再创佳绩

全国铁路系统认真贯彻党中央、国务院关于加快基础设施建设、拉动国民经济的重大决策,全面完成了1998—2002年铁路建设计划。2002年,全国铁路基本建设投资完成623.52亿元,比上年增长7.2%,再创历史最高水平。其中,铁道部投资完成576.49亿元,比上年增长10.9%;合资铁路地方及企业投资完成30.57亿元,比上年下降35.5%;地方铁路地方投资完成16.46亿元,比上年增长16.4%。大中型项目投资完成508.19亿元,比上年增长6.1%。其中铁道部投资完成458.05亿元,比上年增长10.6%。完成新线铺轨1953公里,复线铺轨859公里。新线投产1994公里,复线投产539公里,电气化铁路投产920公里。

（二）铁路网规模继续扩大，路网结构得到优化

至2002年底，全国铁路营业里程达到7.19万公里，比上年增加1840公里，增长2.6%。其中，国家铁路5.95万公里，合资铁路0.77万公里，地方铁路0.47万公里。全国铁路复线里程达到2.39万公里，比上年增加662公里，增长2.8%，复线率达到33.3%；全国铁路电气化里程达到1.81万公里，比上年增加617公里，增长3.5%，电化率达到25.2%。

（三）国家重点建设项目投资比重提高

列入国家重点建设项目12个：株六、宝兰复线，朔黄、内昆线，秦沈客运专线，宁西（西安至合肥段）、渝怀线，洛湛通道（益阳至永州段），青藏、胶新、赣龙、宁启线（南京至海安段），投资完成343.8亿元，比上年增加67.03亿元，增长24.2%，占大中型项目投资的比重为67.7%，比上年提高9.9个百分点。

（四）西部铁路建设进一步加快

西部在建铁路大中型项目共24个，投资完成274.7亿元，占大中型项目投资完成的54.1%。新线投产888公里，复线投产249公里，电气化铁路投产724公里，分别为全国铁路新线、复线、电气化投产里程的44.5%、46.3%、78.6%。

（五）国债项目建设进展良好

16个在建的国债投资国家铁路和合资铁路项目，投资完成235.57亿元，其中使用国债资金67.26亿元。铁路国债项目进展良好，建设资金落实，工程质量处于受控状态，建设工期得到保证。1998年以来开工的国债铁路建设项目，已经陆续建成投产，国债投资取得了显著的成就和良好的投资效果。

（六）运输设备更新改造投资与上年基本持平

更新改造投资完成163.66亿元，其中运输设备投资完成127.89亿元，比上年增长1.4%。运输设备投资中，铁道部管理项目投资完成11.52亿元，铁路局管理项目投资完成116.37亿元，重点用于增加运输能力、保障行车安全、适应提速需要、优化生产力布局、支持技术进步、提高运输质量等方面。

（七）机车车辆购置投资保持稳定

机车车辆购置投资完成175.52亿元，购置机车833台，客车2375辆，货车27610辆。

二、2002年全国铁路及各铁路局完成客货运输总体情况

（一）全国铁路完成客货运输情况

旅客运输保持良好势头。全国铁路完成旅客发送量105606万人次，比上年增长0.4%。其中，国家铁路完成101741万人次，比上年增长0.1%，这中间直通旅客发送量30646万人次，比上年增长5.1%；合资铁路完成3349万人次，比上年增长14.8%；地方铁路完成516万人次，比上年下降7.5%。全国铁路完成旅客周转量4969.38亿人公里，比上年增长4.2%。其中，国家铁路完成4803.05亿人公里，比上年增长3.6%；合资铁路完成161.07亿人公里，比上年增长28.8%；地方铁路完成5.26亿人公里，比上年增长1.2%。

货物运输实现新的突破。全国铁路完成货物发送量204246万吨，比上年增长6.1%。其中，国家铁路完成186894万吨，比上年增长4.6%；合资铁路完成6111万吨，比上年增长37.4%；地方铁路完成11241万吨，比上年增长17.8%。全国铁路完成货物周转量15515.56亿吨公里，比上年增长6.5%。其中，国家铁路完成15078.17亿吨公里，比上年增长5.8%；合资铁路完成374.62亿吨公里，比上年增长38.8%；地方铁路完成62.77亿吨公里，比上年增长13.4%。

换算周转量实现较大增长。全国铁路完成换算周转量20627.80亿吨公里，比上年增长6.0%。其中，国家铁路完成20022.16亿吨公里，比上年增长5.4%；合资铁路完成537.58亿吨公里，比上年增长36.1%；地方铁路完成68.06亿吨公里，比上年增长12.4%。

（二）各铁路局完成客货运输情况

单位	旅客		货物		换算周转量（百万吨公里）
	发送量（万人）	周转量（百万人公里）	发送量（万吨）	周转量（百万吨公里）	
部计	101741	480305	186894	1507817	2002216
哈尔滨局	10023	18821	15324	89101	108111
沈阳局	15639	49127	21125	162658	212606
北京局	14765	64409	45905	294840	360880
呼和浩特局	1311	5022	5931	43404	48450
郑州局	10765	86829	25121	242316	331653
济南局	4347	30116	15424	115984	147030
上海局	16391	61780	15458	127056	190785
南昌局	3706	34255	3833	60486	95683
广铁(集团)公司	11465	60688	8263	89124	151694
柳州局	2099	11626	4898	51690	63634
成都局	7173	26640	11213	93522	121295
昆明局	1392	3048	4312	21580	24834
兰州局	1714	17345	5967	73526	91796
乌鲁木齐局	950	10600	4121	42531	53764

三、2003年全国铁路投资建设计划

2003年，中国铁路全行业基本建设投资规模为580-610亿元，其中部计划投资550亿元。部投资规模中，大中型460亿元，小型90亿元(含铁通公司自筹40亿元)；合资铁路和地方铁路地方政府及企业出资约30-60亿元。更新改造计划总规模按290亿元考虑，按280亿元安排。其中，运输固定设备更新改造资金130亿元，机车车辆更新改造资金90亿元，各类专项资金60亿元。

机车车辆购置规模185亿元，除安排更改资金90亿元外，拟申请车船飞机购置贷款95亿元。

四、中国铁路跨越式发展战略

为贯彻落实党的十六大精神，适应全面建设小康社会的需要，铁道部党组提出了实现铁路跨越式发展的战略。铁路跨越式发展主要是指：一是运输能力的快速扩充。集中人力物力财力，加快铁路建设，在较短时间内解决铁路运输能力不适应的问题，早日使铁路运输能力适应国民经济和社会发展需要；二是技术装备水平的快速提高。充分利用国际国内先进的技术资源，加快技术创新，在较短时间内，使中国铁路主要技术装备达到或接近发达国家水平。推进铁路跨越式发展，首要的是加快建设发达完善的铁路网。铁路网建设要以服从全面建设小康社会发展需要为前提，以满足市场需求为导向，以扩大路网规模、完善路网结构、提高路网质量为主攻方向，争取用较短的时间和较小的代价，扩充运输能力，提高装备水平。扩大路网规模，就是加快新线建设，增加路网总量，提高路网密度，扩大路网覆盖面，为经济持续发展和国土开发创造条件。完善路网结构，就是地区结构合理，路网建设适应中国东部、中部和西部地区经济和社会发展的需要，东部铁路率先实现现代化，并逐步提升中西部铁路现代化水平；干支结构合理，主要干线发展四线或多线，建成大能力通道，支线与主要干线合理布局；点线能力配套，线路能力与枢纽能力同步考虑，实现综合运输能力的最大化。提高路网质量，就是大力采用新技术，发展客运高速、快速和货运重载铁路，提高铁路的整体技术水平。

中国民用航空业投资建设情况

中国民用航空总局规划发展财务司司长　张志忠

2002年中国民航全行业(含民航和地方)实际完成固定资产投资249.73亿元，为全年计划的117%。其中民航投资完成223.24亿元(这中间，基本建设完成投资9.36亿元，技术改造完成投资35.14亿元；车船飞机购置贷款94.5亿元)，为民航全年计划的127%；地方投资完成26.5亿元，为地方计划的71.4%。

按照资金构成分，2002年民航固定资产投资完成情况为：国家预算内拨款0.142万元，开发银行硬贷款9.5亿元，建设银行贷款3.1亿元，民航专项建设基金36.1亿元，国家财政债券11.3亿元(含民航国债2.55亿元，地方国债8.75亿元)，留成机场费4.5亿元，企业自筹64.8亿元，利用外资0.66亿元，其他投资101.9亿元(含车船飞机购置贷款49.3亿元)，地方财力17.8亿元(不含国债)。

2002年，民航固定资产投资计划是以“确保安全、创造效益、保持稳定”为原则来安排年度建设资金的。重点安排机场设施、空中交通管制设施、公安安检设施等安全类项目的建设，同时，为与国际接轨，加快民航现代化步伐，提高民航行业人员的总体素质和水平，对民航的科研教育以及信息化的建设，也保持了一定量的资金投入。

一、2002年民航固定资产投资情况

(一)基本建设投资情况

2002年民航行业实际完成基本建设投资120.1亿元，为年计划的90.6%。其中，民航完成投资93.6亿元，为年计划的96.7%；地方完成投资26.5亿元，为年计划的71%。

2002年民航完成基本建设投资按资金来源分：

预算内拨款0.142亿元，为年计划的100%；开发银行硬贷款9.5亿元，为年计划的37.1%；建设银行贷款3.1亿元，为年计划的73.1%；其他投资7.5亿元(含工行及其它商业银行贷款)，为年计划的102.8%；民航专项基金36.2亿元，为年计划的100%；留成机场费3.0亿元，为年计划的49.2%；国家财政债券11.3亿元（含民航国债2.55亿元，地方国债8.75亿元），为年计划的100%；企业自筹49.5亿元，为年计划的165%；利用外资0.66亿元，为年计划的20.7%。地方财力17.8亿元(不含国债)。

2002年民航完成基本建设投资按系统分：

1. 机场建设完成投资77.3亿元，为年计划的86%。其中，开发银行硬贷款9.5亿元，建设银行贷款3.1亿元，工行及其它商业银行贷款3.7亿元，民航专项建设基金6.8亿元，留成机场费2.5亿元，中央国债1.7亿元，企业自筹23.0亿元，利用外资0.66亿元，其他投资0.816亿元。地方财力26.4万元，其中地方国债5.7944亿元。

2. 空管系统完成投资10.6亿元，为年计划的110%。其中，民航专项建设基金10.8亿元，企业自筹0.1亿元，中央国债0.85亿元，其他资金0.8亿元，地方投资0.0856万元。

3. 科研教育系统完成投资 0.6 亿元，为年计划的 86.5%。其中，预算内拨款 0.1 亿元，民航专项建设基金 0.3 亿元，企业自筹 0.2 亿元。

4. 机务航材系统完成投资 0.5 亿元，为年计划的 7%，为企业自筹资金。

5. 运输服务完成投资 4.9 亿元，为年计划的 86.4%。其中，企业自筹 4.1 亿元，其它投资 0.9 亿元。

6. 公安消防完成投资 0.1 亿元，为年计划的 111%。其中，民航专项建设基金 0.03 亿元，机场费留成 0.07 亿元。

7. 公用设施完成投资 1.8 亿元，为年计划的 58.3%。其中，预算内拨款 420 万元，民航专项建设基金 1.3 亿元，企业自筹 0.3 亿元，其它投资 0.2 亿元。

8. 计算机信息系统完成投资 0.033 亿元，为年计划的 193%，为其他资金 0.033 亿元。

9. 油料系统完成投资 2.5 亿元，为年计划的 56.6%。其中，建行贷款 0.3 亿元，工行贷款 0.2 亿元，民航专项建设基金 0.4 亿元，企业自筹 1.6 亿元。

10. 其他系统完成投资 4.7 亿元，为企业自筹资金。

11. 企业自筹切块规模投资未分配至上述系统中。2002 年切块规模完成投资 17.0 亿元，为年计划的 153.6%。

2002 年全国民航基本建设施工项目共 210 个，其中本年新开工项目 79 个，占施工项目的 38%；续建 71 个，前期 60 工作个。

（二）技术改造投资情况

2002 年民航实际完成技术改造投资 35.2 亿元，为年计划的 111%。

2002 年民航完成技术改造投资按资金来源分

民航专项建设基金 17.6 亿元，为年计划的 100%；留成机场费 1.4 亿元，为年计划的 56%；企业自筹 15.3 亿元，为年计划的 134%，其他投资 0.8 亿元，为年计划的 100%。

2002 年民航完成技术改造投资按系统分：

1. 机场建设完成投资 0.5 亿元，为年计划的 103%。其中，民航专项建设基金 0.4 亿元，留成机场费 0.1 亿元。

2. 空管完成投资 4.7 亿元，为年计划的 91%。其中，民航专项建设基金 4.5 亿元，企业自筹 0.2 亿元。

3. 科研教育系统完成投资 0.4 亿元，为年计划的 149%。其中，民航专项建设基金 0.3 亿元，企业自筹 0.1 亿元。

4. 机务航材系统完成投资 0.4 亿元，为年计划的 202%。其中，民航专项建设基金 0.3 亿元，企业自筹 0.1 亿元。

5. 公用设施完成投资 0.6 万元，资金来源为民航专项建设基金。

6. 公安消防完成投资 9.4 亿元，为年计划的 91.4%。其中，民航专项建设基金 8.7 亿元，留成机场费 0.2 亿元，企业自筹 0.5 亿元。

7.计算机信息系统完成投资 2.0 亿元，为年计划的 160.5%。其中，民航专项建设基金 0.7 亿元，企业自筹 0.8 亿元，其他资金 0.5 亿元。

8. 其它系统完成投资 8.9 亿元。其中，民航专项建设基金 1.0 亿元，企业自筹 7.9 亿元。

9. 切块规模完成投资 8.2 亿元，为年计划的 61% 。

（三）车船贷款

2002 年国家下达民航车船飞机购置专项贷款计划 493179 万元，实际使用车船飞机购置专项贷款 944981 万元，实际完成为本年计划的 192%。其中，购置飞机计划额为 401868 万元，实际完成额为 259484 万元；租赁飞机计划额为 63495 万元，实际完成额为 670172 万元；车辆购置计划额为 27816 万元，实际完成额为 15325 万元。

2002 年全局共支付飞机租赁费 670172 万元，资金来源为国内贷款 7569 万元，国外贷款 595446 万元，自筹资金为 67157 万元。

(四)2002 年民航重点建设工程

2002 年民航重点建设项目共 22 个。其中，投产项目 8 个：宁波栎社机场航站区扩建和敦煌机场扩建工程、哈尔滨太平机场飞行区应急改造工程、天津机场飞行区整修加固工程、京沪穗航路雷达管制工程按计划已经在年内竣工；全球分销系统（GDS）工程完成了主体验收，西安咸阳机场航站区扩建工程已经处于收尾阶段。续建项目 7 个：广州新白云机场工程、拉萨贡嘎机场航站区扩建、重庆江北机场航站区扩建、青岛流亭机场扩建、北京区域管制中心、上海区域管制中心和广州区域管制中心工程按计划顺利进行。新开工项目 7 个：长春龙家堡机场新建、新疆和田机场改扩建、三大区域管制中心甚高频（VHF）遥控系统已经开工建设，三亚情报二期工程已经基本具备开工条件，西安咸阳机场和乌鲁木齐地窝堡机场的二类运行工程已经完成前期审批工作，西藏林芝机场国家计委正在审批中。此外，重点项目前期工作项目 4 个：首都机场扩建工程已经上报国务院，国家计委已经委托中咨公司进行了评估。昆明新机场航站区扩建项目建议书已经获得国家计委批准。浦东机场二期工程正在按计划开展前期工作。

另外，3 年来西部开发工作取得了阶段性成果。一是在充分调查和深入研究的基础上，制定出了符合西部地区特点的《西部民用航空发展基本思路》，并开始发挥指导作用。二是积极稳妥地推动西部地区机场建设项目前期工作的开展。在民航专项基金十分紧张的情况下，在基本建设资金中安排 2500 万元，作为西部地区机场前期工作基金，对西部地区 30 个支线机场的前期工作进行补助，不仅加大了项目的储备力度，还提高了项目前期工作的深度和质量。三是资金投入向西部地区倾斜，全行业共安排西部地区 31 个机场项目的投资 105.6 亿元，同时积极争取国家国债资金的支持，加强使用国债项目的管理。通过这些工作，区域枢纽机场和干线机场状况全面改善，支线机场建设全面启动。在西部地区运用新航行系统建立了 L888 航路，空中交通管制设施建设得到了进一步的改善和加强，为下一阶段的西部地区的民航发展奠定了良好的基础。

二、2003年固定资产投资工作和设想

总的来看，2002年民航固定资产投资情况完成得比较好。但是，也还存在着不尽人意的地方。如在机场建设方面，仍然存在着建设规模超前，建设标准过高，一些机场建设项目的吞吐量预测高于投产后的实际吞吐量等问题，造成一定时期内机场资产闲置，运营比较困难。另一方面也反映出我们在机场布局中有些不尽合理，项目的可行性带有一定的主观性。

2003年民航固定资产投资工作将结合民航发展所面临的形势和环境，以邓小平理论和"三个代表"重要思想为指导，紧紧围绕发展这个第一要务，在保证航空安全前提下，改进宏观管理，加强基础设施的建设，确保航空飞行运输的安全。具体是以加强安全保障设施的建设、促进机场发展和管理体制改革为目标，继续适度安排固定资产投资规模，保持平衡发展。投资重点继续"向空管倾斜、向安全倾斜、向西部倾斜"，重点建设枢纽机场、西部地区重点支线机场、空中交通管制设施和安全设施。重点支持效益较好的旅游支线机场和社会稳定、边疆安全所需要的航空运输建设特别是机场的建设项目，继续搞好航空公司飞行安全保障设施和设备的资金投入。把北京、上海和广州三个枢纽机场的建设作为重中之重。争取完成首都机场扩建工程的前期工作和初步设计工作，保证机场在2008年之前投入使用，满足奥运会需要和国家地区发展的要求。同时，为满足上海市经济发展的需要，努力完成浦东机场二期扩建工程的前期工作。广州新白云机场要按照批准的规模加快建设。对于区域性的枢纽机场，要加快西安机场航站区的建设工程，争取早日投入使用。加紧成都双流机场北指廊建设工程。按照区域枢纽机场的要求，加紧昆明新机场的前期论证等工作。建设西安、乌鲁木齐、成都飞行区的机场二类运行工作。开展武汉机场航站区扩建工程的前期工作。对于干线机场，抓紧重庆江北、拉萨机场航战区的扩建工程建设，积极配合地方政府进行宁波、济南、青岛、大连机场的扩建改造工作。对于支线机场，按照民航总局和国家计委确定的规划，有重点的支持贵州兴义和黎平机场、西藏林芝机场、新疆那拉提机场等的建设。继续抓紧北京区域管制中心、上海区域管制中心和广州区域管制中心工程的建设，加紧北京-西安-成都-昆明航路二期工程的建设，开工建设三亚管制中心的二期工程。

总之，2003年的民航固定资产投资管理工作要适应民航体制改革的形势，深入研究企业脱钩和机场属地化管理后，民航总局实行行业管理的政策和措施，制定出台符合国家投融资体制改革要求和行业发展需要的新的固定资产投资管理办法。研究在机场布局和机场建设方面加强管理的新的措施。在机场布局上，要严格按照民航总局制定的全国民用运输机场布局规划执行。在项目审批上，要在行政审批制度改革的基础上，加强对使用中央财政性资金项目的审批监管力度；在项目储备上，要继续加大项目前期工作力度。努力提高前期工作质量。在资金安排上，要保证重点项目，保证安全设施建设项目，保证空管建设项目和机场建设项目，本着量力而行的原则，安排好机场建设项目的投资，发挥好中央和地方的两个积极性。抓紧制定民航体制改革后的民航专项基金对民航基础设施建设投资的补贴办法，逐步完善民航专项基金的管理工作，规范投资行为。在拓展民航行业建设资金渠道方面，积极争取多方投资，进一步提高利用外资的质量和水平。积极利用国际金融机构贷款、国际银行贷款和外国政府优惠贷款，以加快中国民航基础设施的建设。

中国邮政业投资建设情况

国家邮政局

2002年，作为社会基础设施和公用性企业的中国邮政业，坚持以发展为主题，以结构调整为主线，以改革开放和科技进步为动力，围绕国家社会经济发展对邮政业事业提出的新要求，在高举普遍服务旗帜、满足社会通民通政基本要求的同时，大力发展邮政业通商功能，支持社会经济的发展，满足社会发展的需要。

在新形势下，发展依然是邮政业各项工作的主题。邮政业的投资活动要紧紧围绕邮政业发展的要求，促使邮政业与国民经济发展步伐相协调，支撑邮政业的发展有与国民经济增长相适应的发展速度，使邮政业行业能够在社会经济发展中发挥其应有的作用。

一、2002年邮政业固定资产投资情况

2002年是"十五"计划的第二年，也是中国邮政业推动良性循环发展目标的关键之年。邮政业固定资产投资按照"十五"计划确定的"发展、调整、改革、创新"的指导思想和原则，针对邮政业发展建设中急需解决的问题，继续为推动邮政业业务发展，促进结构性调整，提高全网效率，拓宽服务领域，做好支撑和服务。

（一）投资规模

2002年全年完成固定资产投资计划71.5亿元。其中，基建投资37.8亿元，占53%；技改投资33.7亿元，占47%。局管理项目16亿元，省管理项目投资55.5亿元。

（二）投资结构

从投资结构反映，客户服务网建设投资，包括局所及网点、营销终端设备、投递设施，占34%；邮件运行网建设占29%。其中，邮区中心局建设投资占23%，干线运输设备投资占5%；计算机信息网建设投资占18%；其它建设投资占19%。

二、2002年邮政业投资完成情况和主要成效

实物网建设总体进入收尾阶段。安排的沈阳等4个省会邮件处理中心和温州等26个非省会二级邮件处理中心的工艺改造进展较为顺利。完成广州等25个省会邮件处理中心建设，其中22个年底已完成竣工验收；常州等26个工艺改造的非省会二级邮件处理中心投入使用；完成上海等2个速递邮件处理中心和大连等3个航空邮件转运站的建设。

信息网建设不断深入。邮政业综合计算机网的广域网、局域网及邮政业储蓄计算机网扩容改造工程的建设基本建成，完成竣工验收；电子汇兑、银联卡、电子邮政业示范工程、速递、报刊、集邮系统等项目初步完成。电子汇兑系统完成两小时业务的试点及推广工作；速递查询系统完成EMS全国中心和站点系统集成和验收；银联卡改造实现了全国100个城市的联网通用；邮资票品管理系统完成7个省52个地市局的上网运行。邮区中心局作业系统及邮运指挥调度系统完成系统模拟测试，综合服务平台项目在各省稳步推进。

新增“三进”网点1.25万处，新增电子化局所1950处，新建报刊亭3500个，完成邮政业生产用房建设121万平方米，其中邮区中心局生产面积45万平方米。火车邮厢10辆，邮政业汽车2100辆，二线邮运汽车279辆。安装各类分拣设备20套，配备邮资机3927台，ATM自动柜员机430台。

三、2002年邮政业投资建设的经验及存在问题

（一）调整投资结构，控制土建规模

2002年，中国邮政业加大了投资结构调整力度，重点在基建与技改、新增与更新、硬件与软件、内部处理与营销服务、系统与终端等方面进行比例结构调整。通过压缩基建，扩大技改；控制新增，保证更新；整合硬件资源，强化软件开发；理顺内部设施，增强营销等手段，提高系统效率，完善终端功能等措施，着力改善只注重规模的扩张，而忽视布局、结构的优化调整和效益的发挥等问题，使投资尽快形成有效生产能力。

在重点保证一、二级中心局处理中心建设的基础上，大力压缩了各类土建项目数量和建设规模，严格控制土建和非生产性项目。加强了土建项目的控制管理力度，严格控制了新的土建和非生产性项目。

（二）尝试有偿投入，促进业务发展

为了加大对贴近市场的新型业务的支持力度，充分发挥投资对业务发展的支撑和拉动作用，尝试采取有偿投入的方式安排了一部分鼓励发展的项目。包括实现绿卡打电话的项目、开办虚拟电信运营服务项目、利用综合网开办IP电话服务项目、本地化综合服务项目等，充分利用了网络资源，促进了新业务的发展。

（三）采取设备购置的集中管理

对于计算机、车辆、ATM、POS、邮资机、商函制作等设备，加强了设备购置的集中管理力度。国家局对需要购置上述品种设备在汇总数量后统一选型，并对外招标谈判。谈定一个价格框架或限价后，由各省在此基础上分别签订和执行合同，降低了采购成本。

（四）投资结构需进一步调整

各级邮政部门虽然在投资建设方面取得了一系列成效和经验，但还存在一些问题和不足。邮政业资产结构有待进一步优化。邮政业企业固定资产中非生产用固定资产占固定资产的比重达10.3%，生产用固定资产中房屋建筑物比重达62%，电子计算机等信息类设备仅占8%，固定资产中非生产用资产比重过大。房屋建筑物比重过大的情况会影响企业的发展后劲。在新增固定资产投资中，应进一步控制土建规模。

四、2003年邮政业固定资产投资展望

2003年邮政业投资的指导思想和原则是：以提高邮政业核心能力为方向，以加快邮政业网信息化和提高终端营销能力为重点，继续压缩土建规模，调整投资结构，提高投资效率，推动企业向良性循环发展。既要满足企业资金平衡的需要，又要保证必要的投资需求，以防止市场份额的萎缩。根据企业资金流动状况，权衡投资活动的重要程度，确定适度的投资规模。

2003年邮政业固定资产投资的主要任务是：基本完成基础实物传递网的建设，完成综合网的扩容和绿卡省中心改造，加快两网应用系统的开发与完善，积极支持低成本高效率的多元化业务的竞争性企业的发展，以增量资产带动存量资产的调整，充分发挥对生产经营的直接推动作用。

（一）投资规模

根据2003年重点投资的计划目标，已开工项目的后续建设需要，压缩在建工程使之尽快形成生产能力的要求，对照邮政业的折旧资金，经营性现金净流入，利润目标，国债及国拨资金、工资增长，成本费用控制等因素，确定2003年的投资规模在50亿元左右，投资收入率控制在10%以内。

（二）投资安排重点

1. 增加对速递专业的投入

速递专业是市场潜力大、竞争激烈的一项业务，要针对与国际速递运营商的竞争要求，结合速递专业生产作业流程和服务质量要求，加大对该专业的投入力度。重点在北京、上海、广州、深圳等市场竞争激烈的大型城市安排相应的速递邮件内部处理设备和相应的投递揽收机具。同时，配合中心局生产作业两系统的应用，加快速递信息查询系统的建设与改造，按照跟踪查询的要求，尽快实现全国县以上城市速递邮件信息的及时查询服务。

2. 增加对物流专业的投入

根据国家局发展物流的总体方案，及时安排物流设施的建设。目前，对于各地开办的本地物流配送业务，要在充分利用闲置场地的情况下，适当配备内部仓储设备和信息管理设备。对于国家局、省局已签定的全网性（或区域性）物流运递业务协议，可根据物流业务的特点、流程和网络组织要求，在部分大型城市安排相应的物流集散中心，并配备必需的储运、处理和信

息化终端设备。随着物流业务的发展,对物流处理流程的进一步深化,根据需要及时安排全网性物流信息系统的建设。

3. 邮政综合网和绿卡网

随着各种应用系统的上网运行,现有计算机网络的功能需要不断扩充和完善,软件需要优化升级。2003年,根据应用系统的运行要求,及时安排网络的扩容改造建设,以及各种监控系统、网管系统、安全系统、数据备份系统的建设,加快综合网邮区网的建设及电子化局所软件系统改造步伐,实现电子化局所的综合性服务功能。同时,根据业务开发和管理工作的要求,加速安排相应软件升级改造,加大网络调整扩展等工作,确保网络安全稳定运行。

配合实物网的建设和应用,加快现有信息应用系统的推广和融合工作,包括"中心局生产作业、邮运指挥调度"两系统的建设和推广,物流信息系统的开发和应用,各种金融卡系统的开发应用等,促使实物网、信息网和金融网的进一步融合,推进综合能力的进一步提高。

4. 完善邮政业实物网络

在继续抓紧北京综合处理中心、上海浦东处理中心、深圳处理中心、广州航空邮件处理中心等大型项目的建设外,将投产运行、系统化应用和与信息网的融合放在突出的位置来抓。主要包括:根据新的生产处理流程要求,对部分已建项目的内部工艺、实用化设备、干线运输设备和信息化应用方面的配套项目作出安排,如总包条码识读和打印设备、给据邮件条码设备、干线运输车辆的更新等,以保证各一、二级处理中心和邮运网络能够按照新的工艺流程组织生产。对于报刊专业,要加强报刊分发显示系统的建设,促进中心局内邮件生产作业与信息化处理的结合。

2003年,除继续推进重点邮政业枢纽建设外,原则上不再安排新开工土建项目,土建投资拟控制在30%左右。

5. 扩大有偿投入,鼓励新业务的开发

为了加大对贴近市场的新型业务的支持力度,充分发挥投资对业务发展的支撑和拉动作用,将扩大有偿投入的范围,及时安排一部分投资少、见效快的项目,包括本地化综合服务项目、城市广告项目、金融卡服务项目、虚拟电信服务项目、新技术高效应用项目等,以便充分利用网络资源,促进各地新业务的发展。

6. 加强终端服务设备的配备

2003年,终端服务网的建设与改造仍将是省管项目的主要内容。因此,要求各地重视终端网建设,不断完善服务设施,增强服务能力。为了加强终端网络的建设,国家局将加强终端设备的集中选型和采购工作,主要包括:ATM终端、配送车辆、条码识读和生成设备等,促使邮政业核心服务能力的提高。

7. 配套措施建设

为保证2003年投资工作的顺利进行,在微观管理上将在以下几个方面加强工作:

(1)进一步理顺投资管理程序

为提高办事效率,减少扯皮推诿,划清责任范围,要进一步规范审批程序,加快审批速度,以适应市场竞争的需要。所有固定资产投资项目,包括项目建设投资和建设资金补贴,应由项目建议部门提出项目建议书和经济分析报告,提交计划部门,计划部门初审同意后将初审意见报局领导,局领导同意立项后按照程序完成项目可研、设计、施工、验收等工作,项目建设内容完成后由计划部门组织对项目进行经济评价。

(2)加强投资活动经济分析

为进一步提高投资效益,减少投资的盲目性,尽量避免投资浪费现象的发生,要从投资项目的前期工作开始加大对项目进行经济分析的力度,以改变以往重技术方案轻经济评价,重项目建设轻项目运行的倾向,要在项目的可研分析中充实对项目经济分析的内容,要从净现值、现金流量、资本回收期、损益分析等角度,对项目的直接费用、间接费用,以及一定时期的运行费用做较为全面的经济分析。

(3)建立投资资金预算制度

作为加强投资活动管理的配套措施之一,是建立投资项目的资金预算制度,只有在资金落实的情况下,才能将项目纳入投资计划执行,从源头控制在建工程的膨胀,加快投资项目建设速度,使项目建设早日发挥作用。

(4)设立投资收益监控指标

配合整体投资规模的控制,将设立投资收入率指标,用于衡量和监控各省的投资活动,并纳入到综合计划的平衡指标中。自邮电分营以来,全国的投资收入率分别为28%、21%、18%、13%,2003年的投资收入率要控制在10%以内。各省间的不平衡要着力进行调整,使各省间的投资力度趋于平衡合理。

(5)全面实行集中采购

积极推行落实国家局下发的集中采购办法,成立采购中心,明确采购中心的职责、工作程序,与管理部门的责任界限,扩大集中采购范围,公布集中采购目录,要使集中采购工作在降低采购成本上发挥作用。

中国通信业投资建设情况

信息产业部综合规划司副司长 张春林

2002年，中国通信业在党中央、国务院的正确领导下，高举邓小平理论的伟大旗帜，实践“三个代表”重要思想，积极应对国内外发展环境的变化，努力克服各种不利因素的影响，继续开创了工作新局面。特别是在全球信息产业剧烈动荡、持续低迷的情况下，采取了一系列积极、稳健、务实的政策措施，避免了大起大落，始终保持了快速健康的发展。

一、邮政投资建设

2002年完成邮政固定资产投资69.6亿元，其中基本建设投资36.7亿元，技术改造投资32.9亿元。

（一）推进网络结构调整，完善邮政汇兑体制改革，通信生产能力得到进一步提升

全国邮政拥有专用邮政运输飞机5架，邮船10艘，火车邮厢455节，各类邮政汽车4.6万辆。邮路总数2.1万条，其中航空邮路1010条、铁路邮路164条、汽车邮路1.4万条。邮路总长度308.1万公里。农村投递路线总长度351.1万公里，城市投递段道4.3万条。

2002年，继续推进网络结构调整，一、二级邮区中心局内部处理逐步向规范化过渡，初步形成自上而下管理层次清晰、业务功能规范、生产作业组织科学的网络体系。

电子汇兑系统完成了新旧体制的转换，提升了邮政汇兑的市场竞争力。全国邮政电子汇兑网点1.7万个，占汇兑网点总数的38%。系统日处理量达到100万笔以上。

邮政储蓄绿卡系统稳步运行，全国联网97%以上县(市)实现通存通取，联网网点由上年底的2.4万个增加到2.8万个，ATM机达到5357台，每日异地交易量达到由上年底的14万笔增加到26.9万笔。

（二）落实各项服务规范，保证全国邮政通信畅通，稳步推进国际交流与合作

2002年，中国邮政落实各项服务规范，切实履行了普遍服务义务，努力开发新业务，优化业务结构，实施邮政服务形象工程。

全国畅销报刊投递实施提速，发达地区地(市)局当日见报率达100%，县局达90%。中国邮航与南方航空股份有限公司重组，实行股份制改造，充分发挥南方航空的空中优势和中国邮政地面网的优势，竞争能力得到大幅提升。

2002年，全国邮政局所、服务网点合计达7.6万处，其中设在农村的局、服务点5.8万处，提供邮政全功能服务的局所3.6万处，电子化局所1.8万处。邮政信筒信箱21.8万个。全国开办邮政储蓄业务的乡(镇)达2.2万个，开办185客户服务中心的地(市)达276个。人均函件量达8.3件，局所平均服务人口达1.7万人，每百人报刊量为13.9份。

2002年，中国邮政与世界所有国家和地区建立了通邮关系；与150个国家和地区建立了邮件总包直封关系；国际邮件互换局和交换站总数达到53个；与185个国家和地区开办了邮政汇兑业务；国际邮政速递业务可以通达200多个国家和地区。

二、电信发展建设

2002年，中国电信网的整体网络能力有大幅度的提高，实现了向世界第一大网的跨越。不仅网络规模处于世界领先水平，而且网络的技术层次也上了一个新的台阶，各种先进的技术在中国电信网的应用与世界先进国家同步。

（一）交换设备通信能力

2002年，电话交换网络的建设仍然是各大电信运营企业网络建设的重点。在固定电话网方面，不仅是提供基础业务的本地交换设备容量持续增长，而且近年已经趋于缓慢增长的长途交换设备，也因中国电信和中国网通分别在北方和南方的补网而有一定幅度的增加。2002年全国新增局用本地交换设备3091万门，交换设备总容量达到2.87亿门；长途交换设备总容量新增69.4万路端，达到773万路端，比2001年增长9.86%。在移动电话网方面，巨大的市场潜力促使移动运营商加大了交换网的投资建设力度，移动交换设备容量持续高速增长。中国的移动通信用户规模、网络规模步入全球第一，按全球移动运营商比较，在用户和网络规模上，中国移动和中国联通分别居全球第一和第三。

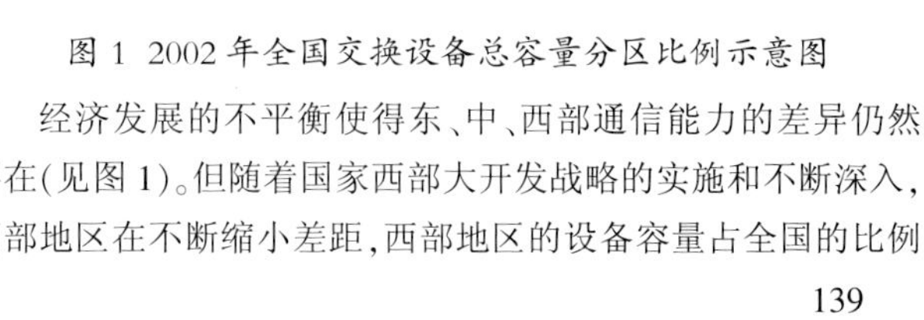

图1 2002年全国交换设备总容量分区比例示意图

经济发展的不平衡使得东、中、西部通信能力的差异仍然存在(见图1)。但随着国家西部大开发战略的实施和不断深入，西部地区在不断缩小差距，西部地区的设备容量占全国的比例

有所增长。例如,2002年底西部地区本地交换设备容量占到全国总量的21%,比2001年底增加了2个百分点;长途交换设备容量占全国比例也从2001年底23.3%增加到2002年底的25.1%。

另外,为适应业务发展,2002年各运营企业都对交换设备作了相应的升级改造。原有固定交换设备都能够支持N-ISDN,本地网主要交换机及长途交换机都具有智能网SSP的功能,2002年新上的固定交换设备都增加了部分分组交换的功能。中国移动和中国联通的GSM网络全面升级,可支持各类智能业务。

为提高网络运行效率,各运营商都对网络进行了优化,同时注重提高设备利用率。局用交换机设备的实装率由2001年的70.5%提高到2002年的74.8%。

(二)移动无线网络通信能力

到2002年底,全国GSM无线网络基站达到18.2万个,移动话音信道达到844万个。

2002年,移动运营商在不断扩大覆盖面的基础上高度重视提高网络质量。对于城市、高速公路、交通旅游点,在已经形成了很好的覆盖效果的基础上,加强室内覆盖;对于农村地区,则通过直放站等方式,实现广覆盖。目前东部发达地区基本实现覆盖到乡镇,中西部地区也实现了大部分乡镇的覆盖。

(三)数据网通信能力

随着社会信息化建设程度的不断提高,对数据网通信能力的需求越来越大。企业上网工程、电子政务等,对数据网的建设与发展起到了很大的推进作用。2002年,在保持固定数据网持续稳步增长的同时,无线数据网也在全国范围内铺开,网络规模基本满足市场的需求。

2002年,X.25分组交换节点机端口数为246515个,减少3766个;DDN节点机容量新增81989个端口,达到837818个端口;宽带业务网端口数新增9940个端口,达到168348个端口。区域经济的差异在数据通信网络能力发展方面表现极为明显,新增网络能力主要来自于东中部地区;用户对带宽的需求促使接入端口速率朝着宽带的方向发展;IP/MPLS VPN等技术在网络中逐步商用化,但仍未成为主流,传统的基础数据网络依然是租线业务的主要承载网。

互联网在社会信息化中起到了越来越重要的作用。2002年,全国互联网IP路由器专线端口新增近439万,达到约2416万,年增长率达22.21%;IP拨号端口新增129万,达到351万,年增长57.79%;互联网骨干网带宽持续增长。IP网的发展可满足用户对各种速率和带宽的增值业务的需求;中国电信和中国网通各自在北方和南方增添新的设备,带动了网络能力的提高。

在无线数据方面,朝着采用多种承载平台形成统一应用平台的方向发展,提供短消息、多媒体消息、WAP等各类业务。形成以短消息业务为主,多媒体消息为亮点,其它各种数据业务为补充的格局。

(四)传输网通信能力

传输网作为承载电信业务的基础网络,仍然是运营商在2002年的建设重点。各大运营商在基本完成全国骨干光缆网建设的基础上,将重点放在本地传输和接入网的建设上。

2002年,全国光缆线路总长度达到225万公里,全年新增43万公里,是2001年增加量的2倍。从光缆线路的绝对拥有量来看,中国电信仍是最多;从新增量来看,中国联通处于首位,中国移动紧随其后。(见图2)作为光缆线路的有力补充,数字微波线路在2002年也有所增加,总长度达到19万多公里。

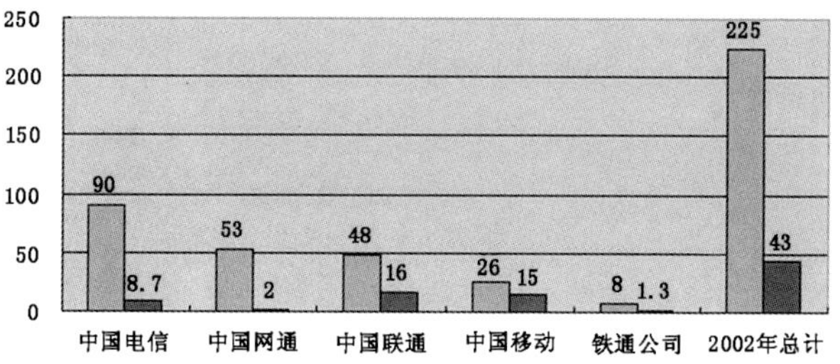

图2 全国各运营商光缆发展情况

随着国际陆上光缆、海底光缆投入使用,国际电路的传输已经由原来的卫星为主转移到以光缆为主,国际陆上光缆、海底光缆可以为运营商国际业务的传送提供足够的传输带宽。

2002年,接入网实现有线和无线共同发展,窄带和宽带同时为用户提供服务。全国接入网光缆线路总长度达到47万公里,比2001年增加了10万公里。中国电信和中国网通利用丰富的用户线资源,积极推广ADSL接入方式,为解决互联网“最后一公里”问题,起到了积极的作用;3.5G无线接入频率招标工作继续推进;各种宽带接入技术已经被广泛应用于大的宾馆、饭店、写字楼及机场等,可为有需求的用户提供所需的接入服务。

三、电信投资行为更趋于理性,融资机制进一步改善

(一)电信固定资产投资完成情况

2002年,电信业固定资产投资完成额相比2001年有较大幅度的下降。当年投资额为2073.3亿,比2001年下降18.8%。其中中国电信完成固定资产投资618.8亿元,中国网通完成固定资产投资294.3亿元,中国移动完成固定资产投资624.1亿元,中国联通完成固定资产投资438.4亿元,铁通公司完成固定资产投资97.6亿元,中国卫星集团完成固定资产投资0.11亿元。2002年中国电信运营企业固定资产投资份额情况。(见图3)

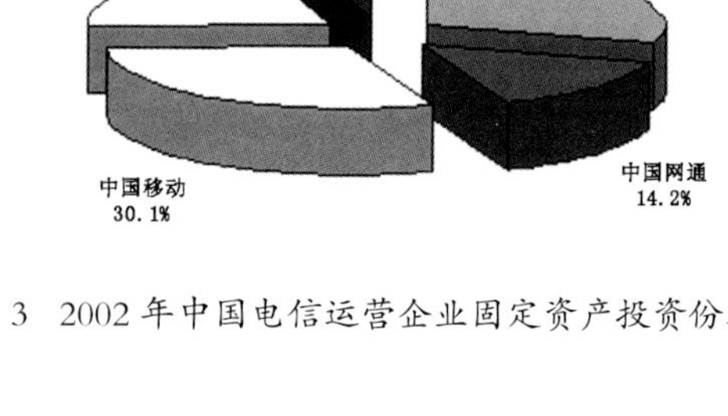

图3 2002年中国电信运营企业固定资产投资份额

2002年电信业固定资产投资下降的主要原因有三点：一是上半年原中国电信分拆与重组，以及随之而来的内部机构整合，部分抑制了电信运营企业的投资。二是中国电信运营企业加强现代企业制度的建设，企业风险意识不断增强，企业投资目标开始逐渐从追求投资规模向提高投资效益转变，投资行为由此更加理性。三是由于近几年的大规模投资，网络分布及骨干传输网等建设已基本完成，目前主要是根据市场需求进行网络扩容，并提高网络利用率和运行质量，所以固定资产投资明显下降是正常的。

（二）投资结构分析

从用途上来看，固定资产总投资中基本建设和更新改造的比重分别为35%和65%，与上年相比更新改造的比重基本保持不变；从专业上来看，固定资产总投资中固定网通信的投资为846.9亿元，数据通信的投资为83.4亿元，移动通信的投资为957.7亿元，无线寻呼的投资为2.1亿元，卫星通信的投资为0.11亿元，其他投资为183.1亿元。固定网通信和移动通信两项投资占总投资的比例为87%，与上年相比没有变化，说明这两项依然是运营企业的投资重点，其中移动通信投资占总投资比例由上年的48.6%下降到46.2%，固定网通信投资占总投资比例由上年的38.4%上升到40.8%；从资金来源情况来看，国内贷款、自筹资金两项为主要资金来源，其中自筹资金占总投资的比重继续略有上升，已接近7成。

（三）东中西部地区投资比较

2002年，东、中、西部地区的电信投资额之比为2.26:1.14:1，与2001年相比中西部地区之间差距有所缩小，但中西部地区与东部地区差距出现进一步拉大的趋势，东部地区的投资总额超过了中部和西部地区的投资总和。东部与中西部地区投资的差距增大直接影响到今后数年各地区间通信差距的扩大，为响应十六大提出"全面建设小康社会"的号召，有必要重视并积极采取多种措施缩小地区间的通信差距。

信息产业部组织协调各电信运营企业制定的西藏通信"十五"建设项目计划，是缩小地区通信差距的一个具体举措。计划"十五"期间共安排援藏项目46个，总投资约34亿元。截止到2002年底，中国电信、中国移动、中国联通和铁通公司已经合计安排项目39个，其中已竣工项目13个，在建或续建项目26个。2002年计划总投资48187万元，已完成投资45939.6万元，完成计划的95.3%。

（四）电信融资机制出现重大变化

2002年，随着电信改革的进一步深化，电信运营企业积极运用市场机制，扩大融资渠道，电信产业融资机制发生重大的变化：在境内外上市融资和发行企业债券已成为中国电信运营企业筹集资金的重要方式，民营资本和外资通过投资电信类股票、与国内电信运营企业合资等方式开始进入中国电信市场。2002年，中国联通在国内A股市场上市，筹集资金约115亿元；中国电信在纽约和香港股票上市，融资规模达14.3亿美元；中国移动在国内公开发行了80亿元企业债券。

总体上，中国电信市场由国有资产独家垄断的局面已初步打破，更多的民间资本和外国资本正以多种方式涉足电信服务市场，多渠道、多种所有制形式共同投资电信业的新局面在中国已初步形成。

科技、教育、文化、旅游

中国科技事业发展情况

科技部副部长 刘燕华

随着科学技术在经济发展和国际竞争中的作用日渐突出，以及科教兴国战略的进一步实施，无论是科技投入，还是科技产出，2002年中国科学技术事业继续保持良好发展势头，科技进步必将为实现党的十六大提出的走新型工业化道路，全面建设小康社会发挥重要作用。

一、2002年中国科技投入继续保持良好增长势头

（一）全国科技活动经费支出总额快速增长

2002年全国科技活动经费筹集总额为2938.0亿元，比上年增加348.6亿元，增长13.5%。2002年全国科技活动经费支出总额为2671.5亿元，比上年增加359.0亿元，增长15.5%。按科技活动人员计算的人均科技活动经费支出为8.3万元，比上年增加近1万元。(1)从执行部门看，各类企业科技活动经费支出为1787.8亿元，比上年增长17.3%；国有独立核算的科研院所支出620.2亿元，增长14.4%；高等学校支出204.2亿元，增长23.1%。企业、国有独立核算的科研院所、高等学校科技活动经费支出占经费总支出的比重分别为66.9%、23.2%和7.6%。(2)从支出用途看，科技活动人员劳务费支出为654.6亿元，比上年增长19.2%，占科技活动经费总支出的24.5%；固定资产购建支出为722.6亿元，比上年增长4.4%，占总支出的27%。(3)分地区看，科技活动经费支出超过100亿元以上的有北京、广东、江苏、上海、山东、辽宁、浙江和四川，共支出1818.7亿元，占全国科技活动经费总支出的66.7%。

（二）中央、地方财政有力地促进了中国科技投入增长

2002年国家财政科技拨款额达816.2亿元，比上年增加112.9亿元，增长16.1%，占国家财政支出的比重为3.7%。在国家财政科技拨款中，中央财政科技拨款为511.2亿元，比上年增长15.0%，占中央财政支出的比例为7.5%；地方财政科技拨款为305亿元，比上年增长17.8%，占地方财政支出的比重为2.0%(参见表1)。

（三）中国R&D投入规模显著增长，位居发展中国家前列

中国近年来研发支出增长迅猛。根据经济合作发展组织(OECD)的统计数据，2001年，中国用于研发的支出达到600亿美元，仅次于美国2820亿美元和日本1040亿美元，超过德国，位居世界第三，居于发展中国家前列。2002年中国R&D经费总支出继续保持增长势头，达到了1287.6亿元，比上年增加245.2亿元，增长23.5%，占GDP的比例达到1.23%。按科学研究与试验发展人员（全时工作量）计算的人均研究与试验发展（R&D）经费支出为12.4万元，比上年增加1.5万元。(1)从研究类型看，原始性创新投入所有增强。2002年全国基础研究经费支出为73.8亿元，比上年增长32.7%；应用研究经费支出为246.7亿元，增长33.4%；试验发展经费支出为967.2亿元，增长20.6%。基础研究、应用研究、试验发展经费支出所占比重分别为

表 1 2002 年财政科技拨款情况

	财政科技拨款额(亿元)	比上年增长(%)	占财政科技拨款总额的比重(%)
合 计	816.2	16.1	–
其中:科技三项费	398.6	10.9	48.8
科学事业费	269.9	21.0	33.1
科研基建费	70.0	10.4	8.6
其中:中央	511.2	15.0	62.6
地方	305.0	17.8	37.4

5.7%、19.2%和 75.1%。(2)企业已经成为 R&D 投入主体。从执行部门看,2002 年各类企业支出为 787.8 亿元,比上年增长 25.0%;国有独立核算的科研院所支出 351.3 亿元,增长 21.8%;高等学校支出 130.5 亿元,增长 27.5%。企业、国有独立核算的科研院所、高等学校科学研究与试验发展(R&D)经费支出占全国总支出的比重分别为 61.2%、27.3%和 10.1%,企业的 R&D 投资主体地位进一步巩固。(3)技术密集型行业的 R&D 投入强度普遍较高。从产业部门看,所有技术密集型工业行业的 R&D 经费投入强度(R&D 经费支出与销售收入的比例)超过了 1%。电气机械及器材制造业达到 1.8%,电子及通讯设备制造业达到 1.7%,普通机械制造业、专用设备制造业达到 1.3%,交通运输设备制造业、仪器仪表及办公用机械制造业、橡胶制品业达到 1.2%,医药制造业达到 1.1%。(4)R&D 投入高度集聚化,主要集中在一些经济发达地区。2002 年 R&D 经费支出超过 50 亿元以上的有北京、广东、江苏、上海、山东、辽宁、四川、陕西和浙江,共支出 940 亿元,占全国科学研究与试验发展(R&D)经费总支出的 72.5%。

二、国家科技管理模式创新,极大地促进了技术进步和经济发展

(一)国家计划管理模式创新

为适应中国加入 WTO 的新形势和新要求,满足中国国民经济结构战略性调整及社会可持续发展的需要,"十五"时期科技部在现有国家计划体系基础上,通过资源整合,加大投入力度,以超大规模集成电路和软件、信息安全、功能基因组和生物芯片等 12 个重大专项的组织实施为突破口,推动从注重单项创新转变到更加强调各种技术集成,力争在 3~5 年内在中国的若干领域实现重大技术突破和产业化。重大科技专项实施 1 年来,总体进展顺利,科技资源集聚效应凸现。目前,12 个重大科技专项共签订课题 900 余项,到位总经费近 130 亿元,其中国拨经费 40 多亿元,占 32.5%,带动部门、地方及企业配套资金近 90 亿元,占 67.5%;有 2000 多个企业、科研机构、高等学校参与了 12 个重大专项的研究开发活动,投入科技人员近 3 万人。目前,12 个重大科技专项已经取得了一批技术成果,储备了一批技术,培育了一些新兴高技术产业,将对中国经济社会持续发展产生重大影响。例如,"电动汽车专项"成功研发出中国第一辆燃料电池轿车样车"超越一号",性能接近国际先进水平。福特开发部副总裁试驾驶后,评价"性能超过了福特 P2000,接近 FOCUS-1 水平",奔驰科研部长则认为"动力性能可与 Necar3 相媲美"。这些技术进展,将对缩小中国与国外在关键零部件技术的差距,建立自己的电动汽车产业技术体系,培育新兴产业,在世界汽车工业新一轮竞争中占据有利地位,实现跨越式发展产生重大而深远的影响。

再以火炬计划为例,15 年来,火炬计划有力地促进了科技与经济的结合,加速了高新技术及其成果的产业化,使一大批高新技术成果转变为直接的生产力。截至到 2002 年底,火炬计划项目累计立项 2.4 万多项,其中国家项目 8745 项(截至 2001 年底,实施重点国家火炬计划项目 501 项),占 34.57%,地方项目 15769 项,占 65.43%。在国家项目中,新材料领域占 26.95%,生物技术领域占 14.73%,电子与信息领域占 22.52%,机电一体化领域占 21.48%,节能与环保领域占 11.87%,其他领域占 2.45%。通过火炬计划项目的实施,使一大批具有国内外领先水平和有自主知识产权的高新技术成果转化为生产力。例如,高性能电容器用钽粉钽丝、高纯超细炭化硅、人造金刚石等,不仅满足了国内需求,还进入了国际市场,取得了很好的经济效益,目前已建成了一批产业特点鲜明、规模较大的新材料产业。此外,通过重点国家火炬项目和实施火炬计划重点高新技术企业的认定工作,切实加强了对高新技术企业的重点培育和指导,培育出一批优秀的高新技术企业。据统计,从 1991 年开始,截至 2002 年底,全国共认定高新技术企业 28503 家。

(二)以研究与开发机构改革为重要内容的科技体制改革顺利推进

2002 年,技术开发类科研机构的企业化转制大部分完成,公益类院所分类改革取得了明显进展。以全国自然科学技术领域研究与开发机构改革为例:

(1)2002 年技术开发类研究机构企业化转制平稳顺利。

截至 2002 年底,历年转制到位和正在转制的技术开发类机构共 1185 个,比上年增加 54 个,其中中央部门属机构 313 个,地方属机构 872 个(详见表 2)。

(2)公益类研究机构分类改革已取得实质性进展。

截至 2002 年底,共有 178 个公益类机构进行分类改革,

表 2 2002 年技术开发类研究机构企业化转制情况

		转制机构	
	(个)	中央属	地方属
进入企业(集团)	356	160	196
转为中央或省直属大型科技企业	42	36	6
转为企业型技术创新推广中心	23	5	18
转为科技型企业	703	93	610
上级主管单位成为企业本机构随之成为企业	27	10	17
转为中介机构	17	2	15
并入高校	12	5	7
成为其他部门或机构的非独立科技活动单位	2		2
转为其他形式	3	2	1

包括 81 个中央属机构和 97 个地方属机构。在改革机构中,61 个机构转为非营利性科研机构,32 个机构转为科技型企业,13 个机构转为中介机构,16 个机构并入高校,4 个机构成为其他部门或机构内的非独立科技活动单位,52 个机构转为其他事业单位。

(3)企业化转制机构的科技与产业化能力明显增强。

以 2002 年国务院部门属 394 个改革机构中转为企业的 308 个机构为例。改革工作实施 4 年来,这 308 个机构在产业化进程中取得了明显成效。研究机构的科研活动与经济活动相互促进,同步增长,技术创新能力进一步增强。2002 年 308 个改革机构科技经费总额为 108.5 亿元,比 1999 年增长 9.6%。而且面向市场实现成果转化的能力不断提高。2002 年开展技术转让、技术服务、技术承包和技术咨询的“四技”收入为 57.5 亿元,是 1999 年的 1.5 倍。2002 年这 308 个转制机构共实现技工贸总收入 342.7 亿元,是 1999 年的 1.9 倍;产品销售收入为 210.4 亿元,是 1999 年的 3.1 倍;出口创汇收入 1.84 亿美元,是 1999 年的 1.5 倍。走入市场的改革院所不仅加强了与企业的密切联系,更为企业技术进步提供了有力支撑。

(三)科技中介机构迅速成长,推动了科技与经济的结合

生产力促进中心是联系政府、科研院所和中小企业的重要桥梁,其服务内容主要包括:咨询服务、技术服务、信息服务、培训服务、人才和技术中介服务、培育科技型企业等。作为一种服务于中小企业的符合国际惯例的科技中介机构,生产力促进中心不断发展壮大,有力地推动了科技与经济的结合,使企业特别是中小企业的技术创新能力和市场竞争力得到显著提高,对中国创新体系建设发挥了重要作用。2002 年,全国生产力促进中心数量达到 865 家,比 2001 年增加 164 家,增加了 23%。据不完全统计,全国生产力促进中心现有从业人员 11466 人,比上年增加 20%。这些中心分布于全国各地(参见表 3),其中 74 家国家级行业生产力促进中心主要集中在机械(20 家)、化工(15 家)、冶金(9 家)、轻工(5 家)等 12 个国民经济部门。

表 3 生产力促进中心按地区分布情况

地 区	中心数(家)	地区	中心数(家)	地 区	中心数(家)
北京	6	安徽	20	四川	130
天津	13	福建	79	贵州	5
河北	20	江西	14	云南	3
山西	84	山东	37	西藏	2
内蒙古	10	河南	34	陕西	40
辽宁	30	湖北	8	甘肃	4
吉林	35	湖南	37	青海	2
黑龙江	16	广东	39	宁夏	5
上海	4	广西	16	新疆	6
江苏	48	海南	1		
浙江	31	重庆	12		

生产力促进中心通过为企业、研究院所、政府提供服务，获取了较高的经济效益，2002年服务总收入达10.3亿元，人均9万元。其中，技术服务收入3.7亿元，比上年增长19.2%；人才和技术中介服务收入2.5亿元，比上年增长95.4%；培训服务收入1.0亿元，比上年增长11.8%；培育科技型企业收入0.7亿元，比上年增长16.8%；咨询服务收入2.1亿元，比上年下降45.4%；信息服务收入0.4亿元，比上年下降44.3%。

三、科技产出效果显著提高

（一）科技论文数位居世界前列，科技论文国际影响继续扩大

根据国际著名的科技论文检索系统SCI、EI和ISTP1收录的各国科技论文情况，2001年中国科技人员向国外发表的科技论文共64526篇，比2000年增加14848篇，增长率为29.9%，比世界论文总数的增长高24.7个百分点；占世界论文总数1472280篇的4.4%，所占份额提高0.8个百分点。按照国际论文数量排序，中国继1999年超过俄罗斯后，又超过意大利和加拿大居世界第6位。位于中国之前的5个国家为：美国、日本、英国、德国和法国。2001年中国国际论文的被引用篇数由2000年的15733篇增加到18358篇；被引用次数由31354次增加到38827次，分别增长16.7%和23.8%。

（二）科技成果转化取得可喜进展，技术市场交易活跃

技术交易是技术创新、科技成果转化的重要途径，对科技进步，产业结构升级，国民经济持续发展具有重要意义。据全国30个省、自治区、直辖市技术市场统计，2002年全国共签订技术合同23.71万项，技术合同成交总金额884.17亿元，与2001年相比，技术合同项数增长了3.22%，技术合同金额增长了12.96%，平均每份技术合同成交金额达37万元，比2001年增长了8.82%。不同类型技术合同的平均规模都显著上升，意味着中国技术交易对象规模和质量有了显著提高（参见表4）。2002年技术合同成交额占国内生产总值的比例为0.86%，较上年增长了0.04个百分点。

从技术合同金额构成来看，技术开发合同在技术市场交易中依然占据主导地位，2002年共签订技术开发合同48411项，合同金额为362.99亿元，分别较上年增长了6.57%和17.21%，在全部技术市场交易金额中所占比例由2001年的39%增加到41%；技术转让合同所占比例有所下降，2002年共签订技术转让合同22749项，成交金额为202.41亿元，分别较上年降低了11.27%和0.72%，在技术交易合同金额中所占比例为23%，较上年下降了3个百分点；技术服务合同所占比例有所增加，2002年签订技术服务合同117151项，金额264.64亿元，分别较上年增长了1.61%和17.05%，成交金额所占比例由2001年的29%上升到30%；技术咨询合同所占比例略有增加，2002年共签订该类合同48782项，金额为54.13亿元，分别比上年增长12.64%和25.65%，成交金额所占比例为6%，较上年增长了0.5个百分点。

无论是技术输出，还是技术吸纳，企业都是技术交易的绝对主力。2002年，企业签订技术合同57480项，较上年增长了21.84%，输出技术交易额为358.58亿元，所占比例由2001年的36%增加到40%。2002年技术交易活动中，企业仍然是最大买主，购买技术成交金额为642.0亿元，较上年增长了11.92%，占总成交额的73%。

从不同地区看，一些经济发达的地区，其技术交易也十分活跃。从总体上看，有一半以上的省、自治区、直辖市的技术成交额超过了10亿元，其中北京、上海、广东位居三甲。在全国计划单列市中，深圳市的技术合同成交金额继续名列前茅，青岛市、厦门市的技术合同成交额增长幅度最大（参见表5）。

表4 1998–2002年各类技术合同平均每份成交额

单位：万元

合同类型	1998年	1999年	2000年	2001年	2002年	2002年较2001年增长(%)
技术开发	31.45	46.56	50.82	68.18	74.98	9.97
技术转让	18.76	25.11	57.15	79.52	88.97	11.88
技术咨询	7.86	7.35	8.60	9.94	11.10	11.67
技术服务	11.81	14.10	17.60	19.61	22.59	15.20

（三）高技术产业集聚发展，国际竞争力有所增强

高新技术产业开发区健康发展，高技术产业集聚效应凸现（参见表6）。2002年中国53个国家高新技术产业开发区共有28338家企业（不包括高新区内的商贸、餐饮服务业、银行、物业管理型企业，其中经认定的高新技术企业19353家进入统计），年末从业人员349万人。高新区企业共实现营业总收入15326.4亿元、工业增加值3286.1亿元、净利润801.1亿元、实际上缴税费766.4亿元、出口创汇329.2亿美元，分别比2001年增长28%、25%、24%、20%和45%。高新区以上各项指标自1992年以来，保持的年均增长率分别为52.1%、52.8%、42.1%、54.5%和55.1%。高新区经十几年的发展，特别是在探索适宜高新技术企业发展的环境建设方面进行了成功的实践，推动了一批新兴企业、产业群的成长，为企业自主化、规模化和国际化发展提供了良好的工作环境与政策条件。到2002年，高新区在营业总收入、工业总产值、利润、缴税、出口创汇方面分别是1992年的66.4倍、69.3倍、33.5倍、77.4倍和80.3倍。一批骨干企业迅速成长，2002年，营业收入超亿元的企业已达到1874家，占高新区企业总数的6.6%，这些企业实现营业总收入达到12833.7亿元，占当年高新区营业总收入的83.7%，已经成为高新区发展的中坚力量，充分显示了高新区在培育高新技术企业成长中的有效作用。

表5 2002年全国技术合同成交情况

合同数单位： 项； 合同金额单位：亿元

	2001		2002		2002 2001	
	合同数	合同金额	合同数	合同金额	合同增长(%)	金额增长(%)
合 计	229702	782.75	237093	884.17	3.22	12.96
北 京	23921	191.01	27038	221.17	13.03	15.79
天 津	7335	30.60	6889	36.33	-6.08	18.71
河 北	1886	4.68	1901	6.04	0.79	29.11
山 西	256	1.47	698	3.90	172.65	165.53
内蒙古	2148	6.24	776	5.82	-63.87	-6.67
辽 宁	10197	40.87	9571	50.83	-6.14	24.38
其中:沈阳	3475	22.17	3263	25.35	-6.10	14.34
大连	4195	11.05	3489	11.52	-16.83	4.28
吉 林	4990	8.85	4550	8.29	-8.82	-6.35
其中:长春	3320	6.20	2424	5.06	-26.99	-18.43
黑龙江	2229	11.10	2548	12.01	14.31	8.17
其中:哈尔滨	1981	8.67	2114	9.37	6.71	8.09
上 海	23816	106.16	26010	120.22	9.21	13.24
江 苏	30855	52.92	33150	59.49	7.44	12.42
其中:南京	6935	23.96	7555	26.59	8.94	10.96
浙 江	33728	31.67	38400	38.94	13.85	22.99
其中:宁波	1590	2.35	1567	2.04	-1.44	-13.18
安 徽	4034	6.41	3599	7.54	-10.78	17.58
福 建	4589	13.69	4668	12.90	1.72	-5.81
其中:厦门	833	6.38	816	7.51	-2.04	17.59
江 西	3033	6.27	2899	6.29	-4.42	0.27
山 东	17840	32.20	19263	34.77	7.98	7.99
其中:青岛	8632	6.21	936	7.46	-89.15	20.08
河 南	2824	21.26	3209	17.85	13.63	-13.03
湖 北	9024	33.86	9832	34.86	8.95	2.95
其中:武汉	3766	23.31	4460	26.32	18.43	12.87
湖 南	22761	29.39	18662	32.34	-18.01	10.05
广 东	9270	53.97	8265	68.45	-10.84	26.83
其中:广州	7734	34.86	5951	45.42	-23.05	30.31
深圳	345	13.20	971	15.38	181.45	16.57
广 西	1117	3.78	906	4.44	-18.89	17.62
海 南	382	8.40	31	0.91	-91.88	-89.12
重 庆	1594	28.95	1098	40.94	-31.12	41.44
四 川	1870	12.63	1966	7.75	5.13	-38.62
其中:成都	659	2.97	278	2.05	-57.81	-30.83
贵 州	46	0.06	551	1.35	1097.83	2149.55
云 南	1802	25.53	2059	17.95	14.21	-29.69
陕 西	6023	8.46	5496	15.16	-8.74	79.11
其中:西安	4390	4.83	2861	7.80	-34.83	61.60
甘 肃	317	2.74	993	5.46	213.25	99.48
青 海	236	0.47	329	1.24	39.41	165.70
宁 夏	266	0.89	386	0.85	45.11	-4.23
新 疆	1313	8.24	1350	10.07	2.81	22.23

表 6 1995~2002 年高新区企业概况

	1995年	1996年	1997年	1998年	1999年	2000年	2001年	2002年
企业数(个)	12980	13722	13681	16097	17498	20796	24293	28338
年末从业人员数(万人)	99.1	129.1	147.5	183.7	221.0	250.9	294.3	348.7
工业总产值(亿元)	1402.6	2142.3	3109.5	4333.6	5943.6	7942.0	10116.8	12937.1
工业增加值(亿元)	–	–	–	1060.7	1476.2	1978.8	2621.3	3286.1
营业总收入(亿元)	1529.0	2300.3	3387.8	4839.6	6774.8	9209.3	11928.4	15326.4
实现利润(亿元)	107.5	140.5	206.6	256.2	398.7	597.0	644.6	801.1
上缴税额(亿元)	69.0	97.7	143.3	220.8	338.6	460.2	640.4	766.4
出口创汇额(亿美元)	29.3	43.0	64.8	85.3	119.1	185.8	226.6	329.2

表 7 高新技术产品对外贸易额占商品和工业制成品对外贸易额的比重(1992~2002 年)

		1992 年	1993 年	1994 年	1995 年	1996 年	1997 年	1998 年	1999 年	2000 年	2001 年	2002 年
占商品	出 口	4.7	5.1	5.2	6.8	8.4	8.9	11.0	12.7	14.9	17.5	20.8
	进 口	13.3	15.3	17.8	16.5	16.2	16.8	20.8	22.7	23.3	26.3	28.1
占工业制成品	出 口	5.9	6.2	6.3	7.9	9.8	10.3	12.4	14.1	16.6	19.4	22.8
	进 口	15.9	17.7	20.8	20.3	19.8	21.0	24.9	27.1	29.4	32.4	33.7

高新区企业创新能力显著提升。2002 年，高新区企业的 R&D 经费支出为 314.5 亿元，占到高新区技术收入和产品销售收入的 2.37%。比上年提高 0.25 个百分点。中国约有 1/5 的 R&D 活动资金投入在国家高新区企业的创新项目上，区内企业 R&D 投入经费占产品销售收入的比例平均在 2.5%以上。2002 年高新区内经认定的 19353 家高新技术企业中，R&D 活动经费投入达 303.2 亿元，占产品销售收入比例达 2.9%；占高新区全部 R&D 活动经费投入的 96.4%。

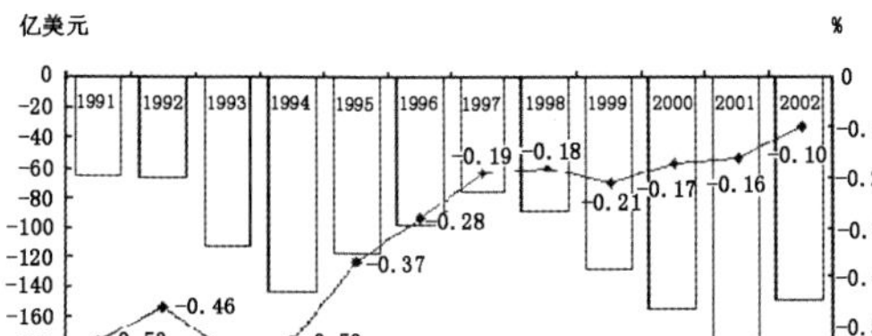

图 1 高新技术产品贸易差额及贸易特化指数（1991～2002 年）

高技术产业国际竞争力有所增强，有力地促进了中国经济增长。2002 年，中国高技术产业增加值占全部制造业增加值和 GDP 的比重已分别由 1995 年的 6.2%和 2.0%，上升到 9.9%和 3.6%。从增长的态势看，在 1995–2002 年的 8 年间，高技术产业增加值年均增幅达到 19.5%，高技术产业增长的贡献率已由过去几年的 15%左右，提高到 2002 年的 16.8%。近年来，随着科技兴贸计划的实施，中国高新技术产品进出口贸易快速增长，高新技术产品在中国商品进出口中的地位不断提高，使中国对外贸易结构得到较大改善。2002 年高新技术产品出口占商品和工业制成品出口的比重双双首次突破 1/5，分别达到 20.8%和 22.8%。10 年前，1992 年高新技术产品出口在工业制成品中的比重只有 5.9%，10 年提高了近 17 个百分点(参见表 7)。从贸易特化系数(TSC) 看，中国高新技术产品的国际竞争力处于不断的提升阶段。90 年代初期高新技术产品的贸易特化系数大约在–0.5 左右，从 1995 年后有较大幅度提高，1998 年和 1999 年虽然略有下降，但从 2000 年起又步入上升的轨道，2001 年已经达到–0.10。(参见图 1)

四、关于中国科技事业发展的展望

尽管中国科学事业取得了长足进展，但是由于体制环境等诸多因素影响，中国科技实力和科技竞争力还比较弱。瑞士洛桑管理学院 2002 年度《世界竞争力报告》显示，在参评的 49 个国家中，中国科技竞争力仅排名 24 位。如果综合科学投入与产出、科学突破能力等指标，把世界各国的科学水平分为科学核心国、科学强国、科学大国、科学边缘国家和科学不发达国家，中国和印度、巴西等同属于第 4 个层次。尽管中国处于发展中国家前列，但是与发达国家和一些新兴工业化国家的差距还比较大。一是科技创新能力不足，尤其是原始性创新不足，目前中国国内发明专利数量最多的 2000 年是 6177 件，占国内授权总量的 6.5%，只有同期日本发明专利国内授权量的 5.5%、美国的 7.3%。中国向国外申请专利的总量每年只有 2000 多件，获得授权约 200 件，而日本 NEC 一家公司 1 年在美国获得授权的专利就达 2000 件左右；二是科技供给能力不足，科学技术还远不能满足经济、社会发展需要，例如高技术产业国际竞争力主要来自于劳动力成本优势，而不是基于技术的竞争优势，无法获得产业国际分工的高附加价值；科技与经济有待于进一步加强结合；三是科技投入总量比较小，以研究发展经费为例，中国仅相当于美国的1/25，韩国的1/2。此外，科技管理体制、企业创新能力等方面的问题也有待于进一步解决。

解决中国科技事业发展中问题的重要途径是，根据“完善社会主义市场经济体制”要求，推进科技体制改革，建设国家创新体系。由于长期部门分割，科技资源分散，集成效果不佳，不利于发挥国家集中性科技资源的引导和倍增效应。为此，党的十六届三中全会指出，“促进全社会科技资源高效配置和综合集成”。加快建设国家创新体系，必须解决建立公共科技资源共享机制，充分体现社会主义制度集中力量办大事的优越性，实现中国全社会科技资源的高效配置和综合集成，“提高科技创新能力，实现科技和经济社会发展紧密结合”。结合国际竞争、科技发展态势以及中国经济实力，按照有所为有所不为原则，国家将重点支持基础研究、战略高技术、重要公益研究领域，力争在若干重大领域获得突破，实现社会生产力跨越式发展；重点解决制约国民经济和社会发展的瓶颈科技问题；加强科技、经济与教育结合；正确处理技术引进与自主创新关系，走出一条适合国情的科技创新之路。

中国教育事业发展情况

教育部

2002年召开的党的第十六次全国代表大会，进一步强调了实施科教兴国战略在现代化建设中的重要作用，提出了新时期教育工作的目标、任务、方针和要求，为开创教育事业的新局面指明了方向。1年来，教育系统在党中央、国务院的正确领导下，高举邓小平理论伟大旗帜，认真实践“三个代表”要求，奋发有为，扎实工作，教育事业的改革和发展取得了新的成就与进展。

义务教育

全国实现“两基”的地区人口覆盖率进一步提高，达到90%以上。到2002年底，实现“两基”验收的县(市、区)总数达到2598个(含其他县级行政区划单位169个)，比上年增加24个县(市、区)；12个省(直辖市)已按要求实现“两基”。

由于学校布局调整和学龄人口的逐渐减少，小学校数和在校生数继续减少。2002年全国共有小学45.69万所，比上年减少3.44万所；招生1952.80万人，比上年增加8.59万人；在校生12156.71万人，比上年减少386.76万人；小学学龄儿童入学率达到98.58%，其中男女童入学率分别为98.62%和98.53%，男女入学性别差为0.09%。小学五年巩固率为98.80%，比上年提高3.5个百分点。小学毕业生升学率为97.02%，比上年提高1.57个百分点。

小学教职工和专任教师略有减少，专任教师学历合格率继续提高。全国小学教职工634.02万人，比上年减少3.95万人；其中专任教师577.89万人，比上年减少1.88万人。小学专任教师学历合格率97.39%，比上年提高0.58个百分点，小学生师比21.04:1，比上年的21.64:1略有降低。

初中学校布局结构调整已见成效，校数趋于稳定，但随着“普九”目标的实现和学龄人口高峰段上移，初中在校生数有所增加。全国共有初中学校6.56万所，比上年减少0.1万所。招生2281.82万人，与上年基本持平；在校生6687.43万人，比上年增加173.05万人；毕业生1903.69万人，比上年增加172.19万人。初中阶段毛入学率90.0%，比上年提高1.3个百分点。初中毕业生升学率58.3%，比上年提高5.4个百分点。

全国初中专任教师346.77万人，比上年增加8.2万人。初中专任教师学历合格率90.28%，比上年增长1.56个百分点。生师比19.29:1，比上年的19.24:1略有提高。

普通中小学校办学条件进一步改善。全国普通中小学校舍建筑面积113298.86万平方米，比上年增加4498.12万平方米。小学体育运动场(馆)面积达标率48.79%、音乐器械配备达标率37.7%、美术器械配备达标率35.69%、数学自然实验仪器达标率49.37%；普通初中体育运动场(馆)面积达标率64.43%、音乐器械配备达标率52.46%、美术器械配备达标率50.86%、理科实验仪器达标率69.45%。

学前教育与特殊教育

幼儿园及在园幼儿数均比上年略有增加。2002年全国共有幼儿园11.18万所，比上年增加0.01万所，在园幼儿(包括学前班)2036.02万人，比上年增加14.18万人。幼儿园园长和教师共65.93万人，比上年增加2.92万人。

特殊教育继续稳步发展。2002年全国共有特殊教育学校1540所，比上年增加9所；招收残疾儿童5.29万人，比上年减少0.31万人；在校残疾儿童37.45万人，比上年减少1.19万人。其中在盲人学校就读的学生3.74万人，在聋人学校就读的学生10.86万人，在弱智学校及辅读班就读的学生22.85万人。在普通学校随班就读和附设特教班就读的残疾儿童招生数和在校生数分别占特殊教育招生总数和在校生总数的65.10%和

68.29%。残疾儿童毕业人数4.42万人,比上年减少0.21万人。

高中阶段教育

全国高中阶段教育(包括普通高中、职业高中、普通中等专业学校、技工学校、成人高中、成人中等专业学校)共有学校3.28万所,比上年减少0.15万所;招生1180.74万人,比上年增加192.75万人;在校学生2908.14万人,比上年增加307.21万人。高中阶段毛入学率42.8%。

全国普通高中1.54万所,比上年增加0.05万所;招生676.70万人,比上年增加118.72万人,增长21.28%;在校生1683.81万人,比上年增加278.84万人,增长19.85%;毕业生383.76万人,比上年增加43.3万人,增长12.72%。

普通高中专任教师94.6万人,比上年增加10.6万人。生师比17.80:1,比上年的16.73:1有所提高。专任教师学历合格率72.87%,比上年增长2.16个百分点;普通高中体育运动场(馆)面积达标率为71.67%;体育器材配备达标率72.12%;音乐器材配备达标率63.54%;美术器材配备达标率63.12%;理科实验仪器达标率76.97%;建立校园网的学校占普通高中学校总数的比例为34.60%。

全国职业高中0.64万所,比上年减少0.03万所;招生187.36万人,比上年增加32.31万人;在校生428.13万人,比上年增加45.03万人;毕业生121.61万人,比上年减少20.37万人。

职业高中专任教师27.27万人,比上年增加0.41万人。职业高中专任教师学历合格率53.5%,比上年增长4.35个百分点;职业高中体育运动场(馆)面积达标率为55.2%;体育器材配备达标率53.04%;音乐器材配备达标率44.44%;美术器材配备达标率42.13%;教学实验仪器达标率54.46%;建立校园网的学校占职业高中学校总数的比例为23.96%。

全国普通中等专业学校2953所,比上年减少307所;招生155.31万人,比上年增加27.63万人;在校生456.35万人,比上年减少1.63万人;毕业生144.15万人,比上年减少6.14万人。教职工38.15万人,比上年减少4.75万人。专任教师20.78万人,比上年减少2.22万人。专任教师中具有本科以上学历的教师比例达到75.3%,比上年增长1.44个百分点。生师比由上年的19.91:1提高到21.96:1。

全国技工学校3075所,比上年减少395所;招生数73.33万人,比上年增加18.23万人;在校生152.99万人,比上年增加18.29万人;毕业生45.43万人,比上年减少2.27万人。技工学校教职工20.34万人,比上年减少1.62万人,其中专任教师12.6万人,比上年减少0.8万人。

全国成人高中1463所,比上年减少260所;招生30.49万人,比上年增加0.42万人;在校生33.52万人,比上年增加2.5万人;毕业生23.81万人,比上年增加1.81万人。

全国成人中等专业学校3473所,比上年减少640所;招生57.55万人,比上年减少4.56万人;在校生153.34万人,比上年减少35.82万人;毕业生68.86万人,比上年减少21.77万人。

全国中等教育自学考试报名0.3万人次,取得中专毕业证书0.1万人。

高等教育

2002年全国共有高等学校2003所,比上年增加92所。普通高等学校1396所,比上年增加171所,其中中央各部委所属学校111所。成人高等学校607所,比上年减少79所,其中中央各部委所属学校20所,比上年减少2所。全国共有培养研究生单位728个,其中高等学校408个,科研机构320个。

高等教育的招生和在校生规模继续快速增加。全国招收研究生20.26万人,比上年增加3.74万人;其中博士生3.83万人,硕士生16.43万人。在学研究生50.10万人,比上年增加10.77万人;其中博士生10.87万人,硕士生39.23万人。毕业研究生8.08万人,比上年增加1.3万人;其中博士生1.46万人,硕士生6.62万人。高等教育共招本科、高职(专科)学生542.82万人,比上年增加78.61万人,增长16.93%。其中普通高等教育招生320.50万人,比上年增加52.22万人,增长19.46%;成人高等教育招生222.32万人,比上年增加26.39万人,增长13.47%。高等教育本科、高职(专科)在校生1462.52万人,比上年增加287.47万人,增长24.46%。其中普通高等教育在校生903.36万人,比上年增加184.29万人,增长25.63%;成人高等教育在校生559.16万人,比上年增加103.18万人,增长22.63%。毕业生251.23万人,比上年增加54.54万人,其中普通高等教育毕业生133.73万人,成人高等教育毕业生117.50万人。全国高等教育自学考试报考1267.7万人次,取得毕业证书129.5万人。

普通高等学校校均规模和生师比有较大提高。普通高等学校全日制本、高职(专科)在校生平均规模由上年的5870人提高到6471人;对研究生、留学生、进修生和夜大生、函授生、成人脱产班等各类学生,按国家规定折合为本、高职(专科)学生计算,生师比由上年的18.22:1提高到19:1。

全国高等学校教职工147.17万人,比上年增加8.35万人。其中普通高等学校130.36万人,比上年增加8.92万人;成人高等学校16.81万人,比上年减少0.57万人。专任教师70.73万人,比上年增加8.74万人。其中普通高校61.84万人,比上年增加8.65万人;成人高校8.89万人,比上年增加0.09万人。

成人培训与扫盲教育

成人各类培训教育蓬勃发展。2002年全国高等学校举办的各类成人非学历教育结业人数(证书教育、岗位培训和进修培训)达427.39万人次,比上年增加169.7万人次。全国成人技术培训学校38.95万所,比上年减少11.84万所。其中职工技术培训学校1.04万所,比上年减少0.11万所;农民技术培训学校37.91万所,比上年减少11.73万所。成人技术培训学校共培训结业8118.81万人次。其中培训结业职工437万人次,培训结业农民7681.81万人次。在校学习6041.44万人,其中职工288.87万人,农民5752.57万人。成人技术培训学校教职工39.74万人,比上年减少8.76万人,其中职工技术培训学校教职工5.47

万人,农民技术培训学校教职工 34.27 万人。成人技术培训学校专任教师 14.01 万人,比上年减少 3.46 万人,其中职工技术培训学校 3.12 万人,农民技术培训学校 10.89 万人。目前各类成人技术培训规模较大,但其质量和水平还需进一步提高。

成人初等学校 3.61 万所，比上年减少 1.35 万所；招生 286.15 万人,比上年增加 42.75 万人;毕业生 314.88 万人,比上年增加 87.02 万人；在校生 290.44 万人，比上年增加 69.23 万人。教职工 3.61 万人,比上年减少 1.51 万人,其中专任教师 1.36 万人,比上年减少 0.45 万人。

2002 年全国共扫除文盲 174.45 万人，仍有 177.39 万人正在参加扫盲学习。扫盲教育教职工 8.07 万人,比上年减少 0.91 万人。其中专任教师 2.28 万人,比上年减少 0.04 万人。

中国文化设施投资建设情况

文化部计划财务司 李建军

文化设施是文化事业赖以生存的基础,是文化事业发展的阵地和载体。随着人民物质生活水平的提高,人们对精神文化生活需求也日益提高。近年来,增加文化投入,加快建设各类文化设施，为广大群众提供更多的文化宣传阵地和休闲娱乐场所,已成为各级政府的共识。

一、2002 年文化设施投资建设回顾

2002 年,全国文化设施建设由于各级有关部门领导的重视和制定的相关政策得力;并有效的多渠道,多方式筹集资金;以及加强对文化设施建设项目的管理,开拓创新,促进了文化设施建设顺利实施发展,取得了很大成绩,具体表现在:

(一)投资规模和建设规模呈现良好发展态势

2002 年,各级政府认真贯彻国办发[2002]7 号文件的精神,加大了对基层文化设施建设的投资力度。全国文化(文物)系统固定资产投资项目总数达到 972 个,比上年增加 154 个,计划总投资达 239.2 亿元,比上年增加 9.7 亿元,增长 4.2%;计划施工面积(建筑面积)493.7 万平方米;本年完成投资额为 30.9 亿元,比上年增加 2.7 亿元,增长 8.1%。其中国家投资 19.7 亿元,占本年投资总额的 63.8%。建成项目 260 个,竣工建筑面积 108 万平方米。

2002 年,全国文化事业基建项目总数为 715 个,比上年增加 264 个,增长 58.5%。计划总投资达 200.43 亿元,比上年增加 18.28 亿元,增长 10%;计划施工面积(建筑面积)368.3 万平方米,比上年增加 44.7 万平方米,增长 13.8%;本年计划投资额为 36.09 亿元,比上年增加 14.17 亿元,增长 64.6%。其中国家投资 16 亿元,占本年计划投资额的比重为 44.3%;本年完成投资额为 24 亿元,比上年增加 4.76 亿元,增长 21%,占全国基建投资实际完成额的比重 0.14%,与上年持平。在文化基建项目中,公共图书馆有 155 个项目，占总数的 16.1%；面积占总数的 19.2%；国家投资占总数的 7.6%；实际完成投资额占总数的 14.9%。文化馆有 114 个项目,占总数的 15.9%;面积占总数的 6.5%;实际完成投资额占总数的 3.3%。全国文化基建建成项目 150 个,比上年减少 10 个。竣工建筑面积 73.9 万平方米,比上年减少 3.3 万平方米,下降 4.3%。本年竣工项目和竣工面积减少的主要原因是：许多文化建设项目是近两年刚上马的项目,正处在可行性研究论证、立项报批、筹建和在建阶段。而 2002 年文化事业的基建项目数、计划总投资额、本年计划投资额、实际完成投资额等指标的大幅度增加,是国家持续加大对文化设施建设的投入力度,带动各地对文化设施建设投入的结果。

（二） 国家加大重点文化建设项目投资力度,引导地方加大对文化设施建设的投入

2001-2002 年国家加大对中央重点文化项目建设的投资力度,投资和建设规模达到历史最好水平。国家通过对国家大剧院、中国美术馆扩改建工程、国家图书馆二期工程(中国数字图书馆)、国家博物馆、故宫大修、国家话剧院、中央歌剧院、西藏的布达拉宫等三大寺庙的维修等工程投入的导向政策,引导地方加大对当地文化设施项目建设的投入。

国家大剧院工程于 2001 年 10 月开工建设,规模 14.9 万建筑平方米,主要包括歌剧院、音乐厅和戏剧场等 3 个剧场建筑。总投资为 26.8 亿元。目前施工进展顺利,已完成 3 个剧场的主体结构和舞台设备的定货。工程投资已完成项目总投资的 41%(11.04 亿元)。计划 2004 年底完成。中国美术馆一期改造装修工程,2001 年 9 月批准立项,2002 年 5 月动工建设，总规模 2.2 万建筑平方米,投资约 1.6 亿元。2002 年底基本完工。埃及文化中心和马耳他文化中心的落成使用,启动了中华文化推向世界工程。

（三）建设了一大批代表当地文化风貌的标志性大型文化建筑，各省区省会城市和大城市的龙头地位突现

2002 年,全国投资在亿元以上筹建新开工的大型文化设施项目有苏州市博物馆新馆、浙江省美术馆改造工程、河南省艺术中心、深圳书城、江西省美术馆等。全国投资在 5000 万元以上的在建项目 36 个,其中投资在亿元以上的有:国家大剧院、中国美术馆一期改造工程、北京海淀剧院、辽宁省艺术中心、黑龙江省图书馆新馆、浙江省杭州剧院、浙江省杭州市大剧院、浙江省嘉兴市文化中心、浙江省路桥文体中心、江西省博物馆、山东省图书馆业务楼、湖南大剧院、广东省汕头市图书馆、广东省广

州市艺术博物馆、深圳音乐厅、深圳中心图书馆、深圳市盐田区文化艺术中心、深圳市龙岗区文化艺术中心、云南省图书馆等19个项目。

2002年,全国投资亿元以上的文化设施竣工项目有:上海市博物馆、浙江省艺术职业学院、浙江省红星文化大厦、福建省博物院、湖南省长沙田汉大剧院、陕西省秦俑博物馆二期工程。浙江省更是以承办第七届中国艺术节为契机,加大对文化设施建设的投资力度,投资规模和建设规模不仅在全国居领先地位,也是浙江省历史上文化设施建设最好时期,全省大型文化设施建设总投入达30.11亿元,建设规模66.7万平方米。全省文化设施投资规模超过亿元以上的项目就有筹建开工的浙江省美术馆(投资2亿元,2.5万平方米);在建的投资超过亿元的项目就有浙江省杭州剧院、浙江省嘉兴市文化中心、浙江省杭州市大剧院、浙江省路桥文体中心等工程;竣工的超过亿元的项目有浙江省艺术职业学院、浙江省红星文化大厦工程。

(四) 全国基层文化设施建设特别是县级图书馆、文化馆建设有了突破进展

进入"十五"时期以来,全国文化设施建设坚持实事求是,量力而行,优先安排,填遗补缺的原则,达到既有高起点、高科技、高标准的大型文化设施,又有规模适当、标准适宜、满足群众文化活动基本要求的基础文化设施,形成省、市、县、乡多层次、布局合理、功能先进的文化设施网络。

2002年,中央财政通过对全国215个"两馆"基层文化设施建设项目的1亿元补助,推动各地基层文化设施的建设发展。仅2002年中央补助资金就带动了省、地(市)、县投资县级图书馆、文化馆建设资金约2.22亿元。各级政府把加强县级文化馆、图书馆和乡镇文化站等基层文化设施建设,进一步改善群众文化活动的服务设施和环境,作为贯彻党的十六大会议精神,努力实践"三个代表"重要思想的大事来抓,在对本地文化设施建设情况进行调研后,采取积极可行的措施,多渠道筹资,制定了本地的规划和实施方案。如四川省拟从省财政、省宣传和文化事业建设费中4年共划拨3000多万元配套资金,用于当地两馆建设,并将配套设备的购置也都列入了规划之中,两馆用地全部由地方政府无偿提供。辽宁省也制定了当地与国家按1比1的比例投入文化建设资金;吉林省则计划出资2625万元配套资金,用于16个项目的建设;云南省省级出配套资金1280万元,地、州、县自筹1495万元等等。随着各级资金的逐步落实,全国基层文化设施建设进入一个新的高潮。

二、2003年文化设施投资建设展望

党的十六大会议精神和"三个代表"理论为建设先进的中国文化指明了方向,也给"十五"文化设施建设带来新的机遇和希望。李岚清副总理在全国基层文化工作会议上,要求各地要加大对文化的投入,做好文化建设工作,各地省级领导也纷纷代表当地政府表态,抓住有利时机,搞好本地文化建设工作。有了正确方针政策和各级党政部门的关怀支持,以及中央对文化建设资金投入的扶持,全国文化设施建设必将出现一个新的建设高潮,具体表现在:

(一)国家继续通过对中央重点工程项目投入的导向政策,引导地方加大对当地文化建设的投入

国家除加大对国家大剧院等在建工程投入,力保早日竣工外,还积极准备筹建开工新的项目。如国家博物馆工程,2003年3月批准立项,项目建议书核定建设规模15万平方米,总投资18亿元,计划2004年底动工。国家图书馆二期工程暨国家数字图书馆工程,2003年1月批准立项,在原国家图书馆的预留地(白石桥地区)上扩建,规模为7.7万平方米,其中二期工程的内容为6.4万平方米,国家数字图书馆工程1.3万平方米,总投资12.3亿元,计划2004年一季度末动工。中国美术馆二期扩建工程,测算建设规模4万平方米,总投资60566万元,建设工期为2004年至2007年。中国国家话剧院剧场工程,2003年3月批准立项,建设1.5万平方米的剧场,总投资1.6亿元。故宫博物院古建整体维修改造工程,目前正在实施2003~2008年的中期维修规划方案,计划每年投资1亿元改造经费,届时力争基本恢复到康乾盛世时的状况。同时着手研究截至2020年(紫禁城建成600周年)的远期维修改造规划。

(二) 全国将继续建设一批标志性的文化设施,发挥大中城市文化中心的辐射作用

2003年,将在北京、上海、广州、深圳、南京、武汉、成都、西安等大城市建设与国际大都市相适应的文化设施,以提高城市文化设施建设的品位,发挥作为全国和区域文化中心的辐射作用。

北京市在入世和申办2008年奥运会成功后,也把建立"绿色奥运、科技奥运、人文奥运"提到日程,将建设北京市少年儿童图书馆、自然博物馆、汽车博物馆、北京电视台、北京新闻中心、北京广播中心、出版大厦、齐白石现代艺术馆,还将利用引资合资等方式完成西单、吉祥、双井、广和等剧场、影院建设,筹建马戏演出中心、电影城等。上海市将建设上海文化艺术中心、上海东方艺术中心。广东省将完成深圳文化中心(图书馆和音乐厅工程)建设,将进行广东省博物馆(二期)、广东省中山图书馆改造、友谊剧院改造等工程以及深圳博物馆、深圳多功能影城、当代艺术博览馆的建设。天津市将建设天津博物馆、天津文化艺术中心。江苏省将完成南京图书馆新馆、南京中国近代史遗址博物馆的建设,将建设江苏剧院、现代美术馆、金陵图书馆新馆、朝天宫古代艺术博物馆;还将建设苏州博物馆新馆、无锡市博物馆新馆、常州市博物馆新馆、常州市群众艺术馆新馆、徐州汉画像二期工程、徐州彭城剧场、扬州市博物馆新馆、南通更俗剧场、南通少儿图书馆、淮阴市图书馆新馆、盐城市群众艺术馆、连云港市博物馆新展厅、连云港市文化活动中心、泰州市博物馆新馆、宿迁市文化综合馆等。重庆市将建设国泰大戏院、重庆图书馆、重庆自然博物馆等大型文化设施。湖北省将进行省博物馆二期工程、红楼环境整治工程、湖北省美术馆、湖北省图书馆二期工程、江汉剧场改造、湖北省艺术宫的建设。四川省将续建四川省图书馆,建设四川省艺术中心,三

星堆遗址二期工程。陕西省将重点建设陕西省图书馆现代信息化工程，建设陕西音乐厅、陕西民间艺术博物馆、陕西美术博物馆、陕西戏曲大剧院，扩建西安人民剧场等。浙江省将完成建设浙江儿童艺术中心、萧山歌剧院、宁波大剧院、绍兴大剧院，金华大剧院、台州市文化艺术中心，丽水文化艺术中心等。还将进行浙江社会文化大厦、浙江小百花艺术中心、良渚国家遗址公园、浙江京昆剧院、浙江自然博物馆新馆等项目的建设。福建省将建成昙石山遗址博物馆(二期)，进行福建大剧院和艺术中心的前期立项工作，并在一些中心城市建设一批现代化、标志性的文化设施，主要有福州市海峡文化艺术交流中心、福州现代影城、厦门市博物馆、厦门市图书馆、漳州大戏院、漳州市图书馆、泉州市图书馆、泉州海洋交通馆、三明大剧院、莆田艺术馆、南平大戏院、南平博物馆、龙岩市闽西大剧院、宁德市文化艺术中心等。内蒙古自治区将建设内蒙古民族博物馆、内蒙古民族文化中心、内蒙古马文化博物馆，进行内蒙古博物馆维修改造工程。辽宁省将建设辽宁艺术大厦、辽西博物馆。吉林省将建设省东方大剧院、省自然博物馆和革命博物馆，扩建省图书馆。河南省将建设河南大剧院、开封市文化艺术中心、商丘市图书馆、鹤壁市文化艺术中心、漯河市图书馆和群艺馆、安阳市图书馆、周口市群艺馆、洛阳市群艺馆、濮阳市艺术中心。湖南省将建成湖南省博物馆陈列楼。海南省将建设海南省数字图书馆、海南省博物馆。广西壮族自治区将建设广西文化艺术中心、广西数字化图书馆、广西群众艺术馆、河池地区民族图书馆等。云南省将建设云南民族文化活动中心、云南省博物馆、云南民族大剧院。贵州省将完成贵州省图书馆改扩建项目，将建设贵阳大剧院、河滨文化娱乐中心、贵阳电影城、贵州龙博物馆，进行贵州省博物馆和贵阳历史博物馆改扩建工程。青海省将建设青海大剧院、中国藏传佛教博物馆、青海彩陶博物馆、青海都兰吐谷浑邦国博物馆。西藏将建设西藏大剧院、西藏展览中心、西藏自治区图书馆数字化工程、拉萨市群众艺术馆等。宁夏回族自治区将建设宁夏文化艺术中心、宁夏民族博物馆、宁夏图书馆、宁夏展览馆、宁夏群众艺术馆。新疆维吾尔自治区将完成新疆博物馆建设，将建设新疆文化艺术活动中心、新疆群众艺术馆、新疆音乐厅等。

（三）继续加强县级文化馆、图书馆和乡镇、街道文化站的建设

2003年将对全国251个县级文化馆、图书馆的建设项目给予补助1.2亿元，争取在“十五”期末基本实现“县县有图书馆、文化馆”的目标。

各地政府将按当地既定的“十五”计划，加强文化设施建设。如北京市提出普遍建立街道、乡镇文化站，建成50个特色文化广场和文化公园，10至20个艺术特色村。河北省将继续建设以图书馆、文化馆为主体的基层综合文化设施，“十五”期间，建设70个图书馆，80个文化馆，使全省80%县级以上公共图书馆和70%的文化馆达到部颁标准。吉林省将新建县图书馆9个，文化馆13个，同时扩建建筑面积小于1000平方米的17个县图书馆和10个县文化馆使其达到1500平方米以上的面积。福建省将在填补图书馆、文化馆、文化站空白基础上，使80%以上的行政村有文化室(中心)。海南省将建设县级图书馆和文化馆11个，全面完成县县有图书馆、文化馆的建设目标。四川省将在汉族地区完成县有图书馆、文化馆的建设目标，民族地区大力推广文化馆、图书馆、文管所两馆一所的文化中心，建筑总面积6万平方米，总投资6000万元。陕西省将完成20个县级图书馆，22个县级文化馆，100个镇和500个乡文化站的建设；同时在中小城市，改造和扩建电影院、影剧院、综合性剧场50个。贵州省将新建、改扩建县级图书馆和文化馆43个，新建乡镇文化站800个。内蒙古自治区将继续实施“边境文化长廊建设规划”和“彩虹文化计划”。广西壮族自治区将建设县图书馆、文化馆38个，建筑总面积7.4万平方米，总投资7000万元；将实施广西乡村电子信息馆工程，在1363个乡村配置乡村电子信息馆设备，总投资5500万元；将建设500个乡镇文化站，建筑总面积20万平方米，总投资1.05亿元。云南省将建设地州县图书馆36个，文化馆22个，乡镇文化站875个，总建筑面积52.35万平方米，总投资约4.6亿元。其中千里边疆文化长廊将进入二期工程，准备建设昆水线、滇黔线、滇藏线、滇川线、昆罗线，建设规模17.7万平方米，总投资2.1亿元。西藏自治区将新建、改扩建36个县级综合文化馆图书馆，487乡级文化站，基本实现地市有群艺馆、图书馆，县县有多功能文化馆图书馆，牧业县、边境县有文化流动车，3/4的乡镇有文化站，2/3的行政村有文化活动室。

全国文化部门的2577个艺术表演团体，要想在全国演出市场占有一席之地，除本身要推出新的剧目外，还要用最新的演艺器材，来丰富表演手段，吸引观众；还要有好的设施练功和排练节目，提高演出质量。而2002年全国文化部门有554个剧团无设施开展业务，占全国剧团总数的21.4%；有947个剧团无排练练功用房，占全国剧团总数的36.7%。全国文化部门1819个艺术表演场所中，有706个剧场无演出业务用房，占全国艺术表演场所总数的38.8%。全国2697个公共图书馆中，有121个县无图书馆，225个县图书馆有机构无馆舍，占全国总馆数的8.3%；全国有49个县无文化馆，562个县文化馆无馆舍，占全国总馆数的19.7%。全国还有5000多个乡镇没有文化站。全国文物部门有博物馆1504个，达不到市市有博物馆的要求。今后随着国家政策的引导，全国公益性文化设施建设必将掀起新的高潮。

随着国家对文化市场管理力度的加大，对文化市场经营场所的硬件环境要求越来越高。而目前全国25.25万个文化市场经营单位，有近60%的经营单位的设备到了需更新阶段，有的文化市场经营场所的设施达不到开业经营条件，特别是入世后，国外资本及大的娱乐经营机构也虎视眈眈准备进入中国市场，对现有文化市场经营单位冲击力极大。为更好保住现有的市场份额，文化市场经营者必须改造硬件环境，扩改建经营场所，更新现有设备，购置新的演艺器材，增强市场竞争力，这无疑将开拓出文化设施建设新的领域。

中国旅游业投资发展情况

国家旅游局规划发展与财务司

2002年中国旅游业在政府大量增加基础性建设投资的强力推动下，社会投资继续快速增长，投资领域、来源、数量规模均不断扩大，有力地促进了旅游产业和旅游经济的持续快速发展。

一、2002年中国旅游业投资情况

（一）固定资产投资、产业规模及从业人员情况

据不完全统计，到2002年末全国旅游业共拥有固定资产原值8238.20亿元，比上年末增长5.7%。其中，旅游住宿设施6901.58亿元，占83.8%（星级饭店2672.32亿元，社会旅馆3732.62亿元，个体旅馆496.59亿元）；旅行社412.25亿元，占5.0%；主要旅游景点和旅游车船公司等其他企事业单位924.37亿元，占11.2%。

年末全国共有各类旅游企事业单位29.38万个，比上年增长0.9%。其中，旅游住宿企业27.61万个（包括：星级饭店0.89万个，社会旅馆8.40万个，个体旅馆18.32万个）；旅行社11615个；主要旅游景点和旅游车船公司等其他旅游企事业单位6122个。

年末全国旅游业直接从业人员612.63万人，比上年末增长2.5%。其中，旅游住宿业515.29万人（星级饭店121.61万人，社会旅馆342.79万人，个体旅馆50.89万人），占84.1%；旅行社22.91万人，占3.7%；主要旅游景区（点）和旅游车船公司等其他企事业单位74.43万人，占12.1%。全国旅游业间接从业人员约为3060万人。

（二）2002年旅游国债投资情况

2002年，国务院决定在新增的中央预算内专项资金（国债）中安排12亿元，用于支持旅游景区的相关基础设施建设。在这12亿元国债资金中，中央国债9亿元，中央转贷地方国债3亿元，共投资114个项目，项目总投资37.5亿元。其中，西部地区安排国债资金7亿元，全部为中央国债，项目61个；中部地区安排国债3.5亿元，其中，中央国债2亿元，中央转贷地方国债1.5亿元，项目42个；东部地区安排国债1.5亿元，全部为中央转贷地方国债，项目15个。

从投向上看，2002年的旅游国债主要安排开发潜力大、所依托的干线交通得到解决、基础设施配套条件差的国家级景区，包括国家旅游度假区、国家高等级旅游区以及国家风景名胜区、国家森林公园、国家重点文物保护单位、国家自然保护区的试验区、国家地质公园的旅游基础设施建设或改造（这些基础设施均直接为旅游景区配套），建设内容主要是公路旅游道路，包括连接景区与干线公路间的旅游专用公路、景区内部的旅游专用公路、停车场和景区内的游览步行道，以及景区供电供水设施、景区垃圾污水处理设施、景区旅游厕所、景区环境整治等；适当安排部分非国家级景区，主要是通过旅游开发可对扶贫、就业产生突出作用，以及受大中型经济圈覆盖、对满足城市居民旅游需求可发挥较大积极作用的景区的基础设施项目。到2002年底，国家投入旅游基础设施建设的国债资金累计达到41亿元，项目总数为374个，加上配套资金等，这些项目的总投资达到122亿元，共建设旅游公路7000公里，游览步行道2500公里，以及一批供电、供水、排污等项目，对新时期中国旅游业的持续快速发展发挥了非常重要的作用。

（三）旅游业成为投资的热点领域

随着旅游业的不断发展及其地位提高、影响扩大，特别是各级政府越来越重视旅游业投资和发展，政府资金支持大幅度增加，带动了社会投资的迅速增长，旅游业成为国内外各类投资商高度关注和积极进入的新兴领域，出现了资金规模、领域和来源扩大，大投资商数量迅速增多的格局。在总体数量大幅度增长的同时，社会投资旅游业的领域从以旅游住宿业和餐饮、购物为主，扩大到旅游景区（点）开发建设、旅行社、旅游交通和其他旅游服务设施建设等领域，覆盖到整个旅游行业。社会各行业、各方面利用资源优势投资开发旅游项目的也越来越普遍，近年来兴起的农业旅游、工业旅游、科教旅游以及农家乐、城市周边休闲度假中心等建设，都是由社会资金投资开发的。有越来越多的大型民营企业集团投资开发旅游业，如四川万贯集团、山东南山集团等。据浙江省调查，目前投资旅游行业的民营企业集团，10亿元以上的有6个，6亿元以上的有10个。

二、2002年旅游业的发展情况

在旅游投资的有力推动下，2002年中国旅游业继续快速发展，入境旅游、国内旅游、出境旅游三大市场继续保持快速增长。全年共接待入境旅游者9790.83万人次，实现旅游外汇收入203.85亿美元，分别比上年增长10.0%和14.6%；国内旅游人数达8.78亿人次，收入达3878.36亿元人民币，分别比上年增长12.0%和10.1%；中国公民出境旅游人数达到1660.23万人次，比上年增长36.8%；旅游业总收入5566亿元人民币，比上年增长11.4%，相当于国内生产总值的5.44%。

（一）入境旅游

2002年，在全球经济不景气和世界旅游业低迷的背景下，中国入境旅游市场依然全面发展。在接待的入境旅游者中，外国人1343.95万人次，比上年增长19.7%；香港同胞6187.94万人次，比上年增长5.7%；澳门同胞1892.88万人次，比上年增长20.0%；台湾同胞366.06万人次，比上年增长6.4%。在入境旅游者中，入境过夜旅游者人数达3680.26万人次，比上年增长11.0%，与旅游外汇收入一同继续居世界第5位。

（二）国内旅游

2002年，国内旅游继续保持快速发展的态势。全年共接待国内旅游人数8.78亿人次，比上年增长12.0%。其中，城镇居民3.85亿人次，农民4.93亿人次。在3878.36亿人民币的国内旅游收入中，城镇居民旅游消费2848.09亿元，农民旅游消费1030.27亿元。2002年中国国内旅游出游人均花费441.8元，比上年降低1.7%。其中，城镇居民国内旅游人均花费739.7元，农村农民国内旅游出游人均花费209.1元。在春节、“五一”、“十一”3个“黄金周”中，全国共接待国内旅游者2.19亿人次，实现旅游收入865亿元。

（三）旅游业发展的总体情况

2002年中国旅游业在总体上保持快速健康发展，并出现了一些新的趋势和特点。第一，西部地区在大开发战略使得交通和其他基础配套设施制约全面缓解的情况下，旅游开发向纵深快速推进，许多新兴旅游区、旅游线路进入开发建设中，西部各省区市出现了旅游投资开发与发展热潮。继四川、云南之后，贵州等省也委托世界组织编制省级旅游发展规划，西藏、新疆等委托国家旅游局组织编制旅游发展规划。第二，区域协调开发与发展的势头强劲，如青海、西藏两省区准备联合开发青藏铁路旅游，四川、云南、西藏筹备联合开发大香格里拉旅游区，重庆、湖北、贵州、湖南、四川联合编制新的长江三峡旅游开发与发展总体规划，江苏、浙江、上海探索长江三角洲旅游整体协调发展，广东、香港、澳门联合建设粤港澳旅游区等。第三，旅游产品开发建设和产品结构调整优化进程加快，度假区和度假旅游开发、生态旅游发展和红色旅游(革命传统教育)、农业旅游、工业旅游、修学教育旅游、科普旅游、汽车旅游等专项旅游的开发区域范围扩大，项目和线路增多，特色进一步鲜明。第四，旅游接待服务设施建设继续全面推进，国家旅游局与国家环保总局首次联合召开旅游生态环境保护工作会议，以推进旅游生态环境建设；召开旅游厕所工作座谈会，以进一步推动旅游厕所的建设、管理与服务；国家发展和改革委员会与国家旅游局联合召开发展旅游促进就业座谈会，进一步扩大旅游业的社会影响。

三、今后旅游投资发展工作的基本思路和主要措施

密切适应旅游投资发展的实际需要，根据政府机制改革、转变工作职能和工作方式的要求，今后旅游投资工作的基本思路和主要措施是，以服务、引导、协调、规范为主要内容，以促进旅游投资增长和产业经济发展为根本目标，更多地运用现代管理方式和技术手段。

（一）旅游投资宏观管理工作的基本思路

随着社会主义市场经济体制的不断完善，中国旅游投资主体将日益多元化。从上个世纪90年代起，大量的民间及社会投资进入旅游领域，在支撑和推动旅游业持续快速发展的同时，重复投资、盲目投资以及地方单纯依靠优惠政策吸引投资的问题也不断显现并趋于突出，需要加强对旅游投资的引导、规范和服务。为了促进中国旅游业在新世纪的持续快速发展，实现建设世界旅游强国的目标，需要吸引更多的资金投入旅游开发建设和经营服务中，更要求政府首先是各级旅游行政管理部门及时认真做好投资引导、促进、规范和服务工作。为此，要运用互联网等现代技术手段，通过调查分析，来传输信息、协调关系和发布政策、意见等，为旅游投资和投资商做好服务。

（二）储备旅游项目，引导旅游招商

针对经营性、竞争性项目主要由市场进行投资建设和经营的基本状况，旅游行业将把引导和服务旅游建设项目招商作为主要工作任务。各级旅游行政主管部门将积极发挥服务功能，建立本地的旅游项目库，指导旅游项目开发前期的各项论证工作，在有效保护资源环境和提高经济效率的前提下，采取各种有效方式，吸引各类资金进行旅游投资开发和旅游项目建设，扩大旅游供给，以满足人民日益增长的旅游消费需求，提高人们的生活质量。

（三）通过调查研究掌握旅游投资的基本状况

根据引导和促进旅游投资的需要，分专题和阶段开展旅游投资开发项目、旅游投资商及资金市场、旅游投资环境及政策、旅游投资基本状况的调查研究，汇总报告和发布调研结果及有关信息资料，针对存在的问题研究制定工作方案，采取对策，引导、促进旅游投资。

（四）通过协调促进旅游投资和发展环境的优化

积极与计划、财政、税务、金融、投资以及扶贫开发、农林水利、文化文物、国土环保、民族宗教、商务外交等部门和各地区开展协调工作，出台和创造有利于旅游业投资和发展的政策、环境，促进影响旅游业增加投资、快速发展重大问题的及时有效解决。

（五）促进和指导重点区域的旅游投资开发

为响应实施国家西部大开发战略，实现“西部开发，旅游先行”的目标，国家旅游局会同国家发展和改革委员会、国务院西部开发办，将根据编制完成的《西部旅游投资规划》，联合制定印发“西部旅游投资规划纲要”及有关规划资料，促进西部重点旅游区、旅游线路和项目的投资开发。

坚持质量第一 留下时代精品

中铁十六局集团有限公司

上海磁悬浮示范线龙阳路车站建成通车

公司承建的北京城市地铁轻轨大钟寺站

北京地铁复八线

中铁十六局集团有限公司原系中国人民解放军铁道兵第十一师，组建于1952年2月。企业施工资质主项为:铁路特级;增项:公路、市政、房建、水利水电工程总承包一级和城市轨道交通、建筑装饰装修、公路路面、预应力、堤防工程专业承包一级。具有国家对外经济贸易合作部批准的对外承包工程经营权和对外劳务合作经营权，年时功能里年工能力50亿元以上。公司先后参加了大秦、京九、南昆、朔黄、株六复线、渝怀、青藏等铁路项目的建设,累计修铁路1800多公里;参加了成渝、泉厦、广珠、沪杭、北京八达岭高速公路,以及西宝一级公路、三峡对外交通专用公路,107国道、205国道、312国道等高级公路的建设,累计修建公路500多公里;承担了北京、广州、上海、青岛、南京、深圳地铁施工,北京、天津、大连的城市轻轨建设,上海磁悬施工,以及贵阳国际机场、南昌昌北机场、首都国际机场的施工;承建了北京蓝岛、鑫帝、麒麟大厦、北京市公安局指挥中心、四川省图书馆、福州福铁大厦等房建施工任务；还参加了引大入秦、引黄入晋、引滦入港、北京十三陵抽水蓄能电站、湖南满天星电站等水利水电项目建设，以及正在建设中的西气东输黄河顶管工程。已建成的工程有100多项被评为国家和省部级优质工程,450多项被建设单位评为优质样板工程。其中大秦铁路一期工程、天津引滦入津输水隧洞工程、天津枢纽改造工程获国家优质工程奖,大秦铁路二期工程、京九铁路吉定段工程、北京八达岭高速公路潭峪沟隧道、南昆铁路清水河大桥,北京地铁复八线、芜湖长江大桥、朔黄铁路长梁上山隧道等工程获全国建筑工程鲁班奖。京九铁路吉定段、南昆铁路清水河大桥还荣获中国土木工程詹天佑大奖。南昆铁路干线成套技术等3项技术获国家科学技术进步一等奖。

公司坚持“质量第一、用户至上、信守合同、确保工期”的宗旨,以“兑现合同承诺、留下时代精品”的方针,和“单位工程一次验交合格率100%，单位工程优良率达到行业先进水平,多创省部国家级优质工程”的质量目标,在地球上留下了闪光的足迹,赢得了社会的认可和信赖。集团公司及各子公司均于1998年底通过了ISO9002国标质量体系认证，集团公司还通过了新加坡质量体系和国际网络认证,2002年8月，集团公司通过了环境管理和职业健康安全体系认证。

公司先后被评为“全国先进施工企业”、“全国技术进步先进企业”、“全国工程建设质量管理优秀企业”、“全国行业质量和质量服务诚信示范企业”、“全国思想政治工作优秀企业”、“北京市市级先进企业”、“北京市重合同、守信誉单位”和“AAA信用企业”。1993年,名列全国百家建筑企业利税大户第18位,1994年在全国500家最大建筑业企业排序中名列第14位,在全国100家铁路、公路、隧道、桥梁最大建筑业企业排序中名列第8位。

我公司愿与国内外各界朋友进行真诚友好的合作。

地　址：北京市朝阳区红松园北里甲2号(100018)
总　机：(010)84311177
传　真：(010)84313253
http://www.zt16.com.cn

南昆铁路清水河大桥

合理配置资源

——上海电气(集团)

一、公司概况

上海电气(集团)总公司是中国装备制造业最大的企业集团,国家重点支持的520家特大型企业之一,拥有4家上市公司和财务公司、信息中心、研究中心及19个国家、市级技术中心。公司现已与开利、西门子、ABB、施耐德、阿尔斯通、MWB、阿尔卡特、摩根、三菱、松下、日立、SKF、德尔福等世界著名大公司合资,建立了135家合资企业。

二、发展战略

上海电气"十五"总体发展战略是:以工业为主体、以成套为主线、以出口为主导、以资产运作为手段,完善现代企业制度建设,优化产业结构,实现资源合理配置,提高产品竞争力。

发展目标是:第一,以机电设备成套为主体,加快技术创新、产业升级和资产动作,大力培育金融、贸易、服务功能。第二,明确发展是集团的第一要务,发展以经济效益为中心,在保持发展速度的前提下,提高经济运行质量。整合现有资源,加大投资力度,提高产品集中度,增强集团经济实力。第三,确定有市场发展空间的主体产业为发展方向,集中发展电力设备、交通运输设备、环保设备和机电一体化设备等四大重点产业;重点投资电站成套设备、输配电成套设备、电梯、冷冻空调设备、工程机械和柴油机、轨道交通设备六大主导产品。

三、投资情况

2002年,上海电气完成资本性投资6.58亿元,其中有与美国晨兴(中国)公司联合出资收购日本秋山国际股份有限公司、参建上海磁悬浮交通发展有限公司、合资组建斯凯孚(上海)轴承有限公司及投资组建上海微电子装备有限公司。完成固定资产投资9.13亿元,建成了一批中外合资企业和重点固定资产投资项目,其中有上海阿尔斯通交通设备有限公司、上海阿尔斯通变压器有限公司。为集团产品拓展和稳定市场,扩大技术支持能力和集团的发展提供了保障。

四、国债项目

上海电气(集团)总公司经原国家计委和国家经贸委批准的国债项目共13项,其中国债基建项目8项、国债技术改造项目5项。目前,已验收的有:上海电器股份有限公司城市轨道交通供电设备国产化、上海市电气自动化设计研究院城市轨道交通交流牵引系统国产化、上海锅炉厂有限公司大型循环流化床锅炉(CFB)国产化、上海上重环保设备工程有限公司悬挂链曝气技术与成套设备国产化、上海环保机械有限公司大中型城市生活垃圾及发电成套设备国产化、上海沪江机械厂液态排渣清洁燃烧系统设备国产化、上海互感器厂发展500Kv交直流套管及互感器技改、上海工具厂有限公司发展数控机床刀具技术改造、上海金泰工程机械有限公司发展大型水利基础施工机械技改等10项。国债项目的实施,对重点行业和重点产品加大投资力度,有力地推进了产业升级和结构调整。

投资项目既拉动了内需,又增强了企业的发展后劲。上海锅炉厂有限公司通过国债项目的改造,增强了企业自主知识产权技术开发能力,提高了企业的装备水平,产品的质量得到可靠的保证。产品获得了电厂青睐,已接订单20多台套。上海市离心机械研究所通过国债项目改造,增强了企业产品的设计开发能力和制造能力,产品设计周期从改造前3个月缩短为2周,制造周期从过去的5-6个月缩短为3个月。产品技术水平达到国际同类产品水平,填补了国内产品的空白。

上海电气(集团)总公司,将在新一轮的国际产业转移中,抓住发展的大好机遇,为提高上海电气装备制造业的国际竞争力和持续发展能力,再创辉煌。

1. 循环流化床锅炉(CFB)国产化专项

1999年7月,上海锅炉厂有限公司向国家申请发展大型循环流化床锅炉(CFB)的国债专项,1999年10月获得国家计委的批准。

项目总投资8500万元(含外汇450万元),其中固定资产投资5500万元(含技术引进费3652万元),铺底流动资金3000万元。

国债资金投入1200万元,地方配套资金投入475万元,工行贷款4750万元,企业自筹资金3075万元。

项目实施后,新增生产能力300MW循环流化床锅炉2套;125MW循环流化床锅炉8套,125MW以下循环流化床锅炉6套。主要建设内容:通过引进国外先进技术,增添CAD/CAPP/PDM计算机系统,膜式拼排焊机、膜式直条切割机、T615K镗床、X光机等设备282(台/套),改建了CFB组装车间。

125MW循环流化床锅炉技术引进于2002年6月完成,

提高竞争能力

总公司的投资发展情况

300MW 循环流化床锅炉技术引进在 2003 年 5 月完成。所有设备的采购、安装调试工作于 2002 年 12 月完成。

2. 污泥脱水设备国产化专项

上海市离心机械研究所是中国唯一专业研究分离技术与装备的研究单位，研究开发与生产经营并举，主要从事军工超高速离心机、环保污泥脱水离心机、生物工程和制药装备的研究与制造。1999 年污泥脱水设备国产化专项列入国家计委国债项目计划，项目批准总投资 3070 万元，其中国债及地方配套资金 604 万元，企业自筹资金 923 万元，银行贷款 1545 万元。该项目于 2002 年 12 月通过国家计委验收。

主要建设内容：技术中心和装配中心的改造、完善，增添了数控加工中心等关键设备、仪器 21 台套。已形成新增年产日处理量 10-50 万吨级污泥脱水设备（离心机）100 台和 10 套成套设备的生产能力，产品国产化率达到 90%以上。

通过技术改造产品能级明显提高，经上海市科委专家鉴定和上海市高新技术产品认定，获得了上海市科技进步奖和国家科技部、国家环保总局等五部委颁发的国家重点新产品证书，成为国内相关产品取代进口的首选设备。并实现批量出口。

达到国际先进水平的污泥脱水离心机

130t/h 循环流化床锅炉

批量出口的污泥脱水离心机

天津津滨轻轨项目建成开通

天津滨海快速交通发展有限公司

一、津滨轻轨建设的背景和意义

天津是中国直辖市之一，是环渤海地区的经济中心。天津市的建设和发展正在坚持人口、经济、社会环境相协调的可持续发展战略，不断加大投资力度，增强城市功能，努力把天津建设成为经济繁荣、社会文明、科教发达、设备完善、环境优美的现代化港口城市和中国北方重要的经济中心。

滨海新区地处天津市东部的沿海地区，距市中心 50 公里，人口 103 万，下辖天津市经济技术开发区、天津港、天津港保税区以及塘沽、汉沽、大港城区和海河中下游工业区。自从滨海新区成立以来，新区经济发展迅猛。据推算至 2010 年，新区工业总产值将达到 2500 亿元以上，未来 20 年，滨海新区将是天津市最大的经济增长点。

但是，目前滨海新区与市区之间交通问题严重制约了天津经济和滨海新区经济的发展。为改善经济环境，天津市区与滨海新区之间急需修建一条现代化、安全、环保的轻轨。津滨轻轨项目建设由此应运而生。

建设津滨轻轨是促进天津市城市总体规划顺利实施的重要举措，对于加强城市基础设施建设，实现城市可持续发展具有十分重要的意义：第一，随着津滨轻轨的开通，广大市民的生活方式和出行方式将发生重大变化，从而提高市民的物质文化生活质量。第二，缩短了天津市区和滨海新区的距离，加强了市区与滨海新区的联系，使两者形成有机的统一体。第三，对于津滨间带状经济走廊的开发和建设具有重要意义，对天津市工业战略东移、天津开发区西移、天津港保税区物流中心西移、海河下游工业区开发、经济贸易区开发等都将起到积极的促进作用。第四，对带动轻轨沿线地区房地产开发、商贸旅游开发，繁荣海河经济、海洋经济具有不可估量的作用。

二、津滨轻轨项目简介

津滨轻轨工程东起天津经济技术开发区第八大街，西至天津市区中山门，全长 45.785 公里，其中高架线 39.915 公里，地面线 5.494 公里。沿线共设车站 19 个，设停车场、车辆基地、控制中心各一个。

工程采用钢轨、钢轮走行系统，设计最高量速 100 公里/小时，全程运行时间约 35 分钟，目标行车间隔 2.5 分钟。近期采用四辆编组，远期采用六辆编组，定员 800—1200 人，设计运输能力 29280 人次/小时。

津滨轻轨机车车辆和机电系统设备先进。供电系统设两座 110KV 主变电所、四座牵引变电所。车辆受电方式采用 DC1500V 架空接触网。建立能传输语音、文字、数据和图象等多种信息的综合数字通信网。信号采用列车自动控制系统。采用自动售检票系统以完成售票、检票、客流分析、财务管理等任务。

2002年 8 月 20 日，中共中央政治局委员、天津市委书记张立昌，天津市委常委、滨海新区管委会主任皮黔生听取天津经济开发区副主任、滨海快速交通发展有限公司董事长崔广志及滨海快速交通发展有限公司总经理张金立的工作汇报

三、项目投资主体情况

津滨轻轨的建设单位是天津滨海快速交通发展有限公司，为有限责任公司，成立于 2001 年 1 月 18 日，最终注册资本 30 亿元。股东单位包括：天津泰达投资控股有限公司、天津天保公司、天津港务局和天津塘沽城市建设投资公司。出资比例分别为 87.5%、10%、1.5%和 1%。

四家股东单位均为有实力的大型企业集团。泰达投资控股有限公司是天津开发区内从事基础设施建设与运营管理的大型国有公司，注册资本 60 亿元，总资产近 400 亿元；天保控股公司是保税区内从事基础设施建设管理的国有控股公司，总资产近 20 亿元；天津港务局是国内大型港口运输企业，总资产 100 多亿元，港口规模和综合实力居全国同行业前列；塘沽城市建设投资公司是天津市塘沽区区属国有企业，注册资本 1.26 亿元。

四、津滨轻轨工程建设情况

2001 年 5 月 18 日实验段工程开工建设，2003 年 10 月 1 日实现“三通”，建设周期 1000 天。

2002年8月20日，原天津市市长李盛霖，副市长王德惠、陈质枫到天津滨海快速交通发展有限公司听取工作汇报

2003年10月1日，天津轻轨举行建成开通庆典仪式，滨海快速交通发展有限公司总经理张金立讲话

2001年1月18日，天津滨海快速交通发展有限公司成立，承担了津滨轻轨的建设任务。此后，仅用了半年时间就完成了项目地震安全性评价报告、项目环境影响评价报告、项目可研报告等全部立项报批工作。这几年，公司上下克服了征地拆迁、管网改造中的种种困难，解决了土建施工、车辆和设备选型中的许多技术难题，又克服了"非典"疫情的不利影响，出色地完成了预定工程建设任务。征地近2800亩，拆迁房屋10万余平方米；完成大量电力、煤气、自来水、污水、通讯等管网改造；完成正线施工46公里；建设车站14座，控制中心、车辆基地、停车场各一座；完成车辆制造以及通信、信号、供电等机电设备招标、采购、安装、调试和大量运营筹备工作。在时间短、人员少、工程技术复杂的情况下，不但按计划完成了建设任务，而且创造了"立项审批最快、建设工期最短、线路最长、造价最低、技术含量最高、工程质量最优"的出色成绩。

五、项目资金筹措情况

津滨轻轨工程总投资估算为66.28亿元。

投资资金来源包括：

1. 注册资本金：30亿元，由四家股东单位按比例分期投入现金。

2. 国内银行贷款：约31.18亿元，占总投资额47%。其中30亿元为向国家开发银行申请基本建设贷款。

3.利用国外政府优惠贷款6200万美元（合人民币5.1亿元），占总投资额7.5%。

六、项目经济效益分析

根据中咨公司《关于津滨轻轨项目预可研的评估报告》，津滨轻轨项目全部投资财务内部总收益率为5.03%（大于5%基准值），全部投资财务净现值（Ic=5%）为2055.3万元。全部投资回收期（含建设期）为20年。

自有资金财务内部收益率为5.48%（大于5%基准值），自有资金财务净现值（Ic=5%）为30109.9万元。投资回收期（含建设期）为21.5年。

贷款偿还期为13年。

国民经济评价内部收益率为15.3%，经济净现值为20.5亿元（社会折现Is=12%）。

七、津滨轻轨工程大事记

2001年1月18日，天津滨海快速交通发展有限公司成立。

2001年5月18日，津滨轻轨实验段工程开工。

2001年8月31日，国家开发银行30亿元贷款意向书签订。

2001年12月，立项通过国务院审批。

2002年9月，确定香港地铁公司和美国柏诚公司作为津滨轻轨咨询服务联合体。

2003年1月6日，滨海快速交通发展有限公司通过英国BSI公司的质量认证，成为中国城市轨道交通行业第一家通过认证的企业。

2003年2月28日，津滨轻轨工程利用西班牙政府贷款签订仪式举行。

2003年7月12日，津滨轻轨轨道全线贯通。

2003年7月14日，津滨轻轨首列列车下线。

2003年9月30日，津滨轻轨建成开通。

各级领导的关怀

2003年8月3日，温家宝总理到长春客车厂参观津滨轻轨列车并给予了高度评价。

2002年8月20日，中共中央政治局委员、天津市委书记张立昌到天津滨海快速公司听取项目进行情况汇报。

天津市委常委、天津开发区保税区工委书记、滨海新区管委会主任皮黔生多次到天津快速公司听取工程进展情况汇报、指导工作。

2003年8月4日，天津市副市长陈质枫到天津滨海快速公司指导工作。

2×135MW 环保型循环硫化床机组项目暨公司发展规划

河南豫联能源集团有限责任公司

一、公司简介

河南豫联能源集团有限责任公司成立于1997年,是一家以经营电解铝、火力发电、供热供气为主的多产业综合性集团,是河南省电解铝重点生产企业。豫联集团下属河南中孚实业股份有限公司、河南豫联燃气有限公司、河南中孚药业有限公司、巩义市宾馆有限公司和巩义市中亚铝型材有限公司五家控股子公司和一家分公司——河南豫联热电分公司,其中河南中孚实业股份有限公司是一家在上海证券交易所上市的公司。豫联集团注册资本1.8866亿元,装机容量15.1万千瓦,年发电能力10亿千瓦时,年产铝锭能力6万吨,2002年工业总产值6.9亿元,实现销售收入6.35亿元,实现利税1.2635亿元。豫联集团曾荣获中国企业最佳形象AAA级、省级文明单位、郑州市"振兴杯"金奖、巩义市"效益杯"金奖等荣誉,公司主导产品"银发"牌电解铝通过ISO9002质量体系认证。

二、2×135MW环保型循环硫化床机组项目介绍

(一)项目背景

豫联集团位于河南省巩义市。经过改革开放二十年的发展,巩义市工业化积累阶段基本完成,但环境污染比较严重,这与近年来巩义市生活及工业用锅炉遍布市区有很大关系。大容量循环硫化床锅炉(CFB炉)是国家大力推广的高新技术,该型锅炉可以有效降低SO2、NOX、CO等有害物质的排放,改善城市的大气环境质量。为提高豫联集团的规模能力和尽可能提高企业的经济效益、社会效益和环保效益,解决企业新增电解铝项目用电的需求,充分利用本地丰富的原煤燃料,决定建设两台环保型循环硫化床高压机组。工程建成后,既可解决本企业新增电解铝项目的供电问题,还能消化当地劣质煤和高硫煤,对提高公司新增电解铝项目供电可靠性,保证公司持续发展及对巩义市的经济发展和改善市区的环境都将起到积极的作用。经省经贸委批准,公司已于2002年6月开工建设该项目。

(二)项目主要设备的选择

本项目选用2台440t/h高压循环流化床锅炉配135MW的凝汽式汽轮发电机组。其中汽轮机选用135MW高压、中间再热、双缸、双排汽凝汽式汽轮机;发电机选用135MW级额定功率的发电机;锅炉选用高压一次中间再热循环流化床锅炉。采用循环硫化床燃烧法主要有以下优点:

1. CFB炉对煤种适应性强,能燃烧劣质煤、煤泥、煤矸石及难燃的无烟煤等。

2. 由于其炉膛燃烧温度低,且一、二次风分级送入形成分级燃烧,可有效抑制NOX的生成。并且炉内不存在结渣问题,灰渣可以综合利用。

3. 具有较低的稳燃负荷,调峰性能好。

4. 通过在炉内燃烧过程中加石灰石,选择合适的钙硫比,脱硫效率可达90%以上,可满足日益严格的环保要求。

(三)项目的环保、节能措施

巩义市属煤烟型污染比较严重的城市。为最大限度地减少对环境的污染,本项目充分考虑了环保因素,对环保投资1.6715亿元,占该项目总投资的17%。采取的主要措施为:

1. 采用440t/h高温高压循环硫化床锅炉,掺烧石灰石,当钙硫比为2.0时,设计脱硫效率为85%。

2. 采用静电除尘器,设计除尘效率99%。烟气经除尘器除尘后,经过烟囱排入大气中,烟囱高度180M,出口直径5M。

化水车间

汽机

3. 为防止运煤车辆的污染，本工程以专用道路运煤，运煤车辆不经过厂区，厂内煤厂设碾压设备，煤厂周围设喷水设施，防止堆煤过程中的污染。

4. 工业废水采用分散和集中相结合的方式进行处理。工业废水经处理达标后部分作为灰渣系统的干灰调湿、灰场水，本工程总排水口水质可以达到GB8978-96一级的要求。

此外，还对灰渣、噪声等采取了相应的治理措施，使各项指标均控制在国家环保标准所要求的范围之内。

为综合利用能源，本项目在设计时还充分利用节能、节水措施，如各专业均选用Y系列节能电机，一水重复多用等措施，有效合理地利用了各种资源。

(四) 项目的投资及经济效益分析

本项目总投资9.8928亿元,其中发电工程动态投资9.8363亿元，铺底生产流动资金565万元。注册资本金为项目总投资的34%，计3.3928亿元，融资6.5亿元，占项目总投资的66%。

项目建成达产后主要的经济指标预测如下：

项　目	单　位	数　据
发电功率	kw	2×135000
发电年利用小时	h	6000
年发电量	kwh	1.62×10^9
厂用电率	%	8
发电标准煤耗	kg/kwh	0.3238
供电标准煤耗	kg/kwh	0.3520

通过分析预测，该项目达到设计生产能力时，预计每年可以实现销售收入3.1932亿元，销售税金及附加4314万元，在保证10%财务内部收益率的前提下，投资回收期为10.25年(含建设期)。

(五) 项目进展情况

根据计划安排，该项目于2002年6月开工建设，第一台机组已于2003年10月1日竣工，并立即进行试运行，2003年11月24日正式投入运营；第二台机组预计2004年6月建成投产。

三、集团未来发展规划

豫联集团发展目标是“建设一个团结文明、管理科学、效益一流、环境优美、职工安居乐业的现代化大型企业”。豫联集团将立足于“铝电合一”，充分利用当地丰富的煤炭、铝矾土等自然资源和区位优势，逐步实现“煤、电、铝”的产业链式发展模式。具体分两步走：

第一，按照国家热电综合利用及环保政策的要求，结合当地电力、供热系统的市场状况，公司将适时扩大装机容量，推进当地供热工程的建设。

电力工业是国民经济的基础产业，电力工业的发展与当地经济发展密切相关。巩义市工业企业用电占当地用电量的70%以上，第二产业用电量的增长极大地带动了整个巩义市用电量的增长。随着巩义市经济的迅速发展，一批大型项目相继开工、建设、投产，当地电力供应将会更加紧缺。根据《巩义市国民经济和社会发展“十五”计划纲要》，巩义市将进一步提高城镇化水平，城镇规划面积将达到40平方公里，人口达到25-30万人，市区集中供热覆盖率和燃气普及率要达到50%以上。公司适时进行大型综合利用供热机组的建设，不仅可以满足巩义市对电力和热负荷的需求，还能够改善城市环境现状和工业生产条件以及居民的生活条件。

第二，做大做强主业，打造公司“铝电合一”的核心竞争力。

电解铝的主要原材料为氧化铝，巩义市铝矾土储量丰富，而且邻近的长城铝业公司和中州铝厂，可外销的氧化铝100多万吨，占国内整个市场供应的1/3强，为公司大力发展电解铝创造了得天独厚的便利条件。目前，国内电解铝生产企业用电成本占其生产成本的40%左右，电价的高低直接影响电解铝企业的生产成本。本公司“铝电合一”的经营模式，使用电成本仅占企业生产成本的23%，与同行业相比有明显的成本优势。公司将充分利用当地的资源和区位优势，不断提升公司的装备水平，向规模化、智能化方向发展，通过收购、联营等方式做大做强主业。目前公司建设的320KA超大容量电解铝工程和2×135MW发电机组竣工后，电解铝年产量能够达到18万吨，装机容量42万千瓦，为实现公司的远景规划奠定了坚实的基础。

公司远期规划目标是达到年产50万吨以上的电解铝生产能力；同时，配套建设总装机容量为100万千瓦以上的发电机组；通过收购、协议联合等方式整合产业链的上游煤炭、氧化铝、炭素等资源，实现优势互补，优化资源配置，拉长产业链条，提高公司整体抗风险能力。

放眼世界，展望未来，公司以打造“百年企业”为己任，以建设一个“环保生态工厂、山水园林企业”为标准，将充分利用国内外资本市场、期货市场和国际贸易体系，力争在3-5年内成为国内电力供应和电解铝生产的大型企业集团之一。

豫联园区全景

校长　赫冀成

管好国债资金

——东北大学国债

东北大学简况

东北大学位于辽宁省沈阳市，校园南滨浑河，北畔南湖；学校占地总面积181万平方米，建筑面积96万平方米。

东北大学始建于1923年，是教育部直属的全国重点大学，现在发展为一所以工为主，集理、工、文、管、经、法、艺等多学科大学。学校首批进入国家重点建设的"211工程"院校行列，是"985工程"重点建设学校，并实现教育部、辽宁省、沈阳市重点共建。2003年9月，东北大学建校已80周年，标志着东北大学进入了新的发展阶段。

东北大学现有1425名教师，其中拥有6位中国科学院、中国工程院院士。东北大学是国务院首批有权授予学士、硕士、博士学位的高校，创建了中国第一个大学科技园和第一个计算机软件国家工程中心。学校现有本科专业49个，硕士点79个，博士点31个，博士后流动站9个，国家级重点学科7个，国家重点实验室1个，国家工程技术研究中心3个。学校现有各类在校学生25000人。建校80年来，东北大学已为国家培养了各类专业人才15万余人。

东北大学的发展受到党和国家领导人的关心和支持。胡锦涛、江泽民、吴邦国、温家宝、曾庆红、黄菊、朱镕基、李岚清等党和国家领导人曾来校视察并给予了充分肯定。

国债项目介绍

东北大学国债项目有：给排水管网改造、锅炉房及泵房改造、教学区道路改造三个项目。总投资4741万元，其中：国债资金4000万元，自筹资金741万元。（给排水管网改造项目投资1695万元，全部为国债资金；锅炉房及泵房改造项目投资2433万元，其中国债资金2033万元，自筹资金400万元；教学区道路改造项目投资613万元，其中国债资金272万元，自筹资金341万元）。

学校领导对国债项目建设给予高度重视，为了有效地管理国债资金，发挥国债资金的最大效益，成立了以校长为核心的国债项目管理班子和招标工作委员会，具体负责国债项目建设协调和监督检查工作。为健全国债项目管理制度，严格执行项目法人负责制、招标投标制、工程监理制和合同管理制，并实行国债项目建设情况月报制度，确保国债工程质量、建设进度和施工安全。严格控制项目的投资，项目的建设从立项、可行性研究、委托设计、招投标、施工到竣工验收、工程结算、审计等环节，都严格按照基建管理程序进行。三个国债项目的投入使用，极大地改善了学生的学习和生活环境。

1. 校园道路建设

校园道路始建于上世纪50年代，没有人行道路，造成人流与车流混合，交通混乱，学生上下课时问题更为突出。此次道路改造

校园广场

校园道路

发挥最大效益

投资建设情况

在保持原有路网的条件下进行了改造和翻修，增加了人行道路，将人流和车流分开，避免了交叉。道路宽度分别按主干道的交通流量设计为12.5米、10米、8米、7米、5米。此次改造教学区，新建道路24053平方米，改造道路51646平方米；此外还进行了大面积的校园绿化，使校园呈现出一种自然宁静，朝气蓬勃的氛围。

2. 锅炉房改扩建

学校在上世纪80年代初期共有8座锅炉房，负责全校约40万平方米的供暖任务，但锅炉的吨位较小（最大吨位为7MW），分布零散，供暖效果差。随着学校建筑面积的不断增加，90年代中期学校对供热系统进行了调整，只保留了第一、二、三锅炉房。此次改造是对保留的第二、三锅炉房进行综合改造，形成了一个供暖中心，规划能力为98MW，其中第二锅炉房为56MW，同时在该校历史上第一次取消锅炉直接供暖方式，实现了一次网和二次网独立循环的供暖模式。第二锅炉房新安装4台14MW的锅炉，建设两座换热站，敷设1500延长米管网；同时锅炉采用了双级脱硫除尘系统和变频控制技术，供暖运行实现自动，改善了学生的生活环境。

3. 给排水管网改造

学校给排水管网的主干线建设于上世纪50-60年代，随着用水量的增加，给水管的管径偏小，流量不足，供水矛盾日益突出，无法满足师生员工的用水需求，在用水高峰时问题更加突出。由于管网老化致使水质较差，已影响到师生的身体健康。排水管网建设时间较长，管网老化，断裂、塌陷和破损严重，与采暖地沟交叉的排水管，污水流入地沟，造成采暖地沟无法正常使用。

此次排水管网的改造，解决了排水不畅问题，更换了陈旧老化、已经塌陷的排水管，铺设排水管7500延长米；雨水管3700延长米；给水管网的改造，呈环状，形成以DN400MM管道9000延长米为主的供水管网，基本上消除了供水死角，使给水管网布局得到了合理的改善，并且改善了水质。

在国债项目的建设过程中，学校领导深刻体会到，国债投资是党中央、国务院的正确决策，对于改善学生学习和生活环境起到了重要作用，是推进高校实践"三个代表"要求的重要举措。项目的成功实施，解决了扩大招生与办学条件跟不上的突出矛盾，为学校的发展注入了生机与活力。

教学主楼

学生城

国际学术交流中心

北大未名

——决胜生物经济时代的中国旗舰

一、中国最大的生物工程企业集团

北京北大未名生物工程集团有限公司（以下简称北大未名）是北京大学的四大产业集团之一，主要从事生物工程和制药两大领域，具体包括基因工程制药、天然药物、化学药物、生化药物、疫苗、诊断试剂、农业生物工程和第三态保健品等八个方向的技术研究、开发、产业化与商业化，是极具国际竞争潜力的中国最大的生物工程企业集团。

北大未名的前身北京北大未名生物工程公司，1992年10月19日由陈章良博士和潘爱华博士创立，1994年5月18日变更为北京北大未名生物工程总公司，1994年10月10日变更为北京北大未名生物工程集团，2003年6月25日改制为北京北大未名生物工程集团有限公司。十余年的创业，北大未名已由一个仅有40万元流动资金的小企业发展成为中国最大的生物工程集团公司。目前，北大未名已参股、控股北京科兴生物制品有限公司、深圳科兴生物工程股份有限公司、山东科兴生物制品有限公司、厦门北大之路生物工程有限公司和深圳市北大高科技股份有限公司（深交所上市公司，股票代码为000004）等11家企业，并拥有11条达到国际GMP标准的生产线和20多个生物药物品种，其中国家一类新药3个，特别是拥有了世界最畅销的排名在前五位的基因工程药物重组人红细胞生成素（依普定®，Eposino®）、重组人粒细胞集落刺激因子注射液（白特喜®，White-C）、重组人胰岛素注射液（苏泌啉®，Sumelin®）、重组人生长激素（赛高路，Sigrow®）、重组人α干扰素（赛若金®，SINOGEN®）；另外还拥有具自主知识产权的甲肝灭活疫苗（孩尔来福®，Healive®）和世界上第一个上市的神经生长因子药物（恩经复®，Nobex®）等具有国际竞争力的产品。2003年4月，北大未名控股公司北京科兴生物制品有限公司承担了SARS灭活疫苗的研制任务，经过6个多月的努力，取得了一系列成果，得到了世界卫生组织官员和专家的充公肯定，被认为是令全世界振奋的突破性进展，标志着我国SARS疫苗研究已处于国际领先水平。

二、研发与项目

经过几年的发展，北大未名现已在北京、深圳、厦门三大基地内建成了总面积近3万平米，条件优良、环境三大基地景观集锦优美的研究开发中心，借助于自身的研发力量，开发出了神经生长因子、甲肝灭活疫苗、基因工程胰岛素等世界一流水平的产品，并还有十余个具有独立知识产权及良好市场前景的项目正在研发之中。

三、三大基地

遵循在实践中探索出的"利用一个产品启动一个市场，利用一个市场发展一个企业，利用一个企业创建一个基地，利用一个基地推动一个产业"这一发展思路，北大未名创建了三大各具特色的生物工程产业化基地，三大基地的初步建成为北大

三大基地景观集锦

未名的未来发展，同时也为二十一世纪中国生物工程产业的腾飞奠定了坚实的基础。

厦门北大生物园

北京北大生物城是集研究、开发和产业化于一体的生物工程产业化基地，位于北京市海淀区，占地30万平方米，国家作物设计中心、生物经济研究中心现已入驻生物城，北大生物城将会建成基因工程药物研究中心、疫苗工程研究中心、诊断试剂研究中心等研究中心的科研开发基地和基因工程药物、疫苗和诊断试剂的生产基地。首期项目包括：甲肝灭活疫苗；诊断试剂；转基因植物园区等，甲肝灭活疫苗已于2002年7月正式上市；二期项目2004年全面启动。北大生物城的建设已列入北京市1998-2010年中长期社会经济发展重点项目、北京"国家中关村高科技园区"首批重点建设项目、国家科技部2003年向国家开发银行推荐重点科技项目，北大生物城将会以其高尔夫球场式的环境打造成为"新北京的新形象、中关村的新标志、新奥运的新窗口"。

厦门北大生物园位于厦门市忠仑公园，占地10万平方米，将重点建设成为神经生物药物研究中心并主要从事生物工程产业化、高科技保健品生产及转基因植物产业化。目前该基地生产的主要产品有神经生长因子和"再生人"第三态保健食品，注射用鼠神经生长因子(恩经复®，Nobex®)已于2003年2月正式投放市场，这是世界上第一支神经生长因子，也是世界上第一个神经系统的治疗性药物，另外，该基地还有虎纹镇痛肽、糖苷-血红蛋白、重组人肿瘤坏死因子三个国家一类新药和各种转基因植物项目正在研发之中。具有花园般景致的北大生物园已被列入厦门市重点建设项目。

深圳北大生物谷是以深圳科兴生物工程股份有限公司为依托发展起来的基因工程制药基地，位于深圳市高新技术产业区，占地约9万平方米。主要有基因工程干扰素不同亚型和不同剂型项目、基因工程人胰岛素项目和基因工程人生长激素项目等。该基地被列为国家"863"计划产业化基地，被深圳市列为2000年十大重点建设项目之一，北大生物谷具有梦幻式的风格。

四、决胜生物经济时代

人才是企业发展的生命力。北大未名汇集了一批来自海内外具有深厚专业背景和丰富实践管理经验的生物工程产业研发和管理人才。一流的团队、一流的产品、一流的研发加上一流的设施和一流的基地构筑了北大未名强大的核心竞争力和巨大的发展潜力。

以"科教兴国、产业报国、健康强国"为理念，依托生物工程、金融工程和创新理论三大支柱，北大未名积极致力于发展我国生物高新技术产业。董事长潘爱华博士凭借对全球经济和

深圳北大生物园

生物工程发展的前瞻性把握和独特思考，通过在实践中的不断探索和总结，提出了"生物工程产业阶段论"、"经济基因学说"、"社会基因学说"、"生物经济"、"过渡管理学"、"管理学信息不对称理论"等创新理论和企业操作模式与发展思路；根据中国国情和生物工程产业发展特点，他制定了独特的发展战略即"月光战略"、"代工战略"和"影子战略"。在创新的发展战略的指引下，北大未名必将在生物经济时代引领时代步伐，充分发挥其龙头作用，努力打造"新北京的新形象、中关村的新标志，新奥运的新窗口"，成为决胜生物经济时代的中国旗舰！

北京北大生物城

与时俱进　开拓创新

——蓬勃发展的淄博市博山区自来水公司

博山区自来水公司是一个具有60余年供水历史的国家中Ⅱ型企业。现有职工210人，固定资产7000余万元，供水管网120公里，日供水量5万立方米，服务面积30平方公里，水质合格率达到并超过国家规定标准，肩负着全区30万人口及700余家企事业单位的生产与生活供水任务。近年来，公司以邓小平理论为指导，认真贯彻党的十六大精神，深入实践江泽民同志“三个代表”重要思想，紧紧围绕党的中心工作和全区供水任务，以人为本、团结实干、扎实工作，在企业管理、保障供水、优质服务、三产经营、党建、精神文明建设等各方面都取得了显著成绩，经济效益连年提高，两个文明建设成效显著，有力地推动了全区供水事业的快速发展。

公司在保障供水、服务社会的同时，积极适应市场经济要求，以水养水，大力发展第三产业。公司先后投资200余万元，成功推出了“绿巨人”纯净水、天然饮用水项目。由于注重外塑品牌形象，内抓产品质量，在全市树立了“绿巨人”纯净水、天然水的优质品牌形象，并一举荣获中国国际农业博览会优质产品称号。公司积极响应区“旅游带动战略”，投资500万元在风光秀丽的峨嵋山公园内建成了占地10000平方米，集游泳、娱乐、餐饮、健身于一体的博山峨嵋游泳娱乐城，为山城人民提供了一个活跃文化生活，增强体质的文明窗口。

辛勤耕耘结硕果。公司先后荣获了“全国百佳水厂”、“省级青年文明号”、“省级巾帼文明示范岗”、“省建委系统先进集体”、“省级文明示范窗口单位”、“振兴淄博劳动奖章”，“市级文明单位”等多项荣誉称号。

公司领导亲临工程一线指导工作

一流的“绿巨人”水处理设备

地址：博山区峨嵋山路24号　电话：0533-4251111

区自来水公司
P WATER COMPANY

团结奋进的公司领导班子

公司办公大楼

公司建成的博山峨嵋游泳娱乐城

游乐城一角

全国百佳水厂——淄博市博山区自来水公司天津湾水厂

博山清流润万家

——蓬勃发展的淄博市博山区自来水公司

岳国喜　李玉鹏

淄博市博山区自来水公司是一个具有60余年供水历史的国家中Ⅱ型企业。现有职工210人，固定资产7000余万元，日供水5万立方米，肩负着全区30万人口及700余家企事业单位的生产与生活供水任务。伴随着改革开放的春风，博山经济、城市建设快速发展。面对新形势、新任务，公司领导班子带领全体干部职工紧紧围绕党的中心工作和全区供水任务，狠抓两个文明建设，以服务求发展，在博山这块热土上，谱写了一曲曲动人的供水乐章。

强化管理出效益

近年来，公司对企业管理工作首先从严肃工作纪律，转变工作作风入手，在不断完善各项规章制度的基础上狠抓落实。严格而科学的管理，春风沐雨般的思想政治工作，赢得了广大职工的信任，促进了工作的全面开展。在人事管理上，重知识、重人才、重实绩，选拔一批年富力强、文化素质高的同志走上管理岗位。充分调动了广大职工的积极性和工作热情，公司上下呈现出一派勇挑重担，奋力争先的喜人局面。为提高服务质量和经济效益，激发职工的工作热情，公司开展了主题为“加强管理、节能降耗、增收节支、提高效益”的大讨论，每一位职工立足本职，从自身做起，从本部门做起，节能增效，为公司发展献计献策，提高了职工的主人翁地位，取得了可观的经济效益。

优质服务暖人心

作为省级文明示范窗口单位的博山区自来水公司，积极推行社会承诺服务，要求每一位职工“岗位学雷锋、行业树新风”。在对外服务的各个环节上加强管理，急用户之所急、想用户之所想，不断加强行业作风建设，更好的服务用户，努力为经济发展创造良好的用水环境。

为方便用户前来办理用水业务，职工全部挂牌上岗为用户服务。公开收费、公开人员，自觉接受用户监督。在社会及用水户中聘请“供水工作监督员”，发放“供水工作征求意见表”，广泛了解用户对供水工作的新要求，倾听不同阶层对供水工作的意见和建议。努力把服务工作做细、做实。公司专门设立了“4251111绿巨人便民维修服务热线”，实行24小时值班服务；成立了“绿巨人便民维修服务队”，不管刮风下雨、酷暑严寒，只要接到用户求助电话，都迅速赶到现场，组织抢修。为提高水表抄收的透明度和准确性，实行每月为每一位用户下达“备款通知单”，制作安装了“绿巨人便民服务箱”，确保及时将通知单送到用户手中。并通过该箱，把对供水工作的意见和建议反馈给公司，在公司和用户之间架起了相互联系的桥梁。这些措施，使绿巨人便民服务工作形成了点、线、面结合，辐射全区的供水服务网络体系，得到了群众广泛好评，树立了供水行业的良好形象。

多种经营齐发展

在全面搞好供水工作的同时，公司一班人以企业家的远见卓识，抢抓机遇，审时度势，充分发挥行业优势，努力增强企业发展后劲，着力实施“以水养水、发展三产”，开辟了“一业为主、多种经营”的发展之路。面对竞争日益激烈的纯净水市场，公司对“绿巨人”纯净水的经营，重点在外塑品牌形象，内抓产品质量上下功夫，以优质取胜，加大广告宣传力度，逐步树立起了“绿巨人”纯净水的品牌形象，占据了全区纯净水行业的龙头地位。为进一步开拓市场，公司又投资100余万元，成功上马了天然饮用水项目，使“绿巨人”产品形成系列和规模，大大增强了市场竞争力。1998年，公司投资300余万元在风光秀丽的博山峨嵋山公园建起了占地一万平方米的集餐饮娱乐、休闲健身于一体的高标准峨嵋游泳娱乐城，为山城人民提供了一个文明窗口。

谋求发展新举措

近年来，随着博山区城市化、工业化进程的进一步加快和人民生活水平的不断提高，用水需求迅速增加，供需矛盾日益加剧。特别是2000年以来的持续干旱，供水更是出现了前所未有的紧张局面，供水能力不足已成为影响全区经济发展的重要制约因素。对此，公司领导一班人高瞻远瞩、果断决策，决定全面实施引水入博工程。在源泉水源地新建加压水厂一座，铺设输水管道26.11公里，引水能力增加5万立方米/日，计划投资1亿元，2004年8月建成。届时，博山区自来水公司的供水能力将达到12万立方米/日，为全区社会经济的持续、稳定、快速发展提供强有力的用水保障。

文明之花处处开

多年来，公司把突出抓好党建工作，努力推进精神文明建设作为工作的重中之重。每年初都召开党建与精神文明工作会议、党政工团联系会，制订全年党建工作目标与精神文明活动计划，并与党小组、党员分别签定党建与精神文明目标责任书，公司狠抓“三会一课”制度落实，定期组织党员干部认真学习党的十六大精神，全面贯彻落实江泽民同志“三个代表”的重要思想。公司围绕当前企业改革和供水实际，适时提出了“围绕经济抓党建、抓好党建促供水”的口号，用广泛的精神文明活动来丰富党建的内容，形成了党组织强大的战斗力和向心力。

公司多年来坚持推进精神文明建设，先后举办了职工运动会、演讲比赛等一系文体活动，丰富了精神文明建设内容，推进了地区精神文明建设的深入开展。

辛勤耕耘结硕果，文明之花处处开。近年来，博山区自来水公司先后荣获了“全国百佳水厂”、“省级青年文明号”、“省级先进党员活动室”、“省级巾帼文明示范岗”、“省建设系统先进集体”等多项荣誉称号。

加大技改投入 增强企业后劲

——记中国南车集团株洲车辆厂技改投资

中国南车集团株洲车辆厂是中国南方最大的铁路货车生产基地、国家大型一类企业、国家100家最大交通运输设备制造企业之一。该厂始建于1958年,坐落在湘江之滨的株洲市,占地面积128.4万平方米,至2002年底止,拥有资产总额8.7亿元,固定资产原值4.17亿元,各类机械设备2749台,职工6000余人,累计创销售收入92亿元,利税7.3亿元。

该厂铁路货车现年生产能力为5000辆,至2002年底止累计研制和生产了60多个品种共计103562辆铁路货车,产品远销香港、伊朗、巴西、东南亚等国家和地区。

该厂积极贯彻"上品种,上质量,上水平"的方针,大力推进技术进步,引进一批适应性强、性能先进可靠的设备,全面提升工厂制造技术水平。

一、1000万元低息贷款、4400万元重点投入,主要是为开发焊接转向架和形成120km/h焊接转向架生产能力而专门进行的技术改造资金。

1000万元低息贷款是针对生产出口泰国焊接转向架货车,适应小批量多品种铁路货车生产的投入。主要添置了数控液压板料折弯机、水下等离子切割机、数控立车、数控龙门镗铣床、三坐标测量划线仪等设备。这些设备起到了主力军的作用,创造了很好的经济效益。

4400万元重点投入主要是为了实现120km/h焊接转向架批量生产和提高转向架轮轴生产的加工水平。主要添置了120km/h焊接转向架批量生产用的数控龙门镗铣床、构架退火炉、构架抛丸室、构架喷漆生产线等设备。

1000万元低息贷款项目除后来根据情况变化进行调整外,其他全部完成。

4400万元重点投入用于改造转向架轮轴生产手段的大部分设备预计年内可完成交验。

二、投资6511万元与美国原有ABC-NACO公司合资成立株洲斯威铁路产品有限公司。主要是为引进美国摆式转向架专有技术及潮模砂铸造工艺,引进西方工业管理模式和管理技术。

项目完成情况:株洲斯威铁路产品有限公司已于2001年9月25日正式登记成立。

公司联合改进设计的摆式转向架已定型为转K4型转向架,并已向全路生产制造厂家转让。从2002年至2003年上半年,已连续生产转K4型转向架3000多辆。

三、利用国债专项资金10439万元对工厂车体组装和转向架生产车间进行技术改造。

由于市场需求的变化,产品变更很快。工厂深感过去的普通加工设备适应不了多变的产品要求,约束了生产能力的形成。项目主要目的是利用国债资金对台车、一组装分厂及生产环境和工业污水处理系统进行技术改造,理顺工艺流程,提升工艺装备手段,保证产品质量,保证铁路运行安全,提高工厂市场竞争力,为拓展国内外市场打好基础,以适应入世后的周边环境。同时实现转K4型转向架关键配件如弹簧托板、摇动座、新型制动梁的供外能力,以保证转K4型转向架推广的顺利进行。目前该项目已完成初步设计,项目预计2004年底完成。

通过技术改造和应用先进装备,提高了工厂的制造水平和应变能力,增强了竞争力。实现了以装备保工艺、以工艺保质量、以质量保安全,同时也造就了一批高素质的技改工作人员,为工厂今后的发展奠定了人才基础。

中国南车集团株洲车辆厂

总经理 李长顺

奋进中的济南钢铁集团总公司

一、济钢概况

济南钢铁集团总公司建于1958年，坐落在以泉城著称的济南市东郊。经过45年发展，该公司已成为集工业、贸易、科研、开发、服务于一体，跨行业、跨国家联合，一业为主，多元经营，在国内外具有较强竞争力的特大型钢铁联合企业。该公司是国务院确定的512家重点企业之一，连续3年被评为全国质量效益型先进企业和荣获2003年全国质量管理奖、全国设备管理先进单位、全省现场管理样板企业、质量、服务、信誉AAA级品牌等荣誉称号。

2002年底，济钢资产总值135亿元，固定资产原值72.8亿元，净值32.4亿元。2002年，公司生产钢393万吨、铁333万吨、钢材371万吨。有多项产品、半成品的单位成本进入全国冶金行业前三名。实现销售收入118亿元，利税12.73亿元，利润5.44亿元。2003年，济钢的钢产量将达到500万吨钢以上。

二、"十五"前三年投资

2001至2003年的"十五"前三年，济钢用于技术进步和扩大规模的建设总投资54.337亿元，建设及重点改造项目147项。其中国债项目4批5项，总投资为23.9652亿元。为了做好国债重点项目的建设管理工作，济钢于2000年成立了以总经理为组长的国债项目领导小组，每个项目都成立了项目经理部，领导小组与项目经理部签订工程投资、工期和质量全方位风险抵押承包合同，定期考核，确保了所有国债项目顺利实施。

三、投资效果

3年来，通过科学决策和高效投入，济钢的核心竞争能力和经济效益都有了大幅度提高，主要表现在：

(一) 装备水平大幅度提高，工艺结构优化

建设了1750m³高炉、120t转炉、炉外精炼、高效板坯连铸、中厚板三期等工程，形成了当今国际先进，国内一流的短流程，节能型管线钢高强度中厚板材生产线；完成了信息化工程；实现了棒材生产从半连轧到准连轧改造；初步实现了设备大型化、过程自动化和管理现代化。在全国冶金行业率先实现炼铁全精料、炼钢全精炼、全连铸、轧钢全热送和全一火成材等，优化了工艺结构。

(二) 优化品种结构，实现产品升级换代

2000年以来，济钢通过实施"精品战略"、"出口带动战略"和"可持续发展战略"，充分发挥工艺装备结构优化后的潜力，优化产品结构，先后研发了汽车车辆板、汽车大梁板、农机用钢板、锅炉板、高强度耐腐蚀钢板、贝氏体钢板、电力塔架钢、桥梁钢板、不锈钢复合板、薄壁槽钢、高强度钢筋，以及适应日本、美国、欧洲等标准的专用钢材等高质量、高附加值新品种88个，新增产值4308万元，新增经济效益3039万元。

(三)生产成本降低，经济效益提高

济钢通过技术改造，实现节能降耗和挖潜增效，生产成本进一步降低。

利税总额和利润总额分别由2000年的7.83亿元、2.0125亿元提高到2002年的12.73亿元、5.4424亿元，分别提高了62.6%和170%。

(四) 可持续发展的能力得到提高

几年来，实施了以开发高效工艺，优化工艺结构为主的"四全一喷"(炼铁全精料、炼钢全精炼、全连铸、轧钢全一火成材和增加高炉喷煤量)新工艺；推行了"三全两调"(钢坯全热送、加热炉全蓄热化、轧钢全倍尺轧制，调整坯料结构，调整煤气热值)和"三高两低"(炼铁高风温、高喷煤、高系数和低休风率、低焦比)节能技术，缩短了工艺流程，提高了资源、能源有效利用率；实现了以优化资源、能源配置为主要内容的"四闭路"(钢渣、含铁尘泥闭路利用、煤气闭路利用、工业用水闭路利用、余热蒸汽闭路利用)，取得了显著的经济效益和环境效益，提高了济钢可持续发展的能力。

四、"十五"发展目标

根据对国民经济发展和国内钢材市场前景的科学评估和预测，济钢提出了"做强做大，跨越式发展"新的发展战略，对原发展规划目标做了适当的调整。调整后的目标是：在"十五"期间实现工艺装备大型化、紧凑化、自动化；产品结构由普碳钢材为主向品种钢材为主的置换转变，建成国内一流、国际先进的板材精品基地。把原定"十一五"完成的项目提前到"十五"-2007年完成，提前3年实现年产700万吨钢、年销售收入250亿元的目标，实现"跨越式发展"。

下一步的工作是：

1. 进一步优化工艺装备结构，实现装备大型化。2. 开发薄板产品，建设精品板材基地。3. 发展非钢产业

济钢鸟瞰图

高炉

贯穿江苏南北的大动脉——新长铁路

一、基本概况

新长铁路由东陇海线的新沂站引出，途经江苏省淮安、盐城等32个市县(区)进入浙江省长兴县与宣杭线接轨，是连接东北、环渤海和长江三角洲三大经济区域的陆海大通道的组成部分，国家Ⅰ级干线。它北与陇海线、胶新线相通，南与沪宁线、宣杭线相连，在海安与在建宁启线相接，成为贯穿江苏南北的一条大动脉，对改善长江三角洲和华东地区路网布局，扩大江苏、浙江、山东等省的特资交流，促进沿线地区的经济发展都有重要意义。

新长铁路全长561正线公里，另建海安至南通支线62.4正线公里，共计623.4正线公里，(包括按地铁Ⅰ级标准建设的新沂至袁北铁路101.5公里)。由铁道部、江苏省、浙江省共同投资新建袁北至长兴(含海安至南通线)521.9公里铁路。

为了搞好新长铁路建设，经一部两省批准，新长铁路有限公司于1998年9月正式成立。公司作为项目法人，对新长铁路的资金筹措、建设实施、生产经营和运营管理实行全过程负责。

二、铁路建设及管理情况

新长铁路自1998年9月16日正式开工建设以来，在一部两省的正确领导下，在沿线各级政府、广大人民群众及银行的大力支持下，在建设、施工、设计、监理单位的共同努力下，将确定的建设目标基本实现。

(一)工程形象进度按计划顺利推进。根据建设需要，新长铁路工程建设共分四个区段，即新淮段(新沂至淮阴袁北)、江北段(淮阴袁北至南通)、过江段(海安至无锡藕塘)、江南段(无锡藕塘至浙江长兴)。新长公司实际负责袁北至长兴(含海安至南通)段的建设，已于2001年8月完成全线铺架。

(二)建设投资得到较好控制。五年来，公司按照有关政策法规，认真搞好招投标工作。在Ⅰ、Ⅱ、Ⅲ类变更较多、征地拆迁超概算、增设货场等情况下，保证了建设投资不超概算。

(三)2002年12月新长铁路顺利通过初验，工程初验委员会认为全线单位工程合格率100%。

黄金才总经理(中间)陪同上海铁路局领导在江阴栈桥检查工作

三、单位信用结构及投融资情况

(一)新长公司信用等级经中国建设银行江苏省分行企业信用等级评定委员会评定为AAA级。

(二)新长铁路清理概算为62.3091亿元，资金拼盘总计61.06亿元，其中，资本金30亿元，由铁道部出资19.5亿元，占65%；江苏省9.9亿元占33%；浙江省0.6亿元，占2%。银行贷款31.06亿元(已全部到位)，其中，国家开行26.06亿元，中国工商银行5亿元，还有资金缺口1.2491亿元。

(三)投资完成情况良好。到2003年11月底，新长铁路已累计完成投资59.54亿元，占总投资的95.6%。

总之，新长铁路在一部两省的正确领导下，现已基本完成了建设目标。今后公司将进一步严格按国家和铁道部有关规定及程序对建设行为进行控制，严格制度管理，努力做好新长铁路建设收尾配套和运营工作，完成由建设向运营的全面过渡，使新长铁路更好地发挥投资效益。

1998年9月16日，新长铁路开工

新长铁路盐城站外貌

新长铁路与京沪铁路联络线

上海汽车工业(集团)总公司

上海汽车工业(集团)总公司(简称上汽集团)是全国百家建立现代企业制度试点单位之一，并被国务院正式列入全国120家大集团试点企业行列,上汽集团主要产品包括轿车、微型车、客车、摩托车、大中型拖拉机、载重汽车及各类汽车、工程机械配套零部件等,现有员工6.1万人,是国家重点发展的三大汽车集团之一。连续多年名列全国工业企业500强之首,是国家重点扶持的20家大集团试点单位之一。

1984年以来，上汽集团抓住改革开放带来的大好发展机遇,依靠科技进步,走吸收、利用外资、引进和消化国外先进技术的发展道路,先后与德国、美国、日本、英国、法国、意大利等国的汽车集团公司合资合作,建立了58家合资企业。资本运作首次突破国界,成为通用-大宇的股东。

2002年,上汽集团坚持“以用户满意工程”为主线,以创新精神全面实施“四项工程”,经济运行质量得到进一步提高。全年共实现销售收入1276亿,完成工业总产值1004亿元,“全年销售汽车61万余辆,主导产品轿车销售突破41万辆,销售收入突破1200亿元”三项指标名列同行业全国第一。

上汽集团在国家和市府的关怀指导和集团各级领导的正确决策和组织及集团全体员工的努力拼搏下,“十五”总体规划目标执行情况趋于良好。“十五”规划固定资产投资280亿元人民币,预计到今年底累计完成131亿元人民币,占“十五”固定资产投资的47%。同时我集团各项经营指标提前两年达到“十五”规划目标,业绩喜人。几年来,集团通过内部拓展,对外兼并,形成了七个汽车整车生产厂区,拓宽了整车品种,为建成百万辆汽车集团奠定生产基础。从完成指标可以看出,随着汽车市场需求持续高速增长,“十五”规划期末,集团有望实现百万辆产销目标。集团经济效益大幅增长,为跻身世界500强夯实基础。

“十五”主要投资方向有三方面:

(一)整车生产基地

1.上海大众汽车有限公司 2.上海通用汽车有限公司 3.上汽通用五菱汽车股份有限公司 4. 上汽集团仪征汽车有限公司 5.其他大中型客车、轻型车、重型车正在实施改造和企业整合。

(二)零部件生产基地

“十五” 规划零部件固定资产投资67亿元,01-03年预计完成投资45亿。建成了一批新的合资企业,使零部件整体技术水平向高端发展。有些零部件企业在满足SVW、SGM整车配套的同时,还实现了走出上海跨地区建厂的扩张,在零部件行业处于领先地位。

(三)多元经营业务发展

“十五”规划多元经营投资23.2亿元,01-03年已启动项目主要有:安吉天地物流项目、汽车租赁项目、大众销售项目等,在建的有滚装码头项目、快修快保项目和进口车品牌销售项目

等。通过这些项目的建设,使集团多元经营得到了发展。

面对新形势,上汽集团将积极推进产品结构调整,着力拓展国内外市场,加快形成自主开发能力,进一步扩展多元经营领域,到2007年实现“年产汽车100万辆、跻身世界500强、生产自主品牌汽车5万辆”的三大战略目标。

加大技术进步力度 做精做强上海烟草

——发展中的上海烟草(集团)公司

上海烟草(集团)公司
总经理 董事局局长:
董浩林

上海烟草(集团)公司组建十年来,凭借产品、资金、管理、技术等方面的优势,以投资控股、参股等资产运作形式为纽带,将71家成员单位联为一体,形成了“一业为主,多种经营,科技兴烟”的新格局。目前,公司除拥有现代化的卷烟工业企业以及烟草储运、烟草印刷、烟草机械和烟草材料等配套工业企业外,还涉足商业、食品工业、餐饮酒店业、房地产业和金融保险业等新的领域,成为以卷烟工业为主的多元化、集约化、现代化的大型企业。

2002年,上海烟草(集团)公司实现工商税利129.1亿元,其中利润50.6亿元;企业净资产达到199亿元。公司先后获得“中国的脊梁”优秀国有企业,全国“五一”劳动奖状,上海市文明单位,上海最佳工业企业形象单位等多项殊荣;并连续九年获全国烟草行业经济运行质量和效益一等奖。

上海烟草工业经过长达20余年的脱胎换骨的改造,企业的设备和技术达到了国际先进水平。与此同时,上海烟草(集团)公司通过采用独资和合资等形式,进一步增强了卷烟生产和包装印刷及配套材料生产的实力。

上海烟草(集团)公司以品牌为灵魂,以管理和技术为两翼,全面实施以“五个一流”为目标的“做精做强”战略。率先在全行业通过了ISO9002:1994质量保证体系,并获得上海市第一张ISO/DIS9001:2000质量管理体系贯标认证证书,整个质量体系覆盖了烟叶原料供应、储存运输、卷烟生产、市场销售及售后服务等各个环节,“一丝不苟、支支一流、一包一箱、不优不休”的质量方针成为职工的真挚追求和自觉行动。同时,在全国率先成立了国家级烟草技术中心,加大了卷烟新工艺、新材料等新技术的开发、应用,建立了企业自主创新的技术创新机制。上海烟草的技术创新能力和烤烟型低焦油卷烟研制开发水平,在全国烟草行业处于领先地位。多年来,以“中华”卷烟品牌为代表的沪产名优卷烟以其高知名度和高质量,享誉海内外。

上海烟草(集团)公司以“做精做强”为发展战略,努力向“国内一流、国际先进”目标迈进。初步估算“十五”期间公司固定资产投资总规模约27.52亿元(含外汇9237万美元),其中基本建设投资7.2亿元,技术改造投资20.32亿元。“十五”期间的主要建设项目有14个。同时,为兼顾烟材、烟机、高扬、金叶包装有限公司等企业的发展和投资项目采取了一系列的措施。

通过“十五”期间主要投资项目的实施,为进一步提升上海烟草(集团)公司的整体实力,为“做精做强”上海烟草,着力打造企业核心竞争能力,向“国内一流、国际先进”目标迈进创造了新的条件。上海烟草(集团)公司在新的形势下,将按照“十五”发展计划和“做精做强”的战略思想,以新的气势、新的姿态、新的作风、新的实效,再铸企业新的辉煌。

发展中的上海烟草(集团)公司

加快投资建设 促进企业发展

山东新汶矿业集团

董事长　郎庆田

地　址：山东省新泰市新汶
邮　编：271233
电　话：0538-7872912
传　真：0538-7872531
网　址：http://www.xwky.com

山东新汶矿业集团是以煤为主、多种产业共同发展的大型企业集团。2002年企业销售收入57.5亿元，资产总额74.9亿元，位列中国大型企业174位，全国煤炭工业100强的第9位。总部设在山东省新泰市，依五岳独尊泰山，临孔孟之乡曲阜，交通便利，通讯捷达。

新汶矿业集团所辖泰安、莱芜918平方公里煤田区域，含有丰富的煤炭、石膏、铁矿石、高岭土、铝钒土等矿藏。现有13个生产矿井、7个洗煤厂，年产煤炭1300万吨以上。设计能力600万吨/年的巨野龙固矿区正在开发建设中。矿区煤种主要有气煤、气肥煤、肥煤等，冶炼精煤、动力精煤等产品销往全国上百家大中型企业，并有部分动力精煤出口国外。

新汶矿业集团实施“煤炭主业集中化、非煤产业集优化、产权结构多样化”发展战略，构建煤炭主业、非煤工业、高效农业“三位一体”产业格局，形成了煤炭、电力、建材、造纸、煤化工“五大主导产业”。2007年企业总收入将达到100亿元，建成主业优势突出、科技水平高、核心竞争能力强的新型工业化大型企业集团。

新汶矿业集团所属潘西煤矿，位于山东省莱芜市境内，1960年投产，设计能力30万吨/年，1994年经国家批准进行改扩建，设计能力扩至60万吨/年。改扩建工程，在国家发改委、开发银行、原煤炭部、山东省计委、煤炭局的关怀下，于2001年竣工投产，项目被评为优良工程；累计完成投资3.0055亿元，其中国家财政拨款4451万元、开行贷款2.428亿元。项目投产以来，2002年矿井产煤108万吨，实现利润3094万元；2003年预计产煤120万吨，实现利润4000万元。改扩建工程的投产，使该矿从一个年产煤炭仅30万吨的小煤矿一跃成为百万吨以上大型现代化矿井，同时投资也取得较好的经济效益，为矿井发展创造了条件，注入了活力。

办公大楼

煤炭生产线

矿业集团文化生活

大唐微电子技术有限公司

DATANG MICROELECTRONICS TECHNOLOGY CO,LTD.

大唐微电子技术有限公司是大唐电信科技股份有限公司的控股子公司，起源于原邮电部电信科学技术研究院集成电路设计中心，是目前国内唯一一家能同时在芯片级、模块级、卡级向客户提供全方位产品、服务与解决方案的集成电路企业，拥有目前亚洲最大，具备最完整、最先进生产配套设备的IC卡模块生产线，是国内最大的电信智能卡芯片供应商，同时也是国内首家向欧美市场出口电信智能卡芯片的中国通信企业，目前已发展成为了中国智能卡集成电路领域的科技领导者。

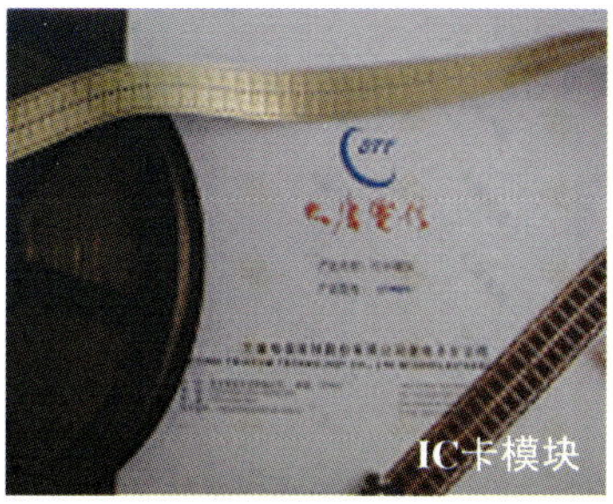
IC卡模块

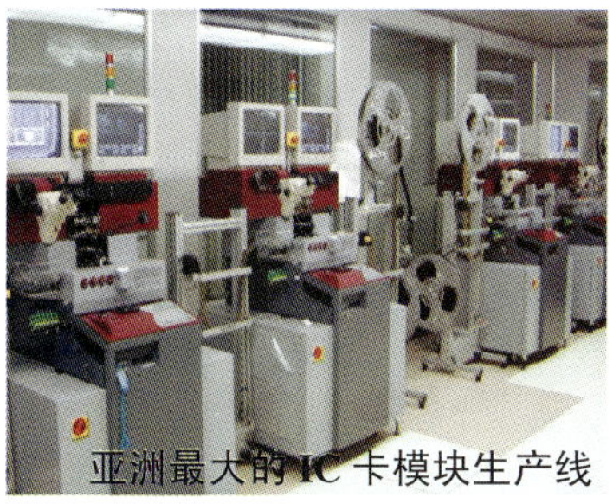
亚洲最大的IC卡模块生产线

公司大楼

办公区

大唐微电子技术有限公司自1998年创立以来发展迅速，不断创造了业内普遍认可的成绩。公司先后独立完成了由北京市经委（集成电路专项资金）支持的《移动通讯STK增值业务空中下载技术及应用系统》项目和《基于SIM卡的移动电子商务安全平台技术改造》项目，由信息产业部支持的《基于SIM卡的移动通讯增值服务下载及管理系统》项目，由北京市经委科技处支持的《SIM卡产业化项目进一步拓展国际市场》项目、由863集成电路专家组支持的《面向通信的综合信息处理器(COMIPTM)》项目，由国家发改委支持的《有线数字电视条件接收卡（CAM卡）及专用集成电路高技术产业化示范工程》等诸多项目。在这些项目中，大唐微电子技术有限公司努力将产品研发定位在“自主、创新、共赢”的便于科技成果产业化开发的战略高度上来。其中由信息产业部支持的IC生产基地项目、UIM卡模块开发项目和国家计委与信息产业部支持的SIM卡产业化项目，成为了大唐微电子技术有限公司近几年成功将科技成果产业化的典范。

公司领导班子

1998年大唐微电子技术有限公司成功实施了《公用电话IC卡芯片与模块开、发生产基地》项目，从而保证了“中国第一个全部国产公用电话IC卡”自问世以来从设计到制造到测试和封装全部实现国产化的产业能力，宣告了外国的垄断已经彻底结束，同时也为国家及地方财政提供了巨额税收，为国家节省了大量的外汇，为电话IC卡的升级换代工作建立了必要的技术和生产基础。

1999年底，大唐微电子技术有限公司根据上级的需求，再次承担开发了《信息产业部重点科技发展项目及国家移动通信专项基金资助暨1999年国债投资项目》——SIM卡产业化项目，该项目的数字移动通信GSM手机专用SIM卡芯片研制成功，又一次打破了多年来中国在SIM卡领域被国外垄断的局面。并且在世界范围内首创将STK（SIM Toolkit，简称STK）和动态空中下载技术相结合用于SIM卡并实现商用。同时此项目申报了五项国家专利，其中“基于STK技术的移动通信增值业务空中下载系统”专利技术还荣获了中国2003年度信息产业界“重大技术发明奖”，这是中国移动通信应用开发技术实现历史性跨越的标志之一，至此项目实现了从研发到产业化的转变，其模式被堪称为是一个科技成果产业化成功的典型范例。

大唐微电子技术有限公司在认真执行、实施国家重点支持的项目之后，目前已拥有的数亿粒芯片产品的生产能力已发挥作用，数十项集成电路设计及生产技术专利已正式注册，公司拥有了从芯片产品研发、设计、封装、测试到服务一条龙式产品化实施方案，具备了成熟的产业化经验和专业产品化流程，开始了上亿级电话IC卡芯片及模块设计生产、上千万级SIM卡芯片及模块设计生产，同时正在为上亿级非接触卡芯片设计生产进行技术和管理准备。

中国石油天然气勘探开发公司

国际投资经营情况

中国石油天然气勘探开发公司(CNODC)是中国石油天然气集团公司(CNPC)的全资子公司,按集团公司授权,负责中油集团公司海外石油投资项目的统一管理与运作,对集团公司承担国有资产保值增值责任。

公司实施国际化经营以来主要经历了三个阶段:1993年到1996年为探索起步阶段,以积累经验、锻炼队伍、培养人才、熟悉国际环境为目标,签订了几个小型项目,进行了多种合作形式的实践;1997年到2002年为迅速成长阶段,主要目标是寻找风险较低,效益较好的大中型开发项目,占有资源,投资开发,形成规模。经过激烈竞争,中标和签订了几个规模比较大的石油合作项目,引起了国际石油界的普遍关注;2003年开始公司进入加快发展阶段,围绕CNPC提出的"全面建设具有国际竞争力跨国企业集团"的目标,加快海外石油事业的发展。

一、三大发展区巩固发展

CNODC致力发展我国对外合作勘探开发石油天然气事业,经过艰苦努力,海外市场开发取得丰硕成果,形成了中东—北非、中亚—俄罗斯及南美三大海外发展区。

中东—北非地区:1999年6月苏丹1/2/4区石油开发项目正式投产,用了不到两年的时间,建成了年生产能力1000万吨以上的大型油田和1506公里长距离输油管道;2000年5月,由中方总承包的原油设计加工能力为250万吨/年的苏丹喀土穆炼油厂所有生产装置投产一次成功,进入生产运营期;苏丹6区、3/7区勘探也相继获得重大突破,目前在苏丹已经探明和控制了建设2000万吨/年原油生产能力的石油资源。同时在苏丹形成了集石油勘探开发、炼油化工与销售为一体的完整石油工业产业链。

中亚—俄罗斯地区:哈萨克斯坦阿克纠宾项目在中方接管后,应用先进而实用的开发技术和经营管理手段,使老油田的年产油量由230万吨提高到2002年的436万吨。目前已形成了500万吨/年以上的原油生产能力。以阿克纠宾项目为基地,又开发了阿克纠宾南部勘探项目、北布扎齐项目,同时开发了土库曼斯坦、阿塞拜疆等中亚国家市场。

南美地区:秘鲁项目由接管时的600桶/日,提高到1998年的7000桶/日;委内瑞拉项目的原油产量由接管初期的4905桶/日,提高到高峰产量4万桶/日,在目前OPEC限产和极其复杂的经营环境下仍然保持在近3万桶/日的生产水平。以秘鲁、委内瑞拉项目为基地,又相继开发了秘鲁1-AB、8区项目和厄瓜多尔市场。

二、新项目开发不断取得新成果

到2002年底,公司累计签订了包括苏丹3/7区项目、委内瑞拉奥里乳化油项目、阿曼项目、阿塞拜疆K&K项目和缅甸项目等在内的海外项目石油合同26个,其中勘探开发项目22个,管道项目2个,炼油、化工项目各1个,项目分布于四大洲11个国家。

2003年是公司进入加快发展的第一年,公司加大了市场开发力度,取得喜人成果,新签项目捷报频传,先后签订了阿塞拜疆古布斯坦勘探开发项目、叙利亚提高采收率项目、阿尔及利亚ADRAR上下游一体化项目、哈萨克斯坦北布扎其油田开发项目和巴斯勘探区块项目、厄瓜多尔11区块项目、秘鲁1-AB、8区块项目以及俄罗斯奥伦堡等十个项目,为今后的更大发展奠定了基础。

三、项目投资效益显著

从2000年开始,公司海外项目已逐步进入投资回收期。份额收入由1997年的2.37亿美元增加到2002年的13.4亿美元,增长4.6倍;公司资产总额由1997年底的127亿元人民币增加到2002年底的235亿元人民币;五年间,公司海外项目累计投资27亿美元,累计获得份额收入35.76亿美元。连续三年,公司利润超过1亿美元。苏丹1/2/4项目已连续三年净现金流入超过2亿美元;秘鲁项目的投资已全部回收,今后每年还可获得几百万美元的分成收入。

2003年勘探开发公司海外项目投资11亿美元,全年实现权益销售收入23亿美元,比上年增长32.7%;实现利润2.4亿美元;中方公司人均权益原油1.3万吨,人均实现权益销售收入176万美元。

到2003年底,公司共有中方员工1325人,其中:国内310人,在海外的员工1015人;上游勘探开发人员643人,下游及其他689人。形成了一支精干高效并且具有比较丰富的国际化经营经验、具有创新和奉献精神、特别能战斗的较高素质的跨国经营管理队伍。

苏丹炼油厂全景

国债项目投资建设情况

西北农林科技大学

西北农林科技大学是教育部直属的全国重点大学。学校始建于1934年。1999年由地处杨凌的隶属于5个部、省、院的教育、科研单位重新组建，成为中国目前规模最大的综合性农业大学。

学校位于国家级农业高新技术产业示范区所在地杨凌。农业始祖——后稷曾在这里“教民稼穑、树艺五谷”。这里是中华农业文明的发祥地。校园占地400多公顷，环境优美，景色宜人，是科学研究和人才培养理想之地。

学校现有教职工4977名，其中教授、研究员等正高级职称人员253名，副教授、副研究员等副高级职称人员911名，中国科学院院士和中国工程院院士3名，博士生导师134名，国家及省部级有突出贡献专家69名。在籍学生26443名，其中博士、硕士研究生2000余名，本科生15000余名，各类职业教育和成人教育学生近万名。近70年来，学校先后培养本、专科毕业生7万余名，毕业硕士、博士研究生2661名。学生遍布祖国大江南北及海内外，有的成为享誉中外的著名专家学者。

学校现有农学、林学、园艺、植物保护、动物科技、资源环境、水利与建筑工程、机械与电子工程、信息工程、食品科学与工程、葡萄酒生命科学、经济管理、人文、外语和职业教育与成人教育等16个学院（系）；现有学科涵盖农、理、工、经、管、文、法等七大门类，其中国家级和部省级重点学科24个；本科专业49个，硕士学位授权点47个，博士学位授权点24个，博士后流动站7个；另外有工程、农业推广等5个专业学位硕士点。有国家和省部级重点实验室14个，国家研究中心和工程中心4个，国家级科学研究野外台站2个，省部级工程技术研究中心5个，省部级实验中心和测试中心2个，分布于全国各地的教学科研实验示范基地40多个。

自1999年起，为改善办学条件，解决扩招后教学用房严重不足的问题，国家支持国债建设项目5项，共建教学楼及实验室19730平方米，总投资5887万元，其中国债资金3032万元。为用好国债建设资金，发挥国债投资效益，学校领导为国债项目，成立了专门的建设委员会，积极筹措配套建设资金，并对设计和施工的各个环节严格要求，全面采用招投标体制，完善质量监督机制，精心组织精心施工。目前各项工程都按期竣工交付使用，工程质量均为优良。这些项目的竣工交付，改善了我校的办学基础设施条件，缓解了教学用房严重不足的问题。

1、北校区7号教学楼：总建筑面积6300平方米，总投资870万元，其中国债资金200万元。该工程1998年3月开工，1999年3月竣工验收，工程质量优良。该工程自投入使用以来，运行状况良好，缓解了北校区教学用房严重不足的问题，确保了教学的顺利进行。

2、南校区2号教学楼：总建筑面积6430平方米，总投资763万元，其中国债资金400万元。该工程2000年7月开工，2001年8月竣工验收，工程质量优良，被评为市级文明工地。该工程自2001年8月投入使用后，缓解了学校组建合并后连续扩招给南校区带来的教学用房严重不足的问题。

3、信息工程学院教学楼：总建筑面积7000平方米，总投资1780万元，其中国债资金540万元。该工程2001年3月开工建设，2002年5月正式投入使用，工程质量优良。信息学院投入使用后，从根本上改善了学校计算机教学的办学条件，为培养高质量的信息类和各类农业科技人才提供了较好的条件。

4、校园计算机网络建设：属西部教育国债项目，投资总额392万元。该项目资金已全部到位，目前正在按国家政府采购项目有关程序进行。该项目的实施，会加快校园计算机网络建设，极大地改善办公自动化、多媒体网络远程教学、对外信息交流等条件，为教学科研顺利进行提供发展平台。

5、老校基础设施改造工程：总投资2082万元，其中国债资金1500万元，自筹资金582万元。该项目的实施，改善了我校供电设施陈旧落后的局面，南北校区变压器增容后将解决供电容量不足的问题，保证了新建建筑物正常投入使用。

中国戏曲学院新校园建设情况

中国戏曲学院是戏曲艺术人才的摇篮，是国家教育事业的重要组成部分。党和国家历来重视中华民族的优秀文化，重视戏曲教育事业的发展。江泽民主席在《弘扬民族文化，振奋民族精神》的讲话中强调指出："振兴京剧和民族艺术，需要有一大批立志献身这一事业的优秀人才。我们要有战略眼光，努力造就二十一世纪的京剧人才、民族艺术人才。要办好戏曲和艺术院校。"为进一步弘扬民族文化、培养跨世纪戏曲艺术人才，在党中央和国务院领导同志的亲切关怀下，经国家计委、文化部和北京市有关部门积极运作，选择新址建设中国戏曲学院新校园工程很快立项并顺利实施。

中国戏曲学院新校园位于北京市丰台区万泉寺（西二环菜户营立交桥与西三环丽泽桥之间），总占地面积5.3万m²，总建筑面积6万m²，总投资约4亿元。1998年4月28日破土动工，1999年9月25日正式落成，在配套工程进一步完善后，学院教学区于2000年9月全部迁入新校园。该项工程是1999年北京市67项重点工程之一，由清华大学设计研究院设计，北京天桥建筑集团公司和河北华宸建筑股份有限公司分别组织施工。施工期间，施工单位严格贯彻ISO 9002质量标准，严密组织，精心施工，得到了专家和使用单位的一致好评，2000年荣获北京市建设工程质量最高奖——长城杯奖，2001年荣获国家建筑工程质量最高奖——鲁班奖。新校园在规划设计时突出了戏曲教学的使用功能，在布局上分为教学区、体育活动区、生活区及后勤服务区，在一条贯穿南北的轴线上布置了前区广场、雕塑、教学主楼、图书馆、中心绿地、宿舍等主要建筑，校园中各类建筑围成大小不等的院落空间，观赏性与实用性相结合，既富有民族文化特色，也具有强烈的时代感和典雅的建筑艺术风格。

中国戏曲学院校门

中国戏曲学院大剧场：中央电视台多次在此现场直播、录像

风雨操场和塑胶运动场

中国戏曲学院教学楼：内设共同课教室和表导演、音乐、美术等各类专业教室

新校园设计与建设过程中，综合考虑了绿化美化问题，现绿化覆盖面积为1.9万m²，为总占地面积的36%，建成的当年就被评为花园式单位。

学生公寓

中国戏曲学院新校园是一所标准较高的艺术殿堂。新校园的建成，扩大了办学规模，增强了综合功能，丰富了教学手段，从根本上改善了教学条件，将为中国戏曲学院培养更多戏曲人才发挥重大作用。同时，也将对繁荣中国民族文化艺术事业、加强中外文化交流产生深远的影响。

吉首大学综合教学楼投资建设情况

吉首大学基建管理处

吉首大学创办于1958年9月，是湖南省直属综合性大学，被列入国家西部开发重点扶持的高校，学校分吉首校区和张家界校区，本部在湘西土家族苗族自治州首府吉首市。

综合教学楼工程为2001年国债项目，是湘西州重点建设项目，计划投资3600万元，总建设面积24700平方米，可容纳4000名学生的教学活动。项目的建成为吉首大学提高教学、科研能力提供了良好的硬件平台，对促进湘西地区的文化、经济振兴发挥着积极的作用。

总结建设经验，我们认为有以下几条主要经验，对工程各方面的管理起了决定性作用。

一、有高效健全的组织管理机构

学校为该项目设立了以校长游俊同志为组长的“综合教学楼领导小组”，并会同五大责任主体成立了工程指挥部，依法对项目进行全过程管理。

二、按建设程序办事，依法进行项目招标

项目筹建严格按程序办事。在省、地各级政府有关部门的管理和监督下，项目进行了设计方案招标竞选。依照国家招标投标法规和西部开发的有关政策，经当地建设主管部门批准，在有关部门的监督下，对施工单位进行了公开招标。

三、依照规范施工，严格控制施工质量

明确管理模式，确定管理目标。为保证工程顺利完成，学校采取了政府监督、社会监理、建设方监管三结合的管理模式。结合施工单位的自检自查，对工程质量、投资、安全进行全面控制。工程质量依照国家规范，按“确保省优良工程，争创部优工程”的高标准要求。

落实各方责任，强化管理手段。校领导按期到施工现场检查指导工作；基建处委派两位得力干部作为业主代表，具体负责施工全过程协调管理；监理单位配备了三名常驻工程师，设计单位委派了常驻工地代表，进行施工监督指导，及时处理技术难题，全面可靠进行施工服务。施工单位组成强有力的管理班子，做到任何施工均有技术管理人员到场指挥、随班检查，使工作落到实处；进场施工人员，上岗前都按要求进行培训和技术交底，明确任务和要求；关键工程，持证上岗，关键工序，监督到位，各工序均有交班记录，责任到人。湘西自治州质监站、安监站等建设行政主管部门，深入工地进行检查指导，协同研究解决施工中的问题，及时有效地纠正施工人员的违规行为，确保了施工质量和施工安全。

施工中所用的各类建材，按规定、按程序严格检查质保资料和实体，逐批外观目测检查，抽样试验，杜绝伪劣次材用于工程，从源头上保证了工程实体的内在质量。

依法办事公开，接受社会监督。工程建设全过程公开，所有建设活动均进行集体讨论研究，并建立有学校内部监督体制，从制度上杜绝腐败现象的发生。在工程建设过程中，没有出现转包、肢解分包等违法违规行为。

四、严格国债资金管理

按照国家规定，学校在银行申请了国债资金项目专用账户，专门制定了国债资金的管理规定。对于资金的拨付，执行严格的审查签字制度，逐级审核、逐级签字，确保了按工程形象进度拨付工程款。对已拨付的资金进行追踪监控，确保施工单位把已拨付国债资金用在该项目上。整个建设过程没有违规使用资金的现象。

由于各方工作扎实，管理得当，该项目竣工后受到了社会各界的好评。经过对施工过程的严格控制和各阶段的分步验收，结合有关的检测结果，该项目的工程质量达到合格，安全达到合格，各项检查指标优质率达92%，各责任单位一致同意申报更高级别的质量考评。

该工程已申报省级优质工程，设计已申报国家级优秀设计项目。

综合教学楼

用好国债资金 改善办学条件

青岛大学

青岛大学坐落在青岛市浮山脚下，依山傍海，风景秀美，是山东省重点建设的综合性大学之一。近几年来，学校办学规模不断扩大，教育质量稳步提高，办学实力迅速增强，初步形成了积极进取、团结奋斗、开拓创新的良好局面。学校现有23个学院，涵盖文、史、理、工、医、教育、法、经济、管理九大学科门类。到2003年，全校全日制在校本、专科生达到31000人，研究生3000余人，外国留学生500余人，继续教育学生10000余人。

为保证高等教育持续、快速、健康发展和深化高等教育改革，支持高等学校扩大培养能力，进一步改善办学条件，经国家发展和改革委员会批准，青岛大学1#教学实验楼和2#教学实验楼被列为国债专项资金项目。建设面积22000平方米，总投资2356万元，其中国债专项资金1000万元，目前两栋教学楼均已竣工交付使用，质量等级为优良。

学校十分重视国债项目的建设，基建处制订了《青岛大学基本建设规章制度汇编》，囊括了项目前期管理、合同预决算管理、施工管理、财务管理、档案管理及岗位责任和分工，形成了高效、协作、有利于工程建设项目全过程的监控约束机制。

在该项工程的建设过程中，学校严格执行《建筑法》、《招投标法》以及山东省、青岛市有关的建设法规。在工程计划下达后，学校按照目前的建设程序办理了建设用地规划许可证、建设工程规划许可证、建设工程施工许可证，在政府的监督下进行了公开招投标，公开、公平、公正地选择施工队伍，各种前期手续齐全，在青岛市、崂山区有关部门组织的检查中，多次受到好评。

学校坚持按照《建筑法》和《建筑工程质量管理条例》以及施工标准、规范、施工合同及工程监理的有关规定，严格控制工程质量。基建处组织人员对设计图纸进行认真会审，发现问题及时和设计单位协商解决，努力将施工质量隐患消除在施工前。施工过程中，严格按施工图纸、施工规范、施工合同组织施工，对重点部位实施旁站监理，确保工程主体结构安全。对建筑材料质量严格把关，认真执行材料“见证送样”的管理制度，对材料实行现场跟踪管理，坚决杜绝假冒伪劣产品使用在工程上，从而确保了该两项工程竣工验收质量等级为优良。

资金管理方面，严格执行国家有关规定，学校设立了专门的财务机构并制订了一系列的规章制度，负责核算学校的基本建设资金。对国债资金实行了专户管理。在投资控制方面严格按合同执行，严把签证关，做到以合同和经过有关人员签证的工程进度为依据，保证了每一笔资金的合理使用。最后加强工程竣工结算审查力度，严格把关，及时进行工程决算，经过有关中介机构审计后，作为财务结算的依据，大大降低了工程造价。

通过利用国债资金，极大地缓解了学校工程建设资金不足的困难，为学校连年扩招学生创造了基础条件，取得了良好的经济效益和社会效益。

1# 教学实验楼

2# 教学实验楼

福州大学国债投资项目建设情况

一、工程概况

(一) 学生公寓楼

福州大学学生公寓楼由福州大学土木建筑设计研究院设计，福州闽教建设监理有限公司监理，中建七局三公司和省三建共同施工，总建筑面积47611.8平方米，工程总投资约为8000万元。

2002年3月，一期工程开工，2003年9月二期工程开工。目前已有八幢宿舍楼竣工，三幢宿舍楼尚在建设中，预计2004年初竣工，另有一幢宿舍楼预计2004年初开工，2004年9月竣工。

(二)文科楼

福州大学文科楼占地面积14268平方米，建筑面积15770平方米，建筑总高度21.3米，为5层框架结构，预应力管桩基础，按7度三级抗震设防，耐火等级2级，工程造价1750万元。该楼主要有三大功能分区：办公用房，使用面积约2400平方米；多媒体阶梯教室40间，使用面积约4800平方米；模拟法庭，使用面积约400平方米。

该工程采用塑钢窗，成品防盗门，外墙方形面砖，内墙、天棚水性水泥漆，教室采用金钢砂地面，办公室采用金刚板地面。本工程由福大建筑设计研究院设计，福州市闽教建设监理有限公司监理，通过公开招标，由福建建工集团中标承建。

二、立项背景

福州大学作为全国“211工程”重点建设的大学，其奋斗目标是，在本世纪头二十年，全面增强学校办学综合实力，在人才培养、科技研究和社会服务等方面形成一批具有区域优势的高水平强项，拥有若干具有国际水准的标志性成果，到建校六十周年时(即2015年)，把福大建设成为具有较强的学科相对优势、体现教学研究型办学特色和开放式办学格局的中国东南强校。“十五”期间，福大将在重点学科、公共服务体系、师资队伍、基础设施四大建设上加大投入力度，力争使学校的教学、科研、办学效益更上一个新台阶。

随着学校办学水平的提高，办校规模亟需扩大，基础设施建设成为关系福州大学发展的头等大事。由于大型基础设施建设项目投资资金缺口较大，尽管多方位筹措资金，如自筹资金、银行贷款等，但仍不能满足工程的需求。根据国务院关于教育国债投资的政策，2001年，福建省计委下达了有关文件，将福州大学文科楼、学生公寓楼列为国债投资项目，项目计划总投资9750多万元。

三、工程招投标

为了有效利用国债资金，使投资发挥更大的效益，学校在工作中广泛采取招投标方法。招投标始终坚持“公开、公正、公平”的原则。招投标在福建省工程交易中心公开进行，通过随机抽签确定了两家造价咨询公司，一家编投标标底，一家编工程量清单。在招投标过程中，入围的15家施工单位通过公开、公平的抽签，选出了7家投标单位，在校纪委全程监督下，最后通过正式的评标程序，确定了合法的施工单位。

四、工程质量和建设管理

该工程从开工到竣工，始终坚持质量第一的原则，在建设过程中，建设单位配合监理全程把关，实行“三控制”，即质量控制、投资控制、工期控制。严格按照《国家施工验收规范》标准，对施工过程实行严格的质量控制，严把四个关卡：一是严密监测沉降量，二是严格监测楼板厚度，三是严格监测屋面的实密性，四是严格监控钢筋质量。由建设单位、质检站、监理公司、设计院一起抓质检。每道工序必须达到合格要求后，才能进入下一道工序。一旦需要整改，必须经三方同意并确认整改合格后，才能进入下道工序施工。坚持安全生产文明施工，施工期间未发生任何质量和安全事故。

绿树掩映中的学生公寓楼

蓝天白云下，雄伟的文科大楼就象一个流动的音符

充分利用国债投资 积极促进学校发展

——华侨大学国债投资项目实施情况

华侨大学是在周恩来总理的亲切关怀下，于1960年创办，以培养华侨华人青年为宗旨的综合性高等学府。已故全国人大常委会副委员长廖承志为首任校长。

秉着"面向海外、面向港澳台"的办学方针和"为侨服务、为经济建设服务"的办学原则，在国家计委、财政部、国务院侨办等部门的关心支持下，华侨大学已发展成为具有博士、硕士、学士、预科等层次较为齐全的办学体系，现有各类在校生18000余人，其中境外生1600余人，分别来自马来西亚、菲律宾、泰国、日本、朝鲜、美国、阿根廷及港澳台等23个国家和地区。

华侨大学国债投资项目实施情况

作为国家重点扶植的华侨高等学府，教育经费的紧张状况得到了上级有关部门的高度重视和关心。1999年至2002年，国家计委安排了华桥大学国债投资项目三项，涉及筒子楼改造及教学实验用房的建设，总金额2024万元，在一定程度上缓解了华侨大学教育教学资源不足的燃眉之急。

筒子楼改造

该项目总投资832万元，其中国债投资624万元。总面积10350平方米，其中改造面积约为3112平方米，翻建面积为7238平方米。该项目完成后，改善了青年骨干教师的住房条件，稳定了师资队伍。

经济管理大楼建设

该项目总投资1951万元，其中国债投资700万元，华侨捐资600万元。大楼总建筑面积13728平方米，楼内设有教室32间，可供3640个学生同时上课；设有电子商务实验室、金融实验室（专业基础实验室）、应用经济学重点实验室等；设有多媒体答辩、毕业设计的场所；设有办公室62间。

经济管理大楼项目完成后，对提高教学质量和学校的科学研究与学术交流起到促进作用。同时也满足了经济管理学院办学规模不断扩大的需要。

科技实验大楼建设

该项目总投资2200万元，其中国债投资700万元，华侨捐资550万元。科技实验大楼总建筑面积14050平方米。它作为华侨大学的教学实验基地，为全校的1万多名学生提供了实验场所；现代教育中心可为全校学生提供公共上机和多媒体教学的机会；新闻影像工程实验中心可提供摄影、摄像、三维动画等实验和影视功能；网络中心为校园网络提供管理和服务。此外，科技实验大楼还提供了课件制作、多媒体教学、主播室和接收室、图形工作站、控制与编辑室等多种功能。

科技实验大楼的投入使用，改善了华侨大学的实验室条件，为培养创造型、实践型的复合人才打下了基础。

国债投资项目和教育成效

在党中央、国务院的多方关心和支持下，华侨大学建校43年来，共为境内外培养了6.3万余名各类专门人才，其中来自40多个国家和地区的境外生3.3万余人。为香港、澳门的顺利回归及繁荣稳定，促进祖国统一大业的早日实现做出了卓越的贡献。加强了中国与世界的联系，目前已与日本、美国、加拿大、澳大利亚、菲律宾等国家和港澳台地区的20余所高校建立了校际友好合作关系。杨振宁、钱伟长、李亦园等国际著名学者先后应聘担任华侨大学名誉教授，并莅校讲学，学校在国内外学术界的影响力日益扩大。

华侨大学，正努力向更高的办学水平和办学层次迈进，致力于建设成为"以华文教育为特色、以工程学科为优势，国内先进、在国际上有一定影响的、具有良好声誉的社会主义综合性华侨大学"，以更好服务海外华人华侨和中国的经济建设。

科技实验大楼

经济管理大楼

江南大学国债投资项目——西山教学楼工程

无锡江南大学

一、工程概况

江南大学西山教学楼工程2000年经教育部批准开始建设。该项目由无锡轻工大学建筑设计院设计，施工单位通过公开招标方式由江苏省南通市建筑安装工程总公司总承包，监理单位也通过公开招标方式确定无锡市建苑监理公司中标。工程于2000年12月动工建设，2001年8月竣工验收，工程质量获得江苏省"扬子杯"奖。

二、工程招投标及施工管理

该项目严格按基建程序办事，项目论证、报批、招投标等都按国家现行规定办理，项目除校内进行充分论证外，还邀请无锡市各职能部门从外部环境和条件进行论证。2000年11月在江苏省建设工程招标投标办公室公开招标，由南通市建筑安装工程总公司(一级施工资质)中标；工程监理在无锡市招投标办公室进行公开招标，无锡建苑监理有限公司(乙级监理资质)中标。甲供材料和设备也都采用招投标形式确定供应商，充分体现了公开、公正、公平的竞争原则，保证了各项工作的廉洁高效，同时节省了大笔开支。抓工程质量从前期着手，施工单位、建设单位、勘察设计单位、工程监理单位、审计单位密切合作，共同把关。施工现场的质量监督由监理单位负责，学校工程技术科派出由工程技术科科长为主的三人现场管理小组，监督施工单位履行施工合同情况和监督监理单位履行监理合同情况，协调设计、施工、监理及用户单位的关系。质量控制措施落实，坚持工序报验制度，每道工序完工后，施工单位填写报验单，经监理现场验收合格后，方可同意进行下道工序；业主和监理平常对施工质量进行巡视检查，对砼浇筑等要求监理人员旁站检查；对于重要结构和重点部位的施工必须万无一失，并要求提供施工方案，方案必须全面周到，切实可行，对施工中可能出现的问题，要有应对措施，确保工程质量。

三、国债资金的使用情况

学校遵照国债资金"专款专用，专款管理"的原则，实行专户存款，专项核算，严格控制。回顾整个项目建设过程，规范的管理，有效的监督，健全的财务制度，严格执行专款专用的规定，支付资金严格按合同办事，是确保国债资金安全的重要保证。

四、项目获奖情况

该工程主体结构优质，工程竣工后，组织无锡市质监、消防、设计、施工、监理等单位共同验收，认为工程质量较好，2001年荣获无锡市最高工程质量奖"太湖杯"。经过一年时间的使用，各项功能均满足设计使用要求，无任何质量问题，2002年又获得江苏省"扬子杯"质量奖。

五、国债项目对学校事业发挥的作用

国债对教育事业的投入，体现了党中央、国务院对教育事业的关心和支持，是科教兴国战略的进一步落实，是实践"三个代表"重要举措。学校梅园校区1997年在校生不到2000人，国债项目竣工后，教学用房增加了35000平方米，校区在校生(扩招及三校合并后自然增量)达到8000多人，较大地改善了办学条件，优化了教学资源，解决了教学、实验用房不足的困难，对提高教学质量和办学效益起到了十分重要的作用。国债资金的落实，对缓解学校自筹资金不足而影响工程进度，对学校扩规模、上水平都有着重要意义。

有效利用国债资金 促进教育事业发展

——山东工商学院国债投资教学实验楼项目简介

项目背景及工程概况

随着国家教育形势的发展和办学水平的提高，高校办学规模亟需扩张。山东工商学院教学设施建设成为该校发展的头等大事。但由于学院起步较晚，底子薄，校舍建设项目资金缺口较大，尽管采取了一系列诸如联合办学、自筹资金、银行贷款等措施，但仍不能从根本上缓解资金压力。根据国务院关于教育国债投资的政策，2001年，山东省计委将山东工商学院教学实验楼列为国债投资项目，项目计划总投资3200万元，其中2001年度国债转贷资金1000万元。这样从根本上解决了建设教学实验楼的资金紧张问题。

教学实验楼工程由烟台市建筑设计研究院设计，烟台德林监理公司监理，烟台建设集团第六建安公司施工，建筑面积17800平方米，是一座集现代化、智能化的教学、实验、办公于一体的综合办公楼。

院长兼党委书记　曲建新

保证质量、降低成本

该项工程建设单位坚持质量第一的原则，督促施工单位按照《国家施工验收规范》对施工过程实行严格的质量控制。坚持安全生产、文明施工，施工期间未发生任何质量和安全事故。

为了有效利用国债资金，使投资发挥更大效益，在工程设计、土建施工、设备采购等方面，学院通过招投标方式，既保证了工程的优质高效，同时也节约了大笔开支。据不完全统计，该项目共节约建设资金约300万元。

教学实验楼项目原设计工程造价较高。为节省资金，决定由烟台市建筑设计研究院在原效果图的基础上重新设计。后经基建处、审计及监理、施工单位核算，钢筋总量下浮400-500吨，混凝土总量下浮3000-4000立方米，工程量也大大降低，工程总造价比原设计减少约200-250万元。

校领导班子

资金使用及项目建设情况

从项目立项之初，山东工商学院严格按照上级国债转贷资金管理办法实施管理，设立专支账户，保证资金按时到位。

项目主体被评为“烟台市2002年度优质结构工程”，又被评为省级安全文明工地称号。工程竣工后，在市质监站的监督下，建设单位按国家备案制的要求，组织施工、设计、监管等有关单位共同进行验收，认为工程质量达到了较高水平，技术资料齐全，同意竣工备案，并被评为“烟台市优质工程”。

教育国债投资体现了党中央、国务院重视教育的决心和支持教育的力度，是实践“三个代表”的重要举措；教育国债投资既有利于经济发展，有利于高等教育事业发展，也有利于加大经济发展后劲，是一件利国利民的大好事。

煤炭综合楼工程外貌

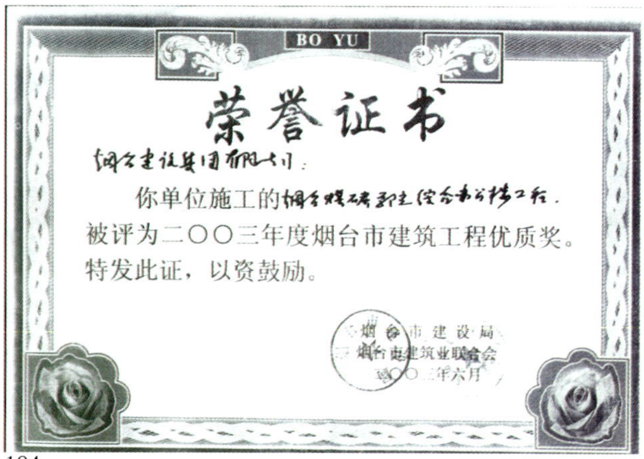

BO YU

荣誉证书

烟台建设集团有限公司：

你单位施工的[illegible]，

被评为二〇〇三年度烟台市建筑工程优质奖。

特发此证，以资鼓励。

烟台市建设局

烟台市建筑业联合会

二〇〇三年六月

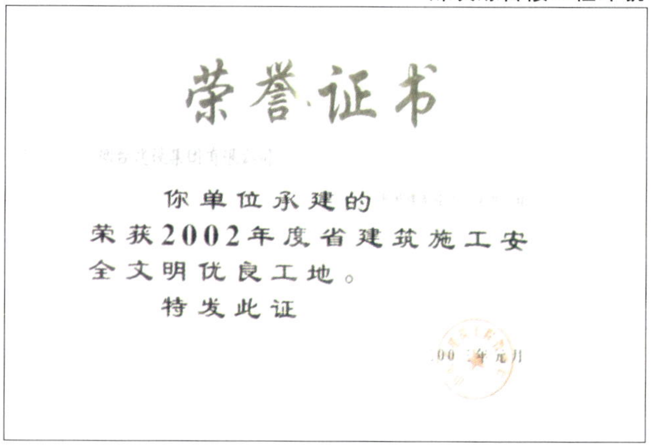

荣誉证书

你单位承建的

荣获2002年度省建筑施工安全文明优良工地。

特发此证

第三部分

地区投资

省、自治区、直辖市投资

北京市投资建设情况

北京市常务副市长 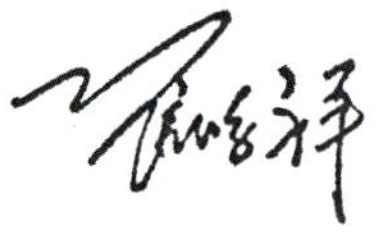

一、2002 年固定资产投资情况

2002 年，在市委、市政府的正确领导下，全市上下认真贯彻落实党中央、国务院关于加大固定资产投资力度、扩大内需的各项工作部署，积极应对加入 WTO 后出现的新情况、新形势，抓住机遇，开拓创新，努力扩大投资规模，深入推进投融资体制改革，全面实施首都经济发展战略，努力提高城市综合竞争力，首都的现代化建设取得新进展，社会事业取得新进步，人民生活水平进一步提高。

（一）固定资产投资规模持续稳定快速增长

2002 年全市投资规模保持了持续快速增长的良好势头，全年累计完成全社会固定资产投资 1814.3 亿元，比上年增长 18.5%，比年初计划增幅高 8 个百分点，连续三年投资增幅保持在 10%以上。2002 年全市投资需求的较快增长，对全市经济实现 10.2%的增长目标发挥了重要作用，为完成“十五”投资计划奠定了一个良好的开端。

（二）民间投资成为主要的投资力量

随着首都投资环境的改善，民间和外资企业蓬勃发展，投资实力越来越强，2002 年全市非国有单位完成投资 1063.4 亿元，同比增长 36.7%，占全社会固定资产投资的比重达到 58.6%。其中非国有内资企业完成投资 716 亿元，同比增长 44.3%，占全社会投资的 39.5%，改变了长期以来固定资产投资主要依靠政府投资唱主角的局面。

（三）投资结构进一步调整，工业投资规模迅速扩大，房地产开发与基础设施仍然是主要的投资热点

2002 年，为促进首都城市建设全面协调发展，完善城市各项服务功能，提高居民住房水平，北京市积极采取措施，增强城市可持续发展能力：

一是对以住宅为主的房地产开发投资因势利导，加大对危旧房改造和经济适用住房的支持力度，加强了对房地产开发建设过程中乱摊派、乱收费行为的清理和查处，限制高档公寓、别墅等高档房地产开发行为，整顿房地产市场秩序，有力地促进了北京市房地产开发投资的增长。2002 年全市完成房地产开发投资 989.4 亿元，同比增长 26.2%，比全社会投资增幅高 7.7 个百分点，房地产开发投资额占全社会投资的比重达 54.5%。在房地产开发投资持续增长和政府鼓励住房消费政策的引导下，北京市房地产市场需求旺盛，购销两旺，全年实现商品房开复工面积 7510 万平方米，同比增长 25.9%，其中住宅 5398 万平方米，增长 24.1%；实现商品房竣工面积 2384 万平方米，增长 39.7%，其中住宅 1926.2 万平方米，增长 38.2%；实现各类商品房销售面积 1708 万平方米，增长 41.8%，其中住宅 1604 万平方米，增长 42.3%；实现销售商品房屋价值 814 亿元，同比增长 33.4%。

二是千方百计扩大城市基础设施投资规模，不断增强城市服务功能。2002 年北京市累计完成基础设施投资 411.9 亿元，增长 15.6%，占全社会投资的比重达到 22.7%。与房地产开发投资合计，两者占到全社会投资的 77%以上。近年来北京市基础设施建设投入巨大，成果显著，自 1998 年 5 年来累计完成基础设施投资 1331.4 亿元。为适应举办奥运会和建设国际化大都市的形势需要，北京市城市基础设施建设正在实现由偿还历史欠

账向增强城市功能的方向转变，突出表现在基础设施建设重点的转移：能源投资占基础设施投资的比重由“九五”时期的26.3%下降到2002年的12%；市内公共交通的比重由“九五”时期的5.8%，上升到2002年的10.8%；公路建设投资比重由上年的14.8%上升到26%，完成投资由上年的52.8亿元上升到107亿元。

三是在振兴首都现代制造业方针的指导下，积极制定和实施对现代制造业和高新技术产业化项目的优惠扶持政策，促进高新技术产业跨越式发展。北京市工业结构战略性调整全面展开，尤其是汽车工业资产重组取得重大突破，工业投资规模扭转连年下滑势头，快速回升。全年完成工业投资137亿元，同比增长24.1%，增幅提高38个百分点。

（四）投融资体制改革向深层推进

年初以来，按照中央关于加快行政审批制度改革的精神，全市上下解放思想，从充分发挥市场配置资源的基础性作用、确立企业的投资主体地位、降低项目审批成本、提高政府投资效益和行政审批效率的角度出发，努力促进投资建设领域体制创新、机制创新和管理创新，大胆改革了非政府投资建设项目审批制度，北京市政府印发了《关于同意实施本市非政府投资建设项目计划审批管理改革的批复》，对没有特殊规定的非政府投资建设项目，取消了行政审批，改为实行登记备案制管理；印发了《北京市人民政府办公厅关于转发市计委等部门<北京市政府项目法人招标投标程序规定(试行)>的通知》，坚决打破部门分割、行业垄断，向社会公开投资项目；积极推行公益性政府投资项目的“代建制”试点工作；根据国家有关部署，积极开展招投标有关文件的清理工作，大力推进贯彻《北京市招标投标条例》，规范招投标行为；在全市实现了经营性土地公开招标、拍卖和挂牌交易管理，编制了北京市第一个土地供应计划，实现了城市国有土地管理的重大转变；建立了信息披露制度，加快推进电子政务，努力实现投资调控由偏重项目直接审批向多种方式宏观调控的转变。

二、2002年重大项目建设成就

2002年初，北京市委、市政府决定集中力量建设一批对增强首都城市服务功能、改善城市面貌、提高城市现代化水平有较大促进作用的骨干项目，确定了以大气污染治理、城市交通、生态绿化及大型标志性公建和社会事业为主的60项重大建设项目。在全市范围内召开了重大建设项目动员会，市政府主要领导同志亲自到会讲话和进行工作部署。按照市委、市政府的统一部署，全市上下振奋精神，开拓创新，密切协作，重大建设项目进展顺利。

道路建设全面展开。轨道交通建设全面启动，贯通城市北郊的城市快速轨道交通西线工程建成通车，地铁八通线建设加快；高速公路、城市快速路、主干道和城区路网加密工程加快实施，德外大街、五环路三期、六环路一期、京承高速路一期等工程陆续建成通车，二环路进行了全面改造，三环路改造正式开工。全年道路建设总投资153.9亿元，比上年增长51.8%。到2002年底，全市道路总长度达到4400公里，比上年末增加70公里，高速公路达到463公里，比上年末增加128公里，轨道交通运营线路达到74.6公里，比上年末增加20.6公里。全市基本实现了以轨道交通为先导、高速公路为龙头、干线路为骨干、路网为联络线、县乡路为支脉的放射形交通网络。

危旧房改造和经济适用房建设稳步推进。全年城八区完成危旧房改造投资179.3亿元，拆除房屋232.4万平方米，其中危房89.9万平方米，动迁居民近7.4万户。截止到2002年末，全市危旧房改造工程开复工总面积达到1160万平方米，竣工332万平方米。在危改过程中，特别注意了古都风貌的保护，制定了《关于加强危改中的“四合院”保护工作的若干意见》，研究了《关于稳步推进北京旧城历史文化保护区内房屋修缮和改建工作实施意见》，以妥善处理城市现代化建设与历史文化名城保护之间的关系。全年累计完成经济适用房投资89.8亿元，实现开复工面积795万平方米，竣工216万平方米，向社会居民提供了20593套经济适用房。在经济适用房建设过程中，加强了对选址、建筑装修标准、单套面积、购房人资质、再上市行为的管理，使经济适用房呈现出稳步发展的势头。

环境治理和生态建设取得突破性进展。从1998年起，北京市抓住国家增发国债的机遇，明显加大了环境治理的力度，大气污染得到有效治理。全市先后分八个阶段实施了数十项控制大气污染的紧急措施，使大气主要污染物浓度显著下降，空气质量明显好转。2002年，全市空气质量二级和好于二级天数为203天，占全年总天数的55.6%，超过年初确定的55%的目标。全市能源结构进一步优化调整，全年城近郊区1681台锅炉由燃煤改用清洁能源，全市天然气年供应量达到18亿立方米，比上年增长12.5%。全年新增集中供热面积800万平方米，新增电采暖面积400万平方米。机动车排气污染控制力度进一步严格，清洁燃料公交车增加到1800辆，机动车尾气路检达标率超过90%。继续实施污染扰民企业搬迁计划，积极治理工业“三废”污染，关停了5个水泥厂、20个石灰厂，四环路内有12家污染企业进行了搬迁或停产。继续推进三道绿色生态屏障建设，城区建成51处集中大片绿地，城市绿化隔离带绿化366公里，山区人工造林20万亩，五大风沙危害区完成造林4万亩，全市林木覆盖率和市区绿化覆盖率分别达到45.5%和40.2%，比上年提高6.2和6.8个百分点。城市环境综合整治工作继续加强，北环水系综合整治工程正式开工，清河污水处理厂和肖家河污水处理厂一期工程投入运营，城市日污水处理能力达到150万吨，比上年增长17%，全市污水处理率达到45%，比上年提高3个百分点。在全市250个居民小区开展了生活垃圾分类收集试点，高安屯垃圾卫生填埋场一期工程投入使用，市区垃圾日产日清，全部实现垃圾无害化处理，全市垃圾无害化处理率达到86.5%，比上年提高5个百分点。

城市基础设施承载能力大幅度提高。全市自来水日供应能力达到371万吨，全年售水量达到6.6亿吨；全年北京地区用电384.8亿千瓦，比上年增长10.9%。年末天然气家庭用户达到191万户，城市热力管网集中供热面积达到6915万平方米。

一大批具有国际先进水平的现代化大型标志性公建加快建设,城市面貌焕然一新。国家大剧院、首都博物馆正在抓紧实施,明城墙遗址公园、菖蒲河公园等一批城市景观亮点工程相继建成开放,CBD、中关村科技园区和高新技术产业基地建设成效明显,三年大变样目标全面实现。

三、投资工作存在的主要问题

总体上看,2002 年全市投资持续快速增长,城乡建设快步推进,人民居住水平明显提高。但是,在投资领域也存在着一些不容忽视的问题,尤其反映在结构性和体制性矛盾比较突出:

一是投资结构有待进一步优化,房地产投资所占比重过高,工业及高新技术产业投资暂时难以发挥支柱性作用,投资持续增长的基础尚待稳固。2002 年全市房地产开发投资在全社会投资中所占份额超过 50%,土地资源过度开发,水、环境资源高强度利用,已对全市国民经济持续快速稳定发展形成潜在的风险。工业投资仅占 7%左右,全市工业和高新技术产业企业缺乏重大项目、自有资金不足、融资能力弱的问题尚未根本改变。

二是基础设施和社会事业领域的市场化改革不彻底。一方面,基础设施行业回报机制还不健全,垄断格局尚未打破,社会投资者难以进入,基础设施项目主要还是依靠政府投融资;社会事业项目的市场化水平低,基本仍维持了"政府包揽社会事业建设"的格局,首都教育、科技、文化、卫生、传播等方面的优势没有充分发挥。另一方面,政府缺乏进行市场化融资的运作平台,缺少权威成熟的项目包装推介引资渠道。这种问题突出表现在轨道交通和高速路等方面。

三是民间投资领域过窄。北京市非国有投资占同期全社会投资的比重要在 50%以上,但其中 80%以上集中在房地产业和餐饮娱乐服务业,在交通运输邮电通信行业,以及电力、煤气及自来水的生产和供应业中,民间投资很难进入。

四是区域发展不协调,布局亟待调整。南城、北城之间,城区、郊区之间,基础设施和社会服务设施差距加大;城区人口密度过高,城市管理不到位,城乡一体化进展缓慢。

四、2003 年投资建设展望

2003 年是党的十六大后的第一年,也是新一届政府施政的届首之年。2010 年远景规划任务要提前到 2008 年完成。党的十六大和在 2002 年底召开的中央经济工作会议上,明确指出要继续坚持扩大内需的工作方针,促进国民经济的持续快速增长。为贯彻中央经济工作会议的部署,继续保持固定资产投资对经济增长的拉动作用,2003 年北京市全社会固定资产投资总规模计划安排 2000 亿元,比 2002 年实际完成增长 10.3%。

为完成年初确定的投资计划任务,2003 年北京市投资工作要以改革总揽全年投资工作全局,推动投资工作上一个新台阶。2003 年投资工作的指导思想是:坚决贯彻党的十六大和中央经济工作会议精神和市委、市政府关于北京市 2003 年经济工作总体部署,坚持扩大内需,保持固定资产投资较快增长;牢固树立经营城市理念,以轨道交通、奥运场馆、现代制造业和高新技术产业化为重点,加大固定资产投资力度;继续深化投融资体制改革,完善投资宏观调控机制建设,充分发挥固定资产投资对经济增长的拉动作用,促进首都经济持续、快速、健康发展和社会全面进步。

根据上述指导思想,2003 年北京市固定资产投资工作的重点是:

(一)解放思想,与时俱进,进一步深化投融资体制改革,改善首都投资环境

一是转变投资管理机制,从注重事前审查转向事后监管。企业投资建设的项目,除少数重大项目和限制类项目实行核准制外,其余全部实行登记备案制,落实企业投资自主权;除市政府投资和国家要求市政府审批的以外,审批权全部下放到区县。二是转变政府投入形式,要从政府直接投入转向运用多种投融资手段,建立政府投资监管和评价体系,提高投资效益。三是转变投资调控方式,从侧重具体项目审批转向注重行业整体规划和区域平衡发展,强化产业政策和信息披露,发挥市场机制作用,防止盲目投资和重复建设。四是转变项目管理方式,从过去主要是审批管理转向搞好项目储备、推介,主动协调服务。继续扩大公益性政府投资项目"代建制"试点范围,推广经营性政府投资项目和奥运场馆项目的项目法人招标试点,开展准经营性基础设施项目的政府与企业共同投资建设的试点工作。五是拓宽社会投资领域,完善投资回报补偿机制,推进基础设施产业和社会事业向全社会开放,营造有利于投资要素合理流动的市场环境。六是进一步完善土地供应计划的编制和管理,推行经营性国有土地使用权公开招标、拍卖和挂牌交易,促进土地转让的公平竞争。

(二)进一步加大政府投资规模,增强政府投资的引导作用

一是调整政府投资重点,重点支持城市发展薄弱环节和需要市政府综合协调解决的工程。要紧紧围绕 2003 年政府工作重点,增加对道路交通、环境治理、郊区基础设施的投入,努力实现城乡协调发展和区域均衡发展。二是调整政府资金投入方式,改投资为融资,提高政府投资效益。要以轨道交通为重点,积极研究基础设施融资平台和投资北京平台建设,吸引社会和外商投资者扩大对经营性基础设施项目和社会事业的投资力度。三是扩大政府投资来源,加强土地批租等专项建设资金的征收管理,确保做好"应收尽收"。四是加大盘活存量资产力度,积极推行项目组合(捆绑)经营,通过市国有资产经营公司盘活国有资产、上市公司融资、调整基础设施产品与服务价格等筹措建设资金。五是加大利用银行贷款力度,要充分利用各种有效担保资产,扩大利用银行贷款。

(三)抓好重大项目建设,建立投资项目库,增加项目储备

2003 年市政府确定了 60 个重大项目,要集中力量,确保按计划进度建设,市计委要组织相关部门,按季度对重大项目建设进度进行检查监督。同时,对按照"开一备二"原则确定的 120 项重大前期预备项目,要落实责任制,各单位要各司其职,各负

其责，加快前期工作进度，确保前期工作质量，实现由政府跟进企业投资到企业跟进政府投资的转变。

（四）大力推进电子政务，实现信息资源共享

要加快网上项目审批平台的建设，开展政府部门之间的网上互联审批，组建北京市投资项目审批平台，实现信息资源公开共享。充分运用现代网络技术，建立对政府投资重点项目的实时信息跟踪监控系统，实现同步监管。完善政府投资信息发布制度，引导社会资金投向。

天津市投资建设情况

天津市发展计划委员会主任 李亚力

2002年，天津认真贯彻落实中央关于扩大内需的方针政策，按照市第八次党代会提出的“与时俱进，力争上游，抢抓机遇，跨越发展”的基本要求，进一步加大了投资工作力度，全市固定资产投资保持了持续快速增长势头，较好地发挥了对全市经济增长的拉动作用，为全年各项经济和社会发展目标的实现做出了贡献。

2002年，天津共完成全社会固定资产投资811.3亿元，比上年增长15.1%。其中，国有经济投资完成695.8亿元，增长13.6%；城乡集、个体投资完成115.5亿元，增长24.7%。在国有投资中，基本建设完成投资361.9亿元，增长17%；更新改造完成投资166亿元，增长17.1%；房地产开发完成投资175.8亿元，增长9%。分隶属关系看，中央单位完成投资133.7亿元，下降2.9%；地方单位完成投资677.6亿元，增长19.4%。

全年投资运行主要呈现以下特点：

（一）投资增速进一步加快，投资总量再创新高

2002年，在地方国有投资强劲增长的拉动下，全市投资在上年较高的基数上继续保持了快速增长的势头。全社会投资一季度增长24.6%，上半年增长22.1%，1–9月增长21.1%，前11个月国有投资增速基本保持在20%左右。全年投资总量实现了新的突破，达到811.3亿元。

（二）服务业投入力度明显加大，投资结构进一步改善

2002年天津继续加大了第三产业投入，安排了一批给排水、水污染治理、燃气管道、垃圾处理以及河道整治等方面的项目，城市环境和市容市貌进一步改善；加快了市区道路桥梁、港口、公路、铁路、城乡电网改造等方面的重大项目建设，城市载体功能进一步提高；商贸旅游、会展、文教卫体以及一些加强精神文明建设、改善人民生活的公益性项目建设进度也不断加快。全年服务业共完成投资452.99亿元，增长26.9%，占全市投资的比重上升到64.4%，比上年提高了6.1个百分点。其中，市政公用设施投入75.13亿元，增长1.3倍；商贸金融和旅游等行业投入47.84亿元，增长33.4%；文教卫体和科研服务业投入40.49亿元，增长56.9%。服务业投入的大幅度增加，对全市服务业的加快发展起到了较好的促进作用。

（三）重点项目建设进展顺利

列入市重点的53个项目全年完成投资186.3亿元，占到全市投资总量的四分之一左右。其中，丰田汽车、天大天财光纤、力神锂离子电池、盘电二期、农网改造、津沽二线、移动和联通扩容、月牙河和南围堤河改造、“九路十五口”道路改造、天津图书城、市中心区示范高中校、中央直属粮棉储备库、外商投资活动中心等22个项目竣工或基本建成。津滨轻轨、津蓟高速公路、丹拉公路天津南段、引滦水源保护、6条高速公路两侧农林建设、天津博物馆、泰达图书馆、金耀广场等项目均达到预期进度要求，地铁一号线开工建设。

（四）国债项目建设任务圆满完成

2002年是国债项目建设的攻坚年，在全市各有关部门、项目单位和参建单位的共同努力下，同国家签订责任书的国债项目有24个项目顺利建成，2个项目2003年收尾，其他在建项目也都达到进度要求，国债项目的工程管理进一步加强，建设质量进一步提高。当年新增国债项目33个，共落实国债资金11.5亿元。从1998年到2002年，国家累计已安排天津农林水利、城市基础设施、高新技术产业化等12个方面的国债项目143个，截至2002年底，建成或基本建成项目97个，累计完成投资342亿元，国债项目建设对近几年全市投资的增长起到了较好的带动作用。

（五）房地产发展态势良好

2002年天津房地产开发投资增速平稳，供求总量基本平衡，结构趋于合理，价格略有上升。全年商品房竣工面积746.4万平方米，商品房现房销售564万平方米，现房销售占到当年竣工面积的75.6%。从供求结构看，1995年以来，商品房竣工面积中住宅所占比例逐年上升，从1995年的87%上升到2002年的90%，住宅销售已占全部商品房现房销售的95%。从房价走势看，1997年到2001年，全市商品房平均价格在2251元/平方米到2375元/平方米之间波动，2002年平均售价小幅上涨到2501元/平方米。

（六）建设资金到位情况较好

在各方面的共同努力下，2002年全市建设资金的筹措取得较大成效。全年国有单位累计到位建设资金812.5亿元，增长

20.5%，比投资额增幅高出 5.4 个百分点。其中，预算内资金和自筹资金增长速度明显加快，分别到位 19.7 亿元和 385.9 亿元，增长 35.6%和 36.6%。建设资金到位情况较好地满足了施工进度需要。

总体上看，2002 年天津投资建设取得了显著成效，年初确定的各项投资任务圆满完成，一大批项目竣工投产或交付使用，为全市国民经济快速发展和社会进步打下了更加坚实的物质基础。

河北省投资建设情况

河北省常务副省长　郭庚茂

一、2002 年固定资产投资完成情况

2002 年，河北省紧紧围绕发展这一主题，继续认真贯彻落实中央关于扩大内需、实施积极的财政政策等一系列重大决策部署，把扩大投资作为全省经济工作的重点，切实加大工作力度，加强引导和调控，投资结构得到优化，固定资产投资保持了稳定增长。全省全社会完成固定资产投资 2046.7 亿元，比上年增长 5.4%，实现了年初确定的计划目标。其中，国有及其他经济类型投资完成 1161.5 亿元，增长 6.9%，超额完成年初计划。

投资结构不断优化。制造业投资增长较快，全年完成投资 558.4 亿元，比上年增长 11%，投资额占全社会固定资产投资的比重达到 27.3%，同比提高 1.4 个百分点。其中，国有及其他经济类型制造业投资增幅达到 28.7%，同比提高 19 个百分点。优势和基础产业得到加强，有色金属冶炼及压延加工业、黑色金属冶炼及压延加工业、轻工业分别增长 129.8%、57.4%和 41.7%。农林牧渔业投资完成 142.3 亿元，比上年增长 36.7%，增幅同比提高 20.5 个百分点，是近年来投资增加较多的一年。卫生体育等社会事业投资力度加大。全年卫生体育和社会福利业完成投资 27.5 亿元，增长 75.6%，增幅同比提高 61.4 个百分点。

房地产开发投资增长较快。全省房地产开发投资完成 175 亿元，同比增长 24.1%，高于全省投资水平 18.7 个百分点。其中，商品房投资 126 亿元，比上年增长 21.2%；土地开发投资增长 26.8%。全年项目施工面积 2141 万平方米，比上年增加 119 万平方米。随着住房二级市场的进一步开放完善，以及城市化水平的提高，商品房销售趋好。2002 年，全省商品房销售面积 659 万平方米，比上年增长 10.4%，累计销售额为 99 亿元，增长 13.5%。

二、2002 年投资建设成就

（一）国债项目建设成效显著

到 2002 年底，国家累计安排河北省农林水利、交通、城建和环保、农网改造、高技术产业化、教育等领域的国债资金 207.1 亿元，安排项目 431 个，项目总投资 1105.5 亿元。目前，已有 349 个项目建成并投入使用，累计完成国债项目投资 995.1 亿元，占项目总投资的 90.2%。国债资金直接带动银行贷款 410 亿元，地方、部门、企业投入配套资金 458 亿元，办成了一些多年想办而未办成的大事，有力地促进全省经济的快速增长。

（二）重点项目建设进展顺利

全省共安排省重点建设项目 140 项，年计划投资 253.5 亿元，计划建成投产 45 项。140 项重点项目全年实际完成投资 260 亿元，为年计划的 102.5%。乐凯胶片涂布生产线改造、京华焊管总厂埋弧焊钢管二期工程、秦皇岛城市生活垃圾综合处理工程等 54 项建成投产或试运行。

按建设性质分，基建项目 108 项，年计划投资 187 亿元，全年实际完成投资 198.5 亿元，完成年计划的 106%；技改项目 32 项，年计划投资 66.2 亿元，实际完成投资 61.3 亿元，完成年计划的 92.6%。

按建设层次分，国家部属项目 12 项，年计划投资 39.8 亿元，实际完成投资 37.6 亿元，完成年计划的 94.6%；省管项目 29 项，年计划投资 138.2 亿元，实际完成 138.3 亿元，完成年计划；市管项目 99 项，年计划投资 75.5 亿元，实际完成投资 83.9 亿元，完成年计划的 111%。

按建设进度分，续建项目100项，年计划投资212亿元，实际完成投资221亿元，为年计划的104%；计划新开工项目40项，年计划投资41.5亿元，实际完成投资38.8亿元，为年计划的93.5%。

（三）基础设施建设继续得到加强

丹拉高速公路怀来至京冀界段建成通车，新增高速公路27公里，全省高速公路通车总里程达到1593公里；朔黄铁路建成投入运营，形成了河北省第三条出海大通道；新建黄骅港、扩建京唐港，全省港口吞吐能力达到了1.7亿吨；河北网通、联通、移动公司进一步扩容，主要通信指标进入全国前列；电力装机容量达到1728万千瓦(其中南网922万千瓦)，居全国第七位；完成了农村电网改造一期工程和部分城市电网改造，大大改善了供电条件；建成了桃林口水库，并对黄壁庄等3座大型水库进行了除险加固，疏浚、治理了滹沱河等主要河道，全省大中型水利设施带病运转的状况得到初步改善。

（四）结构调整取得积极进展

传统产业改造力度加大，唐钢炼钢改造等一批结构调整标志性大项目投产，保定天鹅集团、华北制药等一批老企业扩建改造项目实现开工，企业技术装备水平、自主开发能力进一步提高，产品结构日趋合理，市场竞争力明显增强。高技术产业稳步发展，实施了高技术产业化十大工程，华药微生物药物工程研究中心等22个项目获国家批复立项或可研，唐山晶源温补震荡器等16个项目竣工投产，初步形成了具有相对比较优势的一批高技术企业，培育了电子玻璃、石英晶体谐振器、网络计算机等一批拳头产品。

（五）服务业和社会事业加快发展

完成了永年南大堡蔬菜市场等6个市场的升级改造，重点示范市场建设初见成效；省二院、三院病房楼等一批医疗项目建成，国家和省重点支持的36个县级图书馆、文化中心项目实现开工建设，促进了社会公益事业基础设施条件的改善；河北工业大学“211”一期工程通过国家验收，省内主要大学教学基础设施进一步完善，对扩大高校规模、改善办学条件起到了积极作用；完成了村村通广播电视工程，最终消除了全省5798个广播电视盲村。

（六）生态环境和人民生活质量不断改善

京津周围绿化及风沙源治理、坝上生态农业开发等工程取得阶段性成果；河北天然气一期工程建成，保定、石家庄、邢台、邯郸等市部分企业与居民用上了清洁、高效的能源；石家庄引水入市、北戴河污水处理厂等一大批城市基础设施项目投入使用，全省设区城市供水普及率达到100%、燃气普及率达到85%、污水处理率达到40%。

三、2002年投资建设的经验及存在的问题

（一）取得的经验

要扩大投资需求，保持投资的稳定增长，提高投资质量和效益，我们认为必须做好以下几方面工作：

1. 搞好规划、谋划和项目前期工作是基础。结合河北实际，省里先后提出了河北省半导体材料产业基地建设、南网电力平衡及电源建设、软件产业基地、石家庄国家医药产业基地、林板一体化项目建设、奶业等一批专项规划，并委托中咨公司开展了《河北省临港产业发展规划》的研究工作。

同时，围绕“十五”规划和钢铁、机械、电子、医药、化工等支柱产业，在年初谋划筛选了70个项目，作为2002年全省项目前期工作的重点，并进一步提出了龙腾纸业等一批技术水平高、产业关联度大、市场前景广阔、对全省经济具有明显带动作用的重大项目，及时向国家有关部委进行汇报，争取国家的支持和指导。省里先后两次召开项目前期工作专家咨询会，邀请中咨公司的专家到河北进行咨询论证，收到了很好的效果。经过努力，张河湾抽水蓄能电站、河北农网改造二期等一大批项目前期工作取得明显进展，为保持固定资产投资持续增长奠定了基础。

2. 抓好重点项目建设是关键。一是严格筛选新增省重点项目。积极组织力量对全省新增重点项目进行了精心筛选，严格把关，对符合国家产业政策、具备开工建设条件的基础设施、农业产业化、利用外资和国债项目优先列入计划，并及时下达各市和项目单位，为推动全省重点项目建设打好基础。二是加强协调调度，组织召开了省重点建设领导小组会议和全省重点项目建设汇报会，认真分析了全省重点建设项目的形势。针对项目建设中出现的业主积极性不高、制约机制不健全以及征地、资金落实难等问题，加大督导协调力度，积极落实各项建设条件，促进了重点项目建设的顺利进行。三是抓好国债项目建设。召开专门会议对全省国债项目责任书的签订和投资任务的完成进行部署，组织省有关部门和11个市就18类129个项目与国家签订了项目责任书签定责任书，确保在建国债项目按时竣工投产。

3. 构筑有效的融资体系是支撑。围绕国债支持重点，结合国家产业政策和投资趋向，筛选确定了一批符合国家产业政策、科技含量高、市场前景好的重点项目，上报国家争取资金支持。按照政府调控、市场化运作和企业化经营的原则，进一步明确规范了省建设投资公司的职能定位，组建了经贸投资公司、国富农业投资公司、河北科技风险投资公司和省中小企业担保中心(即四公司一中心)，基本形成了省级政府投资调控体系的雏形。积极开展资本运作，盘活存量，优化增量，2002年全省企业通过上市或增发实现融资30亿元，比上年增长67%；股份制改造融资31.6亿元。在启动社会投资方面，打破所有制界限，积极实行开放式准入政策，将有一定回报的基础设施推向市场，吸引社会各类投资主体进行投资建设。同时，切实抓好利用外资工作，积极吸引世界500强企业到河北省建立生产制造基地和研究开发基地，进一步拓宽利用外资领域，加强与外商在服务贸易、旅游等第三产业方面的合资合作，合理有效利用外资。

4. 改善环境是保证。坚持把改善发展环境放在突出位置。2002年，河北省进一步加大了行政审批制度改革力度，取消了一大批审批事项和审批环节，并在简化审批程度、强化服务意识、加强行政监督等方面作出了具体规定。为从根本上解决乱

收费问题,制定下发了《关于进一步做好收支两条线改革的通知》。在土地使用方面,积极探索发挥土地优势的思路,出台了一些支持重点建设的政策和办法。同时,切实加强了重点项目稽察管理工作,对发现的各种问题及时进行整改,努力为投资和项目建设创造良好环境。

(二)存在的主要问题

虽然2002年全省投资建设保持了一定增长，取得了一定成绩,但从深层次分析,投资保持稳定增长的内在机制仍未有效建立,建设过程中依然存在一些不容忽视的问题。主要表现在:

1. 投资对经济增长的拉动力减弱。"八五"期间,全省投资年均增长40.7%,"九五"期间年均增长18%。其中"八五"后期和"九五"前期是河北省固定资产投资高峰期,也是GDP增速最快的时期,1992-1998年投资需求对GDP的贡献率均在50%以上,拉动力也在6个百分点以上。1999年以来,投资增速明显回落,年均增幅降到了10%以下。2002年仅增长5.4%,与全国的差距由1998年的1.8个百分点扩大到10.7个百分点。同时,投资对GDP的贡献率也大大降低，由1998年的67.3%下滑到2002年的34.4%。投资对经济增长的拉动作用明显减弱。

2. 大项目明显减少。从国家下达河北省续建、收尾大中型项目投资计划看,1998—2002年项目个数分别为30个、37个、35个、21个和19个,年度计划投资由1998年的242亿元减至2002年的111.5亿元,五年间项目个数减少了11个,投资减少了130.5亿元;从国家批准河北省新开工基建大中型项目的情况看,1998-2002年项目个数分别为9个、2个、0个、2个和1个。这些数字说明,河北省的大中型项目明显不足,直接影响了投资的后劲。

3. 建设资金不足的问题依然突出。2002年全社会固定资产投资中,企业自筹资金1330.2亿元,仅增长3.3%,比上年增速下降5.2个百分点，比全社会固定资产投资增速低2.1个百分点。国内贷款和利用外资在上年负增长的基础上继续减少,分别下降3.7%和8.3%。主要原因是企业融资渠道不宽,机制不活,融资能力差。全省资金来源中,利用外资仅占0.9%,不足1%,通过资本市场融资比重也仅为3%,比重明显偏低。

四、2003年投资建设展望

(一)2003年投资计划安排

1. 指导思想:继续贯彻落实中央扩大需求、实施积极财政政策的重大部署,在加大基础设施投资力度的同时,加大技术改造、高技术产业、农业产业化和服务业的投资力度,调整和优化投资结构;大力推进投融资体制改革,积极引导和促进民间投资;加快重点项目建设,保持全省固定资产投资的稳步增长。

2. 安排原则:一是投资总规模的安排与全省"十五"规划目标相衔接；二是投资计划的安排与建设资金的供给相适应;投资结构的安排体现促进企业技术进步和产业结构优化升级。

3. 投资总规模:根据河北省十届人大一次会议审议通过的河北省2003年国民经济和社会发展计划，全省预期完成全社会固定资产投资2252亿元,比上年增长10%以上。国有及其他经济类型投资1243亿元,增长7%。其中,基本建设拟安排投资613亿元，增长2.6%；技术改造拟安排投资418亿元，增长11.6%;房地产及其他投资拟安排212亿元,增长11.5%。

4. 大中型项目计划安排:(1)续建和收尾大中型项目。基本建设续建和收尾大中型项目共安排14项，其中中央项目5项,地方项目4项,收尾5项。计划安排投资69.7亿元,其中中央续建项目46.9亿元,地方续建项目8.74亿元,收尾项目14.1亿元。(2)争取新开工项目。2003年新开工项目安排9项,项目总投资257亿元,当年计划安排投资53.6亿元。

(二)2003年重点项目建设计划

2003年安排省重点建设项目138项,总投资1065.7亿元,年计划投资264.1亿元,计划建成投产44项。

按管理层次划分,国家部属项目11项,年计划投资55.4亿元,占全省重点建设项目年投资计划的21%;省管项目34项,年计划投资129.3亿元，占全省重点建设项目年投资计划的49%;市管项目93项,年计划投资79.4亿元,占全省重点建设项目年投资计划的30%。

按建设性质划分，基建项目104项，年计划投资204.5亿元,占全省重点建设项目年投资计划的77.5%;技改项目34项,年计划投资59.6亿元，占全省重点建设项目年投资计划的22.5%。

按建设进度划分,续建项目91项,年计划投资158.1亿元,占全省重点建设项目年投资计划的59.9%;新开工项目47项,年计划投资106亿元,占全省重点建设项目年投资计划的40.1%。

(三)2003年投资工作重点与政策措施

1. 加大项目谋划和推进工作力度,努力增强投资增长后劲。一是抓好续建项目的建设。实施重点建设项目责任制,及时协调解决项目建设中出现的问题,确保投产项目能按照计划建成投产,发挥效益。二是加大项目谋划力度。制定和完善林板一体化、临港产业等专项规划,以及半导体材料、软件产业、生物制药等高技术产业化基地规划,紧紧围绕省政府提出的重点项目建设指导意见确定的方向,谋划一批兴省、兴市、兴县和促进结构调整的大项目,加快大项目的筛选、立项和储备工作。三是抓好一批新开工大中型项目。通过加快项目前期工作进度,落实各项相关条件,力争张河湾抽水蓄能电站、黄骅电厂、京承高速公路、308国道冀鲁界至石家庄段、曹妃甸开发道路工程、黄骅港二期、龙腾纸业等一批大项目在2003年开工建设。

2. 加快发展信息产业和高新技术产业,推进投资结构优化升级。一是坚持以信息化带动工业化。加快电子信息产品制造业、网络通信与服务业和政府行政管理、社会公共服务、企业生产经营等各个领域的信息化发展步伐。加速发展电子商务和电子社区。抓好基础地理、市场信息、科技信息、政务信息和公共数据等五大数据库建设,加快计算机、通信、广播电视三大网改造升级,不断提高经济和社会信息化水平。大力振兴电子产品制造业和软件业,发展壮大石家庄软件园、三河燕郊软件园、秦皇岛软件园和保定软件园。二是进一步推动高新技术产业的跨越式发展。突出发展半导体材料等重点产业基地，培育生物工程与现代医药、新材料、光机电一体化、环保产业等产业群体，继续抓好一批高新技术产业化重点项目和示范项目建设。三是加大对传统产业的改造力度。积极采用高新技术和先进适用技术，加快改造提升钢铁、建材、医药、食品、机械、纺织服装等传统优势产业和老工业基地，支持企业提高技术装备水平，振兴制造业，创新生产技术，促进产品更新换代。突出抓好邯钢冷轧、保定天威大型节能变压器等50项对产业升级有重大影响的结构调整标志性技改项目，进一步提高企业的综合竞争力。

3. 千方百计筹措建设资金，保证重点建设项目需要。一是积极争取国债资金支持。根据国家国债资金安排投向，围绕农村水利生态建设、县际公路及农村公路改造、县城电网建设与改造、环保基础设施建设等方面，筛选一批项目，做好前期工作，落实配套资金和其他建设条件，争取更多的国债资金支持。二是切实发挥政府财政性资金的导向作用。针对因国家政策变化，省级资本金既定的来源渠道减少的实际情况，积极研究开辟和拓宽省级资本金来源渠道问题，以进一步扩充省级资本金规模，支持全省重点项目建设；充分发挥财政性资金的引导调节作用，通过"四公司一中心"（省建设投资公司、经贸投资公司、国富农业投资集团有限公司、科技风险投资公司和中小企业信用担保服务中心）的积极运作，实现政府的投资战略意图。加强预算外专项资金的监管，真正集中财力办大事。三是加强银企合作。积极向银行推介项目，继续发挥银行的主渠道作用，研究切实可行的银行和企业合作的方式方法，争取更多的信贷资金支持全省重点建设。

4. 加强政策引导和扶持，努力扩大民间投资。一是拓宽民间投资空间。给予民营企业以"国民待遇"，除涉及国家安全的关键领域外，其余行业都可以放开让民间资本投资或控股经营，鼓励民间投资参与国有资产战略性重组，引导民间资本更多地进入基础设施和高新技术产业领域，真正形成多元投资主体共同支撑的发展国民经济和社会各项事业的新格局。二是加大资金支持力度。成立专门为中小企业提供金融服务的机构，探索建立民营企业贷款担保机制，帮助民营企业解决贷款难的问题。对符合国家产业政策并能带动当地支柱产业发展的民营企业投资项目，金融机构要积极予以支持。三是加强投资引导服务。政府有关部门对民间投资要在政策、投资方向上加强引导，并提供项目咨询等方面的信息服务，把民营经济的发展作为全省新的经济增长点纳入全省国民经济和社会发展规划。

5. 努力扩大开放，促进重点建设。一是进一步转变观念。以企业为主体，积极开展小团组招商、中介招商和网上招商，不断创新方式。各级政府和有关部门要将工作重点转移到发布信息、改善环境、搞好服务，努力为企业创造良好的开放条件上。国有企业要通过深化改革，优化资产和股权结构，吸引更多的国内外企业特别是跨国公司参与改组改造。二是着力培育扩大开放的引力点。抓住奥运机遇，积极引进项目和资金。尽快完成秦皇岛粮油加工园区、唐山曹妃甸工业园区、沧州化工园区和石家庄药都等几个率先发展地区的重点规划，确定产业布局，向国内外大公司招商，引进人才、项目和资金，加快这几个区域的发展步伐。三是大力推广成功经验。认真总结廊坊开发区建设中引进国际大公司和京津高等院校建设东方大学城的经验及唐山引进"双汇"、"乐百氏"、"均谣"等国内知名企业到唐山投资的成功做法，努力提高河北省在投资领域的开放水平。

6.采取有效措施，进一步优化投资环境。一是对重点项目建设用地实行"三优先"。即优先列入年度土地利用计划、优先安排用地、优先办理用地审批手续。建立统一、规范、有序、高效的土地一级市场，除法律规定的可以行政划拨方式获得土地使用权的项目外，其他建设项目用地必须以有偿方式供应，以招标、拍卖方式供地。二是规范审批程序和收费行为。严格执行国家规定的建设项目审批程序，除规定的审批环节和内容外，任何行政审批部门不得擅自增加审批环节，变更审批程序。对省政府已公布取消的行政审批事项，务求落到实处。规范收费行为，坚决取消不合理的收费项目，明确重点项目的行政事业性收费依据，规范重点项目收费标准，由省财政、物价部门明确收费目录和收费标准，对重点项目实行挂牌保护，努力为全省重点项目建设创造一个良好环境。三是切实改善建设条件。加强项目的征地、拆迁、安置和建设过程中的用水、用电、供热、物资运输、邮电通信等环节的协调管理，严格执行国家和省有关政策规定，不得以任何理由对重点项目设置障碍，影响重点项目建设进度。严厉打击侵害省重点建设项目的违法犯罪活动，维护施工现场的治安秩序，为重点项目建设创造良好的社会环境。

山西省投资建设情况

山西省发展计划委员会

2002年,山西省委、省政府认真贯彻党的十六大精神和“三个代表”重要思想,按照省九届人大五次会议的部署,紧紧围绕经济结构调整做好拉动需求、加快发展的大文章。一年来,在“1311”调产规划初见成效等多重积极因素的带动下,全省固定资产投资继续保持快速增长的态势,产业投资结构、地区投资结构、所有制投资结构的优化程度进一步加大,全省重点工程建设顺利实施,部分重大工程如期完成,结构效益初步显现,向实现“十五”计划的目标又迈出了坚实的一步。2003年全省为实现经济继续稳定发展的目标,把发展作为工作第一要务,突出抓好结构调整和对外开放两个环节,继续优化、改善投资环境,争取实现投资规模、投资效益双丰收,为拉动经济增长、促进全社会发展、充分扩大就业发挥积极作用。

一、2002年固定资产投资及重点项目建设情况

(一)固定资产投资完成情况

2002年,全省固定资产投资完成额838.3亿元,同比增长18.3%,增幅比上年同期高出5个百分点,增幅高于全国2.2个百分点。其中,基本建设投资完成400.6亿元,增长10.6%;更新改造投资完成193.1亿元,增长33%;房地产开发投资完成67.4亿元,增长44.6%;其他投资完成177.2亿元,增长10.5%。按经济类型分,全省国有单位投资完成458.2亿元,同比增长1.8%,其中增量投资8.3亿元,占总增量投资的6.5%,增幅比上年同期减少5.4个百分点,拉动全省投资增速1.2个百分点;集体单位投资完成55.1亿元,同比增长14.9%,其中增量投资7.1亿元,占总增量投资的5.5%,比上年同期增加13.5个百分点,拉动全省投资增速1.0个百分点;城乡个人投资完成76.8亿元,同比增长20.9%,其中增量投资13.3亿元,占总增量投资的10.2%,增幅比上年同期减少14.2个百分点,拉动全省投资增速1.9个百分点;其他经济类型投资完成248.2亿元,同比增长68.9%,其中增量投资101.2亿元,占总增量投资的77.8%,增幅比上年同期增加44.5个百分点,拉动全省投资增速14.2个百分点。

(二)国债项目建设情况

1. 国债项目投资总规模及资金到位情况

1998年以来,山西省共争取到国债项目1038项。其中,农林水99项,交通通讯62项,农村电网4项,城市基础设施62项,粮库23项,公检法司163项,教育设施581项,“三河三湖”治理15项,旅游11项,卫生11项,轻工2项,高新技术产业化3项,村村通广播电视2项。

1038项国债项目总投资544.01亿元。其中,国债资金150.12亿元,银行贷款166.96亿元,利用外资37.07亿元,部委投资19.27亿元,地方配套资金170.59亿元。

至2002年底,所有项目共计到位资金406.18亿元,资金到位率75%。其中,国债资金到位125.52亿元,占国家下达计划的87%;银行贷款到位113.64亿元,到位率68%;利用外资到位30.44亿元,到位率82%;部委投资到位16.15亿元,到位率84%;地方配套资金到位120.43亿元,到位率71%。

2. 国债项目建设进度情况

全省1038个国债项目,至2002年底共完成投资427.22亿元,占全部项目总投资的79%。2003年在建国债项目610项,除至2002年底已完成投资199.87亿元外,尚有116.78亿元投资需在2003年及以后年度完成。

(三)重点工程完成情况

2002年省重点工程年度投资计划152.99亿元。至2002年底,全省重点工程累计完成投资150.85亿元,为年度投资计划的98.6%。重点工程完成投资占到全省固定资产投资总额的18%,拉动全省投资增长1.8个百分点。

到2002年底,万家寨引黄一期试通水、阳城电厂、大运高速公路“两年实观三循环”以及晋城矿区寺河煤矿、汾河二库、汾河上游81公里治理工程、长邯高速公路、运三高速公路,阳涉铁路二期等工程都已按期完成。太钢50万吨不锈钢改造工程冷轧部分开始进行试车。黄河水源太原供水工程正在进行设备安装和系统调试。神头二电厂二期扩建工程基础已出地面。其他“西电东送”项目都已开工建设,进展顺利。山西博物馆主体土建工程封顶,开始进行内装饰工作。山西大学艺术楼、太原理工大学多功能文体中心和大同一电厂热电联产项目资金到位较好,工程进展顺利。大同机场航站楼主体工程已经完工。山焦30万吨焦油加工项目进行土方开挖工作。

二、2002年投资建设的特点及存在的问题

(一)固定资产投资的主要特点

1. 投资总量增势较快,增速在高位运行

2002年,全省固定资产投资完成838.3亿元,同比增长18.3%。总量增加130亿元,增幅比上年同期增加5个百分点,增幅高于全国2.2个百分点。按管理渠道分,基本建设投资由于工业制造业投资加大、大运公路等基础设施建设加快、农林牧渔业投资增加,而保持10.6%的增长速度。更新改造投资中由于煤炭工业的深加工改造、冶金、轻纺工业、邮电通信业的设

备更新和技术改造加强，而拉动全省投资增速 6.8 个百分点。在技改投资中，用于提高产品质量的投资增幅连续两年在 1 倍以上，节约能源和增加品种的投资增幅也较大，表明山西省工业调产已开始走上了依靠技术进步和科技创新以提高产品竞争力的发展轨道。房地产投资增幅高达 44.6%，主要原因是房地产市场政策偏暖、需求旺盛和房地产开发市场活跃及房地产市场规范化运作所造成。其他投资完成 55.4 亿元，主要受煤炭工业开拓延伸、公路改善养护投资加大所影响，增幅达 13.1 个百分点。

2. 在宏观经济政策的影响和拉动下，三次产业投资比例进一步趋于合理

从三次产业比例看，2002 年受退耕还林(草)政策实施、生态建设加快的影响，全省第一产业投资完成 36.3 亿元，同比增长 77.1 倍，其中增量投资 15.9 亿元，占总增量投资的 12.2%，增幅比上年同期增加 1.9 个百分点，拉动全省投资增速 2.3 个百分点。受工业制造业投资加大和西电东输工程实施的拉动，第二产业投资完成 374.6 亿元，比上年同期增长 21.2%，其中增量投资 65.5 亿元，占总增量投资的 50.4%，增幅比上年同期增加 14.5 个百分点，拉动全省投资增速 9.2 个百分点。受基础设施建设力度加大的影响，第三产业投资完成 427.4 亿元，同比增长 12.8%。其中增量投资 48.6 亿元，占总增量投资的 37.4%，增幅比上年同期减少 4.3 个百分点，拉动全省投资增速 6.8 个百分点。在上述多种因素的推动下，山西省三次产业投资结构的比例由上年的 2.9:43.6:53.5 变为 2002 年的 4.3:44.7:51。

3. 基础设施投资增势不减，投资环境改善

2002 年，由于公路交通、城市建设、教育、文艺及广电事业建设力度加大，强力拉动全省固定资产投资快速增长。2002 年全省基础设施的投资完成 362.6 亿元，同比增长 8.6%，其中增量投资 28.7 亿元，占总增量投资的 22.1%，拉动全省投资增速 4 个百分点。这中间，煤气、供热和自来水投资完成 12.5 亿元，比上年同期增长 23.7%，其中增量投资 2.4 亿元，占基础设施增量投资总量的 8.4%，拉动基础设施投资增速 0.7 个百分点；社会服务业投资完成 47.9 亿元，比上年同期增长 73.6%，其中增量投资 20.3 亿元，占基础设施增量投资总量的 70.7%，拉动基础设施投资增速 6.1 个百分点；教育、文艺及广电事业投资完成 31.8 亿元，比上年同期增长 40.7%，其中增量投资 9.2 亿元，占基础设施增量投资总量的 32.1%，拉动基础设施投资增速 2.8 个百分点。

4. 地方项目投资增速较快，有力地带动投资总量增长

2002 年，全省地方项目共完成投资 692.8 亿元，同比增长 24.8%，其中增量投资 137.7 亿元，占固定资产投资总量的比重高达 82.6%，成为拉动全省投资增长的主要力量。

5. 投资资金来源到位充足，增长潜力较大

2002 年全省资金来源总额为 733.5 亿元（不含城乡集体和个体投资），比上年同期增长 21.6%；本年资金来源 679.8 亿元，比上年同期增长 20.1%。其中，国家预算内资金到位 46.2 亿元，比上年同期增长 13.6%，占本年资金来源的比重 6.8%；国内贷款到位 164.3 亿元，比上年同期增长 7.1%，占本年资金来源的比重 24.2%；利用外资到位 19.9 亿元，比上年同期降低 12.1%，占本年资金来源的比重 2.9%；自筹资金到位 360.6 亿元，比上年同期增长 30.4%，占本年资金来源的比重 53%；其他资金到位 88.8 亿元，比去年同期增长 22.2%，占本年资金来源的比重 13.1%；国内贷款、自筹资金依然是山西省资金来源的主要源泉。

总体而言，2002 年受多重政策因素的积极影响，特别是 1311 规划初见成效，全省投资形势呈现良好局面，投资规模稳步增长，结构调整不断深入，GDP、财政收入、城镇居民人均可支配收入等重要经济指标的增速和绝对水平在全国的地位开始回升，一批龙头企业、潜力产品项目、高技术产业化项目、旅游景区项目的建设成效明显，结构效益初步显现。

（二）主要矛盾和问题

在较好的发展局面下同时应当看到，全省固定资产投资运行过程中仍然蕴涵着一些深层次的矛盾和问题，主要是：

1. 投资领域仍以传统行业为主，高新技术产业投资总量偏小。

2. 从资金来源看，国家资金和境外资金不足，应付款增加，影响了工程进度。

3. 虽然近年来山西省投资环境得到持续改善，但与发达省份尚有较大差距。表现在投资构成上，民间投资、外商投资比重仍低。

4. 中央项目投资萎缩。随着西部大开发战略的启动，中央投资、东部发达地区投资和外资向西部倾斜的趋势显著增强，对山西省投资规模的增大产生不利影响。

5. 房地产开发投资增幅虽大幅增加，但与全国平均水平相比，总量仍显不足。

6. 国债项目中各地配套资金到位较差，应进一步研究采取加强监督、明确责任等措施。

三、2003 年投资计划安排及其设想

2003 年，全省投资工作要继续深入贯彻落实党的十六大精神，实现全省经济快速稳定发展的目标。结合山西省八大战略工程、六大支撑体系和“1311”规划的具体要求，确定全省 2003 年投资工作的三个主要任务：1. 全面推动社会投资的进程，保证社会经济快速、稳定、健康的发展；2. 以“1311”规划为指导，加强行业规划建设，进而推进投资结构的深层次调整；3. 加快投融资体制改革的步伐，改善投资环境，促进投资的持续增长。

初步确定 2003 年全省全社会固定资产投资规模为 988 亿元，增幅达 18%。按计划管理渠道分，基本建设投资 450 亿元，增幅为 12%；更新改造投资 247 亿元，增幅为 28%；房地产开发投资 87 亿元，增幅为 28%；其他投资 204 亿元，增幅为 15%。

为实现上述目标，2003 年投资工作的重点将放在：

（一）牢牢把握“三个代表”重要思想，投资重点选择与人民息息相关的基础产业

要认真贯彻执行“三个代表”重要思想，加大农业产业结构调整、退耕还林、县乡道路改造，中小学建设、城市基础设施建

设的投资力度，把发展经济、启动消费、扩大就业、增加农民收入的相关产业作为2003年投资工作的主要任务，为全面实现小康社会而努力。

(二)以“1311”规划为中心，加快结构调整重大项目建设步伐，逐步形成结构调整的内在良性机制

“1311”结构调整规划是“十五”计划纲要的具体体现，也是今后一段时期山西省经济结构调整的发展方向。经过3年成功运行，“1311”规划已成为全省经济发展和结构调整的品牌工程，受到全社会的关注和认可。2003年山西省投资工作仍然要按照规划要求，继续将省级建设资金向调产项目倾斜，延伸产业链条，整合产业资源，力争形成若干个规模大、实力强、附加值高的核心产业群。在项目选择上，要加速发展科技含量高、经济效益好、资源消耗低、环境污染少、能够充分发挥人力资源优势的企业和投资项目，推进全省结构调整的深化和发展。同时，要采取调控措施，及时遏止煤焦铁等资源性产业中出现的产业复归苗头，保持传统产业的持续健康发展。要在结构调整深入人心，结构效益日渐显现的局面下，进一步加大工作创新力度，着眼于完善制度，强化监督，规范操作，逐步形成省域经济结构调整的内在良性机制。

(三)切实抓好国债项目建设

为继续加大国债投资力度，要按照国家的有关要求，认真、高效地筛选、申报项目，把申报国债项目投资的可能性变为观实。省里一方面要积极争取享受国家西部政策，同时遴选一批符合国家产业政策、前期准备充足的项目上报国家，如能改善山西省生态环境的退耕还林还草和防护林建设项目，改善城市缺水条件的水源工程和供水工程，改变农民生活和生产条件的病险水库加固和灌区节水改造及县乡道路改造项目，积极推进国定和省定贫困县的基础设施建设，加快农村电网改造等，按照三个梯队上报国家，争取得到国家投资的大力支持。

(四)优化投资结构，加大装备制造业的投资

为提高山西省装备制造业的技术水平，用高科技水平提升传统老工业基地的设备生产能力，要大力振兴装备制造业，改造和提升传统产业，这是加快实观工业化、现代化的基础和前提。加大装备制造业的投资，增强装备工业重大装备的开发能力，推进机电一体化，提高其智能化水平，是优化投资结构，促进产业结构调整、优化升级的重要内容。

(五)制订、实施引导和扶持措施，改善投资环境，扩大社会投融资规模

要充分发挥个体、私营等非公有制经济在促进经济增长、扩大就业和活跃市场等方面的重要作用，就要在他们感兴趣的政策领域和环境上做文章。要进一步加强与经济界、企业界的沟通与联系，深入学习发达地区的先进经验，尽快制订完善鼓励民间投资的实施细则。通过改善投资环境，广开融资渠道，增加融资手段，拓宽投资领域，使非国有投资成为拉动经济增长的重要组成部分。

(六)提升房地产投资，发挥房地产开发的双向拉动作用

按照“十五”计划和“1311”规划，在制定行业规划的基础上，对房地产业进行总体规划，在最大限度地满足广大人民群众的住房需求和提高住房水平的同时，寻求一条适合城市化进程、结构合理、规模适中的房地产投资发展方向，推进房地产投资和结构趋于合理，拉动全省投资和需求的双向发展。

(七)积极采取措施，加大外商投资力度

为提高利用外资的质量和水平，把利用外资与经济结构调整、国有企业改组改造结合起来，鼓励跨国、跨地区公司投资山西省的农业、制造业和高新技术产业。山西省将努力改善全省投资环境，以吸引更多的外来资金和外国投资。

(八)加强投资领域的课题研究

根据发展要有新思路，改革要有新突破，开放要有新局面，各项工作要有新举措的要求，对投资工作中出现的热点、难点问题要主及时加以研究和处理，对项目管理、投资管理要用超前的眼光和思路进行综合分析研究，加强宏观调控管理，使全省投资工作有一个新的局面。

内蒙古自治区投资建设情况

内蒙古自治区发展计划委员会主任 呼尔查

一、2002年固定资产投资完成情况

2002年，内蒙古自治区城镇以上单位完成投资643.44亿元，比上年增长50.22%。加上农村投资和城镇工矿区私人建房投资80.51亿元，全年完成投资714.95亿元，较上年增长44%。按经济类型划分，国有经济单位投资371.25亿元，增长37.3%；集体经济单位投资27.44亿元，下降2%；城乡个人投资60.16亿元，增长9.7%；其他经济类型单位投资256.10亿元，增长1.27倍。按投资管理渠道划分，基本建设投资421.71亿元，增长56.9%；更新改造投资107.55亿元，增长54.6%；房地产开发投资72.46亿元，增长46.9%；其他投资32.71亿元，增长80.5%。

2002年，内蒙古城镇以上单位投资呈现出以下主要特点：

一是地方项目投资继续保持良好的发展态势。地方项目完成投资531.5亿元，增长49%，占城镇以上单位完成投资的比重

为82.6%。

二是在建项目年度投资实施力度加大。在建项目年度计划投资712亿元,同比增加290亿元,增长50.2%。在建项目实际完成投资占年度计划投资的比重为90.4%,比上年提高了3.3个百分点。

三是施工项目数量增加。全区施工项目4998个,同比增加1310个,是历史上施工项目最多的时期。

四是工业投资继续保持快速增长的态势。工业完成投资230.86亿元,增长61.6%,占城镇以上单位完成投资额的36%,比上年提高了2.8个百分点。

五是国债投资拉动作用强劲。全年国家预算内资金到达项目单位104.44亿元,占同期资金来源总额的17.85%,同比增长139.66%。国债项目完成投资130亿元,占城镇以上单位完成投资额的20%。

二、2002年主要投资建设成就

(一)固定资产投资规模明显扩大

在实施西部大开发战略和推进重点工业项目的带动下,在建项目投资总规模进一步扩大。全年新开工基本建设和更新改造项目3590个,比上年增加1026个;全年城镇单位在建项目投资总规模1592亿元,比上年增长45.2%。全年全社会固定资产投资总额714.95亿元,比上年增长44%。

(二)投资结构调整步伐明显加快

全年城镇单位完成固定资产投资中,第一产业完成投资76.81亿元,增长1.57倍;第二产业完成投资234.95亿元,增长60%;第三产业完成投资322.68亿元,增长31.3%。实施西部大开发的重点继续向生态、水利、交通、城市建设等基础设施以及电力和工业技术改造方面转变,全年城镇以上单位用于以生态、水利建设为主的农林牧渔水利业投资、电力煤气及水的生产和供应业投资、交通运输仓储及邮电通讯业投资和以城市基础设施建设为主的社会服务业投资总额达350.08亿元,增长61.5%。工业技术改造投资83.30亿元,增长67.8%,其中用于环境保护、节约能源和增加产品品种的工业技改投资快速增长。

(三)重点项目建设进展顺利

年内一大批重点工业项目和基础设施项目建成投产,全年完成投资超亿元的重点建设项目67个,完成固定资产投资200.90亿元。包钢薄板、包头伊利液态奶、呼和浩特丰泰发电有限公司、准格尔电厂二期扩建、准东铁路一期、锡桑铁路和包东高速公路等一批重点建设项目建成投产或交付使用。

(四)投资效果明显提高

全区城镇以上单位各种经济类型建成投产项目3615个,项目建成投产率达到72.3%;新增固定资产499.86亿元,固定资产交付使用率78.8%,比上年提高11.7个百分点。新增主要生产能力或工程效益有:热轧钢板198万吨,发电装机容量108.5万千瓦,高等级公路101公里;城镇住宅竣工面积767.12万平方米,其中商品房竣工面积542.79万平方米,比上年增长21%;商品房销售面积378.8万平方米,增长22.3%。

三、2002年投资建设的经验及存在的主要问题

(一)投资建设的经验

1. 项目前期工作取得实效。为了加快全区重大项目前期工作进度,自治区制定出台了项目前期工作管理办法,落实了重点项目责任制。坚持长远规划与中短期计划相结合,及时、充分、扎实地做好项目储备,把项目的储备、开发和争取作为一项重要基础性工作来抓。按照"建设一批、规划一批、储备一批"的工作思路,从市场调研到项目建议书的提出,从可行性研究论证到初步设计方案比选,都扎扎实实地去做,补充、完善了自治区重点项目库,使入库项目前期工作更加扎实,满足了项目申报、审批以及争取资金的要求,提高了项目库建设的质量和水平。

2. 夯实了项目实施管理工作。进一步加强了工程质量责任制、项目法人责任制、招投标制、工程监理制、合同管理制、竣工验收制的推行和落实工作,积极推动建立政府采购制度。通过采取加强协调、严格管理和推动项目前期工作等方面的措施,保证了国债项目建设的顺利实施。以抓招标投标、重大项目建设环境以及国债项目为重点的专项稽察检查工作不断深入,促进了国债项目建设管理的规范化。严格执行《国家重大建设项目稽察管理办法》,在继续加强国债项目稽查的同时,加大对预算内资金、专项资金的稽查力度,管好、用好各类建设资金。从深化改革和整章建制入手,把工程质量和资金管理工作逐步纳入规范化、法制化轨道。

3. 多渠道筹措建设资金。在积极争取国家投资的同时,千方百计筹措、落实各类项目建设资金,为加快工程建设提供了重要保证,保持了投资对经济增长的强劲拉动作用。自治区努力把环境建设作为吸引外资的中心工作来抓,大力改善投资环境,以扎实的项目前期工作和优质项目为基础,广泛组织、开发、参与各种形式的内引外联融资活动,使引进区外资金和利用外资水平持续增长,努力扩大招商引资规模。加强银企协调力度和企业信用环境建设,建立联席会议制度,不断改善银企关系,扩大银行对有市场、有效益、有信誉企业的贷款规模。重点扩大金融机构对生态、公路、城市设施、工业等一大批项目建设的金融支持力度,金融部门对重点项目的贷款增加较快。做好整顿和规范市场经济秩序工作,大力为民营经济发展营造公开竞争、平等使用生产要素的市场环境,进一步放宽非公有制经济的投资领域,鼓励民间资本以多种方式进入经营性基础设施和公益性事业领域,使民间投资逐步活跃起来,成为内蒙古新的经济增长点。

(二)存在的主要问题

总的来看,2002年内蒙古全社会固定资产投资运行态势是良好的,全面完成了拉动国民经济增长和社会发展的预期目标。但是,也出现了一些值得注意的问题,主要有:

一是投资增长对政府投入依赖性强。依靠各级政府财政性

资金拉动投资增长的局面还没有得到明显的改变,市场在投资资源中的配置作用还比较薄弱。

二是商品住宅建设增长缓慢。受居民收入增长不快,针对中低收入家庭住房消费优惠政策不配套、不到位的影响,商品房市场的扩大和房地产投资的增长动力不足。

三是对外开放程度不高。从走出去开展多种形式的招商活动、落实签约项目等方面看,自治区招商引资工作仍需加强,特别是引进大企业、大集团等优势企业数量少、进度慢,尤其是引进世界级、国家级的大企业差距更大,借用外力加快项目建设步伐还远没有实现突破性进展。

四是项目储备和后续项目不足。全区项目储备明显存在着数量不多、质量不高、大项目少、优势和特色项目不足、前期工作不够扎实等问题,加快研究、策划、论证重大项目的工作任务非常紧迫。

五是对民间投资的引导和服务意识不强。虽然对发展民营经济已成共识,但仍然存在着对扩大民间投资范围,特别是进入重要基础设施和社会发展领域存在认识不到位的问题。尽管各盟市都出台了一些扶持引导政策,但在实际操作中却做不到一视同仁,很多政策没有得到落实。同时,适应民间投资特点的社会化服务组织尚不健全,这些都制约了民间投资规模的迅速扩大。

四、2003年投资建设展望

(一)全区固定资产投资形势

内蒙古经济属投资拉动型经济。没有投资的持续扩张,经济的发展就不可能持久。2003年年初以来,全区上下认真落实贯彻全区经济工作会议精神,狠抓项目,投资形势非常好,有力地促进了经济的快速增长。从一季度起,自治区固定资产投资完成额就不断攀升,投资增速屡创新高,4月份以来投资增速一直保持在全国第一位。1-10月份,全区城镇以上单位完成投资902.4亿元,比上年同期增长91.1%。其中基本建设投资635.38亿元,增长97.1%;更新改造投资137.29亿元,增长79.4%;房地产开发投资70.87亿元,增长39.3%。

1. 领导高度重视,部门、地区积极配合。年初以来,自治区党委、政府高度重视固定资产投资工作,在非典形势比较严重时期召开了固定资产投资动员大会,与各盟市及有关厅局签订了完成投资目标的责任书;先后出台了一系列保障固定资产投资工作不受影响或少受影响的措施,切实做到了思想统一、目标明确、责任落实、措施到位、推动有力,形成了一个齐抓联动、衔接配合、超前想、主动干的局面,推动了全区项目建设和投资增长。

2. 新开项目多,投资规模大。到9月底,全区5852个施工项目中,新开工项目4781个,占81.7%,同比增长61.2%,比上年同期高出近10个百分点。全区全部在建项目计划总投资2526亿元,同比增长87.2%。其中,新开工项目1195亿元,同比增长142.9%,占在建项目总规模的47.3%。

3. 建设资金到位好,非国有单位投资增长快。截至9月底,全区在建工程到位资金786.5亿元,高于同期投资完成工作量26亿元,比上年同期增长112.7%。其中国家预算内资金81.3亿元,增长28.6%;国内贷款146.4亿元,增长126.2%。在希望铝业、大唐电力等大项目的有力带动下,截至9月底,全区招商引资完成252.7亿元,同比增加108.6亿元,增长75.4%;城镇以上非国有单位投资完成333.7亿元,同比增长114.5%,占同期全区投资的43.9%,比国有单位投资增速高31.1个百分点。

4. 重点盟市、重点产业投资增长快,带动力强。到9月底,全区经济总量相对较大的包头市、呼和浩特市、鄂尔多斯市、赤峰市、通辽市共完成投资504.3亿元,同比增长114.2%,占全区城镇以上单位投资的66.3%。以西部大开发和资源转换为重点的生态、水利、工业、交通、城建等领域完成投资636.56亿元,增长88.95%,占城镇以上单位投资的83.7%。其中以电力、冶金、天然气、高载能和农畜产品加工等产业为重点的工业投资完成342.33亿元,增长140%,占投资额的45%,成为2003年投资的最大亮点。

根据目前全区固定资产投资运行的情况看,预计2003年,内蒙古全社会固定资产投资可以完成1150亿元,在总量排序上将由2002年西部省区的第7位上升到第4位。

(二)投资工作的主要思路

1. 做好项目申报和争取批复工作,为项目提早开工打下良好的基础。各有关部门、盟市要督促重点项目法人做好项目申报,积极协调并配合项目法人落实建设条件,做好开工前的准备工作。计划2004年新开工需要国家审批的项目,要提前按要求完成各类手续的上报工作,对已上报的项目要明确责任人,进一步做好衔接、盯办、攻关和落实,力争早开工建设。需要自治区审批的项目,各盟市计委及有关部门要加快前期工作进度,尽快完成相关报批手续。

2. 加快前期工作进度,努力使储备项目成为新开工项目。根据国家产业政策和投资方向,结合内蒙古资源、区位和产业优势,按照"加强领导,分级负责,协调配合,常抓不懈"的重大项目前期工作思路,组织专门力量,形成"项目专业队",抓紧组织策划一批生态、基础设施、工业和社会事业等方面的项目,加强项目库建设,力争多储备一些投资在5亿元或10亿元以上的,对经济社会发展有重大影响的项目。

3. 夯实工业发展的基础,保持工业投资对投资增长的支撑和带动作用。在继续抓好发展势头和增势强劲工业项目的同时,突出重点,梯次推进,坚持以重点区域、重点企业、重点园区、重点项目的发展为支持,努力创造工业发展的优势,培育新亮点,逐步形成有地方特色和比较优势、带动力强的产业集群;大力推动蒙牛、伊利等农畜产品加工龙头企业加速扩张,拓宽覆盖面,带动千家万户增加收入;以工业园区为载体,发展高技术、高载能、高附加值产业和龙头企业。对重点工业项目要全面落实责任制,分解任务和目标,要一个产业、一个行业、一个项目的进行研究、洽谈,使工业投资全部落实到项目中去。

4. 把招商引资和吸引民间投资作为项目筹资的重点,认真落实。招商引资、民间投资在内蒙古固定资产投资中的份额将会越来越大,成为新的增长点。对已签约的项目要强化跟踪服务和盯办力度,落实承诺事项,提高资金到位率。招商引资工作重点要放在吸引大企业、大集团上来,同时兼顾中小企业的协作、重组和改造。多渠道、多种方式吸引大企业、大集团及带动力较强的优势企业投资的项目,盟市、重点旗县都要在这方面寻求突破,有些条件好的地区争取更多一些。要加强与开发银行、工商银行等金融部门的合作,选择优质项目,落实贷款条件,拓宽利用银行贷款规模。有条件的地方可组织民间资本依法成立民营的贷款担保公司。鼓励社会力量、个体私营企业共同出资参与信用担保机构,建立和完善个体私营企业联保机制,解决中小企业贷款担保难的问题。

5. 大力优化投资环境,营造发展的良好氛围。按照自治区优化投资环境的决定,转变职能,加强依法行政,简化审批程序,广泛推行投资者服务公示制度、投资审批首问制度,规范收费管理和行政检查制度。积极利用互联网、电视等多种手段,全方位、多视角、宽领域地宣传报导内蒙古重点项目建设取得的显著成就,充分调动全区各族人民参与和支持重点项目建设的积极性,鼓舞全区各族人民不甘落后、抓住机遇、加快发展的信心。

6. 加强项目督查、稽查和调度工作,提高投资管理水平。采用自治区统一组织、部门联合、盟市互查和专项审计、稽查等多种形式进行督查、稽查,确保重点工程按计划实施。同时要求盟市不间断地做好对重点项目的跟踪落实和服务。继续加强重点项目的调度和投资进度的分析工作,坚持重点项目月调度、季分析,随时研究解决重大项目实施中的有关问题。

辽宁省投资建设情况

辽宁省发展计划委员会主任 仲跻权

2002年,在国家继续实施积极财政政策和各项相关政策的指导下,辽宁省上下采取有力措施,真抓实干,开拓进取,保持了投资规模较快增长和投资结构不断改善,有力地推动了国民经济稳定增长和社会全面进步。

一、2002 全省固定资产投资情况

(一)全省固定资产投资完成基本情况

2002 年,全省全社会固定资产投资完成 1605.3 亿元,比上年增长 13%,超额完成了 1560 亿元的投资计划。其中,城镇完成固定资产投资 1363.8 亿元,比上年增长 13.3%;农村完成固定资产投资 241.5 亿元,比上年增长 11.2%。在城镇投资中,基本建设完成投资 529 亿元,比上年增长 7.8%;更新改造完成投资 365.4 亿元,比上年增长 10.8%;房地产开发完成投资 388 亿元,比上年增长 20.1%。

2002 年投资完成的主要特点是:地方项目投资能力增强,产业投资结构趋于合理,民间及外商投资更加活跃,资金到位好于往年。

——从隶属关系看,地方项目投资增长快于中央项目投资。全年完成投资中,地方项目完成投资 1337.4 亿元,同上年增长 19.5%,所占比重由 78.7%上升到 83.3%;中央项目完成投资 267.9 亿元,同比下降 11.3%。

——从三次产业看,第一产业增势较弱,第二、第三产业增速平稳。全省农林牧渔水利业完成投资 70.6 亿元,比上年增长 1.2%;第二产业完成投资 629.3 亿元,比上年增长 13.7%,其中,轻纺工业增长 53.4%,机械工业增长 28.2%,冶金工业增长 14.2%;第三产业完成投资 905.5 亿元,比上年增长 13.5%。

——从经济类型看,非国有单位投资增长快于国有单位投资。国有单位完成投资 644.5 亿元,比上年下降 6.7%;非国有单位完成投资 960.8 亿元,比上年增长 31.6%。其中,集体单位投资 177.4 亿元,增长 11.8%;私营个体投资 221.9 亿元,增长 23.9%;其他经济类型投资 561.8 亿元,增长 43.1%。国有与非国有单位投资比重由上年 48.6:51.4 变成为 40.2:59.8。

——从资金来源看,企业投融资能力有所增强。在全社会完成投资中,国家预算内资金下降 5.5%,国内贷款增长 3.4%,利用外资增长 25.6%,自筹资金增长 21.4%,其中企事业自有资金增长 17.3%。

——从地区分布看,多数市投资增长,地区间相差较大。全省 12 个市投资比上年同期增长,其中阜新 (41.0%)、沈阳(32.9%)、营口(21.1%)、大连(20.6%)、锦州(19.8%)、抚顺(13.5%)6 个市增幅高于全省平均水平。本溪(-8.1%)、朝阳(-6.6%)2 个市投资下降。沈阳市完成投资 402.5 亿元,大连市完成投资 367.9 亿元,而朝阳、铁岭、辽阳、阜新市投资总量不足 50 亿元,地区间相差较大。

(二)重点项目建设进展情况

2002 年是推进重点项目建设的关键之年,全省“四个一批”重点项目进展顺利。

一批收尾重点项目竣工投产。本丹、锦朝、锦阜和盘海高速公路竣工通车,玉石水库落闸蓄水,盘锦城市防洪工程发挥效益,辽河干流防洪、浑河太子河防治工程初见成效,农网改造一期工程竣工,沈阳、鞍山城市道路改造、大连快速轨道交通等工程建成通车,营口鲅鱼圈水源工程、沈阳等 5 市污水处理厂和辽阳等 4 市垃圾处理厂等进入收尾阶段;大连石化分公司 350

万吨催化裂化装置改造、大显集团彩管用彩枪零件等项目基本建成。

一批续建重点项目建设进展顺利。金哨水利枢纽主体完工,沈大高速公路改扩建、农网改造二期、省监狱布局调整等开工建设,西太平洋石化公司1000万吨炼油装置改造、辽化公司20万吨乙烯、7万吨聚丙烯、鞍钢新轧公司冷轧薄板、镀锌板和涂层板改造等项目进展顺利。

一批重点建设项目前期工作取得重要进展。大伙房水库输水工程可研报告和投资概算、石佛寺水库一期开工报告已批复,丹庄高速公路可研报告完成评审,沈山、沟海铁路电气化改造项目前期工作完成。大连港大窑湾11#和12#集装箱泊位、营口港三期子项工程已经批复。金杯与宝马合资生产宝马系列轿车项目建议书已通过国务院办公会批准等。

一批规划重点建设项目储备工作完成。锦凌水库、青山水库、大伙房水库输水二期工程、抚顺至南杂木高速公路、鸭绿江西水道整治工程、沈阳石蜡化工CPP制乙烯生产27万吨PVC、抚顺石化HCC制乙烯、鞍钢冷轧硅钢工程、本钢冷轧涂镀生产线等项目进入项目储备库,并着手规划等工作。

(三)国债项目建设实施情况

2002年在国债投资重点已转向西部地区的情况下,辽宁省(不含大连市)从国家计委争取资金81.6亿元,其中,国债资金35.6亿元(中央债券21.8亿元,地方债券13.8亿元),国家指令性贷款41.6亿元,中央预算内资金4.4亿元。按照国家计委提出2002年要确保大部分国债项目干净利落地收尾的要求,当年辽宁省有314个项目近100亿元工作量基本完成,实现了与国家签约的责任目标。

(四)固定资产投资存在的主要问题

投资对经济增长发挥了重要作用。但是,与其他省份相比和从经济发展需求出发,全省投资仍然存在着规模偏小,持续、快速增长乏力,投资结构不尽合理等问题。

1. 从经济类型看,国有投资增速慢,非国有投资总量小。 一是国有投资比重大、增速慢。在沿海各省中辽宁省国有投资比重最高,而增速下降,直接影响了投资总量。二是虽然非国有投资增长较快,但总量偏小。全省集体、个体投资与广东、江苏、浙江、山东等省相差3倍左右,比重低于20个左右百分点;在外商、联营、股份及港澳台投资方面,全省投资比重低于广东、上海10多个百分点,总量分别少于这两省市1000亿元和500亿元以上。这些说明全省国有企业包袱依然沉重,投资的动力机制没有普遍建立起来;在促进民间投资的政策制定和执行、引导和服务方面存在差距;同跨国公司、企业集团合资、合作的大项目不多。

2. 从资金来源看,各渠道资金增长不快,筹措资金能力较弱。 辽宁省预算内投资和银行贷款所占比重不比其他省低,但增长不快。在利用外资方面,近几年全省仅为70亿元左右,与广东省相差5倍,与上海市相差3.6倍,与江苏省相差2倍。在自筹资金方面,全省虽有所增长,所占比重已达57%,但与广东、江苏、河北、山东省相比,仍相差10多个百分点,全省企业自筹资金能力比较弱。

3. 从投资渠道看,基建、技改、房地产之间的比重关系不尽合理。 全省用于基本建设和房地产开发的投资占总投资的57.2%,这部分投资主要用于基础设施和房屋建设方面。而与生产类相关的更新改造投资只占22.8%。就基建、技改内在结构而言,基本建设投资中,生产性投资仅占22.6%,更新改造中,用于建安工程投资高达52.4%,而体现企业技术进步,以内涵为主扩大再生产的设备、工器具购置只有47.6%。

4. 增强经济发展后劲的重大项目少,前期工作不快。 “十五”期间,全省规划基建、技改重点项目300余项,总投资约4000亿元,其中拟新开项目260项。到目前为止,起步实施的项目只有近百项,投资900亿元。一批能够增强经济发展后劲的重大产业项目尚处于前期工作阶段,具备开工条件的项目不多。

5. 投资环境建设还需加强,尤其软环境亟待改善。 在硬件建设方面,全省能源、交通、水利、城市基础设施已明显改善,但还存在地区不平衡现象,一些地区投资条件不完善,总体环境较差;在软环境方面,一是审批环节比较多,审批周期较长。二是在政策制定方面不配套,限制较多,市场准入放开不够,部分行业垄断严重。三是各级政府综合运用土地使用、税费缴纳、进出口权、市场信息服务等方面还缺乏统筹考虑。

二、2003年全省固定资产投资计划安排意见

(一)2003年全省投资总量预期目标及投资重点

2003年全省经济形势是机遇多于挑战。在分析国内外经济发展环境基础上,要充分利用一切有利条件,挖掘各方面的潜力,趋利避害,做好全省固定资产投资工作。

根据“十五”计划总体目标和经济发展的要求,2003年全省固定资产投资预期规模为1800亿元,比上年增长12%。其中,基本建设投资590亿元,增长11%;更新改造投资400亿元,增长10%;房地产开发投资470亿元,增长21%,农村及其他投资340亿元,增长5%。

2003年全省固定资产投资的重点是:增强经济发展后劲的水利、交通、能源建设项目;促进经济结构调整、能够增强经济发展后劲,成为新的经济增长点的重点工业、高科技、农业产业化项目;重塑城市形象,改善城市环境的重点城市交通、供水、垃圾处理、污水处理等基础设施项目;改善生态环境、农村生产条件的农业基础设施项目;提高人民生活水平和增加就业机会的教育、旅游和商贸流通项目。

(二)2003年重点项目安排情况

按照上述投资目标和重点,辽宁省初步确定2003年要重点抓好310个“四个一批”重点建设项目,即抓好竣工投产一批、续建一批、新开工一批和前期工作一批项目。“四个一批”项目总投资规模达2800亿元,2003年计划投资600亿元。其中,基本建设230项,总投资2013万元,2003年计划投资445亿元;技术改造80项,总投资788亿元,2003年计划投资155亿元。具体是:

1. 竣工投产一批重点项目安排情况

抓好40项竣工投产项目的收尾及达产达效工作。这批项目总投资93亿元,年度投资64.5亿元。

基础设施项目17项，主要有白石水库、金哨水利枢纽工程、秦沈铁路客运专线、农网改造二期、大连城市快速轨道交通、鞍山市建国路改造、抚顺城市交通改造工程等。

结构调整及技术进步项目15项，主要有华晨金杯公司引进丰田海狮系列产品项目、大连石化350万吨催化裂化装置改造、抚顺石化120万吨柴油加氢精制、本钢集团热轧机组、大显集团彩管用彩枪零件等项目。

社会事业及其他项目8项,主要包括抚顺石油学院扩建校区、抚顺雷锋纪念馆改造工程等。

2. 续建一批重点项目安排情况

抓好105项续建重点项目。这批项目总投资810亿元,年度投资252亿元。

基础设施项目29项。主要有石佛寺水库一期工程、大伙房水库除险加固工程、沈大高速公路扩建、大连港大窑湾二期工程、大连港30万吨原油码头工程、营口港三期、南票劣质煤坑口电厂、阜新矿区采煤沉陷区综合治理等。

结构调整及技术升级项目42项。主要有辽河油田715万吨原油开发打捆项目、西太平洋石化公司1000万吨炼油装置改造、大连固特异轮胎公司乘用子午胎扩建至525万套项目、鞍钢新轧冷轧薄板、镀锌板和涂层板改造、抚顺铝厂环保改造、沈阳鼓风机有限公司设备国产化项目等。

社会事业及其他项目34项。主要有辽宁省监狱布局调整、辽宁电台业务用房、辽宁大学新校区、沈阳万达商业广场等。

3. 计划新开工一批重点项目安排情况

计划新开工重点项目100项,总投资624亿元,年度投资283.5亿元。

基础设施项目39项。主要有大伙房水库输水工程、引英入连二期工程、沈山线铁路电气化工程、沟海线铁路电气化工程、丹庄高速公路、大连周水子机场扩建、北票矿区采煤沉陷区综合治理、县城区电网改造工程等。

结构调整及技术进步项目34项。主要有辽化80万吨PTA装置、华锦集团辽通公司复合肥、鞍钢高炉煤气综合利用、本钢120万吨冷轧、沈阳金杯汽车与宝马合资生产轿车、东风朝柴新型3升柴油机等。

社会事业及其他23项。主要包括中国医科大学新校区、锦州师范学院新校区、大连医科大学新校区、辽宁艺术城等。

4. 加快前期工作一批重点项目安排情况

选择65项作为2003年重点推进前期工作的项目。这批项目总投资948亿元。

基础设施项目17项。主要有锦凌水库、青山水库、大伙房水库输水二期工程、抚顺至南杂木高速公路、鸭绿江西水道整治工程、沈阳地铁一号线工程、大连地铁工程等。

结构调整及技术进步项目26项。主要有沈阳石蜡化工CPP制乙烯生产27万吨PVC、抚顺石化HCC制乙烯、鞍钢冷轧硅钢工程、本钢冷轧涂镀生产线、丹东黄河中高档客车生产线改造项目等。

社会事业及其他项目22项。主要有沈阳航空工业学院新校区、大连外语学院新校区、大连森林动物园、金石滩大型综合游乐园、本溪五女山风景区基础设施等。

三、促进2003年全省固定资产投资增长措施

2003年,全省投资领域要有高度责任感和紧迫感,抢抓机遇,采取有力措施,积极促进全省投资持续、快速增长。

(一)大力促进民间投资增长

促进全省投资增长重点要放在促进民间投资方面。全面贯彻和落实省委、省政府《关于加快发展民营经济的决定》。从营造环境领域、拓宽领域、拓宽资金渠道、公平税赋、改善服务和加强管理等方面入手,努力为民间投资创造良好的体制条件和政策环境。进一步清理阻碍民营经济发展的政策障碍,制定鼓励内资进入的产业目录,积极为民间投资者提供咨询、培训等服务,适当下放审批权限。金融部门要研究适合民营企业特点的贷款政策和管理办法,开发金融服务品种,积极为民营企业提供信贷服务。

(二)积极推进“十五”重点项目的实施

一是大力推进“四个一批”项目实施。建立省、市有关主要领导分工负责的重大项目领导责任制,对项目策划、资金筹措、建设实施、使用运营、偿还债务等全过程负责,明确目标、责任和工作进度。二是继续积极争取国家对辽宁省老工业基地政策倾斜和资金支持,跟踪落实省、部际会晤商定的事项,落实省政府与国家开发银行金融合作协议确定的意向贷款。三是举办全省重点项目推介会、新闻发布会,向社会各投资主体,尤其是金融部门发布信息。四是强化重点项目动态管理,完善项目储备,确保重点项目建设步入良性循环。

(三)继续抓好国债资金争取和项目建设

2003年国家要继续实施积极财政政策和稳健货币政策,发行1400亿元长期建设国债,重点用于国债项目建设收尾,并开工建设一批新的国债项目。为此,全省要继续争取国家长期国债资金对项目的投入,在把握好国债投向的同时,要加快项目前期工作进度,加大工作力度。只有前期工作到位,上报国家的项目安排国债资金才有可能。对看准的项目,要积极运作,抓紧前期工作,还要抓好地方配套资金及时足额到位,切实加强对国债项目资金使用和工程质量的管理。

(四)着力推进基础设施建设市场化运作

全省水利、能源、交通和城市基础设施存量资产较大,要在盘活存量上做文章。逐步实现投资主体多元化,融资渠道多样化,运营主体企业化和运行管理市场化。对于有收费、经营收入的基础设施,如污水、垃圾处理、供水、供热、公共交通、电厂、高速公路等建设要积极推进其按照产业化的方向发展。一是要打破行业垄断,开放市场准入,允许包括民营在内的各类投资主体参与投资和经营。二是要积极推进价格体制改革,建立合理的价格形成机制。三是要积极推进这些行业的企业进行规范化

的公司制改革。当前重点推进城市垃圾、污水处理产业化发展。对于公益性的设施，如广场、道路、桥梁等也要积极探索市场化运作、经营权转让的改革，由民间投资或外资建设，政府逐步回报，缓解政府在建设资金筹措上的压力。

（五）不断深化投融资体制改革

按国家的总体要求，不断加大全省投融资体制改革的力度。遵循"谁投资、谁决策、谁受益、谁承担风险"的原则，进一步扩大企业投资自主权，规范企业投资行为；合理界定政府投资范围，理顺管理体制，建立健全监督和责任追究机制；拓宽融资渠道，完善融资体系；健全投融资宏观调控体系，改进调控方式，完善调控手段，加强投资监管。通过不断深化改革，最终建立起投资主体自主决策、银行独立审贷、融资方式多样、中介服务规范、政府宏观调控有力的新型投融资体制。

（六）进一步扩大利用外资规模和提高水平

要积极吸引外国企业特别是跨国公司投资农业、工业和高新技术产业，拓展服务贸易业、旅游业等第三产业合资合作，着力抓好一批重大利用外资项目，把利用外资工作提高到一个新水平。突出抓好一批与产业关联度大、能够带动地区和行业发展的重大项目，以增强经济发展后劲。要实行以商招商，借助海外中介机构、海外学子、华人华侨、国外友人的力量，建立起一个覆盖全球的招商引资网络。要建立和完善外商、项目、投资和外资企业四个数据库，加强利用外资项目的跟踪管理。

吉林省投资建设情况

吉林省常务副省长 王儒林

2002年，在国家继续坚持扩大内需、实施积极财政政策的宏观调控方针指导下，吉林省通过深化投融资体制改革，加强资金和项目综合协调，全社会固定资产投资超额完成年初预定目标，投资结构日趋合理，重大项目建设加快步伐。全省固定资产投资的稳步增长，为社会和经济持续稳定发展奠定了坚实基础。

一、2002年全社会固定资产投资情况

（一）投资完成

2002年吉林省全社会固定资产投资完成808亿元，同比增长18.9%，其中国有及其他经济类型完成投资703.1亿元，增长20.8%；集体完成投资25.8亿元，下降2.6%；个体完成投资79.1亿元，增长11.7%。在国有及其他经济类型中，基本建设完成371.6亿元，增长16.9%；更新改造完成161.2亿元，增长25.3%；房地产开发完成116.8亿元，增长25.6%；其他投资完成53.5亿元，增长25.7%。中央项目完成258.9亿元，增长11%；地方项目完成549.1亿元，增长23%。第一产业完成投资3.7亿元，增长110%；第二产业完成投资298.9亿元，增长13%；第三产业完成投资505.5亿元,增长22.2%。2002年基本建设施工项目1787个，新增固定资产272.9亿元；技术改造项目1232个，新增固定资产113.9亿元。

（二）投资构成

2002年完成的808亿元固定资产投资中，国家预算内投资36.4亿元，下降29%；国内贷款86.5亿元，下降34.9%；利用外资18.1亿元，下降14%；自筹及其他投资668.0亿元，增长34.9%。

（三）资金投向

主要投向农业产业化、支柱及优势产业、基础设施、新兴产业、高技术产业和生态环保六大领域，建设汽车、合成材料和精细化工、玉米加工转化、长春液晶——光电子、现代中药五大产业基地。

（四）投资政策

继续执行中央扩大内需的方针，落实积极的财政政策和稳健的货币政策，调动各方面力量，千方百计保持投资的较快增长；进一步加大投资结构战略性调整的力度，在加强基础设施建设、加快传统产业改造的同时，集中力量培育新的支柱产业—农产品加工，继续支持优势产业的发展，构筑支柱产业群；按照建设国债的投资方向，做好国债项目的安排落实工作；充分利用国家西部开发政策，加快延边的发展；积极推进投融资体制改革，拓展项目融资渠道，进一步鼓励和引导民间投资。

二、2002年主要投资建设成就

（一）产业结构日趋优化

2002年，吉林省三次产业结构调整为20.3:43:36.7。形成了以汽车、石化工业为支柱，食品、医药、电子工业为优势，高新技术产业为先导的产业结构框架。支柱和优势产业产值占全省工业的70%以上。

（二）农业基础设施日趋完善

水利项目建设以防洪和抗旱为重点，实施了松花江干流、第二松花江等重点江河治理，向海、二龙山等大中型病险水库除险加固，敦化上沟、临江聚宝等大型水利枢纽，9个地区的人畜饮水，洮儿河、前郭等大型灌区节水改造，松辽流域和图们江流域的水土保持，白城、松原、四平、吉林4个地区的节水灌溉项目。农牧业项目建设以提高农业综合生产能力为重点，组织实施了四平、松原二个国家级大型商品粮基地、现代农业示范和牧草种子基地项目建设。林业项目建设以资源保护和改善生态环境为重点，组织实施了退耕还林和“三北”防护林四期工程。农副产品加工项目进展顺利，吉林德大公司三期扩建1亿只肉鸡加工项目竣工投产；大成公司新开工60万吨玉米深加工项目，总加工能力已达120万吨；吉粮赛力事达30万吨玉米深加工项目投入运行；正业、吉港、金锣、东旭等几个生猪屠宰加工一体化项目加工能力都达到了100万头；以皓月为代表的肉牛加工，带户功能不断加强，出口形势很好；吉粮、裕龙等一批大豆加工企业实力不断壮大；长春、白城等地新开工了一批鹅产品系列加工项目。

（三）基础设施全面改善

2002年，全省公路总里程4.1万公里；铁路营业里程3470公里。全社会邮电业务总量112亿元，电话普及率达到35.5%。城乡信息化建设全面起步。城镇化率达到50.88%，中心城市带动作用和区域经济特色明显。

（四）加工制造业发展势头强劲

2002年全省制造业产值占全部工业的比重为89.2%，近5年年均增长14.8%，高于全国4.9个百分点，其中交通运输设备制造业年均增长21.2%，食品加工制造业年均增长15.3%，医药制造业年均增长19.2%，分别高于全国9个、10个和4.8个百分点。一汽成为全国最大的汽车生产基地，拥有重、中、轻、轿等6大系列产品的研制开发和生产能力，汽车销售占国内市场份额18%，居全国领先地位。吉化公司成为全国重要的化工原料基地，乙烯生产能力达到53万吨，每年可提供超百种近600万吨石油化工产品。

（五）高技术产业化不断推进

电子信息领域，以彩色薄膜晶体管液晶显示器为主导产品的吉林彩色液晶先导工程已形成规模生产，带动了笔记本电脑、液晶显示器整机、半导体大功率器件等整机类产品及其零部件的发展；“光谷”长春光电子产业基地是国内第二个光电子产业基地，已有驻园企业150余户，在建项目46项。生物技术及新医药领域，基本形成了以重组人用胰岛素、生长素、细胞生长因子等一批具有自主知识产权的高技术产品为支撑的生物工程新药体系；人参皂甙Rg3抗癌新药、虫草素胶囊、人素糖肽等一批高技术含量、高附加值的中药新药产品逐渐成为吉林省现代中药产业新的经济增长点；以人参、西洋参、鹿茸、林蛙等长白山天然药用动植物种植、养殖、提取、深加工为一体的现代中药产业化基地正在形成。新材料领域，形成了以汽车材料、稀土材料、光电子材料、纳米材料、特种工程塑料等为主导产品的新材料研发和产业化生产基地。

（六）生态示范省建设全面启动

全省加大了治理“三化”的力度，启动了盐碱地综合治理工程；实施了“生态草”建设工程，围封和治理荒漠化草地150万亩；启动实施了长白山天然林保护工程，保护天然林面积6000万亩。加大全省环境污染防治力度，松花江流域和辽河流域城市污水处理厂工程进展顺利，相继建成了长春西郊、长春北郊、双阳、辽源、公主岭、梨树6个污水处理厂，吉林、四平、松原3个城市污水处理工程正在建设。改善城市空气质量，实施了延吉市集中供热、辽源市集中供热等工程。加强西部湿地生态环境保护，在保证松茸、天然矿泉水、东北红豆衫等自然资源永续开发利用的前题下，培养扶持了一批绿色名牌产品。

三、投资建设的经验及存在的问题

（一）取得的经验

1. 必须发挥重大项目建设的支撑作用。重大项目是吉林省经济增长和社会发展的主要推动力量，发挥着难以替代的支撑作用。目前，“十五”百项工程及亿元以上400个项目建设已成为全省投资重点，成为保证全省投资稳定快速增长的关键因素。

2. 谋划项目要有新思路。在新形势下，政府如何谋划和推进重大项目建设，是一个全新的课题。在多次调查研究中发现，随着投资体制和市场条件的变化，吉林省多数国有企业自我积累、自我发展的能力较弱，在全社会投资中的比重逐步降低，非国有投资增长迅速。同时，受产业结构不优、投资体制落后以及市场风险增大、企业资金不足、资金动员能力有限等多种因素的影响，投资几十亿、上百亿的特大型项目减少，亿元以上项目增多。根据这种变化，把项目管理的重点调整到亿元以上，使原有的“十五”百项重点工程扩展到近500项。这样，有利于加强宏观引导、协调服务，实现滚动开发、动态管理。“十五”以来，按照国家投资导向，谋划和储备了一批工业项目。同时，摒弃计划经济体制下运作项目的传统模式，对于重大项目的谋划和实施，更强调市场导向和效益中心的原则。

3. 努力拓展筹资渠道。2002年全省投资快速增长，得益于筹资渠道不断拓宽：国债资金以1:3的比例带动银行贷款和社会投资；大力启动民间投资；探索运用BOT、BT等现代融资方式，充分利用股票等筹资方式；加大招商引资力度；积极促进银企合作；加快企业改组、改造，增强自筹资金能力。

4. 保持民间投资快速增长。民营经济不活跃,整个经济就缺乏活力。促进民间投资增长,既要靠经济主体自主创业的精神和能力,同时需要政府提供宽松而又规范并且一视同仁的政策环境。为此,省里出台了《吉林省促进民间投资增长的若干意见》。2002 年,全省民间投资完成 445.9 亿元,增长 43.4%,占全社会固定资产投资的比重为 55.2%。

5. 大力促进银企合作。2002 年初,配合开发银行对地区信用等级进行了评定,并对各地区大项目进行了实地调查。围绕开行重点支持的电力、交通、城建、电信、石油、石化六大行业,认真选择了一些信誉度比较高、讲诚信的企业,推荐给开行,并且在贷款期内积极帮助开行做好企业的还本付息工作,得到了开行的信任。

(二)存在的问题

一是投资体制改革滞后,投资软环境尚不理想。二是现有项目总体水平不高。三是民间投资与先进地区相比还有很大差距。四是引进和利用外资规模较小,层次较低,并呈下降趋势。五是地区之间、城乡之间发展不平衡。

四、2003 年投资建设主要工作

(一)计划安排

2003 年吉林省全社会固定资产投资计划安排 910 亿元,同比增长 13%左右。其中国有及其他经济类型投资 790 亿元,增长 13.1%;集体投资 30 亿元,增长 9.5%;个体投资 90 亿元,增长 13.6%。在国有及其他经济类型投资中,基本建设 430 亿元,增长 15.7%;技术改造 170 亿元,增长 5.9%;房地产开发 130 亿元,增长 12.4%;其他投资 60 亿元,增长 19.3%。

(二)主要工作

1. 深入调查研究,着力解决投资领域内的热点和难点问题。当前,投融资体制改革的步伐加快,投资主体多元化格局日趋完善,投资领域新情况、新问题层出不穷,计划经济时期形成的思维方式、工作程序、办事方法还没有完全转换。2003 年要坚持与时俱进的思想方法,针对如何扩大内需、保持固定资产投资快速增长,如何超前谋划大项目、促进民间投资、搞好房地产开发、规范招投标市场等热点问题,组织力量开展专题调研,争取取得一些成果。

2. 把握市场趋势,认真做好项目储备。一是把项目储备工作做实。结合吉林省资源优势和产业结构特点,围绕全省经济结构调整、工业省建设、老工业基地调整和改造,谋划、储备一批对扩大总量、优化结构、提高效益具有战略意义的重大项目。二是加快项目前期工作。对已谋划好的项目,要加快工作进度,提高工作质量,充分发挥各项目咨询服务机构的作用,努力推进重大项目前期工作升级晋档, 对预备项目中条件成熟的,要抓紧落实各项开工准备工作,争取尽早开工建设。三是加大工作经费的投入。确保项目谋划、储备、前期运作等工作经费。

3. 继续贯彻执行国家扩大内需的方针和积极的财政政策,切实做好国债资金的争取和国债项目建设工作。一是认真贯彻国家有关精神,做好符合国家方向的国债项目的筛选准备工作。二是按照国家的要求认真落实拟上报国债项目的配套资金和各项建设条件。三是继续抓好续建国债项目的资金、工程质量和工程进度的管理,确保按期竣工投产。

4. 开拓创新机制,进一步启动民间投资。近几年,吉林省民间投资规模有所扩大,但整体发展仍比较滞后,实力较弱,启动民间投资仍需各级政府给予政策推动,在民间投资自主增长方面,我们与沿海发达省份有较大差距。从几年来的发展经验看,只有民间投资活跃了,整个投资才能活跃,进而促进整个经济活跃。因此,大力启动民间投资将作为今后一个时期的工作重点。要在改善投资软环境上下功夫,特别是要制定一些有针对性的、利于操作的政策措施。

5. 全力推进银企合作,继续加大招商引资力度。一是向开行及其他商业银行推荐一批具有良好社会和经济效益、还贷能力强的项目。比照长春市的做法,在开行贷款和招商引资方面推动各地建立融资平台,成立主体明确的独立法人机构,作为融资窗口,争取有更多的资金流入。二是改善投资环境,加大招商引资力度,着重在治理投资环境上下功夫。

6. 加快投融资体制改革,多渠道筹措资金。逐步建立起市场引导投资、企业自主决策、银行独立审贷、融资方式多样、中介服务规范、宏观调控有效的新型投资体制。支持各类企业以股权融资方式筹集投资资金,逐步建立起多种募集方式互相补充的股本融资市场。选择一些预期收益稳定的新建基础设施项目,通过公开发行股票筹集建设资金。在严格防范风险的前提下,扩大企业债券发行规模,增加企业债券品种。进一步改进和完善银行的固定资产贷款审批决策制度,发展银团贷款、融资租赁、项目融资、财务顾问等多种业务方式,支持项目建设。制定相关法规,组织建立中小企业融资和信用担保体系,采取多种形式增强担保机构资本实力,推动设立中小企业投资公司,建立和完善创业投资机制。通过逐步理顺公共产品价格等措施, 鼓励和引导社会资本以独资、合资、合作、联营、项目融资等方式,参与经营性的公益事业、基础设施项目建设及老工业基地调整改造。对于涉及重要资源开发利用、需要统一规划布局的项目,政府在确定建设规划后,可向社会公开招标选定项目业主。切实改善投资软环境,深入研究跨国公司产业转移和直接投资动向,不断提高利用外资的质量和水平。

7. 严格建设程序,加强项目管理。继续严格基建程序,将落实"四制"作为重要工作来抓。强化基建项目设计审查和竣工验收工作。对国债项目和预算内投资项目,继续严格执行稽察制度。针对建筑市场中存在的问题,制定吉林省规范房地产开发和建筑市场的政策性文件。

黑龙江省投资建设情况

黑龙江省发展计划委员会主任 唐修亭

一、2002 年固定资产投资情况

2002 年，黑龙江省上下紧紧抓住国家继续实施积极财政政策和稳健的货币政策的机遇，在省委、省政府的领导下，积极争取国家支持，努力扩大民间投资规模，不断优化投资结构，全省固定资产投资总量持续增长，全年全社会固定资产投资首次突破千亿元大关，达到 1107.9 亿元，增长 11.5%。其中，基本建设投资 496.8 亿元，增长 3.1%；更新改造投资 213.2 亿元，增长 5.6%；房地产开发投资 145.8 亿元，下降 0.8%；其他投资 252.1 亿元，增长 55%。

（一）固定资产投资的特点

1. 地方项目投资力度加大。受水利、仓储和教育、卫生等国债项目的拉动，全省地方项目完成投资达到 811 亿元，增长 19.3%。地方项目占全部投资比重由上年的 68.4%提升到 73.2%，增加 4.8 个百分点。中央项目完成投资 296.9 亿元，下降 5.4%。

2. 非国有投资快速增长。随着国家和省里鼓励民间投资各项政策的逐步落实，非国有投资活力逐步增强。全年非国有固定资产投资完成 548.5 亿元，增长 20.8%。非国有投资比重由上年的 45.7%上升到 49.5%，增加 3.8 个百分点。非国有投资中，城乡集体和个体投资分别完成 49.6 亿元和 130 亿元，分别增长 40.5%和 29.6%。

3. 投资结构进一步改善。从产业结构上看，在全省国有及其他经济类型投资中，第一产业完成投资 21.4 亿元，增长 7.2%；第二产业完成投资 333.9 亿元，增长 6.7%；第三产业完成投资 550.8 亿元，增长 12.1%。从行业结构上看，机械、轻工、石油加工及炼焦业和社会服务业等产业投资快速增长，机械工业完成投资 35.9 亿元，增长 32.5%；轻工和石油加工及炼焦业分别完成投资 39.7 亿元和 15.3 亿元，分别增长 51%和 53.8%；水利和文教卫生完成投资 52.2 亿元，增长 25.8%。社会服务业完成投资 63.5 亿元，增长 45.7%。

4. 新开工项目增加。全年施工的基本建设、更新改造和其他投资项目 4428 个，比上年增加 679 个。其中新开工项目 3612 个，增加 753 个，占全部施工项目的 81%，所占项目比上年增加 4.1 个百分点。新开工项目计划总投资 863.1 亿元，增长 28.2%。

5. 资金到位情况较好。全年基本建设、更新改造、其他投资项目和房地产开发共到位建设资金 878.8 亿元，比上年同期增长 10.2%。从资金来源渠道看各类资金都呈现不同程度的增长。国家预算内到位资金 60 亿元，增长 3.8%；预算外资金 818.8 亿元，增长 10.7%。在预算外资金中，自筹资金成为投资增长的主力，共到位自筹资金 556.5 亿元，增长 20.8%，投资比重由上年的 57.8%提升至 63.3%，增加 5.5 个百分点；国内贷款 134.6 亿元，增长 6.0%；利用外资 14.4 亿元，增长 30.9%。

6. 房地产开发投资减少。由于上年基数较高（增长 41.3%），2002 年全省房地产开发投资略有下降，完成投资 145.8 亿元，比上年下降 0.8%。商品房屋销售面积 682.7 万平方米，增长 24.2%；实现销售额 124.2 亿元，增长 17.1%。尽管销售情况好于上年，但商品房屋空置面积仍然较多。到 2002 年底，全省商品房屋空置面积 647.3 万平方米，比上年增长 10.3%。

（二）重大项目建设取得新的成就

通过一年的建设，以国债项目收尾工作为重点，大项目前期和建设工作得到加强。签订责任书国债项目，基本完成国家计划。到 2002 年底累计建成 322 个，占签订责任书项目总数的 92.8%，累计完成投资 423.9 亿元，占总投资 96.8%。一批大项目前期工作有了显著进展。国家批复了尼尔基水库开工建设、磨盘山水库供水工程可行性研究报告、伊春市西山水库、林口县二道沟水电站和黑龙股份有限公司年产 15 万吨高档新闻纸等项目建议书；围绕基础设施、产业结构调整、资源型城市可持续发展以及农业产业化等方面，集中谋划了一批基础作用强、市场前景好、竞争力强、产业链长，对全省国民经济和社会发展有较大牵动作用的重大项目 550 多个。

1,3 丙二醇和省科技馆、省图书馆以及绥满公路尚志至刘秀屯段等大项目按计划顺利建设。大庆石化总厂加氢精制油品改造、黑龙江黑龙股份年产 17 万吨新闻纸改造等 20 个重点更新改造项目完成。大兴安岭地区列入西部开发的一批城市基础设施项目相继开工建设，全省基本建设项目年新增原油开采能力 249 万吨，火力发电能力 70 万千瓦、合成氨 5000 吨，新建、改建二级以上公路 868 公里，新增粮食仓储能力 15 亿公斤，植树造林 214 万亩；全年更新改造项目新增水泥生产能力 55 万吨/日，客车制造能力 10 万辆/年，轿车制造能力 10 万辆/年。

（三）固定资产投资存在的主要问题

当前，黑龙江省固定资产投资领域存在的主要问题是项目建设机制转变不快，国有企业改制的步伐较慢，基础设施项目市场化程度不高，利用外资规模小、起点不高，启动民间投资慢，难以适应市场竞争的需要。农村投资十分薄弱，制约了全省投资增长和农村经济的发展。此外，建设资金短缺，融资渠道单一，项目储备不足，也是投资工作中存在的突出问题。

二、2003年固定资产投资工作重点

2003年固定资产投资工作要贯彻党的十六大精神，按全面建设小康社会要求，加快投资体制改革，增强投资的竞争力和可持续性，提高投资效益。根据全面建设小康社会的需要与可能，按照省九次党代会的要求，并与“十五”计划相衔接，2003年全省全社会固定资产投资计划1235亿元，比2002年增长11.5%。2003年投资工作的重点是：

（一）加快投资体制改革步伐

按照建立和完善社会主义市场经济体制的要求，在国家宏观调控下，充分发挥市场配置资源的基础性作用，确立企业在投资活动中的主体地位，营造有利于各类投资主体公平、有序竞争的市场环境，促进生产要素的合理流动，提高投资效益，保护投资者的合法权益，推动经济发展和社会进步。进一步确立企业的投资主体地位，实行谁投资、谁决策、谁收益、谁承担风险。政府只审批有关经济安全、影响环境资源、涉及整体布局的重大项目和政府投资项目及限制类项目，其他项目由审批制改为备案制，由投资主体自行决策，依法办理用地、资源、环保、安全等许可手续。对于城市污水、垃圾处理、供水、公路等基础设施项目，要积极加快政府引导、市场运作的步伐，做好项目规划、扶持协调、价格制定、市场准入等方面的工作，创造公平的竞争环境，吸引民间投资。抓好《关于鼓励和促进民间投资的意见》的贯彻落实，实现全省民间投资的较快增长，努力扩大全社会固定资产投资规模。

（二）围绕经济结构战略性调整，加快投资结构调整

加快老工业基地调整改造振兴，努力发展装备制造产业群，建设成为国内一流、特色突出，在国际上占有一定地位的重大装备制造基地；发展石化工业产业群，建设国家一流的石化工业基地；发展能源工业产业群，建设东北最大的煤电基地；发展农产品产业群，建设全国最大、世界知名的有机食品、绿色、特色食品加工基地；发展医药工业产业群，建设中国重要的“北药”生产基地；发展森林工业产业群，建设中国重要的林产品加工基地；积极发展现代农业，建设国家非转基因大豆生产基地，全国最大的乳品生产加工基地，实现粮食与畜牧业主辅转换；积极建设旅游强省，搞好特色旅游。同时要加强交通、水利、口岸和城市基础设施建设，以及农产品市场、社区服务、职业教育、高中扩招等有利于扩大就业和增加居民消费的基础设施项目建设。

（三）充分发挥大项目建设对投资增长和经济建设的带动作用，谋划和推进一批大项目

从全省经济发展的实际出发，坚持发挥市场配套资源的基础性作用与政府的宏观调控相结合，组织实施“大项目带动”战略，加强项目开发与建设，加快经济结构战略性调整步伐，以大项目建设拉动全省投资增长，积攒经济发展后劲，为“努力快发展，全面建小康”做出积极贡献。建成投产一批项目，力争全省农村电网改造二期工程、大兴安岭加漠公路、鹤大公路鸡西至牡丹江段、省广播电视中心等重大项目建成投产。加快建设一批项目，保证尼尔基水利枢纽、哈尔滨市磨盘山水库供水工程、绥满公路尚志至刘秀屯段、哈尔滨绕城公路西段、哈尔滨国际会展体育中心和大庆石化公司60万吨乙烯扩建等重大续建项目建成投产。开工建设一批项目，确保松花江大顶子山航电枢纽工程、全省通乡县公路、县城供水、城市污水垃圾处理产业化、省地县疾病预防控制中心和采煤沉陷区综合治理二期工程等重大项目开工。抓紧谋划一批项目，做好大庆80万吨乙烯扩建、哈尔滨市轨道交通、大兴安岭洛古河黑龙河大桥、漠河、鸡西、伊春支线机场等重大项目的谋划工作。

（四）加大资金筹措力度

继续做好争取国债资金工作，切实做好项目前期工作，下大力量落实配套资金和其他建设条件。加强与国家开发银行等金融部门的合作，建立密切的工作联系机制，拓展政府、金融部门和企业的合作空间，丰富合作内容，力争在政府信用融资和项目信托融资等方面有所突破，充分发挥全省的金融潜力。利用国家实施东北地区等老工业基地振兴战略的机遇，积极扩大民间投资和利用外资。通过实施国有企业改制，以及交通、城市基础设施项目市场化改革，吸引外资和民间资本进入。积极开展资本运作，大力推进资本市场融资。采取产权转让、股权置换、包装上市等方式，多渠道筹措资金。加强经营城市工作，不断增强城市基础设施建设的融资能力。

（五）加强项目管理和检查监督

成立省大项目建设工作组，加强对全省大项目建设的组织领导。实施目标责任制管理，将责任分解落实到各地市和有关部门。继续加强以国债项目为重点的政府投资项目的管理，加强资金的使用、招投标、工程质量、工程进度、项目前期工作、投资环境等方面的检查和稽察，保证项目建设顺利健康地组织实施。

上海市投资建设情况

上海市发展和改革委员会主任 蒋应时

2002年是中国加入世界贸易组织后的第一年，在党中央、国务院的正确领导下，上海市委、市政府组织全市各部门和区县深化投融资体制改革，加强综合协调，全市全社会固定资产投资超额完成年初预测目标，投资结构更趋合理，重大项目建设加快推进。全市固定资产投资的稳步增长，为上海经济和社会持续稳定发展奠定了坚实基础。

一、2002年固定资产投资情况

2002年，上海固定资产投资呈现持续快速增长态势，投资规模创历史新高，全社会固定资产投资完成2187.06亿元，比上年增长9.6%。其中，基本建设投资完成784.13亿元，比上年增长10.1%；更新改造投资完成422.58亿元，比上年略有下降；房地产开发投资完成748.89亿元，比上年增长18.7%。

投资结构更趋合理。上海的固定资产投资围绕国民经济和社会发展目标，服从和服务于产业结构调整，以投资推动产业结构优化升级和城市功能不断完善。根据"优先发展第三产业，积极调整第二产业，稳步提高第一产业"的产业发展方针，继续优化投资结构，初步形成了第三产业继续得到加强、第二产业保持增长的产业投资格局。2002年全市第三产业投资完成1455.78亿元，比上年增长11.6%，占全社会固定资产投资的66.6%。同时，注重培育第二产业中的支柱工业、高新技术产业，第二产业投资完成726.19亿元，比上年增长6.2%。

投资管理不断优化。加快政府职能转变，改革行政审批制度。政府重点加强了高起点的规划编制工作，上海综合交通体系、能源结构调整、环境保护和生态建设等十项重点专项规划全面完成，不断完善了全社会投资项目管理。简化了房地产项目审批程序，促进房地产投资达历史新高。进一步完善投融资环境，市政府颁布了《关于进一步改善上海投资环境的若干意见》以及《上海试点园区改善投资环境的实施意见》，推进了吸引外资。全年批准外商直接投资项目3012个，同比增长22.5%；外商直接投资合同金额达105.76亿美元，同比增长43.4%；实到外资50.3亿美元，同比增长14.5%。

投资成效不断显现。一是新兴产业体系逐步形成。抓住新一轮产业升级的历史机遇，全面加快推进了"四大产业基地"建设，全年完成投资231亿元；支柱产业发展迅速，信息、汽车、成套设备改造等六大支柱产业完成投资1123亿元；赛科90万吨乙烯工程、宝钢宽厚板轧机等重大项目顺利开工，工业投资完成689亿元。二是现代化基础设施体系不断完善。全年基础设施投资完成584亿元，枢纽型特征逐步形成。其中，"三港"工程完成投资277亿元，"两网"工程完成投资181亿元。高速公路通车里程达238公里；绿化建设完成投资50亿元，同比增长49%。三是社会事业体系设施和功能水平全面提升。社会事业项目投资完成65亿元。开工建设了东方艺术中心、F1汽车赛车场等文体项目，建成第二工业大学等高校工程，开工实施了仁济医院东迁、第一人民医院、龙华医院、曙光医院等一批医疗中心项目，形成布局合理的市域、区域和社区三级医疗服务机构网络。四是国债项目顺利实施。在建国债基本建设项目51个，项目总投资约435亿元，完成项目47个；建成投产国债技改项目19个，总投资83.8亿元；绝大多数在建国债项目在年内干净利落地建成投产、发挥效益，显现了良好的示范带头作用。

投融资体制改革继续深化。上海全面总结了10多年来上海投融资体制改革的基本经验，明确了政府投资管理重点转向"统一规划、培育主体、制定政策、加强监管"的改革思路，制定了一批重点投资领域、重大投资项目的投融资方案。轨道交通投资、建设、运营、监管"四分开"体制改革取得初步成效。积极促进投资主体多元化，继续开展了越江工程和高速公路等领域的社会招商工作，"153060"高速公路网络项目90%社会招商工作已经完成，2002年又吸引社会投资约100亿元。外环隧道项目5.5亿元资金信托产品和新上海国际大厦项目2.5亿元资金信托产品成功发售，个人闲散资金进入投资领域变为现实；竹园污水处理厂招商社会资金6亿元，水环境项目社会融资取得突破。国有资产存量继续盘活，扩大了政府投资能力，沪杭高速公路转让部分经营权盘活资金32亿元。卫生教育等其他领域投融资试点工作逐步探索实施，成立了卫生投资公司，逐步建立社会事业项目的拨改投机制。

二、2002年重大工程建设情况

2002年上海重大工程建设按照上海市委、市政府的统一部署，始终坚持以规划为导向，继续保持"建成一批、达标一批、开工一批"的发展格局，实现了稳步、协调、高效推进，为全市社会经济发展作出重大贡献。

完成投资创下历史新高，为经济持续增长提供了强劲的动力。2002年上海重大工程建设投融资体制改革不断推进，积极吸引社会资本参与城市建设，为完成建设投资创造了条件。全年安排建设的74个重大工程项目共完成投资486.7亿元，占全市固定资产总投资的22.55%。城市基础设施建设投资体制进一步完善，以微电子产业带、国际汽车城、化学工业区、精品钢四大基地为重点的工业新高地建设全面推进，生态环境建设项目取得新成绩,有力地促进了上海经济持续稳定发展。

开工项目按期实施,为扩大内需和拉动投资创造了良好的条件。安排新的重大工程建设项目开工,能够在扩大内需、拉动投资上积聚能量和形成发展后劲。2002年上海共有39个项目实现开工建设,占全年建设项目的52.7%,国家重点工程洋山深水港区一期工程顺利开工,一批交通设施、园区配套、城镇建设、生态环境、工业和社会事业等工程项目,都是构筑上海新型产业体系、现代化基础设施体系、社会事业体系的支撑性、基础性、关键性的工程,投资规模大,事关当前投资和长远发展,按期开工建设对扩大内需、拉动投资起到了积极的作用。

竣工项目按期完成,为城市形态和产业布局调整奠定了坚实的基础。2002年共有26个项目建成投运或投产,占全年在建项目的35.1%。一号工程——苏州河综合治理一期工程竣工,苏州河干流水质的主要指标得到改善,并形成了一批沿岸景观绿地;同三国道、莘奉金高速公路、沪青平高速公路的建成通车,使市域西部高速公路初步成网;外高桥港区四期工程建成投运,一批枢纽型、功能性、网络化基础设施项目竣工,促进城市形态的建设;松江出口加工区、金山石化70万吨乙烯改造等工程建成投产,加快了产业布局和产业结构的调整;四川北路绿地、外环线绿带一期工程等一批绿化项目的建成,大大地改善了市民的居住环境和投资环境,促进了可持续发展。

江苏省投资建设情况

江苏省发展计划委员会主任 钱志新

"十五"时期,面临国际产业结构加快调整的机遇,面临中国经济进入繁荣期的机遇,面临长江三角洲加速经济一体化的机遇。江苏进入一个非常重要的发展阶段。为实现"两个率先"目标,江苏紧紧抓住发展这个第一要务,千方百计加快发展,把扩大投资作为经济工作的一项十分重要的任务,抓紧建设了一批投资量大、关联度高、带动性强的重点项目,固定资产投资继续保持较快的增长势头,投资对经济增长的贡献率达到44%,为国民经济快速健康发展起到了重要的拉动作用。

一、2002年固定资产投资情况

2002年,江苏完成全社会固定资产投资3849.2亿元,增长16.5%,列全国第二位。基本建设、技术改造和房地产投资分别完成1141.3亿元、448.4亿元和544.7亿元,增幅分别为31.2%、11.5%和31.5%。固定资产投资保持较快的增长势头,不仅为国民经济快速健康发展起到了重要的拉动作用,也为超额完成"十五"投资计划奠定了基础。

第二产业投资强劲回升,第三产业投资快速增长。按三次产业分,第一产业在较高基数上继续保持增长,完成投资61.8亿元,增长9.5%。第二产业投资强劲回升,出现了高速增长的良好势头,完成投资836.3亿元,增幅达到31.1%。其中,能源工业投资增长22.3%,原材料工业投资增长86.9%,机电工业投资增长1.3倍。第三产业完成投资1422亿元,增长20.8%。

投资向苏南地区聚集,苏中地区增势良好。从投资的地区结构来看,苏南地区投资增长加快,投资增长的支撑作用显著加强。苏南、苏中、苏北的投资增幅分别达到36.4%、21%和16%,全省增长最快的三个市苏州、无锡和南京,增幅分别为44.1%、41.2%和33.2%。

社会投资增长强劲。社会投资一直是江苏投资增长的重要支柱,2002年江苏继续推进投融资体制改革,放宽市场准入,积极引进外商、民营企业、股份制企业等非国有经济的投资主体,形成国有经济投资和非国有经济投资的多元化投资新格局。全年社会投资达到2425亿元,比重达到63%。其中私营个体经济投资660.5亿元,增长32%。

江苏围绕投资增长潜力较大的领域,充分利用国家积极财政政策,抓住机遇,超前储备项目,加强政策推动,为全省投资增长多作贡献,多争取国债资金,给全省投资稳定增长再添助推器。全年江苏共争取国债资金16.47亿元,其中中央国债11.5亿元,地方债券4.97亿元。2002年底,全省大部分国债项目已经建成或基本建成。

二、2002年重点项目建设情况

2002年,江苏共安排全省重点项目70个,全年完成投资600亿元。这些项目涉及水利、交通、电力、城市建设、环境保护、高新技术、技术改造、农业、社会事业等领域。从投资总量上看,70个重点项目投资完成额占全社会的15.6%,占国有及其他类型投资的25.9%。从投资结构上看,重点项目投资分别占全省一产投入的1/3,工业投入的1/6,三产投入的近1/4。重点建设的推进,促进了江苏投资结构和经济结构的进一步调整。

全省重点建设有19个项目如期建成投产。它们是:江堤达标和农网改造全面完成;农网改造二期建设完成投资列国电公司系统第一位,受到国家计委表彰;汾灌、宁靖盐、连徐、苏嘉杭高速公路建成通车,新增高速公路262公里,高速公路通车里程达1703公里;新长铁路全线开通,通过了股东方组织的初步验收;徐塘电厂如期并网发电,新增装机容量60万千瓦,全省电力装机容量已达到2026万千瓦;江苏移动GSM网六期扩容和江苏电信网络扩容完成，新增交换机容量 248 万户、固定交换机 150 万门、ADSL20 万端口，移动通信交换机容量增加 248 万户；高校新区建设 4 个子项工程结束，新增教学面积 9 万平方米；仪化四期竣工投产，新增生产能力 PTA45 万吨、涤纶短纤维 10 万吨；扬州制药厂爱普列特原料药及片剂工程新增片剂 2 亿片。

在确保建成投产项目的同时，一批重点项目前期工作取得了实质性进展。南水北调东线一期工程、南京三桥、苏通大桥、苏州绕城公路、苏州港太仓港区一期工程、常熟二电厂、宁启铁路、南京奥体中心、五里湖综合整治、南钢宽中厚板(卷)工程等 17 个项目如期开工建设，正抓紧实施。宁启铁路全线路基已基本成型；南京奥体中心场馆桩基施工全部结束。

34个在建项目的进展也十分顺利，完成年度建设目标。淮河入海水道工程征地拆迁已完成，河道工程全长 163.5 公里全面开工建设，完成 123.4 公里，已基本贯通；泰东河新通扬运河段河道及迎江桥工程已基本完成；淮阴二站主体工程已完成；南水北调东线工程三阳河、潼河、宝应站已开工实施；田湾核电站机组安装取得阶段性成果，部分系统开始调试；南京地铁一号线部分重要区间隧道顺利贯通，土建完成全线土建工程总量的 75%；常武地区供水一期工程武进湖塘水厂扩建部分土建工程已全部结束；扬巴一体化石化基地正在进行土建施工及设备安装；沙钢宏昌钢板有限公司热轧薄板卷项目国外设备已到货；南京城北污水处理厂土建基本完成；西气东输主干线江苏境内完成 265 公里，支干线完成 10 公里，长江三江口盾构穿越工程掘进 750 米；京福高速公路徐州绕城东段、徐宿高速公路、锡宜高速公路一期完成全部桥梁工程；润扬长江公路大桥、扬巴工程等重点项目建设进度加快。

三、2003 年投资建设展望

按照省委、省政府的战略部署，"十五"后期，江苏将进一步重视统筹城乡发展，大力发展农村经济，全面实施城市化战略，围绕走新型工业化道路，主动承接国际产业转移，构建国际制造业基地；加快沿江开发，构筑新的沿江经济带，促进区域共同发展；实施科教兴省战略，增强发展后劲。做好这些工作关键的问题都必须落实到项目上，尤其是需要超前谋划和高起点建设一大批重点工程。2003 年，江苏全社会固定资产投资总量调控目标为 4310 亿元，计划增长 12%。安排全省重点建设项目 70 个，总投资 3000 亿元，年度投资 750 亿元。

2003 年江苏将重点在以下七个方面加快投资建设的进程：

（一）加速苏南基础设施与上海浙江的对接

加快苏嘉杭、宁杭、苏州绕城东南段及至上海高速公路的建设，苏嘉杭高速公路苏州至吴江段及苏州至常熟的部分路段，以及宁杭高速公路溧水至溧阳段，要在年内建成通车。苏州绕城东南段及至上海高速公路要在年内开工建设。

（二）加快沿江开发的综合交通体系建设

加快以太仓为龙头的一批沿江港口泊位扩建工程建设，基本建成南京港龙潭港区一期工程，开工建设南通港狼山港区三期工程。加快沿江高速公路太仓至常州段、宁启高速公路南通段建设，开工建设沿江高速公路南京至常州段、镇江至溧阳高速公路、苏州绕城公路东北段及至太仓港区公路、扬州沿江公路一期工程、环太湖公路无锡段，建成锡宜高速公路一期工程，宁启铁路南京至海安段完成铺轨，南通至狼山段开工建设。全面开工建设苏通长江公路大桥、南京长江第三大桥，加快润扬长江公路大桥的建设。

（三）加快电力及配套电网的建设

加快田湾核电站、常熟二电厂建设，开工建设宜兴蓄能抽水电站、望亭、戚墅堰、张家港等燃气电厂。加快江阴大跨越建设进度，缓解"北电南送"过江瓶颈，减轻苏南供电压力。继续实施应急开工建设的 30 万千瓦火电项目，力争 2003 年多开工几个 2×60 万千瓦火电项目，尽快实现全省电力供需基本平衡的目标。

（四）加快构建国际性制造业基地

建设好扬巴一体化石化基地、江苏索普羰基合成醋酸、南通醋纤四期、南京钢铁集团宽中厚板、苏州紫兴纸业二期、无锡威孚、徐州工程机械、熊猫电子集团技术改造、江苏中天科技光子器件、常熟大豆蛋白纤维技术改造、江苏软件园、扬子江药业银杏叶片高技术产业化、江苏康缘药业桂枝茯苓胶囊高技术产业化等项目。

（五）加快苏北基础设施建设

加快苏北基础设施建设，确保淮河入海水道河道及枢纽汛前具备过水条件，实施三阳河、潼河、宝应站工程，按照国家的部署开工其他南水北调东线工程，争取开工建设沭沂泗洪水东调南下二期工程，建成连徐、徐州至宿迁、京福高速公路徐州绕城东段，加快宿迁至淮安、淮安至盐城高速公路，全面开工建设宁淮高速公路、连云港至盐城、盐城至南通、京福高速公路徐州绕城西段，开工建设京杭运河徐扬段二期航道整治及部分船闸扩容工程。打通江苏西部出省通道，开工建设南京至蚌埠高速公路。

（六）加快城市公用设施工程建设

搞好 220 千伏以下电网扩容、县城电网建设与改造工程建设，搞好江苏移动、江苏联通、江苏铁通、中国网通网络扩容工程建设，加速南京地铁南北线一期工程、苏州市区水环境综合治理、无锡五里湖区综合开发与整治、常武地区供水一期工程、西气东输省内配套工程、苏州、南京等地现代物流网络建设，争取开工建设苏州城市轻轨。

（七）加快文化大省建设

建设好南京奥林匹克体育中心、南京图书馆新馆、江苏图书城，组织实施好南京师范大学、苏州大学、扬州大学、江苏大学、南京工业大学、南京邮电学院、南京工程学院、南京经济学院、东南大学等高校新校区建设。

浙江省投资建设情况

浙江省发展计划委员会

2002年,浙江省坚持贯彻落实国家积极的财政政策和扩大内需的方针,固定资产投资保持了较快的增长态势。全省全年全社会完成投资总额3413亿元,同比增长23%,高出全国平均增长速度78个百分点。其中,国有等单位完成投资2285亿元,同比增长23%;非国有投资累计完成投资2313亿元,同比增长32.3%,占全社会投资总额比重达到67.7%;农村投资完成1048亿元,同比增长28%,非国有投资的比重和农村固定资产投资总量均位居全国首位。投资总量的持续扩大,投资结构的进一步优化,有力地拉动了全省经济社会各项事业的快速增长。

一、2002年投资运行的主要特征

(一)基础设施投资增长平稳,城市建设投资继续高升

基础设施建设是浙江省固定资产投资的主要投向。2002年全省基础设施完成基建、更改投资683.07亿元,同比增长6.8%,占到全省基建、更改投资总额的56%;其中农田水利、交通邮电、电力和城建项目投资占重点建设投资的80%以上。由城市化战略推进而形成城建热潮继续升温,在历经2001年翻倍增长后,全年累计完成城建投资312.17亿元,同比增长54%。各地城市给排水工程、城市道路、城市环境综合整治等城市基础设施项目的大力实施,继续推动了城市建设水平的不断提高。

(二)制造业投资增长强劲,新兴服务业投资成为热点

2002年,三次产业的基建、更改分别完成投资50.85亿元、821.38亿元和968.50亿元,增幅分别比上年同期上升1.5、26.2、15.9个百分点。2002年全省制造业投资完成531.8亿元,同比增长1.48倍,主要分布在纺织、服装、化工、建材、机械及电子等浙江传统产业和优势产业上。全省产业结构调整进程显著加快。制造业投资的加大,主要得益于全省特色工业园区建设的加快和更新改造投资的大幅增长。全省经省审批的省级重点特色工业园区有102个,总投资达380亿元,累计完成投资达120亿元,已建成特色工业园46个,有力地提升了浙江省产业集聚和工业化水平。2002年,全省第三产业完成基建、更改投资占到了全省基建、更改总投资的63%,其中社会服务业、卫生体育和社会福利业、教育文化及影视业等投资分别达到了346.9亿元、42亿元和133.4亿元,增幅分别为41.3%、36.8%和18.9%。随着"文化大省"、"科教兴省"战略的大力推进,公共社会文化事业投资领域的逐步放开,文化产业、科研技术等新兴服务业正成为新的投资热点。

(三)房地产投资增势不减,外商投资大幅攀升

房地产开发投资仍然保持高速增长,2002年完成投资728.80亿元,同比增长33.7%,但增幅比上年同期下降近21个百分点。2002年初,中国政府公布了修订后的《外商投资产业指导目录》等一系列政策措施的实施,推动了利用外资的增加特别是外商直接投资的大量增加,有力地带动了浙江省固定资产投资的增长。2002年全省国有等单位完成固定资产投资中利用外资91.9亿美元,比上年同期增长27.3%。

(四)项目数量有所增加,建设资金较为充足

2002年全省共有施工项目9569个,其中本年新开工项目5840个,平均规模为3031.6万元,项目个数和项目平均规模均有所增加。2002年,全省国有等单位投资筹措各类建设资金1752.5亿元,其中两大主要的资金来源:自筹资金和国内贷款,分别筹措资金942.3亿元和442.3亿元,占到所有资金来源的79%。2002年金融机构增加贷款投放,特别是注重加大城市建设、工业园区建设、中小企业融资等方面的贷款投放,投资主体的融资能力显著增强。2002年浙江省向国家积极争取资金也取得新的进展,全省在城市基础设施、公检法司、"三河三湖"、交通、农网改造、高技术产业化等方面共争取到中央国债资金20亿元。

(五)重点建设进展良好,国债项目进度加快

2002年全省重点工程建设取得了优异成绩。各项计划目标全面完成,年度投资任务超额完成。全省重点工程建设项目2002年累计实际完成投资366亿元,为年度计划的110.9%。计划投产项目35项,实际到年底有38项实现投产目标。萧甬铁路复线、新长铁路浙江段、杭宁高速公路浙江段、杭金衢高速公路、乍嘉苏高速公路浙江段已胜利通车,基本实现了省政府提出的"四小时经济圈"目标。钱清电厂四期、巨化集团扩建项目、浙化联聚酯国产装备依托工程、萧山—康桥成品油输送工程已投入生产或试生产,绍兴中央直属棉库、省人民大会堂、杭州海关新大楼、杭州野生动物园、世贸中心二期等工程已投入使用。500千伏、220千伏输变电工程、巨化集团扩建项目、高科技产业化项目、大学校园改造项目、医疗卫生项目、城市防洪工程、城市污水处理项目、城市垃圾处理项目等都按预定目标如期完成。国债项目建设进度加快,浙江省列入国债投资的城市基础设施项目43个,总投资120亿元,共得到国债资金37.3亿元。其中,城建国债项目累计已经完成投资87.1亿元,占总投资的73%,29个项目投入运行。目前,全省的"六个一千"工程,1000公里高等级公路,1000万人次以上吞吐能力空港的建设任务已

经提前完成，2002 年年底，“六个一千”的目标任务全部完成。

二、2003 年投资增长的基本趋势

2003 年投资运行所面临的宏观环境，对浙江省的投资领域有着多方面的有利因素。主要有：

（一）世界经济复苏加快，宏观经济环境趋好

从国际经济环境看，当前各大研究机构纷纷调高对世界经济的增长预测（近期 IMF 公布 2003 年世界经济增长率为 3.7%，增幅比 2002 年提高 0.9 个百分点），表明各方面对 2003 年世界经济形势较为乐观。尽管美国经济近期又落入低谷，但欧洲经济的进一步好转，亚洲经济复苏的强劲势头，表明世界经济形势走暖迹象仍然较为明显，这将影响投资者的预期，利于投资的进一步增长。从国内情况看，党的十六大的召开以及新一届政府组建，对中国经济的快速增长增添了新的动力。

（二）国家扩大内需、培育内需的政策仍会持续

国家计委在全国投资工作会议上明确表示，2003 年国家将继续发行国债。这表明积极财政政策效应仍将在一段时期内持续，国家扩大内需、培育内需的基本方向不会改变。特别是在当前中国所面临的严峻的就业形势，入世后改善发展环境等众多问题和难点的情况下，保持投资快速增长，发挥社会投资的积极性，仍然是宏观经济政策目标得以实现的一个重要保证。

（三）一大批重大工程项目，将保证浙江省有着一定的投资规模

从浙江省的实际情况来看，2003 年是“十五”计划的第三年，“十五”的各项投资工作量，特别是杭州湾跨海大桥、温福铁路、滩坑水电站、绍兴 PTA 等一大批重大项目将开工建设，嘉兴电厂二期、天台抽水蓄能电站、桐庐分水江工程继续加快建设，将有力地保证了浙江省有着一定的投资规模和增长水平。全省各地活跃的农村投资，高涨的企业家信心指数，涌动的工业园区建设、城市建设热潮，充分显示了在浙江省内在动力推进投资自主增长的新机制正在逐步形成。2003 年，随着民间投资者素质的继续提高，投融资体制改革的进一步深化，这一机制将进一步得到巩固。

另一方面，投资增长也存在一些制约因素。如投融资体制不健全而导致的投资门槛过高和融资成本过大，中小企业融资的问题仍没得到彻底解决，将会降低他们的投资意愿；过度竞争、重复投资仍在一定的范围内存在，影响了浙江投资效率的提高；大量游资涌入房地产市场，导致全省房地产价格持续攀升，部分城市出现过热苗头，不利于房地产业的健康发展。

展望 2003 年全年走势，浙江省的固定资产投资仍将保持一个适度的增长率，增长幅度将在 25%以上。

三、2003 浙江投资建设展望

（一）大力推动“十五”重点项目的启动实施工作

以省委、省政府确定的“六、五、四”工程为抓手，继续加快推进“十五”重大基建“百项工程”，继续加大基建投资的力度。抓紧一批重大项目的前期工作和建设进度，做好温福铁路、甬金高速公路、杭州湾跨海公路大桥、滩坑水电站、三门核电站、甬台温铁路等前期工作，推进一批项目的开工建设，抓好在建项目的进度和质量，争取杭金衢高速公路等建成投运。通过扎扎实实加大启动这些事关经济发展全局的重大项目建设，带动投资规模扩大，推进投资结构优化。重点抓好十个“百亿工程”：即再建设 1000 公里高速公路，建设三门核电、万里河道整治、杭州湾跨海大桥、杭州地铁、沿海铁路、宁波乙烯工程、天然气工程、宁波火电、玉环火电工程。同时，加快建设滩坑水电站、甬舟乍港城综合开发、500 万标的集装箱码头、100 个文化产业重点项目等。

（二）加强政府投资的引导和管理，提升政府资金的使用结构和效益

继续抓好续建国债项目的进度、质量和资金争取。根据国家计委 2003 年国债安排重点，在县际公路和农村公路改造、县城电网建设与改造、环保基础设施建设等方面争取一批新的国债项目。根据“十五”投资重点，增加各级政府的财政投入。继续积极争取国债资金，加大国家对浙江省投资建设的扶持力度；提高政府投资管理水平，尽早出台《浙江省政府投资项目管理办法》；用好省级财政资金，水利、城市基础设施、高校、旅游、高新技术产业化、生态环境建设等方面的专项投入，有重点地引导资金流向，带动配套资金落实和信贷资金投放。加强政府类投资公司的投资管理，积极探索一条高效运营的国有资本的新路子。

（三）深化投融资体制改革，进一步促进民间投资增长

进一步减少投资审批环节，缩短办事周期，提高行政效率和投资管理水平；加快发展资本市场，积极拓展多种融资方式，扩大企业融资渠道；打破行业垄断，特别是在基础设施和社会文化事业等方面，放宽对民间投资进入的限制。省政府尽快出台《促进和引导浙江省民间投资发展的实施意见》，在市场准入、财政金融支持、投资环境改善等方面，继续采取有效措施，切实加快民间投资增长。

（四）加快城市化发展进程，加大基础设施投入力度

在省政府出台《浙江省“十五”城市基础设施发展规划》的基础上，进一步加大城市基础设施项目的建设力度。根据全省城市基础设施规划，继续推动一批重点项目的前期工作和在建项目的进度，争取基本建成城建国债项目。构建全新的基础设施框架体系，加强城市化进程中急需加快发展的城市环保和城市防洪设施建设，尽快启动并加快垃圾处理、污水处理、河道整治等项目的实施进度，逐步推行污水回用的试点，探索研究污水再净再用机制；此外，重点加强山区、海岛供水、交通等基础设施建设，促进区域经济协调发展。

（五）推进产业升级进程，整合、提升工业园区发展水平

按照“统一布局，完善规划，分层管理，纳入城市化，提高集中度”的原则，加强引导和部署，整合各个层级、不同发展水平

的工业园区，形成完善的园区发展体系。规范管理，根据《浙江省特色工业园区管理办法》和《关于发展浙江省特色工业园区的若干意见》等政策指导文件，加强园区的规划建设，通过安排专项资金，壮大园区规模，创新发展模式，力争在出口创汇、技术创新等方面取得更大的突破。

（六）转变利用外资观念，改善外商投资环境

抓住世界产业结构调整的契机，突破外资仅限于国外资金的观念，实施大外资战略。充分发挥浙江省的自然资源、人力资源和经济基础的优势，不仅要千方百计地吸引国外资金，也要通过各种形式积极争取国内的省外资金。切实改善投资环境，在政策方面，要在不损害地方利益和本地资金投入效益的情况下，在用地、税收等方面制定优惠政策，并予以立法保护，让外资既有利可图，又无后顾之忧。继续加强基础设施建设，从硬件上增强对外资的吸引力，增强对外资的载体功能。同时，政府部门要增强服务意识，减少干预和减轻外资企业的负担。

安徽省投资建设情况

安徽省发展计划委员会主任 朱先发

2002年以来，在省委、省政府的正确领导下，全省人民积极实践“三个代表”重要思想，加大经济结构战略性调整力度，大力培育新的经济增长点，积极开展招商引资，努力解决好关系人民群众生活的突出问题，保持了国民经济稳步回升的势头，经济增长的质量和效益进一步提高。全年国内生产总值达到3569亿元，比上年增长8.9%，是1998年以来的最高增幅；财政收入完成346.7亿元，增长12%，为近4年来的最高增幅。全社会工业实现增加值690.6亿元，增长15.3%；全年全社会完成固定资产投资1133.3亿元，比上年增长17.6%，是近7年来的最高增幅；全年实际利用外资7.4亿美元，增长53.3%；实际到位省外资金174.8亿元，增长74.8%；对外贸易继续扩大，全年进出口总额41.8亿美元，增长15.7%，其中出口24.5亿美元，增长7.5%；全省城镇居民人均可支配收入达到6032.40元，按可比口径计算，比上年增长11.1%，是近6年来的最高增幅；农民人均纯收入达到2118元，增长4.8%。社会保障体系逐步完善，“两个确保”成果进一步巩固，城镇居民最低生活保障实现了应保尽保。社会事业全面进步。

2002年，安徽省在投资领域认真贯彻中央经济工作会议和省委七届三次会议精神，坚持扩大内需，坚持加大投入，在抓重大项目建设、抓项目前期工作、抓投资结构调整、抓投资体制改革等方面都取得了积极进展。

一、2002年投资运行情况

在国家继续扩大内需、实施积极财政政策的带动下，2002年，全省围绕干净利落地完成在建国债项目，千方百计加快国债项目建设进度，同时启动一批重大项目建设，全年全社会完成固定资产投资1133.3亿元，比2001年增长17.6%。其中，国有及其他单位完成投资826.1亿元，增长22.4%；城乡集体和居民个人投资307.2亿元，增长6.2%。基本建设投资完成424.4亿元，增长20.9%；更新改造投资完成231.6亿元，增长25%；房地产开发投资完成146.5亿元，增长32%。从总体上看，2002年投资运行主要呈现以下特点：

一是固定资产投资持续快速增长，投资总量跃上新台阶。2002年全省投资保持良好增长势头，全年固定资产投资首次突破1000亿元，增幅达17.6%，高出全国平均水平0.7个百分点，为1996年以来的最高增幅。

二是国债项目和重点项目建设进展顺利。根据国家2002年底前干净利落地完成在建国债项目的总体要求，全省上下采取切实措施加快在建国债项目建设进度，全年在建国债项目完成投资133亿元，比2001年增长45.8%，绝大多数签约国债项目建成或基本建成，部分项目开始发挥效益。全年列入考核的43个重点建设项目进展较为顺利，马钢平炉改转炉、铜陵海螺二期、国风集团大口径波纹管、金种子集团飞龙制革、祁东煤矿、合肥至安庆高速公路、安徽国际会展中心、阜阳棉花储备库等一批项目交付使用。

三是在建项目和新开工项目规模均大幅增长。全年在建项目计划总投资2562亿元，比上年增长21.7%，其中，新开工项目计划总投资890亿元，比上年增长51.6%。铜陵有色金昌冶炼、徽杭公路、安庆长江大桥等项目进度加快，安庆电厂、淮北纺织高档面料、皖维集团高强高模纤维、合肥生物医药产业园、蚌宁高速公路蚌埠-明光段、沿江高速公路芜马段等一批项目陆续开工建设，为2003年全省投资的持续增长创造了条件。

四是房地产开发、销售全面增长。在住房制度改革、小城镇建设等各项政策措施的共同推动下，2002年全省共完成房地产开发投资146.5亿元，比上年增长32%；商品房屋销售面积794.8万平方米，增长16.5%，其中住宅销售面积681.9万平方米，占商品房屋销售面积的86%；商品房屋实现销售收入131.5亿元，增长45.8%。全年房地产业始终运行在景气空间，全年“皖房景气指数”为103.32，比上年提高2.35个百分点。

五是在冶金、机械、电子通信设备等行业投资的带动下，制造业投资高速增长。根据省委、省政府打造加工制造业基地的战略目标，5年来，安徽省累计投入省重点建设资金4.2亿元、

“三高”(高加工度、高成长性、高附加值)资金1.3亿元,先后支持近50个重点加工制造业项目建设。2002年,汽车、电子、机械、建材、烟草、钢铁、电力和煤炭等行业投资实现较快增长,并拉动全省制造业投资增长59.4%,超出平均增幅41.6个百分点。

六是非国有单位投资增势强劲,城乡集体、个体投资实现平稳增长。随着投资领域的不断开放以及鼓励和引导社会投资的措施逐步发挥作用,2002年,全省非国有经济投资增长了27.2%,比国有经济投资高出19.5个百分点。其中,集体投资完成138.2亿元,增长6.4%;个体投资完成245.6亿元,增长24.4%。

二、2003年投资形势展望

虽然2003年安徽省固定资产投资面临国债项目投资规模可能减少的不利影响,但从总体上讲,在全国乃至世界经济增长的大环境下,在国家继续实施积极财政政策的推动下,安徽省投资增长的积极因素大于消极因素,2003年全省固定资产投资规模计划达到1350亿元左右,同比增长15%。

2003年安徽省投资增长的主要支撑来自于五个方面。

一是宏观经济环境趋好。2003年,国家坚持扩大内需的方针,继续实施积极的财政政策和稳健的货币政策,发行一定规模的国债,为安徽省加大投入创造了条件;新一轮外商投资的高潮仍会延续,加上沿海地区资本的梯度转移,安徽省招商引资的潜力仍然很大。

二是投资内增机制开始形成。随着市场环境不断完善,企业作为投资主体的内在动力在逐步增强;加之鼓励民间投资和招商引资力度的加大,小城镇的快速发展,安徽省个体私有经济等非国有投资增长潜力巨大。

三是金融机构融资形势好转。2002年以来,安徽省金融机构贷款增加较多,贷款质量有所提高,不良贷款额下降,对企业资金支持能力增强。在国家开发银行的带动下,各金融机构对安徽省一些具有稳定回报、市场前景好、技术含量高的项目中长期贷款力度在逐渐加大。

四是房地产开发投资将继续保持较高增长。住房和户籍制度的改革,中心城市辐射能力的增强及小城镇建设的加快,以及省外投资商抢滩省辖市房地产市场,是安徽省房地产开发投资持续快速增长的主要原因。特别是2002年新开工面积和土地购置面积的大幅增长,为后两年的房地产开发投资增长提供了保证。

五是新开工项目规模大于往年。经汇总衔接,2003年全省各地计划新开工大中型项目45个,总投资763.8亿元,当年计划投资166.4亿元,分别比2002年增加394.9亿元和81.3亿元。这一新增投资,加上省重点建设项目结转续建计划,基本可弥补2003年国债投资减少的规模,并支撑固定资产投资保持一定增幅。

此外,为更好地贯彻党的十六大提出的各项发展战略,2003年,各地在全面建设小康社会、促进投资增长方面都会采取一些新的举措,这也是安徽省2003年投资增长的重要因素之一。

三、促进2003年投资增长的五大措施

2003年是全面建设小康社会的第一年,也是新一届政府的开局之年。从全面建设小康社会起步阶段的奋斗目标出发,为确保2003年安徽省GDP增长9%,2003年,全省固定资产投资必须保持较快增长。为此,要继续抓住国家实施积极财政政策的有利时机,做好新增国债投资的争取和国债项目的实施工作;要着力推进重大项目建设,不断培育新的经济增长点;要充分发挥省级投资的引导功能,促进产业升级和结构调整;要积极扩大民间投资,争取在部分领域吸引社会资金上取得突破;要推动投资体制改革,规范和完善政府投资项目管理。

1. 继续抓好国债项目的争取和组织实施工作。按照国家确定的国债资金安排原则和方向,抓紧在改善农村生产生活条件、高技术产业化和重大装备制造本地化、重点企业技术改造、服务业基础设施、重点地区水污染治理、职业教育和高中扩招、公检法司设施等方面选择一批项目,精心做好前期工作。同时要加快全省续建国债项目建设进度,确保长江干堤加固、移民建镇、农村电网改造、“三河三湖”污染治理、贫困县出口道路、公检法司等在建项目全面建成交付使用。进一步加强对国债项目的稽查,保证工程质量和资金规范使用,使国债项目经得起历史的检验。

2. 锲而不舍地抓好重点项目建设。多年来,安徽省每年都安排一批牵动性强的新开工重大项目,对推动投资的快速增长发挥了重要的作用。2003年,对列入计划新开工的宣杭铁路复线、沿江高速公路以及加工制造业等26个重点项目,要逐一列出进度要求,落实责任,按季考核,定期协调解决前期工作中的难点问题,力争按期开工。加快安庆电厂、琅琊山抽水蓄能电站、刘庄煤矿、徽杭公路、界阜蚌公路三期等在建项目建设进度,确保合徐高速公路北段、芜宣高速公路、池州海螺水泥、合肥软件产业基地一期、宿州大型优质小麦基地等项目建成投产或投入使用。继续推进“十五”重大项目前期工作,同时围绕全面建设小康社会的奋斗目标,适时推出一批新的项目,增强经济发展后劲。

3. 坚持集中力量办大事,充分发挥省级投资的引导功能。2003年,省级投资要继续坚持有所为有所不为,在逐步退出一般竞争性投资领域的同时,重点投向水利、教育、省级重点骨干加工业项目和重大社会公益性项目;围绕主导产业,选择部分规模较大、技术条件较好的配套企业,通过奖励、贷款贴息等方式,扶持其进行技术改造和产业升级换代,不断壮大上下游企业,加快安徽省加工制造业基地的形成。

4. 启动民间投资,拓宽投融资渠道。坚持政府部门、企业与银行间的投资联席会议制度,加强信息沟通,扩大中长期贷款规模。继续做好股票发行工作并积极争取发行企业债券,用于有稳定收益的基础设施项目和经济效益好的企业技改项目。进一步放开投资市场,凡是允许外资进入的领域都应允许国内各种资本进入。选择一批已建成并具有较好效益的基础设施和

社会公益性项目,通过公开拍卖等方式转让经营权,将收回的资金用于同类项目再投资,2003年争取在交通、城市污水处理、垃圾处理产业化等方面取得实质性进展。

5. 加快投资体制改革,完善政府投资项目管理。在国家投资体制改革总体框架下,修改和完善安徽省的投资体制改革方案,研究出台《安徽省政府投资项目建设管理条例》等配套文件。加快推进安徽省公益性项目建设管理的法制化建设,通过建章立制,积极引入竞争机制,提高全省公益性项目建设管理水平。

福建省投资建设情况

福建省常务副省长 黄小晶

一、2002年固定资产投资完成情况

2002年,福建省委、省政府继续坚持贯彻扩大内需的战略方针,围绕构建山海协作、对内联接、对外开放三条战略通道,把扩大固定资产投资作为全省经济工作的重点来抓。经过全省上下的共同努力,2002年福建省全社会固定资产投资稳步回升,全年完成投资1230.76亿元,增长8.5%,增幅比上年提高3.7个百分点,是1999年以来投资增长幅度最高的一年。其中,基本建设投资408.53亿元,增长12.2%;技术改造投资194.49亿元,增长2.9%;房地产开发投资248.99亿元,增长10.4%;其他投资378.75亿元,增长6.4%。随着农村新一轮旧村改造工程的逐步推进和配套设施建设的进一步完善,农村固定资产投资呈现恢复性增长,全年农村固定资产投资完成220亿元,增长7.6%。其中,非农户完成投资138亿元,增长11.5%;农户完成投资82亿元,增长1.7%。2002年福建省固定资产投资运行的主要特点是:

(一)重点项目建设稳步推进

2002年,全省在建45个重点项目完成投资164.6亿元,占年度计划的108.5%,当年建成投产或部分投产的项目有21个,新增的主要生产能力有:电力装机容量4.38万千瓦,110千伏送电线路632公里、变电容量1799.5MVA,35千伏送电线路301.7公里、变电容量86.6MVA;高速公路199.6公里,二级公路527.44公里;防洪堤9.2公里;粮食储备库容4.6亿斤;食用菌菌种50万支,食用菌饮品和胶囊250万盒;高速品种线材50万吨,多功能光催化空气净化器10万台,神经生长因子600万支;科研建筑面积5.24万平方米,体育、文化、卫生设施建筑面积8.7万平方米;城市一级公路9.9公里,城市日处理污水36万吨。重点项目建设的顺利推进,有力地拉动全省固定资产投资增长。

(二)非国有投资加速启动

2002年,全省非国有投资增速加快,成为拉动全社会固定资产投资增长的重要力量。全年非国有单位完成投资725.97亿元,增长11.7%,增幅比上年提高了11.1个百分点。非国有投资占全省投资总额的59%,比上年提高了1.7个百分点,对全社会固定资产投资增长的贡献率达78.8%。在非国有单位投资中,外商投资157.51亿元,增长71.5%;港澳台商投资153.95亿元,下降15.4%;国内社会投资414.51亿元,增长14.8%。

(三)房地产开发投资持续健康发展

2002年,全省房地产开发完成投资248.99亿元,增长10.4%,比上年高1.7个百分点。其中商品住宅完成投资161.45亿元,比上年增长11.2%。商品房施工面积4121.22万平方米,增长10.9%,其中新开工商品房面积1587.38万平方米,增长28.2%;竣工面积1316.88万平方米,增长2.8%。商品房销售面积1011.94万平方米,增长2.4%。房屋空置面积比上年末减少28万平方米。实现商品房销售额221.63亿元,增长11.3%,个人购房比重达90%。土地购置及开发力度加大,全年全省房地产企业购置土地面积1364.65万平方米,增长106.1%;完成土地开发面积737.82万平方米,增长41.5%。

(四)工业投资力度加大

随着全省工业化进程的加快推进,工业投资扭转了2001年负增长的局面,全年国有及其他经济类型工业企业完成投资321.51亿元,增长9.6%,其中石化、机械、电子、轻工业投资分别增长76.3%、26.6%、13.5%和44.9%。在技改贴息等相关政策的带动下,企业进一步加大技术改造力度,全省工业更新改造项

目完成投资105.61亿元，增长37.9%，占全省更新改造投资的54.3%，比上年提高13.8个百分点。

二、2002年投资建设的主要做法及存在的问题

2002年，福建省在固定资产投资方面，采取的主要措施有：一是促进和引导民间投资。在做好固定资产投资协调、引导和服务等工作的基础上，福建省研究出台了《进一步促进和引导民间投资的若干意见》、《关于推进城市污水处理产业化发展若干意见》、《关于推进城市垃圾处理产业化发展若干意见》、《福建省沿海滩涂围垦投资建设若干规定》等一系列政策措施，进一步拓宽民间投资领域，激活社会投资，实现投资主体多元化，促进投资稳步增长。二是加强项目前期工作。按照投产一批、续建一批、开工一批、储备一批的滚动发展要求，扎实推进项目前期工作和管理工作。三是集中财力办大事。在财政性资金投向上，增加了对重大项目前期工作经费的投入，加大对产业结构调整、污染治理、环境与食品卫生监测、"数字福建"示范工程、高校建设等重点领域、重点项目的资金支持。

2002年，全省虽然加大了固定资产投资力度，投资增长稳步回升，但是投资运行中也存在一些问题，主要是投资增长速度低于全国平均水平7.6个百分点；投资规模扩张缓慢，投资规模仅增长3.6%，新开工项目数仅增长4%；社会投资尚未全面启动等。

三、2003年固定资产投资展望

根据福建省十届人大一次会议审议通过的2003年全省国民经济和社会发展计划，2003年全省预期完成全社会固定资产投资1282亿元，比上年增长6%。安排在建的省重点建设项目43个，年度投资计划160亿元；安排预备重点项目45个项目。2003年福建省的投资建设工作要按照全面建设小康社会的目标，围绕构建三条战略通道，实施项目带动战略，加快县域经济发展的决策部署，具体做好以下几个方面的工作：

（一）实施项目带动战略

研究出台《关于实施项目带动战略的若干意见》，把实施项目带动战略作为构建三条战略通道，按三个层面、分三个阶段推进全省经济发展的重要抓手，着力以项目带动聚集生产要素，促进投资增长，增强经济综合实力和发展后劲；以项目带动促进"四个专题"的深化，聚集方方面面的力量；以项目带动转变政府职能，提高运作效率，改进优化服务，营造好的发展环境；以项目带动检验工作的落实和工作的成效，形成想干事、能干事、干成事的导向和氛围，使我们的工作落实有一个着力点、突破点、合力点、鉴证点。

（二）加快县域经济发展

着手研究制定加快县域经济发展的意见，把县域经济作为实施项目带动战略拓宽经济发展的空间，进一步明确实现县域经济发展新跨越的目标，对县域经济实行分类指导，突出转变职能，简政放权，以发展非公有经济为重点，以改革开放和科技创新为动力，加快工业化、农业产业化和城镇化步伐，不断壮大县域经济总量，增强财政实力，扩大就业，提高城乡居民收入水平，促进经济社会协调发展、城乡协调发展、地区协调发展、人与自然协调发展，实现经济社会的全面进步。

（三）扩大投资规模

进一步落实重点项目和在建国债项目目标责任制，加大在建重点项目的组织协调力度，落实建设资金，创造良好的建设环境。强化进度、质量和投资控制，确保项目如期建成发挥效益。加强项目储备和前期工作，创新项目生成、推介、管理、协调机制，做好项目开发、转化、实施、保障工作。研究促进项目成果转化的扶持办法，筹备中国福建项目成果交易会。研究制定促进和引导民间投资的具体政策措施，进一步放宽准入领域、拓宽准入渠道、降低准入门槛，充分调动社会投资积极性。继续推进城市污水、垃圾处理产业化的同时，发挥市场机制作用，鼓励社会资金进入城市公用事业和非基本公共服务领域。精心筹备"海交会"、"投洽会"等招商引资活动，做好客商邀请和项目推介、洽谈、签约工作；加强已签约项目的报批、促进和跟踪服务工作，促进更多的合同项目转化落地。围绕产业链开展专项招商，重点推出一批针对性强、产业关联度高、市场前景好的招商项目。研究出台服务领域对外开放的规划和配套政策，努力拓展利用外资的新领域。

（四）深化投融资体制改革

推进基建审批制度综合改革，进一步减少基建审批事项和审批环节，规范审批行为，提高行政办事效率，改善投资环境。改进政府投资方式，规范政府投资行为，将省级政府投资集中用于关系经济社会发展全局的基础性项目和与人民群众生活质量的改善密切相关的公共性项目上，提高资金使用效益；进一步退出一般竞争性领域的直接投资，引导更多的社会资金投入。推进融资方式创新，进一步促进投资主体多元化和融资渠道的多样化。

（五）加强项目稽察，规范招投标行为

加强建设项目尤其是政府投资项目的稽察力度，辅以监察、审计、财务检查等手段，进一步规范基本建设程序，提高建设项目管理水平，推进项目建设进度。进一步清理招标投标规章和规范性文件，完善招标投标管理办法，维护招标投标法规制度的统一性。建立健全招标和采购网络，规范招投标公告发布行为。研究组建招投标协会，建立招投标活动自律机制。

江西省投资建设情况

江西省副省长 孙刚

2002年，江西省认真实践“三个代表”重要思想，贯彻落实党中央、国务院的一系列方针政策，按照省第十一次党代会确定的各项部署，坚持改革开放和扩大内需的方针，着力调整经济结构，努力扩大招商引资，改革力度进一步加大，开放步伐显著加快，全省经济呈现出继续加快发展的良好势头，为实现江西在中部地区崛起开了个好头。其中，作为经济三大拉动力之一的投资，在2002年实现了大幅度增长，有力地推动了全省经济快速发展。

一、2002年投资建设取得的主要成就

2002年，江西通过采取加大招商引资力度，鼓励民间投资以及争取国家投入等措施，多渠道、全方位增加投入，全社会固定资产投资达到924.6亿元，比上年增长40%，这是江西历史上最高的增长幅度。按照带动经济增长的三大需求因素测算，投资对经济增长的贡献率高达78.7%，在当年全省国内生产总值增长10.5%的速度中，有8.3个百分点是由投资拉动的，投资成为拉动全省经济增长的主动力。投资结构继续优化，工业投资稳步增长，交通投资大幅度上扬，城市基础设施建设投资成效显著，教育文化投资继续保持较高增幅。全省国有及其他经济类型固定资产完成投资626.64亿元，比上年增长47.2%；集体和个体经济完成投资297.96亿元，比上年增长14.6%。在投资的方向上，基本建设完成投资347.89亿元，增长52.4%；更新改造完成投资142亿元，增长32.4%；房地产开发投资完成103.64亿元，增长63.2%。2002年，江西在投资建设方面主要有以下几方面的特点：

第一，用好管好长期建设国债，干净利索地完成在建国债项目。1998年以来，在国家的大力支持下，江西在农林水利、交通设施、农村电网、城市基础设施、中央粮食储备库、政法基础设施、高技术产业化、高教、旅游、以工代赈、卫生、中小学危房改造和技术改造等14个领域实施了一大批国债项目。到2002年底，国家共安排江西国债项目432个，总投资497.57亿元，其中使用国债资金214.89亿元。按照国家年初提出的确保在建国债项目年内干净利索建成投产的要求，全省部署了国债收尾工作，提出了具体措施和办法，大部分国债项目都按国家要求顺利完成。通过国债项目的实施，有效带动了银行、地方、部门、企业配套资金投入，2002年国债项目投资拉动全省国内生产总值增长1.6个百分点，并形成了一大批优质资产，极大地改善了全省基础设施条件，改造了一批传统产业，提高了国民经济的装备水平，优化了经济结构。

第二，实施大开放主战略，利用外资创历史新高。面对经济全球化趋势增强和中国沿海发达地区经济快速发展的新形势，省委、省政府及时提出实施大开放主战略，着力把江西建设成沿海发达地区的“三个基地、一个后花园”，即产业梯度转移承接基地、优质农副产品供应基地、劳务输出基地和沿海地区群众旅游休闲的“后花园”，并鼓励各设区市和有条件的县市创办工业园区、以工业园区为载体发挥生产要素的低成本优势，承接沿海发达地区的产业转移。同时举办了一系列卓越有成效的招商引资洽谈会，为引进国外、境外、省外资金产生了直接效果，全省利用外资保持着强劲的增长态势。2002年，全年合同引进境外、国外资金15.34亿美元，同比增长1.9倍；实际利用境外、国外资金12.47亿美元，增长1.3倍。其中，外商直接投资10.87亿美元，增长1.7倍；新批外商投资项目591个，增长91.3%；新批外商投资企业511个，增长81.9%。引进的外资结构进一步优化，2002年外资投资工业项目占新批外商投资项目的52%，外资来自欧盟、美国、新加坡等地区明显增加。另外，外商投资质量超常提升。一是大项目增多。合同外资超过1000万美元的项目有32个，占全省合同外资总额的38%；外商投资项目平均外资规模达259.54万美元，同比净增88.6万美元。二是大型跨国公司来赣投资取得新的进展。2002年又有5家世界500强企业和日本友利电子等一批著名跨国公司来江西投资。

三是现有外商投资企业增资多。四是外资增长强有力地带动外贸出口。2002 年外商投资企业共完成出口 1.81 亿美元，同比增长 60.8%，带动全省外贸出口增长 1.13%，实现外贸出口与引进外资同步快速增长。

第三，加快重点工程建设步伐，不断完善投资环境。为适应改革开放和经济发展的需要，2002 年江西加大了重点工程项目建设力度。全年共安排省重点建设项目 62 项，其中省重点基本建设项目 52 项，累计完成投资 119.0 亿元。创造了江西历史上实施重点工程建设项目最多、投入最大、覆盖面最广的成绩。柘林水电站扩建 2 号机组、九江电厂三期 1 号机组、中国联通 CDMA 一期工程及二级传输干线三期工程、南昌麦园垃圾卫生填埋场二期工程、九江电厂三期送出工程、沪瑞高速公路梨温段等 9 个项目顺利建成。京福高速公路温沙段、沪瑞高速公路昌金段、南昌至峡岭二级公路、井冈山机场、廖坊水利枢纽、三峡输变电工程、南昌青云水厂三期、中国联通综合通信枢纽楼等 22 个重大项目按期开工，建设进展顺利。

第四，支持优势产业做强做大和加强工业园区建设，不断推进新型工业化进程。围绕壮大工业经济总量，江西积极依托资源优势做强做大特色产业和优势企业，通过各种渠道，加大工业投入，实施的项目明显增多，工业投资大幅度增长。2002 年全省城镇及城镇以上工业企业完成固定资产投资 240.09 亿元，比上年增长 57.7%。江西铜业公司贵溪冶炼厂三期改造项目、星火化工厂 5 万吨有机硅项目、新钢高线转炉、萍钢高架棒线等一批工业项目相继建成投产；江西亚东水泥公司扩建水泥 156 万吨工程、霍曼内特有限公司年产 20 万立方米中密度维板和 50 万亩工业原料林基地项目、南昌卷烟厂异地改扩建工程、华意无氟压缩机改造等一批重点工业项目正在抓紧实施，有效地促进资源的开发利用和资本的优化组合，壮大主导产业和大型企业。这些领域正在形成新的经济增长点。同时全省各地按照省第十一次党代会提出“坚持依托园区办工业，努力形成规模效应和集聚效应”的思路，集中力量建设工业园区，工业园区建设取得了喜人的成绩。到 2002 年底全省工业园区（含各类开发区）达 118 个，已落户企业 4264 家，其中 2002 年新增 1817 家；实际引进资金 171.8 亿元。

第五，加大高技术产业项目投入力度。大力发展以信息技术、生物技术、新材料技术为代表的高技术产业，抢占新兴产业制高点，努力形成经济发展新优势。加快建设铟镓氮 LED 外延片芯片产业化、全自动三分群血细胞分析仪产业化项目，做好 LCOS 数字显视芯片封装及光学引擎产业化、异 VC 钠 D-异抗坏血酸钠、忆源多媒体 IC 卡信息公用终端、联创光电高亮度发光二极管生产线和格林柯尔环保空调等项目的开工前期准备工作，使江西在这些领域达到国内领先水平。启动建设中药固体制剂国家工程研究中心，填补江西没有国家级工程研究中心的空白。

第六，推进投融资体制改革，创新融资方式。在积极争取国家资金的同时，加大招商引资力度，着力启动民间投资，研究制定《江西省促进和引导民间投资的若干意见》。同时通过调整公共交通价格、完善高速公路收费机制、开征城市污水处理费、出台社会力量办学收费标准等措施，为经济建设筹集了大量资金。特别是努力创新高技术产业融资方式，建设高技术产业发展中心，发起成立了高技术产业风险投资公司，扶持发展南昌高技术开发区留学生创业园，促进高技术成果产业化。另外，实行对各类投资主体一视同仁的政策，营造公平竞争的发展环境。在项目申报、原料进口配额、安排重大项目前期费用等方面打破所有制的限制，对所有企业同等对待。瑞昌水泥厂、汇仁集团、煌上煌集团等一批非国有企业得到了国家计委的立项支持，有的还争取到了国家资金支持。在已申报的 30 个国家高技术产业化重大专项中有 16 个是民营企业或民营参股企业。2002 年开始，还安排省基建投资支持果喜集团、金鼎软件、猕猴桃酒业等 13 家非公有制企业的项目建设。

2002 年，虽然是多年来江西投资形势最好的一年，但仍有不足之处，主要是长期以来民间投资不足的局面没有得到根本性改变。集体和个体等民间投资增长仍然缓慢，仅比上年增长 14.6%。因此，加快形成投资增长的内在机制，改变过度依靠国有资金带动的投资格局，是保持江西经济持续发展稳定增长的迫切要求。

二、2003 年投资建设形势展望

2003 年是全面贯彻落实党的十六大精神、尤其是学习贯彻十六届三中全会《中共中央关于完善社会主义市场经济体制若干问题的决定》，加快江西在中部地区崛起的重要一年。全省人民在省委、省政府的正确领导下，紧紧围绕全面建设小康社会的目标，继续执行积极财政政策，不断优化投资环境，齐心协力，开拓进取。预期 2003 年全省全社会固定资产投资将完成 1380 亿元，比上年增长 50%。

2003 年，江西加大投资建设的着力点主要有以下几个方面：

第一，努力用好国债资金，发挥好国债资金的带动作用。2003 年根据国家的安排，江西在国债投向上主要采取“一个确保、四个倾斜”的政策，即：确保集中力量办大事，向农村倾斜、向结构调整倾斜、向中西部特别是西部地区倾斜、向生态环境建设倾斜。根据国家要求，全省在交通、水利、县城电网改造、城建基础设施、教育、卫生、旅游、环保、政法设施等领域积极做好项目准备，通过国债项目支持，在改善农村生产生活条件、生态环境保护、城市基础设施建设等方面取得新的进步。

第二，充分发挥各种优势，扩大利用外资成果。与沿海地区相比，江西劳动力价格低、土地价格低以及水电价格低，由此形成了较高的投资回报率。江西努力发挥这种优势，利用好承东启西的区位条件，抓住加入世贸组织有利条件以及国内沿海地区传统产业向内地梯度转移的有利时机，大力提高招商引资水平。预期全省利用境外、国外资金可达 15 亿美元（其中直接利用外资达 14.2 亿美元），增长 20.3%。二是利用省外资金可达 700 亿元，增长 64%。改变传统招商办法，利用“江西投资招商网”，推介洽谈项目、试行网上招商。依托工业园区招商，重点选择沿海特定地区开展定点、定向招商，努力吸引国内外大型企业入驻江西，逐步形成聚集效应和带动效应，促进配套企业的跟进和发展。把利用外资和江西省经济结构调整、国有企业改革等结合起来，提高企业的技术创新能力和管理水平。做好外资项目的跟踪落实和服务工作。

第三，以高速公路建设为契机，加快重点工程建设步伐。继续加快在建的赣粤高速公路南部各段、京福高速公路温家圳至沙塘隘段、沪瑞高速公路昌付至金鱼石段以及南昌至峡岭二级公路等骨干项目。加快推进乐化至温家圳高速公路、泰和至井冈山高速公路、景德镇经婺源至黄山高速公路建设。同时实施好赣龙铁路、赣抚大堤加固配套工程、抱子石水电站、井冈山机场、廖坊水利枢纽等项目。建成景德镇、赣州、南康等一批城市水厂，抓紧建设南昌青云水厂三期工程、南昌青山湖污水处理厂一期工程、宜春市污水处理厂一期工程，加快建设萍乡、鹰潭、吉安、九江、抚州、赣州等城市污水处理工程以及萍乡、赣州、新余、上饶等城市垃圾处理工程。支持一批社会事业基础设施项目建设，建成省妇女儿童活动中心、省心理康复中心。抓好省儿童医院病房楼、省人防地下指挥所、中国井冈山干部学院、宜春市第五届全国农运会配套设施等项目续建。重点工程建设规模进一步扩大，预期将比上年增长70%以上。

第四，着力推进结构调整，培植具有特色的优势产业群。对有优势、有潜力的行业，加大改革、改组、改造力度，整合现有资源，通过多种渠道增加投入，形成新的经济增长点，增强发展后劲。在项目建设中坚持科技进步、提高效益、扩大就业、减少环境污染相统一，推进新型工业化。重点在资源深度开发利用、改造传统产业和发展高技术产业等方面加快项目建设。一是有序推进工业园区的开发建设和健康发展。实施“政府引导、市场运作、多元投入、上下联动”的方针，明确“整体规划、科学布局、滚动开发、分步建设”的原则。围绕发展特色产业，着力将贵溪铜工业园、星火有机硅工业园、赣州稀土工业园、汇仁药业工业园、江中高科技工业园、袁州工业园、南昌民营科技园、南昌信息产业工业园等特色园区做优做强，努力培植上规模、上水平的特色产业和大型企业。二是加快资源深度开发利用，提高产品附加值，增强盈利能力。开工建设星火有机硅厂年产10万吨有机硅单体工程，形成20万吨生产能力，成为亚洲最大的有机硅生产基地。开工建设铜业公司年产6000吨电解铜箔技术改造项目。加快建设铜业公司铜冶炼三期扩建以及年产15万吨铜杆线项目、新钢年产130万吨连铸坯工程、亚东水泥厂二期156万吨水泥扩建、万年青水泥厂4000吨熟料技术改造、宜春霍曼内特年产20万立方米中密度纤维板等项目。做好中国五矿集团、中铝集团、宝钢集团等大企业对企业实施兼并重组工作，促进江西稀土、钽铌和稀有金属开发利用。力争开工建设10万吨高精确度铜板带项目。通过项目建设，努力使资源开发不断深入，在深入开发中发展壮大，在发展壮大中提高效益。三是促进传统产业优化升级，提高技术水平，增强竞争能力。在汽车领域，建成昌河飞机公司九江微型车厂年产5万辆微型车生产线，力争开工建设昌河铃木年产15万套K系列发动机项目。在纺织领域，加快建设赛得利(江西)化纤有限公司年产6万吨粘胶差别化纤维项目，实施好九江化纤厂2400吨粘胶长丝扩建、江西涤纶厂1.6万吨差别化涤纶长丝、南昌银志针织服装加工项目。在煤炭领域，推进煤炭企业转产，开工建设年产200万平方米低辐射镀膜玻璃生产线。在航空领域，加快技术引进，推进洪都航空制造公司开发民用飞机。在烟草领域，继续推进南昌卷烟厂“十五”易地改造项目。在造纸领域，开工建设江西晨鸣纸业20万吨低定量涂布纸。在中药加工领域，加快建设“樟帮”中药饮片工程、夏天无中药系列产品加工，开工建设瑞金三九药业纯中药栓剂项目，建成江中药业年处理中成药5000吨生产线等工程，推进中药产业现代化。四是培植发展高技术产业，抢占新兴产业制高点，努力形成经济发展新优势。加快建设铟镓氮LED外延片芯片产业化、全自动三分群血细胞分析仪产业化，开工建设LCOS数字显视芯片封装及光学引擎产业化、异VC钠D-异抗坏血酸钠、忆源多媒体IC卡信息公用终端、联创光电高亮度发光二极管生产线和格林柯尔环保空调等项目，使江西在这些领域达到国内领先水平。

第五，进一步深化投融资体制改革，为经济发展提供强大的支持。继续深入贯彻落实中共江西省委《关于学习浙江经验，进一步提高改革开放水平，加快经济发展的意见》，省政府《关于进一步加快民营经济发展的若干意见》、《关于进一步加快工业园区建设推进城市化进程的若干意见》和省政府批准《关于促进和引导民间投资的若干意见》等文件精神。通过进一步深化投融资体制改革，最大限度地放宽投资领域，消除制约民间投资增长的体制性障碍，充分发挥各类投资主体的积极性。特别要积极创造条件，加快建立健全协同配合的投融资宏观调控体系，完善投融资信息发布制度，进一步深化项目审批制度改革，理顺公用产品和服务的价格体系，培育和完善投资中介服务体系。鼓励和引导民间投资参与道路、桥梁、供水、污水和垃圾处理等基础设施建设和有收益的社会基础设施的建设。取消不合理的收费项目，简化办事程序，减轻民间投资者的负担。进一步利用资本市场，加快上市公司后备资源的培植，壮大上市公司群体，以及做好充分准备，争取利用债券市场融资。积极采用BOT、TOT、ABS、信托融资、金融租赁、风险投资基金等融资手段。创造良好的信用环境，加强银企合作，充分利用国有商业银行、政策性银行、地方金融机构的信贷资金，发挥金融对经济发展的支持作用。

当前，中国进入了全面建设小康社会，加快推进社会主义现代化建设的新阶段。面对新的形势，江西正在开展以“求新思变、开明开放、诚实求信、善谋实干”为主要内容的塑造“江西人新形象”的活动，江西的投资发展环境正在进一步优化，江西大地将会不断焕发出勃勃生机，这一方投资热土，将会在改革开放的新阶段结出丰硕成果。

山东省投资建设情况

山东省常务副省长 林廷生

2002年,在党中央、国务院的正确领导下,山东省人民以邓小平理论和"三个代表"重要思想为指导,认真贯彻落实党的十五大、十六大精神,立足山东实际,紧紧围绕加快发展这一主题,努力扩大投资、启动消费,投资建设取得明显成效,促进了国民经济的快速健康发展和社会事业的全面进步。

一、2002年投资建设基本情况

2002年以来,山东省委、省政府突出抓好外经外贸、高新技术、民营经济三个"亮点",努力深化各项改革,不断优化发展环境。在投资方面,坚持扩大投资规模,调整投资结构,提高投资效益,使全省投资建设呈现出近年来少有的良好发展态势,出现许多积极的变化。

(一)投资保持快速增长

进入2002年后,山东省投资呈现出加速增长的趋势。一季度全社会投资增长17.8%,上半年增长27.6%,一至三季度增长31.6%,全年完成投资3512亿元,增长25.1%,是1994年以来增幅最高的时期,增幅高于全国平均水平9个百分点。国有及其他单位完成投资2329.3亿元,增长28%。全省共新开工项目7059个,比上年增加600个;在建项目投资总规模达到4457亿元,增长33.6%。从拉动经济增长的三大需求看,投资发展最快、增幅最高,对经济增长的推动作用更加突出,成为经济生活中的一大"亮点"。2002年全省GDP实现了11.6%的较快增长,投资对经济增长的贡献率达到60%以上。

(二)重点建设进展顺利

全省上下按照省委、省政府提出的项目建设突出抓好"三个一批"(竣工投产一批、开工建设一批、争取储备一批)的要求,切实加快项目前期工作,强化对重点项目的建设管理,各项工作取得突破性进展。全省在建的亿元以上项目达到874个。济南绕城高速东南线、蓝烟铁路复线、烟台港西港池三期等列入国家和省重点的49个项目,有16个相继建成投产,大多数国债项目建成并发挥效益。济南重汽重组、烟台轿车购并、南水北调工程、济南大学新校区、济南和青岛机场改造等一批大项目合作顺利或开工建设,青岛炼油、黄河三角洲林纸一体化等一些大项目前期工作取得新进展,为争取早日开工建设打下了良好基础。全年新增发电装机容量499万千瓦,高速公路334公里,电话636万门,城镇日供水能力41万吨/日。基础产业和基础设施支撑能力明显增强,为后期投资增长和经济发展创造了良好条件。

(三)投资结构发生积极变化

全省紧紧围绕经济结构调整这一主线,坚持以投资结构调整促进经济结构调整。在项目和资金安排上,着力支持结构调整重点项目,突出高新技术产业和加工制造业,项目和投资快速增长。全省重点培植的轻纺、化工、机械和电子等主导产业投资分别增长51.1%、36.4%、80.8%和25.6%。基础设施内部投资也得到调整。对可持续发展和社会进步有重要影响的水利、环保等方面的基础设施投资分别增长41.9%和41.4%;而电力和通信基础设施投资力度减弱,分别增长5%和下降31.5%,交通投资增幅也明显回落。这些变化,体现了投资结构调整的目标要求,有利于促进全省产业结构的升级和经济整体素质的提高。

(四)投资环境不断改善

2002年,在继续搞好交通、能源、通信、供水等硬环境建设的同时,全省致力于经济和投资软环境建设,增强对外来投资的吸引力,提高民间投资者的信心。各地狠抓了政府职能转变,实施了政府工作全面"提速";省里制订了《山东省进一步支持和鼓励发展民营经济的意见》;进一步清理和取消了与市场经济发展不相适应的行政审批事项,投资领域试行了《基本建设项目登记备案管理办法》;加大了市场秩序治理力度,各种收费明显减少,"诚信山东"建设取得明显成效,对扩大利用外资和民间投资发挥了重要作用,投资主体活力明显增强。2002年,全省实际利用外资65.2亿美元,增长47.8%;民间投资走出近几年徘徊下降的局面,集体、个体投资分别增长17.7%和23.7%;各类股份制、联营、港澳台商、外商等其他经济类型投资增长72.8%。非国有投资金占全省投资总额的比重由上年的57.8%上升到65%。

2002年,山东省投资形势明显好于年初预期。但从长远发展来看,制约全省投资增长的机制、结构、环境等方面问题尚未得到根本解决,投资运行中还存在不少突出矛盾。全省重点建设中仍以交通、能源、原材料等基础产业和基础设施项目为主,加工制造业和高新技术项目数量不多、水平不高。投资增长的地区不平衡问题也比较突出,各市之间投资增长存在很大差距。与南方几个兄弟省市相比,山东省投资自主增长的内在动力还不足,特别是民间投资存在明显差距。这些问题和矛盾,制约了全省经济和投资的持续稳定增长,我们将在今后的工作中努力加以解决。

二、2003年投资建设形势分析

党的十六大明确提出了全面建设小康社会的奋斗目标,制定了经济、社会、文化等方面发展的方针政策,为我们指明了前进的方向,是全省经济和各项社会事业加快发展的最重要、最可靠的保证。山东省委、省政府带领全省人民,深入学习贯彻党的十六大精神,坚持以"三个代表"重要思想为指导,围绕建设"大而强、富而美"的社会主义新山东的宏伟目标,进一步解放思想,抢抓机遇,干事创业,加快发展,山东经济建设和社会发展进入了一个新阶段,山东投资建设迎来了良好的发展机遇和条件。

(一)山东经济具备加快发展的良好基础

自"八五"以来,山东GDP已连续11年保持了10%以上的增长速度,2002年更是呈现出加速增长的趋势,经济运行质量和效益逐步提高,持续多年的扩大内需政策取得显著成效,宏观经济运行环境不断改善。2002年,全省GDP达到10552亿元,比上年增长11.6%;外贸进出口总额339.4亿美元,实际利用外资65.2亿美元,地方财政收入610.2亿元,分别增长17.2%、47.8%和25.3%。这为今后一个时期经济实现快速增长奠定了良好基础。从各方面情况看,山东省经济增长的空间将不断扩大,投资主体的信心和投资意愿不断增强,新一轮经济发展周期已经开始形成,这将成为促进投资建设增长的直接力量。

(二)民间投资发展潜力巨大

2002年,山东省制定了一系列优惠政策和措施,支持和鼓励民营经济发展,非国有投资迅速活跃起来,投资增幅比上年提高了20.9个百分点,呈现良好的发展势头。但全省各种社会资金还未得到充分利用,发展空间很大。据测算,全省社会蕴藏的民间资金达到6000多亿元,这是进一步扩大投资、加快发展的重要资金源泉。随着投资环境的不断改善和各项政策的落实到位,民间投资将进入一个新的快速增长阶段。

(三)利用外资将保持较快增长态势

2002年以来,山东省外资流入速度明显加快,全省全年合同利用外资118.6亿美元,实际利用外资65.2亿美元,分别增长64.2%和47.8%。在新一轮跨国产业转移和中国对国际资本吸引力持续增强的大背景下,山东良好的经济基础、资源禀赋、区位特点,以及经济增长实绩和巨大发展空间,具有承接跨国产业转移的诸多优势。特别是山东省委、省政府致力于不断改善和优化发展环境,为投资者提供宽松良好的发展空间,山东已成为外商投资的热点地区之一。当前山东正在加快建设胶东半岛制造业基地,推动全省经济在更大范围、更宽领域和更高层次上参与国际竞争。

(四)企业扩大投资的条件逐步成熟

经过多年发展和积累,山东省企业已具备较大规模和良好基础,自筹投资能力有了很大提高,投资意愿显著增强。2002年,在投资资金来源中,作为市场投资主体,企业自筹资金比例达到70%以上,项目建设过分依赖政府和银行资金的状况有了明显改观,这是投资持续增长的根本保证。

总的来看,山东省经济和投资建设已具备持续快速增长的条件,当前和今后一个时期将会继续保持良好的发展势头。2003年,全省经济和投资宏观调控的主要预期目标为:国内生产总值增长10%以上,社会消费品零售总额增长11%以上,外贸出口增长12%以上,全社会固定资产投资增长20%以上,固定资产投资率保持在30%以上。投资仍将保持对经济强有力的拉动作用。

三、2003年投资建设工作重点

(一)突出抓好重大项目建设,强化支撑带动作用

按照规划适度超前、建设量力而行、讲求综合效益的原则,坚持政府导向与企业行为相结合,建立完善重大建设项目策划、实施和储备机制,做到竣工投产一批、开工建设一批、争取储备一批。继续加强交通、通信、能源建设,突破水利和城市基础设施两个薄弱环节。水利计划投资80亿元,重点搞好南水北调东线山东段、胶东引黄调水工程,努力缓解水资源"瓶颈"制约。交通运输投资190亿元,重点加快济南、青岛机场扩建工程进度;搞好公路建设,确保高速公路通车里程达到3000公里。电力投资110亿元,抓好重点电厂建设,新增大中型发电装机容量336万千瓦;做好核电建设的前期工作;继续抓好县城电网改造。煤炭投资67亿元,重点搞好巨野煤田开发,鼓励企业到省外开发煤炭资源。城市建设投资152亿元,着力强化城市道路和供水、供电、供气系统建设,集中资金建设城市中水回用管网。抓好一批重大建设和改造项目,力争早开工、早投产、早见效。加快济南重汽合资合作步伐,抓紧青岛炼油工程、黄河三角洲林纸一体化等重大项目的前期工作。规划论证和精心筛选一批骨干企业技改项目、高新技术产业化项目和重大设备国产化项目,更多地争取国债资金支持,力争企业技术改造投入较快增长。确保全年竣工投产重大建设项目100个,新开工100个,储备60个。

(二)放手发展民营经济,促进民间投资快速增长

民营经济已成为山东国民经济发展的重要支撑力量。对民营经济,必须扫除一切制约发展的思想障碍,做到思想上放心;废除一切限制民营经济发展的歧视性政策,做到政策上放宽;革除一切落后的管理手段和行为,做到工作上放手。加大

对民营经济和民间投资的政策扶持，在市场准入上与国有经济一视同仁，不限经营范围，不限经营方式，不限发展比例；在税费征收上与国有经济一视同仁，公平税赋，依法计征，严禁乱摊派；在政策监督上与国有经济一视同仁，依法管理，搞好服务。完善金融服务体系，拓宽民营经济融资渠道。支持民营企业投资参与国有企业重组改造。引导民营企业进入园区发展，形成新的聚集效应。鼓励民营企业投资参股基础设施、新型服务业和大型制造业领域，支持民营企业通过上市融资和资本运营膨胀规模，培育一批在全国有地位、有影响的大型民营企业集团。

（三）不断优化投资环境，营造亲商、安商、富商氛围

搞好政策、法制、基础设施、生活、服务等各项环境建设，让投资者进得来、留得下、能发展，愿意扩大投资。进一步转变政府职能和工作作风，简化和公开办事程序，提高办事效率。以治理投资领域"三乱"为重点，强化市场监管制度建设，切实加强监督管理，规范行业和部门行为，保护投资者的合法权益和投资积极性。打破行业垄断和地区封锁，建立和维护统一开放、竞争有序的投资市场体系，保证各类投资主体公平竞争。继续整顿规范市场经济秩序，集中整治严重危害社会、侵犯群众切身利益的突出问题，依法严厉打击制售假冒伪劣商品和偷税骗税、逃废债务、逃汇骗汇、走私贩私等不法行为。建立信用网络，强化信用监督，健全社会信用体系，营造诚实守信的社会环境。尽快建立和完善投资中介服务体系，充分发挥社会中介组织的作用。通过加大治理力度，完善各项政策、制度和法律法规，努力营造一个服务高效、开放开明、规范有序、公平竞争的投资环境。

（四）加快投资体制改革步伐，建立投资自主增长机制

以建立市场引导投资、企业自主决策、银行独立审贷、融资方式多样、中介服务规范、宏观调控有效的投资体制为目标，在国家政策框架下，加快推进国有企业改革和投资体制改革，突出市场配置资源的基础性作用，确立企业的投资主体地位，同时规范政府投资行为，发挥好政府投资的引导调控作用。一是进一步规范政府投资行为，研究制定《山东省政府投资项目管理办法》，重点解决政府投资项目超面积、超标准、超预算问题，提高政府投资效益。学习借鉴兄弟省市的经验做法，积极创新政府投资项目建设管理模式，实行政府投资项目"代建制"，即"交钥匙工程"。二是继续改革项目审批制度，认真总结过去一年《山东省基本建设项目登记备案办法》执行情况，遵循放权、方便、快捷的原则，尽快出台《山东省基本建设项目登记备案办法实施细则》，真正把企业投资决策权落到实处。三是积极创新投融资模式，加快项目市场化运作步伐，按照市场经济的要求，全方位拓宽融资渠道，逐步建立和完善多层次、多渠道、多形式的融资机制，尽快形成投资自主增长的内在机制，为投资增长提供有力的资金支撑和机制保障。

河南省投资建设情况

河南省省长 李成玉

一、2002年固定资产投资完成情况

2002年，在党中央、国务院的正确领导下，河南省紧紧抓住国家继续实施积极财政政策和稳健货币政策的机遇，加快基础设施健设，大力推进产业结构调整，努力推动全省固定资产投资快速稳定增长。2002年全省全社会固定资产投资完成1826.45亿元，比上年增长12.2%。其中，国有及其他经济类型完成投资1146.67亿元，增长14.9%；城乡集、个体经济完成投资679.78亿元，增长7.9%。在国有及其他经济类型完成投资中，基本建设投资725.02亿元，比上年增长11%；技术改造投资233.79亿元，比上年增长17.8%；房地产开发投资138.36亿元，比上年增长34.5%。

全年固定资产投资运行的主要特点是：

一是交通运输业、城市公用事业、房地产开发业和文教卫生体育业继续保持快速增长。2002年交通运输业投资262.27亿元，增长38.9%；城市公用设施投资及房地产开发投资219.73

亿元，增长21.3%；文教卫生体育业完成61.49亿元，增长22.6%。以上行业完成投资543.49亿元,占全部投资的29.7%,拉动全省全社会固定资产投资总额增长7.5个百分点，贡献率为61.5%。

二是工业投资增长有所回升。2002年工业投资完成392.89亿元,增长8.8%,比上年回升0.9个百分点。制约工业投资增长的主要因素是电力、石油、冶金工业增速下降,全年电力工业完成投资102.09亿元,下降1.5%;石油工业完成投资55.71亿元,下降7.6%;冶金工业投资48.9亿元,下降0.6%,这三个行业占工业投资的52.6%,从而抵消了其他工业行业的投资增长。在其他工业投资中,轻纺、机械和化学工业投资增速加快,煤炭工业在经历几年低谷后开始出现恢复性增长。全年轻纺工业完成投资65.97亿元,增长33.7%;机械工业完成投资29.83亿元,增长63.5%;化学工业完成投资28.8亿元,增长37.5%;煤炭工业完成投资20.28亿元,增长30.8%。

三是房地产开发投资增长较快,对全省全社会投资的拉动作用增强。2002年以来,房地产开发投资保持高速增长势头,成为拉动投资增长的主要因素之一。全年房地产开发完成投资138.36亿元,增长34.5%,高出全省全社会投资增速22.25个百分点;占全社会固定资产投资比重达到7.57%,比2001年上升了1.3个百分点;拉动全省全社会投资增长近2.2个百分点,比2001年提高了0.5个百分点。

二、2002年主要投资建设成就

河南是内陆省份,在出口份额较小、消费规模增长相对稳定的情况下,固定资产投资的稳定增长,对拉动全省经济增长作用巨大。全省上下高度重视固定资产投资工作,一是积极推进投资体制改革,减少审批事项,简化审批程序。二是取消投资领域限制,以高速公路、电力、水利、城建为突破口,打破垄断,积极推进投资主体的多元化。三是拓宽融资渠道,积极争取国债资金,加强与银行的合作,创造良好的投资环境吸引省外和国外投资。四是加强省重点项目的管理,突出对投资的带动作用。经过努力,河南省固定资产投资取得了巨大的成就。具体表现在以下几个方面。

（一）基础设施和基础产业建设成效显著，为河南经济发展奠定了坚实基础

截至2002年底，河南省已争取的328个国债基础设施项目,绝大多数建成投产。年初安排的一批重点项目顺利实施,焦作至省界、周口至省界、洛阳至大安三条高速公路建成通车,新增通车里程155公里。登封铁路一期工程建成临运。农村电网改造一期工程、二期低压工程和城市电网改造工程全部完成。一批小容量机组建成投产,全年新增发电装机能力49万千瓦。平煤集团十三矿、鹤壁冷泉矿建成投产,新增煤炭生产能力240万吨。中原石油勘探局、河南石油勘探局新增原油年采能力24.67万吨。一批农林水利项目竣工，防洪抗旱能力进一步增强。42个国家粮食储备库建成投入使用，新增仓容近14亿公斤。城市基础设施建设成效明显,2002年河南省集中精力继续建设漯河、济源等六个地级市,巩义、项城等26个县级市和竹林、贾宋等117个小城镇,建成新乡市第五水厂、商丘市第四水厂、永城市新城水厂等项目,新增日供水能力40万吨;建成商丘市污水处理厂、濮阳市污水处理厂、鹤壁市污水处理厂等项目,新增日处理污水能力50万吨;建成驻马店、南阳、信阳等制气工程,新增日供燃气31.3万立方米。

（二）技术改造力度加大，工业结构调整迈出较大步伐，高新技术产业蓬勃发展

2002年河南省以拉长产业链条,提高产业层次,发挥比较优势,壮大骨干企业,增强核心竞争力为出发点,全面运用高新技术和先进适用技术改造传统产业。全年全省技术改造投资233.79亿元,比上年增长17.8%,全年施工项目1562个,全部建成投产项目963个。其中,配合国家实施的国债技术改造贴息政策,河南省筛选上报了一批技术改造项目,36个重点项目最终获得国债贴息支持,总投资38亿元。技术改造投资迅速增长,促进了经济发展模式由粗放型向集约型的转变。在高新技术方面,通过直接投入和贴息等措施,积极发展以电子信息、新材料和生物工程为主要方向的高新技术产业,2002年全省实施高新技术产业化项目96个,总投资99.55亿元,国家支持4.52亿元。在工业结构调整方面,河南省注重培育适应市场需求的名优消费类产品,上水平的电力、冶金、建材、环保等设备类整机产品,传统产业中提高附加值和技术档次的升级换代产品,实施了一大批结构调整项目。其中,通过专项贷款和贴息、向银行推荐、列入省重点项目等手段实施了48个工业结构调整重大项目,总投资63亿元,专项贷款4.86亿元,银行贷款27.2亿元,贷款贴息4224万元。2002年河南省在工业技改、结构调整、高新技术等方面投产了一批重大项目,即洛阳新安电力集团年产6万吨电解铝、河南豫港龙泉铝业公司年产20万吨电解铝、登电集团年产1.5万吨铝硅钛多元合金示范工程、河南庆安化工高科股份公司年产5万吨邻苯二甲酸酐示范工程、中国一拖LR100/105系列柴油机、长城铝业公司氧化铝节能降耗改造、南阳纺织集团高档棉毛丝混纺面料、豫光金铅富氧氧化—鼓风炉还原熔炼、开封电厂硫化床改造、焦作万方280KA槽铝电解、洛阳君山双黄连片、华英禽业樱桃谷鸭、洛阳单晶硅抛光片、河南轮胎载重子午线轮胎等项目。

（三）社会事业蓬勃发展

2002年,河南省加大了教育、卫生、文化、旅游等方面的投资,取得了明显的成效。教育方面,高校扩容工程力度加大,郑州大学新区一期工程、河南文学院建成投用,河南大学新区建设全面展开。新增高校基础设施197万平方米,新增高等院校学生席位1.36万个。卫生体育方面,河南中医学院一附院、省体育中心等项目建成投入使用,全省新增病床800张,新增观众席位5万个。文化旅游方面,中原图书城、河南广播大厦投入使用,洛阳龙门一期、嵩山景区一期、开封宋都景区水系疏浚等工程全面完成。

三、2002年投资建设取得的经验及存在的问题

2002年河南省在固定资产投资方面取得的经验主要有以

下两个方面：一是积极转变政府职能，确立企业的投资主体地位。正确划分政府投资事权，明确政府职能，确定政府的投资领域主要在公益项目、基础设施、支柱产业、高新技术以及对全省经济和社会有重大影响的项目。政府在投资方面主要行使编制规划、制定政策、加强引导、依法监管等宏观调控职能。在项目审批方面，按照政府行为、市场行为分开的原则，对于企业自有资金和商业银行贷款建设、能自主落实外部条件的一般性项目，一律不再审批。对公益项目和重大投资项目，严格审批，强化决策职能。2002年河南省取消了一大批行政审批事项，对于保留的项目审批，也设定审批时限，提高审批效率。二是省委、省政府十分重视固定资产投资项目特别是重视国债项目和重点项目建设进度。2002年河南省国债项目按要求与国家签订了完成目标责任书，省政府与各地市也签订了完成目标责任书，并多次召开会议部署工作；对省重点项目则督促项目单位加快进度，积极协调建设中存在的问题，不断优化施工环境，确保重点工程进展顺利。

2002年固定资产投资存在的问题：一是投资率低、人均投资量小。2002年河南省投资率为29.6%，低于全国平均水平近13个百分点，人均投资量1911元，比全国人均投资量少1910元，位居全国第27位。二是全省建设任务繁重，财政建设资金不足。农村农田水利基础设施欠账多，城市基础设施总体比较薄弱，服务业基础设施也亟待加强。但是河南省财政用于建设的资金总量少，比例低。2002年财政基本建设资金仅有40.75亿元，占财政支出的6.5%。三是投资增长的内在机制不健全，民间投资没有有效启动，投资增长主要依靠国有投资拉动的局面仍未改变。2002年全省国有投资及其他类型投资完成1146.67亿元，对全省全社会固定资产投资贡献率为75%，拉动固定资产投资9.2个百分点，而交通、电力、城市基础设施等方面行业垄断现象依然严重，民营经济发展的宽松环境尚未形成，民间投资的融资渠道狭窄。四是建设资金来源主要依靠自筹和银行贷款，利用外资、债券规模小。2002年全省自筹和银行贷款占资金来源的79.8%，利用外资仅29.25亿元，占1.6%，无债券融资。

四、2003年投资建设展望

2003年河南省固定资产投资计划安排的指导思想是：紧紧抓住国家继续实施积极财政政策和稳健货币政策的机遇，努力争取国债资金，进一步鼓励和引导民间投资；继续加强水利、电力、交通、城建、环保等基础设施建设，特别是要掀起全省电厂和高速公路建设高潮；加快建设洛阳先进制造业基地，加快全省工业结构调整步伐，加大工业技术改造力度；积极推进投融资体制改革，简化行政审批，拓宽融资渠道，改善投资环境，逐步建立适应市场经济需要、符合WTO要求的新型的投融资体制。

2003年全省全社会固定资产计划投资2063亿元，比2002年增长13%。其中，国有及其他经济类型投资1318亿元，增长15%；集体、个体投资745亿元，增长9.5%。在国有及其他经济类型投资中，基本建设投资808亿元，增长11.5%；技术改造投资280亿元，增长20%；房地产开发投资173亿元，增长25%；其他投资57亿元，增长15%。具体做好以下六个方面的工作。

一是继续抓好国债项目建设，积极争取国债资金。对已建成的国债项目，及时做好竣工验收和后评价工作，认真总结建设和管理经验，确保发挥投资效益；对在建国债项目，继续实行领导负责制和工程质量终生责任制，千方百计落实配套资金，力争按计划建成投产；抓住国家继续实施积极财政政策的机遇，按照新增国债资金的投向，选择并争取新开工一批国债资金项目，稳定国债项目的建设规模。

二是继续加大农林水利、交通、能源、城建、教育卫生等方面基础设施投入。完成三门峡槐扒提水、昭平台水库除险加固工程；基本建成盘石头水库；积极推进小洪河治理、白沙水库、白龟山、新三义寨南线等重点项目建设；继续加大人畜饮水以及大型灌区节水改造和续建配套工程建设。抓好驻马店至信阳、郑州至少林寺、新乡至郑州、许昌至南阳、商丘至营廓集、洛阳西南绕城、洛阳至少林寺、南阳至邓州、叶集至信阳、濮阳至鹤壁、郑州绕城、济源至洛阳、席庄至薛店、原阳至新庄等14条共1033公里续建高速公路建设，其中，确保驻马店至信阳、郑州至少林寺高速公路建成通车，新增高速公路187公里；大力推动县乡公路建设，调整省级交通规费使用方向，优先保证县乡道路配套资金。确保沁北、永城电厂、宝泉抽水蓄能等电厂按合理工期建设，尽早完成农网二期，全面启动县城电网改造工程；建成梁北煤矿；配合国家建成西气东输河南段主干线和支线管网，积极推进各项西气东输利用工程建设。加快污水、垃圾处理的产业化进程，做好供水、污水处理设施的配套管网建设，努力争取国家全面支持河南省县城供水工程。继续支持26个城镇化重点县(市)的城市基础设施建设。确保郑州大学新区二期、河南大学新区一期交付使用；继续加强中小学危房改造，加强农村卫生基础设施建设。

力争开工一批带动国民经济发展全局的重大基础设施建设项目。尽快开工建设南水北调中线一期工程(河南境内)、西霞院水库、息县关店加固加高堤防工程。确保开工建设焦作至温县、济源至焦作、王楼(省界)至兰考、兰考至尉氏、尉氏至许昌、漯河至平顶山、平顶山至临汝、安阳至林州等8条高速公路(里程492公里)，力争开工建设焦作至新乡高速公路焦作至修武(市界)段、获嘉(市界)至新乡段，阿深线濮阳段、安阳段、新乡段、开封段、扶沟(市界)至西华段、西华至周口段，商丘至济宁段(省界)，商丘至周口高速公路商丘段、周口段，许昌至禹州、禹州至登封高速公路等14条高速公路(里程625.6公里)。开工建设漯阜、汤台铁路改建工程、登封铁路二期工程3个铁路项目和河南华润登封电厂、鹤壁电厂二期、三门峡电厂二期、首阳山电厂三期、新乡电厂扩建等14个电厂项目(装机容量796万千瓦)；争取开工建设平煤集团首山一矿、郑煤集团白坪矿、省艺术中心和郑州国际会展中心。

三是积极推进投融资体制改革，大力启动民间投资。明确政府投资事权，加强政府投资项目管理，尽快研究出台河南省政府投资项目管理的政策措施。取消或简化行政审批,对凡是利用自有资金和银行贷款的一般项目,一律不再审批。按国家政策要求,需要审批的,则简化程序,及时办结。2003年交通、水利、城建等方面的投资体制改革将迈出实质性步伐,彻底打破政府包建统管的局面,降低门槛,吸引更多的社会投资主体参与基础设施建设。打破部门和行业垄断,按照建设、经营、养护相分离的原则推进高速公路管理体制改革,加快股份制改造和经营权转让步伐,盘活存量资产,实现滚动发展。认真落实国家出台的《水利工程管理体制改革实施意见》,逐步实现水利工程建设的社会化和市场化,积极推行水利工程管养分离,精简管理机构,提高养护水平,降低运营成本。对农村水库、灌区等水利设施,可探索采用承包、租赁、拍卖、股份合作等经营方式和运行机制。提高污水处理费征收标准,大力推进城市污水、垃圾处理的产业化,逐步实行城市污水、垃圾处理设施的特许经营。鼓励企业通过招投标方式独资、合资或租赁承包现有城市污水、垃圾处理设施的运营管理。鼓励将现有污水、垃圾处理在资产评估的基础上,通过招标实现经营权转让,盘活存量资产。

四是努力拓宽融资渠道,2003年河南省融资工作专项资金要集中用于企业并购、加快推进城市化进程、洛阳先进制造业基地和重大项目融资策划四个方面。重点是结合国有资产管理经营体制改革,策划推动部分优势企业公开、公正地对外资和内资企业出让部分股权;对洛阳先进制造业基地进行总体策划,推进外资并购其骨干企业;大力推进上市公司资产重组和再融资;对部分省辖市、26个城镇化重点县(市、区),中原城市群协同发展进行融资策划。进一步深化和开拓与开发银行的金融合作范围。

五是推动工业结构调整,努力提高工业经济竞争力。按照走新型工业化道路的要求,以信息化带动工业化,以工业化促进信息化,运用高新技术和先进适用技术改造提升传统产业,有重点地发展高新技术产业,加快工业化进程。

发挥比较优势,拉长产品链条,发展壮大支柱产业,改造提升传统产业。支持农畜产品加工龙头企业发展,促进食品工业形成品牌和规模优势,加快莲花集团200万吨小麦加工转化、天冠集团30万吨燃料乙醇及双汇集团肉类加工产业化工程建设。进一步扩大现有氧化铝企业生产能力,抓住电力体制改革的机遇,推进铝电联营,发展精深加工,提高铝工业竞争力。继续抓好开封炭素、安钢120吨转炉等项目建设。积极发展天然气化工、石油化工和煤化工,做好义马煤气利用和完善项目的前期工作。提升输变电设备、大型成套装备和农业机械、汽车及零部件的制造水平,做大做强机械装备工业。引导草浆造纸企业建设150吨碱回收工程,开工建设濮阳、焦作、新乡林纸一体化项目,加快信阳林纸一体化项目的前期工作。以发展服装面料、装饰面料为重点,加快骨干纺织企业改造和产品升级。抓好年产10万箱以下小烟厂关停和年产10万箱以上卷烟企业的战略重组,提高名牌卷烟产品的生产和竞争能力。

积极发展对经济增长有重大带动作用的高新技术产业,优先发展信息产业。加快发展电子基础件和元器件、电子信息材料、信息安全产品、IT产业专用电池和大型应用软件等产品,努力形成信息制造业竞争优势。运用信息技术改造传统产业,引导企业采用计算机辅助设计和制造技术,积极推行系统集成、在线检测、物料配送、企业管理的信息化。实施电子政务工程,进一步发展电子商务。加快高速宽带网络、公共信息网络平台和用户接入网工程等信息基础设施建设。继续在生物技术、新材料、现代中药等领域扶持一批产业化项目。

加强产学研结合,加快科技成果转化,推进洛阳先进制造业基地建设。把发展区域经济、特色经济和城镇化结合起来,抓好上街、长垣、漯河、濮阳、鹤壁等特色工业园区的试点,发挥集聚效应。

六是加快推进城镇化,积极促进农村人口向城镇转移。科学规划,突出重点,推动大型中心城市、中小城市、小城镇协调发展。按照把郑州建成区域性中心城市的目标,加快郑东新区开发,搞好现有城区改造,建设一批重点基础设施项目和生态工程。着力推进中原城市群发展,培育支柱产业,突出城市特色,提高城市品位,实现功能互补。进一步加大对26个重点县(市、区)和117个重点镇的扶持力度。大力加强县(市)、镇基础设施和公用设施建设,抓好旧城改造和城市新区建设,完善城镇功能,增强产业支撑,加快户籍管理及配套制度改革,引导和促进农村人口向城镇转移。

湖北省投资建设情况

湖北省发展计划委员会主任　李宗柏

2002年，湖北省投资领域紧紧围绕省委、省政府确定的全年经济发展总体目标，认真贯彻落实中央关于扩大内需、促进经济发展的有关精神，继续抓住国家实施积极财政政策的机遇，积极争取国家投资，加强基础设施建设，大力调整投资结构，全省投资建设实现了稳步健康增长。

一、2002年固定资产投资建设情况

2002年，湖北省全社会固定资产投资累计完成1695.22亿元，比上年同期增长9.2%。其中基本建设投资完成751.73亿元，增长10%；技术改造投资完成308.45亿元，增长9.1%；房地产投资完成178.64亿元，增长18.1%。总体上看，全省投资在总量上保持了稳步增长，具体呈现以下特点：

（一）国债项目对投资增长的拉动作用明显，重点建设项目进展顺利

2002年，全省按照国家关于年底确保绝大多数在建国债项目建成收尾的要求，采取了一系列加快国债项目建设进度、保证工程建设质量的措施，全省国债项目建设进展顺利，全年全省签订目标责任书的177个大型国债项目累计完成投资448.8亿元，占总投资的96.1%，国债项目完成投资对全省固定资产投资的稳定增长起到了积极的推动作用。

2002年湖北省重点建设项目到位资金和实际完成投资均好于上年。全省36个重点建设项目，年计划投资297.2亿元，全年实际完成投资312.28亿元，占全省基本建设投资额的41.4%。其中武汉江堤加固工程、黄广大堤加固工程、长荆铁路、京珠国道主干线湖北南段、荆沙长江公路大桥、鄂黄长江公路大桥、宜昌至利川二级公路改造、湖北剧场改造工程等一批项目在年内顺利建成投入使用。在一大批重大基础设施项目的有力拉动下，2002年湖北省新增发电机组容量12.22万千瓦，新建公路460.47公里，改建公路1162.53公里，新增城市自来水日供水能力41万吨，重点项目建设对全省投资增长起到了重要的支撑作用。

（二）水利、电力等基础设施投资稳步增长，高技术行业投资力度不断加大

2002年，在国家积极财政政策的有力推动下，湖北省水利、电力等基础设施建设持续保持了稳步增长。全年国有单位水利工程完成投资64.6亿元，比上年增长113.9%，电力工程完成投资265.53亿元，增长6.9%。此外，随着国民经济信息化进程的加快和以"武汉·中国光谷"为重点的一批高科技项目建设的稳步推进，全省高技术行业投资也持续保持了较高的增长幅度。

（三）资金到位情况良好，为全省投资增长提供了保证

2002年，全省累计资金到位比上年增长22%，其中国家预算内资金到位增长19.3%，国内贷款到位增长22.1%。这一情况表明，国家围绕国债项目建设收尾，加快了资金拨付力度，同时，湖北省在项目建设过程中，通过积极争取国家国债资金，优化了资金配置方案，增强了各家银行投资湖北省重点项目建设的信心，加大了银行贷款资金的投放力度，形成了倍增效应。

总体上看，2002年湖北省投资保持了平稳的运行态势，但从投资增长的后劲及增长的机制等方面来看，全省投资领域中仍存在一些问题。一是1998年以来，湖北省争取的国债项目大部分已经在2002年内建成，这部分项目结转到2003年的工作量将大幅下降，全省基础设施行业投资增长的压力加大。二是投资结构调整的任务依然十分艰巨。2002年，湖北省技术改造投资虽然呈现出相对较快的恢复性增长，但与全国平均水平相比仍有一定的差距。湖北省是全国重要的老工业基地之一，传统产业比重大，对技术改造有着巨大的潜在需求，但从目前技术改造投资的运行走势看，一方面存在较大需求，而另一方面技术改造投资仍相对不足，两者形成了较大的反差。三是全省各市州投资增长不平衡，一些重点市投资增幅不稳定，变动较大，给未来全省投资的稳定增长带来了不确定因素。

二、2003年固定资产投资建设展望

(一) 2003年全社会固定资产投资计划

从宏观经济环境看，经过几年来积极的宏观调控实践，中国已基本取得了在供大于求主导趋势下进行宏观经济调控的成功经验，经济发展扭转了增幅持续下降的局面，保持了平稳的发展势头。同时，近几年来出台扩大内需的各项宏观经济政策和改革措施，将对2003年经济发展继续发挥积极作用。按照湖北省"十五"国民经济和社会发展规划关于固定资产投资年均增长9%的总体规划以及保证满足全省2003年经济增长8.5%预期目标的需要，在汉江遥堤、清江水布垭水电站、蒲圻电厂、襄樊至荆州高速公路、汉十高速公路孝感至襄樊段等一大批重大基础设施项目建设的支撑下，2003年湖北省固定资产投资有望继续保持稳定快速增长。但由于湖北省投资稳定增长的内在机制还未最终形成，2003年保持投资稳定增长的难度也进一步增大。一是目前市场总体物价水平继续走低，面向市场的机会不多，通货紧缩的趋势在短期内难以扭转，企业投资，特别的企业技术改造的信心不足。湖北省技术改造投资

占全省固定资产投资的比重与湖北省产业结构的现状不相适应,技术改造投资力度有待进一步加强。二是湖北省投资增长呈现出对国债投资的高依赖性特点,集体、个体投资增速始终低于国有投资增速,投资增长主要依靠国有投资,特别是国债投资拉动的格局仍没有根本改变。三是湖北省地方财政比较困难。近几年来,为确保国债项目建设,各地连续为国债项目配套,加之目前农村正在进行税费改革,筹资难度非常大。四是2002年全省投资保持了持续较快的增长,投资增长基数增大,2003年投资继续保持稳定增长的难度进一步增大。因此,对2003年投资增长的过高估计预计也难以实现,在投资安排上,应留有余地,为改革和发展提供较为宽松的环境。初步安排,2003年湖北省全社会固定资产投资计划1848亿元,增长9%以上,投资率34%左右。

(二)2003年大中型重点建设项目安排情况

2003年湖北省列入续建和收尾的大中型重点建设计划的项目共43个,其中中央项目4个,地方项目39个。

农业方面有3个项目,2003年年度计划投资3.1亿元,主要是汉江遥堤、宜昌枝江上百里州江堤除险加固、孝感市优质稻米生产基地建设等项目。

交通方面有13个项目,2003年年度计划投资67亿元,主要是襄樊至荆州高速公路、汉十高速公路孝感至襄樊段、武汉绕城公路东北段、巴东长江公路大桥、荆门至宜昌高速公路黄石山南铁路、武九线扩能提速工程等项目。

能源方面有18个项目,2003年年度计划投资207.9亿元,主要有长江三峡水利枢纽工程、清江水布垭水电站、宣恩洞坪电站、县城网改造、忠武天然气管线工程、城市天然气管网等项目。

工业方面有3个项目,2003年年度计划投资15.1亿元,主要有武钢第二热扎带钢厂、大峪口矿肥结合启动工程等项目。

科技方面有2个项目,2003年年度计划投资1.2亿元,主要有湖北省化学研究所光纤缆阻水材料和光纤涂料产业化示范工程、湖北八峰药化股份有限公司药用L—型氨基酸系列产品高技术产业化示范工程等项目。

社会发展方面有3个项目,2003年年度计划投资1.45亿元,主要有湖北省博物馆扩建工程、湖北大学图书馆、孝感学院扩建工程等项目。

城市基础设施建设方面有1个项目,2003年年度计划投资8亿元,主要是武汉市轻轨交通一号线二期工程项目。

列入湖北省2003年基本建设拟新开工大中型项目计划共101个项目,总投资439亿元,2003年年度计划投资139亿元,主要有洞庭湖四河堤防工程、汉江中下游干堤综合治理工程、三峡库区小城镇污水处理厂、宜昌沙河污水处理厂、宜昌磷矿矿肥结合工程、武汉阳逻长江公路大桥、武汉天兴州公路铁路两用长江大桥、汉江航运建设二期工程、南漳峡口水电站、保康寺坪水电站、九宫山风力发电场、武汉长江隧道工程、武汉轻轨1号线二期工程等项目。

三、2003年投资建设拟采取的主要政策措施

(一)加快推进项目的前期工作进程,力争新开工建设一批重大项目

新开工建设一批重大项目是确保2003年投资建设增长的关键。2003年将集中一定的人力和财力,组织专门班子,制定目标,有步骤、有计划、有重点地推进重大项目的前期工作。一是对符合国家投资方向和投资政策的项目,加强与国家的衔接,同时,省直各有关行业主管部门要积极主动做好协调配合工作,在认真选好项目的基础上,抓紧完成各项审批程序,尽快使项目前期工作达到国家要求的标准,为争取国家投资,尽快开工建设创造条件。二是按照“十五”计划的要求,加快推进一批对促进湖北省经济发展、有效提升综合竞争力、切实改善人民生活生产条件的项目的前期工作,特别是要体现结构调整的要求,在继续抓好基础设施建设项目的同时,加强对第二产业投资项目和第三产业投资项目的储备,切实把“十五”计划落到实处。三是认真做好落实项目建设条件的准备工作。在申报项目时,既要考虑争取国家资金,更要注意切实落实好配套资金以及外部各项建设条件,把确保项目建成后发挥效益,带动当地经济和社会发展作为根本目的,避免在项目建设中出现“三边”工程、“胡子”工程或在工程质量上出现问题。

(二)积极争取国债投资,继续加强国债及全省重点项目建设,努力保持全省投资稳步增长

2003年国家将继续实行积极的财政政策,增发国债,扩大投资。因此,加强国债项目建设,仍是保持湖北省投资稳步增长的重要方面。围绕国债项目建设,一是加强续建和2002年预安排新开的国债项目2003年年度投资计划的衔接,保证国债项目建设的需要。二是进一步把握政策投向,积极做好2003年国债投资项目的争取工作,力争使更多的项目纳入国家计划。三是在加强资金调度和管理的同时,加强引导,开拓视野,拓宽渠道,研究多途径筹措地方配套资金的方案并切实抓好落实。同时,积极引导各地和各项目建设单位加强与银行之间的协调,加大招商引资的力度,千方百计争取内外资金投入,努力将地方承诺的配套资金落实到位,确保国债项目建设的顺利实施。四是继续加强全省重点建设项目的组织实施工作,加强部门间协调,努力为项目建设创造良好的环境,保证重点项目建设对全省投资的有效支撑。

(三)进一步严格基本建设程序,切实加强政府财政性资金投资项目的全过程管理

在这方面,一是加强项目审批环节的管理。今后对所有利用国家及省财政性资金进行建设的项目,原则上必须由省级以上计划部门进行审批。对于总投资规模较小的贫困山区申请的投资补助项目,必须是市州级以上计划部门审批的项目。对主要使用财政性资金建设的项目,原则上不得超概算,否则,应重新办理审批手续。二是加强项目建设实施环节的管理。根据国家招投标法以及有关配套规章的的规定,按照国家计委有关《建设项目可行性研究报告增加招标内容以及核准事项暂行规

定》的要求，在项目可行性研究报告的审批阶段，认真做好项目建设招投标方案的核准工作。对没有在可研报告中增加招标内容的，计划部门不予审批可研报告。此外，要加强对项目招标情况的监督检查、稽察，对没有按照计划部门核准方式实施招投标的，一律不为其申报国家或安排省财政性资金；凡国家和省安排国债资金或财政预算资金的项目，必须向计划部门申报招投标方案并经审定或核准后方可转发国家资金或安排省统筹资金。三是严格实行竣工验收和后评价制度。凡列入省考核的重点项目和安排有国债以及国家或省安排有预算资金内的基本建设项目，未经竣工验收不得投产交付使用。同时开展建设项目后评价工作，及时总结建设经验，改善项目管理。四是加强建设项目的审计，严格控制投资，严格按批准的设计施工，杜绝建设项目实施中的随意性和资金流失及损失浪费等不良现象的发生。五是加强对项目建设实施过程的监督，加大检查和稽察力度，及时发现并严肃查处项目建设过程中的各种违规或违法行为，确保项目建设的顺利实施。

（四）加大技术改造力度，加快技术创新步伐，促进全省产业结构的优化升级

一是认真做好湖北省重点技改项目筛选及组织实施工作，选准项目，选好项目，进一步加大技术改造投资力度。重点是以市场需求为导向，加快利用高新技术嫁接、改造和提高机电、纺织、轻工等传统产业，大力推进节能降耗、综合利用和提高环保效益的新技术，加快淘汰落后工艺和生产设备，向深加工、精加工、低消耗方面拓展，增加科技含量，提高产品的质量和档次。通过技术进步实现重点行业、重点企业的技术升级，逐步建立一批全国行业排头兵。二是围绕国家实施积极财政政策，在抓好装备本地化、林浆纸一体化、医疗器材和农副产品深加工等几个专项的同时，抓紧研究提出适应工业结构调整需要和扩大就业等方面的新专项，努力寻求新的突破口。三是加快高新技术产业化步伐。继续抓住国家加大高新技术产业投入的有利时机，立足已有优势，强化湖北特色，重点是以加强“武汉·中国光谷”建设为重点，组织一批能够增强基地集群能力、对产业发展有着重要带动作用，技术含量和附加值高、市场前景好、效益显著、关联度大、带动性强的高技术产业化项目，通过整合优势资源，加速推进产业化步伐，力争把基地建设成一个以若干主导企业为核心，上下游企业相对集聚，具有产业整体优势和产业规模的光电子产业发展体系，从而尽快形成湖北省高新技术产业发展的核心支撑。

（五）采取切实有效措施，努力改善投资环境，积极吸引更多资金参与全省投资建设

一是继续改善政策环境。要下大力清理部门的多层执法和多头执法以及重复收费等问题，坚决制止各种乱收费、乱摊派和乱罚款等现象，在登记注册、土地使用、进出口、工商管理、上市融资等方面对各类投资主体一视同仁。二是改善服务环境。进一步简化审批程序，提高办事效率，同时定期发布产业投资政策及重大项目建设信息，积极吸引银行和内、外资参与湖北省投资建设。三是建立并完善信用制度，强化社会信用基础。鼓励银行和信誉好的企业签订银企使用协议，提供一定授信额度，在授信范围内简化贷款手续和贷款担保手续，对于实力雄厚、信誉好的企业，发放信用贷款。四是切实抓好鼓励民间投资政策的落实。加快制定对民间投资的行业开放政策，进一步明确和细化民间投资进入的领域，同时积极探索通过发行项目建设债券等多种形式，切实解决好聚集民间资本参与投资建设的渠道问题。涉及民间投资领域的主管部门要尽快拿出具体贯彻省政府关于启动民间投资的具体政策与具体实施办法，减少行业垄断、地域限制和政策控制，为民间投资创造一个宽松良好的外部环境。五是积极适应加入 WTO 以后的新形势，充分发挥大公司、大项目的带动作用，提高湖北省利用外资质量。同时要积极吸引国外中小企业来湖北省投资，对于能够发挥湖北省比较优势的劳动密集型项目，出口加工类项目、仍要予以推进。同时还要积极鼓励省内企业在省内省外，特别是西部地区进行投资，通过促进投资资本的合理流动，最大限度地提高投资效率。

（六）继续积极推进投融资体制改革进程

目前国家确定的投融资体制改革目标是：按照“谁投资、谁决策、谁受益、谁承担风险”的原则，减少对企业投资的行政审批，落实企业投资自主权；合理界定政府投资职能，改革政府投资运作方式，规范政府投资的监督与管理；拓宽融资渠道，完善融资体系，规范融资方式，防范金融风险；培育投融资中介服务组织，加强行业自律，推进公平竞争，提高中介服务质量；加强政策和信息引导，规范投融资监管，完善宏观调控；逐步形成投资主体自主决策、银行独立审贷、融资方式多样、中介服务规范、政府宏观调控有力的新型投融资体制。通过进一步深化改革，从而把投资决策权交给投资者，把贷款的决定权交给银行。对确需政府审批的重大建设项目，尽可能简化审批程序，提高工作效率。政府主要采取经济和法律手续对投资总量和结构进行调控和引导，不干预企业的投资决策和银行的贷款行为。政府财政性投资划分为公共事业投资和产业开发投资。公共事业投资将用于政权建设、文化卫生、基础教育、环境保护等非经营性公益事业的建设。对这部分投资安排的项目，政府投资管理部门将进一步强化规范管理，提高投资效益。而政府产业开发投资将用于具有经营性质的公共基础设施和需要扶持的支柱产业、新兴产业，主要用于国家重点建设项目。政府调控投资的范围将由调控国有单位投资扩大到调控全社会投资。因此，2003 年湖北省在加大推进行政审批制度改革进程，加大简政放权力度的同时，将抓紧研究制定湖北省政府投资项目管理办法，通过加强和规范对政府投资项目的管理，进一步严格对政府财政性资金的监管，从而达到最大限度发挥政府投资效益的目的。

湖南省投资建设情况

湖南省发展计划委员会副主任 袁乾培

2002年,湖南省认真贯彻落实中央精神,按照省委、省政府的部署,紧紧围绕促进工业化、城镇化和农业产业化进程,继续把投资作为推动经济社会发展、全面建设小康社会的重要措施来抓,加大了重点行业、重点企业、重点产品和重大项目的投入和建设,进一步调整和优化投资结构,提高投资效益,促进了国民经济持续、快速、健康发展。

一、2002年投资完成情况

2002年湖南省全社会固定资产投资计划1330亿元,增长11%;实际完成投资1355.9亿元,同比增长12%,比计划提高1个百分点。其中,国有及其他投资914.1亿元,增长18.2%;集体和个体投资441.8亿元,增长7.5%。

40个省级重点项目,完成投资280亿元。湘潭至邵阳高速公路、临湘至长沙高速公路、永州至蓝山南风坳公路、26个国储粮库、黄花机场专用道等重点项目均建成或基本建成。390个在建国债项目,总投资1090.7亿元,至2002年底累计完成885.4亿元,占81.2%。其中171个签约国债项目,总投资479.7亿元,至2002年底累计完成465亿元,占97%,超额完成95%的计划目标。

2002年湖南省投资运行的主要特点:

1. 各类投资均保持较快增长,投资效益显著提高。基建投资完成535.3亿元,增长12.3%;技改投资完成228亿元,增长15%;房地产开发投资完成150.9亿元,增长40.5%。2002年全省固定资产交付使用率达到75.8%,比上年提高29个百分点。

2. 一二产业投资特别是制造业投资保持较快增长。三次产业投资继续保持较快增长。其中,第一产业投资6.38亿元,增长41.8%;第二产业投资181.1亿元,增长23%,这中间制造业投资220.8亿元,增长42.8%,增幅高于上年同期4.6个百分点;第三产业投资478.2亿元,增长3%。

3. 银行贷款和外资增长迅速。全社会投资来源中,国家预算内投资91.2亿元;银行贷款211.1亿元;利用外资44亿元,增长50.4%;自筹资金853亿元,增长12.6%;其他资金150.7亿元,增长23%。

4. 启动非国有投资取得明显进展。全年全省完成国有投资675.2亿元,增长9%;非国有投资680.7亿元,增长15%,在全社会投资中所占比重为50.2%,高于上年1.1个百分点。

二、2002年投资重点和主要建设成就

(一)进一步加大了农林水利设施投入

围绕提高农业质量和效益,实现农业可持续发展,2002年全省完成农林水利投资42.5亿元,重点组织实施了洞庭湖二期治理、河湖疏浚、四水治理、城市防洪、大中型水库除险加固、灌区配套建设、退耕还林、扶贫以工代赈、气象雷达,以及粮棉生产基地等项目的建设。2002年全省新增有效灌溉面积56.3万亩,防渗、加固、新修、培护堤防400公里,治理水土流失220平方公里,治理大中型病险水库40余座,解决人畜饮水近100万人。

(二)继续加强了能源、交通、城建基础设施建设

能源方面,围绕建设完善稳定的能源保障体系,2002年完成电力投资94.7亿元,重点建设了鲤鱼江电厂、洪江水电站、碗米坡水电站、耒阳电厂二期、株洲电厂技改、凤滩电站扩机等工程;加强了湖南电网等主网输电网架和农网改造二期扫尾工程,加快启动了县城电网改造工程。2002年新增电力装机16.1万千瓦,达到1111万千瓦;全年发电量425.5亿千瓦小时,增长10.7%。交通方面,围绕构筑便捷的综合交通体系,2002年完成投资151亿元,重点加快了洛湛铁路湖南段与渝怀铁路湖南段、常张路、衡枣路、县际公路和县乡公路、株洲航电枢纽、常德至鲇鱼口航运工程建设,开工建设了邵怀路、衡阳绕城高速公路和黄花机场国际到达厅改扩建工程。2002年新建公路811.3公里,公路总里程达到8.5万公里,内河航道达到1万公里,其中高速公路突破1000公里。城市基础设施方面,围绕改善居民生产生活条件,2002年城建投资完成82亿元,房地产投资完成150.9亿元,重点加强了长沙城市环线、长沙市一污水处理厂、株洲快速环道、娄底市环线、怀化市环线、常德四水厂、湘潭河西污水处理厂等项目的建设。2002年全年新增城市污水处理能力19.5万吨/日,城市自来水普及率达到100%,煤气液化气普及率达到83.2%。

(三)加快发展了工业和高新技术产业

围绕积极引导投资方向,优化投资结构,突出产业重点,增加经济增长发展后劲,2002年工业和高新技术投资完成360亿元,重点扶持了岳阳纸业、LG曙光增资扩建17-19英寸完全平面彩色显示管、华菱薄板、韶峰水泥2号窑改造、巴陵公司煤代油改造、长沙卷烟厂联合工房等重大工业项目,以及长沙国家软件产业基地、金迪化纤4万吨涤纶短纤维、三一集团智能化工程机械转运车等高科技项目的建设。2002年新增生产能力:合成氨8.8万吨/年,化学肥料12.5万吨/年,水泥120.3万吨/年,机制纸10.6万吨/年。

(四)加大了第三产业投资力度

调整房地产开发结构,积极发展经济实用住房,开放住宅

二级市场,限制高档商品楼房建设,以土地控制为源头,调控房地产投资方向。房地产开发产销两旺,全年完成投资150.9亿元,新增住宅面积647万平方米,销售518.2万平方米,空置率比上年下降16.3%。文化、教育、卫生、体育等社会事业加快发展,重点建设了"五城会"场馆、韶山毛泽东陈列馆改造、省青少年科技活动中心、金鹰影视文化城、湖南出版基地二期工程等项目,大力发展社区服务、旅游、金融保险、咨询等新兴服务业。

三、2002年投资工作的主要经验

(一)统一认识,层层落实责任制

省委、省政府就年初确定的投资计划目标多次召开省委常委会、政府常务会进行专门研究,督促贯彻落实。特别是在年中洪涝灾害严峻形势下,召开了全省抗洪救灾电视电话会议、重大建设项目协调会议,一手抓抗洪救灾,一手抓投资,切实保障全年投资任务的完成。各部门和市州也将投资责任目标层层分解落实到县区、项目单位和责任人,明确责任,倒排工期,狠抓工程进度,为超额完成建设任务提供了组织保障。

(二)多方筹集资金,确保项目建设进度需要

各级政府和有关部门通过调整投资结构,压缩非重点项目和新开工项目,确保签约国债项目地方配套资金的落实,重点加大了对贫困县国道连接线、高新技术、农网改造等项目配套资金筹措力度,确保建设需要。配合和协助银行加快项目评估和已承诺资金到位,2002年全省金融机构中长期贷款余额达到995.7亿元,比上年增加195亿元,增长26.4%。全省加大招商引资力度,2002年利用外资44亿元,比上年增长50.6%;引进内资159.1亿元,增长125%。

(三)切实改善投资建设环境,加大非国有投资力度

认真落实国家和省颁布的重点工程、国债项目和非国有投资的各项优惠政策,各部门共同配合,为建设项目提供支持、帮助和指导。进一步简化审批程序,降低市场准入门槛,提高工作效率。依法行政,管理和保护好重点建设项目,对于强买强卖、破坏和干扰建设秩序的行为依法进行打击,保护投资者的合法权益,为非国有投资创造有利的条件。

四、2003年投资建设展望

(一)投资环境分析

2003年湖南省投融资环境将更加规范,同时适度宽松。**积极因素**:一是2003年是党的十六大召开后的第一年,新一届政府将继续积极推进各项改革事业,保持积极和稳健宏观政策的连续性,为适度快速经济发展创造稳定的大环境,政策方向比较明确。二是加入WTO的积极效应进一步显现,美国经济呈现恢复性增长,亚洲经济全面复苏,将带动世界经济形势趋暖。三是政策环境将进一步宽松和规范。财政政策方面,目前已明确2003年将继续增发长期建设国债1400亿元;金融政策方面,目前利率水平的"底部"迹象,较低的投资资金成本有利于刺激企业的投资积极性,各家金融机构也在为日渐增加的储蓄资本寻求投资项目,贷款积极性较高。投融资体制方面,目前国家正在研究投融资体制改革总体方案、促进非国有投资的政策和政府投资管理办法,将大大改善投资环境,刺激各类投资加快增长。四是房地产、电子信息等行业表现出明显的增长态势,汽车、医药、旅游等一些热点消费的高增长有利于投资的快速增长,不仅会带动产业结构升级,而且将加快相关行业投资的快速增长。五是2003年将陆续开工常张路、邵怀高速公路、凤滩电站扩建、三板溪水电站等一批重大项目,将成为支撑投资增长的骨干力量。**制约因素**:一是国债投向上对于改善农村生产生活、启动消费、扩大就业和再就业等方面投入增加,对投资的拉动作用可能弱于前几年。二是非国有投资增长仍缺乏内在动力,中小企业和个人投资融资困难,投资意愿不明朗,特别是农民收入预期不乐观,对农村个人投资将产生不良影响。三是根据国家有关精神,2003年对房地产、楼堂馆所等项目将加强宏观调控,在银行贷款投放方面可能将趋紧。

(二)投资计划的基本思路和原则

2003年湖南省投资计划工作的基本思路是:认真贯彻党的十六大和中央经济工作会议全面建设小康社会的精神,继续加大固定资产投入,紧紧围绕促进工业化、城镇化和农业产业化进程,进一步调整和优化投资结构,提高投资效益,加大重点行业、重点企业、重点产品和重大项目的建设,促进国民经济持续、快速、健康发展。

2003年投资工作的基本原则:一是在确保在建项目建设的同时,新开工一批重大项目。集中力量,抓好在建项目实施工作,突出抓好重点项目和国债项目的建设。同时做好重大项目前期工作,储备和开发一批重大项目。二是在加强政府投资管理的同时,发挥市场导向作用。把握政府财政性资金投向,加强预算内资金管理。同时对于产业化项目,加强市场运作,做好相关服务工作。三是在改善投资环境的同时,实行依法行政。进一步简化审批程序,严格遵循投资领域的各项法律法规,建立完善有关规章制度。

(三)投资总规模

湖南省2003年全社会固定资产投资计划1518亿元,同比增长12%,比2002年完成额增加150亿元以上。其中,国有及其他投资1033亿元,增长12.8%;集体和个体投资485亿元,增长10.5%。

(四)投资重点和主要工作

2003年的投资重点是在继续加大基础设施建设投入的同时,突出发展工业和高新技术产业,协调发展教育、文化、体育、卫生、广播电视等社会事业。湖南省2003年重点建设项目42个,项目总投资规模948亿元,至2002年底累计完成投资348亿元,2003年计划投资300亿元,其中争取国家支持46亿元,银行贷款86亿元,利用外资23亿元,省内自筹145亿元。主要涉及水利、交通、能源、信息、城建、工业及高新技术产业化和社会发展等行业。计划建成投产或部分建成洪江水电站、鲤鱼江电厂扩建、"五城会"场馆、电网建设与改造、洛湛铁路益永段等

12个项目。计划重点施工常德至张家界高速公路、衡阳至枣木铺高速公路、株洲航电枢纽、洞庭湖综合治理、株洲快速环道、华菱集团技改工程、中石化巴陵煤代油改造等23个项目。计划新开工或争取新开工皂市水利枢纽、邵怀高速公路、青少年科技活动中心、长沙引水和水质环境工程、湖南金鹰影视文化城等7个项目。

2003年投资方面的主要工作：

1. 落实投资工作责任制。将投资按主要行业和市州分解下达到各行业部门和市州县，作为工作目标进行考核，进一步落实到有关建设项目及有关责任领导，保证年度投资计划的完成。

2. 加快国债项目和重大项目建设进度。按照国家要求，进一步统一认识，树立高度的责任心和紧迫感，围绕国债项目和重大项目的各个方面、各个环节加大工作力度。重点加强洞庭湖二期治理、29座大中型病险水库治理、衡枣高速公路、永连路、县到乡公路改造、鲤鱼江电厂、耒阳电厂二期工程、农网改造等项目的组织实施，加大协调和整治环境力度，加强重点项目的检查、督促、考核力度。

3. 努力落实建设资金。加强专项资金和各项地方建设性收入的争取和征收力度。采取有力措施，争取开发银行和商业银行加大贷款支持力度。加强对在建外资项目的调度，确保洪江水电站、湘江流域环境治理等项目外资按计划支付。

4. 抓好重大项目前期工作。重点做好常吉高速公路、邵怀高速公路、长潭西线高速公路、三板溪水电站、天然气城市管网工程等重大项目的开工建设。加快衡炎高速公路、金竹山电厂扩建、京广客运专线长衡段、长沙引水及水质环境工程等项目的前期准备工作。

5. 进一步推进投融资体制改革。借鉴先进做法，对政府投资的公益性项目开展"代建制"试点。稳步推进电力、民航体制改革。通过市场引导、政策扶持，加快城市污水、垃圾处理产业化进程。深化行政审批制度改革，优化投资环境，规范、简化投资审批程序，进一步鼓励和扩大民间投资。

广东省投资建设情况

广东省发展计划委员会

2002年，广东省认真贯彻落实中央对经济工作的各项部署，坚持扩大内需方针，努力开拓市场，经济增长步伐加快。全年国内生产总值完成11769.73亿元，比上年增长11.7%。从三大需求来看，社会消费品零售总额5013.59亿元，增长11.0%；外贸出口总额1184.58亿美元，增长24.1%；全社会固定资产投资3970.69亿元，增长12.3%。投资保持了合理、稳定的增长。

一、2002年固定资产投资回顾

（一）投资规模稳定增长

2002年，广东省加快推进"十五"计划安排的重大项目，掀起了新一轮的基础设施建设高潮，全社会固定资产投资实现了较快增长。全年全社会固定资产投资完成3970.69亿元，比上年增长12.3%，超出年初预期目标4.3个百分点；投资拉动GDP增长3.9个百分点，保持了对经济增长的拉动作用(见表1)。

表1 1998年以来广东省固定资产投资对经济增长的拉动作用

指标名称	1998年	1999年	2000年	2001年	2002年
国内生产总值(亿元)	7919.12	8464.31	9662.23	10556.47	11769.73
国内生产总值增速(%)	10.2	9.5	10.8	9.5	11.7
全社会固定资产投资额(亿元)	2668.13	3027.56	3233.7	3536.41	3970.69
全社会固定资产投资增速(亿元)	16.1	13.5	6.8	9.4	12.3
投资拉动GDP增长(百分点)	5.1	4.6	2.4	3.1	3.9

（二）基建投资实现恢复性增长，一批重大项目建成投产

全年全省完成基建投资1367.23亿元，比上年增长9.9%，虽仍低于全社会投资增速2.4个百分点，但增长情况已是近几年最好水平(见图1)。53个省重点建设项目共完成投资357.39亿元，粤海铁路通道粤境段、广州国际会展中心、珠江钢厂、广州本田汽车有限公司经济型轿车、珠海PTA项目、广肇高速公路、京九铁路复线龙川至东莞段等7个项目竣工投产；广州地铁二号线、京珠高速公路小塘至甘塘段、甘塘至广州段、西江下游肇庆至虎跳门航道、汕梅高速公路等5个项目部分投产。

全年新增高速公路241公里；新(扩)建港口码头泊位12个，年吞吐能力286万吨；发电装机容量165万千瓦；11万伏及以上输电线路长度1768公里，变电设备能力1427万千伏安；城乡电话交换机131万门，新增移动电话441万户，等等。一大

批基础设施项目的建成投产，增强了广东经济发展的后劲。

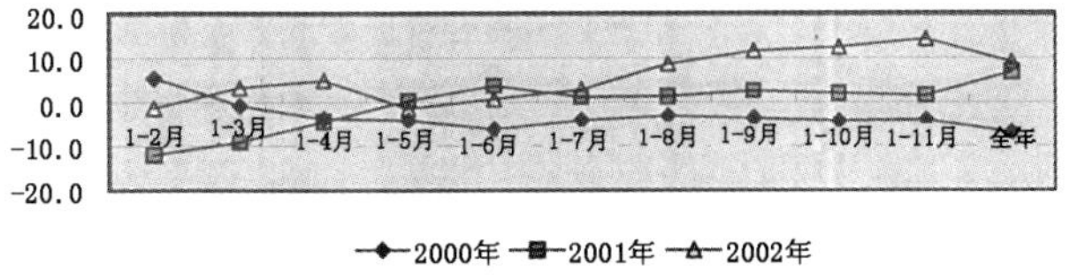

图 1 2000 年至 2002 年广东省基建投资逐月增长情况

（三）第二产业投资增长加快

随着国际和国内经济形势的逐步好转，在民间资金和中小企业比较集中的制造业中，投资逐渐趋于活跃，加上岭澳核电站 2 号机组、深圳妈湾电厂 6 号机组、台山电厂 1、2 号机组、农村电网改造、珠海 PTA 一期、三星科健（中国）移动通信有限公司、广东风华高科基础元器件、惠州中海壳牌石化等重大电力、工业项目的带动，广东省第二产业投资增长较快，尤其是轻工业、化学原料及化学制品制造业、电子及通讯设备制造业等行业投资呈现出可喜的局面。2002 年全省第二产业基建和更改完成投资 781.02 亿元，比上年增长了 35.3%，其中制造业完成投资 449.06 亿元，增长了 33.1%（见表 2）。

（四）房地产开发投资保持快速增长

自 1998 年以来，在国家一系列鼓励住房消费政策的推动下，广东省房地产投资持续快速增长，对带动全社会投资增长起到了积极的作用。在 2000 年和 2001 年基建投资增长乏力的情况下，房地产投资成为带动全省全社会投资增长的主要因素。2002 年广东省房地产开发投资继续快速增长，规模突破 1000 亿元，达到 1115.25 亿元，占全省全社会固定资产投资的比重达到 28.1%；房地产开发投资比上年增长 14.7%（见表 3）。商品房销售面积 2530.81 万平方米，比上年增长 11.2%。

表 2　2000 年至 2002 年广东省基建和更改投资产业结构

	第一产业			第二产业			第三产业		
	投资额（亿元）	比重（%）	增长（%）	投资额（亿元）	比重（%）	增长（%）	投资额（亿元）	比重（%）	增长（%）
2000 年	10.26	0.6	9.1	514.18	32.2	-2.7	1074.63	67.2	0.1
2001年	8.37	0.5	-18.4	577.10	33.4	12.2	1143.26	66.1	6.4
2002 年	7.67	0.4	-8.4	781.02	41.5	35.3	1093.61	58.1	-4.4

表 3　2000 年至 2002 年广东省基建、更改、房地产投资

	基本建设			更新改造			房地产开发		
	投资额（亿元）	比重（%）	增速（%）	投资额（亿元）	比重（%）	增速（%）	投资额（亿元）	比重（%）	增速（%）
2000 年	1163.63	36.0	-6.3	435.44	13.5	18.1	858.61	26.6	20.9
2001 年	1243.72	35.2	6.9	484.66	13.7	11.4	972.34	27.5	13.2
2002年	1367.23	34.4	9.9	515.07	13.0	6.2	1115.25	28.1	14.7

注：各栏比重值为该项占全省全社会投资的比重，下同。

（五）珠江三角洲、粤北山区投资保持较快增长

近几年来，广东省投资不断向珠江三角洲地区聚集，珠江三角洲投资占全省全社会投资的比重不断提高。2002 年珠江三角洲地区占全省全社会投资的比重已达到 74.2%，其中广州、深圳分别占全省全社会投资的 25.2%和 20.1%，而粤东粤西和粤北山区仅分别占 12.5%和 6.9%。虽然这几年省委、省政府加大了对山区开发的扶持力度，粤北山区投资持续快速增长，但是全省全社会投资的增长仍主要依赖于珠江三角洲地区。由于受投资环境的影响，粤东粤西投资自 2000 年以来一直低于全省平均增长水平（见表 4）。

（六）建设资金比较充裕

2002 年全省建设资金到位情况良好。财政预算内资金、自筹资金、国内贷款和利用外资均比上年有较大幅度的增长（见表 5）。

从整体上看，广东省近几年固定资产投资形势较好。但是，和全国及江苏、浙江等省份相比，广东省投资增长速度还较低，投资规模占全国的比重也呈逐年下降的趋势。2002 年，广东省投资增速低于全国平均水平 4.9 个百分点，分别低于山东省、浙江省和江苏省 12.6 个百分点、12.4 个百分点和 4 个百分点。投资增速低于全国平均水平和一些东部沿海省市，虽和广东省投资规模大、增长难度高有关系，但也有投资需求不足、结构调整较慢、民营投资尚未真正启动等方面的原因。

二、2003 年固定资产投资展望

2003 年是贯彻党的十六大精神，全面建设小康社会迈出

表 4 广东省固定资产投资区域结构

	2000年		2001年		2002年	
	比重(%)	增速(%)	比重(%)	增速(%)	比重(%)	增速(%)
全省全社会投资	100.0	6.8	100.0	9.4	100.0	12.5
珠江三角洲	73.1	9.0	73.9	10.5	74.4	13.1
其中:广州	28.6	6.8	27.5	5.3	25.1	3.5
深圳	20.9	8.8	20.3	5.8	20.3	11.8
粤东、粤西	13.1	-1.9	12.8	7.1	12.4	-0.5
粤北山区	6.5	5.5	6.7	14.0	6.8	17.0

注:本表未列不分区部分的投资,因此,各分区比重加总后不等于100%。

表 5 2000 年至 2002 年广东省投资资金来源结构

资金单位:亿元

	国家预算内资金			国内贷款			利用外资			自筹资金			其他资金		
	金额	比重(%)	增长(%)	金额	比重(%)	增长(%)	金额	比重(%)	增长(%)	金额	比重(%)	增长(%)	金额	比重(%)	增长(%)
2000年	54	1.7	-9.5	557	17.2	3.7	340	10.5	7.6	1386	42.9	7.4	897	27.7	8.8
2001 年	56	1.6	3.5	568	16.0	2.0	346	9.8	1.8	1616	45.7	16.6	951	26.9	6.0
2002 年	74	1.8	31.9	677	17.0	19.2	431	10.9	24.5	1766	44.5	9.2	1024	25.8	7.7

新步伐的重要一年。广东省经济发展将继续保持上年的趋势。2003 年全省国内生产总值预期增长 9%左右,全社会固定资产投资预期增长 10%。广东省要继续努力扩大投资需求,保持投资稳定增长,保持投资对经济增长的拉动作用,为经济社会发展创造一个良好的环境。同时,要充分利用目前投资增长比较稳定的有利时机,加快投融资体制改革,加快投资结构调整,提高投资增长的质量。全省将重点推进以下几个方面的工作:

(一)继续深化投融资体制改革

按照市场经济体制的要求,深化投融资体制改革,形成企业自主决策、银行独立审贷、政府宏观调控的新型投融资体制。严格政府财政性投资管理,加强对财政性资金投资项目的审核和监管。扩大企业投资自主权,对限额以下的一般竞争性投资项目,属于国家鼓励类、允许类的,改审批制为登记备案制。建立健全投资信息管理系统,及时发布信息,加强对全社会投资的引导。

(二)促进和引导民间投资

继续推进投资领域开放。按照国民待遇原则,使民间投资与外商投资享受同等待遇。除国家有特殊规定的以外,凡是鼓励和允许外商投资进入的领域,均鼓励和允许民间投资进入;凡是中国政府加入世贸组织时承诺对外商逐步开放的投资领域,争取率先对民间投资开放。在对外商实行优惠政策的投资领域,其优惠政策对民间投资同样适用。打破垄断,促进民间投资进入基础设施和公益事业项目建设。在收益稳定、投资风险小的经营性基础设施项目中,逐渐推广投资主体招标。鼓励和引导民间资本以多种方式,投资于高速公路、桥梁、隧道、港口、公交、停车场、污水处理、垃圾处理等领域。按照产业化发展的要求,尽快改革城市污水、垃圾处理设施的价格机制、经营机制和投融资机制,为民间资本的进入创造有利的体制环境和经营环境。研究、制定国有企业从一些非关系到国计民生行业中的退出机制,鼓励和支持民间资本参与国有企业结构调整,通过参股、入股等方式积极参与国有企业的改组、改造,与国有、集体企业进行各种形式的联营,兴办股份制企业;鼓励民营企业承包、租赁、兼并、购买国有企业。支持民间资本投向一些新的、成长性好的产业领域,特色行业,服务业和农业产业化开发项目。

积极拓宽融资渠道和方式。抓住当前国家允许进行产业投资基金试点以及社会资金充裕的有利时机,发展公司型产业投资基金,聚集民间资金,进行有效投资。推广项目经营权BOT 有偿转让等投资方式,吸引民间企业参与基础设施、公用事业项目建设。支持符合条件的民营企业通过资本市场直接融资,包括上市和发行企业债券。支持符合条件的民间投资项目申请国家高技术产业化资金、外国政府贷款和国际金融组织贷款。

(三)推进城镇化,培育新的投资增长点

城镇化在广东省经济社会发展中具有重要的地位和作用,是全省下一轮发展的载体和突破口。城镇化将带动城镇基础设施、公用事业的建设,带动第二、三产业的发展,有利于形成新的投资增长点。要通过抓好区域规划,明确各个城市的功能定位,处理好与周边城市的关系,发挥各自的优势和突出各自的特色。抓好各类工业小区和开发区建设,用优惠条件引导企业进行聚集,提高建设水平。抓好旧城改造,拆危扩路、整治河道

和城市环境，走城市经营的路子，解决改造旧城的资金问题；加强居民小区建设，提高市民的生活质量。

（四）加快重点项目建设

加快推进“十五”计划安排的重大项目工程进度，开工建设10大重点工程。新开工建设京珠高速公路广珠北段、渝湛线湛江至粤桂交界段、河源至梅州、粤赣高速公路河源至粤赣交界段等一批通往东西两翼和山区的高速公路；新建惠州、深圳东部、深圳前湾等4个LNG电厂及韶关电厂11号机组、台山电厂一期等大型电源项目；建设1个LNG接收站及输气干线项目、4个城市燃气管网项目；建设惠州中海壳牌南海石化和茂名乙烯扩建2个乙烯项目和广石化炼油扩建等炼油项目；开工建设广州本田汽车12万辆至24万辆产能扩建、广州本田轿车出口基地、风神汽车15万辆产能改造3个汽车整车项目和一批汽车零部件项目；开工建设广州地铁三号线、广州至佛山城际轨道交通项目和广州南部地区快速路、深圳深平快速干道；开工建设一批水环境和城市环境综合整治设施；建设60项高技术产业化项目，带动电子信息、新材料、现代中药、生物技术等高技术产业发展；建设一批水利防洪工程；开工建设教育扩招配套项目、广州大学城、省广播电视数字化改造等重大文化、教育项目，形成一批适应广东省经济发展、体现岭南风貌、繁荣广东文化的精神文明设施。积极推进重大项目前期工作，为投资增长储备好一批项目。

（五）促进房地产开发的健康发展

切实加强房地产业的宏观调控，进一步发挥城市规划对房地产建设的先导作用；强化房地产一级土地市场供给调控，从土地供应源头上控制房地产开发规模；规范房地产市场收费行为，促进和搞活房地产二、三级市场；加强对房地产市场的预测和信息引导，促进房地产业的协调稳定发展。

（六）积极有效利用外资

进一步优化投资软环境。建立外商投资企业网上服务系统，为外商提供投资申报的全过程服务。积极稳妥地发展各类产业园区。巩固发展与港澳台的经济合作，积极争取和扩大引进美、日、欧等发达国家的大跨国公司投资，选择重点项目到发达国家进行资金、技术、管理方面的招商。利用国外优惠贷款支持医院、学校、污水处理等公益事业的发展。公布外商投资产业目录，引导外资投向高新技术产业、现代服务业、“三高”农业、海洋产业、基础设施、国有企业改造等重点领域及向东西两翼、山区投资。

广西壮族自治区投资建设情况

广西壮族自治区发展计划委员会副主任 邱祖强

一、2002年全区固定资产投资情况

2002年，广西壮族自治区深入实施西部大开发战略，进一步加强投资和项目工作。坚持用改革和市场办法多渠道筹措建设资金，积极培育多元投资主体，制定了重大项目年度实施方案，组织了四季度百项工程开工，强化对投资运行的分析监控，实现了投资和项目建设的良性互动，投资运行态势好于年初预期，全区固定资产投资规模迅速扩大。全区全社会固定资产投资完成835亿元，比上年增长14.2%，拉动经济增长3.9个百分点，比上年提高0.8个百分点。规模以上投资完成561.92亿元，增长18.3%，其中，基本建设投资完成372.4亿元，增长14.8%；技术改造投资完成105.5亿元，增长21.8%；房地产投资完成74.43亿元，增长33.9%。2002年投资运行主要有以下特点：

1. 基础设施投入继续保持较快增长。全年完成的规模以上投资中，基础设施投资完成312.32亿元，比上年增长14%，所占比重达到55.6%，其中，电力完成投资88.02亿元，同比增长32.8%，水利完成投资26.46亿元，增长85.9%；市政工程完成投资45.81亿元，增长23.5%。

2. 制造业投资摆脱了多年来的低迷状态，实现了较快的恢复性增长。全年制造业完成投资85.13亿元，同比增长65.4%。其中机械工业完成投资增长147.9%，有色金属工业完成投资增长139.4%，水泥工业完成投资增长47.4%。

3. 社会事业建设进一步加强。教育完成投资17.9亿元，增长 7.4%；卫生完成投资增长34.3%。

4. 非国有投资增速加快。非国有单位投资完成159.73亿元，增长35.8%，比国有单位完成投资增幅高23.3个百分点，非国有单位投资占全区规模以上投资的比重由2001年的24.8%提高到2002年的28.4%。

5. 地市投资总体向好。全区14个地市除贺州市、防城港市投资受去年高增长基数影响出现增幅下降外，其它地市投资增幅较大，占投资比重较大的南宁市、柳州市、百色市和北海市增长幅度分别达到了26.9%、78.7%、93.2%和56.4%，各地形成了抓项目建设、促投资增长新热潮。

二、2002年主要投资建设成就

（一）重点项目建设进展顺利

2002年，自治区人民政府批准实施的自治区重点建设项目共113项，其中新开工项目19项，投产和部分投产项目16项，

续建项目40项,重点项目前期工作38项。南宁至友谊关高等级公路、百色至罗村口高速公路,防城港12#泊位、合山电厂改扩建工程、平班水电站、恶滩水电站扩建工程、南宁青秀山景区开发、南宁烟草集团公司制丝线技改工程、上汽五菱汽车股份有限公司新型多功能微型车项目、柳州华锡集团有限责任公司锌锢生产改造工程等17项重点项目按计划开工。广西边境公路、钦州港3万吨级进港航道、南宁市快速环道、天广三回500千伏输变电工程、自治区人民医院门诊大楼等16项重点项目建成投产,龙滩水电站、百色水利枢纽、平果铝氧化铝二期、南宁至坛洛公路等一批在建重点工程进度达到或超过预期目标。广西西江流域治理工程、广西建设国家"西电东送"基地、广西完善西南出海通道、广西优势产业开发、广西社会事业五大类战略性项目前期工作,桂西铝工业基地、中草药一体化、水牛奶业产业化生产基地、林浆纸一体化、沿海石化基地等一批事关全局和长远发展的重大项目前期工作,也取得了实质性进展。全区重点项目全年完成投资165亿元,同比增长27%。

(二)国债项目建设进一步加快

2002年,国家共安排全区国债资金33.05亿元,其中,中央国债30.4亿元,地方国债2.64亿元。全年下达国债项目年度投资计划141.73亿元。2002年国债投资到位资金明显加快,资金到位126.08亿元,同比扩大35.04亿元,形成工作量明显增多,国债项目累计完成投资140.5亿元,同比增长56.5%,国债投资当年拉动经济增长2个百分点,对2002年全区实现经济增长目标起到了至关重要的作用。

(三)基础设施和产业项目建设成就显著

2002年,全区抓住中央实施西部大开发机遇和实施积极财政政策的有利时机,努力扩大投入,集中力量建成了一批水利、交通、能源、市政等基础设施,进一步改善了发展的基础环境,加快工业发展,狠抓企业技术改造,使一批制糖、冶金、机械、建材等产业项目建成投入使用。一是加快以水利为重点的农业基础设施建设,提高了农业减灾抗灾能力。全区新增造林面积59.63万亩,增加有效灌溉面积48.05万亩,建成城市防洪堤36.55公里。二是继续完善以主干公路、国铁、沿海港口及航道为重点的西南出海通道建设,进一步优化了全区路网结构。全区新建公路2426.67公里,其中一级公路18.24公里,二级公路205.71公里,改建公路2121.74公里;新增年吞吐量70万吨。三是加强"西电东送"电源项目和通道电网及区内主电网建设,提高了供电能力。新增发电装机容量8.09万千瓦,其中水电6.09万千瓦;新增11万伏及以上输电线路713.61公里,优化了电网结构。四是加快以中心城市和新设地级市为重点的城市基础设施建设,提高了城市基础设施的承载能力。扩建城市道路69.89公里,新增城市自来水日供水能力18.95万吨。五是促进了教育、卫生等社会事业的发展。新增教学设施建筑面积68.5万平方米,增加医院病床1289张。六是加大产业项目投入力度,加快了工业产业结构调整。新增年炼钢能力11万吨,氧化铝年生产能力5万吨,水泥年生产能力70.3万吨,机制糖年生产能力20.7万吨,汽车年生产能力8.64万辆,机制纸年生产能力19万吨。

三、2002年投资工作的主要做法及存在问题

2002年全区投资能够保持较快增长,主要是全区上下坚持用改革和市场的办法抓投资和项目工作,加快培育和引进了投资主体,深化投资体制改革,放宽市场准入,扩大社会投资,加强项目和投资分析监控,抓住机遇,大力争取国家投资,促进了全区投资增长。主要抓了几项工作:

(一)加快培育和引进投资主体

2002年自治区把加快培育和引进投资主体,建立多元化投融资体系作为重要工作来抓,通过加大政策落实力度,不断改善投资环境。一批国外大公司相继来全区考察、洽谈投资,全年全区利用外资7.2亿美元;实施"百企入桂"战略,主动迎接东部沿海发达地区产业转移,引进一批国内大集团和民营企业到全区合作开发项目,全年实施经济技术合作项目1000多项,吸引了广东佛塑、四川通威、浙江东方等国内知名企业到全区投资,引进外来投资70亿元左右。这对全区进一步加强与西南、华南经济区的联系,扩大投资规模,增加经济总量起到了十分重要的作用。

(二)大力鼓励和引导非国有投资

制定颁布了《广西壮族自治区关于贯彻实施国务院西部大开发政策措施的若干规定》、《广西壮族自治区关于加快全区工业发展的若干规定》、《广西壮族自治区关于加快城镇发展的若干规定》和《广西壮族自治区鼓励非国有单位投资若干政策》,从投资领域、市场准入、土地、融资、税收、权益保护、项目审批、改进服务等方面提出了鼓励引导非国有投资的具体规定。如规定除关系到国计民生和国家安全以及法律法规禁止的领域外,其他领域都向非国有投资开放;境内非国有投资与国有投资不分地域、不分系统、不分行业、不分产业,享受同等政策待遇等,为非国有经济投资创造公平、公正、公开的竞争环境。这些改革措施的贯彻落实,极大地调动了非国有投资主体的积极性。

(三)大力争取国家投资

抓住国家增发国债、实施西部大开发的机遇,大力争取国家投资,带动地方、企业和银行贷款投入。2002年,全区筛选、上报了一批农林水利、城市基础设施、电力、交通、旅游、教育、高技术、市场建设等项目,争取到国家资金投入51.44亿元,其中,国债资金33亿元,中央专项资金18.4亿元。在国债资金等国家投资有力支持下,全区集中力量建成了一大批基础设施、城市市政工程、生态和环保等重大项目,办成了一些全区多年想办而没有办成的大事,以国债资金为重点的政府性投资有力拉动了全区投资增长。

(四)深化投资项目审批制度改革,改善投资软环境

为全面贯彻落实《国务院关于实施西部大开发若干政策措施的通知》(国发 [2000]33号)、《国务院办厅转发国务院西部开发办关于西部大开发若干政策措施实施意见的通知》(国办发[2001]73号)的有关精神,自治区人民政府制定了《广西壮族自治区关于贯彻实施国务院西部大开发政策措施若干规定》,并

于2002年起正式实施。自治区发展计划委员根据这个规定,制定出台了《广西壮族自治区基本建设投资项目登记备案暂行办法》,于2月底开始实施登记备案制。这是全区为实施西部大开发和适应中国加入世贸组织的新形势要求采取的重大措施,有利于进一步转变政府职能和落实企业投资自主权。《暂行办法》规定,对不使用中央政府投资和自治区政府投资,国家产业政策鼓励发展,符合自治区发展规划,自治区审批权限内的部分基本建设项目,自治区发展计划委员会取消审批(外商投资项目和国家另有规定的项目除外),实行登记备案制,范围包括部分城市基础设施建设、农林水利、社会事业、房地产开发、商贸设施、交通、邮电通信、工业、高技术、自治区直属企事业单位自有资金建设的办公和业务用房等项目,以及不需要政府审批的自治区直属部门、单位、企业的其它项目。同时对办理登记备案的职责分工、办理程序、办理时限、协调和催办等作出了明确规定,规范和公开、透明了办事程序,方便了投资者。截至2002年底,在自治区计委进行登记备案的项目已有370项,对进一步改善全区投资环境,促进全区投资增长和经济发展,起到了积极的推动作用。

和项目建设中也存在一些困难和问题,主要是投资增长主要还是依赖政府投入,社会投资持续稳定增长的内在机制尚未形成;培育和引进投资主体有待进一步加强;区内投资环境有待进一步改善,民间投资尚未较大规模启动,投资体制仍不能很好适应市场经济的要求,投融资工作面临新的挑战。

四、2003年投资建设展望

2003年全区全社会固定资产投资计划总规模预期为935亿元,增长12%,其中,基本建设投资426亿元,增长13.5%;技术改造投资122亿元,增长16%;房地产投资80亿元,增长15%。根据自治区经济工作的部署,要把投资结构调整与经济结构调整紧密结合起来,充分发挥市场配置投资资源的基础性作用,重点支持政府主导、引导和鼓励发展的基础设施、产业开发和社会公益三大类项目,按照"新开一批、续建一批、投产一批、储备一批"的工作要求,优化投资结构,扩大投资总量,促进经济增长。

1. 积极培育多元投资主体。培育壮大以企业为主的多元投资主体,从根本上解决全区建设资金筹措和建设机制创新问题。一方面,要努力创造良好的市场环境,促进和鼓励区内企业进行资本集中,加快在制糖、汽车、机械制造、市政建设等领域组建企业集团。另方面,要依托区位、资源和政策优势,在铝资源开发、红水河流域水电开发、林浆纸一体化产业、沿海石化基地、西南出海通道等领域,大力引进国内外具有实力的投资主体,加快实现由现阶段全区投资主体以政府财政、国有企业投资为主,向股份企业、民营企业、个体私营企业、外资企业、合资企业等多元化投资主体转变。

2. 力争实现利用外资突破性进展。要进一步发挥全区的区位优势和资源优势,努力扩大利用外资规模。积极探索利用外商投资的新途径,打算在电厂、供水、污水和垃圾处理、港口、公路和桥梁等基础设施和城市建设领域中,选择具备条件的项目采用国际招标方式引入境外投资者;合理借用国外贷款,利用国家提高对西部地区国外贷款安排比例和加大国外贷款项目国内配套资金支持力度的有力时机,积极争取借用国外贷款特别是国际金融组织贷款和日元贷款,重点用于基础设施和西部人才培养等社会公益性项目;加快培育以专业招商中介机构为主的多种引资主体;充分发挥全区各开发区和工业园区优势,按照国家《指导外商投资方向的规定》和《外商投资产业指导目录》,鼓励外商投向全区农业、交通、能源、重要原材料、旅游、高新技术和环保领域。

3. 加快投资体制改革。进一步深化审批制度改革,按照"谁投资、谁决策、谁受益、谁承担风险"的原则,落实企业投资自主权,对企业不使用政府投资的项目,除重大项目和限制类项目外全部取消审批,完善备案制;合理界定政府投资范围,理顺管理体制,规范投资行为,减少审批环节,建立健全监督和责任追究制;拓宽融资渠道,完善融资体系,加强信用建设,防范金融风险;培育投融资中介服务组织,加强行业自律,促进公平竞争,提高服务质量;健全投融资宏观调控体系,改进调控方式,完善调控手段,加强投资监管。最终建立起投资主体自主决策,融资方式多样、中介服务规范、政府调控有效的新型投融资体制。

海南省投资建设情况

海南省副省长 刘琦

一、2002年投资建设的主要成就

2002年,海南省认真贯彻党中央、国务院关于经济工作的一系列方针政策,继续抓住国家实施积极财政政策和稳健货币政策的机遇,突出抓好国债项目、加大投资力度、调整投资结构、深化投融资体制改革、改善和优化投资环境等工作,全省国民经济保持良好的发展态势,投资规模稳步增长。2002年全省全社会固定资产投资完成225.77亿元,比上年增长9.37%。其中,基本建设投资完成149.73亿元,增长14.18%;更新改造投资完成12.83亿元,减少15.76%;房地产开发投资完成20.11亿元,增长17.53%。城镇集体及国有其他投资完成7.35亿元,增长1.16%;城乡个人投资完成30.52亿元,减少0.07%。

(一)投资建设促进了经济的快速发展

投资作为拉动经济发展的"三驾马车"之一,有效地促进了当地的消费需求,带动了相关产业的生产,抵补了2002年海南省净出口的减少,对促进全省国民经济的发展发挥了重要的作用。2002年海南省全年完成国内生产总值624.89亿元,按可比价计算,比上年增长9.3%。经测算,2002年全省全社会固定资产投资对GDP增长的贡献率为33.24%,拉动海南省GDP增长3.1个百分点。

(二)建成一批重大项目

2002年海南省共安排重点项目28个,在建规模214.57亿元。全年重点项目投资完成61.94亿元,占投资总额的27.44%。海文高速公路、农村电网改造一期工程、三亚喜来登酒店、粤海铁路通道湛海线、联通通信网络、高速公路改造、琼州大桥等项目建成或竣工。东方1-1天然气田、海口美舍河整治工程,亚洲论坛会议中心、美视海口生态旅游中心、东线高速公路博鳌出口路、海口庆龄大道回头线工程、海口世纪大桥、热带海洋世界二期、三亚六道湾渔港等重点项目工程建设进展顺利。

(三)经济实力增强,新增一批生产能力

2002年全省投资建设增加了一批新的生产能力,主要有:新增输电线路长度143公里,新建铁路主线交付运营里程170公里,新(扩)建港口码头泊位9个(年吞吐量120万吨),移动电话3000部/年,新建高速公路20公里,改建公路72公里,造林2.26万公顷,增加有效灌溉面积0.46万公顷,商业石油库20万立方米,宾馆、旅馆等客房960间,城市自来水供水能力20万吨/日,城市道路扩建长度17.35公里,城市道路扩建面积56.95平方米,购置飞机6架,长途电缆线路长度245公里。

(四)国债项目建设成就显著,提高城乡居民的生活质量

1998年-2002年国家财政部下达海南省国债资金共57.01亿元,投资建设417个项目。其中182个项目已竣工交付使用,办成了多年想办却苦于资金不足而没有办成的大事。城市基础设施和环境保护方面,建成了海口污水处理厂、三亚污水处理厂、美舍河整治工程、三亚湾路、国兴大道工程(东段)、海口垃圾处理厂及万宁、儋州、东方、琼山、博鳌旅游开发区、洋浦经济开发区等供水工程;农林水利方面,建成了海口防洪堤、东方等五个渔港、春江水库、石碌水库、高坡岭水库、中部山区生态环境建设工程、天然林保护和防护林保护工程、无规定动物疫区、中部地区农村饮水工程;交通、电力方面,建成了东线、西线高速公路、海口机场出口路、农村电网建设与改造(一期),粤海铁路通道工程在抓紧建设、工程进展顺利;旅游方面,建成了三亚南山旅游干道、尖峰岭至天池旅游道路、万宁新梅大道、琼海山牛旅游道路、七仙岭公元基础设施、博鳌旅游区冷热水工程;教育方面,建设了海南大学、琼州大学、华南热作大学等高校的校舍和图书馆、实验大楼等教学设施和改造中小学危房;扶贫方面,重点建设了琼中、五指山、陵水、保亭、屯昌五个国家级重点扶贫市县的农村人畜饮水工程、乡村公路、农田水利等设施。

(五)继续加大优化投资结构、调整投资布局的力度

2002年海南省注重把投资结构调整和经济结构调整结合起来,完善产业投资规划和区域投资规划,加快发展现代工业,走新型工业化道路,进一步明确各地区的重点产业,强化和充分发挥区域优势,促进区域经济布局进一步趋向合理,加强区域之间合作和互动。通过调整和优化投资结构,调整地区生产力布局,促进经济结构的调整,加快海南省发展战略的实施。

从投资区域分布看,2002年北部的海口市、琼山市完成投资93.57亿元。南部的三亚市完成投资19.62亿元,东部的琼海市、文昌市完成投资27.2亿元,西部的儋州市、洋浦经济开发区、东方市完成投资34.21亿元。按产业分,全年第一产业投资增长17.88%;第二产业投资增长6.20%,其中,制造业投资增长11.07%,电力、煤气及水生产供应业投资增长22.29%;第三产业投资增长11.76%,其中,交通、仓储及邮电通信业增长19.54%,社会服务业增长23.55%。可以看出,海口、三亚等上述7市和洋浦经济开发区全年共完成投资174.60亿元,占全省总投资的77.34%。制造业、电力、煤气、供水、交通、仓储及邮电通信业、社会服务业成为当年投资领域的主要亮点。全省区域投资的层次

在2002年里显得更加明晰,产业、行业投资重点显得更加突出。

通过优化投资结构和调整投资布局,逐步形成了北部的海口经济圈重点发展汽车、化纤织造、医药等高科技产业和文化事业,南部的三亚经济圈重点发展热带观光旅游业和国际性的文化娱乐业,东部的琼海经济圈主要发展会展经济业,西部的东方、儋州(含洋浦)经济圈重点发展油气化工、浆纸制造业的良好的区域经济布局;通过"南北带动,两翼推进,发展周边,扶持中间",重点实施生态核心工程,带动中部经济欠发达地区的发展。同时经济结构调整也取得可喜的成绩:工业增加值在2002年首次突破百亿元大关,达到104.54亿元,比上年增长15.9%,比第一产业、第二产业、第三产业的9.1%、12.5%、8.1%分别高出6.8、3.4、7.8个百分点。工业的快速发展有利于拉长海南省的"工业短腿"。

二、2002年投资运行的主要特点

(一)投资规模继续加快增大

当年全省全社会固定资产投资完成225.77亿元,比上年增长9.37%,增幅比1999年的3.7%、2000年的1.75%、2001年的6.71%分别高出5.67、7.62、2.66个百分点,是1998年固定资产投资恢复增长以来增幅最大的一年。1998年固定资产投资增长的主要动因是国家实施积极的财政政策,国债项目的投资拉动了全省固定资产投资的增长,在此基础上出现了1999年、2000年的缓慢增长和2001年的相对较快增长的趋势。2002年的投资增长,除了国债资金项目的投资拉动之外,国内宏观经济形势的逐步走好更是一个重要的因素。

(二)基本建设投资增长有所加快,更新改造投资大幅减少

当年基本建设投资完成149.73亿元,比上年增长14.18%;更新改造投资完成12.83亿元,比上年减少15.76%。更新改造投资的突兀性波动,其主要原因是,2002年的更新改造投资是在前两年更新改造投资持续快速增长的背景下出现的,在一定程度上是上年投资大幅增长的正常回落。此外,海南省的工业发展落后,产品对市场的敏感度小。技改投资需求不足也是一个重要原因。

(三)房地产开发投资继续保持增长态势

2002年全省房地产开发投资完成20.11亿元,比上年增长17.53%。其中商品房建设投资19.28亿元,土地开发投资0.83亿元。按工程用途分,住宅建设投资13.92亿元,其中别墅、高档公寓建设投资6.17亿元,占住宅建设投资的44.32%,比上年的50.49%下跌了6.17个百分点,这说明海南省房地产投资结构受市场需求机制的作用在逐步调整,有趋向合理走向。全年施工面积272.8万平方米,新开工面积73.2万平方米,竣工房屋54.5万平方米。商品房销售面积为76.7万平方米,增长38.05%;商品房销售额为13.73亿元,增长199.91%。

(四)利用外资成绩突出,但资金来源构成变化不大

当年全省全社会固定资产投资利用外资直接投资完成34.72亿元,增长25.86%,占当年投资总额的15.47%,比2001年的13.44%增加了2.03个百分点。外资对当年固定资产投资增长贡献率为37.07%,是当年投资增长重要的推动力之一。由此可以看出,海南省利用外资的宏观环境在不断改善,吸引外资的能力在逐步增强。同时说明,海南省的招商引资工作富有成效,成绩突出。当年投资中,自筹资金114.83亿元,增长率为3.26%,占当年投资总额的50.86%,2001年是53.88%,对当年投资增长的贡献率为18.75%。国内贷款32.24亿元,增长62.38%,占投资总额14.27%,2001年是9.62%,对当年投资增长的贡献率为62.34%。显然,自筹资金仍然是投资资金的第一来源,第二是外资,第三是国内贷款,自筹资金占投资总额的百分比分别比外资、国内贷款高出35.39、36.59个百分点。但是自筹资金的增长率低,占投资总额的比重逐步下降,对投资增长的贡献率不高,低于外资和国内贷款,这说明企业获利能力有待加强,国企改革"滞后"的状况有待改善。此外,国内贷款大幅增长,说明海南省投资增长需要银行信贷的大力支撑,这种情况与海南省企业获利能力较弱有紧密的联系。

三、2002年投资存在的主要问题

(一)投资增速偏小,明显低于全国的平均水平

当年海南省的固定资产投资比上一年增长9.37%,同期全国的固定资产投资增长率是16.1%,比海南省高出6.73个百分点。

(二)城乡个人投资连续两年缓慢减少,成了全省固定资产投资增长的逆向拉动力

2002年、2001年的城乡个人投资与上年相比分别减少0.01%、2.8%。城乡个人投资主要是用于生产性器具购置和住房建设,城乡个人投资的停滞不前甚至缓慢减少,不利于加快改善农村的生产、生活条件和促进农村经济的发展。

(三)中部经济基础较差的市县的固定资产投资规模仍然很小,投资总量没有取得实质性的增长

琼中、定安、保亭、陵水、白沙、五指山、乐东、屯昌八市县当年的固定资产投资完成17.01亿元,仅占海南省同期投资额的7.53%,是海口市同期投资额的20.61%。

四、2003年投资建设展望

世界经济自2001年陷入衰退后,2002年开始从谷底缓慢回升,全年实现低水平的增长。2003年世界经济预计呈恢复发展的态势,但也只能是慢速的、微弱的增长,不确定因素仍然十分明显。预计2003年政策性因素对中国经济发展仍然起主要作用,经济增长尚缺内在动力。因此,在当前和今后的一个时期,海南省要紧紧围绕扩大投资需求开展各项工作。尤其是在面临国际经济增长乏力,消费启动缺乏新亮点,通货紧缩压力尤存等多重困难的背景下,充分发挥投资在经济增长中的作用,积极利用和调动一切积极因素衔接好国家积极的财政政策,保持投资的合理快速增长,对全省经济发展具有至关重要的作用。根据国际国内经济背景分析,结合海南省的自身情况,

2003年海南省固定资产投资预计完成248亿元。其中,基本建设投资163亿元,更新改造投资12亿元,房地产开发投资23亿元,城乡集体、个人及其他投资50亿元。2003年要着重抓好以下几个方面的工作:

(一)积极推进重点项目建设

2003年全省重点建设项目38个,在建规模386.8亿元,至2002年底已完成投资119.82亿元,2003年计划投资99.35亿元。其中,竣工项目19个,项目总投资170.7亿元,2003年计划投资60.7亿元;续建项目9个,项目总投资149.02亿元,2003年计划投资13.94亿元;新开工项目10个,项目总投资67.1亿元,2003年计划投资24.7亿元。要重点抓好以下项目建设:一是加快工业项目投资建设。海洋天然气化肥厂、东方1-1气田、洋浦电厂改造工程争取2003年建成投产。推进洋浦金海木浆厂工程、海汽三期工程总装车间土建工程、16万吨瓶级聚酯切片厂、60万吨甲醇、农村电网改造二期工程、欣龙无纺布二期工程建设。二是加强交通、运输、港口码头等基础设施建设。重点实施粤海铁路通道工程、美兰机场扩建工程、东方-洋浦-海口输气管道工程、东线高速公路博鳌出口路、洋浦港二期工程、三亚国际客运港、琼州大桥、世纪大桥、县乡公路改造工程、中线公路改造工程。三是大力推进生态重点项目建设。主要实施全省退耕还林工程、全省农村人畜饮水工程、农村沼气推广工程。四是加强社会项目建设。主要有:确保博鳌亚洲论坛二期工程竣工投入使用,加快省文化公园建设项目的子项目——省图书馆、三亚爱心大世界主题公园、南山文化旅游区二期工程建设。五是抓好中国联通信息化GSM网络改造、CDMA三期工程、本地传输与接入网三个子项目建设。六是努力推进海南省无规定动物疫区、海南好士墩高科技海洋生物产业化养殖基地、天然芦荟产业化示范工程等农业建设项目的建设。

(二)加强国债项目的管理,促进国债项目的建设

自1998年国家实施积极的财政政策和稳健的货币政策以来,国债项目的建设有力地促进了海南省社会经济的发展。2003年全省重要的投资工作之一是加强国债项目的管理,促进国债项目的建设。

首先是要充分发挥国债资金的杠杆作用,推动海南省固定资产投资总量的增长;切实加强对国债资金项目建设实施的管理,在总结以往国债项目管理经验的基础上,加强对工程质量和进度的监督,认真执行项目建设招标投标制、工程监理制;采取切实措施,进一步降低项目投资风险,重点是加强对各个建设项目配套资金落实情况的检查力度,严格做到配套资金落实到位,项目建设资金无缺口,确保项目建设的顺利进行;提高国债资金的使用效率,加强项目概预算的审查工作,杜绝高估冒算的现象,从严控制项目投资;要加强国债资金的管理和监督,做到专户管理、专款专用。

其次是要加大体制创新力度,对城市供水及污水、垃圾处理设施等能引至社会投资需求的国债建设项目,要大力引进社会投资,填补政府配套资金不足。按照现代企业制度,建立法人治理结构,实行企业化运营,促进产业化发展,增强社会资本投资城市基础设施项目的内生机制,加快城市基础设施建设,推动全省城市化建设。

(三)努力促进房地产业的发展

海南的房地产业跌入低谷以后,2000年前,一直处于以政策为主要导向的处置积压房地产,启动半拉子工程,盘活存量资产阶段,2000年后,才逐渐发展成以市场为主导向的恢复增长期。2001年、2002年全省房地产业发展势头较好。可以预计,随着中国经济的发展以及城市化步伐的加快,加上海南省独特的自然条件日益受到广大消费者的青睐,以市场为导向的房地产投资在2003年里一定会得到进一步的发展。因此,2003年要积极合理地鼓励房地产投资,促进房地产业的发展,为海南省经济发展做出应有的贡献。

(四)继续完善投资区域布局和投资结构调整,发挥区域优势和重点扶持优势产业

按照"一省两地"和优势产业发展思路,下大力气推进油气化工、浆纸制造、汽车、农副产品加工、医药、化纤织造等产业建设,实施大项目推进战略,发展海南省的支柱产业和拳头产品,加大产业结构调整力度,着重解决"两个不合理"、"两个滞后"的问题,促进全省国民经济健康稳定发展。2002年工业增加值达到104.54亿元,其中海汽就贡献了9.95亿元,大项目的带动作用非常突出。预计海南省多年积极优化投资结构、调整生产布局的积累效应将逐步显现。2003年天然气化肥厂、东方1-1气田等项目即将建成投产,油气化工业将会取得跳跃式发展,海汽将实施三期扩建工程,生产规模从目前的年产5万辆增加到8万辆,金海纸浆落户海南,随着这些大项目的建成投产,将有力地促进工业的发展。从经济结构看,更加有力地支持第三产业的发展,提高第三产业的发展水平。加强旅游基础设施建设和生态环境建设,促进全省旅游业的发展。增加农业投资,促进"科技农业"发展。

(五)采取切实措施,促进农村个人投资的快速增长

2002年海南省农村个人投资完成17.80亿元,下跌2.63%。其中生产性器具及其他投资完成投资9.42亿元,下跌2.18%。全年竣工房屋202.34万平方米,下跌10.34%。2002年农村居民人均住房面积20.53平方米,2001年是20.98平方米,减少0.45平方米。由此可见,对农村的个人投资问题应给以更多的关注。农村个人投资减少的主要原因之一是农民的资金不足。因此要千方百计增加农民收入,重点实施以工代赈、农村沼气、退耕还林和天然林保护工程,通过实施以上项目增加农民的就业机会,增加农民收入,同时通过实施以上项目大力改善农村的生活生产条件,全面促进农村社会经济的发展。再是要着重解决农民融资困难的问题,大力推进农村融资体制改革。

(六)改善和优化投资环境

投资环境直接影响到投资成本。改善和优化投资环境,直接有力地降低投资成本,提高社会平均利润率,是市场机制运行的内在要求,是海南省吸纳国内外投资,扩大海南省投资规

模,促进全省社会经济发展的重要手段。我们要坚定不移地做好改善和优化投资环境这篇文章。

1. 改善投资软环境。重点加强投资体制创新,主要是创造各种条件,积极引导社会投资;依法行政,规范政府投资行为。具体是:加强法律法规建设,保护投资者利益;放宽投资领域,扩大社会投资领域,缩小政府投资范围,鼓励和引导社会资本以独资、合资、合作、联营等方式参与经营性的公益事业、基础设施项目的建设;简化审批程序;发布产业政策、行业规划、投资目录等,引导社会投资;完善投资中介服务机构;建立和完善政府的出资人制度;健全政府投资的科学决策制度;完善政府投资的监管制度。其次是转变政府职能和工作作风,提高行政效率;治理市场经济秩序,切实保护知识产权等。

2. 改善投资硬环境。重点是加强基础设施建设。2002 年基础设施的建设取得显著成绩,电力、煤气及水生产供应业投资增长 22.29%,完成了农村电网改造(一期)工程等项目,交通、仓储及邮电通信业增长 19.54%,建成了海文高速公路等项目。2003 要重点建设洋浦电厂改造工程、粤海铁路通道工程、美兰机场扩建工程、东方-洋浦-海口输气管道工程、洋浦港二期工程、县乡公路改造工程、中线公路改造工程;大力改善交通、能源、通信条件,努力推进退耕还林工程和天然林保护工程等生态重点项目建设,促进可持续发展,全面改善海南省的投资硬环境。

重庆市投资建设情况

重庆市市长 王鸿举

一、2002 年固定资产投资情况

2002 年,重庆市进一步贯彻中央扩大内需方针,紧紧抓住实施西部大开发战略、三峡库区开发建设和中国加入 WTO 等重要机遇,抓项目、促发展,加强重点项目建设,全面完成国家下达的国债项目收尾竣工工作目标, 促进全市全社会固定资产投资保持快速增长,达到一个新的水平。投资继续成为拉动经济增长的主动力,为全市 GDP 增长 10.3%,为促进经济社会全面发展做出了贡献。

(一)投资总量达到新的水平,投资结构进一步改善

2002 年重庆市固定资产投资进一步快速增长, 同比增长 24.2%,比 2001 年投资增速提高了 1.9 个百分点。全年固定资产完成投资 995.66 亿元,是直辖前一年的四倍。其中,基本建设完成投资 499.27 亿元,同比增长 39%;更新改造完成投资 158.47 亿元,同比增长 10.3%;房地产开发完成投资 245.91 亿元,同比增长 25%;其他投资完成 92.01 亿元,同比下降 10%。2002 年重庆市固定资产投资有以下特点:

一是三次产业投资同步快速增长,投资结构得到进一步调整。第一产业投资增速最快,全年累计完成投资 47.22 亿元,同比增长 63.5%, 占全市投资总量的比重比 2001 年提高了 1.1 个百分点,达 4.7%;第二产业完成投资 195.68 亿元,同比增长 33.8%,占全市投资总量的 19.7%;第三产业完成投资 752.76 亿元,同比增长 20.1%,占全市投资总量的 75.6%。一、二、三产业投资比例为 5:20:75。

二是交通、工业、房地产开发完成投资占全社会投资总量的六成。交通建设在渝怀铁路、“8 小时重庆”交通工程、贫困县公路、通县油路、江北机场航站区扩建、万州机场等一批重大项目投资带动下,投资继续保持快速增长, 全年完成投资 167.82 亿元, 同比增长 29.8%,占全市投资总量的比重达 16.9%。房地产开发通过进一步规范市场,加大土地供给制度改革,全面清理“四欠”工程,培育住房有效需求,保持了良好发展态势。全年商品房新开工面积 1709.47 万平方米,增长 2.9%,竣工面积 1390.73 万平方米,增长 36.3%,销售面积 1016.58 万平方米, 增长 36.3%, 预售房面积 568.2 万平方米, 增长 79.2%;完成投资 245.91 亿元,增长 25%,占全市投资总量的比重达 24.7%。工业投资在 2001 年恢复性增长基础上,2002 年呈现较好的增长势头,全年完成工业投资 179.15 亿元,增长 31.1%,占全市投资总量的比重比 2001 年提高了 1 个百分点,达 18%。

三是加强了社会文化事业投资。全年完成投资 50.71 亿元,增长 73%, 占全市投资总量的比重提高了 1.4 个百分点,达 5.1%。通过加大争取国债资金及安排市级财政资金的投资力度,加快了重庆中国三峡博物馆、奥林匹克中心游泳跳水馆、奥林匹克中心体育场、儿科医院住院部等一批重大项目建设,以

及高校高中扩招、中小学危房改造、血站、防疫站建设,对人民生活质量的提高起到了积极推动作用。

四是区域投资协调发展。三峡库区生态经济区受惠于国家政策,基础设施、生态环保、移民搬迁项目建设进度加快,投资高速增长,全年完成投资349.2亿元,增长32.2%,占全市投资总量的比重达35.1%。渝西经济走廊在城镇化、工业化两大战略的推动下,招商引资大见成效,投资快速增长,全年完成投资212.89亿元,增长28.2%,占全市投资总量的比重为21.4%。都市发达经济圈完成投资433.57亿元,增长16.7%,占全市投资总量的比重为43.5%。重庆主城北部新区的开发建设加快,首期启动的16平方公里全面建设,成为都市发达经济圈投资增长亮点。

五是非国有投资持续快速增长。全市累计完成非国有投资535.31亿元,增长28.4%,高于同期国有投资增幅8.8个百分点,占全社会投资总量的53.8%,是全市投资稳定快速增长的重要支撑。其中,联营、股份制及其他经济类型累计完成投资174.78亿元,增长45.7%,占全市投资总量的17.6%,港澳台和外商完成投资73.17亿元,增长69%,占全市投资总量的7.3%;私营个体完成投资198.92亿元,增长16%,占全市投资总量的20%;集体经济完成投资88.44亿元,增长7.7%,占全市投资总量的8.9%。

(二)重大建设项目进展顺利,西部开发向纵深推进

2002年全市重大项目建设重点围绕三个方面推进。一是狠抓国债项目收尾竣工工作。从1998年发行建设国债到2002年底止,国家共计安排重庆市域内地方项目和中央项目国债资金201亿元,促进了一大批项目建设。按照国家的统一部署,2002年重庆市签订目标任务责任书的收尾完工国债项目共计102个,总投资383亿元。全市上下认真贯彻执行中央关于"干净利落"地建成绝大多数在建国债项目的指示精神,市政府把确保一批在建国债项目收尾建成工作列为年度工作重点,多次专题研究,采取积极措施,及时下发了《关于做好国债在建项目收尾工作的通知》、《关于进一步加快我市2002年国债在建项目收尾工作的通知》。市级有关部门、有关区县、有关项目单位按照签订责任书的要求,加强施工组织协调,加快工程建设进度。到2002年底,全市国债项目累计完成投资708亿元,共有221个项目竣工投入使用,其中当年竣工项目123个,圆满完成了国债项目收尾完工目标任务,得到了国家的表扬和奖励。二是加强重点项目建设。2002年年初确定的88个重点项目到位资金达到254亿元,资金到位率90%,超过预期目标。完成投资261.13亿元,占全社会固定资产投资的比重达到26.2%。完工了江北滨江路、游泳跳水馆、渝合高速公路、扬子乙酰8万吨醋酸脂、长安福特轿车、隆鑫集团技术改造等15个项目,开工建设了三峡库区地质灾害专项防治、奥林匹克中心体育场、主城排水二期、同兴垃圾处理厂、万宜铁路、农网改造二期、白鹤电厂二期、融侨半岛住宅开发小区等18个项目,三峡库区水环境保护、渝怀铁路、"8小时重庆"交通工程、高架轻轨较新线一期工程、"半小时主城"工程等55个续建项目加快建设。三是加快重大项目前期工作。按照"把重庆建设成为长江上游经济中心"的要求,抓住西部大开发机遇,立足长远,着眼当前,做好重大项目规划,着力推进项目前期工作。确定了全市在"十五"后期抓紧抓好100项重大项目前期工作的任务和责任,各部门、各区县组织力量,安排经费,加快推进各项前期工作。到2002年年底,已有遂渝铁路等20个重大项目前期工作有了突破性进展,主城过境外环高速公路等30多个项目前期工作得到了加快推进,为逐年开工建设,促进投资增长奠定了良好的基础。

为了深入推进西部大开发战略的实施,围绕西部开发十件大事,突出抓了以下工作:一是构建重庆市三大经济区,实施分类指导政策,促进区域投资协调发展。二是抓好"八大民心工程",解决了33万贫困人口温饱问题和42.72万农村人畜饮水问题;完成了780公里通县油路建设;完成了15亿元农网改造投资计划,农村居民生活照明电价由改造前平均1元/千瓦时降低到0.5-0.65元/千瓦时;完成了退耕还林还草440万亩,实施天然林保护3582万亩;加快了三峡库区水污染防治首期19座污水处理厂和13个垃圾处理场建设,全面开工建设142处崩滑体和59段库岸整治等库区地质灾害治理工程;完成了80万平方米的危旧房改造,拆除违法建筑120万平方米,新增城市公共绿地64万平方米;完成中小学危房改造50万平方米;建成街道老年活动中心30个,社区老年活动站130个;加快建设了重庆中国三峡博物馆、奥林匹克体育中心、红岩纪念馆以及一批区县图书馆、"8小时重庆"、"半小时主城"等一批改善人民生产生活条件的惠民工程。三是推进经济结构战略性调整,全面启动实施十个"农业产业化百万工程",全年新增投入12亿元,新增基地面积411万亩,促进100家企业参与投资建设。滚动实施400个工业结构调整项目,扶优扶强66户重点增长企业、14个重点区县、60户区县工业"小巨人"企业。推进绿色食品、天然气化工、矿电联产、林浆纸等四大产业链项目和十大食品加工项目,形成了20万吨柑橘深加工能力。四是加快国有企业改制步伐,累计完成地方国有大中型企业股份制改造127户,促进了投资增长。非公有制经济占全市GDP的比重提高到42.3%。五是成功举办了AAPP会议、重庆直辖与西部大开发研讨会、世界银行信息年会等一系列国际会议,提升了重庆形象,扩大了招商引资。

(三)投融资体制改革取得新突破

按照国家深化投融资体制改革的要求,市政府下发了《重庆市"十五"期间投融资体制改革工作意见》,提出了全市投融资体制改革的总体思路和工作目标,力求在培育新型投融资管理机制、培育政府投资主体、创新融资方式等方面取得成效,明确了2002年投融资体制改革的14项工作任务。一年来,市级有关部门和各区县(自治县、市)认真落实市政府的决定,全力推进投融资体制改革的各项工作,取得较好成效。一是通过资产重组、扩充资本、政府授权实施一批重大项目等方式,培植壮大了公路建设、能源建设、城市建设、水务一体化等政府投资主体。二是积极协调推进银行等金融机构与投资主体的合作,通过银行综合授信、项目评估等方式,加快了基础设施项目融资工作,提高了项目融资成功率。2002年国家开发银行、建设银行等10家金融机构,对全市投资主体贷款综合授信达399亿元,有效地建立了项目融资管道。三是实施重庆市基础设施项目收费权和收益权质

押办法，通过收费权和收益权质押改革，有效地促进了项目融资，落实了银行贷款47亿元。四是通过壮大重庆市城市建设投资公司实力，提高公司资产质量，成功发行了城市建设投资公司15亿元企业债券用于重点建设。五是研究形成了《政府公益性投资项目实行建设管理代理制暂行办法》和《重庆市政府投资项目管理办法》，进一步促进市政府投资项目建设的规范管理。

(四)当前投资建设领域存在的主要问题

当前重庆市固定资产投资快速增长仍然靠政策性拉动，靠基础设施项目支撑，投资增长的内在机制尚不健全。2002年全市固定资产投资快速增长，主要得益于国家的积极财政政策、西部开发政策和三峡移民政策的支持，从建设资金的来源来看，国家预算内资金增长76.7%，达158亿元，占全市投资资金来源的19.1%，特别是国债资金、库区生态环保、地质灾害防治专项资金等财政预算内资金大幅度增加。从投资结构来看，在全市投资总量中以水利、交通、能源、市政、生态环保以及社会文化等公益事业为主的基础设施建设和房地产开发投资占了绝对大的比重，产业项目投资占全市投资总量不到20%。投资进一步增长的内在动力不足，三峡库区生态经济区后续项目跟进较少，特别是库区产业项目跟不上；西部地区因历史、地理、人文等原因使扩大开放引资短期内难有显著成效；社会资本在激烈的市场经济中难以寻求好的投资项目。这些都将影响重庆地区投资持续增长。

二、2003年固定资产投资工作重点

2003年是重庆市全面建设小康社会的起步之年，也是新一届政府的开局之年，保持经济和社会发展好势头意义重大。国际国内宏观环境总体上是有利于发展，重庆也正处在新一轮经济扩张期，要乘势而上，加大投资力度，加快全面建设小康社会的步伐。初步安排2003年全社会固定资产投资1175亿元，比2002年增长18%。要保持全市固定资产投资的较快增长，努力实现全市经济社会发展的预期目标，要重点做好以下六个方面的工作：

(一)组织实施好2003年西部开发十件大事

坚持以全面建设小康社会总揽改革发展全局，把西部开发目标与全面建设小康社会目标有机结合起来加以推进，抓好2003年西部开发十件大事的实施。按照国家实施“一通、二退、三到户”工程的统一部署，启动县际通达公路工程，力争完成1000公里；扩大退耕还林和荒山造林规模，力争完成500万亩；实施农村饮水到户，解决农村20万人饮水困难；实施能源到户，抓紧完成农网二期改造，启动县城电网改造，扩大农户沼气工程；实施生态扶贫到户，争取扩大规模。同时继续加强水污染防治工程，完工投用22座污水处理厂和13座垃圾处理场，推进26座污水处理厂和20座垃圾处理场建设；继续实施主城区“五管齐下”空气净化工程，力争全年空气环境质量达到和好于Ⅱ级标准的天数占65%以上。抓紧实施山水园林城市规划。

(二)抓好重大建设项目和关系人民生产生活条件的惠民工程

集中力量抓好105个重点建设项目，努力实现当年完工一批，新开工一批，加快推进一批。要加快重点项目建设工作，推进“八小时重庆”交通工程、川维厂乙炔化工、重医附一院外科住院大楼等25个项目完工投用，开工建设县际公路、菜园坝长江大桥、寸滩集装箱码头、黑石子垃圾处理场等27个项目，加快渝怀铁路、轻轨较新线、北部新区出口加工区基础设施等53个项目建设进度，确保重点建设项目投资完成300亿元以上。精心组织实施好惠民工程，特别是饮用水、生态环保、交通畅通、城镇住房、就业和再就业、社会保障、公共服务设施、城市灯饰等八大“民心工程”；加快实施社会保障信息系统、廉租房工程、农村基层卫生医疗保障工程等十大公益性项目。加快重大项目各项前期工作，全面推进“十五”后期100项重大项目的前期工作，2003年重点抓好轨道交通三号线、合川双槐电厂、玉滩水库、林浆纸产业化等30个项目，争取前期工作有突破性进展。

(三)进一步优化投资结构，促进新型工业化、城镇化战略的实施

走新型工业化路子，坚持以信息化带动工业化，以工业化促进信息化，抓好“三大基础”的构建。积极发展信息工程、生物工程、环保工程三大高新技术先导产业。坚持自主创新与引进技术相结合，大力推进12个高新技术产业重大专项和一批重点项目，采取综合措施扶持一批具有潜在竞争力的高新技术项目尽快成长为新的经济增长点。滚动实施400个结构调整项目，提高工业企业核心竞争力。应用信息技术及先进适用技术加快改造装备制造业，努力把重庆建成“汽车名城”和“摩托车之都”。加强长安与福特、铃木的合作，尽快做大做强轿车产业。通过政府引导和行业协会推动，促进摩托车企业联合重组。积极推进工业50强、66户重点增长型企业，以及60户区县工业小巨人企业的技术改造。提高仪器仪表、数控机床、输变电设备、环保设备等成套技术装备的制造能力。

促进资源优势转化为经济优势，发展以天然气化工、矿电联产、林浆纸、食品四大产业链为重点的特色产业。加快长寿化工园区建设。实施西南铝热连轧生产线改造，力争启动南川氧化铝二期工程。建设林浆纸一期40万亩基地林，抓紧20万吨浆纸项目前期工作。积极推进柑橘、马铃薯、葛根、乳品等重点食品项目。发挥劳动力充裕优势，适应人民群众消费结构不断升级的要求，在新的起点上积极发展纺织服装、建筑建材、食品、皮革等就业容量大的劳动密集型产业。全面发展多层次服务业。推进商贸流通“六大建设”和“双十百千”工程，加快十大商贸中心区建设，启动建设10个小城镇商业群和100个社区商业服务中心，新增连锁店铺400个。完善重庆电子商务公共应用服务平台。引进沃尔玛、普尔斯马特等国内外知名品牌企业来渝发展现代物流业。建立服务业引导资金，争取国家投资支持，扶持建设一批较大规模和较高水准的区域性商品专业市场和边贸市场。积极发展物业管理、托幼托老、文化休闲等社区服务业。

通过农业产业化、农村工业化、城镇化三轴联动，促进农村经济加快发展和农民增收。加快实施10个“农业产业化百万工程”，推进农村工业化。抓好良种工程和基地建设，加强优质品种的引进、繁育和推广，建设商品化生产基地510万亩。鼓励发

展农产品加工业，大力扶持龙头企业，重点扶持20个带动性强的龙头企业。启动“经济强镇工程”，加快城镇化进程。抓好首批15个“经济强镇”示范建设，把“经济强镇”与特色产业园区和农村商贸市场建设结合起来，鼓励乡镇企业“二次创业”，鼓励城镇居民自主创业，引导社会资本投入城镇开发，完善城镇管理体制，繁荣城镇经济。努力增加农业基础设施投入。完成一批病险水库整治任务，开工建设忠县白石、彭水三江口等7座中型水库，推进大灌区和节水示范县在建工程建设，加快铜罐驿提水工程等西部供水重大工程前期工作。建设农村社会化服务体系。完善农村科技推广和信息服务体系，加强农产品质量标准体系和检验检测体系建设。

（四）壮大区县域特色经济，促进三大经济区协调发展

进一步支持区县的能源、交通、水利、城建等基础设施建设，重点抓好构建三大经济区的跨区县重大工程。积极推进城镇特别是特色产业园区的基础设施建设，重点抓好县际公路网、县城电网、世界银行贷款城镇化基础设施等重大工程；把国债资金、政府投入、民间资本、世行贷款、国内贷款结合起来加大投入。通过政策引导、贴息贷款，帮助区县培植新的产业和新的经济增长点。都市发达经济圈，以北部新区及两个国家级开发区、大学科技园区和各区产业园区为抓手，加大吸引内外资的力度，加快以北部新区、“半小时主城”为重点的基础设施建设，重点发展一批高新技术和科技含量较高的有竞争力的项目，规划发展都市型工业，合理规划建设中央商务区。渝西经济走廊，以推进“渝西122”发展工程为抓手，提高非公有制经济发展质量和招商引资成效，重点抓好12个特色产业园区、24个重大基础设施项目和24个重大产业化项目，加速工业化、城镇化进程。三峡库区生态经济区，以开发性移民和发展生态经济为抓手，加快建设“八小时重庆”交通工程、渝怀铁路等一批重大交通工程和水污染防治、地质灾害治理等一批重大生态环保工程，加快发展以资源转化为重点的特色产业，进一步推进农产品深加工、林浆纸、矿电联产、天然气化工等项目，加快发展生态经济。同时要针对二期移民完成后，库区移民年度投资强度将有所下降的实际，结合保持移民稳定并使之在新区能逐步改善生活的要求，加快研究库区产业发展。

（五）深化投融资体制改革，促进全社会投资增长

认真做好2003年投融资体制改革的各项工作，积极推进深化电力、机场、污水垃圾处理、轨道交通、文化、教育等行业管理体制改革，进一步做大做强政府投资主体，拓宽融资渠道，推进社会信用体系建设等15个方面的工作。深化投资项目行政审批制度改革，简化审批程序，全面推进政务公开，彻底清理审批和建设过程中的各类收费，建立内外监督机制。着力消除审批流程长、政策不够透明的“顽症”，疏通内外资项目审批的“绿色通道”，试行注册并列审批制度，实行首问负责制和限期工作日办结制，投资审批和建设实行“阳光成本”收费公示。继续按照国家有关鼓励和引导民间投资若干意见的要求，放宽国内民间资本的市场准入领域，在投融资、税收、土地使用和对外贸易等方面采取措施，实现公平竞争，健全民间投资的“市场进入、资金融通、服务支持、权益保障”四大机制，促进民间投资的增长。

（六）继续加强对房地产市场宏观调控

认真贯彻国家促进房地产市场健康发展的通知精神，进一步完善促进全市房地产业发展的政策措施。完善土地供给制度，实行土地总量控制，年度计划，集中整治储备，统一招标拍卖挂牌，促进市场平等公开。进一步清理“久划不拆、久拆不完、久拆不建”工程；加大主城区危旧房改造，加快经济适用房和城镇廉租房建设工作，争取全年实施危旧房改造工程120万平方米，建成经济适用住房100万平方米，努力解决城镇中低收入家庭的住房困难。

四川省投资建设情况

四川省省长 

一、2002年固定资产投资情况

2002年，在党中央、国务院的关心和支持下，四川省抓住西部大开发机遇，大力实施跨越式发展战略，认真贯彻积极的财政政策，以扩大内需为着眼点，加大投资力度，加强基础设施建设，发挥投资对经济增长的重要拉动作用。全省投资总量继续

保持较快增长,投资结构不断优化,更新改造投资力度加大,房地产开发投资保持快速增长,新开工项目明显增多,后续投资规模进一步扩大。全年全社会固定资产投资完成1805.2亿元,比2001年增长14.7%。

(一)从经济类型来看

全年国有经济投资823.8亿元,比2001年增长8.6%;非国有投资981.4亿元,比2001年增长20.3%。非国有投资的增速比投资总额快5.6个百分点。非国有投资占投资总额的54.4%,比2001年提高了2.6个百分点。

(二)从投资的管理渠道来看

房地产开发投资仍然保持较快增速,更新改造投资增势强劲。全省基本建设完成投资838.1亿元,增长13.1%;更新改造完成投资257.5亿元,增长30.2%;房地产开发完成投资345亿元,增长28.6%。

(三)从建设项目的隶属关系来看

中央项目投资下降,地方项目投资明显加快,比重提高。全年中央所属项目完成投资164.5亿元,比2001年下降29.9%;地方项目完成投资1640.7亿元,增长22.5%,增速比全社会投资总额快7.8个百分点。地方项目投资占投资总额的比重比2001年提高了5.8个百分点。

(四)从投资的产业分布来看

一、二产业投资力度加大。2002年,全省国有及其他经济投资中,第一产业完成投资60.2亿元,比2001年增长48.7%;第二产业投资在工业投资的拉动下,完成444.1亿元,增长29.8%,增速均大大快于投资总额。其中,原材料工业投资85.8亿元,增长52.9%;机械电子工业投资72.2亿元,增长37.4%。

(五)从资金来源看

国家预算内资金和自筹资金增长最快。2002年,全省国有及其他经济投资的资金来源为1493.3亿元,比2001年增长23.2%,增速比同期快9.3个百分点。其中,国家预算内资金由于受国债资金的强劲拉动,增长最快,实际到位119.5亿元,增长69.8%;自筹资金710.4亿元,增长28.0%。

二、重大骨干项目投资建设情况

在投资主体和建设单位的共同努力下,全年完成全社会固定资产投资1805.2亿元,投资对GDP增长的贡献率达到50%,比2001年提高6个百分点。一批重大骨干项目相继建成投产,一批重大骨干项目建设速度明显加快,并新开工了一批重大项目。全年重大骨干项目投资建设主要有以下5个特点:

(一)重大骨干项目建设总体情况良好

省政府纳入目标考核的78个重大骨干项目,全年累计完成投资309.4亿元,为年计划322.14亿元的96.04%,完成投资总额比上年同期增加26亿元。建设资金累计到位299.6亿元,为年计划309.4亿元的96.84%。

(二)一大批重大项目开始发挥投资效益

内昆铁路、内宜铁路电气化工程、绵阳至安县至北川一级公路、广汉至黄许公路和成都高新西区“三横七纵”道路已先后建成通车。兰州—成都—重庆输油管道工程已建成输油。成都国腾IC卡公用付费系统生产线、达钢全连轧棒材生产线、成都力思特国家一类新药高技术产业化项目已先后建成投产。成都电子科技大学一、二期教学楼、西南科技大学综合教学楼、四川大学基础教学楼和西南交通大学4号教学楼已全部竣工。成都大学迁建工程主体工程基本完成。内江电信网管大楼已初步验收。乐山电信网管大楼和成都图书馆主体工程已经完工,正在进行内外装饰。

(三)在建重大骨干项目工程进度加快

2.88亿亩天然林得到有效保护,退耕还林累计达到1163万亩,当年荒山造林198.9万亩,生态环境进一步得到改善。紫坪铺水利枢纽工程已进行大坝主体工程施工,安宁河流域农业资源综合开发、南充至广安高速公路、二郎山隧道至康定公路和鹧鸪山隧道超额完成全年计划规定的工程进度。南桠河一期工程的姚河坝水电站已并网发电。冶勒水电站大江截流成功。金银台水电站导流明渠已通过验收。二滩50万伏输变电送出一、二期工程已建成送电。德阳电缆厂整体搬迁工程已基本完成。成都第二长途电信枢纽工程和四川省邮政网管中心主体工程已基本完工。成都信息港一期工程已交付使用。金筠铁路、隆叙铁路泸纳段、攀枝花民用机场、九寨黄龙机场、武胜桐子壕航电工程、四川盆地油气田勘探开发项目、南充青居水电站和成都沙河综合整治工程等重大骨干项目工程进展顺利。

(四)一批争取开工的重大骨干项目全面启动

成温邛快速通道、老成温路西延线(光华大道)、国道108线西昌黄联关至攀枝花高速高等级公路、成都城区畅通工程、南充高坪机场、自一里水电站、化能硗碛水电站、内江白马循环硫化床、宜宾电厂技改工程和成都市污水处理水资源综合利用工程等一批争取开工的重大骨干项目已先后在年内开工建设。

三、投资环境建设情况

(一)按照体制创新和机制创新的思路,进一步深化投融资体制改革,放开投资领域,扩大投资范围

除国家明确限制的投资领域外,所有竞争性领域和对外开放领域,均以对国有资本和外资同等的条件、政策对民间资本开放。积极推进投资主体多元化,着力调整那些体现所有制差别或不适应民营经济特点的政策规定,构建对包括民营企业在内的所有企业都一视同仁的政策和管理平台。认真贯彻落实《促进和引导民间投资的意见》、《四川省政府投资管理实施办法》、《四川加快服务业发展的意见》以及《四川省重大项目建设项目稽察办法》等地方法规和规章制度。

(二)优化投资环境,增强投资者信心

在投资软、硬环境的改善方面,按照国家进一步深化投融资体制改革和市场化进程不断加快的要求,进一步减少各种投资审批手续,大力推进“一站式”服务,增强投资者信心,提高投资效益。同时,加强城市基础设施建设,强化城市整体服务功能,切实解决投资主体的实际困难。

(三)加大招商引资力度,拓宽利用外资渠道

按照国家《关于西部大开发若干政策措施的实施意见》和《四川省鼓励外商投资的若干政策规定》,进一步加大了全省招商引资力度,充分利用国务院和四川省颁布的有关税费减免、用地政策、审批手续减化和提供投资保障的各项优惠政策,放开吸引外资的行业和领域,采取灵活多样的方式,吸引外商来川投资,并促进其滚动发展,发挥示范效应。

四、主要经验及存在的问题

(一)主要经验。一是投资环境进一步改善。着力在解放思想、转变观念、营造宽松和谐的软环境上下功夫,进一步健全法制环境,规范市场竞争秩序,保护投资者权益;保持投资相关政策的连续性;下大力气做好投资环境的优化配套工作,尽可能满足投资者愿望,增强投资者信心,吸引内外资增长。二是坚持实行投资计划目标责任制。年初确定了全年投资计划后,将投资计划分解到市州、行业管理部门,作为省政府下达任务目标的依据,由督办室进行督办,年终进行考核,责任到人,奖惩兑现,一级抓一级,层层落实,保证了全省全年固定资产投资计划目标的实现。三是加强了重点项目和国债项目的建设、管理。重点建设是支撑和拉动投资增长,促进全省经济发展的龙头,国债项目是当前的重点。全省上下坚持把加强重点项目和国债项目的建设和管理作为投资工作的重中之重来抓,一方面,坚持集中资金保障建设,加强协调、服务,确保项目建设顺利进行;另一方面,加强项目计划、工期和质量管理,定期检查,确保项目建设质量。

(二)存在的问题。一是城乡集体、个人投资下降。2001—2002年,城乡集体、个人投资一直处于低迷状态,呈现逐年逐季下降的态势。在国债逐步淡出的情况下,这种趋势极不利于四川省投资持续稳定增长,启动民间投资势在必行。二是房地产开发偏热,空置面积增长过快。房地产开发投资近几年一直处于快速增长状态,对投资增长的贡献较大,但偏热势头应引起重视。主要表现在:本年购置土地面积增长快,增长30.2%;住宅、商业营业用房增长过快,分别增长31.3%、47.9%,特别是住宅中安居工程本应上升,实际却下降了30.3%,而中高档房的开发面积过大;空置面积增大,增长太快,空置量达到467.6万平方米,其中住宅267.0万平方米。

贵州省投资建设情况

贵州省省长 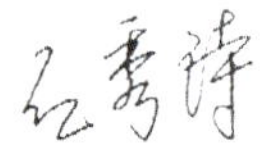

2002年,贵州省各级政府和各有关部门认真贯彻"三个代表"重要思想和党的十六大精神,进一步抢抓国家实施西部大开发战略和积极财政政策的机遇,努力探索多渠道扩大投资的新路子,全省固定资产投资保持了较快的增长速度,对国民经济持续快速健康发展起到了重要的拉动作用。

一、2002年固定资产投资情况

2002年,贵州省完成全社会固定资产投资632亿元,比上年增长18.5%。其中,基本建设投资312.62亿元,增长30.9%;技术改造投资120.79亿元,增长1.9%;房地产开发投资83.01亿元,增长23.9%;其他投资116.02亿元,增长6.1%。特别是国家加大了对贵州省的支持力度,全年共下拨国债资金43.5亿元,比2002年增长51.9%。同时,省财政安排交通、教育等重点领域的专项贴息补助资金4.3亿元,对吸引社会资金和信贷资金投入起到了十分重要的作用。在快速增长的固定资产投资支撑下,全省重点项目建设成效显著,实施西部大开发战略取得新的进展。

(一)以交通为重点的基础设施建设进一步加强

建成内昆铁路贵州段、水柏铁路、鲇鱼铺至大龙高速公路,全面完成5000公里公路改造,建成通县油路25条、通乡公路9条,基本实现了县县通油路,全面实现了乡乡通公路。遵义至崇溪河、清镇至镇宁等高速公路建设进展顺利。兴义、黎平机场开工建设。全省用于交通运输业的投资111.77亿元,比上年增长18.2%。

(二)以"西电东送"为重点的能源建设取得新突破

索风营水电站开工建设,"西电东送"第一批"四水四火"电源项目建设全部展开,后续电源项目中的构皮滩水电站获国家批准立项。"黔电送粤"输电通道项目进展顺利,省内"日"字形超高压骨干电网建成。大型电煤基地项目前期工作加快。全年用于电力建设的投资为106.12亿元,比上年增长17.3%。

(三)以退耕还林为重点的生态建设取得新进展

全省完成造林合格面积552万亩,完成封山育林面积200万亩,天然林保护、长江防护林、珠江防护林、生态综合治理和水土保持等工程建设进展顺利。新建沼气池16万口。

(四)以解决工程性缺水为重点的水利建设力度加大

遵义灌区一期工程、息烽鱼简河水库、贞丰水车田水库等骨干水利工程建设全面展开,实施了乌中、金黔、安西、瓮福、兴中等大型灌区改造工程,新建和续建城镇防洪工程项目29个,治理病险水库26个,新增有效灌溉面积21万亩。

(五)以"普九"为重点的教育事业得到加强

第二期贫困地区"义教工程"和"中小学危房改造工程"取得了新的进展。基本建成11个民族自治县寄宿制学校,建成10所高校计算机校园网。与此同时,各项社会事业的基础设施建设也得到加强,建成了9个中心血站,实施了1492个村村通广播电视工程项目和13个风景名胜区旅游基础设施建设项目。

(六)城镇基础设施建设步伐加快

建成了贵阳市垃圾卫生填埋场、六盘水市中心区排污工程和16个县城供水工程,开工建设了20个县城供水工程、5个城市污水处理工程和7个城市垃圾处理工程。

(七)房地产开发保持持续增长势头

新开工房地产开发面积537万平方米,比上年增长3.7%;竣工面积514万平方米,比上年增长4.7%,其中,竣工住宅面积410万平方米,比上年增长2.6%。全年销售商品房面积424.85万平方米,比上年增长15%,其中销售住宅面积378.5万平方米,比上年增长14%。

(八)重大技改项目进展良好

建成投产了开磷集团12万吨磷酸二铵技改、贵州茅台酒股份有限公司新增4000吨茅台酒一期技改、中国振华(集团)科技股份有限公司年产100亿只片式电阻技改、贵州省移动通信公司GSM网改造等项目。开工建设了贵州宏福实业开发有限总公司年产20万吨磷酸技改、贵州水晶有机化工有限公司汞污染治理技改、南方汇通股份有限公司片式电感器改造等重大项目。贵州水城矿业集团公司安全技改、水城钢铁集团公司焦化厂4号焦炉技改等重大项目前期工作进展顺利。

2002年,贵州省投资率达到53.5%,固定资产投资成为全省经济增长的主要推动力,但投资建设中仍有一些不容忽视的矛盾亟待解决,主要体现在:1. 投资总量小。全省固定资产投资规模仅占全国总量的1%左右,在全国各省、市、自治区中处于落后位置。2. 投资人均占有水平低,只有全国平均水平的40%左右。3. 投资结构不合理。由于贵州省基础设施投资欠账多,目前投资向投主要是向基础设施建设倾斜,其他领域相对薄弱,特别是技改投资增幅趋缓。4. 投资软环境亟待改善,投融资渠道不畅,有的项目配套资金到位率低。

二、2003年投资建设展望

2003年,贵州省将继续贯彻落实中央扩大内需的方针,进一步推进西部大开发战略的全面实施,确保全年全社会固定资产投资增长12%以上。

(一)努力扩大固定资产投资规模

一是切实做好项目前期工作,积极争取国家投资。按照国家的投资方向和重点,在县际公路和经济路、水利设施、改善农村生产生活条件、生态建设、企业技术改造、科技教育、扩大城镇就业等方面,抓紧准备一批大项目、好项目,把前期工作做深做细,力争得到国家更大的支持。增加省级重点规划、重点项目前期工作经费,积极探索前期工作市场化、社会化的路子。二是扩展投资渠道和资金来源。引导银行加大对公路、电力、煤炭、水利、生态、环保、旅游以及城市基础设施等项目的信贷投入;积极促进和扩大民间投资,鼓励和引导民间投资参与经营性的基础设施项目建设。三是用好用活财政贴息资金。按照择优扶强、突出重点、统筹兼顾的原则,充分发挥财政贴息资金的乘数效应,吸引各类资金投入。

(二)继续抓好重点项目建设

交通建设方面,继续实施5000公里公路改造工程;加快遵义至崇溪河、清镇至镇宁、三穗至凯里高速公路和兴义、黎平机场等的建设进度;开工建设玉屏至三穗、镇宁至胜境关高速公路和荔波机场;建成水黄、关兴高等级公路,开通安顺黄果树机场客货运输业务,力争开工建设黔桂铁路扩能改造工程;积极推进贵遵公路二级路段改造、黄织铁路等项目前期工作。"西电东送"方面,加快第一批电源项目建设;开工建设构皮滩电站、盘南电厂、纳雍二厂、鸭溪电厂等项目;加快思林、光照电站和黔西、大方、发耳等电厂的前期工作;切实抓好电煤基地、运煤和输电通道建设。生态建设方面,实施退耕还林和荒山造林各260万亩,继续抓好长防、长治和天保工程,扩大沼气工程规模,加快推进石漠化治理的前期工作。水利建设方面,继续做好黔中水利枢纽的前期工作,加快在建骨干水利工程建设,开工建设道塘水库等骨干水利工程以及一批节水示范工程和病险水库治理工程。同时,大力推进以县城为重点的城镇基础设施建设。

(三)继续实施一批重大技术改造项目,带动全省结构调整和产业升级

一是切实加大对在建国债技改项目的跟踪监督和检查,确保如期建成投产达产。重点抓好贵州铝厂80万吨氧化铝提产改造、四大骨干煤矿企业扩能增产及安全环保改造、水城水泥厂年产60万吨新型干法水泥生产线建设、南方汇通棕产品加工技改、振华科技高压真空灭弧室技改、贵州轮胎公司年产60万套全钢子午线轮胎技改等项目建设。二是开工建设振华公司10亿只表面贴装分离器件后封装改造、茅台酒集团新增2000吨茅台酒改造、水晶化工集团汞污染治理、宏福磷肥二期工程、开磷磷复肥工程及配套合成氨等项目。三是抓好项目库建设,争取一批新项目进入国家第三批"双高一优"计划和国债项目

计划，抓好未开工国债技改项目前期工作。同时，继续完善技术改造项目登记备案制，加强对中小企业和非公有制企业技术改造的产业政策指导，吸引民间投入。

（四）进一步深化投融资体制改革

按照"谁投资、谁决策、谁受益、谁承担风险"的原则，加快建立投资主体自主决策、银行独立审贷、融资方式多样、中介服务规范、政府调控有力的新型投融资体制。一是落实企业投资自主权。各类企业的投资项目，除重大项目和国家限制投资的项目外，能够自行平衡资金来源和落实建设条件的，均由企业自主决策、自担风险，报政府投资主管部门登记备案后自主开展前期工作，自行决定开工。二是改进政府财政性资金投资管理。省级财政性投资资金主要用于公益事业和公共基础设施建设，以及需要政府支持的技术进步和高技术产业化领域。三是规范和完善融资方式。鼓励采用特许经营权转让、资产经营权转让、收费权转让、资产证券化以及股权转让和出售等多种方式，盘活存量资产，筹集建设资金；鼓励具备条件的企业争取国家批准通过发行债券、股票等方式到资本市场进行融资；积极稳妥地发展城市合作银行、农村信用社，鼓励建立为中小投资者提供服务的信用担保机构和贷款担保基金，解决中小投资者的"融资难"的问题。四是培育投资中介服务组织。鼓励各种投资中介机构按合伙制和股份制原则进行改造，组建多功能的投资咨询服务机构，不断提高服务质量，切实成为自创信誉、自担风险、自负盈亏、自我发展的法人实体。

（五）进一步加强建设项目管理和监控

一是严格执行《贵州省招标投标条例》，加强以资金到位、工程进度、工程质量和投资概算为重点的项目管理，强化建设项目的稽察工作，切实提高工程质量。二是采取有效措施，切实制止低水平重复建设。按照国家有关规定，严格控制新建电解铝、小水泥、小火电等项目的审批，对现有"五小"建设项目进行清理整顿。三是建立投融资调控体系。按照国民经济和社会发展的目标要求，进一步做好引导投融资方向、优化投资结构等工作，努力提高投资效益。切实加强政策宣传和行业信息导向，充分发挥政府的产业引导和行业管理作用，引导全省企业投资和决策。

三、吸引投资的主要措施和优惠政策

良好的投资环境，是鼓励创业、吸引投资的最为关键的因素。贵州省始终把扩大开放作为富民兴黔的基本战略，把营造良好的投资环境作为投资工作的中心环节，努力在全社会形成开放意识、市场意识、服务意识和效率意识，大力吸引外来资金和民间资本，扩大投资规模。主要措施有：一是对各地出台的与国家现行法律和政策相违背的"土政策"进行全面清理，切实树立政府的诚信形象，并抓紧建立企业和个人信用等级评级管理办法和信用不良行为的警戒公示制度，增强全社会的信用观念。二是对全省涉外服务机构全部实行公开办事制度，推行限时服务，并设立贵州省外商投资服务中心，在全省各地、州、市以及国家级、省级开发区设立"一站式"服务机构。三是规范行政执法行为，深化行政审批制度改革，继续减少行政审批事项，简化程序，提高效率。实行损害投资软环境责任追究制。四是建立投资环境评价指标体系，对全省各地、州、市和开发区投资环境进行实时监测、考核并公布结果，为投资者提供参考，为各地不断完善投资环境提供科学依据。

为了降低投资成本，提高对外来投资者的吸引力，近年来，贵州省先后制定了《贵州省引进外资工作若干规定》、《贵州省进一步放宽政策改善投资环境的若干规定》、《省人民政府关于做好重点项目招商引资工作的通知》、《关于西部大开发若干政策措施的实施意见》等文件，对招商引资的优惠政策作出了明确、规范、统一的规定。在税费政策方面，贵州省对国家有明确规定的，严格按国家规定执行；对国家有年限或税率幅度规定的，一般按最长年限或下限执行；对可由省级人民政府自主决定的，一般都明确要给予税收优惠；尤其对外来投资者进入贵州省基础设施建设、农产品加工和流通以及高科技等领域，在企业所得税、耕地占用税以及降低管理成本等方面给予了更加优惠的政策规定；对所有投资城市基础设施的建设项目，免收城市市政建设配套费。在土地使用方面，对重点基础设施建设占用耕地实行占补平衡，但没有条件开垦或开垦的耕地不符合要求的，其耕地开垦费可按土地管理法律、法规规定的下限标准执行。在矿产资源开采方面，采取减免探矿权使用费、采矿权使用费以及优先取得采矿权等政策，吸引外来投资者到贵州省投资勘查、开采矿产资源。此外，在持股比例方面，贵州省对外商投资基础设施、优势产业和高新技术项目，可放宽投资股比限制。外商投资企业投资商业项目，经营年限可放宽至40年，注册资本可放宽至3000万元人民币；在华外商投资企业来黔投资，被投资企业注册资本中外资比例不低于25%的，享受外商投资企业政策。

2002年，在党中央、国务院以及国家有关部委的大力支持下，贵州省固定资产投资工作和项目建设都取得了较好的成绩。在2003年里，我们将进一步按照中央的部署和要求，与时俱进、开拓创新，认真做好固定资产投资的各项工作，促进全年经济社会发展各项目标的顺利实现，为加快全省小康社会建设奠定良好的基础。

云南省投资建设情况

云南省发展计划委员会主任 和段琪

从云南省近几年经济发展的状况分析,经济增长与固定资产投资增长有着很强的正相关性,固定资产投资对经济增长起着强烈的拉动作用。2002 年,云南省固定资产投资走出了低增长的状况,实现了两位数增长,对全省国民经济的发展作出了较大的贡献。

一、2002 年固定资产投资情况

2002 年,云南省全社会固定资产投资完成 828.65 亿元,比上年同期增长 12.8%。基本建设投资完成 421.53 亿元,同比增长 16.1%;更新改造投资完成 114 亿元,同比增长 11.1%;其他投资完成 187.41 亿元,同比增长 3.4%;房地产投资完成 96.72 亿元,同比增长 9.9%。固定资产投资呈现出以下好的发展态势:

(一)第一、第二产业投资增长势头强劲

2002 年,云南省第一产业完成投资 38 亿元,同比增长 31.9%;第二产业完成投资 211.2 亿元,同比增长 36%。

(二)国债建设项目进展顺利

为贯彻国家关于加快在建国债项目收尾工作有关要求,云南省国债项目加快了财政性资金的拨款力度,加强了项目的监督、管理,工程进展情况良好。

(三)基本建设继续保持快速增长

随着小湾水电站等一批大项目的相继开工,全省基本建设投资一直保持快速增势,成为固定资产投资增长的主要动力。国债投资的导向性明显,基本建设投资的 2/3 投向电力工业和运输邮电业。

(四)利用外资有所增大

2002 年,全省固定资产投资项目利用外资 18.2 亿元,比 2001 年增长 39%,增长幅度较大。

(五)争取国债资金成效显著

2002 年,国家计委共下达云南省国债投资计划 55.57 亿元。其中,中央国债 49.72 亿元,地方国债 4.9 亿元,西部国债 0.95 亿元。2002 年国债项目可拉动全省经济增长 0.8 个百分点。争取国债资金成绩显著。

2002 年,云南省固定资产投资对经济增长的贡献是明显的,受固定资产投资增长的带动,全省钢材、水泥等主要投资品生产保持较快的增长,产销率也保持较高水平。在看到成绩的同时,也应该清醒地认识到云南省固定资产投资存在的问题:一是年度计划投资亿元以上的重大项目进度不太理想。二是房地产开发投资持续低速增长。三是固定资产投资资金来源单一,对国债资金的依赖太强等。

二、2003 年固定资产投资形势分析

2003 年是贯彻党的十六大精神的重要一年,在全面建设小康社会的过程中,云南要略高于全国平均增长水平,扭转经济增长速度处于全国后位的局面,使经济综合实力走在西部地区的前列。固定资产投资必须保持较快增长,提高投资效益,为经济增长提供重要的动力。近几年云南固定资产投资增速明显减缓,大大低于全国和西部地区平均水平,差距逐年拉大。1998 年云南省固定资产投资规模居全国第 16 位,西部地区第 2 位,2001 年居全国第 17 位,西部地区第 3 位,分别后移了一位。要扭转这一状况,2003 年全省固定资产投资实现较快增长是很有必要的。因此,云南省 2003 年固定资产投资计划增长 20%以上。

2003 年实现全省固定资产投资较快增长,既有有利条件,又面临许多困难。

1. 有利条件

(1)国家继续实施积极的财政政策和稳健的货币政策,全国经济将保持较高的增长速度,这就为云南省经济发展创造了一个良好的宏观环境。

(2)为深入贯彻党的十六大和省委七届三次全会、省人大十届一次全会精神,各地对到 2020 年全面建设小康社会的决心大,信心足,发展思路清晰,目标明确,重点突出,措施有力。

(3)云南省重点地区、重点行业续建和新开工的重点项目将继续支撑 2003 年的投资规模。2002 年已有一批重点项目开工,如小湾电站、昆明掌鸠河引水供水工程输水部分、磷复肥基地国产化装备示范项目、安楚公路、云铝二期扩建工程等,这些项目结转到 2003 年建设并将形成更多的工作量;2003 年还将有一些大项目陆续开工,如滇东电厂、思小公路、麻栗坝水库、昆明高海公路、昆钢大红山铁矿等,同时将有一批中小电站、水利项目、县县通公路、城网改造等项目陆续开工,都要形成相当的工作量。另外,2003 年 17 个国债技术改造贴息项目大部分进入投资高峰期,2003 年又将新开工一批"双高一优"项目,据省经贸委估计,这些项目 2003 年可完成 40 亿元的投资量(2002 年为 20 亿元),将促进更新改造投资显著增长。

(4)2003 年国家继续发行国债 1400 亿元,继续加大对西部省区的倾斜力度。2 月 11 日国家计委召开了全国国债投资工作会议,明确了 2003 年国债投资的方向和重点,云南省争取较多的国债资金仍有较大可能。

(5)2003 年以来,各级、各部门为扩大融资渠道,与银行加

强了协商,积极向银行推荐项目,扩大贷款领域,争取银行贷款。金融部门也改变了服务态度和服务方式,积极支持地方经济建设。一些基础设施项目甚至出现了几家银行争相贷款的情况。

(6)随着云南省对外开放的进一步扩大,将有利于利用外资和外省投资规模的增加。各地解放思想,积极工作,认真抓落实,招商引资工作将有一定进展。

(7)各地积极探索投融资体制改革,采用 BOT、TOT 等方式引进外资及发达地区投资,在有的地区已经取得了可喜的进展。

(8)大部分地区不断加强前期工作,千方百计增加对建设项目前期工作经费的投入。昆明、玉溪 2002 年政府对前期工作经费的投入均在 3000 万元以上,迪庆州由政府贴息,向银行贷款 1000 万元作为建设项目前期工作经费。各地增加了项目储备,为扩大投资规模提供了项目基础。

2. 不利因素

(1)投融资体制改革进展缓慢,融资渠道单一,是制约云南省固定资产投资增长的根本原因。近年来虽然云南省也出台过一些办法,但收效甚微,仍未形成多元投资主体,在投融资方式、投融资政策及投融资环境等方面均存在不少问题,投资的供需矛盾突出,存在较大的融资缺口。财政增收困难,企业效益差,自筹能力弱,固定资产投资对国债投资和省级投资的依赖太强。地县财政困难,筹集建设资金难度较大,配套资金严重不足的状况难以改变。

(2)投资环境仍然没有较大改善。近几年来虽然云南省在基础设施上加快了建设步伐,投资硬环境有了明显改善,但在投资软环境方面还存在许多问题,创新意识、开放意识、竞争意识较弱,政府职能转变缓慢,办事效率不高,建设项目审批程序繁杂,缺乏吸引投资的竞争力。

(3)受工作力度不够等因素的制约,有些报国家审批的项目还迟迟批不下来,影响开工建设和投资完成,如麻栗坝水库、保山—龙陵公路、水富—麻柳湾公路等重大项目,这些项目能否在 2003 年较早时候开工建设,对全年实现投资较快增长将起重要作用。

(4)非国有投资增幅较低。近几年来,云南省非国有投资增幅均徘徊在 6—7%之间,受投融资体制、市场需求和融资能力的制约,非国有投资占全社会固定资产投资的比重约为 33%,比全国平均水平低近 12 个百分点。缺乏投资扩张动力。

(5)省级建设投资管理分散,减弱了政府投资的导向性作用,难以统筹平衡,集中财力办大事。

(6)前期工作近两年虽有较大改观,但一批中小项目特别是地、县项目水平不高,储备不足。

(7)有的地、州、市解放思想力度不够,支柱产业单一,结构调整缓慢,建设项目前期工作严重滞后,存在严重的等靠要思想。

三、完成 2003 年固定资产投资的对策措施

(一)深化投融资体制改革,建立投资主体多元化的投入机制,努力拓宽融资渠道

根据建设项目的不同性质,广泛采取市场化和准市场化的融资渠道和融资方式,如股份制融资、利用外商投资、发行股票和债券、建立产业投资基金、政策性银行和商业银行融资、特许经营权转让的 BOT、TOT 等方式,建立稳定的资金来源渠道,最终形成投资主体多元化、投资方式多样化、项目建设市场化、宏观管理间接化的新格局。

目前要着重抓好以下工作:一是在充分发挥省开发投资公司应有功能的基础上,成立专业性投资公司,如城建投资公司、交通建设投资公司、农业综合开发投资公司、科技开发投资公司等,各公司作为省政府授权的省级投资主体和国有资产的经营者,既负责对省计划内经营项目进行贷款投资或参股、控股,使政府投资能滚动使用,又为其他投资构建融资平台,变债权融资为股权融资。二是成立云南省公益性项目建设管理中心,实行"交钥匙"工程。三是进一步明确政府投资与非政府投资事权。政府投资应从一般性竞争领域退出,主要投资公益性和基础性项目。四是在全省推行供水、污水处理、垃圾处理等城市基础设施的产业化运作机制。

(二)下大力气改善投资环境

继续抓好基础设施建设和生态环境治理,进一步改善投资硬环境;继续清理各项乱收费,继续改革审批制度,建立与中东部地区有比较优势的土地供应制度,增强软环境方面的吸引力。

(三)鼓励和引导民间投资发展

2001 年全国国有投资、国内民间投资、外商及港澳台投资三者比重分别为 47.3%、44.6%和 8.1%,而云南省则为 66.7%、31.8%和 1.5%。由于云南省筹资渠道单一,对国债资金的依赖太强,势必会影响固定资产投资的持续稳定增长。要进一步转变观念,充分认识促进和引导民间投资对保持国民经济持续快速健康发展的重要性,最大限度开放民间投资领域拓宽融资渠道,改进管理方式,加快建设社会化服务体系,为各类投资者营造平等、公平的发展环境。

(四)积极引进国外和省外投资,为投资增长注入新的活力

中国是世界上吸引外资最多的国家之一,在美国 9.11 事件后,国际资本流向中国的势头更加强劲,外商在东部发达地区的投资非常活跃,从目前国际分工格局看,中国基本上成为了世界性的制造工厂。但云南省在这轮投资热潮中,吸引的外商投资并不理想,2001 年云南省固定资产投资资金来源中利用外资仅为 13.15 亿元(其中外商直接投资 5.31 亿元),2002 年为 22 亿元(其中外商直接投资 9 亿元)。2003 年要加大招商引资的力度,推出一批具有本省特点和优势的项目(如水电建设项目、生物资源开发创新项目等),建立引资项目库,提高对外招商推介项目的质量,建立全省统一的对外招商网站,采用 BOT、TOT 等多种形式,引进外资或省外资金。

(五)加快城镇化建设

城镇化水平低,建设滞后,城镇规划、结构、布局不合理,功能不完善,已经阻碍着第二、第三产业的进一步发展和农业产业化的进程。因此,迫切需要加快城镇化建设,充分发挥城镇化对社会经济发展的促进作用。根据云南省情况,每年选择一批中心城镇,在

做好规划的基础上,加快建设和发展。同时研究和制定促进城镇化发展的优惠政策,在土地出让、租赁和城镇建设方面,通过优惠政策吸引投资者,带动建筑、建材等相关产业的发展。

(六)进一步深化住房制度改革,着力培育和发展住房二级市场,积极推行住房公积金低息贷款

一是要加快开放二级市场,使房改房能够真正成为商品进入流通。二是要放宽单位集资建房和合作建房的限制,在切实解决好中低收入居民住房的基础上,鼓励有条件的居民持有两套住房,以扩大消费需求。三是要采取措施降低一级市场房地产价格。一方面要降低建房成本,降低开发商的超额利润;另一方面要控制房价的不合理上涨,坚决制止各种炒作行为,对中低收入的无房户实行住房公积金低息贷款,为房地产业进入良性循环的轨道创造条件。

(七)加大投资结构调整力度

加大投资结构调整力度,既要注重投资对经济的即期拉动效应,更要注重通过投资结构的调整来优化整合产业结构和经济结构,增加投资增长和经济增长的后劲。严格基本建设程序,防止低水平重复建设。

四、2003年投资建设工作重点

进一步统一思想,明确目标,增强紧迫感、责任感,力争尽可能多的完成投资工作量。切实加强重点项目的建设。计划竣工的项目要确保如期完成,计划开工的项目一定要按时开工。对重点建设项目逐一进行分析研究,找出存在的问题,提出加快施工进度的措施,建立主管部门、地区和项目业主的重点项目责任制。加强建设质量和建设进度的监督检查,建议省政府与重点行业和重点项目单位签订责任书。抓好重点地区的固定资产投资任务。昆明市固定资产投资约占全省固定资产投资的30%,昆明、曲靖、玉溪、红河、大理、楚雄6个地州市固定资产投资占全省固定资产投资的约60%。抓好重点地区的固定资产投资工作对实现全省投资较快增长十分重要。

在认真组织实施好国债续建项目的基础上,积极做好2003年国债项目的汇报争取工作。建立争取国债资金的奖励机制,鼓励各委办厅局、地州市、项目单位积极争取国债资金。

建议2003年省级预算内投资安排30亿元(1998年为25亿元、1999年为27.8亿元、2000年为23亿元、2001年为18亿元、2002年含7.8亿元银行贷款为22.8亿元),用于收尾、续建和新开工项目建设以及国债项目配套资金,并从中拿出1.5—2亿元资金进行政府软贷款贴息,贷款20—30亿元安排给有效益的重大交通、电力、城建及经营性项目作为资本金,建设期由政府负责贴息,建成后本息由项目业主偿还,这样就可以把省财政预算内规模做大到50—60亿元。省预算内资金有"四两拨千斤"的作用,对银行资金、民间投资都有较强的带动作用。省级投资要早作计划、早下达,加快资金的拨付进度。

加强与银行的联系,加强银企合作和银政合作。

向国家计委申报,发行城市建设债券、公路建设债券,拓宽融资渠道,降低融资成本。

在建设固定资产投资项目时,要鼓励使用省内劳动力和省内企业生产的产品,如钢材、水泥、机电等产品,进一步加大对本省经济的拉动作用。企业要抓住云南省建设支柱产业的机遇,进行技术改造和产品升级。

继续加强建设项目的前期工作,特别是地州市要加强中小项目的前期工作,注意提高前期工作质量,增加项目储备。省计委安排投资对部分地州市基本建设项目前期工作经费进行贷款贴息。

在运用BOT或TOT等方式上有所突破。加大宣传力度,加强人员的培训,对有条件的项目进行试点。运用BOT方式建设城市供水厂、垃圾处理厂、污水处理厂、收费道路等项目,协调解决实行BOT方式中存在的政府收费承诺等问题。运用TOT方式盘活存量资产,回笼资金,建设新的项目。

建立固定资产投资工作联席会议制度,掌握全省固定资产投资运行情况,及时协调解决重大项目建设中出现的问题。

西藏自治区投资建设情况

西藏自治区主席

在党中央、国务院的亲切关怀下,在中央、国家各部委的大力支持和全国各兄弟省区市的无私援助下,西藏自治区充分发挥投资对经济增长的拉动作用,千方百计落实建设资金,加强资金调度,保证了建设项目,特别是重点项目的顺利实施。2002年,全区全社会固定资产投资首次突破百亿元大关,有效地推动了西藏社会经济的快速发展。

一、2002年投资形势概述

2002年,西藏投资总量保持了较大增幅,固定资产投资快速增长,全年共完成固定资产投资108.99亿元(不包括青藏铁路西藏境内的投资),比上年增加23.22亿元,增长27.1%。其中,基本建设完成投资86.96亿元,增加14.18亿元,增长19.5%;更新改造完成投资9.29亿元,增加4.51亿元,增长94.4%;房地产开发完成投资2.77亿元,增加1.27亿元,增长84.7%;其他投资完成9.98亿元(包括城镇工矿区私人建房和农村集体投资),增加3.27亿元,增长48.7%。按经济类型分:国有经济完成投资103.66亿元,比上年增长29.0%;集体经济完成投资1.26亿元,增长12.5%;其他各种经济类型完成投资1.01亿元,下降46.6%;个体经济完成投资3.06亿元,增长27.0%。

中央第四次西藏工作座谈会确定的西藏117个基本建设项目完成投资42.24亿元。70个对口援藏项目全面开工,已竣工39个项目,完成投资6.8亿元。

(一)国家投资安排的基本建设项目进展顺利

2002年,国家共安排西藏基本建设预算内投资(含国债投资)86.96亿元,其中,农牧林水及生态项目16.13亿元,主要是西藏游牧民定居、无电县及中小水电开发、灌区配套、退耕还林、“一江两河”流域综合开发、人畜饮水工程、防洪、生态环境建设与保护等基本建设;交通能源建设投资54.38亿元(不含青藏铁路投资),主要为青藏、川藏等重点公路整治、通县油路、农村公路通达工程、机场建设、管道运输、农网改造、邮电通讯等基础设施建设;城市基础设施建设投资6.49亿元,主要为市政道路及县城排水、中心城市环保等基础设施项目建设;社会发展事业项目5.07亿元,主要为教育、旅游基础设施、“村村通”广播电视、县乡卫生服务中心等建设;四个国家粮食储备库建设投资0.18亿元;公检法司和乡镇基层政权建设3.14亿元,为全区基层政权建设和稳定项目建设。

(二)一批重点项目相继建成并交付使用,投资效益明显

2002年是西藏落实项目和投资最多的一年。以117个项目为主的自治区重点项目112个(全部完成并交付使用项目8个),完成投资84.21亿元,占全区固定资产投资总规模的77.3%。全区新增发电装机8490千瓦,建成11万伏及以上输电线路369.52公里;新建公路1228.45公里,其中新建一级公路12公里,改建公路487.85公里;建成长途电缆1429公里;造林面积1.8万亩;增加有效灌溉面积2.24万亩;新建粮食仓库容量4万公斤;各类学校学生席位1.71万个;城市道路扩建长度20.22公里。农林水利方面,年楚河干流整治一期工程、满拉灌区配套工程开工建设;32个县、1056个工程点的农村人畜饮水工程相继完成,解决了17万人、220万头牲畜的饮水困难。交通方面,青藏公路整治、日江公路改建等14个重点项目和6条通县油路进展顺利,公路新增、恢复通车里程2264公里;拉萨贡嘎机场改扩建工程主体框架完成;格拉输油管线建设顺利。能源方面,金河电站截流成功和引水隧洞贯通;夏曲卡水电站两台机组发电;4座县级电站和23座乡小型水电站开工建设;送电到乡工程进展顺利,67个县的二期农网建设与改造工程基本完成,新增通电乡285个,行政村1217个,12.2万农牧民(户)解决了用电问题,乡、村、户通电率分别达到71%、41%和61%。邮电通信方面,邦达至盐井、那曲至比如、日喀则至樟木通县光缆已竣工,全区已有66个县通光缆,农村卫星电话工程已经启动。公检法司及基层政权建设,完成工程建筑面积10万平方米,220个子项竣工。市政建设方面,拉萨中干渠、拉鲁湿地、拉萨市城关区危房改造、那曲地区二期给排水工程、林芝八一水

厂等项目开工建设，完成了色拉路北段、解放路、拉萨宇拓路等市政工程。社会事业方面，改扩建初级中学48所；县级卫生服务中心10个、乡卫生院18个；13个县文化活动中心开工建设。这些项目的建成和投入使用，极大地改善了西藏城乡人民群众的生产生活条件。

（三）更新改造投资力度加大

2002年西藏加大了技改力度，推进企业技术进步，更新改造投资快速增长。全区更新改造投资总规模达到了11.69亿元，完成投资9.29亿元。其中，电力业和邮电通信业分别完成投资4.78亿元、3.07亿元，技术改造加速了电力和通讯业的发展。

（四）房地产开发投资增势强劲

随着住房制度的改革，福利分房的取消，银行住房贷款政策的放宽，居民购买商品房的热情开始高涨。2002年全区共完成房地产开发投资2.77亿元，比上年增长84.7%，竣工房屋面积16.15万平方米，其中住宅14.66万平方米，房地产开发投资已成为推动全区投资增长新的热点。

二、2002年固定资产投资领域存在的问题

2002年全区投资首次突破百亿元大关，完成了年初制定的投资计划，总体情况是好的，但也存在一些值得注意的问题，主要表现在：

一是国有单位投资比重仍然很大，非国有投资明显不足。国有单位全年完成投资103.66亿元；非国有单位完成投资5.33亿元，占全社会固定资产投资总规模的4.9%，与上年相比，总量增加但比重下降。政府投资比重过大的状况仍然没有改观。从全国来看，中国经济的高速发展很大程度上得益于非国有经济的发展，2002年全国非国有经济投资的比重超过50%。而西藏国有经济仍在投资中占主导地位，非国有投资比较缺乏。

二是项目前期工作仍然薄弱。由于受经费、管理水平、技术力量等方面因素的制约，一些项目的前期工作深度不够，工程开工后设计与实际不符、缺漏项、超概算的情况时有发生，在一定程度上影响了建设项目的顺利实施。

三是投融资环境需进一步改善。全区经济和社会发展水平相对滞后，市场发育程度低，对国内外投资者的吸引力弱，区内投资环境还需进一步改善。以行政审批制为核心的传统投资体制没有根本改变，市场在资源配置中的基础性作用尚未得到充分发挥。

三、2003年固定资产投资主要任务和工作重点

2003年，西藏自治区将继续深入贯彻党的十六大和中央第四次西藏工作座谈会精神，全面推进经济社会的跨越式发展。按照中央确定的进一步加大基础设施建设力度和加快西部地区开发建设的方针，抓住国家扩大内需，实施积极的财政政策，继续增发国债的机遇，积极争取国家更多的投资，带动和激活社会投资，进一步抓好基础设施和重点项目的建设与管理，促进经济快速发展。2003年全社会固定资产投资要确保完成投资110亿元，力争达到120亿元。实现上述目标，要着重抓好以下几个方面的工作：

（一）采取切实有效措施，积极争取国家投资

西藏经济增长很大程度上是靠国家投资拉动的，要下大力做好各类项目特别是重大项目的前期工作，用成熟的项目争取国家更多的投资。一是充分利用中央对西藏投资的优惠政策，进一步争取国家支持，加大向国家有关部门汇报、衔接的力度，确保100亿元中央投资的落实。二是加大项目前期工作投入，树立“项目比资金更重要的思想”，千方百计把项目的前期工作做深、做透、做扎实。在前几年工作的基础上，2003年再安排9000万元，用于农牧业、基础设施、社会发展、城镇建设、稳定项目的前期工作和贷款贴息。三是规划好“十五”后三年的项目，搞好项目储备库建设。

（二）抓好重点项目建设

继续下大力气，抓好以“117项目”为主的重点项目建设，力争开工建设直孔电站、林芝机场、“两桥一洞”、拉萨柳梧大桥、拉萨水泥厂、拉萨火车站、西藏大学等一批重大建设项目。加快青藏、川藏公路整治改建，新开工新藏、滇藏公路的改建工程，新建一批通县油路和乡村道路；抓紧实施城乡电网建设改造工程，开工建设青藏铁路输电工程；切实加快藏东三江流域生态环境保护工程，搞好林芝机场周边生态建设。

（三）切实加强项目建设的管理

自治区党委、政府将2003年定为“工程质量管理年”。为此，要根据全区重点建设项目工作会议精神，进一步加强对建设项目的管理。一是要进一步落实建设项目领导责任制，狠抓工程质量管理，强化质量意识。二是全面推行工程项目法人责任制、招投标制、监理制和合同管理制，加强对建设项目从规划、立项、可研、初设、开工、竣工验收的全过程管理，以确保工程质量的投资效益。三是加大对重点建设项目的稽察力度，逐步建立设计、施工、监理等参建单位信誉评价机制。四是进一步强化建设项目竣工决算审计制、竣工决算审批制，管好建设资金。五是进一步规范建筑市场，继续加强建设项目的环境影响和环境监理，尤其要以查处规避招标、假招标、转包为重点，整顿建筑市场秩序。

（四）不断改善投资环境，促进和引导民间投资

2003年，西藏要认真贯彻落实国家关于促进和引导民间投资的若干意见，结合自治区实际，促进民间投资的增长。一是要充分认识促进和引导民间投资对保持国民经济持续、快速、健康发展的重要性，按照完善社会主义市场经济体制的要求，不断改善投资环境，拓宽投资范围，降低投资门槛，落实优惠政策，为各类投资者营造平等、公平的投资环境。二是要加快制度创新，推进以“放宽限制，简化审批，加强服务，保护权益”为目标的投融资体制改革，为促进民间投资增长打开体制通道。三是要建立健全社会化服务体系。建立为民间投资者服务的组织，为民间投资者提供政策、法律、财会、技术、管理和市场信息等服务，帮助民间投资者规范产权制度、财会制度。四是改进政府的管理工作。要把促进和引导民间投资纳入国民经济和社会发展规划，本着积极引导、热心服务、依法监管的原则，采取法律的、经济的和必要的行政手段，引导民间投资健康发展。

陕西省投资建设情况

陕西省省长　贾治邦

2002年，在党中央和国务院的正确领导下，陕西省积极实践“三个代表”重要思想，坚持扩大内需的方针，围绕省第十次党代会提出的“实施跨越式发展、建设西部经济强省”的目标，继续保持固定资产投资的较快增长，实现了国民经济的持续稳定快速发展，经济总量跨过2000亿元新台阶，经济效益同步提高，各项社会事业健康发展。

一、2002年固定资产投资情况

全年全社会完成固定资产投资974.39亿元，比上年增长14.5%。按经济类型分，国有及其他经济类型投资800.77亿元，增长14.2%；集体经济投资48.10亿元，增长22.7%；城乡居民个人投资125.52亿元，增长14.3%。按投资管理渠道分，基本建设投资515.52亿元，增长15.9%；更新改造投资148.44亿元，增长6.8%；房地产开发投资123.58亿元，增长23.8%。在全省投资总额中，地方项目投资779.47亿元，占投资总额的80%，增长21.7%。投资运行的主要特点是：

1. 三次产业投资全面增长。2002年以来，随着种草种树退耕还林生态建设项目的启动，农业水利业投资大幅提高，全年农林牧渔水利业完成投资31.98亿元，比上年增长25.8%；第二产业完成投资279.39亿元，增长14.7%，其中工业完成投资267.44亿元，增长13.9%；第三产业完成投资517.62亿元，增长15.8%，其中交通运输业完成投资146.49亿元，增长3.0%。

2. 基本建设投资继续发挥主要作用。在全社会固定资产投资中，基建投资占52.9%，比上年提高1个百分点，继续发挥着主要支撑作用。技改投资占15.2%，房地产投资占12.7%，其他投资占19.2%，与上年基本持平。

3. 房地产业迅速发展。全年商品房建设投资94.86亿元，比上年增长25.5%；商品房施工面积1844.97万平方米，增长43.8%；竣工面积636.07万平方米，增长9.9%。住房制度改革政策效应显现，房地产市场日趋活跃。全年商品房销售面积472.54万平方米，比上年增长20.9%，其中商品住宅销售437.16万平方米，增长27.4%。在商品房销售面积中，个人购房比重已达93.8%，比上年提高19.9个百分点。

4. 重点项目建设进度加快。全省89项重点建设项目共完成投资212.02亿元，为年计划的100.8%。到位资金193.28亿元，到位率为91.9%，是近5年来资金到位率最高的一年。

5. 民间投资增长强劲。民间投资占全社会固定资产投资的比重由1999年的33%提高2002的41%，已从初期比较集中的餐饮、住宿、娱乐、商贸、交通运输等服务业和为大工业配套的制造业，扩展到国民经济的各个领域，成为投资保持可持续增长的重要内生力量。

6. 外商投资稳步增长。全年新批外商直接投资项目203个，合同外资8.4亿美元，比上年增长13.2%；实际使用外资4.1亿美元，增长12.6%。

二、2002年主要投资建设成就

全年基本建设和更新改造建成投产项目2395个，项目建成投产率为55.0%；新增固定资产393.49亿元，固定资产交付使用率为59.3%；新增主要生产能力有：原煤开采332万吨，原油开采113.7万吨，天然气管道输送长度25公里，11万伏及以上输电线路长度464.4公里，11万伏及以上变电设备能力135.4万千伏安，水泥340.6万吨，光纤通讯电缆1056芯公里，啤酒5万吨，新建公路655.6公里，其中高速公路109公里，改建公路2231公里，长途电缆线路长度360公里，造林面积355万亩，有效灌溉面积59万亩等。

一批重点项目建成投产。西安市城市天然气一期工程、西安北石桥污水深度处理回用工程、铜川市污水处理厂、宝鸡市集中供热等基础设施项目的竣工，改善了人民生活条件，环境污染得到控制，推动了城市发展；亨通泰乐菌素200吨/年扩建工程、神木浮法玻璃厂、绿色出版示范工程、拓普西北软件园、西安康鸿片型化压电陶瓷变压器示范工程等产业化项目建成投产，为陕西省经济发展注入了新的活力；西安至户县高速公路、榆林至陕蒙界公路建成通车，使全省公路“米”字型主骨架初步形成；农村电网建设与改造二期工程的完成，提高了农村用电质量；国家储备粮库、汉中监狱迁建、西安新一代天气雷达系统基本建成，社会效益逐渐显现。

三、2002年投资建设的经验及存在的问题

2002年，陕西省固定资产投资继续以高于GDP增长的速度增长，对全省经济快速、持续、健康发展起到了重要的促进作用，主要得益于以下几个方面因素的支撑：

1. 紧紧抓住国家实施积极财政政策的有利时机，争取国债资金支持，为投资增长注入活力。1998年至2002年底，陕西省累计争取到国债资金217亿元，其中2002年50亿元。国债资金的注入，极大地弥补了陕西省建设资金之不足，促进了水利、交通和生态环境等基础设施建设，加强了社会基础设施建设，办成了一些多年想办而没有办成的大事。国债项目的建设一方面拉动了经济的增长，同时极大改善了基础设施条件和投资环境，构筑了经济跨越式发展的平台，全面提升了陕西省的综合竞争实力。

2. 扎实做好项目前期工作，保证重大项目建设接替有序。陕西省历来重视项目前期工作，不断加大前期工作投入力度，增加项目储备。自1996年确定实行项目前期工作责任制以来，坚持每年下达全省重大项目前期工作滚动计划，每年召开全省重大项目建设工作会议，交流经验，落实责任，协调重大问题。2002年实施了重大项目前期工作省级领导联系责任制，由省委、省政府领导亲自挂帅主抓30个重大前期项目。这些措施有力促进了一大批项目前期工作的进度，抓住了国家实施积极财政政策和西部大开发的机遇，得到了国家支持。

3. 积极拓宽融资渠道，保证项目建设的投资力度。在拓宽融资渠道方面，陕西省进行了积极尝试，一是省政府及有关部门搭建银企合作平台，坚持主动向银行推介项目，并采取经常性的项目调研、召开座谈会等多种方式加强与银行的沟通和协作。2002年成功举办了银企见面会，银行与企业签订贷款合同130份，金额为182.52亿元。二是通过改善投资环境、举办中西部投资与贸易洽谈会、杨凌“农高会”等形式，加强招商引资工作，吸引沿海和东部地区资金，鼓励和引导社会投资，增强资本市场对投资增长的支持力度。本届东西部洽谈会共签订利用外资项目合同88个，总投资额9.96亿美元，合同外资额8.1亿美元；签订国内联合项目合同831个，总投资额357亿元人民币，合同外地投资额280亿元人民币；签订高新技术成果交易项目合同154个，合同交易额19.8亿元人民币；内贸合同成交额258万元人民币。

4. 转变政府职能，简化审批程序，改善投资环境。在国家投资体制改革总体精神指导下，陕西省积极探索新形式下投资管理方式。除关系国民经济全局、安全和长远发展，国家有明确要求的项目外，一律简化审批程序；在保留的审批环节中，加强项目咨询评估工作，增强决策的科学性和透明度。同时采取“限时办理制”，切实提高审批工作效率。

5. 加强项目管理，促进重点项目和国债项目建设。以规范建设项目招标投标为重点，在项目建设中积极推行项目法人责任制、招标投标制、工程监理制、合同管理制、工程质量终身责任制等国家对项目管理的基本制度，取得了较好的效果。同时，积极配合国家审计署、国家各部委开展项目审计、稽察工作，及时发现问题、查处问题，不断强化项目的监管力度。

6. 制定优惠政策，促进非国有投资的稳定增长。2002年是陕西省确定的“投资环境年”。当年修订了《陕西省个体工商户和私营企业条例》，制定了各项保护措施和具体优惠措施，开展了禁止“四乱”的专项整治工作，有力促进了民间投资的发展。非国有投资占总投资的比重由1997年的33%提高到2002年的41%。

因受到投资体制、机制、外部环境等中长期因素的制约，陕西省经济尚未进入靠内在动力推进的自主增长轨道，投资工作中还存在一些不足：

1. 投资增长对财政性资金(国债和预算内资金)的依赖程度比较高。近几年国债投资的加强事实上强化了政府性投资在经济发展中的作用和地位。五年来陕西省累计争取国债217亿元，财政性资金占投资的比重由1997年的6.5%提高到2002年的12.1%。与其他省份相比，财政性投资所占的比重偏高。

2. 非国有投资比重仍然偏低。由于适应市场经济发展要求的新型投资体制尚未建立起来，投资环境有待改善，投资领域各个环节市场化的运作机制还不完善等原因，社会投资主体的积极性没有充分调动起来，非国有投资占全社会固定资产投资的比重一直偏低，目前为41%，比全国平均水平低20多个百分点。

3. 投资结构不甚合理，产业化项目投资比重偏低。在国债投资的拉动下，基础设施建设投资大幅度增长，已占到总投资的53%，产业化项目包括国债贴息的重大技改项目，尤其是培植财源性的产业化项目受市场需求、企业融资条件和投资环境等因素的影响，增长比较慢。

4. 项目前期工作还存在一些问题。一是项目前期工作仍然是政府为主，法人的积极性、主动性不够。二是重大项目储备不足，主要是缺少产业关联度高的财源性、就业性产业化项目，不利于解决当前经济发展中的矛盾。三是项目前期工作质量不高，深度不够，项目策划、包装、运作的针对性差，观念陈旧，方式简单，手段落后。

四、2003年投资建设展望

2003年是全面建设小康社会、实施陕西省“小三步”战略步骤的重要一年。根据党的“十六大”和省第十次党代会精神，2003年陕西省投资工作要以邓小平理论和“三个代表”重要思想为指导，抓住国家积极推进西部大开发和继续实施积极财政政策的战略机遇，以结构调整为主线，以扩大投资规模、优化投资结构为目标，着重解决社会经济生活中的突出问题。围绕实施关中“一线两带”规划、建设陕北能源化工基地和开发陕南水力、生物、矿产三大资源，启动大项目带动战略，在进一步做好

项目前期工作，加强基础设施建设的同时，加快特色产业的发展，加大对有利于扩大就业和培植财源的产业化项目的扶持力度，确保投资对经济增长继续发挥重要支撑作用。2003 年投资规模计划为 1080 亿元，比 2002 年净增 105 亿元，增长幅度11%，略高于全省经济增长 10%的速度。

投资领域的工作重点有以下四个方面：一是紧紧抓住国家继续增发国债并向西部倾斜的有利时机，加强国债资金的争取和国债项目的管理工作。二认真落实相关政策，切实启动民间投资，积极引导社会资本参与优质国有资产存量盘活。三是全面加强重大项目的前期工作和招商引资工作，加大前期工作投入，提升前期工作质量，招商引资工作实现新突破。四是全面落实省委、省政府抓项目的指示精神，实施项目带动战略，调整重大项目建设结构，加大就业性和财源性产业化项目的建设力度。

确保投资目标实现的主要工作措施是：

1. 从加强领导、充实队伍、保证经费和建立灵活机制等方面，切实加大抓项目工作的力度。全省分级成立重大项目建设领导小组和办公室，形成一个抓项目的队伍网络，建立鼓励抓项目工作的机制。

2. 发挥现有企业的积极性，重点培植市场前景好，能增加财税收入来源的项目，尤其是石油、煤炭、电力、卷烟、酒和食品等骨干财源项目，研究如何做大做强现有企业，延长产业链，提高关联度。

3.继续抓好项目前期工作。在加大前期工作投入的同时，关键是要提高前期工作质量。首先，要注重调查研究，充分组织好咨询论证和方案比选，项目定位要准确，分析要透彻，方案要科学。其次，要明确业主，最大限度的推进前期工作进展。第三，政府综合和行业主管部门要加强协调，加快项目必要前置手续的先期办理工作，节省宝贵时间。

4. 抓好建设资金的筹措落实。建设资金要逐渐减轻对财政性资金的依赖程度，要一手抓国债和其他财政性资金的争取，力争不低于 2002 年水平；一手抓吸引社会投资，通过改善投资环境、简化审批程序、创新投资方式来刺激民间投资活力，保持投资增长后劲。针对不同项目，要分门别类的确定资金筹措思路。

5. 加强重点项目管理。全面推行项目法人责任制、招投标制、工程监理制和合同管理制，确保工程质量和资金安全。树品牌意识，建精品工程，要加强项目的稽查、审计力度，发现问题及时协调解决。要重视发挥投资社会中介组织的作用，重大项目都要经过中介机构评估，以提高项目决策水平。

甘肃省投资建设情况

甘肃省发展计划委员会副主任 李文卿

2002年是推进西部大开发战略实施的重要一年。在甘肃省委、省政府的正确领导下，全省进一步抢抓西部大开发战略和国家积极财政政策机遇，多渠道筹措建设资金，努力加强基础设施和基础产业项目建设，全年固定资产投资保持了较快增长势头，有力地促进了国民经济的持续健康发展。

一、2002 年全社会固定资产投资情况

在国家积极财政政策的持续作用下，2002 年甘肃省投资呈现出稳定增长的态势，全社会固定资产投资完成 575.83 亿元，比上年增长 13.93%。其中，基本建设投资 285.79 亿元，增长12.92%；更新改造投资 154.81 亿元，增长 18.78%；房地产开发投资 37.71 亿元，增长 20.21%；其他投资 97.52 亿元，增长7.6%。

从产业结构来看，第一产业投资增长较快，第三产业投资出现下降，结构调整效应不明显。第一产业完成投资 28.71 亿元，增长 38.7%，增幅比上年提高 31 个百分点。第二产业完成投资 217.63 亿元，增长 24.04%，增幅比上年加快 2 个百分点。第三产业完成投资 329.49 亿元，增长 6.54%，增幅比上年下降 4.6 个百分点。

按照经济类型划分，2002 年全省国有经济投资完成 378.75 亿元，增长 13.7%，增幅与上年持平；非国有经济投资完成 197.08 亿元，增长 14.4%，增幅比上年下降近 3 个百分点。在非国有经济投资中，集体经济完成投资 34.06 亿元，增长 21.12%；个体经济投资 50.94 亿元，比上年下降 9.54%；联营经济、股份制经济、外商及其他经济投资 112.08 亿元，增长 35.2%。

从资金来源分析，国家预算内投资为 69.1 亿元，增长1.65%；国内银行贷款 152.42 亿元，增长 7.72%；利用外资 9.56 亿元，增长 90.82%；企事业单位自有及其他投资 344.75 亿元，增长 18.5%。

按照隶属关系划分，中央项目完成投资 150.57 亿元，增长0.79%；地方项目完成投资 425.26 亿元，增长 30.67%。

二、2002 年主要投资建设成就

从全省投资计划执行情况和项目建设看，甘肃省实施了一大批水利生态、公路交通、教育、旅游、电力、石化、城市基础设施等方面的骨干项目。全社会投资快速增长，拉动国民经济继续保持高位运行。2002 年全省国内生产总值达 1161.43 亿元，增长 9.4%。其中，第一产业 214.45 亿元，增长 5.8%；第二产业

530.36 亿元，增长 10.8%；第三产业 416.62 亿元，增长 9.6%。

（一）基础设施建设不断加强，重点项目进展顺利

全省投资重点继续向农林水利、交通运输、电力电源、邮电通信、城市建设等行业倾斜，基础设施建设进一步得到加强。在基本建设投资中，农林牧渔及水利完成投资 28.9 亿元，增长 55.3%；交通运输和邮电通信完成投资 95.5 亿元，增长 5.1%；电力煤气建设完成投资 44.9 亿元，增长 10.3%；教育卫生等社会事业完成投资 14.7 亿元，增长 22.5%。

全年 39 个重点项目实际完成投资 137.2 亿元，到位资金 117.3 亿元，分别占年度计划的 105.5%和 90.2%。当年建成收尾 13 项重点项目，其中，国道主干线白银—兰州、徭口—柳沟河、古浪—永昌等 6 条高等级公路建成通车，新增高速公路 307 公里；敦煌机场建成投入使用，年旅客吞吐能力 30 万人次；铁路宝兰二线工程及兰州火车站改造全面完成；兰州铝业公司及金川公司节能降耗、祁连山水泥公司新型干法水泥熟料生产线改造已建成投产。疏勒河农业综合开发、省人民医院门诊楼、平凉电厂等其它重点续建项目进展良好，顺利完成了年度投资计划和建设任务。

（二）生态建设和环境保护继续稳步推进

全省进一步加快了天然林资源保护、生态环境综合治理、退耕还林还草、重点防护林工程、天然草原恢复及建设、长江流域和黄河流域水土保持等生态建设项目的建设进度。40 个生态县综合治理工程全部完成通过验收；退耕还林还草完成 370 万亩。黑河流域综合治理工程全面启动，连续两年完成了向下游分水的任务。兰州南北两山环境绿化工程顺利完成 33 万亩的绿化任务，城区冬季大气环境质量初步好转。河西地区生态环境综合治理规划基本完成，生态环境保护得到了重视和加强。

（三）国债项目建设步伐加快，签订责任书项目达到国家要求进度

甘肃省继续抢抓国家积极财政政策和西部大开发战略机遇，重点加强农林水利生态、交通民航、农村电网、城市基础设施、教育、旅游、公检法司以及企业技术进步和产业升级等方面的建设，千方百计加快工程建设进度。截至 2002 年底，全省国债项目累计完成投资 576 亿元，占项目总投资的 78.4%。其中签订责任书国债项目 350 项，至年底已建成 300 项，累计完成投资 221.5 亿元，占签订责任书项目总投资的 92%，达到了国家要求 90%以上的进度标准。农村人饮及病区改水工程已建成，解决了 270 万农村人口饮水困难；国道主干线兰州—白银等 8 条干线公路已建成使用，累计新增公路里程 3042 公里；高台、景泰等 21 个国家储备粮库全部建成，新增库容 19.6 亿斤；188 个中小学危房改造、19 个职业学校教学楼等项目也按期完工，促进了社会事业的协调发展。

（四）房地产开发稳步发展，商品房销售良好

2002 年全省房地产开发企业 633 个，项目施工面积达 649.5 万平方米，比上年增加 107 万平方米。当年新开工项目施工面积 263.4 万平方米，同比增长 24%。全年商品房竣工面积 220.3 万平方米，销售面积 165.8 万平方米，增长 17%。累计销售额为 21.9 亿元，比上年增长 23.1%。房地产施工面积的持续增加，对拉动投资稳定增长较为有利。

（五）西部大开发顺利实施，招商引资力度加大

全省上下坚持以西部大开发统揽经济工作全局，不断完善开发思路，加大工作力度，开展了一系列重点工作。一是从改善基础设施条件出发，加快在建项目的建设进度，一批公路、电力等重大基础设施工程相继建成并投入使用。41 条贫困县连接国道公路和通县油路，已有 24 条建成通车，其余 17 条均达到使用性通车标准；平凉电厂 3 号机组土建完工，机组及设备安装接近尾声；小峡水电站成功实现截流；12 个城市电网改造项目全部完成等。二是省委、省政府于 3 月份召开了全省实施西部大开发战略汇报会，总结了实施西部大开发战略三年来的工作经验，讨论研究了进一步加快甘肃省实施西部大开发的措施，并对全年开发工作进行了具体部署。年中，省委、省政府还专门组织力量，到各市州地和主要省级部门开展了督查，有力地推动了西部开发工作的顺利实施。三是按照“以大项目支撑大开发，以大开发促进大发展”的思路，推动了一批事关全省经济发展的重大项目的前期工作。引洮工程可研报告通过国家审查，实现了引洮供水一期工程奠基及九甸峡水利枢纽导流洞开挖的目标；兰州至武威南铁路二线可研报告已批复，乌鞘岭长隧道年底开始施工；兰州燃气电厂、庆阳机场复航改造国家已批准立项，前期工作进展顺利；兰州铝厂 30 万吨铝板带箔材、酒钢 50 万吨不锈钢等支柱产业升级的重大项目已完成中咨公司的评估，取得阶段性成果。四是招商引资力度明显加大。全年签订利用外资合同项目 63 个，合同金额 3.2 亿美元，实际到位资金 2.26 亿美元，其中，外商直接投资 0.52 亿美元，对外借款 1.74 亿美元。

从全年投资计划执行情况看，尽管全省项目建设与固定资产投资都取得了较大进展，但当前投资领域也还存在着一些问题和困难。一是投资总量偏小，2002 年全省实际完成投资为 575.83 亿元，仅占全国固定资产投资总量 43499.9 亿元的 1.32%，投资比重较低。二是市场发育程度较低，市场机制不完善，城市公用设施、文化场馆、会展产业等一些具有经营性特色可以用市场机制来筹资、建设、运营的项目，目前仍依赖于政府投资，民间投资发展及引进外资的条件还不够宽松。三是前期工作滞后，项目储备不足，特别是缺乏一些事关全省经济发展大局的重大骨干项目，直接影响今后甘肃省投资的持续增长。

三、2003 年投资建设展望

2003 年是“十五”计划的关键一年，也是全面推动西部大开发、加快甘肃发展的重要一年。做好全年固定资产投资工作具有十分重要的意义。

（一）全年固定资产投资计划

在国家积极财政政策、稳健货币政策和市场经济的共同作用下，2003 年甘肃省投资工作面临新的发展机遇，主要体现在以下几个方面：一是在国家积极财政政策的持续作用下，甘肃省已建成了一批基础设施骨干项目，水利、生态、交通、通信等

基础设施条件明显改善，城乡环境面貌出现积极变化，社会事业有了较快发展，这将为今后民间投资增长和经济发展创造较为有利的外部环境。二是2003年国家继续实行积极的财政政策，增发国债资金1400亿元，进一步加大了对包括甘肃在内的西部地区的投资支持力度。三是国有企业基本实现脱困目标，企业效益有所好转，企业存款余额明显增加，表明企业自有投资和自我发展能力得到提高。四是出口、消费、投资三大需求出现了全面恢复，经济增长的内在动力有所增强，大大地增强了消费者和投资者的信心。

分析全年投资形势，结合"十五"计划目标和项目建设情况，甘肃省确定2003年全社会固定资产投资计划为650亿元，比上年增长12.9%。其中，基本建设投资320亿元，增长11.9%；技术改造投资175亿元，增长13%；房地产开发投资40亿元，增长6.1%；其他投资115亿元，增长17.9%。

（二）全年投资工作的主要任务及措施

2003年甘肃省固定资产投资工作的总体思路是：继续坚持扩大内需的方针，保持积极财政政策和稳健货币政策的连续性和必要的力度，促进全社会固定资产投资的较快增长；在安排好国债续建项目的基础上，重点向改善农村生产生活条件、生态环境治理、扩大就业、启动消费、优化经济结构和促进技术进步等方面倾斜；力争新开工一批基础设施和社会公益性骨干项目，促进科技教育发展，推动西部大开发战略的顺利实施；深化投资体制改革，加强政府投资项目的全过程管理，努力探索符合社会主义市场经济的"投资、建设、运营"的项目新机制；积极引导民间投资快速增长，鼓励污水垃圾产业化发展，促进非公有制经济发展。

根据上述总体思路，省里确定了全年固定资产投资工作的主要任务及措施。

一是加快建设项目工程进度，保持全省投资稳定增长。2003年要继续按照"保投产、保收尾、保重点"的原则，努力加快建设项目的工程进度。坚持实行固定资产投资分地区、分行业考核责任制，重点抓好在全省投资总量中所占份额较大的农林水利、公路交通、电力电网、邮电通信、城市基础设施、经济适用住房、重点企业技术改造等方面的项目建设，尽可能完成更多的投资工作量。按照省里西部大开发的总体思路，进一步加强基础设施、生态环境以及教育、科技等方面的投资建设力度，千方百计加快西部开发主要骨干项目的工程进度，全面推动西部大开发战略的顺利实施。

二是严格基本建设程序，进一步加强国债项目建设和管理。在认真总结5年来国债项目建设管理经验的基础上，2003年要进一步加大工作力度，采取有效措施，严格执行基建项目"四制"，不断加强国债项目建设管理和运营管理，努力提高国债投资效益。对于2002年签订责任书没有按期建成的国债项目，要集中施工力量，倒排工期和进度，力争上半年全部建成。已安排国债资金尚未正式开工建设的项目，要给予高度重视，加大组织协调力度，积极主动开展工作，争取早日开工建设。全面检查5年来实施的国债项目，认真总结工程建设管理中的好经验和好做法。已全部建成的项目要按程序组织竣工验收，尽快投入使用发挥效益，并积极探索运营管理的合理机制。

三是继续多渠道筹措建设资金，积极鼓励和引导民间投资增长。2003年投资计划能否完成，建设资金仍然是关键因素。为此，要进一步拓宽思路，继续做好多渠道筹措资金的工作。首先要抢抓国家增发1400亿元国债资金的机遇，尽可能多地争取国债资金安排好在建项目，力争再新开工一批项目。其次要努力克服困难，加大地方资金统筹能力，扩大融资渠道，继续开展内引外联和招商引资活动。第三，要把鼓励和引导民间投资作为促进经济发展的一项重要任务来抓，采取切实可行的政策措施，千方百计鼓励和引导社会投资。进一步贯彻落实《国家计委关于促进和引导民间投资的若干意见》，制定和实施符合实际的具体政策措施，努力加快民间投资增长。按照《关于推进城市污水、垃圾处理产业化发展的意见》要求，加快污水、垃圾处理产业化进程，逐步建立和完善污水处理、垃圾处理项目建设、运营的良性发展机制。

四是加大项目前期工作力度，提高前期工作质量。结合国家投资政策方向和企业发展需要，按照"竣工使用一批、抓紧续建一批、开工建设一批、前期推进一批"的原则，坚持不懈抓紧项目前期工作。要站在抓机遇、促发展的角度，不断加快项目前期工作进度，提高项目前期工作质量和水平，特别是要筛选论证一批产业关联度高、带动作用大、关系经济长远发展的重大骨干项目，增加项目储备。要逐步加大项目前期工作经费的投入，完善项目前期工作目标责任制，明确分工，责任到人，切实把项目前期工作落到实处。

五是继续促进房地产开发的健康发展。按照建设部、国家计委等有关部门《关于加强房地产市场宏观调控促进房地产市场健康发展的若干意见》精神，充分发挥政府职能，加强房地产市场宏观调控。坚持以市场需求为导向，合理确定房地产开发建设规模，大力发展普通商品住房和经济适用住房，调整房地产市场供应结构。加强土地一级市场管理，控制过量批租土地，强化商品房价格管理，控制房地产价格过快增长。要采取有效措施，加大闲置商品房的消化力度。

六是加强项目管理，确保工程质量。牢固树立"百年大计、质量第一"的意识，按照《工程质量管理条例》、《国务院办公厅关于加强基础设施工程质量管理的通知》（国办发［1999］16号）等有关规定，进一步加大工程质量监管力度。要全面落实项目法人责任制、工程监理制、招投标制、合同制以及工程质量终身责任制。严格按照基本建设程序，强化项目资金管理，规范招投标秩序，确保建设工程质量万无一失。

七是进一步深化投融资体制改革。按照党的"十六大"精神，加快国有资产管理体制改革，盘活国有存量资产，促进投资主体多元化。继续深化行政审批制度改革，简化和规范对投资项目的审批，扩大企业投资的自主决策权。严格政府投资项目建设和管理，抓紧研究制定政府投资项目管理办法，规范政府投资行为。加强全社会投资的宏观调控力度，促进国民经济健康发展。

（三）重点项目投资建设情况

为了进一步推进甘肃省西部大开发战略的顺利实施，发挥重点项目对固定资产投资和经济发展的带动作用，省政府确定2003年全省重点项目42项，项目总投资710.6亿元，截至2002年底已累计完成投资288.9亿元。2003年计划投资124.8亿元。其中，基本建设重点项目29项，总投资626.7亿元，截至2002年底累计完成投资253.9亿元，2003年计划投资98.3亿元；更新改造重点项目13项，总投资83.9亿元，截至2002年底累计完成投资35.1亿元，2003年计划投资26.5亿元。

在基本建设重点项目中，2003年计划建成或部分建成项目11项，总投资272.9亿元。截至2002年底已完成投资204.1亿元，2003年计划投资39.3亿元。主要包括东乡南阳渠灌溉、平凉电厂、农网改造二期、省人民医院门诊楼、兰州第二电信枢纽、国道主干线山丹至临泽高速公路等项目。2003年需加快工程进度的续建项目9项，总投资146.3亿元，其中2003年计划投资33.9亿元。主要建设疏勒河农业综合开发、国道主干线兰州至临洮高速公路、白银至刘寨柯高速公路、小峡水电站、兰州七里河安宁污水处理厂、省博物馆改造等项目。

在更新改造重点项目中，2003年计划建成收尾5项，总投资39.9亿元。截至2002年底已完成投资29.9亿元，2003年计划投资10亿元。主要包括酒钢公司热轧薄板、兰州连城铝厂电解铝节能降耗、中油兰州石化公司24万吨乙烯及300万吨重油催化裂化装置、天水永红器材厂表面贴装式IC封装线等项目。

此外，为了做好全省重点项目的接续工作，甘肃省还确定了9个重点预备项目，总投资103.8亿元。这些项目前期工作都处于开工前准备阶段，待正式开工建设后，将转为重点建设项目并纳入管理。

青海省投资建设情况

青海省副省长 苏森

2002年是“十五”计划实施的第二年，青海省上下在省委、省政府的正确领导下，深入学习贯彻“三个代表”重要思想，锐意创新，与时俱进，狠抓落实，实现了年初确定的各项经济指标，全年完成国内生产总值341亿元，比上年增长12.4%，其中，第一产业增长4.5%，第二产业增长16.4%，第三产业增长10.8%。全省经济和社会事业继续保持着良好的发展态势，为进一步完成“十五”计划目标奠定了坚实的基础。

一、2002年固定资产投资情况

2002年，全省各地区、各部门狠抓投资工作，强化项目意识，抓住国家加快西部大开发战略和继续扩大内需的有利时机，积极向国家争取项目和资金，全年共落实国家投资41亿元，使固定资产投资继续保持快速增长的势头，重点工程和国债项目进展顺利。全年投资运行呈现以下几个特点：

（一）全社会投资快速增长，各项指标圆满完成

2002年，全省完成固定资产投资总量245.02亿元，同比增长21.53%，超额完成计划目标。分经济类型看：国有经济及其它经济类型投资212.57亿元，增长19.3%；城乡集体经济投资6.47亿元，增长20.0%；城乡居民个人投资25.98亿元，增长25.1%。国有经济及其他经济类型投资按计划管理渠道划分：基本建设投资164.58亿元，增长21.6%；更新改造投资25.20亿元，增长21.2%；房地产开发投资16.89亿元，增长10.9%。国有经济及其他经济类型投资按行业划分：第一产业完成12.53亿元，增长93.0%；第二产业完成83.97亿元，增长23.4%，其中工业完成76.92亿元，增长19.1%；第三产业完成116.07亿元，增长12.0%。

（二）基础设施建设仍是拉动投资快速增长的主要方面

2002年，青海省继续加大交通、能源、城镇和农业等基础设施建设方面的投入力度，投资成效显著。公路建设全年完成投资60亿元，比上年增长33%，平安至西宁高速公路全线通车，国道、省道部分路段先后建成，13条通县油路基本竣工，11条贫困县公路投入使用。铁路方面，青藏铁路格拉段建设年内完成投资51亿元，兰青铁路提速工程基本完成。电力建设完成投

资16.9亿元，增长30%。城镇基础设施完成投资10亿元，实施了城镇道路排水、环卫设施、集中供热和供水管网改造等34个项目。农业基础设施和生态环境建设力度加大，盘道水库开工建设，黑泉水库进入收尾工程，“二化一平”农业综合开发项目、病险水库除险加固工程、退耕还林(草)工程、天然林保护工程、人畜饮水、小流域综合治理、河道治理、灌区改造及节水灌溉等项目均完成年度投资计划。

（三）国债项目顺利收尾，重点项目按计划完成投资任务

按照青海省政府与国家计委签订的目标责任要求，青海省2002年国债收尾项目有16个方面557个项目，总投资141.95亿元；年内已建成544项，累计已完成投资140.39亿元，占国债项目总投资的98.9%，其中，2002年全年累计完成投资65.4亿元，完成年度计划投资的100.8%，收尾项目总体完成95%的工程量目标，为此国家计委给予青海省4亿元的地方配套补助资金和0.89亿元的国债奖励资金。

2002年全省共安排基本建设重点项目33项，计划投资158.31亿元，全年累计完成投资151.51亿元，为年度计划的95.7%，占全省全年固定资产投资总量的62%。其中，续建项目完成投资125.25亿元，新开工项目完成投资26.26亿元。33个重点项目中，续建项目17项，新开工项目16项，均按计划完成了年度投资任务。新开工项目中除西宁机场外，其余15项均已开工建设。在重点项目的带动下，全省全年基本建设新上项目1201个，竣工项目919个，分别比上年增长12.1%和8.6%。

（四）民间投资活跃，增势良好

随着投资环境的进一步改善，2002年青海民间投资总量又上新台阶，全年完成投资91.14亿元，同比增长19.25%。其中，股份制投资完成62.68亿元，增长20.83%；个体投资完成21.26亿元，增长18.70%；外商投资完成2.71亿元，增长68.32%；港澳台投资完成1.26亿元，增长193.02%。在各种所有制成份投资不断增长的同时，民间投资涉及的领域也不断拓宽，小水电、旅游、交通运输、房地产、社会服务等领域，逐渐成为民间投资尤其是个体私营经济投资的热点。

（五）地区投资快速增长，成为拉动地方经济增长的主要力量

在国债项目的带动下，全省地方投资也呈现出快速增长的良好态势，对拉动地方经济增长发挥了重要作用。2002年全省六州一地一市完成投资情况如下：西宁市77.7亿元，增长12.1%；海东地区32.5亿元，增长59.3%；海北州增长7.5亿元，增长22.7%；黄南州6.2亿元，增长5.1%；海南州11.9亿元，增长44.1%；果洛州2.2亿元，增长10.8%；玉树州4.3亿元，增长20.2%；海西州49亿元，增长23.6%。

（六）资金到位情况良好，为工程的顺利建设提供了保障

2002年，在已完成的国有及其它经济类型投资中，全省基本建设资金累计到位150.04亿元。其中，国家预算内资金37.9亿元，同比增长40.5%；国内贷款资金46.2亿元，增长28.1%；利用外资1.94亿元，增长57.9%；自筹资金36.6亿元，增长4.7%；其它资金27.4亿元，增长37.4%。由于资金到位情况较好，2002年度基本建设各项应付款减少，与上年相比下降13.7%。年内全省更新改造资金到位23.9亿元，比上年增长12.4%，资金到位率94.8%。其中，国家预算内资金到位2.3亿元，增长72.3%；自筹资金14.7亿元，增长34%；其它资金3.8亿元，增长8.2%。

（七）重点工程项目建设进展顺利

年初确定的西宁—湟中和平安—阿岱高速公路、香巴异地扶贫开发、光明工程、格尔木机场改扩建、直岗拉卡水电站、盘道水库等16个新开工项目已有15个正式开工建设。33个重点项目中，农网改造二期、西宁市南绕城快速路、中心广场、兰青铁路提速改造、青海大学基础设施、日月山—格尔木公路等基本建成。人畜饮水工程、退耕还林(草)、天然林保护等工程完成年度计划，16条通县油路中已有13条建成通车。青藏铁路格拉段、公伯峡水电站、100万吨钾肥工程施工进度加快。收尾的16个方面、557个国债项目已建成544项，总体完成95%的工程目标。同时，国债项目的管理水平也有了进一步提高。前期工作力度加大，前后分三批下达前期项目172项，其中重点项目43项。

（八）加强投资法规建设，进一步推进投融资体制改革

全省各级政府部门转变政府职能，强化服务意识，进一步深化行政审批制度改革，简化基本建设和技术改造项目审批程序。省里先后出台了《青海省贯彻<中华人民共和国招投标法>建设工程实施办法》、《青海省基本建设和技术改造项目备案管理试行办法》。投资法规的建立健全，投资环境的日益改善，较大地促进了招商引资。2002年全省实际利用外资1.48亿美元，增长15.6%，利用省外资金52亿元，增长4.0%。为了加快启动社会投资，积极发挥财政资金导向作用，筛选和推介了一批重点项目，通过财政贴息办法，吸引银行投资贷款，引导民间资金投入教育、卫生、社区服务等社会发展领域，进一步扩大了投资总量，优化了投资结构。

二、2002年投资存在的问题

2002年青海省固定资产投资虽取得很大成就，但投资领域仍存在一些不容忽视的问题，需今后努力加以解决。

（一）固定资产投资总量小，增速出现放缓迹象

青海省全社会固定资产投资总量在全国的比重不足1%(0.81%左右)，在全国仅排29位。2002年青海省全社会固定资产投资增速为21.53%，比上年下降8.68个百分点，同期仅高于全国5.43个百分点。预计2003年增速会比2002年降低6.5个百分点。

（二）固定资产投资中，国债资金占相当比重，扩大投资需求基础不牢固

近年来，青海省固定资产投资的快速增长主要得益于国债投资和国家银行贷款。1998—2002年，青海省共争取国家各项

资金132.7亿元,其中国债资金109.7亿元,占82.7%。1998年以来青海省全部国债项目的总投资占全社会固定资产投资的40.73%。今后,随着国债资金的逐渐淡出,对国债投资依赖较大的青海省来说,扩大投资需求的压力将相当大。

（三）民间投资规模小

据统计,1998—2002年,青海省国有经济投资所占比重分别为76%、73%、66%、62%和63%,虽然呈逐年下降之势,但投资所占比重仍在60%以上。如何发展民营经济,启动和促进民间投资快速增长,已成为青海省急需解决的重要问题之一。

（四）外商及港澳台投资总量小

虽然近年来青海省固定资产投资持续快速增长,但外资投入却驻足不前。1998—2002年,青海固定资产投资总额每年均在170亿元以上,但外商及港澳台投资总额累计仅有14.46亿元,占投资总额的1.7%,其中利用外资较多的2002年投资也只完成0.48亿美元,只占当年全省投资总量的1.6%,而同期全国实际利用外资突破了500亿美元。

除上述问题外,青海省在投资和项目建设中还存在着配套资金缺口大,落实困难,项目储备不足,国债转贷资金及银行贷款的偿还难度大等问题,这些都是制约青海省投资可持续增长的重要因素,应该引起高度重视。

三、2003年投资建设展望

2003年,青海省将认真贯彻落实党的十六大精神和国家西部大开发战略,积极推进投融资体制改革,完善投资管理。围绕“扩大投资总量,改善投资结构,提高投资效益”,继续加强基础设施和生态环境建设,加大传统产业升级和技术改造的力度,加快科技、教育和其他社会事业的发展,着力培育消费热点,增加财源,扩大就业。大力引导民间投资,抓好项目前期工作,严格工程质量管理,促进固定资产投资的持续平稳增长。

(一)2003年固定资产投资预期目标

投资总量完成280亿元,同比增长14.5%。其中,基本建设完成182.50亿元,同比增长10.6%;技术改造投资完成29亿元,同比增长16%;其他投资完成7亿元,同比增长7.2%;房地产开发投资完成21亿元,同比增长26.5%,集体投资完成7.50亿元,同比增长15.4%;个体投资完成33亿元,同比增长22.23%。

（二）做好全省项目工作

一是抓好在建项目的实施,如平阿高速公路、直岗拉卡水电站、西宁和格尔木污水处理厂、青藏铁路建设等。二是抓好项目前期工作,如湟水北干渠一期工程、330千伏北交变、青藏铁路供电线路、县际公路、西宁和格尔木机场改扩建等重点项目。三是增加项目储备,根据2003年国家确定的八个投资领域,结合青海的具体情况,抓紧做好项目的前期工作,加大项目储备的力度,充实项目库。四是抓好技改工作,如桥头电厂15万吨铝电联营、中铝青海公司8.5万吨电解铝、西宁钢厂技改等项目。

（三）进一步改善投资环境

继续深化行政审批制度改革,削减行政审批事项,减少审批环节,规范行政审批行为。认真落实招商引资的各项优惠政策,在国家政策法规许可的范围内,进一步放宽投资领域,降低准入门槛。同一地区、同一领域多种经济成分一视同仁,公平竞争,积极为投资者营造良好的投资环境,使招商工作由单纯的资源招商、项目招商向环境招商、政策招商、服务招商、专业园区招商全面拓展,逐步扩大青海省的招商引资规模。

（四）迅速扩大民间投资

随着全省经济结构战略性调整步伐的加快,国有经济将在一般竞争性领域退出。民间投资不但覆盖了国民经济的多个领域,而且在农林牧、建筑业、批发和零售贸易、餐饮业和房地产业等领域占据了主导地位。2002年,民间投资在全省固定资产投资的份额已达到37.2%,占据了总投资额的1/3。可以预测,随着社会主义市场经济体制的进一步完善和民间投资机制的建立,完全可以唤醒“休眠”的民间资本,使其成为拉动青海省投资扩张和经济增长的主力军。

省内较大的储蓄将使扩大民间投资成为可能。近几年来,青海省的城乡居民储蓄存款余额逐年上升,而且储蓄率一直稳定在25%以上,2001年的储蓄率达到26.83%,2002年全省城乡居民储蓄达到223亿元。稳定和较高的储蓄率为青海省民间投资快速发展提供了有利可靠的保证。

（五）抓好投资热点的培育

一是进一步加大房地产开发力度,主要是加快西宁市危旧房改造,实施贷款贴息扶持。二是加大支持青海城市社区服务项目建设的力度,以增加就业。三是通过发展面向市场的特色农业、效益农业和订单农业,加快农牧业产业化进程。

五年来青海省固定资产投资变化表

单位：亿元

指标		1998年		1999年		2000年		2001年		2002年	
		投资额	增减%	投资额	增减%	投资额	增减%	投资额	增减%	投资额	增减%
按经济类型分	投资总额	116.38	19.17	128.13	10.09	154.83	20.84	201.61	30.21	245.02	21.53
	国有经济	89.01	11.75	94.09	5.71	102.83	9.29	122.80	19.42	153.88	22.93
	集体经济	3.99	-13.26	7.05	76.69	6.61	-6.24	8.13	23	6.50	19.90
	联营经济	0.55	-25.68	0.15	-72.73	0.25	66.67	0.39	56.00	0.10	-74.36
	股份制经济	4.10	87.21	4.51	10.00	28.63	5.35(倍)	52.07	81.87	62.68	20.38
	外商投资经济	1.05		0.82	-21.9	2.54	2.09(倍)	1.61	-36.61	2.71	68.32
	港澳台经济	1.35	14(倍)	1.88	39.26	0.89	-52.66	0.43	-51.69	1.26	193.02
	其他经济	12.49	89.82	11.97	-4.16	32.31	1.69(倍)	54.63	69.08	0.41	-21.15
按管理渠道分	基本建设	74.62	25.56	74.16	-0.62	100.37	35.34	133.90	33.41	164.60	21.6
	更新改造	13.93	0.72	15.42	10.70	17.26	11.93	20.96	21.44	25.87	23.43
	房地产开发	8.65	2.52(倍)	11.20	29.48	13.50	20.49	15.36	13.78	16.92	10.16
	其他投资	5.44	-3.72	7.95	46.14	6.49	-18.36	6.94	6.93	7.62	9.80
按资金来源分	国家预算内资金	5.47	4.80	15.32	1.80(倍)	25.79	68.34	36.08	39.90	49.00	35.81
	国内贷款	35.08	-6.65	32.58	-7.13	36.17	11.02	44.02	21.70	68.61	55.86
	利用外资	3.49	49.79	0.99	-71.63	2.17	1.19(倍)	1.61	-30.41	2.45	52.17
	自筹资金	52.06	23.36	64.75	24.38	47.63	-26.44	78.48	64.77	75.96	-3.20
	其他资金	16.72	64.41	13.84	-17.22	42.64	2.08(倍)	37.98	-10.93	49.00	29.01

宁夏回族自治区投资建设情况

宁夏回族自治区副主席

在国家实施西部大开发战略的指导和积极财政政策的大力支持下，通过全区上下共同努力，2002年宁夏回族自治区经济发展活力增强，速度加快。全年全区国内生产总值达到329.7亿元，比2001年增长10.2%。农村经济全面发展，农业产业化进程加快，龙头企业带动和辐射作用不断增强。工业经济在调整中前进，产业、产品结构出现了积极变化，国有工业企业实现了整体扭亏为盈。第三产业持续快速发展，呈现出良好的发展势头。

一、投资继续保持快速稳定增长，投资结构进一步改善

2002年，宁夏继续坚决贯彻中央关于扩大内需的一系列决策，加大投资力度，狠抓项目资金落实和工程管理，在基础设施、生态建设、工业技术改造以及房地产开发等投资带动下，全年共完成投资230.83亿元，比2001年增长17.9%。其中，国有单位及其他经济类型完成投资185.61亿元，增长16.7%；集体和个体完成投资45.22亿元，增长22.9%。

（一）基本建设投资继续发挥主要作用

2002年，全区完成基本建设投资124.36亿元，同比增长18.1%。基建投资在全社会投资中所占比重达52.4%，对保持全区投资快速增长发挥了主要作用。基础产业和基础设施投资进一步加大。用于农林牧渔业投资26.32亿元，比上年增长12.9%，电力、交通运输和社会服务业投资的增幅分别达到51.4%、23.9%和120%，其中运输邮电投资在全社会投资中所占比重达19.9%。基础产业和基础设施建设有力地推动了全区投资增长。

（二）更新改造和房地产开发投资稳步提高

2002年，全区更新改造投资完成26.36亿元，同比增长1.1%，在各类投资中，更新改造投资增速仍然呈现波浪式不稳定走势，反映自治区企业技术创新和以内涵式扩大再生产的工作力度不强。用于石油、冶金、有色金属、建材等传统优势产业的技改投资继续增加，全年工业技改投资完成21.21亿元，增长0.4%。房地产开发投资完成30.86亿元，增长33.2%，商品房销售额22.1亿元，增长9.3%，呈现出房地产开发与销售双增长的良好势头。

（三）产业投资结构进一步优化

国有及其他经济类型投资中，第一产业完成投资15.45亿元，下降33.7%，其中水利设施建设得到进一步加强，完成投资10.11亿元，增长9%。第二产业完成投资62亿元，下降8.2%，其中建筑业完成投资1.15亿元，增长86.5%；煤炭工业完成投资3.82亿元，增长63.3%；电力工业完成投资29.81亿元，增长51.4%。其他工业行业完成投资都出现不同程度的负增长。需要引起各方面注意，继续加大对传统产业产品的升级换代，积极发展新兴产业和高技术产业。第三产业完成投资109.85亿元，增长4.6%，其中交通运输业完成投资34.18亿元，增长25.1%，邮电通讯业完成投资8.09亿元，下降18.9%。

（四）非国有投资快速增长

2002年，宁夏非国有投资97.24亿元，同比增长35.7%，增幅比上年同期提高15.5个百分点，高于同期国有投资28.1个百分点。非国有投资中，更新改造投资比重加大，2002年非国有更新改造投资12.21亿元，增长30.8%，而同期国有更新改造投资下降15.5%；非国有房地产开发投资继续增长，完成投资28.13亿元，增长61.2%，非国有房地产开发投资占全部房地产开发投资比重，由上年的75.3%提高到91.1%。农村固定资产投资规模扩大，2002年全区农村非国有投资20.2亿元，占全部农村投资的44.8%。

（五）充足的建设资金保障了投资快速增长

2002年，全区固定资产投资累计到位资金174.3亿元（不含城乡集体个体），同比增长18.3%，高于同期投资增长水平，资金保证程度明显好于上年。其中，预算内投资快速增长，到位33.83亿元，增长23.6%；利用外资到位3.95亿元，在上年利用外资增幅不大的情况下，同比增长91.3%；自筹资金到位52.96亿元，同比下降32.3%，从侧面反映出企业投资积极性和筹资能力有待进一步提高。

2002年，国家继续加大对西部地区投资力度，全年共安排宁夏新增国债投资19.9亿元。1998年国家实施积极财政政策以来，宁夏共争取国债项目约360个，总投资规模272亿元。5年来共争取国债资金87.7亿元。到2002年底，有约300个项目建成，完成总投资228亿元。国债资金的注入，大大缓解了自治区基础设施建设资金短缺的压力，改善了全区基础设施落后状况，人民生活质量明显改善，经济发展后劲大大增强。

（六）一批项目相继建成，新增效益显著

2002年，宁夏相继建成了彭阳长城塬引水工程、宁夏惠冶镁业公司高纯镁项目、吴仪集团环保监测仪器设备国产化项目、麻黄沟至姚伏高速公路、中宁枸杞交易市场、纳米级氧化铟锡粉体及靶材高技术产业化示范工程、三所高校计算机网络、五个县城供水工程、各市县公检法司基础设施项目等。新增生产能力：开发土地24万亩、移民7万人、造林种草90万亩、改造和新建堤坝73公里、变电容量50万千伏安、供电线路720公里、高速公路74公里、二级公路102公里、三级公路480公里、纳米级氧化铟锡粉体及靶材75吨、日供水能力8万吨、供热面积30万平米等。自治区经济和社会发展基础得到进一步加强。

（七）项目管理水平有了明显提高

结合国债项目建设，宁夏认真贯彻执行国家关于加强项目管理和工程质量的一系列规定，在全区范围进一步完善和全面推行项目法人责任制、质量终身责任制、招标投标制、工程监理制和合同管理制，严格按照《招标投标法》，本着公开、公平、公正和择优、诚信的原则，全面、规范地实行招投标，以确保工程质量，并以此更好地为加快工程进度提供保证。自治区不断强化项目资金管理，严禁挪用、挤占、截留、侵吞国债资金的现象发生，保证专款专用。同时要求坚决执行投资计划，未经请示批准，不得随意调整建设内容和规模。结合国家各有关部门的历次检查，对存在的各种问题及时认真处理，并加强通报，严防各建设项目出现类似问题。自治区还进一步建立健全重大项目稽察制度，完善工作机制，密切协作，加强监管力量，深入自查自纠。通过几年的国债项目建设，宁夏项目管理水平比以前有了明显提高，建筑市场进一步规范，为固定资产投资健康发展提

供了更好的保障。

二、存在的问题及2003年投资建设展望

(一)存在的问题

1. 需进一步加大项目前期工作力度。宁夏属于经济社会欠发达地区,争取国家更多投资和大力实施项目带动战略成为加快发展的关键。当前自治区基础设施项目储备较多,但技术和资本密集型工业项目储备相对缺乏,特别是工业、高技术产业化和技术改造项目。这一方面直接影响更新改造投资的增长,并对增加就业难以提供有力的支持;另一方面对今后提高全区经济总体竞争力带来不利影响。因此,要继续加紧项目储备,增加项目储备数量,确保项目梯次跟上。要舍得投入,委托设计部门编制高水平的设计文件,深入扎实地落实各项配套协作条件,储备一批过硬的项目。要及早做好准备,争取中央更多支持。

2. 房地产开发投资经过近些年的高速增长,已成为全区投资的一个重要组成部分,但存在的问题也日渐突出。一是房价持续走高。近5年来,宁夏每年商品房平均销售价格上涨幅度在10-15%之间,个别城市的房价年度增长超过了20%。房价上涨幅度已接近或超过自治区经济增长水平,这与当前居民收入水平极不相称。目前宁夏房价收入比大致在7.1:1-9.5:1之间(按3口之家计算),大大超过国际公认和全国平均的房价比区间。二是供给与需求不协调。1995-2002年累计,全区商品住宅空置率已超过35%,明显高于空置率的合理界限。需要注意的是空置住宅的增多并不意味着住房总供给超过总需求,却反映出房价偏高、户型不合理、配套设施和政策不到位等住房供给方面的结构性失衡,出现了商品房空置率高与整体住房水平低的矛盾。三是房地产开发企业规模和水平有待进一步提高。2002年末,全区登记注册的具备资质等级的房地产开发企业255家,其中达到二级及二级以上资格的企业仅有22家,只占房地产开发企业总量的8.6%,超过三成的企业没有实际房地产开发工作量。开发企业无序发展,建设队伍质量参差不齐,有可能导致房地产市场秩序混乱。

(二)2003年投资建设展望

结合2020年宁夏人均GDP达到小康目标和保持适度快速发展的需要,今后18年,全区固定资产投资年均增速应保持在10-12%。由于投资具有的惯性作用,实际将会出现投资增速由现在的快速增长逐渐呈现趋缓的情况。综合考虑,2003年全区固定资产投资规模为271亿元,比2002年增长18%。其中,国有单位及其他经济类型投资218亿元,增长18.1%;集体个体投资53亿元,增长18%。基本建设投资145亿元,增长16.6%;更新改造投资30亿元,增长13.8%;房地产开发投资38亿元,增长23.1%。

1. 突出抓好工业改组改造和结构优化升级。进一步发展"清真"系列乳、肉食品工业、马铃薯加工业、发酵酿造业、水产果菜加工业和粮食加工业等绿色食品产业;推进枸杞系列药品、麻黄系列药品、羊胎素系列药品等特色生物医药产业;重点实施银川化肥厂改造、宁夏化工厂二套大化肥装置扩能改造及三套大化肥工程、天然气精细化工工程等项目;逐步建成以天然气为原料、年产200万吨合成氨的大化肥基地以及天然气精细化工企业;重点发展以钽铌铍等特种稀有金属材料及其产品、铝镁合金及其深加工产品、碳化硅、高技术陶瓷、稀土材料及其制品等新材料产业。改造提升传统支柱产业,加快石化、冶金、机电、煤炭、轻纺、建材等产业的改造升级,积极采用先进适用技术和高新技术,重点改造一批骨干企业,使其产品档次和市场竞争力迈上一个新台阶。重点实施银川橡胶厂子午胎技改项目、大元炼油公司系列技改工程、宁夏有色金属冶炼厂技改工程、青铜峡铝厂一、二期技改工程、恒力集团优质出口镀锌钢丝绳及柔性抽油杆项目,开工建设灵武羊场湾大井,完成吴忠仪表集团节水灌溉设备和环保监测仪器设备国产化项目,实施美利纸业林纸一体化项目。

2. 适度超前加强基础设施建设。水利建设方面,继续实施北部引黄灌区配套和节水改造工程,争取建成沙坡头水利枢纽主体工程,抓好黄河河道整治,南部山区加紧建设扶贫扬黄灌溉工程,建成长城塬、东山坡等引水工程,实施人畜饮水"生命工程",抓紧黄河大柳树水利枢纽工程的前期工作。交通建设方面,要全面贯通石嘴山至中宁、银川至王圈梁高速公路,开工建设银川至武汉高速公路宁夏段、中宁至营盘水高速公路,改建、新建"三纵六横"干线公路网,加速县乡村公路和国防公路建设。抓紧推进太原至中卫铁路、包兰铁路复线改造、固原支线机场等一大批重大项目前期工作。实施陕甘宁气田至银川天然气输气管线加压改造工程。能源建设方面,继续建设石嘴山电厂二期工程,开工建设中宁电厂扩建工程,抓紧大坝电厂三期工程、灵武第一电厂、灵武第二电厂工程的前期工作。城市基础设施建设方面,围绕增强城镇工业、生活用水保障能力,建设污水处理厂,完善城镇内部路网,发展民用天然气管网和集中供热。

3. 加强生态建设和环境保护。全面实施三北防护林四期工程、天然林保护工程和草地建设工程,扩建、新建一批自然保护区和生态示范区,抓好生态环境建设重点县和重要生态功能区建设,大力推进退耕还林还草和退牧还草,继续抓紧实施风沙区生态环境整治工程和中日合作治沙造林工程,加紧绿色通道工程建设,完成黄河护岸林和贺兰山东麓防护林工程。

新疆维吾尔自治区投资建设情况

新疆维吾尔自治区发展计划委员会主任　刘晏良

固定资产投资是新疆维吾尔自治区国民经济增长的主要拉动力。不断加大投资力度,保持固定资产投资快速增长,对拉动全区经济快速、健康发展非常必要。特别是近几年,国家实施积极的财政政策和西部大开发战略,加大了对西部地区投资力度,使新疆建成了一批基础设施和基础产业项目,办成了一些多年来想办而没有办成的大事。

一、2002年固定资产投资完成情况及其特点

2002年,新疆固定资产投资工作继续积极贯彻扩大内需的宏观经济政策,紧紧抓住西部大开发的有利机遇,把加快固定资产投资作为拉动经济增长的重要举措,以投资结构调整为主线,狠抓基础设施和生态环境建设,加大区内具有资源优势和市场优势的特色产业投资力度,固定资产投资和重点项目建设成绩显著。2002年全区固定资产投资在上年快速增长的基础上,继续保持较快增长。全区固定资产投资完成812.6亿元,比上年增长15.1%。其中,中央项目完成投资315.6亿元,下降3.3%;地方项目完成投资497亿元,增长30.9%。基本建设完成投资501.7亿元,增长25.4%;技术改造完成投资115.3亿元,增长6.6%;房地产开发完成投资85.9亿元,下降12.2%;其他投资109.7亿元,增长7.4%。

2002年固定资产投资运行具有以下特点:

——国家国债资金继续向新疆倾斜,国债项目投资增长迅速,有力地拉动固定资产投资的快速增长。新疆地方相关行业共争取国债资金62.2亿元,累计完成投资104.7亿元,比上年同期分别增长11.9%和1.17倍,占基本建设投资的23.7%,是基本建设投资增长的重要组成部分。

——政府投资导向作用继续增强,企业资金仍是投资主要来源。各类资金来源中,国家预算内资金132.4亿元,增长1.43倍,占投资总额的16.3%,比上年提高9.6个百分点;国内贷款160.7亿元,增长21.6%,占投资总额的19.8%;债券3.1亿元,增长2.67倍;利用外资6.3亿元,企业自有510.1亿元,分别占投资总额的0.8%和62.7%,与上年相比均有所下降,表明自治区利用外资和企业自筹能力不足。

——基本建设投资成为全社会固定资产投资增长的主要力量。基本建设投资增长速度达到25.4%,在固定资产投资完成额中的比例占61.7%。资产外延式扩张的特征明显,针对新疆经济基础薄弱的现状而言,这种增长方式是非常必要的,符合自治区区情。

——基础设施、基础产业继续得到加强。农林、水利、交通、通信、能源工业完成投资404.6亿元,占全部投资的50%,一批建设项目相继建成,基础设施的"瓶颈"制约现象明显缓解。

——地方项目投资增长迅速。地方项目投资占固定资产投资完成额的67%,弥补了中央项目投资增长乏力的不足,有力地促进了全社会固定资产投资的较快增长。

——更新改造投资增长缓慢。更新改造投资增幅较上年同期回落33个百分点。反映出面向市场的投资机会不多,企业技术改造投资信心不强。

——房地产开发投资下滑,结构性矛盾较为突出。房地产开发投资较上年下降9.3%,空置面积增长47.7%。主要是受前几年房地产开发投资高速增长,开发结构不尽合理的影响,市场相对饱和,房地产投资与消费均进入调整阶段。

——国有经济投资仍是全社会固定资产投资的主要方面。全年国有经济投资完成539.2亿元,增长13.2%,占全社会投资的66.4%;非国有经济投资完成273.4亿元,增长19%,占全社会投资的33.6%。与全国平均水平相比,非国有经济投资在全社会固定资产投资中的比重远远低于国有经济投资。

二、2002年重点项目建设成绩显著

2002年,新疆33个重点建设项目,累计完成投资239.5亿元,为年计划260.34亿元的92%,比上年增长39.7%。累计到位资金242.06亿元,为年计划的92.97%,比上年提高3.77个百分点。

——新疆电信东环及北环光缆通信工程、喀什发电厂、国道314线小草湖-托克逊及相关公路改造工程、乌鲁木齐污水处理及绿化工程、国家粮食储备库、新疆农村电网建设与改造工程等7个项目实现了全部投产目标。

——7个单项和部分投产项目也基本完成了计划目标。其中塔里木农业灌排和环保二期工程改造低产田78万亩,比年初计划翻一番;新疆优质棉基地建设完成种子基地4.53万亩建设目标;全疆电网联网工程奎精线成功完成送电,库尔勒至库车线路已全线贯通;新疆油田勘探开发、塔里木油田勘探开发、吐鲁番—哈密石油勘探开发及西北石油局油气勘探开发取得较大进展,超额完成投资10.5亿元。其中西北石油局完成投资16.9亿元,为年计划的120.73%,完成二维地震26.14公里,三维地震645平方公里,新增原油产能62万吨。

2002年,新疆重点项目新增生产能力主要有:改造低产田78万亩、种子基地4.53万亩、高中压电路7166公里、发电装机18.5万千瓦、原油产能325万吨、一级公路39公里、二级公路

523公里、三级公路931公里、电信光缆1900公里、日处理污水能力16.6万吨、粮库库容3.8亿斤。

——13个续建项目基本实现了年度计划目标。其中,哈密二电厂三期扩建工程5号机组已提前通过72小时试运行;红雁池第二发电厂一期工程完成投资4.58亿元,3号炉砌体完成,冷却塔施工基本完成,正着手进行3号炉设备安装准备工作,计划2003年建成投产;新疆通县沥青道路工程取得较快进展,除S303线木垒—巴里坤、S315线尼勒克—乔尔玛、S306线八盘水磨—阿合奇等4个完成路基贯通外,其余11个项目已建成通车;奎屯—赛里木湖高等级公路路基土石方完成971万方,占总工程量的36.7%,大桥工程完成405延米,为总工程量的30.76%;国道314线托克逊—和硕段改造工程完成投资1.56亿元,完成路基土石方262万方,占总工程量的23.3%,特殊地基处理14公里,为总工程量的60%;和田机场改扩建工程飞行区场道混凝土已经完成,航向雷达站主体已通过验收,计划2003年建成投产;西气东输工程(新疆段)第一标段285公里管线已铺设完成;罗布泊钾肥基地实验场及盐田建设工程、乌鲁木齐外环路工程等其他续建项目也基本完成年度计划。

——11项新开工项目除那拉提机场、克拉玛依机场迁建工程未能实现开工外,恰甫其海水利枢纽一期工程、新疆节水灌溉工程、新疆"光明工程"、托克逊火电厂、库车火电厂、乌鲁木齐火车站改扩建工程、国道314线和硕至库尔勒段改造工程、阿舍勒铜矿采选工程等9个项目已按计划开工建设。

——12个预备重点建设项目前期工作取得了较大进展。其中,库车俄霍布拉克矿区2#井田开发工程已于2002年7月提前开工建设,完成投资1700万元;广汇液化天然气(LNG)工程已经签定了技术引进和主材进口合同,已破土动工;昌吉热电厂扩建工程可行性研究报告已获批准,正准备进行三大主机的招标及初步设计编制工作;库尔勒机场可行性研究报告已经国务院总理办公会议通过;乌鲁木齐硫磺沟矿区3#井田开发可行性研究报告已获批准,完成投资6000万元,计划2003年开工建设。

三、2002年投资建设的经验和存在的问题

2002年,新疆固定资产投资实现连续快速增长,取得了显著成绩。主要经验:一是各级党政部门高度重视,狠抓投资计划的落实工作,自治区党委、政府高度重视投资工作,主要领导多次召开投资工作相关会议,布置工作任务,协调有关问题,把投资计划的落实工作作为考核各有关部门、地州工作的重要内容。自治区相关部门和各地、州、市充分认识到投资对经济增长的重要作用,建立投资任务完成责任制,精心组织建设力量,把投资计划落实到项目、落实到人,及时解决投资建设中的问题和矛盾,为投资计划的完成提供了组织保障。二是国家相关部门大力支持,积极贯彻西部开发各项优惠政策,在建设资金、项目审批等各个方面给以倾斜支持,为新疆投资增长提供了资金和项目支持。三是进一步加强建设组织领导,项目管理工作进一步规范化、制度化,加大了重点建设项目工作力度,成立了自治区重点建设领导小组,负责研究制定加强重点建设项目的重大政策措施,指导、督促重点建设项目的实施,协调解决重点建设项目的重大问题。各地各部门也加大了对重点建设的支持力度,积极筹措资金,落实责任制,为重点建设的顺利实施提供了保障。各重点建设项目基本落实了资本金制、法人责任制、招投标制、工程监理制、合同制以及工程质量责任制等制度。

新疆固定资产投资领域存在的主要矛盾和问题:一是投资总体效益不高。二是投资结构不尽合理。三是受市场引导的投资需求不足,民间投资的积极性尚未充分调动。

四、2003年固定资产投资展望

为确保经济增长目标的实现,2003年新疆固定资产投资必须保持较快的增长速度,进一步发挥投资对经济增长的拉动作用。固定资产投资工作要以启动消费、提高效益为根本目标,继续深入贯彻国家扩大内需的宏观经济政策,积极落实西部开发各项优惠政策,进一步调整投资结构,提高投资效益;及时掌握国家投资的各项具体政策,努力扩大各项建设资金来源;进一步加强以国债项目为重点的建设项目管理,不断完善和贯彻落实各项管理制度,规范投资管理行为;继续加强投资法规和相关政策的研究工作,为迅速启动社会投资创造良好的政策环境。

2003年全区全社会固定资产投资力争完成1000亿元,增长23%。其中,基本建设投资646亿元,增长27.8%;技术改造投资138亿元,增长20%;房地产投资90亿元,增长4.8%;其他投资126亿元,增长18.5%。

2003年固定资产投资的重点领域为:

——继续加强基础设施、基础产业项目建设。加快重点水利枢纽设施、病险水库加固、天然草场退牧还草、退耕还林、大型灌区、天然林保护等农业基础设施工程建设;交通能源方面,加快重点国道、省道、通县油路、贫困县公路、骨干电源、农村电网等交通能源工程建设,加强区内县际公路的启动建设和项目储备;继续加强城建、旅游等各项基础设施建设,进一步改善投资环境。

——继续加强生态环境治理建设,加快天然草场退牧还草、退耕还林、天然林保护、塔里木河生态治理工程建设进度。

——进一步加强优势资源产业化和技术进步投入。

——继续加强教育、卫生等社会事业的建设。

2003年新疆重点项目计划投资278亿元,较上年增长15%。其中,在建项目计划安排投资241亿元,力争完成投资300亿元。安排重点建设项目29项,其中农业水利项目6项,电力项目7项,石油及化工项目8项,交通项目6项,城建环保项目1项,文化体育项目1项。

计划全部建成投产项目6项:红雁池第二发电厂一期工程、哈密二电厂三期扩建工程、和田机场改扩建工程、乌鲁木齐火车站改扩建工程、北疆铁路扩能工程、乌鲁木齐外环路工程。

计划单投或部分投产的项目8项:塔里木农业灌排和环保二期工程、新疆优质棉基地建设、塔里木河流域近期综合治理

工程、全疆电网联网工程、新疆油田勘探开发、新疆塔里木油田勘探开发、新疆吐鲁番-哈密石油勘探开发、西北石油局油气勘探开发。

其他续建项目主要有恰甫其海水利枢纽一期工程、新疆节水灌溉工程、托克逊火电厂、库车火电厂、新疆"光明工程"、奎屯至赛里木湖高等级公路、国道314线托克逊至和硕段改造工程、国道314线和硕至库尔勒段高速公路、"西气东输"工程(新疆段)、罗布泊钾肥基地试验场及盐田建设工程、阿舍勒铜矿采选工程、库车俄霍布拉克矿区2#井田开发、新疆体育中心等15项。

新开工项目10项：乌鲁木齐硫磺沟矿区3#井田开发、昌吉热电厂扩建工程、县城电网建设与改造工程、精伊铁路、那拉提机场、克拉玛依机场迁建工程、库尔勒机场迁建工程、县际公路、广汇液化天然气(LNG)工程、阿克苏华锦化肥有限责任公司年产30万吨合成氨52万吨尿素项目。

计划安排预备重点项目12项:艾比湖生态综合治理工程、大石峡水库、喀拉塑克水利枢纽、下坂地水利枢纽、恰甫其海南岸干渠、玛纳斯发电厂三期扩建工程、中-吉-乌铁路、乌鲁木齐-兰州成品油管道、塔里木石化厂、新疆准葛尔生态股份公司林纸一体化项目、新疆博湖苇业股份公司林纸一体化项目、罗布泊钾盐工程。

2003年自治区重点建设计划新增生产能力主要有:改造低产田63.8万亩,渠道防渗1763公里,26个商品种子基地,发电装机容量53.5万千瓦,4D机场一个,原油产能367万吨,城市快速路30.16公里,铁路候车室2.76万平方米。

五、做好2003年固定资产投资工作的对策措施

——进一步加强投资结构调整工作,迅速启动消费,逐步提高投资效益。要在继续加强基础设施、基础产业等相关行业建设,为启动消费创造良好环境的基础上,花大气力进一步加快优势资源产业化的进程,尽快形成并不断壮大新疆的特色产业,加快资源优势向经济优势转化的进程,同时要强化加工工业产业升级和技术进步工作,逐步提高建设项目的科技含量,努力降低投资经营成本,增强市场竞争能力,使全社会固定资产投资的总体效益有所提高。

——继续加强各项建设资金的争取筹措工作,为固定资产投资计划任务的完成创造好的资金条件。首先,继续积极做好中央补助资金的争取工作,2003年要在重点争取续建项目国债建设资金、中央预算内资金、中央专项资金的基础上,加强西部天然草场退牧还草、县际公路和农村公路改造、县城电网建设和改造以及环保基础设施工程等新开辟国债投资补助方面,加大资金争取力度,力争有新的突破;其次,要抓好自治区地方基本建设资金的筹措工作,自治区财政预算内资金应适当增加,各地政府也要积极筹措相应的财政性资金,确保地方配套的建设资金及时到位。特别是国债建设项目的配套资金的到位工作必须进一步加强。第三,要进一步加大银行信贷资金的力度,各国有商业银行应将信贷资金的有效使用与支持地方经济的发展有机结合,在信贷政策和投向使用方面加强对企业的指导和服务,相关项目法人也要积极按照银行信贷资金投入的有关要求,配合信贷主管部门做好信贷资金评估和使用的相关工作,努力使银行信贷资金在全社会固定资产投资中的比重有一个较大增长。第四,要积极创造有利条件引导和启动民间投资,重点是进一步改善和提高政府服务手段和服务水平,为民间投资迅速增长创造良好的政策和服务环境。

——进一步加强重点建设项目和国债建设项目的组织管理工作。重点建设项目要围绕"投资、质量、工期"三大控制目标,严格按照批准的建设内容、建设规模、建设标准组织建设。要以保证工程质量为前提,进一步完善项目法人、施工企业和政府主管部门三级质量安全保证体系,确保重点工程质量。各相关部门、地区要严格执行建设项目投资计划,维护计划的严肃性,计划中的各项建设资金必须确保到位,计划进度必须按期保证质量完成,计划下达的建设规模和建设标准必须严格执行,计划调整的相关程序必须规范操作。

——进一步加强建设项目前期工作,为固定资产投资持续稳定增长创造坚实的基础。加强建设项目前期工作是贯彻落实国家西部开发优惠政策和争取国家资金支持的重要工作,要在及时准确了解国家不同时期投资政策和投资方向的基础上,强化相关行业建设项目的前期准备工作,保证相应的项目储备。各地、各部门应着眼长远,集中适当财力保证前期工作的资金需要。自治区将积极探索前期费滚动使用管理办法,不断加大前期费的使用规模。

——积极鼓励和引导社会投资增长。充分利用国家给予西部地区的各项优惠政策,采取切实可行的有效措施,鼓励社会投资参与基础设施建设及生态环境建设项目的投资,引导社会投资在新的、成长性好的社会服务业、信息咨询业、旅游业、高科技等领域发展。加快小城镇建设步伐,鼓励和吸引农民到小城镇投资兴业、买房建房、投资兴建各种公共设施。尽快研究出台《新疆维吾尔自治区鼓励非国有经济投资若干优惠政策实施办法》,从营造环境、放宽领域、拓宽渠道、公平税赋、改进服务和加强管理等方面入手,制定土地、税收、人才、政府服务等综合配套的优惠政策,努力为社会各方面增加投资创造良好的体制条件和政策环境。

——着力改善投资环境,提高服务意识。加入WTO后,将会有更多的区外企业、外资企业进入新疆寻找投资机会,在市场经济条件下,建立政策透明、管理机制高效的投资软环境,对自治区经济增长有积极的促进作用。要在建设领域进一步推行以项目法人责任制、项目资本金制、工程招投标制、工程质量监督管理制、项目环境监督管理制等为中心内容的五项制度建设,尽快建立和完善适合新疆区情的五项制度实施细则,加强项目的法制化、制度化、规范化建设。特别要在大中型项目和国家投资的项目中,普遍实行以五项制度为基础的规范化管理。提高工作效率,清理和减少政府职能部门的审批环节,引进和培育中介机构,坚决制止各种针对投资的乱收费现象,为各类投资者提供良好的辅助环境。

提升竞争能力 加快经济发展

广东省河源市市长 黄煜祯

河源市设立于1988年，辖源城、东源、和平、龙川、紫金、连平等五县一区，总面积1.58万平方公里，人口331万人。河源市区位优越，位于广东省东北部，东江中上游，市区距广州、深圳、香港陆路里程均在200公里以内。

近年来，河源市积极实施工业立市、农业稳市、旅游旺市、借外发展、科教兴市、可持续发展"六大战略"；努力争创对外开放、资源转化、体制创新、产业发展、生态环境"五大优势"；在营造"一流环境"上下功夫，推进经济跨越式发展和社会全面进步。

一、调整经济结构，提升产业竞争力

自1998年实施"工业立市"战略以来，河源市经济发展速度不断加快，GDP年递增12.5%。由于工业基础薄弱，工业化水平低，三大产业结构很不合理。为此，河源市政府将调整经济结构、提升产业竞争力作为经济工作的首要任务来抓。

(一)加快推进工业化进程，走新型工业化道路

工业化是衡量一个地区综合竞争力的重要标志。只有实施"工业立市"战略，走科技含量高、经济效益好、资源消耗低、环境污染少、人力资源优势得到充分发挥的新型工业化道路，才能促进三大产业的协调和推进经济的跨越式发展。

首先，全方位抓好招商引资，大力发展"三资"企业；其次，继续深化国有企业改革，提高国有工业经济效益；再次，大力发展民营工业和乡镇企业，不断壮大工业规模。

(二)调整农业结构，促进农村经济发展

农业是国民经济的基础产业。针对我市农业基础设施薄弱、农业种植结构不合理、农副产品流通渠道不畅、农民增收缓慢等问题，必须采取有效措施，全面提高农业综合效益。一是加快农业结构调整步伐；二是大力推进农业产业化进程；三是加强农田水利设施建设；四是加快城镇化建设。

(三)把旅游业作为第三产业的龙头来抓，构建独具河源特色的旅游新格局

一是创立旅游品牌；二是壮大旅游企业的规模与实力；三是加大旅游景区景点推介力度。

二、拓宽需求空间，提升市场竞争力

近年来，我市产品落后的面貌开始改观，特别是在电子、制药、食品行业，其产品、品牌在国内和国际市场上的竞争力不断提高。据统计，我市共有13个产品获得"广东省优质产品"称号，2个产品获得"广东省名牌产品"称号，有36家企业通过了ISO-9000管理质量体系认证和3C认证。但与我省其他城市相比，我市企业产品无论在市场知名度、市场占有量、资金利润率等方面差距仍然很大。为此，必须重点抓好以下几项工作：一是实施名牌带动战略，提高产品的市场知名度；二是促进有效需求，提高产品的市场占有率；三是抓好市场培育和市场秩序规范工作，为企业发展和产品开发营造良好的市场环境。

三、营造一流环境，提升区域竞争力

我市正处于全面建设小康社会打基础阶段。必须切实加强基础设施建设，努力优化发展环境，不断增强竞争力。

(一)改善交通大环境，提高城市竞争力

我市经过多年建设，交通状况有了明显改观，但"瓶颈"制约问题仍然突出。为此，必须加快以高速公路为龙头的交通基础设施建设。积极配合省交通部门，加快河(源)惠(州)、河(源)龙(川)、龙(川)梅(州)、粤赣等高速公路建设步伐，在确保2003年开通河惠高速公路的同时，力争2005年开通河龙、河梅和粤赣高速公路。今后3年内，我市将全面完成国道、省道、县道的改造任务，到2006年实现交通建设总投入90亿元以上，形成以广梅汕、京九铁路及高速公路、国道为重点、省道公路为主干线、市区为中心、向周边城市辐射的交通网络，为提高城市竞争力创造良好的交通大环境。

(二)加快供电、供水和电信建设，夯实经济发展基础

电网建设是经济发展的关键。随着经济的快速发展，全市电力负荷猛增，电力供需矛盾日益凸现。为此，我市将加快"3·23"电网建设进程，即在2—3年内投资12亿元，建成3个220千伏、23个110千伏的输变电站，使供电能力达100万千伏安，从根本上解决我市电力供应不足问题；积极争取省对我市农网改造贷款资金的投入，全面改造农村电网，提高电能安全可靠性和供电能力，为我市经济发展提供有力保障。供水方面，加快供水管道

银龙汽车生产线

建设中的工业园区

的建设步伐，完善市区南北2个供水网络，2004年内使日供水能力达20万立方米，确保供水质量。信息和通信建设方面，加快政府电子政务信息平台建设，早日实现上下级政府平台的互联互通；完善通讯网络，提高通信能力和运行质量。

(三)优化投资环境，争创低成本竞争优势

投资环境是一个地区开发程度、比较效益、市场培育、基础设施、行政管理、服务水平、社会秩序等要素的综合评价，是投资者分析投资效益、决定投资行为的根本条件。当前，我市正努力创建一流投资环境，提升综合竞争力。

一是加快工业园区建设，创建一流的接纳环境。工业园区是接纳外来投资的重要载体。我们在继续完善配套已有工业园区建设的同时，着力抓好市高新技术开发区的建设。市高新技术开发区规划面积40平方公里，首期开发10平方公里。目前，首期启动区5平方公里工程开发已基本完成，把它建设成为一个起点高、标准严、定位准、配套全、功能齐的工业生产基地。

二是完善鼓励措施，创建一流的政策环境。重新修订《河源市鼓励外来投资规定》，实行"只收税不收行政规费"的政策，大力营造低成本的竞争优势，为投资者提供广东省最低的工业地价、最低的工业电价、最低的工业水价、最低的劳动力工价。

三是规范行政行为，创建一流的政务环境。进一步改进机关作风，增强服务观念，提高服务水平。大力推进依法行政，深化审批制度改革。33个窗口单位派人到市行政服务中心集中办公，为企业实行"一条龙"跟踪服务制度、"一门式"办事服务制度、"保姆式"优质服务承诺制度，为在河源境内从事生产经营活动的外商制发"绿卡"，实行重点保护制度。

四是保护外商合法权益，创建一流的法制环境。保护外商的合法经济收入和人身、财产安全，尊重外商的生活习惯和宗教信仰。健全外商投诉机制，设立接受外商投诉的专门机构，做到有诉必理、及时处置、限期回复。

四、加强财税管理，提升政府竞争力

加强财税管理，是确保政府高效运转的关键，也是提升政府竞争力的内在要求。我们要树立大财政观念，坚持增收节支的方针，强化财政管理，提高政府财政竞争力。

新丰江畔的亚洲第一高喷泉

一是坚持增收节支，想方设法培植财源；二是创新理财思路，集中财力办大事；三是深化财政改革，完善公共财政体制。

五、创新发展动力，提升科技教育竞争力

科技是发展的动力，教育是发展的支撑。我们将继续实施"科教兴市"战略，不断增强科技创新能力，提高全民综合素质，为经济快速发展提供强大的动力和智力支持。

(一)推进科技创新，增强科技竞争力

一是加大对科技的投入；二是加快发展高新技术产业；三是加强人才队伍建设；四是加强技术创新能力建设。

(二)优先发展教育，全面提高教育水平

首先，加大对教育的投入；其次，大力推进普通高中教育；第三，加强师资队伍建设。

美丽的河源市区

弘扬民族文化　发展民族经济
促进民族团结　推动社会进步

中国民族年鉴

《中国民族年鉴》是由国家民族事务委员会主管、中国民族年鉴编纂委员会主办的中国唯一一部大型民族文献信息检索工具书。

《中国民族年鉴》主要汇辑年度内中国55个少数民族及各民族自治地方在社会经济各领域的发展情况、出台的有关少数民族或民族自治地方法规、发表的重要文献和相关统计资料，为宣传中国民族政策、民族工作及民族地区发展成就发挥着重要的窗口作用，并为推进中国少数民族事业在各个地区、各个领域的发展提供文献信息保障与服务。

《中国民族年鉴》自1995年起，每年出版一期，已出版九期。最新出版的2003卷为大16开本，180万字，精装彩印，定价为240元人民币，向国内外公开发行。

国际标准刊号：ISSN 1671—6809

国内统一刊号：CN 11—4847/D

邮发代号：80—132

地　址：北京复兴门内大街49号《中国民族年鉴》编辑部

电　话：010—66039313；010—66024433转5501

传　真：010—66039313

邮　编：100031

加快基础设施建设 促进地区经济发展

黑龙江省大兴安岭地区行署发展计划委员会

一、地区社会经济概况

大兴安岭地区地处大兴安岭主脉的东部，隶属黑龙江省管辖。这里北部和东部隔黑龙江与俄罗斯相望，西邻内蒙古大兴安岭林区，南接内蒙古大杨树林业局和黑龙江省黑河地区，总面积835万公顷。全区总人口52.9万人，地区首府设在加格达奇。

经过30多年的建设，大兴安岭地区已初步建成以林为主、多种经营、社会功能齐全、经济繁荣发展的新型林区。到2001年，全区实现国内生产总值45.4亿元，三次产业比重为12.3:44.1:43.6，实现翻两番的战略目标。人均国内生产总值7566万元，居全省第3位，城镇人口可支配收入为4140元，农村人均收入2624元，恩格尔系数为38.6%，已进入中等生活水平线。

全区百分之百的乡镇和百分之九十以上的村屯都通了汽车，公路总里程已达到14885公里。黑龙江水运通航里程达792公里。信息基础设施建设在全省处于前列，国家光缆干线已通达全区。2000年，全地区邮电业务总量达到3.3379亿元，人均业务量623元，超过了省平均水平的近1/3；全地区拥有固定电话用户109229户，移动电话用户5.3万户，其人均拥有水平分别为17.8部/百人和9.85部/百人，均高于黑龙江省平均水平。

二、经济发展的政策优势

大兴安岭地区经济发展有着四大政策优势：一是大兴安岭林区是全国四大国有林区之一，享受国家天然林保护工程优惠政策。二是在基础设施建设和退耕还林方面享受国家西部开发优惠政策。三是被国家确定全国生态示范保护区之一。四是随着国家提出振兴东北老工业基地政策的实施，必将给大兴安岭地区发展带来新的机遇。

三、2003年投资完成情况

大兴安岭地区近几年的发展日新月异，这其中，得益于全区上下共同的努力，也得益于天保工程的实施。天保工程使大兴安岭林区的生态环境得以恢复和保护，使林区的经济得以复苏和发展。而西部大开发部分优惠政策的取得，再一次解决了我们的发展问题，这不仅仅是简单的政策取向，而是一次千载难逢的发展机遇。

2003年，全区累计完成固定资产投资12.02亿元，重点解决了通县公路建设；三县给水工程建设以及加格达奇区和塔河县集中供热工程建设，使全区基础设施建设再上新台阶。

四、重点项目建设情况

（一）公路建设

1. 加漠公路

此项目总投资6.745亿元，建设规模574公里，其中白色路面266公里。此项目已全部竣工。

2. 塔呼公路

此项目总投资3.0214亿元，建设规模335公里，2003年计划投资1.5336亿元，工程正在积极建设中。

（二）供水项目建设

1. 塔河县供水工程

此项目总投资2218万元，建设规模为新增日供水能力8000立方米，主要建设内容为：新建大口井1眼，输配水管线18.1公里。工程已全部竣工，水厂及管网已投入使用。

2. 漠河县供水工程

此项目总投资2756万元，建设规模为新增日供水能力4200立方米，主要建设内容为：新建大口井2眼，配水管线85.27公里，项目建成后，形成日供水能力6000立方米，供水普及率达到93%。

3. 呼玛县供水工程

此项目总投资2550万元，建设规模为新增日供水能力5500立方米，主要建设内容为：新建深水井6眼，输配水管线14.57公里。项目水源工程和净水厂土建已完工，设备经调试已投入使用。管网改造已完成13.5公里，预计2004年上半年将全部完成。净水厂厂区建设于2004年9月底完成。

（三）供热项目建设

1. 加格达奇区集中供热工程

此项目总投资1.7886亿元，截至2003年底完成投资1.46亿元，工程形象进度为：热网工程已建成铁道北三条主干线、部分支线及部分换热站，热源工程已建成一台85吨锅炉，1.2万千瓦供热机组于2002年开工建设，2003年10月底已竣工投产，第二台锅炉设备招投标已结束，铁道南主干线施工完毕，其它支线及换热站正在施工中。全部工程将于2004年建成投产。

2. 塔河县集中供热工程

此项目总投资3231万元，建设规模为实现集中供热面积60万平方米，主要建设内容为：新建供热首站，改造9座换热站，敷设热网干线4.9公里，支线1.5公里。2003年已建成热网主干线5.48公里，全部工程将于2004年竣工。

四川维尼纶厂

重点项目投资建设情况

一、基本情况

四川维尼纶厂(以下简称川维厂)隶属中国石油化工集团公司,是以天然气为主要原料生产化工、化纤产品的大型国有企业,于20世纪70年代初引进国外先进技术和成套设备建设,1983年建成投产。川维厂拥有34.5万吨/年甲醇、19万吨/年醋酸乙烯(VAC)、6万吨/年聚乙烯醇(PVA)、3万吨/年VAE、1.8万吨/年甲醛、2.0万吨/年维纶纤维、15万吨/年醋酸(与bp合资,正在实施扩能项目,到2005年生产能力将达35万吨/年)及8万吨/年醋酸酯(与bp合资)等主要产品的生产能力。经过20多年的发展,川维厂及其合资企业已是全国知名的甲醇、VAC、PVA、VAE、维纶纤维、醋酸、醋酸酯供应厂商,在国际国内市场享有良好的信誉和相应的市场占有率。2002年底川维厂总资产达27.62亿元,资产负债率20.01%,年销售收入约13亿元,利税总额1.78亿元,出口创汇约2000万美元。

二、1998年以来川维厂重点项目实施情况

1. 中英合资扬予江乙酰化工有限公司项目

中英合资扬子江乙酰化工有限公司已经完成了一期醋酸项目,二期醋酸酯项目,三期醋酸扩能项目正在实施中。

一期醋酸项目由英国石油公司(简称bp)、中国石化集团四川维尼纶厂、重庆市建设投资公司共同投资,以甲醇和天然气为原料,年生产醋酸15万吨。1996年9月1日开工建设,1998年11月28日打通流程,生产出优质的产品醋酸。项目竣工决算约14亿元,比可研报告批准投资节约28%。

醋酸酯项目是中英合资扬子江酰化工有限公司二期工程。在一期醋酸项目取得成功的基础上,结合中国醋酸酯市场发展,合资各方决定进一步发挥醋酸产品优势,合资建设8万吨/年醋酸酯项目,2000年11月项目可行性研究报告获得批准,2001年4月开工建设,2002年5月机械完工,6月投料试车一次成功。

三期醋酸扩能项目采用英国的bp公司开发的"Cativa"技术,将合资企业现有15万吨/年醋酸装置扩能改造到35万吨/年,并配套建一套年产9.3万吨的一氧化碳装置及相应的公用工程和辅助设施,使其成为具有规模经济的醋酸装置。2003年11月13日国家发展计划委员会批准项目可行性研究报告,项目总投资为11.9169亿元(含外汇8607万美元)。项目建成投产后新增醋酸产量20万吨。目前项目已完成平场及初步设计工作,正进行详细设计,预计2005年二季度完工投料试车。

2. 天然气乙炔项目

川维厂天然气乙炔项目系按照1997年国务院171次总理办公会决定,利用停建的原川东氯碱工程乙炔、空分、甲醇三套装置,搬迁至川维并配套建设醋酸乙烯、聚乙烯醇以及必要公用工程的项目。该项目是发展三峡库区经济、安置移民的重点项目。2000年11月10日国家发展计划委员会以计产业[2000]2053号文批准项目可研报告,项目总投资9.3965亿元。项目建设内容主要包括从川东氯碱工程迁建的3万吨/年乙炔、10.5万吨/年甲醇、13500Nm³/小时空分三套装置、新建9万吨/年醋酸乙烯、1.5万吨/年聚乙烯醇及配套的公用工程、辅助系统等。

资金来源为:资本金4.6983亿元,占总投资的50%,其中国家注入资本金1.67亿元,石化集团公司注入资本金2亿元,四川维尼纶厂自筹1.0283亿元;资本金以外资金4.2699亿元和516万美元由川维厂向银行贷款解决。

2001年11月22日项目开工建设,2003年11月5日成功打通装置全流程,实现了一次投料试车成功。

维尼纶厂全景

第四部分

中国西部开发与重点工程建设

中国西部开发情况综述

“十五”西部开发总体规划

国务院西部开发领导小组办公室 2002年7月10日

前 言

世纪之交，国际政治经济形势发生新的变化，我国经济社会发展进入新的阶段。从社会主义现代化建设的全局出发，必须把实施西部大开发、加快中西部地区发展作为一项重大的战略任务突出地提出来，促进地区协调发展，为21世纪实现中华民族的伟大复兴迈出重要步伐。实施西部大开发，是贯彻邓小平同志“两个大局”战略构想，逐步缩小地区差距，加强民族团结，保障边疆安全和社会稳定，推动社会进步的重要举措；是调整地区经济结构，发挥各地优势，促进生产力合理布局，提高国民经济整体效益和水平的迫切要求；是扩大国内需求，开拓市场空间，保持国民经济持续快速健康发展，实现现代化建设第三步战略目标的重大部署。实施西部大开发具有重大的经济意义和政治意义。

综合考虑经济发展水平、地理区位和民族地区发展因素，西部开发的范围包括重庆、四川、贵州、云南、西藏、陕西、甘肃、青海、宁夏、新疆和内蒙古、广西12个省、自治区、直辖市(上述地区以下统称西部地区)。建国50多年特别是改革开放20多年来，西部地区社会经济面貌发生了深刻变化，发展步伐明显加快，产业基础不断加强，经济体制改革持续推进，全方位对外开放的格局基本形成。“九五”以来，国家加强了对中西部地区发展的支持，西部地区农业、能源、交通、原材料等基础产业和优势产业进一步壮大。西部地区自身改革和发展创造了实施开发的条件。国家的综合实力明显增强，有能力加大支持西部地区发展的力度。实施西部大开发的时机已经成熟，条件基本具备。

西部地区发展具有以下有利条件：一是地域辽阔，水能、石油天然气、煤炭、稀土、钾磷、有色金属等能源矿产资源储量大，光热条件较好，生物资源多种多样，文化旅游资源丰富。二是市场潜力大，劳动力成本低，具有发展劳动密集型产业的比较优势。三是与十几个国家和地区接壤，是我国通往亚欧一些国家的重要通道，具有发展周边经济贸易合作的区位优势。四是长期建设形成的老工业基地、国防工业企业、科研机构和大专院校，集中了一批专门人才，初步有了产业发展和协作配套的条件。但是，由于自然条件、历史文化和政策体制等多方面原因，西部地区经济和社会发展与东部地区相比，还存在较大差距。主要表现在：基础设施落后，水利设施不足，交通路网单薄，电网建设滞后，电信服务普及率较低；生态环境恶化，荒漠化面积大，水土流失严重；产业结构不合理，农业生产条件较差，工业和服务业发展水平较低，企业机制不活，市场化、城镇化程度较低，对外开放水平不高；科技和教育发展相对滞后，贫困地区、边远地区、少数民族地区和老工业基地困难较多，社会事业发展水平较低。实施西部大开发将是长期而艰巨的历史任务。

一、实施西部大开发的指导方针和战略目标

在新的世纪，国内外环境的深刻变化给西部地区发展带来新的机遇和挑战。经济全球化趋势明显加快，世界科学技术迅猛发展，经济结构调整积极推进，我国加入世界贸易组织，给西部地区发展提供了前所未遇的开放经济环境和技术转移机会，同时也将带来更加激烈的市场竞争和要素争夺。在新的历史条件下，促进西部地区发展，要与时俱进，按照“三个代表”的要求，继续推进经济体制和经济增长方式的根本性转变，探索改革开放和加快发展的新思路，采取结构调整和科技进步的新方法，建立市场导向和宏观调节的新机制，增强规划的宏观性、战略性、政策性，明确西部大开发的目标、方针和任务。

（一）西部大开发的指导方针

实施西部大开发，要坚持从实际出发，积极进取，量力而行，充分做好长期艰苦奋斗的思想准备；统筹规划，科学论证，按客观规律办事，把开发的主要任务落到实处；突出重点，分步实施，抓住关键环节和主要矛盾，集中力量解决关系全局的重大问题；深化改革，扩大开放，依靠制度创新和科技创新，有效地推进西部大开发。

实施西部大开发，要注意处理好以下关系：

——把解决眼前问题同实现长远目标结合起来。要针对现实存在的问题，从缓解基础设施薄弱、生态环境恶化、科技教育发展滞后、产业结构不合理等主要矛盾入手，抓紧工作，有序推进，使西部开发在近期内迈出实质性步伐，为进一步全面振兴西部地区经济，打下好基础。

——把突出开发重点同促进全面发展结合起来。要以基础设施、生态环境、特色经济、科技教育为重点，加大开发力度，实施一批对西部开发全局具有关键作用的重点工程，带动和促进西部地区经济和社会全面发展。从一些条件较好的中心城市和交通便利的地区起步，加快发展步伐，带动、辐射周围地区和农村发展。

——把发挥市场作用同加强宏观调控结合起来。要充分发挥市场配置资源的基础性作用，深化经济体制改革，扩大对内对外开放，以改革促发展，以开放促开发。同时，注意发挥政府宏观调控的重要作用，对西部地区实行重点支持，为开发创造良好的体制环境和政策环境。

——把提高经济效益同注重社会效益结合起来。要从各地的比较优势出发，根据市场需求选好投资项目，积极发展特色经济和优势产业，讲求经济效益。同时，要充分考虑西部地区的特殊条件，高度重视社会效益和生态效益。特别是要加强生态建设和环境保护，把资源的合理开发利用和节约保护放在突出位置，为西部地区和全国提供生态安全保障，实现可持续发展。

——把加快经济发展同推动社会进步结合起来。要增加资金投入，夯实产业基础，抓住机遇，加快发展。积极推广先进适用的技术，推进科技与经济紧密结合，努力实现生产力的跨越式发展。同时，要切实加强各级各类教育，大力开发人才资源，发展文化、卫生、体育事业，全面提高劳动者素质。加强法制建设和思想道德建设，促进经济和社会协调发展、物质文明和精神文明共同进步。

——把国家和各方面支持同西部地区自力更生、艰苦奋斗结合起来。国家实行重点支持西部开发的政策措施，动员沿海地区和社会各界参与西部开发，引导国内外资金、技术、人才投入西部开发。同时，西部地区要发扬愚公移山精神，坚持不懈地推进开发。增强主动性、积极性和创造性，把开发建立在依靠自己力量的基点上，逐步建立自我发展的良性机制，提高经济活力和市场竞争力。

——把西部开发和东部、中部地区发展结合起来。要根据全国改革发展的总体要求和西部地区的实际情况，积极落实推进西部大开发的各项举措。同时，要进一步发挥东部地区带动中西部地区发展的作用，发挥中部地区承东启西的区位优势，促进区域经济合作，扬长避短，互利互惠，形成地区经济协调发展的良好格局。

（二）西部大开发的战略目标

西部大开发是一项规模宏大的系统工程。总的战略目标是，经过几代人的艰苦奋斗，到21世纪中叶全国基本实现现代化时，从根本上改变西部地区相对落后的面貌，显著地缩小地区发展差距，努力建成一个经济繁荣、社会进步、生活安定、民族团结、山川秀美、人民富裕的新的西部地区。

今后5到10年，是实施西部大开发战略的关键时期，要有步骤、有重点地推进开发，力争使西部地区基础设施和生态环境建设取得突破性进展，科技教育、特色经济、优势产业有较大发展，改革开放出现新局面，人民生活进一步改善，为深入推进西部大开发奠定坚实基础。“十五”时期，西部开发的主要目标包括：

——水利、交通、能源、通信等领域一批重大基础设施项目建成投产或开工建设，基础设施落后的状况明显改善。

——长江上游地区及三峡库区，黄河上中游地区，黑河、塔里木河流域的生态建设与环境治理全面展开，重点治理地区生态环境恶化的趋势初步得到遏制，污染防治有明显进展。

——优势农副产品、矿产资源产品、旅游业的市场竞争力明显提高，传统工业改造取得明显进展，有优势的高新技术产业开始形成规模，产业结构调整取得明显进展，经济增长的质量显著改善，经济效益不断提高。

——先进适用技术在重点开发领域普遍得到应用，科技创新能力得到加强，九年义务教育基本普及，人才队伍壮大，人才素质提高，城乡居民文化卫生等公共服务水平明显提高。

——直辖市和省会、自治区首府城市基础设施状况显著改善，中小城市和小城镇建设取得较大进展，环境质量有所改善，城镇人口所占比重明显上升。

——国有大中型企业现代企业制度基本建立，非公有制企业产值和资产占全部企业的比重较大幅度上升，利用外资和进出口贸易占全国的比重明显提高。

——农村贫困人口温饱问题基本解决，居民生活达到小康水平，人口自然增长率明显降低，与中部、东部地区人均收入差距扩大的趋势初步得到控制。

二、“十五”西部开发的主要任务

“十五”期间，要突出抓好基础设施建设、生态建设和环境保护、产业结构调整、发展科技教育等重点任务，集中力量在水利、交通、通信、能源、市政、生态、农业、科技、教育和农村基础设施等方面建设一批具有明显带动作用的重点工程，扎扎实实地推进西部大开发。

（一）加快基础设施建设

加快基础设施建设是西部大开发的重要基础，必须用战略的眼光，下更大的决心，多方筹资，以更大的投入，先行建设，适当超前，注意提高质量和效益。

1. 水利建设。水利是西部地区经济和社会发展的命脉。要把水资源的开发利用和节约保护放在西部地区基础设施建设的首位。坚持统筹规划、合理安排，加强建设、注重管理，着眼整体、兼顾局部，把节水放在优先地位，重视水污染防治，优化配置水资源，协调生活、生产和生态用水，努力提高水资源的利用效率。

节水工程建设和管理。对大型灌区逐步进行以节水为中心的灌区配套和技术改造,建设节水增效示范工程。因地制宜地推广渠道防渗、管道输水、喷灌、滴灌等实用节水技术,加强各类节水灌溉设施建设。改革管理体制和运行机制,促进农业节水。推行工业循环用水和居民生活节水,促进污水处理和中水回用。在缺水地区严禁新上大耗水项目,下决心淘汰现有高耗水企业。

流域水资源保护与合理配置。重点保护并合理开发长江上游、黄河上中游等流域水资源,实施塔里木河、黑河流域综合治理等工程。按经济区域和流域水系实行统一规划与管理,采取流域水量科学分配与市场机制调节等多种方式相结合,合理配置水资源。以水资源的承载能力为基点,统筹考虑缺水地区各项开发与建设。

水资源综合开发与利用。加快在建大中型水利工程进度,建设大江大河上中游干支流控制性水利枢纽,兴建黄河沙坡头、嫩江尼尔基、岷江紫坪铺、右江百色等工程。在缺水地区建设蓄、引、提等中小微型水利工程,重点解决水资源不足和农村人畜饮水困难问题。坚持不懈地搞好农田水利基本建设,重视牧区水利建设。提高城市和重点发展地区的供水能力,抓紧南水北调工程的前期工作。加强地下水的勘探和科学开采,积极开发利用空中云水资源。搞好重点地区防洪工程建设,保障大中城市和重要基础设施的防洪安全。抓紧病险水库的除险加固。

2. 交通建设。交通是西部开发的第一要务,要以公路建设为重点,加强铁路、机场、内河航运建设,扩大西部与东部、西南与西北的运输通道,实现通江达海,健全全国综合运输体系,促进我国西部地区与周边国家的联系和交流。

公路。加快国道主干线和西部开发省际公路通道建设,逐步形成以大城市为中心、中小城市为支点的路网骨架,打通西南出海通道,加强干线路网和农村公路建设。加快建设“五纵七横”国道主干线的西部路段,全面建成“三纵两横”国道主干线的西部路段。加快建设八条西部省际公路通道。加强国道、省道公路改造,改善通地(州)县公路条件,继续实施乡村公路通达工程,尽快打通贫困地区、旅游景区、资源开发区与干线路网的连接,提高路网通达深度和服务水平。加强国防、边防公路建设。

铁路。建设内外大通道,扩大铁路路网,改造现有线路,提高干线质量、运输能力和运行速度。重点强化西北至华东陆桥通道,建设西安至南京、启东通道,扩大昆明、成都至上海通道,打通沿江通道,沟通包头至柳州通道,增加西南出海能力。完成一批铁路扩能、改造和电气化项目,对相关枢纽进行改造。开工建设青藏铁路。建设西北和西南出境铁路。规划研究西北至华北、西北至西南新通道。

民航。以完善枢纽、发展支线为重点,逐步形成以枢纽机场为中心的放射性航空网络。完善成都、西安、昆明、乌鲁木齐等区域性枢纽机场,改扩建兰州、重庆等干线机场,规划建设一批支线机场,加强空管系统建设。

内河航运。重点建设长江、珠江干线中上游航运设施,打通西部地区沟通东部地区的水运通道。加快建设右江、南北盘江、红水河、柳江、乌江、嘉陵江等重要航道。

3. 能源建设。要加强油气资源的勘探开发,发挥资源优势,优化能源结构,重点推进西电东送、西气东输工程,开发并推广能源节约和综合利用技术,提高能源利用效率。

电力。调整电源布局,大力发展水电,加强电网建设,推进全国联网。逐步开工建设龙滩、公伯峡、小湾、构皮滩、瀑布沟等大型水电站。抓紧长江上游溪洛渡、向家坝水电站的前期论证工作。在陕西、内蒙古、宁夏、贵州、云南建设大型坑口电站。根据西部水电开发的进度,逐步完成我国北、中、南三条从西到东跨区域高压互联电网的建设,并完善网架结构。北部通道,实现黄河上游水电、“三西”(陕西、山西、内蒙古西部)地区火电向华北、山东以及东北的送电。中部通道,以三峡送电为龙头,实现川渝、华中向华东以及广东的送电。南部通道,实现西南地区水电及火电向广东的送电。继续加快城乡电网建设和改造。推进超临界大机组和洁净煤发电。因地制宜地发展小水电、沼气、风能、太阳能、地热能等可再生能源。加强农村电气化和能源建设。

石油天然气。加大勘探力度,提高石油天然气探明储量。加快油气管道建设,提高管道运输能力。逐步建设塔里木、柴达木、陕甘宁、川渝地区石油天然气生产和外输基地,推进塔里木至长江三角洲、柴达木涩北经西宁至兰州、重庆忠县至湖北武汉、陕西靖边至呼和浩特输气管线及其用气工程建设。加快建设西北到西南输油管道。

煤炭。调整和优化煤炭结构和建设布局,突出优质煤炭资源开发。加快在建煤炭项目建设和老矿区转产与技术改造步伐,做好一批优质动力煤矿区开发的前期工作。继续实施和完善西煤东运和北煤南运。加速开发和推广应用洁净煤技术,加强洗选煤厂配套建设。通过国际经济技术合作,建设煤炭液化示范工程。积极开发利用煤层气资源。

4. 通信和信息化建设。要加强基础传输网建设,加快发展通信信息业务网,推进信息技术的广泛应用,加快西部地区经济和社会信息化进程。

建设基础传输网。重点加快沿亚欧大陆桥、长江水道、贵阳至昆明、呼和浩特至南宁“三横一纵”宽带传输网的建设。继续完善和建设省、自治区内光缆、微波和卫星通信等干线传输网。加快用户接入网的建设。

发展通信信息业务网。继续发展固定电话网特别是农村固定电话网。加快发展移动电话,逐步发展数据和多媒体通信网。积极推进大中城市的信息化建设,完善计算机信息网络,发展公共信息服务平台。加强地理空间信息系统的建设。开发资源与环境、教育与科技、政务管理、交通旅游等应用信息系统以及相关的数据库。发展电子商务、远程医疗等信息应用。

加强邮政网络建设。重点建设省会和自治区首府城市邮区中心局,改造城镇邮运网设施,提高城乡邮件传递速度和服务水平。

提高广播电视覆盖率。逐步解决新通电行政村及自然村通

广播电视的问题。提高广播电视发射能力。以建设卫星收转站为主、多种技术手段并用,加强对边境地区和少数民族地区的广播电视覆盖和广播实验工作。提高有线电视入户率。

5. 城市基础设施建设。要按照积极推进城镇化的要求,实行分类指导,加快建设步伐。重点抓好缺水城市的供水设施建设。抓紧推广使用节水器具。积极推进城市水污染和大气污染治理项目建设,加强城市垃圾等固体废弃物污染治理工作。加快城市道路系统建设与公共交通建设,搞好特大城市的快速交通建设。提高城市集中供热和燃气普及率。坚持科学规划,合理布局,以县城所在地为重点,逐步解决小城镇基础设施配套建设问题。

(二)加强生态建设和环境保护

加快西部地区开发,必须加强生态建设和环境保护,治理环境污染,综合实施各项生态建设和环境保护工程。

1. 生态建设。要坚持统筹规划,突出重点,因地制宜,坚持生态效益与经济效益相结合,以生态效益为主,采取生物措施、工程措施和农艺措施相结合,进行综合治理。加快实施退耕还林工程,落实退耕还林和宜林荒山荒地造林任务,确保补助粮食和资金及时足额兑现,林木种苗合理有效供给,造林质量达到要求,农民收入得到增加。组织实施天然林保护工程,恢复和增加林草植被。逐步实施防沙治沙工程,抓紧环京津风沙源综合治理。加强天然草原的恢复和建设,加快小流域治理,减少水土流失。严格保护珍稀濒危动植物物种。加强自然保护区和生态示范区建设。加强国土综合开发整治。

黄河上中游地区。对坡耕地逐步实行退耕还林,保护天然林资源,大力植树种草,恢复和增加植被。综合治理小流域,加强川地和缓坡地农田基本建设,逐步恢复和改善生态用水状况。

长江上游地区。开展小流域和山系综合治理以及农田基本建设,实施封山育林、飞播造林和坡耕地退耕还林,恢复和扩大林草植被。停止天然林砍伐,加强营林管护。重点营造水土保持林、水源涵养林和人工草地。禁止滥垦乱伐和过度利用自然资源,坚决控制人为的水土流失。加强珠江上游等流域的生态建设,推进黔桂滇岩溶地区石漠化综合治理。

"三北"(西北、华北、东北)风沙综合防治区。采取综合措施,在有条件的地区大力植树种草,增加林草植被。以风沙区为对象,以大中城市、厂矿、工程项目周围地区为重点,加强林草植被保护,采取生物治沙、工程治沙、建立农田保护林网等各种有效措施,减轻风沙危害。加强以风沙源和水源为重点的治理与保护,建设环京津生态圈。

草原区。保护好现有草原植被,搞好草原鼠害防治,制止草场过牧,禁止草原开荒种地。实行围栏、封育和轮牧、休牧,建设"草库仑"。青藏高原冻融区要以保护现有的自然生态系统为主,加强天然草场、长江黄河源头水源涵养林和原始森林的保护。严禁毁林毁草和滥采乱挖。

2. 环境保护。针对环境污染的突出问题,从污染源头抓起,尽快遏制环境恶化的趋势。推行清洁生产,防治工业污染。发展生态农业,减轻农村污染。重点加快沿江城市污水处理厂和城镇垃圾处理场建设,保护三峡水库水质。继续抓好滇池治理。开展黄河中游水污染防治工作,推进沿黄河各省、自治区水污染的防治,逐步改善黄河干支流的水质。加强西部地区重点城市大气污染治理。改善能源结构,实行清洁生产,大力推广使用天然气和低硫煤。治理旅游城市和风景名胜区的环境污染。加强对西部地区生态状况、环境质量、资源变化、灾害性天气和地质地震灾害的监测、预报和防治。

(三)巩固和加强农业基础地位

促进西部地区经济发展和结构调整,必须把农业放在首要位置。要加大农业基础设施建设力度,充分发挥农业资源优势,调整和优化农业和农村经济结构,稳步提高农民收入,为西部大开发打好基础。

1. 农业和农村基础设施建设。加强农田水利建设,着重改善农业生产条件,提高农业抗御自然灾害的能力。大力发展旱作节水农业,推广工程农业、化学生物等多种措施相结合的旱作节水农业技术,建立田间蓄水、抗旱保水、节灌补水和土壤培肥等技术体系。加强农业良种繁育、农业技术推广和动植物保护体系建设,提高农业科技服务水平。加强农产品市场体系和农业市场信息体系建设,提高农业市场化水平。推进农业综合开发。把退耕还林与建设高标准农田结合起来,加强中低产田改造,停止开荒垦殖。建设四川成都平原、陕西关中地区、宁夏和内蒙古河套地区以及新疆南部等商品粮基地,稳定和提高西部地区粮食生产能力,保持适度自给率。加强用水、道路、用电、通信和广播电视等农村基础设施建设。

2. 特色农业发展。充分发挥物种资源和光热资源的优势,积极促进特色农产品的增值转化,逐步建成面向国内外市场的生产、加工和出口基地。继续抓好新疆棉花基地建设,稳定产量,提高品质。稳步发展广西、云南的甘蔗基地,内蒙古、新疆的甜菜基地,云南、贵州的烟叶基地。积极建设西南地区热带、亚热带水果基地,西北地区苹果、葡萄等优质水果基地,云南等地的花卉基地。建设西部地区中药材及民族药材的种植基地。利用广阔的草场,改革饲养方式,逐步建设畜牧业生产基地。加强畜禽良种繁育体系和疫病防治体系建设,提高畜禽产品质量。继续实施牧区示范工程,加快发展集约型的草原畜牧业,积极发展农区畜牧业。

3. 农业产业化经营。以发展农副产品加工业为重点,积极兴办各类农副产品加工、储藏、保鲜、运销企业,延长农副产品加工产业链,促进农村产业结构优化升级。把推进农业产业化经营与发展乡镇企业结合起来,重点扶持一批立足当地优势、市场开拓能力强、科技含量高的龙头企业,带动农户发展商品生产,促进农副产品销售和转化增值,提高农业经济效益和农民收入。把推进农业产业化经营与加快小城镇建设结合起来,引导农副产品加工业合理布局和形成规模,更多地转移农业剩余劳动力,提高集聚经济效益。

4. 农村扶贫开发。进一步加大对西部地区农村扶贫开发的支持力度,重点解决少数民族地区、边疆地区和山区贫困农牧民的温饱问题。把生态建设同农村经济发展、农业结构调整、农村能源建设和农民脱贫致富结合起来，动员和吸收农民更多地参加生态建设和水利、交通等基础设施建设，努力增加农民收入。加强贫困地区农村职业技术教育和培训。对一些不具备生存条件的地方，有步骤地实行易地安置、生态移民和扶贫开发。

（四）积极调整产业结构

坚持以市场为导向，以企业为主体，从西部各地资源特点和自身优势出发，依靠科技进步，发展具有市场前景的特色经济和优势产业，促进资源优势向经济优势加快转化。

1. 传统产业调整改造。积极运用先进适用技术和高新技术改造传统产业，重点发展具有比较优势的产业。以四川、云南中成药，陕西化学生物制药为重点，发展医药制造和民族药材加工。以重庆汽车、摩托车，陕西、贵州飞机制造，陕西、四川铁路运输设备为重点，发展交通运输及零部件制造。以四川、陕西、贵州等地大型电子企业为依托，发展电子科研和生产。进一步发展烟草、饮料、棉纺、麻纺、食品等农副产品深加工。逐步建设云南、贵州、四川植物纤维生产和加工基地。改造和振兴老工业基地，焕发经济活力。通过改组改造，着力提高企业的技术水平和创新能力，改进品种和质量，努力形成一批优势企业和名牌产品，带动整体工业水平的提高。切实防止盲目重复建设。坚决淘汰一批落后的工艺和生产能力，关闭浪费资源、技术落后、污染严重、产品质量低劣的企业。

2. 优势资源开发和利用。坚持保护和开发并重，合理开发和有效利用丰富的能源矿产资源。加强重要矿产资源集中区的调查评价和勘查工作，重点开发比较优势明显、市场前景好的矿产资源，提高产品加工深度和利用水平。逐步建设青海柴达木、新疆罗布泊盐湖钾肥，云南、贵州磷肥，云南铅锌，甘肃镍，贵州和广西铝，新疆铜，四川攀西钒钛，内蒙古、四川稀土等产品的生产、开发与加工利用基地。合理建设石油天然气生产及石油化工基地。

3. 高新技术产业发展。利用一些地区军工企业和大专院校、科研院所较为集中的有利条件，以重大工程项目为依托，因地制宜地发展生物工程、航空航天、新能源、新材料、电子信息以及先进制造、中药现代化等有优势的高新技术产业。促进中小型高科技企业发展，建设具有西部特色的高科技产业园区和高技术孵化体系。

4. 旅游等服务业发展。充分利用西南、西北丰富的自然和人文景观，把旅游业培育成为西部地区的支柱产业。围绕沿长江、西北丝绸之路、桂滇黔川以及高原、草原等主要旅游线路，加强旅游基础设施建设，重点建设旅游景区的道路，搞好旅游资源的保护与开发。从各地的实际出发，加快发展商贸流通、交通运输、信息服务、社区服务、房地产、金融保险等服务业，提高社会化服务水平。

（五）加快发展科技教育

西部地区科技教育的发展，要着眼于科技与经济的紧密结合和国民素质的普遍提高，为西部大开发提供增长的动力和技术、人才保障。

1. 科技。要深化体制改革，加快企业科技进步，根据西部地区的实际需要和基础条件，加快推广一批先进适用技术，着力开发一批共性关键技术，有重点地发展一批有优势的高新技术。

为基础设施和生态环境建设开发并推广应用技术。包括水资源开发与节约、复杂地形交通建设、生态环境恢复和整治、脱硫、污水处理、节能降耗、清洁能源、石油天然气开采和深加工、煤炭液化等技术。

为特色经济和优势产业发展提供技术支撑。包括开发与推广应用节水和旱作农业、特色农产品深加工、矿产资源综合开发利用、生物有效成分萃取、大型超临界火电机组、直流输变电成套设备、新型支线客机设计制造、数字化先进制造、转基因等技术。

建立西部开发的技术支持体系。通过进一步转变思想观念和深化科技体制改革，树立尊重知识、尊重人才的社会风尚，加强科学普及，为引进吸收、推广应用先进技术创造良好的社会环境和体制条件。要面向西部开发的重点领域，充分发挥现有科技力量的作用，推动东中西部地区和国内外技术交流与合作。加快培育技术市场，健全科技推广和中介服务体系，加强对中小企业的技术服务。加强科技能力建设，发展有特色的基础科学研究和应用基础研究，为西部开发和全国发展提供有力支持。

2. 教育。要深化改革，进一步采取有力措施促进教育优先发展，努力提高教学质量，积极开发西部地区人力资源。

重点发展基础教育，特别是加快普及九年义务教育。在贫困地区、边远地区和少数民族地区抓紧普及义务教育。加快扫除青壮年文盲。着力改善农村小学和初中办学条件，搞好中小学布局调整，加强教师培养、培训工作，在地广人稀的牧区和山区办好寄宿制学校。在普及初中教育的基础上，逐步提高高中阶段教育入学率。

大力发展职业教育。实施人力资源开发工程，改善职业教育办学条件，培养和培训大批适应西部发展需要的中等职业技术人才，提高劳动者文化和技术素质。引导地方和社会投入，加强高等职业技术教育。重视专业技术人员的继续教育。

积极发展高等教育。通过优化配置现有资源和增加投入，改善西部地区高等院校的办学条件，开展与沿海地区联合办学，扩大西部地区和东部、中部地区高校在西部地区的招生规模，推行助学工程。提高教育信息化水平，积极发展远程教育。

3. 人才。要加强西部地区各级领导人才队伍建设，优化领导班子结构，抓紧培养选拔优秀年轻干部，加大少数民族干部队伍建设力度。稳定发展当地人才队伍，充分发挥现有人才作用，大力充实人才队伍。广泛吸引国内外优秀人才投入西部开发。全面提高各类人才的素质。

（六）促进社会事业发展

要坚持富民为本的原则，创造更多的就业机会，加快发展各项社会事业，使各族人民都能享受基本的公共服务，使广大群众不断提高生活水平。

1. 居民收入和消费。把推进经济开发与提高群众收入更好地结合起来，通过加快发展非国有经济和劳动密集型产业，促进经济结构调整，增加就业岗位，拓宽城乡居民的增收渠道。继续加强有利于改善居民消费环境的基础设施建设，引导企业面向西部地区居民需求开发适用的消费品。

2. 文化。大力弘扬各民族的优秀文化，重视民族民间文化的保护、发掘和整理，加强对历史遗迹和文物的保护。积极发展文化产业，汲取传统文化的精华为西部开发服务。建立健全群众文化基础设施，建设一批图书馆、文化馆、文化站，在中心城市逐步建设具有地区特色和民族特色的博物馆。重视西部地区影视创作和民族语言电影译制工作，加强农村电影放映工作。

3. 卫生和体育。在稳步提高城市卫生水平的同时，重点提高西部地区农村的卫生水平，加快改变边远贫困地区农牧民卫生落后的状况，逐步达到人人享有初级卫生保健服务。加大对基础设施的投入，培训专业人员和管理人员，加强农村卫生保健体系建设，完善县、乡、村三级卫生服务网，统筹规划并合理配置卫生资源，提高服务质量、效率和水平。加强血站建设，做好对重点传染病、地方病的防治工作。加强农村改水、改厕建设。降低农村孕妇及新生儿死亡率。提高农牧民健身意识，增加体育锻炼场所。

4. 人口和计划生育。稳定并有效地执行现行的计划生育政策，降低西部地区人口出生率，保持低生育水平，提高出生人口素质。重点加强农村贫困地区、边远少数民族地区的计划生育工作，特别是要加强基层计划生育服务网络建设，提高计划生育技术服务能力和质量，普及宣传教育，加强法制建设。

三、西部开发的重点区域

要选择现有经济基础条件较好，区位优势明显，人口较为密集，沿交通干线和城市枢纽的一些地区，作为西部开发的重点区域。依托亚欧大陆桥、长江黄金水道、西南出海通道等交通干线，发挥中心城市的集聚功能和辐射作用，以线串点，以点带面，实行重点开发，促进西陇海兰新线经济带、长江上游经济带、南(宁)贵(阳)昆(明)经济区的形成，带动周围地区和农村发展。引导农村富余劳动力和人口合理转移，繁荣城镇经济，因地制宜地发展大中小城市，加快小城镇建设，提高城镇化水平。

(一)西陇海兰新线经济带

沿亚欧大陆桥，以陇海兰新铁路、连云港至霍尔果斯公路等交通干线为依托，发挥西安、兰州、乌鲁木齐和呼和浩特、银川、西宁等中心城市的枢纽作用，充分利用其经济技术基础较好的条件，支撑西北地区的开发。积极发展依托优势资源的能源、有色金属、石油化工和旅游业，以特色农产品为主要原料的轻工、食品、医药行业，以及有优势的生物工程、电子信息、航空航天、新材料等高新技术产业，推进传统产业的调整升级，加快发展服务业，增强中心城市的综合经济实力和科技创新能力。借助交通干线连接城镇的便利条件，加快发展陕西关中地区、甘肃兰州白银经济区、新疆天山北坡经济区及库尔勒地区，宁夏沿黄地区、青海东部及格尔木地区、内蒙古河套地区、“三西”能源重化工基地。通过建设西电东送、西气东输、生态环境建设等重大工程，加强与东部、中部地区的经济联系，促进生产力合理布局和生态平衡，推动同中亚地区的经济技术交流与合作。

(二)长江上游经济带

沿长江黄金水道，以长江航道、上海至成都公路、沿江铁路等交通干线为依托，发挥重庆、成都等中心城市的枢纽作用，支撑川渝地区的开发。积极发展交通、商贸、金融、信息等综合服务业，加快发展食品、装备制造、电子、中药和生物制药、旅游等产业，充分发挥现有工业基础的作用，加速国防科技工业调整、改革和发展。发挥农业优势，推进农业产业化经营和现代化进程。充分利用沿江、沿路的区位条件，促进市场发育。加快发展成渝地区、攀(枝花)成(都)绵(阳)地区、长江三峡地区。通过建设西电东送等重大工程，扩大与长江中下游地区的经济技术交流与合作。

(三)南(宁)贵(阳)昆(明)经济区

沿西南出海通道，以南昆铁路、重庆至湛江公路等交通干线为依托，发挥南宁、贵阳、昆明等中心城市的枢纽作用，支撑滇黔桂地区的经济开发。加快城市基础设施建设，进一步完善城市功能，大力发展交通、商贸、旅游等产业，改造提高机械、电子、航空工业，加快利用水能、有色金属、磷矿石、煤炭等资源，建设西南地区水电开发和东输工程，积极开发热带、亚热带生物资源。加快发展广西南(宁)北(海)钦(州)防(城)地区、贵州贵阳附近地区、云南昆明附近地区。加强与我国华南地区以及东南亚地区的经济联系，扩大经济技术交流与合作。

(四)西藏、新疆等少数民族地区

实施西部大开发，要加快少数民族地区经济和社会全面发展，重点支持少数民族地区扶贫开发、牧区建设、民族特需商品生产、边境贸易和经济技术合作、民族教育和民族文化事业发展。推进兴边富民行动。注意支持人口较少民族的发展。进一步增强民族团结，维护社会秩序稳定，为发展创造良好的环境。继续实行全国对口支援西藏自治区的特殊政策，增强西藏自我发展的实力和后劲，确保经济加快发展、社会全面进步和长治久安，建设团结、富裕、文明的社会主义新西藏。新疆维吾尔自治区要以优势资源转化为基础，发展特色经济和优势产业，积极发展与中亚地区的经济贸易合作，促进经济繁荣，增进民族团结，保障边疆稳定，不断提高各族人民物质文化生活水平。发挥新疆生产建设兵团在西部开发中的重要作用，不断提高建设兵团的开发能力。加大对内蒙古自治区、宁夏回族自治区、广西壮族自治区和西部其他少数民族地区经济和社会发展的支持。对中部地区的少数民族自治州，比照西部开发的有关政策予以照顾和支持。

四、西部开发的政策措施

西部大开发战略是新世纪实施我国现代化建设第三步战略部署的重要组成部分。要贯彻党中央、国务院的重大决策，落实

《国务院关于实施西部大开发若干政策措施的通知》(国发[2000]33号)和《国务院办公厅转发国务院西部开发办关于西部大开发若干政策措施实施意见的通知》(国办发[2001]73号)以及有关政策细则或具体实施意见，推进制度创新，扩大对外开放，推动东西合作，增加资金投入，改善投资环境，加大人才支持，加快法治建设，加强思想道德建设，促进西部大开发目标和任务的实现。

贯彻落实西部大开发战略，西部地区要紧密围绕开发重点，结合当地实际，扎扎实实地推进西部大开发。中部、东部地区要配合开发任务，加强经济合作，支持西部地区发展。各有关部门要按照规划要求，实行重点支持西部开发的政策措施，帮助西部地区解决发展中的重大问题。国务院西部地区开发领导小组办公室、国家发展计划委员会要会同有关部门和地方，根据西部开发总体规划提出的重点任务和重点领域，进一步研究西部开发基础设施建设和生态环境建设的重点项目布局，切实组织好重点项目的建设，加强对规划实施的跟踪分析，协调落实规划的各项主要任务。

三年来中国实施西部大开发的情况

——国务院西部开发办公室及重庆、西藏、陕西、新疆等省市负责人介绍

三年来，在党中央、国务院的正确领导下，经过各地区、各部门特别是西部地区广大干部群众的共同努力，西部大开发有了一个良好开端，西部地区经济社会发展呈现出生机勃勃的新气象。西部大开发的实践，谱写了一曲贯彻“三个代表”重要思想的生动篇章。

一、西部地区概况

我国西部地区包括重庆、四川、贵州、云南、西藏、陕西、甘肃、青海、宁夏、新疆、内蒙古、广西等12个省、自治区、直辖市，面积685万平方公里，占全国的71.4%；2001年人口3.64亿人，占28.6%；国内生产总值18245亿元，占17.1%。西部地区战略位置重要，资源丰富，市场潜力大，但由于自然、历史、社会等原因，经济发展相对落后，人均国内生产总值仅相当于东部地区平均水平的40%，迫切需要加快改革开放和现代化建设步伐。

二、实施西部大开发的意义、方针和目标

实施西部大开发，是以江泽民同志为核心的党中央高瞻远瞩，总揽全局，审时度势，为进一步推进我国现代化建设而作出的重大战略决策。1999年3月，江泽民总书记提出，要研究实施西部大开发战略，加快中西部地区的发展。6月，江泽民总书记号召，要把加快开发西部地区作为党和国家的一项重大战略任务。2000年1月，党中央对实施西部大开发战略提出了明确要求，国务院成立了西部地区开发领导小组，实施西部大开发战略拉开了序幕。三年来，国务院颁布了《关于实施西部大开发若干政策措施》、《关于进一步做好退耕还林还草试点工作的若干意见》、《关于进一步完善退耕还林政策措施的若干意见》。中央办公厅、国务院办公厅印发了《西部地区人才开发十年规划》。国务院办公厅转发了国务院西部开发办《关于西部大开发若干政策措施实施意见》。国家计委、国务院西部开发办印发了《“十五”西部开发总体规划》。今年3月至5月，江泽民总书记在西安和重庆两次主持召开西部大开发工作座谈会，对实施西部大开发的情况进行总结，确定了下一步工作的方向。

实施西部大开发战略，是贯彻“三个代表”重要思想的伟大实践，是确保现代化建设第三步战略目标胜利实现的重大部署，是促进各民族共同发展和富裕的重要举措，是保障边疆巩固和国家安全的必要措施。西部大开发，有利于培育全国统一市场，完善社会主义市场经济体制；有利于推动经济结构的战略性调整，促进地区经济协调发展；有利于扩大国内需求，为国民经济增长提供广阔的发展空间和持久的推动力量；有利于改善全国的生态状况，为中华民族的生存和发展创造更好的环境；有利于进一步扩大对外开放，用好国内外两个市场、两种资源，具有重大的经济、社会和政治意义。

西部大开发是一项宏大的系统工程和艰巨的历史任务，既要有紧迫感，又要有长期奋斗的思想准备。要坚持从实际出发，积极进取、量力而行，统筹规划、科学论证，突出重点、分步实施。总的战略目标是：经过几代人的努力，到21世纪中叶全国基本实现现代化时，从根本上改变西部地区相对落后的面貌，努力建成一个山川秀美、经济繁荣、社会进步、民族团结、人民富裕的新西部。21世纪头10年，要力争使西部地区基础设施和生态环境建设取得突破性进展，科技教育、特色经济、优势产业有较大发展，改革开放出现新局面，人民生活进一步改善，为西部大开发奠定坚实的基础。要以加快基础设施建设为基础，以加强生态建设和环境保护为根本，以调整产业结构为关键，以发展科技教育为保障，以改革开放为动力，以提高人民生活水平为出发点，扎扎实实地推进西部大开发。

三、西部大开发三年来的主要进展

（一）西部地区投资和经济快速增长，居民消费和收入水平提高

2000—2001年，西部全社会固定资产投资年均增长14.9%，高于全国平均11.6%的增幅。国内生产总值年均增长8.6%，比1999年的7.2%加快。今年1—9月，西部地区国内生

产总值同比增长 9.6%,固定资产投资同比增长 25.8%,保持了加快发展的好势头。过去两年,西部地区社会消费品零售总额年均实际增长 10.8%,城镇居民人均可支配收入年均增长 5.3%,农村居民人均纯收入年均增长 2.6%。

(二)国家政策措施向西部地区倾斜,资金投入明显增加

三年来,中央加大了对西部地区建设资金投入的力度,用于基础设施的投资约 2000 亿元,生态环境投资 500 多亿元,社会事业投资 100 多亿元,共 2600 多亿元。长期建设国债资金 1/3 以上用于西部开发,达 1600 亿元。中央财政对西部地区转移支付约 3000 亿元。西部地区金融机构各项贷款余额增加 6000 多亿元。

(三)一批重大项目相继开工,基础设施建设迈出实质性步伐

三年来,国家在西部地区新开工了 36 项重点工程,投资总规模 6000 多亿元。青藏铁路、西气东输、西电东送、水利枢纽、公路干线等关系西部地区发展全局的重大项目已经全面开工。共建设和改造大型水库 30 多座,新增公路通车里程约 5 万公里,新建铁路新线 1641 公里、复线 1311 公里、电气化线路 1370 公里,新建和改扩建机场 31 个,西电东送工程在建装机容量 2200 多万千瓦。到今年 9 月底,57 项西部开发基础设施工程累计完成投资 960 亿元,占总投资的 33%,其中 19 个项目已竣工投产。

(四)退耕还林工程全面启动,生态环境保护和建设显著加强

经过两年多的试点,退耕还林工程在 25 个省、自治区、直辖市全面启动。到今年 9 月底,累计完成退耕还林 4418 万亩,荒山荒地造林 4404 万亩,三年多来,仅这一项工程就直接增加中西部地区农民粮食、种苗和现金补助收入 200 多亿元。天然林资源保护工程全面展开,京津风沙源治理工程进入实施阶段,天然草原恢复与建设工程进展顺利,江河上游和西部中心城市污染治理的力度加大。

(五)农村基础设施建设明显加强,农民生产生活条件逐步改善

通县沥青公路工程,总里程 26000 公里,总投资 310 多亿元,预计到年底可以建成 240 多个项目,完成投资 90%以上。"送电到乡"工程,今年解决 699 个无电乡镇的通电问题,将使西部乡镇通电率达到 98%以上。"广播电视到村"工程,今年建设 8100 多个新通电行政村的广播电视设施,将使西部行政村通广播电视的比例达到 97%以上。还加强了西部农村人畜饮水、中小型水利设施、贫困县公路、电网改造等工程建设。

(六)科技、教育和社会事业加快发展,人才开发力度加大

三年来,国家在西部地区共安排科技开发项目 2100 多个,高技术产业化示范项目约 200 个,企业技术创新项目 400 多个。安排了 4000 多所中小学危房改造,建立了 100 多座县级职业教育中心,重点建设了 25 所高校的基础设施和 153 所大学的计算机校园网,使西部地区普通高校招生规模翻了一番多。还支持西部地区建设了 200 多所贫困县医院,290 个血站和血液中心,900 多辆计划生育流动服务车,6 万多个广播电视接收装置和一批基层文化设施。中央国家机关培训西部地区干部 34000 多人次。中央国家机关与西部地区之间交流干部 2300 多人。西部地区和少数民族地区干部到中央、国家机关和东部省市挂职锻炼 1200 多人。

(七)经济结构调整不断推进,对外开放进一步扩大

西部地区水电、天然气、石油、有色金属、棉花、糖料、水果、肉类等特色产品初步形成优势。旅游基础设施建设明显加强,第三产业增加值比重由 1999 年的 35.4%提高到 2001 年的 38.3%。国有企业改革、改组、改造力度加大,个体、私营经济快速发展。世界 500 强企业已有近百家到西部地区投资或设立办事机构。东西部经济合作和对口支援项目已落实 9000 多个,引进资金 1000 多亿元。

(八)西藏、新疆等少数民族地区经济建设步伐加快

国家增加了对少数民族地区的建设资金投入和财政转移支付,全国 5 个少数民族自治区和 30 个少数民族自治州全部纳入西部开发的范围。国家西部开发投资对西藏作了重点安排,还直接安排援藏建设项目 117 个,组织有关省市对口支援西藏建设项目 70 个,总投资 400 多亿元。国家在新疆布局了一批重点项目,涉及西气东输、水利开发、流域治理、退耕还林、交通建设、商品棉基地建设、优势资源勘探等多个方面。

四、进一步推进西部大开发的重点任务

当前和今后一段时期,是我国全面建设小康社会、加快推进社会主义现代化的关键时期,也是为实施西部大开发战略奠定坚实基础的重要时期。我们要全面贯彻党的十六大精神和"三个代表"重要思想,落实中央关于西部大开发的战略部署、政策措施和总体规划,着力解决西部地区发展中存在的突出问题,把生态环境保护和建设放在首位,进一步加强基础设施建设,加快科技进步、教育发展和改革开放步伐,坚持走可持续发展的道路,推进经济增长方式转变,不断开创西部大开发的新局面。

(一)突出加强生态环境保护和建设

要进一步加大实施退耕还林的力度,初步规划退耕还林 2.2 亿亩,荒山荒地造林 2.6 亿亩,把水土流失比较严重的坡耕地尽快退下来。要把草原保护提到议事日程上来,尽快启动退牧还草工程,初步设想先期重点治理严重退化的草原 10 亿亩。配套推进基本农田建设、农村能源建设、易地安置、禁牧舍饲、农牧业结构调整,促进生态改善、农民增收和经济发展。继续实施天然林资源保护、京津风沙源治理和防沙治沙等工程,加强对江河湖泊水污染的治理,加快建设祖国西部绿色生态屏障。

(二)继续加快基础设施重点工程建设

基础设施薄弱是制约西部地区经济社会发展的突出矛盾。要继续加快水利、交通、能源、通信、市政等基础设施建设,抓紧

建设青藏铁路、西气东输、西电东送、水利枢纽、公路干线等具有全局意义的战略性工程，确保到2010年使西部地区基础设施建设取得突破性进展。西部地区特别是西北地区大部分处在干旱、半干旱地带，水的矛盾十分突出。要把水资源的保护、节约和开发、综合利用放在基础设施建设的首位。加强节水工程和大型水利设施的建设，对全流域水资源实行统筹管理和优化配置。

（三）加强农村基础设施建设，加快改善农民生产生活条件

全面完成"油路到县、通电到乡、广播电视到村"工程。开工建设西部地区县际公路。解决农村居民新产生的饮水困难问题和高氟水、苦咸水地区居民的饮水质量问题。加快西部地区农户沼气池建设，发展小水电、风能、太阳能等多种供电方式。对居住在西部生态地位重要、生态环境脆弱、已丧失基本生存条件地区的贫困人口，实行易地安置开发。健全疾病预防控制体系，推进西部地区农村卫生、文化建设。

（四）大力发展科技、教育，加强人才开发

要加强退耕还林、退牧还草等重点工程的科技支撑，加快推广旱作农业、节水农业、优势资源开发等先进适用技术，加强西部地区科技能力建设和高新技术产业基地建设。增加对农村义务教育的财政转移支付和建设资金投入，实行依法治教，完善农村义务教育管理体制，加快西部地区普及九年义务教育进程。大力发展职业教育，提高劳动者素质。落实《西部地区人才开发十年规划》，加强西部地区各类人才队伍建设，加大人才培训和干部交流工作力度，推进人才开发的国际合作。

（五）积极发展特色经济，推进重点区域开发

西部开发的起点要高，要积极发展新能源、新材料、生物医药、信息软件等高新技术产业，加快用高新技术改造传统产业。围绕棉花、糖料、烟叶、水果、肉类、奶类、花卉、中药材等特色农产品，推进农业产业化经营，促进西部地区特色农业发展和农副产品深加工。依托水能、天然气、石油、煤炭、有色金属、钾盐、磷矿、稀土等优势资源，努力发展有地方特色并在国内外市场上有竞争力、有效益的产品和产业，逐步提高西部地区自我发展能力。进一步加强旅游基础设施建设，保护与开发旅游资源，培育一批精品旅游景区和旅游线路。发展社区服务等第三产业、个体私营经济和劳动密集型产业，扩大城乡劳动就业和再就业。依托亚欧大陆桥、长江黄金水道、西南出海通道等交通干线，发挥中心城市的辐射和带动作用，培育西陇海兰新线经济带、长江上游经济带、南(宁)贵(阳)昆(明)经济区，有重点地推进西部大开发。

（六）改善投资环境，加强法制建设，加快改革开放步伐

要加快转变政府职能，推进行政审批制度改革，彻底实行政企分开，改善和加强宏观调控、社会管理、公共服务，努力提高办事效率和依法行政水平。整顿市场经济秩序，打破地方和行业垄断，建立公平竞争和诚实守信的社会环境，切实保护投资者的合法权益。加强对西部大开发重点法律问题的研究，推进《退耕还林条例》的实施，研究制定西部开发投资、环保等专项法规，着手研究促进西部开发的基本法律。要进一步解放思想，转变观念，推进制度创新，从根本上消除束缚生产力发展的体制障碍。加快国有企业改革、改组、改造，积极发展个体、私营经济。发展商品市场，培育资金、土地、劳动力、技术、信息等要素市场，建立健全现代市场体系。重点推进西部地区基础产业和服务贸易领域对外开放。加强西部地区与周边国家的经贸合作，加快西部地区对沿海地区开放，推动东西部经济合作和对口支援。认真贯彻落实国家支持西部大开发的各项政策措施，积极探索采取多种方式建立西部开发长期稳定的专项资金。

2002年11月12日

2002年西部开发工作的主要任务和措施

国务院西部地区开发领导小组办公室 2002年7月10日

一、2001年西部开发工作进展情况

2001年，在党中央、国务院的正确领导下，经过各地区、各部门和广大干部群众的共同努力，西部开发取得重要进展，西部地区经济和社会事业保持了加快发展的好势头。据初步统计，列入西部大开发范围的12个省、自治区、直辖市国内生产总值平均增长8.5%，固定资产投资额平均增长19%，社会消费品零售总额增长10%。

（一）西部开发政策实施意见和总体规划制定出台

2001年9月，国务院办公厅转发了国务院西部开发办会同有关部门制定的《关于西部大开发若干政策措施的实施意见》，明确了重点支持西部开发的具体政策，国土资源、税务等部门据此制定了相关的政策细则。国家计委、国务院西部开发办研究制定了《"十五"西部开发总体规划》，提出了今后5-10年西部开发的指导方针、奋斗目标、重点区域和政策措施。水利、交通等部门也分别制定了相关领域西部开发的专项规划。

（二）基础设施建设迈出实质性步伐

2001年，青藏铁路、广西龙滩和青海公伯峡水电站、"西电东送"第二批项目、广西百色和内蒙古尼尔基水利枢纽等一批交通、

能源、水利重大工程相继开工。2000年开工的西安至合肥和重庆至怀化铁路、公路国道主干线西部路段及贫困县公路、四川紫坪铺和内蒙古沙坡头水利枢纽、重庆轻轨等基础设施重点工程进展顺利。"西气东输"塔里木盆地至长江三角洲管道工程、云南小湾水电站工程的前期工作已经完成,并将于2002年初开工。西南出境铁路等一批重点建设项目的前期工作正在抓紧进行。

(三)生态环境保护和建设工作得到加强

退耕还林、天然林保护、防沙治沙等生态建设工程进展顺利。到2001年底,中西部地区退耕还林试点工作累计完成退耕地还林124万公顷,宜林荒山荒地造林109万公顷。天然林保护工程2001年完成造林面积69万公顷,封山育林面积121万公顷,森林管护面积9275万公顷。一些地方把生态环境建设与保护同农田基本建设、农林牧业结构调整、农村能源建设、生态移民结合起来,实现了生态改善、经济发展和农民增收。西部大开发中的环境保护工作力度加大,重大建设项目的环境影响评价工作全面展开,滇池治理、三峡库区水污染防治力度进一步加大。

(四)财政信贷等资金投入增加

国家加大了对西部地区重点建设的投资力度。全年用于西部开发的财政性建设资金超过上年,其中国债资金约600亿元。中央财政用于西部地区一般性转移支付和生态环境、教育、科技、地区津贴、社会保障、扶贫、基层政权建设、计划生育、青少年活动场所建设、国家级经济技术开发区基础设施建设贴息等补助资金共计540亿元。银行系统增加了对西部地区的各项贷款及再贷款、再贴现,发挥了金融支持西部大开发的积极作用。

(五)人才开发工作力度加大

国务院西部开发办牵头研究制定了《西部地区人才开发十年规划》,提出了西部地区人才开发的目标、主要任务、组织措施和政策措施,会同有关部门制定了干部交流挂职工作和西部地区各类人才培训的实施方案。中央、国家机关选派到西部地区工作的一批年轻优秀干部已经到岗就职。国务院有关部门和东部地区一些省、市组织培训了西部地区科技、教育、工程、环保、城建、旅游、农业等方面人员约6000人次。公安部会同有关部门加大了户政管理改革力度,促进了人才交流和人口合理有序流动。

(六)科技教育和社会发展计划向西部地区倾斜

科技部、国家计委、国家经贸委分别安排了西部开发科技专项、高技术产业化专项资金和技术创新资金,重点支持了西部地区生态环境综合治理、农业产业化、优势资源增值转化、现代中药产业化等工程和重点新产品试产项目,在西部地区建设了一批科技示范基地和高科技孵化器。国家在高校学科设置上对西部地区给予倾斜,继续扩大西部地区高校招生数量。教育部、国家计委、财政部实施了农村中小学危房改造工程和第二期贫困地区义务教育工程,以及西部高校校园网建设、贫困县职业教育中心建设、中西部中小学现代远程教育扶贫示范等工程。有关部门还实施了贫困县医院、血站、计划生育服务网络和流动服务车建设、基层文化设施建设、广播电视覆盖等工程,支持了卫生、文化等社会事业的发展。

(七)结构调整、地区合作和对外开放取得新的进展

西部地区特色经济逐步发展,棉花、肉类、水果等优势农副产品产量增长较快,水电、天然气、钾盐、磷矿、稀土等优势矿产资源开发力度加大,旅游基础设施建设投入增加,陕西杨凌、四川绵阳等高新技术产业基地建设加快。西部地区国有企业改组改造工作得到加强,2001年有关部门安排西部地区国债贴息技术改造项目90个,总投资近70亿元。北京、上海、天津、江苏、广东、山东等沿海省、市高度重视贯彻西部大开发战略决策,积极推动对口支援和协作,实施了一批地区合作项目。有关省、市加强了对西气东输、西电东送、公路国道主干线、铁路通道、大江大河治理等跨区域重大工程的规划、论证和实施工作,密切了东、中、西地区之间的经济联系。境外人士到西部地区考察调研活动明显增多,外商直接投资合同金额上升。

二、2002年西部开发工作的主要任务和措施

2002年,要认真贯彻江泽民同志"三个代表"重要思想和党的十五届五中全会、六中全会精神,贯彻中央经济工作会议精神,落实《国民经济和社会发展"十五"计划纲要》及《"十五"西部开发总体规划》、《国务院关于实施西部大开发若干政策措施的通知》及《关于西部大开发若干政策措施的实施意见》,在基础设施、生态建设和科技教育方面,集中力量办几件大事;依靠科技进步和人才开发,促进经济开发;加快改善投资环境,扩大对内对外开放,加强调查研究和法制建设,扎扎实实地推进西部大开发。

(一)加快基础设施和生态环境建设,务求取得阶段性成果

抓好西部地区已开工基础设施项目的续建,特别是青藏铁路、西气东输、西电东送、公路国道主干线及水利枢纽等重点工程的建设,严格工程质量管理,加强项目稽察监督。新开工涩北气田开发工程、万州至宜昌铁路、西部国道主干线和省际公路重要路段等一些基础设施重大项目。加强农村交通、电力、通信和生态建设,进一步改善农民的生产生活条件,努力做到油路到县、送电到乡、广播电视到村和退耕还林到户,使西部农村基础设施和生态环境面貌有一个大的变化。

——建设通地(州)县沥青公路。为解决西部地区3个地(州)、280个县不通沥青公路问题,在2002年西部国债投资中,计划改建25000公里公路,实现西部目前不通沥青公路的地(州)、县至少有一条沥青公路与省会(首府)城市、地(州)政府所在地城市连接的目标。同时,加强资金管理,严禁挤占挪用建设资金;注意保护生态环境,防止破坏山林。

——加强农村乡镇通电建设。针对全国农村还有约700个乡镇尚未通电,且绝大部分在西部地区的情况,要安排必要的国债资金和农行贷款,加快西部地区第二批农网改造步伐,争取在一年内使具备联网条件的乡镇基本通电,并实现城乡用电同网同价。对不具备联网条件的地方和不具备还贷能力的乡村及农户,要因地制宜地发展小水电、沼气、太阳能、风能发电等多种供电方式,逐步解决用电问题。

——推进行政村通广播电视工程。目前,全国不通广播电视的行政村绝大多数也在西部地区。为此,2002年将由国家补助资金,在1万个新通电的行政村建设广播电视接收设施,使西部地区更多的农民能够听上广播,看上电视。

——全面启动退耕还林工程。本着积极推进、确保质量的原则,安排中西部地区退耕还林200万公顷(3000万亩),宜林荒山荒地造林239万公顷(3590万亩)。另行安排环京津风沙源治理工程退耕还林面积27万公顷(400万亩),宜林荒山荒地造林27万公顷(400万亩)。同时,确保补助粮食和资金及时足额兑现,确保林木种苗合理有效供给,确保造林质量达到要求,确保农民收入得到增加。由省级政府切实负起责任,做到退耕还林、造林种草、植被保护的任务落实到户,粮食、种苗费、现金补助的政策兑现到户,林草权属落实到户。出台并落实《关于完善退耕还林政策措施的若干意见》、《中西部地区退耕还林工程"十五"计划及2010年总体规划》,进一步完善政策,落实各项配套措施,建立健全管理办法和责任追究制度。继续实施天然林保护、风沙源治理、天然草场恢复与建设等生态工程,加强生态建设统一协调,切实搞好综合治理。

(二)贯彻西部开发的政策措施及实施意见,推进西部开发

做好国务院关于实施西部大开发政策措施及其实施意见的贯彻落实和宣传解释工作。由有关部门出台可操作性的实施细则,帮助西部地区执行统一的政策措施。继续增加对西部地区建设资金的投入,在2002年发行的长期建设国债中,继续安排一定规模的资金用于西部开发项目。增加对西部地区一般性转移支付和专项补助资金,注意向革命老区、民族地区、贫困地区倾斜。落实西部地区基础设施建设的配套贷款,对投资大、建设期长的基础设施项目,金融机构可视情况,适当延长贷款期限。简化外商投资项目的审批程序。对设在西部地区国家鼓励类的内资企业和外商投资企业,在2001年至2010年期间,减按15%的税率征收企业所得税。对在西部地区新办交通、电力、水利、邮政、广播电视企业,企业所得税实行两年免征、三年减半征收。对为保护生态环境,退耕还林产出的农业特产收入,自取得收入年份起10年内免征农业特产税。公路国道、省道建设用地,免征耕地占用税。实行土地和矿产资源优惠政策。

(三)落实西部开发总体规划,促进结构调整

组织落实《"十五"西部开发总体规划》,做好水利、交通、能源、科技、教育、环保、旅游等西部开发专项规划的制定和实施。按照总体规划的要求,研究培育西陇海兰新线经济带、长江上游经济带、南贵昆经济区的规划方案。做好跨地区、跨行业重大开发项目的前期工作。加强优势农牧产品基地建设,发展农业产业化经营,促进农牧产品加工转化增值;加快特色工业和优势产业的发展,加强优势矿产资源开发利用,促进资源优势向经济优势转化;以高新技术改造传统产业为切入点,加大对西部地区企业技术进步工作的支持力度。继续加强旅游基础设施建设,扶持重点旅游景区和旅游集散中心的公用设施项目建设。加强西部地区市场建设,特别是努力培育生产要素市场。进一步采取措施,切实防止盲目重复建设和污染企业向西部地区转移。

(四)执行西部地区人才开发规划,加快科技教育发展

落实《西部地区人才开发十年规划》的主要任务和具体措施。采取多种形式加大干部交流和人才培训工作力度,增加从中央国家机关、群众团体、直属企事业单位和东部地区选派领导干部、专业技术人才、经营管理人才到西部地区挂职锻炼,增加从西部地区选派干部到中央国家机关和经济相对发达地区挂职锻炼。动员中央、国家机关各部门和沿海省市培训西部地区干部和人才,加快少数民族干部和人才的培养,加强引进国外智力服务于西部开发。以普及九年义务教育为重点,继续实施贫困地区义务教育工程和中小学危房改造工程,研究支持西部地区基础教育的有效政策。大力发展职业教育,积极发展高等教育,加强西部地区教育信息化建设。继续安排西部开发科技专项计划和西部地区高技术产业化示范工程,研究促进西部地区高技术产业发展的政策措施和投资机制。进一步加大对西部地区农村卫生基础设施、计划生育服务和基层文化建设的支持力度,深入做好西部地区文化、科技、卫生"三下乡"工作。

(五)进一步改善投资环境,扩大对内对外开放

推动西部地区转变政府职能,减少行政审批事项,提高办事效率和依法行政水平,进一步改善投资的软环境。促进个体、私营等非公有制经济加快发展,加快推进东部地区与西部地区经济技术协作和对口支援。进一步扩大外商投资领域,特别是服务贸易领域;进一步拓宽利用外资渠道。加大西部地区基础设施和优势产业吸收外商投资的力度,抓好西气东输等吸收外商投资的重点项目,扩大西部地区石油天然气对外合作的领域,做好重点地区和中心城市吸收外商投资的工作。对外商投资于西部地区基础设施和优势产业项目,视不同行业适当放宽对外商投资的股比限制,适当放宽国内银行提供固定资产投资人民币贷款的比例。对外商投资于西部地区商业项目,放宽经营年限和注册资本要求。将外商对银行、商业零售、外贸企业投资的试点扩大到直辖市、省会城市和自治区首府城市,允许西部地区外资银行逐步经营人民币业务,允许外商依照有关规定投资电信、保险、旅游业、兴办中外合资会计师事务所、律师事务所、工程设计公司、铁路和公路货运企业和其他已承诺开放领域的企业。提高西部地区利用国际金融组织和外国政府优惠贷款的比例,争取利用国际金融组织技术援助资金和外国政府赠款用于西部地区。

(六)加强调查研究和法制建设,开展西部开发立法研究工作

深入西部地区调查研究,及时发现西部开发实践中出现的新情况、新问题。按照国务院立法工作意见的要求,抓紧西部开发立法的前期论证工作,研究提出西部开发综合法的初步框架,组织起草退耕还林条例等单项法规的草案。严格执行各项现行法律法规,大力整顿市场经济秩序,实行依法行政,切实保护投资者和经营者的合法权益。

关于加快西部地区特色农业发展的意见

中华人民共和国农业部 2002年12月26日

特色农业是指具有独特的资源条件、明显的区域特征、特殊的产品品质和特定的消费市场的农业产业。我国西部地区地域辽阔,光、热、水、土资源丰富,物种资源多样,具有发展特色农业的优势和潜力。经过多年的发展,西部地区特色农业已有一定的基础。实施西部大开发战略和农业结构战略性调整,为发展西部地区特色农业提供了有利的机遇和广阔的空间。当前,要抓住机遇,明确思路,突出重点,制定措施,加快西部地区特色农业发展。为此,提出以下指导意见:

一、加深对发展西部地区特色农业重要性的认识

(一) 发展特色农业是实施西部大开发战略的重点任务

农业是西部大开发的基础和重要组成部分。特色农业是西部农业开发的重点。通过发展特色农业,加强基础设施建设,改善生产条件,提高生产能力,可以进一步加强农业基础地位,加快西部地区农业和农村经济发展步伐,为发展西部经济和缩小东西部差距创造条件。

(二) 发展特色农业是西部地区农业结构战略性调整的主攻方向

利用西部地区丰富的农业资源,因地制宜地发展特色农产品和产业,培育具有西部特色的农业产业带和产业群,可以实现农业资源多层次、多途径的开发利用,满足多样化、优质化的市场需求,有利于开辟新的市场空间,促进西部地区农业结构的优化和升级。

(三) 发展特色农业是增加西部地区农民收入的主要途径

目前西部地区农民增收困难的问题比较突出。通过发展特色农业,建设一批规模化的特色农产品生产基地,可以带动加工、储藏、运输等相关产业的发展,形成区域性的支柱产业,把独特的资源优势转化为经济优势,开辟新的就业渠道,增加就业机会,实现农民增收目标。

(四) 发展特色农业是保护西部地区生态环境的有效措施

特色农产品对于资源和生态环境有着特殊的要求。发展特色农业要遵守自然规律和经济规律,兼顾生态效益和经济效益,发展既能够合理利用和有效保护资源,又具有显著经济效益的特色农产品,调动农民保护和建设生态环境的积极性,实现对农业资源的可持续利用。

二、进一步明确发展西部地区特色农业的总体思路

(一)指导思想

发展西部地区特色农业,要因地制宜,立足当地农业资源优势,选择具有一定区域规模、产业基础较好、市场前景广的特色农产品和产业,依靠科技,培育名牌,走集约化生产、区域化布局和产业化经营的发展路子,不断提高特色农业的生产水平和产品档次,坚持经济效益和生态效益的有机统一,实现高起点和跨越式发展。

(二)基本原则

——以市场为导向。适应市场多样化、优质化的消费需求,立足国内市场,积极开拓国际市场,重点发展商品率高、市场需求强的特色农产品。

——突出发展重点。要以优势资源为依托,综合考虑产业基础、区位优势和市场条件等方面因素,优先发展优势比较突出的产品。

——适度规模生产。要考虑特色农业生产条件的独特性和消费需求的特点,坚持在适宜区域进行生产,做到规模适度,确保产品特性。

——按产业化进行开发。要着眼于特色农产品整个产业的建设,延伸产业链条,建立产业体系,构建产业群体,形成在国内、国际市场具有一定竞争力的特色农业产业带区。

——兼顾生态建设。要从遵守自然规律和经济规律的要求出发,发展既能合理利用和有效保护资源,又具有显著经济效益的产品,调动农民进行生态建设的积极性。

(三)发展目标

经过几年的努力,在西部每个省区培育形成几个在国内、国际市场有较强竞争力的特色农产品,形成一批具有西部区域特点、知名度高的产品品牌和特色产业带区,提高特色农业的产业化水平,形成区域经济支柱,构建西部地区合理的农业生产力布局,显著提高特色农业的整体素质和效益,实现农民收入持续稳定增长,促进经济与环境的协调发展。

三、突出抓好西部地区特色农业的发展重点

(一)特色种植业产品

西部地区特色种植业产品生产历史悠久,产品品质好,质量高,具有进一步发展的潜力。要坚持有所为、有所不为,进一步调

整和优化品种、品质结构，逐步减少不具备资源优势、缺乏竞争力的农产品生产，为有优势的特色农产品生产腾出空间。抓住关键环节，重点解决影响特色农产品规模化生产的主要问题，提高规模化生产水平。优质胡麻、油葵等特色油料作物的生产，要注重品种改良和油脂加工技术改造。橡胶生产要立足现有植胶基础，通过新技术的采用、胶树品系改良和增加投入等措施，提高单位面积产量，降低生产成本。马铃薯生产要加强脱毒种薯繁育基地建设，形成规模化生产优势。杂粮、杂豆生产要抓好品种改良，形成合理生产规模，健全市场营销体系，拓宽市场渠道。蚕桑生产要加强基地建设，改良蚕种，提高品质。名贵中药材生产要加快药用植物的人工栽培，建设川贝、天麻、杜仲、枸杞、黄芪等生产基地，扶持中药材加工龙头企业的发展。优质烟叶生产要突出特色，提高生产水平，改进加工工艺。

（二）特有园艺产品

西部地区具有特殊的物种和气候资源优势，园艺产品品种繁多，特色突出，发展潜力大。这些产品大多数为劳动密集型产品，能够大量吸纳农村劳动力就业，增加农民收入。要坚持采用优良品种和先进实用栽培技术，改造园艺产品的传统生产方式，提高产品档次，形成一定的生产规模。要发挥鲜切花、球根花卉和花卉种子生产的优势，加快新品种引进、选育，加强加工、保鲜等设施建设。优质反季节蔬菜要实施精品战略，推行精细化和无公害生产技术，提高产品质量。特色瓜果生产要实行原产地保护制度，适应市场对鲜食和加工专用品种的不同要求，调整品种结构，培育品牌，加强市场营销，提高园艺产品的知名度和市场占有率。

（三）草业和草地畜牧业

西部地区草地资源丰富。草业和草地畜牧业在西部农业结构调整、生态环境建设中发挥着重要作用。要建立基本草原保护制度，进一步加大对天然草原的保护和建设力度。在牧区要推行草原划区轮牧，实行舍饲和半舍饲。在草原生态脆弱区和严重退化地区要实行禁牧和休牧制度，加快草原植被恢复，逐步实现草畜动态平衡。合理开发利用南方草山草坡资源，加强牧草种子基地、草原监理和生态环境监测预警体系等建设，加快草业加工技术和设备的研究、开发和引进，带动西部草业发展。西部地区是我国传统的优质牛羊肉、羊毛、羊绒及肉兔等其他草食家畜的主产区。要调整畜群结构，改良畜群品种，提高优质肉牛、肉羊比重，加快发展优质细毛羊，稳定发展绒山羊，改革传统的养殖方式，大力推行舍饲圈养，提高畜产品商品率。有条件的地区，积极发展秸秆养牛和特色畜禽类生产。要加强畜禽良种繁育体系和疫病防治体系建设，进一步提高草地畜牧业质量和效益。

（四）高效生态特种水产养殖业

西南地区水资源丰富，发展渔业生产具有较大潜力。要在保护自然生态环境的前提下，合理开发利用大水面资源和冷水性资源，有效开发利用湖泊、水库、山区河沟和溪流等水资源，发展水产养殖。西北地区要结合沿黄河水域开发，改造低洼盐碱地，发展渔业生产。要推广普及健康养殖模式，发展稻田养鱼、养蟹等高效生态型水产养殖。重点发展冷水性鱼类等特种水产品生产，提高名特优新水产品产量的比重。不断加强渔业基础设施建设，进一步做好良种培育、病害防治、饲料生产、科技推广和技术培训等工作。

（五）特色农产品加工业

发展特色农产品加工业是提高农业附加值、带动特色农业发展的重要手段。大力发展特色农产品加工业，能够把西部特色初级产品变为特色加工产品，提高特色农产品的附加值。发展特色农产品加工业，既要面向城市市场，又要着眼农村市场，注意开发周边国家市场；既要发展成规模的现代加工业，又要发展各种地方风味和特色产品的传统技术生产。要努力开发新产品，积极发展名牌产品，建立健全市场营销渠道和网络，形成以粮油制品、肉制品、果蔬制品等为主、具有地方特色和民族特点的农产品加工业体系。发展特色农产品加工业，要立足于现有加工能力的技术改造，着力提高产品的科技含量和精深加工能力，不能盲目铺新摊子。要把发展特色农产品加工业与乡镇企业发展和小城镇建设结合起来，引导农产品加工企业合理布局，形成规模，更多地转移农村富余劳动力。

四、采取有利于西部地区特色农业发展的政策措施

（一）加强特色农产品良种开发和新技术推广

发展特色农业，良种要先行。要加大“种子工程”、“畜禽水产良种工程”、“动物保护工程”等项目向西部地区特色农业的倾斜力度，加强特色农产品良种繁育体系建设，加快优良品种的引进、培育、开发步伐，推广更新一批适合西部特点的优良品种。加强成套生产技术的推广，着力解决好特色农业生产中的各项关键技术。要重点加强草地畜牧业的良种体系、防疫体系和冷链设施建设。针对西北地区干旱缺水的特点，要推广耐旱农作物良种和旱作节水农业技术。西南地区季节性缺水和蓄水能力差的问题比较突出，要大力推广节水灌溉和旱作节水农业技术。

（二）建设特色农产品标准化生产基地

标准化生产是提高特色农产品质量的重要手段。要选择一批产业发展基础好的重点县市，按照产业化的思路，建设一批特色农产品标准化生产示范基地，加强小型农田水利设施、良种供应设施、技术服务体系、质量检测体系和机械化作业服务体系等建设。对特色农产品生产实行全程标准化管理，提高产品质量，创立一批特色品牌产品。加强标准化生产和管理技术的培训，推动标准入户。

（三）建立特色农产品原产地保护制度

特色农产品原产地独特的资源条件和地理环境，具有不可替代的自然垄断性，是保证特色农产品质量的前提。要尽快研究制定特色农产品原产地保护方面的法律、法规，组织开展特色农产品区域划定、原产地命名、品牌标注等工作，实行依法保护，提高特色农产品的知名度和信誉，保证质量和特色。加强市场监管，规范市场秩序，防止假冒伪劣产品冲击市场。

（四）培育西部农产品加工龙头企业

农业产业化龙头企业是把资源优势转化为经济优势的

重要载体。要落实国家扶持重点龙头企业的各项政策,依托特色农产品标准化生产基地建设,培育一批从事特色农产品加工、销售等的农业产业化龙头企业。积极培育各类市场中介组织,发挥其在技术服务、产品销售方面的作用,推进农业产业化经营。

（五）加强西部生态环境建设

良好的生态环境是特色农业健康发展的基础。要搞好退耕还林、还草,加大《草原法》执法力度,落实草地家庭承包,切实搞好草原建设和保护。采取工程、农艺、化学控制和生物技术等节水措施相结合,建立田间蓄水、抗旱保水、节灌补水和土壤培肥等节水技术体系,大力发展旱作节水农业。注重特色农产品产地环境保护,实施保护性耕作。积极推广沼气等农村能源综合利用技术,发展生态农业,保护生态环境。

（六）增加对特色农业发展的投入

中央农业投资要向西部地区倾斜。在西部开发的专项资金以及地方政府的投资中,应安排一定比例资金,用于农田基本建设、草原建设、旱作节水设施和保护性耕作等基础设施建设,支持特色农业新品种、新技术的引进、培育、开发和推广。各地要创造条件,积极争取金融部门的支持,增加对特色农业发展的信贷资金投入。要创造良好的投资环境,吸引外资和鼓励民间资本、民营企业投资西部特色农业。

（七）切实加强对特色农业发展的宏观指导

发展特色农业是一项长期任务。西部各省区市、各行业要结合本《意见》的精神,从当地实际出发,围绕上述发展重点,抓紧制定本地、本行业特色农业发展规划。近期西部各省区市要确定 2–3 个主要特色农产品作为发展重点,加强扶持和建设力度。我部将在此基础上,重点支持特色农产品良种繁育体系、标准化生产示范基地等建设。各地要切实加强调查研究,及时解决特色农业发展中出现的新情况、新问题,加强宏观指导,加快西部地区特色农业的发展。

中国西部省、市实施大开发战略的政策措施

重庆市实施西部大开发若干政策措施

渝委发［2001］26 号

为了抓住国家实施西部大开发战略的历史机遇,吸引国内外资本、技术、人才聚集重庆,加快重庆经济和社会发展,尽快把重庆建设成为长江上游经济中心,根据国务院有关文件精神,结合重庆实际,制定以下政策措施。

一、关于税收和财政方面

(一)凡设立在我市的属于国家鼓励类产业的各种经济成份的内资企业和外商投资企业(下同),从 2001 年至 2010 年减按 15%的税率征收企业所得税。

(二)从 2001 年起,凡在我市新办的交通、电力、水利、邮政、广播电视等内资企业,自获利年度起,第一年至第二年免征企业所得税,第三年至第五年减半征收企业所得税。其中社会效益显著而利润率较低的,经市主管税务部门或报请国家税务总局批准,可再给予五年减半征收企业所得税待遇。外商投资企业符合《中华人民共和国外商投资企业和外国企业所得税法》第八条第一款规定的,可比照办理。

(三)对设立在我市黔江区、石柱县、秀山县、酉阳县、彭水县等五个少数民族地区的内资企业和外商投资企业,除国家明令禁止、关闭和限制的产业和企业外,从 2001 年至 2010 年,经市人民政府批准可实行定期的减征或免征企业所得税。

我市非少数民族自治地区的企业到我市黔江区、石柱县、秀山县、酉阳县、彭水县等五个少数民族地区投资(包括投资建厂、参股入股、收购兼并、技术转让等形式),在 2001 年至 2010 年分回的税后利润不再补征企业所得税。

（四）我市实施生态环境保护、退耕还林还草产出的农业特产品收入，从2001年至2010年免征农业特产税。经市级计划部门按市政府规划批准建设的公路，其建设用地免征耕地占用税。

（五）内、外资企业（含自然人）投资国家鼓励类产业项目和外商投资符合《外商投资产业指导目录》限制乙类项目，在投资总额内进口自用设备，除国家明确不予免税的商品外，免征关税和进口环节增值税。2003年底前，内资企业在我市三峡库区投资开发性移民建设项目进口自用物资（国家规定不享受关税优惠的进口物资除外），实行进口关税和进口环节增值税全额返还的政策。

（六）对市级重点建设项目、符合国家产业政策和国家规定应予支持的项目，市级有关部门优先安排国家财政性资金，优先安排国外政府贷款、国际金融组织贷款和国外商业贷款，优先安排发行地方企业债券，优先安排银行贷款及贴息。减免市重点建设项目在规划、消防、施工审批过程中的地方性行政事业性收费（证照费、工本费除外），政府指导性定价的收费按下限收取。

（七）企业研究开发新产品、新技术、新工艺所发生的费用据实列支。其费用增长幅度在10%以上（含10%）的企业，可再按实际发生额的50%抵扣应税所得额。企业为开发新技术、研制新产品必须购置的专用、关键的试制设备和测试仪器，经主管财政和税务部门认定后，可一次或分次摊入成本。

（八）"十五"期间，市财政继续安排一定额度的高新技术产业投资资金和风险担保资金，通过补助入股、贷款贴息、融资担保等形式，支持重点高新技术开发和产业化项目。

（九）在北部新区、重庆经济技术开发区、重庆高新技术产业开发区、重庆大学科技园区、重庆市现代农业开发区的企业，当年高新技术产品产值加技术性收入或出口产品产值达到年总产值60%以上的，经主管税务部门批准，减按10%的税率征收企业所得税。

（十）在北部新区注册的高新技术企业，在高新技术产业领域的投资额占项目总投资比重60%以上的，经主管税务部门批准，从获利年度起三年内，可按当年利润额的3-5%在税前提取风险补偿金。

（十一）在北部新区经我市认定的高新技术成果转化项目，从2001年起，两年内上缴的营业税增长部分、增值税地方分成的增长部分（新设立企业"增长部分"按该区"两税"当年平均增长率计算）可由北部新区财政以入股资本金的方式全额安排，以后3年减半安排，扶持上缴企业发展。

（十二）在北部新区设立产业发展专项资金，通过投资入股、定额补助、对发行企业债券和贷款实行贴息等方式，扶持设立在北部新区的软件产业、光电子产业、生物医药及新药、农林畜优势资源增值转化等高新技术企业、出口加工型企业发展。

（十三）在北部新区投资的企业，固定资产投资达5000万元以上，或企业注册资本达1亿元以上，或企业年销售额实现5亿元以上的，经北部新区管委会批准，自获利年度起，两年内按企业在北部新区实际入库的企业所得税额，由北部新区财政作为专项资金全额安排，第三至第五年减半安排，扶持上缴企业生产经营。

（十四）"十五"期间，北部新区新增地方财政收入全额返还北部新区，土地出让金、城市建设配套费、养路费等各种行政事业性收费，北部新区全额留用。"十五"初期，市财政安排投入5000万元北部新区启动资金。这些资金专项用于北部新区基础设施建设。

（十五）"十五"期间，继续增加各级财政对教育的投入，增加的投入向边远贫困地区的九年制义务教育和中小学危房改造倾斜，向重点学科、重点实验室、重点课程倾斜。

（十六）调整各级财政支出结构，逐步提高社会保障支出占财政支出的比重，适时统一全市职工基本养老保险管理体制。进一步完善我市城市居民最低生活保障制度，适当增加市对部分区县（自治县、市）城市居民最低生活保障金支出的补助。

（十七）进一步完善市对区县（自治县、市）转移支付办法。随着市级财力的增加，逐步加大对贫困区县（自治县、市）一般性转移支付的规模，并对少数民族地区适度倾斜。从2001年到2003年，对民族自治县的一般性转移支付，每年增长不低于15%。

二、关于信贷和融资方面

（十八）加大对我市重点建设项目和国债项目信贷支持力度。加强政府部门与金融机构的联系和协作，做好项目前期工作。鼓励金融机构介入重点项目前期工作，及时进行项目评估，积极向总行推荐贷款。

（十九）对符合条件的基础设施建设项目，积极推行以项目收费权或收益权为质押进行融资的担保抵押制度，制定实施相应的管理办法。

（二十）积极探索新的信贷方式，推行仓单质押贷款、出口退税质押贷款、应收账款质押业务、保付代理业务、联保协议贷款等新金融服务品种，加大信贷投入。

（二十一）规范建立股份制投资基金（含中外合资），鼓励其投资基础设施和高新技术产业化项目。鼓励组建资产优良和实力雄厚的公司法人，作为基础设施和高新技术产业化项目统贷统还的主体。规范设立中小企业担保基金。

（二十二）鼓励符合条件的企业进行股份制改造，按有关法规申请上市融资。支持上市公司发行A股、B股、H股及境外债券。支持有条件的企业采取资产证券化方式在国内外融资。

（二十三）进一步扩大地方企业债券的发行规模。优先安排符合发债条件的基础设施、高新技术产业化、重大工业结构调整和纳入政府规划的危旧房改造等项目通过发行企业债券融资。

三、关于土地和资源开发方面

（二十四）全面落实退耕还林还草的"三补两免两落。实"政策，即对计划内所退耕地实行粮食补助、现金补助、种苗费补助,减免退耕地农业税和粮食定购任务,落实个体承包和林权证。

(二十五)鼓励利用国有荒山、荒地造林种草,实行谁造林种草、谁经营、谁拥有土地使用权和林草所有权的政策。国有荒山、荒地依法出让给各种经济组织和个人土地使用权,进行造林、种草等生态环境保护建设,减免土地使用权出让金,土地使用权50年不变。达到合同约定的投资金额并符合生态环境保护建设条件的,土地使用权可以依法转让、出租、抵押。土地使用权期限届满后,可以申请续期。利用农村集体所有的荒山、荒地等未利用地进行造林、种草等生态环境保护建设的,可以通过承包、租赁、拍卖等方式取得50年内的土地使用权;达到合同约定的投资金额并符合生态环境保护条件的土地使用权可以依法继承、转让(租)、抵押。

(二十六)增加对土地整理的资金投入。市上缴中央的新增建设用地有偿使用费,尽可能通过实施土地开发整理项目,争取中央全额下拨。区县(自治县、市)上缴市的新增建设用地有偿使用费,通过安排土地开发整理项目下拨,专项用于土地开发整理。

(二十七)对耕地实行严格保护,实行耕地占补平衡制度。把未利用土地开发成草地、园地,经市国土部门会同有关部门共同认定能调整为耕地的,可折抵补充耕地指标。市级以上的重点基础设施建设项目占用耕地,没有条件开垦或开垦的耕地不符合要求的,其耕地开垦费可按项目所在地下限标准执行。

(二十八)提高建设用地审批效率,及时提供并保障建设用地。对于需报国务院批准用地的铁路和主骨架公路建设等重点基础设施项目,其中影响工期的单体控制性工程,建设单位可申请先行用地,由市有关部门报国务院主管部门核准先行动工建设,并在规定期限内完成用地报批手续。对于属本市各级政府批准的建设用地,报批材料尽可能简化,并减少审批工作环节,在上报合格材料后的15个法定工作日内完成审批。

(二十九)建设项目用地除法律另有规定外,贯彻有偿使用国有土地原则,鼓励以招标、拍卖等方式供地。外商投资项目用地,经县级以上政府主管部门批准,可采用国有土地使用权作价入股、作价出资的方式提供土地使用权。

(三十)投资者以土地、房屋作价入股用于高新技术开发和进行国有企业资产重组的,按资产权属变更登记办理有关手续及收取相关费用。

(二十)北部新区执行灵活优惠的土地出让和房屋租赁政策。重点支持的高新技术企业、外商投资企业和出口加工型企业,工业用地实行优惠地价。需要租用厂房从事科技开发的企业、科研机构、高等院校,可向北部新区主管部门申请享受房租补贴。

(三十二)鼓励外商投资企业按照《矿产资源法》和《外商投资产业指导目录》,以独资方式或与中方合资、合作的方式在我市勘查、开采非油气矿产资源。允许外商投资企业在批准范围内进行地质调查,其在调查区域内发现的尚未设置矿业权的矿产地或重要找矿线索区块,可优先取得探矿权。外商投资企业对其投资勘查并探明的矿产资源,可优先取得采矿权。允许外商投资企业购买国有大中型企业的非油气矿产资源探矿权、采矿权。外商投资企业取得的非油气矿产资源探矿权、采矿权可以依法转让。

(三十三)在我市投资勘查、开采矿产资源的外商投资企业,投资开采《外商投资产业指导目录》中鼓励类非油气矿产资源,自投产之日起五年内免缴矿产资源补偿费,三年内免缴矿业权使用费。勘查、开采矿产资源所需用地,免缴场地使用费。自矿床进行开采阶段,可申请加速固定资产折旧。

四、关于对内对外开放方面

(三十四)凡不属国家明令禁止投资的领域,均允许外商投资企业和其他非国有企业投资,并享有与国有企业同等的待遇。

(三十五)鼓励外商投资企业和非国有企业以独资、合资、合作、BOT(建设-运营-移交)、TOT(转让-运营-移交)、收购、兼并、租赁及其他国际通行的投资方式投资。外商投资BOT、TOT项目享受鼓励类外商投资的各项优惠政策。允许具备条件的外商投资企业在渝规范建立独资或中外合资产业发展基金、风险投资基金、担保公司等。投资兴办担保公司,出资人须一次全额到位注册资金。

(三十六)外商投资企业投资我市基础设施、支柱产业和高新技术项目,除国家有特别规定外,不限制投资比例和经营年限。外商投资企业投资商业项目,经营年限可放宽至40年,注册资金可放宽至3000万元人民币。在华外商投资企业来渝投资,其再投资企业中外国投资者的出资比例超过注册资金25%的,享受外商投资企业政策。有条件的中方自然人可作为中外合资、合作的中方投资者。

(三十七)外商投资企业投资我市基础设施和鼓励发展的产业项目,经银行独立评估符合贷款条件的,国内银行可提供固定资产投资人民币贷款,并允许外商投资项目开展包括人民币在内的项目融资。具有良好信誉的"三资"企业和非国有企业,具备条件且不需要政府提供担保的,可以申请使用国外政府贷款和国际金融组织贷款。

(三十八)制定和实施基础设施投资管理办法,鼓励境内外投资者投资供排水、公路、桥梁等基础设施项目。属于经营性收费的项目,原则上按照"合理成本+税金+合理利润=收费标准"的计算方法批准收费价格。对供排水、垃圾处理等环保和公益性项目,收费标准暂不能到位的,允许同级政府采取适当的方式予以补贴,直到收费标准到位时取消。

(三十九)对我市利用国外优惠贷款的基础设施、生态环境、扶贫开发等项目,在项目偿还能力允许的前提下,可适当提高总投资中国外优惠贷款的比例,最高可达70%(有限制采购条件或贷款机构对贷款比例有规定的除外)。

(四十)积极支持企业申请进出口经营权和对外劳务承包经营权。企业进出口经营资格实行统一的标准和管理办法,注册资金不低于300万元人民币,成立一年以上的贸易公司可申请外贸流通经营权,注册资金不低于200万元人民币(科研院所、高新技术企业和机电产品生产企业不低于100万元)的生产企业可申请自营进出口权。外贸企业上年进出口总额达到4000万美元或出口额达到2000万美元，经批准可取得对外劳务经营权。

（四十一）凡从事对外劳务合作的经营公司外派劳务人员（不含经营公司管理人员）出国，以及到国外投资办厂的本市居民，均可申办因私普通护照。对从境外直飞重庆旅游的外国人，符合国家规定条件的，实行落地签证。

（四十二）鼓励投资创业，降低注册资金标准。申办生产经营型和商业批发为主的公司，注册资金降低为30万元。商标、品牌、技术、科研成果等无形资产，经评估作价可充抵注册资本金。技术成果作价入股占注册资本的比例最高可达80%。

（四十三）创业投资机构投资于我市高新技术产业化项目，其投资收益占其总收益50%以上的，经市高新技术产业化领导小组认定，享受我市高新技术企业的优惠政策。

（四十四）除使用各级财政性资金和银行贷款以及国家有明文规定的投资项目外的其他全额自筹资金项目，按业主自主决策原则实行项目登记备案制。项目业主单位按基建、房地产、技改等不同性质，将项目建议书按规定审批权限分别送达市或所在区县（自治县、市）计委（备案基建和房地产项目）、经委（备案技改项目）登记备案。符合产业政策的项目，同级计委或经委在两日内签发备案核准证。备案核准证与项目建议书批复文件具有同等法定效力。

外商投资企业投资2000万美元及以下项目，在不需市平衡资金、资源及协调环保事宜的情况下，由当地区县（自治县、市）有关部门分别批准项目建议书和可研报告、合同及章程。

（四十五）凡是必须审批的项目，属市级审批权限的，市有关部门对项目建议书和可研报告合并审批；对项目开工由下达年度投资计划替代，不再单独审批。属于国家审批权限的，市有关部门须在项目单位报送合格资料后的15个工作日内向国家审批部门报出。

（四十六）遵循公开、公正、公平的原则，对来渝发展的外资和市外企业，在企业和产品的认定、资质评审、经营权限审批以及项目招标、业务承接等方面，享有与本市企业同等的权利和机会。

五、关于人才和科技创新方面

（四十七）凡具有大学本科及其以上学历、中级及其以上专业技术职称的人员和留学回国人员，到我市国有和非国有单位工作，或合作开发技术（项目），转化科技成果，投资创办科技、经济实体的，可实行“户口不迁、关系不转、来去自由”的办法。具有博士学位的人员和留学回国具有硕士学位以上人员，根据工作需要，由用人单位在实验、办公和生活条件方面从优安排。在我市工作并有合法固定住所的上述人员，允许其本人及配偶和未成年子女在常住地入户。

（四十八）各级政府选拔录用国家公务员，原则上要面向社会公开招考各类人才。市政府职能部门空缺的副厅局级领导干部职位，按计划面向市内公开选拔优秀人才担任。实行专业技术职务聘任制的事业单位，可在本行业专业技术职务岗位设置总量控制内，按照“精简高效、结构合理、群体优化”的原则，自主设置岗位，实行竞聘上岗。

（四十九）允许大专院校、科研院所的专业技术人员，在完成本职工作任务的前提下兼职兴办科技企业和咨询服务中介机构，并获得报酬。大专院校、科研院所的专业技术人员和管理人员离岗兴办科技企业和咨询服务中介机构或进入科技企业和咨询服务中介机构工作，在自己全额承担社保和医保缴费的前提下，根据本人意愿，可保留其在本单位的档案、社保和医保关系。在企业、事业单位社保体制并轨后，按新规定执行。

（五十）加大对科技成果完成人的奖励。以职务成果进行转化的，成果完成人可根据不同的转化方式，获得与之相当的股权、收益或奖励。其中，以股权投入方式进行转化的，成果完成人可享有不低于该项成果所占股份的20%的股权；以技术转让方式将成果提供给他人实施转化的，成果完成人可享有不低于转让所得税后净收入的20%的收益；以自行实施转化或以合作方式实施转化的企业、科研机构、高等院校的项目盈利后3-5年内，每年可从实施该项成果的税后净利润中提取不低于10%的比例，用于奖励成果完成人。企业自主开发的非本企业主导经营领域的成果，项目盈利后3-5年内，每年可从实施该项成果的税后净利润中提取不低于10%的比例，用于奖励成果完成人。

上述政策措施从发文之日起实行，由市西部办负责解释或由市西部办指定相应职能部门解释，并设置投诉电话和网上投诉信箱。市政府有关部门可根据工作需要，在不违背本政策条款原则的情况下，对相应条款制定操作办法。

四川省关于促进和引导民间投资的若干意见

四川省人民政府 2002年10月30日

各市、州人民政府，省级各部门：

为了充分调动和发挥民间投资者的积极性，支持民间投资健康发展，现根据国家有关精神并结合我省实际，就促进和引导民间投资工作提出以下意见。

一、进一步解放思想，为民间投资营造公平竞争的环境

（一）对民间投资实行国民待遇

要按照江泽民总书记"七·一"重要讲话和"三个代表"重要思想的要求，充分认识个体、私营等非公有经济是社会主义市场经济的重要组成部分，以及促进和引导民间投资对保持国民经济持续稳定增长的重要性，在全社会形成关心、支持民间投资和民营企业的社会氛围，为民间投资营造公平竞争的投资环境。在对待民间投资的政府管理、企业开办、土地使用、税费征收、股票债券发行、产业扶持、优惠政策、市场及政策信息服务等各方面实行与国有投资相同的国民待遇。

（二）放手发展民间投资

破除各种束缚民间投资的思想观念和政策限制，充分体现"一视同仁"、"效率优先"原则，做到不限发展比例，不限发展速度，不限投资方式，不限投资额度，使民间投资者放心、放手发展。

二、进一步开放民间投资领域

（一）实行更加开放的行业投资准入政策

除国家有特殊规定的以外，凡是鼓励和允许外商投资的领域，均鼓励和允许国内民间资金进入；在实行优惠政策的投资领域，其优惠政策对民间投资同样适用；要引入竞争机制，打破所有制界限，鼓励和引导民间投资参与经营性的基础设施和公益事业项目建设。

根据国家产业政策和我省实际，现阶段要积极创造条件，尽快建立公共产品的合理价格、税收机制，在政府的宏观调控下，重点鼓励和引导民间资本参与以下领域的建设：

1. 鼓励以资金等各种形式，参与国有企业的基本建设和技术改造；鼓励以购买、兼并、租赁、参股等多种方式，参与国有企业结构调整和资产重组；

2. 鼓励投资开发、经营农林牧渔业和农村服务业等，实现农业产业化经营，引导民间投资水利设施建设、开垦荒山荒水荒地等；

3. 鼓励投资建设和经营交通、电力、水利等基础设施和基础产业项目；

4. 鼓励投资开发城市和城镇水、路、气、城市环保等公共产品和服务项目，成片开发工业园区、开发专业市场、经营地产等，盘活城市现有国有资产(包括命名权等无形资产)，吸纳民间资本参与经营；

5. 鼓励投资兴办教育事业。社会团体、企业事业单位和公民个人等都可以依法独立办学。

可以采取股份制、股份合作制等形式，也可以与政府部门联合办学。鼓励社会力量参与公办学校生活后勤设施建设；

6. 在政府卫生区域规划内依法投资，发展民营医疗机构；

7.鼓励投资经营文化、体育及其他公益性事业。各种文化馆站、体育场所等设施都允许民间投资进入和经营。现有设施可有偿转让给民间投资者经营；

8. 鼓励投资开发旅游资源。允许在政府总体规划内建设旅游设施、举办旅行社等旅游企业；

9. 鼓励投资经营信息咨询业、中介服务业、房地产业和社区服务业等，鼓励民间投资者认购城乡信用社和城市合作银行的股份，支持民营企业申报自营进出口权，鼓励有条件的民间资本到境外投资。

（二）实行市场化运作，全面创新投资方式

民间投资参与建设的项目必须按市场化方式运行，贯彻"谁投资、谁决策，谁所有、谁受益"的原则。投资方式和法人组成方式可以灵活多样，根据实际情况确定。

1. 对于有稳定投资回报的基础设施项目，可以通过招标选择自然人、法人进行建设和经营。

2. 对于跨地区的建设项目，根据"谁收益，谁出资"和"联合建设、共同负担"的原则，由各方政府共同组织招标确定法人或自然人进行建设和经营。

3. 大力推行BOT或TOT方式。有些基础设施项目可通过建设——经营——转让方式(BOT)，由民间投资建设，建成后经营一个约定的时间后，转让给政府管理。有些已经建成的公益性项目可通过转让——经营——转让方式(TOT)，政府将经营权出售给民间投资者，投资者在约定的时间内通过经营收回投资并取得回报，再将经营权无偿移交给原产权所有人。民间投资无论采取什么样的方式，都必须实行严格的项目法人责任制。

要通过股份公司等项目法人承担建设、经营等各项业务，实现自主决策，自负盈亏，自担风险，做到产权明晰，权责明确。

三、积极拓宽融资渠道

(一)提供平等融资机会。各金融机构要把民间投资作为信贷工作的重要内容。对民间投资项目贷款要和国有项目一视同仁。要改善对民间投资者的金融服务，按照“三有一不”(有市场、有效益、有信誉、不挪用)的信贷原则和利率政策，支持民营企业的发展。

(二)建立和完善各种中介服务组织，搞好服务，为金融机构向民间投资项目贷款创造条件。

(三)支持民间投资者与外商合资合作，允许民间投资项目申请利用国外政府和国际金融机构贷款。同时，推出一批民营企业重点项目对外招商引资。

四、实行公平合理的规费政策

(一)进一步清理规范收费制度，切实减轻民间投资者的负担。各级政府与民间投资有关的收费科目要进行清理和规范，取消不合理的收费项目；严禁各地、各部门擅自设立对企业的行政事业性收费、集资、基金项目；严禁擅自提高收费标准，扩大收费范围；严禁向企业强买强卖，强制企业接受指定服务，从中牟利；严禁在公务活动中通过中介组织对企业收费；严禁将应由企业自愿接受的服务变为强制性服务、强行收费。

(二)积极创造条件，通过财政贴息、财政投资补助等形式，引导民间资本投向高新技术、基础设施和公益事业。民间资本投资高新技术、基础设施和公益事业的，经有关部门审查批准，按税法规定享受现行的税收优惠政策。

五、培育一批有竞争力的非国有投资主体

(一) 选择一批民营重点企业的建设项目纳入国家和省重点扶持的项目计划。在财政扶持资金、科技贷款和科技先导资金安排上与国有企业一视同仁。加强对民营企业重点建设的指导，帮助做好银行贷款资金的衔接，通过资金、政策等方面的扶持鼓励和引导其上规模、上档次、上水平，成为我省经济发展中的骨干企业。

(二) 加强经济园区建设。各级政府要充分利用各类开发区、经济科技园区、省级试点小城镇的现有土地资源及基础设施等条件，构建各具特色的综合性或专业经济园区和科技园区。在园区内民营企业与国有企业享受同等待遇。

六、转变政府职能，做好服务工作

(一) 各级政府要把促进和引导民间投资纳入国民经济和社会发展规划及年度计划。计划部门要将民间投资纳入投资计划管理工作范围。本着“放手发展、积极扶持、合理引导、依法管理”的原则，采取法律、经济和必要的行政手段，引导民间投资健康发展。要防止出现低水平重复建设，禁止从事破坏生态环境、浪费资源和危害劳动者人身安全的项目建设。同时，加强税收征管和维护金融债权工作，依法打击偷、逃税和逃、废金融债务的行为。

(二)改革审批制度。对民间投资项目，政府主要从产业政策、城乡规划、环境保护、资源利用、土地使用和公共安全等方面进行审核。属于国家、省鼓励和允许的投资项目(具体项目目录见《当前国家重点鼓励发展的产业、产品和技术目录(2000年修订)》和《指导外商投资方向规定外商投资产业指导目录》)，从项目立项、开工、报建、施工等环节，实行登记备案制度。对确需审批的项目，应尽量简化审批手续，减少审批环节，提高办事效率。要公开报批要求，明确审批时限，减少报批环节。统计部门要进一步建立和完善科学的民间投资统计制度，准确反映民间投资的规模、结构及变化情况。

(三)营造良好的人文社会环境。新闻媒体要加大对个体私营经济的宣传报道力度，加强对典型人物、典型事迹的宣传，多宣传个体私营企业发展成果、成功经验，及时反映个体私营企业发展中的问题、要求和建议，在全社会营造关心、支持个体私营经济发展的舆论氛围。树立适应社会主义市场经济的价值观念，营造良好的文化氛围。

(四)营造竞争有序的法制环境，依法管理，依法监督。要引导民营企业自觉地贯彻执行《反不正当竞争法》、《产品质量法》、《税法》以及国家有关安全生产、环境保护、劳动用工等法律法规。遵守市场规则，坚持公平竞争。依法经营，照章纳税。健全相关法规，依法保护民营企业的合法权益。坚持司法公正，明确各财产所有者的财产权利和法律地位。

(五)鼓励建立为民间投资者服务的商会、行业协会等自律性组织，发展为民间投资者提供政策、法律、财会、技术、管理和市场信息等方面服务的中介组织，帮助民间投资者建立规范的产权制度、财会制度和人员培训制度。

(六)对民间投资项目的从业人员，在职称评定、劳模评选、户口迁移、子女上学，以及因商务和技术交流需要办理出国(境)手续等方面，应与其他所有制企业人员享有同等待遇。

(七)各级政府要统筹安排，因地制宜地制定符合本地区实际情况的具体措施。省级各部门要规范管理职能，转变管理方式，从产业导向、项目审批、资金、技术、信息、人员培训等方面切实给予支持和帮助。省计委应会同有关部门牵头做好对全省民间投资的宏观指导、政策研究和组织协调工作。

贵州省关于西部大开发若干政策措施的实施意见

贵州省人民政府 2003年5月27日

各自治州、市人民政府,各地区行署,各县(自治县、市、市辖区、特区)人民政府,省政府各部门、各直属机构:

实施西部大开发战略,加快中西部地区发展,是党中央高瞻远瞩、总揽全局、面向新世纪作出的重大战略决策。为了进一步贯彻落实国务院关于实施西部大开发战略的若干政策措施,促进贵州经济和社会发展,现将我省实施意见通知如下:

一、实行税收优惠政策

(一)对设在我省以国家规定的鼓励类产业项目为主营业务,其当年主营业务收入超过企业总收入70%的内资企业和外商投资企业,在2003年至2010年内,减按15%税率缴纳企业所得税。

(二)民族自治州、县内除国家明令禁止、关闭和限制的企业外,内资企业在2003年至2010年内,第一年至第三年免征企业所得税,第四年至第五年减半征收企业所得税。对已享受减免企业所得税不满3年免征2年减半征收的,可再延长至期满;凡减免税款涉及中央收入100万元(含100万元)以上的,需报国家税务总局批准。外商投资企业免征地方所得税10年。企业所得税减免的审批权限和程序按现行有关规定执行。

(三)对新办的交通、电力、水利、邮政、广播电视企业,其主营业务收入占企业总收入70%以上的,内资企业自开始生产经营之日起,第一年至第二年免征企业所得税,第三年至第五年减半征收企业所得税;外商投资企业经营期在10年以上的,自获利年度起,第一年至第二年免征企业所得税,第三年至第五年减半征收企业所得税。

(四)在2003年至2010年内,外商投资企业5年内免征车船使用牌照税。外商投资企业自建的房屋或购置自用的新建房屋,自建成或购买月份起,5年内免征城市房地产税。中方投资者以自有房地产作价与外来投资者合资、合作、兴办开发性生产性项目,在办理房地产过户时免征契税。

(五)省内公路国道、省道建设用地,以及经省人民政府批准修建的国道、省道以外的其他公路建设用地,免征耕地占用税。免征耕地占用税的范围限于公路线路、公路线路两侧边沟所占用的耕地。上述免税用地,凡改变用途,不再属于免税范围的,应当自改变用途之日起补缴耕地占用税。"西电东送"及省重点水利工程建设用地,免征耕地占用税。

(六)内、外商投资企业投资国家鼓励类产业的项目在投资总额内进口自用设备,除国家明确不予免税的商品外,免征关税和进口环节增值税。

(七)鼓励企业提高技术开发经费的开支比重。企业研究开发新产品、新技术、新工艺或引进国外先进技术进行国产化研制所发生的各项费用,不受比例限制,计入管理费用。其费用比上年实际增长10%以上(含10%)的,可再按实际发生额的50%抵扣当年应纳税所得额。

(八)农产品加工和流通企业(一般纳税人)购进农业生产者销售的免税农业产品的进项税额扣除率由10%提高到13%。对实施生态环境保护、退耕还林(生态林应占80%以上)产出的农业特产收入,可申请从取得收入年份起10年内免征农业特产税。

二、改革投融资体制,加大资金投入力度

(九)加强政府部门与金融机构的联系和协作,鼓励金融机构介入重点项目前期工作,及时进行项目评估,积极争取国家信贷支持。对省级重点建设项目,要努力争取国外政府贷款、国际金融组织贷款和国内外商业贷款,切实加大投资力度。

(十)加大对农业、生态建设的信贷投入。对特色农业、生态农业发展在信贷上给予支持,扶持有发展前景、带动作用强的龙头企业。农业银行和农村信用社要积极推行农户小额信用贷款、农户联保贷款和小额扶贫贷款。在扶贫信贷资金使用上,继续支持具有还贷能力的贫困农户发展生产、脱贫致富。配合退耕还林还草、封山绿化等生态环境建设工程,对一些有还贷能力的速生丰产用材林、经济林、中药材开发以及个体苗圃等项目,增加信贷投入。

(十一)运用信贷杠杆支持经济结构及产业结构调整。支持能源、原材料、旅游、生物制药、特色食品等优势产业的发展;对企业技术改造、高新技术企业和中小企业发展、企业污染防治给予信贷支持。

(十二)推行以基础设施建设项目收费权或收益权为质押进行贷款的担保抵押制度。办好农村电网收益权质押贷款和开展公路收费权质押贷款业务,逐步将收费权质押贷款范围扩大到城市供电、供水、污水和垃圾处理、供热、公交、电信等城市基础设施项目。对具有还贷能力的水利开发项目,逐步开办以项目收益权或收费权为质押发放贷款的业务。简化操作程序,规范收费标准。

(十三)健全风险投资机制。建立高新技术产业投资基金和风险担保基金,通过参股、融资、担保、贴息等方式支持高新技

术开发项目。

(十四)积极创造条件,争取国内外金融机构到我省建立分支机构,发展股份制商业银行。加快城乡信用社改革步伐,更好地为中小企业提供金融服务。

(十五)改革国有资产管理体制,建立国有资产出资人制度。制定国有资产投资营运管理办法。通过国有资产营运公司的有效营运,推进国有资产的合理流动和优化重组,将分散的国有资产从实物管理推向价值管理,从资产经营转变为资本经营,集中投向基础设施、城市改造及政府需要实施经济结构战略性调整项目。

(十六)积极推进国有企业股份制改革。对有产业优势、品牌优势及效益较好的企业,采取重点帮助和扶持企业进行改制等办法,通过公开发行股票,在国内外资本市场融资。

(十七)鼓励和支持重点企业和重点项目发行企业债券和建设债券。优先安排符合发债条件的基础设施、高新技术产业化、产业结构调整等项目通过发行企业债券融资。

三、实行土地使用和矿产资源优惠政策

(十八)有计划、有步骤地对坡耕地退耕还林,认真落实对计划内所退耕地实行粮食补助、现金补助、种苗费补助、减免退耕地农业税和粮食定购任务的政策。鼓励利用宜林宜草荒山、荒地造林种草,实行谁退耕、谁造林、谁种草、谁经营、谁拥有土地使用权和林草所有权。国有荒山、荒地等未利用地依法出让给单位和个人进行造林、种草等生态建设的,可减免土地出让金,实行土地使用权50年不变;达到出让合同约定的投资金额并符合生态建设条件的,土地使用权可以依法转让、出租、抵押和作价出资。土地使用权期限届满后,可以申请续期。利用农村集体所有的荒山、荒地等未利用地进行造林、种草等生态建设的,可以通过承包、租赁、拍卖等方式取得土地使用权,实行土地使用权50年不变;土地使用权可以依法继承、转让(租)、抵押。

(十九)对基本农田实行严格保护,实现耕地占补平衡。坡耕地较多的地区,为保护当地粮食生产能力,在不影响生态建设的前提下,依据土地利用总体规划,可将部分已经过多年整治、有良好的水利与水土保持设施、坡度为15度至25度之间的耕地划定为基本农田,也可以将部分配套设施较好的新开发整理的耕地划定为基本农田。把未利用地开发成草地、园地,经政府有关主管部门认定能调整为耕地的,可折抵补充耕地指标,按耕地加以保护和管理。重点基础设施建设占用耕地,没有条件开垦或开垦的耕地不符合要求的,其耕地开垦费可按土地管理法律、法规规定的下限标准执行。

(二十)增加对土地开发整理和复垦的资金投入。省上缴中央的新增建设用地有偿使用费,尽可能通过实施土地开发整理项目,争取中央全额下拨。县(市、区)上缴省的新增建设用地土地有偿使用费,通过安排土地开发整理项目下拨,专项用于土地开发整理。

(二十一)提高建设用地审批效率,减少审批环节,及时提供并保障经济建设用地。对需报国务院批准的建设用地,在用地报批阶段,政府主管部门主要审查是否符合土地利用规划与计划、耕地占补平衡和征地补偿安置能否落实。报批资料可以根据审查内容相应简化。

(二十二)实行国有土地有偿使用制度。商业、旅游、娱乐和商品住宅等各类经营性用地,必须以招标、拍卖或者挂牌方式出让。建设项目用地除法律另有规定外,应依法有偿使用国有土地。外商投资项目用地,确属必需的,经省人民政府批准,可采用土地使用权作价出资(入股)的方式提供土地使用权。

(二十三)投资勘查、开采矿产资源,符合国家规定条件的,可以申请减缴或免缴探矿权使用费、采矿权使用费。探矿权使用费,第一个勘查年度可以免缴,第二至第三个勘查年度可以减缴50%,第四至第七个勘查年度可减缴25%。采矿权使用费,矿山基建期和矿山投产第一年可以免缴,矿山投产第二至第三年可以减缴50%,第四至第七年可以减缴25%,矿山闭坑当年可以免缴。

(二十四)探矿权人投资勘查获得具有开采价值的矿产地后,可依法获得采矿权。允许将勘查费用计入递延资产,在开采阶段分期摊销。由国家出资勘查形成的探矿权、采矿权价款,符合有关条件的,经批准,可以部分或者全部转为国有矿山企业或地勘单位的国家资本。

(二十五)积极培育矿业权市场,促进探矿权、采矿权依法出让和转让。国家出资勘查并已经探明的矿产地、依法收归国有的矿产地和其他矿业权空白地,可采取依法申请批准、招标、拍卖等其他方式出让矿业权。探矿权人、采矿权人可以采取出售、作价出资、合作勘查或开采、上市等方式依法转让探矿权、采矿权,也可以按有关规定出租、抵押探矿权、采矿权。

(二十六)鼓励外商投资企业按照《外商投资产业指导目录》勘查、开采非油气矿产资源。允许外商投资企业在批准范围内进行地质调查,在调查区域内发现的重要找矿线索区块,可优先取得探矿权。外商投资企业对其投资勘查并探明的矿产资源,可优先取得采矿权。允许外商投资企业经依法批准后,购买非油气矿产资源探矿权、采矿权。外商投资企业取得的非油气矿产资源探矿权、采矿权可以依法转让、出租、抵押。

(二十七)外商从事非油气矿产资源勘查开采,除享受国家已实行的有关优惠政策外,免缴探矿权、采矿权使用费一年,减半缴纳探矿权、采矿权使用费两年。外商从事《外商投资产业指导目录》中鼓励类非油气矿产资源开采的,五年内免缴矿产资源补偿费。

四、大力改善投资软环境

(二十八)简化投资项目审批程序。除关系国民经济全局和长远发展、对国家安全有重要影响的重大项目或有特殊规定的项目外,企业利用自有资金或国内银行贷款投资于国家非限制类产业的项目,需要政府平衡建设、经营条件的,政府主管部门只审批其项目建议书;企业在落实各项建设条件后,自主决定是否开工建设,并在开工后报政府主管部门备案。对于不需要政府

平衡建设、经营条件的，由企业自主决策、自担风险，报政府主管部门登记备案后，自主开展建设前期工作，自主决定开工。

（二十九）建立和完善外来投资保障机制和服务体系。建立外来投资者"一站式"服务工作机构，实行集中受理、一个窗口对外和办事限时制度；在各级政府有关部门设立外来投资者投诉机构，建立外来投资者投诉协调机制，加强和完善法律援助工作，对外来投资者投诉的案件依法及时协调处理，并实行分级、分工负责和党政领导包案督办制度；建立投资环境评价考核公示制度；建立损害投资环境责任追究制度；建立新闻媒体经常性监督机制。

（三十）坚持和完善现行的收费许可证制度，公开收费标准，取消不合理的收费项目，依法严肃查处乱收费行为。

（三十一）转变政府职能，实行政企分开，规范办事程序，提高办事效率和透明度。整顿市场经济秩序，切实保护知识产权，维护经济法制。加强仲裁机制建设，及时处理经济纠纷案件，反对地方保护主义和垄断行为，保障投资者的合法权益。

五、利用价格和收费机制进行调节

（三十二）依法治价、依法行政，简化价格审批程序。强化政府定价和政府指导价的管理，制定定价目录。对已经形成充分竞争的商品和服务价格，放开由市场进行调节。

（三十三）完善电价形成机制。核定电网输配电费用，鼓励电力生产企业与用户直接签订购电合同，加大对丰水期低谷时段用电价格的优惠力度。

（三十四）逐步加大污水处理费的征收力度，合理调整城市供水价格。对已建成投产的污水处理企业按照补偿成本和合理赢利的原则并考虑用户的承受能力，逐步将污水处理费调整到合理的水平，合理调整城市供水价格。完善垃圾处理收费政策，推行城镇垃圾处理收费制度。

（三十五）分级制定国家级、省级、市（县）级风景名胜区门票价格。非商业性投资的风景名胜区和公益性公园门票价格实行政府指导价；逐步推行公益性公园免收门票。

（三十六）实行鼓励投资的收费政策，促进基础设施建设。对所有投资城市基础设施的建设项目，免收城市市政建设配套费；对其他建设项目，按《贵州省城镇基础设施配套费征收管理办法》中有关规定收取。

六、扩大对外开放，拓宽外来投资渠道

（三十七）扩大外商投资企业在我省的投资领域。外商投资农业、林业、水利、交通、能源、市政公用、环保等基础产业或基础设施建设，矿产、旅游等资源开发，建立技术研究开发中心，享受外商投资鼓励类产业的各项优惠政策。鼓励利用国内外资金改造传统产业；积极争取国家将我省作为银行、外贸、商业零售、保险、中介服务、电信、运输等服务贸易领域对外开放的试点省区。

（三十八）外来投资企业在我省的投资方式不受限制。鼓励外来投资者在我省进行各种形式的投资开发，除现行的合资、合作、独资外，还可采用收购、兼并、参股、控股等方式参与国有企业和其他所有制企业的嫁接、改造和重组；鼓励外来投资者对旅游景区（国家有明文规定除外）采取独资、合资、合作、特许经营、经营权公开拍卖、租赁等方式进行投资开发；鼓励外来投资者与我省民营企业以及科研、教学机构合资、合作，进行科研开发和设立研发中心；鼓励外来投资者设立行业性的投资公司、风险投资公司等；允许外来投资企业对土地进行成片开发，对优势资源进行区域性综合开发。

（三十九）放宽外来投资者在我省设立企业的条件和持股比例。外商投资基础设施、优势产业和高新技术项目，可放宽投资股比限制。外商投资企业投资商业项目，经营年限可放宽至40年，注册资本可放宽至3000万元人民币。在华外商投资企业来黔投资，被投资企业注册资本中外资比例不低于25%的，享受外商投资企业政策。

（四十）积极支持企业申请进出口经营权和对外承包工程、劳务合作、设计咨询经营权。企业进出口经营资格实行统一的标准和管理办法。注册资金不低于200万元人民币（科研院所、高新技术企业和机电产品生产企业不低于100万元）的生产企业可申请自营进出口权。注册资本在300万元人民币以上的外贸企业，上年进出口总额达到5000万美元或出口额达到3000万美元，经申请可赋予对外劳务合作经营权；上年出口额达3000万美元的经营机电产品及设备为主（占年出口60%以上）的外贸流通公司，经批准可取得对外承包工程、劳务合作经营权。

七、加大科技、教育支持力度，吸引和用好人才

（四十一）以科技成果作价出资的，一般科技成果的入股金额可占注册资本的20%，高新技术成果的入股金额可占35%。对具有自主的知识产权、可形成较大产业规模的高新技术成果，其出资总金额占公司注册资本的比例以及合作各方另有约定的，可不受35%的限制。

（四十二）公司设立、变更登记，国有企业改制、科研机构转制或分类改革时，职务成果或职务发明专利作价入股，可在该技术股份中提取不低于20%的比例，由科技成果完成者、专利发明人和成果转化的主要实施者持有。

（四十三）高新技术成果作为股权投资的，其成果完成人可获得与之相当的股权收益。凡属政府全额资助的项目，从项目成果实施之日起3年内，根据成果折价入股占注册资本的比例，成果完成人可享有不低于该比例60%的股权收益；3年后可享有不低于40%的股权收益。凡属企业自主开发的高新技术成果作为股权投资的，成果完成人根据成果价值占注册资本的比例，前3年可享有不低于30%的股权收益，后3年可享有不低于该比例20%的股权收益。

（四十四）在实施职务科技成果转化的，要依法对研究开发该项技术成果的完成人和为技术成果转化作出重要贡献的组织者给予奖励。其中，以技术转让方式将成果提供给他人实施

转化的,可从技术转让取得的税后净收入中提取25%用于一次性奖励;自行实施转化或与他人合作方式实施转化的,在项目成功投产后的连续5年内,从实施该项成果的税后净利润中提取不低于8%的比例用于奖励。在科研开发和成果转化中作出重要贡献的人员,所奖份额不低于奖励总额的50%。

(四十五)大专院校、科研院所和其他事业单位的科技人员在确保完成本职工作、不损害本单位利益的前提下,经单位同意,可兼职从事兴办科技企业或科研开发、科技成果转化和技术服务等活动,并获取相应报酬;可以离岗兴办科技型企业或从事科技成果转化工作,在3—5年内保留其在原单位的工作关系。

(四十六)加大对基础教育、职业教育的支持力度,多渠道筹措资金,改善办学条件,扩大办学规模。集中力量建设高等学校、省级重点学科和重点专业。增加各级财政对教育的投入,完善教育资助政策,健全奖学金、国家助学贷款、委托出资培养等制度。大力促进民办教育事业的发展。推动我省高等院校和科研院所与国内发达地区、港澳台地区、发达国家的高校及科研机构的交流与合作。积极发展远程教育。加大对申报硕士点、博士点、博士后科研流动站、企业博士后科研工作站设置工作和重点学科建设的支持力度。

(四十七)加强人才培训。加大对中小学骨干教师、中青年科技骨干、公务员和各类管理人员的培训力度。结合西部开发重点任务、重大建设项目和重要研究课题的实施,采取当地培训、到发达地区培训、出国培训等方式,培养紧缺急需人才。

(四十八)凡具有大学本科以上学历、中级以上专业技术职称的人员和留学回国人员,到我省工作或合作开发技术(项目)、转化科技成果、投资创办科技、经济实体的,可实行"户口不迁、关系不转、来去自由"的办法。对到艰苦边远地区工作的大中专毕业生,实行提前定级、上浮工资的政策。

(四十九)凡愿意来黔或留黔就业的具有大学本科以上学历的人员,可在省内各城镇先落户,后就业,人事档案关系可由接收单位或政府人事部门所属的人才交流机构保管。政府人事部门所属的人才交流机构对其5年内免收档案管理费用,并负责提供档案工资调整、职称评定等社会化服务。

(五十)对已到退休年龄的高级专业技术人员,确因工作需要,经批准,可适当延聘。高级专业技术人员延聘除承担国家重大经济建设项目、科研项目和急需紧缺的副高级职务专业技术人员外,仅限于符合延聘条件的正高级职务专业技术人员。

(五十一)对在我省工作的在职两院院士、博士生导师、博士后、博士以及经省知识分子工作领导小组确定急需引进的其他高层次人才,由省有关部门按相应标准提供一套住房。在我省工作满10年的上述人员,个人获得住房完全产权。

(五十二)辞职、退职后来黔工作和在黔辞职、退职后重新受聘于本省其他单位工作的高层次专业技术人才,经批准,承认原来的专业技术职务,工龄连续计算,工资按有关规定执行。可以聘请国内外专家、学者来我省任职、讲学。对学有所长,自愿来黔工作的人员允许来去自由,可以跨地区兼职,也可以实行季节工作制、流动工作制。

(五十三)改革户籍管理制度。调整户口迁移政策,放宽各类人员户口迁移限制。在地级城区(含地级市城区)和小城镇有合法固定住所、稳定职业或生活来源的人员,可根据本人意愿办理城镇常住户口,各部门均不得收取城镇增容费或其他类似费用。改革户口"农转非"计划管理体制。在地级市城区逐步取消农业和非农业户口之分。

八、政策措施的解释和落实

(五十四)本政策措施总体上由省西部开发办公室负责解释,根据职能分工,有关主管部门对具体内容分别进行解释。省级有关部门要对相应条款制定具体操作办法。省人民政府授权西部开发办公室具体承担本政策措施执行情况的督促检查。本政策措施自2003年起开始实施。

云南省关于实施西部大开发战略的若干意见

云南省人民政府 2000年7月1日

改革开放以来,我省的投资环境不断得到改善,对外对内开放取得了显著成效,有力地推动了云南经济社会的发展。但目前的情况与新形势的要求,特别是与西部大开发的要求还很不适应。为了进一步改善、优化投资环境,提高我省的对外对内开放水平,吸引更多的国内外资金、技术、人才和管理经验参与云南的开发和建设,实现我省在西部大开发中确定的三大战略目标,特提出如下意见。

一、进一步改善投资环境的指导思想

(一)进一步改善我省投资环境的指导思想是:以邓小平理论为指导,以解放思想、更新观念为动力,全党动员,全社会参与;依照国家法律法规,从我省处于社会主义初级阶段低层次的实际出发,坚持“发展才是硬道理”、“三个有利于”的标准,采取更加有力的措施,加快社会主义市场经济体制的建设步伐,切实转变政府职能,按照公开、公平、公正的原则改善政务管理,为外来投资者提供更加优惠的政策和条件,提供更加优良的服务,推出更加有吸引力的项目,使云南省成为中国西部投资环境最好的省份之一。

二、最大限度地放宽对外来投资的各种限制

(二)外来投资企业在云南省投资的领域和行业除国家明令禁止的范围外不受限制。允许外来投资企业(指在云南省设立的外商投资企业、港澳台侨投资企业和省外来滇投资企业。下同)对云南珍稀生物资源进行培育性开发;充分用好国土资源部授权云南省的试点政策,鼓励外来投资企业对矿产资源进行勘探、开采和加工;鼓励利用国内外资金、先进技术改造传统产业;鼓励外来投资企业投资服务贸易领域,包括进出口贸易、商业零售、信息、金融、保险、旅游、运输、律师、会计以及文化、教育、体育、医疗等领域,其中,属于国家允许在沿海地区进行利用外资试点的,云南省可参照进行试点。

(三)外来投资者在云南省投资设立企业的条件、经营地域和持股比例不受限制。放宽外来投资者(指省外和境外的企业和个人,下同)进入种植业、水利、基础设施、制药、矿业、商业零售、旅游等领域设立企业的条件;外来投资者持股比例的上限,由合资各方根据项目实际情况商定;外来投资者以专利和高新技术进行投资,其所占股份比例可适当放宽;外来投资企业在云南省内跨地域依法开展经营活动不受限制。

(四)外来投资企业的经营范围原则上不受限制。允许外来投资企业开展多种经营,其主营项目建成后,从事其他经营活动,不受限制,企业的原审批机构和工商行政管理部门要依法办理企业扩大经营范围的手续;外来投资企业除出口自产产品外,经省级外贸主管部门批准,可以收购出口云南省生产的其他产品(属进出口配额许可证管理的商品专项报批);鼓励外来投资企业开拓云南省周边邻国市场,外来投资企业一经领取营业执照正式开业,可申请获得边贸经营权和对周边国家边境地区的外经权。

(五)外来投资企业的投资方式不受限制。鼓励外来投资者在云南进行各种形式的投资开发,除现行的合资、合作、独资方式外,可采用收购、兼并、参股、控股等各种方式参与国有企业和其他所有制企业的嫁接、改造和重组;鼓励外来投资者与我省民营企业以及科研、教学机构合资、合作进行科研开发和设立研发中心;鼓励外来投资者设立行业性的投资公司、风险投资公司等;允许外来投资企业对土地进行成片开发,对优势资源进行区域性综合开发。

(六)外来投资企业产品内外销比例不受限制。外来投资企业可根据生产经营的需要和开拓市场的能力,自主确定产品销售方向和内外销比例。

三、为外来投资企业和外来投资者提供优质高效服务

(七)按照国际惯例和社会主义市场经济运行的要求,取消一批政府部门行政审批的项目和事项。按规定只需进行监督和管理的、不需要政府解决建设和生产经营条件并符合国家产业政策的、可实行登记备案管理以及只需予以核准的事项和项目,一律不再审批。

(八)建立行政公示制、工作时限制及主办部门负责制。所有涉及外来投资企业的政府部门和具有垄断性质的企事业单位,不论是进行管理、监督、审批,还是提供服务,必须公开管理内容、审批条件、收费标准、办事程序、申报文件的内容及要求、办事地点、办事员姓名,并承诺工作时限。主办部门和单位要切实履行职责,主动与相关部门协调,在规定时限内解决问题或作出答复。

(九) 建立招商引资工作协调会议制和重点企业领导联系制。省和地州市分管领导要定期组织研究、协调解决招商引资工作中的重大问题,推进重点项目的实施;各级政府领导每人都要负责联系 1~2 户外来投资企业,及时发现和解决问题,总结经验,更好地指导招商引资工作。

(十)建立外来投资企业跟踪服务责任制。为外来投资企业提供审批、建设、生产经营的全程服务,帮助解决投资前和投资后遇到的各种问题;外来投资企业在建设期间办理规划、用地、设计、开工、供水、供电、供气、通讯以及安全消防等手续,由各级建设主管部门负责牵头协调解决;外来投资企业在生产经营中的政策性问题和需要政府解决的问题,由各级经贸委负责协调解决。

(十一)建立公开评议制。每年由各级政府组织外来投资企业,对所有与外来投资企业有关的管理、服务部门及单位,进行公开评议。对评议结果差或投诉多的部门和单位进行通报批评,追究主要负责人的行政责任并限期对部门工作进行整改。

(十二)建立和完善投诉制。充分发挥现有的依托纪检监察机关的投诉网络的作用,并进一步健全和完善投诉受理办法;把政府部门工作人员的服务质量、工作作风纳入行政监察部门的监督范围,对投诉多的工作人员,一经查实,将依照法纪给予行政处分,直至追究法律责任。

(十三)在坚持和完善对外来投资企业实行“一站式”审批和直接登记制的同时,对外来投资项目开工建设实行"一个窗口办理审批手续,一个窗口收费"的制度。昆明市、玉溪市、曲靖市及各级各类开发区要在2000年内完成试点。

(十四)切实减少对外来投资企业的各种检查。政府有关部门进入外来投资企业进行检查,须经县级以上人民政府批准;属于执法检查的,须报同级政府备案;禁止对外来投资企业的重复、多头检查,所有检查人员都必须持证检查。

(十五)加强对外来投资企业的统一管理,避免政出多门。各部门制定涉及外来投资企业的政策和措施,事前应征求主管部门意见后方能出台实施。

四、创造良好投资机会和条件，降低外来投资企业的投资成本

(十六)加强招商引资项目的前期工作，充实完善招商引资项目库。要按照西部大开发云南行动计划的总体思路和我省建立支柱产业、调整产业结构的要求，推出一批好项目，充实省级招商引资项目库。各地区、各部门也要结合自己的资源优势和发展需要，选择一批建设条件成熟，市场前景好、预期效益明显的项目招商引资。

(十七)对投资数额大、投资回收期长的基础设施建设项目，可由项目单位对外来投资者的投资收益采用多种形式给予综合补偿和合理回报；对将已建成的基础设施项目向外来投资者转让经营权或股权而设立的外来投资企业，可按生产性企业执行相关优惠政策。

(十八)对外来投资企业的通讯、水、电、气供应要优先安排，保证质量，属于有级差的价格和收费，按规定的低限标准执行。

(十九)继续实行对外来投资企业的优惠政策。在执行国家现有的税收优惠政策的同时，要结合我省实际，对外来投资者给予进一步的优惠；采取地方财政列支奖励、财政投入扶持等办法，使我省原定的鼓励外来投资企业的税收优惠政策，继续得到落实和兑现；对于重大项目，根据实际情况，可以给予特殊优惠的政策。

五、对外来投资企业实行优惠的土地政策

(二十)坚决制止各种形式的乱收费。在继续坚持和完善现行的收费许可证和收费登记卡制度的同时，由省财政厅、省计委牵头在全省范围内对收费情况进行检查，取消不合理的收费项目，并分批公布省级批准执行的收费项目目录，依法严肃查处乱收费行为。

(二十一)对外来投资企业优先安排用地计划。属于投资高新技术、基础设施建设、生物资源开发与创新、矿产资源开发、旅游资源开发以及高创汇、高税收的项目，其征用土地的各项费用均执行法定标准。

(二十二)在云南省投资进行能源、交通、环保、水利、教育及社会公益事业建设的外来投资企业，均以行政划拨方式供地，征用土地的补偿费按法定标准的下限收取。

(二十三)外来投资企业在征地中除土地补偿费、安置补助费、青苗补偿费、地上附着物补偿费、耕地开垦费、征地管理费外，其他部门不得再征收与征地无关的任何费用；坚决取缔"搭车"收费；对征地补偿费超过法定标准的，当地政府应采取有力措施予以纠正；对经济技术开发区、高新技术开发区和旅游度假区，分地类、分用途实行最高限价，地价明细表由省土地管理部门另行颁发。

(二十四)外来投资企业从事种植业、林业、畜牧业、渔业生产的，按规定办理手续后，可以租用集体土地。

(二十五)外来投资企业从事经营性项目的，按有偿使用方式获得土地使用权。为减轻企业的投资成本，土地出让金可采取以下方式处置：

1、确定土地出让金。土地出让金要经过有资质的评估机构进行评估和土地管理部门确认。对难以评估的，可参照政府批准确定的基准地价协商计算，不再进行评估；

2、分期付款。一次性缴纳出让金有困难的外来投资企业，可与当地县(市)土地部门签订分期付款协议，首期付款25%，余款在五年内付清；

3、挂账付息。分期付款有困难的外来投资企业，经同级土地管理部门批准，可在三年内挂账处理，企业应支付出让金的利息；

4、先收后返。属于云南省鼓励投资的产业，经省政府批准，可将土地出让金的地方政府应得部分，参照省内同行业的比例返还外来投资企业；

5、注入股本金。可将土地出让金的地方政府应得部分折成地方政府股金，参与投资与经营。

(二十六)外来投资企业以出让方式获得的国有土地使用权，在有效年限内，可以整体转让、分割转让或者出租，转让所得依法缴纳土地增值税后的收入归该外来投资企业所有。

六、完善配套服务，营造良好的社会环境

(二十七)制定和完善保护外来投资者合法权益的地方性法规和规章。对现行的地方性法规、规章和政策性文件，要进行全面清理，凡与进一步扩大对外对内开放、实施西部大开发战略以及国际规则不相适应的，要修改完善或予以废止。

(二十八)抓紧建立为外来投资者提供人才、劳动力以及科研服务的渠道和机制；培育和引进一批信誉好、实力强的中介机构，为外来投资者提供优质的服务。

(二十九)加强和改进对外来投资企业的金融服务，尽快推行股东担保、信用证抵押、外汇质押等贷款业务。

(三十) 要进一步做好外来投资企业所在地的社会治安工作，为外来投资者创造一个安定、安全的生产经营和生活环境。

(三十一)各级人大要加大监督力度，依法保护外来投资者的合法权益；要加快立法步伐，为西部大开发和扩大对外对内开放创造一个良好的法制环境。

七、建立目标责任制，切实加强对改善投资环境的领导

(三十二)为了充分调动各地区、各部门引进资金、技术和人才的积极性和主动性，增强责任感，各地区、各部门每年都要确定改善投资环境、招商引资、降低投资成本的具体目标和任务，实行目标责任制，作为考核地区和部门工作的重要内容。对引资作出重要贡献的单位和个人，由各级政府予以奖励。

(三十三)各地区、各部门要结合本地区的实际和本部门的职责，尽快研究制定实施细则，报省政府备案后认真组织实施。

西藏对对口援藏项目实行政策优惠

西藏自治区人民政府

为了贯彻全国对口支援西藏工作座谈会精神，积极做好受援工作，西藏自治区政府目前决定在税费减免、土地征用、施工电力、运输保障和简化办事程序等方面，对对口援藏项目建设实行优惠政策。

财税金融政策实行优惠

（一）对口援藏项目建设占用耕地免征耕地占用税。

（二）在对口援藏项目建设过程中，凡涉及地方收取的行政性收费全部免收；凡涉及企业、农牧民利益的，按国家和自治区规定的最低标准征收补助费、补偿费；凡国家规定征收，自治区目前尚未开征的税费，一律不予征收；凡自治区未规定的收费项目，各地市、各部门一律不准征收。免收的费种主要有：土地出让金地方所得部分、采矿权使用费及手续费、水资源费、工商管理费等。减征的费种主要有：定额测定费征收50%；工程监理费按国家和自治区规定的最低标准计取。

（三）对口援藏项目建设所需建筑用的沙、石料，在当地国土资源管理部门申请划定采区后合理开采；属于自采自用的，免征资源税和资源补偿费地方所得部分。

（四）金融机构要加大对对口援藏项目建设的支持力度，搞好金融服务。对资金来源有保证的对口援藏项目，商业银行可根据项目的建设进度及时“垫贷”；自接到贷款申请之日起，应当在15个工作日内给予是否贷款的答复。在实行转账结算的前提下，对口援藏项目确实需要支取现金的，各商业银行要及时支取。同时，金融部门要改善服务，提高效率，加快资金清算速度。

土地征用及拆迁优惠政策

（一）及时提供并保障对口援藏项目建设用地。按照特事特办的原则，对援建项目所需国有土地由政府收回土地使用权后再无偿划拨；所需集体未利用土地，由政府征用后无偿划拨。需要使用农用地的，按征用农用地最低标准由当地政府统一征用并进行补偿后予以划拨。对口援藏项目建设用地，只办理土地登记手续，免除一切行政性收费。

（二）使用现有城镇建设用地需拆迁原有建筑及附属设施的，由当地政府有关部门负责拆迁工作，并根据国家和自治区规定的最低标准进行拆迁补偿。

施工电力和运输保障优惠政策

（一）电力部门要优先保证援建项目施工所需电力，免收供配电贴费和增容费。

（二）交通运输部门要积极主动地为对口援藏项目建设提供运力上的保障，高质量地做好运输服务。对紧急、重点援藏物资和人员的运送，优先安排所需运力。

简化办事程序，提高办事效率

（一）简化对口援藏项目审批程序。对项目建议书和可行性研究报告合并一道按规定程序报批，初步设计、开工报告不再报政府审批。自治区对口支援建设项目协调领导小组办公室要会同有关部门切实搞好对口援藏项目的全过程服务。凡办理有关审批手续不得以任何理由加以推透、扯皮。对缺少一般性材料的，可先受理后补齐材料。自收到完备的报批文件后，一般应在3个工作日内办完审批手续，特殊情况不得超过5个工作日。对特殊情况，特事特办，急事急办。对于涉及多个部门或跨区域的重大工作事宜，应报请自治区对口支援建设项目协调领导小组进行协调，有关职能部门应积极主动地组织落实。

（二）各地市、各部门要明确各自的职责和任务，凭自治区、地（市）对口援藏项目建设协调领导小组办公室的认证手续执行各项优惠政策规定。对减免的税费，有关部门在审查项目概预算时不再列入。各级政府要加强对各项优惠政策实施工作的监督。对发现的问题要一查到底，追究相关部门和人员的责任，并限期改正。

（三）各级行政机关及其工作人员，特别是领导干部，必须牢固树立全心全意服务于对口援藏工作的大局意识，切实转变职能，提高办事效率，调动方方面面的积极性，把各项优惠政策落实好。

陕西省经济技术开发区条例

2002年4月22日

第一章　总则

第一条　为了加快经济技术开发区建设，发展对外经济技术合作和贸易，促进高新技术成果的商品化、产业化、国际化，根据国家有关法律、法规，结合本省实际，制定本条例。

第二条　在本省设立的经济技术开发区、高新技术产业开发区、农业高新技术产业示范区和科技工业园（以下简称开发区），适用本条例。

第三条　本条例所称开发区，是指经国务院或者省人民政府批准，为发展外向型经济和高新技术产业，在划定的地域内，实行国家或者省人民政府规定的特殊政策的经济区域。

第四条　开发区设立管理委员会。管理委员会是设立开发区的人民政府的派出机构，代表本级人民政府对开发区行使管理职权。

第五条　开发区采用多种形式，引进资金，利用先进的技术和管理方法，举办先进技术企业、产品出口企业和与科技开发相关的第三产业。

开发区不得举办技术落后、污染环境和法律、法规所禁止的企业。

第六条　开发区建设应当符合城市、工矿区建设规划和土地利用总体规划，实行统一规划，合理布局，综合开发，配套建设。

第七条　开发区应当建立和完善投资服务体系，创造良好的投资环境。

第八条　开发区的企业、事业单位职工有权依法成立工会组织，开展工会活动，维护职工的合法权益。

第九条　投资者在开发区内的投资、财产、收益和其他合法权益，受国家法律、法规和本条例的保护。

第二章　行政管理

第十条　开发区管理委员会行使下列职权：

（一）负责法律、法规在开发区的实施；

（二）编制开发区建设总体规划，经批准后组织实施；

（三）依据法律、法规和规章，制定和发布开发区的管理规定；

（四）领导和协调有关部门设在开发区的派出机构或者分支机构的工作；

（五）审查或者批准在开发区的投资项目；

（六）负责开发区基础设施和公用设施的建设和管理；

（七）管理开发区的涉外事务和进出口业务；

（八）对开发区的企业、事业单位进行协调和服务；

（九）设立开发区的人民政府授予的其他职权。

第十一条　有关部门在开发区设立派出机构或者分支机构，须经开发区管理委员会同意，并报设立开发区的人民政府批准。

第十二条　开发区内的民政、公安、教育、文化、卫生、环保等方面社会管理的职责范围，由设立开发区的人民政府规定。

第三章　投资经营

第十三条　鼓励国外、国内的企业和其他经济组织或者个人在开发区内投资举办企业，或者采取国家法律、法规允许的方式进行其他投资经营。

第十四条　在开发区举办企业，投资者应向开发区管理委员会提出申请，经审核批准后，按照有关规定办理工商注册和税务登记手续。

第十五条　举办企业应按规定的期限投入资本、动工建设。不能按期投入资本、动工建设的，应当提前申请批准延期；未经批准延期的，注销土地使用证和营业执照。

第十六条　开发区内的企业应当设立完整的会计账簿并按规定报送会计报表和企业年检报告，接受财政、税务和工商行政管理部门的监督。

外商投资企业、实行股份制的国内企业的年度会计报表，应经在中国注册的会计师验证并出具证明。

第十七条　开发区内的企业依照国家和本省有关规定有权自行确定机构设置、员工编制、工资和奖励制度，自行聘用、录用或者辞退员工。

第十八条　开发区的企业歇业或者停业，应提前向开发区有关部门申报理由，按规定办理手续。

第十九条　开发区内的企业破产的，依照《中华人民共和国企业破产法》办法。

第四章　技术引进和开发

第二十条　鼓励国外、国内的企业、科研机构、高等院校和工程技术人员在开发区采用多种方式进行技术开发、技术入股、技术转让、技术咨询、技术服务，发展先进技术或者高新技术。

第二十一条　开发区重点引进和开发下列先进技术或者高新技术：

（一）与发展新兴产业或新产品有关的；

(二)对企业技术改造和产品更新换代有明显促进作用的;

(三)其产品能外销或者替代进口的;

(四)生产工艺和制造技术属国际先进或者国内急需的;

(五)有利于技术或者产品赶超世界先进水平的;

属于高新技术的必须报经科技主管部门认定。

第二十二条 投资者以技术作价入股举办企业的,其技术股本占企业注册资本的比例不得超过20%;经有关部门确认的高新技术作价入股举办企业的,其技术股本占企业注册资本的比例不得超过35%。

当事人对技术股本所占企业注册资本比例另有约定的,从其约定。

以国有资产出资的,应当按照国家有关国有资产管理的规定办理。

第二十三条 开发区可设立科技发展专项资金,用于先进技术或者高新技术的引进、开发。

科技发展专项资金的筹集和使用办法,由省人民政府制定。

第五章 优惠待遇

第二十四条 开发区内的企业,分别享受下列税收和其他优惠:

(一)开发区内的外商投资企业享受国家和本省规定的有关外商投资企业的优惠待遇;

(二)开发区内的高新技术企业享受国家和本省规定的鼓励高新技术发展的优惠待遇;

(三)国家和本省给予开发区的其他优惠待遇。

第二十五条 开发区内的企业生产、经营所需水、电,应纳入计划,优先保证供应。

第六章 附则

第二十六条 本条例对外商投资企业的规定, 适用于外国企业在开发区的常驻代表机构和香港、澳门、台湾的投资者或者华侨在开发区投资举办的企业、常驻代表机构。

第二十七条 本条例自公布之日起施行。

甘肃省实施西部大开发若干政策措施

甘肃省人民政府办公厅 2003年5月16日

为了抓住国家实施西部大开发战略的历史性机遇,吸引国内外的资本、技术、人才参与甘肃开发,加快全省经济和社会发展. 除坚决贯彻执行《国务院关于实施西部大开发若干政策措施》、《国务院西部开发办公室关于西部大开发若干政策措施的实施意见》等国家政策外,根据国家有关文件精神,结合甘肃实际,特制定以下政策措施:

一、税收和财政优惠政策

(一)对设立在甘肃境内临夏回族自治州、甘南藏族自治州以及张家川、天祝、肃南、肃北、阿克塞等少数民族自治县的内资企业和外商投资企业,外商投资企业,除国家明令禁止、关闭和限制的产业,企业外,从2001年到2010年,由当地人民政府提出申请,报经省人民政府批准,内资企业可以减征或免征企业所得税,外商投沓企业可以减征或免征地方所得税。

(二)甘肃境内的内资企业被确认为产品出口企业且当年出口产值达到总产值70%以上的,经财政部门批准,由受益级财政在其缴纳的企业所得税地方分享部分中给予一定的补助。

(三)对省级重点建设项目,除证照费、工本费外,减免在规划、消防、施工审批过程中的地方性、行政事业性收费,政府指导性定价的收费按下限收取。

(四)对投资兴办的供排水、垃圾处理等环保和公益性项目,收费标准暂时不到位的,允许同级人民政府采取适当的方式给予补贴,直到收费标准到位时取消。

(五)鼓励国内外各种经济组织和个人到甘肃投资兴办民营科技企业。民营科技企业的税收优惠政策按《甘肃省人民政府关于大力发展民营科技企业的决定》(甘政发[2000]30号)文执行。

(六)经省级科技、财政主管部门共同认定,以科技风险投资为主的省内科技风险投资公司,从获利年度起,报财政部门批准,5年内由受益级财政在其缴纳的企业所得税地方分享部分中给予一定补助。

(七)鼓励国内、国外企业与甘肃境内的科研机构合作。科研机构与企业合作成功并转制为独立核算的科技型企业后,经财政部门批准, 在2004年底前由受益级财政在其缴纳的企业所得税地方分享部分中给予一定补助。

(八)企业为开发新技术、研制新产品所购置的试制用关键设备、测试仪器,单台价值在10万元以上的,经财政部门认定后,可一次或分次摊入成本。

(九)鼓励跨国公司、外商、外资企业及省外投资企业兼并或收购甘肃境内企业。企业被兼并后,不论被兼并企业是否仍然具备纳税人条件,被兼并前尚未弥补的亏损,经省级税务机关批准, 允许用其以后年度与被兼并企业资产相关的经营所得,在合法弥补期限内税前继续弥补。

(十)托管、租赁、承包甘肃境内严重亏损的企业,期限不少于5年的,从获利年度起,经财政部门批准,受益财政第一年至第三年全部、第四年至第五年减半返还企业所得税地方分享部分。对资产与负债基本持平的国有企业,经省级国有资产管理部门指定的具有资质的资产评估单位评估并批准评估结果后,在界定清楚收购方法律责任,明确原国有企业债权、债务由收购方承担的基础上,可以实行零资产转让。通过合资、合作、兼并、收购、参股等形式转为外商投资企业的原甘肃境内企业,享受外资企业的待遇。

(十一)大力支持文化事业的发展。对甘肃境内的纪念馆、博物馆、科技馆,文化馆(站、中心)、美术馆、展览馆、书画院、图书馆及文物保护单位举办文化活动的第一道门票收入免征营业税。

二、信贷和融资政策

(十二)加大对甘肃境内重点建设项目信贷的支持力度。加强政府部门与金融机构的联系与协作,做好项目前期工作。鼓励金融机构介入交通、通信、能源、水利、市政等基础设施,以及特色农业、生态建设、有色冶金、石油化工、机械电子、高新技术产业、食品工业、生物药品、特色旅游等领域的重点项目前期工作,及时进行项目评估,积极向总行推荐贷款。

(十三)加大对中小企业的信贷支持力度。积极帮助中小企业按照国家产业政策调整结构,提高技术等级,增加产品科技含量。对产权明晰、管理规范、资产负债率低、有一定自有资本金的有市场、有效益、有信用的中小企业积极给予信贷支持,尽量满足其合理的流动资金需求。

(十四)规范建立股份制投资基金,鼓励其投资基础设施和高新技术产业化项目。鼓励组建资产优良和实力雄厚的公司法人,作为基础设施和高新技术产业化项目统贷统还的主体。

(十五)积极创新金融产品,提高信贷服务水平。大力推行仓单质押贷款、出口退税质押贷款、应收账款质押贷款业务、保付代理业务、联保协议贷款、流动资金循环贷款、出口创汇企业国外转贷款、对外担保、信用证等新的金融服务品种,加大信贷投入。

(十六)鼓励符合法律规定和设立条件的主体,按有关规定申请设立保险机构,积极支持中资和外资保险公司在甘肃境内设立分支机构。

(十七)鼓励符合条件的企业进行股份制改造,按有关法规申请上市融资。支持上市公司发行A股、B股、H股及境外债券。

(十八)进一步扩大甘肃地方企业债券的发行规模。优先安排符合发债条件的基础设施、高新技术产业化、重大工业结构调整等项目通过发行企业债券融资。

三、土地利用优惠政策

(十九)依法出让给单位和个人进行造林、种草等生态建设的国有荒山、荒坡、荒滩等未利用土地,出让金每亩40元以下,可以进行减免,具体减免由市、县人民政府确定。

(二十)基础设施建设占用耕地,建设单位没有条件开垦或者开垦的耕地不符合要求的,其应缴纳的耕地开垦费按《甘肃省基本农田保护条例》所规定的等级和标准的下限收取。

(二十一)提高建设用地审批效率,及时提供并保障经济建设厨地。对重大基础设施建设项目,国土管理部门要提前介入,加快用地审批速度。对需报国务院批准用地的铁路、国道主干线公路、重要水利工程等重点基础设施建设项目,其影响工期的单体控制性工程,建设单位可以申请先行用地,由省级有关部门报国务院士管部门核准先行动工建设,并在规定期限内完成用地报批手续。对属各级政府批准的建设用地,报批材料要尽可能简化,并减少审批工作环节,在上报合格材料后的5个工作日内完成用地审批手续。征地工作,由县级以上人民政府依法统一进行。

(二十二)除法律另有规定外,对商业、旅游、娱乐、商品房等项目以招标、拍卖、挂牌等方式公开出让国有土地,对其他项目建设用地实行协议出让、租赁、作价出资(入股)等有偿使用制度。购买、兼并、参股国有企业时,可经批准将国有企业原划拨土地评估后转为国家资本金、国有股。以土地使用权作为引资的国有企业集团,其土地使用权不发生转移、土地使用性质不改变的,可继续以划拨方式保留土地使用权。划拨土地需要转为有偿使用土地的,按出让土地使用权价格计算租金或增加国家资本金、国家股本金。投资于城市基础设施、非经营性科技、教育及其他公益事业、能源、交通、水利等基础设施的用地,经县级以上人民政府批准,可以划拨方式取得。

(二十三)国内外各类经济组织在甘肃境内投资举办的生产性出口企业、高新技术企业等鼓励类产业的用地,其土地使用权出让金减收40%。省级以上开发区经省人民政府批准,可根据实际情况进一步优惠。

四、矿产资源开发优惠政策

(二十四)国土资源调查中,优先安排祁连山、西秦岭、河西等重要矿产资源集中区、国家紧缺矿产和黑河流域、石羊河流域、中部和陇东等区域地下水资源的调查评价工作,并在工作经费上予以支持。同时,加强地质工作程度较低地区、地质灾害严重地区的基础地质工作。

五、扩大对内对外开放的政策

(二十五)鼓励投资创业。申办生产经营性和商业批发为主的公司,注册商标、品牌、术、科研成果等无形资产,经评估作价后可作为注册资本,但占注册资本的比例不能超过20%。高新技术成果作价入股,按国家有关规定认定后,占注册资本的比例可达到35%,另有约定的除外。

(二十六)对外商投资在甘肃境内兴办的医院,经审核,符合城镇职工基本医疗保险定点医疗机构条件的,可确定为城镇职工基本医疗保险定点医疗机构。

(二十七)社会力量在甘肃境内投资办学和中外合作办学,除国家另有规定外,在办学审批、职称评定、推荐就业、行政管理等方面享受公办学校同等待遇。

(二十八)对来甘肃发展的外资和省外企业,在企业和产品的认定、资质评审、经营权限审批及项目招标、业务承接等方面,享有与甘肃企业同等的权利和机会。

六、引进和留住人才的优惠政策

(二十九)围绕重点领域、重大项目聘请高层次人才。在高新技术高地设立30个甘肃省特设首席专家岗位。在省内高等院校选择30个与甘肃经济社会发展密切相关的重点学科或重点实验室,设立甘肃省特聘首席教授岗位。特聘首席专家和特聘首席教授,以个人申报、单位遴选、省级人事部门批准、签订聘用合同方式,面向省内外、海内外公开招聘,聘期一般为3年。聘任期间除用人单位按合同规定向特聘首席专家、特聘首席教授发给相应工资、津贴并提供住房外,省人民政府每人每月再发给岗位补贴4000元。

(三十)建立甘肃省留学生创业园和大学科技园。在科技园区建立若干从事科研成果开发转化的工程研究开发中心,动员和吸引省内外高校的科研力量、优秀海外留学人才来园区,事科研成果的开发转化工作,兴办高新技术企业。回国留学人员在甘肃创办企业,可凭中国护照直接注册登记,注册资本金可按有关最低标准执行。经省级科技部门确认,对进入园区搞科技项目推广、成果转化的甘肃急需高新技术和支柱产业、重大工程、关键性技术攻关项目,优先给予贷款贴息、担保等风险投资优惠。回国留学人员投资兴办的高新技术企业,除享受高新技术企业有关优惠政策外,同时享受甘肃省对外商投资企业的优惠政策。

(三十一)允许甘肃境内的大专院校、科研院所的专业技术人员,在完成本职工作和不影响原单位利益的前提下兼职兼薪,进行科技开发与科技推广工作。兼职报酬由本人和用人单位协商确定,兼职工作中发生的意外伤害,由临时聘用的受益单位负责,其他事宜由双方按合同约定办理。

(三十二)加大对科技成果完成人的奖励。在企业、科研机构、高等院校取得的职务成果进行转化,成果完成人可根据不同的转化方式,获得与之相当的股权、收益或奖励。其中,以股权投入方式进行转化的,成果完成人可享有不低于该项成果所占股份20%的股权;以技术转让方式将成果提供给他人实施转化的,成果完成人可享有不低于该项成果转让所得税后净收入20%的收益;以自行实施转化或以合作方式实施转化的,在项目盈利后3-5年内,每年可从实施该项成果的税后净利润中提取不低于10%的比例,用于奖励成果完成人。企业自主开发的非本企业主导经营领域的成果,在项目盈利广3-5年内,每年可从实施该项成果的税后净利润中提取不低于10%的比例,用于奖励成果完成人。

(三十三)设立甘肃省科技功臣奖和甘肃省科技进步奖,奖励对我省科技事业作出突出贡献的公民、组织。科技功臣奖的获得者,授予"甘肃省科技功臣"荣誉称号,由省人民政府颁发荣誉证书和奖金人民币60万元。

(三十四)逐步改善具有副高以上专业技术职称或具有博士、留学回国具有硕士及其以上学位的专家、学者的工作和生活条件。在甘"两院"院士的医疗保健、交通工具、住房等工作生活待遇,可按副省级干部标准执行。建设专家公寓,为引进国内外专家和学者创造一个良好的工作环境和生活环境。

(三十五)各级政府选拔录用国家公务员,要面向社会公布空缺职位,通过公开、公平、竞争的办法择优录取。省人民政府职能部门空缺的副厅局级领导干部职位,按计划面向省内外公开选拔优秀人才担任。实行专业技术职务聘任制的事业单位,可在本行业专业技术职务岗位设置总量内,按照"精简高效、结构合理、群体优化"的原则,自主设置岗位,实行竞聘上岗。

(三十六)建立人才社会保障制度。来甘肃工作的教授级、正高级专业技术人才、高级工程师、高级经济师、高级会计师,具有博士或留学回国具有硕士及其以上学位的人才,已参加养老、失业、医疗保险的,由接受单位负责到当地社会保险经办机构办理保险转移手续;原先在企业工作但未参加养老、失业、医疗保险的,自到我省工作之日起,可依法参加企业的养老、失业、医疗保险,按国家规定享受养老、失业、医疗保险待遇。依照国家有关规定,参加基本养老保险社会统筹的企业,应优先为来甘肃工作的各类高级人才建立企业补充养老保险,并实行市场化运营和管理。

大专院校、科研院所的专业技术人员和管理人员离岗兴办民营科技企业和咨询服务中介机构,或进入科技企业和咨询服务中介机构工作,在自己承担社保和医保缴费的前提下,根据本人意愿,可保留其在本单位的档案、社保和医保关系,在企业、事业单位社保体制并轨后,按新规定执行。

(三十七)调整兰州等城市的户口迁移政策,放宽各类人才的户口迁移限制。凡急需引进的高层次人才、具有大学本科及其以上学历的人员、中级及其以上专业技术职称的人员和留学回国人员,以及其他拥有专利、发明、专有技术等知识产权的特殊人才,到甘肃境内国有或非国有单位工作,或合作开发技术(项目),转化科技成果,投资创办科技、经济实体的,实行"户口不迁、关系不转、时间不限、来去自由"的办法。若本人提出办理调动、户口等关系,可经用人单位考核并经上级管理部门审核后报省人事部门和公安部门,随时办理调动以及本人及其直系亲属落户等手续,不收取除工本费外的其他任何费用。在兰州市以外工作的,也可在兰州落户。对大学本科及其以上的毕业生暂未落实工作单位的,可先落户、后就业。对投资兴办实业、购买了商品房的人员,准予本人及其共同居住、生活的直系亲属落户。

外地来兰州并在市区有合法固定住所的个体经营者,凡连续三年每年缴纳个人所得税额超过8万元(含8万元)的,业主本人及其配偶和未成年子女可办理入户手续。

七、大力改善投资软环境

(三十八)改革项目审批制度。除使用各级财政性资金和非商业银行贷款以及国家有明文规定的项目外,按业主自主决策原则,取消对其他全额自筹资金项目的审批,实行项目登记备案制。项目业主单位按基建、房地产、技改等不同性质,将项目建议书按规定的审批权限分别送达省、市(州、地)或县(市、区)

有关部门登记备案。符合产业政策的项目,同级计委或经贸委在三个工作日内签发备案核准证。备案核准证与项目建议书批复文件具有同等法定效力。

外商投资项目,属于国家鼓励类,不需国家综合平衡的限额以上项目,由省级有关部门审批项目建议书或可研报告;外商投资3000万美元以下项目,在不需省级有关部门平衡资金、资源及协调环保事宜的情况下,由当地有关部门分别批准项目建议书和可研报告、合同及章程。凡是必须审批的项目,属省级审批权限的,省级有关部门对项目建议书和可研报告合并一道审批;资料齐全的,各项审批最长不超过五个工作日。属于国家审批权限的,省级有关部门在项目单位报送符合国家要求的全部合格资料后15个工作日内,向国家审批部门报出。省内各项审批事项,实行政策、程序、资金、人员、结果公开和时限承诺的"五公开一承诺"制度。

(三十九)积极推进行政大厅和行政首问制度。凡是一个事项由多个部门审批的,要实行联合办理或集中统一办理。对在甘肃境内投资的项目实行全程服务,及时协调有关部门帮助解决建设和生产经营过程中出现的问题,及时调解纠纷和矛盾,监督合同的执行。省外商投诉中心设立公开投诉电话,受理内、外商企业的各种投诉。鼓励公民、法人或其他组织对行政机关依法行政进行监督,发现违反行政规定的行为可以各种方式向各级监察部门举报。

(四十)禁止向企业乱摊派、乱收费、乱罚款。取消所有不合理收费项目,实行收费公示制和"单位开票、银行收款、财政管理、收缴分离"的征管体制。严格执行"两证一书一票一卡"制度(即:《收费许可证》、《收费员证》、《进企业收费审批通知书》、统一收据、收费登记卡),维护企业合法权益。

(四十一)对来甘肃工作的高层管理和科技人才、投资数额较大(指在兰州市投资500万元以上或在其他市、州、地投资250万元以上)的外籍投资者提供入境、居留便利。对从事商务考察、贸易活动需多次临时入出境的境外人员,可根据需要发给有效期最长不超过五年、每次停留期最长不超过六个月的多次入境签证。对需在甘肃长住人员,可根据实际需要发给一年以上,项目单位报送符合国家要求的全部合格资料后15个工作日内,向国家审批部门报出。省内各项审批事项,实行政策、程序、资金、人员、结果公开和时限承诺的"五公开一承诺"制度。长不超过五年的外国人居留证;若需多次入出境的,同时发给与外国人居留证相同期限的多次往返签证。对来甘肃考察、投资的华侨、港澳台同胞,公安机关出入境管理部门应当依法办理居留和签注手续,手续齐全的即日办理。

八、附 则

(四十二)自本政策生效日起,《甘肃省实施西部大开发战略优惠政策》自行废止;甘肃省现行政策中与本政策不一致的条款,一律停止执行。

(四十三)上述政策措施自发布之日起实行,并设置投诉电话和网上投诉信箱。省人民政府各有关部门可根据工作需要,在不违反本政策条款原则的情况下,对相应条款制定有关政策细则或具体实施意见。

青海省关于改善投资环境保护投资者合法权益的暂行规定

第一条 为保护投资者的合法权益。优化投资环境,强化优质服务,促进经济和社会发展,根据有关法律、法规、结合我省实际,制定本规定。

第二条 本规定所称投资者,是指在本省行政区域内依国家和本省产业政策导向投资置业,依法登记注册,进行生产、经营活动的省内外企业、公民和其它经济组织。

第三条 投资者的下列权益受法律保护:

(一)投资领域选择权;

(二)投资规模决定权;

(三)企业自主经营权;

(四)劳动用工自主权;

(五)合法收入支配权;

(六)优惠政策、优质服务享有权;

(七)不法侵害求偿权;

(八)行政监督批评权;

(九)其它依法享有的正当权益。

第四条 各级人民政府和有关部门应当建立下列工作制度:

(一)登记备案制。不需要政府投资或提供建设、经营条件的投资项目,一律改为备案制。国家另有规定的从其规定。

(二)"一站式办公,一个窗口对外"工作制。对投资企业实行"一站式"审批和直接登记;对投资项目开工建设逐步实行"一个窗口审批,一个窗口收费"的制度。

(三)行政公示制、工作时限制和主办部门负责制。涉及投资管理的行政部门和具有垄断性质的企事业单位,对管理、监督、审批、服务的内容、审批条件、收费标准、办事程序、申报文件要求、办事地点、办事人员姓名应公开,并按有关规定承诺、兑现工作时限。

主办部门作为第一责任人，要切实负起责任，主动与相关部门协调，在规定时间内解决问题，办结所有手续。不具备条件或按规定不能办理的，须向投资者做出书面答复。

（四）工作协调制。各州（地、市）人民政府和有关部门领导要定期就项目实施情况进行通报，研究、协调、解决招商引资工作中的重大问题，推进重点项目的实施。

（五）重点项目联系制。政府有关部门，要负责联系重点项目，及时研究、发现和解决问题。

（六）项目跟踪服务责任制。为重点项目提供审批、登记、建设和生产经营的全程踊跃服务，协调解决投资前后遇到的各种问题：

1、办理规划、用地、设计、开工、水电气供应、通讯等手续的，由各级建设主管部门负责。

2、项目建设或企业生产经营中的政策性问题和需要政府解决的其它问题，由各级计划、经贸、经协部门负责。

3、省级经济协作部门、招商引资机构对投资3000万元以上，州（地、市）相关部门对投资1000万元以上的重点合作项目进行投资、建设、经营全程跟踪服务。

（七）公开评议制。各级政府每年组织投资企业，对所有与企业有关的执法、监管、服务部门及单位进行一次公开评议。对评议结果差或投诉多的部门、单位，要进行通报批评，限期进行整改，并追究主要负责人的行政责任。

（八）依法查制。有关部门进行的检查，必须依据国家规定依法进行，禁止对企业重复、多头检查，检查人员都须持证检查。

各级人民政府和有关部门重点加强对下列行为的行政监督：

（一）拒不执行国家和省人民政府制定的优惠政策的；

（二）办理项目立项、审批、办证、登记注册过程无故拖延扯皮、吃拿卡要，为单位或个人谋对私利的；

（三）借口检查、评比侵犯投资者合法权益的；

（四）违反国家和省有关禁止“乱收费、乱集资、乱摊派、乱罚款”规定，巧立名目为部门和个人谋取不正当利益的；

（五）滥用职权，干扰企业生产经营秩序的；

（六）违反企业意愿，要求其参加以赢利为目的的培训、赞助、产品展览等活动的；

（七）要求企业购买指定产品、有价证券和订购书籍、报刊的；

（八）向投资企业指定或变相指定中介服务机构的；

（九）要求投资企业向指定的施工单位发包工程的；

（十）供水、供气、供电、铁路、电信等公共服务类企业，滥用优势地位损害投资者权益的。

第六条 投资者有权检举、控告侵害其权益的行为和国家机关及其工作人员在保护投资者权益工作中的失职行为。有权对保护投资者权益工作提出意见和建设。

第七条 投资者认为合法权益受到损害，向经济协作和纪检监察部门提出申诉或申请保护的，在递交书面材料、事实清楚的前提下，7个工作日内予以答复。

第八条 国家机关工作人员在办理审批、办证、受理投诉等工作中玩忽职守、滥用职权、徇私舞弊的由其所在单位或者上级主管部门给予行政处分；构成犯罪的，依法追究刑事责任。

第九条 省政府经协办、省政府督查室负责全省改善投资环境、保护投资者权益的日常工作，代表省人民政府实施督促、检查，协调解决全省优化投资环境、保护投资者权益的具体问题。

第十条 在省政府经协办、省政府督查室设立举报电话、指定专门人员受理投资者投诉。

第十一条 本规定自2002年7月20日起施行。

宁夏关于实施“东西合作工程”的政策规定

宁夏回族自治区计划委员会 宁夏自治区人民政府经济协作办公室

为贯彻中央“坚持区域经济协调发展，逐步缩小地区发展差距”的方针，把握东部地区向中西部地区产业转移的历史性机遇，推动我区新一轮横向经济联合，自治区政府决定实施“东西合作工程”。按照“优势互补、互惠互利、共同发展”的原则，特制定本政策规定。

一、关于新办独资、合资、合作企业的政策规定

第一条 宁夏回族自治区境内的资源、产业、市场，除国家有特殊规定的，一律向全国开放，欢迎区外国有、集体、私营、“三资”等各类企业，个体经营者及大专院校、科研机构以有形和无形资产为纽带，来我区实施多层次、多形式、多要素的经济技术合作，兴办各类企业。我区将在注册登记、审批立项、创造外部条件等方面提供便捷、良好的服务。

第二条 来我区独资新建生产性企业（包括兴办原材料基地），投产后5年内免征企业所得税；增值税25%部分、城市维护建设税、固定资产投资方向调节税、房产税，投产后5年内全额返还；土地使用税建设期内免征，投产后免征5年；从事资源

开发的企业可返还资源税3–5年；免征自治区人民政府规定的流转税附加收费。企业所得税免征期间所得收益，视同完税处理。投资额在1000万元以上的，免税期满后企业经营困难的或技改扩建投入较大的还可视情况适当减免所得税。南部山区八县和陶乐县的政策优惠可适当放宽。

第三条 来我区合资、合作新建生产性企业及国家和自治区确定的重点扩建项目，外联方投资占投资总额的25%以上，合资、合作期在10年以上的，企业(项目)投产后，视外联方投资比例，对新增效益给予3–5年免征所得税、返还25%的增值税的优惠。5年内按50%返还城市维护建设税、固定资产投资方向调节税、土地使用税和房产税。免征自治区人民政府规定的流转税附加收费。减免税期间，所分利润视同完税处理。南部山区八县和陶乐县的政策优惠可适当放宽。

第四条 凡来我区独资、合资(外联方投资需在50万元以上、合作期5年以上)兴办第三产业(房地产开发业、娱乐业、饮食业、旅店业除外)，3–4年内免征所得税，1–2年内返还营业税，3年内按50%返还城市维护建设税、固定资产投资方向调节税、土地使用税和房产税。

第五条 凡来我区独资、合资、合作兴办的各类企业，需占用耕地的，经政府批准后，按标定地价的30–50%优惠出让给建设用地单位。企业投产5年后，可允许土地转让。

第六条 凡来我区从事农、林、牧、渔业开发的，自受益年度起免征农业税和农林特产税6年。在山区八县及陶乐县进行扶贫开发的项目，可免征农业税和农林特产税10年。此类项目需用荒地的，可以划拨方式提供。

第七条 凡来我区山区八县及陶乐县独资或合资控股兴办农业资源深加工的企业，投资额在200万元以上的，从投产年度起免征所得税8年，投资额在500万元以上的，从投产年度起免征所得税10年。

二、关于人才、技术联合与开发的政策规定

第八条 区外科研单位、大专院校、企业和民营科技机构来我区兴办实体，开展技术转让、技术咨询、技术服务、技术培训等活动，其技术性收入免征所得税，营业税先征后返，免征自治区人民政府规定的流转税附加收费。

第九条 鼓励区外大专院校、科研机构、企业和个人以技术、名牌商誉等入股形式与我区企业联合开发生产性项目，在项目投产后三年内，技术入股方可以先提取税后利润的一部分，最多不超过20%。再按股分红。属高、新、精、尖产品的项目和国内外享有盛誉的名牌产品，可以项目定政策实行专项优惠。

第十条 对帮助我区生产企业进行技术改造，取得显著经济效益的单位和个人，除按合同付给费用外，企业可从投产当年新增税后利润中提取10–20%，另行奖励。

第十一条 鼓励区外大专院校、科研机构和科技人员对我区企业进行技术承包。按期完成技术承包合同，并取得明显经济效益的，承包方除按合同规定取得报酬外，还可按技术承包项目投产当年或第二年税后利润的10–20%获得奖励。对亏损企业进行技术承包，使企业扭亏为盈或大幅度减亏的，企业可根据效益情况，予以重奖。

第十二条 区外大专院校、科研机构和民营科技机构与我区科研单位、企业联合研制、开发、生产新产品的，优先列入我区科技发展计划，并给予相应的科技贷款支持。当年发生的新产品开发和新技术改造费用可摊入成本，如年度发生额较大，可在以后年度分期摊销。凡被自治区认定为高新技术产品的，投产后三年内，可从新增税后利润中提取10–20%，奖励有关科研人员。

第十三条 鼓励企业以聘用和调入的方式引进各类急需人才。工资待遇双方协商确定，不受限制；有特殊贡献者可发给专项奖金。具有中、高级职称人员，签定服务合同五年以上，经同级人民政府批准，可解决其非城镇户口的配偶及未满18岁子女的城镇户口，免收城市增容配套费，优先安排子女入学、就业。

第十四条 区外科技人员来我区服务于乡镇企业、城镇集体企业的，可以破格聘任专业技术职务，享受相应待遇。

第十五条 欢迎外地经营管理人才来我区公平竞争中小企业经营管理岗位，或领办、承包、托管中小企业，工资待遇根据企业效益可高可低，不受限制。获得显著经济效益的，经自治区人民政府批准，企业可给予50万元以内的一次性奖励。

三、关于联合发展现有企业的政策规定

第十六条 鼓励区外优势企业同我区企业联合经营。外联方投入比例达25%以上，合作期限10年以上，合营企业在保证原上交财政基数的前提下，超基数部分免征属地方财政收入的所得税3年。

第十七条 鼓励区外优势企业以有形或无形资产投入改造我区亏损企业，允许企业以实现利润弥补亏损，补完亏损后，给予免征企业所得税3年的扶持。改造严重亏损企业，经同级人民政府批准，增值税25%部分还可先征后返3年，用于弥补亏损。

第十八条 欢迎区外企业兼并收购我区企业。兼并收购经营情况较好的企业，在保证原上交财政基数的前提下，超基数部分所得税免征3年。兼并收购微利或短期亏损的企业，在保证原上交财政基数的前提下，4年内增值税25%部分中超基数部分先征后返，企业所得税免征。兼并严重亏损企业，经同级人民政府批准，可执行第二条优惠政策。

第十九条 鼓励区外企事业单位和个人对我区企业租赁经营。租赁经营可整体租赁也可以部分租赁。租赁亏损企业扭亏后可免征所得税3年。承租3年以上的，期满经审定达到或超过经营目标的，可一次性返还承租方最后一年租金的50%。

第二十条 我区现有亏损严重的企业，经县以上人民政府批准，可确定企业资产保值、增值目标，在一定期限内由区外优势企业无偿托管。托管经营期一般为3–5年。托管经营期内免征企业所得税；城市建设维护税、固定资产投资方向调节税、土地使用税、房产税全额返还；在保证原上交财政基数的前提下，增值税25%部分中超基数部分予以返还；免征自治区人民政府

规定的流转税附加收费。达到资产保值目标,托管经营期内全部新增利润归经营方所有,并视同完税处理。

四、关于合作的金融政策规定

第二十一条 区外企业兼并我区企业除执行中国人民银行等银行《关于整顿、被兼并、解散和破产企业贷款停减缓利息处理问题的通知》〔银发〔1993〕113号〕的优惠政策外,兼并银川市区域内和列入自治区优化资本结构试点企业,以及区外被国家确定的重点企业兼并我区企业,均执行中国人民银行等部门《关于鼓励和支持18个试点城市优势国有企业兼并困难国有企业后有关银行贷款及利息处理问题的通知》〔银发〔1995〕130号〕的政策规定。

第二十二条 对区外的高新技术企业在我区进行产品协作、配套及加工零部件,使我区的有关企业成为区、地市或县级财政收入骨干的。或者扩大生产能力后,能够出口创汇的,银行将优先提供流动资金、技术改造和科技开发贷款。对企业效益好;出口创汇企业,贷款利率不上浮。

第二十三条 按照同等优先的原则,区内各家银行贷款将优先支持东西部合作项目,且贷款期限在规定范围内尽量从长,如遇特殊情况不能如期归还的,可适当予以展期。贷款利率一般不上浮,执行基准利率,或在10%幅度内下浮。对东西部合作项目所需贷款规模优先安排,无贷款规模时,人民银行将协助国有商业银行向有关总行申请贷款规模,或压缩其他贷款,调剂出贷款规模用于解决东西部合作项目的规模需要。

第二十四条 对区外企业参与我区企业股份制改造、兼并、重组的合作项目,人民银行可优先安排发行地方企业债券,或给予其他短期融资的支持。

第二十五条 凡在我区山区八县及陶乐县兴办各种扶贫经济实体,进行扶贫开发;在国家规定的农业综合开发项目区内,从事土地治理与开发;支持我区经果林的更新和名、优、特产品的发展,以及林产品深加工和沙区资源综合开发的,农业发展银行将择优扶持,实行贷款倾斜政策。

第二十六条 区外投资者来我区与国家确定的民族用品定点企业合资生产经营,流动资金贷款按规定实行优惠利率,利差补贴银行按季返还企业,用于补充自有流动资金。

第二十七条 为横向经济联合企业提供多种保险保障。开展一厂多险的配套服务和特约保险服务,实行保期和保额灵活调整的办法。根据企业投保金额,视情况可给予减收保费优惠和安全奖励。对大中型企业的灾害和境外事故的理赔,按保险责任范围和初估损失在未结案前先预付50%的赔款,保障受损企业尽快恢复生产。

五、关于中介服务的政策规定

第二十八条 向我区生产企业提供新技术、新工艺、新产品和转让科技成果的单位和个人,受益单位除按合同一次性付给转让费外,在项目投产后的3-5年内,每年按新增税后利润的10%给予奖励。引进高新技术、名牌产品的,可根据先进程度、产品知名度、经济效益情况,受益方可按年度新增税后利润1-3%给予中介人一次性奖励;其它方式和协作如果效益好,受益方按年度新增税后利润1-2%给予一次性奖励。

第二十九条 对引进国内外资金的中介人,根据资金实际到位数,按数量多少、利息高低、使用年限,经同级政府批准,我区受益方按到位金额5-10‰给予一次性奖励。

第三十条 向我区提供先进技术和各类有价值的信息,使企业取得明显经济效益的,受益单位可给予有关人员当年新增税后利润5-10%的一次性奖励。

六、其 他

第三十一条 根据生产和工作需要,区外在我区企业人员可按规定申请办理出国及赴港澳证件,由自治区外经贸厅和外办负责审批办理。

第三十二条 无论独资或合资的横向经济联合项目和企业;我区在设计、施工、建材方面优先提供服务;所需水、电、气和通讯设施,优先提供;货物及产品外运优先安排铁路运输计划。

第三十三条 区外在我区独资、合资企业的经营方式、劳动工资、财务关系、产品开发、技术改造和利益分配,由企业依法自主决定。企业在招工、用工上享有充分的自主权,不受劳动指标和城乡的限制。

第三十四条 本政策规定适用于全国各省、市、自治区今后来我区兴办的独资、合资、合作企业及各种经济技术中介服务活动。过去自治区发布的有关横向经济联合的政策规定与本政策规定不符的,以本政策规定为准。

第三十五条 本政策规定中涉及的高新技术、名牌产品、新产品的认定由自治区经贸委和科委按职责范围分工负责,引进资金、技术和各类经济信息的中介认定由各级经协部门和技术市场主管部门按职责范围分工负责。本政策规定中的税收减免、返还及先征后退的优惠政策,由自治区财政厅负责落实、管理和监督。

第三十六条 本政策规定自发布之日起生效。

新疆维吾尔自治区关于改善投资软环境的若干规定

为适应加入世界贸易组织和实施西部大开发战略的新形势，进一步扩大对内对外开放，建立良好的投资软环境，根据《国务院办公厅转发国务院西部开发办关于西部大开发若干政策措施实施意见的通知》(国办发〔2001〕73号文件)精神，自治区人民政府就改善投资软环境作出如下规定。

一、进一步转变政府职能，增强服务意识

(一)各级政府要切实把职能转到经济调节、市场监管、社会管理和公共服务上来，建立行为规范、运转协调、公正透明、廉洁高效的行政管理体制，创造统一、开放、竞争、有序的现代市场体系。有关部门要根据国家西部大开发优惠政策精神，结合我区实际制定扶持外资和区内外各类投资企业发展的政策措施。

(二)认真做好招商引资工作。自治区计划、经贸部门要根据国家产业政策和我区经济发展的需要，定期公布投资导向目录和招商信息，不断推出新的引资项目，积极吸引外商和区外各类所有制企业，以及个人来疆投资和参与开发建设。

(三)为投资企业提供全方位服务。各部门要改善管理，增强服务观念，主动为投资企业做好协调和服务工作。对引进的重大投资项目应实行跟踪服务，及时了解项目进展情况，研究投资者反映的问题，帮助其解决在项目报批、建设和经营过程中遇到的困难。

(四)积极推进政务公开。凡涉及投资企业管理、服务的部门和单位，要全面实行政务公开和服务承诺制，对本部门、本单位的工作职责和工作标准、办理事项的政策和依据、办事程序和时限、以及办事结果等，都应以适当方式公开，自觉接受社会监督。各有关部门在出台新政策性文件时，凡涉及投资企业的内容，都要征求行业主管部门和相关企业的意见，使政策具有可操作性。

(五)积极扶持非公有制企业发展。进一步放开非公有制企业的经营领域，除国家法律法规禁止的以外，允许非公有制企业进入各类投资领域和行业，不限投资规模，不限区域地点，不限持股比例。鼓励非公有制经济主体以独资、合资、合作、特许权等多种方式进行投资；支持非公有制企业参与国有企业的改组、改制和改造。在项目立项、融资贷款、信用担保、成果鉴定等方面，非公有制企业与国有企业一视同仁。承担国家或自治区重点技术改造项目的非公有制企业，均可享受自治区技术改造财政资金的支持。

(六)大力整顿和规范市场经济秩序。坚持标本兼治，坚决查处制售假冒伪劣商品的违法行为，严厉打击走私贩私、偷税骗税、虚假诈骗等犯罪活动。继续做好建筑市场、运输市场、集贸市场、文化市场的专项整治工作。推行经营性土地使用权出让招标拍卖、建设工程项目招标投标、政府采购招标投标等制度，严肃查处项目招投标中的以权谋私、违法乱纪行为。(七)培育和规范中介服务机构。积极发展法律、会计、审计、评估、咨询、职业介绍等中介机构，培养高素质的中介人才队伍，为投资企业提供良好的服务。各类中介机构要做到独立公正执业，恪守职业道德，真实准确地反映问题，对出具的文件负法律责任。依法惩处中介机构出具虚假资信证明、虚假评估、虚假鉴证等不法行为。(八)加强知识产权保护。有关部门要采取措施保护投资企业的专利权、商标权、设计方案、技术规范等知识产权，依法处理侵权的单位和个人。外商和区外企业已来疆投资的，其在新疆市场上销售的知名度高、受侵害严重商品的注册商标，可申请自治区工商行政管理局重点保护商标。

(九)全面贯彻《公民道德建设实施纲要》，提高全体公民的思想道德和文明素质。继续广泛开展城乡精神文明创建活动，强化职业道德教育，重点抓好窗口行业和单位的行风建设，大力纠正行业不正之风。加强社会信用意识教育，增强公民信用观念，努力营造诚实守信的良好氛围。

二、坚持依法行政，规范执法行为

(十)加快地方行政立法进度，建立健全符合世贸组织规则和社会主义市场经济体制的地方法规体系，为经济发展创造一个非歧视的、市场开放的和公平竞争的法制环境，保护投资企业的正常经营活动和合法权益。各地、各部门制订的涉及投资和企业管理方面的政策性文件，均应在政府网站或相应刊物、媒体上公布，以方便投资者和公众查询。

(十一)规范行政部门的执法行为。各行政执法机关和人员对企业进行执法检查时，必须按照法定权限、范围和程序进行，出示检查通知书和相关证件，无执法检查手续的企业有权拒绝检查。上下级机关无特殊情况不得对同一企业进行多级重复检查，不得借执法检查干扰企业的正常生产和经营活动。

(十二)严格控制非执法类检查。确有必要对企业进行的非执法类检查，应尽可能联合组织，一次进行。

(十三)对投资企业实施行政处罚必须按规定权限和程序执行。执法检查人员对企业作出吊销营业执照、责令停产停业、实施较大数额罚款等重大行政处罚前，应告知其事实、理由和依据，并告知其享有陈述、申辩和要求听证的权利。除法律法规规

定外，行政机关不得责令银行划拨或冻结企业的资金和账户，也不得实施查封、扣押其财产的强制措施。

(十四)强化对执法部门的监督。健全行政执法机关内部和外部监督机制，全面推行行政执法责任制和评议考核制。各行政执法机关要加强纪律和作风教育，制定执法人员行为规范，确保依法公正地处理经济案件和纠纷，严禁滥用职权、吃拿卡要、以权谋私、粗暴执法等行为，遏制执法腐败现象。

三、改进行政审批制度，简化项目审批程序

(十五)继续清理行政审批事项，凡不符合世贸组织规则、不符合政企分开和政事分开原则、妨碍市场开放和公平竞争的行政审批事项要予以取消，可以用市场机制代替的要通过市场机制运作;确需保留的行政审批事项尽可能合并、下放，做到规范操作，减少环节，并建立管理科学、程序严密、制约有效、责任到位的制度。

(十六)凡执行行政审批的职能部门，都要公开审批事项的依据、条件和程序等，提高审批工作的透明度。审批机关工作人员要热情服务，向业主详细介绍审批要求，一次性提供审批所需报送的材料目录和文件范本，一次性说明对材料的修改意见，不得推诿塞责和敷衍行事，不得因工作不到位而延时误事。

(十七)除关系国民经济全局和长远发展、对国家安全有重要影响的重大项目或有特殊规定的项目外，企业利用自有资金或银行贷款投资于国家和自治区非限制类产业的项目，需政府平衡建设、经营条件的，政府主管部门只审批其项目建议书;不需要政府平衡建设、经营条件的，实行项目登记备案制。除重大项目或有特殊规定的项目外，外商投资项目利用自有资金和商业银行贷款投资于国家和自治区鼓励类产业及优势产业的项目，政府主管部门只审批项目的可研报告，项目建议书、开工报告不再报政府主管部门审批。以上重大项目限额由审批部门制定公布。

(十八)积极推行项目审批“一厅式办公”和“一站式服务”办法，做好审批和管理的全过程服务。各地要积极创造条件设立行政审批“一厅式办公”场所，实行相关职能部门联合办公、集中审批、分头办结的做法。推动电子政务建设，尽快实现网上信息公布、网上办公和网上申报审批，减少审批环节，加快审批速度。

四、实行办文办事限时制，提高工作效率

(十九)各行政部门和受理企业申办事项的单位，对属本部门职能权限和本单位受理范围的事项，必须在规定的时间内办理完毕或予以批复;如遇特殊情况不能按时办理或批复的，主办人员应向报送单位和业主说明情况；在规定期限内未予办理或批复又未说明情况的，要追究责任。

(二十)计划、经贸、外经贸等部门审批企业投资项目，除有特殊规定的外，材料齐全的限额以下项目须在5个工作日内办结相关手续;限额以上项目在5个工作日内报送上级有关部门，并给予答复。

(二十一)土地行政主管部门应及时提供并保障建设用地，在办理投资企业项目用地手续时，凡材料齐备、符合要求和规定并属权限以内的，须在20个工作日内完成审批，并颁发土地使用证。

(二十二)工商行政管理部门在投资企业申请登记材料齐全有效、具备法定的登记条件和程序的情况下，对企业的名称核准须在3个工作日内完成;为其核准登记注册、办理申请变更登记在10个工作日内完成。

(二十三)税务机关为投资企业办理税务登记，符合相关规定并资料齐全的，须在2个工作日内完成;对增值税一般纳税人的认定，手续齐全并经审核符合规定条件的，在3个工作日内完成;企业申请税收优惠和减免等事项，手续齐全并经调查符合规定条件的，在10个工作日内完成。(二十四)劳动保障部门为投资企业办理劳动合同鉴证的审查，须在2个工作日内完成;对申办社会保险登记、缴费申报审核的，在2个工作日内完成;对招收区内下岗职工、失业人员就业、申报享受就业再就业优惠政策的审核，在3个工作日内完成;对申报集体合同的审查，在5个工作日内完成。

(二十五)公安消防部门对投资企业的消防审查，一般工程的审核和验收在5个工作日内完成并批复;重点工程在10个工作日内完成并批复。

(二十六)环保部门要严格执行环境影响评价和“三同时”制度，对审批权限内的项目，在收到建设项目环境影响报告书60日内、收到环境影响报告表30日内、收到环境影响登记表15日内，分别作出审批决定并书面通知项目单位。

(二十七)对投资企业提出的供水、供气、供电申请，凡手续完备、条件允许的，有关主管部门和单位均应在5个工作日内完成审批，并依照合同按期保量供应。因维护、检修等原因需要停水、停气和停电的，需提前48小时通过新闻媒体发布公告;因发生故障中断水、气和电供应的，应立即组织维修人员抢修，尽快恢复供应。

五、严格执行收费规定和标准，减轻企业负担

(二十八)继续清理行政事业性收费，取消不合法、不合理的收费项目，降低证照、检验、管理等方面过高的收费标准。各部门要认真执行《自治区行政事业性收费管理条例》，严禁擅自设立收费项目、扩大收费范围和提高收费标准。除法律法规和经国务院财政、价格主管部门发布的规章，以及自治区人民政府规章、规定依法设立的收费项目外，各级地方政府、各部门制定的行政事业性收费项目一律无效。

(二十九)自治区制定的各类收费项目，都要明确收费标准和执收单位。收费单位在向企业实施收费时，必须出示国务院及自治区发展计划委员会(物价局)统一印制的收费许可证，亮证收费；必须使用自治区财政厅统一印制的收费票据，签字盖章。对无证收费、不使用统一收费票据或擅自扩大收费范围、提高收费标准的，企业有权拒缴。

(三十)各行政单位不得将职权下放给所属事业单位、社团组织对企业实行有偿服务或变相收费;不得借会议、评比、培训等名目收取不合理费用;不得开展要求企业出钱出物的达标、评比和考核活动;不得强制企业和个体经营者征订报刊杂志。除法律法规规定的以外，投资企业有权决定参加或不参加各部门组

织的评比、表彰、捐赠、赞助等活动。

(三十一)规范中介机构的收费行为。各类中介机构要彻底脱离执法机关和行政部门,引入竞争机制,遵循公正自愿的原则开展中介服务活动,并按规定标准收取费用。严禁执法机关和行政部门强制企业接受其指定的机构从事中介服务。 (三十二)完善公用事业的价格形成机制。逐步推行公用事业价格听证制度,凡涉及向企业和群众的经营收费,在制定标准时都应听取被收费对象的意见。加强价格监管,防止少数部门和单位利用职权实行垄断工程服务、强制供应商品等不正当的价格竞争。

六、完善口岸设施建设,提高通关效率

(三十三)改善通关环境,提高通关效率。各口岸、交通、运输、查验、仓储等部门要加速与国际惯例接轨,树立主动服务的意识,遵守行业自律规定,简化手续,方便客货进出,为企业排忧解难。民航、铁路、公路等客货运输部门,要做到热情服务、文明装卸、安全正点,保障企业产品特别是出口商品运输。

(三十四)加快口岸基础设施和查验配套设施建设,逐步实行"提前报验、提前报关、实货放行"的通关模式,提高现代化管理水平。完善口岸电子执法系统,搞好无纸通关试点,尽快实现外经贸、税务、工商、海关、边检、检验检疫、外汇管理等部门联网,建立以海关货物监管、出入境检验检疫管理、外汇和出口退税管理为主的、全区统一的进出口企业行政监管电子网络系统。

(三十五)简化口岸验放手续。充分利用现代科技手段,探索联网报关、上门验放、快捷通关和担保放行等便利通关程序。对获得进出口免检资格的企业和产品予以免检;对出口产品质量稳定、质监体系健全的企业,在保证出口产品质量的前提下,实施分类管理。

(三十六)投资企业办理海关注册登记申报、进出口报关及减免税手续,凡有效文件齐备的,在2个工作日内完成;对"A类管理企业",优先办理加工贸易、报关验货等手续。对投资企业检验检疫注册登记的申报,凡有效文件齐备的做到随到随办;进口设备的规格、数量、包装及残损鉴定(投资财产价值鉴定和大型成套设备除外)在5个工作日内完成。

七、健全投诉制度,完善监督机制

(三十七)建立投资软环境监测评估体系。各地政府每年应召开一次座谈会,直接听取外商企业、区外企业和非公有制企业对当地投资软环境和行政执法情况的意见和建议,并由投资企业对各行政执法部门的行政管理、工作效率、服务质量、执法水平、政策落实等情况进行评议,其结果作为各部门工作和机关主要领导业绩的依据之一。监察部门会同有关部门成立投资软环境监督检查小组,定期对各单位执行本规定情况进行检查。

(三十八)自治区及各地设立企业投诉受理中心,健全企业投诉网络。经贸、外经贸、经协办、工商行政、工商联等部门要设立企业投诉电话,认真受理企业的举报和投诉,并及时立案或转交相关部门查处;对影响较大的投诉和举报案件,受理部门的领导要亲自查办,并在适当范围内通报查办结果。

(三十九)充分发挥社会舆论对投资软环境的监督作用,支持新闻媒体对行政执法机关及工作人员的违法违纪行为、以及损害投资软环境的行为进行曝光。严禁对投诉和举报的企业、法人和个人打击报复。(四十)各地、各部门及工作人员要认真执行本规定。对违反本规定受到投诉、影响恶劣的单位,在一定范围内通报批评;对未按本规定要求履行职责或违反本规定受到投诉、影响恶劣的个人,要调离原工作岗位;对严重违反本规定、因工作失误给投资企业造成损失的直接责任人,由所在单位或监察部门予以行政或组织处理。

内蒙古自治区实施西部大开发若干政策措施的规定

内政发〔2003〕16号 2003年2月21日

根据《国务院关于实施西部大开发若干政策措施的通知》(国发〔2000〕33号)和《国务院办公厅转发国务院西部开发办关于西部大开发若干政策措施实施意见的通知》(国办发〔2001〕73号)精神,为了确保有关政策措施的贯彻落实,如期实现内蒙古实施西部大开发战略规划的各项目标,结合自治区实际,制定以下政策措施。

一、扩大对内对外开放的政策措施

第一条 外商投资农牧业、林业、水利、交通、能源、市政公用、环保等基础产业或基础设施建设,开发矿产、旅游等资源,建立技术研究开发中心,从事科技创新和高新技术产业化开发,享受外商投资鼓励类产业的各项优惠政策。

第二条 扩大服务贸易领域对外开放,吸引外商对银行和商业零售企业进行投资,可以设立保险经营机构和科技信用担保中心,兴办中外合资外贸公司、旅行社和中外合作会计师事务所、律师事务所,兴办中外合资合作或外资建筑与相关服务企业、中外合资或外资铁路货运与道路货运企业。

第三条 比照外商投资的有关优惠政策,吸引区外企业和

个人通过独资、控股、参股、收购、联合、兼并、租赁、托管、承包经营等多种方式，到内蒙古投资设厂、合作开发。依照有关法律法规，对国家和自治区批准设立的经济技术开发区和工业园区在税收、工商、土地、投资管理等方面实行特殊优惠政策。支持区内企业与区外各类企业开展合作，共同开拓国际市场。

第四条 进一步放宽市场准入，打破行业垄断和地方保护。减少工商注册、建设用地、减免退税等审批环节，提高工作效率。工商注册按照《内蒙古自治区人民政府关于印发自治区企业登记独立注册试行办法的通知》(内政发〔2001〕143号)、《内蒙古自治区人民政府批转工商行政管理局关于市场主体准入若干意见的通知》(内政字〔2002〕219号)执行。建设项目用地按照法定程序报批，在未能完成申报件的情况下，经申请有审查权的国土资源管理部门同意，用地单位和个人可先行用地，但半年内必须依法向有批准权的人民政府报批用地手续。

第五条 降低企业申请对外贸易经营权和经济技术合作经营权标准。生产企业申请自营进出口经营权的标准，注册资金调整为200万元，科研院所、高新技术企业和机电产品生产企业的注册资金调整为50万元。私营生产企业申请自营进出口经营权的标准，按国有、集体生产企业的条件、标准和办法办理。外贸企业申请对外劳务经营权的标准，调整为上年进出口总额达到5000万美元，或出口额达到3000万美元。企业注册资金达到300万元，成立时间两年以上，具备外销员或国际商务师资格的从业人员(不少于3人)，以及报关、报验、办税、外汇核销人员，可以申请进出口代理经营资格。

第六条 鼓励优势产品出口，建立和完善有机农产品生产服务体系、质量认证体系，建设无规定疫病区和畜产品出口示范基地，扩大有机农畜产品出口。支持主营出口产品生产企业申请国家出口配额，鼓励优势初级矿产品和农副产品向深加工、高附加值方向发展。

第七条 鼓励企业通过委托代理开展对外承包工程和劳务合作，在承接项目、获取信息、融资等方面给予支持。鼓励企业到境外特别是周边国家和发展中国家投资办厂、承接援外合资合作项目。支持符合条件的企业申请中央外贸发展基金开展境外加工贸易。加大吸引跨国公司的力度，从项目签约、立项、审批、建设、运营，提供全过程、全方位的跟踪服务。

第八条 在边境地区实行优惠的边贸政策。在出口退税、进出口商品经营范围、进出口商品配额、许可证管理、人员往来等方面简化手续，放宽限制。对满洲里口岸、二连浩特口岸建设给予重点支持。除国家统一规定的行政机关执法收费外，取消口岸其他行政性收费，减轻边贸企业经营负担，减少出入境人员不必要的支出。

第九条 边贸企业的边境贸易经营权，由自治区人民政府主管部门登记、管理和备案。边境小额贸易企业在毗邻国家边境地区开展劳务合作，其项目合同由自治区人民政府主管部门审批，并享受边境小额贸易优惠政策。凡在内蒙古登记注册的企业，均可向自治区外经贸主管部门申请边境小额贸易经营资格，经审核批准或登记备案后，享受边境小额贸易优惠政策。

第十条 边贸企业出口原产于内蒙古且属于出口配额许可证管理的商品，除国家实行统一招标的商品、配额有偿使用管理的商品、重点管理的边境贸易出口商品、军民通用化学品、易制毒化学品和消耗臭氧层的物质外，免领出口许可证。属于国家重点管理的边贸出口商品，积极争取国家专项配额，尽量满足边贸企业与毗邻国家边境地区开展经济技术合作的需要。

第十一条 切实转变政府职能，继续精简各类行政审批事项和审批环节，创造良好的行政服务环境。进一步简化自治区各级人民政府限额内投资项目的审批程序。全额自筹资金的项目，按业主决策原则，实行项目登记备案制。实行登记备案制的项目，符合产业政策的，由政府主管部门签发备案核准证。国家、自治区规定需审批的项目和业主要求审批的项目，内资企业用自有资金或借用国内银行贷款投资于国家非限制类产业的项目，政府主管部门只审批项目建议书；外商投资企业用自有资金和银行贷款投资于国家鼓励类产业或优势产业的项目，政府主管部门只审批可行性研究报告，并逐步简化对外商投资企业合同、章程等的审批程序。

第十二条 规范收费制度，严禁各种乱收费和乱摊派。行政事业性收费，除国务院和自治区收费主管部门(计划、财政)批准外，任何地区和部门不得擅自设立收费项目、制定或调整收费标准、扩大收费范围和增加收费频次。对准予收费的项目，实行收费公示、收费许可证、收费员证、企业交费登记证和票款分离制度，收费时必须使用财政部门统一印制的收费收据。行政机关、司法机关不得进行有偿经营服务性收费，不得要求企业购买指定商品和到其指定的中介机构接受服务。

第十三条 进一步整顿和规范市场秩序，创造开放、竞争、公平、有序、诚实、守信的市场环境。研究制定《外来投资者保护条例》，切实维护投资者合法权益。严格规范执法行为，对企业检查实行登记备案制度，自治区政府法制办公室负责登记备案。旗县以上各级人民政府建立西部大开发投诉中心或投资商投诉协调服务中心，设立专线投诉电话。坚决打击欺行霸市、制售假冒伪劣商品等各种违法犯罪活动和不正当竞争行为。规范会计、审计、公证、律师、评估、咨询、人才、信息等中介服务，严禁弄虚作假和欺骗投资者。加强政府、企业和个人信用制度建设，不断提高全社会信用水平。

二、拓宽投融资渠道的政策措施

第十四条 围绕生态、基础设施、优势产业以及科技、教育、文化、卫生等各项社会事业，加强重点项目的前期工作和财政转移支付的各项基础性工作。对国家在内蒙古投资的项目以及地区协作和对口支援项目，自治区各部门、各盟市要提前介入项目用地相关程序，提供优质服务，优先安排土地，尽可能减免土地管理行政性收费，并对项目前期工作以及建设、运营的全过程给予积极支持。

第十五条 除关系国家命脉和安全的企业由国家控股外，鼓励其他国有大中型企业通过规范上市、中外合资和相互参股等多种形式，依法改制为有限责任公司或股份有限公司。吸引国内外投资者，特别是跨国公司以受让股权、买断资产等不同方式参与我区国有企业改组改造。引导个体、私营等非公有制经济加快发展，鼓励个体、私营等非公有制经济主体以独资、合资、合作、特许权等多种方式进行投资。除法律有特殊规定外，凡对外商开放的投资领域，国内各种所有制企业均可进入。

第十六条 加强政府部门与金融机构的联系与协作，鼓励金融机构介入重点项目前期工作，及时进行项目评估，积极向总行推荐贷款项目。根据国家对基础设施项目延长贷款期限的规定，积极帮助企业申请长期贷款，加大对公路、电力、石油、天然气、城市基础设施等重点项目建设的支持力度。对特色农牧业、节水农牧业、生态农牧业、以公司加农户为经营方式的龙头企业给予支持，采取措施扩大农户小额贷款规模。配合生态建设工程，支持有还贷能力的速生丰产用材林、经济林、山野菜、中药材开发、苗圃以及人造板、造纸等林产品加工项目申请信贷资金。采取有效措施，落实好国家支持西部地区企业技术改造、高新技术企业和中小企业发展的信贷政策。

第十七条 积极推动以 BOT、TOT、特许权转让等融资方式利用外资工作。选择国家试点范围内的建设项目，委托中介机构组织采取 BOT、TOT 形式进行国际招标。加快培育和扶植产业投资基金、风险投资基金发展，扩大引进区外国外资金规模。

第十八条 积极利用国际金融组织和外国政府优惠贷款，重点用于基础设施、教育、卫生、扶贫、生态环境保护等领域。积极争取国际多边、双边无偿援助和赠款。基础设施建设、生态环境建设、扶贫开发等领域的项目，根据项目偿还能力，国外优惠贷款占项目总投资比例最高可达 70%，有限制采购条件或贷款机构对贷款比例另有规定的除外。

第十九条 扩大以基础设施项目收益权或收费权为质押发放贷款的范围，继续办好农村牧区电网收益权质押贷款业务和公路收费权质押贷款业务，逐步将收费权质押贷款范围扩大到城市供水、供热、公交等城市基础设施项目。对具有一定还贷能力的水利开发和城市环保项目 (如城市污水处理和垃圾处理等)，逐步开办以项目收益权或收费权为质押发放贷款的业务。

第二十条 认真执行《内蒙古自治区人民政府关于加快公路交通发展的意见》(内政发〔2002〕14 号)，允许垫资修路、让利引资修路和以“热线”带“冷线”修路。鼓励国内外投资者投资内蒙古公用基础设施，允许采用多种方式向国内外投资者转让区内国有公路、城市市政等公用基础设施资产权益和建设受益权，转让期限最长可达 30 年。为保证投资者或受让方利益，自治区人民政府为其提供收费价格批文质押、履约保险等必要的融资和经营条件。

第二十一条 鼓励企业以多种方式筹集资金，安排支持工业企业发展资金。列入自治区重点工业项目的企业，不分所有制、不论投资来源地，政府在安排前期费和财政贴息等方面同等对待。对农牧业产业化龙头企业给予倾斜。鼓励企业通过转让经营权、出让股权、兼并重组等方式吸引外商和区内外企业投资。信誉良好的“三资”企业和非国有企业，具备条件且不需政府提供担保的，可申请国外政府贷款和国际金融组织贷款。帮助优势产业、出口创汇企业，争取国家对引进国外先进技术和设备的国外商业贷款指标的支持。

第二十二条 外商投资基础设施和优势产业项目，视不同行业放宽外商投资股比限制。投资于商业项目，经营年限可放宽至 40 年，注册资本可放宽至 3000 万元人民币。鼓励在华外商投资企业到内蒙古再投资，被投资企业注册资本中外资比例不低于 25%的，享受外商投资企业待遇。鼓励区内企业再投资，投资额超过企业原资产额 50%的，享受新办企业优惠政策。

第二十三条 鼓励企业成为科技创新的投资主体，允许依法以无形资产作为注册资本进行投资，比例可占注册资本的 20%；以高新技术成果出资入股的，比例可占注册资本的 35% (另有约定的除外)。鼓励企业提高技术开发经费开支比重。企业研究开发新产品、新技术、新工艺所发生的各项费用，以及委托其他单位进行科研试制的费用，不受比例限制，计入管理费用。企业研究开发新产品、新技术、新工艺的各项费用应逐年增长，增长幅度 在 10%以上的企业，可再按实际发生额的 50%抵扣应税所得额。支持科技型中小企业申请国家和自治区的科技型中小企业创新基金。

第二十四条 发挥好价格和收费机制的作用，积极向国家争取降低东西部地区之间骨干电网联络线的输电费用，促进西电东送。调整水利工程供水价格，保证水利工程建设维护成本开支得到合理补偿。开征污水处理费和垃圾处理费，按补偿成本原则逐步提高收费标准。争取新建铁路和铁路支线实行特殊运价、区内航空支线实行浮动票价的政策。合理审批列入全国城镇职工基本医疗保险用药范围的蒙药价格。

三、实行税收优惠政策

第二十五条 对设在内蒙古以国家鼓励类产业项目为主营业务，且其当年主营业务收入超过企业总收入 70%的内资企业和外商投资企业，在 2010 年以前，减按 15%税率征收企业所得税。

第二十六条 在内蒙古新办交通、电力、水利、邮政、广播电视企业，其业务收入占企业总收入 70%以上的，内资企业自生产经营之日起，第一年至第二年免征企业所得税，第三年至第五年减半征收企业所得税；外商投资企业经营期在 10 年以上的，自获利年度起，第一年至第二年免征企业所得税，第三年至第五年减半征收企业所得税。

第二十七条 内蒙古境内国道、省道以及其他公路建设用地，比照铁路、民航建设用地，免征耕地占用税。免征耕地占用税的建设用地，具体范围限于公路线路、公路线路两侧边沟所占用的耕地，公路沿线的堆货场、养路道班、检查站、工程队、洗车场等所占用的耕地不在免税之列。上述免税用地，凡改变用途，不再属于免税范围的，应当自改变用途之日起补缴耕地占用税。

第二十八条 为保护生态环境，退耕还林 (生态林应占 80%以上)还草产出的 包括经济林苗木、商品饲草的农业特产品收入,自取得收入年份起10年内免征农业特产税。

第二十九条 内资鼓励类产业、外商投资鼓励类产业及优势产业项目在投资总额内进口的自用设备,除《国内投资项目不予免税的进口商品目录(2000年修订)》和《外商投资项目不予免税的进口商品目录》所列商品外,免征关税和进口环节增值税。

四、实行土地和矿产资源优惠政策

第三十条 全面落实退耕还林还草和利用荒山、荒地造林种草的各项政策,国有荒山、荒地等未利用地依法划拨给单位和个人进行造林、种草等生态建设;在建设投资和绿化工作到位的条件下,可以出让方式取得土地使用权,实行土地使用权50年不变,并减免土地出让金,减免的土地出让金可作为政府扶持生态建设的投资;达到出让合同约定的投资金额并符合生态建设条件的,土地使用权可依法转让、出租、抵押;土地使用权期限届满后,可申请续期。

第三十一条 探矿权人投资勘查获得具有开采价值的矿产地后,可优先依法获得采矿权。允许将勘查费用计入递延资产,在开采阶段分期摊销。以中外合营方式勘查开采非油气矿产资源,中方以探矿权、采矿权入股的,由中方提供相关地质成果资料,探矿权、采矿权按规定依法评估作价。

第三十二条 培育矿业权市场,促进探矿权、采矿权依法出让和转让。出让矿业权范围包括国家出资勘查并已经探明的矿产地、依法收归国有的矿产地和其他矿业权空白地。矿业权人可采取依法申请批准和招标、拍卖等其他方式转让矿业权,可采取出售、作价出资、合作勘查或开采、上市等方式依法转让矿业权,可依法出租、抵押矿业权。

第三十三条 在内蒙古由国家出资勘查形成的探矿权、采矿权价款,按有关规定,符合下列条件之一者,经批准,可部分或全部转为国有矿山企业或地勘单位的国家资本:勘查或开采石油、天然气、煤层气、富铁矿、优质锰矿、铬铁矿、铜、镍、金、银、钾盐、铂族金属、地下水等矿产资源;在国家、自治区确定的扶贫开发重点地区和重点开发地区勘查、开采矿产资源;大中型矿山企业因资源枯竭,勘查接替资源;国有矿山企业经批准进行股份制改造或对外合营时,国有资本持有单位以探矿权、采矿权价款入股;国有矿山企业由于自然灾害等不可抗拒的原因,缴纳探矿权、采矿权价款确有困难。

第三十四条 在内蒙古勘查、开采矿产资源,符合下列条件之一者,可申请减缴或免缴探矿权使用费、采矿权使用费:石油、天然气、煤层气、铀、富铁矿、优质锰矿、铬铁矿、铜、钾盐、铂族金属、地下水等矿产资源的勘查,大中型矿山企业为寻找接替资源申请的勘查,运用新技术、新工艺提高综合利用水平(包括低品位、难选冶的矿产资源开发及老矿区尾矿利用)的矿产资源开发,政府主管部门认定的其他情形。探矿权使用费,第一个勘查年度可以免缴,第二至第三个勘查年度可减缴50%,第四至第七个勘查年度可减缴25%。采矿权使用费,矿山基建期和矿山投产第一年可以免缴,矿山投产第二至第三年可减缴50%,第四至第七年可减缴25%,矿山闭坑当年可以免缴。

第三十五条 外商从事《外商投资产业指导目录》中鼓励类非油气矿产资源开采,免缴矿产资源补偿费5年。外商投资开采回收非油气矿产资源主矿种之外的共、伴生矿,减半缴纳共、伴生矿产品的矿产资源补偿费;利用尾矿,免缴矿产资源补偿费;采用先进技术使国内现有技术难于开发利用的矿产资源得到开发利用的,减半缴纳矿产资源补偿费3年。

五、吸引和用好人才的政策措施

第三十六条 认真贯彻实施《内蒙古党委办公厅、政府办公厅关于进一步加强人才培养、使用和引进工作的意见》(内党办发〔2000〕13号)精神,大力培养自治区急需人才、高层次专业技术人才和少数民族专门人才,研究制定《内蒙古自治区人才建设发展规划》,并纳入自治区经济社会发展总体规划。

第三十七条 各级政府、各用人单位应设立引智经费,为培养、引进高层次人才和留学回国人员提供科研启动经费及必要的工作条件。组建人才创业服务中心或科技企业创业孵化器,为承担重大科研和技术开发项目的人才提供科研开发专项贷款、流动资金贷款担保和贴息。对承担国家和自治区重要科技项目和重点学科项目的高级专业人才、自治区引进的急需人才、留学回国人才,在科研经费资助、助手配备、项目申请等方面给予倾斜。

第三十八条 积极与东部地区开展科技人才相互挂职交流锻炼,扩大人才交流规模。对口支援到内蒙古工作及内蒙古到东部省区挂职锻炼的各类人才,各地区、各单位可根据情况给予生活补贴。逐步增加内蒙古高校招生数量,积极争取中央部属高校和东中部地区高校在内蒙古扩大招生规模,提高应届高中毕业生升学比例。鼓励多种形式的社会办学。加强高校同东中部地区高校、国外高校和港澳台高校的交流与合作,支持高校派出更多的留学人员。

第三十九条 加大对科技成果完成人和优秀企业经营者的奖励。国有独资或国有控股企业、科研机构、高等学校及其科技人员可采取多种方式转化高新技术成果,创办高新技术企业。将职务技术成果转让给他人实施的,应从技术转让所取得的净收入中提取不低于20%的比例用于对科技人员的一次性奖励;自行转化或与他人合作实施转化的,应当在项目成功投产后连续5年内,从实施该科技成果的年净收入中提取不低于10%的比例用于对科技人员和促进转化有关人员的奖励;采用股份形式实施转化的,也可用不低于科技成果入股时作价金额20%的股份给予奖励,该持股人依据其所持股份分享收益。在研究开发和成果转化中作出主要贡献的人员,所得奖励份额应不低于奖励总额的50%。国有及国有控股企业可从该企业新增净资产中划出一定比例,用于奖励企业优秀经营者,由其享有这部分资产的收益权。

第四十条 对到我区工作的各类人才实行来去自由政策,根据国家鼓励人才向西部地区流动政策,其人事档案保存地点由本人自主选择。到内蒙古工作的应届大学毕业生,根据本人意愿,户口可转到工作地区,也可转回原籍。到内蒙古艰苦边远地区(自治区人民政府"内政发〔1994〕67号"文件规定的94个旗县市区)机关事业单位工作的大中专以上毕业生,在见习(试用)期间执行定级工资,见习(试用)期满转正定级时其职务(技术等级)工资可向上浮动一至二个档次;由自治区人事部门界定的特需人才,其报酬可实行年薪制或由聘用期间的契约来确定。到内蒙古投资、兴办实业的人员以及开发建设所需要的各类人才,允许保留原籍户口,如果将户口迁入内蒙古,返回时可根据本人意愿将户口迁回原迁出地。凡在内蒙古地级市和小城镇有合法固定住所、稳定职业或生活来源的人员,可随时根据本人意愿办理城镇常住户口,严禁收取城市增容费或其他类似费用。

第四十一条 为外籍高科技人才、投资者提供入境、居留便利。符合国家规定的人员,如需多次临时入境,可根据实际需要发给有效期一年以上、最长不超过五年的多次入境有效签证;对需在华常住人员,可根据实际需要发给一年以上、最长不超过五年的外国人居留证,并对需多次出入境的同时发给与外国人居留证相同期限的多次返回签证。改进我区边境管理区通行证和边民出入境通行证的申领和查验办法,为在边境地区工作的各类人员正常进出边境管理区和出入境提供便利。

六、规定的解释和落实

第四十二条 本规定自发布之日起施行。原《内蒙古自治区鼓励外商投资优惠政策》和《内蒙古自治区扩大横向联合优惠政策》同时废止。国家出台的有关政策规定优于本规定或本规定未涉及的,执行国家规定。自治区有关部门根据本规定和国家有关部门的西部开发政策实施细则(或办法)制定具体实施办法,报自治区人民政府批准后执行。

第四十三条 本规定由自治区实施西部大开发战略领导小组办公室负责解释,并根据自治区有关部门职责分工,由计划、经贸、教育、科技、公安、财政、人事、国土资源、外经贸、金融、税务、工商等业务主管部门对具体内容分别进行解释。

广西壮族自治区关于贯彻实施国务院西部大开发政策措施的若干规定

桂政发〔2001〕100号 2001年12月31日

根据《国务院关于实施西部大开发若干政策措施的通知》(国发[2000]33号)、《国务院办公厅转发国务院西部开发办关于西部大开发若干政策措施实施意见的通知》(国办发[2001]73号)和有关法律、法规的规定,结合本自治区实际,现就投资、税收、土地、矿产资源、价格、收费等方面制定本规定。

一、改革投资项目审批管理制度

(一)取消部分事项审批。

对不需要中央政府投资(包括中央预算内投资、纳入中央财政预算管理的各类专项建设资金、国债投资、借用国际金融组织和外国政府贷款等外债)和自治区政府投资(包括自治区预算内投资、纳入自治区财政预算管理的各类建设资金),国家产业政策鼓励发展,符合自治区发展规划,自治区审批权限内的下列项目,自治区政府主管部门取消审批。属于地、市、县政府投资的,由地、市、县计划、经贸部门审批;属于企业出资的,由企业自主决策。

1. 城市基础设施建设项目。包括10万吨/日以下的供水设施、10万吨/日以下的污水处理设施、300吨/日以下的垃圾处理设施、长度100米以下的城市桥梁、长度250米以下的城市隧道、10万平方米以下的城市道路。

2. 农林水利项目。包括种植业、畜牧业、渔业、30万亩以下的营造林、苗圃、不跨地市的小型水库和引水工程、水闸、堤防、河道整治、灌溉工程、水土保持、人畜饮水、2万千瓦以下的水电站(含水利枢纽)、农业机械、饲料工业、农产品加工业。

3. 社会事业项目。包括博物馆、图书馆、文化馆、影剧院、教学实验生活设施、符合区域卫生规划的医疗和其他卫生设施、各类体育设施、广播电影电视设施、养老院、福利院、残疾人康复活动设施、社区服务设施、计划生育科研和服务设施、旅游宾馆饭店、旅游娱乐设施。

4. 房地产开发建设项目。包括写字楼、住宅小区。

5. 商贸设施项目。包括连锁超市、配送中心、2万平方米以下的百货商场、非农产品批发市场、各类商品储备库。

6. 交通项目。符合自治区公路路网规划的公路项目,符合国家和自治区岸线利用规划、港口总体布局规划的港口建设项目,符合自治区站场建设规划的运输站场项目。

7. 邮电通信项目。

8. 工业项目。不需要自治区平衡建设和经营条件的一般竞争性工业项目。

9. 高技术项目。除国家和自治区认定的重大高技术项目以外的项目。

10. 企事业单位自有资金建设的办公和业务用房。

11. 固定资产投资许可证。以上取消审批的项目,不包括外商投资项目和国家另有规定的项目。

（二）简化投资项目审批程序。

自治区审批权限内仍需保留审批的项目进一步简化审批程序，自治区不出资的项目，只审批项目建议书；自治区部分出资的项目，重点审批可行性研究报告；自治区全额或大部分出资的项目，要审批项目建议书、可行性研究报告和初步设计。按行业按类型具体划分如下：

1. 农林水利项目。需要自治区政府投资的，总投资1000万元以上的，由自治区计划部门只审批可行性研究报告；总投资1000万元以下的，由地市计划部门审批可行性研究报告，报自治区计划部门备案；不需要自治区政府投资，但仍需自治区保留审批的项目，总投资2亿元以上的，自治区计划部门只审批项目建议书，总投资2亿元以下的，由地市计划部门审批项目建议书。

2. 交通项目。地方铁路和需要自治区政府投资的公路、港口项目，自治区计划部门只审批项目建议书和可行性研究报告；需要自治区投资的运输站场项目，自治区计划、经贸部门只审批项目建议书。

3. 能源项目。装机2-10万千瓦中型水电项目（含水利枢纽），自治区计划部门只审批项目建议书；装机10-25万千瓦中型水电项目（含水利枢纽），自治区计划部门只审批项目建议书和可行性研究报告；110千伏和220千伏电网项目，自治区计划部门只审批总体规划；需要自治区政府投资的节能、农村能源和煤炭行业项目，自治区计划、经贸部门只审批项目可行性研究报告。

4. 城市基础设施项目。需要自治区政府投资的项目，总投资3000万元以上的，自治区计划部门只审批项目建议书和可行性研究报告；总投资3000万元以下的，由自治区计划部门只审批可行性研究报告；不需要自治区政府投资，但仍需自治区级保留审批的项目，自治区计划部门只审批项目建议书。

5. 工业项目。凡企业用自有资金或国内银行贷款投资于国家非限制类产业的项目，需要自治区平衡建设和经营条件的，自治区计划、经贸部门只审批项目建议书；需要自治区政府投资参股、贴息、补助的项目，自治区计划、经贸部门审批可行性研究报告。

6. 高技术项目。重大高技术项目或需要自治区政府投资的高技术项目，自治区计划、经贸部门审批可行性研究报告。

7. 商贸设施项目。对需要自治区政府投资，并关系国计民生的商品物资储备设施项目，自治区计划、经贸部门审批项目建议书和可行性研究报告；农产品批发市场项目，自治区计划、经贸部门只审批项目可行性研究报告。

8. 社会事业项目。使用自治区政府投资的教育、卫生、文化、体育、广播电影电视、旅游、计划生育、民政福利等社会事业项目，总投资3000万元及以上的，自治区计划部门只审批可行性研究报告；总投资1000-3000万元的，自治区计划部门只审批项目建议书；总投资1000万元以下的，项目建议书由地市计划部门审批。

9. 外商投资项目。外商投资项目利用自有资金和商业银行贷款投资于国家鼓励类产业及优势产业的，自治区计划、经贸部门只审批项目可行性研究报告。

10. 借用国外贷款项目。限额以下基本建设项目，自治区计划部门只审批项目建议书和可行性研究报告或利用外资方案（利用外资方案仅指内资转外资项目）。

11. 境外投资项目。除加工贸易和贸易投资项目外，限额以下的境外投资项目，自治区计划部门只审批可行性研究报告。

12. 国际多边或双边无偿援助项目，自治区计划部门直接审批可行性研究报告。

13. 自治区直属部门、单位、企业的项目，需自治区政府投资的，由自治区计划、经贸部门按上述简化的程序审批。

14. 对纳入自治区重点项目目录管理的项目，仍按现行投资管理程序由自治区投资主管部门审批项目建议书、可行性研究报告、初步设计、开工报告和组织竣工验收；申请中央政府投资和国家有特殊规定的项目，按国家规定办理。

（三）建立投资项目登记备案制度。

凡不需要政府审批的投资项目，在项目开工前均须向自治区投资主管部门报送项目备案材料，包括项目业主、项目名称、建设地点、建设内容、投资规模、建设工期、资金来源等主要内容，办理登记备案。项目业主凭自治区计划、经贸部门出具的投资项目备案凭证到相关部门办理其它手续，投资项目登记备案办法由自治区计划、经贸部门另行制定和颁布。

对于在改革方案实施前已受理的项目，要按照新的审批规定进行清理、登记，区别不同情况，分类处理，限期办结。涉及到投资和项目管理的规划、土地、建设、环保、劳动安全、地震、消防等有关部门，要按照新的投资项目审批规定给予办理相关手续。

对于实施符合国家鼓励类产业和我区重点发展产业的技术改造项目的企业实行国民待遇（外资企业投资国家有规定的除外）。

二、实行税收优惠政策

（四）企业所得税优惠政策。

1. 对设在我区的国家鼓励类外商投资企业，减按15%的税率征收企业所得税。国家鼓励类的外商投资企业是指以《外商投资产业指导目录》中鼓励类项目和《中西部地区外商投资优势产业目录》中规定的产业项目为主营业务，其主营业务收入占企业总收入70%以上的企业。

2. 对设在我区的国家鼓励类企业，以及自治区确定的有色金属、电力、汽车、食品、医药和高新技术六个重点产业的企业，自治区支持用高新技术改造提升的机械、制糖、林产、建材、钢铁组业、化工、日用品七个传统产业的企业和农产品加工企业，减按15%的税率征收企业所得税。

3. 旅游资源开发企业，减按15%的税率征收企业所得税。

4. 对设在我区的上市公司，减按15%的税率征收企业所得税。

5. 对区外企业、单位和个人到我区独资或联营新办符合国家产业政策的企业，从生产经营之日起，对外来方的生产经营所得，五年内免征企业所得税。

6. 对新办的其他企业，除国家明令禁止和淘汰的企业外，从生产经营之日起，免征企业所得税两年。原有企业分立、改组、扩建、搬迁、转产、合并后继续经营,或者吸收新成员、改变隶属关系、改变企业名称的,均不能视为新办企业,不能享受新办企业所得税优惠政策。

7. 外商投资企业根据税法规定享受所得税“免二减三”期间,同时免、减地方所得税。

8. 对在自治区人民政府批准设立的沿海工业园区内投资新办的属于国家鼓励类产业的企业,自生产经营之日起,前三年免征后两年减半征收企业所得税。国家鼓励类的企业是指以《当前国家重点鼓励发展的产业、产品和技术目录 (2000 年修订)》中规定的产业项目为主营业务,其主营业务收入占企业总收入 70%以上的企业。

9. 对设在重点镇、通道工业带上的小城镇新办的农产品加工、环境保护、资源综合利用等企业,从生产经营之日起,三年免征七年减半征收企业所得税。

10. 新办交通、电力、水利、邮政、广播电视外商投资企业,经营期在 10 年以上的,自获利年度起,第一年至第二年免征企业所得税,第三年至第五年减半征收企业所得税。

11. 新办交通、电力、水利、邮政、广播电视、有色金属、汽车、制糖、食品、信息技术以及医药和生物技术企业,自生产经营之日起,两年免征三年减半征收企业所得税。

12. 新办的高新技术企业,经自治区科技主管部门认定后,自生产经营之日起,五年免征三年减半征收企业所得税。

13. 对新办的特色农业、水利企业、林业企业、环境保护和资源综合利用企业,从生产经营之日起,两年免征三年减半征收企业所得税。

14. 在执行上述企业所得税优惠政策过程中出现交叉时,可执行其中最优惠的一项政策,享受优惠政策的时间连续计算。

15. 企业所得税减免税的审批管理,由自治区税务机关按照国家有关规定执行。

16. 上述减半征收企业所得税的是指,享受 15%优惠税率的企业,按 15%税率减半计算。

17. 以前制定的企业所得税优惠政策规定与本规定相抵触的,按本规定执行。

(五)农业特产税。

对为保护生态环境,退耕还生态林(生态林应占 80%以上)、还草和治理石漠化产出的农业特产品收入,自取得收入年份起十年内免征农业特产税。

(六)耕地占用税。

我区公路建设用地,属国道、省道占用耕地的,以及经自治区批准修建二级公路等级以上的公路用地,比照铁道、民航用地免征耕地占用税,其他公路建设用地照章征收耕地占用税。免征耕地占用税的范围限于公路线路、公路线路两侧边沟所占用的耕地。公路沿线的堆货场、养路道班、检查站、工程队、洗车场等所占用的耕地不在免税之列。上述免税用地,凡改变用途,不再属于免税范围的,应当自改变用途之日起补缴耕地占用税。

(七)关税和进口环节增值税。

对西部地区内资鼓励类产业、外资鼓励类产业及优势产业的项目,在投资总额内进口自用先进技术设备,除《国内投资项目不予免税的进口商品目录(2000 年修订)》和《外商投资项目不予免税的进口商品目录》所列商品外,免征关税和进口环节增值税。符合《中西部地区外商投资优势产业目录》的外商投资项目,在投资总额内进口自用设备,免征关税和进口环节增值税,其审批程序按照《国务院关于调整进口设备税收政策的通知》(国发[1997]37 号)的规定执行。

三、实行土地使用优惠政策

(八)对西部开发中的重点建设项目用地的计划指标予以保障,在国家下达的新增建设用地指标不够时,可以使用周转指标、置换指标和折抵指标及其他政策性指标。把未利用地开发成草地、园地经有关部门认定能调整为耕地的,可折抵补充耕地指标。

(九)属下列情况之一的,可以依法调整土地利用总体规划:

1. 建设用地未列入土地利用总体规划,但该建设项目符合《土地管理法》第二十六条规定的单独选址条件的建设项目。

2. 在土地利用总体规划文本已载明,但由于选址未定,未具体落实到规划图,或者规划图上已预留为建设用地,但规划文本没有载明,或者规划文本和规划图都已明确,但用地位置需要调整的单独选址建设项目。

3. 因特殊原因,小部分建设用地确需超出土地利用总体规划确定的城市建设用地范围的城市分批次建设用地。局部调整土地利用总体规划的,可将规划调整方案与建设用地材料一并上报审批。

4. 坡耕地较多的地区,为保护当地粮食生产能力,在不影响生态建设的前提下,依据土地利用总体规划,可以将部分已经过多年整治、有良好的水利与水土保持设施的坡度为 15 度至 25 度之间的耕地划定为基本农田,也可以将部分配套设施较好的新开发整理的耕地划定为基本农田。在不破坏耕作条件的前提下,可以按照有关规定,调整基本农田种植业生产格局,发展经济作物。

(十)对利用国有荒山、荒地、荒滩等未利用土地发展旅游业的,可通过出让方式取得土地使用权;协议出让土地使用权的,可以给予一定的地价优惠;实行土地使用权 50 年不变,可以继承和有偿转让,期满后可依法申请续期。利用当地农村资源优势发展特色旅游业,其旅游基础设施使用集体土地的,可依法按集体建设用地办理审批手续。

(十一)企业采矿、取土用地可按临时用地的方式供应土地,采矿企业的采矿区外接道路还可采取企业投资、农村集体经济组织提供土地的方式共建共享,其用地视为乡村公共设施建设用地,按集体建设用地方式办理用地手续;实行土地置换,即用地单位原有土地适宜于被用地单位使用和管理的,可以按对等方式协商置换土地使用。

(十二)城市现有建设用地有偿使用收益,除用于制定土地利用总体规划、土地收购储备、评测基准地价和标定地价、农用地定级估价、集体土地登记发证、土地变更调查、土地信息系统建设、地籍管理基础建设等工作外,可以用于城市的基础设施建设。

(十三) 对于工期较紧的国家投资建设的基础设施项目,其中影响工期的单体控制性工程用地, 依法应由自治区人民政府批准农用地转用、土地征用的,经自治区人民政府同意后,可以先行用地动工建设。

(十四)对单独选址的建设项目,其压覆重要矿床手续和地质灾害危险性评估确认,在可行性研究阶段、提出用地预审申请前完成,正式报批用地时不必再办理。

(十五)土地审批实行分级负责制。自治区审批用地主要审查建设用地是否符合土地利用总体规划和土地利用年度计划以及报批程序、征地补偿、安置措施和耕地占补平衡是否符合规定,而土地调查、土地权属、地类、面积、边界核定等基础性、技术性工作,由市、县人民政府和土地行政主管部门负责。在土地登记发证中,土地行政主管部门已完成权属调查,而土地登记申请人又能够提供符合要求的图件的,可免收地籍测量费(中介机构收取部分除外)。

(十六)国家和自治区确定的优势资源开发利用、高新技术及军转民技术产业化项目、重点交通建设项目、自治区路网二级公路用地按《自治区人民政府批转自治区计委等部门关于广西壮族自治区基础设施重大项目建设用地征地拆迁暂行办法的通知》(桂政发[2000]39 号)文件的规定办理。建设项目使用国有未利用土地的,免缴土地补偿费。

(十七)除法律规定可以采用划拨方式提供用地外,其他建设需要使用国有土地的,必须依法实行有偿使用。商业性房地产开发用地和其他土地供应计划公布后同一地块有两个以上意向用地者,都应当由市、县人民政府土地行政主管部门依法以招标、拍卖方式提供。对单位和个人原以行政划拨方式取得的土地使用权,根据现行法律规定不再符合划拨供地的,可以实行年租制,由市、县人民政府土地行政主管部门按标定地价或基准地价的一定比例每年收取年租金,纳入土地有偿使用收益管理。外商投资项目用地确属必需的,经自治区土地行政主管部门批准,市、县人民政府可以国有土地使用权作价入股、作价出资的方式提供国有土地使用权。

(十八)对利用荒山、荒地等未利用土地造林种草及坡耕地退耕还林还草,实行谁退耕、谁造林种草、谁经营、谁拥有土地使用权和林草所有权的政策。国有荒山、荒地等未利用地依法出让给单位和个人进行造林、种草等生态建设的,可以减免土地出让金,实行土地使用权 50 年不变;达到出让合同约定的投资金额并符合生态建设条件的,土地使用权可以依法转让、出租、抵押;土地使用权期限届满后,可以申请续期。利用农村集体所有的荒山、荒地等未利用地进行造林、种草等生态建设的,可以通过承包、租赁、拍卖等方式取得土地使用权,实行土地使用权 50 年不变;土地使用权可以继承、转让(租)、抵押。

四、实行矿产资源优惠政策

(十九)由国家出资勘查形成的探矿权、采矿权价款,按有关规定,符合下列条件之一的,经批准,可以部分或者全部转为国有矿山企业或地勘单位的国家资本:勘查或开采石油、天然气、煤层气、富铁矿、优质锰矿、铬铁矿、铜、镍、金、银、钾盐、铂族金属、地下水等矿产资源的;在国家确定的扶贫开发重点地区和重点开发地区勘查、开采矿产资源的; 大中型矿山企业因资源枯竭,勘查接替资源的;国有矿山企业经批准进行股份制改造或对外合营时,国有资本持有单位以探矿权、采矿权价款入股的;国有矿山企业由于自然灾害等不可抗拒的原因,缴纳探矿权、采矿权价款确有困难的。

(二十)勘查、开采矿产资源,符合下列条件的,可以申请减缴或免缴探矿权使用费、采矿权使用费:石油、天然气、煤层气、铀、富铁矿、优质锰矿、菱镁、铬铁矿、铜、钾盐、铂族金属、地下水等矿产资源的勘查、开发,大中型矿山企业为寻找接替资源申请的勘查、开发,运用新技术、新办法提高综合利用水平(包括低品位、难选冶的矿产资源开发及老矿区尾矿利用) 的矿产资源开发, 以及在自治区矿产资源规划确定的鼓励勘查区内进行矿产资源勘查开发的。探矿权使用费,第一个勘查年度可以免缴,第二至第三个勘查年度可以减缴 50%,第四至第七个勘查年度可减缴 25%。采矿权使用费,矿山基建期和矿山投产第一年可以免缴,矿山投产第二至第三年可以减缴 50%,第四至第七年可以减缴 25%,矿山闭坑当年可免缴。

(二十一)对于外商从事非油气矿产资源勘查开采的,除享受国家已实行的有关优惠政策外,还可以享受免缴探矿权、采矿权使用费 1 年,减半缴纳探矿权、采矿权使用费 2 年的政策。对于外商从事《外商投资产业指导目录》中鼓励类非油气矿产资源开采的,享受免缴矿产资源补偿费 5 年的政策。在中外合营方式中,中方以探矿权、采矿权入股的,其探矿权、采矿权应按规定依法评估确认,合理作价,由中方提供相关的地质成果资料。

(二十二) 探矿权人投资勘查获得具有开采价值的矿产地后,可依法获得采矿权。允许将勘查费用计入递延资产,在开采阶段分期摊销。

(二十三)凡开采低渗透、稠油和进行三次采油的,以及从事煤层气勘查、开采的,可参照《探矿权采矿权使用费减免办法》申请减免; 矿区范围大于100 平方公里的煤矿企业和矿区范围大于 30 平方公里的金属矿山企业,确有困难的可申请减免采矿权使用费。开采回收非油气矿产资源主矿种之外的伴生矿的,免收矿产资源补偿费。

(二十四)积极培育矿业权市场,促进探矿权、采矿权依法出让和转让。出让矿业权的范围包括国家出资勘查并已经探明的矿产地、依法收归国有的矿产地和其他矿业权空白地。除采取依法申请批准方式外,可以采取招标、拍卖等其他方式出让矿业权。探矿权人、采矿权人可以采取出售、作价出资、合作勘查或开采、上市等方式依法转让探矿权、采矿权,也可以按有关规定出租、抵押探矿权、采矿权。

五、运用价格机制进行调节

(二十五)进一步下放价格审批权限,提高市场调节价格的比重。强化政府定价和政府指导价的管理,制定并颁布广西定价目录。将总装机8000千瓦以下非自治区主电网的上网电厂、地市以下医疗机构自配药物制剂、地市以下水利工程供水、出租车、县级公共交通、车辆停放保管、港口内贸货物、糖料蔗、种子、电力安装维修、物业管理等商品和服务的具体价格,下放地、市、县价格主管部门管理;对已经形成充分竞争的水运、公路货运、食糖、发电用煤、报刊杂志、厂丝、足金饰品、外贸仓储、物资流通、客房、松脂等商品和服务价格,放开由市场调节。

(二十六)完善电价形成机制,进一步减轻电力用户负担,拉动电力消费。

1. 将现行按发电项目还贷需要来核定还贷期的还本付息电价的做法改为按发电项目经营期核定上网电价(经营期火电按20年、水电按30年计算);新投产发电企业的上网电价,按自治区电网内同时期建设的同类型技术先进的发电机组的社会平均成本为基础核定,符合环保要求的机组所增加的投资,按照国家规定另行计算发电成本,核定上网电价。

2. 对销售电价中实际包含的输配电成本费用、供电损耗、税金和利润进行测算,重新核定电网输配电价格;适当降低自治区主电网的输电费用,鼓励"西电东送"。

3. 逐步取消价区加价,实行全区统一销售电价;农网"两改"完成后一律实行抄表到户,实现城乡用电同网同价;严格控制城网"一户一表"改造居民出资标准。

4. 鼓励发电企业与用户直接签订购电合同并予以电价优惠;降低并逐步取消供电贴费;加大对超基数及丰水期低谷时段用电价格的优惠力度。

(二十七)深化交通运价改革,扩大交通企业定价自主权。

1. 地铁运价由政府定价改为政府指导价,在规定的中准价和浮动幅度内,由地铁经营企业根据市场供求情况,灵活制定具体的运价;新建地方铁路按照偿还贷款本息、补偿合理经营成本的原则,实行新路新价政策。

2. 按公路等级、车辆类型制定公路客运价格;进一步规范公路客、货运服务站的价格行为。

3. 对区内航空支线实行浮动票价政策。

(二十八)加大污水处理收费的征收力度,合理调整城市供水价格。污水处理费是城市供水价格的重要组成部分,要根据建设贷款的需要,对污水处理项目实行价格承诺制度,允许在项目建成前三年开征污水处理费;对已建成投产的污水处理企业,按照补偿合理成本和微利的原则,并考虑用户的承受能力,逐步将污水处理费调整到合理的水平,并相应提高城市供水价格,以保证企业的正常运行。

(二十九)分类制定景点门票价格,促进旅游产业发展。

1. 非商业性投资的景点和公益性公园门票价格实行政府定价;季节性较强的游览参观点,分别制定淡、旺季门票价格;对学生、现役军人、老年人、残疾人等及旅游团队实行优惠票价。

2. 推进公益性公园免收门票,促进园内休闲消费。

3. 商业性投资的景点实行市场调节价,由经营者自主确定门票价格。

(三十)做好价格收益权质押工作,吸引资金投入。继续为农村电网改造贷款提供电费收益权质押,并将价格收益权质押逐步扩大到城市供水、公交、电信、水利开发、城市污水处理等建设项目。

六、运用收费机制进行调节

(三十一)实行鼓励投资的收费政策,促进基础设施建设。

1. 对以基础设施项目收益权或收费权为质押发放贷款范围的项目,在办理有关收益权或收费权承诺时,只要相关手续和材料齐全,在规定工作日内办理完毕。

2. 建立合理的投资补偿机制。以收费权或收益权为质押吸引外资、社会资金和银行贷款投入我区公路、桥梁、隧道等交通基础设施项目建设以及具有一定还贷能力的水利开发项目和城市环保项目建设。对自治区公路部门作为统一业主的2001年至2010年的全区县县通二级公路路网建设工程项目,实行统贷统还的新收费还贷政策。

3. 对所有投资于城市基础设施的建设项目,其城市基础设施配套费,在国家治理方案出台前,免收城市市政建设配套费;对其他项目,减半收取城市市政建设配套费。以上项目均减半收取城市规划综合技术服务费。

(三十二)减少对企业、经营者和消费者的收费,加大对企业减负脱困、改组改造的支持力度。

1. 对企业改制、改组(包括破产),科研机构向企业化转制或进行分类改革,需进行诸如资产清查、资产评估、财务审计和验资等各种中介活动的,中介机构应降低现行收费标准。作为资产评估(验资、审计)工作一部分的资产清查,不得另行收费。

2. 取消乡镇企业管理费、社会福利生产管理费和外来务工人员暂住费、暂住人口(流动)人口管理费、计划生育管理费、城市增容费、外地(外省)建筑(施工)企业管理费。

(三十三)调整教育收费政策,促进教育事业发展。

1.建立符合社会主义市场经济体制的教育成本分担机制。在理顺义务教育收费的同时,逐步将非义务教育阶段学费在培养成本中的比例提高到35%以上,并坚持小步走的做法。

2. 制定鼓励和支持多种形式的社会办学的收费政策。除义务教育外,对经批准的社会力量办学,其收费体现谁投资、谁受益原则,收费标准与办学主体的筹资方式相适应,并按培养学生的完全成本进行收费;允许不同地区、不同办学主体、不同学校、不同专业的收费有所差别。对经批准利用社会力量举办的义务教育,其收费除可收取自治区规定的杂费、住宿费、代收费外,学校可向学生收取一定比例的捐资款。

3. 对以银行贷款及社会资金按照学校后勤社会化的要求,统一规划投资建设的大中专学校学生宿舍(公寓),其住宿收费允许按现行最高收费标准执行。

(三十四)运用收费手段促进环保事业发展。

1. 对我区已出台的垃圾处理收费政策,在全区范围内全面实施。

2. 继续征收并逐步完善水资源费。

(三十五)加大清费治乱力度,优化投资和消费环境。

1. 继续取消不合理的收费项目,降低不合理的收费标准,创造公平竞争环境。

2. 加大对乱收费行为的查处力度,对影响西部大开发的重大乱收费案件要严肃查处。

七、规定的解释和实施时间

(三十六)本规定在总体上由自治区西部地区开发领导小组办公室负责解释,并根据自治区有关部门的职能分工,由计划、经贸、财政、国税、地税、国土资源、价格等各有关主管部门对具体内容分别进行解释。

(三十七)本规定自2001年起开始实施。

2002年国家重点工程投资建设情况

中国四大工程进展顺利

西气东输工程

(一)工程概要

建设原因

第一,改革开放以来,中国能源工业发展迅速,但结构很不合理,煤炭在一次能源生产和消费中的比重均高达72%。大量燃煤使大气环境不断恶化,发展清洁能源、调整能源结构已迫在眉睫。第二,西气东输气田勘探开发投资的全部、管道投资的67%都在中西部地区,工程的实施将有力地促进新疆等西部地区的经济发展,也有利于促进沿线10个省市区的产业结构、能源结构调整和经济效益提高。第三,西气东输能够拉动机械、电力、化工、冶金、建材等相关行业的发展,对于扩大内需、增加就业具有积极的现实意义。

工程规模

西气东输管道西起新疆塔里木天然气田轮南,途经新疆、甘肃、宁夏进入陕西,在陕西的靖边与长庆气田连接,再穿越黄河经山西、河南、安徽、江苏、浙江、上海10个省市区,干线全长4000公里。据测算,西气东输工程静态总投资约为1400亿元人民币,其中上游气田勘探开发投资273亿元,管道建设投资435亿元,下游用气项目及城市管网建设投资688亿元。

天然气估价

经专家测算,管道建成后,天然气的平均价格为每立方米1.29元,具体价格会随着用户距离远近而有所不同。天然气到上海的价格为每立方米1.35元,低于目前上海使用的东海天然气上岸价格(1.45元/立方米)和进口液化天然气交气点价格(1.60元/立方米)。

竣工时间

管道干线工程建设目标是,2003年底靖边——上海段建成投产,开始向上海方向供气;2005年轮南——靖边段投产,实现全线贯通,把新疆塔里木的天然气输送到上海。设计年初期输气量120亿立方米。

市场前景

西气东输的目标市场——长江三角洲地区天然气市场前景十分广阔。目前这个地区85%以上的能源需从外地调入,经济快速发展和能源紧缺的矛盾日益突出。未来10年内,上海、浙江、江苏三省市的天然气总用量将由今年的20亿立方米增长到2010年的199亿立方米。

资源保证

作为西气东输主供气源的塔里木盆地库车——塔北地区,截至2001年末,获国家批准的探明天然气地质储量为5267亿立方米,可采储量3725亿立方米。上年以来,塔里木盆地天然气勘探又获得了一系列新的发现,探明储量正在进一步增长,年供气120亿立方米、稳定供气30年以上的资源基础是有保证的。

工程效益

西气东输工程投资巨大,经济和社会效益十分显著。就工程本身来讲，据初步测算，与进口液化天然气相比，塔里木天然气到上海的价格大概便宜6分钱以上，具有很强的竞争力。与东部地区目前大量使用的人工煤气相比，虽然煤气价格便宜，但其热值远低于天然气。按同等热值计算，塔里木天然气到东部的供气价每立方米只相当于煤气的三分之二。按此价格，气田开发企业和管道运输企业的经济效益应是有保障的。

外资参与

由于西气东输具有良好的经济效益前景，外国公司对参与这一项目一直表现出浓厚兴趣。国家确定西气东输工程实行全线开放，全面对外合作的方针。两年来，经过反复磋商，中外合作方就项目的合作方式、股权比例、合作期限等重大条款达成了一致。日前，中国石油和中国石化与英荷皇家壳牌集团、埃克森美孚公司、俄罗斯天然气工业股份公司签定了《西气东输工程合营框架协议》，双方合营，中方控股。

试验情况

试验段工程基本达到了目的。探索和完善了大口径、高钢质、高压力管道工程流水作业程序；在采用半自动焊和全自动焊接工艺条件下，从施工机组设备、人员配置、现场质量控制、"健康、安全、环保管理"等方面提供了经验；探索了不同地质条件下的管道施工方法；实践了大口径管道的穿越、冷弯管作业、硅管施工、钢管防腐等技术。

生态影响

中外投资双方对生态环境保护问题都十分重视，在施工前进行了严格的环境和社会评价，建立健全了国际通用的"健康、安全、环保管理体系"，在设计和施工上处处强调了对环保的要求。

（二）工程安全性分析

西部大开发的标志性工程——西气东输工程2002年7月4日正式开工。计划2004年输气，2007年年输气量达到120亿立方米，保证供气30年；初步统计沿线用户多达8500万户以上，泽及数亿人。

稳定供气30年气源落实可靠

西气东输主力气源是新疆塔里木气区。经过10多年的勘探开发，共探明气田21个，对气藏形成的基本条件已摸清。截至2001年底，获国家批准的天然气地质储量为5267亿立方米，可采储量为3725亿立方米，在保证年供气120亿立方米的情况下，可确保稳定供气20年。目前，接替储量和产能也很乐观。经过进一步勘探，塔里木盆地的资源累计探明储量将达到7900亿立方米，实现供气30年是有保证的。

西气东输的气源还上了"双保险"。管道经陕西时，在靖边与另一个大气区长庆相连。长庆比塔里木开发得早，累计探明储量已达7504亿立方米，比塔里木多一倍。所以，西气东输管道2003年底先建成靖边至上海段，2004年先往上海送长庆的气，2005年后再送新疆的气。

由于气源有保障，抗风险能力强，下游市场用气的前景也很好，所以管道输量达到年输120亿立方米后，将在沿线增加若干个压气站，使年输量最终达到180亿立方米。

运营安全措施周全

管道每30公里左右设一截断阀

事故抢修一般不超过8小时

西气东输管道长达4000公里，管道内压力高达10个兆帕。沿线自然、社会条件十分复杂，人为和自然破坏会给管道的安全供气造成很大风险。

为此在设计上采用每30公里左右设一个截断阀，一旦发现问题，两头阀门一关，损失和影响就将被控制在有限范围内。事故抢修时间一般不超过8小时，最为困难复杂的，不会超过24小时。

为确保安全供气，还将在接近市场的长江下游地区建造地下储气库，作保安气源，以备急用。

（三）2002年西气东输工程进入攻坚阶段

"西气东输"江苏水网段进展顺利

西气东输工程中近290公里江苏水网地段工程建设进展顺利。总长4000公里的西气东输管道建设工程，最艰难的是江南水网地段施工，这里江河湖塘密布，仅从丹阳市河阳镇到武进市芙蓉镇，70公里长的管道建设任务，就要穿越河流55处、水塘149处，这在我国管道建设史上是从未有过的。目前，该段工程已经完成主体管道焊接33公里，正朝着4月20日旱季结束前完成60公里的目标奋进。

为了征服水网泥塘，工程建设者利用舟桥、成排的钻杆、轻轨铁道和大功率的湿地推土机将钢管一根根艰难地运进施工现场；焊工躺在泥里进行焊接。由于西气东输管道采用了强度最高的X70钢，焊工在焊接前还要将管口预热到150摄氏度时再焊接，一个管口要5个焊机焊接9遍，其工程难度难以想像。在工人们的精心操作下，一次焊接合格率达到了99.3%，创造了西气东输水网施工质量的最高记录。

西气东输管道工程试验段在陕北靖边开工

西气东输管道工程试验段近日在陕北靖边县银湾村开工，从而拉开了靖边天然气"进军"上海的序幕。

被誉为"塞上气都"的靖边县蕴藏着我国陆上最大的整装气田，气田控制面积4200平方公里，现已向北京、西安、银川供气。国家重点工程西气东输将在靖边气站加压，一期工程铺通靖边至上海天然气输气管道。由长庆建工第十四标段承建的靖边段输气管道全长32.6公里，始起靖边压气站，向东敷设，在乔沟湾乡出境。西气东输管道工程的开工建设，加快了靖边气田的开发，是西部大开发中在榆林落户的又一重要项目。

西气东输忠县过江隧道开始管道安装

西气东输忠县过江隧道日前已全线贯通，并在8月开始管道安装。

忠武输气管道是国家西气东输工程5条管网之一，起于重庆市忠县，终于湖北武汉，全长703公里，每年最大输气量30亿立方米，总投资29亿元。其中忠县长江穿越隧道全长1661米，总投资1300万元，是我国长途运输管道第一次以隧道形式穿越长江。这条过江隧道由斜井、平巷、斜井三部分组成，隧道断面为直墙圆拱型。隧道采用复合式现浇砼施工工艺，钢筋砼和素砼结构支护，衬砌厚度超过25厘米。这项工程被列为2001年全国10大岩土工程之一。

忠武输气管道干线加上湖北潜江至湖南长沙、湖北枝江至襄樊、武汉至黄石3条支线，全长达1400公里，途中4次穿越长江。

2002年7月4日，西气东输工程全线开工。进入8月份，管线焊接和回填首次突破200公里，截至8月底，全长约4000公里西气东输工程已经累计完成管道焊接近900公里，按总长度计算，已经超过1/5。

进入2002年9月，举世瞩目的西气东输工程进入攻坚阶段，春节前靖边至上海段有望实现主体完工。

目前，西气东输全线施工队伍达36家，参建职工人数11000人，投入设备5000多台(套)，机组74个。西气东输管道建设大军正在新疆、陕西、山西、河南、安徽、江苏和上海等地区艰苦野战，施工进度稳步推进。

西气东输是中国目前距离最长、管径最大、投资最多、输气量最大、施工条件最复杂的天然气管道。它的难点可综合概括为“三山一塬，五越一网”，“三山”就是太行山、太岳山、吕梁山，“一塬”就是黄土塬，“五越”就是三次穿越黄河，一次穿越淮河，一次穿越长江，“一网”就是江南水网施工。其中，长江穿越和黄河穿越是非常关键的控制性工程。长江南京三江口盾构法隧道工程位于南京长江大桥下游38.5公里处，全长1992米，工程具有穿越地层复杂，一次穿越距离长，地层含水丰富，水压大等难点，属于西气东输控制性工程。

“西电东送”工程

(一)工程综述

西电东送这一伟大工程，将改变东西部能源与经济不平衡的状况。

史无前例

这一伟大工程是史无前例的。在西部开发三大标志性工程中，西电东送投资最大，工程量最大。在中国电力建设史上，如此大规模的电源、电网建设也从未有过。西电东送在中国版图上可谓“遍地开花”，从西到东，从南到北，都有西电东送工程。该项工程总投资在5265亿以上，不包括三峡电站。

西电东送同时开工的工程之多是史无前例的。单个工程的规模之大也是罕见的。按规划，仅“十五”期间，西电东送电源项目开工总规模就约有5800万千瓦，约占我国目前总装机容量的17%。目前已开工的工程达1800万千瓦，这其中不少工程是“世纪级”和“世界级”的，比如广西红水河上的龙滩水电站、云南澜沧江上的小湾水电站、糯扎渡水电站总装机都超过400万千瓦，而20世纪我国建成的最大水电站二滩电站才330万千瓦。

西电东送的送出工程分为北、中、南三大通道。北部通道的建设主要集中在华北和西北两大地区。北部通道的主要任务是将“三西”(即内蒙古西部、山西、陕西)的煤电基地和黄河上游的公伯峡、拉西瓦等水电站的电力送往京津唐负荷中心。中部通道沿长江而下，把长江流域数千万千瓦的电力送往华中、华东和福建、广东。南部通道的规划思路是：以开发云南、贵州、广西的水电为主，以开发贵州等地火电为补充，向广东等东部用电负荷中心送电。

“十五”期间，三大通道将新建500千伏交直流线路2.8万公里，500千伏交流变电容量4000万千伏安，直流输电容量2000万千瓦。

东西共赢

与其他西部开发战略的标志性工程相比，西电东送工程的最大特点是，它不仅仅是西部的工程，也是东部的工程，充分地体现了党中央提出的“东西部协调发展，共同富裕”的战略构想。

西部12省区水能资源理论蕴藏量约5.57亿千瓦，占全国的82%，可开发水能资源约2.909亿千瓦，占全国的76.85%。目前开发程度还不到11.4%，低于全国平均水电开发程度(20.96%)、低于世界水能资源的平均开发程度(22%)，更低于水电开发程度较低的国家50%以上的开发水平。

西部已探明煤炭资源保有量为3882亿吨，约占全国的39%，但用于发电的比例较低，煤炭输出仍是主要方式。

中国经济比较发达的东部地区与西部比，资源相当匮乏。以广东省为例，广东一个省区的经济总量约相当于广西、云南、贵州三省总和的1.9倍。而广东能源资源总量在四省区中只占3.5%。一次性能源90%以上要靠外省市输入。

从20世纪80年代以后，广东经济快速发展，能源紧张矛盾凸显，电力缺口达1/3。

2000年，广东省曾对20个城市实行限电，为此，一年损失工业产值近200亿元。

为了缓解能源紧张矛盾，东部地区不得已办起了各种大大小小的火电厂。以燃煤、燃油火电为主的电源结构已经给广东的生态环境带来了严重的危害。据专家测算，广东每年因二氧化碳和酸雨造成的经济损失近40亿元，其中人群健康经济损失近7亿元，农业林业经济损失达20亿元，对广东经济与社会的可持续发展产生了严重影响。实施“西电东送”，用西部的优质电能取代东部效率低、污染严重的电能，无疑可以一举两得，是既符合西部利益也符合东部利益的双赢战略。

任务艰巨

西电东送工程是一项史无前例的浩大工程，实施难度很大。对施工建设者来说，难在施工条件艰苦。对工程组织者来说，难在整体的组织协调。

由于电力部门和有关省市通力合作，广大建设者奋力拼搏，目前，西电东送工程无论施工还是总体组织都进展顺利。其中，标志性的电源建设工程如广西龙滩、云南小湾、贵州洪家渡等水电站工程都已经开工。三大通道工程中，中部通道川电东送路段已经全部建成并顺利投产。三峡输变电工程也完成了40%；南部通道天广(天生桥到广州)三回线也已经建成并顺利投产。南部通道的贵广(贵州到广州)线以及北部通道也将于近期全面启动。

(二)2002年"西电东送"工程安排

2002年"西电东送"工程做了如下安排:

北部通道将开发"三西"(山西、蒙西、陕西)地区的煤电基地,重点开工一批发电项目和向京津唐、河北南网的输变电工程,为黄河上游水电东送打基础;中部将抓紧建设三峡至广东及其他三峡送出工程,为三峡投产后顺利送出做好准备;南部开工建设贵州乌江索风营水电站(54万千瓦)和云南小湾水电站(420万千瓦)。

目前已初步形成"西电东送"三个通道。北部通道已形成山西、蒙西送电北京2600万千瓦的能力;中部已形成葛洲坝至上海的120万千瓦的能力。随着三峡水电站的投产,将形成送电华东720万千瓦的能力;南部通道已形成了在南盘江天生桥水电站地区汇集的送电广东300万千瓦的能力。

按规划,"十五"期间,黔滇地区将新增送电广东能力700万千瓦,内蒙、山西新增送电华北地区能力500万千瓦,中部形成新增送电广东和华东能力各300万千瓦。

南部通道"西电东送"电源和输变电工程建设已经全面展开,进展顺利。上年已经开工建设150万千瓦水电工程(贵州洪家渡水电站54万千瓦、引子渡水电站36万千瓦、乌江渡水电站扩机59万千瓦)以及天生桥至广东第三回、云南宝峰至天生桥500千伏交流输电线路;2002年7月1日广西龙滩水电站420万千瓦开工;11月25日,又开工了440万千瓦发电项目,加上贵州、三峡至广东的输变电工程,送电能力近700万千瓦。至此,为实现国务院领导提出的"十五"向广东送电1000万千瓦目标的相关电力项目已全部开工建设。

"西电东送"项目的顺利开展,标志着中国西部大开发、西电东送战略取得了实质性进展,在中国电力工业发展史上有着重要的意义。大力开发西部地区的水电和煤炭资源,将这些地区清洁、廉价的电力送往东部负荷中心,不但能够把西部地区拥有的资源优势转化成经济优势,而且满足了东部地区巨大的电力需求,促进了电力工业的可持续发展。

(三)西电东送工程进展顺利

西电东输首条线路全线贯通

2002年8月20日,三峡电站向华东送电的第一条线路"±500千伏龙泉至政平直流输电线路"的关键项目——芜湖长江大跨越工程全线完成跨越长江,至此该条线路全线贯通。

龙政线全长860公里,途经湖北、安徽、江苏三省,输电容量300万千瓦,是目前国内输电容量最大的输电线路,输电量相当于目前上海用电总量的30%。

芜湖长江大跨越工程位于该市天门山风景区不远处,线路全长3.05千米,跨越长江档距1.91千米。跨越塔全高229米,是我国第一高输电钢管塔。

三峡电站首台机组发电后,强大的电流将通过这里联入华东电网。届时华东地区用电状况将得到明显改善。

西电东送大动脉500千伏陈长二回走线建成

2002年10月16日,西电东送又一条超高压输电线路——500千伏陈长线二回线路建成,通过了走线验收。

500千伏陈长线起于500千伏陈家桥变电站,止于500千伏长寿变电站,全长89.6公里。全线架设铁塔180基,其中直线塔144基,耐张塔36基。线路途经重庆市沙坪坝区、北碚区、江北区和长寿区。线路由西南电力设计院设计,A标段由四川电力送变电公司施工,B标段由黑龙江变电公司施工。建成后的500千伏陈长线二回由重庆电力公司沙坪坝供电局、江北供电局、北碚供电局、长寿供电局担负运行维护。

重庆电力超高压工程局发扬不怕苦、不怕累的精神,严把西电东送重点工程质量关。他们组织精兵强将,从10月10日至16日对该线路进行拉网式走线验收检查。

500千伏陈长线二回输电大动脉的建成,架起了西电东送的又一座桥梁,使重庆地区超高压网络布局日趋合理完善,对改善重庆地区电能质量,加快西部地区经济建设和发展都将发挥重要作用。

西电东送工程大朝山水电站四号机组并网发电

我国实施西部大开发战略和云南西电东送的重点工程—大朝山水电站,2002年12月27日宣告建成第四台机组并投产发电。

大朝山水电站是澜沧江中下游梯级规划中的第二座百万千瓦级的大型水电站,是国家重点工程,设计装机容量为135万千瓦,安装六台22.5万千瓦混流式大型水轮发电机组,总投资88.7亿元,于1997年8月4日正式开工,同年11月顺利完成大江截流。

这个水电站计划今年要实现三台机组的安装发电任务,日前在二、三号机组投产以后,第四号机组的安装调试也顺利完成,24日机组投入72小时试运行,到27日上午8时50分完成试运行,并投产并网发电。至此,大朝山水电站已提前一个月达到今年完成三台机组投产发电的目标。

随着"西电东送"战略的实施,大朝山水电站目前已累计发电26.8亿千瓦时,完成年计划的136.8%,按电网调度要求送出最大负荷达到90万千瓦时(即四台机组全部满负荷发电)。今年机组建设安装计划的顺利完成,为明年五、六号机组的安装和电站建设全面完成,打下了坚实的基础。

"西电东送"九大在建项目

1. 贵州–广东直流输电工程

建设规模:新建550千伏直流输电线路980公里新建2座换流容量300万千瓦的直流换流站

总投资:67.08亿元

建设期限:2001–2005年

2. 三峡–广东直流输电工程

建设规模:500千伏直流输电线路975公里

输电容量300万千瓦

总投资:73.8亿元

建设期限:2001–2004年

3. 贵州–广东交流输变电工程

建设规模:交流500千伏,线路1793公里

变电容量150万千伏安

总投资:45.53亿元

建设期限:2001–2003年

4. 贵州纳雍电厂

建设规模:4×30万千瓦

建设期限:2001–2005年

总投资:45.53亿元

5. 贵州黔北电厂

建设规模:4×30万千瓦

建设期限:2001–2005年

总投资:44.43亿元

6. 贵州安顺二期

建设规模:2×30万千瓦

建设期限:2001–2003年

总投资:25.13亿元

7. 贵州贵阳技改

建设规模:1×20万千瓦

建设期限:2001–2003年

总投资:11.19亿元

8. 云南曲靖二期

建设规模:2×30万千瓦

建设期限:2001–2004年

总投资:18.84亿元

9. 湖南鲤鱼江电厂

建设规模:2×30万千瓦

建设期限:2001–2004年

总投资:22.28亿元

青藏铁路工程

(一)青藏铁路建设进展顺利

建设青藏铁路是国家作出的一项重大决策，对于实施西部大开发战略,促进青海、西藏两省区经济社会发展和加强民族团结,具有十分重要的意义。青藏铁路于2001年6月29日开工建设,由青海省格尔木市至西藏自治区拉萨市,全长1142公里,其中新建铁路1110公里,途经海拔4000米以上的地段960多公里,海拔最高点5072米,连续多年冻土地段550多公里,是世界上海拔最高的高原铁路,计划工期6年。

青藏铁路自2001年6月29日开工以来,施工进展快,工程质量好。格尔木至南山口32公里既有线改造已经完成,南山口至望昆110余公里新线桥隧路基工程和西藏境内的柳吾隧道主体工程已经完成,望昆至望唐段冻土工程全面展开,雪水河、三岔河、巴拉大才曲、清水河大桥、昆仑山、风火山、羊八井隧道等重点工程进展加快,西藏境内工程进展顺利。全线上场24000名人员,监理人员149名,近6000台(套)机械设备,截止到2002年6月底，累计完成投资超过24亿元，路基土石方1480万方,桥梁19910延长米,涵洞9060横延米,隧道2300成洞米。

青藏铁路到2002年11月底铺轨至望昆，望昆至楚玛尔河段线下工程基本完成，楚玛尔河至沱沱河段完成线下工程80%,沱沱河至唐古拉山段完成线下工程50%,羊八井隧道群掘进1.8公里,完成投资50亿元。

(二)青藏铁路重点控制工程今年取得突破性进展

青藏铁路“六桥、两隧、两路”重点控制工程2002年均获突破性进展,大部分工期有所提前。青藏铁路全线头号重点控制工程昆仑山隧道,于2002年9月26日胜利贯通,年底全面完成。世界海拔最高隧道——风火隧道于2002年10月19日胜利贯通。三岔河、雪水河特大桥保证了铺轨按期通过。长江源、清水河特大桥分别于2002年9月25日和10月29日完成主体工程。望昆至楚玛尔河段路基工程基本完成,楚玛尔河至望唐段线下主体工程已完成设计量的80%以上。西藏境内羊八井隧道群进度加快。

青藏铁路于2002年6月29日开始从青海格尔木南山口正式铺轨,以平均每日铺轨1公里,架桥两孔的速度向前推进,创造了24小时高原铺轨6.6公里的新记录,年底可至昆仑山隧道进口。

2002年12月20日，青藏铁路新建正线铺轨121公里,全线完成投资53.2亿元,超额3.2亿元完成年度计划。青藏铁路开工累计完成投资64.9亿元。全线2002年累计完成路基土石方2348万方,桥梁51825延米,涵洞10786横延米,隧道4412延米;开工累计完成路基土石方3592万方,桥梁59531延米,涵洞17732横延米,隧道5703延米。

2003年青藏铁路计划投资56亿元,完成路基土石方3074万方,桥梁19700延米,涵洞20251横延米,隧道2554延长米,正线铺轨190公里,站线铺轨11公里。唐古拉山以北路基、桥隧工程基本完成,唐古拉山以南路基、桥隧工程完成50%以上,铺轨力争到达二道沟(江克栋),格尔木至望昆段运输设备系统工程基本配套建成,唐古拉山以北房建工程主体完成,电力工程贯通至沱沱河。

(三)青藏铁路的建设部署

青藏铁路全线将分三段建成。格尔木至望昆(简称格望段),全长146.6公里,其中新建长度116.6公里,改造格尔木至南山口既有线33公里。2001年6月29日开工,2002年7月1日开始铺轨,2002年11月20日铺轨至望昆。

望昆至安多,全段长551.7公里。该段处于多年冻土地段,海拔4500至5100米,为全线最困难的地段,也是全线工程的重点和难点。望昆至唐古拉山(休冬曲站)456公里(简称望唐段)2002年4月1日开工,2003年3月开始铺轨。安多试验段2002年4月开工，休冬曲至安多2003年4月开工,2005年开始铺轨,2005年底铺轨至安多。

安多至拉萨,全段长441.9公里。主要位于藏北高平原区。海拔高程3600至4600米。2003年4月开工,2006年11月铺轨至拉萨,2007年6月底配套建成。

青藏铁路建设的总体部署是：统筹规划、精心组织,由北向南、分段推进,突出重点、攻克冻土,站后紧跟、分段铺通。严格安全质量管理,搞好生态环境保护,建设一流高原铁路。

南水北调工程

(一)工程布局

背景

中国水资源总量约28000亿立方米,居世界第6位,但人均占有量仅为世界平均数的1/4,在世界排列第88位,属缺水国家。

全国水土资源分布很不均衡,长江流域及其以南河流的径流量占全国的80%以上,耕地面积不到全国的40%,属富水区;而黄河、淮河、海河三大流域和西北内陆的面积占全国50%,耕地占45%,人口占36%,水资源总量只有全国的12%,属缺水区。西北和华北土地、矿产资源丰富,是我国能源和粮棉油的生产基地,在国民经济中有重要的战略地位,尤其黄、淮、海平原和胶东半岛是我国人口密集、耕地率高、经济发达的地区,目前水资源缺乏已成为经济发展的制约因素,并造成生态环境恶化,急待调水解决。

总体布局

从五十年代提出"南水北调"的设想后,经过几十年研究,南水北调的总体布局是:分别从长江上、中、下游调水,以适应西北、华北各地的发展需要,即南水北调西线工程、南水北调中线工程和南水北调东线工程。

中国大陆地势形成三个阶梯。西线工程在最高一级的青藏高原上,地形上可以控制整个西北和华北,因长江上游水量有限,只能为黄河上中游的西北地区和华北部分地区补水。中线工程从第三阶梯西侧通过,从长江中游及其支流汉江引水,可自流供水给黄淮海平原大部分地区。东线工程位于第三阶梯东部,因地势低需抽水北送。

(二)南水北调工程投资计划

南水北调东线工程输水主干线全长1150公里,需要修建梯级泵站13座,总供水量为170亿立方米。其中一、二期工程总投资额为565-641亿元,包括骨干干线工程投资是264亿元,配套部分投资300-350亿元。

中线工程的总干渠是1264公里,总调水量为130-140亿立方米。中线工程分两期建设,总的投资规模是1677亿元。其中,干线的骨干工程投资规模为1077亿元,地方投资为600亿元左右。一期工程2010年以前完成,投资规模是847亿元。

西线工程,分别从长江上游的干支流调水到黄河上游,分三期进行建设。一期工程准备调水40亿立方米,投资为470亿元;二期工程投资是640亿元;三期工程规模比较大,需要投资1930亿元。由于南水北调西线没有规划在2010年以前进行,所以没有列入2010年以前的投资规模。

南水北调的投资规模,"十五"期间干线投资将达到400到450亿,总投资达到660亿到700亿。随着南水北调工程设计的不断深化和方案的不断优化,这些投资的情况可能还会有所变化。

南水北调的水价将以工程最后的投资规模来确定,由干线水价、支线水价二者构成的综合水价与当地水资源进行加权平均以后,形成最后的用户水价。

(三)南水北调工程全面开工

经过近半个世纪筹划的南水北调工程自去年年底开工以来,无论施工、设计、勘探工作,都在紧锣密鼓地进行中。一个全面开工、加快建设的局面已经形成。

东线工程

南水北调东线工程是从长江下游的扬州江都引水,利用京杭大运河提水北送。江苏三阳河、潼河、宝应站工程是东线工程中率先开工的,计划三年完成,需要开挖河道45.45公里。2002年底,3000多名施工人员日夜奋战,基本完成70万土方。

南水北调东线江苏三阳河潼河宝应站工程拆迁涉及到1254户居民。整个拆迁安置工作实行了公示制度,沿线群众积极配合,比原计划提前了40天完成。

中线工程

南水北调中线工程将在年内开工,负责这项工程的长江水利委员会的专家们正在进行紧张地规划、设计。

中线调水工程将从丹江口水库引水,穿过黄河,沿京广铁路西侧北上,可基本自流到北京、天津。2002年东线即将动工有三项工程:丹江口大坝加高工程,目前正在进行招标设计和招标文件的编制;穿黄工程的审定工作已经开始,9月底要完成初步设计;石家庄到北京的渠道开挖工程已进入全面设计阶段。

2003年打算开工的渠道330公里左右。

西线工程

南水北调西线工程将在长江上游通天河、雅砻江和大渡河上游筑坝建库,开凿穿过巴颜硌拉山的输水遂洞,调长江水入黄河上游。目前,西线工程正在进行前期的地质勘探工作。

南水北调工程是迄今为止世界上最大的水利工程,总投资近5000亿元,行程2673公里,调水448亿立方米,涉及9个省3亿多人口。整个工程由东、中、西三条调水线路组成。三条调水线路与长江、黄河、淮河和海河四大江河相互连通构成"四横三纵"的总体布局。全部工程预计在2050年完成。

(四)南水北调东线工程准备就绪

旨在解决中国北方地区缺水问题的南水北调工程分东线、中线、西线三条调水线,其中东线将率先开工建设。南水北调东线工程总投资为634亿元人民币,其中调水工程420亿元,治污工程238.4亿元。输水主干线全长达1156公里。全部输水渠道的90%将利用现有的河道和湖泊。东线工程的全线最高处为东平湖,蓄水位高于长江水位约40米,因此工程将在黄河以南修建13个梯级,新(扩)建泵站51座。

南水北调东线工程第一期开工项目为扬州三阳河、潼河、宝应站工程,将新建100立方米每秒的宝应抽水站,并开挖三阳河、潼河河道45.45公里。

(五)南水北调中线工程总投资820亿元

南水北调中线工程,十堰市已着手开工前的各项准备工作。

南水北调中线工程分两期建设,第一期工程以解决沿线主要城市供水为目标,工程包括:丹江口大坝加高,分期分批安置移民,每年调水量达95亿立方米,汉江中下游补偿项目和局部航道整治等。二期工程在一期工程完工后开始建设,规划在一期工程主渠道旁开挖一条输水渠道,供农业生产用水,总调水量达到130亿立方米左右。

中线工程总投资人民币820亿元,涉及十堰的投资包括:丹江口大坝加高总投资15.6亿元,淹没处理费126.6亿元(含河南省),航道整治近5亿元,环境保护和水土保持8亿元。建设项目包括水源工程、输水总渠、调蓄工程、穿黄河和汉江中下游补偿工程等。

按照规划,南水北调中线工程南起湖北丹江口水库,北至北京的团城湖,全长1267公里,预计每年可向北京、河北、天津等地调水130亿立方米,计划2003年开工的一期工程主要包括:丹江口水利枢纽大坝加高工程;穿黄工程;石家庄到保定输水渠段工程;保定到北拒马河输水渠段工程;北京输水渠段工程。

汉江中下游的4项工程由湖北省包干负责,这4项工程是引江济汉、兴隆水利枢纽、闸站改造和汉江中下游河道整治工程,总投资计70亿元。长江水利委员会为中线工程技术总负责单位。

(六)南水北调北京段将年内开工

南水北调中线北京段工程,已经列出完整的时间表,并争取在2003年年内开工。

解决北京水资源短缺的根本措施在于实施南水北调中线北京段工程,从外流域调水进京。南水北调中线工程北京段,南起与河北省相接的北拒马河,沿山前丘陵区、斜穿永定河,直至颐和园团城湖,全长约80公里,其中38%为明渠、62%为各类建筑物。整个南水北调中线工程的建筑物长度为110公里,在全长80公里的北京段上,有暗渠7段,渡槽4座,隧洞3条,倒虹吸11座,19座交通桥梁,在主干渠上有大小25座建筑物。

中线调水将由房山入京,过永定河,经京密引水渠到颐和园,使北京京南的房山、大兴、丰台以及门头沟、通州等一向深受缺水困扰的地区得到缓解。同时,北京市重要的用水单位燕山石化、京西工业区、亦庄工业区等也将近水楼台先得月。按照设计,沿线有11个自来水厂,多个分水口,届时,京城以昆明湖的团城湖为结合点,将形成统一的环市区地表水供水网络,加上原有的自来水供水系统,北京城区及其周围卫星城镇的供水保证率将大大提高。

为了加快建设步伐,2003年北京市水利局要完成"4、7、10"的工作计划,即:4月份完成项目建议书、7月份完成可研报告、10月份完成初步设计,争取年内开工。

2002年开工与建成的部分国家重点项目

2002年三峡工程新开工八大施工项目

2002年三峡工程将新开八大施工项目。它们是:

1. 上游隔流堤三标段填筑:设计填筑方量为700万立方米,三峡总公司计划在二季度完成招标工作,三季度开始施工。

2. 上游导航浮堤及浮式码头施工及安装就位:导航浮堤120米长、10米宽、3.5米高;浮式码头90米长、13米宽、3.6高。

3. 永久船闸有水调试:计划安排9月份开始施工,二季度要进行给、排水系统及泵站系统设备的采购、安装就位。

4. 右岸进厂公路跨地下电站尾水渠大桥:全桥长约135米,设计吨位按600吨的拖车设计,计划三季度动工兴建,目前正在进行方案比选设计。

5.导流明渠截流及土石方围堰施工:计划本月开始招标,二季度将开始施工。

6. 三期碾压混凝土围堰施工:计划本月开始招标,年底开始施工。

7. 三期主体工程施工:已于18日开始发售标书,年底开始施工。

8. 二期左岸电站厂房辅助机电设备的采购、安装,包括:通信系统(包括程控交换机、蜂窝通信系统等);中低压压缩空气系统(空压机10台、气罐5台);油系统的油泵、滤烟机;采暖通风系统;消防系统;厂内厂外照明灯具、电线、电缆;控制和动力电缆等。这部分的采购招标项目在20个以上,投资2亿元左右。

2002年三峡工程建设主攻六大目标

长江三峡工程工程已进入第10个年头,2002年将围绕6大目标展开工程建设。这6大建设目标是:

2002年5月,1997年大江截流形成的上游围堰破堰、三峡大坝基坑开始进水;

6月,三峡工程永久船闸闸门、启闭机及调控系统安装全部完成;

7月,永久船闸开始进行无水状况下的联动调试;

9月,大江截流形成的下游围堰破堰进水;

11月,三峡工程进行二次截流———导流明渠截流,三峡大坝泄洪坝段导流底孔过水,三峡工程进入三期导流阶段;

年底,永久船闸开始进行有水联动调试。

三峡工程已确定在2003年实现大坝下闸蓄水、首批机组发电和永久船闸通航的目标。据中国长江三峡工程开发总公司负责介绍,由于三峡大坝和水电站厂房要分两期建设,目前在建的导流明渠以左的大坝和水电站厂房将在今年基本完成土建工程,全年安排混凝土浇筑仅为147万立方米,比2000年和2001年安排的400万立方米以上的浇筑任务大幅减少,而金属结构安装和机电埋件安装仍处于高峰期,发电机组安装任务比上年增加,计划完成1至2台水轮发电机总装任务。

中国林业建设六大重点工程启动

国家林业局副局长祝列克近日宣布，全国重点地区速生丰产用材林基地建设工程正式实施至此。备受海内外瞩目的中国林业建设六大重点工程已经全部启动。

这六大工程分别是：

天然林资源保护工程,退耕还林工程,“三北”及长江中下游等。重点防护林体系建设工程。京津风沙源治理工程。野生动植物保护及自然保护区建设工程。重点地区速生丰产用材林基地建设工程。六大工程中的前五个均已启动,正在建设当中。2002年正式实施的重点地区速生丰产用材林基地建设工程,规划范围涉及河北、内蒙古、辽宁、吉林、黑龙江、江苏、浙江、安徽、福建、江西、山东、河南、湖南、湖北、广东、广西、海南、云南等18个省(自治区)886个县(市、区)。工程建设的总体目标是:到2015年,通过新造林地和改造低产林,形成总规模2亿亩的速生丰产用材林基地,提供国内生产用材需求量的40%,加上现有森林资源的合理采伐利用，使国内木材供需基本趋于平衡。

18项中型灌区水利骨干工程项目通过国家验收

水利部组织实施的浙江省东阳市横锦水库灌区骨干工程等18项农业综合开发水利骨干工程项目日前通过国家验收。

此次通过国家农发办组织验收的农业综合开发水利骨干工程项目是在1998~1999年期间实施的,共涉及山东、浙江、陕西、内蒙古等16个省(自治区),完成总投资为4.99亿元,其中,中央财政农发资金安排1.58亿元。项目建设旨在通过对5万~30万亩中型灌区的灌排骨干工程基础设施进行续建配套和节水改造,以改善农业基本生产条件,为大规模农业综合开发中低产田改造,为调整农村产业结构及增加农民收入,改善农村生态环境提供有效的水利保障。

经过两年多的项目建设,项目区共开挖疏浚干支渠道820多公里，修建水源工程和泵站40处，修建、配套渠系建筑物1460多座,开挖土石方1619万立方米,浇筑混凝土41万立方米。项目建成后,受益区内共新增粮、棉、油综合生产能力8.08亿公斤,新增其他农产品生产能力3495万公斤。

中国最大PVC生产基地将延生

中国最大的PVC生产基地正在天津市塘沽、汉沽加紧建设。到“十五”末,渤海化工集团公司的聚氯乙烯年产量将达到100万吨~130万吨,不仅带动该集团公司氯碱企业产品结构的调整与升级,同时加快天津市化学建材的发展,也使天津市成为国内重要的化工基地。

聚氯乙烯是世界五大通用合成树脂之一，广泛应用于工业、农业、建筑、交通运输、包装等领域。渤海化工集团公司是全国特大型化工企业,上年聚氯乙烯产量达到46.6万吨,占国内总产量的15%。为加快聚氯乙烯的发展,天津市已把建百万吨聚氯乙烯基地列为十五期间重点发展的12大产品基地之一。2002年，天津大沽化工有限公司两个项目已列入国家第六、第七批国债项目计划;天津乐金大沽有限公司的聚氯乙烯扩建项目已经开工建设,2003年上半年建成投产;天津化工厂PVC树脂项目已经建成投产。

围绕百万吨聚氯乙烯基地建设,渤海化工集团积极开展技术创新,把增加聚氯乙烯新品种和采用新技术改造现有生产工艺作为技术创新的重点。大沽化工有限公司研究开发了聚氯乙烯聚合过程优化控制技术,成功对大化、天化聚氯乙烯聚合釜进行改造,使聚氯乙烯单釜产量提高近1倍;自主开发的聚氯乙烯型材专用高抗冲高流动树脂以及与天津大学合作开发纳米抗菌聚氯乙烯树脂已通过中试鉴定，目前正在进行工业性试验。

中国首个年产30万吨燃料乙醇项目开工

国家重点建设项目——年产30万吨燃料乙醇项目2002年11月19日在河南南阳动工兴建。项目总投资12.8亿元,是我国第一个以陈化小麦为主要原料的燃料乙醇生产项目,项目建成后,每年可解决陈化小麦175万吨。

中国最大氮肥项目开始建设

中国海洋石油总公司海南氮肥生产项目二期工程近日完成二氧化碳吸收塔的起吊安装,标志着中国最大的氮肥项目进入了实质性的建设阶段。预计,该工程将于2003年5月完工,11月正式投入生产。

中国第一条预涂膜生产线投产

预涂膜项目被国家经贸委列为2000年国家级重点项目,在各级政府及有关部门关注和支持下,康得总公司干部员工历经4年的艰苦奋斗,克服重重困难,于2002年11月完成了这一环保型高新技术材料的技术引进、原材料国产化、工艺定型、设备安装、基建及市场开发。该项目的成功投产,一举改变了我国印后覆膜技术的落后面貌,跨入国际先进行列,填补了国内预涂膜生产的空白,彻底解决了现有覆膜技术污染环境、危害消费者健康的问题。该生产线投产后年产值达1.4亿元人民币,为北京市和昌平区的经济发展将作出突出贡献。

世界第一大跨度斜拉桥在南通奠基

2002年10月30日，世界第一大跨径双塔双索面斜拉桥——苏通长江公路大桥近日在长江口的江苏省南通市举行了奠基仪式。

连接长江出海口北岸南通市和南岸常熟市、设计主跨径达1088米的苏通大桥,比目前世界上最大跨径的日本多多罗大桥长200米左右。大桥主塔高298米,为世界第一高桥塔,比国内现有最高桥塔高出近百米。大桥基础埋置深度达80米,通航净空高度62米,5万吨集装箱货轮可从桥下通过。大桥可抵御最大风速为每秒47米的大风,相当于12级台风的2倍。

历经10年论证的苏通大桥于日前经国务院办公会议批准开工建设,是国家规划的黑龙江至福建重点干线公路的组成部分,总投资62.7亿元,建设工期6年,计划2008年底建成。苏通大桥是迄今为止我国规模最大的桥梁建设工程，国内外100多名著名桥梁专家参与了该桥的规划设计咨询。

寺河煤矿日前正式建成投产

国家“九五”重点建设项目寺河煤矿2002年11月正式建成投产。

寺河煤矿位于山西省沁水煤田东南边缘的沁水县加丰镇,傍邻侯月铁路、晋阳、阳济以及拟建中的晋侯高等级公路,全国最大的坑口无烟煤火力发电厂阳城电厂距矿井仅有20公里，距正在建设的小浪底枢纽工程和济源经济开发区仅有100多公里。矿井设计能力为年产400万吨,洗煤厂设计年处理能力为400万吨。井田面积为91.2平方公里，地质储量为11.93亿吨,可采储量为5.45亿吨,矿井服务年限为97.2年,主采煤层平均厚度在6米以上,所产无烟煤是良好的动力用煤和优质化工原料。

寺河煤矿于1996年12月30日正式开工建设,矿井总投资为25.6亿元,综采和掘进设备分别从德国和美国引进,选煤设备从澳大利亚引进，矿井技术水平达到上世纪90年代后期国际先进水平,日前已通过国家验收委员会的验收。

黄河历史上首次标准化堤防工程建设开工

黄河历史上首次标准化堤防工程建设2002年11月18日在黄河济南段开工。标准化堤防建设将为黄河筑就一道融御险与观光为一体的生命防线。

标准化堤防建设主要集中在位于黄河下游的山东段和河南段,施工首先从山东段开始。

山东段的标准化堤防建设，以防御黄河花园口站洪峰流量22000立方米每秒为设计防洪标准,将现有堤防建设成“三条线”,即防洪保障线,在临黄河一侧种植30至50米宽的防浪林,防止风浪对堤防的破坏;交通调度线,将黄河大堤堤顶加宽至10到12米,堤顶修成沥青路面,每10公里左右与堤下公路连通,形成抢险车辆迂回调度线;生态景观线,堤顶两侧种植行道林,堤肩种植鲜花、堤坡植草皮,同时还在大堤边上的淤背区域种植林木,在坡脚以外10米宽的地块种植杨柳林,沿黄河大堤形成生态林带。

目前开始建设的黄河山东段标准化堤防第一期工程总长128公里,需种植防浪林、生态林300多万株,计划2005年完工。

京津风沙源治理规划造林1.1亿亩

京津风沙源治理工程是改善和优化北京、天津及周边地区生态环境、遏制风沙的骨干工程。工程建设范围涉及京、津、冀、晋、蒙5省(区、市)的75个县(旗),建设期为10年。工程规划营造林总面积约1.1亿亩,恢复和治理草地面积近1.6亿亩,保护草场8500多万亩。

2002年3月,《京津风沙源治理工程规划》获国务院批准。全国六大林业重点工程之一的京津风沙源治理工程,在历经两年试点的基础上全面启动实施。该工程计划用10年时间,通过采取多种生物措施和工程措施,增加森林覆盖率,治理沙化土地,减少风沙和沙尘天气危害,最终使京津及周边地区生态有明显的改观,从总体上遏制土地沙化的扩展趋势。

国家重点工程湖南石门皂市水库将开工

皂市水库是澧水流域重要的防洪控制工程,也是国务院批准建设的2002年重点防洪工程。水库总投资31亿元,以防洪为主,兼顾发电、灌溉和生态保护等综合效益。按照设计,这座水库正常的蓄水位140米,总库容为14.4亿立方米,挡水建筑物为碾压砼重力坝,坝高88米,总装机容量为10万千瓦。工程预计2007年6月竣工。

国家重点工程——引黄入呼一期工程竣工通水

将从根本上扭转内蒙古首府呼和浩特市供水紧张局面的引黄入呼供水工程一期,2002年11月19日竣工通水。

呼和浩特市是一个水资源严重匮乏的城市，长期以来主要依靠抽取地下水来满足工业生产和居民生活用水的需要。由于地下水的长年超采,造成地下水位逐年下降。引黄入呼工程将从根本上解决这一问题的重要途径，对于改善呼和浩特市生态环境、投资环境,扩大城市发展规模,加快城市发展速度,提高居民生活水平,都会带来不可估量的经济利益和社会效益。

引黄入呼工程分两期建设,总投资17.77亿元,设计日供水能力40万吨。其中一期投资14.14亿元,日供水20万吨。二期工程已经在2002年初开工建设,预计2003年秋季完工。

小浪底水利枢纽工程(工程部分)通过竣工初验

小浪底工程总投资347.24亿元人民币。建设总工期11年,其中前期准备工程工期3年,主体工程工期8年。前期准备工程于1991年9月1日开工。主体工程于1994年9月12日开工。1997年10月28日截流。1999年10月25日下闸蓄水。2000年1月9日首台机组并网发电。2001年12月最后一台机组投产发电，标志着小浪底主体工程全部完工。于2002年12月5日顺利通过水利部主持的工程竣工初步验收。

验收工作组由水利部、河南省、山西省政府有关部门负责人以及工程项目业主、设计、监理和特邀专家50余人组成。验收意见认为,小浪底水利枢纽建设符合基本建设程序。工程等别、建筑物级别、洪水标准及地震设防烈度符合现行规范要求。枢纽泄洪建筑物能满足水库泄洪、排沙要求。水库蓄水运行以来，在防洪、防凌、减淤、灌溉、供水和发电等方面已初见成效。该工程施工质量等级定为优良。

小浪底工程全面实行业主负责制、招标承包制、建设监理制，全方位与国际管理模式接轨。取得了按期或提前实现进度目标、施工质量优良、投资节约的好成绩。累计完成土石方开挖3777万立方米，石方洞挖315万立方米，土石方填筑5307万立方米，混凝土347万立方米，安装单机容量30万千瓦机组6台。

小浪底工程自1999年10月下闸蓄水投入初期运用三年来，取得了巨大的社会效益。防洪(防凌)：自2000年汛期起，小浪底水库开始投入防洪(防凌)初期运用；减淤：1999年10月水库下闸蓄水至2002年9月，共拦蓄泥沙约9亿立方米，对下游河道起到了减淤作用。2002年7月4日至15日进行了调水调沙试验。供水与灌溉：从2000年1月至2002年9月底，水库下泄水量470亿立方米，保证了黄河下游不断流。其中，为保证下游用水，电调服从水调，通过泄洪洞、排沙洞增供水量共计210亿立方米；由于库水位将至发电下限水位以下，停机供水时间累计163天。发电：从2000年1月首台机组发电至2002年11月底，累计发电59.54亿千瓦时。

中国2002年已完成退耕还林面积6000多万亩

2002年是中国全面启动退耕还林工程的第一年。据中国林业局最新统计截至11月底，全国共完成退耕还林面积超过6000万亩。

2002年退耕还林工程在25个省(区、市)及新疆生产建设兵团全面启动，年初安排退耕地造林3400万亩、宜林荒山荒地造林3993万亩，下半年又追加计划任务退耕地造林570万亩、宜林荒山荒地造林630万亩，整个2002年退耕还林任务是前3年试点任务总和的2.5倍。

目前全国共完成退耕还林面积的6000多万亩中，退耕地造林2963万亩，宜林荒山荒地造林3235万亩。

浙江沿海电力大通道近日动工

被称为"浙江电力沿海大通道"工程的500千伏宁温输电工程已于2002年12月动工兴建，它的投产对提高宁波市供电可靠率和缓解用电紧张将起到十分重要的作用。

"沿海电力大通道"工程是国家的电力重点建设工程，线路全长265.61公里，北起宁波市500千伏天一变电站，途经宁波、台州、温州三地的10个县(市)、区，是浙江500千伏输电距离最长工程。

宁波市第二座500千伏甬西输变电工程建设投资，已获国电公司正式批复。500千伏甬西变电站已于今年6月开始动工兴建，计划于2004年建成投运，可使目前宁波市区、余姚、慈溪的用电紧张状况得到缓解，它也将为筹建中浙江500千伏沿海电力大通道建设打下基础。

徐州三堡变电站扩建工程并网发电

国家重点电力建设项目——500千伏徐州三堡变电站扩建工程2002年12月18日一次启动成功，并入电网运营，开始发挥经济效益。

此项工程占地2.16万平方米，总投资12066万元。徐州供电公司先后配套扩建了220千伏贺村变电站、赵山变电站，架设了220千伏高压送电线路64公里，从而使徐州电网形成了双环供电网络，为提高苏北地区电网可靠性提供了有力支撑。

西部化工城启动三大项目

四川西部化工城泸州于2002年12月启动了3个重点项目工程。

12月18日，泸天化年产40万吨甲醇、10万吨二甲醚项目破土动工，总投资11亿元，预计2004年投产，新增销售收入达7亿元；由泸州北方化学工业有限公司和西安惠安化学工业有限公司重组，年产5万吨硝化棉，产销量居亚洲第一的四川北方硝化棉公司在泸州挂牌。此外，泸州市国际集装箱码头是四川乃至西南对外开放的重要窗口和水上运输的重要枢纽，1997年投资1亿元，吞吐量5万标箱，如今已投产营运，对泸州市200万吨化工产品的进出口提供了广阔的前景。

近3年，中国甲醇的表观供需缺口均在130万吨以上。甲醇除作为重要基础化工原料，还是一种重要的有机溶剂，在合成燃料和汽油添加剂方面的消费量也很大。它可以掺入汽油或者直接作为燃料。甲醇燃料作为能源产品的洁净利用，已有较长的应用实践，并有很好的应用前瞻性(如燃料电池)，初期的应用市场已逐渐形成。甲醇燃料的推广应用符合国家能源政策和可持续发展战略原则。二甲醚目前最大的潜在用途是作为城市煤气、液化气、汽车燃料代用品，是一种很好的环保性清洁燃料。

中国目前的甲醇和二甲醚生产规模普遍偏小、技术落后、能耗高。因此，利用先进技术建成具有一定规模的大型装置，对推动区域经济快速、可持续发展将发挥重要作用。

小湾电站工程建设稳步推进

"西电东送"的战略性工程小湾电站自2002年1月开工以来，截至11月底，完成投资达12.5亿元，完成土石方开挖521万立方米，填方15.9万立方米，浆砌石27.9万立方米，混凝土29.61万立方米。

总装机容量420万千瓦的小湾电站是目前中国在建的仅次于三峡水电站的世界级特大型水电站。为了保证在地质地形条件复杂、开挖边坡高达692米、上下交叉立体施工等状况下，工程建设顺利进行，澜沧江水电开发有限公司以"高起点、敢创新、严管理、重效益"为目标，强化电站建设管理和施工，建立健全组织机构，加强规章制度建设，出台了一系列质量、安全文明生产管理文件和技术规范，与主要施工单位签订了安全文明生产责任书。公司针对工程建设中的难关，引进了专业监测队伍，投入最先进的测量机器人等，对存在安全隐患的边坡及滑坡体进行安全监测。今年雨季以来，根据监测数据多次对边坡塌方进行了成功预测，避免了多起安全事故的发生。公司还实行“月检查、季度考核奖罚、全年总结评比”，对每次质量和安全检查结果进行考核排名，并加强日常巡视和检查。最近，公司又在施工单位营地和办公大楼设立质量问题举报箱，千方百计避免和杜绝影响工程质量的一切不良现象和行为。

小湾电站工程建设达到了预期要求，得益于以“强强联合”的联营体形式中标建设。国内以地下工程一流水平而闻名的水14局和水电1局，组成了“141联营体”承担导流洞工程，他们积极探索新工艺，以目标管理为主线，以进度目标为核心，综合考核产值、成本、质量、安全等指标，所承担的工程进度快，质量好，文明施工，成为人们称赞的“亮点工程”。

大亚湾核电站提前运行

地处深圳大亚湾岭澳核电站2号机组提前66天投入商业运行。

岭澳核电站在大亚湾核电站的基础上，增加了50多项重要技术改进，进一步提高了电站的安全性。其工程建筑安装一次通过率达98%以上，常规岛安装工程被中国工程建设焊接管理协会评为“全国优秀焊接工程”。

自主化是岭澳核电站建设的一大特色。该核电站学习、消化大亚湾核电站建设时期引进的管理体制，实现了国际水平上的工程管理、施工安装、调试、生产准备及部分设计的自主化。

国产化是该核电站的又一特点。据统计，岭澳核岛的国产化率为11%、常规岛为23%、辅助设施为50%，核岛和常规岛设备制造的国产化能力达到30%。通过岭澳核电工程建设，中国已开始形成自主设计、制造百万千瓦核电站核级主设备的能力。

岭澳核电站工程总造价比概算节约10%以上，为降低电价创造了条件，预计上网电价比原计划电价有较大幅度下降。

三峡至常州直流输电工程极Ⅰ系统送电成功

长江三峡至江苏常州直流输电工程单极系统送电2002年12月21日取得成功。这标志着举世瞩目的三峡输变电工程建设取得重大进展，为明年三峡工程首批机组并网发电打下坚实基础。

从国家电力公司了解到，三峡至常州500千伏直流输电工程是三峡输变电工程的标志性工程，是三峡向华东地区送电的主干通道，是华中与华东电网互联的主要联络线。

工程西起三峡电站东部的龙泉换流站，西至常州市政平换流站，线路全长860公里，途经湖北、安徽、江苏三省，额定电流3000安培，单极额定输送功率1500兆瓦，双极额定输送功率3000兆瓦。此次送电成功的是单极系统，明年实现双极投运。

据国电公司有关技术人员介绍，三峡至常州直流输电工程输送距离长、容量大、系统复杂、技术含量高，与世界其他大型直流输电工程相比，在很多方面处于领先地位。特别是输送电流最大，为3000安培，表明中国直流输电技术水平又登上一个新台阶。

作为三峡工程重要组成部分的三峡输变电工程，开工建设以来进展顺利。目前已建成投产500千伏输电线路3500公里，完成2003年三峡首批机组发电时输变电工程建设计划的80%。他说：“我们完全能够保证三峡首批机组发电送得出、落得下、用得上。”

天生桥二级电站枢纽通过验收

中国“西电东送”第一个电源点和枢纽点——广西天生桥二级电站枢纽工程，于2002年11月17日通过国家电力总公司的竣工验收。

天生桥二级电站枢纽工程位于广西和贵州交界的南盘江干流，是中国“八五”计划和十年规划的重点工程之一，是国家开发红水河十个梯级电站的第二级，总装机容量为132万千瓦，年发电量82亿千瓦时。该工程1984年1月正式开工，2002年4月全部竣工。

“十五”确定的国家重点项目

“十五”期间中国将要重点建设的大型项目

“十五”计划纲要草案中提出的国家重点建设项目：

青藏铁路：指西宁至拉萨铁路，全长1963公里。其中西宁至格尔木段845公里已于1979年建成通车；“十五”期间新建格尔木至拉萨段1118公里，拟于今年开工。

京沪高速铁路：规划中的北京至上海的高速铁路，全长1307公里。目前有关部门正在对采用轮轨技术还是磁悬浮技术进行比选。

西电东送：指通过开发西南、西北丰富的水能资源和煤炭资源，建设大容量、长距离、超高压输电线路，并向东部沿海地区送电的工程。包括北、中、南三条大通道。北通道是“三西”(山西、陕西、内蒙古西部)坑口电站和黄河上游水电向华北和山东送电；中通道是以三峡水电为核心，向华中和华东送电；南通道是西南水电、坑口电站和三峡水电向广东送电。

西气东输：指将新疆塔里木盆地的天然气送往豫皖江浙沪地区的天然气输送工程。包括塔里木盆地天然气资源勘探开发、塔里木至上海天然气长输管道建设，以及下游天然气利用配套设施建设等。

南水北调：是规划建设的以缓解中国北方地区缺水矛盾、

实现水资源合理配置的跨流域调水工程。经过几十年的规划、勘测和设计工作，目前规划有东、中、西三条调水线路。“十五”期间将抓紧前期工作，尽早选择合适的线路开工建设。

中国投巨资进行重要技术标准研究

中国投入1.5亿元进行重点领域重要技术标准研制的战略性运作，加快研究和实验，以尽快缩小中国在工农业产品和重要技术方面的各类标准与国际标准的差距。

技术标准已越来越成为世界各国发展贸易、保护民族产业、规范市场秩序的重要手段。为此，中国将“重要技术标准研究”项目列入“十五”重大科技专项，力争在今后5至10年内，研制出一批重要技术标准，填补一批与重要技术标准研制相关的检测手段、方法和计量标准的空白，并使之成为相关产品和技术的国际公认标准。

中国目前有近两万项国家标准，但标准制定时间超过10年的高达7000多项，与国外3到5年就进行修订相比存在较大差距，不能快速满足市场和技术发展的需要，直接影响中国技术和产品的竞争力。这些问题已成为制约经济和科技发展的重要因素之一，亟待通过国家积极引导支持，加强技术标准研制工作。

“十五”国家重大技术装备工作重点

一、指导思想和主要目标

指导思想：充分考虑经济全球化和加入WTO对我国工业的影响，从国民经济发展、国际安全和环境保护出发，继续坚持用户牵头的原则，依托“十五”国家重点建设和重大技改工程，以市场为导向，以效益为中心，大力推进技术创新，集中优势力量，充分利用各种有效资源，力争在重点行业扶持重点企业(集团)，研制先进适用的重大技术装备。

主要目标：掌握关键核心技术，开发研制拥有自主知识产权的技术与装备，增强市场竞争力。坚持设备研制与引进技术相结合，与产业结构调整和企业改制、改组、改造相结合，通过市场机制推动产学研联合，提高重大关键设备的研制和成套技术与设备的集成能力，以提供成套设备和承包工程项目等不同方式，培育一批具有可持续开发、研制和成套设备集成能力的大企业(集团)，参与国际市场竞争。

二、成套研制工作主要内容

1. 三峡水利枢纽工程成套设备研制。通过合作设计与制造，实现左岸700MW水轮发电机组及辅机、500KV输变电分包设备国产化；自主研制双线五级船闸、水工机械和大型金属结构等；结合技术引进开展三峡水利枢纽工程自动化综合调度系统消化吸收工作，开展三峡水轮机组稳定性等课题研究，确保2003年首批机组按期发电，五级船闸顺利通航，2005年国产化机组投运，为实现右岸设备以国内为主，联合设计与制造奠定基础。

2. 大型抽水蓄能和高水头大容量混流式机组成套设备研制。在前期科研成果的基础上，结合新建抽水蓄能电站引进技术、消化吸收，开展200M以上水头、200MW大型抽水蓄能机组预研，结合实际需要开展研制工作。依托大型水电站建设，研制200M、300M水头段700MW等级高水头大型混流式机组，研制低水头大贯流式水轮机，各项技术指标达到国际先进水平。

3. 大型水利施工和“南水北调”工程成套设备研制。以“南水北调”工程及西部开发大型水电、水利建设和公路、铁路、城市地铁建设等为依托，通过技贸结合，消化吸收引进技术，攻关研制大型混凝土施工机械、大型水利施工机械、大型遂道掘进机、地下连续墙施工机械等大型工程施工成套设备。

4. 1000MW核电站成套设备研制。依托新开核电建设工程，坚持“以我为主、中外合作”发展核电的方针，实施统一堆型。通过技贸结合，引进技术、消化吸收、自主创新，以掌握1000MW级核电站设计和设备制造技术为核心，有效的组织攻关和研制，逐步提高百万千瓦级核电站和成套设备的自主化能力。

5. 600MW超临界火电机组和空冷机组成套设备研制。结合河南沁北2×600MW超临界机组建设工程，在实现优化600MW亚临界机组的基础上，通过引进技术、消化吸收和攻关研制，掌握超临界机组的设计与制造技术，实现首批600MW超临界机组自主化率达70–75%，批量化后提高到90%以上，综合经济技术指标达到目前国际水平。结合“十五”期间火电建设项目，以我为主，研制开发600MW空冷火电机组成套设备。

6. 300MW循环硫化床锅炉和大型燃气轮机成套设备。结合白马电厂引进300MW循环硫化床(CFBC)建设，消化吸收引进技术，在我国已具备100MW等级CFBC的设计和制造能力基础上，研制100~300MW等级系列的DF-BC；依托“十五”国家燃气电厂建设项目，通过引进技术消化吸收或中外合作等多种方式，加快大型燃气轮机成套设备研制。

7. 电网互联关键设备及“西电东送”成套设备研制。结合西部开发，以全国电网互联、“西电东送”、西北电网750KV交流输变电工程和三峡电网建设为依托，通过自主开发和引进技术消化吸收，研制电网互联可控串补(TC-SC)等灵活交流输变电系统(FACTS)、新型直流输电、安全稳定控制等关键设备，750KV交流输变电成套设备。

8. 石油天然气勘探、钻采和三次采油成套设备研制。加大力度，重点开发研制先进陆上、海上石油天然气勘探、钻井、油气集输等关键设备和三次采油(三元复合驱油)技术与成套设备。从国民经济发展的长远利益出发，解决我国石油天然气资源储采结合性矛盾，加快中西部油气资源开发，提高大庆油田原油产收率，为保持稳产高产，可持续发展做出贡献。

9. “西气东输”工程成套设备研制。以“西气东输”工程及其他大口径长输管线建设为依托，开发研制大口径输气管线所需X70、X80钢、宽厚板材和直缝管加工成形，自动埋弧焊机、检测，以及防腐内减阻撬装生产装置等成套设备；加压站所需燃气轮机、压缩机组和各种大口径高压阀门等；加压站、输气管线网络自动化控制系统及仪器、仪表等成套设备。

10. 大型乙烯成套设备研制。通过对引进技术的消化吸收，重点完成沿海炼油化工企业建立千吨级加工含硫原油装置所需关键设备的研制；依托燕山、金山、扬子、齐鲁等乙烯改扩建工程，完成30~45万吨/年乙烯装置改扩建至60~80万吨级/年所需关键设备研制及大型化；以及20~40万吨级聚丙烯、聚乙烯、聚氯乙烯、5万吨PTA、15万吨丙烯腈等一批重大关键设备研制。

11. 大型化肥成套设备研制。以德州化肥厂等改扩建工程为依托，实现以煤为原料30万吨/年合成氨、52万吨/年尿素大型化肥装置首套依靠自主知识产权完成从工艺技术到成套设备自主化；以云南磷肥厂18万吨/年磷酸改扩建工程为依托，采用自主开发的工艺技术，实现成套设备自主化；结合青海钾肥厂改扩建项目，研制大型钾肥关键设备。

12. 大型煤化工成套设备研制。依托国家重点建设项目，从能源安全和煤的综合利用出发，开展煤液化、气化及煤制油技术与装备的研制；以煤、电、化一体的创新产业基地建设为依托，消化吸收引进国外技术，采用具有自主知识产权的工艺生产技术，研制20万吨/年大型醋酸成套设备；以技改项目为依托，开展粉煤技术消化吸收，掌握关键核心技术。

13. 大型冶金成套设备研制。结合首钢技改工程，开展3500mm中厚板轧制技术与关键设备研制；依托鞍钢冷轧厂技术改造工程，按照系统总承包方式，通过引进技术、消化吸收设计和制造技术，基本实现大型冷连轧机组成套设备自主化；继续在“九五”消化吸收的基础上，实现薄板坯连铸连轧系统技术集成和成套设备自主化。

14. 秦沈铁路客运专线成套设备研制。依托秦沈客运专线建设工程，开展时速160公里/小时(最高时速200公里)铁路客运专线成套设备研制。通过机车车辆、通信信号、牵引供电、线桥工程施工设备研制和高速实验段研究，为使我国铁路达到世界先进水平，并为建设时速300公里的高速铁路打下基础

15. 大型船舶及疏竣工程成套设备研制。以支持战略出口产业和争取国际市场份额为目标，为国外合作或自主研制，掌握关键设计与制造技术，研制大型新型能源运输船舶、高技术高附加值海运船舶，以适应未来我国进出口贸易增长的需要。研制大型斗轮式、铰吸式、耙吸式挖泥船，疏竣关键机具、高效远距离泥浆泵及泵站系统等一批港口、江河航道疏竣和湖泊环保清淤设备，以满足内需和挡住进口。

16. 空中交通管制系统成套设备研制。以“十五”机场改造和新机场建设工程为依托，继续完善飞行数据及自动相关、ADS数据融合处理、监控和飞机情报进程自动化等系统建设；结合我国未来十五年空管系统装备和航路建设总体思路及新航行系统建设规划，逐步实现线到面的网络管制，开发研制雷达管制网络技术和关键设备，开展新航行系统技术研究和成套设备研制。

17. 大型环保成套设备研制。以城市建设、工业废液处理和大型电站烟气脱硫、城市空气质量和江河流域水质监测工程为依托，在引进技术消化吸收的基础上，研制大型城市垃圾处理余热发电设备、工业污水处理、大型烟气脱硫装置成套设备；开发研制城市大气质量监控、江河流域水质监测系统成套设备和具有自主知识产权的四氟乙烷（HFC-134a）替代氟里昂(CFCs)类生产成套设备。

18. 大型专用成套设备研制。主要包括采用自主或联合设计研制4万m^3大型空分成套装置，提高自主集成能力，以满足大型化肥、石化、冶金等改扩建工程的需要；以提高行业集约化程度为目标，通过外引内联研制10000吨/日水泥熟料新型干法生产成套设备，支持安徽海螺集团实施大企业发展战略；以骨干轮胎企业技改工程为依托，研制载重车子午胎成套设备及工程、子午胎关键设备，满足国内市场需求，进而扩大出口。

三、“十五”创新研制贷款项目

“十五”期间，年度国家重大技术装备创新研制(贷款)项目，也要紧密结合“十五”国家重大技术装备工作规划成套设备研制内容和当前产业结构调整，研制对国民经济发展有重大意义，产业结构调整和优化升级有重大影响的重大技术装备，通过引进技术消化吸收，产学研联合或自主创新研制，提高重大技术装备的产品质量和可靠性，提高工艺技术和装备水平，增强技术创新和核心竞争能力；选择重点行业，支持国家重点企业(或行业骨干企业)，研制重大技术装备。

四、加强政策法规的研究

争権国家重大技术装备自主化条例》进入立法程序，加强舆论宣传和监督，营造全社会、全民爱国意识，引导和培育重大技术装备自主化市场，鼓励和支持使用自主化装备。同时修改和发布《国家重大技术装备研制项目管理办法》和《重大技术装备质量管理办法》等，加强对重大技术装备成套设备研制项目和年度创新研制(贷款)项目管理，对项目执行情况强化监督和检查。

“十五”钢铁行业主要投产和改造项目

今后的5年中，中国的钢铁工业将进一步进行结构调整，建设一些新的基础项目和生产线，加快企业的技术改造，集中力量解决目前市场短缺的钢材品种，主要是热轧薄板、冷轧薄板、镀锌板、锌锡板、不锈钢、冷轧硅钢片、中厚板等品种。

主要投产和改造项目

一、对现有的本钢、太钢、攀钢、梅山、鞍山热轧机进行改造，加快珠江、邯郸、包头三套板坯连铸连轧项目的建成投产，同时在武钢、唐钢、昆钢建设新的热连轧机或薄板坯连铸连轧机组，使我国热轧薄板有产能在2005年可达到4000万t，国产热轧薄板的市场占有率可达95%左右。冷轧用热轧原板基本可满足。

二、加快对武钢、鞍钢和益昌冷轧薄板机组的改造。同时建设武钢、邯钢、首钢和珠江新的冷轧机组，使我国的冷轧薄板的生产能力在2005年将达到1900万t。热轧薄板到冷轧薄板的转化率将达到51%，冷轧薄板的国内市场占有率可达到90%以上。

三、在充分发挥现有镀锌机组能力的基础上，在“十五”期间，除对现有宝钢、武钢、攀钢等进行改造外，还要再建设10条镀锌生产线，再增加镀锌生产能力105万t，预计到“十五”末，我国的镀锌生产能力将达到530万t，基本可满足国内需要。

四、在今后5年中，要加快上海克虏伯、宝钢单位的不锈钢冶炼和热连轧的建设进度，力争在今后的5年里使热轧不锈的能力达到113.7万t，冷轧不锈薄板的产能达到84万t，不锈钢薄板的国内市场占有率将达到71%。

五、抓紧宝钢、武钢和太钢的冷轧硅钢生产线建设，争取到2005年，使硅钢的生产能力达到125万t。

六、进一步加强对鞍钢、宝钢集团的上钢三厂、邯钢集团的舞钢的中厚板轧机进行改造。同时要在宝钢新建一套宽厚板轧机。

七、在"十五"期间，要抓好包钢、齐钢、衡阳3套新建成投产的无缝机组的达产，同时新建UOE机组，以满足西部大开发对输油输气钢管的需求。

八、预计到"十五"末，我国钢材品种结构将趋于合理，短缺品种将大大减少，长线品种将得到控制，国产钢材的国内市场占有率达到95%左右。

"十五"期间中国"八纵八横"铁路网

"十五"期间，在中国交通运输中起骨干作用的大能力铁路通道，将成为建设重点。为此，铁路部门将投资2700亿元，比"九五"多240亿元，建设以"八纵八横"铁路主通道为重点的铁路路网。到2005年，中国铁路营业总里程将达到7.5万公里左右，比2000年新增7000公里，超过"九五"新修6000公里的水平。

"八纵八横"路网主骨架的八纵是指：

京哈通道(北京—哈尔滨—〈满洲里〉)；

沿海通道(沈阳—大连—烟台—无锡—〈上海〉—杭州—宁波—温州—厦门—广州—〈湛江〉)；

京沪通道(北京—上海)，建设京沪高速铁路；

京九通道(北京—南昌—深圳—九龙)；

京广通道(北京—武汉—广州)；

大湛通道 (大同—太原—焦作—洛阳—石门—益阳—永州—柳州—湛江—〈海口〉)；

包柳通道(包头—西安—重庆—贵阳—柳州—〈南宁〉)；

兰昆通道(兰州—成都—昆明)。

八横是指：

京兰通道(北京—呼和浩特—兰州—〈拉萨〉)，建设青藏铁路；

煤运北通道(大同—秦皇岛、神木—黄骅)；

煤运南通道(太原—德州、长治—济南—青岛、侯马—月山—新乡—兖州—日照)；

陆桥通道(连云港—兰州—乌鲁木齐—阿拉山口)；

宁西通道(西安—南京—〈启东〉)；

沿江通道(重庆—武汉—九江—芜湖—南京—上海)；

沪昆(成)通道(上海—株洲—怀化—贵阳—昆明〈怀化—重庆—成都〉)；

西南出海通道(昆明—南宁—黎塘—湛江)。

到2005年，"八纵八横"路网主通道中将建成秦沈客运专线，完成京秦线提速改造，形成京沈快速客运铁路；建成大连至砚台铁路轮渡；进行京沪铁路电气化改造，做好京沪高速铁路前期工作；实现京广通道全线电气化；增建广深铁路四线；形成兰州至昆明电气化铁路通道；建设青藏铁路；建成长江埠至荆门铁路，逐步形成沿长江铁路通道。

用高新技术和先进适用技术改造和提升中国传统产业的目标

"十五"期间，国家经贸委关于用高新技术和先进适用技术改造和提升传统产业目标如下：

——**煤炭行业的主要目标：**加强技术创新，大中型煤矿科技进步贡献率达到40%以上，小型煤矿科技进步贡献率有明显提高。加快高产高效矿井建设步伐，加快企业机械化装备更新升级速度，使大型矿井配套的年生产能力达到300万--500万吨。应用高新技术解决煤矿灾害防治中的关键技术难题，使煤矿重大恶性事故得到有效控制，煤矿安全生产状况实现根本好转。大力发展和推广应用洁净煤技术。加大煤炭的转化比率。全国原煤入选比例达到50%。推广污水处理技术，提高矿井和矿区生活用水的复用率，大、中型煤矿实现达标排放。

——**石油行业的主要目标：**根据石油工业"十五"发展规划确定的"立足国内、开拓国际、加强勘探、合理开发、厉行节约、建立储备"的方针，在3--5年内，按照统一的框架与规划，建立石油石化行业分步实施的从传统产业到网络化经营的系统，在油气勘探开发方面，通过研究开发、采用和推广一批高新技术和先进适用技术，使探井成功率在"九五"基础上提高3%，钻井完井周期缩短三分之一，原油采收率提高2%--3%，油气占一次能源的比例提高3%以上，石油天然气勘探开发的科技贡献率达到55%。

——**石化行业的主要目标：**加快催化裂化技术、加氢技术、乙烯、聚丙烯、聚酯等具有自主知识产权的成套核心技术、专有技术成果的推广应用，使石化主体技术水平接近或达到国际先进水平。增加石化产品品种、提高产品质量和生产效益，提高产品竞争力和市场占有率。利用信息技术和先进控制技术实现资源的优化利用和生产的优化控制，"十五"末，主要炼油、化工装置80%以上实现集散控制系统(DCS)或现场总线控制，60%以上装置完成先进控制。推进安全、环保、节水减排、节能降耗等先进适用技术的应用，减少"三废"排放，主要石化产品能耗降低5%-10%。

——**化工行业的主要目标：**通过技术创新，使主要行业新建和改建装置技术、工艺、装备立足国内，达到国际90年代水平，推进信息技术在化学工业中的应用，骨干企业和主要化工产品基本实现生产过程的优化控制。化工大中型企业管理基本实现信息化、网络化。积极推广节能降耗、清洁生产和资源综合利用技术，提高化工行业的资源综合利用水平。

——**电力行业的主要目标：**城市平均供电可靠率提高到99.92%以上（部分城市达到99.99%），线损率下降0.4个百分点；每度电煤耗下降10--15克；在燃煤量增加约30%的情况下，烟尘排放量与1999年持平，二氧化硫增加量控制在10%以内,废水回用率50%以上。

——**钢铁行业的主要目标**:继续推进以微电子技术为中心的信息技术改造钢铁生产,41个占钢产量82%以上的企业全面实现基础级、过程级计算机控制,部分企业实现企业管理级计算机控制。抓好1-2个智能化钢厂的示范工程建设。大力推进以清洁生产、节能降耗、污染治理与二次资源综合利用系统,用先进适用技术改造全部65个大中型钢铁企业,建成冶金工业"十五"规划确定的14个清洁生产示范工厂。洁净钢的系统优化技术在重点板材生产厂得到应用。13家特大型钢铁联合企业主要工艺装备水平、技术经济指标和产品实物质量进入世界先进行列。

——**有色金属行业的主要目标**:使大型骨干企业工艺技术装备和主要技术经济指标接近或达到世界先进水平。电解铝直流电耗由2000年的每吨14300千瓦时降到2005年的13500千瓦时;粗铜吨能耗由0.72吨标煤降到0.65吨标煤;铜、铝加工成材率提高了3-5个百分点。预焙铝电解槽生产能力占总能力90%以上;采用强化冶炼的铜、铝先进生产能力分别占85%和60%。采用湿法和密闭鼓风炉法炼锌先进生产能力占90%以上。工业污染物排放总量在2000年基础上再削减10%,工业水复用率由75%提高到85%以上,建成一批"清洁生产"企业。

——**建材行业的主要目标**:以节能、节土、利废、环保为目标,开发和应用先进适用技术和高新技术,对水泥、玻璃、墙体材料、建筑卫生陶瓷、非金属矿深加工和玻璃纤维等主要产品生产工艺进行改造、升级,到"十五"末使建材工业的万元产值能耗降低20%,新型干法水泥比例提高到20%,水泥散装率达到31%,平板玻璃、建筑卫生陶瓷和玻璃纤维的整体生产工艺技术水平接近国际先进水平。新型墙体材料比例提高到40%,节约土地110万亩。建材生产的主要污染物粉尘、二氧化硫排放总量减少20%以上,工业废弃物综合利用量提高40%,年减少天然资源开采使用量1.5亿-2亿吨。重点开发"生态水泥"等绿色建材产品生产工艺及装备,改造提升现有生产能力。

——**交通运输业的主要目标**:加强现有设施和装备的技术改造,提高运输组织管理水平。应用先进技术,开发新材料、新能源、新工艺、新结构、新装备,促进公路、水路交通的可持续发展。调整码头货种结构和车型、船型结构,调整公路、水路企业组织结构和行业管理体制,适应我国加入WTO的需要。

——**铁路行业的主要目标**:掌握最高时速160公里提速技术,形成快速客运网。发展最高时速200公里客运专线技术,建成京沈快速客运通道。成功研制时速270公里高速动车组,开工建设京沪高速铁路。完善货运重载体系,积极发展25吨低动力作用四轴大型货车,提高货车速度,初步形成快捷货运网。大面积推广电力牵引。发展铁路宽带综合业务数据通信网,基本建成铁路综合运营管理信息系统。大力发展安全检测技术,建立集监测、控制和管理为一体的高度信息化的安全监控网络。形成以铁路电子商务互联网为基础的市场营销网络。大力采用交流传动技术,实现牵引动力升级换代。积极发展动车组和摆式列车。通信信号实现数字化、网络化、智能化、综合化。铁路勘测设计实现一体化、智能化,积极采用先进的施工技术和装备。掌握青藏铁路建设技术。到"十五"末期,铁路主要技术装备要接近20世纪末国际水平。

——**邮政行业的主要目标**:大幅度提高全网信息化水平,以信息技术应用为重点,加快邮政综合计算机网应用系统的开发、建设和应用,加强信息技术在传统邮政业务、邮政金融业务和企业管理中的应用。邮政综合计算机网联通邮区中心局生产场地比例达到100%电子化营业局所比例达到70%。185客户服务中心综合服务覆盖城市比例达到100%;邮政储蓄网点电子化率达到93%,其中异地联网达到66%。进军现代物流业务,加速邮政实物传递网的技术改造和升级,大幅度提高邮政作业机械化、自动化水平。信函邮件上机分拣率达到70%,扁平状邮件上机分拣率达到65%,包状邮件上机分拣率达到85%,集装箱使用率达到60%,给据邮件条码识别率达到98%。

"十五"期间投资200亿元12个重大科技专项启动

科技部近日宣布全面启动实施12个重大科技专项,在3年到5年内使中国在若干科技领域取得重大突破并实现产业化。

科技部确定了在"十五"期间组织实施超大规模集成电路和软件、电动汽车、创新药物与中药现代化、奶业发展、节水农业等12个重大科技专项。

这12个重大科技专项与中国加入世贸组织面临的竞争以及国民经济结构战略性调整所要解决的问题关系密切,是"十五"科技工作的重中之重。

12个重大科技专项的实施将涉及19个部门和22个省市,在"十五"期间预计总投入近200亿元,其中国家财政将拨款60多亿元,部门、地方和企业配套近140亿元。据初步统计,12个重大专项在全面完成时将取得2000个以上的专利。

中国石油"十五"将新建管道逾万公里

中国石油"十五"期间将新建长输管道总长度在1万公里以上,"十五"末实现四大气区天然气全面东输,同时建设成品油管道和原油管道,确保原油供应的战略安全。

"十五" 期间中国石油将重点建设的油气管道包括西气东输工程、忠武管线、陕气东输二期工程、兰成渝成品油管道和进口俄罗斯原油管道。通过建设西气东输、忠武等天然气管道工程,加上已经投产的涩宁兰和陕京管线,"十五"末期将实现四大气区天然气全面东输。

此外,中国石油还要建设兰成渝成品油管道,为西北成品油区外销售打开新的渠道;通过建设进口俄罗斯原油管道,打通第二条原油进口渠道,确保原油供应的战略安全。在此基础上,在2006至2015年期间,中国石油还计划建设俄罗斯东西伯利亚经沈阳至北京和大连的天然气干线,以及配套的支线和储气库。到2015年争取在全国形成"一横一纵"的大干线和六大区域性管网。"一横一纵大干线"指的是长约4000公里的西气东输工程和输气能力达到300亿方/年的俄罗斯东西伯利亚经沈阳至北京管线。“六大区域性管网”即西南管网、西北管网、东北管网、中南管网、华北管网和长江三角洲管网。

重矿行业提出“十五”科技攻关项目

重型机械行业“十五”科技发展和开发的攻关项目,包括以下四个方面:

一、“十五”重大装备国产化技术开发建设项目

1. 薄板坯连铸连轧成套设备,“十五”补列薄板坯连铸机。

2. 大型冷连轧机成套设备及关键技术研制。

3. 冶炼洁净钢的大型高效技术装备的研制。包括100t以上的超高功率(交、直流)大电炉、铁水三脱装置、二次精炼设备及高效连铸。

4. 3m宽厚板轧机和宽厚板连铸机的研制。

5. 4000t/d干法水泥生产线关键设备的研制。

二、国家财政贴息贷款技术改造项目及冶金装备国产化研制建设项目

1. 冷、热连轧机关键辅机的研制,包括剪轧机、打捆机、卷取机、开关机。

2. 高速线材轧机关键设备的研制,包括精轧机、吐丝机、线材打捆机。

3. 高效连铸机关键设备的研制,包括结晶器、液压振动装置、电磁搅拌装置。

三、适应西部大开发需要的大型关键设备的研制项目

1. 为西线南水北调,铁路、公路隧道的需要,开发9m左右的盾构式隧道掘进机。

2. 为西气东输需用的大直径天然气管道,开发大直径的直缝埋弧焊管机组。

3. 开发大型基础施工设备,包括切槽宽度1.5–3m的水平双轮铣槽机、1–1.5m多轴式连续墙钻孔机、无导杆式液压抓斗、1–2m回转斗、全套管钻机、多功能成孔机、1.5m斜孔钻机。

四、能源有效利用的节能降污染示范装置

1. 沸腾床水煤气炉示范站。

2. 年产50万t焦炭的新型捣固焦炉设备。

3. 燃油和燃气的节能和降污染装置。

仪器仪表行业确立“十五”高技术产业化项目

由国家计委和科技部编制的《当前优先发展的高技术产业化重点领域指南》138个项目中,需要仪器仪表行业攻关的有6项。高技术产业化包括两个方面的任务:一是发展高技术,形成新兴产业,培育新的增长点;二是利用先进技术改造和优化传统产业,提高经济增长的质量。

1. 基于现场总线技术的全开放分散控制系统及智能仪表

近期产业化的重点是:逐步形成基于现场总线的控制系统的规模化生产,特别是智能仪表、通信设备以及通信软件、监控管理软件、先进控制软件和系统集成软件等产品,提高其质量水平和可靠性及市场竞争力,并建设相应的自动化控制应用示范工程。

2. 新型传感器

新型传感器不仅追求高精度、大量程、高可靠、低功耗和微型化,而且向着集成化、多功能和智能化发展,以满足工业、农业、国防和科研等各个领域的需求。近期产业化的重点是:性能好、技术先进的力敏、磁敏、光敏、热敏、气敏、湿敏、离子敏传感器及红外传感器、光纤传感器等,并逐步实现规模化生产。

3. 智能化工业控制部件与执行机构

自动调节阀主要应用于炼油、化工、石化、冶金、电力、制药、航空、环保和轻工等行业的自动化控制系统,用于控制液体、气体、蒸汽及颗粒状介质的流量、温度、液位和压力等。随着控制技术的发展和生产的强化,对高性能工业控制部件和执行机构的要求越来越高。近期产业化的重点是:逐步形成配有相应硬、软件的智能型阀门定位器和电动执行机构及无纸记录仪等自动化仪表的规模化生产。

4. 环境与污染源监测仪器及自动监测系统

近期产业化的重点是:开放生产污水流量测量及比例采样、COD、BOD、总悬浮物酸度以及烟尘烟气等在线自动检测仪器系统;大气环境及水源地水中典型污染物的连续自动检测仪器及系统;规模化生产污染事故应急监测仪及报警器、便携式现场快速直读型测量仪等。

5. 城市污水处理利用成套工艺设备中的仪表自动化控制系统

近期产业化的重点是:发展适合国情、低投资、低成本、低能耗、已基本成熟的污水处理利用成套工艺设备中的自动化控制系统及现场仪表,逐步实现规模化生产。

6. 炼钢转炉煤气净化回转成套装置中的仪表自动化控制系统

近期产业化的重点是:通过对引进先进技术的吸收与自主创新,进一步提高转炉煤气回收成套设备的自动化与安全前控装备水平,包括炉口微压差和其他自动调节系统、煤气成分自动分析监控系统、煤气净化与回收计算机控制系统、大型煤气流量测定系统的优化设计、系统集成、定型产品以及大管径快速三通切换阀、新型水封阀等成套设备的产业化。

中国“十五”将建设一批天然气发电厂

中国将在“十五”期间建设一批天然气发电项目,总装机容量为7930MW。根据电力市场及调峰需求,天然气发电项目将在河南、江苏、上海和浙江重点布局,其中河南省装机容量600MW,江苏省装机容量2400MW,上海市装机容量1500MW,浙江省装机容量900MW,总计年耗天然气45亿m^3,约占“西气东输”供气量的40%。

国家电力公司提出,“十五”期间安排的天然气发电项目,主要是对老电厂进行改造扩建,并对现有燃油机组进地燃气改造。正在开展前期工作的项目有:河南郑州热电厂改建工程、江苏望亭电厂扩建工程、江苏戚墅堰电厂改造工程,上海闸北电厂以气代油工程和浙江半山电厂以气代煤工程。

新疆至上海的4000km输气管道，将从2001年开始铺设，2005年实现供气。河南、江苏上海和浙江是东输之气的主要市场，具备建设气电基本条件。

中国将投8.2亿元攻关渤海油田勘探技术

中国将在“十五”期间(2001—2005年)投资8.2亿元人民币，用于“渤海大油田勘探开发关键技术”攻关，此项技术有望帮助渤海大油田年产石油能力由去年的560万吨上升到2005年的2100万吨。

渤海海域是华北含油气盆地的组成部分之一，海域可供油气勘探的面积和这3个油田的总和相当，为5.3万平方公里，有巨大的油气资源潜力，预测资源量97亿吨，但其勘探开发的地质构造、环境条件等方面存在众多急需解决的技术难点。

“渤海大油田勘探开发关键技术”旨在形成具有中国自主知识产权的近海油气勘探开发成套技术，为渤海大油田新增探明储量5亿吨、年生产能力2100万吨以上和采收率提高1%—5%等提供高技术支撑。

中国食品工业“十五”发展规划发布实施

为指导“十五”期间中国食品工业持续、快速、健康发展，由国家计委、国家经贸委、农业部联合制定的《全国食品工业“十五”发展规划》(2001年-2005年)近日向全社会公开发布实施。

《规划》提出，“十五”期间，中国食品工业发展要以市场需求为导向，加大结构调整和企业技术创新，加强食品质量安全监管力度和食品质量安全检测体系建设，合理进行产业布局，加快食品工业的调整和发展，并使之成为新的经济增长点，并初步建立现代食品工业生产和市场体系，促进食品工业可持续发展。

《规划》提出的“十五”期间中国食品工业发展的主要预期目标是：在结构调整和提高经济增长质量的前提下，食品工业增加值年平均增长率为8%左右；努力扩大深加工和高附加值食品的出口，出口创汇年平均增长8%，提高重点出口企业的国际竞争力；逐步建立合理的膳食结构，并根据合理膳食的要求，调整食品工业产业结构；优化产品结构，不断开发新产品，提高产品质量和档次，增加花色品种；形成高效的食品质量安全监控体系。

此外，《规划》中还确定了“十五”期间中国食品工业的发展重点，分别为大豆加工业、玉米加工业、马铃薯加工业、乳品加工业、肉类加工业、制糖工业、果蔬采后贮运加工业、饮料工业、方便食品和功能性食品、水产加工业、食品加工与包装机械业。

科技部“十五”新材料发展重点

科技部在“十五”总体安排中的重点新材料有：以光电子材料、电子信息材料、微电子材料为主体的信息材料；功能材料，具备有材料功能支撑方面的发展；结构材料。

光电子材料包括三方面的工作：一是新兴光电子材料的发展；二是通用光电子材料的发展；三是面向信息获取所需要的材料。

功能材料涉及到生态环境、能量转换和能量储存、稀土、信息功能、生物医药、催化、分离膜以及材料设计。

结构材料领域主要是高性能金属结构材料，先进陶瓷结构材料，高性能高分子结构材料，低成本复合材料、先进建筑材料以及材料的表面处理技术等，还有整个材料的设计、评价和预报。

数字图书馆工程将全面实施

投资11.42亿元的中国数字图书馆工程即将实施。被列为国家“十五”计划重点建设项目的这一工程以国家图书馆为核心，通过网络沟通全国各主要信息资源中心，实现文献信息资源共建共享，将建成世界上最全面的中文信息中心。

地区重点项目投资建设情况

北京市重点项目投资建设情况

北京2002年投资362亿建设60项重大工程

北京市2002年将投入362亿元用于60项重大工程建设，其中城市交通建设和环境治理工程占了大头，分别为12项和15项，奥林匹克公园也将斥资20亿元启动。

这60项重大工程项目总投资额为1392亿元，其中2002年计划投资额达362亿元。

城市交通方面，北京市投资总额超过524亿元。具体项目包括：北京市城市快速轨道交通工程（即轻轨工程）、地铁八通线、地铁五号线、德外大街、莲花池东路西延、地区路网加密、京承高速公路一期（四环路——高丽营）、东直门——西直门——动物园公共交通枢纽以及五环路、六环路等。

环境治理方面，北京市将投资204亿元用于15个项目。具体工程有：清河污水处理厂、清河污水截流工程、凉水河污水截流工程、吴家村污水处理厂及配套管线工程、小红门污水处理厂及配套管线工程、陕甘宁天然气进京市内工程、马草河整治、转河综合整治、温榆河污水截流工程等。

12项大型标志性公共建设包括投资20亿元的奥林匹克公园，总投资额为12亿元的首都博物馆新馆，总建筑面积达118万平方米的北京商务中心区（CBD），以及已于近日开工的工程，包括北京儿童医院门诊楼、北京长庚医学园区、北京电视中心一期工程、中国电影博物馆等建设项目。

北京重大工程建设取得显著进展

2002年北京城市轨道交通建设进度加快，进入持续发展阶段。按照北京市委、市政府关于“2002年要以地铁轻轨、道路建设为重点，继续加快城市交通建设”的要求，北京狠抓了城市铁路、地铁“八一通”线、地铁五号线的各项建设工程。目前，城铁西线在2002年9月28日通车后，运营状态良好，保持每天高峰小时运量为5000人次左右。城铁东线确保2003年1月28日竣工通车，届时，北京城市铁路全线贯通。

地铁“八一通”线工程已完成土建工程量的80%，正在组织全线铺轨和设备安装，计划2003年12月份竣工通车；地铁五号线工程，从刘家窑站到和平里北街站长约12公里共12座地下车站及区间，目前已开工建设，其余工程2003年开工。

在地铁建设中，首次应用盾构施工技术并正式投入使用取得成功经验。2002年北京市地铁轻轨新建施工里程已达到72公里，为北京市轨道交通建设打开了新局面。

高速公路和城市道路建设取得丰硕成果。高速公路建设在2001年竣工100公里后，2002年进入快速发展阶段，形成了五环、六环、京承三条高速公路同步施工的大干局面。2002年10月底前，五环路二期（八达岭高速粟京原路）和三期（机场高速路——京津塘高速路）、六环路（胡各庄——西沙屯）以及京承高速路一期工程先后竣工通车，2002年高速公路通车里程已达128公里，再创历史最好水平。

与此同时，城市道路建设也有长足发展。德外大街、远大路、万泉河路、宣内大街、交东大街等一批城市主干道和快速路联络线竣工通车。

从危旧房改造看，东直门南北小街、二龙路西街、文兴东街、枣林前街、南北花市大街等总计28条约35公里的城区路网工程相继竣工，同时还完成了二环路改造工程。对三环路的全面维修改造目前已开工，2003年底竣工。这些道路工程的建成通车，为完善城市路网结构、缓解城市交通压力、改善通行环境，整体提升北京市交通运行质量和加快城乡一体化进程发挥了重要作用。

通过近几年的努力，北京市委、市政府提出的“高速公路、城市主干道及快速联络线、城区路网加密”三大道路系统的建设格局已经形成。

北京奥运会场馆建设规划情况

2008年北京奥运会场馆建设将分为3个阶段。

2002年5月到2003年6月,是前期准备阶段。主要工作是:组建工程建设机构;确定奥运会场馆总体规划及奥林匹克公园、五棵松体育中心两个区域的规划;进行项目业主的招投标;确定单体建筑方案并绘制施工图。

2003年6月到2006年6月,各项目将陆续进入建设阶段。这个阶段北京面对的挑战是奥林匹克公园的施工问题。由于工程复杂、多个工地同时开工,对施工管理工作的要求很高。在这个阶段,组委会还将完成奥运会的初步运作计划。

2006年7月到2007年底,属于调整和测试阶段。这一阶段所有奥运会运行需要的临时设施将安装到位,并对场馆按照奥运会运行计划进行测试,不断改进直至适应奥运会的比赛要求。

北京奥运会将使用37座比赛场馆,59座训练场馆。比赛场馆中,32座位于北京地区,另外5座分别位于青岛、上海、天津、沈阳和秦皇岛5个城市。在北京地区的32座场馆中,新建19座(其中6座是临时建设项目),改扩建13座。比赛场馆大体分布在4个区域内:奥林匹克公园,有14座场馆;五棵松体育文化中心,有3座场馆;"大学区"和"北部风景旅游区"安排6座场馆;其余4座改扩建场馆也位于市区内。

天津市确定2002年重点建设项目

2002年天津市固定资产投资将突破800亿元,年度确定重点建设项目53个,投资200亿元建设竣工天津图书城、博物馆、泰达广场、洞庭路跨海河大桥、丰田汽车、锂电子电池等重点项目;加大对摩托罗拉二期、天钢东移、津滨轻轨、第三中心医院扩建等在建结转项目投入;开工建设无缝钢管二期、干细胞产业化基地、双港垃圾焚烧电厂、天津港东突堤北侧集装箱码头、国际会展中心、移动通信扩容、月牙河治理等重点项目。

天津港两项投资为25.2亿元的北大防波堤工程、东突堤北侧码头集装箱化改扩建项目前期工程已同时开工。天津港北大防波堤工程,投资6.5亿元,全长10公里,建成后可扩大东部新港区面积,这个项目的建设将掀开天津港发展建设的崭新篇章。东突堤北侧码头集装箱化改扩建项目前期工程将原有的6个万吨级杂货泊位改造为4个集装箱泊位,工程投资18.7亿元,2003年12月完工。

河北省重点项目投资建设情况

河北省将投资约450亿元建设省内立体交通间架

河北省"十五"期间将投资450亿元用于省内立体交通间架的建设,更好地发挥交通在经济发展中的引擎作用。

公路建设将投资300亿元。主要包括新建京承(德)河北段等四条高速公路,续建京张(家口)、京沪等工程,改造西北部山区及坝上干线公路,加快发展农村公路和旅游公路,实现县县通二级路、乡乡通油路、村村通公路。届时,省会石家庄和各省辖市之间实现高速公路半日通达,和京津及周边省会城市之间实现高速公路快速通达,国道省道全部油路化。

铁路建设将投资约68亿元,以配合京沪高速铁路、石太线提速等省内重点干线建设和改造。

72亿元用于港口建设,具体有9大项目,涉及京唐港、黄骅港、秦皇岛港等建设项目新建与续建。

此外,石家庄机场扩建、秦皇岛新机场筹建等6项机场项目将投资约10亿元,另有近4亿元用于投资天然气输气管线的建设。

河北廊坊开发区39个重点项目开工

2002年廊坊经济技术开发区39个项目同时开工。这39个重点项目,包括多元信息终端、纳米标谱测试技术等一批高科技含量项目。项目总投资11.2亿元。其中,利用外资项目17个,合同利用外资5713万美元。

据了解,到今年4月底,开发区已累计有来自美国、日本、韩国、瑞典、荷兰等23个国家和地区的700多家客商投资建厂,项目总投资达到220亿元,其中外资项目135个,合同投资额6.8亿美元;投资亿元以上的项目34个,总投资额120亿元;工业企业项目230余个,总投资90亿元,已初步形成机械电子、食品、新型建材、轻工纺织、生物制药等五大主导产业。

石家庄确定2002年50项重大建设项目

石家庄市"十五"期间重大建设项目已经确定,冀中水泥、龙腾纸业泛亚有限公司微量涂布纸、石家庄市轨道交通等50项重大建设项目将优先建设。这50项重大建设项目主要集中在工业、基础设施和资源综合利用、高新技术产业化、市场和旅游、农业产业化及生态建设等5个方面,总投资997亿元。其中工业重大建设项目10项,具体为:冀中水泥、微量涂布纸、石家庄制药综合改造、华北制药综合改造、石家庄钢铁公司综合改造、石家庄炼油厂综合改造、西柏坡发电公司三期扩建、华能上安电厂三期扩建以及张河湾抽水蓄能电站等。基础设施和资源综合利用重大建设项目10项,具体为:石家庄市轨道交通、热电扩能改造、石家庄城市交通工程、污水治理工程、石家庄市天然气综合利用工程、粉煤灰利用及新型建材、西南外环高速公路、开发区基础设施以及省会"城中村"改造等。另外,还有高新技术产业化重大建设项目10项;市场和旅游重大建设项目10项;农业产业化及生态建设重大建设项目10项。

山西省确定28项重点工程

3月25日,山西省确定2002年的重点工程为28项,重点预备项目20项。投资额将达170亿元以上。这些项目有:

万家寨引黄工程

大运高速公路

黄河水源太原供水工程

阳涉铁路二期

汾河上游治理工程

大同飞机场

大同一电厂热电联产项目

山西博物馆

山西邮电综合业务楼

长(治)邯(郸)高速公路

运(城)三(门峡)高速公路

神头二电厂二期扩建工程

太原二电厂热电联产项目

大同小营500千伏输变电工程

太原理工大学多功能文体中心

太钢50万吨不锈钢系统改造工程

山西焦化厂30万吨焦油加工工程

大同汇海400万吨水煤浆工程

山西省在加大固定资产投资力度的同时,进一步加强重点项目建设,及时到位的资金和有序的工程进度,表明山西省重点工程建设进展顺利。

据山西省统计局调查资料显示,2002年1月至7月,山西省正式施工的28个重点项目(包括2个国家级重点项目和26个省级重点项目)共完成投资82.8亿元,比去年同期增长3.3%,拉动投资增长7.4%,成为推动全省投资快速增长的主要因素。另外,1-7月份,山西省重点建设项目累计到位资金84.7亿元。资金到位率达51.8%,高于去年同期8.1个百分点。建设资金的及时到位,保证了山西省重点工程的施工进度。截至7月底,山西重点工程中1/3的项目已完成计划的50%多。

内蒙古:全面推进"十大工程"

内蒙古自治区在西部大开发进程中全面推进"十大工程"。

1. 交通建设工程:主要以公路建设为重点,力争建成"三横九纵十二出口"公路干线网。近期主要是加快建设另一条呼和浩特到包头高速公路、呼和浩特经集宁到老爷庙高速公路,加快集宁到张家口、锡林浩特到桑根达来(锡桑)、赤峰到大黑山、呼和浩特到准格尔铁路前期工作。

2. 水资源开发和节水灌溉工程:在突出抓好水源开发、大江大河治理、节水灌溉和人畜饮水四大工程的同时,抓紧建设河套灌区节水改造和几个大型控制性水利枢纽建设,修复和兴建黄河、辽河、嫩江干流和重要支流的防洪工程。坚持不懈地搞好农田草牧场基本建设,积极推广节水灌溉措施,努力建设好30个国家级节水示范县。

3. 城市基础设施建设工程:能源建设以"西电东送"工程为重点,加速煤电转换,加快呼和浩特市电厂扩建、托克托电厂一期工程、准格尔电厂二期工程、达拉特电厂三期工程等大型项目的建设进度。

4. 生态建设工程:"十五"期间,按照建设北方生态防线这一总体目标,内蒙古将重点抓好黄河中上游水土流失和风蚀盐碱治理区、京津周边内蒙古沙源治理区、大兴安岭天然林资源保护区、呼伦贝尔和锡林郭勒草原保护治理区四个重点区域的生态建设,力争五年内基本遏制上述地区乃至整个内蒙古生态恶化的趋势。

5. 信息网络工程:以信息技术应用、信息产品开发为重点,充分做到"创新体制、完善基础设施、开发信息资源和提升制造业"。

6. 生物高技术工程：充分发挥资源优势，利用生物制药技术，加快开发具有内蒙古优势的中蒙特色生化药品、新兴特效药品和保健药品；利用微生物和酶工程技术，开发高档食品添加剂和新型饲料添加剂。加快胚胎移植和人工授精等技术的推广应用，加速牲畜改良，力争使内蒙古成为全国最大的良种牛冷冻精液颗粒生产基地、肉牛胚胎移植基地和羊胚胎移植基地。

7. 结构调整和产业升级改造工程：通过进一步的结构调整和产业升级，努力实现在发展竞争力强的特色经济上、在资源产业的优化升级上、在国有经济的战略性调整上、在发展非公有制经济上实现新突破。

8. 教育文化基础建设工程：重点实施贫困地区义务教育、高校扩招、素质教育、基层文化设施建设和人人享有基本卫生保健服务等五大工程。

9. 草原文化旅游工程：重点开发呼伦贝尔、锡林郭勒两大草原旅游区；围绕蒙古民族文化、辽文化和草原文化三大主题，建设一批文化标志工程，继续建设成吉思汗陵、五当召等重点历史文物景点，适时开拓沙漠旅游新景区，完善旅游景区基础设施建设，争取把旅游业培育成为内蒙古经济新的增长点。

10. 农村牧区小康村建设工程：重点加强扶贫开发工程、小康住房工程和农村牧区"五通"工程建设；进一步改善贫困地区群众的生产和生活条件，实现稳定脱贫；通过扩大消费信贷，引导农牧民增加住房建设投入，帮助农牧民建造瓦房；在合理调整村(嘎查)布局的基础上，加快农牧区通水、通电、通话、通路、通广播电视"五通"工程建设。

2002年，全区工业重点项目计划完成投资201.14亿元，其中内蒙古自治区工业重点项目完成投资105.09亿元，盟市工业重点项目完成投资96.04亿元。各盟市计划完成投资差距较大，投资最多的为鄂尔多斯市，计划完成投资40.3亿元。投资最少的为兴安盟，计划完成投资3.95亿元。

辽宁省重点项目投资建设情况

辽宁省2002年在建项目

项目名称：彰桓线公路改、扩建
项目单位：铁岭市公路管理处
投资总额：9988.00万元
建设周期：2003至2004年

项目名称：昌威线公路改、扩建
项目单位：铁岭市公路管理处
投资总额：4159.00万元
建设周期：2004至2005年

项目名称：油母页岩热电厂新建工程
项目单位：抚顺矿务局
投资总额：96363.00万元
建设周期：2002至2004年

项目名称：页岩炼油厂扩建工程
项目单位：抚顺矿务局
投资总额：78930.00万元
建设周期：2002至2004年

项目名称：三道湾水利枢纽工程
项目单位：丹东市水利局
投资总额：25200.00万元
建设周期：2001至2004年

项目名称：丹东朝韩日边境地贸易
项目单位：丹东市仁帅房地产开发有限公司
投资总额：18000.00万元
建设周期：2001至2003年

项目名称：直径2500毫米环轧机自动生产线开发研制项目
项目单位：丹东市供销商业(集团)公司法兰制造总厂
投资总额：3311.00万元
建设周期：2001至2002年

项目名称：凤城市石桥电站项目
项目单位：凤城市水利水产局
投资总额：4998.00万元
建设周期：2001至2004年

项目名称：黄土坎牙鲆鱼工厂化养殖项目
项目单位：东港市黄土坎农场
投资总额：5224.00万元
建设周期：2000至2001年

沈阳100亿打造浑南新区

沈阳浑南新区明年建设的总体规划：新增固定资产50亿元，基础设施新增资产33亿元，进区项目新增资产17亿元，打造一个全新的新浑南。

29项基础设施投资22.4亿元

浑南新区已制定了明年基础建设总的计划盘子，主要安排

10大类29个项目,总投资额22.4亿元。重点项目有:

1. 道路工程。主要进行浑南大道和沈南大道建设,完成5公里里程,使上海浦东居住区、韩国SR新城、中央商务区、大学城之间的浑南大道全部贯通。

2. 桥梁工程。主要进行富民桥续建、浑南大道张官河桥和杨官河桥建设工程。

3. 源头工程。建设水源、电源和污水处理源。其中计划投资6000万元,建设5万吨/日水厂;计划投资9000万元,建设4万吨/日污水处理厂;计划投资2亿元,完成张官变——浑河变之间6.6万伏高压线入地工程。

4. 治河工程。主要包括浑河桥至工农桥长5.7公里的南堤工程;长青桥至东塔桥南北岸5公里护岸工程。

另外,还新建两个模块局、16.8公里的电信工程;续建浑河公园,建设甬路、广场和景点,计划投资500万元;新区道路两侧亮化工程,建设规模10公里,投资1500万元。

18亿元启动商务中心区

浑南商务区占地2.6平方公里,基础设施计划投资18亿元。商务中心区的空间结构由一个中心轴,一个沿海带和5个功能区组成。

1. 以中心区中央大街(也是中央公园)为中心轴。中央大街与沈阳古城故宫大政殿位于同一中轴线,其标准超过世界闻名的美国纽约公园大道、法国巴黎香榭里舍大街,将成为国际最著名的大街和新世纪、新沈阳的标识和象征。而中心区文化行政办公建筑布置在中央街两侧、浑南大道以北、浑南大道南侧建立以综合购物、娱乐为一体的中央购物公园。

2. 沿河带是指沿浑河和机场高速路,建立以商业、金融、贸易、商务办公为主体的带型中心商务区高层建筑群,使商务办公区高度集中。

3. 5个功能区是指以中轴市级行政为主体的行政文化区;以购物公园为中心的商业娱乐区;以宾馆、酒店、写字间为主的商务办公区;以及配套建设的商业住宅区和博览会展区。

引进项目是开发浑南的核心

浑南新区初步确定明年开工建设100个项目,其中内资77个,外资23个;落地项目207个;跟踪洽谈450个项目;重点包装71个项目,重点发展项目45个。

吉林省重点项目投资建设情况

吉林市启动百项重点项目

吉林省吉林市规划并开始实施“十五”计划期间的百项重点工程,涉及到高新技术、传统产业、改造升级、农业产业化、城乡基础设施、生态环境建设、能源交通等领域。项目规划总投资额587亿元,占吉林市“十五”计划期间800亿元计划投资总量的73%。

2002年,规划的百项重点工程将开工建设63项,规划总投资300亿元,当年计划完成80亿元。在当年开工的项目中,续建项目41项,新开工项目22项。同时,各方面正在积极招商,努力引进其他带资项目,增加固定资产投资,拉动吉林市的经济增长,培育发展实力。

长春市20亿资金投向30个重点项目

2002年长春市加大固定资产投资力度,投资较上年增长12.3%,其中20多亿资金投向30个重点项目。初步安排的30个重点项目有四个主要方向:

1. 是围绕主导行业,重点抓好一汽大众宝来A4投产和奥迪A6改型、华禹光谷等一批重点项目建设;

2. 是加快基础设施项目建设。重点搞好长春国际机场、绕城高速公路北段、热电二厂二期、石头口门水库扩容等项目建设,启动轻铁二期、长春铁路客运站北站及北广场、北人民大街建设工程;

3. 是抓好公益设施建设。加快长春大学城、伪满皇宫改造复原、长春科技馆等工程建设;

4. 是做好重大建设项目的筹划和储备。重点搞好南环路以南、铁北及新机场一带的新项目规划,适时启动。

黑龙江省重点项目建设进展情况

黑龙江省重点公路工程进展顺利

黑龙江省重点公路工程2002年交工项目进展顺利。

大齐公路,路基工程全部完成;桥梁工程除团结小桥正在进行加固试验外,其余中小桥全部完成;砂砾垫层全部完成;砾上基层完成90.9公里,占总量的85.3%。

齐甘公路,路基工程全部完成;排水防护工程全部完成;面层完成80.663公里,占总量的94%;大、中小桥、涵洞工程全部完成。

佳七公路，路基工程全部完成；面层完成106公里，占总量的80%；排水防护工程完成108公里，占总量的66%；绿化工程完成68公里，占总量的50%。

林肇公路，路基工程全部完成；基层完成57.5万平方米，占总量的92%；沥青砼面层完成20公里，占总量44%；桥梁工程和涵洞工程全部完成；排水工程完成4公里，占总量的15%，水泥砼面层完成500米，占总量的3%。

肇肇公路，路基工程全部完成；砂砾垫层全部完成；底基层全部完成；基层全部完成；面层完成43.18万平方米，占总量的62%；桥梁、涵洞工程全部完成。

哈尔滨市重大项目进展顺利

哈尔滨市2002年重点推进的30个重大高新技术产业化项目进展顺利，部分项目有所突破。

这30个大项目均为2002年申报的新项目，包括10个重大科研攻关项目、10个高新技术产业化项目和10个重大高新技术改造传统产业项目，项目实现产业化将对全市经济起到较大牵动作用。

10个重大科研攻关项目全面启动，目前已进入研发阶段。高压大功率变频调速装置、254厘米大屏幕背投影电视机、直线电机驱动电梯等项目已进入样机试制阶段，其他项目也都在关键技术攻关上取得明显进展。

10个高新技术产业化项目已全面推进。截至5月末，数控等离子切割机、18信息无绝缘移频自动闭塞系统、焊接自动化系统集成、铜基无银无镉合金材料等项目已完成投资近2.6亿元，基本具备了试生产条件。

10个重大技术改造传统产业项目完成阶段性目标。截至目前，共获得国家贴息2亿多元，1.3升4G1系列发动机、抽水蓄能机组改造等项目已完成设备招标，部分设备开始安装调试。

上海市重大工程投资建设情况

上海2002年重大建设项目

上海2002年预计投资524亿元，共安排建设7大类、39项、76个单项工程，计划建成或基本建成工程26项，开工22项，并宣布苏州河综合治理一期工程为“一号工程”，这是上海有史以来第一次把环境保护项目列为“一号工程”。

随着重大对外交通枢纽、轨道交通、高速公路、越江设施等“十五”规划项目全面启动或投入建设，上海新一轮建设全面进入高潮。在今年的重大工程项目中，电子、汽车、化工、钢材四大基地建设项目超过了重大工业项目的70%，并将集中全市70%的工业投资。而环境建设项目也将占到项目总数1/5左右。

2002年还将有沪芦、新卫、郊环高速公路，肇嘉浜排水系统、竹园污水处理厂，安亭镇建设道路配套、松江出口加工区二期，90万吨乙烯、聚碳酸酯(PC)，南市、杨树浦水厂改造等22个项目开工建设。此外，市民关注的一批项目年内将实现重大节点目标，其中磁悬浮示范运行线进入列车调试、莘闵轻轨设备安装调试、共和新路综合工程高架和地面道路通车、沪闵高架二期地面道路建成、大连路隧道完成双线盾构推进、西气东输管网完成首站和门站设备安装。

2002年计划建成的重大工程项目有：

苏州河综合治理一期、外环线浦东段、外环隧道、外高桥港区四期、沪青平高速公路一期、同三国道上海段、莘奉金高速公路、龙泉港及东海港疏浚、张江高科技园区市政配套、泰隆半导体、农村电网改造二期、白龙港中线西段、浦东生活垃圾焚烧厂、江桥生活垃圾焚烧厂、大中华绿地、环城绿带100米林带二期、古城绿地、四川北路绿地、不夜城绿地、金山出海闸、太浦河上海段、长桥水厂改造、外高桥造船基地、上海展览中心改造、中国残疾人体育艺术培训基地。同时，沪太路改建基本建成。

2002年上海将建成重大市政工程20余个，重大基础设施建设布局将由内向外全面发展，形成“引导型发展”的格局。上海城市建设的总体特征定位于：以对外交通枢纽为点、以高速公路和轨道交通线路为网，重大基础设施建设在6340平方公里的空间展开；在中心城综合交通改造中，以次干道、区域网的完善，支撑主干道、骨架网的运行。

一批关键性重大项目全面启动：

上海第二客站、上海港国际客运中心、浦东国际机场第二跑道等具有对外集聚辐射功能的海、陆、空主要枢纽项目；郊环南段和东南段、沪青平二期、沪芦、嘉金、新卫、亭枫等长达235公里的7个高速公路项目；地铁2号线西延伸段等长109公里的5个轨道交通项目；人民广场、徐家汇、五角场等一批公交换乘综合枢纽项目的实施，城市辅环翔殷路越江工程等。

江苏省重点项目投资建设情况

江苏省推出重点旅游项目

"十五"期间,江苏省13个省辖市将着力打造一批旅游新景点,其中重点旅游项目达70多个。

江苏省旅游部门根据最新制定的《江苏省旅游发展总体规划》,重点建设一批旅游发展新项目,其中以发展文化观光、度假休闲、商务会展和专项旅游产品为主,从而培育一批大型的旅游景区和景点,形成新的旅游热点,如苏州古城环城水上旅游线、大运河国家博物苑、润扬大桥旅游区、盐城生态湿地国家公园、中国军事文化大观园以及东方好莱坞影城等。

为了加快旅游项目建设进程,江苏省对凡是符合国家产业政策发展的领域、国有投资可以进入的领域、外商投资能够进入的领域,都应鼓励和允许民间资本以独资、合资、合作、联营、参股等多种方式参与旅游项目的开发,以整合旅游资源,增强江苏旅游竞争力。

江苏2002年投资220亿元建交通基础设施

2002年江苏省将完成交通基础设施建设投资220亿元,新增高速公路通车里程260公里,完成干线公路通车里程900公里。

2002年,江苏省将确保汾灌和连徐、宁靖盐高速公路二期工程按期建成,全力推进润扬长江公路大桥和宁杭江苏段、京福徐州东绕城段、徐宿、通启、扬州西北绕城、常州至江阴、江阴至太仓、苏嘉杭、锡宜等高速公路建设;

全面开工建设盐通、宿淮高速公路,新开工建设苏州绕城、南京至淮安、淮安至盐城高速公路和苏通长江公路大桥、南京第三长江大桥。

此外,还将切实做好网化工程扫尾工作,启动新一轮国省道干线公路网改造,全年将完成干线公路改造通车900公里,加快地方一般公路项目建设,逐步推进农村公路等级化和通达深度。

浙江省重点项目投资建设情况

浙江长电四期一号发电机组正式投产

2002年12月15日,浙江省重点工程、省内迄今为止以大机组取代小机组的最大的电力技术改造项目——长兴电厂四期(技改)工程一号发电机组,顺利完成了连续168小时满负荷试运行,正式投产,作为2002年全省惟一新投产的火力发电机组,为浙江经济的跨越式发展注入了一股强劲的动力。

浙江经济持续快速发展,电力供需平衡不断被打破。为缓解用电紧张状况,一些地方建设了一批煤耗高、效率低、污染严重的中低压火电机组,其中有些机组已运行了20年左右,存在着许多无法修复的事故隐患。总投资达24.1亿元的长兴电厂四期(技改)工程建设的两台30万千瓦燃煤发电机组,将等量替代全省范围内58.4万千瓦的中小燃煤、燃油发电机组,这对调整浙江电源结构、推进浙江经济和社会可持续发展、改善环境质量等将起到积极作用。

该工程计划于2003年8月全部建成投产。全部投产后,年发电量约35亿千瓦时。

亚洲最大液化气中转基地在宁波建成

2002年6月18日,亚洲最大的液化气中转基地——宁波华东BP液化石油气基地站在宁波大榭开发区通过竣工综合验收。

该基地站由宁波华东液化石油气公司和全球500强之一的英国BP石油公司共同投资,总投资为9650万美元,从1998年10月正式开工建设。

该基地站的液化气总储量为50万立方米,年产液化气可达100万吨。投入使用后,该基地站将向宁波及周边地区提供大量清洁能源,从而极大地改善区域能源结构,同时也将使整个华东地区的能源储备能力得到进一步提升。

杭州投资1700亿构筑国际大都市

杭州市将在今后五年内投资1700亿元人民币用于把该市建成长江三角洲仅次于上海的国际性大都市,以无愧于历史赋予的"人间天堂"的美誉。

这一笔投资将直接用于以下十大工程建设:杭州境内三个交通环线和一个大交通圈的交通西进工程;杭州城市新中心——钱江新城建设工程;包括33条路、九座桥、二个隧道、九个入城口整治的市区道路建设工程;运河(杭州段)及市区河道综合整治工程;西湖外围地区的环境保护与发展工程;江东和临平工业区工程;良渚遗址保护和开发工程;全长约195公里的地铁一号线工程;大学城建设工程;作为“购物天堂”重要部分的商业特色街工程。

有关专家指出,随着这十大工程的先后启动,五年后一个新的“天堂”将出现在世人面前。

安徽省交通、电力项目建设情况

交通建设项目22项

1. 高速公路项目8项

项目名称:合肥至杭州公路芜湖——宣城段
建设性质:新建
建设规模:高速公路56.7公里
2002年建设内容:路基、路面工程。

项目名称:京福国道主干线西泉街——朱围子段
建设性质:新建
建设规模:高速公路165.22公里

2002年建设内容:路基、桥涵。
项目名称:界首——阜阳——蚌埠高速公路
建设性质:新建
建设规模:高速公路190公里连接线24公里
2002年建设内容:二、三期工程路面、路基、桥涵。

项目名称:黄山——杭州公路安徽段
建设性质:新建
建设规模:高速公路81.9公里
2002年建设内容:路基、桥涵。

项目名称:安庆长江大桥及北岸接线
建设性质:新建
建设规模:主桥2990米,高速公路路15公里
2002年建设内容:大桥基础,路基、桥涵。

项目名称:北岸接线
建设性质:新建
建设规模:高速公路15公里
2002年建设内容:路基、桥涵。

项目名称:沿江高速公路芜湖——马鞍山段
建设性质:新建
建设规模:高速公路55公里
2002年建设内容:路基、桥涵。

项目名称:合铜黄公路铜陵——汤口公路
建设性质:新建
建设规模:高速公路120公里

2. 其它建设项目14项

项目名称:芜湖长江大桥公路接线
建设性质:新建
建设规模:19公里高速,39.6公里二级公路,立交桥一座
其中:南岸接线立交工程
建设性质:新建
2002年建设内容:路基、桥梁。(2)机场项目(3个)

项目名称:黄山机场扩建工程
建设性质:扩建
建设规模:完善4C级飞行区,增建候机楼10000平方米
2002年的建设内容:航站楼及机场配套工程。

项目名称:空军蚌埠机场迁建工程
建设性质:迁建
建设规模:乙级站场,4C级民航站
2002年的建设内容:扫尾及设备安装。

项目名称:阜阳机场供油工程
建设性质:新建
建设规模:储油容量4500吨
2002年的建设内容:卸油站。

项目名称:岳西——潜山公路二期工程
建设性质:改建
建设规模:二级公路14.45公里
2002年的建设内容:路基、路面。

项目名称:宿松——双河口公路
建设性质:改建
建设规模:三级公路30.25公里
2002年的建设内容:路基、桥涵。

项目名称:六安——毛坦公路
建设性质:改建
建设规模:三级公路51.06公里

2002年的建设内容:桥涵、路面。

项目名称:金寨梅山——古碑公路
建设性质:改建
建设规模:三级公路48.3公里
2002年的建设内容:桥涵、路面。

项目名称:颍上——红星公路改建工程
建设性质:改建
建设规模:三级公路27.92公里
2002年的建设内容:路基、路面。

项目名称:霍山外宾驾厂——白莲岩公路
建设性质:改建
建设规模:三级公路29公里
2002年的建设内容:桥涵、路面。

项目名称:无为——长岗公路改建工程
建设性质:改建
建设规模:二级公路50公里
2002年的建设内容:路基、路面。

项目名称:岳西——潜山公路一期工程
建设性质:改建
建设规模:二级公路6.81公里
2002年的建设内容:路基、路面。

项目名称:枞阳——桐城公路枞阳段
建设性质:改建
建设规模:二级公路23.7公里
2002年的建设内容:路基、路面、桥涵。

项目名称:界临淮公路一期工程
建设性质:改建
建设规模:二级公路8.6公里,大桥一座
2002年的建设内容:桥梁、路面。

电力建设项目31项

1. 续建:

项目名称:安庆电厂一期工程
建设规模:装机2×30万千瓦

项目名称:安庆老峰变等220千伏电网工程
建设规模:220KV246KM750MVA

项目名称:安庆老峰输变电
建设规模:220KV36KM150MVA
2002年建设内容:预计4季度末投产。

项目名称:砀山输变电
建设规模:220KV65KM120MVA
2002年建设内容:投产。

项目名称:广德输变电
建设规模:220KV70KM120MVA
2002年建设内容:投产。

项目名称:铜陵电厂——古圣变II回路
建设规模:220KV6KM
2002年建设内容:投产。

项目名称:220KV合肥永青变电站等电网项目
建设规模:22KV265KM600MVA

项目名称:200KV阜阳-涡阳线开断接入500KV阜东变
建设规模:2×2KM
2002年建设内容:建成。

项目名称:200KV阜阳——太和线开断接入500KV阜东变
建设规模:2×10KM
建设内容:建成。

项目名称:新建220KV太和变-500KV阜东变II线路
建设规模:33KM
2002年建设内容:建成。

项目介绍:改接220KV阜阳—阜2(型集)变线路
2002年建设内容:建成。

项目名称:220KV电网项目
建设规模:220KV淮北二厂—纵楼线路
2002年建设内容:投产。

项目名称:220KV含山输变电
建设规模:220KV10KM120MVA
2002年建设内容:土建结束,设备安装。

项目介绍:220KV合肥永青输变电
建设规模:220KV10KM120MVA
2002年建设内容:土建结束,设备安装。

项目名称:220KV芜湖师专变扩建
建设规模:220KV120MVA

2002年建设内容:投产。

项目名称:220KV 庐江-安庆线路开断分别接入桐城变和老峰变线路

建设规模:220KV80KM

2002 年建设内容:投产。

项目名称:220KV 临泉输变电

建设规模:220KV44KM150MVA

2002 年建设内容:投产。

项目名称:萧县、蒙城等十个 110KV 电网项目

建设规模:110KV213KM303.5MVA

建设内容:五座变电所完工。

项目名称:110KV 肖县城东输变电

建设规模:110KV15KM31.5MVA

2002 年建设内容:变电所土建完,线路架设。

项目名称:110KV 蒙城楚村输变电

建设规模:110KV24KM31.5MVA

2002 年建设内容:变电所土建完,线路架设。

项目名称:110KV 涡阳龙山输变电

建设规模:110KV16KM31.5MVA

2002 年建设内容:投产。

项目名称:110KV 繁昌孙村输变电

建设规模:110KV33KM31.5MVA

2002 年建设内容:变电所设备安装,线路架设。

项目名称:亳州 35KV 汤陵变升压工程

建设规模:110KV12KM31.5MVA

2002 年建设内容:投产。

项目名称:110KV 无为汤沟输变电

建设规模:110KV12KM31.5MVA

2002 年建设内容:投产。

项目名称:110KV 桐城新安输变电

建设规模:110KV23KM31.5MVA

2002 年建设内容:变电所土建完,线路架设。

项目名称:110KV 望江高士输变电

建设规模:110KV18KM31.5MVA

2002 年建设内容:投产。

项目名称:110KV 来安十二里半输变电

建设规模:110KV56KM20MVA

2002 年建设内容:变电所土建完,线路架设。

项目名称:通信及二次系统专项工程

2. 收尾:

项目名称:洛河电厂 50 万间隔扩建

2002 年建设内容:建成。

项目名称:安徽省城网建设改造工程

2002 年建设内容:收尾。

项目名称:安徽省农网建设改造一期工程

建设规模:新扩建 110KV 变电所 13 座,容量 255MVA;110KV 线路 65KM。新建、扩建 35KV 变电所 82 座,容量 270MVA。新建 10KV 线路 500KM,改造 28 个县(区)的农村配电网。

2002 年建设内容:农场及水利水电供电区域农网改造工程续建。

西气东输安徽段基建项目 24 个

2002 年安徽省计划新开工西气东输安徽段等 24 个基础建设的大中型重大项目。

这批新开工的项目包括:西气东输安徽段、丰原集团燃料酒精、池州海螺水泥国产化示范线、蚌埠-南京高速公路、沿江高速公路、琅琊山抽水蓄能电站等。这些新开工的重大项目,将逐一落实责任单位和责任人,安徽省重点建设领导小组将定期对这些项目进行检查和通报,确保按时开工建设。

同时,2002 年还将推进已确定的黄牛系列开发、林纸一体化、铜(陵)九(江)公路等“十五”期间 60 项重大建设项目的前期工作,以确保这些项目到 2005 年基本都能见到成效。

福建省重点项目投资建设情况

福建省安排重点建设项目共45项

2002年福建省安排重点建设项目共45项，厦门5个项目列入其中。

这5个建设项目是：厦门软件园、厦门三达膜法水处理项目、厦门北大之路生物工程有限公司神经生产因子项目、厦工集团易地搬迁技改项目、厦门市环岛路三期工程。

此外，还有厦门嘉庚体育馆等4个项目被列入27个省预备重点建设项目；厦漳跨海大桥等5个项目被列为今年省重点前期项目。

在2002年9个利用外资项目中，厦门PTA榜上有名。

福州斥资80亿元加强项目建设

2002年计划总投资260多亿元人民币，年度计划投资80多亿元，加强重点项目建设，推动固定资产投资增长，其中交通、市政设施、环保项目尤为突出。福州将建成或基本建成罗长高速公路、京福国道主干线福州连接线、洋里污水处理厂一期、闽江调水、金山中学等36个项目，继续抓好京福高速公路福州段、第二水源等一批项目的建设，加快二环路三期、三环路一期、闽侯闽江大桥等一批项目的建设，着力推进罗源湾深水码头一期、南台大道二期等一批预备重点项目的动工准备。

福建重点建设项目进展情况

1至11月，福建省重点项目已实际完成投资141亿元，占年度计划的92.5%，比去年同期高出4.9个百分点。预计年底，21个项目将建成投产或部分投产，创下近年来重点建设项目投产之最。

2002年福建省确定了45个重点建设项目，总投资593亿元，年度计划完成投资152亿元。前11个月，这些项目资金到位已有117亿元，占年度计划的77.1%。预计至12月底，这些重点建设将可超额完成年度投资计划。

另外，27个预备重点项目以及一批有重大影响的前期项目也取得重大突破。

江西省重点项目投资建设情况

江西确定2002年首批重点建设项目

2002年3月25日，江西省计委下达江西省今年第一批省基建重点建设项目共48项，年计划投资123亿元，这些项目涉及领域包括公路、水利、通信、电力、市政等。

2002年，计划建成的项目有9项，包括沪瑞高速公路梨温段、省长江干流江岸堤防加固整治工程、中央直属九江棉花储备库、南昌麦园垃圾卫生填埋场二期工程等。续建项目有14项，包括赣抚大堤加固配套工程、鄱阳湖区二期防洪工程、赣龙铁路江西段、南昌市城南排水管网改造等。计划新开工项目18项，包括：京福高速公路温家圳至沙塘隘段，井冈山机场扩建工程、南昌市青云水厂三期工程、南昌火车站邮件处理中心生产综合楼、江西省儿童医院住院部综合楼、江西移动通信枢纽楼等。在这些重点工程中，高速公路、通信等建设项目占有较大的比例。

2002年预备建设项目有7项，分别是：景德镇中国陶瓷博物馆、江西美术馆、青山湖污水处理厂、南昌港二作业区集装箱码头工程、江西省心理康复中心、南昌市生米大桥、省人防地下指挥所工程。

江西省又启动一批林业重点建设项目

2002年江西省又有三个投资过千万元的林业项目进入启动实施阶段。一是桃红岭梅花鹿国家级自然保护区一期工程建设项目，总投资1140万元，其中国家投资570万元；二是鄱阳湖森林公园综合整治项目，总投资1026万元，其中国家投资513万元；三是井冈山重点火险区综合治理工程项目，总投资1182万元，其中国家投资591万元。目前，国家投资已全部到省，省林业厅已开始分批拨付到项目实施单位。项目实施单位已基本完成项目启动的各项前期准备工作。这些重点项目的实施，必将推进项目区域基础设施的改善。

江西省2002年技改投资101亿元

2002年江西将投资101亿元，实施贵溪冶炼厂铜冶炼系统改造等26个重点技改项目。其中1亿元以上的项目有23个，5亿元以上有7个。江西技改对象主要是那些市场占有率高、主业突出、具有核心竞争力的工业骨干企业和大型企业集团。其中江西铜业公司贵溪冶炼厂技改投资125亿元，九江化纤厂12亿元，冶金集团公司12亿元。有关专家预计,这批技改项目全部建成投产后,年新增销售收入193亿元,利润19亿元,税金10亿元。

山东省重点项目投资建设情况

济南市重点实施十大水利工程

2002年,济南市水利建设将重点抓好十大工程。这十大工程是:

一是回灌补源保泉工程。全面实施玉符河回灌补源保泉工程,年内建成发挥效益,该项目已列入水利部即将实施的"地下水保护行动"。

二是东湖供水工程。该项目已经省计委批准正式立项,结合国家的南水北调工程,下半年组织实施。

三是小清河公园建设工程。按工程建设计划,实施小清河上游段1.45公里治理工程。

四是卧虎山水库扩库增容工程。

五是田山灌区节水改造与续建配套三期工程。

六是邢家渡引黄灌区节水改造与灌区配套项目。

七是腊山分洪道工程。

八是人畜吃水工程,重点建好中央和省专项投资工程项目,解决170个村13万人的饮水困难。

九是章丘大沟崖拦河闸集调度洪水、拦蓄来水、分配余水多功能于一体的多用途的分洪枢纽工程。

十是高标准节水工程,大力发展节水型农业,继续建好6.5万亩高标准"精品园",发挥好示范和带动作用。

山东潍坊投资百亿搞技改

2002年潍坊将至少投入110亿元用于企业技改工作。该市计划以投入为重点,促进实现高新技术产业化、传统产业高新化、工业经济信息化,资金由企业自筹。在突出抓好100项投资过5000万元项目的基础上,重点投向海化、晨鸣纸业等十大重点企业。同时,按照市场化的运作模式,加快工业园区建设,力争把工业园区建设成为潍坊大项目和跨国公司的聚散地。

齐鲁石化技改投资逾46亿元

总投资高达46.6亿元的齐鲁石化乙烯二期改造项目,经国务院批准、国家经贸委正式下文批复获准,预计2005年建成投产。

该项目主要改造内容包括:聚氯乙烯/氯乙烯/烧碱装置改造;聚乙烯、聚丙烯、苯乙烯装置改造等。项目完成后,其主导产品产量将大幅提高,同时产品结构更趋完善。其中乙烯年产量由40余万吨增长到70万吨,苯乙烯由6万吨增长到20万吨,合成树脂专用料增加45万吨,合成树脂达113万吨。同时,单位能耗将明显下降,如吨乙烯能耗下降8.8%,并使下游产品成本降低。

青岛市今年拟定三十个重点建设项目

2002年,青岛市兴建15项与奥运相关的城市基础设施项目,共拟定城市基础设施重点建设项目30个,其中包括续建的7个项目,新开工的13个项目,前期计划项目10个。在30个重点项目中,奥运项目占了50%。15个奥运项目包括:东西快速路一二期工程;北海船厂搬迁;麦岛污水处理厂二期工程;水环境检测项目;浮山保护;奥林匹克水上运动中心;汇泉广场综合改造;青岛大剧院项目等。

河南省重点项目投资建设情况

河南建设年产4万吨白炭黑项目

河南省政府重点支持的4万t/a白炭黑扩改项目,2002年10月在濮阳市工贸示范区全面动工建设。此项目总投资8000万元,将在濮阳市光璞有限责任公司年产5000t白炭黑装置上扩建,占地近200亩,由天津化工研究院提供成熟技术,生产高、中、低档多规格白炭黑产品,以满足不同客户的需求。

河南永城电厂一期工程奠基

总投资25亿元的河南省重点电力工程项目—永城电厂一期工程正式奠基。

该电厂规划容量为4×300MW,一期工程为2×300MW,采用国产燃煤机组。2002年电厂有关燃烧、运输、地下水开采、灰场、环保、送出工程、建设资金等建设条件已全部得到落实。按照规划,第一台机组将在2004年投产发电,2005年第二台机组投产发电。

永城电厂是1993年国家计委批复立项的,已列入河南省"九五"规划重点电力工程项目。位于豫东商丘市的永城,是河南煤炭主产区之一,电厂建成后,将变输煤为输电,进一步加速豫东煤炭资源转化,减少铁路运输压力,改善河南省的电源布局。

湖北省重点项目投资建设情况

2002年湖北省计划安排37个重点建设项目，年度计划投资307.6亿元。2002年的重大工程有：

农林水利——黄广大堤、武汉市江堤、汉江遥堤等长江、汉江堤防工程。

工业——黄石东贝无氟压缩机扩建项目、鄂州多品种化纤织染工程。

能源——全省城乡电网建设和改造(清江水布垭电站、蒲圻电厂、九宫山风力发电场、城市天然气输配等重大能源建设项目的前期工作)。

交通建设——京珠国道湖北南段、长荆铁路、襄荆高速公路、汉十路襄樊至十堰武当山段(争取宜昌至当阳高速公路、武汉阳逻长江大桥、汉十路孝感至襄樊段等项目明年开工)。

城市基础设施建设——武汉轻轨一号线、武汉绕城公路东北段，以及武汉、襄樊、荆州、十堰等城市污水综合治理工程。

湖南省重点项目投资建设情况

2002年湖南省投资87亿多元，抓好45个在建项目的建设，新开工48个项目，力争22个项目在年底前完工。

45个在建项目包括：信息产业7个、精品钢材4个、高档卷烟及食品11个、城市轻轨地铁2个、汽车1个、有色深加工7个、工程机械7个、石化4个、林纸一体化2个，已累计完成投资19亿多元，2002年将再完成投资51亿元。新开工48个项目包括：广播影视集团1个、LG曙光2个；华菱钢铁集团1个；长沙卷烟厂1个、亚华种业2个、金健米业1个；株洲电力机车厂4个、株洲时代集团1个；湘潭电机股份公司4个；长丰集团6个；株洲硬质合金厂1个、株洲冶炼厂2个；浦沅1个、中联重科1个、三一重工11个；巴陵石化8个；岳阳纸业集团1个。2002年将完成投资36亿多元。

项目资金来源除企业自筹和银行贷款外，省高新技术引导资金等将主要集中对这些项目予以支持。力争年底完工的22个在建或新建项目包括：广播影视集团4个、亚华种业1个、株洲电力机车厂1个、株洲时代集团3个、株洲硬质合金厂2个、株洲冶炼厂3个、中联重科8个。

湖南248亿元投向十大工程

2002年，湖南省将计划完成投资248亿元，用于该省企业技术改造。

湖南省的技改投入重点是工业化十大标志性工程建设。年内十大标志性工程的92个项目，要完成投资70亿元，占总投资的62.5%；完工项目要达50个。其次将继续抓好国债技改贴息项目的启动与实施，另外，还将抓好冶金、有色、石化、食品、机械等传统产业100个重点项目和30个高新技术项目的实施。

广东省重点项目投资建设情况

广州市投资20项重点项目

广州2002年全市安排的20个重点建设项目，总投资817.49亿元，年度计划投资139.65亿元。同时安排广园东路延长线、猎德污水处理厂二期工程、沥滘污水处理系统工程、广州大剧院和广州水产品中心批发市场首期工程5个重点建设预备项目。

20个重点建设项目是：

地铁二号线

地铁三号线

白云国际机场迁建工程

广州港新沙港区8—10号泊位集装箱码头

内环路放射线工程

广州南部地区(仑头至龙穴岛)快速路

广州公路主枢纽系统工程

广州北部(新国际机场)高速公路北延线

西朗污水处理系统工程

李坑生活垃圾焚烧发电厂

国际会展中心首期工程

金鹏移动通讯项目
宽带网主干网络二期工程
天河软件园扩建首期工程
科学城电子信息产业基地
广州国际生物岛首期工程
广州本田轿车项目扩产工程
珠江钢厂工程
广州水泥厂环保迁建工程
广州出口加工区

广东省2002年重点建设项目53项年度计划投资380亿

广东省2002年安排重点建设项目53项，年度计划投资380亿元。其中农林水利项目7项，交通项目19项，能源项目1项，工业及科技项目9项，城建及环保项目8项，社会发展项目9项。安排重点建设预备项目16项。

2002年计划投资的重点项目中，投产、收尾的项目有6项，投资额达459465万元，其中：交通项目4个，包括京珠高速公路小塘至甘塘段、广肇高速公路上官员至马安段、粤海铁路通道(广东段)、西江下游肇庆至虎跳门航道；工业项目1个，即珠江钢厂项目；社会发展项目1个，即广州国际会展中心首期工程项目，在投产、收尾项目中投资额最大达154600万元。

续建的项目有25项，投资额达2661585万元，其中：交通项目9个，包括广州白云国际机场迁建工程、京珠高速公路甘塘至广州段等；能源项目1个，即广东电网建设工程，是续建项目投资额最大的，投资额达649877万元；工业、科技项目1个，即珠海PTA项目；城建项目5个，包括深圳地铁一期工程和广州地铁二号线等；农业、水利项目5个，包括东深供水改造第四期、北江大堤加固等；社会发展项目4个，包括珠海大学城、社保信息网等。

新开工的项目共22项，2002年的投资额达678950万元，包括：京珠高速公路粤境广珠北段、电湛高速公路观珠至坡心段、揭阳至普宁高速公路、广珠西线高速公路一期、阳江至茂名高速公路等交通项目6个；惠州中海壳牌石化项目、广州本田经济型轿车等工业、科技项目7个；中山图书馆改造、广东科学主题公园等社会发展项目4个；农林、水利项目2个，即潮州供水枢纽和省直属粮库；新机场高速公路北延线、广州地铁三号线等城市基础设施项目3个。

广东再投70亿建12项电网工程

为解决深圳市电力负荷增长需要的500千伏鹏城输变电工程正式竣工。至此，投资额达17.9862亿元的广东电网八大重点工程全面投产。与此同时，广东省广电集团有限公司决定2003、2004两年投资69.7556亿元打造12项重点工程。

省广电集团目前已确定曲江站至北郊站第二回500千伏横沥输变电工程、东莞站至惠州站第二回500千伏线路工程等12项工程，作为2003、2004年广东电网建设的重点项目，其中包括500千伏输变电工程10项、220千伏输变电工程2项，总投资69.7556亿元。

此外，为更好地接收西电，提前做好省内西电东送配套工程，广东省将投资79亿元建设省内相关配套工程。针对山区电网仍存在有电送不出的问题，广东省广电集团已决定在2002-2004年度计划中安排62亿元资金用于50个山区县电网的建设和改造。

广西重点项目投资建设情况

广西将建中国最大“林纸一体化”纸浆项目

中国内最大的“林纸一体化”纸浆生产项目——总投资82亿元的广西“林纸一体化”工程年产60万吨化学木浆项目于2002年4月30日通过专家组评审。

广西的这一“林纸一体化”纸浆生产项目的生产原料80%是桉木，20%为相思树原木。一期建设规模为年产60万吨商品漂白硫酸盐木浆，预计年利润10.4亿元，年利税13.8亿元。目前，已有芬兰、日本、印尼等国家的知名制浆造纸企业前来洽谈项目合作。

广西梧州“四大工程”

广西梧州市加大基础设施投入，将在2002年投资200多亿元，兴建河东防洪堤、长洲水利枢纽、桂梧高速公路、洛湛铁路桂东段“四大工程”。

河东防洪堤是梧州市“四大工程”之首。河东防洪堤全长3.36公里，保护城区面积2.24平方公里，保护人口15万人，建成后可防50年一遇洪水，总投资2.4亿元，将于2003年5月31日前基本完工。2002年，河东防洪堤工程重新规划，把防洪建设和城市建设更紧密地结合起来。

长洲水利枢纽是西电东送的重点项目，总投资约59亿元，是广西继龙滩水电站、百色水利枢纽之后的又一重大水利工程。它的建成不仅可以缓解广东缺电局面，使“西电东送”工程进一步发挥作用。

桂梧高速公路由桂林经贺州至梧州，总长340多公里，总投资约96亿元，是广西实施西部大开发、加强交通基础设施建设的重点工程，公路的设计、施工、建设、管理都将向国内外市场开放，用市场化的方法运筹。

此外，穿过梧州的洛湛铁路的动工兴建，将改变桂东地区“地无寸铁”的历史。

海南省重点项目投资建设情况

海南28个重点建设项目确定

海南省2002年全年共安排重点建设项目28个，计划投资70多亿元。

重点建设项目的安排有三个突出特点：一是新开工的大项目达10个。其中,洋浦50万吨面粉加工项目已于3月18日正式开工,2002年5月可建成投产;60万吨复合肥项目6月开工,2003年3月建成投产;60万吨甲醇项目在年内开工,2003年底建成投产；东方——洋浦——海口输气管道工程9月开工,2003年6月建成输气。

二是有四个特大型项目进入施工高峰期。粤海铁路通道2002年投资超10亿元，年底火车就可开通到海口,2003年建成海口——叉河西环线后,火车将开通到三亚;博鳌亚洲论坛二期工程2002年投资约10亿元,建成论坛会议中心、论坛宾馆、东屿岛基础设施配套工程等;80万吨海洋天然气化肥和东方1-1气田开发,2002年两项目共计要投入资金20多亿元,年内完成设备安装,2003年初进入管道安装和设备调试,11月可完成海底管道铺设和海洋化肥项目。

三是项目安排和资金投向明显倾向工业项目,标志着海南省建设重点从基础领域向产业领域转化。目前,工业化仍然是海南经济发展中的弱项,并制约了该省信息化、城市化、市场化的发展。这些项目的安排实施,对壮大海南经济实力有着重要的意义。

海南省10个项目列入环保重点

海南省三亚红沙污水处理厂二期工程等10个项目被列入国家环境保护“十五”重点工程项目规划，项目计划总投资10.27亿元,项目资金采取国家投资、省内筹资及吸引社会投资等方式解决。

据了解,这10大项目分别为：

1. 总投资1.7亿元的三亚红沙污水处理厂二期工程;
2. 投资1.6亿元的东方市八所污水处理厂；
3. 投资2.78亿元的洋浦开发区污水处理厂；
4. 投资9966万元的颜春岭垃圾厂；
5. 投资400万元的海南省放射性废物库；
6. 投资5842.93万元的三亚市生态垃圾处理厂；
7. 投资1100万元的铜鼓岭自然保护区；
8. 投资598万元的珊瑚培植与珊瑚礁生态恢复项目（三亚）;
9. 总投资4100万元的海南省中部山区自然保护群,面积8.988万公顷，计划新建南溪自然保护区、王下自然保护区廊道,扩建邦溪、尖峰岭、五指山省级自然保护区、霸王岭国家级自然保护区；
10. 投资1.99亿元的海南省生物多样性保护及生态建设示范工程,计划建设总面积11万公顷的王下可持续发展示范区。

海口市建百项重点工程 总投资逾286亿元

2002年海口市推出总投资286.82亿元人民币的重点项目,陆续开始建设。推出的项目中,基础设施项目占40个,总投资158亿元。这批城市基础设施和生态环境建设项目的完成,将显著改善海口的投资和居住环境;工业项目31个,投资总额31.48亿元。其中汽车5个,生物医药13个,电子信息8个,食品2个;旅游商贸项目16个,总投资88.98亿元。农业项目3个,总投资1.34亿元。社会事业项目10个,总投资7.02亿元。这些项目每个投资规模均在3000万元以上。

重庆确定2002年86项重点建设项目

重庆市2002年总投资1455亿元建设86项重点项目,年内新开工21项,年度资金计划280亿元。

重庆市2002年的重点建设项目主要包括:国家批准在重庆实施的国家重点建设项目;重庆市西部大开发标志性建设项目;重要的公益设施、基础设施和支柱产业中的重大项目;运用高新技术带动行业技术进行的开发、改造和引进项目;重大农业产业化项目;重大社会事业发展项目;环境保护和生态建设的重大项目;重大移民迁建项目;重大开发区及产业园区项目;重大房地产开发项目。

2002年86项重点建设项目包括续转项目48项,新增加项目38项,其中:遂渝铁路、万宜铁路、电力农网改造二期、白鹤电厂二期、重庆主城区排水二期、九龙电厂环保治理、同兴垃圾处理厂、重庆市三峡库区地质灾害专项防治、开县鲤鱼塘水库、奥林匹克中心体育场、广播电视大厦、西南政法大学渝北校区一期工程、醋酸扩建、天维优质玻璃纤维生产线技术改造、钛白粉扩建、通讯混合集成电路新型生产线改造、农业产业化百万工程、北部新区和环保园区基础设施建设、融侨半岛住宅开发小区、广厦城九龙山生态居住园区等重大前期工作项目共有27项。

2002年重庆市重点建设项目顺利推进，基本实现时间过半、任务过半的目标，为实现全年目标奠定了良好基础。

重庆市重点建设项目年度计划投资281.8亿元，1至7月份，实际完成投资162.21亿元，占年度计划的57.62%；年内开工项目25项，至7月底已开工11项，其余14项将陆续开工。

7月底，已开工建设的11个项目是：农网改造二期工程、白鹤电厂二期工程、奥林匹克体育中心体育场工程、广播电视大厦工程、西政渝北校区一期工程、融侨半岛住宅开发小区工程、农业产业化百万工程——库区柑橘加工一期、广厦九龙生态居住园区工程、天维优质玻纤生产线技术改造工程、一号桥改造工程、五里店立交与五童路连接段工程。

年内陆续开工建设的14个项目是：主城排水二期工程、九龙电厂环保治理工程、同兴垃圾处理厂工程、三峡库区地质灾害防治工程、开县鲤鱼塘水库工程、日元贷款人才培养项目工程、扬子乙酰醋酸扩建工程、钛白粉扩建工程、新型通讯混合集成电路生产线改造工程、北部新区——环保产业园区基础设施建设工程、重庆至遂宁铁路工程、万州至宜昌铁路工程、长江路改造工程、四公里互通式立交工程。

2002年四川投资366亿建设138项重点项目

四川省2002年共安排重点建设项目138项，其中竣工投产项目25项，加快建设项目53项，争取开工项目36项，加快前期工作项目24项。全年计划安排投资366亿元，具体项目安排包括：

农田水利项目14项，安排投资61.6亿元。安宁河流域世行贷款农业资源综合开发项目、紫坪铺水利枢纽和大桥水库灌区一期工程等将加快建设进度，武都引水二期、亭子口水利枢纽工程等项目将开工建设。

交通项目34项，安排投资72.1亿元。成南高速公路、内昆铁路四川段、达州河市机场扩建工程等将在年内完成，都汶公路、西攀高速、遂渝铁路、成都双流机场北指廊等开工建设。

能源项目22项，安排投资120亿元。全省农网二期、全省城网建设与改造、兰成渝输油管道全面竣工，同时瀑布沟水电站、宜宾电厂等将开工建设。

工业项目26项，安排投资35.9亿元。成都国腾IC卡公用付费系统生产线、四川金顶新型干法水泥熟料生产线和蓝剑中高档啤酒生产线等项目建成投产。同时要开工建设泸天化年产40万吨甲醇工程、成都卷烟厂易地技改等项目，并加快资阳内燃机车厂技改项目、攀钢集团技改项目等的建设进度。

此外，重点建设项目还涵盖通讯、高新技术、城建环保等领域。

2002年四川省环境保护局提出全面实施城市环境综合整治、建设自然保护区、生态功能保护区、生态示范区和环境优美小城镇五大环境保护工程，推进生态环境保护，建设长江上游生态屏障。

在实施城市环境综合整治工程中，切实加强城市基础设施建设中环保项目的投入，成都市、绵阳市要创造条件，力争率先成为中国西部的“国家环境保护模范城市”，省内市州政府所在地和旅游城市争取达到省级环境保护模范城市的标准。长江干流、岷江、沱江、嘉陵江四大水系为水污染防治的重点流域，其水质要达到国家要求标准。同时，实施建设自然保护区、生态功能保护区、生态示范区和环境优美小城镇四大工程，推进全省生态环境保护工作。力争到2005年实现全省污染物排放总量削减10%以上，“两控区”内二氧化硫排放量削减20%，长江干流出川断面水质基本达到国家地表水环境质量III类标准，生态环境恶化的趋势基本遏制，大中城市和成都平原经济圈的环境质量明显改善的目标。

贵州拟建141个重点建设项目

2002年贵州省安排重点建设项目141个。拟建重点项目，主要涉及交通、城市基础设施、农林水利、电力、煤炭、社会发展、科技及高新技术产业化、国家和省粮食储备库、化工等重点领域。其中，拟建基本建设大中型项目98个，安排总投资183.3亿元，占全省基本建设总投资的33.3%。

2002年贵阳市投资43.97亿元，建设37个市政项目，包括大十字广场、东山广场、瑞花广场3个；南明河三年变清工程包括二桥污水处理厂、花溪污水处理厂、南明河上游排污沟、小黄河改造、麻堤河截污沟、改茶大沟6项；路桥重点工程包括花溪大道北段、东山路、鹿冲关路延伸段、兴关路、中心环北线、开发区大道、西出口线、花溪大道南段和西湖路一段等9项；景观工程有文昌阁二期、中华中路街景整治二期、中山路街景整治二期、中华南路和中华北路街景整治等5项；河道整治及排水工程有清镇污水处理厂及其截污沟、二戈寨污水处理厂、小河污水处理厂二期等7项；公益文化设施有贵阳大剧院、残疾人康复中心、海信工业园、新华书店等7项；经济适用住房计划开工25万平方米，竣工15万平方米。

云南省2002年安排37项重点建设项目

云南省2002年安排全省重点项目37项。其中，建成投产9项，续建21项，新开工7项。

建成投产的项目是：内昆铁路、省图书馆改扩建、大理至保山高速公路、曲靖至胜境关高速公路、大朝山至昆明和宝峰至罗平两个500千伏送变电工程、农村电网改造工程，以及科技项目、中央粮库建设和云峰化学工业公司挖潜技改。

续建项目为：昭通渔洞水库灌渠、勐腊大沙坝水库、思茅大中河水库、南盘江防洪工程、国家生态环境建设综合工程、大朝山水电站、曲靖电厂二期、文山马鹿塘电站、昭通高桥电站和元江至磨黑、昆明至石林、嵩明至待补、砚山至平远街、松园桥至香格里拉、临沧至澜沧江6条高速、高等级公路，以及成昆铁路电气化昆明客运站改造、昆明第二电信枢纽、昆明掌鸠河引水供水、昆明医学院附一院住院综合大楼、云南铝业公司电解铝节能技改和昆钢板带工程技改。新开工项目：小湾水电站、开远电厂、宣威电厂六期改造工程、安宁至楚雄高速公路、思茅至小勐养高速公路、"西电东送"电网项目、云南大学玉溪校区项目。

西藏2002年重点投资水利和公路项目

西藏一批重点水利工程陆续开工

西藏自治区拉萨河城区中段防洪工程等西藏一批重点水利工程近日陆续开工。

2002年西藏水利建设进入高峰期，水利建设完成8个亿的投资，共实施143个项目，其中续建项目50个，投资4亿多元，新建项目93个，投资4亿多元，水利项目工程量和投资量创历史新高。

在防汛抗旱工作中，西藏将重点城镇和人口密集区堤防工程建设作为重点，加快"一江三河"治理和江河沿岸重要城镇堤防建设进度；自治区防汛抗旱指挥调度系统、重点县服务队的建立工作将陆续启动；加紧实施拉萨河城区段、林芝尼洋河八一段等重点防洪工程，以及冲巴、莽错等病险水库的除险加固工程。

2002年西藏全面启动人畜饮水工程项目，到年底解决19.5万人和273万头(只)牲畜的饮水困难，人畜饮水项目全部完工。

西藏公路建设加快

2002年国家安排西藏公路建设投资30.4亿元，比去年增加了12亿元。在公路建设加快、项目增多等情况下，自治区交通厅采取有效措施，确保了工程的进度和质量。目前，昌都地区邦达机场至邦达兵站、阿里地区狮泉河至噶尔昆沙、山南地区泽当至错那、泽当至桑日等通县油路建设项目，以及青藏公路改扩建工程，川藏公路八宿西至牛踏沟、色齐拉山段整治建设工程等先后开工建设，比往年提前开工2个月。

陕西省重点建设项目进展情况

陕西2002年确定89个基建重点项目

陕西省的重点项目保持了项目连续性，将2001年没有达到投资条件的省重点建设项目继续列为2002年重点，在此基础上，增加了一批设施项目、高新技术产业化项目、利用高技术改造传统产业项目和提高人民群众物质文化生活水平的社会公益事业项目。89个基建重点项目中，农林水项目12个，能源、交通、邮电项目26个，城市基础设施项目21个，工业项目15个，社会事业项目13个，其他项目3个。总投资214.7亿元，其中投产项目24个，投资48.5亿元，续建项目45个，投资115.7亿元，新开工项目20个，投资50.5亿元。

陕西441个国债项目年底建成

根据国家计委的安排和要求,涉及到陕西省20个方面的国债项目将于2002年底全面建成,主要集中在干线公路、通县油路、城市基础设施、农网二期和高新技术产业化等方面。

1998年以来,国家共安排陕西省国债项目597个,总投资837亿多元。截至2001年底,包括神延铁路、黑河金盆水利枢纽、渭南至潼关高速公路、西安至蓝田高速公路等项目在内,陕西已建成国债项目191个,占项目总数的32%。

陕西省2002年完成的20个方面国债项目总数441个,总投资523亿多元,结转到2002年的剩余工作为125亿多元,占总投资的近24%。具体项目包括:人畜饮水、退耕还林还草、气象、干线公路、铁路、西部通县油路、贫困县公路、第一批农网改造、第二批农网改造、高技术产业化、村村通广播电视、血站建设、高校扩招和西部教育、中小学危房改造、西部地区旅游基础设施、设备国产化、城市基础设施建设、公检法项目建设、北方城市应急供水、国防军工企业改造等。其中,8个干线公路项目、22个通县油路项目、40项城市基础设施建设项目、用于99个县农村的10KV以下低压电网改造项目和13项高技术产业化项目是2002年国债项目建设的重点。

甘肃省重点建设项目进展情况

甘肃省39项重点项目上半年完成投资52.76亿元,占年度计划投资的40.58%,比去年同期上升9.92个百分点。仅6月份当月完成21.62亿元,占年度计划的16.63%。全省固定资产、重点项目投资完成呈稳步增长态势。

2002年17个计划建成投产项目中,已有近半数全部或部分投产发挥效益;6项计划新开工项目已有兰青线提速、黑河龙首二期水电站,连城铝厂电解铝环降耗改建工程等3项工程开工建设;大部分续建项目也基本达到年初预定的进度计划目标。

铁路项目进度良好,宝兰二线工程继上年开通106公里,2002年上半年又开通了6个区间,控制天兰段工期的新曲儿岔隧道也提前投入使用,有力地缓解了天兰线运输紧张的状况,同时为宝兰二线天兰段完成年底全线开通,总工期提前一年的目标打下坚实基础;兰青线提速改造工程已全面展开,年内竣工;兰武二线正在商讨征地拆迁等事宜,争取年内开工。

重点技改项目工程进展良好,特别是建成项目更是形势喜人。兰州铝业股份有限公司电解铝节能降耗改造工程,已完成95%,年内工程全面投产;兰州石化公司24万吨乙稀专用料改造工程、300万吨重油催化裂化装置改造厂房及制备基础基本完成;酒钢热轧薄板改造、金川公司镍冶炼节能降耗改造等工程项目都在抓紧进行。

青海省重点建设项目进展顺利

2002年青海省重点建设项目,包括续建和新开的32个项目进展顺利。

青海省包括国家重点建设项目青藏铁路格拉段、公伯峡水电站在内的32个重点项目,总投资为433亿元,其中,30个地方项目总投资224亿元。上年,这些项目累计完成投资88.2亿元。2002年计划投资170亿元,其中新开工项目18个。

青藏铁路格拉段上年6月29日全线开工建设,到年底累计完成投资12亿元。今年计划完成50亿元;

公伯峡水电站开工于上年7月1日,到年底累计完成投资11.69亿元。2002年计划投资11亿元。目前,导流洞已贯通,砼面板坝、溢流道、引水系统、发电厂房工程全面开工,引水发电工程上游开挖至2025米高程;

49公里的西湟一级公路项目总投资13.2亿元,上年底累计完成投资6.17亿元,今年计划投资6亿元,截至4月底已完成投资4175万元;

西宁至马场垣高速公路总投资42.26亿元,其中,西宁至平安段2002年计划完成2.44亿元。马场垣至平安段2002年计划完成13.05亿元;

赛什塘铜矿总投资2.28亿元,上年6月开工建设至年底完成投资4944万元,2002年计划投资1.04亿元;

西宁市中心广场总占地面积7.2万平方米,总投资2.25亿元,上年已完成投资1.4亿元,2002年计划投资8500万元;

兰青铁路河口南至西宁货场段173公里提速改造工程于2002年4月开工建设,总投资2.4亿元,计划当年交付使用。

宁夏确定2002年公路建设重点项目

2002年宁夏回族自治区确定公路建设总投资33亿元，其中重点项目投资24.2亿元，均比去年增加10%。宁夏区公路建设安排重点项目有5个，其中续建项目4个，新开工项目1个。GZ25麻黄沟至姚伏公路剩余工作将全部完成，计划完成投资1.98亿元。GZ25叶盛至中宁公路计划安排投资6亿元，2002年10月底建成通车。GZ25中宁至郝家集公路主要进行路基、桥涵工程及部分路面工程的施工，安排投资6亿元。西部大通道桃山口至同心公路安排投资2.5亿元，主要进行路基、桥涵工程施工。GZ35银川至古窑子公路计划2002年二季度开工，安排投资7亿元。

附：2002年交通运输区情数据统计：

2002年，宁夏交通运输和邮电通信业完成增加值
增加值：25.1亿元，增长9.3%。

2002年，宁夏交通运输业总运量
货物周转量：254.72亿吨公里；
旅客周转量：56.8亿人公里。

2002年，宁夏公路线路与运量
通车里程：11245公里，比上年末净增346公里。
其中：
高速公路：360公里；
一、二级公路：2044公里。
公路密度：21.04公里/百平方公里；
建成城市道路：91公里；
货物周转量：61.5亿吨公里，增长5.1%；
旅客周转量：35.5亿人公里，增长6.5%。

2002年，宁夏铁路运量
货物周转量：193.2亿吨公里，增长8.0%；
旅客周转量：19.7亿人公里，下降2.8%。

2002年，宁夏航空运量
货物周转量：189.4万吨公里，增长1.5倍；
旅客周转量：1.6亿人公里，增长3.8%。

新疆重点建设项目完成情况良好

2002年新疆确定的33个重点建设项目已累计完成投资158.98亿元，绝大多数重点建设项目完成了预期控制目标。

在计划全部建成投产的7个项目中，新疆电信东环及北环光缆通信工程已经完成，实现了2002年投产目标；独山子乙烯改扩建工程已在9月10号实现投料试车；喀什发电厂第一台机组已经投产，第二台机组10月8号开始试运行，年内可建成投产；国道314线小草湖至托克逊及相关公路改造工程已实现通车；投资1.68亿元的乌鲁木齐污水处理及绿化工程，投资1300万元的新疆博物馆改扩建工程以及国家粮食储备库建设工程年内建成投产使用。

新疆优质棉基地建设等7个单项和部分投产项目正按计划进行，年内都可以完成单项投产和部分投产任务。乌鲁木齐外环路工程等13个续建项目正在按计划抓紧实施。新开工和预备重点项目也取得较大进展，截止目前，11个计划新开工项目中，托克逊火电厂、新疆光明工程、阿舍勒铜矿采选工程、吉林台一级水电站等5个项目已开工建设，并转为新疆重点建设项目。

第五部分

中国城市化发展与城乡投资建设

中国城市化发展情况

贯彻扩大内需方针　加快城乡建设发展

建设部部长 汪光焘 2003年1月21日

2002年，是中国成为WTO成员后，开始全面履行各项承诺的第一年。面对世界经济增长减缓的不利影响，应对国内市场进一步开放带来的机遇和挑战，我们要全面贯彻中央经济工作会议精神，认清建设事业面临的任务。

第一、明确建设事业在扩大内需、拉动经济增长中承担的重要任务。中央经济工作会议明确指出，立足于国内需求，是我们必须长期坚持的战略方针。建设事业的各项工作，要围绕这一战略方针的贯彻实施。住宅建设和城市基础设施建设，是扩大投资需求的重要方面，同时又对消费需求的增长具有十分重要的意义。推进城镇化，是调整城乡经济结构，带动固定资产投资增长，全面启动城乡居民消费的重要战略举措。

第二、深刻认识经济结构调整对城乡规划管理和城镇建设提出的要求。推进经济结构调整，必然引起区域经济结构、城乡人口结构的变化与调整，并综合体现在区域城镇化进程上。这就要求我们高度重视城镇化战略的实施。要把城乡建设布局的优化调整与经济结构的调整、生产力布局调整结合起来，为扩大就业，促进农村剩余劳动力的转移，促进城乡经济、社会的协调发展作出贡献。在城镇化快速推进过程中，必须坚持以基础设施建设为先导，坚持生态保护，坚持可持续发展；必须注重地方特色和民族文化，注重培育市场、以市场经济的策略推进城镇化。

第三、充分估量加入WTO对建设事业的影响。加入WTO，给建设事业带来发展机遇，也带来严峻的挑战。政府的行政管理制度要相应变革，企业的经营机制也要相应变革。要加快转变职能，改变传统的行政管理观念和方式，建设事业的许多行业，大多属于传统产业，生产经营粗放，一些行业和相关企业在入世后可能会遭受较大的冲击。要加快企业经营机制转变，加快创新步伐，提高竞争能力。要根据WTO的基本规则和我国政府所作出的涉及建设领域的各项承诺，有针对性地研究制定市场开放和对外业务拓展的应对策略。

2002年建设工作的基本思路是：认真贯彻“七一”重要讲话，贯彻落实党的十五届六中全会和中央经济工作会议精神，切实实践“三个代表”重要思想，坚持理论创新、体制创新、科技创新，加快建设事业发展，拉动经济增长。加强城乡建设统一规划、协调管理，保护生态，节约资源，促进城乡可持续发展。继续深化住房制度改革，深入推进建设领域国企改革，加快城市建设投融资体制改革和市政公用企业市场化进程。加大整顿规范建筑市场的治本力度，确保城乡建设的质量和效益。加快转变政府职能，进一步提高建设系统行政管理效率和依法行政水平。

2002年，重点要抓好以下几个方面的工作。

一、立足于扩大内需，加快建设事业改革与发展

建设事业的改革与发展，要着眼于经济发展大局，代表最广大人民群众根本利益，为经济建设创造优良环境，促进城乡消费，是2002年建设工作的一项重要任务。

继续扩大面向中低收入居民的住房建设，促进住房消费。住房发展目标和政策，应当定位于中低收入居民，体现最广大人民群众的根本利益。要加快推进住房分配货币化，按房改政策的规定，落实住房补贴资金，提高居民的购买力。要完善、落实经济适用住房建设的各项政策，组织好廉租住房的建设。要完善住房公积金现行管理办法，健全监督体系，大力发展住房公积金个人贷款。住宅产业化推进工作，也要立足于中低收入居民住房。进一步完善住房市场税收政策、个人住房贷款保险政策，积极培育住房租赁市场。大力规范住房交易市场，提高住房交易与权属管理的办事效率，确保购房居民房屋产权证书的及时发放。要推动和规范住宅小区物业管理，明确业主权利和义务，完善责任机制，降低物业管理费用，提供质价相符的物业服务。

推进投融资体制改革，加快城市基础设施建设。充分发挥市场配置资源的基础性作用，确立企业在经营性市政公用设施投资中的主导地位。营造有利于市场要素合理流动的政策环境，调动社会参与城市基础设施建设的积极性，推进城市基础建设投资主体多元化、投资方式多样化、项目实施市场化。积极推进城市基础设施和市政公用设施资产的经营，鼓励采用特许

经营权转让、资产经营权转让、收费权转让、资产证券化以及股权转让或出售等多种方式，盘活城市基础设施存量资产，筹集建设资金，加快城市基础设施建设。努力扩大市政公用产品和服务的供应能力，满足经济发展和人民生活的需求。

注重发挥投资效益和使用效益，提高发展质量。加快住宅建设和基础设施建设，一定要注重效益，避免重复建设和无效投入。住宅建设要适应市场的有效需求，避免形成新的房地产过热。城市基础设施建设必须合理规划，量力而行，讲求效益，不能过分超前。要加强区域性大型基础设施项目的统一规划，实现合理区域范围内基础设施的共建共享，发挥投资的集约效益和规模效益。要切实加强对城镇基础设施和现有房屋的维修保养，充分提高城镇现有基础设施和房屋的使用效率。

二、继续加强和改进城乡规划管理

城乡规划要起到对经济社会发展的指导作用，促进经济结构调整，必须加快转变观念和方式，建立符合社会主义市场经济规律、适应城乡建设高速发展的城乡规划管理新体制。

把保护资源与环境放在突出位置，防止城乡建设大发展中的短期行为。城乡规划管理，要把保护资源、保护环境放在突出位置，努力防止片面追求经济利益、片面追求“政绩”的短期行为，防止资源、环境、自然和文化遗产的破坏。城乡建设必须坚持“十分珍惜和合理利用每寸土地，切实保护耕地”的国策，统筹安排各类建设用地，提高利用效率。要通过城市规划和设计水平的提高，优化用地配置，挖掘城市内部的土地利用潜力。必须全面、正确地认识城市现代化与城市历史文化传统之间的辩证关系，切实保护好自然遗产和文化遗产。充分考虑和尊重城市的个性条件，以个性化表现现代化，努力营造富有特色的现代城市风貌。

更新规划观念，增强市场意识，改进规划管理方式。市场经济体制下，城乡建设与发展，是多元化投资决策和开发建设活动的综合结果。当前，城镇建设的投资主体已经呈现多元化的格局，非政府部门的投资意向已经成为城镇规划实施的重要经济要素，政府的投资也正在逐步实现市场化运作。如果对市场因素考虑不足，就可能造成规划方案缺乏实施动力，或者规划落后于经济发展实际，不得不频繁变更。要使城乡规划既能保护公共利益，又能适应市场需求，就必须根据不同的目标特点，区分为强制性和指导性两个组成部分。保证资源共享和有效配置、维护公共利益和生态环境的规划内容，应当确定为强制性指标，作为各投资主体从事城乡开发建设的行动准则，从整体上保证城乡环境的稳定性和城乡发展经济开发政策的连续性。城乡规划管理的重点是对强制性指标的管制，未经法定程序不得变更强制性指标。规划的非强制性指标，作为政策导向，要具有适应市场的弹性，并给规划师更多发挥创造能力的空间。要进一步开放规划编制和规划设计市场，充分利用市场机制，促进规划编制水平的提高。规划审批要依据强制性指标加强宏观管理，逐步弱化不涉及公共利益的微观事项的审批。

完善责任制度，提高城乡规划行政执法水平。要依照法定程序组织编制、审批、实施和变更规划，完善规划管理行政执法程序。具体落实规划强制性内容贯彻实施的法律责任，明确规定详细规划在建设项目立项管理中的先决地位，建立健全规划管理行政过错追究制度，坚决杜绝因领导人的变更和因领导的好恶而随意变更规划的现象。部里今年拟对典型的违反城市规划的建设项目予以曝光，督促规划管理机关和管理人员增强法制意识和责任意识。要加强对城市领导规划专业知识的培训，加强城市工作经验的学习交流，继续办好市长培训班，发挥市长协会在组织城市领导交流学习，建立经常化、制度化的市长培训制度方面的桥梁纽带作用。

建立城乡规划的社会监督制约机制。城乡规划对公共利益的维护不是抽象的，而是具体体现在对部分个体利益目标的限制，以及对不同个体利益目标的协调上。必须在规划管理中建立社会监督制约机制，推行规划审批前的公示制度，在维护公共利益的同时，切实保护相关当事人的合法权益，使规划方案寻在各方利益充分协商协调的基础上。要逐步实行规划审批后的公示制度，使规划实施置于社会公众的监督之下，增加规划管理的透明度，防止滥用权力。

三、引导小城镇健康发展

引导小城镇健康发展，是实施城镇化战略，缓解城乡就业压力，加快农业和农村经济结构调整，提高农民素质和生活水平，促进国民经济持续快速健康发展的迫切需要。

坚持因地制宜，分类指导的原则。对不同地区、不同规模的小城镇建设，要有针对性地确定发展重点。东部地区人口稠密，用地紧张，大中小城镇密集，城镇体系发育比较成熟，实施城镇化战略，应当注重区域城镇体系职能结构和空间布局结构的优化调整，注重加强城镇群内部的有机联系，注重基础设施的共享，提高发展质量。中西部地区，建设用地相对宽裕，城镇数量少，城镇体系的发育还很不完备，城镇建设普遍处于打基础、上规模的起步阶段，近期要集中力量改善现有城镇的设施条件，完善功能，充分发挥现有城镇特别是区域中心城市的辐射带动作用。贯彻实施西部大开发战略，组织技术力量，采用对口帮助、技术联合、专家咨询等形式，加强对西部地区城镇规划、建设、管理工作的支持和指导。

加强小城镇的规划管理。要抓紧修订、补充和完善现有的小城镇规划建设标准；组织制定县域城镇体系规划导则；小城镇建设用地、公共设施规划、道路交通规划标准；综合管网系统规划设计、生态环境保护规划、居住区规划设计、历史文化与自然景观保护规划导则。要完善小城镇规划实施和管理体系，健全监督机制，规范建设程序，做到先规划后建设，先基础设施建设后房屋建设，促进小城镇健康有序发展。

量力而行，发挥市场机制作用，推进小城镇基础设施建设，扩大农村消费。小城镇建设要从实际出发，坚持群众自愿和量力而行，绝不能搞强迫命令，增加群众负担。要积极支持与小城镇发展密切相关的区域基础设施建设，为小城镇发展创造良好的区域条件和投资环境。小城镇内部各项设施的建设，应主要依靠小城镇自身的力量，通过市场机制吸引和鼓励社会资本投入来推动。小城镇水、电、路等基础设施的公共服务设施的配置，是提高农民居住质量，使现代化的生活消费品进入农民家庭，提升农村的生活消费层次，进而大幅扩展农村消费市场的必不可少的基础条件。小城镇基础设施所提供的产品和服务，农村住房建设，本身也是扩大内需的重要方面。小城镇规划、建设要与改善农村生活条件，增加农民收入结合起来，促进农业产业结构调整，促进农业剩余劳动力转移。

提高小城镇建设技术水平。抓好小城镇示范工程，逐步改变目前农民一家一户搞住宅建设的小生产状况，促进小城镇住房建设和基础设施建设的社会化、专业化。组织高水平规划、设计、施工队伍下乡，培养小城镇的施工技术力量，提高小城镇建设技术水平。要大力推广应用适合小城镇实际的技术，对小城镇建设中缺乏的关键技术，加强攻关。

四、以改善生态环境为重点，加强城市建设与管理，增强可持续发展的能力

城市建设不能再重复单靠增加资源投入来推动发展的老路，必须依靠科技进步，以生态环境建设为重点，建设资源节约型、生态型城市，保持经济与资源环境的协调发展。要进一步调整提高城市建设节约水、能源、土地等资源和治污、防灾减灾的技术标准，纳入到工程建设强制性条文中，以法制手段保障和促进城市环境保护与生态建设。

充分发挥市场机制的作用，推进节约用水和水污染防治。要认真落实国务院关于城市节水和水污染治理的各项政策，完善城市各类用水的区别水价和超额累进加价收费制度，调整污水处理费征收标准，利用价格杠杆促进水资源的节约和优化配置。要加大节水技术和设施的普及推广力度。以污水资源化为目标，加快污水处理设施的建设步伐，加强中水回用技术与设备开发应用，处理好设施布局集中与分散的关系，注重污水处理的安全性和生态效应，努力建设节水防污型城市。

加强城市绿化建设，大力改善人居环境。认真贯彻落实《国务院关于加强城市绿化建设的通知》，采取有效措施，提高城市绿化水平。要科学安排绿化布局，建立并严格实行城市“绿线”管制制度，坚决查处各种挤占城市绿地的行为。推进城市绿化建设，必须尊重客观规律，从实际出发，采用适合当地自然条件的乔灌木等植物品种。城市绿化要鼓励采用节水技术和废水利用，尽可能减少绿地养护的水消耗。要结合城市产业结构调整和旧城有机更新，增加城市中心区的绿地面积。要鼓励农民结合农业结构调整发展城郊绿化，引导社会资金用于城市绿化建设，增加城市绿化建设用地和资金投入。

以供热收费制度改革为重点，积极推进城镇供热体制改革。供热收费制度改革，既是解决城镇供热问题的难点，又是促进建筑节能的一项重要工作。城镇供热体制改革的基本思路是，变暗补为明补，逐步停止由房屋产权单位或职工所在单位统包的传统用热制度，改为由居民家庭(用热户)直接向供热企业缴费采暖，实行采暖用热商品化采暖补贴货币化。采暖地区城镇新建公共建筑和居民住宅，凡合作集中供热设施的，都必须设计安装具有分户计量及室温调控功能的采暖系统。现有公共建筑和居民住宅地的要求逐步进行改造。积极推行按用热量分户计量收费办法，逐步取消按面积计收热费，更好地保证消费者的权益，提高采暖舒适度和热能利用效率。城镇供热体制改革关系广大城镇居民的切身利益，既要积极，又要稳妥。要采取有效措施，切实做好低收入家庭的冬季取暖保障工作，维护社会稳定，保证改革的顺利推进。

加强城市环境综合治理力度。要积极创造条件，继续推动全社会广泛参与和密切合作，加快旧城有机更新，重点解决城市建成区特别是中心区开发强度过大、人口密度过高、公共设施短缺、交通拥挤、环境脏乱等问题，坚决关停或迁移城区内污染严重的项目，清除违法违章建筑。以通达、低污染、低能耗为目标，实行公共交通优先的城市交通政策，推进信息技术在城市公共交通调度管理中的应用，促进城市交通组织和管理的现代化。

中国城市化与城市现代化

现代化是中国人民长期为之奋斗的目标。在本世纪中叶基本实现现代化是党的“十六大”再次明确的战略任务。城市是实现国家现代化的中心力量，而城市现代化是国家现代化的重要组成部分和核心内容。城市现代化必须遵循城市发展的基本规律。

一、第三次城市革命

一场新的城市革命正伴随21世纪悄悄地向我们走来。城市革命，意味着城市发展存在重大变革和转折，传统的城市发展观念将面临严峻的挑战，传统的城市建设、管理方法将受到巨大冲击。一种符合历史发展潮流的新的城市发展道路与模式将展现在人类的面前。中国城市乃至世界城市的发展因此而进入城市发展史上崭新的新纪元。

(一)历史的进程

透过科学的目光来探讨城市的发展，就能掌握城市与科学技术的关系，了解城市对科学的依赖，和科学技术对城市的决定性影响。用物理学家詹姆斯·特拉菲尔的话说，“科技设定了城市的极限，指出了都市发展的大致方向。用工程师的语言来说，技术定出了能够发展的‘壳’。我认为，在都市发展上，我们已经到达一个转折点，因为这是有史以来，人类第一次在建立都市的技术上几乎没有限制：我们可以建造出任何都市，只要

我们能够知道自己想要什么。"电梯速度的限制不在于电梯本身的技术上,而在于人的耳朵的结构和承受力。

城市革命,简而言之,就是城市发展进程及发展方向的重大变化和革命性转折,就是城市发展道路及发展模式的历史变革。

人类历史上的城市革命有两次。第一次发生在奴隶社会末期。小农经济的诞生和奴隶对乡村小农经济的追求引起了奴隶城市的崩溃和封建城市的出现。第一次城市革命的直接结果是:城市不仅有城,而且有市。城市开始成为手工业集中地和商品集散地,开始成为马克思所说的"真正的城市"。另一方面,是"城市乡村化",即"乡村在经济上统治着城市""工业在城市中和在城市的各种关系上模仿着乡村的组织"。

第二次城市革命开始于18世纪中叶。工业革命的兴起,不仅使资本主义城市彻底取代了封建城市,而且使资本主义城市发展获得了前所未有的动力。第二次城市革命的直接结果是城市工业化,社会生产力以极高的速度不断发展。乡村城市化加速,越来越多的人口从乡村迁入城市,享受着新的城市生活方式。随着生产和资本的高度集中,城市数量和规模不断膨胀,城市环境亦日趋恶化。

第三次城市革命比前两次城市革命更为重要、影响更大、意义更为深远的一次城市革命。第三次城市革命大致开始于20世纪70年代。它以计算机的广泛应用以及信息时代的出现或知识经济的诞生为标志。第三次城市革命的直接结果是,信息社会和知识经济取代工业时代的"物质经济";知识资本取代物质资本在生产力三要素中起决定作用;城市发展以人为中心,并进入数字化、个性化、分散化发展时代。城市与乡村,人与环境将进入共生、共享、共荣的"三共"和谐可持续发展状态。

(二)深刻的动因

每一次城市革命的发生,均有其深刻的社会经济历史文化动因。引起第三次城市革命的主要因素有:

1、知识经济时代初见端倪。人类历史上已经经历过了采集狩猎经济时代、农业经济时代、工业经济时代。

工业经济时代创造了前所未有的巨大财富,给人类作出了不可磨灭的贡献,但它有一个致命的弱点,即过分对物质资源的消耗和依赖,不可避免地产生能源危机和环境危机。所以,工业经济时代,又可称物质经济时代。

所谓知识经济,就是依赖更多的知识和信息,生产出物质和能源消耗更少,而质量更好,更耐用的产品或服务的经济。历史上,对应两个经济时代的更替,产生了两次城市革命,即将到来的知识经济时代必然引起城市发展方式的变革。

2、数字网络与信息技术的不断发展。物质、能量、信息,作为人类生存与发展的三大战略资源,各有其价值与功用。

20世纪70年代以来所出现的现代网络经济以信息革命为基础。信息革命的实质就是实现任何组织和个人在任何地点和时间都可能传递或获取他所需要的任何形式的信息。现代网络经济的不断扩张,使得原来需要集中才能发展的科技、教育产业也出现了分散发展的可能。例如英特网的普及与发展,不仅使得白领工作人员在家庭办公成为可能,使学生在家里上学成为可能。而网上银行,网上商务以及网上教学的发展,使得传统的城市商务中心区和大学城趋于分散而走向更加接近居民,实行分散化的布局,改变了城市之间功能和优势的格局。使城市在空间利用方面,取得了更大的适应性;在布局选择、规模构造、以及产业选择上存在更大的灵活性。

3、社会进入"以人为中心"的个性化发展阶段。人类生活进入到了一个以人为中心的个性化发展阶段,其标志是,人类的发展不仅能满足人的生理需要,安全需要,归属享受的需要,尊重的需要,以及自我实现的需要,而且还能满足人的个性的发展,兴趣的发展,志向的发展,创造能力的发展以及理想和信念的发展和实现的需要。满足人的个性化发展需要的实质就是满足人追求生活质量的需要。

20世纪50年代后,美国居民对消费的变化表明,人类开始进入一个以追求生活质量为目标,以非物质产品消费为对象的个性化发展时代。

4、后现代生活方式的崛起。发达国家人口老龄化已成现实,一些发达国家老龄化时代也悄然到来。老年生活方式和老年文化,对整个社会都将产生巨大的影响。与此同时,知识经济时代,人类个体及家庭的工作时间虽然减少了,但可支配的财富和权利却迅速地增加了,休闲文化迅速崛起,休闲旅游业逐渐成为城市的支柱产业。

5、经济自由开放在全球经济一体化中不断强化。经济开放和经济自由是市场经济得以实现的前提。国家和区域在经济上的自主和开放,成为不可抗拒的趋势;城市和企业都变成为在世界范围内可以自由活动的经济主体。各国金融市场,服务市场互相对外开放,形成以特大城市为中心的金融中心,标志着经济自由开放已进入顶级发展阶段。同时意味着经济平面网络体系得到强化,各经济主体之间横向互动作用加强,反映经济权力的分散化,竞争的多角化。

所有这一切,都对城市革命产生方向性的影响。

(三)巨大的变化

城市革命意味着城市发展过程和方向历史性转折。具体表现为:

1、城市机理数字化。随着信息技术的发展,知识经济的到来,城市革命的第一步,也是城市革命的首要方向是信息化和数字化,就是要以在信息高速公路上可以传输的数字来表达城市的各个方面,总体特征、运行程序和变化状态。城市数字化的结果,是数字城市的诞生,进而产生虚拟城市。因此,数字城市、虚拟城市与实体城市并存是知识经济时代城市体系的重要特征。

2、城市发展个性化。工业化,是资本主义城市发展的重要特征。工业化必然导致趋同化。包括城市规模扩张化,城市功能趋同化,城市产业及其结构,城市产品和服务,城市形态及形象无差别化等。趋同化的另一个表现是对体现城市个性和特色的城市自然历史文化景观不予重视,或者人为地将其破坏。

第三次城市革命,将使城市发展趋势发生逆转,即以为满足人的个性化需要为出发点和落脚点,城市的个性化的发展。

3、城市生活社区化。社区生活,是乡村生活的重要特色。它充满了人的情感、归属感、认同感和安全感。资本主义,特别是初期,引起了乡村社区生活的大变迁,加上高大的建筑空间和建筑实体的分隔,使城市居民逐渐互相疏远,使人类所需要的亲情感、归属感、认同感和安全感难以满足,同时还引起了城市犯罪以及心理变态与精神病患者的增加。

第三次城市革命的一个重要特点是,城市居民生活高度社区化。社区化是居民社会化的体现,也是社会化的组织形式。在中国是城市居民从"单位人"向"社会人"转变的必然要求。在知识经济时代,在信息社会,居民生活社区化成为城市发展不可阻挡的趋势。

4、主导产业服务化。在工业经济时代,城市工业成为城市发展的基础。而知识经济时代,由于发展的目的是人,发展的依据也是人,从而培养人的个性、知识、能力,特别是创造力的信息、教育、科技等产业,将成为城市发展的基础产业和支柱产业。同时,为提高城市居民生活质量和可持续发展的环保产业、住宅产业更日趋重要。为老龄消费和休闲消费提供公共服务业、个人服务业等,也成为城市的主导产业。

5、城市布局分散化。资本的集中和集聚,是资本主义发展的重要特征。由于城市具有集聚效益,"向城市集中是资本主义生产的基本条件",城市规模不断扩大,城市圈、城市群和城市带相继出现。同时,在城市内部物质要素高度集中于人口主建筑密度大、容积率高、设施先进的,商业和银行密集的繁华的商务中心区。

第三次城市革命,将对这种集中趋势产生巨大的延缓和冲击作用,对部分产业,还会起到分散化作用。而产业的相对分散化发展,将促进城市布局出现分散化倾向。

6、城乡关系协调化。资本主义工业城市发展,产生了严重的城乡对立,人与环境的对立。新的城市革命,将引导以往的城乡对立关系,人与环境之间对立关系,向共生化、和谐化方向发展。城市更多地为腹地农村提供优质服务。同时,权力的分散化,经济的自由化,决策的自主化发展进程,使得人与环境之间必须走向协调,城市与城市之间,城市与乡村之间,必须走向共生、共享、共荣的"三共"发展关系。

7、建设管理民主化。工业社会,人们关心的是挣钱,关心的是财富积累和物质消费。而当人们开始追求生活质量之后,对影响生活质量的城市公共事业、社会关系和环境质量等,必然予以关心,会自觉地关心和参与城市的发展、建设、法律、决策和管理。对城市就业、住房、迁移的有关法律政策,城市治安、社会保障及社会文化教育发展方式等等,成为城市的自觉的管理者和决策者。为政府实行民主化决策和管理提供了群众基础,有利于建立和建设城市新的管理机制。

新的城市革命,既给我国城市发展带来了有利的机遇,同时又提出严峻的挑战,特别是思想观念和认识方法上的挑战。

二、中国城市化道路和特色

"21世纪将是一个新的城市世纪"。世界城市化正以前所未有的速度向前发展,并呈现出五彩缤纷的态势,城市化道路在各个国家和地区显示出其特色。改革开放以来,中国城市化步入快速发展的时期,城市化水平从1990年的18.96%提高到目前的37%,预计到2010年及21世纪中叶将分别达到45%和65%。中国城市发展必须适应当今世界的三大潮流;其一要适应知识经济时代的要求;其二要参与经济全球化的激烈竞争;其三要接受可持续发展的理念与行动。但同时必须选择正确的道路。

(一)中国的城市化道路

在过去的讨论中,关于城市化道路主要集中在重点发展什么样的城市,是大城市,中小城市,小城镇,或城市体系问题上。我们认为这确实是城市化道路问题,目前基本上已经取得共识,即我们必须同时发展各类城市,建立合理的城市体系。因为每一种规模和类型的城市,都有自己的优势,但也有自己的弱点,都需要发展,不能以一种类型和规模的城市去代替另一类规模和类型的城市。城市化道路的另一个主要的问题是指,通过什么途径和方式来实现城市化?实际存在两种主要的途径。一是政府主导型;二是市场导向型。

1、政府主导型。主要是通过政府投资新建企业,主要是工业企业,建立工业基地。同时投资建设职工属宿舍,建设城市基础设施和市政公用事业,使在短时期内随着企业的建设形成具有一定人口规模和建设规模,并按城市运行的新兴城市,并由此来推动国家城市化的水平的提高。在计划经济时期,我们主要是采取这一道路发展和建设城市,提高城市化水平。

政府主导型发展建设城市,提高城市化率的主要特点是:(1)计划性很强,政府完全根据国家经济社会发展的需要,根据其他既定的条件和政策,按照一定的程序,来决定城市发展的个数的规模。包括在特殊情况下减少城市数量和城市人口规模;(2)城市的发展和城市人口的增加完全通过自上而下来实施,甚至是一级一级来实施的,一般居民和下级单位没有主动权和积极性;(3)城市化过程受到严格的行政控制和政策限制,最明显和突出的是人口政策和户籍限制,辅之以经济政策和其他手段等。政府主导型虽然在一定期内使城市得到一定的发展,城市化水平也有所提高,但是总的来说,城市发展速度和城市水平提高缓慢,造成城市水平的滞后。改革开放前我国城市化水平低下,不能不与国家的经济体制和城市化自身的道路以政府主导型是分不开的。

2、市场导向型。城市发展应该是经济社会发展的客观要求和必然结果,特别是市场经济发展所选择的惟一的空间形式。没有完整的城市体系,就不可能有成熟的市场体系。市场要发展和扩大,就必须发展城市。可以说先有市,而后才有城市。一般说,市场的发展,人口的增加,市政设施的建设应该是同步进行的,是三位一体的发展。改革开放以来我国许多城市的建立和发展,就是市场经济发育和发展的结果。例如,浙江的义乌市、福建的石狮市、浙江温州市的龙港镇等等,无不如此。充分显示了市场与城市相互促进和成长的过程和规律。

这类城市产生和发展的特点是:(1)城市投资的多元化。主要是企业、居民和政府同时进行投资,各种所有制的企业投资建设产业和相关联的设施;居民投资建设住宅,包括购买住宅;政府投资建设基础设施和市政公用事业;(2) 发展和建设速度快,协调性强,城市各项事业和设施一般都可配套建设,同步进行;(3)城市建设和发展,讲究成本核算和经济效益,重复建设较少,更新换代快;(4)城市建设发展不仅带动城市化水平的提高,而且能充分发挥城市的中心作用,进而带动周围农村的发展,有利于解决"三农"问题。所以,在市场经济条件下,应该改变政府主导型的城市建设发展和城市化水平提高的道路的模式,而更多地走市场导向型的发展之路。

我们必须指出,在一些地方,并没有正确科学地认识城市建设和城市化发展的规律,急于求成,崇拜指标,过多地用行政手段和首长命令,或制定规划,来规定城市发展和城市化水平的时限、速度和指标,提出过高的,不切实际的指标,而不是着眼于从基础上发展经济社会,特别是作为发展城市化基础的农业和农村经济,不去着力解决当前迫切需要解决的"三农"问题,不去大力培育市场经济。结果,并没有达到预期的目标,甚至出现一些副作用。这是值得我们严重关切和认真研究的。

(二)城市化的特色

建设有中国特色的社会主义是我们坚定不移的目标和方针。特色的城市化是其中的重要内容。所以,我们不仅要加速城市化的进程,提高城市化的水平和质量,而且更要重视城市化的中国特色。实现具有中国特色的城市化同样是我们坚定不移的方针。中国城市化特色主要体现在:

1、工业化与信息化同时推进。中国正处于工业化时期,工业化仍然是城市的主要任务。同时中国城市,特别是大城市和高科技城市又处于实现新型工业化的时期,处于信息化的启动和起步时代,因此必须大力推进信息化。面临工业化与信息化的双重任务。一些城市,特别是处于先进的大城市和科技城市,把发展信息产业放在重要的、突出的地位,成为城市发展的增长点,是优先发展的先导产业和支柱产业。城市化和现代化不光依赖于传统工业发展到什么程度,同时取决于信息产业发展到什么程度。

2、集中型城市化与分散型城市化同时推进。工业化时期的城市化经常表现为集中型的城市化,而信息化时期的城市却表现为分散型的城市化,或者说城市化与逆城市化同时发展,特别是一些先进的大城市和国际化城市,居民向郊区和附近小城镇迁移开始出现苗头。因为信息时代,由于通讯技术和交通事业的惊人发展,使居民的工作地点和居住地点可以远距离的分离。

3、城市化与城乡一体化同时推进。一方面,由于农村经济的发展,特别是乡镇企业的崛起,加速实现农村城市化与城乡一体化,城乡之间的差别不断缩小,农民生活水平迅速提高,基本实现城市生活方式,享受现代城市文明。这在经济发达地区表现十分明显;另一方面,在中国的广大地区,仍需要加速城市与农村在空间上明显分离的城市化进程,使大批农民离开农村而进入城市。

4、城市化与城市现代化同时推进。在经济发达国家地区,城市现代化已经提到日程,成为城市发展的一个新的动力和经济增长点。与此同时,这些地区城市化的任务还没有实现,仍有继续加速和提高城市化的任务。在这种情况下,存在城市现代化与继续城市化的双重任务,形成相互推进的态势,现代化带动城市化,城市化促进现代化。

5、大城市建设与小城镇发展同时推进。中国由于人口众多,而且农村人口比重大,一方面,城市化的总水平会相对低一些;另一方面,小城镇必须大力发展并容纳更多的人口。小城镇得到发展,建设好了,"解决了农村剩余劳动力50%的人的出路问题,农民不往城里跑。""大力发展乡镇企业,多渠道转移农业富余劳动力。立足农村,向生产的深度和广度进军,发展二、三产业,建设小城镇。开拓农村广阔的就业门路,同时适应城镇和发达地区的客观需要,引导农村劳动力合理有序的流动。"体现了中国城市化的一个特色。

三、城市现代化的命题和标准

1、城市现代化概念。城市现代化是普遍接受的概念,但是对这一概念并没有统一的表述。有的学者提出。城市现代化概念有广义和狭义之分:广义的城市现代化,是指城市的经济、社会、文化及居民生活方式等由传统社会向现代社会的历史转变过程,它是一个全面和综合发展的概念。具体表现在城市的生产、生活、社会活动,以及工厂、住宅、道路、通讯、生态环境、公共文化设施等各项建设中,广泛应用现代科学技术成果和体现现代社会生产力水平和精神文明水平。从而使城市经济、社会、生态和谐运行与协调发展。它以为城市居民提供最佳工作、学习、生活环境为目的。狭义的城市现代化主要是指城市建设的现代化,着重是旧城更新和新城建设两方面。

归纳起来,城市现代化,是指城市的多功能子系统按现代方式均衡、协调运行,使城市整体的发展和竞争力达到所处时代的先进水平。它是一个复杂的历史发展过程,是有阶段性的。

且不论概念或定义是否科学和确切,存在争论并需要明确的是,城市作为一个空间概念或地域系统,城市现代化界定在什么样的空间范围内?因为,在我国城市有多重意义。一是行政区,除了市区外,还包括市管县或县级市;二是城区或市区,但不包括所辖县或县级市,由城区和郊区组成;三是建成区,一般不包括郊区。此外,还有规划区。由于空间概念所包括的范围不同,其经济社会内容、结构、关系和水平也不相同,甚至相差甚远。所以,城市现代化概念,实际上存在两方面的问题,一是什么是现代化,二是什么是城市,如果城市界定不清楚,城市现代化也难以正确的认识和把握。

2、城市现代化边界。有的学者提出,从理论地理学的角度出发,中国现代化的空间边界应在两个层次上做出明确判定:

第一个层次是国家级层次。它是指世界上具有独立的立法、司法、行政和外交能力的国家,它们可以作为一个整体去设计自己的现代化目标并规划不同时段(期)的现代化进程。

第二个层次是区域级层次。是指在一个国家之内具有一定地域规模、人口规模和经济规模的行政区域。在这个层次中，规定必须具备一定的空间面积(不能太小；不能割裂区域中所应包括的城市和乡村；也不能产生环境污染的外溢性效应等)、一定的人口规模、相对独立的经济规模和一定的生态环境单元时，才可能有效地担负起实施和规划该区域现代化进程的职能。

因此，现代化必须从以下几方面来确定：

A. 地理规模的边界确定。任何一个区域均由处于中心地位的城市与处于边缘地位的农村所组成的二元结构体系。在区域之内，城市与农村是相互依存的，密不可分的。根据区域发展的一般演化规律，在区域内处于边缘地位的广大农村，其发展要依靠处于中心地位的城市去带动。我们讨论区域现代化时，不仅仅是指区域内处于中心地位的城市现代化，而且还必须包括区域内广大的农村现代化。在考察现代化状况时，我们研究的对象应是区域的整体——城市与农村的集合体。不能在实施现代化时，只讨论城市本身，而把该城市应直接带动的农村地区排除在外。只有当现代化的空间概念得到充分体现时，现代化的实施平台才具有合理性和科学性。在中国，实施现代化的最小地理规模应当不小于地级市单位。

B. 人口规模边界的确定。按国际标准并考虑中国的实际，至少在一个地理单元中，城市和农村的人口总量不少于200万人口时，才具有实施现代化的资格。小于此人口规模的地域，原则上不具备独立实现现代化的整体意义。

C. 经济规模的边界确定。一个可以独立执行现代化进程的区域，必须具备一定的经济规模和完整的经济结构，其中，一、二、三产业应能交互形成较完整的经济体系和独立的市场体系。在中国，具有独立经济规模的行政区域不应低于地级市。

D.生态环境的边界确定。在可持续发展原则指导下的现代化空间概念，还必须考虑生态与环境的约束边界。实现生态化是一个区域现代化的重要特征与标志，只有区域具备较完整的生态系统和消除环境公共危害的外部性溢出效应时，区域才能有资格谈论现代化的整体进程。在中国具备生态环境约束条件的也应不低于地级市的行政级别。

其作者认为，所谓的现代化进程和现代化目标的实现，不能无限制地缩小到一个县、一个乡、一个村，甚至到一个家庭。现代化的进程和现代化目标的实现，所要求的地域空间范围应当满足上述四个基本约束条件。只有这样，讨论现代化的内涵和目标才具有实质的意义和价值。一般情形下，在中国可以担负执行现代化职能的行政单元，不应低于地级市的级别。

在这里，实际上提出了这样一个问题，“城市现代化”这一命题是否成立。因为，在我国包括广大农村或众多个县和县级市的地级市，不是一个科学意义上，或真正意义上的城市，而是一个地区或区域。地级市现代化与其说是城市现代化，不如说是地区现代化。当然，X X地级市政府研究和制定的X X市现代化战略或规划，毫无疑问是包括整个行政区域的现代化战略或规划，但是在战略和规划中是否形成或列出中心市区或城区的现代化战略和规划，各地级市的处理是不同的。对大城市的一个城区能否研究和制定相对独立的现代化战略和规划，是一个类似的问题。地级市以上城市的中心城市或大城市的城区能否率先实现现代化，并对整个城市行政区的现代化发挥作用。

此外，不能满足上述四个条件中任何一个的县级市，如江苏昆山市、浙江义乌市等县级市是否能提出现代化的问题，作为市政府能否研究和制定现代化战略或规划。

对所有这些问题都值得在理论上和实践上作进一步深入的研究。

众所周知，我国城市的空间概念是非常复杂的。城市空间概念和范围的不同，所包含的经济、社会、文化等内涵就不相同，整个结构和系统也就不同，所以不是用简单的地域面积所能概括的。与此同时，城市也因规模和类型的差别而有所不同。我国目前660多个城市，分布在全国各地，东部、西部、中部等。城市的规模不同，大的逾千万人口，小的只几万人口。同时，设市和建城的时间不同，有的城市具有悠久的历史，有的城市刚刚建立不久。更为重要的是城市的类型不同，中央直辖市、省会城市、地级市、县级市；沿海城市、内陆城市、平原城市、高山城市；工矿城市、工业基地、港口城市、旅游城市、交通枢纽城市、商贸中心城市……等。由于城市类型不同，推动城市发展的动力和因素，以及城市发展水平和现代化程度各不相同。因此不能笼统地用行政级别来规定城市现代化的边界。

城市现代化标准。城市现代化是经济社会发展达到一定的高度，存在客观的标准。这几年，在全国、各省以及许多城市都在认真研究现代化的问题，提出反映现代化水平的指标体系和衡量标准。甚至提出实现现代化的时间表。这对推进城市现代化是有益的。但是，现代化是极其复杂的，城市更是一个种类繁多、形式多样的综合体，包含众多的因素，宠大的体系，复杂的关系，与外界有着千丝万缕的联系，反映生产力发展水平，现代化的经济制度，特别是市场经济发展程度，现代化社会政治制度，现代化的环境生态系统，现代化的居民素质和文化生活等。同时，城市之间虽然存在一定的共性，但是其差别更明显，更悬殊。所以在研究现代化的标准或制定现代的指标体系和衡量标准时，必须注意以下一些问题：

1、共性与个性的统一。不同城市虽然存在共性，但是城市之间的规模、区位、结构、功能、形态等各不相同。共性可以用同一指标加以衡量和测定，而个性却不能加以衡量和测定。对不同的城市即使用同一指标测定，其内涵和反映的水平和问题也不尽相同。个性就是特色。越是现代化的城市，越是应该突出特色，使城市现代化具有更深的内涵，更加细腻和生动活泼。有人认为，特别是建筑专家认为，摩天大楼仍是美国城市特征，但决不是中国城市的特征。

2、内容与形态的统一。城市在本质是一致的，但形式却各不相同。对城市的设施也是如此。对居民住宅虽可用面积来统一来衡量，并表明其水平。但，居民有的喜欢宽敞，有的讲究式样和风格，有的更看重区位，只用住宅面积并不能完全反映现代化水平和居民的居住条件及其满意度。

3、数量和质量的统一。城市发展和建设不仅需要达到一定的数量，而且更需要数量所包含的质量。如，基础设施中的道路，需要达到一定的长度和面积，特别是人均面积，但是如果布局不合理，设计不科学，路况不良，管理不善，经常堵车，那同样达不到现代化的水平。所以，既要有数字头脑，更需要有质量观念。相同的指标可以反映不同的内容和布局，指标只是一个参考值，不是绝对的，不能迷信。

4、主观与客观的统一。科学技术的进步，生产力的发展，其目的都是为了满足人的需要，提高人的生活质量。而人的需要，既是客观的，也是主观的。中国有句古话，叫做“好吃不如爱吃”，“萝卜白菜，各有所爱”，这说明人的主观因素对客观物质及标准的选择的决定性作用。不同民族、不同地区、不同城市的居民都有自己的习惯、兴趣和偏好。最大限度地满足人的需求是现代化的一个标准。

5、物质和精神的统一。每一个城市都是一部史书，包含丰富的文化。城市的建设同样是文化的建设和创造。现代城市以现代人为核心，城市的现代化首先是人的现代化，城市居民必须有高度文化，现代文明。所以，确定现代化的标准或选择指标一定要有反映城市文化和居民文明的内容。

6、动态与静态的统一。现代化不等于工业化。工业化是社会生产力发展的一个阶段，工业社会文明不是人类文明的顶点，而是一个驿站。现代化描述了比工业化更为复杂得多的过程，需要反映知识经济和信息化的过程。现代化既是一个过程，又是一个结果。现代化指标是一个动态系列。

所有这些决定了中国的城市现代化既具有工业化时期的主要表现，又具有信息化时代的因素。在设计城市现代化的指标体系中，既要有反映工业化现代化的指标，又要有反映信息化现代化的指标。

（杨重光 研究员：中国社会科学院城市与环境研究中心）

中国城市化战略的重点和政策

中国的城市化问题，是一个关系到中国经济持续快速增长，以及经济社会可持续发展的重大战略问题。推进中国的城市化，不仅有利于中国的发展，还将对全球经济的增长和可持续发展产生持久的影响。中国政府意识到，积极推进城市化进程，对促进中国经济结构的调整，推动经济持续快速增长，具有十分重要的意义，已确定为中国“十五”经济发展的战略重点之一。

一、推进城市化，是中国现代化建设的历史任务，也是解决中国经济社会发展面临的突出问题的重要途径

（一）改革开放以来，中国城市化进程加快，但城市化水平仍严重滞后与经济发展与工业化水平。城市发展中存在的主要问题是：城镇体系的布局、规模结构与经济发展不适应；缺乏在全球经济中具有较强竞争力和影响力的国际性大都市；城市密集区各类城镇功能分工不明确，结构趋同；广大中西部地区中心城市不足，现有城镇的要素集聚、辐射和带动力较差；城镇质量和管理水平不高；小城镇数量偏多、规模偏小，缺乏足够的吸引力。

（二）推进城市化，是解决中国经济社会发展突出问题的重要途径。城市化滞后，带来或加剧了中国经济社会发展中一些突出问题。内需不足、农民收入过低和增长乏力、就业压力大等问题，在很大程度上与城市化滞后有关。解决这些问题，必须积极推进城市化，通过城市化拓宽就业渠道，使更多农村富余劳动力进入第三产业，从而达到减少农业人口，提高农业生产率，增加农民收入的目的，并扩大农民消费，化解内需不足的矛盾，促进国民经济的进一步发展。

（三）推进城市化，是我国现代化建设进入新阶段后必须完成的历史任务。城市化是现代化的重要标志，是人类文明进步的必然。我国城市化水平已经超过30%，适应客观规律和发展趋势，积极稳妥地推进城市化，是中国摆脱不发达状态，实现现代化必须完成的历史任务。也是提高人口素质，普及现代文明，促进社会进步，增强国家整体竞争力的需要。各方面要统一认识，高度重视，精心组织，加大力度，逐步推进。

二、实行多样化的城市方针，全面促进各类城镇健康有序发展

（一）从国民经济和社会发展全局出发，积极主动推进城市化。在“十五”规划中，应在“小城镇、大战略”的基础上，进一步提出城市化战略。实施城市化战，主要是在以下4个方面取得进展：一是在遵循城市化发展规律，充分考虑国情的基础上，因势利导地引导城市化进程，从整体上改变城市化滞后的状况；二是促进城镇的产业发展、增加就业、繁荣经济、增强辐射和带动力，促使各类城镇改善管理、提高质量；三是按照社会主义市场经济体制的要求，深化各项城镇体制改革，消除阻碍城市化进程的体制和政策障碍，形成劳动力和人口有序流动的机制，缩小城乡差距；四是采取国家给政策、定规划的办法，加快形成功能完善、布局合理、结构协调、规模适度的城镇体系。

推进城市化，要走多样化的城市化道路。目前国内对城市化道路，认识上还有不同。有的主张以发展农村小城镇为主，有的主张重点发展大城市和特大城市，有的主张重点发展中小城市，也有的主张重点发展县城。我们认为，走多样化的城市化道路，因地制宜地确定不同地区的城市化道路，更符合中国的国情。

根据我们的预测,如果“十五”期间能在完善体制,调整政策方面取得进展,中国城市化水平每年将提高接近1个百分点,到2005年,城市化水平达到35%左右。到2010年,城市化水平将达到40-42%。

(二)统筹规划、分类指导,促进各类城镇健康的有序发展。“十五”期间和今后更长一段时间中国城市化发展的重点是:加快发展小城,培育发展国际性大都市,充实提高区域性中心城市,建设发展新城市,规划引导城镇密集区。

1、加快发展小城镇。小城镇发展要与经济社会发展相结合,与各类城市发展相结合。发展的重点是县城和建制镇,集镇的数量要减少,建制镇数量也应在规模扩大中适当减少,使少数基础条件较好,潜力较大的小城镇发展成为小城市,其中部分条件更好、潜力更大的发展成为中等城市;大多数小城镇发展成为万人左右或以上,交通方便、设施配套、环境优美,特色鲜明,对农村经济具有辐射和带动作用的小城。

2、培育发展国际性大都市。目前我国还缺乏面向国际、在亚洲及全球经济中具有较强竞争力和一定影响力的国际性大都市,急需加快培育。从经济实力、基础设施、要素集聚能力、国际化程度等的发展趋势看,上海、北京最具潜力,应该用20年左右时间,将上海、北京培育成国际性大都市。在2010年前,应重点培育和发展,使之尽快成为国际性的经济、金融、贸易和航运中心之一,成为带动全国参与经济全球化的桥头堡。

3、充实提高区域性中心城市。从区域经济发展的需要出发,要继续充实提高现有区域性经济中心城市。发展方向是,适度扩大现有中心城市规模,在城区周边地区合理规划布局,发展功能性小城市和小城镇,形成区域性的经济、金融、信息、文化和科教中心。

4、建设发展新城市。我国广大的中西部地区,城镇密度低,许多地区还没有辐射和带动区域经济发展的中心城市。配合西部大开发,加快中西部地区发展的要求,在2010年前,要把中西部一些有关基础、条件较好的中小城市或小城镇,培育发展成为新的经济中心城市。

5、规划引导城镇密集区。长江三角洲、珠江三角洲等地区,人口密集,工业化程度较高,城镇数量多、密度大、城镇间经济联系较紧密,已呈现城镇绵延区的发展态势。要进一步增强经济实力,加强产业、要素聚集功能,提高对人口的吸引力,特别是要吸收区外人口,统筹规划城镇体系,统一规划区内大型基础设施建设,合理安排城镇间机场、高速公路、快速轨道交通、信息传输网络及清洁能源供应系统,完善体系,实现资源共享。

三、更新观念,实行有利于推进城市化的体制创新和政策调整

目前,我国一些方面的体制、政策以及观念还不适应城市化加速发展的要求。推进城市化,要更新观念,破除体制和政策障碍,营造有利于推进城市化的良好环境。

(一)更新观念。长期以来,我国一直实行城乡严重分割的管理体制,不鼓励城市化,限制大城市规模。主要是在观念上对城市化可能带来的一些问题过度担心。担心粮食生产和供应紧张;担心城镇建设占用耕地;担心城镇住宅、教育、医疗、养老及基础设施建设的资金不足;担心城市规模扩大会导致“城市病”;担心农民进城与城镇职工争饭碗等。经过20年改革开放和国民经济的持续快速健康发展,我国综合国力已大大增强,已具备加快推进城市化的物质基础和体制条件,一些观念和担忧需要改变和更新。

(二)修订城市化方针和有关标准。我国《城市规划法》规定了严格控制大城市规模的方针,这一方针不适应城市化发展的客观规律。各国的经验证明,在经济发展中,大城市往往起着“火车头”的作用。英、美、日、韩等国,其百万以上城市人口占全国人口的比重分别是23%、39%、37%和52%,我国只有6%。美国3/4的制造业和服务业聚集在大都市区,日本80%的经济总量集中在3大都市圈内。我国浦东的开放开发、天津滨海新区建设、在沿海开放城市及内陆省会城市建立经济技术开发区等,实际上都属于扩展大城市规模的措施。这些措施,对加快我国改革开放和经济发展发挥了十分重要的作用。因此,应该对严格控制大城市规模的现行方针进行修订。

(三)合理编制规划。在以往的城市化管理中,中国不缺乏单个城镇的城市总体规划,但区域性的城镇体系规划,特别是全国性的城市化规划却十分缺乏,使各类城镇发展的战略性和整体协调性不强。“十五”期间,我们将与建设部等有关部门共同编制《全国城市化发展战略专项规划》,解决推进城市化的方针、目标、原则,重点城市功能定位、城镇密集区统筹规划、中西部地区新城市建设发展,及体制创新和政策调整等问题。在此基础上,有关部门还需编制跨行政区的区域性城镇体系规划、省级城镇体系规划、城市总体规划等,并做好各类城市规划与经济发展、交通、土、水利、生态建设和环境保护等规划的衔接。

(四)合理调整行政区划。目前城镇布局基本上是按行政区划的格局分布的。每个省(自治区、直辖市)、地(市)、县(市)、乡(镇),都力求在自己政治中心的基础上形成经济中心。这是城市化进程中各类城镇缺乏整体协调性,基础设施各搞一套、重复建设,土地占用多,生态环境破坏严重的原因之一。在城镇和人口密集地区,以及新城市建设地区果断调整行政区划,适时推进市县、市市合并等,突破一市、一镇按行政区划,画地为牢的格局,统盘考虑城镇布局及绿化带、工业区、交通网络、基础设施。

(五)形成城镇建设投融资新机制。我国部分城市推进的改革试验证明,在达到一定规模的城市,只要按市场化原则,解决城市基础设施建设资金问题并不很难:一是城镇政府要收缩投资领域,只承担难以市场化的公共服务领域的支出;二是对凡能确定受益者并能计价的设施,通过调整价格和收费,逐步形成投资、经营、回收的良性循环机制;三是规范城镇土地批租,推行公开招标出让,建立和完善城镇土地出让金用途分解机制;四是推行特许权经营,吸引外资、动员社会资金参与城镇基础设施建设。

（六）改革户籍制度。长期以来，基于户籍管理的粮食和副食品供应、住宅、就业、教育、医疗、养老制度等，构筑了城乡分割的鸿沟。改革开放以来，除户籍制度以外，其他限制农村人口进入城镇的制度已经或正在消除，但户籍制度还没有触及。推进城市化，必须加大户籍制度改革力度，逐步放宽对农民进城落户的限制，实行按居住地划分城乡人口、按职业确定身份的户籍登记制度，并逐步用身份证制度代替户籍制度。

（国家计委发展规划司副司长 杨伟民）

中国城市化高速发展期须研究的五个问题

建设部部长 汪光焘 2003年6月3日

中国城镇化水平2001年达到37.7%，实际上已经进入了城镇化的高速发展期。进入这一时期，城市化面临的问题很多，当前急需研究五个问题：

第一，要正确认识流动人口在城镇化过程中的作用。城市建设创造了大量的建筑业、工业的就业岗位，农民和其他流动务工经商者，是城市的纳税者，对城市发展做出了贡献。另一方面，目前进城人口基本已经享用了城市的设施，城市政府不能忽视这些群体的需求，如果不正确引导，会导致类似有些国家的负面现象的出现。我国的有些城市已经出现了这类人群的聚集区，给城市的各项生活设施造成了巨大压力，我们今后要消除和改造这些地区，会付出更大的代价。同时它还会直接影响到社会的全面发展。

第二，城镇密集地区和大城市都市圈的问题，这实际上关系到城镇建设和经济发展的关系。所谓的城镇密集地区就是指大中小城市和小城镇密集发展的地区，对我国而言，主要指长江三角洲、珠江三角洲、环渤海湾地区。这些地区的发展，一定有大城市为骨干。骨干的大城市，在其行政区域内也有中心区域和若干个镇，这些城市和村镇，由于产业、空间、基础设施乃至文化的相互联系形成了都市圈。随着城市规模的扩大，产生了环境污染、资源短缺、交通拥挤等问题。随着机动化，特别是高速公路等大运量交通设施的建设，中心区人口向外迁移已经有了苗头，这就是城市发展的郊区化倾向问题。大城市周边，以居住为主的边缘集团的产生，就是城市中心经济扩散、或者称为中心带动的结果。从大范围来看，中心城市的大发展，也带动了一批中小城市和小城镇的发展。在沿海发达地区，不受行政地域的限制，出现了跨地域的都市圈群体，这样的群体形成了城镇密集地区，这既可以使居民获得在大城市中心区域所不能得到的生活环境，同时又顺应了大城市中心区域快速带动其周边地区发展的必然趋势。都市圈的发展，应当纳入统一规划，要着重考虑环境、交通、通讯等建设，为人们创造更多的便利条件。

第三，土地问题。从城市聚集的效应来看，人均城市建设用地规模每人60至100平方米。随着地区性人口的不同增长，东部地区城市和镇的土地需求要比中西部地区更加集中。东部地区与部分中西部地区作为国家农业和农作物主产区，保护耕地和城镇发展用地存在着供需矛盾。当前，我国所谓的城中村是大中小城市和小城镇都存在的一个问题。实际上，这是在同一地区由于两类土地使用性质不同带来的问题。研究城镇化过程中的土地流转问题，有三方面需要考虑：一是要充分考虑征用土地的占补平衡，按照人口的流入、流出以及经济发展的快与慢，分类确定不同的占补措施，处理好城市和镇的发展与耕地之间的关系；二是研究非农业的土地流转和征用与保护农民利益的关系问题；三是要从生态环境、经济结构和社会结构的角度来认识城市的形态，既要重视经济效益，也要重视环境效益和社会效益。

第四，关于适应小城镇发展的财政政策。我国人口多，农村富余劳动力主要是向乡镇企业和农村服务业转移。根据农民的支付能力和承受能力，应因地制宜发展小城镇，发展小城镇应当研究动力机制。当前，发展小城镇的资金来源主要为县级以上地方政府的财政单位。其有利的一面是调动了各级地方政府的积极性，但同时，存在着转移污染企业、随意使用土地等弊端。还有，不同行政机关的决策和执行往往相互竞争和制约，使小城镇发展混乱。大城市向外扩散形成的居住区，如果不属于大城市的同一财政，规划布局往往难以实施。大城市周边以居住为主的城镇，没有税收来源，也就没有财政来源，势必影响发展。因此，小城市发展的动力机制除了需要骨干企业通过大项目来打造以外，还必须通过上级政府调整财政政策来形成。对于面向广大农村服务的小城镇，在其发展教育、科技和面向农村的服务业时，上级政府应当如同扶持农业一样，给予财政政策的支持。总之，东中西部地区城市化和小城镇发展的动力机制各有特点，是省一级政府应当研究的问题。

第五，关于城镇化水平的计算方法。现在对城镇化水平的统计计算方法，是以户籍管理为依据、结合考虑了人口流动等有关因素确定的，具体讲是以城镇户籍人口和居住半年以上的流动人口为统计对象。十六大报告明确提出，农村富余劳动力向非农产业和城镇转移，实际上已经对城镇化水平的统计方法提出了新的要求。对照国际通用的计算方法，明确了城镇化不同于城市化的概念。

中国的城镇化与地产信用

编者按 江泽民同志在十六大报告中提出要在本世纪头20年全面建设惠及十几亿人口的更高水平小康社会的奋斗目标。实现这一目标，需要加快城镇化进程，而加快城镇化进程，需要大量的资金投入。金融专家刘慧勇认为，解决城镇建设资金的来源问题，除了尽快启动市政建设债和鼓励发行市政公司债等发展债券市场的措施之外，另一条重要途径就是要大力发展地产信用，充分利用商业银行的地产抵押贷款。

一、全面建设小康社会需要加快城镇化进程

城镇一般都是其所在和周边地区的经济、政治和文化中心。要使全国各地区在加快发展经济的基础上，使民主更加健全、科教更加进步、文化更加繁荣，必须加快城镇建设，完善城镇功能，进一步提升大中小城镇在当地的经济、政治和文化中心地位。

加快城镇化进程，是实现本世纪头20年全面建设小康社会目标的重要保证和关键举措。我国地域辽阔，人口众多，提高城镇化水平需要坚持大中小城市和小城镇协调发展，走中国特色的城镇化道路。大中小城市和小城镇协调发展，数以百计的城市、数以千计的小城镇的现代化建设，在拥有10多亿人口和960万平方公里的全中国展开，必将成为本世纪头二、三十年空前壮观的世界经济景象。这一历史进程，不仅会成为推动中国经济持续发展的强大动力，而且将对世界经济在未来数十年内保持一定的增长率，作出自己的特殊贡献。

二、土地是城镇的最大资产和城镇化最重要的资金来源

市区道路、桥梁、广场和绿地等非经营性的城镇设施，虽然其自身没有任何经营收入，没有直接财务效益，但它们是城市发展所必须的，可使城镇土地升值。考虑土地升值因素，这类非经营性城镇设施的真正经济效益是非常高的，可以说一本万利。地铁、收费公园、收费公共厕所等准经营性的和自来水、供气、供热系统等经营性城镇设施，自选商场、百货大楼等商业设施、从小学到大学的教育设施、图书馆和剧院影院电视公司文化设施、运动场和游泳馆等体育设施、医院和健身房等医疗卫生保健设施等，都对城镇土地的升值起着推动作用。

在国土面积与人口数量相比较小的日本，土地升值表现得十分明显。从1955年到1989年的34年间，日本土地升值高达180.2倍，远远高于住宅、其他建筑物和机械设备等可再生产固定资产的增长速度，地产在有形资产总额中的占比，由1955年的36.3%上升到1989年的67.8%。在我国人口迅速集中、快速发展着的城市，土地供需情况与整个日本国的情况类似。因而，类似于日本国的土地升值现象，必然在我国绝大多数城市中出现。

依据这一趋势，从长远来看，土地无疑是城镇的最大资产。羊毛出在羊身上。价值巨大的地产，既是城镇化的产物，又是城镇化的主要资金来源。投入城镇建设的资金，除了通过设施经营直接回收和通过增加城镇税收间接回收的部分之外，其余部分都应当从城镇土地升值中取得补偿。

三、地产信用缺位，弱化社会信用，妨碍城镇融通建设资金

1988年七届人大一次会议通过《中华人民共和国宪法修正案》，将宪法中的“任何组织或者个人不得侵占、买卖、出租或者以其他形式非法转让土地”一条中的“出租”二字删除，并在其后加上“土地的使用权可以依照法律的规定转让”一语，为国有土地有偿使用开了绿灯。1990年国务院发布《中华人民共和国城镇国有土地使用权出让和转让暂行条例》，明确建立起国有土地有偿使用制度。这使中央与地方政府有可能在保持国家土地所有权的前提条件下，通过有偿出让和出租土地使用权取得土地使用权出让金和土地租金，并在土地使用权转让环节征收到土地增值税，获得一部分因城镇化带来的土地升值。

按照我国现行的国有土地有偿使用制度，只允许土地使用权持有者进行土地使用权抵押，不允许土地所有权拥有者进行地产抵押，地产信用缺位。土地使用权的转让有时间、有限制，商业用地40年，工业用地50年，住宅用地70年。在转让期内，土地使用权的价值必然随着时间的流逝而减少。持有这样的抵押品，如同持有价格看跌的股票，可抵押的价值大打折扣，远远小于地产自身的价值。这就使城镇拥有的巨额地产不能参与社会信用创造，弱化了社会信用体系，极大地束缚了我国社会信用的发展。地产信用缺位，社会信用弱化，既妨碍地产所有者融资，又损害商业银行和普通劳动者的利益。

四、发展地产信用需要采取的措施

为了发展地产信用，健全社会信用体系，需要在深化土地制度改革与开展金融创新两个方面，同时采取措施，以便相互促进，更好地适应社会主义市场经济的发展。

（一）深化土地制度改革：细分国有土地所有权，城镇土地归城镇全民所有

为了在各级政府之间细分国有土地所有权，避免城镇地产不清，应当将城镇国有土地下放给城镇全体市民，由代表他们的城镇政府来掌管。为此需要将《中华人民共和国土地管理法》第八条中的：“城市市区的土地属于国家所有”一语，修改为：城市市区的土地属于城市人民政府所有。与此相关，还应当将《中

华人民共和国城镇国有土地使用权出让和转让暂行条例》第三十二条:“土地使用权可以抵押”一语,修改为:土地所有者与土地使用者均可抵押其土地使用权,土地所有者可抵押其土地永久使用权。这样就能够为城镇政府开展地产信用,通过地产抵押融资创造必要的制度前提和立法保证。

(二)金融创新:允许商业银行向城镇政府发放地产抵押贷款,激活地产信用

允许城镇政府运用土地抵押融资,使地产抵押大规模地进入社会信用体系,可以为社会主义市场经济提供更加坚实可靠的信用基础,促进城市建设和整个国民经济更快更稳地发展。

按照我国的土地社会主义公有制,国有土地的所有权不能转让,因而也就不能用于抵押,能够转让和抵押的只是土地的使用权。为了避免在抵押期内土地使用权的价值随着时间的推移而减少,一个可供考虑的变通办法,就是将地产抵押定义为:土地的永久使用权抵押。与此相应,地产抵押贷款就是以土地永久使用权作为抵押物而发放的贷款。

有了这样的金融创新,商业银行就可以向土地趋于升值的城镇发放地产抵押贷款,既提高自己的贷款质量,又支持城镇建设,繁荣城乡经济,反过来增加该地区的银行存款。商业银行发放地产抵押贷款的条件,是预计贷款城镇的土地价格在未来十几年间的年平均上升率将高于银行贷款的年利率。在此条件下,银行即使把作为抵押的地产长期拿在手中,也不会发生贷款利息损失,反而可能带来比利率还高的溢价收入。

五、开放地产信用条件下的城镇土地经营与融资策略

(一)科学规划,地尽其用,加快建设,促进升值

科学规划城镇发展的首要前提,是正确预测城市未来的人口聚集数量,由此决定城镇土地面积。人均占地面积偏少,无论怎么建设,城镇环境都很难上档次。因此,对于那些交通便利,周边农村人口较多、经济发展条件和气候条件都比较好、人口易于聚集的城镇,应该适当扩大城区规划面积,并将新扩规划区域之内的空闲地,包括沙丘和沼泽,尽早收购为城镇全民所有,以备将来利用。

城市规划一旦确定,就应当加快建设,促进土地升值。对于迟早都要建设的城镇设施来说,晚建不如早建,早建可以早获利,占据先行优势,取得时间价值。通过加快基础设施建设,改善城镇生活居住与投资经营的环境,促使地价上升之后,再出租或出让土地使用权,显然可以大幅度增加土地经营收入。

(二)先多抵押与收购,后多租赁和出售

在城镇建设初期,由于城市基础设施尚不完善,地产开发商的购买力有限,地价不可能很高。在这个阶段以低价大量出让土地使用权,得不偿失。因而需要考虑选择“先多抵押与收购,后多租赁和出售”的城镇土地经营策略。这样讲并不是说要在城镇建设前期停止出让城镇土地使用权,一律采取地产抵押的方式进行融资,而是强调这样一种策略思想:不要单纯为了筹资而急于卖地,城镇建设缺钱可以通过向银行借用地产抵押贷款来解决,必要的建设用地还是应当正常供应。

在保证供应必要的建设用地的同时,城镇政府可以通过地产抵押融资来收购暂时闲置的土地,储备建设用地,以备将来出售。

(三)依托地产信用,广开融资渠道

为了尽可能降低融资成本、增强偿债能力、维护政府信誉,在开放地产信用、能够较为方便地从银行借到地产抵押贷款的条件下,城镇政府可以采用更加灵活的融资策略,依托地产信用,广开融资渠道,优化融资结构,不一定真向银行借很多的钱。

譬如,与银行贷款相比,市政债券的利率较低,从借款人的角度考虑,同样都是借钱,当然要首先选择利率相对而言较低的市政债券,以便降低融资成本。因此,当我国立法允许城镇政府发行市政债券的时候,城镇政府就可以主要通过利率较低的市政债券进行融资,同时与银行签订一种意向性协议,双方承诺如果在市政债券的滚动发行过程中出现暂时障碍,政府即优先借用签约行的地产抵押贷款,用于偿付到期的市政债券本息。在实践中,这样做的结果将是只在很少的情况下,才真正发放地产抵押贷款,但地产信用在这个过程中所发挥的巨大作用,是不可忽视的。

与此类似,城镇政府还可以利用地产信用,为建设与经营市政设施的市政公司提供担保,支持他们发行公司债券或者借用银行贷款。这样通过地产信用,将银行信用、财政信用和企业信用紧密联系起来,社会信用体系就会更加健全,城镇建设投融资就会更加便利,城镇化进程就将显著加快,人民的物质文化生活水平可以提到更高的程度,银行的信贷资产也会随之变得更加安全。

(中国投资学会副会长刘慧勇 2002年12月02日)

中国城镇化建设的支柱

21世纪初期将是人类经济和社会文明迅速发展的时期,也是机遇和挑战并存的时期。21世纪前10年对我国经济和社会发展是至关重要的。我们要在这10年中实现现代化的第二阶段的目标,经济总量要翻一番。为了实现经济的健康发展,将对经济结构进行战略性调整,大力发展第三产业。而房地产业是第三产业的重要组成部分。“十五”时期将是我国房地产业蓬勃发展的时期。

一、当前房地产业发展的特点

(1)处于重要的转变时期。一是配合国民经济增长从粗放

型向集约型转变,房地产业的增长方式也正在由速度规模型向总量效益型转变。随着经济和社会的发展,人们的住房在数量上已初步得到改善,人们的消费水平要求有更实用、更舒适、质量更好的住宅和办公用房。房地产业的增长点已不只是数量的增加,还必须配合以高附加值,即高质量的产品。二是随着国家把住房消费作为扩大消费的重点,房地产业对经济的贡献已从投资推动转变为投资与消费双推动。三是在社会主义市场经济体制逐步确立的过程中,房地产业也将从主要靠政府政策调控向依靠市场和自身调节转变。四是我国在2001年底已加入了WTO,随着WTO各项有关条款的实施,包括房地产业在内的我国经济各方面都将发生新的变化,主要表现是我们必须把着眼点从国内市场竞争扩大到国际市场竞争,竞争对手从国内的企业扩大到国外的企业,竞争规则从国内规则变为国际规则。我们要对这些新变化的到来做好准备。

(2)住房制度改革仍是房地产业发展的重要推动力。房地产业的发展和繁荣一直有赖于住房制度的改革,从1998年开始停止住房实物分配,集团购买退出市场和实行货币化分配的改革已在全国逐步推开,经济适用房的建设计划等等,都将在21世纪初期为房地产业的发展提供广阔的市场。

(3)房地产市场已具雏形。近几年为扩大内需,拉动经济的发展,国家对住房市场特别给予关注。不断规范和促进房地产交易市场的发展,优化市场环境,制定鼓励住宅消费的税费政策,积极开展住房二级市场和租赁登记备案制的试点,并将在全国推开。这些措施对进一步发展和完善房地产交易市场都有重要的推动作用。

(4)商品住宅发展的新时期。人们消费观念的转变和国家对住房实行货币化分配,把商品住宅的发展推向了新时期。其特点:一是住宅总量高速增加,预计从1998年开始的高速增长还将持续一个较长的时期。二是住房分配体制仍处于变革期,住房体制改革的办法还可能制定更合适的新方案。三是各项促进住房消费政策的启动期,近几年国家把住房消费作为推动经济增长的重要手段,为此制定了一些鼓励住房消费的政策。这些政策的效果有些已经显现,有些将在今后逐渐显现。四是住房质量的提升期,人们消费意识和消费商品的提高,已促使开发商在房屋的设计和施工中更加关注房屋的质量、适用性、环境和外观等等。

二、进一步发展房地产业的有利因素

(1)国家的重视。在国家制定的《国民经济和社会发展第十个五年计划纲要》中,对住房建设和房地产业的发展都提出了明确的要求。指出:“2005年城镇居民人均住宅面积增加到22平方米”,要“深化城镇住房制度改革,落实在住房分配货币化政策,扩大住房消费信贷,进一步发展以居民住宅为重点的房地产业和装修装饰业,规范发展物业管理业”。

(2)房地产业与经济和社会发展目标一致。国家在今后相当长的时期内都将把城市化和西部大开发作为经济和社会发展的战略目标。而要实现这两个战略目标,特别是城市化目标,必然伴随着房地产业的大发展。

(3)国家政策的支持。改革开放以来,特别是1998年以来,国家和有关部门制定的一系列鼓励发展房地产业的有关政策,在今后仍将发挥重要作用。国家和有关部门还将根据国家经济和社会发展需要,以及房地产业发展的具体情况和需要,制定相应的支持政策。

(4)人们住房观念上的认可。经过住房改革和房地产市场的发展,特别是实行住房货币补贴之后,彻底打破了广大职工住房靠国家和单位的计划经济观念,自己攒钱和利用贷款买房已成为广大居民解决住房问题的主要途径。

(5)房地产业已逐步走向规范。经过国家和有关部门近几年的努力和市场调节作用,加上消费者权益意识的增强,都使房地产商的不规范行为受到遏制。房地产业已逐渐摆脱混乱的状态,在行为规范方面有了很大的进步。

(6)房地产开发的调整已基本到位。目前,以经济适用房为主的普通住宅的供应量不断加大,国家从税收方面,开发商在造价方面都在设法降低商品住宅的成本,使商品住宅的数量和价格都逐渐向符合工薪阶层需要方面发展。

(7)社会配套条件基本具备。近几年与房地产业发展有关的房地产交易市场、房屋租赁制度、中介组织和中介服务市场、住房信贷制度、住房公积金和补贴制度都已建立并逐渐走向规范。

(8)我国已加入WTO,各种条款的逐步实施,将促使房地产业按国际准则运作和发展,税收等方面国民待遇实施之后,将会有更多的境外资金进入我国的房地产业。

(9)我国即将进入住房消费为热点的消费阶段。据最新统计,北京市170万辆汽车中,有一半是私车,有车的家庭占全市家庭总数的12%,而且随着公路,特别是高速公路网的完善,富裕阶层住宅郊区化的趋势已有所显现。估计这个趋势将很快在其他大城市出现。

三、制约房地产业发展的主要问题

(1)缺乏人才。虽然目前从事房地产业的人数很多,但受过专业教育和训练,经验丰富的房地产专家很少。大多数房地产企业的领导人都是半路出家,其中不少是“乱世英雄”。在房地产业发展初期不规范、缺少竞争力的条件下,他们很容易获得成功。随着房地产业向规范方面发展和竞争的加剧,特别是加入WTO之后,许多在过去有效的方法不再适用新的形势,一些人不得不退出,人才缺乏将更加明显。

(2)缺乏合格的物业管理队伍。物业管理是与房地产业发展密切相关的行业,房地产业必须有物业管理的配合才能有效地发展。但目前我们缺乏合格的物业管理专家和队伍,很多住宅的物业管理与消费者的要求有很大的差距。随着住户消费意识的增强,差距将会更大。另外,物业管理的收费与工薪阶层的经济承受能力之间的矛盾也是目前难以解决的问题。

(3)与房地产业发展配套的交易市场、中介机构等还远没有达到健全和令人满意的程度。目前房地产一级市场在很多地区还不规范,交易秩序混乱的现象,坑害消费者的事例时有发生；二级市场在许多地区尚没有建立，就是一些已有二级市场的地区，也缺乏合理的交易规则；与房地产开发和交易有关的土地和资产评估机构、房地产经纪人事务所、会计师事务所、律师事务所、贷款担保机构等等，不但数量不足，而且许多中介机构对房地产业务不熟悉，难以承担房地产业务。另外，许多地区对中介机构缺乏严格的资质评估和规范的行业管理。

(4)缺少房屋租赁市场。租赁业务是房地产业的重要组成部分。过去我们的房屋租赁关系是在单位和职工之间，在全面实行货币化补贴住房，将住房卖给职工之后，单位不再承担出租房屋的业务，必须有专业的房屋租赁公司承担这项业务。任何地区都不应该只有房屋买卖市场而没有房屋租赁市场。但目前许多地区还没有建立起房屋租赁市场，而在一些建立了房屋租赁市场的地区，在行业规范、价格、税收、服务范围等一系列问题上都缺乏相应的管理政策。

(5)法制建设滞后。虽然近几年在房地产业的管理方面制定了不少的法律和规定，但这些法规对房地产业发展的现实需要仍然是很不够的。除了法规不健全之外，有法不依和无人执法的现象也大量存在。法制的落后使房地产领域社会信用缺乏监督和保证，影响房地产经营的效率和效益。

(6)房屋建设的科技含量低。近几年虽然房地产业发展很快，但由于一直忽视房屋科技的作用，房地产开发在采用新技术、新材料、新工艺、新设计思想，提高房屋内在和外观质量方面都比较落后，很难满足消费者不断增长的对房屋建设的工程质量以及房屋的设施功能、环境、服务等方面质量的要求。

发展房地产业的政策取向：

(1)尽快全国实现住房分配货币化。国家已经确定把原来由财政和单位筹资用于为职工买房和建房的资金转为职工的住房补贴，并在2001年的财政计划中安排了这方面的支出。但这项工作在具体执行时各地进展情况有较大的差距，许多地方的实物分房还在进行，因此，尚需要加快推进。另外，出售公有住房回收的资金也要有一部分用于职工的住房补贴。

(2)完善住房公积金制度。住房公积金是推动住房货币化的重要辅助制度。这个制度在前几年已经建立，但筹集的资金规模较小，数量有限，而且缺乏规范和有效利用。今后应加大国家，单位和个人对公积金的投入数量，推广规范管理，提高资金的利用率，使之成为职工购买住房的主要资金来源。

(3)扩大银行住房信贷规模。目前大多数银行都开办了住房信贷业务。但由于宣传网点设置、担保条件等方面存在的问题，使许多想购房的居民不会或不能使用银行贷款住房。今后要在扩大宣传、合理布设网点、简化担保条件等方面采取有效的措施，以更大程度上发挥银行信贷在居民购房上的作用。

(4)保证经济适用住房建设。在广大居民的收入还不高的状况下，经济适用住房是大多数居民的购房目标。国家和各地政府应保证经济适用住房的建设规模，并继续在资金供给、税收、土地批租等方面支持经济适用住房的建设，努力降低其建设成本和售价，使更多的居民能够买得起经济适用住房。

(5)加快开放住房二级市场。旧房交易对新房市场的扩大有重要的促进作用。只有开放住房二级市场，房地产业才能有扎实的发展基础，才有市场潜力。国家和有关部门要对二级市场的建立、上市程序的简化、入世门槛的降低、产权转让的方便等方面多制定一些有效的政策。各地政策要把建立和健全住房二级市场作为发展本地房地产业，彻底解决居民住房问题的重要措施之一。

(6)培育住房租赁市场。应改变目前对职工只卖房不租房的政策。任何国家在任何时候都有因各种原因不能或不愿买房的居民。因此，不能没有一定比例的出租房屋。政府有关部门应该制定合理的住房租赁价格和税收标准，启动和规范房屋租赁市场，促进住房租赁在住房消费中发挥应有的作用。

(7)促进中介机构的健康发展。房地产业务熟练、公正的各类中介机构是房地产业发展所不可缺少的。政府有关部门应继续完善中介机构的资质评估制度，规范现有的土地和资产评估机构、会计师事务所、律师事务所等中介机构，鼓励建立适合国情的房地产经纪人执业制度，以及房屋租赁代理、房屋贷款担保、电子商务等中介服务机构。

(8)推广和规范物业管理。政府有关部门应制定物业管理方面的法规，并引进竞争机制。要采取优胜劣汰的办法改变目前物业管理方面服务质量差、收费不合理、管理不规范等状况；要在改变物业管理收费与居民收入不协调的问题上多下些功夫。

(9)加强法制建设。除了要完善目前已有的政策法规外，还要加快诸如《住宅法》等有关法规的研究和制定工作。要尽快建立规范房地产业发展，保护开发商、消费者和各类房地产权利人合法权益的法律法规体系。同时应严格执法，对违犯有关法律的开发商及各有关责任人，一定要绳之以法。特别要对做虚假广告，无正当理由不履行合同的当事人给予严厉的处罚。

(10)提高房屋建设的科技水平。政府有关部门或行业协会应承担房屋新产品、新技术、新工艺、新材料的开发和推广工作；要以提高房屋质量、增加有效供给、优化房地产结构为目标，建立房地产业现代化信息和管理体系，全面推进房屋建设和管理的科技进步。

四、房地产业在“十五”时期的发展前景

“十五”时期将是我国房地产业蓬勃发展的时期。到2005年，我国城镇居民的人均住房的建筑面积将达到22平方米。

2000年我国城镇居民为4.58亿人，人均住房建筑面积19.8平方米(按推算数字)，预计到2005年，我国的城镇人口将达到5.4亿人，按平均每人22平方米建筑面积推算，在“十五”期间要增加住房建筑面积28.12亿平方米；如果原有旧住宅每年按4%的比例拆迁重建，5年合计20%，总面积为18.14亿平方米；两者合计，“十五”时期需要新建住宅46.26亿平方米。按2000年城镇商品住宅平均每平方米造价1000元计算，“十五”计划时期的5年中，仅城镇商品住宅的建设投资就将达到46260亿元。如果按商品住宅占商品房面积的85%(1996-2000年平均数）推算，5年中城镇需要竣工商品房54.42亿平方米；

按2000年商品房平均每平方米造价1139元计算,5年中商品房建设投资总额将达到61984亿元。按国家计划,"十五"时期全社会固定资产投资总额大约为221064亿元,商品房投资占其中的28.0%,表明房地产业在"十五"计划的经济和社会发展中将占据显著的地位。

(国家计委投资研究所所长 张汉亚)

全国"十五"城镇化战略概览

提高城镇化水平,转移农村人口,有利于农民增收致富,可以为经济发展提供广阔的市场和持久的动力,是优化城乡经济结构,促进国民经济良性循环和社会协调发展的重大措施。随着农业生产力水平的提高和工业化进程的加快,中国推进城镇化的条件已渐成熟,要不失时机地实施城镇化战略。

第一节 形成合理的城镇体系推进城镇化要遵循客观规律,与经济发展水平和市场发育程度相适应,循序渐进,走符合中国国情、大中小城市和小城镇协调发展的多样化城镇化道路,逐步形成合理的城镇体系。有重点地发展小城镇,积极发展中小城市,完善区域性中心城市功能,发挥大城市的辐射带动作用,引导城镇密集区有序发展。防止盲目扩大城市规模。要大力发展城镇经济,提高城镇吸纳就业的能力。加强城镇基础设施建设,健全城镇居住、公共服务和社区服务等功能。以创造良好的人居环境为中心,加强城镇生态建设和污染综合治理,改善城镇环境。加强城镇规划、设计、建设及综合管理,形成各具特色的城市风格,全面提高城镇管理水平。

第二节 有重点地发展小城镇,发展小城镇是推进中国城镇化的重要途径。小城镇建设要合理布局,科学规划,体现特色,规模适度,注重实效。要把发展重点放到县城和部分基础条件好、发展潜力大的建制镇,使之尽快完善功能,集聚人口,发挥农村地域性经济、文化中心的作用。发展小城镇的关键在于繁荣小城镇经济,把引导农村各类企业合理集聚、完善农村市场体系、发展农业产业化经营和社会化服务等与小城镇建设结合起来。

第三节 消除城镇化的体制和政策障碍打破城乡分割体制,逐步建立市场经济体制下的新型城乡关系。改革城镇户籍制度,形成城乡人口有序流动的机制。取消对农村劳动力进入城镇就业的不合理限制,引导农村富余劳动力在城乡、地区间的有序流动。改革完善城镇用地制度,调整土地利用结构,盘活土地存量,在保护耕地和保障农民合法权益的前提下,妥善解决城镇建设用地。广辟投融资渠道,建立城镇建设投融资新体制,形成投资主体多元化格局。在政府引导下主要通过发挥市场机制作用建设小城镇,鼓励企业和城乡居民投资。科学制定设市、设镇标准,尽快形成符合市场经济体制和城镇化要求的行政管理体制。加强政策协调,改进城镇化的宏观管理。

——节选自《中华人民共和国国民经济和社会发展第十个五年计划纲要》

"十五"中国城镇化发展重点事项规划

城镇化发展规划是根据《中共中央关于制定国民经济和社会发展第十个五年计划的建议》以及《中华人民共和国国民经济和社会发展第十个五年计划纲要》关于实施城镇化战略的精神编制的重点专项规划,是国民经济和社会发展第十个五年计划的重要组成部分,是对全国城镇化进程进行宏观指导的规划。编制本规划的目的是:阐明我国城镇化的现状和问题,明确"十五"期间推进城镇化的总体要求和主要任务,提出推进城镇化的体制改革方向和政策调整方向。本规划的规划期为2001~2005年。

一、基本情况

城镇在国民经济和社会发展中占有举足轻重的地位。目前,全国工业总产出的50%、国内生产总值的70%、国家税收的80%、第三产业增加值的85%、高等教育和科研力量的90%以上集中在城市。随着农村非农产业的快速发展,小城镇迅速崛起,成为带动农村经济繁荣和推动城镇化进程的重要力量,发挥着农村地域性经济、文化及各种社会化服务中心的作用。

改革开放以来,随着国民经济的快速增长和社会全面进步,我国城镇化进程加快。1978年到2000年,城市数量由193个增加到663个,建制镇由2173个增加到20312个,市镇总人口由1.7亿人增加到4.56亿,占全国总人口的比重由17.9%提高到36.1%。城镇规模结构和布局有所改善,辐射力和带动力增强。建制镇平均规模扩大,小城镇开始从数量扩张向质量提高和规模成长转变。城市经济保持良好的发展势头。城镇基础设施和环境进一步完善,一些多年滞后的领域得到加强。城镇经济体制改革全面展开,符合市场经济要求的城镇经济体制正在形成。城镇居民生活明显改善，各项社会事业蓬勃发展。

但是，我国城镇化进程仍然较慢，吸纳农村富余劳动力的能力不强，城乡结构不协调。城镇体系的宏观布局和规模结构不尽合理。部分城镇产业基础薄弱，功能不完整，基础设施落后，环境污染严重，要素集聚、辐射和带动力不强。城镇的集约化程度不高，部分城镇建设中占用耕地较多，城镇管理水平亟待提高。

推进城镇化，既是我国现代化建设必须完成的历史任务，也是经济结构战略性调整的重要任务，是优化城乡结构，促进国民经济良性循环和社会协调发展的重大举措。推进城镇化，有利于加快农村富余劳动力转移，增加农民收入，缩小城乡差距；有利于拓展第三产业发展空间，创造更多的就业岗位，缓解就业压力；有利于扩大国内需求，为经济发展提供广阔的市场和持久的动力；有利于优化资源配置，提高效率，增强国家整体竞争力；有利于控制人口增长，保护资源和生态环境，促进经济社会可持续发展。推进城镇化，对提高人民生活质量和人口素质，促进社会文明进步，也具有重要作用。

综合分析我国城镇化现状、经济发展和工业化水平及发展趋势，我国已经进入城镇化加速发展的阶段。农业生产力水平提高，农产品供求基本平衡、丰年有余；工业化进程加快，服务业增长迅速，城镇经济实力增强，城镇基础设施初具规模，推进城镇化的物质基础基本具备。社会主义市场经济体制初步建立，城镇住宅、投融资及社会保障等各项改革不断深化，推进城镇化的体制环境已渐形成。总之，推进城镇化的条件已渐成熟，要不失时机地实施城镇化战略。

二、总体要求

推进城镇化要以党的十五届五中全会精神为指导，遵循客观规律，与经济发展水平和市场发育程度相适应，走符合我国国情、大中小城市和小城镇协调发展的多样化城镇化道路，逐步形成合理的城镇体系。城镇化是经济发展和工业化的结果，既要积极，又要稳妥，因势利导，循序渐进，避免一哄而起、遍地开花和盲目扩大城镇规模。

——统筹兼顾，促进城乡协调发展。推进城镇化，不能削弱农业的基础地位，不能违背农民意愿。既要促进人口向城镇有序转移，又要防止人口过度聚集的"城市病"；既要支持农村面向城镇调整结构，开辟市场，又要鼓励城镇加强对农村的辐射。要形成人口和生产要素在城乡间有序流动的机制，实现城乡经济社会共同进步。

——科学规划，调整和优化城镇体系。推进城镇化必须统揽全局，因地制宜，优化布局。要完善各类城镇规划及相关规划，强化规划的法律地位和权威。防止城镇建设中不切实际，形式主义和盲目攀比。

——突出重点，积极引导小城镇健康发展。根据我国国情和生产力发展水平，要把发展小城镇作为推进城镇化的重要途径。重点发展县城和部分基础条件好、发展潜力大的建制镇。

——发挥潜力，走集约式的城镇化道路。正确处理城镇化与保护耕地的关系，充分挖掘城镇现有潜力，发挥规模效益，提高资源配置效率。

——创新体制，依靠市场机制推进城镇化。要按照完善社会主义市场经济体制的改革方向，逐步打破城乡分割体制，更新观念，大胆改革，勇于创新，逐步形成城镇化健康发展的体制和政策环境。

——着眼未来，增强可持续发展能力。推进城镇化要重视保护资源和生态，搞好环境建设。加强历史文化遗产保护，丰富城镇文化内涵，建设和发展各具特色的城镇，促进城镇化与资源、环境、生态的协调发展。

三、主要任务

（一）完善城镇体系

完善城镇体系的基本任务是，有重点地发展小城镇，积极发展中小城市，完善区域性中心城市功能，引导城镇密集区有序发展，走多样化的城镇化道路。

1. 有重点地发展小城镇。发展小城镇要突出重点、合理布局、科学规划、注重实效。小城镇建设要规模适度、增强特色、强化功能。发展小城镇要与引导乡镇企业集聚、市场建设、农业产业化经营和社会化服务相结合，繁荣经济、集聚人口。

重点发展县城和部分基础条件好、发展潜力大的建制镇。各地区要根据本地实际，对小城镇的发展进行统筹规划。城镇密集区和中心城市周边地区的小城镇，要纳入所属区域城镇体系的总体规划，以组团式布局形态与中心城市或其他城市形成合理的功能分工，发展一批卫星城镇，形成为中心城市服务的具有特定功能的小城镇。距中心城市较远的小城镇，要强化为农业、农村和农民的服务功能，形成农产品集散中心和加工基地，农业信息、技术推广和文化教育中心，带动当地农业和农村经济发展。

2. 积极发展中小城市。中小城市的发展要挖掘潜力、夯实基础、提高质量、合理扩大规模、适当增加数量。

东部地区要适当控制中小城市的数量增加，重点提高现有城市的质量，壮大规模，增强辐射力；中西部地区可在壮大现有城市规模和提高质量的基础上，适当增加城市数量。优先发展区位优势明显、交通便利、发展潜力大的中小城市，各地区要有选择地将基础条件好、发展潜力大的中小城市按大中城市进行规划发展，把功能单一、具备条件的中小城市发展成为综合性城市。具有旅游、交通、商贸、工矿等特定优势和文化、资源、产业功能的中小城市，要进一步强化优势，突出特色，提高优势领域的竞争力。

3. 完善区域性中心城市功能。中心城市要着眼于完善功能，调整结构、改善环境、提高质量、适度扩大规模，更好地发挥经济、金融、信息、贸易、科教和文化中心的作用，发挥在区域和省域经济社会发展中的服务、辐射和带动作用。

优先完善北京、天津、沈阳、上海、南京、武汉、广州、重庆、成都、西安等具有跨省区影响的区域性中心城市，各地区要从实际出发，充实提高省域中心城市功能，发挥大城市的辐射带动作用。结合西部大开发,在中西部地区现有省域中心城市基础上,发展壮大新的区域性中心城市,使之成为带动中西部地区加快发展的增长点。

区域性中心城市要着力调整优化产业结构,加快发展符合中心城市功能定位的产业,重点充实面向区域的金融、信息、贸易、科技、教育、文化等方面的服务功能。要按辐射区域进行统筹规划,协调卫星城建设和发展,适当分散城市中心区功能,降低中心区人口密度,有条件的要建设城市副中心区。

4. 引导城镇密集区有序发展。城镇密集区要优化城镇布局,强化产业分工,增强经济联系,进一步发挥在城镇化进程中的带动作用。

重点对沿海地区已经形成的城镇密集区进行整合。引导和培育松嫩平原、中原地区、江汉平原、湘中地区、成都平原、关中地区以及其他沿江、沿交通干线正在形成的城镇密集区,走集约化和可持续发展的城镇化道路。

城镇密集区要合理规划区域内农业、工业、市场、生态、旅游等各类功能区,优化区域产业布局;进一步明确区域内各类城镇的功能定位,优化城镇规模结构和布局;统一规划和建设大型基础设施,合理安排区域内机场、港口、高速公路、快速轨道交通、信息网络、清洁能源供应系统和污染治理设施,实现基础设施共建共享,提高利用率;优化区域用地结构,划定基本农田保护区、风景名胜区,尽量减少城镇建设对耕地的占用,增加绿地面积。

(二)发展城镇经济

推进城镇化,必须始终坚持以经济建设为中心,不断增强城镇的经济实力,提高吸纳农村人口的能力。要立足于城镇功能定位,发挥比较优势,形成合理的产业布局和各具特色的城镇经济。

县域、镇域经济中心的小城市和小城镇,要注重为农业、农村和农民提供各种服务,吸引农业产业化龙头企业和乡镇企业在市区、镇区集中布局,发展农产品市场和农产品加工业,形成本地的农产品加工基地和一定辐射范围的农产品集散中心和农业信息、技术服务中心。中心城市郊区可适当调减粮食种植面积,重点发展占地少、效益高的外向型、都市型和生态农业,建立优质农产品出口基地,率先推进传统农业向现代农业的转变。各类城镇都要注重为农业提供专业性、规模化、网络化的产前产中产后服务。

加快传统工业的改组改造,优化工业结构,提升产业素质和竞争力,是城镇经济上规模、上水平,增强发展后劲的重要途径。中小城市和小城镇要发展有优势的劳动密集型工业和为中心城市配套的工业,积极吸收中心城市转移出来的加工业。中心城市要在提升劳动密集型产业技术水平的基础上,重点发展高新技术产业、附加值高和就业容量大的制造业以及其他都市型工业,逐步淘汰和转移城市中心区污染重、占地多等不符合城市功能定位的工业。要高度重视产业单一、以资源开采为主的城市的可持续发展,采取有力措施和优惠政策,因地制宜发展接续产业和替代产业,促进形成新的增长点。

要突破发展经济就是发展工业、建设工业基地的传统观念,在城镇经济发展中,把加快发展第三产业作为城镇产业结构调整的主要着力点,扩大总量,优化结构,拓宽服务领域,提高服务水平,显著提高第三产业的增加值比重和就业比重。扩充城镇的交通运输、商贸流通、文化教育等服务功能,大力发展需求潜力和就业容量大的服务业。处于中心城市周边地区的中小城市和小城镇,要重视围绕大城市的需要,发展休闲服务、住宅和文化娱乐等服务业。中心城市要在继续促进生活服务发展的同时,加快改造传统服务业,重点发展金融保险、信息服务、物流配送、专业服务等现代服务业,逐步实现“三、二、一”的结构,增强综合服务功能。

(三)健全城镇功能

要根据城镇的功能定位和规模,面向未来、合理布局、量力而行、完善系统,加强城镇基础设施建设,完善社会服务及居住服务功能。

1. 加强城镇基础设施建设。要坚持先规划、后建设的原则,加强供排水、交通、能源、信息、防灾减灾等基础设施建设。

增强城镇供水保障能力。实施节流优先、治污为本、多渠道开源的城镇水资源可持续利用战略,以提高水资源利用效率为核心,把节水放在突出位置,建立节水型城镇。城镇布局和城镇建设要充分考虑水资源的承受能力,水资源严重短缺的地区要严格控制城镇数量和规模。改造城市供水管网,降低城市供水管网漏失率,有条件的城市要建立中水管道系统,积极推广污水再利用。强制淘汰浪费水的器具和设备,推广节水器具和设备。加强城镇水源工程建设,合理开采地下水。积极实施跨流域调水工程,采取多种方式缓解北方大中城市缺水矛盾。加强小城镇供水管网建设,提高供水质量。“十五”期间城市日供水能力累计新增4500万立方米。2005年工业用水重复利用率提高到60%。

建设面向现代化的综合交通体系。以提高城镇路网密度为重点,坚持公交优先的原则,健全快捷、方便、畅通、安全的综合运输体系,提高智能化和现代化水平。中小城市和小城镇要合理规划建设城镇内部路网,不得将公路主干网作为城镇内部路网。中心城市要加强进出城通道的建设,连接公路国道主干网,提高路网效率。研究解决城镇道路建设的资金来源问题。在有条件的特大城市发展城市快速轨道交通系统,加强与铁路客运专线及铁路主干网的衔接。加强城市道路、立交桥、停车场及行人过街桥涵的建设,合理提高市内路网密度,优化路网结构。继续建设和完善民用机场,加强西部地区支线机场建设。“十五”期间,累计铺设城市道路3万公里,面积8亿平方米。2005年城市人均道路面积提高到10平方米。

建设安全、稳定、高效的城镇能源供应体系。中心城市要积极推进清洁能源供应设施建设,减轻城市环境压力。完成大中城市电网改造工程,部分城市实现电网双环网结构。建设天然气输送网,建设和改造城市燃气管网,提高天然气消费比重,有条件的城市要逐步建设无燃煤区。鼓励热电联产,发展集中供热,启动城市供热单户计量工程。支持采用太阳能等新的洁净能源。"十五"期间,城市累计新增民用天然气年供应能力90亿立方米,液化气年供应能力340万吨,城市集中供热面积5亿平方米。2005年城市燃气普及率提高到92%。

加强城镇现代信息基础设施建设。继续加强城镇光传输网、固定电话网、移动通信网、数据通信网的建设。完善中小城市和小城镇的本地通信网,提高与区域中心城市的通信能力。中心城市要积极发展高速宽带信息网络,加快用户接入网建设,促进光纤入户。有条件的中心城市要以率先实现信息化为目标,发展公用信息平台,建设社会保障、公共交通、空间地理、社会治安、防灾减灾等信息管理系统。2005年城镇千人计算机拥有量增加到110台,电话普及率提高到65%。

加强城镇防灾减灾能力建设。城镇规划和设计要充分考虑防灾减灾,提高城镇应急能力和救灾能力。要与流域防洪工程建设相结合,加强重点城市防洪设施建设,推动未达标城市尽快达到国家规定的防洪标准。建立地震监测预报、震灾预防和紧急救援体系,增强工程抗震设防能力。建设比较完备的城市公共消防设施,减少灾害损失。

2. 发展社会服务。要以人为本,加强城镇公共设施建设,完善社会服务体系,为城镇居民创造健康、文明、安定的社会环境。

加强城镇公共服务设施建设。要加大政府投入,拓宽资金来源渠道,吸引多元投资主体参与城镇公共设施建设。小城镇要着力改善办学条件,在健全初中阶段教育基础上,有条件的要形成高中阶段的教育基地。中心城市要增强培养高层次人才的能力,完善高等教育和高等职业教育的功能。加强科技开发和推广中心建设,努力形成研究开发中心。其他各类城镇也要改善技术推广和技术服务的条件。合理规划建设城镇图书馆、博物馆、文化馆、影剧院、体育场馆等公共设施,发展文化产业,丰富文化生活,强化城镇的文化中心功能。完善医疗服务和预防保健设施,满足居民多样化的卫生需求。

积极开展面向城镇迁入人口的各类社会服务。要高度重视为迁入人口提供创业、就业、生活等方面的条件。中心城市要建立劳动力市场信息网络,提供求职和用人等方面的就业服务。在住房、子女教育、医疗等方面,对进城务工的农民提供普遍服务。加强实施城镇化战略意义的舆论宣传,在城市中形成接纳新市民的社会氛围,促进进城农民与城市社会的融合。

3. 增加城镇住宅。多渠道增加投入,扩大住宅供给,改善城镇居住条件,加强住宅区管理,不断完善城镇的居住功能。

进一步深化和完善城镇住房制度改革,落实住房分配货币化政策,创造条件将住房用土地使用权出让制改为年租制,切实降低住房成本。建立和完善经济适用房和廉租房制度,满足居民不同层次的需要。实施居住区开发示范工程,鼓励开发建设特色小区。引入竞争机制,基本完成传统住宅管理向现代物业管理的转变。小城镇住宅要严格按规划建设,减少耕地占用。"十五"期间,全国累计完成城镇住宅竣工面积27亿平方米,2005年城镇居民人均住房建筑面积增加到22平方米,城市实现户均一套功能基本齐全的住宅。

4. 加强社区建设。要以满足社区居民需要为出发点,充实社区功能,改善社区管理,加快发展社区服务业。创建管理有序、服务完善、环境优美、治安良好、生活便利、人际关系和谐的新型现代化社区。加强社区组织和队伍建设,扩充社区管理职能,承接企业事业单位、政府机关剥离的社会职能和服务职能。以拓展社区服务为龙头,不断丰富社区建设的内容,发展社区卫生,繁荣社区文化,美化社区环境,加强社区治安。以政府投入为主,并鼓励和支持种社会力量兴办养老院、福利院等福利性公共设施,改善特殊群体的生活条件。

(四)改善城镇环境

要以创造良好的人居环境为中心,立足当前、注重长远,全面提高城镇生态环境质量。

1. 加强城镇生态建设和保护。要把生态建设放到更加突出的位置,走城镇建设与生态建设相统一、城镇发展与生态容量相协调的城镇化道路。

加强城镇间及城市周边地区生态建设。要根据城镇不同地区的功能以及生态环境容量,对城镇建设规模、发展形态和开发方式进行分区控制,并提出明确的规定。依法严格禁止在基本农田保护区、自然保护区、风景名胜区、水源保护区和行滞洪区进行不符合保护目的的开发建设活动。中西部地区的城市要做好周边地区植被建设和水土保持,北方地区的城市要加快建设绿色屏障,防治风沙侵害。

加强城市绿地建设。各类城镇都要因地制宜,合理划定城区范围内的绿化空间,建设公园绿地、环城绿化带、社区居住区绿地、企业绿地和风景林地,围绕城市干线和城市水系等建设绿色走廊,形成点线面结合的绿地系统。严禁侵占绿地。加强风景名胜资源、历史文化遗产的保护,实现自然、历史、文化景观的永续利用,丰富城镇的文化内涵和底蕴。"十五"期间,选择一批城镇,实施生态城市示范工程。2005年城市建成区绿化覆盖率提高到35%,城市人均公共绿地面积增加到8平方米。

2. 加强城镇污染综合治理。要把城镇污染综合治理作为城镇建设的重要任务,增强环保意识,加强环保设施建设,提高环境治理标准,改善城镇环境质量。

按照社会投入、企业化运行、政府监管的方式,促进污染治理设施建设。城镇布局和工业区、居住区等的建设要充分考虑地形、气象、水文对环境的影响。所有城镇都要建设污水集中处理设施,并逐步实现雨水与污水分流。已连片发展的相邻城市要统一考虑取水、排水和污水处理,优化设施布局。落实污水处理收费政策,建立城市污水处理良性循环机制。所有城镇都要建设垃圾无害化处理设施,改革垃圾收集和处理方式,建立健全垃圾收费政策,促进垃圾和固体废弃物的减量化、无害化和资源化。逐步实现提高废气排放标准,减少废气排放,加强废气排放的治理。减少噪音污染和热岛效应。"十五"期间,新增城市污水日处理能力2600万立方米,垃圾无害化日处理能力15万吨。2005年城市污水集中处理率达到45%,空气质量满足二级标准的大中城市增加到70个。

（五）加强城镇管理

加强城镇的规划管理。要高标准、高质量地编制好各类城镇规划和城镇体系规划，加强城镇规划对城镇建设和发展的调控和指导，健全城镇规划实施机制。要以先进的规划思想为指导，增强前瞻性和科学性，提高规划编制的水平。中央政府要组织编制全国城镇体系规划和跨省区的城镇密集区城镇体系规划。地方政府要尽快制定或修订省域城镇体系规划、城市总体规划和重点发展的小城镇总体规划。各级城镇规划要相互衔接，城镇规划要与经济社会发展、交通、土地、水利、生态环境等规划相衔接。建立规范的城镇规划编制、实施管理和监督检查机制，强化城镇规划的法制地位，保证城镇规划的有效实施。

加强城镇建设的管理。要调整完善城镇建设标准。城镇建筑的设计要从塑造城镇整体形象出发，把城镇建筑的民族传统、地方特色和时代精神有机结合起来。城镇建设要坚持"先规划、后建设，先设计、后施工，先地下、后地上"的原则，运用法律手段强化对规划、设计和施工的监管。在建筑施工和管理中，要广泛采用现代科学技术，应用新型建筑材料，提高建筑施工的科技含量，确保城镇建设的工程质量。

加强城镇流动人口的管理。要适应城镇化进程中人口流动加快的趋势，改进对流动人口的管理制度，引导人口有序流动，避免流动人口大量聚集带来的各种社会问题。加强城镇居住区建设管理，严格按规划进行建设，加强对违章居住区的整治力度，严禁违章建筑，杜绝脏乱差的流动人口"棚户区"。规范房屋租赁市场，为流动人口创造适宜的居住条件。开展法制宣传教育，提高流动人口的法制观念。

加强城镇的综合管理。各级城镇政府部门要改变重建设、轻管理的倾向，加强整体素质建设，增强服务意识，提高行政效率，全面提高城镇土地、市容市貌、风景名胜、道路交通、社会治安、社区管理等方面的管理水平。要改变政出多门、多头管理的状况，在试点基础上逐步推行城镇综合管理。鼓励非政府组织和广大市民参与城镇管理，提高城镇管理的社会化程度。加强城镇干部队伍建设，城镇主要负责人要接受正规的城镇管理培训，提高政策水平和管理能力。

四、政策措施

形成有利于促进城镇化的体制和政策环境，是城镇化战略顺利实施的关键。要通过创新体制，调整政策，强化措施，创造城镇化健康有序发展的环境和机制。

（一）改革户籍管理制度

要按照中共中央、国务院11号文件的要求，以形成有利于人口合理有序流动的管理体制为目标，加快户籍管理制度改革步伐。各地区可根据当地经济社会发展的需要及综合承受能力，以具有合法固定住所、稳定职业或生活来源为基本落户条件，调整城市户口迁移政策。加强对常住人口、暂住人口的登记管理及户口调查统计工作。纠正对公民依法申报登记户口设置各种限制条件的做法。

（二）培育劳动力市场

坚持城乡统筹就业的改革方向，逐步建立统一开放、竞争有序、城乡一体的劳动力市场。在鼓励农村富余劳动力就地转移的同时，积极引导农村富余劳动力跨地区流动就业。政府部门要做好服务，通过提供供求信息等多种方式避免农村劳动力的盲目流动。结合户籍制度和社会保障制度改革，在沿海和经济发达地区以及部分具备条件的中西部地区先行推进城乡统筹就业。打破垄断和地区保护，除个别特大城市外，要改革城乡分割的就业制度，取消各地区针对农民和外地人口制定的限制性就业政策。

（三）完善用地制度

按既有利于保护耕地、节约土地，又有利于促进城镇化的原则，妥善解决城镇建设用地的供需矛盾，在逐步缩小农村居民点建设用地总规模的同时，适度扩大城镇新增建设用地规模。进一步加强土地利用规划管理，通过完善供给制约和需求引导相结合的供地机制，优化区域土地利用结构。调整城镇内用地结构，增加居住、道路、绿化和公用设施用地，减少工业和仓储用地。中心城市要有步骤地迁出中心区不符合城市功能定位的工业企业，2010年区域性中心城市中心区工业用地比例要降低到20%以下。逐步健全土地市场机制，规范城镇土地市场，提高土地使用权出让中招标和拍卖的比例，完善城镇基准地价评估和定期发布制度。强化耕地保护的经济机制，提高耕地占用成本，引导城镇建设利用非耕地资源和挖掘现有用地潜力。逐步完善土地租、税、费，以及土地置换、农村宅基地管理、乡镇企业用地、集体土地流转管理和开发区用地管理等方面的政策。

（四）建立投融资新体制

坚持市场化的改革方向，充分发挥各级政府财政性资金的导向作用，逐步形成城镇建设投资主体多元化格局。合理界定政府投资范围，加大对公益性基础设施和公共设施的投入。改革和完善城镇财税体制，逐步建立城镇建设资金保障体系。深化城镇基础设施投融资体制改革，鼓励各种社会资金投资建设和经营城镇基础设施，探索特许权经营、BOT、BLT等多种方式。积极吸引外资按有关政策参与城镇建设。改革城镇供水、供气、供热、环卫、公交等的价格形成机制，逐步实行企事分离，形成投资、经营、回收的良性循环。

（五）调整行政区划

适应城镇化进程的需要，适时调整行政区划，合理确定城镇行政区的数量和规模。修订现行设市、设镇标准，实行"县改市"与"镇改市"并存的设市模式。适度增加设市数量，严格限制新建制镇的审批，提高设市、设镇的综合效益和质量。制定市辖区设置标准，理顺城市中心区和城市边缘区行政区划体制。对市县同驻一地的要调整行政区划，积极推进规模较小的市县（市市、镇镇、乡镇）合并，促进城镇合理布局。从各地实际出发，研究探索符合小城镇经济社会发展特点的行政管理体制和与城镇密集区特点相适应的行政区划体系。

各部门要通力协作，各司其职，加强对城镇化的政策指导和协调。在城镇户籍制度改革、城乡劳动力市场一体化建设、城镇用地制度改革、城镇建设投融资、行政区划调整等方面，研究制定具体的实施方案。各地区要从大局出发，高度重视，精心组织，加大工作力度，把推进城镇化摆到政府工作的重要日程中，推进我国城镇化积极稳妥地向前发展。

中国城市化发展历程

1949年新中国成立时，中国只有86个城市，城市化水平只有10.6%；而当时世界的城市化平均水平是29%，欧美等发达国家的城市化水平早已超过60%。显然，新中国是在一个起点极低的基础上开展城市化的。新中国成立以来，城市化大致可分为四个发展时期：

一、1949–1957年城市化恢复发展时期

1949–1952年，国家对半殖民半封建社会条件下形成的城市进行了改造，整顿了城市社会秩序，强化了城市生产功能，生产迅速恢复，使城镇吸收劳动力能力在恢复的基础上得到了扩展。1953–1957年，国家实施国民经济社会发展的第一个“五年计划”。七届二中全会提出了“党的工作重心由农村转向城市”的主张，“一五计划”的正确制定和顺利实现，多项重大城市工业发展项目的确立，以及推行城市对农村开放的政策，积极吸收农民进入城市和工厂矿区就业，由于156项重点工程在各大中城市的实施，大大推动了城市化的健康发展，诞生了11座新城市，推动了中国的城市化进程。到1957年，中国城市数量已增加到176个，城市人口达到9950万人，占全国总人口的15.4%。

二、1957–1965年城市化大起大落时期

1958年中国在农村人民公社成立前后，城市人民公社也开始萌芽：9月，河南省在全国率先成立了城市人民公社；到1960年7月，全国各大中城市基本上实现了城市人民公社化。这种从形式上强行推行经济体制城市化的做法，其结果反而延迟了城市化的进程。到1960年，全国城镇人口已高达13073万人，年均超1000万人，新设城市33座，造成城市基本建设规模过度膨胀，国民经济比例严重失调。两年中，城市人口增长了2000余万，城市化水平由1957年的15.4%跃升到1960年的19.5%。1961年，国家为缓解饥荒开始大规模地压缩城市人口，动员在城里挨饿的工人及一切可能动员出来的劳动力到农村去参加农业生产，全国压缩城镇人口3000多万，精简职工2000万左右，出现第一次逆城市化现象。到1963年6月时，全国共减少城市人口2600万，1964年中国的城市化水平猛跌落到14%。

三、1966–1978年城市化停滞不前时期

“文化大革命”使工农业生产停滞不前，职工和知识分子上山下乡。加之国际局势日益恶化，使更多的人力和物力撤离城市，转向了偏远山区投入到“三线建设”。出现了中国的第二次逆城市化现象。这一时期由于政治运动、备战工作压倒一切，中国城市人口长期在低水平徘徊，其中大下放的1969年，城市化水平骤降到12.2%，相当于1952年的水平。改革前30年，中国城市化走过了曲折道路，发展速度非常缓慢。1978年全国城市数量193个，城市人口1.7亿人，城市化水平为17.9%，比1949年仅仅上升7.3个百分点。

四、1979–2002年城市化稳步发展时期

1978年，十一届三中全会及时作出了全党工作重心转移到社会主义现代化建设上来的战略决策。随着农村改革的逐步推进，城市改革也开始起步。1984年，小城镇发展问题第一次受到中央政策的肯定与支持，其标志是该年1月的《中共中央关于1984年农村工作的通知》和10月的《国务院关于农民进集镇落户的通知》，至此，与乡镇企业发展相匹配的城镇化战略进入人们的视野。从1984年十二届三中全会以后，到1992年中共十四大召开以前，以城市改革为重点的经济体制改革推动着城镇化的发展。1998年10月，中共中央在《关于农业和农村工作者若干重大问题的决定》中，第一次提出了“小城镇、大战略”。2000年6月，“小城镇、大战略”，被《中共中央国务院关于促进小城镇健康发展的通知》进一步具体化，特别是11月，十五届五中全会把“积极稳妥地推进城镇化”列为“十五”期间必须着重研究解决的战略问题，使中国的城镇化迈入一个新的发展阶段。

改革开放以来，中国城市化进程彻底摆脱了长期起伏、徘徊不前的局面，城市化水平不断上升。1978–1998年，城市数量从193个增长到668个，城市人口从1.7亿人上升至3.7亿人，城市人口占总人口比率从17.92%上升为30.4%。据2000年11月1日的“五普”结果，城市化水平为36.09%。2001年的统计数据为37.66%，到2010年将要达到45%。根据世界银行的统计资料，1970–1980年，中国的城市人口年均增长率仅为3%，大大低于低收入国家的平均水平3.6%；但是，从1980年至1995年，我国城市人口的年均增长率为4.2%，高于低收入国家的平均水平4%，这标志着中国开始步入了城市化发展的“快车道”。

中国城市化发展八大趋势

趋势一:2020年城市化水平达到中等发达国家水平

按世界范围内城市化发展的规律来讲，当城市化率上升到30%以上时，城市化发展的速度就会进入一个加速发展的时期,学界通常认为,城市化发展最为迅速的阶段是城市化率由30%向70%增长的过程中。而目前,按最新统计数字—2001年的城市化率37.66%来说,早已高于30%这一界点。可以预计,今后我国城市化进程将进入空前快速发展的时期。城市化进程的整体走势仍趋于稳健，大约每年仍会保持1个多百分点的增长。根据第五次人口普查数据和城市化进程预测,2020年全国城镇人口占总人口比重为60%左右，达到中等发达国家水平。

趋势二:涌现更多新城市

中国有可能在相对较短的时期内完成工业化过程,使绝大多数地区迈入工业化社会,并进而改变中国目前的城市化过程和城乡空间结构。又由于中国幅员辽阔,各地区经济社会发展水平悬殊较大,未来发展潜力难以在同一时期内发挥,在未来相当一段时期内仍将存在着较大的发展梯度，在一定时期之内,这种发展梯度还可能呈进一步扩大之势。随着市场经济体制的建立、户籍对人口迁移限制作用力的减弱和大量农村剩余劳动力向城市的涌入,未来中国城市化过程将出现难以避免的快速发展,导致更多设市城市的诞生,使中国城市体系步入到一个新的发展阶段。

趋势三:大都市连绵区更具发展活力

自70年代美国社会率先进入信息化社会以来，人们即开始关注信息革命可能带来的空间分散化趋势,并纷纷观察到城市边缘地带的快速增长过程，认定分散化趋势确实已经展开。但这一结论只适合于城市微观区域的情形。从更宏观区域来看,集中化趋势似乎更明显,近几十年来大都市连绵区和大都市带在世界各国的快速发展印证了这一集中化过程。城市这种“大集中小分散”的地域发展格局在信息社会也许还会长久地持续下去,“城市圈”很可能成为今后城市化发展的主流模式。目前,我国的长江三角洲、京津塘地区和珠江三角洲已具备大都市连绵带的轮廓。还有可能变为大都市连绵区的包括:沈—大辽中南地区、闽南三角洲、山东半岛、湖南长(沙)株(州)(湘)潭、河南中部、四川盆地、长江中游地区。

趋势四:城市间快速通道网密布

高速铁路网、高速公路网、空中走廊、港口和信息高速公路为骨干的快速通道网对城市经济的发展、城市体系内各城市之间的相互联系和相互作用起着越来越重要的作用。未来城镇体系将随着快速通道网的建设发展，逐步由中心—腹地体系的蛛网系统向联系各个经济重心间的通道网发展转化，形成全国范围内以大中城市为节点的经济网络。在高速公路的交汇点,将会形成新兴的工业城市,使其经济的增长远远超过其他地区的发展速度。沿高速公路两侧有利于高新技术产业带的形成。

趋势五:郊区与城市中心区共同繁荣

中国人多地少,城市土地尤为珍贵,因此中国的城市人口密度会始终居高不下。加上中国城市政府的行政职能较强,而市政府一般又位于城市中心,因此保持城市中心的发展活力是政府的优先考虑。因此,在未来相当长时期内,中国城市的空间结构仍会呈“摊大饼”式的发展过程。郊区与市区间的差距越来越小,繁荣度越来越接近市区。

趋势六:在城市整体容积率上找规模

城市发展在空间上的表现形态主要有两种类型,一是大片的农田转变为非农业土地利用形态,二是原有的城市土地利用趋于高度化。从我国目前情况看,城市总体上还处于粗放型发展,即土地资源集约利用相对滞后。我国城市地下空间未得到足够重视,地下空间零散,不成系统。城市上部空间也利用不足。因此,以空间垂直利用代替平面利用,开发利用地上、地下空间,提高城市土地的空间利用率,将是城市规模扩张的一项重要内容。

趋势七:市场导向型的城市化,“经营城市”概念流行

过去以行政为主的发展模式已经不适应市场竞争的需要,市场导向型的城市化是一个方向,可以实现资源优化配置。其结果是突破行政区划的界限。城市化的主导型变为市场化模式,就必然要提出经营城市的概念。经营城市不仅是经营土地的问题,核心是城市空间资源、自然、人力、延伸资本,包括人力创造的价值、冠名权等。

趋势八:东中西部城市化水平差异趋于缩小

目前东部局部地区的城市化水平高的已达到60%。从短期看，东部地带城市化的发展速度要继续明显快于西部地带,前者平均每年增长1.08个百分点,而后者则只有0.71个百分点。未来城市化水平提高较快的省区将有:浙江、江苏、福建、山东、广东,年平均增加数均为1个百分点以上;提高较慢的省区将有:内蒙古、黑龙江、贵州、甘肃,其年平均增加数为0.55个百分点左右。但总体上说,省际间城市化的差异未来将趋于缩小,最高和最低间的差异将由4倍多降为2倍多。

(资料来源:《望新闻周刊》)

中国城市化的特有现象

城市化进程是伴随着工业化与现代第三产业发展的一种社会经济现象，是人类文明进步的一个重要标志。我国由于工业化起步较晚，城市化进程也较慢。改革开放后，工业化速度加快，全球经济一体化也深刻地影响着我国，但由于我国人多地少，经济基础较差，底子薄，我国的城市化速度不能完全模仿西方资本主义发达国家的路子，应当根据自己的国情，自己的客观规律，实现我国的工业化，城市化。因此，从国内外城市发展进程与实践经验分析，我国的城市化进程中必然会产生具有我国特色的5种特有的现象。本文抛砖引玉，以期引起学术争论的涟漪。

在全球经济一体化的影响下，我国工业化与市场经济迅猛发展，改革开放以来的25年，由于确立了以城市为中心的经济建设主导方针，城市工业化水平与现代服务业快速发展，大大加速了我国的城市化进程。尤其是我国的沿海4大城市地区，出现了我国特有的城市化现象，城市化发展速度十分惊人。与国外城市化现象比较，概括起来，我国有5种特有的城市化现象。

中国城市化进程呈现快速发展的现象

由于工业化、市场化的巨大发展，我国城市化人口比重由1980年的18.4%增加到2001年的36.7%，22年来，平均每年城市化比重提高0.80个百分点。特别是90年代后，我国城市化速度增长很快，平均每年增加接近1个百分点。过去有些学者认为，1978～1997年间，我国城市化水平每年提高0.63个百分点(周一星，1998)，世界银行认为中国1980年、1997年的城市化人口比重为20%、32%，因而过去17年中每年提高了0.71个百分点。但我们认为，中国城市人口比重的提高，同这几年各个城市区(含县级市)由于行政区划调整而造成的城镇人口比重扩大化是有直接关联的。在工业化初期、中期，我国城市化速度比中等发达国家要高一些，时间也短一些。

城市化发展的主要动力源来自于工业化进程的加速、产业结构调整、外向型经济的引入以及政府户籍政策的变化，有利于城市化进程的加速。

经济发达地区出现超大城市群现象

从国际经验看，世界上许多经济发达的沿海地区(美国东北部大西洋海岸地区、日本东京湾、中国的长三角与珠三角地区)正出现超大城市群现象。在我国的珠江三角洲、广州—深圳、广州—珠海两翼总人口约3600多万，加上香港(760万)、澳门(50万)，总人口超过4500万人。1996年后，城镇密集连绵，已成连片之势；珠江东岸广深(香港)城市带、西岸广珠(澳门)城市带，构造了一个“人”字型的发展构架；广州市正处在珠三角两条发展主轴的交汇点，在“人”字的焦点上，同时还有六条重要的交通走廊发展轴构成城镇带的辐射源，珠三角城市群正面临着全球一体化的冲击，应对挑战应有更加开放的政策。目前，我国的长江三角洲、环渤海湾地区，由于经济的高速发展、交通网络的构建，未来将会形成一个超大型的城市群。

农村人口逐步城市化现象

我国是人多地少、农村人口基数大的发展中国家，要像西欧北美发达国家那样实现全国城市人口的高比例(75%或80%以上)是不现实的。从当前我国城市化处于高速发展过程来看，短期内(20年)保持每年1%的增长速度是可能的，但发展到一定的稳定增长期时，城市化速度则会放慢，这是符合社会经济发展规律的，也是符合我国国情的。因此，我国农村人口逐步城市化现象也是我国特有的现象。

根据有关资料分析，我国农村劳动力向城镇转移的规模正呈逐步增长的态势，但农村劳动力转移主要发生在大中小城市(包括县城)，而不是小城镇(建制镇或乡集镇)。1999年，我国农村剩余劳动力9948万人中，城市吸纳农村劳动力有6233万人，小城镇吸纳的有3715万人。从人口城市化的视角分析，我国实际上走的是一条以集中型城市化为主、分散型城市化为辅的人口城市化道路。为了促进工业化、城市化进程，提高我国城市化水平，必须加快农村剩余劳动力的转化，预计，今后20年内我国农村人口将有3亿人口转变为城镇化人口。

城市化现象主要的动力源由一元向多元化转变，即由改革前单一的各级政府转变为目前的政府、企业、个人、跨国公司。与此同时，城市化类型也由“自上而下型”向“自下而上型”和“外资导向型”演变，其中沿海大多数地区为外资导向引发的工业化、城市化道路。

超大、特大城市周围出现都市圈现象

都市圈这一名词概念在日本、法国等地使用较为广泛，它所涉及的地域范围一般要大于都市区，但其具体界线都有较大伸缩性和随意性，可分为内外若干圈层(胡序威，2002)。我们曾经在日本多次考察东京都市圈、京阪神都市圈，一般认为可以是以一个大城市或特大城市为中心的单核心都市圈。其内圈与中心城市联系最为密切，实质上相当于都市区，其外围可将一些不邻接的重要城市、较大的重点城镇划入都市圈内，形成较大的经济枢纽区，相当于城市经济区。

近5年来，我国超大城市(城市人口大于250万人)的空间扩展以及城市郊区化现象不断涌现，特大城市(>100万人)的地域空间也不断扩展，城镇密集区不断延伸，这是我国城市化过程中出现大都市圈特有的现象之一。人们比较熟悉而且世界比较关注的如：东京大都市圈、纽约大都市地区、大伦敦、大巴黎、大柏林地区等等。目前我国的大上海都市圈、北京、天津、沈阳、广州、武汉、南京、重庆、西安等特大城市的都市圈都在引起国内外学者的关注，有些大都市圈也正在做都市圈规划及其大城市的概念规划，这也是我国21世纪城市化特有的现象。

城市区域出现城乡一体化现象

过去我国严重存在着城乡分割、城乡差别拉大的现象，改革开放后这种现象有所减缓，但目前仍然存在着这一现象。城乡分割的“二元结构”既延缓了工业化进程，又导致农村地区业已实现了产业转移的人口却无法进一步实现空间转移和身份变更。农村人口只有为城市二、三产业提供剩余劳动力的义务，而不能分享城市文明及其成为城镇人口的权利。农村人口的社会属性未能得到合法的改变，阻碍了我国城市化的广度和深度的发展。要破除城乡分割的“二元结构”，必须着力城乡整合的制度变革和实现城乡一体化以及构建城乡融合发展的规划机制。

最近10多年来，我国城市地区，特别是沿海沿江城市密集区正出现城乡一体化的现象，这是我国城市化特有的现象之一。在珠三角的东莞市和佛山市，长三角的无锡市和苏州市郊区，撤县设区或撤并县级市变成城市郊区、市区的做法，逐步实现城乡一体化，推进城市郊区、郊县城市化现象是可喜的一步。此举逐步解决了城乡之间长期形成的矛盾与问题，为我国城市化的深度发展提供了广阔的平台。

（作者：姚士谋、于春、许刚 单位：中科院南京地理与湖泊研究所 中国科学院研究生院）

中国城市化建设进入新阶段

目前城市化滞后工业化的矛盾仍然十分突出，但随着十六大的召开，中国城市化建设正进入新阶段，大中小城市与小城镇协调发展，形成城市群体，郊区城市化、城市郊区化等六大战略来推动城市化进程。

当前城市化水平滞后工业化约10个百分点

当前城市化水平滞后工业化约10个百分点，工业建筑业占GDP的比重占到51.1%，但城市化水平只有36.2%，其中5个百分点由外来务工者提供。这一水平比发达国家低很多，比许多工业化程度相近的发展中国家也要低10个百分点以上。由此，低城市化率愈发显现出经济发展中的深层次矛盾。城乡二元结构是造成这种状况的主要原因，其大大制约了农民收入增长和农村市场规模的扩大，在人地矛盾突出的情况下，使农村劳动力出现剩余，潜力没有充分发挥出来，占全国69%的人口对GDP的贡献只有1/5多一点。同时，城乡二元结构矛盾，使城市大量工业消费品生产能力过剩，制约了第三产业发展，因而制约了城市经济的发展。他说，现在应把城市化水平过低的问题着力加以解决，目前加快城市化发展的条件已经成熟。

20世纪50-70年代，30年计划经济体制提出限制城市规模的扩大，城市化水平缓慢提高；80-90年代，提出农民离土不离乡，结果“村村点火，户户冒烟”，认识上的局限制约了乡镇企业发展拉动三产和城市化的机遇。90年代至今，乡镇企业开始向开发区、工业区集中，鼓励人口流动，城市化开始进入一个快速发展时期。以十六大为界，中国的城市化进入一个加快发展的新阶段。美国著名经济学家斯蒂格利茨的著名论断：21世纪影响世界进程和改变世界面貌的有两件事：一是美国高科技产业的发展，二是中国的城市化进程。

2020年中国的城市化率可达到48%-50%

十六大提出，今后18年比2000年GDP翻两番，中国基本实现工业化。2000年中国人均GDP800美元，按照目标，2020年将达到3500美元。根据各国经验，人均GDP1000-3000美元这一阶段，是社会结构发生急剧变化的时期，经济将进入高速增长期。今后18年中国经济的高增长将伴随着城市化进程的不断加快，使得工业化与城市化相互促进，相互协调。如果政策对头，一年可以使城市化率提高一个百分点，就可拉动GDP1-2个百分点，湖北襄樊这两年的实践就证明了这一结论。到2020年中国的城市化率可达到48%-50%，与工业化率大体相近。城市化是涉及几亿人口，甚至全社会人口的一项复杂的系统工程，需要进行通盘考虑，作出长远规划，他建议以人大立法的形式固定下来，用法律来约束政府一届接着一届持续实施下去，至少是20年不变。

坚持六大战略和避免三种倾向

城市化进程中需要坚持六大战略：第一，大中小城市与小城镇协调发展，这是核心的最重要的战略。真正能够吸纳大量的农村劳动力和外地人口的还是沿海城市，尽管沿海城市的人口密度已经足够大，发展下去会使得基础设施难以承受，但在中国还没有一个城市群的人口达到东京圈、韩国和中国的台湾地区的人口密度。有时城市小了，难以形成集聚效应，难以形成城市经济发展的氛围。中小城市可以根据实际情况，在现有基础上进行改造，形成10-20万城市人口的容纳能力，吸纳农村劳动力，而不必新建一个10-20万人口的城市，否则投入太大。

县城和建制镇应该是今后城市化的重点。

第二,城乡一体化战略。从着眼城市竞争力角度,首先要放开户籍制度,把能人吸引到城市里来,这样能够带动很多就业。

第三,郊区城市化和城市郊区化战略。通过改善交通条件,实行郊区个人轿车与轨道交通相配合,尽量把市区和郊区界限模糊,这样市区房价可以降下来。

第四,城市群体战略。城市越密集,越能使城市的功能发挥出来。中国分别以上海、广州和北京为中心形成了长江三角洲经济圈、珠江三角洲经济圈和环渤海经济圈等三大经济圈,是目前中国经济发展水平最好,影响最大的城市经济群体。生产要素聚集,文明聚集,对国民经济能起到突破性带动作用。

第五,城市要成为经济增长极战略。要依托特色产业,形成生产要素聚集,增强带动能力。怎样成为增长极?改革开放以来出现的一大批明星城市各有独特经验。深圳、珠海依靠开放形成特区,长三角的苏锡常,通过接受大城市辐射配套,吸引外资,发展高新技术产业和制造业等等。

第六,以人为本的建设战略。城市建设规划应以居民工作生活方便为重点,提高城市环境和文化品位,建设最适合人居的城市。

就此,在城市化中需要力求避免的几个倾向:一是大批农民进城形成大量贫民窟,可以通过培训,建廉租房,提供农民工子女教育,搞好社区管理。

二是防止建设中形成新的泡沫。1993年全国房地产泡沫还没有消化掉,海南三亚、广东珠海还在处理中。他建议以销定产,力避过热和积压。“不能再吃亏了”,小城镇不能遍地开花盲目发展,如无二、三产业支撑,最终就会出现空壳化。

三是避免产业结构雷同,没有自己的特色。一个地区能把1-2个优势产业做大形成支柱产业就行,在分工中互有侧重就能优势互补,这样区域经济就有前途。

中央政策研究室副主任 任新立

附: 城市化数据纵览

1. 与世界城市化水平相比中国城市化水平偏低,城市化低于世界平均水平。目前世界城市化平均水平为47%,发达国家平均城市化水平为75%,发展中国家为37%,中国只有30.9%。

2. 中国目前已有设市城市667个,其中,百万人口以上的特大城市37个,50万至100万人口的大城市51个,20万至50万人口的中等城市216个,20万人口以下的小城市363个,另外还有19000个建制镇。

3. 目前,全国城镇总人口已增加到了3.89亿,城市化水平达到了30.9%。

4. 中国城市化水平落后于工业化水平和人均GNP增长的幅度,根据有关专家统计计算,提出了以下数据:在城市化水平达到30%左右时,工业劳动人口的比重指数和城市人口比重指数的比例关系是:发达国家为2:3,发展国家为1:3,中国只有1:0.8。如果按照发达国家的比例推算,1990年中国城市化水平应当达到43%。这就说明,中国城市化滞后工业化约15%-17%。

5. 有的专家根据现代化国家经济发展水平标准推算也指出,中国城市人口占全国总人口的比重应该达到50%以上。

6. 在新的世纪里,必须加快城市化的步伐。目前各方面大体上认可的城市化发展的目标应当是:2010年城市化水平应当达到45%;2020年城市化水平应当达到50%;2050年城市化水平应当达到60%-70%,才能适应中国经济社会的发展。

7. 在中国工业化中期经济高速发展的带动下,未来20年,中国城市化将进入加速发展时期。目前,中国城市化水平为30%(1997年)左右,今后将进入从30%发展到70%的国际公认的加速发展时期。2010年,全国城镇人口将达到6.3亿元左右,城市化水平将达到45%;2020年,城市化发展水平将达到58%左右。

8. 中国部分省市城市化水平:深圳:78%;北京:72%;上海:68%;南京:60%;温州:50%;辽宁:50%;吉林:50%;成都:45%;黑龙江:43%;浙江:37.5%;山东:36%;郑州:34.2%。

9. “九五”以来,黑龙江省加快小城镇建设步伐,促进了全省城市化水平的提高和经济的快速发展。目前,黑龙江省“九五”期间小城镇建设的总体目标已经确定,全省城市化水平每年提高一个百分点,由现在的43%逐步增长到47%,进入国家先进行列。

10. 据不完全统计,2000年浙江省又有50万左右的农民进城落户。目前,全省城市化率已经达到了39.5%。根据《浙江省城市化发展纲要》的要求,到2010年,该省城市化水平要达到50%以上。

11. 近年来,通过合并调整、撤乡建镇,北京市郊区乡镇总数减少了20多个,乡镇域平均面积进一步扩大,常住人口由2.2万人提高到2.6万人。到目前为止,14个卫星城的总体规划、乡镇村规划编制工作都已经基本完成。北京市“十五”计划纲要(草案)中提出,未来五年北京市国民经济和社会发展的主要预期指标之一,就是到2005年郊区城市化率达到45%以上,全市城市化率达到75%左右。

摘自中国宏观经济信息网 2001年04月29日

科学环海造地

——天津塘沽环海

总经理　徐连东

随着地球陆地空间的越来越少，向海洋要资源势在必行。长期以来，科学家一直在寻找一个两全其美的办法——利用海滩的淤泥来改造成陆地，增加土地面积，做到既保护环境又发展经济。由于沿海地区多滩涂沼泽，无法直接从事基础建设和农作物耕种，必须进行彻底改造才能变成有用的土地。天津塘沽环海造地有限公司利用自行发明创造的专利技术对海滩进行疏干加固，使其达到一定的地载力，从而实现在造地上从事基础建设，或者利用淤泥中含有的大量的有机质，将其改造成良田，取得良好的效果。

天津塘沽环海造地有限公司所从事的是一项碧水蓝天的环保工程，是扩大人类生存空间的福泽工程，是对社会和国民经济发展起推动作用的伟大工程。

公司概况

天津塘沽环海造地有限公司是一家专门从事海滩吹填造陆、疏干加固、盐碱地治理、河道清淤的专业公司，拥有自己发明的两项专利技术和自行设计的上百套专用设备，使没有利用价值的海滩、湿地变成良田和投资热土。

自2001年11月8日开始，该公司已完成造陆疏干面积约400万平方米。在提供的可利用土地上，多家外国公司和国内一些企业前来投资办厂，并得到使用单位的高度肯定。目前天津经济技术开发区在已交付使用的土地上建起了蓝领公寓；为天津经济技术开发区出口加工区和学院区的造地工程已于2002年7月初交付使用。当前，国际国内都在倡导环境的保护与治理，天津塘沽环海造地有限公司通过这一技术对荒废土地进行综合治理，解决了土地资源紧缺与城市经济发展之间的矛盾，对生态环境的治理起到了推动作用。

专利技术

该公司发明的软质地基疏干方法和软质地基快速疏干装置获得国家专利，是一项互相结合发挥巨大效能的施工工艺。从技术上改变过去传统的造地方法，从装置设计上先进合理。该项技术是采用真空预压，在地下设盲管，然后把水和空气抽上来，使地面整体下沉，并把地下3—4米的水排干，有效的对软质地基进行彻底改造。这项技术既具有学术的权威性更具备实际运用的可行性，其特点是：造价低

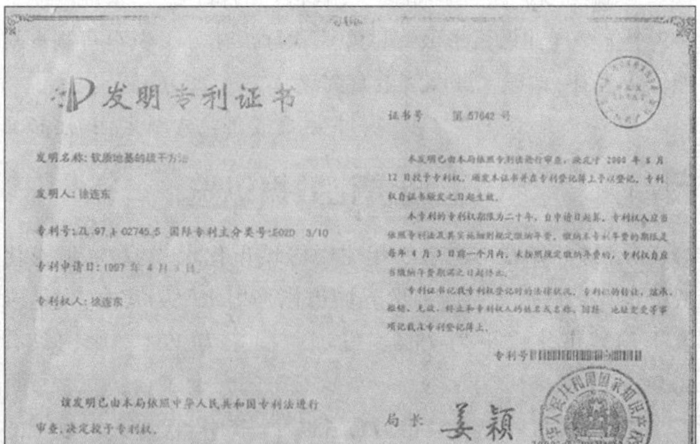
发明专利证书

证书号　第57642号

发明名称：软质地基的疏干方法

发明人：徐连东

专利号：ZL 97 1 02745.5　国际专利主分类号：E02D 3/10

专利申请日：1997年4月3日

专利权人：徐连东

该发明已由本局依照中华人民共和国专利法进行审查，决定授予专利权。

局长　姜颖

吹填开工前的海滩

在滩涂地上铺设疏干用管道

吹填疏干后的场地

智慧改造海滩

造地有限公司

(比传统造地方法可降低工程造价 80%)，施工周期短(比传统的少用 1–2 年),回报率高,吹填后的土地马上可以施工建设。

施工项目

2001 年 11 月 8 日,公司承接天津经济技术开发区第一项吹填疏干工程，此项工程位于开发区内出口加工区,完成造陆疏干面积 120 万平方米,整个工程已于 2002 年 10 月完工。

2002 年 6 月 26 日,承接开发区第二项吹填造陆工程,造陆疏干面积 260 万平方米,此工程位于开发区的学院区,整项工程在 2003 年 6 月底全部交付使用。在交付的吹填疏干场地上,正在建设的企业有:天津拓力贸易有限公司贸易苑，中国绿色包装总公司工业苑（中国绿色包装产业苑,此项投资属在天津市投资的国内最大的产业包装基地，占地面积 37 万平方米);目前,澳大利亚一家公司正在商讨在即将交付的场地上投资建厂,预计投资 2 亿美元;同时美国的一家跨国公司正与开发区商定准备在该公司完成的吹填疏干场地上建设最大的产业苑区。

未来展望

中国是一个地少人多的国家,由于土地紧缺严重制约了经济的发展。尽管中国政府将科学开发和合理使用土地,列为保护国土资源的一项基本国策,但中国仍有 10800 万公顷荒芜的土地，其中沿海滩涂面积就达 208 万公顷。目前,中国七大流域,大型湖泊和沿海港口均有大量的积物沉于水中,不仅造成了堵塞而且还污染了水质。应有计划地将改造滩涂与清淤疏竣结合起来，合理地吹填造地,无疑是解决中国土地紧缺的方法之一。

天津塘沽环海造地有限公司,利用自有的造地专利技术,所改造的荒废土地变成良田和建设用地,受到专家和客户的好评。该项技术应用前途广阔,发展前景无限。

公司地址：天津塘沽区新河交通信息大厦 12 层
联系电话：66319920
联 系 人：徐先生
传　　真：022–66319920
网　　址：www.hhzd.com(吹田造地)

疏干加固工艺流程(专利号:ZL971027455)

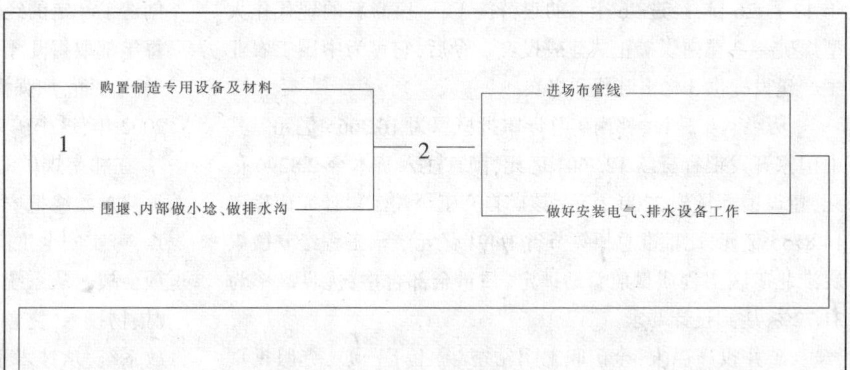

正在平整吹填疏干后的场地

排压平整完工后的土地

改造后的土地正在建厂房

淮北煤业新绽的奇葩——祁南煤矿

矿党委书记　陈良伦

矿长　周卫金

20世纪末，在陈胜、吴广起义的大泽乡畔，矗立起一座年产180万吨的国有大型现代化矿井——淮北矿业集团祁南煤矿。它北距宿州23公里，南距历史名城蚌埠70公里，206国道穿越而过，铁路、水路四通八达，源源不断的车辆将祁南矿低灰、低硫、高发热量的优质肥气煤输往到华东各地。

1992年12月26日，随着开工典礼的隆隆炮声，一大批施工队伍来到广袤的宿南平原，拉开了祁南煤矿建设序幕。2000年12月26日，经过96个月的艰苦施工，一座崭新的现代化大型煤矿——祁南煤矿正式建成投产。今后，它可为中国工农业生产建设提供3亿多吨优质煤炭。

历经八年建设，祁南矿总计审批概算为16.3665亿元。其中国家开发银行贷款12.7604亿元，国家注入资本金2.8296亿元，建设银行贷款2200万元。该矿自开工至竣工累计完成投资14.8755亿元，比批准总概算节省1.491亿元。该工程经安徽煤炭淮北矿区工程质量监督站评定，质量全部合格，优良品率为31.72%，达到设计要求。

矿井投产以来，全矿职工团结奋斗，上下一心，克服重重困难，各项工作不断取得新的进展。矿井生产能力稳步提高，基础管理不断强化，安全形势健康发展，经济效益大幅提高，职工收入稳步增长。2001年，全矿生产原煤136万吨，实现利润600万元；2002年，矿井产量首次突破180万吨，提前一年达产，实现利润2039万元；2003年，矿党委书记陈良伦、矿长周卫金等党政一班人团结带领广大职工，与时俱进，开拓创新，艰苦拼搏，祁南矿各项工作又迈上了新台阶，呈现出一派生机涌动、历发进取、蓬勃发展的新气象，1—11月已累计实现盈利3195万元。

新矿要发展，科技须创新。为提高效率和效益，增强企业的核心竞争力，祁南矿坚持走科技创新、科技兴矿之路，积极推广运用新技术、新工艺、新设备，并通过校企联合开展技术攻关，解决了生产中的一系列难题，促进了生产发展。祁南矿井田煤层赋存条件复杂，软岩多、地压大、巷道底鼓、变形严重，且矿井属煤与瓦斯突出矿井。为克服这一难题，在建井期间，祁南矿就积极与山东矿院合作，开展软岩巷道锚注支护新技术的研究和应用，成功地解决了大构造应力区域软岩巷道的支护问题，节约资金2500余万元，并获国家科技进步二等奖；同时，大胆推广运用井筒冻结段乳化沥青注浆堵水新技术、大直径复杂截面圆筒仓液仓滑模施工等新技术，不仅缩短了施工工期，而且创造了一定的经济效益。投产以来，祁南矿继续向科技要效益，每年都取得几十项科技新成果。尤其是在合理生产布局，优化采区方面，加强探索，取得显著成效，共节约资金2000余万元。2002年，这个矿荣获煤炭行业协会"科技进步双十佳"矿井。

在祁南煤矿的各级领导班子中，有一个统一的信念和原则，那就是始终把安全当作企业的"天字号"工程，围绕安全管理重点，夯实安全生产基础。祁南矿一是深入开展了"一通三防"专项会战，从系统设置上增强矿井防灾抗灾能力；二是加大人、财、物投入，完善防灭火灌浆系统、监测监控系统、瓦斯永久抽放系统，从技术手段上加强瓦斯综合治理，杜绝了重大事故的发生；三是狠抓防治水工作，坚持有疑必探、先探后掘；有水必治，不治不采，严防突水事故发生；四是深入开展质量标准化工作，通过开展"样板区队、示范工程、质量标准化采区创建"等活动，推动质量标准化工作整体水平的提高，改善了工作环境，促进了生产发展；五是继续开展深化安全专项整治工作，加大隐患排查整改力度，为安全生产基础；六是强化安全目标管理，健全完善安全责任体系。在安全上，祁南矿还把生产现场建成"安全堡垒"，对生产各个环节，全过程进行科学监测，做到了防患于未然。特别是加强了干部的现场管理和作风建设，有效保障了安全生产良性发展。

投产两年零十个月，祁南矿共生产原煤473万吨。祁南煤炭畅销市场，品牌效益凸观，奥妙何在?这个矿在生产经营过程中始终坚持"诚信"二字，以诚开拓市场，以信赢得客户，以质创

祁南矿党委中心组织学习

造效益。矿煤质化验人员严格按国际标准操作，化验结果做、到质级相符，并及时向客户提供所需的资料，供客户参考；销售人员无论市场处于疲软还是供不应求，都及时和客户沟通、联系，及时发送客户所需的煤炭，并实事求是地解决销售中的一些问题，取得了客户的理解，信任和支持。为确保煤质适应市场需求，祁南矿2001年就通过ISO9001质量体系认证。矿上对媒质从源头上抓起，运输过程实行严格的监控，质检人员随时掌握监督程序运行状况。矿选煤厂设计年入洗能力180万吨，可以为客户提供所需的优质产品。这个矿还利用科技手段提高煤质，对一些采场断层进行改造，减少了矸石的混入量。投产以来，仅依靠提高煤炭质量，矿上就多增收1000多万元，取得了可观的经济效益。目前，该矿车运原煤发热量始终保持在5200kcal/kg以上。祁南煤也因此荣获安徽省煤炭协会"质量信得过产品"荣誉称号。

祁南矿现有职工3000多人，在建井期间，工人居住环境脏、乱、差。安居才能乐业。拥有一个优雅、舒适的生活休息环境是广大职工的一个迫切心愿。2002年初，矿党政一班人经过深思熟虑，制定了紧贴实际、量力而行、循序渐进、稳步提高的文明创建工作思路，并请有关专家对小区创建做了整体规划，使之有一个很高的起点和标准。

在文明创建中，祁南矿坚持"绿化、美化、亮化、净化"的原则，抓住关键环节扎实工作。矿党员干部、小区居民自觉参加义务劳动，支持小区建设，使小区面貌在较短的时间内有了一个质的飞跃，绿化覆盖率达到40%以上。矿上还以贯彻《公民道德建设实施纲要》为契机，在职工中开展了形式多样，内容丰富的道德建设活动，显著提高了小区居民素质和文明程度。生活小区不仅荣获集团公司文明小区称号，而且还被评为淮北市文明小区标兵单位。

百里煤海苦占多，祁南创新托朝阳。展望未来，有着世纪矿井之称的祁南煤矿将以党的十六大精神为指导，紧紧抓住发展这一主题，突出理念创新。一是通过深化改革，紧紧依靠科技进步，坚持走高产高效之路，着力构建"双高"矿井，全面提升企业核心竞争力；二是以安全质量标准化为主线，打基础、上标准，构建安全生产的和谐稳定大环境，实现安全上的长治久安；三是遵循市场规律，创新管理、搞活机制，全面激发经营活力，实现经济效益最大化；四是以人为本，创建学习型企业，培育一支高素质的队伍和优秀的企业文化；五是以"三个代表"重要思想为指导，加强和改革精神文明建设、思想政治工作和党的建设，为全面建设小康社会中的祁南矿凝心聚力。

祁南矿矿貌

湖州城市基础设施投资建设情况

浙江省湖州市城市建设发展公司

湖州市位于浙江省北部、太湖南岸,东距上海150公里,西与安徽接壤,南至杭州90公里,北与江苏的苏、锡、常隔太湖相望,交通便利,经济发达。

湖州市是全国首批经济体制改革试点城市,1985年被国务院列入沿海经济开发地区,1992年又被列为长江三角洲地区"先行规划,先行发展"的14个重点城市之一。

为贯彻省委、省政府关于加快城市化进程的战略部署,努力于2007年前建成中心城区面积达到50平方公里、城市人口达到50万以上,城市化水平达到50%的现代化城市的目标,近几年来,湖州市将"加大基础设施投入,扩大城市功能"作为政府的重要工作内容,决定实施一批改善城市环境和城市交通条件的工程项目,为此,成立了湖州市城市建设发展总公司。本公司于1998年2月经市政府批准成立,并于当年3月在湖州市工商管理局注册,注册资金5000万元;主要职责是:1. 根据城市总体规划,负责统一实施城市基础设施建设。2. 负责城市建设用地的"三通一平"等前期开发事项,按有关法律规定办理手续后通过拍卖、招标等形式予以转让。3. 负责多渠道筹集建设资金,并负责城市建设资金的调度和管理。4. 负责城市基础设施"四自"工程建设,并承担"四自"工程业主。5. 完成市政府下达的其他工作任务。

公司成立后,先后完成了一系列城市基础设施建设项目,总投资达20亿元以上。由于当地商业银行的信贷规模有限,加快发展与资金短缺的矛盾越来越突出,此时,国家开发银行为我们注入了资金活力。2000年我们向国家开发银行申请了3个项目的贷款,资金2.7亿元,大大缓解了资金短缺的困难。三个贷款项目情况如下:

(一)二环西路工程:全长6.8公里、宽50米,按城市主干道Ⅰ级标准设计,双向六车道,项目总投资2.2亿元,申请开行贷款1亿元,此工程已于2002年10月建成并交付使用。二环西路是湖州在建城市道路长度最长、路幅最宽、一次性建设完成的一条生态园林式景观大道。它的建成,对于推动湖州市西南分区和仁皇山新区建设,改善全市的投资环境,对于提升城市品位,加快城市化进程,具有十分重要的作用。

(二)污水处理工程:此项目建设规模为日处理污水10万吨,由市北、凤凰、东郊、碧浪四座污水处理厂组成,污水收集范围约40平方公里。项目总投资1.9亿元,申请开行贷款9500万元。工程已于2001年12月交付使用。此项工程的建设,是贯彻《关于太湖流域水污染防治"九五"规划和2010年远景目标》,改善太湖及湖州地区水环境质量的重要内容。

(三)红旗路西延工程:道路工程长度1公里,路宽40米。项目总投资1.65亿元,申请开行贷款7500万元。工程已于2002年11月完成。此项工程的建成,改变了红旗路是断头路的状况,使红旗路与104国道和二环路相连接,交通功能更加完善,加强了旧城区与开发区的沟通联系。

为保证以上三个工程项目的顺利实施,我公司采取了工程招标,监理、保险等措施,使工程质量得到了有效保障。公司树立经营城市理念,通过对土地的开发和利用,积极参入城市基础设施投资领域,多渠道筹集资金,保证各项工程的顺利完成,及时归还银行贷款本息。为了降低还贷资金风险,我们将"四自"工程收费权、污水处理收费权质押给国家开发银行。另外,湖州市人民政府对开发银行承诺:当借款人未按借款合同偿还贷款时,同意市财政安排资金对其进行补贴。

二环路工程

污水处理工程

瞄准市场 调整产品结构 提高企业效益

——浙江巨鹰集团股份有限公司

浙江巨鹰集团股份有限公司是一家主营各类针织T恤、绒裤及各类中高档针织面料的出口型企业。目前,公司已发展成为一家集坯布、面料、服装加工生产为一体的综合性针织品生产企业。企业的快速发展,主要得益于1999年开始实施的第三期国债高档针织面料技改项目。它的投产使公司在产品的质量、品种、档次、生产规模等方面得到了全面提升,实现了良好的经济效益。截止2002年底,股份公司资产总额达到了2.78亿元,其中固定资产总额为11875万元。实现了年生产各类T恤、绒裤等110多万打、销售额3.8亿元、利润总额3600万元、出口交货值达3.2亿元的良好业绩,为国家增创了大量的外汇收入。

技术改造内容

项目计划总投资6613万元,固定资产投资5981万元,实际固定资产投资为5973万元。主要用于对成衣、织造、染整三部分进行改造,形成新增年产各类中高档针织面料1670吨,针织服装400万件的生产能力。通过引进先进的染色机、针织圆机及关键后整理设备,采用先进的CAD计算机辅助设计系统、信息网络系统,淘汰落后的针织染机、筒子染色机、钢丝起毛机。新建厂房16428平方米的成衣生产流水线及附属配套用房,并对老厂区的织造,漂染、后整理生产流程重新进行优化组合,对公用工程进行适应性改造。以实现国产针织面料替代进口,扩大出口,促进针织业由数量密集型向质量效益型转变的目标,从而提高企业在国际市场的竞争力。

国债资金管理

严格投资控制,管好用好国债资金,是降低技术改造成本,确保技改项目按计划实现的重要保证。

为了管好用好国债资金,公司采取了一系列有效措施,进行全面调控监督。首先严密制度,以原国家经济贸易委员会、原国家发展计划委员会、财政部、中国人民银行四部门于1999年联合下发的关于《国家重点技术改造项目国债专项资金管理办法》作为遵循依据,并在此基础上制订出企业在具体项目实施过程中的国债专项资金管理办法,从而在制度上为管好用好资金提供了保证。

生产能力提高

通过改造公司已具备年生产各类中高档针织内外衣1300万件,各类针织面料3380吨的生产能力,比技改前分别提高了41%和37%。公司的高档服装面料进口也从40%减少到15%,实现了替代进口的目的。

经济效益显著

通过技术改造,使公司在增加就业、改善环境污染方面取得良好的社会效益,在经济效益方面也创下了历史最好水平。达产后,2002年公司实现销售收入3.8亿元,比技改前提高了74%,出口创汇达到2200万美元,比改造前提高了120%。

中南林学院 教学楼投资建设情况

中南林学院长沙区教学楼是根据省计委于2001年8月下达的《关于中南林学院教室专用楼项目可行性研究报告的补充批复》而立项建设的,批准教学楼项目建筑面积21000平方米,总投资2900万元。资金来源为:中央预算内专项资金1200万元(2000年、2001年、2002年度教育国债),其余1700万元由学校自筹。

该项目建设在长沙校区中心广场南侧,与图书馆、生命科学楼合围成学校的中心广场。

该项目由长沙市规划设计院有限公司设计,为了配合图书馆,烘托学校广场又形成自身特色,将教学楼按地形设计了南、北错层,围合成两个对称的内庭,创造了灵活生动的内部空间。为了突出学校“林”的主题,在设计中引入了生态建筑的设计手法,建筑物的周边护坡、消防通道、内庭院、各楼层的楼梯间、走廊及屋顶都设计了绿化植物及花园。教学楼设计了南、北两个入口大厅,共有七个向外开启的楼梯出入口;三种不同面积、不同人数的教室均以外走廊相连,既相互沟通又彼此独立,交通流畅,通风采光良好;共有各种不同人数的教室98间,可容纳9000多名学生同时上课。

教学楼已于2003年6月竣工验收,并投入使用,为满足校扩招的需要和学校整体搬迁发挥了巨大作用。

无性系苗木快繁高科示范基地投资发展情况

——黑龙江省伊春中林绿色实业有限公司

国家林业局林木优良无性系快繁黑龙江伊春基地高技术产业化示范工程建设项目，被列为1999年国家生物高技术产业化重大专业计划。项目的目的是在收集、保护林木优良种子资源的基础上，采用先进种苗繁育技术，培育速生丰产红松、落叶松、杨树等优良种苗。

该项目建设期为2年，由国家计委牵头、国家林业局组织实施，伊春中林绿色实业有限公司承建。项目占地600公顷，建设主址设在黑龙江省铁力林业局二股林场，位于哈伊公路255公里处。

项目投资规模为6800万元，其中固定资产投资6300万元，铺底流动资金500万元。

在项目实施过程中，根据种苗生产行业的特殊性，在完成示范工程建设的同时，提前进行育苗生产。到目前为止，已经形成无性系苗木、更新造林苗木、经济林苗木三大类30个品种，完成育苗生产面积700亩，预计产苗7000万株。主要品种有：银中杨、中黑防、垂暴柳、红松、落叶松、云杉、樟子松、白桦、五味子、刺五加、山槐、胡桃楸、家榆等。高科基地已具规模，苗木长势良好，为今后科研生产发展奠定了坚实基础。

目前，基地拥有较强的技术开发力量，以本项目技术负责人东北林业大学森林生态试验室主任、博士生导师祖元刚教授为核心，以东北林业大学为技术依托，近十位东林专家学者组成的基地技术开发核心力量已形成。

遵循“三年打基础，五年达规模，七年大发展”三步走的战略方针，中林公司制订了《2002—2010年高科示范基地中期发展规划》，到2010年基地经营目标是：

——总产值为3803万元。九年平均增长速度为11.24%。其中无性系苗木总产值为1521万元，实生苗木产值1711万元，多种经营产值571万元。无性系苗、实生苗木与多种经营的产值分别占总产值的40%、45%和15%。

——生产优良种子1.5万公斤，在床苗木1.8亿株。其中无性系苗木8000万株，占产苗量的44.4%；年出圃成苗量为5000万株。

——销售总收入1600万元。其中无性系苗木销售收入为610万元，实生苗木销售收入640万元，多种经营产品销售收入350万元。无性系苗木、实生苗木与多种经营产品的销售收入分别占总收入的38%、40%和22%。

——利润总额766.4万元。

为此，中林公司坚持以科技创新为动力，以市场为导向，走专业化生产、集约化经营、科工贸一体化的道路，逐步形成以高技术育苗生产为主，多元化发展的经营格局。

国债资金支持 育人环境改善

——武汉理工大学南区教学主楼建设情况

武汉理工大学南区教学主楼位于马房山校区鉴湖教学区内。1999年教育部批准南区教学主楼立项并下达建设计划,2000年教育部批准调整计划为建设规模29000平方米,总投资7250万元,其中2000年国债资金支持800万元,2002年国债资金支持1000万元,该项目于2001年2月18日破土动工,2002年7月10日竣工交付使用, 实际建设规模为30800平方米,实际总投资7250万元。该项工程为地下1层,地上20层的框剪结构建筑,其中地下室为设备用房兼人防工程,1—8层共有80人教室26间,120人教室16间,可同时容纳4000人上课;9层及以上分别为现代教育中心、网络中心、信息学院、图书阅览及部分科研实验用房。

为确保该项目保质保量完成, 并把该项目建设成学校的标志性建筑,学校领导非常重视,成立了以校长周祖德为组长的项目建设领导小组, 配备了强有力的建设管理班子及技术人员。在设计方案、监理单位及施工单位选择上,都进行公开招投标。设计中标单位为武汉工业大学设计院,监理中标单位为湖北时代监理公司,施工中标单位为武建集团二公司。同时为保证项目建设投资的落实,国债资金严格实行了专户储存,专款专用,分项管理,学校自筹资金在学校的年度财经预算中专项列支,保证了配套资金的到位,确保了该项目按计划顺利完成。

该项目建设完成后, 工程质量被武汉市建筑业协会评定为武汉市优质工程; 被湖北省建筑业协会评定为湖北省优质工程; 现场施工被武汉市建设委员会评定为安全文明施工现场;被湖北省建设厅评为安全文明施工现场。该项目的建成从根本上解决了马房山校区教学、科研用房的相对不足问题,使鉴湖教学区在教学、科研和育人环境上得到极大的改善。

加强国债工程管理 促进学校建设

——沈阳体育学院科研楼投资建设情况

沈阳体育学院科研楼工程是国家重点国债建设项目，该工程建筑面积7497平方米，建筑为四层，占地面积2000平方米，功能为力学实验室、解剖实验室及各学科实验准备室等。工程总投资841万元。

为落实国债投资工程项目，学院成立了以主管院长为组长，纪委、计财处、后勤管理处、审计处等部门负责人为组员的国债工程领导小组，并下设国债资金使用领导小组、工程质量监督领导小组，强化国债工程建设的组织保障，确保国债资金专款专用。

工程开工前期，学院按照基本建设总体规划对科研楼工程进行选址定位，征集并论证该项目的规划设计方案，选择出符合学院总体规划和建筑风格的建设方案。按照国家招投标规定和国债项目的要求，委托辽宁省招投标办公室组织公开招投标，本着公开、公平、公正和择优的原则，选择了资质高、能力强、报价合理的施工队伍。

在建设过程中，学院加大管理力度，建立施工单位自检，监理人员和学院施工管理复检，质量监督部门终检，学院质量监督领导小组抽检的质量管理体系，确保了工程建设质量。

党的十六大胜利召开，给中国高等教育事业指出了更加明确的发展方向，沈阳体院将乘着十六大的春风，励精图治，努力开创建设和发展的新局面。学校将多方筹措资金，包括再次争取国债资金的支持，继续加大基本建设的投入，努力实现学院跨越式发展。目前一个设施、功能齐全，占地1100亩，建筑面积223516平方米的新校区正在筹建当中。

左起李杰凯、武国栋、张贵敏副院长、于晓光书记、王揖涛院长、王钰清副书记

科研实验楼

学院田径场

国债投资项目“教学楼工程”建设情况

湛江师范学院

一、基本概况

根据全国高教形势的发展和我院办学规模不断扩大的需要，我院教学楼工程于1999年向省教育厅（当时高教厅）及省计委申请立项，2000年得到省计委的批准并下达计划，建设规模为15500平方米，总投资2325万元，其中国债投资1000万元，该工程设计由广东省高教建筑规划设计院湛江设计所设计，工程监理由湛江市建设监理公司监理，施工单位由广东省八建四分公司承建。工程分两期建设，第一期于2000年1月动工，当年8月底竣工，9月初通过有关部门验收交付使用。第二期工程于2001年3月初动工，9月初竣工验收交付使用。该工程分两期在两个年度实施完成，但是总建设规模及总投资均控制在省计委下达的指标内，共完成建筑面积15500平方米，完成总投资2320万元，其中国债投资1000万元。

二、工程招标及工程管理

该教学楼在整个建设过程中，从项目立项、规划、设计、报建、招标、施工、监理、验收等都严格按基建程序进行，按国家现行有产规定办理。工程立项后，学院领导十分重视，成立了由学院主管后勤的领导及相关部门负责人及工程技术人员组成的工程招标小组和工程筹建小组，负责整个工程的招投标及建设工作。为体现公开、公正、公平的市场竞争原则，保证工作的廉洁高教，工程的设计采取了校内邀请招标，在三家颇具实力的设计单位参标下，最后确定由广东省高教建筑规划设计院方案中标并设计。施工、监理招标在湛江市工程招标中心进行，施工由广东省第八建筑工程公司中标（一级施工资质）。监理由湛江市建设监理公司中标（乙级监理资质）。在工程施工及管理过程中，施工单位、建设单位、监理单位、质监单位等密切合作，共同把关，主要是把好质量、进度、投资关。施工前，认真组织图纸会审及施工技术交底工作，使各方领会设计意图和主要技术要求。施工中，首先抓质量控制措施落实，坚持工序报验制度，每道工序完工后，由各质监部门共同验收合格后，才能进行下一道工序，同时把好原材料关，必须符合设计要求，有出厂合格证，主材还抽样进行检验，合格后才可使用。业主和监理单位时常对施工质量进行巡视检查，对砼浇筑等要求监理人员旁站检查，发现问题，及时纠正。在抓质量的同时，也狠抓工程进度，确保工程按期完成交付使用。

三、国债资金使用情况

该项目在国债资金使用中，我们严格按照国债资金“专款专用，专款管理”的原则，财务实行专户专款，专项核算，严格控制。在整个工程的建设资金使用中，规范管理，有效监督，建立健全财务制度及拨款程序，每次拨款都根据工程施工进度由基建科先把关，再由监理、审计核实，领导审批，财务付款，拨到施工队专户。严格执行国债资金专款专用的规定，确保国债资金的安全使用。

四、工程质量评定情况

该工程项目竣工后，经过湛江市质监部门及设计、监理、消防、环保等单位共同验收，认为工程质量较好，符合设计图纸要求及施工验收规范要求，工程质量核定为“优良”。经过两年多的使用，尚无发现任何质量问题。

五、国债投入对教学事业发展的作用

近年来，中国高教事业发展迅猛，我校也随着全国高教事业的发展逐年扩大规模，不断加大校舍建设的力度，国债资金的投入，对缓解我校自筹资金不足起到很大的补充作用。该教学楼建成后，在很大程度上解决我校教学、实验用房不足的困难，对提高办学条件和办学效益起到了十分积极的作用。国债资金对高校的投入，也是科教兴国战略的重要举措，体现了党中央、国务院对高教事业的关心和支持，也是落实“三个代表”思想的重要体现。国债资金的进一步投入，必将促进中国高教事业的经济建设的快速发展。

广西师范大学图书馆建设情况

广西师范大学地处著名的风景旅游胜地和历史文化名城——桂林,创办于1932年,是中国近代早期的高等师范学校之一。长期以来,学校十分重视图书资料的建设,把图书馆作为办学水平的重要标志。2002年,学校利用国债资金的支持,建成了高六层、建筑面积22400平方米的现代化图书馆。

崭新的图书馆大楼屹立在育才校区中央,标志性的外观增添了校园的人文氛围,科学的管理模式为发挥新馆的功能奠定了坚实的基础。目前,馆藏185多万册,期刊5000种,列广西高校之首,在全国师范院校中名列前茅。新馆集科学化、现代化、数字化于一体,在2001年秋开通运行"汇文系统",在采编、流通和期刊三大部门实现计算机网络管理的基础上,先后安装中国期刊全文、优秀博硕论文、人大复印资料全文、科技期刊全文等14个国内数据库和以EBSCO、Applied Linguistics为代表的近500种国外数据库,2003年又开通了方正电子图书系统。结合学科建设需要,新馆开设了日文书刊资料库、马克思主义美学专题研究室、太平天国专题研究室、桂林文化城专题研究室等库室,装备200台计算机的电子阅览和检索室的日元贷款项目正在实施当中,成为具有师范性和地方特色、文史资料特具优势和古籍及善本珍本藏量较为丰富图书馆。目前,新馆实现了全开架借阅和计算机检索,为图书资料的充分利用提供了崭新的平台。

作为广西省属重点大学,经过70多年发展,广西师范大学已成为学科较为齐全、教学科研能力较强的广西现代高等师范学府,在广西的改革开放与现代化建设中发挥越来越重要的作用。学校现有本科专业37个,高等职业技术教育专业25个,硕士点55个,2003年被国务院学位办批准为博士授权单位并将招收博士研究生。现有各类学生40000名,其中普通全日制本专科学生14000多名,全日制硕士研究生1500多名,外国留学生400多名,函授夜大生16000名,各种长、短期培训学员10000余名。在996名专任教师中,有教授121名,副教授434名,博士122名,研究生以上学历的教师占专任教师的44.8%,超过全国31.3%的平均水平。为了适应高等教育大众化,更好地为地方经济的建设和发展服务,根据广西师范大学的发展规划,学校拟建设新校区并在新校区建设一流的图书馆,满足学校办学规模进一步扩大的需要,加快发展步伐,提高综合实力,逐步建设成为广西经济建设和社会发展重大问题的思想库、文化库和智力库,实现由省属重点师范大学向以教师教育为主要特色的教学研究型综合性大学转型。

撰稿人:广西师范大学校长办公室 韦冬

联系电话:0773-5855489

图书馆大厅

图书馆阅览室

第六部分

金融——银行、证券与保险

银行与货币市场

中国金融业的改革发展

中国人民银行行长 戴相龙

十三届四中全会以来，以江泽民同志为核心的党的第三代领导集体高度重视金融工作，高瞻远瞩，果断决策，明确了中国金融体制改革目标，及时、正确地制定和实施了金融改革和发展的方针和政策，使中国金融事业实现了历史性跨越，基本建成了与社会主义市场经济体制相适应的新的金融体制。金融业在加强和改善宏观调控，促进经济改革、开放和发展，维护社会稳定方面，发挥了重大作用。

一、金融组织体系逐步健全，有力支持了经济持续快速健康发展

1994年初，在四家国有专业银行的基础上，组建了三家政策性银行和四家国有独资商业银行。国有独资商业银行正在逐步改革为经营货币的现代金融企业。为了更好地支持广大中小企业，促进银行业适度竞争，陆续增设和重组120多家股份制中小商业银行。农村信用社已成为农村金融服务的主力军，在支持“三农”中的作用日益突出。进一步规范和发展了证券机构和以证券投资基金为主体的机构投资者。完成了财产险、人寿险和再保险业务的分离工作，组建了一批新的股份制保险公司及各种保险业中介机构。引进外资金融机构，有效地促进了中国金融业的改革和发展。

二、金融市场体系日趋完善，社会资金配置和使用效率稳步提高

中国货币市场已达到相当规模。1994年，建立了全国统一的同业拆借市场，市场交易量逐年扩大，到2002年6月末，已累计成交3.4万亿元。1997年银行间债券市场成立，允许商业银行等金融机构进行国债和政策性金融债的回购和现券买卖，到2002年6月末，债券回购累计交易量已达10.7万亿元。1994年4月全国统一的外汇市场成功运转，为形成单一的、有管理的人民币汇率体制奠定了重要的市场基础。8年多来，银行间外汇市场成交规模不断扩大，到2002年6月末，已累计成交各币种折合美元4800亿美元。目前，货币市场已成为金融机构管理资金头寸的主要场所和中央银行公开市场操作的重要平台。

资本市场快速发展。1990年10月和1991年7月，上海证券交易所和深圳证券交易所先后成立。到2002年8月底，中国境内上市公司已达1197家，市价总值4.65万亿元，流通市值1.53万亿元。1991年以来，证券市场已在境内外累计筹集资金8270亿元。证券市场在改革投融资体制，促进产业结构调整，完善企业法人治理结构，降低企业资产负债率等方面，发挥了非常重要的作用，成为国民经济发展的重要推动力量。

保险市场的深度和广度不断扩大。1989年末全国保费收入142亿元，2001年为2109亿元，是1989年的15倍，年均增长25.2%。2001年，中国保险机构共对19.3万亿元财产进行了保险。保险市场的发展对保障经济、稳定社会、造福人民，发挥了重要作用。

三、金融宏观调控水平明显提高，人民币币值稳定

从1998年开始，取消了对商业银行的贷款规模控制，运用利率等多种货币政策工具调控货币供应量，金融宏观调控实现了由直接控制向间接调控的根本性转变。全国货币供应量，1989年底为1.3万亿元，2001年底为15.8万亿元，每年增长23%。适当的货币供应，促进了国民经济持续快速健康发展。

1993年下半年到1996年，中国实行适度从紧的货币政策，大力整顿金融秩序，调高存贷款利率，调整贷款结构，有效地抑制了严重的通货膨胀。

1997年以来，为应对亚洲金融危机的冲击，贯彻扩大内需的方针，中国实行稳健的货币政策，8次下调存贷款利率，促使货币供应量总量年均增长14%左右，积极引导调整贷款投向，在防范和化解金融风险的同时，加大对经济发展的支持力度，防止和克服通货紧缩，人民币币值对内对外均保持稳定，促进国民经济继续保持稳定发展态势。

利率市场化改革正在逐步推进。全国银行间同业拆借利率、国债回购利率、票据贴现利率已由市场决定，外币利率已按

国际市场及时调整，对中小企业和农业贷款利率实行浮动，农村信用社存款利率浮动正在试点。中央银行买卖债券，已对货币市场利率产生重大影响。利率正在逐步成为调节货币供应和经济发展的重要杠杆。

四、金融监管工作明显加强，金融体系平稳运行

金融监管法规体系逐步健全。初步形成了以《中国人民银行法》、《证券法》和《保险法》等金融法律为核心的金融监管法律体系框架。金融市场秩序明显好转。1993年以来，实行“约法三章”，全面整顿违规放款、违规拆借、违规提高利率等违规经营行为，严肃了金融纪律，扭转了金融秩序一度混乱的局面。多年积累的金融风险正逐步化解。四家国有独资商业银行不良贷款余额及其占全部贷款的比例逐步下降。全面整顿和分类处置了信托投资公司、城乡信用社等中小金融机构，依法撤销了少数严重违规、不能支付到期债务的金融机构。全国基本完成了对28000多个农村合作基金会的清理撤并工作。这些措施，有效化解了金融风险，保护了存款人利益，维护了金融和社会稳定。

从总体上看，中国经济增长较快，人民币币值稳定，外汇储备不断上升，外债水平较低，不良贷款不断下降，证券市场日益规范，中国金融业处于安全运行状态。

五、金融对外开放逐步扩大，中国在国际金融事务中的地位显著提高

扩大金融对外开放，加强国际金融合作，是中国主动顺应经济金融全球化趋势，正确应对经济金融全球化挑战的战略选择。在此过程中，中国始终坚持积极稳妥、趋利避害的原则，取得明显成效。

一是金融业对外开放进入新阶段。目前，中国境内共有外资银行营业性机构和保险公司205家，总资产380多亿美元，其中外资银行的外汇贷款占中国境内金融机构全部外汇贷款的20%，外资金融机构成为中国金融体系的重要组成部分。同时，中资金融机构在境外业务也获得迅速发展，共设立机构90多家，资产总额1200多亿美元。加入世贸组织，标志着中国金融业对外开放进入一个新的发展阶段。

二是外汇管理体制在改革中不断完善，人民币汇率保持稳定。1994年以来，中国外汇管理体制进行了重大改革，成功建立了以市场供求为基础的、单一的、有管理的浮动汇率制度。1996年12月顺利实现了人民币经常项目完全可兑换，现在已对资本项目实行部分可兑换。中国国际收支状况良好，人民币汇率持续稳定，国家外汇储备稳步增加，人民币的国际地位显著提高。到2002年8月，外汇储备已达2530亿美元，比1989年的55.5亿美元增加45倍。

三是扩大国际金融交流与合作，中国在国际金融事务中的地位明显提高。中国已成为国际货币基金组织、世界银行、亚洲开发银行、非洲开发银行、国际清算银行、加勒比开发银行、亚太中央银行行长会议等国际和地区金融组织的重要成员，在国际货币基金组织的份额，从原来的第11位提高到了第8位，在亚洲开发银行的份额位居第3位。同时，积极参加和推动了东盟加中日韩(“10+3”)的双边货币互换等金融合作。特别是在亚洲金融危机期间，中国不仅坚持人民币不贬值，而且向有关危机国家提供了资金援助，在维护亚洲金融市场稳定中发挥了重要作用。

六、金融电子化建设和金融业务创新快速发展，金融服务水平明显提高

在江泽民总书记亲自关心和支持下，1994年，中国开始实施以银行卡联网通用为核心的“金卡工程”建设。目前，全国各金融机构已发行银行卡4.38亿张，安装自动柜员机(ATM)4.3万台、销售终端机(POS)26.9万台。“中国银联”的成立，迅速推动了银行卡的联网通用。2002年底前，国有独资商业银行要在300个以上城市实现本系统内银行卡联网运行，在100个以上城市实现各类银行卡的同城跨行使用，在40个以上城市推广普及全国统一的“银联”标识卡，全面实现跨地区、跨银行的联网通用。

中国金融业在改革和发展中，也面临不少困难和新的挑战。金融业不良资产比例依然较高，金融企业特别是国有独资商业银行改革与经济发展不相适应，金融监管还比较薄弱，社会信用秩序尚需进一步整顿。这些问题是多年形成的。随着2002年全国金融工作会议精神的深入贯彻，这些问题将逐步得到解决。

2002年中国货币政策执行报告

中国人民银行货币政策分析小组

第一部分 货币信贷概况

2002年,国民经济总体发展形势良好。中国人民银行根据党中央、国务院总体部署,继续执行稳健的货币政策,积极支持和引导商业银行加强贷款营销,努力改进金融服务,加大对经济增长的支持力度,为经济持续、快速、健康发展创造了良好的金融环境。

一、货币供应量增速加快,货币流动性稳步提高

2002年末,广义货币 M_2 余额18.5万亿元,同比增长16.8%,增幅比上年末高2.4个百分点;狭义货币 M_1 余额7.1万亿元,同比增长16.8%,增幅比上年末高4.1个百分点。货币流动性比例(M_1/M_2)为0.38,比上年末高0.49个基准点,比3月末最低时高2.06个基准点。

2002年以来,广义货币 M_2 和狭义货币 M_1 增幅总体逐月走高,反映了经济景气回升对货币增长的内在需求和银行对经济增长的支持力度加大,银行货币信贷供应与经济增长的速度和趋势基本保持适应。2002年末,广义货币 M_2 增幅比同期GDP增速和消费物价涨幅之和高9.6个百分点,比"八五"和"九五"时期平均差率高约3个百分点。

2002年末,流通中现金 M_0 余额1.7万亿元,同比增长10.1%;全年现金净投放1589亿元,同比多投放553亿元。近两年,M_0 增幅均在10%以下(2000年为8.9%,2001年为7.1%),大大低于广义货币和狭义货币增幅,表明随着市场经济的发展,信用卡、商业票据等各种替代现金支付的结算工具快速增长,现金作为货币政策中介目标的参考意义下降,现金管理的主要任务已转变为反洗钱和反偷税、漏税等。

二、金融机构贷款增加较多,新增贷款质量继续提高

2002年,金融机构人民币贷款增加18475亿元,同比多增6036亿元;外汇贷款增加91亿美元,同比多增150亿美元(上年同期为下降59亿美元);年末金融机构本外币贷款余额合计14万亿元,增加19228亿元,同比多增7277亿元。2002年金融机构人民币贷款增加较多,主要是下半年以来贷款加速。下半年人民币贷款合计多增4796亿元,占全年多增贷款的79%。

从机构看,国有独资商业银行贷款增加较多。全年国有独资商业银行人民币贷款增加9398亿元,同比多增2985亿元;股份制商业银行贷款增加4586亿元,多增1551亿元;政策性银行贷款增加1374亿元,同比多增464亿元;农村信用社贷款增加1906亿元,同比多增511亿元。

全年新增人民币贷款主要投向以下五个方面:一是短期工业贷款,增加2713亿元,同比多增1717亿元;二是票据贴现贷款,增加2232亿元,同比多增1279亿元;三是消费贷款,增加3694亿元,同比多增938亿元。其中,个人住房贷款增加2671亿元,同比多增389亿元;汽车贷款增加716亿元,同比多增468亿元;四是基建和技改贷款,增加3240亿元,同比多增783亿元;五是农业贷款,增加1177亿元,同比多增388亿元。以上五方面合计新增贷款13056亿元,同比多增5105亿元,分别占同期金融机构全部贷款增加额和同比多增额的71%和85%。贷款投向总体符合信贷政策导向。

贷款周转速度加快,质量明显提高。按累收累放计,2002年银行、信用社累计发放贷款12.1万亿元,增长25.4%,贷款周转次数为0.88次,比上年加快0.05次。按四级分类标准,金融机构不良贷款额比上年减少951亿元,不良贷款率下降4.5个百分点,2002年末为19.8%,其中四大国有商业银行不良贷款减少640亿元,不良贷款率下降3.95个百分点,2002年末为21.4%。按五级分类标准,四大国有商业银行不良贷款减少782亿元,不良贷款率下降4.92个百分点,2002年末为26.1%。2002年末,境内金融机构人民币账面盈利达385亿元,比上年增加245亿元,金融机构经营效益显著提高。

2002年贷款增加较多,主要有三方面原因:一是国民经济总体形势趋好,内外需全面回升,企业经济效益逐步好转,扩大了贷款有效需求;二是商业银行加强贷款营销,完善内部激励约束机制,商业银行经营机制发生了较大变化;三是直接融资,特别是股市筹资额下降较多,企业对银行贷款的依赖程度增加。总体看,2002年贷款增加,反映了实体经济增长的内在需求,新增贷款投向符合信贷政策导向,贷款质量不断提高,金融机构盈利能力继续改善,贷款多增与经济发展的内在需求是适应的。

三、企业存款快速增长,居民储蓄存款大量增加

2002年,金融机构人民币存款增加2.78万亿元,同比多增7631亿元;外币存款增加107亿美元,同比多增43亿美元。年末,本外币存款余额合计18.3万亿元,比上年末增加2.87万亿元,同比多增加7983亿元。

2002年末,金融机构人民币企业存款余额6万亿元,比上年末增加9535亿元,同比多增2295亿元,企业即期支付能力进一步增强;居民储蓄存款余额8.7万亿元,比上年末增加13233亿元,同比多增3775亿元。2002年储蓄存款强劲增长,一方面反映出城乡居民收入增长较快,同时也反映出居民投资理财渠道不宽,需要进一步采取有效措施,积极促使储蓄向投资转化。

四、基础货币适度增长,金融机构流动性总体正常

2002年末,人民银行基础货币余额为4.5万亿元,同比增长11.9%。全年基础货币增长呈现明显的阶段性:1月份增幅为9.9%,2至7月份月均增长18%,4月份最高时增幅达20.6%,从5月份开始增幅下降,8月份降到15%,11月末降到7.9%,年末稳定在11.9%,与2001年末持平。公开市场"对冲"操作使得基础货币平稳增长。

2002年末,金融机构超额备付率平均为6.47%,比上年末下降1.14个百分点。其中,国有独资商业银行平均为5.54%,比上年末下降0.71个百分点;股份制银行平均为10.57%,比上年末下降2.82个百分点;城市商业银行和农村信用社平均为5.92%和7.2%,分别比上年末下降1.16和0.75个百分点;城市信用社平均为9.83%,比上年末上升0.97个百分点。考虑到金融机构在银行间市场托管有2.68万亿元金融债券,可以随时用于回购交易,流动性管理十分方便,目前金融机构流动性总体正常。

五、国际收支状况良好,人民币汇率继续保持稳定

2002年,我国国际收支形势总体较好,由于外贸形势、利率、汇率等多种因素的影响,2002年结汇多,购汇少,顺收大于顺差较多。银行结售汇顺差扩大,主要原因:一是我国外贸顺差扩大;外商直接投资大量增加;二是目前国内一年期美元存款利率比同期限人民币存款利率低近1.17个百分点,居民和企业结汇意愿较强;三是美元和日元汇率波动较大,而人民币汇率保持稳定,居民和企业更愿意持有人民币。

2002年末,国家外汇储备余额2864亿美元,比上年末增加742.4亿美元。人民币汇率为1美元兑8.2773元人民币,比上年末上升7个基本点,继续保持稳定。1994年我国成功实现汇率并轨以来,国家外汇储备持续增加,人民币汇率基本稳定,极大地提高了人民币的国际地位和对外资的吸引力,增强了国内外对中国经济健康发展的信心,对于平衡国际收支,促进国内经济发展,保证国家经济金融安全发挥了积极作用。

第二部分 货币政策操作

一、加大公开市场操作力度,保证基础货币的稳定增长和货币市场利率的平稳运行

2002年,在我国外贸出口和外商直接投资快速增长的情况下,我国银行间外汇市场明显供大于求,人民银行从银行间外汇市场大量购买外汇,外汇占款大幅增加,相应投放大量基础货币,对基础货币的适度增长造成冲击。为此,人民银行加强本外币政策协调,充分运用公开市场操作,适度收回商业银行流动性,保证基础货币的稳定增长。2002年4月9日,人民银行开始卖断现券,回笼基础货币。6月25日开始进行公开市场正回购操作,正回购的招标量根据外汇买入情况和基础货币情况确定,利率由所有40家公开市场业务一级交易商投标决定。2002年9月24日,人民银行将2002年以来(6月25日至9月24日)公开市场业务未到期的正回购转换为中央银行票据,实际是将商业银行持有的以央行持有债券为质押的正回购债权置换为信用的央行票据债权,转换票据总额1937.5亿元,为继续进行正回购操作提供了条件。2002年6月25日至12月10日,人民银行正回购共操作24次,累计回笼基础货币2467.5亿元。

人民银行通过公开市场操作保持了货币市场利率的平稳运行,为金融体系和货币政策操作提供稳定的市场环境。9月下旬,由于新股发行的因素,商业银行流动性减少,货币市场出现了临时性的资金紧缺,人民银行在公开市场操作中将正回购的招标方式由利率招标调整为固定利率数量招标的方式,稳定了货币市场利率。12月中旬,由于临近年底,商业银行资金开始紧张,加上12月17日新股发行将冻结资金,货币市场资金压力凸显,利率出现上升压力,人民银行于12月17日进行固定利率数量招标的逆回购操作,加上采用新的招标方式买入现券,增加了商业银行流动性,将货币市场代表性的7天回购利率稳定在2.35%以内的水平。在人民银行及时通过公开市场业务调控下,货币市场遭遇的临时性外部冲击没有造成持续的负面影响,保持了货币市场利率水平的平稳运行。

2002年春节前以及12月中旬到年末的时期,由于现金投放较多,商业银行出现季节性的资金紧缺,人民银行通过公开市场逆回购交易和现券买断交易主动向市场大量投放基础货币,保证了商业银行的支付能力,支持了金融体系的整体稳定。

二、灵活运用利率手段,稳步推进利率市场化改革

经国务院批准,2002年2月21日,人民银行再次降低了金融机构存贷款利率,其中,存款利率平均下调0.25个百分点,贷款利率平均下调0.5个百分点。1996年以来人民银行连续八次降息,金融机构存款平均利率累计下调5.98个百分点,贷款平均利率累计下调6.97个百分点。降息对降低国债和政策性金融债发行成本,减轻企业利息支出,刺激投资和消费,支持实施积极财政政策发挥了重要作用。

适应我国加入世界贸易组织后金融对外开放的实际需要,2002年3月将境内外资金融机构对中国居民的小额外币存款,纳入人民银行现行小额外币存款利率管理范围,对中外资金融机构在外币利率政策管理上实现公平待遇。同时,根据国际金融市场变化,2002年11月19日下调了境内小额外币存款利率,将美元一年期存款利率由1.25%下调至0.8125%,其他外币存款利率相应下调。

进一步推进利率市场化改革。在1998年和1999年两次扩大贷款利率浮动幅度的基础上,2002年初在全国八个县农村信用社进行利率市场化改革试点,贷款利率浮动幅度由50%扩大到100%,存款利率最高可上浮50%。2002年9月份,农村信用社利率浮动试点范围进一步扩大。

三、运用信贷政策,促进经济结构调整

(一)积极支持中小企业发展

加强信贷政策指导。2002年8月份发布《中国人民银行关于进一步加强对有市场、有效益、有信用中小企业信贷支持的指导意见》,提出了建立健全中小企业信贷服务组织体系、完善授信评级制度、努力开展信贷创新等10条指导意见,引导商业银行完善对中小企业的金融服务,鼓励商业银行提高金融服务水平,支持中小企业,特别是小企业发展。

实施利率调节，继续坚持扩大中小企业贷款的利率浮动幅度,使金融机构在利率管理上具有更多的自主权。同时,多次通过指导商业银行内部利率水平,调节商业银行内部资金调拨,防止商业银行过度集中资金,影响中小企业贷款。

增加再贷款、促进贴现业务发展,不断增强中小金融机构支持中小企业发展的资金实力。同时，完善中小企业信用担保体系。1998 年以来,人民银行、财政部与经贸委联合对中小企业信用担保体系建设进行研究,制定制度办法,规范管理,通过第三方介入,补充信用,帮助中小企业获得贷款。到 2001 年底,全国共计组建各类担保机构 300 多家,筹集担保资金 70 多亿元,可担保贷款达 400 多亿元。

上述政策措施,对缓解中小企业贷款难有一定积极效果。初步统计,到 2002 年 9 月末,4 家国有独资商业银行对中小企业的贷款余额达 3.7 万亿元,占各项贷款余额的 53%。

(二)努力改进对农业的信贷支持

1997 年至 2002 年 12 月末,人民银行共安排支农再贷款额度 1236 亿元。到 2002 年 12 月末,支农再贷款余额为 842 亿元,比上年末增加 265 亿元。支农再贷款主要投向农业大省、中西部地区和受灾地区，有效缓解了中西部地区和灾区农村资金短缺的矛盾。

支农再贷款对支持农村信用社发放农户小额信用贷款与农户联保贷款发挥了重要作用。2002 年 10 月末,农户小额信用贷款比上年末增加 451 亿元,占农业贷款增加额的 33%,增幅达 138%;农户联保贷款比上年末增加 173 亿元,占农业贷款增加额的 13%,增幅达 145%。几年来,全国共有 3.1 万家农村信用社开办了农户小额信用贷款，占农村信用社总数的 89%,1.7 万家农村信用社开办了联保贷款,占农村信用社总数的 49%。约有 4657 万户农户获得了小额信用贷款，有 1027 万户农户获得联保贷款,两项合计,受益农户总数达 5684 万户,占贷款需求农户数的 49%,占全部农户数的 25%。

(三)发展消费信贷,支持扩大内需

完善《个人住房贷款管理办法》,研究个人住房抵押贷款证券化,大力发展个人住房贷款。同时,督促商业银行加强信贷管理，防止一些地区出现房地产泡沫。引导汽车消费信贷健康发展。个人汽车贷款的迅速增长,有力地促进了汽车销售,支持了汽车产业的健康发展。

发放助学贷款,资助困难学生完成学业。2002 年,会同财政部、教育部联合下发《关于进一步推进国家助学贷款业务发展的通知》，引导商业银行继续做好助学贷款工作。自 1999 年至 2002 年 9 月末，金融机构累计发放助学贷款 66 亿元，帮助了 112 万名困难学生就学;其中发放国家助学贷款 23 亿元,帮助了 41 万名困难学生就学。

四、积极推进货币市场制度建设

2002 年 4 月,中国人民银行颁布实施《商业银行柜台记账式国债交易管理办法》(中国人民银行令 [2002] 2 号)。同年 6 月和 12 月,与财政部联合推出 2002 年第六期和第十五期记账式国债,分别在工、农、中、建四家试点银行柜台顺利发行并上市交易。商业银行柜台记账式国债交易系统的顺利开通,为投资人开通了新的购债渠道，扩大了记账式国债的投资群体,较大程度上满足了广大投资人的国债投资需求，也有利于降低国债的筹资成本，沟通了银行间债券市场与商业银行柜台债券市场。

2002 年 4 月,中国人民银行发布 2002 年第 5 号公告,对金融机构进入全国银行间债券市场由审批制改为准入备案制。该政策措施简化了行政审批程序,提高了行政透明度,是中国人民银行多年来在健全法规、加强风险控制的基础上推动货币市场发展的一项重要措施。

2002 年 10 月,中国人民银行颁发了《中国人民银行关于中国工商银行等 39 家商业银行开办债券结算代理业务有关问题的通知》(银发 [2002] 329 号),将债券结算代理业务的服务对象扩展到非金融机构。该项政策措施的出台和顺利实施,丰富了银行间市场的投资主体，为投资者开辟了新的债券投资和资金融通渠道,有利于国债和政策性金融债的顺利发行,有利于扩大货币政策的传导。

五、发挥货币政策促进改革、维护金融和社会稳定的作用

第一,积极支持国有企业改革。1997 年至 2002 年 8 月末,核销银行呆坏账准备金和金融资产管理公司债权 2664 亿元,共支持兼并破产项目 5864 户，支持破产企业安排下岗分流人员约 430 万人,对维护社会稳定和职工再就业起到了积极作用。第二,配合积极财政政策,支持国债项目建设。1998 年至 2002 年,国家增发国债 6600 亿元，商业银行累计发放配套贷款 1.2 万亿元。第三,以小额贷款形式,支持城镇下岗职工再就业。人民银行会同有关部委共同制定了《关于下岗失业人员小额担保贷款的管理办法》,大力推广小额贷款,支持再就业工作。第四,发放扶贫贷款，扶持贫困地区和贫困农户。2002 年新增扶贫贴息贷款 185 亿元。到 2002 年 10 月末,农业银行扶贫贷款余额达 854 亿元,其中扶贫贴息贷款余额达 439 亿元。

六、提高货币政策实施的透明度,引导社会的合理预期

一是加强货币政策信息披露制度建设,按季发表《中国货币政策执行报告》,对社会各方面了解货币信贷的运行情况、面临的主要问题、近期的货币信贷政策趋势,以及引导市场预期发挥了良好作用。二是召开货币政策委员会季度例会和货币政策专家咨询会，发挥咨询议事功能，为货币政策决策提供参考。同时货币政策委员会季度例会后及时向社会发布新闻稿,公布相关信息。三是按月召开经济金融形势分析会,与国家综合经济管理部门、各政策性银行、商业银行及时交流、沟通信息,以适时把握经济金融运行中的新变化,使商业银行全面了解货币信贷政策措施和意图,并及时获得有关方面对货币政策的意见和建议。同时对商业银行加强指导,促进稳健货币政策的贯彻和有效实施。四是从 2002 年开始,就新拟订的货币信贷政策,在正式出台前公开向社会征求意见,以使有关政策规定更切合实际。

第三部分 金融市场运行分析

一、银行间市场人民币交易活跃

2002年,银行间市场共运行249个交易日,人民币同业拆借和债券交易累计成交118404亿元,同比增加69349亿元,增长1.4倍。其中,同业拆借成交12107亿元,同比增加4025亿元,增长49.8%;债券现券成交4412亿元,同比增加3572亿元,增长4.3倍;债券回购成交101885亿元,同比增加61752亿元,增长1.5倍。

从资金融出(拆出资金+买入债券现券+债券逆回购)、融入(拆入资金+卖出债券现券+债券回购)情况看,国有商业银行为惟一的资金净融出部门,资金最大需求方为其他商业性银行(包括股份制商业银行及城市商业银行)和其他金融机构(包括农村信用社联社、政策性银行、财务公司、信托投资公司,不含证券公司、基金公司)。2002年,国有商业银行净融出资金49077亿元,同比多融出34998亿元,增长2.5倍。其他金融机构净融入资金19654亿元,同比多融入17602亿元,增长8.6倍,占净融入资金的40%;其他商业性银行净融入资金18496亿元,同比多融入13150亿元,增长2.5倍,占净融入资金的37.7%,其他商业性银行净融入资金量较大,主要原因是存款等资金来源有限,而贷款扩张较快造成头寸偏紧;证券及基金公司净融入资金6692亿元,同比多融入1260亿元,增长23.2%,占净融入资金的13.6%。银行间市场充分发挥了金融机构短期投、融资主渠道的作用。

2002年,银行间市场人民币同业拆借和债券回购交易的月加权平均利率分别由1月份的2.37%和2.14%,持续下跌至7月份的2.02%和1.95%。8月份开始,市场利率逐步回升。12月份,同业拆借和债券回购月加权平均利率分别回升至2.23%和2.31%,比低谷时期的7月份上升0.21和0.36个百分点。全年银行间市场人民币同业拆借和债券回购交易的月加权平均利率为2.15%和2.07%,分别比上年下降0.33和0.24个百分点。

二、国债和政策金融债发行状况良好

2002年中国继续实施积极的财政政策,全年国债和政策金融债继续增加发行。全年累计发行国债5934亿元,同比增加1050亿元,增长21.5%,增幅比上年高16.6个百分点。其中,发行凭证式国债1473亿元,同比减少18.2%;发行记账式国债4461亿元,同比增长44.5%。2002年12月末,国债余额约为1.93万亿元,比上年末增长23.7%,约占当年国内生产总值GDP的19%,比上午末提高2.7个百分点。

2002年,累计发行政策金融债3075亿元,同比增加485亿元,增长18.7%。12月末,政策银行金融债余额为10054亿元,比上年末增长17.8%,占2002年国内生产总值GDP的9.9%,比上年末提高1个百分点。

从2002年国债和政策金融债发行利率看,总体态势为:上半年持续下降,下半年稳中略有上升。

2002年发行的五年期记账式二期国债的发行利率为2.22%,比银行五年期名义存款利率2.79%低0.57个百分点,比扣除20%利息所得税后同期存款利率仍低0.01个百分点。6月份发行的三年期记账式七期国债的利率由年初的2.42%(凭证式一期国债)下降为1.9%,下降了0.52个百分点,比扣除20%利息所得税后的银行三年期存款利率低0.12个百分点。下半年,受一系列因素的影响,尤其是货币市场利率小幅回升的影响,市场参与者对国债的长期投资风险的预期上升,导致国债发行市场一度清淡。12月份起,国债发行利率回升明显,当月发行的七年期记账式十五期国债利率为2.93%,比2002年七年期国债最低时的利率上升了0.93个百分点;二年期的记账式十六期国债利率为2.3%,比2002年二年期国债最低时的利率上升了0.4个百分点(参见表1)。

表1 2002年国债发行利率表

国债	发行时间	实际发行(单位:亿元)	期限(年)	中标价格/利率(元/%)
凭证式一期	3月份	420	3	2.42%
	3月份	180	5	2.74%
记账式一期	3月份	200	10	2.7%
记账式二期	4月份	360	5	2.22%
记账式三期	4月份	200	10	2.54%
记账式四期	5月份	260	2	1.9%
记账式五期	5月份	260	30	2.9%
记账式六期	6月份	460	7	2%
记账式七期	6月份	260	3	1.9%
记账式八期	7月份	265	1	98.13元(1.91%)
记账式九期	7月份	1733	10	2.7%
记账式十期	8月份	200	7	2.39%
记账式十一期	8月份	200	12	2.64%
凭证式二期	8月份	150	3	2.07%
	8月份	150	5	2.29%
记账式十二期	9月份	191	3	2.3%
记账式十三期	9月份	240	15	2.6%
凭证式三期	9月份	1675	3	2.12%
	9月份	1675	5	2.36%
记账式十四期	10月份	224	5	2.65%
凭证式四期	11月份	123	3	2.22%
	11月份	115	5	2.48%
记账式十五期	12月份	600	7	2.93%
记账式十六期	12月份	368	2	2.3%
合计		59343		

政策金融债的发行利率走势同国债一样,上半年持续走低,下半年回升明显。以10年期政策金融债为例,上半年,由4月份的2.85%下跌为6月份的2.15%,下跌0.7个百分点。此后开始稳步回升,8月份上升为2.63%,比6月份低谷时期的2.15%回升0.48个百分点,12月份继续上升为3.3%,比6月份低谷时期上升1.15个百分点(参见表2)。

三、股票市场回顾

2002年沪、深股市累计成交27990亿元,同比减少10315亿元;日均成交118.1亿元,同比减少41.4亿元,下降26%。其中

A股累计成交27142亿元,同比减少6100亿元;日均成交114.5亿元,同比减少23.9亿元,下降17.3%。

表2 2002年政策金融债发行利率表

政策金融	发行时间	实际发行(单位:亿元)	期限(年)	中标价格/利率(元/%)
开行债1期	3月份	100	0.6	99元(2.02%)
开行债2期	3月份	100	30	4.52%
开行债3期	4月份	200	10	2.85%
开行债4期	4月份	100	10	2.7%
开行债5期	4月份	100	20	2.65%
开行债6期	6月份	100	10	2.15%
开行债7期	7月份	100	0.6	99.02元(1.98%)
开行债8期	7月份	200	7	2.6%
开行债9期	7月份	100	3	93.51元2.26%)
开行债10期	8月份	150	5	2.66%
开行债11期	8月份	200	10	0.65%(2.63%)
开行债12期	9月份	200	10	0.74%(2.72%)
开行债13期	9月份	100	0.6	98.84元2.37%)
开行债14期	10月份	100	10	3.63%
开行债15期	10月份	100	10	3.29%
开行债16期	11月份	100	3	91.91元(2.92%)
开行债17期	11月份	100	0.6	98.82元(2.41%)
开行债18期	12月份	100	10	3.3%
开行债19期	12月份	150	7	3.4%
开行债20期	12月份	100	0.6	98.81元(2.43%)
进出口行债1期	4月份	80	0.3	99.52元(1.93%)
进出口行债2期	4月份	75	3	1.99%
进出口行债3期	6月份	100	5	2.01%
进出口行债4期	6月份	100	2	96.24元(1.95%)
进出口行债5期	9月份	70	1	2.3%
进出口行债6期	11月份	55	10	0.75%(2.73%)
进出口行债7期	11月份	95	1	2.5%
合计		3075		

受2002年2月21日人民银行降息和6月23日停止国有股减持决定及其他利好政策影响,2002年上半年,沪、深股指在波动中上扬。6月末上证综合指数以1733点报收,比上年末上涨87点,上涨5.3%,深证综指以507点报收,比上年末上涨31点,上涨6.5%。7月份起股指开始下行,12月末,上证综合指数以1358点报收,比上年末下跌288点,下降17.5%,深证综指以389点报收,比上年末跌87点,下降18.3%。

2002年,企业在股票市场上累计筹资962亿元,比上年同期减少290亿元,下降23.2%。其中,包括发行、增发和配股的A股筹资738亿元,比上年同期减少444亿元,下降37.6%;H股发行筹资22亿美元,比上年同期增加13.5亿美元,增长1.6倍。

目前,我国金融市场上非金融企业部门(包括住户、企业和政府部门)可统计的融资方式主要有贷款(本外币并账)、股票(仅包括可流通上市股票的筹资部分)、国债和企业债四种。2002年非金融企业部门以这四种方式融入的资金总计为24233亿元(本外币合计),同比多融7678亿元,增长46.4%,其中以贷款方式融资19228亿元,同比增长53.1%;以国债方式净融资3718亿元,同比增长43.1%;以企业债方式净融资325亿元,同比增长121.1%;以股票方式融资962亿元,同比下降23.2%。2002年国内非金融企业部门贷款、国债、企业债和股票融资的比重为79.4:15.3:1.3:4,与2001年同期相比,贷款和企业债融资比重分别上升了3.5个和0.4个百分点,国债和股票融资分别下降0.4和3.5个百分点(参见表3)。

表3 国内金融市场融资情况表

	全年融资量(亿元人民币)			同比增长速度(%)	
	2002年	2001年	2000年	2002年	2001年
国内金融市场融资总量	24233	16555	17163	46.4	-3.5
贷款	19228	12558	12499	53.1	0.5
国债	3718	2598	2478	43.1	4.8
企业债	325	147	83	121.1	77.1
股票	962	1252	2103	-23.2	-40.5

四、外汇市场交易量显著增加

2002年银行间外汇市场交易量明显增加,这种状况是2001年趋势的继续。2001年银行间外汇市场比2000年多成交328.6亿元,同比增长77.9%。2002年,银行间外汇市场累计成交各币种折合美元972亿美元,比2001年同期多成交222亿美元,日均成交3.9亿美元,日均成交比2001年同期增长31.3%,比2000年同期增长132.1%,交易量明显增加。其中,美元品种成交951亿美元,日均成交3.82亿美元,日均成交比2001年同期增长30.4%,比2000年同期增长132.9%。

第四部分 宏观经济运行分析

一、2002年世界经济金融形势

(一)世界经济缓慢恢复

2002年,世界经济未能完全摆脱2001年的不景气,恢复缓慢。国际货币基金组织预测全年全球增长率约为2.8%(按购买力平价方法计算,下同),高于去年0.6个百分点。世界贸易形势略有转机,但仍处于低迷状态,预计2002年增长2.1%。全球投资增长继续萎缩,并滞后于消费增长,阻碍了世界经济的恢复和产业结构调整。大多数国家通货膨胀率下降,全球性通货紧缩压力增大。

主要工业国家经济恢复不同步,恢复态势和程度差异较大。美国经济起伏不定,预计2002年全年增长2.2%;欧元区平淡无惊,预计增长0.9%;日本经济踯躅不前,预计增长-0.5%。亚洲发展中国家增势强劲,预计增长达6.1%。

全球就业形势普遍恶化。美国、日本、德国、法国、英国、加拿大、瑞士等主要工业国家的失业率均明显地高于2001年。亚洲、拉美和欧洲地区主要新兴市场经济体的失业率也有不同程度的上升。估计全球的平均失业率约为6.5%,比2001年高1.5个百分点。

(二)国际金融市场继续动荡

2002年,在世界经济恢复乏力、地区政治危机、美国经济恢复不稳定、公司利润萎缩、大公司丑闻频频曝光等因素影响下,国际金融市场继续动荡多变,市场风险加大并出现市场信心危机。

全球股市遭受重挫,反弹无力,"熊态"与萧条弥漫。2002年末, 美国道·琼斯指数和纳斯达克指数分别比上年末下挫17%和32%。日经225指数、法兰克福DAX、英国《金融时报》100指数和巴黎CAC40分别下滑了约22%、38%、25%和32%。东亚和拉美地区主要股市亦出现不同程度的下跌。国际债市公开发行量增长放缓,国际债券收益率明显下降。

美元贬值主导2002年国际外汇市场。2002年底美元对欧元、日元汇率分别为1.0496、118.74,比上年末分别贬值16.2%和10%。以贸易加权指数计, 美元在2002年下跌了9.6%,是1987年以来全年最大跌幅。欧元汇率不断攀升,年底对美元汇率达到三年来最高点。国际油价在波动中呈上升趋势。年末油价再次突破30美元,

全球跨国直接投资继续大幅下降。全年直接投资增长约5340亿美元,比2001年下降约27%。中国因"入世效应"和持续稳定高速增长,利用外资约为527亿美元,首次成为全球吸收外资最多的国家。

(三)货币政策仍以宽松为主

上半年,全球货币政策松紧并存,下半年,全球货币政策"松势"占上风,全年以宽松为主基调。美联储、欧央行和日本银行在坚持一段时间的"中性"货币政策后,第四季度先后放松银根。主要工业国家短期利率呈下降趋势,下降幅度有所放缓。全球长期利率走势先升后降,下降的幅度略大于短期利率。长期利率下降主要是下半年市场对主要工业国家经济恢复前景不乐观所致。

二、我国宏观经济运行的基本情况

(一)经济增速逐季上升,价格水平维持低位运行

2002年全年预计实现国内生产总值 (GDP)10.2万亿元,增长8%。其中,一季度增长7.6%;二季度增长8%,三季度增长8.1%,四季度增长为8.1%,全年呈逐季上升趋势。

随着经济景气回升,物价低增长态势有所改善。居民消费物价自去年11月以来, 已经连续14个月下降或持平,2002年全国居民消费价格总水平比上年下降0.8%。居民消费价格同期比降幅由4月份的1.3%缩小到12月份的0.4%。

在居民消费价格中,食品价格下降0.6%,是拉动居民消费价格下降的重要因素;由于政策性调价因素,服务项目仍略呈上涨趋势,娱乐教育文化用品及服务价格上涨0.6%;主要工业消费品价格低迷,衣着、家庭设备及个人用品、交通和通信价格都有不同程度下降。预计2002年工业品出厂价格,原材料、燃料和动力购进价格均下降2.2%左右。

市场物价持续低迷不仅影响企业当前的经济效益,而且也会降低生产者、投资者、消费者对未来的预期。从短期看,物价低位运行的趋势仍将延续。

(二)固定资产投资和出口的快速增长是推动经济增长加速的重要力量

2002年是实施积极的财政政策和稳健货币政策的第五年,财政资金和国债配套贷款拉动了投资增长,全年全社会固定资产投资4.3万亿元,比上年增长16.1%,为1996年以来的最高增速。其中,基本建设投资1.7万亿元,比上年增长16.4%;更新改造投资6584亿元,增长11.1%。

2002年国有及其他经济类型投资完成3.1万亿元, 增长17%。与此同时,民间投资在沿海和一些企业转制好的地区呈现回升迹象。2002年全年, 集体经济投资5901亿元, 增长11.8%,个体经济投资6280亿元,增长15.7%。全年集体和私营及个体经济投资增长13.8%,增幅比上年加快1.2个百分点。

2002年外贸进出口总值达到6208亿美元, 同比增长21.8%。其中出口3256亿美元,增长22.3%;进口2952亿美元,增长21.2%;累计实现贸易顺差304亿美元,比上年增加78亿美元。一般贸易进出口总值2653亿美元,占当年进出口总值的42.7%,增长17.7%;其中,出口1362亿美元,占出口总值的41.8%,增长21.7%。

2002年外贸形势好,尤其是出口增长加快,主要原因:一是全球经济,特别是美国经济缓慢回升,国外需求增加。二是中国加入WTO后,跨国公司加快将生产基地向中国转移,外商投资企业出口增长强劲。2002年,外商投资企业进出口总值3302.2亿美元,占总份额已超过了一半,并在加工贸易出口中占据了约3/4的比重。三是外资流入快速增长也有力地推动了投资和外贸出口的增长。除此之外,企业进出口经营权放宽和出口信贷的增加也在一定程度上有利于我国出口增加。

在三大需求中, 消费的平稳增长也是推动2002年经济快速增长的一大因素。预计2002年社会消费品零售总额4万亿元,增长8.8%左右,扣除物价因素实际上涨10%,与上年基本相当。2002年居民收入保持较快增长是促进消费平稳增长的主要原因。随着经济增长速度的加快,增加居民收入、加大社会保障力度、减轻农民负担等政策产生了积极的效果,居民收入保持较快增长。

(三)就业压力增大是当前经济运行中存在的突出问题

据估算,2002年进入劳动年龄的人口增加800万人左右;与此同时,2001年末失业人员和国企下岗人员各有600万人左右,农村劳动力向城市转移的规模越来越大。而目前每年城市所增加的就业岗位很难超过900万个。

1996年以前, 我国城镇登记失业率一直低于3%,1997年首次超过3%,1997年到2000年城镇登记失业率为3.1%,2001年上升为3.6%。进入2002年我国就业形势进一步严峻,2002年城镇登记失业率预计达到4%。2003年我国面临1999年高校扩招的学生毕业、一批下岗职工协议陆续到期将离开企业走向社会等因素的影响,压力较大。

在经济以较快速度增长的同时,就业问题仍然突出。这一方面由于结构调整加快,经济增长中的资金、技术含量提高,对

就业的吸纳能力相对减弱；另一方面，随着市场竞争的加剧、改革的深化，企业冗员不断裁减，就业总量的增长进一步放缓。由此看来，就业问题在未来较长时期内将是社会经济生活中的一个突出矛盾。扩大就业，解决好失业人员的基本生活保障和再就业问题成为一项紧迫且长期的任务。

三、产业分析

2002年，我国产业结构调整力度进一步加大。

农业生产平稳发展，在保持农作物种植面积基本稳定的情况下，按照市场需求变化，进一步加快了结构调整步伐。粮食生产中的优质水稻、小麦和玉米等种植面积大幅度增加，棉花、油料、糖料和蔬菜瓜果等经济作物的种植面积也进一步扩大。尽管夏粮和早稻出现了减产，但秋粮获得了较好的收成，全年粮食产量9142亿斤，比上年增长1%。

工业生产快速增长，经济效益逐步改善。2002年全国规模以上工业完成增加值达到31482亿元，比上年增长12.6%，增速比上年加快2.7个百分点。2002年工业企业盈亏相抵后实现利润总额5620.4亿元，增长20.6%，增幅提高12.5个百分点。其中，国有及国有控股企业实现利润2636.1亿元，由上年下降1.4%变为增长15.3%。五个行业对整个工业利润增长的贡献最大；交通运输设备制造业实现利润482.4亿元，增长83.2%，新增利润219.1亿元，位居各行业之首；列第二至第五位的是化学原料及化学制品制造业、黑色金属冶炼及压延加工业、石油加工及炼焦业、普通机械制造业，五个行业共新增利润534.5亿元，占全部工业新增利润的55.7%。汽车行业是2002年经济发展中的一个亮点，全年汽车累计生产348万辆。据统计，一季度汽车产量增长18.1%，上半年增长29.4%，第三季度增长33.2%，全年增长38.5%，呈逐季加快态势。

在扩大内需政策的作用下，国民经济持续增长推动了钢铁产业的快速发展，钢铁产业新世纪初再次出现“产销两旺”的态势：一是钢铁产量爆发性增长。2002年钢和成品钢材产量分别达到18155万吨和19218万吨，增长率分别为20.3%和18.9%。从1996年中国年钢产量突破1亿吨大关后，已连续6年成为世界第一产钢大国。二是钢材进口大幅增加。受国外倾销的压力和国内经济增长推动力的双重影响，钢铁进口突然放大，2002年钢材进口2449万吨，增长42.2%，比2001年多进口727万吨，增幅比上年提高34个百分点。三是钢材表观消费量(产量+净进口量)高速增长。2002年钢材表观消费量达2.1亿吨，同比增长24.3%。我国消费了全球四分之一的钢铁产量，已相当于美国和日本的总和，成为世界上最大的市场。

近年来，钢铁行业的快速发展是由房地产、汽车、家电等耐用消费行业的需求强劲增长带动的。钢铁消费快速增长是国民经济发展的客观要求，但随着经济发展水平的提高、经济结构不断改善、产业结构优化以及基础设施的逐步完备，单位GDP的钢材消耗量必然会迅速下降，钢材需求量将逐渐进入一个稳定的阶段。另外，我国钢铁产业的发展还存在下列问题：一是钢材产量高，但产品结构层次低，高档次的钢材品种还大量依靠进口；二是产业集中度降低，与国际钢铁产业的发展潮流背道而驰。具有技术经济实力的大企业偏少，小企业偏多。因此，金融在支持钢铁产业发展中要重视贷款质量，关注贷款结构调整，积极支持钢铁行业钢铁新工艺、新设备和新产品的引进开发，推动钢铁行业的技术升级，坚决制止低水平重复建设。

2002年全国房地产开发完成投资7736亿元，同比增长21.9%。从当前全国房地产市场总体情况看，房地产市场保持健康、快速发展态势，供求基本均衡，但部分地区存在投资增幅过大、土地供应量过大、房价上涨过快、住房结构不合理、房地产开发企业资产负债率高等问题，影响到房地产金融的发展，隐含了一定的金融风险：一是商业银行贷款是当前房地产投资的主要资金来源。一旦房地产市场出现泡沫，将直接导致房地产贷款的金融风险的显现。二是商业银行房地产贷款不良率不容忽视。三是政府的短期政绩、形象工程；开发商的暴利；房改政策的需要等，都在诱导商业银行信贷资金投向房地产领域。

2002年11月，人民银行对部分城市商业银行2001年7月1日至2002年9月30日发放的房地产贷款情况进行了检查，共抽查房地产贷款20901笔，金额1468亿元，其中房地产开发贷款3654笔，金额1380.5亿元，个人住房贷款12158笔，金额44.1亿元，个人商业用房贷款5089笔，金额43.4亿元。发现违规贷款和违规金额分别占总检查笔数和金额的9.8%和24.9%。从贷款的种类看，违规贷款主要集中在房地产开发贷款和个人商业用房贷款。从行别看，股份制商业银行和城市商业银行违规现象比国有独资商业银行相对严重。主要表现为：一是对“四证”(《国有土地使用证》、《建设用地规划许可证》、《建设工程规划许可证》和《建设工程施工许可证》)不齐全的项目发放房地产开发贷款；或逃避人民银行“四证”规定，以流动资金贷款替代房地产开发贷款；二是在开发商自有资金尚未达到开发项目总投资30%的情况下发放房地产开发贷款；三是放松个人住房贷款的条件：降低首付比例；以个人住房贷款名义发放个人商业用房贷款；违反期房贷款“多层住宅主体结构封顶、高层住宅完成投资总额三分之二”的政策规定；四是违反现房管理规定，对期房发放个人商业用房贷款；违反个人商业用房贷款的抵借比不得突破60%及贷款期限不得超过10年的规定。考虑到当前扩大内需，拉动经济增长，住宅业是新的经济增长点这一特殊背景，房地产信贷政策应采取软着陆的办法，金融机构既要支持房地产业的发展，又要防止引发房地产泡沫。

第五部分　预测和展望

一、2003年世界经济金融前景预测

据国际货币基金组织预计，2003年世界经济增长率约为3.7%，国际贸易增长6.1%。美国经济将继续恢复，预计全年的增长率为2.6%。欧元区预计增长2.3%。日本经济恢复的稳定性将有所增强，预计全年增长率为1.1%。发展中国家整体增长形势将好于去年，但地区增长差异较大。

2003年，国际金融形势仍然严峻，世界经济发展不确定性较大：一是区域政治局势动荡。美伊战争一触即发，由此对国际油价、全球股市、美元汇率和资本流动都将产生重要影响。二

是恐怖主义继续破坏世界经济恢复的环境。三是美国经济恢复之路仍然曲折多变,迅速恢复的可能性不大。世界经济对美国经济过分依赖的状况不会有根本改变。四是全球通货紧缩风险依然存在。

2003年, 全球货币政策关键是看主要工业国家尤其美国经济能否较稳定和顺利地恢复。上半年,全球货币政策将从上年末宽松态势进入"中性"阶段。全球通货膨胀水平仍然维持在较低水平,通货紧缩压力虽局部有所缓解,但总体形势还难有较大的起色。

二、2003 年我国经济金融趋势和预测

2003 年是全面建设小康社会的第一年,搞好今年的经济和金融工作具有重要意义。

亚洲地区经济形势继续看好,有助于我国加强与该地区国家的经贸往来与合作。全球投资风险加大将使政治稳定和经济持续增长的中国继续成为吸引外资的大户。但世界经济恢复面临的风险在一定程度上也使我国经济增长面临一些负面影响:区域政治局势的动荡及对世界经济恢复前景的可能损害增加了我国经济发展外部环境的变数。上半年国际油价的继续上升对我国国际收支会有一定影响。全球性通货紧缩趋势未有根本缓解。

从国内看,2003 年经济金融发展面临许多有利条件: 第一,党的十六大提出, 坚持把发展作为党执政兴国的第一要务,十六大确定的包括国有资产管理体制改革, 允许劳动、资本、技术、管理等生产要素参与分配,鼓励、支持和引导非国有经济的发展等新政策对解放生产力、发展生产力非常有利。第二,我国市场经济体制逐步形成和完善,经济自主增长能力增强,民间投资的积极性逐步提高, 将对国民经济的持续增长作出较大贡献。第三,经济增长的物质基础日益强大,人力、物力、财力的储备在不断上升,社会总需求保持较快增长水平,预计国内消费需求平稳,投资和出口将继续保持一定的增速。第四,继续实行积极的财政政策和稳健的货币政策为我国经济金融创造了良好的宏观政策环境。

2003 年金融工作和货币政策也面临一些困难。一是近两年直接融资比重下降, 经济发展对贷款需求可能继续保持较快增长;二是商业银行的经营管理有待进一步改进,货币政策传导机制需要进一步完善,金融市场在资源配置中的作用有待加强;三是金融运行中的一些结构性矛盾仍未解决, 主要是小企业、农业、县域经济的金融服务不足;四是商业银行不良贷款率仍然偏高,防范和化解金融风险的任务仍然比较繁重。

根据中央经济工作会议安排,2003 年各项宏观经济指标为,国内生产总值增长目标为 7%左右,居民消费物价总水平上涨 1%左右,进出口总额增长 7%以上,城镇登记失业率控制在 4.5%之内。预计 2003 年广义货币 M_2、狭义货币 M_1 增长 16%左右,现金投放 1500 亿元,金融机构贷款增加 18000 亿元左右。

三、2003 年我国货币政策趋势

根据中央经济工作会议精神,2003 年要继续执行稳健的货币政策,保持政策的连续性和稳定性,加强预调和微调。充分发挥金融支持经济增长的重要作用,稳步推进利率市场化改革,优化金融资源配置,支持宏观经济目标的实现。需要重点加强以下工作:

(一)完善和灵活运用多种货币政策工具,保持货币信贷适度增长

2003 年,要进一步完善和灵活运用多种货币政策工具,加强货币政策工具的协调,保持基础货币和货币供应量的适度增长。首先,要继续密切关注外汇市场、货币市场、商业银行流动性情况,协调本外币公开市场操作,调控基础货币,调节商业银行流动性,引导货币市场利率。增加公开市场业务一级交易商成员,扩大公开市场业务影响面。研究改进公开市场操作方式和增加交易频率。逐步完善对商业银行流动性的监测制度,为公开市场操作的科学决策提供依据。研究"对冲"外汇占款过快增长的方式,提高中央银行调控基础货币的能力。其次,要发挥再贷款的宏观调控和保持金融稳定的功能。调整再贷款结构,确保金融稳定。第三,进一步发挥再贴现和存款准备金政策的作用,适时对相关政策进行灵活调整。

(二)保持利率、汇率政策的基本稳定,稳步推进利率市场化改革

近期要继续保持人民币存贷款利率的稳定,同时,进一步优化利率结构。

稳步推进利率市场化改革已作为金融改革的重要内容写入党的十六大报告。要在总结 1996 年利率市场化改革经验的基础上,制定利率市场化改革的中长期规划。研究进一步统一扩大贷款利率浮动幅度的政策和步骤。总结县以下农村信用社利率改革试点经验,促进农村金融稳定发展。

继续保持人民币汇率的基本稳定。目前汇率水平与汇率形成机制符合我国国情,我国国际收支形势总体良好,国家外汇储备大幅增加,人民币汇率保持稳定具有稳固的基础。

(三)继续实施信贷政策,支持经济结构调整

加快农村金融体制改革,改善农村金融服务,加大信贷支农力度。推进农村信用社改革。中央银行要运用多种手段引导农村资金切实用于支持农村、农民和农业。用好支农再贷款,推广农户小额信用贷款,发展农户联保贷款,进一步提高农户贷款面,促进农业产业化和农业结构调整。

继续检查落实人民银行《关于进一步改进对有市场、有效益、有信用中小企业金融服务的指导意见》。适当扩大贷款利率浮动幅度,积极引导商业银行进一步改进经营机制,调动商业银行基层行加强贷款营销的积极性, 满足小企业有效贷款需求。继续运用再贷款、再贴现支持城市商业银行等中小金融机构,鼓励扩大贴现贷款,促进信贷结构调整,支持小企业和县域经济发展。

要鼓励创新,拓宽助学贷款发放渠道。鼓励各地特别是中西部地区根据实际情况,开展助学贷款业务,最大限度满足贫困学生的合理要求。

(四)加强信贷管理,密切关注部分地区房地产投资增长过快所隐藏的风险

要密切关注局部地区房地产过热可能带来的信贷风险,监督商业银行严格按照国家房地产政策及其信贷政策要求, 加强房地产信贷管理,对违反有关规定的要及时查处、纠正。商业银

行要严格执行房地产贷款的有关政策规定,使自查工作制度化。进一步扩大个人住房贷款的覆盖面，满足中低收入家庭的购房贷款需求。严禁发放"零首付"个人住房贷款。

(五) 大力发展货币市场,优化金融资源配置

要统筹拟订货币市场和债券市场发展规划,发挥、深化其融资和投资功能。加强与有关部门的协调,增加投资工具,扩大投资主体,促进国债、企业债、政策性金融债等市场的协调发展;认真做好债券结算代理工作，指导和监督商业银行依法开展债券结算代理业务;积极推进住房贷款证券化;继续支持票据市场的拓展;建立货币市场与资本市场的有机联系渠道。

2002年中国人民银行重要金融新闻回放

金融时报 卓夫

一、2002年1月30日,为促进农村信用社依法合规经营和做好支农服务工作,中国人民银行对外发布了加强农村信用社监管的八项措施

在中国人民银行的政策措施指导下,全国农村金融信用社切实贯彻"三个代表"重要思想,切实改进和加强了支农服务工作力度,2002年农村信用社发放农户小额信用贷款和创建信用村(镇)的工作取得显著成果。截至2002年11月末,全国农村信用社农业贷款余额5747.1亿元,比年初增加1338.8亿元,同比多增423.5亿元，农业贷款增加额占各项贷款增加额的62.8%;其中农户贷款余额4401亿元,比年初增加1252.4亿元,全国农村信用社农户小额信用贷款余额773.8亿元，比年初增加447.3亿元，农户联保贷款余额275.8亿元，比年初增加157.2亿元。全国90%的信用社开办了农户小额信用贷款,50%的信用社开办了联保贷款。近5000万户农户获得了小额信用贷款,有1000多万户农户获得联保贷款支持,两项合计,受益农户总数达6000多万户,占有贷款需求农户数的49%,占全部农户数的25%。全国农村信用社已为6686万农户建立了经济档案,评定信用村37319个、信用乡镇1560个。

2002年，农村信用社进一步发挥了农村金融主力军的作用。发放农户小额信用贷款和创建信用村(镇)工作,有效缓解了农民贷款难的问题,促进了经济的发展和广大农民收入的提高，推动了农村信用社的改革发展和经营管理水平的提高,取得了提高农村物质文明和精神文明建设水平的双重效果。

二、中国人民银行决定,从2002年2月21日起,降低金融机构人民币存、贷款利率

此次降息,金融机构各项存款年利率在现行基础上平均下调0.25个百分点，其中一年期定期存款利率由2.25%下调为1.98%，下调0.27个百分点。各项贷款年利率在现行基础上平均下调0.5个百分点，其中一年期贷款利率由5.85%下调为5.31%,下调0.54个百分点。金融机构在中国人民银行的准备金存款利率由2.07%下调为1.89%。中国人民银行的各档次再贷款利率分别下调0.54个百分点，其中一年期再贷款利率由3.78%下调为3.24%。

本次降息是1996年以来的第八次降息，是中国人民银行针对中国经济增长速度和消费物价连续数月下降而采取的一项措施。制定存贷款利率下调方案,综合考虑了居民、企业、银行等各方面的利益，并重点考虑到减轻企业借贷的利息支出。这次贷款平均利率比存款平均利率多下调0.25个百分点,减少了企业利息支出,有利于企业降低成本,促进生产经营发展。存款利率下调幅度小于贷款利率,适当缩小银行存贷款利率的差额,有利于促进商业银行改进经营管理,增强竞争能力。此次降息的效果从全年来看,在一定程度上克服了世界经济增长持续放缓对中国经济发展带来的不利影响,并促使国民经济保持了持续、快速、健康发展的趋势。

三、2002年10月30日,上海黄金交易所正式开业

上海黄金交易所是经国务院批准于2001年10月成立的。在中国加入世界贸易组织、中国金融业加快对外开放的新形势下,上海黄金交易所经过一年的试运行后正式开业运行,是中国黄金管理体制改革的重大突破，标志着中国由货币市场、证券市场、保险市场、外汇市场和黄金市场组成的主要金融产品的交易市场全部建成,适应社会主义市场经济的金融市场体系更加完善,金融市场功能和作用更加强大。上海黄金交易所的正式开业,亦有助于充分发挥黄金市场对黄金资源配置和调节的基础作用,促进黄金生产、流通、消费健康有序发展。黄金交易所设在上海,为上海金融业增添了有生力量,促使上海国际金融中心建设的步伐得以加快。

四、加入世贸组织第一年,中国金融业认真履行承诺,金融对外开放迈出新步伐

2002年11月19日，中国人民银行对外发布公告，宣布自2002年12月1日起,在广州、珠海、青岛、南京、武汉向外资金融机构开放人民币业务。至2002年11月底,中国人民银行共批准了53家在华外资银行分支机构经营人民币业务。此前,2002年1

月下旬中国人民银行公布了《中华人民共和国外资金融机构管理条例实施细则》,《细则》自2002年2月1日起施行。《细则》对外资金融机构在设立与登记、业务范围、任职资格管理、监督管理和解散与清算等方面进行了详细规定。6月人民银行修改了《外资金融机构驻华代表机构管理办法》,对外资金融机构驻华代表机构的申请与设立、监督管理、终止和违规罚则进行了规定。

加入世贸组织第一年,中国金融业认真履行承诺,金融对外开放迈出新步伐。这一年,中国人民银行采取多种措施完善金融法律法规,加快了清理和完善中国金融法律法规的工作。根据加入世界贸易组织的承诺和金融监管的国际惯例,抓紧清理现有法律法规,对那些明显不符合世贸组织规则和中国对外承诺的法律法规和规章制度,予以修订和废止。根据金融市场开放的现状、加入世贸组织后外资金融机构的设立和经营情况、国际金融监管的趋势及加强对商业银行审慎监管的要求,结合中国银行业改革的总体思路,修改和完善有关金融法律框架,制定新的金融法律法规,为中国金融业的稳健发展提供了全面的法律保障。这一年,中国金融业认真履行承诺,不仅经受住了挑战,而且把握住了机遇,以更加开放的姿态加入到金融全球化趋势中去。

五、2002年3月26日,经国务院同意、中国人民银行批准,中国银联股份有限公司在上海成立

在中国人民银行的领导和组织协调下,中国银联成立以来,加快了银行卡联网通用的进程,截至2002年9月底,全国共发行了4.7亿张银行卡,2002年1至9月全国银行卡交易金额累计达到8.9万亿元。并于年底顺利实现了中国人民银行提出的2002年银行卡联网通用工作“314”计划。

中国银联的成立,是贯彻党中央、国务院关于加强金融信息化建设指示的具体体现,是中国银行卡产业发展的客观要求,是加速推进银行卡联网通用的重要举措,对于改善用卡环境和流通环境,完善支付手段,提高中国银行业服务水平具有重要意义。实践证明,中国银联的成立,有利于依托科技进步和体制创新,科学规划银行卡跨行信息交换网络,全面推行统一的业务规范、技术标准和“银联”标识,加快联网通用的步伐;有利于联合各家商业银行,建立中国银行卡产业“市场资源共享、业务联合发展、公平有序竞争、服务质量提高”的良性发展机制,推动中国银行卡的产业化发展;有利于提高中国金融业服务水平,加速实现金融电子化,适应加入世贸组织后中国银行业的竞争需要。

六、2002年7月5日,中国人民银行在已有的银行业反洗钱工作领导小组的基础上宣布成立了反洗钱工作机构和支付交易监测机构,专门负责人民银行的反洗钱的具体工作

9月11日,中国第一次银行业反洗钱工作会议在北京召开,会议讨论了银行业严格执行金融交易规章制度和防范洗钱等犯罪活动的措施,部署了当前要做好的反洗钱工作重点。

在全球关注和加强反洗钱工作与国际合作的形势下,中国也高度重视反洗钱工作,为此中国人民银行成立了专门的反洗钱工作机构和支付交易监测机构,召开了第一次银行业反洗钱工作会议。中国人民银行加强了反洗钱法规制度建设,《金融机构反洗钱规定》、《支付交易报告管理办法》和《金融机构大额和可疑资金报告暂行规定》等与反洗钱相关的法规正在制定并将颁布。这表明,中国加大了反洗钱工作的力度,中国反洗钱工作开始步入制度化和规范化的轨道。

七、2002年5月21日,中国人民银行对外发布了《商业银行信息披露暂行办法》

该《办法》规定,商业银行包括中资商业银行、外资独资银行、中外合资银行、外国银行分行等必须披露财务会计报告、各类风险管理状况、公司治理信息和年度重大事项等方面的主要信息。2002年年中,工商、农业、中国、建设等国有独资商业银行相继披露了重要经营信息。

在中国加入世贸组织和金融扩大对外开放的新形势下,中国人民银行制定并对外发布《商业银行信息披露暂行办法》,此举有助于加强商业银行的市场约束,规范商业银行的信息披露行为,有效维护存款人和相关利益人的合法权益,促进商业银行安全、稳健、高效地经营。

八、2002年4月3日,中国人民银行和财政部会商制定并对外发布了《商业银行柜台记账式国债交易管理办法》,按照《管理办法》,商业银行可以通过其营业网点与投资人进行债券买卖,并办理托管与结算业务

商业银行柜台交易系统经过多次模拟测试,随后正式投入使用,广大投资人在承办银行即可办理记账式国债交易业务。

通过商业银行柜台购买和交易记账式国债,增加了个人和企业等各类投资人购买国债的渠道,为投资人提供新的金融产品;由于商业银行网点遍布全国各地,可以利用商业银行的网点优势,方便广大的居民投资人买卖记账式国债;投资人可以在商业银行柜台随时购买到国债,也可以在需要资金的时候,通过商业银行柜台卖出国债,从而提高了投资人债券资产的流动性;记账式国债种类较丰富,付息方式灵活,债券品种既可以到期一次还本付息,也可以按年付息,可以为投资人提供较多的选择。在加入世贸组织和金融竞争加剧的形势下,《商业银行柜台记账式国债交易管理办法》的发布实施,不仅是一项重要的金融服务创新,而且有助于提高商业银行的竞争能力和服务水平,同时促进中国债券市场健康发展。

九、截至2002年11月底,中国各项助学贷款余额已达50.2亿元,其中国家助学贷款余额27.6亿元

在国务院领导的重视下,在中国人民银行的有关政策指引

下,2002年各商业银行积极开展助学贷款业务,中国助学贷款呈现良好的发展趋势。

2002年国家助学贷款工作力度加大,政策更趋完善。年初,全国助学贷款工作电视电话会议召开后,中国人民银行会同教育部、财政部下发了《关于切实推进国家助学贷款工作有关问题的通知》,制定了“四定”(定学校、定范围、定额度、定银行)、“三考核”(指申请、审批及实际发放三个阶段的考核)的政策措施。9月,针对10省市国家助学贷款工作检查中反映出的银校协议不落实等突出问题,中国人民银行又会同教育部,在反复磋商的基础上,对4家银行下发了《关于下达2002年度国家助学贷款指导性贷款计划的通知》,根据教育部提供的分地区、分学校的国家助学贷款需求,下达了直至基层经办银行的指导性贷款计划。由于有正确的政策指导和各家银行的积极努力,2002年中国助学贷款工作取得了快速发展。此项工作的积极进展,使高校中很大一部分经济困难学生的需求得到满足,帮助经济困难学生顺利完成学业,同时使开办助学贷款的商业银行开发并形成一个新的信贷品种。国家助学贷款自开办以来,人民银行采取了一系列的政策措施,并与有关部门密切配合,及时解决工作中存在的问题,从而积极推动国家助学贷款工作,使其逐步走上了健康发展的轨道。

十、2002年9月17日,中国人民银行对外发布的一份统计报告显示,中国国有独资商业银行通过进一步深化改革,加强市场营销,建立资金营销的激励和约束机制,普遍加强了系统内业务经营计划的编制和执行工作,推行了客户经理制,改进和完善了信贷审批、授权制度和考核评价办法,取得了较好效果,贷款增速加快,不良贷款下降

报告表明,从2002年4月份开始,中国人民银行采取的一系列“窗口”指导措施逐步发挥效用,国有独资商业银行贷款增长速度明显加快。截至2002年8月末,国有独资商业银行本外币贷款比年初增加5339亿元,同比多增1712亿元。随着各项货币信贷政策措施的深入落实,国有独资商业银行的金融服务得到进一步加强和改进,下半年贷款继续稳定增长。4家国有独资商业银行全年贷款将新增7300亿元,比上年多增加890亿元。按贷款质量五级分类,上半年不良贷款余额比年初减少597亿元,不良贷款比例下降2.65个百分点,全年可顺利实现不良贷款比例下降2至3个百分点的目标。国有独资商业银行经营效益在前一年的基础上又有明显提高。

2002年年初以来,中央银行针对货币政策传导机制不畅的问题,着力加强政策引导,促进国有独资商业银行增强贷款营销观念,疏通货币政策传导机制。在中国人民银行的政策引导下,各国有独资商业银行根据自己的实际加强了这方面的工作,可以说,此项工作抓住了关键。国有独资商业银行贷款营销工作的逐步加强,使货币政策传导机制开始形成和改善,货币政策的执行效率有所提高。

中国金融改革正处于新的转折时期

中国建设银行 曹尔阶

一、当前中国的金融改革和发展正处于一个新的历史转折时期

当前中国的金融改革和发展正处于又一个新的历史转折时期。在金融方面,特别是投融资体制改革方面,要解决银行太大、资本市场太小、或者换一个说法是间接金融太大、直接金融太小的问题。

人们有一个错觉,总以为企业融资就是银行融资,但直接融资恰恰又是银行信贷所不能替代的。我们已经从计划经济初步转上了社会主义市场经济,经济金融方面发生了许多新的变化:

在社会资金方面,

——10万亿元居民存款要求在银行存款之外,有多种形式的金融商品提供选择;

——社会保障基金、住房公积金、保险基金以及各种基金1万多亿元,数量庞大,要求有稳定的投资方式和投资回报;

——企业间歇资金也是一个庞大的量,要求有人理财,提供超过银行存款利率的较高的回报。

在资金运用方面,

——西部大开发、城镇化建设、城市基础设施等除了政府投资之外,还需要多方面的投资;

——国有经济布局的战略调整、所有制结构调整、非公有经济的发展,需要在银行之外有多种形式的投融资;

——各种技术革新、技术革命的高新技术成果的产业化,这是银行不愿涉足的领域,需要创业投资和风险投资;

——企业债务重组、资产重组以及企业集团的兼并收购,也需要提供资金(比如,需要安排过桥贷款,需要发行次级信用债券等);

——已经形成资产的产权、债权在资产证券化方面也需要提供资金。

但是,当前市场上产成品供大于求,银行信贷又已经饱和,这对新的投资不能不是一种制约,所以总体上表现为资本过剩。这些过剩资金也要求金融机构能够在贷款之外提供更多的

运用资金和筹集资金的形式。而新的矛盾是新的投资主体缺位,新的金融工具和新的市场缺位(如缺少金融衍生商品和金融期货市场),由此带来储蓄向投资转化的机制发生障碍,一句话,生产关系不能适应生产力的发展。

这时,需要采取措施,化解储蓄向投资转化的矛盾,促进实体经济和虚拟经济的发展。在发展实体经济方面,要允许各种有资信的控股公司通过资本市场再融资,去扩张资本,扩张事业。要培育新的投资主体,比如鼓励民办创业投资公司、风险投资公司,允许以私募投资基金的方式聚集资金,投资于高新技术产业。必须注意的是,市场经济对于实体经济的发展,除了要考虑项目风险之外,市场更需要考虑的是企业、投资银行和投资银行家的资信。如果企业没有可靠的资信,即使再可行的项目,也将是最大的风险。在发展虚拟经济方面,金融当局应因势利导,鼓励金融创新,放开多种金融工具,鼓励各种资产证券化,鼓励债务重组和企业兼并,鼓励和培育新的理财产业(比如,开放金融衍生商品和金融期货市场),鼓励资本市场和虚拟经济的发展。这时重点考虑的不是项目,而是有资信的投资银行的保荐。这些,只能依靠资本市场和直接融资,仅仅依靠商业银行是解决不了的。

人们总是以为发展资本市场和直接融资是同银行争夺货币争夺市场,不容易理解资本市场和直接融资对银行有什么好处。事实上,发展资本市场和直接融资会使银行的外部环境得到一种必要的改善。

二、金融改革应大力发展资本市场和虚拟经济

银行贷款增长过快,资本市场发展太慢,金融风险过分偏集于银行,对策应是分流储蓄,大力发展资本市场和直接融资。首先必须在解放思想上有一个大的突破,真正在金融思想上与时俱进,跟上现代金融的发展。

第一,破除"一切信用集中于银行"和"银行包办一切"的思想,按照市场经济的要求理顺信用关系和信用顺序,重建信用制度。在信用顺序上,应当是商业信用第一,然后才是银行信用,必须在商业信用基础上发展银行信用。首先是放开企业本票,放开商业企业赊销即分期付款的消费信用,然后才是发展银行承兑汇票,才是在消费信用基础上的消费金融。

第二,投融资政策要跟上现代金融的思路。长期以来我们在投融资方面过分强调实体经济背景,害怕票据、证券的流通会扰乱金融秩序,强调票据必须有实际贸易交易,强调企业债券必须有为建设项目筹集资金的背景,忽视了票据、债券的融资作用,票据市场、企业债券市场都没有得到应有的发展。在这种过分强调实体经济背景的情况下,一些金融债权的资产证券化,更是举步维艰;至于金融衍生商品市场,更是长期空缺。但是,金融活动的核心就是资金融通。现在,金融市场发展了,不但一切有"真实贸易背景"的经济行为可以发行票据和债券;在没有"真实贸易背景"的情况下,企业根据财务运营的需要,也可以依法(关键在立法、修法)发行融资性的票据和债券。再进一步是鼓励资产证券化。企业的股权可以发行股票在股市流通;金融机构的债权资产,如住房按揭贷款、消费信贷这类缺少流动性但具有未来现金收入流的资产,也可以通过结构性重组,将其转化为在金融市场上出售和流通的证券。讲金融创新,首先监管要创新。要敢于开放新的金融商品,敢于开放新的金融市场。

第三,不能总是用计划经济的框框来对待资金逸出生产流通轨道的问题。从本质上说,资本市场是以直接融资对银行间接融资在一定程度上的替代,资本市场的发展,虚拟经济的发展,是一种必然,是一国经济金融发展成熟到一定阶段的必然趋势。只能因势利导,发展了资本市场和虚拟经济,才能更好推动实体经济的发展。

第四,要按照市场化的要求推进投融资体制的改革。实体经济的建设,在项目的建设决策、投资决策、贷款决策等方面,都是出资人的决策,因此,必须改革项目审批制,除国家项目外,不能什么项目都要报政府部门审批。在融资方面,即使是基础设施项目,也要尽量少用或不用银行贷款,多提倡投资者自担风险的多种筹资方式,如地方发债、集合信托、私募基金、BOT方式等。在市场经济下的项目,要讲究谁投资、谁受益,谁决策、谁承担风险。至于资本市场的投融资,证券、期货、股票、债券、票据等等,则主要是考虑企业的资信,考虑保荐人投资银行的资信,考虑收益和风险,并按照收益和风险相对应的原则,来设计游戏规则和监管体制。对银行来说,存款要分流,贷款也不能包办;财富分散了,风险也应当分散,藏富于民,也应当散险于民。

所以,必须大力发展资本市场和直接融资,大力发展票据市场、债券市场和股票市场,大力发展投资基金市场,大力发展金融期货市场,完善金融市场结构。

1. 票据市场。既是企业短期资金的融资场所,又是央行调控贴现率的场所。日本在20世纪70年代票据和银行贷款的比例就是1:2,我们发展的余地很大。没有一个庞大的票据市场,中央银行怎么用贴现率来调控货币?

2. 债券市场。美国债券市值相当于GDP的143%,日本为136%,欧盟15国为92%,中国债券市值大约只有GDP的29%,其中企业债券总额不到1.3%。

3. 投资基金市场。关键是要承认民间信用,发展民间理财产业,兼收并蓄。

4.金融衍生商品市场。现在股市的流通市值有13000亿元,证券投资基金有1300多亿元,都累积了股指期货的需求;美元大幅贬值,人民币升值压力大,累积了发展外汇期货的需求;国债总额已达3.2万亿元,也累积了发展国债期货的需求。

5. 股票市场。股票市场如果能够顺利解决"全流通"这只"拦路虎",新股发行实行保荐制,企业并购和资产重组,开放过桥贷款和次级信用债券,中国股市的发展也会是很快的。

新一届央行行长周小川在履新时曾表示,货币政策今后将不可避免地越来越关注资产价格。社会主义市场经济在发展

了资本市场和虚拟经济以后，这是今后如何调控金融的画龙点睛之笔。在长期的计划经济体制下，人们总是习惯于在政府主导下，直接通过对投资项目的上马或下马，以及现有企业的"关停并转"，人为地解决生产领域的过剩和短缺。其结果是长线下不来，短线上不去。这种调控非常吃力，成本很高，往往时间拖得很长，而且效率又是非常低的。转向市场经济以后，人们可以通过市场价格升降，来调剂商品供求的余缺。当然，这当中也难免会有自发性和盲目性。现在进一步发展股票市场、债券市场、票据市场、基金市场和期货市场，以及将来开办的二板市场、各种金融衍生工具市场，人们可以通过市场上资产价格的升降，适应于不同的价格、利润、利率、汇率等等而有不同的利益预期，在市场所独具的价值发现功能的作用下，把投资倾注到新的金融工具、新的市场和新的产业，以此调剂生产能力的过剩和短缺，促进资源配置的优化，促进市场结构、产业结构的调整和优化，使我们在上层建筑和生产关系的改革上跟上经济起飞的需要。

外资金融机构的中国之路

中宏网 赵智生

中国已经正式成为了世界贸易组织的成员，入世究竟会给我们金融市场带来多大的影响，还没有非常明晰的判断，但是从国泰君安与德国安联组建合资基金工作组，到海尔和美国纽约人寿合资经营寿险公司，直至瑞士人寿竭尽全力争取保险牌照未果后的抽身而退，都表明了众多外资金融机构随着入世和中国的不断开放，已经并正在通过不懈努力积极地进入并参与中国经济和金融生活。前景虽然诱人，然而对大多数外资金融机构来说，严格的准入规则及中国特色却使它们深受困扰。而中外资金融机构的较量，也并非如人们想象的那样强弱分明。外资金融公司的进入，看中的不是短期的利益，而是将眼光瞄准了更远的未来。不断改革开放的中国经济的巨大潜力，是他们坚持不懈地要进入中国市场的最大诱惑。

一、外资金融机构在华现状

银行

1979年，中国拉开了银行业对外开放的序幕，允许外资银行在华设立代表处。1981年，允许外资银行在深圳等5个经济特区设立营业性机构，从事外汇金融业务，并逐步扩大到沿海开放城市和所有中心城市。1996年12月和1998年8月，先后允许符合条件的外资银行在上海浦东和深圳经济特区试点办理人民币业务，1999年7月将上海、深圳外资银行试点办理人民币业务的范围扩大到所在地的临近省（区）。截至2001年末，外资银行在中国有代表处214家、营业机构190家，其中，外国银行分行158家，外资银行总资产452亿美元，外汇贷款总额约140亿美元；已批准31家外资银行从事人民币业务的试点。

保险

20世纪80年代，外国保险公司获准在中国设立代表处。1980年10月，美国国际集团AIG在上海设立代表处。1992年中国人民银行颁布的《上海外资保险机构暂行管理办法》，1992年9月，美国国际集团属下友邦保险公司获准在上海设立分公司，首开1949年以后外国保险企业在中国开业先河，拉开了外资保险公司进军中国的序幕，上海成为第一个对外开放的市场。此后，开放区域扩大到广州，深圳也有了外资保险营业机构。到目前中国共有19家外资保险公司，27个经营机构正式营业，200多家外资公司在中国建立了代表处。

经过20多年的发展，在华外资金融机构的数量和业务规模不断扩大，已成为中国金融体系的重要组成部分，外资金融机构在促进中国金融业改革与发展、支持中国经济建设方面发挥了重要作用。

二、中外资金融机构竞争实力比较

在中国刚刚加入世贸组织的今天，外资金融机构的进入已经给中资金融机构带来不小的冲击。前段时间的"南京爱立信倒戈"事件就充分暴露出了中资银行在信贷管理中存在的问题，以及中外资金融机构的竞争实力的优劣。

外国的金融业实行混业经营，商业银行、投资银行、证券、保险集一身，其中间业务已经十分成熟，投资顾问、资产管理、个人理财服务等新兴业务正逐步成为其收入来源的主要部分。随着国际市场资本证券化率的不断提升，客户范围越来越广泛，在不同层次的客户群体市场，提供各种个性化服务，并最终达到风险的分散和利润的平衡增长，是目前国际投资银行发展的主流，而我们从机制上就难以抗衡。

外资金融公司与中资公司相比拥有先进管理经验、优秀的产品开发和销售服务能力，良好资金运用能力。以瑞士人寿为例，其总资产2000年底就达2144亿瑞士法郎，折合人民币超过1万亿元。凭借先进的保险技术和管理经验，这些"外来户"正成为中资金融机构强有力的竞争者。

外资金融公司的技术固然先进，但并不体现其在中国市场上的产品和服务一定具有竞争性。因为，无论是中外资金融公司的产品，都必须符合中国消费者的购买力和消费意识，国外的金融产品不能简单地搬到国内市场上，而且在国内市场上销售的金融产品都需金融监管部门审批备案。实际上目前国内金融市场上的中外资金融公司的产品大体相同。

三、进入的阻碍

阻碍之一:产品条款设计审批权

按照现有的规定,在国内销售的任何产品都要得到监管部门的审批,同时产品设计不享有专利权。产品审批需要时间,时间差可能使境外产品无优势可言。

阻碍之二:价格因素

目前,国内费率和佣金比例等都有统一规定。未来市场价格可能会相对松动,但仍然会通过类似行业自律的形式将浮动幅度控制在一个中资、外资金融公司都可以接受的范围。所以,价格优势可能行不通。

阻碍之三:设立分支机构的前提

在中国正式加入 WTO 二至三年后,可能会允许外资金融机构在已经开放的城市中选择开业地点。不过,如果再想到其他城市开设分支机构,还有其他的规定和标准,从而有效地减缓了外资在国内的扩张速度。

阻碍四:合作伙伴的选择

外资选择的中方合作伙伴均具有三个背景:一是政治背景,二是国际背景,三是资本背景。外资认为选择这样的中方企业可以使合资公司在中国特定的社会环境下获得某种直接或间接的政治利益。由于具有国际合作和国际市场经验,容易在管理理念上进行沟通。同时这些企业在中国都是属于最具经济实力的企业。但在中国目前的市场环境下,同时具备这三个背景的企业很少,使得外资在选择可以与其相匹配的合作伙伴上发生困难。所以,2–3 年内,受到合作者条件和数量的制约,中国金融市场的合资金融公司不会大量增加。

阻碍五:新兴市场的特征

外资金融集团具有良好运行规范和规则,这在一个法律健全、制度完善的市场上是一种优势,但是在一个新兴的市场上,新兴金融企业在没有品牌包袱和模糊的运行规则的状态下可以迅速扩大市场份额,而外资却会因为品牌和自身规则限制了其市场份额的扩张。

阻碍六:产品,技术的本土化

由于金融产品是一种社会产品,并非简单的技术产品,它的生存必须依赖于一定的社会土壤,必须适应于这种土壤本身特有的文化、法律、资本市场等环境。外资机构对中国市场需要一个了解的过程,外资的资本运作经验还要适应中国资本市场,同时,由于国际经济政治等因素的影响,外资还要比国内公司承担更多的风险。

四、竞争会带来什么

外资金融机构的进入会对整个中国金融业的结构产生巨大的影响。这主要体现在以下五个方面:

(一)改变国内金融机构的传统体制。外资的快速涌入将迫使国内金融机构加快体制改革。

(二)促使国内金融公司逐步向业务专业化方向发展,从粗放式经营方式向集约化经营方式转变。

(三)外资公司将为中国培训出更多的专业人才,提升国内金融公司的人员素质。

(四)促使保险业、银行业、证券业形成一体化趋势。竞争的加剧,将促使国内金融公司由提供传统的服务,逐渐向综合金融理财服务过渡,理财管理费和投资收益将成为公司利润的主要来源,公司的资产管理水平将成为市场竞争力的主要体现。

(五)金融中介行业将赢得巨大的发展空间。外资进入后,市场的旺盛需求将促使开业的金融中介公司越来越多,成为影响金融业发展的重要力量。

(六)创造更多机会。随着外资金融机构先进的营销手段和宣传,将会使百姓的金融和风险意识增强,激活巨大的潜在需求,将市场蛋糕做大。

(七)提升自身竞争力。国内金融机构通过向外资金融机构的学习,提高经营管理水平,提升竞争实力。

中国金融市场对外开放的实践表明,外资金融机构进入中国市场促使中国的金融企业不断成长,成熟。对于老百姓来说,则意味着可以享受更多更好的产品和服务。

五、外资金融机构的竞争策略

外资金融公司的"攻城策略"正随着开放而出现全新的面目。

(一)加快产品设计开发的频率。

(二)提高在中国百姓心目中的知名度。如与国内高校合作开设保险课程,建立自己的网站,借以进行公司形象宣传和产品介绍。

(三)人才争夺。外资金融机构想要进入中国市场,最直接的人才就是目前国内金融业的精英。由于外资金融公司具有待遇、体制、机制等方面巨大的吸引力,因此会有大批人才流入这些公司。

(四)充分了解市场,产品本土化。任何事物在中国都是会被改造得具有中国特色然后才能被接受。因此,外资金融公司要想在中国立足,必须适应这一要求,从管理服务到产品设计等方面均要具有中国特色。

(五)积极与中国的金融机构、银行、部委,管理和监管等部门建立了密切的协作关系。通过举办研讨会及技术帮助等公关活动,为进入中国市场创造环境和技术条件。与此同时,还通过与有关部门的合作培养了一批人才,初步建立本地人才库,以满足日后对"既精通业务又了解中国市场"的人才的需求。

(六)寻找合资伙伴,抢占市场。由于金融市场开放对外国独资金融机构是渐进式开放,而中国市场潜力巨大,谁先进入市场就会占得更大的份额。因而要抢占市场,外资金融公司必以合资的方式进入中国,所以物色适当的合作伙伴就成为当务之急。

(七)分享成熟市场。外资金融机构会选择具有特殊的金融地位又成熟的市场,但其激烈的竞争是其他城市无法比拟的。

(八)培育新市场。那些经济总量位居全国前茅,人均收入位于全国大城市前列,竞争主体不多,市场潜力大,还远未饱和的市场也是他们的选择。

(九)利用公众心理。由于国内一些金融机构的背景和体制僵化,造成国内金融机构服务质量低下,服务态度恶劣,服务条款不公,造成公众对国内一些金融机构的不良情绪,尤其在中国入世之后,就竞争策略而言,一些中资金融公司的操作极不明智,为外资金融公司保留了极大的利润空间。

外资金融机构蜂拥而至,最根本的原因是,中国的金融市场与国外相比存在着巨大的差距,有着巨大的开发潜力,而其中存在的差距产生的利润空间使得中国成为世界上为数不多的能够看到赢利前景的市场。

外资金融公司进入中国,肯定会占有一定的市场份额,但是整个市场会随着竞争的加剧而迅速扩张,一家公司的市场份额可能会而所下降,但是市场业务绝对量却是在不断增加,准确的说,不是外资金融机构的进入引起了中外资的竞争,而是外资金融机构把他们的竞争机制带入了中国。不论外资金融机构的中国之路的过程如何曲折,它都必将为中国的金融市场的繁荣开放,为经济发展添翼助力。

中外银行正面交锋

张锋毅 付亚男

中国银行日前提供的一份调研报告指出,中、外资银行竞争才刚刚拉开序幕,不久将来,将展现更激烈更高层次的竞争态势。这份名为《外资银行在中国:业务竞争状况及其发展趋势》的报告进行了全面实地调研。

一、中外银行竞争 呈现6大趋势

该报告认为,中、外资银行业务竞争呈现6大发展趋势。

趋势之一:沿海地区和中心城市将成为争夺焦点

中国加入世贸组织后,外资银行进入中国抢摊布点,不是像中资银行那样依照中国的行政区划来设置机构并对其作相应的定格。它们首先考虑的是在可预见的未来某地区经济发展状况以及该地银行业务发展的潜力。可以肯定的是,经济发达、环境配套、管理规范的沿海地区和中心城市将会成为中、外资银行争夺的焦点。

趋势之二:外资银行会倚重网络银行,并通过并购方式进入中国市场

外资银行进入中国市场后,不可能大面积铺设营业网点,而网络银行其快速、廉价、超地域等特点则可弥补他们这方面的不足。但是短时间内,外资银行对网络银行的冲击不会很大,因为网上银行的客户和交易量基于一家银行原有的客户基础。

自1996年到2002年9月底,从外资金融机构参股国内商业银行的例子看,外资金融机构参股国内商业银行的速度加快了,参股目的、参股形态、参股方式已发生了根本性的变化。

趋势之三:更加致力于中间业务全面竞争

外资银行会利用其高超的产品创新能力、良好的市场营销能力和先进的资金运营能力抢占市场,中资银行如果不及时进行业务创新和市场营销,市场占有率可能会出现较大的下降。在中间业务如结算、代理、个人理财等方面的竞争将加剧。

与中资银行相比,外资银行缺少布满大街小巷的营业网点,但是他们却有众多的高级人才、不断创新的金融产品和优质服务。可以预见,随着外资银行业务范围的拓展,作为外资银行优势业务的国际结算和外汇贷款,对中资银行尤其是对中国银行的国际结算等业务就会造成巨大威胁。

趋势之四:争夺优质外资公司以及优质中资公司

随着客户服务对象的放宽,外资银行必然会将有限的资源用于对优质客户的争夺。相信外资银行会将目标锁定在:世界500强在华企业、跨国集团分支公司、信誉良好的三资企业、部分经营情况不错的国有和民营的高新技术企业。

由于外资金融机构在汽车消费贷款市场上具有较强的竞争能力,对中资银行的冲击将会比较明显。而东亚银行等外资银行在楼宇按揭业务方面明显强于中国银行,中资银行这方面业务将受到一定程度的影响。

趋势之五:人民币业务竞争将比外汇业务竞争更激烈

随着人民币业务的逐步放开,外资银行的人民币资金实力也会不断增强,其综合资金成本会有所下降,竞争优势就会逐渐显露出来。一旦本外币的利率差异扩大到一定程度,外资企业对中国银行的人民币贷款需求有可能出现停滞甚至萎缩。相反,外资企业对外资银行的外币贷款会出现强劲的需求,很可能导致中国银行在本外币市场份额的下降。

趋势之六:争抢银行专业人才

从人才流动看,外资银行眼前没有争抢中国银行的业务骨干和技术人才,这可能是因为外资银行与中资银行文化背景的差异以及外资银行人民币业务尚未完全开展起来。

一旦外资银行在中国布局完成,到了抢夺优质业务人才和优质管理人才时,中国银行将不可避免地出现第二次人才流失高峰。

二、外资银行7大城市交锋

该报告对上海、深圳等7个主要开放城市的中、外资银行本外币存、贷款变化情况进行了比较分析，结果是外资银行的外汇存款增长较快，但外汇贷款却有所下降，原因是：自东南亚金融危机以后，在华外资银行为防范风险，减少了对华的信贷投放，而且外资银行在华经营期间所形成呆坏账的核销也缩减了其外汇贷款余额，加之贷款核算上的变化，致使外资银行外汇贷款余额有所减少；相比之下，由于外资银行先进的服务理念和完善的服务体系，其外汇存款总体呈上升趋势。

上海：竞争最为激烈

上海是外资银行在华分布最多的地区，这里的中外资银行竞争最为激烈。到2002年5月末，在上海，人民银行又新批准6家外资银行增加营运资金，办理全面外汇业务。至此，上海共有花旗银行、汇丰银行等12家外资银行获得经营全面外汇业务的牌照。

据中国人民银行上海分行统计，截至2002年11月底，上海共有53家外资银行，外资银行及非银行金融机构代表处71家。人民银行上海分行的最新统计显示，上海外资银行外汇储蓄的增长率在2002年4月超过了中资银行。

据人民银行南京分行有关负责人说，上海外资银行的触角已伸向江苏，大量优质客户正在转移，江苏省内银行优质贷款因此骤减。截至2002年10月底，已有28家在沪外资银行增加营运资金或资本金的申请获得人民银行总行的批准，共计金额5.06亿美元。随着中国加入世贸组织对外承诺的逐步实现，中国对外资银行开放范围和地域的进一步扩展，外资银行在中国的增资之势还将更强劲。

深圳：规模居第二位

深圳是中国开放最早的城市之一，外资银行的资产规模和贷款总额居全国大中城市的第二位。

在深圳，截至2002年6月30日，外资银行从业人员735人，总资产56亿美元，人民币贷款余额87.84亿元，外币贷款余额22.97亿美元；人民币存款余额20.74亿元，外币存款余额22.97亿美元，实现利润2100万美元，在全国200余家外资金融机构中，深圳外资金融机构的资产总额占20%。1997年是深圳外资银行发展的高峰期，之后不可避免地受到东南亚金融危机影响。在外币贷款方面，外资银行的外币融资成本低于中行，其报价优于中行，加上国际市场上美元与港元利率日趋走低，相对于人民币融资，外币融资的成本大幅下降，对中行的外币贷款势必造成较大冲击，该冲击还可能波及相关的人民币贷款市场，与此相关的贸易融资成本也比中行低，目前中行的部分优质客户的贸易融资业务转到了外资银行办理。

北京：排队进京成盛景

北京作为中国的政治、文化和金融中心，同样受到外资银行的青睐，在京外资分行数目居全国第3位，但拥有的外资银行代表处数量却位居全国第一，而且随着北京市开放程度的加深，这些代表处升格为分行的也将日益增多，中、外资银行之间的外汇业务竞争也日趋激烈。

到2002年11月15日，包括大华银行和台湾合作金库银行在内，北京市已有19家外资银行分行，而另外98家代表处中已有数家正在申请或筹备开业。汇丰银行北京分行于2002年3月28日获准在北京为内地居民和企业提供外币银行服务，并成为第一家获准在北京向内地居民和企业提供此项服务的外资银行。东亚银行、法国里昂信贷银行，荷兰银行、德意志银行等五、六家银行正等待人民银行审批或处在成立分行前的紧张筹备中。外资银行排队进京成为近来一大盛景。

天津：竞争人民币业务

外资银行在天津市抢摊布点，外汇存贷款业务市场份额在上升，国际结算业务上升很快，对中国银行天津分行构成的压力在增大，随着更多的在津外资银行开办人民币业务以及其他开放城市外资行人民币业务对这里的延伸，中国银行天津分行的人民币业务受到的竞争压力也在增加。

截至2002年7月，在天津，14家外资银行分行中已有4家经批准可以开办人民币业务，即日本日联银行（原东海银行）、韩国外换银行、韩国朝兴银行和韩国企业银行，调查时这4家银行尚未正式开办人民币业务。由于申请开办人民币业务需增加营运资金、装修营业机构，因此天津的许多外资银行从成本效益角度考虑认为暂时不合算，以观望等待的居多，总体不够积极。

在国际结算业务方面，随着外资银行人民币业务的展开，中国银行天津分行国际结算业务市场份额必将受到冲击。

截至2002年6月末，4大国有商业银行的天津市分行在天津的市场占有率为82%，外资银行市场占有率为18%；国有4大商业银行的天津市分行外汇贷款余额占有市场份额为67%，外资银行外汇贷款余额占有市场33%。

大连：日、韩资银行聚集

大连市主要是日资银行、韩资银行在华聚集的地方，外资银行外汇存款业务竞争表现不那么明显，但外汇贷款业务竞争就显得比较激烈，随着开办人民币业务的外资银行增多以及业务种类和客户限制的减少，人民币业务的竞争程度也在增加。

在大连，经中国人民银行批准，日穗银行(原日本兴业银行、富士银行、第一劝业银行合并)、东京三菱银行、东亚银行和韩国外换银行已经获准开始经营人民币业务。另外，东亚银行、汇丰银行和南洋商业银行已获准经营全面外汇业务。

截至2002年6月末，大连外汇存款总额为322298.00万美元，其中，外资银行为29829.00万美元，中资银行为292469.00万美元。在外汇贷款方面，从1997年到2002年6月末，在大连的外资银行整体与中资银行整体相比呈下降趋势，但与中国银行相比，外资银行的竞争优势就很明显。

厦门：争抢国际结算业务

外资银行在厦门与中资银行的竞争除了存、贷款业务竞争激烈以外，国际结算业务的竞争也非常激烈，中国银行厦门分行在当地一些传统银行业务上受到的竞争压力很大，部分客户受优惠报价吸引转到外资银行。

在厦门,东亚银行等3家外资银行已经获准经营全面外汇业务,可以向国内居民和内资企业办理外汇业务。在传统存贷款业务上,厦门市外(合)资银行近5年来外汇存款平均年增长35%。到2001年底达到3.14亿美元,国际结算量年均增长15%,到2001年底国际结算业务量达38亿美元。已经超过中行厦门分行,呈现迅猛发展势头,与中国银行厦门分行相比,其规模仍高出95%。

中国银行厦门分行与外资银行间的竞争,集中表现在公司业务的争夺。在贸易融资方面,外资银行可运用先进的风险控制手段,为客户办理出口打包、出口议付项下不符点押汇,且不需要客户提供全额的保证,因而占有了具有进出口发展前景的客户。

现已开办居民外汇业务的外资银行,其目标客户是中小企业主和他们的员工、在厦门侨民和一般市民。厦门的一些外资银行还利用离岸账户办理国际结算,既节省了中转费用又缩短了资金在途时间,因而使中国银行厦门分行一些外(台)资客户业务流向这些外资银行。

广州:港资银行积极

在广东,外资银行除在深圳之外,仅在广州以及珠海、汕头特区3个城市设立了分行,其中绝大部分集中在广州市,共15家占62.5%之多。港资银行由于地域相邻,对开拓内地业务表现积极,并将重点放在银行业务、零售业务以及争取中小企业银行业务上,只要政策允许的,就积极拓展,有的银行还申请在广州市增设支行;日本的银行则对人民币业务表现出浓厚兴趣;欧美银行则主要从银行经营成本、银行盈利因素以及其本身混业经营出发,主要关注投资银行业务。

根据中国加入世贸组织的规则,广州市、珠海市、汕头市将依次在2002年、2004年和2005年内取消对外资银行经营人民币业务的限制。目前广州地区外资银行中,东亚银行广州分行、恒生银行广州分行、南洋商业银行广州分行3家被正式批准经营外币业务。

驻穗外资银行分行中有些提出了增设支行的要求,但代表处申请升格的意愿似乎不太强烈。这与大多数在华外资银行主报告银行在上海、主打市场是上海有关,也与广州于2002年12月1日才开放人民币业务有关。

从2002年开始,中国银行广州分行结算业务增长速度下降,市场份额从2001年的34.74%下降到2002年6月底的32.98%。

由于在广州没有明确外资银行可否从事离岸结算业务,从而造成政策中的灰色地带,大量的外资银行利用离岸账户办理国际结算,很多客户更乐意选择这种中转费用少、资金在途时间短的结算方式,所以可以预见,将来放开结售汇限制对中国银行结算业务会构成巨大的冲击。

证 券 市 场

积极推进资本市场改革开放和稳定发展

中国证券监督管理委员会主席 尚福林

2002年11月召开的党的十六大,做出了全面建设小康社会的战略部署,这是一项涉及社会各个方面和各个领域的庞大系统工程。因此,如何在更大程度上发挥市场在资源配置中的基础性作用,更好地服务于全面建设小康社会的战略目标,应当是我们研究和探讨资本市场发展问题的基本出发点和落脚点。

从世界范围看,资本市场的产生和发展是与社会化大生产紧密相连的。从马克思有关虚拟经济的论述,到经济周期理论、货币数量论、金融深化理论、资源配置理论、资本资产定价理论和国际金融理论的提出,都对资本市场在现代经济中的作用进行过不同角度的阐述。概括起来,主要集中在两个方面:

第一,从资本市场的经济功能看,一是筹集资本。通过发行股票、债券的形式,能够把分散的小资本集中到资本使用者手中,实现社会化筹资和社会化大生产。二是资源配置。金融资产相对于实体经济比例的提高,有利于增加实物部门生产要素的平均产出和边际产出;资产价格对资产未来收益的有效预期,有利于改善资源配置效率。三是公司治理。资本市场可通过降低信息收集和执行成本,激励和约束经理人员,尽可能减少由于经理人懈怠和自利而引发的代理成本,推动公司治理结构适应现代经济管理的要求。

第二,从资本市场价格波动对经济的影响看,一是影响消费。这主要是通过财富效应体现的,即在一段时间内股票市场的总体上扬,推动股票持有者的金融财富价值上升,消费随之增加;股市的持续萎缩,则会导致消费的降低。二是影响投资。在企业方面,如果企业的市场价值高于资本的重置成本,公司发行同等数量的股份便可买到较多的投资品,投资支出相应增加。反之,企业的投资支出则会相应降低。在银行方面,当股票价格上扬时,企业的净资产及担保价值上升,银行的不良资产下降,债务人还贷能力增强,债权人对于债务人的信贷约束会相应放松,投资活动会随之变得活跃。

随着中国社会主义市场经济的不断发展,证券市场在中国经济中的作用正在日益增强。截至2003年2月底,境内上市公司总数为1232家,上市公司总股本5930亿股,其中流通股本2056亿股;总市值42975亿元,其中流通市值13964亿元。现有证券公司128家,总资产约5700亿元,基金管理公司22家,发行证券投资基金71只,基金规模1212亿元。股票、基金、债券、期货等证券市场基本品种已经具备,市场产品创新逐步推进。投资者开户数达6885万户。

证券期货市场的法律框架初步建立,形成了以《公司法》、《证券法》、《期货交易管理暂行条例》为核心,行政法规、部门规章和业务规则相配套的多层次证券期货法规体系,涵盖证券、期货、证券投资基金等各个方面。

上市公司治理结构有所改进,信息披露标准显著提高,市场准入和退出机制不断完善。证券公司等中介机构和自律组织的内部管理得到初步规范,功能和作用逐渐发挥。

中国证券市场的功能作用不断增强,证券市场建立以来,为企业发展筹集了大量资金。截至2003年2月底,上市公司通过境内外市场累计筹资12345亿元。不仅增加了改造传统产业的资金来源,而且有效改善了企业的资产负债结构,提高了经济效益水平,有力支持了经济发展。

证券市场的规范发展,推动了现代企业制度的建立。同时,资本市场的购并重组,加快了资本与技术的结合,优化了金融资源配置,促进了经济结构的调整。

党的十六大提出要推进资本市场改革开放和稳定发展。当前,中国证券市场的发展面临良好的机遇和条件:

一是全面建设小康社会需要资金投入,居民储蓄的大幅增长以及社会保障体系的建立和完善必然伴生投资需求,这两方面的需求为中国资本市场提供了巨大的发展空间。二是中国是正处于转轨阶段的发展中国家,优化结构和提高效益是中国经济发展的重要内容,集中统一的证券市场对于打破要素市场分割,实现资源的跨行业、跨地区、跨产业优化配置具有特殊作用。三是中国的投融资体制目前仍以间接融资为主导,金融体系中直接融资比例的增加,有利于优化金融资源配置,分散金融体系的风险,提高金融体系对国民经济的服务效率。四是国有企业改革继续深化,需要证券市场进一步发挥培育和规范上市公司等市场主体的功能,并对国有企业改革发挥示范和带动作用;五是积极的财政政策要带动民间投资,稳健的货币政策需要关注证券资产价格和证券市场的流动性需求,证券市场对宏观政策的作用机制和效果具有重要的影响。

1990年证券交易所建立以来,在党中央、国务院的正确领导下,按照"法制、监管、自律、规范"的八字方针,中国证券市场发展取得了举世瞩目的成就,市场发展规模迅速扩大,规范化程度逐步提高,市场功能和作用日益显现,已经成为社会主义市场经济的重要组成部分,并且具备了进一步发展的良好基础和条件。但是,作为体制转轨时期的新兴市场,中国证券市场发展中还存在一些亟待解决的矛盾和问题,影响证券市场的稳定运行和功能发挥。比如,市场主体的治理结构尚不规范,影响市场透明度和规范化运作水平;市场的结构和功能还不健全,影响了资源配置效率;一些历史遗留问题尚未解决,影响投资者的预期。这些问题有些是市场发展初期遗留下来并在市场规范化进程中暴露出来的;有些是在体制转轨时期改革不配套、制度不衔接、观念调整不到位造成的;有些是新兴市场发展中市场体系、产品体系不健全而难以避免的,总体上属于发展中的问题,必须在进一步推进证券市场改革和发展中逐步加以解决。

当前和今后一个时期,推动资本市场改革开放和稳定发展要着重解决好以下四个问题:

一是进一步统一认识、坚定信心。中国证券市场发展至今,每一次突破认识上的误区,都会带来证券市场新的发展机遇。党的十六大关于确立劳动、资本、技术和管理等生产要素按贡献参与分配的原则,是对马克思主义劳动价值论的创新,为资本市场的发展奠定了理论基础;关于处理好虚拟经济和实体经济的关系,优化金融资源配置,加强金融监管,防范和化解金融风险的论述,对于谋划资本市场的发展方向,寻找市场规范的着眼点,发挥资本市场在优化资源配置中的积极作用提供了理论指导。面对新形势下推动资本市场改革开放和稳定发展的艰巨任务,我们要以十六大的精神统一思想认识,要正确认识社会主义市场经济体系中发展证券市场的客观必然性;正确认识当前积极推进资本市场改革开放和稳定发展对促进经济持续健康发展,实现全面建设小康社会宏伟目标的重要意义;正确认识在社会主义分配原则下资本参与分配的合理性,认识资本对财富增长的贡献,认识证券市场投资者对经济发展的贡献,真正将保护投资者利益落到实处,让一切创造社会财富的源泉充分涌流;正确认识中国现阶段证券市场的发展状况和存在问题的性质;进一步坚定发展证券市场的信心。

二是强化市场建设的基础工作。完善资本市场法律法规体系,大力推进诚信建设,提高市场主体的内控机制和规范化运作水平,努力营造"公开、公平、公正"的市场环境;

三是积极推动证券市场改革开放。大力发展机构投资力量,沟通货币市场与资本市场的对接渠道,完善证券市场的层次结构和品种结构,适应市场参与者的不同需求,增强证券市场的资源配置能力。

四是坚持推进资本市场的稳定发展,妥善化解历史问题和风险隐患。要按照"既不割断历史,又不迷失方向,既不落后于时代,又不超越阶段"的要求,正确处理改革、发展、稳定的关系,把改革的力度、发展的速度和市场可承受的程度统一起来。

2002年证券行业回顾及券商经营形势展望

泰阳证券研究所

一、2002年证券业回顾

（一）证券行业经营环境总体评价

2002年，中国证券交易市场延续上一年度的调整行情，全年市场表现非常低迷。以沪市综合指数为例，全年最低点触到了1339点，年底指数按1427.89点计算（12月20日收盘价），较之年初的1645.97点，跌幅达13.25%。尽管全年指数最高点位在6月底达到1748.89点，但随后整个市场进入一轮单边下降行情，市场环境进一步恶化。在市场交易量方面，截至2002年11月，沪深两市股票全年交易量为26225.83亿元，仅为2001年全年交易量38305.18亿元的68.54%，再加上浮动佣金制下佣金下调的影响，券商经纪业务收入显著下滑。在证券发行领域，截至2002年11月，全年股票发行、配股及债券发行等共筹集资金911.87亿元，相当于上年全年筹资额1251.89亿元的72.8%，投资银行业务收入同样出现大幅减少。综合来看，2002年市场环境的恶化，导致券商行业基本陷入全行业亏损的境地。

（二）相关政策回顾

2002年是中国证券市场规范发展、对外开放进程加快的一年。管理层出台了一系列的政策以推动证券市场稳定和发展。尽管从6.24以后出台的一些政策对恢复市场信心收效甚微，但实际上大多数政策都属于促进证券市场长远发展的战略举措，对今后市场的发展将产生深远意义。依时间顺序，2002年出台的重大政策主要包括以下方面：

1.《证券公司管理办法》、《上市公司治理准则》发布实施

1月8日出台的《证券公司管理办法》规定，综合类证券公司可设立专门从事某一证券业务的子公司，但不得从事与控股子公司相同的业务；受托投资管理和投资银行类子公司注册资本不少于5亿元；证券公司不能从事B股自营业务买卖等。1月10日发布实施的《上市公司治理准则》明确指出，要确保所有股东特别是中小股东享有平等地位，股东权利受到侵害时可通过民事诉讼等法律手段求得赔偿。上述两个法规的出台，表明管理层对证券市场参与主体的监管进一步加强。

2. 沪深证交所修改退市程序，PT制度历史性终结

2月25日，沪深证交所分别完成了对《股票上市规则》第10章“暂停上市、恢复上市和终止上市”的修订。按照新的规定，上市公司连续三年亏损将暂停上市，不再给予宽限期和股票特别转让服务。如果随后披露的半年报扭亏，可以提出恢复上市的申请，否则将终止上市。PT制度的终结，对平抑股市中的投机炒做，树立理性投资理念有较大的帮助。

3. 证券交易佣金实行浮动制

4月5日，中国证监会、国家计委、国家税务总局联合发文，自5月1日起调整证券交易佣金收取标准。佣金浮动对证券业的冲击强度几乎前所未有，导致券商之间的竞争更为激烈。

4. 恢复和完善向二级市场配售新股方式

5月21日，中国证监会发布《关于向二级市场投资者配售新股有关问题的补充通知》，决定恢复向二级市场投资者配售新股。实际执行中除一些大盘股外，基本上是全部配售。新股配售政策提高了二级市场股票投资价值，是顺应投资者呼声的政策利好。

5. 发布外资参股证券、基金管理公司规则

6月4日，中国证监会发布《外资参股证券公司设立规则》、《外资参股基金管理公司设立规则》，明确了外资参股证券公司和基金管理公司的设立条件及程序，规定自7月1日起施行。两个规则的实施，标志着中国在履行WTO有关承诺方面迈出了重要一步。

6. 上证180指数、深证100指数推出

6月20日，上海交易所公布将于7月1日正式推出上证180指数，取代原来的上证30指数。该政策公布后，在6.24行情中引领大盘蓝筹股大幅上扬。12月12日，深交所公布将于2003年1月1日正式启用深证100指数。深市100及沪市180指数推出后，为建立中国权威统一指数迈出了重要一步，为今后股指期货的推出打下了基础。

7. 国有股减持暂停

6月24日，国务院决定停止通过国内证券市场减持国有股，在短短一个星期内刺激股市大幅上扬。但由于国有股减持暂停后，对国有股问题并没有切实可行的具体方案出台，而这一问题始终困扰着证券市场的发展，结果是投资者信心并没有真正得到恢复，并成为2002年下半年股市难以走强的根本原因。

8. 提高上市公司新股增发门槛

7月25日正式颁行的《关于上市公司增发新股有关条件的通知》，对增发的条件作出补充规定。提高新股增发门槛后，新股增发对市场造成的扩容压力明显减轻。

9.《上市公司收购管理办法》出台

10月8日正式颁布实施。该办法连同《上市公司股东持股变动信息披露管理办法》实行后，标志着以充分信息披露为基础，保障投资者权益与规范、促进上市公司收购兼并的上市公司收购法律框架基本形成。

10. 上市公司国有股法人股可向外商转让

11月4日，中国证监会、财政部和国家经贸委联合发布《关于向外商转让上市公司国有股和法人股有关问题的通知》，允许向外商转让上市公司的国有股和法人股。对外开放的步伐加快，市场普遍认为外资的进入对证券市场的发展大有帮助，但冲击和挑战也是严峻的。

11. QFII 制度正式出台

11月7日，中国证监会与中国人民银行联合发布《合格境外机构投资者境内证券投资管理暂行办法》，允许合格的境外机构投资者，在一定规定和限制下投资境内证券市场。11月28日，国家外汇管理局发布《合格境外机构投资者境内证券投资外汇管理暂行规定》。12月1日QFII制度正式实施，当日中国证监会公布了QFII相关申请表格式及内容，沪深交易所分别发布了QFII交易实施细则。

12. 深交所企业债券回购交易政策

12月23日，深交所发布通知，将于2003年1月3日开始实行企业债券的回购交易。此举对于企业债券交易市场，推进企业债券市场的发展具有重要的积极意义。

（三）证券公司经营情况评价

1. 证券公司主营业务领域

(1)经纪业务：中国证监会网站统计数据表明，截至2002年11月，沪深两市股票全年交易量为26225.83亿元，较上年同期同比下降27.5%，仅为2001年全年交易量38305.18亿元的68.54%，再加上浮动佣金制下佣金下调的影响，券商经纪业务收入显著下滑。

网上经纪业务方面，截至2002年10月份，网上股票基金交易量达到4110.72亿元，占同期股票基金市场成交总额的8.4%，相对份额较2001年的4.38%提高了91%。网上委托开户数达到了507.6万户，较2001年年底的332万户增长了52.9%。可见尽管行情低迷，但网上经纪业务依然表现出良好的发展势头。

(2)投行业务:根据对巨潮信息网数据库资料的初步统计，截至2002年12月23日，全年股票发行、配股及债券发行等共筹集资金940.7亿元，相当于上年全年筹资额1251.89亿元的72.8%，其中境内市场融资757.96万元，较上年全年下降35.8%。在发行业务整个市场紧缩的环境下，券商投行业务收入同样整体下降。在投行业务集中度方面，最近三年前10家券商主承销金额市场占有率逐年下降，由2000年的76%下降为2002的64.46%，主要原因是：一方面2001年以来实行的通道制发行机制，对大型券商投行业务具有一定的遏制作用；另一方面，近年诸多中等券商增资扩股后重新获得了主承销业务资格。

(3)投资理财业务：2002年市场表现异常低迷，以上海综合指数为例，全年最低点触到了1339点，年底指数按1427.89点计算(12月20日收盘价)，较之年初的1645.97点，全年跌幅达到13.25%。在大势不利的背景下，众多机构投资者同样蒙受着巨大损失，以证券投资基金为例，截至2002年11月22日，基金净值下跌8.9%。对于券商而言，同样难独善其身，2002年证券公司投资理财业务的整体的亏损水平将在10%左右。

在2002年股票市场整体低迷的环境下，也应该看到一些老牌券商在国债业务方面获得了一定成功。券商在国债承销业务中，国泰君安、中信证券、大鹏证券分别以150.5亿元、88.3亿元、80.4亿元的承销量名列前三名。此外一些大型券商也在上半年国债行情中给公司带来了较大比重的利润贡献。

整体来看，2002年是境内券商经营形势非常严峻的一年，证券业很可能表现为全行业亏损的局面。

2. 合资证券公司与合资基金公司领域

截至2002年年底已获得中国证监会发起设立合资基金管理公司筹建批文的有2家，即国泰君安与德国安联集团拟设立的“国安基金管理有限公司”、华宝信托与法国兴业拟设立的“华宝兴业基金管理公司”两家。而招商证券与荷兰国际集团拟设立的“招商基金管理公司”、海通证券与比利时富通集团拟设立的“海富通基金管理公司”、长城证券和美国景顺集团(INVESCO)拟设立的“景顺长城基金管理公司”也即将获准筹建。此外，光大证券与美国保德信，申银万国与法国巴黎资产管理公司、国海证券和国际基金业航母——美国富兰克林坦伯顿基金集团设立基金管理公司的有关申请已正式提交了中国证监会。在国海证券与富兰克林公司的合作中，国海证券是国内一家中等的后起券商，而富兰克林是国际上最大的基金管理公司，二者的合作对国内众多中等券商尤为具有借鉴意义。

在设立合资证券公司方面，由湘财证券和法国里昂证券(CLSA)合资组建的华欧国际证券有限公司已正式获中国证监会批准设立。另外已向中国证监会提交申请设立合资证券公司的还有2家，即“长江证券和巴黎百富勤”、以及“华山一国际(香港)有限公司与汉唐证券”等。通过合资证券公司形式，有利于通过业务互补和优势叠加，在更大的业务平台和更广的业务资源范围内促进券商业务的发展。

3. QFII 工作领域

QFII机制及外资并购法规推出后，境内券商与银行做出了积极的反应，其中湘财证券随即在主要证券报刊媒体发表了致境外机构投资者的公开信，向外资公司公开发出了洽谈合作的邀请。老牌券商申银万国行动的力度更大，包括在香港举办大规模的推介会，积极筹建QFII交易服务平台，完善QFII业务流程和管理制度等。

二、2003年券商经营形势展望

（一）管理层可能出台的证券市场相关政策

1. 交易所基金与统一指数。随着2002年上证180指数、深圳100指数的推出，2003年有可能推出交易所指数基金，并形成深沪两市统一指数。股指期货等交易工具有可能在2003年下半年条件成熟时(市场条件、指数合理)推出。

2. 证券市场开放程度加大。继QFII之后，QDII很有可能在2003年推出。中国资本市场开放将形成从证券业和基金业的开放，到外资收购国有股权，再到QFII、QDII机制等渐次展开的全方位开放局面。CDR机制是中国证券市场开放的趋势，但这一金融工具对国内证券市场的负向冲击力非常大,预计监管部门在短期内不会推出这一工具。

3. 下调或单边印花税的存在可能性。在市场低迷的条件下,印花税下调成为一种政策必要。2003年很有可能再次下调印花税或单边收取。

4. 有可能推出T+0交易机制。

5. 券商融资渠道必然进一步拓宽。资本市场和货币市场的对接问题有望改善,券商直接上市及发行债券将成为重要的融资新途径。

6. 进一步培育机构投资者。预计2003年将进一步大力培育机构投资者,包括拓宽社会保障基金和保险资金运用渠道,使其积极进入资本市场,以及重点发展中外合资(合作)基金、开放式基金等。

7. 金融企业上市步伐加快。保险公司上市将提上历史日程,先期上市的保险公司将是股份制的中小保险公司;继中信证券上市之后,证券公司上市将成为2003年的热点;相对而言,随着股份制银行的大批上市,2003年商业银行的上市步伐将趋缓。

8. 创业板与三板市场的筹建。中国创业板市场的推出已成定局,但由于全球创业板市场的成败参半,政策层目前采取相当谨慎措施,预计2003年将采取继续筹建和论证工作,但不会正式推出市场。而随着证监会部分权力的向证券业协会转移,协会管辖的三板市场有可能在2003年下半年推出。

9. 国有股减持与流通问题。国有股减持将以国有产权的重组和转让的方式进行,国有股的比例降低,向外资减持将是重要方式之一。在国有股流通方面,目前来自学术界及民间的呼声很大,但由于定价与减持方式问题一时难以达成统一,2003年管理层是否推出该政策还难以确定。

10. 债券市场可能获得大力发展。预计2003年将推出促进债券市场发展的系列政策,如利用公开市场操作来推进利率市场化、企业债券的回购交易,企业债券管理条例的修订等。

(二)券商经营形势展望

1. 市场形势展望

展望2003年,整个证券市场的经营形势可能会好于2002年,但很可能是维持平稳发展的格局。宏观经济面的继续向好将为证券市场的稳健发展提供较为有力的支持,上市公司2002年业绩的提升以及规范化程度的提高也给市场向好的方面运行提供内在动力,外资机构及境外资金的进入、新一轮并购浪潮的兴起等有可能形成新的投资热点,并对市场树立新的投资理念等带来重要影响,而2002年年底相对较低的市场指数点位也为2003年的上涨留下了一定的空间。但也要看到,目前中国股市正处于关键的转型时期,随着市场规范化程度的提高,市场投资理念的成熟,今后市场运行将主要表现为平稳发展的特征。

2. 证券经营业务展望

(1)投资银行业务:预计2003上市公司融资总金额较上年稍有增长,但增加额不会太大,证券发行承销业务的市场空间相对平稳。但在通道制发行机制下,随着具有主承销业务资格券商数量的增多,券商之间在该业务领域的竞争将更为激烈,对于具体每一家券商而言,预计其证券发行收入难以出现大幅度增长。另一方面,2003年随着中国国资改革进程的加快,预计2003年很可能出现新一轮并购重组热潮,财务顾问、收购兼并等资本运作业务将成为券商2003年投行业务的一项新的利润增长点,而且该业务并不受通道数量的限制。

(2)证券经纪业务:经纪业务利润平均化是大势所趋。预计2003年整个市场交易量较上年会有所增长,但很难恢复到2000年的历史高位水平。在佣金标准实行浮动制、而近年众多券商增资扩股后纷纷增设营业部数量背景下,经纪业务的竞争更为激烈,其获利能力也会大大降低。长期来看,券商经纪业务利润占总利润的比例将是一个不断降低的过程。2003年券商在经纪业务领域能否实现盈利增长,主要取决于以下几方面:其一是切实提高对客户的综合服务水平,其二是大幅降低营业部的日常营运成本,其三是积极推进经纪服务的创新进程,如大力推进网上经纪业务、银证通业务、综合理财业务的发展等。

(3)投资理财业务:预计2003年券商投资理财业务的经营环境较上年将有所改善。但在中国证券市场的历史转型时期,以及境外投资机构的进入,今后券商理财业务的成功与否很大程度将取决于券商自身的综合投资实力,包括科学的投资理念、先进的投资技术、科学的决策程序、有效的风险控制等方面,实际运作中如何切实做到加强资金管理、提高资金的运作效率与获利能力将是券商理财业务中的关键环节。随着中国国债市场公开市场操作国际化进程加快,以及深交所率先在2003年推出企业债券回购交易,券商在加强传统股票理财业务的同时,同样不可忽视债券市场蕴涵的投资机会。

总体来看,2003年券商三大主营业务的经营环境会较上年有所改善,但整个行业将向利润平均化过渡。券商要保持较高的盈利能力并实现长足发展,一方面要抓住创新业务领域的获利机会,如收购兼并财务顾问业务、债券市场业务等;另一方面要在内部挖潜力,降低成本,提高自身的业务运作水平,如采取专业化运作模式,探索新的盈利模式,提高资金运作水平等。

3.证券公司自身发展展望

(1)金融控股公司将成为大型券商的重要组织形式

2002年12月5日,中国第一家金融控股公司--中信控股有限责任公司正式成立,经营业务范围涉及银行、证券、保险、信托、资产管理、期货、租赁、基金、信用卡等领域。此外,目前市场上的光大系、平安系、招商系、民生系事实上均已涉及银行、证券等业务范畴。在中国金融市场改革与开放进程加快,银行、证券、保险等业务关系更为密切的背景下,一些实力较强的券商向金融控股模式转变将是券商今后发展的一个重要方向。预计2003年将有更多的金融控股公司出现。

(2)券商上市的步伐加快

2002年12月,中信证券成为中国第一家通过证券市场公开发行股票上市的证券公司,标志着国内券商直接上市的政策开始放开。券商上市对于完善公司治理机制,拓宽证券公司融资渠道,促进国内券商的做强做大具有非常重要的积极意义。

预计2003年将有越来越多券商直接上市，对于获得上市机会的券商而言，其今后的竞争优势不言而喻。

(3) 融资渠道将有所拓宽

国内券商目前融资渠道主要包括定向募集、银行贷款、经批准成为全国银行间同业市场成员可以进行同业拆借、债券交易业务、股票质押贷款期限不超过6个月的贷款等。随着中信证券的直接上市，上市融资将是券商今后一个重要的融资途径。此外，据相关信息《证券公司债券管理暂行办法》很可能在2003年出台，这样一些经营稳健盈利能力较强的券商将可利用债券进行融资，而在目前市场利率较低的环境下，发行债券融资的成本较股票融资还要低。综合来看，预计2003年券商融资渠道将有所放宽。

(4) 业内收购兼并进程加快

2002年是证券业极为低迷的一年，几乎是全行业亏损的一年。尽管2003年证券市场预期会有所好转，但以往靠获取行业垄断利润的可能性大大降低，估计仍将有相当部分券商经营艰难。另一方面，随着券商上市的加快、金融控股集团的组建、合资证券公司的设立，将出现强者恒强的局面。这样，在证券公司两极分化加剧的形势下，券商业内部的收购兼并将不可避免，预计2003年将会有更多的中小型券商被大公司所收购兼并。

2002年中国十大证券新闻

中国证券报

中国证券报编辑部评出中国2002年十大证券新闻：

一、证券市场民事赔偿机制正式启动。1月15日，最高人民法院下发《关于受理证券市场因虚假陈述引发的民事侵权纠纷案件有关问题的通知》，标志着中国证券市场民事赔偿机制正式启动。随后，ST红光、ST同达、大庆联谊、ST嘉宝等证券虚假陈述民事赔偿案分别开庭或结案。

二、违规中介机构遭重罚。2月8日，财政部对中天勤会计师事务所作出行政处罚，正式吊销中天勤执业资格及两位签字会计师的会计牌照。5月24日，东方趋势投资顾问有限公司未通过年检，失去证券投资咨询资格。8月10日，鞍山证券因严重违规经营被撤销。9月7日，大连证券因违规经营被停业整顿。

三、券商佣金实行浮动制。4月4日，中国证监会、国家计委、国家税务总局发出通知，自5月1日起证券交易实行最高上限向下浮动的佣金收费标准。

四、新股发行恢复向二级市场投资者配售。5月21日，中国证监会发出通知，决定恢复向二级市场投资者配售新股的发行方式，配售比例在50%至100%之间确定。此后，发行新股公司大多采用了100%向二级市场投资者定价配售的方式。

五、周小川阐述中国证券市场特征。6月17日，中国证监会主席周小川在2002年中国证券投资基金发展国际研讨会上指出，中国的资本市场，既是新兴市场，又属于转轨经济中的市场，从不成熟过渡到成熟这样一个历史阶段是不可跨越的，是要经过一段时间的。简单化地用成熟市场的标尺来衡量新兴市场及其中的投资价值是不实际的，是容易导致偏差的，也是容易丧失机遇的。但这个过渡过程是可以加速并缩短时间的。

六、国务院决定停止通过国内证券市场减持国有股。6月24日，国务院决定，除企业海外发行上市外，对国内上市公司停止执行《减持国有股筹集社会保障资金管理暂行办法》中关于利用证券市场减持国有股的规定，并不再出台具体实施办法。此举引起市场强烈反响。

七、证券市场对外开放步伐加快。10月17日，首家中外合资基金公司———国安基金管理公司正式获准筹建。11月8日，QFII制度正式启动。12月19日，首家中外合资证券公司———华欧国际证券有限公司获准设立。此外，有关部门还先后出台了一系列政策法规，允许证券公司申请设立或参股、收购境外证券公司，允许向外商转让上市公司国有股和法人股。

八、证券市场资金供给渠道拓宽。10月30日，银行间债券市场对非金融机构法人开放。12月，社保基金正式确定托管人和投资管理人。2002年也是证券投资基金业超常规发展的一年。截至目前，国内证券投资基金净资产规模总额已达1300亿余元。

九、十六大报告提出推进资本市场改革开放和稳定发展。11月8日，江泽民同志在党的十六大报告中指出，要“推进资本市场的改革开放和稳定发展”，要“正确处理虚拟经济和实体经济的关系”，“一切合法的劳动收入和合法的非劳动收入，都应该得到保护”，“确立劳动、资本、技术和管理等生产要素按贡献参与分配的原则”。

十、中信证券成为首家发行上市的证券公司。12月13日，中信证券成为中国首家通过IPO上市的证券公司。此前，中国第一家金融控股公司———中信控股有限责任公司成立，它是投资和管理中国中信集团公司所属境内外金融企业的控股公司。

中国企业债券融资与发展状况

重庆市发展与改革委员会副主任 杨庆育

20世纪90年代以来,中国经济体制由计划经济向市场经济发展,与此同时投融资体制发生了巨大的变革。多元化的投融资主体格局正在形成,围绕着资本市场的建立和多种融资方式的出现,直接融资逐渐成为企业融资的重要部分,债券融资也引起越来越多企业的关注。

一、中国债券融资发展历程

中国企业债券融资始于80年代中期,近20年来,大致经历了四个阶段。

(一)自发阶段(1982年—1986年)

从1982年开始,少量企业开始自发地向社会或企业内部集资,这一阶段的集资行为既没有政府审批,也没有相应的法律法规制约,缺乏管理。到1986年底,这种相当于发行债券的融资筹集了100多亿元的资金。

(二)起步管理阶段(1987年—1992年)

针对企业自发的集资行为,政府开始研究对企业债券的管理。1987年3月,《企业债券管理暂行条例》由国务院颁布实施。根据条例的规定,中国人民银行是企业债券的主管机关,发行债券必须经人行批准。同时人行会同国家计委、财政部制定全国企业债券发行的年度控制额度,下达各省、自治区、直辖市和计划单列市执行;人行对企业发行债券实行集中管理分级审批制度。

1987年,国家计委首次编制了全国企业债券发行计划,当年批准发行债券30亿元,1990年债券发行纳入国民经济和社会发展计划,将债券融资作为固定资产投资来源渠道。并与人民银行联合制定了额度申报制度及管理办法;随后债券的发行开始骤增,1992年发行总量近700亿元,创历史最高水平,其中发行地方企业债券258.77亿元,发行短期融资券228.53亿元,发行内部债券111.51亿元,还同时发行了住宅建设债券、地方投资公司债券等等。当年在国务院68号文件中还规定,企业债券由地方政府审批。

过热的经济产生了债券融资的强烈需求,这期间发行债券出现了一些失控,部分省越权审批,一些规模小资信差的企业也趁机进入发行行列,有的甚至濒于破产的企业也通过发债筹集工资,使刚刚步入相对规范的债券管理制度受到冲击和影响。

(三)波动阶段(1993年—1997年)

1993年中国经济处于过热的顶端,年初国家批准发行近500亿元的债券规模,但由于通货膨胀,使当年的国债发行困难。4月国务院宣布在国债未发行完毕之前,不得发行企业债券,与此同时还要求企业债券的利率不得高于新发行的国债利率,不久又宣布将发行企业债券的计划改为新增银行贷款计划。1994年企业债券发行计划实际上被取消,当年实际发行量仅38亿元左右。同时出现了部分到期债券不能兑付的问题,加之与少量企业乱集资出现的问题混淆在一起,引发出一些社会问题。在这样的情况下,国务院发布了关于坚决制止乱集资和加强债券发行管理的通知,1993年8月,《企业债券管理条例》出台。条例规定,由国家计委会同中国人民银行、财政部、国务院证券管理委员会拟订全国企业债券发行的年度规模和规模内的各项指标,报国务院批准,明令未经国务院同意,任何部分地方、部门不得擅自突破企业债券发行的年度规模,又一次关紧了发行债券的闸门。

(四)政策调整过渡阶段(1998年--目前)

1998年底,中国人民银行提出了调整企业债券管理制度的建议,得到国务院领导原则同意,至此《管理条例》停止了实施。

从1999年以来,债券发行由国家计委接受各省市和部门的申报后集中审核,报送国务院批准。这一阶段企业债券的发行条件实际上发生了变化,主要是为国家批准的大中型项目筹集建设资金,其申报的发行额度至少在10亿元以上。按此规模就要求发行人的净资产不能少于25亿元,这实际上已将一般大型和中小型企业排斥在发债行列之外。

1987年—2002年中国实际发行企业债券规模

单位:亿元

年份	1986	1987	1988	1989	1990	1991	1992	1993	1994	1995	1996	1997	1998	1999	2000	2001	2002
规模	100	30	75	75	126	250	684	236	162	301	269	255	148	158	89	245	320

二、债券融资中存在的主要问题

20世纪90年代以来,中国通过资本市场运作来引导其它资源实现优化配置的作用日益显现出来,资本市场的发展应该成为与市场经济体制确立相适应的企业经营机制改革的重要内容。但是目前资本市场发育与经济发展水平还很不适应,特别是企业债券市场的发展,从规模到质量诸多方面都存在问题。

(一)债券市场与经济发展的规模相比太小

债券市场和股票市场是企业直接融资的两个轮子,构成了证券市场的有机整体。债券市场主要由国债、金融债券和企业债券组成,目前国债占主要份额,金融债券次之,企业债券规模最小。中国的股票市场和企业债券市场都起步于80年代中期,但是进入90年代以后,股票市场得到了迅速的发展,市场规模不断扩大,近年来年筹资额平均都在1000亿元以上;而企业债券市场发育缓慢,明显不利于发挥资本市场的整体作用,明显不适应市场经济发展的要求。

(二)发债企业自我约束机制不完善,发债信用受到很大的影响

企业通过发债筹集资金的同时,可以降低财务费用、调整债务结构,同时通过发债审查评级的过程还可以进一步挖掘管理潜力,提高管理水平,从而形成发债自我约束机制。但从实际情况看,部分企业把发行债券与银行贷款等同,仍认为国有企业发生困难应由国家来帮助,往往是重发债,轻还债;重筹资,轻管理。这样的错误理念和行为使企业不仅没有在发债的过程中增强其自我约束机制,反而让企业背上了包袱,潜伏下社会的不安定因素。

(三)管理理念使部分企业债券在一定程度上演变成“准国债”

自1987年国务院颁布条例后,债券计划大多数成为国家计划建设项目资金不足的补充,加之以上分析的原因,从管理理念和计划安排中都把企业债券推到了弥补政府计划投资不足的位置上;更由于债券的期限、利率规模都由国家确定,这样从观念上使人们把本属于企业行为的债券看作了属于政府行为的债券,市场经济条件下的企业融资债券成为计划管理的“准国债”。准国债化使企业的行为扭曲,不自觉地放弃了债务责任,从根本上否认了自己是真正的发债主体。企业的行为又传染给投资者,使投资人也产生了准国债化的认识,当企业债券不能兑付时,投资人找政府示威。准国债化也使债券的利率发生扭曲,尽管发债企业进行了评级,但不同的评级结果仍然按同一债券利率发行,评级实际上成为一种资格审查,利率由政府确定,利率不能反映企业的信誉高低,信誉高也不能获得相对低成本的债券资金。

(四)企业债券的中介机构服务质量不高

企业债发行历史不长,债券中介服务机构起步晚,服务质量不高。从总体上看,中介机构对企业债券市场的作用没有完全发挥出来,主要表现在几个方面:一是主承销商不能全面地协调和把握好发债企业的关口,对承销团的成员协调力度也不大。二是评级行为不规范,加之评级结果与发债企业的利益不直接挂钩,只要达到发债级别其债券利率都一样,这就使评级机构对相差不太大的企业在级别评定上把握不严。三是会计师事务所审计发债企业的财务资料时,对财务资料审计不严的情况时有发生。

(五)企业债券二级市场建设滞后,使企业债券的流动性非常差

迄今为止中国债券二级市场的建设十分滞后,表现为上市的企业债券品种少、规模小,目前已上市的企业债券额度占债券发行额度的比重微不足道。变现是证券市场的生命线,如果没有二级市场的发育,投资者不能在债券到期前变现持有的债券,在投资决策时,很有可能选择银行定期存款,因为定期存款尚可提前支取。

(六)企业债券风险化解措施需要进一步完善

近年来管理机关十分重视债券兑付,采取了多种防范措施严格审核发债企业资格,例如把是否如期偿还作为发债的首要条件,发行债券的企业其信用必须在A级以上,发债企业必须连续3年盈利以及敦促发债企业认真执行偿债计划等等。客观地说这些措施对企业债券的兑付和风险的化解起到一定的积极作用,但是从根本上看,由于中国的体制和市场经济机制尚不成熟和完善,加之发行债券的担保也不十分落实,一旦发债企业出现偿债的困难,基本上是依靠各级政府和有关部门协调来解决。

三、加速企业债券融资发展的政策措施

企业债券几乎在所有发达国家的经济发展中,都被证明是融资的一种主要手段,在企业外部资金中始终占有较高比重。随着市场经济深入发展,企业对债券的需求必定加强。从金融风险防范的角度分析,中国目前作为企业外部资金主要供给渠道的国有商业银行,其资产质量仍然十分令人担忧,尽管剥离了部分不良资产,但不良贷款率仍然比较高;加上部分企业存在较大的风险,一旦受到市场冲击,企业风险将很快转化成银行风险,而国有银行的风险就直接表现为国家风险。这显然不利于社会主义市场经济健康发展。化解风险的根本出路一是真正形成企业良好的市场经营机制,提高企业的市场竞争力。二是形成与之相适应的企业融资机制,将融资风险的传导效应直接作用在企业自身,政府只通过政策制定和环境治理为企业创造低风险的市场经营环境。企业债券、股票以及中小企业市场融资毫无例外都会成为这种融资体制的基本品种。

中国已加入世界贸易组织,宏观调控将以适应微观经济竞争机制形成而进行调整,政府将通过逐渐降低行政管理的范围和强度,创造适应市场经济健康发展的企业直接融资体制生成的环境。债券融资发展缓慢与现行管理体制、社会公众认识以及管理运行机制等都有很大的关系,需要在认识上正本清源,在管理制度上积极调整。鉴于债券市场形成有着复杂的经济社会背景,其政策措施研究应分阶段进行,从近期(“十五”期间)和中长期(2005-2020年)两个阶段提出,近期侧重在制度法规上进行调整和改革,中长期侧重在市场的培育和风险控制等方面进行强化。

(一)“十五”期间应采取的主要政策措施

1. 改革政府对债券方式的管理。应强化从建立健全社会主义市场经济体系的高度,重视对发展直接融资的认识。政府的管理应从重视行政审批控制向重视市场化运作方式转化;从直接管理向监控信息披露真实性的间接管理转化;从单纯重视企业融资向保护投资者的利益转化。其次要逐步改革国家对企业债券计划总量控制、项目审批和规模管理的方式,逐步向政府部门制定债券融资资格标准,发债企业据以向社会公开发布信息,通过核准制和备案制发行债券方式过渡。第三是对中介机构的监管,通过制度使中介服务保持公开、公平和公正,对中介机构的违规违纪行为,要加大执法处罚力度直至取消资格;强化债券中

介市场运行环境的治理,切实加快机构自律的建设,充分发挥自律和一线监管的作用,弥补政府在行业监管能力方面的不足。

2. 加快修改有关法律法规。按照实行国民待遇和国际惯例的要求,调整有关法律法规。相关法规条款应明确地界定企业债券的含义和内容,统一规范提法和管理,《债券管理条例》以及《公司法》和《证券法》中有关企业债券的条款必须统一,使债券融资行为有统一的法规约束。

3. 尽快颁布实施适应形势发展要求的新的企业债券管理条例,新条例应该充分体现企业债券市场化改革基本方向,要在审批制度、利率水平、资金使用、中介机构的作用、强化社会监督各个方面,全面体现社会主义市场经济的深入发展对企业债券融资的基本要求。

4. 尽快制定与管理条例相适应的配套措施。管理条例与相应的配套措施结合,才能发挥出管理的效能,近年配套措施应重点在八个方面:①关于发行企业债券申报核准工作;②关于企业债券信誉评级工作;③关于发行企业债券的担保工作;④关于企业债券发行的承销工作;⑤关于会计师事务所参与企业债券发行工作;⑥关于律师事务所参与企业债券发行工作;⑦关于信息披露工作;⑧国家管理机关还必须明确企业债券印制管理的有关要求。

(二)从长远(2005 年—2020 年)发展企业债券应注重市场的培育完善和风险控制,不断提高科学性和市场化水平

1. 修改有关管理条例,还企业债券本来面目。国家关于企业债券的管理条例,要合理界定企业债券的含义和内容,将现实中的企业债券和公司债券统一起来。放开对发债主体的限制,要逐渐按照股份有限公司和有条件的有限责任公司来界定。不同所有制的企业,发债可以根据不同品种特点确定,例如国有独资企业发行债券,可以考虑纳入地方政府债券;市政公用设施项目发行债券,可以考虑纳入市政债券;而股份有限公司和具备条件的有限责任公司可以发行真正意义上的企业债券。

2. 逐步规范债券管理,加强债券风险制度的建设。证券市场是严格的法制监管市场,对债券市场进行严格的监管,这对确保债券兑付有积极作用。首先要建立企业债券的财产抵押机制。第二要规范评级体系,要有与中国企业运行基本吻合的评级体系,与中国市场发育基本适应的规范的评级行为,评级结果能真正成为投资者投资的基本依据。第三要在适当时候修改破产法,利用破产重组、破产管理人等制度促使企业尽可能偿还债务。第四是要对发债企业进行严格的资信审查。

3. 丰富债券品种,逐步形成债券市场利率机制。成熟资本市场的债券一般分为政府债券和公司债券,由于中国存在着大量国有企业,而国企发行债券,有政府债券的性质,政府事实上承担着无限连带责任。所以设计企业债券品种,要立足于国情,从长远发展看,将债券市场分为国家债券、地方政府债券(市政债券)和公司企业债券是基本方向。在这样的基础上按照逐步推进的原则,构建适应中国国情的企业债券品种体系。

债券利率是反映债券特殊商品的市场价格组成,利率高低反映出投资的价值,是决定是否购买债券的重要依据,利率定得是否恰当直接影响债券发行。从利率的本质看,必须反映发行人信用状况,反映债券供求状况,必须逐渐完善债券利率形成机制。

4. 充分发挥社会中介机构的服务作用,通过中介服务加强对企业债券的监督和管理。所有中介机构的服务质量的高低将直接影响债券市场的发展,要努力通过中介机构的业务素质和操作技能的提高,来强化中介机构对发债企业的监督和约束能力。要达到这样的结果,需要赋予中介机构必要的监督职能;同时还应该对所有的中介机构建立相应的报告制度;对弄虚作假的中介机构必须追究其经济责任和法律责任,对由于弄虚作假的材料而导致的经济损失,必须追究相应的中介机构的财产的赔偿责任和财产的清偿责任。

5. 建立多层次的企业债券市场,促进市场尽快形成完备的功能。由于中国发行债券的企业受不同的市场规模、投融资规模以及其他因素的影响,需要多层次的债券市场与之相适应,不仅应该有场内交易所,还应该有多种形式的场外交易。

6. 从制度上保证发债企业成为真正的富有市场化效率的企业。企业债券市场发展成败的关键在于培育高效率的企业,企业是债券市场的基石,只能通过加大国有企业改革的力度,建立起一大批与现代企业制度相适应的真正的企业,才能为企业债券市场的发展开辟广阔的前景。

2002年国债市场回顾和展望

国都证券研究中心 廖晓东

总体来看,2002 年国债市场是继 2001 年继续高速发展的一年,市场建设稳步推进,活跃度进一步提高,国债市场总量创1998年以来的新高,为实施积极的财政政策提供了坚实的支持。截止到 12 月 16 日第 16 期记账式国债发行完毕,2002 年国债发行工作基本上圆满结束。纵观 5 年来的运行情况,2002 年的国债市场是 1998 年以来积极财政政策的延升。由于 2002 年国际经济仍然处于低谷,"911"事件后形势更加严峻,中国面临国内出口压力增加,内需不足等一系列不利的内外环境,因此

2002年更进一步强化了积极财政政策力度，并使得国债市场的运行呈现出与往年不同的特点。

一、国债发行市场

（一）国债发行规模创历史新高

中国自1998年开始实施积极财政政策，国债发行呈规模大、持续增长的特点。5年累计发行国债22577.6亿元（加上发行的长期建设国债，总量达到29177.6亿元），平均每年发行4515.5亿元，年均增长28.56%。预计2002年国债余额将达到20000亿元左右。由于积极的财政政策力度加大，2002年国债发行规模再度创下5946.30亿元的历史新高，如果考虑到1500亿元的建设国债，以及国开行和进出口行发行的政策性金融债券，2002年国家举债规模将是空前的。国债发行规模的高企是近两年来国际经济持续滑坡导致出口增长减缓、内需未明显启动的局面下的必然选择。5年来积极的财政政策效果是明显的。1998年开始通过扩大国债发行规模、加大政府投资，有力的拉动了中国经济的持续快速增长。以对GDP年增长贡献幅度考察，1998年—2001年，国债投资带动经济增长分别为1.5%、2%、1.7%、1.8%左右。2002年国债对经济增长的贡献将达到1.9%的水平。

（二）发行方式市场化程度进一步深化

自1981年中国恢复国债发行以来，中国国债发行经历了行政分配、承购包销、柜台销售以及1996年开始实施的招标发行方式。1997年开始，中国国债采取了混合发行方式。具体而言，凭证式国债仍是通过柜台销售方式发行；记账式国债在1997年—1999年主要采取承购包销方式；2000年以来采取招标发行的比例逐渐增加，2000年通过竞标发行的国债数额为约2000亿元，占当年国债发行总规模的近41.2%，2001年达到63.14%，2002年达到63.27%，市场化程度进一步深化，发行价格或者利率的形成更充分体现了市场竞争。

（三）国债发行品种逐渐多样，可流通规模恢复并持续增加

目前中国发行的国债长期品种仍然占较大的规模，而短期品种仍然嫌不足。这是实施积极财政政策和降低发行成本双重因素决定的，短期品种显然难以保证积极财政政策的稳定性。2002年国债包括了1、2、3、7、10、15和目前期限最长的30年期国债，在长短期限配搭上较以前分布更为“均匀”；在付息方式上既有一年一付，也有半年一付。与2001年相似，2002年国债可流通规模继续回升。

（四）债券发行利率下降趋势明显，并导致招标不足的情况出现

2002年记账式国债基本上采用了招标发行方式，整体上发行利率下降明显。这一点从2002年各期国债对比以及同2001年比较可以明显观察到。2002年国债发行利率波动较大，如发行的7年期国债，从年初的2.7%到6月底降低到2%；5月23日中国首只30年期国债中标利率仅为2.9%，与美国30年期国债5.6%左右的收益率相比低了2.7个百分点；9月17日发行的15年期国债中标利率仅为2.3%。由于发行利率过低，蕴含的利率风险日益突出，因此下半年7年期限的国债发行利率有所上升，到15期国债由财政部“强制”提升到2.93%的水平，表明市场及发行方均已经认识到利率风险已经是一个不容回避的问题，各方的理性程度开始回升。但是，相较于2001年，2002年的利率水平下滑趋势更是一目了然。2001年7年期国债最低利率为2.9%，平均为3.22%，而2002年7年期国债平均发行利率仅2.49%；2001年的最长期20年期国债发行利率为4.26%，高出2002年30年期国债发行利率1.36个百分点。

由于发行利率过低，导致2002年几期记账式国债发行流标。如7月18日招标的（第九期）10年期国债，由于招标上限设定为2.7%，原计划的260亿元的发行量仅获得173.3投标量；招标利率上限为2.3%的12期国债投标量为191亿元，距计划发行量差19亿元；14期国债尽管招标利率上限达到2.65%，并以上限作为最终招标利率，但投标量距计划发行量仍差51亿元。

值得注意的是2002年记账式15期国债的发行，该期债券在前期发行利率过低和利率风险日益凸现的情况下，一改前几期债券发行方式，将票面利率事先固定在较高的2.93%的水平，并实行数量招标的发行方式。该期国债发行600亿元，其中凭证式260亿元，在交易所和银行间招标发行340亿元，并可以在交易所和银行间市场自由转托管。15期国债投标一扫前几期国债发行的阴霾，创下了投标金额达6768亿元的天量，银行间和交易所共89家承销机构有70%以上按照投标上限投标。其意义在于，市场各方对于将来利率风险的意识进一步强化，并对究竟什么样的发行利率是合理水平形成了一个较为统一的认识；同时，自由转托管的主要作用还在于增加了券种的流动性，表明市场对于债券的流动需求较为强烈，而目前三个市场的分割限制正是这种流动性需求的桎梏。

二、国债二级市场情况

从中国国债市场发展历程来看，交易所现券到期收益率基本上高于银行间市场。但总体上两个市场的到期收益率均呈下降趋势，投资现券已经脱离了暴利阶段，以往交易所那种一只现券涨幅达到40—50%的情况再难重现。主要是因为是中国连续8次降息后，国债利率一直处于较低水平。至2001年—2002年间这种情况更为突出。交易所与银行间现券到期收益率差异逐步拉近。2002年的国债二级市场主要具有以下特点：

（一）银行间市场——交易活跃，流动性提升，现券到期收益率和回购利率先抑后扬

截至2002年12月11日，全国银行间债券市场债券交易年结算量首次突破10万亿元大关，达到100258.52亿元，较2001年全年增长104.38%。其中回购交易结算量96339.92亿元，较上年全年增长140.05%；现券交易结算量3918.60亿元，较上年全年增长366.50%。从现券平均交易量来看，一季度现券平均每月交易量为202亿元；二季度为641亿元，其中6月份的现券交易量达到729亿元，几乎达到前两年年交易量的水

平；三季度平均每月现券交易为316亿元。现券交易表现出空前的活跃，流动性有所提高。

2002年上半年交易活跃程度逐步增加，而到3季度交易有萎缩之势。主要原因在于，2002年国债发行利率普遍较低，特别是下半年几期国债上市后跌破面值引发市场走向理性；6月25日开始央行改变了公开市场业务操作方式，持续进行正回购操作，尽管市场各方对于央行公开市场操作的意义各执一端，但不可否认客观上央行的正回购操作在部分对冲外汇占款快速增长的同时导引了利率的止跌回升；由于2002年中国在扩大内需、吸收外资特别是出口增长大大好于预期，经济继续快速增长，人民币名义利率下调的可能性减小等因素影响下，市场在交投方面更趋谨慎。

与此相应的是，上半年国债经过一轮上扬后，银行间现券在下半年经历了理性的回调整理，到期收益水平逐步回升，现券收益率曲线逐渐上移，收益率曲线回移明显，但以短期现券上移幅度较大。同样，下半年回购利率开始逐步走高，到12月回购利率均已回2.29以上。

（二）交易所市场

——绝对交易量增加，但相较而言呈萎缩之势

截止到12月11日，2002年交易所市场绝对成交量达到5816.58亿元，较2001年增长了1433.53亿元，但在实质上成交金额有所下降，原因在于上市券种增加5只所致。如果将2001年上市的老券成交情况作一对比，2002年11只老券成交量为4228.27亿元，较2001年减少154.78亿元，若考虑到010107、010112等券在2001年末上市的因素，这11只老券成交量减少幅度更大。

——新券上市跌破面值

2002年最突出的现象就是010210、010213和010214上市后即跌破面值，主要原因在于发行利率过低。从市场比价效应看，这几期券的到期收益与市场上相同到期年限的券种相比明显偏低，内涵收益要求这些券种上市后定位只能到面值以下。

——新券发行利率的走低以及上市定位成为市场调整的直接因素

从具体品种上看，010107无疑是2002年交易所的龙头券种。该券从年初的108.14元到1月底付息前上涨到110.86元，在其后一月左右的时间里稍事休整，便一路上涨至5月30日的117.44元，并与010112、009908一道带动了几只中长期券上半年的一波牛市行情。但是，由于前期炒作过渡，加之2002年国债发行利率不断降低，限制了现券的炒作空间，利率风险日益成为市场关注的焦点，下半年国债现券市场经历了一次相当幅度的调整。调整的时机主要在新券发行上市的时候。典型的情况是：由于新券010213、010214的发行上市，带动现券下跌，其中以010214券上市后现券加速补跌的情况尤为明显。从今后的发展来看，由于2002年记账式15期国债具有较好的质地，该券极有可能成为交易所市场的新的龙头品种。

——现券市场的到期收益水平仍然是投资品种选择的主要因素

在交易所市场上，尽管交易量在增长，但与现券品种的增加不无关系，而特别突出的现象是，现券成交主要集中在几只券种上。从3月至12月初，沪市国债成交金额在500亿以上的国债品种集中在010107、010112和009908、010115上，占该期现券累计成交金额的58.50%，而成交金额最大的010107券是成交金额最小的009704券40.92倍。其换手水平也居高不下。从到期收益率的来看，010107、010112和009908这三只券种的收益率水平在不同时期均处于前列，以12月16日的收盘价为例，010107、010112、009908到期收益率分别为3.393%、2.915%和2.881%，分别为交易所现券到期收益率的第1、2、4位。实际上，市场对于券种的选择或者偏好仍然是以收益水平为基本思考方向。这种现象对于将来的现券投资品种的取舍无疑是一个极其重要的信息。

就总体走势来看，2002年交易所国债现券与银行间市场一样，也经历了年初的“火爆”行情，但基于同样的原因，在下半年特别是10月份经过了深幅回调。在回调整理阶段，现券期限结构相对而言较为合理，但中期券到期收益曲线过分平坦。到11月，由于受美联储降息的影响，市场普遍预期人民币利率可能下调，在此情况下，现券价格特别是长期券种逐步迎来了一波反弹行情。此外，经过新券上市跌破面值带动市场整体深幅调整以后，市场反弹的要求也刺激了年底行情的提前到来。

2002年基金市场回顾和展望

泰阳证券研究所

一、2002年回顾

总体上来说，2002年是基金大发展的一年，特别是开放式基金得到了空前的壮大。目前，国内已募集完毕并宣告成立的证券投资基金总数已达到71只，基金净值总额达1300亿元（开放式基金以发行份额计算），以11月12日收盘价计算，基金净资产达A股流通市值的10%。到目前为止，国内共有19家基金管理公司，增加了湘财合丰、银河、天同、中融等四家，2002

年已有超过10家基金管理公司获准筹建。2002年是中国基金扩容最快的一年,募集资金数量最多的一年,2002年共有22只基金首发或扩募,累计募集资金达568.32亿元,这一募集规模既是上年全年的2.7倍,又创造了近5年最高的募资记录。

(一)法规

1.《证券投资基金法》。1999年3月30日,全国人大财经委员会《投资基金法》被纳入了九届人大立法规划,至今《投资基金法》已经四易其稿。8月23日,草拟中的《基金法》改名为《投资基金法》,首次提交全国人大常委会审议,内容由原先14章改为11章109条。《投资基金法》还存在争议,2002年内不可能出台,但为以后的通过打下了基础。

2. 其他法规。其他重要的法规主要有:

2002年6月3日中国证监会发布《外资参股基金管理公司设立规则》;

2002年12月19日中国证监会发布《证券投资基金管理公司内部控制指导意见》;

2002年8月14日中国证监会发布《关于证券公司办理开放式基金代销业务有关问题的通知》;

2002年9月24日中国证监会发布《证券投资基金销售活动管理暂行规定》;

2002年11月18日中国证监会与对外经济合作部联合发布《关于实施(外资参股证券公司设立规则)和(外资参股基金管理公司设立规则)有关问题的通知》。

(二)政策

1. 2001年,监管层一直强调要超常规发展机构投资者,而基金是机构投资者的重要组成部分,得到了监管层的大力扶持。

2. 证券投资基金业委员会成立。中国证券业协会证券投资基金业委员会2002年12月4日在深圳成立,主要职能是调查、收集、反映业内意见和建议;研究、论证业内相关政策与方案;草拟或审议证券投资基金业务有关规则、执业标准、工作指引和自律公约;协助开展业内教育培训、国际交流与合作等。证券投资基金业委员会的成立将有利于充分发挥促进基金行业自律与发展,增进基金业内沟通,维护基金行业合法权益和推动业务创新的积极作用。委员会将成为基金业市场创新的主体和推动诚信自律的组织者。

3. "好人举手"制度。应该说这一制度是2002年基金大扩容的一个重要政策基础。管理层对设立基金实行"好人举手"制度——上年5月中国证监会公布的《关于申请设立基金管理公司若干问题的通知》规定所有拟作为基金管理公司发起人的机构都需向证券监管部门和证券交易所提交自律承诺书,承诺严格规范自身证券投资行为。

(三)热点

1. 合资基金。10月16日,第一家中外合资基金管理公司国安基金管理公司获中国证监会批准筹建。该公司发起人分别为国泰君安证券和德国安联集团。到目前为止,中国证监会已经批准了4家中外合资基金管理公司筹建。除国安基金外,还有由华宝信托和法国兴业资产管理公司发起的华宝兴业基金管理公司、海通证券和富通集团发起筹建的海富通基金管理公司,以及由招商证券和荷兰国际集团发起筹建的招商基金管理公司。

2. 债券型基金闪亮登场,打破股票基金一统天下的局面。国内首只纯债券基金——华夏债券投资基金10月23日正式成立,共销售基金份额51.33亿,列目前国内所有基金发行规模之首。在此之前,国内首只以债券投资为主的基金——南方宝元债券型基金首次发行也成功募集到49.03亿元。南方宝元与华夏债券的亮相,打破了原先基金产品只有单一股票基金的格局。

3. 封闭转"开放"呼声很高。2002年下半年以来,由于股市的持续下跌,封闭式基金跌破面值、折价交易的现象日趋严重。投资者特别是保险公司提出了将封闭式基金转为开放式基金的建议,并纷传有基金向监管部门提出了有关方案。这种要求是出于三方面的考虑:一是通过封闭转开放,改变封闭式基金大幅折价的局面,解决其流动性问题;二是解决封闭式基金发行困难的窘境;三是在股市低迷期间,开放式基金在经营业绩同样难如人意的情况下,运行相当平稳。

4. 社保基金选定基金管理人。全国社保基金资产总额为805.09亿元,是重要的特殊投资机构,按规定,社保基金可流进证券市场的资金总量达320亿元。经过长期的"选秀",最终南方、博时、华夏、鹏华、长盛、嘉实六家基金管理公司脱颖而出,成为首批社保基金管理人。

5. "1+1"原则下基金公司股权高价转让。中国证监会2002年公布"1+1"原则,即一家机构控股或参股基金公司股权不能超过1家。这意味着,多家券商或信托公司必须转让或减持所持基金公司股权。基金市场虽不景气,但基金公司股权仍是市场的抢手货。股权转让价格更是从先前的3元翻了一番。

6. 产品创新。2002年基金产品创新不断,成为证券市场十分抢眼的事情。主要的基金创新产品有:首"quot;安全型"概念的开放式基金——博时价值增长基金;首只一年后"封闭转开放"的银丰基金;首只纯债券型基金——华夏债券投资基金;首只开放式指数型基金——华安上证180指数增强型证券投资基金。

7. 基金"换帅"。2002年,基金管理公司"换帅"成风。在年初,博时、大成、华夏、南方基金管理公司先后更换基金经理。进入年末,这股"换帅"风尤烈。

8. 保险资金投资政策松动。在12月10日保监会宣布取消的首批行政审批项目中包含着保险资金入市最大的政策障碍:保险公司投资证券投资基金资格审批和保险公司投资证券投资基金的投资比例核定。根据保监会的解释,以后凡符合监管部门认定运营条件的保险公司都可进行基金投资,无须再逐家报批。这两项行政审批项目的取消将有利于扩大基金的机构投资者队伍,并能对基金的价格发现功能起到积极的促进作用。

(四)封闭式基金

1. 净值。目前共有54只封闭式基金。截至12月20日的基金资产净值为734.9亿元,平均每只13.61亿元。平均单位净值为 0.8846 元，单位净值在面值 1 元以上的有两只，基金融鑫 1.0032 元和基金兴华 1.0023 元，接下来是基金安顺、银丰、兴和，基金单位净值最低的为基金景业（0.7354 元）、基金汉鼎(0.7526 元)、基金景宏(0.7529 元)。

2. 封闭式基金的发行。2002 年共有四只封闭式基金首发，三只 30 亿(基金丰和、科瑞和银丰)和一只 20 亿(基金久嘉)的规模，共发行了 110 亿份基金单位。共有四只封闭式基金进行了扩募，它们是基金久富、融鑫、安久和景业，总扩募了 9.23 亿份基金单位。封闭式基金共筹集了 120.37 亿元资金，仅占 22 只首发或扩募基金募资总量的 21.2%。封闭式基金的发行在上半年还算顺利，但下半年陷入了困境。原因主要是：自 2001 年以来股价大幅滑落，而基金管理人在 2002 年又操作不当，使基金净值大幅缩水；大部分封闭式基金长期高折价交易。

3. 封闭式基金二级市场。2002 年封闭式基金二级市场基本上乏善可陈。上海证券交易所基金指数从上年末的 1183.13 点跌到 12 月 20 日的 966.11 点，跌去 217.02 点，跌幅 18.34%。深圳证券交易所基金指数从上年末的 1139.75 点跌到 12 月 20 日的 899.40 点，跌去 240.35 点，跌幅 21.09%。两市基金指数跌幅远高于上证综合指数的跌幅 13.25%和深圳成份指数的跌幅 12.65%。基金走势基本上与股票市场的走势相同，上半年上下震荡，下半年 6.24 之后单边下行。与股市主要的差别是股市 2002 年的最低点是在 1 月底(上证综指 1339.2 点)，近期的低点是次低点(上证综指 1353.14 点)，而两市基金指数都是在近期为 2002 年的最低点(也为历史最低点)且点位相差较大，上证基金指数 1 月 22 日为一局部低点 1016.79 点，而 2002 年的最低点为 11 月 27 日的 934.54 点，深圳基金指数 1 月 18 日为一局部低点 961.64 点，而 2002 年的最低点为 11 月 27 日的 866.22 点。

从交易量来看，54 只封闭式基金 2002 年的交易金额（至 12 月 20 日)为 1144.89 亿元，比 2001 年交易额 2552.31 亿元减少了 1407.42 亿元，减少幅度为 55.14%。2001 年的日均成交金额为 10.63 亿元，而 2002 年前 11 个月仅为 5.21 亿元，减少了 50.99%。

12 月 20 日，54 只封闭式基金全部收盘在面值之下。当日收盘价格最高的为基金融鑫，0.92 元，其次是基金兴华，0.9 元。当日收盘价格最低的为基金景宏 0.7 元。平均收盘价格为 0.8 元。54 只封闭式基金有三只收盘在单位净值以上溢价交易，分别是基金汉鼎溢价 2.31%、基金安久溢价 1.14%和基金景业溢价 0.63%，其余 51 只基金折价交易，幅度最大的为基金丰和折价 16.46%，其次为基金科瑞 16.38%、基金久嘉 15.93%。小盘基金的折价幅度小于大盘基金，溢价交易的全部是 5 个亿的改制基金，小于或等于 10 个亿的 27 家基金平均折价幅度为 6.96%，而 10 个亿以上的 27 家大盘基金平均折价幅度为 12.67%。54 只封闭式基金 12 月 20 日市价总值为 645.77 亿元，比总净值少 89.13 亿元，与总净值的折价幅度为 12.13%。11 月 21 日，所有的基金都跌破了净值，基金指数首次跌破了 1000 点整数关。

4. 分红。2002 年共有 23 只封闭式基金实施了分红，上半年有 20 只基金分红，下半年有 4 只进行了分配，其中基金鸿阳分红两次，23 只基金总分红金额为 25.22 亿元，平均每基金单位派 0.052 元，分红最高的是基金安信，每基金单位派 0.23 元，其次是基金同益，每基金单位派 0.1955 元，分红最少的是基金科汇，每基金单位派 0.0015 元，其次是基金汉盛，每基金单位派 0.003 元。基金安信 4 年内每份基金单位累计分红达到 1.167 元，成为首只分红回报率超过 100%的基金。

（五）开放式基金

2002 年是开放式基金急剧扩容的一年，共发行了 14 只开放式基金，开放式基金总数已经达到了 17 只，新增加 11 家基金管理公司加入开放式基金管理人的行列，新增两家银行进入开放式基金托管人行列。

1. 净值。由于开放式基金份额经常变化，而基金管理公司并不公告其份额变化，因此无法获得目前总净值的情况，只能获得开放式基金的单位净值。

由于成立的时间较短，开放式基金的单位净值要好于封闭式基金。12 月 20 日，开放式基金的平均单位净值为 0.9706 元，比封闭式基金高出 0.086 元。南方宝元债券（单位净值 1.005 元)、华夏债券(1.004 元)、大成价值增长(1.0021 元)和银华优势企业(1.0011 元)四只基金净值高于面值，其余 13 只基金单位净值低于面值，单位净值最小的是鹏华行业成长 0.8769 元。2001 年设立的三只开放式基金单位净值排名靠后，且都低于年初值。

2. 开放式基金的发行。在 22 只首发或扩募的基金当中，开放式基金占 14 家，共募集资金 447.95 亿元，占募资总量的 78.8%。

3. 开放式基金申购与赎回。2002 年股市持续低迷，开放式基金经营业绩同样难如人意，但是并未出现巨额赎回的情形，其申购与赎回相当平稳，基金的份额还略有上升。

下半年，市场纷传长盛成长等开放式基金出现了大额赎回，不过有关管理公司出面澄清，没有对市场造成影响。

4.分红。只有 2001 年成立的三只开放式基金进行了分红，南方稳健成长每单位分配 0.04 元，华夏成长分配 0.027 元，华安创新分配 0.022 元。南方稳健成长基金分红了两次，第一次每 10 份基金单位分红 0.25 元，第二次每 10 份基金单位分红 0.15 元，成为国内首只实现两次分红的开放式基金。

(六)绩效评估

2002 年，上证 A 股指数从 2001 年末的 1712.54，收于 12 月 20 日的 1492.02，2002 年以来的跌幅达到 12.88%，中信国债指数 2002 年以来的涨幅为 3.99%，用作基金绩效比较基准的复合指数的跌幅为-9.50%(A 股占 80%的权重，债券占 20%)。考虑到可比性，这里只对成立于 2002 年之前的 48 只封闭式基金和 3 只开放式基金的表现加以考察。从基金的绝对表现看，2002 年，具有全年经营期的 48 只封闭式基金及 3

只开放式基金没有一只基金能够幸免于难，基金净值增长率全面告负。但从基金的相对表现看，封闭式基金净值的平均下跌幅度为9.04%，3只开放式基金的净值平均下跌幅度为3.5%，均要小于上证A股指数及基准指数的跌幅。48只封闭式基金中有26只基金的净值缩水幅度小于复合指数的下跌幅度，超越基准指数表现比例为54.2%，3只开放式基金的表现则全部好于基准指数的表现。由此看来，如果不是求全责备的话，在跌势中，证券投资基金的表现仍不能说太差，中国基金所具有的“混合基金”的“进可攻，退可守”的特色再一次在保全基金资产上发挥了重要作用。在熊市中，少赔就是赢。基金平均仓位与基金表现的相关系数为-0.1，仓位变动的标准差与基金表现的相关系数为-0.3，说明平均仓位较轻的基金2002年净值下跌的幅度相对较小，但频繁调仓的基金的表现却并不理想。

封闭式基金中，2002年以来净值下跌幅度最小的五只基金依次是兴华(-0.84%)、泰和(-4.34%)、科翔(-4.69%)、景业(-4.99%)、开元(-5.25%)，开放式基金中，缩水幅度最小的则是华夏成长(-0.44%)，这些基金无疑是2002年基金中的“抗跌”英雄。

（七）保险公司对基金的投资

保险公司是基金的最重要的投资主体，至11月底，保险公司对基金的投资已达312.45亿元，比2001年末的208.99亿元增加了103.46亿元，增幅为49.5%。除了六月份之外，保险公司投资于基金的数额稳步增长。

二、2003年展望

（一）开放式基金

2003年开放式基金将继续获得投资者的认可，继续占据基金发行的主流，在两年内逐步成为基金市场的主流，占据主体地位，成为证券市场上举足轻重的投资机构。随着基金公司的分化，可能出现巨额赎回。

目前有4只开放式基金高于面值，这为年终分红提供了可能，估计会出现分红的开放式基金，但数额不会高。

（二）封闭式基金

在股市走弱的情况下，封闭式基金2003年的发行将更加困难，难以达到2002年的水平，二级市场将仍然随着股市大盘运行，其净值也将随着股市大盘的涨跌而起落。由于目前折价很深，随着股市的回升，其折价幅度有望缩小。

目前54只基金的市价和净值全部在面值以下。按《证券投资基金暂行管理办法》的规定，所有这54只基金均达不到分红的基本条件，很可能没有一家基金进行年终分红。

2003年年初基金行情将主要依附于股市的年报行情，并以净值上扬带动基金价格上涨为主要特征，基金指数的涨幅将低于股指的反弹高度。如果以2003年初年报行情的反弹高度为20%计，按目前基金平均65%左右的仓位，基金净值的理论反弹高度应为13%，但考虑到历来弱市反弹行情的主力品种均非基金重仓持有的股票，估计基金净值实际反弹高度在8%至10%。此外，在基金净值上涨的同时，基金加权平均折价率将反弹至6%至8%的区域。

2002年期货市场回顾和展望

国务院发展研究中心市场经济研究所 廖英敏

一、2002年中国期货市场基本情况

（一）期货市场比较活跃

2002年虽然期盼已久的新品种并没有推出，但期货市场面临的外部环境却发生了明显的变化。社会对期货市场的需求较快增长，在期货业拓展市场的努力下，期货市场比较活跃，并呈现许多新的发展特点。

1. 期货交易量稳步增长

2002年全年成交各类期货合约13943.26万手，比上年增长15.75%；成交金额39481.4亿元，比上年增长30.93%。在期货市场流动性增强、交易量稳步增长的同时，持仓量和交割量也同时放大。期货市场在品种不变的情况下，呈现了交易量、持仓量和交割量同时增长的活跃局面。

2. 主要交易品种同时活跃

2002年仍然只有六个期货品种上市交易，但在期货业积极活跃老品种的努力下，期货市场改变只有大豆一个品种“独大”现象，上海期货交易所的铜、铝和天然胶，大连商品交易所的大豆和豆粕，郑州商品交易所的小麦等品种，纷纷放量上涨，形成多个品种共创繁荣的局面(见表1)。2002年发生明显变化的是上年交易规模较小的品种，2002年都呈现了非常活跃的局面。其中，上海期货交易所的天然胶，一改交易萎靡不振的情况，交易渐趋活跃，全年交易量和交易金额分别比上年增长5393.77%和7494.11%，占有的市场份额由上年的最末位，一跃上升到第三位；大连商品交易所的豆粕、郑州商品交易所的小麦合约和上海期货交易所铝合约交易规模也都有较大的增长，现有六个正在交易的品种全面呈现活跃局面。

3. 交易行情比较火爆，市场平稳运行

2002年，国际经济的回暖和政局动荡，全球所有资源性商品价格都有不同程度的上涨；国内经济的继续走强，需求较旺，国内市场一些商品供求状况发生了变化。受国际、国内市场供

求的影响,2002年期货市场的许多商品价格出现激烈波动,较大幅度上涨。其中,大连S0301大豆合约期货价格从4月份的每吨1950元左右上涨到12月份最高价格达到2573元/吨,涨幅达30%多;上海期货交易所2002年的期铜价格较上年每吨上涨2000多元,最高振幅达900多点。天然胶的价格较上年上涨接近一倍;郑州小麦WT301年内涨幅达12%以上。在交易如此活跃的情况下,市场平稳运行,没有大的风险事件发生。尤其是大豆S0205合约的交割量达到76万多吨,没有出现违约现象,这说明期货市场的风险管理水平在提高,规范程度在加强,投资者的行为趋于理性,中国期货市场逐渐走向成熟。

表1 2002年商品期货分品种交易情况

品种名称	总成交量(万手)	交易金额(亿元)	市场份额%
大豆	8800.65	19254.67	48.77
铜	1159.26	9187.77	23.27
大然橡胶	804.20	4016.88	10.17
铝	471.16	3192.23	8.09
小麦	1827.16	2252.44	5.71
豆粕	880.83	1577.4	4.0
合计	13943.26	39481.40	100.00

4. 投资者信心恢复,入市数量增加,结构发生变化

中国经济的持续发展扩大了对期货市场的需求,中国期货市场的规范运行,增强了投资者进入期货市场的信心。虽然2002年期货品种没有扩大,但利用期货市场的投资者数量增加,流入期货市场的资金不断增长。2002年大商所的客户增加了2.2万户,三家交易所的保证金已经达80亿元,比2001年翻了一番。增加的期货投资者主要来自二个方面,一是套期保值者增加。为了分散和回避相关产品价格波动的风险,更多的生产、加工、经营的企业和个人利用期货市场套期保值。据统计,2002年有色金属行业在上海期货交易所套期保值量达到71.2万吨,其中铜套保量相当于中国铜年产量的50%;大连商品交易所43%的会员客户是粮食、油脂、饲料生产、加工、销售企业和个人,其主要目的是利用期货市场指导生产经营和回避市场风险。二是投资者增加。2002年期货市场行情火爆的同时,股市低靡,市值缩水,一部分投资资金撤出股市,进入到期货投资行列。大连商品交易所的会员客户中,进行套利交易的占30%,交易量占总交易量的60%。尤其值得注意的是一些投资公司进入期货市场寻找机会,根据商品季节性或周期性特征进行交易的战略投资者已经出现,说明期货市场的资金结构和投资者结构开始发生积极变化。

(二)期货交易所继续稳步前进

2002年三家期货交易所继续深化改革和加强内部管理,在探索制度创新、技术创新和研究开发新品种的同时,适时调整期货品种的交易规则和合约设计,为投资者创造更好的交易条件,在推进市场交易、活跃老品种和市场功能的发挥等方面获得了较大的成效,促进了期货市场的持续发展。

2002年大商所适应现货市场变化和需求,不断进行品种创新,调整品种结构,推出非转基因大豆合约,使大连市场发展成为全球最大的非转基因大豆期市,并推动着中国非转基因大豆品牌的形成,提升了国产大豆的国际竞争力。上海期货交易所改进现有期货合约,加强对相关企业的引导和培训,根据品种特性推动市场交易,改变了一个交易所只有一个品种活跃的历史,铜、铝、天然胶全面启动,进一步扩大了期货市场的功能和作用,在全球的影响力明显增强。郑州商品交易所小麦期货价格较好地反映了国内小麦供求状况,并与国际市场小麦联动性增强,对现货价格起到引导和预期作用,市场功能得到初步发挥。

各交易所对玉米、棉花、石油、食糖及股指、国债等新品种的研究开发工作正在进行,有些品种已经作好上市的准备。

(三)期货经纪公司加快自身发展

2002年期货市场活跃、交易规模持续放大,使经纪公司客户增加,资金增长。第三季度末全国期货经纪公司客户保证金余额为66.9亿元,比二季度末增加6.87%,同比增长38%。全年期货经纪业代理总额3.86亿元,比上年增长31.74%。较好的市场形式增强了经纪公司的信心,大多数公司改变以往的收缩政策,采取多种方式,开始加快发展的步伐,迎接期货市场快速发展的到来。一是新一轮增资扩股开始,一些上市公司和金融投资公司,看好期货市场,向期货经纪业投资或增加注册资本,准备向大型综合类经纪公司发展。2002年30多个亿的资金注入到经纪公司的资本金中,增强了经纪公司的实力和抗风险能力。二是经纪公司纷纷增加投入,在各地增设营业部,招聘人才,扩大经营规模,希望在期货市场发展中占有更大的市场份额。据统计,2002年营业部数量比上年增加近一倍(2001年营业部数量257家)。三是各经纪公司开展网上交易,使用银期转账等新技术,为客户交易提供方便。通过改善服务,开拓市场,吸引客户。四是一些大的期货经纪公司,正在进行重组和调整,包括资本结构的调整,组织结构的调整,业务结构的调整,为发展成为综合类期货公司作准备。

二、当前期货市场存在的主要问题及其成因

2002年中国期货市场虽然继续保持平稳增长,但一些实质性的问题并没有得到根本解决,限制了期货市场更快地发展和市场功能的进一步发挥。

(一)当前期货市场面临的主要问题

1. 期货市场不能满足经济发展的需求

期货市场建立的十几年来,中国国民经济得到飞速发展,GDP增长近两倍。而期货市场虽然在不断治理整顿中基本规范,但市场规模且不断萎缩,期货市场的发展没有与国民经济发展同步,期货市场远远不能满足经济发展的需求。首先,入世后对外开放的扩大和国内外市场的对接,使中国经营主体面临市场风险越来越大。一是承受风险的主体范围扩大,包括生产者、消费者和经营者(国内经营和国际经营)。

二是风险的对象扩大，包括农产品、矿产资源及加工品，也包括金融产品。三是风险的强度加大，由于国际恐怖事件的发生、政治局势的动荡等方面的影响，不确定因素增加，市场价格波动的幅度加大，使经营主体回避风险的愿望和需求增加。其次，中国在国际市场的地位不断提高，在许多商品领域已经成为生产大国和消费大国。但由于中国许多商品没有期货市场，不能形成有国际影响的期货价格，不能利用自己的经济实力影响国际市场，中国还不能成为经济强国。第三，中国经济的发展，社会财富快速增长，民间资金丰富，一些机构和个人要求开辟更多的投资渠道，也需要更广阔的期货市场为之服务。而现有的期货市场仅限于商品期货，且上市品种少，进入期货的限制较多，所能提供的交易品种和市场容量不能满足经济发展的需求。

表 2 2002 年各期货交易所交易情况

交易所	交易金额(亿元)	比上年增长(%)	市场份额(%)
大连商品交易所	20832.07	5.42	52.76
上海期货交易所	16396.88	91.59	41.53
郑州商品交易所	2252.45	22.74	5.71

2. 出现非规范的期货交易和替代期货交易的倾向

由于中国期货市场不能满足投资者的要求，一些机构和个人在合法的期货市场以外寻找替代市场，回避市场风险。目前，出现了许多替代套期保值的途径和方式，由于缺乏监督和统一规范，潜伏很大的风险。一是一些企业擅自利用国际期货市场进行套期保值。这种方式，企业缺少参与国际期货的专业知识，没有合法代理途径，投资者合法权益得不到有效保证。二是国内一些批发市场提供短期(一般是一周或 1–3 个月)的合约交易。此种交易具有一些期货交易机制的特征，在某种程度上可以代替期货进行短期的套期保值操作。食糖行业、丝绸行业等行业的一些企业，在没有回避市场风险工具的情况下，选择了这些市场进行套期保值替代。这些交易方式，虽然经国家质检总局认定，通过《大宗商品电子交易规范》，但作为套期保值工具与规范的期货交易方式对比，存在着交易制度不规范、合约期短、市场流动性差、缺少合规的中介机构服务等问题，分散和回避市场风险的效率很难提高。三是有些银行机构在柜台探索性的推出类似外汇期权的交易方式，但缺乏有效的服务和指导，中国居民很难有效使用这种保值工具。

3. 期货经纪业仍然经营困难

2002 年虽然期货交易量有较大幅度的增长，但对于期货经纪公司来讲，则是“增产不增收”。上半年，全国 185 家期货经纪公司，总资产 138 亿元，净资产 67 亿元，客户保证金 63 亿元，均比上年同期有所增长，但期货经纪行业全行业却亏损 5000 万元，期货公司亏损面达 70%。下半年随着市场交易规模的持续增长，虽然经营状况有所好转，但经纪业整体经营状况仍不乐观，第三季度经纪业亏损已达 6327 万元。分析期货经纪业亏损的原因，一是过分估计了期货市场的增长能力，增设营业网点，扩大经营规模，加大了固定成本的开支，减少了盈利空间。二是同业内恶性竞争带来的手续费水平的大幅下降。公司总量过多，营业部数量增加，业务结构单一且相同，共同争食有限的交易规模，不得不以低价争夺市场份额。三是一些不规范的小公司和一些尚未经正式审批的营业网点，只能靠低收费招揽客户，它们的存在加剧了手续费的恶性竞争。期货经纪业是期货市场的基础，长期亏损，将影响期货经纪业的发展后劲，进而影响期货市场的健康发展。

（二）期货市场存在问题的深层次原因

市场的生存和发展，在于适应客观经济发展规律，根据外部经济环境和条件的变化而变化，不断改变和发展市场本身，满足经济发展的客观需要。当前中国期货市场存在问题的主要根源是创新能力不足，市场的发展滞后于经济发展的需求。

1. 期货市场政策的制定过于谨慎

由于期货市场建立初期，盲目过热发展，产生了一定的风险，因此期货市场政策的制定一直坚持谨慎、从严的原则，注重规范与稳定。这对于控制期货市场的风险和治理整顿，很有成效。现在期货市场已经进入规范和成熟阶段，应该适应经济发展的需要发展期货市场。但期货政策制定仍采取谨慎原则，有关期货市场发展的决策程序复杂、时间过长，新品种迟迟不能推出，新的举措难以实施，制约了期货市场的发展。

2. 法律法规的创新滞后于市场的发展需要

美国期货市场之所以能快速发展并在国际居于领先地位，得益于美国国会不断根据经济发展的需要修改有关期货法案，给予期货市场法律制度上的支持。2000 年美国国会又一次修改期货法，通过了《2000 年商品期货现代化法案》，取消了原有法规中一些对期货合约和期权合约的禁止性规定，以增强国内衍生品市场的竞争能力。可以看出，法律法规要根据市场发展状况适时修改，使之成为促进市场发展的动力和保障，而不是制约发展的障碍。中国主要的期货法律、法规，大部分是制定于 1998 年期货市场整顿时期，制定的目的是规范期货市场秩序和降低市场风险，出台了一些严格的限制性规定。现在期货市场已经基本规范，需要的是支持期货市场规范发展的法律、法规，应该及时修改。

3. 新生事物不能及时得到法规制度的规范和保障

市场的发展应该不断提高运行效率，降低交易成本。这主要依靠市场的技术创新和组织创新等实现，但新生事物的出现需要相应的法规制度规范和保障。例如，电子化交易的引进，改进了经纪公司传统的服务方式，异地客户可以直接上网交易，替代了营业部，可以降低经营成本和投资者的交易成本。但如果不设营业部，派人对异地客户的管理与原有管理规定出现矛盾(现有规定必须是经过监管部门批准和经过工商注册的合法机构才能开展代理期货交易业务)，新业务的开展很难收到预期的效果。还有，随着社会投资者的增加，对开办代理账户、委托理财、介绍经纪人的需求增加，其有利于开拓市场、细分经纪业的业务结构，但对此中国都缺乏相应的法规制度进行认定和规范。

三、2003 年期货市场展望与政策建议

(一)2003 年期货市场发展前景展望

1. 全面建设小康社会的发展目标为期货市场提供了广阔的发展前景

党的十六大提出了全面建设小康社会的发展目标，到 2020 年 GDP 翻两番，基本实现工业化，建成完善的社会主义市场经济体制和更具活力的经济体系。期货市场作为市场体系的重要组织部分，其特有的风险管理和价格发现功能使中国经济随着市场化、国际化程度越来越高对其依赖性越来越强，期货市场的地位将越来越重要。2003 年是开始全面建设小康社会的第一年，“发展要有新思路，改革要有新突破，开放要有新局面，各项工作要有新举措”的要求将给中国期货市场带来新气象。认真贯彻十六大的精神，深化改革、发展经济的新目标和新任务的实现将为期货市场创造更多的发展机遇。

2. 外部环境的改善支持期货市场新一轮的发展

2003 年，在期货市场逐渐规范与成熟的同时，期货市场运行的外部环境得到了非常明显的改善。主要体现在：一是社会快速发展、经济持续较高速度增长、国际地位不断提高、扩大了对期货市场的需求。二是社会主义市场经济体制不断完善，市场化的范围扩大、程度加深，期货市场赖以生存的现货市场不断规范、发展。三是企业制度改革进一步深入，社会财富持续增长，企业自主经营的权利和能力提高，社会投资者的实力增强、行为更加理智，期货市场投资者主体逐渐发育与成熟。四是金融体制的深化改革和金融机构的网络资金划转技术的使用，在期货资金的汇兑、调拨上提供了更加方便、快捷的服务，加强了期货市场对价格激烈波动时风险的控制能力。另外，期货监管部门也在逐步转变监管思路，积极推动期货市场的发展。应该说，期货市场已经具备了健康发展的条件，正处在即将起飞的临界点，一旦制约消除，期货市场将进入新的发展阶段。

（二）发展期货市场的政策建议

制约期货市场发展的原因已经清楚，约束的解除依赖于观念的更新和相应的政策支持。

1. 要用新的观念认识和发展期货市场

发展期货市场的指导思想，应结合中国经济发展的实际，要有新的突破。现在与十几年前期货市场建立初期相比，国际、国内政治形势和市场环境发生了深刻的变化，为中国期货市场的发展提供了良好的条件和更大的需求。同时，期货市场也发生了很大的变化，更加规范和成熟。对待期货市场的认识需要创新，与时俱进，理论创新和观念更新，是期货市场得以发展的希望。因此，在制定期货市场政策时，不应该用老眼光看待期货市场，也不能用一成不变的思维去解决期货市场的发展问题，要认识到社会对期货市场的需求，积极适应形势的发展，适应这种需求来调整期货市场，支持期货市场的发展。要坚持依法治市，建立科学、有效的期货决策机制，要科学化、程序化，提高工作效率，使期货市场适应经济需要持续发展。

2.尽快修改现行期货法律法规，促进期货市场健康发展

要用发展的眼光，根据期货市场发展的需要，对现行的法律法规进行梳理，对不利于市场发展的法律法规，进行相应的修改。需要与国际惯例靠拢的，在条件允许的情况下，尽量衔接。同时，要鼓励和支持市场的创新活动，组织人力，对出现的新事物进行调查研究，与现行法律法规相矛盾的地方，及时进行修改。现行法律法规没有明确规定的，要及时制定新的标准、规范和管理规定。

3. 要解放思想，给期货市场宽松的政策环境

期货市场政策的制定，应有新的举措，在保证期货市场平稳运行的前提下，减少对期货市场的限制，要为期货市场的发展提供宽松的政策环境。

首先，扩大市场的服务范围，满足对期货市场不断增长的需求。一是增加商品期货的上市品种，扩大市场规模，为各类大宗商品的生产、消费、流通企业提供合理的预期价格和分散风险的工具，增大在国际市场的影响力。同时要理顺商品期货品种上市机制，要规范化和程序化，提高新品种上市的效率，让市场自动适应经济发展需求的变化。二是扩大期货市场的经营范畴，由商品期货逐步向金融期货扩展，包括黄金期货、利率期货、外汇期货以及股指期货等等。三是增加期货交易的形式，逐步推出期权、掉期等更多的金融衍生工具。

其次，随着企业经营自主权的扩大，逐步扩大期货市场的使用主体。本着谁需要、谁使用的原则，放宽进入和使用期货市场的限制，政策管理的重点应该放在投资者的风险控制和行为规范上。随着对外开放步伐的加快，逐步引进国外机构进入期货市场，国外机构可以带来新的投资理念和技术，有利于促进中国期货市场水平的提高。

第三，在加强管理、严格风险控制制度的条件下，扩大境外套期保值企业数量，尽量使需要套保的企业获得进行合法套期保值的权力，将套保企业置于监管部门监控管理之下。开展规范的经纪代理机构代理境外期货交易的试点，为一些中小企业的境外套期保值需求提供服务。

第四，在扩大期货市场范围的同时，与相关的职能部门协调，统一对期货商品的交易及其代理行为进行规范管理。对非法经营期货交易和代理期货交易的经营行为、非法进行境外期货交易的行为进行查处和清理，避免非规范的替代期货交易趋势的发展。

4. 支持期货经纪业持续发展

期货经纪业是期货市场的主体和基础，在活跃期货品种、拓展市场规模和提升市场服务水平、保障市场正常运行等方面起着重要作用。经纪业长期亏损经营影响期货市场的健康发展，应为经纪业持续发展提供政策支持。一是应为经纪业规范经营创造良好的法制、政策环境。法律法规不仅要保护投资者的合法权益，也要保护经纪业的合法经营。要用历史的观点，解

决历史遗留的问题，减轻经纪业的负担和干扰。新的法律法规出台，要充分考虑期货经纪业的特点，在保护投资者利益的同时，有利于经纪业的发展。二是促进期货经纪业资本和业务重组。期货经纪公司规模小、业务同构，是恶性竞争和效益低下的根源。政策要引导期货经纪公司向规模化、多元化发展，逐步允许大型综合类公司开展代理以外的自营、境外代理、代客理财、账户管理、组织投资基金等业务。同时，要推进期货经纪公司实施现代企业制度，完善内部治理结构。三是支持期货经纪业的技术创新和业务创新，经纪业只有不断创新，才能提高服务水平，降低经营成本，持续发展。

2002年上海证券交易所运行情况

上海证券交易所总经理 朱从玖

2002年，上海证券交易所认真学习贯彻党的十六大精神，全面贯彻“三个代表”重要思想，按照中国证监会的部署和证券市场市场化、规范化的要求，继续紧密围绕建立技术、服务、创新和人才优势的目标，各项工作取得积极进展。

一、证券市场稳步发展，投资者队伍不断增大

2002年，上海证券市场呈现稳步发展态势，上市公司数量、投资者数量等指标持续增长。但由于受市场自身运行规律及其他国内外因素的影响，市场出现了一定幅度的下跌，筹资金额也有所减少。

（一）交易概貌

2002年上海证券交易所各类证券成交总额48527.72亿元。其中，股票成交16959.09亿元，占成交总额的34.95%；A股成交16441.71亿元，占股票成交总额的96.95%，B股成交517.38亿元，占股票成交总额的3.05%。国债成交30800.02亿元，占证券成交总额的63.47%，其中现货交易6380.83亿元，回购交易24419.19亿元。基金成交556.77亿元。日均股票成交71.56亿元，日均债券成交130.28亿元，日均基金成交2.35亿元。按流通股数口径计算，A股换手率为208.74%，B股换手率为95.99%。

上证180指数开盘3068.12点，最高3323.22点，最低2528.42点，年底收于2549.60点，跌幅16.93%，振幅31.43%。上证综指开盘1643.49点，最高1748.89点，最低1339.20点，年底收于1357.65点，跌幅17.52%，振幅30.59%。上证B指开盘170.99点，最高171.72点，最低109.98点，年底收于113.51点，跌幅33.82%，振幅56.14%。

2002年，上海证券交易所投资者开户数3555.65万户。其中，A股个人投资者3441.14万户，B股投资者96.41万户，机构投资者18.10万户。

（二）证券发行与上市

至2002年底，上海证券交易所共有上市公司715家，2002年新上市69家。上市股票数759只。股票市价总值25364亿元，流通市值7467亿元。上市公司总股本3728亿股，流通股本993亿股，流通股本占总股本的26.64%。

2002年，上海证券市场股票筹资总额612.76亿元，全为A股筹资。其中，新发A股筹资516.76亿元，较上年减少3.24%，再次发行股票（增发、配股、国有股配售）筹资95.80亿元，较上年减少77.36%。

二、加大金融创新和研究力度，全面推进国际化进程

2002年，上证所以市场化和国际化为导向，积极制定发展战略规划，加大金融创新和研究力度，全面推进国际化进程。

（一）理事会通过《上海证券交易所发展战略规划》

根据全球交易所的发展实践，切实结合自身实际，在汇集和听取国内外知名专家和同行建议的基础上，上证所制定了发展战略规划，确定了近期和远期目标。在技术方面，建立能够进行数据和信息直通处理并能适应各种变化的技术系统，成为技术标准的制定者；在市场方面，创新产品的设计和推出将贯彻由低到高、由简到繁的思路，并根据市场发展适时推出；在国际化方面，通过加入国际交易所组织、与先进国家交易所签署备忘录、在国际资本市场进行推介等方式逐步推进和实现国际化进程，吸引国际机构投资者，吸引外国公司上市将成为近期国际化的主要目标。规划在管理和风险控制方面也确定了相应的战略思路。

（二）积极推进产品交易机制和技术创新

2002年是上证所成立以来金融创新动作最大的一年。上证180指数的推出，为投资者特别是机构投资者衡量跟踪市场、管理投资组合提供了新的手段和依据，并为进一步发展指数衍生品奠定了基础。积极推动债券市场发展，制定债券市场进一步发展方案，大力拓展企业债券市场，推出国债净价交易，1天、2天和4天国债回购以及7天以内企业债券回购等新品种，受到市场各方欢迎。原则通过大宗交易实施细则，推出大宗交易实施方案。成立上海金融信息与网络有限责任公司，启动上证所的因特网服务战略。成功开发国债发行远程招标系统、新股市值配售系统、大宗交易系统、国债净价交易系统，完成交易价格异常防范新规则的技术开发测试和试运行。

(三)大力推进国际化进程

结束长达9年的谈判和申请工作,上证所正式成为国际交易所联合会会员,这是上证所国际化进程中的一个重要里程碑。首次以正式成员身份出席东亚及太平洋交易所联合会第21届年会,并被推举为2003年该年会承办单位。与澳大利亚证券交易所、东京证券交易所签署合作谅解备忘录。加强国际市场推介活动,先后前往韩国、日本、欧洲进行推介。为了兑现中国加入WTO后的承诺,制定特别会员管理暂行规定,接纳日本野村证券上海代表处为首家特别会员,批准日本内藤证券直接办理B股席位。

(四)大力加强研究工作

启动第六期和第七期上证联合研究计划,推出《上证研究》系列。加强对证券市场热点问题、难点问题的前瞻性研究,取得了一批研究成果。启动高级金融专家工作站。举办"投资

2002年上海证券市场主要指标

	2002年	2001年	2000年
上市证券(年末)			
上市公司数	715	646	572
上市证券数	826	744	657
上市股票数	759	690	614
新上市公司数	70	75	88
发行股本(亿元)	3727.84	3164.44	2032.42
流通股数(亿元)	992.53	837.53	648.99
市价总值(亿元)	25363.72	27590.56	26930.86
流通总值(亿元)	7467.30	8382.11	8481.33
筹资总额(亿元)			
A股	614.30	957.49	910.68
B股(美元)	0	0	0.44
交易概况			
交易天数	237	240	239
全年成交金额(亿元)	48527.72	44144.03	49901.47
股票	16959.09	22709.38	31373.86
基金	556.77	1348.92	1334.18
国债	30800.02	19726.04	16804.27
其他	211.84	359.69	389.16
日均成交金额(亿元)	204.76	183.93	208.79
日均股票成交金额(亿元)	71.56	94.62	131.27
全年股票成交数量(亿股)	1781.10	1819.95	2437.65
日均股票成交数量(亿股)	7.52	7.58	10.20
全年股票成交笔数(万笔)	17556.55	20975.41	30491.81
日均股票成交笔数(万笔)	74.08	87.40	127.58
股价指数			
上证30指数年内最高	3323.22	4118.48	4263.17
上证30指数年内最低	2528.42	2946.42	2963.15
上证30指数年末收盘	2549.60	3069.17	3935.33
上证综合指数年内最高	1748.89	2245.44	2125.72
上证综合指数年内最低	1339.20	1514.86	1361.21
上证综合指数年末收盘	1357.65	1645.97	2073.48
市场比率			
平均市盈率(倍)	34.43	37.71	58.22
换手率1(市值)(%)	52.46	75.44	144.19
换手率2(流通市值)(%)	197.40	244.27	449.06

注:换手率1=(成交金额/市价总值)×100%　换手率2=(成交金额/流通市值)×100%

者保护国际研讨会”与“证券市场创新与发展研讨会”。制定研究工作管理办法，建立行之有效的研究组织和管理运作机制。

三、切实履行监管职责，树立崭新监管形象

上海证券交易所一线监管工作适应新的形势，坚决贯彻落实中国证监会的统一部署和要求，不断拓展监管思路，积极探索监管的新方式、新手段，大力增强监管工作的主动性和针对性，努力提高监管效果和效率。

（一）完善监控机制

在原部门级市场监管及风险防范例会的基础上，建立所级双周监管例会制度，在客观上建立起了风险发现机制和风险防范机制，极大地提高了监管工作效率。加强与证监会及其派出机构、中国证券登记结算有限责任公司的监管信息交流和监管合作，及时向会员公司通报市场监管信息，加强部门间的联合监管。进一步完善风险分类和风险监管措施，对高风险会员公司和上市公司采取特别措施，重点跟踪检查，加强现场调研，予以特别监管。做到提前掌握情况，提前研究处置预案，及时采取应对措施，及时化解市场风险。

（二）研究建立统一的监管信息平台

通过整合上市公司部、会员部、监察部等部门现有的监管系统，为实现监管信息、数据资源共享，上市公司、会员公司、交易活动监管功能互补创造条件。启用网上报送会员信息系统，抓紧监控系统历史分析系统、券商监管信息汇总报送系统的建设，研究建立会员综合管理信息系统。

（三）加大内幕交易调查力度，积极防范大案要案

以发现和防范内幕交易作为工作重点，充分发挥上证所一线监管的优势，在提高对涉嫌内幕交易情况报告的质量上狠下功夫。针对内幕交易的不同类型，着手研究不同的监管方法。着手建立上市公司有关内幕信息知情人员的基本数据库。对54家上市公司的高管人员持股情况进行了检查，发现有21家上市公司的37名高管人员违规持有本公司股票。对内幕交易行为、沪市机构投资者的市场操作手法、证券公司的资金来源与结构、“自买自卖”式操纵市场的违法违规行为等进行专题研究，及时制止了一些有违规交易苗头的行为，确保上证所市场在本年度内没有发生大案要案。

（四）加强上市公司监管

制定上市公司临时公告格式指引，规范信息披露。深化质疑式监管，向上市公司发出500余份事后审核意见函，105份监管关注函。对19家公司进行公开谴责，对49家公司或公司高管人员进行内部通报批评。提请中国证监会对21家公司进行专项核查或稽查。建立上市公司内幕信息知情人员数据库。对上市公司高管人员持股情况和违规抛售情况进行检查。倡导37家上市公司向社会发出关于完善公司治理结构的倡议书，积极推进上市公司落实公司治理的各项要求，进一步规范上市公司治理结构的信息披露，加强对上市公司董事、监事的法制培训和诚信教育。

（五）加强会员公司监管

制定会员日常监管指引，进一步理清会员监管思路，明确监管定位。通过电话提醒、监管关注函、监管工作函、约见谈话等软手段和公开批评、限制交易、暂停交易、取消会籍等硬手段，及时防范和化解风险。约见会员公司高管人员谈话19次，电话提醒营业部136起，向53家次会员公司通报监管信息。邀请中介机构参与，重新修订会员财务风险评级标准及风险指标评分方法，对重点监控会员进行跟踪分析，提高了会员年检质量和监管效率。实施会员单位非现场检查，针对证券公司类会员财务与业务风险评级结果，向32家重点监控类会员发出监管关注函。针对部分会员未按照上证所要求进行技术升级的行为，向23家会员发出了监管关注函。

（六）加强市场监控

完善实时监控系统监控指标体系。累计处理监控系统报警21000起，先后对48只次股票的交易情况、42家会员进行重点监控。发现并处理异常交易232起，其中转入调查152起，继续监控80起。对104只次证券实施临时停牌。对财务风险较大的会员公司的交易情况进行跟踪监控。配合证券主管部门专案协查累计107起，涉及证券112只次。

四、继续全面推进技术发展，切实增强技术优势

2002年，上海证券交易所继续推进技术系统基础建设，加强技术管理，确保市场安全、高效、有序运行。

（一）正式启用新网站

上海证券交易所严格把握内容供应、业务接口、技术实施、项目管理等关键环节，规范项目管理，确保新网站首期按照预定时间高质量地推出。新网站以广大投资者、会员公司、上市公司为服务对象，以业务应用和信息披露为核心功能，既是上证所办理传统业务和开展业务创新的重要载体，也是上证所今后深度开发交易所信息资源，提供高端增值商业服务的核心平台。新网站的正式启用，是上证所近年来在信息化工作方面取得的重大成果之一。

（二）稳步推进新交易系统、新信息系统建设

正式完成系统设计招标和项目定义咨询工作，确定业务需求和技术需求。新交易系统成立新交易系统业界委员会。新信息系统启动数据仓库咨询项目，聘请监理公司进行跟踪监控，启动上市公司纸质文档电子化项目，制定信息系统灾难备份规划。

（三）不断优化现有技术系统

交易系统处理能力达到每秒10000笔，抗冲击能力进一步增强。交易主备机切换时间进一步缩短，基本实现交易主机的无缝切换。实现智能化存储系统EMC上线。推出新版NT平台A股无形席位报盘系统。开发发行类业务闭市处理系统，有效整合发行类闭市业务。完成证券大厦和通信公司的网络通信升级，实现网络全容错自动切换。为530家券商营业部安装500对地面拨号系统。抓紧外高桥灾难备份项目和机房建设。正式启动历史交易数据存贮项目。

五、积极防范和化解市场风险，全力维护市场安全运行

2002年，上海证券交易所在加强制度建设的基础上，建立

高效的风险防范及反应机制，及时发现和化解市场风险。

(一)强化技术管理，确保网络与信息安全

上海证券交易所建立安全运行例会制度，积极实施安全生产大检查，完善安全运行的技术手段，进一步提高技术系统的风险防范能力。完成开闭市处理计算机辅助逻辑复核、股票停牌复核、代码维护双人复核等程序的开发，强化跨部门工作协调，使人工出错率大大降低。修订交易系统、通信系统应急处理预案，组织交易异常事件应急处置演练、交易系统和通信系统联调测试应急演练，提高处理突发事件的能力。实施会员单位通信备份系统安全专项检查，加强会员营业部单向卫星接收数据加密及席位操作员密码管理。制定通信网络技术白皮书，规范证券通信网络建设及运行管理。与卫星运营商、网络运营商、系统运营商、软件商、设备供应商等协作单位梳理和落实应急预案与服务条款，加强协调，明确职责。严防黑客袭击，完善网站发生黑客入侵、系统网络故障时的应急措施。在关键技术岗位建立人员备份机制。启动交易运行监控系统项目。颁布实施计算机信息系统保密管理办法，提升计算机信息系统保密技术管理水平。严抓涉及交易保密数据的部门和岗位的保密工作，加强对涉及保密数据的外包工程单位的管理。

(二)按照市场化原则，稳妥实施上市公司暂停、恢复上市

建立上市公司专家委员会制度，严格依法审核暂停上市公司的恢复上市申请，加强暂停上市公司和存在暂停上市风险的持续监管和风险揭示，密切关注有关公司动态，及时向证监会报告和与地方证券监督管理部门交流信息，热情做好投资者咨询接待工作，平稳完成1家公司股票被终止上市、8家公司股票恢复上市及1家公司股票恢复交易工作。

六、贯彻落实服务大纲，积极推进投资者教育

2002年，上证所的服务工作迈上了一个新的台阶，在技术服务、上市公司服务和投资者教育方面都取得了一定进展。

(一)贯彻服务大纲，将服务工作落到实处

上证所采取问卷调查、座谈、走访会员等形式，多层次、多方面、多渠道地梳理服务需求，陆续推出技术咨询服务、交易运行语音咨询、卫星小站安装和技术支持服务指南、沪市数据快递、会员公司提供技术咨询、国债电子招标系统等服务项目，得到市场广泛好评。建立服务工作协调会制度，强化服务监督检查机制。完善服务项目检查评估办法。对已推出的服务项目不断进行完善，最大限度地满足市场需求。

(二)加强上市公司、会员公司培训，抓好拟上市公司服务

举办上市公司董事培训、年报培训、董事会秘书上岗培训及后续培训，会员公司综合业务经理培训、电脑技术培训、交易员培训。举办外商投资企业改制上市研讨会、拟上市公司培训班等大型推介活动，宣讲核准制、公司治理、信息披露等事项，把服务工作前移。

(三)积极开展投资者教育工作

加强投资者宣传教育，正确引导投资者，配合新股按市值配售等证券市场新举措的推出，组织主要媒体配发系列阐释性报道及专家访谈。出版投资者教育丛书之四《可转换公司债券实务》、《上证指数系列介绍》、《投资者保护实践与探索》。向全国各地投资者赠阅投资者教育丛书一万套。举办“3.15投资者服务日”活动，主办“首届中国上市公司投资者关系管理论坛”。与上证所投资者教育网络成员举办丰富多彩的投资者教育活动，投资者网络成员遍布业内各界。与《上海证券报》、《投资快报》等合作开设《上证专栏》、《上证园地》、《投资者教育》等栏目，联合《新民晚报》和东方电视台举办证券知识竞赛活动。

过去的一年，上证所的工作取得了一定的成绩。在新的一年，上证所将按照既定的发展思路，与时俱进，开拓创新，在技术、监管、人才、服务等方面多管齐下，不断向世界一流交易所目标迈进。

2002年深圳证券交易所运行情况

深圳证券交易所总经理 张育军

2002年，在中国证监会的领导下，深圳证券交易所以“三个代表”重要思想为指导，顺应不断变化的市场形势，深化创业板市场的筹备，加强一线监管和业务创新，积极稳妥地推进内部改革，确保了证券市场的平稳运行。总体来说，2002年深圳证券市场继续保持了平稳发展势头，上市公司经营业绩明显回升，机构投资者队伍迅猛发展，但作为体制转轨时期的新兴市场，多年积累的历史问题和深层次结构性矛盾依然存在，股市运行总体呈现弱市调整格局，发展速度有所放缓。

一、积极排查风险隐患，全力维护市场安全运行

2002年，深交所多次组织对可能影响交易所安全乃至社会稳定的风险因素进行排查。技术运行方面，进一步优化操作流程，完善内部管理制度，提高系统运行管理的规范程度，交易系统全年安全稳定运行。通信系统运行方面，加快地面网推广进程，截至当年12月底，安装地面通信系统的证券营业部达2157

家,已占联网营业部总数的91%,全网天地实时互备基本实现。业务运转方面,2002年证监会将上市公司因连续三年亏损而暂停、恢复和终止上市的权限下放交易所,深交所完成了从相关规则制订到具体实施等一系列工作,实现了PT金田、ST银山等6家公司的平稳退市。为防范上市公司出现重大及突发性问题而引起较大的风险,成为社会不稳定因素,深交所还对高风险隐患公司给予了高度关注,做到及早发现,及时上报,及时处理。内部安全保卫方面,深交所加强了内保工作的领导,对安全保卫制度进行了全面的修订、补充、完善,进一步强化信息收集反馈机制以及与公安等单位在紧急情况下的沟通协作机制,加强对员工安全知识的教育和安全演练。

二、深化创业板市场筹备工作,提出分步实施的工作思路

2002年,深交所继续推进创业板市场筹备工作,一是对创业板市场筹备情况进行了认真的回顾和总结,明确提出了分步实施的工作思路。对筹备现状、存在问题进行了分析评估,进一步加强了筹备工作协调机制、规则准备、发行审核准备、上市资源调研、市场监察、人力资源和研究等工作。二是深化规则和发行审核准备。对《创业公司股票发行上市条例(草案)》提出了修改建议,对创业板市场启动阶段发审工作涉及的一些重要问题进行了研究,对发审流程进行了修订,对发审电子系统进行了优化和完善。此外,审核了42家企业可转债发行申请,锻炼了审核人员队伍,丰富了审核业务经验。三是对创业企业进行走访和调研。年内组织了对创业企业的第三次大规模调研活动,共走访企业132家,确定重点跟踪企业62家。四是继续举办各类培训活动。创业企业培训中心不断完善培训体系,强化培训支持工作,全年共办会办班21次,逾1500家企业近2500人次的高管人员参加了培训。五是为了贯彻落实《中小企业促进法》,为创业板市场出台营造良好氛围,组织召开"学习《中小企业促进法》座谈会"。

三、拓展监管思路,探索监管的新方式、新手段

2002年,深交所继续完善常规监管业务,同时大力拓展监管的深度和广度。一是完善规则体系。对《上市规则》进行了修订,制订颁布《可转换公司债券上市规则》,起草了市场实时监控规则和细则。对业务规则再次进行了清理、汇总并上网,进一步完善了三大业务规则体系。二是创新监管机制。深化上市公司合理怀疑机制,总结推行质疑式审核方式,推进会员和基金公司监管信息服务。新制定的《会员监管信息服务工作指引》进一步明确了内部工作流程和要求。全年共发出13期监管信息,提出监管意见约1538条。三是突出监管重点。公司监管方面,对40家往年业绩存有疑问的公司进行了复核;市场监管方面,确定了40只价格走势异常、托管高度集中的股票名单;会员监管方面,与问题较突出的15家证券公司和15家会计师事务所进行了谈话。四是推进联合监管。所内,制订了监管协作流程,实现了部门间每日上市公司披露信息及股票价量异常信息的双向传递。所外,进一步密切与各派出机构的沟通和联系,初步形成了有效的合作监管模式。五是提升技术手段。制订了2002—2003年度监察系统改进计划,已完成实时监控指标调整优化、集中度监测、获利分析、内幕交易监控等8个项目。先后推出"上市公司联络"、"会员之家"、"上市公司信息披露违规举报电子信箱",并建成"股东信息披露网站",提高了监管效率。

四、苦练内功,夯实基础,积极稳妥推进内部管理制度改革

2002年,深交所积极稳步推进各项人事财务制度改革,完成了部门"三定"工作,实施了竞聘上岗机制。通过"三定"工作,全所共界定部门职能86项,清理业务项目2345项,细化业务操作流程2182个,核定编制278人,为人力资源管理初步构建了一个专业化、标准化和科学化的平台。在此基础上实行员工竞聘上岗制度,按照"积极稳妥、全员参与、公平竞争、双向选择"的基本思路,调整了15%的部门副总监工作岗位,为促进能上能下竞争激励机制的建立初步积累了经验。在财务制度改革方面,制定和完善了15项财务管理制度,初步建立了较完善的事前计划、事中控制、事后分析的财务制度体系。

五、适应证券市场发展要求,加快新产品的开发与研究

2002年,深交所加入了国际交易所联合会,并与东京、澳大利亚等证券交易所初步达成合作意向。为履行对WTO的承诺,出台了《境外特别会员管理规定》和《B股特别席位管理规则》以及《合格境外机构投资者证券交易实施细则》,吸收了首家境外特别会员。2002年,深交所率先实施大宗交易制度,推出开放式基金净值行情揭示业务和国债净价交易、企业债券回购等新举措;开发完成了深证100指数、实施了市值配售、股票换购等工作;组织了上市公司非流通股协议转让、上市公司购并、会员集中报盘等业务的研究与准备工作,制定了相关规则和内部工作流程。新产品、新业务论证和方案设计方面,完成了上市开放式基金、认股权证、中国存管凭证的初步方案设计,并进行了股票挂钩票据等新产品前期论证和债券大宗交易、国债质押、国债开放式回购、认债权证等新业务的研究。

六、推进技术基础建设,加强技术系统规划研究

2002年深交所在大力推进地面网建设工程的同时,继续加强技术基础建设。一是中心数据库系统的建设。已经完成第一期业务需求分析、系统总体架构、数据模型等工作,计划2003年3月初投入用户验收测试,5月1日投入使用。二是对新版交易、监察系统进行改进及完善,及时适应业务发展和市场监管的需要。目前新版系统运行稳定、安全、高效,为下一步业务及制度创新准备了良好的技术条件。三是重组信息公司,完成信息公司与全景网络公司的合并。推出了证券信息联播项目,初步搭建起跨媒体实时证券信息传播平台。四是完成了交易备份

机房的建设、灾难备份系统完善等工作，进一步提高了系统抵抗灾难性风险的能力。年内深交所还加强了技术系统规划工作，对港、台、Nasdaq、Euronext等证交所交易系统进行了研究，与多家交易所以及一批著名IT厂商进行了技术交流，为提高深交所技术系统规划质量打下良好基础。

七、克服诸多不利因素影响，推动证券市场平稳发展

2002年，在全球经济复苏乏力、恐怖袭击阴云笼罩、全球股市大幅下跌等诸多不利因素的环境下，深交所采取各种措施保证了证券市场的平稳运行和稳定发展，但由于多年积累的历史问题和深层次结构性矛盾依然存在，股市运行总体弱市运行，市场发展速度有所放缓。

（一）指数有所下跌，成交量明显萎缩

2002年，深圳综合指数报收于388.76点，比年初下跌87.18点，跌幅18.32%；成分指数报收于2759.30点，比年初下跌566.36点，跌幅17.03%；B股指数报收于186.98点，比年初下跌78.69点，跌幅29.62%；基金指数报收于884.34点，比年初下跌255.41点，跌幅22.41%。全年股票、基金累计成交金额11641.22亿元，比上年同期减少5167.53亿元，减幅30.74%。其中，A股成交10700.33亿元，B股成交331.03亿元，基金成交609.85亿元，分别比上年同期减少19.94%、85.16%和49.72%。

（二）上市公司股本略有增长，市值有所减少

截至2002年12月31日，深圳证券市场上市公司508家，与年初持平；上市证券615只，比年初增加17只。上市公司总股本1735.15亿元，流通股本687.41亿元，分别比年初增长3.66%和6.85%；上市公司总市值12965.41亿元，流通市值5017.26亿元，分别比年初减少18.62%和17.49%。上市公司股票平均市盈率36.97倍，比上年同期下降2.82倍；其中A股平均市盈率38.22倍，B股平均市盈率17.51倍，分别比上年同期下降2.54倍和7.79倍。

（三）机构投资者迅猛发展，但新增开户数大幅下降

2002年，机构投资者迅猛发展。全年共有22只基金累计完成约570亿元的首发和扩募，这一规模为前四年平均发展速度的2.5倍，并创造了5年来基金年募资额的最高记录。深圳市场2002年有4家封闭式基金发行，新增基金规模69亿元。2002年中国证券市场共发行14家基金，基金总数达到71家，其中封闭式基金54只，开放式基金17只。投资基金总规模1352亿元。2002年证券公司增资扩股与重组的总规模为186.41亿元，涉及的公司有21家，占证券公司总数的18%，券商实收资本总计达1073亿元，比上年增长51%，资产合计5662亿元。海通证券将资本金由40.06亿元增至87.34亿元，成为规模最大的券商；中信证券成功地发行A股，募资18亿元。全年新增投资者开户仅96.37万户，比上年同期减少280.63万户，减幅74.44%。截至2002年12月31日，深交所投资者开户总数3317.49万户，其中A股3259.32万户，B股58.17万户。

（四）上市公司经营业绩有所回升，但筹资金额大幅降低

2002年，深市上市公司经营业绩大幅回升，已基本走出了自1999年以来的下降通道。已披露年报的507家上市公司加权平均每股收益为0.1071元，加权平均净资产收益率为4.23%，与上年同期相比，分别增长78.50%、108.37%。深市上市公司2002年营业利润占全部利润总额的99.33%，利润结构日趋合理。加权平均每股经营活动产生的现金流量净额为0.414元，同比增长45.11%，盈利质量明显提高。制造业整体复苏，采掘、能源、电力等行业业绩稳步增长。但受市场总体弱市运行影响，上市公司筹资金额大幅减低。全年深交上市公司通过证券市场筹集资金133.84亿元，比上年同期减少100.89亿元，减幅42.98%。其中，首次发行筹资17.18亿元，上年同期为0；再筹资116.66亿元，比上年同期减少50.30%。

（五）B股市场走势相对弱于A股市场

相对而言，2002年深市B股走势要弱于A股。B股指数报收于186.98点，比年初下跌78.69点，跌幅29.62%。B股累计成交金额331.03亿元，比上年同期减少1899.56亿元，减幅85.16%。B股平均市盈率17.51倍，比年初下降7.79倍。

附表

2002年深圳证券市场主要指标

指标名称（时点指标）	2002年末数	比年初
上市公司(家)	508	0
总股本(亿元)	1735.15	61.24
总市值(亿元)	12965.41	-2966.23
流通股本(亿元)	687.41	44.06
流通市值(亿元)	5017.26	-1063.80
总市值占GDP比重(%)	12.53	-4.10
证券经营机构(家)	117	19
总资产(亿元)	5662.04	-511.67
净资产(亿元)	1124.92	232.64
封闭式证券投资基金(只)	29	4
基金规模(亿元)	419	69
投资者累计开户数(万)	3317.49	96.37
A股开户数(万)	3259.32	93.79
B股开户数(万)	58.17	2.58
平均市盈率(倍)	36.97	-2.82
A股平均市盈率(倍)	38.22	-2.54
B股市盈率(倍)	17.51	-7.79
平均股票价格(元/股)	7.47	-2.05
A股平均价格(元/股)	7.65	-2.06
B股平均价格(元/股)	4.14	-2.24
指标名称（时期指标）	**2002年**	**比上年同期**
上市公司筹资额(亿元)	133.84	-100.89
首次发行筹资(亿元)	17.18	17.18
再筹资总额(亿元)	116.66	-118.07
成交金额(亿元)	14039.68	-3392.80
股票成交金额(亿元)	11031.36	-4564.43
基金成交金额(亿元)	609.85	-603.11
债券成交金额(亿元)	2398.47	1774.74
股票平均换手率(%)	179.59	-25.15
A股平均换手率(%)	191.59	11.54
B股平均换手率(%)	87.34	-302.42
新增投资者开户数(万)	96.37	-280.63
新增A股开户数(万)	93.79	-240.52
新增B股开户数(万)	2.58	-40.11

保险市场

努力开创中国保险业发展的新局面

中国保险监督管理委员会主席 吴定富

一、2002年保险业的基本情况

2002年，在党中央、国务院的正确领导下，保险业认真贯彻落实全国金融工作会议精神，努力实践“三个代表”重要思想，各项工作都取得了明显成绩。

（一）保险业务快速增长

2002年是近年来业务增长速度最快的一年。全国保费收入3053.1亿元，同比增长44.7%。其中，财产险保费收入778.3亿元，同比增长13.6%；人身险保费收入2274.8亿元，同比增长59.8%。保险深度3%，同比增加0.8个百分点；保险密度237.6元，同比增加68.8元。保险公司总资产6494.1亿元，比上年末增长41.4%。共支付赔款和给付706.7亿元，同比增长18.1%。特别是在“4.15”和“5.7”空难事故及部分地区洪涝灾害发生后，保险公司及时赔付，切实发挥了保险的经济补偿作用。

（二）改革创新不断推进

国有保险公司体制改革工作取得突破性进展。中国人民保险公司和中国人寿保险公司的股份制改革方案已获国务院批准。中国再保险公司的股份制改革方案也已上报国务院。股份制保险公司进一步优化股权结构。太平保险公司、华泰保险公司和平安保险公司分别引入海外战略投资者，太平洋保险公司完成了增资扩股。产品和销售渠道的创新促进了业务发展。寿险分红产品保费收入1121.7亿元，占人身险保费收入的49.3%，成为新的业务增长点。银行代理寿险保费收入388.4亿元，占人身险保费收入的17.1%，银行代理已成为寿险的主要销售渠道之一。

（三）对外开放进一步扩大

2002年是中国加入世贸组织的第一年，也是保险市场对外开放步伐最快的一年。共批准6家外国保险公司进入中国市场，批准16个外资保险公司营业机构正式开业，扩大了对外开放的区域。中资保险公司利用外资参股，改善了法人治理结构，引进了国外先进技术和经验。保监会积极与国际保险监督官协会以及一些国家和地区的保险监管组织进行沟通和交流，国际合作得到加强。

（四）监管工作逐步改善，保险法制建设进一步加强

《保险法》修改工作顺利完成，新修订的《保险法》已于2003年1月1日正式实施。保监会还颁布了《保险公司营销服务部管理办法》等5个规章，下发了各种规范性文件33个。市场整顿深入开展。通过查处假数据、假账本、假报表、假保单、假收据等“五假”和欺诈误导行为，保险市场秩序有所好转，消费者利益得到保护。市场取向改革稳步推进。保监会取消了58项行政审批项目，车险条款费率管理制度改革已在全国推开，航空意外险改革方案也已出台。批准了380个保险公司分支机构和98家保险专业中介机构开业，促进了市场竞争。国务院向国有保险公司派出的监事会在财务和经营行为监督方面发挥了积极作用。

同时，还必须看到，保险业发展中仍然存在许多问题。如产品结构单一，服务水平不高，不能满足市场多样化的需求；一些公司风险防范意识不强，内部管理与业务的快速发展不相适应；欺诈误导和恶性竞争等违法违规问题依然存在，市场秩序仍未得到根本好转。对于这些问题，我们必须保持清醒的头脑，引起高度重视，努力加以解决。

二、深入贯彻十六大精神，加快保险业发展

深入学习贯彻十六大精神是当前和今后一个时期的首要政治任务。保险业学习贯彻十六大精神的关键，就是要紧密联系自身改革与发展的实际，从政治的高度、全局的高度领会发展是执政兴国第一要务的深刻内涵，分析形势，找出差距，找准保险业在国民经济全局中的定位，把思想统一到加快发展上来。

（一）实现全面建设小康社会的奋斗目标，要求保险业加快发展

十六大确立了中国要在本世纪头20年全面建设小康社会，到本世纪中叶基本实现现代化的奋斗目标。在实现这一宏

伟目标的伟大征程中,保险业必须担负起"促进改革、保障经济、稳定社会、造福人民"的重要使命。首先,中国正处在大变革、大开放、大发展的时代,人们的思想观念、生产形式和生活方式都发生了深刻的变化,追求经济的高效益、工作的快节奏和生活的高质量,需要保险业提供全方位、多层次的风险保障,对保险业提出了新的、更高的要求。其次,社会主义市场经济体制的逐步确立和各项改革的不断深化,为保险业的发展提供了更加广阔的空间。社会保障体制的改革,人口老龄化和家庭小型化,需要商业性养老、医疗保险等作为社会保险的重要补充;国有企业和国有资产管理体制改革的不断深化,非公有制经济的发展,使企业真正成为自主经营、自负盈亏的市场主体,将把保险作为防范风险、保障经营的重要手段。第三,经济结构的战略性调整,扩大内需和西部大开发等战略措施的实施,带动了基础设施建设等各项事业的蓬勃发展,要求保险业提供相应的保险保障。第四,加入世贸组织,中国将在更大范围、更广领域和更深层次上参与国际竞争,保险是支持对外贸易和国际投资必不可少的手段。

(二)当前保险业存在的问题,必须通过加快发展来解决

尽管中国保险业保持了较快的发展速度,但必须看到,这是在较低水平上形成的高速度。当前,保险业整体规模小,在国民经济中的比重低,与经济发展、社会进步和人民生活水平的提高不相适应。保险还没有渗透到经济的各行各业、社会的各个领域、生活的各个方面,保险的功能还没有得到充分发挥。从表面上看,产生这些问题的原因在于人们对保险的认识不够,保险意识不强,但根本原因在于保险业自身。一是产品跟不上,不能适应人民群众的需要。二是服务不到位,人们对保险业缺乏信任。再加上"利差损"等风险没有得到根本解决,影响了保险业的健康发展。这些问题是中国保险业发展初级阶段的问题,是前进中的问题。用发展的办法解决前进中的问题是中国经济建设的一条基本经验,对保险业具有重要的指导意义。改革开放以来,保险业在国民经济中的地位不断提高,发挥的作用越来越大,这些都与自身的快速发展密切相关。当前保险业存在的问题,也必须通过加快发展来解决。只有加快发展,才能促进市场竞争,增强保险公司产品开发的动力,丰富保险产品;只有加快发展,才能促进保险公司从低层次的价格竞争转向服务和品牌的竞争,提高服务水平;只有加快发展,才能增强资本实力,改善经营管理,防范化解风险;只有加快发展,才能使保险的功能得到充分发挥,提高保险业在国民经济中的地位,更好地为国民经济全局服务。

(三)改革开放以来保险业取得的成就,为加快发展打下了良好基础

改革开放以来,中国保险业保持了年均30%以上的增长速度,取得了令人瞩目的成就。在市场体系方面,经营主体不断增加,服务网络逐步健全,中介市场迅速发展,中外资保险公司共同竞争,国有、民营和外国资本共同参与的保险市场体系初步形成。在思想观念方面,保险公司的市场意识、风险意识和效益意识不断增强,经营观念逐渐成熟。在体制和机制方面,国有公司体制改革不断推进,股份制公司股权结构进一步优化,保险公司已成为自主经营、自负盈亏的市场主体。在经营管理方面,学习借鉴国外的先进技术和管理手段,改革创新,大胆实践,积累了许多宝贵的经验。在人才队伍方面,培养和引进了一批精算、财务、投资等方面的专业人才。在法制建设方面,保险法律法规逐步健全,市场规则日益完善。在保险监管方面,监管方式不断改进,监管手段不断完善,监管力量进一步加强。这些都表明,中国保险业已经具备了加快发展的良好基础。

(四)加快发展要实现速度和结构、质量、效益的统一

在保险业快速发展的大好形势下,要保持清醒的头脑,树立正确的发展观。我们所讲的发展,不仅是业务规模的扩大,更重要的是结构的优化、质量与效益的提高。只有结构优化了,质量和效益提高了,保险业才能形成良性循环,发展才有后劲,才是健康的发展。要更新发展的思路,实现业务增长方式从主要靠低层次的价格竞争转到主要靠产品和服务的创新上来,走出一条既有较快速度,又保持较好结构、较高质量与效益的发展新路子。

当前,尤其要处理好以下几个方面的关系。越是加快发展,越要增强风险意识,讲求发展的质量和效益。越是加快发展,越要注重诚信,搞好服务,树立良好的行业形象。越是加快发展,越要增强自律意识,加强内部管理,依法合规经营。越是加快发展,越要健全法制,加强监管。

三、2003年保险业发展的几点意见

2003年是全面贯彻十六大精神的第一年,做好今年的工作,保持良好的发展势头,对于鼓舞斗志,增强信心,实现中央经济工作会议确定的各项任务具有十分重要的意义。2003年保险工作的总体要求是:以十六大精神为指导,认真贯彻落实中央经济工作会议和全国金融工作会议确定的各项方针政策和工作任务,贯彻实施新修订的《保险法》,以国有保险公司股份制改革为重点,大力推进各项市场取向改革,继续扩大对外开放,调整结构,加强和改善保险监管,防范风险,在保持保险业快速发展的同时,实现速度和结构、质量、效益的统一,更好地为全面建设小康社会服务。实现这一总体要求,必须牢牢把握发展这个主题,以改革促发展,以开放求发展,以结构调整实现可持续发展,以加强和改善监管促进健康发展。

(一)深化改革,为加快发展提供动力

改革是经济和社会发展的强大动力。当前,国有保险公司体制落后,股份制保险公司运行机制不完善等问题制约了保险业的发展。只有通过改革,解决体制和机制中的深层次问题,才能推动保险业加快发展。

第一,全面推进国有保险公司股份制改革。国有保险公司在中国保险市场占有举足轻重的地位。着力解决国有保险公司的问题,对中国保险业持续快速健康发展具有重要意义。保监会要把推进国有公司股份制改革作为今年的一项重要工作,做

好对改革的指导、协调和监督。各国有保险公司的领导班子要加强对改革工作的领导，按照国务院批准的方案制定具体的实施步骤。要妥善处理好改革、发展和稳定的关系，确保改革工作的顺利进行。要做好思想政治工作，纠正改革中的错误认识，用十六大精神统一干部职工的思想，发扬艰苦奋斗的优良传统和开拓创新的进取精神。通过改革，转换经营机制，建立现代企业制度，夯实基础，创建名牌，切实提高竞争能力。

第二，完善股份制保险公司运行机制。鼓励股份制保险公司通过增资扩股，吸收民营资本和外资参股等方式优化股权结构。进一步规范法人治理结构，真正建立股东大会、董事会、监事会以及管理层之间的权力制衡机制。建立独立董事制度。支持符合条件的保险公司规范上市，保监会将积极与证监会等有关部门协调沟通，为保险公司上市创造条件。

第三，积极探索保险资金管理体制改革。截至2002年底，中国保险资金运用余额达5799.3亿元。随着保险业务的快速增长，可运用资金还将不断增加。由于受资本市场的影响，加之保险投资管理体制不完善，管理水平不高，资金运用收益率普遍偏低。保费收入快速增长和资金运用收益偏低的矛盾越来越突出，直接影响到保险公司的偿付能力和经营的稳定性，关系到保险业的健康发展。因此，必须积极探索保险资金运用管理体制改革，切实提高保险资金运用的安全性和收益率。一是要充分认识保险资金运用的重要性，要把保险资金运用与业务发展放到同等重要的地位，加以高度重视。二是要改革保险资金的管理体制和运作机制。按照集中统一和专业化管理的要求，完善保险资金管理体制，做到保险业务与投资业务相分离。建立健全投资决策、投资操作、风险评估与内控监督相互制约的管理机制。有条件的公司可以成立保险资产管理公司。三是保险公司要眼睛向内，练好内功，培养和引进高素质的投资管理专业人才，充分运用好现有的投资渠道，努力提高资金运用管理水平。四是要认真研究保险资金在资本市场上的作用。保监会将会同有关部门研究提出拓宽保险资金运用渠道的具体建议。

（二）扩大开放，为加快发展注入活力

对外开放是中国一项长期的基本国策。实践证明，保险市场对外开放对加快中国保险业发展，提高保险业整体水平起到了十分重要的作用。外资保险公司的进入，推动了市场竞争，促进了开放地区保险市场的发展，带来了先进的技术和管理经验。外资保险公司以效益和风险防范为核心的经营理念，依法经营的意识以及优质的客户服务，对中国保险业起到了良好的示范作用。外资参股中资保险公司对完善法人治理结构，加强内部管理起到了促进作用。

对外开放不仅是挑战，也是机遇。保险业要继续扩大开放，提高对外开放的深度和广度，为加快发展不断注入新的活力。要按照世贸组织规则和中国的对外承诺，有步骤地批准外国保险公司进入中国市场，有步骤地取消外资保险公司在服务对象和地域等方面的限制。继续鼓励中资保险公司吸收外国保险机构参股，发挥外资股东在公司决策和经营管理等方面的积极作用。在引进资本的同时，着力引进国外保险公司先进的经营理念、管理经验、技术手段和运作方式，缩短中国保险业与国际先进水平之间的差距。

（三）调整市场结构，创新产品和服务，实现保险业可持续发展

调整创新是推动保险业结构优化升级、实现可持续发展的重要手段。通过市场主体结构和区域布局的调整，促进竞争。通过产品和服务创新提高保险业发展的质量和效益。要坚持在发展中不断调整创新，在调整创新中加快发展。

第一，优化市场主体结构，规范发展中介市场。目前，中国保险市场主体数量仍然偏少，市场竞争不够充分，最大的三家产寿险公司的业务占到产险市场份额的94.8%和寿险市场份额的91.1%，部分地区仍然处于独家经营的状态。因此，要适当增加保险公司的数量，增加分支机构，促进市场竞争。保险中介是保险市场的重要组成部分。近年来，中国保险中介得到了迅速发展，对提高市场运行效率、改进服务方式、扩大业务规模发挥了积极作用。但总的来说，保险中介市场的发展相对滞后，存在的问题越来越突出，主要表现为营销员管理体制不顺，兼业代理不规范，专业中介机构发展缓慢，整体水平不高。要按照新《保险法》的要求，坚持高标准、专业化的原则，规范发展中介市场。一是积极探索营销员管理体制改革的新路子，从体制上解决营销员的规范管理问题。同时，要坚持持证上岗原则，通过加强培训、完善考试制度等多种途径，提高营销员的整体素质。二是严格执行兼业代理资格标准，发展窗口服务功能强、管理规范的兼业代理机构，严肃查处违法违规的兼业代理机构。三是鼓励发展专业保险中介机构。保监会将把专业中介机构及其分支机构的审批纳入日常工作。同时，完善规章，严格监管，对严重违法违规的要坚决清除出市场。要通过优胜劣汰，培育一批适应市场需要、经营规范、素质较高、信誉良好的专业保险中介机构。

第二，调整区域结构，加快中西部地区保险业发展。中国保险市场发展很不平衡，尤其是中西部地区保险业比较落后。要提高认识，把加快中西部地区保险业发展，作为落实国家西部大开发战略的一项重要工作。要深入开展调查研究，摸清中西部地区保险业的基本情况，找出制约发展的因素，提出加快发展的政策措施。要加强保险宣传，普及保险知识，提高中西部地区人民群众的风险与保险意识。鼓励中外资保险公司在中西部地区设立机构，大力开发中西部地区保险市场。

第三，优化产品结构，创新保险服务。产品和服务是保险业发展的基本要素，保险业功能的发挥最终体现在产品和服务上。保险产品是无形产品，专业性强，市场供给的导向作用比较大，没有有效的市场供给，就难以激发市场需求。目前，中国保险产品尽管数量不少，但能够适应社会多样化需求的不多。保险服务水平较低，普遍存在重保费、轻服务的问题。实现保险业的持续快速健康发展，必须从优化产品结构和提高服务质量入手。要站在服务国民经济全局的高度，认真研究宏观经济政策，密切关注与社会发展和人民群众生活紧密相关的热点问题，注重开发养老、医疗、教育、住房、责任等具有广泛社会需求的保

险产品。要针对不同的消费群体，开发个性化产品，满足多层次的保险需求。要不断创新服务方式，丰富保险服务的内涵，把服务渗透到保险消费的各个环节。

（四）加强和改善保险监管，为保险业快速健康发展服务

保险监管的目的是为了促进保险业健康发展。监管工作要紧紧围绕加快发展这个主题，树立市场观念、创新观念和服务观念，转变工作作风，改进监管方式，完善监管手段，着力在提高监管实效上下功夫，切实为保险业发展服务。

第一，贯彻实施新《保险法》，加强保险法制建设，坚持依法监管。市场经济是法制经济，只有在良好的法制环境下，市场才能有效地运行，企业才能更好地发展。要以贯彻实施新《保险法》为契机，大力加强保险法制建设。要继续宣传、普及《保险法》，并把这项工作作为当前和今后较长时期的重要任务，有计划、有针对性地开展下去，不断提高监管部门依法监管、保险企业依法经营和保险消费者依法维护权益的意识。要尽快制定、完善与《保险法》配套的法规和规章。配合国务院法制办加紧起草《保险违法行为处罚办法》；修改《保险公司管理规定》；制定《保险保障基金管理办法》等规章；制定和完善保险行政审批程序和保险违法行为处罚程序，向社会公布，接受社会监督。要坚持依法监管，做到有法必依、执法必严、违法必究，确保新《保险法》的顺利实施。

第二，完善监管手段，对保险公司实施最低偿付能力监控。偿付能力监管是市场经济条件下保险监管的核心内容，是促进保险公司稳健经营、防范风险的重要手段。不抓偿付能力监管，许多监管措施就难以落实到位，监管工作就很难抓出实效。从当前的实际情况看，保护被保险人利益，加强保险公司内部管理，改善保险监管，防范经营风险都需要把偿付能力监管作为一项重要工作来抓。经过几年的准备和试运行，监管部门已经初步具备了偿付能力监管的基础条件。2003年要努力在偿付能力监管方面取得实质性进展。一是抓好偿付能力监管的基础性工作。修订保险公司偿付能力额度和监管指标的管理规定，尽早发布实施。制定保险监管会计制度，初步建立保险监管会计准则的总体框架。二是开始实施最低偿付能力监控。对偿付能力不足的，要做深入分析，根据不同情况采取相应的监管措施。由于历史原因造成偿付能力不足的公司，要尽快拿出解决方案，采取有效措施，确保偿付能力逐步好转。三是加强保险监管的信息化建设。逐步建立和完善保险监管信息系统，切实提高偿付能力监管的效率。四是处理好偿付能力监管和市场行为监管的关系。在推进偿付能力监管的同时，以查处弄虚作假和欺骗误导客户为重点，继续加强市场行为监管，进一步整顿规范保险市场秩序。

第三，坚持市场取向改革，改进监管方式。实践证明，市场作用发挥比较充分的地方，经济活力就比较强，发展的态势也比较好。监管工作必须遵循市场规律，有效发挥市场在资源配置中的基础性作用。要把该管的管好，能够通过市场调节的，要坚决放开。一是继续做好保险行政审批制度改革。对取消的行政审批，要认真落实，同时完善相关规章制度，加强事后的监督检查。对保留的审批项目，要公开内容、完善程序、严格时限、接受监督。同时，对现有的审批项目还要继续进行清理。二是稳步推进保险条款费率市场化。重点是完善车险和航空意外险条款费率管理制度，促进市场价格机制的形成。三是不断完善保险公司分支机构的审批管理制度。以偿付能力、总公司对分支机构管控能力以及守法合规经营记录等作为设立分支机构的基本条件。允许保险公司根据自身管理需要，决定分支机构的组织架构和管理层级。把对分支机构的审批列入日常工作，明确审批的程序和时限，提高审批效率。

第四，加强对法人机构监管，强化保险公司对分支机构和代理人的管理责任。保险公司的内部控制和自我约束是防范风险的基础。要通过加强对法人机构的监管，强化总公司对分支机构的管理责任，提高管控能力。对查出问题的分支机构，除依法追究直接责任人和该分支机构负责人的责任外，还要视情节轻重，追究上级公司直至法人机构主要负责人的责任。保监会将定期对各保监办上报的保险公司分支机构违法违规情况进行汇总，并对法人机构采取相应的监管措施。要按照《保险法》的有关规定，强化保险公司对代理人的管理。各公司要加强对保险代理人的职业道德和业务素质教育，并在聘用、培训和日常管理方面真正负起责任，切实规范代理人的市场行为。

第五，充分发挥保险行业协会的自律作用。行业自律是维护市场秩序，防范风险的重要环节。要进一步明确保险行业协会的职能和定位，发挥其在自律、协调、维权、宣传和服务等方面的作用。要加强行业协会的自身建设，按照年轻化、职业化的要求选好协会专职秘书长。要加强保监会对行业协会的指导，及时传达有关文件，使其更好地开展工作。要积极探索市场经济环境下行业协会的运行机制，使其真正发挥作用，构建企业内控、行业自律、政府监管和社会监督相结合的风险防范体系。

中国保险业能保持较好的发展势头，是与在座各位的辛勤努力和开拓性工作分不开的。在当前极为难得的有利形势下，保险业能不能抓住机遇，实现持续健康快速发展，关键在于领导。各公司的主要负责人，担负着重要的责任，起着非常关键的作用。这里，对大家提几点希望。一是要加强学习。保险业的发展与国民经济和社会发展密切相关，要认真学习领会国家的方针、政策，了解国民经济和社会发展的全局，树立宏观意识，增强责任意识，创造性地做好保险工作。二是要深入实际，调查研究。注意研究保险市场出现的新情况、新问题，遵循市场规律，科学决策；尊重基层的创造精神，充分发挥广大干部职工的积极性和创造性。三是要严格要求自己。各位负责人，特别是“一把手”，要正确对待手中的权力。权力越大，责任就越大；权力越大，越要接受监督；权力越大，越要注意发扬民主。要加强团结，搞好班子建设；加强自律，带头遵守法律法规和公司的规章制度；发扬艰苦奋斗的创业精神，保持艰苦朴素的优良作风。用自身的表率作用和人格魅力凝聚员工队伍，带动企业文化建设。

2002年中国保险市场发展状况

中国证券报 曹海菁

2002年中国保险业继续保持快速增长势头，截至11月底，全国保费收入2737.7亿元，同比增长47.26%，全行业共计赔付662.1亿元；保险市场经营主体数量迅速增加，结构不断改善；保险新产品不断涌现；保险条款、费率市场化改革进一步深化；保险服务较前几年有较大的进步；《保险法》修订工作于年内圆满结束，使得保险业的法律法规体系建设不断完善，保险市场秩序有了较大的改善。回顾2002年中国保险业的发展历程，可谓是亮点频闪。

入世元年

2002年中国保险业迈出了入世后的第一步。批设外资机构、增加开放城市、降低法定分保、清理法律法规，坚定而又稳健的一步来源于全行业的承诺与信心。

来自权威部门的数据，一年来，中国先后批准6家外国保险公司进入市场筹建保险营业机构，并批准了15家外资保险营业机构开业，截至目前，共有来自12个国家和地区的34个保险公司在中国设有54个营业性机构；中国保险业对外开放城市也已从上海、广州扩大到了深圳、大连和佛山；根据入世承诺，保监会于2002年10月对法定再保险的比例进行了相应调整，规定自2003年1月1日起逐年降低，直至取消法定分保，世界最大的两家再保险公司———慕尼黑再保险和瑞士再保险已获准在中国筹建全国性分公司，而世界排名前几位的再保险公司也在积极申请；在这一年里，中国政府制定了《中华人民共和国外资保险公司管理条例》，并于2002年2月1日起正式实行，全国人大常委会通过对《保险法》的修改，并于2003年1月1日起正式实施，中国保监会于2002年3月发布了《关于修改<保险公司管理规定>有关条文的规定，清理了与世贸原则和入世承诺不相符的有关条款，在此基础上，对《保险公司管理规定》整体的修订和完善工作已开始按计划进行。

与保险业对外开放相对应，中资保险公司在中国入世第一年的表现同样不俗：中国人保、中国人寿、中国再保险三家国有保险公司正式走上股改征程；中国保险(集团)公司在海外成功地进行资本运作后，重新在内地启用太平人寿、太平保险两块老店招牌，完成一边依托海外资本市场，一边耕耘大陆保险市场的发展格局；平安与太平洋金融控股集团的架构已初步形成；华泰成功引入美国ACE集团成为其第一大股东；新华、泰康等中小公司迅速完成全国机构布局。中资保险公司令人眼花缭乱的高难度"表演"让人们有理由相信———它们是入世的真正赢家。

车险先锋

尽管中国保监会2002年12月19日才正式对外宣布："决定改革现行机动车辆保险条款费率管理制度，自2003年1月1日起，凡投保车险的消费者可选择由保险公司自行制定、经保监会批准的车险条款费率，由保监会统一制定的现行车险条款费率停止使用。"但有关车险改革的步伐早已在一年多前迈出。从目前的情况看，人保、平安、华泰已对外公布了其车险新条款、费率，而其他各家公司的新条款和新保费标准也将在不久陆续公布。

在中国，车险在财产险市场中占60%的份额，是名副其实的龙头险种。以前由于各保险公司对产品条款和价格没有自主权，为了争夺市场份额，往往采取高额回扣、压单、埋单等手段，市场出现了很多无序、混乱现象。新的车险条款费率管理制度允许保险公司按照不同消费者的需求制定条款，要求保险公司根据车辆的风险、车险市场状况、行驶员的安全记录制定费率，条款费率必须经保监会批准，并向社会公布后执行。

投资困局

2002年，人们整整等待了一年，终于在岁末传来了些许有关保险资金的利好消息："保监会取消包括保险公司投资证券投资基金资格审批、保险公司投资证券投资基金投资比例核定等58项行政审批项目。"但这点点的"清凉"也许远远不能化解各家公司资金运用部老总们一年的焦躁，在这一年中他们管理的保险资金遇到了空前的投资压力。

权威部门统计表明：截至11月底，保险资金投资于证券投资基金约为312亿元，各保险公司银行存款余额为2881.74亿元，投资余额共计2272.16亿元，其中的国债投资余额是1039.79亿元。2002年2月，央行存款利率下调0.25个百分点、随之大额协议存款利率较上年下降1.5个点，全年基本维持在3%左右；国债方面，由于年初的过度炒作，下半年，中长期债券票面利率与回购利率节节下滑；迄今为止，投资基金仍是最能为保险资金带来丰厚利润的投资场所，然而两市综合基金指数从年初的1242点跌至目前的1000点附近，全年最高点出现在6月24日的1312.20点，从此便一路下滑，且没有一次像样的反弹，11月27日曾一度击穿千点大关，当日报收995.05点。货币与资本市场的现状使得保险资金在赖以生存的几个投资渠道上获利甚微。

某保险公司资金运用中心的老总对记者说："上证指数1500点可以说是本公司保险资金的生命线，大盘如果长期在此点以下运行，保险资金链便有可能出现断裂，形势十分严峻，中心目前管理的资金已超过1000亿元，投资压力主要来自内外两方面，从公司内部来说，2002年带有保底利率的分红产品成为公司保费收入的主要来源，因此资金运用收益率一定要超过分红产品的保底利率，否则就要亏损；对外来说，目前国内市场卖的大多是投资型险种，谁的收益高、红利多，百姓就买哪个，保险公司之间的竞争已由产品的竞争转到了保险资金的投资。”

年中人们一直期望《保险法》有关资金运用方面的修改能为保险资金带来新的出路。但《保险法》修正案公布以后，其相关条款并未像业内许多人预期的那样做了较大的修改。关于保险资金能否参与成立具有独立法人资格的证券公司、基金公司或资产管理公司，在人大多次组织的有关《保险法》修正案（草案）座谈会上，并没有人能拿出令人信服的理由证明这一点可行。多数委员认为，未来，当保险资金在经国务院允许进入股票市场以后，保险公司有了相关的经验与投资管理人才后，再对《保险法》有关内容进行修改，这样比较稳妥。

修法明典

2002年10月28日，第九届全国人民代表大会常务委员会第三十次会议根据《关于修改〈中华人民共和国保险法〉的决定》对于保险法予以修正，使得已经适用七年的《保险法》以新的面孔面对世人。中国保险市场的法制化建设由此进入了新的阶段。

比照修改前后的两个保险法文本，人们发现，该法所修改的地方有30余处，法条总数增加了六条。专家认为，通过此次修改，中国《保险法》进一步适应了中国保险市场从初创向成熟转化的需要，尤其是有利于实现中国保险市场在中国加入WTO之后与国际保险市场的接轨。

新《保险法》对于推进保险产品市场化进程、增强保险经营主体盈利能力、规范保险中介市场、提高保险行业信誉起到了积极的促进作用。1995年颁布的《保险法》在保险产品方面的规定带有明显的计划经济色彩，它规定了保险的费率必须由监管部门制定。而新《保险法》把保险产品的条款设计、费率制订交还给了企业。新法的颁布对即将在全国正式推行的车险条款、费率市场化改革及航意险改革扫清了法律障碍。对社会普遍感到不满的保险业诚信问题特别是保险中介人误导消费者问题，新《保险法》对此在几方面在法律条款上做了补充并明确了处罚办法，如：“保险代理人或者保险经纪人在其业务中欺骗保险人、投保人、被保险人或者受益人，构成犯罪的，依法追究刑事责任；尚不构成犯罪的，由保险监督管理机构责令改正，并处以五万元以上三十万元以下的罚款；情节严重的，吊销经营保险代理业务许可证或者经纪业务许可证”等等。如此规定，不仅有效地制约了保险代理人的行为，对保险公司的经营管理也提出了更高的要求：保险代理人虽然不是保险公司的正式员工，但保险公司今后要对其销售行为负责。

另外，新《保险法》参考了国际通行做法，规定财险公司经监管机构核定，可经营意外伤害险和短期健康险业务。并改变了再保险的强制方式。修改后的《保险法》规定，各保险公司办理再保险的比例和方法，授权给保险监督管理机关根据具体情况作出决定，保险公司应当按照保险监督管理机关的规定办理再保险。

新帅升帐

“与国民经济和社会发展要求相比，与其他金融行业相比，保险业的业务和资产总量还很小，因此应抓住加入WTO和对外开放的机遇，开拓创新，加快发展”。“目前中国保险业正处于一个难得的快速发展新时期，保险业发展要在追求数量扩张的同时，保证业务增长质量，实现持续健康发展”。“经过20多年的发展和对外开放，中国保险业已经具备持续快速健康发展的基本条件，十六大提出全面建设小康社会的目标，为保险业加速发展提供了良好机遇。当前，要实现保险业快速持续健康发展，首先要提高保险业的核心竞争力。”

上面几段话是中国保监会新帅吴定富上任后在几次公开场合的发言，由此，“逢会必讲发展”便成为这位新主席的最显著特征。

从时间上看，吴定富主席上任恰逢中国保险业入世一年后的关键时期。专家认为，随着中国入世时间的推移，国内保险公司拥有的地域和业务优势将逐步消失，来自外资保险公司的竞争压力将迅速增加。如果中资保险公司不能够在有限的保护期内迅速提高竞争力，则最直接的结果就是中资保险公司的市场份额迅速下降，进而影响到偿付能力。届时，保险监管机构也将陷入两难境地：既要保证市场秩序和监管的公正性，又要扶持和保护中资保险公司，而两者的政策取向往往是相互矛盾的。与入世带来的挑战和培育中资保险公司竞争能力的需要相比，现行保险监管制度还存在着很大缺陷，亟待加以改善。看来，新主席身上的担子还真是不轻。

中国保险业研究报告

江南证券 许婕

一、行业发展状况

中国保险业尚处于成长初期，发展速度较快。全国保费收入由1980年的4.6亿元增加到2002年的3053.14亿元，年均增长速度34.4%，远远高于同期GDP增长速度。现保费收入世界排名在15–20位之间。

从世界各国保险业的发展经历看，寿险业的发展速度大大高于非寿险业。中国保险业的发展也经历了相同的变化：从1992年至2002年十年间，寿险保费收入的年均复合增长率达到42.8%，而产险保费收入的增长仅为18.1%；1980年保险业全面恢复时，寿险保费收入几乎为零，1992年，寿险保费收入占总保费收入的比例达到30.4%，1997年，寿险保费收入开始超过产险，2002年，寿险保费收入占总保费收入的比例达到74.5%，而且这一趋势还将继续下去。

伴随着保费收入以大大高于国民收入和人口数量增长的速度增加，中国的保险深度（保费收入/GDP）和保险密度（保费收入/人口总数）这两个保险市场成熟度指标不断增长。截至2002年底，中国保险深度达到3%，保险密度为237.6元，较之世界发达国家保险深度平均8%-10%、保险密度人均数千美元的水平，中国保险有效需求明显不足，但同时也展现了中国保险业的广阔发展空间。

二、行业竞争格局

截至2002年底，中国的保险公司数量发展到54家，总资产达6494.1亿元，保险营销员超过100万人。初步形成以国有商业保险公司为主、中外保险公司并存、多家保险公司竞争的格局。

1979年中国保险业务恢复后，中国人民保险公司完全垄断市场。1988年平安保险公司的成立打破了这一格局。同年，交通银行成立保险部（太平洋保险公司前身）。这两家股份制保险公司成立后，迅速把业务拓展到全国范围，同中国人民保险公司展开了竞争。从上世纪90年代开始，股份制的新华、泰康、华泰及外资友邦、东京上海、皇家太阳联合等保险公司先后成立，市场竞争主体多元化的态势开始形成。截至2002年底，保险公司数量发展到54家，其中国有独资保险公司5家，股份制保险公司15家，中外合资保险公司20家，外资保险公司14家。另外，还有19个国家和地区的112家外资保险公司在内地的14个城市设立了199个代表处，等待进入中国保险市场。

1996年，中国人民保险公司更名为中国人民保险(集团)公司(简称中保集团)，下设财产保险，人寿保险，再保险三个专业子公司，实行分业经营。1998年底，中保集团被撤销，三个子公司成为独立法人，其中中保财产保险有限公司继承人保品牌，更名为中国人民保险公司；中保人寿保险公司更名为中国人寿保险公司。

由于历史原因，原中保集团仍然保持着市场主导地位。2001年，中国人民保险公司保费收入占产险总保费收入的75%；中国人寿占寿险总保费收入的57%。它们和平安、太平洋两家保险公司的保费收入之和在产险和寿险市场上分别占到96%和95%。

三、目前市场主要险种

寿险

在中国保险业发展历程中，人寿保险业虽起步较晚，但发展很快，占整个保险市场份额的比例也不断增加，保费收入已由1982年的159万元增至2002年的2274.84亿元，占保费总收入的74.5%，寿险已超过产险成为保险市场的主要业务。从产品种类看，保险产品不断趋于多样化，已由80年代的几十种增加到2002年的数百种。

2000年以前，中国寿险市场上以传统储蓄型产品（非分红险、意外伤害险、健康险以及补充医疗险）为主。由于银行连续降息对寿险公司的投资收益造成了很大的影响，2000年后，寿险市场发生了较大变化，投资连结保险、分红产品以及万能险等收益直接与保险公司的投资绩效挂钩、客户与保险人共同承担投资风险的新产品相继上市，并以很快的速度增长。2000年，新产品的保费收入仅占寿险总保费收入的3.11%，到2001年底，新产品比例达到29.39%，其中分红险比例从0.88%上升至19.07%。

产险

中国产险险种的创新比寿险慢，险种单一，不灵活。主要险种包括财产保险、责任保险、信用保证保险和农业保险，其中财产保险的保费收入约占到95%。财产保险中又以机动车辆保险和企业财产保险为主。

四、行业经营状况

盈利能力

产险公司的主要收益来源是“费差益”，而寿险公司收益的主要来源是“利差益”和“死差益”，寿险公司的资产收益率在很大程度上取决于银行利率和保险资金的投资收益。近年来中国利率不断下调给寿险公司的盈利造成了沉重的打击，承担历史高利率的保费收入其资金成本一方面无法由银行存款利息得到弥补，另一方面由于保险资金运用方式受到限制，而不能找到收益较好的其他投资工具。从2000年到2002年，中国保险公司的平均投资收益分别为3.59%、4.3%和3.14%。

目前，保险资金的投资渠道主要是购买中央企业债券、参与银行同业拆借市场的国债回购、投资证券投资基金和办理大额协议存款等。除投资于证券投资基金外，其他几个渠道收益弹性均较小。2002年中，保险资金间接投资于证券投资基金的资金量达312.46亿元，但由于股市收益下降，不足3成基金盈利，49只封闭式基金净亏损达35.15亿元，平均每个基金单位亏损约为0.045元，其中的保险资金收益也就可想而知。

偿付能力

考察保险公司经营情况最重要的指标之一是偿付能力，它直接关系到公司持续经营能力的高低，中国保监会一直把偿付能力监管作为保险监管工作的重点，《保险公司管理规定》要求，保险公司应具有与其业务规模相适应的最低偿付能力。

由于会计资料可得性的限制，我们无法计算出主要保险公司的实际偿付能力和法定最低偿付能力，但可以通过对它们自有资本的充足水平（净资产/总资产）来估计公司的偿付能力。根据主要保险公司公布的2001年财务报表，国有保险公司，特别是国有寿险公司的自有资本水平较低，如中国人寿的净资产/总资产仅为3.1%，太平洋人寿由于2001年亏损31亿元，抵去10亿元的实收资本后，所有者权益为负21亿元；而90年代中期成立的股份制保险公司自有资本充足水平较高。

投资型保险及其对中国保险业影响

重庆工商大学 樊国昌

所谓投资型人寿保险，是指在确保人寿保险所固有的保障功能的前提下，通过保险创新或嫁接组合使之具有投资功能的一种非传统型人寿保险，是相对于传统保障型人寿保险而言，具有保障和投资双重功能的所有人寿保险的总称。就其性质来说，投资型保险要么是在人寿保险合同中预先定明、享受保险公司盈利分配权的一种人寿保险，要么是根据保险资金投资运作状况来确定收益率的一种人寿保险。其主要特征是：预定利率较低，保险商品的价格较高；既有保障功能又有投资功能；投资回报不确定且波动；潜在风险大；具有投资选择权。

一、投资型保险的产生

投资型人寿保险源于欧洲，开发投资型保险的初衷是为了增强寿险产品的竞争力。进入20世纪中叶，受通货膨胀的压力，西方发达国家的金融业纷纷寻求创新之路，而保险公司的传统的固定预定利率的长期寿险保单则缺少竞争力，导致长期寿险保单持有人纷纷退保，造成保险公司资金外流，使保险公司受到严重冲击。为扭转这一不利局面，各保险公司开始研究开发投资型保险。近20年来，投资型保险在西方各国得到了迅速发展，在一些投资型保险发达的国家，其保费收入已占到寿险保费收入的30%—55%。目前，投资型人寿保险产品已成为各国寿险业同其他金融业竞争的有力工具，并日益成为未来寿险业的发展方向。相比之下，中国的投资型保险是在保险市场尚未成熟，居民的保险意识不强，保险商品消费水平不高，保险竞争不十分激烈的背景下推出的：

（一）寿险业的长足发展与严重的利差损包袱，是推出投资型保险的直接原因

20世纪90年代末，中国寿险业发展迅速，其中2000年寿险保费收入977.5亿元，占总保费收入的62.5%，2001年达到1423.97亿元，占总保费收入的67.51%。伴随保险业的长足发展，中国保险公司的财务管理和企业内控制度日益健全，人员素质、技术水平、服务质量和管理水平逐步提高，经营能力、风险驾驭能力和资金运用能力显著增强。而与此同时，中国人民银行连续7次下调存贷款利率（不包括2002年2月21日下调），寿险公司由此蒙受了巨大的利差损失，按照5%的回报率计算，寿险公司的潜在利差损高达千亿元以上。为扭转这种不利状况，各保险公司纷纷从传统业务之外寻找解决问题的办法，包括投资型保险在内的各种新型寿险保险应运而生。

（二）人们多样化的保险需求和保险竞争的变化，是投资型人寿保险面市的动力因素

近几年来，随着收入水平的逐步提高和投资意识的增强，人们的资产结构发生了很大变化。人们既希望有较高的人生风险保障，更希望得到投资收益，而传统的单纯保障型寿险产品已不能满足人们的这种双重需要。此外，保险业的竞争已从区域性竞争转向全国性甚至国际性竞争，人才的国际化、技术的国际化、保险的国际化、管理的国际化和经营的国际化趋势更加明显，保险业进一步向广度和深度发展。为了适应需求和竞争的变化，开发投资型保险等新险种就成为保险业发展的当务之急。

（三）保险资金投资渠道的进一步拓展，为推出投资型保险带来了契机

为适应入世需要，国家放宽了对保险资金运用的限制，1998年10月，中国人民银行允许保险资金进入全国同业拆借市场；1999年，中国保监委又出台了保险公司购买中央企业债券管理办法，允许保险公司购买铁路、电力、三峡工程等企业债券；同年10月，国务院又批准保险公司可通过购买证券投资基金间接入市，允许保险公司在控制风险的基础上，在二级市场上买卖已经上市的证券投资基金和在一级市场上认购新发行的证券投资基金，从而使保险资金的投资渠道进一步拓展。这些不仅为投资型人寿保险的面市提供了宽松的法律、制度和政策环境，而且为投资型人寿保险的产生提供了条件。

二、投资型保险对中国保险业的影响

投资型保险在国内的出现，引起了包括保监委及金融证券业高层的高度重视，成为近两年来国内保险业关注的热点。投资型保险既是对中国保险业的一次挑战，同时也给中国保险业未来发展提供了新的契机。

（一）投资型保险对中国保险业的挑战

1. 对寿险营销的挑战。首先，投资型保险对营销知识和销售队伍的技能提出了更高的要求：一方面，投资型保险虽然弱化了精算技能的要求，但计算机系统及现代技能的要求提高，销售人员必须熟练掌握证券及相关金融知识，成为客户个人和家庭的理财顾问；另一方面，投资型保险的销售过程实质上融合了各家保险公司的信誉、品牌、投资、综合实力、业务人员个人的素质及知识和保险本身的特点，要求具有高素质、高学历、知识结构优良、适应能力强的保险代理人，要求对客户的管理方式必须由过去简单的售后拜访，转变为提前向客户提供投资理财咨询、顾问等服务，要求营销和服务手段的技术投入和含

量要迅速提升，这对所有的销售人员来讲，无疑是最严峻的挑战。其次是对销售模式的挑战：寿险公司业务员以往极富情感色彩的推销手段将逐渐被客观、翔实的保险投资功能叙述及投资风险、投资渠道等金融理财知识介绍所替代，这对长期以来经营传统保险型保险的中国寿险公司来讲，无疑是急需解决的重点和难点。

2. 对客户关系管理模式的挑战。投资型保险的客户群分布与传统型人寿保险相比有着明显的区别。拥有较高知识水平，对投资和风险理念有一定认识和经验，收入中等偏上的公务人员、企业白领、教师、律师、企业主等是此类保险的最佳客户，他们往往具有较高的经济理论、社会文化素养，而寿险销售人员在这些方面与他们相比存在一定的差距，如何迅速提高自身的水平，是寿险销售人员必须面对的重要课题。

3. 对寿险经营者的经营方向和应变能力的挑战。投资型保险的出现，使经营绩效更加依赖国家相关法律制度、政策的开放程度和规范程度。国外的发展经验表明，投资型保险的稳定发展和市场份额的不断提升，与国家的税收政策、投资渠道的不断拓宽及保险监管机构的积极引导密不可分。而且，投资型保险要求寿险公司经营行为趋向长期化，经营重心向改善保险结构、提高内部管理水平、有效防范和化解经营风险、建立长期竞争优势等方面转变。因此，如何理解和运用国家政策，及时转变经营方向，增强应变能力，这对中国所有的人寿保险公司来说都是一个新的起点。

4. 客户自我保护意识的转变。保险公司投资运作的公开、透明是投资型保险健康发展的基本要求，也是客户坚定消费信心的根本保证。随着投资型保险市场份额的不断扩大，要求消费者的自我保护意识必须不断提升，这对风险意识不强，保险意识有待进一步培育的中国广大投保人来讲，也是一个新的课题。

5. 保险公司的经营风险和信誉风险较以往增加。保险公司经营投资型保险，不仅涉及资金运用问题，而且涉及投资收益的分配，因此其对宏观环境的依赖性非常强，通常要在低利率环境、优惠的税务扶持及多项法规，包括保险法、证券法等的配合下才能得以发展。销售投资型保险有别于传统险种带来的风险，根据国外经验，投资连结保险的运作成本一般为传统产品的两倍左右，这对保险公司来说难免产生资本方面的压力。此外，投资型保险将面临来自金融界其他行业的竞争和挑战、投资失误、销售误导等问题，都会直接影响保险公司的形象。调查发现，接触过保险的受访居民中，只有6.2%认为国内保险公司的诚信态度好，76.5%认为一般，甚至有17.3%认为差；对于服务，7.4%认为保险公司的业务娴熟，84%认为一般，8.2%认为生疏；对条款的解释，13.1%认为清晰，69.4%认为一般，17.5%认为模糊。因此，投资型保险的风险表面上由投保人和保险人共同承担，实际上保险公司将面临更大的经营风险。

6. 对风险规避机制的挑战。一度火得烫手的投资连接保险，自2001年下半年以来，由于受股市的影响，出现不同程度的调整，受到广泛关注。2001年9月29日，为了保护广大消费者的合法权益，中国保监委就人身保险新型产品发布公告：人身保险新型产品的期限一般都比较长，一年两年的业绩不能反映产品的回报率。入世后，尽管投资型保险长远前景看好，但投资型保险必须有相应的风险规避机制。因此，能否尽快建立起一套科学的风险规避机制，保证投资型保险的稳定、健康发展，是我们面临的又一挑战。

7. 培育健康、稳定的消费市场，将成为各家保险公司面临的共同课题。投资型保险使客户对未来的投资回报成果抱有极大的期望，消费者对投资回报率的高预期心理无形中对保险公司正常的投资运作构成了巨大的心理压力。在这种情况下，各家保险公司都将面临一个共同课题，即普及金融投资知识，倡导投资风险防范意识，帮助消费者正确理解和看待现阶段市场的投资回报业绩。

(二)投资型保险给中国保险业带来的机遇

1. 投资型保险必将促进中国保险经营方式和竞争方式的转变。据统计，自1999年11月底平安“投资连结保险”在上海率先亮相后，迄今已扩销到北京、南京、杭州、广州、深圳、重庆等30多个省会及中心城市，首年度保费收入达11.2亿元。中国人寿、太平洋保险、安联大众、金盛人寿、友邦等中外资寿险公司，也纷纷在全国各地推出投资连结、分红、万能等新险种，并在短短两年间成为最受客户欢迎的保险。

2. 寿险经营者经营方向的转变。投资型保险的推出是中国寿险经营方向的重大转变，说明中国寿险业已开始瞄准国际保险市场，标志着中国寿险业向改善保险结构，提高内部管理和技术水平，有效防范和化解经营风险，提升核心竞争力，建立长期竞争优势等方面迈出了重要的一步。由于投资型保险在营销和经营上与传统保险不同，以往以代理人串街走巷、情感宣传为主的销售模式，逐渐被客观、翔实的保险投资功能介绍和投资风险、投资渠道等金融理财知识的讲解所替代。这些转变为各保险公司提高技术标准，努力实现保险的国际标准化，开发更加灵活、透明的新保险，满足客户多样化的保险和投资需求方面提供了机遇，对加快中国保险市场化和国际化进程具有重要意义。

3. 保险资金的投资渠道进一步拓展，保险公司的实力进一步增强。2001年4月，中国保监委批准“投资连接保险”资金投资于证券基金的比例，最高可达到100%。对偿付能力强、资金运用较为规范的保险公司，将允许按一定比例进入股票二级市场，允许保险公司成立资产管理公司，开展代客理财业务。可以预见，投资型保险为保险资金大规模介入基金市场提供了契机，保险资金的投资渠道还将不断扩大，保险公司将成为基金市场中最大的机构投资者。保险资金投资渠道的拓宽，将有利于改变保险公司的资产结构，拓展利源渠道，促进企业经营理性化和规范化，推动管理科学化进程，逐步增强企业实力。

4. 促进保险创新和投资市场的繁荣。投资型保险的推出，使寿险业不仅具有一般保障和定期给付功能，而且有利于促进寿险业金融功能创新和寿险产品金融证券化，寿险业已不再是保障而是趋向为客户投资理财。由于保险公司聚集的资金规模大、投资队伍专业化强，加上在市场投资规范性和专业性方面都较为科学，在很大程度上化解了客户个人投资所存在的风险，从而使客户和保险公司都能“双赢”，这对投资市场的稳定和健康发展必将起着积极作用。

5. 客户的自我保护意识的增强和市场逐步规范。由于投资、税收政策、资本市场运行等信息与投资型保险的经营绩效紧密关联，并在某种意义上决定着寿险公司长远发展，因此各保险公司的经营决策更加重视对国家相关法律和宏观政策的分析研究，重视其对寿险经营的影响。人们开始行使对资金运作、费用收取、账户价值、价格计算等项目的权利。在投资型保险走进千家万户之时，无论是监管机构、寿险公司，还是广大客户，都表示一个共识，希望加强法制建设、普及金融投资知识、倡导风险防范意识。这些要求必然会促进中国保险立法建设及居民风险意识的增强和保险意识的提高，有利于中国寿险经营者的经营理性化，进一步推动中国保险市场逐步走向规范和成熟。

外资保险公司在中国的热闹与寂寞

张　鑫

2003年2月初，外资保险迎来了中国第一张保险经纪牌照和第一张保险公估牌照。美国怡安保险集团获准与中国粮油食品集团进出口有限公司共同成立第一家中外合资保险经纪公司，双方各占50%的股份。而英国GAB罗便士国际保险公估集团公司则成了首家获准在华筹建独资子公司的外资公估公司。

从等待到获得许可，从获得许可到公司正式开业，这中间有多少路要走，也许只有外资保险公司自己能说清楚。伴随着外资保险公司在中国保险市场拓荒的热闹，其背后的寂寥很快就被人遗忘了。

一、那些离去的背影

按照规定，外资保险公司进入中国欲在中国开展业务，需符合以下条件：30年以上的经营历史；50亿美元资产总额；在华设立代表机构2年以上。

所以，从一开始，那些想要进入中国的外资保险公司纷纷在中国建立代表处，负责在国内收集信息、调研市场、与监管部门沟通信息、捐助教育项目和各项公益事业，不少代表处也做得热热闹闹，让所在公司的大名频频在媒体露面。

但就在中国加入世界贸易组织的第一年，就在外资保险等待了多年，铆足了劲终于可以大踏步进入中国市场的时候，2002年，至少有8家外资保险公司撤出在中国的代表处。而据有关统计资料，自2001年初至2002年7月，已有22家外资保险公司的30家代表处撤出中国。这一进一退，折射出的不仅是中国保险市场上外资保险的新格局，也反映出全球保险市场的不少新动向。

2002年3月，已在中国驻扎近10年之久的美国林肯国民保险集团决定退出中国；6月，瑞士人寿在北京和广州的两家代表处相继关门，宣告该公司在华5年的行程暂停，2001年底获得营业执照的德国格宁集团，也在2002年底，宣布退出中国市场。

退出的原因可以有多种，中国保监会国际部主任孟昭亿分析，原因主要有如下几条：一是母公司在海外发生收购、合并事件。如果两个合并的公司在中国都有代表处，那它就可能合并。比如，英国鹰星保险公司被瑞士苏黎世集团收购后，其在北京的代表处也就撤销了。二是美国“9·11”事件后，有些保险公司经营上碰到了许多困难，从而调整策略，从中国市场退出来。例如，瑞士人寿就是因为全球经营策略的调整，从整个亚洲地区撤出来，当然也包括了中国市场。三是有些公司已经进入中国市场，在不同城市设有代表处，但觉得代表机构太多、费用比较高，没有必要，而且通过营业机构也可以了解市场的情况，就可能适当减少代表处。四是外资保险公司代表处违规作业，从而自动退出中国市场。

外资保险公司中国代表处设立之初目的就是为了争取牌照，一旦历史使命完成，保留的意义也就不大了。这在公司获得营业许可后，开业所在地与代表处所在地同处一地的公司中表现尤其明显。比如2002年7月撤销的荷兰保险有限公司大连代表处，在其合资寿险公司开业之前就及时消身而退。

与之对应，一些外资保险公司虽然获取了营业执照，但由于开放城市将不断增多，因此从未来走向全国公司的发展战略出发，原先的代表处仍然保留。只是这时的代表处已经比较明确地成为未来分支机构的“先遣队”了。有着异曲同工之妙的是，一些同时兼做寿险和非寿险业务的外资保险代表处，在取得了一张“许可证”后，还在等待另　张牌照。

二、那些灿烂的笑容

2002年6月7日，美国国际集团的全资子公司友邦保险有限公司北京分公司开业，开业典礼上，美国国际集团的董事长兼首席执行官莫里斯·格林伯格笑容灿烂，即使记者对于美国国际集团在中国的特殊待遇屡屡提问，也应对从容。他说，美国国际集团从1980年开始在中国建立首家代表处，20多年来，他本人每年一次、两次、多次来中国，帮助改善中美关系，每年投入上百万美元资助中国教育，还斥巨资购买中国流失在海外的文物归还中国。虽然经过漫长的等待，但他认为，这样的等待还是值得。

和黯然离去的相比，认为值得等待的外资保险公司显然要多得多，2002年喜上眉梢的外资保险公司也不少。

2002年1月，意大利忠利保险有限公司和中国石油天然气集团公司下属的中油财务有限责任公司的合资寿险公司在广州开业，成为中国加入世贸组织后第一家开业的中外合资保险公司；5月，荷兰全球人寿保险公司宣布和中国海洋石油公司合资组建寿险公司，公司设在上海；7月，英国商联保险有限公司和中国粮油进出口公司合作，双方共投资5亿元人民币，在广州组建合资寿险公司；7月，更有瑞士再保险公司获得营业许可，成为中国保险市场第一家外资再保险公司。

2002年下半年，荷兰国际集团属下的荷兰保险公司和北京首创集团合资的首创安泰在大连开业，成为第一家总部设在大连的中外合资寿险公司；英国标准人寿和天津泰达控股有限公司宣布成立恒安标准人寿保险有限公司，注册资本为13亿元人民币，成为目前中国最大的中外合资保险公司。

觊觎中国大陆市场的另一路人马来自于台湾。“台湾岛内目前投保率高达140%，市场已经进入相对饱和状态，进入内地市场是公司重要的战略思想。”台湾国泰人寿北京首席代表王健源坦言。

到目前为止，台湾财政主管部门批准赴大陆设立办事处的保险公司有10多家，另有9家公司设立32家办事处的申请在等待核准。2001年1月9日和2002年4月19日，保监会分别两次共批准台湾新光人寿、富邦产物、国泰人寿、友联产物等4家在京设立代表处。

据有关部门统计，截至2002年10月，共有25家外资保险公司提出在华营业申请。其中按险种分，申请寿险营业执照的有11家，申请财产险执照的有13家，申请再保险执照的有2家；按国别或地区分，法国、德国各2家，荷兰、英国、瑞典、意大利、韩国、加拿大、澳大利亚、新加坡、印尼各1家，美国4家，瑞士、日本、香港各3家。

三、那些无法阻挡的变化

从1992年美国友邦进入上海以来，10年间，中国保险市场从寿险、财产险、信用险、再保险，开放的领域在扩大，开放的地域在延伸。对于不少中资保险公司来说，现在已开始感受到竞争的压力，在巩固自身优势的同时，从竞争压力中奋起，这样不仅中资保险公司长大了，整个中国保险市场也在不断成长。正如首家中外合资寿险公司中宏保险总经理陈柄根所言，这是一个共同促进、互相学习的过程。

从市场份额看，外资公司自1992年进入中国保险市场以来，业务发展迅速。2001年，外资公司保费收入32亿元。在已开放的上海和广州地区，外资公司所占寿险市场份额达14.4%和11.8%，财产险市场份额为6.7%和1.5%。

总体来看，中外资保险共存的市场经历了三个阶段，在初期阶段，外资带入新方法，中资保险意识仍处于萌芽状态；第二阶段，是中资保险公司学习和超越的阶段；第三阶段，是中外保险相互学习和竞争的阶段。目前保险市场正处于第三阶段。在这一阶段，外资保险的扩张也呈现出了新的特点：

（一）外资公司开始向全国性公司的方向发展。那些在2002年迈出了全国性公司第一步的合资寿险公司，2003年会有进一步的动作。2002年，中宏保险广州分公司于11月26日在广州开业，迈出了合资保险公司向全国性保险公司发展的第一步。与此同时，其他合资寿险公司赴异地开设分支机构的步伐也在加快，竞争意识不减。

（二）外资保险公司在产品创新上的努力已不断出现新的成果。在中宏保险率先售出第一张分红保单之后，中澳合资的中保康联在2002年创出了又一个第一。根据自2002年11月1日起正式实施的《保险业务外汇管理暂行规定》，境内企业或者个人向境内保险公司投保时，对于符合规定条件的保险标的，可以用外汇缴纳保险费，并可以收取外汇赔偿或保险金。2002年11月初，中保康联从国家外汇管理局领到2002年001号经营外汇业务许可证，成为外汇保险法规出台以来第一家获得经营外汇保险业务的保险公司。

在保险市场上，产品和服务的创新成了新公司生存和发展的必要条件。2002年底进军上海保险市场的海尔纽约人寿总经理朱立民在公司开业之初就表示，公司将把创新作为业务发展的一个重要手段。

（三）外资保险呈东西南北全面开花的经营格局。首创安泰人寿保险有限公司已正式在大连出售保单，这是外资保险公司继早些时候在北京、天津之后，在中国北方第三个城市开始营业。此前，外资保险公司已经在中国南方的上海、广州、深圳、佛山等城市营业。此外，一些正在筹建中的外资保险公司还看好西部市场，有的已经打算将公司营业地点放在西部重点城市。随着外资保险进入地域的渐次开放，外资保险机构正在从长江三角洲、珠江三角洲向全国扩展。

（四）外资保险公司进场方式也出现了多元化趋势。直接参股国内保险公司的外资公司近年来有增无减，成为外资间接进入中国保险领域的另一通途。在前两年新华人寿和泰康人寿率先引入外资股东后，2002年美国ACE集团旗下的3家保险公司斥资1.5亿美元，通过股权受让获得华泰财产保险公司22.13%的股权，成为华泰保险公司第一大股东；汇丰集团以6亿美元认购中国平安保险公司股份，持股比例达10%，是这一方面的典型代表。据悉，以这样的方式入股，在其他一些大型国有保险公司中还将继续。现在，竞争特点日益鲜明的外资保险，正借助中国保险市场对外开放不断扩大的契机，寻找其新的增长点。

第七部分

涉外投资

中国利用外资情况

改善投资环境 创造国际竞争优势

商务部部长 吕福源

对外开放是中国的基本国策，积极吸收外商直接投资是中国对外开放基本国策的重要内容。改革开放25年来，中国历届政府始终坚持鼓励外商投资的方针和政策，并根据中国经济发展的需要，不断完善吸收外资的政策措施，不断改进中国的投资环境，中国吸收外商直接投资的规模不断扩大，结构不断优化，外商对华投资的质量不断提高。截至2003年7月底，外商对华投资累计设立企业446441家，合同外资金额8872亿美元，实际使用外资金额超过4813亿美元。2002年在全球跨国直接投资规模持续大幅下降的情况下，中国实际使用外资金额超过527亿美元，创历史最高水平，在UNCTAC公布的排行表中，居第一位。2003年中国吸收外商投资继续保持增长态势，1–7月份，外商在华投资新设立企业22245家，合同外资金额592亿美元，实际使用外资金额334亿美元，分别比上年同期增长19.13%、33.96%和26.63%。从目前趋势看，2003年全年中国吸收外商直接投资金额预计将超过570亿美元。目前来华投资的国家/地区达186个，全球最大500家跨国公司已有400多家在华投资，其中近30家已在中国设立了地区总部。近年来，外商投资高新技术项目增加显著，一大批资金技术密集型外商投资企业落户中国，跨国公司通过各种形式设立的研发中心超过400家。中国加入世贸组织以来，外商投资服务领域的规模迅速扩大，外商投资结构进一步优化。2002年，外商投资计算机应用服务业同比增长125%，投资广播电影电视业增长50%，投资分销服务业增长68%，投资运输服务业增长58%。目前，外商在中国的投资涉及各个领域，制造业、服务业和基础设施，吸收外资结构日趋合理。

20多年来，中国吸收外商投资始终保持良好发展态势的主要原因：一是中国政府坚持对外开放、利用外资不动摇，长期保持了吸收外资政策法规的相对稳定性、延续性、可预见性和可操作性；二是中国经济持续快速健康发展，市场潜力巨大，低成本劳动力资源丰富，素质不断提高，为投资者提供了广阔的发展空间；三是中国抓住世界经济结构调整的机遇，不断完善投资政策，拓宽吸收外资领域和方式；四是中国政府始终将改善投资环境，特别是改善投资软环境，作为政府工作的一大要务，长抓不懈。

25年来，中国政府不断推进经济体制的改革，市场经济体制的建立大大解放了生产力，国民经济持续快速健康发展，国内外贸易发展迅速，市场规模不断扩大，2001年底中国加入世贸组织，标志着中国的对外开放步入了新阶段。中国的对外开放逐步走向了全方位、多层次、宽领域、在法律制度框架下的开放。加入世贸组织后，中国政府以认真负责的态度，全面履行承诺，大幅降低进口关税，取消非关税措施，放宽服务和投资的市场准入的限制，建立与国际通行规则相适应、并符合中国实际情况的经济贸易管理体制。中国经贸政策的统一性和透明度大大提高，市场开放程度进一步扩大。

目前，中国市场规模已居世界前列。2003年，中国消耗钢材相当于全球产量的1/4、消费水泥占全球产量的40%以上；高速公路已增加到2.5万公里，居世界第二位；电话用户超过4亿户，居世界第一位；互联网上网人数5190万，居世界第二位。从1998年到2002年的5年间，中国货物进口总额达到10698亿美元。预计从2003年到2005年的3年间，中国货物进口总额还将达到1万亿美元。

中国已经确立了未来20年全面建设小康社会的奋斗目标，努力使国内生产总值到2020年比2000年翻两番。为实现这一宏伟目标，中国将全面提高对外开放水平，进一步发展世界各国、地区的经贸合作。一个拥有13亿人口、经济快速、稳定发展的中国，蕴涵着无限的商机，将为世界提供潜力巨大的市场和更多的合作机会。

世界经济结构的调整为中国吸收外资带来了新的机遇，中国政府将以改善外商投资软环境为中心，进一步创造国际竞争优势；我们将根据加入世贸组织的承诺和对外开放新形势的要求，进一步完善吸收外商投资法律体系，加快新法规的制定，维护外商投资法规在全国的统一性、一致性，增强透明度，并在全国范围内大力推进依法行政，努力创造更加优良的法律环境和政策环境；进一步减少行政审批，提高工作效率，创造良好的行政环境；结合当前在全国范围内开展的整顿和规范市场经营秩序的工作，坚决制止对外商投资企业的乱收费、乱检查、乱摊派、乱罚款，打破地方保护和行业垄断，加大保护知识产权的执法力度，坚决打击侵权盗版行为，创造统一开放、公平竞争的市场环境；采取有效措施，大力提升国民素质，引进人才，以更加完善的综合投资环境，将吸收外商投资提高到一个新的水平。

为适应经济全球化加速的新形势，中国政府在继续鼓励外商来华投资的同时，积极推进"走出去"战略，促进有条件的中国企业到海外投资，鼓励中国企业走出国门，参与国际经济竞争与合作。"走出去"战略的实施已取得了较好成绩。截至2003年7月底，中国已在160多个国家和地区累计设立非金融类企业7222家，中方投资金额超过100.9亿美元。累计签订对外承包工程合同额1238.24亿美元，完成营业额890亿美元，经国家批准具有对外承包工程经营资格的企业已近1500家。累计签订对外劳务合作合同额310.1亿美元，完成营业额254.4亿美元，外派劳务累计超过283万人。

在新世纪，中国将加快实施"走出去"战略，鼓励并积极支持具有比较优势的中国企业本着"平等互利、讲求实效、形式多样、共同发展"的原则，到境外开展各种形式的互利经济合作。

中国吸收外资进入成熟稳定的发展阶段

商务部外经贸研究院外资研究部主任 金伯生

2002年中国实际使用外商直接投资首次突破500亿美元大关，预示着中国吸收外资将进入一个新的成熟稳定的发展阶段。

一、2002年吸收外资增长因素与特点

2002年是中国加入WTO元年，吸收外资规模为改革开放以来最大，全年新批设立外商投资企业34171家，合同外资金额827.7亿美元，实际使用外资金额527.4亿美元，比上年分别增长30.7%、19.6%和12.5%。截至2002年底，全国累计批准设立外商投资企业424196个，合同外资金额8280.6亿美元，实际使用外资金额4479.7亿美元。

2002年吸收外资大幅增长的主要因素有：

1. 外商对中国加入WTO后加快改善投资软硬环境和开放市场的期待与信心增强，促使其投资信心增长而加大投资力度。加入WTO后中国服务业等领域市场准入的逐步实施，使外商投资对象增多。

2. 中国经济发展态势良好也是促进外商扩大对华投资的重要因素。国民经济保持高速稳定增长，增长率达8%，在世界经济状况普遍欠佳的情况下，中国成了发展中国家投资首选地。

3. 随着世界经济一体化进展，世界制造业正进行新一轮转移，跨国公司普遍调整全球经营战略，纷纷将中国作为世界生产乃至研发基地，更加重视对华投资。

4. 世界反恐斗争复杂化、长期化，导致部分国际资本寻找像中国这样相对安定的避风港。

2002年吸收外资的主要特点有：

1. 制造业大型项目明显增加，零售等服务业吸收外资步伐加快，在华跨国公司追加投资剧增。

2.外商投资企业出口占全国出口总额的比重比上年又提高2个百分点，占52.2%。其中，机电产品出口占全国的66.8%，高新技术产品出口占全国的82.2%。近年来外资企业出口保持高增长，已经成为中国出口主力军。

3. 新批外商独资企业首次超出合资企业一倍。2002年新批外商独资企业22173家，中外合资企业10380家，独资企业为历年来比重最高。

外商独资企业大幅增加的原因主要有如下几方面：

一是中国投资环境已有较大改善并有望进一步得到改善，外商不通过中国合资伙伴协助也能够顺利地设立和运营企业；

二是外商与中国合资伙伴之间的摩擦有所增加，解决摩擦的难度也有所加大，使得外商更倾向于独资；

三是外商将在华投资企业作为全球经营链的一环，希望能够更方便地控制技术、销售、人员等。

独资企业比重快速加大可能成为今后一个时期中国吸收外资过程中的一种趋势，利弊如何，需要综合权衡，我们要在深入调查研究的基础上确定清晰的政策取向。

二、中国吸收外资将进入一个新的成熟稳定的发展阶段

目前中国吸收外商直接投资整体态势良好，且发展潜力还很大。国家有关部门提出的"十五"期间及今后5–10年的吸收外资发展目标是：促进建立开放型经济，使外资经济在国民经济中的比重达到20%左右，农业吸收外资占到当年外资总额的5%左右，中西部地区吸收外资比重稳定保持在15%左右。同时，扩大服务业吸收外资比重，进一步鼓励向高新技术产业投资。

当前，从外资经济比重看，外商投资企业工业增加值已占全国工业增加值的约25%(1992年仅为7%)，涉外税收已占全国税收总额的约20%(1992年仅为4%)，外资企业进出口贸易

额已占全国外贸总额的53%(1992年仅为26%)，实际使用外资已占全社会固定资产投资的约10%(1992年仅为7%)。从外资区域结构看,东部地区实际使用外资约占87%,中西部地区约占13%。从外资产业结构看,制造业实际使用外资约占73%,服务业约占25%,农业约占2%。

今后,我们既要重视鼓励外资投向农业等行业,中西部等区域,也要重视加快发展吸收外资总体规模,进一步提高吸收外资的质量。随着外资经济比重的提高,吸收外资的规模与国民经济发展的规模关系已愈加密切。

展望吸收外资中长期发展前景,有必要先简单回顾一下中国吸收外资的发展阶段。20世纪80年代,中国实际使用外商直接投资年平均额不到20亿美元,最高的年份也仅为约30亿美元。这10年可以看作是中国吸收外资的起步阶段。

20世纪90年代中国吸收外资出现飞跃式发展,这10年可以看作是起飞阶段。1992年党的十四大提出两大新主题,一是加快改革开放步伐;二是建立社会主义市场经济新理念。当年,中国实际吸收外资首次突破100亿美元。

1993年和1994年，中国实际吸收外资又连续突破200亿美元和300亿美元。1995年中国开始重视将吸收外资与国内产业政策有机结合起来,制定了《外商投资产业指导目录》,将外商对华投资明确地按国家产业政策区分为鼓励、允许、限制和禁止4大类。1996年中国实际吸收外资又首次突破400亿美元。20世纪90年代，中国吸收外商直接投资额最高年份是1998年,实际吸收外资达455亿美元。

由于受亚洲金融危机影响,1999年中国吸收外资大幅滑坡,改革开放以来吸收外资首次出现负增长,且负增长率高达11%。

随着中国政府采取了一系列抵御亚洲金融危机影响的积极政策,随着亚洲国家和地区的经济逐步脱离危机,中国吸收外资也很快从阴影中走出,2000年中国实际使用外资比上年增长1%,取得了中国吸收外资发展重要关头的恢复性增长。

2001年及2002年中国实际使用外资连续取得两位数增长。中国香港、美国、日本、中国台湾省是投资的主要国别和地区,仅香港和台湾省的投资之和就占全部外资的约一半,所以,其他国别投资的潜力还有待进一步挖掘。

中国利用外资已历经4个5年计划。20世纪90年代后半期的"九五"期间是中国吸收外商直接投资最多的5年,实际使用外商直接投资约2130亿美元,占改革开放20余年实际使用外资额的60%,年均高达426亿美元。特别是1998-2002年的5年间,中国实际使用外资2261亿美元,超过1979-1997年实际使用外资的总和。

在上述已经高速增长的基础上,中国吸收外商直接投资能否继续取得稳定增长,随着外资经济比重不断提高,这势必将直接影响中国国民经济的稳定增长,将直接影响中国业已严峻的就业形势。初步预测,在今后若干年内中国吸收外资将继续保持高速稳定增长。主要理由是:

加入WTO市场开放、软硬环境改善效应、经济持续稳定增长效应、中西部开发效应、奥运与世博效应、社会稳定安全效应等等,这些效应还将继续综合发挥重要作用。加之,我们还将不断出台一系列积极促进吸收外商直接投资的导向性政策,如果中国能继续保持和完善目前的经济和投资环境,吸收外资继续高增长是完全有可能的。

预计"十五"期间,也就是21世纪头10年中的前5年,中国吸收外商直接投资将超出"九五"年均值,可以说,超过年平均500亿美元不久将成为现实。从今后10年世界经济贸易和中国经济贸易发展的趋势来预测外商对华投资,21世纪头10年中的后5年,中国在国际资本的大环境中吸收外商直接投资的比较优势突然转弱的可能性不大,年平均额有望在连续增长的基数上而大大超过前5年，达到年均1000亿美元的可能性很大。

原世界引资头号大户美国1995年吸收外资才突破500亿美元,2000年上升至3000亿美元。跨国并购的发展为世界直接投资的发展提供了条件,世界直接投资的约80%是以跨国并购形式实现的，而流入中国的直接投资中仅约5%采取了并购形式。经过几年酝酿,中国实施以跨国并购形式吸收外资的政策已经取得实质性突破,今后,更具有可操作性的政策法规也将陆续出台。可以预见,中国也将逐步跟上世界跨国并购的发展趋势。这将进一步挖掘出中国吸收外资的巨大潜力,从中长期看,中国吸收外资还将取得高速发展。可以认为,21世纪头10年将是中国吸收外资成熟稳定的发展阶段。

三、今后吸收外资过程中应重视解决的矛盾

(一)产业结构的矛盾

今后要扩大农业、服务业吸收外资的比重,这应该在外资规模总量扩大,引资水平整体提高的条件下适当扩大。中国是一个人口众多的农业大国,要全面实现小康社会,必须加快农村城镇化步伐,必须走现代工业化大国的道路。制造业扩大吸收外资有助于加快这一进程,所以,制造业在吸收外资中应该保持较高的比重。多高合适,需要进一步研究,但是,今后制造业吸收外资无疑必须更要重视技术升级,这是提高引资水平的关键内容。

(二)区域结构的矛盾

扩大中西部地区的投资，不能简单强求比重的不断提高(即东部地区比重的降低),而要重视总量和质量的提高。相对而言,中西部地区吸收外资目前更应重视总量规模的扩大。外商投资多了,是最好的宣传招商引资效应。如何加快中西部地区引资步伐,国家的倾斜政策是极其重要的。

(三)"低国民待遇"与"高国民待遇"的矛盾

加入WTO后,对于原来给予外商的所谓"低国民待遇"要纠正。那么,已经给了外商的所谓"高国民待遇"是否要急于收回呢,这应该有一个水到渠成的过程,不应操之过急。WTO对是否取消"高国民待遇"没有严格要求,但国内企业要求公平竞争环境的呼声日高。在这种形势下,我们应该看清两点:一是周边正在激烈竞争抢外资的国家和地区是否在忙于取消优惠,显

然没有;二是综合平衡国有企业与外资企业的优惠待遇,谁多谁少还很难说。一些国有企业竞争,并非主要输在"不优惠"上,有些企业在竞争不激烈的环境下都难以发展。

(四)中央政策与地方政策的矛盾

吸收外资的政策有中央的,有地方的,如何协调,加入WTO后会更加重要起来。比如,零售业吸收外资,原来地方越权审批现象严重,结果使国家花大力气加以整顿。还有的地方擅自降低外商投资企业中的外资比例等问题。现在,面临加入WTO后的几年过渡期,有的地区在缩短,开始提早市场准入。特别是服务业领域吸收外资的政策,中央和部分地区的政策已经出现不少矛盾。我们加入WTO的承诺需要有国内法的配合才有法律效应,在大量法规制定和修改的过程中,中央和地方的政策一致性出现一些问题并不奇怪,但要尽早重视协调解决,这也是改善投资软环境的一环,否则,纠正起来花的力气会更大,也容易伤及外商投资信心。

中国吸收外资的新趋势

商务部外资司司长 胡景岩

一年来,入世使中国市场开放进一步扩大,吸收外商投资的政策更加符合国际投资的要求,中国吸收外资进入了一个新的发展阶段。

吸收外资进入新阶段

(一)入世使中国的市场开放进一步扩大

中国入世不但承诺了开放服务贸易领域,而且在给予外商投资企业国民待遇、政策透明度、取消外汇平衡和国产化要求,使得外商在中国投资更加方便,更加符合国际规则,从而使跨国公司加快了进入中国市场的步伐。

中国入世以后,跨国公司尤其是世界著名跨国公司来华投资异常活跃,全世界最大的500家跨国公司中已有近400家在中国设立了企业。

已经在华投资的跨国公司纷纷追加投资,摩托罗拉公司、诺基亚公司、巴斯夫公司等都纷纷追加在华的投资计划,扩大了投资规模,许多跨国公司已将其地区总部迁至或准备迁至中国,一些跨国公司还扩大了在中国的采购,全球最大的跨国公司沃尔玛已在中国采购每年达100亿美元,许多跨国公司为了扩大在华的采购,正在中国建立采购中心。

(二)外商来华投资速度明显加快

2002年中国吸收外商投资继续保持较快速度增长。外商投资规模稳步上升,全国新批设立外商投资企业34171家,同比增长30.72%;合同外资金额847.51亿美元,同比增长19.15%;实际使用外资金额550.11亿美元,同比增长12.67%。外商投资鼓励类项目明显增多,外商投资结构持续优化,质量水平不断提高。截止2002年底,全国累计批准设立外商投资企业424196个,合同外资金额8280.60亿美元,实际使用外资4479.66亿美元。目前仍在从事生产经营的约18.9万家。

2002年全年吸收外资增长幅度高于年初预计,全年实际使用外资金额超过500亿美元,创历史新高,中国已成为全球吸收外商投资最具吸引力的国家。据联合国贸发会议预测,2002年中国吸收外商投资有望超过美国成为全球吸收外商投资最多的国家。这得益于中国经济发展的自身活力,2001年以来国民经济保持了7%以上的增长速度,经过15年的努力正式成为世界贸易组织的成员,这些都对外商来华投资产生了巨大的吸引力。

(三)外商投资项目技术含量显著提高

外商投资举办了一大批以IT产业和石化产业为代表的大型高新技术项目,资金、技术密集型大型项目和基础设施项目的外商投资大幅度增加。跨国公司设立的研发中心明显增多,摩托罗拉、IBM、朗讯、杜邦、通用汽车、通用电气等著名的跨国公司都在中国设立了研发中心。到目前为止外商设立的研发中心已达400余家。外商投资企业在全国机电产品和高新技术产品出口中所占比重逐年提高,分别占65%和80%,带动了中国出口产品结构的改善。外商投资高新技术企业申请的专利数约占高新技术产业申请专利数的2/3。2002年1–6月以高新技术项目为主的电子及通讯设备制造业、化学原料及化学制品制造业合同外资金额,实际使用外资金额增幅分别为20.81%、22.82%。

(四)外商投资正在逐渐形成产业配套群

中国吸收外商投资结构发生了可喜的变化。许多跨国公司从全球产业结构调整的需要出发,将它们的生产制造基地移至中国,充分利用中国的廉价的优秀人才和充裕的加工制造能力,面向全球进行生产,越来越多的跨国公司和为其配套的中小企业将中国作为其投资的重点区域,在IT、IC产业建立了配套产业群,逐渐形成了完整的产业生产链条,这在中国的华东地区表现得非常明显。

(五)服务业成为外商新的投资热点

随着中国加入世贸组织,外商投资领域进一步扩大,特别是根据中国的经济发展需要和加入世贸组织谈判时的承诺,金融、保险、证券、分销、外贸、旅游、会计、律师、医疗、教育、运输、货代等绝大多数服务业领域已开始有条件地对外开放,跨国公司纷纷看好这些行业,都在积极争取尽早进入这些领域。

(六)外商对西部地区显示了较高的投资热情

2001年,在沿海地区外商投资迅速增长的同时,西部地区实际使用外资扭转了下降的局面,比上年略有增长。受中国西部地区丰富资源和广大市场的吸引,借中国西部大开发战略的实施,外商对投资于西部地区的热情高涨,纷纷组团或派人去西部地区考察,加速了在西部地区的投资。在东部地区外商投资有较快增长的同时,西部地区所占比重有所提高。

目前,东部地区新设立外商投资企业数、合同外资金额和实际使用外资金额在全国吸收外资总量中所占比重分别为88%、88.8%和87.1%,中部地区所占比重分别为7.7%、6.9%和9.3%,西部地区所占比重分别为4.3%、4.3%和3.6%。

(七) 外商投资企业在国民经济发展中起的作用愈加突出

外商投资企业对中国国民经济发展的贡献日益增强,外商投资企业经营状况进一步好转,在国民经济总量中,特别是在国民经济增量中所占比重明显增加,外商投资企业工业增加值、出口额、税收、银行结售汇顺差值等主要经济指标的增长幅度均高于全国平均水平,有力地促进了国民经济持续快速健康发展。

2002年1-11月外商投资企业进出口总值2971.41亿美元,同比增长26.5%,高于同期全国进出口增幅(21.1%)5.4个百分点,占全国进出口总值的53%,其中,外商投资企业出口1528.97亿美元,同比增长26.7%,高于全国同期出口增幅(21.6%)5.1个百分点,占全国出口总值的52.1%,所占比重同比提高了2.1个百分点。外商投资企业出口增加值322.11亿美元,占同期全国出口增加值(521.69亿美元)的61.8%。

2002年1-10月外商投资企业高新技术产品出口431.27亿美元,同比骤增45.5%,占全国高新技术产品出口总额(527.46亿美元)的比重为81.8%,占外商投资企业出口额(1358.31亿美元)的31.8%。外商投资企业高新技术产品出口净增加值为134.86亿美元,占全国高新技术产品出口净增加总值(164亿美元)的82.2%。外商投资企业机电产品出口831.18亿美元,同比增长34.6%,占全国机电产品出口总额(1255.66亿美元)的66.2%,占外商投资企业出口额(1358.31亿美元)的61.2%。

2002年1-9月外商投资企业实现工业增加值5766亿元人民币,同比增长12.7%,高于全国同期工业增加值增幅0.5个百分点,占全国工业增加值的25.64%。

以外商投资企业税收为主的涉外税收近年来一直是增长最快的工商税种,2002年1-9月,外商投资企业税收收入(不含关税)为2554.46亿元,占全国税收收入的比重为20.39%,同比增长17.12%,高于全国税收增幅5.39个百分点。同期外商投资企业缴纳税收净增加值占全国税收净增加值的28.39%。

目前,在外商投资企业中直接就业的人数近2300万人,占全国城镇劳动人口的约10%。外商投资对就业的贡献不仅体现在外商投资企业直接提供的就业机会,还包括通过刺激前后相关联产业发展而间接创造就业机会。如果将间接从事与外商投资企业有关的配套加工、服务等活动的劳务人员计算在内,吸收外资解决的就业人员更多。

今后吸收外资的政策走向

中国作为世贸组织的正式成员已走过了一年的历程,中国愿与其他成员一起,继续积极稳妥地推进贸易和投资的自由化和便利化,推动建立更加开放、公平和合理的多边贸易和投资体制。国际国内经济形势的发展变化既为中国吸引外资创造了前所未有的机遇,同时也带来了严峻的挑战。当前中国将以改善外商投资软环境为重点,进一步增强综合竞争力,努力为外商来华投资创造一个更好的环境,努力将吸收外商投资提高到一个新的水平。今后一段时间内中国吸收外商投资的政策走向是:

(一)努力改善外商投资的法律环境、政策环境

根据加入世贸组织的承诺和对外开放新形势的要求,进一步完善吸收外商投资法律体系,加快新法规的制订,大力推进依法行政。重点是加强对外商投资地方性法规规章和相关政策措施的清理工作,使其与国家法律法规和世贸组织规则以及中国对外承诺相一致。在对现行法律法规进行清理、修订的同时,将特别注重保持外商投资政策法律的相对稳定性、连续性、可预期性和可操作性,努力为外商来华投资创造良好的法律环境和政策环境。目前中国为吸收外资而采取的各项鼓励政策,是符合中国国情和国际规则的,实践证明,这些政策的实施,有利于我们扩大吸收外资规模,提高外商投资质量和水平。

(二)加强知识产权保护,创造公平开放的市场环境

坚决制止对外商投资企业乱收费、乱检查、乱摊派、乱罚款,打破地方保护和行业垄断,加大保护知识产权的执法力度,坚决打击侵权盗版行为,创造统一开放、公平竞争的市场环境。进一步完善外商投资企业投诉制度,依法保护外商的合法权益不受侵犯。入世后中国市场的竞争将日趋激烈,政府高度重视知识产权保护工作,将加快专利的审查进程,知识产权的保护力度将进一步加强,我们要把打击假冒伪劣和打击刑事犯罪结合起来。

(三)进一步扩大服务贸易领域的对外开放

中国将根据经济发展的需要和加入世贸组织所作的承诺,积极、稳妥、有序地全面扩大服务领域的对外开放,尽快颁布外商投资、会计服务、教育、商业、外贸、医疗等方面的法律规范,健全统一规范公开的外商投资服务领域市场准入制度。鼓励外商投资于物流配送业,鼓励外商投资企业连锁经营,建立外商投资出口采购中心和商品配送中心,鼓励引进国外服务业的现代理念、先进的经营管理经验、技术手段和现代市场运作方式,改善中国服务业结构,提高中国服务业的水平。

(四)鼓励外商向西部地区投资,努力为西部地区扩大吸收外资创造条件

积极实施西部大开发战略,国家将推动中西部地区有关外商投资政策的贯彻落实,针对中西部地区的实际情况,进一步适当放宽服务领域吸收外资的条件,放宽对中西部地区外商投资项目的国内融资条件,加大对中西部地区产业政策

倾斜力度。结合《外商投资产业指导目录》的修订,目前,有关政府部门正在拟订新的《中西部地区吸收外资优势产业目录》,将适当扩大目录的范围,促进外资投向西部地区的基础设施、矿产资源、旅游资源开发、生态环境保护、农牧业产品加工等项目。鼓励在沿海已设立的外商投资企业向中西部地区再投资。鼓励外商投资参与西气东输、西电东送及其配套项目的投资。

（五）鼓励外商投资高新技术产业、配套产业

中国吸收外商投资具有广阔的发展空间,一方面有条件发展大规模集成电路、生物工程等高新技术产业,鼓励外商投资企业引进、开发和创新技术,促进外商投资兴办资金技术密集型项目,设立更多的先进技术型项目,并适时在企业注册资本比例限制、工业产权出资条件等方面加大政策引导力度。进一步完善创业投资企业的相关规定,为高科技企业的创办和发展创造条件;另一方面也可以发展劳动密集型的加工制造业,创造条件吸引外商投资于配套产业,鼓励外商投资企业的原材料本地化配套,推动国内中小企业(包括乡镇企业)加强对外合作,引进先进适用技术,为大型外商投资企业配套,进入跨国公司全球生产、销售网络。

（六）积极探索新的外商投资方式,拓宽外商投资渠道

鼓励跨国公司来华投资,研究吸引跨国公司来华投资、设立地区总部以及建立国际出口采购中心的有关政策。借鉴国际上购并的经验和做法,结合中国经济体制特点和企业的具体情况,加紧完善和制定外商以并购方式投资的可操作性政策规定,中国政府鼓励跨国公司通过受让股权、买断资产等不同方式参与国有企业的改组、改造;同时跨国公司可以向国有企业转让先进技术、先进管理经验,从而推动国有企业的改组、改造,实现社会资源的优化配置。将选择一批已改制的企业,特别是大中型国有企业,有步骤地向外商出让部分股权。将进一步修改外商投资性公司、股份公司的有关规定,推动BOT、特许权转让投资方式、外商投资企业在境内外上市发行股票等各项规定的制定与完善,积极为跨国公司来华投资创造条件。

（七）进一步改善投资环境,简化政府审批程序

中国正在加快政府职能和工作方式的转变,依据合理性、有效性、公开性和责任性等原则,进一步简化外资审批程序,实施规范化、标准化的审批制度;简化立项、可行性研究报告、合同、章程的审批,提倡联合办公,一条龙、一站式、一个窗口的审批,增强政府部门工作人员的法制观念,努力做到知法、懂法、守法,各司其职,减少随意性,做到公开、公正、透明,努力建设廉洁、勤政、务实、高效的政府,不断提高依法行政的水平,努力为外商投资创造良好的行政环境。

外商对华投资状况分析

国家发改委宏观经济研究院 史月英

进入21世纪以来,国际直接投资正在以惊人的速度大量涌入中国,中国正在成为跨国公司全球分工体系中的重要环节,中国作为全球加工制造业生产基地和消费市场的地位明显增强。越来越多地跨国公司把中国纳入到其全球化战略中,成为其全球性生产和采购链条中的重要部分,中国作为跨国投资的东道国吸引力越来越强。

“十五”前期利用外资概况

2001年以来,由于加入世界贸易组织的带动效应,中国利用外资进入恢复性增长时期。2001年中国新批准设立外商投资企业26139家,合同金额691.9亿美元;实际利用外资468.5亿美元,比上年增长14.9%。而2002年外商投资更加活跃,全年来华设立外商投资企业达到34171家,实际利用外资为527.43亿美元,比2001年增长了12.59%,合同外资金额为827.68亿美元,同比增长19.62%,创造了历史最高水平。

外资的源源注入使其对国民经济的作用愈显突出。2002年外商投资企业出口额比上年增长近30%,占全国出口总额的52%;工业增加值平均增长10–15%,占全国工业增加值的25%左右;税收占全国税收收入的比重为20%;在外企直接就业的人数达2300万人,占全国城镇劳动人口的10%。

从外商投资的产业结构来看,“十五”前两年外商对第二产业的投资比重仍然很大,占这一时期中国实际利用外资总额的73.45%。

从增长幅度看,第一产业的增长速度最快,合同外资金额(38.15亿美元)和实际使用金额(17.83亿美元)比“九五”后期(合同金额为26.76亿美元,实际金额为13.86亿美元)分别增长了42.56%和28.64%。

从投资的领域看,第三产业涉及的领域最宽,金融、保险、商业、外贸、电信等行业成为外商投资的新热点。

从投资行业结构来看,对农、林、牧、副、渔业和服务行业的投资仍然偏少,对生产型项目的投资比重较大。

从投资方式看,合资、合作和独资企业仍然是主流,其中外商独资企业增长迅猛,2001年达到15643家,2002年发展到22173家,同比增长41.74%,实际投资额为317.25亿美元,占外商直接投资总额的60.15%,并成为中国利用外资的主要方式。

从地区分布看,东部沿海地区仍是外商投资的热点,并占

中国实际利用外资总额的80%以上，其中，广东省吸引外资最多，占这一时期中国实际利用外资总额的23.57%。江苏和山东省实际利用外资仍然保持较快的增长速度，2002年比2001年分别增长了43.74%和34.52%。

从投资来源看，亚洲地区对华投资的比重有所下降，但仍是中国吸引外资最主要的来源地。随着投资来源的多元化，欧美对华投资比重有所上升，但起伏不定，来自自由港的投资名次前移。

行业分析

（一）农、林、牧、渔业

其中主要包括种植业、经济林的开发、优良种畜的培育和引进水产养殖以及加工出口项目等。这是中国对外开放相对较晚，外商直接投资进入相对薄弱的领域。改革开放以来，这些领域虽然取得了较快的发展，但中国人多地少，农业产业化程度低等不利因素依然长期存在。

进入21世纪以来，随着中国对外开放步伐的加快，利用外资领域不断拓宽以及相应鼓励政策的调整，外商投资中国农业明显增多。"十五"前两年，农、林、牧、渔业实际利用外商直接投资共计17.83亿美元，占这一时期中国利用外资总额的1.79%，比"九五"后期的13.86亿美元增长了28.64%，其中农业在"十五"前期的利用外资总额为10.18亿美元，比"九五"后期的7.19亿美元增长了41.59%。但与其他产业相比，中国农业吸收外商直接投资比例仍然很小，总体水平不高，项目投资平均规模不足全国外资项目平均规模的1/3，且以农产品初级加工为主，科技含量低，与世界发达国家农业相比还存在很大差距。

以农产品出口为例，中国农业外贸依存度较低，仅为10%左右。人均农产品出口额与农业发达国家相比，大约相差400-500倍，是世界农业发展水平最低的国家之一。因此，从长远战略发展规划的角度看，这一领域利用外资的空间余地仍然很大，不仅要继续扩大对外开放，吸收外国资金，加强中国农业基础设施建设，同时要制定相应的措施，寻找和利用国外农业发达国家的先进技术，促进中国农业的优化升级和结构调整。

（二）采掘业

从统计数据看，1999-2002年采掘业实际利用外资在逐年增长。"十五"前期采掘业合同外资金额为10.08亿美元，实际利用外资16.52亿美元，比"九五"后期分别增长了21.74%和44.79%。其主要原因是这一领域入世前没有完全对外开放，外商进入领域较少。另一方面"十五"第一年由于受入世前效应的影响和入世后中国放开了对一些领域的限制，外商加大了对这一领域的投资，2001年实际利用外资比2000年增长了39.11%，提高了34个百分点，2002年比2001年增长了3.7%。

（三）制造业

从外商直接投资行业统计情况看，制造业仍然是外商进入的主要领域，并逐年呈上升态势。2001-2002年，制造业利用外资金额为676.71亿美元，比"九五"后期增长39.68%，总体水平仍居各行业之首，远远高于其他行业。其中电子及通信设备业"十五"前两年增长最快，达到了155.93亿美元，比"九五"后期的77.4亿美元增长了101.46%，增长幅度最大。其次是纺织业，为44.73亿美元，比"九五"后期的27.39亿美元增长了63.31%。化学原料及制品为45.44亿美元，比"九五"后期的37.14亿美元增长了22.35%。医药工业为12.93亿美元，普通机械工业为27.94亿美元，分别比"九五"后期增长了7.1%和38.04%。

由于制造业是中国的传统产业，中国在继续保持劳动密集型产业的同时，加大了对资本密集型和知识密集型项目的引进，尤其是近两年，高新技术产业比重明显提高，外商对电子及通信产业的投资增长最快，2002年比2001年分别增长了33.33%和18.95%。2001年的合同金额和实际使用金额分别比2000年增长了10.38%和19.6%，而2000年比1999年分别增长了74.7%和14.34%。"十五"前期(155.93亿美元)比"九五"后期(77.4亿美元)提高了101.46%。

形成这一局面的主要原因是，中国政治稳定，经济快速发展，并且拥有大量高素质的廉价劳动力资源和充裕的加工制造能力。另一方面，随着全球经济结构调整和跨国公司重新调整全球生产布局，世界IT制造业向中国转移的步伐明显加快。尤其是近两年，由于世界经济不景气，"新经济"部门的发展在发达国家严重受挫，使许多跨国公司加快了IT产业向中国转移的速度，使高新技术项目为主的电子信息、化工等制造业成为外商投资的新的增长点。

目前，世界500强企业中已有400多家来华投资，设立的研发中心近400个。英特尔、理光、索尼、IBM等大型跨国公司纷纷将其在世界其他地区的生产基地迁移到中国，面向全球进行生产和销售。由于高新技术产品从研发到批量生产、投放市场的周期不断缩短，可以迅速形成较强的出口能力，因此它们对中国出口贸易的快速增长起到了明显的推动作用。外企在全国机电产品和高新技术产品出口中的比重分别占到65%和80%，这表明中国利用外资的含金量也显著提高。

（四）电力、煤气及水的生产和供应

电力、煤气及水的生产和供应都是关系到国计民生的项目，"七五"期间，国家加大了在这一领域的投资，同时为了加快地区的经济发展，也鼓励外资投向这一领域。从1999-2002年，外商对这一领域的投资共计97.97亿美元，其中1999年最多，达到了37.03亿美元，2002年最少为15.79亿美元。"十五"前期比"九五"后期下降了35.2%。但是这种下降趋势正是中国投资政策和投资方向调整的结果。因为，20世纪90年代以前，这一领域建设比较落后，加上资金短缺，国家鼓励外资进入这一领域。随着中国经济的不断发展，国家也加大了对这些领域的建设和改造，尤其是近年来，中国能源领域发展迅速，建立了一些大型现代化发电厂和水电站，不仅能够保障人民群众的用水用电，而且也解决了工业用水用电难的问题。所以，利用外资的规模下降是必然的。

（五）金融、保险业

这一领域是本着稳妥、渐进式的发展方针对外开放，所以

外商对这个领域涉足很少,1999-2002年中国实际使用外资金额仅为2.66亿美元,平均每年只有6650万美元。并且"十五"前期比"九五"后期减少了47.13%。但2002年合同金额增长较大,并且超出1999年至2001年的总和,比2001年猛增了152.33%。从2002年合同外资金额来分析,出现这一现象的原因在于,随着中国加入世贸后,国家将逐步取消对这些领域的限制,外资正在等待时机进入这个行业,预计2003年外商对这个领域的投资将会有较大幅度的增长。

(六)建筑业:

从1999-2002年的统计数据来看,外商对这一领域的投资逐年递减。2000年比1999年实际使用金额下降了1.3%;2001年比2000年下降了1.99%;2002年比2001年下降了4.46%。"十五"前期比"九五"后期共减少了2.4个百分点。("十五"为15.78亿美元,"九五"为18.22亿美元)。从1999-2002年的项目个数来看,"十五"前期比"九五"后期增长了16.67%;而2002年比2001年增长了18.75%。外商投入的项目个数多,实际使用金额偏少,说明外商投入的规模偏小且中小型项目投资偏多。

(七)交通运输、仓储及邮电通讯

除1999年以外,2000年到2002年外商对这个领域的投资比较平稳,实际投资金额没有出现较大波动。而合同外资金额出现了一些变化,2000年比1999年增长了27.2%,2001年比2000年减少了37.61%,2002年比2001年增长了58.94%。2002年合同金额多而实际投入金额偏少,说明外商正在注视中国总体经济运行状况,等待时机进入这一领域。

(八)批发和零售贸易、餐饮业

这是外商非常感兴趣的行业,尤其是中国加入世贸组织以后,外商对这个领域投资更加活跃,从2002年的数据可以看出,项目个数、合同金额分别比上年增长了38.56%和43.99%。虽然实际利用外资金额比上年下降了10.78%,但合同金额与实际金额有一个滞后期,预计2003年这个领域将有较大幅度增长。从"十五"前两年中国利用外资的情况看,比"九五"后期情况要好些,无论是项目个数、合同金额还是实际使用金额分别比"九五"后期增长了75.25%、29.25%和21.56%。

(九)房地产业

这是外商直接投资又一个集中领域,仅次于制造业。其外资来源主要是香港、澳门、台湾地区以及东南亚一些国家和海外华人的资金。"十五"前两年房地产业实际利用外资为106.62亿美元,比"九五"后期的102.45亿美元增长了4.07%。其中,房地产开发经营业"十五"前期利用外资总额为98.4亿美元,占这一时期房地产业外商投资总额的92.3%,比"九五"后期的90.62亿美元增长了8.59%。可见外商投资中国房地产业更注重把开发和经营结合起来,这对促进中国房地产业市场的发展,推进房地产管理体制改革,引进先进的管理方法和体系,都会起到积极的作用。

(十)社会服务业(含旅馆业)

改革开放以来,中国重视社会服务业的发展,经过80年代的努力和90年代的发展建设,中国社会服务体系逐步发展完善,外商直接投资所占比重也日益扩大。从1999-2002年情况来看,实际利用外资金额共计100.19亿美元,其中"十五"前期为52.83亿美元,比"九五"后期的47.36增长了11.55%。其中旅馆业"十五"前期为8.72亿美元,比"九五"后期的11.76亿美元减少了25.85%,占这一时期社会服务业利用外资总额的16.51%。

从以上分析中可以看出,在"十五"前两年制造业仍是外商投资的主要领域,"十五"前期实际使用外资金额为676.72亿美元,投入的金额最多。其次是房地产业,为106.62亿美元,占这一时期中国利用外资总额的10.7%。第三是服务业,为96.55亿美元,占这一时期中国利用外资总额的9.7%。以上三个行业占这一时期中国利用外资总额的88.32%。

从增长幅度来看,卫生、体育和社会福利业增幅最大,达到134.65%,其次是科学研究和综合艺术服务业,为67.07%,第三是采掘业为44.79%。其他行业依次为制造业(39.69%)、地质勘察、水利管理(30%)、农、林、牧、渔业(28.64%)、批发和零售贸易、餐饮业(21.56%)、社会服务业(11.55%)和房地产业(4.07%)。从合同外资金额增长幅度来看,增幅最大的行业为科学研究和综合艺术服务业,卫生、体育和社会福利业,它们分别比"九五"后期增长了205.99%、173.57%和158.97%。而降幅最大的行业依次为教育、文化艺术及广播电影电视业(-48.7%)、金融、保险业(-47.13%)、电力、煤气及水的生产和供应(-35.2%)、交通运输、仓储及邮电通信业(-25.41%)和建筑业(-13.39%)。

"十五"时期外资发展趋势分析

近年来,由于世界经济发展的不均衡,美国经济在低速增长中徘徊,日本的经济仍然没有明显起色,而欧盟国家的经济也处于低迷状态。因此,主要工业化国家的经济形势及世界热点地区的经济形势直接影响了国际资本的流入与流出。

据《2002年世界投资报告》显示,2001年全球外国直接投资流入量比上年下降了51%,这是10年来第一次出现下降,也是30年来下降幅度最大的一次。但国际直接投资总量的下降并没有影响到中国利用外资的规模。尤其是加入世贸组织以后,各国投资者更加关注中国经济的发展前景以及投资环境。

目前,美、日、欧盟等一些国家的跨国公司已把中国作为其投资的首选地,计划将本土的生产部门重新进行布局,并转移到中国。世界上一些大型跨国公司的地区总部和研发中心也正在向中国转移。从目前国际资本流动的趋势,特别是全球直接投资的贸易流向看,今后一个时期内仍会向有利于中国大量吸收外资的方向发展,国际产业结构的调整和转移也会继续给中国带来新的发展机遇。据专家分析,今后5-10年,中国吸引外资将继续保持稳步增长,年均保持在5-10%的增长速度,并出现以下趋势:

(一)投资结构将发生较大变化

1. 随着世界经济新一轮产业结构的调整和与之相关联的国际间产业转移的新趋势,以及中国产业结构优化升级的需要,制造业吸引外资的重点将由劳动密集型的轻加工组装业转向重化工业、深加工业和高新技术产业。

2. 中国农业资源多样化，农村劳动力资源丰富且人工成本十分低廉，种植业和牧、渔、林业开发潜力都很大，特别是在种植业和畜牧业开发以及农产品加工方面更是大有可为。可以预见，今后几年农业将成为外商投资增长最快的领域，所占比重也将会有大幅提高。

3. 按照中国加入WTO所做出的承诺，中国将会在“十五”时期加大服务贸易领域的对外开放，中国服务业外商直接投资将出现比较高的增长速度，尤其是金融、保险、电信、商业、运输等领域的市场准入限制逐步取消，这些行业的外资增长速度将明显快于包括工业部门在内的其他行业。初步估计同时期外商服务业投资的年均增长速度可能达到10-15%的水平。新增第三产业外商投资占全部外商投资的比重将提高到40%。

（二）投资方式更加多样化

改革开放初期，中国利用外资的方式主要以合资、合作和独资的形式进行，合资、合作成为中国利用外资的主要方式。到1997年后形势有了明显的变化，外商独资企业首次超过中外合资企业并逐年呈上升趋势，尤其是近两年这种变化更加明显，2002年外商独资企业占中国利用外资总额的60.15%。在合资、独资的变化中，外资并购的范围开始扩大。

由于中国市场经济的发展，企业制度的改革以及地方政府、行业主管部门对并购的逐步认可和需求，使得外国有实力的产业投资者和跨国公司开始从新建投资项目逐步转向并购。据专家预测，由于中国目前处于经济转轨时期，未来几年将发生大规模企业并购重组，并购方式也将从横向到纵向再到混合的步骤发展。

（三）投资项目系统化

20世纪90年代中期以后，有实力的跨国公司来华投资的项目、投资规模有明显的增长趋势。特别是在中国经济发达的沿海省、市和资源型地区，在中国入世前后的两三年间，许多跨国公司进行了相当深刻、广泛的投资战略调整。尤其是在加强制造业原有项目投资与经营的同时，他们注重加强制造业上游和下游项目的投资，即纵向一体化投资；注重加强与制造业相关的服务业项目投资，即横向一体化投资。中国正成为地区研发中心、地区管理营运中心。

近年来，很多跨国公司正在酝酿把在华的投资性公司升格为在中国或大中华区的地区总部。随着中国入世承诺的兑现，金融业、流通业、电信服务业、专业咨询业将成为跨国公司进入的热点。

（四）制造业仍是外商投资相对集中的领域，高新技术产业将有较大幅度增长

由于中国制造业具有明显的比较优势，在国际竞争和国际分工中拥有比较有利的地位，在一些行业中，中国的制造业已经拥有了与世界同行竞争的实力。中国出口商品中，工业制成品占有80%以上的比重，这些都显示出中国制造业吸引外资的巨大潜力。随着产业资本与金融资本投资规模的扩大，外商向中国转移先进技术的速度也大大加快，在中国研发项目的水平也将迅速提升。

目前，外商在制造业的投资中，技术密集型产业和深加工工业的比重也较高，如信息产业中，一些大型跨国公司开始把产品生产基地逐步向中国转移，包括最主要的产品，如集成电路、计算机等。与此同时，技术、资本密集型跨国公司投资的增加导致了外商投资研发力度的加大，外商投资研发项目数和投资规模都大幅度上升，可以预计，“十五”时期这种趋势仍将会有较大程度的发展。

（五）进入服务业的投资增长将明显快于其他行业

按照加入世界贸易组织所做出的承诺，中国将会在“十五”时期加大服务贸易领域的对外开放。在金融保险、批发零售商业、对外贸易、电信、运输和技术服务等领域，中国现有企业的国际竞争力水平远远低于国外同行企业，届时将会有大量企业通过与国外跨国公司建立战略同盟来提高自身竞争力，不同行业生产经营活动以及消费者对相关服务的质量、多样性和广泛性也会产生新的要求。与这些要求相适应，对外商服务业投资的需求必然会大量增加。此外，服务业与制造业有所不同，投资是直接进入对方市场的主要方式。

因此，中国服务市场的巨大规模对于外国服务业企业具有非常强烈的吸引力。从国际背景来看，目前服务业投资已经成为国际直接投资的主流之一，发达国家服务业转移趋势有所加快，流向发展中国家的部分投资也会明显增多。

（六）东部地区依然是投资的重点区域，西部地区吸引外资有望进一步加大

目前外商在中国的投资主要分布在东南沿海地区，尤其是集中在珠江三角洲及闽南地区和长江三角洲地区。由于东南沿海地区具有优越的区位、比较完备的基础设施和先行改革开放的体制优势，东部地区依然是外商投资的重点地区。

但近年来，国家加大了对西部地区开发的力度，以及鼓励外商到西部地区投资政策的倾斜，都将对当地的经济发展和吸引外商投资起到积极的促进作用。据商务部统计数据显示，近三年来，外商投资西部地区的金额连续呈上升态势，增长幅度超过了全国平均水平。2001年新批合同外资金额达到了44亿多美元，实际使用外资为19.24亿美元，均比上年提升15%以上。陕西、四川、重庆等利用外资的增长速度超过了20%。种种迹象表明，外商正在走出对西部地区的观望徘徊期，逐步向西部内陆转移。

中国吸收外资的产业政策调整

国务院发展研究中心外经部 赵晋平

随着对外开放和市场经济改革的进一步深入，今后中国利用外资的政策目标将出现四大变化：一是利用外资的重点从引进国外资金向引进国外先进技术、现代化管理和专门人才转变；二是利用外资的领域将从加工工业为主向服务领域大力推进；三是利用外资的方式在以吸收外商直接投资为主的同时向多方式引资拓展；四是政府对利用外资的管理将从行政性审批为主，向依法规范、引导、监督转变。应当说，“四个转变”是新的对外开放条件下中国吸收外资政策调整的总体方向。

一、引导外商投资于资本密集型和资本产出效率比较高的行业，提高工业部门整体的技术装备水平

工业部门劳动力的技术装备程度是反映一个国家工业化水平和结构优化程度的重要标志。分析表明，长期以来，外商投资主要集中于劳动密集型产业，结构性因素对产业结构的提升作用反而产生了负向影响。因此，如果能够引导外商更多向资本装备程度比较高的行业投资，外商投资的资本密集优势与这种结构性因素的乘数效果结合在一起，对整体技术装备水平的提升效果将会明显上升。另一方面，作为中国这样的人口大国，资本是各种生产要素中最为稀缺的要素，因此，提高资本的产出效率应当是整体经济结构升级的主要标志之一。从实证分析结果来看，黑色金属冶炼、非金属矿物制品、电子及通讯设备制造业、化学纤维制造业、有色金属、医药制造业、交通运输设备制造业、电气设备制造业等产业的人均资产水平、单位资产的产出效率明显高于工业部门平均水平，如果鼓励外商投资于这些行业领域，各相关产业以及工业部门整体的技术装备程度和资本产出效率将会显著提高。此外，这些产业投资的增长将产生对装备和生产技术手段的大量需求，能够为国内装备工业生产提供更多参与市场竞争的机会。中国投入产出表分析结果表明，在最终需求中，固定资产投资对总需求增长的诱发效果高于其他最终需求项目。因此，如果上述产业发展带动了国内装备工业的需求增长，将会在很大程度上提高总需求的增长水平。

根据行业分析的结果，在一些国家应当鼓励投资的资本密集型产业领域，综合税负高于工业平均税负水平，而且长期以来成为影响外商面向这些行业投资决策的负面因素。另一方面，资本密集型行业投资中设备和技术投资占有相当高的比重，在国内缺乏足够替代能力和设备进口关税水平仍然比较高的条件下，对投资设备进口征收关税及进口环节增值税将明显提高投资成本，严重制约资本密集型行业吸收外资的增长和结构调整。为了解决这一矛盾，应适当调整行业税收结构，减轻国家鼓励发展行业的企业税负水平；另一方面，对列为鼓励性行业目录的外商投资项目的设备进口继续实施减免税优惠政策，以保持政策调控的有效性。

二、通过吸引外商投资改造和提升传统产业部门的技术水平、产品质量

今后一个相当长时期，纺织、普通机械、冶金、建材、石化、化工等传统产业作为基础材料和投资材料在中国具有广泛的市场需求，在整体工业中仍然占有较大比重。这些行业是国家工业化的基础，也是比较优势的所在。这些领域的结构调整政府已经不可能拿出大量资金投入，应当大力吸引包括外商投资在内的资金参与这些传统产业的升级改造。由于这些行业的产品多数已经在市场上供过于求，而且行业中国有企业的比重较大，技术改造和设备更新的进展相对滞后。因此，应当尽量减少增加新的项目，注重现有企业的技术改造、增加新技术新品种，提高产品性能、质量和劳动生产率，提升工艺技术和装备水平。为了达到这样的目的，应当结合这些传统产业国有经济基础雄厚的特点，完善国有企业的产权交易和购并环境，鼓励外资以技术和设备等方式参股、购并和进行资产重组，为传统产业尽快实现技术升级创造条件。

三、允许外商风险资金参与创业型企业投资，促进高新技术产业发展

加快高新技术产业的发展是适应经济全球化趋势，奠定经济长期增长的基础和提高国际竞争力的需要，应当区别不同领域技术发展的现状采用不同的利用外资方式。对于经过努力可以自主开发并形成优势的高新技术，要通过吸引外商投资引进尖端技术，增强自主开发研究的技术手段和能力，对于具备一定实力而且市场前景广阔的技术产业，应当与外商投资企业合作，寻求共同发展。对于投资巨大，技术不容易引进，依靠自身能力难以取得较快发展的产业，要放开股权、规模等方面的限制，允许外商独资经营，在中国获得发展。目前，世界各国在完善高科技风险企业投资环境方面采取了许多积极措施，其中发挥资本市场创业板块以及风险投资基金的作用是改善风险投资环境的重要环节。中国目前的风险投资基金规模有限、机制不够灵活，证券市场的创业板块迟迟未能推出，尤其在外资参与风险投资的政策和制度环境尚未形成。为了鼓励外资积极参

与高新技术产业投资、引进先进技术和管理人才，这些方面的问题应当尽快予以解决。

四、放宽市场准入限制，吸引外商投资促进垄断行业的改革和升级

由于长期的计划经济体制的影响，中国的一些基础设施和社会公共服务部门形成了大量的垄断行业，大大提高了社会成本，对整体经济效率的提高形成制约。随着加入WTO和市场经济体制改革的深化，垄断部门的市场化改革成为今后经济体制改革的一项重要内容。为了适应对外开放和经济结构调整的需要，应当逐步减少垄断行业的市场准入限制，允许外商投资金融、保险、证券、旅游、能源生产与供应、交通设施建设、环保等领域。这样可以充分利用国外资金发展基础产业和社会基础设施，提高产业和经济发展的配套和服务能力。在一些基础设施和领域可以更多通过BOT等项目融资方式或者其他一些金融创新手段筹集资金，在提高社会基础设施供给能力的同时，确保投资者和消费者的利益取得最大均衡。

五、继续鼓励外商投资于第三产业和资本装备程度比较高的劳动密集型产业，扩大社会就业基础

中国是一个人口大国，解决劳动力的就业问题将是一个长期的课题。改革开放以来，外商投资为中国的劳动力提供了大量与资本要素结合的机会，在农村劳动力向工业部门转移过程中发挥了重要作用。根据中国经济可持续发展的基本目标，在今后相当长时期，这种方式仍然是中国吸收过剩劳动力的主要途径之一。为此，继续鼓励外商向服装、纺织、家具制造业、文教体育用品、皮革毛皮制品等传统劳动密集型产业增加投资，显然会对扩大就业需求产生良好效果。但是从提高产业技术水平等结构调整的长期目标来看，还是应当选择一些具有一定技术含量、同时劳动力吸纳效果明显的行业吸引外商投资，这样既有利于增加劳动力就业机会，缓解结构调整和国有企业改革带来的失业压力，同时有助于产业技术和结构升级。

例如，电子通讯设备产业是工业部门中具有较高技术含量的行业，目前，这一行业的三资企业就业人数占全部三资企业就业人数的11.5%，就吸收就业规模而言仅次于服装行业的11.9%，居第二位。电气机械、交通运输设备、金属制品也具有类似的特点。由于这些行业不论是资产装备还是吸收就业的规模都超过了其他工业部门，劳动力需求每增长1%带来的新增就业人数大于其他行业的平均水平。因此，鼓励外商增加在这些行业的投资，有利于扩大就业总量规模，同时有利于提高工业部门整体的技术装备水平。此外，从市场需求的角度来看，复杂或者深加工产品，由于其生产链条长、需要较多配套生产等特点，每增加单位需求对劳动力需求的综合(直接和间接)诱发效果可能会高于工业平均水平。例如根据投入产出分析结果，社会总需求增加带来的就业需求诱发效果最大的行业，除了纺织品制造业、建筑材料等典型的劳动密集型产业之外，还包括了一般机械、金属制品、化工、电气机械等资金密集型产业。主要原因：一是这些行业本身就业规模在全部工业中的比重比较高；二是由于最终诱发效果中包括了对其他上游配套工业的间接诱发部分。因此，鼓励外商投资于以上述产品为主要原材料、零部件、生产手段和出口商品来源的行业部门，将会增加对这些产品的市场需求，并产生明显的劳动力吸纳效果。

在中国的“十五”计划中，明确提出了大力发展第三产业、促进产业结构升级的战略目标。目前，服务业是中国经济发展中基础最为薄弱、最缺乏国际竞争力的领域之一。因此，通过鼓励外商向服务业投资，不仅仅是适应经济全球化发展和兑现入世承诺的需要，实际上也是中国实现结构调整目标、改善服务质量和环境，提高经济整体实力的必要举措。另一方面，多数服务业属于劳动密集型行业，扩大这些行业规模，有利于提供更多的劳动力就业机会。同样根据投入产出分析的结果，在服务业中，单位总需求产生的劳动力诱发需求都比较高。商业、饮食业高居第一位，其次是教育科研医疗部门、运输、社会服务等，从这些主要服务业的相对劳动力吸纳效果来看，普遍高于工业部门中的劳动密集型产业，即这些行业投资每增长一个单位带来的劳动力需求增长率超过工业部门的平均水平。如果能够通过吸收外商投资于第三产业，对于解决劳动力由第一产业向第三产业的转移将发挥十分有效的作用。

六、鼓励外商向需求诱发效果明显的产业投资，有效利用跨国公司的全球网络和市场资源，扩大对外贸易出口

不同产业需求增长对社会总需求的拉动效果存在明显差别，有些产业由于生产所需要的较长零部件、原材料供应链条，单位产品需求增长对各产业需求的波及效果高于社会平均水平。在投入产出分析中一般把反映某种产品需求增长对各部门需求增长影响程度的指标称为影响力系数，把影响力系数大于1的产业称作前关联产业。刺激这些产品需求增长往往是总需求政策的重点。根据中国1997年投入产出表的计算结果，自行车制造业、日用电子器具、有色金属压延加工、电气机械、文化办公用机械、电子计算机制造业、农林机械制造业、汽车制造业、金属制品业等产业的影响力系数高于社会平均水平，具有明显的前关联产业特点。因此，通过鼓励跨国公司在这些领域的投资，并利用其营销网络和国际化优势扩大产品出口，带动相关产业和社会总需求增长的效果明显超过其他行业部门。为了达到这样的目的，应当注重培养前关联产业的零部件配套能力，通过中间产品的进口替代，延长国内产业链条。

此外，从单位销售收入的出口比重来看，皮革毛皮制品、家具制造业、机械、金属制品、塑料制品、纺织、食品、服装等行业的出口含量最高，表明这些产品的外向型程度超过其他产业，进入国际市场的竞争能力比较强。扩大这些领域的外商投资规模，有利于促进整体工业出口比例的提高，有利于中国工业产品扩大在国际市场中的份额。为了实现促进出口长期持续增长的政策目标，应当进一步完善贸易管理体制，按照中国的入世

承诺，尽快实行全面的外贸登记制，并恢复出口"零税率"的正常退税制度，这将有利于加工贸易出口的零部件进口替代，带动国内相关配套产业的发展。

七、完善外商中小企业投资的政策环境，提高主导产业的配套能力

按照企业分工的一般性特点，大型跨国公司的生产加工需要大量中小企业为之配套。因此，当地的配套能力如何也是跨国公司投资目的地选择的重要参考因素之一。目前，许多主导产业，特别是外商投资企业比较集中的产业，大量的零部件和材料依赖于从国外进口的主要原因之一就是因为国内现有中小企业缺乏符合要求的配套能力。因此，逐步形成跨国公司大型生产加工基地所需要的配套能力，不但有利于降低生产加工成本、提高主导产业的国际竞争力，而且可以为国内众多中小企业提供直接进入国际市场的途径，延长产业链条，带动相关上游产业发展，增加就业机会。由此可见，如何促进中小企业发展是今后中国产业政策的重要课题之一。为了形成主导产业的配套能力，一方面可以发挥当地中小企业，特别是民营企业和乡镇企业的作用，通过市场导向和政策扶持培育配套能力。近年来，国外许多投资者对民营企业表现出浓厚的兴趣，如果进一步放开对民营企业的市场准入限制，建立和完善产权交易市场，允许国外资金通过参股和购并等方式与民营企业形成资产或战略同盟关系，有利于促进中小企业发展。另一方面，吸引外国中小企业投资是尽快形成主导产业配套能力的有效捷径。据调查，目前许多中小企业来华投资的主要目的是为具有供货关系的大型跨国公司继续从事配套生产和服务。但是客观上看，中小企业投资在融资、税收、跨国经营、雇佣当地劳动力和技术、管理人员等方面面临的困难远远超过大型企业，而且国内目前也缺乏必要的中小企业政策扶持。因此，为外商中小企业投资创造良好投资环境，鼓励并扶持这些企业为跨国公司发展境内加工基地提供配套，扩大"产业聚积效应"应当成为利用外资产业政策调整的重要内容。

作为促进中小企业发展的具体措施，为了解决外资中小企业在资金筹措方面的困难，帮助这些企业回避投资风险，可以借鉴其他国家的经验，对属于国家重点鼓励发展的领域，特别是有利于延长产业链条的配套产业和高科技创业型外商中小企业按照投资额、投入流动资金的一定比例提供在中国国内的信贷担保支持。

八、发挥产业组织政策的导向作用，促进跨国公司与本地企业之间的联系

企业在一定生产链条中的角色分工反映了不同企业资源的组织和配置要求。目前的国际投资活动中，跨国公司出于自身的利益热衷于建立与当地供货厂家的联系，而东道国政府在促进联系中同样能够发挥重要的作用，可以通过促进本地企业与跨国公司之间的联系，为本地企业提供更多的市场机会，并通过与跨国公司的联系从中汲取、掌握新技术、新工艺。促进联系的具体措施：包括提供信息、牵线搭桥、鼓励外资企业参与旨在提升国内厂家技术能力的解决方案，与外资企业合作制定国内供货厂家的培训计划，以及便于国内供货厂家获取资金的各项方案等。新加坡、马来西亚等国家已经建立起促进联系的综合方案，有选择地针对一些行业或者企业采取不同的配套政策方案，并取得了巨大的成功。这些国家的经验表明，政府常常有针对性的介入有益于联系的增加，从而有利于知识从跨国公司向东道国富有活力的企业部门的传授。促进联系方案越是能与中小企业(SME)发展和有针对性外资政策紧密配合，成功的可能性越大。从中国目前的情况来看，关于民营企业市场准入方面的种种限制，企业购并、产权交易方面法律法规制度的不健全以及传统体制造成的地区分割、行业分割等弊端都是影响这种联系的主要负面因素。有必要参考新加坡等国家的成功经验，将促进联系作为产业组织政策的重要一环，作为新的市场条件下政府服务功能的具体体现，采取更多的积极措施。其中，建立政府主管部门与大型跨国公司之间的定期对话、协商机制，沟通当地企业与跨国公司之间的合作关系就是促进联系的有效途径之一。通过这样的机制可以听取外商投资企业关于政府产业政策制定和执行的意见与看法，宣传政府的产业政策，向跨国公司推荐当地供货企业和服务商，为中小企业创造能够接受大型跨国公司技术、质量管理和经营能力培训，并成为这些大型公司供货企业的机会。此外，还有通过建立中介机构等方式为供需双方提供信息和咨询服务等。

九、保持吸引外资政策的连续性，继续改善投资环境

"十五"时期，政府的吸收外资政策将面临几个方面的任务：一是按照WTO多边规则和中国的承诺，清除或修改与这些规则、承诺相抵触的贸易与投资制度和政策，如取消对外资企业在出口比例、外汇平衡和国内采购要求等方面的限制。二是建立和完善与国内市场开放以及贸易投资活动市场化进程相适应的宏观调控体系，如强化利率、汇率和税率等经济调控手段、逐步改革与减少外资市场准入审批程序等。三是充分利用多边框架下能够享有的制度与政策自主安排空间，在市场机制尚有待于进一步完善的历史时期，有必要保持利用外资政策的连续性，提高对国外跨国公司的吸引力。这些调整明显有利于降低外资进入的交易与制度性成本，改善投资环境，对利用外资的稳定发展具有积极的作用。从长期来看，如果随着市场化改革的深入，制度性成本因素逐步消除，综合实力真正成为企业竞争的决定性因素，自然具备了由政策引导向市场引导转变的条件，并实现完全意义上的公平竞争环境。作为一种过渡，在许多符合国家新的产业政策目标、确有必要给予特殊优惠和扶持的领域，应当逐步实施不限企业身份的鼓励性政策，如国家鼓励发展的高新技术、环保技术应用与推广、落后地区开发等领域都应当实行普遍优惠的产业政策。

应当看到，20世纪90年代以来，多数年度流入中国的外商直接投资增长速度低于世界平均水平，中国在吸收外资方式、

产业结构、地区分布以及资本市场开放程度等方面与发达国家和许多发展中国家相比还存在很大差距,尤其是面对各国之间日趋激烈的引资竞争,为了实现经济持续增长和结构调整的长期目标,必须始终坚持积极吸引外资的基本方针。调查表明,尽管中国已经在完善基础设施等"硬件"环境方面取得明显效果,但是诸如政策制定缺乏透明度、变动频繁,政策执行不尽统一、具有随意性,政府工作效率低、缺乏服务意识,市场监管不力、假冒伪劣商品泛滥、乱收费严重等等外商关于"软"环境方面的批评依然强烈。许多守法企业,特别是大型跨国公司所面对的并不是一个与国际接轨的"公平"竞争环境。因此,政府应当继续将改善投资环境作为吸收外资工作的重中之重。

十、完善市场监督机制,通过竞争政策维护正常市场秩序

随着中国对外开放的不断扩大,一些产业部门中外商投资企业的产出总量、固定资产和吸收就业规模在全行业中的比重有了大幅度提高,有些领域甚至成为事关整体行业发展方向的主导性力量。这种情况的出现是中国通过有效利用"两个市场、两种资源",加快结构优化升级、实现国民经济持续快速增长目标的客观需要,也是当前经济全球化进程日趋加快、国际分工与竞争关系不断调整的一种正常反映。但是,由于产业部门的利益主体结构发生了很大变化,不同主体之间在民族意识、文化传统、商业习惯、价值观念、道德伦理等方面的冲突和矛盾自然会经常发生,政府实施有效管理和监督,确保国家利益不受损害和维护正常市场以及社会公共秩序的难度也会相应加大。因此,在新的市场开放条件下,中国外资政策的核心应当逐步由市场准入管理转向鼓励竞争、完善和维护公平竞争环境、用法律手段规范外资企业的市场和社会行为。首先,为了防止大型跨国公司利用本身所拥有的技术和品牌、生产规模等优势形成行业垄断,促进资源的有效配置和多元化市场的充分竞争,应当尽快颁布《反垄断法》等相关法律法规,并严格运用《反不正当竞争法》等法律约束企业的垄断和不正当竞争行为。其次,在中国的资本账户尚未实现自由兑换的条件下,应当对外资企业利用经常账户进行资本跨境调拨进行必要的监管;另外,中国现阶段实行严格的外债管理,但是目前外资企业对外举债并未纳入外债管理的范围内,应要求外资企业提高资产与负债情况的透明性,便于政府进行债务风险监督与管理。再次,有效利用联合年检方式,依照法律和公共标准,对外资企业在环境保护、劳工的劳动条件、消费者权益、地方社区等方面的情况进行监督和指导。目前,国际上出现了一种新的潮流,各种非政府组织(NGO)和民间团体开始积极参与关于跨国公司投资议题的讨论,并制定了各种形式的"行为标准",对跨国公司及其子公司的行为进行规范和约束,以有利于企业与当地民众、东道国利益的最大均衡。虽然这种标准并不具有强制作用,但也经常成为政府政策制定的参考意见。这些经验对于中国加强今后对包括外资企业在内的企业监督具有借鉴意义。

外商投资对中国经济发展产生显著促进作用

国家统计局贸易外经司 袁海英

随着改革开放的发展,中国吸收外商直接投资的规模不断扩大。1983 年,中国实际使用外商直接投资额仅 6.36 亿美元,1990 年为 34.87 亿美元,2002 年达 527.43 亿美元,比 1983 年增长 82 倍,实际使用外资金额首次跃居全球第一位。这表明中国打开封闭已久的国门之后,境外累积的投资愿望,在一段时间内急剧地释放出来。外商直接投资在较短时间内大量涌入,不仅带来了较强的生产能力,而且还带来了较多的国际市场份额。这些市场份额,一部分原来就存在,转移过来的只是生产能力。另一部分是随着外商投资企业的发展,国际资本依托其强大的市场开拓能力,进一步在世界市场上获取的。所有这些市场份额如果单纯依靠国内因素,很难在短时期内取得。外商直接投资的迅速增长,极大地促进了中国经济的发展。2002 年中国实际使用外资金额占 GDP 的比重从 2001 年的 4.04%上升到 4.26%。全国已设立的外商投资企业总体运行良好,其工业增加值、出口额、税收、银行结售汇顺差值等主要经济指标的增长速度均高于全国平均水平,在国民经济总量,特别是在国民经济增量中所占比重继续提高,对国民经济持续、快速、健康发展的促进作用明显增强。

一、外商直接投资促进了中国工业的发展

(一)外商投资企业工业产值占全国工业总产值的比重不断提高

从表 1 可以看出,1990 年以来,外商投资企业的工业产值增长迅速,占全国工业总产值(按可比价计算,下同)的比重不断提高。1991-2002 年,外商直接投资工业产值的年均增长速度达 43.3%;除 2001 年外,其余各年的增速均高于工业总产值的增长幅度。1990 年外商直接投资工业产值在全国工业总产值中

所占比重仅为 2.28%，到 2002 年时已达 33.37%。外商投资企业工业产值的较快增长，以及其占全国工业总产值比重的不断增加，促进了中国工业的发展。

（二）推动工业结构调整和产业升级

近年来，外商直接投资的结构向制造业倾斜的特征愈为突出。2002 年，中国新登记外商投资企业 31063 户，其中有 68.6%的企业分布在制造业。从表 2 数据可以看出，自 1999 年以来，中国制造业实际吸收外商直接投资的比重呈逐年上升态势。1999 年到 2002 年，中国制造业累计实际使用外商直接投资总额 1161.55 亿美元；2000 年以来的年均增速达 17.6%。其中 2002 年，中国制造业实际使用外商直接投资 368 亿美元，占实际使用外商直接投资总额的 69.8%。

表 1　外商投资企业工业产值占全国工业总产值（可比价）比重表

金额单位：亿元人民币

年份	全国工业总产值		外商投资企业		
	绝对额	增长速度(%)	工业产值	增长速度(%)	所占比重(%)
1990	19701.04	—	448.95	—	2.28
1991	23135.56	17.43	1223.32	172.48	5.29
1992	29149.25	25.99	2065.59	68.85	7.09
1993	40513.68	38.99	3704.35	79.34	9.14
1994	76867.25	89.73	8649.39	133.49	11.25
1995	91963.28	19.64	13154.16	52.08	14.30
1996	99595.55	8.30	15077.53	14.62	15.14
1997	56149.70	–43.62	10427.00	–30.84	18.57
1998	58195.23	3.64	14162.00	35.82	24.34
1999	63775.24	9.59	17696.00	24.95	27.75
2000	73964.94	15.98	23145.59	30.80	31.29
2001	94751.78	28.10	26515.66	14.56	27.98
2002	101198.73	6.80	33771.09	27.36	33.37

数据来源：商务部

表 2　1999–2002 年外商实际直接投资额（按行业分）

金额单位：亿美元

年份	总计	制造业	电子及通信设备制造业	占制造业比重(%)
1999–2002	1806.54	1161.55	229.66	19.77
1999	403.19	226.03	31.46	13.92
2000	407.15	258.44	45.94	17.78
2001	468.78	309.07	70.90	22.94
2002	527.43	368.00	81.36	22.11

资料来源：商务部

外商直接投资对制造业的投入主要分布在加工工业，特别是技术密集型产业和深加工工业。如电子及通信设备制造业是制造业中吸收直接投资最多的一个行业，该行业实际使用外商直接投资额由 1999 年的 31.46 亿美元跃升至 2002 年的 81.36 亿美元，年均增长 37.3%。

外商企业在一些一般性加工工业的投资中所占比重也较高。一般而言，外资工业中的技术密集型产业多数为国外跨国公司或大型企业的投资，而一般加工工业则大部分为港澳台的中小企业所投资。加入 WTO 之后，大型跨国公司的直接投资将较快增长，其投资比重将持续上升，同时外商对中国高新技术产业的投资也将获得更好的条件，因而会导致外商对技术密集型产业投资的迅速增长，其所占比重也会较大幅度提高。相应地，外商对一般加工工业的投资比重会逐步下降。

外商对技术密集型加工工业投资比重的上升，将对技术水平、经营效率和国际竞争力较低的产业以及其中的民族工业带来较大的冲击。但从长远看，有利于促进包括多数民族工业在内的整个行业较快提高技术水平和经营效率，增强国际竞争力。从另一方面看，外商对技术密集型加工工业投资比重的上升和对一般性加工工业投资比重的下降，符合中国工业结构调整与升级的要求，将对中国工业结构升级的进程起明显的推动作用。

二、外商投资企业出口对中国整体出口的拉动作用愈来愈大

1990 年以来的海关统计资料（详见图 1）显示：13 年间，外商投资企业的出口增速有 8 年是在 30%以上，2 年是在 20%以上，还有 1 年在 10%以上，各年的增速均高于全国出口总额的增速。外商投资企业出口的高速增长，使其在中国出口中所占

比重不断增高，2002 年该比重为 52.19%，比 1990 年的 12.58%提高了近 40 个百分点。外商投资企业出口对中国整体出口的拉动作用愈来愈大，主导性也越来越强。

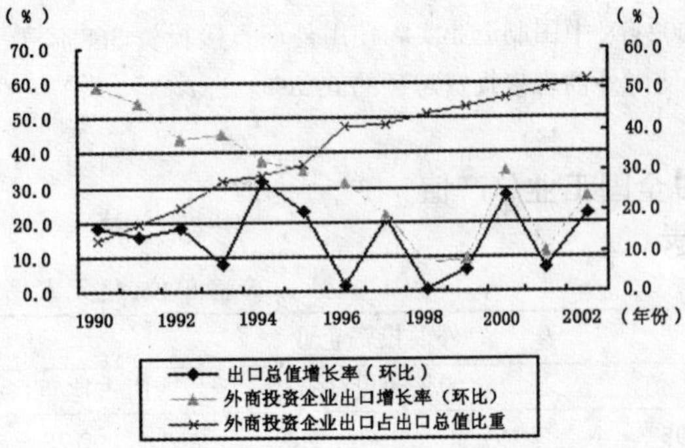

图 1 1990—2002 年外商投资企业出口情况

数据来源：《海关统计年鉴》

三、外商投资企业税收促进了全国工商税收的增长

1993 年以来，以外商投资税收为主的涉外税收增长较快，其占全国工商税收总额的比重连年上升。1993-2002 年，涉外税收总额年均增长 39.8%；占全国工商税收比重由 1992 年的 4.25%上升到 2002 年的 20.52%，成为促进全国工商税收总额增长的重要因素之一。

以上资料表明，外商直接投资的大量涌入，极大地促进了中国经济诸多方面的发展。从现有情况看，外资直接投资在中国还有很大的发展空间。随着中国市场化程度的提高和经济环境的改善，外商直接投资必然还会在今后较长时间里，对中国经济增长继续发挥强大的促进作用。

表 3 1992-2002 年以外商投资企业税收为主的涉外税收（不包括关税和土地费）情况

单位：%

指标	1992 年	1993 年	1994 年	1995 年	1996 年	1997 年	1998 年	1999 年	2000 年	2001 年	2002 年
涉外税收总额同比增长(%)	—	85.31	77.72	50.12	26.40	29.97	25.94	33.78	35.45	30.04	20.95
占全国工商税收比重	4.25	5.71	8.51	10.96	11.87	13.16	14.38	15.99	17.50	19.01	20.52

数据来源：商务部

台商在大陆的投资现状及发展趋势

清华大学台湾研究所副所长 殷存毅

海峡两岸于 2001 年底相继加入 WTO，这意味着两岸经济交流的宏观经济环境或条件发生了重大变化，这一重大变化将在经济体制及相关政策、市场开放、发展战略等方面有所体现，从而对台商在祖国大陆的投资产生重要影响，使两岸经济关系面临一些新的机遇和挑战。如何在新的环境下，善加利用各种有利因素，更积极、更有针对性地推动两岸经济关系的发展，在现在相当数量的基础上，进一步提升合作程度，是两岸经济关系中面临的一项具有战略意义的重大课题。

一、台商在大陆投资的基本情况和特点

截至 2002 年底，台湾企业在大陆的投资专案共计 55691 个，合同投资总额 614.71 亿美元，实际利用总额 331.10 亿美元。台商在大陆投资呈现出以下一些特点：

（一）地域分布上“东重、中薄、西轻”

台商在大陆投资的地区分布主要集中在东部沿海地区，其中又以珠江三角洲和长江三角洲地区为重中之重，由东向西呈逐渐减弱的梯度状。

（二）产业分布与台湾岛内产业结构变化大体同步

1991年台商大陆投资以传统产业为主，包含 IT 业在内的电力电机业投资仅占当年投资比重的 18.13%，而到了 2001 年，这一比重已高达 55.94%。经分析发现，台商大陆投资的产业结构变化，与台湾岛内产业结构的变化大体同步，这表明台资在大陆的产业升级与岛内的产业升级有着正相关关系。

（三）台资企业本地化趋势正在形成

为了降低生产成本及更好地与当地市场相联系，企业海外投资一般都逐渐采取本地化的发展策略，台资企业也不例外。从原材料的就地采购来看，台资企业在大陆采购原材料的比重逐年增大；从技术来源看，台资企业充分利用大陆的科技人才，在大陆通过合作或委托形式自行研发的技术已占 10%左右；从企业管理人员本土化看，目前绝大多数台资企业的中层管理人员已本地化了，只有少量的关键职位仍由台干主控。

（四）仍以出口导向投资为主。

目前，在大陆的台资企业尤其是IT产业仍秉持“台湾接单，大陆生产出口，香港押汇”的生产模式，但在出口中有一部分是“间接外销”，即为在大陆的其他外销企业提供原料或零部件，真正直接销往第三地的比例约占41%。

（五）企业聚集程度高，投资的地域性很强

目前，台商在大陆投资的地域性聚集现象非常突出，仅在长江三角洲和珠江三角洲地区的几个地、市（县）就聚集了约70%的台商投资，这一现象主要与台湾企业“蚂蚁雄兵”的结构特点和企业文化有关，当然也与两个三角洲地区的区位优势及制度供给优势有关。

二、台商在大陆投资存在的主要问题

（一）台湾上市上柜公司在大陆投资总体不多

据台湾2000年公布材料统计，台湾上市上柜公司共有1562家，这些公司在台湾经济中有着举足轻重的影响，仅前50强就占台湾生产总值的52%。但目前投资大陆的台湾上市上柜公司仅有346家，还有约78%的上市上柜公司没来大陆投资。

（二）与大陆经济缺乏内在有机联系

就数量来看，目前台商在大陆的投资累积金额及企业数已不少，但独立经营是他们的主要投资形态。这样所导致的结果是：(1)通常跨国投资的技术外溢效应就不明显；(2)与大陆相关行业没有合作的平台，而是强化了竞争；(3)由于使大陆在两岸贸易中始终具有较大逆差，从长远看，不利于两岸经济形成双赢的基础。

（三）产业配套环境不理想

台资企业没能与大陆形成有机的分工或配套合作关系，其中一个重要的原因是，大陆企业尤其是中小企业缺乏符合要求的配套能力，这一状况与我们缺乏配套政策支持有关。过去相当长一段时期内，大陆对外资服务做了狭义理解，主要着力于有关投资政策的制定或提供，亦即仅停留在吸引外资层面上，而对如何培育我方企业与外资企业的合作能力有所忽略。

三、台湾重点产业对大陆的投资前景

电子资讯业

2001年全球经济发展严重下滑，电子资讯业也受到严重的冲击，致使台湾的电子资讯业度过了2001年一整年的惨淡经营。2002年，全球经济已呈现复苏态势，尤其是美国经济的复苏明显，所以与经济景气度紧密相关的电子资讯业的发展也呈现了增长的趋势。据有关部门评估，2002年在电子资讯业的原材料方面，增长势头最强劲的是IC产业和TFT-LCD；在成品方面，数码相机和LCD监视器的发展速度较快。由于台湾的电子资讯产业中大部分的产品都是在大陆生产的，所以该产业的复苏直接决定了其在大陆对于该产业投资的上升。

石化业

台湾石化厂的经营重点主要都集中在中上游的石化原料和中下游的塑胶原料的生产上，具体来说就是塑胶业和橡胶业。台湾在塑胶业方面实施了“五轻”及“六轻”的建设计划。到2000年，“六轻”计划已经成功实施完毕，其结果是导致台湾五大泛用树脂呈现明显的供过于求，所以台湾塑胶业迫切需要通过出口来消化过程产品；当前许多塑胶业大厂都降低成本纷纷投资大陆，例如，南亚、华塑集团、国乔及奇美等。在橡胶业方面，据有关专家预估，2003年大陆的橡胶需求量将达210万吨，位居全球之冠；大陆轮胎市场虽供过于求，竞争激烈，但是随着祖国大陆汽车产量的增加，轮胎需求将持续看涨，因此对于台湾的橡胶业者可以说是商机无限。总之，大陆入世以后会全面降低关税、开放市场，而且大陆的石化业竞争力不高、需求量大，这都为台湾石化业者提供了一个很好的登陆机会，且发展潜力无限。

纺织业

纺织业是台湾的传统产业之一，也是台湾重要的民生工业。2001年台湾纺织业产值达到5726亿元新台币，比2000年增长2.9%。目前，两岸都已经加入了世贸组织，这无疑为台湾纺织业的发展引入了新的契机。在加入WTO以后，大陆将逐步放宽对聚酯加工丝的进口限制，最迟到2005年这一市场将会实现全面开放。而台湾的聚酯加工丝业者在全球范围内都具有较强的竞争优势，所以未来台湾有望大幅提升聚酯加工丝到大陆的销量。

金融业

台湾的金融业市场已开放多年，1999年保险深度及密度分别为7.5%与21，195元新台币，证券市场上市股票市值占GDP的139.3%，相对于祖国大陆来说，台湾的银行业、保险业、证券业已经发展的比较成熟了。但是另一方面，台湾的金融业在过度竞争、呆账激增的情况之下，早已经暴露出重重问题。为了解决这些问题，台湾当局近几年一直大力推进金融改革。这一系列的金融改革使台湾的金融业逐渐向着正常化的发展方向迈进。在两岸都加入WTO之后，台湾金融业面临资金与人才的重新分配，加速了金融机构的大型化与国际化，祖国大陆也逐渐开放门户，为台湾金融机构带来新的发展契机。

四、未来台商对大陆投资的发展趋势

从短期来讲，由于两岸的政治分歧悬而未决，其对两岸经济往来的影响还将持续，两岸经济关系的模式短期内还难以有重大改变，台商对大陆的投资趋势是总体增长将趋于平缓，其原因有以下几点：

（一）台湾当局对台商对大陆投资限制更加趋紧

陈水扁上台后，于2001年把李登辉的“戒急用忍”政策改为所谓“积极开放，有效管理”，表面上似乎“开明”了一些，但实质上控制得更严了。所谓“有效管理”主要体现为总量控制和进度控制。例如2002年规定在一次投资审批会期内（一月一次），审批总投资金额不能超过一亿美元，这等于设立了投资额度限制，其结果势必延缓台商对大陆的投资增长速度。

（二）“该来的基本都来了”，这是很多台商的一个基本判断

虽然受台湾当局的控制，一些想到大陆投资的企业或项目还未成行，但增长空间是有限的。从产业层面来分析，台湾的传

统产业该转移的基本都转移来了，加上当前大陆的产业政策对劳动密集型产业投资限制较严，除个别特例外，台湾传统产业很难再大规模前来大陆投资。而台湾的资讯电子产业，几乎所有的大厂商都在大陆进行了投资，重大投资变动的发生将取决于制度性创新(包括两岸政治僵局有所突破)，从这一点来看，“该来的都来了”有一定道理。

（三）高基数上的增长会趋缓

台商在大陆现有合同投资额已高达576亿美元，从一般规律而言，在这个庞大基数的基础上，增长幅度只会从目前的两位数逐渐趋缓。

（四）投资区位选择

根据投资区位选择的理论以及台湾企业以中小型规模为主、以代工(OEM)为主要生产形式的特点，未来相当一段时期内，台资在大陆的空间分布，仍会较为集中于长江三角洲、珠江三角洲和京津地区。

从长期来讲，根据对两岸现状的分析，可以得出台湾对大陆投资仍有潜能的结论，主要体现在：

（一）投资大陆是台湾经济自身发展的内在需求

台湾经济为典型外向型经济，产业结构调整与转移是其经济自身发展规律的内在需求即必须将劳动力、资源密集型产业外移，这是经济全球化的必然，是无论台湾当局还是企业都不可逆转的经济规律。近年来国际社会一般认为，中国大陆将继日本之后，成为全球最大的工业产品制造中心，吸纳全球新的投资及技术。目前国际跨国公司500强已有400多家在大陆设立办事机构或投资，带动了全球制造业向大陆这个巨大市场的聚集。这对于台湾而言，考虑到原有的成本因素，及“产业群聚”和“市场占领”等非成本因素，将可能进一步加速其产业外移。

（二）台湾由于面临外在压力而有必要加强与大陆的经济联系

东亚经济正在形成以中国大陆为主导的区域合作新格局，已达成协议的“东盟与中国(十加一)自由贸易区”及拟议中的“中、日、韩和香港(三加一)自由贸易区”，就是未来东亚经济整合的新框架。由于担心未来在东亚区域经济一体化的进程中被边缘化，台湾希望通过在经济上与大陆加强交往，换取大陆政治上的“善意”，确保台湾不被大陆排斥在东亚区域经济之处，否则将会导致台湾经济竞争力的相对下降，以及在世界上经济地位的相应下降。

（三）投资大陆，对台湾有巨大的商业利益和市场机遇

据台湾“陆委会”和海关统计，1991~2002年间，台湾经香港对大陆的平均贸易顺差占台湾对全球贸易顺差额的60%；据台湾外汇部门统计，自1993年台湾开始办理来自大陆的间接汇款业务以来，截至2002年底，其受理汇款5572.3亿美元，并以平均每年54.8%的速度递增，这从一个侧面反映了投资大陆的经济效益亦即动力所在。

(四)如前所述，目前投资大陆的台湾上市上柜公司仅有346家，还有约78%的上市上柜公司未来大陆投资

即使在这346家企业中，集团大陆投资所占整个企业比例亦明显偏低，还有相当的上升空间。

附：2002年中国利用外资相关资料

2002年1–12月中国利用外资统计简表

金额单位：亿美元

利用外资方式	本年批准外资情况本年实际利用外资						本年实际使用外资		
	项目数			合同外资金额					
	本年累计	去年同期	比去年%	本年累计	去年同期	比去年%	本年累计	去年同期	比去年%
总计	34171	26140	30.72	847.51	711.28	19.15	550.11	488.24	12.67
一、外商直接投资	34171	26140	30.72	827.68	691.95	19.62	527.43	468.78	12.51
中外合资企业	10380	8893	16.72	185.02	175.36	5.50	149.92	157.39	–4.74
中外合作企业	1595	1589	0.38	62.17	83.00	–25.09	50.58	62.12	–18.59
外资企业	22173	15643	41.74	572.55	429.99	33.15	317.25	238.73	32.89
外商投资股份制	19	11	72.73	7.39	3.27	126.11	6.97	5.28	32.11
合作开发	4	3	33.33	0.55	0.19	189.47	2.72	5.11	–46.81
其他		1	–100.00		0.13	–100.00		0.15	–100.00
二、外商其他投资				19.28	19.33	2.54	22.68	19.47	16.53
对外发行股票									
国际租赁				1.30	1.02	27.45	1.31	1.04	25.82
补偿贸易							0.04	0.03	27.92
加工装配				18.52	18.31	1.15	21.33	18.39	15.98

注：截至2002年12月底，全国共批准外商投资企业424196个，合同外资8280.60亿美元，实际使用外资4479.66亿美元。

编制单位：商务部外资司

2002年各省市自治区利用外商直接投资情况

金额单位:万美元

地方名称	项目数	比重%	合同外资	比重%	实际投资	比重%
总计	34171	100%	8276833	100%	5274286	100%
北京市	1370	4.01%	276449	3.34%	172464	3.27%
天津市	847	2.48%	210319	2.54%	158195	3.00%
河北省	477	1.40%	114390	1.38%	78271	1.48%
山西省	73	0.21%	25581	0.31%	21164	0.40%
内蒙古自治区	86	0.25%	19314	0.23%	17701	0.34%
辽宁省	2147	6.28%	524303	6.33%	341168	6.47%
其中:大连市	847	2.48%	184900	2.23%	160308	3.04%
吉林省	345	1.01%	49335	0.60%	24468	0.46%
黑龙江省	197	0.58%	32646	0.39%	35511	0.67%
上海市	3012	8.81%	895971	10.83%	427229	8.10%
江苏省	5819	17.03%	1964756	23.74%	1018960	19.32%
浙江省	3380	9.89%	672146	8.12%	307610	5.83%
其中:宁波市	1014	2.97%	197375	2.38%	102230	1.94%
安徽省	339	0.99%	81216	0.98%	38375	0.73%
福建省	1826	5.34%	389236	4.70%	383837	7.28%
其中:厦门市	380	1.11%	68013	0.82%	62079	1.18%
江西省	592	1.73%	149767	1.81%	108197	2.05%
山东省	4079	11.94%	718085	8.68%	473404	8.98%
其中:青岛市	1839	5.38%	329855	3.99%	228033	4.32%
河南省	287	0.84%	75364	0.91%	40463	0.77%
湖北省	484	1.42%	97906	1.18%	142665	2.70%
湖南省	413	1.21%	87498	1.06%	90022	1.71%
广东省	6805	19.91%	1522678	18.40%	1133400	21.49%
其中:深圳市	1917	5.61%	350693	4.24%	268621	5.09%
广西自治区	279	0.82%	49233	0.59%	41726	0.79%
海南省	235	0.69%	24010	0.29%	51196	0.97%
云南省	150	0.44%	26011	0.31%	11169	0.21%
西藏自治区	5	0.01%	202	0.002%		
陕西省	203	0.59%	73617	0.89%	36005	0.68%
甘肃省	51	0.15%	11128	0.13%	6121	0.12%
青海省	31	0.09%	10702	0.13%	4726	0.09%
宁夏自治区	25	0.07%	7788	0.09%	2200	0.04%
新疆自治区	65	0.19%	14995	0.18%	1899	0.04%
其他	4	0.01%	5500	0.07%	27160	0.51%

（信息来源:商务部）

2002年主要行业利用外资情况

金额单位：万美元

行业	项目数			合同外资金额		
	2002年	2001年	同比	2002年	2001年	同比
总计	**34171**	**26140**	**30.72**	**8276833**	**6919455**	**19.62**
农、林、牧、渔业	975	887	9.82	168804	176174	-4.18
农业	571	536	6.53	79371	96194	-17.49
种植业	400	299	33.78	56165	38570	45.62
林业	26	24	8.33	3466	3979	-12.89
畜牧业	133	115	15.65	45338	35336	28.31
渔业	157	126	24.6	26972	24669	9.34
采掘业	164	149	10.07	38088	64448	-40.9
石油和天然气开采业	8	8	0	6971	4390	58.79
制造业	24930	19106	30.48	5926985	4884686	21.34
食品加工业	1154	927	24.49	176533	144353	22.29
粮食及饲料加工业	122	134	-8.96	24288	28110	-13.6
植物油加工业	28	24	16.67	13454	10414	29.19
屠宰及肉类蛋类加工业	86	67	28.36	10683	14615	-26.9
水产品加工业	256	213	20.19	22844	22698	0.64
石油加工及炼焦业	62	45	37.78	17196	16438	4.61
化学原料及化学制品制造业	1587	1163	36.46	372057	419677	-11.35
合成材料制造业	271	175	54.86	84949	110782	-23.32
非金属矿物制品业	1115	713	56.38	272956	237316	15.02
水泥制造业	37	25	48	32776	21616	51.63
砖瓦、石灰和轻质建筑材料制造业	504	305	65.25	90053	71597	25.78
轻质建筑材料制造业	178	88	102.27	43645	35134	24.22
玻璃及玻璃制品业	155	96	61.46	37807	32382	16.75
建筑用玻璃制品业	17	8	112.5	6118	12553	-51.26
陶瓷制品业	156	137	13.87	40316	35433	13.78
建筑、卫生陶瓷制造业	51	33	54.55	19751	17332	13.96
普通机械制造业	1185	911	30.08	213273	230770	-7.58
专用设备制造业	1109	794	39.67	183691	157801	16.41
交通运输设备制造业	745	490	52.04	230545	135972	69.55
汽车制造业	537	294	82.65	163917	87229	87.92
电子及通信设备制造业	2976	1993	49.32	1456037	1064763	36.75
通信设备制造业	253	223	13.45	201041	104228	92.89
电子计算机制造业	324	236	37.29	111389	136198	-18.22
电子器件制造业	245	158	55.06	377427	163848	130.35
电力、煤气及水的生产和供应业	185	136	36.03	147495	213422	-30.89
电力、蒸汽、热水的生产和供应业	106	67	58.21	113928	80379	41.74
电力生产业	78	57	36.84	91609	75700	21.02
火力发电业	19	15	26.67	62565	20845	200.14
水力发电业	49	28	75	21644	15475	39.86
其他电业	10	14	-28.57	7400	39380	-81.21
煤气生产和供应业	63	38	65.79	18776	22733	-17.41
煤气生产业	13	13	0	5368	11879	-54.81
自来水生产业	8	16	-50	11521	13847	-16.8
建筑业	329	256	28.52	1057861	182281	-41.93
土木工程建筑业	206	153	30.38	83688	153448	-45.46
铁路、公路、隧道、桥梁建筑业	70	54	29.63	37764	60446	-37.52
堤坝、电站、码头建筑业	12	7	71.43	12727	45093	-71.78
地质勘查业、水利管理业	10	11	-9.09	3088	1308	136.09
交通运输、仓储及邮电通信业	405	297	36.36	152902	88354	73.06
批发和零售贸易、餐饮业	1716	1232	39.29	166364	1398036	19
金融、保险业	17	8	112.5	46002	8612	434.16
房地产业	1316	820	60.49	721713	503061	43.46
房地产开发与经营业	1163	707	64.5	685725	478429	43.33
社会服务业	3418	2673	27.87	498789	428884	16.3
旅馆业	148	64	131.25	49745	38395	29.56
卫生、体育和社会福利业	50	39	28.21	25796	13305	93.88
教育、文化艺术及广播电影电视业	48	28	71.43	10884	7174	51.71
科学研究和综合技术服务业	227	196	15.82	53365	65429	-18.44
其他行业	381	302	26.16	210797	142511	47.92

（信息来源：商务部）

2002年部分国家/地区对华直接投资情况

金额单位：万美元

国别/地区	项目数	增幅	比重%	合同外资	增幅	比重%	实际使用	增幅	比重%
总计	**34171**	**30.72**		**8276833**	**19.62**		**5274286**	**12.51**	
亚洲十国/地区	24626	30.86	72.07	4761497	18.16	57.53	3241119	9.91	61.45
香港	10845	35.43	31.74	2520183	21.83	30.45	1786093	6.84	33.86
澳门	518	13.1	1.52	63154	25.55	0.76	46838	45.86	0.89
台湾省	4853	15.16	14.2	674084	–2.51	8.14	397064	33.25	7.53
日本	2745	35.96	8.03	529804	–2.25	6.4	419009	–3.64	7.94
菲律宾	153	21.43	0.45	32548	9.52	0.39	18600	–11.17	0.35
泰国	161	15	0.47	35962	–4.65	0.43	18772	–3.34	0.36
马来西亚	319	69.68	0.93	79284	67.9	0.96	36786	39.88	0.7
新加坡	930	37.78	2.72	278548	40.39	3.37	233720	9.03	4.43
印尼	94	14.63	0.28	19708	24.88	0.24	12164	–23.8	0.23
韩国	4008	37.78	11.73	528222	51.47	6.38	272073	26.44	5.16
欧盟	1486	22.41	4.35	450693	–12.54	5.45	370982	–11.31	7.03
德国	352	25.71	1.03	91532	–21.86	1.11	92796	–23.49	1.76
法国	162	7.28	0.47	87886	55.34	1.06	57560	8.1	1.09
意大利	211	57.46	0.62	24674	4.94	0.3	17674	–19.66	0.34
荷兰	127	11.4	0.37	51629	–46.99	0.62	57175	–26.33	1.08
比利时	32	3.32	0.09	9544	911.02	0.12	12428	520.78	0.24
卢森堡	10	–16.67	0.03	19642	304.74	0.24	1353	–52.99	0.03
英国	334	24.16	0.98	114199	–24.65	1.38	89576	–14.82	1.7
爱尔兰	11	57.14	0.03	1389	106.39	0.02	1322	924.8	10.03
丹麦	28	16.67	0.08	3730	–55.58	0.05	7109	26.09	0.13
芬兰	19	5.56	0.06	6755	139.54	0.08	64665	–12.29	0.12
瑞典	51	6.25	0.15	12651	124.03	0.15	9980	18.26	0.19
奥地利	39	–17.02	0.11	6197	–81.25	0.07	6727	16.42	0.13
希腊	4	–50	0.01	842	–79.41	0.01	617	–15.6	0.01
西班牙	97	49.23	0.28	19522	238.34	0.24	9224	172.17	0.17
葡萄牙	9	50	0.03	501	–82.41	0.01	976	–62.49	0.02
北美	4071	29.28	11.91	930490	5.61	11.24	601190	23.33	11.4
加拿大	708	30.39	2.07	114843	–11.35	1.39	58798	33.24	1.11
美国	3363	29.05	9.84	815647	8.54	9.85	542392	22.35	10.28
部分自由港	2691	31.98	7.88	1678535	44.37	20.28	817640	23.64	15.5
维尔京群岛	1959	29.56	5.73	1264980	44.21	15.28	611739	21.32	11.6
开曼群岛	199	2.05	0.58	225773	40.3	2.73	117954	10.58	2.24
西萨摩亚	533	60.54	1.56	187782	50.76	2.27	87947	74.48	1.67
其他	1959	34.36	5.73	455325	38.25	5.5	241184	40.47	4.57

（信息来源：商务部）

鼓励外商投资高新技术产品目录

为了进一步吸引和鼓励外商投资高新技术产业，引进国外先进适用技术，增强国内消化吸收和自主创新能力，2003年科技部和商务部在原《中国高新技术产品目录》的基础上，共同组织编制了《鼓励外商投资高新技术产品目录》。《目录》中列明的高新技术产品按技术领域分类为11大类，分别为：电子信息、软件、航空航天、光机电一体化、生物医药与医疗器械、新材料、新能源与高效节能、环境保护、地球空间与海洋、核应用技术和现代农业。

电子信息

计算机及外部设备

1 巨型计算机(百万亿次以上)
2 高档服务器(具有网络、磁盘、安全监控等子系统)
3 大型模拟仿真系统
4 大型工业控制机及控制器
5 计算机数字信号处理板卡
6 高速大容量存储系统设备
7 大幅面高分辨率彩色打印设备
8 大幅面高清晰彩色复印设备
9 平板PC用数位输入液晶屏
10 DVD读取及刻写激光头
11 高分辨彩色打印机打印头(1200dpi以上)
12 计算机硬盘及其关键件(120G以上)
13 远距离非接触IC卡及相关机具
14 手持GPS接收机
15 图形图像识别和处理系统
16 无线网络接口适配器
17 无线网络移动专用PDA
18 无线网络终端手持检测设备
19 无线网络终端数据采集器

微电子和光电子元器件

20 线宽≤0.18微米的大规模集成电路
21 电力电子器件
23 CCD光电荷耦合器件
24 碲镉汞(MCT)红外探测器
25 CMOS图像传感器
26 发光二极管(LED)外延片
27 高亮发光二极管
28 兰色、白色发光管
29 四代(920×720mm)以上多晶硅TFT-LCD液晶显示器及其配套部件
30 PDD平板显示器及其关键部件
31 新型LCOS显示器
32 片式半导体器件
33 片式多层复合元器件
34 片式石英晶体谐振器
35 片式陶瓷、石英晶体滤波器

通信设备及产品

36 高端路由器
37 IP数据通信设备
38 千Mb/s以上网络交换机
39 宽带光纤接入网通信设备
40 无线固定接入网通信设备
41 数字集群通信设备
42 10Gb/s以上SDH光纤通信传输设备
43 光纤传输波分复用设备
44 光交叉连接设备(OXC)
45 光纤预制棒
46 3G移动通信基站
47 3G移动通信交换设备
48 3G移动通信手机
49 CDMA移动通信基站
50 CDMA移动通信交换设备
51 CDMA移动通信手机
52 622Mb/s及以上SDH数字微波传输设备
53 微蜂窝无线通信设备
54 卫星通信传输设备
55 速率≥10Gb/s光通信用激光器
56 光通信计量和监测仪器
57 GSM、CDMA、IMT-2000移动通信检测设备

广播电视技术产品

58 广播级SDTV和HDTV数字CCD摄像机
59 广播级数字录像机
60 广播用数字电视监视器
61 数字视频切换台

62 数字音频调音台
63 多声道数字音频编码器
64 MPEG 码流记录设备
65 MPEG 码流编辑设备
66 数字电视节目存储系统设备
67 数字电视播出复用器
68 电视制式转换器
69 数字电视信源(高清晰度电视)编解码器
70 数字电视上下变换器
71 数字电视中数据业务广播系统设备
72 数字电视广播发射机
73 数字声音广播发射机
74 数字电视广播单频网(SFN)设备
75 CATV QAM 调制器
76 CATV 光发,光收端机
77 卫星数字电视广播上行站设备
78 SMATV(卫星公共接收电视)前端设备
79 MVDS(多点视频分配系统)设备
80 等离子体(PDP)平板数字电视接收机
81 高清晰度电视大屏幕液晶投影电视机
82 DLP(数字光处理)大屏幕投影电视机
83 数字电视误码率监测设备
84 数字电视测试信号发生器

专用工艺生产设备及测试仪表

85 全自动精密贴片机
86 半自动印制电路精密印刷机
87 全热风载流焊机
88 分步重复光刻机
89 等离子沉积和刻蚀设备
90 离子注入机
91 化合物半导体的外延生长设备
92 高速在线检测设备
93 大规模数字集成电路功能测试仪
94 专用集成系统 SOC 规模测试技术设备
95 多芯片组装模块测试技术设备
96 数字示波器(1000MHz 以上)
97 频谱分析仪
98 逻辑分析仪

软　件

系统软件

1 操作系统软件
2 网络及通信协议处理软件
3 高级语言编译程序
4 设备驱动程序
5 嵌入式操作系统
6 嵌入式浏览器
7 嵌入式图形用户界面

支撑软件

8 Internet/Intranet 网络管理软件
9 软件开发及测试平台
10 计算机辅助类工具软件
11 中间件软件(非涉密)
12 数据库管理系统

应用软件

13 电子商务软件
14 多媒体制作软件
15 模拟与仿真软件
16 ERP 应用软件
17 智能软件
18 信息和网络安全软件(非涉密)
19 三维计算机辅助设计软件
20 集成电路设计计算机辅助应用软件
21 在线存贮与离线备份软件

航 空 航 天

航空器及配套产品

1 民用运输机(含客机、货运机)
2 教练机
3 通用航空飞机
4 民用飞机零部件
5 民用直升机
6 直升机零部件
7 地(水)面效应飞机
8 民用涡轮风扇发动机
9 民用涡轮喷气发动机
10 涡轮螺桨发动机
11 涡轮轴发动机
12 桨扇发动机
13 新型活塞发动机
14 航空辅助动力系统
15 航空发动机零部件
16 民用航空机载设备

航空地面设备

17 民用机场设施
18 民用机场运行保障设备
19 航空地面试验设备
20 飞行试验地面设备
21 航空测试与计量设备
22 航空制造专用设备
23 航空材料试制专用设备
24 飞行模拟与训练设备
25 机载设备综合测试装置

民用运载火箭

26 运载火箭体结构件
27 运载火箭地面测试设备
28 运载火箭力学及环境试验设备
29 运载火箭运输设备
30 航天博览园设施

民用航天器及地面设备

31 航天器电子设备
32 航天器光机电产品
33 航天器结构与机构产品
34 航天器温控产品
35 星上产品检测设备
36 地面接收及应用设备

光机电一体化

自动化机械及设备

1 立卧转换五面加工中心
2 龙门式加工中心
3 数控超精密车床
4 数控车铣中心
5 数控精密车削中心
6 高效高精数控平面磨床(精度<0.5μ)
7 数控高精度内/外圆磨床(精度<0.5μ)
8 数控刀具磨床(主座标联动)
9 数控低速走丝电火花线切割机
10 数控孤齿锥齿铣齿机
11 数控精密滚齿机
12 数控蜗杆砂轮磨齿机及数控成形砂轮磨齿机
13 FTL 柔性生产线
14 数控机械压力机
15 冲剪复合加工机
16 板材无模多点成形压力机
17 工业机器人和智能机器人
18 激光切割和拼焊成套设备
19 激光精密加工和蚀刻成套设备
20 真空离子子镀膜设备
21 高速、超硬精密刀具系统
22 数控伺服系统
23 三坐标测量机
24 加工设备用智能化冷却装置
25 高速精密多轴加工中心
(主轴转速>12000r/min,快速移动速度>50m/min)
26 数控精密螺旋伞齿轮磨齿机
27 数控精密多棍校平机
28 数控坐标镗铣加工中心
29 倒置式数控车床和车削中心
30 直线和平面电机及其驱动系统
31 数控坐标磨床
32 全自动化立体仓库
33 稀土永磁电机
34 直流斩波调压牵引装置
35 交流调频调压牵引装置
36 四开四色胶印机及自控系统
37 实缶杀菌设备及自动控制
38 电脑提花人造毛皮机
39 超细粉碎机(亚微米级)
40 大型无菌包装机
41 纺织片棱织机
42 超精过滤设备(亚微米级)
43 陶瓷过滤机(亚微米级)
44 高精度带材轧机(10μm)

机电关键基础件

45 高压>40MPa 液压柱塞泵与马达
46 高压整体式多路阀
47 低功率气动阀岛用控制阀
48 高频电控气阀
49 智能气缸
50 高性能橡塑密封件
51 高温高压机械密封
52 非接触式气膜密封
53 高速铁路客车轴承(1000 公里/时以上)
54 低噪音轴承(振动值<Z4)
55 汽车覆盖件模具
56 智能化塑壳断路器(电压 380V、660V, 电流 1000A)
57 大型工程智能化柜式或抽屉式断路器
58 防抱死制动装置(ABS)
59 电子控制自动变速箱
60 电动助力转向装置
61 汽车车载诊断系统
62 汽油发动机电控装置
63 柴油发动机电控装置
64 代用燃料汽车转换装置
65 汽车先进电子传感器
66 发动机涡轮增压器
67 发动机废气再循环装置
68 高效汽车尾气净化装置(达到欧洲Ⅲ号标准)
69 汽车燃料电池
70 柴油发动机高压供油系统(≥1600Bar)
71 车辆动态控制系统(VDC)
72 主动悬架系统
73 汽车防碰撞装置
74 汽车电子防盗装置
75 车内环境智能控制系统
76 汽车动力多能源管理系统

77 空气悬架系统

78 电子制动系统(EBD)

仪器仪表及系统

79 现场总线控制系统

80 电动汽车用电机及控制系统

81 电力调度与管理自动化系统

82 交通运输与管理自动化系统

83 GPS 汽车定位、监控报警调度系统

84 煤矿安全检测综合管理系统

85 水电站自动监测控制系统

86 无功功率自动补偿装置

87 新能源发电设备自动化装置

88 自动巡航控制系统(汽车辅助驾驶系统)

89 电子收费管理系统(不停车电子付费系统)

90 两相流量计

91 固体流量计

92 现场总线智能仪表

93 液相色谱仪

94 质谱仪

95 X 射线衍射仪

96 X 射荧光光谱仪

97 工业色谱仪

98 工业质谱仪

99 近红外光谱仪

100 光电直读光谱仪

101 激光扫描显微镜

102 扫描隧道显微镜

103 透射式电子显微镜

104 扫描式电子显微镜

105 激光比长仪

106 激光器(功率>2KW)

107 全站仪

108 高精度数字电压表(显示量程七位半以上)

109 高精度数字电流表(显示量程七位半以上)

110 工业 X 射线探伤机(800KV 以上)

111 汽车专用零部件性能测试设备

112 电子枪自动镀膜机

113 超速高速离心机(100000r/min 以上)

114 VXI 总线式自动测试系统(符合 IEEE1155 国际规范)

115 湿敏、气敏、离子敏传感器

116 光纤传感器

117 光电传感器

118 高性能单镜头反光照相机

119 数字照相机(分辨率 200 万像素以上)

120 数字式多功能复印机

121 全自动变焦照相机

122 数字多媒体投影仪

123 核磁共振波谱仪

生物医药与医疗器械

生物技术药品

1 TNF 受体药物

2 神经细胞生长因子

3 人抗肿瘤抗原单克隆抗体

4 人抗病毒抗原单克隆抗体

5 重组链激酶

6 单抗导向药物

7 重组腺病毒 P53 抗癌因子

8 肝炎检测试剂盒

9 病原体诊断试剂盒

10 肿瘤诊断试剂盒

11 艾滋病毒(HIV)诊断试剂盒 (包括酶标、金标、基因芯片等检测试剂盒)

12 中药提取物

化学药

13 盐酸莫雷西嗪

14 奥扎格雷

15 盐酸艾司洛尔

16 盐酸塞利洛尔

17 氨氯地平

18 普伐他丁

19 辛伐他丁

20 赖诺普利

21 噻氯匹定

22 多沙唑嗪

23 洛沙坦

24 聚乙二醇 4000

25 替加色罗

26 多库酯钠

27 米非司酮

28 庚酸炔诺酮

29 磷酸萘酸喹

30 西罗莫司

31 硫酸依替米星

32 头孢克罗

33 头孢吡肟

34 头孢匹罗

35 美罗培南

36 利奈唑烷

37 氟他胺

38 美金刚

39 拉米呋定

40 生物技术生产紫杉醇

41 依西美坦

42 硝酸镓
43 卡倍他滨
44 美法仑
45 优立康唑
46 盐酸苯环壬酯
47 吗氯欠胺
48 盐酸帕罗西汀
49 盐酸普拉克索
50 氟替卡松
51 沙美特罗
52 异丁司特
53 阿替卡因
54 甲磺酸加贝酯
55 泊洛沙姆
56 聚甲丙烯酰胺脂 I、II
57 聚丙烯酸树脂
58 卡波姆
59 复方磷酸钠片
60 齐多呋啶、司他夫定

食品生物技术及产品

61 碱性纤维素酶
62 木聚糖酶
63 耐碱性蛋白酶
64 L-氨基酸的新酶种
65 D-氨基酸的新酶种
66 谷胱甘肽
67 手性化合物拆分或异构化酶
68 L-氨基酸
69 D-氨基酸
70 真菌多糖
71 高纯度金属硫蛋白(MT)
72 发酵甘油

新型医疗器械

73 硼中子俘获治疗设备
74 质子治疗设备
75 医用超声换能器
76 全数字化超声诊断仪
77 笔记本电脑数字彩色超声诊断仪
78 心脏起搏器(含体内)
79 电动开颅设备
80 心电遥测监护仪
81 医用内窥镜
82 眼底摄影机
83 数字化 X 射线机
84 X 射线管(含钨靶、钼靶及 X-CT 射线管)
85 专用 X 射线机
86 X 射线影像增强器
87 正电子发射体层成像装置(PET)
88 γ 单光子发射体层成像装置(SPECT)
89 X 射线立体定向放射治疗系统(X 刀)
90 γ 射线立体定向放射治疗系统(γ 刀)
91 医用传感器
92 酶标免疫分析仪
93 血液分析仪
94 生化分析仪
95 人工心脏瓣膜及体外性能测试装置
96 血液透析机(人工肾)
97 医用导管
98 血管栓塞剂及柱塞材料
99 血液成份输血装置
100 自体血回输装置

新 材 料

金属材料

1 高阻尼材料
2 全长淬火重型钢轨(60、75 公斤钢轨)
3 超深井用高抗挤毁石油管钢
4 X70 以上管线钢
5 高纯高碳铬轴承钢及渗碳轴承钢
6 高质量轿车用深冲钢板
7 金属波纹管膨胀节
8 高柔性不锈钢金属软管
9 铁基及铁镍基非晶、微晶合金
10 钴基及钴镍基非晶、微晶合金
11 高温合金粉末
12 高性能预应力钢丝
13 高强度及低松驰预应力钢绞线
14 新型结构不锈钢丝绳
15 耐蚀涡轮机叶片表面改性材料
16 高性能烧结稀土永磁材料
17 高性能粘结稀土永磁材料
18 高绝缘稀土永磁材料
19 高性能铁氧体材料
20 表耐防护技术处理的稀土永磁体
21 药芯焊丝及焊线
22 动力电池用稀土储氢材料
23 锂离子电子电极材料
24 电容器用铌粉、铌丝
25 多晶硅
26 直径 150 毫米和 200 毫米硅单晶及抛光片
27 区熔硅单晶
28 化合物半导体材料(砷化镓、磷化镓、磷化铟、氮化镓)
29 太阳能电池用多晶硅、非晶硅及电池组件
30 高温超导材料

31 记忆合金材料(钛镍、铜基及铁基记忆合金材料)
32 超细(纳米)碳化钙及超细(纳米)晶硬质合金
(含高精度硬质合金及高效精密硬质合金刀具)
33 超硬复合材料
34 贵金属复合材料
35 稀土新材料及应用制品
36 散热器用复合铝箔
37 中高压阴极电容铝箔
38 特种大型铝合金型材
39 铝合金预拉伸厚板和蒙皮铝合金板
40 铝合金精密模锻件
41 高强铝合金材料
42 PS 铝合金板
43 饮料罐铝板
44 电气化铁路架空导线
45 超薄铜带
46 耐蚀热交换器铜合金管材
47 高性能铜镍、铜铁合金带
48 铍铜带、线、管棒材
49 稀土发光材料(等离子平板显示荧光粉、白色 LED 稀土荧光粉)
50 耐高温抗衰钨丝
51 镁合金铸件
52 无铅焊料
53 镁合金板、管及棒加工材
54 经表面改性技术处理的镁合金及镁合金焊接件
55 泡沫铝
56 钛合金带材及钛焊接管
57 稀土铁大磁致伸缩材料及应用制品

无机非金属材料

58 碳化硅超细粉体(SIC) (纯度>99%,平均粒径:0.5~5μm)
59 氮化硅超细粉体(SI3N4) (纯度>99%,平均粒径:0.5~5μm)
60 超细 r-AL2O3 微粉(平均粒径<0.5μm)
61 氧化锆陶瓷粉体
62 高纯氮化铝粉体(Aln)(粒径 0.5-2μm)
63 保健抗菌净化剂
64 二氧化钛(粒径 50~100nm,纯度≥98.5%)
65 白炭黑(粒径 10~100nm)
66 钛酸钡(纯度 99% ,粒径<1μm)
67 高浓度过氧化氢(含量 95~98%)
68 专用级次磷酸钠
69 陶瓷基片
70 无机分离膜及功能隔膜
71 压电陶瓷元件
72 高性能陶瓷刀具材料
73 多功能轻质复合板
74 纤维石膏板
75 高品质人造石英晶体
76 高性能合成云母及制品
77 正温特性热敏电阻(PTC)
78 碳化硅陶瓷制品
79 氮化硅陶瓷制品
80 微波介质陶瓷
81 BN-TiB2 导电复合陶瓷制品
82 ZrO2 陶瓷制品
83 耐高温可加工陶瓷
84 金刚石膜工具
85 金刚石拉丝模
86 锯片级人造金刚石
87 立方氮化硼晶体
88 挤出蜂窝陶瓷材料与制品
89 多孔陶瓷及制品
90 高效能复合外墙外保温材料
91 轻骨料砼砌块(非承重型)
92 多维多向整体编制织物及仿形织物
93 高强度玻璃纤维和高弹性模量玻璃纤维
94 石英玻璃纤维及制品
95 涂铝玻璃波纤维
96 连续玻璃纤维原丝毡及玻璃纤维表面毡
97 高线密度玻璃纤维直接无捻粗纱
98 微电子用玻璃纤维布及薄毡
99 屏蔽电磁波玻璃
100 高强度防弹安全玻璃
101 磁盘用微晶玻璃基板
102 微电子用玻璃基板
103 透红外线玻璃
104 电子器件熔封玻璃
105 激光用石英玻璃
106 电子级大规格石英玻璃扩散管、坩埚和钟罩
107 高性能光学石英玻璃
108 光学纤维面板、倒像器及纤维光锥
109 超二代微通道板和三代微通道板
110 传像束
111 激光医疗光纤和激光传输石英光纤
112 光纤预制棒、光纤及光缆

有机高分子材料及制品

113 高耐候性装饰性防腐漆
114 CA 系列金属闪光漆及罩光清漆
115 WBC 水性汽车金属闪光涂料
116 HED 系列厚膜阴极电泳涂料
117 舰船用涂料
118 飞机用涂料
119 稀土硫化铈红色染料
120 柔性树脂版
121 激光影像输出胶片

122 彩色喷墨打印材料
123 光致抗蚀剂
124 电子封装树脂
125 彩色等离子体显示屏专用系列光刻浆料
126 高性能油墨(细度≤20μm,耐酸、耐碱)
127 电子级高纯气体
128 低压甲醇合成催化剂
129 低水碳化甲烷转化催化剂
130 低水碳化 CO 高温变化催化剂
131 重油催化裂化催化剂
132 抗重金属污染的 FCC 催化剂及助剂
133 特殊分子筛
134 汽车尾气净化三效催化剂
135 油品脱砷特种催化剂
136 芳纶
137 碳纤维
138 高性能超细纤维
139 高模低收缩涤纶工业长丝
140 弹性纤维
141 电解电容器纸
142 高性能覆铜箔板原纸
143 高精度燃油滤纸
144 彩色喷涂纸
145 耐温隔热纸
146 镍氢及锂电池隔膜
147 高分子分离膜
148 α-烯基磺酸盐
149 烷基多苷(APG)
150 葡糖酰胺
151 塑料、橡胶用助剂及添加剂
152 新型皮革鞣剂及助鞣剂
153 新型皮革加脂剂及柔软剂
154 PU 系列水乳型聚氨酯皮革涂饰剂
155 皮革染料及固色剂
156 原油降凝降粘剂
157 两性离子聚合物泥浆处理剂
158 耐高温驱油固沙剂
159 含油污水生化处理剂
160 柠檬酸甘油二酸酯
161 彩喷纸固色剂
162 聚碳酸酯合金
163 聚甲醛
164 聚苯醚(ppo)
165 工程塑料尼龙 11、尼龙 12
166 聚苯硫醚(pps)
167 聚酰亚胺(Pi)
168 聚砜
169 聚芳酯(PAR)
170 聚醚醚酮(PEEK)
171 液晶聚合物
172 有机硅及有机硅橡胶
173 聚硫橡胶
174 氟树脂
175 氟橡胶
176 中密度聚乙烯树脂
177 分散松香胶中性施胶剂
178 二次纤维障碍控制剂
179 聚合物乳液(纸表面施胶剂)
180 生物可降解聚酯
181 二溴菊酸
182 2、3-二氯-5-三氟甲基吡啶、2-氯-5-三氯甲基吡啶、2-氯-5-氯甲基吡啶
183 虫酰肼(杀虫剂)
184 环氧菌酯(杀菌剂)
185 唑嘧磺草胺(除草剂)
186 玉嘧磺隆(除草剂)
187 环丙嘧磺隆(除草剂)
188 乙氧嘧磺隆(除草剂)
189 唑嘧磺隆 (除草剂)
190 氟咯菌酯(杀菌剂)
191 氰霜唑(杀菌剂)

复合材料

192 连续纤维增强热塑性复合材料(含预浸料)
193 用于树脂基复合成型的关键性辅助材料
194 树脂基复合材料浆叶
195 树脂基复合材料高档体育用品
196 高性能复合材料容器
197 特殊性能玻璃钢管(压力>1.2MPa)
198 特种功能复合材料及制品
199 深水、潜水复合材料制品
200 医用、康复用复合材料制品
201 碳/碳复合材料及刹车片
202 高性能陶瓷基复合材料及制品
203 金属基复合材料及制品
204 金属层状复合材料及制品
205 压力≥320MPa 超高压复合胶管
206 精密橡胶制品
207 特种胶布制品
208 航空轮胎
209 特种乳胶制品
210 水声橡胶制品
211 新型高速油封材料

新能源与高效节能

新型能源及装备

1 太阳能电池及组件
2 光伏发电用逆变器
3 光伏发电用控制器
4 光伏发电测量设备
5 太阳能电池生产专用设备
6 太阳能电池生产专用原材料
7 太阳能光伏电源系统
8 太阳能电池水泵系统
9 地热发电成套设备
10 全自动地热恒压供水系统
11 潮汐发电成套设备
12 波浪发电装置
13 质子交换膜燃料电池(PEMFC)
14 质子交换膜燃料电池(PEMFC)发电装置
15 新型阀控型全密封免维护铅酸蓄电池
16 金属氢化物-镍(MH/Ni)动力电池
17 锌镍蓄电池
18 锌银蓄电池
19 镉镍航空蓄电池
20 锂离子电池
21 无汞可充电碱锰电池
22 圆柱型锌空气电池
23 保存期>5 年的无汞碱锰电池
24 1000KW 及以上大型并网风力发电机组
25 1000KW 及以上大型并网风力发电机组叶片
26 风电场集中和远程监控系统
27 独立运行风力发电机组控制器及逆变器
28 低热值小型燃气轮机发电机组
29 斯特林发电机组
30 百万吨级煤直接液化装置
31 百万吨级煤间接液化装置
32 氢能制备与储运设备及检查系统
33 太阳能空调、采暖系统
34 太阳能干燥装置
35 太阳能热发电系统
36 生物质干馏热解系统
37 生物质气化装置
38 垃圾发电成套设备
39 沼气专用发电设备

高效节能产品

40 电控柴油机及高压燃油喷射装置
41 电控汽油机
42 大功率 50 吨以上直流电弧炉
43 非晶态合金变压器
44 IGBT 逆变式电焊机
45 静止无功补偿装置
46 600MW 及以上超临界汽轮发电机组
47 40MW 以上燃气轮机发电机组
48 300MW 及以上大型循环流化床锅炉(CFB)
49 增压流化床联合循环发电机组(PFBC)
50 整体煤气化联合循环发电机组(IGCC)
51 300MW 及以上大型空冷机组
52 35MW 及以上大型贯流式水轮发电机组
53 100MW 及以上大型抽水蓄能机组
54 600MW 及以上核电机组
55 ±500 千伏及以上超高压直流输电设备
56 储冷、蓄热装置
57 新型重渣油气化雾化喷嘴
58 水煤浆燃烧器
59 高效蒸汽疏水阀(漏气率≤0.5%)
60 高温(≥1000℃)陶瓷换热器
61 动叶可调轴流电站用风机
62 低噪声对旋式局部通风机
63 工作压力≥15MPa 舰船用高压压缩机
64 中水处理回收系统
65 洁净煤成套设备和装置
66 废气、废液、废渣综合利用装置
67 废旧轮胎综合利用装置

环境保护

大气污染防治设备

1 大型袋式除尘器
2 板卧式电除尘器
3 耐高温滤料
4 (半)干式烟气脱硫成套设备
5 湿式脱硫成套设备
6 低 NOX 燃烧装置
7 烟气脱氮成套装置
8 高效酸雾净化器
9 工业有机废气净化设备
10 高效三元催化净化器
11 柴油车排气净化装置

水污染防治设备

12 浓缩、脱水一体化带式压榨过滤机
13 卧式螺旋离心脱水机
14 全自动过滤器
15 膜分离装置
16 苦咸水淡化装置
17 臭氧发生器
18 二氧化氯发生器
19 湿式氧化装置

20 隔膜电解装置
21 紫外消毒装置
22 机械表面曝气机
23 曝气转刷
24 全自动滗水器
固体废物处理处置设备
25 高密度聚乙烯防渗膜
26 垃圾压实机
27 可生物降解有机垃圾厌氧发酵装置
28 生活垃圾焚烧装置
29 垃圾焚烧余热发电装置
30 有毒有害固体废弃物焚烧装置
31 压缩式城市垃圾收集车
32 废弃泡沫塑料再生装置
33 废旧家电回收处理成套装置
34 垃圾填埋场沼气发电装置
35 垃圾填埋场沼气制备 CNG 成套装置
环境监测仪器
36 PM10 自动采样器及测定仪
37 SO2 自动采样器及测定仪
38 NOX、NO2 自动采样器及测定仪
39 O3 自动监测仪
40 CO 自动监测仪
41 自动酸雨采样器及测定仪
42 烟尘、粉尘自动采样器及测定仪
43 烟气自动采样器及测定仪
44 汽车尾气自动测定仪
45 便携式有毒有害气体测定仪
46 流动式空气质量监测车
47 间歇式空气中有机污染物自动分析仪
48 COD 自动在线监测仪
49 BOD 自动在线监测仪
50 浊度和电导自动在线监测仪
51 DO 自动在线监测仪
52 TOC 自动在线监测仪
53 TOD 自动在线监测仪
54 氨氮自动在线监测仪
55 油份测定仪
56 多功能水质现场监测仪
57 车载型 X 萤光测试仪(XRF)
58 噪声频谱分析仪
59 振动仪
60 辐射剂量监测仪
61 射线分析测试仪
62 CH 自动监测仪
63 隔声、吸声材料及装置
64 通风消声器
65 放风消压声器
66 高炉均放散减压阀组消声器

地球、空间与海洋

能源和矿产资源的勘探开发设备
1 超道(4000 道以上)数字地震仪
2 地震勘探数据处理系统
3 电驱动石油超深井钻机
4 水平井、定向井、钻井装置及器具
5 MWD 随钻测井仪
6 石油钻井泥浆固孔设备及油气储层保护剂
7 数控石油深井测井仪
8 石油超深井修井剂
9 便携式地质雷达
10 煤矿井下监测及灾害预报
11 多元素、细颗粒、难选冶金属矿产的选矿装置
12 多功能电法勘探仪
13 航空电法及伽玛能谱测量仪器
14 井中重力及三分量磁力仪(<10nT)
15 高精度微伽重力及航空重力梯度测量仪器
16 具有 GPS 及 GIS 功能的掌上型野外地质信息采集及处理装置
17 地球化学元素野外现场快速分析仪
工程测量和地球物理观测设备
18 数字三角测量系统
19 三维地形模型数控成型系统
(面积>1000×1000mm,水平误差<1mm,高程误差<0.5mm)
20 超宽频带地震计(φ<5cm,频带 0.01-50HZ,等效地动速度噪声
<10-9m/s)
21 地震数据集合处理系统
22 综合井下地震和前兆观测系统
23 精密可控常时振源系统
24 工程加速度测量系统
25 高精度 GPS 接收机(精度 1mm+1ppm)
26 INSAR 图像接收及处理系统
27 精度小于 1 微伽的绝对重力仪
28 卫星重力仪
29 多普勒天气雷达(采用相干或双偏振技术)
30 电子探空仪
31 自动遥测气象站
32 气象卫星接收处理系统
33 能见度测量仪
34 智能型气象传感器 (含温、压、湿、风、降水、露点、太阳辐照度)
35 防雷击系统
36 多级飘尘采样计
37 Micaps 气象图形交互系统
38 声学测风仪(陆、海通用)
大型工程基础稳定性勘探及检测设备

39 隧道掘进机(TBM，全断面>20M2)
40 大口径旋挖钻机(口径>1M，深度>30M)
41 大型非开挖铺设地下管线成套设备(回拖力>100 吨)
42 地下连续墙施工钻机
43 微机控制自动垂直钻井系统(VDS)

海洋监测技术

44 船用气象仪
45 磁通门罗盘和电位计罗盘
46 玻璃浮球(净浮力>25kg，使用深度不低于 1500 米)
47 测波仪(含岸边和公海用)
48 海洋调查用拖曳体
49 海洋调查船甲板辅助设备 (含水文绞车、起伏补偿器)
50 水下密封电子连接器
51 实验室盐度计
52 标准海水
53 标准溶液
54 海洋标准物质
55 日产 1 千吨–1 万吨反渗透淡化器
56 日产万吨级以上的低温多效蒸馏法淡化器
57 连续微滤和超滤装置
58 海洋生态系统监测浮标
59 自沉浮式海洋漂流浮标 (剖面深度 2000M，连续工作 3–5 年)
60 抛弃式温深计(XBT)
61 一次性使用的电导率、温度、深度测量仪器(XCTD)
62 自返式深海底质采样设备(使用深度>4000M)
63 现场水质测量仪器
64 智能型海洋水质监测用化学传感器 (连续工作 3–6 个月)
65 海流测量仪器(利用声学、机械、电磁方法)
66 走航式声学多普勒海流剖面仪(船用 ADCP)
67 CTD 剖面测量设备
68 声学应答释放器
69 声学水位计
70 远洋深海潮汐测量系统(布设海底)

核应用技术

1 放射源及生产装置
2 中子、电子及 γ 辐照装置
3 核防护材料及装置
4 离子源及装置
5 核辐照改性产品
6 同位素产品及制品
7 同位素生产装置
8 非重同位素分离装置
9 同位素检测装置
10 放射性核素发生器
11 核燃料元件及组件
12 粒子加速器(含高压倍加器)
13 核磁共振谱仪
14 离子及射线检测分析仪
15 地质勘察及探矿核仪器
16 国土资源普查核仪器
17 核辐射剂量防护仪器设备
18 核探测元器件
19 试验反应堆及配套装置
20 轻水堆核电站及配套设备
21 重水堆核电站及配套设备
22 快中子增殖堆及配套设备
23 高温气冷堆及配套设备
24 低温供热堆及配套设备
25 受控核聚变装置及配套设备
26 核电池
27 核设施退役技术用设备
28 核三废处理处置设备
29 在役核电站运行、检查、维修设备
30 核电站运行培训模拟机

现代农业

优良动植物新品种

1 水稻新品种、新组合选育(含两季杂交稻)
2 小麦新品种、新组合选育(含专用小麦和杂交小麦)
3 啤酒大麦新品种选育
4 玉米新组合选育(含抗虫转基因玉米)
5 优质油菜新品种、新组合选育(含双低油菜)
6 优质大豆新品种选育(含抗除草剂转基因品种)
7 优质棉新品种选育(含转基因抗虫棉品种)
8 甘兰杂交新品种选育
9 转基因耐贮番茄新品种选育
10 辣(甜)椒新品种、新组合选育及加工
11 马铃薯新品种选育及脱毒快繁
12 茶叶新品种选育及无公害茶生产
13 多倍体树木新品种
14 转基因抗虫树木新品种
15 优质饲料、牧草新品种选育及生产加工
16 鱼、虾、贝、藻类新品种选育及快繁
17 鱼、虾、贝、藻类多倍体
18 鱼、虾、贝、藻类基因工程体
19 鱼、虾、雌核发育系

家畜良种胚胎生物工程产品

20 优秀荷斯坦牛冷冻精液
21 优秀荷斯坦奶牛冷冻胚胎
22 良种肉牛冷冻精液和胚胎
23 良种肉绵羊冷冻精液和胚胎
24 良种肉山羊冷冻精液及胚胎
25 良种家畜胚胎移植后代种畜

26 家畜转基因胚胎
27 动物生物反应器及相关产品
28 胚胎生物工程药物及相应器械

生物农药及生物防治产品

29 微生物杀虫剂
30 微生物杀菌剂
31 农药抗生素
32 特异性植物源农药
33 特异性动物源农药
34 昆虫天敌

新型诊断试剂与生物疫苗

35 单克隆抗体诊断试剂
36 重组抗原诊断试剂
37 PCR 诊断试剂
38 基因工程亚单元疫苗
39 活载体疫苗
40 基因缺失重组疫苗
41 核酸疫苗
42 可食性疫苗
43 抗独特性抗体疫苗

新型肥料

44 复合型微生物接种剂
45 复合微生物肥料
46 植物促生菌剂
47 秸杆、垃圾腐熟剂
48 特殊功能微生物制剂
49 控、缓释新型肥料
50 生物有机肥料
51 有机复合肥
52 植物稳态营养肥料

新型高效饲料及添加剂

53 饲料营养型添加剂
54 饲用化工合成添加剂
55 饲用酶制剂
56 饲用生物活性制剂
57 饲用天然有效成份制剂

农业工程设施设备

58 农业工程设施环境计算机自动控制设备
59 温室灌溉营养液自动配置与施肥设备
60 巷道式智能化孵化器
61 农作物种子高效加工设备
62 自动旋切贴合蔬菜嫁接机
63 玉米免耕播种机
64 100 马力轮式拖拉机及低排放柴油机
65 高速插秧机及旋转式插秧机
66 棉花采摘机及采摘头
67 精量播种机及排种器
68 打捆、包膜机及打结器
69 液压驱动自走式玉米联合收割机
70 微滴灌设备
71 微滴灌施肥装置
72 微滴灌过滤设备
73 喷灌设备

农副产品贮藏，加工新技术产品及设备

74 谷物加工品质测试仪
75 果蔬无损伤品质测试仪
76 流变仪
77 粉质仪
78 果蔬预冷保鲜装置
79 果蔬预冷保鲜运输车
80 果蔬快速预冷装置
81 果蔬自动清选、分级设备
82 微粉碎、超微粉碎设备
83 粉体无筛分离设备
84 节能高效脱水设备
85 节能高效果汁浓缩设备
86 过热蒸汽干燥设备
87 节能高效干燥设备
88 微波和高频波解冻设备
89 粉体食品物料杀菌设备
90 固态、半固态食品无菌罐装设备
91 液态食品无菌罐装设备
92 无菌包装用包装材料
93 非热杀菌先进设备
94 E1 级低甲醛高密度板
95 连续式微波杀菌和萃取设备

跨国公司在华投资

跨国公司在华投资的发展趋势和特点

国家发改委外资司副司长 胡祖才

当前跨国公司投资已经成为中国利用外商直接投资的重要组成部分。世界500强的跨国公司中已有约400家在华投资了2000多个项目。中国加入世贸组织后,国家先后发布施行了新的《外商投资产业指导目录》,外商投资电信、民航、银行、保险,以及外商参与国有企业改组改造、上市公司公司国有股、法人股向外商转让、QFII等多项法规,进一步增强了跨国公司来华投资的信心。

国际著名跨国公司纷纷加快在中国的投资步伐,跨国公司新投资和增资项目大量增多,2002年1-11月,经国家计委(或报经国务院)审批的大中型外商投资项目38个,总投资逾120亿美元。一批由大型跨国公司投资的重化工、能源、汽车、电子等资金、技术密集型大项目相继签约和开工建设,银行、保险、商业流通等服务贸易领域的投资日趋活跃,新来华投资的跨国公司不断增加,中国吸引跨国公司投资呈现良性发展势头。

一、新的趋势和特点

相比入世前后,跨国公司在华的投资出现一些新的趋势和特点,主要集中以下三个方面:

(一) 投资结构进一步优化

1. 在外商投资最集中的加工制造业中,资金技术密集型项目明显增加

如电子通信制造业,2001年实际利用外资金额为70.9亿美元,占全国吸收外商直接投资总额的比重达15.1%,比1997年提高了9.2个百分点,2002年1-10月,这一比重进一步上升到17.1%。该行业国际前10位的跨国公司中,已有8家在华投资设立了130多个合资或独资企业,这些企业的产品已经在国际国内市场上占据了相当的份额。

汽车行业中,上海大众、南京依维柯在原有基础上进行了增资,宝马、现代设立了新的合资项目,丰田、日产分别与一汽、二汽签署了全面的合资合作协议,本田计划在广州合资建立出口轿车基地。

石油及石化行业中,西气东输、上海联合异氰酸酯、福建炼油乙烯一体化等,均为著名跨国公司投资数十亿美元的特大型项目。

这些资金技术密集型的大项目弥补了中国产业链中的空白,并吸引了大量国内外企业为其配套,形成产业聚集的区域,极大地提高了中国制造业的技术水平、产品附加值和国际竞争能力。

2. 随着入世后中国扩大服务贸易领域的对外开放,服务业利用外资发展迅速

2002年1-9月,中国服务业吸收外资合同额161亿美元,同比增长36%;实际利用外资金额95亿美元,同比增长49%,约占中国同期实际利用外资的1/4。部分地区外商投资服务业的势头更加强劲,上海1-10月服务业吸收外资合同金额增长了97%。表明入世后境外投资者,特别是跨国公司对中国服务业的投资日益活跃,服务业吸收外商投资的巨大潜力初步显现。

2002年以来,金融、商业领域吸引跨国公司投资取得了积极进展。商业分销领域,新批外商投资企业17家,其中连锁企业16家,原有外商投资商业企业新设分店7家;银行领域,至9月底国内已设立外资银行分行147家,其中45家获准开展人民币业务,最近美国新侨投资参股深发展银行超过18%的股份;保险领域,继2002年11月英国标准人寿等3家外国保险公司获准进入中国后,在华外资保险公司已达34家,设立的营业性机构约50家,近期汇丰集团出资6亿美元参股平安保险10%的股份;证券领域,德国安联公司已获批准,率先在北京组建了合资证券管理公司。

服务贸易领域一直是跨国公司投资的目标,一些跨国公司已准备多年,随着服务贸易领域对外开放的进一步扩大,将吸引更多的跨国公司进入该领域,也是今后跨国公司投资的热点之一。跨国公司投资服务业,对中国服务业的发展起到积极促进作用,并可以为制造业的发展提供有力的支持。

(二) 跨国公司更加注重本地化经营

经济全球化和激烈的国际竞争,促进了国际产业转移,跨国公司为提高全球竞争力和开拓中国市场,纷纷来华投资,而中国的综合优势使众多跨国公司增强了“扎根”中国的信心,跨国公司开始在中国推行全面的本地化经营策略。他们不仅利用中国丰富的劳动力资源,在中国生产其产品,而且将全球经营网络中几个核心部分都向中国进行转移,在生产、研发、管理、采购、品牌各个方面都加强了本地化的进程。

1. 跨国公司将生产制造中心向中国转移的速度加快

虽然中国加入世贸组织后,大幅降低了进口关税,但是从降低成本、增强国际竞争力和确保市场份额等长期战略考虑,跨国公司仍纷纷将制造业的生产重心向中国转移,将中国作为跨国公司重要的制造基地。

如拜耳公司、巴斯夫公司、Bp公司等都已经开始实施几十亿美元的大规模投资计划,在华建立一体化的生产基地。这也为中国由制造业大国向制造业强国转变提供了难得的机遇。

2. 在转移制造中心的基础上,跨国公司加快了研发本土化的战略调整,在华设立研究开发中心。

目前外商在华投资设立的研发中心已近400家。摩托罗拉公司在华已有18家研发中心,2002年9月又宣布,将在未来5年增加10亿美元研发资金,并在北京建立全球研发基地。爱立信公司在已有6个研发中心基础上,2002年5月在北京成立了中国研发总院。这些研发中心的活动已经不仅仅局限于简单的技术开发,而更关注于如何在中国特定的环境下面向全球进行最有优势的生产活动,这将进一步提升中国在跨国公司全球经营中的地位。

3.随着跨国公司投资规模的扩大和投资水平的提升,原先分散投资、分散管理的模式已不适应其发展战略的需要,跨国公司客观要求将运营管理中心转移到中国

目前跨国公司在华设立的投资性公司已有约220家,大部分承担着统筹管理在华业务的职能,其中世界500强公司设立的投资性公司已超过120家,有很多将逐步向中国甚至亚洲地区的总部过渡。据不完全统计,北京和上海两地设立的跨国公司地区性总部已达28家,近期即将设立的还有4家。

4. 为了增强在全球范围内的竞争力,降低采购成本,许多跨国公司开始在华设立全球采购中心

将中国质优价廉的商品和原材料、零部件同跨国公司强大的全球销售网络相结合,既扩大了中国的出口,也为跨国公司实现全球配置资源不断发展壮大提供了动力。如沃尔玛公司,以深圳为基地,开始在全国布点,2001年在中国直接和间接采购的金额达103亿美元;GE公司明确表示,中国生产能力强的领域他们不准备投资建新厂,而将进行大规模的采购,2001年GE的医疗部门在华采购达3亿美元,联合利华也宣布将在上海建立全球采购中心,未来5年内采购原材料和商品超过5亿美元。

跨国公司在品牌、人才等方面也加大了本地化的力度,将“中国化”作为实现全球化的一项重要战略,这将在很大程度上拓展中国经济的外部空间,同时也给中国经济的快速发展和宏观管理带来了巨大的机遇和挑战。

(三) 投资的方式更加多样化

入世后,跨国公司在加快进入中国的同时,投资方式也逐步突破了传统的“三资”模式,呈现出更加多样化的新局面。

1. 外商独资方式发展迅速

外商独资方式目前已经成为中国利用外商直接投资的主要方式,并呈上升趋势。2002年1–10月新批外商独资企业18049家,占新批外商投资企业总数的65.3%,同比提高了6.3个百分点。新批外商独资项目合同外资金额为512.7亿美元,比重达68.4%,比2001年同期上升7.5个百分点。反映出中国的投资环境不断完善,外商对华投资信心进一步增强。

2. 跨国并购已成为国际直接投资的主要方式

跨国公司对中国企业的并购同样怀有巨大的兴趣,但跨国并购投资在中国发展比较缓慢。根据联合国贸发会议的数据,1991–2001年年平均金额只有12亿多美元,占全国吸收外商直接投资的平均比重仅为3.4%。对此,中国政府明确提出鼓励跨国公司采取并购方式,参与国有企业改组改造,国家有关部门也在职权范围内制定了一些政策措施,使跨国并购在中国逐渐进入一个新的发展时期。

2002年以来,跨国公司采取并购方式的投资项目明显增多,如法国通用水务公司收购上海浦东水厂和管网项目。

此外,BOT方式、经营权转让、项目融资、境外上市、外资收购国有金融资产管理公司处置的不良资产、中外合资的产业投资基金、引进“QFII”(合格境外机构投资者境内证券投资)等方面的工作都取得了积极成果。使跨国公司在华投资逐渐向多渠道、多方式转变,有利于更多更好地利用跨国公司投资。

二、抓住机遇,积极吸引跨国公司来华投资

跨国公司拥有资金、技术、管理、人才和全球营销网络等巨大优势。吸引跨国公司投资,对于中国经济结构调整、产业结构升级、加快国有企业的改组改造、提高利用外资的质量和水平都将发挥积极的促进作用。

党的十六大提出了21世纪前20年经济翻两番的宏伟目标,快速增长的投资需求和日益扩大的巨大市场,为跨国公司提供了广阔的投资空间,中国面临利用跨国公司投资的良好机遇。抓住机遇,大力吸引并积极引导跨国公司投资,是今后中国利用外资工作的重要任务。

(一)积极营造有利于跨国公司投资的良好软硬环境

适应投资者结构改变、产业结构升级和生产经营方式变革等新情况,努力改进投资环境特别是投资软环境,将成为中国提高利用外资质量的关键因素。跨国公司更加重视受资国的法律环境,市场环境,人才、融资、物流、零部件等配套环境,对中国投资环境提出了更高的要求。

经过多年的努力,中国改善投资环境已取得了积极的成效。比如,在减少审批环节、简化程序、提高办事效率方面,鼓励类不需要国家综合平衡的外商投资项目,由地方政府自行审批,在西部地区,鼓励类外商投资项目和西部地区的优势产业项目,项目建议书和可行性研究报告合并一道审批;国务院第一批取消的行政审批项目中,涉及外资的就有16个部门的35项等。但目前的投资环境还不能完全适应跨国公司投资的新形势。

必须全面继续改善和优化投资环境。要努力建立稳定、透明、可预见的法制环境,诚信、规范、统一的市场环境,物流通畅、中介服务体系健全、便于配套生产的企业发展环境,有利于人才聚集和可持续发展的人文和自然环境,加快解决外资企业发展中遇到的突出矛盾,使投资环境再上一个新台阶,进一步增强吸引跨国公司投资的综合竞争力。

(二)积极吸引和引导跨国公司投资,提高利用外资质量

按照国家产业政策的要求,鼓励跨国公司投资现代农业,促进农业产业化;鼓励跨国公司投资资金、技术密集型产业、高新技术产业和装备制造业,鼓励在华设立生产基地和制造中心;鼓励跨国公司和战略投资者参与国有企业的改组改造。

要按照中国加入世贸组织承诺的地域、数量和时间表,积极扩大商业、外贸、银行、保险、旅游、会计、审计、律师等服务贸易领域的对外开放,使之成为中国吸引跨国公司投资新的增长点,并促进投资环境的进一步改善。

鼓励跨国公司在华设立采购中心、研发中心和地区性总部。适当放宽中西部地区吸收外商投资的条件,积极引导跨国公司参与中国的西部开发。抓紧修订《中西部地区吸收外商投资优势产业目录》,鼓励跨国公司投资西部地区的优势产业,加快西部地区对外开放的步伐。

(三)多方式吸收跨国公司投资

在传统方式的基础上,积极拓宽利用跨国公司投资的渠道和方式,完善相关法规。结合国有企业的改组改造,进一步推进国有上市企业国有股和法人股向外商转让工作,具备条件的国有大型企业要积极稳妥地引入国际战略投资者,促进经营机制的转变。积极探索利用外资新方式。

中国加入世贸组织一年来,对外开放进一步扩大,各项政策更加公开透明并符合国际惯例的要求,中国已经成为全球对外商投资最具有吸引力的国家之一。许多跨国公司在投资中国的同时,自身也实现了较大的发展,增强了扩大投资的信心和动力。我们有理由相信:跨国公司在中国的投资规模会更大,投资领域会更宽,投资方式更加多样,投资水平会迈上一个新台阶。

外资并购的热门领域

傅 铭

跨国并购是目前跨国投资的最主要形式。从20世纪90年代中期开始,每年的全球跨国直接投资金额中,有65-80%是采用并购方式进行的。而在中国,最近几年每年400多亿美元的外商直接投资中,只有不到5%是采用跨国并购进入的,而且主要是以一些非典型的跨国并购为特点,比如通过合资或增资扩股或海外收购B股来并购。中国外资并购的比例之所以与世界水平相差如此之大,原因也许有许多,但多数学者认为,主要症结在于中国外资并购的法律尚不规范以及政府的直接干预。

随着中国加入WTO,近一年多来相关法规政策相继出台,对外资并购的限制日渐放松,与此相对应,外资并购的案例也逐渐增多,投资金额也越来越大,外资并购正在逐渐形成热潮。

那么,外资并购的重点领域是哪些呢?这要从外资并购的目的、目前全球并购的重点产业、中国的产业政策、外商投资行业分布、各行业的开放时间表等方面综合考虑,并且结合已有的并购案例来分析。

具体来说,外资并购的热门领域可以分为下列几类:

一是正在取消进入限制且外资盼望已久的垄断行业。如:银行、证券、电讯、港口、航空、自来水等。这些行业外资公司本身的产品或服务与国内相比有较明显的优势,能带来垄断或超额利润;

二是市场前景非常看好、资本密集度和技术含量高、且行业内已拥有一定数量外资企业的制造业。如:汽车及汽车零部件、医药、电子、石油化工、机械等;

三是规模效应明显的流通业。主要是药品、成品油的批发与零售,以及大型综合超市、百货业等;

四是部分高新技术产业。如:通讯设备制造、计算机硬件、生物工程、软件、新材料等。

在这些行业中,下列行业将成为外资并购的重中之重:

一、银行业

根据有关入世协议,中国将逐步取消对外资银行的限制,在入世后5年内取消所有现存的对外资银行所有权,经营内容和地域以及设立形式的限制。但是外资难耐5年的寂寞。现在中国是世界上发展最快的国家,快速发展的市场蕴含着巨大的商业利润,错过这5年可就错过了最大的“肥肉”。通过参股中资银行,提前进入中国金融业是最好的选择。

早在1996年10月,亚洲开发银行以约1900万美元的价格购买光大银行3.29%的股权,成为第一家参股中资银行的外资。之后,又有国际金融公司参股上海银行、南京市商业银行,汇丰银行、香港上海商业银行参股上海银行。

最近的案例则有美国新桥投资集团拟以15亿元人民币收购深圳发展银行15%的股权,花旗银行斥资6亿元人民币取得浦东发展银行5%的股权。此外,德国施威比豪尔住房储蓄银行已获准与中国建设银行在天津成立一家合资银行。国际金融公

司也宣布一项计划，将与加拿大的丰业银行一起共同投资于西安城市商业银行。新加坡发展银行据传也在寻求与福建省的一家银行结盟。另有媒体报道，汇丰银行正在就收购北京市商业银行和广州市商业银行的股权进行谈判。

外资银行在中间业务、风险控制上积累了多年的市场经验，与境内银行相比，有着明显的优势。国内银行希望通过外资银行的加入来改善公司管理，增强竞争能力，提高利润水平。

而外资银行显然并不满足于目前的一点点股权，观察家认为，以花旗银行和汇丰为代表的投资于少数股权的做法，不过是它们全面控制在华合作伙伴的序幕，更多的雄图大略将在2006年底中国银行市场充分开放后付诸实施。可以预料，股权争夺的大戏将会越演越精彩。

二、汽车及汽车零部件业

中国未来汽车消费巨大的市场潜力是有目共睹的。国民经济及居民收入水平持续高速增长，居民消费结构的升级，道路等基础设施的完善，购车环境的日益放松，都将促使中国的汽车消费保持长期高速增长。2002年国产汽车销量比上年增长37%左右，其中轿车增长率达55.4%，均为20世纪90年代以来最高增长水平。

目前汽车进口的关税税率还很高，而且有配额限制。汽车制造业也是目前国内少数几个高利润的行业之一。虽然从2006年7月1日起，轿车关税税率将降到25%，零部件税率降至10%，但通过技术进步，以及通过并购等方式提高企业生产规模，国内的汽车厂商还是有竞争力的。

中国汽车行业与外资合作在加入WTO之前就已普遍展开，几乎所有世界著名汽车生产商都已进入中国，如通用、福特、戴一克、丰田、大众、本田、日产、菲亚特、标致、宝马等等。通过一系列的合作，国内的汽车制造业在规模和质量上都上了一个新台阶。

加入世贸后，外国著名汽车公司为了更多地占领中国汽车市场，势必加大与国内相关企业合资合作的力度，中国汽车工业将进一步与国外资本融合。如近期上海汽车与美国通用、德国大众，一汽、天津汽车与日本丰田，江铃汽车、长安汽车和美国福特，东风汽车与日本自产之间多种形式的技术合作、股权转让以及合资引进等。

从世界汽车发展史上看，并购是汽车企业做大规模的主要方式，美国原来有数百家汽车制造厂，通过不断的兼并，现在只剩下通用等三大巨头。

可以预料，外资将在中国产业政策许可的最高限度内，通过并购等方式来扩大其市场份额。由于目前各合资公司中外资所占股份已不低，而汽车又是中国的战略产业，汽车零部件公司出现外资并购的可能性将更大。

三、零售业

到目前为止，世界排名前50家零售商中的70%已在中国设立了合资公司。中国加入WTO后，全球零售商巨头沃尔玛、家乐福、麦德龙、欧尚等纷纷加快各自在华的发展速度，拓展网络规模，扩大市场份额。其中沃尔玛2002年一年的开店计划数量就超过了其进入中国以来的店数总和。

由于受到种种限制，合资建店是目前外资零售业进入中国市场的主流模式，但随着政策进一步解禁，以及国内市场形势的变化，收购兼并将取代新建成为未来主流模式。

业界认为，家乐福与天津劝业场共同组建"天津劝业家乐福超市有限公司"，美国兰马集团介入鄂武商，台湾太平洋百货与西单商场合作，都预示着这一趋势。

有两个原因决定并购是未来外资进入的主流模式：

一是零售业不可逆转的买方市场态势。近几年全行业的高速扩张，不断下降的行业平均利润率，市场竞争的激烈使开新店的风险很大，相反收购现有经营状况稳定、发展潜力较好的企业，是外资较为明智的选择。

二是近两三年国内零售企业掀起了一场疯狂的"圈地运动"，理想的商业用地日益成为稀缺资源，而一家店面的成功与否50%以上取决于选址，这方面国内企业已取得先机，使得要扩大规模的外资零售业将不得不选择并购的方式。这其中连锁超市因拥有庞大的销售网络，大型百货店因拥有所在城市中心城区黄金地段，将成为外资并购的首选目标。

四、民航和港口

中国经济及对外贸易的迅猛发展，必将带来交通运输业的持续繁荣，也是外资垂涎已久的机会，这其中民航和港口类公司将成为外资并购的重点对象。

《外商投资民用航空业规定》已于2002年8月1日正式实施，外商的投资范围扩大到现有的任一家公共航空运输企业，持股比例也大大放宽。在国内民航业大重组的背景下，这部新规定必然会加大民航业对外资开放的程度，推动国内民航业加快行业整合的步伐，该行业外资并购行为也将大大增加。

目前海南航空和东方航空都已有为数不少的外资股，外资股权比例分别为14.8%和32.3%，东方航空还发行了H股。上海航空也已与德国汉莎航空、日本全日空展开了全面合作。

2002年4月1日开始实施的《外商投资指导目录》已取消了港口共用码头的中方控股要求，港口业也迎来了新一轮外商投资甚至外资并购的高潮。目前世界最大的四家集团香港和黄、新加坡港务、丹麦马士基、荷兰铁行渣华都已涉足中国。其中和记黄埔已参与经营内地9家集装箱港口，包括深圳盐田港、上海、北仑、厦门、汕头、江门等港口。

新加坡港务集团则由北部港口一路发展到福州、广州。马士基集团、东方海外、招商局集团在国内许多港口也都有参股。随着国家政策方面的稳定，外资还将从集装箱渗透到其他类别的港口中去，未来中国港口企业，外资并购的热潮势必如火如荼地展开。

五、燃气和自来水

2002年4月1日开始实施的《外商投资指导目录》中，原禁止外商投资的燃气、热力、供排水管网等城市公用事业首次被列为对外开放领域。2002年8月,深圳市推出5家拟向外资出售股权的大型国有企业中,有4家是公用事业公司。2003年1月2日,建设部发布了《关于加快市政公用行业市场化进程的意见》,表示社会资金、外国资本可以采取独资、合资、合作等多种形式,参与市政公用设施的建设,允许跨地区、跨行业参与市政公用企业经营。

这些都表明公用事业领域已全面向外资开放。其中燃气、自来水行业因为市场容量大、盈利水平高,并且外资已有了一定基础,将会成为外资并购的重点对象。

2002年,和记黄埔斥资2.5亿港元收购在香港创业板上市的百江燃气12.8%股份,借此进入内地燃气市场。香港中华煤气投资6亿元人民币和6000万美元,参股武汉燃气热力集团和无锡市燃气总公司,并且已取得泰州市、南通市、南京市浦口区燃气管网的控股权。另一家香港公司光通信也通过其持有63%股权的中油中泰投资进军内地天然气业务。

2002年5月22日,上海浦东自来水公司将50%股权和50年经营权以20亿元人民币转让给法国通用水务公司,意味着长久以来被视为合资禁区的自来水管网和终端服务正式解禁,在此之前外资只能投资于制水和污水处理领域。目前世界最大几家水务集团,如威望迪、昂迪欧、泰晤士、安格利和百泰国际集团在中国都有合资项目,由外资参与直接经营的自来水厂接近50家。

外资收购中国国企透视

薛有志

外资收购国有企业是在1980年中国第一家中外合资企业建立,1984年中国改革开放以来第一批企业并购在保定和武汉出现之后,逐步于20世纪90年代产生并发展为一股潮流的。1990年后,随着上海和深圳两个证券交易所的建立和不断完善,外资收购国有企业又出现了收购上市公司国有股的新形式。

进入新世纪以来,中国经济的持续快速增长、政治和社会的和谐与稳定、WTO的加入以及国家对外资收购国有企业新政策的出台,增加了对外资的吸引力,为外资收购国有企业创造了良好的环境和氛围,外资收购国有企业又有了新的发展。

一、外资收购国有企业的模式

外资并购国有企业一般采取并购国有企业资产和收购国有企业股权两种基本模式。在每种基本模式下,外资并购国有企业又采取了许多具体方式。

(一)外资并购国有企业资产的方式

1. 整体收购

外商出资购买国有企业全部资产,并把收购的国有企业变成外商独资企业。整体收购是外资收购中小型尤其是小型国有企业时采取的主要方式。

2. 先合资后收购

外商先出资与国有企业的部分资产合资组成一家合资企业,然后再由合资企业出面收购国有企业剩下的资产,从而达到收购和控制国有企业的目的。

3. 先合股后收购

外商依据《公司法》,先与被收购的国有企业联合其他凑数的股东共同组建一家由外商控股的股份有限公司,其中,外商以现金入股,被收购的国有企业以部分资产入股,其他股东以象征性的资产入股;然后由外商以入股的股份置换被收购国有企业入股后剩余的资产,从而完成收购。

4. 先破产后收购

对一些经营不善的国有企业,外商待其破产后,通过参与资产拍卖的形式完成收购。

5. 连续抵押收购

外商兼并一家国有企业后,以被兼并的国有企业作抵押向银行申请相当数量的兼并新企业的贷款,用于兼并另一家新的国有企业,然后再用被兼并的新企业作抵押向银行申请兼并下一家国有企业的贷款。如此连续抵押下去,不断完成对国有企业的兼并。

(二)外资收购国有企业股权的方式

1. 增资控股收购

外资先采取参股的方式与国有企业合资,待企业有了一定发展后,外资利用中方国有股东资金短缺的劣势,不断提出增资扩股的要求,由于中方股东缺乏增资扩股的资金,外资便趁机不断加大扩股的投入。此消彼长。在中方国有股东投入资本金不变的情况下,外方投入的资本金却不断增加,经过几次增资扩股的稀释,中方国有股东的持股比例不断下降,外方的持股比例不断提高,并最终达到控股。外资采用这种方式虽然没有直接收购国有企业股权,但却间接收购了国有股东扩股和维持现有地位的权利,因此是一种隐形收购。这种方式是20世纪90年代中期以来外资收购国有企业流行的主要方式之一。

2. 收购不流通法人股

外商通过收购中国上市公司不流通国有股的形式,改变上市公司股本结构,进而参与上市公司的管理。

3. 收购B股

外商通过收购中国国有企业在海外上市的B股的形式,改变上市公司股本结构,进而参与上市公司的管理。

4. 合资控股收购

外商以合资的名义, 一次性出资收购国有企业的股权,并参与公司的经营管理。

5. 通过改制合资企业收购国有股

外商先通过与国有企业合资的形式组建一家合资企业,经过一段时间运营后,通过与中方国有股东协商,把合资企业改组为股份有限公司,由外商收购部分国有股,形成外商在新公司中的控股地位。

二、外资收购国有企业的动机

在外资收购国有企业的过程中,作为收购方的外资与作为被收购方的国有企业,各有其动机。

(一)外资方的动机

1. 开拓市场动机

中国众多的人口、广博的地域所形成的潜力无限的市场,对国外公司无疑是有巨大诱惑力的。中国经济的持续快速增长、政治和社会的和谐与稳定,进一步增大了对外国公司的吸引力。除了投机者外,几乎每一个通过收购进入中国的外国公司都具有强烈的开拓和占领中国市场的动机。

2. 竞争动机

20世纪 90 年代以来, 世界同一行业彼此间相互竞争的大型跨国公司纷纷进入中国。那些进入较早的公司在竞争中取得了先发优势,一些进入较晚的公司在竞争中处于劣势,于是部分后进入者便采取收购现有国有企业的形式,以缩小与先进入者间的差距。

3. 资源外取动机

改革开放 20 多年来, 许多国有企业在中国市场中形成了许多较外国公司而言具有相对优势的资源,如营销网络、具有一定能力的生产基地。一些外资收购国有企业,目的就是为了获取这些具有相对优势的资源。

4. 业务整合动机

外资收购国有企业进行业务整合的表现在两个方面。一是整合重复交叉业务。二是通过辅业推动主业的市场扩张。

5. 投机动机

有一些外商收购国有企业资产或国有股,主要目的是为了投机。

(二)中方的动机

1. 企业持续发展动机

中国一些国有参股或控股的公司,有的因长期亏损而无力走出困境,有的虽然现在经营情况良好,但却缺乏支撑企业长期持续发展的能力和资源。一些国有股东为了保持企业持续发展,便采取了通过出售股权来换取支撑企业长期持续发展的能力和资源的做法。

2. 国际化经营动机

国际化经营,既是 21 世纪中国企业的一个战略主题,又是一个中国企业面临的必须解决的问题。其中,把产品销往国外是国际化的浅层次的表现,而在经营理念、经营模式、管理方式上与国际惯例接轨则是转变经营的深层次的表现。中国一些国有参股或控股的公司的国有股东把股权或资产出售给外资,就有这两个层面的动机。

3. 制度创新动机

随着市场经济体制的不断完善,许多国有参股或控股的企业在发展过程中受到了企业制度进一步创新的制约和影响。解决制度创新问题,是部分国有股东向外资出售资产或股权的原因之一。

4. 消灭亏损企业动机

国有企业大面积亏损是国有股东面临的必须解决的问题。在依靠自身力量无力扭亏的情况下,通过把全部或部分资产或股权出售给外资,靠外资的力量扭亏,是许多国有股东的愿望和动机之一。

此外,国有股东向外资出售资产或股权,还包括国有股退出经营性产业,从引进技术和管理转向共享技术和管理等方面的动机。

三、外资收购国有企业的影响

外资收购国有企业,既有积极的影响,又有虽说不上是负面但确是需要进一步观察和研究的影响。

(一)外资收购国有企业的积极影响

1. 为国有股提供了一种有效的推出机制

在计划经济体制下形成的庞大的国有资产, 如何在市场经济的不断完善的条件下从竞争的行业中退出,是中国发展过程中面临的一个需要亟待解决的问题。外资收购国有企业, 为国有资产和国有股的退出提供了一个出口,为国有资产和国有股按市场机制要求退出提供了一条有效的途径。

2. 有利于完善国有参股或控股公司的治理机制

公司治理机制是保证公司科学决策和管理的制度基础,也是公司竞争力的重要来源。在目前中国公司治理机制还不完善的情况下, 通过向外资出售国有资产和国有股,可以引进外国先进的公司治理文化、公司治理理念和治理机制,这会在一定程度上推动中国企业公司治理机制的完善。

3. 有利于提高国有参股或控股公司的国际化经营能力

外资收购部分国有资产和国有股,能够促使外商向其控股的公司输出先进的技术和管理经验,这会使中方有更多的条件和机会与外商共享其经营理念(包括技术和管理),有利于中方国际化经营能力的提升。

4. 有利于打破外商的超国民待遇

20世纪 80 年代以来,一些以合资、合作和独资形式在中国经营的外商,在非市场经济条件下取得了许多超出中国国内企业的超国民待遇, 形成了国内企业和外资企业的不公平竞争。随着中国市场经济体制的完善,外资收购国有企业必须按市场经济规律办事,这为打破外商在非市场经济条件下形成的超国民待遇提供了示范作用。

此外,外资收购国有企业,将进一步推动民营企业参与国有企业的重组高潮,加速国有企业的民营化进程。

(二)外资收购国有企业需要进一步观察和研究的影响

1. 公平竞争和垄断问题

外资收购国有企业,会在一定程度上改变现有的市场竞争格局。竞争格局的转变,是否会带来外企和中企的不公平竞争问题,是否会形成外企的垄断问题,需要进一步观察和研究。

2. 外资一股独大下的关联交易问题

外资收购国企后,基本形成了外资的绝对控股地位,出现了外资一股独大的局面。这种情况是否会形成外资的关联交易,是否会损害小股东的利益,也是需要进一步研究的问题。

3. 其他需要进一步观察和研究的问题

外资收购国企后,如何实现跨文化管理;经营模式如何同中国企业协同;被兼并的国企的债务如何处理;被兼并的国企的职工如何分流安置;中国的证券市场如何完善,A股和B股如何统一;外资法和公司法等如何协调,等等。

外资控股并购国有企业的问题与对策

对外经济贸易大学 桑百川

近年来,国际上的跨国并购已成为国际投资的主流形式。开放的中国也不例外,在吸收外商投资过程中,外资以控股并购国有企业方式投资引人注目。目前,外资并购国有企业已进入实施阶段,外资并购国有企业的过程与中国正处于经济体制转轨和社会经济转型这样一种特殊背景联系在一起,使外资并购国有企业遇到了特殊的法律建设、产业导向、国有资产流失、职工安置、债务处理和企业文化冲突等问题。对于这些问题的处理结果直接关系到外资并购国有企业的效应及社会政治经济评价。

一、明确产业导向

当前,中国虽然在《外商投资产业指导目录》中规定了禁止外商设立独资企业和外商控股的产业内容,但可操作性并不高,实践上,中国在利用外商控股并购手段吸引外商投资中,对于允许外资并购的范围主要靠部门内部掌握,缺乏全国统一、透明、公开、操作性强的产业政策和产业导向。这不仅会使并购的信息搜集难度加大、谈判困难、并购交易成本上升,而且与世界贸易组织要求的成员方贸易投资政策具有透明度和统一性相矛盾。

为了有效推动国有企业参与跨国并购,在外商控股并购国有企业中获得最大利益,国家需要确定明确的外商控股并购产业导向。制定并购的产业政策的原则应是在社会主义市场经济的体制框架下,根据国有经济在国民经济中的地位和作用,以及应有的产业分布结构,根据中国生产力发展状况和世界经济发展动态,确定外商可以参与并购的产业领域,以实现中方利益最大化。按照这一原则:(1)不涉及中国国民经济命脉的主要行业和关键领域,即使外商控股或外商控制,也无法左右国民经济的发展。(2)中国缺乏国际竞争优势、而且产业全球化程度较高的产业,即使不容许参与跨国并购,也很难独立地快速成长,利用跨国并购会获得更多发展机会。符合这两个条件中的任何一个条件,都应是允许跨国并购的领域。

对于关系国民经济命脉的经济领域,也要有动态的思维,并寻找新的发展思路。过去一直被世界许多国家认为是属于国民经济命脉的领域,如电信、交通、运输、电力、公共设施等,如今随着经济社会的发展,也越来越多地被纳入了开放的领域,进入了跨国并购的主战场。

中国总体经济发展水平低、区域经济发展不平衡、劳动力长期供大于求、劳动力成本低等特定国情,决定了劳动密集型项目在相当长时期内都是中国吸收外商投资的着力点,并对中国的工业化和产业升级起着不可替代的基础性作用。但是,劳动密集型产业也是发展的,目前的劳动密集型产业也逐步向劳动、技术密集型的产业演进,中国国际竞争优势正在悄悄转化;而且从国际资本流动变动趋势看,劳动密集型产业项目对外资的吸引力已经下降,国际产业结构调整正朝着培植具有全球竞争力的高新技术产业的方向发展,跨国并购主要发生在高新技术产业和大量使用高新技术的产业领域。中国需要培植新的投资热点。在电子、制药、航空、新技术领域等国际化程度高且中国目前缺乏国际竞争优势的产业领域,可以大胆参与跨国并购浪潮。

应根据中国国民经济发展和改革开放的要求,尽快研究出台扩大金融、保险、电信、外贸、旅游、商业、教育、医疗、运输等服务领域利用外资的具体措施和相应的管理办法,扩大开放地域、数量和经营范围,加快开放并规范会计、法律咨询等中介机构,此外,还可扩大供水、供热、供气、污水及垃圾处理等一般性城市公用事业向外资开放的试点,为跨国公司提供更为广阔的并购空间。

二、完善立法

由于外资并购国有企业社会影响大、分歧多、相关立法滞后,西方国家为适应跨国并购的要求,制定了一系列法律,如反垄断法、跨国并购审查法、证券交易法、公司法、社会保障法、破产法等,形成了完整的法律体系。中国有关外资控股并购国有企业的法律尚存在许多空白和缺陷,外经贸部的研究认为,缺陷主要表现在以下几个方面:

(一)重审批权限和程序的界定,轻操作办法的确立。例如,《外商收购国有企业的暂行规定》虽然是直接针对外商收购国有企业行为制定的,但其中的实质性内容,只是设定了审批权限和审批程序,而对许多细节性的操作问题没有明确规定,对并购操作缺乏指导性。

(二)一些规定缺乏可操作性,与并购实践存在明显冲突。例如,在《中外合资合营各方出资的若干规定的补充规定》中,外国投资者通过收购国有企业设立外商投资企业的,如果为控股的,在没有付清全部购买金之前,不能取得企业的决策权,不得将其在企业中的收益、资产以合并报表的方式纳入该投资者的财务报表。但实际上对于大型并购行为来说,由于并购资金数额巨大,不可能也没有必要一次性或在短期内全部付清,若按照该规定外资就不可能取得企业的决策权,这就使实际的并购陷入了无法操作的境地。

(三)限制性规定多,鼓励性规定少,外商并购国有企业与其他的外商投资形式的待遇存在差异。例如,中国至今没有鼓励外商并购投资的专门政策,相反,相关法律法规中有不少内容是为了限制、约束外商在华并购行为,如证监会就明文规定,不允许外商收购上市公司的法人股。

针对中国关于外商控股并购国有企业的相关适用法律政策状况,必须尽快调整和完善与并购有关的法律法规,清理外商投资法规政策,对其中阻碍正常跨国并购的法律、规定、政策应加以修改,参照国外的立法经验,制定符合市场经济基本规则、适用于国内外投资者、适应当前全球并购投资趋势和中国国情的,具有统一、透明和可操作性强的外资并购法以及相关实施细则。在法律法规的制定过程中,需要重点关注以下问题:(1)给予以并购方式进行的外商投资与新设外商投资企业相同的政策待遇。(2)放宽收购资金的到位期限限制。由于大型并购案例涉及巨额资金,对收购资金的到位期限应该放宽,并灵活处理资金到位与企业控制权的关系。(3)明确国有资产管理部门的身份,并确定它们在企业并购中的地位和权限。在国有企业中,国家作为出资人,拥有企业的终极所有权,但在建立起法人治理结构后,只能通过法人治理程序与外商谈判并购事宜,国有资产管理局不能以第三方的身份——行政机构或所有者参加谈判。(4)为了控制并购中的国有资产流失,政府管理部门应该把监控重点置于认定评估机构的资格和制定禁止不公平的产权交易规则上,允许并购与被并购双方通过协商确定评估方法和评估价格,废止对资产评估方法的强制性规定,不能以行政管理代替市场行为。(5)取消对投资类公司进行并购投资时长期投资比例不得超过注册资本50%的限制。以适应并购投资的具体需要。(6)放宽并购融资方式。涉及大型并购案时,投资方要在短时间内筹集巨大的资金,必须有良好的融资渠道予以配合,包括允许使用融资收购方式。

三、控制国有资产流失

由于全民所有制企业中所有者缺位、内部人控制泛滥,以及国有资产委托代理关系下特殊的外商跨国并购机制,决定了并购过程中低估漏估国有资产的现象时有发生。国有资产流失包括两种形式,一种是公开的流失,即在国有产权交易过程中,资产评估不准确,低估漏估国有资产;另一种是潜在的流失或称隐性流失,即国有资产收益的流失,或由于偷懒和渎职等道德行为,造成国有资产经营管理不善、运营失误,使国有资产未能获得正常的收益。而本该获得的收益被侵占或根本没能获得,就是资产的流失。中国目前国有资产的潜在流失比公开流失的后果更严重。在外商控股购并国有企业中极有可能发生国有资产的公开流失,但不会加剧潜在流失,倒可能由于企业产权结构的变化和企业治理结构的变化,减少国有资产的潜在流失(外资控股的情况下就是如此)。

要控制外商并购过程中的国有资产公开流失,关键在于实现国有资产评估的公正、合理和科学化。而要做到这一点,除了需要在外资并购法中明晰国有资产评估条款外,还需要在加快发展资本市场的同时规范资产评估中介机构的行为。此外,必须重点研究解决政府的行为方式和职能定位问题,资产评估的方式方法问题,以及产权交易价格认定问题。

首先,为了减少乃至避免国有资产评估的扭曲和产权交易价格偏差,政府机构应该退出并购谈判程序。国有资产管理部门是国有资产的管理监督机构,一旦国有资产所有权委托给董事行使,就不能代替国有企业法人治理机构进行产权交易谈判,或任意干预阻挠董事会产权交易谈判,否定谈判结果。国有资产管理部门在履行国有资产管理职能时,应该通过相关法律、法规确定评估程序,认定评估机构的资质等,事先确定国有资产交易价格区间,并购中的资产如何评估、怎样定价等问题,都应该由双方所有者或所有者代表协商确定,国有资产管理部门无权单独作出具有法律效力的规定,至于具体评估结果和实际转让价格,也没有最终批准权。

其次,采用哪种资产评估方法,决策权应交给企业,由中外双方谈判确定。政府只在加强和改善对资产评估机构监管中协调资产评估行为。

目前国有企业产权变动中的资产评估,主要采用资产重置法进行。但它只是市场经济中确定资产交易价格的一种方式,实际上有许多方法可以采用。机械、固定地采用这种方法,既可能造成对中方不利的结果,也可能造成对外方不利的结果。对于许多赢利能力较差的国有企业,外商不能接受按重置法评估的资产价值,而是要求按资产收益法评估;而对于目前盈利水平低但潜在盈利潜力大的企业,这种方法实际上会造成中方资产损失。此外,在中国已发生的外商并购案例中,并没有考虑到“控制权转移与否”这个因素。在国外,如果收购股权的比例达到控制权转移的程度,资产价格要相应变化;也就是说,参股投资和控股投资时,资产价格并不一样。总之,企业情况千差万别,按什么方法评估,可以由双方企业商定,由有资格的中介机构操作,这样有益于以双方认同的价格实现并购,实现并购价格市场化。

最后,实际交易价的认定资格应交给社会资产评估机构。按现有的国有资产交易的有关规定,当资产交易价格明显低于资产评估机构的评估价时,要由相应级别的国有资产管理部门批准。问题是,如果经过国资管理部门批准,以后发现存在黑幕交易等问题,国资管理部门是否也负责任;如果不能负责,那国资部门批准的意义何在?为此,建议把并购交易价格的认定资格交给社会的资产评估机构,国有资产管理局和司法机构只履行监察职能。

四、安置富余职工

跨国并购往往伴随着裁减人员,造成失业率增加和社会不稳定。跨国公司对中国国有企业的控股并购,也存在着裁员和安置富余职工的问题。同时,还会遇到原国有企业的退休人员的保障问题、因工伤失去工作能力的职工处置问题等。这些问题处理不当,就会使政府、社会背上包袱,影响外商控股购并国有企业的效果。

从理论上讲,企业拥有用人自主权,外商控股并购国有企业后,如何处置多余人员,是企业的自主选择。在实践中,外商一般希望对国有企业原有职工有条件地接纳,剥离企业不良资产,分流企业富余人员,并由社会解决失业职工的就业问题。而国有企业和政府希望外商减少裁员、承担更多的职工安置费用。国有企业职工安置问题往往是中外双方谈判的焦点之一。

从实践的情况看,外商控股并购国有企业后,对职工的处置通常遇到以下情况:(1)年轻、有文化、懂技术、守纪律的管理人员和熟练工人被企业留用。这部分职工被留用后虽然工作强度有所加大、工作时间相应延长,工资收入也有所提高(一般高于有的国有企业和同行业的国有企业职工收入),但其他职工则被排挤出企业之外,另行安置。(2)外商控股并购国有企业前已经离退休的老职工,外资企业不愿意承担其保障开支,这些职工的基本生活资料来源、社会福利、医疗费用等没有着落,成为并购中的一大难题。(3)对于被排挤出企业之外职工的安置,各地采取的办法主要有:接近法定年龄的,可以提前退休,发给70%的工资;职工可以停薪留职,自谋职业;下岗回家的,发放一次性补偿,买断工龄;对因工伤事故失去工作能力的,由政府拨付专款支付生活费;一时难以安置的,在原厂内待岗,发基本工资,或进入人才市场,另行安排再就业,政府有关部门负责给这些人员提供再就业的岗前培训,社会保障部门提供基本的生活费用,并提供再就业的机会。

被并购企业人员的安置问题,被外商认为是事先估计并购成本时最不确定的问题。外商认为,并购方对被并购方的人员安置作出承诺并不是完全不合理的要求. 但需要明确知道安置的要求。针对国内的实际情况,有必要制定《并购企业职工辞退赔偿办法》,使职工利益得到切实保障,并使产权交易双方的谈判有据可依,外商事先便能够清楚对人员安置的可选择办法,能够计算每种办法的费用,降低交易费用。

五、妥善处理债务

国有企业的债务处理也是外商控股购并国有企业过程中要遇到的一大难题,这中间有以下几种情况:

第一种情况是,外商控股并购国有企业时,主要是选择效益较好的企业,或企业中的优质资产,而希望把国有企业的债务剥离出来,或者留给原国有企业,致使被剥离出来的国有企业更加难以生存,这部分国有企业事实上成了企业逃废债务的挡箭牌,一部分国有企业正是看中外商并购的这一"功能",从一开始就是出于逃废债务的目的而走上由外商控股并购之路的。

第二种情况是,由于中国目前产权交易市场发育不够完善,清产核资工作跟不上,一些国有企业在由外商并购后,未经过清产核资等环节就注销了法人资格,使新老法人之间责任划分不清,容易引发债权债务纠纷。

第三种情况是,外商控股国有企业后,原国有企业的债务和亏损先行挂账,由政府负责,待新的企业有盈利后,再由中方股份分红部分逐步偿还。但对于政府来说,如果国有企业的债务负担较重,外商控股国有企业发展较快,政府的包袱就会加重。可是如果不允许外商控股并购国有企业,国有企业的亏损和负债会进一步增加,同样构成政府的包袱。

解决国有企业的债务问题是一个系统工程,需要政府、银行、企业、外商共同参与。

六、化解企业文化冲突

现代企业治理结构的一个突出特点是,在所有权约束下的企业实际控制权掌握在经理手中。企业并购只是实现所有权约束的重要条件。掌握企业的实际控制权,即通过掌握企业管理权来实现剩余索取权和剩余控制权,才是并购的直接出发点。但企业所有权与管理权毕竟不是一回事,二者发生分离后出现所有权与管理权非对称分布的情况比比皆是,这就为跨国并购后对企业管理权的争夺留下了空间,并购方与被并购方的管理权之争甚至演化为文化冲突。尤其是本次跨国并购浪潮由北美延伸到欧亚,跨越不同的政治、经济、文化,所带来的文化冲突可能是前所未有的。跨国并购还往往伴随着裁减人员,造成失业率增加和社会不稳定。裁员是造成跨国并购文化冲突的另一重要原因。跨国公司对中国企业进行并购,有可能只并购企业优势资产,而将债务留给老企业,将富余职工推向社会。成功的跨国并购必须解决企业文化冲突问题。

七、改善并购环境与加强监管

利用资本市场进行跨国并购是跨国公司常用的手法之一,要吸引跨国公司更大程度地参与中国企业的并购,就要求培育更加成熟的资本市场,积累更加丰富的经营管理和防范金融风险的经验,并有相应的制度和机制保护资金运作的安全、高效。为此,需要研究资本市场开放的条件,如A股、B股市场合并的条件等。

此外，针对外商控股并购国有企业中遇到的困难，需要进一步改善外商投资环境。包括简化审批手续，下放外商并购国有企业的审批权，一般领域中的并购，由地方国有资产管理部门审批；简化工作程序，提高政府管理部门的办事效率，降低外商进入的门槛；培育合格的中介服务机构，完善并购服务体系，使中外双方能够得到产权交易、融资担保、会计审计、资产评估、法律咨询等的良好服务。

另一方面，需要加强对外资并购过程的监管，避免外商利用控股并购国有企业的机会实现对中国市场的垄断。跨国公司实力雄厚，如果以并购方式进入中国市场后，在某些领域有可能形成垄断力量，阻碍竞争者进入，抑制国内投资者，进而索取高价，就会损害国内消费者的利益。为此，首先必须加强关联交易的审计，强化信息披露制度，对某些有可能导致垄断经营的并购行为进行严格审查。其次，尽快制定反垄断法和防止不正当交易法，约束外商的不正当并购行为。

《外国投资者并购境内企业暂行规定》解答

2003年3月7日，外经贸部、国家税务总局、国家工商行政管理总局、国家外汇管理局联合发布了《外国投资者并购境内企业暂行规定》，并于2003年4月12日起施行。《外国投资者并购境内企业暂行规定》是境内外投资者最关注的法规之一，现就有关问题解答如下：

一、《外国投资者并购境内企业暂行规定》发布的背景是什么？

答：改革开放以来，中国吸收外商投资一直主要采用传统的“绿地投资”方式，国有企业利用外资，主要是采用嫁接改造的方式，即以国有企业原有的机器设备厂房土地作价与外商进行合资，基本上没有采用国际上通行的并购方式。从实际情况看，外商对中国采用并购的方式一直是很感兴趣的，但由于受到没有完善的并购法规，难于解决人员安置、并购价格的确定等问题，所以，通过并购的方式吸收外商投资一直很难开展。

并购的法规不健全是外国投资者在中国并购难以进行的主要障碍之一，中国1995年曾因法规不健全而暂停了将上市公司国有股和法人股向外商的转让。当时国务院办公厅转发了国务院证券委《关于暂停将上市公司国家股和法人股转让给外商的请示性通知》，规定了在国家有关上市公司国家股和法人股管理办法颁布之前，任何单位一律不准向外商转让上市公司的国家股和法人股。2001年11月对外贸易经济合作部和中国证券监督管理委员会联合发布了《关于上市公司涉及外商投资有关问题的若干意见》，允许外商投资企业（包括外商投资股份有限公司）受让境内上市公司非流通股，并且明确规定暂不允许外商投资性公司受让上市公司非流通股。这只是对外商投资企业开放购买上市公司，并没有涉及纯粹的外资。2001年11月22日对外贸易经济合作部和国家工商行政管理总局联合发布了关于修改《关于外商投资企业合并与分立的规定》的决定，进一步明确了外商投资企业合并、分立的有关法律问题，也对外商投资企业并购国有企业做出了相应的法律规定。但很显然，这只是在一定程度上解决了外商的并购问题，并未涉及到并购的人员安置、并购的国有资产评估、作价方式等较为复杂的问题。经国务院同意，中国证券监督管理委员会、财政部、国家经济贸易委员会于2002年11月1日联合发布了《关于向外商转让上市公司国有股和法人股有关问题的通知》，为外商直接收购中国上市公司非流通股打开了大门。2002年11月8日国家经贸委、财政部、国家工商总局、国家外汇管理局联合发布了《利用外资改组国有企业暂行规定》。这些规定虽然在一定程度上解决了外商并购的一些法律问题，但还很不全面。

为了促进和规范外国投资者来华投资，引进国外的先进技术和管理经验，提高利用外资的水平，实现资源的合理配置，保证就业、维护公平竞争和国家经济安全，依据外商投资企业的法律、行政法规和其他相关法律、行政法规，制定了《外国投资者并购境内企业暂行规定》。《外国投资者并购境内企业暂行规定》是作为部门规章发布的，就外国投资者并购的有关事宜做出了比较完备的法律规定，这一规定的发布使外国投资者的并购活动有了可以遵循的法律规定。

二、《外国投资者并购境内企业暂行规定》发布的意义是什么？

答：《外国投资者并购境内企业暂行规定》的发布实施将会促进外资并购在更深的层面和更加广阔的范围内展开，从而为外资进入中国市场提供了新的途径，对外商并购后如何设立外商投资企业开展经营活动做出了全面具体的规定。《外国投资者并购境内企业暂行规定》的发布对中国吸收外商投资工作具有非常重要的意义：

（一）将使外商投资的方式有一个较大的变化，外资并购将成为利用外资的重要方式

近年来国际投资的发展主要是通过并购方式进行的，国际投资的增长绝大部分来自于并购，中国吸收外商投资基本上没有采用并购的方式，从实际情况看中国采用并购的方式吸收外商投资具有广阔的发展空间，外国投资者也十分感兴趣采用并购的方式来华投资。《外国投资者并购境内企业暂行规定》的发布实施，将使外资并购在更深的层面和更加广阔的范围内展开，从而为外资进入中国市场提供了新的途径，从而使中国吸收外商投资能有更快的发展。

（二）有利于国有企业的改革

外资并购的主要对象是国有企业，这为国企改革注入了新的动力，有利于加快国有企业改革的步伐，对国有企业改革有着极大的推动作用。外资并购国有企业实际上就是外资企业与国有企业间的产权交易，这种交易不仅能带来国有资产的重新组合，而且可以导致企业制度，尤其是国有产权制度的变革。不管是重组控股式收购还是参股式收购，外商可直接收购上市公司非流通股而成为上市公司大股东，有利于外资参与中国上市公司资产重组，提升中国上市公司的整体质量。

三、外国投资者并购都包括哪几种形式？

答：《外国投资者并购境内企业暂行规定》主要包括股权并购和资产并购两种形式。

股权并购是指外国投资者协议购买境内非外商投资企业（以下称“境内公司”）的股东的股权或认购境内公司增资，使该境内公司变更设立为外商投资企业（以下称“股权并购”）；股权并购的操作比较简单，购买的价格也比较好确定。

资产并购是指外国投资者设立外商投资企业，并通过该企业协议购买境内企业资产且运营该资产，或外国投资者协议购买境内企业资产，并以该资产投资设立外商投资企业运营该资产（以下称“资产并购”）。

四、外国投资者并购的领域是否有限制？

答：外国投资者并购境内企业，应符合中国法律、行政法规和部门规章对投资者资格和产业政策的要求。这也就是说并购的领域是与外商投资产业政策相一致的，外商投资可以进入的领域，外国投资者并购也可以进入，外商投资可以独资的领域，外国投资者并购也可以独资，外商投资可以控股的领域，外国投资者并购也可以控股，外商投资不允许进入的领域，外国投资者并购也不能进入。中国外商投资进入的产业政策依照2002年4月修订的《外商投资产业指导目录》。具体来说，依照《外商投资产业指导目录》不允许外国投资者独资经营的产业，外国投资者并购也不得导致外国投资者持有企业的全部股权，这类的产业也不能通过并购成为外商独资企业；需由中方控股或相对控股的产业，该产业的企业被并购后，仍应由中方在企业中占控股或相对控股地位；禁止外国投资者经营的产业，外国投资者不得并购从事该产业的企业。

五、外国投资者在并购后所设外商投资企业注册资本中的出资比例是否可以低于25%？

答：《外国投资者并购境内企业暂行规定》的一个重大突破就是明确了外国投资者的比例低于25%的法律地位问题，中外合资经营企业法规定在合营企业的注册资本中，外国合营者的投资比例一般不低于25%。

实际操作中是不允许外商投资企业的注册资本中外资比例低于25%的，但外国投资者始终有低于25%的要求，现实中也有这样的企业存在，但缺少明确的法律规定。《外国投资者并购境内企业暂行规定》规定外国投资者并购境内企业设立外商投资企业，应依照《外国投资者并购境内企业暂行规定》经审批机关批准，并向登记管理机关办理变更登记或设立登记。外国投资者在并购后所设外商投资企业注册资本中的出资比例一般不低于25%。外国投资者的出资比例低于25%的，除法律、行政法规另有规定外，应依照现行设立外商投资企业的审批、登记程序进行审批、登记。审批机关在颁发外商投资企业批准证书时加注“外资比例低于25%”的字样。登记管理机关在颁发外商投资企业营业执照时加注“外资比例低于25%”的字样。

六、外国投资者并购企业由哪一级审批机关批准？

答：《外国投资者并购境内企业暂行规定》中的审批机关为中华人民共和国对外贸易经济合作部（以下简称“外经贸部”）或省级对外贸易经济主管部门（以下简称“省级审批机关”），登记管理机关为中华人民共和国国家工商行政管理总局或其授权的地方工商行政管理局。并购后所设外商投资企业，根据法律、行政法规和部门规章的规定，属于应由外经贸部审批的特定类型或行业的外商投资企业的，省级审批机关应将申请文件转报外经贸部审批，外经贸部依法决定批准或不批准。

这也就是说外国投资者并购的审批按企业的行业规定来办理，该由外经贸部审批的限额以上项目和限制类项目并购也由外经贸部审批，其他项目由省级外经贸部门审批，省级以下的外经贸部门没有审批权。

七、外国投资者并购后原有企业的债权债务如何处理？

答：外国投资者并购的一个敏感问题就是并购后原有企业的债权债务如何处理，这个问题如果处理不好，将带来很大的麻烦。《外国投资者并购境内企业暂行规定》规定外国投资者股权并购的，并购后所设外商投资企业继承被并购境内公司的债权和债务。也就是说新设立的外商投资企业直接就将这部分债权债务直接承接过来。

外国投资者资产并购的，出售资产的境内企业承担其原有的债权和债务。也就是说出售资产的企业要对原有的债权债务负责到底。

外国投资者、被并购境内企业、债权人及其他当事人可以对被并购境内企业的债权债务的处置另行达成协议，但是该协议不得损害第三人利益和社会公共利益。债权债务的处置协议应报送审批机关。出售资产的境内企业应自做出出售资产决议之日起10日内，向债权人发出通知书，并在全国发行的省级以上报纸上发布公告。债权人自接到该通知书或自公告发布之日起10日内,有权要求出售资产的境内企业提供相应的担保。这样做是为了使企业的债权人的利益不受到侵害。

八、外国投资者并购的资产如何评估作价?

答:资产如何评估,按什么价格购买是中国外国投资者并购的最大难题之一,是外国投资者并购的主要障碍。中国的资产评估通常采用账面价值的评估方法,而外商则要求采用国际上的市场价值的评估办法,二者的差价很大,使并购难以达成。《外国投资者并购境内企业暂行规定》规定,并购当事人应以资产评估机构对拟转让的股权价值或拟出售资产的评估结果作为确定交易价格的依据。并购当事人可以约定在中国境内依法设立的资产评估机构。资产评估应采用国际通行的评估方法。

这里虽然是原则规定,但明确了应按国际上通行的市场价值的评估方法,这是非常重要的规定。

外国投资者并购境内企业,导致以国有资产投资形成的股权变更或国有资产产权转移时,应根据国有资产管理的有关规定进行评估,确定交易价格。禁止以明显低于评估结果的价格转让股权或出售资产,变相向境外转移资本。这是为了防止有人借并购来将资产转移到境外。

九、外国投资者并购付款期多长?

答:外国投资者并购境内企业设立外商投资企业,外国投资者应自外商投资企业营业执照颁发之日起3个月内向转让股权的股东,或出售资产的境内企业支付全部对价。对特殊情况需要延长者,经审批机关批准后,应自外商投资企业营业执照颁发之日起6个月内支付全部对价的60%以上,1年内付清全部对价,并按实际缴付的出资比例分配收益。

外国投资者股权并购,并购后所设外商投资企业增资的,投资者应在拟变更设立的外商投资企业合同、章程中规定出资期限。规定一次缴清出资的,投资者应自外商投资企业营业执照颁发之日起6个月内缴清;规定分期缴付出资的,投资者第一期出资不得低于各自认缴出资额的15%,并应自外商投资企业营业执照颁发之日起3个月内缴清。

外国投资者资产并购的,投资者应在拟设立的外商投资企业合同、章程中规定出资期限。设立外商投资企业,并通过该企业协议购买境内企业资产且运营该资产的,对与资产对价等额部分的出资,投资者应在本条第一款规定的对价支付期限内缴付;其余部分的出资应依照本条第二款规定的方式约定缴付期限。

外国投资者并购境内企业设立外商投资企业,外国投资者出资比例低于25%的,投资者以现金出资的,应自外商投资企业营业执照颁发之日起3个月内缴清;投资者以实物、工业产权等出资的,应自外商投资企业营业执照颁发之日起6个月内缴清。

作为对价的支付手段,应符合国家有关法律、行政法规的规定。外国投资者以其拥有处置权的股票或其合法拥有的人民币资产作为支付手段的,须经外汇管理部门核准。

这里可以看出外资并购的出资期限规定还是比较严格的,比其他形式的外商投资都要严,出资期限规定的非常短,特别是对外国投资者在注册资本中低于25%的,现金出资3个月内就要完成,以实物出资的期限也不能超过6个月。用人民币来支付的还要经过外汇管理部门的批准。

十、外国投资者股权并购后企业的注册资本如何计算?

答:外国投资者协议购买境内公司股东的股权,境内公司变更设立为外商投资企业后,该外商投资企业的注册资本为原境内公司注册资本,外国投资者的出资比例为其所购买股权在原注册资本中所占比例。这也就是说,外国投资者购买了境内公司的股权,新成立的外商投资企业的注册资本计算比较简单,并不发生变化。而被股权并购境内公司同时增资的,并购后所设外商投资企业的注册资本为原境内公司注册资本与增资额之和;外国投资者与被并购境内公司原其他投资者,在对境内公司资产评估的基础上,确定各自在外商投资企业注册资本中的出资比例。

外国投资者认购境内公司的增资,境内公司变更设立为外商投资企业后,该外商投资企业的注册资本为原境内公司注册资本与增资额之和。外国投资者与被并购境内公司原其他股东,在境内公司资产评估的基础上,确定各自在外商投资企业注册资本中的出资比例。

被股权并购境内公司中国自然人股东在原公司享有股东地位一年以上的,经批准,可继续作为变更后所设外商投资企业的中方投资者。

十一、股权并购后企业的注册资本与总投资的比例如何计算?

答:外国投资者股权并购的,对并购后所设外商投资企业应按照以下比例确定投资总额的上限:注册资本在210万美元以下的,投资总额不得超过注册资本的10/7;注册资本在210万美元以上至500万美元的,投资总额不得超过注册资本的2倍;注册资本在500万美元以上至1200万美元的,投资总额不得超过注册资本的2.5倍;注册资本在1200万美元以上的,投资总额不得超过注册资本的3倍。

这里可以看出,外资并购的注册资本与总投资的比例与其他类型的投资方式比较,还是比较宽松的,其他类型的投资方式,注册资本3000万美元以上,总投资才可以3倍以上。

十二、外国投资者股权并购应向审批机关提供哪些文件?

答:外国投资者股权并购的,投资者应根据并购后所设外商投资企业的投资总额向具有相应审批权限的审批机关(分别为外经贸部和省级外经贸部门)报送下列文件:被并购境内有限责任公司股东一致同意外国投资者股权并购的决议,或被并购境内股份有限公司同意外国投资者股权并购的股东大会决议；被并购境内公司依法变更设立为外商投资企业的申请书；并购后所设外商投资企业的合同、章程；外国投资者购买境内公司股东股权或认购境内公司增资的协议；被并购境内公司最近财务年度的财务审计报告；投资者的身份证明文件或开业证明、资信证明文件；被并购境内公司所投资企业的情况说明；被并购境内公司及其所投资企业的营业执照(副本)；被并购境内公司职工安置计划；本规定第7条、第19条要求报送的文件。

投资者报送文件，应对文件依照规定进行分类，并附文件目录。规定报送的全部文件应用中文表述。

并购后所设外商投资企业的经营范围、规模、土地使用权的取得，涉及其他相关政府部门许可的，有关的许可文件应一并报送。

十三、原有企业的经营范围超出外商投资产业政策的规定怎么办？

答：由于原有的企业通常是国有企业，国有企业的经营范围一般都比较宽，国家对外商投资限制或是禁止的领域国有企业也可以做，那么，在并购时，被并购境内公司原有被投资公司的经营范围应符合有关外商投资产业政策的要求；不符合的，应进行调整。也就是说要删除与外商投资产业政策不符的部分。

十四、外国投资者股权并购协议中都包含哪些内容？

答：《外国投资者并购境内企业暂行规定》规定的股权购买协议、境内公司增资协议应适用中国法律，并应包括以下主要内容：协议各方的状况，包括名称(姓名)，住所，法定代表人姓名、职务、国籍等；购买股权或认购增资的份额和价款；协议的履行期限、履行方式；协议各方的权利、义务；违约责任、争议解决；协议签署的时间、地点。

十五、外国投资者资产并购新设立的外商投资企业的投资总额如何计算？

答：外国投资者资产并购的，应根据购买资产的交易价格和实际生产经营规模确定拟设立的外商投资企业的投资总额。资产并购与股权并购不同，股权并购企业的投资总额并不发生变化，而资产并购，企业的交易价与企业的原值大部分是不同的，或高或低，大部分低于原值。

拟设立的外商投资企业的注册资本与投资总额的比例应符合有关规定。这也就是说投资总额与注册资本的比例，按照其他类型的企业的注册资本与投资总额的比例进行。

十六、外国投资者资产并购投资者应向审批机关提交哪些文件？

答：外国投资者资产并购的，投资者应根据拟设立的外商投资企业的投资总额、企业类型及所从事的行业，依照设立外商投资企业的法律、行政法规和部门规章的规定，向具有相应审批权限的审批机关报送下列文件：境内企业产权持有人或权力机构同意出售资产的决议；外商投资企业设立申请书；拟设立的外商投资企业的合同、章程；拟设立的外商投资企业与境内企业签署的资产购买协议，或者外国投资者与境内企业签署的资产购买协议；被并购境内企业的章程、营业执照(副本)；被并购境内企业通知、公告债权人的证明；投资者的身份证明文件或开业证明、有关资信证明文件；被并购境内企业职工安置计划；《外国投资者并购境内企业暂行规定》第7条、第19条要求报送的文件。

依照前款的规定购买并运营境内企业的资产，涉及其他相关政府部门许可的，有关的许可文件应一并报送。投资者报送文件，应对文件依照规定进行分类，并附文件目录。规定报送的全部文件应用中文表述。

十七、外国投资者协议购买境内企业资产在外商投资企业成立之前，是否可以开展经营活动？

答：外国投资者协议购买境内企业资产并以该资产投资设立外商投资企业的，在外商投资企业成立之前，不得以该资产开展经营活动。之所以有这一要求，是按照法律规定，资产并购作为外商投资进入的一种形式，在购买协议支付以后，应按照法律规定设立外商投资企业，然后才能以外商投资企业的身份进行运营，在外商投资企业成立前这部分资产是没有合法名份的。

十八、外国投资者资产购买协议应包括哪些内容？

答：《外国投资者并购境内企业暂行规定》规定的资产购买协议应适用中国法律，并应包括以下主要内容：协议各方的自然状况，包括名称(姓名)，住所，法定代表人姓名、职务、国籍等；拟购买资产的清单、价格；协议的履行期限、履行方式；协议各方的权利、义务；违约责任、争议解决；协议签署的时间、地点。

十九、审批机关多长时间批准外国投资者并购？

答：外国投资者并购境内企业设立外商投资企业，除《外国投资者并购境内企业暂行规定》第20条另有规定外，审批机关应自收到规定报送的全部文件之日起30日内，依法决定批准或不批准。决定批准的，由审批机关颁发外商投资企业批准证书。这里与其他类型的外商投资方式不同的是，审批时间由45天缩短为30天，这也体现了外资并购的时效性的要求。

外国投资者协议购买境内公司股东股权，审批机关决定批准的，应同时将有关批准文件分别抄送股权转让方、境内公司所在地外汇管理部门。股权转让方所在地外汇管理部门为其办理收汇的外资外汇登记手续，并出具外国投资者股权并购对价支付到位的外资外汇登记证明。

二十、外国投资者并购企业应到登记机关办理哪些手续？

答：外国投资者资产并购的，投资者应自收到外商投资企业批准证书之日起30日内，向登记管理机关申请办理设立登记，领取外商投资企业营业执照。

外国投资者股权并购的，被并购境内公司应依照本规定向原登记管理机关申请变更登记，领取外商投资企业营业执照。原登记管理机关没有登记管辖权的，应自收到申请文件之日起10日内转送有管辖权的登记管理机关办理，同时附送该境内公司的登记档案。被并购境内公司在申请变更登记时，应提交以下文件，并对其真实性、有效性负责：变更登记申请书；被并购境内公司根据《中华人民共和国公司法》及公司章程做出的关于股权转让或增资的股东会(大会)决议；外国投资者购买境内公司股东股权或认购境内公司增资的协议；修改后的公司章程或原章程的修正案和依法需要提交的外商投资企业合同；外商投资企业批准证书；外国投资者的身份证明文件或开业证明、资信证明文件；修改后的董事会名单，记载新增董事姓名、住所的文件和新增董事的任职文件；国家工商行政管理总局规定的其他有关文件和证件。投资者报送文件，应对文件依照规定进行分类，并附文件目录。规定报送的全部文件应用中文表述。

转让国有股权和外国投资者认购含国有股权公司的增资额的，还应提交经济贸易主管部门的批准文件。投资者自收到外商投资企业营业执照之日起30日内，到税务、海关、土地管理和外汇管理等有关部门办理登记手续。

二十一、对外国投资者并购的数量是否有限制？

答：从法律规定来看政府对外资并购并没有数量限制，但考虑到防止垄断的需要，对投资者并购数量较多的政府要随时掌握情况，采取措施加以控制。外国投资者并购境内企业有下列情形之一的，投资者应就所涉情形向外经贸部和国家工商行政管理总局报告：并购一方当事人当年在中国市场营业额超过15亿元人民币；一年内并购国内关联行业的企业累计超过10个；并购一方当事人在中国的市场占有率已经达到20%；并购导致并购一方当事人在中国的市场占有率达到25%。

虽未达到前款所述条件，但是应有竞争关系的境内企业、有关职能部门或者行业协会的请求，外经贸部或国家工商行政管理总局认为外国投资者并购涉及市场份额巨大，或者存在其他严重影响市场竞争或国计民生和国家经济安全等重要因素的，也可以要求外国投资者作出报告。

上述并购一方当事人包括外国投资者的关联企业。

二十二、政府对外国投资者并购过量的可以采取措施加以制止吗？

答：外国投资者并购境内企业涉及《外国投资者并购境内企业暂行规定》第19条所述情形之一，外经贸部和国家工商行政管理总局认为可能造成过度集中，妨害正当竞争、损害消费者利益的，应自收到规定报送的全部文件之日起90日内，共同或经协商单独召集有关部门、机构、企业以及其他利害关系方举行听证会，并依法决定批准或不批准。

二十三、对于境外投资者的经营情况是否有控制？

答：境外并购有下列情形之一的，并购方应在对外公布并购方案之前或者报所在国主管机构的同时，向外经贸部和国家工商行政管理总局报送并购方案。外经贸部和国家工商行政管理总局应审查是否存在造成境内市场过度集中，妨害境内正当竞争、损害境内消费者利益的情形，并做出是否同意的决定：境外并购一方当事人在中国境内拥有资产30亿元人民币以上；境外并购一方当事人当年在中国市场上的营业额15亿元人民币以上；境外并购一方当事人及其关联企业在中国市场占有率已经达到20%；由于境外并购，境外并购一方当事人及其关联企业在中国的市场占有率达到25%；由于境外并购，境外并购一方当事人直接或间接参股境内相关行业的外商投资企业将超过15家。

二十四、哪些情况下并购者可以申请豁免？

答：有下列情况之一的并购，并购一方当事人可以向外经贸部和国家工商行政管理总局申请审查豁免：可以改善市场公平竞争条件的；重组亏损企业并保障就业的；引进先进技术和管理人才并能提高企业国际竞争力的；可以改善环境的。

二十五、投资性公司是否适用《外国投资者并购境内企业暂行规定》？

答：外国投资者在中国境内依法设立的投资性公司一直被视同境外投资者一样开展投资活动，同样，投资性公司并购境内企业也适用《外国投资者并购境内企业暂行规定》。

此外，外国投资者股权并购境内外商投资企业，适用现行外商投资企业法律、行政法规以及《外商投资企业股东股权变更的若干规定》，其中没有规定的，参照《外国投资者并购境内企业暂行规定》办理。

外国投资者并购境内企业应遵守中国的法律、行政法规和部门规章，遵循公平合理、等价有偿、诚实信用的原则，不得造成过度集中、排除或限制竞争，不得扰乱社会经济秩序和损害社会公共利益。

二十六、港、澳、台企业如何进行并购？

答：香港特别行政区、澳门特别行政区和台湾地区的投资者并购境内其他地区的企业，参照《外国投资者并购境内企业暂行规定》办理。

（选自商务部网站）

中国境外投资

“走出去”发展战略：政策框架与模式选择

商务部外经贸研究院院长 柴海涛

政治战略家们以其前瞻性的敏锐眼光，准确地估计国家经济与国际竞争力，判断经济全球化发展趋势，审时度势，提出了“走出去”战略，其重要意义在于，指出了中国必须适应经济全球化和加入世贸组织的新形势，在更大范围、更广领域和更高层次上参与国际经济技术合作和竞争，充分利用国际国内两个市场，优化资源配置，拓宽发展空间，以开放促改革促发展。近年来，“走出去”多样性的实践愈趋活跃，开始逐渐靠近从“以市场换资金”到“以市场换空间”的战略转折点。这种具有历史纵深感的变化隐约显现出中国“走出去”的未来走向与脉络，并推动着国内产业积极融入经济全球化的进程。在这充满希望但缺乏传统经验支撑的拓展过程中，政府政策框架的设计与战略模式的选择，有着特别重要的导航图作用。

一、“走出去”的基本现状

广义而言，目前中国“走出去”的主要方式包括境外投资开发资源、工农业生产加工和贸易促进机构等直接投资活动，还包括对外承包工程、设计咨询、劳务合作等国外经济合作业务。

（一）海外直接投资

根据商务部统计，截至2002年底，经原外经贸部批准或备案设立的境外中资企业6960家，协议投资总额137.8亿美元，中方协议投资额93.4亿美元；其中，境外加工贸易企业420家，中方协议投资额11.22亿美元。在海外投资最多的2002年，中国设立海外企业350家，比上年增长50.8%；协议投资总额14.46亿美元，中方协议投资额9.83亿美元，比上年增长38.9%；其中，境外加工贸易企业75家，中方金额1.67亿美元。2003年第一季度，中国海外投资增势迅猛，比上年同期增长约60%。

需要指出，上述统计数据中未包括金融业投资和未经批准的各类投资，因此中国现有的海外投资流量和存量，实际上远远大于政府统计数字。联合国贸发会议和国际货币基金组织根据中国外汇管理局的统计数据测算，目前中国海外投资规模每年约在20亿美元，而存量早已超过200亿美元。

中国境外投资有近一半集中在港澳地区，贸易型企业居多，其次是北美和大洋洲以及欧洲，投资领域包括资源开发、境外加工贸易、农业及农产品开发、餐饮旅游、商业零售、咨询服务等。除资源开发型项目规模较大外，绝大多数都属中小项目，企业平均规模198万美元。由于资金和经验欠缺，中国海外投资多数采用新建独资或合资企业方式，而极少采用跨国公司惯用的收购和兼并方式。

随着“走出去”战略的逐步实施，近几年海外投资经营主体发生了一些变化：

一是，从单一的国有企业向多元化经济主体转变，特别是民营企业在海外发展迅速，市场范围不断扩大；

二是，从贸易企业为主向生产企业为主转变，国内大型企业集团加快了开拓国际市场的步伐，在境外生产业投资中发挥了主力作用。

（二）对外承包工程和设计咨询

对外承包工程是商品贸易、技术贸易和服务贸易的综合载体，也是中国“走出去”比较成熟的方式，能够发挥中国产业基础全面、设备制造技术成熟、劳动力资源丰富和管理成本低的综合优势。

对外工程承包和设计咨询是中国最早走出国门并取得较大成就的贸易方式。截至2002年底，对外承包工程累计签订合同额1147.8亿美元，完成营业额827.2亿美元。其中2002年对外承包工程新签合同额150.5亿美元，完成营业额111.9亿美元；对外设计咨询完成营业额8723万美元，新签合同额8479万美元。目前，中国企业不仅在民用建筑、路桥和港口疏浚方面获得了一定的市场份额，而且在石油化工、电力、地铁及通信等高技术含量领域初展身手，可以比较优势与欧美企业展开竞争。据统计，2001年全球最大的225家国际承包商排名中，中国内地公司有39家，营业额合计53.6亿美元。中国成为位居全球第六的工程承包出口国，拥有最大的发展中国家国际承包商群体。

（三）对外劳务合作

截至2002年底，中国对外劳务合作累计签订合同额295.2亿美元，完成营业额237.6亿美元，累计派出劳务273.4万人；其中,2002年新签合同额27.5亿美元,完成营业额30.7亿美元,年末在外劳务41万人。

中国对外劳务合作的主要市场集中于发展中国家,其中有3/4输往亚洲国家,欧美发达国家较少。劳务人员虽仍以建筑工、缝纫工等中低级劳务为主,但海员、计算机软件工程师、工程咨询和医护人员等高级劳务正不断增加,国际竞争力逐步增强。外派劳务不仅解决了一部分人的就业机会,为国家创造了大量的外汇收入,而且劳务人员素质不断提高,还带动了国内民航、电信等相关产业的发展。外派劳务,已经成为中国服务贸易最有竞争力的出口交易方式。

二、"走出去"的障碍与问题

(一)立法滞后,尚未形成配套法律法规框架

中国"走出去"管理尚未有统一的高位阶的法律规范,目前指引、规范和管理"走出去"业务的只有法律效力较低的部委规章,以及政府有关主管部门的内部政策。由于这些规章和政策缺乏整体设计,相互之间有机联系不足,甚至存在互相抵触的现象,系统性、长期性、稳定性和透明度都比较差,制约了海外投资的进一步发展。

(二)政府管理和服务功能双欠缺

政府管理功能和服务功能的欠缺主要表现在三个方面:首先,中国海外投资的宏观调控措施基本上仅是一个项目审批制度。工作实践中往往"只生不管",投资后期的监管、跟踪、统计、分析等功能非常弱,完整的宏观调控与管理链条尚未形成。

其次,政府缺乏对海外企业的辅导和信息咨询等公共服务职能。例如,在海外投资促进方面,缺乏明确的产业导向和国别市场导向,没有系统化的海外投资促进目标,不能满足企业对相关基础性信息等公共服务的需求,甚至影响了企业的投资决策。此外,尚未形成国际通行的,保护本国海外投资的制度措施。例如,海外投资的政治风险保障措施不到位,对外签署的双边投资保护协定无从落实,企业缺乏来自政府的相应保护等。

(三)审批制度繁琐复杂

除审批程序涉及政府多部门管理,繁琐复杂,时间过长等效率低下的情况外,审批内容本身也有许多不符合市场经济的成分。例如,项目可行性分析本是企业行为,政府部门却审查甚严甚细,实际行使了董事会的职能;投资限额规定过于谨慎,限制了企业投资决策权;审批时间过长,导致一些项目贻误了最佳时机;不区别企业性质,对民营和三资企业进行海外投资按等同于国有企业的办法申报和审批等,不利于其拓展海外市场。

(四)外汇管理制度不适应企业"走出去"的需要

目前的外汇管理制度约束甚严,极大地制约了企业海外投资活动。例如,规定具有进出口权的企业才能对外付汇,从而将一些没有自有外汇的企业拒之门外,特别是一些生产企业由于不直接经营出口而事实上被限制了海外投资的自主权利;外汇核销制度不利于企业扩大海外规模和再投资;外汇风险审查与项目立项的先后次序问题上,有关部门的政策存在冲突与矛盾等等。

(五)金融监管制度不适应与金融服务体系不完善

国内资金市场相对充沛,外汇存底不断增长与海外投资资金严重不足并存是实施中国"走出去"战略时的一个奇特现象,并且在很大程度上制约了海外投资的开展,这与政府对海外投资的管理措施与国家"走出去"战略的宏观导向存在一定程度的脱节有很大关系。出于体制和管理制度方面的原因,海外投资的融资渠道十分狭窄,现有制度的各类束缚甚多,使得国内一些拥有良好的技术、设备和技术管理人员的工业企业,以及很多拥有发展中国家适用的技术和丰富的经验、并在国际市场上建立了良好信誉的对外承包工程企业,因为资金瓶颈难以扩大业务。

金融服务体系不完善还表现在金融工具和产品匮乏,不能满足企业有效需求等方面。例如,国际市场上流行的兼并、收购等投资方式和带资承包等资金使用效率较高的金融服务,在中国则基本不能提供或有极为严格的限制。海外投资,特别是资源开发、承包工程以及加工生产等工业化程度较高,规模较大的项目,仅仅依靠企业自有资金在国际市场上开展竞争是很难赢得优势的,灵活多样的金融产品与服务必不可少。

(六)企业海外投资战略不明确,管理体制难以适应国际市场需要

由于缺乏政府宏观政策的指引,目前中国企业的海外投资多数是随机行为,并未纳入到企业中长期发展战略中。分析十年来中国海外投资额的变化,可以看出投资完全缺乏内在规律,投资曲线呈现起伏不定的状态,有时甚至与国际经济形势脱节。缺乏系统的政府发展规划将直接导致企业对外投资动机不明,随意性较强。另外,国有企业受产权问题困扰,管理体制难以适应国际化经营的需要,加上大部分国内企业欠缺对国际市场了解与把握,信息渠道不畅,经营和管理人才短缺,也都严重地影响了企业海外投资。

三、对政策框架与运行模式的建议

以往的实践和当前的形势都已表明,"走出去"战略具有十分重要的意义,鉴于在这一战略实施过程中尚存在问题,目前应当从明确目标、加强立法、放松管制、启动金融支持、提供政府公共服务、建立海外投资保险制度等方面入手,完善宏观管理和产业引导,为企业"走出去"创造更好的条件。

(一)进一步明确"走出去"的战略目的,分层次确定具体工作目标和重点,使战略的指导性更为清晰并具备可操作性

在宏观层面上,政府落实"走出去"战略的目标应该简单明了。这样既能使政府各部门政策设计具备准确的目标指向,又便于经济行为主体——企业在国家宏观政策指导下按正确方向实现目标。现阶段"走出去"战略应立足于:在中国积极参与经济全球化的大背景下,实现增加就业、促进出口、获取资源三大战略目标。

在中观层面上,各类政策设计应充分注意以下几个方面的

互动与综合平衡:

首先,把海外投资作为传统对外贸易的重要替代方式之一,既是突破贸易保护主义壁垒的有效手段,又可作为中国外贸市场多元化的有效促进措施,以实现充分利用国际国内两个市场,优化资源配置,拓宽发展空间的目标。

其次,鼓励多种形式的劳务输出以缓解就业压力,可以把劳务输出与西部经济促进和国内东西部经济结构的梯次布局的发展战略有机联系起来,互为促进。

第三,过多的外汇存底并非经济安全的同义词,目前中国外汇存底相当部分用于购买美国政府国债,投资渠道单一且依赖性强。此外,当前国内货币供应量的增长已经连续超过GDP的增长。有统计显示,2000年中国M2/GDP的比率已超过146%。加大海外投资既与中国作为经济大国的地位相适应,也可以解决资金和外汇使用渠道多元化、合理化问题。

第四,重视对海外资源开发类项目的促进,制定特别的投资鼓励政策,通过海外投资建立起获取短缺资源的重要补充渠道。

第五,抓住全球新一轮产业转移的历史时机,通过海外投资,获取发达国家的先进工艺和产品研发技术;同时将中国某些成熟的但在国内市场已经饱和的工业成套应用技术,例如,中小型火力发电成套技术,通过技术转让或技术参股等方式转让到发展中国家去,获得经济利益。

在微观层面上,主要是制定具体的行业发展战略和市场开发战略,解决"走出去"的区域和产业优先选择问题。

对于资源开发型项目,主要立足于非洲、拉美、中亚及其他友好国家,重点投资国家建设急需的能源、矿产等战略资源和人民生活必需的农牧渔业资源。

对于境外生产型项目,重点应放在东南亚、南非、北非、拉美和欧美等经济环境较好的国家,以兴办投资少、见效快的境外加工贸易项目为主,引导企业将过剩的生产能力和成熟技术向外转移。当前要特别注意加强对东盟国家的投资,充分利用10+1自由贸易区框架,以及区域经济合作一体化的平台,消除它们在吸引外资,以及部分出口产品与中国直接竞争等方面的疑虑,加大对这些国家的投资力度,帮助其提升产业结构,解决部分就业问题并促进区域内部的进出口,达到共同发展、共同繁荣的目的。

对于国际承包工程,应立足传统的亚洲、非洲和中东市场,化度综合开发,力争提高市场占有率。同时,利用入世带来的有利机遇,加大对欧美、大洋洲和拉美市场的开拓力度,争取有所突破;加强对劳务人员培训,提高劳务人员素质,在全球劳务市场不景气的情况下确保原有市场,力争扩大外派劳务规模。

针对某些特定市场总体规模较小,经营风险较大的特点,建议进一步贯彻大经贸战略,开展多种形式的经济合作。如对非洲市场的开发,应将对非投资、境外加工贸易、资源开发、承包工程、设计咨询、劳务合作及对非援助等结合起来,综合开发非洲市场,充分利用援外资金及合资合作基金来解决该地区的发展问题。

(二)加快国内立法建设,搭建对我有利的国际多双边法律框架,解决当前海外投资急需的法律保障问题

第一,"走出去"战略作为一种政策性的提法直接明了,通俗易懂,但作为规范的法律用语存在内涵与外延的不确定性。建议今后在立法时统一规范为"海外投资"的称谓。这样可与国际习惯用法相吻合,并且基本符合"走出去"战略的原意:无论是狭义的海外投资办厂,还是国际承包工程,或设立海外营销体系(WTO《服务贸易总协定》称之为"商业存在"),都可以归入海外投资的范畴。惟劳务输出一项,有其特殊性,需要另择其他规范的法律用语。

第二,尽快制定中国《海外投资促进与保护法》,作为"走出去"战略实施的基本法律。该法律应就海外投资的促进,包括税收鼓励与保护、政府资助与服务、投资保险制度,以及海外投资的监管措施等作出明确规范,并为其他低位阶的法律法规提供母法性质的依据。同时,加快出台海外投资、对外承包工程和劳务合作等相关行政法规,将现有"走出去"的政策和条例全部纳入法制化轨道,规范管理,增加透明度。

第三,充分利用中国签署的近百个双边投资保护协定和已经加入的两个国际公约《解决国家与他国国民间投资争议公约》、《多边投资担保机构公约》,积极保护中国的海外投资利益。以往中国签署上述协定,在实践中往往只是单方面地用来保护来华投资者利益,中国海外投资充分利用这项保护措施的主动性不够。今后应在多双边领域,特别是双边谈判和审议双边贸易情况时,将保护和促进中国海外投资列入议程,作为双边经贸合作的重要协商部分。

第四,在新一轮WTO多边谈判中发挥积极作用,为中国企业"走出去"谋求更为有利的外部环境。根据中国产业的比较优势(如纺织服装、轻工、电子、家电等)和有竞争力的贸易方式(如对外工程承包和海运服务等)提出并争取有利于中国企业的国际规则;中国劳动力资源丰富且有较强比较优势,有关部门应在新一轮自然人流动谈判中与其他发展中国家联合,共同争取发达国家进一步开放市场,从而赢得较多的市场准入机会。

(三)放松管制,为"走出去"提供更宽松的政策环境

首先,要充分利用入世有利时机,加快对明显滞后于"走出去"战略的行政管理制度和措施的改革步伐,简化海外投资的审批环节,增加透明度,提高工作效率;赋予企业更多的投资决策权,放松对企业海外投资的额度限制和外汇管制;放宽私营企业和外资企业对外投资审批和限制。

同时,坚持"抓大扶小",鼓励民营企业"走出去"。鉴于大型工业集团和中小型民营企业已成为中国"走出去"的新亮点,应加大对这两类企业的重点支持,坚持"抓大扶小"。鼓励各地方根据地方特色,组织企业深度开发某个市场,连片开发,以取得综合效益。

(四)加快金融服务体系建设,加大对"走出去"的金融支持

借鉴发达国家的经验,设立特别金融机构或建立特别基金

(例如英联邦开发公司、德意志开发公司、丹麦工业化基金、美国海外私人投资公司、日本海外经济合作基金、韩国进出口银行等),对中国海外投资和承包工程给予优惠贷款的资助。在发达国家,此类贷款甚至无需贷款担保,只要该投资项目经东道国承认即可。

政策上放开,起用各类灵活有效的金融工具,解决资金瓶颈问题。例如普遍使用带资承包、BOT项目融资、保函性质的备用信用证等方式,充分利用国际资金。建立信贷担保体系,启动商业银行的资金进入海外投资领域。将商业银行纳入中国政府对海外投资、境外资源开发、境外加工贸易及对外工程承包项目商业贷款的审批管理过程,由商业银行负责审查项目风险并进行可行性评估,提高商业银行积极性。

放松对海外投资领域的外汇管制,给予企业海外投资外汇使用和结汇方面更多的自由和方便。如根据目前企业集团的现状,允许没有外贸经营权的工业企业集团总部对外付汇,为其对外投资创造方便条件;根据国际工程市场特点采取有别于一般货物贸易的外汇核销的办法;允许企业将利润部分用于再投资以扩大生产规模而不必全部汇回等。

(五)建立政府资助与服务体系

参考发达国家鼓励与促进海外投资的经验,结合中国国情,建立促进企业"走出去"的政府公共服务体系。

首先要完善现有税收鼓励与保护制度。对已经签署了避免双重征税的双边协定的国家,应有在国内实施、执行的细则;对在尚未签署协定国家的海外投资行为,政府也要有抵免措施。重新审议现有海外投资税收优惠措施,结合当前新情况重新修订相关行政规章,将其上升为法律。只有解决了双重征税问题,海外投资才能得到实质性的鼓励,同时避免海外投资企业为税收而逃避监管的违法行为。

此外,应设立海外投资促进专门机构,从事政府资助与服务的具体工作。主要包括:建立公共信息服务系统,向企业提供各国投资情报服务;提供企业海外投资可行性研究的资助;提供海外投资的技术培训等。

(六)建立海外投资政府保险制度

随着"走出去"战略的深入实施,海外投资的规模将日益扩大。在合适的时机应考虑建立以投资保护为目的、非盈利的政府海外投资保险机构,以承保海外投资的政治风险,并使国内保险与中国缔结的多双边条约保证相配合。

此类海外投资保险的承保风险包括征收险、外汇险、战争险这三种政治险,投保人应涵盖海外投资的中国公民和法人,包括由中国公民或法人全部控股的外国公司、企业和其他经济组织,以免除中国海外投资者在财产被外国政府征收,所得利润和外汇不能自由汇出,因战争或内乱造成损失方面的后顾之忧。

(七)加强海外投资管理与协调,使"走出去"战略实施健康发展

在鼓励企业"走出去"的同时,要加强政府的管理与协调职能,这是"走出去"战略健康实施的保证。既要加强管理,又要防止政府过度干预。

对投资的后期监管应予加强,主要是建立防止海外投资企业逃税和国有资产流失的机制;要完善海外投资统计制度和海外企业信息披露制度,要求海外企业必须向政府部门公开和披露法定信息,便于政府对海外投资宏观情况进行监管,这也是完善海外投资统计制度,真实反映海外投资状况的基础工作;加强外汇监管,建立用户资料库,科学管理外汇的使用和回收,做到既方便企业用汇,又有利于国家外汇储备增加;还要加强政府部门之间的协调,减少政策之间不匹配现象;建立政府、行业协会等多层次的组织协调功能,制止恶性竞争和欺诈行为,维护经营秩序和中国企业整体信誉和形象。

本土化:中国企业跨国经营的重要战略

金 钢

加入世界贸易组织后,中国将面临更广泛的国际竞争,"走出去"是对外开放实现从"市场换技术、换资金"到"市场换市场"的战略转折点。在改革开放20年不断发展的基础上,中国海外投资在新的历史时期已经进入了一个新的快速发展阶段。原外经贸部的统计数据显示,截至2001年底,我国批准或备案的海外中资企业总计6610家(不含金融类企业),中方协议海外投资总额已达83.57亿美元。一大批中国跨国企业在海外迅速成长,其中最大的12家中国跨国公司已经控制了超过300亿美元的海外资产,共使用了超过2万名海外员工,海外销售额达330亿美元。

一、中国跨国企业发展概况

(一)企业分布较广,多元化初现趋势

中国6000余家海外投资企业虽然分布在160多个国家和地区,但仅港澳地区就有2184家,占总数的35%左右,其余企业主要分布在亚洲、欧洲及北美等地。近几年,非洲、拉美以及其他地区的广大第三世界国家逐步成为中国跨国企业投资的重点。总体来看,中国海外投资的区域分布正日趋多元化。

(二)投资领域广泛,但仍以贸易类为主

中国海外投资在第一、二、三产业都有分布,但是在服务贸

易、工业生产加工、资源开发等行业相对集中。近几年,境外加工贸易因为受到国家鼓励而成为中国海外投资的主要形式,发展很快。

(三)跨国企业的主要构成

第一,"中" 字头的国企是中国企业海外经营的先锋和主力。如中国石油已在海外投资7个勘探开发项目、一个炼油项目、一个管道项目,2000年底就已累计投资156亿元人民币。

第二,由于在中国本土具有一定优势积累,大型生产性企业集团和新兴高科技公司虽然在海外经营起步较晚,但正以较快的发展速度向海外扩张,联想集团就是其中的杰出代表。它在美国硅谷设有科研机构,在美国、加拿大、英国等地设有20多个分公司。

第三,大型金融保险公司凭借着资金雄厚,提供专业化服务,有良好的信誉,经营规模较大,其中以中国银行的发展最为迅速。目前,中银集团已在20多个国家和地区设立了500多家分支机构,海外员工近两万人,海外资产总值1700多亿美元。

第四,中国民营企业虽然现在走出国门的还不多,但是仍然可以发现不少非常成功的案例。还有一些有实力的民营企业如远大集团、新希望集团、上海紫江集团等也积极开拓国际市场,可望成为跨国经营的新生力量。

(四)本土化程度迅速提高

本土化即经营属地化或经营当地化。随着中国企业加快"走出去"战略的实施,企业的本土化水平也在不断提高。改革开放初期,中国海外企业大多为贸易型企业,海外资产很少,而且几乎不雇用海外员工,贸易销售也只是为国内的出口服务。加入世贸组织后的今天,中国跨国企业通过在海外雇用当地员工,利用当地资源,建立制造中心、销售网络和研发中心,成功地融入当地社会,在东道国站住了脚,成为了真正意义上的跨国企业,一些大型公司 (如中粮公司) 的跨国指数甚至超过了40%。

(五)入世与中国企业实施"走出去"战略

入世与实施"走出去"战略有着密切的联系。一方面,入世强化了企业走出去的必要性;另一方面,入世也为中国企业走出去创造了有利的条件,特别值得注意的是,我们享受的权利主要体现在国外,只有走出去,向国外输出资本和商品,中国企业才能够充分享受到入世的权利,从而抓住机遇,加快发展。与此同时,入世所带来的形势的变化也要求走出去的企业尽快转变思路,加快实施本土化战略,以使本企业在挑战中赢得机遇。

所谓跨国企业就是要在统一的企业战略规划的指导下,在全球范围内配置和使用资源,并最终实现该企业在全球范围内的利润最大化。因此,要想实现这样的转变,本土化是必由之路。中国企业只有及时利用当地的人、财、物等多方面资源,加快生产中心、销售中心和研发中心的建立,真正给予子公司自主经营权和人事管理权,并最终实现本土化经营,实现本企业从中国企业向"东道国企业"的转变,才能充分享受WTO赋予的权利,在更加激烈的竞争中立于不败之地。

二、本土化的动因和内容

经营本土化又称为经营属地化或经营本地化,是指海外投资企业以东道国独立的企业法人身份,按照当地的法律规定和人文因素,以及国际上通行的企业管理惯例进行企业的经营和管理。入世之后,中国企业加快走出去,其最终目的就是走向国际化,造就中国的跨国公司。而本土化是实现企业国际化的必由之路, 并不是在海外注册一家子公司就可以被称为跨国企业,一个真正的跨国企业包括人员国际化、生产国际化、销售国际化和研发国际化。只有雇佣当地劳工,使用当地资源,了解当地法律和文化,建立自主的生产、销售或研发中心,在东道国扎根、生长,实现了全面的本土化,才能真正走向国际,成为国际化的跨国企业。因此,对于企业国际化的要求,必然通过本土化来实现。可以说,国际化和本土化是一个事物的两个方面,是结果与过程的关系,两者密不可分。

(一)中国企业实施本土化战略的动因

首先,树立当地企业形象。中国跨国企业在进入当地市场时,由于自身品牌在东道国的知名度不够,同时又是外资企业,通常会受到当地政府和消费者的抵触。如果能够实行人员、企业文化、物料、营销等本土化,在公众中树立本地企业的形象,中国企业往往会得到较多的认同和欢迎。正如海尔公司在美国成立制造中心时,由于大力推行本土化,当地州政府和居民都报以一种欢迎和认同的态度,南卡罗来纳州政府还以 "海尔"来命名一条新建公路,可见本土化对于树立当地企业形象至关重要。

其次,贴近并迅速占领当地市场。中国国内企业由于对国外市场缺乏了解,同时又远离目标市场,不能紧跟目标市场的变化和发展,容易丧失市场机会。而实行本土化,选用当地人力资源,实现物料、研发、营销等就地取材,通过子公司对当地市场的观察,企业就可以根据消费者的要求和市场的变化在第一时间研发、生产,占领当地市场。

再者,发挥比较优势降低生产成本。中国企业在走出去的同时必然会考虑到成本的要求。实行经营本土化,可以帮助中国企业利用当地有比较优势的生产要素,降低生产成本,或减少库存,缩短生产周期,并节约运输费用,从而获得竞争优势。例如首钢集团在国际化的进程中,不光在发达地区成立子公司、研发机构,也在菲律宾和加勒比海地区投资建厂,雇用当地员工。占领当地市场固然是一个考虑,但降低生产成本也是一个很重要的原因。

第四,紧跟先进技术的发展方向。由于科技还不够发达,中国的跨国企业在与世界大型跨国公司的竞争中,往往因为不能掌握核心技术而处于下风。为了追赶世界先进的科技发展方向,中国企业通过在科技发达国家或地区设立研发机构,雇佣当地的高素质的技术人员、科学家,利用当地的硬件条件和丰富的科技信息,以提升本企业的科技竞争力,不失为一条科技振兴的捷径。康佳、联想、万向、海尔等中国大型企业已经纷纷在美国等科技发达国家建立研发中心,目的就是加快技术进步,提高企业的核心竞争力。

第五,降低经营风险。由于国际环境经常发生变化,中国跨国企业可以通过本土化经营降低风险。中国海外企业的规模普遍较小,对不确定性因素的抵抗能力较弱,因而只有通过提高本土化程度融入东道国的社会经济和法律环境,才能够在东道国政治经济形势发生变化(如汇率发生变化,或对于部分商品征收特别关税等)时,显示出更好的适应能力,在短期内可以不与母公司或其他子公司发生资本、货物交流而保持生存发展,从而在很大程度上避免了不确定性。

第六,履行对当地政府的承诺。中国企业在进入一些经济欠发达的国家投资的时候,往往会对当地政府有本土化的承诺,或者是人员本土化,或者是研发本土化等等。因此,本土化也是中国企业为履行对当地政府的承诺,并期望获得更融洽的合作关系而作出的一种努力。

(二)实施本土化的内容

第一是制造业本土化。中国企业最初往往采用对外贸易的形式出口国内产品。随着销售扩大,同时出于降低成本、绕开贸易壁垒等考虑,中国跨国企业在海外进行投资、生产,实现制造业的本土化。这一方面可以占领当地市场,另一方面还可以获得降低生产经营成本、原产地生产及避税方面的优势。

第二是经营管理本土化。生产的本土化也要求了经营管理的本土化。只有实现经营管理的本土化,才能想当地市场之所想,急当地消费者之所急,真正贴近当地市场,才能因地制宜地制定适合与当地其他企业竞争的战略部署。万向集团在美国的销售中心就充分做到了经营管理本土化,该中心除了一名董事长是中国人以外,其余人员全是在美国相关企业有过多年工作经验的美国人,企业的运营方式完全采用美国同行业的通行做法,因此万向集团才能在经营管理上胜人一筹。

第三是品牌本土化。品牌本土化是企业及其商品能否被消费者认同的关键。国外企业的一些做法值得中国企业借鉴。“Sprite”原是可口可乐公司的一个品牌,但是如果直译成中文就是“魔鬼”、“小妖精”,显然不能给消费者留下良好的印象。而本土化后的品牌“雪碧”意为纯洁、清凉,再加上家喻户晓的中国体育明星的广告推广,市场的反应自然是十分热烈。

第四是研发本土化。实施研发本土化不仅可以实现产、销、研一体化,使产品更加贴近市场,而且有利于利用当地科技人才,占领技术高端。根据美国商务部报告,截至1999年底,共有375家跨国企业在美国建立了715家研发机构,可见研发本土化是大势所趋。

第五是资金本土化。在投资海外的同时,中国企业积极争取在海外上市,募集当地资金。一方面可以解决中国企业资金不足的问题,另一方面也使中国企业更容易得到当地消费者的认同和关注。

第六是人才本土化。人才本土化是一切本土化的核心。所有的本土化最终都需要本地人才来实施。截至1998年底,全球跨国公司海外雇员约有3500万人。大量资料表明,跨国公司外派人员的失败率很高,美国外派人员中提前回国的比率大致在10–80%之间,而且派遣母国人员的成本太高,又与当地雇员、群体(政府、供应商、顾客)存在沟通上的障碍。我国的外派人员往往缺乏英语和法律方面的知识,被派到海外后通常是第一年学英语,第二年学专业,第三年工作刚上手,就要准备回国了。因此,实施人才本土化要放在中国企业本土化的最重要一环来执行。

三、建议

(一)对于政府相关部门的政策建议

1. 积极制订和完善相关的法律法规和双边协定

一些发达国家为了鼓励和保护本国对外投资,制定了较完整的法律制度。如美国有“对外投资保证制度”;德国有《对外经济法》。中国也急需专门制定和建立一部相关法律,如《海外投资法》或《海外投资保险法》,鼓励和保护中国企业本土化、国际化,使中国的海外投资能够有法可依。同时,中国政府应在WTO的规则体系下,加快和世界各国签订双边或多边投资保护协定,为中国企业走出去提供良好的环境。

2. 政府应制定中国海外企业本土化的总体规划和战略指导

政府应根据中国各产业经济发展的总体水平,在了解世界各主要投资地区的产业分布、投资环境、自然资源以及与中国的政治经济关系的基础上,定期发布中国海外投资的战略规划和重点投资地区、行业的指导意见。指导不同产业的企业到有不同比较优势的地区投资,利用当地的资源、人才和市场,从而顺利实施本土化,占领当地市场。

3. 完善跨国企业服务体系建设,为海外企业本土化做好后勤服务

首先,政府要充分发挥其对企业的服务功能,成立“海外投资信息中心”,提供相关的投资信息服务。

其次,在海外投资相对较多的国家集中设立“海外投资服务中心”,提供信息咨询,代办申报等服务,把贸易、银行、保险、航运等机构和律师事务所、会计事务所集中到一起,使中国厂商在当地投资的全部手续可以在短时间内办妥,以提高效率。在这方面,台湾在海外设立的“台湾贸易中心”值得借鉴。

最后,由于中国的商业协会大多是半官方的机构,所以可以由政府牵头,协会定期组织行业内的海外投资经验交流会,从而提供给企业一个相互学习,互通信息的平台。

(二)对中国跨国企业的相关建议

1. 将战略性决策和具体经营决策分开

国内母公司对海外企业的经营管理目标主要应包括下列两点:一是使海外子公司的发展符合母公司的全球经营战略和规划;二是督促海外子公司实现预定的利润计划。为了实现这两个目标,母公司应对海外子公司的重要人事安排、重大投资决策和关系海外投资企业全局发展的战略规划作出具体指示。除此之外的日常经营决策,则应交给海外子公司,让子公司自负盈亏、自主经营,以充分发挥子公司的作用。

2. 建立现代企业制度,明晰产权关系

中国企业实施本土化战略时,往往担心一旦本土化水平过高,母公司会失去对海外分支机构的控制。这主要是由于中国企业长期缺乏现代企业制度,依靠对人的管理来控制企业。实现本土化之后,国内的人事和管理方法不再适用,对公司的控制力自然会下降。中国跨国企业一旦建立了现代企业制度,明晰了对产权的所有,就抓住了企业的控制权。母公司只需要派出一些高级管理人员负责企业的正常运作,而不用担心对企业失去控制,甚至资产流失。因此,建立现代企业制度,明晰产权关系是加强控制的主要手段。

3. 努力实现海外上市,实现资金本土化,提升品牌

跨国企业热衷于海外上市,一方面可以实现资金本土化,另一方面可以获得公众的认同,实现与当地社会的融合,也会加速企业本土化步伐。中国企业的一些海外上市公司却只是出于海外融资的考虑,没有积极利用其上市的契机打开知名度,乘势"走出去",进而实施本土化。在海外投资的中国企业应借上市之东风,实施本土化战略,加强与当地的融合,实现长远发展。

4. 改革人事管理制度

首先,对需要派往国外工作的人员进行公开招聘,一方面可以提高人员素质,另一方面减少企业矛盾。其次,对海外企业管理层实行目标责任管理。在初期制定企业计划,期末按计划完成程度评估经营业绩,母公司不参与具体经营决策。最后,对于海外的人员直接任免也仅限于高级管理层及财务人员,允许海外企业就地或在第三国招聘人员,人数及选拔条件不加限制,由海外企业负责。

5. 保持技术优势,减少依赖程度

中国企业在实施本土化的同时,应注意保护自身原有的优势,不能因为本土化而过分依赖于当地已有技术和市场。首先,应在本土化的同时,充分利用和开发自有技术,注意防止技术外溢,保证技术优势。其次,保持企业产品和原材料市场的多元化,从而减少企业受不确定性因素影响的可能。采用独资和合资控股方式进入东道国,同时加强与母公司或其他子公司的技术交流和内部贸易可以在很大程度上保持企业自身技术优势,减少对当地市场的过分依赖。

6. 建立当地企业文化

中国跨国企业在实施本土化战略时,建立适合当地的企业文化是很重要的,既要有本企业特色,又要符合当地文化习惯,不能够把国内的企业文化和做法照搬到国外。企业文化是否合适,关系到子公司能不能融入当地社会,能不能吸引并且利用当地的人才,尤其是高素质人才,甚至还关系到当地居民和市场对于该企业及其产品认同与否的重要问题。宝洁、联合利华、诺基亚等跨国公司的经验之一就是以其对中国文化的深入理解取得了广泛的认同。可见,适应当地文化,建立本企业的特色氛围是企业顺利实现本土化的重要一环。

中国企业"走出去"的优劣势比较

林泽峰

加入WTO后,中国企业开展对外投资,可以在其他成员国内享受到更公正、合理的待遇,大大减少歧视和限制。同时,加入WTO后,国内市场竞争异常激烈,将为中国企业开展对外投资提供巨大内动力。随着"国内市场国际化、国际市场国内化"趋势的出现,中国企业面临的市场竞争将更为激烈。国内市场严峻的竞争形势,将促使有条件的企业到海外投资办厂,更好地利用国际国内两种资源、两个市场,不断提高国际竞争力。

一、中国企业"走出去"的优势

(一)要素禀赋产生相对优势

要素禀赋理论认为,一个国家的相对优势来源于它所享有的丰厚的生产要素,也就是说相对优势取决于一个国家最突出的生产要素。比较优势原则不仅是一个国家贸易活动必须遵循的基本原则,而且是一个国家整个经济发展必须遵循的基本原则。根据比较优势原则,一个国家可以制定国际贸易和国际投资的发展战略,利用全球化的机遇在世界范围内利用最有力的条件进行生产和经营。企业"走出去"开展海外投资活动的时候,必须坚持以比较优势为出发点,根据中国的劳动力成本低廉以及目前的阶段性实物相对过剩而非资金过剩、企业规模较小和经营机制与管理水平有待提高的现实,积极推动开展境外加工贸易是我们现实的正确选择,而且实践证明比较容易取得成功。20世纪90年代中期以来,中国在境外建成了一批颇具影响的项目,取得了明显的效益。像一汽、南京金城、海尔、康佳等境外加工项目,不仅扩大了市场份额,而且增强了企业的国际竞争力。

(二)市场需求方面的优势

随着中国国力的不断提高,人们的消费需求层次、消费质量不断提高,许多产业仅依靠国内市场就可以形成规模经济。例如,中国居民的生活水平提高后对家用电器的需求的增长极大地促进了中国家电行业的兴旺和发展,并且使这一行业成为中国率先走出国门从事海外投资的制造业中的佼佼者。中国城镇居民对手机和计算机需求的快速增长使中国的信息产业发生了跨越式的发展。随着中国居民收入水平的进一步提高,汽车也走进千家万户,巨大的需求也将造就出拥有现代化生产规模的汽车制造业,并成为下一个具有竞争优势的产业。

（三）企业管理模式的优势

中国自古就有“深根固本以制天下”、“能用众智，则无畏于圣人”和“攻心为上”等名言。与西方管理方式相比，中国人非常重视建立各个层次的长期的人际关系，中国人相信好的人际关系是相互信任的基础，因而也是企业通向成功的道路。发达国家的许多跨国公司由于不重视建立人际关系的重要性，因而在许多事情上办事不顺利，甚至碰壁。中国是东方文化的代表，它与其他文化所享有的共性使中国企业在对外投资中比较容易地与当地政府、企业和员工之间找到结合点，建立起相互间的信任关系。

（四）海外华人网络的优势

中国企业对外投资的一个得天独厚的优势是上百年来分散在全球各地的5700多万华人和由他们编织的已经形成相当规模的海外华人网络。全球华人网络的存在使得某国或某地区内的华商能直接与国际市场接轨并大大降低交易成本。华人网络的快捷性还在于它可以使各地华人及时通过网络分散风险，轻易地克服国内企业由于经济波动而造成的被动。而且在国际市场竞争中也比发达国家的企业更适应市场的千变万化。当发达国家的企业依靠扩大生产规模来降低成本占领市场时，华人企业则注意市场需求的多样性，满足不同层次的需求。这就是为什么华人企业在规模、资金、技术甚至是服务上无法与发达国家抗衡的情况下，仍能保持企业高效运转的原因。

首先，华人的种族产品是中国企业的投资点。种族产品是差别产品中的一种特殊情况，为特定种族的消费者所偏好并普遍使用。制造种族产品的工艺技术具有民族传统性，是在同一民族文化的长期演化中逐渐发展形成的。这对中国的企业来说是一个巨大的市场，也是无限的商机，因为只有中国的企业才能提供最正宗、最能体现其民族精髓的种族产品。中国企业可以从这类产业开始投资，进而以点带面，扩大规模。

其次，中国企业对外投资的一个瓶颈问题是外汇资金筹措。例如境外加工贸易中，有48.5%的企业是通过国内银行贷款来解决，而33.1%的企业自己筹集，购汇的企业占1.15%，通过境外银行贷款的仅为6.9%。金融业是海外华人经营的一个重要产业，在此情况下中国企业可以利用海外华人的融资渠道，筹措资金，改变融资渠道单一的状况。

第三，信息是企业生存的源泉，而相同的文化习俗，特别是相同的语言是信息传递的最佳载体。依靠海外华人网络，商品信息、投资信息、市场供需信息等，可能通过相同的语言得到最有效的传播。中国企业还可以通过参与海外华人联谊会等聚会，沟通与海外华人的感情，建立联系，交流信息，最大限度地利用华人网络以获得对外投资所需的资源。

二、中国企业走出去的劣势

大家都认为外面的世界很精彩，但是外面的世界也很惊险。世界银行的一份报告指出，1/3的中国对外投资是亏损的。因此在对外投资过程中中国企业自身也存在一些需要解决的问题。

（一）研发水平低、缺乏技术优势

据统计，中国大中型工业企业的研发费用占产品销售收入的比重在1990年时平均为1.38%（近年来最高值），而“全球500强”美方上榜企业是5%–20%。据有关部门测算，约有2/3的国有大中型企业没有建立研发机构，各类工业产品中新产品销售额的比重平均只有8%。这表明一个基本的事实：国内广大企业还远没有成为技术创新的主体，其直接结果就是，中国的对外投资企业，多数为贸易加工型，产品也大多只能进入低端市场。

（二）对外投资的规模偏低，投资领域重复

中国海外企业经营范围主要以贸易型和资源型为主，占中国对外投资总额的60%以上，而生产型境外企业、资源开发型境外企业加起来也仅占对外投资总额的30%多。其次，大多数海外企业仅是国内企业在外的窗口和接待站，经营业务很难开展，效益不好。据不完全统计，中国的海外企业中盈利的占55%，其中多为非生产性企业；收支平衡的占28%，亏损企业占17%，以生产性企业居多。这与国际上工业类企业在跨国公司中所处的主体地位和巨大规模形成鲜明对照。这些都说明中国的跨国公司还只是处于发展中国家企业国际化初级阶段。

（三）战线拉长、跨国作战之后，许多企业对跨国管理也是一头雾水

据了解，“走出去”的企业大都重视国际市场，几乎每家企业都对海外公司实行特别待遇。除了薪水，在日常工作中也另眼相看。一家公司海外事业部的员工说，以前在国内研发中心，想领一部手提电脑非常困难，现在到了海外，想要就要，想换就换。就这样，在鼓励海外员工的同时，财务控制过松、成本上升、滋生腐败等问题也出现了。

三、政府应扮演的角色

据了解，企业“走出去”的审批要经过多部门、多层次，而不同投资方式的可行性研究报告也得经不同部门审批，审批手续繁杂，审批时间过长，加上部门之间互相推诿，通常一个项目审批需要4–6个月时间，长的要花上一两年。浙江一家民营企业，1998年初开始申请在南非投建一个运动鞋生产厂，到2000年批下来时当地的运动鞋市场已经趋于饱和。该企业的负责人说，国家天天鼓励企业“走出去”，而一旦打算“走出去”时才发现，这句话的背后还有这么长的弯路，要“走出去”还真不容易。因此如果想加快中国企业对外投资的步伐，必须要开创新的政企行为模式。

首先，从本质上讲，应该是企业要出去，而不是政府要企业出去。政府所应做的事情，是创造环境和条件诱导企业“走出去”的积极性，引导企业“走出去”的方向，使之符合国家的战略意图。

其次是要建立政府与企业新的协调配合关系。在全球化的今天，“走出去”对政企关系要求更高，仅仅做到“政企分开”还不足以适应全球竞争的需要。政府对企业的支持，以及与企业的

联合和协调行动同样是必不可少的。

最后是改善国家对企业的支持方式。企业"走出去"离不开政府的支持,但政府如何支持企业,比"支持"本身更为重要。今日世界的竞争已不仅是企业间的竞争,也是国家间的竞争,更是政府和企业联合力量间的竞争。西方一个多国联合研究组织在一份研究报告中一针见血地指出:"公司与国家之间,经济权利与经济权利之间建立全新的关系是今天全球化进程中最重要的发展内容。""事实上,公司把国家的作用私有化,而公司为了自身的利益努力实现国际化。"国家给予企业以商业的、政治的、外交的支持已是通行的行为方式和司空见惯的行为准则。面对这样的"国际惯例",中国企业想"走出去",没有政府的支持和协调行动,要在全球站稳脚跟并夺取竞争的胜利将是困难的,所以就必须加快制度创新,创造全新的、适应全球化形势的管理体制和制度,而不能是原有的"政企不分"在新形势下的复归。

海外中资企业如何尽快做强

中国航油(新加坡)股份有限公司总裁 陈久霖

随着中国经济实力的不断增强和进一步对外开放,中国企业走向海外的数量迅速增加。

据有关资料统计,目前海外中资企业有6200多家,协议投资总额112亿美元,其中中方协议投资额76亿美元,遍布全球160多个国家和地区。投资领域主要是制造业和贸易产业。此外,还涉及资源开发、加工装配、交通运输、医疗卫生、旅游及餐饮业等。

这些由中国的国有、集体或民营企业在海外投资建立的独资、控股或参股企业,尽管其发展势头十分迅猛,但目前的总体情况并不尽如人意。调查显示,目前海外的中资企业三分之一发展较好,并获得盈利;1/3处于维持阶段;另外三分之一则陷入亏损或处于停业状态。这种状况,固然与中国企业走向海外的时间不长,缺乏必要的应对国际市场竞争的经验等外部因素有关,但也有不少企业自身的问题,应该引起各方面注意并加以解决。

一、海外中资企业存在的主要问题

(一)投资规模偏小

据统计,目前90%的海外中资企业投资规模不到100万美元,平均单项投资额仅为57万美元,远远低于发达国家600万美元的水平,同时也低于发展中国家450万美元的水平,甚至低于东欧140万美元的水平。由于规模偏小,导致了海外中资企业盈利能力低下。其主要原因是海外中资企业的母公司本身规模有限,而且海外中资企业在海外发展的时间也不长。

(二)分散化个体经营

目前海外中资企业在数量上仅占全球跨国公司海外企业总量的1.8%,而大部分企业又各自为政、孤军奋战,彼此缺少横向的联系与合作,呈"分散化个体经营"的模式,无法在资本、技术、市场、信息以及生产等资源上实现共享与互补。在当今经济全球化趋势下,跨国企业都以兼并或建立策略联盟作为发展手段,以实现规模效应,这种经营模式显然落后于时代。

(三)供应链脱节,整体优势弱化

中国长期条块分割的经济体制,造成工业企业与外贸企业在整个供应链中,彼此缺乏有效的沟通。工厂以生产为中心,外贸公司以单纯的贸易为目的,缺少共同的市场意识和以顾客为导向的宗旨。近年来,一些工业企业有权从事进出口业务,不做全面权衡便自设海外公司,与外贸公司形成竞争,其结果不但没有提升企业产品的国际市场占有率,反而削弱了整体的竞争力。

(四)缺乏高素质的跨国经营人才

企业国际化发展需要高素质的人才队伍。目前,中国海外企业的外派人员多以外语人才为主。这其实只是符合了企业海外发展的最低要求,而国内既懂外语又懂专业的高级人才目前还不多,懂经营、会管理的高素质的领导人才更少,招聘海外一流管理人才也受到不少限制。此外,不少国有企业将派往海外工作看成是一种"政治"待遇而非工作需要,也造成了人才结构的不合理。

(五)政策配套尚不完善

为鼓励中国企业走向海外,相关的外汇、投资、审批、金融等方面的政策都有待完善。例如,海外中资企业的建立以及其对国外公司的收购都必须送交国内多个政府部门审批,审批时间往往要几个月甚至更长,使海外中资企业失去机遇。

(六)企业发展缺乏战略思考,往往带有盲目性

中国大多数实施跨国经营的企业,目前尚没有一套科学的企业策略管理体系,在投资项目、环境分析、地点选择、合作伙伴选择、人力资源管理、经营策略的制定与执行等方面,往往缺乏论证,因而造成失利。例如,1993年,国内一家旅游业集团贷款3000万美元在美国佛罗里达州投资创办"锦绣中华"园,由于决策以及管理等问题,不到两年就亏损1800万美元。1987—1991年,南方一家集团在法国巴黎的"中国城"项目的失败,以及北方一家钢铁公司在美国收购钢铁公司项目失利,均与盲目投资有关。此外,由于海外中资企业的外派人员经常轮换,企业领导人也缺少建立企业的长期发展战略与策略的动力。

二、新挑战与新机遇

中国加入世界贸易组织,给中国的企业带来挑战也带来机遇。挑战在于大多数的中国企业在资本、技术、管理经验方面与发达国家的跨国企业相比均处于劣势。资本的缺乏使中国企业难以取得现代国际企业所拥有的综合规模效应;总体技术的落后使得只有较少企业拥有达到国际先进水平的核心技术;管理经验、市场经验的缺乏使得中国企业在面对瞬息万变的国际市场时显得难以适应。

由于设立在海外的中资企业,其业务与国内经济有着千丝万缕的联系,自然也会面对这些挑战。如果其经营模式不是立足于国际市场,而是依赖国内市场和某些特殊保护政策,则势必受到较大的影响。

然而,中国企业也应看到中国加入世贸组织后所带来的机遇。这主要表现在两个方面,一是WTO条款所规定的对等开放原则,二是在WTO的条款中,还保留着"幼稚工业"保护条款及相应的"过渡时期"保护条款。海外中资企业可以充分利用这些条款,争取短期内在某项或某几项领域建立自己的竞争优势,并最终建立起核心专长。

而且,中国企业在国际竞争中也有其独特的优势,如廉价的劳动力和土地,充足的技术工人,以及对中国市场的了解等。合理地利用这些优势,将是中资企业走向世界的基础。企业体制的改变和各种对外贸易、投资限制的取消,为中资企业走向世界在制度上铺平了道路。因此,如何化劣势为优势、扬长避短,寻求一条切实可行的中资企业走向海外的道路,对加入WTO后中国在国际市场上的竞争具有迫切而长远的意义。

三、"1—2—3管理理念"简介

目前,海外中资企业规模偏小、资金不足、技术落后,不宜且无法在短期内与竞争对手(尤其是跨国公司)一争高低。因此,休养生息、从长计议、厚积而薄发是企业发展的明智的作法。经过一段较长时间的积累,在建立起企业核心优势后,海外中资企业才有可能立足于市场。

在这方面,不同的企业应根据自己的实际情况确定相应的发展策略。例如,中国航油(新加坡)股份有限公司在实践中就创造了下述"1—2—3"的管理理念和五项投资原则:

"1—2—3"管理理念中的所谓"1"指的是以持续、高速、稳步增长作为公司的发展宗旨;所谓"2"指的是注重"机制和人才"两个杠杆。在机制方面,中国航油强调激励与约束并重的机制,尤其是不断强化公司的风险管理。在人才方面,公司注重纳人、用人和育人三个环节。公司现有员工90%是从澳洲、韩国、中东、马来西亚、新加坡当地和台湾地区招聘的人员以及来自国内的海外留学生;50%的人员具备硕士以上学位;30%的雇员来自世界知名的跨国公司。所谓"3"指的是公司建立了巩固中国进口航油业务、开拓国际石油贸易、开展相关实业投资的"三足鼎立"的发展战略。中国进口航油业务是公司的核心业务和发展基石;国际石油贸易将扩大公司规模并增加利润;相关实业投资则将确保公司持续、稳定地发展。

五项投资原则,指的是:"量入为出"、"品牌效应"、"实业投资"、"规模效应"和"借树乘凉"。所谓量入为出,指的是为保障公司的整体安全,公司将主要利用上市所筹资金和利润进行投资,利用投资回报进行滚动投资;尽量减少使用贷款。品牌效应,就是把航油业务及其相关领域作为公司长期培育的品牌,对自己不熟悉的业务或领域,决不轻易染指。实业投资,指的是投资拥有管线、储油罐或加油设施的实业项目,这样的投资虽然回报慢,但回报期长,且相对稳定。规模效应,指的是要选择风险小、回报高、拥有规模效益的企业进行投资。借树乘凉,指的是与跨国公司合作,站在巨人的肩上发展自己。

经过几年实践,"1—2—3管理理念"已经见到了成效。1997年以来,中国航油的营业额平均每年增长6.38倍,2001年达到12.3亿美元,人均营业额4730万美元。净资产从21.9万美元增至9000多万美元,增值411倍。

四、扬长避短求专求精

就共性而言,建议海外中资企业在考虑各自的发展策略时重点注意以下几个方面:

(一)借母公司的优势发展自己

任何一个海外中资企业的背后都有相对强大的母公司和中国国内广阔的市场,这个市场始终存在且潜力巨大。海外中资企业应该充分利用自身对国内环境和竞争规则比其他外国公司熟悉的有利条件,充分发挥母公司的优势,在短期内迅速增强自己的实力,参与国际市场的竞争。当然,母公司也有义务支持海外中资企业的发展,以实现双赢。

(二)在制定企业发展战略时,应以专为主

在目前实力尚不雄厚的情况下,建议海外中资企业首先集中力量做好单一业务,力争"小而精",然后,根据实际情况再考虑发展其他同类业务。只有当企业发展到一定规模和建立核心优势后,才可以考虑充分发挥它的潜力并根据实际情况考虑多元化经营的战略。

(三)招聘优秀的国际人才

人才是企业发展与生存的最关键因素。在当今瞬息万变的社会,企业面临着高风险、激烈竞争和不断变幻的市场环境。只有优秀的人才,才能提出合理的经营策略,并能使企业由小变大、由弱变强。海外中资企业,由于国内派出人员的数目有限,其自身素质也有待提高。因此,实行人才本土化,揽四海英才为我所用,是一项明智之举和行之有效的发展捷径。此外,海外中资企业还要多了解当地国情,多学习当地同行的先进管理经验,融入当地社会。

(四)实施避实就虚、扬长避短的竞争策略

绝大多数海外中资企业规模都较小,在技术、管理方面更不占优势。它们处于全球性的商业环境和由跨国公司主导的环球经济中,必须根据市场形势,及时调整策略,避开与跨国公司

直接展开竞争，而专注于跨国公司尚未注意到或目前尚未或无法涉足的领域。

（五）加强与国内母公司及其下属企业或关联公司的横向联盟或重组，形成一定的经济规模

国际上的竞争，都是以集团形式出现的，以单一公司为独立个体进行竞争的形式已经渐渐消失。企业集团内部各个子公司、部门都强调全球范围内的合作。目前的海外中资企业还普遍存在着各自为政、"单打独斗"的作法，不但无法充分利用集团的整体竞争力，集团内部可能因此而出现不良竞争的局面。"合则立、分则废"。香港中资企业中国移动和中国联通，收购母公司国内资产和市场，从而与母公司结成策略联盟的作法，值得其他海外中资企业仿效。

（六）海外中资企业之间可以考虑进行合并与重组

企业的收购与兼并在西方发达国家十分流行。通过兼并，扩大了企业规模，大大节省了各种费用的支出。同类型的海外中资企业，或互补型的海外中资企业，由于文化背景相同，企业渊源基本一样，且国内投资主体之间有着共同的利益，相互合并具有较强基础，并可提高对外竞争力。此外，海外中资企业还可以考虑形成具有中国特色的策略联盟，建立类似于日本贸易商社的组织。

（七）争取上市，学会资本经营

国际上的知名企业都懂得很好地利用上市的途径，通过资本经营，不断发展壮大。对于海外中资企业而言，由于海外中资企业较难取得母公司在资金方面的支持，企业经营规模又小，银行融资也比较困难，因此有条件的应通过争取上市来筹得资金。企业上市，同时也可在吸引和留住人才，建立现代企业机制，树立企业形象等方面发挥积极作用。

（八）注重企业形象的建立、造就企业品牌、打造核心产品

培养了企业的品牌，也就是培养了消费者对公司的核心专长和核心产品的认同，有利于企业进一步开辟新业务和扩大市场份额。一桶可口可乐的价格可以高于一桶原油的价格的重要原因，就在于它是被广大消费者所认同的品牌。

企业形象直接牵涉到优秀人才的引进和使用；而核心产品又在很大程度上影响到企业实力的增强。因而，提高企业形象、造就企业产品品牌，可能是海外中资企业加快发展的一条捷径。

最后，海外中资企业应争取做一个好的"企业公民"，回馈当地社会，包括依法向当地政府交纳税金、适当地资助慈善和教育事业。这也是迅速提升企业形象的一个有效途径。

跨国经营：民营企业新战略选择

中国社会科学院　刘迎秋

10年前，对于民营企业走出国门、实现跨国经营，还基本上是一件不可想象的事情。到20世纪末、21世纪初，民营企业实现跨国经营不仅已不再鲜为人知，而且正在成为民营企业追求新的更大成功的一种新选择。这是中国民族企业即将实现新的跨越的标志，也是中国民族经济日益成长壮大和不断走向成熟的希望所在。经过20多年的改革开放与市场经济发展推动，目前条件下，民营企业能不能实现跨国经营，不仅决定着他们能不能在国内站住脚，而且也决定着他们能不能最后实现新的腾飞。这是进入新世纪后中国民营企业实现更大发展面临的一项新战略选择。

民营企业跨国经营的基本形势

从总体上看，中国企业"跨国经营"已初见成效。据有关部门统计，截至2002年6月底，中国在境外累计设立企业（不含金融类）6758家，协议投资总额132亿美元，其中方投资额为88.8亿美元，占67%以上。从走出国门的具体形式角度看，加工装配企业有382家，每年可带动出口20亿美元左右；油气、紧缺矿产等境外资源开发合作开始取得成效，带资承包正在取得进展；对外工程承包和劳务合作发展势头良好，仅2002年头6个月营业额就达50亿美元，增长6%，到2002年6月末中国在外人数达47.5万人，新增4.7万人。这些统计数据表明，近年来中国企业走出国门、实现跨国经营的总体形势是很好的。在走出国门、实现跨国经营的企业中，民营企业的比重也开始有所上升。三九集团、江苏小天鹅电器公司、TCL、海尔以及天狮集团等等，一大批民营或民间资本参股的大型企业先后走出国门、实现跨国经营，为其他企业效法提供了很好的榜样。目前，中国民营企业实现跨国经营的发展势头良好。

民营企业实现跨国经营必须具备的几个前提条件

民营企业走出国门、实现跨国经营，要从自身实际出发，不可盲目模仿，首先要积极创新条件。这里说的条件，至少包括如下几点：

第一，基本条件：熟悉自己——规模、能力和队伍状况等等，了解对方——法律、市场、人际关系等等。不熟悉和了解自己，对自己的能力估计过高或过低，都是企业走出国门、进行跨国经营的大忌。当然，要成功地实现走出国门、实现跨国经营，不熟悉和了解对方，对当地的文化、社会、政治和法律环境一无所知，也是不能顺利实现跨国经营目标的。

第二，重要前提和基础：企业产权明晰，公司治理结构和制度安排科学、妥当。民营企业要走出国门，实现跨国经营，一个重要的前提和基础就是企业产权是明晰的，企业治理结构和制度安排是科学、妥当的。如果在这方面存在问题，企业同样不可能顺利达到跨国经营目标。

第三，关键中的关键：人才。人才对于任何事业的发展都至关重要。民营企业要真正实现跨国经营，尤其需要人才的支持。没有足够的人才支持，走出国门不可设想。这里所说的支撑民营企业走出国门的人才基础和条件，主要是指具备开发能力、开拓能力、既忠诚又爱国的人才。中国多数民营企业不能获得更快发展，不在于别的，而首先在于缺乏这类人才。

第四，要特别强调独立性和灵活性。天狮集团走出国门，成功实现跨国经营，一个基本经验，不仅在于他们能够正确地理解和把握自己，还在于他们能够独立地开展对外经贸活动，灵活处理发展过程中遇到的一些棘手问题，顺利实现化解风险。

民营企业实现跨国经营的基本策略和战略

虽然有的民营企业早已走出了国门、实现了跨国经营，但作为一种较为普遍的企业行为，他们大量走出国门、实现跨国经营，还是近几年的事。很多民营企业虽然也想走出国门，但几经试探，最终又都退缩回来。这种情况说明，真正走出国门、实现跨国经营，并不是一件容易的事情。

影响民营企业走出国门、实现跨国经营的原因很多，其中一个重要原因是传统体制和政策方面的限制。过去，中国主要鼓励大型国有企业走出国门、进行跨国经营，如首钢在海外设厂等等，很少允许民营企业走出国门、搞跨国经营。当然，从实力角度看，前些年，中国民营企业中有实力走出去，与外国企业直接展开竞争的，为数也较少。从具备的基础性条件角度看，民营企业走出国门面临的困难与风险也要大于国有企业。这不仅因为民营企业很少具备海外经营与发展的基础，而且还因为政府在为民营企业提供信息服务和法律、业务指导方面，也准备不足，民营企业还难于从政府那时得到足够的帮助实现跨国经营。在中国国内需求持续不足的情况下，民营企业如何利用中国已经成为WTO正式成员的历史机遇，充分发掘国内、国际两个市场，已经摆在了民营企业面前。

在当前条件下，民营企业走出国门、实现跨国经营的基本策略和战略主要是如下几个方面：

第一，先贸易，后投资。即先从搞国际贸易在海外做商业性生意入手，以此了解国外、积累经验和资本，然后再考虑在海外搞直接投资、办生产加工等企业。

第二，先合资，后独资。先走出去，与当地企业搞合资，这是中国企业走出国门、实现跨国经营取得成功的一个基本经验。中国改革开放以来大量进入的外资中，多数成功的企业，都是先从合资起步的。这有助于利用两种资源、两种文化、两方能力和两个市场。在取得经验的基础上，再搞独资，开展绿地投资，不仅容易站住脚，而且容易实现更大发展。

第三，先劳动密集型产品的生产，后技术密集型产品的生产。劳动力便宜是中国的一大优势。民营企业走出国门，也不能离开这个优势。因此，民营企业走出国门、搞跨国经营，也要从这个角度设计自己。通过发展劳动密集型产品生产，积蓄资本和力量，然后再国外搞技术密集型产品生产。这对于中国民营企业来说，可能是更合适的选择。

第四，先技术依靠型，后技术开发型。民营企业走出去，先在国外搞技术依靠型生产与加工，多利用国外先进技术，多搞“拿来主义”，再在资本和实力积蓄到一定程度后，着力发展技术开发型生产与经营，对于中国民营企业实现跨国经营来说，也是非常重要的一项选择。

第五，先亚洲、拉美、非洲等发展中国家，后欧美等发达国家。先把走出国门、进行跨国经营的重点放在亚洲、拉美、非洲等落后国家，然后再考虑走向欧美等发达国家，是与中国民营企业的综合实力相适应的一种选择。一开始就把跨国经营的重点放在发达国家，进入门槛高，经营、组织与交易成本也必然较高，因此，成功的机遇也就必然相对较少。

当然，民营企业究竟如何通过走出国门、占领国外市场来推动自身发展，是一个复杂的过程，必须从实际出发进行明智的策略和战略选择，不可有任何僵化。要善于总结自己的成功经验与教训，同时也要善于学习已经实现跨国经营的民营企业的成功经验和教训，实施新战略选择。

对外承包工程行业发展现状及展望

对外承包商会课题组

改革开放以来，中国对外经济合作事业发展迅速，特别是“九五”计划期间，对外承包工程和劳务合作取得了前所未有的良好业绩，新签合同额和完成营业额都不断刷新纪录，外派劳务人数亦有增加。对外工程承包和劳务合作业务遍及100多个国家和地区，形成了以亚洲、非洲为主的全方位、多层次、宽领域的对外开放格局，市场分布呈多元化推进的趋势。

中国对外承包工程和劳务合作业务的经营主体国际竞争力明显增强，具有经营资格的企业已达1600多家，分布在建筑、石油化工、水电、交通、冶金和有色金属、铁路、煤炭、林业、航空航天等国民经济的各个行业领域和全国各省(市、自治区)。据美国《工程新闻纪录》(ENR)2002年8月份统计，进入2001年世界最大225家国际承包商行列的中国内地公司有39家，另有11家中国公司进入国际工程咨询设计公司200强。

一、行业概况

中国对外工程承包主要集中在普通房建、交通运输和电力等基础建设方面，而制造加工、环保、电子通讯、供排水等行业则相对薄弱；对外劳务合作主要分布在制造业、农业、交通运输业和建筑业，而高技术行业劳务较少。

（一）具有比较优势的行业

全球国际工程承包行业主要集中在普通房建、交通运输、石油化工业。中国在某些行业具备一定的竞争力。在普通房建方面，2001年225家国际承包商的营业额为300.9亿美元，占全球总额的28.3%；中国公司在该行业的营业额为23.0亿美元，占中国对外工程承包总额的33.6%，占全球该行业的7.6%。电力行业方面，2001年225家国际承包商的营业额为74.8亿美元，占全球总额的7%；中国公司在该行业的营业额为2.45亿美元，占中国对外工程承包总额的13%，占全球电力行业的3.3%。

从2001年中国新签订的上亿美元的大项目看，主要集中在电力、交通运输和普通房建。

从近年来中国在交通运输业签订的项目分析，中国在公路桥梁、地铁项目建设上已经达到世界先进水平，具有较强的竞争力；中国的水电行业，在发展中国家有市场，竞争力比较强；石油化工业的优势处于上升阶段，石油化工业的三大公司在项目的资本运作、施工管理等方面具备了和西方大公司竞争的条件；在矿山建设、资源开发等工业项目方面，中国企业走出去较晚，但已经显示出了一定的竞争力。

（二）比较薄弱的行业

从中国对外工程承包的总体情况分析，竞争优势是相对的，而不是绝对的。同发展中国家的承包商相比，我们具备一定的优势，但同欧美大型国际承包商相比，我们的劣势也非常明显。2001年，斯堪斯卡公司国际市场营业额达121.52亿美元，相当于中国39家公司国际市场营业额总和的2.26倍。从市场分布情况来看，中国企业在亚洲和非洲地区的一些国家存在比较优势，而欧美市场仍然难以开拓。

总而言之，在技术、资本密集度高的行业领域型中国企业竞争力普遍较差，这是由中国相关工业领域的国内基础和国际竞争力决定的。

首先，研发和科技创新能力差，例如，由于缺乏专利技术和专有技术，中国企业在化学工业和石油化工业对外工程承包的技术竞争中基本上处于下风。

其次，一些优势产业的资源没有得到合理配置，以至于没有形成对外竞争的拳头，如轻工业是中国的优势产业，但是在对外工程承包方面，轻工业并没有形成强大的竞争力。

第三，中国大多数行业的企业经营规模小，资本金相对短缺，融资能力不强，缺乏与国际著名承包商相抗衡的实力。目前，中国能够在境外承揽5000万美元以上项目的企业不多，在国际市场项目大型化的进程中，企业的发展受到抑制。

第四，在企业管理、科技创新、信息化建设等方面还存在较大差距。不少企业没有按照现代企业制度建立和完善适应市场的机制，激励机制和约束机制都不完善和健全。

第五，我们在国际工程人才的开发上，复合型、高智能人才紧缺。另外，从行业经营秩序分析，中国企业在国际上的无序竞争现象还时有发生，影响了行业的整体利益。

二、国际工程市场未来发展趋势

当前，和平与发展是时代的主题。在世界走向多元化的大趋势下，经济全球化的特征日益明显，各国企业都在通过结构调整、跨国经营和技术创新，在全球范围内寻求更大的发展空间，国际市场的合作与竞争更加广泛和激烈。企业只有积极主动地参与国际分工与合作，拓展经济发展空间，才会有更大的发展。

从全球范围内看：

首先，近年来，国际工程承包行业发展的一个明显趋势是全球对工业项目的投资比率减少，而对基础设施的投资比率有所增加。据2001年ENR统计，2000年普通房建项目营业额达

363.5 亿美元，比 1999 年增长 4.6%；交通、电力项目也有所增长；而制造业、石油化工业等工业项目却下降了 23.5%，为 323.5 亿美元。另据 2002 年 ENR 统计，2001 年，制造业、石油化工业等工业项目又下降了 5.7%，为 305.1 亿美元。可以预见，随着全球产业结构、技术结构、跨国公司生产基地的调整，各国为改善投资环境，吸引外资，必将加大对基础设施、基础能源的投入，这些行业的工程将会保持增长。

第二，各国竞相发展信息产业，加快了信息建设的步伐。根据 2001 年全球对外发包的工程情况可以看出，不管是发达国家还是发展中国家，电信工程大量涌现，其中有诺基亚、爱立信、三星电子等大公司的投资项目，还有各国政府投资的电信网络改造、新建工程。2001 年，ENR 首次将电信产业专门列为一类进行统计。由于世界各国都重视信息化的进程，相信未来几年，信息工程将成为国际工程承包新的增长点。

第三，由于全球性的水资源危机和各国对环境保护的重视，今后相当长一段时间内，供水项目和环保项目将呈增加趋势。

国际工程承包商重组及结构调整浪潮不断，使其得以集中技术、资金和管理抢占和瓜分市场，国际工程承包行业面临更加激烈的竞争和变革。著名的瑞典工程公司斯堪斯卡公司(Skanska)通过兼并，使其 2000 年国际市场营业额达 86.4 亿美元，一举获得全球最大国际承包商亚军；2001 年该公司又荣登冠军宝座。因此可以看出，通过并购不仅可以获得超强的竞争力，还可以成功地拓展发达国家的市场。

在经济全球化和科技革命的推动下，高附加值、高技术含量和综合性的项目增多，国际工程技术承包领域中，信息技术以及新材料、新工艺得到普遍应用。国际工程项目日趋大型化，传统的工程承包正逐步被工程承包、国际投资、项目融资、国际信贷、设备贸易、技术转让、BOT、BOOT 等相互融合的综合性合作方式所取代，EPC 等总承包方式越来越多。

技术性壁垒成为各国保护本国工程市场的重要手段，“环保工程”、“生态工程”、“人权工程”的比重上升，区域和集团保护加强，市场进入的难度加大。

据国际劳工组织(IEO)、经济合作与发展组织(OECD)的统计，20 世纪 90 年代中期以来劳动力跨国流动超过 3500 万人。发达国家和一些新兴工业国家人口老龄化，结构失衡，对外籍劳务需求巨大；国家和地区间在经济发展阶段、结构调整、就业机会、劳动力供给和工资方面存在的差异，将进一步刺激和加速劳动力的跨国流动。但是，国际劳务市场的需求是不均衡的，专业技术人员越来越受到欢迎。随着各国重视发展信息技术，对信息技术人才的需求增加，以网络人才为代表的高技术人才普遍受到各国青睐。由于劳动力结构性短缺，包括发展中国家在内的很多国家普遍需求医护人员。可以预见，这两个行业的劳务市场将会得到较大的发展。

三、发展思路与对策建议

在经济全球化趋势日益增强和中国加入 WTO 的情况下，实施“走出去”战略，努力在利用国内外“两种资源、两个市场”方面有新的突破，是中国现代化建设和改革开放进入新阶段的必然趋势。发展对外工程承包和劳务合作将不仅是中国“十五”期间的重要发展战略，也将是较长一段时间内促进中国经济发展的重要决策。随着中国外经贸管理体制改革迈出新的步伐，国际经济技术合作事业将迎来更大、更快的发展，对外承包工程和劳务合作发展前景将更加广阔。

下一阶段中国对外承包工程和劳务合作的发展思路，拟应是重点扶持优势行业和优势企业参与国际分工与合作。

中国对外工程承包和劳务合作发展的中长期战略是巩固并扩大现有的比较优势，向“高技术、高附加值和高利润”的领域发展，在全球产业链中确立“中国”品牌。为此，需要我们深化改革，开拓创新，与时俱进。在认真贯彻多年来所倡导的“大经贸”、“市场多元化”、“以质取胜”和“科技兴贸”战略基础上，根据世界经济结构的调整，不断优化中国产业结构，加速参与经济全球化的进程，推动优势行业和优势企业“走出去”，带动其他行业参与国际竞争，为产业结构调整以及国民经济的增长作出自己的贡献。

为此，需要健全和完善两个体系，一个是服务体系，另一个是保障体系，即健全和完善对外承包工程和劳务合作的金融、保险、信息等服务体系；健全和完善相关法律、法规、制度等保障体系，从而促进行业的健康、稳定发展。

针对中国对外承包工程和劳务合作的发展思路，主要对策可参考如下：

（一）进一步优化对外工程承包和劳务合作的行业结构，推动有比较优势的行业扩大国际市场份额

中国对外工程承包要获得较大发展，应在进一步巩固现有优势的基础上，培养新的增长点。普通房建、交通运输和水电等行业是中国近年来发展比较成熟的产业，我们应进一步突出这些行业的优势，跨行业、跨地区对一些企业进行重组，形成更有竞争力的企业集团，在国际市场上争取更大的份额。

从产业结构调整角度来看，一些产业生产力富余，完全可以转移到国际市场，为国民经济的发展再做贡献；同时，经过结构调整后的一些优势产业，完全可以崭新的面貌在国际舞台找到自己的位置。在产业结构的调整中，我们应当根据国际市场的发展趋势，培养新的优势产业，培育新的具有竞争力的企业。建议抓住当前世界经济结构调整的时机，尽快在信息通讯行业、环保行业、水处理行业培育有实力的企业集团，有意识地加强相关资源的配置，争取在这些新兴领域有所突破，形成后发优势。

国际工程承包是服务贸易、货物贸易和技术贸易的综合载体，对国民经济的贡献率是多方位的。建议重点支持对社会综合贡献率大的行业，进一步扶持能够带动国产设备材料出口的行业。对于石油化工、水电、铁路、化学工业、冶金、矿山建设等行业，不但能够大量带动国产设备材料出口，还可以带动管理、技术、劳务的出口，国家应从资金、进出口等各方面给予便利和优惠，推动这些行业开展国际工程承包业务。

大力发展中国对外工程设计咨询业，推动更多企业进入国

际市场。建议"中小企业国际市场开拓资金"给予相应的资助。

在对外劳务合作方面,中国农业、建筑业、纺织服装业的劳务具有比较优势,在巩固传统市场的同时,我们应当通过中国入世后的便利条件,加强多双边谈判为中国的对外劳务合作争取更有利的环境,扩大市场份额。对于国际市场上劳务比较缺乏的医疗、计算机等行业,可有重点地加强培训。另外,要加强对外派劳务人员的管理,不断提高中国外派劳务人员的素质。

(二)优化对外工程承包和劳务合作的整体环境

在中国的经济体制改革的过程中,作为与"走出去"相配套的外经贸体制改革、外汇管理体制改革和金融制度改革也应该加快步伐,优化中国对外工程承包和劳务合作的整体环境。如,建立有效的对外工程承包的融资、担保体系,完善金融和外汇监管制度,建立和完善对外劳务合作人员的保险制度等。各部门之间组成有效的联合战线,全方位积极贯彻实施"走出去"的战略。政府和有关管理服务部门,需要根据发展的新形势,通过指导监督和政策支持,强化服务和协调,为企业创造良好的发展环境,提高国际竞争力。外经贸、财政、外交、公安、金融、保险等部门,要联合行动,积极帮助企业解决对外经营中所遇到的困难和问题。诸如人员和设备出国手续简化问题、保险承诺及保费问题等等。要研究制定推进联合与合作的具体政策支持与指导鼓励措施,充分利用外交、多双边经贸谈判工作为中国企业争取发展机会。

(三)行业市场的选择和推动

大力推动市场多元化战略,合理调整市场布局。充分利用加入WTO后的机遇和条件,在巩固和深度开发亚洲、非洲等传统市场的同时,加大开拓拉美市场的力度,在开拓欧美等发达国家市场方面要取得重大突破,使拉美和欧美发达国家市场成为对外承包工程新的增长点。

各行业要依据自身实力,有重点地选择适合自己发展的市场。

(四)提高企业的国际竞争力

一是要转换企业经营机制,深化体制改革。现代管理理论认为,企业的发展和壮大,最重要的是取决于企业自身的制度是否适应于环境,是否适用于市场经济规律和社会发展潮流。深化改革,转换企业经营机制,形成一个与企业发展目标相适应,并与国际接轨的良好的管理体制和经营运行机制,使员工素质、经营管理、技术水平和业务运行适应国际工程承包的需要是新形势的要求。

二是要加强发展战略的研究和管理。企业要发展必须跟上形势的发展和适应环境的变化,并结合各行业的实际情况,进行发展战略的规划设计和强化动态管理。各行业企业应当认真研究国际建筑市场和国际劳务合作市场的特点,充分发挥比较优势,明确企业定位,制订相应的市场开发战略和经营方针。国际上竞争实力强的大型企业,不仅十分重视企业发展战略的研究和全面管理,而且战略取向都很高,这是提高企业核心竞争力的一项极其重要的工作。

三是强化技术优势,培育核心竞争力。围绕企业发展重点,以市场为导向,适时加大科技投入,逐步提高科技投入比重,在不断完善企业核心技术的基础上,发展具有自主知识产权的专利技术,提高工程承包的高技术含量,全面增强技术优势。要在复杂多变的市场和激烈的竞争中求得生存和发展,关键是要培育有别于竞争对手的核心竞争能力,国际大型承包商如福斯特惠勒公司等其多元化的经营主要体现在依托主业而开展的经营,其发展依托的仍然是核心竞争力。加强技术开发,吸收和推广国际先进技术,改善和提高技术装备水平,强化参与市场竞争的技术优势。特别是石油化工、通信、电力等行业,能够大量带动国产设备材料的出口,应当加强这些行业的技术投入。

四是加强合作,发挥整体优势。各企业之间要加强合作,以增强和发挥整体优势,有效提高国际竞争力。当前,国际工程承包市场竞争激烈的形势,国际承包商都普遍重视联合与合作,既可分散风险,减少竞争对手,又可增强竞争力,提高获胜机率。

首先,要搞好集团内部的联合与合作,有效配置公司资源,形成集团的整体优势。其次,根据企业的现状和实际,要重视与国际知名承包商的联合。特别是进入发达国家市场,有国际知名承包商带领较容易进入。条件成熟的,可选择一至两个国际著名工程公司建立战略联盟,稳定合作关系,共同开拓国际市场。

推动银企结合和银企贸结合,缓解对外工程承包的资金短缺和融资能力差的问题,解决实物还贷和产品返销的困难问题。

五是加强人力资源的开发与管理。从事对外承包工程和劳务合作的各经营公司都要根据本行业发展的要求,加快实施人才培训工程,充实和建设好与企业发展目标相适应的专业技术与管理人员队伍。培养和引进高水平的技术和管理人才,形成自己的专家队伍。强化外语和计算机应用等方面的培训,培养外向型和复合型的经营管理人才。

建立有效的激励与约束机制和新型的弹性用人机制,完善业绩考核制度,坚持"以人为本",吸引人才、用好人才、留住人才,全面加强人力资源的开发和管理,争取用较短时间基本解决人才不足和素质偏低的矛盾。

(五)充分发挥行业商会的作用

充分发挥行业商会的作用,对提高国际市场竞争力是十分必要的。商会代表企业、行业的利益,要为企业提供专业化指导、咨询、协调和服务。商会要加强行业的协调,维护行业经营秩序;要根据企业需要,加强培训、信息服务;要积极组织国际市场调研,促进与国外同行的交流与合作帮助企业开拓市场;要向政府反映企业的意见与建议,为行业的发展争取有利的发展环境;要当好政府的助手,积极贯彻落实各项方针政策;坚持服务性、民主性、公正性、自律性的工作准则,着眼于行业的发展,把为大多数企业服务作为工作的根本出发点。

附:2002 年境外投资相关资料

2002年中国国外经济合作简明统计

(一)境外投资:

2002年, 经外经贸部批准或备案设立的境外中资企业共计350 家, 双方协议投资总额 14.46 亿美元。中方协议投资金额9.83 亿美元。其中,境外加工贸易企业 75 家,中方协议投资额1.67 亿美元。截至 2002 年底,中国设立境外中资企业总数 6960家, 中外双方协议投资总额 137.8 亿美元, 中方协议投资金额93.4 亿美元。其中,境外加工贸易企业 420 家,中方协议投资额11.22 亿美元。

(二)对外承包工程:

据统计,2002 年中国对外承包工程完成营业额 1119358 万美元,同比增长 25.8%;新签合同额 1505471 万美元,同比增长15.5%;年末在国外从事对外承包工程的人数达 7.8 万人,同比增加 1.8 万人。截至 2002 年底,中国对外承包工程累计完成营业额 827.2 亿美元,合同额 1147.8 亿美元。

(三)对外劳务合作:

2002 年, 中国对外劳务合作完成营业额 307141 万美元,同比下降 3.3%;新签合同额 275167 万美元,同比下降17.3%;年末在外劳务人员 410371 人,同比减少 4287 人。截至 2002 年底,中国对外劳务合作累计完成营业额 237.6 亿美元, 合同额 295.2 亿美元, 累计派出劳务人员 273.4 万人。

(四)对外设计咨询:

2002 年, 中国对外设计咨询完成营业额 8 723 万美元,同比增长 38.8%;新签合同额 8 479 万美元,同比下降 3.2%;年末在外设计咨询人员 756 人,同比增加 206 人。

(信息来源:商务部国外经济合作司)

国家鼓励开展境外加工贸易产品目录

按照实施“走出去”战略的要求,为引导和推动企业开展境外加工贸易,国家经贸委、外经贸部对《国家鼓励开展境外带料加工装配产品目录(第一批)》(国经贸外经[1999]379 号)进行了补充和修订,现予公布。

(一)机械类

1. 拖拉机、柴油机、汽油机、农业机械、园林设备、农副产品加工机械

2. 装载机、叉车、挖掘机、推土机、压路机、汽车起重机、塔式起重机、施工升降机、卷扬机、混凝土搅拌站、混凝土搅拌运输车、混凝土搅拌机、混凝土震动器、地面水磨石机、钢筋网成型机、高空作业车、高处作业吊篮

3. 电度表、水表、光学仪器、照相机、复印机、各类仪器仪表及文化办公设备

4. 工业泵、热交换器、压力容器、罐车、阀门、法兰盘、干燥设备、石油化工及化工机械、制药机械、采油机(修井机、抽油机、采油气井口装置、采油工具、电动潜水泵、注水泵)、钻机部件、钻井大钳、石油钻头

5. 注塑机、塑料注射成型机、塑料基础成型机、塑料中空成型机、塑料真空吸塑机、废塑料回收设备

6. 制冷设备与空调、风机、压缩机、中小型空气分离设备、真空设备、减变速机

7. 印刷机械与装订机械

8. 污水处理设备

9. 胶带输送机、破碎机、筛分机、手拉葫芦、电动葫芦、千斤顶

10. 仓储物流设备和大型超市设备

11. 普通机床、机械压力机、量具、刃具、磨料磨具

12. 焊接设备、电焊条

13. 轴承、紧固件、链条、钢丝及钢丝绳

14. 汽车、摩托车及零配件

15. 船舶、直缝焊管

16. 电力、供水、供热系统设备及零部件

(二)电力、电器类

1. 高压、低压开关设备

2. 高低压开关柜和箱式变电站

3. 电动机、发电机、发电机组

4. 电力电缆

5. 变压器

6. 电动工具

(三)电子类

1. 微型机算机、显示器、打印机、软件

2. 程控交换机、电话机、图文传真机、卫星电视接收机、广

播电视发射机

3. 激光影碟机、录像机、收音机、收录机、彩色电视机、黑白电视机

4. 扬声器、电阻、电容器、印刷电路版、磁头、荧光灯

5. 手持(车载)无线电话

6. 电子系统工程

(四)轻工类

1. 电冰箱、空调器、洗衣机、微波炉、电风扇、吸尘器、电熨斗、电饭锅

2. 自行车及各类零部件、缝纫机、钟表

3. 家用燃气灶具、吸油烟机、热水器

4. 小五金、不锈钢餐具

5. 普通电池、可充电电池、蓄电池、太阳能电池

6. 照明灯具

7. 合成洗衣粉、三聚磷酸钠

8. 打火机、火柴

9. 铅笔、自来水笔

10. 塑料编织袋、吹塑薄膜及其它塑料制品

11. 玩具

12. 日用玻璃、日用搪瓷、日用陶瓷

13. 农用喷雾器

14. 箱包

15. 布艺、装饰制品

16. 造纸

17. 家具

18. 啤酒、饮料、食品、罐头

(五)纺织类

1. 服装、服饰、鞋帽

2. 棉纺织、毛纺织、色织

3 .印染、针织、家用纺织品

4. 纺织机械

5. 化学纤维

6. 非织造布和其制品

(六)石油和化工类

1. 石油、天然气精炼产品

2. 氮肥、磷肥、钾肥及复混肥

3. 聚烯烃、合成树脂

4. 染料、涂料、颜料

5. 农药和家庭清洁卫生用品

6. 烧碱、氯代异氰脲酸及其盐、漂粉精

7. 轮胎、胶带、橡胶件和乳胶制品

8. 硅微粉和工业硅深加工制品

9. 不冻液

10. 化学清洗工程车

(七)建材类

1. 平板玻璃及深加工制品

2. 新型干法水泥

3. 建筑陶瓷、卫生洁具

4. 铝型材及其门窗

5. 塑钢型材及其门窗

6. 玻璃钢制品

7. 新型墙体材料

8. 石材加工设备

(八)医药类

1. 化学原料药及制剂

2. 中成药

3. 医疗器械

(九)烟草类

1. 卷烟

2. 烟用丝束

3. 烟草机械

(十)其他

1. 饲料

2. 农、副产品

合理使用国债 改善城市供水 促进经济发展

——贵州省安顺市西秀区自来水公司

贵州省安顺市西秀区自来水公司创建于是1957年,当时供水能力仅3千吨/日,固定资产60万元,职工16人,供水形式为集中供水。随着经济的发展,城市用水量在不断增加,自来水公司在抓基础设施和管网建设的同时,不断加强自身的后备力量,以适应城市发展的需要。

经过40多年的改造发展,城市供水能力初具规模,特别是改革开放以来,城市供水工作发展很快,1999年完成了主要水源桉筛水库引水工程,扩建望城坡水厂,使之达到日供水6.3万吨,至今,自来水公司已形成8万吨/日供水规模,固定资产近1.6亿元,DN100以上供水管网80公里,供水普及率达88%。

安顺市地处长江水系乌江流域和珠江水系北盘江流域的分水岭南侧,市区内95%的区域为典型的喀斯特地貌,“地表水贵如油,地下水滚滚流”,市区周围没有大的供水水源,是全国40个严重缺水城市之一。1999年以前城市供水主要依赖地下水的开采,过量的开采地下水导致水质的污染和地面塌陷等一系列不良后果。1992年桉筛水库的建设为安顺市提供了唯一可靠的供水水源。

安顺市桉筛水库引水工程1997年开始建设,1998年在国家加大基础设施建设投入力度的有利条件下,项目建设得到了国家3000万元国债资金的支持,为工程建设全面实施和加快建设进度提供了资金保证。1999年9月桉筛水库引水工程建成投产,解决了安顺市多年的缺水状况,完善了安顺的城市基础设施,对城市建设的发展,生态环境的改善起到了积极的作用。

桉筛工程建成投产后,城区配水管网不配套,爆管频繁,加之城区道路大面积的改扩建,漏失严重,供水量不能达到设计要求。为此,自来水公司于2000年开始进行城区供水管网改造工程,工程概算总投资3031.64万元,2002年工程建设得到国家2200万元国债资金支持,目前,工程建设基本完工。

根据安顺市的发展规划,结合城市经济的发展,将进行桉筛水库引水二期5万吨/日工程、10万吨/日安顺污水处理厂、DN100——300管道10km的西秀新区配水管网、日处理2万吨水厂及12km输配水管道的青山工业园区供水工程等的建设,安顺自来水公司规模将不断壮大。

安顺市桉筛水库引水工程和城区供水管网改造工程的建设,完善了安顺市的城市供水基础设施,产生的社会效益巨大,为安顺市地方经济的发展作出了重大贡献。国债投资意义重大,带动了安顺市当前经济的发展,奠定了安顺经济发展的后劲。

桉筛水库引水工程取水泵房及一级加压站

大力推进改革 加快企业发展

南阳鸭河口发电有限责任公司发展情况

南阳鸭河口发电有限责任公司(以下简称鸭电公司)是1994年12月经河南省人民政府批准，按照现代企业模式建立的独立发电企业。

电厂位于河南省南阳市，地处市区北40公里的方城县和南召县交界处的周庄村西南侧，电厂东邻焦枝铁路，西依南(阳)鲁(山)公路，与风景秀丽的鸭河口水库一堤之隔。

电厂规划总装机容量310万千瓦(一期工程2×350MW，二、三期工程均为2×600MW)，一期工程2×350MW机组是利用西班牙政府混合贷款的国家“九五”重点项目，由河南省建设投资总公司、河南省电力公司、南阳永升投资有限公司三方按55%、30%、15%出资比例建设。一期工程审定投资51.92亿元人民币，其中外资3.718亿美元。该项目工程于1994年12月15日开始建设，1998年5月和12月两台发电机组分别投产发电，进入生产运行以来机组运行状态良好。

投产几年来，在股东会、董事会的领导下，在各有关方面的大力支持和共同努力下，鸭电公司坚持“安全第一、预防为主”的方针，确保了机组的安全、稳定运行；按照现代企业制度要求，完善法人治理结构，建立了较为科学的决策、执行和监督体系；以劳动、人事、工资三项制度改革为重点，改革内部运行机制，增强了企业发展活力；加强“四项管理”(基础管理、安全管理、技术管理、经营管理)，落实“四降一减”(降低煤耗、降低油耗、降低物耗、降低管理费用和减少非计划停运次数)工作，全面推行预算管理，大力推进了管理创新；狠抓贷款结构调整，最大限度地降低财务费用，保证外资归还，维护国家信誉，提高了经济效益；坚持以人为本的指导思想，注重领导班子和队伍建设；加强了思想政治工作和精神文明建设。截至2002年年底，公司已累计完成发电量136.53亿度，累计归还贷款本金15亿元，贷款规模由46亿元降低到31亿元，负债率由88.69%降低到77.87%，累计向国家缴纳税金5.86亿元；并通过了ISO9001、ISO14001和OHSAS18001认证，先后获得了“河南省文明单位”、“河南省思想政治工作先进单位”、“河南工业综合实力百强企业”、“河南省安全生产先进集体”、“国家电力公司安全文明生产达标企业”和“河南省五一劳动奖状”等荣誉称号。

鸭电二期工程的筹建工作始于1995年，先后完成了环保、土地、燃煤和铁路运输等单项可行性研究报告的评审和批复，《预可研报告》与《鸭电二期扩建工程鉴定报告》编制完成并通过相关评审；二期扩建工程的《项目建议书》经河南省计委审定后于2002年12月报国家计委待批。2003年以来，鸭电公司抓紧了二期工程的前期筹备工作，可研设计、接入系统设计、环、水资源评价、铁路运输、并网许可等单项工作已经完成，二期工程开工的基本条件已经就绪。

目前，公司明确提出了要以邓小平理论和“三个代表”重要思想为指导，大力推进改革和创新工作，加强企业文化建设，加快企业发展，努力提升管理水平，全面落实安全生产、资产经营和党风廉政建设三项责任制，强力推进公司“两型一化，一中心”战略，努力把鸭电公司建设成为以效益为中心的“学习型、管理型、现代化”的发电企业，为全面建设小康社会，促进国民经济发展做出新的贡献。

地 址：河南南阳鸭河口电厂

电 话：0377—6622227

传 真：0377—6629159

邮 编：474671

开拓创新，不断提升企业核心技术水平

上海贝岭股份有限公司

上海贝岭股份有限公司（原名上海贝岭微电子制造有限公司），建立于1988年9月，是国内微电子行业的第一家中外合资企业。1998年8月，改制上市，成为国内微电子行业的第一家上市公司。

1988年，正值中国通信行业全面改造时期，上海贝岭率先通过上海贝尔，从世界著名的阿尔卡特通信集团引进了当时属国际主流生产技术的4英寸3微米集成电路制造技术，建立了数字程控交换机大规模集成电路生产线，同时按照国际先进企业的模式，建立了企业运行体制和管理制度。随后，在1994年，上海贝岭又进行跨越式的技术提升，从3微米跃升至1.2微米。同时，为增强企业的技术创新能力，建立了集成路设计中心，自主开发集成电路产品和更新工艺技术。

不断地技术改造和提升企业技术水平，为企业带来了良好的经济效益。上海贝岭生产的数字程控交换机大规模集成电路、卡拉OK混响电路和电子电度表电路等系列产品不断成为国内外市场的品牌产品。上海贝岭在长达8年的时间里销售额保持在4亿元，利润逾亿元。这些系列产品也被上海市技术监督局连续六年评为上海市名牌产品。

2000年国内外集成电路市场空前高涨，上海贝岭鉴于企业经营发展的迫切需要，筹资7.88亿元决定建设6英寸0.5微米集成电路芯片生产线。这个项目很快得到了国家经贸委的批准，并被列为国家专项资金重点技术改造项目(国债项目)。为做好国债项目，上海贝岭又筹集自有资金6000万美元，在上海浦东张江高科技园区置地建造集成电路芯片生产线的专用厂房。

集成电路产业是技术更新最快的产业，也是技术创新最多的产业。为使该国债项目的整体技术水平适应国内集成电路产业高速发展的形势，上海贝岭又及时调整项目的建设内容，把建设6英寸0.5微米芯片生产线调整为建设8英寸0.25微米芯片生产线，工艺技术水平又足足提升了两代。同时，为使该生产线建成后有足够的市场资源和资金投资，上海贝岭又决定，该生产线将采取独立运作的模式向国内外投资者开放，并且接受国内外Foundry代工。

8英寸芯片生产线虽然技术先进，发展前景很好，但投资规模巨大，国内缺少技术来源和市场资源。为此，上海贝岭采取了“分期实施，逐步扩大”和“边筹建，边找合作伙伴，并行操作”的战略方针。2001年7月，生产厂房项目正式启动。2002年10月，项目的建筑、安装工程全部完工。

目前，通过上海华虹集团的努力和协调，上海华虹NEC和美国捷智公司都有意加入本项目。上海华虹NEC从1996年实施“909工程”项目以来，已经对8英寸芯片生产线建设、提升工艺技术和企业管理等方面积累了丰富的经验。美国捷智公司因其先进的工艺技术和产品而著称于世，并且拥有雄厚的国际市场潜力，他们的加入使该项目如虎添翼。上海贝岭应用正确的战略和辛勤的汗水为国债项目的成功实施作出了新贡献。

公司全貌

办公楼

第八部分

民间投资与风险投资

民 间 投 资

民间投资现状与发展前景

国家统计局投资司司长 汲凤翔

改革开放以来,中国民间投资从小到大,逐步成长壮大,在促进经济增长、增加就业、提高人民生活水平、促进经济体制改革等方面发挥了较为重要的作用。近几年来,在国家积极财政政策的支持下,中国民间投资增长速度明显加快。

民间投资是根据投资主体的所有制形式对投资进行的一种分类,具体包括集体投资、私营个体投资,以及联营经济、股份制经济中的非国有控股企业投资四大类型。

国家统计局的最新调查显示:2002年全国民间投资共17516亿元,比2001年增长22.4%,中国民间投资在社会总投资中的比重已接近40%。

投资方向主要包括传统产业、高新技术产业、基础设施建设、县市地方经济、西部大开发、城市化建设、国有企业等七大热点领域。

民间投资逐渐成为推动房地产和汽车业发展的主力军。在北京,民间投资已占房地产开发投资的61.3%。

一些起点高的民间投资企业也开始涉足计算机、网络等高新技术产业领域。中国新兴的微型计算器和软件业中,几乎清一色都是非国有企业。

投资收益稳定的交通、通讯、能源和电力等基础设施成为中国民间资本的新舞台。以上海为例,目前民间资本已占上海城市基础设施总投资的一半,全市整个高速公路网投资中,七成左右直接来自民间资本。在刚刚奠基的杭州湾大桥总投资为118亿元人民币,其中,民间投资占了半壁江山,这不仅首开中国民间投资进入国家特大型基础设施建设的先例,也预示了未来民间投资发展的新方向。

传统产业仍是民间投资的“主战场”

目前中国民间投资在投向上虽出现种种新趋势,但就总量而言,仍主要分布于制造业及一般服务业等传统产业。在全社会分行业投资中,民间投资超过所在行业50%的有:农林牧渔业、制造业、建筑业、批发零售及餐饮业和房地产业。

而民间投资比重低于20%的行业主要有:采掘业、电力、煤气、水、地质勘察、水利管理业、交通、邮电通讯业、金融、保险业、社会服务业、科学研究等。这些行业都是国有经济占绝对垄断地位的行业,国有及控股投资所占的比重都在80%以上。

在制造业中,民间投资主要集中于竞争较为充分的劳动密集型行业,如食品加工、服装及其他纤维制品、医药、塑料制品、非金属矿物制品、金属制品、电气机械及器材制造业。这些行业大部分是传统制造业,技术含量较低,市场门槛低,竞争较为充分。

对于那些科技含量高、资金密集的行业,如电子及通信设备制造业,交通运输设备制造业、石油加工及炼焦业等,民间投资不仅低于国有及控股投资,也低于外商投资所占的比重。这一方面说明某些行业对民间投资仍存在一些限制,另一方面也反映出民间投资尚不具备大规模进入技术和资金密集型行业的条件。

民间投资两大特点:筹资单一、规模较小

民间投资的资金来源仍依赖于企业的自我积累。在2002年民间投资的资金来源中,国家预算内资金占2.4%,国内贷款占13.2%,利用外资占2%,自筹资金和其他资金约占82.5%。这说明民营企业自我积累能力较强,也反映出民营企业的资金筹集渠道比较单一。

在2002年民间投资中,集体投资5987亿元,私营个体投资6519亿元,联营经济和股份制经济中的非国有控股投资4811亿元,比重分别为34.2%、37.2%、27.5%。其中集体和私营个体比重分别下降2.7和0.8个百分点,而联营和股份制经济中的非国有控股投资比重则上升了3.3个百分点。

近几年,由于企业改制,部分戴着集体企业帽子的企业,恢复了私营个体的身份,或改为股份制企业,导致集体投资比重下降。而个体、私营投资比重下降,主要是受近几年农民收入增长缓慢的影响。1998~2002年农村居民人均收入年均增长仅为3.8%,直接影响了农民投资的积极性和投资能力。

民间投资总体规模较小。2002年城镇计划总投资50万元以上项目中,国有及控股投资项目平均规模为5584万元,外商投资为9742万元,而民间投资仅为2129万元。从民间投资的

项目规模分布来看,3000 万元以下的项目达到 82%,最多的是 100 万~500 万元的项目。

民间投资全面拉动经济发展

从 1981 年到 2002 年,除个别年份外,民间投资对经济增长的贡献率呈上升的态势。2000 年,中国 GDP 增长 8%,其中民间投资拉动 2.36 个百分点;2001 年 GDP 增长 7.3%, 民间投资拉动 1.66 个百分点;2002 年 GDP 增长 8%, 民间投资则拉动 2.4 个百分点。

数据显示,民间投资的分布与各地区的经济发展水平密切相关:经济越发达,民间投资就越活跃,所占比重就越大;而经济发展相对落后的地区,民间投资发展则相对滞后。

东部地区民间投资占所有投资的 44.5%, 超过了国有及控股投资 44%的比重。而中部地区民间投资占 39.4%,比东部低 5.1 个百分点。西部地区民间投资占 36.2%,比东部地区低 8.3 个百分点,民间投资的比重随着地区间经济发展水平的高低而有所不同。

民间投资的三大积极效应

为居民增加收入开辟一个新途径。随着民间投资的发展,居民资本性收入也逐步增加。1985 年,城镇居民人均财产性收入 3.74 元,2001 年达到 134.62 元,增长 35 倍,占可支配收入的比重由 0.5%上升到 2%;而同期工资性收入只增长 7.1 倍,占全部可支配收入比重由 83.2%下降到 63.8%, 民间投资成为居民增加收入的一个重要途径。

为改善人民的居住水平做出贡献。实行住房制度改革以后,个人购房成为城市居民的重要投资方式。2002 年城市商品房中个人购房已占全部商品房销售的 90%以上,个人投资成为中国房地产业快速发展的内在动力。从 1985 年到 2001 年,城市居民的人均住房建筑面积由 10 平方米提高到 20.8 平方米,农村居民人均居住面积由 14.7 平方米提高到 25.7 平方米,民间投资为改善人民的居住水平做出了重要的贡献。

推进国有企业的改革。民间投资积极参与国有企业的兼并、收购、承包、租赁和重组过程。部分国有企业改为上市公司,民间投资尤其是个人投资成为主要的投资者,使国有企业改制成为现实。另外,民间投资在吸纳国有企业下岗职工、促进市场竞争等方面也对国有企业改革起到了积极的推动作用。

促进民间投资发展的几条建议

近几年来,社会各界对启动民间投资已形成共识,有关部门也出台了一系列促进民间投资的政策措施。但是,由于长期以来受传统计划经济观念的影响,一些人对民间投资的发展依然心有余悸,存在着以所有制性质和公有化程度论优劣,把公有、私有对立起来的现象。在具体工作中,对发展民间投资必要性的认识还局限于实用和功利主义的层面上,把发展民间投资作为一种解决短期需求不足的应急措施,缺乏长期的战略性的考虑。因此,一遇到实际问题,民间投资就会受到责难、遇到障碍。

因此,要进一步提高对民间投资的认识,把发展民间投资作为国民经济发展的长期战略和基本国策之一,作为建立和完善市场经济体制、构建市场经济微观基础,建立市场经济体制的重要途径。当前,尤其要在以下几个方面加强工作。

——要给民间投资在法律上以应有的地位。首先,要在宪法层次上对民间投资的产权给予明确的保护,并修改各类相关法律、法规。要对现行法律和法规进行一次清理,清除与发展民间投资不符的条款,并制定相应的鼓励发展的条款,使民间投资者在投资活动中有法可依,解除民间投资者的后顾之忧。

——扩大民间投资的空间。目前民间投资虽已涉及国民经济的各个方面,但某些有形或无形的限制仍然存在,实际情况也说明民间投资比外商投资所能进入的行业要少。随着国有企业战略性改革与重组的不断推进,民营经济将成为绝大部分竞争性领域的主要力量。国家应鼓励和支持民营企业通过收购、兼并、控股参股、转让经营权等多种形式,参与国有经济改革和战略性调整。要研究制定鼓励民间投资进入基础设施建设和服务业的办法,扩大民间投资的进入范围。所有对外资开放的行业,必须对民营企业开放,在对外资企业实行国民待遇之前,首先应对民营企业实行"国民待遇"。

——实行鼓励民间投资的财税政策。首先要公平税负,改变对私营和个人独资企业重复征收所得税的做法。在税收减免方面,凡是给予外资企业的优惠政策,民间投资也应该享受;要逐步改革增值税征收办法, 消除税制对民间投资的抑制作用;要允许民营企业采用加速折旧的办法,增加企业进行技术改造的资金,加快技术进步的步伐。

——加大对民间投资的金融支持力度。目前,金融和信贷问题已成为民间投资进一步发展的瓶颈。由于银行支持力度不够,资本市场难以进入,民间投资面临资金困难,当其自我积累也无法满足需要时,有些企业就依靠非正规的民间借贷,甚至是"地下钱庄"来筹集资金。但民间借贷规模小、成本高、风险大,缺乏稳定性与可持续性,一旦运用不当,企业可能背上沉重的负担。因此,应加大金融体系改革的步伐,逐步完善民间投资的金融服务体系,使民间投资走上健康发展的轨道。要加快金融业对内开放步伐,积极发展非国有的地方银行和中小金融机构。国有商业银行要切实发挥好其内部中小企业信贷部门的职能,积极对有效益的民营企业提供金融服务。在直接融资方面,应当支持符合条件的民营企业特别是民营高科技企业发行债券、股票并上市流通,疏通民间资本的进入和退出通道,改变资本市场歧视民营企业的状况。

——要加强地区间合作,促进西部地区民间投资发展。东部地区由于生产成本不断上升,市场竞争越来越激烈,东部地区民间资本也急于寻找更多的机会。西部地区经济发展水平相对落后,资金相对缺乏,需要引进东部地区的资金和管理经验。因此,西部地区各级政府应该积极创造条件,吸引东部地区民间投资进入西部,有关部门也应制定相关的政策措施,引导东部地区的民间资本到西部地区投资,促进东西部地区经济的协调发展。

民间投资发展形势与政策取向

国家发改委投资研究所 王元京

进入"十五"计划中期发展阶段之后，中国经济形势面临着新的机遇与挑战。在国际经济的前景不明朗、国债投资拉动社会需求的政策作用有限的情况下，能否保持国民经济持续高速的发展势头，将在相当程度上取决于民间资本投资潜能的挖掘。因此，我们需要科学、客观地估价民间投资增长的地位和作用，并对民间投资未来增长的总体走势进行预测，以提出应采取的促进政策。

一、民间经济投资增长的地位与作用

近年来，随着国家与地方采取了一系列促进民间资本投资的配套政策，民间资本投资增长的势头十分良好，对于拉动整个国民经济、消费、投资与就业起到了巨大的作用。今后一段时间，民间资本的投资将继续沿着健康发展的态势，并将呈现出新的特点与作用。

（一）民间投资将成为社会投资的重要来源

近年来，中国国债投资拉动了社会投资的增长，扩大了财政带动经济增长的效应。但是，国债投资有一定的投向范围，要持久地保持投资增长的力度，实现经济增长的目标，必须让民间投资发挥作用，使其在国民经济的主战场上扮演重要角色，成为推动经济增长的重要力量。1996年国有经济投资占全社会总投资的比重为52.5%，2001年下降到47.3%，同期民间投资即集体、个体与其他投资(包括股份制经济、外资与港澳台等)的比重则由46.2%上升到了52.1%。如果剔除外资份额，那么国内民营经济的投资比重则由34.4%上升到44.1%。预计2003年，在国有经济投资比重将继续有所下降的大格局下，民间投资将逐步成为社会投资增长的重要来源。

（二）民间投资呈现高速攀升的势头，将有力带动社会投资增长

从近年来国民经济增长的影响因素来看，固定资产投资增长对国内生产总值增长的贡献率最大，而在全社会固定资产投资增长的过程中，又是民间投资增长对社会投资增长的拉动力最大。据国家统计局统计，1996—2001年，在全社会投资增长速度起伏变动中，国有经济的投资增长呈现逐年下降的趋势，而同期民间投资则呈现不断攀升的态势。2001年，全社会投资增长13%，国有经济投资增长6.7%，而民营经济中的个体经济投资增长15.3%，股份制投资增长39.4%，在整个民间投资中增长最快。这就为国民经济持续快速发展奠定了基础。

（三）民间投资已在一般竞争性领域中占有较大份额，将成为产业增长的重要力量

改革开放以来，民营经济经历了一个艰辛的漫长过程。目前，民营经济已在国民经济中起到越来越重要的作用。从投资来看，2000年，民营投资(不包括外资份额)已占全社会投资的41%，其中，投入高科技的占19%，基础产业13.5%，传统制造业21%，建筑业43%，房地产55%，批零贸易与餐饮业领域等服务贸易业36%。同期，民营经济产值已占到了基础工业增加值的28%，高科技增加值的32%，一般制造业的45%。可以说，民营经济已在一般竞争性领域的众多部门取得了较为明显的竞争优势。如在37个工业大行业中，民营经济的增加值所占份额已超过50%的有：有色金属、纺织、家具、化工原料等16个行业，占据了主体地位；可以说，民营经济投资已有效地补充了国有经济的空白。从2003年乃至"十五"期间来看，在保持国有经济在关键性领域占主导地位的前提下，促进民营经济在一般竞争性领域全面进军，不仅是必要的，而且已具备了可能性。

（四）民营经济投资已吸纳社会就业的80%，成为社会稳定的基本力量

由于民营经济的投资主要面向劳动密集型产业，单位投资吸纳的劳动力明显高于国有企业，民营资本已成为创造就业岗位的主体。1995—1999年，国有单位、城镇集体和乡镇企业就业岗位年均减少672万个、359万个和40万个，而同期个体企业、私营企业、股份及外资等企业增加就业岗位407万个、267万个和1156万个。仅2000年1年，个体工商户和私营企业就安置下岗职工250万人次，约占下岗职工再就业人数的70%。根据全国31个省、区、市人均国内生产总值和非公有制企业职工人数占就业人口的比例来看，两者的相关系数为0.9074，非公有制经济雇用的人数越高，地区经济就越发达。从这个意义上来说，民间企业在吸纳就业方面已成为一种重要力量。预计今后几年，民营经济发展提供就业岗位的势头将会愈来愈强。

二、推进民营投资增长的基本任务

从长远来看，民间投资、外商投资与国有投资既有分工，也有合作。因此，在确定未来社会投资增长的目标时，要充分发挥民间资本的优势与特点，除了引导民间投资主体在一般竞争性领域继续扩大投资优势以外，应当特别鼓励与引导民间投资在国有资本难以发挥作用、国民经济又急需发展的领域加大投资，尤其是在中小金融服务领域、中小城市建设和职业教育与培训领域加大投资力度，以实现国民经济协调发展的要求。

（一）加大金融等服务业领域的开放，让民营投资主体发挥重要作用

目前，民间经济拥有巨大的资本供给潜力，可为中国资本

市场与投资市场提供持久的发展能量。从资本的供给来看,中国民间大约有13万亿元的流动性资金。全国居民累计储蓄额有8.41万亿元,居民手持现金1万多亿元,居民持有的金融资产总量已达8.5万亿元以上。外资有3万亿元,民营企业中的私营、个体部分,2001年的注册资本至少为2.2万亿元。最近,国家有关部门对规范民间资本投资金融业的市场准入做出了规定。今后,应进一步鼓励民营资本借助资本市场,通过参股控股、兼并收购等多种资本经营方式进入金融业,在国有大型商业银行逐步退出的地区大力发展民间金融,组建地方中小银行,填补国有金融业留下的市场空白,发挥民营金融机构的地缘优势与增长活力,降低对当地中小企业贷款的交易成本,从而不断提升民营中小企业的融资能力。

(二)推动与加快城市化的发展,让民间资本发挥巨大作用

加快城市化建设,是消除"二元结构"并存与提高农民收入的根本途径。城市化建设可拉动巨额投资需求。每提高1个百分点的城市化水平,就能创造近千亿元的消费需求、投资需求与大量的农村就业需求。目前,农民属于低收入阶层,广大农民个体带资进城创业的力量严重不足,对加快中国城市化进度的资本贡献率很低。而县乡两级地方政府只能满足"吃饭财政",一般无力为城市化的提高增加投资。外资对开发中国中小城市还没有形成投资兴趣,国家也不可能对于中小城市的建设进行投资,而大型国有企业一般很少涉足中小城市的开发建设。因此,正在迅猛成长的民营经济在提高城市化水平方面则显示出独特的优势。目前,福建、山东等地政府,通过发展"块状经济",引导分散化、独立化的民间投资相对集中,发挥群体优势和集聚效益,从而大大带动了城市化的发展与农村劳动力的转移。

(三)大力发展民办职业教育,为低素质、高密度的劳动力就业创造条件

目前,低文化、少培训的低素质人口就业问题仍很突出。这部分劳动力距离现代经济所要求的就业门槛还有相当差距。由于中国职业教育在农村甚至在城市里还没有普及,因此,要满足每年2000万新增就业人口的需求,就需要进行世界上最大规模的就业培训计划,进行大规模的职业教育培训投资。目前,作为公办教育补充的民营高等教育迅猛发展,已有76所民办高校获得高等学历教育资格。但中国中等职业教育发展却严重滞后,尤其是现有技工学校的培养能力严重不足,造成了中国就业供求的严重的结构性矛盾。如此庞大的低素质人群的职业教育与培训责任谁来承担?从长远来看,民间企业最有可能介入低素质人群的技能培训教育市场,即使从自身来考虑,民间企业也应承担起职业培训的社会责任,因此,要把鼓励民间资本发展职业教育放在特殊的地位,为民间资本进入创造条件并加以引导,从而逐步建立起面向低素质人群的职业培训产业体系。

(四)发挥比较优势,推动民营经济在改造、提升传统制造业方面扩大投资

加入世贸组织后,在经济全球化的大格局中,中国将逐步成为"世界制造业基地",传统制造业将获得前所未有的发展机遇。但是,目前中国还不是制造强国。如何提升中国制造业的竞争能力?如何强化中国制造业的国际地位?值得研究和探讨。中国传统制造业需要进一步确立比较优势,集中财力、物力形成更大的规模经济优势与低成本优势,造就世界级的"彩电大王"、"汽车大王"、"服装大王"、"电话大王",在国际竞争中提高市场占有率与生产集中度。从事制造业的民营企业与国有企业应站得更高、看得更远,在比较优势领域提高投资力度与投资效益,形成真正的竞争优势。民营经济作为传统制造业的主力军之一,应在加速结构调整、推进产业提升中壮大自身实力,把握投资方向。在市场供求格局、经济体制环境和对外经济关系发生较大变化的情况下,应采取财政贴息、银行"输血"等手段对确有投资前景的企业和产品给予技术创新的支持,鼓励民营经济加大技术改造投入,根据市场需求和科技进步的要求,积极采用新技术、新工艺、新装备,开发新产品,淘汰落后生产设备、工艺和销路差、效益差产品,提高市场竞争力。同时,还要鼓励在专业化分工协作方面扩大投资与发展。打破"大而全"、"小而全"的企业组织结构,实行专业化分工与协作,形成产业内适度集中、企业间充分竞争、大企业为主导投资、大中小企业协调投资的格局,这是调整优化产业投资结构的重要任务。为此,一些生产最终产品的国有、非国有大型企业或企业集团,需要与大量专业化生产零部件、配套件的中小企业进行联合协作,形成关联企业群体,并由此创造新的投资需求。

三、推进民营投资增长的基本政策

(一)内外统一,全面、有序地开放民间投资准入领域

按照加入世贸组织的要求,中国已颁发了引导外资投资方向的新指南。同时,为了鼓励民营经济的发展,各地也纷纷出台了有关政策,但由于政策不统一、欠完善,使民营资本缺乏一个可参照的、比较系统的、具有权威性的产业投资政策指南。因此,应尽快制定统一规范的市场准入办法。无论是民营经济还是国有经济、外资经济,均实行符合国家产业政策的规模经济标准、质量技术标准、环境保护标准,以及城乡建设用地规划等方面的要求。为了保障投资进入的质量,可采取稳妥、逐渐降低进入门槛的办法来严格把握各类投资主体的投资资格。

(二)"抓大扶小",促进不同层次民间企业的投资增长

目前,民营经济投资已形成了不同的发展层次与发展水平。从一定意义上讲,中国大企业决定着国家核心竞争能力与发展能力,而中小企业则关系着社会的稳定能力与生存能力。因此,在推进民间企业投资增长的过程中,应当实施"抓大扶小"、"抓大促小"的政策,充分调动众多民间企业的投资积极性与创造性。到1999年底,私营性质的企业集团已达到了1689户。这些民营企业大都资产质量好、生产规模大、产品档次高、经营管理机制先进的现代化企业,开始进入技术

创新、产业集聚、专业分工及社会化的发展阶段。因此,国家应鼓励大型民营经济通过收购、兼并国有企业产权的存量投资方式,扩张资产规模、增加竞争实力,推动国有经济与产业结构的战略性调整。一方面,着力壮大民营经济大企业、大集团的战略投资实力。另一方面,要认真落实《中小企业促进法》,千方百计地扶植中小企业投资主体,健全中小企业投资服务体系。中国民营中小企业具有差异大、覆盖面广、发展阶段各不相同的特点,尤其要在金融服务、项目招标、税费征收、土地等要素使用、财政贴息、技术扶植,以及资金、技术、信息支持和进出口、对外投资、招工等方面,应制定不分规模的政策待遇标准,享受优惠政策的企业应以效率为标准,不应仅限于少数重点企业。

(三)学东促西,完善欠发达地区民营投资增长软环境

目前,东部地区民间投资的体制与政策环境要明显优越于中西部地区。近几年的地区经济发展情况表明,由于国家采取了西部大开发等一系列政策措施,中西部地区的基础设施建设取得了长足的发展,使得不同地区在投资硬环境方面的差距大大缩小了,有些中西部地区的投资硬环境甚至超过了东部地区。但是,在投资软环境方面,西部地区一些地方却没有根本的改善,旧体制旧观念仍严重制约着民营经济的发展,使得当地民营经济投资或者长期振兴不起来,或者纷纷转移到发达地区,从而造成各区域间民间投资的发展不平衡。因此,应当看到中西部地区在改善民间投资增长的体制与政策环境的紧迫性、必要性和艰巨性。在国家继续增大对中西部地区投资补助、减免税、贴息贷款等优惠支持以外,应当在大力推广东部地区完善民营经济投资增长环境的成功经验。国家应设立担保基金和支持民间发展担保公司,形成完善的信贷服务体系,使民营经济获得足够的金融支持。

民间投资贡献率在不断加大

国务院发展研究中心 卢中原

统计分析表明,近年来民间投资正在加速启动,在全社会投资中的份额已接近国有经济投资,对全社会投资增长的贡献逐步提高,国民经济中投资的自主增长能力逐步增强。这是经济改革、结构调整和宏观调控政策的积极成果,也为经济发展和宏观经济政策的调整创造了有利条件。同时,民间投资的成长仍然面临不少制约因素,亟待加以解决。

一、民间投资增速、比重和贡献率变化态势

(一)国内民间投资增幅高于国有经济投资,其中股份制经济的投资增长最快

1998年中国实行积极财政政策以来,在投资领域以连续发行国债拉动整个投资需求的增长,已经取得明显成效。2001年全社会投资增长13%,高于前两年的增幅。同时,由于国债投资集中体现了政府公共投资的意图,主要受益者是国有经济,人们一直担心民间投资被挤出或增势减弱。然而,事实上除1998年国有经济的投资增幅显著高于民间投资和全社会投资的增幅以外,1999年到2001年,集体经济、个体经济和其他经济的投资增幅基本上都快于国有经济的投资增长速度,其中"其他经济"的投资增幅连续两年高达28%以上。在各类经济成分中,股份制经济的投资增长最快,1997年到2001年,由1387.21亿元增加到5663.49亿元,5年平均增速高达32.5%;同期,外商及港澳台投资从2893.08亿元增加到2998.69亿元,平均增幅仅为0.7%。

国内民间投资的平均增幅不仅高于国有经济,也高于全社会投资的增幅。1998年到2001年,国有经济投资增幅已从17.4%逐年回落为3.8%、3.5%和6.7%,而全部国内民间投资的平均增幅逐年分别高达20.4%、11.8%、22.7%和20.3%,与国有投资增幅放缓的趋势形成鲜明对照。

(二)国内民间投资比重接近国有投资,股份制投资比重明显上升,全社会投资对政府直接投资的依赖程度在降低

近几年,国内民间投资在全社会投资中的份额呈现不断上升趋势,而国有投资、外商及港澳台投资比重则逐年下降。1997年到2001年,国有投资、国内民间投资、外商及港澳台投资三者比重分别由52.5%、35.9%和11.6%变为47.3%、44.6%和8.1%,目前国内民间投资在全社会投资中的份额已经接近国有经济。

1990年以来,国有经济在全部投资中的比重以较大幅度持续下降,2001年与1994年相比,这一比重降低了9.1个百分点。同期,集体经济投资比重小幅度下降,降低了2个百分点;外商及港澳台投资比重下降3.1个百分点;而个体经济投资尤其是股份制经济投资所占比重明显上升,分别上升了3个和11.4个百分点。

国家注入大量国债投资以来,尽管国有经济在全社会投资中所占比重在1998、1999年曾有小幅度回升,但是总的看仍呈下降趋势,1998年到2001年,国有经济投资比重由54.1%下降到47.3%。同期,在国内民间投资比重的变化中,集体经济投资所占比重略有下降,由14.8%下降到14.2%;个体经济投资比重

由13.2%上升到14.6%；其他经济的比重由18%上升到23.9%，其中股份制经济的投资比重由6.9%迅速上升到15.2%。这表明，在国债投资集中投向国有经济领域的同时，国内民间投资也渐趋活跃，尤其是股份制经济的投资活力最为强劲，比重上升幅度最大。

通过对比，近几年政府直接投资与全社会投资的态势，也可以看出投资自主增长能力逐步增强的趋势。1999年到2001年，国债投资(包括国债资金和全部配套资金完成的投资额)占全社会投资的比重逐步下降，依次为8.1%、8.8%、6.5%；预算内投资资金增长率也逐步下降，依次为54.7%、13.9%、13.2%；而全社会投资增长率则逐步上升，依次为5.1%、10.3%、13%。这表明，由于国内民间投资成长势头逐步加强，全社会投资增长对政府直接投资的依赖程度正在降低。

（三）国内民间投资对全社会投资增长的贡献率有所提高，接近国有经济投资的贡献率

由于近年来整个非国有经济投资的增长速度逐步加快，在全社会投资中的比重不断上升，它们对全社会投资增长的贡献率也逐步提高。1998年全社会投资增长13.9%，其中国有经济的贡献率高达7.52个百分点，而集体经济、个体经济和其他经济的贡献率分别仅为2.05、1.83和2.49个百分点。2001年全社会投资增长13%，其中国有经济的贡献率下降为6.17个百分点，集体经济的贡献率下降为1.85个百分点，个体经济和其他经济的贡献率分别上升为1.9和3.12个百分点。

在其他经济中，股份制经济对全社会投资增长的贡献率提高得最为明显，由1998年的0.96个百分点上升到2001年的1.98个百分点；同期，外商及港澳台投资对全社会投资增长的贡献率则由1.46个百分点下降为1.05个百分点；而联营经济等投资的贡献率基本保持在0.08个百分点。个体经济投资的贡献率已经略大于集体经济。按照2001年各种经济类型对全社会投资增长的贡献率由高到低排序，依次是国有经济、股份制经济、个体经济、集体经济、外商及港澳台投资经济和联营经济等。国内民间投资对全社会投资增长的合计贡献率，由1998年的4.92个百分点上升到2001年的5.81个百分点，正在接近2001年国有经济投资6.17个百分点的贡献率。这与国有投资、外商及港澳台投资的贡献率分别下降的趋势也形成鲜明对照。

（四）东部民间投资已经成为本地区投资的主力军，中西部民间投资增长快于东部

分地区看，民间投资在东中西三大地区都有很大增长，在本地区全部投资中的比重不断上升。1993年到1997年，东部民间投资年均增长23%，民间投资占本地区全社会投资的比重由46%增加到53.6%，上升了7.6个百分点；中部地区民间投资年均增长32%，所占比重则由31.7%上升到44.6%，上升12.9个百分点；西部地区民间投资年均增长27%，比重由23.5%上升到32.4%，上升8.9个百分点。这一时期整个国民经济和全社会投资的增长速度相当高，因此东、中、西三大地区的民间投资增长势头也很猛，中、西部民间投资的增幅和所占比重的上升势头都明显高于东部地区。

1997年到2000年，东部民间投资年均增长10%，在本地区全部投资中的比重由53.6%增加到56%，上升了2.4个百分点；2000年东部地区有5个省的这一比重超过本省56%的平均水平，分别是福建(63.4%)、浙江(62.7%)、广东(59.9%)、海南(58.2%)、天津(58.2%)。中部民间投资年均增长11%，所占比重由44.6%增加为45.9%，上升1.3个百分点。西部民间投资年均增长19%，所占比重由32.4%增加到37.5%，上升5.1个百分点。这一时期由于亚洲金融危机影响和国内经济形势的变化，三大地区民间投资的增长和所占比重的上升幅度均有所放缓，但是在深化改革和扩大内需政策的刺激下，民间投资在不同地区仍然维持了较高的增长势头，尤其是西部民间投资的增幅明显大于东部和中部。同时，在东部一些非国有经济比较发达的省份，民间投资的主体地位进一步增强，发挥了对本地区全部投资的主要拉动作用。

二、民间投资增长加快的主要促进因素

（一）国有经济改革和战略性调整的推进，扩大了民间投资的成长空间

1998年到2001年，股份制经济投资的增长速度分别高达40.4%、27.3%、63.9%和39.4%，在整个民间投资中的增长是最快的；股份制经济投资在增势迅猛的“其他经济”投资中占有主要份额(由1997年的30.4%上升到2001年的63.6%)，整个民间投资的加速成长实际上是股份制经济投资拉动的。目前民间投资已经遍及国民经济16大行业，个体经济投资主要分布在农业和住宅方面；集体、私营、联营、股份制经济投资主要分布在批发零售贸易餐饮业、制造业和建筑业。1993年到1997年，民间投资在16大行业中的投资额及占本行业全部投资的比重都有不同程度的上升，其中，增长最快的行业是建筑业、批发零售贸易餐饮业和农林牧渔业，所占比重分别上升了15.69、12.55和11.71个百分点。在一般竞争性领域，民间投资主体特别是股份制经济已经显示出强大的经济实力和竞争优势。近几年，一些国有经济垄断的基础设施领域逐步向民间投资开放，对民间投资的产业进入限制有所放宽，民间投资主体在这些领域也日益显示着增长潜力和竞争活力。

（二）法律环境的改善激发了非公有经济投资的积极性

党的十五大召开之后，宪法正式确定个体、私营等非公有制经济是“中国社会主义市场经济的重要组成部分”。众多的假集体企业纷纷摘掉了“红帽子”，恢复了其私营企业的本来面目。据有关部门对2000多家民营企业进行的随机调查，70%的民营企业准备与其他所有制企业进行联营或股份制改造，愿意参与国有企业的改革。1999年生效的《个人独资企业法》和实施细则，不再对个人独资企业的雇工人数、注册资金设置最低限制。关于非公有经济的法规正在逐步制定，为此类投资主体的快速发展提供了一定的法律保障。

（三）西部大开发对各地区民间投资的活跃产生催化作用

西部地区的改革开放步伐正在加快，投资环境逐步改善，为

本地各类企业包括民间投资主体的发展壮大创造了有利的体制条件。同时,也吸引更多的东、中部各类企业和外商投资企业到西部投资,促进了生产要素流动和区际贸易的扩大。据中国企业家调查系统调查,东、中部地区有超过半数的企业已经参与或打算参与西部大开发,生产要素加快流入西部的途径正在逐步拓宽。这不仅为西部民间投资主体带来专门人才、资金、技术、管理经验和信息等本地稀缺的生产要素,还带来新的思维方式和行为方式。东、中部地区的各类企业也找到新的投资机会,扩大了配置资源的市场空间。

(四)预算内资金包括国债投资为激活民间投资创造了条件

一方面,近几年的巨额国债投资正在改善不少地区的基础设施,起到间接拉动民间投资的作用。另一方面,预算内资金对民间投资主体的支持力度也有所加大。1997年到2000年,预算内资金在全社会投资总额中所占比重由2.8%上升到6.4%,用于民间投资的比重由12.1%上升到18.5%。当然,同期在全社会投资的各项资金来源中,用于民间投资的主要是利用外资、自筹投资和其他投资,但是预算内资金对民间投资项目的直接支持也是不能忽视的。

三、推动民间投资的五大对策

(一)进一步放宽对非国有经济特别是个体私营经济的投资限制,降低准入门槛

根据"十五"计划和国家计委《关于促进和引导民间投资的若干意见》,切实清理现行投资准入政策,在明确划分鼓励、允许、限制和禁止类政策时,应当体现国民待遇和公平竞争原则,打破所有制界限、部门垄断和地区封锁。凡允许外商投资和国有经济进入的领域,都应当允许其他任何经济类型的企业进入(国家有特殊规定的除外),在持股比例上也不应人为设限。国家应鼓励和支持民营企业通过收购、兼并、控股参股、转让经营权等多种形式,参与国有经济改革和战略性调整。

(二)加快改革投资体制,拓宽民间投资进入渠道

改革审批办法,简化审批程序和手续,加强对民间投资的产业引导。根据基础设施、基础产业、传统制造业、高新技术产业以及现代服务产业的不同行业特点,采取符合市场经济惯例的多样化的项目组织形式和投融资形式,例如公开招标、特许经营、知识产权入股和产业投资基金等等,鼓励和引导民间资本进入这些领域。无论采取何种进入方式,都要确保各类投资主体之间的契约自由和公开、平等竞争,并且形成利益和风险相对应的投资风险责任机制。

(三)加大财税政策对民间投资的引导和支持力度

预算内资金(包括必要的国债发行)应当继续支持民间投资,以参股或补偿形式投入以民间资本为主的项目;对基础设施、基础产业和公益性事业,要通过收费补偿机制或财政补贴,吸引民间投资进入;技改贴息应当对非国有企业一视同仁。对国家鼓励类产业的民间投资项目,在投资的税收抵扣和减免、成本摊提等方面应实行与国有投资和外商投资相同的优惠。对个体和私营企业要避免重复征收所得税。对创业阶段的中小企业应当给予必要的减免税支持。同时,严格治理"三乱",解除民营企业的不合理负担。

(四)大力发展适应民间投资需要的多层次金融体系

加快金融业对内开放步伐,积极发展非国有的地方中小金融机构。完善中小企业信贷担保体系,普遍设立专门的贷款担保基金。可考虑建立面向中小企业的政策性金融机构,为其提供政府优惠贷款和贴息贷款。国有商业银行要切实发挥好其内部中小企业信贷部门的职能,建立相应的风险防范制度;通过适当下放贷款权限,增加资金支持,扩大利率浮动范围等,鼓励中小金融机构扩大融资活动。在直接融资方面,应当支持符合条件的中小企业特别是民营高科技企业发行债券、股票并上市流通,疏通民间资本的进入和退出通道。

(五)建立投资服务体系,帮助民间投资者提高管理和决策水平

各地政府应当把促进和引导民间投资纳入本地经济和社会发展规划,制定落实措施,提高办事效率。可考虑成立相应的投资服务机构(尤其应当鼓励自律性行业组织发挥投资服务职能),向民间投资者发布行业投资信息、提供政策法规咨询和技术服务等等。同时,在规范和整顿中介机构的基础上,充分发挥中介服务机构的职能,为民间投资者提供法律、财会、市场信息、企业诊断和投资咨询等方面的服务。

四、民间投资还有四大制约因素

从增长态势看,尽管近两年国内民间投资增幅已经明显回升,但是国内民间投资在全社会投资中的比重仍然低于国有经济,民间投资的发展仍然不足,民间投资主体面临不少有形和无形的障碍。

(一)市场准入门槛仍然过高,限制了民间资本进入的广度和深度

目前产业准入政策在不同经济类型之间仍然存在不少差别,非公有投资在相关产业领域仍面临着实际上的"限进"障碍。一是原有的无形禁区并没有从根本上冲破。尽管有关部门强调要逐步放宽投资领域,使民间投资与外商投资享有同等待遇;但是,一些部门、行业垄断和歧视性的准入政策仍然存在,如银行、保险、证券、通信、石化、电力等行业,民间资本一直难以进入。二是有些领域虽然允许民间资本涉足,但体制性障碍导致明显的不公平竞争。如基础设施项目往往由特许公司发起,没有完全实行招标制度,有资质的私企被排除在外。即使私营资本能够参与项目,但其股份比例必须由特许公司决定,双方地位不平等。三是审批环节多,准入条件苛刻。与国有经济和外资经济相比,非公有经济在投资、生产和经营诸方面,面临更多的前置审批,手续杂、关卡多、效率低,在参与竞争的资格、条件和机会上往往处于不利地位。

(二)融资渠道不畅,金融体制不适应民间投资发展

无论是直接融资或是间接融资,对民间资本特别是非公有

企业开放程度低。中国资本市场目前已形成股票类、贷款类、债券类、基金类、项目融资类、财政支持类六大融资方式,国内外融资渠道多达数十条。但是,对非公有经济开放的融资渠道不多,远远满足不了各类非公有企业特别是中小企业融资的需求。因而,它们不得不主要依靠自筹或其他投资来源。据计算,从全社会投资的资金来源看,1997年到2000年,整个民间投资占国内贷款的比重,仅从37.1%上升到38.2%;而占自筹投资的比重则从50.3%上升到56.7%,占其他投资来源的比重从42%上升到59%。绝大部分乡镇企业与私营企业的中长期投资,主要依靠非正规、小范围的借债集资或股权融资,此类融资规模小、成本高、风险大,使投资缺乏稳定性与可持续性。

(三)民间投资的法律保障不力,服务体系不健全

目前,非公有企业在兼并国有企业、保护土地使用权和知识产权、明晰财产权等方面,权益往往得不到有效的法律保障。损害非公有企业资产的现象时有发生,乱收费、乱摊派的问题较为严重,涉及企业负担的收费项目比较多。如果加上地方收费,企业负担的各种名目收费高达数百项,投资者信心和积极性受到挫伤。而对非公有企业的行政管理多达20多个部门和单位,但在项目投资方面却没有明确的主管部门、服务机构和管理办法。投资者在履行程序、选择投资方向、争取技术支持等方面得不到有效服务,往往造成投资的盲目性和经济损失。

(四)自身素质较低,制约着民间资本的成长

许多非公有企业存在着管理水平低、信息不灵、人才缺乏等突出弱点,导致投资决策失误;不能适应国内外市场变化和扩大开放的形势,即使一些产业准入限制已经放宽,也难以拓展其经营领域和规模;一些非公有企业存在"小富即安"、甚至挥霍性消费、缺乏投资冲动的倾向,从而限制了扩大投资。中小非公有企业资信等级较低,普遍存在财会制度不规范、信用观念淡薄、借改制之名逃废银行债务等问题;大部分中小非公有企业尚未建立起银行信用档案,加上缺乏可变现抵押资产,致使其难以运用银行贷款扩大投资。

从资金流向看民间投资的产业优势

中国社会科学院 邱元直

在中国现行统计口径下,民间投资的范围应包括集体经济、个体经济、联营经济、股份制经济和其他经济的投资之和。国民经济各行业可以划分为一般竞争性行业、自然垄断性行业以及公益性行业3大门类,并以此为线索考察民间投资的行业布局。

一、民间投资的行业结构

(一)一般竞争性行业中的民间投资

在一般竞争性行业,国有投资从1993年的4718.79亿元增长到2001年的8427.62亿元,累计增长60.96%,年均增长7.26%;民间投资从1993年的820.38亿元增长到2001年的5456.32亿元,累计增长222.03%,年均增长27.75%,其增长速度约为国有投资的4倍。除个别年份外,国有投资增长速度均在10%以下,而民间投资则相反,除个别年份增长速度在10%以下外,多数在20%甚至40%以上。投资速度的差异必然导致投资规模的变化,1993年国有投资是民间投资的5.75倍,到2001年缩小至1.54倍,二者之间的绝对差额也从3898.41亿元缩小至2971.3亿元。

在国有投资基数很大的情况下,仅仅8年时间民间投资就将其与国有投资的差距缩小至这样的水平,充分证明民间投资在一般竞争性行业增长十分迅速,具有很强的竞争力。对一般竞争性行业内部各子行业的进一步考察表明,增长速度最快的是房地产开发与经营业,其他如公共服务业、化学原料及化学品制造业、医药制造业、非金属矿物制品业、电子及通信设备制造业等均是民间投资增长较快的行业。

(二)自然垄断性行业的民间投资

在自然垄断性行业,国有投资从1993年的2516.05亿元增长到2001年的6762.31亿元,累计增长109.77%,年均增长13.72%;民间投资从1993年46.99亿元增长到2001年的1210.98亿元,累计增长451.43%,年均增长56.43%,其增长速度约为国有投资的4倍强,民间投资的投资规模与国有投资的相对差距也大幅度下降,从1993年的53.54倍下降到2001年的5.58倍。

鉴于自然垄断性行业本身的特殊性,这里的情况需要做进一步具体分析:

首先,在国家连续采取积极财政政策的年份里,国有投资增长速度大幅度下跌,令人深思。

在整个考察期内国有投资的增长情况与其在一般竞争性行业完全不同,它在多数年份均保持了比较高的增长速度,但却在1999年以后迅速下跌,在2000年甚至出现了负增长。

按理1998年国家采取积极财政政策,增发的国债基本投入到基础设施建设中,自然垄断性行业的国有投资应该增加才对,这就说明了一个问题,即1998年以来政府在以基础设施为主的自然垄断性行业的投资并未有效带动国有企业在自然垄断性行业的投资增长,或者说政府投资并没有达到广泛吸引国有企业参与投资的效果。

其次,民间投资增长速度较高的部分原因是因为民间投资

在自然垄断性行业的投资基数较小。

很显然，民间投资在1993年仅有46.99亿元，对于自然垄断性行业来讲这个基数实在太小，所以稍有投入便导致了很高的增长速度。但不论如何，民间投资中用于自然垄断性行业的比例已经发生了很大变化，从1993年的5.3%提高到2001年的17.82%，已经有接近两成的民间投资用于自然垄断性行业，表明民间投资取得了向自然垄断性行业扩张的初步进展。在自然垄断性行业内部，民间投资增长最快的是电力、蒸汽、热水的生产和供应业，其次是石油和天然气开采业，邮电通信业排在第三。

第三，国有投资与民间投资的相对比例逐年缩小，绝对差额也于2000年开始缩小。

随着民间投资高速增长，国有投资与民间投资之间的比例从1993年的53.54倍下降到2001年5.58倍；二者之间的绝对差额从1993年的2469.06亿元逐年扩大至1999年历史最高值的6133.36亿元，于2000年开始缩小，年下降幅度4.76%，2001年到5551.33亿元。虽然幅度较小，但还是表现了逆转的基本态势。

通过分析自然垄断性行业中民间投资状况，可以得出以下3个结论。

一是自然垄断性行业目前尚不是民间投资的优势所在。通过短短20多年的积累，中国民营经济虽然有了长足的发展，但要想进入垄断性行业并在其中占有一席之地，直至与国有经济并驾齐驱，目前还不具备充足条件，民间投资在这里还没有足够的比较优势。

二是中国现行产业准入政策对民间投资仍然具有一定制约作用。应该讲，随着技术的进步，自然垄断性行业内也不断进行着专业化的分工，有些业务已经不再具有自然垄断性质而属于非垄断性业务，民间投资已经而且完全可以把这些业务作为进入突破口。但目前从总体上看，民间投资进入自然垄断性行业还比较困难，即使在允许民间投资进入的领域，行政审批方面手续也冗长繁琐，事实上门槛较高，这多少会影响民间投资进入自然垄断性行业的积极性。

三是民间投资在自然垄断性行业仍然具有一些优势性因素，这些优势因素是导致2000年民间投资与国有投资的相对关系出现转变迹象并且连续两年保持这一趋势的原因。相信只要假以时日，民间投资在自然垄断性行业终将会有所作为。

（三）公益性行业的民间投资

在公益性行业，国有投资从1993年的971.06亿元增长到2001年的2417.02亿元，累计增长137.4%，年均增长21.68%；民间投资从1993年的19.67亿元增长到2001年的126.8亿元，累计增长211.85%，年均增长26.48%。民间投资与国有投资的增长速度相差不大，仅高出国有投资不到5个百分点。从投资增长的波动看，二者波动均不大，比较稳定。同时，由于民间投资基数太小，所以目前规模仍然比较小，同国有投资相差将近20倍，民间投资与国有投资的绝对差额也在不断扩大，从1993年的671.39亿元到2001年的2290.22亿元。民间投资虽然已经进入卫生、教育、影视、科研等行业，但其投资规模目前还非常小，尚不具备典型意义。

（四）民间投资的行业分布

通过对国有投资和民间投资在不同行业的比重分析，我们可以对它们的内部结构产生新的认识。国有投资内部在3种行业中投资的比重变化不大，始终保持着相对均衡的状态，表明国有投资在不同行业的分布比较合理，而且长期稳定。

民间投资的比重变化相对要大一些，也基本上保持着平衡。但民间投资内部分布的突出特点是，起用于一般竞争性行业的比重占到了80%，这一方面说明民间投资集中在起始资本不大、相对容易进入、利润较低、竞争程度比较激烈的部门，因而从整体上讲，民间投资还处在原始积累的初期，其投资实力还不强，尚不具备大规模进入自然垄断行业的条件。另一方面也说明，进入自然垄断行业甚至公益性行业是民间投资实力增强后的必然要求，民间投资正在成为自然垄断性行业投资增长的新生力量；由于经过了在一般竞争性行业的锻炼和积累，在进入自然垄断性行业时，民间投资的表现较为理性，没有一哄而起，而是谨慎地伴随着市场准入条件的逐步改善以及自身实力的逐步增强稳健推进，整体上呈现出一种自发的、渐进的、量力而行的特点。

综上所述，我们可以认为，民间投资长期集中于一般竞争性行业，将导致其增长后劲不足，造成这一状况的原因，除民间投资遵循产业演进的一般规律，不可能超越必须经过的发展阶段外，市场准入条件放松速度过慢曾是重要的体制原因；而在加入世贸组织后中国市场准入环境大大改善的条件下，市场中存在的垄断便成为长期影响民间投资增长的重要不利因素。因为垄断的存在将不可避免地限制产量的提高，按照宏观经济学投资理论，限制产量的结果会降低企业的合意资本存量，从而减少企业的投资需求；在民间投资不具备垄断力量的状况下，它只能是这种因素的受害者。

二、民间投资的产业结构

按照中国现行对三大产业的划分，第一产业指包括农林牧渔业在内的农业，第二产业指包括采掘业、制造业、自来水、电力、蒸汽、热水、煤气在内的工业以及建筑业和地质勘探业，第三产业指一、二产业以外的其他各行业。

（一）第一产业的民间投资

从投资增长速度上看，第一产业国有投资从1985年的26.13亿元增长到2001年的372.83亿元，累计增长314.41%，年均增长率为19.65%；相应的民间投资从22.32亿元增长到221.27亿元，累计增长305.17%，年均增长率为19.07%，可见在第一产业民间投资和国有投资基本上按相同速度增长。

从投资规模上看，国有投资和民间投资占全社会第一产业投资的比重亦变化不大，各市场主体之间的投资份额相对稳定，国有投资较民间投资所占比重略高，但二者之和始终在50%多一点，说明中国第一产业还有近一半的投资来源于农村个人投资。从1997年以后的情况看，中国国有投资用于第一产业的比重比以前有较大提高，逐渐稳定在占全社会第一产业投资比重的35%左右，表明国家对国有农业的投资有所提高，带动了国有农业企业的投资增长。

（二）第二产业的民间投资

从投资增长趋势上看，第二产业国有投资先从1985年的943.77亿元增长到1997年的最高值5158.52亿元，随后基本上逐年下降到2001年的4710.25亿元，累计增长181.25%，年均增长率为11.35%；而民间投资从1985年的190.12亿元不间断地增长到2001年的5386.36亿元，累计增长440.56%，年均增长率为27.53%。显然，民间投资在第二产业的持续高速增长是明显的，远远超过了国有投资的增长速度。

我们着重分析一下1998年以后的情况。从1998年起，国有投资几乎连续出现负增长，4年累计下降8.9%，平均每年下降2.23%。同期民间投资除1999年增长速度较低为1.81%外(当年全社会民间投资增长速度为11.54%，主要因为民间投资在第一和第二产业保持了20%左右的增长速度)，其他年份依然保持了较快的增长速度，年均增长速度为16.82%。由此可见，中国采取积极财政政策在第二产业产生不同的影响：国有投资以收缩为主，而民间投资以扩张为主。

就投资的绝对数量而言，1985年民间投资还只是国有投资的20%，经过16年的发展，民间投资不仅在规模上迅速缩小了与国有投资的差距，而且在2001年超过了国有投资，比国有投资高出14%。第二产业国有投资和民间投资绝对差额的变化过程，显而易见，二者的绝对差额在1996年达到最大值，1997年开始缩小，比起民间投资在1999年的整体转变提前了两年，以后逐年减少，并在2001年民间投资终于实现了对国有投资的赶超。从绝对差额第一次出现缩小到反超仅用了5年的时间。这里的原因是两方面的，一方面民间投资持续保持了较高的增长速度，另一方面国有投资从1998年以后不升反降，出现了负增长，这一增一减的结果就不可避免地改变了国有投资和民间投资在第二产业中的相互地位，也改变了第二产业中各市场主体的基本格局。

民间投资从1986年的16.6%提高到2001年的44.3%，成为中国第二产业最大的投资主体；而国有投资却相应地从82.2%下降到38.81%。民间投资所占比重仍然处于继续扩大的态势之中，国有投资显示出继续缩小的趋势，以外商和港澳台投资为主的其他投资1996年以后基本上稳定在15%-18%之间，并没有表现出扩大的趋势。可以断言，第二产业内各市场主体之间的旧格局已被打破，新的格局已经形成。

民间投资在第二产业迅速扩大比重，在投资规模和投资增长速度上双双超过国有投资的事实证明了两点：

第一，中国民间投资的快速增长主要体现在第二产业，中国民营企业在第二产业的市场开发、投资建设和经营管理等方面有着独到的比较优势，民间投资的快速增长加速了中国工业化的实现，民营企业将是中国新型工业化道路最主要的创造者和实践者。

第二，在基数比较小的发展初期，民间投资可以创造超常规的高速增长，在基数增大之后，民间投资同样可以保持相当高的增长速度，民间投资在一般竞争性行业和第二行业快速增长均充分证明了这一点。

（三）第三产业的民间投资

从投资增长速度上看，第三产业国有投资从1985年的710.61亿元增长到2001年的12523.89亿元，累计增长336.38%，年均增长率为21.02%，民间投资从1985年的115.02亿元增长到2001年的5428.95亿元，累计增长514.2%，年均增长率为32.1%。

可见，改革开放以来，无论民间投资还是国有投资，其在第三产业的增长速度均高于各自在第一、第二产业的增长速度，但民间投资和国有投资高出的幅度不同。同第二产业相比，民间投资第三产业比第二产业增长速度仅高出不到5个百分点，而国有投资在第三产业的增长速度几乎是第二产业的两倍，高出近10个百分点。1999年以后，第三产业国有投资增长速度虽然也有所下降，但保持着正增长，表明国有投资在第三产业具有相当的优势。

民间投资与国有投资规模上的相对差距始终保持逐年缩小的趋势，民间投资从1985年仅为国有投资的16.19%提高到2001年的43.35%，绝对差额也于1999年开始缩小。

国有投资在第三产业中的比重多年来变化不大，始终稳定在50%-60%之间，但1998年以后略呈下降趋势。第三产业国有和民间以外的其他经济投资也占有相当可观的比重，这里有一大部分是个体经济提供的传统服务业，包括城乡居民建房的投资。随着中国加入世贸组织，第三产业中外商和港澳台的投资会呈现加速增长的趋势，从而将形成国有、民间和其他投资三足鼎立的局面。

（四）民间投资的产业比重

从前面的分析中我们看到，民间投资增长速度随着产业的上升而依次上升，而且基本都保持着20%以上的平均增长速度，这种状况有利于民间投资从低生产率部门向高生产率部门的配置，是市场配置资源的自然结果，表明民间投资基本遵循着市场经济的一般规律，按投资预期在不同产业间进行合理的分配。

近10年来民间投资在三大产业之间的投资比重也基本稳定，表明民间投资在不同产业发展相对稳定。但应该看到民间投资的产业结构也有很大不合理之处，突出的是农业投资的比例过小，1993年以来仅为2%左右。事实上，就全社会看，农业投资也只占全社会投资的3%，国有农业投资也只占全社会投资的3%，国有农业投资占其总投资的比重与民间投资相当，约为2%；但是，1993年以来中国农业产出占GDP的比重基本保持在20%上下，近两年虽有所下降，也都在15%以上。这说明中国对农业投资太少，或者说对农业的投资同农业对GDP贡献极不相称，这样长期下去，将会影响中国农业的发展启动。

而另一方面，民间投资用于第三产业的部分占其总投资的50%，全社会投资和国有投资的比例也大致如此，可近10年来中国第三产业的GDP仅占总量的30%多一点，这也表明中国第三产业的投资效益并不高。

因此，从产业分布角度看，农业投资过少是中国投资结构的主要弊端，不仅民间投资如此，国有投资同样严重忽略了农业领域。对国有投资而言,同时还存在第二产业投资不足的情况,1993-2001年平均增速仅有10%强,1998年以后出现负增长,表明中国国有工业在市场化和工业化的道路中面临着来自于民营企业和外资企业的强烈竞争,其原有优势正在逐步丧失,研究中国国有企业如何面对市场环境,保持竞争力,也是探索中国新兴工业化道路的重要任务之一。

三、竞争性工业部门的民间投资

从前面的论述中我们已经看到,按照两种不同分类方法研究民间投资的增长情况,第二产业和一般竞争性行业是民间投资增长最快的部门,但第二产业与一般竞争性行业的份额要大于它在第二产业的份额,这是因为第二产业中含有属于自然垄断的工业部门,如电力的生产和供应,一般竞争性行业又包括第二产业以外的部门,如农业、批发和零售贸易等。第二产业和一般竞争性行业重叠的部分,即采掘业(不含石油和天然气开采业)、制造业和建筑业3个行业,其共性在于它们既是工业部门,又是竞争性行业,本质上是竞争性工业部门。竞争性工业部门是中国工业化道路中处于焦点位置的部门,集中了大规模的资本存量,也是民间投资增长速度最快的部门,值得深入分析它的主要流向和发展趋势。

1994年-2001年8年间国有投资有4年是负增长,连续发生在1996-1999年,导致增长速度累计下降33.54%,平均每年下降4.19%。而民间投资始终保持正增长,8年累计增长100.64%,年均增长12.58%;1998-2001年国有投资累计下降31.44%,平均每年下降7.86%,其中2000年略有回升,2001年增长10.7%,有一定程度的恢复。与国有投资相反,民间投资在1998年以后保持着较快的增长速度,4年累计增长58.05%,年均增长14.51%。

民间投资在竞争性工业部门的快速增长同国有投资的相对下降形成了鲜明的对照,并从投资规模上直观地表现出来。在竞争性工业部门,民间投资于1997年就已经超过了国有投资的规模,并继续把这种领先地位保持了下来,到2001年,民间投资的规模是国有投资的近3倍。

在国家实施积极财政政策期间,国有经济主要利用政府投资在自然垄断性工业部门保持了一定的增长速度,而在竞争性工业部门表现出退避三舍的态势;民间投资则充分利用自身优势在竞争性工业部门迅速扩大市场份额,在赶上并超过国有投资规模后,逐年拉开了与国有投资的差距。

总之,我们可以进一步认为:一般竞争性行业和第二产业,特别是竞争性工业部门是民间投资增长最快的部门,这些部门的特点是广泛吸纳劳动力,而善于利用劳动密集型的资源组合方式是民间投资在长期实践中形成的重要比较优势,所以中国丰富的劳动力资源是民间投资增长的重要有利因素。在劳动和资本两种要素可以替代的条件下,广泛使用劳动相当于降低资本的租金成本,反而可以提高企业的合意资本存量,结果是增加了企业的投资需求。另一方面,80%的民间投资集中在一般竞争性行业,民间投资在第二产业的新增投资规模已经超过了国有投资,在竞争性工业部门则已经是国有投资的3倍,这些事实同时也说明了国有经济正在从一般竞争性行业中有序退出,这为民间投资充分利用其优势,积极参与国民经济的结构调整提供了极好机会,民间投资需要以这里为阵地,打好基础,才有可能在其他部门获得更大的发展。

民间投资的制约因素及其对策

单 扬

尽管近两年国内民间投资增幅已经明显提升,但从增长态势看,仍在一定程度上得益于政府投资的拉动;从全社会投资构成看,国有投资比重仍然偏高。2001年,国内民间投资在全社会投资中的比重(44.6%)仍然低于国有经济(47.3%),股份制经济、集体经济和个体经济各自所占比重更是远远低于国有经济。2000年,中部、西部国有经济投资比重明显偏高(分别为54.1%和62.5%)。

无论是考虑扩张性财政政策"淡出"的趋势,还是鉴于发展社会主义市场经济的需要,民间投资的发展仍然不足,民间投资主体还面临不少有形和无形的障碍。特别是在以下方面:

一、市场准入门槛仍然过高,限制了民间资本的进入广度和深度

目前产业准入政策在不同经济类型之间仍然存在很大差别。据调查,非公有经济投资在将近30个产业领域面临着实际上的"限进"障碍。主要原因是:其一,原有的无形禁区并没有从根本上冲破。尽管国家计委2001年12月颁布了《关于促进和引导民间投资的若干意见》,强调要逐步放宽投资领域,使民间投资与外商投资享有同等待遇;但是,部门、行业垄断和歧视性的准入政策仍然存在,如银行、保险、证券、通信、石化、电力、轿车等行业,民间资本一直难以进入。其二,有些领域虽然允许民间资本涉足,但体制性障碍导致明显的不公平竞争。如基础设施项目往往由特许公司发起,没有实行招标制度,有资质的私企被排除在外。即使私营资本能够参与项目,但其股份比例由特许公司决定,双方地位不平等。其三,前置审批环节繁多,准入条件苛刻。与国有经济和外资经济相比,非公有经济在投资、生产和经营诸方面,面临更多的前置审批,手续杂、关卡多、效率低、费时

长，在参与竞争的资格、条件和机会上往往处于不利地位。

二、税负不公，抑制非公有企业的投资扩张

一是双重征税。非公有企业除了缴纳税率为33%的企业所得税外，还要缴纳税率为20%的个人所得税，投资收益大大削减。二是"低国民待遇"。外资企业利润转增资本金或另行投资均可按投资额的40%得到所得税返还；国有企业享受技术改造贴息；国有、集体和股份制企业技术开发费以及技术改造投资购买国产设备可以部分抵扣所得税，等等，这些优惠政策都将私营企业排除在外。三是税收优惠打折扣，如所得税减免政策，对外资企业是从获利年度起，对私营企业则从开办期起，而企业在开办初期往往没有利润或者获利甚微。

三、融资渠道不畅，金融体制不适应民间投资发展需要

无论是直接融资或是间接融资，对民间资本特别是非公有企业开放程度都很低。中国资本市场目前已形成股票类、贷款类、债券类、基金类、项目融资类、财政支持类六大融资方式。国内外融资渠道多达数十条。但是，对非公有经济的渠道，远远满足不了各类非公有企业特别是中小企业融资的要求。因而，它们不得不主要依靠自筹或其他投资来源。据计算，从全社会投资的资金来源看，1997-2000年，整个民间投资占国内贷款的比重，仅从37.1%上升到38.2%；而占自筹投资的比重则从50.3%上升到56.7%，占其他投资来源的比重从42%上升到59%。绝大部分乡镇企业与私营企业的中长期投资，主要依靠非正规、小范围的借债集资或股权融资，此类融资规模小、成本高、风险大，使投资缺乏稳定性与可持续性。

四、民间投资的法律保障不力，服务体系很不健全

目前非公有企业在兼并国有企业、保护土地使用权和知识产权、明晰财产权等方面，合法权益往往得不到有效的法律保障。非法剥夺、损害、侵占非公有企业资产的现象时有发生，吃拿卡要、乱收费、乱罚款、乱摊派的问题尤为严重，投资者信心和积极性受到挫伤。对非公有企业的行政管理多达20多个部门和单位，但在项目投资方面却没有明确的主管部门、服务机构和管理办法。投资者在履行程序、选择投资方向、争取技术支持等方面得不到有效服务，往往造成投资的盲目性和经济损失。

五、自身素质较低，制约着民间资本的成长

许多非公有企业存在着管理水平低、信息不灵、人才缺乏等突出弱点，导致投资决策失误；不能适应国内外市场变化和扩大开放的形势，即使一些产业准入限制已经放宽，也难以拓展其经营领域和规模。

一些非公有企业存在"小富即安"甚至挥霍性消费、缺乏投资冲动的倾向，从而限制了扩大投资。中小非公有企业资信等级较低，普遍存在财会制度不规范、信用观念淡薄、借改制之名逃废银行债务、企业之间欺诈频出等问题；大部分中小非公有企业尚未建立起银行信用档案，再加上缺乏可变现抵押资产，致使其难以运用银行贷款扩大投资。

对此，提出五点建议：

第一，进一步放宽对非国有经济特别是个体私营经济的投资限制，降低准入门槛。根据"十五"计划和国家计委《关于促进和引导民间投资的若干意见》，切实清理现行投资准入政策，在明确划分鼓励、允许、限制和禁止类政策时，应当体现国民待遇和公平竞争原则，打破所有制界限、部门垄断和地区封锁。凡允许外商投资和国有经济进入的领域，都应当允许其他任何经济类型的企业进入（国家有特殊规定的除外），在持股比例上也不应人为设限。国家应鼓励和支持民营企业通过收购、兼并、控股参股、转让经营权等多种形式，参与国有经济改革和战略性调整，国有资本在改制企业一般不要控股。

第二，加快改革投资体制，拓宽民间投资进入渠道。改革前置审批办法，简化审批程序和手续，加强对民间投资的产业引导。根据基础设施、基础产业、传统制造业、高新技术产业以及现代服务产业的不同行业特点，采取符合市场经济惯例的多样化的项目组织形式和投融资形式，例如公开招标、特许经营、知识产权入股和产业投资基金等等，鼓励和引导民间资本进入这些领域。无论采取何种进入方式，都要确保各类投资主体之间的契约自由和公开、平等竞争，并且形成利益和风险相对应的投资风险责任机制。

第三，加大财税政策对民间投资的引导和支持力度。预算内资金（包括必要的国债发行）应当继续支持民间投资，以参股或补偿形式投入以民间资本为主的项目；对基础设施、基础产业和公益性事业，要通过收费补偿机制或财政补贴，吸引民间投资进入；技改贴息应当对非国有企业一视同仁。清理不公平税负，实行结构性的减税政策。对国家鼓励类产业的民间投资项目，在投资的税收抵扣和减免、成本摊提等方面应实行与国有投资和外商投资相同的优惠。对个体和私营企业要避免重复征收所得税。对创业阶段的中小企业应当给予必要的减免税支持。同时，严格治理"三乱"，解除民营企业的不合理负担。

第四，大力发展适应民间投资需要的多层次金融体系。加快金融业对内开放步伐，积极发展非国有地方银行和中小金融机构。完善中小企业信贷担保体系，普遍设立专门的贷款担保基金。可考虑建立面向中小企业的政策性金融机构，为其提供政府优惠贷款和贴息贷款。国有商业银行要切实发挥好其内部中小企业信贷部门的职能，建立相应的风险防范制度；通过适当下放贷款权限，增加资金支持，扩大利率浮动范围等，鼓励中小金融机构扩大融资活动。在直接融资方面，应当支持符合条件的中小企业特别是民营高科技企业发行债券、股票并上市流通，适时建立二板股票市场，疏通民间资本的进入和退出通道。

第五，建立投资服务体系，帮助民间投资者提高管理和决策水平。各地政府应当把促进和引导民间投资纳入本地经济和社会发展规划，制定落实措施，提高办事效率。可考虑成立相应的投资服务机构（尤其应当鼓励自律性行业组织发挥投资服务

职能），向民间投资者发布行业投资信息、提供政策法规咨询和技术服务等等。同时，在规范和整顿经济签证类中介机构的基础上，充分发挥中介服务机构的职能。为民间投资者提供法律、财会、市场信息、企业诊断和投资咨询等方面的服务。

民营中小企业融资的制度障碍及改进办法

浙江师范大学商学院　熊胜绪

中国民营中小企业融资的困难主要来自于制度上的障碍，这些障碍主要是：

（一）信用制度的障碍

中国中小企业的经济实力、经营风险和管理素质的差别较大，有的实力较雄厚，管理者素质高，信用观念强，但也有一些实力较弱，管理者信用观念淡薄，这就更需要有一个强有力的信用评估制度将它们区别开来。但长期以来，中国对中小企业评估制度一直欠完善，这使一些信用观念差的企业弄虚作假、蒙骗银行有机可乘，“一朝被蛇咬，十年怕井绳”，银行只好从紧从严控制信贷。

目前，抵押贷款是中国商业银行普遍采取的一种贷款制度，在这种制度下，中小企业因规模小，固定资产少，和大企业相比，融资环境明显不利，尤其是高风险型的高科技中小企业，不动产比重很低，而所需投入又较大，仅靠不动产抵押贷款显然难以满足其发展需要。有些地方虽然成立了为中小企业融资提供信用担保的担保公司，但这些公司本身大都因其自身利益的需要而避险，这使一些前景不确定性较大、风险较高的中小科技企业难以获得必要的信用担保。

（二）银行制度的障碍

中小企业贷款需求额度小、需求频率高，且大部分集中在对短期流动资金的需求上。这些特点不仅使银行的业务成本、管理和监督成本较高，而且使银行贷款面临较大的风险。据武汉市商业银行的统计，截至1999年，全行不良贷款24.7亿元，其中中小企业不良贷款余额20亿元，占全行不良贷款余额的80.97%。另据湖北荆门市的调查，1999年中小企业贷款额为77.99亿元，其中不良贷款59.36亿元，不良贷款率高达76.11%。较高的风险应当有一个较高的利率来补偿高风险可能给银行造成的损失。但银行利率一直是受政府管制的，虽然1999年年底中央银行允许商业银行对中小企业贷款提高一定的利率，但这对于补偿中小企业给银行带来的风险仍是有限的，而且，贷款利率提高以后，又从另一个方面提高了中小企业融资的成本。

目前，中国商业银行的主体仍是国有商业银行，非国有商业银行的发展受到了一定的限制与约束，其融资能力较弱。据统计，当前中国四大国有商业银行集中了全国信贷资金的70%，其中大部分资金又集中在市级以上的分支行，县市级支行每笔贷款不过100万到300万元，少的只有50万元或更少。四大国有商业银行的贷款对象主要是国有大中型企业，对民营中小企业固定资产投资没有贷款权。中国民生银行是一家民营企业入股成立的股份制商业银行，虽然一直面向中小企业融资，但其规模有限，其资金供给相对于中小企业对资金的需求只是杯水车薪。其他几家股份制商业银行大多是在城市信用社的基础上组建起来的，也受传统的经营方向的影响，没有把中小企业作为服务的重点，而是将大部分资金放在风险小、收益稳定的国债投资和同业拆借上。

（三）企业产权制度的障碍

目前，银行贷款对不同所有制的企业仍存在差别待遇。长期以来，建立在国家垄断信用基础上的金融制度一直是排斥非国有经济取得银行贷款的，尽管党的十五大提出了以公有制为主体，多种所有制共同发展的原则，但在贷款投向上存在的所谓国有经济入正册，集体经济入副册，非公有制经济入另册的观念一时还难以改变，银行对非公有制经济贷款发生的损失要比对国有经济贷款发生的损失承担更大的行政和舆论上的压力，这使得集体和非公有制经济较多的中小企业融资极为不利。

中国民营中小企业的管理水平也参差不齐，管理方式也有很大差异。有很多中小企业还具有明显的家族特色，用人方面任人唯亲，家族成员把持企业的重要管理岗位，决策上“一言堂”，这种管理模式不利于企业集聚优秀的人才，不利于发挥内行和管理专家的作用，提高企业经营决策的科学性。因此，它进一步提高了这些中小企业的经营风险，降低了企业的信用水平。这也是导致银行和投资者不愿给其信用贷款和投资的重要原因。

（四）税收制度的障碍

中国民营中小企业与国有大中型企业的税负相比存在不公平的一面，因为很多民营中小企业是独资企业或合伙企业，因此它既要缴纳企业所得税，又要缴纳20%的个人调节税，实际上承担了双重税赋。还有许多其他税种，如固定资产投资方向调节税，这一税种的目的是控制投资膨胀，但对一些公共品和若干大项目的投资是零税率，而对民营企业投资却是高税率，这显然是一种税率歧视。另外，民营中小企业在税外政策性收费、股息支出、税后利润的再投资等方面都不及国有企业有利。

（五）法律制度的障碍

大型国有企业长期以来一直是中国国民经济运行的主体，因此中国现行的各种法律制度也是建立在这些大企业的权利义务基础上的，中小企业的权利义务缺乏应有的法律规范和法律保障。

通过法律制度确定中小企业的地位，维护其合法权益是世界各国的通行做法，如美国制定了《中小企业法》、《公平执行中小企业法案》，日本制定了《中小企业基本法》，还制定了《中小企业现代化促进法》、《中小企业信用保险法》和《中小企业金融公库法》等多部界定中小企业权利义务的法案。而中国关于中小企业的立法几乎还是空白，只是在近一两年内陆续出台了一些改善中小企业经营环境、扶持其发展的措施。中国的《中小企业法》也还处于酝酿之中。

针对中国中小企业融资的制度障碍，应采取以下措施：

（一）走产权主体多元化的道路，构建企业的法人治理结构

企业的信用离不开其稳定的经营绩效，而企业的经营绩效是与企业的制度密切相关的，这也正是我们改革国有企业制度的原因所在。一个有效的企业制度应当有利于聚集优秀的管理人才，能有效地降低企业决策失误的风险，而这一要求正是中国现有的许多中小企业所欠缺的。中国中小企业的家族闭锁性、用人机制上的任人唯亲、经营决策上的个人独断专行，皆缘于其产权主体的单一性。

因此，要降低中小企业的经营决策风险，提高其信用水平，增强其融资能力，中小企业必须走产权主体多元化的道路，按照现代企业制度的要求实行公司制改造。公司制企业不同于独资企业或合伙企业的一个重要特点是，其财产主体的多元化和社会化，在这样的企业里，价值形态的财产所有权和实物形态的财产所有权相分离，投资者拥有价值形态的所有权，但不能对公司的经营决策为所欲为。董事会作为企业法人财产的所有者，掌握着企业的经营决策大权。这种财产制度能有效地消除中小企业的经营决策由投资者独断专行的弊端。

在企业财产制度创新的同时，还要构建科学的企业法人治理结构，企业的股东会、监事会和董事会应相互制衡，董事会成员应多元化，它不仅应包括企业的投资者，而且应包括来自社会的独立董事及员工代表，以保证董事会决策的科学和民主。

（二）创建服务于中小企业的独立金融机构

在国外，为了满足中小企业的需要，许多国家都建立了服务于中小企业的政策性银行。如日本的中小企业公库、国民金融公库、工商组合中央公库、中小企业信用保护公库和中小企业投资扶持株式会社。这些金融机构或以优惠条件给中小企业提供信用贷款，或认购中小企业的债券，成为中小企业资金融通的主要渠道。目前，中国中小企业的融资条件不及大型企业，为了促进中小企业的发展，建议组建为中小企业服务的政策性银行，专司向产品技术含量高、符合国家产业政策、有发展前途的中小企业提供政策性贷款。

中国原有的城市信用合作社主要是面向中小企业的金融机构，但国家将这些信用社合并成合作银行后，其服务对象也作了调整，由中小企业转向了较大的企业，这就使中小企业失去了一个重要的融资渠道。商业银行作为独立的市场主体，不宜都强调大规模，可采取多种规模并存的规模结构。小规模的商业银行机制灵活，其相对较小的信贷实力使之可能选择中小企业为其主要的服务对象。因此，组建和发展中小规模的商业银行对中小企业的融资是有利的。

（三）完善信用担保机制

目前，中国信用担保机构主要有三种，一种是依托政府组建，但采取企业化运作方式的担保公司，第二种是完全由政府组建并由政府直接运作的担保公司，第三种是纯商业性的担保公司。在担保公司自负盈亏的情况下，要鼓励这些担保公司给中小企业提供担保，就得着力降低其担保的风险，为此应当采取两方面的措施：一个措施是建立再担保机构和坏账准备金制度。再担保机构由国家财政出资组建，其业务是对商业性担保公司的担保行为提供再担保，目的是鼓励风险投资，促进社会的发展。担保行为本身是有风险的，为了降低担保风险给担保公司造成的损失，建议建立担保坏账准备金制度，由政府财政对担保公司的损失给予一定的补偿。另一个措施是强化对中介性信用评级机构的约束。现实中我们可以看到，有些被评为优等信用级别的企业短期内却破产了，这表明有 些信用评级机构评定出的企业信用级别可信度较低，经不住检验。造成这一现象的原因，除了评信机构的业务水平外，中国对信用评级机构的监督不力，信用评级机构说假话也是重要的原因。评信机构说假话，使企业的信用级别失去了鉴别企业信用优劣的作用，从而使一些确实信用较好的中小企业也难以获得银行贷款的支持。要防止评信机构说假话，就必须让它对说假话承担风险。为此，对说假话的评信机构可采取吊销营业资格或高额罚款等措施。

（四）设立中小企业发展促进基金

中国政府对中小企业的投入与中小企业对国民经济的贡献是不相称的。中小企业已占中国企业总数的90%以上，其吸纳的就业人数已占到中国就业人数总量的70%。但政府对中小企业的资金投入却不到中小企业资金来源的1%，这远低于西方国家的10%的水平。为此我们建议，国家设立中小企业发展促进基金，专用于促进中小企业的发展。中小企业发展促进基金的资金来源于国家财政预算，其用途是中小企业新产品的开发和重大的技术创新资助，中小企业投资风险的补偿，贷款贴息，建立中小企业社会化服务体系的赞助，中小企业人员培训、咨询和法律援助等方面。

（五）加快二板市场的建立

二板市场的建立，对中国中小科技企业的发展将会带来难得的机遇。首先，依托主板市场融资，中小企业存在很多障碍，因为主板市场要求上市公司规模大，盈利稳定，这正是中小企业的弱点所在。而二板市场上的上市公司规模小，甚至不需盈利记录，这很适合中小科技企业的融资。其次，二板市场为风险资本提供了退出渠道，风险资本是以获取风险报酬为目的的，风险投资者看中的风险报酬并不在于从风险企业可以获取的超额利润，而是由此超额利润带来的在市场上出售风险资本带来的增值。二板市场的建立，将为风险投资者的风险资本的增值创造条件，因此有利于激励风险投资者对风险大收益也大的中小科技企业投资。再次，有利于促进中小企业管理的规范化。通过二板市场融资，中小企业就必须按公司法的要求改制，并按公司法的要求建立科学的法人治理结构，提高管理水平，提高企业的经济效益。

民间投资的七大热门投向

国家统计局投资司

改革开放以来，中国的民间投资得到了长足的发展。从1981年到2002年，中国民间投资从165亿元猛增到17516亿元，增长106倍，年平均增长25%，比同期全社会投资平均增长20.4%快4.6个百分点，比同期国有及控股投资平均增长17.8%快7.2个百分点。民间投资占全社会投资的比重也由1980年的18.1%提高到40%，增加1倍多。

改革开放以来民间投资的发展情况

	投资额(亿元)	增长速度(%)	占全社会投资的比重(%)
1981年	293.5	77.9	30.5
1982年	385.1	31.2	31.3
1983年	478.1	24.2	33.4
1984年	648.1	35.6	35.4
1985年	862.7	33.1	33.9
1986年	1041.2	20.7	33.4
1987年	1342.9	29	35.4
1988年	1733.8	29.1	36.5
1989年	1602.2	-7.6	36.3
1990年	1530.7	-4.5	33.9
1991年	1880.7	22.9	33.6
1992年	2581.4	37.3	31.9
1993年	4033	56.2	30.9
1994年	5218	29.4	30.6
1995年	6499.2	24.6	32.5
1996年	7740.9	19.1	33.7
1997年	8352.2	7.9	33.5
1998年	9260.1	10.9	32.6
1999年	10224.7	10.4	34.2
2000年	12144.4	18.8	36.9
2001年	14304.6	17.8	38.4
2002年	17516	22.4	40

资料来源：根据国家统计局《中国统计年鉴2002》和《中国固定资产投资统计》

投资方向，决定着投资的效益、经济的结构和经济的增长。在市场供求关系发生变化，买方市场逐渐形成的情况下，市场容量似乎已经饱和。现在，民间投资面临的主要问题之一就是如何选择投资方向。关注民间投资方向，对于更好地引导投资，促进经济持续发展，具有重要意义。据国家统计局的课题研究结果表明，中国民间投资的方向主要有以下7大方面：

一、加大技术改造的力度，促进传统产业的升级换代

经过20多年的投资和建设，中国民营经济已经具备了一定的规模和基础。到2000年，在全部国有及规模以上非国有工业企业中，中国民营工业企业的数量已达到8.4万家，固定资产价值1.1万亿元，创造的工业总产值已达到2.7万亿元。从《2001年中国统计年鉴》中可以看出，民营企业主要分布在一般竞争性行业，即所谓的传统行业。传统产业是民间投资的根据地，也是未来民间投资的主战场。随着国有经济在一般竞争领域的逐步退出，民间经济在这些领域的比重会进一步提高，民间投资将成为传统产业的主力军。

传统产业在中国仍将大有可为。在发达国家，信息、网络等产业被称作"新经济"，是因为它们的确是这些国家当前经济增长的主要源泉和支柱。西方发达国家的"传统产业"经历了几十年甚至上百年的发展，人们对传统产业的产品，如住房、汽车等的消费已经达到了很高的程度，经济增长因需求的制约而陷入了相对的停滞。信息、网络等新技术的出现，为发达国家经济发展创造了新的市场需求，带动了整个经济的增长。但是，中国经济起飞的时间还不很长，人均国内生产总值还只有800美元左右(美国是3万美元，瑞士是4万美元)，经济基础还很薄弱，许多产业刚刚发展。对于发达国家来说是"旧经济"的那些产业，对我们来说还大多是"新兴产业"。比如，汽车业显然还是我们的新经济，房地产业刚刚起步，城市化进程则刚刚展开。家电产品看上去在城市里越来越难卖，但另一方面，几亿农村人口还因就业不足、收入水平低而无法全面进入家电消费市场。因此，传统产业在相当长时间内仍是中国需要大力发展的行业。

虽然民间投资在传统行业已经占据了很大的比例，但在这些行业，民间投资存在着力量分散、技术落后、设备陈旧等问题，制约着这些企业的发展。民间投资要转变投资方式，加大对传统产业的技术改造力度，提高竞争力。民间投资要由粗放型、以扩大生产规模为主的投资方式转变到集约型、以提高技术含量为特点的投资方式上，促进产品、技术的升级换代，提高企业的竞争力，为民间投资的下一步发展打下基础。

对传统产业的技术改造，要立足于高起点，采用当今世界上先进和适用的技术，对现有技术、设备进行更新换代，缩小与世界发达国家的差距。要提高技术创新能力，发展拥有独立

知识产权的技术和专利。要克服民间投资单兵作战，家族式经营的方式，走联合、兼并发展的道路，积少成多，众人拾柴火焰高，组建民营经济的航空母舰，提高其在市场竞争中的地位和作用。

二、积极投身于高新技术产业

目前，世界已进入知识经济时代，高新技术产业是经济发展的带头兵。尽管民间投资多分布在传统产业，但是有些起点高的民间投资企业已开始涉足高新技术产业，并做出了很大的成就，成为中国经济增长中一支不可忽视的力量。投资于高新技术产业，是民间投资提高投资水平、增加投资效益的重要途径。

在充分发达的市场经济体制下，竞争的结果导致平均利润率的降低，从长期看，任何人都不可能获得超额利润。但根据技术差距理论和产品生命周期理论，一项新产品或新技术要经历导入期、成长期和成熟期三个阶段。在前两个阶段，新技术的拥有者仍可获得超额利润，在成熟期则只能获得平均利润。世界上各发达国家十分重视技术的开发，从经济的角度看就是为了获得超额利润。发展中国家一般都是新产品和新技术的模仿者，在产品的成熟期通过专利等方式获得生产该产品的技术，从事生产和进口。但由于竞争激烈，只能获得平均利润。如果不能开发新的产品和技术，在竞争中将永远处于被动地位。一个国家如此，民间投资更是如此。事实上，在中国，不少民间投资企业使用的是国有企业淘汰的设备和技术，生产国有企业不生产的产品，在技术上处于不利的地位。因此，投资于高新技术产业，是提高民间投资水平和效益，增强民营经济实力的必由之路。

高新技术投资属于风险性投资。在国外，风险投资都是由民间资本主导的产业投资。1995年美国拥有600家风险投资公司，投资总额达435亿美元。他们创造了包括英特尔、微软、苹果在内的大批名牌高科技企业，其资金主要来源是个人资本，其次是机构投资基金，包括养老基金，大学后备基金，还有一些是大公司的资本等。近年来，中国也开始建立风险投资体系，但它主要是以政府为主导的风险投资体系，最大的缺陷在于没有充分调动民间资本投资，导致风险高度集中在各级政府，结果反而影响了创业投资的发展，使高科技产业处于缺血运行的不正常状态。有意识引导民间资本进入风险投资领域，形成庞大的风险投资群，为高科技产业的发展提供充足的资金，为民间投资提供广泛的机会，是发展高新技术和民间投资双赢之举。

民间资本进入风险投资领域有其现实的可行性。投资是追逐利润的，而利润与风险成正相关。一项新技术和新产品是否有市场价值，最终要通过市场来检验。由于民间投资与市场经济有天然的联系，对市场的变化具有较高的洞察力，易于推进技术创新。民间投资介入风险投资领域，有利于提高风险投资运行的质量，促进高新技术的发展。

三、加大对基础设施的投资

交通、通讯、能源、电力、城市建设等基础设施建设周期长，所需投资量大，回收期长，但利润率高，投资收益稳定，历来是国有投资垄断、民间投资被限制进入的行业。由于缺乏竞争，这些领域长期存在价格偏高、技术落后、服务质量低劣等问题，阻碍了这些行业的健康发展，影响了人民物质和文化生活水平的提高。从满足人们的需要和促进这些行业的发展出发，必须打破垄断，引入竞争机制，放松限制，让民间资本进入基础设施领域。

基础设施产品不完全属于公共产品。公共产品是指私人企业不愿意或无法生产而必须由政府提供的产品和劳务。公共产品有两个显著的特点：一是非排他性，是指无法排除其他人从公共物品中获益；二是非竞争性，是指消费者数量的增加不会引起生产成本的增加。在基础设施中，除城市建设中的某些行业带有公共产品的特点以外，其他行业如交通、通讯、电力、能源等行业并不具备这些特征，因而应该属于竞争性行业。某些基础设施行业收益率高且比较稳定，民间投资希望进入，但由于体制、政策等种种原因而不得进入，也不属于民间投资不愿意提供的产品之列。因此，从理论上讲，基础设施行业不能再继续限制民间投资的进入。从世界各国的普遍做法来看，大多数市场经济国家都尽量缩小公共产品的范围，积极鼓励民间投资进入基础设施建设。即使是公共产品，凡是私人企业愿意提供的，也尽量由私营企业提供，以提高公共产品的效率。因此，民间投资进入基础设施建设，是打破垄断，促进竞争，提高效率的重要手段。

基础设施建设由于投资数量大，建设周期长，进入门槛较高，民间投资的进入存在一定的困难，需要政府在各方面给予支持，如财政担保、企业债券、公共基金、特许权经营、BOT方式等。在这一方面，发达国家有成功的经验，值得我们借鉴和学习。

四、县市经济要发挥民间投资的作用

地方经济，尤其是县市经济是全国经济布局中的一个重要组成部分。作为县级经济单位，既不同于全国，也不同于省级单位和中心城市。作为全国来讲，在经济发展中可以充分利用国内、国外两种资源和两个市场；中心城市可以利用其得天独厚的技术、人才等资源发展本地的经济，但众多的县级单位由于其地理位置和经济发展水平的限制，政府财力有限，利用外部资源方面也不具优势，因此，眼睛向内，充分发挥民间投资的作用，是发展地方经济的一个必然选择。

首先，县级经济单位财政力量比较弱，多属“吃饭”财政，没有多余的力量发展经济，而中央财政主要投向西部地区，投向国有企业集中的大中城市，因而对县级区域的预算支援也很有限；县级单位工业发展水平较低，国有企业数量较少，国有单位投资力量较弱，难以带动县级经济发展；在信贷资金方面，由于贷款审批权限上收，银行也很难给予大量贷款；在吸引外资方面，由于多数县级单位地处偏远，市场规模狭窄，投资环境较差，在吸引外资上也不具优势。因此，县级经济只能依靠民间投资的发展。

其次，县级单位地处城乡结合部，是联结中心城市和广大农村的纽带,农业资源丰富,人力充足,民间投资在农业产业化和农产品深加工方面将大有作为。要激发农民对农业生产的投资热情,鼓励农民个人或联合兴修水利设施,增加对农业的投资。激发城镇居民对农、林、牧等各方面的投资热情,促进农民和城市居民的联合,鼓励城乡居民对荒山、荒坡、荒漠等的投资。这些投资,既可加强农业的基础地位,又可促进地方经济的发展。

第三,县级经济区域较小,供求关系稳定,地方特色明显,适合投资少、见效快、地域性强的民间投资介入。经过多年的发展,各县市已经拥有了一批小型的集体和私营企业,甚至涌现出了一批民营企业集团和大户,城乡居民中也有了一定的积蓄,具备了进行投资建设的条件。

大力发挥民间投资的作用,是发展县级经济的重要措施。县级单位要提高对民间投资的认识程度,为民间投资的发展创造条件,根据各地的自然条件和资源优势,采取优惠政策,吸引民间投资;要加强对民间投资的引导,逐步提高民间投资的产业化和专业化水平,增强民营企业的竞争力。

五、西部大开发是民间投资的广阔天地

目前,中国正在实施的"西部大开发战略"为民间投资提供了发展的机遇。加快中西部发展,不能只立足于依靠中央政府的投资,也不能仅仅依靠地方政府财政,民间投资应成为西部大开发的重要力量。

完全依靠政府投资不可能实现西部大开发的目标。在西部大开发战略中,中央政府已采取了很多的倾斜政策,包括在西部地区兴建大的投资项目、国债资金向中西部地区倾斜,财政拨款增加向西部投资的比例,国际金融机构提供的政府优惠贷款,也将有70%投放在中西部等,这些都将对西部地区的发展产生重要的影响。但是,西部地区地域辽阔,人口众多,西部大开发完全依靠中央政府的投资是不现实的;同时,由于西部地区经济发展水平较低,财政收入较少,积累能力较差,地方政府的财力有限,也不可能完全承担起开发西部的重担。因此,西部大开发必须发挥各方面的积极性,充分发挥民间投资在西部大开发中的重要作用。

东部沿海省份改革开放20年的实践证明,民间投资是带动区域经济持续、快速发展的强大动力。西部与东部地区最大的差距就在于民间投资和民营经济发展的滞后。以私营企业为例,2001年,浙江省的私营企业的户数、雇工人数和注册资本额,分别比西北五省区的总和还要高出63.1%、105.2%和49.8%。因此,采取积极有效的政策,促使民间投资在西部地区的超常规发展,是实现西部大开发战略的重要措施。

同时,西部大开发也为民间投资提供了广阔的空间。西部地区资源丰富,经济发展水平低,生产成本低,市场容量大,最适合民间投资的发展。在全国已探明的自然资源中,约有一半在西部地区。西部地区人均国民生产总值仅相当于全国平均水平的60%,工业化率比全国平均水平低6个百分点,工业产值仅占全国的10%左右。西部地区在矿产资源、农业资源、劳动力资源、市场潜力等方面的相对优势将为民间资本提供大量的投资机会。

要发挥民间投资在西部大开发中的作用,促进西部经济的非常规发展,就必须制定吸引民间投资者到西部进行投资的政策。要清除限制民间投资发展的体制性障碍,对民间投资的进入实行适当倾斜。除关系到国家安全和必须由国家垄断的产业领域外,其余领域都要向民间资本放开;要在税收、土地使用、企业开办、进出口等方面,取消一切不利于民间投资发展的限制性和歧视性规定,简化民间投资项目的审批手续,提高办事效率。为促进民间投资在西部地区的超常发展,西部地区应该制定一些不同于全国的优惠政策,以吸引民间投资的大量进入。

六、发挥民间投资在城市化建设中的作用

城市化是由落后的农业国向发达的工业国跨越的必由之路,也是实现经济结构优化和产业结构升级的重要途径。与其他国家相比,中国的城市化水平进展相对缓慢,2001年,中国的城市化水平仅达到37.7%,不仅低于发达国家70%以上的水平,也低于世界平均47%的水平。目前,较低的城市化水平已成为制约中国经济和社会持续发展的重要因素,加快城市化建设势在必行。

推进城市化进程的方式有三种,一种是政府推进型,城市建设的责任全部由政府承担;第二种是市场导入型,主要是发挥民间投资的作用;第三种是混合型,由政府和市场共同推进。完全由政府推动城市化建设会加大政府的压力,客观上会延缓城市化的进程;完全由市场推进,则可能造成城市化发展的无序和混乱,影响城市功能的发挥。正确的途径应该是发挥政府和民间两方面的积极性,在政府的推动和引导下,通过利益机制,发挥民间投资在城市化建设中的作用。

民间投资有推进城市化建设的积极性。城市化建设涉及广大农村人口的切身利益,通过城市化,可以扩大就业岗位、提高收入,改善生活,提高居民居住水平,享受现代文明的成果。结合农村居民住房建设,采取适当的优惠政策,把农民住房向城镇集中,鼓励农村人口在城镇内投资房地产,既可以加快城镇化建设步伐,又可以提高人民的生活水平,是一举两得的好事。

城市化建设过程也是工业化发展的过程,工业化水平提高了,城市化水平就可自然提高。在政府的统一规划和指导下,通过土地、资金、户籍等各种优惠措施,鼓励农民进城开办各种实业,发展城镇工业、商业和其他第三产业。变民间的自发投资为自觉投资,分散投资为集中投资,既可促进经济发展,又能提高城市化水平。

在启动民间投资,推进城市化建设过程中,政府要发挥宏观管理和引导作用,通过市场机制,引导乡镇企业向中小城市集中,吸引农村剩余劳动力进城务工经商,动员全社会力量投资参与城市建设。在稳定土地承包的同时,推进农业适度规模经营,加速土地使用权的依法流转,为集体和个人参与城市化进程提供可能和空间;改革城市土地使用办法,盘活城市土地

资源,搞好基础设施建设,为民间投资提供各种便利。在城市化建设过程中,要加快小城镇重组和集中的步伐,引导民间投资向集中化方向发展,推动城市化水平的提高。

七、民间投资是支持国有企业改革的后备军

党的十五届四中全会决定指出:"国有经济有进有退、有所为有所不为",这是国有经济实施战略性调整和改组的指导纲领。为此,国有经济从一般性竞争行业的战略性退出,将成为今后几年内中国经济体制改革的重点之一。

在国有经济战略性退出的政策选择上应立足于国内民间资本。一般来说,国有经济从竞争性行业退出后,只能由民间资本和国际资本替补。积极引进外资促进中国经济发展,是改革开放以来制定的一项长期重要的国策。但是,我们也必须注意到,近年来中国利用外资的国际环境发生了很大的变化,而国有经济急需退出的一般性竞争行业,对大型跨国公司吸引力不大。中国民间资本在规模和结构上具备替代国有经济退出的可能性,民间资本可能是接替国有经济退出的主要力量。从规模上看,目前仅城乡居民储蓄就已超过8万亿元,如果将这些资金中的一部分用于上述投资,对国有经济战略性调整将起到巨大的推动作用。从结构上看,目前8万亿元的城乡居民储蓄的大部分掌握在20%的人手中,其中有很大一部分是多年来从事经营活动的民营企业家,这就决定了这部分资金的活跃性。加强政策引导,促使这部分资金进入投资领域,既可以改变金融资产的不合理结构,促进储蓄向投资转化,减少金融风险,又可以加快国有经济的战略性调整。同时,由于民间投资的经历和特点,相对风险较高的高科技行业而言,民间投资对传统的一般性竞争行业更加偏爱,这就更增加了民间资本替代国有经济的可能性。因此,在国有经济战略性退出的政策选择上,应立足于民间资本。要制定优惠政策,创造宽松的宏观环境,促使这种可能性向现实性转变。

要发挥民间投资在国有经济战略性调整与改组中的作用,关键在于制度创新,要建立健全有关法律、法规,保障民间投资者的利益。在民间投资的替代过程中,科学评估国有资产的价值是至关重要的一环。现在国有资产是按照重置评估法测定的,其真实价值往往被大大高估。要保证民间投资的顺利替代,必须按照投资活动所遵循的原则,根据资产在未来收益的贴现值来确定其价值,以保证民间投资者的利益。另外,要妥善解决国有经济战略性退出可能会引发的社会问题,如失业、债务等,为民间投资替代后的正常经营创造条件。

风 险 投 资

加快中国创业投资体系建设

中国工程院院长 徐匡迪

"创业"既有风险,也有成功的希望,并不是单纯的投机,在中国更容易为投资者与管理层所接受。当前,进一步加快创业投资体系建设,核心是要解放思想,大胆探索,重点突破几个关键性的环节。

第一,大力完善有利于创新创业的投融资机制。多渠道的资金来源是推动创业投资体系建设的重要环节。要本着"多方投入、风险共担、利益共享"的市场化运作原则,充分发挥不同投资主体的积极性,实现科技创业投融资渠道的多元化。具体来讲:

一是充分利用部分政府资源启动创业投资,特别是种子期的创业投资。可以充分利用目前已经进行的各类国家级的科技成果转化项目。如"星火计划"、"火炬计划"等,其中很多项目可以转化为创业投资对象。二是发展各类投资主体的创业投资公司。这些公司专门向高新技术企业投入资金,并从事财务监管、金融担保等业务。还应鼓励商业银行、股份制商业银行会同大中型企业和集团以及科研院所、大专院校,尤其是民营企业和个人等,联合成立具有规模效益、素质高的实施股份制的创业投资机构。三是积极利用外资发展中国创业投资。应大力支持外国公司,企业和其他经济组织或个人来中国投资于高新技术产业。根据中国实际情况,近期可以从设立"中外合资创业投资基金"突破,在扩大资金规模的同时,引进国外创业投资及管理运作的经验。

第二,积极建立多元化的创业投资撤出通道。顺畅的

创业投资撤出通道，是有效吸引社会资金、促进创业资本良性循环的保障。建立和拓宽撤出通道的关键，是要加快创业企业股权交易，产权转让的市场建设，建立和完善多层次的资本市场体系。

一是在条件成熟时，尽快建立二板市场。目前，中国发展高科技的社会环境越来越好，大量民营或私人科技型中小企业快速发展，投资者对高科技股票的认识不断加深；同时，包括美国在内的诸多发达国家或地区，在创业板过热和泡沫破灭方面也为中国提供了借鉴。可以说，启动二板市场的条件比两年前更加成熟。二是进一步建立和完善地区性的产权市场。通过产权市场，投资者可以全部或部分购买创业企业的产权或股权获得其所有权或股东地位，创业企业则融到了资金来发展和推广其新技术。据统计，上海产权交易所目前有70%-80%都是股权交易。其余的才是实物资产的交易；而上海技术产权交易所206家会员中，一半以上都是创业投资企业。实践证明，这种使资本市场更为丰富和灵活的产权市场，为创业投资机构提供了一个很好的进退平台。

当然，丰富和拓宽创业投资退出渠道，还应鼓励非银行金融机构、上市公司、产业投资基金和其他公司及个人参与对高新技术企业的购并活动；支持金融机构、中小企业信贷担保基金及其他各类担保机构对高新技术企业的股权回购活动等。

第三，进一步加速创业投资中介服务组织建设。创业投资是一项专业性、综合性很强的经济活动，它的有效运作很大程度上需要各类中介机构的参与。当前，推动各种类型的创业投资中介服务组织的发展，是建设和完善中国创业投资体系的一项十分重要而紧迫的内容。

一是推动投资银行类中介参与创业投资的发展。投资银行可以充当高科技投资项目市场上供求双方的中介，沟通资金所有者与项目所有者，既是资金所有者的投资顾问，又是项目所有者的财务顾问；投资银行通过改造、辅导。组建、推荐创业公司在证券市场上市，为创业公司提供并购服务等，充当资本重要的退出中介。二是大力培育代理。顾问、评估和认证等多种专门中介机构。这些机构活跃于整个创业投资运作流程，分别为投资者、创业投资机构和创业公司提供市场信息、决策咨询、代理谈判和价值认定等服务。三是强化创业投资运作中律师事务所、会计评估机构等的作用力度。律师在创业投资机构设立、运营及退出时都扮演着重要角色。例如，在创业公司上市过程中，承销商和创业公司本身都需要较多的法律顾问服务。而会计在创业投资中则可提供可靠的财务报表审计、创业投资机构业绩评估、创业公司资产与股权评估等重要工作。

第四，努力营造创业投资发展的良好环境。国际经验表明，创业投资的健康发展有赖于一个良好的外部环境。优化投资发展环境，包括多方面的内容：

一是尽快健全和完善相关法律。例如，对创业投资主体的地位确认、投资管理机构的组织与管理、创业资本二级市场的组织与监管等。目前，最紧要的是尽快修改公司法，完善合伙法，尽早出台投资基金法。这几部法律，都与创业投资的生存与发展有密切关系。二是建立健全鼓励创业和引导创业投资的政策体系。要参照国外做法结合中国实际，制定鼓励创业投资机构发展的政策，如研究制定有利于创业投资发展的财税、金融政策和鼓励境外创业资金进入投资市场的政策等。三是加快对具有金融、管理、技术知识的复合型人才的培养和集聚。创业投资需要两类人才：一类是经验丰富的投资银行家，他们知道往哪个方向投资是有潜力、有效益的；第二类是大公司、高科技企业的技术专家，他们知道一个思想、一个主意有多大的技术价值和商业价值，目前，中国应当在大量培养创新创业人才的同时，努力通过各种措施，重点吸引那些在海外学有所成、具有相当实践经验和网络关系的优秀人才。四是进一步优化和建设有利于创新创业的文化氛围，创新意识、创新文化，对新经济的发展、对中国今后的发展很重要。美国创业投资之所以发达，很重要的原因是美国社会鼓励个人不断创新，摒弃传统思维，而且容忍失败。

中国创业投资阶段和行业分析

中共中央党校 王伟光
科技部创业投资研究所 房汉廷
科技部条财司 李爱民

2002年中国创业投资的行业分析

创业投资机构在进行项目选择时，首先要考虑项目所处行业的宏观背景以及市场竞争情况。从创业投资发展的历史来看，高增长、高风险、高收益的高新技术产业一直是创业投资的重点领域。由于许多高新技术产业都是在传统产业基础上应用先进技术发展起来的，而且传统产业本身也具有盈利和发展的稳定性，所以，一些传统产业也是创业投资的重要投资对象之一。有关调查报告把创业投资行业分为两大类：高新技术产业与传统产业。依据科技部行业分类标准，高新技术产业主要包括软件、计算机硬件、网络、通讯、半导体、一般IT行业、医药保健、环保工程、生物科技、新材料、资源开发、光电子与光机电一体化、新能源与高效节能技术、核应用技术、其他重点科技、科技服务等16大类。传统产业主要包括制造业、农业和其他传统型非科技行业。

（一）2002年中国创业投资主要集中在少数几个行业上，而制造行业创业投资项目增加则是2002年中国创业投资的一个新亮点

从创业投资项目的行业分布看，软件、一般IT行业、医药保健、新材料、制造业等是中国创业投资最为集中的5个行业，上述5个行业集中了2002年全部创业投资案件的50.8%。而通讯、农业等其他行业创业投资项目所占比例都很小，一般都在5%以下。这说明，与上年调查相比，创业投资的总体趋势并没有改变，即创业投资主要集中在了少数几个重点行业。这些行业一般都具有良好的增长前景，而且也是目前国内外整个产业投资的重点。从这个角度看，创业投资的产业选择日益融入到了整个宏观产业经济发展的大体系之内，投资取向具有很强的高技术性质，这十分有利于促进产业结构优化升级。

调查显示，与以往相比，传统制造业得到了创业投资的大力支持。虽然不属于高新技术产业，但是这类制造业由于创业投资的介入，大大提高了产品的技术含量和附加价值。世界产业分工的强化、国际产业和技术转移趋势的加强，以及加入WTO带来的机遇，再加上传统产业正处于新一轮结构性调整过程，使得传统制造业越来越受到创业投资的重视。

与上年调查相比，2002年创业投资的另一个特点是，软件、医药保健、新材料等高新技术产业继续是创业投资的绝对重点领域，而网络行业则逐渐落在了创业投资的热点投资领域之外。网络行业的“失宠”，其原因主要是网络神话的破灭，同时创业投资机构的日渐理性也是一个重要原因。这表明，创业投资正在逐渐走向成熟。

（二）中国创业投资的85.8%集中在高新技术产业

2002年中国创业投资的绝大多数集中在了高新技术产业，占全部创业投资案例的85.8%，非高新技术产业占14.2%。2002年创业投资的这种行业分布与上年调查存在着一定差异，这种差异体现在“一增一减”上：2002年非高新技术产业所占比例上升，较以往增长了1.6个百分点，而高新技术产业所占比例则由以往的87.4%下降到了2002年的85.8%。

创业投资结构的这种变化表明，一是非高新技术产业，尤其是制造行业和农业已经开始得到创业投资的重视。之所以出现这种现象，是与中国产业结构优化升级和制造业信息化的宏观战略指向密不可分，而且传统产业的升级改造客观上也为高新技术产业的发展提供了更广阔的空间。此外，就行业的技术含量而言，农业行业的被投资项目一般也具有较高的技术密集度，这种项目对农业内部结构调整与优化也具有很强的拉动效应。二是尽管高新技术产业的投资案件仍然居绝对多数，但是所占比例却有所下降。这说明，由于高新技术产业的高风险性，再加上发展环境有待完善，使得创业投资开始日益谨慎起来，或者正在积蓄力量，等待新一轮高新技术产业的投资高潮。

2002年中国创业投资的阶段分析

高新技术企业的生命周期大致分为5个阶段，即种子阶段、起步阶段、成长阶段、扩张阶段和成熟阶段，各个阶段对资本需求也存在着不同的特点。种子阶段：企业刚刚组建或正在筹建，还没有成型的产品，而是仅拥有实验室成果、样品和专利或其他可以转化的技术。起步阶段：企业已经有了一个处于初级阶段的产品，而且拥有了一份框架式的经营计划，管理团队还不完善。成长阶段：企业的产品和服务已经进入开发阶段，并拥有了少量客户。该类产品和服务的费用较高，销售收入不高。到了该阶段末期，企业完成产品定型，着手实施其市场开拓计划。扩张阶段：企业开始批量出售产品和服务，收入开始有较大幅度的增加。在这一阶段，企业逐步形成经济规模，并占有一定的市场份额。成熟阶段：企业的销售收入高于支出，净收入维持在一定的水平，企业已经可以靠自身的力量进行发展。

（一）无论是投资项目数，还是投资金额分布情况，创业投资主要集中在了“中间阶段”，而两端投资普遍较小，这种创业投资的阶段分布与国外大体相当

从投资项目的阶段分布看，2002年创业投资的绝大多数集中在了“中间阶段”，而两头则比较少，呈现出“中间大两头小”的橄榄形结构：成长阶段集中的投资项目数最多，达到了30.7%，其次是起步阶段为28.1%，而扩张阶段和成熟阶段所占比例最小，分别为13.4%和11.8%。总体上，由于创业投资环境建设滞后，特别是缺乏良好的撤出渠道，为了分散风险，确保在难以变现的情况下实现盈利，创业投资对企业成长初期的投资较少，而将重点转移到了风险相对小的"中间阶段"，甚至是后期。创业投资机构试图通过这种方式，特别是通过从规模较大的企业获取适当的分红，为自身寻找到一种较好的盈利点。

就不同创业阶段的投资金额比例分布而言，与投资项目的分布情况大体相当，创业投资主要集中在了“中间阶段”，即起步和成长阶段，这两个阶段的投资额所占比例均明显高于上年调查的结果，两个阶段共集中了全部创业投资的60%以上，比以往增长了8个多百分点。

综上所述，中国创业投资主要投在了“中间阶段”，即起步阶段和成长阶段，对两端的投资相对较少，这种分布态势与国外大体相当，基本上符合创业投资规律。

（二）创业投资对不同行业投资的阶段分布基本符合行业自身特点

创业投资对医药保健、生物科技等行业的投资主要集中在了种子阶段，这样的分布与这些行业的成长特点密不可分。首先，这些行业产业化过程特别是中后期需要的投资规模相当大，创业投资机构有限的投资规模很难满足其需要。其次，这些行业进入门槛普遍较高，与软件等进入门槛较低的行业相比，企业数量较少，稍具规模的企业必然成为众多投资机构趋之若鹜的对象，而投资能力相对有限的创业投资机构很难与上市公司或其他专业性投资公司竞争。因此，要想进入这些行业，创业投资机构必须“从头做起”，从早期阶段就开始参与企业的培育。

对于软件、计算机硬件、通讯和一般信息产业，创业投资主要集中在了起步和成长阶段，这种分布也与这些行业的发展特点息息相关。这些行业与前面的行业正好相反，进入门槛较低，孕育的企业数量就比较大。由于基数大，发展到一定规模的企业自然也就比较多，因此创业投资机构可以从容寻找到其满意的投资对象。第二，这些行业处于种子阶段，企业资金需求的规模通常很小，不合创业投资机构的“胃口”，而处于起步阶段和成长阶段的企业，其资金需求的规模与创业投资机构的资金供给规模正好相当。所以，针对这些行业，创业投资多选择这两个阶段的项目。

总之，从不同行业创业投资的阶段分布看，绝大多数创业投资集中在了起步阶段、成长阶段。处于这些阶段的行业一般都具有技术风险和市场风险相对小的特点，而且这些行业都有一个良好的发展前景。所以，目前的创业投资属于承担风险意识较弱或者风险规避意识比较强的一种行业。这也是创业投资根据目前市场和政策环境所做出的一种适应性选择。

中国风险投资四大趋势

清科创业投资研究中心 程凯

2002年的风险投资，不论本土还是外资的创业投资机构(VC)，都需要在这个大市场上探索一些适合于本公司发展的新道路，VC在中国还是处于创业期。清科创业投资研究中心在其2002年创投年度调研的基础上，总结并分析了2002年以及以后中国风险投资的几种趋势。

趋势一：外资抢占中国市场

相对于美国、日本等国的创投业衰退，中国的创投业是为数不多的亮点之一。

美国风险投资2002年持续下滑。据最新统计显示，2002年第三季度美国风险投资额仅为45亿美元，比前一季度下降了25%，连续第8个季度回落，因此美资VC加大了对中国的投入。日本、韩国的资本也是纷纷来中国寻找机会。

2002年，DFJ德丰杰投资和JAFCO集富投资等著名外资创投继续寻求扩大在中国大陆投资的机会。英特尔投资、华登国际投资、华平投资和新加坡政府投资公司等著名创业投资机构则加大了在华投资力度。

以上这些可以预示着2003年中国的创业投资会有一番新景象。

趋势二：联合投资

2002年，中外联合投资和多个外资VC共同投资成为业内乐道的话题。以2002年上半年为例，“中联绿盟”和“彩练信息”就是联合投资的代表作，而且上半年最大的两笔投资也都是大型外资创投机构之间的联合投资。

VC公司联合投资有很多方面的好处。首先可以实现双方的优势互补。第二是可以分担风险，联合投资双方需要投入的资金都会相对较小。第三是可以加强对被投资公司的控制。一般来说，风险投资不倾向于控股，但在单个风险投资坚持不控股的前提下，联合投资使得利益一致的风险投资公司在遇到特

殊情况时有更多发言权。

趋势三:战略投资进中国

中国加入世贸组织后为中国中小企业的发展提供了良好的机遇。同时,中国的IT、通讯和医药等领域继续保持较高的增长率,这为国外创投机构和战略投资机构进入中国提供了绝佳的进入契机。一些大型产业化或跨国型企业,在原有市场趋于饱和和竞争日益激烈的情况下,积极寻找与公司战略相吻合的投资机会。

因此,近来越来越多的中外大企业充分利用其现有的资源如资金、技术、销售网络及经验,不断积极主动地在中国进行策略投资(包括兼并与收购或股份转让等手段):如NEC战略投资中讯软件集团、日本东芝策略投资TCL,联想策略投资中望和汉普等公司。

除战略投资外,国内外大企业也开始积极尝试进行与公司长远战略相符合的创业投资,投资于一些早期的创业企业。例如西门子移动业务发展公司2002年在北京设立办事处,并于7月底即投资北京新空气技术有限公司。

预计今后几年中,会有越来越多的中外产业化或跨国型大企业在中国成立战略型创投机构。由于这些企业具有技术和关系网络的天然优势,将成为中国创业投资界不可忽视的一支生力军。

趋势四:中外合作基金成立

中外创投基金之间"井水不犯河水"的状况正在逐渐起着变化。2002年,大约有10家中外合作基金公司成立,其中比较典型的有深圳创新软库创业投资管理公司、广东冠通创业投资管理公司等。由于政策和法律的限制,中外创投基金间的合作处于摸索阶段,合作模式也多样和灵活。

深圳创新投资集团与软库合作成立的"创新软库",采取的是美元与人民币合作基金模式。创新投资集团募集1亿元人民币的基金并将其放在境内,软库在境外募集与1亿元人民币等值的外币基金并仍然将它放在境外。这两个基金交给"创新软库"统一管理。如果投资项目需要人民币背景,就用境内的基金进行投资,将来在境内退出;如果投资的项目需要海外控股的背景,则用境外的基金进行投资,将来通过海外上市或并购实现退出。

中国风险投资存在的主要问题及发展对策

四川大学经济学院 王勇

一、风险投资存在的主要问题

(一)"入口"——投资主体问题

近几年来,中国各地的风险投资公司呈快速发展之势,风险投资的资金也在不断庞大。但是,就总体来说,中国发展风险投资的"入口"——投资主体问题仍没有解决好,并带来一系列派生问题。它主要包括:风险投资总额不高,投资能力有限;政府资金比例过高,民间资本不足;以信贷或担保的方式从事风险投资。这里一个比较大而紧迫的问题是风险投资的资金来源。政府引导性资金有几十亿元,并没有引出更多的社会资金。目前尚没有充分利用个人、企业、金融或非金融机构等具有投资潜力的力量共同构筑一个有机的风险投资网络,从而造成资金不配套,转化的中试环节资金严重缺口。由于融资投资渠道狭窄,资金规模较小,风险投资无法在高技术、商品化、产业化方面起到主导作用,成为制约中国高技术产业化发展的瓶颈。

(二)风险投资的运作问题

中国目前在风险投资运作过程中存在一系列问题,概括起来主要表现在三个方面:

1. 风险投资公司的管理水平不高

这主要表现在风险投资不规范,随意性大。中国已有的风险投资公司,在确定投资对象时缺乏系统、细致的挑选,确定投资对象后,仅仅实行股权投资,在参与经营管理方面十分欠缺。有的甚至不参与风险企业的经营管理,直接以发放贷款的形式进行投资。对投资对象的选择,也不是高科技中小企业的创业初期,而是已发展到一定阶段的项目,谈不上自始至终地参与风险企业的科技开发、成果转让、人才引进及其企业管理,因而不是严格意义上的风险投资。

2. 缺少具有发展前景的风险企业,风险投资项目选择难

1998年底至今,中国已有中外各种背景的风险投资公司上百家准备向中关村投资,但能够找到项目的只有1%左右。一边是4000多家高科技背景的小公司想要吸引风险投资;一边是上百亿元风险投资资金找不到合适项目。自1999年4月起,卢卡斯风险投资公司收到了600多家公司的资料,最后一个项目也没谈成。"它们看起来都似乎不错,但都缺乏市场操作性,缺乏商业价值,不能给投资人带来很好的收益"。这是一个较为普遍的现象。

3. 风险企业的管理不规范,风险企业家的素质亟待提高

中国的大多数高科技企业,特别是民营科技企业,在企业的管理和动作上往往不规范。许多企业是家族式、家长式的管理,管理特点是一人说了算,企业管理、用人等重大决策随意性过强。在他们眼里,投资者扮演的是旁观者的角色。对企业的经营管理,投资者无权过问,投资者的任务就是年底分红。这是让风险投资家选择项目时产生困惑的一个重要因素。其实,这些创业者本身就是风险投资的真正风险规范,而且要比较透明,让投资方能有比较明晰的了解,这样才能吸引风险投资。

(三)“出口”——退出机制问题

一般来说,风险投资主要选择IPO作为出口。但是,目前中国的证券市场尚不具备这种“出口”条件。主板市场对上市公司的资格作了许多规定,不适合高技术风险企业在建立初期的财务状况要求;正在筹建之中的第二板(中国创业板)市场还未推出,还要等待时日;寻找境外上市,也因审批要求以及对发起人股和法人股的限制而难以达到退出的目的。

另一条退出途径——股权转让,真正实施起来也并非易事。目前中国产权市场发展尚不健全,影响风险资本股本转让的正常运作。主要是缺少一个可供风险企业股权流动的市场缺乏有效的产权流动机制。

(四)风险投资的发展环境问题

第一,从体制和政策环境看,中国长期实行科研开发经费由政府的财政或行政主管部门层层分配的管理体制,科研与生产尤其与商品化生产相脱节。目前中国仍缺乏对发展风险投资的有效激励措施、明确的发展计划和规范化的管理方法;同时,对高科技企业的税收优惠和出口优惠政策的力度也远不及发达国家,对风险投资的政策扶持显得不够,甚至不及经济技术开发区和特区。此外,在对高技术产品增值税的征收上也不尽合理。

第二,从市场环境看,“需求拉动”是高科技产业化的根本动力。通过政府采购为高科技的产业化开辟初期市场,对于促进风险投资和高科技产业化的发展是十分必要的。国外许多国家和政府都把政府采购作为促进本国高科技产业发展的重要措施。中国在此方面却远远不够。

第三,从法律环境来看,目前中国有些法律法规的内容是不利于高科技产业和风险投资发展的。中国现行的《公司法》、《合伙企业法》等法律都有一些条文与鼓励发展风险投资相违背。如《公司法》中对技术入股占注册资本的比例规定了20%的上限就有碍于风险投资的发展。同时,知识产权是一种需要法律保护的资产。对知识产权保护不力,就损害了进行高技术创新活动的企业家和科技人员的利益。如果没有对知识产权的有效保护,风险投资就无法生存。此外,关于产权转让问题、上市问题等等,都需要现行法规作出修改和进一步明确规范。值得关注的是,到目前为止,中国还没有关于风险投资的具体法规及管理条例。例如,对风险投资基金的发展就缺乏法律依据。

(五)风险投资的人才问题

风险投资与其说是投资企业,不如说是投资创业者。在美国风险投资界多年的经验是:宁愿投给第一流的人和第二流的项目,也不要投给第一流的项目加第二流的人。风险投资家选项的标准往往是,所投企业的管理团队的市场、科技含量。缺乏具有远见卓识的创业者(风险企业家)是中国发展风险投资事业的一大障碍。目前中国能带着自己的科研成果主动找资本、找市场的创业者太少。没有风险企业家,风险企业的产生无从谈起,风险投资更是无从谈起。

风险投资业需要大量的懂技术、管理、营销、金融等多方面知识的高素质的综合性人才,也就是通才。风险投资家尤其需要成为这样的通才,他的素质高低是直接决定风险投资生存与发展的关键因素。然而,目前中国的风险投资家严重匮乏,真正懂得风险投资基金运作的专家并不多,专家队伍建设需要一个过程。它甚至涉及到中国的教育体制、用人制度、人才流动制度以及文化氛围、传统观念的改革和改变。

二、发展中国风险投资事业、促进中小企业发展的对策思考

(一)把握好政府在风险投资中的角色定位,充分发挥政府的积极作用

在风险投资的整个发展过程中,政府有一个不变的作用,就是应当按照“制定政策、加强监管、控制风险”的基本要求来推进中国风险投资业的快速发展。从当前中国的实际出发,结合国外的成功经验,中国政府在风险投资的培育与发展过程中应扮演好规划制定者、监督管理者、政策支持与服务者的角色。在政府的作用和角色定位上要把握以下原则:“介入但不包办,管理但不干预”;“引导而不干涉,支持而不控股”。

具体来说,政府应在以下几方面发挥积极作用:

1. 充分发挥政府在制度建设中的主导作用

政府要逐步健全和完善风险投资的制度创新,为风险资本市场的长期稳定发展提供法律保障。应尽快制定和颁布有关风险投资的一些暂行管理办法,确保组建运作规范的风险投资公司和基金,克服中国经济活动中所惯有的因立法滞后而造成种种不良后果的弊病。政府应着重于建立一个良好的经济环境和市场体系、规范的信息披露制度和金融监管制度。要加大力度完善中国的知识产权保护体系,培育服务于风险投资产业的中介机构,为风险投资事业创造良好的外部环境。要为风险资本建立切实可行的退出机制。

2. 对风险投资基金进行管理审核

在鼓励依法组建专业的风险投资公司的同时,在执业资格、投资方向、风险控制等方面进行必要的监管和引导。本着对于特定类型风险投资主管部门,或由其成立或委托专门的经济管理部门对风险投资基金的设立、运作等进行审核、监督和常规性管理。监控其运作风险,规范其基金来源渠道,鼓励有能力的上市企业、高新技术企业、私营公司进入风险资本市场。

3. 制定并组织实施风险投资的扶持政策

一是加大政府财政投入在风险投资发展初期的支持力度。目前各地政府可以适当增加对风险资本的投入,组建一些风险投资基金或风险投资公司。国家和地方财政每年应当新增部分拨款、部分低息有偿使用资金,专项用于创新成果的商品化孵化期和产业化启动期的投入。

二是出台税收优惠政策。对于风险基金或风险投资公司的企业所得税可以考虑减至15%税率;对高新技术企业进一步加大优惠政策的力度,包括延长免税年限,进一步降低高技术企

业的所得税税率，由15%降至8%或更低。

三是增加政府补贴。借鉴国际经验，今后中国一方面要考虑通过创建基金继续加大对风险投资的政策补贴资金的规模；另一方面，也要考虑对高技术风险企业提供亏损补贴。当然，实施这样的措施需要有相应的监管机构，能够保证风险企业亏损状况的真实性，需要中国在财会、税务、审计等环节上有严格的管理。

四是充分利用政府担保的"放大器"功能。政府担保在国外被称为风险投资的"放大器"。根据国外的实践，其放大倍数在10—15倍之间。中国应当充分利用政府担保的放大功能，可以适量设立风险投资担保公司，或设立贷款担保基金，为技术企业向银行提供贷款担保。通常可由国家或地方财政拨出一笔资金，设立信用担保基金或担保公司并组织专门的经营管理机构，但同时要规范其行为。

五是加大政府采购政策支持力度。在这方面，美国的政府采购活动对于中国有很大的启示意义。50年代，正是美国国防部的集中采购刺激了硅谷、128公路地区等高技术基地的创业开发活动；60年代中期，美国国防部买下了硅谷全部集成电路产品，购买的半导体器件占当时美国半导体器件生产总值的40%，极大地促进了美国高技术产业化的发展。作为发展中的中国，更应如此。

4. 营造相对完善的市场环境

能够使风险投资大量形成和实现规模扩张的市场环境，离不开完善的技术市场、股票市场和产权市场。政府要积极推进技术市场的发育，促进科技资源的流动，使技术提供者迅速为市场提供先进的技术商品，使企业成为采用高新技术成果的需求主体。同时，从技术交易、中介、评估、仲裁等配套服务方面促进技术市场的发育。风险资本要能灵活地退出投资，在很大程度上依赖于证券市场。政府应努力规范证券市场的交易秩序，培养长期投资理念和机构投资主体。并适时推出中国创业板市场。要加快产权市场的培育和完善。

（二）制定、修改和完善法律法规，促进中国风险投资的健康发展

国际风险投资的发展历史和经验表明：立法与监督是促进风险投资业健康发展的保证。一般来说，风险投资的法规体系包括四个方面的内容：一是关于知识产权保护的法律；二是涉及企业制度方面；三是有关风险投资公司(基金)的专项法律；四是有关保障风险投资发展的相关法律。

当前，中国正在积极推动立法支持风险投资。全国人大已将《风险(创业)投资法》列入5年立法计划，《投资基金法》起草小组也在动作之中。国家计委等有关部门正在拟订《产业投资基金管理办法》，有关支持风险投资的财税政策可从中得到体现，希望能尽快出台并发挥指导作用。

要尽快制定和出台《风险投资法》和《风险投资基金管理条例》。考虑到《风险投资法》涉及整个国家的风险投资体系，非常复杂，法律起草和通过可能需要3—5年时间。因此，在此法出台前应针对中国风险投资业发展过程中已经出现和将会出现的一些问题，参照国外有关法律、法规条文内容，制定若干规定或暂行条例，对从事风险投资业的各类主体的行为加以规范，适时颁布《风险投资管理暂行办法》，暂时履行风险投资法的职能。与此同时，还要尽快制定《风险投资基金管理条例》，使风险投资基金动作有法可依，使风险投资公司在基金筹集、项目选择、知识产权保护和权益转让等方面有章可循。此外，要适当调整管理层与职工持股的法律规定和有限合伙公司的法律保障问题。国家可以考虑在少数风险投资试点企业适度放宽无形资产的比例，如允许管理层和职员持经营股10%—20%。这既是向国际风险投资业的惯例靠拢，也可以作为对最早从事风险投资事业的企业和个人的一种优惠和鼓励。作为制度创新，有限合伙公司应该得到充分重视，应当有暂行条例来规范有限合伙公司的组建和运转。

（三）建立符合国际惯例的从入口——运行——出口的风险投资机制

1. 开拓中国风险投资多元化的"入口"渠道

从中国的具体国情出发，目前阶段要以政府出资和外资介入为主；今后一段时期通过发展和建立风险投资基金和风险投资公司，过渡到以企业出资和富有个人为主；最后发展到以成熟的机构投资者出资为主阶段。

但无论处于何种阶段，中国风险投资的主体都应当是多元化的，风险投资的资金来源是多样化和多渠道的。这也是世界各国风险投资资金来源的共同特征。从中国的实际情况来看，风险投资的主要资金来源应该包括中央和地方政府资金、大型企业和企业集团(上市公司)、比较富有的个人和家庭、机构投资者(包括银行、证券公司、保险公司、信托投资公司等金融机构和养老保险基金、社会保障基金、商业保险基金、捐赠基金等契约性金融组织)、国外风险资金等多方面。

在此基础上，要组织和建立好风险投资公司和风险基金。风险投资基金和企业附属风险投资机构等是风险资本组织形式的基本选择。对于风险基金的发起应当实行宽松准入政策，应允许实业企业、个人、保险机构、金融机构等参与发起设立基金和基金管理公司。风险基金的募集可以采取私募(定向募集)与公募(发行基金、证券，即股份)相结合的方式。为了切实保障投资者权益，强化基金公司股东和董事会对基金管理人的产权约束，中国目前在试点和初期发展阶段，应该以公司制为主、合伙制为辅设立和运作风险基金。待成熟之后，逐步向公司制与合伙制并重，甚至可以向以合伙制方式为主发展。

2. 规范中国风险投资三位一体的运行模式

从风险投资产生至今，风险投资的运行方式已经形成一种基本模式，在世界各国得到应用和普及推广。中国的风险投资运作模式也不例外。风险投资在运营过程中一般包括三个方面的当事人：投资者、风险基金(风险投资公司)和风险企业。资金从投资者流向风险投资公司，形成风险投资基金，经过风险投资公司对申请风险资本的项目和企业进行筛选，将筹集到的风险资本注入到风险企业。通过风险企业的运作，资本得到增值，再流回到风险投资公司，公司再将利益回馈给投资者。整个过

程中,三个方面的机构需要密切配合、协作,不断磨合,形成一个三位一体完整的资本循环,最终才有可能取得成功。同时,风险投资公司为了规避风险,在一定的阶段还要分多轮投入或者融入资金,形成复杂的非同步资本循环。

3. 建立和发展中国风险投资的多种“出口”方式

根据国际经验,风险投资的“出口”方式主要有三种:IPO、兼并与回购、清算。相应的建立和发展中国的风险投资退出机制也应如此。首先,要积极做好各项准备工作,尽快推出中国创业板市场。目前在深圳证券交易所筹建的创业板市场工作已进入最后阶段,有望在2003年进行交易。这是中国风险投资首选的“出口”方式。当然,类似于IPO的退出方式还可以选择到海外证券市场,如美国的NASDAQ市场、新加坡创业板市场及中国香港的创业板市场等。

其次,在中国创业板市场启动之前,通过股权转让的方式使风险资本退出投资应当成为目前主要的退出方式, 包括企业兼并、收购与股权回购。考虑到股权转让目标企业和达成转让协议不确定性很大,操作过程比较复杂,中国应当尽快完善有关股权转让的法律和政策体系,完善产权市场和证券市场,规范其市场运行机制,尽可能减少风险投资的退出障碍。要鼓励将风险投资公司所持有的股份转让给上市公司从而变现的退出方式。

最后, 要加大力度规范现有的主板市场。对风险投资来说,规范的资本市场评价体系非常重要。如果这一体系不规范,非上市的股权转让活动就受其影响很大。要逐步改革和完善股票上市的流通制度,改变法人股不能流通的规定,为风险投资退出渠道通畅提供制度保证和便利条件。要逐步解决民营科技企业的股权清晰问题。

(四)培育人才,完善监管,发展风险投资的社会服务体系

1. 亟待培育大批复合型、专业化人才,下大力气建立一个充分流动、有序竞争的人才市场

在中国风险投资业发展中, 如果要问最为缺乏的要素是什么,就是复合型的专业化的经营管理人才。因此,培育人才,在风险投资业发展中锻炼出一大批职业化的风险投资家和风险企业家,是中国投资业能否成功最重要的一环,也是同国际风险投资惯例接轨中最大的成功。

(1)培育广大的人才群体。中国应通过各种方式和途径加紧培养具有金融、保险、企管、科技经济等多方面知识以及能够预测、处理、承受风险能力的人才,以适应风险投资发展的需要。特别是在高等教育中,要改变本科生专业设置过细的状况,鼓励培养跨学科和跨专业的复合型专业人才。此外,引进国外的管理和技术人才也不失为一条好的途径,可以快速弥补国内风险投资人才紧缺的需要。

(2)完善统一的社会保障体系。过去中国由于缺乏住房、医疗、养老、失业等社会保障体系,使得许多专业人才不能流动,不敢流动,无法满足风险投资对人才的需求。随着中国社会保障制度的建立健全,人才流动的后顾之忧逐步得到消除,并有助于减轻高新技术企业的负担,在市场竞争中轻装上阵,从而为风险投资专业人才的充分流动创造了基本条件。

(3)建立合理的激励机制。在风险投资创立的高新技术企业中,一般都给予企业经营管理层和职工个人股。技术专家可以技术入股,一般享有20%—25%的股权。风险企业的管理者也同时持有企业的股份。风险投资业的这种激励机制,可以使企业管理者、技术发明者、风险投资家与风险企业的成败,与风险投资的利润紧密相关,便于吸引优秀的人才的参加和激励其努力工作,从而推动风险投资的成功。

2. 建立完善的风险投资监管体系,强化风险投资运作的风险监控

风险投资体系运作的各个环节都存在一定的风险,概括起来主要有:管理风险、市场风险、政策风险、财务风险等。为了确保投资者的利益,为了高科技企业的健康发展,对风险投资业必须建立完善的监管体系。它主要包括监管主体、监管对象、监管内容和监管要点等。

对风险投资活动的监管,源于政府部门对金融活动进行监管的延伸。在国际上,不同的国家选择的监管模式不同,可以归纳为集中型监管模式(如美国)、自律型监管模式(如英国)、中间型监管模式(如德国)三种主要模式。考虑到中国风险投资的总体发展模式与美国模式相近,但由于中国机构投资者发育很不成熟,投资者的自律性较差,中国的监管模式适宜采用集中型监管体制。事实上,中国政府对证券市场、证券投资基金的监管已采用了这种模式。对于风险投资业的监管也应如此。

3. 发展多样化的社会服务体系,规范中介服务机构的行为

风险投资的运作过程比较复杂, 涉及许多机构和环节,因此在运作中对中介机构的需求较多。如风险企业的资产评估、业绩审计、法律认证等。特别是风险企业上市时,还必须选择上市服务的诸多中介服务机构,如会计师、评估师、法律顾问和承销商等。但从总体上来说,为风险投资服务的中介机构可以分为两类:专门中介机构和一般中介机构。前者包括风险投资行业协会、标准认证机构、知识产权估值机构、科技项目评估机构、督导机构、专业性融资担保机构等。这在中国大部分还没有发展起来。后者包括律师事务所、会计师事务所、资产评估事务所、投资银行等。这在中国都有不同程度的发展,但由于中国风险投资处于起步阶段,这些一般中介机构还没有为风险投资服务的实践和经验。

目前中国处于经济转轨时期, 尽管中介机构有了一定发展,但仍然处于初级阶段,服务水平不高,特别是其动作的严重不规范化。因此,必须规范中介机构的行为,应尽快制定统一的“中介法”,对中介进行法律界定,明确中介职能,完善中介组织的资质审定、从业人员资格考核,对违法从业者进行相应的处罚,以维护市场秩序,促进中介行业健康发展。

随着中国风险投资业的发展,除现有的一般中介机构要努力开拓风险投资的中介业务外,中国还要着重建立以下专门的风险投资中介机构:(1)风险投资协会;(2)知识产权评估机构;(3)科技项目评估机构;(4)风险企业评级机构;(5)风险企业融资担保公司;(6)信息咨询服务机构。

中国创业投资发展中的认识误区

国家开发投资公司 吕建国

一、对创业投资的基本认识

创业投资又称风险投资，是一种向处在某一发展阶段、具有高成长性潜质的企业投入权益资本，并为之提供创业管理等增值服务，以期通过企业发展和资本增值获取高额收益的投资方式。

创业投资是一种独特的投资模式，首先是一种先进的投资理念。尽管创业投资并无定式可言，也没有统一的发展路径，但都有其共同的基本内涵。

第一，创业投资为股权投资，符合股权投资的一般规律和特性；

第二，创业投资所投资和收获的对象都是企业。这些企业多为高新技术企业，但不一定必须是高新技术企业，蕴涵高成长性与否为创业投资者选择企业和选择投入时机的主要依据。企业成长过程要经历几个阶段，包括种子期、创业期、扩张期和成熟期。因成长性高和不确定因素较少，创业投资多选择创业期和扩张期进入，但对种子期等企业发展早期阶段投入的比例，反映着一个国家或地区创业投资发展和成熟的程度；

第三，创业投资向企业投入的不仅是资金，还应投入包括战略管理、经营理念、市场开发以及退出渠道设计等一系列有助于企业发展的增值服务；

第四，创业投资以提高企业价值、实现股权增值转让为基本盈利模式；但创业投资不拒绝企业培育过程中的红利分配和收益，不以企业最终股权转让获利为惟一获利方式；

第五，创业投资秉承阶段性持股的理念，阶段的长短取决于企业的发展和价值的提升。但创业投资是个耐心的投资，投资者有长期投资的心理准备，它反对急功近利，见好就收；

第六，创业投资追求高额回报，但在追求成功的同时，也接受风险，容忍失败。

创业投资的真谛在于，投资者不仅为企业创业融资，更要为企业发展提供增值服务，在思想上将自己定位为一个幕后服务者，帮助并同创业者、经营者一道，谋求创建新型的、具有巨大发展潜力和巨大未来市场的企业，最终获取高额回报。

二、当前的认识误区

（一）片面的“风险论”和“创业论”

首先是极端的风险论思想。在中国创业投资界一直存在着创业投资就是高风险高回报投资的认识，所以所有与创业投资有关的事物全部冠以“风险”二字。事实上，无论是创业投资还是其他某种形式的长期投资，风险都是客观存在的，所不同的是创业投资对待风险的态度以及在追求高额回报的前提下，对风险判断和驾驭能力的要求更高。试想在这种极端风险论的影响下，必然是国有资本觉得担不起责任，本应唱主角的民间资本更难舍自己的血汗钱。另一种片面认识是狭义创业论。这种认识把创业投资局限地认为是仅对设立中小型高科技企业的投资，忽略了包括对现有企业扩张、技术改造、并购重组，甚至传统产业领域采用新技术和中度适用技术的二次创业活动的投资。由于认识的局限性，使投资者或有意投资的人，常常苦于难觅初创技术、缺乏具有自主知识产权和较大市场潜质的发明创造，尤其将创业投资等同于高新技术产业投资时，更是抱怨中国技术创新难、转化难以及产权交易市场如何不规范和不健全等等。

创业投资经过几十年的发展，在市场定位上，不断顺应市场的需求和变化。特别是随着美国纳斯达克泡沫的破裂，近些年越来越多的投资投向中后期或成熟期企业，这成为创业投资市场定位的主体部分。

（二）创业投资不一定就是高新技术产业投资

创业投资主要集中于技术性创业企业尤其是新兴高新技术企业，而高新技术产业相当比例的投资也来自于创业投资。但不能因此将创业投资仅仅视为高新技术产业投资，也不能将高新技术产业投资仅仅归结为创业投资。由于国内目前常将创业投资等同于高新技术投资，致使创业投资从一开始就限于一个狭窄且风险集中的范围之中。这既不利于一般新兴中小企业的发展和一般适用技术的创新与应用，也不利于创业投资自身的发展。虽然高新技术将创业资本视为其发展的重要支柱，但创业资本也只是将高新技术作为其一个主要或重要的投资领域而不是全部。中国创业投资是作为推动科技创新、加快科技成果转化的一项措施提出来的。以发展科技作为创业投资发展的切入点和突破口，借“科教兴国”的强劲东风来推动创业投资尽早启动，无论对科技成果转化还是对创业投资发展，以及二者的良性互动和共同发展等，无疑都是非常重要的。但如果将创业投资仅仅定位于促进高新技术发展及其成果产业化，则是很不全面的。因此，中国创业投资的市场定位必须克服简单的拿来主义，从中国的实际出发，主要定位于包括高技术、新技术和适用技术型成长性新兴中小企业的初次创业和现有成长性中小企业的资产重组、技术改造等二次创业两个层面。从当前和今后一段时间，具有应用技术加高成长性的企业将会成为中国创业投资的最主要选择对象。

（三）关于退出机制及有关的政策法规

由于创业投资在风险驾驭和盈利模式上的特殊性，对股权流动和资本的进出机制，都有更高的要求。于是，退出机制便成了创业投资的一个核心机制。目前基本的退出方式有股票公开上市发行(IPO)、股权协议转让和企业清算。中国目前这方面的差距较大，也是受到批评最多的话题。

退出机制不是孤立存在的，它是创业投资体系中的一个组成部分，它的建立和完善，依赖于整个体系的建立和完善。而体系的建立和完善，不仅要靠创业投资业自身的努力，更需有其他社会条件的支持。这在客观上决定了退出机制，也包括其他机制的建立，不可能一步到位，更不是靠哪个部门或领导的主观愿望就能办到的。但是，推动这一进程的办法是明确的，就是要立足当前的实际，积极培育投资主体，培育风险投资市场。只要投资主、客体有所发展，市场环境必然随之相应发展。

在选择具体退出方式上，人们普遍认为IPO是最便捷和最有助于实现高额转让收益的途径，这也正是为何人们对创业板市场寄予无限期待的理由。甚至不少人认为，没有创业板就不要谈创业投资。最早在中国倡导创业投资的成思危则认为，上市并不是创业投资退出的惟一渠道。从投资收益看，收购对企业认定的价值比上市更有利。从具有50多年创业投资历史的美国看，通过上市退出的比例只占30%，而并购一直是美国创业投资退出的主渠道。

中国现阶段有关风险投资的政策、法规滞后，但也不是完全无法可依，比如《中华人民共和国科学技术进步法》、《中华人民共和国科技成果转化法》、《反不正当竞争法》、《关于科技成果转化的若干规定》、《外商投资创业投资企业管理规定》等都针对或涉及了创业投资。此外，北京、上海等地出台的一些地方法规，为当地创业投资的发展正起到积极的促进作用。

必须指出的是，推动政策法规等外部环境的建立，需要有一个基本量的创业投资介入主体，他们在提出政策法规需求的同时，其本身也正是政策法规出台的条件和基础，二者需要良好互动。

三、对中国创业投资发展的预期

首先，从宏观面上讲，中国经济多年来一直保持持续、快速、健康发展态势，市场化进程不断加快，适应市场经济运行的宏观调控体系已初步建立，微观经济主体的活力明显增强。经过十几年的改革开放，已形成了一大批中小科技企业及其企业家队伍，这是创业投资发展的宝贵基础；第二，充足的社会资本供应量直接或间接地保证了风险投资的资金来源。近年来，中国居高不下的居民储蓄及储蓄者人数与储蓄额之间典型的二八结构，蕴涵着强烈的投资需求；经过数十年的建设和发展，中国已形成庞大的国有资产，将国有资产存量转化为股份参与风险投资，会成为发展需求，也具有可行性；从中央到地方发展了一批机构投资者，将成为推动中国创业投资发展的基础力量；第三，国际、国内发展创业投资的实践，为中国今后的发展提供了经验；第四，金融环境正在改善，股票市场初具规模。中国证券市场的发展走过了初级阶段，市场容量逐步扩大，市场管理不断规范，培育出了一批成熟的投资者，同时大大提高了全社会的市场意识和风险意识。

就创业投资本身来说，近年来受到了各方面前所未有的重视，全社会已形成了对大力发展创业投资重要意义的广泛共识。可以预计，随着人们对创业投资运作机制理解和实践的深化，随着创业投资理念的推广以及外部环境的逐步改善，创业投资将更加充满商机和活力，也必将对中国未来经济的快速发展发挥巨大的推动作用。

风险投资在中国的完善

大连市建设投资公司 郭笑颖

风险投资在许多国家，特别是在美国已成为新产业的重要支柱，目前在中国虽未正式形成，但已被列为发展高科技产业的主要资本运行模式之一。

一、风险投资的风险

风险投资是与非风险投资相对应的概念，它是从投资范畴中划分出来的。其实任何风险都存在着不确定性，存在着风险，只不过有些风险大些，有些风险小些而已。风险投资作为冒大风险的一种投资，其中的风险主要有：

（一）投资主体的风险

这种风险是投资公司所面临的风险。投资公司在做出投资行为之前，一般会对投资对象、投资环境等进行考核、研究，做出相应的投资决策，但由于市场及周围环境的瞬息万变，投资决策就会出现不确定性。在客观上就可能存在风险，这也是投资风险形成的直接诱因。

（二）投资对象的风险

对于投资公司而言，尽管他们做出了正确的决策及参与投资对象的管理。但其在发展过程中依然有很大的风险。这些公司本身就是新生代表，能否被社会所接受并创造一定效益，还有待于实践的检验。这种不确定性，导致了投资客体的风险。

（三）投资收益的风险

风险投资是一种追求高收益的投资。当投资的风险越大时收益也越大。目前风险投资的成功率普遍在20%到30%,因此投资收益也存在着风险。

(四)风险投资的道德风险

任何风险投资不论其结果是成功还是失败,都有巨大的现实意义,对于其他投资者,是难得并不需支付任何代价的财富。如成功,他人可借鉴,如失败,他人可从中得到经验教训。这种道德风险也是风险投资的重要风险之一。

二、中国风险投资的完善

风险投资体系的完善,应从风险的角度考虑,尽最大可能对与风险相关的各要素进行完善。

(一)对风险投资主体的完善

在风险投资中,最为重要的自然是投资主体。近几年,各个部门相应的成立了好几家风险投资公司。这些公司从发起设立的过程,到其股本的具体构成,可以说明显地具有浓重的“官办”色彩。针对这一现象,我认为:应从风险投资本身的规定性出发,从中国市场经济所处的阶段出发,考察风险投资主体的需求条件及中国现在风险投资主体的供应情况,在风险投资主体的“供求关系”中,确定符合现阶段中国市场经济史和社会性格的投资主体。

中国目前投资主体的供应情况是有五类投资主体:即政府、商业银行、其他类型的金融机构、企业和个人。在这五类当中,商业银行在市场经济制度下的经济理性大大地高于其他机构或个人,因为他们的资金大多是来源于社会的存款,这样的资金具有内在的约束力,通常容不得进行过于风险性的投放。因此,商业银行缺乏本质性的投资“冒险”精神,保守的经营被冠以“稳健”而标明着商业银行在风险投资史里不会大有作为。

中国的企业现况是不足以成为“冒险”的投资主体的。在国有企业群体里,经营效益不好的企业,没有能力去进行风险抵押投资,而经营效益好的企业,资金的积累程度并不高,用于风险投资的资金可能会影响到企业的生存。这种情况下,谁还去冒那种前景很不确定的“创新”投资的险呢?

个人投资者的行为特征有些类似于商业银行,它对于资金的盘算更重于平稳;同时,个人投资者在中国现阶段,还没有足够的投资规模,形不成足够大的“冒险”的投资力量。他们没有可能通过自己资本的集中来形成实业投资力量,这在相当长的时间里决定了个人投资者自身是不可能成为风险投资主体的。

上面的分析将我们的眼光自然地转向了政府投资主体上。很多人将政府投资主体理解为是一种“官办”的形式。这种看法是对政府投资主体的一种错误理解。在现阶段,应将政府在风险投资中的角色定位于风险投资的启动者。这是因为由于在中国的市场经济发展尚离不开政府投资,使政府投资依然占有重要地位。政府力量在一定程度上依然是最强的。

那么,在这五类风险投资主体中到底哪一种是中国现阶段的投资主体呢?我认为,政府投资主体与其他金融机构相配合将是目前最适合中国的投资主体。这种组合而成的投资主体既不是在计划经济下纯粹的政府行为的投资,也不是由民间力量推动的投资,它是一种强化了投资效益与效率的市场经济下的投资,它最大限度的发挥了民间力量的投资。它可以充分发挥政府的推动作用,也可以避免这类金融机构追求不合理的投资收益。这也就是“民办官助”最完美的结合。

(二)对风险投资对象的完善

风险投资的对象,就是创业公司。对风险投资公司的完善应主要从以下几个方面考虑:

首先,应完善对创业公司的评估机制。完善评估机制的目的,无非是要选择正确的创业公司。在中国,对创业公司的评价应充分考虑到中国的实际国情,应从管理层、进入市场壁垒、产业定位及方向和商业模式出发,建立并完善一套符合中国现状的创业公司的评估机制,以选择正确的投资对象。

其次,加大对创业公司投入管理的力度。风险投资的成功不仅取决于投资公司投入资金的多少,还与投入的管理有着密切的关系。中国的创业公司,通常大部分只注重于风险投资公司的资本注入额,却忽视了风险投资公司在管理方面应提供的支持。因此,创业公司要及时地索取必要的管理上的支持,投资公司也要及时加大对创业公司的管理力度。

(三)对风险投资环境的完善

风险投资在一定程度上受到政治经济环境、法律环境、社会文化环境等外部环境的影响。为此,应尽快地完善风险投资的环境,以促进风险投资的发展。即完善政治经济环境、法律环境和创业环境。

(四)对风险投资要素的完善

与风险投资相匹配的要素有资金、技术和人才。其中人才是核心,资金、技术是基础,三者缺一不可。人才的培养和使用与发展风险投资密切相关。发展风险投资需要包括科技专家、创业家、风险投资专家等人才。更需要大量的技术经济复合型人才。这样才能满足风险投资的需要。同样,没有大量的社会闲散资金,如大规模居民储蓄、各种基金等,风险投资也发展不起来。

三、国有投资公司对风险投资的定位选择

风险投资并不是固定不变的,而是根据具体复杂的国情加以综合和创新。中国风险投资应主要定位于新兴中小企业、技改企业、初次创业企业及现有企业的二次创业。2002年国家财政部出台的《国有投资公司财务管理若干暂行规定》中,明确了国有投资公司的性质和基本原则,在这种情况下,国有投资公司应抓住机遇,作为政府投资主体与其他金融机构强强联合,对一些发展前景良好、投资回报率高的高新技术产业及技改企业进行风险投资,以实现国有投资公司的价值最大化,完成国有资产保值增值任务。

发展风险投资,并没有一个固定的模式,它随市场的不断演变而发展。我们坚信通过各方的不懈努力,在最短的时间内,中国一定会建立起一套适合社会主义市场经济发展要求的风险投资体系。对中国的经济建设产生更大的推动作用。

海外风险资本看好中国

经济参考报 张璐

据有关专家预测，未来3至5年，外资风险投资将在中国创投行业发挥重要作用，中国风险投资领域将迎来外国风险资本进入中国的热潮。

外国公司纷至沓来

2002年是“中外创投合作年”，外资创业投资机构以各种形式进入国内市场，与国内投资机构开展初步合作。相关调查显示，2002年中国地区通过新设立和增资方式成功募集资金的创投机构共有34家，新增加资本64亿美元，新增可投资大陆资本13亿美元。数据显示，有73家机构在2002年对226家创业企业进行了投资，共投资4.18亿美元，其中外资创投机构投资2.08亿美元，占投资总额的49.8%，本土创投机构投资1.948亿美元，占46.5%。从上述筹资额和投资量来看，外资创投在中国创投业中已经发挥重要作用。

2003年4月8、9日，由中国风险投资研究所（香港）主办的“2003年中国风险投资论坛”在北京召开。会上，美国国家种子创投基金协会主席以及一大批海外风险投资机构的代表共聚一堂，寻求在华的投资机会和合作伙伴。据悉，来自美国、日本、新加坡的主要风险投资商在2003年将会有更大举动，加快进入中国市场步伐。拥有全欧洲超过900个创投会员的欧洲风险投资协会（EVCA）也表示，将为欧洲风险投资机构与中国创投企业的合作牵线搭桥，加速欧洲风险资本进入中国的步伐。

海外资本为何看好中国

2002年，体现美国私有投资领域（风险投资）景气度的指标VWIX指数惨跌至169.5点，比年初下滑54%，远远高过股市跌幅。而全年美国投向未上市创业公司的投资总额下降了46%，降至203亿美元，明显低于2001年的377亿美元，远不如1999与2000年极盛时期。尽管如此，全球风险投资业的冬天远远没有结束。根据调查，大多数风险投资机构对2003年的市场前景仍然看淡，世界风险投资行业总体的局面不仅将跌回互联网泡沫前期的1996年，甚至可能跌回到1990年的水平。

虽然全球风险投资业还在继续下滑，但毕竟整个风险投资行业还积累着巨额的资金，这些资金早已把目光盯住中国。

从投资区域来讲，中国巨大的经济增长潜力是任何一个有眼光的风险投资家都不愿放弃的。未来10年中，中国一定是经济增长率最高的国家之一。一是中国人口众多，再加上劳动力成本低，正在逐步成为世界的制造中心。二是中国大陆本身就有很大的消费市场。比如说手机的年销售量达到了6000万只，居世界第一；PC机的销售每年也超过1000万台，仅次于美国。三是中国的经济转型和世界产业格局的变迁使得中国中小应用型、高成长性企业的项目资源异常丰富，这些企业由于中国现有金融体系缺乏对中小企业的融资机制，而对权益资本具有非常大的需求，这对全球风险资本无疑具有很大的吸引力。因此，国外著名风险投资机构纷纷选择此时，以不同的方式介入中国，是希望能早一点布局，抢占商机，分享中国未来10年经济高速成长的果实。

从投资行业来讲，风险投资机构更趋向于谨慎与理性，与前几年风险资本只热衷于追逐IT、生物医药等行业相比，风险投资家现在更看好中国庞大的消费市场，对于具有应用潜力的项目更感兴趣，投资范围已扩大到制造、物流、品牌服务等行业上。

政策瓶颈正在突破

2003年2月18日，原国家外经贸部、科技部和国家税务总局等五家政府机构联合颁布了《外商投资创业企业管理规定》。该规定对2001年8月发布的《关于设立外商投资创业投资企业的暂行规定》作了小范围的修改，但也有很大的突破。

“管理规定”对外资创投进入国内创投市场的组织形式作了新规定，原“暂行规定”认可的“有限责任公司或不具有法人资格的中外合作企业”的组织形式，改为“非法人制”和“公司制”组织形式。“管理规定”降低了外商设立创投企业的最少出资数量和最低出资份额的要求，最低出资数量由2000万美元减少为1000万美元，最低出资份额由3%降低为1%，且“管理规定”中去掉了对合作的中方创投企业的相应资格限制。“管理规定”对外资创投的进入资格也有较大放宽，只要外资创投的控股企业达到了“必备投资者”的要求，其被控股企业即可以进入国内市场。“管理规定”延长了创投企业的出资周期，由原来的最长三年延长为五年，注资方式更加灵活，可以根据合同和协议自主制定，且废除了原来的三个月内缴清出资额15%的要求。此外，“管理规定”单列一章，对“暂行规定”中没有出现的“创业投资管理企业”做了具体规定。

《外商投资创业企业管理规定》的出台，使得外资创投机构的市场准入门槛降低，运营环境更加宽松，有利于吸引外资创投进入中国投资。另一方面，对于限制外资创投进入和阻碍中国创投事业发展的重大因素，如创业投资的税收优惠、外资进入人民币市场进行创业投资的进入和退出通道、创业投资的退出渠道等，“管理规定”尚未做出突破性的改进，但是，人们完全有理由相信，为满足中小高科技企业、风险投资业发展的迫切要求，这些问题将逐步得到解决，特别是税收优惠、创业投资退出渠道等问题。

国家商务部外国投资管理司官员也表示，中国已将创业投资作为“十五”期间扩大吸收外商投资新的增长点。中国采用创业投资吸收外商投资，有助于借助跨国公司的力量来发展中国的高新技术企业，有助于加速调整外商投资产业结构进程，有助于提高中国企业的创新能力，也有助于中国风险投资行业尽快与国际接轨。

尽管中国是目前世界上最被看好的国家，但专家指出，就公司方面而言，中国还缺少一些能推介为发展前景广阔的“中国概念”的优秀公司。如果不加强观念的更新，加强本土公司的推介，使得上千亿美元的创业投资资本停留在中国门外，或被其他新兴市场吸引过去，那将是十分可惜的。

2002年外资创投含金量最高

刘猛

2002年度中国创投行业规模最大、数据最全的一次年度调查结果日前公布：本土创投的投资个案数量超过外资创投，但外资创投在管理资金总量及单笔投资金额上要远高于本土创投；IT业仍是最吸引创投的行业。

根据调研结果统计，在本次调研所覆盖的325家创业投资机构中，已知资本量的创业投资机构共有200家，管理着总计约1065亿美元的资本，其中可用于投资大陆地区的资本量约为104亿美元。本土创业投资机构269家（已知资本量为149家）管理着可投资大陆资本量为41亿美元，数量上仅为38家（已知资本量）的外资创业投资机构却掌管着59亿美元可投资大陆的资本。2002年，中外合资创投机构在数量和管理资本量上都有较大的增长，18家(已知资本量为15家)中外合资创业投资机构控制的可投资大陆的资本约为4.2亿美元。

2002年，中国各地区通过新设立和增资方式成功募集资金的创投机构共有34家，新增资本64亿美元，其中新增可投资大陆的资本约13亿美元，平均新增可投资于大陆的资本量为3818万美元。新成立或新进入中国的创业投资机构只有9家，而大部分的创业投资机构(约有74%)通过募集新的基金或增资扩股两种方式来获得新的资本。前者主要由外资或合资、部分本土创业投资机构采用，而后者主要由部分本土创业投资机构采用。

在这次调研得到的84个有效样本中，共有73家创投机构在2002年对226家创业企业进行了投资。其中，已知投资金额的成功融资的企业的数量为208家，它们共获得了4.18亿美元的投资，平均单项投资额度为200万美元。2002年最大的一笔投资是华平和龙科共同对港湾网络的第二轮投资，投资总额为4200万美元。其次为华平对浙大网络的投资，投资总额为1500万美元。位居第三的投资案例则为新加坡政府投资公司(GIC)、英特尔投资（Intel Capital）和软银中国创业投资有限公司(SBCVC)共同对南京联创的投资，投资总额为1400万美元。

值得注意的是，本年度出现了几起本土和外资联合投资的案例。其中一起为华登国际和联想投资共同对彩练信息的投资，总金额为950万美元；另外，联想投资还和香港建联通共同对中联绿盟信息技术有限公司的投资298万美元。这两起联合投资表明，国内具有产业背景的创业投资机构在发展之初，希望借助国外著名创业投资机构的投资经验和先进投资理念，而国外的投资机构也希望利用国内大的产业公司的网络来减少自己在中国投资的风险。

在总额达4.18亿美元的投资中，来自本土创投机构(不含中外联合投资)的投资额为1.948亿美元，占46.5%；来自外资创投机构(不含中外联合投资)的投资额为2.086亿美元，占49.8%，另外中外创业投资机构联合投资占3.0%，中外合资创投机构投资占0.6%。调查数字显示，本土和外资创投2002年在投资总量上基本持平。从投资的数目来看，本土创投的投资家数远大于外资创投，其投资的168家企业占总共获得投资的226家企业的74.3%。就平均单项投资额度而言，本土创投平均120万美元的单项投资额度明显小于外资创投490万美元的水平。

从获得投资的行业分布来看，IT业（包括通讯/电信和半导体)吸引的创业投资量依然高居榜首，达到2.385亿美元，接近创业投资总的投资量的一半。其次为生物/医药行业(特别是医药)，获得的投资为4200万美元，传统行业在2002年也获得了2550万美元的投资。这表明创业投资2002年的投资风险，投资界的投资观念在当前的环境下也发生了某种微妙的变化。环保产业在2002年获得了2510万美元的投资，接下来依次为新材料、服务行业和电子元器件/光电设备/机电设备行业，分别获得了2170万美元、1730万美元和1000万美元的投资。排在末两位的为教育和新能源，获得的投资依次为300万美元和140万美元。

在创业投资的退出方面，本次调研表明，在2002年世界经济低迷和国内创业板迟迟没有推出的情况下，中国的创业投资机构迫于资金回报的压力，开始积极地拓宽退出渠道，尝试了多种退出方式。从总量数据来看，2002年共有34家本土和外资的创业投资机构从58个投资项目中退出。其中22家本土创投机构退出了42个项目，12家外资创投机构退出了16个项目。从退出方式来看：2002年股份转让成为使用频率最高的一种退出方式，共有17家创业投资机构采用这种方式从26个投资项目中退出；其他退出方式按使用频率来看依次为IPO，管理层收购，M&A和借壳上市。从已知投资回报率的一些样本可以看出，在使用程度最高的股份转让这一方式上，本土创投获得的收益率并不理想。

上海申达（集团）有限公司国债项目实施情况

上海申达（集团）有限公司始建于1995年2月，现有总资产52亿元，净资产19亿元，是上海市纺织系统规模较大的企业集团，1997年被上海市政府列为上海第一批重点扶持的大型企业集团。上海申达（集团）有限公司以纺织品制造和进出口贸易为主经营业务，主要生产品种有高支纱、高密织物、精细特阔等高档传统纺织品，并拥有一批著名品牌。1998年以来，又进一步拓展了产业用和汽车用纺织品等新兴领域，1999年为了满足国内高档、特种服装面料日益增长的需求，替代进口，加速业内技术改造，确立了“引进先进纺织印染设备发展特色服装面料”的技改项目，并被国家经贸委列为国家重点技改项目之一，批准列入第二批国债专项计划，项目总投资1.609亿元，其中用汇506万美元，铺底流动资金1600万元，主要产品为特色印染面料面料和针织高档面料，生产纲领年产6000万米，其中印染面料4500万米，针织面料1500万米，销售收入7亿元，利润3650万元，税收1450万元，创汇2500万美元。项目主要引进自动络筒机、倍拈机、染色机等先进设备53台（套），购置国产园网印花机、梳棉机、并条机等设备169台（套）。

上海申达股份有限公司膜结构项目

上海申达股份有限公司2002年出资1.5亿元组建的上海申达科室新材料有限公司，是专业从事研究和生产有基材高分子膜结构等涂层材料的高新技术企业。

新公司坐落于浦东新区唐镇工业园区内，毗邻张江高科技园区，占地40余亩。

新公司花巨资引进了国际领先水平的、德国KKA公司生产的热熔又辊压延生产线，全机采用西门子总线计算机控制，自动化程度很高；生产线辊宽3.9米，成品幅宽可达3.6米，最高生产速度能达55米／分钟。为热熔压延生产线配套，还引进了德国REMT公司的自动配送、称量系统，任何输入计算机的配方，只要按一下键就能自动精确搞定。两段式行星挤出机，每小时能挤出3吨，在国内罕见，它为热熔生产线的高速生产奠定了基础，使热熔产品的抗老化、耐辐射、防霉变、防尘自洁的性能更完备，为热熔生产线还配置了表面处理生产线。

热熔压延生产线可在有纺和无纺的基材上运用PVC、EVA、TPO、TPU等作为涂层原料，可生产出广泛用于建筑的膜结构、屋面和地下设施的防水材料，用于广告业的内、外打光的灯箱布，用于航空汽艇、救生艇、冲锋舟、家庭游泳池气床、超大跨距充气篷膜，用于水土治理的防渗材料，用于油船泄油栏，用于汽车内装饰的内饰材料，用于制鞋制包的内饰材料，用于散装粉材、颗粒运输的吨袋……总而言之，新颖的涂层产品，随着热熔压延生产线对原料的广泛适应而层出不穷。

热熔压延生产线能年产各种涂层材料2500万平方米，销售收入可达3亿元以上。

上海汽车地毯总厂汽车板块项目

上海汽车地毯总厂为上海申达股份有限公司的子公司，是国家大型二档企业。厂址位于上海市松江区松蒸路189号，距市区约40公里，高架道路直接沪杭高速公路，交通方便。2022年末固定资产原值3.2106亿元、净值1.7528亿元，销售收入2.8438亿元，上缴税金1879万元、净值1.7528亿元，销售收2.8438亿元，上缴税金1879万元，净利2256万元。1988年开发汽车地毯，为桑塔纳桥车地毽国产化配套，1990年批量供应，1991年全部代替进口。

该厂主要生产经营汽车地毯。“七五”投资987万元，实现产品从民用向产业用的转型改造，“八五”先后投资9400万元，引进德国谢夫勒公司关键设备和工装形成桑塔纳车（第一代普通型、第二代2000型）轿车地毯年产30万套配套能力。配套汽车地毯质量稳定，桑塔纳车普通型配套地毯获上海市优秀新产品二等奖，1993年上海大众汽车有限公司确定为“免检”产品。桑塔纳车2000型配套地毯获1995年第三届上海科技博览会金奖，1996年国家经贸委认定为1996年度国家级新产品，1998年5月上海大众汽车有限公司确定为“免检”产品。“九五”投资1.4312亿元，引进德国谢夫勒公司设备和工装，形成帕萨特B5产量8.6万套，销售收1.4385亿元，上缴税金1224万元，利润2655万元。帕萨特B5轿车地毯项目被评为上海市优秀技术改造项目，产品评为2000年度上海市新产品、2001年度国家重点新产品。质量管理体系分别于1997年10月和2000年12月通过ISO9002和QS9000及VDA6.1认证。2003年贯彻了ISO/TS16949和ISO14001标准。

上海汽车地毯总厂还出资与日本知名企业合资兴建“上海申阳藤汽车纺织内饰有限公司”（占股份30%），生产各种针刺地毯，全资收购苏中联地毯有限公司并扩建成坯生产基地，同时为二汽轿车配套生产地毯，与世界十大汽车零部件供应商之一的美国李尔公司合资兴建“上海松江李尔声学元件有限公司”（占股份50%），为上海通用轿车配套生产地毯。上海汽车地毯总厂已成为全国最大的轿车地毯配套企业。

武汉钢铁(集团)公司投资发展情况

一、武钢概况

武汉钢铁(集团)公司,是新中国成立后由国家投资兴建的第一个特大型钢铁联合企业,中国重要的板材生产基地,厂区坐落在"九省通衢"的武汉市的东郊青山区,占地面积21.17平方公里。所辖的4座铁矿、2座辅助原料矿分布在鄂东、鄂南及河南焦作等地。武钢注册资本47.39亿元,到2002年底,拥有资产总额469.04亿元。目前,武钢有全资子公司36家,控股公司17家(其中包括2家股份公司、1家非银行金融机构) 及24家二级单位,已初步成为以钢铁为主、多种经营共同发展的特大型企业。现有在岗职工86095人。

近年来,武钢先后获得国家科技进步特等奖、国家技术创新奖、国家企业管理金马奖、大型联合企业国家质量管理奖、现代化管理创新一等奖、全国质量效益型先进企业、全国用户满意先进单位、全国企业管理杰出贡献奖、国家级质量效益型企业成本管理一等奖和全国先进党组织、全国精神文明建设先进单位等荣誉称号。

二、武钢的"十五"规划

武钢为加快钢铁产业的发展,提出到"十五"末期要初步把武钢建设成为国际一流水平的现代化钢铁企业,形成年产1200万吨钢生产能力,成为我国硅钢片和汽车板的主要生产基地。其产能规模为:生铁1155万吨/年、钢1200万吨/年、钢材1066万吨/年。其产品方案坚持以市场为导向,按照"有所为,有所不为"的原则,武钢在"十五"期间将重点建设二条精品生产线,即以取向硅钢和高牌号无取向硅钢片为主的冷轧硅钢片生产线和以生产汽车板、家电板为主的宽带钢生产线;完善二条名品生产线,即以桥梁板、管线板、容器板、船板(军工板)为主的专用中厚板生产线和以钢帘线、钢绞线、冷镦钢为主的优质线构生产线。

三、"十五"前三年投资情况

"十五"头三年,武钢1200万吨钢规划工作已经全面启动,公司主要对57个重点项目进行改扩建,2001年、2002年分别完成固定资产投资40.74亿元、38.64亿元,2003年预计完成固定资产投资40.8亿元。同时,武钢的技术改造得到了国家的大力支持,已有10个技改项目被列入国债贴息贷款项目计划。

四、投资效果

1. 技术改造

通过"十五"期间的改造,使武钢整体生产能力上一个台阶,实现年产钢1200万吨的综合生产能力,武钢的品种结构也进一步改善,产品的宽度、厚度性能大幅度改善,能生产国家紧缺的石油管线钢、桥梁板、集装箱板,各种规格的汽车板和冷轧硅钢片等产品,成为中国硅钢片和汽车板的主要生产基地。

二热轧

武钢二热轧工程是经国务院批准的钢铁行业大型建设项目,投资建设2250毫米热轧带钢轧机,生产规模为450万吨/年。拥有技术装备水平最高、板幅最宽、强度等级最高的现代化宽带钢热连轧机,可以在一定程度上满足国内汽车、造船、能源开发及管道运输业对超宽钢板和大口径螺旋焊管的国产化要求,同时,填补该类产品的出口空白。本项目已于2003年3月份开始试生产。

二冷轧

武钢二冷轧厂拟定于"十五"期间建成,生产规模为215万吨/年。二冷轧建成后,将从根本上结束我国轿车用及家电用冷轧板、镀锌板主要依赖进口的局面,在尺寸精度上能100%满足国内高档轿车制造的要求。

一冷轧技术改造

改造后生产规模扩大到185万吨/年,可生产轿车板和低牌号电工钢,使冷轧产品的表面质量、深冲性能以及规格品种得到较大的提高。

三炼钢改扩建

续建国家已批准的3号宽板坯连铸机和3号转炉,使武钢具备生产宽幅板坯的能力,为二热轧提供优质的板坯原料。3号宽板坯连铸机已于2003年8月30日进入试生产。

2. 产品研制

产品研制向高难度、高技术含量、高附加值品种迈进:

一是中厚板开发保持了国内领先地位。在国内率先研制成功的耐火耐候钢WCJ510C2已通过鉴定;该钢种集高耐火性、高耐候性,高Z向性和能承受大线能量焊接于一体,被四位工程院士在内的专家们评为"国内首创、填补空白、国际领先";桥梁用钢取得了湘江大桥、西安环城公路桥、松花江铁路大桥的供货权;压力容器和压力钢管用钢申报了4项国家专利;WH530、WH610D2被国家经贸委认定为2001年国家级新产品。

二是管线钢研制实现了质和量的飞跃。高性能管线钢X70的性能指标达到了"西气东输"工程用钢技术要求。专家认为武钢的X70热轧厚钢卷各项性能指标达到国际同类钢实物水平,填补了国内空白。管线系列钢还夺得了大港、沧州、天津—燕山、黄河引水工程等十余条重大管线工程的供货权。

三是汽车板试制创历史最好水平,超深冲冷轧IF钢,其实物质量达到了国际同类产品的先进水平。汽车大梁用钢通过化学成份和轧制工艺的进一步优化,使性能合格率明显提高,已通过省级成果鉴定;钢板实物质量达到国际先进水平,已成功应用于东风汽车公司等10余家汽车厂,应用前景十分广泛。

四是线型材试制取得重大进展,试制质量稳步提高。重点产品82B的性能合格率达100%;钢帘线通过优化生产工艺,各项性能指标均稳定保持在较高的水平;弹簧钢、钢纤维用钢等新产品已实现小批量供货;焊丝钢试制又申报了3项国家发明专利。

五是开发硅钢新产品。改进了已开发的W30G、WDG、WKG等压缩机用钢,EI铁芯用钢的生产水平。同时,开发了高磁感无取向硅钢W18G、低牌号高磁感无取向硅钢W20G、涂层半工艺型无取向硅钢WBG等产品;新开发的取向硅钢QD092C牌号合格率比采用日本专利生产的合格率有较大提高。

3. 科技进步

2002年,武钢64项主要技术经济指标中30项创历史最好水平,高线合格率、硅钢片合格率2项指标与历史最好水平持平。二炼钢3号转炉炉龄已达29948炉,在2001年22766炉的基础上再创新的世界纪录;三炼钢钢铁料消耗1109.30kg/t,创造了国内同行业新的历史最好水平;一炼钢钢铁料消耗、钢材综合合格率、入炉矿石品位等一批指标全年各个月均超过武钢历史最好水平。

百色水利枢纽工程投资建设情况

百色水利枢纽工程位于广西郁江上游右江河段，坝址在百色市上游22公里处，是珠江流域综合利用规划中治理和开发郁江的关键性水利工程，该工程是一座以防洪为主，兼顾发电、灌溉、航运、供水等综合利用效益的大型水利枢纽。

百色水库总库容56.6亿立方米，其中防洪库容16.4亿立方米，属不完全多年调节水库。工程概算总投资53.33亿元，建设工期为6年。工程建设对提高自治区首府南宁市防洪标准，对促进广西、云南经济的发展，带动右江革命老区脱贫致富，保障当地经济社会的可持续发展具有重要意义。

该工程主要建筑包括：一座主坝和两座副坝，主坝为全断面碾压混凝土重力坝，最大高130米，坝顶长720米，坝顶宽10米，坝顶高程234米；两座副坝位于主坝左侧约5公里处，分别为坝高39米的银屯均质土坝和坝高26米的香屯均质土坝；一座装机54万千瓦(四台机组)的地下发电厂房；通航建筑物采用2×300吨两级垂直 升船机方案，通航工程作为二期工程建设。

该工程建成后，近期与南宁市防洪堤结合，可使南宁市的防洪标准由目前的20年一遇提高到50年一遇；远期与下游老口水利枢纽联合调度，可使南宁市防洪标准提高到100年一遇。同时还可使右江沿岸的百色、田阳、田东、平果、隆安等市县免除50年一遇以下标准洪水的威胁。结合郁江河段防洪标准为10年一遇的堤防，可使南宁下游的邕宁、横县、贵港、桂平等市县的防洪能力提高到20年一遇以上标准。可保护187.3万人口和109.2万亩耕地，水库多年平均防洪效益达7.75亿元。

百色水利枢纽电站为地下式厂房，总装机容量54万千瓦，安装4台单机容量为13.5万千瓦的水轮发电机组，由进水渠、进水塔、引水隧洞、主厂房、主变室、尾水洞、交通洞及高压出线洞等组成。电站年均利用小时数为3130小时，多年平均发电量16.9亿千瓦时，其中可调峰电量占64%以上，可缓解电网峰谷差矛盾和电力供需矛盾。在水库调蓄作用下，将使下游9个梯级的枯水期电能增加3.67亿千瓦时，其中已建的西津、贵港、桂平3个梯级和计划建设的那吉梯级增加枯水期电能1.87亿千瓦时。

本工程的兴建对发展农田灌溉，提高农业生产能力也将有明显的效益。右江河谷灌区是百色地区重要农业生产基地，百色水利枢纽建成后将提供充足的电源与水量，可扩大和改善水田灌溉面积15.61万亩，增加丘陵地的水果灌溉面积11万亩，保证灌溉面积增至58.4万亩。

根据6年建设工期安排，百色水利枢纽主体工程已于2001年10月开工，2002年10月大江截流，计划2005年10月第一台机组发电，2006年工程全部建成。目前，广西右江水利开发有限责任公司全体员工在董事会和公司领导班子的带领下，正朝着工程建设领导小组拟定的建设目标，与工程设计、施工、监理等单位密切配合，努力做好各项工作，决心早日实现“八桂展宏图、右江锁蛟龙”的宏伟蓝图。 （潘向东）

重庆市涪陵水电力投资集团有限公司

重庆市涪陵水利电力投资集团有限公司是为适应国家投融资体制改革形势，加快水电产业发展及城市基础设施建设步伐，重庆市涪陵区人民政府授权的涪陵唯一一家接纳国家开发银行授信贷款的投资主体。公司是由涪陵区人民政府批准设立的自主经营、自负盈亏、管理科学、权责明确的国有独资公司和具有政府行政职能的大型综合企业集团，经区政府授权，对下属全资、控股及参股企业的国有资产行使出资者所有权职能；决定下属全资、控股企业的设立、合并、分立、终止、合资合作、产权重组、抵押担保、增减资本、产权转让等重大事项；对下属企业的计划、统计、投资融资、招标投标、目标管理、项目审查、信息宣传等工作实施统一管理；负责对涪陵区使用国家开发银行授信贷款项目进行统一监管。

公司成立于2003年7月，注册资本金10亿元，全部由涪陵区人民政府出资。集团公司本部设23个职能部门，下属4家分公司，11家全资子公司，2家控股子公司，7家参股公司，职工总数6000人，总资产51亿元，净资产16亿元，主要经营水利、电力、城市基础设施建设、高科技开发、房地产开发、园林绿化、供水、旅游等基础设施建设的投资及其相关产业的咨询、开发、经营、管理等业务。

未来五年集团的发展思路是：把握两个先导（市场、科技），打牢两大基础（项目、融资），加快两大进程（企业集约化、产业多元化），强化两大保障（人才、资源），全方位、多角度、大马力推进企业持续、快速、健康发展。

未来五年集团总体发展目标是“三三三”发展目标，即：壮大三大产业（水利产业、电力产业、房地产业），拓展三个领域（加工制造业、旅游业、社会公用事业），实现三大突破（到2007年，力争固定资产投资突破50个亿、经济总收入突破30个亿、利税总额突破3个亿）。

第九部分

投资管理与政策法规

国家法规

中华人民共和国税收征收管理法实施细则

中华人民共和国国务院令 第362号 2002年9月7日

第一章　总　则

第一条　根据《中华人民共和国税收征收管理法》(以下简称税收征管法)的规定,制定本细则。

第二条　凡依法由税务机关征收的各种税收的征收管理,均适用税收征管法及本细则;税收征管法及本细则没有规定的,依照其他有关税收法律、行政法规的规定执行。

第三条　任何部门、单位和个人作出的与税收法律、行政法规相抵触的决定一律无效,税务机关不得执行,并应当向上级税务机关报告。

纳税人应当依照税收法律、行政法规的规定履行纳税义务;其签订的合同、协议等与税收法律、行政法规相抵触的,一律无效。

第四条　国家税务总局负责制定全国税务系统信息化建设的总体规划、技术标准、技术方案与实施办法;各级税务机关应当按照国家税务总局的总体规划、技术标准、技术方案与实施办法,做好本地区税务系统信息化建设的具体工作。

地方各级人民政府应当积极支持税务系统信息化建设,并组织有关部门实现相关信息的共享。

第五条　税收征管法第八条所称为纳税人、扣缴义务人保密的情况,是指纳税人、扣缴义务人的商业秘密及个人隐私。纳税人、扣缴义务人的税收违法行为不属于保密范围。

第六条　国家税务总局应当制定税务人员行为准则和服务规范。

上级税务机关发现下级税务机关的税收违法行为,应当及时予以纠正;下级税务机关应当按照上级税务机关的决定及时改正。

下级税务机关发现上级税务机关的税收违法行为,应当向上级税务机关或者有关部门报告。

第七条　税务机关根据检举人的贡献大小给予相应的奖励,奖励所需资金列入税务部门年度预算,单项核定。奖励资金具体使用办法以及奖励标准,由国家税务总局会同财政部制定。

第八条　税务人员在核定应纳税额、调整税收定额、进行税务检查、实施税务行政处罚、办理税务行政复议时,与纳税人、扣缴义务人或者其法定代表人、直接责任人有下列关系之一的,应当回避:

(一)夫妻关系;

(二)直系血亲关系;

(三)三代以内旁系血亲关系;

(四)近姻亲关系;

(五)可能影响公正执法的其他利害关系。

第九条　税收征管法第十四条所称按照国务院规定设立的并向社会公告的税务机构,是指省以下税务局的稽查局。稽查局专司偷税、逃避追缴欠税、骗税、抗税案件的查处。

国家税务总局应当明确划分税务局和稽查局的职责,避免职责交叉。

第二章　税务登记

第十条　国家税务局、地方税务局对同一纳税人的税务登记应当采用同一代码,信息共享。

税务登记的具体办法由国家税务总局制定。

第十一条　各级工商行政管理机关应当向同级国家税务局和地方税务局定期通报办理开业、变更、注销登记以及吊销营业执照的情况。

通报的具体办法由国家税务总局和国家工商行政管理总局联合制定。

第十二条　从事生产、经营的纳税人应当自领取营业执照之日起30日内,向生产、经营地或者纳税义务发生地的主管税务机关申报办理税务登记,如实填写税务登记表,并按照税务机关的要求提供有关证件、资料。

前款规定以外的纳税人,除国家机关和个人外,应当自纳税义务发生之日起30日内,持有关证件向所在地的主管税务机关申报办理税务登记。

个人所得税的纳税人办理税务登记的办法由国务院另行规定。

税务登记证件的式样，由国家税务总局制定。

第十三条 扣缴义务人应当自扣缴义务发生之日起30日内，向所在地的主管税务机关申报办理扣缴税款登记，领取扣缴税款登记证件；税务机关对已办理税务登记的扣缴义务人，可以只在其税务登记证件上登记扣缴税款事项，不再发给扣缴税款登记证件。

第十四条 纳税人税务登记内容发生变化的，应当自工商行政管理机关或者其他机关办理变更登记之日起30日内，持有关证件向原税务登记机关申报办理变更税务登记。

纳税人税务登记内容发生变化，不需要到工商行政管理机关或者其他机关办理变更登记的，应当自发生变化之日起30日内，持有关证件向原税务登记机关申报办理变更税务登记。

第十五条 纳税人发生解散、破产、撤销以及其他情形，依法终止纳税义务的，应当在向工商行政管理机关或者其他机关办理注销登记前，持有关证件向原税务登记机关申报办理注销税务登记；按照规定不需要在工商行政管理机关或者其他机关办理注册登记的，应当自有关机关批准或者宣告终止之日起15日内，持有关证件向原税务登记机关申报办理注销税务登记。纳税人因住所、经营地点变动，涉及改变税务登记机关的，应当在向工商行政管理机关或者其他机关申请办理变更或者注销登记前或者住所、经营地点变动前，向原税务登记机关申报办理注销税务登记，并在30日内向迁达地税务机关申报办理税务登记。

纳税人被工商行政管理机关吊销营业执照或者被其他机关予以撤销登记的，应当自营业执照被吊销或者被撤销登记之日起15日内，向原税务登记机关申报办理注销税务登记。

第十六条 纳税人在办理注销税务登记前，应当向税务机关结清应纳税款、滞纳金、罚款，缴销发票、税务登记证件和其他税务证件。

第十七条 从事生产、经营的纳税人应当自开立基本存款账户或者其他存款账户之日起15日内，向主管税务机关书面报告其全部账号；发生变化的，应当自变化之日起15日内，向主管税务机关书面报告。

第十八条 除按照规定不需要发给税务登记证件的外，纳税人办理下列事项时，必须持税务登记证件：

(一)开立银行账户；

(二)申请减税、免税、退税；

(三)申请办理延期申报、延期缴纳税款；

(四)领购发票；

(五)申请开具外出经营活动税收管理证明；

(六)办理停业、歇业；

(七)其他有关税务事项。

第十九条 税务机关对税务登记证件实行定期验证和换证制度。纳税人应当在规定的期限内持有关证件到主管税务机关办理验证或者换证手续。

第二十条 纳税人应当将税务登记证件正本在其生产、经营场所或者办公场所公开悬挂，接受税务机关检查。

纳税人遗失税务登记证件的，应当在15日内书面报告主管税务机关，并登报声明作废。

第二十一条 从事生产、经营的纳税人到外县(市)临时从事生产、经营活动的，应当持税务登记证副本和所在地税务机关填开的外出经营活动税收管理证明，向营业地税务机关报验登记，接受税务管理。

从事生产、经营的纳税人外出经营，在同一地累计超过180天的，应当在营业地办理税务登记手续。

第三章 账簿、凭证管理

第二十二条 从事生产、经营的纳税人应当自领取营业执照或者发生纳税义务之日起15日内，按照国家有关规定设置账簿。

前款所称账簿，是指总账、明细账、日记账以及其他辅助性账簿。总账、日记账应当采用订本式。

第二十三条 生产、经营规模小又确无建账能力的纳税人，可以聘请经批准从事会计代理记账业务的专业机构或者经税务机关认可的财会人员代为建账和办理账务；聘请上述机构或者人员有实际困难的，经县以上税务机关批准，可以按照税务机关的规定，建立收支凭证粘贴簿、进货销货登记簿或者使用税控装置。

第二十四条 从事生产、经营的纳税人应当自领取税务登记证件之日起15日内，将其财务、会计制度或者财务、会计处理办法报送主管税务机关备案。

纳税人使用计算机记账的，应当在使用前将会计电算化系统的会计核算软件、使用说明书及有关资料报送主管税务机关备案。

纳税人建立的会计电算化系统应当符合国家有关规定，并能正确、完整核算其收入或者所得。

第二十五条 扣缴义务人应当自税收法律、行政法规规定的扣缴义务发生之日起10日内，按照所代扣、代收的税种，分别设置代扣代缴、代收代缴税款账簿。

第二十六条 纳税人、扣缴义务人会计制度健全，能够通过计算机正确、完整计算其收入和所得或者代扣代缴、代收代缴税款情况的，其计算机输出的完整的书面会计记录，可视同会计账簿。

纳税人、扣缴义务人会计制度不健全，不能通过计算机正确、完整计算其收入和所得或者代扣代缴、代收代缴税款情况的，应当建立总账及与纳税或者代扣代缴、代收代缴税款有关的其他账簿。

第二十七条 账簿、会计凭证和报表，应当使用中文。

民族自治地方可以同时使用当地通用的一种民族文字。外商投资企业和外国企业可以同时使用一种外国文字。

第二十八条 纳税人应当按照税务机关的要求安装、使用税控装置,并按照税务机关的规定报送有关数据和资料。

税控装置推广应用的管理办法由国家税务总局另行制定,报国务院批准后实施。

第二十九条 账簿、记账凭证、报表、完税凭证、发票、出口凭证以及其他有关涉税资料应当合法、真实、完整。

账簿、记账凭证、报表、完税凭证、发票、出口凭证以及其他有关涉税资料应当保存10年;但是,法律、行政法规另有规定的除外。

第四章 纳税申报

第三十条 税务机关应当建立、健全纳税人自行申报纳税制度。经税务机关批准,纳税人、扣缴义务人可以采取邮寄、数据电文方式办理纳税申报或者报送代扣代缴、代收代缴税款报告表。

数据电文方式,是指税务机关确定的电话语音、电子数据交换和网络传输等电子方式。

第三十一条 纳税人采取邮寄方式办理纳税申报的,应当使用统一的纳税申报专用信封,并以邮政部门收据作为申报凭据。邮寄申报以寄出的邮戳日期为实际申报日期。

纳税人采取电子方式办理纳税申报的,应当按照税务机关规定的期限和要求保存有关资料,并定期书面报送主管税务机关。

第三十二条 纳税人在纳税期内没有应纳税款的,也应当按照规定办理纳税申报。

纳税人享受减税、免税待遇的,在减税、免税期间应当按照规定办理纳税申报。

第三十三条 纳税人、扣缴义务人的纳税申报或者代扣代缴、代收代缴税款报告表的主要内容包括:税种、税目,应纳税项目或者应代扣代缴、代收代缴税款项目,计税依据,扣除项目及标准,适用税率或者单位税额,应退税项目及税额、应减免税项目及税额,应纳税额或者应代扣代缴、代收代缴税额,税款所属期限、延期缴纳税款、欠税、滞纳金等。

第三十四条 纳税人办理纳税申报时,应当如实填写纳税申报表,并根据不同的情况相应报送下列有关证件、资料:

(一)财务会计报表及其说明材料;

(二)与纳税有关的合同、协议书及凭证;

(三)税控装置的电子报税资料;

(四)外出经营活动税收管理证明和异地完税凭证;

(五)境内或者境外公证机构出具的有关证明文件;

(六)税务机关规定应当报送的其他有关证件、资料。

第三十五条 扣缴义务人办理代扣代缴、代收代缴税款报告时,应当如实填写代扣代缴、代收代缴税款报告表,并报送代扣代缴、代收代缴税款的合法凭证以及税务机关规定的其他有关证件、资料。

第三十六条 实行定期定额缴纳税款的纳税人,可以实行简易申报、简并征期等申报纳税方式。

第三十七条 纳税人、扣缴义务人按照规定的期限办理纳税申报或者报送代扣代缴、代收代缴税款报告表确有困难,需要延期的,应当在规定的期限内向税务机关提出书面延期申请,经税务机关核准,在核准的期限内办理。

纳税人、扣缴义务人因不可抗力,不能按期办理纳税申报或者报送代扣代缴、代收代缴税款报告表的,可以延期办理;但是,应当在不可抗力情形消除后立即向税务机关报告。税务机关应当查明事实,予以核准。

第五章 税款征收

第三十八条 税务机关应当加强对税款征收的管理,建立、健全责任制度。

税务机关根据保证国家税款及时足额入库、方便纳税人、降低税收成本的原则,确定税款征收的方式。

税务机关应当加强对纳税人出口退税的管理,具体管理办法由国家税务总局会同国务院有关部门制定。

第三十九条 税务机关应当将各种税收的税款、滞纳金、罚款,按照国家规定的预算科目和预算级次及时缴入国库,税务机关不得占压、挪用、截留,不得缴入国库以外或者国家规定的税款账户以外的任何账户。

已缴入国库的税款、滞纳金、罚款,任何单位和个人不得擅自变更预算科目和预算级次。

第四十条 税务机关应当根据方便、快捷、安全的原则,积极推广使用支票、银行卡、电子结算方式缴纳税款。

第四十一条 纳税人有下列情形之一的,属于税收征管法第三十一条所称特殊困难:

(一)因不可抗力,导致纳税人发生较大损失,正常生产经营活动受到较大影响的;

(二)当期货币资金在扣除应付职工工资、社会保险费后,不足以缴纳税款的。

计划单列市国家税务局、地方税务局可以参照税收征管法第三十一条第二款的批准权限,审批纳税人延期缴纳税款。

第四十二条 纳税人需要延期缴纳税款的,应当在缴纳税款期限届满前提出申请,并报送下列材料:申请延期缴纳税款报告,当期货币资金余额情况及所有银行存款账户的对账单,资产负债表,应付职工工资和社会保险费等税务机关要求提供的支出预算。

税务机关应当自收到申请延期缴纳税款报告之日起20日内作出批准或者不予批准的决定;不予批准的,从缴纳税款期限届满之日起加收滞纳金。

第四十三条 法律、行政法规规定或者经法定的审批机关批准减税、免税的纳税人,应当持有关文件到主管税务机关办理减税、免税手续。减税、免税期满,应当自期满次日起恢复纳税。

享受减税、免税优惠的纳税人,减税、免税条件发生变化的,应当自发生变化之日起15日内向税务机关报告;不再符合减税、免税条件的,应当依法履行纳税义务;未依法纳税的,税务机关应当予以追缴。

第四十四条 税务机关根据有利于税收控管和方便纳税的原则,可以按照国家有关规定委托有关单位和人员代征零星分散和异地缴纳的税收，并发给委托代征证书。受托单位和人员按照代征证书的要求，以税务机关的名义依法征收税款，纳税人不得拒绝；纳税人拒绝的，受托代征单位和人员应当及时报告税务机关。

第四十五条 税收征管法第三十四条所称完税凭证，是指各种完税证、缴款书、印花税票、扣(收)税凭证以及其他完税证明。

未经税务机关指定，任何单位、个人不得印制完税凭证。完税凭证不得转借、倒卖、变造或者伪造。

完税凭证的式样及管理办法由国家税务总局制定。

第四十六条 税务机关收到税款后，应当向纳税人开具完税凭证。纳税人通过银行缴纳税款的，税务机关可以委托银行开具完税凭证。

第四十七条 纳税人有税收征管法第三十五条或者第三十七条所列情形之一的，税务机关有权采用下列任何一种方法核定其应纳税额：

(一)参照当地同类行业或者类似行业中经营规模和收入水平相近的纳税人的税负水平核定；

(二)按照营业收入或者成本加合理的费用和利润的方法核定；

(三)按照耗用的原材料、燃料、动力等推算或者测算核定；

(四)按照其他合理方法核定。

采用前款所列一种方法不足以正确核定应纳税额时，可以同时采用两种以上的方法核定。

纳税人对税务机关采取本条规定的方法核定的应纳税额有异议的，应当提供相关证据，经税务机关认定后，调整应纳税额。

第四十八条 税务机关负责纳税人纳税信誉等级评定工作。纳税人纳税信誉等级的评定办法由国家税务总局制定。

第四十九条 承包人或者承租人有独立的生产经营权，在财务上独立核算，并定期向发包人或者出租人上缴承包费或者租金的，承包人或者承租人应当就其生产、经营收入和所得纳税，并接受税务管理；但是，法律、行政法规另有规定的除外。

发包人或者出租人应当自发包或者出租之日起30日内将承包人或者承租人的有关情况向主管税务机关报告。发包人或者出租人不报告的，发包人或者出租人与承包人或者承租人承担纳税连带责任。

第五十条 纳税人有解散、撤销、破产情形的，在清算前应当向其主管税务机关报告；未结清税款的，由其主管税务机关参加清算。

第五十一条 税收征管法第三十六条所称关联企业，是指有下列关系之一的公司、企业和其他经济组织：

(一)在资金、经营、购销等方面，存在直接或者间接的拥有或者控制关系；

(二)直接或者间接地同为第三者所拥有或者控制；

(三)在利益上具有相关联的其他关系。

纳税人有义务就其与关联企业之间的业务往来，向当地税务机关提供有关的价格、费用标准等资料。具体办法由国家税务总局制定。

第五十二条 税收征管法第三十六条所称独立企业之间的业务往来，是指没有关联关系的企业之间按照公平成交价格和营业常规所进行的业务往来。

第五十三条 纳税人可以向主管税务机关提出与其关联企业之间业务往来的定价原则和计算方法，主管税务机关审核、批准后，与纳税人预先约定有关定价事项，监督纳税人执行。

第五十四条 纳税人与其关联企业之间的业务往来有下列情形之一的，税务机关可以调整其应纳税额：

(一)购销业务未按照独立企业之间的业务往来作价；

(二)融通资金所支付或者收取的利息超过或者低于没有关联关系的企业之间所能同意的数额，或者利率超过或者低于同类业务的正常利率；

(三)提供劳务，未按照独立企业之间业务往来收取或者支付劳务费用；

(四)转让财产、提供财产使用权等业务往来，未按照独立企业之间业务往来作价或者收取、支付费用；

(五)未按照独立企业之间业务往来作价的其他情形。

第五十五条 纳税人有本细则第五十四条所列情形之一的，税务机关可以按照下列方法调整计税收入额或者所得额：

(一)按照独立企业之间进行的相同或者类似业务活动的价格；

(二)按照再销售给无关联关系的第三者的价格所应取得的收入和利润水平；

(三)按照成本加合理的费用和利润；

(四)按照其他合理的方法。

第五十六条 纳税人与其关联企业未按照独立企业之间的业务往来支付价款、费用的，税务机关自该业务往来发生的纳税年度起3年内进行调整；有特殊情况的，可以自该业务往来发生的纳税年度起10年内进行调整。

第五十七条 税收征管法第三十七条所称未按照规定办理税务登记从事生产、经营的纳税人，包括到外县(市)从事生产、经营而未向营业地税务机关报验登记的纳税人。

第五十八条 税务机关依照税收征管法第三十七条的规定，扣押纳税人商品、货物的，纳税人应当自扣押之日起15日内缴纳税款。

对扣押的鲜活、易腐烂变质或者易失效的商品、货物，税务机关根据被扣押物品的保质期，可以缩短前款规定的扣押期限。

第五十九条 税收征管法第三十八条、第四十条所称其他财产，包括纳税人的房地产、现金、有价证券等不动产和动产。

机动车辆、金银饰品、古玩字画、豪华住宅或者一处以外的住房不属于税收征管法第三十八条、第四十条、第四十二条所称个人及其所扶养家属维持生活必需的住房和用品。

税务机关对单价5000元以下的其他生活用品，不采取税收保全措施和强制执行措施。

第六十条 税收征管法第三十八条、第四十条、第四十二条所称个人所扶养家属，是指与纳税人共同居住生活的配偶、直系亲属以及无生活来源并由纳税人扶养的其他亲属。

第六十一条 税收征管法第三十八条、第八十八条所称担保,包括经税务机关认可的纳税保证人为纳税人提供的纳税保证,以及纳税人或者第三人以其未设置或者未全部设置担保物权的财产提供的担保。

纳税保证人,是指在中国境内具有纳税担保能力的自然人、法人或者其他经济组织。

法律、行政法规规定的没有担保资格的单位和个人,不得作为纳税担保人。

第六十二条 纳税担保人同意为纳税人提供纳税担保的,应当填写纳税担保书,写明担保对象、担保范围、担保期限和担保责任以及其他有关事项。担保书须经纳税人、纳税担保人签字盖章并经税务机关同意,方为有效。

纳税人或者第三人以其财产提供纳税担保的,应当填写财产清单,并写明财产价值以及其他有关事项。纳税担保财产清单须经纳税人、第三人签字盖章并经税务机关确认,方为有效。

第六十三条 税务机关执行扣押、查封商品、货物或者其他财产时,应当由两名以上税务人员执行,并通知被执行人。被执行人是自然人的,应当通知被执行人本人或者其成年家属到场;被执行人是法人或者其他组织的,应当通知其法定代表人或者主要负责人到场;拒不到场的,不影响执行。

第六十四条 税务机关执行税收征管法第三十七条、第三十八条、第四十条的规定,扣押、查封价值相当于应纳税款的商品、货物或者其他财产时,参照同类商品的市场价、出厂价或者评估价估算。

税务机关按照前款方法确定应扣押、查封的商品、货物或者其他财产的价值时,还应当包括滞纳金和扣押、查封、保管、拍卖、变卖所发生的费用。

第六十五条 对价值超过应纳税额且不可分割的商品、货物或者其他财产,税务机关在纳税人、扣缴义务人或者纳税担保人无其他可供强制执行的财产的情况下,可以整体扣押、查封、拍卖,以拍卖所得抵缴税款、滞纳金、罚款以及扣押、查封、保管、拍卖等费用。

第六十六条 税务机关执行税收征管法第三十七条、第三十八条、第四十条的规定,实施扣押、查封时,对有产权证件的动产或者不动产,税务机关可以责令当事人将产权证件交税务机关保管,同时可以向有关机关发出协助执行通知书,有关机关在扣押、查封期间不再办理该动产或者不动产的过户手续。

第六十七条 对查封的商品、货物或者其他财产,税务机关可以指令被执行人负责保管,保管责任由被执行人承担。

继续使用被查封的财产不会减少其价值的,税务机关可以允许被执行人继续使用;因被执行人保管或者使用的过错造成的损失,由被执行人承担。

第六十八条 纳税人在税务机关采取税收保全措施后,按照税务机关规定的期限缴纳税款的,税务机关应当自收到税款或者银行转回的完税凭证之日起1日内解除税收保全。

第六十九条 税务机关将扣押、查封的商品、货物或者其他财产变价抵缴税款时,应当交由依法成立的拍卖机构拍卖;无法委托拍卖或者不适于拍卖的,可以交由当地商业企业代为销售,也可以责令纳税人限期处理;无法委托商业企业销售,纳税人也无法处理的,可以由税务机关变价处理,具体办法由国家税务总局规定。国家禁止自由买卖的商品,应当交由有关单位按照国家规定的价格收购。

拍卖或者变卖所得抵缴税款、滞纳金、罚款以及扣押、查封、保管、拍卖、变卖等费用后,剩余部分应当在3日内退还被执行人。

第七十条 税收征管法第三十九条、第四十三条所称损失,是指因税务机关的责任,使纳税人、扣缴义务人或者纳税担保人的合法利益遭受的直接损失。

第七十一条 税收征管法所称其他金融机构,是指信托投资公司、信用合作社、邮政储蓄机构以及经中国人民银行、中国证券监督管理委员会等批准设立的其他金融机构。

第七十二条 税收征管法所称存款,包括独资企业投资人、合伙企业合伙人、个体工商户的储蓄存款以及股东资金账户中的资金等。

第七十三条 从事生产、经营的纳税人、扣缴义务人未按照规定的期限缴纳或者解缴税款的,纳税担保人未按照规定的期限缴纳所担保的税款的,由税务机关发出限期缴纳税款通知书,责令缴纳或者解缴税款的最长期限不得超过15日。

第七十四条 欠缴税款的纳税人或者其法定代表人在出境前未按照规定结清应纳税款、滞纳金或者提供纳税担保的,税务机关可以通知出入境管理机关阻止其出境。阻止出境的具体办法,由国家税务总局会同公安部制定。

第七十五条 税收征管法第三十二条规定的加收滞纳金的起止时间,为法律、行政法规规定或者税务机关依照法律、行政法规的规定确定的税款缴纳期限届满次日起至纳税人、扣缴义务人实际缴纳或者解缴税款之日止。

第七十六条 县级以上各级税务机关应当将纳税人的欠税情况,在办税场所或者广播、电视、报纸、期刊、网络等新闻媒体上定期公告。

对纳税人欠缴税款的情况实行定期公告的办法,由国家税务总局制定。

第七十七条 税收征管法第四十九条所称欠缴税款数额较大,是指欠缴税款5万元以上。

第七十八条 税务机关发现纳税人多缴税款的,应当自发现之日起10日内办理退还手续;纳税人发现多缴税款,要求退还的,税务机关应当自接到纳税人退还申请之日起30日内查实并办理退还手续。

税收征管法第五十一条规定的加算银行同期存款利息的多缴税款退税,不包括依法预缴税款形成的结算退税、出口退税和各种减免退税。

退税利息按照税务机关办理退税手续当天中国人民银行规定的活期存款利率计算。

第七十九条 当纳税人既有应退税款又有欠缴税款的,税务机关可以将应退税款和利息先抵扣欠缴税款;抵扣后有余额的,退还纳税人。

第八十条 税收征管法第五十二条所称税务机关的责任,是指税务机关适用税收法律、行政法规不当或者执法行为违法。

第八十一条 税收征管法第五十二条所称纳税人、扣缴义务人计算错误等失误,是指非主观故意的计算公式运用错误以及明显的笔误。

第八十二条 税收征管法第五十二条所称特殊情况,是指纳税人或者扣缴义务人因计算错误等失误,未缴或者少缴、未扣或者少扣、未收或者少收税款,累计数额在10万元以上的。

第八十三条 税收征管法第五十二条规定的补缴和追征税款、滞纳金的期限,自纳税人、扣缴义务人应缴未缴或者少缴税款之日起计算。

第八十四条 审计机关、财政机关依法进行审计、检查时,对税务机关的税收违法行为作出的决定,税务机关应当执行;发现被审计、检查单位有税收违法行为的,向被审计、检查单位下达决定、意见书,责成被审计、检查单位向税务机关缴纳应当缴纳的税款、滞纳金。税务机关应当根据有关机关的决定、意见书,依照税收法律、行政法规的规定,将应收的税款、滞纳金按照国家规定的税收征收管理范围和税款入库预算级次缴入国库。

税务机关应当自收到审计机关、财政机关的决定、意见书之日起30日内将执行情况书面回复审计机关、财政机关。

有关机关不得将其履行职责过程中发现的税款、滞纳金自行征收入库或者以其他款项的名义自行处理、占压。

第六章　税务检查

第八十五条 税务机关应当建立科学的检查制度,统筹安排检查工作,严格控制对纳税人、扣缴义务人的检查次数。

税务机关应当制定合理的税务稽查工作规程,负责选案、检查、审理、执行的人员的职责应当明确,并相互分离、相互制约,规范选案程序和检查行为。

税务检查工作的具体办法,由国家税务总局制定。

第八十六条 税务机关行使税收征管法第五十四条第(一)项职权时,可以在纳税人、扣缴义务人的业务场所进行;必要时,经县以上税务局(分局)局长批准,可以将纳税人、扣缴义务人以前会计年度的账簿、记账凭证、报表和其他有关资料调回税务机关检查,但是税务机关必须向纳税人、扣缴义务人开付清单,并在3个月内完整退还;有特殊情况的,经设区的市、自治州以上税务局局长批准,税务机关可以将纳税人、扣缴义务人当年的账簿、记账凭证、报表和其他有关资料调回检查,但是税务机关必须在30日内退还。

第八十七条 税务机关行使税收征管法第五十四条第(六)项职权时,应当指定专人负责,凭全国统一格式的检查存款账户许可证明进行,并有责任为被检查人保守秘密。

检查存款账户许可证明,由国家税务总局制定。

税务机关查询的内容,包括纳税人存款账户余额和资金往来情况。

第八十八条 依照税收征管法第五十五条规定,税务机关采取税收保全措施的期限一般不得超过6个月;重大案件需要延长的,应当报国家税务总局批准。

第八十九条 税务机关和税务人员应当依照税收征管法及本细则的规定行使税务检查职权。

税务人员进行税务检查时,应当出示税务检查证和税务检查通知书;无税务检查证和税务检查通知书的,纳税人、扣缴义务人及其他当事人有权拒绝检查。税务机关对集贸市场及集中经营业户进行检查时,可以使用统一的税务检查通知书。

税务检查证和税务检查通知书的式样、使用和管理的具体办法,由国家税务总局制定。

第七章　法律责任

第九十条 纳税人未按照规定办理税务登记证件验证或者换证手续的,由税务机关责令限期改正,可以处2000元以下的罚款;情节严重的,处2000元以上1万元以下的罚款。

第九十一条 非法印制、转借、倒卖、变造或者伪造完税凭证的,由税务机关责令改正,处2000元以上1万元以下的罚款;情节严重的,处1万元以上5万元以下的罚款;构成犯罪的,依法追究刑事责任。

第九十二条 银行和其他金融机构未依照税收征管法的规定在从事生产、经营的纳税人的账户中登录税务登记证件号码,或者未按规定在税务登记证件中登录从事生产、经营的纳税人的账户账号的,由税务机关责令其限期改正,处2000元以上2万元以下的罚款;情节严重的,处2万元以上5万元以下的罚款。

第九十三条 为纳税人、扣缴义务人非法提供银行账户、发票、证明或者其他方便,导致未缴、少缴税款或者骗取国家出口退税款的,税务机关除没收其违法所得外,可以处未缴、少缴或者骗取的税款1倍以下的罚款。

第九十四条 纳税人拒绝代扣、代收税款的,扣缴义务人应当向税务机关报告,由税务机关直接向纳税人追缴税款、滞纳金;纳税人拒不缴纳的,依照税收征管法第六十八条的规定执行。

第九十五条 税务机关依照税收征管法第五十四条第(五)项的规定,到车站、码头、机场、邮政企业及其分支机构检查纳税人有关情况时,有关单位拒绝的,由税务机关责令改正,可以处1万元以下的罚款;情节严重的,处1万元以上5万元以下的罚款。

第九十六条 纳税人、扣缴义务人有下列情形之一的,依照税收征管法第七十条的规定处罚:

(一)提供虚假资料,不如实反映情况,或者拒绝提供有关资料的;

(二)拒绝或者阻止税务机关记录、录音、录像、照相和复制与案件有关的情况和资料的;

(三)在检查期间,纳税人、扣缴义务人转移、隐匿、销毁有关资料的;

(四)有不依法接受税务检查的其他情形的。

第九十七条 税务人员私分扣押、查封的商品、货物或者其他财产,情节严重,构成犯罪的,依法追究刑事责任;尚不构成犯罪的,依法给予行政处分。

第九十八条 税务代理人违反税收法律、行政法规,造成纳税人未缴或者少缴税款的,除由纳税人缴纳或者补缴应纳税款、滞纳金外,对税务代理人处纳税人未缴或者少缴税款50%以上3倍以下的罚款。

第九十九条 税务机关对纳税人、扣缴义务人及其他当事人处以罚款或者没收违法所得时,应当开付罚没凭证;未开付罚没凭证的,纳税人、扣缴义务人以及其他当事人有权拒绝给付。

第一百条 税收征管法第八十八条规定的纳税争议,是指纳税人、扣缴义务人、纳税担保人对税务机关确定纳税主体、征税对象、征税范围、减税、免税及退税、适用税率、计税依据、纳税环节、纳税期限、纳税地点以及税款征收方式等具体行政行为有异议而发生的争议。

第八章 文书送达

第一百零一条 税务机关送达税务文书,应当直接送交受送达人。

受送达人是公民的,应当由本人直接签收;本人不在的,交其同住成年家属签收。

受送达人是法人或者其他组织的,应当由法人的法定代表人、其他组织的主要负责人或者该法人、组织的财务负责人、负责收件的人签收。受送达人有代理人的,可以送交其代理人签收。

第一百零二条 送达税务文书应当有送达回证,并由受送达人或者本细则规定的其他签收人在送达回证上记明收到日期,签名或者盖章,即为送达。

第一百零三条 受送达人或者本细则规定的其他签收人拒绝签收税务文书的,送达人应当在送达回证上记明拒收理由和日期,并由送达人和见证人签名或者盖章,将税务文书留在受送达人处,即视为送达。

第一百零四条 直接送达税务文书有困难的,可以委托其他有关机关或者其他单位代为送达,或者邮寄送达。

第一百零五条 直接或者委托送达税务文书的,以签收人或者见证人在送达回证上的签收或者注明的收件日期为送达日期;邮寄送达的,以挂号函件回执上注明的收件日期为送达日期,并视为已送达。

第一百零六条 有下列情形之一的,税务机关可以公告送达税务文书,自公告之日起满30日,即视为送达:

(一)同一送达事项的受送达人众多;

(二)采用本章规定的其他送达方式无法送达。

第一百零七条 税务文书的格式由国家税务总局制定。本细则所称税务文书,包括:

(一)税务事项通知书;

(二)责令限期改正通知书;

(三)税收保全措施决定书;

(四)税收强制执行决定书;

(五)税务检查通知书;

(六)税务处理决定书;

(七)税务行政处罚决定书;

(八)行政复议决定书;

(九)其他税务文书。

第九章 附 则

第一百零八条 税收征管法及本细则所称"以上"、"以下"、"日内"、"届满"均含本数。

第一百零九条 税收征管法及本细则所规定期限的最后一日是法定休假日的,以休假日期满的次日为期限的最后一日;在期限内有连续3日以上法定休假日的,按休假日天数顺延。

第一百一十条 税收征管法第三十条第三款规定的代扣、代收手续费,纳入预算管理,由税务机关依照法律、行政法规的规定付给扣缴义务人。

第一百一十一条 纳税人、扣缴义务人委托税务代理人代为办理税务事宜的办法,由国家税务总局规定。

第一百一十二条 耕地占用税、契税、农业税、牧业税的征收管理,按照国务院的有关规定执行。

第一百一十三条 本细则自2002年10月15日起施行。1993年8月4日国务院发布的《中华人民共和国税收征收管理法实施细则》同时废止。

中华人民共和国外资金融机构管理条例实施细则

中国人民银行令〔2002〕第1号 2002年1月3日

第一章 总则

第一条 根据《中华人民共和国商业银行法》和《中华人民共和国外资金融机构管理条例》(以下简称《条例》),制定本细则。

第二条 《条例》第二条第(一)项和第(四)项所称"外国资本"是指在中华人民共和国境外注册机构缴付的资本。

第(二)项所称"外国银行"是指在中华人民共和国境外注册并经所在国家或地区金融监管当局批准或认可的银行。

第(三)项和第(五)项所称"外国的金融机构"是指在中华人民共和国境外注册并经所在国家或地区金融监管当局批准或认可的金融机构。

第三条 本细则所称"外资法人机构"是指《条例》所称独资银行、合资银行、独资财务公司和合资财务公司。

第二章 设立与登记

第四条 根据《条例》第六条设立的独资银行,其惟一股东或最大股东必须是商业银行。根据《条例》第六条设立的独资财务公司,其惟一股东或最大股东必须是商业银行或财务公司。本条所称商业银行的资本充足率不得低于8%。《条例》第六条第(二)项和第(三)项适用于惟一股东或最大股东。

第五条 根据《条例》第八条设立的合资银行,其外方惟一股东或外方最大股东必须是商业银行。根据《条例》第八条设立的合资财务公司,其外方惟一股东或外方最大股东必须是商业银行或财务公司。本条所称商业银行的资本充足率不得低于8%。《条例》第八条第(二)项和第(三)项适用于外方惟一股东或外方最大股东。

第六条 《条例》第六条、第七条、第八条所称申请人或外国合资者在中国境内已经设立的代表机构是指经中国人民银行批准设立和监管的代表机构;所称设立申请前一年年末是指截至申请日的上一会计年度末。

第七条 《条例》及本细则所称审慎性条件至少包括下列条件:(一)具有合理的法人治理结构;(二)具有稳健的风险管理体系;(三)具有健全的内部控制制度;(四)具有有效的管理信息系统;(五)申请人经营状况良好,无重大违法违规记录;(六)具有有效的反洗钱措施。

第八条 《条例》第九条、第十条、第十一条和本细则第十六条所称可行性研究报告至少应包括:申请人的基本情况、对拟设机构市场前景的分析、拟设机构未来业务发展规划、拟设机构的组织管理架构、对拟设机构开业后3年的资产负债规模和盈利预测等内容。

第九条 《条例》和本细则所称营业执照(副本)是指营业执照或其他经营金融业务许可文件复印件。

《条例》和本细则所称营业执照(副本)、授权书、外国银行总行对其中国境内分支机构承担税务、债务的责任担保书等应经所在国家或地区认可的机构公证或经中华人民共和国驻该国使、领馆认证。但中国工商行政管理机关出具的营业执照(副本)除外。

第十条 《条例》第十一条第(六)项所称中国合资者的有关资料是指中国合资者营业执照(副本)和最近3年的年报。

第十一条 《条例》和本细则所称年报应经审计,并附申请人所在国家或地区认可的会计师事务所出具的审计意见书。以中文或英文以外的文字印制的年报应附中文或英文译本。

第十二条 《条例》第九条、第十条、第十一条所称中国人民银行要求提供的其他资料至少应包括下列资料:(一)初次设立外资金融机构的申请人应提供所在国家或地区金融体系情况和有关金融监管法律法规规定;(二)申请人章程;(三)申请人及所在集团的组织结构图、主要股东名单、海外分支机构与联营公司名单。

第十三条 本细则要求提交的申请资料,除年报外,凡用外文书写的,应当附有中文译本。

第十四条 外国银行在中国境内增设分行,除应具备《条例》第七条规定的条件外,其在中国境内已设分行应经营状况良好,无重大违法违规记录。外国银行增设分行的申请,应于中国人民银行前次批准设立分行之日起1年后方可提出。

第十五条 独资银行、合资银行申请设立分行,应具备下列条件:(一)在中国境内开业3年以上,提出申请前两个会计年度连续盈利,无重大违法违规记录;(二)资本充足率不低于8%,资产质量良好;(三)如系增设分行,其申请应于中国人民银行前次批准设立分行之日起1年后,方可提出;(四)每增设一个分行,申请人应拨付不少于1亿元人民币的等值自由兑换货币作为拟设分行的营运资金;包括拟设分行在内,申请人对其所有境内分行累计拨付营运资金总额不得超过其注册资本的60%;(五)中国人民银行规定的其他审慎性条件。

第十六条 独资银行、合资银行申请设立分行,应当向拟设机构所在地中国人民银行分支机构提交下列资料，经所在地中国人民银行分支机构审查同意后，逐级报至中国人民银行总行审批：(一)由申请人的董事长或行长(首席执行官、总经理)签署的申请书，其内容包括：拟设分行的名称、拟拨付的营运资金数额、申请经营的业务品种等；(二)董事会同意申请设立分行的决议；(三)可行性研究报告；(四)营业执照(副本)；(五)最近3年的年报；(六)申请人章程；(七)中国人民银行 要求提供的其他资料。

第十七条 设立外资法人机构的申请书应由出资各方的董事长或行长(首席执行官、总经理)联名签署，致中国人民银行行长；设立外国银行分行的申请书应由申请人的董事长或行长(首席执行官、总经理)签署，致中国人民银行行长。

第十八条 设立外资金融机构的申请人应向拟设机构所在地中国人民银行分支机构提交《条例》第九条、第十条、第十一条规定的申请资料(一式三份)，经拟设机构所在地中国人民银行分支机构审查同意后，逐级报至中国人民银行总行审批。申请人未达到《条例》第六条、第七条、第八条和本细则第十四条、第十五条要求的资格条件(审慎性条件除外)，所在地中国人民银行分支机构应当作出不受理的决定，并书面通知申请人不受理的理由，同时将不受理的通知逐级上报至中国人民银行总行。

第十九条 自收到设立外资金融机构完整的申请资料之日起六个月内，中国人民银行总行应当作出受理或者不受理的决定，并书面通知申请人。接到受理申请通知的申请人应自接到通知之日起15日内到拟设机构所在地中国人民银行分支机构领取正式申请表，开始筹建工作。筹建期为6个月。逾期未领取正式申请表的，申请人自接到通知之日起1年内不得再次提出在同一城市设立营业性机构的申请。

第二十条 申请人在接到中国人民银行总行不予受理的通知书之日起一年内不得再次提出在同一城市设立营业性机构的申请。

第二十一条 《条例》第十四条所称主要负责人是指外资法人机构的董事长或行长(首席执行官、总经理)，外国银行分行的行长(总经理)。

第二十二条 筹建期内申请人应当完成下列工作，并将有关资料报至所在地中国人民银行分支机构：

(一)建立内部控制制度，包括内部组织结构、授权授信、信贷资金管理、资金交易、会计核算、计算机系统的控制政策和操作规程；(二)配备符合业务发展需要的、适当数量的业务人员，以满足对主要业务风险有效监控、业务分级审批和复查、关键岗位分工和相互牵制等要求；(三)印制拟对外使用的重要业务凭证和单据；(四) 配备经有关部门认可的安全防范设施；(五)由中国人民银行认可的会计师事务所对其内部控制系统、会计系统、计算机系统等进行开业前审计。

第二十三条 申请人申请延长筹建期的，应在筹建期限届满1个月前向所在地中国人民银行分支机构提出申请。申请书由拟设外资法人机构的董事长或行长(首席执行官、总经理)或外国银行分行的行长或总经理签署。申请人未在规定时限内提出筹建延期申请的，中国人民银行不受理其延期申请。所在地中国人民银行分支机构在接到筹建延期申请资料之日起15日内作出是否批准延期的决定。作出不批准决定的，应书面通知申请人不批准的理由，并逐级上报中国人民银行总行。

第二十四条 筹建工作完成后，申请人应当将填写好的申请表连同《条例》第十四条规定的文件报拟设机构所在地中国人民银行分支机构。经拟设机构所在地中国人民银行分支机构审查同意后，逐级报至中国人民银行总行审批。

第二十五条 中国人民银行总行应当自收到设立外资金融机构完整的正式申请表及相关资料之日起2个月内，作出批准或者不批准的决定。申请人应在接到中国人民银行总行通知之日起15日内，到中国人民银行总行领取设立外资金融机构的批复文件。作出不批准决定的，申请人在接到中国人民银行总行不予批准的通知之日起1年内不得再次提出在同一城市设立营业性机构的申请。

第二十六条 获准设立外资金融机构的申请人，应在领取中国人民银行总行批准设立外资金融机构文件后，向所在地中国人民银行分支机构提交开业验收申请。申请书由拟设外资法人机构的董事长或行长(首席执行官、总经理)或外国银行分行的行长或总经理签署。经所在地中国人民银行分支机构验收合格后，申请人持验收合格意见书到中国人民银行总行领取经营金融业务许可证。验收不合格的，外资金融机构可以在接到验收通知10日后向验收机构申请复验。

第二十七条 外资金融机构在开业前应在中国人民银行总行指定的全国性报纸和所在地中国人民银行分支机构指定的地方性报纸上予以公告。外资金融机构在开业前应将开业日期书面报至所在地中国人民银行分支机构。

第二十八条 自中国人民银行总行批准设立机构之日起90日内，外资金融机构应当开业，但遇特殊情况，经所在地中国人民银行分支机构同意延期开业的除外。外资金融机构申请延期开业的，应在批准设立后60日内向所在地中国人民银行分支机构提出延期开业申请。申请书由外资法人机构的董事长或行长(首席执行官、总经理)或外国银行分行的行长或总经理签署。所在地中国人民银行分支机构在接到申请资料之日起15日内作出是否批准延期的决定。作出不批准决定的，应书面通知外资金融机构不批准的理由，并逐级上报中国人民银行总行。外资金融机构未在规定时限内提出延期开业申请的，中国人民银行不受理其延期申请。开业延期的最长期限为90日。外资金融机构开业期限届满而未能开业的，原设立批准自动失效。外资金融机构应向中国人民银行总行缴回经营金融业务许可证正、副本。申请人在原设立批准失效之日起1年内不得再次提出在同一城市设立营业性机构的申请。

第三章 业务范围

第二十九条 《条例》第十七条第(四)项、第十八条第(四)项所称买卖政府债券、金融债券，买卖股票以外的其他外币有价证券包括但不限于下列外汇投资业务：在中国境外发行的中国和外国政府债券、中国金融机构债券和中国非金融机构债券。

第三十条 《条例》第十七条第(十二)项和第十八条第(八)项所称资信调查和咨询服务是指与银行业务有关的资信调查和咨询服务。

第三十一条 外资金融机构经营《条例》第十七条或者第十八条规定业务范围内的，对境外机构、外商投资企业、外国驻华机构、香港、澳门、台湾在内地代表机构、外国人及香港、澳门、台湾同胞的外汇业务和非外商投资企业的部分外汇业务，应分别符合下列条件：(一)外国银行分行营运资金应不少于1亿元人民币的等值自由兑换货币；(二)独资银行、合资银行注册资本应不少于3亿元人民币的等值自由兑换货币；(三)独资财务公司、合资财务公司注册资本应不少于2亿元人民币的等值自由兑换货币。

第三十二条 外资金融机构经营《条例》第十七条或者第十八条规定业务范围内的对各类客户的全面外汇业务，应分别符合下列条件：(一)外国银行分行营运资金应不少于2亿元人民币的等值自由兑换货币；(二)独资银行、合资银行注册资本应不少于4亿元人民币的等值自由兑换货币；(三)独资财务公司、合资财务公司注册资本应不少于3亿元人民币的等值自由兑换货币。

第三十三条 符合《条例》第二十条规定获准经营《条例》第十七条或者第十八条规定业务范围内的，对境外机构的外汇业务，对外商投资企业、外国驻华机构、香港、澳门、台湾在内地代表机构、外国人及香港、澳门、台湾同胞的外汇业务和人民币业务，对非外商投资企业的部分外汇业务和部分人民币业务的外资金融机构，应分别符合下列条件：(一)外国银行分行营运资金应不少于2亿元人民币，其中人民币营运资金应不少于1亿元人民币，外汇营运资金应不少于1亿元人民币的等值自由兑换货币；(二)独资银行、合资银行注册资本应不少于4亿元人民币，其中人民币资本应不少于1亿元人民币，外汇资本应不少于3亿元人民币的等值自由兑换货币；(三)独资财务公司、合资财务公司注册资本应不少于3亿元人民币，其中人民币资本应不少于1亿元人民币，外汇资本应不少于2亿元人民币的等值自由兑换货币。

第三十四条 符合《条例》第二十条规定获准经营《条例》第十七条或者第十八条规定业务范围内的对各类客户的全面外汇业务，对外商投资企业、外国驻华机构、香港、澳门、台湾在内地代表机构、外国人及香港、澳门、台湾同胞的人民币业务和非外商投资企业部分人民币业务的外资金融机构，应分别符合下列条件：(一)外国银行分行营运资金应不少于3亿元人民币，其中人民币营运资金应不少于1亿元人民币，外汇营运资金应不少于2亿元人民币的等值自由兑换货币；(二)独资银行、合资银行注册资本应不少于5亿元人民币，其中人民币资本应不少于一亿元人民币，外汇资本应不少于4亿元人民币的等值自由兑换货币；(三)独资财务公司、合资财务公司注册资本应不少于4亿元人民币，其中人民币资本应不少于1亿元人民币，外汇资本应不少于3亿元人民币的等值自由兑换货币。

第三十五条 符合《条例》第二十条规定，获准经营《条例》第十七条或第十八条规定业务范围内的，对各类客户的全面外汇业务，对外商投资企业、外国驻华机构、香港、澳门、台湾在内地代表机构、外国人及香港、澳门、台湾同胞和非外商投资企业全部人民币业务的外资金融机构，应分别符合下列条件：(一)外国银行分行营运资金应不少于4亿元人民币，其中人民币营运资金应不少于2亿元人民币，外汇营运资金应不少于2亿元人民币的等值自由兑换货币；(二)独资银行、合资银行注册资本应不少于6亿元人民币，其中人民币资本应不少于2亿元人民币，外汇资本应不少于4亿元人民币的等值自由兑换货币；(三)独资财务公司、合资财务公司注册资本应不少于5亿元人民币，其中人民币资本应不少于2亿元人民币，外汇资本应不少于3亿元人民币的等值自由兑换货币。

第三十六条 符合《条例》第二十条规定，获准经营《条例》第十七条或第十八条规定业务范围内的，对各类客户全面外汇业务和全面人民币业务的外资金融机构，应分别符合下列条件：(一)外国银行分行营运资金应不少于6亿元人民币，其中人民币营运资金不少于4亿元人民币，外汇营运资金应不少于2亿元人民币的等值自由兑换货币；(二)独资银行、合资银行注册资本应不少于10亿元人民币，其中人民币资本应不少于6亿元人民币，外汇资本应不少于4亿元人民币的等值自由兑换货币；(三)独资财务公司、合资财务公司注册资本应不少于七亿元人民币，其中人民币资本应不少于4亿元人民币，外汇资本应不少于3亿元人民币的等值自由兑换货币。

第三十七条 本细则第三十一条、第三十三条所称非外商投资企业的部分外汇业务是指对非外商投资企业开办的外汇贷款项下转存款，出口结算，贷款项下的进口结算及汇入汇款。本细则第三十三条、第三十四条所称非外商投资企业的部分人民币业务是指对获得该外资金融机构外汇贷款的非外商投资企业的配套人民币贷款及其转存款、对获得该外资金融机构外汇贷款的非外商投资企业的担保。

第三十八条 《条例》第二十条第(一)项、第(二)项是指申请人在拟开办或扩大人民币业务的城市所设机构开业3年以上，申请前2年连续盈利。

第三十九条 外资金融机构经营人民币业务或扩大服务对象范围应向所在地中国人民银行分支机构提交下列资料(一式三份)，经所在地中国人民银行分支机构审查同意后，逐级报至中国人民银行总行审批：

(一)申请人董事长或行长(首席执行官、总经理)签署的、致中国人民银行行长的申请书，其内容包括：经营人民币业务或扩大服务对象范围的具体内容，拟增加的资本或总行拨付的营运资金等；(二)可行性研究报告；(三)拟修改的章程(只限外资法人机构)；(四)拟开办业务的操作规 程及内部控制制度；(五)外资金融机构的金融业务许可证复印件；(六)中国人民银行要求提交的其他资料。

第四十条 外资金融机构应当在中国人民银行批准其经营人民币业务或扩大服务对象范围之日起4个月内完成下列筹备工作，并将有关资料报至所在地中国人民银行分支机构：(一)将增加的资本金或营运资金调入境内，经中国人民银行认可的会计师事务所验资，并出具验资证明；(二)配备符合业务发展需要的、适当数量的业务人员；(三)印制拟对外使用的重要业务凭证和单据；(四) 配备经有关部门认可的安全防范设施。外资金融机构未能在4个月内完成筹备工作的，中国人民银行总行原批准自动失效。

第四十一条 外资金融机构在筹备工作完成后应向所在地中国人民银行分支机构提交验收申请，申请书由外资法人机构的董事长或行长(首席执行官、总经理)或外国银行分行的行长或总经理签署。经验收合格后，外资金融机构持验收合格意见书和验资证明到中国人民银行总行申请换发经营金融业务许可证。

验收不合格的，外资金融机构可以在接到验收通知10日后向验收机构申请复验。

第四十二条 外资金融机构在开展批准文件所列业务前应在中国人民银行总行指定的全国性报纸和所在地中国人民银行分支机构指定的地方性报纸上予以公告。

第四十三条 外资金融机构经营人民币业务的地域范围为已允许外资金融机构经营人民币业务的城市。

第四十四条 《条例》第二十一条所称新的业务品种是指中国境内银行或财务公司没有提供，或者中国境内银行或财务公司已经提供、但经营风险较大的金融品种。外资金融机构申请经营新业务品种，应向所在地中国人民银行分支机构提交下列资料(一式三份)，经所在地中国人民银行分支机构审查同意后，逐级报至中国人民银行总行审批：(一)由外资金融机构总部授权签字人签署的申请书；(二) 拟开办业务的详细介绍，从事该业务所做的必要准备，包括操作规程、风险-收益分析、控制措施、专业人员及计算机系统的配置等内容；(三)中国人民银行要求提供的其他资料。中国人民银行总行在收到外资金融机构完整申请资料之日起60日内作出是否批准的决定。

第四十五条 外资金融机构拟申请在中国境内两家以上分行开办新业务品种的，可由外资法人机构总部或外国银行主报告行统一向所在地中国人民银行分支机构提交申请资料，经所在地中国人民银行分支机构审查同意后，逐级报至中国人民银行总行审批。

第四十六条 外资金融机构申请经营《条例》第十七条第十三项和第十八条第十项规定的“经中国人民银行批准的其他业务”，按照本细则第四十四条规定办理申请手续。

第四十七条 外资金融机构开办经批准的业务范围及品种内的产品或服务，应向所在地中国人民银行分支机构报告。

第四十八条 外资金融机构可以按照有关规定从事结售汇业务。

第四十九条 获准经营人民币业务的独资银行、合资银行和外国银行分行可以按照中国人民银行的有关规定从事人民币同业借款业务。

第四章 任职资格管理

第五十条 担任外资金融机构高级管理人员应具备下列基本条件：(一)熟悉并遵守中国金融监管法律法规；(二)具有与担任职务相适应的专业知识、工作经验和组织管理能力；(三)无不良记录。

第五十一条 有下列情形之一的，不得担任外资金融机构高级管理人员：(一)有犯罪记录的；(二)因违法而受到重大处罚的；(三)对所任职的金融机构、企业、公司的破产、重大违规、被吊销经营金融业务许可证或营业执照，负有主要责任或直接领导责任，且未满五年的；(四)过去五年内因重大工作失误给所任职金融机构或其他企业、公司造成重大损失的。

第五十二条 中国人民银行对外资金融机构高级管理人员的审核采用核准制和备案制两种形式。

第五十三条 担任下列职务的外资金融机构高级管理人员适用核准制，并应具备下列条件：(一)担任外资法人机构的董事长、行长(总经理)，应具有10年以上从事金融工作或15年以上相关经济工作经历(其中从事金融工作5年以上)，并有3年以上担任业务部门经理或相当于业务部门经理以上职位的经验；(二)担任外资法人机构的副董事长、副行长(副总经理)，外国银行分行行长(总经理)，应具有5年以上从事金融工作或10年以上相关经济工作经历(其中从事金融工作3年以上)，并有2年以上担任业务部门经理或相当于业务部门经理以上职位的经验；(三)担任外国银行分行的副行长(副总经理)、支行行长，应具有4年以上从事金融工作或6年以上相关经济工作经历(其中从事金融工作2年以上)；(四)具有大学本科以上(包括本科)学历；若不具有大学本科及以上学历，应相应增加6年以上从事金融或8年以上相关经济工作经历(其中从事金融工作4年以上)。

第五十四条 中国人民银行总行负责核准或取消下列人员的任职资格：(一)外资法人机构的董事长、行长(总经理)；(二)外国银行分行的行长(总经理)。中国人民银行分行(营业管理部)负责核准或取消下列人员的任职资格：(一)外资法人机构的副董事长、副行长(副总经理)；(二)外国银行分行的副行长(副总经理)、支行行长。

第五十五条 高级管理人员任职资格适用于核准制的，应由申请人向所在地中国人民银行分支机构提交下列资料(一式三份)：(一) 由申请人授权签字人签署的致中国人民银行的申请书。其中，由中国人民银行总行核准的，致中国人民银行行长；由中国人民银行分行或营业管理部核准的，致有关中国人民银行分行行长或营业管理部主任；(二)申请人授权签字人签署的授权书；(三)拟任人的简历；(四)拟任人身份证明、学历证明的复印件；(五)外资法人机构章程规定应召开股东大会会议的，还应提交股东大会会议决议；(六)由拟任人签字的无不良记录的声明；(七)中国人民银行要求的其他资料。

第五十六条 适用核准制的外资金融机构高级管理人员的

任职期限应在2年以上,任职期内不得兼任其他营业性机构的管理职务。但经中国人民银行批准的除外。外资金融机构高级管理人员不得兼任中国境内代表机构的职务。

第五十七条 《条例》第三十三条第(七)项所称"高级管理人员"是指适用核准制的高级管理人员。

第五十八条 担任下列职务的外资金融机构高级管理人员,适用备案制:(一)外资法人机构的董事、行长(总经理)助理、财务总监、总稽核、高级合规经理、营运总监;(二)外国银行分行总会计师、合规经理、营运总监;(三)外国银行分行所设支行的副行长;(四)中国人民银行认为需要备案的其他高级管理人员。

第五十九条 高级管理人员任职资格适用备案制的,外资金融机构应向所在地中国人民银行分支机构提交下列资料:(一)外资金融机构授权签字人签署的授权书;(二)拟任人简历;(三)拟任人身份证明、学历证明的复印件;(四)由拟任人签字的有无不良纪录的陈述书;(五)中国人民银行要求的其他资料。

第六十条 拟任人的简历、身份证明和学历证明的复印件应经申请人授权人签字。

第六十一条 外资金融机构的行长(总经理)及其支行行长离岗连续1个月以上的,应向所在地中国人民银行分支机构报告;离岗连续3个月以上的,应更换人选。

第六十二条 对下列情形之一负有责任的高级管理人员,中国人民银行可以视情节轻重及后果,取消其一定时期直至终身的任职资格:(一)被依法追究刑事责任;(二)拒绝、干扰、阻挠或严重影响中国人民银行依法监管;(三)内部管理与控制制度不健全或执行监督不力,造成重大财产损失,或导致重大金融犯罪案件发生;(四)因严重违法违规经营、内部制度不健全或长期经营管理不善,造成所任职机构被接管、兼并或被宣告破产;(五) 因长期经营管理不善,造成所任职机构严重亏损;(六)对已任职的外资金融机构高级管理人员,中国人民银行如发现其任职前有违法、违规或其他不宜担任高级管理人员的情形;(七)中国人民银行认定的其他情形。

第六十三条 高级管理人员任职资格需报中国人民银行总行核准的,中国人民银行将在收到完整申请资料之日起90日内作出是否同意的批复。高级管理人员任职资格需报中国人民银行分行或营业管理部核准的,中国人民银行将在收到完整申请资料之日起45日内作出是否同意的批复。作出不同意决定的,书面通知申请人不同意的理由。高级管理人员任职应报所在地中国人民银行分支机构备案的,中国人民银行自收到完整资料之日起30日内未提出书面异议的,视为认可。

第五章 监督管理

第六十四条 在中国境内设立两家及两家以上分行的外国银行,应指定主报告行,负责其在中国境内各分行的并表工作。

第六十五条 《条例》第二十四条所称生息资产包括外汇生息资产和人民币生息资产。外国银行分行外汇业务营运资金的30%应以六个月以上(含6个月)的外币定期存款作为外汇生息资产;人民币业务营运资金的30%应以人民币国债或6个月以上(含6个月)的人民币定期存款作为人民币生息资产。6个月以上(含6个月)的本、外币定期存款应存放中国境内经营稳健、具有一定实力的3家或3家以下中资商业银行。生息资产中定期存款的利率由双方依据有关规定确定。外国银行分行应将生息资产的存放银行和利率报至所在地中国人民银行分支机构。未经所在地中国人民银行分支机构批准,外国银行分行不得动用以定期存款形式持有的生息资产。生息资产的存放银行应依据中国人民银行的批准文件办理生息资产的变动事宜。

第六十六条 《条例》第二十六条、第二十八条所称资本是指注册资本、资本公积、盈余公积、未分配利润、一般贷款损失准备金、重估储备、5年期以上(包括5年期)长期次级债券之和扣除对不并表机构投资后的余额。《条例》第二十八条所称营运资金加准备金等之和是指营运资金、未分配利润和一般贷款损失准备金之和。《条例》第二十八条所称风险资产是指按照中国人民银行有关加权风险资产的规定计算的表内、表外加权风险资产。《条例》第二十五条所称资本充足率的计算方法和考核办法按照中国人民银行颁布的资本充足率的有关规定执行。《条例》第二十八条所规定的比例,按照外资金融机构在中国境内的分支机构单个计算,每季按月末平均余额考核。中国人民银行根据外资法人机构的风险状况,可以对其资本充足率提出特别要求。

第六十七条 《条例》第二十六条所称关联企业是指一方企业有能力直接或间接控制、共同控制另一方企业或对另一方企业施加重大影响,以及两方或多方企业同受一方控制。《条例》第二十六条所称的授信余额包括表内及表外的项目。

第六十八条 《条例》第二十九条所称流动性资产是指现金、黄金、在中国人民银行存款、存放同业、一个月内到期的拆放同业、境外联行往来及附属机构往来的资产方净额、一个月内到期的贴现及其他买入票据、一个月内到期的其他应收款、一个月内到期的贷款、一个月内到期的债券以及其他一个月内可变现的资产。上述各项资产中应扣除预计不可收回的部分。《条例》第二十九条所称流动性负债是指一个月内到期的存款、一个月内到期的同业拆入款、一个月内到期的应付款、境外联行往来及附属机构往来的负债方净额、其他一个月内到期的负债。外资金融机构应每日按人民币、外币分别计算并保持《条例》第二十九条规定的流动性比例。中国人民银行对外资法人机构的流动性比例实施并表考核,对外国银行分行按单个机构考核。

第六十九条 《条例》第三十条所称从中国境内吸收的外汇存款包括外汇同业和非同业存款,“境内外汇总资产”的计算方法如下:境内外汇总资产=外汇总资产—外汇境外联行往来(资产)—外汇境外附属机构往来 (资产)—外汇境外贷款—外汇存放境外同业—外汇拆放境外同业—外汇境外投资。下列外汇投资不列入外汇境外投资:在中国境外发行的中国政府债券、中国金融机构的债券和中国非金融机构债券。《条例》第三十条规定的比例按单个机构月末余额考核。

第七十条 外资金融机构由总行或联行转入信贷资产应经所在地中国人民银行分支机构批准。

第七十一条 外资金融机构应执行中国人民银行有关资产分类的规定。

第七十二条 外资金融机构采用审慎会计制度。

第七十三条 外资金融机构向关系人的授信条件不得优于其他借款人同类授信的条件。本条所称关系人是指(一)外资金融机构的董事、监事、经理人员、信贷业务人员及其近亲属;(二)前项所列人员投资或者担任高级管理职务的公司、企业和其他经济组织;(三)外资法人机构的股东及其关联企业。

第七十四条 《条例》第二十六条、第二十七条所规定的比例,按季末余额考核。

第七十五条 《条例》第三十二条所称"中国注册会计师"是指经中国人民银行和财政部审查、获准从事金融相关审计业务会计师事务所的中国注册会计师。

第七十六条 外资法人机构调整、转让注册资本,变更持有资本总额或者股份总额10%以上的股东,外国银行申请变更在中国境内分行营运资金,应向所在地中国人民银行分支机构提交下列资料,经所在地中国人民银行分支机构审查同意后,逐级报至中国人民银行总行审批:(一) 申请人董事长或行长(首席执行官、总经理)签署的申请书;(二)外资法人机构关于调整、转让注册资本、变更股东的董事会决议;(三)外资法人机构外国投资方变动投资额或股权比例,应提供外国投资方董事会决议和所在国家或地区金融监管当局的意见函;(四)中国人民银行要求提供的其他资料。

第七十七条 外国银行因合并、分立等拟变更其在中国境内分支机构名称的,可以分两步或直接办理正式更名手续:外国银行总行可向中国人民银行总行提出初步申请,并提交下列资料:(一)由外国银行的董事长或行长(首席执行官、总经理)签署的致中国人民银行行长的申请书;(二)外国银行所在国家或地区金融监管当局对其合并、分立等的认可函或批准书。中国人民银行总行收到完整的申请资料后,以签署信函的形式确认其更名申请。外国银行正式更名后,应在60日内向中国人民银行总行提交下列资料,办理其在中国境内分支机构的正式更名手续:(一)由新机构的董事长或行长(首席执行官、总经理)签署的申请书;(二) 按规定填写的中国人民银行印发的申请表;(三) 新机构所在国家或地区金融监管当局的正式批准书;(四) 新机构的营业执照(副本);(五)新机构的董事长或行长(首席执行官、总经理)签署的新机构对中国境内分支机构的税务、债务的责任担保书;(六)新机构合并财务报表;(七)新机构的章程;(八)新机构董事会名单;(九)新机构组织结构图;(十)新机构在中国境内分支机构行长或总经理简历、身份证明和学历证明;(十一)新机构的董事长或行长(首席执行官、总经理)签署的对中国境内分支机构行长或总经理的授权书。外国银行应将初步申请和正式申请资料复印件提交外国银行在中国境内分支机构所在地中国人民银行分支机构。

第七十八条 外资金融机构合并、分立后的注册资本或营运资金和业务范围由中国人民银行总行重新核准。

第七十九条 外资金融机构因其他原因申请更换名称的,应向中国人民银行总行提交由其董事长或行长 (首席执行官、总经理)签署的申请书,并将申请书复印件提交外资金融机构所在地中国人民银行分支机构。

第八十条 外资金融机构于同一城市内变更营业场所应向所在地中国人民银行分支机构递交下列资料,经所在地中国人民银行分支机构审批后, 逐级报至中国人民银行总行:(一)由外资法人机构的董事长或行长(首席执行官、总经理)或外国银行分行的行长或总经理签署的、致所在地中国人民银行分支机构的申请信;(二)中国人民银行要求提供的其他资料。所在地中国人民银行分支机构按照有关规定完成验收工作。验收合格的,所在地中国人民银行分支机构下发同意外资金融机构变更同城营业场所的批准文件。验收不合格的,所在地中国人民银行分支机构下发验收不合格意见书。验收不合格的,外资金融机构可以在接到验收通知10日后向验收机构申请复验。

第八十一条 外资金融机构获准变更注册资本或营运资金、变更持有资本总额或者股份总额10%以上的股东,应在接到中国人民银行总行批准文件之日起30日内, 聘请中国人民银行认可的注册会计师事务所进行验资,并将验资证明提交所在地中国人民银行分支机构。

第八十二条 外资法人机构申请变更章程, 应向所在地中国人民银行分支机构提交下列资料,经所在地中国人民银行分支机构审查同意后, 逐级报至中国人民银行总行审批:(一)申请人董事长或行长(首席执行官、总经理)签署的申请书;(二)股东会或董事会决议。

第八十三条 发生《条例》第三十三条所列事项或情况,需变更经营金融业务许可证的,外资金融机构应在正式批准文件之日起60日内,向中国人民银行总行办理变更事宜。需要验资的,外资金融机构持验资证明向中国人民银行总行更换金融业务许可证。需要验收的,外资金融机构持所在地中国人民银行分支机构出具的验收合格意见书向中国人民银行总行更换金融业务许可证。外资金融机构持经营金融业务许可证向工商行政管理机关办理变更登记,换发营业执照。外资金融机构出现《条例》第三十三条所列事项或情况,需变更经营金融业务许可证的,外资金融机构应在中国人民银行总行指定的全国性报纸和所在地中国人民银行分支机构指定的地方性报纸上予以公告。公告应在新的营业执照生效之日起30日内完成。外资金融机构应将公告内容在公告日期3日前书面报至所在地中国人民银行分支机构。

第八十四条 外资金融机构应向所在地中国人民银行分支机构及时报告下列事项:(一)外资金融机构财务状况和经营活动出现重大问题;(二) 外资金融机构经营策略的重大调整;(三)外资法人机构的重要董事会决议;(四)外资法人机构变更持有资本总额或股份总额10%以下的股东;(五)外国银行分行的总行和外资法人机构投资方的章程、注册资本和注册地址的变更；(六) 外国银行分行的总行和外资法人机构投资方的合并、分立等重组以及董事长或行长(首席执行官、总经理)的变更；(七)外国银行分行的总行和外资法人机构投资方的财务状况和经营活动出现重大问题；(八)外国银行分行的总行和外资法人机构外方投资方注册地监管法规的重大变化；(九)除不可抗力原因外，外资金融机构在法定假日以外的日期暂停营业，应提前7个工作日报至所在地中国人民银行分支机构；(十)中国人民银行要求的其他事项。

第八十五条 外资金融机构在每个会计年度终了后应聘请中国人民银行认可的会计师事务所进行年度审计，并将审计报告和管理建议书报送所在地中国人民银行分支机构。对外资法人机构和设立两家及两家以上分行的外国银行，还应聘请中国人民银行认可的会计师事务所对该机构在中国境内所有营业性机构进行并表审计，并将审计报告和管理建议书报至外资法人机构总部或外国银行主报告行所在地中国人民银行分支机构。

第八十六条 中国人民银行及其分支机构在必要时可以委托会计师事务所对外资金融机构的经营及财务状况进行审计。

第八十七条 外资金融机构经营所在地以外客户的人民币业务，应在每季初5个工作日内将异地人民币业务有关情况报至该外资金融机构所在地中国人民银行分支机构。

第八十八条 外资金融机构资本金进行本外币币种转换和将人民币利润兑换成外汇汇出境外等结售汇以及其他与外汇审批有关事宜，应经国家外汇管理局及其分局核准。

第八十九条 外资金融机构所有涉及外汇管理的有关事宜，按照国家外汇管理的有关规定办理。

第六章 解散与清算

第九十条 《条例》所称解散与清算包括下列情形：(一)外资法人机构有下列情形之一的，经中国人民银行批准后自行解散：1、章程规定的营业期限届满或章程规定的其他解散事由出现时；2、股东会或董事会决议解散；3、因合并或者分立需要解散。(二)中国人民银行批准外国银行、独资银行、合资银行关闭在中国境内分行或者责令上述银行关闭其在中国境内分行；(三)中国人民银行撤销外资法人机构；(四)外资法人机构被依法宣告破产。

第九十一条 外资法人机构申请自行解散的，应向所在地中国人民银行分支机构提交下列资料，经所在地中国人民银行分支机构审查同意后，逐级报至中国人民银行总行审批：(一)董事长或行长(首席执行官、总经理)签署的申请书；(二)股东会或董事会决议；(三)出资各方董事长或行长(首席执行官、总经理)签署的同意该机构自行解散的确认函；(四)中国人民银行要求提供的其他资料。中国人民银行总行应当在收到完整的申请资料60日内作出是否批准其申请的决定。

第九十二条 外国银行、独资银行或合资银行申请关闭中国境内分行应向所在地中国人民银行分支机构提交下列资料，经所在地中国人民银行分支机构审查同意后，逐级报至中国人民银行总行审批：(一)申请人董事长或行长(首席执行官、总经理)签署的申请书；(二)独资银行、合资银行应提交董事会决议；(三)外国银行应提交注册地金融监管当局对其申请的意见书；(四)中国人民银行要求提供的其他资料。中国人民银行总行应当在收到完整的申请资料60日内作出是否批准其申请的决定。

第九十三条 自中国人民银行批准外资法人机构自行解散、外国银行、独资银行、合资银行关闭在中国境内分行或者责令其关闭在中国境内分行的决定生效之日起，被批准自行解散、关闭或责令关闭的外资金融机构应当立即停止经营活动，交回经营金融业务许可证，其高级管理人员、外资法人机构的董事会和股东大会必须立即停止行使职权，并在15日内成立清算组。

第九十四条 清算组成员包括行长(总经理)、会计主管、中国注册会计师以及中国人民银行指定的其他人员。外资法人机构清算组还应包括股东代表和董事长。清算组成员应报所在地中国人民银行分支机构同意。

第九十五条 清算组应书面通知工商行政管理机关、税务机关、劳动与社会保障部门等有关部门。

第九十六条 外资法人机构自行解散或独资银行、合资银行和外国银行关闭其在中国境内分行涉及的其他清算事宜按照《中华人民共和国公司法》的有关规定执行。

第九十七条 被解散或关闭的外资金融机构所在地的中国人民银行分支机构负责监督解散与清算过程，并就重大事项和清算结果逐级报至中国人民银行总行。

第九十八条 清算组应自成立之日起30日内聘请中国人民银行认可的会计师事务所进行审计，自聘请之日起60日内向所在地中国人民银行分支机构提交审计报告。

第九十九条 外资金融机构自递交解散或关闭申请资料之日起，未经所在地中国人民银行分支机构批准，不得转移或出售资产。

第一百条 解散或关闭清算过程中涉及外汇审批或核准事项的，应经国家外汇管理局及其分局批准。

第一百零一条 清算组应在每月10日前向所在地中国人民银行分支机构报送有关债务清偿、资产处置、贷款清收、销户等情况的报告。

第一百零二条 被清算机构全部债务清偿完毕后，清算组申请提取以定期存款形式持有的生息资产，应向所在地中国人民银行分支机构提交下列资料，由所在地中国人民银行分支机构进行审批：(一)由清算组组长签署的申请书；(二)关于清算情况的报告；(三)中国人民银行要求的其他资料。

第一百零三条 清算工作结束后，清算组应当制作清算报告，报所在地中国人民银行分支机构确认，并报送工商行政管理机关申请注销工商登记，在中国人民银行总行指定的全国性报纸和所在地中国人民银行分支机构指定的地方性报纸上公告。清算组应将公告内容在公告日3日前书面报至所在地中国人民银行分支机构。

第一百零四条　清算后的会计档案及业务资料依照有关规定处理。

第一百零五条　自外国银行分行清算结束之日起2年内，该外国银行不得申请在中国境内同一城市设立营业性机构。

第一百零六条　外国银行申请关闭中国境内分行并提出在同一城市设立代表处的，应向所在地中国人民银行分支机构提交下列资料，经所在地中国人民银行分支机构审查同意后，逐级报至中国人民银行总行审批：(一)由申请人的董事长或行长(首席执行官、总经理)签署的申请书；(二)外国银行授权签字人签署的对首席代表的授权书；(三)拟任首席代表简历；(四)拟任首席代表身份证明、学历证明的复印件；(五)由拟任首席代表签字的有无不良纪录的声明；(六)中国人民银行要求的其他资料。

第一百零七条　外资法人机构有违法违规经营、经营管理不善等情形，如不予撤销将严重危害金融秩序、损害社会公众利益的，由中国人民银行按照《金融机构撤销条例》的规定撤销。中国人民银行责令关闭外国银行分行的，按照《中华人民共和国公司法》的有关规定执行。

第一百零八条　外资法人机构因解散而清算，清算组在清理财产、编制资产负债表和财产清单后，发现外资法人机构财产不足清偿债务的，经中国人民银行同意，应当立即向人民法院申请宣告破产。外资法人机构经人民法院裁定宣告破产后，清算组应当将清算事务移交给人民法院。

第一百零九条　外资金融机构根据《条例》第三十九条的规定申请复业的，应向所在地中国人民银行分支机构提交下列资料，经所在地中国人民银行分支机构审查同意后，逐级报至中国人民银行总行审批：(一)由申请人的董事长或行长(首席执行官、总经理)签署的申请书；(二)董事会决议；(三)中国人民银行要求提供的其他资料。

第七章　附　则

第一百一十条　中国人民银行对独资银行、合资银行在中国境内分行的有关管理办法参照外国银行分行的有关规定执行。

第一百一十一条　外资金融机构同城网点管理办法由中国人民银行另行制定。

第一百一十二条　外资金融机构违反本细则的，中国人民银行按照《条例》和其他有关规定对其进行处罚。

第一百一十三条　本细则自2002年2月1日起施行。自本细则施行之日起，中国人民银行1996年4月30日发布的《中华人民共和国外资金融机构管理条例实施细则》、1996年1月4日发布的《在华外资银行设立分支机构暂行办法》、1996年12月2日发布的《上海浦东外资金融机构经营人民币业务试点暂行管理办法》、1997年5月15日发布的《外资金融机构中、高级管理人员任职资格管理暂行规定》和1999年4月21日发布的《外国银行撤销在华营业性分支机构操作指引》同时废止。

中华人民共和国保险法

中华人民共和国主席令〔2002〕第78号　2002年10月28日

目录

第一章　总　则
第二章　保险合同
第一节　一般规定
第二节　财产保险合同
第三节　人身保险合同
第三章　保险公司
第四章　保险经营规则
第五章　保险业的监督管理
第六章　保险代理人和保险经纪人
第七章　法律责任
第八章　附　则

第一章　总　则

第一条　为了规范保险活动，保护保险活动当事人的合法权益，加强对保险业的监督管理，促进保险事业的健康发展，制定本法。

第二条　本法所称保险，是指投保人根据合同约定，向保险人支付保险费，保险人对于合同约定的可能发生的事故因其发生所造成的财产损失承担赔偿保险金责任，或者当被保险人死亡、伤残、疾病或者达到合同约定的年龄、期限时承担给付保险金责任的商业保险行为。

第三条　在中华人民共和国境内从事保险活动，适用本法。

第四条　从事保险活动必须遵守法律、行政法规，尊重社会公德，遵循自愿原则。

第五条　保险活动当事人行使权利、履行义务应当遵循诚实信用原则。

第六条　经营商业保险业务，必须是依照本法设立的保险公司。其他单位和个人不得经营商业保险业务。

第七条　在中华人民共和国境内的法人和其他组织需要办

理境内保险的，应当向中华人民共和国境内的保险公司投保。

第八条 保险公司开展业务，应当遵循公平竞争的原则，不得从事不正当竞争。

第九条 国务院保险监督管理机构依照本法负责对保险业实施监督管理。

第二章 保险合同

第一节 一般规定

第十条 保险合同是投保人与保险人约定保险权利义务关系的协议。

投保人是指与保险人订立保险合同，并按照保险合同负有支付保险费义务的人。

保险人是指与投保人订立保险合同，并承担赔偿或者给付保险金责任的保险公司。

第十一条 投保人和保险人订立保险合同，应当遵循公平互利、协商一致、自愿订立的原则，不得损害社会公共利益。

除法律、行政法规规定必须保险的以外，保险公司和其他单位不得强制他人订立保险合同。

第十二条 投保人对保险标的应当具有保险利益。

投保人对保险标的不具有保险利益的，保险合同无效。

保险利益是指投保人对保险标的具有的法律上承认的利益。

保险标的是指作为保险对象的财产及其有关利益或者人的寿命和身体。

第十三条 投保人提出保险要求，经保险人同意承保，并就合同的条款达成协议，保险合同成立。保险人应当及时向投保人签发保险单或者其他保险凭证，并在保险单或者其他保险凭证中载明当事人双方约定的合同内容。

经投保人和保险人协商同意，也可以采取前款规定以外的其他书面协议形式订立保险合同。

第十四条 保险合同成立后，投保人按照约定交付保险费；保险人按照约定的时间开始承担保险责任。

第十五条 除本法另有规定或者保险合同另有约定外，保险合同成立后，投保人可以解除保险合同。

第十六条 除本法另有规定或者保险合同另有约定外，保险合同成立后，保险人不得解除保险合同。

第十七条 订立保险合同，保险人应当向投保人说明保险合同的条款内容，并可以就保险标的或者被保险人的有关情况提出询问，投保人应当如实告知。

投保人故意隐瞒事实，不履行如实告知义务的，或者因过失未履行如实告知义务，足以影响保险人决定是否同意承保或者提高保险费率的，保险人有权解除保险合同。

投保人故意不履行如实告知义务的，保险人对于保险合同解除前发生的保险事故，不承担赔偿或者给付保险金的责任，并不退还保险费。

投保人因过失未履行如实告知义务，对保险事故的发生有严重影响的，保险人对于保险合同解除前发生的保险事故，不承担赔偿或者给付保险金的责任，但可以退还保险费。

保险事故是指保险合同约定的保险责任范围内的事故。

第十八条 保险合同中规定有关于保险人责任免除条款的，保险人在订立保险合同时应当向投保人明确说明，未明确说明的，该条款不产生效力。

第十九条 保险合同应当包括下列事项：

(一)保险人名称和住所；

(二)投保人、被保险人名称和住所，以及人身保险的受益人的名称和住所；

(三)保险标的；

(四)保险责任和责任免除；

(五)保险期间和保险责任开始时间；

(六)保险价值；

(七)保险金额；

(八)保险费以及支付办法；

(九)保险金赔偿或者给付办法；

(十)违约责任和争议处理；

(十一)订立合同的年、月、日。

第二十条 投保人和保险人在前条规定的保险合同事项外，可以就与保险有关的其他事项作出约定。

第二十一条 在保险合同有效期内，投保人和保险人经协商同意，可以变更保险合同的有关内容。

变更保险合同的，应当由保险人在原保险单或者其他保险凭证上批注或者附贴批单，或者由投保人和保险人订立变更的书面协议。

第二十二条 投保人、被保险人或者受益人知道保险事故发生后，应当及时通知保险人。

被保险人是指其财产或者人身受保险合同保障，享有保险金请求权的人，投保人可以为被保险人。

受益人是指人身保险合同中由被保险人或者投保人指定的享有保险金请求权的人，投保人、被保险人可以为受益人。

第二十三条 保险事故发生后，依照保险合同请求保险人赔偿或者给付保险金时，投保人、被保险人或者受益人应当向保险人提供其所能提供的与确认保险事故的性质、原因、损失程度等有关的证明和资料。

保险人依照保险合同的约定，认为有关的证明和资料不完整的，应当通知投保人、被保险人或者受益人补充提供有关的证明和资料。

第二十四条 保险人收到被保险人或者受益人的赔偿或者给付保险金的请求后，应当及时作出核定，并将核定结果通知被保险人或者受益人；对属于保险责任的，在与被保险人或者受益人达成有关赔偿或者给付保险金额的协议后10日内，履行赔偿或者给付保险金义务。保险合同对保险金额及赔偿或者给付期限有约定的，保险人应当依照保险合同的约定，履行赔偿或者给付保险金义务。

保险人未及时履行前款规定义务的，除支付保险金外，应当赔偿被保险人或者受益人因此受到的损失。

任何单位或者个人都不得非法干预保险人履行赔偿或者

给付保险金的义务,也不得限制被保险人或者受益人取得保险金的权利。

保险金额是指保险人承担赔偿或者给付保险金责任的最高限额。

第二十五条 保险人收到被保险人或者受益人的赔偿或者给付保险金的请求后,对不属于保险责任的,应当向被保险人或者受益人发出拒绝赔偿或者拒绝给付保险金通知书。

第二十六条 保险人自收到赔偿或者给付保险金的请求和有关证明、资料之日起60日内,对其赔偿或者给付保险金的数额不能确定的,应当根据已有证明和资料可以确定的最低数额先予支付;保险人最终确定赔偿或者给付保险金的数额后,应当支付相应的差额。

第二十七条 人寿保险以外的其他保险的被保险人或者受益人,对保险人请求赔偿或者给付保险金的权利,自其知道保险事故发生之日起2年不行使而消灭。

人寿保险的被保险人或者受益人对保险人请求给付保险金的权利,自其知道保险事故发生之日起5年不行使而消灭。

第二十八条 被保险人或者受益人在未发生保险事故的情况下,谎称发生了保险事故,向保险人提出赔偿或者给付保险金的请求的,保险人有权解除保险合同,并不退还保险费。

投保人、被保险人或者受益人故意制造保险事故的,保险人有权解除保险合同,不承担赔偿或者给付保险金的责任,除本法第六十五条第一款另有规定外,也不退还保险费。

保险事故发生后,投保人、被保险人或者受益人以伪造、变造的有关证明、资料或者其他证据,编造虚假的事故原因或者夸大损失程度的,保险人对其虚报的部分不承担赔偿或者给付保险金的责任。

投保人、被保险人或者受益人有前三款所列行为之一,致使保险人支付保险金或者支出费用的,应当退回或者赔偿。

第二十九条 保险人将其承担的保险业务,以分保形式,部分转移给其他保险人的,为再保险。

应再保险接受人的要求,再保险分出人应当将其自负责任及原保险的有关情况告知再保险接受人。

第三十条 再保险接受人不得向原保险的投保人要求支付保险费。

原保险的被保险人或者受益人,不得向再保险接受人提出赔偿或者给付保险金的请求。

再保险分出人不得以再保险接受人未履行再保险责任为由,拒绝履行或者迟延履行其原保险责任。

第三十一条 对于保险合同的条款,保险人与投保人、被保险人或者受益人有争议时,人民法院或者仲裁机关应当作有利于被保险人和受益人的解释。

第三十二条 保险人或者再保险接受人对在办理保险业务中知道的投保人、被保险人、受益人或者再保险分出人的业务和财产情况及个人隐私,负有保密的义务。

第二节 财产保险合同

第三十三条 财产保险合同是以财产及其有关利益为保险标的的保险合同。

本节中的财产保险合同,除特别指明的外,简称合同。

第三十四条 保险标的的转让应当通知保险人,经保险人同意继续承保后,依法变更合同。但是,货物运输保险合同和另有约定的合同除外。

第三十五条 货物运输保险合同和运输工具航程保险合同,保险责任开始后,合同当事人不得解除合同。

第三十六条 被保险人应当遵守国家有关消防、安全、生产操作、劳动保护等方面的规定,维护保险标的的安全。

根据合同的约定,保险人可以对保险标的的安全状况进行检查,及时向投保人、被保险人提出消除不安全因素和隐患的书面建议。

投保人、被保险人未按照约定履行其对保险标的安全应尽的责任的,保险人有权要求增加保险费或者解除合同。

保险人为维护保险标的的安全,经被保险人同意,可以采取安全预防措施。

第三十七条 在合同有效期内,保险标的危险程度增加的,被保险人按照合同约定应当及时通知保险人,保险人有权要求增加保险费或者解除合同。

被保险人未履行前款规定的通知义务的,因保险标的的危险程度增加而发生的保险事故,保险人不承担赔偿责任。

第三十八条 有下列情形之一的,除合同另有约定外,保险人应当降低保险费,并按日计算退还相应的保险费:

(一)据以确定保险费率的有关情况发生变化,保险标的的危险程度明显减少;

(二)保险标的的保险价值明显减少。

第三十九条 保险责任开始前,投保人要求解除合同的,应当向保险人支付手续费,保险人应当退还保险费。保险责任开始后,投保人要求解除合同的,保险人可以收取自保险责任开始之日起至合同解除之日止期间的保险费,剩余部分退还投保人。

第四十条 保险标的的保险价值,可以由投保人和保险人约定并在合同中载明,也可以按照保险事故发生时保险标的的实际价值确定。

保险金额不得超过保险价值;超过保险价值的,超过的部分无效。

保险金额低于保险价值的,除合同另有约定外,保险人按照保险金额与保险价值的比例承担赔偿责任。

第四十一条 重复保险的投保人应当将重复保险的有关情况通知各保险人。

重复保险的保险金额总和超过保险价值的,各保险人的赔偿金额的总和不得超过保险价值。除合同另有约定外,各保险人按照其保险金额与保险金额总和的比例承担赔偿责任。

重复保险是指投保人对同一保险标的、同一保险利益、同一保险事故分别向二个以上保险人订立保险合同的保险。

第四十二条 保险事故发生时,被保险人有责任尽力采取必要的措施,防止或者减少损失。

保险事故发生后，被保险人为防止或者减少保险标的的损失所支付的必要的、合理的费用，由保险人承担；保险人所承担的数额在保险标的损失赔偿金额以外另行计算，最高不超过保险金额的数额。

第四十三条 保险标的发生部分损失的，在保险人赔偿后30日内，投保人可以终止合同；除合同约定不得终止合同的以外，保险人也可以终止合同。保险人终止合同的，应当提前15日通知投保人，并将保险标的未受损失部分的保险费，扣除自保险责任开始之日起至终止合同之日止期间的应收部分后，退还投保人。

第四十四条 保险事故发生后，保险人已支付了全部保险金额，并且保险金额相等于保险价值的，受损保险标的的全部权利归于保险人；保险金额低于保险价值的，保险人按照保险金额与保险价值的比例取得受损保险标的的部分权利。

第四十五条 因第三者对保险标的的损害而造成保险事故的，保险人自向被保险人赔偿保险金之日起，在赔偿金额范围内代位行使被保险人对第三者请求赔偿的权利。

前款规定的保险事故发生后，被保险人已经从第三者取得损害赔偿的，保险人赔偿保险金时，可以相应扣减被保险人从第三者已取得的赔偿金额。

保险人依照第一款行使代位请求赔偿的权利，不影响被保险人就未取得赔偿的部分向第三者请求赔偿的权利。

第四十六条 保险事故发生后，保险人未赔偿保险金之前，被保险人放弃对第三者的请求赔偿的权利的，保险人不承担赔偿保险金的责任。

保险人向被保险人赔偿保险金后，被保险人未经保险人同意放弃对第三者请求赔偿的权利的，该行为无效。

由于被保险人的过错致使保险人不能行使代位请求赔偿的权利的，保险人可以相应扣减保险赔偿金。

第四十七条 除被保险人的家庭成员或者其组成人员故意造成本法第四十五条第一款规定的保险事故以外，保险人不得对被保险人的家庭成员或者其组成人员行使代位请求赔偿的权利。

第四十八条 在保险人向第三者行使代位请求赔偿权利时，被保险人应当向保险人提供必要的文件和其所知道的有关情况。

第四十九条 保险人、被保险人为查明和确定保险事故的性质、原因和保险标的的损失程度所支付的必要的、合理的费用，由保险人承担。

第五十条 保险人对责任保险的被保险人给第三者造成的损害，可以依照法律的规定或者合同的约定，直接向该第三者赔偿保险金。

责任保险是指以被保险人对第三者依法应负的赔偿责任为保险标的的保险。

第五十一条 责任保险的被保险人因给第三者造成损害的保险事故而被提起仲裁或者诉讼的，除合同另有约定外，由被保险人支付的仲裁或者诉讼费用以及其他必要的、合理的费用，由保险人承担。

第三节 人身保险合同

第五十二条 人身保险合同是以人的寿命和身体为保险标的的保险合同。

本节中的人身保险合同，除特别指明的外，简称合同。

第五十三条 投保人对下列人员具有保险利益：

(一)本人；

(二)配偶、子女、父母；

(三)前项以外与投保人有抚养、赡养或者扶养关系的家庭其他成员、近亲属。

除前款规定外，被保险人同意投保人为其订立合同的，视为投保人对被保险人具有保险利益。

第五十四条 投保人申报的被保险人年龄不真实，并且其真实年龄不符合合同约定的年龄限制的，保险人可以解除合同，并在扣除手续费后，向投保人退还保险费，但是自合同成立之日起逾2年的除外。

投保人申报的被保险人年龄不真实，致使投保人支付的保险费少于应付保险费的，保险人有权更正并要求投保人补交保险费，或者在给付保险金时按照实付保险费与应付保险费的比例支付。

投保人申报的被保险人年龄不真实，致使投保人实付保险费多于应付保险费的，保险人应当将多收的保险费退还投保人。

第五十五条 投保人不得为无民事行为能力人投保以死亡为给付保险金条件的人身保险，保险人也不得承保。

父母为其未成年子女投保的人身保险，不受前款规定限制，但是死亡给付保险金额总和不得超过保险监督管理机构规定的限额。

第五十六条 以死亡为给付保险金条件的合同，未经被保险人书面同意并认可保险金额的，合同无效。

依照以死亡为给付保险金条件的合同所签发的保险单，未经被保险人书面同意，不得转让或者质押。

父母为其未成年子女投保的人身保险，不受第一款规定限制。

第五十七条 投保人于合同成立后，可以向保险人一次支付全部保险费，也可以按照合同约定分期支付保险费。

合同约定分期支付保险费的，投保人应当于合同成立时支付首期保险费，并应当按期支付其余各期的保险费。

第五十八条 合同约定分期支付保险费，投保人支付首期保险费后，除合同另有约定外，投保人超过规定的期限60日未支付当期保险费的，合同效力中止，或者由保险人按照合同约定的条件减少保险金额。

第五十九条 依照前条规定合同效力中止的，经保险人与投保人协商并达成协议，在投保人补交保险费后，合同效力恢复。但是，自合同效力中止之日起2年内双方未达成协议的，保险人有权解除合同。

保险人依照前款规定解除合同，投保人已交足2年以上保险费的，保险人应当按照合同约定退还保险单的现金价值；投保人未交足2年保险费的，保险人应当在扣除手续费后，退还保险费。

第六十条 保险人对人身保险的保险费，不得用诉讼方式要求投保人支付。

第六十一条 人身保险的受益人由被保险人或者投保人指定。

投保人指定受益人时须经被保险人同意。

被保险人为无民事行为能力人或者限制民事行为能力人的，可以由其监护人指定受益人。

第六十二条 被保险人或者投保人可以指定一人或者数人为受益人。

受益人为数人的，被保险人或者投保人可以确定受益顺序和受益份额；未确定受益份额的，受益人按照相等份额享有受益权。

第六十三条 被保险人或者投保人可以变更受益人并书面通知保险人。保险人收到变更受益人的书面通知后，应当在保险单上批注。

投保人变更受益人时须经被保险人同意。

第六十四条 被保险人死亡后，遇有下列情形之一的，保险金作为被保险人的遗产，由保险人向被保险人的继承人履行给付保险金的义务：

(一)没有指定受益人的；

(二)受益人先于被保险人死亡，没有其他受益人的；

(三)受益人依法丧失受益权或者放弃受益权，没有其他受益人的。

第六十五条 投保人、受益人故意造成被保险人死亡、伤残或者疾病的，保险人不承担给付保险金的责任。投保人已交足二年以上保险费的，保险人应当按照合同约定向其他享有权利的受益人退还保险单的现金价值。

受益人故意造成被保险人死亡或者伤残的，或者故意杀害被保险人未遂的，丧失受益权。

第六十六条 以死亡为给付保险金条件的合同，被保险人自杀的，除本条第二款规定外，保险人不承担给付保险金的责任，但对投保人已支付的保险费，保险人应按照保险单退还其现金价值。

以死亡为给付保险金条件的合同，自成立之日起满2年后，如果被保险人自杀的，保险人可以按照合同给付保险金。

第六十七条 被保险人故意犯罪导致其自身伤残或者死亡的，保险人不承担给付保险金的责任。投保人已交足2年以上保险费的，保险人应当按照保险单退还其现金价值。

第六十八条 人身保险的被保险人因第三者的行为而发生死亡、伤残或者疾病等保险事故的，保险人向被保险人或者受益人给付保险金后，不得享有向第三者追偿的权利。但被保险人或者受益人仍有权向第三者请求赔偿。

第六十九条 投保人解除合同，已交足2年以上保险费的，保险人应当自接到解除合同通知之日起30日内，退还保险单的现金价值；未交足2年保险费的，保险人按照合同约定在扣除手续费后，退还保险费。

第三章 保险公司

第七十条 保险公司应当采取下列组织形式：

(一)股份有限公司；

(二)国有独资公司。

第七十一条 设立保险公司，必须经保险监督管理机构批准。

第七十二条 设立保险公司，应当具备下列条件：

(一)有符合本法和公司法规定的章程；

(二)有符合本法规定的注册资本最低限额；

(三)有具备任职专业知识和业务工作经验的高级管理人员；

(四)有健全的组织机构和管理制度；

(五)有符合要求的营业场所和与业务有关的其他设施。

保险监督管理机构审查设立申请时，应当考虑保险业的发展和公平竞争的需要。

第七十三条 设立保险公司，其注册资本的最低限额为人民币二亿元。

保险公司注册资本最低限额必须为实缴货币资本。

保险监督管理机构根据保险公司业务范围、经营规模，可以调整其注册资本的最低限额。但是，不得低于第一款规定的限额。

第七十四条 申请设立保险公司，应当提交下列文件、资料：

(一)设立申请书，申请书应当载明拟设立的保险公司的名称、注册资本、业务范围等；

(二)可行性研究报告；

(三)保险监督管理机构规定的其他文件、资料。

第七十五条 设立保险公司的申请经初步审查合格后，申请人应当依照本法和公司法的规定进行保险公司的筹建。具备本法第七十二条规定的设立条件的，向保险监督管理机构提交正式申请表和下列有关文件、资料：

(一)保险公司的章程；

(二)股东名册及其股份或者出资人及其出资额；

(三)持有公司股份10%以上的股东资信证明和有关资料；

(四)法定验资机构出具的验资证明；

(五)拟任职的高级管理人员的简历和资格证明；

(六)经营方针和计划；

(七)营业场所和与业务有关的其他设施的资料；

(八)保险监督管理机构规定的其他文件、资料。

第七十六条 保险监督管理机构自收到设立保险公司的正式申请文件之日起6个月内，应当作出批准或者不批准的决定。

第七十七条 经批准设立的保险公司，由批准部门颁发经营保险业务许可证，并凭经营保险业务许可证向工商行政管理机关办理登记，领取营业执照。

第七十八条 保险公司自取得经营保险业务许可证之日起6个月内无正当理由未办理公司设立登记的，其经营保险业务许可证自动失效。

第七十九条 保险公司成立后应当按照其注册资本总额的20%提取保证金，存入保险监督管理机构指定的银行，除保险公司清算时用于清偿债务外，不得动用。

第八十条 保险公司在中华人民共和国境内外设立分支机构，须经保险监督管理机构批准，取得分支机构经营保险业务许可证。

保险公司分支机构不具有法人资格，其民事责任由保险公司承担。

第八十一条 保险公司在中华人民共和国境内外设立代表机构，须经保险监督管理机构批准。

第八十二条 保险公司有下列变更事项之一的，须经保险监督管理机构批准：

(一)变更名称；

(二)变更注册资本；

(三)变更公司或者分支机构的营业场所；

(四)调整业务范围；

(五)公司分立或者合并；

(六)修改公司章程；

(七)变更出资人或者持有公司股份10%以上的股东；

(八)保险监督管理机构规定的其他变更事项。

保险公司更换董事长、总经理，应当报经保险监督管理机构审查其任职资格。

第八十三条 保险公司的组织机构，适用公司法的规定。

第八十四条 国有独资保险公司设立监事会。监事会由保险监督管理机构、有关专家和保险公司工作人员的代表组成，对国有独资保险公司提取各项准备金、最低偿付能力和国有资产保值增值等情况以及高级管理人员违反法律、行政法规或者章程的行为和损害公司利益的行为进行监督。

第八十五条 保险公司因分立、合并或者公司章程规定的解散事由出现，经保险监督管理机构批准后解散。保险公司应当依法成立清算组，进行清算。

经营有人寿保险业务的保险公司，除分立、合并外，不得解散。

第八十六条 保险公司违反法律、行政法规，被保险监督管理机构吊销经营保险业务许可证的，依法撤销。由保险监督管理机构依法及时组织清算组，进行清算。

第八十七条 保险公司不能支付到期债务，经保险监督管理机构同意，由人民法院依法宣告破产。保险公司被宣告破产的，由人民法院组织保险监督管理机构等有关部门和有关人员成立清算组，进行清算。

第八十八条 经营有人寿保险业务的保险公司被依法撤销的或者被依法宣告破产的，其持有的人寿保险合同及准备金，必须转移给其他经营有人寿保险业务的保险公司；不能同其他保险公司达成转让协议的，由保险监督管理机构指定经营有人寿保险业务的保险公司接受。

转让或者由保险监督管理机构指定接受前款规定的人寿保险合同及准备金的，应当维护被保险人、受益人的合法权益。

第八十九条 保险公司依法破产的，破产财产优先支付其破产费用后，按照下列顺序清偿：

(一)所欠职工工资和劳动保险费用；

(二)赔偿或者给付保险金；

(三)所欠税款；

(四)清偿公司债务。

破产财产不足清偿同一顺序清偿要求的，按照比例分配。

第九十条 保险公司依法终止其业务活动，应当注销其经营保险业务许可证。

第九十一条 保险公司的设立、变更、解散和清算事项，本法未作规定的，适用公司法和其他有关法律、行政法规的规定。

第四章 保险经营规则

第九十二条 保险公司的业务范围：

(一)财产保险业务，包括财产损失保险、责任保险、信用保险等保险业务；

(二)人身保险业务，包括人寿保险、健康保险、意外伤害保险等保险业务。

同一保险人不得同时兼营财产保险业务和人身保险业务；但是，经营财产保险业务的保险公司经保险监督管理机构核定，可以经营短期健康保险业务和意外伤害保险业务。

保险公司的业务范围由保险监督管理机构依法核定。保险公司只能在被核定的业务范围内从事保险经营活动。

保险公司不得兼营本法及其他法律、行政法规规定以外的业务。

第九十三条 经保险监督管理机构核定，保险公司可以经营前条规定的保险业务的下列再保险业务：

(一)分出保险；

(二)分入保险。

第九十四条 保险公司应当根据保障被保险人利益、保证偿付能力的原则，提取各项责任准备金。

保险公司提取和结转责任准备金的具体办法由保险监督管理机构制定。

第九十五条 保险公司应当按照已经提出的保险赔偿或者给付金额，以及已经发生保险事故但尚未提出的保险赔偿或者给付金额，提取未决赔款准备金。

第九十六条 除依照前二条规定提取准备金外，保险公司应当依照有关法律、行政法规及国家财务会计制度的规定提取公积金。

第九十七条 为了保障被保险人的利益，支持保险公司稳健经营，保险公司应当按照保险监督管理机构的规定提存保险保障基金。

保险保障基金应当集中管理，统筹使用。

保险保障基金管理使用的具体办法由保险监督管理机构制定。

第九十八条 保险公司应当具有与其业务规模相适应的最低偿付能力。保险公司的实际资产减去实际负债的差额不得低于保险监督管理机构规定的数额；低于规定数额的，应当增加资本金，补足差额。

第九十九条 经营财产保险业务的保险公司当年自留保险费，不得超过其实有资本金加公积金总和的4倍。

第一百条 保险公司对每一危险单位，即对一次保险事故可能造成的最大损失范围所承担的责任，不得超过其实有资本金加公积金总和的10%；超过的部分，应当办理再保险。

第一百零一条 保险公司对危险单位的计算办法和巨灾风险安排计划，应当报经保险监督管理机构核准。

第一百零二条 保险公司应当按照保险监督管理机构的有关规定办理再保险。

第一百零三条 保险公司需要办理再保险分出业务的，应当优先向中国境内的保险公司办理。

第一百零四条 保险监督管理机构有权限制或者禁止保险公司向中国境外的保险公司办理再保险分出业务或者接受中国境外再保险分入业务。

第一百零五条 保险公司的资金运用必须稳健，遵循安全性原则，并保证资产的保值增值。

保险公司的资金运用，限于在银行存款、买卖政府债券、金融债券和国务院规定的其他资金运用形式。

保险公司的资金不得用于设立证券经营机构，不得用于设立保险业以外的企业。

保险公司运用的资金和具体项目的资金占其资金总额的具体比例，由保险监督管理机构规定。

第一百零六条 保险公司及其工作人员在保险业务活动中不得有下列行为：

(一)欺骗投保人、被保险人或者受益人；

(二)对投保人隐瞒与保险合同有关的重要情况；

(三)阻碍投保人履行本法规定的如实告知义务，或者诱导其不履行本法规定的如实告知义务；

(四)承诺向投保人、被保险人或者受益人给予保险合同规定以外的保险费回扣或者其他利益；

(五)故意编造未曾发生的保险事故进行虚假理赔，骗取保险金。

第五章 保险业的监督管理

第一百零七条 关系社会公众利益的保险险种、依法实行强制保险的险种和新开发的人寿保险险种等的保险条款和保险费率，应当报保险监督管理机构审批。保险监督管理机构审批时，遵循保护社会公众利益和防止不正当竞争的原则。审批的范围和具体办法，由保险监督管理机构制定。

其他保险险种的保险条款和保险费率，应当报保险监督管理机构备案。

第一百零八条 保险监督管理机构应当建立健全保险公司偿付能力监督指标体系，对保险公司的最低偿付能力实施监控。

第一百零九条 保险监督管理机构有权检查保险公司的业务状况、财务状况及资金运用状况，有权要求保险公司在规定的期限内提供有关的书面报告和资料。

保险公司依法接受监督检查。

保险监督管理机构有权查询保险公司在金融机构的存款。

第一百一十条 保险公司未按照本法规定提取或者结转各项准备金，或者未按照本法规定办理再保险，或者严重违反本法关于资金运用的规定的，由保险监督管理机构责令该保险公司采取下列措施限期改正：

(一)依法提取或者结转各项准备金；

(二)依法办理再保险；

(三)纠正违法运用资金的行为；

(四)调整负责人及有关管理人员。

第一百一十一条 依照前条规定，保险监督管理机构作出限期改正的决定后，保险公司在限期内未予改正的，由保险监督管理机构决定选派保险专业人员和指定该保险公司的有关人员，组成整顿组织，对该保险公司进行整顿。

整顿决定应当载明被整顿保险公司的名称、整顿理由、整顿组织和整顿期限，并予以公告。

第一百一十二条 整顿组织在整顿过程中，有权监督该保险公司的日常业务。该保险公司的负责人及有关管理人员，应当在整顿组织的监督下行使自己的职权。

第一百一十三条 在整顿过程中，保险公司的原有业务继续进行，但是保险监督管理机构有权停止开展新的业务或者停止部分业务，调整资金运用。

第一百一十四条 被整顿的保险公司经整顿已纠正其违反本法规定的行为，恢复正常经营状况的，由整顿组织提出报告，经保险监督管理机构批准，整顿结束。

第一百一十五条 保险公司违反本法规定，损害社会公共利益，可能严重危及或者已经危及保险公司的偿付能力的，保险监督管理机构可以对该保险公司实行接管。

接管的目的是对被接管的保险公司采取必要措施，以保护被保险人的利益，恢复保险公司的正常经营。被接管的保险公司的债权债务关系不因接管而变化。

第一百一十六条 接管组织的组成和接管的实施办法，由保险监督管理机构决定，并予公告。

第一百一十七条 接管期限届满，保险监督管理机构可以决定延期，但接管期限最长不得超过2年。

第一百一十八条 接管期限届满，被接管的保险公司已恢复正常经营能力的，保险监督管理机构可以决定接管终止。

接管组织认为被接管的保险公司的财产已不足以清偿所负债务的，经保险监督管理机构批准，依法向人民法院申请宣告该保险公司破产。

第一百一十九条 保险公司应当于每一会计年度终了后3个月内，将上一年度的营业报告、财务会计报告及有关报表报送保险监督管理机构，并依法公布。

第一百二十条 保险公司应当于每月月底前将上一月的

营业统计报表报送保险监督管理机构。

第一百二十一条 保险公司必须聘用经保险监督管理机构认可的精算专业人员,建立精算报告制度。

第一百二十二条 保险公司的营业报告、财务会计报告、精算报告及其他有关报表、文件和资料必须如实记录保险业务事项,不得有虚假记载、误导性陈述和重大遗漏。

第一百二十三条 保险人和被保险人可以聘请依法设立的独立的评估机构或者具有法定资格的专家,对保险事故进行评估和鉴定。

依法受聘对保险事故进行评估和鉴定的评估机构和专家,应当依法公正地执行业务。因故意或者过失给保险人或者被保险人造成损害的,依法承担赔偿责任。

依法受聘对保险事故进行评估和鉴定的评估机构收取费用,应当依照法律、行政法规的规定办理。

第一百二十四条 保险公司应当妥善保管有关业务经营活动的完整账簿、原始凭证及有关资料。

前款规定的账簿、原始凭证及有关资料的保管期限,自保险合同终止之日起计算,不得少于10年。

第六章 保险代理人和保险经纪人

第一百二十五条 保险代理人是根据保险人的委托,向保险人收取代理手续费,并在保险人授权的范围内代为办理保险业务的单位或者个人。

第一百二十六条 保险经纪人是基于投保人的利益,为投保人与保险人订立保险合同提供中介服务,并依法收取佣金的单位。

第一百二十七条 保险人委托保险代理人代为办理保险业务的,应当与保险代理人签订委托代理协议,依法约定双方的权利和义务及其他代理事项。

第一百二十八条 保险代理人根据保险人的授权代为办理保险业务的行为,由保险人承担责任。

保险代理人为保险人代为办理保险业务,有超越代理权限行为,投保人有理由相信其有代理权,并已订立保险合同的,保险人应当承担保险责任;但是保险人可以依法追究越权的保险代理人的责任。

第一百二十九条 个人保险代理人在代为办理人寿保险业务时,不得同时接受两个以上保险人的委托。

第一百三十条 因保险经纪人在办理保险业务中的过错,给投保人、被保险人造成损失的,由保险经纪人承担赔偿责任。

第一百三十一条 保险代理人、保险经纪人在办理保险业务活动中不得有下列行为:

(一)欺骗保险人、投保人、被保险人或者受益人;

(二)隐瞒与保险合同有关的重要情况;

(三)阻碍投保人履行本法规定的如实告知义务,或者诱导其不履行本法规定的如实告知义务;

(四)承诺向投保人、被保险人或者受益人给予保险合同规定以外的其他利益;

(五)利用行政权力、职务或者职业便利以及其他不正当手段强迫、引诱或者限制投保人订立保险合同。

第一百三十二条 保险代理人、保险经纪人应当具备保险监督管理机构规定的资格条件,并取得保险监督管理机构颁发的经营保险代理业务许可证或者经纪业务许可证,向工商行政管理机关办理登记,领取营业执照,并缴存保证金或者投保职业责任保险。

第一百三十三条 保险代理人、保险经纪人应当有自己的经营场所,设立专门账簿记载保险代理业务或者经纪业务的收支情况,并接受保险监督管理机构的监督。

第一百三十四条 保险代理手续费和经纪人佣金,只限于向具有合法资格的保险代理人、保险经纪人支付,不得向其他人支付。

第一百三十五条 保险公司应当设立本公司保险代理人登记簿。

第一百三十六条 保险公司应当加强对保险代理人的培训和管理,提高保险代理人的职业道德和业务素质,不得唆使、误导保险代理人进行违背诚信义务的活动。

第一百三十七条 本法第一百零九条、第一百一十九条的规定,适用于保险代理人和保险经纪人。

第七章 法律责任

第一百三十八条 投保人、被保险人或者受益人有下列行为之一,进行保险欺诈活动,构成犯罪的,依法追究刑事责任:

(一)投保人故意虚构保险标的,骗取保险金的;

(二)未发生保险事故而谎称发生保险事故,骗取保险金的;

(三)故意造成财产损失的保险事故,骗取保险金的;

(四)故意造成被保险人死亡、伤残或者疾病等人身保险事故,骗取保险金的;

(五)伪造、变造与保险事故有关的证明、资料和其他证据,或者指使、唆使、收买他人提供虚假证明、资料或者其他证据,编造虚假的事故原因或者夸大损失程度,骗取保险金的。

有前款所列行为之一,情节轻微,尚不构成犯罪的,依照国家有关规定给予行政处罚。

第一百三十九条 保险公司及其工作人员在保险业务中隐瞒与保险合同有关的重要情况,欺骗投保人、被保险人或者受益人,或者拒不履行保险合同约定的赔偿或者给付保险金的义务,构成犯罪的,依法追究刑事责任;尚不构成犯罪的,由保险监督管理机构对保险公司处以5万元以上30万元以下的罚款;对有违法行为的工作人员,处以2万元以上10万元以下的罚款;情节严重的,限制保险公司业务范围或者责令停止接受新业务。

保险公司及其工作人员阻碍投保人履行如实告知义务,或者诱导其不履行如实告知义务,或者承诺向投保人、被保险人或者受益人给予非法的保险费回扣或者其他利益,构成犯罪的,依法追究刑事责任；尚不构成犯罪的，由保险监督管理机构责令改正，对保险公司处以5万元以上30万元以下的罚款；对有违法行为的工作人员，处以2万元以上10万元以下的罚款；情节严重的，限制保险公司业务范围或者责令停止接受新业务。

第一百四十条 保险代理人或者保险经纪人在其业务中欺骗保险人、投保人、被保险人或者受益人，构成犯罪的，依法追究刑事责任；尚不构成犯罪的，由保险监督管理机构责令改正，并处以5万元以上30万元以下的罚款；情节严重的，吊销经营保险代理业务许可证或者经纪业务许可证。

第一百四十一条 保险公司及其工作人员故意编造未曾发生的保险事故进行虚假理赔，骗取保险金，构成犯罪的，依法追究刑事责任。

第一百四十二条 违反本法规定，擅自设立保险公司或者非法从事商业保险业务活动的，由保险监督管理机构予以取缔；构成犯罪的，依法追究刑事责任；尚不构成犯罪的，由保险监督管理机构没收违法所得，并处以违法所得1倍以上5倍以下的罚款，没有违法所得或者违法所得不足20万元的，处以20万元以上100万元以下的罚款。

第一百四十三条 违反本法规定，超出核定的业务范围从事保险业务或者兼营本法及其他法律、行政法规规定以外的业务，构成犯罪的，依法追究刑事责任；尚不构成犯罪的，由保险监督管理机构责令改正，责令退还收取的保险费，没收违法所得，并处以违法所得1倍以上5倍以下的罚款；没有违法所得或者违法所得不足10万元的，处以10万元以上50万元以下的罚款；逾期不改正或者造成严重后果的，责令停业整顿或者吊销经营保险业务许可证。

第一百四十四条 违反本法规定，未经批准，擅自变更保险公司的名称、章程、注册资本、公司或者分支机构的营业场所等事项的，由保险监督管理机构责令改正，并处以1万元以上10万元以下的罚款。

第一百四十五条 违反本法规定，有下列行为之一的，由保险监督管理机构责令改正，并处以5万元以上30万元以下的罚款；情节严重的，可以限制业务范围、责令停止接受新业务或者吊销经营保险业务许可证：

（一）未按照规定提存保证金或者违反规定动用保证金的；

（二）未按照规定提取或者结转各项责任准备金或者未按照规定提取未决赔款准备金的；

（三）未按照规定提取保险保障基金、公积金的；

（四）未按照规定办理再保险分出业务的；

（五）违反规定运用保险公司资金的；

（六）未经批准设立分支机构或者代表机构的；

（七）未经批准分立、合并的；

（八）未按照规定将应当报送审批的险种的保险条款和保险费率报送审批的。

第一百四十六条 违反本法规定，有下列行为之一的，由保险监督管理机构责令改正，逾期不改正的，处以1万元以上10万元以下的罚款：

（一）未按照规定报送有关报告、报表、文件和资料的；

（二）未按照规定将应当报送备案的险种的保险条款和保险费率报送备案的。

第一百四十七条 违反本法规定，有下列行为之一，构成犯罪的，依法追究刑事责任；尚不构成犯罪的，由保险监督管理机构责令改正，处以10万元以上50万元以下的罚款；情节严重的，可以限制业务范围、责令停止接受新业务或者吊销经营保险业务许可证：

（一）提供虚假的报告、报表、文件和资料的；

（二）拒绝或者妨碍依法检查监督的。

第一百四十八条 违反本法规定，有下列行为之一的，由保险监督管理机构责令改正，处以5万元以上30万元以下的罚款：

（一）超额承保，情节严重的；

（二）为无民事行为能力人承保以死亡为给付保险金条件的保险的。

第一百四十九条 违反本法规定，未取得经营保险代理业务许可证或者经纪业务许可证，非法从事保险代理业务或者经纪业务活动的，由保险监督管理机构予以取缔；构成犯罪的，依法追究刑事责任；尚不构成犯罪的，由保险监督管理机构没收违法所得，并处以违法所得1倍以上5倍以下的罚款，没有违法所得或者违法所得不足10万元的，处以10万元以上50万元以下的罚款。

第一百五十条 对违反本法规定尚未构成犯罪的行为负有直接责任的保险公司高级管理人员和其他直接责任人员，保险监督管理机构可以区别不同情况予以警告，责令予以撤换，处以2万元以上10万元以下的罚款。

第一百五十一条 违反本法规定，给他人造成损害的，应当依法承担民事责任。

第一百五十二条 对不符合本法规定条件的设立保险公司的申请予以批准，或者对不符合保险代理人、保险经纪人条件的申请予以批准，或者有滥用职权、玩忽职守的其他行为，构成犯罪的，依法追究刑事责任；尚不构成犯罪的，依法给予行政处分。

第八章 附 则

第一百五十三条 海上保险适用海商法的有关规定；海商法未作规定的，适用本法的有关规定。

第一百五十四条 中外合资保险公司、外资独资保险公司、外国保险公司分公司适用本法规定；法律、行政法规另有规定的，适用其规定。

第一百五十五条 国家支持发展为农业生产服务的保险事业，农业保险由法律、行政法规另行规定。

第一百五十六条 本法规定的保险公司以外的其他性质的保险组织，由法律、行政法规另行规定。

第一百五十七条 本法施行前按照国务院规定经批准设立的保险公司继续保留，其中不完全具备本法规定的条件的，应当在规定的期限内达到本法规定的条件。具体办法由国务院规定。

本法自1995年10月1日起施行。

中华人民共和国专利法实施细则(修订)

中华人民共和国国务院令 第368号 2002年12月28日

第一章 总 则

第一条 根据《中华人民共和国专利法》(以下简称专利法),制定本细则。

第二条 专利法所称发明,是指对产品、方法或者其改进所提出的新的技术方案。

专利法所称实用新型,是指对产品的形状、构造或者其结合所提出的适于实用的新的技术方案。

专利法所称外观设计,是指对产品的形状、图案或者其结合以及色彩与形状、图案的结合所作出的富有美感并适于工业应用的新设计。

第三条 专利法和本细则规定的各种手续,应当以书面形式或者国务院专利行政部门规定的其他形式办理。

第四条 依照专利法和本细则规定提交的各种文件应当使用中文;国家有统一规定的科技术语的,应当采用规范词;外国人名、地名和科技术语没有统一中文译文的,应当注明原文。

依照专利法和本细则规定提交的各种证件和证明文件是外文的,国务院专利行政部门认为必要时,可以要求当事人在指定期限内附送中文译文;期满未附送的,视为未提交该证件和证明文件。

第五条 向国务院专利行政部门邮寄的各种文件,以寄出的邮戳日为递交日;邮戳日不清晰的,除当事人能够提出证明外,以国务院专利行政部门收到日为递交日。

国务院专利行政部门的各种文件,可以通过邮寄、直接送交或者其他方式送达当事人。当事人委托专利代理机构的,文件送交专利代理机构;未委托专利代理机构的,文件送交请求书中指明的联系人。

国务院专利行政部门邮寄的各种文件,自文件发出之日起满15日,推定为当事人收到文件之日。

根据国务院专利行政部门规定应当直接送交的文件,以交付日为送达日。

文件送交地址不清,无法邮寄的,可以通过公告的方式送达当事人。自公告之日起满1个月,该文件视为已经送达。

第六条 专利法和本细则规定的各种期限的第一日不计算在期限内。期限以年或者月计算的,以其最后一月的相应日为期限届满日;该月无相应日的,以该月最后一日为期限届满日;期限届满日是法定节假日的,以节假日后的第一个工作日为期限届满日。

第七条 当事人因不可抗拒的事由而延误专利法或者本细则规定的期限或者国务院专利行政部门指定的期限,导致其权利丧失的,自障碍消除之日起2个月内,最迟自期限届满之日起2年内,可以向国务院专利行政部门说明理由并附具有关证明文件,请求恢复权利。

当事人因正当理由而延误专利法或者本细则规定的期限或者国务院专利行政部门指定的期限,导致其权利丧失的,可以自收到国务院专利行政部门的通知之日起2个月内向国务院专利行政部门说明理由,请求恢复权利。

当事人请求延长国务院专利行政部门指定的期限的,应当在期限届满前,向国务院专利行政部门说明理由并办理有关手续。

本条第一款和第二款的规定不适用专利法第二十四条、第二十九条、第四十二条、第六十二条规定的期限。

第八条 发明专利申请涉及国防方面的国家秘密需要保密的,由国防专利机构受理;国务院专利行政部门受理的涉及国防方面的国家秘密需要保密的发明专利申请,应当移交国防专利机构审查,由国务院专利行政部门根据国防专利机构的审查意见作出决定。

除前款规定的外,国务院专利行政部门受理发明专利申请后,应当将需要进行保密审查的申请转送国务院有关主管部门审查;有关主管部门应当自收到该申请之日起4个月内,将审查结果通知国务院专利行政部门;需要保密的,由国务院专利行政部门按照保密专利申请处理,并通知申请人。

第九条 专利法第五条所称违反国家法律的发明创造,不包括仅其实施为国家法律所禁止的发明创造。

第十条 除专利法第二十八条和第四十二条规定的情形外,专利法所称申请日,有优先权的,指优先权日。

本细则所称申请日,除另有规定的外,是指专利法第二十八条规定的申请日。

第十一条 专利法第六条所称执行本单位的任务所完成的职务发明创造,是指:

(一) 在本职工作中作出的发明创造;

(二) 履行本单位交付的本职工作之外的任务所作出的发明创造;

(三) 退职、退休或者调动工作后1年内作出的,与其在原单位承担的本职工作或者原单位分配的任务有关的发明创造。

专利法第六条所称本单位,包括临时工作单位;专利法第六条所称本单位的物质技术条件,是指本单位的资金、设备、零部件、原材料或者不对外公开的技术资料等。

第十二条 专利法所称发明人或者设计人,是指对发明创造的实质性特点作出创造性贡献的人。在完成发明创造过程中,只负责组织工作的人、为物质技术条件的利用提供方便的人或者从事其他辅助工作的人,不是发明人或者设计人。

第十三条 同样的发明创造只能被授予一项专利。

依照专利法第九条的规定,两个以上的申请人在同一日分别就同样的发明创造申请专利的,应当在收到国务院专利行政部门的通知后自行协商确定申请人。

第十四条 中国单位或者个人向外国人转让专利申请权或者专利权的,由国务院对外经济贸易主管部门会同国务院科学技术行政部门批准。

第十五条 除依照专利法第十条规定转让专利权外,专利权因其他事由发生转移的,当事人应当凭有关证明文件或者法律文书向国务院专利行政部门办理专利权人变更手续。

专利权人与他人订立的专利实施许可合同,应当自合同生效之日起3个月内向国务院专利行政部门备案。

第二章 专利的申请

第十六条 以书面形式申请专利的,应当向国务院专利行政部门提交申请文件一式两份。

以国务院专利行政部门规定的其他形式申请专利的,应当符合规定的要求。

申请人委托专利代理机构向国务院专利行政部门申请专利和办理其他专利事务的,应当同时提交委托书,写明委托权限。

申请人有2人以上且未委托专利代理机构的,除请求书中另有声明的外,以请求书中指明的第一申请人为代表人。

第十七条 专利法第二十六条第二款所称请求书中的其他事项,是指:

(一) 申请人的国籍;

(二) 申请人是企业或者其他组织的,其总部所在地的国家;

(三) 申请人委托专利代理机构的,应当注明的有关事项;申请人未委托专利代理机构的,其联系人的姓名、地址、邮政编码及联系电话;

(四) 要求优先权的,应当注明的有关事项;

(五) 申请人或者专利代理机构的签字或者盖章;

(六) 申请文件清单;

(七) 附加文件清单;

(八) 其他需要注明的有关事项。

第十八条 发明或者实用新型专利申请的说明书应当写明发明或者实用新型的名称,该名称应当与请求书中的名称一致。说明书应当包括下列内容:

(一) 技术领域:写明要求保护的技术方案所属的技术领域;

(二) 背景技术:写明对发明或者实用新型的理解、检索、审查有用的背景技术;有可能的,并引证反映这些背景技术的文件;

(三) 发明内容:写明发明或者实用新型所要解决的技术问题以及解决其技术问题采用的技术方案,并对照现有技术写明发明或者实用新型的有益效果;

(四) 附图说明:说明书有附图的,对各幅附图作简略说明;

(五) 具体实施方式:详细写明申请人认为实现发明或者实用新型的优选方式;必要时,举例说明;有附图的,对照附图。

发明或者实用新型专利申请人应当按照前款规定的方式和顺序撰写说明书,并在说明书每一部分前面写明标题,除非其发明或者实用新型的性质用其他方式或者顺序撰写能节约说明书的篇幅并使他人能够准确理解其发明或者实用新型。

发明或者实用新型说明书应当用词规范、语句清楚,并不得使用"如权利要求......所述的......"一类的引用语,也不得使用商业性宣传用语。

发明专利申请包含一个或者多个核苷酸或者氨基酸序列的,说明书应当包括符合国务院专利行政部门规定的序列表。申请人应当将该序列表作为说明书的一个单独部分提交,并按照国务院专利行政部门的规定提交该序列表的计算机可读形式的副本。

第十九条 发明或者实用新型的几幅附图可以绘在一张图纸上,并按照"图1,图2,......"顺序编号排列。

附图的大小及清晰度,应当保证在该图缩小到2/3时仍能清晰地分辨出图中的各个细节。

发明或者实用新型说明书文字部分中未提及的附图标记不得在附图中出现,附图中未出现的附图标记不得在说明书文字部分中提及。申请文件中表示同一组成部分的附图标记应当一致。

附图中除必需的词语外,不应当含有其他注释。

第二十条 权利要求书应当说明发明或者实用新型的技术特征,清楚、简要地表述请求保护的范围。

权利要求书有几项权利要求的,应当用阿拉伯数字顺序编号。

权利要求书中使用的科技术语应当与说明书中使用的科技术语一致,可以有化学式或者数学式,但是不得有插图。除绝对必要的外,不得使用"如说明书......部分所述"或者"如图......所示"的用语。

权利要求中的技术特征可以引用说明书附图中相应的标记,该标记应当放在相应的技术特征后并置于括号内,便于理解权利要求。附图标记不得解释为对权利要求的限制。

第二十一条 权利要求书应当有独立权利要求,也可以有从属权利要求。

独立权利要求应当从整体上反映发明或者实用新型的技术方案,记载解决技术问题的必要技术特征。

从属权利要求应当用附加的技术特征,对引用的权利要求作进一步限定。

第二十二条 发明或者实用新型的独立权利要求应当包括前序部分和特征部分,按照下列规定撰写:

(一) 前序部分:写明要求保护的发明或者实用新型技术方案的主题名称和发明或者实用新型主题与最接近的现有技术

共有的必要技术特征；

(二) 特征部分：使用"其特征是……"或者类似的用语，写明发明或者实用新型区别于最接近的现有技术的技术特征。这些特征和前序部分写明的特征合在一起，限定发明或者实用新型要求保护的范围。

发明或者实用新型的性质不适于用前款方式表达的，独立权利要求可以用其他方式撰写。

一项发明或者实用新型应当只有一个独立权利要求，并写在同一发明或者实用新型的从属权利要求之前。

第二十三条 发明或者实用新型的从属权利要求应当包括引用部分和限定部分，按照下列规定撰写：

(一) 引用部分：写明引用的权利要求的编号及其主题名称；

(二) 限定部分：写明发明或者实用新型附加的技术特征。

从属权利要求只能引用在前的权利要求。引用两项以上权利要求的多项从属权利要求，只能以择一方式引用在前的权利要求，并不得作为另一项多项从属权利要求的基础。

第二十四条 说明书摘要应当写明发明或者实用新型专利申请所公开内容的概要，即写明发明或者实用新型的名称和所属技术领域，并清楚地反映所要解决的技术问题、解决该问题的技术方案的要点以及主要用途。

说明书摘要可以包含最能说明发明的化学式；有附图的专利申请，还应当提供一幅最能说明该发明或者实用新型技术特征的附图。附图的大小及清晰度应当保证在该图缩小到4厘米×6厘米时，仍能清晰地分辨出图中的各个细节。摘要文字部分不得超过300个字。摘要中不得使用商业性宣传用语。

第二十五条 申请专利的发明涉及新的生物材料，该生物材料公众不能得到，并且对该生物材料的说明不足以使所属领域的技术人员实施其发明的，除应当符合专利法和本细则的有关规定外，申请人还应当办理下列手续：

(一) 在申请日前或者最迟在申请日(有优先权的，指优先权日)，将该生物材料的样品提交国务院专利行政部门认可的保藏单位保藏，并在申请时或者最迟自申请日起4个月内提交保藏单位出具的保藏证明和存活证明；期满未提交证明的，该样品视为未提交保藏；

(二) 在申请文件中，提供有关该生物材料特征的资料；

(三) 涉及生物材料样品保藏的专利申请应当在请求书和说明书中写明该生物材料的分类命名(注明拉丁文名称)、保藏该生物材料样品的单位名称、地址、保藏日期和保藏编号；申请时未写明的，应当自申请日起4个月内补正；期满未补正的，视为未提交保藏。

第二十六条 发明专利申请人依照本细则第二十五条的规定保藏生物材料样品的，在发明专利申请公布后，任何单位或者个人需要将该专利申请所涉及的生物材料作为实验目的使用的，应当向国务院专利行政部门提出请求，并写明下列事项：

(一) 请求人的姓名或者名称和地址；

(二) 不向其他任何人提供该生物材料的保证；

(三) 在授予专利权前，只作为实验目的使用的保证。

第二十七条 依照专利法第二十七条规定提交的外观设计的图片或者照片，不得小于3厘米×8厘米，并不得大于15厘米×22厘米。

同时请求保护色彩的外观设计专利申请，应当提交彩色图片或者照片一式两份。

申请人应当就每件外观设计产品所需要保护的内容提交有关视图或者照片，清楚地显示请求保护的对象。

第二十八条 申请外观设计专利的，必要时应当写明对外观设计的简要说明。

外观设计的简要说明应当写明使用该外观设计的产品的设计要点、请求保护色彩、省略视图等情况。简要说明不得使用商业性宣传用语，也不能用来说明产品的性能。

第二十九条 国务院专利行政部门认为必要时，可以要求外观设计专利申请人提交使用外观设计的产品样品或者模型。样品或者模型的体积不得超过30厘米×30厘米×30厘米，重量不得超过15公斤。易腐、易损或者危险品不得作为样品或者模型提交。

第三十条 专利法第二十二条第三款所称已有的技术，是指申请日(有优先权的，指优先权日)前在国内外出版物上公开发表、在国内公开使用或者以其他方式为公众所知的技术，即现有技术。

第三十一条 专利法第二十四条第(二)项所称学术会议或者技术会议，是指国务院有关主管部门或者全国性学术团体组织召开的学术会议或者技术会议。

申请专利的发明创造有专利法第二十四条第(一)项或者第(二)项所列情形的，申请人应当在提出专利申请时声明，并自申请日起2个月内，提交有关国际展览会或者学术会议、技术会议的组织单位出具的有关发明创造已经展出或者发表，以及展出或者发表日期的证明文件。

申请专利的发明创造有专利法第二十四条第(三)项所列情形的，国务院专利行政部门认为必要时，可以要求申请人在指定期限内提交证明文件。

申请人未依照本条第二款的规定提出声明和提交证明文件的，或者未依照本条第三款的规定在指定期限内提交证明文件的，其申请不适用专利法第二十四条的规定。

第三十二条 申请人依照专利法第三十条的规定办理要求优先权手续的，应当在书面声明中写明第一次提出专利申请(以下称在先申请)的申请日、申请号和受理该申请的国家；书面声明中未写明在先申请的申请日和受理该申请的国家的，视为未提出声明。

要求外国优先权的，申请人提交的在先申请文件副本应当经原受理机关证明；提交的证明材料中，在先申请人的姓名或者名称与在后申请的申请人姓名或者名称不一致的，应当提交优先权转让证明材料；要求本国优先权的，申请人提交的在先申请文件副本应当由国务院专利行政部门制作。

第三十三条 申请人在一件专利申请中，可以要求一项或者多项优先权；要求多项优先权的，该申请的优先权期限从最早的优先权日起计算。

申请人要求本国优先权，在先申请是发明专利申请的，可以就相同主题提出发明或者实用新型专利申请；在先申请是实用新型专利申请的，可以就相同主题提出实用新型或者发明专利申请。但是，提出后一申请时，在先申请的主题有下列情形之一的，不得作为要求本国优先权的基础：

(一) 已经要求外国优先权或者本国优先权的；

(二) 已经被授予专利权的；

(三) 属于按照规定提出的分案申请的。

申请人要求本国优先权的，其在先申请自后一申请提出之日起即视为撤回。

第三十四条 在中国没有经常居所或者营业所的申请人，申请专利或者要求外国优先权的，国务院专利行政部门认为必要时，可以要求其提供下列文件：

(一) 国籍证明；

(二) 申请人是企业或者其他组织的，其营业所或者总部所在地的证明文件；

(三) 申请人的所属国，承认中国单位和个人可以按照该国国民的同等条件，在该国享有专利权、优先权和其他与专利有关的权利的证明文件。

第三十五条 依照专利法第三十一条第一款规定，可以作为一件专利申请提出的属于一个总的发明构思的两项以上的发明或者实用新型，应当在技术上相互关联，包含一个或者多个相同或者相应的特定技术特征，其中特定技术特征是指每一项发明或者实用新型作为整体，对现有技术作出贡献的技术特征。

第三十六条 专利法第三十一条第二款所称同一类别，是指产品属于分类表中同一小类；成套出售或者使用，是指各产品的设计构思相同，并且习惯上是同时出售、同时使用。

依照专利法第三十一条第二款规定将两项以上外观设计作为一件申请提出的，应当将各项外观设计顺序编号标在每件使用外观设计产品的视图名称之前。

第三十七条 申请人撤回专利申请的，应当向国务院专利行政部门提出声明，写明发明创造的名称、申请号和申请日。

撤回专利申请的声明在国务院专利行政部门作好公布专利申请文件的印刷准备工作后提出的，申请文件仍予公布；但是，撤回专利申请的声明应当在以后出版的专利公报上予以公告。

第三章 专利申请的审查和批准

第三十八条 在初步审查、实质审查、复审和无效宣告程序中，实施审查和审理的人员有下列情形之一的，应当自行回避，当事人或者其他利害关系人可以要求其回避：

(一) 是当事人或者其代理人的近亲属的；

(二) 与专利申请或者专利权有利害关系的；

(三) 与当事人或者其代理人有其他关系，可能影响公正审查和审理的；

(四) 专利复审委员会成员曾参与原申请的审查的。

第三十九条 国务院专利行政部门收到发明或者实用新型专利申请的请求书、说明书(实用新型必须包括附图)和权利要求书，或者外观设计专利申请的请求书和外观设计的图片或者照片后，应当明确申请日、给予申请号，并通知申请人。

第四十条 专利申请文件有下列情形之一的，国务院专利行政部门不予受理，并通知申请人：

(一) 发明或者实用新型专利申请缺少请求书、说明书(实用新型无附图)和权利要求书的，或者外观设计专利申请缺少请求书、图片或者照片的；

(二) 未使用中文的；

(三) 不符合本细则第一百二十条第一款规定的；

(四) 请求书中缺少申请人姓名或者名称及地址的；

(五) 明显不符合专利法第十八条或者第十九条第一款的规定的；

(六) 专利申请类别(发明、实用新型或者外观设计)不明确或者难以确定的。

第四十一条 说明书中写有对附图的说明但无附图或者缺少部分附图的，申请人应当在国务院专利行政部门指定的期限内补交附图或者声明取消对附图的说明。申请人补交附图的，以向国务院专利行政部门提交或者邮寄附图之日为申请日；取消对附图的说明的，保留原申请日。

第四十二条 一件专利申请包括两项以上发明、实用新型或者外观设计的，申请人可以在本细则第五十四条第一款规定的期限届满前，向国务院专利行政部门提出分案申请；但是，专利申请已经被驳回、撤回或者视为撤回的，不能提出分案申请。

国务院专利行政部门认为一件专利申请不符合专利法第三十一条和本细则第三十五条或者第三十六条的规定的，应当通知申请人在指定期限内对其申请进行修改；申请人期满未答复的，该申请视为撤回。

分案的申请不得改变原申请的类别。

第四十三条 依照本细则第四十二条规定提出的分案申请，可以保留原申请日，享有优先权的，可以保留优先权日，但是不得超出原申请公开的范围。

分案申请应当依照专利法及本细则的规定办理有关手续。

分案申请的请求书中应当写明原申请的申请号和申请日。提交分案申请时，申请人应当提交原申请文件副本；原申请享有优先权的，并应当提交原申请的优先权文件副本。

第四十四条 专利法第三十四条和第四十条所称初步审查，是指审查专利申请是否具备专利法第二十六条或者第二十七条规定的文件和其他必要的文件，这些文件是否符合规定的格式，并审查下列各项：

(一) 发明专利申请是否明显属于专利法第五条、第二十五条的规定，或者不符合专利法第十八条、第十九条第一款的规定，或者明显不符合专利法第三十一条第一款、第三十三条、本细则第二条第一款、第十八条、第二十条的规定；

(二)实用新型专利申请是否明显属于专利法第五条、第二十五条的规定,或者不符合专利法第十八条、第十九条第一款的规定,或者明显不符合专利法第二十六条第三款、第四款、第三十一条第一款、第三十三条、本细则第二条第二款、第十三条第一款、第十八条至第二十三条、第四十三条第一款的规定,或者依照专利法第九条规定不能取得专利权;

(三)外观设计专利申请是否明显属于专利法第五条的规定,或者不符合专利法第十八条、第十九条第一款的规定,或者明显不符合专利法第三十一条第二款、第三十三条、本细则第二条第三款、第十三条第一款、第四十三条第一款的规定,或者依照专利法第九条规定不能取得专利权。

国务院专利行政部门应当将审查意见通知申请人,要求其在指定期限内陈述意见或者补正;申请人期满未答复的,其申请视为撤回。申请人陈述意见或者补正后,国务院专利行政部门仍然认为不符合前款所列各项规定的,应当予以驳回。

第四十五条 除专利申请文件外,申请人向国务院专利行政部门提交的与专利申请有关的其他文件,有下列情形之一的,视为未提交:

(一)未使用规定的格式或者填写不符合规定的;

(二)未按照规定提交证明材料的。

国务院专利行政部门应当将视为未提交的审查意见通知申请人。

第四十六条 申请人请求早日公布其发明专利申请的,应当向国务院专利行政部门声明。国务院专利行政部门对该申请进行初步审查后,除予以驳回的外,应当立即将申请予以公布。

第四十七条 申请人依照专利法第二十七条的规定写明使用外观设计的产品及其所属类别时,应当使用国务院专利行政部门公布的外观设计产品分类表。未写明使用外观设计的产品所属类别或者所写的类别不确切的,国务院专利行政部门可以予以补充或者修改。

第四十八条 自发明专利申请公布之日起至公告授予专利权之日前,任何人均可以对不符合专利法规定的专利申请向国务院专利行政部门提出意见,并说明理由。

第四十九条 发明专利申请人因有正当理由无法提交专利法第三十六条规定的检索资料或者审查结果资料的,应当向国务院专利行政部门声明,并在得到有关资料后补交。

第五十条 国务院专利行政部门依照专利法第三十五条第二款的规定对专利申请自行进行审查时,应当通知申请人。

第五十一条 发明专利申请人在提出实质审查请求时以及在收到国务院专利行政部门发出的发明专利申请进入实质审查阶段通知书之日起的3个月内,可以对发明专利申请主动提出修改。

实用新型或者外观设计专利申请人自申请日起2个月内,可以对实用新型或者外观设计专利申请主动提出修改。

申请人在收到国务院专利行政部门发出的审查意见通知书后对专利申请文件进行修改的,应当按照通知书的要求进行修改。

国务院专利行政部门可以自行修改专利申请文件中文字和符号的明显错误。国务院专利行政部门自行修改的,应当通知申请人。

第五十二条 发明或者实用新型专利申请的说明书或者权利要求书的修改部分,除个别文字修改或者增删外,应当按照规定格式提交替换页。外观设计专利申请的图片或者照片的修改,应当按照规定提交替换页。

第五十三条 依照专利法第三十八条的规定,发明专利申请经实质审查应当予以驳回的情形是指:

(一)申请不符合本细则第二条第一款规定的;

(二)申请属于专利法第五条、第二十五条的规定,或者不符合专利法第二十二条、本细则第十三条第一款、第二十条第一款、第二十一条第二款的规定,或者依照专利法第九条规定不能取得专利权的;

(三)申请不符合专利法第二十六条第三款、第四款或者第三十一条第一款的规定的;

(四)申请的修改不符合专利法第三十三条规定,或者分案的申请不符合本细则第四十三条第一款规定的。

第五十四条 国务院专利行政部门发出授予专利权的通知后,申请人应当自收到通知之日起2个月内办理登记手续。申请人按期办理登记手续的,国务院专利行政部门应当授予专利权,颁发专利证书,并予以公告。

期满未办理登记手续的,视为放弃取得专利权的权利。

第五十五条 授予实用新型专利权的决定公告后,实用新型专利权人可以请求国务院专利行政部门作出实用新型专利检索报告。

请求作出实用新型专利检索报告的,应当提交请求书,并指明实用新型专利的专利号。每项请求应当限于一项实用新型专利。

国务院专利行政部门收到作出实用新型专利检索报告的请求后,应当进行审查。请求不符合规定要求的,应当通知请求人在指定期限内补正。

第五十六条 经审查,实用新型专利检索报告请求书符合规定的,国务院专利行政部门应当及时作出实用新型专利检索报告。

经检索,国务院专利行政部门认为所涉及的实用新型专利不符合专利法第二十二条关于新颖性或者创造性的规定的,应当引证对比文件,说明理由,并附具所引证对比文件的复印件。

第五十七条 国务院专利行政部门对专利公告、专利文件中出现的错误,一经发现,应当及时更正,并对所作更正予以公告。

第四章 专利申请的复审与专利权的无效宣告

第五十八条 专利复审委员会由国务院专利行政部门指定的技术专家和法律专家组成,主任委员由国务院专利行政部门负责人兼任。

第五十九条 依照专利法第四十一条的规定向专利复审委员会请求复审的,应当提交复审请求书,说明理由,必要时还应当附具有关证据。

复审请求书不符合规定格式的，复审请求人应当在专利复审委员会指定的期限内补正；期满未补正的，该复审请求视为未提出。

第六十条 请求人在提出复审请求或者在对专利复审委员会的复审通知书作出答复时，可以修改专利申请文件；但是，修改应当仅限于消除驳回决定或者复审通知书指出的缺陷。

修改的专利申请文件应当提交一式两份。

第六十一条 专利复审委员会应当将受理的复审请求书转交国务院专利行政部门原审查部门进行审查。原审查部门根据复审请求人的请求，同意撤销原决定的，专利复审委员会应当据此作出复审决定，并通知复审请求人。

第六十二条 专利复审委员会进行复审后，认为复审请求不符合专利法和本细则有关规定的，应当通知复审请求人，要求其在指定期限内陈述意见。期满未答复的，该复审请求视为撤回；经陈述意见或者进行修改后，专利复审委员会认为仍不符合专利法和本细则有关规定的，应当作出维持原驳回决定的复审决定。

专利复审委员会进行复审后，认为原驳回决定不符合专利法和本细则有关规定的，或者认为经过修改的专利申请文件消除了原驳回决定指出的缺陷的，应当撤销原驳回决定，由原审查部门继续进行审查程序。

第六十三条 复审请求人在专利复审委员会作出决定前，可以撤回其复审请求。

复审请求人在专利复审委员会作出决定前撤回其复审请求的，复审程序终止。

第六十四条 依照专利法第四十五条的规定，请求宣告专利权无效或者部分无效的，应当向专利复审委员会提交专利权无效宣告请求书和必要的证据一式两份。无效宣告请求书应当结合提交的所有证据，具体说明无效宣告请求的理由，并指明每项理由所依据的证据。

前款所称无效宣告请求的理由，是指被授予专利的发明创造不符合专利法第二十二条、第二十三条、第二十六条第三款、第四款、第三十三条或者本细则第二条、第十三条第一款、第二十条第一款、第二十一条第二款的规定，或者属于专利法第五条、第二十五条的规定，或者依照专利法第九条规定不能取得专利权。

第六十五条 专利权无效宣告请求书不符合本细则第六十四条规定的，专利复审委员会不予受理。

在专利复审委员会就无效宣告请求作出决定之后，又以同样的理由和证据请求无效宣告的，专利复审委员会不予受理。

以授予专利权的外观设计与他人在先取得的合法权利相冲突为理由请求宣告外观设计专利权无效，但是未提交生效的能够证明权利冲突的处理决定或者判决的，专利复审委员会不予受理。

专利权无效宣告请求书不符合规定格式的，无效宣告请求人应当在专利复审委员会指定的期限内补正；期满未补正的，该无效宣告请求视为未提出。

第六十六条 在专利复审委员会受理无效宣告请求后，请求人可以在提出无效宣告请求之日起1个月内增加理由或者补充证据。逾期增加理由或者补充证据的，专利复审委员会可以不予考虑。

第六十七条 专利复审委员会应当将专利权无效宣告请求书和有关文件的副本送交专利权人，要求其在指定的期限内陈述意见。

专利权人和无效宣告请求人应当在指定期限内答复专利复审委员会发出的转送文件通知书或者无效宣告请求审查通知书；期满未答复的，不影响专利复审委员会审理。

第六十八条 在无效宣告请求的审查过程中，发明或者实用新型专利的专利权人可以修改其权利要求书，但是不得扩大原专利的保护范围。

发明或者实用新型专利的专利权人不得修改专利说明书和附图，外观设计专利的专利权人不得修改图片、照片和简要说明。

第六十九条 专利复审委员会根据当事人的请求或者案情需要，可以决定对无效宣告请求进行口头审理。

专利复审委员会决定对无效宣告请求进行口头审理的，应当向当事人发出口头审理通知书，告知举行口头审理的日期和地点。当事人应当在通知书指定的期限内作出答复。

无效宣告请求人对专利复审委员会发出的口头审理通知书在指定的期限内未作答复，并且不参加口头审理的，其无效宣告请求视为撤回；专利权人不参加口头审理的，可以缺席审理。

第七十条 在无效宣告请求审查程序中，专利复审委员会指定的期限不得延长。

第七十一条 专利复审委员会对无效宣告的请求作出决定前，无效宣告请求人可以撤回其请求。

无效宣告请求人在专利复审委员会作出决定之前撤回其请求的，无效宣告请求审查程序终止。

第五章 专利实施的强制许可

第七十二条 自专利权被授予之日起满3年后，任何单位均可以依照专利法第四十八条的规定，请求国务院专利行政部门给予强制许可。

请求强制许可的，应当向国务院专利行政部门提交强制许可请求书，说明理由并附具有关证明文件各一式两份。

国务院专利行政部门应当将强制许可请求书的副本送交专利权人，专利权人应当在国务院专利行政部门指定的期限内陈述意见；期满未答复的，不影响国务院专利行政部门作出关于强制许可的决定。

国务院专利行政部门作出的给予实施强制许可的决定，应当限定强制许可实施主要是为供应国内市场的需要；强制许可涉及的发明创造是半导体技术的，强制许可实施仅限于公共的非商业性使用，或者经司法程序或者行政程序确定为反竞争行为而给予救济的使用。

第七十三条 依照专利法第五十四条的规定，请求国务院专利行政部门裁决使用费数额的，当事人应当提出裁决请求书，并附具双方不能达成协议的证明文件。国务院专利行政部门应当自收到请求书之日起3个月内作出裁决，并通知当事人。

第六章 对职务发明创造的发明人或者设计人的奖励和报酬

第七十四条 被授予专利权的国有企业事业单位应当自专利权公告之日起3个月内发给发明人或者设计人奖金。一项发明专利的奖金最低不少于2000元；一项实用新型专利或者外观设计专利的奖金最低不少于500元。

由于发明人或者设计人的建议被其所属单位采纳而完成的发明创造，被授予专利权的国有企业事业单位应当从优发给奖金。

发给发明人或者设计人的奖金，企业可以计入成本，事业单位可以从事业费中列支。

第七十五条 被授予专利权的国有企业事业单位在专利权有效期限内，实施发明创造专利后，每年应当从实施该项发明或者实用新型专利所得利润纳税后提取不低于2%或者从实施该项外观设计专利所得利润纳税后提取不低于0.2%，作为报酬支付发明人或者设计人；或者参照上述比例，发给发明人或者设计人一次性报酬。

第七十六条 被授予专利权的国有企业事业单位许可其他单位或者个人实施其专利的，应当从许可实施该项专利收取的使用费纳税后提取不低于10%作为报酬支付发明人或者设计人。

第七十七条 本章关于奖金和报酬的规定，中国其他单位可以参照执行。

第七章 专利权的保护

第七十八条 专利法和本细则所称管理专利工作的部门，是指由省、自治区、直辖市人民政府以及专利管理工作量大又有实际处理能力的设区的市人民政府设立的管理专利工作的部门。

第七十九条 除专利法第五十七条规定的外，管理专利工作的部门应当事人请求，还可以对下列专利纠纷进行调解：

(一) 专利申请权和专利权归属纠纷；

(二) 发明人、设计人资格纠纷；

(三) 职务发明的发明人、设计人的奖励和报酬纠纷；

(四) 在发明专利申请公布后专利权授予前使用发明而未支付适当费用的纠纷。

对于前款第(四)项所列的纠纷，专利权人请求管理专利工作的部门调解，应当在专利权被授予之后提出。

第八十条 国务院专利行政部门应当对管理专利工作的部门处理和调解专利纠纷进行业务指导。

第八十一条 当事人请求处理或者调解专利纠纷的，由被请求人所在地或者侵权行为地的管理专利工作的部门管辖。

两个以上管理专利工作的部门都有管辖权的专利纠纷，当事人可以向其中一个管理专利工作的部门提出请求；当事人向两个以上有管辖权的管理专利工作的部门提出请求的，由最先受理的管理专利工作的部门管辖。

管理专利工作的部门对管辖权发生争议的，由其共同的上级人民政府管理专利工作的部门指定管辖；无共同上级人民政府管理专利工作的部门的，由国务院专利行政部门指定管辖。

第八十二条 在处理专利侵权纠纷过程中，被请求人提出无效宣告请求并被专利复审委员会受理的，可以请求管理专利工作的部门中止处理。

管理专利工作的部门认为被请求人提出的中止理由明显不能成立的，可以不中止处理。

第八十三条 专利权人依照专利法第十五条的规定，在其专利产品或者该产品的包装上标明专利标记的，应当按照国务院专利行政部门规定的方式予以标明。

第八十四条 下列行为属于假冒他人专利的行为：

(一) 未经许可，在其制造或者销售的产品、产品的包装上标注他人的专利号；

(二) 未经许可，在广告或者其他宣传材料中使用他人的专利号，使人将所涉及的技术误认为是他人的专利技术；

(三) 未经许可，在合同中使用他人的专利号，使人将合同涉及的技术误认为是他人的专利技术；

(四) 伪造或者变造他人的专利证书、专利文件或者专利申请文件。

第八十五条 下列行为属于以非专利产品冒充专利产品、以非专利方法冒充专利方法的行为：

(一) 制造或者销售标有专利标记的非专利产品；

(二) 专利权被宣告无效后，继续在制造或者销售的产品上标注专利标记；

(三) 在广告或者其他宣传材料中将非专利技术称为专利技术；

(四) 在合同中将非专利技术称为专利技术；

(五) 伪造或者变造专利证书、专利文件或者专利申请文件。

第八十六条 当事人因专利申请权或者专利权的归属发生纠纷，已请求管理专利工作的部门处理或者向人民法院起诉的，可以请求国务院专利行政部门中止有关程序。

依照前款规定请求中止有关程序的，应当向国务院专利行政部门提交请求书，并附具管理专利工作的部门或者人民法院的有关受理文件副本。

在管理专利工作的部门作出的处理决定或者人民法院作出的判决生效后，当事人应当向国务院专利行政部门办理恢复有关程序的手续。自请求中止之日起1年内，有关专利申请权或者专利权归属的纠纷未能结案，需要继续中止有关程序的，请求人应当在该期限内请求延长中止。期满未请求延长的，国务院专利行政部门自行恢复有关程序。

第八十七条 人民法院在审理民事案件中裁定对专利权采取保全措施的，国务院专利行政部门在协助执行时中止被保全的专利权的有关程序。保全期限届满，人民法院没有裁定继续采取保全措施的，国务院专利行政部门自行恢复有关程序。

第八章 专利登记和专利公报

第八十八条 国务院专利行政部门设置专利登记簿，登记下列与专利申请和专利权有关的事项：

(一) 专利权的授予；

(二) 专利申请权、专利权的转移；

(三) 专利权的质押、保全及其解除；

(四) 专利实施许可合同的备案；

(五) 专利权的无效宣告；

(六) 专利权的终止；

(七) 专利权的恢复；

(八) 专利实施的强制许可；

(九) 专利权人的姓名或者名称、国籍和地址的变更。

第八十九条 国务院专利行政部门定期出版专利公报，公布或者公告下列内容：

(一) 专利申请中记载的著录事项；

(二) 发明或者实用新型说明书的摘要，外观设计的图片或者照片及其简要说明；

(三) 发明专利申请的实质审查请求和国务院专利行政部门对发明专利申请自行进行实质审查的决定；

(四) 保密专利的解密；

(五) 发明专利申请公布后的驳回、撤回和视为撤回；

(六) 专利权的授予；

(七) 专利权的无效宣告；

(八) 专利权的终止；

(九) 专利申请权、专利权的转移；

(十) 专利实施许可合同的备案；

(十一) 专利权的质押、保全及其解除；

(十二) 专利实施的强制许可的给予；

(十三) 专利申请或者专利权的恢复；

(十四) 专利权人的姓名或者名称、地址的变更；

(十五) 对地址不明的当事人的通知；

(十六) 国务院专利行政部门作出的更正；

(十七) 其他有关事项。

发明或者实用新型的说明书及其附图、权利要求书由国务院专利行政部门另行全文出版。

第九章 费 用

第九十条 向国务院专利行政部门申请专利和办理其他手续时，应当缴纳下列费用：

(一) 申请费、申请附加费、公布印刷费；

(二) 发明专利申请实质审查费、复审费；

(三) 专利登记费、公告印刷费、申请维持费、年费；

(四) 著录事项变更费、优先权要求费、恢复权利请求费、延长期限请求费、实用新型专利检索报告费；

(五) 无效宣告请求费、中止程序请求费、强制许可请求费、强制许可使用费的裁决请求费。

前款所列各种费用的缴纳标准，由国务院价格管理部门会同国务院专利行政部门规定。

第九十一条 专利法和本细则规定的各种费用，可以直接向国务院专利行政部门缴纳，也可以通过邮局或者银行汇付，或者以国务院专利行政部门规定的其他方式缴纳。

通过邮局或者银行汇付的，应当在送交国务院专利行政部门的汇单上写明正确的申请号或者专利号以及缴纳的费用名称。不符合本款规定的，视为未办理缴费手续。

直接向国务院专利行政部门缴纳费用的，以缴纳当日为缴费日。以邮局汇付方式缴纳费用的，以邮局汇出的邮戳日为缴费日。以银行汇付方式缴纳费用的，以银行实际汇出日为缴费日；但是，自汇出日至国务院专利行政部门收到日超过15日的，除邮局或者银行出具证明外，以国务院专利行政部门收到日为缴费日。

多缴、重缴、错缴专利费用的，当事人可以自缴费日起1年内，向国务院专利行政部门提出退款请求。

第九十二条 申请人应当在收到受理通知书后，最迟自申请之日起2个月内缴纳申请费、公布印刷费和必要的附加费；期满未缴纳或者未缴足的，其申请视为撤回。

申请人要求优先权的，应当在缴纳申请费的同时缴纳优先权要求费；期满未缴纳或者未缴足的，视为未要求优先权。

第九十三条 当事人请求实质审查、恢复权利或者复审的，应当在专利法及本细则规定的相关期限内缴纳费用；期满未缴纳或者未缴足的，视为未提出请求。

第九十四条 发明专利申请人自申请日起满2年尚未被授予专利权的，自第三年度起应当缴纳申请维持费。

第九十五条 申请人办理登记手续时，应当缴纳专利登记费、公告印刷费和授予专利权当年的年费。发明专利申请人应当一并缴纳各个年度的申请维持费，授予专利权的当年不包括在内。期满未缴纳费用的，视为未办理登记手续。以后的年费应当在前一年度期满前1个月内预缴。

第九十六条 专利权人未按时缴纳授予专利权当年以后的年费或者缴纳的数额不足的，国务院专利行政部门应当通知专利权人自应当缴纳年费期满之日起6个月内补缴，同时缴纳滞纳金；滞纳金的金额按照每超过规定的缴费时间1个月，加收当年全额年费的5%计算；期满未缴纳的，专利权自应当缴纳年费期满之日起终止。

第九十七条 著录事项变更费、实用新型专利检索报告费、中止程序请求费、强制许可请求费、强制许可使用费的裁决请求费、无效宣告请求费应当自提出请求之日起1个月内，按照规定缴纳；延长期限请求费应当在相应期限届满之日前缴纳；期满未缴纳或者未缴足的，视为未提出请求。

第九十八条 申请人或者专利权人缴纳本细则规定的各种费用有困难的，可以按照规定向国务院专利行政部门提出减缴或者缓缴的请求。减缴或者缓缴的办法由国务院专利行政部门商国务院财政部门、国务院价格管理部门规定。

第十章 关于国际申请的特别规定

第九十九条 国务院专利行政部门根据专利法第二十条规定,受理按照专利合作条约提出的专利国际申请。

按照专利合作条约提出并指定中国的专利国际申请(以下简称国际申请)进入中国国家阶段的条件和程序适用本章的规定;本章没有规定的,适用专利法及本细则其他各章的有关规定。

第一百条 按照专利合作条约已确定国际申请日并指定中国的国际申请,视为向国务院专利行政部门提出的专利申请,该国际申请日视为专利法第二十八条所称的申请日。

在国际阶段,国际申请或者国际申请中对中国的指定撤回或者视为撤回的,该国际申请在中国的效力终止。

第一百零一条 国际申请的申请人应当在专利合作条约第二条所称的优先权日(本章简称“优先权日”)起30个月内,向国务院专利行政部门办理国际申请进入中国国家阶段的下列手续:

(一) 提交其国际申请进入中国国家阶段的书面声明。声明中应当写明国际申请号,并以中文写明要求获得的专利权类型、发明创造的名称、申请人姓名或者名称、申请人的地址和发明人的姓名,上述内容应当与国际局的记录一致;

(二) 缴纳本细则第九十条第一款规定的申请费、申请附加费和公布印刷费;

(三) 国际申请以中文以外的文字提出的,应当提交原始国际申请的说明书、权利要求书、附图中的文字和摘要的中文译文;国际申请以中文提出的,应当提交国际公布文件中的摘要副本;

(四) 国际申请有附图的,应当提交附图副本。国际申请以中文提出的,应当提交国际公布文件中的摘要附图副本。

申请人在前款规定的期限内未办理进入中国国家阶段手续的,在缴纳宽限费后,可以在自优先权日起32个月的相应期限届满前办理。

第一百零二条 申请人在本细则第一百零一条第二款规定的期限内未办理进入中国国家阶段手续,或者在该期限届满时有下列情形之一的,其国际申请在中国的效力终止:

(一) 进入中国国家阶段声明中未写明国际申请号的;

(二) 未缴纳本细则第九十条第一款规定的申请费、公布印刷费和本细则第一百零一条第二款规定的宽限费的;

(三) 国际申请以中文以外的文字提出而未提交原始国际申请的说明书和权利要求书的中文译文的。

国际申请在中国的效力已经终止的,不适用本细则第七条第二款的规定。

第一百零三条 申请人办理进入中国国家阶段手续时有下列情形之一的,国务院专利行政部门应当通知申请人在指定期限内补正:

(一) 未提交摘要的中文译文或者摘要副本的;

(二) 未提交附图副本或者摘要附图副本的;

(三) 未在进入中国国家阶段声明中以中文写明发明创造的名称、申请人姓名或者名称、申请人的地址和发明人的姓名的;

(四) 进入中国国家阶段声明的内容或者格式不符合规定的。

期限届满申请人未补正的,其申请视为撤回。

第一百零四条 国际申请在国际阶段作过修改,申请人要求以经修改的申请文件为基础进行审查的,申请人应当在国务院专利行政部门作好国家公布的准备工作前提交修改的中文译文。在该期间内未提交中文译文的,对申请人在国际阶段提出的修改,国务院专利行政部门不予考虑。

第一百零五条 申请人办理进入中国国家阶段手续时,还应当满足下列要求:

(一) 国际申请中未指明发明人的,在进入中国国家阶段声明中指明发明人姓名;

(二) 国际阶段向国际局已办理申请人变更手续的,应当提供变更后的申请人享有申请权的证明材料;

(三) 申请人与作为优先权基础的在先申请的申请人不是同一人,或者提出在先申请后更改姓名的,必要时,应当提供申请人享有优先权的证明材料;

(四) 国际申请涉及的发明创造有专利法第二十四条第(一)项或者第(二)项所列情形之一,在提出国际申请时作过声明的,应当在进入中国国家阶段声明中予以说明,并自办理进入中国国家阶段手续之日起2个月内提交本细则第三十一条第二款规定的有关证明文件。

申请人未满足前款第(一)项、第(二)项和第(三)项要求的,国务院专利行政部门应当通知申请人在指定期限内补正。期满未补正第(一)项或者第(二)项内容的,该申请视为撤回;期满未补正第(三)项内容的,该优先权要求视为未提出。

申请人未满足本条第一款第(四)项要求的,其申请不适用专利法第二十四条的规定。

第一百零六条 申请人按照专利合作条约的规定,对生物材料样品的保藏已作出说明的,视为已经满足了本细则第二十五条第(三)项的要求。申请人应当在进入中国国家阶段声明中指明记载生物材料样品保藏事项的文件以及在该文件中的具体记载位置。

申请人在原始提交的国际申请的说明书中已记载生物材料样品保藏事项,但是没有在进入中国国家阶段声明中指明的,应当在办理进入中国国家阶段手续之日起4个月内补正。期满未补正的,该生物材料视为未提交保藏。

申请人在办理进入中国国家阶段手续之日起4个月内向国务院专利行政部门提交生物材料样品保藏证明和存活证明的,视为在本细则第二十五条第(一)项规定的期限内提交。

第一百零七条 申请人在国际阶段已要求一项或者多项优先权,在进入中国国家阶段时该优先权要求继续有效的,视为已经依照专利法第三十条的规定提出了书面声明。

申请人在国际阶段提出的优先权书面声明有书写错误或者未写明在先申请的申请号的,可以在办理进入中国国家阶段手续时提出改正请求或者写明在先申请的申请号。申请人提出改正请求的，应当缴纳改正优先权要求请求费。

申请人在国际阶段已依照专利合作条约的规定，提交过在先申请文件副本的，办理进入中国国家阶段手续时不需要向国务院专利行政部门提交在先申请文件副本。申请人在国际阶段未提交在先申请文件副本的，国务院专利行政部门认为必要时，可以通知申请人在指定期限内补交。申请人期满未补交的，其优先权要求视为未提出。

优先权要求在国际阶段视为未提出并经国际局公布该信息，申请人有正当理由的，可以在办理进入中国国家阶段手续时请求国务院专利行政部门恢复其优先权要求。

第一百零八条 在优先权日起30个月期满前要求国务院专利行政部门提前处理和审查国际申请的，申请人除应当办理进入中国国家阶段手续外，还应当依照专利合作条约第二十三条第二款规定提出请求。国际局尚未向国务院专利行政部门传送国际申请的，申请人应当提交经确认的国际申请副本。

第一百零九条 要求获得实用新型专利权的国际申请，申请人可以在办理进入中国国家阶段手续之日起1个月内，向国务院专利行政部门提出修改说明书、附图和权利要求书。

要求获得发明专利权的国际申请，适用本细则第五十一条第一款的规定。

第一百一十条 申请人发现提交的说明书、权利要求书或者附图中的文字的中文译文存在错误的，可以在下列规定期限内依照原始国际申请文本提出改正：

(一) 在国务院专利行政部门作好国家公布的准备工作之前；

(二) 在收到国务院专利行政部门发出的发明专利申请进入实质审查阶段通知书之日起3个月内。

申请人改正译文错误的，应当提出书面请求，提交译文的改正页，并缴纳规定的译文改正费。

申请人按照国务院专利行政部门的通知书的要求改正译文的，应当在指定期限内办理本条第二款规定的手续；期满未办理规定手续的，该申请视为撤回。

第一百一十一条 对要求获得发明专利权的国际申请，国务院专利行政部门经初步审查认为符合专利法和本细则有关规定的，应当在专利公报上予以公布；国际申请以中文以外的文字提出的，应当公布申请文件的中文译文。

要求获得发明专利权的国际申请，由国际局以中文进行国际公布的，自国际公布日起适用专利法第十三条的规定；由国际局以中文以外的文字进行国际公布的，自国务院专利行政部门公布之日起适用专利法第十三条的规定。

对国际申请，专利法第二十一条和第二十二条中所称的公布是指本条第一款所规定的公布。

第一百一十二条 国际申请包含两项以上发明或者实用新型的，申请人在办理进入中国国家阶段手续后，依照本细则第四十二条第一款的规定，可以提出分案申请。

在国际阶段，国际检索单位或者国际初步审查单位认为国际申请不符合专利合作条约规定的单一性要求时，申请人未按照规定缴纳附加费，导致国际申请某些部分未经国际检索或者未经国际初步审查，在进入中国国家阶段时，申请人要求将所述部分作为审查基础，国务院专利行政部门认为国际检索单位或者国际初步审查单位对发明单一性的判断正确的，应当通知申请人在指定期限内缴纳单一性恢复费。期满未缴纳或者未足额缴纳的，国际申请中未经检索或者未经国际初步审查的部分视为撤回。

第一百一十三条 申请人依照本细则第一百零一条的规定提交文件和缴纳费用的，以国务院专利行政部门收到文件之日为提交日、收到费用之日为缴纳日。

提交的文件邮递延误的，申请人自发现延误之日起1个月内证明该文件已经在本细则第一百零一条规定的期限届满之日前5日交付邮寄的，该文件视为在期限届满之日收到。但是，申请人提供证明的时间不得迟于本细则第一百零一条规定的期限届满后6个月。

申请人依照本细则第一百零一条的规定向国务院专利行政部门提交文件，可以使用传真方式。申请人使用传真方式的，以国务院专利行政部门收到传真件之日为提交日。申请人应当自发送传真之日起14日内向国务院专利行政部门提交传真件的原件。期满未提交原件的，视为未提交该文件。

第一百一十四条 国际申请要求优先权的，申请人应当在办理进入中国国家阶段手续时缴纳优先权要求费；未缴纳或者未足额缴纳的，国务院专利行政部门应当通知申请人在指定的期限内缴纳；期满仍未缴纳或者未足额缴纳的，视为未要求该优先权。

第一百一十五条 国际申请在国际阶段被有关国际单位拒绝给予国际申请日或者宣布视为撤回的，申请人在收到通知之日起2个月内，可以请求国际局将国际申请档案中任何文件的副本转交国务院专利行政部门，并在该期限内向国务院专利行政部门办理本细则第一百零一条规定的手续，国务院专利行政部门应当在接到国际局传送的文件后，对国际单位作出的决定是否正确进行复查。

第一百一十六条 基于国际申请授予的专利权，由于译文错误，致使依照专利法第五十六条规定确定的保护范围超出国际申请的原文所表达的范围的，以依据原文限制后的保护范围为准；致使保护范围小于国际申请的原文所表达的范围的，以授权时的保护范围为准。

第十一章 附 则

第一百一十七条 经国务院专利行政部门同意，任何人均可以查阅或者复制已经公布或者公告的专利申请的案卷和专利登记簿，并可以请求国务院专利行政部门出具专利登记簿副本。

已视为撤回、驳回和主动撤回的专利申请的案卷，自该专利申请失效之日起满2年后不予保存。

已放弃、宣告全部无效和终止的专利权的案卷，自该专利权失效之日起满3年后不予保存。

第一百一十八条 向国务院专利行政部门提交申请文件或

者办理各种手续,应当使用国务院专利行政部门制定的统一格式,由申请人、专利权人、其他利害关系人或者其代表人签字或者盖章;委托专利代理机构的,由专利代理机构盖章。

请求变更发明人姓名、专利申请人和专利权人的姓名或者名称、国籍和地址、专利代理机构的名称、地址和代理人姓名的,应当向国务院专利行政部门办理著录事项变更手续,并附具变更理由的证明材料。

第一百一十九条 向国务院专利行政部门邮寄有关申请或者专利权的文件,应当使用挂号信函,不得使用包裹。

除首次提交申请文件外,向国务院专利行政部门提交各种文件、办理各种手续时,应当标明申请号或者专利号、发明创造名称和申请人或者专利权人姓名或者名称。一件信函中应当只包含同一申请的文件。

第一百二十条 各类申请文件应当打字或者印刷，字迹呈黑色,整齐清晰,并不得涂改。附图应当用制图工具和黑色墨水绘制,线条应当均匀清晰,并不得涂改。

请求书、说明书、权利要求书、附图和摘要应当分别用阿拉伯数字顺序编号。

申请文件的文字部分应当横向书写。纸张限于单面使用。

第一百二十一条 国务院专利行政部门根据专利法和本细则制定专利审查指南。

第一百二十二条 本细则自2001年7月1日起施行。1992年12月12日国务院批准修订、1992年12月21日中国专利局发布的《中华人民共和国专利法实施细则》同时废止。

部门法规

工商领域企业固定资产投资项目招标投标管理办法

中华人民共和国国家经济贸易委员会令 第39号 2002年10月29日

《工商领域企业固定资产投资项目招标投标管理办法》已经国家经济贸易委员会主任办公会审议通过，现予公布,自2002年12月1日起施行

国家经济贸易委员会主任　李荣融

二OO二年十月二十九日

第一章 总 则

第一条 为加强工商领域企业固定资产投资项目的管理,规范工商领域企业固定资产投资项目的招标　投标行为，保证招标投标的公平、公正,维护招标投标活动当事人的合法权益,提高经济效益,保证项目质量,根据《中华人民共和国招标投标法》和有关规定,制定本办法。

第二条 本办法适用于中华人民共和国境内工商领域企业固定资产投资项目的招标投标活动。

第三条 国家经贸委和各省、自治区、直辖市、计划单列市及新疆生产建设兵团经贸委(经委,以下简称省级经贸委)是工商领域企业固定资产投资项目招标投标工作的管理部门(以下简称招标管理部门),负责组织指导、协调管理工商领域企业固定资产投资项目招标投标工作。

国家经贸委负责以下项目招标投标的管理工作：

(一)国家经贸委报经国务院批准的项目；

(二)国家经贸委审批的项目；

(三)国家经贸委授权或委托省级经贸委审批的项目；

(四）企业按照有关规定在国家经贸委进行登记备案的限额以上项目；

(五)国家经贸委规定的其他项目。

省级经贸委负责以下项目招标投标的管理工作：

(一)省级经贸委审批的本地区的项目；

(二)企业按照有关规定在省级经贸委登记备案的项目；

(三）国家经贸委委托省级经贸委对项目招标投标进行监督和管理的其他项目。

第四条 下列工商领域企业固定资产投资项目项下的技术(含工程设计)、设备(含材料)、建筑和安装工程及其他货物和服务等采购,应依照有关法律、行政法规和本办法的规定进行招标：

(一)关系社会公共利益、公众安全的重大投资项目;

(二)全部或者部分使用国有资金或者国家融资的项目;

(三)使用国际组织或者外国政府贷款、援助资金的项目;

前款所列项目的具体范围和规模标准,按照《工程建设项目招标范围和规模标准规定》执行。

法律、行政法规或国务院对项目招标有其他规定的,从其规定。

第五条 符合本办法第四条规定的项目,原则上实行公开招标。

有下列情形之一的,经投资管理部门同意后,可进行邀请招标:

(一)项目内容涉及实施项目的企业(以下简称项目单位)知识产权和商业秘密的

(二)采购内容需要项目单位与供货商联合设计或联合制造的;

(三)项目属总承包工程性质,需要与供货商协商确定技术方案的;

(四)涉及国家安全、秘密,不宜公开招标采购的;

(五)国家法律、行政法规规定其他可以进行邀请招标的。

第六条 本办法第四条规定的项目,有下列情形之一的,经招标管理部门同意后,可由项目单位自行采购:

(一)项目批复中规定购买物为专利、专有技术等涉及知识产权保护的;

(二)能够提供采购标的的供应商少于3家(不含)的;

(三)项目总投资额低于3000万元人民币,且重要设备、材料等货物的采购单项合同估算价低于100万元人民币的;

(四)项目总投资额低于3000万元人民币,施工单项合同估算价低于200万元人民币的;

(五)项目总投资额低于3000万元人民币,勘察、设计、监理等服务的采购单项合同估算价低于50万元人民币的;

(六)中国政府与外国政府双边协议中规定不宜招标采购的;

(七)国家法律、行政法规和政策另有规定不宜进行招标采购的。

第二章 招标与投标

第七条 项目单位在取得投资管理部门批准的项目可行性研究报告(初步设计)或已登记备案项目的备案文件及国家经贸委授予相应资质的投资咨询机构编制的可行性研究报告后,应编制附件一列举的《工商领域企业固定资产投资项目采购清单》,并向招标管理部门备案。

第八条 项目内容发生重大调整的,项目单位应按规定向投资管理部门报告,并依据投资管理部门批准意见对采购清单进行修改,同时将修改后的采购清单向招标管理部门备案。

前款所称的重大调整,是指项目产品纲领、主要工艺和技术等内容发生重大变化,或者项目固定资产投资总额调整幅度超过原预算10%以上。

第九条 具有编制招标文件和组织评标能力的项目单位,可以自行办理招标事宜。项目单位应当按照有关规定办理自行招标备案手续。

第十条 项目单位可以自主委托国家经贸委授予相应资质的招标代理机构(以下简称招标代理机构)进行代理招标。未取得国家经贸委规定的招标代理资质的机构不得从事工商领域固定资产投资项目招标代理业务。

取得招标代理资质的招标代理机构应当按照有关规定从事与其资质相符的招标代理业务。

第十一条 招标代理机构的资质分为甲级、乙级和乙级(预备)。

甲级资质的招标代理机构可从事限额以上及限额以下的工商领域企业固定资产投资项目的招标代理工作;乙级及乙级(预备)招标代理机构可从事限额以下的工商领域企业固定资产投资项目的招标代理工作。

本条所称的限额以上项目,是指固定资产投资3000万元人民币及以上的国内投资项目和总投资在3000万美元及以上的外商投资项目。电力(含核电)、黑色冶金、化工、建材、民用航空、煤炭、石油化工、石油天然气、通讯(含邮政)、有色金属(含稀土)行业国内投资限额以上项目为固定资产投资5000万元及以上的项目。

第十二条 项目单位委托代理招标时,需提供项目批复文件及委托招标采购清单。

招标代理机构在接受项目单位招标委托时,应向项目单位出具资质证书,声明从事的招标代理业务范围,核实项目批复文件和委托招标内容。双方应当签订委托招标代理书面协议。

第十三条 招标代理机构或自行招标项目单位,应按照项目要求参照《工商领域企业固定资产投资项目招标文件范本》(另行制定)编制招标文件,并填写附件二列举的《工商领域企业固定资产投资项目招标文件备案附表》。招标采购清单、委托招标代理协议书、招标文件备案附表及招标文件应当向招标管理部门备案。

第十四条 招标文件应当在规定的媒体上公告,公告时间不得少于20天。

第十五条 招标文件更改的,招标代理机构或自行招标项目单位应当向招标管理部门备案,并及时公告。更改内容应通知所有购买招标文件的投标人。

开标时间变更的,应当在相应媒体上公告。

第十六条 投标人应按照招标文件的要求编制投标文件,并按照招标文件要求的时间、地点将密封好的投标文件和投标文件软盘送达招标机构。逾期送达的投标文件无效。

第十七条 投标人在规定的投标时间届满前,可以对已提交的投标文件进行补充、修改或撤回。补充、修改内容为投标文件的组成部分。

第三章 开标、评标与中标

第十八条 招标代理机构或自行招标项目单位应按照招标文件规定的时间、地点进行开标。开标时应邀请所有投标人参加，并对投标文件的投标一览表、投标声明完整唱标。开标记录及投标文件软盘应当场封存后向招标管理部门备案。

第十九条 投标人少于3个的，招标代理机构或自行招标项目单位应停止开标，封存有关投标文件，并及时报告招标管理部门；同时向招标管理部门建议对其延期开标、重新招标或采用其他方式采购，经招标管理部门回复意见后执行。

第二十条 评标委员会由5人以上的单数构成，其中技术、经济等方面专家不得少于2/3。评标委员会的构成及专家的产生应按照《评标委员会和评标方法暂行规定》执行。评标委员会名单在开标前由招标机构向招标管理部门备案。

第二十一条 评标委员会应根据《评标委员会和评标方法暂行规定》的有关规定，按照招标文件规定的评标原则与评标办法、招标文件和投标文件进行评标。

第二十二条 招标代理机构或自行招标项目单位在招标项目评标工作结束之日起20日内，依据评标委员会的意见，编制附件三列举的评标报告，并向招标管理部门备案；同时在发布招标公告的相应媒体上对中标结果进行公示，公示期为10天。

第二十三条 在招标结果公示期内，投标人有异议的，招标代理机构或自行招标项目单位应当予以答复，答复时不得透露评标委员会的有关评议情况。公示期满且没有异议的，招标代理机构或自行招标项目单位可以向中标人发出中标通知书，并在中标通知书发出之日起5天内向招标管理部门备案。

第二十四条 项目单位应在中标通知书发出之日起30天内与中标方依法签订合同。

第二十五条 项目单位应在签订合同后10天内将合同副本向招标管理部门备案。

第四章 招标监督

第二十六条 招标代理机构或自行招标项目单位可以邀请公证或纪检、监察机关对招标活动进行公证或监督。

第二十七条 招标管理部门不定期地指定监督员对招标活动进行监督。监督员应当出示招标管理部门签署附件四列举的《工商领域企业固定资产投资项目授权监督证明》，并有权参加指定监督招标项目的开标和评标等主要过程，有权查看授权监督招标项目的资料，并向招标管理部门提交监督报告。

第二十八条 招标代理机构应当按照招标管理部门要求，及时派出合适人员担任招标管理部门授权监督招标项目的监督员。

第二十九条 监督员对招标管理部门授权监督招标项目的内容与情况负有保密义务。

第三十条 招标代理机构应接受项目单位的监督，并向项目单位提供附件五列举的《工商领域企业固定资产投资项目委托单位意见反馈表》，经项目单位填写并盖章后向招标管理部门备案。

第三十一条 招标管理部门负责受理有关项目招投标活动中的投诉，并会同有关部门予以核查。对署名投诉，经核实后，给予书面答复。

第三十二条 国家经贸委不定期地对招标代理机构或自行招标项目单位的工作进行检查。

第三十三条 国家经贸委对工商领域企业固定资产投资项目招标代理机构的资质实行年审。资质年审的具体规定另行制定。

第五章 罚 则

第三十四条 项目单位违反本办法第四条的规定，采取将项目化整为零或者其他任何方式规避招标的，责令限期改正，可以暂停项目执行；对全部或部分使用国有资金的项目，可以暂停资金拨付；对项目单位直接负责的主管人员和其他直接责任人依法给予处分。

第三十五条 投标人串通投标，或者以行贿、弄虚作假等手段骗取中标的，中标无效，并处中标项目金额5‰以上10‰以下的罚款；对投标单位直接负责的主管人员和其他直接责任人员处单位罚款数额5%以上10%以下的罚款；有违法所得的，并处没收违法所得；情节严重的，取消其1–2年内参加本办法第四条项目的投标资格，直至由工商行政管理机关吊销营业执照；给项目单位和招标代理机构造成损失的，依法承担赔偿责任；构成犯罪的，依法追究刑事责任。

第三十六条 招标代理机构泄露应当保密的与招标投标活动有关的情况和资料的，或者与招标人、投标人串通损害国家利益、社会公共利益或者他人合法权益的，处5万元以上25万元以下的罚款，对单位直接负责的主管人员和其他直接责任人处以单位罚款数额5%以上10%以下的罚款；有违法所得的，没收违法所得；国家经贸委并将视情节予以书面警告、通报批评、责令改正、暂停招标代理资格进行整顿和降级直至取消其招标代理资格的处罚；给他人造成损失的，依法承担赔偿责任；构成犯罪的，依法移送司法机关追究刑事责任。

第三十七条 未取得国家经贸委规定的招标代理资质的机构组织的招标投标行为无效，给他人造成损失的，由该机构承担赔偿责任，并由工商行政管理机关给予处罚；构成犯罪的，依法移送司法机关追究刑事责任。

取得招标代理资质的招标代理机构违反本办法第十一条的规定，从事与其招标代理资质不符的招标代理行为的，由招标管理部门责令改正，并视其情节给予书面警告、通报批评、责令整改、暂停招标代理业务进行整顿、降级直至取消招标代理资质的处罚；给他人造成损失的，依法承担赔偿责任；构成犯罪的，依法移送司法机关追究刑事责任。

第三十八条 自行招标项目单位违反有关法律、行政法规和本办法规定，与投标人就投标价格、投标方案等实质性内容进行谈判，以不合理的条件限制或者排斥潜在投标人，限制投标人之间竞争的，责令改正，可以处1万元以上5万元以下的罚款；其行为影响中标结果的，中标无效。

第三十九条 项目单位在评标委员会依法推荐的中标候

选人以外确定中标人的，依法必须进行招标的项目在所有投标被评标委员会否决后自行确定中标人的，中标无效，责令改正，可以处中标项目金额5‰以上10‰以下的罚款；对项目单位直接负责的主管人员和其他直接责任人员依法给予处分。

第四十条 评标委员会专家在评标过程中擅离职守，影响评标程序正常进行，在评标过程中不能客观公正地履行职责，收受投标人、其他利害关系人的财物或者其他好处，泄露对招标文件的评审和比较、中标候选人的推荐以及与评标有关的其他情况的，给予警告，没收收受的财物，可以并处3000元以上1万元以下的罚款；对有所列违法行为的评标委员会成员取消担任评标委员会成员的资格，不得再参加本办法第四条所列项目的评标；构成犯罪的，依法移送司法机关追究刑事责任。

第四十一条 中标通知书发出后，项目单位与中标人不按照招标文件和中标人的投标文件订立合同的，或者项目单位与中标人订立背离合同实质性内容的协议的，责令改正；可以处中标金额5‰以上10‰以下的罚款，造成中标人损失的，应当赔偿损失。

第四十二条 除因不可抗力不能履行合同外，中标人不履行合同义务的，履约保证金不予退还并取消其中标资格；给项目单位造成的损失超过履约保证金数额的，应当对超过部分予以赔偿；没有提交履约保证金的，应当对项目单位的损失承担赔偿责任。

具有前款违法行为情节严重的，取消其2–5年内参加本办法第四条所列项目的投标资格，直至由工商行政管理机关吊销营业执照。

第六章 附 则

第四十三条 本办法规定备案的文件，无需招标管理部门核准自动有效。

第四十四条 本办法由国家经贸委负责解释。

第四十五条 本办法自2002年12月1日起施行。国家经贸委在此之前发布的其他有关规定与本办法不符的，以本办法的规定为准。

国家重大建设项目招标投标监督暂行办法

中华人民共和国国家发展计划委员会令 第18号 2002年2月1日

第一条 为了加强国家重大建设项目招标投标活动的监督，保证招标投标活动依法进行，根据《中华人民共和国招标投标法》、《国务院办公厅印发国务院有关部门实施招标投标活动行政监督职责分工意见的通知》(国办发[2000]34号)和《国家重大建设项目稽察办法》(国办发[2000]54号、2000年国家计委令第6号)，制定本办法。

第二条 国家计委根据国务院授权，负责组织国家重大建设项目稽察特派员及其助理(以下简称稽察人员)，对国家重大建设项目的招标投标活动进行监督检查。

第三条 本办法所称国家重大建设项目，是指国家出资融资的，经国家计委审批或审核后报国务院审批的建设项目。

第四条 国家重大建设项目的招标范围、规模标准及评标方法，按《工程建设项目招标范围和规模标准规定》(2000年国家计委令第3号)、《评标委员会和评标方法暂行规定》(2001年国家计委、经贸委、建设部、铁道部、交通部、信息产业部、水利部令第12号)执行。

国家重大建设项目招标公告的发布，按《招标公告发布暂行办法》(2000年国家计委令第4号)执行。

依法必须招标的国家重大建设项目，必须在报送项目可行性研究报告中增加有关招标内容，具体办法按《建设项目可行性研究报告增加招标内容以及核准招标事项暂行规定》(2001年国家计委令第9号)执行。

招标人自行招标的，必须符合《工程建设项目自行招标试行办法》(2000年国家计委令第5号)有关规定。

第五条 招标人和中标人应按照《中华人民共和国招标投标法》和《中华人民共和国合同法》规定签订书面合同。合同中确定的建设标准、建设内容、合同价格必须控制在批准的设计及概算文件范围内。

除因不可抗力等情况导致项目无法执行或中标人不能履行合同外，任何单位和个人不得以其它任何理由将合同转让给他人，或要求中标人放弃合同。

第六条 通过招标节省的概算投资，不得擅自挪作他用。

第七条 任何单位和个人对国家重大建设项目招标投标过程中发生的违法行为，有权向国家计委投诉或举报。国家计委在收到投诉或举报后15个工作日内做出是否受理的决定。

对受理的投诉和举报，国家计委负责组织核查处理或者转请地方发展计划部门和有关部门依法查处。

第八条 稽察人员对国家重大建设项目的招标投标活动进行监督检查可以采取经常性稽察和专项性稽察的方式。经常性稽察方式是对建设项目所有招标投标活动进行全过程的跟踪监控；专项性稽察方式是对建设项目招标投标活动实施抽查。经常性稽察项目名单由国家计委确定。

第九条 列入经常性稽察的项目，招标人应当根据核准的招标事项编制招标文件，并在发售前15个工作日将招标文件、资格预审情况和时间安排及相关文件一式三份报国家计委备案。

招标人确定中标人后,应当在15个工作日内向国家计委提交招标投标情况报告。报告内容依照《评标委员会和评标方法暂行规定》(2001年国家计委、经贸委、建设部、铁道部、交通部、信息产业部、水利部令第12号)第四十二条规定执行。

第十条 稽察人员对国家重大建设项目贯彻执行国家有关招标投标的法律、法规、规章和政策情况以及招标投标活动进行监督检查,履行下列职责:

(一)监督检查招标投标当事人和其他行政监督部门有关招标投标的行为是否符合法律、法规规定的权限、程序。

(二)监督检查招标投标的有关文件、资料,对其合法性、真实性进行核实。

(三)监督检查资格预审、开标、评标、定标过程是否合法以及是否符合招标文件、资格审查文件规定,并可进行相关的调查核实。

(四)监督检查招标投标结果的执行情况。

第十一条 稽察人员对招标投标活动进行监督检查,可以采取下列方式:

(一) 检查项目审批程序、资金拨付等资料和文件;

(二) 检查招标公告、投标邀请书、招标文件、投标文件,核查投标单位的资质等级和资信等情况;

(三) 监督开标、评标,并可以旁听与招标投标事项有关的重要会议;

(四) 向招标人、投标人、招标代理机构、有关行政主管部门、招标公证机构调查了解情况,听取意见;

(五) 审阅招标投标情况报告、合同及其有关文件;

(六) 现场查验,调查、核实招标结果执行情况。

根据需要,可以联合国务院其他行政监督部门、地方发展计划部门开展工作,并可以聘请有关专业技术人员参加检查。

稽察人员在监督检查过程中不得泄漏知悉的保密事项,不得作为评标委员会成员直接参与评标。

第十二条 稽察人员与被监督单位的权力、义务,依照《国家重大建设项目稽察办法》(国办发[2000]54号、2000年国家计委令第6号)的有关规定执行。

第十三条 对招标投标活动监督检查中发现的招标人、招标代理机构、投标人、评标委员会成员和相关工作人员违反《中华人民共和国招标投标法》及相关配套法规、规章的,国家计委视情节依法给予以下处罚:

(一)警告。

(二)责令限期改正。

(三)罚款。

(四)没收违法所得。

(五)取消在一定时期参加国家重大建设项目投标、评标资格。

(六)暂停安排国家建设资金或暂停审批有关地区、部门建设项目。

第十四条 对需要暂停或取消招标代理资质、吊销营业执照、责令停业整顿、给予行政处分、依法追究刑事责任的,移交有关部门、地方人民政府或者司法机关处理。

第十五条 对国家重大建设项目招标投标过程中发生的各种违法行为进行处罚时,也可以依据职责分工由国家计委会同有关部门共同实施。

重大处理决定,应当报国务院批准。

第十六条 国家计委和有关部门做出处罚之前,应告知当事人。当事人对处罚有异议的,国家计委及其他有关行政监督部门应予核实。

对处罚决定不服的,可以依法申请复议。

第十七条 各省、自治区、直辖市人民政府发展计划部门可依据《中华人民共和国招标投标法》及相关法规、规章,结合当地实际,参照本办法制定本地区招标投标监督办法。

第十八条 本办法由国家计委负责解释。

第十九条 本办法自2002年2月1日起施行。

工商领域固定资产投资项目评标专家管理暂行规定

中华人民共和国国家经济贸易委员会公告 第2号 2003年1月7日

第一条 为加强工商领域企业固定资产投资项目的招标投标管理,建立规范的工商领域企业固定资产投资项目的专家评标机制,保证评标的科学性、公正性,依据《中华人民共和国招标投标法》和《工商领域企业固定资产投资项目招标投标管理办法》(国家经贸委令第39号),制定本规定。

第二条 工商领域企业固定资产投资项目的招标投标活动适用本规定。

第三条 工商领域企业固定资产投资项目评标专家分为技术、经济、法律及其他方面的专家(以下简称专家)。

第四条 专家应具备以下条件:

(一)具有良好的政治素质和职业道德,能够认真、公正、诚实、廉洁地履行职责;

(二)熟悉国家有关招标投标的法律、法规和政策,并具有一定的招标投标工作的实践经验;

(三)从事相关专业工作8年以上,具有高级技术、经济职称或同等专业水平。

(四)熟悉本专业领域国内外技术、市场情况和发展动向。

第五条 从事新兴行业的专家,经批准,其从事相关工作年限条件可适当放宽。

第六条 自愿担任专家的相关人员应向国家经贸委授予资格的招标代理机构或自行招标项目单位提出申请并填写《工商领域企业固定资产投资项目评标专家登记表》(见附件二),经国家经贸委授予资格的招标代理机构和自行招标项目单位推荐,报国家经贸委审核。

第七条 经国家经贸委审核且符合条件的人员,国家经贸委将授予《工商领域企业固定资产投资项目评标专家资格证书》,并列入国家经贸委管理的《工商领域企业固定资产投资项目评标专家库》。

第八条 获得资格证书的专家可接受国家经贸委授予资格的招标代理机构或具备条件自行组织招标的项目单位聘请,参与招标文件的编制、担任项目评标委员会专家;接受招标监督管理部门的委托,对有关投诉或质疑的招标项目进行复审。

第九条 未获得资格证书的,原则上不得作为评标专家从事工商领域企业固定资产投资项目评标工作。确需临时聘用的,招标代理机构或自行招标项目单位将专家情况报招标管理部门审核同意。

第十条 聘用专家的招标代理机构和自行招标的项目单位负担受聘专家参加评标或相关工作的费用。

第十一条 专家在受聘从事评标或相关工作时,应遵守以下规定:

(一)认真执行国家有关招标投标的法律、法规和政策;

(二)客观、公正、公平地参加评标工作;

(三)独立提出个人意见并对所提意见承担责任;

(四)严守秘密,廉洁自律;

(五)与投标人有利益关系的应主动回避。

第十二条 国家经贸委负责对专家进行统一管理。

第十三条 聘用专家证书有效期为3年。证书有效期到期后,由专家本人提出换证申请。国家经贸委将对换证申请进行审核,并对符合条件的专家予以换证。

第十四条 获得证书的专家在受聘从事评标或相关工作中,经核实有下列行为之一的,将被取消资格:

(一)泄露与招标有关秘密的;

(二)收受与招标活动有关方面贿赂的;

(三)以不正当行为干扰招标工作的;

(四)聘用期内,在三次评标工作中被聘用单位评为不称职的;

(五)参加评标工作中无正当理由擅离职守造成重大损失的;

(六)隐瞒与投标人的利益关系的;

(七)违反《中华人民共和国招标投标法》及其他相关法律法规的。

第十五条 被取消专家资格的人员,自取消其专家资格之日起三年内,国家经贸委不受理其担任工商领域企业固定资产投资项目评标专家的资格申请。

第十六条 本规定由国家经贸委负责解释。

第十七条 本规定自2003年1月7日起施行。

工商领域企业固定资产投资项目评标结果公示与质疑、投诉处理暂行规定

中华人民共和国国家经济贸易委员会公告 第1号 2003年1月7日

第一条 为规范工商领域企业固定资产投资项目的招标投标活动,体现公开、公平、公正原则,提高工作效率,根据《中华人民共和国招标投标法》和《工商领域企业固定资产投资项目招标投标管理办法》制定本办法。

第二条 工商领域企业固定资产投资项目的招标投标活动均实行中标结果公示制度。

第三条 招标项目评标工作结束20天内,招标代理机构或自行招标项目单位(以下简称招标人)应在完成评标报告并向招标管理部门备案的同时,将中标结果在发布招标公告的相应媒体上进行公示,公示期为10天。

第四条 公示的内容包括:中标单位名称、中标货物名称、数量、规格,中标货物制造厂商、预计合同价格。公示内容在公示期间如无质疑或投诉的,评标报告正式生效。

第五条 在公示期内,投标人有权向招标人就落标原因和公示结果进行2次质疑,招标人应给予书面答复,答复时不得透露评标委员会的有关评论情况。对招标人答复不满意的,提出质疑的投标人一方应向招标管理部门提出书面投诉。

第六条 公示期内,投标人或利害关系人可直接就投标、评标活动的合法性和违法违规问题向招标管理部门提出书面投

诉,并附相应的证据材料或证明文件。所有投诉文件必须署具投诉人真实姓名和有效联系方式。

第七条 招标管理部门接到投诉人书面投诉之后,应于2天内通知招标人并立即开展调查。在上述投诉未处理完毕之前,中标结果不能生效,招标人不得发出中标通知书。

第八条 招标管理部门可以委托有关专家或权威中介机构对投标人或利害人的投诉进行核实与调查。

第九条 招标管理部门根据有关法律、法规及有关专家或中介机构提出的核实调查结论,对投诉作出处理结论。并在3天内将处理结论通知投诉人。

第十条 本规定由国家经贸委负责解释。

第十一条 本规定自2003年1月7日起施行。

信托投资公司管理办法(修订)

中国人民银行令〔2002〕第5号 2002年6月6日

第一章 总则

第一条 为了加强对信托投资公司的监督管理,规范信托投资公司的经营行为,促进信托业的健康发展,根据《中华人民共和国信托法》、《中华人民共和国中国人民银行法》等法律和国务院有关规定,制定本办法。

第二条 本办法所称信托投资公司,是指依照《中华人民共和国公司法》和本办法设立的主要经营信托业务的金融机构。

第三条 本办法所称信托,是指委托人基于对受托人的信任,将其财产权委托给受托人,由受托人按委托人的意愿以自己的名义,为受益人的利益或者特定目的,进行管理或者处分的行为。委托人应是具有完全民事行为能力的自然人、法人或者依法成立的其他组织。受益人是在信托中享有信托受益权的自然人、法人或者依法成立的其他组织。受益人和委托人可以是同一人,也可以不是同一人;受托人可以是受益人,但不得是同一信托的惟一受益人。

第四条 本办法所称信托业务,是指信托投资公司以营业和收取报酬为目的,以受托人身份承诺信托和处理信托事务的经营行为。

第五条 本办法所称信托财产,是指信托投资公司因承诺信托而取得的财产。信托投资公司因信托财产的管理、运用、处分或者其他情形而取得的财产,也归入信托财产。法律、行政法规禁止流通的财产,不得作为信托财产;法律、行政法规限制流通的财产,依法经有关主管部门批准后,可以作为信托财产。信托财产不属于信托投资公司的固有财产,也不属于信托投资公司对受益人的负债。信托投资公司终止时,信托财产不属于其清算财产。

第六条 信托不因信托投资公司依法解散、被宣告破产或者被依法撤销而终止,也不因信托投资公司的辞任而终止,但法律或者信托文件另有规定的除外。

第七条 信托投资公司从事信托活动,应当遵守法律、行政法规的规定和信托文件的规定,不得损害国家利益、社会公共利益和他人的合法权益。

第八条 信托投资公司管理或者处分信托财产,必须恪尽职守,履行诚实、信用、谨慎、有效管理的义务。

第九条 信托投资公司不得办理存款业务,不得发行债券,不得举借外债。

第十条 中国人民银行依照法律、行政法规和本办法对信托投资公司及其业务实施监督和管理。

第二章 机构的设立、变更与终止

第十一条 设立信托投资公司,应当采取有限责任公司或者股份有限公司的形式。

第十二条 设立信托投资公司,必须经中国人民银行批准,并领取《信托机构法人许可证》。未经中国人民银行批准,任何单位和个人不得经营信托业务,任何经营单位不得在其名称中使用"信托投资"字样。法律、行政法规另有规定的除外。

第十三条 信托投资公司的设立应当具备下列条件:(一)有符合《中华人民共和国公司法》和中国人民银行规定的公司章程;(二)有具备中国人民银行规定的入股资格的股东;(三)具有本办法规定的最低限额的注册资本;(四)有具备中国人民银行规定任职资格的高级管理人员和与其业务相适应的信托从业人员;(五)具有健全的组织机构、信托业务操作规则和风险控制制度;(六)有符合要求的营业场所、安全防范措施和与业务有关的其他设施;(七)中国人民银行规定的其他条件。中国人民银行可以根据经济发展的需要和信托市场的状况对信托投资公司的设立申请进行审查。

第十四条 信托投资公司的注册资本不得低于人民币3亿元。经营外汇业务的信托投资公司,其注册资本中应包括不少于等值1500万美元的外汇。中国人民银行根据信托投资公司行业发展的需要,可以调整设立信托投资公司的注册资本最低限额。

第十五条 信托投资公司有下列情形之一的,应当经中国人民银行批准:(一)变更名称;(二)变更注册资本金;(三)变更公司住所;(四)改变组织形式;(五)调整业务范围;(六)更换高级管理人员;(七)变更股东或者调整股权结构,但持有上市股份公司流通股份未达到公司总股份10%的除外；(八)修改公司章程；(九)合并或者分立；(十)中国人民银行规定的其他变更事项。

第十六条 信托投资公司因分立、合并或者公司章程规定的解散的事由出现，申请解散的，经中国人民银行批准后解散，并依法组织清算组进行清算。

第十七条 信托投资公司因违法违规经营、经营管理不善等原因，不能支付到期债务，不撤销将严重损害社会公众利益、危害金融秩序的，由中国人民银行根据《金融机构撤销条例》予以撤销。

第十八条 信托投资公司不能支付到期债务，经中国人民银行同意，可向人民法院提出破产申请。

第十九条 信托投资公司设立、变更、终止的审批程序，按照中国人民银行的规定执行。

第三章 经营范围

第二十条 信托投资公司可以申请经营下列部分或者全部本外币业务：(一)受托经营资金信托业务，即委托人将自己合法拥有的资金，委托信托投资公司按照约定的条件和目的，进行管理、运用和处分；(二)受托经营动产、不动产及其他财产的信托业务，即委托人将自己的动产、不动产以及知识产权等财产、财产权，委托信托投资公司按照约定的条件和目的，进行管理、运用和处分；(三)受托经营法律、行政法规允许从事的投资基金业务，作为投资基金或者基金管理公司的发起人从事投资基金业务；(四) 经营企业资产的重组、购并及项目融资、公司理财、财务顾问等中介业务；(五)受托经营国务院有关部门批准的国债、政策性银行债券、企业债券等债券的承销业务；(六)代理财产的管理、运用和处分；(七)代保管业务；(八)信用见证、资信调查及经济咨询业务；(九)以固有财产为他人提供担保；(十)中国人民银行批准的其他业务。

第二十一条 信托投资公司可以依照《中华人民共和国信托法》的有关规定，接受为下列公益目的而设立的公益信托：(一)救济贫困；(二)救助灾民；(三)扶助残疾人；(四)发展教育、科技、文化、艺术、体育事业；(五)发展医疗卫生事业；(六)发展环境保护事业，维护生态环境；(七)发展其他社会公益事业。

第二十二条 信托投资公司管理、运用信托财产时，可以依照信托文件的规定，采取出租、出售、贷款、投资、同业拆放等方式进行。

第二十三条 信托投资公司可以根据市场需要，按照信托目的、信托财产的种类或者对信托财产管理方式的不同设置信托业务品种。

第二十四条 信托投资公司所有者权益项下依照规定可以运用的资金，可以存放于银行或者用于同业拆放、贷款、融资租赁和投资，但自用固定资产和股权投资余额总和不得超过其净资产的80%。

第二十五条 经中国人民银行批准，信托投资公司可以办理同业拆借。

第二十六条 信托投资公司的经营范围由公司章程规定，报中国人民银行批准。

第四章 经营规则

第二十七条 设立信托，应当采取书面的形式。书面形式包括信托合同、遗嘱或者法律、行政法规规定的其他书面文件。

第二十八条 以信托合同形式设立信托时，信托合同应当载明以下事项：(一)信托目的；(二)委托人、受托人的姓名或者名称、住所；(三)受益人或者受益人范围；(四)信托财产的范围、种类及状况；(五)信托当事人的权利和义务；(六)信托财产管理中风险的揭示和承担；(七) 信托财产的管理方式和受托人的经营权限；(八)信托利益的计算，向受益人交付信托利益的形式、方法；(九) 信托投资公司报酬的计算及支付；(十)信托财产税费的承担和其他费用的核算；(十一)信托期限和信托的终止；(十二)信托终止时信托财产的归属；(十三)信托事务的报告；(十四) 信托当事人的违约责任及纠纷解决方式；(十五)新受托人的选任方式；(十六)委托人和受托人认为需要载明的其他事项。以信托合同以外的其他书面文件设立信托时，书面文件的载明事项按照有关法律、行政法规规定执行。

第二十九条 信托投资公司应当以受益人的最大利益为宗旨处理信托事务，并谨慎管理信托财产。

第三十条 信托投资公司不得以经营资金信托或者其他业务的名义吸收存款。

第三十一条 信托投资公司经营信托业务，不得有下列行为：(一)利用受托人地位谋取不当利益；(二)将信托财产挪用于非信托目的的用途；(三)承诺信托财产不受损失或者保证最低收益；(四)以信托财产提供担保；(五)将信托资金投资于自己或者关系人发行的有价证券；(六)将信托资金贷放给自己或者关系人；(七) 将不同信托账户下的信托财产进行相互交易；(八)以固有财产与信托财产进行相互交易；(九)法律、行政法规和中国人民银行禁止的其他行为。信托投资公司依据信托文件的规定，并以公平的市场价格进行交易的，不受前款第(四)至(八)项的限制。

第三十二条 前条所称关系人是指：(一) 持有信托投资公司10%以上股权的股东；(二) 信托投资公司投资控股的企业；(三)信托投资公司的董事、监事、经理、信托业务人员及其近亲属；(四) 前项所列人员投资持股5%以上或者担任高级管理人员的公司、企业和其他经济组织。

第三十三条 信托投资公司应当自己处理信托事务，但信托文件另有规定或者有不得已事由的，可以委托他人代为处理。

第三十四条 信托投资公司应当为委托人、受益人以及处理信托事务的情况和资料保密，但法律、行政法规或者信托文件另有规定的除外。

第三十五条 信托投资公司应当将信托财产与其固有财产

分别管理、分别记账，并将不同委托人的信托财产分别管理、分别记账。

第三十六条 信托投资公司应当妥善保存处理信托事务的完整记录，至少每年定期向委托人及受益人报告信托财产及其管理运用、处分及收支的情况。委托人、受益人有权向信托投资公司了解对其信托财产的管理运用、处分及收支情况，并要求信托投资公司作出说明。

第三十七条 信托投资公司经营信托业务，依据约定以手续费或者佣金的方式收取报酬。信托投资公司收取报酬的标准，除中国人民银行另有规定外，可与委托人协商确定。

第三十八条 信托投资公司违反信托目的处分信托财产、或者因违背管理职责、处理信托事务不当致使信托财产受到损失的，在恢复信托财产的原状或者予以赔偿前，信托投资公司不得请求给付报酬。

第三十九条 信托投资公司因处理信托事务而支出的费用、负担的债务，以信托财产承担，但应在信托合同中列明或明确告知委托人。信托投资公司以其固有财产先行支付的，对信托财产享有优先受偿的权利。因信托投资公司违背管理职责或者管理信托事务不当所负债务及所受到的损害，以其固有财产承担。

第四十条 信托投资公司违反信托目的处分信托财产、或者管理运用、处分信托财产有重大过失的，委托人有权依照信托文件的规定解任该信托投资公司，或者申请人民法院解任该信托投资公司。

第四十一条 信托投资公司终止时，其管理信托事务的职责同时终止。清算组应当妥善保管信托财产，作出处理信托事务的报告并向新受托人办理信托财产的移交，但信托文件另有规定的，从其规定。

第四十二条 信托投资公司依法终止其受托人职责的，新受托人依照信托文件的规定选任；信托文件未规定的，由委托人选任；委托人不能选任的，由受益人选任；受益人为无民事行为能力人或者限制民事行为能力人的，依法由其监护人代行选任。

第四十三条 信托投资公司经营信托业务，有下列情形之一的，信托终止：(一)信托文件规定的终止事由发生；(二)信托的存续违反信托目的；(三) 信托目的已经实现或者不能实现；(四)信托当事人协商同意；(五)信托期限届满；(六)信托被解除；(七)信托被撤销；(八)全体受益人放弃信托受益权。

第四十四条 信托终止的，信托投资公司应当作出处理信托事务的清算报告。受益人或者信托财产的权利归属人对清算报告无异议的，信托投资公司就清算报告所列事项解除责任，但信托投资公司有不当行为的除外。

第四十五条 信托投资公司接受由其代为确定管理方式的信托资金，应当符合下列规定：(一)信托期限不得少于一年；(二)单笔信托资金不得低于人民币5万元。

第四十六条 中国人民银行根据防范金融风险的需要，可以规定由信托投资公司代为确定管理方式的信托资金的管理办法。

第四十七条 信托投资公司经营外汇信托业务，应当遵守国家外汇管理的有关规定，并接受外汇主管部门的检查、监督。

第四十八条 信托投资公司为他人提供担保或者拆入资金的余额不得超过其注册资本。

第四十九条 信托投资公司运用自有资金和信托资金从事同业拆借，应当遵守中国人民银行的有关规定。

第五十条 信托投资公司每年应当从税后利润提取5%，作为信托赔偿准备金，但该赔偿准备金累计总额达到公司注册资本的20%时，可不再提取。信托投资公司的赔偿准备金应存放于经营稳健、具有一定实力的境内中资商业银行或者购买国债。

第五章 监督管理与自律

第五十一条 信托投资公司应当按规定制订本公司的信托业务及其他业务规则，建立、健全本公司的各项业务管理制度和内部控制制度，并报中国人民银行备案。信托投资公司应当设立内部审计部门，对本公司的业务经营活动进行审计和监督。信托投资公司的内部审计部门应当至少每半年向公司董事会提交内部审计报告，同时向中国人民银行报送上述报告的副本。

第五十二条 信托投资公司应当依法建账，对信托业务与非信托业务分别核算，并对每项信托业务单独核算。具体财务会计制度应当遵守财政部的有关规定。

第五十三条 信托投资公司应当按照国家有关规定建立、健全本公司的财务会计制度，真实记录并全面反映其业务活动和财务状况。公司年度财务会计报表，应当经具有相应资格的注册会计师审计。信托投资公司应当按照规定向中国人民银行及有关部门报送营业报告书、信托业务及非信托业务的财务会计报表和信托账户目录等有关资料。

第五十四条 信托投资公司的信托业务部门应当在业务上独立于公司的其他部门，其人员不得与公司其他部门的人员相互兼职，具体业务信息不得与公司的其他部门共享。

第五十五条 中国人民银行可以定期或者不定期对信托投资公司的经营活动进行检查。中国人民银行认为必要时，可以责令信托投资公司聘请具有相应资格的中介机构对其业务、财务状况进行审计。信托投资公司应当按照中国人民银行的要求提供有关业务、财务等报表和资料，并如实介绍有关业务情况。

第五十六条 中国人民银行对信托投资公司的高级管理人员实行任职资格审查制度。未经中国人民银行任职资格审查或者审查、考核不合格的，不得任职。信托投资公司对拟离任的高级管理人员，应当进行离任审计，并将审计结果报中国人民银行备案。信托投资公司的法定代表人变更时，在新的法定代表人经中国人民银行核准任职资格前，原法定代表人不得离任。

第五十七条 中国人民银行对信托投资公司的信托从业人员实行信托业务资格考试制度。考试合格的，由中国人民银行颁发信托从业人员资格证书；未经考试或者考试不合格的，不得经办信托业务。具体考试办法由中国人民银行另行制定。

第五十八条 信托投资公司的高级管理人员和信托从业人

员违反法律、行政法规或中国人民银行有关规定的，中国人民银行有权取消其任职资格或者从业资格。

第五十九条 中国人民银行对信托投资公司监管中发现的重大问题，有权质询信托投资公司的高级管理人员，并责令其采取有效措施，限期改正。

第六十条 信托投资公司管理混乱，经营陷入困境的，由中国人民银行责令该公司采取措施进行整顿或者重组，并建议撤换高级管理人员。中国人民银行认为必要时，可以对其实行接管。

第六十一条 信托投资公司可以成立同业协会，实行行业自律。信托投资公司同业协会开展活动，应当接受中国人民银行的指导和监督。

第六章 罚 则

第六十二条 未经中国人民银行批准，擅自设立信托投资公司或者擅自经营信托业务的，按照《非法金融机构和非法金融业务活动取缔办法》，予以取缔，并予以处罚。

第六十三条 中国人民银行在批准信托投资公司设立、变更、终止后，发现原申请事项有隐瞒、虚假的情形，可以责令补正或者撤销批准。

第六十四条 信托投资公司违反本办法第三十条规定办理资金信托的，由中国人民银行责令其限期退回存款，并停办部分或全部业务；对直接负责的主管人员和其他直接责任人员依法给予纪律处分，并由中国人民银行取消高级管理人员的任职资格和从业人员的从业资格。构成犯罪的，移送司法机关追究刑事责任。

第六十五条 信托投资公司违反本办法第三十一条规定的，按照《金融违法行为处罚办法》第二十八条规定进行处罚。

第六十六条 信托投资公司违反本办法其他规定的，由中国人民银行按照《金融违法行为处罚办法》及有关规定进行处罚。

第六十七条 信托投资公司对中国人民银行的处罚决定不服的，可以依法提请行政复议或者向人民法院提起行政诉讼。

第七章 附 则

第六十八条 本办法由中国人民银行负责解释。

第六十九条 本办法自公布之日起施行，中国人民银行2001年1月10日颁布的《信托投资公司管理办法》同时废止。

信托投资公司资金信托管理暂行办法

中国人民银行令〔2002〕第1号 2002年6月25日

第一条 为了规范信托投资公司资金信托业务的经营行为，保障资金信托业务各方当事人的合法权益，

根据《中华人民共和国信托法》、《中华人民共和国中国人民银行法》和中国人民银行《信托投资公司管理办法》的有关规定，制定本办法。

第二条 本办法所称资金信托业务是指委托人基于对信托投资公司的信任，将自己合法拥有的资金委托给信托投资公司，由信托投资公司按委托人的意愿以自己的名义，为受益人的利益或者特定目的管理、运用和处分的行为。

除经中国人民银行批准设立的信托投资公司外，任何单位和个人不得经营资金信托业务，但法律、行政法规另有规定的除外。

第三条 信托投资公司办理资金信托业务取得的资金不属于信托投资公司的负债；信托投资公司因管理、运用和处分信托资金而形成的资产不属于信托投资公司的资产。

第四条 信托投资公司办理资金信托业务时应遵守下列规定：

(一)不得以任何形式吸收或变相吸收存款；

(二)不得发行债券，不得以发行委托投资凭证、代理投资凭证、受益凭证、有价证券代保管单和其他方式筹集资金，办理负债业务；

(三)不得举借外债；

(四)不得承诺信托资金不受损失，也不得承诺信托资金的最低收益；

(五)不得通过报刊、电视、广播和其他公共媒体进行营销宣传。

信托投资公司违反上述规定，按非法集资处理，造成的资金损失由投资者承担。

第五条 信托投资公司办理资金信托业务可以依据信托文件的约定，按照委托人的意愿，单独或者集合管理、运用、处分信托资金。

单独管理、运用、处分信托资金是指信托投资公司接受单个委托人委托、依据委托人确定的管理方式单独管理和运用信托资金的行为。

集合管理、运用、处分信托资金指信托投资公司接受二个或二个以上委托人委托、依据委托人确定的管理方式或由信托投资公司代为确定的管理方式管理和运用信托资金的行为。

第六条 信托投资公司集合管理、运用、处分信托资金时，接受委托人的资金信托合同不得超过200份(含200份)，每份合同金额不得低于人民币5万元(含5万元)。

第七条 信托投资公司办理资金信托业务，应与委托人签订信托合同。采取其他书面形式设立信托的，按照法律、行政法规的规定设立。

信托合同应当载明以下事项：

（一）信托目的；

（二）委托人、受托人的姓名（或者名称）、住所；

（三）受益人姓名（或者名称）、住所，或者受益人的范围；

（四）信托资金的币种和金额；

（五）信托期限；

（六）信托资金的管理方式和受托人的管理、运用和处分的权限；

（七）信托资金管理、运用和处分的具体方法或者安排；

（八）信托利益的计算、向受益人交付信托利益的时间和方法；

（九）信托财产税费的承担、其他费用的核算及支付方法；

（十）受托人报酬计算方法、支付期间及方法；

（十一）信托终止时信托财产的归属及分配方式；

（十二）信托事务的报告；

（十三）信托当事人的权利、义务；

（十四）风险的揭示；

（十五）信托资金损失后的承担主体及承担方式；

（十六）信托当事人的违约责任及纠纷解决方式；

（十七）信托当事人认为需要载明的其他事项。

第八条 信托投资公司办理资金信托业务时，应当于签定信托合同的同时，与委托人签定信托资金管理、运用风险申明书。

风险申明书应当载明下列内容：

（一）信托投资公司依据信托文件的约定管理、运用信托资金导致信托资金受到损失的，其损失部分由信托财产承担；

（二）信托投资公司违背信托文件的约定管理、运用、处分信托资金导致信托资金受到损失的，其损失部分由信托投资公司负责赔偿。不足赔偿时，由信托财产承担。

第九条 受托人制定信托合同或者其他信托文件，应当在首页右上方用醒目字体载明下列文字：

“受托人管理信托财产应恪尽职守，履行诚实、信用、谨慎、有效管理的义务。依据本信托合同规定管理信托资金所产生的风险，由信托财产承担，即由委托人交付的资金以及由受托人对该资金运用后形成的财产承担；受托人违背信托合同、处理信托事务不当使信托资金受到损失，由受托人赔偿。”

第十条 信托文件有效期限内，受益人可以根据信托文件的规定转让其享有的信托受益权。

信托投资公司应为受益人办理信托受益权转让的有关手续。

第十一条 信托投资公司办理资金信托业务，应设立专门为资金信托业务服务的信托资金运用、信息处理等部门。

信托投资公司固有资金运用部门和信托资金运用部门应当由不同的高级管理人员负责管理。

第十二条 信托投资公司办理资金信托业务，应指定信托执行经理及其相关的工作人员。

担任信托执行经理的人员，应具有中国人民银行颁发的《信托经理资格证书》。

第十三条 信托投资公司违背信托文件的约定管理、运用、处分信托资金导致信托资金受到损失的，其损失部分由信托投资公司负责赔偿。信托投资公司由此而导致的损失，可按《中华人民共和国公司法》的有关规定，要求其董事、监事、高级管理人员承担赔偿责任。

第十四条 信托投资公司对不同的资金信托，应建立单独的会计账户分别核算；对不同的信托，应在银行分别开设单独的银行账户，在证券交易机构分别开设独立的证券账户与资金账户。

第十五条 资金信托终止的，信托财产归属于信托文件规定的人。信托投资公司应当按照信托文件的规定书面通知信托财产归属人取回信托财产。

未被取回的信托财产，由信托投资公司负责保管。保管期间，保管人不得运用该财产。保管期间的收益归属于信托财产的归属人。发生的保管费用由被保管的信托财产承担。

第十六条 信托财产的归属依据信托合同规定，可采取现金方式、维持信托终止时财产原状方式或者两者的混合方式。

采取现金方式的，信托投资公司应当于信托合同规定的分配日前或者信托期满日前（如遇法定节假日顺延）变现信托财产，并将现金存入信托文件指定的账户。

采取维持信托终止时财产原状方式的，信托投资公司应于信托期满后的约定时间内，完成与归属人的财产转移手续。

第十七条 资金信托终止，信托投资公司应当于信托终止后10个工作日内做出处理信托事务的清算报告，并送达信托财产归属人。

第十八条 信托投资公司办理资金信托业务，应当按季或者按照信托合同的规定，将信托资金管理的报告和信托资金运用及收益情况表书面告知信托文件规定的人。信托期限超过一年的，每年最少报告1次。

信托投资公司应当按照《信托投资公司管理办法》向中国人民银行报送资金信托业务经营的有关资料。

第十九条 信托资金管理的报告书应当载明如下内容：

（一）信托资金管理、运用、处分和收益情况；

（二）信托资金运用组合比例情况；

（三）信托资金运用中金额列前10位的项目情况；

（四）信托执行经理变更说明；

（五）信托资金运用重大变动说明；

（六）涉及诉讼或者损害信托财产、委托人或者受益人利益的情形；

（七）信托合同规定的其他事项。

第二十条 信托投资公司应当妥善保存资金信托业务的全部资料，保存期自信托终止之日起不得少于15年。

第二十一条 信托投资公司违反本办法规定的，由中国人民银行按照《金融违法行为处罚办法》及有关规定进行处罚；情节严重的，暂停或者直至取消其办理资金信托业务的资格。对有关的高级管理人员，中国人民银行可以取消其一定期限直至终身的任职资格；对直接责任人员，取消其信托从业资格。

第二十二条 本办法由中国人民银行负责解释。

第二十三条 本办法自2002年7月18日起施行。

上市公司收购管理办法

中国证券监督管理委员会令 第10号 2002年9月28日

第一章 总 则

第一条 为规范上市公司收购活动,促进证券市场资源的优化配置,保护投资者的合法权益,维护证券市场的正常秩序,根据《公司法》、《证券法》及其他法律和相关行政法规,制定本办法。

第二条 本办法所称上市公司收购,是指收购人通过在证券交易所的股份转让活动持有一个上市公司的股份达到一定比例、通过证券交易所股份转让活动以外的其他合法途径控制一个上市公司的股份达到一定程度,导致其获得或者可能获得对该公司的实际控制权的行为。

第三条 收购人可以通过协议收购、要约收购或者证券交易所的集中竞价交易方式进行上市公司收购,获得对一个上市公司的实际控制权。

收购人进行上市公司收购,应当遵守本办法规定的收购规则,并按照本办法的规定及时履行报告、公告义务。

第四条 上市公司收购活动应当遵循公开、公平、公正的原则,相关当事人应当诚实守信,自觉维护证券市场秩序。

第五条 上市公司收购活动相关当事人所报告、公告的信息,必须真实、准确、完整,不得有虚假记载、误导性陈述或者重大遗漏。

任何人不得利用上市公司收购散布虚假信息,扰乱市场秩序或者进行其他欺诈活动。

第六条 上市公司收购可以采用现金、依法可以转让的证券以及法律、行政法规规定的其他支付方式进行。

第七条 收购人不得利用上市公司收购损害被收购公司及其股东的合法权益。

禁止不具备实际履约能力的收购人进行上市公司收购,被收购公司不得向收购人提供任何形式的财务资助。

第八条 上市公司的控股股东和其他实际控制人对其所控制的上市公司及该公司其他股东负有诚信义务。

收购人对其所收购的上市公司及其股东负有诚信义务,并应当就其承诺的具体事项提供充分有效的履行保证。

第九条 上市公司的董事、监事和高级管理人员对其所任职的上市公司及其股东负有诚信义务。

被收购公司在收购期间有更换董事或者董事辞任情形的,公司应当说明原因,并做出公告。

第十条 中国证券监督管理委员会(以下简称中国证监会)依法对上市公司收购活动实行监督管理。

证券交易所和证券登记结算机构根据中国证监会赋予的职责及其业务规则,对上市公司收购活动实行日常监督管理。

第十一条 中国证监会可以设立由专业人士组成的专门委员会,就具体交易事项是否构成上市公司收购、当事人应当如何履行相关义务、具体交易事项是否影响被收购公司的持续上市地位以及其他相关实体、程序事宜提出意见。

第二章 协议收购规则

第十二条 以协议收购方式进行上市公司收购的,收购人应当在达成收购协议的次日向中国证监会报送上市公司收购报告书,同时抄报上市公司所在地的中国证监会派出机构,抄送证券交易所,通知被收购公司,并对上市公司收购报告书摘要做出提示性公告。

中国证监会在收到上市公司收购报告书后十五日内未提出异议的,收购人可以公告上市公司收购报告书,履行收购协议。

第十三条 以协议收购方式进行上市公司收购,收购人所持有、控制一个上市公司的股份达到该公司已发行股份的30%时,继续增持股份或者增加控制的,应当以要约收购方式向该公司的所有股东发出收购其所持有的全部股份的要约;符合本办法第四章规定情形的,收购人可以向中国证监会申请豁免;获得豁免的,可以以协议收购方式进行。

第十四条 以协议收购方式进行上市公司收购,收购人拟持有、控制一个上市公司的股份超过该公司已发行股份的30%的,应当以要约收购方式向该公司的所有股东发出收购其所持有的全部股份的要约;符合本办法第四章规定情形的,收购人可以向中国证监会申请豁免;获得豁免的,可以以协议收购方式进行。

第十五条 被收购公司收到收购人的通知后,其董事会应当及时就收购可能对公司产生的影响发表意见,独立董事在参与形成董事会意见的同时还应当单独发表意见。被收购公司董事会认为有必要的,可以为公司聘请独立财务顾问等专业机构提供咨询意见。被收购公司董事会意见、独立董事意见和专业机构意见一并予以公告。

管理层、员工进行上市公司收购的,被收购公司的独立董事应当就收购可能对公司产生的影响发表意见。独立董事应当要求公司聘请独立财务顾问等专业机构提供咨询意见,咨询意见与独立董事意见一并予以公告。财务顾问费用由被收购公司承担。

第十六条 涉及国家授权机构持有的股份的转让,或者须经行政审批方可进行的股份转让,协议收购相关当事人应当在获得有关主管部门批准后，方可履行收购协议。

第十七条 协议收购相关当事人应当按照证券交易所和证券登记结算机构的业务规则和要求，申请办理股份转让和过户登记手续。

未按照规定履行报告、公告义务或者未按照规定提出申请的，证券交易所和证券登记结算机构不予办理股份转让和过户登记手续。

第十八条 以协议收购方式进行上市公司收购，相关当事人应当委托证券登记结算机构临时保管拟转让的股票，并将用于支付的现金存放于证券登记结算机构指定的银行账户。

第十九条 以协议收购方式转让一个上市公司的挂牌交易股票，导致受让人获得或者可能获得对该公司的实际控制权的，应当按照以下程序办理：

（一）公告上市公司收购报告书后，相关当事人应当委托证券公司申请办理股份转让和过户登记手续；接受委托的证券公司应当向证券交易所和证券登记结算机构申请拟收购部分的暂停交易和临时保管；予以暂停交易和临时保管的，应当做出公告；

证券交易所可以根据证券市场管理的需要，做出被收购公司挂牌交易股票暂停交易的决定；

（二）受让人应当在提出股份转让申请的次日，就转让协议事宜以及接受委托的证券公司名称做出公告，并通知该上市公司；

（三）证券交易所在收到股份转让申请后 3 个工作日内完成审核，对所申请的股份转让做出予以确认或者不予确认的决定；

（四）证券交易所对所申请的股份转让予以确认的，由接受委托的证券公司代表转让双方向证券登记结算机构申请办理股份过户登记手续，受让人在过户登记手续完成后 2 个工作日内做出公告；

证券交易所不予确认的，接受委托的证券公司应当在收到证券交易所通知的当日，将不予确认的决定通知转让双方和被收购公司，并代表转让双方向证券登记结算机构申请解除对该部分股票的临时保管；出让人应当在获悉不予确认决定后 2 个工作日内做出公告；

（五）股份转让过户登记手续完成后，由接受委托的证券公司代表受让人向证券登记结算机构申请解除该部分股票的临时保管，受让人在提出解除保管申请后的 2 个工作日内做出公告，该部分股票在证券交易所恢复交易。

第二十条 上市公司控股股东和其他实际控制人在转让其对一个上市公司的实际控制权时，未清偿其对公司的负债，未解除公司为其负债提供的担保，或者存在其损害公司利益的其他情形的，被收购公司董事会应当为公司聘请审计机构就有关事项进行专项核查并出具核查报告，要求该控股股东和其他实际控制人提出切实可行的解决方案，被收购公司董事会、独立董事应当就其解决方案是否切实可行分别发表意见。被收购公司应当将核查报告、解决方案与董事会和独立董事意见一并予以公告。

前款控股股东和其他实际控制人拒不提出解决方案的，董事会、独立董事应当采取充分有效的法律措施维护公司利益。

第二十一条 经中国证监会和证券交易所同意，上市公司股东通过公开征集方式出让其所持有的上市公司股份的，应当委托证券公司代为办理，具体程序和要求执行证券交易所的相关业务规则。

第二十二条 收购人通过国有股权行政划转、法院裁决、继承、赠予等合法途径持有、控制一个上市公司的股份，导致其获得或者可能获得对一个上市公司的实际控制权的，按照本章规定办理。

第三章 要约收购规则

第二十三条 收购人持有、控制一个上市公司的股份达到该公司已发行股份的 30%时，应当在该事实发生的次日向中国证监会报送上市公司收购报告书，同时抄报上市公司所在地的中国证监会派出机构，抄送证券交易所，通知被收购公司，并做出公告。未按照本办法的规定履行报告、公告义务的，收购人不得继续增持股份或者增加控制。

前款收购人继续增持股份或者增加控制的，应当以要约收购方式向该公司的所有股东发出收购其所持有的全部股份的要约；符合本办法第四章规定的，可以向中国证监会申请豁免。

前款收购人持有、控制一个上市公司的股份达到该公司已发行股份的 30%之前，已经报告、公告过上市公司收购报告书的，可以仅就本次报告书与前次报告书不同的部分做出报告、公告。

第二十四条 持有、控制一个上市公司的股份低于该公司已发行股份的 30%的收购人，以要约收购方式增持该上市公司股份的，其预定收购的股份比例不得低于 5%，预定收购完成后所持有、控制的股份比例不得超过 30%；拟超过的，应当向该公司的所有股东发出收购其所持有的全部股份的要约；符合本办法第四章规定的，可以向中国证监会申请豁免。

第二十五条 以要约收购方式进行上市公司收购的，收购人应当向中国证监会报送要约收购报告书，同时抄报上市公司所在地的中国证监会派出机构，抄送证券交易所，通知被收购公司，并对要约收购报告书摘要做出提示性公告。

证券交易所可以根据证券市场管理的需要，做出被收购公司挂牌交易股票暂停交易的决定。

第二十六条 要约收购报告书应当载明下列事项：

（一）收购人的名称、住所；

（二）收购人关于收购的决定；

（三）被收购的上市公司名称；

（四）收购目的；

（五）收购股份的详细名称和预定收购的股份数额；

（六）收购的期限、收购的价格；

（七）收购所需的资金额及资金保证；

（八）报送要约收购报告书时所持有被收购公司股份数占

该上市公司已发行的股份总数的比例；

(九)收购完成后的后续计划；

(十)中国证监会要求载明的其他事项。

第二十七条 收购人应当在要约收购报告书中说明有无将被收购公司终止上市的意图；有终止上市意图的，应当在要约收购报告书的显著位置做出特别提示。

收购人应当在要约收购报告书中说明收购完成后，被收购公司股权分布发生变化是否影响该公司的持续上市地位；造成影响的，应当就维持公司的持续上市地位提出具体方案。

第二十八条 收购人应当聘请律师对其要约收购报告书内容的真实性、准确性、完整性进行核查，并出具法律意见书。

收购人应当聘请财务顾问等专业机构对收购人的实际履约能力做出评判。财务顾问的专业意见应当予以公告。

第二十九条 收购人向中国证监会报送要约收购报告书后，在发出收购要约前申请取消收购计划的，在向中国证监会提出取消收购计划的书面申请之日起12个月内，不得再次对同一上市公司进行收购。

第三十条 中国证监会在收到要约收购报告书后15日内未提出异议的，收购人可以公告其收购要约文件；提出异议的，收购人应当就有关事项做出修改或者补充。收购人修改、补充的时间不计入上述期间。

第三十一条 被收购公司董事会应当为公司聘请独立财务顾问等专业机构，分析被收购公司的财务状况，就收购要约条件是否公平合理、收购可能对公司产生的影响等事宜提出专业意见，并予以公告。

管理层、员工进行上市公司收购的，被收购公司的独立董事应当为公司聘请独立财务顾问等专业机构，分析被收购公司的财务状况，就收购要约条件是否公平合理、收购可能对公司产生的影响等事宜提出专业意见，并予以公告。财务顾问费用由被收购公司承担。

第三十二条 被收购公司董事会应当在收购人发出收购要约后10日内，将被收购公司董事会报告书与独立财务顾问的专业意见一并报送中国证监会，同时抄报上市公司所在地的中国证监会派出机构，抄送证券交易所，并予以公告。

被收购公司董事会报告书应当就是否接受收购要约向股东提出建议，被收购公司的独立董事应当单独发表意见，一并予以公告。

收购人对收购要约条件做出重大更改的，被收购公司董事会应当就要约条件的更改情况报送补充报告书，独立董事应当发表补充意见，一并予以公告。

第三十三条 被收购公司的董事、监事、高级管理人员针对收购行为所做出的决策及采取的措施，不得损害公司及其股东的合法权益。

收购人做出提示性公告后，被收购公司董事会除可以继续执行已经订立的合同或者股东大会已经做出的决议外，不得提议如下事项：

(一)发行股份；

(二)发行可转换公司债券；

(三)回购上市公司股份；

(四)修改公司章程；

(五)订立可能对公司的资产、负债、权益或者经营成果产生重大影响的合同；但是公司开展正常业务的除外；

(六)处置、购买重大资产，调整公司主要业务；但是面临严重财务困难的公司调整业务或者进行资产重组的除外。

第三十四条 收购人确定要约收购价格，应当遵循以下原则：(一) 要约收购挂牌交易的同一种类股票的价格不低于下列价格中较高者：

1、在提示性公告日前6个月内，收购人买入被收购公司挂牌交易的该种股票所支付的最高价格；

2、在提示性公告日前30个交易日内，被收购公司挂牌交易的该种股票的每日加权平均价格的算术平均值的90%；

(二)要约收购未挂牌交易股票的价格不低于下列价格中较高者：

1、在提示性公告日前6个月内，收购人取得被收购公司未挂牌交易股票所支付的最高价格；

2、被收购公司最近一期经审计的每股净资产值。

在特殊情况下需要对上述价格确定原则做调整执行的，收购人应当事先征得中国证监会同意。收购人提出的收购价格显失公平的，中国证监会可以要求其做出调整。

第三十五条 收购人以现金进行支付的，应当在做出提示性公告的同时，将不少于收购总金额20%的履约保证金存放在证券登记结算机构指定的银行账户，并办理冻结手续。

收购人以依法可以转让的证券进行支付的，应当在做出提示性公告的同时，将其用以支付的全部证券交由证券登记结算机构保管；但是根据证券登记结算机构的业务规则不在保管范围内的除外。

收购人取消收购计划，未涉及不当行为调查的，可以申请解除对履约保证金的冻结或者对证券的保管。

第三十六条 收购要约的有效期不得少于30日，不得超过60日；但是出现竞争要约的除外。

在收购要约有效期限内，收购人不得撤回其收购要约。

第三十七条 收购人在收购要约有效期限内更改收购要约条件的，必须事先向中国证监会报送书面报告，同时抄报上市公司所在地的中国证监会派出机构，抄送证券交易所，通知被收购公司；经中国证监会批准后，方可执行，并予以公告。

第三十八条 收购要约期满前15日内，收购人不得更改收购要约条件；但是出现竞争要约的除外。

出现竞争要约时，初始要约人更改收购要约条件距收购要约期满不足15日的，应当予以延长，延长后的有效期不应少于15日，不得超过最后一个竞争要约的期满日。

第三十九条 要约收购报告书所披露的基本事实发生重大变化的，收购人应当在该变化发生之日起2个工作日内，向中国证监会做出书面报告，同时抄报上市公司所在地的中国证监会派出机构，抄送证券交易所，通知被收购公司，并予以公告。

第四十条 收购人应当委托证券公司向证券登记结算机构申请办理预受要约股票的临时保管。

证券登记结算机构临时保管的预受要约股票，在要约收购期间不再进行任何形式的转让。

第四十一条 预受要约的股东有权在要约期满前撤回预受，证券登记结算机构应当根据预受要约股东的申请解除对预受要约股票的临时保管。

在收购要约有效期间，收购人应当每日在证券交易所网站上公告预受要约股份的数量以及撤回预受要约股份的数量。

第四十二条 要约收购期满，收购人应当按照收购要约规定的条件购买被收购公司股东预受的全部股份；预受要约股份的数量超过预定收购数量时，收购人应当按照同等比例收购预受要约的股份。

收购要约期满后3个工作日内，接受委托的证券公司应当向证券登记结算机构申请办理股份转让结算和过户登记手续，解除对超过预定收购比例的股票的临时保管。

第四十三条 收购要约期满后3个工作日内，收购人应当向中国证监会报送关于收购情况的书面报告，同时抄报上市公司所在地的中国证监会派出机构，抄送证券交易所，通知被收购公司，并予以公告。

第四十四条 收购人做出提示性公告后至收购要约期满前，不得采取要约收购以外的形式和超出要约的条件买卖被收购公司的股票。

第四十五条 出现竞争要约时，被收购公司董事会应当公平对待所有要约收购人。

第四十六条 拟发出竞争要约的收购人，最迟不得晚于初始要约期满前5日向中国证监会报送要约收购报告书，同时抄报上市公司所在地的中国证监会派出机构，抄送证券交易所，通知被收购公司，并就要约收购报告书摘要做出提示性公告；中国证监会收到要约收购报告书后15日内未提出异议的，收购人可以公告其收购要约文件。

第四十七条 收购人拟向同一上市公司的股东连续公开求购其所持有的该上市公司股份，导致其在收购完成后持有、控制该上市公司已发行的股份达到或者超过5%的，构成要约收购行为，应当遵守本办法规定的要约收购规则。

第四章 要约收购义务的豁免

第四十八条 符合本办法第四十九条、第五十一条规定情形的，收购人可以向中国证监会申请下列豁免事项：

(一)免于以要约收购方式增持股份；

(二)免于向被收购公司的所有股东发出收购要约；

(三)免于要约收购被收购公司的全部股份。

第四十九条 有下列情形之一的，收购人可以向中国证监会提出豁免申请：

(一)上市公司股份转让在受同一实际控制人控制的不同主体之间进行，股份转让完成后的上市公司实际控制人未发生变化，且受让人承诺履行发起人义务的；

(二)上市公司面临严重财务困难，收购人为挽救该公司而进行收购，且提出切实可行的重组方案的；

(三)上市公司根据股东大会决议发行新股，导致收购人持有、控制该公司股份比例超过30%的；

(四)基于法院裁决申请办理股份转让手续，导致收购人持有、控制一个上市公司已发行股份超过30%的；

(五)中国证监会为适应证券市场发展变化和保护投资者合法权益的需要而认定的其他情形。

第五十条 收购人向中国证监会提出豁免申请，其所报送的申请文件符合规定要求，并且已经按照规定履行信息披露义务的，中国证监会做出予以受理的决定；不符合规定要求或者未按照规定履行信息披露义务的，中国证监会不予受理。

中国证监会在受理豁免申请后3个月内，就收购人所申请的具体事项做出是否予以豁免的决定；获得豁免的，收购人可以继续增持股份或者增加控制。

第五十一条 有下列情形之一的，相关当事人可以向中国证监会报送豁免申请文件：

(一)合法持有、控制一个上市公司50%以上股份的股东，继续增持股份、增加控制后不超过该公司已发行股份的75%的；

(二)因上市公司减少股本导致其持有、控制一个上市公司已发行股份超过30%的；

(三)证券公司因开展正常的股票承销业务导致其持有一个上市公司已发行股份超过30%，但无实际控制该公司的行为或者意图，并且提出在合理期限内向非关联方转让超出部分的解决方案的；

(四)银行因开展正常的银行业务导致其持有一个上市公司已发行股份超过30%，但无实际控制该公司的行为或者意图，并且提出在合理期限内向非关联方转让超出部分的解决方案的；

(五)当事人因国有资产行政划转导致其持有、控制一个上市公司已发行股份超过30%的；

(六)当事人因合法继承导致其持有、控制一个上市公司已发行股份超过30%的；

(七)中国证监会为适应证券市场发展变化和保护投资者合法权益的需要认定的其他情形。

中国证监会自收到符合规定的申请文件之日起5个工作日内未提出异议的，当事人可以向证券交易所和证券登记结算机构申请办理股份转让和过户登记手续。

第五十二条 收购人发出的收购要约应当适用于被收购公司的所有股东；但是存在主体资格、股份种类限制或者法律、行政法规、规章规定的特殊情形的，收购人可以向中国证监会提出豁免申请。

第五十三条 收购人提出豁免申请的，应当聘请律师事务所就其所申请的具体豁免事项出具专业意见；依据本办法第四十九条第(二)项、第(三)项的规定申请豁免的收购人，应当聘请财务顾问等专业机构出具专业意见。

第五章　监管措施及法律责任

第五十四条　收购人违反本办法的规定，持有、控制被收购公司的股份超过该公司已发行股份的30%的，应当主动改正；未能改正的，证券交易所依据业务规则进行处理；拒不改正的，中国证监会责令改正。收购人在改正前不得向被收购公司选派董事、监事、高级管理人员；在整改期间，中国证监会不受理任何专业机构为其出具的文件。

第五十五条　收购人未按照本办法的规定履行报告、公告义务的，应当主动改正；未能改正的，证券交易所依据业务规则进行处理；拒不改正的，中国证监会责令改正、停止收购活动。收购人在改正前不得向被收购公司选派董事、监事、高级管理人员；在整改期间，中国证监会不受理任何专业机构为其出具的文件。构成证券违法行为的，依法追究法律责任。

第五十六条　收购人的报告、公告等文件中有虚假记载、误导性陈述或者重大遗漏的，应当主动改正；未能改正的，证券交易所依据业务规则进行处理；拒不改正的，中国证监会责令改正、停止收购活动。收购人在改正前不得向被收购公司选派董事、监事、高级管理人员；在整改期间，中国证监会不受理任何专业机构为其出具的文件。构成证券违法行为的，依法追究法律责任。

第五十七条　上市公司控股股东和其他实际控制人在转让其对一个上市公司的实际控制权时，未清偿其对公司的负债，未解除公司为其提供的担保，或者未对其损害公司利益的其他情形做出纠正的，应当主动纠正；未能纠正的，被收购公司董事会、独立董事应当采取充分有效的法律措施促其纠正，证券交易所依据业务规则进行处理；拒不纠正的，中国证监会责令改正、停止收购活动。构成证券违法行为的，依法追究法律责任。

被收购公司董事会、独立董事未能采取前款措施的，证券交易所依据业务规则进行处理；拒不采取措施的，中国证监会责令改正。构成证券违法行为的，依法追究法律责任。

第五十八条　为上市公司收购出具资产评估报告、审计报告、法律意见书和提供财务顾问意见等文件的专业机构和专业人员，其出具、提供的文件中有虚假记载、误导性陈述或者重大遗漏的，应当主动改正；未能改正的，证券交易所依据业务规则进行处理；拒不改正的，中国证监会责令改正。在整改期间，中国证监会不受理其出具的文件。构成证券违法行为的，依法追究法律责任。

第五十九条　任何知悉上市公司收购信息的人员在有关收购信息未经依法公开之前，泄露该收购信息、买卖该上市公司证券或者建议他人买卖该上市公司证券，或者利用上市公司收购散布虚假信息或者进行欺诈活动的，依法追究法律责任。

利用上市公司收购进行其他不当活动的，当事人应当主动改正；未能改正的，证券交易所依据业务规则进行处理；拒不改正的，中国证监会责令改正。构成证券违法行为的，依法追究法律责任。

第六章　附　则

第六十条　进行上市公司收购的股份持有人、股份控制人、一致行动人，其所持有、控制被收购公司已发行的股份数量应当合并计算。

第六十一条　收购人有下列情形之一的，构成对一个上市公司的实际控制：

（一）在一个上市公司股东名册中持股数量最多的；但是有相反证据的除外；

（二）能够行使、控制一个上市公司的表决权超过该公司股东名册中持股数量最多的股东的；

（三）持有、控制一个上市公司股份、表决权的比例达到或者超过30%的；但是有相反证据的除外；

（四）通过行使表决权能够决定一个上市公司董事会半数以上成员当选的；

（五）中国证监会认定的其他情形。

第六十二条　本办法下列用语的含义：

（一）“收购要约”是指收购人向被收购公司股东公开发出的、愿意按照要约条件购买其所持有的被收购公司股份的意思表示。

（二）“预受”是指受要约人同意接受要约的初步意思表示，在要约期满前不构成承诺。

（三）“股份持有人”、“股份控制人”、“一致行动人”的含义与《上市公司股东持股变动信息披露管理办法》中“股份持有人”、“股份控制人”、“一致行动人”的含义相同。

第六十三条　上市公司收购报告书、要约收购报告书、被收购公司董事会报告书、要约收购豁免申请文件的格式与内容，由中国证监会另行制定。

第六十四条　本办法自2002年12月1日起施行。

上市公司股东持股变动信息披露管理办法

中国券监督管理委员会令〔2002〕第11号　2002年9月28日

第一章　总　则

第一条　为规范上市公司股东持股变动信息披露行为，监督上市公司股东持股变动信息披露义务人按照规定要求履行信息披露义务，保护投资者合法权益，维护证券市场正常秩序，根据《公司法》、《证券法》及其他法律和相关行政法规，制定本办法。

第二条 本办法所称上市公司股东持股变动(以下简称持股变动),是指通过在证券交易所的股份转让活动,投资者持有的一个上市公司股份数量发生或者可能发生变化的情形;或者持股数量虽未发生变化,但通过在证券交易所的股份转让活动以外的其他合法途径,投资者控制的一个上市公司股份数量发生或者可能发生变化的情形。

第三条 持股变动信息披露义务人应当按照本办法规定严格履行信息披露义务,其所披露的信息应当真实、准确、完整,不得有虚假记载、误导性陈述或者重大遗漏。

信息披露义务人及其他知情人员,在有关持股变动信息依法披露之前,不得以任何方式泄露相关信息。

第四条 任何人不得利用持股变动损害上市公司及其股东的合法权益。

任何人不得利用持股变动进行内幕交易、操纵市场或者其他欺诈活动。

第五条 中国证券监督管理委员会(以下简称中国证监会)依法对持股变动的信息披露行为实行监督管理。

证券交易所和证券登记结算机构根据中国证监会赋予的职责及其业务规则,对持股变动信息披露行为实行日常监督管理。

第二章 持股变动信息披露义务人

第六条 本办法所称持股变动信息披露义务人(以下简称信息披露义务人),是指持有、控制一个上市公司的股份数量发生或者可能发生变化达到规定比例,按照本办法的规定应当履行信息披露义务的股份持有人、股份控制人和一致行动人。

第七条 股份持有人是指在上市公司股东名册上登记在册的自然人、法人或者其他组织。

第八条 股份控制人是指股份未登记在其名下,通过在证券交易所股份转让活动以外的股权控制关系、协议或者其他安排等合法途径,控制由他人持有的上市公司股份的自然人、法人或者其他组织。

第九条 一致行动人是指通过协议、合作、关联方关系等合法途径扩大其对一个上市公司股份的控制比例,或者巩固其对上市公司的控制地位,在行使上市公司表决权时采取相同意思表示的两个以上的自然人、法人或者其他组织。

前款所称采取相同意思表示的情形包括共同提案、共同推荐董事、委托行使未注明投票意向的表决权等情形;但是公开征集投票代理权的除外。

第十条 一致行动人自一致行动关系形成之日起,应当向证券登记结算机构申请临时保管各自持有、控制的该公司的全部股票,临时保管期不得少于6个月。

第十一条 信息披露义务人应当合并计算其所持有、控制的同一上市公司股份。

持有、控制一个上市公司已发行的可转换公司债券的信息披露义务人,在可转换公司债券的转换期间,应当将其有权转换部分与其所持有、控制的同一上市公司的股份合并计算。

第三章 持股变动报告书及公告

第十二条 信息披露义务人依照本办法规定履行信息披露义务,应当向证券交易所提交上市公司股东持股变动报告书(以下简称持股变动报告书)。

前款义务人在提交持股变动报告书的同时,应当报送中国证监会,抄报上市公司所在地的中国证监会派出机构,通知上市公司,并做出公告。

持股变动报告书的内容与格式由中国证监会另行规定。

第十三条 信息披露义务人为多人的,可以以书面形式约定由其中一人负责统一编制持股变动报告书,但各信息披露义务人应当在持股变动报告书上签字盖章。

各信息披露义务人应当对持股变动报告书中涉及其自身的信息承担责任;对持股变动报告书中涉及的与多个信息披露义务人相关的信息,各信息披露义务人对相关部分承担连带责任。

第十四条 持股变动报告书应当载明下列事项:

(一)信息披露义务人的名称、住所;

(二)上市公司名称;

(三)信息披露义务人持有、控制股份的变动情况;

(四)持股变动方式;

(五)信息披露义务人前6个月就该上市公司股份所进行的交易;

(六)中国证监会、证券交易所要求予以载明的其他事项。

第十五条 投资者持有、控制一个上市公司已发行的股份达到5%时,应当按照本办法规定履行信息披露义务,在该事实发生之日起3个工作日内提交持股变动报告书。

在上述规定的期限内,该投资者不得再行买卖该上市公司的股票。

第十六条 投资者预计持有、控制一个上市公司已发行的股份超过5%的,应当按照本办法规定履行信息披露义务,提交持股变动报告书。

未做出公告的,该投资者不得再行买卖该上市公司的股票。

第十七条 持有、控制一个上市公司已发行股份5%以上的信息披露义务人,持股变动每达到5%的,应当在该事实发生之日起3个工作日内提交持股变动报告书。

自报告义务发生之日起至做出公告后2个工作日内,信息披露义务人不得再行买卖该上市公司的股票。

第十八条 持有、控制一个上市公司已发行股份5%以上的信息披露义务人,预计持股变动超过该上市公司已发行股份的5%的,应当提交持股变动报告书。

自报告义务发生之日起至做出公告后2个工作日内,信息披露义务人不得再行买卖该上市公司的股票。

第十九条 信息披露义务人持股变动虽未达到5%,但导致其持有、控制该公司已发行的股份低于5%的,应当自该事实发生之日起3个工作日内做出公告,免于提交持股变动报告书。

第二十条 因持股变动导致其获得或者可能获得对1个上

市公司的实际控制权的，收购人应当按照《上市公司收购管理办法》的规定，向中国证监会报送上市公司收购报告书，同时抄报上市公司所在地的中国证监会派出机构，抄送证券交易所，通知该上市公司，并做出公告。

第二十一条 因协议转让导致持股变动出现本办法第十六条、第十八条规定情形的，信息披露义务人应当自股份转让协议签订之日起3个工作日内，按照本办法第十六条、第十八条的规定履行相关义务。

第二十二条 因行政划转导致持股变动出现本办法第十六条、第十八条规定情形的，信息披露义务人应当自收到国有股权直接主管部门同意划转的通知之日起3个工作日内，按照本办法第十六条、第十八条的规定履行相关义务。

第二十三条 因法院裁决导致持股变动出现本办法第十六条、第十八条规定情形的，申请执行人应当自证券交易所对其股份转让申请做出确认之日起3个工作日内，按照本办法第十六条、第十八条的规定履行相关义务。

第二十四条 通过证券交易所股份转让活动以外的合法途径，股份控制人发生变化，导致持股变动出现本办法第十六条、第十八条规定情形的，信息披露义务人应当自持股变动发生之日起3个工作日内，按照本办法第十六条、第十八条的规定履行相关义务。

第二十五条 信息披露义务人因持股变动需要再次提交持股变动报告书的，可以仅就本次报告书与前次报告书不同的部分做出报告、公告。

第二十六条 因上市公司减少股本导致信息披露义务人持股变动出现本办法第十五条、第十六条、第十七条、第十八条规定情形的，免于提交持股变动报告书。

上市公司减少股本，应当自完成变更登记之日起2个工作日内，就因此导致的持股变动情况做出公告。

第二十七条 股份持有人为依法办理证券登记托管业务机构的，因办理证券登记托管业务而持有股份时，免于提交持股变动报告书。

第二十八条 涉及国家授权机构持有的股份的转让，或者须经行政审批方可进行的股份转让，相关当事人应当自收到有关主管部门同意转让的通知之日起3个工作日内公告有关决定。

第二十九条 信息披露义务人应当自股份过户登记之日起2个工作日内，就有关过户事宜做出公告。

信息披露义务人就持股变动做出公告后30日内未完成股份过户手续的，应当立即做出公告，并说明理由；在未完成股份过户期间，应当每隔30日再次做出公告。

第三十条 已经公告持股变动报告的信息披露义务人，有下列情形之一的，应当自该事实发生之日起2个工作日内就该事实做出公告，无需停止买卖该公司股票和重新提交持股变动报告书：

(一)通过证券交易所的集中竞价交易，其所持有该上市公司已发行的股份每增加或者减少1%的；

(二)一致行动人的成员发生变化；

(三)中国证监会、证券交易所规定的其他情形。

第三十一条 上市公司应当定期向证券登记结算机构核对持股变动情况，并及时向证券交易所做出报告。

第三十二条 有关持股变动情况依法披露前，相关信息已在媒体上传播或者公司股票交易出现异常，上市公司董事会应当立即向有关股东进行查询，有关股东应当及时予以书面答复，上市公司应当及时做出公告。

第三十三条 信息披露义务人应当在至少一家中国证监会指定媒体上披露有关持股变动信息；在其他媒体上进行披露的，披露内容应当一致，披露时间不得早于指定媒体的披露时间。

第四章 监管措施及法律责任

第三十四条 信息披露义务人未按本办法规定履行相关义务的，应当主动改正；未能改正的，证券交易所依据业务规则进行处理，证券登记结算机构依据业务规则暂不予办理股份过户登记手续；拒不改正的，中国证监会责令改正。构成证券违法行为的，依法追究法律责任。

第三十五条 信息披露义务人披露的信息有虚假记载、误导性陈述或者重大遗漏的，应当主动改正；未能改正的，证券交易所依据业务规则进行处理，证券登记结算机构依据业务规则暂不予办理股份过户登记手续；拒不改正的，中国证监会责令改正。构成证券违法行为的，依法追究法律责任。

第三十六条 信息披露义务人未按规定披露信息，涉嫌内幕交易、操纵市场或者其他欺诈行为的，由中国证监会依法查处。

因前款所述行为对信息披露义务人进行调查期间，信息披露人在被调查期间不得向相关上市公司选派董事、监事、高级管理人员。

第五章 附 则

第三十七条 本办法所称"关联方关系"的含义与财政部《企业会计准则棗关联方关系及其交易的披露》中的"关联方关系"的含义相同。

第三十八条 本办法自2002年12月1日起施行。

关于规范基金管理公司股东出资转让有关事项的通知

中国证券监督管理委员会 2002年12月26日

各基金管理公司股东单位、各基金管理公司：

近一段时间，基金管理公司股东拟转让出资的现象引起了市场的广泛关注。

股东依法转让出资是一种正常的民事行为，受法律保护。但是在这个过程中也出现了一些问题，影响了基金市场的正常秩序。基金业是一个需要高度规范和自律的行业，出资转让必须以保护基金持有人利益，促进基金管理公司的长远发展为目标。为维护基金业的健康稳定发展，保护基金持有人的合法权益，根据《中华人民共和国公司法》（以下简称《公司法》）、《证券投资基金管理暂行办法》及《关于基金管理公司重大变更事项有关问题的通知》（证监基金字[2002]10号）（以下简称《重大变更通知》）等法律、法规的规定，就现阶段对基金管理公司的出资进行转让的有关事项通知如下：

一、当事人出让或者受让对基金管理公司的出资，应当遵守《公司法》和相关法律法规的规定并符合公司章程的要求。基金管理公司及相关当事人应当严格按照《重大变更通知》及本通知的要求履行法律程序。

二、基金管理公司董事对公司及全体基金投资人负有诚信义务。在股东对基金管理公司出资进行转让期间，董事应当依法履行职责，恪尽职守，保证公司正常经营。

三、基金管理公司股东出资转让的受让方应当符合以下条件：

(一) 实收资本不少于3亿元；

(二) 经营状况良好；

(三) 无不良记录；

(四) 中国证监会根据审慎监管原则规定的其它条件。

受让方拟成为第一大股东的，还应当符合以下条件：

(一) 属于依法设立的证券公司、信托投资公司；

(二) 最近3年连续盈利；

(三) 中国证监会根据审慎监管原则规定的其他条件。

四、受让基金管理公司出资成为基金管理公司股东，受让方必须是实际出资人，不得通过股权托管、秘密协议等形式受让对基金管理公司的出资。

五、股东转让出资，应当遵守《公司法》第三十五条关于其他股东享有优先购买权的规定。禁止采用虚报转让价格等欺诈手段侵犯其他股东的优先购买权。

六、股东与股东以外的机构签订出资转让协议后，转让双方应当将转让情况书面通知基金管理公司董事会，并保证转让文件的内容真实、准确、完整。

该转让文件应当包括：

(一) 出资转让协议；

(二) 受让方的基本情况，包括但不限于公司名称、法定代表人、注册资本、住所、成立时间、批准机关、组织形式、经营范围；

(三) 受让方的最终权益持有人、实际控制人及受让方的关联方关系的详细情况，包括但不限于受让方与其主要股东、主要股东的重要关联方、主要投资关联方的关联关系说明；

(四) 受让方投资于基金管理公司的目的；

(五) 受让方是对基金管理公司出资的实际出资人且不受制于其他任何未予披露的第三方的承诺书；

(六) 受让方律师就受让方资格的合法性及转让文件的真实、准确、完整性出具的法律意见；

(七) 其它与转让出资密切相关的资料，商业秘密除外。

七、股东向股东以外的机构转让出资，基金管理公司董事会应当召集股东会对出资转让事项进行表决。转让双方应当向股东会提交转让文件。股东会有权要求转让双方进一步提供其他相关说明。

八、股东转让出资，基金管理公司应当按照《重大变更通知》向中国证监会报送申请文件。股东向股东以外的机构转让出资的，除前述通知要求的有关材料外，基金管理公司还应当报送以下材料：

(一) 转让文件；

(二) 拟成为第一大股东的受让方就基金管理公司的经营方针、治理结构等方面情况提出的计划书；

(三) 股东会决议文件、股权转让过程中其他法律文件及律师意见；

(四) 中国证监会根据审慎性原则要求提供的其他材料。

九、中国证监会可以根据具体情况，要求受让方提供其受让出资的资金来源以及受让方在证券市场的投资情况，包括股票账户及股票清单等。必要时，中国证监会可以自行或委托相关单位进行核查。

十、受让方在取得中国证监会批准文件后方可办理相关变更手续并行使股东权利。

十一、基金管理公司应当根据《重大变更通知》的要求公告出资转让情况。

十二、基金管理公司的发起人自公司成立1年内不得转让出资，公司原有股东的新增出资、新增股东的出资1年内不得转让。中国证监会批准的特殊情形除外。

十三、中国证监会依法对基金管理公司出资转让进行监管。对于违反法律、法规或者本通知的出资转让行为，中国证监会将根据情节采取拒绝受理当事人从事证券或者基金业务的申请、取消相关业务资格、禁止参与证券市场活动等措施，并依据相关法律、法规追究当事人的法律责任。

十四、受让方是境外机构的，按照《外资参股基金管理公司设立规则》的有关规定执行。

十五、本通知自发布之日起实施。

保险业务外汇管理暂行规定

汇发〔2002〕第95号 2002年9月24日

第一章 总 则

第一条 为了规范中华人民共和国境内外汇保险活动，完善保险业务外汇管理，根据《中华人民共和国保险法》、《中华人民共和国外汇管理条例》和《中华人民共和国外资保险公司管理条例》，制定本暂行规定。

第二条 本暂行规定所称外汇保险，是指根据保险合同约定，支付保险费、赔偿或给付保险金均以外币计价结算的商业保险。外汇保险包括外汇财产保险、外汇人身保险和外汇再保险。

第三条 在中华人民共和国境内经营外汇保险，保险项下外汇收支、结汇、售汇、外汇账户的开立和使用等，适用本暂行规定。

第四条 保险公司及其分支机构(以下简称保险经营机构)经营外汇保险业务，应当使用外汇向投保人收取保险费、向被保险人(受益人)赔偿或给付保险金，以及进行保险合同结算。

第五条 国家外汇管理局及其分支局（以下简称外汇局）依照本暂行规定，负责核准保险经营机构外汇业务资格，对保险业务项下的外汇收支、结汇、售汇和外汇账户实施监督管理。中国保险监督管理委员会及其派出机构（以下简称保监会）按照《保险法》等有关规定对保险经营机构外汇保险的经营活动实施监督管理。

第六条 在中华人民共和国境内从事外汇保险活动，应当遵守中国有关法律、法规以及保监会和外汇局的有关规定。

第二章 保险经营机构外汇业务的市场准入和退出管理

第七条 保险经营机构从事外汇保险等外汇业务，应当向外汇局提出申请，经外汇局核准业务资格并取得《经营外汇业务许可证》。保险经营机构应当在核准的业务范围内经营，不得擅自经营或者超范围经营外汇业务。《经营外汇业务许可证》是保险经营机构依法经营外汇业务的法定证明文件，由国家外汇管理局统一印制，有效期为3年。

第八条 经外汇局核准，保险经营机构可以经营下列部分或者全部外汇业务：（一）外汇财产保险；（二）外汇人身保险；（三）外汇再保险；（四）外汇海事担保；（五）外汇投资；（六）资信调查、咨询业务；（七）国家外汇管理局核准的其他外汇业务。保险经营机构从事外汇财产保险、外汇人身保险和外汇再保险，应限于保监会核准的险种；保险经营机构从事外汇投资，应限于国务院金融监督管理部门批准的投资渠道。

第九条 符合下列条件的保险公司可以申请开办外汇业务：（一）经保监会批准从事保险业务；（二）具有规定数额的实收外汇资本金或者实收外汇营运资金；具有法人资格的保险公司，资本金在人民币5亿元以上(含5亿元)的，应当包括不少于500万美元或者其他等值外汇的实收外汇资本金；资本金在人民币5亿元以下的，应当具有不少于200万美元或者其他等值外汇的实收外汇资本金。营运资金在人民币5亿元以上（含5亿元）的外资保险分公司应当具有不少于500万美元或者其他等值外汇的实收外汇营运资金；营运资金在人民币5亿元以下的，应当具有不少于200万美元或者其他等值外汇的实收外汇营运资金。（三）具有完善的内部控制制度和资金管理制度；（四）具有外汇局确认资格的外汇业务主管人员；（五）遵守国家法律、法规和有关外汇管理规定，无重大违规、违纪行为发生。（六）国家外汇管理局要求的其他条件。

第十条 保险公司应当持下列文件和资料，向所在地外汇局提出开办外汇业务申请；所在地外汇局初审合格的，逐级上报国家外汇管理局核准，并由国家外汇管理局向合格的保险公司发放《经营外汇业务许可证》：（一）经营外汇业务的申请书及可行性报告；（二）保监会颁发的《经营保险业务许可证》正、副本复印件；（三）保监会批准的公司章程(外资保险分公司提供其总公司的公司章程)；（四）会计师事务所对其外汇资本金或者外汇营运资金的验资报告(正本)；（五）保险公司外汇业务主管人员的名单、履历及外汇局核发的从业资格证明文件；（六）与申请外汇业务相应的内部控制制度和外汇资金管理制度；（七）国家外汇管理局要求的其他文件和资料。保险公司获得国家外汇管理局颁发的《经营外汇业务许可证》后，可以授权其分支机构向所在地外汇局申请开办外汇业务。

第十一条 保险公司分支机构应当持下列文件和资料，向所在地外汇局提出开办外汇业务申请；所在地外汇局初审合格后报上级外汇分局核准，由其发放《经营外汇业务许可证》。各分局应在核准保险公司分支机构经营外汇业务后1个月内向国家外汇管理局备案：（一）所属保险公司对其经营外汇业务的授权书；（二）开办外汇业务申请书（包括业务需求、人员配置、营业场所和设施等情况）；（三）所属保险公司《经营保险业务许可证》和《经营外汇业务许可证》正、副本复印件；（四）外汇业务主管人员的名单、履历及外汇局核发的从业资格证明文件；（五）与申请外汇业务相应的内部控制制度和外汇资金管理制度；（六）外汇局要求的其他文件和资料。

第十二条 保险经营机构可以根据业务发展的需要，持下列文件和资料，根据本暂行规定第十条或第十一条规定的程序，向外汇局申请扩大外汇业务：（一）扩大外汇业务范围的申请书和可行性报告；（二）《经营外汇业务许可证》有效期内的外汇业务经营和财务情况报告；（三）《经营外汇业务许可证》正、副本复印件；（四）新增外汇业务主管人员的名单、履历及外汇局核发的从业资格证明文件；（五）与申请外汇业务相应的内部控制制度和外汇资金管理制度；（六）外汇局要求的其他文件和资料。

第十三条 《经营外汇业务许可证》到期后继续经营外汇业务的保险经营机构，应当在《经营外汇业务许可证》到期三个月前持下列文件和资料，根据本暂行规定第十条或第十一条规定的程序，向外汇局申请重新核准经营外汇业务资格：（一）继续经营外汇业务的申请书；（二）近3年外汇业务经营和财务情况报告；（三）会计师事务所出具的外汇资本金或者外汇营运资金的审计报告；（四）原《经营外汇业务许可证》正、副本复印件；（五）外汇局要求提供的其他文件和资料。保险公司分支机构可以提供上级公司同意其继续经营外汇业务的授权书代替第(三)项要求的审计报告。

第十四条 保险经营机构终止外汇业务，应持下列文件和资料，根据本暂行规定第十条或第十一条规定的程序，向外汇局提出申请：（一）终止外汇业务的申请书；（二）终止外汇业务的详细说明（包括申请终止外汇业务的原因和终止外汇业务后债权债务处理措施、步骤等）；（三）《经营外汇业务许可证》正、副本复印件；（四）经会计师事务所审计的近3年本外币资产负债表等财务报表；（五）董事会或者上级公司签署的同意其终止外汇业务的文件；（六）外汇局要求的其他文件和资料。

第十五条 保险经营机构有下列情形之一的，外汇局应当终止其外汇业务，并注销或吊销其《经营外汇业务许可证》：（一）因分立、合并或公司章程规定的解散事由出现而解散的；（二）被保监会吊销其《经营保险业务许可证》的；（三）被人民法院依法宣告破产的；（四）国家法律、法规规定的其他情形。

第十六条 外汇局应当在收到保险经营机构申请开办、扩大、重新核准经营外汇业务资格的完整文件后3个月内，做出核准或者不核准的决定，并书面通知申请的保险经营机构。经外汇局核准经营外汇业务的保险经营机构，应当自收到核准文件后1个月内到国家外汇管理局或其分局申领《经营外汇业务许可证》。过期没有申领的，外汇局的核准文件自动失效。未经外汇局核准经营外汇业务的保险经营机构，在外汇局做出不核准决定后1年内不得申请经营外汇业务。经外汇局核准终止外汇业务的保险经营机构，应当自收到核准文件后1个月内向原发证机关缴销其《经营外汇业务许可证》。

第三章 保险经营机构外汇业务管理

第十七条 保险公司应当按照《中华人民共和国保险法》和保监会有关规定，足额、及时提取外汇保险各项准备金，并遵守保监会制定的偿付能力监管指标和资金运用指标。

第十八条 保险公司外汇资金运用，应限于国务院规定的资金运用形式，并按规定向国家外汇管理局申请开立专门的外汇资金运用账户进行管理。

第十九条 保险公司从事外汇海事担保应遵守国家有关对外担保管理规定。

第二十条 经批准经营外汇业务的保险经营机构，可以在境内银行开立外汇经营账户，并于开户后10个工作日内到所在地外汇局备案。保险公司因业务需要在境外开立外汇账户，应当经原发放《经营外汇业务许可证》的外汇局批准。保险公司的分支机构不得在境外开立外汇账户。

第二十一条 保险经营机构外汇经营账户使用范围如下：（一）外汇保险费的收入和支出；（二）外汇保险赔偿或给付保险金的收入和支出；（三）外汇再保险分保费及相关手续费的收入和支出；（四）外汇再保险项下的赔偿或给付保险金的收入和支出；（五）其他经常项目和经批准的资本项目外汇收入和支出。

第二十二条 保险公司与其分支机构之间，以及同一保险经营机构外汇账户之间的外汇资金往来，可以直接在开户银行办理境内划转手续，但应符合相应外汇账户收支范围。

第二十三条 保险公司将外汇资本金或者营运资金转换成人民币资本金或者营运资金，以及人民币资本金或者营运资金转换成外汇资本金或者营运资金，应当经国家外汇管理局批准。保险公司因经营亏损造成外汇资本金不足的，经国家外汇管理局批准后可以按会计年度购汇补足外汇资本金；保险公司分支机构因经营亏损造成外汇营运资金不足的，经国家外汇管理局批准后由其总公司按会计年度补足外汇营运资金。保险经营机构在终止外汇业务并依法清理其外汇债权债务后，剩余外汇应当结汇。

第二十四条 保险公司外汇净收益在扣除弥补经营亏损和提取外汇公积金后的剩余部分，应当在会计年度终了后4个月内，或者在董事会批准当年分配方案后10个工作日内结汇，并在结汇后5个工作日内报国家外汇管理局备案。外资保险公司外方股东根据董事会决议和保监会批准文件分配所得年度经营收益，经所在地外汇局核准后可以汇出。其中，分配所得人民币收益经所在地外汇局核准后可以购汇汇出。

第二十五条 保险经营机构外汇业务项下的财务管理，应当遵守国家有关财务管理制度，建立健全外汇业务内部控制制度、外汇资金管理制度和外汇财务制度，实行外币分账制。保险公司应当在每个会计年度终了后4个月内向国家外汇管理局和中国保险监督管理委员会上报合并的外币资产负债表等各项财务报表。

第二十六条 保险经营机构应当按照国家有关国际收支统计申报规定,办理国际收支统计申报手续。

第二十七条 外汇局可以通过自行或者以指定会计师事务所、审计师事务所进行审计的方式,对保险经营机构、保险代理机构或者保险经纪公司的外汇保险业务进行现场检查和非现场检查。被检查的保险经营机构、保险代理机构或者保险经纪公司应当接受并配合检查。

第二十八条 保险经营机构应当按照保监会和外汇局的要求,真实、完整、及时地提供有关信息和资料。

第四章 保险代理机构、经纪公司外汇收支管理

第二十九条 经保监会核准具有保险中介业务经营资格的保险代理机构、保险经纪公司,可以从事外汇保险中介业务。

第三十条 保险代理机构在中华人民共和国境内从事外汇保险代理活动的佣金等收入必须以人民币计价结算,未经外汇局批准,不得代收外汇保险费。

第三十一条 保险经纪公司可以代客户支付外汇保险项下保险费、赔偿或给付保险金,但不得代客户购汇支付上述款项。保险经纪公司从事外汇保险经纪活动取得的外汇收益应当在会计年度终了后3个月内,或者在董事会批准当年分配方案后10个工作日内结汇,并在结汇后5个工作日内报所在地外汇局备案。

第三十二条 保险经纪公司经所在地外汇局批准可以开立一个外汇专用账户,该账户的收支范围限定为:(一)从投保人、保险经营机构或者境外保险公司收取的暂收待付保险费;(二)从保险经营机构或者境外保险公司收取的暂收待付赔偿;(三)向保险经营机构或者境外保险公司支付的暂收待付保险费;(四)向投保人、保险经营机构或者境外保险公司支付的暂收待付赔偿;(五)将经纪佣金结汇。

第五章 保险业务项下结汇、售汇及付汇管理

第三十三条 符合下列条件之一的财产保险,可以外汇收取保险费,支付赔偿或给付保险金,或进行保险合同结算:(一)保险标的在中华人民共和国境内与境外之间移动的;(二)保险标的在中华人民共和国境外存在或者实现的;(三)保险标的在中华人民共和国境内,通过国际租赁、国际银团贷款或者其他国际融资形式存在或者实现的;(四)投保人和受益人均为境外法人或自然人的。

第三十四条 符合下列条件之一的人身保险,可以外汇收取保险费,支付赔偿或给付保险金,或进行保险合同结算:(一)投保人为境外法人或驻华机构,且受益人为境外自然人的;(二)境内居民个人在境外人身意外及医疗的保险。

第三十五条 符合第三十三、三十四条规定的外汇财产保险和外汇人身保险,可在中华人民共和国境内进行外汇再保险。不符合第三十三、三十四和本条第一款规定的其他保险,在中华人民共和国境内必须以人民币收取保险费、支付赔偿或给付保险金,以及进行保险合同结算。

第三十六条 投保人向保险经营机构支付外汇保险项下外汇保险费,应当持相关保险合同、保险经营机构的付款通知书从其外汇账户中支付或者到外汇指定银行购汇支付;投保人为境外法人、自然人或驻华机构的,不得购汇支付外汇保险费。保险经营机构向被保险人(或者受益人)赔偿或给付外汇保险项下的保险金,应当凭有关保险合同、赔款计算书,从其外汇账户中支付。

第三十七条 保险受益人为法人或者其他经济组织的,外汇保险项下赔偿或给付的保险金可以存入其经常项目外汇账户,也可以结汇,没有经常项目外汇账户或者超过其经常项目外汇账户最高限额的,必须结汇。保险受益人为自然人的,外汇保险项下赔偿或给付的保险金可以持有,可以存入经营外汇存款业务的金融机构,也可以结汇。

第三十八条 保险经营机构将外汇保险进行外汇再保险分出,应当持相关再保险项下分出合同、支付清单从其外汇账户中支付分保费。保险经营机构将境内以人民币结算的保险合同按规定进行外汇再保险分出,可以向国家外汇管理局申请购汇支付分保费。保险经营机构应当将外汇再保险有关摊回赔偿或给付的保险金及相关费用等及时调回其在境内的外汇账户。

第三十九条 保险经营机构接受外汇再保险分入业务,应当将分保费收入等及时调回其在境内的外汇账户。保险经营机构支付外汇再保险分入业务赔偿及相关费用等,应当持有关再保险项下分入合同、支付清单,从其外汇账户中支付。

第四十条 保险经营机构在支付涉及保险联合体和共保项目的外汇保险费、赔偿或给付的保险金及相关费用时,应当持保险联合体章程、共保协议、付款通知书等凭证从其外汇账户中支付。

第四十一条 保险经营机构在办理外汇保险退保时,应当持保险合同、退保协议等凭证从其外汇账户中支付。

第四十二条 通过境内保险经纪公司办理外汇保险活动的,按照以下规定办理售汇和付汇:(一)投保人向保险经纪公司支付保险费,应当持有关保险合同、保险经纪委托书及付款通知书从其外汇账户中支付或者到外汇指定银行购汇支付;保险经纪公司向保险经营机构支付保险费,应当持有关保险合同、保险经纪委托书及付款通知书从其外汇账户中支付。保险经营机构经保险经纪公司向被保险人或者受益人赔偿或给付保险金,应当持有关保险合同、赔款计算书和保险经纪委托书从其外汇账户中支付。(二)办理外汇再保险分出的保险经营机构向保险经纪公司,以及保险经纪公司向接受外汇再保险分入的保险经营机构支付分保费,应当持有关分保合同、保险经纪委托书和支付清单从其外汇账户中支付。接受外汇再保险分入的保险经营机构经保险经纪公司向办理外汇再保险分出的保险经营机构支付摊回的赔偿或给付保险金及有关费用,应当

持有关分保合同、支付清单和保险经纪委托书从其外汇账户中支付。(三) 保险经营机构经保险经纪公司向投保人支付外汇保险退保的有关款项,应当持有关保险合同、退保协议和保险经纪委托书等从其外汇账户中支付。

第四十三条 外汇指定银行在办理外汇保险的保险费、赔偿或给付的保险金的收入、支出或者兑付手续时,应当严格审核相应有效凭证和商业单据,并留存5年备查。

第六章 法律责任

第四十四条 保险经营机构未经核准擅自经营外汇业务,由外汇局责令其终止经营外汇业务,退还收取的保险费,有违法所得的,没收违法所得,并处10万元以上50万元以下人民币罚款;构成犯罪的,依法追究刑事责任。保险经营机构擅自超出核准的范围经营外汇业务的,或者外汇局已经取消或暂停其部分外汇业务后仍继续经营相应业务的,由外汇局责令改正,退还收取的保险费,有违法所得的,没收违法所得,并处10万元以上50万元以下的人民币罚款;情节严重或者逾期不改正的,由外汇局暂停或者取消其外汇业务经营资格;构成犯罪的,依法追究刑事责任。

第四十五条 保险经营机构违反本暂行规定,擅自对不符合条件的保险合同,以外币收取保险费、赔偿或给付保险金、进行保险合同结算,由外汇局责令改正,没收违法所得,单处或者并处警告、通报批评、非法使用外汇金额等值以下人民币罚款的处罚。

第四十六条 保险经营机构违反规定,擅自将外汇再保险项下有关收入截留境外,或者伪造、变造或者使用伪造、变造以及冒用、重复使用保险合同、支付清单等有效凭证和商业单据,进行逃汇、非法套汇或者骗购外汇的,由外汇局根据《中华人民共和国外汇管理条例》第三十九条、第四十条的规定予以处罚;构成犯罪的,依法追究刑事责任。

第四十七条 未经外汇局批准,擅自用人民币购买外汇资本金或者营运资金,或者将外汇资本金或者营运资金转换成人民币的,或未按规定将外汇净收益结汇的,由外汇局责令改正,单处或者并处警告、通报批评、1万元以上3万元以下人民币罚款。

第四十八条 对未按本暂行规定提取外汇保险各项准备金、或者其他违反保险公司偿付能力监管规定的,由保监会根据有关规定进行处罚。情节严重的,可由外汇局限制其外汇业务范围、暂停或者取消其经营外汇业务资格。

第四十九条 保险经营机构、保险经纪公司或保险代理机构违反本暂行规定未经外汇局批准开立外汇账户的,或者出借、转让外汇账户的,或者擅自改变外汇账户收支范围使用外汇账户的,以及未按规定办理外汇账户备案手续的,由外汇局责令改正,单处或者并处警告、通报批评、5万元以上30万元以下的人民币罚款;情节严重或者逾期不改正的,撤销其外汇账户。

第五十条 保险代理机构、保险经纪公司未经保监会批准取得保险中介业务经营资格擅自或者超出范围经营外汇保险中介业务,由外汇局没收非法所得,并处以非法所得1倍以上5倍以下的人民币罚款,保监会予以业务限制或者取缔;构成犯罪的,依法追究刑事责任。

第五十一条 拒不接受或者以其他方式妨碍外汇局检查监督的,由外汇局责令改正,给予警告、通报批评,并处1万元以上3万元以下的人民币罚款。

第五十二条 保险经营机构不按本暂行规定,报送报表和相关信息资料的,由外汇局责令改正,单处或者并处警告、通报批评、5万元以上30万元以下人民币罚款的处罚。

第七章 附则

第五十三条 本暂行规定中有关概念含义如下:(一)"保险公司"是指经保监会批准在中国境内经营商业保险业务并依法登记注册具有法人资格的企业、以及外国保险公司经保监会批准在中国境内依法设立的分公司。(二)"保险合同"是指以保险单、保险凭证、暂保单以及批单等符合《中华人民共和国合同法》和《中华人民共和国保险法》要求的方式所形成的书面保险合同或者协议。

第五十四条 出口信用保险等政策性保险业务涉及的保险公司外汇业务市场准入、退出,和保险项下外汇收支、结汇、售汇及外汇账户等外汇管理,比照本暂行规定有关条款执行。

第五十五条 本暂行规定由国家外汇管理局负责解释。

第五十六条 本暂行规定自2002年11月1日起实施。1993年1月1日公布的《非银行金融机构外汇业务管理规定》及其他外汇管理规章中相关规定与本暂行规定相抵触的,以本暂行规定为准。

国家外汇管理局、中国保险监督管理委员会2002年9月24日颁布

再保险公司设立规定

中国保险监督管理委员会令〔2002〕第4号 2002年9月17日

第一条 为促进再保险市场的发展,规范再保险公司的设立,根据《中华人民共和国保险法》和《中华人民共和国外资保险公司管理条例》,制定本规定。

第二条 本规定所称的再保险公司是指经中国保险监督管

理委员会(以下简称中国保监会)批准设立,依法登记注册专门经营再保险业务的公司。

第三条 设立再保险公司应经中国保监会批准。依据业务经营范围,再保险公司可以分为人寿再保险公司、非人寿再保险公司和综合再保险公司。

第四条 经中国保监会批准,再保险公司可以经营以下全部或部分业务:(一)人寿再保险业务;1、中国境内的再保险业务;2、中国境内的转分保业务;3、国际再保险业务。

(二)非人寿再保险业务1、中国境内的再保险业务;2、中国境内的转分保业务;3、国际再保险业务。

(三)同时经营上述(一)、(二)两项的全部或部分业务。

第五条 人寿再保险公司和非人寿再保险公司的实收货币资本金应不低于2亿元人民币或等值的可自由兑换货币;综合再保险公司的实收货币资本金应不低于3亿元人民币或等值的可自由兑换货币。外国保险公司的出资应当为可自由兑换货币。

第六条 再保险公司应当聘用经中国保监会认可的精算专业人员。

第七条 投资再保险公司的中资股东应符合中国保监会《向保险公司投资入股暂行规定》,其持股比例和股权变更,应遵守中国保监会的有关规定。投资中外合资、外资独资再保险公司的外国保险公司,应符合中国加入世界贸易组织的有关承诺。

第八条 外国再保险公司在中国境内设立的分公司,其营运资金标准和设立要求,适用本规定。

第九条 香港特别行政区、澳门特别行政区和台湾地区的再保险公司在内地设立的分公司,比照本规定。

第十条 本规定自发布之日起实施。

外资金融机构驻华代表机构管理办法

中国人民银行令〔2002〕第8号 2002年6月25日

第一章 总 则

第一条 为适应对外开放和经济发展的需要,加强对外资金融机构驻华代表机构的管理,根据《中华人民共和国外资金融机构管理条例》的有关规定,制定本办法。

第二条 本办法所称外资金融机构,包括外国金融机构和在中国境内注册设立的外资金融机构。

外国金融机构是指在中华人民共和国境外注册并经所在国家或地区金融监管当局或行业协会认可的金融机构。

在中国境内注册设立的外资金融机构包括:总行在中国境内的外国资本的银行,外国的金融机构同中国的公司、企业在中国境内合资经营的银行,总公司在中国境内的外国资本的财务公司、货币经纪公司、信用卡公司,外国的金融机构同中国的公司、企业在中国境内合资经营的财务公司、货币经纪公司、信用卡公司以及其他经中国人民银行批准成立的外资金融机构。

本办法所称外资金融机构代表机构(以下简称“代表机构”),包括外资金融机构在中国境内设立并从事咨询、联络和市场调查等非经营性活动的代表处、总代表处。代表处的主要负责人称首席代表,总代表处的主要负责人称总代表。

第三条 代表机构必须遵守中华人民共和国法律、法规,其合法权益受中华人民共和国法律保护。

第二章 申请与设立

第四条 外国金融机构设立代表处,申请人应当具备下列条件:

(一)申请人所在国家或地区有完善的金融监督管理制度;

(二)申请人是由其所在国家或地区金融监管当局批准设立的金融机构,或者是金融性行业协会会员;

(三)申请人经营状况良好,无重大违法违规记录;

(四)中国人民银行规定的其他审慎性条件。

在中国境内注册的外资金融机构设立代表处,申请人应具备上述(三)、(四)项条件。

第五条 申请设立代表处,申请人应向拟设机构所在地中国人民银行分支机构领取申请表,并将填写好的申请表附下列资料提交拟设机构所在地中国人民银行分支机构:

(一)由董事长或行长(首席执行官、总经理)签署的致中国人民银行行长的申请书;

(二)所在国家或地区有关主管当局核发的营业执照(复印件)或合法开业证明(复印件);

(三)公司章程、董事会成员及最大10家股东名单或主要合伙人名单;

(四)申请前3年的年报;

(五)由所在国家或地区金融监管当局出具的对其在中国境内设立代表处的意见书,或者由所在行业协会出具的推荐信;

(六)拟任首席代表的身份证明、学历证明、简历及由拟任人签字的有无不良记录的陈述书;

(七)由董事长或行长(首席执行官、总经理)或其授权签字人签署的委任首席代表的授权书;

(八)中国人民银行要求提交的其他资料。

在中国境内注册的外资金融机构提交的资料中不包括本条第(五)项规定的资料。

第六条 本办法要求提交的资料,除年报外,凡用外文书写的,应当附有中文译本。

其中"授权书"、"营业执照(复印件)"或"开业证明(复印件)"须经所在国家或地区认可的公证机构公证,或经中国驻该国大使馆或领事馆认证。

第七条 中国人民银行分支机构对外资金融机构提交的申请资料初审后,报中国人民银行总行审查批准。

第八条 代表处的名称由下列部分组成,依次为:外资金融机构名称、所在城市名称和"代表处"字样。

第九条 在中国境内已设立5个或5个以上分支机构的外国金融机构,可申请设立总代表处。

总代表处的申请设立程序及管理与代表处相同。

总代表处的名称由下列部分组成,依次为:外国金融机构名称、"驻中国总代表处"字样。

第十条 总代表处总代表以及代表处首席代表的任职资格适用核准制。中国人民银行总行负责核准或取消总代表处总代表、代表处首席代表的任职资格。

第十一条 担任总代表处总代表、代表处首席代表应具备下列条件:

(一)担任总代表处总代表,一般应具有5年以上从事金融或相关经济工作经历,并有3年以上担任业务部门经理或相当于业务部门经理以上职位的经验;

(二)担任代表处首席代表,一般应具有3年以上的金融或相关经济工作经历;

(三)具备大学本科以上(包括本科)学历。若不具备大学本科及以上学历,担任总代表处总代表须相应增加6年从事金融或相关经济工作经历的年限;担任代表处首席代表须相应增加3年从事金融或相关经济工作经历的年限。

第十二条 申请更换代表机构总代表、首席代表的,应由外资金融机构向代表机构所在地中国人民银行分支机构提交以下资料:

(一) 外资金融机构授权签字人签署的致中国人民银行行长的申请书;

(二)外资金融机构授权签字人签署的授权书;

(三)拟任人的简历;

(四)拟任人身份证明、学历证明的复印件;

(五)由拟任人签字的有无不良记录的陈述书;

(六)中国人民银行要求的其他资料。

第十三条 中国人民银行分支机构对外资金融机构提交的申请更换代表机构总代表、首席代表的资料初审后,报中国人民银行总行核准。

第十四条 经批准设立的代表机构,由中国人民银行总行颁发批准证书,有效驻在期限为6年。

代表机构应当在获得批准证书后按有关规定到工商行政管理部门办理登记注册。代表机构未在规定期限内办理的,须向中国人民银行提交由其代表的外资金融机构董事长或行长(首席执行官、总经理)签署的重新办理申请书,重新办理批准证书。

代表机构必须在得到中国人民银行批准之日起6个月内迁入固定的办公场所,超出6个月后原设立批准自动失效。

第三章 监督管理

第十五条 代表机构及其工作人员,不得与任何单位或自然人签订可能给代表机构或其代表的外资金融机构带来收入的协议或契约,不得从事任何形式的经营性活动。

第十六条 代表机构设立、终止、变更和展期应于办理工商登记后15日内在中国人民银行总行指定的报纸上公告,并向所在地中国人民银行分支机构报告。

第十七条 代表机构须有独立的办公场所、办公设施和专职工作人员。

第十八条 代表机构总代表、首席代表的任职期限一般应在2年以上,任职期内不得兼任其他经营性组织的管理职务。

总代表、首席代表应当常驻代表机构主持日常工作,离职连续1个月以上,应当指定专人代行其职,并报告所在地中国人民银行分支机构。离职连续3个月以上的,如无特殊理由,其所任职务须更换人选,并报中国人民银行总行核准。

第十九条 代表机构应于每年2月底前向所在地中国人民银行分支机构提交上年度工作报告,由中国人民银行分支机构转报中国人民银行总行。

代表机构工作报告应当按照中国人民银行规定的格式用中文填写。

第二十条 代表机构应在其代表的外资金融机构会计年度结束后6个月内向所在地中国人民银行分支机构提供该外资金融机构年报。

第二十一条 设立代表机构的外国金融机构发生下列重大事项,代表机构应及时向其所在地中国人民银行分支机构报告,由所在地中国人民银行分支机构转报中国人民银行总行:

(一)章程、注册资本或注册地址变更;

(二)机构重组、股权变更或主要负责人变更;

(三)经营发生严重损失;

(四)发生重大案件;

(五)外国金融机构所在国家或地区监管当局对其实施的重大监管措施;

(六)其他对外国金融机构经营产生重大影响的事项。

第二十二条 外资金融机构因合并、分立等重组原因成立新机构而变更其在中国境内代表机构名称的,应事先向中国人民银行总行提出申请,并提交以下资料:

(一)由新机构董事长或行长(首席执行官、总经理)签署的申请书;

(二)新机构所在国家或地区金融监管当局同意其机构重组的批准书;

(三)新机构合并财务报表;

(四)新机构的章程、董事会成员及最大10家股东或主要合伙人名单；

(五) 新机构所在国家或地区有关主管当局核发的营业执照(复印件)或合法开业证明(复印件)；

(六) 新机构在中国境内代表机构的首席代表或总代表的简历、学历、身份证明以及有无不良记录的陈述书；

(七)新机构董事长或行长(首席执行官、总经理)或其授权签字人签署的对中国境内代表机构首席代表或总代表的授权书；　　(八)中国人民银行要求提交的其他资料。

外资金融机构应同时将上述资料(复印件)报代表机构所在地中国人民银行分支机构。

第二十三条 外资金融机构因其他原因变更其在中国境内代表机构名称的，须向中国人民银行总行提交由外资金融机构董事长或行长(首席执行官、总经理)签署的申请书，同时将申请书复印件提交代表机构所在地中国人民银行分支机构。

第二十四条 外资金融机构获得中国人民银行同意其变更中国境内代表机构名称的批准书后，应按有关规定到工商行政管理部门办理变更登记手续。

第二十五条 代表机构有下列情况之一的，应当报所在地中国人民银行分行批准：

(一)代表机构展期。应当在该代表机构有效驻在期满前2个月提交由该外资金融机构授权签字人签署的申请书和由代表机构首席代表或总代表签署的该代表机构最近3年的工作报告，报所在地中国人民银行分行、营业管理部审批。代表处每次展期时限为6年。

(二)变更地址。应提交由代表机构首席代表或总代表签署的地址迁移申请书，由所在地中国人民银行分行、营业管理部审批，并报告中国人民银行总行。代表机构须在获得批准后3个月内迁入新址。

第四章 代表机构终止

第二十六条 申请关闭代表机构，应将由外资金融机构董事长或行长(首席执行官、总经理)签署的致中国人民银行行长的申请书提交其所在地中国人民银行分支机构，所在地中国人民银行分支机构初审后，转报中国人民银行总行审查批准。经批准后，向工商行政管理部门申请注销登记，并到有关部门办理相关手续。

第二十七条 代表处经中国人民银行批准升格为营业性分支机构或总代表处后，原代表处自行关闭，并向工商行政管理部门申请注销登记。

第二十八条 代表处关闭或被中国人民银行依法撤销后，凡设有总代表处的，由其总代表处负责未了事宜；总代表处以及没有设立总代表处的代表处关闭或被中国人民银行依法撤销后，其未了事宜由其代表的外资金融机构负责处理。

第五章 罚　则

第二十九条 单位或自然人违反本办法规定，未经中国人民银行批准擅自设立外资金融机构驻华代表机构的，包括在固定办公场所悬挂本办法第九条规定的名称匾牌的，由中国人民银行依法予以取缔；构成犯罪的，依法追究其刑事责任。

第三十条 外资金融机构未经中国人民银行批准擅自设立代表机构的，中国人民银行自该代表机构被取缔之日起5年内不受理其提出在中国境内设立代表机构或其他营业性机构的申请。

第三十一条 代表机构未按规定期限向所在地中国人民银行分支机构提交本办法第十九条、第二十条、第二十一条规定的报告或材料的，由所在地中国人民银行分支机构给予警告；连续2年内不提供报告或材料的，由所在地中国人民银行分支机构报请中国人民银行总行予以撤销。

第三十二条 代表机构及其工作人员违反本办法第十五条规定从事金融业务活动的，由中国人民银行按《金融违法行为处罚办法》的有关规定给予处罚；从事金融业务以外的经营性活动，由中国人民银行给予警告，情节严重的，撤销该代表机构。

第三十三条 代表机构未在有效驻在期满2个月前提交展期申请的，应向所在地中国人民银行分支机构提交其代表的外资金融机构出具的道歉函，解释未在规定期限内提出展期申请的原因。

代表机构所在地中国人民银行分行(营业管理部)根据具体情况作出是否批准展期的决定。

第三十四条 有下列情形之一的，中国人民银行可视情节轻重及后果，取消代表机构首席代表或总代表一定期限直至终身的任职资格：

(一)代表机构或其工作人员从事金融业务活动或其他经营性活动；

(二)代表机构提供虚假信息或隐瞒重要事实的资料，情节严重的；

(三)代表机构违反本办法第二十条、第二十一条规定，不按时向中国人民银行报送年度报告及代表的外资金融机构发生的重大事项；

(四)首席代表或总代表被依法追究刑事责任；

(五)代表机构拒绝、干扰、阻挠或严重影响中国人民银行依法监管；

(六)对已任职的总代表、首席代表，中国人民银行如发现其任职前有违法、违规或其他不宜担任高级管理人员的情形。

第三十五条 代表机构提供虚假信息或隐瞒重要事实的资料，由中国人民银行予以警告。

第三十六条 违反本办法其他规定的，由中国人民银行予以警告或建议其代表的外资金融机构更换首席代表或总代表。

第六章 附　则

第三十七条 香港特别行政区、澳门特别行政区和台湾地区的金融机构及其在内地设立的独资银行、合资银行、独资财务公司、合资财务公司设立代表机构，比照适用本办法。

第三十八条 本办法自2002年7月18日起施行。中国人民银行1996年4月29日发布的《外国金融机构驻华代表机构管理办法》同时废止。

第三十九条 本办法由中国人民银行负责解释。

利用外资改组国有企业暂行规定

国家经济贸易委员会、财政部、国家工商行政管理总局、国家外汇管理局令 〔2002〕第42号 2002年11月8日

第一条 为引导和规范利用外资改组国有企业的行为，促进国有经济的战略性改组，加快国有企业建立现代企业制度的步伐，维护社会稳定，根据《中华人民共和国公司法》、《中华人民共和国合同法》和国家有关外商投资及国有资产管理的法律法规规定，制定本规定。

第二条 本规定适用于利用外资将国有企业、含国有股权的公司制企业（金融企业和上市公司除外）改制或设立为公司制外商投资企业的行为（以下简称利用外资改组国有企业）。

第三条 本规定所称利用外资改组国有企业包括下列情形：

（一）国有企业的国有产权持有人将全部或部分产权转让给外国公司、企业和其他经济组织或个人（以下简称外国投资者），企业改组为外商投资企业；

（二）公司制企业的国有股权持有人将全部或部分国有股权转让给外国投资者，企业改组为外商投资企业；

（三）国有企业的境内债权人将持有的债权转给外国投资者，企业改组为外商投资企业；

（四）国有企业或含有国有股权的公司制企业将企业的全部或主要资产出售给外国投资者，外国投资者以所购买的资产独自或与出售资产的企业等共同设立外商投资企业；

（五）国有企业或含国有股权的公司制企业通过增资扩股吸收外国投资者投资，将该企业改组为外商投资企业。

第四条 本规定第三条所述（一）、（二）、（三）、（五）项情形的国有企业和公司制企业称为被改组企业。国有企业的国有产权、公司制企业的国有股权统称为国有产权。国有产权持有人、国有股权持有人统称为国有产权持有人。国有产权持有人是指国家授权的部门或国家授权投资的机构、持有国有资本的企业及其他经济组织。国有产权持有人、转让债权的国有企业债权人、出售资产的企业统称为改组方。

第五条 改组方应当选择具备下列条件的外国投资者：

（一）具有被改组企业所需的经营资质和技术水平；

（二）具有良好的商业信誉和管理能力；

（三）具有良好的财务状况和经济实力。

改组方应当要求外国投资者提出改善企业治理结构和促进企业持续发展的重整方案，重整方案内容应当包括新产品开发、技术改造及相关投资计划、加强企业管理的措施等。

第六条 利用外资改组国有企业应当遵循下列原则：

（一）遵守国家法律法规，保证国家经济安全；

（二）符合国家产业政策要求。企业（包括其直接或间接持股的企业）经营范围属于《外商投资产业指导目录》禁止外商投资产业的，外国投资者不得参与改组；须由中方控股或相对控股的企业，改组后应当保持中方控股或相对控股地位；

（三）有利于经济结构调整，促进国有资本优化配置；

（四）注重引进先进技术和管理经验，建立规范的公司治理结构，推动企业技术进步和产业升级；

（五）坚持公开、公平、公正、诚实信用的原则，防止国有资产流失，不得逃废、悬空银行及其他债权人的债权，不得损害职工的合法权益，保护外国投资者的合法权益；

（六）促进公平竞争，不得导致市场垄断。

第七条 转让国有企业产权或国有独资公司和两个以上的国有企业或其他两个以上的国有投资主体投资设立的有限责任公司的国有股权的，改组方应当事先征求被改组企业职工代表大会的意见。转让公司制企业国有股权，应当经过被改组企业股东会同意。转让国有企业债权的，应当经过被改组企业国有产权持有人同意。企业出售全部或主要资产的，应当事先征得企业国有产权持有人或股东会的同意，并通知债权人。

第八条 利用外资改组国有企业应当符合下列要求：

（一）企业改组前，国有产权持有人应当组织被改组企业进行资产清查、产权界定、债权债务清理，聘请具备资格的中介机构进行财务审计，按照《国有资产评估管理办法》（国务院令第91号）、《国有资产评估管理若干问题的规定》（财政部令第14号）等有关规定进行资产评估。评估结果按照规定核准或备案后，作为确定国有产权、资产价格的依据。

（二）改组后企业控制权转移或企业的全部或主要经营资产出售给外国投资者的，改组方和被改组企业应当制定妥善安置职工的方案，并应当经职工代表大会审议通过。被改组企业应当以现有资产清偿拖欠职工的工资、未退还的集资款、欠缴的社会保险费等各项费用。被改组企业与职工实行双向选择。对留用职工要依法重新签订或变更劳动合同。对解除劳动合同的职工要依法支付经济补偿金，对移交社会保险机构的职工要依法一次性缴足社会保险费，所需资金从改组前被改组企业净资产抵扣，或从国有产权持有人转让国有产权收益中优先支付。

（三）以出售资产方式进行改组的，企业债权债务仍由原企业承继；以其他方式改组的，企业债权债务由改组后的企业承继。转让已抵押或质押的国有产权、资产的，应当符合《中华人民共和国担保法》的有关规定。债务承继人应当与债权人签订相关的债权债务处置协议。

(四)改组方应当公开发布改组信息,广泛地征集外国投资者,对外国投资者的资质、信誉、财务状况、管理能力、付款保障、经营者素质等进行调查。优先选择能带来先进技术和管理经验、产业关联度高的中长期投资者。改组方和外国投资者应当应对方的合理要求,如实、详尽地提供有关信息资料,不得有误导和欺诈行为,并承担相应保密义务。

(五)企业改组以转让国有产权或出售资产方式进行的,改组方应当优先采用公开竞价方式确定外国投资者及转让价格。采用公开竞价方式转让,应当依法履行有关手续,并将拟转让国有产权或拟出售资产的相关情况予以公告。采取协议转让的,也应当公开运作。不论采取何种转让方式,改组方与外国投资者均应当按照国家有关规定和本规定签订转让协议。转让协议内容应当主要包括转让国有产权的基本情况、职工安置、债权债务处置、转让比例、转让价格、付款方式及付款条件、产权交割事项以及企业重整等条款。

第九条 利用外资改组国有企业应当按下列程序办理:

(一)改组方(两个以上的改组方应当确定一个改组方)应当向同级经济贸易主管部门提出改组申请。改组申请材料应当附可行性研究报告、改组方和被改组企业的情况、外国投资者的情况(包括经注册会计师审计的最近3年的财务报告和在中国境内拥有实际控制权的同行业企业产品或服务的市场占有率)、改组方案(包括职工安置、债权债务处置和企业重整方案)、改组后的企业(包括其直接或间接持股的企业)的经营范围和股权结构等文件。接受申请的经济贸易主管部门应当依照《指导外商投资方向规定》的权限和有关法律法规进行审核。中央企业及其全资或具有控制权的企业进行改组的、被改组企业直接或间接持有上市公司股权的、改组后的企业资产总额不低于3000万美元的,由国务院经济贸易主管部门审核;对可能导致市场垄断、妨碍公平竞争的,在审核前组织听证。经济贸易主管部门在收到改组申请材料后45天内应当做出是否同意的批复;需要听证的,在3个月内做出是否同意的批复。国家对被改组企业及其直接或间接持股的企业所属行业利用外资以及上市公司国有股权持有人因产权变动引起所持国有股性质发生变化另有规定的,依照其规定。

(二)改组方和外国投资者签订的转让协议应当按照财政部《关于印发〈企业国有资本与财务管理暂行办法〉的通知》(财企[2001]325号)的有关规定报批。转让协议经批准后生效。转让协议应当附国有产权登记证、被改组企业的审计及资产评估报告核准或备案情况、职工安置方案、债权债务协议、企业重整方案、改组方及被改组企业的有关决议、被改组企业职工代表大会的意见或决议等文件。

(三)改组方或被改组企业应当凭改组申请和转让协议的批准文件依法办理外商投资企业的审批手续;改组后的企业为股份有限公司的,依照《中华人民共和国公司法》的有关规定办理。

(四)改组后的企业或投资者应当持本条(一)、(三)项的批准文件按照登记管理法规规定向具有外商投资企业登记权的原登记机关或住所地具有外商投资企业登记权的登记机关办理登记手续;改组后的企业为股份有限公司的,依照《中华人民共和国公司法》的有关规定办理。

(五)改组方应当凭改组申请和转让协议的批准文件、外资外汇登记证明及有关文件,按照有关规定办理国有产权交割手续和权属变更登记手续,并委托注册会计师依法出具验资报告。改组后的企业用地原为国有划拨土地的,应当依法办理土地使用权审批和出让手续。

(六)改组方转让国有产权、债权或出售资产的外汇资金收入,应当凭改组申请和转让协议的批准文件及有关文件报外汇管理部门批准后结汇。被改组企业通过增资扩股方式吸收外国投资者投资进行改组的,经外汇管理部门批准,可以开立外汇资本金账户保留外国投资者投入的外汇资金。

(七)限额以下由地方经济贸易主管部门和财政主管部门审批的涉及国家重点企业、国家批准的债转股企业和属于《外商投资产业指导目录》限制类产业的企业的改组申请、转让协议及其批准文件,应当分别报国务院经济贸易主管部门、国务院财政主管部门备案。

第十条 外国投资者应当以境外汇入的可自由兑换货币或其他合法财产权益支付转让价款或出资。经外汇管理部门批准,也可以用在中国境内投资获得的人民币净利润或其他合法财产权益支付转让价款或出资。上述其他合法财产权益包括:

(一)外国投资者来源于中国境内举办的其他外商投资企业因清算、股权转让、先行回收投资、减资等所得的财产;

(二)外国投资者收购国有企业或含国有股权的公司制企业的国有产权或资产;

(三)外国投资者收购国有企业的债权人的债权;

(四)法律法规规定的其他出资方式。

注册会计师在为外国投资者办理验资时,应当按照财政部、国家外汇管理局《关于进一步加强外商投资企业验资工作和健全外资外汇登记制度的通知》(财会[2002]1017号)的规定履行验资程序、出具验资报告。

第十一条 以转让方式进行改组的,外国投资者一般应当在外商投资企业营业执照颁发之日起3个月内支付全部价款。确有困难的,应当在营业执照颁发之日起6个月内支付价款总额的60%以上,其余款项应当依法提供担保,在一年内付清。

第十二条 国有产权转让后企业控制权转移或企业的全部或主要经营资产出售给外国投资者的,在外国投资者付清全部价款前,改组方有权了解、监督改组后的企业的生产经营及财务状况,外国投资者和改组后的企业应当给予相应的便利。外国投资者在以收购的资产投资设立外商投资企业之前,不得以上述资产开展经营活动。

第十三条 国有产权、资产转让收益由改组方收取,按照国务院财政主管部门有关规定管理和使用。

第十四条 外国投资者从改组后的企业分得的净利润、股权转让所得收入、企业经营期满或终止时分得的资金以及其他合法收入,可以依法汇出境外。经外汇管理部门批准,也可以用于境内再投资。

第十五条 在利用外资改组国有企业过程中，税收政策按照国家有关税收的法律、行政法规的规定执行，收费政策按照国家计委、国家经贸委、监察部、财政部、审计署、国务院纠风办《关于对企业实施改革改组改造过程中的有关收费实行减免的通知》(计价费[1998]1077号)的规定执行。

第十六条 改组方和被改组企业人员超越权限、玩忽职守或与外国投资者私下串通、贪污受贿，损害国家、债权人和职工合法权益的，由有关部门依法给予行政处罚和处分；构成犯罪的，依法追究刑事责任。

第十七条 负责审批的政府机关工作人员违反本规定，擅自批准或在审批中以权谋私，损害国家、债权人和职工合法权益的，由有关部门按干部管理权限，追究直接责任者和主管人员的行政责任；构成犯罪的，依法追究刑事责任。

第十八条 香港特别行政区、澳门特别行政区、台湾地区的投资者和已设立的外商投资企业参与国有企业改组的，参照本规定执行。

第十九条 本规定由国家经济贸易委员会、财政部、国家工商行政管理总局、国家外汇管理局负责解释。

第二十条 本规定自2003年1月1日起施行。

外商投资创业投资企业管理规定

对外贸易经济合作部、科学技术部、国家工商行政管理总局、国家税务总局和外汇管理局令〔2003〕第2号 2003年1月30日

第一章 总 则

第一条 为鼓励外国公司、企业和其他经济组织或个人(以下简称外国投资者)来华从事创业投资，建立和完善中国的创业投资机制，根据《中华人民共和国中外合作经营企业法》、《中华人民共和国中外合资经营企业法》、《中华人民共和国外资企业法》、《公司法》及其他相关的法律法规，制定本规定。

第二条 本规定所称外商投资创业投资企业(以下简称创投企业)是指外国投资者或外国投资者与根据中国法律注册成立的公司、企业或其他经济组织(以下简称中国投资者)，根据本规定在中国境内设立的以创业投资为经营活动的外商投资企业。

第三条 本规定所称创业投资是指主要向未上市高新技术企业(以下简称所投资企业)进行股权投资，并为之提供创业管理服务，以期获取资本增值收益的投资方式。

第四条 创投企业可以采取非法人制组织形式，也可以采取公司制组织形式。

采取非法人制组织形式的创投企业(以下简称非法人制创投企业)的投资者对创投企业的债务承担连带责任。非法人制创投企业的投资者也可以在创投企业合同中约定在非法人制创投企业资产不足以清偿该债务时由第七条所述的必备投资者承担连带责任，其他投资者以其认缴的出资额为限承担责任。

采用公司制组织形式的创投企业(以下简称公司制创投企业)的投资者以其各自认缴的出资额为限对创投企业承担责任。

第五条 创投企业应遵守中国有关法律法规，符合外商投资产业政策，不得损害中国的社会公共利益。创投企业在中国境内的正当经营活动及合法权益受中国法律的保护。

第二章 设立与登记

第六条 设立创投企业应具备下列条件：

(一)投资者人数在2人以上50人以下；且应至少拥有一个第七条所述的必备投资者；

(二)非法人制创投企业投资者认缴出资总额的最低限额为1000万美元；公司制创投企业投资者认缴资本总额的最低限额为500万美元。除第七条所述必备投资者外，其他每个投资者的最低认缴出资额不得低于100万美元。外国投资者以可自由兑换的货币出资，中国投资者以人民币出资；

(三)有明确的组织形式；

(四)有明确合法的投资方向；

(五)除了将本企业经营活动授予一家创业投资管理公司进行管理的情形外，创投企业应有3名以上具备创业投资从业经验的专业人员；

(六)法律、行政法规规定的其他条件。

第七条 必备投资者应当具备下列条件：

(一)以创业投资为主营业务；

(二)在申请前3年其管理的资本累计不低于1亿美元，且其中至少5000万美元已经用于进行创业投资。在必备投资者为中国投资者的情形下，本款业绩要求为：在申请前3年其管理的资本累计不低于1亿元人民币，且其中至少5000万元人民币已经用于进行创业投资)；

(三)拥有3名以上具有3年以上创业投资从业经验的专业管理人员；

(四)如果某一投资者的关联实体满足上述条件，则该投资者可以申请成为必备投资者。本款所称关联实体是指该投资者控制的某一实体、或控制该投资者的某一实体、或与该投资者

共同受控于某一实体的另一实体。本款所称控制是指控制方拥有被控制方超过50%的表决权；

(五)必备投资者及其上述关联实体均应未被所在国司法机关和其他相关监管机构禁止从事创业投资或投资咨询业务或以欺诈等原因进行处罚；

(六)非法人制创投企业的必备投资者,对创投企业的认缴出资及实际出资分别不低于投资者认缴出资总额及实际出资总额的1%,且应对创投企业的债务承担连带责任;公司制创投企业的必备投资者,对创投企业的认缴出资及实际出资分别不低于投资者认缴出资总额及实际出资总额的30%。

第八条 设立创投企业按以下程序办理：

(一)投资者须向拟设立创投企业所在地省级外经贸主管部门报送设立申请书及有关文件。

(二)省级外经贸主管部门应在收到全部上报材料后15天内完成初审并上报对外贸易经济合作部(以下简称审批机构)。

(三)审批机构在收到全部上报材料之日起45天内,经商科学技术部同意后,做出批准或不批准的书面决定。予以批准的,发给《外商投资企业批准证书》。

(四)获得批准设立的创投企业应自收到审批机构颁发的《外商投资企业批准证书》之日起一个月内,持此证书向国家工商行政管理部门或所在地具有外商投资企业登记管理权的省级工商行政管理部门(以下简称登记机关)申请办理注册登记手续。

第九条 申请设立创投企业应当向审批机构报送以下文件：

(一)必备投资者签署的设立申请书；

(二)投资各方签署的创投企业合同及章程；

(三)必备投资者书面声明(声明内容包括:投资者符合第七条规定的资格条件;所有提供的材料真实性;投资者将严格遵循本规定及中国其他有关法律法规的要求)；

(四)律师事务所出具的对必备投资者合法存在及其上述声明已获得有效授权和签署的法律意见书；

(五)必备投资者的创业投资业务说明、申请前3年其管理资本的说明、其已投资资本的说明,及其拥有的创业投资专业管理人员简历；

(六)投资者的注册登记证明(复印件)、法定代表人证明(复印件)；

(七)名称登记机关出具的创投企业名称预先核准通知书；

(八)如果必备投资者的资格条件是依据第七条第(四)款的规定,则还应报送其符合条件的关联实体的相关材料；

(九)审批机构要求的其他与申请设立有关的文件。

第十条 创投企业应当在名称中加注创业投资字样。除创投企业外,其他外商投资企业不得在名称中使用创业投资字样。

第十一条 申请设立创投企业应当向登记机关报送下列文件,并对其真实性、有效性负责：

(一)创投企业董事长或联合管理委员会负责人签署的设立登记申请书；

(二)合同、章程以及审批机构的批准文件和批准证书；

(三)投资者的合法开业证明或身份证明；

(四)投资者的资信证明；

(五)法定代表人的任职文件、身份证明和企业董事、经理等人员的备案文件；

(六)企业名称预先核准通知书；

(七)企业住所或营业场所证明。

申请设立非法人制创投企业,还应当提交境外必备投资者的章程或合伙协议。企业投资者中含本规定第七条第四款规定的投资者的,还应当提交关联实体为其出具的承担出资连带责任的担保函。

以上文件应使用中文。使用外文的,应提供规范的中文译本。

创投企业登记事项变更应依法向原登记机关申请办理变更登记。

第十二条 经登记机关核准的公司制创投企业,领取《企业法人营业执照》;经登记机关核准的非法人制创投企业,领取《营业执照》。

《营业执照》应载明非法人制创投企业投资者认缴的出资总额和必备投资者名称。

第三章 出资及相关变更

第十三条 非法人制创投企业的投资者的出资及相关变更应符合如下规定：

(一)投资者可以根据创业投资进度分期向创投企业注入认缴出资,最长不得超过5年。各期投入资本额由创投企业根据创投企业合同及其与所投资企业签订的协议自主制定。投资者应在创投企业合同中约定投资者不如期出资的责任和相关措施；

(二)投资者在创投企业存续期内一般不得减少其认缴出资额。如果占出资额超过50%的投资者和必备投资者同意且创投企业不违反最低1000万美元认缴出资额的要求,经审批机构批准,投资者可以减少其认缴资本额(但投资者根据本条第(五)款规定减少其已投资的资本额或在创投企业投资期限届满后减少未使用的认缴出资额不在此限)。在此情况下,投资者应当在创投企业合同中规定减少认缴出资额的条件、程序和办法；

(三)必备投资者在创投企业存续期内不得从创投企业撤出。特殊情况下确需撤出的,应获得占总出资额超过50%的其他投资者同意,并应将其权益转让给符合第七条要求的新投资者,且应当相应修改创投企业的合同和章程,并报审批机构批准。

其他投资者如转让其认缴资本额或已投入资本额,须按创投企业合同的约定进行,且受让人应符合本规定第六条的有关要求。投资各方应相应修改创投企业合同和章程,并报审批机构备案。

(四)创投企业设立后,如果有新的投资者申请加入,须符合本规定和创投企业合同的约定,经必备投资者同意,相应修改创投企业合同和章程,并报审批机构备案。

(五)创投企业出售或以其他方式处置其在所投资企业的

利益而获得的收入中相当于其原出资额的部分，可以直接分配给投资各方。此类分配构成投资者减少其已投资的资本额。创投企业应当在创投企业合同中约定此类分配的具体办法，并在向其投资者作出该等分配之前至少30天内向审批机构和所在地外汇局提交一份要求相应减少投资者已投入资本额的备案说明，同时证明创投企业投资者未到位的认缴出资额及创投企业当时拥有的其他资金至少相当于创投企业当时承担的投资义务的要求。但该分配不应成为创投企业对因其违反任何投资义务所产生的诉讼请求的抗辩理由。

第十四条 非法人制创投企业向登记机关申请变更登记时，上述规定中审批机关出具的相关备案证明可替代相应的审批文件。

第十五条 非法人制创投企业投资者根据创业投资进度缴付出资后，应持相关验资报告向原登记机关申请办理出资备案手续。登记机关根据其实际出资状况在其《营业执照》出资额栏目后加注实缴出资额数目。

非法人制创投企业超过最长投资期限仍未缴付或缴清出资的，登记机关根据现行规定予以处罚。

第十六条 公司制创投企业投资者的出资及相关变更按现行规定办理。

第四章 组织机构

第十七条 非法人制创投企业设联合管理委员会。公司制创投企业设董事会。联合管理委员会或董事会的组成由投资者在创投企业合同及章程中予以约定。联合管理委员会或董事会代表投资者管理创投企业。

第十八条 联合管理委员会或董事会下设经营管理机构，根据创投企业的合同及章程中规定的权限，负责日常经营管理工作，执行联合管理委员会或董事会的投资决策。

第十九条 经营管理机构的负责人应当符合下列条件：

(一)具有完全的民事行为能力；

(二)无犯罪记录；

(三)无不良经营记录；

(四)应具有创业投资业的从业经验，且无违规操作记录；

(五)审批机构要求的与经营管理资格有关的其他条件。

第二十条 经营管理机构应定期向联合管理委员会或董事会报告以下事项：

(一)经授权的重大投资活动；

(二)中期、年度业绩报告和财务报告；

(三)法律、法规规定的其他事项；

(四)创投企业合同及章程中规定的有关事项。

第二十一条 联合管理委员会或董事会可以不设立经营管理机构，而将该创投企业的日常经营权授予一家创业投资管理企业或另一家创投企业进行管理。该创业投资管理企业可以是内资创业投资管理企业，也可以是外商投资创业投资管理企业，或境外创业投资管理企业。在此情形下，该创投企业与该创业投资管理企业应签订管理合同，约定创投企业和创业投资管理企业的权利义务。该管理合同应经全体投资者同意并报审批机构批准后方可生效。

第二十二条 创投企业的投资者可以在创业投资合同中依据国际惯例约定内部收益分配机制和奖励机制。

第五章 创业投资管理企业

第二十三条 受托管理创投企业的创业投资管理企业应具备下列条件：

(一)以受托管理创投企业的投资业务为主营业务；

(二) 拥有3名以上具有3年以上创业投资从业经验的专业管理人员；

(三) 注册资本或出资总额不低于100万元人民币或等值外汇；

(四)有完善的内部控制制度。

第二十四条 创业投资管理企业可以采取公司制组织形式，也可以采取合伙制组织形式。

第二十五条 同一创业投资管理企业可以受托管理不同的创投企业。

第二十六条 创业投资管理企业应定期向委托方的联合管理委员会或董事会报告第二十条所列事项。

第二十七条 设立外商投资创业投资管理企业应符合本规定第二十三条的条件，经拟设立外商投资创业投资管理公司所在地省级外经贸主管部门报审批机构批准。审批机构在收到全部上报材料之日起45天内，做出批准或不批准的书面决定。予以批准的，发给《外商投资企业批准证书》。获得批准设立的外商投资创业投资管理企业应自收到审批机构颁发的《外商投资企业批准证书》之日起一个月内，持此证书向登记机关申请办理注册登记手续。

第二十八条 申请设立外商投资创业投资管理公司应当向审批机构报送以下文件：

(一)设立申请书；

(二)外商投资创业投资管理公司合同及章程；

(三)投资者的注册登记证明(复印件)、法定代表人证明(复印件)；

(四)审批机构要求的其他与申请设立有关的文件。

第二十九条 外商投资创业投资管理企业名称应当加注创业投资管理字样。除外商投资创业投资管理企业外，其他外商投资企业不得在名称中使用创业投资管理字样。

第三十条 获得批准接受创投企业委托在华从事创业投资管理业务的境外创业投资管理企业，应当自管理合同获得批准之日起30日内，向登记机关申请办理营业登记手续。

申请营业登记应报送下列文件，并对其真实性、有效性负责：

(一)境外创业投资管理企业董事长或有权签字人签署的登记申请书；

(二)经营管理合同及审批机构的批准文件；

(三)境外创业投资管理企业的章程或合伙协议；

(四)境外创业投资管理企业的合法开业证明；

(五)境外创业投资管理企业的资信证明;

(六)境外创业投资管理企业委派的中国项目负责人的授权书、简历及身份证明;

(七)境外创业投资管理企业在华营业场所证明。

以上文件应使用中文。使用外文的,应提供规范的中文译本。

第六章 经营管理

第三十一条 创投企业可以经营以下业务:

(一)以全部自有资金进行股权投资,具体投资方式包括新设企业、向已设立企业投资、接受已设立企业投资者股权转让以及国家法律法规允许的其他方式;

(二)提供创业投资咨询;

(三)为所投资企业提供管理咨询;

(四)审批机构批准的其他业务。

创投企业资金应主要用于向所投资企业进行股权投资。

第三十二条 创投企业不得从事下列活动:

(一)在国家禁止外商投资的领域投资;

(二)直接或间接投资于上市交易的股票和企业债券,但所投资企业上市后,创投企业所持股份不在此列;

(三)直接或间接投资于非自用不动产;

(四)贷款进行投资;

(五)挪用非自有资金进行投资;

(六)向他人提供贷款或担保,但创投企业对所投资企业1年以上的企业债券和可以转换为所投资企业股权的债券性质的投资不在此列(本款规定并不涉及所投资企业能否发行该等债券);

(七)法律、法规以及创投企业合同禁止从事的其他事项。

第三十三条 投资者应在创投企业合同中约定对外投资期限。

第三十四条 创投企业主要从出售或以其他方式处置其在所投资企业的股权获得收益。创投企业出售或以其他方式处置其在所投资企业的股权时,可以依法选择适用的退出机制,包括:

(一)将其持有的所投资企业的部分股权或全部股权转让给其他投资者;

(二)与所投资企业签订股权回购协议,由所投资企业在一定条件下依法回购其所持有的股权;

(三)所投资企业在符合法律、行政法规规定的上市条件时可以申请到境内外证券市场上市。创投企业可以依法通过证券市场转让其拥有的所投资企业的股份;

(四)中国法律、行政法规允许的其他方式。

所投资企业向创投企业回购该创投企业所持股权的具体办法由审批机构会同登记机关另行制定。

第三十五条 创投企业应当依照国家税法的规定依法申报纳税。对非法人制创投企业,可以由投资各方依照国家税法的有关规定,分别申报缴纳企业所得税;也可以由非法人制创投企业提出申请,经批准后,依照税法规定统一计算缴纳企业所得税。

非法人制创投企业企业所得税的具体征收管理办法由国家税务总局另行颁布。

第三十六条 创投企业中属于外国投资者的利润等收益汇出境外的,应当凭管理委员会或董事会的分配决议,由会计师事务所出具的审计报告、外方投资者投资资金流入证明和验资报告、完税证明和税务申报单(享受减免税优惠的,应提供税务部门出具的减免税证明文件),从其外汇账户中支付或者到外汇指定银行购汇汇出。

外国投资者回收的对创投企业的出资可依法申购外汇汇出。公司制创投企业开立和使用外汇账户、资本变动及其他外汇收支事项,按照现行外汇管理规定办理。非法人制创投企业外汇管理规定由国家外汇管理局另行制定。

第三十七条 投资者应在合同、章程中约定创投企业的经营期限,一般不得超过12年。经营期满,经审批机构批准,可以延期。

经审批机构批准,创投企业可以提前解散,终止合同和章程。但是,如果非法人制创投企业的所有投资均已被出售或通过其他方式变卖,其债务亦已全部清偿,且其剩余财产均已被分配给投资者,则毋需上述批准即可进入解散和终止程序,但该非法人制创业投资企业应在该等解散生效前至少30天内向审批机构提交一份书面备案说明。

创投企业解散,应按有关规定进行清算。

第三十八条 创投企业应当自清算结束之日起30日内向原登记机关申请注销登记。

申请注销登记,应当提交下列文件,并对其真实性、有效性负责:

(一)董事长或联合管理委员会负责人或清算组织负责人签署的注销登记申请书;

(二)董事会或联合管理委员会的决议;

(三)清算报告;

(四)税务机关、海关出具的注销登记证明;

(五)审批机构的批准文件或备案文件;

(六)法律、行政法规规定应当提交的其他文件。

经登记机关核准注销登记,创投企业终止。

非法人制创投企业必备投资者承担的连带责任不因非法人制创投企业的终止而豁免。

第七章 审核与监管

第三十九条 创投企业境内投资比照执行《指导外商投资方向规定》和《外商投资产业指导目录》的规定。

第四十条 创投企业投资于任何鼓励类和允许类的所投资企业,应向所投资企业当地授权的外经贸部门备案。当地授权的外经贸部门应在收到备案材料后15天内完成备案审核手续并向所投资企业颁发外商投资企业批准证书。所投资企业持外商投资企业批准证书向登记机关申请办理注册登记手续。登记机关依照有关法律和行政法规规定决定准予登记或不予登记。

准予登记的,颁发外商投资企业法人营业执照。

第四十一条 创投企业投资于限制类的所投资企业,应向所投资企业所在地省级外经贸主管部门提出申请,并提供下列材料:

(一)创投企业关于投资资金充足的声明;

(二)创投企业的批准证书和营业执照(复印件);

(三)创投企业(与所投资企业其他投资者)签订的所投资企业合同与章程。

省级外经贸主管部门接到上述申请之日起45日内作出同意或不同意的书面批复。作出同意批复的,颁发外商投资企业批准证书。所投资企业持该批复文件和外商投资企业批准证书向登记机关申请登记。登记机关依照有关法律和行政法规规定决定准予登记或不予登记。准予登记的,颁发外商投资企业法人营业执照。

第四十二条 创投企业投资属于服务贸易领域逐步开放的外商投资项目,按国家有关规定审批。

第四十三条 创投企业增加或转让其在所投资企业投资等行为,按照第四十条、第四十一条和第四十二条规定的程序办理。

第四十四条 创投企业应在履行完第四十条、第四十一条、第四十二条和第四十三条规定的程序之日起一个月内向审批机构备案。

第四十五条 创投企业还应在每年3月份将上一年度的资金筹集和使用情况报审批机构备案。

审批机构在接到该备案材料起5个工作日内应出具备案登记证明。该备案登记证明将作为创投企业参加联合年检的必备材料之一。凡未按上述规定备案的,审批机构将商国务院有关部门后予以相应处罚。

第四十六条 创投企业的所投资企业注册资本中,如果创投企业投资的比例中外国投资者的实际出资比例或与其他外国投资者联合投资的比例总和不低于25%,则该所投资企业将享受外商投资企业有关优惠待遇;如果创投企业投资的比例中外国投资者的实际出资比例或与其他外国投资者联合投资的比例总和低于该所投资企业注册资本的25%,则该所投资企业将不享受外商投资企业有关优惠待遇。

第四十七条 已成立的含有境内自然人投资者的内资企业在接受创业投资企业投资变更为外商投资企业后,可以继续保留其原有境内自然人投资者的股东地位。

第四十八条 创投企业经营管理机构的负责人和创业投资管理企业的负责人如有违法操作行为,除依法追究责任外,情节严重的,不得继续从事创业投资及相关的投资管理活动。

第八章 附 则

第四十九条 香港特别行政区、澳门特别行政区、台湾地区的投资者在大陆投资设立创投企业,参照本规定执行。

第五十条 本规定由对外贸易经济合作部、科学技术部、国家工商行政管理总局、国家税务总局和国家外汇管理局负责解释。

第五十一条 本规定自2003年3月1日起施行。对外贸易经济合作部、科学技术部和国家工商行政管理总局于2001年8月28日发布的《关于设立外商投资创业投资企业的暂行规定》同日废止。

关于设立中外合资对外贸易公司暂行办法

中华人民共和国对外贸易经济合作部令〔2003〕第1号 2003年1月31日

第一条 为了进一步扩大对外开放,促进我国对外贸易的发展,根据《中华人民共和国对外贸易法》和《中华人民共和国中外合资经营企业法》及其他有关法律、法规,制定本办法。

第二条 本办法适用于外国的公司、企业(以下简称外方投资者)同中国的公司、企业(以下简称中方投资者)在中国境内设立专门从事对外贸易经营活动的中外合资对外贸易公司(以下简称:合资外贸公司)。

第三条 合资外贸公司为有限责任公司。在合资外贸公司的注册资本中,外方投资者所占比例应在25%以上。

第四条 设立合资外贸公司应符合下列条件:

(一)外方投资者申请前3年年平均对华贸易额在3000万美元以上;合资外贸公司注册地在中西部地区的,外方投资者申请前3年年平均对华贸易额在2000万美元以上;

(二)中方投资者应具有外贸经营权;申请前3年年平均进出口额在3000万美元以上;合资外贸公司注册地在中西部地区的,中方投资者申请前3年年平均进出口额在2000万美元以上;

(三)合资外贸公司应具备下列条件:

1、注册资本不得低于5000万元人民币;注册地在中西部地区的,注册资本不得低于3000万元人民币;

2、有自己的名称和组织机构;

3、有与其对外贸易经营活动相适应的营业场所、专业人员以及其他必备的物质条件。

第五条 申请设立合资外贸公司,中方投资者须将下列文件通过当地外经贸主管部门报对外贸易经济合作部(以下简称:外经贸部):

(一)项目建议书、中外各方签署的可行性研究报告、合同、章程;

(二)中外各方的注册登记证明文件(复印件),资信证明文件和法定代表人证明文件;

(三)拟设立合资外贸公司的进出口商品目录;

(四)经会计师事务所审计的中外各方近3年的年度会计报表;

(五)外经贸部要求提交的其他文件。

外经贸部对各地上报材料进行审查,对符合条件的企业,自收到全部文件之日起90天内进行批复并颁发外商投资企业批准证书。

第六条 设立合资外贸公司的申请获得批准后,申请人应自批准之日起一个月内,依法向国家工商行政管理总局或其授权的地方工商行政管理局申请办理注册登记手续,并依法向税务机关申报办理税务登记。

第七条 外方投资者及中方投资者可用货币资金、实物以及无形资产(包括工业产权、专有技术、场地使用权)等出资。合资外贸公司的合资各方应按国家有关规定按期缴清其认缴的出资额。

第八条 合资外贸公司应按照国家有关规定,在经批准的经营商品范围内自营或代理货物、技术进出口及相关服务,经营本公司进口商品的国内批发业务。

第九条 国家实行配额、许可证管理的进出口商品,合资外贸公司须按照国家有关规定,向国务院有关主管部门申请并获得配额、许可证后,方可进口或出口。合资外贸公司进口或出口国家实行配额招标的进出口商品,须按照国务院有关主管部门关于进出口商品招标、投标的规定执行。

第十条 合资外贸公司的外汇收支,应按照国家外汇管理的有关规定执行。

第十一条 合资外贸公司应依照国家有关税收法律、法规和规章的规定纳税,对其出口货物可依照国家有关法律、法规和规章的规定享受出口退(免)税待遇。

第十二条 合资外贸公司应执行国家有关财务、会计、统计方面的法律、法规的规定,并按期向当地有关主管部门上报财务、会计、统计等报表。

第十三条 合资外贸公司可以加入进出口商会或外商投资企业协会,如加入须服从商会或协会的协调。

第十四条 合资外贸公司须遵守中国的法律、法规,受中国法律、法规的管辖,其合法权益受中国法律、法规的保护。合资外贸公司违反中国法律、法规的,按有关法律、法规处理。

第十五条 香港特别行政区、澳门特别行政区、台湾地区的公司、企业与内地公司、企业举办合资外贸公司,参照本办法办理。

第十六条 2003年12月11日前,对中方在合资外贸公司注册资本中所占比例低于51%的申请暂不受理。

第十七条 本办法由外经贸部负责解释。

合格境外机构投资者境内证券投资管理暂行办法

中国证券监督管理委员会 中国人民银行令 第12号 2002年11月13日

第一章 总 则

第一条 为了规范合格境外机构投资者在中国境内证券市场的投资行为,促进中国证券市场的发展,根据有关法律、行政法规,制定本办法。

第二条 本办法所称合格境外机构投资者(以下简称合格投资者),是指符合本办法规定的条件,经中国证券监督管理委员会(以下简称中国证监会)批准投资于中国证券市场,并取得国家外汇管理局(以下简称国家外汇局)额度批准的中国境外基金管理机构、保险公司、证券公司以及其他资产管理机构。

第三条 合格投资者应当委托境内商业银行作为托管人托管资产,委托境内证券公司办理在境内的证券交易活动。

第四条 合格投资者必须遵守中国的法律法规和其他有关规定。

第五条 中国证监会和国家外汇局依法对合格投资者在中国境内进行的证券投资活动实施监督管理。

第二章 资格条件和审批程序

第六条 申请合格投资者资格,应当具备下列条件:

(一)申请人的财务稳健,资信良好,达到中国证监会规定的资产规模等条件,风险监控指标符合所在国家或者地区法律的规定和证券监管机构的要求;

(二)申请人的从业人员符合所在国家或者地区的有关从业资格的要求;

(三)申请人有健全的治理结构和完善的内控制度,经营行为规范,近3年未受到所在国家或者地区监管机构的重大处罚;

(四)申请人所在国家或者地区有完善的法律和监管制度,其证券监管机构已与中国证监会签订监管合作谅解备忘录,并保持着有效的监管合作关系；

（五）中国证监会根据审慎监管原则规定的其他条件。

第七条 前条所指的资产规模等条件是：

基金管理机构：经营基金业务达5年以上，最近一个会计年度管理的资产不少于100亿美元；

保险公司：经营保险业务达30年以上，实收资本不少于10亿美元，最近一个会计年度管理的证券资产不少于100亿美元；

证券公司：经营证券业务达30年以上，实收资本不少于10亿美元，最近一个会计年度管理的证券资产不少于100亿美元；

商业银行：最近一个会计年度，总资产在世界排名前100以内，管理的证券资产不少于100亿美元。

中国证监会根据证券市场发展情况，可以调整上述资产规模等条件。

第八条 申请合格投资者资格和投资额度，申请人应当通过托管人分别向中国证监会和国家外汇局报送下列文件：

（一）申请书（包括申请人的基本情况、拟申请投资额度、投资计划等）；

（二）符合本办法第六条规定条件的证明文件；

（三）与托管人签订的托管协议草案；

（四）最近三年经审计的财务报表；

（五）资金来源说明书及批准时间内不撤资承诺函；

（六）申请人的授权委托书；

（七）中国证监会和国家外汇局要求的其他文件。

前款规定的文件，凡用外文书写的，应当附有中文译本或中文摘要。

第九条 中国证监会自收到完整的申请文件之日起15个工作日内，作出批准或者不批准的决定。决定批准的，颁发证券投资业务许可证；决定不批准的，书面通知申请人。

第十条 申请人在取得证券投资业务许可证后，应当通过托管人向国家外汇局申请投资额度。

国家外汇局自收到完整的申请文件之日起15个工作日内，作出批准或者不批准的决定。决定批准的，书面通知申请人批准的投资额度并颁发外汇登记证；决定不批准的，书面通知申请人。

申请人取得证券投资业务许可证后一年内未取得外汇登记证的，其证券投资业务许可证自动失效。

第十一条 为引入中长期投资，对于符合本办法第六条规定的封闭式中国基金或在其他市场有良好投资记录的养老基金、保险基金、共同基金的管理机构，予以优先考虑。

第三章 托管、登记和结算

第十二条 托管人应当具备下列条件：

（一）设有专门的基金托管部；

（二）实收资本不少于80亿元人民币；

（三）有足够的熟悉托管业务的专职人员；

（四）具备安全保管基金全部资产的条件；

（五）具备安全、高效的清算、交割能力；

（六）具备外汇指定银行资格和经营人民币业务资格；

（七）最近3年没有重大违反外汇管理规定的纪录。

外资商业银行境内分行在境内持续经营3年以上的，可申请成为托管人，其实收资本条件按其境外总行的计算。

第十三条 取得托管人资格，必须经中国证监会、中国人民银行和国家外汇局审批。

第十四条 境内商业银行申请取得托管人资格的，应当向中国证监会、中国人民银行和国家外汇局报送下列文件：

（一）申请书；

（二）金融业务许可证副本；

（三）有关托管业务的管理制度；

（四）拥有高效、快速的信息技术系统的证明文件；

（五）中国证监会、中国人民银行和国家外汇局要求的其他文件。

中国证监会会同中国人民银行和国家外汇局审核申请文件，作出批准或者不批准的决定。

第十五条 托管人应当履行下列职责：

（一）保管合格投资者托管的全部资产；

（二）办理合格投资者的有关结汇、售汇、收汇、付汇和人民币资金结算业务；

（三）监督合格投资者的投资运作，发现其投资指令违法、违规的，及时向中国证监会和国家外汇局报告；

（四）在合格投资者汇入本金、汇出本金或者收益2个工作日内，向国家外汇局报告合格投资者的资金汇入、汇出及结售汇情况；

（五）每月结束后5个工作日内，向中国证监会和国家外汇局报告合格投资者的人民币特殊账户的收支情况；

（六）每个会计年度结束后三个月内，编制关于合格投资者上一年度境内证券投资情况的年度财务报告，并报送中国证监会和国家外汇局；

（七）保存合格投资者的资金汇入、汇出、兑换、收汇、付汇和资金往来记录等相关资料，其保存的时间应当不少于15年；

（八）中国证监会、中国人民银行和国家外汇局根据审慎监管原则规定的其他职责。

第十六条 托管人必须将其自有的资产和受托管理的资产严格分开。

托管人必须为不同的合格投资者分别设置账户，对受托管理的资产实行分账管理。

每个合格投资者只能委托一个托管人。

第十七条 合格投资者应当委托托管人，在证券登记结算机构代其申请开立一个证券账户。托管人在代为申请开立证券账户时，应当持合格投资者的委托书及其证券投资业务许可证等有效文件，并在开立证券账户5个工作日内将有关情况报中国证监会备案。

合格投资者应当委托托管人在证券登记结算机构代为开立人民币结算资金账户，用于与证券登记结算机构进行资金结算。托管人负责合格投资者在境内证券投资的资金结算，并在开立人民币结算资金账户5个工作日内将有关情况报中国证监会和国家外汇局备案。

第四章 投资运作

第十八条 合格投资者在经批准的投资额度内，可以投资下列人民币金融工具：

(一)在证券交易所挂牌交易的除境内上市外资股以外的股票；

(二)在证券交易所挂牌交易的国债；

(三)在证券交易所挂牌交易的可转换债券和企业债券；

(四)中国证监会批准的其他金融工具。

第十九条 合格投资者可以委托在境内设立的证券公司，进行境内证券投资管理。

每个合格投资者只能委托一个投资机构。

第二十条 合格投资者的境内证券投资，应当遵守下列规定：

(一)单个合格投资者对单个上市公司的持股比例，不超过该上市公司股份总数的10%；

(二)所有合格投资者对单个上市公司的持股比例总和，不超过该上市公司股份总数的20%。

中国证监会根据证券市场发展情况，可以调整上述比例。

第二十一条 合格投资者的境内证券投资，应当符合《外商投资产业指导目录》的要求。

第二十二条 证券公司保存合格投资者的成交记录、交易活动等资料的时间应当不少于15年。

第五章 资金管理

第二十三条 合格投资者经国家外汇局批准，应当在托管人处开立一个人民币特殊账户。

托管人应当在开立人民币特殊账户5个工作日内，将有关情况报中国证监会和国家外汇局备案。

第二十四条 人民币特殊账户的收入范围包括：结汇资金(外汇资金来源于境外，且累计结汇的外汇资金不得超过已批准的投资额度)、卖出证券所得价款、现金股利、活期存款利息、债券利息。人民币特殊账户的支出范围包括：买入证券支付价款(含印花税、手续费等)、境内托管费和管理费、购汇资金(用于汇出本金及收益)。

人民币特殊账户的资金不得用于放款或者提供担保。

第二十五条 合格投资者应当自中国证监会颁发证券投资业务许可证3个月内汇入本金，全额结汇后直接转入人民币特殊账户。合格投资者汇入的本金应当是国家外汇局批准的可兑换货币，金额以批准额度为限。

合格投资者自取得外汇登记证起3个月内未足额汇入本金的，以实际汇入金额为批准额度；已批准额度和已实际汇入金额的差额，在经批准取得新的投资额度前不得汇入。

第二十六条 合格投资者为封闭式中国基金管理机构的，汇入本金满3年后，可委托托管人持规定的文件向国家外汇局申请分期、分批购汇汇出本金。每次汇出本金的金额不得超过本金总额的20%，相邻两次汇出的时间间隔不得少于1个月。

其他合格投资者汇入本金满一年后，可以委托托管人持规定的文件向国家外汇局申请分期、分批购汇汇出本金。每次汇出本金的金额不得超过本金总额的20%，相邻两次汇出的时间间隔不得少于3个月。

上述汇款的境外收款人应为合格投资者本人。

第二十七条 投资额度的本金汇入不满1年但超过3个月的合格投资者，在提交转让申请书和转让合同并经中国证监会和国家外汇局批准后，可以将投资额度转让给其他合格投资者或符合本办法第六条规定的其他申请人。

受让方在获得国家外汇局额度批准和证券投资业务许可证后，受让资产值低于外汇局批准额度的，可以按差额汇入本金。

第二十八条 合格投资者汇出部分或全部本金的，如需重新汇入本金，应当重新申请投资额度。

第二十九条 合格投资者需购汇汇出上一会计年度经中国注册会计师审计的已实现税后收益，应当委托托管人提前15个工作日持下列文件向国家外汇局提出申请：

(一)汇出申请书；

(二)收益实现年度财务报表；

(三)中国注册会计师出具的审计报告；

(四)收益分配决议或者其他有效的法律文件；

(五)纳税证明；

(六)国家外汇局要求的其他文件。

前款汇款的境外收款人应当为合格投资者本人。

第三十条 国家外汇局可以根据国家外汇收支平衡的需要，对合格投资者汇出本金及已实现收益的期限予以调整。

第六章 监督管理

第三十一条 中国证监会和国家外汇局应当对合格投资者的证券投资业务许可证、外汇登记证进行年检。

第三十二条 中国证监会、中国人民银行和国家外汇局可以要求合格投资者、托管人、证券公司、证券交易所、证券登记结算机构提供合格投资者境内投资活动提供有关资料；必要时，可以进行现场检查。

第三十三条 证券交易所、证券登记结算机构可以根据情况，对合格投资者境内证券投资制定相应的业务规则或者对原有业务规则进行修订，报中国证监会批准后施行。

第三十四条 合格投资者有下列情形之一的，应当在其发生后5个工作日内报中国证监会、中国人民银行和国家外汇局备案：

(一)变更托管人；

(二)变更法定代表人；

(三)其控股股东变更；

(四)调整注册资本;

(五)涉及诉讼及其他重大事件;

(六)在境外受到重大处罚;

(七)中国证监会和国家外汇局规定的其他情形。

第三十五条 合格投资者有下列情形之一的，应当重新申领证券投资业务许可证:

(一)变更机构名称;

(二)被其他机构吸收合并;

(三)中国证监会和国家外汇局规定的其他情形。

第三十六条 合格投资者有下列情形之一的，应当将证券投资业务许可证和外汇登记证分别交还中国证监会和国家外汇局:

(一)本金已全部汇出;

(二)已转让投资额度;

(三)法人机构拟解散、进入破产程序或者由接管人接管其资产;

(四)中国证监会和国家外汇局规定的其他情形。

证券投资业务许可证、外汇登记证未通过本办法第三十一条规定的年检的，自动失效，合格投资者应当依照前款规定分别交还证券投资业务许可证和外汇登记证。

第三十七条 合格投资者、托管人、证券公司等违反本办法的，由中国证监会、中国人民银行、国家外汇局按照各自的职权予以警告、罚款;但是，对同一违法行为，不得给予两次以上的行政处罚。

第七章 附 则

第三十八条 香港特别行政区、澳门特别行政区、台湾地区设立的机构投资者到内地从事证券投资的，适用本办法的规定。

第三十九条 本办法自2002年12月1日起施行。

关于商业银行申请从事合格境外机构投资者境内证券投资托管业务有关问题的通知

银发〔2002〕第371号 2002年12月17日

中国人民银行各分行、营业管理部，各国有独资商业银行、股份制商业银行:

为配合《合格境外机构投资者境内证券投资管理暂行办法》(中国证券监督管理委员会和中国人民银行令〔2002〕第12号，以下简称《办法》)的实施，现就商业银行申请开办合格境外机构投资者境内证券投资托管业务有关问题通知如下:

一、中资商业银行应根据《商业银行中间业务暂行规定》(中国人民银行令〔2001〕第5号)第十六条的有关规定提交申请资料。

二、外资独资银行、合资银行和外国银行分行应根据《中华人民共和国外资金融机构管理条例实施细则》(中国人民银行令〔2002〕第1号)第四十四条规定提交下列申请资料:

(一) 由申请人总部授权签字人签署的从事合格境外机构投资者境内证券投资托管业务申请书。申请书由董事长或行长(首席执行官、总经理)签署的，不需出具授权书;由其他人员签署的，需出具授权书。授权书应经所在国家或地区认可的机构公证或经中华人民共和国驻该国使、领馆认证。“所在国家或地区”是指授权人任职所在国家或地区。授权人在中国境内的，由授权人任职所在城市公证部门进行公证。授权签字人目前在中国境内任职，其现职经中国人民银行核准，且被授权范围与中国人民银行核准时相同的，可以只提供其任现职时向中国人民银行提交的授权书复印件，该复印件需经其本人签字。

(二)拟开办业务的详细介绍，从事该业务所做的必要准备，包括操作规程、风险—收益分析、控制措施、专业人员及计算机系统的配置等内容。

(三)中国人民银行要求提供的其他资料。

三、外国银行在华境内的分行只能由一个分行、外资独资银行、合资银行只能由其总部开办合格境外机构投资者境内证券投资托管业务。

四、国有独资商业银行、股份制商业银行应由其总行统一向中国人民银行总行申请;城市商业银行应由其总行统一向中国人民银行分行、营业管理部申请。外资独资银行、合资银行和外国银行分行应向所在地中国人民银行分支机构提交申请资料(一式三份)，由所在地中国人民银行分支机构审查同意后，逐级报至中国人民银行总行审批。

五、获准从事合格境外机构投资者境内证券投资托管业务的商业银行不须变更金融业务许可证和对外公告。

六、商业银行的申请经我行批准后，持我行批文按照《办法》有关规定到中国证券监督管理委员会申请合格境外机构投资者境内证券投资托管人资格。

七、香港特别行政区、澳门特别行政区和台湾地区的银行在祖国大陆的分行，以及香港特别行政区、澳门特别行政区和台湾地区的金融机构在祖国大陆设立的独资银行、合资银行比照外资独资银行、合资银行和外国银行分行适用本通知。

请各人民银行分行、营业管理部将本通知转发辖区内有关分支机构、城市商业银行和外资银行。

外资参股证券公司设立规则

中国证券监督管理委员会令〔2002〕第8号 2002年6月4日

第一条 为了适应证券市场对外开放的需要，加强和完善对外资参股证券公司的监督管理，明确外资参股证券公司的设立条件和程序，根据《公司法》和《证券法》的有关规定，制定本规则。

第二条 本规则所称外资参股证券公司包括境外股东受让、认购境内证券公司股权而变更的证券公司或者境外股东与境内股东共同出资设立的证券公司。

第三条 中国证券监督管理委员会(以下简称“中国证监会”)负责对外资参股证券公司的审批和监督管理。

第四条 外资参股证券公司的组织形式为有限责任公司。

外资参股证券公司的名称、注册资本、组织机构的设立及职责，应当符合《公司法》、《证券法》和中国证监会的有关规定。

第五条 外资参股证券公司可以经营下列业务：

(一)股票(包括人民币普通股、外资股)和债券(包括政府债券、公司债券)的承销；

(二)外资股的经纪；

(三)债券(包括政府债券、公司债券)的经纪和自营；

(四)中国证监会批准的其他业务。

前款所称外资股，包括境内上市外资股(B股)和在境外上市的外资股。

证券公司应当按照本条第一款的规定向中国证监会提出业务范围的申请。从事股票主承销业务的，应当按照中国证监会关于证券公司股票主承销资格管理的规定，取得股票主承销业务资格。

第六条 外资参股证券公司应当符合下列条件：

(一)注册资本符合《证券法》关于综合类证券公司注册资本的规定；

(二)股东具备本规则规定的资格条件，其出资比例、出资方式符合本规则的规定；

(三)按照中国证监会的规定取得证券从业资格的人员不少于50人，并有必要的会计、法律和计算机专业人员；

(四)有健全的内部管理、风险控制和对承销、经纪、自营等业务在机构、人员、信息、业务执行等方面分开管理的制度，有适当的内部控制技术系统；

(五)有符合要求的营业场所和合格的交易设施；

(六)中国证监会规定的其他审慎性条件。

第七条 外资参股证券公司的境外股东，应当具备下列条件：

(一)所在国家具有完善的证券法律和监管制度，其证券监管机构已与中国证监会签定证券监管合作谅解备忘录，并保持着有效的监管合作关系；

(二)在所在国家具有合法的证券经营资格，经营金融业务10年以上，近3年未受到过证券监管机构和司法机关的重大处罚；

(三)近3年各项风险监控指标符合所在国家法律的规定和证券监管机构的要求；

(四)具有完善的内部控制制度；

(五)在国际证券市场上有良好的声誉和经营业绩；

(六)中国证监会规定的其他审慎性条件。

第八条 外资参股证券公司的境内股东，应当具备中国证监会规定的证券公司股东资格条件。

外资参股证券公司的境内股东，应当至少有一名是内资证券公司。但内资证券公司变更为外资参股证券公司的，不在此限。

第九条 境内股东可以用现金、经营中必需的实物出资；境外股东应当以自由兑换货币出资。

第十条 境外股东持股比例或者在外资参股证券公司中拥有的权益比例，累计(包括直接持有和间接持有)不得超过1/3。

境内股东中的内资证券公司，应当至少有一名的持股比例或在外资参股证券公司中拥有的权益比例不低于1/3。

内资证券公司变更为外资参股证券公司后，应当至少有一名内资股东的持股比例不低于1/3。

第十一条 外资参股证券公司的董事长、总经理、副总经理应当具备中国证监会规定的证券公司高级管理人员任职资格条件。

第十二条 申请设立外资参股证券公司，应当由全体股东共同指定的代表或委托的代理人，向中国证监会提交下列文件：

(一)境内外股东的法定代表人或授权代表共同签署的申请表；

(二)关于设立外资参股证券公司的合同及章程草案；

(三)外资参股证券公司董事长、总经理、副总经理人选的任职资格申请表；

(四)股东的营业执照或注册证书和证券业务资格证书复印件；

(五)申请前一年境内外股东经审计的财务报表；

(六)境外股东所在国家证券监管机构出具的关于该境外股

东是否具备本规则第七条第(二)、(三)项规定的条件的说明函;

(七)由中国境内具有证券相关业务资格的律师事务所出具的法律意见书。

第十三条 中国证监会依照有关法律、行政法规和本规则对前条规定的申请文件进行审查,自接到符合要求的申请文件之日起45个工作日内作出是否批准的决定,并书面通知申请人。不予批准的,书面说明理由。

第十四条 股东应自中国证监会的批准文件签发之日起6个月内足额缴付出资或提供约定的合作条件,选举董事会、聘任高级管理人员,并向工商行政管理机关申请设立登记,领取营业执照。

第十五条 外资参股证券公司的董事长或授权代表应自营业执照签发之日起15个工作日内,向中国证监会提交下列文件,申请《经营证券业务许可证》:

(一)营业执照副本复印件;

(二)公司章程;

(三)由中国境内具有证券相关业务资格的会计师事务所出具的验资报告;

(四)董事、监事、高级管理人员的名单、简历,主要业务人员的名单、证券从业资格证书复印件;

(五)内部控制制度文本;

(六)营业场所和交易设施情况说明书。

第十六条 中国证监会依照有关法律、行政法规和本规则对前条规定的申请文件进行审查,并自接到符合要求的申请文件之日起15个工作日内作出决定。对符合规定条件的,颁发《经营证券业务许可证》;对不符合规定条件的,不予颁发,并书面说明理由。

第十七条 未取得中国证监会颁发的《经营证券业务许可证》,外资参股证券公司不得开业,不得经营证券业务。

第十八条 内资证券公司申请变更为外资参股证券公司的,应当具备本规则第六条规定的条件。

收购或参股内资证券公司的境外股东应当具备本规则第七条规定的条件,其收购的股权比例或出资比例应当符合本规则第十条的规定。

第十九条 内资证券公司申请变更为外资参股证券公司,应当向中国证监会提交下列文件:

(一)法定代表人签署的申请表;

(二)股东会关于变更为外资参股证券公司的决议;

(三)公司章程修改草案;

(四)股权转让协议或出资协议(股份认购协议);

(五)拟在该证券公司任职的外国投资者委派人员的名单、简历;

(六)境外股东的营业执照或注册证书和证券业务资格证书复印件;

(七)申请前一年境外股东经审计的财务报表;

(八)境外股东所在国家证券监管机构出具的关于该境外股东是否具备本规则第七条第(二)、(三)项规定条件的说明函;

(九)依法不能由外资参股证券公司经营的业务的清理方案;

(十)由中国境内具有证券相关业务资格的律师事务所出具的法律意见书。

第二十条 中国证监会依照有关法律、行政法规和本规则对前条规定的申请文件进行审查,并自接到符合要求的申请文件之日起30个工作日内作出是否批准的决定,书面通知申请的证券公司。不予批准的,书面说明理由。

第二十一条 获准变更的证券公司,应自中国证监会的批准文件签发之日起6个月内,办理股权转让或增资事宜,清理依法不能由外资参股证券公司经营的业务,并向工商行政管理机关申请变更登记,换领营业执照。

第二十二条 获准变更的证券公司应自变更登记之日起15个工作日内,向中国证监会提交下列文件,申请换发《经营证券业务许可证》:

(一)营业执照副本复印件;

(二)外资参股证券公司章程;

(三)公司原有经营证券业务许可证及其副本;

(四)由中国境内具有证券相关业务资格的会计师事务所出具的验资报告;

(五)依法不能由外资参股证券公司经营的业务的清理工作报告;

(六)具有证券相关业务资格的律师事务所和会计师事务所对前项清理工作出具的法律意见书和验证报告。

第二十三条 中国证监会依照有关法律、行政法规和本规则对前条规定的申请文件进行审查,并自接到符合要求的申请文件之日起15个工作日内作出决定。对符合规定条件的,换发《经营证券业务许可证》;对不符合规定条件的,不予换发,并书面说明理由。

第二十四条 外资参股证券公司合并或外资参股证券公司与内资证券公司合并后新设或存续的证券公司,应当具备本规则规定的外资参股证券公司的设立条件;其业务范围、境外股东所占的股权或权益比例应当符合本规则的规定。

外资参股证券公司分立后设立的证券公司,股东中有境外股东的,其业务范围、境外股东所占的股权或权益比例应当符合本规则的规定。

第二十五条 按照本规则规定提交中国证监会的申请文件及报送中国证监会的资料,必须使用中文。境外股东及其所在国家证券监管机构出具的文件、资料使用外文的,应当附有与原文内容一致的中文译本。

申请人提交的文件及报送的材料,不能充分说明申请人的状况的,中国证监会可以要求申请人作出补充说明。

第二十六条 香港特别行政区、澳门特别行政区和台湾地区的投资者参股证券公司的,比照适用本规则。

第二十七条 外资参股证券公司的设立、变更、终止、业务活动及监督管理事项,本规则未作规定的,适用中国证监会的其他有关规定。

第二十八条 本规则自2002年7月1日起实施。

外资参股基金管理公司设立规则

中国证券监督委员会令〔2002〕第9号 2002年6月4日

第一条 为了适应证券市场对外开放的需要，加强对外资参股基金管理公司的监督管理，明确外资参股基金管理公司的设立条件和程序，根据《公司法》和《证券投资基金管理暂行办法》(以下简称《暂行办法》)的有关规定，制定本规则。

第二条 本规则所称外资参股基金管理公司包括境外股东受让、认购境内基金管理公司股权而变更的基金管理公司，或者境外股东与境内股东共同出资设立的基金管理公司。

第三条 中国证券监督管理委员会(以下简称"中国证监会")负责对外资参股基金管理公司的审批和监督管理。

第四条 外资参股基金管理公司的组织形式为有限责任公司。

外资参股基金管理公司的名称、注册资本、组织机构的设立及职责，应当符合《公司法》、《暂行办法》和中国证监会的有关规定。

第五条 外资参股基金管理公司应当符合《暂行办法》和中国证监会规定的条件。

第六条 外资参股基金管理公司的境外股东，应当具备下列条件：

(一)为依其所在国家法律设立，并合法存续的金融机构，近3年未受到证券监管机构和司法机关的重大处罚；

(二)所在国家具有完善的证券法律和监管制度，其证券监管机构已与中国证监会签订证券监管合作谅解备忘录，并保持着有效的监管合作关系；

(三)实收资本不少于3亿元人民币的等值自由兑换货币；

(四)中国证监会规定的其他审慎性条件。

第七条 外资参股基金管理公司的境内股东，应当具备中国证监会规定的基金管理公司股东资格条件。

第八条 外资持股比例或者在外资参股的基金管理公司中拥有的权益比例，累计(包括直接持有和间接持有)不超过33%，在我国加入WTO后3年内，该比例不超过49%。

境外股东应当以自由兑换货币出资。

第九条 外资参股基金管理公司的董事长、总经理、副总经理应当具备中国证监会规定的基金管理公司高级管理人员任职资格条件。

第十条 外资参股基金管理公司的境内外申请人应当按照中国证监会规定的内容与格式，向中国证监会报送申请材料。

境内外申请人向中国证监会报送的申请材料，必须使用中文。境外股东及其所在国家证券监管机构出具的文件、资料使用外文的，应当附有与原文内容一致的中文译本。

第十一条 境外股东与境内股东共同出资设立基金管理公司，应当经过筹建和开业两个阶段。

第十二条 中国证监会自正式受理境内外申请人的筹建申请之日起60个工作日内作出批准或者不予批准筹建的决定。批准筹建的，出具批复文件；不予批准的，书面通知申请人，并说明理由。

第十三条 已取得中国证监会筹建批文但未正式开业的基金管理公司，如境外股东的基本情况发生重大变化，或因违规受到有关国家、地区的监管机构处罚或重点监控的，该境外股东应及时提请召开基金管理公司发起人会议，说明有关情况。如境外股东不再符合本规则的条件，发起人会议应提出处理意见，由公司筹备组及时报告中国证监会，办理相关事宜。

第十四条 境内外申请人在基金管理公司筹建完成后，向中国证监会报送基金管理公司开业申请材料。

中国证监会自受理开业申请之日起30个工作日内作出批准、延迟批准或不批准开业的决定。批准开业的，出具批准文件；拟延迟批准或不批准开业的，书面通知申请人，并说明理由。

第十五条 境外股东受让、认购境内基金管理公司的股权，由基金管理公司向中国证监会报送申请材料。

中国证监会自正式受理申请之日起60个工作日内，作出批准或者不予批准的决定。批准申请的，出具批复文件；不予批准的，书面通知申请人，并说明理由。

对涉及新增股东和出资比例最高、提名董事人数最多的股东变更申请的审核，中国证监会参照基金管理公司筹建审核程序执行。

第十六条 参股基金管理公司的境外股东，其注册地或主要经营活动所在地的主管当局对境外投资有备案要求的，该境外股东在依法取得中国证监会的批准文件后，如向其注册地或主要经营活动所在地的主管当局提交有关备案材料，应当同时将副本报送中国证监会。

第十七条 外资参股基金管理公司的股东应在取得中国证监会的批准文件后30个工作日内，向工商行政管理机关办理公司变更或者设立登记。

第十八条 香港特别行政区、澳门特别行政区和台湾地区的投资者参股内资基金管理公司的，比照适用本规则。

第十九条 外资参股基金管理公司的设立、变更、终止、业务活动及监督管理事项，本规则未作规定的，适用中国证监会的其他有关规定。

第二十条 本规则自2002年7月1日起施行。

关于加强外商投资企业审批、登记、外汇及税收管理有关问题的通知

外经贸法发〔2002〕575号　2002年12月30日

为了适应吸收外商投资工作面临的新形势，规范对外商投资企业的管理，保证外商投资企业的健康发展，维护中外投资者的合法权益，根据中外合资经营企业法、中外合作经营企业法、外资企业法、公司法、合同法、外汇管理条例及其他有关法律、法规的规定，现就加强外商投资企业审批、登记、外汇及税收管理有关问题通知如下：

一、设立外商投资企业及其合同、章程（包括合同、章程的修改）应按照国家有关法律、法规的规定，依照现行的外商投资企业审批程序进行审批。

二、根据现行外商投资有关法律、法规的规定，中外合资、中外合作外商投资企业的注册资本中外国投资者的出资比例一般不低于25%。外国投资者的出资比例低于25%的，除法律、行政法规另有规定外，均应按照现行设立外商投资企业的审批登记程序进行审批和登记。通过审批的，颁发加注“外资比例低于25%”字样的外商投资企业批准证书；取得登记的，颁发在“企业类型”后加注“外资比例低于25%”字样的外商投资企业营业执照。

三、外国投资者出资比例低于25%的外商投资企业，除法律、行政法规另有规定外，其投资总额项下进口自用设备、物品不享受税收减免待遇，其它税收不享受外商投资企业待遇。已享受外商投资企业待遇的外商投资股份有限公司，增资扩股或向外国投资者转让股权后，仍可按有关规定享受外商投资企业待遇。

四、外国投资者出资比例低于25%的外商投资企业，投资者以现金出资的，应自企业领取营业执照之日起3个月内缴清全部出资；投资者以实物、工业产权等出资的，应自企业领取营业执照之日起6个月内缴清出资。

五、外国投资者收购境内各种性质、类型企业的股权，该境内企业应当按照国家有关法律、法规的规定，依现行的外商投资企业审批程序，经审批机关批准后变更设立为外商投资企业，并应符合外商投资产业政策。批准后，由审批机关颁发外商投资企业批准证书，工商行政管理机关颁发外商投资企业营业执照。

原境内公司中国自然人股东在原公司享有股东地位1年以上的，经批准，可继续作为变更后所设外商投资企业的中方投资者。

暂不允许境内中国自然人以新设或收购方式与外国的公司、企业、其他经济组织或个人成立外商投资企业。

六、外国投资者收购境内企业股权应自外商投资企业营业执照颁发之日起3个月内支付全部购买金。对特殊情况需延长支付者，经审批机关批准后，应自营业执照颁发之日起6个月内支付购买总金额的60%以上，在1年内付清全部购买金，并按实际已缴付出资额所占比例分配收益。控股投资者在付清全部购买金之前，不得取得企业决策权，不得将其在企业中的权益、资产以合并报表的方式纳入该投资者的财务报表。股权出让方所在地的外汇管理部门出具外资外汇登记证明是证明外国投资者购买金到位的有效文件。

外国投资者收购境内企业股权，股权转让双方应在签定的股权转让协议中规定外国投资者支付股权购买金的期限。协议中未规定有关期限的，审批机关不予批准。

七、外商投资企业凭外商投资企业批准证书和外商投资企业营业执照向注册地外汇管理部门申请办理外汇登记手续。审批机关在批准外国投资者收购境内企业股权时，应将有关股权转让的批复同时抄送境内企业所在地及股权出让方所在地外汇管理部门，由股权出让方所在地外汇管理部门监督收汇。

八、各地审批机关、工商登记机关及外汇管理部门应严格执行本通知的规定。自本通知施行之日起，凡未按照本通知规定履行审批手续的，不予审批、不予办理工商登记和外汇登记。

本通知施行前已设立的外资比例低于25%的企业，应当在本通知施行之日起半年内补办审批登记手续。未按规定补办的，工商登记机关责令其限期办理。逾期仍不办理的，由工商登记机关依照《公司登记管理条例》第六十三条规定予以处罚。对处罚后仍不办理相关手续的企业，不予通过本年度年检。

各地工商登记管理部门应根据本通知规定，做好相关企业的统计、登记管辖调整及企业档案移交工作。补办审批后的企业变更登记，一律由企业所在地具有外商投资企业登记权的登记机关管辖。

九、此前发布的规定与本通知规定不一致的，以本通知规定为准。

十、台湾、香港和澳门地区的投资者在大陆投资举办外商投资企业的，准用本通知。

十一、本通知自2003年1月1日起施行。

关于外商投资企业和外国企业从事金融资产处置业务有关税收问题的通知

国税发〔2003〕第3号 2003年1月7日

各省、自治区、直辖市和计划单列市国家税务局、地方税务局：

根据《中华人民共和国外商投资企业和外国企业所得税法》及其实施细则、《中华人民共和国营业税暂行条例》及其实施细则的有关规定，现对外商投资企业和外国企业从事中国金融资产处置业务有关税务处理问题，通知如下：

一、外商投资企业和外国企业（以下简称企业）从事中国金融资产处置业务所取得的收入，应按税法及本通知的有关规定申报缴纳增值税、营业税和企业所得税。

二、金融资产处置业务是指企业通过购买、吸收入股等方式，从我国境内金融资产管理公司取得中国境内其他企业的股权、债权、实物资产以及由上述资产组合的整体资产（以下简称重置资产），再将上述重置资产进行转让、收回、置换和出售等形式的处置，并取得相应的回报。

企业处置金融资产包括以下方式：

(一) 企业收回或转让债权；

(二) 企业所持有的债权转为股权；

(三) 企业处置拥有支配权的实物资产；

(四) 企业所持有的股权出售或转让；

(五) 企业重置资产的退回；

(六) 其他方式处置重置资产。

三、企业取得重置资产，以购买时实际支出或吸收入股时的作价为原价。重置资产的归类以取得时的作价标的为准，可以是单独作价的一家企业的一项股权、债权或实物资产的单项资产，也可以是多项资产捆绑后统一作价的组合资产。

企业对取得的部分或全部重置资产进行重新分类组合，可以按重新分类组合后确定单项或组合重置资产的原价，但重新分类组合后的重置资产原价，不得超过企业重置资产取得时的原价。

四、企业处置重置资产，按以下规定征免营业税、增值税：

(一) 企业处置债权重置资产，不予征收营业税；

(二) 企业处置股权重置资产（包括债转股方式处置）所取得的收入，不予征收营业税；

(三) 企业处置其所拥有的实物重置资产所取得的收入，该项资产属于不动产的，征收营业税；属于货物的，应当按照增值税条例及有关规定征收增值税。

五、企业处置重置资产取得的收入，扣除有关资产的原价、费用及损失后的净收益，应当计算缴纳企业所得税。

企业分期或分批处置重置资产的，应当在其资产处置收入超过该单项或该组合资产重置资产原价时，就超过原价的部分，计入企业当期应纳税所得额，计算征收企业所得税。

企业处置单项或组合重置资产发生的损失，可以从企业当期应纳税所得额中扣除。组合资产应当在该组合资产全部处置完成后计算损失。

六、在中国境内未设立机构、场所的外国企业，应当由其自行或者委托其在中国境内的代理人，申报缴纳其应纳税款。其应纳的企业所得税可以选择在其一项重置资产所属企业所在地缴纳；其应纳的营业税或增值税按有关规定确定纳税地点。

关于外商投资企业追加投资享受企业所得税优惠政策的通知

财政部、国家税务总局 2002年6月1日

各省、自治区、直辖市、计划单列市财政厅（局）、国家税务局，广东省、海南省地方税务局，深圳市地方税务局，新疆生产建设兵团财务局：

一个时期以来，许多地区反映，外商投资企业在原合同以外大规模追加投资，扩大经营规模，对这些追加投资项目所取得的所得，可否比照《财政部、国家税务总局关于对中外合资

经营、合作生产经营和外商独资经营企业有关征收所得税问题几项规定的通知》〔(86)财税外字第102号〕的规定，单独计算享受《中华人民共和国外商投资企业和外国企业所得税法》(以下简称税法)第八条规定的企业所得税定期减免优惠。经研究，为鼓励大型跨国公司来华投资，提高我国利用外资的效率，进一步完善税收优惠政策，根据税法及其实施细则的有关规定，现就外商投资企业追加投资项目享受税收优惠有关问题通知如下：

一、从事经国务院批准的《外商投资产业指导目录》中的鼓励类项目的外商投资企业，凡符合以下条件之一的，其投资者在原合同以外追加投资项目所取得的所得，可单独计算并享受税法第八条第一、二款所规定的企业所得税定期减免优惠：

(一) 追加投资形成的新增注册资本额达到或超过6000万美元的；

(二) 追加投资形成的新增注册资本额达到或超过1500万美元，且达到或超过原注册资本50%的。

以上税收优惠须经企业申请，报省级主管税务机关批准后执行。各省级主管税务机关将批准情况报财政部、国家税务总局备案。

二、外商投资企业对追加投资项目的生产、经营情况，与其先期投资的生产、经营情况应加以区分，分别设立账册、凭证，准确计算各自应纳税所得额。凡不能合理计算各自应纳税所得额的，主管税务机关可按企业收入、资产等比例合理划分各自的应纳税所得额。

三、本通知自2002年1月1日起执行。2002年1月1日以前发生的追加投资业务，符合本通知规定条件的，可就其按税法有关规定确定的减免税年限中自2002年1月1日后的剩余年限享受优惠，2002年1月1日以前已征税款不再退回。

合格境外机构投资者境内证券投资外汇管理暂行规定

国家外汇管理局 2002年11月28日

第一章 总 则

第一条 为了规范合格境外机构投资者(以下简称合格投资者)在中国境内证券市场的投资行为，维护中国外汇市场的稳定和国际收支的平衡，根据《中华人民共和国外汇管理条例》以及《合格境外机构投资者境内证券投资管理暂行办法》(以下简称《暂行办法》)，制定本规定。

第二条 合格投资者应当委托其托管人代为办理本规定所要求的各项手续。

第三条 合格投资者和托管人应当遵守中国外汇管理有关法规和规章的规定。

第四条 国家外汇管理局(以下简称国家外汇局)依法对合格投资者在中国境内进行的证券投资活动实施外汇管理。

第二章 托管人管理

第五条 境内商业银行申请托管人资格，除向国家外汇局报送《暂行办法》第十四条规定的文件外，还应提供最近3年外汇业务经营情况报告和国家外汇局要求的其他文件。

第六条 托管人在外汇管理方面应履行下列职责：

(一)办理合格投资者的有关结售汇、收付汇和人民币资金结算业务；

(二)监督合格投资者的投资运作，发现其投资指令违反外汇管理规定的，及时向国家外汇局报告；

(三)在为合格投资者开立人民币特殊账户，以及办理合格投资者汇入本金、汇出本金或者收益手续时，应在合格投资者外汇登记证(以下简称外汇登记证)上准确填列；

(四)在合格投资者汇入本金、汇出本金或者收益2个工作日内，向国家外汇局报告；

(五)每月结束后5个工作日内，向国家外汇局报告上个月合格投资者人民币特殊账户的收支情况和投资损益情况；

(六)每个会计年度结束后3个月内，编制关于合格投资者上一年度境内证券投资情况的年度财务报表，经中国注册会计师审计后报送国家外汇局；

(七)保存合格投资者的资金汇入、汇出、兑换和人民币资金往来记录等相关材料，保存的时间应当不少于15年；

(八)根据国家有关外汇管理规定进行国际收支统计申报；

(九)国家外汇局根据审慎监管原则规定的其他职责。

第三章 投资额度管理

第七条 合格投资者申请投资额度，除向国家外汇局报送《暂行办法》第八条规定的文件外，还应提供中国证券监督管理委员会(以下简称中国证监会)颁发的证券投资业务许可证复印件和国家外汇局要求的其他文件。

第八条 单个合格投资者申请的投资额度不得低于等值5000万美元的人民币，不得高于等值8亿美元的人民币。

国家外汇局根据资本市场和国际收支情况，可以调整单个合格投资者上述申请投资额度的上下限。

第九条 合格投资者在获得外汇登记证3个月内未汇足本金而需在原批准额度以内汇足本金的，或汇出部分本金后再汇入本金的，或增加投资额度的，应持下列文件向国家外汇局提出申请：

(一)申请书(包括拟申请投资额度、投资计划等)；

(二)外汇登记证；

(三)资金来源说明书及批准时间内不撤资承诺函；

(四)申请人的授权委托书；

(五)申请人境内证券投资情况报告；

(六)国家外汇局要求的其他文件。

国家外汇局自收到完整申请材料之日起7个工作日内作出批准或不批准的决定。决定批准的，出具批复文件并通过托管人向申请人转送；决定不批准的，通过托管人向申请人转送不批准的书面通知。

第十条 合格投资者投资本金在境内的停留期间自合格投资者第一次汇入本金之日起计算。

第十一条 投资本金汇入不满一年但超过3个月的合格投资者，经中国证监会和国家外汇局批准后，可以将投资额度转让给其他合格投资者或符合《暂行办法》第六条规定的其他申请人。

第十二条 合格投资者申请将全部投资额度或部分投资额度转让给其他合格投资者的，应由转让方和受让方各自持下列文件向国家外汇局提出转让申请：

(一)转让申请书；

(二)转让合同；

(三)外汇登记证；

(四)国家外汇局要求的其他文件。

国家外汇局自收到转让方和受让方完整的申请文件之日起15个工作日内，商中国证监会后作出批准或不批准的决定。决定批准的，国家外汇局出具同意转让的批复文件，通过转让方和受让方托管人分别向转让方和受让方转送。决定不批准的，通过转让方和受让方托管人分别向转让方和受让方转送不批准的书面通知。

第十三条 国家外汇局批准合格投资者将全部投资额度转让给其他合格投资者的，相应调整受让方的投资额度。转让手续完成后5个工作日内，转让方应关闭其在托管人处开立的人民币特殊账户，并将外汇登记证交还国家外汇局。

国家外汇局批准合格投资者将部分投资额度转让给其他合格投资者的，相应调整转让方和受让方的投资额度。

第十四条 合格投资者申请将全部投资额度或部分投资额度转让给符合《暂行办法》第六条规定的其他申请人的，受让方应当先获得中国证监会颁发的证券投资业务许可证和国家外汇局批准的投资额度，再按照本规定第十二条和第十三条的规定提出转让申请。

第四章 账户管理

第十五条 经国家外汇局批准，合格投资者应当而且只能在托管人处开立一个人民币特殊账户。合格投资者申请开立人民币特殊账户，应持下列文件向国家外汇局提出申请：

(一)开立人民币特殊账户申请书；

(二)外汇登记证；

(三)与托管人签订的正式托管协议；

(四)托管人按规定监督人民币特殊账户资金使用的书面承诺；

(五)国家外汇局要求的其他材料。

国家外汇局自收到完整的申请文件之日起5个工作日内出具批复文件，托管人可以凭国家外汇局的批复文件为合格投资者开立一个人民币特殊账户。托管人应在为合格投资者开立人民币特殊账户5个工作日内将有关情况报国家外汇局备案。

第十六条 合格投资者人民币特殊账户的收支范围应当符合《暂行办法》第二十四条的规定，该账户的资金不得用于其他用途。

第十七条 合格投资者有下列情形之一的，应关闭其在托管人处开立的人民币特殊账户，并将外汇登记证交还国家外汇局：

(一)本金和收益已全部汇出；

(二)已全部转让投资额度；

(三)法人机构解散、破产并完成清算程序；

(四)由接管人接管其资产；

(五)证券投资业务许可证已自动失效或已交还中国证监会；

(六)国家外汇局规定的其他情形。

第五章 汇兑管理

第十八条 合格投资者日汇入本金超过等值5000万美元(含5000万美元)的，应提前3个工作日通知国家外汇局。

国家外汇局根据国际收支情况，可以建议合格投资者在其投资额度有效期内调整本金汇入的时间。

第十九条 合格投资者汇入本金为非美元可自由兑换货币的，汇率应根据汇入当天中国人民银行公布的基准汇率或其托管人当天挂牌汇率的中间价进行套算。

第二十条 合格投资者汇出本金应提前5个工作日持下列文件向国家外汇局提出申请：

(一)汇出本金申请书；

(二)外汇登记证；

(三)国家外汇局要求的其他文件。

国家外汇局自收到完整的申请文件之日起5个工作日内，经审核同意其汇出的，出具核准文件，并相应调减合格投资者的投资额度。托管人凭国家外汇局的核准文件为合格投资者办理购汇及本金汇出手续。

第二十一条 合格投资者需购汇汇出经中国注册会计师审计的已实现税后收益，除向国家外汇局报送《暂行办法》第二十九条规定的文件外，还应向国家外汇局提供外汇登记证和国家外汇局要求的其他文件。

国家外汇局自收到完整的申请文件之日起15个工作日内,经审核同意其汇出的,出具核准文件。托管人凭国家外汇局的核准文件为合格投资者办理购汇及收益汇出手续。

合格投资者收益实现年度按中国会计年度计算。

第二十二条 国家外汇局对合格投资者的外汇登记证实行年检制度。

年检时间为每年的4月1日至4月30日，年检的主要内容包括：

(一)人民币特殊账户收支情况；

(二)合格投资者资金汇入、汇出情况；

(三)结汇和售付汇情况；

(四)合格投资者遵守有关外汇管理法规的情况。

第二十三条 合格投资者在年检时应向国家外汇局报送下列材料：

(一)合格投资者上一年度投资情况说明；

(二)托管人编制的、经中国注册会计师审计的关于合格投资者上一年度境内证券投资情况的年度财务报表；

(三)外汇登记证；

(四)国家外汇局要求的其他文件。

国家外汇局应将外汇登记证的年检情况通报中国人民银行和中国证监会。

第二十四条 在年检中发现合格投资者有下列情形之一的,由国家外汇局按照本规定予以处罚。限期不改正或拒不执行的,其外汇登记证不能通过年检：

(一)超过国家外汇局批准的投资额度汇入本金或超过投资额度有效期汇入本金的；

(二)未经国家外汇局批准擅自汇出本金或收益的；

(三)人民币特殊账户收支范围超过《暂行办法》第二十四条规定范围的；

(四)违反中国的法律法规或其他有关规定。

合格投资者外汇登记证未能通过年检的,由国家外汇局商中国人民银行和中国证监会后决定合格投资者资金的退出方案。

第二十五条 国家外汇局可以对合格投资者、托管人、证券公司、证券交易所、证券登记结算机构进行现场检查。被检查的机构应当接受并配合检查。

国家外汇局应当将检查情况通报中国人民银行和中国证监会。

第二十六条 合格投资者超过国家外汇局批准的投资额度或超过投资额度有效期汇入本金的,或托管人为合格投资者办理超过国家外汇局批准的投资额度或超过投资额度有效期汇入本金的,由国家外汇局予以警告,限期改正,并处以不超过3万元人民币的罚款。

第二十七条 合格投资者未经国家外汇局批准汇出本金和收益的,或托管人未经国家外汇局批准为合格投资者办理本金和收益汇出手续的,由国家外汇局责令改正,并处以逃汇金额30%以上5倍以下人民币的罚款。

第二十八条 合格投资者或托管人未经国家外汇局批准开立人民币特殊账户，或开立多个人民币特殊账户，或超出《暂行规定》规定的范围使用人民币特殊账户的，由国家外汇局责令改正,通报批评,并处以5万元以上30元以下人民币的罚款。

第六章 监督管理

第二十九条 托管人未按规定向国家外汇局报送报表和有关资料的,由国家外汇局责令改正,通报批评,并处以5万元以上30万元以下人民币的罚款。

第三十条 托管人拒不改正违规行为,或违规情节严重的,由国家外汇局、中国人民银行和中国证监会联合作出取消其托管人资格的决定。

第三十一条 合格投资者或托管人违反其他外汇管理规定的,由国家外汇局根据有关外汇管理规定进行处罚。

第七章 附　则

第三十二条 本规定所要求向国家外汇局报送的材料应具有中文文本。同时具有外文和中文译文的,应当以中文文本为准。

第三十三条 本规定由国家外汇局负责解释。

第三十四条 本规定自2002年12月1日起施行。

关于开展试点设立外商投资物流企业工作有关问题的通知

中华人民共和国对外贸易经济合作部　2002年6月20日

江苏省、浙江省、广东省、北京市、天津市、重庆市、上海市、深圳市外经贸委(厅、局)：

为促进国际贸易及现代物流业的对外开放和健康发展,现拟在国内部分地区开展外商投资物流业的试点工作。为明确试点阶段外商投资物流业的条件和程序,现将试点设立外商投资物流企业的有关问题通知如下：

一、外商投资物流企业应为境外投资者以中外合资、中外合作的形式设立的,能够根据实际需要,选择对货物的运输、仓储、装卸、加工、包装、配送、信息处理以及进出口等环节实施有机结合,形成比较完整的供应链,为用户提供多功能一体化服务的外商投资企业(以下简称:"外商投资物流企业")。

二、允许境外投资者采用中外合资、中外合作形式投资经营国际流通物流、第三方物流业务。

三、申请设立外商投资物流企业的投资者必须具备如下条件:

(一)拟设立从事国际流通物流业务的外商投资物流企业的投资者应至少有一方具有经营国际贸易或国际货物运输或国际货物运输代理的良好业绩和运营经验,符合上述条件的投资者应为中方投资者或外方投资者中的第一大股东。

(二)拟设立从事第三方物流业务外商投资物流企业的投资者应至少有一方具有经营交通运输或物流的良好业绩和运营经验,符合上述条件的投资者应为中方投资者或外方投资者中的第一大股东。

四、设立的外商投资物流企业必须符合如下要求:

(一)注册资本不得低于500万美元;

(二)从事国际流通物流业务的外商投资物流企业中境外投资者股份比例不得超过50%;

(三)有固定的营业场所;

(四)有从事经营业务所必须的营业设施。

五、经批准,外商投资物流企业可经营下列部分或全部业务:

(一)国际流通物流业务:进出口业务及相关服务,包括自营或代理货物的进口、出口业务,接受委托为出口加工企业提供代理进出口业务;提供海运、空运、陆运进出口货物的国际货物运输代理业务。

(二)第三方物流业务:道路普通货物的运输、仓储、装卸、加工、包装、配送及相关信息处理服务和有关咨询业务;国内货运代理业务;利用计算机网络管理与运作物流业务。

外商投资物流企业拟从事道路普通货物的运输业务及利用计算机网络管理与运作物流业务的,需经有关部门依据现行法律法规批准。

六、设立外商投资物流企业,应向拟设立企业所在地的省、自治区、直辖市、计划单列市对外贸易经济主管部门提出申请,并提交以下材料:

(一)申请书;

(二)可行性研究报告;

(三)本规定第四条规定的合营各方投资者的资格证明或者有关说明文件;

(四)中外方投资者的法律证明文件及资信证明;

(五)合同、章程;

(六)董事会或联合管理机构成员及主要管理人员名单及简历;

(七)工商行政管理部门出具的企业名称预核准通知书;

(八)企业营业场所证明;

(九)对外贸易经济主管部门要求的其他材料。

七、设立外商投资物流企业应按照下列程序进行:

省、自治区、直辖市、计划单列市对外贸易经济主管部门自收到申请材料之日起10个工作日内,依据本规定提出初审意见,并将初审意见报国务院对外贸易经济主管部门批准;

国务院对外贸易经济主管部门收到申请材料后,在30个工作日内做出是否批准的书面决定,符合规定的,颁发外商投资企业批准证书;不符合规定的,退回申请,书面通知申请人并说明理由。

从事国际流通物流业务的外商投资物流企业应在外商投资企业批准证书颁发之日起10日内到国务院对外贸易经济主管部门办理《中华人民共和国国际货物运输代理企业批准证书》。

八、外商投资企业扩大经营范围从事物流业应按照本通知规定的程序办理。

九、外商投资物流企业的经营期限一般不得超过20年。

经原批准机关批准,外商投资物流企业可以延长经营期限。

十、外商投资物流企业可按现行有关规定申请在国内其他地方设立分公司。分公司的经营范围不应超出外商投资物流企业的经营范围。

十一、外商投资物流企业应严格遵守国家外商投资方面的有关法律、法规以及按照其经营范围遵守交通运输、国际货物运输代理及电信方面的有关行业管理的法律法规,对其违法、违规行为将依照相应法律、法规予以相应处罚。

十二、试点地区由外经贸部规定。目前暂在北京、天津、上海和重庆四个直辖市;浙江、江苏、广东三省及深圳经济特区进行试点。

十三、香港、澳门、台湾地区的投资者在大陆投资试点设立物流企业,参照本通知的精神办理。

十四、本通知自下发之日起30日后施行。

外商投资建筑业企业管理规定

建设部　对外贸易经济合作部令〔2002〕第113号　2002年11月4日

第一章　总　则

第一条　为进一步扩大对外开放,规范对外商投资建筑业企业的管理,根据《中华人民共和国建筑法》、《中华人民共和国招标投标法》、《中华人民共和国中外合资经营企业法》、《中华人民共和国中外合作经营企业法》、《中华人民共和国外资企业法》、《建设工程质量管理条例》等法律、行政法规,制定本规定。

第二条 在中华人民共和国境内设立外商投资建筑业企业,申请建筑业企业资质,实施对外商投资建筑业企业监督管理,适用本规定。

本规定所称外商投资建筑业企业,是指根据中国法律、法规的规定,在中华人民共和国境内投资设立的外资建筑业企业、中外合资经营建筑业企业以及中外合作经营建筑业企业。

第三条 外国投资者在中华人民共和国境内设立外商投资建筑业企业,并从事建筑活动,应当依法取得对外贸易经济行政主管部门颁发的外商投资企业批准证书,在国家工商行政管理总局或者其授权的地方工商行政管理局注册登记,并取得建设行政主管部门颁发的建筑业企业资质证书。

第四条 外商投资建筑业企业在中华人民共和国境内从事建筑活动,应当遵守中国的法律、法规、规章。

外商投资建筑业企业在中华人民共和国境内的合法经营活动及合法权益受中国法律、法规、规章的保护。

第五条 国务院对外贸易经济行政主管部门负责外商投资建筑业企业设立的管理工作;国务院建设行政主管部门负责外商投资建筑业企业资质的管理工作。

省、自治区、直辖市人民政府对外贸易经济行政主管部门在授权范围内负责外商投资建筑业企业设立的管理工作;省、自治区、直辖市人民政府建设行政主管部门按照本规定负责本行政区域内的外商投资建筑业企业资质的管理工作。

第二章 企业设立与资质的申请和审批

第六条 外商投资建筑业企业设立与资质的申请和审批,实行分级、分类管理。

申请设立施工总承包序列特级和一级、专业承包序列一级资质外商投资建筑业企业的,其设立由国务院对外贸易经济行政主管部门审批,其资质由国务院建设行政主管部门审批;申请设立施工总承包序列和专业承包序列二级及二级以下、劳务分包序列资质的,其设立由省、自治区、直辖市人民政府对外贸易经济行政主管部门审批,其资质由省、自治区、直辖市人民政府建设行政主管部门审批。

中外合资经营建筑业企业、中外合作经营建筑业企业的中方投资者为中央管理企业的,其设立由国务院对外贸易经济行政主管部门审批,其资质由国务院建设行政主管部门审批。

第七条 设立外商投资建筑业企业,申请施工总承包序列特级和一级、专业承包序列一级资质的程序:

(一)申请者向拟设立企业所在地的省、自治区、直辖市人民政府对外贸易经济行政主管部门提出设立申请。

(二)省、自治区、直辖市人民政府对外贸易经济行政主管部门在受理申请之日起30日内完成初审,初审同意后,报国务院对外贸易经济行政主管部门。

(三) 国务院对外贸易经济行政主管部门在收到初审材料之日起10日内将申请材料送国务院建设行政主管部门征求意见。国务院建设行政主管部门在收到征求意见函之日起30日内提出意见。国务院对外贸易经济行政主管部门在收到国务院建设行政主管部门书面意见之日起30日内作出批准或者不批准的书面决定。予以批准的,发给外商投资企业批准证书;不予批准的,书面说明理由。

(四)取得外商投资企业批准证书的,应当在30日内到登记主管机关办理企业登记注册。

(五)取得企业法人营业执照后,申请建筑业企业资质的,按照建筑业企业资质管理规定办理。

第八条 设立外商投资建筑业企业,申请施工总承包序列和专业承包序列二级及二级以下、劳务分包序列资质的程序,由各省、自治区、直辖市人民政府建设行政主管部门和对外贸易经济行政主管部门,结合本地区实际情况,参照本规定第七条以及建筑业企业资质管理规定执行。

省、自治区、直辖市人民政府建设行政主管部门审批的外商投资建筑业企业资质,应当在批准之日起30日内报国务院建设行政主管部门备案。

第九条 外商投资建筑业企业申请晋升资质等级或者增加主项以外资质的,应当依照有关规定到建设行政主管部门办理相关手续。

第十条 申请设立外商投资建筑业企业应当向对外贸易经济行政主管部门提交下列资料:

(一)投资方法定代表人签署的外商投资建筑业企业设立申请书;

(二)投资方编制或者认可的可行性研究报告;

(三)投资方法定代表人签署的外商投资建筑业企业合同和章程(其中,设立外资建筑业企业的只需提供章程);

(四)企业名称预先核准通知书;

(五)投资方法人登记注册证明、投资方银行资信证明;

(六)投资方拟派出的董事长、董事会成员、经理、工程技术负责人等任职文件及证明文件;

(七)经注册会计师或者会计事务所审计的投资方最近3年的资产负债表和损益表。

第十一条 申请外商投资建筑业企业资质应当向建设行政主管部门提交下列资料:

(一)外商投资建筑业企业资质申请表;

(二)外商投资企业批准证书;

(三)企业法人营业执照;

(四)投资方的银行资信证明;

(五)投资方拟派出的董事长、董事会成员、企业财务负责人、经营负责人、工程技术负责人等任职文件及证明文件;

(六)经注册会计师或者会计师事务所审计的投资方最近3年的资产负债表和损益表;

(七)建筑业企业资质管理规定要求提交的资料。

第十二条 中外合资经营建筑业企业、中外合作经营建筑业企业中方合营者的出资总额不得低于注册资本的25%。

第十三条 本规定实施前,已经设立的中外合资经营建筑业企业、中外合作经营建筑业企业,应当按照本规定和建筑业企业资质管理规定重新核定资质等级。

第十四条 本规定中要求申请者提交的资料应当使用中文,证明文件原件是外文的,应当提供中文译本。

第三章 工程承包范围

第十五条 外资建筑业企业只允许在其资质等级许可的范围内承包下列工程:

(一)全部由外国投资、外国赠款、外国投资及赠款建设的工程;

(二) 由国际金融机构资助并通过根据贷款条款进行的国际招标授予的建设项目;

(三)外资等于或者超过50%的中外联合建设项目,及外资少于50%, 但因技术困难而不能由中国建筑企业独立实施,经省、自治区、直辖市人民政府建设行政主管部门批准的中外联合建设项目;

(四)由中国投资,但因技术困难而不能由中国建筑企业独立实施的建设项目,经省、自治区、直辖市人民政府建设行政主管部门批准,可以由中外建筑企业联合承揽。

第十六条 中外合资经营建筑业企业、中外合作经营建筑业企业应当在其资质等级许可的范围内承包工程。

第四章 监督管理

第十七条 外商投资建筑业企业的资质等级标准执行国务院建设行政主管部门颁发的建筑业企业资质等级标准。

第十八条 承揽施工总承包工程的外商投资建筑业企业,建筑工程主体结构的施工必须由其自行完成。

第十九条 外商投资建筑业企业与其他建筑业企业联合承包,应当按照资质等级低的企业的业务许可范围承包工程。

第二十条 外资建筑业企业违反本规定第十五条,超越资质许可的业务范围承包工程的,处工程合同价款2%以上4%以下的罚款;可以责令停业整顿,降低资质等级;情节严重的,吊销资质证书;有违法所得的,予以没收。

第二十一条 外商投资建筑业企业从事建筑活动,违反《中华人民共和国建筑法》、《中华人民共和国招标投标法》、《建设工程质量管理条例》、《建筑业企业资质管理规定》等有关法律、法规、规章的,依照有关规定处罚。

第五章 附 则

第二十二条 本规定实施前已经取得《外国企业承包工程资质证》的外国企业投资设立外商投资建筑业企业,可以根据其在中华人民共和国境内承包工程业绩等申请相应等级的建筑业企业资质。

根据本条第一款规定已经在中华人民共和国境内设立外商投资建筑业企业的外国企业,设立新的外商投资建筑业企业,其资质等级按照建筑业企业资质管理规定核定。

第二十三条 香港特别行政区、澳门特别行政区和台湾地区投资者在其他省、自治区、直辖市投资设立建筑业企业,从事建筑活动的,参照本规定执行。法律、法规、国务院另有规定的除外。

第二十四条 本规定由国务院建设行政主管部门和国务院对外贸易经济行政主管部门按照各自职责负责解释。

第二十五条 本规定自2002年12月1日起施行。

第二十六条 自2003年10月1日起,1994年3月22日建设部颁布的《在中国境内承包工程的外国企业资质管理暂行办法》(建设部令第32号)废止。

第二十七条 自2002年12月1日起, 建设部和对外贸易经济合作部联合颁布的《关于设立外商投资建筑业企业的若干规定》(建建〔1995〕533号)废止。

外商投资民用航空业规定

中国民用航空总局对外贸易经济合作部国家发展计划委员会令 第110号

2002月11月5日

第一条 为进一步扩大中国民用航空业(以下简称民航业)的对外开放,促进民航业的改革和发展,保护投资者的合法权益,根据《中华人民共和国中外合资经营企业法》、《中华人民共和国中外合作经营企业法》、《指导外商投资方向规定》和《外商投资产业指导目录》(以下分别简称《规定》和《目录》)及有关民航业的法律、法规,制定本规定。

第二条 外国公司、企业及其他经济组织或个人(以下简称外商)投资民航业适用本规定。

第三条 外商投资民航业范围包括民用机场、公共航空运输企业、通用航空企业和航空运输相关项目。禁止外商投资和管理空中交通管制系统。

(一)鼓励外商投资建设民用机场。本规定所称“民用机场”不包括军民合用机场。外商投资民用机场分二类项目:

1. 民用机场飞行区,包括跑道、滑行道、联络道、停机坪、助航灯光;

2. 航站楼。

(二)鼓励外商投资现有的公共航空运输企业。

鼓励外商投资从事农、林、渔业作业的通用航空企业。

允许外商投资从事公务飞行、空中游览或为工业服务的通用航空企业,但不得从事涉及国家机密的作业项目。

(三)"航空运输相关项目"包括航空油料、飞机维修、货运仓储、地面服务、航空食品、停车场和其他经批准的项目。

第四条 外商投资方式包括:

(一)合资、合作经营(简称"合营");

(二)购买民航企业的股份,包括民航企业在境外发行的股票以及在境内发行的上市外资股;

(三)其他经批准的投资方式。

外商以合作经营方式投资公共航空运输和从事公务飞行、空中游览的通用航空企业,必须取得中国法人资格。

第五条 外商投资公共航空运输企业和民用机场,在同等条件下,对具有国际先进经营管理水平的外国同类企业予以优先考虑。

第六条 外商投资民用机场,应当由中方相对控股。

外商投资公共航空运输企业,应当由中方控股,一家外商(包括其关联企业)投资比例不得超过25%。

外商投资从事公务飞行、空中游览、为工业服务的通用航空企业,由中方控股;从事农、林、渔业作业的通用航空企业,外商投资比例由中外双方商定。

外商投资飞机维修(有承揽国际维修市场业务的义务)和航空油料项目,由中方控股;货运仓储、地面服务、航空食品、停车场等项目,外商投资比例由中外双方商定。

第七条 外商投资的合营企业经营期限一般不超过30年。

第八条 外商投资的民用机场企业,其航空业务收费执行国家统一标准,非航空业务收费标准由企业商请当地物价部门确定。

外商投资的公共航空运输企业和通用航空企业,必须执行国家价格政策。

第九条 外商投资建设民用机场所需使用的土地,按照国家有关土地管理的法律、法规及中国民用航空总局(以下简称民航总局)有关机场用地管理规定,办理土地评估及土地使用权处置审批手续。

第十条 投资建设民用机场的外商,可优先投资经营航空运输相关项目。

第十一条 外商投资民航业限额以上的项目,按照项目性质,分别由国家发展计划委员会(基本建设项目)和国家经济贸易委员会(技术改造项目)在征得民航总局的同意后审批项目建议书和可行性研究报告;对外贸易经济合作部(以下简称外经贸部)审批合同、章程。限额以下的项目,由民航总局审批项目建议书和可行性研究报告,外经贸部审批合同、章程。

外商投资航空运输相关项目中的货运仓储、地面服务、航空食品、停车场等项目,按《规定》和《目录》规定的程序和权限办理审批手续。

第十二条 外商投资民用机场项目在合同、章程获得批准后,依次向外经贸部申领外商投资企业批准证书,向工商行政管理部门办理相关登记手续。

外商投资公共航空运输企业和通用航空企业在合同、章程获得批准后,向民航总局申领或变更企业经营许可证,向外经贸部申领外商投资企业批准证书,向工商行政管理部门办理相关登记手续。

第十三条 民航企业境外发行股票、境内发行外资股和以其他方式吸收外商投资,应当按照国家有关法律规定和程序,向国家有关主管部门办理审批手续。

第十四条 外商投资的民航企业(项目)增资扩股、股权变更等事项,报原审批机关审批。

第十五条 民航总局及其地区管理机构,依法对外商投资民航企业的经营活动实施行业管理和监督。

第十六条 香港、澳门特别行政区和台湾地区的公司、企业、其他经济组织或个人在中国其他省、自治区和直辖市投资民航业,参照本规定办理。

第十七条 本规定自2002年8月1日起施行。1994年5月6日由民航总局与外经贸部发布的《关于外商投资民用航空业有关政策的通知》(民航总局函[1994]448号)和1994年10月25日由民航总局与外经贸部发布的《关于发布〈关于外商投资民用航空业有关政策的通知〉若干问题的解释的通知》(民航总局发[1994]271号)同时废止。

外商投资建设工程设计企业管理规定

中华人民共和国建设部 中华人民共和国对外贸易经济合作部令

第114号 2002年9月27日

第一条 为进一步扩大对外开放,规范对外商投资建设工程设计企业的管理,根据《中华人民共和国建筑法》、《中华人民共和国中外合资经营企业法》、《中华人民共和国中外合作经营企业法》、《中华人民共和国外资企业法》、《建设工程质量管理条例》、《建设工程勘察设计管理条例》等法律、行政法规,制定本规定。

第二条 在中华人民共和国境内设立外商投资建设工程设计企业,申请建设工程设计企业资质,实施对外商投资建设工程设计企业监督管理,适用本规定。本规定所称外商投资建设工程设计企业,是指根据中国法律、法规的规定,在中华人民共和国境内投资设立的外资建设工程设计企业、中外合资经营建设工程设计企业以及中外合作经营建设工程设计企业。

第三条 外国投资者在中华人民共和国境内设立外商投资建设工程设计企业,并从事建设工程设计活动,应当依法取得对外贸易经济行政主管部门颁发的外商投资企业批准证书,在国家工商行政管理总局或者其授权的地方工商行政管理局注册登记,并取得建设行政主管部门颁发的建设工程设计企业资质证书。

第四条 外商投资建设工程设计企业在中华人民共和国境内从事建设工程设计活动,应当遵守中国的法律、法规、规章。外商投资建设工程设计企业在中华人民共和国境内的合法经营活动及合法权益受中国法律、法规、规章的保护。

第五条 国务院对外贸易经济合作行政主管部门负责外商投资建设工程设计企业设立的管理工作;国务院建设行政主管部门负责外商投资建设工程设计企业资质的管理工作。省、自治区、直辖市人民政府对外贸易经济行政主管部门在授权范围内负责外商投资建设工程设计企业设立的管理工作;省、自治区、直辖市人民政府建设行政主管部门按照本规定负责本行政区域内的外商投资建设工程设计企业资质的管理工作。

第六条 外商投资建设工程设计企业设立与资质的申请和审批,实行分级、分类管理。申请设立建筑工程设计甲级资质及其他建设工程设计甲、乙级资质外商投资建设工程设计企业的,其设立由国务院对外贸易经济行政主管部门审批,其资质由国务院建设行政主管部门审批;申请设立建筑工程设乙级资质、其他建设工程设计丙级及以下等级资质外商投资建设工程设计企业的,其设立由省、自治区、直辖市人民政府对外贸易经济行政主管部门审批,其资质由省、自治区、直辖市人民政府建设行政主管部门审批。

第七条 设立外商投资建设工程设计企业,申请建筑工程设计甲级资质及其他建设工程设计甲、乙级资质的程序:

(一)申请者向拟设立企业所在地的省、自治区、直辖市人民政府对外贸易经济行政主管部门提出设立申请。

(二)省、自治区、直辖市人民政府对外贸易经济行政主管部门在受理申请之日起30日内完成初审;初审同意后,报国务院对外贸易经济行政主管部门。

(三) 国务院对外贸易经济行政主管部门在收到初审材料之日起10日内将申请材料送国务院建设行政主管部门征求意见。国务院建设行政主管部门在收到征求意见函之日起30日内提出意见。国务院对外贸易经济行政主管部门在收到国务院建设行政主管部门书面意见之日起30日内作出批准或者不批准的书面决定。予以批准的,发给外商投资企业批准证书;不予批准的,书面说明理由。

(四)取得外商投资企业批准证书的,应当在30日内到登记主管机关办理企业登记注册。

(五)取得企业法人营业执照后,申请建设工程设计企业资质的,按照建设工程设计企业资质管理规定办理。

第八条 设立外商投资建设工程设计企业,申请建筑工程乙级资质和其他建设工程设计丙级及以下等级资质的程序,由各省、自治区、直辖市人民政府建设行政主管部门和对外贸易经济行政主管部门,结合本地区实际情况,参照本规定第七条以及建设工程设计企业资质管理规定执行。省、自治区、直辖市人民政府建设行政主管部门审批的外商投资建设工程设计企业资质,应当在批准之日起30日内报国务院建设行政主管部门备案。

第九条 外商投资建设工程设计企业申请晋升资质等级或者申请增加其他建设工程设计企业资质,应当依照有关规定到建设行政主管部门办理相关手续。

第十条 申请设立外商投资建设工程设计企业应当向对外贸易经济行政主管部门提交下列资料:

(一)投资方法定代表人签署的外商投资建设工程设计企业设立申请书;

(二)投资方编制或者认可的可行性研究报告;

(三) 投资方法定代表人签署的外商投资建设工程设计企业合同和章程(其中,设立外资建设工程设计企业只需提供章程);

(四)企业名称预先核准通知书;

(五)投资方所在国或者地区从事建设工程设计的企业注册登记证明、银行资信证明;

(六)投资方拟派出的董事长、董事会成员、经理、工程技术负责人等任职文件及证明文件;

(七)经注册会计师或者会计师事务所审计的投资方最近3年的资产负债表和损益表。

第十一条 申请外商投资建设工程设计企业资质应当向建设行政主管部门提交下列资料:

(一)外商投资建设工程设计企业资质申报表;

(二)外商投资企业批准证书;

(三)企业法人营业执照;

(四)外方投资者所在国或者地区从事建设工程设计的企业注册登记证明、银行资信证明;

(五)外国服务提供者所在国或者地区的个人执业资格证明以及由所在国或者地区政府主管部门或者行业学会、协会、公证机构出具的个人、企业建设工程设计业绩、信誉证明;

(六)建设工程设计企业资质管理规定要求提供的其他资料。

第十二条 本规定中要求申请者提交的资料应当使用中文,证明文件原件是外文的,应当提供中文译本。

第十三条 外商投资建设工程设计企业的外方投资者及外国服务提供者应当是在其本国从事建设工程设计的企业或者注册建筑师、注册工程师。

第十四条 中外合资经营建设工程设计企业、中外合作经营建设工程设计企业中方合营者的出资总额不得低于注册资本的25%。

第十五条 外商投资建设工程设计企业申请建设工程设

计企业资质，应当符合建设工程设计企业资质分级标准要求的条件。外资建设工程设计企业申请建设工程设计企业资质，其取得中国注册建筑师、注册工程师资格的外国服务提供者人数应当各不少于资质分级标准规定的注册执业人员总数的1/4;具有相关专业设计经历的外国服务提供者人数应当不少于资质分级标准规定的技术骨干总人数的1/4。中外合资经营、中外合作经营建设工程设计企业申请建设工程设计企业资质，其取得中国注册建筑师、注册工程师资格的外国服务提供者人数应当各不少于资质分级标准规定的注册执业人员总数的1/8;具有相关专业设计经历的外国服务提供者人数应当不少于资质分级标准规定的技术骨干总人数的1/8。

第十六条 外商投资建设工程设计企业中，外国服务提供者在中国注册的建筑师、工程师及技术骨干，每人每年在中华人民共和国境内累计居住时间应当不少于6个月。

第十七条 外商投资建设工程设计企业在中国境内从事建设工程设计活动，违反《中华人民共和国建筑法》、《建设工程质量管理条例》、《建设工程勘察设计管理条例》、《建设工程勘察设计企业资质管理规定》等有关法律、法规、规章的，依照有关规定处罚。

第十八条 香港特别行政区、澳门特别行政区和台湾地区的投资者在其他省、自治区、直辖市内投资设立建设工程设计企业，从事建设工程设计活动，参照本规定执行。法律、法规、国务院另有规定的除外。

第十九条 受理设立外资建设工程设计企业申请的时间由国务院建设行政主管部门和国务院对外贸易经济行政主管部门决定。

第二十条 本规定由国务院建设行政主管部门和国务院对外贸易经济行政主管部门按照各自职责负责解释。

第二十一条 本规定自2002年12月1日起施行，《成立中外合营工程设计机构审批管理规定》(建设〔1992〕180号)同时废止。

关于进一步对外开放道路运输投资领域的通知

交公路发〔2002〕第551号 2002年11月28日

各省、自治区、直辖市交通厅(局、委)：

根据我国加入世界贸易组织(WTO)的有关承诺和《外商投资道路运输业管理规定》(中华人民共和国交通部、对外贸易经济合作部令，2001年第9号)的有关规定，现就进一步对外开放道路运输投资领域等有关事项通知如下：

一、自2002年12月1日起，经交通部批准立项，允许外国以及香港、澳门、台湾地区的公司、企业和其他经济组织或个人(以下简称外商)，在道路货物运输、道路货物搬运装卸、道路货物仓储和其他与道路运输相关的辅助性服务及车辆维修等道路运输领域，采用中外合资形式，同中国的公司、企业或其他经济组织共同举办由外商控股经营的中外合资道路运输企业，其中外商的投资比例可以达到75%。

二、对从事集装箱运输、冷藏保温货物运输、货物多式联运、快件货运、物流配送、汽车租赁、汽车综合性能检测经营业务的中外合资道路运输企业，对投资建设并经营货运及物流站场基础设施的中外合资道路运输企业，对与西部地区道路运输企业共同举办从事本文“一”中经营业务的中外合资道路运输企业，外商的投资比例还可适当放宽。

三、经交通部批准，允许已在华设立的外商投资企业以再投资的方式，与西部地区的道路运输企业共同举办中外合资道路运输企业，但在新设立的中外合资道路运输企业中，外商的投资比例不得低于25%。外商投资道路运输业的立项及相关事项仍按《外商投资道路运输业管理规定》办理。

外商投资企业授权登记管理办法

国家工商行政管理总局令 第4号 2002年12月10日

第一条 为了规范外商投资企业登记管理工作，明确各级工商行政管理局的职责，严格执行国家外资法律、法规及产业政策，根据有关法律、法规，制定本办法。

第二条 外商投资企业登记管理权的申请、授予、履行及监督检查工作,适用本办法。

本办法所称的外商投资企业包括中外合资经营企业、中外合作经营企业、外资企业。

外国(地区)企业的分支机构和常驻代表机构、在中国境内从事生产经营活动的外国(地区)企业、外商投资企业分支机构,以及其他依照国家规定应当执行外资产业政策的企业,其登记管理权的授予和规范,适用本办法。

第三条 外商投资企业登记管理工作实行国家工商行政管理总局登记管理和授权地方工商行政管理局登记管理的原则。

国家工商行政管理总局负责全国的外商投资企业登记管理工作,并可以根据本办法规定的条件授予地方工商行政管理局外商投资企业核准登记管理权。被授权的地方工商行政管理局(以下简称被授权局)以自己的名义在被授权范围内行使对外商投资企业的登记管理职权。

第四条 具备下列条件的省级工商行政管理局、计划单列市和副省级市工商行政管理局以及地级市、自治州工商行政管理局(以下统称地级工商行政管理局)可以提出授予外商投资企业核准登记权的申请:

(一)辖区内外商投资达到一定规模,已经设立的外商投资企业达150户以上;

(二)能够正确执行企业登记管理法律法规和产业政策,申请前2年无因企业登记管理引发的行政败诉案件;

(三)已从事外商投资企业登记初审、年检初检和登记违法违章行为调查等工作2年以上;

(四)已设立外商投资企业登记管理专职机构,有较稳定的工作人员,其数量与素质应当与开展被授权工作的要求相适应,其中至少有1名工作人员具有较高的外语水平;

(五)外商投资企业登记管理专职机构将统一行使外商投资企业核准登记权和监督管理权;

(六)有较好的办公条件,包括已配备通讯设备、计算机、交通工具和外宾接待室等;计算机网络建设达到与国家工商行政管理总局企业注册登记管理信息系统互联互通的标准;

(七)已制定健全的外商投资企业登记管理工作制度。

第五条 申请授予外商投资企业登记管理权,应当提交下列文件:

(一)申请局签署的授权申请书,申请书应当列明具备本办法第四条所规定授权条件的情况以及申请授权的范围;

(二)外商投资企业登记管理机构工作人员名单,名单应当载明职务、培训情况及从事外商投资企业登记管理工作情况;

(三)有关外商投资企业登记管理工作制度的文件。

除前款规定的文件外,申请局为省级工商行政管理局、计划单列市或副省级市工商行政管理局的,还应当提交同级政府机构编制管理部门批准其成立外商投资企业登记管理专职机构及人员编制的文件,申请局为地级工商行政管理局的,还应当提交省级政府机构编制管理部门和省级工商行政管理局批准申请局成立外商投资企业登记管理专职机构及人员编制的文件。

第六条 地级工商行政管理局申请授权的,应当向省级工商行政管理局提出书面报告。省级工商行政管理局经审查,认为符合本办法规定条件的,应当出具审查报告,与申请局提交的申请文件一并报国家工商行政管理总局。

第七条 国家工商行政管理总局经审查,认为申请局符合本办法规定条件的,决定授予其外商投资企业登记管理权,颁发授权文件,并向社会公告。

第八条 被授权局的登记管辖范围由国家工商行政管理总局根据有关法律、法规和实际情况确定,并在授权文件中列明。

被授权局负责核准其登记管辖范围内企业、机构的设立、变更、注销登记。

被授权局负责其登记管辖范围内企业、机构登记事项的监督管理。对外商投资企业违反登记管理法规行为的处罚,按法定程序执行。

第九条 被授权局应当严格按照下列要求开展登记注册和监督管理工作:

(一)以自己的名义在被授权范围内依法做出具体行政行为;

(二)严格遵守国家法律法规规章和产业政策,强化登记管理秩序,维护国家经济安全。对不符合国家法律法规规章和产业政策的,不予登记。对违反登记管理法规及产业政策的行为,严肃查处;

(三)认真接受授权局的指导和监督,严格执行授权局的工作部署和要求;

(四)被授权局执行涉及外商投资企业登记管理的地方性法规、政府规章和政策,应当事先报告授权局,征求授权局的意见;

(五)按规定的期限、方式和事项向授权局报告工作,报送登记数据;

(六)不断完善工作条件,提高登记管理水平。

被授权局为地级工商行政管理局的,应当接受省级被授权局的指导和监督,认真执行其工作部署和工作要求。

第十条 国家工商行政管理总局和被授权局可以委托具备一定条件的下级工商行政管理局承担其辖区内外商投资企业登记初审、出资检查、年检初检和登记违法违章行为调查等工作,并对下级工商行政管理局在委托范围内做出的行政行为负责。委托条件和办法由国家工商行政管理总局和各被授权局制定。

受国家工商行政管理总局和被授权局委托开展登记初审工作的地方工商行政管理局,应当设置外商投资企业登记管理专职机构,配备相应人员,其工作人员要经过培训。

第十一条 国家工商行政管理总局对被授权局在外商投资企业登记管理工作中存在的超越被授权范围、违反国家法律法规和产业政策、拒不执行授权局规定和要求、弄虚作假、消极懈怠、丧失授权条件以及违反本办法其他规定的,可以做出以下处理:

(一)责令被授权局撤销或者改正其违法或不适当的行政行为;

(二)直接撤销被授权局违法或不适当的行政行为;

(三)通报批评;

(四)建议有关机关对直接责任人员按规定给予行政处分,构成犯罪的,依法追究刑事责任;

(五)撤销部分或全部授权。

第十二条 省级工商行政管理局对地级被授权局在外商投资企业登记管理工作中存在第十条所列行为的,可以做出以下处理:

(一)责令被授权局撤销、变更或者改正其不适当的行政行为;

(二)撤销被授权局的不适当行政行为;

(三)在辖区内通报批评;

(四)对直接责任人员给予行政处分,或者建议有关机关对直接责任人员给予行政处分,构成犯罪的,依法追究刑事责任;

(五)建议国家工商行政管理总局撤销部分或全部授权。

第十三条 被授权局应当建立外商投资企业登记管理数据库,录入所有登记事项及相关数据,并按规定向国家工商行政管理总局报送。

第十四条 外商投资企业营业执照、登记证、注册证和外国(地区)企业常驻代表机构人员的工作证由国家工商行政管理总局统一印制,被授权局按规定申领。

第十五条 本办法自2003年2月1日起施行。1993年5月20日原国家工商行政管理局制定的《外商投资企业授权登记管理办法》同时废止。根据该办法取得的授权保留至2003年12月31日止,其间因不具备本办法规定的授权条件,未能取得国家工商行政管理总局确认的,该被授权局自2004年1月1日起不再行使外商投资企业登记管理权。

外商投资国际货物运输代理企业管理办法

中华人民共和国对外贸易经济合作部令〔2002〕第36号 2002年12月11日

第一条 为促进中国国际货运代理业的健康发展,规范外商投资国际货物运输代理企业的设立及经营行为,根据国家有关外商投资企业的法律、法规和《中华人民共和国国际货物运输代理业管理规定》,制定本办法。

第二条 本规定所称的外商投资国际货物运输代理企业是指外国投资者以中外合资、中外合作以及外商独资形式设立的接受进出口货物收货人、发货人的委托,以委托人的名义或者以自己的名义,为委托人办理国际货物运输及相关业务并收取服务报酬的外商投资企业(以下称"外商投资国际货运代理企业")。

第三条 中华人民共和国对外贸易经济合作部(以下简称"外经贸部")及其授权机关是外商投资国际货运代理企业的审批和管理机关。

第四条 外国投资者可以以合资、合作、独资方式在中国境内设立外商投资国际货运代理企业。

外国投资者投资设立中外合资、中外合作的国际货运代理企业中国合营者的出资比例不应低于25%;外商独资的国际货运代理企业申请的具体受理时间由外经贸部另行公布。

外国投资者可以收购股权方式收购已经设立的国际货运代理企业,但股权比例以及投资者资质须符合本规定要求,涉及国有资产的须按有关法律、法规的规定办理。

第五条 申请设立外商投资国际货运代理企业的中外合营者必须具备如下条件:

(一) 中方中至少有一家是从事国际货运代理业务的国际货运代理企业;或者是从事进出口业务的企业,或者是从事相关的交通运输或仓储业务的企业,符合上述条件的中方合营者在中方中应为第一大股东;

(二) 外国合营者至少有一家是经营国际货运代理业务3年以上的企业,符合上述条件的外方合营者在外方中应为第一大股东;

(三) 中外合营者在申请之日前3年内没有违反行业规定的行为。

第六条 同一个外国合营者在中国境内投资设立国际货运代理企业经营不满2年,不得投资设立第二家国际货运代理企业。

第七条 设立外商投资国际货运代理企业必须符合如下要求:

(一) 注册资本最低限额为100万美元;

(二) 具有至少5名从事国际货运代理业务3年以上的业务人员或取得相应资格证书的业务人员;

(三) 有固定的营业场所;

(四) 有必要的通讯、运输、装卸、包装等营业设施。

第八条 经批准,外商投资国际货运代理企业可经营下列部分或全部业务:

(一) 订舱(租船、包机、包舱)、托运、仓储、包装;

(二) 货物的监装、监卸、集装箱拼装拆箱、分拨、中转及相关的短途运输服务;

(三) 代理报关、报验、报检、保险;

(四) 缮制有关单证、交付运费、结算及交付杂费;

(五) 国际展品、私人物品及过境货物运输代理;

(六) 国际多式联运、集运(含集装箱拼箱);

(七) 国际快递(不含私人信函和县级以上党政军机关公文的寄递业务);

(八) 咨询及其他国际货运代理业务。

从事信件和信件性质物品(不含私人信函和县级以上党政军机关公文的寄递业务)国际快递业务的企业经外经贸部门批准后须到邮政部门办理邮政委托证书。

第九条 设立外商投资国际货运代理企业应按国家现行的

有关外商投资企业的法律、法规所规定的程序，向外经贸部提出申请，由外经贸部及其授权部门审核并批准企业的设立并颁发《外商投资企业批准证书》和《国际货运代理企业批准证书》。设立外商投资国际货运代理企业需提供如下文件：

(一) 申请书；

(二) 可行性研究报告；

(三) 合同、章程；

(四) 董事会成员及主要管理人员名单及简历；

(五) 工商部门出具的企业名称预核准通知书；

(六) 投资者所在国或地区的注册登记证明文件及资信证明文件；

(七) 主要投资方的资质证明；

(八) 企业营业场所证明；

(九) 审批机关要求提供的其他文件。

第十条 外商投资国际货运代理企业的经营期限一般不超过20年。

第十一条 外商投资国际货运代理企业正式开业满一年且合营各方出资已全部到位后，可申请在国内其他地方设立分公司。分公司的经营范围应在其总公司的经营范围之内。分公司民事责任由总公司承担。外商投资国际货运代理企业每设立一个从事国际货物运输代理业务的分公司，应增加注册资本12万美元。对以虚假出资、抽逃注册资本等违规行为骗取审批机关批准设立分公司的，除按相关法规予以处罚外，审批机关将撤销其分公司的《国际货运代理企业批准证书》。

申请设立分公司的，应向外经贸部提出申请，由外经贸部或其授权部门在征得拟设立分公司所在地外经贸部门同意意见后批准。外商投资国际货运代理企业设立分公司需提供以下文件：

(一) 拟设立分公司所在地外经贸部门的同意意见函；

(二) 董事会关于设立分公司、增资及修改章程的决议；

(三) 有关增资事项对合营合同、章程的修改协议；

(四)企业经营情况报告及设立分公司的理由和可行性分析；

(五) 企业验资报告；

(六) 分公司的从业人员及营业场所证明材料；

(七) 审批机关要求提供的其他文件。

第十二条 外商投资国际货运代理企业应严格遵守国家外商投资方面的有关法律、法规以及《中华人民共和国国际货物运输代理业管理规定》及其实施细则，对其违法、违规行为有关部门将依照相应法律、法规予以处罚。

第十三条 鼓励外商投资国际货运代理企业参加中国国际货代协会、中国外商投资企业协会等民间团体及同业行会，自觉接受同业监督和指导。

第十四条 香港、澳门、台湾地区的公司、企业、其他经济组织和个人在大陆投资设立国际货运代理企业，参照本办法办理。

第十五条 本办法自发布之日起30日后施行，原《外商投资国际货运代理企业管理规定》同时作废。

第十部分

统计资料

综　合

1-1 国民经济和社会发展总量与速度指标

指　标	总量指标					速度指标(%)						
						指标(2002为以下各年)				平均增长速度		
	1978	1989	1997	2001	2002	1978	1989	1997	2001	1979–2002	1990–2002	1998–2002
人口与就业												
人口(万人)												
年底总人口	96259	112704	123626	127627	128453	133.4	114.0	103.9	100.6	1.2	1.0	0.8
城镇人口	17245	29540	39449	48064	50212	291.2	170.0	127.3	104.5	4.6	4.2	4.9
乡村人口	79014	83164	84177	79563	78241	99.0	94.1	92.9	98.3	…	–0.5	–1.5
男性人口	49567	58099	63131	65672	66115	133.4	113.8	104.7	100.7	1.2	1.0	0.9
女性人口	46692	54605	60495	61955	62338	133.5	114.2	103.0	100.6	1.2	1.0	0.6
就业(万人)												
就业人员数	40152	55329	69820	73025	73740	183.7	133.3	105.6	101.0	2.6	2.2	1.1
#职工人数	9499	13742	14668	10792	10558	111.1	76.8	72.0	97.8	0.4	–2.0	–6.4
城镇登记失业人数	530	378	577	681	770	145.3	203.8	133.5	113.1	1.6	5.6	5.9
宏观经济												
国民核算(亿元)												
国民总收入	3624.1	16917.8	73142.7	95727.9	103553.6	848.9	312.7	145.6	108.5	9.3	9.2	7.8
国内生产总值	3624.1	16909.2	74462.6	97314.8	104790.6	857.4	316.0	144.8	108.0	9.4	9.3	7.7
第一产业	1018.4	4228.0	14211.2	15411.8	16117.3	293.1	165.0	115.3	102.9	4.6	3.9	2.9
第二产业	1745.2	7278.0	37222.7	48750.0	53540.7	1287.2	436.6	153.3	109.8	11.2	12.0	8.9
第三产业	860.5	5403.2	23028.7	33153.0	35132.6	1009.7	284.6	147.0	107.5	10.1	8.4	8.0
支出法国内生产总值	3605.6	16466.0	74894.2	98592.9	107514.2							
最终消费	2239.1	10556.5	43579.4	58927.4	62364.6							
居民消费	1759.1	8523.5	34854.6	45898.1	48534.5							
政府消费	480.0	2033.0	8724.8	13029.3	13830.1							
资本形成总额	1377.9	6095.0	28457.6	37460.8	42355.4							
固定资本形成	1073.9	4339.0	25154.2	36813.3	42168.3							
存货增加	304.0	1756.0	3303.4	647.5	187.1							
货物和服务净出口	–11.4	–185.5	2857.2	2204.7	2794.2							
固定资产投资(亿元)												
全社会固定资产投资总额		4410.4	24941.1	37213.5	43499.9		986.3	174.4	116.9		21.5	10.9
#国有单位		2808.1	13091.7	17607.0	18877.4		672.2	144.2	107.2		18.9	8.6
集体单位		570.0	3850.9	5278.6	5987.4		1050.4	155.5	113.4		23.3	8.3
个体经济		1032.3	3429.4	5429.6	6519.2		631.5	190.1	120.1		15.0	12.3
财政(亿元)												
国家财政收入	1132.3	2664.9	8651.1	16386.0	18903.6	1669.5	709.4	218.5	115.4	12.4	16.3	16.9
中央	175.8	822.5	4226.9	8582.7	10388.6	5909.3	1263.1	245.8	121.0	18.5	21.5	19.7
地方	956.5	1842.4	4424.2	7803.3	8515.0	890.2	462.2	192.5	109.1	9.5	12.5	14.0
国家财政支出	1122.1	2823.8	9233.6	18902.6	22053.2	1965.4	781.0	238.8	116.7	13.2	17.1	19.0
中央	532.1	888.8	2532.5	5768.0	6771.7	1272.6	761.9	267.4	117.4	11.2	16.9	21.7
地方	590.0	1935.0	6701.1	13134.6	15281.5	2590.1	789.7	228.0	116.3	14.5	17.2	17.9
物价总指数(上年=100)												
商品零售价格指数	100.7	117.8	100.8	99.2	98.7							
居民消费价格指数		118.0	102.8	100.7	99.2							
工业品出厂价格指数		118.6	99.7	98.7	97.8							
实际利用外资额(亿美元)												
外商直接投资		33.9	452.6	468.8	527.4		1555.8	116.5	112.5		23.5	3.1
外商其他投资		3.8	71.3	27.9	22.7		597.4	31.8	81.4		14.7	–20.5
能源生产与消费(万吨标准煤)												
能源生产总量	62770	101639	132410	120900	139000	221.4	136.8	105.0	115.0	3.4	2.4	1.0
能源消费总量	57144	96934	137798	134914	148000	259.0	152.7	107.4	109.7	4.0	3.3	1.4

1-1 续表1

指标	总量指标					速度指标(%)						
						指标(2002为以下各年)				平均增长速度		
	1978	1989	1997	2001	2002	1978	1989	1997	2001	1979–2002	1990–2002	1998–2002
产业												
农业												
耕地面积(万公顷)			13004									
农林牧渔业从业人员(万人)	28455.6	32440.5	32434.9	32451.0	31990.6	112.4	98.6	98.6	98.6	0.5	–0.1	–0.3
农林牧渔业总产值(亿元)	1397.0	6534.7	23788.4	26179.6	27390.8	428.1	226.0	125.6	104.9	6.2	6.5	4.7
主要农产品产量(万吨)												
粮食	30477	40755	49417	45264	45706	150.0	112.1	92.5	101.0	1.7	0.9	–1.5
棉花	216.7	378.8	460.3	532.4	491.6	226.9	129.8	106.8	92.3	3.5	2.0	1.3
油料	521.8	1295.2	2157.4	2864.9	2897.2	555.2	223.7	134.3	101.1	7.4	6.4	6.1
甘蔗	2111.6	4879.5	7889.7	7566.3	9010.7	426.7	184.7	114.2	119.1	6.2	4.8	2.7
甜菜	270.0	924.3	1497.0	1089.0	1282.0	474.8	138.7	85.6	117.7	6.7	2.5	–3.1
茶叶	26.8	53.5	61.3	70.2	74.5	278.0	139.3	121.5	106.1	4.4	2.6	4.0
水果	657	1831.9	5089.3	6658.0	6952.0	1058.1	379.5	136.6	104.4	10.3	10.8	6.4
肉类			5268.8	6333.9	6586.5			125.0	104.0			4.6
水产品	465.4	1151.7	3601.8	4381.3	4564.5	980.8	396.3	126.7	104.2	10.0	11.2	4.9
工业												
主要工业产品产量												
布(亿米)	110	189	249	290	322	292.3	170.4	129.6	111.2	4.6	4.2	5.3
机制纸及纸板(万吨)	439	1333	2733	3777	4667	1063.1	350.1	170.8	123.6	10.4	10.1	11.3
糖(万吨)	227	501	703	653	926	407.9	184.8	131.7	141.8	6.0	4.8	5.7
家用电冰箱(万台)	2.80	671	1044	1351	1599	57102.5	238.4	153.1	118.3	30.3	6.9	8.9
彩色电视机(万台)	0.38	940	2711	4094	5155	1356578.9	548.4	190.1	125.9	48.7	14.0	13.7
家用洗衣机(万台)	0.04	825	1254	1342	1596	3989400.0	193.3	127.2	118.9	55.5	5.2	4.9
房间空调器(万台)	0.02	37	974	2334	3135	15675550.0	8367.0	321.9	134.3	64.6	40.6	26.3
原煤(亿吨)	6.2	10.5	13.7	11.6	13.8	223.3	130.9	100.5	118.9	3.4	2.1	0.1
原油(万吨)	10405	13764	16074	16396	16700	160.5	121.3	103.9	101.9	2.0	1.5	0.8
发电量(亿千瓦小时)	2566	5848	11356	14808	16540	644.6	282.8	145.7	111.7	8.1	8.3	7.8
钢(万吨)	3178	6159	10894	15163	18237	573.8	296.1	167.4	120.3	7.6	8.7	10.9
成品钢材(万吨)	2208	4859	9979	16068	19252	871.9	396.2	192.9	119.8	9.4	11.2	14.0
水泥(万吨)	6524	21029	51174	66104	72500	1111.3	344.8	141.7	109.7	10.6	10.0	7.2
国有及限额以上非国有工业企业主要指标												
工业总产值(亿元)				95449	110776				118.2			
固定资产原价(亿元)				86293	93888				108.8			
固定资产净值年平均余额(亿元)				55437	59483				107.3			
利润总额(亿元)				4733	5784				122.2			
建筑业												
建筑业企业从业人员(万人)		1004.8	2101.5	2110.7	2245.2		223.4	106.8	106.4		6.4	1.3
建筑业总产值(亿元)		1283.0	9126.5	15361.6	18527.2		1444.1	203.0	120.6		22.8	15.2
施工房屋面积(万平方米)		40650	128680	188329	215609		530.4	167.6	114.5		13.7	10.9
竣工房屋面积(万平方米)		19723	62244	97699	110217		558.8	177.1	112.8		14.2	12.1
交通运输												
客运量(万人)	253993	791376	1326094	1534122	1608150	633.1	203.2	121.3	104.8	8.0	5.6	3.9
铁路	81491	113807	93308	105155	105606	129.6	92.8	113.2	100.4	1.1	–0.6	2.5
公路	149229	644508	1204583	1402798	1475257	988.6	228.9	122.5	105.2	10.0	6.6	4.1
水运	23042	31778	22573	18645	18693	81.1	58.8	82.8	100.3	–0.9	–4.0	–3.7
空运	231	1283	5630	7524	8594	3720.3	669.81	52.6	114.2	16.3	15.8	8.8
货运量(万吨)	248946	988435	1278087	1401177	1482737	595.6	150.0	116.0	105.8	7.7	3.2	3.0
铁路	110119	151489	172019	192580	204246	185.5	134.8	118.7	106.1	2.6	2.3	3.5
公路	85182	733781	976536	1056312	1116324	1310.5	152.1	114.3	105.7	11.3	3.3	2.7
水运	43292	87493	113406	132675	141832	327.6	162.1	125.1	106.9	5.1	3.8	4.6
管道	10347	15641	16002	19439	20133	194.6	128.7	125.8	103.6	2.8	2.0	4.7
空运	6	31	125	171	202	3157.8	651.9	162.1	118.2	15.5	15.5	10.1
沿海主要港口货物吞吐量	19834	49025	90822	142634	166628	840.1	339.9	183.5	116.8	9.3	9.9	12.9

1-1 续表 2

指标	总量指标					速度指标(%)						
						指标(2002 为以下各年)				平均增长速度		
	1978	1989	1997	2001	2002	1978	1989	1997	2001	1979–2002	1990–2002	1998–2002
邮电通信业												
邮电业务总量(亿元)	34.1	123.5	1773.3	4556.3	5695.8	22425.9	6192.3	431.1	125.0	25.3	37.4	33.9
函件(亿件)	28.4	57.3	68.6	86.9	106.0	373.2	185.1	154.5	121.9	5.6	4.8	9.1
报刊期发数(万份)	11250	17704	21875	21811	17620	156.6	99.5	80.5	80.8	1.9	0.0	−4.2
本地电话局用交换机容量(万门)	406	1035	11269	25566	28657	7060.1	2769.6	254.3	112.1	19.4	29.1	20.5
本地电话年末用户(万户)	193	568	7031	18037	21422	11128.3	3771.2	304.7	118.8	21.7	32.2	25.0
城市电话用户	119	440	5244	11194	13579	11391.8	3088.8	258.9	121.3	21.8	30.2	21.0
乡村电话用户	73	128	1787	6843	7843	10685.3	6107.3	439.0	114.6	21.5	37.2	34.4
公用电话(万户)	1.2	4.0	193.9	346.2	985.5	82125.0	24699.2	508.3	284.7	32.3	52.8	38.4
移动电话用户(万户)		1.0	1323.3	14522.2	20600.5		2102091.8	1556.8	141.9		115.0	73.2
国际互联网络用户(万户)			16.0	3656.2	5254.2		32838.8	143.7				218.6
国内商业												
社会消费品零售总额(亿元)	1559	8101	27299	37595	40911	2624.8	505.0	149.9	108.8	14.6	13.3	8.4
对外经济贸易												
进出口总额(亿美元)	206.4	1116.8	3251.6	5096.5	6207.7	3007.6	555.8	190.9	121.8	15.2	14.1	13.8
出口额	97.5	525.4	1827.9	2661.0	3256.0	3339.5	619.7	178.1	122.4	15.7	15.1	12.2
进口额	108.9	591.4	1423.7	2435.5	2951.7	2710.5	499.1	207.3	121.2	14.7	13.2	15.7
国际旅游												
入境旅游过夜者人数(万人次)	72	936	2377	3317	3680	5139.7	393.1	154.8	111.0	17.8	11.1	9.1
旅游外汇收入(亿美元)	2.6	18.6	120.7	177.9	203.9	7752.9	1096.2	168.9	114.6	19.9	20.2	11.0
金融保险												
金融机构各项存款(亿元)	1135	10786	82390	143617	170917	15065.4	1584.6	207.4	119.0	23.2	23.7	15.7
金融机构各项贷款(亿元)	1850	14360	74914	112315	131294	7097.0	914.3	175.3	116.9	19.4	18.6	11.9
保险公司保险金额(亿元)		18362	171315	427745	533406		2905.0	311.4	124.7		29.6	25.5
保险公司保费(亿元)		139	773	2109	3054		2200.9	395.2	144.8		26.8	31.6
保险公司赔款及给付(亿元)		55	247	597	707		1294.4	286.1	118.4		21.8	23.4
教育、科技、文化												
教育												
专任教师数(万人)												
普通高等学校	20.6	39.7	40.5	53.2	61.8	300.0	155.7	152.6	116.2	4.7	3.5	8.8
中等学校	328.1	342.3	418.6	486.6	503.0	153.3	146.9	120.2	103.4	1.8	3.0	3.7
小学	522.6	554.4	579.4	579.8	577.9	110.6	104.2	99.7	99.7	0.4	0.3	−0.1
在校学生数(万人)												
普通高等学校	85.6	208.2	317.4	719.1	903.4	1055.4	433.9	284.6	125.6	10.3	12.0	23.3
中等学校	6637.2	5054.0	6995.2	8901.4	9415.2	141.9	186.3	134.6	105.8	1.5	4.9	6.1
小学	14624.0	12373.1	13995.4	12543.5	12156.7	83.1	98.3	86.9	96.9	−0.8	−0.1	−2.8
教育经费支出(亿元)			2531.7	4637.7								
科技												
科学家工程师数(万人)			166.8	207.2	217.2			130.2	104.8			5.4
研究与试验发展经费支出(亿元)			509.2	1042.5	1287.6			252.9	123.5			20.4
技术市场成交额(万元)			3513718	7827489	8841713			251.6	113.0			20.3
文化												
出版数量												
图书(亿册.张)	37.7	58.6	73.1	63.1	68.7	182.2	117.2	94.0	108.9	2.5	1.2	−1.2
杂志(亿册)	7.6	18.4	24.4	28.9	29.5	388.2	160.3	120.9	102.1	5.8	3.7	3.9
报纸(亿份)	127.8	207.0	287.6	351.1	367.8	287.8	177.7	127.9	104.8	4.5	4.5	5.0
故事影片产量(部)	46	136	88	88	100	217.4	73.5	113.6	113.6	3.3	−2.3	2.6
电视节目制作时间(小时)			616437	989173	1072704			174.0	108.4			11.7

1-1 续表 3

指标	总量指标					速度指标(%)						
						指标(2002 为以下各年)				平均增长速度		
	1978	1989	1997	2001	2002	1978	1989	1997	2001	1979–2002	1990–2002	1998–2002
家庭、生活、环境												
家庭												
家庭总户数(万户)	20641	27078	32890	35330	35874	173.8	132.5	109.1	101.5	2.3	2.2	1.8
城市居民平均每户家庭人口(人)		3.55	3.19	3.10	3.04		85.6	95.3	98.1		−1.2	−1.0
农村居民平均每户家庭人口(人)		4.86	4.35	4.15	4.13		85.0	94.9	99.5		−1.2	−1.0
婚姻												
结婚登记总数(万对)	597.8	937.2	914.1	805.0	786.2	131.5	83.9	86.0	97.7	1.1	−1.3	−3.0
离婚数(万对)	28.5	75.3	119.8	125.0	117.7	413.0	156.3	98.2	94.2	6.1	3.5	−0.4
居住												
城市人均建筑面积(平方米)	6.7	13.5	17.8	20.8	22.8	340.3	168.9	128.1	109.4	5.2	4.1	5.1
农村居民人均居住面积(平方米)	8.1	17.2	22.5	25.7	26.5	327.2	154.1	117.8	103.1	5.1	3.4	3.3
生活												
城市居民人均可支配收入(元)	343	1374	5160	6860	7703	472.1	258.7	151.4	113.4	6.7	7.6	8.6
农村居民人均纯收入(元)	134	602	2090	2366	2476	528.0	172.7	120.7	104.8	7.2	4.3	3.8
城乡储蓄存款余额(亿元)	211	5196	46280	73762	86911	41268.1	1672.5	187.8	117.8	28.5	24.2	13.4
工资												
工资总额(亿元)	569	2619	9405	11831	13161	2313.4	502.6	139.9	111.2	14.0	13.2	7.0
职工平均工资(元)	615	1935	6470	10870	12422	391.9	273.1	179.5	115.4	5.9	8.0	12.4
离休退休退职费(亿元)	17	319	1791	3072	3659	21152.6	1145.7	204.3	119.1	25.0	20.6	15.4
卫生												
医院卫生院(个)	64309	61613	67479	64840	63858	99.3	103.6	94.6	98.5	0.0	0.3	−1.1
医生(万人)	103	172	199	210	184	178.5	107.3	92.9	87.8	2.4	0.5	−1.5
医院卫生院床位数(万张)	184.7	253.7	286.9	293.5	290.7	157.4	114.6	101.3	99.0	1.9	1.1	0.3
市政建设												
自来水供应量(亿吨)	78.8	393.7	476.8	466.1	466.5	592.0	118.5	97.8	100.1	7.7	1.3	−0.4
下水道长度(公里)	19556	54510	119739	158128	173042	884.9	317.5	144.5	109.4	9.5	9.3	7.6
城市煤气和天然气供气量(亿立方米)	19.5	143.2	193.2	236.4	324.9	1666.2	226.9	168.2	137.4	12.4	6.5	11.0
公共汽(电)车总数(辆)	25839	59671	169121	230844	246129	952.5	412.5	145.5	106.6	9.8	11.5	7.8
铺装道路长度(公里)	26966	96078	138610	176016	191399	709.8	199.2	138.1	108.7	8.5	5.4	6.7
绿地面积(公顷)	81735	381129	682238	946634	1071986	1311.5	281.3	157.1	113.2	11.3	8.3	9.5
环境灾害												
污染治理项目本年完成投资额(亿元)			116	175	188			161.9	107.9			10.1
环境污染与破坏事故次数(起)		3332	1992	1842	1921		57.7	96.4	104.3		−4.1	−0.7
环境污染直接经济损失(万元)				8366	12272	4641		55.5	37.8			−11.1
环境污染事故赔罚款金额(万元)				3050	3264	3141		103.0	96.2			0.6
火灾发生数(起)			140280	216784	258315			184.1	119.2			13.0
火灾损失(万元)			154141	140326	154446			100.2	110.1			0.04
交通事故发生数(起)			304217	754919	773137			254.1	102.4			20.5
交通事故损失(万元)			184616	308787	332438			180.1	107.7			12.5

注：1.本表价值指标除邮电业务总量按不变价格计算外，其余均按当年价格计算。邮电业务总量 1997 年及以前按 1990 年不变价格计算，2001 年及以后按 2000 年不变价格计算。

2.本表速度指标中，国民总收入、国内生产总值及三次产业增加值、物价指数、农林牧渔业总产值、工业总产值、邮电业务总量、城乡居民收入和平均工资指标均按可比价格计算。固定资产投资平均增长速度按累计法计算。

3.职工人数 2001 年及以后为在岗人数，1997 年及以前为全部职工人数，两者不可比。

4.医生数 2002 年为执业医师，与以前年份不可比。

1–2 国民经济和社会发展结构指标

单位: %

指　标	1978	1989	1997	2002
人口与就业				
人口				
城乡结构				
城镇	17.9	26.2	31.9	39.1
乡村	82.1	73.8	68.1	60.9
性别结构				
男	51.5	51.6	51.1	51.5
女	48.5	48.4	48.9	48.5
就业				
产业结构				
第一产业	70.5	60.1	49.9	50.0
第二产业	17.3	21.6	23.7	21.4
第三产业	12.2	18.3	26.4	28.6
宏观经济				
国民核算				
国内生产总值产业结构				
第一产业	28.1	25.0	19.1	15.4
第二产业	48.2	43.0	50.0	51.1
第三产业	23.7	32.0	30.9	33.5
投资				
全社会固定资产投资结构				
基本建设		35.2	39.8	40.6
更新改造		17.9	15.7	15.5
房地产开发		6.2	12.7	17.9
其他投资		40.7	31.8	26.0
资金来源结构				
国家预算内资金		8.3	2.8	7.0
国内贷款		17.3	18.9	19.7
利用外资		6.6	10.6	4.6
自筹和其他投资		67.8	67.7	68.2
财政				
财政收入结构				
中央	15.5	30.9	48.9	55.0
地方	84.5	69.1	51.1	45.0
财政支出结构				
中央	47.4	31.5	27.4	30.7
地方	52.6	68.5	72.6	69.3
利用外资				
实际利用外资结构				
对外借款		62.5	18.7	
外商直接投资		33.7	70.3	95.9
外商其他投资		3.8	11.1	4.1
能源生产与消费				
能源生产总量结构				
原煤	70.3	74.1	74.1	70.7
原油	23.7	19.3	17.3	17.2
天然气	2.9	2.0	2.1	3.2
水电	3.1	4.6	6.5	8.9
能源消费总量结构				
煤炭	70.7	76.0	71.5	66.1
石油	22.7	17.1	20.4	23.4
天然气	3.2	2.1	1.7	2.7
水电	3.4	4.7	6.2	7.8

1–2 续表 1

单位: %

指　标	1978	1989	1997	2002
产　业				
农业				
农林牧渔业产值结构				
农业	80.0	62.8	58.2	54.5
林业	3.4	4.4	3.4	3.8
牧业	15.0	27.6	28.8	30.9
渔业	1.6	5.3	9.6	10.8
工业				
工业总产值规模结构				
大型企业			41.3	46.2
中型企业			14.1	12.8
小型企业			44.6	41.0
建筑业				
建筑业总产值结构				
国有企业		68.5	49.6	30.1
集体企业		31.5	43.0	18.0
港澳台商投资企业			0.7	0.6
外商投资企业			0.8	0.5
其他			5.9	50.7
交通运输业				
货运量结构				
按运输方式分				
铁路	44.2	15.3	13.5	13.8
公路	34.2	74.2	76.4	75.3
水运	17.4	8.9	8.9	9.6
民用航空	…	…	…	…
管道输油(气)	4.2	1.6	1.3	1.4
国内商业				
社会消费品零售总额构成				
市	32.4	45.3	61.0	63.3
县	24.4	16.4	12.8	11.9
县以下	43.2	38.3	26.2	24.8
对外经济贸易				
出口商品结构				
初级产品	53.5	28.7	13.1	8.8
工业制成品	46.5	71.3	86.9	91.2
进口商品结构				
初级产品		19.9	20.1	16.7
工业制成品		80.1	79.9	83.3
国际旅游				
来华旅游人数结构				
外国人	12.7	6.0	12.9	13.7
港澳同胞	} 86.3	} 93.8	83.3	82.5
台湾同胞			3.7	3.7
金融保险业				
金融机构资金来源结构				
各项存款			86.7	92.9
金融债券			…	…
对国际金融机构负债			0.2	0.2
流通中现金			10.7	9.4
其他			2.3	–2.5
金融机构资金运用结构				
各项贷款			78.9	71.3
有价证券及投资			3.9	14.6
在国际金融机构资产			0.6	0.4
金银占款			…	0.2
外汇占款			14.2	12.6
财政借款			1.7	0.9
教育、科技、文化				
教育				
在校学生结构				
大学生	0.4	1.2	1.5	4.0
中学生	31.1	28.7	32.8	41.9
小学生	68.5	70.1	65.7	54.1

注：工业总产值规模结构 1997 年为 1998 年数据。

1–2 续表 2

单位: %

指　标	1978	1989	1997	2002
专任教师结构				
大学	2.4	4.2	3.9	5.4
中学	37.6	36.6	40.3	44.0
小学	60.0	59.2	55.8	50.6
科技				
科技经费筹集额结构				
# 政府资金			26.2	26.4
企业资金			44.6	57.1
金融机构贷款			13.1	6.9
科技经费内部支出结构				
# 劳务费			19.9	24.5
固定资产购建			27.5	27.0
#研究与发展经费支出			45.2	48.2
生 活、环 境				
生活				
城镇居民消费结构				
食品类	57.5	54.5	46.6	37.7
衣着类	13.6	12.3	12.5	9.8
用品及其他	}	}	31.5	42.1
居住	}28.9	}33.2	9.4	10.4
农村居民消费结构				
食品类	67.7	54.8	55.1	46.2
衣着类	12.7	8.3	6.8	5.7
用品及其他	9.3	17.2	23.7	31.7
居住	10.3	19.7	14.4	16.4
福利				
离退休退职人员结构				
离休人员		7.9	5.5	3.6
退休人员		88.2	91.8	94.5
退职人员		3.9	2.7	1.9
离退休退职人员保险福利费结构				
离休金			8.0	6.8
退休金			69.7	81.2
退职生活费			1.1	0.9
医疗卫生费			13.6	6.9
其他			7.6	4.2
卫生				
卫生技术人员结构				
# 医生	41.9	45.1	45.1	43.2
护师护士	16.5	24.2	27.2	29.2
医院床位结构				
市医院	38.6	52.0	63.5	
县医院	61.4	48.0	36.5	
环境、灾害				
治理污染资金使用结构				
治理废水			62.5	38.0
治理废气			24.7	37.0
治理固体废物			5.4	8.6
治理噪声			0.7	0.5
其他			6.7	15.9
火灾事故损失额结构				
特大			23.7	7.9
重大			14.5	9.0
一般			61.8	83.1
交通事故损失额结构				
特大			12.8	10.1
重大			21.1	17.2
一般			66.1	72.7

1–3 国民经济和社会发展比例和效益指标

指　　标		1978	1989	1997	2002
人 口 与 就 业					
人口					
出生率	(‰)	18.25	21.58	16.57	12.86
死亡率	(‰)	6.25	6.54	6.51	6.41
自然增长率	(‰)	12.00	15.04	10.06	6.45
就业					
就业者负担人口		1.40	1.04	0.77	0.74
三次产业就业者比例					
(以第一产业为100)					
第一产业		100.0	100.0	100.0	100.0
第二产业		24.5	36.0	47.5	42.8
第三产业		17.3	30.5	52.9	57.2
城镇失业率	(%)	5.3	2.6	3.1	4.0
宏 观 经 济					
国民核算					
三次产业增加值比例					
(以第一产业为100)					
第一产业		100.0	100.0	100.0	100.0
第二产业		171.4	172.1	261.9	332.2
第三产业		84.5	127.8	162.0	218.0
全社会劳动生产率	(元/人)	903	3056	10665	14211
第一产业		360	1273	4079	4371
第二产业		2513	6077	22495	33929
第三产业		1760	5334	12494	16658
人均国内生产总值	(元)	379	1512	6054	8184
固定资产投资					
全社会固定资产投资相当于					
国内生产总值比例	(%)		26.1	33.5	41.5
全社会房屋建筑面积竣工率	(%)		80.2	72.0	64.6
基本建设固定资产交付使用率	(%)	74.3	76.0	75.1	67.9
基本建设项目建成投产率	(%)	26.0	53.3	56.9	53.8
财政					
国家财政收入相当于国内生产总值比例	(%)	31.2	15.8	11.6	18.0
国家财政支出相当于国内生产总值比例	(%)	31.0	16.7	12.4	21.0
地方收入相当于中央财政收入比例	(%)	544.2	224.0	104.7	82.0
地方支出相当于中央财政支出比例	(%)	110.9	217.7	264.6	225.7
预算外资金收入相当于国家财政收入比例	(%)	30.7	99.8	32.7	28.6
利用外资					
实际外商直接投资额相当于签订外商					
直接投资额比例	(%)		60.6	88.7	63.7
能源生产与消费					
能源生产弹性系数			1.48		1.87
能源消费弹性系数			1.02	1.21	
每万元国内生产总值消耗的能源	(吨)	15.8	5.7	1.9	1.4

1-3 续表 1

指标		1978	1989	1997	2002
产　业					
农业					
每个农林牧渔业从业人员生产量	(公斤)				
粮食			1276	1528	1419
棉花			11.9	14.2	15.3
油料			40.5	66.7	89.9
猪牛羊肉				131.4	162.3
水产品			36.0	111.3	141.7
每公顷播种面积农产品产量	(公斤)				
粮食		2527	3632	4377	4399
棉花		445	728	1025	1175
油料		839	1233	1743	1962
工业企业效益					
总资产贡献率	(%)			7.12	9.45
资产负债率	(%)			63.74	58.72
成本费用利润率	(%)			2.35	5.62
流动资产周转次数	(次/年)			1.41	1.80
全员劳动生产率	(元/人)			31347	59766
(按增加值计算)					
建筑业					
技术装备率	(元/人)		2341	4729	9675
产值利税率	(%)		5.8	4.2	5.2
全员劳动生产率	(元/人)			12089	19316
(按增加值计算)					
交通运输业					
客运量弹性系数				0.74	0.60
货运量弹性系数			0.15		0.73
铁路网密度	(公里万平方公里)	54	59	69	75
公路网密度	(公里万平方公里)	927	1057	1278	1839
铁路货运密度	(吨/公里)	21300	26624	26063	28407
公路货运密度	(吨/公里)	957	7234	7963	6324
平均每一沿海港口泊位货物吞吐量	(万吨)		55	68	113
邮电通信业					
邮电业务总量弹性系数			4.88	3.65	3.13
全国电话普及率(含移动电话)	(部/百人)			8.1	33.6
移动电话普及率	(部/百人)			1.1	16.1
国内商业					
批零和餐饮业人均消费品零售额	(元)		29390	58669	84299
对外经济贸易					
进出口总额相当于国内生产总值比例	(%)	9.8	24.6	36.2	49.0
国际旅游					
每一来华游客花费	(美元)		76	210	208
金融保险					
金融机构存款相当于	(%)				
国内生产总值比例	(%)	31.3	63.8	110.6	163.1
金融机构贷款相当于	(%)				
国内生产总值比例	(%)	51.0	84.9	100.6	125.3
金融机构现金支出相当于收入比例	(%)	101.2	101.4	101.0	100.4

1–3 续表 2

指标		1978	1989	1997	2002
教育、科技、文化					
教育					
学龄儿童入学率	(%)	95.5	97.4	98.9	98.6
小学升学率	(%)	87.7	71.5	93.7	97.0
初中升学率	(%)	40.9	38.3	51.5	58.3
学校教师负担系数	(%)				
高等学校		4.2	5.2	7.8	14.6
中等学校		20.2	14.8	16.7	18.7
小学学校		28.0	22.3	24.2	21.0
科技					
研究与试验发展经费支出相当于	(%)				
国内生产总值比例	(%)			0.65	1.23
文化	(个)				
每百万人有艺术表演团体		3.27	2.53	2.15	2.01
每百万人有公共图书馆		1.27	2.23	2.13	2.10
每百万人有博物馆		0.36	0.86	1.04	1.18
家庭、生活、环境					
家庭					
少儿抚养比	(%)	54.63	41.53	39.58	31.86
老年抚养比	(%)	7.97	8.40	9.23	10.38
婚姻					
离婚率	(%)		1.3	1.9	1.8
生活					
城镇与农村居民收入增长率比例			0.40	0.63	0.87
(以农村居民收入指数为 1)(1978=100)					
福利					
离退休退职费相当于工资总额比例	(%)		12.2	19.0	27.8
离退休退职人员相当于在职人数比例	(%)		16.0	22.8	40.0
卫生					
每万人医生数	(人)	10.7	15.6	16.1	14.7
每万人医院床位数	(张)	19.3	23.3	23.5	23.2
医院病床使用率	(%)		81.7	61.7	57.4
市政建设					
用水普及率	(%)		47.4	61.2	77.9
燃气普及率	(%)		17.8	40.0	67.2
人均公共绿地面积	(平方米)		1.7	2.9	5.4
环境、灾害					
平均每起火灾损失	(元)			10988	5979
平均每起交通事故损失	(元)			6069	4300
平均每起环境污染事故					
直接经济损失	(元)			41998	24159

注：1.预算外资金收入相当于国家财政收入比例 2002 年为 2000 年数据。

2.工业企业效益 1997 年为 1998 年数据。

3.少儿抚养比和老年抚养比 1978 年、1989 年和 1997 年分别为 1982 年、1990 年和 1995 年数据。

1-4 国内生产总值

单位:亿元

年份	国民总收入	国内生产总值	第一产业	第二产业	工业	建筑业	第三产业	#交通运输仓储邮电通信业	#批发和零售贸易餐饮业	人均国内生产总值(元/人)
1978	3624.1	3624.1	1018.4	1745.2	1607.0	138.2	860.5	172.8	265.5	379
1979	4038.2	4038.2	1258.9	1913.5	1769.7	143.8	865.8	184.2	220.2	417
1980	4517.8	4517.8	1359.4	2192.0	1996.5	195.5	966.4	205.0	213.6	460
1981	4860.3	4862.4	1545.6	2255.5	2048.4	207.1	1061.3	211.1	255.7	489
1982	5301.8	5294.7	1761.6	2383.0	2162.3	220.7	1150.1	236.7	198.6	525
1983	5957.4	5934.5	1960.8	2646.2	2375.6	270.6	1327.5	264.9	231.4	580
1984	7206.7	7171.0	2295.5	3105.7	2789.0	316.7	1769.8	327.1	412.4	692
1985	8989.1	8964.4	2541.6	3866.6	3448.7	417.9	2556.2	406.9	878.4	853
1986	10201.4	10202.2	2763.9	4492.7	3967.0	525.7	2945.6	475.6	943.2	956
1987	11954.5	11962.5	3204.3	5251.6	4585.8	665.8	3506.6	544.9	1159.3	1104
1988	14922.3	14928.3	3831.0	6587.2	5777.2	810.0	4510.1	661.0	1618.0	1355
1989	16917.8	16909.2	4228.0	7278.0	6484.0	794.0	5403.2	786.0	1687.0	1512
1990	18598.4	18547.9	5017.0	7717.4	6858.0	859.4	5813.5	1147.5	1419.7	1634
1991	21662.5	21617.8	5288.6	9102.2	8087.1	1015.1	7227.0	1409.7	2087.0	1879
1992	26651.9	26638.1	5800.0	11699.5	10284.5	1415.0	9138.6	1681.8	2735.0	2287
1993	34560.5	34634.4	6882.1	16428.5	14143.8	2284.7	11323.8	2123.2	3090.7	2939
1994	46670.0	46759.4	9457.2	22372.2	19359.6	3012.6	14930.0	2685.9	4050.4	3923
1995	57494.9	58478.1	11993.0	28537.9	24718.3	3819.6	17947.2	3054.7	4932.3	4854
1996	66850.5	67884.6	13844.2	33612.9	29082.6	4530.5	20427.5	3494.0	5560.3	5576
1997	73142.7	74462.6	14211.2	37222.7	32412.1	4810.6	23028.7	3797.2	6159.9	6054
1998	76967.2	78345.2	14552.4	38619.3	33387.9	5231.4	25173.5	4121.3	6579.1	6038
1999	80579.4	82067.5	14472.0	40557.8	35087.2	5470.6	27037.7	4460.3	6910.3	6551
2000	88254.0	89468.1	14628.2	44935.3	39047.3	5888.0	29904.6	5408.6	7316.0	7086
2001	95727.9	97314.8	15411.8	48750.0	42374.6	6375.4	33153.0	5968.3	7918.8	7651
2002	103553.6	104790.6	16117.3	53540.7	46535.7	7005.0	35132.6	6240.9	8215.3	8184

注：1980年及以后国民总收入(原称国民生产总值)与国内生产总值的差额为国外净要素收入。

本表按当年价格计算。

1–5 国内生产总值指数

单位:亿元

年 份	国民总收入	国内生产总值	第一产业	第二产业			第三产业			人均国内生产总值(元/人)
					工业	建筑业		#交通运输仓储邮电通信业	#批发和零售贸易餐饮业	
1978	100.0	100.0	100.0	100.0	100.0	100.0	100.0	100.0	100.0	100.0
1979	107.6	107.6	106.1	108.2	108.7	102.0	107.8	107.7	108.81	06.1
1980	116.0	116.0	104.6	122.9	122.4	129.2	114.2	113.8	107.4	113.0
1981	122.0	122.1	111.9	125.2	124.5	133.3	126.2	116.0	139.6	117.5
1982	133.3	133.1	124.8	132.1	131.7	137.9	142.6	129.5	145.1	126.2
1983	148.2	147.6	135.1	145.8	144.5	161.4	164.3	142.5	176.8	137.9
1984	170.9	170.0	152.6	166.9	166.0	179.0	196.1	163.8	214.8	156.8
1985	193.5	192.9	155.4	197.9	196.2	218.7	231.9	185.9	276.8	175.5
1986	209.9	210.0	160.5	218.2	215.2	253.4	260.0	209.7	306.1	188.2
1987	234.1	234.3	168.1	248.1	243.6	298.7	297.4	230.7	347.3	206.6
1988	260.5	260.7	172.3	284.1	280.8	322.5	336.7	261.5	396.9	226.3
1989	271.5	271.3	177.6	294.8	295.0	295.3	354.8	273.8	363.8	231.9
1990	283.0	281.7	190.7	304.1	304.9	298.8	363.0	297.2	346.5	237.3
1991	308.8	307.6	195.2	346.3	348.8	327.4	395.0	330.5	362.1	255.6
1992	352.2	351.4	204.4	419.5	422.6	396.2	444.0	365.2	409.4	288.4
1993	398.4	398.8	214.0	502.8	507.5	467.5	491.3	410.5	436.4	323.6
1994	448.7	449.3	222.6	595.2	603.5	531.5	538.3	449.5	469.9	360.4
1995	489.1	496.5	233.7	677.7	688.2	597.4	583.4	503.4	497.6	394.0
1996	536.8	544.1	245.6	759.8	774.3	648.2	629.4	561.1	524.3	427.1
1997	582.9	592.2	254.2	839.4	861.9	665.2	687.1	621.4	568.8	460.3
1998	628.4	638.5	263.1	914.2	938.6	725.2	744.1	687.5	612.7	491.5
1999	673.5	684.1	270.5	988.6	1018.6	756.2	801.6	765.0	656.9	521.8
2000	730.0	738.8	277.0	1081.5	1118.4	799.3	866.5	853.0	710.8	559.2
2001	782.6	794.2	284.8	1172.3	1215.7	853.7	939.3	934.0	764.1	596.7
2002	848.9	857.4	293.1	1287.2	1337.3	928.8	1009.7	1005.9	815.3	639.7

注：本表按可比价格计算。

1–6 各地区国内生产总值(2002 年)

单位: 亿元

地区	国内生产总值	第一产业	第二产业			第三产业		
				工业	建筑业		农林牧渔服务业	地质勘查业水利管理业
北 京	3212.71	98.05	1116.53	874.15	242.38	1998.13	2.17	6.42
天 津	2051.16	84.00	1001.90	909.24	92.66	965.26	2.46	11.66
河 北	6122.53	957.01	3046.00	2695.69	350.31	2119.52	8.24	26.13
山 西	2017.54	197.80	1083.79	921.99	161.80	735.95	9.36	15.84
内蒙古	1734.31	374.69	728.34	573.30	155.04	631.28	5.43	7.73
辽 宁	5458.22	590.20	2609.85	2331.95	277.90	2258.17	18.01	8.18
吉 林	2246.12	446.17	978.37	803.53	174.84	821.58	4.57	4.87
黑龙江	3882.16	447.00	2169.15	1916.04	253.11	1266.01	11.05	15.30
上 海	5408.76	88.24	2564.69	2312.77	251.92	2755.83	4.20	10.70
江 苏	10631.75	1119.12	5550.98	4826.58	724.40	3961.65	44.83	29.14
浙 江	7796.00	694.00	3982.00	3580.00	402.00	3120.00	7.44	9.94
安 徽	3569.10	772.55	1552.21	1290.52	261.69	1244.34	11.12	14.08
福 建	4682.01	664.78	2159.94	1882.55	277.39	1857.29	7.65	7.38
江 西	2450.48	535.98	951.77	693.18	258.59	962.73	7.74	8.73
山 东	10552.06	1390.00	5309.54	4629.54	680.00	3852.52	25.50	25.47
河 南	6168.73	1288.36	2951.06	2531.72	419.34	1929.31	7.79	36.20
湖 北	4975.63	707.00	2446.05	2168.42	277.63	1822.58	7.16	10.55
湖 南	4340.94	847.25	1737.20	1440.80	296.40	1756.49	9.67	15.53
广 东	11769.73	1032.80	5935.63	5288.53	647.10	4801.30	23.06	30.68
广 西	2455.36	595.68	863.96	699.16	164.80	995.72	6.93	4.72
海 南	604.13	228.95	125.33	83.78	41.55	249.85	1.14	3.17
重 庆	1971.30	315.78	827.55	651.00	176.55	827.97	6.06	3.45
四 川	4875.12	1027.62	1982.44	1551.48	430.96	1865.06	20.33	15.93
贵 州	1185.04	280.83	474.68	370.49	104.19	429.53	4.67	2.83
云 南	2232.32	470.50	951.48	780.33	171.15	810.34	11.70	6.05
西 藏	161.42	39.68	32.93	11.61	21.32	88.81	3.23	2.71
陕 西	2035.96	303.79	925.78	691.07	234.71	806.39	7.52	13.48
甘 肃	1161.43	214.45	530.36	390.61	139.75	416.62	5.79	11.30
青 海	341.11	44.90	154.01	100.19	53.82	142.20	2.41	4.75
宁 夏	329.28	52.84	151.16	114.80	36.36	125.28	1.90	3.56
新 疆	1598.28	305.00	672.10	473.00	199.10	621.18	7.99	15.87

注：本表绝对数按当年价格计算,指数按可比价格计算。

1–6 续表 1

单位: 亿元

地区	交通运输仓储及邮电通信业	批发零售贸易及餐饮业	金融、保险业	房地产业	社会服务业	卫生体育和社会福利业	教育、文化艺术及广播电影电视业	科学研究和综合技术服务事业
北 京	235.56	256.32	469.44	163.12	322.60	55.45	212.16	171.00
天 津	230.88	196.38	73.08	97.66	135.59	38.08	85.52	30.37
河 北	554.91	550.06	184.25	115.16	154.54	61.88	154.27	23.64
山 西	177.60	157.98	95.50	33.50	52.97	21.18	57.72	8.99
内蒙古	188.08	164.12	26.62	22.79	54.27	23.47	53.90	7.98
辽 宁	425.41	760.26	137.18	130.94	311.19	95.51	152.08	51.72
吉 林	138.92	287.78	23.63	60.02	63.19	34.77	74.80	39.10
黑龙江	264.89	385.57	35.39	115.89	130.60	51.90	98.85	20.36
上 海	382.82	602.29	584.67	373.63	328.86	88.96	196.50	79.44
江 苏	717.76	1066.77	487.57	456.56	353.52	122.16	298.75	41.76
浙 江	602.00	1035.26	323.26	186.83	330.41	134.22	247.48	27.73
安 徽	219.44	364.35	114.33	142.31	124.78	46.99	98.83	11.68
福 建	491.00	444.20	227.94	142.17	200.81	52.58	131.54	15.35
江 西	243.61	214.19	91.93	125.27	61.62	24.04	70.84	7.39
山 东	667.75	1047.83	457.20	429.32	300.49	149.27	298.76	40.69
河 南	491.57	466.38	132.50	185.60	148.57	81.15	153.34	22.54
湖 北	306.43	510.53	250.35	124.23	199.16	81.59	153.30	27.75
湖 南	322.58	422.55	145.63	125.46	102.19	95.87	196.95	19.69
广 东	1157.75	1140.86	398.26	633.87	732.83	136.06	232.79	43.97
广 西	225.81	318.46	32.20	69.43	76.21	47.29	91.53	9.31
海 南	54.62	76.95	35.03	11.07	28.02	6.12	17.94	1.82
重 庆	123.97	182.51	78.25	70.90	133.89	30.37	83.79	34.36
四 川	348.78	519.46	200.48	147.02	170.50	72.35	166.60	31.89
贵 州	84.35	92.12	37.49	37.22	35.18	24.29	49.46	4.22
云 南	150.56	216.63	84.38	84.11	46.27	47.83	83.26	12.45
西 藏	10.93	20.76	2.78	3.42	6.38	5.76	10.97	1.46
陕 西	210.43	134.83	31.90	58.33	73.90	31.20	96.03	19.40
甘 肃	64.25	132.03	59.20	29.91	20.15	14.37	28.10	11.52
青 海	27.53	25.36	15.80	5.38	9.07	5.72	15.85	2.02
宁 夏	25.58	25.29	14.18	7.35	7.59	5.80	14.74	1.68
新 疆	131.43	135.21	52.57	22.79	55.42	23.44	65.39	5.74

1-6 续表 2

单位: 亿元

地区			构成(%)			指数（上年=100）				人均国内生产总值(元/人)
	国家机关、政党机关和社会团体	其他行业	第一产业	第二产业	第三产业	国内生产总值	第一产业	第二产业	第三产业	
北京	84.26	19.63	3.0	34.8	62.2	110.4	105.0	108.5	112.0	28449
天津	57.98	5.60	4.1	48.8	47.1	112.5	106.1	114.3	111.2	22380
河北	223.74	62.70	15.6	49.8	34.6	109.6	105.4	110.6	110.2	9115
山西	101.68	3.63	9.8	53.7	36.5	111.7	113.6	114.4	107.7	6146
内蒙古	60.69	16.20	21.6	42.0	36.4	112.1	104.8	116.5	111.8	7241
辽宁	143.35	24.34	10.8	47.8	41.4	110.2	108.4	109.8	111.3	12986
吉林	70.99	18.94	19.9	43.5	36.6	109.5	106.3	110.5	110.1	8334
黑龙江	107.33	28.88	11.6	55.6	32.8	110.3	108.1	110.7	110.2	10184
上海	88.92	14.84	1.6	47.4	51.0	110.9	103.0	112.1	110.0	40646
江苏	299.05	43.78	10.5	52.2	37.3	111.6	103.5	113.7	111.2	14391
浙江	190.07	25.36	8.9	51.1	40.0	112.5	104.5	113.4	113.5	16838
安徽	89.43	7.00	21.6	43.5	34.9	108.9	103.9	110.7	109.9	5817
福建	126.16	10.51	14.2	46.1	39.7	110.5	102.7	114.2	109.5	13497
江西	99.55	7.82	21.9	38.8	39.3	110.5	104.4	118.5	106.9	5829
山东	344.35	65.89	13.2	50.3	36.5	111.6	102.5	114.8	110.6	11645
河南	188.26	15.41	20.9	47.8	31.3	109.5	104.5	111.5	110.0	6436
湖北	148.30	3.23	14.2	49.2	36.6	109.1	102.0	110.3	110.3	8319
湖南	273.36	27.01	19.5	40.0	40.5	109.0	102.6	110.9	110.5	6565
广东	218.14	53.01	8.8	50.4	40.8	111.7	104.4	113.4	111.3	15030
广西	92.07	21.76	24.3	35.2	40.5	110.5	107.3	111.3	111.9	5099
海南	13.56	0.41	37.9	20.7	41.4	109.3	109.1	112.5	108.1	7803
重庆	79.49	0.93	16.0	42.0	42.0	110.3	104.1	113.8	109.2	6347
四川	157.10	14.62	21.1	40.7	38.2	110.6	104.8	114.3	110.1	5766
贵州	51.88	5.82	23.7	40.1	36.2	109.1	102.2	113.6	109.1	3153
云南	60.25	6.85	21.1	42.6	36.3	108.2	103.9	109.4	109.4	5179
西藏	20.26	0.15	24.6	20.4	55.0	112.9	104.4	118.1	115.0	6093
陕西	89.33	40.04	14.9	45.5	39.6	109.7	104.2	112.2	109.2	5523
甘肃	29.15	10.85	18.4	45.7	35.9	109.4	105.8	110.8	109.6	4493
青海	26.22	2.09	13.2	45.1	41.7	112.4	104.5	116.6	110.4	6426
宁夏	12.73	4.88	16.1	45.9	38.0	110.2	106.1	112.5	109.4	5804
新疆	98.26	7.07	19.1	42.1	38.8	108.1	105.0	108.4	109.3	8382

1-7 各地区国内生产总值项目结构(2002年)

单位: 亿元

地区	国内生产总值	劳动者报酬	固定资产折旧	生产税净额	营业盈余
北京	3212.71	1427.73	524.06	426.60	834.32
天津	2051.16	907.60	365.88	341.01	436.67
河北	6122.53	3053.34	877.64	584.11	1607.44
山西	2017.54	1078.31	277.47	241.65	420.11
内蒙古	1734.31	1082.57	237.86	153.75	260.12
辽宁	5458.22	2437.35	857.78	736.65	1426.44
吉林	2246.12	1460.37	365.03	166.20	254.52
黑龙江	3882.16	1810.20	620.06	552.74	899.16
上海	5408.76	1895.42	793.42	1331.95	1387.97
江苏	10631.75	5257.05	1662.82	1299.77	2412.10
浙江	7796.00	3636.03	963.03	1189.64	2007.30
安徽	3569.10	1861.71	504.93	525.18	677.28
福建	4682.01	2271.68	638.34	458.86	1313.13
江西	2450.48	1391.29	498.91	317.63	242.65
山东	10552.06	5079.58	2185.37	1514.58	1772.53
河南	6168.73	3726.06	862.22	767.51	812.94
湖北	4975.63	2885.62	752.63	738.07	599.31
湖南	4340.94	2667.31	671.73	555.43	446.47
广东	11769.73	5594.98	1841.66	1912.89	2420.20
广西	2455.36	1637.53	301.43	283.11	233.29
海南	604.13	348.73	95.20	68.59	91.61
重庆	1971.30	1047.95	238.42	265.68	419.25
四川	4875.12	2781.17	817.25	561.14	715.56
贵州	1185.04	660.25	176.48	199.45	148.86
云南	2232.32	1020.49	357.50	505.00	349.33
西藏	161.42	113.56	36.44	4.57	6.85
陕西	2035.96	1138.18	341.52	301.52	254.74
甘肃	1161.43	611.65	202.55	246.70	100.53
青海	341.11	203.39	57.95	38.06	41.71
宁夏	329.28	190.64	67.22	46.63	24.79
新疆	1598.28	821.40	300.97	238.45	237.46

注：本表按当年价格计算。

固定资产投资

2-1 按经济类型分的全社会固定资产投资(2002年)

指 标	总 计	国有经济	集体经济	#农 村
投资总额(亿元)	**43499.91**	**18877.35**	**5987.43**	**4887.91**
按资金来源分				
国家预算内资金	3160.96	2639.39	416.12	410.15
国内贷款	8859.07	4520.09	639.62	488.50
利用外资	2084.98	407.43	270.29	259.15
自筹资金	22813.69	8860.47	4151.78	3501.45
其他资金	8128.22	2106.47	580.17	228.67
按构成分				
建筑安装工程	26578.89	12194.13	3246.24	2498.36
设备工具器具购置	9884.47	3592.29	2179.55	1999.71
其他费用	7036.55	3090.94	561.64	389.85
房屋建筑面积(万平方米)				
施工面积	304428.15	63874.61	45062.43	34109.74
竣工面积	196737.87	29536.09	34015.12	28593.88
#住宅	134002.10	15009.71	7793.96	4367.49
按地区分投资总额(亿元)				
北 京	1796.14	762.67	132.67	72.52
天 津	807.51	319.97	90.27	74.00
河 北	2020.38	724.02	571.23	479.22
山 西	813.36	415.65	58.19	39.32
内蒙古	707.91	365.61	27.94	20.40
辽 宁	1605.55	648.90	173.54	148.79
吉 林	834.23	349.80	28.03	21.16
黑龙江	1046.17	537.25	30.12	16.15
上 海	2213.72	720.64	256.05	194.56
江 苏	3450.12	1422.05	827.25	712.30
浙 江	3477.47	1100.90	918.19	846.63
安 徽	1074.46	513.46	85.03	58.01
福 建	1253.08	451.44	171.27	140.51
江 西	889.04	431.91	91.25	76.23
山 东	3483.31	1211.16	812.66	615.87
河 南	1725.93	804.80	254.92	227.00
湖 北	1605.06	862.96	169.52	140.70
湖 南	1347.96	635.69	166.92	151.90
广 东	3850.78	1167.09	456.21	311.59
广 西	750.33	391.08	36.32	23.30
海 南	225.41	93.36	9.27	6.95
重 庆	899.26	382.15	76.78	56.23
四 川	1902.72	791.82	297.94	270.00
贵 州	632.97	416.21	18.80	12.52
云 南	814.61	483.53	67.84	58.44
西 藏	106.58	92.86	0.41	
陕 西	915.35	528.69	54.52	33.48
甘 肃	526.21	345.06	39.69	26.71
青 海	232.35	135.96	9.66	7.05
宁 夏	226.98	129.74	24.17	21.06
新 疆	800.09	392.30	30.75	25.29
不分地区	1464.87	1248.62		

2–1 续表

指　标	个体经济	#农　村	联营经济	股份制经济	外商投资经济	港澳台投资经济	其他经济
投资总额(亿元)	**6519.19**	**3123.23**	**138.19**	**8328.81**	**1685.42**	**1765.33**	**198.19**
按资金来源分							
国家预算内资金	1.10		0.51	92.78	4.33	2.55	4.18
国内贷款	681.99	203.06	23.72	2187.50	319.91	460.87	25.37
利用外资	15.90		0.90	197.86	706.32	479.79	6.49
自筹资金	3899.90	2744.54	85.78	4416.67	618.24	653.41	127.44
其他资金	2247.91	175.63	38.02	2290.80	233.97	579.33	51.55
按构成分							
建筑安装工程	4634.20	2117.21	79.63	4664.79	675.27	953.72	130.91
设备工具器具购置	861.27	616.75	39.89	1877.00	776.84	521.13	36.51
其他费用	1023.72	389.27	18.67	1787.02	233.32	290.48	30.77
房屋建筑面积(万平方米)							
施工面积	128131.44	80344.99	735.36	46753.76	6752.84	11717.07	1400.63
竣工面积	107621.19	75125.72	344.64	18605.11	2452.80	3493.97	668.96
#住宅	96171.39	69840.97	171.45	11683.18	934.59	1944.27	293.55
按地区分投资总额(亿元)							
北　京	139.51	30.00	0.36	540.62	64.76	147.25	8.30
天　津	89.43	18.01	0.34	172.24	71.06	62.17	2.02
河　北	332.25	187.27	17.47	305.59	30.25	23.78	15.80
山　西	94.30	46.26	19.15	173.67	37.08	11.02	4.30
内蒙古	106.00	52.16	0.90	194.98	2.81	5.91	3.76
辽　宁	240.19	92.72	1.31	388.32	89.19	54.29	9.80
吉　林	145.13	62.34	1.18	266.45	28.70	9.85	5.10
黑龙江	136.74	71.34	0.33	318.93	12.78	7.67	2.36
上　海	284.66	6.87	11.36	592.71	232.34	111.75	4.21
江　苏	464.43	222.50	3.18	346.15	260.68	121.68	4.71
浙　江	427.30	201.49	1.58	866.37	90.46	62.26	10.40
安　徽	245.70	152.00	1.81	183.78	24.73	14.28	5.67
福　建	172.60	82.00	4.88	140.65	150.41	152.26	9.57
江　西	207.66	98.21	3.07	97.57	23.09	30.53	3.95
山　东	487.32	285.64	29.79	710.70	125.18	91.06	15.45
河　南	384.71	303.07	0.73	198.29	28.91	44.39	9.18
湖　北	224.97	88.16	5.81	234.28	40.97	42.32	24.23
湖　南	304.63	207.79	3.98	177.48	25.98	26.64	6.64
广　东	654.33	251.87	12.86	696.43	244.31	598.32	21.24
广　西	193.53	99.30	1.98	91.70	13.97	18.11	3.64
海　南	32.01	15.71	1.03	71.83	8.83	5.53	3.54
重　庆	195.94	47.89	4.57	164.33	36.07	37.10	2.32
四　川	317.93	151.55	2.35	438.64	16.62	31.42	6.02
贵　州	126.92	64.60	1.63	58.10	2.84	7.61	0.85
云　南	146.14	91.33	0.39	97.05	5.86	11.44	2.35
西　藏	3.05			10.18	0.02		0.05
陕　西	151.79	86.43	3.19	154.08	8.83	9.10	5.14
甘　肃	57.79	34.05	2.77	67.94	1.87	6.01	5.07
青　海	19.75	9.86	0.10	62.66	2.75	1.21	0.25
宁　夏	36.38	22.46		32.70	2.29	1.43	0.25
新　疆	96.10	40.33	0.08	258.13	1.78	18.90	2.03
不分地区				216.24			

2–2 按资金来源和隶属关系分的基本建设投资

单位: 亿元

年份 地区	按资金来源分					按隶属关系分	
	国家预算内资金	国家货款	利用外资	自筹资金	其他资金	中央项目	地方项目
1978	389.21		28.16	83.62		266.43	234.56
1980	300.11	41.22	53.65	163.90		292.61	266.28
1985	381.18	187.92	73.52	339.99	91.76	575.24	499.13
1989	323.33	293.00	221.45	495.03	218.92	837.71	714.03
1990	363.59	378.62	224.05	529.92	207.62	919.15	784.67
1991	348.45	527.07	239.96	746.73	253.59	1060.44	1055.37
1992	307.87	831.48	334.15	1242.92	296.24	1341.69	1670.96
1993	431.76	1117.55	456.15	1991.25	697.25	1834.90	2780.60
1994	434.57	1583.45	912.03	2820.48	616.36	2430.75	4005.99
1995	491.67	1646.24	1055.42	3121.86	932.14	2970.67	4432.95
1996	(524.38)	(1938.86)	(1235.43)	(3778.83)	(1064.76)	(3379.33)	(5231.50)
	521.11	1937.76	1234.84	3752.32	1056.61	3376.28	5194.50
1997	574.51	2239.88	1351.92	4432.24	1111.61	3858.22	6058.80
1998	1021.32	2814.36	1445.78	4870.26	1461.22	4122.92	7793.51
1999	1478.88	2972.04	1064.15	4857.15	1467.25	4046.79	8408.49
2000	1594.07	3586.35	852.18	5233.10	1396.78	4290.92	9136.35
2001	2052.31	3637.15	898.13	6231.09	1443.09	4399.47	10420.63
2002	2533.60	4412.39	1031.19	7654.07	1582.42	4528.49	13138.13
北 京	99.72	71.03	13.54	216.47	24.86	153.99	260.71
天 津	16.72	106.00	29.77	188.33	8.75	106.17	255.67
河 北	27.62	104.07	10.23	342.54	95.84	89.44	507.80
山 西	30.57	114.07	18.68	142.55	43.75	78.27	298.91
内蒙古	99.85	76.32	16.31	124.93	40.73	66.34	342.80
辽 宁	87.11	112.19	41.10	242.92	35.65	98.43	430.56
吉 林	32.18	48.58	11.91	201.54	65.48	76.81	294.76
黑龙江	54.10	70.31	11.40	280.01	57.51	140.05	355.51
上 海	23.93	230.73	118.33	350.16	66.66	135.05	649.08
江 苏	40.43	280.06	70.03	642.74	54.04	215.25	930.11
浙 江	63.75	332.93	75.29	625.76	71.49	158.36	1008.97
安 徽	72.87	94.48	19.15	168.08	40.82	49.55	374.89
福 建	53.61	125.74	35.63	128.74	31.59	33.33	364.50
江 西	43.72	90.72	28.46	133.53	40.10	34.93	312.96
山 东	70.58	229.18	52.79	678.10	107.90	162.11	1007.87
河 南	72.70	214.00	15.87	320.22	78.15	114.89	579.54
湖 北	159.45	173.42	36.87	259.56	95.94	272.74	473.22
湖 南	54.90	118.09	23.82	241.35	51.31	68.27	436.99
广 东	38.99	284.13	186.91	712.29	67.40	146.30	1164.93
广 西	66.96	108.29	10.35	143.73	35.04	79.53	278.67
海 南	15.52	27.95	34.73	60.90	15.53	29.58	120.15
重 庆	112.98	87.47	9.21	121.15	54.45	43.41	349.59
四 川	100.09	199.78	13.13	372.96	77.59	72.02	721.39
贵 州	38.52	132.91	1.21	108.13	13.96	99.14	207.41
云 南	61.03	132.47	14.13	126.06	29.81	78.11	314.05
西 藏	68.79	5.96	0.03	8.66	17.92	70.23	15.68
陕 西	83.03	113.75	11.31	171.40	67.26	78.67	381.03
甘 肃	52.01	74.93	3.52	69.43	44.19	61.32	201.73
青 海	40.19	58.59	1.93	38.35	30.21	35.50	126.42
宁 夏	33.05	36.04	3.69	21.25	17.85	35.26	86.46
新 疆	110.74	107.23	5.27	201.68	52.71	231.41	259.48
不分地区	607.90	450.98	106.56	210.54	47.95	1414.04	26.28

注：1993 年及以后的资金来源为财务拨款数，以下各表同。

2-3 按构成和建设性质分的基本建设投资

单位：亿元

年份 地区	投资额	按构成分			按建设性质分		
		建筑安装工程	设备、工器具购置	其他费用	#新建	#扩建	#改建
1978	500.99	300.85	165.78	34.36	286.62		
1980	558.89	381.07	136.53	41.29	290.24		
1985	1074.37	726.71	217.39	130.27	481.42	350.29	171.60
1989	1551.74	998.73	380.94	172.07	708.49	569.54	159.49
1990	1703.81	1045.37	453.76	204.69	822.96	610.99	175.28
1991	2115.80	1308.83	521.22	285.76	983.06	778.86	230.39
1992	3012.65	1889.39	667.34	455.92	1484.57	1003.45	351.45
1993	4615.50	3018.74	899.55	697.22	2400.13	1472.47	296.78
1994	6436.74	4123.89	1402.84	910.01	3523.90	1898.03	383.41
1995	7403.62	4641.13	1635.04	1127.44	3971.94	2348.01	443.32
1996	(8610.84)	(5345.27)	(1861.15)	(1404.42)	(4600.81)	(2797.68)	(521.42)
	8570.79	5310.07	1857.29	1403.43	4590.02	2782.24	516.56
1997	9917.02	6215.22	2060.60	1641.20	5513.98	3030.69	611.36
1998	11916.42	7695.75	2101.83	2118.84	6765.24	3204.87	1032.42
1999	12455.28	8543.60	2132.30	1779.39	6775.46	3241.87	1250.68
2000	13427.27	8936.81	2457.88	2032.59	7324.86	3368.07	1685.57
2001	14820.10	10154.63	2473.29	2192.18	8168.22	3939.30	1646.89
2002	17666.62	11865.82	2780.18	3020.62	10361.51	4217.45	2018.33
北京	414.70	279.56	42.85	92.28	147.09	208.81	41.03
天津	361.85	267.25	55.11	39.48	246.15	93.06	9.05
河北	597.24	428.11	83.71	85.42	378.54	125.59	62.06
山西	377.18	266.57	58.59	52.01	224.44	91.00	34.82
内蒙古	409.14	299.17	54.30	55.67	181.74	152.89	56.50
辽宁	529.00	349.84	84.15	95.00	254.00	153.06	83.04
吉林	371.57	296.54	42.00	33.02	148.95	93.34	105.53
黑龙江	495.56	387.59	50.80	57.16	327.77	118.12	26.95
上海	784.13	368.67	198.96	216.50	666.79	60.57	46.07
江苏	1145.36	772.35	167.81	205.20	614.16	378.63	140.06
浙江	1167.33	770.46	102.41	294.46	797.37	213.85	102.58
安徽	424.44	311.83	55.06	57.55	290.43	79.59	33.29
福建	397.83	263.40	63.79	70.64	310.73	53.93	26.97
江西	347.89	253.93	45.27	48.68	228.19	71.35	39.57
山东	1169.98	813.55	236.76	119.67	589.27	435.33	81.09
河南	694.43	499.37	99.34	95.71	402.17	154.62	93.64
湖北	745.96	453.70	95.69	196.57	437.25	147.98	128.71
湖南	505.25	384.18	42.16	78.91	282.52	134.96	64.11
广东	1311.23	876.81	247.16	187.26	1000.88	225.73	52.19
广西	358.20	246.81	48.45	62.94	214.01	83.14	49.65
海南	149.73	82.19	51.28	16.26	82.87	28.01	2.42
重庆	393.00	295.98	43.01	54.01	208.54	75.60	53.02
四川	793.42	558.22	107.92	127.28	383.61	174.24	188.17
贵州	306.55	217.22	38.77	50.56	170.79	84.94	39.84
云南	392.16	300.03	38.33	53.80	218.24	74.46	83.25
西藏	85.91	80.89	4.15	0.88	56.82	7.89	17.99
陕西	459.69	334.10	53.03	72.57	248.78	123.17	52.48
甘肃	263.06	211.46	22.79	28.81	165.73	47.53	25.96
青海	161.92	134.60	16.29	11.03	93.44	31.02	33.56
宁夏	121.72	95.19	14.23	12.30	56.07	27.59	32.84
新疆	490.89	364.54	72.27	54.08	110.33	211.53	143.40
不分地区	1440.32	601.70	443.73	394.88	823.85	255.93	68.50

注：1980年及以前按建设性质分的，扩建中含改建。

2-4 国民经济各行业按建设性质分的基本建设投资(2002 年)

单位: 亿元

行业	投资额	#新建	#扩建	#改建
全国总计	**17666.62**	**10361.51**	**4217.45**	**2018.33**
农、林、牧、渔业	**587.80**	**453.65**	**87.23**	**36.60**
农业	103.74	64.20	18.85	14.19
林业	363.11	309.64	41.73	10.28
畜牧业	41.92	28.72	9.30	3.55
渔业	12.42	8.85	2.74	0.74
农林牧渔服务业	66.61	42.25	14.61	7.85
采掘业	**679.93**	**238.47**	**364.85**	**62.29**
煤炭采选业	111.91	85.43	20.18	2.96
石油和天然气开采业	521.15	125.91	332.66	56.55
黑色金属矿采选业	7.59	3.14	1.24	0.29
有色金属矿采选业	16.51	8.61	5.64	0.91
非金属矿采选业	6.82	3.41	3.08	0.05
其他矿采选业	0.42	0.38	0.01	
木材及竹材采运业	15.54	11.59	2.05	1.53
制造业	**2097.83**	**1456.65**	**475.62**	**48.35**
食品加工业	73.79	55.02	14.30	2.57
食品制造业	54.53	42.41	6.71	2.18
饮料制造业	48.79	34.28	8.24	3.02
烟草加工业	13.44	6.18	4.21	2.10
纺织业	74.52	55.07	12.36	0.60
服装及纤维制品制造业	39.96	31.51	6.51	0.38
皮革毛皮羽绒及其制品业	23.59	18.19	4.81	0.19
木材加工及竹藤棕草制品业	25.47	18.19	7.02	0.07
家具制造业	15.57	13.09	1.93	0.08
造纸及纸制品业	34.57	21.28	10.76	0.92
印刷业记录媒介的复制	26.35	15.51	6.97	0.22
文教体育用品制造业	9.49	7.14	2.18	
石油加工及炼焦业	89.86	53.84	34.50	0.51
化学原料及化学制品制造业	212.47	155.00	48.97	1.16
医药制造业	100.57	75.62	14.92	5.52
化学纤维制造业	32.35	8.32	23.43	
橡胶制品业	10.31	6.25	3.49	0.09
塑料制品业	55.67	44.59	8.85	0.35
非金属矿物制品业	115.01	86.13	22.95	1.68
黑色金属冶炼及压延加工业	111.28	44.42	57.17	3.71
有色金属冶炼及压延加工业	69.26	43.32	24.86	0.21
金属制品业	61.67	46.46	12.02	0.42
普通机械制造业	55.80	31.10	12.71	2.15
专用设备制造业	69.60	52.12	9.70	0.77
交通运输设备制造业	155.42	87.35	40.92	9.91
电气机械及器材制造业	64.09	48.58	8.40	1.67
电子及通信设备制造业	322.41	255.80	45.57	3.16
仪器仪表及文化办公用机械制造业	45.71	27.04	15.96	0.49
其他制造业	86.28	72.85	5.17	4.21
电力、煤气、及水的生产和供应业	**2458.61**	**1446.23**	**599.95**	**384.77**
电力、蒸汽、热水生产和供应业	2225.84	1307.78	529.80	365.91
煤气的生产和供应业	68.33	44.05	16.80	6.71
自来水的生产和供应业	164.44	94.39	53.34	12.14
建筑业	**268.97**	**146.89**	**59.06**	**40.11**
土木工程建筑业	248.35	137.30	55.65	35.33

2–4 续表

单位：亿元

行业	投资额	#新建	#扩建	#改建
线路管道和设备安装业	18.34	7.81	3.03	4.71
装修装饰业	2.27	1.77	0.39	0.07
地质、勘查水利管理业	**720.41**	**395.55**	**132.86**	**178.77**
地质勘查业	16.66	10.50	2.07	1.59
水利管理业	703.75	385.05	130.80	177.18
交通运输、仓储及邮电通信业	**4393.98**	**2482.35**	**815.60**	**698.92**
铁路运输业	717.79	361.85	96.04	74.42
公路运输业	1658.86	1122.96	124.05	374.72
管道运输业	107.42	0.48	106.58	0.17
水上运输业	52.26	31.47	15.92	3.30
航空运输业	196.00	20.74	34.21	1.83
交通运输辅助业	983.69	591.34	169.21	211.81
其他交通运输业	46.92	28.84	3.95	14.05
仓储业	107.11	56.74	45.29	3.23
邮电通信业	523.92	267.92	220.35	15.40
批发和零售贸易餐饮业	**397.45**	**254.84**	**94.94**	**29.87**
食品饮料烟草和家庭用品批发业	114.50	66.70	35.62	5.87
能源材料和机械电子设备批发业	56.59	38.88	10.76	3.91
其他批发业	19.62	12.26	4.67	0.69
零售业	176.24	115.32	38.66	16.30
商业经纪与代理业	4.27	2.26	1.59	0.34
餐饮业	26.24	19.42	3.64	2.75
金融、保险业	**65.47**	**27.26**	**19.54**	**2.69**
金融业	59.82	24.32	18.27	1.77
保险业	5.65	2.94	1.26	0.92
房地产业	**201.62**	**153.07**	**17.74**	**10.27**
房地产开发与经营业	156.86	130.54	10.85	6.25
房地产管理业	42.32	21.67	5.47	3.97
房地产代理与经纪业	2.44	0.85	1.42	0.04
社会服务业	**2588.06**	**1687.89**	**516.67**	**326.86**
公共设施服务业	2227.19	1420.14	448.03	308.91
居民服务业	16.84	10.20	3.71	0.80
旅馆业	105.90	71.13	23.62	8.63
租赁服务业	21.83	21.58	0.23	0.02
旅游业	50.73	36.93	10.93	2.61
娱乐服务业	28.29	25.14	2.07	0.95
信息咨询服务业	9.77	3.66	5.91	0.17
计算机应用服务业	55.55	41.11	13.53	0.80
其他社会服务业	71.96	58.00	8.62	3.97
卫生体育和社会福利业	**339.43**	**174.95**	**113.13**	**16.40**
卫生	231.50	85.23	103.01	12.82
体育	88.96	77.58	6.67	2.21
社会福利保障业	18.97	12.14	3.45	1.37
教育、文化艺术和广播电影电视业	**1164.56**	**482.56**	**501.66**	**59.09**
教育	993.79	369.48	464.90	48.41
文化艺术业	109.49	79.08	16.50	7.40
广播电影电视业	61.28	34.00	20.26	3.28
科学研究和综合技术服务业	**139.13**	**76.02**	**40.85**	**8.11**
科学研究业	61.56	19.65	28.93	4.45
综合技术服务业	77.57	56.37	11.92	3.66
国家机关政党机关和社会团体	**1353.42**	**754.67**	**334.86**	**97.52**
# 国家机关	1273.58	717.80	310.17	92.69
政党机关	28.47	10.37	12.72	1.78
其他行业	**209.95**	**130.48**	**42.90**	**17.72**

注：改建不含单纯建造生活设施投资。

2–5 基本建设房屋建筑面积

单位: 万平方米

年份 地区	施工面积	#住宅	竣工面积	#住宅
1978	18484.90	7314.33	9010.92	3752.47
1980	27537.60	14817.40	14499.90	8230.30
1985	37029.20	18893.90	17161.20	9565.10
1989	24744.18	9749.94	11611.55	5064.20
1990	23236.54	9259.90	11245.93	4824.78
1991	27262.61	11309.23	12604.48	5687.92
1992	32709.19	13399.25	15133.72	6919.15
1993	39535.76	15016.40	17070.05	7993.44
1994	42749.88	16981.97	18644.05	8955.12
1995	41948.29	16739.06	19929.32	9249.25
1996	(43661.23)	(17269.40)	(21256.63)	(9824.79)
	42786.07	16974.08	20544.83	9589.36
1997	44206.26	18065.42	21439.12	10091.49
1998	52023.11	24529.90	24685.04	12552.44
1999	52833.80	25642.02	28620.79	16033.23
2000	50968.27	21559.64	26292.93	13145.97
2001	51787.04	19824.75	25471.80	11653.52
2002	58144.95	18650.80	27395.33	10417.13
北京	1812.20	545.42	621.54	219.09
天津	691.55	96.48	281.67	63.01
河北	2851.28	1192.17	1558.70	689.40
山西	1471.77	675.92	708.37	331.56
内蒙古	1230.79	469.96	797.27	341.42
辽宁	1750.89	554.74	768.86	321.61
吉林	1544.49	505.01	899.46	353.65
黑龙江	1712.04	646.55	970.46	446.22
上海	1045.05	115.47	287.50	43.03
江苏	2403.32	404.04	1343.57	271.82
浙江	4115.50	645.95	1558.87	265.43
安徽	1712.82	417.37	746.21	240.48
福建	1270.87	165.63	487.77	95.43
江西	1248.52	319.86	705.37	219.40
山东	4866.15	1430.93	2308.43	759.24
河南	3276.07	1138.27	1346.88	591.28
湖北	1983.45	744.53	1223.52	577.10
湖南	2494.28	847.66	1035.89	401.51
广东	4370.93	619.56	1680.18	331.07
广西	1285.74	441.04	567.69	252.71
海南	516.43	204.06	244.72	128.64
重庆	2181.71	1108.45	1241.91	652.07
四川	3048.13	1310.62	1381.79	664.22
贵州	1053.18	362.69	453.99	164.65
云南	1356.00	571.39	652.61	288.55
西藏	174.06	41.34	117.07	29.66
陕西	2429.58	1158.80	1073.02	519.34
甘肃	1431.80	787.99	581.16	341.19
青海	306.06	116.60	134.17	52.74
宁夏	332.36	113.65	185.31	70.28
新疆	1410.25	604.34	861.15	449.95
不分地区	767.69	294.29	570.22	241.38

2-6 各地区基本建设施工投产项目个数和新增固定资产

年份 地区	施工项目 (个)	全部建成 投产项目(个)	项目建成 投产率(%)	新增固定资产 (亿元)	固定资产 交付使用率(%)
1978	45261	11762	26.0	372.30	74.3
1980	67618	24823	36.7	442.06	79.1
1985	87766	44477	50.7	733.16	68.2
1989	66382	35370	53.3	1179.03	76.0
1990	67842	36502	53.8	1362.61	80.0
1991	77704	41783	53.8	1498.73	70.8
1992	90609	50633	55.9	1975.00	65.6
1993	90954	51886	57.0	2758.93	59.8
1994	88841	49021	55.2	3729.78	57.9
1995	88685	50512	57.0	4712.67	63.7
1996	(93997)	(55434)	(59.0)	(6168.14)	(71.6)
	77954	42008	53.9	6129.65	71.5
1997	84480	48102	56.9	7443.15	75.1
1998	99665	54950	55.1	8499.82	71.3
1999	97084	57090	58.8	9519.30	76.4
2000	91252	52645	57.7	10431.66	77.7
2001	91316	51042	55.9	10112.67	68.2
2002	97488	52465	53.8	11989.69	67.9
北京	1086	442	40.7	371.96	89.7
天津	744	370	49.7	221.91	61.3
河北	4656	2737	58.8	407.28	68.2
山西	2385	1358	56.9	462.33	122.6
内蒙古	3155	2268	71.9	315.28	77.1
辽宁	2203	1233	56.0	431.05	81.5
吉林	1787	1046	58.5	272.94	73.5
黑龙江	2954	2101	71.1	415.29	83.8
上海	1179	317	26.9	257.15	32.8
江苏	3735	2442	65.4	776.61	67.8
浙江	5478	2416	44.1	870.32	74.6
安徽	3023	1571	52.0	297.58	70.1
福建	2372	939	39.6	274.84	69.1
江西	2994	1531	51.1	201.50	57.9
山东	6653	3099	46.6	667.91	57.1
河南	4619	2652	57.4	566.45	81.6
湖北	4437	2820	63.6	450.89	60.4
湖南	4202	2135	50.8	387.94	76.8
广东	5100	2018	39.6	881.61	67.2
广西	4851	2566	52.9	185.25	51.7
海南	1038	561	54.0	105.82	70.7
重庆	2705	1304	48.2	282.63	71.9
四川	5413	2629	48.6	494.37	62.3
贵州	2979	1763	59.2	156.93	51.2
云南	3939	2155	54.7	305.34	77.9
西藏	1401	913	65.2	48.22	56.1
陕西	3436	1902	55.4	349.55	76.0
甘肃	3081	1395	45.3 1	43.31	54.5
青海	1670	1041	62.3	71.98	44.5
宁夏	956	591	61.8	66.19	54.4
新疆	3174	2132	67.2	355.91	72.5
不分地区	83	18	21.7	893.35	62.0

2-7 国民经济各行业基本建设施工投产项目个数(2002 年)

单位: 亿元

行 业	施工项目(个)	# 新开工	全部建成投产项目(个)	项目建成投产率(%)
全国总计	**97488**	**65318**	**52465**	**53.8**
农、林、牧、渔业	**5143**	**4063**	**3215**	**62.5**
农业	1572	1238	989	62.9
林业	1689	1369	1058	62.6
畜牧业	578	472	350	60.6
渔业	129	91	69	53.5
农林牧渔服务业	1175	893	749	63.7
采掘业	**794**	**497**	**387**	**48.7**
煤炭采选业	326	187	114	35.0
石油和天然气开采业	83	50	42	50.6
黑色金属矿采选业	67	46	37	55.2
有色金属矿采选业	124	80	67	54.0
非金属矿采选业	106	84	68	64.2
其他矿采选业	9	7	5	55.6
木材及竹材采运业	79	43	54	68.4
制造业	**10833**	**7678**	**4989**	**46.1**
食品加工业	739	582	395	53.5
食品制造业	434	341	204	47.0
饮料制造业	328	239	179	54.6
烟草加工业	79	39	38	48.1
纺织业	585	463	289	49.4
服装及纤维制品制造业	397	294	192	48.4
皮革毛皮羽绒及其制品业	214	152	81	37.9
木材加工及竹藤棕草制品业	210	173	124	59.0
家具制造业	186	155	79	42.5
造纸及纸制品业	232	176	112	48.3
印刷业记录媒介的复制	210	142	109	51.9
文教体育用品制造业	83	62	39	47.0
石油加工及炼焦业	153	110	62	40.5
化学原料及化学制品制造业	825	592	365	44.2
医药制造业	553	363	192	34.7
化学纤维制造业	40	25	21	52.5
橡胶制品业	90	64	44	48.9
塑料制品业	386	285	165	42.7
非金属矿物制品业	838	639	454	54.2
黑色金属冶炼及压延加工业	235	148	117	49.8
有色金属冶炼及压延加工业	172	113	84	48.8
金属制品业	523	391	263	50.3
普通机械制造业	580	409	261	45.0
专用设备制造业	527	348	244	46.3
交通运输设备制造业	610	361	255	41.8
电气机械及器材制造业	438	301	191	43.6
电子及通信设备制造业	619	353	217	35.1
仪器仪表及文化办公用机械制造业	184	115	70	38.0
其他制造业	363	243	143	39.4
电力、煤气及水的生产和供应业	**5694**	**3236**	**2436**	**42.8**
电力、蒸汽、热水生产和供应业	4162	2451	1882	45.2
煤气的生产和供应业	327	160	79	24.2
自来水的生产和供应业	1205	625	475	39.4
建筑业	**2472**	**1786**	**1344**	**54.4**
土木工程建筑业	2264	1635	1223	54.0

2–7 续表

单位: 亿元

行 业	施工项目(个)	# 新开工	全部建成投产项目(个)	项目建成投产率(%)
线路管道和设备安装业	165	117	94	57.0
装修装饰业	43	34	27	62.8
地质勘查、水利管理业	**4761**	**3221**	**2482**	**52.1**
地质勘查业	169	105	90	53.3
水利管理业	4592	3116	2392	52.1
交通运输、仓储及邮电通信业	**10838**	**6806**	**5859**	**54.1**
铁路运输业	198	95	85	42.9
公路运输业	3966	2563	2087	52.6
管道运输业	15	8	5	33.3
水上运输业	144	63	52	36.1
航空运输业	93	36	29	31.2
交通运输辅助业	2628	1738	1397	53.2
其他交通运输业	119	72	56	47.1
仓储业	1118	683	721	64.5
邮电通信业	2557	1548	1427	55.8
批发和零售贸易餐饮业	**4555**	**3129**	**2729**	**59.9**
食品饮料烟草和家庭用品批发业	1314	854	749	57.0
能源材料和机械电子设备批发业	594	430	368	62.0
其他批发业	335	217	196	58.5
零售业	2007	1416	1230	61.3
商业经纪与代理业	49	29	26	53.1
餐饮业	256	183	160	62.5
金融、保险业	**1086**	**651**	**659**	**60.7**
金融业	930	558	555	59.7
保险业	156	93	104	66.7
房地产业	**1253**	**773**	**596**	**47.6**
房地产开发与经营业	846	510	364	43.0
房地产管理业	385	244	221	57.4
房地产代理与经纪业	22	19	11	50.0
社会服务业	11299	7284	5558	49.2
公共设施服务业	8949	5846	4429	49.5
居民服务业	329	195	170	51.7
旅馆业	854	504	420	49.2
租赁服务业	21	15	9	42.9
旅游业	448	289	189	42.2
娱乐服务业	205	130	99	48.3
信息咨询服务业	49	22	19	38.8
计算机应用服务业	86	42	25	29.1
其他社会服务业	358	241	198	55.3
卫生体育和社会福利业	**3729**	**2246**	**1937**	**51.9**
卫生	2970	1800	1592	53.6
体育	357	187	129	36.1
社会福利保障业	402	259	216	53.7
教育、文化艺术和广播电影电视业	**15460**	**10740**	**9536**	**61.7**
教育	13968	9964	8867	63.5
文化艺术业	804	400	368	45.8
广播电影电视业	688	376	301	43.8
科学研究和综合技术服务业	**1079**	**570**	**452**	**41.9**
科学研究业	465	199	183	39.4
综合技术服务业	614	371	269	43.8
国家机关政党机关和社会团体	**17364**	**11900**	**9756**	**56.2**
# 国家机关	16232	11075	9128	56.2
政党机关	416	261	215	51.7
其他行业	**1128**	**738**	**530**	**47.0**

2-8 国民经济各行业基本建设投资和新增固定资产(2002 年)

行 业	投资额 (亿元)	新增固定资产 (亿元)	固定资产 交付使用率(%)
全国总计	**17666.62**	**11989.69**	**67.9**
农、林、牧、渔业	**587.80**	**238.99**	**40.7**
农业	103.74	78.72	75.9
林业	363.11	74.41	20.5
畜牧业	41.92	28.73	68.5
渔业	12.42	7.19	57.9
农林牧渔服务业	66.61	49.94	75.0
采掘业	**679.93**	**483.40**	**71.1**
煤炭采选业	111.91	72.43	64.7
石油和天然气开采业	521.15	386.42	74.1
黑色金属矿采选业	7.59	4.89	64.5
有色金属矿采选业	16.51	9.24	56.0
非金属矿采选业	6.82	3.81	55.8
其他矿采选业	0.42	0.21	49.2
木材及竹材采运业	15.54	6.41	41.2
制造业	**2097.83**	**1418.11**	**67.6**
食品加工业	73.79	46.46	63.0
食品制造业	54.53	33.19	60.9
饮料制造业	48.79	29.46	60.4
烟草加工业	13.44	9.35	69.6
纺织业	74.52	53.98	72.4
服装及纤维制品制造业	39.96	27.79	69.6
皮革毛皮羽绒及其制品业	23.59	12.82	54.3
木材加工及竹藤棕草制品业	25.47	17.23	67.6
家具制造业	15.57	11.04	70.9
造纸及纸制品业	34.57	18.84	54.5
印刷业记录媒介的复制	26.35	20.08	76.2
文教体育用品制造业	9.49	6.75	71.1
石油加工及炼焦业	89.86	86.88	96.7
化学原料及化学制品制造业	212.47	153.60	72.3
医药制造业	100.57	58.13	57.8
化学纤维制造业	32.35	11.16	34.5
橡胶制品业	10.31	5.33	51.7
塑料制品业	55.67	34.59	62.1
非金属矿物制品业	115.01	75.55	65.7
黑色金属冶炼及压延加工业	111.28	122.07	109.7
有色金属冶炼及压延加工业	69.26	55.27	79.8
金属制品业	61.67	42.31	68.6
普通机械制造业	55.80	38.50	69.0
专用设备制造业	69.60	35.94	51.6
交通运输设备制造业	155.42	95.63	61.5
电气机械及器材制造业	64.09	44.03	68.7
电子及通信设备制造业	322.41	217.21	67.4
仪器仪表及文化办公用机械制造业	45.71	17.48	38.2
其他制造业	86.28	37.43	43.4
电力、煤气及水的生产和供应业	**2458.61**	**1802.77**	**73.3**
电力、蒸汽、热水生产和供应业	2225.84	1662.20	74.7
煤气的生产和供应业	68.33	41.57	60.8
自来水的生产和供应业	164.44	99.00	60.2
建筑业	**268.97**	**177.95**	**66.2**
土木工程建筑业	248.35	163.81	66.0

2–8 续表

行 业	投资额 (亿元)	新增固定资产 (亿元)	固定资产 交付使用率(%)
线路管道和设备安装业	18.34	12.49	68.1
装修装饰业	2.27	1.65	72.6
地质勘查、水利管理业	**720.41**	**411.14**	**57.1**
地质勘查业	16.66	13.38	80.3
水利管理业	703.75	397.76	56.5
交通运输、仓储及邮电通信业	**4393.98**	**3393.80**	**77.2**
铁路运输业	717.79	691.10	96.3
公路运输业	1658.86	1362.54	82.1
管道运输业	107.42	106.13	98.8
水上运输业	52.26	17.60	33.7
航空运输业	196.00	168.35	85.9
交通运输辅助业	983.69	551.53	56.1
其他交通运输业	46.92	11.30	24.1
仓储业	107.11	96.44	90.0
邮电通信业	523.92	388.82	74.2
批发和零售贸易餐饮业	**397.45**	**275.50**	**69.3**
食品饮料烟草和家庭用品批发业	114.50	81.85	71.5
能源材料和机械电子设备批发业	56.59	39.07	69.1
其他批发业	19.62	11.64	59.3
零售业	176.24	118.52	67.2
商业经纪与代理业	4.27	2.80	65.6
餐饮业	26.24	21.62	82.4
金融、保险业	**65.47**	**46.65**	**71.3**
金融业	59.82	42.07	70.3
保险业	5.65	4.58	81.2
房地产业	**201.62**	**121.32**	**60.2**
房地产开发与经营业	156.86	92.11	58.7
房地产管理业	42.32	28.12	66.5
房地产代理与经纪业	2.44	1.09	44.5
社会服务业	**2588.06**	**1436.87**	**55.5**
公共设施服务业	2227.19	1236.54	55.5
居民服务业	16.84	12.19	72.4
旅馆业	105.90	69.54	65.7
租赁服务业	21.83	0.29	1.3
旅游业	50.73	33.95	66.9
娱乐服务业	28.29	16.24	57.4
信息咨询服务业	9.77	2.52	25.8
计算机应用服务业	55.55	31.55	56.8
其他社会服务业	71.96	34.05	47.3
卫生体育和社会福利业	**339.43**	**229.83**	**67.7**
卫生	231.50	154.94	66.9
体育	88.96	56.69	63.7
社会福利保障业	18.97	18.20	96.0
教育、文化艺术和广播电影电视业	**1164.56**	**812.97**	**69.8**
教育	993.79	715.90	72.0
文化艺术业	109.49	55.26	50.5
广播电影电视业	61.28	41.81	68.2
科学研究和综合技术服务业	**139.13**	**93.39**	**67.1**
科学研究业	61.56	51.20	83.2
综合技术服务业	77.57	42.19	54.4
国家机关、政党机关和社会团体	**1353.42**	**923.74**	**68.3**
#国家机关	1273.58	871.17	68.4
政党机关	28.47	19.94	70.0
其他行业	**209.95**	**123.24**	**58.7**

2–9 按资金来源和隶属关系分的更新改造投资

单位: 亿元

年份 地区	按资金来源分					按隶属关系分	
	国家预算内资金	国家货款	利用外资	自筹资金	其他资金	中央项目	地方项目
1980	24.18	33.66		79.54		23.80	113.58
1985	19.69	186.75	5.55	226.08	11.07	104.82	344.32
1989	14.15	233.21	26.73	440.69	74.01	205.99	582.79
1990	17.56	269.55	33.85	455.37	53.87	228.46	601.73
1991	17.36	411.22	36.49	508.62	49.53	279.37	743.86
1992	20.11	604.56	53.15	722.56	60.73	370.46	1090.65
1993	31.31	800.71	84.97	1227.57	106.60	633.31	1562.54
1994	30.60	830.11	212.85	1675.08	151.10	909.26	2009.35
1995	38.32	803.55	321.11	1929.77	157.89	1081.46	2217.89
1996	(29.58)	(831.26)	(353.97)	(2191.19)	(166.72)	(1250.29)	(2372.45)
	29.31	830.45	353.90	2185.05	166.24	1249.49	2365.51
1997	36.48	796.09	272.35	2522.36	185.72	1407.73	2514.20
1998	60.96	845.29	219.29	3019.81	226.19	1739.79	2776.96
1999	107.48	933.06	237.11	2883.76	214.55	1581.91	2903.18
2000	155.31	1041.22	217.65	3449.94	220.10	1861.89	3245.71
2001	165.18	1081.56	246.81	4195.00	222.26	2130.80	3792.96
2002	167.21	1219.53	312.25	4856.33	266.80	1953.46	4797.09
北　京	8.75	9.61	10.86	157.95	0.76	53.63	116.00
天　津	2.96	19.17	30.12	113.39	2.61	25.88	136.63
河　北	3.56	43.87	5.15	326.62	15.87	40.09	337.69
山　西	2.13	31.86	0.56	139.71	8.61	51.80	142.12
内蒙古	3.30	16.01	1.53	75.96	4.42	26.11	81.44
辽　宁	9.62	70.40	16.42	251.00	11.86	161.06	204.35
吉　林	0.95	20.85	5.30	118.96	15.66	57.28	103.91
黑龙江	7.02	31.67	2.50	153.23	17.79	141.45	73.61
上　海	4.14	80.42	36.42	279.01	3.67	100.19	322.39
江　苏	8.21	80.35	43.72	316.76	8.99	105.21	348.08
浙　江	4.28	84.03	10.45	268.06	9.67	90.54	266.22
安　徽	4.84	60.52	3.84	158.16	7.14	41.88	189.75
福　建	0.66	39.10	19.57	126.54	12.35	34.72	159.77
江　西	2.03	32.48	3.54	96.97	7.57	47.72	94.28
山　东	9.39	123.33	18.45	504.40	21.37	163.52	528.26
河　南	7.08	58.59	3.54	167.85	12.00	66.29	167.51
湖　北	6.41	73.05	12.20	225.67	12.04	96.55	223.62
湖　南	9.12	36.07	12.43	159.06	14.91	66.40	161.57
广　东	14.58	77.75	53.52	362.43	17.79	110.41	404.52
广　西	2.63	28.14	4.75	90.21	3.79	39.64	67.52
海　南	1.08	1.51	0.17	7.23	2.30	0.64	12.19
重　庆	8.00	23.48	4.56	74.57	3.20	48.68	66.39
四　川	6.73	42.80	5.41	197.60	11.54	58.33	199.16
贵　州	6.19	36.17	3.43	69.27	3.88	57.61	61.08
云　南	2.08	15.99	1.97	94.95	3.34	46.21	67.79
西　藏	2.04	0.22		2.88	4.87	7.88	1.37
陕　西	16.14	25.89	0.81	88.24	8.51	47.64	97.22
甘　肃	4.84	23.28	0.71	95.82	7.15	54.10	83.82
青　海	2.28	2.66	0.02	14.34	4.01	11.00	14.78
宁　夏	0.34	4.18	0.06	19.54	0.86	6.19	18.97
新　疆	5.86	26.11	0.23	75.41	8.27	70.28	45.07
不分地区				24.55		24.55	

2-10 国民经济各行业按建设性质分的更新改造投资(2002年)

单位：亿元

行 业	投资额	#新 建	#扩 建	#改 建
全国总计	**6750.55**	**845.32**	**3208.70**	**2202.77**
农、林、牧、渔业	**22.86**	**3.59**	**6.39**	**9.98**
农业	10.11	2.20	1.60	5.68
林业	3.49	0.68	1.78	0.90
畜牧业	4.05	0.32	1.85	1.73
渔业	2.81	0.00	0.51	0.61
农林牧渔服务业	2.39	0.40	0.65	1.06
采掘业	**473.03**	**58.47**	**209.48**	**201.47**
煤炭采选业	159.79	5.16	55.15	98.21
石油和天然气开采业	255.11	47.54	123.74	82.92
黑色金属矿采选业	12.15	1.09	5.27	5.54
有色金属矿采选业	30.49	3.26	15.32	11.38
非金属矿采选业	13.83	1.05	8.98	3.18
其他矿采选业	0.26	0.12	0.09	0.05
木材及竹材采运业	1.40	0.26	0.94	0.21
制造业	**3523.77**	**494.03**	**1731.00**	**1096.44**
食品加工业	95.52	16.94	51.82	24.11
食品制造业	90.44	15.80	54.89	13.89
饮料制造业	94.12	11.60	55.13	25.16
烟草加工业	55.28	1.10	15.59	24.05
纺织业	192.98	19.59	96.42	60.35
服装及纤维制品制造业	33.66	4.77	21.74	3.77
皮革毛皮羽绒及其制品业	10.79	1.49	4.51	4.11
木材加工及竹藤棕草制品业	22.78	8.47	8.92	4.78
家具制造业	15.07	5.61	7.08	1.74
造纸及纸制品业	109.55	14.26	74.63	17.48
印刷业记录媒介的复制	37.93	4.76	16.13	10.04
文教体育用品制造业	5.37	1.57	1.89	0.38
石油加工及炼焦业	136.27	10.48	49.15	76.26
化学原料及化学制品制造业	359.06	43.12	196.04	110.80
医药制造业	218.17	44.34	97.43	61.18
化学纤维制造业	34.33	6.23	17.06	10.91
橡胶制品业	32.70	2.63	16.38	12.38
塑料制品业	93.07	20.18	53.17	14.94
非金属矿物制品业	235.81	47.35	123.69	56.08
黑色金属冶炼及压延加工业	566.11	40.05	237.19	282.96
有色金属冶炼及压延加工业	163.04	20.72	76.32	63.47
金属制品业	52.53	8.44	29.84	9.42
普通机械制造业	100.06	11.46	50.17	24.39
专用设备制造业	83.01	10.63	35.41	18.52
交通运输设备制造业	310.98	45.39	145.89	98.78
电气机械及器材制造业	112.55	13.92	69.20	14.55
电子及通信设备制造业	211.01	56.42	103.93	37.73
仪器仪表及文化办公用机械制造业	17.26	2.59	6.49	4.59
其他制造业	34.32	4.11	14.89	9.62
电力、煤气及水的生产和供应业	**582.48**	**52.69**	**225.14**	**297.30**
电力、蒸汽、热水生产和供应业	534.68	45.21	201.99	281.23
煤气的生产和供应业	14.26	3.14	6.20	4.44
自来水的生产和供应业	33.54	4.34	16.95	11.62
建筑业	**66.44**	**3.44**	**8.80**	**29.24**
土木工程建筑业	59.35	1.87	7.77	27.15

2–10 续表

单位: 亿元

行 业	投资额	#新 建	#扩 建	#改 建
线路管道和设备安装业	5.39	1.47	0.39	1.14
装修装饰业	1.70	0.09	0.64	0.95
地质、勘查水利管理业	**31.01**	**2.19**	**5.41**	**22.07**
地质勘查业	1.46		0.05	0.71
水利管理业	29.55	2.19	5.36	21.36
交通运输、仓储及邮电通信业	**1530.25**	**166.33**	**884.12**	**348.26**
铁路运输业	120.50	5.28	10.13	103.32
公路运输业	92.06	2.52	12.12	44.50
管道运输业	0.16		0.08	0.03
水上运输业	21.89	0.64	5.24	6.29
航空运输业	55.46	1.29	2.00	1.68
交通运输辅助业	96.12	4.86	18.04	64.87
其他交通运输业	5.81	0.04	4.03	0.35
仓储业	8.41	2.33	3.47	2.23
邮电通信业	1129.84	149.37	829.03	124.99
批发和零售贸易餐饮业	**78.29**	**11.59**	**38.43**	**23.79**
食品饮料烟草和家庭用品批发业	9.85	3.72	2.29	3.22
能源材料和机械电子设备批发业	24.89	2.20	18.06	4.23
其他批发业	1.82	0.14	0.24	0.91
零售业	35.09	5.11	15.04	12.49
商业经纪与代理业	0.18	0.04		0.01
餐饮业	6.46	0.38	2.81	2.93
金融、保险业	**19.77**	**0.80**	**1.06**	**4.99**
金融业	19.57	0.80	1.06	4.91
保险业	0.20			0.08
房地产业	**8.69**	**2.31**	**1.14**	**4.07**
房地产开发与经营业	5.24	2.31	0.51	1.76
房地产管理业	3.42		0.60	2.32
房地产代理与经纪业	0.03		0.03	0.00
社会服务业	**225.39**	**22.87**	**56.05**	**91.80**
公共设施服务业	196.21	16.61	46.25	80.10
居民服务业	1.00		0.69	0.16
旅馆业	10.25	0.68	1.81	7.45
租赁服务业	0.34		0.05	0.21
旅游业	2.37	0.53	1.30	0.42
娱乐服务业	1.94	0.97	0.45	0.45
信息咨询服务业	0.94	0.63	0.07	0.02
计算机应用服务业	7.02	2.24	4.41	0.19
其他社会服务业	5.32	1.22	1.02	2.80
卫生体育和社会福利业	**35.12**	**0.73**	**4.91**	**9.94**
卫生	32.42	0.21	4.31	8.42
体育	1.86	0.47	0.53	0.84
社会福利保障业	0.85	0.04	0.08	0.68
教育、文化艺术和广播电影电视业	**45.22**	**2.51**	**11.51**	**16.23**
教育	22.59	1.10	7.27	6.30
文化艺术业	4.04	0.27	0.91	0.96
广播电影电视业	18.59	1.14	3.34	8.96
科学研究和综合技术服务业	**28.65**	**2.42**	**4.58**	**19.26**
科学研究业	8.43	0.54	3.98	2.99
综合技术服务业	20.22	1.87	0.59	16.27
国家机关、政党机关和社会团体	**48.24**	**6.48**	**10.40**	**22.91**
# 国家机关	46.12	6.42	9.40	22.24
政党机关	0.66		0.05	0.38
其他行业	**31.35**	**14.88**	**10.27**	**5.01**

2–11　按国民经济行业分的更新改造投资

单位: 亿元

年 份 地 区	合 计	农、林、牧、渔业	采掘业	制造业	电力、煤气及水的生产和供应业	建筑业	地质勘查业水利管理业
1980	137.38	1.21	34.55	73.72	5.62	1.07	0.14
1985	449.14	5.56	44.09	289.71	17.25	6.97	0.79
1989	788.78	8.40	87.83	500.12	35.23	7.66	3.34
1990	830.19	7.32	85.49	515.26	46.74	7.69	3.15
1991	1023.23	13.16	92.96	646.29	43.98	8.51	3.53
1992	1461.10	14.77	90.13	920.59	65.96	14.20	5.23
1993	2195.85	17.83	141.69	1298.33	99.31	32.98	7.04
1994	2918.61	19.64	171.02	1606.03	150.99	31.47	5.50
1995	3299.35	18.83	206.67	1775.84	217.64	45.80	8.26
1996	(3622.74)	(23.22)	(228.29)	(1843.01)	(259.21)	(34.17)	(10.35)
	3615.00	22.91	228.09	1839.23	258.93	33.98	10.31
1997	3921.94	27.21	244.37	1866.24	275.43	47.91	25.10
1998	4516.75	27.11	308.78	1797.30	344.52	30.04	33.48
1999	4485.08	26.33	251.66	1796.07	463.86	31.28	30.52
2000	5107.60	26.35	373.86	2104.15	481.67	65.82	24.89
2001	5923.76	21.04	413.78	2662.76	483.15	42.57	25.49
2002	6750.55	22.86	473.03	3523.77	582.48	66.44	31.01
北 京	169.63		0.69	52.94	7.40	1.32	0.39
天 津	162.51	0.29	2.03	106.80	4.89	3.58	0.31
河 北	377.78	1.64	18.61	199.32	34.29	4.43	1.98
山 西	193.92	0.11	36.36	99.59	12.55	2.68	0.11
内蒙古	107.55	0.27	8.24	62.60	12.44	0.03	
辽 宁	365.41	1.21	40.49	218.34	29.31	3.78	0.37
吉 林	161.19	0.09	14.65	130.11	7.27	0.20	0.00
黑龙江	215.06	1.06	53.59	72.28	17.51	0.50	0.15
上 海	422.58	0.47	0.53	234.27	20.69	2.46	1.99
江 苏	453.28	0.66	13.72	292.61	40.08	3.41	4.14
浙 江	356.77	0.43	0.98	187.54	47.60	1.36	0.39
安 徽	231.63	0.28	18.69	129.96	36.85	1.04	0.44
福 建	194.49	0.36	3.11	89.99	12.50	0.54	0.72
江 西	142.00	0.17	8.86	64.41	15.09	0.75	0.26
山 东	691.77	2.43	113.15	383.78	53.00	3.48	0.75
河 南	233.79	0.53	42.08	108.96	20.86	0.43	0.60
湖 北	320.17	1.30	10.11	190.20	17.95	5.85	1.24
湖 南	227.96	0.23	4.83	141.26	20.43	2.34	0.73
广 东	514.93	1.05	1.86	134.86	54.60	8.88	9.68
广 西	107.15	0.30	1.80	59.11	8.17	0.32	0.31
海 南	12.83	2.02		2.48	2.80		0.03
重 庆	115.08	0.35	1.85	48.16	13.00	0.11	0.07
四 川	257.49	0.13	9.97	190.61	12.15	2.15	0.71
贵 州	118.70	0.01	4.45	60.39	22.86	0.16	0.10
云 南	114.00	0.11	2.70	56.16	2.99	0.09	0.92
西 藏	9.25	0.10	0.03	0.28	4.78	0.03	0.09
陕 西	144.86	0.03	18.38	55.92	19.34	5.12	0.74
甘 肃	137.92	2.19	6.22	80.51	15.46	0.19	0.84
青 海	25.78	0.20	1.56	12.73	5.41	0.63	0.06
宁 夏	25.15	0.03	2.81	15.67	1.53	0.05	
新 疆	115.35	4.80	7.36	41.91	8.68	10.54	2.87
不分地区	24.55		23.32				

2–11　续表

单位: 亿元

年份 地区	交通运输仓储和邮电通信业	批发零售贸易和餐饮业	金融、保险业	房地产业	社会服务业	卫生体育和社会福利业	教育、文化艺术和广播	科学研究和综合技术服务业	国家机关、政党机关和社会团体	其他行业
1980	12.17	4.02	0.06	2.28		0.23	0.50	0.43	0.99	0.39
1985	41.18	10.37	0.97	3.05	17.41	1.78	2.91	2.36	3.24	1.49
1989	65.28	22.46	2.07	8.95	27.49	2.83	4.31	2.35	6.19	4.26
1990	81.32	22.10	1.72	8.54	27.68	3.16	4.65	2.18	7.05	6.14
1991	113.67	27.83	2.11	8.90	34.74	3.22	5.62	2.29	9.22	7.20
1992	192.77	48.12	2.42	13.02	52.93	4.22	6.08	3.16	12.81	14.69
1993	361.47	65.47	3.73	33.80	78.68	6.04	9.37	3.18	21.22	15.73
1994	576.95	101.04	3.63	59.79	120.03	4.47	10.07	5.02	27.38	25.58
1995	680.73	97.30	2.85	56.57	108.50	5.93	15.27	6.29	29.94	22.93
1996	(875.97)	(70.93)	(8.11)	(41.76)	(131.30)	(10.38)	(13.38)	(5.77)	(37.47)	(29.41)
	875.19	70.38	8.07	41.75	131.01	10.17	12.98	5.64	36.93	29.42
1997	1050.13	61.06	11.77	56.92	151.47	10.77	17.95	4.85	37.55	33.21
1998	1542.25	52.64	12.86	25.54	189.48	11.64	20.41	5.83	49.86	64.99
1999	1420.67	46.03	6.89	35.51	228.33	15.31	26.77	18.89	54.87	32.09
2000	1553.60	57.74	6.22	32.25	225.13	19.67	33.67	34.35	50.19	18.05
2001	1825.32	55.72	16.53	17.96	199.15	23.92	43.74	33.10	35.94	23.57
2002	1530.25	78.29	19.77	8.69	225.39	35.12	45.22	28.65	48.24	31.35
北　京	69.75	0.15		0.50	15.11	0.83	0.61	15.40	0.49	4.06
天　津	22.74	2.06	0.91	0.33	4.49	0.44	0.71	0.24	0.83	11.85
河　北	81.94	6.06	0.10	0.14	13.47	1.48	4.56	0.38	2.26	7.14
山　西	37.59	0.36			4.06	0.03	0.19		0.13	0.17
内蒙古	19.13	0.06		0.42	2.15	0.22	0.07	0.64	1.27	
辽　宁	54.54	5.87	0.06	0.50	6.41	0.95	1.32	0.44	1.72	0.12
吉　林	5.15	0.22			1.36		1.46	0.26		0.42
黑龙江	52.49	15.21			1.71	0.02	0.06	0.01	0.37	0.11
上　海	96.35	6.73		4.34	42.68	3.25	5.98	1.00	1.55	0.29
江　苏	70.24	3.77	0.66	0.27	14.92	1.07	3.06	2.02	1.46	1.21
浙　江	97.60	0.64	1.25		8.85	7.04	2.25	0.45	0.32	0.08
安　徽	37.82	1.68	0.12	0.15	1.14	0.10	0.44	0.10	2.62	0.21
福　建	80.12	0.31		0.02	3.23	0.10	2.01	0.11	0.97	0.38
江　西	44.53	1.23	1.12		1.65	0.26	1.05	0.01	1.99	0.62
山　东	99.57	6.26	0.66	0.33	18.88	0.69	1.51	0.36	6.02	0.91
河　南	42.33	0.77	0.72	0.60	8.94	0.39	0.82	1.66	3.76	0.33
湖　北	68.61	5.94	3.62	0.01	4.09	3.17	3.26	0.56	3.35	0.92
湖　南	41.35	3.56	0.07		6.00	2.32	2.26	0.78	1.76	0.04
广　东	226.01	6.36	8.02	0.43	34.41	8.45	8.21	0.90	9.94	1.28
广　西	33.92	1.20	0.21		1.04	0.33	0.17	0.09	0.03	0.15
海　南	4.11		0.24		0.26	0.10	0.08		0.56	0.15
重　庆	45.54	0.72	0.82	0.49	0.52	0.16	1.40	0.37	1.48	0.03
四　川	32.46	0.84		0.06	5.39	0.10	1.24	0.66	0.81	0.20
贵　州	27.87	0.54	0.02		1.70	0.18	0.23	0.03	0.17	
云　南	42.27	0.40	0.47		5.49	0.21	1.27	0.50	0.42	
西　藏	3.87	0.03	0.03				0.01		0.01	
陕　西	27.14	1.43			10.28	2.73	0.27	1.34	1.88	0.26
甘　肃	24.78	3.50	0.01	0.07	2.90	0.01	0.09	0.06	1.03	0.04
青　海	2.97	0.78	0.02		0.90	0.02	0.04	0.05	0.40	0.02
宁　夏	4.59				0.29	0.02	0.04	0.08	0.04	
新　疆	31.66	1.62	0.65	0.06	3.09	0.47	0.54	0.14	0.60	0.37
不分地区	1.23									

2-12 国民经济各行业更新改造施工、投产项目个数(2002 年)

行 业	施工项目(个)	# 新开工	全部建成投产项目(个)	项目建成投产率(%)
全国总计	**55217**	**40232**	**33484**	**60.6**
农、林、牧、渔业	**593**	**514**	**436**	**73.5**
农业	344	304	288	83.7
林业	103	97	48	46.6
畜牧业	75	60	50	66.7
渔业	22	19	18	81.8
农林牧渔服务业	49	34	32	65.3
采掘业	**2261**	**1756**	**1456**	**64.4**
煤炭采选业	1316	1052	866	65.8
石油和天然气开采业	137	88	74	54.0
黑色金属矿采选业	173	140	113	65.3
有色金属矿采选业	387	291	248	64.1
非金属矿采选业	222	172	136	61.3
其他矿采选业	6	4	4	66.7
木材及竹材采运业	20	9	15	75.0
制造业	**25689**	**18050**	**13824**	**53.8**
食品加工业	1173	992	754	64.3
食品制造业	786	637	456	58.0
饮料制造业	786	583	440	56.0
烟草加工业	367	166	190	51.8
纺织业	1523	1135	924	60.7
服装及纤维制品制造业	376	274	207	55.1
皮革毛皮羽绒及其制品业	134	110	79	59.0
木材加工及竹藤棕草制品业	298	262	205	68.8
家具制造业	137	97	58	42.3
造纸及纸制品业	673	480	394	58.5
印刷业记录媒介的复制	281	224	179	63.7
文教体育用品制造业	78	53	37	47.4
石油加工及炼焦业	955	709	612	64.1
化学原料及化学制品制造业	3368	2497	2049	60.8
医药制造业	1563	1003	574	36.7
化学纤维制造业	223	158	136	61.0
橡胶制品业	227	135	120	52.9
塑料制品业	599	444	334	55.8
非金属矿物制品业	2192	1723	1381	63.0
黑色金属冶炼及压延加工业	2378	1474	1321	55.6
有色金属冶炼及压延加工业	1396	944	743	53.2
金属制品业	775	642	339	43.7
普通机械制造业	1004	664	450	44.8
专用设备制造业	692	440	314	45.4
交通运输设备制造业	1487	852	565	38.0
电气机械及器材制造业	890	556	405	45.5
电子及通信设备制造业	754	407	273	36.2
仪器仪表及文化办公用机械制造业	173	96	65	37.6
其他制造业	401	293	220	54.9
电力、煤气及水的生产和供应业	**6183**	**4071**	**3661**	**59.2**
电力、蒸汽、热水生产和供应业	5361	3613	3308	61.7
煤气的生产和供应业	135	84	70	51.9
自来水的生产和供应业	687	374	283	41.2
建筑业	**413**	**321**	**282**	**68.3**
土木工程建筑业	366	286	254	69.4

2–12　续表

行　业	施工项目（个）	# 新开工	全部建成投产项目（个）	项目建成投产率（%）
线路管道和设备安装业	33	27	22	66.7
装修装饰业	14	8	6	42.9
地质、勘查水利管理业	**491**	**382**	**291**	**59.3**
地质勘查业	15	11	9	60.0
水利管理业	476	371	282	59.2
交通运输、仓储及邮电通信业	**14775**	**11512**	**10592**	**71.7**
铁路运输业	2644	2283	1672	63.2
公路运输业	538	402	326	60.6
管道运输业	5	5	4	80.0
水上运输业	244	203	162	66.4
航空运输业	69	39	32	46.4
交通运输辅助业	877	626	471	53.7
其他交通运输业	13	11	10	76.9
仓储业	98	70	61	62.2
邮电通信业	10287	7873	7854	76.3
批发和零售贸易餐饮业	**859**	**684**	**584**	**68.0**
食品饮料烟草和家庭用品批发业	216	184	168	77.8
能源材料和机械电子设备批发业	168	134	103	61.3
其他批发业	45	29	33	73.3
零售业	324	254	208	64.2
商业经纪与代理业	2	1	1	50.0
餐饮业	104	82	71	68.3
金融、保险业	**167**	**152**	**138**	**82.6**
金融业	165	150	136	82.4
保险业	2	2	2	100.0
房地产业	**132**	**80**	**48**	**36.4**
房地产开发与经营业	67	28	14	20.9
房地产管理业	64	51	34	53.1
房地产代理与经纪业	1	1		
社会服务业	**1720**	**1245**	**963**	**56.0**
公共设施服务业	1406	1034	819	58.3
居民服务业	22	18	13	59.1
旅馆业	149	106	73	49.0
租赁服务业	4	2		
旅游业	23	15	15	65.2
娱乐服务业	21	13	12	57.1
信息咨询服务业	7	7	4	57.1
计算机应用服务业	51	22	14	27.5
其他社会服务业	37	28	13	35.1
卫生体育和社会福利业	**202**	**138**	**107**	**53.0**
卫生	165	118	91	55.2
体育	25	13	10	40.0
社会福利保障业	12	7	6	50.0
教育、文化艺术和广播电影电视业	**620**	**402**	**337**	**54.4**
教育	345	238	195	56.5
文化艺术业	45	28	27	60.0
广播电影电视业	230	136	115	50.0
科学研究和综合技术服务业	**122**	**68**	**67**	**54.9**
科学研究业	74	34	36	48.6
综合技术服务业	48	34	31	64.6
国家机关、政党机关和社会团体	844	736	600	71.1
# 国家机关	805	705	574	71.3
政党机关	7	5	4	57.1
其他行业	**146**	**121**	**98**	**67.1**

2-13　按国民经济行业分的更新改造新增固定资产

单位：亿元

年份 地区	合计	农、林、牧、渔业	采掘业	制造业	电力、煤气及水的生产和供应业	建筑业	地质勘查业水利管理业
1980	92.58	0.90	21.91	49.59	3.53	0.94	0.09
1985	316.79	4.30	32.13	196.46	11.95	6.40	0.67
1989	636.88	7.15	67.58	399.22	27.48	7.07	2.50
1990	722.94	7.14	67.81	460.33	33.12	6.69	2.41
1991	858.30	11.43	75.91	542.84	38.30	8.05	3.93
1992	1105.05	12.71	72.22	684.00	49.34	12.82	2.46
1993	1531.93	15.23	110.63	876.43	68.59	27.27	4.28
1994	2192.57	17.12	145.08	1210.46	103.14	18.72	5.00
1995	2524.87	17.37	164.06	1381.19	146.54	29.86	6.38
1996	(3002.69)	(21.10)	(187.10)	(1512.97)	(218.13)	(30.27)	(7.39)
	2995.31	20.87	186.92	1509.36	217.86	30.10	7.34
1997	3250.55	23.36	219.23	1504.22	230.45	41.85	12.83
1998	3690.36	22.51	242.82	1518.86	284.26	24.82	15.42
1999	3644.67	20.24	217.48	1527.02	324.89	25.82	16.37
2000	4111.51	20.44	284.27	1660.99	351.38	61.12	16.22
2001	4411.49	18.66	296.06	1920.06	342.94	36.99	24.77
2002	4693.16	17.85	356.69	2268.07	458.88	55.71	20.51
北　京	130.85		0.19	27.57	5.77	1.27	0.64
天　津	101.34	0.29	1.63	68.75	2.26	2.83	0.32
河　北	279.82	1.59	12.69	131.40	20.08	3.62	1.91
山　西	167.62	0.08	24.18	89.21	8.15	2.68	0.11
内蒙古	96.87	0.09	6.92	54.98	7.84	0.03	
辽　宁	251.44	0.46	30.46	130.12	33.64	2.32	0.05
吉　林	113.92	0.09	14.62	84.81	6.46	0.12	
黑龙江	170.05	0.98	39.00	51.77	13.30	1.20	0.11
上　海	194.68	0.40	0.03	96.84	18.95	2.29	1.07
江　苏	414.46	0.59	10.65	257.93	53.23	3.42	4.15
浙　江	244.06	0.46	0.97	116.57	40.59	0.61	
安　徽	156.63	0.29	15.54	79.75	24.06	0.90	0.40
福　建	146.86	0.29	2.09	62.63	10.68	0.27	0.11
江　西	69.89	0.15	7.77	28.26	4.77	0.48	0.13
山　东	455.18	2.12	79.06	240.87	32.29	3.07	0.48
河　南	179.45	0.38	33.44	81.13	15.93	0.41	0.01
湖　北	235.15	1.10	6.82	142.97	10.45	3.22	0.92
湖　南	138.93	0.16	3.95	78.77	7.97	1.71	0.62
广　东	329.19	0.85	1.29	95.82	43.15	8.07	4.30
广　西	66.02	0.27	0.35	30.08	2.28	0.33	0.18
海　南	14.71	1.90		5.04	2.71		0.03
重　庆	82.10	0.26	1.47	32.42	9.12	0.01	
四　川	141.56	0.14	8.28	89.98	9.50	1.26	0.45
贵　州	80.18		3.30	28.45	24.93	0.05	0.02
云　南	94.54	0.10	3.20	44.49	2.70	0.05	0.46
西　藏	2.66	0.22		0.20	0.02	0.03	0.35
陕　西	113.36	0.03	15.58	40.40	19.03	5.12	0.44
甘　肃	73.70	0.69	4.05	27.87	16.14	0.02	0.74
青　海	14.22	0.10	1.50	5.86	1.55	0.63	
宁　夏	21.36	0.01	2.07	12.90	1.36	0.05	
新　疆	92.87	3.7	6.65	30.25	10.00	9.63	2.53
不分地区	19.48		18.96				

2-13 续表

单位: 亿元

年份 地区	交通运输仓储和邮电通信业	批发零售贸易和餐饮业	金融、保险业	房地产业	社会服务业	卫生体育和社会福利业	教育、文化艺术和广播	科学研究和综合技术服务业	国家机关、政党机关和社会团体	其他行业
1980	9.15	3.00	0.03	1.53		0.16	0.38	0.27	0.76	0.34
1985	33.24	7.91	0.77	2.54	11.13	1.67	2.47	1.93	2.33	0.90
1989	49.23	21.34	2.23	8.29	26.31	2.72	3.82	2.12	5.46	4.36
1990	68.48	23.05	1.45	8.16	25.26	3.05	3.53	1.58	5.48	5.41
1991	98.28	21.32	1.85	7.97	26.03	2.86	4.96	1.50	7.12	5.95
1992	154.62	34.44	2.03	9.14	39.88	3.49	5.36	2.81	10.05	9.68
1993	285.30	36.62	2.82	18.31	51.72	4.21	5.40	1.89	14.63	8.58
1994	473.56	50.30	2.47	31.24	91.29	3.95	5.90	3.09	20.09	11.16
1995	563.74	49.92	2.32	38.80	69.34	4.60	11.23	3.00	21.19	15.33
1996	(739.95)	(65.07)	(6.28)	(36.99)	(100.87)	(7.79)	(10.23)	(5.76)	(28.51)	(24.28)
	739.21	64.53	6.24	36.98	100.60	7.60	9.82	5.63	27.99	24.26
1997	884.03	36.10	9.15	57.87	137.14	10.31	13.46	5.98	33.81	30.76
1998	1210.86	64.86	12.86	26.41	157.94	10.39	16.39	4.91	42.91	34.15
1999	1109.86	54.22	6.16	32.32	189.42	13.02	20.95	16.20	43.18	27.51
2000	1317.75	48.69	6.17	30.00	186.59	17.37	27.68	30.51	37.56	14.75
2001	1387.25	45.25	14.07	8.64	188.81	23.39	38.36	24.96	29.30	11.98
2002	1137.13	64.92	17.23	2.87	163.38	29.98	35.19	18.23	32.53	13.99
北　京	69.51	0.13		0.41	16.74	0.48	0.14	7.43	0.12	0.45
天　津	10.63	7.74	0.59	0.14	2.70	0.44	0.59	0.24	0.69	1.50
河　北	85.37	2.45	0.10		9.10	0.92	2.92	0.38	1.86	5.44
山　西	39.87	0.33			2.53	0.06	0.14		0.13	0.17
内蒙古	20.92	0.06		0.03	3.30	0.22	0.08	1.13	1.27	
辽　宁	38.65	5.44	0.06	0.50	5.28	0.61	1.11	0.75	1.87	0.12
吉　林	4.39	0.03			0.79		1.46	0.26		0.89
黑龙江	50.41	11.16			1.71	0.02	0.05	0.01	0.22	0.11
上　海	26.42	4.64		0.55	35.64	1.78	3.91	0.63	1.18	0.34
江　苏	57.24	3.76	0.66	0.27	15.01	1.07	2.93	1.79	0.76	1.01
浙　江	68.63	0.60	1.25		5.24	6.42	1.78	0.54	0.32	0.07
安　徽	30.44	1.85	0.07	0.15	0.71	0.10	0.27	0.05	1.91	0.14
福　建	66.08	0.52			1.30	0.10	1.32	0.11	0.97	0.38
江　西	24.16	0.33	1.12		1.23	0.22	0.30		0.98	
山　东	75.73	4.65	0.60	0.38	11.25	0.61	0.71	0.05	3.07	0.25
河　南	36.85	0.57	0.02		6.52	0.33	0.76	0.79	2.33	
湖　北	51.37	3.41	2.48	0.01	3.44	2.83	2.84	0.47	2.00	0.83
湖　南	33.50	2.93	0.07		3.26	2.11	2.09	0.50	1.31	
广　东	125.70	4.67	7.60	0.02	14.64	7.55	7.730	.87	5.70	1.22
广　西	30.04	0.78	0.21		0.86	0.29	0.08	0.09	0.03	0.15
海　南	3.71		0.24		0.26	0.10	0.08		0.49	0.15
重　庆	33.67	0.75	0.95	0.30	0.42	0.04	0.76	0.15	1.62	0.16
四　川	21.12	0.81		0.06	7.83	0.03	1.20	0.37	0.54	
贵　州	21.63	0.44	0.02		0.72	0.20	0.23	0.03	0.17	
云　南	38.09	0.41	0.47		2.55	0.19	0.84	0.57	0.43	
西　藏	1.78	0.03	0.03						0.01	
陕　西	21.34	1.02			5.39	2.73	0.25	0.69	1.10	0.26
甘　肃	17.90	3.50	0.01	0.03	1.96	0.01	0.09	0.06	0.65	
青　海	3.48	0.45	0.04		0.35	0.01	0.01	0.05	0.20	
宁　夏	4.51				0.32	0.02		0.08	0.04	
新　疆	23.47	1.48	0.65	0.06	2.32	0.47	0.52	0.14	0.56	0.37
不分地区	0.53									

2-14 房地产开发建设投资总规模及完成投资

单位: 亿元

年份 地区	实际需要总投资	自开始建设至本年底累计完成投资	#本年完成投资	全部建成尚需投资
1997	17685.72	9109.72	3178.37	8576.00
1998	19623.04	10515.44	3614.23	9107.60
1999	20207.68	11509.43	4103.20	8698.25
2000	22664.18	12816.37	4984.05	9847.82
2001	27552.59	15580.22	6344.11	11972.36
2002	33953.72	18998.76	7790.92	14954.97
北　京	6137.81	3030.59	989.41	3107.22
天　津	827.93	467.72	175.84	360.21
河　北	486.67	273.85	175.04	212.82
山　西	273.58	144.58	67.43	129.00
内蒙古	143.09	104.49	72.53	38.60
辽　宁	1390.53	808.62	388.31	581.91
吉　林	313.41	163.46	116.77	149.95
黑龙江	354.32	210.21	145.79	144.11
上　海	3961.98	2530.78	748.89	1431.20
江　苏	1513.58	913.13	544.13	600.45
浙　江	2416.83	1412.99	728.80	1003.84
安　徽	548.36	281.05	146.49	267.32
福　建	1377.46	697.39	248.99	680.07
江　西	388.25	153.25	103.64	235.00
山　东	1317.37	709.43	391.16	607.94
河　南	544.95	314.01	138.36	230.94
湖　北	846.79	533.13	178.64	313.65
湖　南	553.28	292.84	150.92	260.45
广　东	6345.26	3603.22	1115.25	2742.04
广　西	394.62	207.37	75.28	187.26
海　南	92.02	48.00	20.11	44.01
重　庆	1019.50	551.94	245.91	467.57
四　川	1040.54	591.10	344.38	449.45
贵　州	350.86	166.46	83.01	184.41
云　南	323.32	232.63	96.26	90.69
西　藏	3.43	2.93	2.77	0.50
陕　西	510.43	267.97	123.57	242.46
甘　肃	153.64	71.28	37.71	82.36
青　海	69.08	34.56	16.92	34.52
宁　夏	50.81	38.18	30.86	12.63
新　疆	204.03	141.60	87.71	62.43

2–15 按用途分的房地产开发企业（单位）投资完成额

单位: 万元

年份 地区	本年完成投资额	住宅	#别墅、高档公寓	#经济适用房屋	办公楼	商业营用房	其他
1997	31783702	15393805	1562955	1854959	3889819	4258452	8241626
1998	36142292	20815647	1818526	2708523	4337956	4758297	6230392
1999	41032024	26384794	1786233	4370211	3385973	4843349	6417908
2000	49840529	33119839	2700142	5424365	2978511	5799927	7942252
2001	63441107	42166760	3699241	5996464	3079470	7553018	10641859
2002	77909223	52277560	5169632	5890445	3810018	9336107	12485538
北京	9894132	5867410	828075	690691	973262	576078	2477382
天津	1758446	1031788	140597	365162	75122	147244	504292
河北	1750411	1054067	20070	323032	58974	258502	378868
山西	674331	369041	2203	176681	46104	88518	170668
内蒙古	725322	386601	1107	156777	27298	210924	100499
辽宁	3883147	2758906	195132	317602	182161	632742	309338
吉林	1167724	798763	26058	209773	36066	249163	83732
黑龙江	1457937	771661	10938	262677	76021	276203	334052
上海	7488920	5677598	797348		335212	624874	851236
江苏	5441317	3950913	371636	325427	257963	709553	522888
浙江	7287980	5470212	429636	235738	321825	1015394	480549
安徽	1464887	892229	34417	139563	47439	222294	302925
福建	2489869	1607802	112741	67733	99895	298477	483695
江西	1036441	542829	11734	97724	25178	166492	301942
山东	3911649	2761831	114907	315493	158485	474953	516380
河南	1383602	1013116	74451	168337	25081	163175	182230
湖北	1786402	1324781	128368	242933	69205	136947	255469
湖南	1509229	797985	95448	255830	61185	216610	433449
广东	11152547	7718709	1089828	140811	456123	1180111	1797604
广西	752807	447149	9966	34169	9457	103038	193163
海南	201112	139207	61660	20688	12915	20946	28044
重庆	2459130	1306998	95204	124857	95679	420038	636415
四川	3443775	2402464	230295	216679	75768	535549	429994
贵州	830128	469696	15817	70523	46740	133932	179760
云南	962623	726949	155437	183141	24129	82536	129009
西藏	27692	19065	3440	15173	1658	3055	3914
陕西	1235686	843509	92133	349337	76352	119361	196464
甘肃	377112	253572	1218	70852	15309	51373	56858
青海	169171	94830	175	49297	14657	13913	45771
宁夏	308634	207236	8592	27014	23636	50614	27148
新疆	877060	570643	11001	236731	81119	153498	71800

2–16　房地产开发企业（单位）的资金来源

单位：万元

年　份 地　区	本年奖金 来源小计	国家预算 内资金	国内贷款	债　券	利用外资	# 外商直接 投资	自筹资金	其他资金来源
1997	38170650	124789	9111902	48691	4608565	3279010	9728831	14547872
1998	44149422	149480	10531712	62319	3617581	2588698	11669821	18118509
1999	47959012	100457	11115664	98703	2566022	1804807	13446210	20631956
2000	59976309	68720	13850756	34760	1687046	1348026	16142122	28192905
2001	76963877	136291	16921968	3425	1357044	1061150	21839587	36705562
2002	97499536	118044	22203357	22439	1572284	1241285	27384451	46198961
北　京	13684348		3827658	12300	167728	132762	2868355	6808307
天　津	2293749		484106	10	38839	24069	819828	950966
河　北	1796642	10460	313195		5889	2772	643364	823734
山　西	831788	1577	214109		2191	2191	292637	321274
内蒙古	632345		89935	270	1153	1153	317341	223646
辽　宁	4180547	12800	800959		63316	35020	1658685	1644787
吉　林	1193851	1182	138316	50	7337	4858	612454	434512
黑龙江	1317746	4570	236117		6233	6233	618710	452116
上　海	10082280		2275731		324878	214735	2682756	4798915
江　苏	6309619		1584325		89817	86289	1769532	2865945
浙　江	10416449	800	2986153	520	29296	26975	1794516	5605164
安　徽	1745708	1795	286522		10164	9811	616753	830474
福　建	3709014	5154	744547	60	183219	165316	730457	2045577
江　西	1151529	4805	227576		59687	58736	437115	422346
山　东	4487390		919826		41010	40110	1555080	1971474
河　南	1581108		358322		2638	2248	522240	697908
湖　北	2648255	31847	318764		10592	9726	749850	1537202
湖　南	1585191	31851	340201	5787	28526	25706	556220	622606
广　东	14523961	570	3173664	3228	402664	308324	3815386	7128449
广　西	1024403		236889		18034	17186	228534	540946
海　南	212385		29182		11468	11468	94058	77677
重　庆	2762075	3675	681865		36514	28578	949051	1090970
四　川	3935937		895961		19583	17583	1245766	1774627
贵　州	963193		184744		1541	1541	293969	482939
云　南	1078332	1548	220681		400	400	192881	662822
西　藏	26907		9300	164			7632	9811
陕　西	1312526	4960	252144		3506	3454	516145	535771
甘　肃	443209	102	93337		1060	800	173795	174915
青　海	179958		25469	50	5001	3241	93406	56032
宁　夏	325060		95248				72228	157584
新　疆	1064031	348	158511				455707	449465

财政、对外贸易和利用外资

3-1 国家财政收支总额及增长速度

年 份	财政收入(亿元)	财政支出(亿元)	收支差额(亿元)	增长速度(%)	
				财政收入	财政支出
1978	1132.26	1122.09	10.17	29.5	33.0
1980	1159.93	1228.83	-68.90	1.2	-4.1
1985	2004.82	2004.25	0.57	22.0	17.8
1989	2664.90	2823.78	-158.88	13.1	13.3
1990	2937.10	3083.59	-146.49	10.2	9.2
1991	3149.48	3386.62	-237.14	7.2	9.8
1992	3483.37	3742.20	-258.83	10.6	10.5
1993	4348.95	4642.30	-293.35	24.8	24.1
1994	5218.10	5792.62	-574.52	20.0	24.8
1995	6242.20	6823.72	-581.52	19.6	17.8
1996	7407.99	7937.55	-529.56	18.7	16.3
1997	8651.14	9233.56	-582.42	16.8	16.3
1998	9875.95	10798.18	-922.23	14.2	16.9
1999	11444.08	13187.67	-1743.59	15.9	22.1
2000	13395.23	15886.50	-2491.27	17.0	20.5
2001	16386.04	18902.58	-2516.54	22.3	19.0
2002	18903.64	22053.15	-3149.51	15.4	16.7

注:1.在国家财政收支中,价格补贴1985年以前冲减财政收入,1986年以后列为财政支出。为了可比,本表将1985年以前冲减财政收入的价格补贴改列在财政支出中。
2.从2000年起,财政支出中包括国内外债务付息支出。

3-2 国家财政分项目收入

单位:亿元

年 份	收入合计	各项税收	企业收入	企业亏损补贴	能源交通重点建设基金收入	预算调节基金收入	教育费附加收入	其他收入
1978	1132.26	519.28	571.99					40.99
1980	1159.93	571.70	435.24					152.99
1985	2004.82	2040.79	43.75	-507.02	146.79			280.51
1989	2664.90	2727.40	63.60	-598.88	202.18	91.19		179.41
1990	2937.10	2821.86	78.30	-578.88	185.08	131.21		299.53
1991	3149.48	2990.17	74.69	-510.24	188.22	138.53	28.01	240.10
1992	3483.37	3296.91	59.97	-444.96	157.11	117.47	31.72	265.15
1993	4348.95	4255.30	49.49	-411.29	117.72	102.46	44.23	191.04
1994	5218.10	5126.88		-366.22	53.96	59.10	64.20	280.18
1995	6242.20	6038.04		-327.77	17.42	34.92	83.40	396.19
1996	7407.99	6909.82		-337.40	3.78	11.09	96.04	724.66
1997	8651.14	8234.04		-368.49			103.29	682.30
1998	9875.95	9262.80		-333.49			113.34	833.30
1999	11444.08	10682.58		-290.03			126.10	925.43
2000	13395.23	12581.51		-278.78			147.52	944.98
2001	16386.04	15301.38		-300.04			166.60	1218.10
2002	18903.64	17636.45		-259.60			198.05	1328.74

注:国家财政收入中不包括国内外债务收入。

3–3 国家财政主要支出项目

单位：亿元

年 份	基本建设支出	增拨企业流动资金	挖潜改造资金和科技三项费用	地质勘探费	工、交、商业部门事业费	支援农村生产支出和各项农业事业费
1978	451.92	66.60	63.24	20.15	17.79	76.95
1980	346.36	36.71	80.45	22.57	22.85	82.12
1985	554.56	14.30	103.42	29.58	35.16	101.04
1989	481.70	12.09	146.30	33.16	45.01	197.12
1990	547.39	10.90	153.91	36.19	46.93	221.76
1991	559.62	13.08	180.81	38.34	52.41	243.55
1992	555.90	10.63	223.62	44.07	64.58	269.04
1993	591.93	18.48	421.38	49.06	76.22	323.42
1994	639.72	17.33	415.13	64.13	100.77	399.70
1995	789.22	34.80	494.45	66.32	102.76	430.22
1996	907.44	42.93	523.02	68.56	120.41	510.07
1997	1019.50	52.20	643.20	73.37	136.41	560.77
1998	1387.74	42.36	641.18	83.13	121.56	626.02
1999	2116.57	56.41	766.05	83.69	128.07	677.46
2000	2094.89	71.06	865.24	88.12	150.07	766.89
2001	2510.64	22.71	991.56	99.01	200.12	917.96
2002	3142.98	18.97	968.38	102.89	232.38	1102.70

注：行政管理费中包括公检法司支出和外交外事支出。

3–3 续表

单位：亿元

年 份	文教、科学、卫生事业费	抚恤和社会福利救济费	国防支出	行政管理费	政策性补贴支出
1978	112.66	18.91	167.84	49.09	11.14
1980	156.26	20.31	193.84	66.79	117.71
1985	316.70	31.15	191.53	130.58	261.79
1989	553.33	49.60	251.47	261.86	373.35
1990	617.29	55.04	290.31	303.10	380.80
1991	708.00	67.32	330.31	343.60	373.77
1992	792.96	66.45	377.86	424.58	321.64
1993	957.77	75.27	425.80	535.77	299.30
1994	1278.18	95.14	550.71	729.43	314.47
1995	1467.06	115.46	636.72	872.68	364.89
1996	1704.25	128.03	720.06	1040.80	453.91
1997	1903.59	142.14	812.57	1137.16	551.96
1998	2154.38	171.26	934.70	1326.77	712.12
1999	2408.06	179.88	1076.40	1525.68	697.64
2000	2736.88	213.03	1207.54	1787.58	1042.28
2001	3361.02	266.68	1442.04	2197.52	741.51
2002	3979.08	372.97	1707.78	2979.42	645.07

3-4 分地区财政收入(2002 年)

单位: 万元

地 区	收入合计	增值税	营业税	企业所得税	企业所得税退 税	个人所得税	资源税
地方合计	**85150026**	**15473787**	**22950318**	**11181668**	**-27097**	**6058296**	**750832**
北 京	5339900	666884	2277893	1024446	-24464	612931	2876
天 津	1718323	387315	516467		262430	132035	4240
河 北	3023068	552968	576808	333815		215680	53880
山 西	1508245	381066	313308	125977	-149	99896	69803
内蒙古	1128546	174936	264715	90287		57077	17244
辽 宁	3996888	742733	1063832	413513	-14	283513	65918
吉 林	1314885	274441	305447	142299	-20	89923	12392
黑龙江	2318908	558545	401684	136383		125836	132332
上 海	7089518	1368252	2518486	1394646	-89	670803	
江 苏	6436966	1532276	1482248	948659		409339	13657
浙 江	5668522	1297221	1716867	1081388	-344	435493	4241
安 徽	2002154	325082	389374	207236	-233	94318	21824
福 建	2728867	474319	746873	370633	-989	235430	9853
江 西	1405457	187248	334960	105994		76773	10224
山 东	6102242	1112319	1176414	783934		310934	97605
河 南	2967179	492454	631409	319701	-23	178192	31425
湖 北	2434403	399715	511932	244294		130776	15147
湖 南	2311459	318967	484238	154343	-10	139322	7447
广 东	12016126	2057917	3748773	1820682		1004266	12343
广 西	1867320	263372	412792	143823		115996	9137
海 南	462385	39266	147203	32958		32478	4584
重 庆	1260674	207988	367459	92934		83492	16384
四 川	2918746	418605	753699	290009		153859	28290
贵 州	1082800	170156	269534	87717	-37	55567	8984
云 南	2067594	344231	414098	257779	-143	94454	11569
西 藏	73082	8585	33743	7277		2965	2118
陕 西	1502934	264657	401876	139069	-130	74085	21450
甘 肃	762432	150720	209747	66054	-39	40920	8787
青 海	210965	46057	57587	13412		8702	4909
宁 夏	264714	43850	92971	18412		14492	1271
新 疆	1164724	211642	327881	71564	-413	78749	50898

3–4 续表 1

单位: 万元

地 区	固定资产投资方向调节税	城市维护建设税	房产税	印花税	城镇土地使用税	土地增值税	车船使用和牌照税
地方合计	**80098**	**4671136**	**2823827**	**707950**	**768328**	**205104**	**289269**
北 京	2387	249144	251121	78327	32944	13971	22384
天 津	3093	87309	64496	15860	7545		7415
河 北	477	165106	82934	16746	35172	1363	7648
山 西	1561	100959	49556	13986	21396	51	3430
内蒙古	6025	56654	49408	9686	29312	1886	5138
辽 宁	2856	222445	190330	37843	70555	16762	11416
吉 林	891	80054	55768	11429	8077	3625	3447
黑龙江	899	186841	81804	10852	34555	1656	8961
上 海	60	302081	196848	90666	21471	1275	12338
江 苏	484	367332	201667	58247	34474	5432	19168
浙 江	1166	363252	151214	41949	13043	10996	12974
安 徽	33	118212	55054	13404	33390	6476	7812
福 建	655	121099	118207	26931	17509	7890	7300
江 西	1043	69931	31788	6825	12875	3013	2886
山 东	41006	373978	209770	37256	117198	19776	43618
河 南	866	172426	87510	13812	21170	1150	6311
湖 北	872	150032	70181	20101	45124	1722	7775
湖 南	242	145369	54225	14107	23767	1756	4832
广 东	808	421643	366778	109701	52372	82872	58375
广 西	1880	91206	53729	5897	23767	4462	4044
海 南		19688	27445	3665	2962	706	2609
重 庆	344	73903	36414	9803	9598	2039	1844
四 川	64	175200	88231	17094	20692	11681	7158
贵 州	511	70376	34769	5323	13398	1940	2003
云 南	8199	215152	66920	14071	28936	489	10313
西 藏		2765		390		276	
陕 西	2651	104725	58926	9048	23155	848	4455
甘 肃	462	59061	30612	4437	5587	100	1373
青 海	882	13221	7207	1471	873	8	375
宁 夏	76	15134	10404	2103	3175	611	484
新 疆	–395	76838	40511	6920	4236	272	1383

3-4 续表 2

单位: 万元

地区	屠宰税	筵席税	农业税	农业特产税	牧业税	耕地占用税	契税
地方合计	**98266**	**131**	**3200675**	**999531**	**14234**	**573390**	**2390709**
北京	264		5879	2638		10399	168680
天津	121		4280	709		8041	46775
河北	2050		255562	8991		14202	37930
山西	1182		39380	6254		8553	11617
内蒙古	1530	68	79857	16758	196	7294	17723
辽宁	4641		46312	33341		9623	114785
吉林	1019		63535	19887		12695	34842
黑龙江	2181		187675	24450		6692	43852
上海	148		12572	16		31645	368460
江苏			250268	15538		76215	238031
浙江	2063		50348	7490		123058	301505
安徽			272288	21087		17510	37152
福建	4645		16134	84127		15489	84010
江西	370		125895	28865		4696	37165
山东	8324		352049	131572		47761	86752
河南	5831		373122	39181		9046	38819
湖北	1548		230660	21164		14114	45000
湖南	5442		174252	53403		22408	36284
广东	19128		80191	33495		59188	394740
广西	9527		45356	92387		9019	26338
海南	1799		5452	30424		1580	10978
重庆	2898		69608	9915		4594	27079
四川	9274		203169	27720	106	16345	81431
贵州	2772		53330	46634		11430	12087
云南	8013		38860	171916		14929	33849
西藏						21	
陕西	301	63	71206	45862	107	11637	20982
甘肃	318		51181	10967	3165	2412	8419
青海	89		6052	1284	6567	399	2498
宁夏			8595	146	16	1158	6208
新疆	2788		27607	13310	4077	1237	16718

3–4 续表 3

单位: 万元

地 区	国有资产经营收益	国有企业计划亏损补贴	行政性收费收 入	罚没收入	海域场地矿区使用费收入	专项收入	其他收入
地方合计	**851158**	**–2140098**	**5140962**	**3947191**	**33405**	**2945679**	**1161277**
北 京	8270	–516958	149064	93550	11622	185259	10389
天 津		–30000	73124	62545	1103	49095	14325
河 北	24199	–20581	253454	220065	2898	140103	41598
山 西	11172	–21335	81290	96371	13	75808	17100
内蒙古	40610	–3463	93463	53965		42540	15637
辽 宁	67029	–35166	277144	168087	4623	161274	23493
吉 林	7500	–60074	83340	93879	231	61173	9085
黑龙江	8580	–22525	120373	98933	18	149876	18455
上 海		–355213	152313	135222		160703	6815
江 苏	10776	–73069	324279	293839	1076	201826	25204
浙 江	7883	–590513	135591	277498	619	217226	6294
安 徽	20866	–21486	200403	86510		62785	33057
福 建	25699	–3088	121961	136324	167	68129	39560
江 西	22857	–636	150443	106136		39715	46391
山 东	99857	–64039	540173	231927	4491	243128	96439
河 南	52782	–22443	216873	159144	329	114046	24046
湖 北	10268	–41138	229330	197378	222	64158	64028
湖 南	42137	–54789	279415	212688	1035	82387	108192
广 东	119271	–56199	653888	489853	1605	297316	187120
广 西	66082	–16055	193475	174265	95	66098	70628
海 南	12887		46789	19391	2718	10500	6303
重 庆	21403	–26344	130665	66281	401	41145	10827
四 川	71575	–27809	262471	154775	2	96590	58515
贵 州	10875	–5533	87964	57567		39766	45667
云 南	6814	–19829	70533	88092		84670	103679
西 藏	668	–8522	5261	2018	35	2078	13404
陕 西	39207	–24531	65834	79259	102	70538	17552
甘 肃	5302	–12964	34027	24564		42137	15083
青 海	5968	–40	14332	6140		8082	4890
宁 夏	5421	–241	15752	11299		10640	2737
新 疆	25200	–5515	77938	49626		56888	24764

3–5 分地区财政支出(2002 年)

单位: 亿元

地 区	支出合计	基本建设	企业挖潜改造资金	地质勘探费	科技三项费用	流动资金	支援农村生产支出	农业综合开发支出
地方合计	**152814521**	**18898412**	**5526917**	**729943**	**1772855**	**20827**	**2618029**	**1214242**
北 京	6283496	643100	413647	7078	63704		134634	35553
天 津	2652103	393565	307820	10599	66774		31105	14030
河 北	5765891	465864	106151	17529	48715		76212	40718
山 西	3342741	292984	15516	14890	25142	2707	61220	31608
内蒙古	3935743	812413	97799	36022	27670		50798	37585
辽 宁	6909202	638244	141719	31530	146625		159742	63503
吉 林	3626170	300377	117050	27405	33298		26881	31291
黑龙江	5318682	417468	100188	18446	61223		64500	47515
上 海	8623847	1841965	1169528	1436	19195		115455	34976
江 苏	8602526	635620	525411	18869	114715	767	238487	77711
浙 江	7499039	559709	469213	25049	160801		174342	81608
安 徽	4568579	538225	145269	30454	24998		54463	47268
福 建	3975582	359070	95909	11273	49582	387	88123	33816
江 西	3413843	403617	59440	53068	14399		50063	39904
山 东	8606484	440415	444414	18540	136861	2000	158919	99240
河 南	6291811	407581	142616	23042	49581	500	93430	47026
湖 北	5113895	501009	84166	18741	46724	2977	70928	38696
湖 南	5330229	582565	89418	54853	53007		74053	44518
广 东	15210792	2115315	242406	25119	376918	3288	329078	56583
广 西	4198575	620818	118544	29452	25795	4670	80853	34080
海 南	922574	113012	981	2652	2893		18246	12151
重 庆	3058591	604036	50317	5508	27725		35267	26688
四 川	7016201	968746	222997	37312	52554	3195	83127	76188
贵 州	3166702	364034	71356	29051	19404		53079	23172
云 南	5268906	852532	102052	26167	42161		137457	34132
西 藏	1378433	546749	2314	14156	6704		12536	10920
陕 西	4049114	604576	72269	43287	26262	136	53545	33019
甘 肃	2740111	404184	61658	39093	14925	200	40195	13458
青 海	1187280	350357	7620	9797	5910		10434	11445
宁 夏	1145650	255018	32809	10935	7832		18411	10274
新 疆	3611729	865244	16320	38590	20758		22446	25566

3–5 续表 1

单位:万元

地 区	农林水利气象等部门事业费	工业交通部门事业费	流通部门事业费	文体广播事业费	教育事业费	科学事业费	卫生经费
地方合计	**5997409**	**1407066**	**242036**	**3802333**	**24347279**	**988420**	**6177868**
北 京	64770	29166	2184	141881	858185	87806	379281
天 津	25341	11603	227	63087	415730	15593	117052
河 北	202748	88213	9519	152048	1100203	24751	246358
山 西	153182	35248	5095	96083	586762	13706	150782
内蒙古	276470	30857	5277	95541	482847	14977	124154
辽 宁	164958	64938	16066	122657	874294	35318	197170
吉 林	200370	41135	9975	86435	500058	23317	127429
黑龙江	402780	69355	18542	126223	762239	27745	173502
上 海	55470	36997	1427	146031	1160659	96108	304531
江 苏	195225	65291	6979	221895	1624070	50994	418923
浙 江	249005	126750	6514	222448	1369386	61157	372296
安 徽	181142	31362	4359	110044	769113	17324	143009
福 建	129400	55138	10765	121570	812504	37606	183986
江 西	133212	40782	8498	82296	592153	16237	128113
山 东	299780	81824	12525	274203	1627761	53056	335712
河 南	206760	41499	7269	184072	1233217	29105	219236
湖 北	223136	55396	15078	125538	833209	18518	223590
湖 南	287352	51962	15948	130981	829801	23388	147068
广 东	428793	94306	23386	348988	2331205	140613	644192
广 西	178926	23922	3337	114380	721669	31457	178604
海 南	29899	4177	1165	21026	141259	4283	33925
重 庆	103360	9464	3672	58936	393941	7995	94431
四 川	451922	44149	13686	164094	1022588	35281	254283
贵 州	203570	38041	7817	102281	545080	19132	154055
云 南	291881	69475	16697	132866	860480	42644	287744
西 藏	48705	35294	758	32520	120202	2379	48622
陕 西	315733	63880	10708	110248	609980	17420	144760
甘 肃	211629	19190	1710	83684	422332	15780	106339
青 海	62612	10635	279	21391	115126	3448	44221
宁 夏	63682	9608	1501	26989	129889	5851	37244
新 疆	155596	27409	1073	81897	501337	15431	157256

3–5 续表 2

单位:万元

地区	其他部门的事业费	抚恤和社会福利救济费	行政事业单位离退休经费	社会保障补助支出	国防支出	行政管理费	外交外事支出	武装警察部队支出
地方合计	**7706867**	**3702940**	**7055703**	**9614178**	**169355**	**14346510**	**104295**	**208671**
北京	273405	179808	297274	94275	917	352020	1516	21
天津	73756	55096	9231	231069	695	133136	2584	1260
河北	462940	151598	315758	374457	10222	582588	7562	3459
山西	175392	93514	235380	341298	4064	380614	1245	3146
内蒙古	202242	72861	250001	220864	4331	378229	1167	9345
辽宁	392946	230259	352620	1194421	10321	533088	16430	7327
吉林	158524	111232	265837	387745	4694	265215	3943	6333
黑龙江	346480	142841	132519	565276	6873	415547	2650	13652
上海	310887	113329	55476	163144	2291	359200	8960	
江苏	368689	191004	306557	253018	8485	887608	5544	10560
浙江	511972	138739	61685	152798	4883	774749	5349	11935
安徽	152310	133955	291463	470823	4111	485954	3588	2453
福建	230987	79431	248774	82365	9700	329325	2044	13303
江西	190398	99279	130399	321787	2207	315128	786	4492
山东	517152	234287	389335	277783	6519	900217	5065	7047
河南	357201	171061	433255	445222	2354	743882	707	
湖北	271135	179952	218113	377824	6760	517537	8	3527
湖南	294395	153532	300306	488001	9505	506316	1466	5778
广东	831930	252053	705446	374256	15998	1493804	6557	47440
广西	277755	87132	172053	197031	6180	419887	7727	4639
海南	66443	17977	44223	87140	958	93086	1235	2653
重庆	67601	118722	218166	332296	5061	321091	616	11043
四川	202926	197540	418629	567652	15960	845046	3972	12272
贵州	119102	71035	25519	210019	4628	386862	1183	1869
云南	268905	119607	379225	256688	8590	493600	3653	15963
西藏	17709	16407	20081	32711	775	186273	470	1066
陕西	220467	114775	175178	404782	4499	417667	2498	2316
甘肃	101887	58339	151886	187829	3145	305658	2869	1151
青海	35563	24324	121137	97735	1657	102442	705	1609
宁夏	33555	21318	42549	187490	789	69594	973	329
新疆	172213	71933	287628	236379	2183	351147	1223	2683

3–5 续表 3

单位:万元

地 区	公检法司支出	城市维护费	政策性补贴支出	支援不发达地区支出	海域开发建设和场地使用费支出	专项支出	其他支出
地方合计	**10411631**	**6539940**	**3735761**	**1410118**	**10921**	**2636992**	**11417003**
北 京	500775	332346	42057	47	332	145807	1201907
天 津	178573	204363	23969	39	1292	48129	216385
河 北	434965	188808	187356	46256	1481	129808	289604
山 西	225915	105708	70229	45431	37	72220	103623
内蒙古	187481	141729	219506	55362	62	34925	65228
辽 宁	461055	412697	238637	23870	515	134355	243897
吉 林	209234	111534	407841	24899	14	49564	94540
黑龙江	314093	212105	478751	33936	182	136748	227303
上 海	555254	367498	40525		100	161266	1502139
江 苏	672241	771693	140794	10046	724	187264	593342
浙 江	610538	514306	57345	23485	100	191355	561522
安 徽	255454	130501	199157	45905	32	56769	239074
福 建	294226	112237	66364	35019	213	61563	420902
江 西	223724	102767	115259	44616	94	36499	204626
山 东	535235	547982	192817	10973	3191	225840	767791
河 南	425146	214647	257172	69003	251	112481	374495
湖 北	355989	150063	153279	43799	158	61992	516053
湖 南	350511	177463	155412	57968	85	79729	364848
广 东	1405089	683263	124315	50868	1319	278596	1779668
广 西	325242	149386	55988	75794	163	55440	197651
海 南	61015	30770	7212	21192	205	9221	93575
重 庆	184172	149503	50254	35470		42814	100442
四 川	435893	207376	161058	107202	119	74865	335569
贵 州	205703	84665	24767	101651	68	40659	258900
云 南	320505	149122	39259	138383	117	56286	122715
西 藏	61858	5401	17561	25981		598	109683
陕 西	212426	111124	50331	65508	47	54660	107013
甘 肃	123785	53624	43185	84871	20	39882	147603
青 海	48543	10791	11711	37188		7206	33394
宁 夏	44419	24797	17201	37182		9355	46056
新 疆	192572	81671	86449	58174		41096	97455

3-6 外债余额

单位:万元

债务类型	1997	1998	1999	2000	2001	2002
总计(亿美元)	**1309.60**	**1460.43**	**1518.30**	**1457.30**	**1701.10**	**1685.38**
按债务类型分						
外国政府贷款	207.82	224.06	265.60	246.10	237.00	244.23
国际金融组织贷款	192.12	229.54	251.39	263.50	275.70	277.02
国际商业贷款	647.68	682.22	653.80	947.70	972.30	900.90
贸易信贷					216.10	263.23
按偿还期限分						
长期债务余额	1128.20	1287.00	1366.50	1326.50	1195.30	1155.60
短期债务余额	181.40	173.40	151.80	130.80	505.80	529.80
构成(%)	**100.0**	**100.0**	**100.0**	**100.0**	**100.0**	**100.0**
按债务类型分						
外国政府贷款	15.9	15.4	17.5	16.9	13.9	14.5
国际金融组织贷款	14.7	15.7	16.5	18.1	16.2	16.4
国际商业贷款	49.4	46.7	43.1	65.0	57.2	53.5
贸易信贷					12.7	15.6
按偿还期限分						
长期债务余额	86.1	88.1	90.0	91.0	70.3	68.6
短期债务余额	13.9	11.9	10.0	9.0	29.7	31.4

注：2001年及以后外债余额按新口径统计比,2000年及以前的登记债务余额增加了3个月以内贸易项下的对外融资余额。

3-7 外债风险指标

单位:(%)

年份	偿债率	负债率	债务率
1985	2.7	5.2	56.0
1986	15.4	7.3	72.1
1987	9.0	9.4	77.1
1988	6.5	10.0	87.1
1989	8.3	9.2	86.4
1990	8.7	13.5	91.6
1991	8.5	14.9	91.9
1992	7.1	14.4	87.9
1993	10.2	13.9	96.5
1994	9.1	17.1	78.0
1995	7.6	15.2	72.4
1996	6.0	14.2	67.7
1997	7.3	14.5	63.2
1998	10.9	15.2	70.4
1999	11.3	15.3	69.5
2000	9.2	13.5	52.1
2001	7.5	14.7	56.8
2002	7.9	13.6	46.1

注:1.本表资料源于国家外汇管理局。
2.偿债率指偿还外债本息与当年贸易和非贸易外汇收入(国际收支口径)之比。
3.负债率指外债余额与当年国内生产总值之比。
4.债务率指外债余额与当年贸易和非贸易外汇收入(国际收支口径)之比。

3-8 各地区进出口商品总值(按经营单位所在地分)

单位: 万美元

地 区	2000			2001			2002		
	进出口	出口	进口	进出口	出口	进口	进出口	出口	进口
全 国	**47429628**	**24920255**	**22509373**	**50965109**	**26609821**	**24355288**	**62076607**	**32559597**	**29517010**
北 京	4962189	1196813	3765376	5149809	1177236	3972572	5250529	1261386	3989142
天 津	1715400	862578	852822	1816714	948719	867995	2281140	1163169	1117972
河 北	523862	371000	152862	573181	395474	177708	666525	459411	207114
山 西	176438	123687	52751	193900	146626	47274	231154	166161	64993
内蒙古	262205	97017	165188	203462	62698	140765	243402	80667	162736
辽 宁	1903148	1085632	817516	1979199	1099969	879230	2173965	1236656	937309
吉 林	257042	125683	131359	320671	146155	174517	370248	176849	193398
黑龙江	298637	145118	153519	338392	161166	177226	434915	198665	236251
上 海	5470802	2535233	2935569	6088332	2762133	3326199	7262711	3203739	4058972
江 苏	4563636	2576683	1986953	5134775	2886988	2247787	7028854	3846512	3182342
浙 江	2783262	1944275	838987	3279667	2297428	982239	4195576	2941068	1254508
安 徽	334684	217198	117486	361515	228191	133324	418097	245313	172784
福 建	2122046	1290607	831439	2262240	1392124	870116	2839737	1737063	1102674
江 西	162405	119741	42664	153096	103908	49188	169447	105198	64249
山 东	2498976	1552884	946092	2894979	1811694	1083285	3393448	2110783	1282665
河 南	228290	149578	78712	278047	170361	107686	320316	211862	108454
湖 北	322286	193555	128731	357720	179679	178041	395314	209826	185488
湖 南	251222	165271	85951	275792	175294	100498	287584	179528	108055
广 东	17009888	9191770	7818118	17648675	9542085	8106590	22109631	11846274	10263357
广 西	203379	148891	54488	179700	123534	56167	243049	150746	92303
海 南	128786	80289	48497	174692	79785	94908	186680	81930	104749
重 庆	178590	99566	79024	183391	110255	73136	179307	109101	70206
四 川	254520	139437	115083	309878	158234	151644	446853	271163	175690
贵 州	65998	42056	23942	64642	42174	22468	69147	44183	24964
云 南	181276	117509	63767	198832	124400	74432	222676	142971	79705
西 藏	13031	11334	1697	9291	8237	1054	13037	8112	4925
陕 西	214008	131005	83003	206066	110778	95287	222403	137603	84800
甘 肃	56953	41495	15458	77825	47568	30256	87740	54891	32849
青 海	15973	11200	4773	20490	14913	5577	19664	15100	4565
宁 夏	44292	32737	11555	53273	35180	18093	44291	32818	11473
新 疆	226404	120413	105991	176864	66837	110027	269170	130850	138320

3-9 各地区进出口商品总值(按境内目的地、货源地分)

单位:万美元

地区	2000			2001			2002		
	进出口	出口	进口	进出口	出口	进口	进出口	出口	进口
全国	**47429628**	**24920255**	**22509373**	**50965109**	**26609821**	**24355288**	**62076607**	**32559597**	**29517010**
北京	2424378	766723	1657655	2760878	790924	1969953	2670211	833685	1836527
天津	1715625	767427	948198	1826398	886328	940070	2285020	1108387	1176633
河北	548711	327814	220897	580991	346965	234026	682908	415768	267139
山西	279154	209094	70060	326849	258685	68164	359739	275155	84584
内蒙古	238627	111400	127227	218516	89685	128831	266538	103212	163326
辽宁	2006747	1058947	947800	2101955	1073600	1028355	2342633	1205989	1136644
吉林	298532	148693	149839	350245	152979	197266	407432	186810	220622
黑龙江	399259	242393	156866	409999	217380	192619	468766	241239	227526
上海	5470336	2463961	3006375	6069476	2686041	3383435	7225129	3101288	4123841
江苏	4919437	2637694	2281743	5447573	2938425	2509148	7448888	3901482	3547407
浙江	3152170	2048214	1103956	3691286	2425969	1265317	4635482	3156471	1479011
安徽	368983	211942	157041	364053	216948	147106	420473	232631	187842
福建	2295726	1362282	933444	2437913	1478539	959374	3032918	1838727	1194191
江西	205206	118837	86369	180371	109246	71126	199678	105792	93887
山东	2824997	1609267	1215730	3232563	1847404	1385158	3736954	2150069	1586886
河南	312389	158683	153706	342125	183827	158298	373042	233571	139471
湖北	389264	189977	199287	416440	179642	236798	453214	207335	245879
湖南	299226	163190	136036	292339	174169	118170	327337	180355	146981
广东	17548753	9342792	8205961	18000229	9582012	8418217	22545138	11909156	10635982
广西	228496	164048	64448	208202	135100	73102	260694	147665	113029
海南	109420	60853	48567	163091	63717	99374	179312	67461	111851
重庆	185107	106048	79059	213716	117164	96552	202313	111615	90698
四川	277752	143360	134392	336004	168425	167580	446145	262983	183161
贵州	85646	48166	37480	86657	51278	35378	98029	56551	41478
云南	188420	109271	79149	215028	114715	100313	232758	129403	103355
西藏	14892	10902	3990	10594	8178	2416	12521	6816	5705
陕西	238754	132693	106061	264560	141623	122937	278413	157739	120674
甘肃	69155	42079	27076	91439	47716	43723	103829	51047	52782
青海	22645	13355	9290	25421	16864	8557	23444	16228	7216
宁夏	53211	35426	17785	63446	39477	23970	49422	35938	13483
新疆	258610	114724	143886	236753	66798	169955	308232	129029	179203

3–10 利用外资概况

项目单位:个;金额单位:亿美元

年 份	总计		对外借款		外商直接投资		外商其他投资额
	项目	金额	项目	金额	项目	金额	
签订利用外资(合同)外资额							
1979–1984	3365	287.69	117	169.78	3248	103.93	13.98
1985	3145	98.67	72	35.34	3073	59.31	4.02
1989	5909	114.79	130	51.85	5779	56.00	6.94
1990	7371	120.86	98	50.99	7273	65.96	3.91
1991	13086	195.83	108	71.61	12978	119.77	4.45
1992	48858	694.39	94	107.03	48764	581.24	6.12
1993	83595	1232.73	158	113.06	83437	1114.36	5.31
1994	47646	937.56	97	106.68	47549	826.80	4.08
1995	37184	1032.05	173	112.88	37011	912.82	6.35
1996	24673	816.10	117	79.62	24556	732.77	3.71
1997	21138	610.58	137	58.72	21001	510.04	41.82
1998	19850	632.01	51	83.85	19799	521.02	27.14
1999	17022	520.09	104	83.60	16918	412.23	24.26
2000	22347	711.30			22347	623.80	87.50
2001	26140	719.76			26140	691.95	27.81
2002	34171	847.51			34171	827.68	19.82
实际利用外资额							
1979–1984		171.43		130.41		30.60	10.42
1985		44.62		25.06		16.58	2.98
1989		100.59		62.86		33.92	3.81
1990		102.89		65.34		34.87	2.68
1991		115.54		68.88		43.66	3.00
1992		192.02		79.11		110.07	2.84
1993		389.60		111.89		275.15	2.56
1994		432.13		92.67		337.67	1.79
1995		481.33		103.27		375.21	2.85
1996		548.04		126.69		417.25	4.10
1997		644.08		120.21		452.57	71.30
1998		585.57		110.00		454.63	20.94
1999		526.59		102.12		403.19	21.28
2000		593.56		100.00		407.15	86.41
2001		496.72				468.78	27.94
2002		550.11				527.43	22.68
1979–2002		6234.18		1471.57		4462.55	300.06

3–11 利用外资额(按方式分)

金额单位:亿美元

指 标	2001			2002		
	项目(个)	合同金额	实际使用金额	项目(个)	合同金额	实际使用金额
总计	**26140**	**719.76**	**496.72**	**34171**	**847.51**	**550.11**
对外借款						
外商直接投资	**26140**	**691.95**	**468.78**	**34171**	**827.68**	**527.43**
合资经营企业	8893	175.36	157.39	10380	185.02	149.92
合作经营企业	1589	83.00	62.12	1595	62.17	50.58
外资企业	15643	429.99	238.73	22173	572.55	317.25
外商投资股份制企业	11	3.27	5.28	19	7.39	6.97
合作开发	3	0.19	5.11	4	0.55	2.72
其他	1	0.13	0.15			
外商其他投资		**27.81**	**27.95**		**19.82**	**22.68**
对外发行股票		8.48	8.48			
国际租赁		1.02	1.04		1.30	1.31
补偿贸易			0.03			0.04
加工装配		18.31	18.39		18.52	21.33

3-12 实际利用外商直接和其他投资额(按国别、地区分)

单位:万美元

国别(地区)	2001		2002	
	外商直接投资	外商其他投资	外商直接投资	外商其他投资
总 计	**4687759**	**279453**	**5274286**	**226823**
亚 洲	**2961326**	**181004**	**3256997**	**196401**
阿富汗	50			
孟加拉国	226		48	
文莱	10		1736	
缅甸	226		1676	
柬埔寨	930		1374	
塞浦路斯	495		107	
朝鲜	158		374	
中国香港	1671730	121779	1786093	130902
印度	1197		3057	
印度尼西亚	15964		12164	
伊朗	99		8	
伊拉克			150	
以色列	3096		952	
日本	434842	16079	419009	16608
约旦	67		49	
科威特	2107		20	
老挝	104		515	
黎巴嫩	585		20	
澳门	32112	3244	46838	3335
马来西亚	26298		36786	
蒙古	10		76	96
阿曼			250	
巴基斯坦	299		137	
巴勒斯坦	10			
菲律宾	20939		18600	
沙特阿拉伯	1513		1314	
新加坡	214355	169	233720	214
韩国	215178	348	272073	793
斯里兰卡	102		268	
叙利亚	50		4	
泰国	19421	170	18772	
土耳其	337		243	
阿联酋	595		3230	
也门	79		16	
越南	148		251	
台湾	297994	39215	397064	44453
亚洲其他国家			3	
非洲	**32977**		**56462**	**3**
#阿尔及利亚	23		108	
贝宁	20		1071	
博茨瓦纳	29		12	
刚果	12			
埃及	146		182	
加蓬				
加纳	5			
肯尼亚	30		7	
马达加斯加	59		176	
马里	9			
毛里求斯	30563		48369	3
摩洛哥	17			
莫桑比克	8			
纳米比亚	75		70	
尼日尔	12		140	

3–12 续表 1

单位:万美元

国别(地区)	2001		2002	
	外商直接投资	外商其他投资	外商直接投资	外商其他投资
尼日利亚	384		646	
塞内加尔	300			
塞舌尔	300		597	
塞拉利昂	50		57	
南非	836		2593	
苏丹			2	
坦桑尼亚	40			
多哥	18		15	
乌干达	30		15	
赞比亚			15	
津巴布韦			180	
利比亚			16	
冈比亚			1006	
利比里亚			40	
几内亚(比绍)			75	
喀麦隆			16	
佛得角			350	
卢旺达			4	
莱索托			200	
非洲其他国家	11		500	
欧洲	**448398**	**1863**	**404891**	**4240**
#比利时	2002		12428	
丹麦	5638	3	7109	1
英国	105166		89576	2089
德国	121292	156	92796	16
法国	53246	1702	57560	2102
爱尔兰	129		1322	
意大利	21998		17674	
卢森堡	2878		1353	
荷兰	77611		57175	
希腊	731		617	
葡萄牙	2602		976	
西班牙	3389		9224	
奥地利	5778		6727	
保加利亚	89		214	
芬兰	7371		6465	
直布罗陀	38		31	
匈牙利	2153		2073	
冰岛	36		28	
列支敦士登				
马耳他	228		133	
摩纳哥				
挪威	622		2899	
波兰	367		367	
罗马尼亚	1020		2059	
瑞典	8439		9980	
瑞士	20544	2	19980	32
阿塞拜疆	31		53	
白俄罗斯			2	
哈萨克	33		276	
俄罗斯	2976		3865	
乌克兰	238		109	
乌兹别克斯坦	71		20	
南斯拉夫	16		12	
克罗地亚	4		2	
捷克	487		1569	
斯洛伐克	1145		69	
波黑	10			

3–12 续表 2

单位:万美元

国别(地区)	2001		2002	
	外商直接投资	外商其他投资	外商直接投资	外商其他投资
吉尔吉斯			25	
拉脱维亚			10	
格鲁吉亚			20	
欧洲其他国家			93	
拉丁美洲	**630891**	**732**	**755053**	**3720**
阿根廷	1638		1030	
巴哈马	5960		8990	
巴巴多斯	1214		1611	
伯利兹	1915		2502	
玻利维亚	70		607	
巴西	390		1536	
开曼群岛	106671		117954	
智利	133		1189	
哥伦比亚	1234			
哥斯达黎加	110		598	
古巴	19			
多米尼加联邦	78		38	
多米尼加共和国	1		748	
厄瓜多尔	136		27	
圭亚那	69			
危地马拉	78		147	
洪都拉斯	108		106	
牙买加	123			
墨西哥	182		731	
巴拿马	5785		4646	
巴拉圭	117		107	
秘鲁	27		112	
萨尔瓦多	10			
圣文森特和格林纳丁斯	29			
苏里南				
特克斯和凯科斯岛			80	
委内瑞拉	500		203	
维尔京群岛	504234	732	611739	3720
格林纳达			74	
拉丁美洲其他国家	60		278	
北美洲	**509685**	**10904**	**649032**	**13249**
#加拿大	44130	4	58798	
美国	443322	10900	542392	13249
百慕大	20720		47842	
北美洲其他国家	1513			
大洋洲及太平洋岛屿	**101478**	**24**	**141722**	**129**
#澳大利亚	33560	24	38070	
库克群岛	728		388	129
斐济	57		32	
瑙鲁	50		119	
新西兰	4818		4616	
巴布亚新几内亚	20			
汤加	115		228	
萨摩亚	54321		87947	
图瓦卢	50		200	
马绍尔群岛	779		668	
基里巴斯			106	
东萨摩亚			6420	
其它太平洋岛屿	4629		2322	
大洋洲其他国家	2351		606	
其他	**3004**	**84926**	**10129**	**9084**

注：外商其他投资的其他项中含当年对外发行股票额。

3-13 实际利用外商直接和其他投资额(按地区分)

单位:万美元

国别(地区)	2001		2002	
	外商直接投资	外商其他投资	外商直接投资	外商其他投资
总 计	**4687759**	**279453**	**5274286**	**226826**
省市合计	**4636700**	**194653**	**5247126**	**226826**
北 京	176818		172464	
天 津	213348		158195	
河 北	66989	694	78271	490
山 西	23393		21164	
内蒙古	10703		17701	
辽 宁	251612		341168	
吉 林	33766		24468	
黑龙江	34114		35511	
上 海	429159		427229	
江 苏	691482		1018960	
浙 江	221162		307610	
安 徽	33672		38375	
福 建	391804		383837	
江 西	39575		108197	
山 东	352093		473404	6606
河 南	45729		40463	
湖 北	118860	23565	142665	21870
湖 南	81011		90022	
广 东	1193203	170263	1133400	197732
广 西	38416		41726	
海 南	46691		51196	
重 庆	25649	131	19576	128
四 川	58188		55583	
贵 州	2829		3821	
云 南	6457		11169	
西 藏				
陕 西	35174		36005	
甘 肃	7439		6121	
青 海	3649		4726	
宁 夏	1680		2200	
新 疆	2035		1899	
部门合计	51059	84800	27160	

注：外商其他投资部门合计为当年对外发行股票额。

3-14 年末登记外商投资企业行业分布情况

行 业	企业数(户)		投资总额(百万美元)		注册资本(百万美元)		#外方	
	2001	2002	2001	2002	2001	2002	2001	2002
合计	**202306**	**208056**	**875011**	**981893**	**505793**	**552119**	**359683**	**402000**
农、林、牧、渔业	4752	4640	9135	10371	6180	6847	4763	5220
采掘业	1047	957	3282	3658	2317	2520	1462	1691
制造业	141668	146515	491322	572761	305250	339340	214931	248296
电力、煤气及水的生产和供应业	1268	1185	49505	53898	20039	21394	11606	12025
建筑业	5139	4197	21547	22937	11862	12367	7743	7860
地质、勘查和水利管理业	128	153	4237	4379	1545	1590	1412	1459
交通运输、仓储及邮电通信业	3499	3540	41442	44588	20432	22788	15163	16962
批发和零售贸易餐饮业	12249	12431	24592	26294	15585	16121	11311	11689
金融、保险业	74	87	2089	2530	1965	2372	1415	1626
房地产业	11925	11850	149094	148033	72244	69384	55536	51865
社会服务业	16169	16825	56274	58956	34020	35665	23188	24997
卫生体育和社会福利业	469	468	2774	3235	1543	1818	1128	1299
教育、文化艺术及广播电影电视业	530	443	1390	1265	982	915	675	655
科学研究和综合技术服务业	1851	2705	4334	7583	2752	4749	2171	3796
其他	1538	2060	13994	21407	9079	14247	7179	12559

3-15 各地区外商投资企业年末登记情况

地 区	企业数(户)		投资总额(万美元)		注册资本(万美元)		#外方	
	2001	2002	2001	2002	2001	2002	2001	2002
全国	**202306**	**208056**	**87501079**	**98189328**	**50579271**	**55211904**	**35968275**	**40199985**
北 京	8818	9172	4292458	4549513	2383016	2521049	1675025	1789153
天 津	9473	9020	3415401	3652857	1905000	2034312	1474049	1601849
河 北	3621	3396	1478373	1547671	856503	881596	503866	539135
山 西	827	773	493493	576885	253299	297491	131172	172729
内蒙古	778	805	221723	242322	153770	169934	79880	94996
辽 宁	13158	13642	6379712	6640837	4046472	4300175	2455014	2795621
吉 林	2753	2541	809807	1791227	552561	545662	329378	339646
黑龙江	2980	2067	765008	746813	521722	439397	300728	253917
上 海	18160	20963	11268843	12796392	6091326	6916074	4491466	5163333
江 苏	19602	22991	9200098	12548391	4795320	6235309	3632588	4955055
浙 江	11194	12111	3406369	4320169	1977359	2433735	1246729	1628070
安 徽	2055	1914	920820	962205	583575	595707	352355	369376
福 建	15403	15563	5125969	5939970	2916450	3304138	2487721	2868799
江 西	2284	2478	737853	986867	352589	483533	231496	356851
山 东	13753	14741	4251569	4708656	2521646	2821574	1560294	1822760
河 南	2401	2437	1007256	1181568	638693	704018	379871	435199
湖 北	4443	3705	1414313	1585411	1010691	931142	603712	560740
湖 南	2080	2152	656701	868138	377039	485331	231301	333329
广 东	47102	49875	22182259	23635354	12589012	13494931	9659127	10453279
广 西	2436	2509	1024551	1044364	592898	613503	398969	412135
海 南	5940	2251	2149622	985050	1225974	502244	1067551	374455
重 庆	1502	1388	702362	689257	419398	396549	269048	252806
四 川	3678	3913	1093867	1199785	751411	811230	402710	451027
贵 州	714	639	159936	189146	119663	123443	78864	81554
云 南	1632	1619	537740	605467	339834	366928	205524	222783
西 藏	85	94	34256	34869	19224	19776	12137	12534
陕 西	2971	2993	959563	1062485	581040	640683	378159	412329
甘 肃	882	694	246359	216636	161031	141965	93173	82433
青 海	135	140	64806	70049	36478	34946	27028	24588
宁 夏	435	454	106244	225991	78896	93318	46230	60230
新 疆	358	338	111981	114358	71628	75256	39430	41897
国家工商行政管理局	653	678	2281767	2470626	1655753	1796954	1123680	1237376

市政建设与建筑经济

4-1 各地区城市房屋建筑及住房情况(2002 年)

地区	建成区面积(平方公里)	征用土地面积(平方公里)	城市人口密度(人/平方公里)	年末全市实有房屋建筑面积(万平方米)	年末全市实有住宅建筑面积(万平方米)
全国	**25972.55**	**2879.86**	**754**	**1317837.05**	**818461.28**
北京	1043.50	36.90	2099	40483.32	22007.83
天津	453.99	6.20	831	18695.40	11897.01
河北	1073.13	35.47	2039	56127.37	31346.54
山西	667.82	5.83	851	45028.20	26260.96
内蒙古	664.80	2.36	508	24550.94	15143.91
辽宁	1660.35	21.24	1246	63922.78	38233.85
吉林	810.10	12.66	822	32370.87	20746.71
黑龙江	1299.89	7.89	345	52544.05	32612.23
上海	549.58		1959	42951.40	26644.40
江苏	1939.22	266.83	1315	141236.90	78464.95
浙江	1240.21	386.01	1043	69829.57	55693.69
安徽	975.73	27.05	1471	30958.00	20553.00
福建	502.58	18.64	555	33143.11	22706.05
江西	501.33	82.33	1596	32430.60	20320.19
山东	1914.51	92.65	887	84882.31	50954.72
河南	1249.43	45.77	1357	56915.35	33696.12
湖北	1418.74	210.51	502	58311.34	38485.82
湖南	897.63	47.87	1175	71000.00	37035.00
广东	2196.62	49.83	1402	114765.22	74889.84
广西	640.81	15.34	453	31818.65	19416.75
海南	146.67	2.00	3013	7165.30	4365.00
重庆	437.90	27.44	1283	23843.18	14815.90
四川	1201.41	42.27	515	71627.69	46478.13
贵州	320.45	10.80	1096	14766.07	11260.48
云南	353.77	1386.79	361	19160.97	14603.51
西藏	71.97		1125	1185.34	948.27
陕西	477.64	11.25	1349	26756.85	18717.30
甘肃	475.08	6.37	212	21674.40	12227.87
青海	98.94	0.80	1872	3471.00	2508.00
宁夏	168.01	4.97	294	5775.02	3453.12
新疆	520.74	15.79	187	20445.85	11974.13

4-2 各地区城市供水情况(2002年)

地区	年末供水综合生产能力(万立方米/日)	年末供水管道长度(公里)	全年供水总量(万立方米)	#生活用水	#生产用水	用水人口(万人)	人均日生活用水量(升)
全国	**23546**	**312605**	**4664574**	**2131919**	**2085609**	**27420**	**213**
北京	1276	13253	138991	82009	50921	950	237
天津	363	6691	68114	29881	30236	616	133
河北	865	10302	155886	68052	76784	1219	153
山西	341	5428	77853	36783	38885	775	130
内蒙古	302	5327	58179	22389	33444	475	129
辽宁	1338	21602	279644	95501	136908	1755	149
吉林	692	6124	153343	40427	96080	780	142
黑龙江	692	8226	157664	65288	77060	1083	165
上海	1477	19603	295886	123315	100005	1270	266
江苏	1804	33480	380991	168929	182591	2049	226
浙江	1114	18768	221756	106810	98782	1220	240
安徽	1019	7043	197047	71895	113902	892	221
福建	663	5872	118557	61051	50319	586	285
江西	610	5784	139120	54684	77023	572	262
山东	1258	22472	238270	107092	116025	2016	146
河南	990	10610	187039	81402	88844	1325	168
湖北	1396	14650	269232	156894	101715	1683	255
湖南	1239	8563	269403	103684	143391	849	335
广东	2371	35359	548027	289220	206380	2379	333
广西	604	5975	130182	64797	57304	556	319
海南	139	1462	19746	15426	2497	130	324
重庆	406	8077	61079	35359	19759	609	159
四川	864	12990	163029	94430	62255	1233	210
贵州	250	3193	47749	25960	13515	375	190
云南	241	5437	51476	25164	14614	374	184
西藏	15	355	5079	3778	1015	26	394
陕西	349	4312	70199	41057	21892	552	204
甘肃	329	4515	58703	18811	37052	397	130
青海	68	867	14158	7400	5021	90	225
宁夏	124	1435	23088	8770	11637	126	190
新疆	348	4830	65084	25661	19753	455	155

4-3 各地区城市人工煤气、液化石油气、天然气情况(2002 年)

地 区	人工煤气生产能力(万立方米/日)	管道长度(公里)			全年供气总量			用气人口(万人)		
		人工煤气	液化石油气	天然气	人工煤气(万立方米)	液化石油气(吨)	天然气	人工煤气	液化石油气	天然气
全 国	**5796**	**53383**	**12788**	**47652**	**1989196**	**11363884**	**1259334**	**4541**	**15431**	**3686**
北 京		395	229	5743	34236	285770	204774	63	386	497
天 津	190	1384	158	5026	21813	95966	40222	90	126	370
河 北	177	3401	79	1359	69345	313073	15966	360	668	69
山 西	167	3102		326	69562	256563	5811	352	156	47
内蒙古	188	1022	17		7692	111052		92	227	
辽 宁	219	4718	254	3355	61430	377990	30701	512	698	442
吉 林	72	1903	89	1478	13316	173074	19760	151	432	102
黑龙江	212	2198	136	732	31751	178637	16494	232	593	71
上 海	984	7851		2896	232753	470156	43285	602	518	150
江 苏	216	5300	2243		788537	1252001		361	1600	
浙 江	104	1520	2044	12	12114	923325	4	82	1110	
安 徽	46	2138	230		24770	464052		198	501	
福 建	4	263	1539		1064	305297		8	577	
江 西	157	1501	32		36291	130700		135	313	
山 东	148	5568	580	1798	42868	432388	60766	381	1379	153
河 南	252	1708	284	3690	91057	180355	35340	129	513	249
湖 北	163	2158	1345	391	14763	318355	810	140	1247	5
湖 南	1199	1220	507		201902	297511		91	537	
广 东	139	1705	2365	392	17124	3101153	10774	196	2077	16
广 西	10	262	349		3504	243352		17	439	
海 南			44	269		70886	869		107	14
重 庆	2	132	120	6451	1266	82698	110702	2	57	395
四 川	355	391	61	10383	132599	124909	523792	32	120	717
贵 州	60	1453	10	18	10871	47315	450	99	170	3
云 南	76	1312	23		16854	84184		146	155	
西 藏						18800			14	
陕 西	15	147		1511	4784	84672	45298	34	186	205
甘 肃	17	261		294	3431	722284	5105	19	92	69
青 海				295		15405	26696		38	6
宁 夏		312		357	2848	18056	47924	10	85	8
新 疆	624	61	50	878	40650	183902	13793	6	309	99

4–4 各地区城市集中供热情况(2002 年)

地区	供应能力		供热总量		管道长度(公里)		供热面积(万平方米)
	蒸汽(吨/小时)	热水(兆瓦)	蒸汽(万吉焦)	热水(万吉焦)	蒸汽	热水	
全国	**83346**	**148579**	**57438**	**122728**	**10139**	**48601**	**155567**
北京	2915	18008	3340	8604	158	4083	18172
天津	2293	7256	979	4233	319	3539	7051
河北	6578	10149	5341	6648	765	4324	13595
山西	3482	6008	767	5054	549	1412	6200
内蒙古	1274	8065	567	6442	101	2616	6930
辽宁	10911	29269	3437	19616	1722	9679	24963
吉林	3324	12640	1616	9419	277	3631	12914
黑龙江	5590	18677	2390	18875	481	6426	18435
上海							
江苏	10247	93	7257	11	971	30	2256
浙江	2897	225	2718	74	349	51	3377
安徽	2055	200	1096	10	138	5	246
福建		11		35		20	
江西							
山东	15854	18613	9147	16312	2388	4652	17059
河南	3634	1444	2331	1088	593	1006	4165
湖北	1364	78	583	6	117	7	409
湖南	105		5		8		250
广东							
广西							
海南							
重庆							
四川	140		106		40		30
贵州							
云南							
西藏							
陕西	1834	1214	393	480	559	387	1869
甘肃	5628	4092	13712	14187	268	3128	6627
青海		145		70		60	90
宁夏	662	3449	247	3483	139	813	2566
新疆	2559	8943	1406	8081	197	2732	8362

4-5 各地区城市市政工程情况(2002年)

地 区	年末实有道路长度(公里)	年末实有道路面积(万平方米)	城市桥梁(座)	城市排水管道长度(公里)	城市污水日处理能力(万立方米)	城市路灯(盏)
全 国	**191399**	**277179**	**47341**	**173042**	**6153**	**7067479**
北 京	5444	7645	1051	6170	427	243111
天 津	4051	5213	486	8828	76	139194
河 北	7392	13105	1222	8364	231	260649
山 西	4225	5753	725	2689	112	156398
内蒙古	3151	4657	238	3561	75	140111
辽 宁	9875	14270	1247	8880	286	481674
吉 林	4395	6024	486	4466	98	160696
黑龙江	8333	9901	613	5282	233	234846
上 海	9562	14730	7035	4001	490	217481
江 苏	22656	26987	11329	16744	800	752959
浙 江	9169	13716	5044	12183	382	461820
安 徽	6524	9891	1040	5007	218	185951
福 建	3945	5296	1119	3992	121	169405
江 西	3053	4448	441	2392	59	125798
山 东	17472	28002	4071	15257	427	435639
河 南	5739	11624	963	7188	186	300448
湖 北	14018	19288	1944	8181	408	254821
湖 南	4979	6900	538	4090	168	178122
广 东	18260	26656	2855	18245	360	808278
广 西	3997	5729	456	3329	412	242377
海 南	1326	2078	116	2333	43	54120
重 庆	3057	4263	590	2671	58	127527
四 川	6856	11057	1819	7203	105	405664
贵 州	1749	1928	313	1904	8	66716
云 南	2242	2831	462	2277	132	116889
西 藏	268	416	22	260		11457
陕 西	2574	4005	403	1940	40	87214
甘 肃	2523	4244	281	2310	40	74944
青 海	471	700	58	458	9	19115
宁 夏	924	140	94	579	27	48629
新 疆	3169	4419	280	2261	122	105426

4-6 各地区城市市容环境卫生情况(2002 年)

地区	清扫保洁面积(万平方米)	生活垃圾清运量(万吨)	粪便清运量(万吨)	市容环卫专用车辆总数(台)	公共厕所(座)	# 水冲式
全国	**213623.1**	**13650.0**	**3159.5**	**52752**	**110836**	**57305**
北京	8077.3	321.4	311.7	4321	5644	3677
天津	5910.1	162.6	25.6	1270	2723	1813
河北	9770.7	681.7	147.0	2448	6852	1692
山西	5747.4	871.9	196.2	1374	3830	879
内蒙古	4551.5	379.8	99.3	956	3724	541
辽宁	17772.0	774.4	152.4	3017	10352	1080
吉林	7048.3	619.8	143.9	2144	6051	556
黑龙江	7713.1	1007.3	256.7	3214	10042	920
上海	4571.2	376.9	194.1	2619	2435	2435
江苏	16100.7	723.2	400.1	4573	11016	8586
浙江	10242.3	576.0	120.9	2553	3873	3444
安徽	5767.1	357.9	43.1	982	3659	1929
福建	4769.6	251.0	29.4	1328	1368	1358
江西	3252.6	205.0	24.6	574	1342	876
山东	21104.4	888.9	122.7	3462	4595	3109
河南	11368.8	607.5	85.2	1878	4784	2774
湖北	10741.2	760.0	119.6	2510	5295	3898
湖南	4627.7	459.4	50.3	1012	2465	1822
广东	21565.9	1315.5	356.0	4423	5654	5462
广西	3939.1	195.5	19.3	849	1243	1147
海南	1080.6	73.5	9.1	317	238	236
重庆	2821.9	211.7	31.6	701	2011	1363
四川	8441.1	471.1	68.4	1937	3789	2726
贵州	1535.2	173.7	6.3	560	1150	963
云南	2391.9	174.6	54.9	954	1151	881
西藏	340.0		0.8	48	101	64
陕西	3492.3	277.4	11.0	762	1272	725
甘肃	2629.8	232.5	23.0	634	1035	550
青海	824.2	79.0	43.6	183	282	174
宁夏	1131.4	99.4	8.4	278	983	350
新疆	4293.8	321.4	4.3	871	1877	1275

4–7 建筑业企业概况

年 份	总 计	国有企业	集体企业	港澳台商投资企业	外商投资企业	其 他
企业单位数(个)						
1980	6604	1996	4608			
1985	11150	3385	7765			
1989	13106	3927	9179			
1990	13327	4275	9052			
1992	14536	4985	9551			
1993	20998	6363	14130	173	140	192
1994	23315	7251	15196	268	267	333
1995	24133	7531	15348	329	312	613
1996	41364	9109	29044	417	388	2406
1997	44017	9650	29872	491	454	3550
1998	45634	9458	28410	629	337	6800
1999	47234	9394	27197	664	341	9638
2000	47518	9030	24756	635	319	12778
2001	45893	8264	19096	622	274	17637
2002	47820	7536	13177	632	279	26196
从业人员(万人)						
1980	648.0	481.8	166.2			
1985	911.5	576.7	334.8			
1989	1004.8	614.7	390.1			
1990	1010.7	621.0	389.7			
1992	1157.5	681.2	476.3			
1993	1096.7	631.5	455.7	1.2	1.2	7.1
1994	1445.9	818.2	601.9	3.8	3.8	18.2
1995	1497.9	824.3	631.9	5.0	5.4	31.3
1996	2121.9	855.9	1171.4	8.7	8.6	77.3
1997	2101.5	828.6	1148.2	8.2	9.6	106.9
1998	2030.0	738.4	1057.3	9.3	5.1	219.9
1999	2020.1	690.6	993.1	11.5	6.1	318.9
2000	1994.3	635.6	887.5	8.2	4.4	458.6
2001	2110.7	590.7	739.9	7.7	4.3	768.1
2002	2245.2	543.8	579.2	7.4	4.5	1110.4
建筑业总产值(亿元)						
1980	286.93	220.90	66.03			
1985	675.10	474.51	200.59			
1989	1282.98	878.57	404.41			
1990	1345.01	935.19	409.82			
1992	2174.44	1432.13	742.31			
1993	3253.50	2054.83	1163.85	7.30	5.30	22.22
1994	4653.32	3033.66	1519.45	23.24	18.20	58.77
1995	5793.75	3670.25	1899.47	33.60	33.19	157.24
1996	8282.25	4160.21	3695.68	46.85	50.51	329.00
1997	9126.48	4526.52	3925.81	63.72	70.49	539.94
1998	10061.99	4571.44	4012.01	91.94	62.52	1324.08
1999	11152.86	4861.38	4081.79	91.97	64.43	2053.29
2000	12497.60	5053.79	4035.84	99.18	67.49	3241.30
2001	15361.56	5362.81	3775.89	102.55	73.06	6047.25
2002	18527.18	5582.86	3338.50	113.87	91.38	9400.57

注：1.本表1980年至1992年数据为全民和集体所有制建筑业企业数据；1993年至1995年数据为各种经济成分的建制镇以上建筑业企业数据；1996年至2001年数据为资质等级(旧资质)四级及四级以上建筑业企业数据；2002年数据为所有具有资质等级的施工总承包、专业承包；建筑业企业（不含劳务分包建筑业企业）数据；与以前各年不可比（以下各表同）。

2.从业人员数1993年至1997年为年平均人数。

4-8 各地区历年建筑业总产值

单位: 万元

地 区	1997	1998	1999	2000	2001	2002
全 国	**91264777**	**100619922**	**111528640**	**124975961**	**153615626**	**185271753**
北 京	5192363	6230089	6814102	7274774	8879099	10550535
天 津	1909999	2111208	2227406	2380991	2886808	4061628
河 北	3760962	3935044	4321432	4921005	6145010	7111712
山 西	1920095	2178150	2397739	2393974	3114390	4469457
内蒙古	963852	1017600	1168732	1367309	1782561	2200194
辽 宁	4291256	4189831	4893444	5980933	7611747	8393428
吉 林	1369882	1460359	1713517	2391840	2740726	2926017
黑龙江	2435310	2739532	2996115	3340903	3723204	4079097
上 海	5524161	5859020	5683036	6223565	7215808	8222730
江 苏	10716094	11962007	13299853	15388416	18218039	21995164
浙 江	8773546	9425292	11282810	13837658	17684490	22829906
安 徽	2359972	2356154	2773364	3028240	4215500	5282183
福 建	2268855	2446658	2511292	2711420	3690460	4026874
江 西	856436	893804	1022296	1164115	1691530	2450718
山 东	6479717	7001115	7672600	8170949	9842204	11511730
河 南	2946903	3049638	3169845	3573425	4524908	5367328
湖 北	3059698	3436527	3990201	4541767	5290240	6365491
湖 南	2965005	3273222	3338963	3544202	4897879	5955616
广 东	6747406	7886723	8719500	8919834	11320549	13417808
广 西	1275627	1344209	1491385	1509158	1802891	2211684
海 南	279923	308507	333933	302139	353453	415089
重 庆	2440552	2896198	3175927	3486579	4368169	5006543
四 川	5206436	5977644	6495237	7138102	8228676	10725229
贵 州	767046	831976	966508	1090571	1502008	1811244
云 南	2189844	2517439	3114900	3092645	3439350	3582375
西 藏	79519	94455	134958	168178	186832	216949
陕 西	1642493	1879804	2183009	2423046	2797388	3465727
甘 肃	1056249	1133752	1187695	1251202	1473057	1923798
青 海	309340	355576	396528	447162	542130	733550
宁 夏	334919	393603	482827	562352	703722	839121
新 疆	1141318	1434787	1569486	2349506	2742800	3122828

4–9 各地区建筑业总产值(2002年)

单位：万元

地区	建筑业总产值	建筑工程产值	安装工程产值	其他
全国	**185271753**	**157103166**	**21735028**	**6433559**
北京	10550535	9339909	1002403	208223
天津	4061628	3199946	699662	162020
河北	7111712	6086819	862121	162772
山西	4469457	3883344	483034	103079
内蒙古	2200194	1921028	235471	43695
辽宁	8393428	6816884	1413006	163538
吉林	2926017	2480464	405570	39983
黑龙江	4079097	3221151	648484	209462
上海	8222730	6752971	1088844	380915
江苏	21995164	18469001	2392250	1133913
浙江	22829906	19667676	2311993	850237
安徽	5282183	4556132	508800	217251
福建	4026874	3479863	443222	103789
江西	2450718	2055961	273315	121442
山东	11511730	9555164	1699517	257049
河南	5367328	4465301	779025	123002
湖北	6365491	5450166	541775	373550
湖南	5955616	5059199	496724	399693
广东	13417808	11192793	1932300	292715
广西	2211684	1872844	264353	74487
海南	415089	378947	32560	3582
重庆	5006543	4416152	413229	177162
四川	10725229	9264133	1025469	435627
贵州	1811244	1532814	253102	25328
云南	3582375	3181449	275941	124985
西藏	216949	192450	20121	4378
陕西	3465727	3069214	323756	72757
甘肃	1923798	1568000	297353	58445
青海	733550	629139	83530	20881
宁夏	839121	706890	122983	9248
新疆	3122828	2637362	405115	80351

4–10 各地区按行业分的建筑业总产值(2002 年)

单位: 万元

地区	建筑业总产值	土木工程建筑业产值	#房屋建筑业	#矿山建筑业	#铁路、隧道、公路、桥梁建筑业	线路、管道和设备安装业	#设备安装业	建筑物装修装饰业
全国	**185271753**	**160359745**	**116570088**	**2431002**	**28848306**	**18275774**	**9698861**	**6636234**
北京	10550535	8440259	6942564	13699	1057696	1458903	642699	651373
天津	4061628	3262022	1511753	260175	1079076	669547	564141	130059
河北	7111712	6276106	4878347	267386	833649	643617	190767	191989
山西	4469457	4133842	1597231	107738	2154041	267752	99478	67863
内蒙古	2200194	1989215	1408164	32720	435465	187348	69897	23631
辽宁	8393428	6601048	4275686	74668	1605915	1377320	680821	415060
吉林	2926017	2673341	1949132	23826	460430	207275	124140	45401
黑龙江	4079097	3244226	2202370	38915	835847	748450	499964	86421
上海	8222730	6392970	4449542		1186355	1055771	750474	773989
江苏	21995164	19209821	15349162	163849	2121156	1939934	1378057	845409
浙江	22829906	20161091	15420123	131495	3115937	1867079	892395	801736
安徽	5282183	4696774	2969348	351998	1026157	416952	80436	168457
福建	4026874	3402004	2532210	26077	560512	436694	214689	188176
江西	2450718	2151310	1472390	26732	503268	204227	123598	95181
山东	11511730	10241917	8137925	59508	982545	1009937	540942	259876
河南	5367328	4639308	2826242	20716	1402761	650746	321514	77274
湖北	6365491	5785095	4199487	171957	865759	440096	221260	140300
湖南	5955616	5484866	3927283	18825	1226988	411837	160900	58913
广东	13417808	11043967	8495894	7740	1436864	1399456	742058	974385
广西	2211684	1877264	1296739	5837	389697	301417	261589	33003
海南	415089	375901	286363	747	80133	14576	10559	24612
重庆	5006543	4576250	4087575	50200	326408	317018	188206	113275
四川	10725229	9550848	7726137	13887	1513912	925700	321852	248681
贵州	1811244	1620973	887715	2719	366332	164548	115449	25723
云南	3582375	3254080	2116473	12584	854318	238215	99432	90080
西藏	216949	201737	121075	35426	39147	14238	4781	974
陕西	3465727	3237839	1599865	25316	1440983	197340	92279	30548
甘肃	1923798	1681843	1305910	62487	241858	224408	93859	17547
青海	733550	615878	257170	11160	180734	107737	44121	9935
宁夏	839121	730395	470559	3918	140721	89901	25156	18825
新疆	3122828	2807555	1869654	408697	383642	287735	143348	27538

4-11 各地区建筑业企业资产(2002 年)

单位：万元

地 区	资产合计	# 流动资产	# 固定资产	# 无形及递延资产
全 国	**203901075**	**143153123**	**45183333**	**5219417**
北 京	14757066	11602037	1474285	180984
天 津	4880187	3392418	1064258	76444
河 北	7131270	4633498	2023605	248134
山 西	5548743	3500698	1582021	130694
内蒙古	2347074	1540252	663464	79048
辽 宁	9301550	6471899	2279704	223275
吉 林	3573129	2554217	854480	96940
黑龙江	5575077	3870353	1449331	72167
上 海	11235025	8484791	1780682	135091
江 苏	19695036	14899515	3786158	322432
浙 江	14326240	10902672	2571872	230296
安 徽	5495706	3627137	1476584	248581
福 建	5485021	4152288	949252	105295
江 西	2893910	1860694	822283	107384
山 东	13017189	9534503	2596655	465808
河 南	5570379	3434908	1738574	236770
湖 北	7486976	4618304	2195736	347707
湖 南	5380768	3320166	1657726	223605
广 东	21372834	16335466	3336699	404020
广 西	4095817	2412411	1140347	95205
海 南	500649	343024	119235	17790
重 庆	4499494	2981916	1149898	146087
四 川	10732848	6794359	2810912	419877
贵 州	2252208	1577405	523658	85167
云 南	4258549	2605148	1231712	135561
西 藏	312664	135889	136189	11611
陕 西	3706512	2461259	1053581	66890
甘 肃	2254984	1366534	735276	74855
青 海	871636	530590	280010	29206
宁 夏	1098153	681459	334453	17682
新 疆	4244381	2527313	1364693	184811

4–12 各地区建筑业企业负债及所有者权益(2002 年)

单位: 万元

地 区	负债合计	流动负债	长期负债	所有者权益	# 实收资本
全 国	**129856808**	**123237647**	**6619161**	**74044267**	**58555713**
北 京	10739402	10327477	411925	4017664	2947188
天 津	3302139	3036883	265256	1578048	1287543
河 北	4226665	3978357	248308	2904605	2541976
山 西	3608460	3333207	275253	1940283	1734182
内蒙古	1366380	1283111	83269	980694	829020
辽 宁	5672368	5451553	220815	3629182	2851724
吉 林	2468923	2392587	76336	1104206	954818
黑龙江	3408465	3295464	113001	2166612	1911019
上 海	7612111	7391152	220959	3622914	2263463
江 苏	13313432	12858369	455063	6381604	4786314
浙 江	9270901	8915642	355259	5055339	3648692
安 徽	3195299	3012101	183198	2300407	1956648
福 建	3460682	3347999	112683	2024339	1683151
江 西	1706610	1590417	116193	1187300	978152
山 东	8553240	8125887	427353	4463949	3677497
河 南	3132339	3007993	124346	2438040	2034746
湖 北	4439220	4067664	371556	3047756	2292678
湖 南	2993534	2718855	274679	2387234	1880047
广 东	14922722	14149800	772922	6450112	4600387
广 西	2249131	2149108	100023	1846686	1495469
海 南	266363	253843	12520	234286	153118
重 庆	2294043	2119248	174795	2205451	1974746
四 川	5814650	5374480	440170	4918198	4008609
贵 州	1501456	1398484	102972	750752	639356
云 南	2529477	2257954	271523	1729072	1427703
西 藏	94047	83225	10822	218617	183206
陕 西	2471596	2333957	137639	1234916	1054698
甘 肃	1356890	1286340	70550	898094	722986
青 海	524253	490024	34229	347383	289616
宁 夏	644438	621248	23190	453715	419825
新 疆	2717572	2585218	132354	1526809	1327136

山东省昌乐一中校长、省特级教师 秦汶民

利用国债资金 加快名校发展

山东省昌乐一中

山东省昌乐一中，始建于1938年，坐落在城区东南部风景秀丽的万松山西麓，占地300亩，建筑面积8万平方米，现有60个教学班，4800名在校生，320名教职工，是一所历史悠久、教绎绵长、饮誉齐鲁、栋梁成林的省属重点中学。学校有着深厚的文化底蕴，优良的办学传统。65年来，培养了数万名学子，他们当中有院士，有将军，有部长，有总裁，有专家，有教授，在社会上产生了广泛的影响。特别是中科院院士、著名空间物理学家、双星计划首席科学家刘振兴，中科院院士、著名生殖生物学家刘以训，为我国空间物理学和生殖生物学的发展作出了突出贡献。近几年，学校全面贯彻党的教育方针，坚持全新的办学理念，全面实施“一二三四”工程，积极推进教育现代化，实现了办学层次、办学规模、办学条件、办学效益四大突破，步入了一个全新的发展时期。学校先后荣获全国英语竞赛优胜单位、山东省奥林匹克竞赛优胜学校、山东省体育工作先进集体等60多种荣誉称号。高考本科进线率稳居潍坊市省市重点中学第一名。

发展是硬道理。要想在市场竞争中站稳脚跟，就必须加快发展，在发展中壮大自己。学校发展了，才能给学生提供更好的学习环境，才能满足广大人民群众子女求学的愿望。昌乐一中是一所历史老校，过去由于经费投入不足，校舍陈旧，设施滞后。为改善教学环境学校请同济大学对学校的发展进行了全面、科学、最具前瞻性的规划。学校本着先急后缓、分步实施的原则，加快了建设进程。

综合教学楼和两座教学楼为国债资金投资的重点建设项目，工程建设由国家投放国债资金150万元，昌乐县政府配套资金150万，其余资金由学校自筹，总投资898万元。有了国债资金的扶持，有了地方配套资金的援助，整个工程施工建设十分顺利，2002年暑假，综合教学楼和第一座教学楼便交付使用，实现了当年扩招4个教学班的规划目标。第二座教学楼于2003年5月初交付使用，学校又扩招6个班，使学校达到60个班的办学规模。这些教学设施的投入使用，改善了教学条件，优化了教学环境，使学校彻底解决了扩招带来的校舍紧张问题，告别了低矮的平房时代。

利用国债资金发展优质高中，扩大办学规模，提高办学品位，改善办学条件，为师生创造更加优美的学习、生活环境，是国家重视教育、发展教育的重大举措，是实践“三个代表”的具体体现。这项举措必将对优质高中的建设产生深远的影响，对加大经济发展的后劲，提高全民科学文化素质起到巨大的推动作用。

“百载功业，万里前程”。新世纪、新思想、新文化、新技术，为昌乐一中进一步发展带来了新的机遇；教育改革的发展和国债资金的投入，为昌乐一中注入了新的生机与活力。全校师生决心与时俱进，加快发展，把昌乐一中办成一流的现代化中学，为国家培养更多更优秀的“四有”人才。

昌乐一中新世纪广场

绿树掩映中的综合教学楼

新建的两座教学楼

吉林省白山二中校长　王继忱

加大投资力度 创建国内名校

吉林省白山市第二中学

白山二中语音室

白山二中校园一角

白山二中校运动会

白山二中升旗仪式

吉林省白山市第二中学坐落在长白山西麓的浑江岸边,白山市区内。学校始建于1957年,1979年成为独立高中,1985年被确定为省首批重点高中。

学校现有40个教学班,2090名学生,120名专任教师。教师中有中高级职称的85人,占70.9%。学校涌现出全国教育系统劳动模范、省特级教师、省师德标兵、学科带头人、科研型名校长、名教师及国家级、省级骨干教师等30多人。由于学校的教育教学工作突出,多次受到上级组织部门表彰奖励,曾两次获吉林省"先进基层党组织"称号。还荣获吉林省"精神文明建设先进单位"、吉林省"标准化家长学校"、白山市"教育教学先进单位"和"高中教学先进单位"等荣誉称号。

学校在"三个面向"指导下,确立了学校的办学理念:"指导学生做人,培养学生成才"。提出了一个宗旨:为上级学校培养输送富有时代精神和创新能力的高素质人才;两个特色:学生培养有特色,教师提高有特色;三个探索:探索主体发展的德育模式,探索自主学习的求知模式,探索自主参与的管理模式;四个学会:学会学习,学会健体,学会生活,学会交际;五个一流:一流的领导班子,一流的教师队伍,一流的育人环境,一流的教学设备,一流的教育质量。

学校在不断提高办学水平的同时,努力改善办学条件,扩大办学规模。由1979年的两年制8个教学班发展到今天的三年制40个教学班。由建校初期的一座四层教学楼发展到今天的有两座教学楼、实验楼、办公楼、体育馆、宿舍楼、餐厅等设施齐全的优美校园。校园面积也经过几次扩增,目前达到45433平方米。

2002年新建教学楼、宿舍楼建筑面积4168平方米。教学楼由国家投资200万元,学校自筹200万元共同兴建。其中设有普通教室、音乐教室、舞蹈教室、德育展室、科技活动室等。新教学楼的建成为学校进入省示范性高中行列奠定了坚实的物质基础。

目前学校有标准化的理化实验室6个,语音室2个、微机室2个,电教室2个,电子备课室1个。各教研组办公室都配备了微机,各班都安装了闭路电视,还装配了2个多媒体教室。学校设置了校内闭路电视双控系统,可控制40个教室和2个多媒体教室,能包容6路影碟节目,40个班可以同时播放不同内容的节目。学校配有阅览室、图书室、资料室、美术室、音乐室和自己的乐队。共有藏书8.5万册;各种音像资料1500多件。

为了实现"争全省一流,创国内名校"的办学目标,全校师生将共同努力,发奋图强,再接再励,勇于攀登。

学校计划在2004年还将建成一个综合性图书馆,2005年建成一个游泳馆。更好地提高素质教育水平,为上级院校输送更多的优秀人才。

与时俱进 再造辉煌

衡阳师范学院国债项目实施情况

衡阳师范学院位于湖南省第二大城市衡阳市，东临湘江，北峙南岳首峰回雁峰，是一所拥有近进年发展历史而又充满勃勃生机的高等院校。

1999年，衡阳师院升格为本科院校，经过四年多的建设与发展，教学与科研齐举，师范教育与非师范教育并重。学院已初步形成了“师范为主，文理兼备，质量至上，教研互动，管理有序，稳步发展”的办学特色。是湖南省“文明高校”，“文明卫生单位”和“园林式单位”。

为了改善办学条件，学院大力加强教学基本设施和校园基础设施建设。自2000年来，学院抓住国家扩大内需推动经济增长的机遇，按照国家资金投向，精心筛选了一批急需建设的项目，进行评估论证，争取国债投资。在湖南省计委、省教育厅的大力支持下，该院学生公寓和综合实验楼两个项目列入了国家投资计划，争取了国债资金690万元。

新建的学生公寓项目建筑面积10400平方米，总投资702万元，其中国债190万元，自筹512万元，于2001年8月竣工并投入使用。共增加4人住学生公寓宿舍252间，能容纳1008位学生入住，大大改善了该院学生的住宿条件。

新建的综合实验楼建筑面积12000平方米，总投资990万元，其中国债500万元，省拨200万元，自筹290万元。于2002年1月竣工并投入使用，该工程的建成，从根本上改变了学院原实验楼分布较散，布局不合理，功能不全，条件较差的状况。

学生公寓

该院两个国债项目的建设体现了国家对地方院校建设的关心和支持，有效的缓解了学院建设资金短缺的状况，加快了该院基础设施建设的进程，为该院的扩招和发展奠定了坚实的基础。

年产600万只动力等锂离子国债技改项目

河南环宇电源股份有限公司

河南环宇集团是中国最大的二次电池生产基地之一，河南环宇电源股份有限公司是其子公司，在中国电池企业百强中排名第9位，位于河南省民营企业50强第7位，河南省机电产品出口创汇第3位。

年产600万只动力等锂离子电池技改项目，是河南环宇电源股份有限公司在动力锂离子及相关材料的重大科技攻关之后的技改项目，项目总投资1.0721亿元，其中固定资产投资8090万元，国债配套专项贷款资金5600万元，自有资金2490万元。项目建成达产后，将实现年销售收入3.55亿元。

目前，项目自有资金和银行专贷资金已全部到位，土建、水电和厂房装修均已完成，国产设备的招标于2003年7月在新乡市国际饭店完成开标，之后陆续签定了合同。目前，相当部分设备已到货并安装。在国产设备招标中，采用了国内同类设备中最先进、最成熟、最具生产规模和有商业信誉的供应商的设备。进口设备的招标工作有望在2004年初公告，并按相应程序按期进行，将采购国际最先进的同类生产设备和国际最先进的相关检测设备。截至2003年底，已完成投资总额的60%多。预计2004年中期可开始部分型号电池的生产，2005年完成全部建设后将全额达到生产大纲要求的各种型号的动力等锂离子电池。环宇公司和国债项目配套的日产10000只锂离子圆柱电池生产线和日产5000只聚合物锂离子电池生产线业已基本建设完成，将在2004年为国债项目进行产业化铺垫和准备，为2005年国债项目完工后产品顺利进入市场奠定坚实的基础。

附

录

2002年中国投资大事记

1 月

投资86亿治理南水北调山东段水污染

13日 山东省代省长张高丽表示："十五"期间，山东省将投资86亿元治理南水北调工程山东段沿线水污染。

"十五"期间，山东省环保工作的总体思路和目标是：以促进经济与环境协调发展、提高人民群众生活质量为目标，加快实施可持续发展战略，坚持污染治理与生态保护并重的方针，以结构调整为主线，以治理水污染和大气污染为重点，大幅度削减污染物排放总量，加强生态建设和环境执法，全面改善环境质量。到2005年主要污染物排放量比2000年减少15%以上；加强淮河、海河、小清河流域水污染防治，按期实现规划目标；计划投资86亿元，对南水北调工程山东段沿线的43个城镇进行水污染综合治理，确保南水北调工程山东段调水水质达到地表水Ⅲ类水质标准；继续实施碧海行动计划，改善近岸海域水质；自然保护区面积占到国土面积的10%以上。

中国GDS主体工程通过验收

14日 民航重点项目——中国GDS工程主体通过验收。该工程全部完工后，通过与国外主要GDS的连接，中国的消费者可以购买到几乎全球任意一条航线的机票，可以选择多达400家以上的航空公司，享受到等同于发达国家的航空旅游信息技术服务。

GDS中文译为全球分销系统，是为代理人提供航空和旅游产品分销服务的计算机技术及网络服务系统的总称，投资总额达12.6亿元人民币。本次接受验收的是中国GDS的主体工程，覆盖了航空公司的销售全过程，整个工程预计在2003年完工。

云南小湾电站工程开工

20日 国家实施西部大开发和西电东送战略的重点工程———云南小湾电站工程，正式开工建设。

小湾水电站位于云南省大理白族自治州南涧县和临沧地区凤庆县交界处的澜沧江中游河段，是澜沧江中下游梯级电站的"龙头水库"，也是澜沧江水电开发的关键工程。电站总装机容量420万千瓦，工程总投资277.32亿元。该电站安装6台单机容量为70万千瓦的发电机组，2010年第一台机组投产发电，2012年全部建成投产。

小湾水电站以发电为主，兼有防洪、灌溉、拦沙、航运等综合效益。其拦河大坝采用混凝土双曲拱坝，坝高292米，是当今世界上已建和拟建中的第一高坝。

甘肃省投资38亿建设六大水利工程

20日 甘肃省政府宣布：2002年，甘肃省水利发展将以"全面规划，统筹兼顾，标本兼治，综合治理"为指导，利用国家和自筹的38亿元专项资金，建设6大水利重点工程。

这6大建设项目是：继续解决好人畜饮水问题，解决农村80万人的饮水困难；抓好16座病险水库的除险加固工作；加快大型灌区节水改造工程的进展速度，新增有效灌溉面积35万亩，发展节灌面积100万亩；抓好生态环境治理工程，确保今年完成3000平方公里的沙土流失治理面积，完成180万亩退耕还林（草）工程和93.7万亩天然林保护工程人工造林任务；主要河道防洪治理工程；在2001年完成第三批水利电气化县建设的基础上，力争完成第四批水利电气化县的建设任务。

烟大跨海铁路轮渡项目启动

26日 烟大铁路轮渡项目已经国家计委立项，它北起辽东半岛南端大连市旅顺口羊头洼，南至山东半岛北部烟台市四突堤，海上直线距离79.4海里（147公里）。该项目主要由轮渡码头、铁路引线和渡轮三部分组成，既可载运火车和滚装汽车，又可载运旅客。预计铁路初期年运量650万吨，近期830万吨，远期1240万吨；汽车滚装量初期8万辆，近期11万辆，远期18万辆。项目总投资约31亿元，其中建设期投资22亿元。

甘肃省投资67亿余元建设交通网

☆☆ 甘肃省政府宣布2002年甘肃交通基础设施建设投资规模将达到67.68亿元，比去年增加6.54亿元，主要用于重点公路项目，路网改造、农村公路、国（边）防公路、运输站场及水运设施项目建设。

据甘肃省交通厅介绍，2002年要完成10个重点公路项目投资40.01亿元，建成高等级公路643公里，新开工公路398公里。同时，甘肃还将投资24.17亿元用于路网改造和农村公路建设。其中，16个国家级贫困县连接国道的项目以及去年开工的103个乡通四级公路项目将于年内基本完成，19个县通油路项目今年将完成11个，还将力争新开工一批通四级公路和村通农机路项目。

此外，甘肃2002年还将投资1.5亿元，建设兰州客运中心站、兰州货运东站两个国家级和天水、平凉两个省级公路枢纽中心。全省11个汽车站"空白县"的站场建设也列入了议事日程。

陕西省基础设施建设投资950亿元

27日 陕西省省长程安东在陕西省九届人大五次会议上宣布:陕西省今年要加快交通运输、信息设施、水利以及社会公益等基础设施建设。预计陕西省今年完成基础设施固定资产投资950亿元,比上年增长11.8%。

陕西省2002年要以西安至汉中、黄陵至延安高速公路和秦岭终南山特长公路隧道3大工程为重点,加快主骨架高速公路建设,新增等级公路1100公里,其中高速公路155公里,全面完成1960公里通县公路建设任务;要加强信息基础设施和社会公益基础设施建设,在重点抓好多媒体宽带骨干网和接入网建设的同时,努力抓好西安信息港、省级重点数据库建设以及秦陵博物院、汉阳陵博物苑、省体育训练基地、陕西大剧院、省自然博物馆建设;要大力加强以水利为重点的农村基础设施建设,进一步完善黑河枢纽配套工程,建成宝鸡峡加坝加闸、三原西部水库等工程,加快关中9大灌区节水改造工程以及渭河中游、渭洛河下游防洪工程,加强汉江梯级开发。

首家中美商务旅行合资企业成立

28日 美国运通公司和中国国际旅行社总社宣布,双方在华成立首家中美商务旅行合资企业——国旅运通旅行社有限公司,并将于4月正式营业。

新公司将为跨国公司、地区性公司以及国内公司提供商务旅行管理服务,包括办理签证、国际及国内机票预订、酒店预订、会议服务以及其他地面服务的安排。

美国运通是世界最大的旅行管理公司,在全球130多个国家共设立1700个旅游办事处,现已成为多元化的全球旅游及财务服务公司。国旅总社是国内规模最大、实力最强的旅行社,迄今已向全球700多万游客提供旅行、酒店及交通服务,总资产超过17亿元。

北京投资近1700亿元加快建设一批重大项目

29日 北京2002年将投资1690亿元,用于在建重大项目的竣工、奥运工程的启动、城市基础设施建设和危旧房改造。这是北京市市长刘淇在北京市第十一届人代会第五次会议上宣布的。

北京还将以治理大气污染和建设三道绿色生态屏障为重点,继续提高城市生态环境水平。

中国斥资22.5亿元改建血站

30日 按照国务院的部署,国家计委决定在国债资金中安排12.5亿元,地方配套资金10亿元,对全国31个省、自治区、直辖市的血液中心和中心血站进行必要的改造、建设。

国家计委、卫生部、财政部联合举行国债资金血站建设管理承诺书暨设备采购合同签约仪式。通过国内、国际公开招标采购,与14家中外厂商签订了共18种采供血设备和专用车辆的采购合同,合同总金额3.96亿元。

目前全国已有300多所规模不等的中心血站,还有上万家医院建立了中心血库或临床输血科,这是我国临床用血的基本保障。

投资7000亿元改善城乡环境

30日 国务院近日批复了国家环保总局会同国家计委、国家经贸委、财政部等部门和各地编制的《国家环境保护"十五"计划》。为实现"十五"环保目标,全国环保将投资7000亿元,约占同期国内生产总值的1.3%,约占全社会固定投资总量的3.6%,比"九五"提高1个百分点。其中政府投资3940亿元,占投资总需求的56%,企业投资3060亿元,占总需求的44%。

"十五"期间,要继续重点抓好"三河"(淮河、海河、辽河)、"三湖"(太湖、巢湖、滇池)、"两控区"(酸雨控制区和二氧化硫控制区)、北京市、渤海的污染防治工作,抓紧治理三峡库区和南水北调工程沿线的水污染;继续加大环境污染防治力度,做好重点城市的环保工作,加强小城镇环境保护和建设;切实加强生态建设和保护,遏制人为破坏;积极推进污染治理的企业化、产业化、市场化,多渠道筹集资金,鼓励和支持各类社会资金投向环境保护,加大城市污水处理费、垃圾处理费征收力度。

2 月

应对入世中国农业将实施五项重大措施

4日 国务院新闻办今天举行中外记者招待会。农业部部长杜青林在会上宣布,为了积极应对加入世界贸易组织后给农业带来的挑战,中国将着力实施五项重大措施:

——突出结构调整的战略重点,优化农业生产布局,构建农业优势产业带。

——实施农业发展行动计划,把优势产品和优势产业做大做强。

——增强龙头企业的辐射带动作用,培育一批辐射面广、带动力强的龙头企业。

——建立健全农产品质量标准和检测检验体系,加强农产品质量安全工作。

——以农业科技创新、基础设施建设为重点,强化结构调整和农民增收的支撑力。

中国银行成为知名国际性大银行

4日 今天,中国历史最悠久的国有银行——中国银行在北京隆重庆祝建行90周年。

1912年2月5日,经孙中山先生批准,中国银行在上海原大清银行的旧址上开业。90年来特别是改革开放以来,中国银行发展迅速,已成为全球机构网络分布最广、国际金融业务最具优势的知名国际性大银行,在国际金融界树立了良好的形象。

摩托罗拉手机销量蝉联第一

4日 摩托罗拉(中国)电子有限公司上年在全国手机市场蝉联销量第一,并在当年外经贸部公布的外企500强中,以年销售额313亿元的佳绩荣登榜首。

摩托罗拉成功推出了T189、T191等一系列设计新颖、功能超群的手机,A6288、V66、V60、V70等多款GPRS手机,以及美观大方的V8060等CDMA手机等。随着摩托罗拉和中国联通CDMA合作合同的签订,上年9月,作为信息产业部指定的19家CDMA手机生产商中惟一的一家外商投资企业,摩托罗拉与分销商签订了向CDMA市场提供200多万部多种CDMA手机的分销协议;在10月举行的中国国际通信设备技术展上,摩托罗拉与北京联通合作打通了世界上第一个CDMA1X数据电话。

中海油去年海外上市后逆市上扬20%以上

4日 中国海洋石油总公司总经理卫留成在今天举行的海洋石油工作会议上正式宣布,将用5年左右时间,使中国海油成为具有较强国际竞争力的综合型能源公司,以较快的发展速度、较强的盈利能力和优良的质量进入世界500强。

中国海洋石油总公司成立20年,油气产量从9万吨上升到2313万吨油当量,销售额从3.94亿元上升到303亿元,利润从4000万元上升到96亿元,资产总值从28亿元上升到715亿元,向国家共上缴税收116.63亿元。中国海洋石油股份有限公司上年在海外上市后逆市上涨20%以上,成为全球30多只石油股中一直保持在发行价以上的三只股票之一,市值由470亿港元增至600多亿港元,实现了国有资产的保值增值。

40亿元治理三峡库区地质灾害

6日 国务院日前正式批复了《长江三峡库区地质灾害防治总体规划》,并决定到2003年6月,两年内安排40亿元资金,用于三峡库区地质灾害治理工作。

规划的范围是三峡水库坝前175米蓄水影响区和库区内的移民安置区;规划的对象是规划范围内的滑坡、崩塌、塌岸、高切坡和深基础。规划的类别按防治方法分为:工程防治、搬迁避让、监测预警和不需防治四类。规划时间为10年,即2001年至2009年6月。其中近期目标是此次规划的重点,即2003年6月135米水位蓄水前,对已查明的、影响坝前135米水位蓄水任务完成的崩滑体隐患和塌岸,以及库区内移民迁建区急需治理的崩滑体隐患和现已形成的并可能引发地质灾害的高切坡和深基础,要有效防治。

2002年三峡工程计划投资逾151亿元

19日 国务院三峡办近日宣布:三峡工程2002年计划投资151.36亿元,是迄今为止投资规模最大的一年。其中枢纽工程79.96亿元,移民工程71.4亿元。

枢纽工程有五大目标:5月份上游围堰破堰进水、7月份下游围堰破堰进水、7月份船闸进入无水调试阶段、10月份船闸进入有水调试阶段、11月中下旬导流明渠截流。移民工作要完成三峡水库初期蓄水135米水位以下地区的搬迁任务及全面启动库底清理工作。其中搬迁安置移民14.37万人,复建房屋441.3万平方米,搬迁或关闭破产工矿企业137家。

此外,三峡的输变电工程今年也将进入大规模竣工投产的高峰期,全年计划投资50.8亿元,保证2003年首批机组发电后电能可靠送出。

2002年福利彩票将发行150亿元

21日 经过几年的发展,用于"扶老、助残、救孤、济困"的福利彩票发行工作已驶上了高速发展的"快车道",上年销售量近140亿元,创下历史新高,有力地促进了社会福利事业的发展。2002年福利彩票发行预计将达到150亿元。

有120亿元来自电脑彩票,20亿元来自即开彩票,为国家筹集近42亿元社会福利基金,上缴国家近15亿元。

农网改造三年投入逾1800亿元

22日 作为国债重点投资项目的农村电网建设与改造工程实施三年来,取得显着成效。农网改造使农村供电能力、质量和可靠性明显提高,农村生产和生活条件得到改善,农村地区用电量大幅度增长,对启动农村市场、扩大内需、拉动经济增长起到了重要作用。

第二批农村电网改造工程已经启动,计划安排投资约1000亿元。目前,已下达投资计划405亿元,其余投资将在国债计划中安排。到2002年底,第二批农网改造工程完成后,全国农村低压电网的改造面平均将达到90%以上,城乡用电同价目标将全面实现,农村电价将进一步降低,将会有力地促进农村经济的更快发展。

766亿元国债用于城市基础设施建设

25日 4年来,国家共安排766亿元国债资金用于967个城市基础设施项目的建设。城建国债投资加上由其带动的银行贷款、地方配套资金和其他社会资金,总投资规模达到约3300亿元,相当于以往正常年份近3倍的投资总量。这些项目大部分是城市急需建设而以前无力投资的项目,涉及全国95%的地级以上城市及中西部地区部分县城的供水、道路、供气、供热、垃圾和污水处理等领域。在国债资金的带动下,一批中等以上城市迅速摆脱基础设施陈旧的困境。

上海磁悬浮示范线部分工程竣工

28日 由中铁十六局三处和上海建工集团承建的上海磁悬浮列车示范线下部结构工程,已于今日竣工,为2003初建成通车奠定了基础。

上海磁悬浮列车示范线,是一条集城市交通、观光、旅游于一体的商业运营线。它西起上海地铁2号线龙阳路车站南侧,东到浦东国际机场一期航站楼东侧,线路总长31.17公里,设计时速和运行时速分别为505公里和430公里,项目总投资89亿元。建成通车后,乘客仅需7分钟就可从上海市区到达浦东国际机场。此次竣工的线路下部结构工程,共建成达到或超过国优标准的高架桥墩(台)1554座和龙阳路车站、维修基地及两座牵引变电站。

中石化与电讯盈科组建信息公司

28日 中国石化股份有限公司与香港电讯盈科有限公司今天在北京举行签字仪式。双方共出资5000万元注册资本金,共同组建一家信息技术公司——石化盈科信息技术有限责任公司。中国石化出资比例为55%。中国石化股份公司董事长李毅中、电讯盈科主席兼行政总裁李泽楷出席了签字仪式。

3 月

投入5000万 筑牢保障线

10日 在最近召开的全省社会保障工作会议上,河南省政府作出庄严承诺:“2002年省政府将拿出5000万元,织就城市居民最低生活保障的安全网。如仍有缺口,省政府还将再拿出部分资金予以保障。”河南省省长李克强要求各级政府一定要做到言必行,行必果,把工作做细、做深、做透,确保政策落实到每一户、每个困难职工。

为将这一承诺落到实处,河南省政府要求各级政府认真落实城镇居民“低保”制度,进一步加大工作力度,切实把符合最低生活保障条件的困难职工和贫困居民全部纳入保障范围。

台湾两银行在祖国大陆设代表处

11日 今天,中国人民银行行长戴相龙在九届全国人大五次会议举行的记者招待会上透露,有8家台资银行向人民银行提出在内地设立代表处的申请,有两家已获批准。

这8家台资银行是:第一商业银行、台湾土地银行、华南商业银行、彰化商业银行、世华联合商业银行、台湾合作金库银行、中国国际商业银行、中国信托商业银行。其中,世华联合商业银行、彰化商业银行已被批准分别在上海和昆山设立代表处。

戴相龙在回答台湾记者提问时表示,这是祖国大陆首次批准台资银行进入内地,说明两岸的经贸和金融往来有了新的发展。

中国最大的太阳能电池项目启动

17日 国家计委立项的高技术产业化重点项目——中国最大的太阳能电池项目日前在河北省保定市正式启动。

由保定英利集团、天威保变电气股份有限公司和北京中新立业科技投资咨询公司共同出资7500万元,组建保定英利新能源有限公司,负责实施国家年产3兆瓦多硅晶太阳能电池及应用系统示范工程项目。

随着中国对环保力度的日益加大,发展绿色能源越来越迫切,其中阳光发电(光伏发电)是发展新能源的重点。太阳能电池发电具有安全可靠、无污染、故障率低、维护方便等独特的不可替代的优势。

中石油沧州—淄博输气管道贯通

20日 中国石油天然气股份有限公司沧州—淄博输气管道工程日前正式竣工投产,山东省淄博市的首批用户已开始受益。这是仅次于西气东输工程的又一项天然气输送项目。

这条输气管道途经河北省沧州市、山东省德州市、滨州市,末站淄博,全长213.5千米,管径508毫米,设计压力4.0兆帕。一期工程总投资2.97亿元,输气量3.4亿立方米/年。二期工程完工后,输气量可增至10.5亿立方米/年。

支持奥运场馆土地开发 建行提供50亿元授信

21日 中国建设银行北京市分行宣布,将向北京市土地整理储备中心意向提供50亿元的贷款授信额度,用以支持北京市土地整理储备中心进行的奥林匹克公园奥运场馆北区2.91平方公里土地一级开发和其他土地储备项目。

中国建设银行行长张恩照说,此次合作标志着建行北京市分行凭借自身在固定资产投资领域具有的丰富经验、独特优势,利用北京市推行土地收购储备制度的时机,首次进入了土地储备整理领域并实施融资业务,使举世瞩目的2008年奥运建设项目获得了土地储备的首批资金。

八大工程先后开工 三峡工程今年将招标50亿元

23日 2002年三峡工程八大工程先后开工,推出的招标额度逾52亿元。

到2002年6月,三峡工程的三大土建与安装工程,还有招标规模很大的右岸大坝三期土建与安装工程(招标规模23亿多元)以及右岸电站厂房三期土建与安装工程(规模在14亿元上下)将实施招标。此三大项工程的招标规模约为43亿元。2002年上半年,还将采购各型钢材3万吨(下半年3万吨)、30万吨水泥和14万吨粉煤灰。此外,右岸拌和楼、右岸变电站以及供水、供电及场平工程等中小项目亦将进行同步招标。

重庆市2002年公路投资逾63亿元

26日 2002年重庆市投入公路建设的资金将达63.53亿元,主要用于高速公路建设、地区公路新建改建、提高公路好路率等方面。

2002年是重庆高速公路建设的高峰年,年度计划投资将达43.93亿元。渝合(川)高速公路将在7月初开通,长寿到梁平、梁平到万州、重庆到四川邻水等几条高速公路正在加紧建设中。渝合路二期、渝遂(宁)路、重庆市第二条环城高速公路等也在做开工前的准备。

重庆市地区公路建设也将加大力度,年内地区公路新建改建里程将达1700公里,计划投资19.6亿元,主要集中在国道319线黔江、彭水、涪陵段和渝巴(东)路云阳段等工程。

2002年国债技改资金90亿元

29日 2002年国家将大力提高农副产品加工深度,使主要农副产品加工转化率由目前的45%提高到55%以上,主要农副产品深加工比例由目前的20%提高到35%。这是日前在此间召开的全国技术改造工作会议确定的2002年国债技术改造重点支持的内容之一。

这次会议提出,要把国债技改作为技改工作的重中之重,并明确了国债技改工作的重点内容。据介绍,2002年国债技改资金总额为90亿元,按照国务院领导同志指示精神,主要用于四个方面:促进产业升级;加快结构调整;加强重点企业安全生产治理、工业节能和污染治理;推进企业信息化建设。为此,2002年国债技改将继续集中力量支持重点行业和重点企业,解决重点产品突出的结构性矛盾。改造的重点是:冶金、纺织、石化、有色金属、机械、信息产业、轻工、煤炭、建材、流通业及医药、民用爆破器材等。

上海赛科乙烯工程开工

28日 国内最大的石化合资项目之一——上海赛科90万吨乙烯工程今天在上海化学工业区举行开工仪式。

上海赛科石油化工有限责任公司是由中国石化股份有限公司、中国石化上海石化股份有限公司与英国BP公司以30:20:50的出资比例设立的中英合资公司,总投资27.48亿美元。该公司以90万吨乙烯装置为核心,包括60万吨/年聚乙烯、25万吨/年聚丙烯、30万吨/年聚苯乙烯等大型先进生产装置。该工程计划于2005年上半年建成。

4 月

民间资本首次进入民航垄断业

1日 武汉航空公司日前吸收中国均瑶集团1.26亿元巨资参股,改制为中国东方航空武汉有限公司。其中“武航”与“东航”各占40%的股份,均瑶集团占18%的股份。此举开创了中国民间资本进入民航垄断行业之先河。

中国均瑶集团是经国家工商总局批准注册的民营企业。1991年7月28日,创始人温州青年农民王均瑶、王均金等人创办了全国首家民办“航空公司”—温州天龙包机公司,承包开通了温州—长沙的航线,创造了一个“手中无飞机也能空中经营”的神话。10年来,均瑶集团公司在航空事业中独树一帜,与全国10多家航空公司实行资源优化组合,每周开通的包机航线达三四十条,航班达100多个,走出了一条空中航线国有民营的新路。

兰州将投入65亿元调整工业结构

2日 兰州市新一届政府首次会议透露,兰州市2002年在调整工业结构方面将投入65亿元,实施50个重大技改项目,并实行责任制管理。对兰州石化公司1000万吨炼油扩能、兰州卷烟厂异地改造、连城铝厂扩建等中央、省属企业技术改造项目,要积极协调解决土地征用、拆迁安置等突出问题,提供各方面的配套服务。对市属企业技术改造项目,要从立项、筹建、建设到竣工投产,实行全程服务。

燕山石化乙烯改造工程通过验收

3日 北京燕山石化71万吨乙烯改扩建工程昨天顺利通过中外专家的考核验收。这项中国首家世界级、国内最大的石化工程,经过历时32个月、总投资34.5亿元的优化改造,年产乙烯从原规划的66万吨升至71万吨,吨乙烯投资比第一轮改造下降了1/4。此项工程不仅为中国石化大乙烯装置的改造积累了经验,而且为国有企业调整结构、用新技术提升传统产业创出了新路。

此次改造大量采用了新技术、新工艺。燕山石化采用了与美国鲁姆斯公司合作开发的10万吨大型裂解炉技术,甲烷、乙烯二元混合熔剂制冷技术等多项新技术,并且加大了技术和装备的国产化力度。投产后,燕山石化公司将在品种、质量等方面实现新跨越,市场竞争力和抗风险能力也将大大提高。

豫西南建成最大贸易广场

5日 豫西南最大贸易广场日前在平顶山市开业,由北京志源豪公司斥资1.2亿元兴建的贸易广场,已成为一道亮丽的风景,给这个工业城市增添了浓厚的商业气息。

这一贸易广场推出“经营、办公、仓储、居住”一体化的运营模式,并配套有鹰城汽车客运站、货运停车场、物流配送中心、大型仓库、银行等。目前,一期工程已建成商铺786套,建筑面积8.5万平方米。成功招商引进国美电器、华丽灯饰、联益木业、东鹏陶瓷、斯米克陶瓷、隆发内衣、基达文具等400多家商户。

平顶山贸易广场全部建成后将成为在河南颇具影响力、豫西南地区最大规模的建材、装饰材料、油漆涂料、五金电料、家电灯饰、日用百货、副食等综合性贸易龙头市场。

首都机场新建盲降台投入使用

6日 民航华北空管局投资431万元新建的首都机场西跑道的西南下滑台、西北下滑台和更新设备的西北航向台正式通过飞行校验,并全部投入使用。新建盲降设备具有运行稳定、抗干扰性强的特点,可有效解决滑行道上等待飞机对盲降信号的干扰问题,为飞机的降落提供精确的着陆信号。

中国出版集团在京成立

9日 中国出版集团成立大会今天在北京人民大会堂隆重举行。

中国出版集团是党中央、国务院批准组建,由中宣部领导,国家新闻出版总署实施行业管理。组建中国出版集团是适应新形势要求,深化出版改革,加快出版业发展的一项重大举措。

中国出版集团成员包括人民出版社、人民文学出版社、商务印书馆、中华书局、中国大百科全书出版社、中国美术出版总社、人民音乐出版社、生活·读书·新知三联书店、东方出版中心、中国对外翻译出版公司和新华书店总店、中国出版对外贸易总公司、中国图书进出口(集团)总公司等13家大型企事业单位,现有员工5000多人,总资产约50亿元人民币。集团成立后，将在两到三年时间内完成内部资源整合，结构调整和业务重组，形成有效的资本积累和规模经营，力争早日建成主业突出、实力雄厚、管理科学、效益一流的大型出版集团。

中信向长城宽带注资6亿元

10日 中国国际信托投资公司与长城科技股份有限公司今天联合宣布，中信公司将注资6亿元到长城科技旗下的长城宽带网络服务有限公司，参与长城宽带的管理和经营。今后双方将在宽带网络建设和市场运营等方面展开全面的战略合作。

这笔资金将主要用于长城宽带的网络接入和增值服务。通过双方的战略协同和资源整合，将增强长城宽带的服务功能和服务范围。

西门子在华再投巨资

14日 西门子(中国)有限公司董事会会议透露，西门子将进一步推动其在华合资企业的发展，计划于2003年年中前投资25亿美元，对新成立的北京、上海及新加坡研发中心进行扩建。

西门子在中国的业务发展迅猛，2001财年，西门子在中国的销售业绩超过35亿欧元，比上年度增长了49%。中国已成为继美国、德国本土之后的西门子第三大市场。

截至2001年9月底，西门子在中国的长期投资已超过5亿欧元，在全国各地设有50多家企业，涉及通讯、自动化及控制、能源、交通、医疗和家用电器等行业。

甘肃省2002年投资155亿元改造传统产业

14日 在日前结束的甘肃省金融工作会议上，甘肃省政府宣布：2002年甘肃将投入155亿元技改资金，对传统工业进行升级换代改造和实现高新技术的产业化。这是甘肃省应对加入WTO挑战的一项重大举措。

技改资金中的100亿元资金投向是：兰州铝厂15万吨大型预增槽改造和节能降耗工程、兰州石化300万吨重油催化裂化和24万吨乙烯改扩建工程、酒泉钢铁公司热轧薄板工程、50万吨高线和信息化工程、连城铝厂节能降耗改造等20个传统产业升级和高新技术产业化的标志性项目。这些项目的建设周期为1年或2年。

北京大唐发电公司获100亿元授信

17日 中国最大的独立发电公司之一——北京大唐发电股份有限公司获得中国银行的100亿元人民币授信额度。

大唐发电公司是第一家在香港上市的中国电力企业，也是第一家在伦敦上市的中国企业。该公司目前拥有及经营四家营运中的发电厂，总装机容量557万千瓦，在建电厂装机容量近600万千瓦，主要为北京、天津和河北省北部地区服务。

河南省5年投资300亿元唤回碧水蓝天

20日 在刚刚结束的河南省第五次环保会议上，河南省政府郑重宣布："十五"期间投资300亿元，重点抓好114项环保重点工程，改善河南的环境质量。

"十五"期间，河南环保工作的重点是水污染治理和大气污染防治。在水污染治理方面，投资54亿元新增城市污水集中处理能力200万吨/日；投资30亿元，治理工业企业的污染；新建项目"三同时"投资15亿元。在大气污染防治方面，投资110亿元实施城市大气污染环境综合治理；投资30亿元，治理工业企业大气污染；新建项目"三同时"投资20亿元。在生态保护方面，投资30亿元，将重点建设2—3个生态示范市，建成34个国家和省级生态示范区，新建23个自然保护区，新增自然保护面积31万公顷。此外，投资10亿元，提高环境监控装备水平，改善执法条件和加强环境科学技术研究的投入。

5月

建设科技奥运数字北京工程

10日 北京市政府与中国电子科技集团今天在京签署全面合作协议书。双方将以电子信息产品产业化为主线，建设北京信息产业科技园、北京国家集成电路研发中心以及合作推进科技奥运、数字北京等工程。

双方决定，在北京光机电一体化基地投入建设的北京信息产业科技园要在今年开工，建成后的销售收入将达上百亿元。为推进科技奥运、数字北京工程，双方将合作建设信息化工程和服务平台、智能交通系统、奥运信息综合管理系统、智能化比赛管理系统以及北京市电子政务、电子商务系统。

长城资产管理公司重组鸭溪酒业成功

10日 由中国长城资产管理公司实施商业性债转股的贵州鸭溪酒业有限公司日前举行了揭牌仪式，这标志着长城资产管理公司在西部地区实施不良资产重组获得了新的进展。长城资产管理公司在2000年收购了贵州农行对鸭溪窖酒厂的近1.1亿元的债权后，为了保全资产，提出以债转股的形式，将对酒厂的金融债权转化为对贵州鸭溪酒业公司的股份。

内昆铁路全线开通运营

12日 今天，铁道部和云、贵、川3省在贵州省六盘水南编组站举行内昆(内江—昆明)铁路全线开通仪式。

内昆铁路全长872公里，其中北段四川内江至安边、南段梅花山至昆明于20世纪60年代建成。这次新修建的中段起点为云南水富站，终点为贵州梅花山站，全长358公里，途经四川、云南、贵州3省的宜宾、昭通、毕节、六盘水等4地市的10个县。同时，宜宾至水富段进行了电气化改造，扩建了六盘水铁路枢纽。

这条铁路从四川盆地攀至云贵高原，山高谷深，地质复杂，气候多变，工程浩大，任务艰巨，仅新建隧道达148.86公里、桥梁41.8公里，桥隧总长占线路总长的53.9%。新建线路一次实现电气化，设计最大区段货流量密度为每年1400万吨，客车每日8对，总投资为120亿元。

北京市投入100亿元进行工业技改

13日 北京市政府宣布：北京2002年将投入100亿元进行工业技改，围绕一批骨干企业，实施以高新技术和先进适用技术为重点的技术改造。

北京将通过建设十大高新技术产业基地和实施10项传统产业升级改造重点工程，加快形成以高新技术为龙头的新的产业链，加速构建以电子信息与通讯、汽车与新装备、生物工程与医药、石化与新材料、光机电一体化等产业为支撑的工业产业群体。

中国电信中国网通正式成立

16日 经国务院批准，颇受社会关注的中国电信集团公司与中国网络通信集团公司经重组后今天正式宣布成立。

新组建的中国电信集团公司是根据国家电信改革方案，由原中国电信南方21省区市的电信公司组成，注册资本1580亿元，拥有全国光纤数和通信信道量的70%。新组建的中国网通集团公司是由原中国电信北方10省区市电信公司和原中国网通公司、中国吉通公司组成，注册资金600亿元，拥有全国光纤数和通信信道量的30%。这样，双方均拥有覆盖全国的完整的长途干线传输网，从而形成全国有两个全覆盖的干线传输网。而且，由于两公司都拥有所属地区的本地电话网，都有本地电话、长途电话、国际电话和国际互联网业务经营权，而且两公司都可以在全国范围开展业务，因此有利于形成有效竞争局面。

这次重组后，中国电信领域格局出现了新的变化，形成了中国电信、中国网通、中国移动、中国联通、中国卫星和中国铁通六家基础电信企业和4000多家增值电信、无线寻呼企业相互竞争的格局。而六大公司的比重也发生了明显变化。原来占绝对优势的中国电信业务收入比重由过去的50%以上下降到33.8%，退居第二，中国移动以36.6%跃居首位。

经营性用地使用权须以招标拍卖挂牌方式出让

16日 国土资源部日前发布《招标拍卖挂牌出让国有土地使用权规定》。《规定》要求，从今年7月1日起，“商业、旅游、娱乐和商品住宅用地等各类经营性用地，必须以招标、拍卖或者挂牌方式出让”。

《规定》要求，“确定招标标底，拍卖和挂牌的起叫价、起始价、底价，投标、竞买保证金，应当实行集体决策”。这有利于抑制权力进入市场，减少人为因素对资源配置的干预和不合理控制，从源头上抑制腐败行为的发生。

国内首家银行卡专营机构成立

17日 国内首家银行卡专业化经营机构——中国工商银行牡丹卡中心在北京正式成立。

牡丹卡中心注册资本10亿元，该中心将在全国主要城市设立分中心，在业务考核、经营资源调配等方面，实行统一调度、内部独立核算、垂直管理和专业化经营。牡丹卡中心和工行分支机构之间将建立业务代理关系，工行众多的营业网点仍是牡丹卡业务面向客户的营销渠道。

中国工商银行目前已拥有牡丹国际卡、人民币贷记卡、智能卡等9大类180多个银行卡业务品种，截至去年末，牡丹卡总发卡量达7993万张，年直接消费交易额609亿元，市场占比48%；拥有ATM机1.1万多台；特约商户已达7万多家，投放POS机近5万台。2001年牡丹卡业务实现收入16.9亿元。

中关村科技园区签约百亿元

25日 今天下午，第五届中国北京国际科技产业博览会上的重头戏———第四届中关村项目推介暨技术成果交易会签约仪式在北京饭店举行。

本次“科博会”期间，中关村科技园区共签订合同及意向100项，总金额达130多亿元人民币。其中签订协议合同88项，金额约为人民币125亿元；签订合作意向12项，金额约为人民币8亿元。在签约仪式上，共有40项代表性项目参加签约，签约金额约85亿元人民币。

沈大高速拓宽改造工程开工

28日 中国第一条高速公路沈(阳)大(连)高速公路的拓宽改造工程开工。改造后的公路将由双向四车道拓宽为双向八车道，公路两侧建成经济林和生态林绿化带，沿线建100个农业园区，服务区将建成欧美风格的田园风光服务区。这些项目完成后，新的沈大高速公路不仅成为辽宁的经济大动脉，还将成为旅游观光风景线。工程全长348公里，投资额近79亿元，预计于2004年9月完工通车。

6 月

陕西省投入48亿元进行环保建设

5日 今天，陕西省代省长贾治邦在全省纪念“六五”世界环境日座谈会上宣布：2002年投入48亿元进行环境保护建设，并在3至5年内再建国家级生态示范区15个、生态示范乡40个、生态示范村300个。

陕西省投入的48亿元主要用于环保公共基础设施和环境监管能力建设。

国家将投两亿元研究农业节水技术

12日 科技部宣布：“十五”期间，国家将投资2亿元，用于“现代节水农业”的技术攻关。

今天，科技部组织“现代节水农业技术体系及新产品研究与开发”项目可行性论证会，以石元春院士为首的一批专家对这一“十五”重点科技攻关项目进行了论证。

这个科技专项以建立具有中国特色现代节水农业技术体系为目标，计划研制出抗旱优异育种新材料100份，培育和造就20家较大规模的节水农业设备与产品生产企业，建立10个现代节水农业技术集成示范区。项目完成后,中国节水农业技术总体水平将达到20世纪90年代中期国际先进水平。

首届中国森林风景资源博览会举行

8日 由国家林业局举办的首届中国森林风景资源博览会暨天目山森林旅游节在浙江省临安市开幕。

中国是世界上森林生态系统类型最多的国家之一,有着十分丰富、独具特色、风光秀丽的森林风景资源。目前,全国建立各类森林公园1200多处,面积近1140万公顷;建立森林和野生动植物类型自然保护区1156处,面积1.02亿公顷。2001年全国森林旅游人数达1亿多人次,以森林公园和自然保护区为主的旅游综合收入达500亿元。

亚洲创业投资中国论坛举行

13日 2002年亚洲创业投资中国论坛今天在北京举行。论坛以风险投资与中国创业机会为主题,探讨风险投资在中国经济持续快速发展的过程中,如何发挥更重要的作用,取得更大的投资回报。中华全国工商联主席经叔平就如何更大限度地发挥民间资金的作用作了主题演讲。

国内汽车行业最大重组协议签署

14日 被业界人士普遍关注的"天汽一汽重组案",终于瓜熟蒂落。双方今天正式宣布将进行联合重组,并在协议书上签字。这是目前中国汽车工业发展史上规模最大、最具影响力的一次联合重组,也是汽车企业面对WTO的挑战,贯彻产业政策,加快结构调整和技术升级迈出的可喜一步。

天津汽车集团公司将其持有的上市公司天津汽车夏利股份有限公司84.97%股权中的60%,即夏利公司总股本的50.98%的股份转让给一汽;与此同时,天汽集团公司还将其下属的华利公司所拥有的75%的中方股权全部一次性转让给一汽集团公司。

一汽集团公司总经理竺延风认为,重组充分体现了优势互补的原则。在产品上,借助天汽,一汽将弥补经济型轿车空白,天汽也有希望向高档轿车领域发展;在地域上,东北与华北相距1000多公里,是最佳的地域组合;在技术上,双方也各有优势,今后可互相借鉴。

乌鲁木齐兴建"天山药谷"

18日 生物资源丰富的新疆,今天正式开始兴建"天山药谷"。

"天山药谷"是新疆惟一一家专业化的现代生物制药高科技工业园区,占地30公顷。由乌鲁木齐高新技术产业开发区与华春实业集团共同筹建的"天山药谷"将与清华大学生命科学与工程研究院、新疆医科大学等高等院校"联姻",在技术水准和研发力量上保持世界先进水准。总投资13.9亿元人民币的"天山药谷"将以生物技术为核心,致力于生物制药产业,并为入园的国内外生物制药企业提供符合国际FDA和国家GMP标准的工业厂房、生产设备和世界一流的研发、实验、生产平台,以期建成国际一流的现代化高科技生物工程工业园。

新疆是中国生物资源非常丰富的地区,具有药用价值的植物、动物、矿物类资源高达2200余种,全国重点普查的362种常用中药材中,新疆就拥有104种,蕴藏量占全国蕴藏量的30%以上。

华平筹组53亿美元环球创投基金

20日 全球创业投资公司华平日前宣布,该公司已完成筹组一项53亿美元的环球创投基金。该基金将与另一项25亿美元的国际基金共同投资于美国、欧洲和亚洲企业。据悉,华平已投资29个国家的450家公司,总投资额122亿美元,在中国,华平投资近3亿美元,合作对象主要有亚信、鹰牌陶瓷、新华控股、亚商在线、海湾风景等。

奥运总投资近3000亿元

20日 国家经贸委主任李荣融在今天开幕的"中国意大利高层经济论坛"上说,为办好北京2008年奥运会,中国政府今后几年中将要加快基础设施、奥运场馆、环境治理和信息化建设,初步测算总投资近3000亿元。

由中国中小企业对外合作协调中心与意大利工业联合会共同举办的这一论坛自2000年至今已成功举办两届。本届论坛的主题为"加强合作、深入交流、关注奥运、共同发展"。

西藏三大重点文物保护维修工程动工

26日 在党中央、国务院的亲切关怀下,由国家投资3.3亿元、将历时5年的西藏布达拉宫、罗布尔卡和萨迦寺三大重点文物保护维修工程正式开工。

在过去的20多年里,国家累计投资3亿多元,维修了400多座西藏寺庙,修缮和保护了大批文物。这次实施的三大重点文物保护维修工程,是新中国成立以来,国家在西藏进行的规模最大、投资最多的文物保护维修工程。

中国国际旅游收入跃居全球第五位

27日 据世界旅游组织最新发布的新闻公报,2001年中国国际旅游收入首次超过德国和英国,从近几年的世界第7位跃升到第5位,仅次于美国、西班牙、法国和意大利;过夜旅游者人数仍居世界第五位,列法国、西班牙、美国、意大利之后。

另外,中国香港2001年国际旅游收入为82亿美元,比上年增长4.5%,居世界第13位;接待入境过夜旅游人数为1370万人次,比上年增长5.1%,居世界第14位。

上海大众第200万辆轿车下线

28日 今天,一辆簇新的帕萨特轿车驶下上海大众汽车有限公司的总装流水线,上海大众由此成为中国首家累计产量达到200万辆轿车的轿车企业。

作为中德两国在改革开放后共育的第一株新苗,最先走上合资道路的上海大众,经过18年的发展,走出了一条引进、吸收、消化国外先进技术,高起点发展中国轿车工业的新路。如今,上海大众的注册资本已经达到63亿元,成为年产25万余辆国产轿车的中国最大的轿车生产基地,已累计创造销售额2300多亿元。

7 月

青海百万吨钾肥项目开工建设

1日 年产氯化钾100万吨的青海钾肥二期工程正式开工建设。

该工程是国家实施西部大开发首批十大项目之一,总投资25.85亿元,计划于2003年6月底建成并投入试生产,2006年全面实现设计生产能力。1999年底至2002年6月以来,青海盐湖集团公司精心组织施工,先后完成了防洪堤坝、道路、供水、采输卤、盐田开挖、卤水排放等前期和外围工程,目前已建成车间等配套工程17项。

百万吨钾肥项目建成后,青海省钾肥生产能力将达到160万吨,可满足国内市场需求的1/3,产品年销售收入将达到20亿元。

甘肃将投资近9亿元净化黄河

3日 甘肃省政府今日宣布,在未来的4年里,甘肃省将投资8.92亿元,在黄河沿岸完成12项城市污水和工业企业污水治理工程,使污染物总量每年削减约8.3万吨,削减工业污染物化学需氧量、氨氮、镉35%,削减酚、铅25%,使黄河水体甘肃段的水质实现明显好转。

根据甘肃“十五”规划,到2005年将建成9个工业企业污水处理项目,其中8个项目将在2002年底竣工验收。这些项目建成后,每年可减少污染物2267.9吨。在建的兰州市七里河、安宁污水处理厂和雁儿湾污水处理扩建工程、白银市生活污水处理厂将于2005年完工。这三大工程建成后,每年可新增二级污水处理能力44万吨,年削减污染物80718吨,使黄河干流甘肃段的水质明显好转。

西气东输总投资700亿元

4日 中石油宣布与外资就西气东输工程项目签订合营框架协议,连同上游的天然气开发及全长4000公里的输送管道建设,总投资额为85亿美元(约705亿元人民币或663亿港元)。

中石油执行董事兼副总裁王福成表示,由于部分投资将采用银行贷款,故在整个项目占五成权益的中石油,实际只需承担27亿美元(约210亿港元)的现金开支,公司将考虑多种方法融资,包括在国内发行A股。中石油不会投资下游的城市天然气管道建设和销售。他说,该项目的预计内部回报率,上游开发逾15%,管道部分则为12%,预计到2008年时对公司的盈利贡献约4%—5%。

西气东输工程全线开工

4日 经国务院批准,西气东输工程开工典礼今天在京隆重举行。

西气东输工程今天在塔里木气田、新疆库尔勒、陕西延川黄土塬、江苏无锡新区和上海白鹤镇等五个施工工地同时开工。中央和国家机关有关部委及直属单位,工程沿线省、自治区、直辖市人民政府的负责人,外方合作公司及有关国家驻华使馆的有关人员参加了今天的开工典礼。

北京60项重大工程建设进展顺利

16日 北京市年初确定了60项重大建设项目,其中续建项目37项,拟新开工项目23项。项目总投资1433亿元,其中2002年计划安排投资368.8亿元。

在12月底前,将有陕北天然气进京市内工程、数字技术开发中心和背投式大屏幕彩色电视机规模化增产技术改造、京承高速一期(四环路—高丽营)、五环路、六环路(胡各庄—高丽营)、北京生命科学研究所、北京市电子政务工程专网一期工程、望京市属高校教工住宅小区等11项工程竣工。

索风营水电站开工

26日 贵州首批8个“西电东送”项目中的最后一个项目——索风营水电站,今天正式开工。

索风营水电站位于黔西、修文两县交界的乌江主干流上,设计装机容量60万千瓦,总投资31.25亿元,第一台机组计划2005年开始发电。

贵州是火电、水电资源富集的能源大省,被国家列为“西电东送”的重点省份。2000年11月,以洪家渡水电站开工为标志,拉开了“西电东送”的序幕,至今,该省已开工建设4个火电、4个水电项目。按计划,这批项目都将在“十五”期间投入营运,以保证2005年底以前形成向广东输电400万千瓦的能力。

12个国家重大科技专项启动

30日 科技部今天宣布启动实施12个重大科技专项,以集中科技资源,调动各方面的积极性,在3到5年内使中国在若干科技领域取得重大突破并实现产业化。

实施12个重大科技专项将涉及19个部门和22个省市,在“十五”期间预计总投入近200亿元,其中国家财政将拨款60多亿元,部门、地方和企业配套近140亿元。

东部民营企业积极投资

31日 以民营企业为主体来自东部的600多家企业、3200多名客商到青海投资,参与西部大开发。短短的4天时间里,签约金额达80多亿元,到位资金达30亿元,投资涉及青海的矿产、水电、畜产品、盐化、油气资源等174个开发项目。

青海是个资源大省。近年来,为了克服本省投资不足的问题,青海省打破行政区划界限,制定优惠政策,改善投资环境,以吸引东部资金,用投资拉动开发。东部企业以参股、控股、合资、独资等形式,在青海兴办企业,有力地推动了青海的资源开发和经济发展。

8 月

林业六大重点工程建设全面驶入快车道

1日 总投资规模达718亿元的重点地区丰产用材林基地建设工程今天启动。这标志着中国历史上规模最大、范围最广、时间最长的速生丰产林基地建设工程正式拉开帷幕,也标志着经国务院批准的新时期六大林业重点工程全面驶入快车道。

建设速生丰产林,不仅可以减轻现有森林资源特别是天然林保护的压力,还是立足国内解决木材供需矛盾的根本途径。工程建设的总体目标是:到2015年,新造和低产林改造1333万公顷,提供国内生产用材需求量的40%,加上现有森林资源的合理采伐利用,国内木材供需基本趋于平衡。

包括天然林资源保护工程、退耕还林工程、京津风沙源治理工程、"三北" 和长江中下游地区等重点防护林建设工程、野生动植物保护及自然保护区建设工程、重点地区速生丰产用材林基地建设工程在内的六大工程,范围覆盖了全国97%以上的县,规划造林任务超过11亿亩,工程建设范围之广、规模之大、投资之巨为历史所罕见,其中四项工程的规模超过了前苏联改造大自然计划、美国大草原林业工程和北非五国的绿色坝工程,成为世界生态工程之最,也成为我国新世纪再造秀美山川的壮举,在国内外产生了巨大反响。

投资6亿元实施"人文奥运"文物保护规划

1日 北京市人民政府宣布,今后5年投资6亿元实施"人文奥运"文物保护规划,重点是整治"两线"景观,恢复"五区"风貌,重现京郊"六景",营造北京历史文化名城的基本格局。

根据"保用并举、恢复景观、成片整治、形成风貌"的指导方针,"人文奥运"文物保护规划的总体设想是:整治"两线"即中轴线和朝阜路(朝阳门—阜成门)沿线,这是构成古都城市规划的纲要和基准,整治后形成的"两线"风貌是展示北京古都景观的核心。

恢复"五区",是指恢复明、清皇城景区,什刹海风貌区和拥有京城除故宫以外最大的古建筑群的国子监古建游览区,京城士文化的代表琉璃厂传统文化商业区,包括元大都土城遗迹、明北京城城墙遗迹在内的古城垣景区。通过全面整治,将深入挖掘这些景区丰厚的历史文化内涵,再现古城神韵,提高特色旅游价值。

京郊"六景"是指:包括颐和园、圆明园和香山在内的西郊风景名胜区;北京段长城风景保护区;包括著名的十三陵及金陵遗址在内的帝王陵寝保护区;京东运河文化带;宛平史迹保护区;包括八大处、潭柘寺等游览胜地在内的京西寺庙景区。这些景区、景点整治后,将从整体上重现金中都、元大都、明清北京城时逐渐形成的京郊风景名胜风貌。

国家斥资8亿 加强航空安全建设

8日 国家将从中央政府性基金中安排8亿元,支持航空公司安全保障系统建设。

这项决定是财政部、民航总局根据国务院关于加强航空安全的部署作出的。此项资金主要用于飞机机舱改造、加装机载防撞系统、添置货运安检设备,各约2亿元;其他安全设施建设2亿元。

2002年民航总局加大了政府性基金(民航基础设施建设基金和机场管理建设费)的征收和管理力度,确保按计划上缴国库。此次安排的安全专项资金,已全部列入国家预算,从8月份起,将陆续向航空公司拨款。上半年,民航总局已安排机场安全设施建设投资2亿元,用于购置安检设备、安全监控系统建设和安检流程改造等。用于空中交通管制系统建设的投资也增加较多。

香港一公司投资1亿港币开发闽东鸳鸯溪旅游项目

11日 屏南县人民政府与香港锦中国际有限公司签订合同,投资1亿港币开发鸳鸯溪旅游项目。至此,这一闽东网上招商最大的外资企业投资项目在屏南落户。该项目投资总额为1亿港币,分四期投资,在10年内完成。第一期开发时间为2002年9月至2005年8月,投资额为2000万港币。

陕气进津工程竣工

13日 总投资9.34亿元的陕气进津工程今日全部竣工。8个容积为5000立方米的天然气高压储气球罐镶嵌在天津市津南区一片绿色的草坪上,形成一个新的景观。陕气进津工程竣工后,天津市年供天然气规模由原来的1.6亿立方米增加到3.43亿立方米,天然气用户增加了35万户,燃气用户由过去的117万户增加到167万户,气化率达到96.8%,位居全国前列。

陕气进津工程于1997年4月开工,工程共铺设天然气高压输气干线291.19公里,建成5000立方米大型天然气高压储气球罐13个。陕气进津工程的实施,使天津燃气管网5年总计增加850公里,并实现了以天然气为主、煤制气为辅、液化气补充调节的历史性转变,大大改善了天津的能源结构。

斥资百亿为可持续发展提供科技支撑

14日 在国务院新闻办公室今天举行的记者招待会上,科技部正式公布《可持续发展科技纲要》。这一纲要用于指导10年内全国可持续发展相关的科研项目和科技工作,为可持续发展提供科技支撑。为此,国家"十五"期间要投入资金100亿元。科技部根据《国民经济和社会发展第十个五年计划纲要》,会同有关部门推出了《可持续发展科技纲要》。

《纲要》针对未来十年中国可持续发展的需求及面临的重大科技问题,提出了"创新、协调发展"的方针。《纲要》选择了加强战略研究、突破关键技术、强化基础性工作、加速成果转化、开展示范试点、优化科技资源等6个方面作为重点任务。《纲要》体现了既服从国家的长远发展、又紧贴人民群众的需求。《纲要》确定了12个重点领域,其中包括国家有战略需求的方面,如油气安全、战略性的矿产资源,大的生态环境的建设,海洋的开发利用，也有涉及老百姓吃、住、行和健康的方面，如重大疾病的防治、居住环境和条件的改善以及食品安全等。

山东今年技改投资逾千亿

16日 山东省技改投资2002年要突破1000亿元，重点保证131个亿元以上的大项目尽快竣工投产。

为确保下半年完成全年的经济任务，山东省制定了5项措施。

一是抓技术进步，全年的技改资金重点投向电子信息等3大高新技术领域和6个传统产业的32大类产品。二是抓招商引资，促进136户工业企业与国外优势企业对接。三是抓国有企业改革、改组、改造，推动国有企业投资主体多元化进程。四是大力支持民营企业发展，全省年内要建设100个大规模、高水平的工业园区。五是抓市场开拓，山东省决定大力发展连锁经营，扩大日用品、食品和餐饮业的连锁经营范围，加快发展汽车、计算机、石化、药品、图书报刊的连锁经营。

黄委会宣布实施黄河近期重点治理开发规划

17日 黄河水利委员会主任李国英在郑州宣布：国务院批复的《黄河近期重点治理开发规划》开始进入实施阶段。按照这一宏伟的规划，国家将用10年左右的时间，与地方联合投入1508亿元，初步建成黄河防洪减淤体系，进一步完善水资源统一管理和调度体制，加强水土保持，遏制生态环境恶化，促进流域及相关地区经济社会的可持续发展，谋求黄河的长治久安。

《规划》确定的黄河近期治理开发目标的重点是：一、用10年左右时间，全面推行下游河道标准化堤防建设，加快游荡性河道整治和险工加固，搞好滞洪区和滩区安全建设，完善水文测报、洪水和枯水调度等，初步建成黄河防洪减淤体系；二、把解决黄河水资源不足和水污染防治放在突出位置，进一步完善水资源统一管理和调度体制，进行黄河灌区节水改造，建立合理水价形成机制，加强水污染防治、排污总量控制和断面水质监测，以水资源的可持续利用为流域经济社会的发展提供支撑；三、进一步加强水土保持，基本控制人为因素产生新的水土流失，每年减少入黄泥沙5亿吨，遏制生态环境恶化趋势。

“西电东送”北信道项目开工

20日 经国务院批准，“西电东送”北信道工程项目今天正式开工建设。

此次由中国华北电力集团公司、北京大唐发电股份公司、北京国际电力开发投资公司、北京国华电力有限公司、天津津能投资公司、内蒙古电力集团有限公司、内蒙古蒙电华能股份有限公司、山东鲁能集团公司、山西晋能集团公司、山西省地方电力公司等共同投资建设的“西电东送”北信道工程项目，共包括3个输变电工程和4个电源工程，将新架设500千伏输电线路1590公里，新增发电装机容量406万千瓦，工程投资总额约192.5亿元，全部工程将于2006年前投产。

西电东输首条线路全线贯通

21日 昨天上午9时48分，三峡电站向华东送电的第一条线路“±500千伏龙泉至政平直流输电线路”的关键项目——芜湖长江大跨越工程全线完成跨越长江，至此该条线路全线贯通。

龙政线全长860公里，途经湖北、安徽、江苏三省，输电容量300万千瓦，是目前国内输电容量最大的输电线路，输电量相当于目前上海用电总量的30%。

芜湖长江大跨越工程位于该市天门山风景区不远处，线路全长3.05千米，跨越长江档距1.91千米。跨越塔全高229米，是我国第一高输电钢管塔。

三峡电站首台机组发电后，强大的电流将通过这里联入华东电网。届时华东地区用电状况将得到明显改善。

中国首造30万吨油轮交工

31日 今天，中国首次建造的30万吨超大型油轮，在大连新船重工有限公司签字交工。

此次交工的巨轮，是大连造船新厂前不久承接的伊朗国家油船公司订造的5条30万吨超大型油轮之一，船长320米，型宽58米，型深31米。船体疲劳寿命由国际上现行的25年提高到40年。此次签字交工，标志着中国造船工业超大型油轮的设计建造实现“零”的突破，进入世界少数几个能够设计建造超大型油轮的国家行列。

9 月

建行将投500亿支持浙江中小企业发展

2日 今天，浙江省人民政府与中国建设银行在北京签署了《支持中小企业发展合作协议》，建行将在未来的三年内向浙江省中小企业新增贷款计划500亿元。根据协议，浙江省政府将努力推进“信用浙江”的建设，推荐一批具有发展潜力的优质民营企业、中小企业作为信贷扶持重点，组织建立民营、中小企业信用担保体系，鼓励设立各类创业基金、风险投资基金和政府扶持民营、中小企业发展专项基金。

青藏铁路公司正式成立

3日 经国务院批准，青藏铁路公司今天正式成立。

建设青藏铁路是党中央、国务院作出的重大战略决策，是西部大开发的一项重要标志性工程，对促进青海、西藏两省区经济社会发展，加强民族团结，具有十分重要的意义。为把青藏铁路建设成世界一流高原铁路，提高投资效益，国务院批准组建青藏铁路公司，实行建设项目法人责任制，全面负责青藏铁路格尔木至拉萨段建设和西藏、青海两省区的铁路运营。国务院在关于组建青藏铁路公司的批复中要求，青藏铁路公司要加强管理，严格控制项目投资，确保工程进度和质量，搞好环境保护，做好铁路建成后的运营管理和服务工作。

青岛万吨级游轮码头等5个奥运项目签约

4日 在今日举行的城建、奥运项目推介会上，一批奥运项目精彩亮相，有5个项目已寻到合作伙伴并于昨日签约，分别是：国际游艇俱乐部、五星级度假酒店、万吨级游轮码头、水上运动中心和国际会议中心。

青岛市目前初步确定的奥运项目有154项，总投资共约780亿人民币。其中，规划中的万吨级国际游轮码头项目位于浮山湾奥运园区现北海船厂内、浮山湾新月型半岛的顶端，定位为环太平洋沿岸重要的亚洲及世界性豪华游轮码头，计划2004年动工；奥林匹克广场位于奥运园区内，占地约0.5—1公顷，计划投资3000万元；计划兴建的奥运村工程占地约4.2公顷，建筑总面积约8.4万平方米。

第六届中国投资贸易洽谈会闭幕

11日 第六届中国投资贸易洽谈会今天在厦门落下帷幕。

截至9月11日中午12点，本届投洽会共签订投资合作项目1814个，总投资金额136.5亿美元，利用外资112.35亿美元，其中合同项目1151个，投资金额6..6亿美元，利用外资金额51.91亿美元。从投向上看，工业项目占较大比重，高新科技项目、房地产、旅游项目也有较大增长。从签约项目的规模看，大中项目比重有所提高，1000万美元以上的合同项目191个，总投资额43.3亿美元，合同外资金额34.7亿美元。在贸易成交方面，本届投洽会进出口贸易成交总额达6.19亿美元。其中，出口5.13亿美元，进口1.06亿美元。

摩托罗拉投资10年上缴税收185亿元

11日 正值美国摩托罗拉公司投资天津10周年，中美合作的摩托罗拉强芯（天津）集成电路设计有限公司在天津经济技术开发区宣告成立，标志着摩托罗拉公司投资天津进入新阶段。

10年来，摩托罗拉（中国）电子有限公司成为中国电子领域最大的外商投资企业以及摩托罗拉全球最重要的生产基地之一，累计实现销售额210亿美元，出口额累计86亿美元，上缴税收累计185亿元人民币，本土采购金额累计达56亿美元，一大批本地企业通过为摩托罗拉公司生产配套产品，走向了国际市场。

岭澳核电站2号机组并网发电

14日 今天上午10时35分，国家重点工程建设项目岭澳核电站2号机组成功并网发电，比原计划提前3个月。这一重大进展确保了岭澳核电站两台机组今年底前全部投入商业运行。

岭澳核电站1号机组已于今年5月28日提前48天投入商业运行，至今已累计安全运行113天，累计发电上网24.3亿千瓦时，对缓解广东省和深圳市用电紧张局面，顺利度过夏季用电高峰起到重要作用。

岭澳核电站国家批准预算投资为40.25亿美元，节省投资超过了3亿美元。

北京朝阳国际商务节签约近600百亿

15日 今晚，第三届北京朝阳国际商务节闭幕。本届商务节与金融机构达成全面合作，签约总金额达599亿元人民币。

本届商务节通过举办中外CBD发展论坛、CBD国际融资与服务论坛等一系列商务活动，邀请国内外专家学者和商务人士围绕北京商务中心区的发展方向、融资渠道等进行了讨论。商务节期间，共组织17家国内外金融机构、21个重点项目参加CBD国际金融服务展。

甘肃发现亿吨级油田

23日 陇东石油勘探取得重大突破，在甘肃西峰市东北发现亿吨级储量的大油田。

陇东是长庆油田的主力产油区。2000年以来，长庆油田在陇东进行石油勘探大会战。经过三年的努力，西峰油田初步计算探明石油储量6132万吨，控制储量1.34亿吨，预测储量1.15亿吨，三级储量合计3.1亿吨。

青藏铁路第一长隧贯通

26日 青藏铁路第一长隧——昆仑山隧道今天贯通。该隧道全长1686米，位于海拔4600至4800米的多年冻土区，是青藏铁路建设的头号重点控制工程，铁道部已确定的9个冻土隧道科技攻关项目中有8个用于该隧道施工。它的贯通标志着青藏铁路建设攻坚战取得重大突破，为向拉萨铺轨创造了有利条件。

鄂黄长江公路大桥通车

26日 今天上午10时30分，一辆身披彩带的黄州至鄂州的公共汽车缓缓驶入鄂黄长江公路大桥收费站，这标志着该桥正式通车。鄂黄大桥是北京至广州106国道跨越长江，连接黄冈、鄂州两市的特大型桥梁，全长3245米，桥面宽24.5米，双向四车道；大桥主跨跨径480米，目前居同类桥梁亚洲第二、世界第三；设计桥型为双塔双索面预应力混凝土斜拉桥，总投资9.108亿元，1999年10月15日动工建设。

北京城铁西段建成通车

28日 最高时速80公里，总投资65.7亿元的北京第一条以地面线和高架线为主的快速轨道交通线——北京城市铁路西段（西直门至霍营）今天开通试运营。

这是北京继地铁1号、2号线开通之后的第三条城市快速轨道交通线，全长40.85公里，其中地面线26.1公里，高架线11.28公里，地下线3.47公里。

大连北良国家储备粮库建成

28日 利用国债资金建设的国家重点工程———大连北良国家储备粮库60万吨筒仓工程今天通过国家计委、国家粮食局组织的验收，这标志着国内规模最大的港口国家粮食储备库工程已全面建成交付使用。

该工程占地16万平方米、总投资3.59亿元人民币。它的建成使用，对加速中国粮食流通现代化进程具有十分重要的意义。

北京奥运会项目建设实行招投标

17日 北京市政府已经确定，奥运会项目的建设将全面采用招标投标制度。为将招标投标的各环节置于公开透明的环境和有效的法律监督之下，一部北京市地方性法规《北京市招标投标条例》今天出台。

《条例》分三个层次设置了对招标投标活动的行政监督管理体系，规定了建立"招标投标活动违法行为记录系统"，形成社会信用约束。条例将自2002年11月1日起施行。

黄河下游防洪减淤10年要投资514亿

17日 中国将用10年时间投资约514亿元，在黄河下游打造一道防洪减淤体系，其中黄河山东、河南段投资各占一半左右。

经国务院批复，"十五"期间，中国将投资140亿元用于黄河下游防洪工程建设。其中，投资将有73亿元用于黄河山东段的工程建设。目前，山东黄河河务局正加快前期工作，特别是工程设计。

在这5年间，山东临黄的东明县和济南重点段将建设长约128公里的标准化堤防。所谓标准化堤防，即临河为30至50米宽的防浪林带，背河一侧是80至100米宽的淤背区，上面种植生态林；大堤顶为硬化的柏油路面，路两旁为整齐的行道林。

10 月

荆州长江公路大桥通车

1日 位于长江中游湖北省荆江河段的荆州长江公路大桥，经过4年半的建设，于上午9时58分正式通车。荆州长江公路大桥全长4397.6米，桥面宽24.5米，桥型为双斜拉双塔双索面组合型斜拉桥，其主跨500米的跨度在同类桥梁中名列亚洲第一，世界第二。

引硫济金工程竣工

3日 国内海拔最高的引水隧洞——冷龙岭隧洞今日全线贯通。这标志着历时8年、投资2.5亿元的甘肃省重大建设项目——"引硫济金"工程竣工。

甘肃金昌市是中国镍都，但是因为缺水，工农业生产和城市生活受到很大制约。"引硫济金"工程是从青海省门源县将黄河支流——硫磺沟的水穿越祁连山冷龙岭引至金昌。冷龙岭引水隧洞全长8866米，设计流量为7.5立方米/秒，每年引水量为4000万立方米。

中国最长的城市地下隧道玄武湖地下隧道贯通

7日 南京玄武湖地下隧道在经历近一年的建设后，提前全线贯通！根据设计，隧道通车后按满负荷计算，每小时可通行7000余辆机动车。据悉，玄武湖隧道总投资为8.37亿元人民币，是南京市规划"经五纬八"路网的重要组成部分，也是南京市市政工程建设史上工程规模最大、建设标准最高、项目投资最多、技术工艺最为复杂的现代化大型隧道工程。

据玄武湖地下隧道工程建设指挥部介绍，玄武湖隧道工程将于2002年12月28日前全面竣工，随后进入设备调试和试运行阶段，2003年5月1日将正式全线通行。

民航六大集团公司宣告成立

11日 民航六大集团公司今天在京正式宣告成立，这标志着民航改革重组迈出了实质性的步伐。这六大集团分别是中国航空集团公司、中国东方航空集团公司、中国南方航空集团公司三大航空运输集团，以及中国民航信息集团公司、中国航空油料集团公司、中国航空器材进出口集团公司三大航空服务保障集团。

中国航空集团公司是以中国国际航空公司为主体，联合中国航空总公司和中国西南航空公司组建而成的，资产总额573亿元，运输飞机119架，经营航线307条。中国东方航空集团公司是以东方航空集团公司为主体，兼并中国西北航空公司，联合云南航空公司组建而成的，资产总额473亿元，运输飞机142架，经营航线386条。中国南方航空集团公司是以南方航空(集团)公司为主体，联合中国北方航空公司和新疆航空公司组建而成的，资产总额501亿元，运输飞机180架，经营航线666条。中国民航信息集团公司的资产总额为47亿元，中国航空油料集团公司的资产总额为152亿元，中国航空器材进出口集团公司的资产总额为19亿元。

亚太2号开通光缆全长1.7万公里

11日 亚太地区目前最长的一条国际海底光缆亚太2号光缆，今天下午在上海电信大楼正式开通。亚太2号光缆是一条容量大、登陆点多、技术先进，而且具有自愈恢复功能的环形结构网络。

这条海底光缆全长1.7万公里，连接中国、日本、韩国、新加坡、马来西亚等国家和地区。初期投资为14亿美元的这项工程，是由中国电信、日本KDDI、NTT、日本电信、韩国电信、香港电讯、中华电信、新加坡电信、马来西亚电信、澳大利亚电信、中国联通等26家亚洲、欧洲和美洲的国际通信公司发起投资建设的。参加方有45家电信公司。亚太2号光缆系统，采用4对光纤，每对光纤的传输速率为每秒640千兆比特，这一系统还采用密集波分复用技术，初期开通容量为每秒160千兆比特。

亚太2号光缆系统分别在中国的上海、汕头、台湾、香港以及日本、韩国、新加坡、马来西亚和菲律宾登陆。

百色水利枢纽工程实现大江截流

11日 今天下午，西部大开发又一标志性工程百色水利枢纽工程成功实现大江截流。

百色水利枢纽工程位于珠江水系郁江流域右江干流中部，坝址距离广西百色市22公里，是一座以防洪为主，兼有发电、灌溉、航运、供水等综合利用效益的大型水利枢纽。

百色水利枢纽工程总投资53.33亿元，总工期为6年。主体工程已于2001年10月开工建设。按照工程建设总进度，2005年10月第一台机组发电，2006年底工程竣工。

百色水利枢纽工程建设后将形成56.6亿立方米的库容，可使右江中下游五个县市基本免除50年一遇以下的洪水灾害，南宁防洪能力也将提高到50年一遇的洪水标准，将保护人口187万、耕地109万亩；同时可扩大和改善水田灌溉面积16万亩，增加丘陵地的水果灌溉面积11万亩，保证灌溉面积增至58万亩；工程建成后，还将连通滇东南地区与广西乃至出海的运输航道。

上汽集团入股通用大宇

13日 上海汽车工业（集团）总公司今天宣布，将投资5970万美元，参与通用大宇项目，并将派一名代表进入通用大宇董事会。该项目日前正式获得国家批准。这标志着中国大型汽车集团首次走出国门，参与全球汽车工业重组。据介绍，在整个通用大宇项目中，通用汽车公司占42.1%股份，大宇债权人占33%股份，上汽集团占股10%，日本铃木公司占股14.9%。新公司将主要进行轿车、多用途车、轻型商用车的设计、制造、销售和服务。

东方公司回收现金86亿元

15日 中国东方资产管理公司公布的数据显示，截至2002年9月30日，东方资产管理公司已处置不良资产340.12亿元，回收现金86.12亿元，现金回收率为25.32%。

在东方公司接收的219个债转股项目中，有120家企业完成新公司注册工作，其中东方公司牵头项目37个，从而有力地支持了一批国有大中型企业减负脱困和建立现代企业制度。

上海合作组织首届投资与发展国际论坛举行

15日 为期两天的上海合作组织首届投资与发展国际论坛在京闭幕。

根据上海合作组织六国元首签署的《上海合作组织宪章》的有关精神，中方倡议，在上海合作组织框架下不定期举行上海合作组织投资与发展国际论坛。考虑到在能源领域开展合作的较大潜力和对促进各成员国经济发展的重要性及其可行性，此次举行的论坛主题为能源领域合作。俄罗斯、哈萨克斯坦、吉尔吉斯斯坦、塔吉克斯坦、乌兹别克斯坦有关政府部门负责人和五国驻华大使，以及主要能源公司的代表参加了会议。

青海省公路交通建设三年来投资超百亿元

15日 截至目前，青海省公路建设完成投资48亿元，超额完成今年全年任务。至此，这个省公路基础设施投资近三年来超过100亿元，全省公路通车里程达23600公里，是解放初期的50多倍。

青海地处高原内陆，自然环境恶劣，经济发展长期滞后。解放初期，全省勉强能通车的公路只有472公里，很多地区甚至连一条大车道都没有。解放后，在国家的大力支持下，经过50多年的建设，先后修建了青藏、青新、宁张等5条国道、23条省道和数以百计的县乡道路，初步形成了内连城乡、外达邻省的公路网络。

西南抢建国际大通道

15日 中国西南各省区市正积极筹划一批交通基础设施重点项目，抓紧建设水、陆、空立体交通网络，带动整个西部地区走向国际市场。

在今天召开的南贵昆经济区工作会上，壮族自治区计委、西部开发办提出了以大信道促大发展的重点方向，即加快广西沿海港口建设，按照建设现代化大型组合港的需要，重点抓好深水出海航道和大能力泊位建设，力争到2005年，使沿海港口吞吐能力达到3000万吨以上；以打通出海、出省、出边高速公路为重点，早日形成连接西南至沿海以及高等级公路的主骨架；加快铁路建设，适时延伸南防至东兴铁路，形成广西与越南间的铁路信道；加快南宁、北海机场的扩建完善，开辟新航线。

北京三元集团有限责任公司成立

16日 经北京市人民政府批准，北京市农工商联合总公司（原北京市农场管理局）自即日起按照现代企业制度进行改制，并更名为北京三元集团有限责任公司。

北京三元集团有限责任公司是经北京市人民政府授权经营国有资产的大型企业集团。集团把以种畜种禽和籽种为基础的高效精品农业、以名牌产品为支撑点的食品加工业、以地产房产经营为龙头的社会服务业作为3大主导产业，以国有企业为基础进行产业经营和资本运营。集团下属288家国有全资、控股和参股企业，41家中外合资合作企业和5家海外企业；现有员工2.8万人，其中高中级专业技术人员1500人；拥有总资产93亿元。集团公司将以发展为主题，以市场为导向，全面提高经济运行质量，逐步构建以资本为纽带专业化经营、集团化发展、投资主体多元化的母子公司体制。

中华联合财产保险公司成立

17日 经国务院同意，中国保监会批准，新疆兵团财产保险公司今天更名成立为中华联合财产保险公司。中华联合财产保险公司是中国内地5家国有独资保险公司之一，注册资本2亿元，总资产达12亿元。

公司总经理孙月生表示，中华联合财产保险公司成立后，将抓紧做好股份制改造工作，力争在较短的时间内把公司建成具有国际竞争力、全国著名的股份制保险服务集团。

摩根大通银行获准经营人民币

17日 全球著名的金融机构摩根大通银行宣布，该行已获得中国人民银行颁发的牌照，可立即通过其上海分行向中国的本地企业提供外汇业务；并获准在上海、天津、大连和深圳向外商投资企业提供人民币业务。摩根大通银行计划在人民币业务通过最终批准程序后，于2003年初在以上四个城市推出一系列金融工具和服务，并在法规许可范围内逐步把这些服务推广到中国的其他地区。

摩根大通银行拥有7410亿美元的资产，业务遍布全球50多个国家和地区。

国家投入4亿元启动奶业重大科技专项

18日 科技部、农业部今天联合在京举行"十五"国家重大科技专项奶业项目启动签约仪式，宣布投入4亿多元攻关6个关键技术研究课题，并在全国建立8个现代化生产示范基地，全面提高中国奶业生产水平。

近年来，中国奶产业发展势头强劲，奶牛单产和奶业总产值逐年提高，增幅达到12%，奶业进入了一个快速发展时期。农业部副部长韩长赋在签约仪式上指出，随着人民生活水平的提高和对膳食营养结构的日益重视，大量消费奶的时代已经到来。中国2001年人均消费8公斤奶，与100公斤的世界平均水平还有很大差距。

这一专项由国家科技攻关投入1.5亿元，带动地方、企业配套资金2.55亿元，采用科研院所与生产企业相结合的方式进行科技攻关。

万家寨引黄一期工程全线实现试通水

18日 山西省万家寨引黄一期工程今天成功实现试通水。浩浩荡荡的黄河水进入山西，从万家寨开始经5次提升，升到636米高处，穿过285公里的引水管道，进入汾河水库，再辗转流到呼延水厂予以净化。

以每秒6.4立方米的流量流向太原，解决了生活用水、工业用水和地下水超采造成的地表下沉等诸多问题，万家寨引黄入晋工程是一项世界级的引水工程，工程规模仅次于三峡和小浪底，是为解决能源大省山西水资源严重缺乏而兴建的一项大型跨流域引水工程，被誉为"生命工程"。

世界海拔最高隧道贯通

19日 寒风凛冽的青藏铁路风火山隧道的建设者们一片欢腾，随着一声炮响，这个世界海拔最高的高原冻土隧道被胜利打通，标志着青藏铁路建设攻坚战取得重要进展。

青藏铁路风火山隧道全长1338米，轨面标高4905米，比秘鲁铁路的海拔最高点4817米、阿根廷铁路的海拔最高点4475米分别高出88米和430米，是世界上海拔最高的隧道。

中外企业合资合作项目洽谈会举行

20日 第27届中外企业合资合作项目洽谈会今日在北京举行。国内20多个省市的政府和企业代表与来自美国、德国、法国等国的投资贸易机构和投资商进行洽谈，寻求合作伙伴，共谋发展。

我国近3000万美元GEF项目获批准

25日 全球环境基金(GEF)第20届理事会讨论并批准了包括33个项目在内的GEF工作规划，使用GEF赠款总额约2.22亿美元。中国有3个GEF项目获得此次理事会的批准，包括中国南海沿海地区生物多样性管理、终端使用能效规则和干旱生态系统土地退化合作伙伴关系(第一期)，共获GEF赠款金额近3000万美元。

6条高速现陇原

26日 今天，以兰州为中心，连接甘肃北、东、西三大经济区域的6条高速公路同时建成通车。这意味着昔日以行路难闻名的陇原大地，高速路网已初步形成。

此次开通的6条高速公路包括：国道主干线丹东至拉萨公路甘肃过境段白银至兰州高速公路、国道主干线连云港至霍尔果斯公路甘肃过境段上的定西至兰州柳沟河高速公路、柳沟河至忠和高速公路、古浪至永昌高速公路、永昌至山丹高速公路和甘肃省省道201线上尹家庄至中川机场高速公路。

这6条高速公路总投资71.15亿元，总里程307公里。至此，国道主干线连云港至霍尔果斯公路在甘肃境内已形成800公里的快速通道，丹东至拉萨公路在甘肃境内的快速通道也即将形成。

东风与标致雪铁龙扩大合作

27日 东风汽车公司与法国PSA标致雪铁龙集团扩大合作的合资合同签字仪式，近日在京举行。这标志着双方的合作在历经10年发展之后，再上新台阶，进入提升合作层次、扩大合作范围的新阶段。

合同内容包括：引进一个全新的共享生产平台，既生产雪铁龙汽车系列产品，也同时生产标致汽车系列产品，双方承诺每年将推出标致、雪铁龙新车型，2004年生产的车型将达到6个。另外，成立合资公司的产品研发中心。双方为合资公司增资10亿元，使合资公司的注册资本增加到70亿元。双方计划三年左右年产销突破15万辆，继而向年产销30万辆目标推进。

京港经济合作研讨洽谈会在港开幕

29日 第六届北京—香港经济合作研讨洽谈会今天在香港开幕。京港两地的政府官员、专家学者、企业家数百人参加了今天的洽谈会。

自1997年以来，京港经济合作研讨洽谈会轮流在北京、香港两地举行。在本次洽谈会上，北京推出261个合作项目，总投资金额达207.68亿美元，合作领域涉及高科技、工业、基建、商业、物流、旅游、房地产等行业，其中重点推荐项目有100个，2008年奥运项目是引人注目的"重头戏"。

清水河特大桥主体竣工

29日 今天上午11时，随着最后一罐混凝土的浇注，青藏铁路第一长桥——全长11.7公里的清水河特大桥主体工程宣告竣工。

清水河特大桥位于青海境内海拔4600米的可可西里国家级自然保护区边缘，全长11.7公里，是青藏铁路建设重点控制工程之一。清水河地区属于长年冻土区，为解决高含冰量冻土地带铁路路基的稳定性，避免冻胀和融沉带来的病害，此段路基采取了“以桥代路”的形式。由于这一地区又是藏羚羊、藏野驴等国家珍稀野生动物频繁迁徙地区，桥又可成为野生动物自由迁徙的通道。

清水河特大桥今年4月8日开工建设，承担施工任务的中铁十二局近千名建设者，艰苦奋战205天，在深层冻土区灌注2878根直径1.2米左右的桥桩基础，总延长达69744米。

世界第一大跨径斜拉桥在江苏南通奠基

30日 世界第一大跨径双塔双索面斜拉桥——苏通长江公路大桥今天在长江口的江苏省南通市奠基。

连接长江出海口北岸南通市和南岸地处苏州的常熟市、设计主跨径达1088米的苏通大桥比目前世界上最大跨径的日本多多罗大桥长200米左右。大桥主塔高298米，为世界第一高桥塔，比国内现有最高桥塔高出近百米。大桥基础埋置深度达80米，通航净空高度62米，5万吨集装箱货轮可从桥下通过。大桥可抵御最大风速为每秒47米的大风，相当于12级台风的2倍。

苏通大桥总投资62.7亿元，建设工期6年，计划2008年底建成，是迄今中国规模最大的桥梁建设工程，海内外100多名著名桥梁专家参与了这一桥梁的规划设计咨询。

11 月

中海壳牌南海石化项目开工

1日 中国目前最大的中外合资项目——中海壳牌南海石化项目今天正式在广东惠州大亚湾奠基开工，全国政协副主席陈锦华、广东省省长卢瑞华等参加了奠基仪式。

中海壳牌南海石化项目总投资43亿美元，壳牌南海石油有限公司和中海石油化工投资有限公司各占50%的股份，按照双方制定的计划，整个项目将于2005年投产。建成后的中海壳牌石化联合企业，将是世界上生产规模最大的石化企业之一。项目投产后不仅可提供1500个直接就业机会和100多万人的间接就业机会，还将在兴办大量石化下游产品方面产生巨大的吸引力。

国务院决定取消789项行政审批项目

3日 国务院近日作出决定，取消789项行政审批项目。这标志着国务院各部门行政审批制度改革迈出了实质性的一步，取得了阶段性重要成果。

这次决定取消的789项行政审批项目，涉及国务院56个部门和单位。其中，涉及经济管理事务的560项，涉及社会管理事务的167项，涉及行政管理事务及其他方面事务的62项；依据行政法规设定的81项，依据国务院文件设定的88项，依据部门规章设定的279项，依据部门文件设定的303项，依据部门内设机构文件设定的38项。

大气监测自动化系统工程开工建设

7日 大气监测自动化系统工程日前在全国范围内开工建设。这是对数十年来传统气象探测手段的一次革命性发展，将大大提高中国气象预报和分析工作的整体水平，缩短与发达国家在相关领域的差距。

据中国气象局副局长李黄介绍，该工程(一期)项目总投资为58804万元，资金来源为国家预算内非经营性基金气象投资，建设工期4年。其内容主要包括探测、通信和技术保障三大部分。探测系统将建设地面、高空、特种观测和新一代天气雷达四个分系统，信息传输系统将主要用于传输大气监测信息，技术保障系统将对监测系统提供技术支持，涵盖地面观测、高空探测、特种观测、新型遥感探测、信息传输和技术保障等多方面内容。项目建成后将全面取代原有业务系统。

南京长江三桥建设项目正式启动

7日 南京长江第三大桥北引线征地拆迁协议在浦口区签订，这标志南京长江三桥建设项目正式启动。南京长江三桥是沪蓉国道主干线的重要组成部分，是江苏省5个战略性过江通道之一，也是国家“十五”期间重点建设项目。南京长江三桥的建成，将形成南京大外环的交通格局，彻底解决南京市的过境交通问题，从而进一步改善南京及周边地区的投资环境。

南京长江三桥位于南京长江大桥上游约19公里处的大胜关附近。全线按6车道高速公路标准设计。工程估算总投资29.6亿元，交通部核批工期为4年。

青海公路建设完成投资56亿

9日 青海省玉树藏族自治州首府至囊谦、多拉玛科至杂多县二级公路全线通车。目前，西宁至玉树近900公里的公路、西宁至格尔木800多公里青藏公路、西宁至化隆回族自治县公路都是柏油路。

到2002年10月底，青海开工建设和续建的39条公路已完成计划的95%以上，投资额达56亿元，是新中国成立以来投资最多的一年。其中海晏、刚察、天峻等11个农牧业县的省线公路通了柏油路，民和、平安、乐都、大通、湟中、湟源等县实现了村村通公路。

爱立信等70余家企业为可可西里建数字卫星站

10日 由爱立信(中国)有限公司、UT斯达康(中国)有限公司等联合发起，国内外70余家著名企业将共同为可可西里自然保护区捐赠卫星站设备及巡山车辆。这是这些企业启动的第一个支持中国数字化进程的项目，将大大改善可可西里自然保护区的通讯条件。

中国最长成品油运输管道竣工运行

11日 中国石油天然气股份有限公司昨天在成都宣布：中国目前线路最长、口径最大、压力最大的成品油管道——

"兰州—成都—重庆"管道正式竣工,投入运行。

兰成渝输油管道由中国石油天然气股份有限公司投资建设,始于甘肃兰州市西固区(首站),途经甘肃、陕西、四川、重庆3省1市的40个县(市、区),终点为重庆市大渡口区的伏牛区(末站)。从1998年12月开工至全线竣工,历时近4年。干线全长1250公里,年输送能力500万吨,总投资近40亿元。

作为西部大开发12项重点工程之一,兰成渝输油管道的建成投产,将从根本上缓解中国西南地区石油短缺和西北地区油品过剩的矛盾,对促进西部地区经济持续、快速发展,巩固国防,具有重大的现实和战略意义。

京张高速全线通车

16日 全长148.2公里的北京至张家口高速公路昨天全线通车,这使两个城市间的汽车行驶时间由3个多小时缩至2个小时。自此,北京至山西大同市的高速公路也全线通车。

京张高速公路是北京、天津地区通往西北各省的咽喉要道,也是晋煤外运的主要通道之一。京张高速公路全线通车后,河北省的高速公路通车里程达到了1691公里,在全国名列第二。

呼市引黄供水一期工程竣工通水

19日 内蒙古呼和浩特市引黄供水工程经过4年的建设,一期工程于2002年11月19日竣工通水。

呼市引黄供水工程总投资17.77亿元,总建设规模每日供水40万吨。分两期建设,其中,一期投资14.14亿元,规模为每日供水20万吨。工程建设内容包括引水工程和净水工程。

呼市引黄供水一期工程的竣工通水,将大大增加呼市地区的供水能力,方便生活,促进生产,有利于经济发展。

建行将斥资百亿支持天津经济发展

21日 中国建设银行天津市分行经总行批准,将100亿元的授信额度分别授予了天津泰达投资控股有限公司、一汽夏利股份公司、天津港(集团)股份有限公司和天津市通信公司等天津市重点企业。这将对天津市调整产业结构,建设滨海新区和六大支柱产业,实现天津经济跨越式发展起到促进作用。

紫坪铺工程成功截流

23日 今天下午,西部大开发十大标志性工程之一的紫坪铺水利枢纽工程成功实现截流。

紫坪铺水利枢纽工程位于岷江上游距成都50公里处,坐落于都江堰市紫坪铺镇,工程总投资69.76亿元。

北京将投入638亿元构筑轨道交通

23日 北京将加快城市轨道交通建设,预计到2008年新增城市轨道交通线路156.7公里,总里程将达到251.7公里,加上昌平、良乡、顺义三条城郊铁路,北京市轨道交通运营总里程将超过300公里。这些项目总投资638亿元,平均每年投资约100亿元。

北京的轨道交通建设将按照"政府主导、市区共建、多元化运作、多渠道筹资"的原则,由政府制定建设规划,市、区两级政府投入资本金,在吸收国内外企业投资建设的同时,广泛利用银行贷款、信托资金贷款、企业债券、国外政府贷款、资本证券化等多种方式,筹集建设资金。

贵阳吸引民间资金建设"森林之城"

29日 贵阳市运用市场机制,调动大量民间资金参与300余公里的环城林带建设,加快了该市建设"森林之城"的步伐。

该市将种苗基地建设和造林工程向社会公开招标,吸引社会资金先期投入林带建设。目前已吸引了70多家省内外企业特别是民营企业参与竞标。去冬以来,中标企业已累计投入1亿多元,建起了14个总面积近1500亩的种苗基地,实施了98个标段、4万多亩的营林工程。这条以生态林、经济林和以竹、梅、桂、杏、樱、玉兰为特色的6个主题公园构成的林带,也对农民产生了巨大的吸引力。

12 月

中国获得2010年世界博览会举办权

3日 国际展览局第132次大会于当地时间3日下午在这里投票产生了2010年世界博览会举办城市,中国上海市获得了举办权。

上海是从5个候选国城市中脱颖而出,获得2010年世博会主办权的。其他4个城市分别是,韩国的丽水、俄罗斯的莫斯科、墨西哥的克雷塔罗和波兰的弗罗茨瓦夫。

将于2010年在上海举办的世界博览会属于综合性主题的博览会,又称为注册类世博会,展期通常为6个月,每5年举办一次。这将是世博会第一次在发展中国家举行。世博会是展示世界各国社会、经济、文化、科技成就和发展前景的大型舞台,被誉为"经济、科技、文化领域内的奥林匹克盛会"。

中瑞部门间投资促进合作机制建立

9日 国家计委和瑞典投资促进署近日在京签署了两部门间关于建立投资促进合作机制的谅解备忘录。这个合作机制旨在加强中瑞双边经济技术合作与交流,促进中国企业在瑞典的投资。双方确定,今后将定期或不定期就中国对外投资和瑞典吸引外资的政策、措施和重大项目等进行沟通与协调;促进两国相关领域的企业家相互交流信息和进行投资合作;促进并协助双方投资合作有关人员的互访。双方还确定信息和通讯技术、电子领域为当前的优先合作领域,并将根据两国政策及发展情况确定其他投资合作的优先发展领域。瑞典政府已于今年4月间宣布,将连续3年每年拨出专款用于吸引中国企业赴瑞典投资。

香港培华教育基金支持培训内地人才

9日 由香港工商界知名人士霍英东、李兆基、郑裕彤、郭炳湘等捐资设立,以协助内地培训人才为宗旨的香港培华教育基金,今天在北京举行庆祝成立20周年培训成果追踪座谈会。

20年来,香港培华教育基金以中国西部和少数民族地区的人才培训为重点,先后主办或资助了367个项目,接受资助和参加培训的各级各类人才10433人次,学员遍布31个省(区、市)和30多个民族。培训内容包括经济与工商管理、旅游与酒店管理、税务会计、英语、医学、室内设计、园林管理、海洋石油企业管理、物业管理、城市规划、环境保护等多种专业,特别是对各级少数民族干部和西部地区干部的培训,对维护祖国统一,加强民族团结,提高民族地区和西部地区干部素质,促进民族地区和西部地区的发展与稳定,发挥了重要作用。

投资122亿治理兰州大气污染

11日 甘肃省政府宣布:正式批转兰州市政府和甘肃省环保局制定的《兰州市大气污染综合防治方案》,决定投资122.63亿元,建设"绿树红花染金城,青山碧水见蓝天"的新兰州。

刚获批转的兰州大气污染防治方案,提出从防治工业污染源、控制煤烟型污染、扬尘污染、机动车尾气污染,实施"大绿化"、改变能源结构等方面进行综合治理的措施,通过建设专门的机动车尾气检测站、适度下调天然气价格、进行煤改气(电)财政补贴、对煤改电实行电价优惠等手段加强大气污染防治。方案的目标是:到2005年,兰州市大气的二氧化硫和二氧化氮按功能区达到国家环境空气质量标准。

中国—东盟商务合作论坛在昆明召开

16日 由中国国际贸易促进委员会、云南省人民政府与东盟工商会联合主办的第二届中国—东盟商务理事会会议暨中国—东盟商务合作论坛,今日在昆明举行。中国与东盟各国商会会长以及企业、商会和协会代表约400人将就商界在中国—东盟自由贸易区建设中所应起的积极作用及加强中国—东盟经贸合作展开研讨。

三峡至常州输电工程送电成功

21日 今天上午10时57分,三峡至常州500千伏直流输电工程极Ⅰ工程送电成功。这标志着三峡工程首批机组发电前的电力送出工程建设取得了决定性的阶段成果。

该工程由龙泉换流站、政平换流站、龙泉至政平直流输电线路等组成,是当今世界上送电电流最大的直流输电工程。工程全长860公里,设计额定电压500千伏,额定电流3000安培,工程投资50多亿元。该工程2000年7月动工,2002年9月线路工程全线架通,12月极Ⅰ系统完成调试。

三峡输变电工程是三峡工程的三大组成部分之一,其投资规模占三峡工程总投资的1/4。三峡至常州直流工程是三峡输变电的标志性工程,是三峡送电华东的主干道。极Ⅰ系统今天具备送电条件后,在2003年5月底将实现双极送电。

宝钢一批重大项目开工

23日 今天是宝钢建厂24周年纪念日。同时,宝钢股份公司投资120多亿元建设的宽厚板轧机及配套连铸、1800冷轧带钢工程等一批新建重大项目正式开工。

此次宝钢股份自筹资金新建的宽厚板轧机及配套连铸、1800冷轧带钢工程等"十五"规划项目,是一批具有当今世界一流新技术、新装备的重点工程。宽厚板轧机项目产品以管线板及船用板为主,厚板连铸工程设计年产230万吨板坯。1800冷轧带钢工程主要以生产汽车板、家电板为主,采用世界先进技术,可生产国内厂家无法生产的高级汽车板。主要项目计划于2005年全面建成投产。

北京现代·索纳塔轿车下线

23日 今天下午,北京现代·索纳塔轿车在北京市顺义区"北京现代"厂房正式下线。

中国加入世界贸易组织后批准的第一个汽车生产领域的合资项目,由北京汽车投资有限公司与韩国现代自动车株式会社共同出资创立的"北京现代汽车有限公司"于今年10月18日正式挂牌。11月18日,北京现代·索纳塔轿车生产正式启动。12月10日,北京现代销售点正式接受预定。据介绍,年内,"北京现代"生产的索纳塔轿车产量预计达到2000辆。2003年,"北京现代"计划产销轿车5万辆,2005年将形成30万辆的规模。

塔里木建成中国陆上第六大油田

26日 地处塔克拉玛干大沙漠的塔里木油田,2002年原油产量突破500万吨,成为中国陆上第六大油田。截至今日,油田已生产原油500.6万吨。

塔里木油田是中国石油工业重要的后备资源接替基地。油田从1989年国家决定开展勘探会战以来,已探明原油储量3.5亿吨,生产砂油3715万吨,实现销售收入438亿元,上缴利税150亿元。原油产量年均增长41万吨,增幅居全国陆上油田之首。

塔里木油田坚持油气并举方针,天然气勘探成果显著。截至目前,已探明天然气储量6448亿立方米,可以确保西气东输每年输气120亿立方米稳定30年以上。

南水北调工程开工典礼举行

27日 举世瞩目的南水北调工程开工典礼今天在北京人民大会堂和江苏省、山东省施工现场同时举行。

南水北调工程将首先启动东线第一期和中线第一期工程,东、中线一期主体工程投资1240亿元。工程建成后,将使北方受水地区增加134亿立方米的供水能力。今日正式开工的江苏段三阳河、潼河、宝应站工程和山东段济平干渠工程是东线首批工程。

中国成功发射"神舟"四号飞船

30日 北京时间2002年12月30日凌晨,我国自行研制的"神舟"四号无人飞船在酒泉卫星发射中心发射升空并成功进入预定轨道。这是中国载人航天工程的第四次飞行试验。

发射"神舟"四号飞船，是长征系列运载火箭的第69次飞行，也是自1996年10月以来，中国航天发射连续第27次获得成功。飞船发射场——酒泉卫星发射中心，建有完善的发射测量、控制、通信、指挥系统和适应航天员需要的设备设施，以及备份着陆场和应急救生医疗中心。

九江长江干堤加固工程竣工

30日 九江长江干堤加固整治工程日前竣工并于今天通过国家有关部门的验收，工程质量合格率为100%，优良率为81%。

九江长江干堤全长123公里，保护着81万亩耕地，84万人口，以及京九铁路、105国道和宁(南京)汉(武汉)光缆等国家重要基础设施。

加固整治工程于1998年11月开工，总投资19亿元，按照"突出重点，兼顾一般，先除险，后加固"的原则，分三期对九江境内123公里的长江干堤和74公里的江新洲堤及棉船洲堤进行加固整治。

2002年国际投资大事记

1 月

欧元现钞正式流通

1日 欧元现钞正式流通。中国的银行根据欧洲央行有关规定，从元月1日上午8时起将欧元现钞投放市场。

DHL在新加坡建亚洲枢纽

☆☆ DHL在新加坡的亚洲地区枢纽开始建设，这将是DHL未来几年内斥资3亿美元扩张亚洲市场的一个重要环节。

巴西发行12.5亿全球债券

7日 巴西央行在欧美市场发行了12.5亿美元的长期全球债券。使巴西成为今年第一个成功在国际资本市场融资的发展中国家。

韩国将投巨资发展信息技术

☆☆ 韩国情报部宣布，韩国将在今年内向信息技术产业投入1.74万亿韩元(1300韩元合1美元)。这些资金将主要用于扩充超高速通信网以及推进国家的信息化和数字化。

IBM退出台式PC制造业

8日 IBM公司宣布，将其在美国和欧洲的台式PC制造厂出售给Sanmina-SCT公司。该公司将为IBM公司制造台式PC，合同期限为3年，合同金额为50亿美元。

日本拟向沙特提供6000亿日元贷款

☆☆ 日本拟向沙特提供6000亿日元的融资贷款。沙特政府将利用日本国际协力银行提供的资金建设发电厂、通讯网络和海水淡化设施等。所需建设材料等将向日本采购。日本此举是希望再度加入沙特油田资源的开发。

日本最大超市破产

9日 日本大型超市集团"麦卡尔"正式宣布清盘，成为目前日本历史上申请破产的最大超市。

直布罗陀海峡拟建隧道

☆☆ 欧盟计划动用33亿欧元，在西班牙与北非摩洛哥之间的直布罗陀海峡兴建1条海底隧道，连接欧洲大陆与非洲。欧盟预计在2010年—2015年间动工兴建，工程需时至少6年。工程分2期兴建，一期为3亿欧元；二期为正式铁路隧道，全长约42公里，最保守估计工程费用约30亿欧元。

CNOOC和壳牌签署渤海湾生产分配合约

14日 中国海洋石油总公司与壳牌探测中国有限公司("Shell")就渤海湾渤南区域探测事宜，签署了一项生产分配合约(PSC)。

英国制定铁路现代化改造计划

☆☆ 英国政府机构铁路战略管理局公布一份全面彻底改善全国铁路运输系统的报告，对铁路运营、管理和维修作出详细规划，预计整个工程项目长达10年，投资将达900多亿英镑。

Kmart濒临破产

☆☆ 美国最大零售商之一——Kmart股价下跌21%，降到了30年来最低，使人们对其避免破产能力产生怀疑。这是继安龙公司破产后又一标准普尔500的成分股公司陷入类似的市场困境。

美钢铁业联合对外

15日 美国钢铁企业达成一份全面减产并加强联合协议,美国最大整合钢厂美国钢铁和小型钢厂代表Nucor集团达成协议。

福特公司陷入困境

☆☆ 世界第二大汽车制造商福特公司宣布,关闭其位于新泽西、安大略和密苏里等地的多家工厂。

爱立信赢得沃达丰全球多媒体信息合同

☆☆ 爱立信公司从沃达丰集团赢得首项全球合同,为其提供多媒体信息软件。沃达丰首先会在德国、希腊、爱尔兰、意大利、荷兰、葡萄牙、西班牙、瑞典以及英国随多项其他服务推出多媒体信息服务。

通用汽车新工厂将投产新款卡迪拉克

☆☆ 美国通用汽车公司宣布，其新工厂Lansing Grand River开始投产,首先将从新款"卡迪拉克CTS"的生产开始,今后还将从事其他高级车的生产。Lansing Grand River工厂的总投资为5.59亿美元。

中海油收购印尼油田

18日 中海油以5.85亿元收购西班牙瑞普索公司拥有的印度尼西亚5大油田的部分权益，从而获得每年4000万桶的份额原油。

德拟修建两条磁悬浮铁路

21日 德国计划修建2条磁悬浮铁路。其中一条位于巴伐利亚州,连接慕尼黑机场和火车站,设计长度为36.8公里,耗资16亿欧元;另一线路位于北莱茵—威斯特法伦州,连接杜塞尔多夫火车站和多特蒙德火车站,设计长度为78.9公里,预计耗资32亿欧元。

西门子将建世界最大柴油发电厂

24日 西门子公司宣布已获得总造价1.78亿美元、年发电量257兆瓦的苏丹柴油发电厂的项目合同。

2 月

雷诺将在中国生产和销售小轿车

1日 法国雷诺公司宣布将在中国生产和销售小轿车。该公司将从2002年开始,把韩国雷诺三星汽车公司生产的"SM5"轿车出口到中国市场。雷诺在2000年收购了韩国破产的三星汽车公司,该公司拥有24万辆的年生产能力。此外,雷诺与中国三江航天集团成立的合资公司——三江雷诺汽车公司也计划从2003年开始生产小轿车。

美将开发燃料电池

☆☆ 美国能源部长亚伯拉罕宣布，布什政府将与美国国内汽车制造商联手开发燃料电池。这种以氢为原料的燃料电池最终将取代汽油,成为下一代汽车的动力来源。

美国和欧洲的公司加大信息投入

5日 美国美林公司公布的预测报告指出,2002年美国和欧洲的公司信息技术预算将增长3%,2003年可能增长8%–9%。信息技术预算将在以下领域有较大增长:安全、企业资源计划(ERP)软件、网络开发以及信息存储等。

壳牌大笔投资中国

7日 壳牌集团与俄罗斯Gazprom等合作伙伴签署180亿美元的协议，共同建设连接新疆和上海的大型天然气管道。壳牌、gazprom和中华煤气将持有4000公里天然气管道项目的45%股份,中石油持有其余55%的股份,是最大的股东。该项目包括在新疆塔里木盆地勘探和开采天然气以及管道的设置和运作。

神州数码与诺基亚牵手

☆☆ 诺基亚宣布与神州数码结成"合作伙伴关系"。并宣布神州数码代理其以全中文面貌推出的高端手机诺基亚9210c个人通讯器。

米高梅公司将被拍卖

13日 美国好莱坞老牌制片公司之一的米高梅制片公司将被拍卖，标价高达70亿美元。好莱坞大多数制片和娱乐公司,包括迪斯尼公司,美国在线—时代华纳公司等都对收购米高梅公司很感兴趣。

日立大举进军中国IT市场

15日 日立制作所宣布，将于2002年1月在华设立系统集成公司——日立信息系统(上海)有限公司,注册资金为250万美元。同时,就分别向CL集团的Computech和CLTS两家公司出资一事签订了协议。日立将向两家公司分别出资约413万美元和57万美元。

贝塔斯曼关注中国市场

☆☆ 全球传媒巨头——贝塔斯曼集团董事会主席兼首席执行官托马斯·米德尔霍夫先生表示，将在上海创办一个印刷厂,先期投入2900万美元,未来5年内投入达1亿美元。

诺华公司积极开展对华业务

19日 总部设在瑞士巴塞尔的著名制药企业诺华公司希望能够扩展在中国的业务。今后3年,该公司希望能够维持15%–20%的增长率。诺华公司目前正着手将该公司的一部分研究项目转移到中国大陆和香港特区。

乌兹别克斯坦8大领域优先引资

21日 乌兹别克斯坦政府确定2002年优先引进外资的经济领域,他们分别是:1.利用先进技术生产日用消费品;2. 进一步扩大农产品深加工;3.在自然资源开采和深加工方面组织环保型产品的生产;4. 加工工业废料和废品;5. 加强现代化信息和通讯系统的建设;6. 加强资源和能源储备设备的生产加工;7. 扩大药品、医疗器械和设备的生产;8. 大力发展旅游工业。

美国银行业IT投入将大增

☆☆ 位于Cambridge,Mass的Celent咨询公司在对美国25家最大银行和个人所作的调查表明,今年美国银行IT总投入将达320亿美元,大银行将增加IT投入20%-25%,中小银行增加12%-15%。

通用集团计划在泰投资航空设施

26日 通用(集团)亚洲GE Elano公司宣布,今后8年将在泰国投资30亿泰铢(约合6818万美元),用于建设亚洲最大的航空用输送管道制造基地和服务设施基地。工程计划在本月开始运行。

大陆与菲利普斯石油获准合并

☆☆ 欧盟批准了大陆石油公司与菲利普斯石油公司的合并。两者在全球的销售总额达50亿欧元,合并后将成为仅次于埃克森—美孚公司和雪佛龙德士古公司的美国第三大石油公司。

奥450亿投资交通设施建设

27日 奥地利政府决定大举投资基础设施建设,计划在30年内投资450亿欧元用于交通设施的建设,其中150亿欧元用于公路设施建设,299亿欧元用于铁路设施建设,1亿欧元用于水路交通设施建设。

3 月

通用、福特宣布刺激购车计划

1日 通用汽车公司宣布将恢复对大多数新车提供零百分比贷款,同日福特汽车也宣布扩充其无利息财政计划。福特汽车的刺激计划是将继续对福特大多数品牌汽车,提供无息贷款或者2500美元的现金折扣。

日本第10大建筑商佐藤工业破产

☆☆ 日本第10大建筑公司佐藤工业及其8家附属公司向东京地方法院申请破产保护,预计债务总额达42.4亿美元,成为日迄今为止最大的破产案件。佐藤工业的破产已是2002年以来日申请破产的第9家上市公司。

日本第5大金融集团形成

☆☆ 日本大和银行控股公司正式完成了对旭日银行的接收工作,成为该国第5大金融集团。两家银行合并后的总资产将达到536万亿日元(约合4020亿美元)。

日拟设立过渡银行

5日 日本金融厅宣布3月底之前成立一家暂名为“日本过渡银行”的金融机构,政府支持的存款保险公司将注资20亿日元,该银行旨在替未能找到援助伙伴的破产金融机构暂时保护存款及资产。

索尼吞并爱华

☆☆ 索尼和爱华就爱华公司成为索尼的全资子公司达成一致,此次索尼公司收购爱华将采用股票交换形式,以每20.4股爱华兑换1股索尼达成协议。

以色列收购美国公司

☆☆ 以色列Baran集团有限公司以现金和持股方式获得价值4050万美元设在亚特兰大的无线基础设施公司O2无线公司。

德银行拟收购美公司

7日 德国最大的银行德意志银行同意花费4.9亿美元购买设在美国的从事房地产投资管理的RREEF公司。该公司目前管理着约162亿美元的资产。

欧洲投行向罗提供贷款

8日 欧洲投资银行向罗马尼亚发放3.33亿欧元贷款,用于修建750公里长的公路,沿多瑙河河岸设立水文测量体系和航运安全信号以及对多瑙河入海口处的苏利纳河段河堤加固等。

Invensys公司出售资产抵债

☆☆ 身负30亿英镑债务的英国最大工程技术公司——Invensys工程技术集团将出售其系统与工业零部件部门以削减其15亿英镑的债务。今后几年该公司计划筹资并在资本市场发行更多的债券。

辛克组建合资公司

☆☆ 辛克(日本)公司和日本Seino运输公司决定组建合资公司“辛克—Seino”日本公司,在美日贸易航线上提供物流服务。

欧投行贷款连接洲际海底电缆

11日 欧洲投资银行与加蓬政府签署了一项总额为2200万欧元的贷款合同,用于加蓬建设连接洲际海底电缆所必需的基础设施。该海底电缆总造价估计为6—6.4亿美元。

中国投资贸易大楼在肯动工

11日 中国投资开发的贸易促进中心大楼在肯尼亚首都内罗毕动工,投资概算260万美元,工期预计10个月。

全球信托基金创建

11日 世界贸易组织各成员国政府同意出资3000万瑞士法郎(1美元约合1.7瑞士法郎)创建新的全球信托基金,用于对发展中国家进行技术支持和能力建设方面的援助。

阿根廷加利西亚银行重组

11日 濒临破产的阿根廷加利西亚银行与10多家国内外银行及金融机构决定对该银行进行重组。

肯德基收购艾德熊

13日 百胜全球餐饮集团总部在美国宣布,集团与Yorkshire Global Restaurants公司签署合约,收购了其属下的A&W(艾德熊)及LJS两个国际餐饮品牌。

美国电视网娱乐部被收购

17日 法国维旺迪环球集团宣布,该集团将以103亿美元的价格收购美国电视网的娱乐部。被收购的美国电视网娱乐部将与环球电影制片集团组成新公司——维旺迪环球娱乐公司。

印度放松对外资银行管制

☆☆ 今后外资银行在印度私有银行中的直接可参股份额由原来的20%放宽到49%,不允许在印度设有分支机构的外资银行入股和收购本地私有银行的限制也被取消。

朱拜勒公司拟建6家石化厂

☆☆ 沙特阿拉伯朱拜勒发展公司决定选择外国合伙公司,在朱拜勒工业城新建6家石化厂,总年产量达30万吨,产品包括甲胺、甲基二乙醇胺、氧化乙烯和乙醇胺等。预计2003年开始建厂,2005年下半年建成投产。

美洲开发银行资助中美洲电力并网计划

19日 美洲开发银行与尼加拉瓜签署一项2500万美元的优惠贷款合同,以资助尼加拉瓜参与中美洲地区电力并网计划,计划共需资金3.1亿美元。

欧委会要建欧洲—地中海银行

☆☆ 欧盟委员会向欧洲理事会递交了关于建议成立欧洲—地中海银行(EMB)的报告。该银行的最大股东将是欧洲投资银行(EIB),同时吸收地中海国家参股。

美联储决定将货币政策转向中性

☆☆ 美国联邦储备委员会决定维持现行利率1.75%不变,但将货币政策的重点从以前的刺激经济复苏转向中性政策,即把刺激经济复苏和防止通货膨胀上升同时作为货币政策的重点。

高盛计划10亿美元投入亚洲

☆☆ 高盛计划向亚洲投入10亿美元的私人股本资金,对众多领域进行援救融资和重组,包括金融服务、工业和消费品。

美洲银行拟并购美林、高盛

☆☆ 美洲银行打算投入700亿美元,进行一系列并购行动,目标包括美林、高盛和瑞士信贷第一波士顿等。

中老合资水泥厂投产

23日 中老合资第二万荣水泥厂竣工投产,计划年产水泥20万吨,总投资3亿元人民币。

索尼千亿日元收购最大ISP

☆☆ 索尼拟收购日本最大的ISP公司Nifty,收购价格约在1000亿日元左右。

瑞典和芬兰组建北欧最大电信公司

26日 瑞典泰利亚电信公司决定同芬兰索内拉电信公司合并,组建北欧最大的电信公司。两公司目前的股东将分别在合并后的公司中拥有64%和36%的股份。

4 月

美国铝公司将购并Ivex

3日 世界最大铝制品生产商美国铝公司同意以4.4亿美元的现金价格购并Ivex包装公司。Lvex包装公司是一家生产特殊包装产品的制造商。

越南投巨资发展海运业

☆☆ 越南政府同意向越南海运公司投资9.93亿美元以提升越南海运业。

阿曼允许外商在其石化项目中占股40%

9日 阿曼计划在苏哈尔兴建日炼油7.5万桶的炼油厂。项目将允许国际投资商占股40%,项目总投资约2亿美元。

俄伊将签署经济合同

☆☆ 伊拉克和俄罗斯准备签署总额达400亿美元的经济合作合同,包括伊拉克石油天然气开采业的17项工程、运输和通信领域的14项工程。

美巴启动2000万美元科技基金

13日 美国、巴基斯坦决定建立2000万美元的科技发展基金,其中,美国政府出资1500万美元,巴政府出资500万美元。

戴姆勒·克莱斯勒贷款俄罗斯企业

15日 德国戴姆勒·克莱斯勒康采恩贷款8000万美元给俄西伯利亚机械制造股份公司,用于两工厂的改建,改建规划预计3年完成。

土集团中标阿电网合同

☆☆ 土耳其承包商Barmek集团获得阿塞拜疆电力高压输电线路网25年承包权，Barmek计划在25年内向61万用户输送价格43亿美元的电力，投资3.2亿美元。

Korteks获沙特基金

☆☆ 土耳其工业集团Zorlu麾下公司Korteks纺织获得1000万美元沙特发展基金，用于进口沙特基础工业公司生产的石化原料。

BAA斥巨资用于机场建设

17日 英国机场运营商BAA在今后11年中将斥资81亿英镑(117亿美元)用于其伦敦3个机场的升级计划。该计划包括：在希思罗机场投资95.5亿美元兴建第5个空运中心，并对现有的4个空运中心进行升级改造；在盖特威克机场投资14.2亿美元提升客运能力；另外还将在斯坦斯特德机场投资8.69亿美元。

沙特拟建20个海水淡化厂

☆☆ 石油大国沙特阿拉伯拟建造20个海水淡化厂，实施13个配套工程，沿其东海岸建造全长1.5万公里的管道网络，用来运输淡水、燃料和天然气。

日本夏普、三洋公司将生产液晶显示器

21日 日本夏普和三洋电机公司共投入近800亿日元(约6.15亿美元)生产液晶显示器。

中国援建叙利亚通信项目竣工

☆☆ 由中国政府赠款建设的无线本地环路电话系统实验局工程项目，在叙雅阿夫尔镇阿萨德村电话中心竣工。

科石油出口设施工程招标

☆☆ 总额达10亿美元、工期4年的科威特石油输出码头开发项目招标。

菲亚特公司扩大对波兰投资

22日 意大利菲亚特公司决定投资1.75亿美元在波兰建设一条新的汽车生产线。生产一种新型号汽车以代替Seicento型汽车。

瑞士运输业加大投资

☆☆ 瑞士联邦铁路(SBB)投资铁路—公路转载设备，此项投资约4.2亿瑞士法郎，其中2.5亿瑞郎由联邦出资。

意公司将为土建天然气加压站

☆☆ 意大利Nuovo Pignone S.P.A公司将于2003年夏季为土库曼建设5个天然气加压站，投资总额为700万欧元。

美石油公司向俄投7.5亿美元

23日 世界最大石油公司——美国埃克森·莫比尔石油公司今年将投资7.5亿美元，用于开发日本以北俄罗斯的萨哈林一号石油及天然气油田。

施乐获通用金融4.96亿美元

☆☆ 施乐获通用金融4.96亿美元的贷款，预计它今年还将从这家公司获得其他融资。

美集物流收购德国FSG

25日 美集物流完成对德国FSG公司下属3家子公司的收购，分别是产品展销服务公司、配送公司以及大型仓储公司。

德一媒体公司收购Napster

☆☆ 德国最大媒体公司贝塔斯曼公司(Bertelsmann AG)同意买下Napster公司资产，将支付800万美元予Napster债权人。

福建民企赴美购并葡萄园

29日 福建漳州吉马酒业集团公司在美国加利福尼亚州成功购并一家葡萄种植园，并计划投资1亿元在法国、香港建立公司。

中国公司承建越南火电厂

☆☆ 中国哈尔滨电站工程有限责任公司在河内与越南煤炭总公司签署合同，承建位于越南太原省的高岸火电厂，项目合同金额8550.8万美元。

5月

中国老挝陆路国际运输线开通

1日 中国和老挝两国的昆明—万象、思茅—万象、景洪—万象三条汽车客货国际运输新线路正式开通。

危地马拉将建连接两大洋铁路

☆☆ 危地马拉私人企业将投资铺设一条连接太平洋和大西洋的铁路并在两大洋建造港口和港口设施。工程投资额为21.2亿美元，2002年10月至2003年1月开始正式破土动工，大约用4年时间。

墨西哥提前偿还布雷迪债券

3日 墨西哥决定提前偿还总额达5.89亿美元的布雷迪贴现债券。

莫斯科斥资修建地下公路隧道

☆☆ 莫斯科市3246米长的地下公路隧道开始动工，计划于2003年底建成通车，预计耗资5—10亿美元。

土库曼将实施城市建设项目

6日 土库曼实施一系列城市建设项目，包括在巴尔干州进行城市改造、对达绍古兹市、马雷市和土库曼纳巴特市进行建设和各城市安装现代化能源、通讯和供水工程管线。

曼谷"八世王大桥"通车

7日 横跨流经曼谷市区的湄南河的"八世王大桥"正式建成通车，此桥建设历时近2年，耗资6700万美元。

宜家在莫斯科建商业中心

☆☆ 瑞典宜家俄罗斯分公司投资2.5亿美元在莫斯科建设"麦加"商业中心。

新惠普正式运作

7日 惠普并购康柏的交易终于完成，合并后的新公司市值550亿美元，2002年营销收入可望达到740亿美元，盈利26亿美元。

吉公路进行第三阶段改造

8日 吉尔吉斯共和国对比什凯克—奥什公路进行第三阶段改造，公路全长665公里，改造项目共分6部分。

毕马威收购安达信咨询业务

☆☆ 毕马威咨询公司计划以现金加换股方式收购安达信全球公司的23个咨询业务部门，收购总金额近4亿美元。

巴斯夫欲为中国项目融资

☆☆ 德国巴斯夫化工公司为该公司在亚洲最大的一体化石化基地建设项目提供贷款的牵头银行名单，贷款总额约为15亿美元，基地总投资为29亿美元。

美洲开发银行向阿根廷提供贷款

13日 美洲开发银行与阿根廷政府签署一项贷款协议，美洲开发银行向阿根廷提供7亿美元贷款，用于援助阿根廷政府实施的社会救济计划。

鲜京电讯收购韩国电气通信股权

☆☆ 韩国主要的无线运营商鲜京电讯公司 (SK Telecom Co.,SKM)以1.6亿韩元收购韩国电气通信公司(KT Corp.,KTC)的可转换债券，藉此它将拥有这家韩国最大的电信服务供应商9%—10%的股权。

日向阿塞拜疆贷款2亿美元

☆☆ 日本向阿塞拜疆贷款2亿美元建设"萨姆尔—阿普舍龙"运河的新河段。

沙特阿美石油公司收购美国德克萨科公司股份

☆☆ 阿美石油公司和壳牌公司出资41亿美元联合收购了美国德克萨科公司的部分股份，包括炼油和油站，有1.3万个加油站，4座炼油厂。

利雅得市为发展项目拨款

15日 沙特利雅得市对预算的一些新项目已完成3.90亿里亚尔拨款。

美光与韩Hynix签订收购

22日 美国美光公司接管Hynix利川和清州工厂的7条存储器半导体生产线，并以美光公司1.86亿股股份偿付。

土库曼—阿富汗输电线建成

☆☆ 土库曼斯坦安德霍—希比尔冈段输电线建设完工，总造价5亿美元，每年可送电30亿度。

塔帕米尔1号水电站整修

☆☆ 位于塔吉克斯坦霍罗格附近的帕米尔1号水电站总装机容量为1.4万千瓦，帕米尔电力公司将利用国际开发协会提供的贷款对帕米尔1号水电站进行整修。

越南建首家冷轧钢厂

☆☆ 越南钢铁总公司(VSC)在巴地——头顿省兴建越南首家冷轧钢厂，总投资1.29亿美元，VSC提供1000万美元。

中哈石油管道工程开工

23日 中国国家石油天然气集团公司和哈萨克斯坦国家石油天然气公司首度合作的肯基亚克—阿特劳石油管道项目动工。该管道长448.8公里。一期工程将于今年12月投产，预计年输油量600万吨。二期工程2004年完工，年输油量可提高到900—1000万吨。

6 月

土天然气改造进入第4阶段

1日 乌克兰天然气工业设备公司全面实施与土库曼石油国家康采恩签订的总值为1280万美元的"加杜尔德拜"天然气加压站第4阶段改造合同。

日为科威特提供7亿美元贷款

☆☆ 日本阿拉伯石油公司(AOL)将向科威特提供7亿美元贷款，以支持科威特海湾石油公司(KGOC)在科威特沙特边境的中立区内开采石油。

科威特建设第4个炼厂计划

☆☆ 科威特国家石油公司(KNPC)正在制订未来的石油项目战略发展计划，项目总投资额约60亿美元。

科石油两个项目立项

☆☆ 科威特国家石油公司(KNPC)已完成两个战略性的大型工程项目的可行性研究报告报请立项,项目投资总额达60亿美元。一是兴建一座采用最新技术的大型炼油厂,另一个项目是兴建一座炼油厂与发电厂联合企业。

中国将向非行注资

☆☆ 中国将向非洲开发银行注资1600万美元,帮助建立一个5亿美元的临时基金,以保证该组织的运转正常。

松下巨资投向PDP

☆☆ 松下电器产业和东丽的合资公司——松下等离子显示器公司将投资600亿日元(约合人民币37亿元)在日本新建一家PDP(等离子显示器)工厂。

和黄在巴拿马增资2亿美元

☆☆ 香港和黄集团分公司——巴拿马港口公司增加2亿美元投资扩建港口,以使港口集装箱装卸能力从目前的每年45万箱增加到100万箱。

HSBC将投资AEA Investors

☆☆ 汇丰银行(HSBC)将投资一家纽约私人投资股份公司AEA lnvestors7.5亿美元建立一个管理部门,以管理洛克菲勒石油公司,Mellon公司和布朗兄弟哈里曼公司数10亿的资产。

Metlife92亿比索收购Ahisa

☆☆ 美国金融服务集团美商大都会保险集团(Metlife)以92亿比索(合9.62亿美元)兼并墨西哥第二大保险公司(Aseguradora Hidalgo, Ahisa),将控制墨西哥保险市场4%—15%的市场份额。

越南拟建聚酯纱生产厂

☆☆ 越南纺织成衣总公司和越南石油天然气总公司计划向越南政府有关部门提报有关兴建聚酯纱厂的投资计划案,投资金额28.96万亿越盾(约合1.91亿美元),预计年聚酯纱产量为13万吨。

意将在委内瑞拉建钢铁厂

☆☆ 意大利Danielli公司将与委内瑞拉国营瓜亚纳公司合作投资10亿美元兴建1座钢铁加工厂。

SAB收购米勒酿酒公司

☆☆ 南非酿酒公司(SAB)将以49.9亿美元(合54亿欧元)的价格收购美国菲利普·莫里斯集团的米勒啤酒酿制公司Miller Brewing,从而成为全球第二大酿酒商。

外资首次收购澳门银行

☆☆ 香港华人有限公司旗下的荣惠集团以1.9亿澳门元的资金,收购了澳门葡资富利银行85%的股权。

科威特拟建世界最大输油码头

☆☆ 科威特石油公司计划在科威特城以南的艾哈迈迪港新建一座石油码头,总耗资将达1亿科威特第纳尔(约3.3亿美元),建成后可停靠35万吨级的巨型油轮。

IMF向赞比亚提供3亿美元贷款

2日 国际货币基金组织向赞比亚提供3.17亿美元的贷款,用于支持赞比亚的财政预算和减贫计划。

捷克钢铁企业收购战正酣

☆☆ 捷克私营的特日内茨钢铁公司将和公司股东美国商业金属公司共同出资245亿克朗(约33克朗合1美元),收购和重组捷克国有诺瓦钢铁厂和俄斯特拉发高炉钢铁厂。

日立将购进IBM硬碟资产

☆☆ 日本最大电子产品制造商日立制作所将斥资20.5亿美元购买IBM公司的硬盘生产线,与IBM建立合资企业。

CWGS中标埃特克泽工程

☆☆ 埃塞俄比亚电力公司(EEPCO)将总标价19.45亿比尔(折合2.24亿美元)的特克泽水电站土建工程项目交由中国葛洲坝集团公司、中国水利水电总公司、埃塞俄比亚苏尔公司组成的CWGS联营体承建。该水电站设计安装4台7.5万千瓦机组,装机总容量30万千瓦。

美国康宁玻璃公司将在中国台湾建熔炉厂

☆☆ 美国康宁玻璃公司将在中国台湾建设玻璃熔炉厂和成型厂,供应台湾TFTICD第5代厂所需的玻璃零件。工厂投资金额估计超过100亿元新台币。

越南河内新建造纸厂

5日 越南Bai Bang纸业公司在河内嘉林县建成一家造纸厂,其设计年产能力为10000吨优质纸;同时,越南Binh An纸业公司近期在平养生Di An县开始兴建一家设计年产能力为4.5万吨优质纸的工厂,该厂投资额约为2800亿越盾(1840万美元)。

日ITX在以色列寻投资机遇

☆☆ 日本高新技术控股公司ITX与设在以色列的Harel-Hertz投资公司签署2000万美元投资合作协议,将在移动通讯、网络、广播、电子和生命科学等领域投资于以极具潜力的初创企业。

南非开通非洲海底光缆

☆☆ 由南非电讯公司负责筹建的海底光缆系统SAT3/

Wasc/Safe 竣工，工程耗资 6.4 亿美元。全长 26448 公里。

中国援助越南化工技改项目投产

☆☆ 由中国政府提供援助，中国安阳化工集团有限公司总承包的越南河北氮肥化工公司技术改造工程一次试车成功，生产出合格的合成氨和尿素产品。

越南拟建核电站

7 日 越南政府批准就建设该国第一座核电站进行前期调查工作，争取在 2005—2010 年间启动这座预计发电量为 1400—4000 兆瓦的核电站。

巴阿土 3 国签署油气管道协议

9 日 巴基斯坦与阿富汗、土库曼斯坦共同签署了 3 国间的一项油气管线铺设项目协议，该管线长 1460 公里，总投资为 20 亿美元。

印尼修建复线铁路

☆☆ 印度尼西亚政府决定，2006 年之前将投资 14.8 亿美元修建爪哇岛和苏门达腊岛上的复线铁路，全线长 1658 公里。

毕马威购并德瑞奥咨询业务

13 日 世界最大管理咨询及系统集成商之一——毕马威管理咨询公司签订以 6.85 亿美金收购 KCA，即毕马威 DTG 德国、瑞士和奥地利咨询业务的协议。

日向伊贷款 30 亿美元

☆☆ 日本向伊朗提供 10 亿美元贷款，用于开发伊朗"阿扎德干"油田，这是总额为 30 亿美元项目贷款的第二期。伊朗计划于 2004 年对该油田进行开发，总投资约为 28 亿美元。

韩国推出加强造船业新计划

17 日 韩国推出一项计划，呼吁投入 2100 亿韩元(1.7 亿美元)，用于今后 10 年研究造船新技术。

IMF 将向巴西提供贷款

18 日 国际货币基金组织(IMF)将向巴西提供 77 亿特别提款权(约为 100 亿美元)的贷款。巴西政府表示将利用此贷款来稳定金融市场。

约旦等 4 国合铺天然气管道

☆☆ 埃及、约旦、黎巴嫩和叙利亚 4 个阿拉伯国家计划组建一家合资公司，铺设一条为 4 国共同拥有的天然气管道。这一工程预计总投资将达 7 亿美元。

奥托菲纳化学公司在卡设厂

☆☆ 奥托菲纳化学公司计划在卡塔尔建立 2 个大型石化工厂：1 个乙烷裂解工厂和 1 个聚乙烯工厂，这 2 个工厂约需投资 10 亿美元。

日立拟购美 Comstock 公司

20 日 日立公司将于本月以 2000 万美元收购美国的 Comstock 系统公司，以扩大其数据存储业务。

土库曼铺设通讯光缆

☆☆ 土库曼开始铺设首都阿什哈巴德—巴尔干纳巴特—元首市通讯光缆，全长 618 公里，项目总投资 1870 万美元。

亚行与塔签订电力改造备忘录

☆☆ 亚洲开发银行与塔吉克斯坦能源部就改造塔吉克斯坦电力输送系统签订备忘录，该方案拟建立地区电力批发市场，从方案总投资 2.333 亿美元中拨给塔吉克斯坦 2700 万美元。

伊开行向塔贷款建公路

☆☆ 伊斯兰开发银行向塔吉克斯坦贷款修建库利亚布—卡拉依洪姆普公路，该公路总造价预计为 6600 万美元。

利马市政府投资改善交通

☆☆ 秘鲁利马市将投资 1.2 亿美元以改善市郊交通状况，该项投资的 2/3 来自泛美开发银行和世界银行的贷款。

中澳铁矿大型合作项目签字

22 日 上海宝钢集团与澳大利亚哈默斯利铁矿公司合资开发西澳大利亚州帕拉布杜东西坡铁矿协议签字，中澳双方共同投资 1.24 亿澳元。

7 月

世界最大私人银行产生

1 日 瑞士著名私人银行 Lombard Odier 和 Darier Hentsch 合并后为 Lombard Odier Darier Hentsch & Cie，合并后的资产达 1400 亿瑞郎(合 890 亿美元)。

法公司在土承揽建筑项目

☆☆ 土库曼批准土政府与法国"布依格"公司签订总金额达 1.5 亿美元的合同，在首都阿什哈巴德修建展览中心、贸易中心及美术馆。

欧盟资助波兰铁路私有化

☆☆ 为帮助波兰铁路私有化和现代化改造，欧盟同意 2002 年资助 2.5 亿欧元，波兰国家财政支持铁路私有化和现代化改造的预算为 0.41 亿欧元。到 2007 年，波兰从欧盟获得包括贷款在内的资助将达 8.2 亿欧元。

韩国 LCD 企业在中国建厂

2 日 韩国 LG 飞利浦 LCD(薄膜晶体管液晶显示器)公司在中国南京设立 LCD 组装工厂，预计投资 2000—3000 亿韩元(1200 韩元约合 1 美元)。

沙特哈伊勒电力项目投资 2.03 亿美元

☆☆ 哈伊勒地区执行总投资达 7.6 亿里亚尔 (合 2.03 亿美元)的电力项目,即将长达 100 公里的空中电缆改为地下电缆的项目。

土将建年产百万吨水泥厂

☆☆ 土库曼批准"土库曼油气建设"国家康采恩与土耳其"卡普·因沙特"公司签订合同,在阿哈尔州杰良特·巴哈尔金斯基区建设年产 100 万吨水泥厂,总造价 1.6 亿美元。

阿拉伯信息技术安全公司成立

☆☆ 阿拉伯国家地区第一个信息技术安全公司成立,启动资金 500 万美元。

印度计划投资苏丹石油项目

5 日 印度石油天然气有限公司(ONGC)下属从事海外投资的子公司 ONGC—Vedish Ltd.有限公司(OVL),将投资 7.5 亿美元获得加拿大第二大油气企业 Talisman 能源公司在苏丹大尼罗河油田项目中 25%的股份。

卡—科海底输气管道将建

☆☆ 卡塔尔和科威特签定协议,将兴建一条海底输气管道,耗资 6.5—10 亿美元,另外输气项目本身还需要 20 亿美元。

乌投入 9000 万美元用于运载火箭

☆☆ 乌克兰从国家预算中拨款 9000 万美元用于实施阿尔康塔拉(巴西)太空基地"飓风 4"运载火箭发射计划。

世行为印度提供 5 亿美元贷款

☆☆ 世界银行通过《孟买市区运输项目》(MUTP),该项目由 3 部分组成,造价 9.45 亿美元,其中世行提供 5.42 亿。

亚洲 7 国共建泛亚铁路

☆☆ 中国等亚洲 7 国共建的泛亚大铁路提上日程,中国将出资 500 万美元资助上湄公河的航道疏浚工程,并启动泛亚铁路。

运通与 HKMC 达成 40 亿元交易

7 日 香港按揭证券公司与美国运通银行签署预先承诺协议,美国运通将出售现有总值 40 亿元的按揭贷款予按揭证券公司。

世行向危地马拉提供贷款

☆☆ 世界银行同意向危地马拉提供总额为 1.55 亿美元的贷款,以帮助其建立新的法律框架。

马耳他改善交通设施

☆☆ 马耳他政府将在未来 13 年内斥资逾 2 亿马镑(约折合 4.9 亿欧元),用于 15 个主要项目。所有工程在 2015 年前竣工。

美国 UL 与中国 CCIC 合资开公司

☆☆ 全球最大安全监测机构美国安全检测实验室公司(UL)与中国进出口商品检验总公司(CCIC)共同在江苏苏州建立一家合资认证企业,新合资公司总投资达 1500 万美元。

阳明高雄国际物流中心竣工

☆☆ 台湾阳明海运公司耗资 4 亿台币与高雄港务局合作兴建的"阳明高雄国际物流中心"竣工。

俄罗斯将建新炼镁厂

☆☆ 俄罗斯将投资 3 亿美元在叶卡捷琳堡以东 60 公里的 ABEST 新建一个年产 5 万吨镁的炼镁厂。

IMF 改造杜尚别供水系统

8 日 国际货币基金组织(IMF)向塔吉克斯坦杜尚别市政府提供 1700 万美元长期贷款,用于改造该市的供水系统,维修蓄水池和清洗管道及设备。

电子湾 13.7 亿美元收购 PayPal

8 日 世界上最大的网上拍卖公司电子湾(eBay)收购世界上最大的网上支付公司 PayPal,交易涉资约 13.7 亿美元。

谢福隆集团在沙特建新石化厂

10 日 沙特在朱拜勒建立 3 座新石化工厂,总投资达 37 亿里亚尔(9.86 亿美元)。

塔对通往中国的公路维修改造

☆☆ 塔吉克斯坦对通往中国口岸公路中的危险地段库利亚布—卡拉依洪姆路段进行维修改造，该路段长 34.2 公里，改造费用预计为 3520 万美元。

世行资助越南能源项目

☆☆ 世行通过向越南提供 2.25 亿美元信用贷款，以协助越方实施总投资为 3.52 亿美元的能源改造项目。

微软公司收购丹麦导航软件公司

☆☆ 美国微软公司以 12 亿美元的价格收购了丹麦导航(Navlslorl)软件公司。

福特加大对沃尔沃的投资

☆☆ 福特汽车公司计划在未来 4 年内向其瑞典豪华轿车子公司沃尔沃汽车公司投资 50–60 亿美元，以协助后者推出 5

种新款中型轿车。

利比亚西部油气管道项目招标

☆☆ 中国石油工程建设(集团)公司(CPECC)和中国石油天然气管道局在利比亚西部天然气开发项目的陆上管道项目上竞标成功。合同金额约为1.46亿欧元。

委石油公司将建氮气厂

☆☆ 委内瑞拉石油公司将在今后3年内筹集10亿美元资金建造2座氮气厂。

东南亚拟建跨国天然气管道

☆☆ 东盟国家签署了一项协议，修建4500公里长的天然气管道,连接该地区的10个国家,投资70亿美元。

沙特为两个工业城投资

11日 沙特为朱拜勒和延布两个工业城投资860亿里亚尔(229亿美元),私营部门为两个工业城的项目投资达1900亿里亚尔(506亿美元)。

阿美石油公司铺设输油管道项目

☆☆ 阿美石油公司招标建设当今世界上最大的石油项目——卡提夫石油项目，项目总投资约35亿里亚尔 (9.3亿美元),预计2005年初建成,分别由斯奈姆布鲁吉提、塔克尼布和芝加哥3家公司执行。

日与沙特合作建汽车学院

☆☆ 日本与沙特合作在沙特吉达市建立的汽车维修高等学院开学,学院总投资5200万里亚尔(1386万美元)。

中国贷款乌首批拖拉机项目下线

☆☆ 中国向乌克兰提供优惠贷款实施小拖拉机项目首批拖拉机下线仪式举行,该项目中国贷款1亿元人民币。

塔吉克修建罗贡水电站

☆☆ 塔吉克斯坦罗贡水电站开工，一期工程需要资金4.5亿美元。

美石油公司在丹麦投资

☆☆ 美国石油公司Amerada Hess投资110亿丹麦克朗(约合12亿美元),在丹麦进行钻探试验。

以获捷克第一个BOT项目

☆☆ 以色列住房和建筑集团公司Shikun Ubinui与捷克政府签署修建高速公路项目协议,合同金额38亿美元。

美国辉瑞制药收购法玛西亚

15日 美国辉瑞制药公司以600亿美元的价格收购法玛西亚制药公司。合并后的新公司将成为目前世界上最大的制药公司。

越南纺织业积极投资设厂

☆☆ 越南在岘港省和庆工业区兴建3家纺织和印染工厂,3家工厂的投资额均为6000亿越盾(约合4000万美元)。

英荷钢铁兼并巴西钢厂

☆☆ 英荷考勒斯钢铁公司与巴西钢铁——集团达成兼并协议,兼并后新公司总资产达30亿英镑(约合45亿美元)。

世界最大毫米波天文望远镜主体工程竣工

☆☆ 墨西哥和美国联合建造的、迄今为止世界上最大的毫米波天文望远镜主体工程竣工,总投资为8000万美元。

芬兰最大风力发电站建成投产

17日 芬兰最大的风力发电站在西部沿海城市波里建成并投入运行,其年发电量近600万千瓦/小时。

阿根廷第二大石油公司被巴西石油集团并购

22日 巴西国有控股的Petrobras石油集团收购阿根廷佩莱斯·康潘(Perez Companc)集团的佩康(Pecom)石油公司,交易额达33.81亿美元。

丹建4个新的国家级计算机中心

☆☆ 丹麦政府同意在日德兰半岛的Aalborg、Aarhus、Soederborg和菲英岛的Odense建立4个新的国家级计算机中心,共同投资1.75亿丹麦克朗。

土库曼元首市炼厂热电站改造

☆☆ 土耳其"恰雷克"公司为土库曼元首市炼厂安装功率为12.64万千瓦的美国通用公司生产的3台燃气涡轮发电机组,项目总投资4950万美元。

可口可乐购买瑞士Valser矿泉水公司

☆☆ Valser矿泉水股份公司目前的母公司Hess集团将其拥有的Valser公司的股份向Coca-Cola Hellenic Botting公司和可口可乐公司各转让50%。

泰与中开发澜沧江梯级水电站

☆☆ 泰国GMS公司与中国云南省电力部门合作开发云南省澜沧江梯级水电目前最大的电站——糯扎渡水电站,总投资超过300亿元人民币。

圭建设阿迈拉瀑布水电站项目

29日 圭亚那阿迈拉瀑布水电站工程项目获政府批准,投入开发建设,项目总投资为3.12亿美元。

肯修建专用输电线路

29日 由肯尼亚电力照明公司投资1.6亿先令、为肯石油精炼厂修建的3.3万伏高压输电线路完成。

土库曼将兴建中亚最大的清真寺

☆☆ 土库曼投资8600万美元建设中亚地区最大的清真寺。

亚行贷款越南5000万美元建新发电厂

☆☆ 亚洲开发银行批准给越南5000万美元项目贷款,协助越南建立一家使用综合天然气发电厂,总价值4.8亿美元。

埃投行为20个粮仓提供贷款

31日 埃及国民投资银行向商品供应局提供2.75亿埃镑的贷款,用于修建20个平均储量为60万吨的粮仓。

中国公司首个境外BOT电力项目建设完成

☆☆ 由中国电力技术进出口总公司以BOT方式承揽的柬埔寨基里隆一级水电站修复工程竣工。

三星公司在迪拜设立电脑组装厂

☆☆ 韩国三星电子公司计划和国际电脑公司(阿联酋当地企业)合资在迪拜杰贝勒·阿里自由区建立电脑组装厂。

标致—雪铁龙和宝马将合作开发新型发动机

☆☆ 德国宝马汽车公司将协同法国标致—雪铁龙公司共同开发和生产新一代汽油发动机,双方将总共投资7.5亿欧元(约合7.43亿美元)。

IBM廉价收购PwC咨询业务

31日 IBM宣布将以35亿美元的价格收购普华永道(Pricewaterhouse Coopers)旗下咨询子公司PwC Consulting。

加启用跨洲海底光缆通讯系统

31日 加蓬连接欧非两大洲的SAT—S/WASC/SAFE海底光缆通讯系统建成启用,工程总长14000公里,加蓬政府为该光缆加蓬地段的兴建共投资150亿非洲法郎(约2200多万美元)。

8 月

通用电气拟重组金融子公司

1日 世界上最大的非银行金融公司——通用金融(GE Capital),将被分拆成商务金融、保险、消费金融服务和设备管理4个相互独立的子公司。

丰田公司向南非丰田注资1亿美元

☆☆ 日本丰田汽车公司与南非丰田的控股公司韦斯科投资签订协议,注资10亿兰特(约1亿美元),用于未来5年的厂房扩充。

美向乌提供15亿美元贷款

4日 美国向乌拉圭提供15亿美元的紧急贷款,以帮助乌拉圭临时解决由于金融危机导致银行无法营业的问题。

非行向科提供优惠贷款

5日 非洲开发银行决定向科特迪瓦政府提供总额为500亿非洲法郎(约7200万美元)的优惠贷款,用于培训和安置失业青年项目和改善其教育体制以及支持科政府的权力下放政策和帮助中科梅埃地区发展农村和减少贫困等。

英美烟草将建中国最大烟厂

☆☆ 全球第二大烟草制造商英美烟草公司(BAT)将投资近4亿美元同中国国家烟草专卖局合作,建立中国最大的合资香烟生产厂。

卡塔尔开发世界最大气田

☆☆ 卡塔尔北部天然气田地区投资160亿美元发展石化工业。

朝轻水反应堆核电站主体混凝土工程开工

7日 朝鲜半岛能源开发组织(KEDO)援建朝鲜的轻水反应堆核电站主体混凝土工程开工,耗资46亿美元。

欧盟同意日立收购IBM硬盘业务

☆☆ 日立(Hitachi Ltd.)获欧洲执委会同意,得以用20.5亿美元收购IBM旗下处于亏损状态的硬盘业务,将与IBM成立合资公司,初期持股70%。

雀巢再购ChefArrlerica

☆☆ 雀巢公司(Nestle SA.)以26.8亿美元收购拥有冷冻三明治畅销品牌HotPockets的ChefAmerica公司。

越南计划投资20亿美元发展造船业

☆☆ 越南计划今后3年投资20亿美元发展造船业,到2005年使越南造船水平达到亚太地区的造船标准。

圭糖业技改项目国际招标

8日 圭亚那国家发展战略的重点项目——制糖业技改项目招标,总投资1.1亿美元。

PCS将推出美国综合数据网络

☆☆ 美国第四大无线服务运营商斯普林特PCS(Sprint PCS)斥资14亿美元推出美国最综合的高速数据网络。

非开行援助公路工程

12日 非洲开发银行向东非共同体(EAC)公路网工程赠款

122万美元,用于ARUSHA—NAMANGA-ATHI RIVER公路的修建。

联合国援建清洁能源基金

☆☆ 联合国基金会向中国提供435万美元,用于资助中国实施可持续能源和气候变化计划,包括为创建中国第一个清洁能源创业投资基金等。

巴海湾三号核电站开工

☆☆ 巴西政府决定拨专款1.23亿雷亚尔作为停滞多年的海湾三号(Angra 3)核电站工程土建施工的启动资金,该工程计划总投资25.85亿美元。

波黑国际招标项目

☆☆ 波黑电力局公布波黑固体垃圾处理项目招标, 波黑政府准备使用世界银行国际开发协会(IDA)提供的1800万美元贷款。

中国公司承建伊朗高速公路

17日 由中国上海外经(集团)有限公司与中铁隧道集团有限公司、上海亚联进出口贸易有限公司组成的联合体签署合同, 总承包全长121公里的伊朗德黑兰北方高速公路0—32公里段工程,中方项目合同总金额2.15亿美元。

俄伊签署经济合作协议

☆☆ 俄罗斯与伊拉克签署价值400亿美元的经济协议,包括石油、电子能源、化学产品、灌溉技术、铁路建设和运输等合作。

三菱在墨西哥湾开发油气田

☆☆ 日本三菱商事公司(Mit—subishi Corp.)获在墨西哥湾美国水域联合开采石油和天然气的权利,开发费用将达70–80亿日元。

中石化与DSM合建公司

19日 中国石化集团南京化学工业有限公司与荷兰DSM集团纤维中间体公司合资成立南京帝斯曼东方化工有限公司,总投资22.36亿元。

海合会成员国建海水淡化厂

☆☆ 海湾合作委员会 (海合会)6个成员国在未来30年投资400亿美元兴建海水淡化厂。

中加签署援建项目合同

20日 中国和加蓬签署了关于中国援建加蓬参议院大厦的施工合同。

越石油公司新建石化装置

☆☆ 越南石油公司拟在2004年开始建设第二套炼油及石化联合装置,项目总投资25亿美元。

俄建输油管连接大庆

☆☆ 俄罗斯将兴建一条长达1550英里的输油管道,耗资15亿英镑,中国将支付3亿英镑将此管道连接到大庆。

和黄巨资收购为3G铺路

☆☆ 和记黄埔(Hutchison Whampoa Ltd.)将通过旗下的屈臣氏,以13亿欧元(12.7亿美元)收购荷兰健康和美容产品零售商Kruidvat Grop。

联合国13亿美元盖新楼

☆☆ 联合国计划花费13亿美元将现有联合国大楼翻新,同时在附近建造一座30层大楼。

雀巢收购美巧克力生产商

☆☆ 瑞士雀巢公司有意以115亿美元的价格收购美国最大的巧克力生产商赫尔希食品公司。

肯建小企业投资基金

16日 由英国的英联邦开发公司(CDC)和挪威发展中国家投资基金(Norfund)组成的Aureos资本公司,拟在肯尼亚建立4000万美元的中小企业投资基金。

法援肯新建茶加工厂

19日 法国经济合作促进和参与协会向肯尼亚提供贷款,在梅鲁区和锡卡区新建2个茶叶加工厂,总投资720万美元。

肯电讯公司公布投资计划

20日 肯尼亚电讯公司宣布投资4.43亿美元用于肯电讯网络改造。

埃新批5个项目

27日 埃及投资与自由区管理总局批准了5个投资在自由贸易区的新项目,总投资共4170万美元。

Toto投资越南

27日 日本Toto集团投资2300万美元兴建的高级卫生瓷生产厂,在越南河内升龙工业区开工。

非贸易银行向苏提供贷款

28日 非洲发展和贸易银行向苏丹5家银行和苏丹棉花公司提供1750万美元的优惠贷款。主要用于发展出口产品所需要进口的生产设备和基础设施所用的各种原材料。

中吉合资造纸厂项目竣工

29日 中国与吉尔吉斯合资的造纸厂项目竣工。项目总投资2.069亿元人民币。

南非公司在华签合资合同

29日 南非库博贱金属分公司与中国内蒙古自治区赤峰红烨冶炼有限责任公司在赤峰签订合资扩建合同，工程耗资2.3亿元人民币。

巴石油公司获贷1.8亿美元

29日 巴西石油公司(Petrobr á s)从花旗银行日本分行获得1.8亿美元贷款，此前该公司在国内市场上发行了7.5亿雷亚尔的企业债券。

世行将向哥提供新贷款

30日 世行向哥伦比亚提供5-10亿美元的贷款用于支持哥政府财政改革、扩大投资和促进经济增长的计划。

亚行贷款改善亚洲水质

31日 亚洲开发银行与联合国签署协议,计划在未来5年内为联合国亚洲城市项目水工程提供5亿美元贷救。

9 月

贝塔斯曼收购Zomba

2日 贝塔斯曼(Berte Ismann AG.)收购美国Zomba Music Group计划获欧盟批准,交易金额为30亿美元。

吉扩建首都国际机场

☆☆ 吉尔吉斯斯坦将扩建"马纳斯"国际机场,总投资200万美元。

泰国正大建新型饲料厂

☆☆ 泰国最大的动物饲料生产企业正大食品大众有限公司计划投资8亿泰铢(约合1.86亿美元),在孔敬府和佛统府新建2座饲料工厂。

帝斯曼收购罗氏维生素等

☆☆ 荷兰帝斯曼公司(DSM)收购罗氏维生素和精细化工部门,收购交易总额为22.5亿欧元。

通用购买大宇零部件

☆☆ 美国通用汽车公司将斥资1.07亿美元购买韩国大宇汽车公司生产的零部件,以帮助大宇汽车渡过难关。

瑞士将在巴西兴建纸浆厂

3日 瑞士投资3亿美元(约10亿雷亚尔)在巴西罗赖马州兴建BRANCOCEL纸浆厂,将于2005年底建成投产。

莱曼兄弟收购韩金融集团

5日 美国投资银行莱曼兄弟与韩国第二大金融服务集团Woori签订10亿美元投资协议,进军韩国金融市场。

以约建红海—死海输水管道

☆☆ 以色列和约旦宣布启动"红海—死海项目",旨在拯救死海,项目预计投资20-50亿美元。

世行支持埃私企发展

6日 国际金融公司(IFC)向埃及投放10亿埃镑支持私企发展,投放农业机械、纺织、成衣出口和天然气。

中日4项援助项目换文

6日 中国和日本签署了中日无偿资金合作"长春中日友好水厂控制设备改善计划"(9.99亿日元)、"黄河中游防护林建设计划"(4.89亿日元)、"第二次贫困地区结核病控制计划"(4.02亿日元)、"人才培养奖学计划"(3.63亿日元)4个项目的政府换文。

津、利达成贸易投资意向

☆☆ 津巴布韦与利比亚双方决定续签已从去年开始执行的36亿美元的给津供应燃料合同；利比亚同时对津燃料基础设施投资。

苏建北喀土穆中心城市

4日 总造价32亿美元的苏丹北喀土穆中心城市项目奠基。

埃3项天然气工程将建

4日 埃及、意大利和新加坡的投资者公布对建立3项天然气工程的报价,工程将在埃及BEHWERA省的EDCO开工兴建.总投资18亿美元。

埃Nuberiya发电厂即将招标

6日 位于三角洲地区的Nuberiya发电厂招标，该发电厂总装机容量为1500MW(兆瓦),由欧洲投资银行(EIB)和科威特的阿拉伯经社基金会提供,EIB同埃及签订了1笔1.5亿欧元的贷款协议。

三星工程公司中标印度石化工程

12日 韩国三星工程公司从印度国营石油公司(IOCL)手中以"交钥匙"方式中标1.5亿美元的大型石化成套设备工程。

埃建新制糖厂

16日 埃及农业部批准耗资5亿美元，在塞得港建立一个占地126公顷、日产白糖50吨的制糖厂,新厂将于2年内完工。

埃在迪拜建贸易中心

16日 埃及和阿联酋投资商共同投资1000万埃镑（约合

216万美元),在阿联酋的迪拜建立一个贸易中心。

BID向巴西能源投巨资

☆☆ 泛美开发银行 (BID) 向巴西能源领域融资 16 亿美元,其中 2.4 亿美元出自 BID 财政规划资金,其余 13.6 亿美元来自其他外国银行和投资者。

乐天拟建世界最高建筑

☆☆ 韩国零售商乐天集团计划在汉城建造一座 112 层高的酒店,工程将耗资 12.5 亿美元。

联合国参与中国城市建设

☆☆ 联合国开发计划署正式启动在中国 6 城市开展的"21 世纪城市规划、管理和发展"项目,计划为此项目投入 1200 万美元。

墨西哥城拉美最高塔楼封顶

☆☆ 在墨西哥城兴建的拉美最高塔楼 TORRE MAYOR 封顶,塔楼由雷哈曼集团承建,占地面积超过 5.57 万平方米,总投资逾 2.5 亿美元。

韩朝铁路公路连接工程破土

18 日 韩国和朝鲜京义线铁路和公路连接工程开工。

里海至地中海输油管工程奠基

18 日 巴库—第比利斯—杰伊汉石油管道奠基,输油管东起阿塞拜疆的里海沿岸,途经格鲁吉亚,西至土耳其的地中海沿岸,全长 1760 公里,工程耗资约 30 亿美元。

当纳利印刷公司抢滩上海

☆☆ 美国当纳利公司与上海新闻出版局所属企业联合投资 2950 万美元建立的合资企业——上海当纳利印刷有限公司的厂房主体建设完毕。

TCL 将在德生产电视机

☆☆ TCL 国际控股有限公司以 820 万欧元收购德国施奈德电子公司的部分实质性资产。

俄援建伊朗原子能发电站

☆☆ 俄罗斯将继续帮助伊朗完成布什尔原子能发电站的建设工作,该发电站将于 2003 年底前投入运营,合同价值 8 亿美元。

俄罗斯协助印度建设核电站

☆☆ 俄罗斯与印度签署协议,决定帮助印度建设核电站,合同金额为 10 亿美元。

Donnelley 收购斯普林特公司

☆☆ 黄页广告销售公司日 R.H.Donnelley Corp. 同意以 22.3 亿美元的价格收购斯普林特电话簿出版业务。作为交易的一部分,高盛私人股权部门将通过可转换优先股的方式向 Donnelley 投资 2 亿美元,并将获得认购额外股份的认股权证以及两个董事会席位。

爱立信与 AIS 签订合同

19 日 泰国移动通信运营商 AIS (高级信息服务股份有限公司) 选定爱立信作为其端到端的 GPRS 网络惟一系统设备提供商,并负责全国 GSM 网络的扩容项目,两项工程总价值为 1.55 亿美元。

亚行 35 亿美元贷款扶贫

20 日 亚洲开发银行同意在未来 3 年内向中国提供 35 亿美元的贷款,帮助中国扶贫。

ABB 水电表业务出售

23 日 瑞士 ABB 集团宣布以 2.44 亿美元的价格将其水表和电表生产业务出售给了德国 Ruhrgas 工业公司。

中一援塔项目移交

24 日 中国政府无偿援助塔吉克斯坦政府膜下滴灌植棉项目交接签字,该项目是塔政府使用我国无偿援助余款 250 万元人民币而进行的,由新疆天业集团有限公司组织实施。

BID 向尼加拉瓜提供贷款

25 日 泛美开发银行(BID)向尼加拉瓜提供了 2250 万美元低息贷款,18 日,该银行已向尼加拉瓜农村发展局提供了 6000 万美元发展农业贷款。

英国温布利体育馆重建

26 日 英国温布利体育馆重建计划得到许可,项目将耗资达 7.5 亿英镑。

京东方收购韩 HYDIS 公司

27 日 中国北京东方电子集团股份有限公司 (BOE) 将以 3.8 亿美元的价格收购韩国 HYNIX 半导体薄膜液晶显示器 (TFT-LCD)部门的子公司 HYDIS。

新加坡在穗投资物流基地

28 日 新加坡港务集团与广州港务局合资组建的广州鼎盛物流有限公司奠基,首期投资 1.6 亿元人民币。

巴航空公司获境外贷款

28 日 巴西航空工业公司(Embraer)通过巴西 Unibanco 银行从日本的资本市场获得了 1 亿美元的贷款,期限是 7 年,年贷款利率为8%(包括佣金和保险费用)。

沙特将为巴建600幢房屋

☆☆ 沙特有关部门将在巴勒斯坦的6个城市分别兴建100幢房屋及配套设施,沙特已为巴筹集1.5亿美元资金。

毛里塔尼亚一公路开工

☆☆ 毛里塔尼亚首都努瓦克肖特的战略性公路开工,公路全长470公里,总投资190亿乌吉亚(约合7000万美元)。我路桥总公司与毛ATTM公司合作承揽了第3标段,合同额43.66亿乌吉亚(约合1600万美元)。

10 月

中海油收购印尼天然气权益

2日 中国海洋石油股份公司宣布出资2.75亿美元收购印尼东固天然气项目12.5%的权益。

西班牙向阿根廷提供优惠贷款

7日 西班牙政府向阿根廷政府提供1亿欧元优惠贷款,用于支持阿根廷的基础设施、卫生和教育等迫切需要资助的社会项目,贷款期限为10年。

东京拟建世界最高电视塔

☆☆ 日本东京计划建设全世界最高的电视塔,高约600米,总投资约450亿日元。

乌与土达成多项协议

7日 土库曼斯坦和乌克兰就加速修建穿越阿木达里亚的大桥,依里扬拉。杰里亚雷克和戈图尔—杰沛的天然气压缩站,以及土首都隧道通风系统等项目达成协议,乌企业在土承建的工程造价超过10亿美元。

塔启动公路修复和建设工程

☆☆ 塔吉克开始实施杜尚别—库尔干秋别—丹加拉—库利亚布总长250公里的公路段修复工程,亚行和欧佩克基金会为该项目提供了2680万美元的资金,还将使用国际金融机构贷款启动什克夫—济加尔公路段的建设工作。

西门子与埃及签署合作协议

☆☆ 德国西门子公司与埃及签署了2份合作协议,西门子公司承诺扩建其信息和通信网络的运行平台,投资额约为22亿埃镑(约合4.74亿美元);第2份协议是西门子将投资11亿埃镑(约合2.37亿美元)用于在埃南部建设一家新型的多用途工厂。

中国公司中标突大坝项目

☆☆ 陕西省水电工程局(集团)有限公司和中国水利水电对外公司联合中标突尼斯可比尔大坝项目,中标价4549万第纳尔(折合3115万美元),项目业主为突尼斯农业部水利与大坝司,资金来源为日本海外协力资金。

哥获多国贷款

10日 哥伦比亚宣布在未来4年内将从多国金融机构获得高达90亿美元贷款,包括安第斯开发协会35亿美元、日本银行1.2亿美元、世界银行35亿美元和美洲开发银行20—25亿美元的贷款。

乌准许外资银行设分行

☆☆ 乌克兰国家银行宣布,允许外国银行在有足以保障其运作和履行其对客户义务的注册资本的情况下,在乌境内开设分行。

富士通西门子整合

☆☆ 富士通公司和西门子公司宣布,两家公司将在今年年底前整合双方在个人电脑和服务器方面的业务,成立合资公司,整合后销售额将超过81亿美元。

津巴布韦投巨资开采白金矿

☆☆ 津巴布韦白金矿业有限公司计划开采一个白金矿,预计投资将超过1.5亿美元。

老、泰签署昆曼公路贷款合同

9日 泰国向老挝昆曼公路老挝段建设项目提供贷款合同在曼谷签署,此项贷款共计13.85亿泰铢。

中、阿合作开发油田

14日 中国石油化工集团与阿尔及利亚国营碳化氢公司签署关于阿撒哈拉沙漠东部地区扎尔扎廷油田合作开发项目的合同,项目计划总投资5.25亿美元。

东芝建电视转播设备生产基地

15日 日本东芝集团E-解决方案公司与中国大连大显集团有限公司签约,组建"大连东芝广播电视系统有限公司",新公司成立资本金为2亿日元。

埃及亚历山大图书馆开馆

16日 耗资2.5亿美元的埃及亚历山大图书馆正式开馆。

韩4大通讯公司对IT业投巨资

16日 韩国KT、SKT、LG电信和KTF 4大通讯企业确定了包括设立3000亿韩元的IT基金在内的总额高达1.8万亿韩元的对IT业投资计划。

台塑与BP合作乙烯项目

☆☆ 台湾塑胶工业股份有限公司重要子公司台湾化纤(FORMOSA CHEMICALS & FIBRE CORP.,Q.FCF)将与英国石油公司(BP)共同建立一家具有乙烯生产和销售能力的合资公司,该合资公司将拥有新台币17.1亿元的资本。

可口可乐追加对华投资

☆☆ 可口可乐将在未来的 2–3 年内，在中国追加投资 1.5 亿美元。

印尼重新启动 21 个高速公路项目

18 日 印尼宣布重新启动 21 个收费高速公路项目建设，总投资约 34.4 亿美元。

第一家俄罗斯银行在阿开业

☆☆ 俄罗斯 NIKOIL 投资商业银行在阿塞拜疆巴库开业,资本金为 500 万美元。

曼谷新机场欲成亚洲空中枢纽

☆☆ 泰国国际航空公司将用 10 年时间把正在建设中的新曼谷国际机场发展为亚洲地区性航空枢纽,预计耗资 300 亿美元。

中国承建的伊朗阿拉克电厂投产

21 日 中国公司设计、建造和监理的伊朗阿拉克火力发电厂投产,项目合同总金额 2.4 亿美元。

尼日利亚建设大型石化生产装置

☆☆ 尼日利亚已在阿克多地区建设一个大型甲醇生产装置，该装置是尼政府投资 20 亿美元建设石化联合装置计划的一部分。

联通在美下单百亿

21 日 中国联通集团在美国纽约签署了 4 项金额 98.28 亿元人民币的框架协议。

越南首家土工织物厂投入运营

☆☆ 由河内工业用帆布纺织公司 (HAICATEX) 投资 700 亿越南盾(合 460 万美元)兴建的无纺土工织物工厂投入运营。

尼政府修建肯达基水坝

☆☆ 尼日尔政府宣布修建肯达基水坝,总投资 3 亿美元。

德黑兰地铁 1[#] 线第 3 段正式运营

23 日 由中国公司承建的德黑兰地铁 1[#] 线第 3 段开通，德黑兰地铁 1[#] 线全长约 30 公里。

日本大隈在京建数控工具公司

☆☆ 日本大隈 (OKUMA) 株式会社与北京第一机床厂 (BEIJING NO.1 MACHINE TOOL FACTORY)共同出资 3.3 亿元人民币组建了一家数控工具设备制造公司。

威望迪拟处置 17.5 亿欧元资产

23 日 法国威望迪公司(VIVENDI UNIVERSAL)宣布以 17.5 亿欧元出售旗下的美国图书出版公司 HOUGHTON MIFFLN。

宝马车明年初投产

☆☆ 投资 4.5 亿欧元的“宝马”轿车生产项目落户沈阳，将于明年初投入生产。

日拟放宽外国证券公司参与限制

☆☆ 日本拟在明年内允许没在日本国内设点的外国证券公司在日营业,参与东京证券交易所的交易。

三星电子液晶显示器厂落户苏州

25 日 韩国三星电子在海外设立的第一家液晶显示器工厂苏州三星液晶显示器厂破土动工,总投资 3 亿美元。

东风与标致雪铁龙扩大合作

☆☆ 东风汽车公司与法国 PSA 标致雪铁龙集团扩大合作的合资合同签字仪式举行。双方为合资公司增资 10 亿元,使合资公司的注册资本增加到 70 亿元。

花旗集团兼并黄金州银行获批

28 日 美国联邦储备委员会批准花旗银行集团兼并美国第二大储蓄银行黄金州银行，兼并后的花旗集团资产总额达 1.1 万亿美元。

世行对土耳其增加贷款

☆☆ 世界银行对土耳其提供 5 亿美元贷款，支持土旨在促进企业调整债务结构的“伊斯坦布尔计划”。

世行资助越南富美二期发电工程

☆☆ 世界银行批准给越南富美电力工程第二阶段方案的项目信用贷款,金额达 4.8 亿美元。

惠普斥资 9 亿设台研发中心

☆☆ 惠普公司决定投资新台币 9.3 亿元在台湾设立惠普产品发展中心。

利乐再次扩大在华投资

☆☆ 瑞典利乐公司正式成立利乐包装(北京)有限公司，并宣布投资 5.7 亿元在北京经济技术开发区内建设占地 7 万多平方米的新工厂。

德国世界杯揭幕战球场动工

☆☆ 可能承办 2006 年德国世界杯足球赛揭幕战的慕尼黑体育场破土动工,预计耗资 1.73 亿美元。

加一能源公司出售苏丹石油资产

30日 加拿大塔利斯曼能源公司宣布以7.58亿美元将其在苏丹的石油资产出售给印度国家石油天然气公司。

11 月

牙买加与世行签署贷款协议

2日 牙买加与世界银行签署金额1.298亿美元的贷款协议。

瑞士诺华收购LEK

☆☆ 瑞士诺华公司以8.6亿美元价格收购斯洛文尼亚制药公司LEK。

中国电信公司在美开业

4日 中国电信(美国)公司在华盛顿开业。

以色列批准铁路项目预算

☆☆ 以色列港口和铁路局批准2003年24亿谢克尔的铁路发展和工作计划预算。

欧盟将向南部非洲提供援助

☆☆ 欧盟将向津巴布韦、马拉维和赞比亚提供3.1亿欧元的援助。

英特尔斥资拓展无线宽带

☆☆ 英特尔公司将向开发无线宽带技术的公司投资1.5亿美元。

挪威水电公司拓展森代尔铝厂

☆☆ 挪威工业集团挪威水力发电公司在挪威森代尔的铝厂从事第一批电解池的拓展业务，目前已完成这项价值56亿挪威克朗(约合7.399亿美元)项目的约60%。

EXEL收购南非物流公司

6日 伦敦供应链管理服务公司EXEL收购南非最大的私营货运公司EAGLE,并购金额超过1.4亿美元。

李嘉诚4亿入股中国电信

☆☆ 香港首富李嘉诚旗下的"和记黄埔"斥资5000万美元(约合4亿港元),认购"中国电信"股份。

越南拟建塑料生产厂

☆☆ 越南西贡塑料协会(VSPA)计划投资2.5亿美元,新建一座年产35万吨的塑料生产厂。

亚行将为菲提供8.15亿美元贷款

☆☆ 亚洲开发银行计划在未来3年内向菲律宾提供8.15亿美元贷款额度,以支持其基础建设和脱贫方案。

纽约港扩建集装箱码头

☆☆ 纽约港务当局将投资3500万美元为HOWLAND HOOK集装箱码头增建第3个泊位,这座码头耗资7000万美元。

美洲开发银行向巴西提供贷款

☆☆ 美洲开发银行将在今后4年中，向巴西政府开展的社会项目提供90亿美元贷款。

微软将向印度投资4亿美元

☆☆ 美国微软公司今后3年内将向印度投资4亿美元,用于发展信息技术教育以及开发适用于当地市场的计算机软件。

以公司收购美房地产公司

☆☆ 以色列Equity One公司以7.3亿美元 收购美国IRT房地产公司。

摩托罗拉获中移动巨额合同

9日 摩托罗拉与中国移动通信公司签署总计约6800万美元的GSM和GPRS网络扩容合同。

和黄有意投资法最大港口

☆☆ 和黄有意参与法国利哈佛海港(PORTOF LEHAVRE)的新泊位建设,利哈佛海港总投资为5.17亿欧元。

阿富汗再造交通"动脉"

10日 阿富汗1号公路——喀布尔—坎大哈—赫拉特公路重建工程开工,预计工程耗资2.5亿美元,美国、日本和沙特政府为其提供总额为1.8亿美元的援助。

康卡斯特收购AT&T

13日 美国康卡斯特(COMCAST)公司获得美国联邦通信委员会(FCC)批准,以305亿美元的价格收购全美第一大有线电视运营商AT&T宽带公司。

日本最大钢铁集团诞生

☆☆ 日本3家大型钢铁企业就资本合作达成协议，新日本钢铁和住友金属工业相互持股50亿日元，新日铁和神户制钢所、神户制钢与住金分别相互持股30亿日元；住金与神户制钢将在制造用于飞机零件的钛材料领域开始合作。

丰田将在波兰投资发动机厂

☆☆ 丰田汽车将以3亿欧元扩增其在波兰WALBRZYCH市的变速箱工厂，早先丰田亦发表一份有关于投资发动机JELCZ厂1.7亿欧元的计划。

网通牵头收购亚洲环球电讯

17日 由中国网通牵头的收购集团签订一项金额达2.7亿美元的协议，收购亚洲环球电讯有限公司(ASIA GLOBAL CROSSING LTD)。

世行支持贝宁棉花产业

20日 世界银行国际开发协会向贝宁提供160亿西非法郎(合2300万美元)贷款,用于支持该国棉花产业的发展。

SK集团拟对华投资1亿美元

25日 韩国SK集团宣布2003年拟对中国增加投资1亿美元,重点投向信息通讯、生命科学和能源化学等3个项目。

美国国家半导体投资苏州

☆☆ 美国国家半导体公司设于中国的首家芯片厂在苏州工业园破土动工,总投资2亿美元。

世行和欧洲财团支持塞电信公司私有化

☆☆ 世界银行和欧洲财团已同意贷款1亿美元,帮助塞拉利昂电信公司私有化。

安利抢占中国营养保健市场

☆☆ 安利(中国)第5期工厂落成暨海外第一个纽崔莱健康体验小心揭幕,项目总投资2500万美元。

台湾中部科学工业园区成立

☆☆ 以发展纳米技术为主的台湾中部科学工业园区筹备处挂牌成立,园区一条投资逾22亿台币的1.5公里道路工程将动工。

合资航发维修公司成立

26日 中德合资珠海摩天宇航空发动机维修公司落成,该公司由中国南方航空股份有限公司和德国MTU航空发动机公司各出资50%组成,总投资1.89亿美元。

俄将建重要石油出口管道

27日 俄罗斯4大石油公司就建设从西西伯利亚油田至俄北部摩尔曼斯克港的石油管道签署了备忘录,总投资估计为34-45亿美元。

中俄石油管线对接在即

☆☆ 从俄罗斯安加尔斯克(ANGARSK)至中国黑龙江大庆油田长达2260公里的石油管道运输线项目前期建设工程开工，俄罗斯乌克斯公司将投入15亿美元建设俄境内的石油运输管道，而中国境内760公里的管道建设中石油将投入40亿元人民币。

巴西斥巨资铺设新输油管道

☆☆ 巴西石油公司将修建一条连接CAMPOS和圣保罗市两地的输油管道,工程总投资11亿美元,管道全长725公里。

中海油收购澳天然气资产

☆☆ 中国海洋石油布限公司获要约收购澳大利亚西北礁层天然气项目("NWS天然气项目")的上游生产及储量5.56%权益,初步条款要求中海油支付约1.2亿美元。

苏哈尔海水抽取项目签约

30日 阿曼与SUHAIL BAHWAN GROUP为首的企业集团签署了价值5700万美元的苏哈尔海水抽取项目，建两条防波堤形成开放水道。

亚行设立中国环保基金

☆☆ 亚洲开发银行将投资1000万美元用于设立首期中国环保基金。

12 月

巴—澳天然气管道项目要建

2日 巴布亚新几内亚政府强调要重点开展巴新—澳大利亚天然气管道项目,项目总投资约25亿美元(约合210亿基那)。

南航与坦航签订收购协议

2日 南非航空公司与坦桑尼亚航空公司签订收购协议，向非航空公司将出资2000万美元收购坦桑尼亚航空公司49%的股份。

内罗毕—蒙巴萨公路动工整修

☆☆ 由欧盟资助63亿先令的内罗毕—蒙巴萨公SULTAN HAMUD至MTITO ANDEI段131公里的整修工程将动工,德国STRABAG INTERNATIONAL GMBH公司以46亿先令的最低报价中标。

欧盟与两刚台建刚果河大桥

☆☆ 欧盟将与刚果(布)、刚果(金)政府合作建造刚果河大桥,大桥横跨刚果河、连接两刚首都布拉柴维尔和金沙萨,整个项目将耗资4080万欧元(约合265.2亿非郎)。

捷克批准出售斯科达股份

☆☆ 捷克政府批准将斯科达控股公司48%的国有股出售给美国阿皮安机械集团,捷政府转让斯科达股份可获3.5亿克朗。

丹麦、奥地利合建包装企业

☆☆ 丹麦生产和经营包装业的DANAPAK公司与奥地利的TEICH AG公司共同出资组建新合资企业DANAPAK

FLEXIBLE A/S,丹麦公司拥有其中40%的股份。

丰田集团扩大对波兰投资

☆☆ 日本丰田集团扩大对波兰投资，最近宣布投资1.7亿欧元建设新的柴油发动机生产企业。

叙政府批准两个工业项目

☆☆ 叙利亚政府批准两个工业项目，一是叙与沙特、埃及合资投资2000万美元建立电缆生产厂，二是投资600万美元兴建炼铁厂。

吉佰利收购亚当斯公司

☆☆ 英国糖果公司吉佰利公司同意以42亿美元收购辉瑞公司旗下的糖果生产商亚当斯公司。

中国援助越南化工技改项目投产

☆☆ 由中国政府提供援助、中国安阳化工集团有限公司总承包的越南河北氮肥化工公司技术改造工程一次试车成功，生产出合格的合成氨和尿素产品。

利比亚油气管道项目开工

10日 利比亚西部528公里油气双线管道工程项目一期工程开工,该项目由利比亚国家石油公司和意大利阿吉普公司合资、由中国石油天然气集团公司管道公司承建,总投资为1.4亿欧元,合同规定工期为24个月。

埃及将新建7座发电站

☆☆ 埃及将新建7座发电站，埃及电力部将为此投资130亿埃镑。

刚果新水泥公司启动

☆☆ 刚果新水泥公司总资本为67.95亿非郎(约合1045万美元),其中刚政府出资30亿非郎,中国政府出资37.94亿非郎。

埃及将大力发展石化业

☆☆ 埃及石油部计划在未来20年内对石化工业投资100亿美元,计划建设14个石油化工集团(共计24个项目、50个生产组织)。

挪、芬、俄合作改造俄水电站

☆☆ 挪威、芬兰和俄国决定合作对边境地区的俄国水电站及电网进行改造,预计一期投资10亿克朗。

亚行向巴政府贷款

☆☆ 10日 亚洲开发银行贷款给巴基斯坦政府68万美元的技术援助,将用于在旁遮普省加强资源管理和扶贫项目。

波兰与欧洲投行签贷款协议

波兰财政部与欧洲投资银行签署贷款协议，总投资3.8亿欧元,用于波兰公路建设。

世行向巴西提供新贷款

☆☆ 世行将向巴西5个新项目贷款3.15亿美元，分别为:1亿美元改善政府职能和管理、报道工作的项目;4900万美元的信德省水资管理项目;363万美元的国民教育评定系统项目;1.25亿美元的高速公路维修和养护项目;3700万美元的HIV/AIDS病毒防御项目。

波兰获52亿欧元贷款

波兰获52亿欧元贷款，将由世界银行、欧洲里事会发展银行、欧洲重建发展银行和欧洲投资银行在2003–2006年提供,主要用地帮助波进行结构调整、基础设施建设。

印尼中小企业获亚行贷款

☆☆ 亚洲开发银行将通过6家本地银行向印尼中小企业提供8500万美元贷款,用于促进印尼中小企业的发展与出口。

宏利金融拟收购加拿大人寿

☆☆ 加拿大宏利金融集团拟收购加拿大人寿保险集团，价值64亿加元(约合41亿美元)。

木卡拉炼油厂最后协议签署

11日 也门与哈达拉毛炼油公司签订了建设木卡拉炼油厂的3项最后协议,总投资为4.5亿美元,该项目一期工程将于两年内竣工投产。

叙利亚迪什林水电站项目6号发电机组试运行

☆☆ 由四川省机械设备进出口公司承建的叙利亚迪什林水电站项目6号发电机组进入试运行，承包合同总命额约为1.758亿美元。

ABB与上海石化签署订单

☆☆ 瑞典ABB公司与上海石化公司签署了一项价值2亿美元(合18亿瑞典克郎)的订单,该订单是一个总价为27亿美元项目的一部分。

巴基斯坦北部发现天然气田

☆☆ 目前已确定开发投资额是1400万美元,来自匈牙利布达佩斯的MOL石油勘探公司占有10%的股份，巴政府占有5%，巴石油有限公司PPL与石油和天然气开发公司OGDC各占30%,巴油田公司占25%。

中地公司连中3标

☆☆ 中国地质工程公司分别以324.06万欧元和77.08万欧元中标由法国政府无偿援助的老挝万象市供水管网扩建项

目(LOTl)、万象市自来水厂泵站及蓄水池建设项目(LOT2),同时还以 151.18 万美元中标由亚行提供贷款的老挝沙湾湾拿吉省乌敦蓬城镇供水项目(CW5)。

德—巴发展合作组织达成协议

12 日 巴基斯坦和德国两国间的德—巴发展合作组织达成协议,德通过援助、软贷款和免除外债等形式向巴提供 1.4 亿欧元的资金用于社会发展。

东芝宣布在日建两芯片厂

13 日 日本最大的芯片厂商东芝公司宣布在日本建造两座芯片厂,为此,公司将在今后 4 年里投资 28.5 亿美元,以提高其全球的竞争力。

计算机科学公司收购 DYNCORP

14 日 美国第 3 大计算机服务公司计算机科学公司(COMPUTER SCIENCES)斥资 9.5 亿美元收购 DYCORP 公司。

VERITAS 收购以 PRECISE

☆☆ 以色列软件公司 PRECISE 被美国公司 VERITAS 以 5.37 亿美元现金收购。

雅虎收购 INKTOMI

☆☆ 美国雅虎公司收购因特网搜索引擎公司 INKTOMI,为此,雅虎公司将斥资 2.35 亿美元。

索尼将建液晶显示器厂

☆☆ 日本电子产品生产商索尼公司将斥资 4200-8300 万美元,在中国江苏无锡建设 LCD(液晶显示器)工厂。

以与欧盟签署研发协议

17 日 以色列与欧签署了关于以色列加入欧盟第 6 期框架计划研发协议,研发资金 175 亿欧元,重点放任基因、生物工艺学、疾病、信息技术、生产加工、航空学及其他领域的研究。

欧盟向各国提供开发资金

☆☆ 欧盟向世界各国提供 250 亿丹麦克朗(约合 36 亿美元)的资金,用以资助寻找和开发新的研究项目。

AEON 计划在台设商店

☆☆ 日本大型零售集团 AEON 计划 2010 年之前投资约 60 亿台币(1.72 亿美元)在中国台湾地区开设 18-20 家商店。

汉城拟建世界最高摩天大楼

☆☆ 汉城拟建世界最高摩天大楼。韩国外国企业协会为此计划从 2003-2008 年投资 1.6 兆韩元(1 美元约合 1207 韩元)。

嘉士伯成立生物技术部门

☆☆ 丹麦最大的啤酒商嘉士伯(CARLSBERG)成立了一个独立的生物技术部门,并向美国一家风险投资基金提供了 1000 万美元,以寻找在美国生物技术领域的投资机会。

巴、瑞签订外债重组协议

19 日 巴基斯坦和瑞士签订了 7250 万美元的外债重组协议。20 日,巴基斯坦还和比利时签订了 2789 万美元的外债重组协议。

阿拉伯货币基金与黎签协议

19 日 阿拉伯货币基金与黎巴嫩签署协议,向黎提供一笔 1500 万美元的自动贷款,旨在帮助黎政府改善其财政压力和平衡国际收支。

中国进出口银行向巴贷款

26 日 中国进出口银行与巴基斯坦在京签署《中国政府对外优惠贷款巴基斯坦瓜达尔深水港(一期)项目贷款协议》,协议金额 4.814 亿元人民币。

日本两银行拟合并

☆☆ 西日本银行与福冈城市银行拟合并,成立金融控股公司,合并之后这家新银行将拥有约 7.3 万亿日元的资产。

世行向突尼斯提供新贷款

☆☆ 世界银行向突尼斯提供了 3400 万美元的贷款,帮助突尼斯改善西北部山林地区居民的经济生活条件和社会福利待遇。

香港将建国际展览中心

20 日 香港将建国际展览中心,香港立法会财务委员会注资 20 亿港元,其首期工程可望在 2005 年第 4 季度落成。

长江生命科技投资艾滋病研究

☆☆ 长江生命科技集团有限公司投资 3.7 亿港元成立长江生命科技艾滋病研究院。

摩根大通与 IBM 合作

30 日 纽约摩根大通公司与 IBM 签署了一项 7 年期的信息技术服务合作协议,合同总额超过 50 亿美元。

三星扩展电脑内存生产

31 日 世界最大的电脑内存片制造商三星电子公司,将支出 1.5 万亿韩元(12 亿美元)来采用新技术扩展芯片生产。

中国投资促进机构

商务部

地　　址: 北京市东长安街2号
邮政编码: 100731
电　　话: +86-10-65197886
传　　真: +86-10-65197839
网　　址: http://www.mofcom.gov.cn
电子邮件: caohy@mofcom.gov.cn

商务部投资促进事务局

地　　址: 北京市东长安街2号
邮政编码: 100731
电　　话: +86-10-65198158
传　　真: +86-10-65198158
网　　址: http://www.fdi.gov.cn
电子邮件: tangxl@mofcom.gov.c

中国国际投资促进中心

地　　址: 北京市建国门外大街永安东里8号华彬国际大厦21层
邮政编码: 100022
电　　话: +86-10-85288392
传　　真: +86-10-85288907

北京市

北京市外经贸委

地　　址: 北京市东城区朝内大街190号
邮政编码: 100010
电　　话: +86-10-65248767
传　　真: +86-10-65130181
网　　址: http://www.bjfetc.gov.cn
电子邮件: jmwcjc@hotmail.com

北京国际投资促进会

地　　址: 北京市东城区朝阳门北大街8号富华大厦F楼4层
邮政编码: 100027
电　　话: +86-10-65543166
传　　真: +86-10-65543161

北京市投资促进局

地　　址: 北京市东城区朝阳门北大街8号富华大厦F楼3层
邮政编码: 100010
电　　话: +86-10-65543149
传　　真: +86-10-65543161
网　　址: http://www.fdibeijing.org.cn

天津市

天津市外经贸委

地　　址: 天津市和平区曲阜道80号
邮政编码: 300042
电　　话: +86-22-23304858
传　　真: +86-22-23315231
网　　址: http://www.goldentianjin.net.cn

天津市外国投资服务中心

地　　址: 天津市河西区解放南路256号泰达大厦11层B1106
邮政编码: 300042
电　　话: +86-22-23201751
传　　真: +86-22-23201753
网　　址: http://www.tjfisc.gov.cn
电子邮件: martinxie@eyou.com

河北省

河北省外经贸厅

地　　址: 河北省石家庄市和平西路334号
邮政编码: 050071
电　　话: +86-311-7041869
传　　真: +86-311-7041570
网　　址: http://www.doftec.gov.cn
电子邮件: waizi08@mail.doftec.gov.cn

河北省招商合作局

地　　址: 中国河北石家庄康乐街24号
邮政编码: 050051

电　　话：+86-311-7893736
传　　真：+86-311-7894031
网　　址：http://www.hebiic.gov.cn
电子邮件：public@hebiic.gov.cn

河北省外商投资企业协会

地　　址：河北省石家庄市和平西路 334 号
邮政编码：050071
电　　话：+86-311-7832647
传　　真：+86-311-7041570
网　　址：http://www.doftec.gov.cn
电子邮件：waizi01@mail.doftec.gov.cn

河北省外商投诉服务中心

地　　址：河北省石家庄市康乐街 24 号
邮政编码：050051
电　　话：+86-311-7981699，7893721
传　　真：+86-311-7894031，7894032
网　　址：http://www.spzx.net.cn
电子邮件：shcnpi@hebiic.gov.cn

山西省

秦皇岛经济技术开发区

地　　址：中国河北秦皇岛经济技术开发区管理委员会
邮政编码：066006
电　　话：+86-335-8051739
传　　真：+86-335-8051519
网　　址：http://www.qetdz.com.cn

山西省外经贸厅

地　　址：山西省太原市新建路 15 号
邮政编码：030002
电　　话：+86-351-4042185
传　　真：+86-351-4040270
网　　址：http://www.sx-siftec.gov.cn
电子邮件：waizic@cc.com.cn

山西省外商投资企业协会

地　　址：山西省太原市新建路 15 号
邮政编码：030002
电　　话：+86-351-4040123
传　　真：+86-351-4040123

内蒙古自治区

内蒙古外经贸厅

地　　址：内蒙古呼和浩特市中山西路 138 号
邮政编码：010020
电　　话：+86-471-6964301
传　　真：+86-471-6962138
网　　址：http://www.nmwjmt.com.cn
电子邮件：nmgftec@mail.ec.com.cn

辽宁省

辽宁省外经贸厅

地　　址：辽宁省沈阳市黄姑区北陵大街 45-1 号
邮政编码：110032
电　　话：+86-24-86892613
传　　真：+86-24-86893858
网　　址：http://www.china-liaoning.org
电子邮件：lnbftec@mail.sy.ln.cn

辽宁省国际投资促进中心

地　　址：辽宁省沈阳市黄姑区北陵大街 45-1 号 331 室
邮政编码：110032
电　　话：+86-24-86895390
传　　真：+86-24-86895130
网　　址：http://www.lniipc.com
电子邮件：yjelizabeth@mail.com

大连市对外贸易经济合作局

地　　址：大连市西岗区黄河区 219 号 2501 室
邮政编码：116011
电　　话：+86-411-3686575
传　　真：+86-411-3686865
网　　址：http://www.dalian-gov.net
电子邮件：wjwwz@dalian-gov.net

吉林省

吉林省外经贸厅

地　　址：吉林省长春市人民大街 119 号
邮政编码：130021
电　　话：+86-431-5628077
传　　真：+86-431-5624772
网　　址：http://jmw.jl.gov.cn

吉林省外商投资促进中心

地　　址：吉林省长春市人民大街 3855 号
邮政编码：130021
电　　话：+86-431-5672214
传　　真：+86-431-5621875
电子邮件：jlwqxh@163.net

黑龙江省

哈尔滨市外资管理局投资管理处
电　　话：(0451)4696547 4681714
传　　真：(0451)4613814
邮　　编：150010
地　　址：哈尔滨市道里区地段街198-3号

哈尔滨市发展计划委员会国外资金利用处
电　　话：(0451)4617060
传　　真：(0451)4643379
邮　　编：150010
地　　址：哈尔滨市道里区 友谊路233号

哈尔滨市地方税务局涉外分局
电　　话：(0451)4619461
传　　真：(0451)4687491
邮　　编：150010
地　　址：哈尔滨市道里区通江街5号

哈尔滨海关
电　　话：(0451)2381888
传　　真：(0451)2381520
邮　　编：150008
地　　址：哈尔滨市南岗区嵩山路88号

中国国际贸易促进委员会哈尔滨分会
电　　话：(0451)2333771
传　　真：(0451)2333772
邮　　编：150090
地　　址：哈尔滨市南岗区嵩山路38号

哈尔滨市外资管理局招商处
电　　话：(0451)4696554 4684235
传　　真：(0451)4613814
邮　　编：150010
地　　址：哈尔滨市道里区地段街198-3号

哈尔滨市工商管理局外资处
电　　话：(0451)4639476
传　　真：(0451)4681393
邮　　编：150010
地　　址：哈尔滨市道里区防洪胡同14号

哈尔滨市国家税务局涉外分局
电　　话：(0451)4585950
传　　真：(0451)4585952
邮　　编：150010
地　　址：哈尔滨市道里区西五道街8号

中国人民银行哈尔滨中心支行
电　　话：(0451)2304433
传　　真：(0451)2308626
邮　　编：150036
地　　址：哈尔滨市香坊区珠江路104号

哈尔滨市外商投资服务中心
电　　话：(0451)4670651
传　　真：(0451)4613814
邮　　编：150010
地　　址：哈尔滨市道里区地段街198-3号

上海市

上海市外国投资工作委员会
地　　址：上海市娄山关路55号新虹桥大厦17楼
邮政编码：200336
电　　话：+86-21-62752200
传　　真：+86-21-62754200
网　　址：http://www.investment.gov.cn
电子邮件：

上海市外商投资促进中心
地　　址：上海市娄山关路83号新虹桥中心大厦15-16楼
邮政编码：200336
电　　话：+86-21-62368800
传　　真：+86-21-62368026
网　　址：http://www.fid.org.cn
电子邮件：chenjianping@fid.org.cn

上海市外商投资服务中心
地　　址：上海市娄山关路55号新虹桥大厦16楼
邮政编码：200336
电　　话：+86-21-62755191
传　　真：+86-21-62758166
网　　址：http://www.sfisc.com.cn
电子邮件：info@sfisc.com

江苏省

江苏省外经贸厅
地　　址：江苏省南京市中华路50号
邮政编码：210008
电　　话：+86-25-2254455
传　　真：+86-25-7712072
网　　址：http://www.jsinvest.com

江苏省国际投资促进服务中心
地　　址：中国江苏省南京市中华路 50 号裙楼 5 楼
邮政编码：210001
电　　话：+86-25-2302448
传　　真：+86-25-2307358
网　　址：http://www.jsinvest.net
电子邮件：jfipsc@publicl.ptt.js.cn

浙江省

浙江省外经贸厅
地　　址：浙江省杭州市教场路 18 号
邮政编码：310006
电　　话：+86-571-87706039
传　　真：+86-571-87706029
网　　址：http://www.zhejiangchina.com
电子邮件：fdi@zftec.gov.cn

浙江省国际投资促进中心
地　　址：浙江省杭州市教场路 18 号
邮政编码：310006
电　　话：+86-571-87706146
传　　真：+86-571-87706045
网　　址：http://www.zjfid.com
电子邮件：invest@zftec.gov.cn

宁波市对外贸易经济合作局
地　　址：宁波灵桥路 190 号 18 楼
邮政编码：315000
电　　话：+86-574-87328188-5858
传　　真：+85-574-87315992
网　　址：http://www.nbfet.gov.cn
电子邮件：invest@ningbochina.com

宁波市外商投资服务中心
地　　址：宁波灵桥路 190 号 17 楼
邮政编码：315000
电　　话：+86-574-87328188-5778
传　　真：+86-574-87327429
网　　址：http://www.ningbochina.com
电子邮件：service@ningbochina.com

宁波市外商投资促进中心
地　　址：浙江省宁波市灵桥路 190 号外经贸大厦 18 楼
邮政编码：315000
电　　话：+86-574-87316645
传　　真：+86-574-87315992
网　　址：http://www.ningbochina.com
电子邮件：invest@ningbochina.com

安徽省

安徽省外经贸厅
地　　址：安徽省合肥市金寨路 389-399 号盛安广场
邮政编码：230062
电　　话：+86-551-2831268
传　　真：+86-551-2831272
网　　址：http://www.ahmoftec.gov.cn

安徽省外商投资发展促进中心
地　　址：安徽省合肥市金寨路 389-399 号盛安广场
邮政编码：230062
电　　话：+86-551-2831260
传　　真：+86-551-2831259
电子邮件：ah.invest.center@sohu.com

福建省

福建省外经贸厅
地　　址：福建省福州市六一路 92 号
邮政编码：350013
电　　话：+86-591-7841917
传　　真：+86-591-7856133
网　　址：http://www.fiet.gov.cn

福建省外商投资服务中心
地　　址：福建省福州市华林路 128 号屏东写字楼 16 层
邮政编码：350003
电　　话：+86-591-7843753
传　　真：+86-591-7843753
网　　址：http://www.fjfdi.com
电子邮件：fjfisc@163.com

厦门市外商投资局(投资促进处)
地　　址：厦门市湖滨北路 15 号外贸大厦 14 楼、15 楼
邮政编码：361012
电　　话：+86-592-5054860
传　　真：+86-592-5054859
网　　址：http://www.chinainvestguide.org/democn/home-cn.html
电子邮件：xmfiecip@public.xm.fj.cn

厦门市招商中心
地　　址：中国厦门市湖滨北路 15 号外贸大厦 14 楼
邮政编码：361012
电　　话：+86-592-5117081
传　　真：+86-592-5112317
网　　址：http://www.xipa.com.cn/home-cn.php

电子邮件：xipa@email.com.cn

中国（厦门）国际投资促进中心

地　　址：中国厦门市湖滨北路外贸大厦二层
邮政编码：361012
电　　话：+86-592-5079898
传　　真：+86-592-5129898
网　　址：http://www.chinafair.org.cn/cn/index.asp
电子邮件：ciipc@public.xm.fj.cn

江西省

江西省外经贸厅

地　　址：江西省南昌市站前路 200 号
邮政编码：330002
电　　话：+86-791-6246243，6246238
传　　真：+86-791-6213145
网　　址：http://www.jxdoftec.gov.cn
电子邮件：invest@public.nc.jx.cn

山东省

山东省外经贸厅

地　　址：山东省济南市黑虎泉西路 121 号
邮政编码：250011
电　　话：+86-531-6915165
传　　真：+86-531-6912793
网　　址：http://www.trade.gov.cn
电子邮件：webmaster@trade.gov.cn

青岛市外商投资服务中心

地　　址：青岛市市南区东海路 6 号
邮政编码：266071
电　　话：+86-532-3895102
传　　真：+86-532-3895098
电子邮件：qoisc@ns.qd.sd.cn

青岛市招商促进局

地　　址：青岛市香港中路 12 号丰合广场 C 区 201 室
邮政编码：266071
电　　话：+86-532-5026250
传　　真：+86-532-5026251
网　　址：http://www.qingdao-invest.gov.cn
电子邮件：zhshju@gov.qd.sd.cn

青岛市对外贸易经济合作局

地　　址：青岛市香港中路 6 号世界贸易中心 A 座 28 层
邮政编码：266071
电　　话：+86-532-5918168
传　　真：+86-532-5910313
网　　址：http://www.qingdaochina.com
电子邮件：investqd@fert.qingdaochina.com

烟台市投资促进局

地　　址：中国山东省烟台市建设路 71 号
邮政编码：264000
电　　话：+86-535-6242540
传　　真：+86-535-6288934
网　　址：http://www.yantaifdi.gov.cn
电子邮件：idbcenter@yt-public.sd.cninfo.net

烟台市外商投资服务中心

地　　址：烟台市建设路 71 号
邮政编码：264000
电　　话：+86-535-6244592
传　　真：+86-535-6266841
电子邮件：ytwf@263.net

河南省

河南省外经贸厅

地　　址：河南省郑州市文化路 115 号
邮政编码：450003
电　　话：+86-371-3941310
传　　真：+86-371-3945422
网　　址：http://www.haet.gov.cn

湖北省

湖北省外经贸厅

地　　址：湖北省武汉市汉口江汉北路 8 号 12 楼
邮政编码：430022
电　　话：+86-27-85808659
传　　真：+86-27-85773668
网　　址：http://www.hebiic.gov.cn
电子邮件：hbwzc@sina.com

湖北省外商投资服务中心

地　　址：湖北省武汉市汉口江汉北路 8 号 12 楼
邮政编码：430022
电　　话：+86-27-85796633
传　　真：+86-27-85796633
网　　址：http://www.hbaefi.com.cn

湖南省

湖南省外经贸厅

地　　址：湖南省长沙市五一东路 80 号
邮政编码：410001

电　　话：+86-731-2283493
传　　真：+86-731-2284442
网　　址：http://www.hninvest.gov.cn
电子邮件：hninvest@163.net

湖南省外商投资企业协会

地　　址：湖南省长沙市五一东路 80 号
邮政编码：410001
电　　话：+86-731-2287506,2286819
传　　真：+86-731-2288393

广东省

广东省外经贸厅

地　　址：广东省广州市天河路 351 号
邮政编码：510620
电　　话：+86-20-38802165
传　　真：+86-20-38802219
网　　址：http://www.gddoftec.gov.cn
电子邮件：cujin@gddoftec.gov.cn

广东省投资促进中心

地　　址：广州市天河路 351 号广东外经贸大厦 4 楼 401-409 室
邮政编码：510620
电　　话：+86-20-38819381
传　　真：+86-20-38802418
网　　址：http://www.gdbip.org.cn
电子邮件：gdboip@221cn.com

广州市对外贸易经济合作局

地　　址：广东省广州市东风西路 158 号
邮政编码：510170
电　　话：+86-20-88902813
传　　真：+86-20-81097445
网　　址：http://www.gzboftec.gov.cn
电子邮件：webmaster@gzboftec.gov.cn

广州市国际投资促进中心

地　　址：广州市东风西路 158 号广州国际经贸大厦 10 楼
邮政编码：510170
电　　话：+86-20-81075349
传　　真：+86-20-88902082/2189/2660
网　　址：http://www.investguangzhou.gov.cn
电子邮件：info@investguangzhou.gov.cn

广州国际投资促进会

地　　址：广州市广仁路 1 号广仁大厦 403 室
邮政编码：510030
电　　话：+86-20-83371575
传　　真：+86-20-83379561

广州市外商投资管理服务中心

地　　址：广州市广仁路 1 号广仁大厦 2-5 楼
邮政编码：510030
电　　话：+86-20-83375146
传　　真：+86-20-83379561
网　　址：http://www.fisa.com.cn

深圳市外经贸局

地　　址：广东省深圳市上步中路 1023 号市府二办 7 楼
邮政编码：518006
电　　话：+86-755-82104118
传　　真：+86-755-82099803
网　　址：http://www.szboftec.gov.cn

深圳市外经贸局投资促进处

地　　址：广东省深圳市上步中路 1023 号市府二办 315 室
邮政编码：518006
电　　话：+86-755-82099312
传　　真：+86-755-82099365
网　　址：http://www.szinvest.gov.cn

深圳市外商投资服务中心

地　　址：广东省深圳市同心路 6 号
邮政编码：518027
电　　话：+86-755-82101421
传　　真：+86-755-82102191

深圳市国际投资促进会

地　　址：广东省深圳市福田区同心路 6 号外商投资服务中心 301,225 室
邮政编码：518027
电　　话：+86-755-82101281
传　　真：+86-755-82102191
电子邮件：tzcjh@public.szptt.net.cn

广西自治区

广西自治区外经贸厅

地　　址：广西南宁市七星路 137 号
邮政编码：530022
电　　话：+86-771-5311810
传　　真：+86-771-5321237
网　　址：http://www.gxdoftec.gov.cn

海南省

海南省外经贸厅
地　　址：海南省海口市国贸大道 18 号
邮政编码：570125
电　　话：+86-898-65337135
传　　真：+86-898-65338762
网　　址：http://hast.hq.cninfo.net.gov.zstz
电子邮件：doftec@hainan.gov.cn

重庆市

重庆市外经贸委
地　　址：重庆市江北区建新北路 65 号 22 楼
邮政编码：400020
电　　话：+86-23-69019537，69019455
传　　真：+86-23-69019397
网　　址：http://www.ft.cq.cn

重庆市外商投资促进服务中心
地　　址：重庆市江北区建新北路 65 号外贸大厦 6 楼
邮政编码：400020
电　　话：+86-23-69018888
传　　真：+86-23-69018885
网　　址：http://www.cqipa.com
电子邮件：service@cqipa.com

重庆市外商投资企业管理服务中心
地　　址：重庆市江北区建新北路 65 号外贸大厦 18 楼
邮政编码：400020
电　　话：+86-23-69019579，69019487
传　　真：+86-23-69019487
电子邮件：cferc@163.com

四川省

四川省外经贸厅
地　　址：四川省成都市成华街 4 号
邮政编码：610081
电　　话：+86-28-83231115，83221294
传　　真：+86-28-83224675
网　　址：http://www.sichuaninvest.gov.cn
电子邮件：waizi@scbg.org.cn

四川省招商引资局
地　　址：四川省成都市永陵路 25 号
邮政编码：610031
电　　话：+86-28-87781805
传　　真：+86-28-87769477
网　　址：http://investment.sc.org
电子邮件：info@investment

四川省外商投资服务中心
地　　址：四川省成都市顺成大街 206 号四川国际大厦 7 楼 A 座
邮政编码：610015
电　　话：+86-28-86521111
传　　真：+86-28-86520199
网　　址：http://www.scfesco.com.cn
电子邮件：scefioff@mail.sc.cninfo.net

贵州省

贵州省外经贸厅
地　　址：贵州省贵阳市中华北路 328 号外贸中心 5-7 楼
邮政编码：550004
电　　话：+86-851-6901341
传　　真：+86-851-6901109
网　　址：www.gzfdi.org
电子邮件：bethany.dcx@163.com

云南省

云南省外经贸厅
地　　址：云南省昆明市北京路 175 号外贸大厦
邮政编码：650011
电　　话：+86-871-3185012
传　　真：+86-871-3149574
网　　址：http://www.boftec.gov.cn
电子邮件：wmbwt@yahoo.com.cn

云南省外商投资服务中心
地　　址：云南省昆明市北京路 175 号
邮政编码：650011
电　　话：+86-871-3185012
传　　真：+86-871-3184978
电子邮件：yqtisc@sina.com

西藏自治区

西藏自治区外经贸厅
地　　址：西藏拉萨市金珠西路 75 号外经贸大厦
邮政编码：850000
电　　话：+86-891-6827023
传　　真：+86-891-6835733
网　　址：http://www.tar.gov.cn/index.jsp
电子邮件：waijingchu@tar.gov.cn

陕西省

陕西省外经贸厅

地　　址：陕西省西安市新城内
邮政编码：710004
电　　话：+86-29-5392345
传　　真：+86-29-5395730
网　　址：http://www.sx-trade.com
电子邮件：master@sx-trade.com

陕西省外商投资服务中心

地　　址：陕西省西安市长安北路 14 号朱雀广场陕西省政务大厅 2 楼
邮政编码：710061
电　　话：+86-29-5210028
传　　真：+86-29-5395730

甘肃省

甘肃省外经贸厅

地　　址：甘肃省兰州市定西路 386 号
邮政编码：730000
电　　话：+86-931-8619767
传　　真：+86-931-8618083
网　　址：http://www.silkroad.gov.cn
电子邮件：gsfdi@sina.com.cn

甘肃省外商投资服务中心

地　　址：甘肃省兰州市定西路 386 号
邮政编码：730000
电　　话：+86-931-8619767
传　　真：+86-931-8618083
网　　址：http://www.silkroad.gov.cn
电子邮件：gsfdi@sina.com.cn

青海省

青海省外经贸厅（招商局）

地　　址：青海省西宁市西树林巷 25 号
邮政编码：810007
电　　话：+86-971-8176805
传　　真：+86-971-8176805
网　　址：http://www.qhtzcj.com
电子邮件：zfailer@163.com

青海省人民政府经济协作办公室

地　　址：青海省西宁市省政府大院西楼 4 层
邮政编码：810000
电　　话：+86-971-8247447
传　　真：+86-971-8247447

青海省发展计划委员会经济贸易流通处

地　　址：青海省西宁市五四西路 4 号
邮政编码：810001
电　　话：+86-971-6305727
传　　真：+86-971-6305723
网　　址：http://www.qhdpc.gov.cn
电子邮件：jmlt@qhei.gov.cn

宁夏自治区

宁夏自治区外经贸厅

地　　址：宁夏银川市解放西街 119 号
邮政编码：750001
电　　话：+86-951-5044952
传　　真：+86-951-5044239
网　　址：http://www.nxdoftec.gov.cn
电子邮件：wzjyc@public.yc.nx.cn

宁夏自治区外商投资投诉中心

地　　址：宁夏银川市解放西街 119 号
邮政编码：750001
电　　话：+86-951-5034741
传　　真：+86-951-5044239
网　　址：http://www.nxdoftec.gov.cn
电子邮件：wzjyc@public.yc.nx.cn

新疆自治区

新疆自治区外经贸厅

地　　址：新疆乌鲁木齐市团结路 11 号
邮政编码：830001
电　　话：+86-991-2863822
传　　真：+86-991-2866142
网　　址：http://www.xj.gov.cn
电子邮件：xjwz@ec.com.cn

新疆外商投资企业协会

地　　址：新疆乌鲁木齐市团结路 11 号
邮政编码：830001
电　　话：+86-991-2866142
传　　真：+86-991-2866142

新疆生产建设兵团外经贸厅

地　　址：新疆乌鲁木齐市民主路 67 号兵团外贸大厦 7-8 楼
邮政编码：830002
电　　话：+86-991-2826427

传　　真：+86-991-2833981

电子邮件：xjbtwm@mail.xj.cninfo.net

香港特区

香港投资推广署

地　　址：The Government of the Hong Kong Special Administrative Region,15/F, One Pacific Place, Queensway, Hong Kong

电　　话：852-31071000

传　　真：852-31079007

介　　绍：香港投资推广署是香港特别行政区政府的部门之一,始建于2000年7月1日,负责推广香港作为亚洲的贸易、投资及商业中心等。

投资推广署亦会

1. 协助各有意在港寻找直接投资机会的商家及公司;

2. 提供有关香港经济环境及投资形势的最新资料,包括各行各业的综合性资料、公司注册及商业网络、人力资源和土地、工厂、办公室及房屋的供应和价格;

3. 提供有关拨款及其他商业支持服务的官方信息,并包括税收、出入口条例、政府计划、雇佣法例及入境规例的有关资料;

4. 为有意投资者在港寻找商业伙伴,安排投资者与政府部门及其他贸易和工业支持机构会面商谈;

5. 协助投资者与政府部门沟通,处理各种事宜,例如申请工作签证、商标注册、认识消防及环境条例、公司注册安排;

6. 持续性支持——在投资者抵港前、抵港时及抵港后提供协助;

7. 接纳投资者的意见,以改善及巩固香港作为亚洲首要商业中心的角色。

香港投资推广署能给予所有来港投资的投资者关于投资促进和支持完全的一站式服务,而且投资推广署所有服务都是免费的。

澳门特区

澳门贸易投资促进局

地　　址：澳门友谊大马路918号世界贸易中心4楼

电　　话：853-710300

传　　真：853-590309

介　　绍：澳门贸易投资促进局(IPIM)是非盈利性组织,致力于促进澳门地区贸易和投资活动。

该机构的主要职责是:

1. 向潜在投资者介绍澳门的投资环境和投资机会,同时也提供一站式资讯服务:包括信息咨询、项目评估、公司注册帮助、许可证申领、项目跟踪和项目执行过程中的帮助;

2. 为代理商开拓市场,发展业务提供贸易、经济、统计和综合信息以及市场分析;

3. 主办和合办展览和其他促进活动,也组织澳门当地的企业参加澳门以外地区的活动;

4. 组织澳门企业"走出去"寻找投资机会,并接待来澳参观的代表团,创造相互交流和合作的机会;

5. 负责许可证颁发、技术援助、海外非金融机构监管,通过各种活动促进本地和海外共同发展;

6. 处理投资者、公司管理人员和专业技术人员的居留申请;

7.编辑发行贸易和经济杂志,促进澳门投资环境的改善。

国际投资促进机构

中国香港
香港总商会　电话:852-25299229
香港投资推广署　电话:852-31071000

中国澳门
澳门贸易投资促进局　电话:853-710300

印度
印度外国投资促进委员会　电话:91-11-3011815/3011983
印度投资中心　电话:91-3743673/3743679
印度工业政策促进部　电话:91-11-3019947
印度西孟加拉工业发展公司　电话:91-33-2430206/2483937
印度工业联合会　电话:91-11-4629994

菲律宾
菲律宾投资促进委员会　电话:632-8958322/8967342
菲律宾经济区总局　电话:632-5513454/5513455

马来西亚
马来西亚工业发展局　电话:603-2673633
马来西亚制造商联合会　电话:603-2931244
马来西亚对外贸易工业部　电话:86-10-65327990

尼泊尔
尼泊尔外国投资促进处　电话:978-216692

孟加拉国
孟加拉国投资促进委员会　电话.880 2-9563573/9567541

阿拉伯联合酋长国
阿联酋迪拜机场自由区　电话:971-4-2995555
阿联酋阿布札比投资局　电话:971-2-269100

科威特
科威特泛阿拉伯投资担保公司　电话:965-4844500
科威特投资局

文莱
文莱工业能源部　电话:673-2-383811

斯里兰卡
斯里兰卡投资促进委员会　电话:94-1-434403-5/435027

韩国
大韩贸易投资振兴公社　电话:82-2-34607114
韩国投资支援中心　电话:82-2-34607610/9
韩国产业资源部　电话:82-2-5002535

日本
日中投资促进机构　电话:86-10-65139890-1
日本贸易振兴会　电话:86-10-65137075
日本经济产业省　电话:81-3-35011511
日中经济协会　电话:81-3-32638911

老挝
老挝外国投资管理委员会　电话:856-21-222690-1/217005

越南
越南计划投资部　电话:84-4-8235606
越南胡志明市计划投资厅　电话:84-8-8294988
越南投资和外贸协会　电话:84-8-8222912

印度尼西亚
印度尼西亚投资管理委员会　电话:62-21-5252008/5252649

泰国
泰国投资促进委员会　电话:662-5378111-55
泰国省级投资之门

马尔代夫
马尔代夫外国投资服务局

蒙古
蒙古外国外资外贸局　电话:976-11-326040/320871

巴基斯坦
巴基斯坦投资促进委员会　电话:92-51-9206160/9203281

新加坡
新加坡经济发展署　电话:65-63362288
新加坡国际企业局　电话:65-64334888

英国
英国投资局　电话:86-10-65321961
投资英国　电话:44-20-72152501
英中贸易协会　电话:44-20-78285176

爱尔兰
爱尔兰工业发展署　电话:353-1-6034000
爱尔兰企业局　电话:353-1-8082971

塞尔维亚和黑山
塞尔维亚共和国投资出口促进局　电话:381-11-3248040
塞尔维亚共和国对外经济部
电话:381-11-3346844/3346067/3617628
南斯拉夫联盟共和国对外经济部　电话:381-11-3111449

瑞士
瑞士投资促进局　电话:41-1-2493050
投资瑞士　电话:41-31-3230710

匈牙利
匈牙利投资贸易发展局　电话:36-1-1180051

冰岛
冰岛投资办公署　电话:354-5615200

爱沙尼亚
爱沙尼亚投资局　电话:372-6279420

捷克
捷克工业贸易部　电话:420-2-24951111

西班牙
西班牙投资发展公司　电话:34-91-7454480
西班牙经济贸易外资局　电话:34-91-3493616

马耳他
马耳他发展公司　电话:356-21441888

奥地利
奥地利商业局　电话:43-1-58858-0
以色列投资促进中心　电话:972-2-6220661/2

德国
德国外国投资联邦委员会　电话:49-30-206570

意大利
意大利投资促进协会　电话:39-6-809721
SIMEST　电话:39-6-686351

比利时
比利时联邦外国投资局
比利时弗兰德斯外国投资办公室　电话:32-2-2275311

摩尔多瓦
摩尔多瓦投资发展局　电话:373-2-242055/232484

瑞典
瑞典投资局　电话:46-8-4027800

俄罗斯
俄联邦经济部　电话:7-95-2038674/2037609
俄联邦外国投资促进中心　电话:7-95-2920326

波兰
波兰经济部　电话:48-22-6287327/6935013/6283893
波兰国家外资代理服务处　电话:48-22-6295717/6216261

芬兰
芬兰投资局　电话:358-9-69692526

法国
投资法国　电话:33-1-40747440

希腊
希腊投资促进中心　电话:30-1-3242070-8

荷兰
荷兰外国投资局　电话:31-70-3798818

葡萄牙
葡萄牙投资贸易旅游局

乌兹别克
乌兹别克外国投资局　电话:998-712-687705/687563

美国
美国外国投资委员会　电话:1-202-6229066

美国国际贸易委员会 电话:1-202-205-2000
美国商务部 电话:1-202-501-0666
美国贸易发展署 电话:1-703-875-4009
美国海外私人投资公司 电话:1-202-336-8400

加拿大

投资加拿大 电话:86-20-86660569
投资魁北克省 电话:1-866-870-0437

墨西哥

墨西哥投资委员会 电话:52-5-3289929/2027804

哥伦比亚

投资哥伦比亚公司 电话:57-1-3120312

巴西

投资巴西 电话:55-21-32123566

阿根廷

阿根廷工业外贸部 电话:541-331-8932

哥斯达黎加

哥斯达黎加投资委员会 电话:506-2992800/2992817

厄瓜多尔

厄瓜多尔出口投资促进公司 电话:593-4-2681550

多米尼加共和国
多米尼加投资促进办公室

澳大利亚

澳大利亚贸易委员会 电话:86-10-65326726/6731
澳大利亚投资局 电话:61-2-62137560/7715

新西兰

新西兰海外投资委员会 电话:64-4-4713838
新西兰投资局 电话:64-9-9199043

巴布亚新几内亚

巴布亚新几内亚投资促进局 电话:675-3217311

埃及

埃及经济和外贸部 电话:202-3919661
埃及投资和自由区总局 电话:202-3904611/3903776

南非

南非贸易工业部 电话:27-11-2549405/3109791

摩洛哥

摩洛哥外国投资部 电话:212-3-7673420/21

中国投资公司名录

信托投资公司

上海爱建信托投资有限责任公司

电子邮件：ajmail-1@ajfc.com.cn

网　　址：http://aj-trust.com.cn

机构简介：

是由上海爱建股份有限公司全额投资组建，于1986年8月经中国人民银行及国家外汇管理局批准成立，系全国首家民间金融机构。公司注册资本金10亿元。

投资区域：不限

投资方式：现金

机构类型：信托投资机构

天津北方国际信托投资股份有限公司

网　　址：http://www.nitic.com.cn

联系电话：022-28370688

传　　真：022-28370088

邮政编码：300201

联系地址：天津市河西区友谊路5号北方金融大厦25-28层

机构简介：

是经国务院、中国人民银行批准保留的信托投资公司。公司资本金达15亿元人民币，资产总值近50亿元人民币。是由超大型国有企业、上市公司和民营企业投资组成的非银行金融机构，是全国首家引入外资股份的信托投资公司。是天津市最早参与证券承销业务的金融机构之一，也是天津惟一一家同时获得A、B股两项股票承销业务资格的金融机构。2000年4月，完成了天津水泥股份有限公司在国内的发行上市工作，是天津第一家作为主承销商的本地证券机构。

投资区域：不限

投资方式：现金

机构类型：信托投资机构

中国对外经济贸易信托投资有限公司

网　　址：http://www.fotic.com.cn

联系电话：8610-88078808

传　　真：8610-88078906

邮政编码：100045

联系地址：北京复兴门外大街A2号中化大厦808室

机构简介：

于1987年9月30日在北京成立，同年12月18日正式开业。公司在受托资金管理、证券投资、集团资金集中管理、中介服务等核心业务上保持了高速高质增长的态势。截止2001年，外贸信托实收资本8.75亿元人民币，总资产35.41亿元人民币，其中，受托资产约19.60亿元，实现利润8817.13万元。

投资区域：不限

投资方式：现金

机构类型：信托投资机构

航空信托投资有限责任公司

网　　址：http://www.stockfly.com.cn

机构简介：

是于1995年12月经中国人民银行批准成立的一家全国性非银行金融机构，注册资金为5.3亿元。截止2001年底，公司资产规模为20亿元，经中介机构评估后净资产为6.3亿元，分别在北京、上海、深圳等大中城市设有多家营业部。代理业务共实现交易额1000多亿元，此外还承担了西飞国际、邯郸钢铁、齐鲁石化等20多家上市公司股票发行的承销或上市推荐人的工作；承销国债3亿元，铁路建设债券1.5亿元，并在多家企业的股份制改制和并购重组业务的过程中充当财务顾问角色。

投资区域：不限

投资方式：现金

机构类型：信托投资机构

中国信达资产管理公司

网　　址：http://www.cinda.com.cn

机构简介：

经国务院以及中国人民银行批准于1999年4月20日在

北京正式成立。具有独立法人资格,独立承担民事责任的国有独资非银行金融机构,注册资本金100亿元人民币,由财政部全额划拨,主要任务是利用国家给予的特殊法律地位和专业优势,管理、处置因收购中国建设银行、国家开发银行不良贷款形成的资产,最大限度保全资产,减少损失。

投资区域:不限

投资方式:现金

机构类型:信托投资机构

亚洲信托投资股份有限公司

网　　址:http://www.asiatrust.com.tw

机构简介:

由海内外工商、金融、企业界人士联合出资,于民国六十一年七月七日成立,为国内金融业注入一支生力军。公司经营业务包括多种期别信托资金、消费性贷款、房屋贷款、一般放款业务、企业保证、各类信用卡之发行、保管箱出租、证券签证承销、债券买卖及其他代理业务等。

投资区域:不限

投资方式:现金

机构类型:信托投资机构

中国科技促进经济投资公司

电子邮件:cicstd@public.fhnet.cn.net

网　　址:http://www.cicstd.com.cn/introduction.html

联系电话:010-62561233 62546290

传　　真:010-62561689

邮政编码:100080

联系地址:北京市中关村路乙12号

机构简介:

中国科技促进经济投资公司(China Investment Corporation For Sciences & Technology - CICSTD)的前身是中国科技促进经济发展基金会。该基金会是由原国家经委和中国科学院于1987年联合发起创建的。1993年为按国家的有关政策规范基金会,设立了中国科技促进经济投资公司,继承基金会的贷款业务和管理由基金会投资形成的企业。同时中编委批准基金会纳入中国科学院事业编制序列,并根据原国家经委的机构调整结果,正式定名为"国家计委、国家经贸委、中国科学院科技促进经济基金委员会"。

1996年,为使基金会和投资公司更加符合推动科技成果转化和高新技术产业化的目标,对中国科技促进经济投资公司和国家计委、国家经贸委、中国科学院科技促进经济基金委员会进行了调整和重组。1997年5月中国科技促进经济投资公司机构定位工作顺利完成。

公司宗旨:

公司宗旨是以推动科技成果和高新技术的产业化为目标。公司经营范围包括:科技成果产业化投资;投资资产的管理与经营受托进行企业管理;投资咨询与评估;企业诊断与企业技术创新服务;企业经营与管理人才的培训等。

总公司机构设置:

总公司下设:董事长办公室,总裁办公室,财务部,项目部,综合部,企管部

投资区域:广东

投资方式:现金

机构类型:信托投资机构

中国国际信托投资公司

电子邮件:citic@citic.com

网　　址:http://www.citic.com/profile.html

联系电话:010-64660088

传　　真:010-64661186

邮政编码:100004

联系地址:北京市朝阳区新源南路6号京城大厦

机构简介:

中国国际信托投资公司(简称中信公司)成立于1979年10月4日,是直属于国务院的国有企业,注册资本30亿元。金融业务是中信公司重点发展的业务,是中信公司利润的主要来源和增长点之一。

(一)商业银行业务

(二)证券业务

(三)融资业务

投资区域:广东

投资方式:现金

机构类型:信托投资机构

中国经济开发信托投资公司

联系电话:010-68319988-12305、12309

传　　真:010-68338766

邮政编码:100044

联系地址:北京市西城区车公庄大街21号新大都饭店2号楼

机构简介:

中国经济开发信托投资公司(简称中经信公司)是由财政部直接领导、中国人民银行总行进行业务监管的全民所有制非银行金融机构。经中国人民银行批准,于1988年4月26日成立,前身为中国农业开发信托投资公司,1992年1月改为现名。中经信公司的委托业务以"服务性、安全性、计划性、及时性、准确性""不求最大,但求最好"的原则,协助委托单位在资金回收、项目考察、项目管理等作了大量的工作。

投资区域:广东

投资方式:现金

机构类型:信托投资机构

中国民族国际信托投资公司

网　　址:http://202.96.58.2/intro.asp

联系电话:010-68301024

传　　真：010-68301070

邮政编码：100830

联系地址：北京市西城区展览路北露园1号10层

机构简介：

中国民族国际信托投资公司成立于1991年11月。它是在中国加强民族工作的背景下，经中国人民银行批准，由国家民族事务委员会组建的全国性非银行金融机构。公司成立以来，不断向证券、房地产、基金、租赁、贸易、金银饰品买卖等新的领域拓展。不断加强与国外金融机构间的联系与合作，加强外汇业务的开拓。

投资区域：广东

投资方式：现金

机构类型：信托投资机构

中国光大国际信托投资公司

联系电话：010-68486880转8035、8036

联系地址：北京市海淀区白石桥路15号光大国信大厦

机构简介：

中国光大国际信托投资公司经中国人民银行批准于1991年4月28日成立，注册资本449068.18万元（其中外汇30199万美元）。公司的经营范围包括：信托存贷款、投资业务；委托存贷款、投资业务；有价证券业务；金融租赁业务；代理财产保管与处理业务代理收付业务；经济担保和信用见证业务；经济咨询业务、外汇信托存款、放款、投资；外汇委托存款、放款、投资；外汇同业拆借；外汇借款；外汇放款、外汇投资；外汇租赁；外汇担保；资信调查、咨询、见证业务。

投资区域：广东

投资方式：现金

机构类型：信托投资机构

北京国际信托投资有限公司

电子邮件：webmaster@bjitic.com

网　　址：http://www.bjitic.com

机构简介：

1984年设立，2000年3月，在第五次清理整顿后成为多家企业参股，跨地域、跨行业、不同经济成分组成的金融企业。主要业务有：金融业务(累计为北京市融通外汇资金20多亿美元，是北京市对外重要融资窗口之一)；投资业务(选择与城市建设和人民生活及首都改革开放事业紧密相关的项目投放资金)；担保业务；证券业务；境外业务。

投资区域：不限

投资方式：现金

机构类型：信托投资机构

天津信托投资有限责任公司

网　　址：http://www.tj-trust.com.cn

联系电话：022-28408280

传　　真：022-28408279

邮政编码：300074

联系地址：天津市河西区围堤道125-127号(天信大厦)

机构简介：

是经中国人民银行总行批准设立的非银行金融机构，成立于1980年10月20日，同年11月1日正式对外营业。1988年改组为有限责任公司，现有五家股东单位，注册资本金为人民币5亿元。目前，公司资产总额达到61亿元，累计实现利润6亿元，现有员工中，具有5年以上从业经历的占88%，硕士博士占16%。公司下设信托、证券、资产三个业务系统和经营、行政两个管理系统。

投资区域：不限

投资方式：现金

机构类型：信托投资机构

山西省信托投资公司

联系电话：0351-4042216

传　　真：0351-4130067

邮政编码：300001

联系地址：山西省太原市迎泽大街388号国际大厦

机构简介：

山西省信托投资公司成立于1985年4月1日，人民所有制公司，隶属于山西省财政厅。公司机构设置为14个处、室、部，6个证券营业部，2个直属单位，6个地市办事处和2个中外合资企业。山西省信托投资公司是山西规模最大的一家地方非银行金融机构，成立以来，以服从和服务于山西经济建设、繁荣和发展地方金融事业为己任，开展了卓有成效的工作，公司总体实力大大增强，基本上形成了以信托、外汇、证券、房地产业务为支柱的集团公司。

投资区域：广东

投资方式：现金

机构类型：信托投资机构

辽宁省国际信托投资公司

联系电话：024-23851655

传　　真：024-23851651

邮政编码：110003

联系地址：辽宁省沈阳市和平区和平南大街43号

机构简介：

辽宁省国际信托投资公司经中国人民银行和国家外汇管理局批准于1980年成立，注册资本4亿元。是由辽宁省人民政府直接领导的金融、证券、实业、贸易、技术、咨询服务一体化的具有法人地位的经济实体。

公司经营范围：人民币信托和委托存款、贷款、投资、房地产、有价证券和金融租赁业务；代理收付，财产保管与处理业务；经济咨询、担保和信用见证业务、境内外外汇信托存款放款、投资；境内外外汇借、放款；在境内、外发行和代理发行买卖或代理买卖外币有价证券；在境内外买卖和代理买卖外汇，以其自有资金进行外汇投资；国际融资租赁、外汇担保和见证。征信调查和咨询服务业务；外汇投资、放款、租赁、担保项下的外汇存款业务；进出口贸易(包括边贸)；中国人民银行等有关部门批准的其它业务。

投资区域：广东

投资方式：现金

机构类型：信托投资机构

大连华信信托投资股份有限公司

电子邮件：dlhxxt@online.ln.cn

网　　址：http://www.hxtic.com.cn/

联系电话：0411-3622222

传　　真：0411-3638415

联系地址：大连市西岗区大公街34号

机构简介：

成立于1981年，2000年7月，在整顿信托投资公司的过程中，公司获准保留，成为大连市惟一获准保留的信托投资公司。2000年底， 公司注册资本扩增至5.01亿元。2001年11月5日，公司完成重新登记，成为全国首批、东北地区首家完成重新登记的信托投资公司。1993年，公司担任了大连市首批公开发行股票的大连商场和大冷股份的副主承销商兼财务顾问，此后，又先后参与了大连热电、大连友谊等股票的发行工作；1993年以来，公司先后独家代理了大连化学工业公司、天伦大厦、大连钢厂等企业债券的发行工作；1994年，公司独家代理大连万达、万通船务等四家内部股权证的柜台托管、转让及分红业务。

投资区域：不限

投资方式：现金

机构类型：信托投资机构

吉林省国际信托投资有限责任公司

联系电话：0431-5638888

传　　真：0431-5648994

邮政编码：130021

联系地址：吉林省长春市同志街72-2号

机构简介：

吉林省国际信托投资有限责任公司是在原吉林省国际信托投资公司的基础上增资扩股改制而成的非银行金融机构。于1997年8月经中国人民银行总行批准成立，并经国家外汇管理局经营外批准汇业务。公司主要经营国际金融、国际租赁、委托存贷款、信托存贷款、证券交易代理、投资咨询、信用见证等信托业务，适时调整经营方向，坚持以发展国际金融、证券业务和盘活存量资产为重点，大力发展新的信托业务、投资银行业务和投资基金业务，促使公司业务在规范经营中不断创新、不断发展。

投资区域：广东

投资方式：现金

机构类型：信托投资机构

黑龙江省国际信托投资公司

联系电话：0451-3633910(总机)

传　　真：0451-3635953

邮政编码：150001

联系地址：黑龙江省哈尔滨市南岗区红军街20号金融大厦

机构简介：

黑龙江省国际信托投资公司成立于1987年7月22日，注册资本1.5亿元，是隶属于黑龙江省人民政府的国有非银行金融机构。公司注重发挥国际融资职能，支持省内经济建设。公司一直致力于为黑龙江省经济发展做贡献，先后通过投资、信托贷款、担保业的建设和技术改造。积极开展以对俄为主的边境贸易和贸易业务，积极拓展房地产开发业务，开发建设能力已由最初建设单一的商品住宅，发展到成片开发，能够建设功能齐全的住宅小区和开发建设大型、高档、多功能住宅。

投资区域：广东

投资方式：现金

机构类型：信托投资机构

上海国际信托投资公司

网　　址：http://www.sitico.com.cn

联系电话：021-63231111

传　　真：021-63290944

邮政编码：200002

联系地址：上海市九江路111号上投大厦

机构简介：

成立于1981年，由上海市人民政府控股，十多家大型企业参股组建，是国务院指定的全国对外融资十大“窗口”之一。1985年以来，公司通过在国际资本市场上发行债券、商业贷款等多种方式，为上海吸收外资累计达40多亿美元，有力地支持了上海经济的建设和发展。公司逐步成为以金融信托为主，兼具投资、融资租赁、咨询等功能的非银行金融机构。

投资区域：不限

投资方式：现金

机构类型：信托投资机构

江苏省国际信托投资公司

联系电话：025-6607799

传　　真：025-6611119

邮政编码：210029

联系地址：江苏省南京市上海路5号

机构简介：

江苏省国际信托投资公司是经营信托投资业务的全民所有制非银行金融企业。

公司受江苏省政府委托、管理和运用专项基金。在金融业务上受中国人民银行领导、管理、监督、协调与稽核。

公司注册资本为人民币6.6亿元。自成立至今,在严格执行国家金融政策的同时,大力拓展各项业务,特别是通过金融功能、资产实力和海外窗口的综合运用、调整改善了公司的资产结构,资产质量明显提高。1996年末,公司的总资产已达93亿元,比上年增长了19%,全年实现利润2.5亿元,比上年增长19%。1996年公司积极开拓股票发行一级市场,参与了无锡小天鹅股份有限公司7000万B股承销的发行;作为上市推荐人,推荐常州柴油机股份有限公司B股在深交所挂牌上市,承销了安徽红星宣纸股份有限公司和厦门海洋实业集团股份有限公司的A股股票。同时积极开展国债的承销和交易业务,1996年代理发行了江苏省电力公司等企业债券8600万元,全年完成国债承销量达1.67亿元。全年证券业务共实现利润2555万元;完成交易量2.58亿元,比上年增长234%。另外,公司凭借其良好的资产实力,利用银行贷款、项目担保等途径,1996年就融入外汇近9000万美元,不仅为公司营造了一个较为宽松的外汇经营环境,而且显著改善了公司的外债结构。

投资区域:广东

投资方式:现金

机构类型:信托投资机构

苏州信托投资有限公司

网　　址:http://www.sztic.com/

联系电话:0512-65291979

传　　真:0512-65291886

邮政编码:215007

联系地址:苏州市竹辉路273号

机构简介:

苏州信托投资有限公司的前身是苏州市信托投资公司,系苏州国际发展集团有限公司全资子公司,于1991年4月经中国人民银行批准设立,是苏州市地方经济发展的投融资专业金融机构。经中国人民银行核准成为为数不多予以保留的市级信托投资公司并取得信托机构法人许可证。公司现有注册资本金3亿元。苏州国际发展集团有限公司作为苏州市证券、信托、银行、期货、投资等金融产业的重要控股经营机构,构建了多元化的金融服务平台,授权代表苏州市政府作为苏州信托的第一大股东。

投资区域:不限

投资方式:现金

机构类型:信托投资机构

金信信托投资股份有限公司

电子邮件:service@kinghing.com

网　　址:http://www.jinxin.com.cn/

联系电话:0579-2308342

机构简介:

金信信托投资股份有限公司的前身系金华市信托投资股份有限公司,是一家经中国人民银行批准的专业经营信托业务的股份制非银行金融机构。成立于1991年2月,2001年顺利完成第三次增资扩股,资本金增至10.18亿元。主要股东为通和投资控股有限公司、浙江省金华市财政局等,公司总资产41.28亿元,净资产11.46亿元。公司实行业务总部制,组织结构由公司本级和资金信托业务、理财业务、财产信托业务、自营业务等四个业务总部构成。

投资区域:不限

投资方式:现金

机构类型:信托投资机构

安徽省国际信托投资公司

电子邮件:sttic@public.jn.sd.cn

联系电话:0551-2676670 2634400转1305

传　　真:0551-2654274

邮政编码:230001

联系地址:安徽省合肥市寿春路179号国际大厦

机构简介:

安徽省国际信托投资公司是经中国人民银行总行批准的地方性非银行金融机构,注册资本2.5亿元人民币。"八五"以公司在立足服务于地方经济建设的同时,实现了自身持续快速健康发展,现已形成金融、证券、投资三足鼎立,租赁、贸易、房地产、新闻传媒、信息广告等业务综合经营、协调发展的多功能综合性大型金融企业。

投资区域:广东

投资方式:现金

机构类型:信托投资机构

福建国际信托投资公司

网　　址:http//www.fiet.gov.cn

联系电话:0591-7810439 7810426

传　　真:0591-7810422

邮政编码:350013

联系地址:福建省福州市五四路中段国际大厦22

机构简介:

福建国际信托投资公司(简称"华福公司",前称"福建投资企业公司"),是1979年1月20日经国务院批准成立的全国第一家省级国际信托投资公司,注册资本10亿元人民币,1989年被确定为全国对外筹资的十大窗口之一。18年来,公司已发展成为以金融业务为主业,集国际金融、实业投资、信贷、信托、证券、对外贸易、国内贸易、技术引进、国际招标、房地产开发、咨询、外商投资服务等业务于一身的综合性、国际化、多功能的企业集团。目前,作为第一家在国际资本市场发行债券筹资的地方国际信托投资公司,华福公司在海内外享有较高的信誉,是国内惟一拥有航空公司、高速公路、地方铁路股份,并同时拥有中资银行和中外合资银行股份,在境外拥有上市公司;是福建省内资产存量最多,业务门类最全,与大型骨干企业关系最密切,对外融资业务量最大,国际信用等级最高,惟一获得国际债券信用 A+级的大型企业。

投资区域:广东

投资方式:现金

机构类型:信托投资机构

福建省华侨信托投资公司

网　　址:http://www.jxgt@jitic.com

联系电话:0591-7811506

传　　真:0591-7857934

邮政编码:350003

联系地址:福州市湖东路 152 号华信大厦

机构简介:

福建省华侨信托投资公司是省政府直属的国营企业,是经中国人民银行总行批准成立的全民所有制非银行金融机构。

公司历史悠久,早年曾引导华侨投资祖国,为福建省经济建设作出了积极贡献。近几年来华信公司在各级领导的支持和帮助下不断发展壮大。

公司法人代表、总经理:谢长安

目前公司经营由中国人民银行和国家外汇管理局批准的包括人民币信托存贷款、委托存贷款、投资、金融租赁、有价证券代理收付、担保、咨询以及外汇信托存贷款、放款、投资、外汇借款、担保等各项本外币金融信托业务。至 1998 年底,公司注册资本金为 11226 万元人民币,金融资产总额 20.5 亿元,营业收入 1.19 亿元,实现利润 5003 万元。公司业务进一步拓展,实力进一步增强,取得了良好的经济效益和社会效益。

投资区域:广东

投资方式:现金

机构类型:信托投资机构

江西省国际信托投资公司

电子邮件:jxgt@jitic.com.cn

网　　址:http://www.jitic.com.cn

联系电话:0791-6304498

传　　真:0791-6304500

邮政编码:330046

联系地址:江西省南昌市北京西路 88 号 江信国际大厦

机构简介:

公司成立于 1981 年 6 月,是江西省人民政府独资兴办和直接领导,经中国人民银行和国家外汇管理局批准的地方性非银行金融机构。目前,公司与境外 20 余家金融机构建立了业务联系。

经过十几来年的发展,公司已形成以金融为基础,投资为主体,证券、期货、租赁、咨询、房地产及国内外贸易等业务的综合经营企业,是江西省对外经济的一个重要窗口。

自 1984 年以来,通过融通境内外资金先后支持了江铃汽车集团等近百家企业的技术改造和昌九公路、丰城电厂等 40 多项国家、地方重点工程建设,为江西经济的发展作出了应有的贡献。

同时,公司的实力不断加强,经济效益和社会效益稳步提高。1994 年被江西省人民政府评为目标管理先进单位,并跻入全国 500 家最大服务企业之列,1995 年被江西省资信评估有限公司评为信誉 AAA 级企业。

投资区域:广东

投资方式:现金

机构类型:信托投资机构

山东省国际信托投资有限公司

网　　址:http://61.133.3.147.com

机构简介:

山东省国际信托投资有限公司 1988 年 2 月 28 日正式成立,1992 年 10 月,公司证券部作为承销团主干事和干事分别承销了“济南百货大楼股份有限公司”和“济南人民商场股份有限公司”的内部股票;1998 年 1 月,公司与国家开发投资公司、南方电力公司等单位联合组建了“鲁信投资集团股份有限公司”;2002 年 8 月 1 日,公司完成重新登记,成为山东省地方保留的惟一信托公司。

投资区域:不限

投资方式:现金

机构类型:信托投资机构

青岛国际信托投资公司

电子邮件:qitic@ns.qd.sd.cn

网　　址:http://qd-www.sd.cninfo.net/company/xintuo/main.htm

联系电话:(0532)5819191

传　　真:(0532)5849403 5849136

邮政编码:266071

联系地址:青岛市香港中路 58 号

机构简介:

青岛国际信托投资公司是经中国人民银行总行批准成立的地方金融机构。经营范围有:信托存贷款、委托存贷款及投资业务;金融租赁业务;证券发行和代理证券发行业务;信托担保和见证业务;经济咨询业务;外汇信托存款、放款、投资;外汇借款、放款、投资、担保;资信调查、咨询、见证业务。

青岛国际信托投资公司作为政府重大建设项目的投资主体是全市对外融资量最大的金融机构。公司成立以来,坚持“稳中求进,信誉至上”的经营方针,顺应国家开放大势,积极进取参与竞争,除与国内各大商业银行及同行业间保持密切合作关系外,尚与第一劝业银行、富士银行、山口银行、汇丰银行、标准渣打银行、法国巴黎国民银行、美洲银行、大通银行等国外金融机构保持着良好的往来关系。

公司发展势头强劲,业务显著,仅投资青岛地区基础建设项目达人民币 30 多亿元。为适应改革开放的需要,多项发展宏愿正在运筹实施之中。青岛国托广纳各方良才,诚交天下朋友,期盼与您共享成功之果。

投资区域：广东

投资方式：现金

机构类型：信托投资机构

河南省国际信托投资公司

联系电话：0371-5614681

邮政编码：450053

联系地址：河南省郑州市未来大厦22层

机构简介：

河南省国际信托投资公司成立于1980年，是中原地区实行对外开放以来最早成立的国际金融和对外经贸"窗口"之一。经过十多年的业务拓展，已形成一个以吸引外资，从事国际、国内金融信托投资业务为主，并与生产、技术、贸易、服务相结合，综合经营的经济实体。

人民币业务范围：信托存贷款、投资业务；委托存贷款、投资业务；房地产投资业务；有价证券业务；代理收付业务；经济担保和信用见证业务；经济咨询业务；中国人民银行和国家外汇管理局批准经营的其他金融业务。外汇业务范围：境内外外汇信托存款；境内外外汇信托放款；境内外外汇信托投资；境内外外汇借款；在境内外发行和代理发行外币有价证券；以其自有资金进行外汇投资；境内外汇入款；国际融资租赁；外汇担保和见证业务；资信调查和咨询服务。

投资区域：广东

投资方式：现金

机构类型：信托投资机构

中原信托投资有限公司

电子邮件：market@zyxt.com.cn

网　址：http://www.zyxt.com.cn

联系电话：0371-6513187

传　真：0371-6513180

邮政编码：450004

联系地址：郑州市郑汴路96号中原信托大厦

机构简介：

是经中国人民银行和河南省人民政府批准成立的非银行金融机构。2002年，经中国人民银行和河南省人民政府批准，中原信托增资扩股，改制为有限责任公司，注册资本5.92亿人民币，是一家资本雄厚，管理科学，具有现代企业管理模式的金融企业。

投资区域：不限

投资方式：现金

机构类型：信托投资机构

湖北省国际信托投资公司

联系电话：027-82835253

传　真：027-82852857

邮政编码：430014

联系地址：湖北省武汉市汉口南京路2号

机构简介：

湖北省国际信托投资公司经中国人民银行总行于1983年11月23日批准成立，注册资本170870万元(其中外汇800万)。

公司经营范围：信托存贷款、投资业务；委托存贷款、投资业房地产投资业务；有价证券业务；金融租赁业务；代理财产保管与处理业务；代理收付业务；经济担保和信用见证业务；经济咨询业务；中国人民银行批准经营的其他金融业务、外汇信托存款外汇信托放款；外汇信托投资；外汇借款；外汇放款；外汇；外汇租赁；外汇担保，发行或代理发行外币有价证券；资信调查、咨询、见证业务。

投资区域：广东

投资方式：现金

机构类型：信托投资机构

湖南省国际信托投资公司

联系电话：0731-5545148 5545333

传　真：0731-4146763

邮政编码：410007

联系地址：湖南省长沙市赤岗北路100号

机构简介：

湖南省国际信托投资公司是湖南省人民政府投资创办的国有独资企业，1980年经国务院进出口委批准成立，1985年经中国人民银行批准为非银行金融机构。

经营范围有：本外币信托、委托存贷款、投资、担保和信用见证业务；金融租赁业务；房地产投资开发业务；有价证券；代理财产保管和处理业务；代理收付业务；经济咨询业务以及进出口贸易业务等。

公司下设：国际金融、信托存代款、证券业务、基金投资、实业投资、进出口贸易、中外合资。

投资区域：广东

投资方式：现金

机构类型：信托投资机构

广东华侨信托投资公司

网　址：http://203.207.171.4/gdnnet/advertis/xintuo/index.htm#li

联系电话：020-87617988

传　真：020-87627282

邮政编码：510075

联系地址：广东市环市东路450—452号广东华信中心

机构简介：

广东华侨信托投资公司前身为公私合营华侨投资股份有限公司，是在周恩来、廖承志等老一辈国家领导人的直接关怀下，于1955年3月成立的。1981公司与广东省信托投资公司(今广东国际信托投资公司前身)合署经营。1988年，广东省政府重组广东省华侨投资公司，1991年8月，易名为广东华侨信托投资公司。公司是广东省政府的直属企业，金融业务归中国人民银行领导，担负着为广东经济发展筹措资金、项目建设的任务。

公司性质为股份制企业，主要股份为国家股和境内法人股，注册资本9.36亿元人民币。截至1997年6月30日，总资产规模为120多亿元人民币。

公司业务以金融为主，是集金融（人民币业务和外汇业务）、证券、基金、房地产开发、实业投资、贸易、珠宝为一体的集团式企业。其中，“受人之托，代客理财”的信托业务是公司近年发展的重点业务。现已和100多家外资银行、金融机构建立了长期业务往来。

投资区域：广东

投资方式：现金

机构类型：信托投资机构

深圳市金信安投资有限公司

电子邮件：gcq@jxa.szptt.net.cn

网　　址：http://www.jxa.com

联系电话：0755-7496967

传　　真：0755-7495892

邮政编码：518126

联系地址：深圳市宝安区固戍友谊球阀大厦

机构简介：

公司股本结构1995年10月正式注册成立，深圳友谊球阀厂、广州华油实业公司(均为国有企业)共同投资组建。经扩股、吸纳大庆华侨实业等多家国有企业和自然人加盟后，现为多种经济成分纵横驰骋的混合型经济实体，由民营企业家相对控股。

公司规模总股本7000多万元人民币，目前资产规模为2亿元人民币，所属参控股企业资产规模达10亿元人民币。

公司主要业务实行综合资本经营，直接参控股七家国有企业。对参控股企业实行监控、管理，输送人才、资金、技术和科学管理模式，提高企业效益。瞄准金融、证券、房地产市场及科技含量高的“短、平、快”项目，关注第三产业的旅游、商业服务等，有选择有研究地投资新项目。实行多领域、跨地区、多元化发展。目前涉及阀门、酒业、药业、农业、矿业、酒店、物业、房地产等八个行业，并就相应行业组建了多家专业公司或专业市场，拥有广泛的市场网络及销售渠道。

“金信安”本着“一言九鼎，承诺是金”的企业精神，诚信于社会，把握住今天，有志于成为中国甚至世界闻名的综合性资本运营公司。

投资区域：广东

投资方式：现金

机构类型：信托投资机构

深圳国际信托投资公司

电子邮件：info@scitic.com

网　　址：http://www.cei.gov.cn/homepage/shenzhen/h05.htm

联系电话：0755-5564160

传　　真：0755-5596005

邮政编码：518001

联系地址：广东省深圳市红领巾路7号国际信托大厦8-10层面

机构简介：

深圳国际信托投资公司是隶属深圳市人民政府的地方性非银行金融机构，成立于1982年。主要从事国内与国际的信托与委托存贷业务、租赁业务、投资业务、有价证券的承销及代理买卖业务、经济担保业务以及经济咨询等业务。公司拥有总资产折合人民币50亿元，净资产达8.5亿元，是深圳特区一类一级企业公司，作为深圳市对外经济联系的主要窗口及重要融资渠道，先后与20多个国家与地区的83家国际性银行或金融机构建立了稳定的业务往来合作关系。1994年公司在香港成功地发行1.5亿亚洲美元债券，专项支持深圳妈湾电厂项目，本次发债是深圳市首次以发行境外债券方式在国际资本市场筹资；公司大力支持深圳市及广东省的基础设施建设项目，共承担能源等国际融资租赁项目31个，设备金额达3亿美元。国投证券是深圳市最早的三家证券商之一，在1994年深圳十佳证券商中名列前茅。公司先后以内联、中外合资、契约式及股权式等投资方式，参与了境外23家企业的投资，投资领域涉及工业、金融、仓储、房地产等行业，公司投资企业有深圳国投证券公司、深圳信托房地产开发公司、深圳笋岗仓库股份有限公司、深圳发展银行与深圳特区证券公司等在深圳特区影响较大、收益显著的企业。

公司坚持“严格管理，稳健经营”的经营管理方针，具有科学预见性强反应灵敏的决策系统和迅速得力的执行系统，具有勤政务实的领导班子和素质良好的员工队伍。面对激烈的市场竞争公司上下团结协作，奋发向上，使一个仅有2000万元资本金、1987年机构重整时亏损达6000万元的企业发展成为深圳市利税大户，利润连年翻番，1995年创利20.086万元，人均利润200万元，几项主要经济指标处于深圳金融企业及全国信托投资行业领先地位。

随着经济的发展和改革的不断深入，深圳国际信托投资公司将发挥愈来愈重要的作用。

投资区域：广东

投资方式：现金

机构类型：信托投资机构

投资服务公司

中国经济技术投资担保有限公司

电子邮件：webmaster@guaranty.com.cn
网　　址：http://www.guaranty.com.cn
联系电话：010-68458866
传　　真：010-68437040
联系地址：北京市西三环北路100号金玉大厦9层
机构简介：

中国经济技术投资担保有限公司是由中央企业工委管理的国有重点骨干企业，是国内首家以信用担保为主要业务的全国性专业担保机构。公司由财政部和国家经贸委共同发起组建，于1993年经国务院批准在国家工商行政管理局注册成立，1994年3月正式运营。公司注册资本金5亿元人民币。1999年末，公司资产总额为11.5亿元，其中所有者权益9.2亿元，合并报表后资产总额为17亿元。

公司经营宗旨是，适应我国市场经济发展的需要，以信用担保为基本经济杠杆，促进资金融通和商品流通，支持企业技术进步和科技成果转化，推进中小企业尤其是中小科技企业的创立与发展。主要业务有：担保、投资、评审咨询、投资顾问、专业培训等。

公司成立以来，按照国家所确定的经营宗旨，积极稳妥地开展担保业务。6年来公司累计承做担保项目400多个，担保总额20亿元。公司与国外担保同行建立了广泛联系，于1998年5月正式获准加入世界三大担保和信用保险联盟之一的“泛美担保协会”，成为我国两岸三地目前惟一被接纳的会员。公司注重加强自身基础建设，在机构设置、业务操作、管理制度等方面不断朝着现代化和科学化的目标迈进，基本实现了办公自动化和业务管理信息化。按照集团化发展的思路，围绕开拓和服务主营业务，公司先后设立了近10个分公司、子公司及控股公司，增强了公司的发展能力。

中投保公司作为我国目前惟一的全国性国有综合性担保机构，以探索建立中国特色的信用担保体系为己任，先后在上海、北京两地进行试点，并设立了分公司，积极寻求与其他担保机构、银行及地方政府的合作途径，开展旨在推进当地中小企业特别是中小科技企业发展的联合担保业务，受到了政府有关部门和社会各界的重视和关注。1998年和1999年，公司应国内20多家主要担保机构的推荐、委托，主办了两次全国性的担保研讨会。会议就加强担保业务的交流与合作及建立适合我国国情的信用担保体系等问题进行了探讨，并就有关合作问题达成共识，会议为推进我国担保行业的健康发展发挥了积极的作用。

面向新的世纪，中投保公司将以全新的姿态，加强与社会各界的合作，共同为我国社会主义现代化建设作出应有的贡献。

服务区域：不限
投资方式：现金
机构类型：投资服务机构

华夏国际企业信用咨询有限公司

网　　址：http://www.huaxiacredit.com
联系电话：010-65687917
传　　真：010-65685691
邮政编码：100022
联系地址：北京市建国门外东三环南路2号艾米克大厦12B层
机构简介：

作为中国领先的信用风险管理公司，华夏国际企业信用咨询有限公司推出了一系列服务，如信用风险管理、市场调查等。我们坚信华夏信用的优质服务，与您的不懈努力结合在一起，必将使您的企业取得成功。

经营范围：

接受企业委托进行信用调查、企业评估、动产估价、咨询服务、高技术开发、人员培训。

注册资金：200万元人民币。成立日期：1993年8月

经营理念：“求实、守秘、崇尚知识”。

经营宗旨：“企业成功，华夏信用”——即通过华夏信用的优质服务，为客户提供成功的机会。

华夏国际企业信用咨询有限公司上海分公司

地　　址：上海市江苏路828号尚联国际大楼503室
电　　话：021-62250939
传　　真：021-62250910
邮　　编：200052
电子邮件：huaxiash@huaxiacredit.com

华夏国际企业信用咨询有限公司广州分公司

电　　话：020-81081295
服务区域：不限
机构类型：投资服务机构

大公国际资信评估有限公司

网　　址：http://www.dagongcredit.com
机构简介：

1994年3月经国家经济贸易委员会、中国人民银行批准，由国家工商行政管理总局注册成立。是中国成立时间最早的信用信息服务机构之一，开发出了中国独有的信用评级体系，填

补了中国空白，而且还已经建立并正在完善大公信用信息数据系统。共有员工90余名，其中信用分析师60多名，后者全部具有硕士以上学历，不少员工还具有海外教育背景。

服务区域：不限

机构类型：投资服务机构

联合资信评估有限公司

网　　址：http://www.lianheratings.com.cn

联系电话：010-64918557　64919022

传　　真：010-64912663

邮政编码：100101

联系地址：北京市朝阳区安慧里四区15楼五矿大厦1001—1006室

机构简介：

是在中国人民银行银发（1997)547号文确认的具有企业债券资信评级资格的福建省资信评级委员会的基础上，经改组在北京成立的一家全国性专业资信评级机构，注册资本3000万元。目前的业务领域主要包括：资信评级；企业征信；信用风险研究；信用管理咨询；上市公司评价；培训等。联合资信评估有限公司目前已在上海、天津、重庆、福建、海南、辽宁、黑龙江、山西、内蒙等地设立了分支机构。

服务区域：不限

机构类型：投资服务机构

新资源投资管理（集团）有限公司

邮政编码：100005

联系地址：北京建国门内大街18号恒基中心1座13层

机构简介：

1999年初，中国三利集团成功并购了深圳新智源投资顾问公司、香港吉臣财务公司，并以此为基础发起成立了新资源投资管理有限公司，组建新资源投资管理(集团)。主要业务是为上市公司、民营企业、大型企业集团及高科技成长型企业提供金融及金融顾问服务。托管着数亿元人民币私募投资基金，主要为重点客户提供各类投资组合，实施专家理财。

投资区域：不限

投资方式：现金

机构类型：投资服务机构

麦肯锡管理咨询公司 Mckinsey&Company,Inc

网　　址：www.mckinsey.com

联系电话：86-10-65613366

传　　真：86-10-85298538

邮政编码：100020

联系地址：北京市朝阳区光华路一号北京嘉里中心南楼2020号北京分公司

机构简介：

麦肯锡公司是国际知名的管理咨询公司，专业为企业总裁、部长、高级主管、大公司的管理委员会、非盈利性机构及政府高层领导就其关注的管理议题提供咨询服务。麦肯锡公司咨询服务最大价值在于从企业高管理层的角度出发，将发展战略与实际情况有机结合，制定建议方案，协助客户实施，从而成功地提高经营绩效。客户向麦肯锡寻求协助的议题多种多样，包括：企业战略、组织结构和经营动作，涉及的层面也纷繁复杂，包括：掌握契机的方法、探讨新产品、新服务或新潜在机会；企业并购与整合；评估业务组合的获利能力和市场势态；增强市场竞争力并平衡经营风险；强化核心业务流程和企业各部门职能；决策过程的简化和合理化；成本削减；更新技能和使用新科技等等。麦肯锡坚持以客户的利益和业绩为最终目标。一旦客户委托麦肯锡从事咨询项目，他们即拥有了全球累积的经验和专业知识网络。几十年的咨询服务，麦表锡在各行各业积累了丰富的行业和职能经验和知识，并建立、发展了针对各项关键管理议题的先进、富于创新的理念。麦肯锡内部还根据行业和职能划分了40多个不同的咨询业务中心，每项业务中心部拥有数百名咨询顾问和专业研究员，广泛收集信息，对重要的趋势进行预测分析，同时提出最佳实务操作方法，未来可能出现的管理挑战及机遇等等。

麦肯锡每年投资逾一亿美元从事高层管理议题的研究。麦肯锡所有的咨询人员，无论身处何处，在不涉及客户机密资料的原则下，均可分享使用这一资讯丰富的知识库。

服务区域：广东

机构类型：投资服务机构

北京市技术创新与生产力促进中心

网　　址：http://www.btipc.net.cn

联系电话：86-10-68344315

传　　真：86-10-68344315

邮政编码：100037

联系地址：北京市西城区北礼士路甲98号

机构简介：

北京市技术创新与生产力促进中心是隶属于北京市科委的综合性科技服务机构，是不以盈利为目的的全民事业单位，中心聚一流人才，联万家企业，促进生产力发展。宗旨：集成首都资源优势，使之成为北京中小企业的技术创新优势和生产力优势。为北京中小企业提供全方位综合性服务，提高企业技术创新能力与生产力水平，实现与国际接轨。作为政府与中小企业联系的纽带和桥梁，为发展首都经济做贡献。

服务区域：不限

机构类型：投资服务机构

北京中关村科技担保有限公司

网　　址：http://www.zgc-db.com.cn

联系电话：010-62581836

传　　真：010-82623240

邮政编码：100080

联系地址：北京市海淀区海淀南路21号

机构简介：

北京中关村科技担保有限公司是由北京市新技术产业发展服务中心、北京市国有资产经营公司、北京市新技术产业开发试验区国有资产投资经营公司、北京富丰高科技发展总公司、北京兴昌高科技发展总公司、北京经济技术投资开发总公司、北京电子城有限责任公司、中国经济技术投资担保有限公司、北京首都创业集团九家发起单位共同出资组建的具有独立担保资格的专业担保公司。经北京市人民政府批准，于1999年12月16日正式成立，注册资本1.83亿元人民币。

北京中关村科技担保有限公司，是高新技术企业和创业者的融资中介，是连接商业银行信贷资金、投资机构资本资金与高新技术企业的重要桥梁。公司经营的基本目标是促进与推动中关村科技园区的知识、科技、人才与资金等资源优势的充分结合，推动效益高、实力强的高新技术企业进一步壮大；促进具有出口创汇能力的高新技术企业发展；扶植具有成长性的中小高新技术企业；支持具有前瞻性的科技成果转化；拓展高新技术企业的融资渠道，并积极为完善中关村科技园区的服务环境，培养和建立科学规范的信用体系服务。

公司以"政府出资、市场运作"为原则，依靠强有力的政策支持，建立科学、严谨的评审与监管体系和完善的制度与法律保障，形成了较强的识别控制风险和资本运营能力。公司员工具有硕士以上学位者占57%，高级职称及专业任职资格者占85%，凭借专业知识、实际经验、优良的服务意识和敬业精神，为科技企业提供高质量服务。

经营理念：

你和我共同的追求：零风险

我们的目标：构筑科技与金融相结合的桥梁

我们的准则：诚信、严谨、稳健、有效

服务区域：不限

机构类型：投资服务机构

北京宏桥兴业投资顾问有限公司

联系电话：010-64200716-12

邮政编码：100013

联系地址：北京市北三环东路甲12号基尔特中心3018室

机构简介：

是由美国宏桥信托投资集团(BTIG)、科技日报社、美国CTG公司、全国科技振兴城市经济研究会于1999年共同投资创立的有限公司，注册资金100万美元。

服务区域：不限

投资方式：现金

机构类型：投资服务机构

北京中富投资管理公司

邮政编码：100029

联系地址：北京市朝阳区小关北里45号院4号楼5G

机构简介：

是一家专门从事风险投资、资本运作、投融资顾问服务的大型民营企业，并从事对教育产业项目的投资管理、投资咨询、企业管理咨询业务。成功策划、投资了南京世纪通信息技术有限公司、深圳万德莱通讯科技股份公司、北京四通智能建筑集成系统工程有限公司等项目，其中南京世纪通公司主要从事互联网软件技术的研发、商业网站的策划及制作、系统集成等业务。

投资区域：不限

投资方式：现金

机构类型：投资服务机构

北京力行律师事务所

电子邮件：01480@163.com

网　　址：http://shouquan.myetang.com

联系电话：(010)8256 4664/65

传　　真：(010)8256 4667/68

邮政编码：100089

联系地址：北京海淀区长春桥路5号新起点嘉园2号楼1809室

机构简介：

是以知识产权、房地产为业务发展方向的综合性法律服务机构，主要代理知识产权、房地产、公司事务、金融、产权交易、投资、贸易等方面的法律事务。

服务区域：不限

机构类型：投资服务机构

北京盈科律师事务所

网　　址：http://www.yingkelawyers.com

联系电话：010-62045835、39、43

传　　真：010-62045842

邮政编码：100088

联系地址：北京市西城区德外大街甲11号美江大厦二层

机构简介：

是由资深律师组成的一家综合性律师事务所，其人员构成为北京大学、中国政法大学的法律毕业生及具有硕士、博士学位和留学归国的中青年律师，并聘有法学界知名人士和专家担任顾问。该所业务范围包括诉讼及非诉讼两个方面，业务领域涉及：金融、证券、保险、房地产、公司事务、企业事务、企业重组、中外合作、知识产权、税收等。还为私营企业或个人提供"离岸"法律业务，是最早开展此项业务的律师事务所之一。

服务区域：不限

机构类型：投资服务机构

北京京都会计师事务所

网　　址：http://www.zzjycpa.com

联系电话：010-65227520

传　　真：010-65227521
邮政编码：100004
联系地址：北京市朝阳区建外大街22号赛特广场5层
机构简介：

作为中国境内具有影响力的会计公司之一，北京京都会计师事务所有限责任公司致力于协助客户在竞争中取得成功。

北京京都会计师事务所是中国境内大规模的事务所之一，拥有230余名员工，由会计、税务、金融、法律、商业顾问、管理咨询及电脑方面的专家组成。

北京京都会计师事务所始终重视客户的利益，以满足客户的需求为每个员工恪守的原则。京都会计师事务所能够为您在进行商务决策的各个阶段提供高品质的专业服务，为您提供最新的会计税务信息，为您提供有价值的咨询建议以满足您的业务发展需要。

北京京都会计师事务所是中国注册会计师协会会员，经财政部、中国证监会批准，具有从事证券期货相关业务资格，并拥有A级资产评估资格，因此，能够以各行业的专家及在专业领域的丰富经验为您提供全方位的服务。

服务区域：广东

机构类型：投资服务机构

北京毕马威华振会计师事务所

电子邮件：info@kpmghz.com.cn
网　　址：http://www.kpmg.com.cn
联系电话：010-65056300
传　　真：010-65056306
邮政编码：100004
联系地址：北京朝阳区建外大街1号国贸中心2座1608
机构简介：

KPMG is one of the first international accounting firms to establish a presence in mainland China. Founded in 1992, KPMG Huazhen, Beijing, with a branch office in Shanghai, was the first joint venture accounting firm approved by the Chinese government to serve all of China, including provinces, cities and autonomous regions. With affiliated offices also in Guangzhou (1985) and Shenzhen (1993) the Practice now has more than 700 staff in China. The Hong Kong Practice, with over 1,300 members, is a key part of the support network for China .

服务区域：广东

机构类型：投资服务机构

中兴宇会计师事务所

电子邮件：lxy@zhongxy.com
网　　址：http://www.zqcpa.com
联系电话：86-010-83915074
邮政编码：100031
联系地址：中国北京西长安街88号首都时代广场818室
机构简介：

中兴宇会计师事务所(下称本所)是经财政部批准成立，具有从事证券期货相关业务的审计和资产评估资格以及金融审计资格，是国内大型会计师事务所之一。现有从业人员195人，其中注册会计师110人，具有证券相关业务资格的注册会计师38人，资产评估师34人、工程师35人，大学本科、研究生、硕士生占88%，中高技术职称占71%，还拥有一批高素质的审计人员和经验丰富的资产评估师、工程师，从事过众多的企业股份制改制、股票上市审计、大型企业审计、基建预决算审计和规模较大的资产评估业务。目前，业务网络由北京延伸至全国20多个省、市、自治区，涉及机械、轻工、冶金、电力、石油、化工、汽车、造船、电子、电器、仪表、建材、建筑、农业、交通、航空、高科技、金融、房地产、旅游、内外贸、证券投资等各个行业。

中兴宇会计师事务所始终遵循“以质量、信誉求发展”的宗旨，按照《中国注册会计师独立审计准则》要求，恪守独立、客观、公正原则，遵守国家法律、法规，为委托者提供合法、专业、优质的服务。

服务区域 ：广东

机构类型：投资服务机构

保定大雁会计师事务所有限公司

网　　址：http://www.dycpa.com.cn
联系电话：0312-3118052
邮政编码：071051
联系地址：河北省保定市七一中路17号
机构简介：

是经河北省财政厅批准，由注册会计师共同出资的一家社会中介机构。现拥有注册会计师66人；其中，有证券资格的注册会计师6人，注册评估师22人，注册税务师16人；高级职称18人，中级职称53人。主要业务：资产评估、审计、验资、司法鉴定、基建审计等。

投资区域：不限

机构类型：投资服务机构

辽宁盛和律师事务所

网　　址：http://www.chinainvestlaw.com
联系电话：0411-4806307 4806407
传　　真：0411-4806507
邮政编码：116023
联系地址：大连商品交易所三楼东区307/386室
机构简介：

是1995年成立的一家综合性律师事务所，创办的中国投资法律网是致力于为风险投资、证券投资、项目投资等各种国内、国际投资行为提供法律服务的专业性法律网站。业务范围涵盖民事、经济、行政、刑事等诉讼及非诉讼法律事务，特别是在投资、期货、涉外非诉业务(公司设立、商业谈判、产权并购、移民留学等)领域，取得了很好的业绩。

服务区域：不限

机构类型：投资服务机构

辽宁科技企业创业服务有限责任公司

邮政编码：110033

联系地址：沈阳和平区和平南大街39号嘉环大厦4楼

机构简介：

是经辽宁省政府授权部门出资组建的国有独资公司，成立于1999年8月5日，注册资金5000万元人民币。

经营范围：为科技企业提供贷款担保、投资及科技项目评估、咨询、招询、招标服务。

服务区域：不限

投资方式：现金

机构类型：投资服务机构

沈阳中天会计师事务所

网　　址：http://www.suncpa.com

联系电话：024-23850211 23850190

传　　真：024-23241632

邮政编码：110003

联系地址：辽宁省沈阳市和平区云集街22号

机构简介：

原为沈阳市审计事务所于1987年7月经辽宁省审计厅批准成立，1999年12月为贯彻中国注册会计师协会的脱钩改制精神更名为现名。本所现有从业人员108人，其中注册会计师54人，注册资产评估师8人，有丰富的审计经验。至1999年岁末，已完成各类审计项目7278项，并与几百家企业建立了长年咨询顾问关系。

服务区域：不限

机构类型：投资服务机构

上海益邦投资咨询有限公司

电子邮件：yourbank@yourbank.com.cn

网　　址：http://www.yourbank.com.cn

联系电话：021-62440888，021-62446068

传　　真：021-62446068

邮政编码：200062

联系地址：上海市曹杨路430号401室

机构简介：

上海益邦投资咨询有限公司是经中国证监会认定的专业证券投资咨询机构，被上海电视台指定为财经频道的独家金融投资顾问单位。下属投资银行部向客户提供国际标准的金融顾问服务，包括：企业重组改制、公司融资、项目融资、上市公司兼并收购等。

服务区域：不限

投资方式：现金

机构类型：投资服务机构

上海紫江科技产业园区

网　　址：http://www.shec.gov.cn

联系电话：021-64091835

传　　真：021-64091835

邮政编码：201110

联系地址：上海闵行中春路2001号

机构简介：

上海紫江科技产业园区总面积约3700亩，在总体上进行科学规划、合理分区、突出优势、吸取国际著名科技产业园区的建设经验，形成产业特色，最终建设成为与国际最新技术同步的科技产业园区。依托紫江集团雄厚的资金实力及其与国际一大批著名公司长期合作的经验，园区在刚建初期以良好的优惠政策和完善的配套服务，吸引众多国内外著名的科技企业来园区投资考察。目前已有一些科技含量高，发展前景好的项目，如：上海紫藤材料股份有限公司、紫江印科企业集团（上海）有限公司、上海紫江瓶业有限公司、上海紫燕合金应用科技有限公司、上海威尔泰工业自动化股份有限公司纷纷投资入驻园区。

服务区域：不限

投资方式：现金

机构类型：投资服务机构

浙江国信投资管理有限公司

联系电话：0571-85069326

传　　真：0571-85069326

邮政编码：310006

联系地址：杭州市延安路515号浙信大厦1210室

机构简介：

1998年1月成立，注册资本为1300万元。

主要业务范围：进行资产管理及投资方面的研究和咨询业务；为投资人制定资产投资组合方案业务及股权投资；代理客户进行资产投资经营管理业务；从事政府允许的其他各类经营业务。

投资区域：不限

投资方式：现金

机构类型：投资服务机构

浙江汇丰投资管理有限公司

邮政编码：310009

联系地址：杭州市解放路99号金线大厦15楼

机构简介：

2001年元月成立，注册资本为1000万元。

主要业务范围：企业管理咨询、投资理财及财务咨询、资产重组破产、兼并咨询服务、实业投资。

投资区域：不限

投资方式：现金

机构类型：投资服务机构

萧山高新技术产业园区创业中心

网　　址：http://www.xscy.com/
联系电话：0571-82835810
传　　真：0571-82833996
邮政编码：311215
联系地址：杭州市萧山经济技术开发区通惠北路 28 号
机构简介：

萧山高新技术产业园区创业中心是作为实施萧山区委区政府一号工程的重要内容，由萧山经济技术开发区投资建设、萧山区科委协助设立的为高科技新兴企业提供孵化培育服务的社会公益性机构。中心拥有 7500 平米设施完备的科研办公场地，是发展高新技术产业的窗口，萧山跨世纪发展的新亮点。

服务区域：不限
投资方式：现金
机构类型：投资服务机构

厦门市担保投资有限公司

网　　址：http://www.xmgic.com
联系电话：0592-5127666
传　　真：0592-5115155
联系地址：中国福建厦门市槟榔路 1 号联谊广场 11 层
机构简介：

厦门市担保投资有限公司是厦门市第一家专门从事担保业务的国有独资有限责任公司，公司是由厦门市政府出资，于 2000 年 9 月 30 日正式挂牌成立，注册资金 1 亿元人民币。公司按照现代企业制度管理，独立核算，自主经营，为厦门市中小企业提供担保服务。

经营宗旨：厦门市担保投资有限公司根据国家法律、法规及其他规定，以诚实信用、勤勉尽责为原则，实行“政府引导、社会参与、企业管理、市场运作”的运行模式，通过科学的风险管理机制，从事担保业务，进而支持厦门市中小企业的改革和发展，增进社会信用意识，促进厦门经济持续、稳定地发展。

经营范围：高新技术企业和项目的担保业务；中小企业担保业务；与担保业务有关资产管理、咨询；接受财政委托的其他业务。

服务区域：不限
投资方式：现金
机构类型：投资服务机构

厦门市生产力促进中心

电子邮件：xmppc@public.xm.fj.cn
网　　址：http://www.xmppc.gov.cn
联系电话：86-592-2031324
传　　真：86-592-2058032
机构简介：

厦门市生产力促进中心是经厦门市政府批准于 1998 年 9 月成立的事业法人，隶属厦门市科委。中心主要任务是在科委指导、支持下为中小企业提供科技服务、扶持中小企业技术创新、成果转化，努力架设企业与科技界、企业与政府、企业与市场的信息桥梁，提高中小企业的科技水平、管理水平和经济效益。

厦门生产力促进中心透过专业服务，提高企业产品和服务的附加值，促进生产力和提高人们的生活水平，促进科技与经济的结合.

服务区域：不限
投资方式：现金
机构类型：投资服务机构

福云会计师事务所

电子邮件：msf@www.msfcpa.com
网　　址：http://www.msfcpa.com/
联系电话：0591-3330611　3330612
传　　真：0591-3330613
邮政编码：350005
联系地址：福建省福州市广达路 106 号 9 层
机构简介：

福云会计师事务所是马施云国际有限公司在中国的合作所，由中国注册会计师和英国特许会计师共同合资，经中国财政部批准，可以在中国境内执行会计师业务的九家中外合作会计师事务所之一，也是福建省惟一的跨国性会计师事务所。施云国际有限公司(Moore Stephens International Limited)是世界 20 大会计公司之一，于 1907 年在英国成立，其业务网络遍及全球 70 个国家，旗下会计和顾问机构超过 150 家，并设有超过 390 家办事处。

服务区域：不限
机构类型：投资服务机构

广州岭南会计师事务所有限公司

网　　址：http://www.lncpa.com/
联系电话：020-83808571
传　　真：020-83808574
机构简介：

广州岭南会计师事务所有限公司前身是经省财政厅批准成立于 1987 年 3 月的岭南会计师事务所，隶属于广州市财政局，是广州市财政局属下的事业单位。1999 年 12 月，经广东省财政厅批准脱钩改制为依照公司法设立的广州岭南会计师事务所有限公司，具有注册会计师社会公证、资产评估执业资格、期货证券 B 类执业资格、会计电算化评审验收执业资格。已成为广州注册会计师协会理事会员，中国资产评估协会会员，广东省资产评估协会会员，中国税务咨询协会首届理事会员，广东省注册税务师协会理事会员。

服务区域：不限
机构类型：投资服务机构

广州市德信会计师事务所

网　　址：http://www.decent.com.cn

联系电话：020-84618024

联系地址：广州番禺平康路177号

机构简介：

广州市德信会计师事务所前身为广州市番禺审计师事务所，成立于1990年10月，期承办国内企业、"三资"企业的审计和查证，注册资金验证，经济鉴证，代理记账和各种审计、财务会计、税务咨询服务等业务，是番禺市首家完成转制的会计中介机构。其性质是由中国注册会计师发起设立的，具有独立法人资格，依法独立承办《中华人民共和国注册会计师法》规定业务的社会审计机构。

服务区域：不限

机构类型：投资服务机构

羊城会计师事务所

电子邮件：admin@ycpa.com

网　　址：http://www.ycpa.com

联系电话：020-83486232　83486233

传　　真：020-83486116

邮政编码：510040

联系地址：广州市东风中路410号健力宝大厦25楼

机构简介：

羊城会计师事务所1984年4月在广州正式成立。是广州地区惟一获得证券业务双重资格的会计师事务所，广州地区率先改制的会计师事务所，现已成为中国注册会计师协会理事会员，广东省注册会计师协会理事会常务理事会员，广州注册会计师协会理事会员，中国资产评估协会会员，广州证券业协会会员，广州会计电算化协会理事会员，广州市信息咨询企业协会理事会员。

服务区域：不限

机构类型：投资服务机构

广和律师事务所

电子邮件：help@ghlawyer.net

网　　址：http://www.ghlawyer.org

联系电话：0755-83679909 83662984

传　　真：0755-83679694 83674205

邮　　编：518033

联系地址：深圳市福田区福虹路世界贸易广场A座20层

机构简介：

该所正式注册的执业律师由成立时的数名发展到2002年的108名，实习律师、律师助理由3名发展到109多名，成为深圳规模最大的律师事务所。业务范围包括诉讼、仲裁和非诉讼法律事务。特色服务：全程房地产法律服务经验、丰富的诉讼仲裁经验、较早介入证券金融业务、广泛的海内外业务合作网络、全方位法律服务尝试。

服务区域：不限

机构类型：投资服务机构

深圳华伦投资咨询公司

电子邮件：hualun@szhualun.com

网　　址：www.szhualun.com

联系电话：0755-2125800

传　　真：0755-2073223

邮政编码：518008

联系地址：深圳市深南东路5033号金山大厦11楼

机构简介：

深圳华伦投资咨询公司是经深圳市人民政府批准，在深圳市工商管理局登记注册的综合性工程投资咨询机构。具有国家甲级工程咨询资格，是中国工程咨询协会、广东省工程咨询协会常务理事、国际咨询工程师联合会(FIDIC)会员协会会员。公司业务范围包括、规划咨询、项目建议书、可行性研究、评估咨询、招投标咨询、投产后咨询、工程投资概算、预算、结算、工程招投标标底和投标报价的编制和审核，工程造价监控及咨询，建设监理。

服务区域：不限

投资方式：现金

机构类型：投资服务机构

深圳市创新融投资咨询有限公司

联系电话：0755-83921004

联系地址：福田区东景花园2栋1905

机构简介：

该公司是一家专业从事创新投资咨询的民营企业，公司骨干来自国内大型通信投资公司、银行、证券及政府部门。公司的宗旨及主营业务是：为创新项目寻找资本，以及为资本寻找创新项目。

服务区域：不限

投资方式：现金

机构类型：投资服务机构

深圳市威圣生物技术创业中心

网　　址：http://www.sz-vision.com

联系电话：0755-25631962

传　　真：0755-25602408

联系地址：深圳市罗湖区太宁路85号罗湖科技大厦604室

机构简介：

该中心是深圳市首家由企业投资创办的生物技术专业孵化器，中心致力于研究开发生物技术领域的高新技术产品，并以培育有成长性的高新技术企业和创新型企业为己任，为客户提供生物技术产业化过程中的全面解决方案。

威圣生物已成功地建立了自己的独特运作模式，形成了专业化知识库，建立了一支高效团队，从而为客户提供生物技术领域的项目研发与孵化、生物新药非临床试验、产品中试及产业化工艺探索、生物新药临床试验、项目评估与专业咨询、市场调研、企业战略及管理咨询策划、创业投资管理等专业化服务。

服务区域：不限

投资方式：现金

机构类型：投资服务机构

深圳市中小企业信用担保中心

电子邮件：dbzx@szcgc.com

网　　址：http://www.szcgc.com

联系电话：86-755-5879471

联系地址：深圳市深南中路商业银行大厦16楼

机构简介：

深圳市中小企业信用担保中心是经深圳市人民政府批准设立，直属市经发局，依法注册，自主经营，实行监管会领导下的主任负责制，独立承担民事责任的事业法人机构。中心由市财政总投资2.2亿元人民币，注册资本2亿元人民币，为符合中心担保条件的各种所有制的中小企业向银行贷款提供信用担保，架设银行同中小企业之间合作的桥梁。

服务区域：不限

投资方式：现金

机构类型：投资服务机构

天勤会计师事务所

电子邮件：sztqcpa@public.szptt.net.cn

网　　址：http://www.tqcpa.com

联系电话：86-755-6691597

传　　真：86-755-6692365

邮政编码：518067

机构简介：

天勤会计师事务所(原名蛇口中华会计师事务所)成立于1984年8月，是深圳最早成立的会计师事务所，原系直属交通部的一级事业单位，1998年6月30日脱钩后，改制成为具有法人资格的合伙制会计师事务所，注册资本为人民币200万元。1999年8月23日始更为现名。

天勤现拥有百余名财会、审计、金融、经济管理和工程技术等方面的专业人士，其中执业注册会计师35人(其中具有证券业务审计资格的注册会计师12人)，注册资产评估师10人，具有高中级专业技术职称46人。天勤内部机构的设置为六部一室，即：审计一部、审计二部、审计三部、资产评估部、咨询部、专业标准部、办公室，另外天勤在福建漳州经济开发区设有分所。

天勤于1993年2月经财政部、中国证监会批准取得从事证券业务审计资格，同年4月经原国家国有资产管理局、中国证监会批准取得从事证券业务资产评估资格。几年来已承接并完成了近40家公司上市改组的审计和资产评估业务。多年来，天勤一直致力于业务规范化建设，建立了一整套严谨的审计、验资、评估等业务的工作标准和程序，并不断发展和完善。从建所开始即建立了以三级审核制度为核心的质量控制体系，规范、统一了工作底稿；1991年底，自行研制了电脑审计程序，并普遍运用于集团公司合并会计报表的审计，大大提高了工作效率，保证了工作质量。

同时，天勤同国际著名的五大会计公司建立了卓有成效的业务合作关系，尤其与普华国际会计公司、毕马威国际会计公司有充分密切合作，积累了合作审计的经验，了解了工作惯例，熟悉了国际会计准则，国际审计准则及有关规定，吸取了国际会计公司先进的审计经验。

建所以来，天勤一直坚持“以质量求信誉，以信誉求发展”的办所方针，不断完善和提高服务质量标准和业务质量水平。保证了业务质量，赢得了客户的信任和有关部门的好评。1995年度上市公司年度报表审计工作得到了深圳证券交易所的通报表扬；1996年度共有三家深圳本地上市公司的年报得到深圳证券交易所的通报表扬，这三家年报全部是由天勤出具的审计报告。通过不懈的努力，天勤在全国已获得了良好的社会声誉。已故著名会计学家杨纪琬教授称赞天勤会计师事务所“已成为国内第一流的会计师事务所。”

服务区域：广东

机构类型：投资服务机构

金北斗律师事务所

电子邮件：king beidou222@hotmail.com

网　　址：http://www.jinbeidou.com

联系电话：0771-5867609　5867610　5867703

传　　真：0771-55867661

邮政编码：530022

联系地址：广西南宁市民族大道38-2号泰安大厦19楼

机构简介：

金北斗律师事务所由著名律师刘桂宽于1994年创办，直属于广西区司法厅。开业次年业务量即名列广西同行第一。现该所律师担任了一批著名企业、上市公司、外贸集团、报社、电视台、政府机关的常年法律顾问。侧重为中外客户提供涉外及国内民商事法律服务，同时也办理其他重大的刑事、行政及非诉讼法律事务。

服务区域：不限

机构类型：投资服务机构

重庆天健会计师事务所

电子邮件：webmaster@hycpas.com.cn

网　　址：http://211.158.9.66

传　　真：023-63651161

邮政编码：400015

联系地址：中国重庆渝中区人和街74号12楼

机构简介：

重庆天健会计师事务所是1998年12月经改制由原重庆会计师事务所的注册会计师发起设立的有限责任会计师事务

所,是全国首批完成脱钩改制的具有证券期货从业资格的会计中介服务机构,也是目前西南地区最具规模的会计师事务所之一。本所主要为客户提供审计、资本金验证、资产评估和管理咨询等专业服务,具有财政部和中国证监会认证从事上市公司证券业务(审计)资格。目前拥有从业人员100余名,现有中国注册会计师40名,证券业特许会计师15名,注册资产评估师18名,注册房地产估价师14名,土地估价师5名,造价工程师4名,机械、电子、土建等专业工程师近10名。

服务区域:不限

机构类型:投资服务机构

四川中经投资担保股份有限公司

邮政编码:610015

联系地址:四川省成都市人民南路二段35号

机构简介:

中经投资是担保股份有限公司,是由四川省体改委(1998)105号文批准设立的股份有限公司。四川省经济贸易委员会川经贸中小企(2000)1161号文批准,公司增加再担保业务范围和作为省内中小企业申请在创业板上市的孵化器。公司注册资本为人民币1亿元,主营:担保、投资、电子、信息、生物,自营和代理各类商品及技术的进出口业务。公司重点向高科技、高成长、高效益企业进行投资、授信、贷款担保和再担保,并广泛涉及履约担保、可转换债券担保、重大装备国产化担保和诉讼保全担保等业务,同时为广大客户提供信息查询、投资咨询、资信分析等服务。

服务区域:不限

投资方式:现金

机构类型:投资服务机构

陕西德伦律师事务所

网　　址:http://www.delun.com

联系电话:86-29 8377251-260

联系地址:西安高新技术开发区志诚大厦

机构简介:

德伦律师事务所系西安市司法局直属律师事务所,现有执业律师40余名,是目前西北地区最大的合作制律师事务所,被中华全国律师协会评为"中国律师事务所500强"之一。本所连续多年被陕西省司法厅、西安市司法局评为"先进律师事务所"和"律师执业标兵单位",2001年被陕西省司法厅评为"人民群众满意的律师事务所",2002年被中共陕西省委政法委员会评为"人民群众满意的政法单位"。本所每年办案600件左右,担任公司、企业法律顾问100家左右,是国内 办理业务量较多的律师事务所之一。

服务区域:不限

机构类型:投资服务机构

新疆同泽律师事务所

电子邮件:tz@tongze.com.cn

网　　址:http://www.tongze.com.cn

联系电话:(0991)2822323 2828983

传　　真:(0991)2825218

机构简介:

同泽律师事务所成立于1994年,现有合伙人6名,共有成员40余名,其中执业律师20名。现有资产500余万元;实行独特的"内部明确分工、对外整体服务"的工作模式及岗位职级工资与效益提成相结合的分配制度,并辅之配套的"案件合议与会签制度"。事务所自成立以来,共代理各类诉讼案件约千余件,企业破产清算案件10余件,涉及财产标的额20余亿元。目前,事务所的主要业务分为:公司法律业务、金融法律服务、项目投资法律服务、诉讼、仲裁代理及法律顾问业务。

服务区域:不限

机构类型:投资服务机构

新疆鑫托投资信用担保有限责任公司

电子邮件:web@xjxt.com

网　　址:http://www.xjxt.com

联系电话:0991-3839868

传　　真:0991-3839868

联系地址:乌鲁木齐市北京南路32号(安全厅局对面)

机构简介:

该公司经新疆自治区人民政府、自治区公安厅及自治区工商局批准设立,由新疆几家大型企业共同出资组建的新疆第一家民营投资信用担保公司,于2002年7月18日在乌市高新区工商局登记注册,注册资本8000万元人民币,并于2001年9月18日被国家经贸委列为第二批信用担保机构试点单位。公司经营范围:为中小企业(主要是民营、集体企业)短期、中期资金贷款,高科技风险投资等提供信用担保及咨询,为合同履约、诉讼保全提供担保,对外投资、引资等。

服务区域:不限

投资方式:现金

机构类型:投资服务机构

武汉世博科技项目投资有限责任公司

邮政编码:430074

联系地址:湖北武汉武昌珞瑜路548号

机构简介:

该公司经武汉市人民政府批准,由武汉市计委、武汉市经委、武汉市东湖新技术开发区管委会和武汉市当代科技发展总公司共同发起、创办,并于1999年6月10日正式成立。

具体业务范围如下:

1. 建立动态科技项目网络并为全社会提供信息查询服务;
2. 对科技项目供求双方撮合成交;
3. 包装和策划各类科技项目并代为申请政府专项资金支持;
4. 科技项目有形及无形资产的拍卖与典当;
5. 对特定科技项目对外招商引资;

6. 建立科技风险投资基金扶持成长性企业；

7. 实现科技产权或科技股权的变现；

8. 投资开发重点科技项目或科技产业；

9. 提供科技成果认定、项目评估、政策咨询及其他中介服务。

投资区域：不限

投资方式：现金

机构类型：投资服务机构

黄林梁郭会计师事务所

电子邮件：wllk@wllk.com.hk

网　　址：http://www.wllk.com.hk

联系电话：(852) 25431219 (8 lines)

传　　真：(852) 25449393

联系地址：香港中环德辅道中 141 号中保集团大厦 11 楼

机构简介：

该事务所于 2000 年 2 月 1 日成立，是一家规模及享有良好声誉的会计师事务所，为客户提供全面的税务、会计、核数、商业及财务顾问服务。在香港，拥有超过十多位合资格会计师及多名专业职员为客户提供全面性的专业服务。

服务区域：不限

机构类型：投资服务机构

香港中正国际(控股)有限公司 AVOinternational limited

电子邮件：and-yzhao@sohu.com

网　　址：www.iravo.com

联系电话：010-82090915/16

传　　真：010-82090446

邮政编码：100088

联系地址：北京市海淀区北三环西路 11 号高德写字楼 315

机构简介：

中国企业海外上市融资、股东层分析，上市前投资、IRM、企业境外上市重组、海外战略投资人引入并提供策略分析。尤其扶持国内民营高科技企业项目。

投资区域：不限

投资方式：现金

机构类型：投资服务机构

美国格林创投（香港）有限公司

电子邮件：jxxli@sina.com

网　　址：www.globaleventure.com

联系电话：0755-82210499

传　　真：0755-82210199

邮政编码：518014

联系地址：深圳市人民南路国贸大厦 10 楼

机构简介：

美国 GEV 创投顾问有限公司是一家国际性财务咨询服务公司，总部设在美国洛杉矶市，分别于中国北京、香港和台湾设有分支机构。提供金融服务，包括投资银行业务、海外上市等。

服务区域：不限

机构类型：投资服务机构

日强会计师事务所

电子邮件：nisun.cpa@msa.hinet.net

网　　址：www.nisuncpa.com.tw

联系电话：(02)2701-8383

传　　真：(02)2701-7979

联系地址：台北市大安区大安路 1 段 240 号 2 楼

机构简介：

目前拥有员工 12 人，服务项目：记账业务、工商登记业务、财务签证业务、税务签证业务、企业顾问业务等。

服务区域：不限

机构类型：投资服务机构

尼克厦国际集团陈兴司徒管理咨询私人有限公司

电子邮件：jennywong@tansitoh.com.sg

网　　址：www.tansitoh.com.sg

联系电话：021-63606500-203

传　　真：021-63606776

邮政编码：200001

联系地址：新加坡国际企业发展局商务办事处上海延安东路 550 号海洋大厦 2303 室

机构简介：

由两个合伙人创办于 1993 年，公司主要提供金融服务，主要是财务方面。

服务区域：不限

机构类型：投资服务机构

协办单位：邯济铁路有限责任公司